Klaus J. Bade

MIGRATION
FLUCHT
INTEGRATION

Kritische Politikbegleitung
von der ‚Gastarbeiterfrage'
bis zur ‚Flüchtlingskrise'

Erinnerungen und Beiträge

VON LOEPER LITERATURVERLAG

Bibliographische Information der Deutschen Bibliothek:
Die Deutsche Bibliothek verzeichnet diese Publikation in der Deutschen
Nationalbibliographie; detaillierte bibliographische Daten sind im
Internet unter http://dnb.ddb.de abrufbar.

Gehen Sie uns „ins Netz"!
Besuchen Sie uns im Internet unter
www.vonLoeper.de

Gerne senden wir Ihnen kostenlos ausführliche Informationen
zu unserem Verlagsprogramm zu und informieren Sie regelmäßig über
wichtige Neuerscheinungen zum Thema. (Adresse siehe unten)

Wichtiger Hinweis:
Ausführliche Zusatzinformationen zu diesem Buch,
Hinweise zu den Autoren, wichtige Links und weiteres Bonus-Material
finden Sie im Internet unter
www.vonLoeper.de

Gesetzt mit Unterstützung der
Gerda Henkel Stiftung, Düsseldorf

Originalausgabe
2. Auflage 2017   - 5H-1017-dk
© 2017 by von Loeper Literaturverlag
im Ariadne Buchdienst, Karlsruhe

Alle Teile dieses Buches dürfen ohne ausdrückliche schriftliche Genehmigung weder
mechanisch, elektronisch oder fotografisch vervielfältigt oder in elektronischen Systemen oder Kommunikationsmitteln eingespeichert werden. Dies gilt insbesondere
für Fotokopien, Auszüge für Lehrmaterialien, Nachdrucke, Speicherungen auf CD-ROM oder anderen Trägern und Speicherung oder Veröffentlichung im Internet.

Gesamtherstellung und Vertrieb:
Ariadne Buchdienst,
Daimlerstr. 23, 76185 Karlsruhe
Tel. (0721) 46 47 29 029
Fax (0721) 46 47 29 099
E-Mail: Info@vonLoeper.de
Internet: www.vonLoeper.de

ISBN 978-3-86059-350-9

1982 »Der Haussegen hängt schief in der Bundesrepublik [...]: ›Ausländer raus!‹, jedenfalls nicht rein ins Deutsche ›Volkstum‹, heißt die Parole der einen Seite. Die ›Gastarbeiterfrage‹ sei längst ein Einwanderungsproblem, heißt die Auskunft der anderen, vorwiegend sozialwissenschaftlichen Seite. Noch ist die große Mitte ruhig. Vielleicht nur noch auf Zeit; denn diese Frage könnte die Nation in feindliche Lager spalten, umso leichter, je mehr aufgeputschte Emotionen an die Stelle rationaler Argumentation und, notfalls, auch Konfliktbewältigung treten.« *(Die importierte Soziale Frage, in: Die Zeit, 7.5.1982).*

1993 »Einwanderungspolitik aber braucht einen Katalog von Werten und eine Skala mit Zahlen. Voraussetzungen dazu wiederum sind konzeptionelle Antworten auf Fragen nach dem nationalen und europäischen Selbstverständnis und nach langfristigen Zielen im Bereich von Bevölkerung und Wirtschaft, Gesellschaft und Kultur. Ohne solche richtungsweisenden Konzeptionen bliebe alle Einwanderungspolitik ziellos oder doch dazu verdammt, bloß defensiv zu sein.« *(Multikulturalismus und Einwanderungssituation, in: Die Neue Gesellschaft/Frankfurter Hefte, 40.1993, H. 9, September 1993, S. 801–811, hier S. 811).*

1994 »Viele, die in Deutschland politische Verantwortung tragen, haben die Spielregeln der Einwanderungssituation noch immer nicht gelernt. Sie werden sich etwas einfallen lassen müssen, das die Wege zur Partnerschaft in der Einwanderungsgesellschaft offenhält, sonst drohen Spannungen und Konflikte, die die politische Kultur in diesem Land von Grund auf verändern können – und für die dann rückblickend wieder niemand verantwortlich gewesen sein will.« *(Ausländer – Aussiedler – Asyl. Eine Bestandsaufnahme, München 1994, S. 219).*

1997 Auf einem Empfang nach der Vorstellung der Ergebnisse eines großen deutsch-amerikanischen Forschungsprojekts über Integration im transatlantischen Vergleich, dessen Steuerungsgruppe ich angehörte, stellte sich mir ein ehemals führender Beamter aus dem Bundesministerium des Innern mit den Worten vor: »Ich habe Anfang der Achtzigerjahre alles verhindert, was Sie damals gefordert haben«, nämlich: Deutschland sei auf dem Weg zum Einwanderungsland. Nötig seien deshalb Konzepte für Einwanderungsgesetzgebung und Integrationspolitik. Das BMI sei gegenteiliger Auffassung gewesen: kein Weg zum Einwanderungsland, deshalb keine Konzepte, die diesen Irrweg nur befördern könnten. Da sei er ja sehr erfolgreich gewesen, entgegnete ich, was der Beamte wohlwollend zur Kenntnis nahm. Als ich ihn aber fragte, wer denn nun, rückblickend betrachtet, Recht gehabt habe, das BMI oder wir, sagte der Beamte entrüstet: »Da hatten Sie wohl Recht – aber das konnten Sie damals doch gar nicht wissen!« *(Erinnerungsnotiz).*

2000 »Solange das Pendant der Abwehr von Flüchtlingen aus der ›Dritten Welt‹, die Bekämpfung der Fluchtursachen in den Ausgangsräumen, fehlt, bleibt diese Abwehr ein historischer Skandal, an dem künftige Generationen das Humanitätsverständnis Europas im späten 20. und frühen 21. Jahrhundert bemessen werden.« *(Europa in Bewegung, Migration vom späten 18. Jahrhundert bis zur Gegenwart, München 2000, S. 452).*

2016 »Bei der Flüchtlingsabwehr gibt es eine Art legitimatorischen Schaukeleffekt: Je unsicherer die Bevölkerung wird bzw. je unsicherer sie gemacht wird, desto leichter lassen sich inhumane Abwehrkonzepte legitimieren. Das gilt zum Beispiel für Verträge mit selbst Flucht verursachenden brutalen Diktaturen wie in Eritrea und im Sudan [...]. Damit zeigt sich die dunkle Kehrseite von Angela Merkels ›Wir schaffen das‹-Medaille. Ihre Botschaft lautet: Wir schaffen es, die Flüchtlinge fernzuhalten [...] in einer Mischung von Zuckerbrot und Peitsche. [...] Der Menschenhändler Gaddafi lässt grüßen. Er war auf furchtbare Weise seinerzeit voraus. Und wir treten mit den europäisch-afrikanischen ›Migrationspartnerschaften‹ scheinbar ein Stück weit sein schändliches Erbe an.« *(Menschenrechte in Gefahr, in: MiGAZIN, 19.12.2016).*

Inhalt

Geleitwort. Von Aydan Özoğuz, Staatsministerin bei der Bundeskanzlerin,
Beauftragte der Bundesregierung für Migration, Flüchtlinge und Integration 9

Vorwort 12

Einleitung: Grenzerfahrungen
zwischen Migrationsforschung und Migrationspolitik 15

Teil I: Einführungen

Migrationsforschung, interdisziplinäre Forschungsorganisation
und kritische Politikbegleitung seit den 1980er Jahren 27

1 Politische Erkenntnisverweigerung: vergebliche Warnungen und Mahnungen
   im verlorenen Jahrzehnt der 1980er Jahre 27

2 Politische Selbstblockade unter Zuwanderungsdruck:
   der Asylstreit und die Gewaltexzesse der frühen 1990er Jahre 28

3 Formation zum wissenschaftlichen Protest:
   »Das Manifest der 60: Deutschland und die Einwanderung« 1993/94 29

4 Interdisziplinäre Forschungsorganisation und kritische Politikbegleitung
   seit den 1990er Jahren 33
   4.1 Das Osnabrücker Institut für Migrationsforschung
       und Interkulturelle Studien (IMIS) 1991ff. 36
   4.2 Der bundesweite Rat für Migration (RfM) 1998/99ff. 41

5 Begrenzte staatliche Einbeziehung von Migrationsforschung auf dem Weg zum
   »Zuwanderungsgesetz«: Unabhängige Kommission Zuwanderung 2000/01
   und Sachverständigenrat für Zuwanderung und Integration 2003/04 55
   5.1 Die »Unabhängige Kommission Zuwanderung« 2000/01 55
   5.2 Der Sachverständigenrat für Zuwanderung und Integration 2003/04 58

6 Gestaltungsbeiträge: Bundesamt für Migration und Flüchtlinge
   und »nachholende Integrationspolitik« 62
   6.1 Das Bundesamt für Migration und Flüchtlinge (BAMF) 62
   6.2 »Nachholende Integrationspolitik« 69

7 Prekäre Bilanz: »Leviten lesen« 2007 72

8 Unabhängige kritische Politikbegleitung durch Stiftungskooperation:
   der Sachverständigenrat deutscher Stiftungen für Integration und Migration (SVR) 2008ff. . . . 73

Migration, Integration, Flucht/Asyl und Politik im frühen 21. Jahrhundert:
Bestandsaufnahmen, Denkanstöße und Diskussionsbeiträge 83

9   Migration und Integration als Mainstream-Themen. 83
      9.1   Entwicklungslinien im Überblick 84
      9.2   Pragmatische Migrations- und Integrationspolitik. 85
      9.3   Braindrain? Die Wiederentdeckung der deutschen Auswanderung. 87
      9.4   Zuwanderungsbedarf und Zuwanderungsangst 89

10   Störfelder: Demagogie, Hysterie, Terror und staatliche Inkompetenz. 90
      10.1 Demagogie und Hysterie: Sarrazin-Debatte und »Islamkritik«. 91
      10.2 Das Grauen von rechts: »Nationalsozialistischer Untergrund« (NSU),
            Behörden- und Politikversagen. 95

11   Einwanderungsgesellschaft unter Zuwanderungsdruck: die »Flüchtlingskrise« 97

12   Spaltung in der Einwanderungsgesellschaft: »Willkommenskultur«,
      Abwehrhaltungen und Suche nach Zusammenhalt 100
      12.1 »Willkommenskultur und Abwehrhaltungen 100
      12.2 Die Suche nach dem neuen »Wir«. 102

Teil II: Beiträge. 107

Geleitwort
Von Aydan Özoğuz, Staatsministerin bei der Bundeskanzlerin, Beauftragte der Bundesregierung für Migration, Flüchtlinge und Integration

»Ich habe vor einigen Monaten mit der flachen Hand in die Suppe gehauen, um das Thema in den Mainstream zu drücken.«[1] Ein typischer Spruch von Klaus Bade, der für mich stellvertretend für seine Arbeit und sein Wirken als Migrationsforscher stehen kann: Zu langsam, zu verspätet, zu weit weg von der Wirklichkeit war für ihn die deutsche Migrations- und Integrationspolitik in den 1980er Jahren, die er als verlorenes Jahrzehnt bezeichnete, und erst recht bei dem Einbruch nach der Wiedervereinigung – manche vergessen geglaubten Vorbehalte halten sich bis heute.

Die jeweiligen Missstände ließen und lassen Klaus Bade seit über dreißig Jahren keine Ruhe. Mitunter begann er, schon im Rückblick, Anfang des 21. Jahrhunderts seine Vorträge mit der spitzen Bemerkung, dass er einen ruhigen Job habe – es ändere sich seit Jahrzehnten nichts, er könne immer die gleichen Vorträge halten. Pointiert, zugespitzt und als Anhänger des Vereins für deutliche Aussprache beschrieb er dann jedoch Probleme und Versäumnisse und lieferte auch gleich die passenden Reformvorschläge für die Einwanderungs- und Integrationspolitik. Damit er eines Tages nicht mehr konstatieren müsse: »Bei uns kommt in Sachen Migrations- und Integrationspolitik alles 25 Jahre zu spät!«[2]

Seine Arbeiten haben Klaus Bade zu einem der renommiertesten Migrationsforscher gemacht. Auch weil er es versteht, seine wissenschaftliche Expertise in den politischen und öffentlichen Raum einzubringen und so Impulse für eine fortschrittliche Einwanderungs- und Integrationspolitik zu setzen. Rational, wissensbasiert und aufklärend – das war und ist sein Ansatz, um die oftmals hart, hoch emotional und bisweilen populistisch geführten Diskurse über Einwanderung und Integration in ein besseres Fahrwasser zu bringen und die Politik auf den seiner Meinung nach richtigen Weg zu führen.

Seine kritische Politikbegleitung hat ihm sowohl in der Wissenschaft als auch in der Politik nicht nur Freunde gebracht. In der Wissenschaft beäugten einige »Fachkollegen von ihren oft nur vermeintlichen akademischen Elfenbeintürmen aus«[3] irritiert, wie sich Bade in die Politik einmischte. In der Politik wiederum sahen es nicht alle gerne, dass ein Migrationsforscher aus Osnabrück und später Berlin sie andauernd damit piesackte, dass sie endlich einsehen müssten, dass Deutschland ein Einwanderungsland sei und man dann wegen offenkundiger Versäumnisse auch eine nachholende Integrationspolitik brauche.

Dazu waren die politischen Entscheidungsträger lange nicht bereit. Eher schien das Thema Sicherheitspolitik, vornehmlich gegen Einwanderer gerichtet, an der Wahlurne erfolgversprechender. Forderungen für mehr Teilhabe wurden da mitunter regelrecht abgestraft. Das Umdenken und die Akzeptanz, ein Einwanderungsland auf dem Weg zur Einwanderungsgesellschaft zu sein und die dazu nötigen politischen Reformen anzustoßen, kamen in der deutschen Politik im Grunde erst mit der Änderung des Staatsangehörigkeitsgesetzes im Jahr 2000 an.

Ich habe Klaus Bades kritische Politikbegleitung immer gerne vernommen. Als Politikerin mit familiärer Einwanderungsgeschichte fand ich es ermutigend, dass da jemand war, der aus wissenschaftlicher Expertise heraus eine vernünftige, nachhaltige Integrationspolitik einforderte: mit einem modernen Staatsangehörigkeitsrecht, mit klaren Einwanderungsregeln, mit Sprach- und Integrationskursen[4] für Eingewanderte und mit Reformen in der schulischen Bildung, beim Übergang in die berufliche Ausbil-

---

[1] K. J. Bade, »Es gehen die Risikobereiten«, Interview, in: Pro-Firma, November 2006, S. 86–89.
[2] Ders., Integration gibt es nicht im Passiv, in: Die Welt, 2.12.2005.
[3] In diesem Band, Kap. 4.
[4] Die Integrationskurse gibt es in der heutigen Form übrigens erst seit 2005, da waren wir also nicht 25 Jahre zu spät, sondern 50 Jahre, wenn wir auf die Anwerbung der Gastarbeiter seit 1955 schauen!

dung und in den Arbeitsmarkt, damit auch längst Eingewanderte und ihre Kinder und Enkel, aber auch Benachteiligte ohne den sogenannten Migrationshintergrund eine faire Chance auf Teilhabe bekommen. Jemand, der sagte: »Macht endlich die Augen auf, fördert Teilhabe für alle und damit auch den Zusammenhalt in dieser Gesellschaft!«

Das mag heute im politischen Mainstream endlich weitgehend angekommen sein, aber als ich vor über 15 Jahren in die Politik ging, waren das Forderungen wie von einem anderen Stern. Ich musste damals hautnah erleben, wie in der Politik und in Teilen der Gesellschaft über Einwanderung und Integration gestritten und leider sehr viel mehr polemisiert wurde. »Man wird ja wohl noch sagen dürfen, dass…«, wurden viele Sätze eingeleitet, um sie anschließend mit Vorurteilen und Stimmungsmache über Menschen mit Einwanderungsgeschichten zu vervollständigen – in der Regel ohne Fakten oder Kausalzusammenhänge vorzutragen. Aber darum ging es vielen ja auch gar nicht.

Richtig prägend war der Wahlkampf vor den Hamburgischen Bürgerschaftswahlen 2001, als ein Rechtspopulist namens Ronald Barnabas Schill aus dem Stand 19,0 Prozent der abgegebenen Stimmen holte, hauptsächlich mit Parolen gegen angeblich kriminelle Ausländer, gegen Parallelgesellschaften von Migranten, mit Abwertungen und dem Generalverdacht gegen Flüchtlinge. Das kam an in einer Zeit, in der es, verglichen mit heute, zwar sehr viel weniger Einwanderung gab, dafür aber politische Parolen wie »Kinder statt Inder« in Nordrhein-Westfalen oder »Wo kann man hier gegen Ausländer unterschreiben« in Hessen.

Damals war es wohltuend, dass es einen Klaus Bade und seine engagierte und wissenschaftlich fundierte kritische Politikbegleitung gab. Mit Daten, Fakten und gewohnt klarer Sprache hielt er dagegen – auch wenn das mitunter sehr anstrengend und schwierig gewesen sein muss. Was mich besonders beeindruckte, war sein historischer Zugang. Die deutsche (Migrations)Geschichte zeigt, dass Einwanderung niemals das deutsche Staatswesen erschüttert hat. Im Gegenteil: Gesellschaft, Wirtschaft und Sozialversicherungen konnten von neuen Arbeitskräften und Bewohnern, von frischen Ideen und kultureller Vielfalt profitieren. Die Einwanderungsgeschichte Deutschlands ist in ihren wesentlichen Zügen wohl den wenigsten präsent. Wir haben bis heute keine Erzählung, kein Narrativ für diesen Teil unserer Geschichte, obgleich es wissenschaftliche Bausteine dazu genug gibt, besonders auch von Klaus Bade selber als dem Pionier der Historischen Migrationsforschung in Deutschland.

Klaus Bades Rückblick auf die jahrzehntelangen Versäumnisse der Integrationspolitik mahnt, dass wir auf Integration von Anfang an setzen müssen – bei Einwanderern, bei Flüchtlingen, die bei uns Schutz suchen, aber natürlich auch bei allen Kindern und Jugendlichen, die in unserem Land aufwachsen. Es war sicherlich einer der größten Fehler der Politik in der Bundesrepublik, dass den »Gastarbeitern« so gut wie keine Angebote zur Integration gemacht wurden – selbst als rund drei Millionen von ihnen hier ihre Heimat gefunden hatten und Familien gründeten. Ganz ähnliche Integrationsversäumnisse hinterließ die restriktive Politik Anfang der 1990er Jahre, als Hunderttausende vor den Kriegen in Jugoslawien zu uns flüchteten. Darauf machte das auch das von Klaus Bade initiierte und herausgegebene »Manifest der 60: Deutschland und die Einwanderung« im Jahr 1993 aufmerksam.

Wenn ich heute bei Veranstaltungen über Einwanderung, Asyl oder Integrationspolitik referiere, beginne ich meine Vorträge fast immer mit einer historischen Einordnung und mit Daten und Fakten. Viele begrüßen es, wenn man rational, erklärend und aufklärend über Einwanderung und Integration spricht. So manche Bilder von Parallelgesellschaften, Überfremdung oder vom Untergang des Abendlandes lösen sich dann auch schnell wieder auf oder können realistisch eingeordnet werden.

Klaus Bades Buch kommt zur rechten Zeit, denn ich denke, dass wir gerade heute wieder viel von seinen Forschungsergebnissen und seiner kritischen Politikbegleitung lernen können. Und zwar nicht nur in der dokumentierten historischen Rückschau seit den 1980er Jahren, sondern auch mit dem Blick nach vorne. Klaus Bade geht es darum, dass wir auch in Zeiten hoher Flüchtlingszahlen rational bleiben, Sorgen vor sozialem Abstieg ernst nehmen und nicht stattdessen über das angebliche Kippen der Stimmung im Land fabulieren. Und dass es heute mehr denn je darauf ankommt, den sozialen Zusammenhalt in unserer Einwanderungsgesellschaft zu stärken: mit gleichen Chancen zur Teilhabe für alle und mit einem von gemeinsamen Werten getragenen, belastbaren, demokratischen Grundkonsens.

Ob wir das eines Tages erreichen? Die Lektüre des kapitalen Buches macht auf jeden Fall Mut! Heute ist der einstige »einsame Rufer«[5] in der Wüste der Migrationsforschung längst nicht mehr alleine – die Migrationsforschung ist heute fest etablierter und anerkannter Bestandteil der deutschen Wissenschaftslandschaft. Als Staatsministerin habe ich mich vor zwei Jahren auf den Weg gemacht und renommierte Migrationsforscherinnen und -forscher zusammengebracht, um Lösungen für die stärkere Vernetzung der bestehenden Strukturen der Migrations- und Integrationsforschung zu finden und Lücken in der bestehenden Forschungsinfrastruktur zu schließen. Klaus Bade gab vor Jahrzehnten den Denkanstoß dazu und für ein Bundesinstitut für Migrations- und Integrationsforschung. Das wäre für Deutschland heute nach wie vor ein wichtiger Schritt.

Die vielen Mühen und Kämpfe, die Klaus Bade auf seinem Weg als Grenzgänger zwischen Wissenschaft und Politik ausgefochten hat und die er auf den folgenden Seiten noch einmal skizziert und dokumentiert, haben sich meiner Meinung nach gelohnt. Und die Politik hat mittlerweile weitgehend verstanden: Einwanderung und Integration müssen aktiv, proaktiv und nachhaltig gestaltet werden. Im eigenen Interesse des Landes und ohne Scheuklappen, Ängste und Realitätsverweigerung. Das ist auch das Verdienst von Klaus Bade. Seine wissenschaftlichen Leistungen und seine kritische Politikbegleitung seit den frühen 1980er Jahren verdienen den allergrößten Respekt – und das vorliegende Werk eine große Leserschaft.

Aydan Özoğuz
Berlin, November 2016

---

[5] Osnabrücker Nachrichten, 28.6.2007.

Vorwort

Massenflucht aus Kriegs- und Krisengebieten, der jährlich vieltausendfache Tod von Flüchtenden im Mittelmeer vor den Grenzen der Festung Europa, das Abdrängen oder Abfangen von Flüchtlingsbooten auf hoher See, die gewaltsame Schließung der »Westbalkanroute«, binationale Verträge zur Fluchtverhinderung selbst mit fluchtverursachenden Regimen in Afrika, der Kampf nicht gegen die Ursachen der Fluchtbewegungen, sondern gegen ihre Opfer, die Flüchtenden, die erniedrigende Lagerhaltung derjenigen, die die Sperrriegel der EU überwunden haben, der Rückfall der europäischen »Wertegemeinschaft« in eine vom nationalen Sacro Egoismo zerfressene europäische Interessen- und Verteidigungsgemeinschaft... – All das sind aktuelle Stichworte der öffentlichen und politischen Diskussion um Migration, Flucht, Asyl und um die Integration von Geflüchteten. Vor diesem Hintergrund gibt es neuerdings ein oft eher vordergründiges oder gar defensiv motiviertes Interesse an Themen und Problemen, die jahrzehntelang als zweitrangig galten, allen Mahnungen und Warnungen von wissenschaftlichen und anderen Sachkennern zum Trotz.

Die Themen Migration, Flucht und Integration beschäftigen mich seit den 1970er Jahren. Sie sind konstitutive Teilbereiche der Conditio Humana, der Grundbedingungen menschlicher Existenz. Das gilt schon seit der Vor- und Frühgeschichte; denn der Homo sapiens hat sich als Homo migrans[6] über die Welt ausgebreitet, gleichgültig, ob seine Nachfahren später zum Beispiel Christen, Buddhisten, Juden, Muslime, Hindus, Atheisten, Spiritisten, Spinner oder was auch immer wurden. Wäre das nicht so, dann hockten die frühen Menschen, deren Nachkommen wir nicht geworden wären, noch immer in kleineren Zirkeln mit fliehender Stirn und vorspringendem Unterkiefer schmatzend, lausend und vielleicht gelegentlich einen Nachbarn verzehrend um jene Urmutter im östlichen Zentralafrika herum, von der viele von uns abstammen.

Aber der Homo sapiens war und ist auch als Homo migrans offenbar keineswegs immer ein Animal rationale migrans. Die sogenannten Mehrheitsgesellschaften ohne Migrationshintergrund sind in Wahrheit Gesellschaften mit verlorener Erinnerung an die eigenen Migrationshintergründe. Auch deswegen reagieren sie auf Zuwanderung oft wenig rational.

Eine Migrations- und Integrationsforschung, die Geschichte und Gegenwart überblickt und im Rahmen des Möglichen auch ein Stück weit in die absehbar erscheinende Zukunft hinaustastet, arbeitet deshalb nicht nur im Interesse an wissenschaftlichem Erkenntnisgewinn. Sie dient auch der sozialen, transnationalen und interkulturellen Vermittlung in Zentralbereichen des Zusammenlebens in der Einwanderungsgesellschaft.

Deshalb waren und sind mir die Themen Migration, Flucht, Asyl und Integration, auch über die Forschungsfragen selbst hinaus, immer eine Herausforderung auch zu Wortmeldungen im Blick auf gesellschaftliche Entwicklungen und deren politische Bearbeitung bzw. Vernachlässigung. Aber auch Empathie, Betroffenheit und Ärger waren und sind wichtige Motivationen meines politikkritischen Engagements.

Ich bin immer wieder gebeten worden, meine zahlreichen publizistischen Beiträge für die politische und weitere Öffentlichkeit zu den Themenfeldern Migration, Flucht und Integration in einer Sammlung leichter zugänglich zu machen. Diese Sammlung lege ich hier vor. Sie bietet eine Auswahl meiner publizistischen Beiträge zu diesen Beobachtungs- und Handlungsfeldern seit den frühen 1980er Jahren.

Es geht hier also nicht um eine der Repräsentativität im Meinungsspektrum verpflichtete allgemeine Dokumentation der einschlägigen Diskussionen. Es geht auch nicht um (erst noch geplante) Erinnerungen an einen Lebensabschnitt zwischen Wissenschaft und Politik. Es geht vielmehr um eine autobiografisch orientierte Auswahldokumentation meiner publizistischen Beiträge zu den Beobachtungs- und Handlungsfeldern Migration, Flucht und Integration seit den frühen 1980er Jahren. Das bedeutet eine gewisse perspektivische Selektivität; denn der Leitfaden sind nicht die Entwicklungslinien und

---

[6] Diesen heute verbreiteten Begriff habe ich seinerzeit in die öffentliche Diskussion eingeführt; vgl. dazu u.a. K. J. Bade, Homo Migrans. Wanderungen aus und nach Deutschland – Erfahrungen und Fragen, Essen 1994.

Diskurse als solche, sondern diejenigen, mit denen ich selbst zu tun hatte.[7]

Die Publikation ist in zwei Teile gegliedert: Der kürzere erste Teil umfasst die Einführungen zu den einzelnen Kapiteln der Beiträge-Sammlung, so dass diese kleinen Überblicke auch am Stück gelesen werden können. Der zweite, sehr viel umfangreichere Teil bietet die Beiträge selbst, eingeleitet durch ein detailliertes, um die Liste der Beiträge ergänztes Inhaltsverzeichnis.

Hinweise auf den Erscheinungsort der oft durch die Redaktionen für den Druck mit anderen Titeln versehenen, mitunter auch gekürzten und in Einzelfällen auch »pointierten« Beiträge finden sich jeweils direkt unter dem Titel. Das gleiche gilt für gelegentlich nötige Informationen über Anlass oder Hintergrund der Beiträge.

Die im ersten Teil zusammengestellten Einführungen sollen, wie der Name sagt, nur einführen, d.h. den Zugang und, über die Vermittlung des Bezugsrahmens, das zeithistorische Verständnis erleichtern. Sie sind also nicht als kleine Studien zu ihren jeweiligen Themenfeldern gedacht und verzichten deshalb auch auf Auseinandersetzungen mit der Forschungsliteratur. Querverweise in Klammern verweisen entweder auf Kapitel (z.B. Kap. 4) oder auf einzelne Beiträge (z.B. 4.2.1).

Die für den zweiten Teil ausgewählten und zum Teil stark gekürzten Beiträge bieten in den Kapiteln 1–8 Texte aus dem Grenzfeld zwischen interdisziplinärer Forschungsorganisation und kritischer Politikbegleitung von den frühen 1980er Jahren bis zu den Anfängen des Sachverständigenrates deutscher Stiftungen für Integration und Migration (SVR), dessen Gründungsvorsitzender ich 2008–2012 war. Die Kapitel 9–12 bieten publizistische Beiträge zu verschiedenen politischen Themenfeldern, Diskurslinien und aktuellen Herausforderungen im Bereich von Migration und Flucht, Asyl und Integration.[8]

Wenn nicht ausdrücklich andere Autorennamen genannt werden, stammen alle Beiträge von mir. In besonderen Fällen wurden Beiträge auch von anderen Autoren bzw. Autorengruppen aufgenommen, soweit ich daran maßgeblich beteiligt war oder sie sich zentral mit meinen bzw. unseren Engagements beschäftigen.

Gelegentliche Wiederholungen waren und sind absichtsvoll, mithin durchaus gewollt:

Sie ergeben sich im ersten Teil daraus, dass dessen Kapitel aus kleinen Einführungen in die Kapitel der Beiträge-Dokumentation im zweiten Teil bestehen, die hier zusammengezogen wurden. Gelegentliche Wiederholungen scheinen mir dabei hilfreich für Leser, die diesen ersten Teil nicht komplett, sondern nur selektiv, als Orientierungshilfe für die einzelnen Kapitel der Beiträge-Dokumentation nutzen wollen.

Im zweiten Teil ergeben sich gelegentliche Wiederholungen daraus, dass die Beiträge nicht säuberlich gegeneinander abgegrenzt für eine Textedition geschrieben wurden. Sie resultieren zum Teil aber auch aus einer mitunter für mich und andere Mitkämpfer ermüdenden, lange vergeblichen Überzeugungsarbeit, auf die wir nach meist sehr verspäteten legislativen oder exekutiven Zielannäherungen, etwa beim »Zuwanderungsgesetz«, mitunter wieder Warnungen vor überzogenen öffentlichen Erwartungen folgen lassen mussten.

Das erinnerte mich manchmal an ein Wort des protestantischen Missionsinspektors, späteren Altmeisters der deutschen Kolonialpropaganda und »Vaters der deutschen Kolonialbewegung« Friedrich Fabri (1824–1891), dessen Lebensweg vom Theologen zum Kolonialpublizisten und am Ende zum Kritiker der deutschen Kolonialpolitik unter Bismarck Gegenstand meiner Dissertation gewesen war und der in hohem Alter einmal rückblickend räsonierte:

---

[7] Einer Aufnahme von transkribierten Auszügen aus TV- und Rundfunkbeiträgen standen Lizenzmaßregeln im Weg. Deshalb habe ich diese Beiträge hier ganz unberücksichtigt gelassen; vgl. z.B. für TV-Beiträge: Festung Europa. Ein Gespräch mit dem Migrationsforscher Klaus J. Bade, Schweizer Fernsehen / Sternstunde Philosophie, 3sat, 20.9.2001; Steht Europa vor Jahrzehnten der Massenimmigration?, Neue Zürcher Zeitung / Standpunkte, 8.12.2015 (https://www.youtube.com/watch?v=zCm Hm-kuZxg); für Vorträge im Netz: Kulturangst und Willkommenskultur, 23.4.2015 (https://www.youtube.com/watch?v=E4px9nP 8sE); Integration, Kulturangst und Terror in der Einwanderungsgesellschaft, 23.10.2015 (https://www.youtube.com/watch?v=FviorsF3Jg8); für Rundfunkbeiträge: Wieviel Zuwanderung verträgt Europa? Gespräch mit dem Migrationsforscher Klaus J. Bade, 3sat, 22.2.2013; Zur Integrationsleistung der Politik, ARD, 7.12.2013 (tagesschau.de); Wir brauchen eine europäische Asylbehörde, SWR2, 7.4.2016; für weitere Medienbeiträge s. www. kjbade.de/Medienbeiträge und Vortragsveröffentlichungen; für eine wissenschaftliche Studienauswahl s. ebd./Bücher, Aufsätze sowie: K. J. Bade, Historische Migrationsforschung (Ges. Beiträge), hg.v. M. Bommes / J. Oltmer (Studien zur Historischen Migrationsforschung, Bd. 13), Göttingen 2004.

[8] Bei gekürzten Medienbeiträgen steht zu Beginn ein Hinweis auf die gedruckte Originalfassung. Anmerkungen wurden zum Teil reduziert oder auch fortgelassen. Die im zweiten Teil kapitelweise durchnummerierten Anmerkungen entsprechen nicht der Zählweise in den Originaltexten. Ab und an wurden zusätzliche Absätze eingebracht, um zum Beispiel lange Spalten aus Presseartikeln besser lesbar zu machen.

»Jede auf die Masse des Volkes berechnete Agitation hat ja ihre Schwierigkeiten, unter denen wohl die vorne ansteht, dass man so oft im Grunde dasselbe sagen muss; das ermüdet zuletzt den Geist. Und ist die Bewegung einmal im Fluss, so hat man auch sofort ihren wahren Gehalt gegenüber Überschwenglichkeiten und Übertreibungen zu schützen.«[9]

Nach dem Ende meiner Jahre als Gründungsvorsitzender des Sachverständigenrats deutscher Stiftungen für Integration und Migration Mitte 2012 ging für mich auch die damit verbundene Hektik des medialen Tagesbetriebs mit seinen allfälligen Interviews und Hintergrundgesprächen zurück. Anfragen und Einladungen habe ich seit 2015 auch zunehmend durch Empfehlung an jüngere Kolleginnen und Kollegen umverteilt.[10] Das gab ihnen mehr Chancen und mir mehr Zeit für andere Aufgaben, auch zum Rückblick – zum Beispiel in dieser autobiografischen Dokumentation.

* * *

Dieses Buch erscheint zugleich in einer über das Institut für Migrationsforschung und Interkulturelle Studien (IMIS) der Universität Osnabrück ins Netz gestellten Version mit kostenfreiem Zugang. Sie wird zur Buchvorstellung durch das Berliner Institut für empirische Integrations- und Migrationsforschung (BIM) am 21.4.2017 im Senatssaal der Humboldt Universität zu Berlin freigeschaltet (https://www.imis.uni-osnabrueck.de/fileadmin/4_Publikationen/PDFs/Bade_Migration.pdf). In beiden Inhaltsverzeichnissen der Netzfassung werden die entsprechenden Kapitel bzw. Beiträge durch Anklicken direkt erreicht.

Der Beauftragten der Bundesregierung für Migration, Flüchtlinge und Integration, Staatsministerin bei der Bundeskanzlerin Aydan Özoğuz, danke ich für Ihr Geleitwort und für die Förderung der umfänglichen Recherchen, Redaktions- und Schreibarbeiten zu dieser Publikation. Für die Förderung der Satzarbeiten danke ich der Gerda Henkel Stiftung. Die zunächst gar nicht vorgesehene Publikation auch als gedrucktes Buch verdanke ich der Förderung durch die Gemeinnützige Hertie-Stiftung und das Bundesamt für Migration und Flüchtlinge. Besonderen Dank schulde ich hier dem Vorstandsvorsitzenden der Gemeinnützigen Hertie-Stiftung und der Bundesagentur für Arbeit, Dr. h.c. Frank-Günter Weise, der 2015/16 auch Leiter des Bundesamtes für Migration und Flüchtlinge war.

Für ihre Hilfe bei den Recherchier-, Redaktions- und Satzarbeiten danke ich meiner Mitarbeiterin Nina Bätzing, Berlin, und der IMIS-Redakteurin Jutta Tiemeyer, Osnabrück. IMIS-Vorstand Prof. Dr. Jochen Oltmer, Osnabrück und Prof. em. Drs. Dieter Oberndörfer, Freiburg/Rostock danke ich für kritische Blicke in das Manuskript, meiner Frau Dr. Susanne Meyer für ihre bewährten Anregungen auch bei diesem Buch.

Klaus J. Bade
Berlin, Januar 2017

---

[9] F. Fabri, Wie weiter? Kirchenpolitische Betrachtungen zum Ende des Kulturkampfes, Gotha 1887, S. IV; vgl. K. J. Bade, Friedrich Fabri und der Imperialismus in der Bismarckzeit: Revolution – Depression – Expansion (Beiträge zur Kolonial- und Überseegeschichte, hg. v. R. von Albertini u. H. Gollwitzer, Bd. 13), Freiburg i. Br./Zürich 1975, Online-Ausg. 2005 mit neuem Vorwort (pdf), S. 505–512.

[10] Das Ergebnis sprach aus einer mir zuletzt noch bekannt gewordenen, von Anfang 2007 bis Mitte 2016 reichenden, personenbezogenen Auswertung deutschsprachiger Printmedien zum Thema Migrationsforschung (Zitations-Index) durch Hanno Hilbig (z. Zt. Harvard Univ.) im Auftrag von Ruud Koopmans am Wissenschaftszentrum für Sozialwissenschaften Berlin (WZB): Meine mediale ›Zitationskurve‹ lag in der Grafik zu meiner Überraschung zunächst durchweg weit an der Spitze. Sie wurde nur einmal, beim Amtswechsel im Vorsitz des Sachverständigenrats 2012, durch die kurz aufsteigende Kurve meiner Nachfolgerin Christine Langenfeld (seit 2016 am BVerfG) durchschnitten. Seit 2015 sank meine Index-Kurve dann kontinuierlich ins gehobene Mittelfeld – und das war auch gut so.

Einleitung: Grenzerfahrungen zwischen Migrationsforschung und Migrationspolitik

Leitmotiv meines – parteilosen – kritischen Engagements gegenüber der Entwicklung, öffentlichen Diskussion und politischen Bearbeitung von Migration, Flucht, Asyl und Integration war das Bemühen um Aufklärung über meines Erachtens in diesen Bereichen anstehende oder erwartbare Probleme und Aufgaben. Es ging mir dabei auch darum, durch wissenschaftlich fundierte, aber in menschenfreundlicher Prosa gehaltene Publikationen eine weitere Öffentlichkeit vertraut zu machen mit der Normalität der migratorischen Herausforderungen der Gegenwart und absehbar erscheinenden Zukunft, die von vielen als angstbesetzte historische Ausnahmesituation erlebt wurden und werden. An die Adresse der Politik richteten sich dabei meine immer wieder und lange vergeblich vorgetragenen Appelle zu einer Generaldebatte zum Thema Zukunft in Sachen Migration und Integration als Zentralbereichen der Gesellschaftspolitik – gestaltbar bei konzeptorientierter, pragmatischer Bearbeitung, aber möglicherweise eminent gefährlich bei Vernachlässigung oder Verdrängung (z.B. 2.5, 2.9, 3.5, 9, 11).

Es war und ist mir wichtig, durch die Vermittlung nüchterner Einsichten in die Möglichkeiten, aber auch in die Grenzen der Gestaltbarkeit zu einer pragmatischen Haltung gegenüber den anstehenden und absehbaren Herausforderungen in den Erfahrungs- und Gestaltungbereichen von Migration, Flucht, Asyl und Integration beizutragen. Manche der dazu von mir und anfangs wenigen anderen eingebrachten und beharrlich vorgetragenen Anregungen und Konzeptvorschläge sind nach langem politischem Desinteresse schließlich doch, wenn auch oft erst spät, aufgenommen und umgesetzt worden. Nicht selten bedurfte es dazu erst dramatischer Zuspitzungen in den Problemkonstellationen.

* * *

Aus meiner Beschäftigung mit dem Wandel Deutschlands vom stärksten Auswanderungsland Europas im späten 19. Jahrhundert zum nach den Vereinigten Staaten »zweitgrößten Arbeitseinfuhrland der Erde« (Imre Ferenczi) im frühen 20. Jahrhundert resultierte mein frühes Interesse an der Entwicklung von Zuwanderung, Zuwanderungspolitik und an der »Gastarbeiterfrage« in der Bundesrepublik, weil ich dabei überraschende Déjà-vu-Eindrücke zu gewinnen glaubte:

Politikgeschichtlich erinnerte mich etwa die Tabuisierung des Themas »Einwanderung« in den 1970er, 1980er und zum Teil noch in den 1990er Jahren in den Grundzügen an die regierungsamtlichen Berührungsängste gegenüber dem migratorischen Megathema »Auswanderung« im späten 19. Jahrhundert. Ähnliches galt politik- und mentalitätsgeschichtlich für die mir in den Grundzügen verwandt erscheinende Ambivalenz von Zuwanderungsbedarf und Zuwanderungsangst und die verbreiteten Abwehrhaltungen gegenüber »ausländischen Wanderarbeitern« im Kaiserreich und gegenüber den »Gastarbeitern« in der Bundesrepublik. Und es galt, bei allen gravierenden Unterschieden zwischen Geschichte und Gegenwart, bis hin zu mitunter im Ansatz verwandt erscheinenden politischen und institutionellen Gestaltungsfragen:

Zum Thema »Auswanderung« gehörte im späten 19. Jahrhundert zum Beispiel eine doppelte Weigerung Bismarcks: Er wollte weder zum Schutz der deutschen Auswanderer noch zu der – angesichts der generellen Auswanderungsfreiheit ohnehin nur in engen Grenzen und indirekt möglichen, in der weiteren Öffentlichkeit und insbesondere in der Kolonialbewegung aber vieldiskutierten – »Organisation« (Steuerung) der Auswanderung ein »Reichsauswanderungsgesetz« akzeptieren, geschweige denn ein »Reichsauswanderungsamt«, wie es sogar schon die deutsche Nationalversammlung von 1848/49 vorgesehen hatte.

Immerhin wanderten in der dritten, letzten und stärksten Phase der deutschen überseeischen Massenauswanderung des 19. Jahrhunderts von 1880 bis 1893 insgesamt rund 1,8 Millionen Menschen deutscher Staatsangehörigkeit bzw. Muttersprache (»mother tongue«) allein in die Vereinigten Staaten aus. Hintergrund war das lange anhaltende Missverhältnis im Wachstum von Bevölkerung und Erwerbsangebot. Mit dem rapiden Wirtschaftswachstum und dem damit steigenden Arbeitsplatzangebot im Kaiserreich und ausgelöst durch die Wirtschaftskrise in den Vereinigten Staaten (»panic of 1893«) brach die überseeische Massenauswanderung 1893 in sich zusammen. Fortan trat die Zuwanderung »ausländischer Wanderarbeiter« umso mehr in den Vordergrund der öffentlichen und politischen Migrationsdiskussion.

Forderungen nach Auswanderungsgesetzgebung stand Bismarck schroff ablehnend gegenüber, weil er fürchtete, solche Initiativen könnten die missliebige und als Thema regierungsamtlich nachgerade verdrängte Auswanderung nur noch weiter befördern, die in den 1980er Jahren verstärkt auch den preußischen Osten erreicht hatte. Sie verschärfte dort die von der internen Ost-West-Wanderung hervorgerufene »Leutenot« in der gutswirtschaftlichen Agrarproduktion, in der auch Bismarck selbst engagiert war.

Folge dieser defensiven Ausgrenzung aller mit politischer und insbesondere legislativer Gestaltung des »Auswanderungswesens« – vor allem des Schutzes deutscher Auswanderer auf dem Weg in ihre neue überseeische Heimat – zusammenhängenden Fragen war eine dramatische historische Verspätung: Das immer wieder vergeblich geforderte »Reichsauswanderungsgesetz« wurde erst 1897 Wirklichkeit, als die deutsche Massenauswanderung längst der Geschichte angehörte (2.5).[11]

Innerhalb der preußischen Landesgrenzen wiederum gab es zeitgleich noch andere Migrations-, vor allem aber Integrationsängste: Nach dem wirtschafts- und konjunkturbedingten Umschwung vom Aus- zum Zuwanderungsland im Jahrzehnt vor dem Ersten Weltkrieg stieg die Anwerbung »ausländischer Wanderarbeiter« zur Massenbewegung auf. Bedrohlich erschien dabei die nach den Italienern zweitstärkste, aus dem östlichen Ausland stammende Gruppe der polnischen »Wanderarbeiter«, die künstlich mobil gehalten wurde: Sie fluktuierte stark, weil sie aus Gründen der sicherheitspolitischen und kulturrassistischen antipolnischen »preußischen Abwehrpolitik« jährlich immer nur vom Frühjahr bis zum Spätherbst zugelassen und damit in die Bahnen einer transnationalen Saisonwanderung gezwungen wurde.

Dahinter stand die von Max Weber nicht nur kultursoziologisch, sondern auch kulturrassistisch begründete Angst vor einem Wandel dieser von ihm als »kulturell fremd« betrachteten Zuwanderung auf Zeit zu einer Einwanderung auf Dauer. Sie könnte, so Webers gefürchtetes Kulturparadox, zu einer »Polonisierung« des Landes und damit zu einem Unterliegen der »höher« stehenden deutschen Arbeiterkultur gegenüber einer auf einer »niedrigeren Kulturstufe« stehenden Massenzuwanderung führen; denn deren physische Überlegenheit resultierte für ihn paradoxerweise gerade aus ihrer durch »kulturelle« Unterlegenheit bedingten Anspruchslosigkeit, »Billigkeit«, »Willigkeit«, Belastbarkeit und aus ihrer demographischen Kraft.[12]

Demgegenüber stand in der Bundesrepublik eine, trotz aller Unterschiede, in einiger Hinsicht durchaus vergleichbare Erfahrung: Es war die lange Verdrängung des Wegs von der »Gastarbeiterfrage« zur Einwanderungsfrage. Damit verbunden war die beharrliche politische Weigerung, dieser gesellschaftlich eminent wichtigen Entwicklung legislativ und institutionell durch Einwanderungsgesetzgebung und Einwanderungspolitik Rechnung zu tragen; denn eine solche Verrechtlichung des missliebigen Phänomens könnte, so die Befürchtung, dazu beitragen, die konservative gesellschaftspolitische Lebenslüge zu unterlaufen: »Die Bundesrepublik ist kein Einwanderungsland!« Das lange umkämpfte und im Ergebnis bis zur Unkenntlichkeit verschlimmbesserte »Zuwanderungsgesetz« kam deshalb nicht minder historisch verspätet, nämlich erst 2005, als die legislativ nicht zureichend begleitete Massenzuwanderung von »Gastarbeitern« schon Jahrzehnte zurücklag.

Migrations- und Integrationspolitik aber werden auf der Bundesebene bis heute – was die zentrale Zuständigkeit in den durchaus interministeriell verteilten Aufgaben angeht – noch immer vor allem durch das Bundesministerium des Innern (BMI) betrieben. Dies geschah dort lange nur im Nebenamt; denn es brauchte Jahrzehnte, bis an die Stelle der vielsagenden Zuordnung der Migrations- und Integrationsfragen zur Grundsatzabteilung »G« überhaupt einmal die unter anderem auch für Migration und Integration zuständige Abteilung »M« (Migration)

---

[11] Vgl. K. J. Bade, Fabri, 1975/2005.

[12] Ders., Transnationale Migration und Arbeitsmarkt 1879–1929. Studien zur deutschen Sozialgeschichte zwischen großer Deflation und Weltwirtschaftskrise, Bd. 1: 1879–1914 (Habilitationsschrift Erlangen 1979), Online-Ausg. 2005 mit neuem Vorwort u. d. Titel: Land oder Arbeit? Transnationale und interne Migration im deutschen Nordosten vor dem Ersten Weltkrieg (https://www.imis.uni-osnabrueck.de/fileadmin/4_Publikationen/PDFs/BadeHabil.pdf).

entstand. Das BMI ist für diese Fragen aber ohnehin nur bedingt geeignet, weil sein ordnungspolitisches Denken in den Kategorien von Sicherheitspolitik und Gefahrenabwehr wenig hilfreich ist für die Gestaltung der wirtschafts- und gesellschafts- bzw. sozialpolitisch sowie im weitesten Sinne kulturpolitisch relevanten Aufgabenbereiche von Migration und Integration.

Und an die Stelle der kulturellen Untergangsvisionen von Max Weber im Blick auf die von ihm seinerzeit gefürchtete »Polonisierung« Preußens und Deutschlands – die nur eine bedrohliche Chimäre war und sich langfristig durch Rückwanderung, Weiterwanderung und Integration auflöste – trat in der Bundesrepublik die von der unausgesetzt agitierenden sogenannten »Islamkritik« gepredigte »demographische« und »kulturelle« Untergangsvision der »Islamisierung« Deutschlands und Europas.

Diese und andere historische Reminiszenzen in einer zunehmend geschichtsblinden Zeit waren mitbestimmend für meinen Blick auf die gesellschaftspolitisch alarmierende politische Verdrängung der anstehenden Gestaltungsfragen im Bereich von Migration, Flucht, Asyl und Integration. Das war mir Anlass, im Herbst 1982 die in Deutschland erste Geschichte und Gegenwart verbindende, interdisziplinäre und zugleich internationale sowie im Ansatz ganzheitliche Forschungskonferenz zu Fragen von Migration und Integration an der Akademie für politische Bildung in Tutzing zu veranstalten. Von der Tagung und der Publikation ihrer Ergebnisse gingen in der öffentlichen und vor allem in der wissenschaftlichen Diskussion um Migration und Integration in Deutschland nachhaltige Signale aus.[13]

Der Präsident der damaligen Bundesanstalt für Arbeit, Josef Stingl, schrieb in seinem Geleitwort zur Publikation der Tagungsergebnisse:

»Nun ist die Ausländerfrage in der Bundesrepublik Deutschland zwar einerseits zunächst aus den Bedürfnissen des Arbeitsmarktes heraus entstanden [...]. Andererseits aber ist die Ausländerproblematik längst [...] zu einem gesellschaftspolitischen Problem erster Ordnung, ja man kann mit dem Herausgeber sagen, zu einer ›importierten sozialen Frage‹ geworden. Andere Bereiche der Politik, wie Sozial-, Bildungs-, Außen- und Innenpolitik, haben viel zu lange ihre eigene Verantwortung vernachlässigt und Probleme der ausländischen Wohn- und Erwerbsbevölkerung allein der Steuerung durch den Arbeitsmarkt überlassen.

Soll es nicht zu kollektiven Frustrationen sowohl bei den Ausländern als auch bei den Deutschen kommen – Anzeichen davon sind schon heute erkennbar –, muss eine ganzheitliche Betrachtung des Problems erstrebt, die gesamte Lebenssituation der Ausländer berücksichtigt werden. Es geht eben um mehr als nur um ausländische ›Arbeitskräfte‹. Viele der in der Bundesrepublik Deutschland lebenden Ausländer befinden sich – um einen weiteren Leitbegriff dieses Bandes aufzugreifen – in einer echten ›Einwanderungssituation‹ [...]. Zu den Adressaten gehören, über die mit den Problemen des internationalen Wanderungsgeschehens in Geschichte und Gegenwart befassten Fachwissenschaften hinaus, die für die angesprochenen Bereiche politisch Verantwortlichen, aber auch der einzelne Bürger in seiner alltäglichen Begegnung mit dem ausländischen Mitbürger.«

Die von Stingl erhoffte Resonanz bei den »politisch Verantwortlichen« aber war, von Ausnahmen abgesehen, nicht zu erreichen. Im Blick auf die regierungsamtliche Haltung zu migrations- und integrationspolitischen Fragen auf der Bundesebene blieben die 1980er Jahre ein verlorenes Jahrzehnt. Ein Jahrzehnt nach der Publikation der Tagungsergebnisse (1984) habe ich in einer 1994 erschienenen kritischen Bestandsaufnahme nach dem Asylstreit und den blutigen Exzessen auf deutschen Straßen gewarnt:

»Viele, die in Deutschland politische Verantwortung tragen, haben die Spielregeln der

---

[13] Begleitpublikationen zur Forschungstagung: K. J. Bade, Vom Auswanderungsland zum Einwanderungsland? Deutschland 1880–1980. Mit einem Geleitwort des Präsidenten der Bundesanstalt für Arbeit, J. Stingl, Berlin 1983; Kurzfassung für die Akademie für Politische Bildung: ders., Gastarbeiter zwischen Arbeitswanderung und Einwanderung (Akademie für Politische Bildung, Tutzing; Reihe: Zur aktuellen Diskussion, H. 1), Tutzing 1983 (die Publikation wurde ob der potentiell Unruhe stiftenden kritischen Einschätzungen von der Akademie mit der salvatorischen Klausel versehen, die hier vertretenen Positionen seien diejenigen des Verfassers, nicht aber notwendig diejenigen der Akademie). Ergebnisse der Tagung in zwei Teilbänden: ders. (Hg.), Auswanderer – Wanderarbeiter – Gastarbeiter. Bevölkerung, Arbeitsmarkt und Wanderung in Deutschland seit der Mitte des 19. Jahrhunderts. Mit einem Geleitwort des Präsidenten der Bundesanstalt für Arbeit, J. Stingl, 2 Bde., Ostfildern 1984, 2. Aufl. 1986; vgl. ders., (Hg.), Population, Labour and Migration in 19th and 20th Century Germany (German Historical Perspectives, Bd. 1), Berg Publishers Ltd., Leamington Spa 1987; span. Übers.: Poblacion, trabajo y migracion en los siglos XIX y XX en Alemania (Ministerio de Trabajo y Seguridad Social, Centro de Publicaciones), Madrid 1992.

Einwanderungssituation noch immer nicht gelernt. Sie werden sich etwas einfallen lassen müssen, das die Wege zur Partnerschaft in der Einwanderungsgesellschaft offenhält; sonst drohen Spannungen und Konflikte, die die politische Kultur in diesem Land von Grund auf verändern können – und für die dann rückblickend wieder niemand verantwortlich gewesen sein will [...]. Nachhinkende Reparaturpolitik kann nicht ersetzen, was in der Einwanderungssituation an vorausschauender Gesellschaftspolitik für Migration, Integration und Minderheiten fehlt.«[14]

Ich glaube, dass diese schon rund ein Vierteljahrhundert alte Warnung, trotz aller grundlegenden Verbesserungen, ihre Aktualität noch immer nicht verloren hat.

* * *

Meine wissenschaftliche Arbeit insgesamt hatte seit den 1970er Jahren unterschiedliche Schwerpunkte: von der Kolonialgeschichte über die Wirtschafts-, Sozial- und Kulturgeschichte bis zu Migration und Integration in Geschichte und Gegenwart. Dabei rückte seit Mitte der 1970er Jahre eine Forschungsrichtung in den Vordergrund, die ich nach angelsächsischen Vorbildern »Historische Migrationsforschung«[15] nannte. Der neue Begriff blieb fachwissenschaftlich lange ein Fremdwort, bis auch die Historiker in Deutschland das Gewicht der dahinterliegenden Fragestellungen erkannten, was dann aus dringenden Einladungen sprach, die Migrationsgeschichte auch auf die Agenda von Historikertagen zu bringen, wo sie heute gut beheimatet ist.

Mein Engagement für diese neue Forschungsrichtung war methodisch geprägt durch einen interdisziplinären, stark historisch-sozialwissenschaftlichen Ansatz. Hinzu kam eine ganzheitliche Perspektive im Blick auf die Vielfalt der Erscheinungsformen des zeitgleichen transnationalen und internen Wanderungsgeschehens.

Migrationsforschung war in Deutschland in der Geschichtswissenschaft, aber auch in anderen Fachdisziplinen nach dem Zweiten Weltkrieg lange kaum mehr entwickelt, von wenigen Neuansätzen abgesehen. In der Geschichtswissenschaft hatte das vor allem vier Gründe: erstens die Disqualifizierung der »Wanderungsgeschichte« als Teil der »Bevölkerungslehre« im Nationalsozialismus; zweitens die Dominanz der noch lange stark historistisch geprägten Tradition der Politikgeschichte; drittens die Zurückhaltung gegenüber den für diese Forschungsrichtung unabdingbaren interdisziplinären Ansätzen; viertens die Skepsis gegenüber den dafür mitunter unverzichtbaren quantitativen Methoden.[16]

Neben meiner wissenschaftlichen Arbeit habe ich seit den frühen 1980er und verstärkt seit den 1990er Jahren versucht, im Bereich von Migrations- und Integrationspolitik mit Anregungen und Kritik gegenüber Politik, Verbänden und Stiftungen wirksam zu werden. Ich habe dies neben der direkten Beratung mit zwei von mir entwickelten Konzepten versucht, die ich »kritische Politikbegleitung« und »doppelten Dialog« nannte und die erfreulicherweise mancherlei Nachfolge gefunden haben:

Bei der »kritischen Politikbegleitung« über die Medien geht es um eine für Politik und weitere Öffentlichkeit erträgliche Verbindung zwischen wissenschaftlicher Fundierung und menschenfreundlicher Prosa. Sie soll die Öffentlichkeit informieren und zugleich Politik auf dem Weg über die Medien kritisch beleuchten und nötigenfalls unter Handlungsdruck setzen.

Der Unterschied zur direkten Politikberatung liegt in dem für kritische Politikbegleitung nötigen Abstand zur Politik; denn Distanz zur Politik ist die Voraussetzung ihrer Kontrolle, wie der Verfassungsrechtler und frühere Verfassungsrichter Dieter Grimm in anderem Zusammenhang einmal gesagt hat.[17] In der Praxis gab und gibt es freilich mancherlei Überschneidun-

---

[14] Ders., Ausländer – Aussiedler – Asyl. Eine Bestandsaufnahme, München 1994, S. 237f.
[15] Der Begriff »Historische Migrationsforschung« wurde und wird von mir in dem erweiterten Sinne verwendet, der auch Integration/Inklusion sowie, als Erscheinungsformen von Wanderung, auch die Dimensionen Flucht und Vertreibung einschließt.
[16] K. J. Bade, Sozialhistorische Migrationsforschung, in: E. Hinrichs/H. v. Zon (Hg.), Bevölkerungsgeschichte im Vergleich. Studien zu den Niederlanden und Nordwestdeutschland, Aurich 1988, S. 63–74; wieder abgedr. in: K. J. Bade, Sozialhistorische Migrationsforschung, hg.v. M. Bommes / J. Oltmer (Studien zur Historischen Migrationsforschung, Bd. 13), Göttingen 2004, S. 13–26 u.a.a.O.; ders., Sozialhistorische Migrationsforschung und ›Flüchtlingsintegration‹, in: R. Schulze / D. v.d. Brelie-Lewien / H. Grebing (Hg.), Flüchtlinge und Vertriebene in der westdeutschen Nachkriegsgeschichte. Bilanzierung der Forschung und Perspektiven für die künftige Forschungsarbeit (Veröffentl. d. Hist. Komm. f. Niedersachsen u. Bremen, Reihe 38, Bd. 4), Hildesheim 1987, S. 126–162.
[17] D. Grimm, Politikdistanz als Voraussetzung von Politikkontrolle, in: ders., Die Verfassung und die Politik. Einsprüche in Störfällen, München 2001, S. 183–190.

gen, weil erfahrungsgemäß aus Politikbegleitung auch Politikberatung werden kann.

Beim »doppelten Dialog« ging es mir um die seinerzeit noch mangelnde interdisziplinäre Kommunikation und Kooperation im Bereich der Wissenschaft sowie um den Austausch zwischen Wissenschaft und den verschiedensten Bereichen der Praxis, zu denen auch die Politik gehört. Zur Begründung muss ich etwas weiter ausholen:

Migration, Integration und interkulturelle Begegnung tangieren alle Bereiche gesellschaftlichen Lebens und damit auch die Forschungsfelder der verschiedensten Humanwissenschaften. Es gab und gibt deshalb Bedarf auch an praxisorientiertem Erkenntnistransfer zwischen den verschiedensten Forschungsfeldern, an Evaluation und Bereitstellung von vorhandenen, aber ungenutzten wissenschaftlichen Erkenntnissen.

Dabei ging es lange mitunter schlicht um Verständigungs- und Vermittlungsprobleme zwischen verschiedenen Forschungsrichtungen sowie zwischen Wissenschaft und Praxis: Lange herrschte in Deutschland zwischen Politik (»schmutziges Geschäft«) und Humanwissenschaften (»Elfenbeinturm«) eine tiefe Sprachlosigkeit, in der der Dialog eher die Ausnahme war. Es gab Berührungsängste und Legitimationsprobleme auf Seiten der Wissenschaft, verordnetes Desinteresse auf politischer Seite. Es gab aber auch den kontraproduktiven Mummenschanz der Begegnung im Rollentausch von Wissenschaftlern, die sich als Praktiker und von Praktikern, die sich als Wissenschaftler gerierten – in dem bekannten appellativen Fusionsprozess, bei dem die einen schließlich immer weniger von den anderen zu lernen imstande sind, weil sich beide jeweils miteinander zu verwechseln tendieren.

Hinzu kamen triviale, aber folgenreiche Kommunikationsprobleme: Der in den verschiedensten Wissenschaftsbereichen verfügbare Erkenntnisstand konnte von »Handlungsträgern«, sofern sie überhaupt daran interessiert waren, zuweilen auch aus technischen Gründen nicht berücksichtigt werden: zum Beispiel weil die zum Teil verstreuten Ergebnisse wissenschaftlicher Forschung nicht nur nicht zureichend angeboten wurden, sondern zum Teil sogar in der internationalen Wissenschaftspublizistik geradezu versteckt waren; weil gelegentlich unzureichend bedacht wurde, dass die Sprache der Wissenschaft und insbesondere die Spezialterminologie der jeweiligen Fachdisziplinen, Subdisziplinen und Forschungsrichtungen selbst im interdisziplinären Dialog und erst recht im Dialog zwischen Forschung und Praxis zu erheblichen Verständigungsproblemen führen kann; und schließlich, weil Forschungsergebnisse oft nur in originären Langfassungen existierten, nicht aber in übersichtlichen, verständlichen und im Rahmen des Möglichen handlungsorientierten Kurzfassungen für die Praxis.[18]

Dass einerseits komplexe Probleme dabei nicht wissenschaftsfremd vereinfacht werden dürfen, andererseits aber Praxis und Politik schon im Entscheidungsprozess ohne ein Mindestmaß an Vereinfachung oder Formalisierung nicht auskommen, ist eine Binsenweisheit; deren Nichtbeachtung indes war und ist nicht selten mitverursachend für das gegenseitige Missverstehen bzw. Nichtverstehen.

Ergebnis solcher Erfahrungen und Überlegungen war mein Bemühen um pragmatische Konzepte für jenen »doppelten Dialog« in den Forschungs- und Gestaltungsbereichen von Migration, Integration und interkultureller Begegnung. Das galt 1. für den Dialog zwischen den verschiedenen, mitunter sogar ohne Kenntnis voneinander auf verwandten Feldern arbeitenden Wissenschaftsdisziplinen und Forschungsrichtungen sowie 2. für den Dialog zwischen ihnen und den verschiedensten Bereichen der Praxis, zu denen auch die Politik gehört.

Während sich die mediale Öffentlichkeit zunehmend für die Themen »Einwanderung«, »Einwanderungspolitik« und »Einwanderungsgesetzgebung«, vereinzelt auch schon für den Begriff und das immer deutlicher erkennbare Phänomen der »Einwanderungsgesellschaft« öffnete, blieben die ministerialen Türen dafür verschlossen. Sie öffneten sich bei Gesprächen eher nach außen hin, wenn jenseits von »Zuwanderung«, »Ausländerfragen« und »Ausländerpolitik« von »Einwanderung« oder gar von »Einwanderungspolitik« geredet werden sollte; denn der politische Angstbegriff »Einwanderung« bezeichnete zum Beispiel in der »Ära« des umstrittenen Bundesinnenministers Zimmermann (CSU) in den 1980er Jahren eine in behördlich verordneter demonstrativer Erkenntnisverweigerung amtlich verbotene semantische Zone. Selbst »der Begriff Migration war amtlich

---

[18] K. J. Bade, Von der Ratlosigkeit der Politik und der Sprachlosigkeit zwischen Politik und Wissenschaft, in: Themen. Vierteljahreszeitschrift der Stiftung Christlich-Soziale Politik, 1991, H. 4, S. 20f.

verpönt«, erinnerte sich auch der seinerzeitige Präsident des Nürnberger Bundesamtes für die Anerkennung ausländischer Flüchtlinge (Bafl) und späteren Bundesamtes für Migration und Flüchtlinge (BAMF), Albert Schmid.[19]

Dementsprechend wurde in Beratungsgesprächen auf Referentenebene, zuweilen sogar mit einem gewissen Bedauern, gelegentlich mitgeteilt: »Wenn Sie hier über ›Einwanderung‹ reden wollen, darf ich das Gespräch nicht fortsetzen« bzw. »muss ich den Ministerialrat holen«. In diesen Kontext gehörte später auch meine eingangs erwähnte Begegnung mit einem schon pensionierten, ehedem mächtigen Ministerialbeamten des Bundesministeriums des Innern in den 1990er Jahren in Bonn, der sich mir mit dem stolzen Bemerken vorstellte, er sei derjenige, der Anfang der 1980er Jahre alles verhindert habe, was ich in dieser Hinsicht seinerzeit gefordert hätte.

* * *

Mein publizistisches Engagement in der kritischen Politikbegleitung, um das es bei der hier vorgelegten Auswahl an Beiträgen zumeist geht, zielte zunächst vor allem darauf ab, den Themen Migration und Integration in der Öffentlichkeit Beachtung und in der Politik den entsprechenden Rang zu verschaffen. Daran fehlte es bis Anfang der 1990er Jahre noch erheblich, vom hohen Stellenwert des Missbrauchs dieser Themen für populistische Zwecke einmal abgesehen. Das hat mir, besonders in Medienbeiträgen zu meinem Ausscheiden aus dem aktiven wissenschaftlichen Dienst (2007), Beinamen und Zuschreibungen eingetragen wie »Anwalt für die Fremden«, »Levitenleser«, »politischer Frühwarner«, »Mann, der Politpenner weckt« bzw. »jahrzehntelang dafür gekämpft« habe, »dass Politiker Migrationsprozesse verstehen«, »unermüdlicher Mahner in Sachen Integration«, »Aufklärer«, »Migrationspapst«, aber auch »Prophet im eigenen Einwanderungsland« und »Rufer in der Wüste«.[20]

Die mitunter auch gemeinsamen Anstrengungen von anfangs nur wenigen politisch, publizistisch und praktisch engagierten Wissenschaftlern haben wesentlich dazu beigetragen, das Begriffs- und Gestaltungsfeld »Migration« in der öffentlichen und politischen Diskussion zu platzieren. An diesen »Balanceakt einer politiknahen Wissenschaft« erinnerte im Frühjahr 1994 ein Pressebericht:

»Das Wort ›Migrationsforschung‹ wurde noch vor ein paar Jahren in mancher Zeitung aus Manuskripten gestrichen, weil der Leser damit angeblich nichts anfangen konnte. An der Universität wurden Forscher, die sich mit Wanderungsbewegungen und ethnischen Fragen befassten, als Exoten betrachtet. Diese Zeiten sind vorbei. Die Bedeutung der ›Migrations- und Ethnizitätsforschung‹ wird angesichts weltweiter Wanderungen und ausländerfeindlicher Gewalt anerkannt. Eine Konferenz folgt der anderen. Wissenschaftler werden bei aktuellen Anlässen nach ihrer Ansicht gefragt. Sogar Fördermittel für Untersuchungen fließen reichlich – noch, wie die Forscher betonen.« Wissenschaftler könnten sich darüber nicht ungetrübt freuen, fügte der Tagesspiegel an und zitierte aus einem Interview mit mir: »Das parteiübergreifende Dementi, die Bundesrepublik sei kein Einwanderungsland, hat mehr als ein Jahrzehnt lang eine der brisantesten politischen Aufgaben tabuisiert und blockiert«.[21]

»Das Wort Migration wird jetzt gesellschaftsfähig«, titelte Anfang 2001 ein Pressebericht über eine öffentliche Diskussion zwischen dem Präsidenten Nürnberger Bundesamtes und mir. »Migration, ein Wort, das lange in Deutschland ignoriert wurde und auch im amtlichen Verkehr nicht auftauchte, wird gesellschaftsfähig: Es gibt eine Zuwanderungskommission, die ihre ersten Erkenntnisse bald vorliegen wird, und das Nürnberger Bundesamt für die Aner-

---

[19] A. Jungkunz, »Wir sind einen gewaltigen Schritt weiter«. Migrationsexperte Bade begrüßt den neuen Realismus: Einwanderung ist kein Tabu-Wort mehr. Das Nürnberger Asyl-Bundesamt erhält bald mehr Kompetenzen und einen neuen Namen, in: Nürnberger Nachrichten, 27./28.1.2001; vgl. K. J. Bade, Das Tabu der Einwanderungspolitik, in: Die Welt, 31.1.2001.
[20] J. Sternberg, Der Levitenleser. Jahrzehntelang hat der Historiker Klaus J. Bade dafür gekämpft, dass Politiker Migrationsprozesse verstehen. Jetzt hält er seine Abschiedsvorlesung, in:

taz.die tageszeitung, 26.6.2007; vgl. u.v.a.: Anwalt für die Fremden, in: Caritas, 95.1994, H. 9, Sept. 1994, S. 381; J. Sternberg, Der Mann, der Politpenner weckt, in: taz.die tageszeitung, 27.6.2007; Politischer Frühwarner. Abschiedsvorlesung von Prof. Dr. Klaus J. Bade, in: Osnabrücker Nachrichten, 27.6.2007; Rufer in der Wüste, in: ebd., 28.6.2007; F. Wolff, Unermüdlicher Mahner in Sachen Integration, in: Die Welt, 28.6.2007; P. Bahners, Prophet im eigenen Einwanderungsland, in: Frankfurter Allgemeine Zeitung, 29.6.2007; Klaus J. Bade, ein Mahner in Sachen Integration, in: Die Welt online, 27.6.2007; J.-M. Gillies, Prof. Klaus J. Bade: Der Frühwarner, in: trend. Zeitschrift für soziale Marktwirtschaft, 29.2007, H. 111, S. 66–69; Aydan Özoğuz (8.13.2); Heiner Geißler (8.13.7).
[21] C. Böhme / P. Stoop, Balanceakt einer politiknahen Wissenschaft. Die Migrationsforschung hat Konjunktur. »Beharren auf Unabhängigkeit‹, in: Der Tagesspiegel, 22.4.1994.

kennung ausländischer Flüchtlinge bereitet sich darauf vor, Zentrum eines Netzwerkes für Migration und Integration zu werden. ›Wir brauchen jetzt eine Wie-Diskussion‹, brachte es der Migrationsexperte Prof. Klaus J. Bade […] auf den Punkt. Für ihn ist der ›Homo migrans‹ im Kommen und einen Diskurs darüber, ob Migration in Deutschland gebraucht wird oder nicht, hält er für längst überholt.«[22]

Fortan gewann dieser seit den 1980er Jahren von wenigen »Rufern in der Wüste« mühsam angeschobene Trend Eigendynamik. Die ehemals allumfassenden Begriffe »Ausländerpolitik« und »Ausländerrecht« wurden zunehmend ausdifferenziert und auf ihren tatsächlichen engeren Geltungsbereich eingegrenzt. Auch im rechtswissenschaftlichen, rechtspolitischen und rechtspraktischen Sprachgebrauch wurden sie zu Subkategorien der neuen Leitbegriffe »Migrationspolitik« und »Migrationsrecht«.

Selbst das von meinem 2005 verstorbenen Freund Günter Renner (bis 2004 Vorsitzender Richter am Hessischen Verwaltungsgerichtshof)[23] begründete und bis zu seinem Tod herausgegebene, seinerzeit wichtigste einschlägige rechtswissenschaftliche und rechtspolitische Zentralorgan »Zeitschrift für Ausländerrecht und Ausländerpolitik« (ZAR), dessen Fachbeirat ich noch lange angehörte, erwog einige Jahre nach Renners Tod, seinen Titel zu modernisieren, vorschlagsweise zum Beispiel in »Migrationsrecht und Migrationspolitik«. Die ZAR behielt, auch aus absatztaktischen Rücksichten, den ursprünglichen Titel bei, während der vorausschauende Günter Renner schon in den Jahren vor seinem Ruhestand das heute deutlich wichtigere rechtswissenschaftliche Fachportal »migrationsrecht.net« begründet hatte.[24]

Einschlägige Forschungsinstitute wie das Anfang der 1990er Jahre an der Universität Osnabrück gegründete »Institut für Migrationsforschung und Interkulturelle Studien« (IMIS) und ihre Publikationen fanden akademische, öffentliche und politische Anerkennung. Nach der Jahrhundertwende wurden schließlich auch erste Professuren mit zentraler oder doch teilweiser Zuständigkeit für historische und sozialwissenschaftliche »Migrationsforschung« sowie für »Migrationsrecht« geschaffen.

Lange mehr oder minder solitäre Zuschreibungen von sogenanntem Expertenrang für einige wenige hier engagierte Wissenschaftler – in meinem Falle die gleichsam standardisierte Rede von dem »Osnabrücker Migrationsexperten«, die mich, obschon Wahlberliner seit 2008, bis heute begleitet – verloren sich im erfreulicherweise nachrückenden Heer der wissenschaftlichen und publizistischen »Migrationsexperten«. Manche von ihnen wuchsen auch an der lange durch das Bundesministerium des Innern, durch die CDU/CSU und in den Medien durch das Innenressort der FAZ dominierten Abwehrfront heran, die frühe, gegen den politischen Stillstand in Sachen Migration und Integration gerichtete Vorschläge seinerzeit und rückblickend oft als »MultiKulti-Ideologie« verteufelte.[25] Manche von ihnen kommen heute zu nicht minder eigentümlichen Retrospektiven:

Im Begleitbuch zur durch Deutschland tourenden Ausstellung »Immer bunter. Einwanderungsland Deutschland« des Hauses der Geschichte in Bonn etwa ist erstaunlicherweise davon die Rede, dass die in Wahrheit lange mächtigen »Einwanderungsskeptiker« angeblich in der »öffentlichen politischen Debatte […] zunehmend in eine Minderheitenposition« geraten seien: »Eine ›migrationspolitische Fachöffentlichkeit‹ aus Sozialwissenschaftlern und Lobbygruppen forderte ein offensives Bekenntnis deutscher Politik zur Einwanderung. ›Mehr als ein Jahrzehnt lang galt als kleinster gemeinsamer Nenner aller einschlägigen regierungsamtlichen Statements die parteiübergreifende Lebenslüge: ›Die Bundesrepublik ist kein Einwanderungsland‹. Sie hat einen der wichtigsten und, bei Vernachlässigung, gefährlichsten gesellschaftlichen Gestaltungsbereiche tabuisiert und damit blockiert‹, so deren Wortführer, der Historiker Klaus J. Bade.«[26]

---

[22] D. Wittmann, Das Wort Migration wird jetzt gesellschaftsfähig. Experten tagten zum heiklen Thema Zuwanderung, in: Nürnberger Zeitung, 27.1.2001.
[23] Vgl. K. J. Bade, Nachruf Prof. Dr. Günter Renner, in: migrationsrecht.net, 22.9.2005 (http://kjbade.de/bilder/nachruf_renner.pdf); K. Hailbronner / J. Haberland, Zum Tode von Günter Renner (http://www.migrationsrecht.net/nachrichten-gesetzgebung-auslaenderrecht/352-nachruf-professor-dr-gr-renner-auslaer-und-zuwanderung-in-deutschland-beck-nomos-zar-hai.html).
[24] Die ZAR hat an interdisziplinärem kritischem Charme verloren, auf den ihr Gründer viel Wert legte, der hier seinerzeit sogar gelegentlich unter dem Pseudonym »Anonymous Tachydromos‹ satirisch-kritische Glossen beisteuerte. Über Günter Renner, als Gründer und Herausgeber von migrationsrecht.net s. http://www.migrationsrecht.net/internes/ueber-migrationsrechtnet/mnet-historie.html.

[25] Vgl. S. Luft, Abschied von Multikulti. Wege aus der Integrationskrise, Gräfelfing 2007.
[26] Ders., In neuer Verfassung – Einwanderungsland Deutschland, in: Haus der Geschichte der Bundesrepublik Deutschland (Hg.), Immer bunter. Einwanderungsland Deutschland. Begleitbuch zur Ausstellung im Haus der Geschichte, Bonn 2014,

Meine frühen, bald auch zusammen mit anderen publizistischen Akteuren aus Wissenschaft und verschiedenen Praxisfeldern unternommenen Anstrengungen im Bereich der kritischen Politikbegleitung waren in der Tat zum Teil durchaus wirksam. Das galt allerdings lange in der interessierten Öffentlichkeit weit mehr als in der zur Zeit der »Ära Kohl« an den Themen Migration und Integration demonstrativ desinteressierten Bundesregierung. Diese Arbeit war deshalb in Wahrheit lange sehr mühsam und mit vielen enttäuschenden Rückschlägen verbunden. Solche Erfahrungen veranlassten zum Beispiel einen der bedeutendsten und einflussreichsten deutschen Soziologen, Hartmut Esser, der sich sehr frühzeitig für Migration und Integration interessiert und engagiert hatte, dazu, sich zeitweise ganz aus dieser Thematik zurückzuziehen, weil, wie er mir gegenüber einmal bemerkte, die Bundesregierung in dieser Hinsicht offenbar nicht lernbereit oder nicht lernfähig sei.

Auch von solchen Enttäuschungen berichten die hier vorgelegten Beiträge. Immer wieder gab es überraschende Konjunkturen in der Diskussion um Migration und Integration mit steilen Spitzen und jähen Abstürzen – von den Wahlkämpfen seit den 1980er Jahren über die Debatten um die Reform des Staatsangehörigkeitsrechts (1990) und des Asylrechts (1993) oder um das »Zuwanderungsgesetz« (2005) und das »Anerkennungsgesetz« (2012) bis hin zu den mit den Themen Migration und Integration in Verbindung gebrachten fundamentalistischen Terroranschlägen und zu migratorischen Großereignissen, von den Fluchtwanderungen aus dem blutig zerfallenden Ex-Jugoslawien Anfang der 1990er Jahre bis herauf zur aktuellen »Flüchtlingskrise« (2015/16, Kap. 11).

Dazwischen gab es bis zum Aufstieg der Themen Migration und Integration zu Mainstream-Themen seit den späten 1990er Jahren (Kap. 9) immer wieder Phasen, in denen zum Beispiel mein alter Freund und Mitkämpfer, der in seiner Partei, der CDU, als »Multikulturalist« beargwöhnte konservative Republikaner Dieter Oberndörfer (Freiburg/Rostock) gesprächsweise konstatierte: »Das Thema ist weg und kommt so bald nicht wieder!« Und dann war es plötzlich doch wieder da und wir wurden von den Medien erneut in die publizistische Arena gebeten. Ähnlich stand es um nur vermeintliche argumentative Kurswechsel bei uns selber, wenn es darum ging, legislative Initiativen, wie zum Beispiel das Zuwanderungsgesetz, publizistisch einzufordern und ermutigend zu begleiten, dann aber damit verbundene, überbordende Hoffnungen und Erwartungen zu bremsen, um absehbaren Enttäuschungen vorzubeugen.

Immerhin waren langfristig auch politische und institutionelle Wirkungen kritischer Politikbegleitung zu verzeichnen. So bezeichnete das Bundesamt für Migration und Flüchtlinge (BAMF) 2015 in einem Rückblick auf die Entstehung der neuen Migrationsverwaltung in Deutschland einige meiner frühen Interventionen als »richtungweisende Gedanken, die sich in mehreren späteren Berichten und Gesetzentwürfen wiederfanden«.[27] Gemeint war damit insbesondere die von mir publizistisch intensiv beförderte Anregung eines »Bundesamtes für Migration und Integration«, die ideell mit den Weg bereitete zum Bundesamt für Migration und Flüchtlinge mit seiner angeschlossenen Forschungsabteilung, deren wissenschaftlichem Beirat ich seit Beginn angehöre. Ein anderes Beispiel war das von mir eingebrachte Konzept der nachholenden Integrationspolitik (Kap. 6.2).

Hinzu kamen in Bonn bzw. Berlin beachtete Denkanstöße zur konzeptionellen Gestaltung, aber auch zu den Grenzen der Gestaltbarkeit in Sachen Migrations- und Integrationspolitik. Daneben standen mancherlei ergebnisreiche Aktivitäten bei der Begründung von einschlägigen Vereinigungen und in der Zusammenarbeit mit Stiftungen. Es gab aber auch vergebliche Anregungen und Initiativen, darunter auch solche, die zunächst politisch empört zurückgewiesen, dann aber später und, ohne Erinnerung an die geistigen Urheber, stillschweigend übernommen oder sogar lautstark als originäre Eigenleistung eingeführt und medial gefeiert wurden. Zu den Spielregeln politischer Beratungs- und Begleitungsarbeit gehörte es, dann vielleicht zu schmunzeln, aber jedenfalls zu schweigen.

»Besserwisser« pflegen nur beliebt zu sein, wenn sie des Irrtums überführt werden können.

S. 140–157, hier S. 143. Das Ausstellungsbuch zeichnet zwar das notorisch verspätete Begreifen des Weges zum Einwanderungsland durchaus beeindruckend nach. Ihm fehlt aber die perspektivische Verlängerung zum Beispiel in Gestalt eines gegenwartsbezogenen und zugleich visionären Schlusskapitels über die soziale und kulturelle Eigendynamik der Migrations- und Einwanderungsgesellschaft. Neuland hätte dazu nicht beschritten werden müssen, Ergebnisse lagen vor.

---

[27] S. Worbs / A. Kreienbrink, Zehn Jahre Migrations- und Integrationsforschung im Bundesamt für Migration und Flüchtlinge, in: Zeitschrift für Ausländerrecht und Ausländerpolitik (ZAR), 10/2015, S. 325–331, hier S. 325f.

Das war bei mir und meinen Mitstreitern, leider, meist nicht der Fall. Es hat mich vielmehr mitunter bedrückt, besonders mit vergeblichen »Wenn-nicht-dann«-Warnungen Recht behalten zu haben. Dann hieß es, bis herauf zur aktuellen sogenannten Flüchtlingskrise, wiederkehrend und in den Medien widerhallend: »Niemand konnte voraussehen, dass ...«.

Neben und zunehmend in Überschneidung mit der kritischen Politikbegleitung und mitunter auch direkten Politikberatung habe ich mich bemüht, die interdisziplinäre Migrationsforschung durch Forschungs- und Publikationsinitiativen voranzubringen.

Dazu gehörten einerseits interdisziplinäre Tagungen und Sammelpublikationen mit zuweilen appellativem Charakter: Es ging dabei darum, eine Brücke zu schlagen zur Realität der heraufdämmernden Einwanderungsgesellschaft im Land der defensiven Erkenntnisverweigerung, das sich und seinen vor allem aus »Gastarbeitern« hervorgegangenen Einwanderern noch bis Anfang der 1990er Jahre glaubte bescheinigen zu müssen, »kein Einwanderungsland« zu sein.

Ein Beispiel dafür war die schon erwähnte große Forschungstagung über Bevölkerung, Arbeitsmarkt und Wanderung in Deutschland seit der Mitte des 19. Jahrhunderts an der Akademie für politische Bildung in Tutzing (Oktober 1982).[28] Ein anderes Beispiel war das unter meiner Leitung von zehn Wissenschaftlern erarbeitete und von insgesamt 60 Professorinnen und Professoren getragene »Manifest der 60: Deutschland und die Einwanderung« (1994, Kap. 3).[29] Weitere Beispiele reichen über das Sammelwerk »Deutsche im Ausland – Fremde in Deutschland: Migration in Geschichte und Gegenwart« (2000) mit seinem in der internationalen Forschung ebenfalls fortgeführten vergleichenden Ansatz bis hin zu der von mir initiierten »Enzyklopädie Migration in Europa« mit zwei deutschen (K. J. Bade, J. Oltmer) und zwei niederländischen (P. Emmer, L. Lucassen) Herausgebern, einem 30 Experten aus verschiedensten Fachgebieten umfassenden wissenschaftlichen Beirat und insgesamt rund 250 Beiträgen einer internationalen und interdisziplinären Autorenschaft.[30]

Zu den Bemühungen um eine Forcierung der interdisziplinären Migrationsforschung gehörten andererseits von mir konzipierte Forschungs- und Beratungsorganisationen: Das galt für das schon erwähnte »Institut für Migrationsforschung und Interkulturelle Studien« (IMIS) der Universität Osnabrück, für den bundesweiten »Rat für Migration« (RfM) mit seinen »Migrationsreporten« und politikkritischen Interventionen, für die gleichermaßen bundesweite »Gesellschaft für Historische Migrationsforschung« (GHM), für die »Akademie für Migration und Integration der Otto Benecke Stiftung e.V.« (OBS) und zuletzt für den von acht großen Stiftungen getragenen »Sachverständigenrat deutscher Stiftungen für Integration und Migration« (SVR) (Kap. 4, 8).

Dazu gehörten schließlich auch von mir konzipierte Publikationsreihen dieser Institutionen: Das reichte von den nach wie vor am IMIS in Osnabrück herausgegebenen »IMIS-Beiträgen«, den »IMIS-Schriften«[31] und den ebenfalls dort erscheinenden »Studien zur Historischen Migrationsforschung« (SHM)[32] über den »Migrationsreport« des Rates für Migration[33] und die »Beiträge der Akademie für Migration und Integration« der Otto Benecke Stiftung e.V.[34] bis hin zur Grundkonzeption der Publikationen des SVR, insbesondere seines »Jahresberichts« und seines »Integrationsbarometers« (Kap. 8).[35]

Meine zahlreichen Gründungsinitiativen und Mitgliedschaften weckten bei dem einen oder anderen Beobachter offenbar zeitweise den Eindruck von einer Art bundesweit zentralem

---

[28] S. Anm. 13.
[29] K. J. Bade (Hg.), Das Manifest der 60: Deutschland und die Einwanderung, München 1994 (veröffentlicht im November 1993, in diesem Band: Kap. 3 (https://www.imis.uni-osnabrueck.de/fileadmin/4_Publikationen/PDFs/DasManifestder60.pdf).
[30] K. J. Bade / P. C. Emmer / L. Lucassen / J. Oltmer (Hg.), Enzyklopädie Migration in Europa vom 17. Jahrhundert bis zur Gegenwart, (1. Aufl. Paderborn 2007) 3. Aufl. Paderborn 2010; englischsprachige Fassung: dies. (Hg.), The Encyclopedia of European Migration and Minorities. From the Seventeenth Century to the Present, Cambridge 2011.
[31] IMIS-Beiträge: Beiträge des Instituts für Migrationsforschung und Interkulturelle Studien (1.1992–50.2016, derzeit hg. i. A. d. Institutsvorstands v. J. Oltmer); IMIS-Schriften: Schriften des Instituts für Migrationsforschung und Interkulturelle Studien (Bde. 1–15, 1996–2010, versch. Verf. u. Hg., Reihen-Hg. Institutsvorstand).
[32] SHM: Studien zur Historischen Migrationsforschung (1.1995–33.2017, bis Bd. 12 hg. v. K. J. Bade, dann zusammen mit J. Oltmer, seit Bd. 30 hg. v. J. Oltmer.
[33] Migrationsreport. Fakten – Analysen – Perspektiven (2000–2010, versch. Hg.).
[34] Beiträge der Akademie für Migration und Integration der OBS (1.1999–15.2015, versch. Hgg.).
[35] Jahresgutachten (mit Integrationsbarometer) des Sachverständigenrats deutscher Stiftungen für Integration und Migration (2010–2016, versch. Hg.).

Strippenzieher hinter den Kulissen des Osnabrücker Instituts für Migrationsforschung und Interkulturelle Studien. Auch deswegen habe ich mich mitunter geweigert, bei von mir mit angeschobenen oder sogar initiierten Initiativen nach außen hin wirkende Führungspositionen zu übernehmen und lieber bewusst aus der zweiten Reihe oder auch ganz im Hintergrund operiert.

Der Migrationssoziologe Hartmut Esser etwa fragte mich einmal am Rande einer Sitzung der »Arbeitsstelle interkulturelle Konflikte und gesellschaftliche Integration (AKI)« am Wissenschaftszentrum Berlin für Sozialwissenschaften (WZB), deren Steuerungsgruppe wir beide angehörten, ob ich angesichts meiner vielen Mitgliedschaften in Beiräten, Kuratorien und anderen Vereinigungen nicht gelegentlich gegen mich selbst arbeiten müsse. Dieser Gedanke war in der Tat nicht ganz abwegig, wie zum Beispiel ein Konflikt zwischen dem Nürnberger Bundesamt für Migration und Flüchtlinge (BAMF) mit seiner Forschungsabteilung und deren Wissenschaftlichem Beirat und dem Kuratorium des »Bundesinstituts für Bevölkerungsforschung (BIB)« in Wiesbaden zeigte, in dem ich gefordert war, weil ich beiden Gremien angehörte (Kap. 6.1). Grenzgänger haben mitunter mit dem Problem der Selbstverortung zu tun und mit dem Risiko, zwischen die Fronten zu geraten.[36]

---

[36] Vgl. hierzu als Antworten aus der Medienlandschaft: A. Seibel, Der lange Atem des Migrationsforschers. Porträt Klaus J. Bade, in: Die Welt, 3.7.2001; H. Prantl, Einzelkämpfer für Einwanderer. Der Sachverständigenrat verabschiedet seinen Chef Klaus Bade, in: Süddeutsche Zeitung, 30.8.2012; Im Gespräch mit Prof. Dr. Klaus J. Bade, Interview in: Zeitschrift für Sozialmanagement, 12.2014, H. 1, S. 53–56.

Teil I:
Einführungen

Migrationsforschung, interdisziplinäre Forschungsorganisation und kritische Politikbegleitung seit den 1980er Jahren

1 Politische Erkenntnisverweigerung: vergebliche Warnungen und Mahnungen im verlorenen Jahrzehnt der 1980er Jahre (1.1–7)

Migrationspolitik wird weitgehend auf der Bundesebene gemacht. Integrationspolitik ist vorwiegend Ländersache. Und Integration selbst ereignet sich immer nur »vor Ort«, also auf der kommunalen Ebene. Hier entscheidet sich, ob und inwieweit sie gelingt oder misslingt.

Rahmenbedingungen dafür aber werden nicht nur auf der Länderebene, sondern auch auf der Bundesebene gesetzt. Die Medien spielen dabei eine entscheidende Rolle – als Multiplikatoren von pragmatischem Realitätsbezug oder populistischer Flucht aus der Wirklichkeit. Das war auch in den 1980er Jahren nicht anders:

Auf der Bundes- und zum Teil auch auf der Länderebene gab es endlose, in den Medien widerhallende Turnierkämpfe um die Grundsatzfrage, ob die Bundesrepublik ein »Einwanderungsland« sei oder nicht (9.2.1). Medienredaktionen verlängerten diese Diskussion oft gegen die Absicht von Autoren: Von außen eingereichte Beiträge, die sich mit durchaus anderen Aspekten von Migration und Integration beschäftigten, bekamen Titel aufgedrückt wie »Wir sind ein Einwanderungsland!« (5.2.12). In der »Ära Kohl« dominierte auf der Bundesebene und in den von CDU oder CSU geführten Landesregierungen das gegen alle wissenschaftliche Evidenz ebenso trutzig wie hilflos durchgehaltene Motto der defensiven Erkenntnisverweigerung »Die Bundesrepublik ist kein Einwanderungsland!«

Ergebnis war ein sozialschizoides Paradox: eine Einwanderungssituation ohne Einwanderungsland. Das fand politisch-praktischen Ausdruck in Abwehrprogrammen – von der »Integration auf Zeit« über die »Aufrechterhaltung der Rückkehrbereitschaft« und die »Rückkehrprämien« bis zu den »Nationalitätenklassen« in Bayern. Das alles erschwerte die dauerhafte, auf Einwanderung gerichtete Integration und förderte bei der »Gastarbeiterbevölkerung« die in der ersten Generation lange aufrecht erhaltene Rückkehrillusion.

Sozialschizoid war diese Situation auch, weil sich trotz dieser politischen Abwehrdispositionen und trotz der dadurch verzögerten Entwicklung von Einwandererbewusstsein bei der Zuwandererbevölkerung in der alltäglichen Lebenspraxis eine echte Einwanderungssituation entfaltete. Das erwiesen schon frühzeitig wissenschaftliche Umfragen und empirische Studien, die allerdings politisch kaum zur Kenntnis genommen wurden. Die Entwicklung dieser echten Einwanderungssituation wurde vielmehr durch die politisch und medial geförderten Abwehrhaltungen in weiten Teilen der Mehrheitsbevölkerung überschattet.

Dass sich hinter den abweisenden Kulissen des De-jure-Nichteinwanderungslands ein De-facto-Einwanderungsland entwickeln konnte, wurde entscheidend gefördert durch die kommunale Integrationsarbeit: Hier gab es – ob bewusst so konzipiert und betrieben oder als beiläufiges Ergebnis kommunaler Alltagspraxis und der Arbeit von Mittlerdiensten bzw. Wohlfahrtsverbänden – eine durchaus erfolgreiche pragmatische Integrationspolitik. Sie entwickelte sich fern aller auf der Bundesebene geführten Ritterspiele um die Frage, ob die Bundesrepublik ein Einwanderungsland sei oder nicht (9.2.1).[37]

Im Vergleich zu dieser stillen und erfolgreichen pragmatischen Integrationspolitik auf der kommunalen Ebene erscheinen die 1980er Jahre auf der Bundes- und oft auch auf der Länderebene als ein verlorenes Jahrzehnt für die Gestaltung von Migration und Integration als Schlüsselbereichen der Gesellschaftspolitik.

* * *

In einer großen Zahl von Medienbeiträgen habe ich, zusammen mit anfangs nur wenigen Mitkämpfern vor allem aus dem Bereich der Politik-

---

[37] Vgl. K. J. Bade / M. Bommes, Migration und politische Kultur im »Nichteinwanderungsland«, in: Bade, Sozialhistorische Migrationsforschung, 2004, S. 437–472.

und Sozialwissenschaften sowie der damals noch »Ausländerpädagogik« genannten frühen interkulturellen Forschungsarbeit, immer wieder versucht, in dieser Hinsicht an die politische Vernunft zu appellieren. Oft und lange vergeblich habe ich darauf hingewiesen, dass demonstrative Erkenntnisverweigerung, defensives Verdrängen und Flucht aus der gesellschaftspolitischen Verantwortung gegenüber der Wirklichkeit die unausweichlich anstehenden gesellschaftlichen Probleme nur verschärfen würden und dass deshalb Nichthandeln auch eine – unverantwortliche – Form des Handelns sei, mit möglicherweise verhängnisvollen Folgen für alle.

Die Textauswahl dokumentiert das lange argumentative Anrennen gegen politische Gummiwände insbesondere in der »Ära Zimmermann« (1982–1989) der Regierung Kohl in den 1980er Jahren. Manche der im Folgenden ausgewählten Texte lesen sich passagenweise heute fast wie aktuelle Beiträge, zum Beispiel die frühen Appelle zur Akzeptanz von Migrations- und Integrationspolitik als Zentralbereiche der Gesellschaftspolitik.

Aber das war auch im Rückblick von der Jahrzehntwende der 1980/90er Jahre aus schon der Fall. So fand ich im Manuskript für einen Vortrag vor dem Stifterverband für die Deutsche Wissenschaft vom Februar 1990 die einigermaßen frustrierte Bemerkung: »Weniger erbaulich für jene kritischen Beobachter, die mit ihren Warnungen vor einem Jahrzehnt vergeblich an den politischen Entscheidungsprozess appellierten, ist die Erfahrung: Perspektiven in alten Manuskripten können zu aktuellen Bestandsaufnahmen schlicht dadurch werden, dass man das Futur durch das Präsens oder sogar schon durch das im Imperfekt ersetzt.« (1.6)

2 Politische Selbstblockade unter Zuwanderungsdruck: der Asylstreit und die Gewaltexzesse der frühen 1990er Jahre (2.1–11)

Anfang der 1990er Jahre kam unter starkem Zuwanderungsdruck (Umsiedler aus den neuen Bundesländern, Aussiedler und Juden aus der GUS, Flüchtlinge aus Ex-Jugoslawien) die Stunde der Wahrheit für konzeptionelle Versäumnisse in der Migrations-, Asyl- und Integrationspolitik in den 1980er Jahren und zuvor. Das gleiche galt für die nicht erfüllte Bringschuld von Politik bei dem gesellschaftspolitischen Erklärungsbedarf gegenüber der Mehrheitsbevölkerung, der mit Zuwanderung und Integration, Zuwanderungs- und Integrationspolitik verbunden war.

Ein wichtiger Schritt voran war hier die Reform des Ausländerrechts durch Bundesinnenminister Schäuble 1990. Zu ihrer problematischen Seite gehörten eine erhebliche Komplizierung der ohnehin unübersichtlichen Rechtslage und die Tatsache, dass für Jugendliche aus der »Gastarbeiterbevölkerung« zwar die Übernahme der deutschen Staatsangehörigkeit leichter wurde, das Leben als Ausländer im sperrigen Nicht-Einwanderungsland hingegen nicht.

Das Echo der Reform des Ausländerrechts ging unter im publizistischen Taumel der Vereinigungsdiskussion. Sie überdeckte eine Zeitlang auch die schwelende Krise in Sachen Migration und Integration, bis der durch die Zuwanderung von Flüchtlingen aus dem blutig zerfallenden Ex-Jugoslawien verschärfte Asylstreit wie ein Sprengsatz in explosivem Gelände wirkte.

In der Konfrontation mit der lange verdrängten Wirklichkeit flüchtete Parteipolitik in Selbstlähmung durch wechselseitige Schuldzuschreibungen in Angst vor dem Bürger als Wähler. Die Empörung von »unten« traf auf die Rat- und Konzeptionslosigkeit von »oben« (2.4), bis Politik zeitweise so unter den Druck der Exzesse auf den Straßen geriet, dass Bundeskanzler Kohl den Eindruck gewann, das Land könne durch den parteipolitischen Streit um Migrations- und Asylfragen »unregierbar« werden.

Ich war zu dieser Zeit wissenschaftlicher Berater in dem kleinen Mitarbeiterstab der Ausländerbeauftragten Liselotte Funcke (FDP) und lernte dabei das Räderwerk der politischen Prozessmaschine – aus der Sicht einer immer wieder ausgegrenzten Teileinheit – ein Stück weit von innen und unten her kennen.

Trotz der von uns immer wieder warnend angesprochenen angespannten Situation lehnte Bundeskanzler Kohl die – weitgehend mit meinen Ideen und Vorschlägen übereinstimmenden – Reformeingaben aus dem »Büro der Ausländerbeauftragten« bis zuletzt ab. Das war für Liselotte Funcke 1991 Anlass zum Rücktritt. Die haltungsstarke Politikerin wollte ihn an sich als stillen Amtsverzicht vollziehen, ließ ihn auf die Einrede ihres Mitarbeiterstabs hin aber dann doch als demonstrativen Rücktritt gestalten. Der Bundeskanzler reagierte empört und ließ das Amt der »Ausländerbeauftragten« fast ein halbes Jahr unbesetzt, um zu demonstrieren, für wie unbedeutend und letzlich unnötig er diese Institution und ihre Aufgabenfelder hielt (2.1). Erst der dritten Ausländerbeauftragten der Bundesregierung, Funckes Nachfolgerin Cornelia Schmalz-Jacobsen (FDP), sollte es gelingen, das Amt der Beauftragten für Ausländerfragen überhaupt gesetzlich (§§ 91a ff. Ausländergesetz) zu verankern (5.1.1).

Ich kannte Helmut Kohl flüchtig persönlich, weil wir den gleichen »Doktorvater«[38] hatten, was mir den ansonsten weitgehend blockierten direkten Zugang zu seinem Büro ermöglichte. Ich übersandte dem Bundeskanzler deshalb schließlich in direkter Zuschrift meine gesellschaftspolitisch orientierten Reformvorschläge. Institutionell gehörte dazu auch das, was sehr viel später einmal mit dem »Bundesamt für Migration und Flüchtlinge« und seinem angeschlossenen Forschungszentrum Gestalt annehmen sollte. Helmut Kohl fand meine »ganzheitlichen« Perspektiven zwar politisch bedenkenswert, wollte dieser Dimension aber legislativ und institutionell möglichst wenig an konkretem Eigenleben zugestehen (Kap. 6.1).[39]

Mit der einschneidenden Einschränkung und Verschärfung des Asylrechts durch den »Asylkompromiss« von 1992/93 (2.9), der für die einen die Rettung des Asylrechts, für die anderen dessen rechtliche Ruinierung war, wurde das Kernproblem nicht beseitigt: die aus Konzeptionslosigkeit resultierende Handlungs- und Planungsunsicherheit in Migrations- und Integrationsfragen. Der Konflikt schwelte deshalb weiter.

3 Formation zum wissenschaftlichen Protest: »Das Manifest der 60: Deutschland und die Einwanderung« 1993/94 (3.1–5)

Anhaltende politische Erkenntnisverweigerung im Einwanderungsland wider Willen, politische Ratlosigkeit bei steigendem Zuwanderungsdruck, Bürgerangst und Explosion der Gewalt in den blutigen Exzessen der frühen 1990er Jahre waren der dramatische zeitgenössische Problemhintergrund für das von mir herausgegebene »Manifest der 60: Deutschland und die Einwanderung«[40]. Die Idee dazu hatte ich an unserem Institut für Migrationsforschung und Interkulturelle Studien (IMIS) der Universität Osnabrück (Kap. 4.1) entwickelt, wo es für eine zügige Realisierung des Vorhabens gute personelle und materielle Voraussetzungen gab. Die Zeit schien endlich politisch reif für einen solchen geballten Vorstoß.

Ursprünglich hatte ich ein »Memorandum der 60« geplant und den Titel dann auf Vorschlag des Verlags C.H. Beck in »Manifest« umbenannt. Das »Manifest der 60« sollte die aktuellen und mittelfristig erwartbaren Probleme des Einwanderungslandes Deutschland umreißen und sie in den globalen Kontext der Entwicklung von Bevölkerung und Wanderung rücken. Es sollte eine konzeptionelle Antwort auf die mit dem Wandel zu Einwanderungsland und Einwanderungsgesellschaft verbundenen Fragen einfordern und konkrete Anregungen dazu geben. Insgesamt sollte der Generalappell auf einen offenen und kritischen Austausch zwischen wissenschaftlicher Forschung und politischer Praxis zielen.

Zur Umsetzung dieses ambitionierten Grundkonzepts konnte ich kurzfristig ein multidisziplinäres Team von zehn Autoren zusammenbringen, das mein Grundkonzept diskutierte und weiterentwickelte. Das Team, das sich meist in kleineren Gruppen, aber auch als Plenum traf, vereinigte verschiedene Fachwissenschaften und Forschungsrichtungen, unterschiedliche Sichtweisen und Meinungspositionen. Dazu gehörten neben mir als Historiker und Migrationsforscher die Erziehungswissenschaftlerin und Bildungsforscherin Ursula Boos-Nünning, der Migrationssoziologe Friedrich Heckmann, die Politikwissenschaftler Claus Leggewie, Dieter Oberndörfer und Peter J. Opitz, die Rechtswissenschaftler Otto Kimminich und Michael Wollenschläger, der Wirtschaftswissenschaftler Meinhard Miegel und der Bevölkerungswissen-

---

[38] Prof. Dr. Walther Peter Fuchs, früher Heidelberg/Karlsruhe, später Erlangen, wo ich Wiss. Ass. bei W. P. Fuchs und dann bei seinem Nachfolger Michael Stürmer war.
[39] S. Anm. 137.
[40] Bade, Manifest der 60, 1994, veröffentlicht im November 1993.

schaftler Rainer Münz, mit dem ich bei dem Vorhaben besonders eng kooperieren konnte.[41]

Das geplante Manifest wurde vom Stifterverband für die Deutsche Wissenschaft sowie, unter Vermittlung von Geschäftsführer Christian Petry, durch die Freudenberg Stiftung gefördert und am IMIS von meinem Mitarbeiter Jochen Oltmer redaktionell betreut. Das von mir geleitete Autorenteam arbeitete nach einem detaillierten, auf Zuordnung ohne unnötige Überschneidung ausgerichteten arbeitsteiligen Konzept unter extremem Zeitdruck: Das Manifest sollte in seinem Kerntext (3.1) aus einer gemeinsamen Erklärung in Gestalt von gut aufeinander abgestimmten Kurzbeiträgen der zehn Autoren bestehen. Dann sollten die insgesamt 60 Unterschriften folgen, von denen 50 unter Vorlage des Manifest-Kerntextes erst noch einzuwerben waren. Anschließend sollten erläuternde Beiträge der zehn Autoren die Kurzbeiträge des Manifests vertiefen.

Die im Rahmen der gewählten Struktur passgerechte Ausrichtung der Beiträge mit Zulassung unterschiedlicher politischer Gestaltungsperspektiven, aber ohne unnötige Überschneidungen und in menschenfreundlicher Prosa war eine nachgerade generalstabsmäßige redaktionelle Leitungsaufgabe. Ich bin dabei einer Lebensregel in diesem Metier treu geblieben: Vor der Alternative, ein liebenswürdiger Kollege oder ein guter Herausgeber zu sein, habe ich mich immer dafür entschieden, ein guter Herausgeber zu sein.

Die Programmschrift sollte in einem scharf kalkulierten Wettlauf gegen die Zeit innerhalb eines halben Jahres abgeschlossen und im November 1993 vom Verlag C.H. Beck gedruckt werden, dem ich als mehrfacher Buchautor und -herausgeber gut vertraut war. Verleger Wolfgang Beck, der das engagierte Vorhaben zu seinem eigenen machte, ermöglichte die Umsetzung des engen Zeitplans und verzichtete aus Zeitgründen vertrauensvoll sogar auf ein Endlektorat. Der Lektor traf sich stattdessen mit meinem Mitarbeiter Jochen Oltmer zur Endproduktion an den Druckmaschinen des Verlags in Nördlingen. 12 000 Exemplare wurden im November ausgedruckt.[42]

Das alles gelang – obgleich es bis kurz vor der Drucklegung noch darum ging, mit der Einwerbung von genau 50 weiteren Unterschriften dem Titel »Manifest der 60« zu entsprechen – keine Unterschrift zu wenig, keine zu viel. Die Unterzeichner kamen aus den verschiedensten Fachgebieten und Forschungsrichtungen: von Demographie und Wirtschaftswissenschaften, Geographie und Geschichte, Sozial-, Politik- und Rechtswissenschaften über Pädagogik, Bildungsforschung und Sprachwissenschaft, Medizin, Psychologie und Psychoanalyse bis hin zu Kulturanthropologie, Ethnologie und Theologie.

* * *

Das »Manifest der 60« fand breite Resonanz in der bis dahin weitgehend düsteren und relativ perspektivlosen öffentlichen Diskussion (3.4):

»Die Politik, das sind die Ziele und die Wege, die sich eine Gemeinschaft ausarbeitet, um zu versuchen, ihre Zukunft zu meistern«, kommentierte aus Paris Alfred Grosser, der Osnabrück später wiederholt besuchte, auch zur Eröffnung des IMIS-Graduiertenkollegs sprach und mit dem mich bald eine wissenschaftliche Freundschaft verband. »Gerade in diesem Sinn ist das Manifest ein Appell an regierende Parteien, Organisationen, doch gerade für die Problematik der Einwanderung ›die Notwendigkeit einer aktiven Gestaltung der anstehenden Probleme‹ einzusehen.« Das Manifest mit seinem Appell zur Erleichterung des Erwerbs der Staatsangehörigkeit, aber auch mit seinem Votum für eine Begrenzung von Multikulturalismus durch die Grundwerte der Rechtsordnung und des republikanischen Verfassungsstaats lese sich »mit französischen Augen besonders gut […]. Aber das Manifest würde auch in Frankreich als mutig gelten. Deshalb ist auf eine Verbreitung in ganz Europa zu hoffen!«[43]

---

[41] Anfängliche Begleitung durch Büro Schmalz-Jacobsen und Christian Petry, mit dem ich annähernd zeitgleich ein bundesweites und halbamtliches »Zentrum für Migrationsfragen und interkulturelle Entwicklung« vorbereitete und aus dem eine »Deutsche Gesellschaft für Migrationsforschung« hervorgehen sollte.

[42] Im technischen Text wurde das Jahr 1994 angegeben, damit das Buch nicht schon zwei Monate später als Titel aus dem vergangenen Jahr wirkte. Rund 1 000 Exemplare konnten dank der Freudenberg Stiftung an politische und behördliche Adressaten, an Verbände in Bund und Ländern sowie an die Medien verteilt werden.

[43] A. Grosser, »Ach, Professoren!«, werden manche Leser seufzen, in: Handelsblatt, 28./20.1.1994. Alfred Grosser über das IMIS in der Friedensstadt Osnabrück: »Im Grundgesetz steht, dass die Würde des Menschen unantastbar sein, nicht die des Deutschen. In diesem Sinne ist die größte heutige Friedensleistung von Osnabrück das Wirken des Instituts für Migrationsfor-

Heribert Prantl betonte die nationale und die globale kritische Perspektive des Manifests: »Die Bundesrepublik nimmt einen unkontrollierten Prozess des Einsickerns von Einwanderern in Kauf und versucht dann nachträglich, mit den Mitteln des Ausländer- und Polizeirechts damit fertig zu werden«, statt endlich angemessene legislative und institutionelle Antworten auf diese Herausforderung zu finden in Gestalt von aktiver Einwanderungspolitik, Einwanderungsgesetzgebung und der Schaffung eines entsprechenden Ministeriums.

Nicht minder vehement bestätigte Prantl (3.3) die kritische Globalperspektive des Manifests: »Migration, also weltweite Wanderung, findet statt, ob einem das nun passt oder nicht. Sie findet auch dann statt, wenn die Politik sich vor ihr versteckt. Da der Reichtum in absehbarer Zeit nicht zu den Armen wandern wird, werden die Armen weiter zum Reichtum wandern – getrieben von Hunger, Unterdrückung, Bürgerkrieg und Zerstörung, gelockt von der Aussicht auf ein Leben, das ein wenig besser ist als das bisher gelebte. Erstmals in der Geschichte wird das Gefälle zwischen Nord und Süd, zwischen West und Ost via Film und Fernsehen nicht nur weltweit wahrgenommen, sondern auch als grobe Ungerechtigkeit empfunden – die Medien zeigen nämlich nicht nur den westlichen Wohlstand, sie lehren auch die universale Geltung der Menschenrechte.«

Prantl betonte in diesem Zusammenhang eine Forderung des Manifests, die heute wieder neu diskutiert wird: »Einwanderer haben ihre Anträge grundsätzlich vom Ausland aus zu stellen. Übersteigt die Zahl der Anträge das vorgesehene Kontingent, so muss über ein Punktesystem nach den Kriterien von Herkunft, Qualifikation und Alter der Bewerber gewichtet werden. Personen, die einen Asylantrag gestellt haben, sollen erst nach einer angemessenen Frist als Einwanderer Berücksichtigung finden.«

Aber auch das nüchterne Selbstverständnis des Manifests griff Prantl pointiert auf: »Einwanderungspolitik kann, und sei sie noch so notwendig, nicht gegen den Willen der einheimischen Bevölkerung gemacht werden. Die sechzig Professoren verstehen ihr Manifest deshalb als den Versuch, Werbung zu betreiben. Und deshalb betonen sie auch, dass es ihnen nicht so sehr um globale Nächstenliebe gehe, sondern um den deutschen und europäischen Eigennutz. Und deshalb endet das Manifest mit der werbenden Klage: ›Noch lässt die Migrationspolitik in Deutschland und in Europa diese Klugheit vermissen – langfristig zum eigenen Schaden.‹«[44]

Die 1993 vor dem Hintergrund der Wiedervereinigung von Altbundeskanzler Helmut Schmidt und einigen seiner Freunde wie Michael Otto, Hermann Josef Abs, Gerd Bucerius und anderen in Weimar gegründete, mit ihrer Geschäftsstelle in Hamburg sesshafte Deutsche Nationalstiftung übernahm in einem ihrer ersten Aufrufe unter dem Titel »Deutschland braucht eine zukunftsorientierte Einwanderungspolitik« die zentralen Botschaften und Forderungen des Manifests:

»Den im Feld der Einwanderungspolitik längst überfälligen Gestaltungsaufgaben haben sich Bund, Länder und die parlamentarischen Gremien in Deutschland bislang entzogen. Das kann so nicht bleiben! […] Einwanderungspolitik braucht deshalb öffentliche Diskussion und Akzeptanz. […] Eine rationale Debatte und eine klare Politik über Einwanderung und Eingliederung sind notwendig. Wir in Deutschland können es uns nicht leisten, dass über das Thema Einwanderung öffentlich geschwiegen wird. Dringliche politische Entscheidungen dürfen nicht weiter vertagt werden. Die Deutsche Nationalstiftung sieht es als eine ihrer Aufgaben an, zu einer Versachlichung beizutragen und vor allem eine Diskussion dieser wichtigen politischen Frage anzuregen.«[45]

Dieser Aufgabe hatte ich mich auch bei der Deutschen Nationalstiftung selbst gestellt mit dem Hauptvortrag auf ihrem dem Thema »Einwanderung in Deutschland – politische Aufgabe und gesellschaftliche Herausforderung« (2.10/12.2.1) gewidmeten Symposium in Weimar am 4. November 1994.[46] Dem gleichen Zweck dien-

---

schung und Interkulturelle Studien […]. Gefühle durch durchdachtes Wissen zu ersetzen, das ist eine aufklärerische und deshalb Frieden schaffende Aufgabe des IMIS« (ders., Der Frieden von heute, in: Merian/Osnabrück, Merian, März 2005, S. 52f.).

[44] H. Prantl, Das Manifest der 60 Professoren. Plädoyer für eine Einwanderungspolitik. Es geht nicht so sehr um Nächstenliebe, sondern um deutschen und europäischen Eigennutz, in: Süddeutsche Zeitung, 11./12.12.1993.
[45] Deutsche Nationalstiftung, Deutschland braucht eine zukunftsorientierte Einwanderungspolitik, Pressemitteilung, Hamburg 6.5.1994.
[46] Kurzfassung in: K. J. Bade, Was man tabuisiert, das kann man nicht gestalten. Die große Ratlosigkeit: Einwanderungsproble-

ten diverse andere Artikel und Interviews (3.2/5).

Verbreitet wurde in den Medien auch meine Warnung im Manifest, in Sachen Migration, Flucht und Integration könnte ein weiteres Versteckspiel mit der gesellschaftlichen Wirklichkeit aus Angst vor den Bürgern als Wähler folgenreiche Konsequenzen haben: »Der Osnabrücker Professor Klaus J. Bade, Herausgeber des Manifests, wirft deutschen Politikern vor, das Thema Einwanderung jahrelang tabuisiert zu haben. Damit aber erhöhe sich die Fremdenfeindlichkeit in der Gesellschaft nur«, kommentierte die Frankfurter Rundschau.[47] »Ein Jahr nach Mölln appellieren die Autoren des Manifests an die Politiker, endlich zu handeln«. Denn eine »militante Anti-Immigrationspartei« breitet sich aus »an den Wahlurnen, den Stammtischen und auf den Straßen«, mahnte auch Die Zeit.[48]

Während das Manifest in der Öffentlichkeit eine intensive Diskussion auslöste, wurde es in der politischen Diskussion, von wenigen Ausnahmen abgesehen, angestrengt überhört. »Zum Ausgangspunkt politischer Gestaltung werden diese schlichten Einsichten bisher nicht gemacht«, konstatierte als Mitunterzeichner des Manifests treffend der Theologieprofessor, evangelische Bischof in Berlin-Brandenburg und spätere EKD-Vorsitzende Wolfgang Huber.[49]

Auch wenn eine ganze »Gruppe von deutschen Soziologen und Politologen um den Migrationsforscher Klaus J. Bade von der Universität Osnabrück in einem von 60 Gleichgesinnten unterzeichneten Manifest [...] für eine Abkehr vom bisherigen Ausländerrecht, für eine Politik der geplanten Zuwanderung und der erleichterten Integration sowie für eine neue Regelung des Staatsbürgerschaftsrechts für in Deutschland geborene Ausländer einschließlich der Zulassung der doppelten Staatsbürgerschaft« plädiere, gebe es dafür angesichts der politischen Barrieren in Deutschland zumindest auf absehbare Zeit kaum Chancen, sagte die Neue Zürcher Zeitung voraus:

»Die politische Konjunktur in Deutschland ist der Verwirklichung einer Einwanderungspolitik nicht günstig. Die Regierung Kohl-Kinkel beharrt auf der von den Fakten längst widerlegten These, dass Deutschland kein Einwanderungsland sei, und sucht sich damit eine Debatte vom Leibe zu halten, die im Superwahljahr 1994 rechten Gruppierungen Auftrieb verleihen könnte. Auch die sozialdemokratische Opposition, die nach langem Sträuben, um nicht ins Abseits zu geraten, der Verschärfung der Asylgewährungspraxis zugestimmt hat, hält sich zurück. Doch die neue Bundesregierung, wer auch immer sie stellen wird, dürfte das emotional geladene Thema so oder so auf ihrer Tagesordnung finden.«[50]

An dieser politischen Abwehrhaltung vermochte auch eine Reihe von zeitgleich erschienenen Schriften zum Beispiel von Wolfgang Benz, Christoph Butterwege und Siegfried Jäger sowie der Nachfolgerin von Liselotte Funcke als Ausländerbeauftragten, Cornelia Schmalz-Jacobsen, nichts zu ändern.[51] Dass »die Bundesrepublik, das Land mit den höchsten Zuwanderungszahlen in Europa, über keine eigens dafür zuständige Behörde verfügt«, wusste Heribert Prantl aus einem Interview mit Cornelia Schmalz-Jacobsen zu überbringen, stoße bei den Staatssekretären und Ministern für Einwanderung der anderen europäischen Länder »auf Erstaunen und Unverständnis«.[52] Dabei sollte es bis zur Neuorientierung von Migrations- und Integrationspolitik als Zentralbereichen der Gesellschaftspolitik unter der rotgrünen Koalition Ende der 1990er Jahre bleiben.

Das Manifest (3.1) bildet bis heute eine feste Zäsur in der Diskussion um Migration und Integration sowie um Migrations- und Integrationspolitik in Deutschland. Nach einer Lageeinschätzung aus dem Jahr 1994 (3.2) beleuchten Rückblicke aus dem Jahr 2013 (3.3, 3.4) die Wirkungsgeschichte des Manifests.

---

me ohne Einwanderungspolitik, in: Frankfurter Rundschau, 21.11.1994.
[47] Manifest zur Einwanderung. Sechzig Professoren treten für klare Konzepte und Quoten ein, in: Frankfurter Rundschau, 27.11.1993.
[48] M. Kläsgen, Fantasie ist gefragt. Deutsche Wissenschaftler für eine Einwanderungspolitik, in: Die Zeit, 26.11.1993.
[49] W. Huber, In der Freiheit bestehen. Ohne den Mut zur Wahrheit kann die Politik ihre Gestaltungskraft nicht zurückgewinnen, in: Die Zeit, 24.12.1993.

[50] C. Kind, Eine Einwanderungspolitik für Deutschland? Suche nach Auswegen aus Gewaltneigung und Fremdenhass, in: Neue Zürcher Zeitung, 9.3.1994.
[51] W. Benz (Hg.), Integration ist machbar. Ausländer in Deutschland, München 1993; C. Butterwegge / S. Jäger (Hg.), Europa gegen den Rest der Welt? Flüchtlingsbewegungen – Einwanderung – Asylpolitik, Köln 1993; C. Schmalz-Jacobsen / H. Hinte / G. Tsapanos, Einwanderung – und dann? Perspektiven einer neuen Ausländerpolitik, München 1993.
[52] Prantl, Manifest der 60 Professoren, 11./12.12.1993, s. Anm. 44.

4 Interdisziplinäre Forschungsorganisation und kritische Politikbegleitung seit den 1990er Jahren (4.1–2)

In der zweiten Hälfte der 1970er Jahre schrieb ich an einer großen Studie zur Historischen Migrations- und Arbeitsmarktforschung, die 1979 von der Philosophischen Fakultät der Friedrich-Alexander-Universität Erlangen-Nürnberg als Habilitationsschrift angenommen wurde. Ihr Gegenstand waren die transnationalen und internen Massenwanderungen im deutschen Kaiserreich vor dem Ersten Weltkrieg. Im Zentrum stand der in der Einleitung erwähnte Wandel Deutschlands vom Auswanderungsland zum »Arbeitseinfuhrland« mit einer stark fluktuierenden Migration von »ausländischen Wanderarbeitern«, deren Umfang vor dem Ersten Weltkrieg die Millionengrenze überschritt.

In Preußen ging es dabei um die Spannung zwischen Arbeitsmarktinteressen und Abwehrhaltungen gegenüber der Zuwanderung insbesondere von auslandspolnischen »Wanderarbeitern«. Sie ließ mich, wie erwähnt, trotz grundlegender Unterschiede zwischen Geschichte und Gegenwart, bei der historischen Analyse immer wieder an die aktuelle Erfahrung der Abwehrhaltungen insbesondere gegenüber »Gastarbeitern« türkischer Herkunft in der Bundesrepublik denken. Ich habe diese voluminöse Arbeit (950 Ms.) dann zunächst in zahlreiche Einzelstudien zerlegt[53] und erst später in überarbeiteter Fassung kompakt und mit einer neuen Einführung im Netz veröffentlicht unter dem Titel: »Land oder Arbeit? Transnationale und interne Migration im deutschen Nordosten vor dem Ersten Weltkrieg«.[54]

In den Jahren, in denen ich als John F. Kennedy Memorial Research Fellow an der Harvard University (1976/77) und anschließend mit einem DFG-Habilitanden-Stipendium an der Universität Erlangen-Nürnberg an meiner Habilitationsschrift arbeitete, wurde mir immer deutlicher, wie stark die Rücklage der Migrationsforschung in der Bundesrepublik war – nicht nur im Vergleich zu »klassischen« Einwanderungsländern, sondern zu europäischen Staaten wie etwa Großbritannien, Frankreich und Schweden. Hinzu kamen die Zersplitterung dieser Forschungen und die mangelnde interdisziplinäre Kooperation in einem Forschungsfeld, das meines Erachtens schon deswegen nur interdisziplinär erschließbar war, weil es die verschiedensten Bereiche des gesellschaftlichen Lebens betraf.

Das galt für die sozialwissenschaftliche Migrationsforschung, die sich in Deutschland erst in den späten 1970er und frühen 1980er Jahren kraftvoller zu entfalten begann. Und es galt noch mehr für die Historische Migrationsforschung, deren Spuren sich, von Ausnahmen wie Wolfgang Köllmann abgesehen, im ideologischen Sumpf der nationalsozialistischen »Bevölkerungslehre« verloren hatten.[55]

Vor diesem Hintergrund habe ich mich schon in meiner Habilitationsschrift bzw. den daraus Ende der 1970er und Anfang der 1980er Jahre hervorgegangenen Studien und noch stärker im Anschluss daran um eine Neubegründung der Historischen Migrationsforschung als

---

[53] Beispiele: K. J. Bade, Politik und Ökonomie der Ausländerbeschäftigung im preußischen Osten 1885–1914. Die Internationalisierung des Arbeitsmarktes im »Rahmen der preußischen Abwehrpolitik«, in: H. J. Puhle / H.-U. Wehler (Hg.), Preußen im Rückblick (Geschichte und Gesellschaft, Sonderh. 6), Göttingen 1980, S. 273–299; ders., Massenwanderung und Arbeitsmarkt im deutschen Nordosten von 1880 bis zum Ersten Weltkrieg. Überseeische Auswanderung, interne Abwanderung und kontinentale Zuwanderung, in: Archiv für Sozialgeschichte, 20.1980, S. 265–323; ders., Arbeitsmarkt, Ausländerbeschäftigung und Interessenkonflikt. Der Kampf um die Kontrolle über Auslandsrekrutierung und Inlandsvermittlung ausländischer Arbeitskräfte in Preußen vor dem Ersten Weltkrieg, in: Fremdarbeiterpolitik des Imperialismus, H. 10, Rostock, 1981, S. 27–47; ders., Transnationale Migration und Arbeitsmarkt im Kaiserreich. Vom Agrarstaat mit starker Industrie zum Industriestaat mit starker agrarischer Basis, in: T. Pierenkemper / R. Tilly (Hg.), Historische Arbeitsmarktforschung. Entstehung, Entwicklung und Probleme der Vermarktung von Arbeitskraft, Göttingen 1982, S. 182–211; ders., »Kulturkampf« auf dem Arbeitsmarkt: Bismarcks »Polenpolitik« 1885–1890, in: O. Pflanze (Hg.), Innenpolitische Probleme des Bismarckreichs, München 1983, S. 121–142; ders., »Preußengänger« und »Abwehrpolitik«. Ausländerbeschäftigung, Ausländerpolitik und Ausländerkontrolle auf dem Arbeitsmarkt in Preußen vor dem Ersten Weltkrieg, in: Archiv für Sozialgeschichte, 24.1984, S. 91–162; ders., (Hg.), Arbeiterstatistik zur Ausländerkontrolle. Die »Nachweisungen« der preußischen Landräte über den »Zugang, Abgang und Bestand der ausländischen Arbeiter im preußischen Staate« 1906–1914, in: ebd., S. 163–283.

[54] Ders., Transnationale Migration und Arbeitsmarkt 1879–1929. Studien zur deutschen Sozialgeschichte zwischen großer Deflation und Weltwirtschaftskrise, Bd. 1: 1879–1914 (Habilitationsschrift Erlangen 1979), Online-Ausg. 2005 mit neuem Vorwort u. d. Titel: Land oder Arbeit? Transnationale und interne Migration im deutschen Nordosten vor dem Ersten Weltkrieg (https://www.imis.uni-osnabrueck.de/fileadmin/4_Publikationen/PDFs/BadeHabil.pdf).

[55] Vgl. hierzu: Bade, Sozialhistorische Migrationsforschung, 1988, S. 63–74.

interdisziplinäre, stark sozialwissenschaftlich bzw. sozialhistorisch ausgerichtete Forschungsrichtung in Deutschland bemüht. Das traf sich mit den wissenschaftlichen Bemühungen von drei soziologischen Pionieren der Migrationsforschung in Deutschland:

Da war erstens mein späterer Freund, der Züricher Soziologe Hans-Joachim Hoffmann-Nowotny (1934–2004), der von klassischen soziologischen Konzepten wie Macht und Prestige und insbesondere von der »Theorie der strukturellen und anomischen Spannungen« von Peter Heintz ausging. In seiner frühen bündigen und theorieorientierten Studie unter dem knappen Titel »Migration« (1972) führte er das Wanderungsgeschehen auf mobilisierende strukturelle und soziale Rangspannungen zurück und lieferte damit ein richtungweisendes strukturtheoretisches Modell zur soziologischen Migrationsanalyse.[56]

Da war zweitens der Soziologe Hartmut Esser, der sich ebenfalls schon frühzeitig – auch als Leiter eines entsprechenden Forschungsschwerpunktes der VolkswagenStiftung – mit der Lage der »Gastarbeiter« in der Bundesrepublik beschäftigt hatte. Vor allem aber kümmerte er sich im Rahmen der Grundlagenforschung um Fragen der soziologischen Theoriebildung und schuf damit eine belastbare Basis für die empirisch-sozialwissenschaftliche Migrationsforschung.[57]

Und da war drittens der Soziologe Friedrich Heckmann, der seinerzeit zwar wie ich an der Universität Erlangen-Nürnberg, aber im Gegensatz zu mir nicht an der Erlanger Philosophischen, sondern an der Nürnberger Wirtschafts- und Sozialwissenschaftlichen Fakultät arbeitete. Ich arbeitete in meiner historisch-sozialwissenschaftlichen Habilitationsschrift über die »ausländischen Wanderarbeiter« in Preußen, das für die Auslandspolen unter ihnen – im Gegensatz zum Beispiel zu den italienischen Arbeitswanderern – ein Nicht-Einwanderungsland war. Friedrich Heckmann beschäftigte sich annähernd zeitgleich in seiner Habilitationsschrift mit der Entwicklung der »Gastarbeiterbevölkerung« im nur angeblichen Nicht-Einwanderungsland Deutschland und wies dabei nach, dass diese Zuwandererbevölkerung längst auf dem Weg zu einer echten Einwandererbevölkerung war. Er verband dies mit insbesondere aus der amerikanischen Immigrationsforschung stammenden soziologischen und historisch-sozialwissenschaftlichen Ansätzen und Fragestellungen.

Es war geradezu ein lokales Musterbeispiel für die Zersplitterung und mangelnde interdisziplinäre Kooperation in der akademischen Migrationsforschung, dass ich nichts von Friedrich Heckmann und seiner Habilitationsschrift und Friedrich Heckmann nichts von mir und meiner Habilitationsschrift wusste. Das blieb so, bis Heckmann meine 1979 abgeschlossene Arbeit von meinem Zweitgutachter an der Universität Erlangen-Nürnberg, dem in Nürnberg lehrenden Soziologen Gerhard Wurzbacher, dem er als wissenschaftlicher Assistent zugeordnet war, zu einer ersten Prüfung vorgelegt wurde, was ihn im Blick auf meine Fragestellungen und methodischen Ansätze einigermaßen überraschte. Ich erfuhr davon erst später, als seine Habilitationsschrift 1981 schon erschienen war.[58]

Während Heckmann durch meine Arbeiten Einblick in die historisch-sozialwissenschaftliche Migrationsforschung gewann, hatte seine Arbeit für mich eine ebenfalls wichtige Brückenfunktion: Ich hatte mich mit dem Abschluss meiner Habilitationsschrift auch aus einem aktuellen Grund beeilt und dann auch deren Überarbeitung zum Buch aufgeschoben bzw. durch Teilpublikationen ersetzt; denn ich hatte während meiner historiographischen Forschungsarbeit eine ganze Reihe von meines Erachtens für die aktuelle Diskussion um das angebliche »Nicht-Einwanderungsland« Deutschland hilfreichen Grundeinsichten gewonnen, die ich möglichst rasch in die laufenden wissenschaftlichen und politisch-öffentlichen Diskurse einbringen wollte. Und dafür bot mir Heckmanns Buch wichtige wissenschaftstheoretische und empirische Orientierungshilfen.

Ein Ergebnis dieser Verschränkung von historischen, zeitgeschichtlichen und aktuellen politischen Perspektiven war 1983 mein Buch »Vom Auswanderungsland zum Einwanderungsland?

---
[56] H.-J. Hoffmann-Nowotny, Migration. Ein Beitrag zur soziologischen Erklärung, Stuttgart 1970; vgl. ders., Soziologie des Fremdarbeiterproblems. Eine theoretische und empirische Analyse am Beispiel der Schweiz, Stuttgart 1973.
[57] H. Esser, Aspekte der Wanderungssoziologie. Assimilation und Integration von Wanderern, ethnischen Gruppen und Minderheiten. Eine handlungstheoretische Analyse, Neuwied/Darmstadt 1980.

---
[58] F. Heckmann, Die Bundesrepublik. Ein Einwanderungsland? Zur Soziologie der Gastarbeiterbevölkerung als Einwandererminorität, Stuttgart 1981.

Deutschland 1880–1980«.[59] Die Vorstudien in meiner Habilitationsschrift bildeten die Grundlage für die im Vorwort erwähnte große Tagung zu Migrations- und Arbeitsmarktfragen im Oktober 1982, zu der ich auch Friedrich Heckmann einlud und von der für die Migrationsforschung wichtige Anstöße ausgingen.[60]

So kann man wohl zusammenfassend sagen, dass das Zusammentreffen der frühen Arbeiten von Hans-Joachim Hoffmann-Nowotny, Hartmut Esser, Friedrich Heckmann und Klaus J. Bade einen Durchbruch brachte zur Neubegründung der teils im engeren Sinne soziologischen, teils im weiteren Sinne empirisch-sozialwissenschaftlichen sowie der interdisziplinären sozial- und kulturhistorischen Migrationsforschung in Deutschland. Dazu habe ich in den 1980er und 1990er Jahren eine größere Zahl von Beiträgen publiziert und mich zugleich zunehmend auch in den Medien zu Wort gemeldet.[61]

Zu einer ganz ähnlichen Einschätzung kommt im Rückblick Friedrich Heckmann:

»Für diese Neuorientierung sind vor allem die etwa im gleichen Zeitraum und ohne Kenntnis voneinander entstandenen Arbeiten von Esser, Heckmann und Bade verantwortlich. Diese Arbeiten begründeten in Deutschland eine Soziologie und Sozialwissenschaft der Migration und Integration, die sich konzeptuell und inhaltlich der internationalen Forschung und den Theorien und Einsichten der allgemeinen Soziologie öffnete:

Esser bezieht seine theoretischen Grundlagen aus dem methodologischen Individualismus und der Rational Choice Theorie. Migranten werden als rationale Akteure gesehen, die ihre Handlungen und Entscheidungen im Integrationsprozess auf die Maximierung ihres physischen und psychisch-sozialen Wohlergehens ausrichten […].

Ohne Kenntnis der Arbeit von Esser – die Zeit war offenbar reif für eine Neuorientierung – hat Heckmann eine konzeptionelle Neuausrichtung der Forschung verfolgt und inhaltlich zugleich die These von Deutschland als Einwanderungsland systematisch empirisch untersucht und untermauert. Die Migranten werden als Einwandererminderheiten und damit als zur Sozialstruktur – wenngleich mit benachteiligtem Status – zugehörig analysiert; der Status als Minderheit wird jedoch wie in der Chicagoer Schule als transitorisch verstanden, der im Integrationsprozess über Generationen verschwindet. Die Gründung des »europäischen forums für migrationsstudien« an der Universität Bamberg im Jahr 1993 erlaubte es Heckmann, seinen Ansatz im Rahmen einer Institutsbildung weiterzuverfolgen […].

Der Historiker Bade hat in zahlreichen Arbeiten in historisch vergleichender und interdisziplinärer Perspektive das Vorliegen einer Einwanderungssituation in Deutschland gezeigt und auf diese Weise den vermeintlichen Sonderfall Gastarbeiter widerlegt. Bade lässt sich davon leiten, dass jede Forschung zu Migration und Integration in die demographische, wirtschaftliche, soziale und kulturelle Geschichte sowohl der Herkunfts- wie der Aufnahmeregionen eingebettet sein müsse. Als Historiker arbeitet Bade nicht nur mit historischen Methoden, sondern auch mit dem Arsenal sozialwissenschaftlicher Konzepte und Theorien und wendet sich dabei immer mehr auch den Gegenwartsfragen von Migration und Integration in Deutschland zu. Bades zahlreiche Arbeiten sind nicht selten durch kritische Bezüge zu den jeweils aktuellen politischen Diskursen gekennzeichnet, die er verstand und versteht, in Medien auch einer breiteren Öffentlichkeit zu vermitteln. Die Gründung des Instituts für Migrationsforschung und Interkulturelle Studien der Universität Osnabrück 1991 war ein weiterer wichtiger Beitrag Bades zur Etablierung einer Migrations- und Integrationsforschung in Deutschland.«[62]

Neben dieser Eröffnung des Themenfeldes gab es wichtige andere frühe Forschungsinitiativen, Erweiterungen und Vertiefungen. Sie ver-

---

[59] Bade, Vom Auswanderungsland zum Einwanderungsland? 1983.
[60] S. Anm. 12, 13. Mein Buch »Vom Auswanderungsland Einwanderungsland?« und einige andere Publikationen von mir waren auch mit anregend für Ulrich Herberts große »Geschichte der Ausländerpolitik in Deutschland. Saisonarbeiter, Zwangsarbeiter, Gastarbeiter, Flüchtlinge« (München 2001; Erstfassung 1986), in dessen Vorwort sich der Verfasser sich »auf die Arbeiten des Pioniers der Historischen Migrationsforschung in Deutschland, Klaus J. Bade« beruft, ebd., S. 12; vgl. K. J. Bade, Die Fremden und die Eigenen. Wie der Historiker Ulrich Herbert die Ausländerpolitik in der deutschen Geschichte beschreibt, in: Die Welt/Literarische Welt, 26.5.2001.
[61] Vgl. hierzu meine Website: www.kjbade.de (Aufsätze).

[62] F. Heckmann, Zur Entstehung und Bedeutung der Migrations- und Integrationsforschung in Deutschland, in: P. Schimany / H. D. v. Loeffelholz (Hg.), Beiträge zur Migrations-und Integrationsforschung. Aus Anlass des 60-jährigen Bestehens des Bundesamtes für Migration und Flüchtlinge, BAMF/Nürnberg 2013, S. 33–43, hier S. 36–38.

binden sich zum Beispiel in der soziologischen Bevölkerungs- und Familienforschung mit Bernhard Nauck (Univ. Chemnitz), in der Erziehungs- und Bildungsforschung sowie der religionssoziologischen Forschung mit Ursula Boos-Nünning (Univ. Duisburg-Essen) und in der empirisch-sozialwissenschaftlich Forschung besonders mit Wilhelm Heitmeyer an dem von ihm begründeten und heute von Andreas Zick geleiteten Institut für Interdisziplinäre Konflikt- und Gewaltforschung (IKG) an der Universität Bielefeld.

Zugleich ging es mir darum, die interdisziplinäre Kooperation in der Migrationsforschung insgesamt durch geeignete Strukturen und Organisationsformen voranzubringen. Diese Bestrebungen waren auch von der Hoffnung bestimmt, dass die geballte Kraft multi- und interdisziplinärer Forschung, also gleichsam die vereinte Stimme der im Forschungsfeld Migration und Integration engagierten Wissenschaftler, Bewegung in die verhärteten politischen Abwehrhaltungen und Erkenntnisblockaden bringen könnte; denn die 1980er Jahre waren politisch bestimmt durch demonstrative Erkenntnisverweigerung («Deutschland ist kein Einwanderungsland«) und durch besonders vom Bundesministerium des Innern unter Leitung von Friedrich Zimmermann (CSU) ausgehende Vorstellungen, die Migration als Bedrohung von außen und Integration als Gefährdung im Inneren erscheinen ließen.[63]

Die oft schwere und lange frustrierende, erst spät und schrittweise blockadebrechende publizistische Überzeugungsarbeit wurde von politik- und praxisfernen Fachkollegen von ihren oft nur vermeintlichen akademischen »Elfenbeintürmen« aus seinerzeit mitunter irritiert beobachtet. Und es wird heute von jüngeren Migrationsforschern, die wie selbstverständlich auf den seinerzeit mühsam erkämpften Strukturen aufbauen konnten, zuweilen etwas zu Unrecht und oft auch aus mangelnder Kenntnis der zeithistorischen Rahmenbedingungen als »Staatsfixiertheit« der frühen Migrationsforschung in Deutschland betrachtet.[64] Aber jede Forschergeneration hat ihre eigenen Ausgangslagen, Perspektiven und Bewertungen.

In die genannten Zusammenhänge gehörte zunächst mein Bemühen um eine Struktur zur Förderung der interdisziplinären Kooperation in der Migrationsforschung vor Ort. An ihrem Beginn sollten Forschungs- und Beratungsinstitutionen stehen, die dann nach Möglichkeit Keimzellen einer bundesweiten und vielleicht sogar europäischen Forschungsorganisation werden könnten. Ergebnisse dieser Bemühungen seit den späten 1980er Jahren waren insbesondere das 1991 gegründete interdisziplinäre Osnabrücker Institut für Migrationsforschung und Interkulturelle Studien (IMIS) und der 1998 folgende bundesweite Rat für Migration (RfM).

4.1 Das Osnabrücker Institut für Migrationsforschung und Interkulturelle Studien (IMIS) 1991ff. (4.1.1–4.1.3)

Der Weg zum Institut für Migrationsforschung und Interkulturelle Studien (IMIS) war vor Ort steinig, zumal dies das erste interdisziplinäre Institut der noch jungen Universität Osnabrück war. Der auf Zermürbung des innovativen Ansatzes angelegte Kleinkrieg der Universitätsleitung im Vorfeld der Institutsgründung soll hier nicht weiter vertieft werden.

Ich hatte zunächst einige fachlich kompetente und politisch interessierte Kolleginnen und Kollegen aus verschiedenen Fachgebieten und Forschungsrichtungen für einen interdisziplinären Gesprächskreis über Fragen von Migration, Integration und Interkulturalität gewinnen können. Mitbestimmend dafür war auch der seinerzeitige Krisenhintergrund der zunehmenden fremdenfeindlichen Abwehrhaltungen und Gewaltausbrüche auf deutschen Straßen. Wir trafen uns in regelmäßigen Abständen in meinem Arbeitszimmer in der Osnabrücker Schlossstraße 8, um zunächst die Möglichkeiten interdisziplinärer Kommunikation und Kooperation auszuloten.

Die Probleme begannen schon mit der schieren Semantik, zum Beispiel im Umgang mit Begriffen wie »Migration«[65] und »Integration«, »Einwanderung« und »Zuwanderung«, »Ein-

---

[63] Vgl. K. J. Bade, Sicherheit, Ordnung und Gesellschaftspolitik im Bundesinnenministerium, in: MiGAZIN, 12.1.2016 (http://www.migazin.de/2016/01/12/bades-meinung-sicherheit-ordnung-gesellschaftspolitik/).
[64] Vgl. K. J. Bade, Zwanzig Jahre Manifest der 60: Deutschland und die Einwanderung (1993). Erinnerungen des Herausgebers, in: Familiendynamik. Systemische Praxis und Forschung, 3/2015, Juli 2015, S. 220–231 (http://kjbade.de/wp-content/uploads/2015/06/2015-06_zwanzig-jahre-manifest.pdf).
[65] Wir arbeiteten in Osnabrück mit einem breiten Verständnis von Migration und Migrationsforschung, das Integration und Integrationsforschung einschloss.

wanderungsland« und »Einwanderungsgesellschaft«:

Für den Historiker gehörten etwa Zu- und Abwanderung in den Kontext der Binnenwanderungen, Ein- und Auswanderung in den der grenzüberschreitenden Bewegungen. Andere betrachteten Zu- und Abwanderung als Oberbegriffe oder, im Sinne der statistischen Tradition, Ein- und Auswanderung als Zu- bzw. Abwanderung über Grenzen. Wieder andere Gesprächsteilnehmer interpretierten Einwanderung rechtstechnisch als den Erwerb der Staatsangehörigkeit, mit dem ein Integrationsprozess abgeschlossen sei, im Gegensatz zu Sozialhistorikern und Soziologen, für die Einwanderung ein auch über den Rechtsakt des Erwerbs der Staatsangehörigkeit hinweg fortlaufender Kultur- und Sozialprozess ist.

Nicht minder belangvoll war die disziplinär durchaus unterschiedliche Einschätzung der Bedeutung von Staats-, Verwaltungs- und Sprachgrenzen sowie von sozial- und kulturräumlichen Grenzen für Wanderungsgeschehen und Wanderungsverhalten.

Über die Einübung in Formen der interdisziplinären Kommunikation als Grundlage einer entsprechenden Kooperation hinaus ging unser Bestreben dahin, eine festere Struktur und damit später nach Möglichkeit auch eine Basis zur eigenständigen Einwerbung von Forschungsmitteln zu gewinnen. Der Weg führte über die Etablierung einer formellen interdisziplinären »Arbeitsgruppe« schließlich zur mühsamen Begründung des Instituts nach einem regelrechten Kampf im Senat der Universität.

Dabei zeigte der an sich sehr aufgeschlossene Gründungspräsident Manfred Horstmann, der als Verwaltungsmanager aber eher konservativ dachte, trotz aller Sympathie für die Idee, große Skepsis gegenüber dem interdisziplinären »Auswuchern« einer solchen Initiative über die noch jungen akademischen Strukturen hinweg. In der Tat wurde unser Institut zum Ausgangspunkt für eine ganze Reihe von ähnlich konstituierten interdisziplinären Instituten an der Universität Osnabrück, die zumeist mit großem wissenschaftlichem Erfolg betrieben wurden und werden.[66]

Am 5. Juni 1991 wurde das Institut durch Erlass des niedersächsischen Ministeriums für Wissenschaft und Kultur formell eingerichtet[67] und am 29. November 1991 offiziell eröffnet mit einem Festakt in der Aula des Schlosses zu Osnabrück. Neben dem neuen Universitätspräsidenten Rainer Künzel und mir als Institutsleiter sprachen als auswärtige Gäste: die frühere Ausländerbeauftragte der Bundesregierung (1981–1991) Staatsministerin a.D. Liselotte Funcke, die niedersächsische Ministerin für Wissenschaft und Kultur Helga Schuchardt und der frühere Botschafter der Republik Italien in der Bundesrepublik Deutschland Consigliere di Stato Luigi Vittorio Comte Ferraris (4.1.1).[68]

Zur Förderung meiner Forschungsarbeiten, zum Auf- und Ausbau des Osnabrücker Instituts und für weitergreifende Zwecke der Forschungsorganisation im Bereich Migration und Integration hatten mir die VolkswagenStiftung ein Akademiestipendium und der Stifterverband für die Deutsche Wissenschaft zusätzliche Mittel zur Verfügung gestellt. Im Blick auf das Osnabrücker Institut letztlich entscheidend aber wurden Bleibeverhandlungen im Zusammenhang mit einem Ruf an die Universität Freiburg 1993.

Ich beabsichtigte, diesen Ruf anzunehmen; denn es handelte sich um einen der bedeutendsten geschichtswissenschaftlichen Lehrstühle in Deutschland, den zuletzt Heinrich August Winkler innehatte (dem nach meiner Rufablehnung und Neuausschreibung dann Ulrich Herbert folgte); ganz abgesehen davon, dass die akademische Welt von Osnabrück und Freiburg doch einigermaßen unvergleichbar war. Hinzu kam, dass mein Plan, in Freiburg eine neue interdisziplinäre Forschungseinheit zu den Themen Migration und Integration zu begründen, bei dortigen Kollegen auf großes Interesse stieß, auch wenn die Universitätsleitung dafür fast gar keine größeren materiellen Hilfen in Aussicht stellen konnte.

---

[66] Institut für Kulturgeschichte der Frühen Neuzeit (IKFN), Institut für Kognitionswissenschaft (IKW), Institut für Umweltsystemforschung (IUSF).

[67] Gründungsmitglieder waren außerdem Prof. Günther Bierbrauer, Ph.D. (Psychologie), Prof. Dr. Peter Graf (Erziehungswissenschaften), Dr. Leonie Herwartz-Emden (Pädagogik), Dr. Johannes-Dieter Steinert (Geschichtswissenschaft), Prof. Dr. György Széll (Soziologie), Prof. Dr. Albrecht Weber (Rechtswissenschaft).

[68] Vorträge zur Institutseröffnung im Schloss zu Osnabrück am 29. November 1991 (Vorträge und Berichte des Instituts für Migrationsforschung und Interkulturelle Studien, H. 1), Osnabrück 1992.

Es sollte anders kommen: Der neue Präsident der Universität Osnabrück, Rainer Künzel, der unserem Institut sehr zugeneigt war, ersuchte mich nachdrücklich um Bleibeverhandlungen. Ergebnis war ein für die Geistes- und Sozialwissenschaften höchst ungewöhnliches Bleibeangebot, mithilfe dessen gleichsam aus dem Stand ein großes interdisziplinäres Institut für Migrationsforschung, kritische Politikbegleitung, Politik-, Verbands- und Kommunalberatung geschaffen werden konnte. Angesichts dieser reizvollen Perspektive habe ich meine Freiburger Pläne aufgegeben und konnte dafür in Osnabrück die Grundlage für das in seiner interdisziplinären und interfakultativen Breite seinerzeit größte Institut für Migrationsforschung in Deutschland sichern.[69]

Das IMIS umschloss Wissenschaftlerinnen und Wissenschaftler verschiedener Disziplinen aus mehreren Fachbereichen – von Demographie, Geographie und Geschichte über Geschlechterforschung, Pädagogik / interkulturelle Erziehung sowie Sprach- und Literaturwissenschaften bis zu Rechtswissenschaften, Psychologie und Soziologie. Auch die – zusätzlich zum regulären Lehrstuhletat bewilligte – Ausstattung des zunächst nur mit der Professur für Neueste Geschichte (später auch mit derjenigen für Soziologische Migrationsforschung) verbundenen Instituts suchte ihresgleichen. Sie umfasste die unbefristete Stelle eines Geschäftsführers, ein mit zwei Vollzeitkräften besetztes Sekretariat, beträchtliche Haushaltsmittel für Hilfskräfte und Forschungsaktivitäten, umfangreiche Sondermittel zum Aufbau einer eigenen Institutsbibliothek, die Zusage einer großzügigen Raumausstattung in einem Gebäude, das noch in der Planung war und für mich persönlich die Zusicherung, dass auswärtige Forschungsaufenthalte wohlwollend geprüft werden würden. Deshalb konnte ich u.a. 1996/97 am Netherlands Institute for Advanced Study (NIAS) der Niederländischen Akademie der Wissenschaften in Wassenaar, 2000/01 am Wissenschaftskolleg zu Berlin und 2002/03 wieder am NIAS in Wassenaar arbeiten.[70]

1996 wurden dem rasch expandierenden Institut im von der Universität übernommenen und umgebauten ehemaligen »Haus der Landwirtschaft« in der Nähe des Schlosses zu Osnabrück drei komplette Etagen zugewiesen mit Arbeitsplätzen auch für Graduierte des DFG-Kollegs »Migration im modernen Europa«, für andere Projektmitarbeiter und auswärtige Fellows des Instituts, die Anspruch auf einen Arbeitsplatz hatten, sowie für die rasch wachsende Forschungsbibliothek. Als internationale Begegnungsstätte interdisziplinärer Forschung bot das Institut seither mehrere Arbeitsplätze für auswärtige Gäste mit eigenen Stipendien, die sich hier für einige Wochen, mehrere Monate, zuweilen auch für ein volles Jahr ganz auf ihre Forschungsvorhaben konzentrieren konnten.

Im Anhang zum Bericht über die Eröffnung der zweiten Periode des DFG-Graduiertenkollegs »Migration im modernen Europa« am IMIS im Mai 1999 wurde die von mir entworfene ganzheitliche Zweckbestimmung des Forschungsinstituts wie folgt zusammengefasst:

»Unter besonderer Berücksichtigung interdisziplinärer Fragestellungen beschäftigt sich das Institut mit vielfältigen gesellschaftlichen Aspekten und Problemen von räumlicher Bevölkerungsbewegung und interkultureller Begegnung in Geschichte und Gegenwart. Dabei geht es um komplexe gesellschaftliche Prozesse mit vielgestaltigen materiellen und immateriellen Komponenten und Wechselbezügen. Sie reichen im Falle der Migration von der Ausgliederung in den Ausgangsräumen bis zur Eingliederung in den Zielräumen und von den Bestimmungsfaktoren, Entwicklungsbedingungen und Folgewirkungen von Migration für beide Räume bis zu der durch das internationale oder interregionale Entwicklungsgefälle bestimmten Spannung zwischen solchen Räumen, die eine wesentliche Ursache des weltweiten Wanderungsgeschehens ist. Interkulturelle Probleme und das Bemühen

---

[69] Für andere Institute zur Migrationsforschung s. mein Gutachten für die Unabhängige Kommission Zuwanderung (5.1).
[70] Der Hintergrund für das ungewöhnlich großzügige Angebot wurde mir erst später bekannt: Es hatte sich offenbar in der Kommunikation zwischen dem baden-württembergischen und dem niedersächsischen Ministerium herumgesprochen, dass ich beabsichtigte, das erst mäßig ausgestattete Osnabrücker Forschungs- und Beratungsinstitut nach der Rufannahme in Freiburg in ähnlicher Form neu zu begründen. Dazu hatte auch der dortige Kanzler in einem ersten Gespräch sein Einverständnis signalisiert, ohne dafür besondere Mittel zusagen zu können, was mich aus den genannten Gründen aber nicht abschreckte. Angesichts der politischen Spannungen und der Exzesse auf deutschen Straßen im Zusammenhang der Auseinandersetzung um Fragen von Migration, Asyl und Integration und der Tatsache, dass ich mich just mit diesen Problemen beschäftigte, hatte die niedersächsische Ministerin Helga Schuchardt in Osnabrück interveniert und darauf bestanden, dass ich, koste es was es wolle, am Standort zu halten sei, was für Osnabrück weitgehend kostenneutral bleiben und durch die Mittel des niedersächsischen »VW Vorab« ermöglicht werden sollte.

um die Förderung interkultureller Kompetenz zählen aber auch ohne den Hintergrund von Migrationsprozessen zu den Frage- und Aufgabenstellungen des Instituts.«[71]

Zu den Gründungsperspektiven des Osnabrücker Instituts gehörten im Bereich der Wissenschaft die Intensivierung der interdisziplinären Forschungsarbeit, im Blick auf die Praxisbezüge die Politik-, Kommunal- und Verbandsberatung und darüber hinaus die »kritische Politikbegleitung« über Publizistik und Medien sowie der »doppelte Dialog« in Gestalt der Kommunikation zwischen interdisziplinär kooperierender Forschung und einschlägigen Praxisbereichen, also zwischen Experten der Wissenschaft und Experten der Praxis.[72]

Am IMIS war ich zu Beginn für sechs Jahre (1991–1997) Gründungsdirektor, dann nochmals für drei weitere Jahre (2002–2005) Direktor, wobei ich mich auf IMIS-Mitarbeiter Jochen Oltmer (heute Vorstandsmitglied und Apl. Prof. am IMIS) stützen konnte. Er hat zusammen mit der IMIS-Redakteurin Jutta Tiemeyer von Beginn an alle Publikationen des Instituts und später auch viele des von mir vom IMIS aus angestoßenen Rats für Migration (Kap. 4.2) betreut. Ich habe mich allerdings bemüht, die Leitungsverantwortung möglichst bald in andere Hände zu legen, was der Gruppendynamik und dem Teamgeist am Institut zugutekommen sollte, auch wenn meine Zeit als Gründungsdirektor umständehalber deutlich länger dauerte als von mir ursprünglich beabsichtigt.[73]

Nachfolger als IMIS-Direktoren waren der Sozialgeograph Hans-Joachim Wenzel (1997–2002), der Migrationssoziologe Michael Bommes (2005–2009, †2010) und, als amtierender Direktor, der Sozialgeograph Andreas Pott. Mit ihm schloss sich ein IMIS-Kreis; denn er hatte in dem ersten, von mir und Michael Bommes für das IMIS beantragten und dann von Michael Bommes geleiteten DFG-Graduiertenkolleg »Migration im modernen Europa« promoviert.

Das Institut im In- und Ausland bekannt zu machen, gelang in den ersten Jahren zunächst auch dadurch, dass ich es bei eigenen Publikationen oder Vorträgen schlicht hinter meinen inzwischen auch in den Medien und in der weiteren Öffentlichkeit einigermaßen bekannten Namen hängte mit der Signatur:»Klaus J. Bade, Direktor des Osnabrücker Instituts für Migrationsforschung und Interkulturelle Studien«. Das wiederum hing wesentlich damit zusammen, dass die meisten Beiträge zur kritischen Politikbegleitung in den ersten Jahren des IMIS von mir selber, später auch von Michael Bommes[74], stammten, durch die erwähnte Provenienzangabe aber nach außen hin zugleich dem IMIS zugeschrieben wurden (vgl. z.B. 2.2, 2.5, 2.6, 2.8, 2.9–11, 3.1–5).

Das schon bald auch international renommierte Osnabrücker Institut entwickelte sich in Forschung und Lehre sehr erfolgreich: Davon zeugten die drei wissenschaftlichen Publikationsreihen »IMIS-Beiträge«[75], »IMIS-Schriften«[76] und die ebenfalls am Institut erscheinenden, aber eigenständigen »Studien zur Historischen Migrationsforschung« (SHM).[77] Sie wurden durch Druckkostenzuschüsse der Freudenberg Stiftung, des DaimlerChrysler-Fonds beim Stifterverband für die deutsche Wissenschaft und später auch der Robert Bosch-Stiftung sowie der Gemeinnützigen Hertie-Stiftung gefördert.

Von der Anerkennung des Instituts als interdisziplinäre Stätte von Forschung und Lehre zeugten weiter mehrere Graduiertenkollegs, die oft auch international strukturierten Forschungsprojekte der Mitglieder und schließlich auch ein eigener Master-Studiengang, der von meinem zu früh verstorbenen Kollegen und Freund Michael Bommes als Institutsdirektor begründet und vorangetrieben wurde.[78] Auch Idee und Konzept des aufsehenerregenden Is-

---

[71] Anhang zum Bericht über die Eröffnung der zweiten Förderperiode des Graduiertenkollegs der DFG »Migration im modernen Europa« am 6.5.1999.
[72] IMIS, Bericht 1991–1997, Osnabrück 1998, S. 9–16.
[73] Nur widerwillig habe ich mich in den Jahren 2002–2005 bereit erklärt, noch einmal die Rolle des Institutsdirektors zu übernehmen, blieb aber bis zu meiner Emeritierung 2007 Mitglied des IMIS-Vorstandes.

[74] Beispiele für kritische Politikbegleitung von Michel Bommes u.v.a.: »Symbol für Zukunftsangst«. Ein Gespräch mit dem Migrationsforscher Michael Bommes zur Integrationsdebatte, in: Herder Korrespondenz, 60.2006, H. 6 (https://www.herder-korrespondenz.de/heftarchiv/60-jahrgang-2006/heft-6-2006/ein-gespraech-mit-dem-migrationsforscher-michael-bommes-zur-integrationsdebatte-symbol-fuer-zukunftsangst); ders., Integration – gesellschaftliches Risiko und politisches Symbol. Essay, in: Aus Politik und Zeitgeschichte, 57.2007, H. 22/23, S. 3–5. Bommes hat bei seinem frühen Tod (2010) kein Verzeichnis seiner vielen publizistischen Interventionen hinterlassen.
[75] S. http://www.imis.uni-osnabrueck.de/publikationen/imis_beitraege.html.
[76] S. http://www.imis.uni-osnabrueck.de/publikationen/imis_schriften.html.
[77] S. http://www.imis.uni-osnabrueck.de/publikationen/studien_zur_historischen_migrationsforschung_shm.html.
[78] S. http://www.imis.uni-osnabrueck.de/studium/master_imib/informationen_fuer_studieninteressierte.html.

lam-Studiengangs der Universität Osnabrück gingen ursprünglich vom IMIS aus.

Neben der interdisziplinären Kooperation habe ich versucht, auch die disziplinäre Perspektive, in meinem Falle diejenige der Historischen Migrationsforschung, nicht aus den Augen zu verlieren; denn wenn sich alle »interdisziplinär« umarmen, kann keiner mehr vom anderen lernen. Das war der Hintergrund für den Gründungsanstoß zur ebenfalls bundesweiten »Gesellschaft für Historische Migrationsforschung« (GHM), die bis 1996 von mir geleitet und von IMIS-Geschäftsführer Peter Marschalck organisiert wurde. Sie arbeitet mit einer eigenen Schriftenreihe (»Migration in Geschichte und Gegenwart«) heute erfolgreich unter Leitung des Osteuropahistorikers Dittmar Dahlmann.[79] Hierher gehörte schließlich auch der von Peter Marschalck vom IMIS aus organisierte bundesweite »Arbeitskreis Historische Demographie«.

Kein Erfolg beschieden war meinem Vorschlag, darüber hinaus auch eine »Europäische Gesellschaft für Historische Migrationsforschung« (EGHM) zu begründen, um die national zum Teil sehr unterschiedlichen Forschungsansätze transparenter zu machen und damit die internationale Kooperation zu erleichtern. Noch bei der Vorbereitung meiner im Jahr 2000 erschienenen europäischen Migrationsgeschichte[80] wurde mir immer wieder deutlich, wie schwer überbrückbar selbst die fachinternen nationalen Sichtweisen und Ansätze zur Historischen Migrationsforschung in Europa nach wie vor waren.[81] Das galt noch mehr bei der von mir initiierten und in Kooperation mit Pieter Emmer, Leo Lucassen und Jochen Oltmer am Netherlands Institute for Advanced Study (NIAS) in Wassenaar, NL und am Wissenschaftskolleg zu Berlin vorbereiteten, in der deutschen Erstausgabe 2007 erschienenen »Enzyklopädie Migration in Europa« mit ihren rund 250 Beiträgen verschiedenster Autorinnen und Autoren.

Dabei gab es auch unter den Herausgebern selbst ganz unterschiedliche wissenssoziologische, methodologische und operationale Perspektiven. Einiges von dem, was mir epistemologisch wichtig war auf dem Weg über Konzeptualisierung und Operationalisierung zur Realisierung des großen Projekts, erschien Piet Emmer zum Beispiel etwas »deutsch« gedacht – im Sinne des alten Oxford-Kalauers, bei dem unter der thematisch freien Aufgabenstellung »Write something on elephants!« ein englischer, ein deutscher und ein französischer Student einen Essay zu verfassen haben: Der Engländer schreibt über »Elephants and Trade«, der Franzose über »Les Éléphants et l'Amour«, während der Deutsche ein umfangreiches Werk beginnt mit einem ersten Band »Prolegomena on Elephantology«.[82]

In den weiteren Zusammenhang meiner vom IMIS ausgehenden Bemühungen um eine Organisation interdisziplinärer wissenschaftlicher Kompetenz zum Zweck der Politik-, Kommunal- und Verbandsberatung bzw. zum »doppelten Dialog« in Migrations- und Integrationsfragen gehörten mehrere andere Initiativen, von denen hier nur drei genannt seien:

Im Bereich der Beratung auf Länderebene habe ich zum Beispiel das Solinger Landeszentrum für Zuwanderung NRW mit angeregt. Dazu habe ich ein Grundkonzept entworfen, die Umsetzung mitberaten, aber keine Leitungsfunktion übernommen und mich dann bald wieder aus dieser Arbeit zurückgezogen. Zuletzt arbeitete das Zentrum 1997 bis 2002 unter Leitung der späteren Bundestagsabgeordneten Dr. Lale Akgün (SPD) und wurde nach deren Wahl in den Bundestag dann in die Landesregierung eingegliedert (Kap. 9.2).

In der Verbandsberatung habe ich zum Beispiel für die Otto Benecke Stiftung e.V. (OBS) den OBS-Fachbeirat konzipiert und Berufungsvorschläge dazu erarbeitet, das Konzept für die »Akademie für Migration und Integration«, für die »Beiträge der Akademie für Migration und Integration« der OBS[83] sowie für das jährliche »Forum Migration« der OBS entworfen, dessen

---

[79] K. J. Bade, Zur Gründung der Ges. für Historische Migrationsforschung (GHM), in: GHM Bulletin, 1993, H. 1, S. 3–9.
[80] K. J. Bade, Europa in Bewegung. Migration vom späten 18. Jahrhundert bis zur Gegenwart, München 2000.
[81] Aus soziologischer, im Blick auf die sozial- und kulturhistorische Migrationsforschung leider etwas unzureichende Perspektive hierzu: M. Bommes, Migration Research in Germany. The Emergence of a Generalised Research Field in a Reluctant Immigration Country, in: ders. / D. Thränhardt (Hg.), National Paradigms of Migration Research (IMIS-Schriften, Bd. 13), Göttingen 2010, S. 127–185.

[82] Bade/Emmer/Lucassen/Oltmer (Hg.), Enzyklopädie Migration in Europa, 2007 (s. dort, S. 17f.); englischsprachige Fassung: dies. (Hg.), The Encyclopedia of European Migration, 2011.
[83] Zur Schriftenreihe der Akademie für Migration und Integration der Otto Benecke Stiftung e.V. (OBS) s. http://www.obs-ev.de/startseite-und-aktuelles/publikationen/schriftenreihe-der-akademie-fuer-migration-und-integration/.

überarbeitete Vorträge lange einen Kernbestand der »Beiträge« bildeten.

In den Bereich der direkten Kommunalberatung gehörte unter anderem der Runde Tisch der Gemeinde Belm bei Osnabrück. Die Stadt war aufgrund von abrupter und starker Aussiedlerkonzentration infolge von Immobilienspekulation mit vordem von Angehörigen der britischen Armee genutzten Hochhäusern (im Volksmund bald »Russenhäuser« genannt) kurzzeitig in eine kommunale Integrationskrise geraten und hatte sich ratsuchend an das IMIS gewandt. Ein Ergebnis der IMIS-Beratung war das kommunale Integrationskonzept, mit dem die Gemeinde Belm ihre Integrationskrise begrenzen und dann bei dem bundesweiten Wettbewerb »Erfolgreiche Integration ist kein Zufall« (BMI/ Bertelsmann-Stiftung) sogar den ersten Platz in ihrer Gemeindegrößenklasse belegen konnte. Hier hatte sich insbesondere mein Nachfolger in der Institutsleitung, der Sozialgeograph Hans-Joachim Wenzel, engagiert.

Auch heute zählt das IMIS in Osnabrück, wo ich im Sommer 2007 meine Abschiedsvorlesung (Kap. 7) und im Sommer 2015 den Festvortrag zum 25-jährigen Gründungsjubiläum (11.2.5) hielt, zu den führenden Forschungs- und Beratungsinstituten in Deutschland und Europa (4.1.2/3).

4.2 Der bundesweite Rat für Migration (RfM) 1998/99ff. (4.2.1–4.2.10)

Um den Druck wissenschaftlicher Expertise auf politische Handlungsbereitschaft zu erhöhen, regte ich 1997 vom IMIS aus an, eine bundesweite Institution zur interdisziplinären Migrationsforschung und kritischen Politikbegleitung zu schaffen, die später »Rat für Migration« (RfM) heißen sollte und ihren Ursprung in schon deutlich älteren strategischen Überlegungen hatte.

Das IMIS hatte ich, wie erwähnt, von Beginn an auch als Ausgangspunkt für die Entwicklung übergreifender Strukturen zur Intensivierung der interdisziplinären Kommunikation in den Forschungsfeldern Migration und Integration verstanden. Das war in meinen Augen auch eine Voraussetzung für eine fundierte und auf viele Schultern verteilte kritische Politikbegleitung, die kraftvoller wirken würde als das Votum eines einzelnen Instituts oder gar einzelner Wissenschaftler von einem einzelnen akademischen Standort aus.

Meine Vorüberlegungen dazu stammten zum Teil schon aus den frühen 1990er Jahren und gehören indirekt zur Vorgeschichte des bundesweiten Rates für Migration: Für die Intensivierung interdisziplinärer Kooperation und kritischer Politikbegleitung nötig erschien mir zunächst eine Art bundesweites multidisziplinäres Strukturtableau für das Forschungsfeld einschließlich der dort bereits erkennbaren interdisziplinären Ansätze. Voraussetzung dafür war eine breite Bestandsaufnahme, die selbst schon ein Baustein bzw. Experimentierfeld zur Intensivierung dieser interdisziplinären Kommunikation sein sollte.

All dies waren schon vor und während meiner Tätigkeit am IMIS Grundideen für den Aufbau eines bundesweiten »Referentensystems zum Bereich Migration – Integration – Minderheiten«. Es sollte zu interdisziplinärem und in geeigneten Feldern auch praxisorientiertem Engagement bereite Kolleginnen und Kollegen aus den verschiedensten Fachgebieten und Forschungsrichtungen miteinander in Verbindung bringen. Ich habe das damals »Vernetzung der Köpfe« genannt.

Zugleich bemühte ich mich um den Aufbau eines eher technisch-organisatorisch ausgerichteten »Bundesnetzwerks Migration – Integration – Minderheiten«, eine Idee, die ich auch in mein Gutachten für die Unabhängige Kommission Zuwanderung einfließen ließ (5.1.1, Abs. 6.1). Dabei ging es um die Erkundung fachspezifischer Informationssysteme und Organisationsformen sowie um eine fachübergreifende und internationale Vernetzung von Dokumentationsstellen und Datensystemen in den Forschungsfeldern von Migration, Integration und Minderheiten. Referentensystem und Bundesnetzwerk sollten mithilfe von Stiftungsförderungen Forschungspotenziale und Forschungseinrichtungen erschließen und vernetzen helfen.

Hierher gehörte auch ein offenbar zu früh gestarteter und zu groß angelegter Versuch, die bei mir zusammenlaufenden Vorarbeiten zu den stiftungsgeförderten strukturbildenden Referenten- und Netzwerksystemen sowie zu dem interdisziplinären »Manifest der 60« institutionell zusammenzuführen. Es ging darum, auf diese Weise erste Bausteine zusammenzutragen für ein mit dem Stiftungspraktiker Christian Petry (Freudenberg Stiftung) und der Politikpraktikerin Beate Winkler (Amt der Beauftragten der Bundesregierung für die Belange der Ausländer, Bonn) geplantes bundesweites »Zentrum für

Migrationsfragen und interkulturelle Entwicklung«. Es sollte die bundesweite Umsetzbarkeit meines Konzepts des »doppelten Dialogs« zwischen Wissenschaft und Praxis in einem groß angelegten Modellversuch erproben (4.2.1).

Das geplante Zentrum mit Sitz in Bonn war ein Ergebnis von Diskussionen im Büro der Ausländerbeauftragten der Bundesregierung (Kap. 2). Dort entwarfen wir in Abstimmung mit Christian Petry das Konzept des bundesweit angelegten Zentrums mit einem Wissenschaftsbereich, einem Praxisbereich und weiteren, beide Bereiche verbindenden Arbeitsperspektiven.[84]

Das hoch ambitionierte Pilotprojekt wurde von der Beauftragten der Bundesregierung für die Belange der Ausländer, der Freudenberg Stiftung, dem Stifterverband für die Deutsche Wissenschaft und der Forschungsgruppe Modellprojekte e.V. gemeinsam getragen. Nach einer arbeitsintensiven Vorbereitungs- und Startphase, in der sich auch der Bildungsforscher Hans H. Reich in Abstimmung mit mir stark engagiert hatte, erschien das Projekt inhaltlich erfolgversprechend. Es scheiterte als Institution aber an einer politischen Intrige:

Das Zentrum sollte seine Geschäftsstelle im Amt der Ausländerbeauftragten in Bonn haben. Die Briefbögen waren schon gedruckt, die Bankverbindungen organisiert, als Cornelia Schmalz-Jacobsen abrupt diese halbamtliche Kooperation widerrufen und alle Spuren löschen lassen musste; denn sie war, wie mir angedeutet wurde, in Anspielung auf eine gerade aktuelle parlamentarische Affäre um halbamtliche Mittelverwendungen süffisant und warnend gefragt worden, ob sie sich mit dem geplanten, schon relativ bekannt gewordenen und von verschiedenen Seiten mit Spannung erwarteten Zentrum etwa eine ähnliche Falle stellen wolle.

Was von der Projektmasse überlebte, waren im Bereich Wissenschaft drei Projektlinien: 1. die weitere Arbeit am »Manifest der 60« (Kap. 3); 2. das als ein Modellprojekt für das geplante Referentensystem noch eine Zeitlang am IMIS weiterlaufende und dann der »Gesellschaft für Historische Migrationsforschung« (GHM) übergebene »Netzwerk Historische Migrationsforschung«; und 3. das noch einige Zeit, wenn auch mit abnehmender Energie am IMIS weitergeführte »Wissenschaftliche Referentensystem zum Bereich Migration – Integration – Minderheiten«.

Diesem Referentensystem haben wir zunächst den Beinamen »Rat für Migrationsfragen«, später dann den Namen »Rat für Migration« gegeben. Der aus dieser im Verbandsgedächtnis erloschenen Vorgeschichte hervorgegangene »Rat für Migration« trat schließlich ganz an die Stelle des Referentensystems »Migration – Integration – Minderheiten«. Dessen geplante Funktionen wurden später zum Teil von dem annähernd zeitgleich durch Friedrich Heckmann begründeten bundesweiten Netzwerk »Migration und Ethnizität« erfüllt, das heute eine Sektion der Deutschen Gesellschaft für Soziologie (DGS) ist.[85]

Auf dem Weg zum Rat für Migration spielte neben dem Referentensystem »Migration – Integration – Minderheiten« auch das »Manifest der 60« (Kap. 3) eine Rolle, das ich noch mit einer Reihe von annähernd zeitgleichen Publikationen[86] begleitet hatte; denn auf der Suche nach Schlüsselpersonen mit einschlägiger Forschungserfahrung und Bereitschaft zu kritischer Politikbegleitung im erst angedachten »Rat für Migrationsfragen« hatte ich zunächst einige Autoren sowie Mitunterzeichner des Manifests angesprochen. Darüber hinaus hatte ich noch einige andere Wissenschaftler und Wissenschaftlerinnen aus dem Referentensystem für die dann auch öffentlich präsentierte Idee gewinnen können (4.2.2).

Die Vorstellung von einer Art selbstläufigen, linearen Kontinuität von einer »erweiterten Manifest-Gruppe« zum Rat für Migration[87] hingegen entsprang im Grunde einer PR-Konstruktion; denn am Anfang standen Gründungsidee

---

[84] K. J. Bade / C. Petry / B. Winkler, Abschlussbericht zum Projekt »Zentrum für Migrationsfragen und interkulturelle Entwicklung«, Osnabrück/Berlin, 20.5.1994.

[85] Bulletin der Gesellschaft für Historische Migrationsforschung e.V., Jg. 1994, H. 1 (Osnabrück, Februar 1994) S. 1f.
[86] Bade, Homo Migrans, 1994; ders., Ausländer – Aussiedler – Asyl, 1994; ders. (Hg.), Menschen über Grenzen – Grenzen über Menschen. Die multikulturelle Herausforderung, Herne 1995; 2. Ausg. u. d. Titel: Die multikulturelle Herausforderung. Menschen über Grenzen – Grenzen über Menschen, München 1996.
[87] Vgl. dazu die Einschätzung auf der Wikipedia-Seite des RfM: »Seinen Ursprung hat der Rat für Migration in einer Gruppe von Wissenschaftlern, die 1994 das »Manifest der 60: Deutschland und die Einwanderung« verfasst haben, welches der Migrationsforscher und Historiker Klaus J. Bade herausgegeben hatte [...]. 1997 beschloss ein Kern der Wissenschaftlergruppe, dass dieser Prozess auch nachhaltig kritisch begleitet werden müsse und entschied, sich im Rat für Migration (RfM) zusammenzuschließen.« (https://de.wikipedia.org/wiki/Rat_für_Migration); vgl. Heckmann, Zur Entstehung und Bedeutung der Migrations- und Integrationsforschung, 2013, S. 33–43, hier S. 40f.

und Gründungskonzept im Kontext des Referentensystems, dann erst kam eine »Manifest-Gruppe« ins Spiel:

Die verschiedenen Treffen auf dem Weg zum Rat für Migration förderte abermals die Freudenberg Stiftung, vertreten durch ihren Geschäftsführer Christian Petry, der mir auch persönlich als Berater zur Seite stand. Er war es auch, der mir einerseits den Begriff »Rat für Migration« (statt »für Migrationsfragen«) und andererseits die Rede von einer »Manifest-Gruppe« vorschlug. Er glaubte, dass eine solche semantische Anknüpfung an das bald sehr bekannte »Manifest der 60« das neue Vorhaben in der Öffentlichkeitsarbeit anschlussfähiger erscheinen lassen würde.

Das leuchtete mir durchaus ein, zumal mir solche kommunikationsstrategischen Überlegungen sehr wohl vertraut waren, weil ich seinerzeit mein Studium als Journalist, Texter und Strategieberater in einer Frankfurter Public Relations-Agentur verdient hatte. Aber auch die Öffentlichkeitsarbeit selbst lief vom IMIS aus und alle Gründungsschriften für den neuen Verband wurden am IMIS geschrieben und publiziert. Dabei wurde ich, wie schon bei der Gründung des IMIS, abermals entscheidend unterstützt durch meinen damaligen IMIS-Mitarbeiter und späteren Kollegen Jochen Oltmer, der heute dem IMIS-Vorstand angehört, und durch die IMIS-Redaktion unter Leitung von Jutta Tiemeyer.[88]

Im Zentrum des gemeinsam weiter entwickelten Konzepts zu einer bundesweiten Wissenschaftsorganisation standen, wie beim IMIS, ebenfalls »kritische Politikbegleitung« über die Medien und der »doppelte Dialog« zwischen interdisziplinär kooperierenden Experten der Wissenschaft sowie zwischen ihnen und Experten der verschiedensten Praxisbereiche.

Für den ersten Entwurf der Statuten des RfM hatte ich vorgeschlagen:

»§ 1 Ziel: Angesichts der national und international wachsenden Bedeutung der Probleme von Migration, Integration und Minderheiten haben die entsprechenden Forschungsanstrengungen in den letzten Jahren stark zugenommen. Umso wichtiger ist eine multi- und interdisziplinäre Abstimmung auf nationaler Ebene und in internationaler Kooperation. Diesem Ziel soll der Rat für Migration dienen, in dem Wissenschaftlerinnen und Wissenschaftler kooperieren, die über multidisziplinäre, interdisziplinäre und internationale Verbindungen verfügen, sodass ein den gesamten Bereich von Migration, Integration und Minderheiten abdeckendes personales Netzwerk entsteht.

§ 2 Aufgabe: Der Rat für Migration hat die Aufgabe, übergreifende Schlüsselfragen von Migration, Integration und Minderheiten zu behandeln und zu vertiefen sowie Forschungsfragen national und international zu koordinieren.

Neben einer kritischen Begleitung von Politik, Verwaltungstätigkeit sowie von nichtstaatlichen Organisationen im Bereich von Migration, Integration und Minderheiten soll der Rat für Migration als Informationssystem und auch beratend für Anfragen aus der Politik, der Verwaltung einschließlich der Kommunen, der Wirtschaft, der Verbände sowie nichtstaatlicher Organisationen zur Verfügung stehen.

Der Rat für Migration wirkt auch von sich aus konzeptionell aktiv mit handlungsorientierten Entwürfen für die Bereiche von Migration, Integration und Minderheiten. Diesem Zweck dient auch ein zu erstellendes Jahresgutachten über Probleme von Migration, Integration, Minderheiten und die damit zusammenhängenden gesellschaftlichen und interkulturellen Entwicklungen sowie über die darauf zielenden politischen und rechtlichen Gestaltungselemente und deren Folgewirkungen«.[89]

Das Letztere war zu weit gegriffen: Das vorgesehene Jahresgutachten war eine viel zu große Aufgabe für ein ehrenamtliches Gremium ohne eigene Geschäftsstelle, dessen Vorstandsmitglieder jeweils von ihren eigenen universitären Standorten aus operierten. Diese Idee konnte erst später, in dem von mir ganz anders konzipierten »Sachverständigenrat deutscher Stiftungen für Integration und Migration« (Kap. 8) umgesetzt werden.

Auf- und Ausbau des Rates für Migration selbst vollzogen sich in der Gründungsphase unter der Schirmherrschaft der Deutschen UNESCO-Kommission auf der Leitungsebene zunächst im Stolperschritt: Mit einiger Mühe hatte ich als Kandidaten für den Vorsitz des Ra-

---

[88] Rat für Migration (i.A. M. Wollenschläger), Präsentation einer Idee, IMIS/Osnabrück, Juli 1998; J. Oltmer, Rat für Migration, in: Zeitschrift für Ausländerrecht und Ausländerpolitik (ZAR), 18.1998, S. 283; ders., Rat für Migration gegründet. »Vernetzung der Köpfe‹, in: AWR-Bulletin, 36.1998, H. 4, S. 222f.; vgl. K. J. Bade, Migrationsforschung und Gesellschaftspolitik im »doppelten Dialog‹, in: Profile der Wissenschaft. 25 Jahre Universität Osnabrück, Osnabrück 1999, S. 107–121.

[89] Rat für Migration (s. Anm. 88), S. 7.

tes den Würzburger Rechtswissenschaftler Michael Wollenschläger, Mitautor des Manifests der 60, gewinnen können, als seinen Stellvertreter den Bielefelder Demographen Herwig Birg und als Vorsitzenden des Beirates den Freiburger Politologen Dieter Oberndörfer, ebenfalls Manifest-Autor, dem ich als Stellvertreter folgte. Die Entscheidungen erleichterte ich durch die Perspektive, dass mit den Aufgaben keine zu schweren organisatorischen Belastungen verbunden sein würden, konkret, dass es eine stille Lastenteilung mit mir und den Mitarbeitern des IMIS geben würde.

Dabei ahnte ich nicht, dass die organisatorische Hauptlast[90] alsbald in Osnabrück und bei mir selber liegen sollte; denn Michael Wollenschläger († 2008) fiel schon kurz nach seiner Ernennung wegen einer schweren und dauerhaften Erkrankung aus. Herwig Birg wiederum trat noch im Gründungsjahr 1998 zurück und verließ den RfM, weil ihm die erste vorbereitete Resolution u.a. wegen der Forderung nach Einwanderungsgesetzgebung, Einwanderungspolitik, Erleichterung des Erwerbs der Staatsangehörigkeit und nach der Einwanderungssituation entsprechenden behördlichen Institutionen politisch zu weit ging. Für Birgs Nachfolge konnte der Berliner Demograph Rainer Münz, ebenfalls Manifest-Autor, als Stellvertretender Vorsitzender gewonnen werden.[91]

Der Öffentlichkeit präsentierte sich der Rat für Migration am 7. Juli 1998 mit einer im Wissenschaftszentrum des Stifterverbandes für die Deutsche Wissenschaft in Bonn von mir in Kooperation mit der Freudenberg Stiftung vor- und nachbereiteten Veranstaltung mit Kurzvorträgen von Dieter Oberndörfer, Bert Rürup, Albrecht Weber und Claus Leggewie.[92]

Zu den wichtigsten frühen Erklärungen des Rates für Migration zählten die schon erwähnten, von Dieter Oberndörfer und Bert Rürup entworfenen, mit mir abgestimmten und vom Rat insgesamt unterzeichneten »Empfehlungen des Rates für Migration an Bundestag und Bundesregierung zur zukünftigen Migrationspolitik« (4.2.3).[93] Vorgestellt wurden sie auf einer von der Freudenberg Stiftung organisierten Pressekonferenz in Bonn am 9. Oktober 1998 von Dieter Oberndörfer und Bert Rürup. Die kritische Bestandsaufnahme sprach die anstehenden und absehbar erscheinenden Entwicklungen und Probleme in Sachen Migration, Asyl und Integration an und formulierte politische, behördliche und kommunale Gestaltungsaufgaben, die in den Medien breit diskutiert wurden.[94]

Eine Rolle spielte dabei auch eine von mir zusammen mit den drei Politologen Rainer Eisfeld (Osnabrück), Claus Leggewie (Gießen) und Franz Nuscheler (Duisburg), sowie dem Sozialgeographen Hans-Joachim Wenzel (IMIS/Osnabrück) über dpa publizierte »Öffentliche Erklärung« über den prekären Umgang des neuen Bundesinnenministers Otto Schily (SPD) mit Zuwanderungszahlen, von der später noch zu reden sein wird (Kap. 5):

---

[90] Welche ganz konkreten Dienstleistungsformen dies annehmen konnte, zeigt ein von mir verfasster Bericht über die Nachbereitung der Vorstellung des Rates für Migration am 7. Juli 1998 an den erkrankten ersten Vorsitzenden Michael Wollenschläger: »Im Anschluss an unser Gespräch habe ich gleich Herrn Birg angerufen und ihn gebeten, das Rundschreiben an die entsprechenden Institutionen zu machen, zu denen ich Dir schon die Adressen übersandt hatte. Der Einfachheit halber habe ich den Text dann auch gleich noch selber gemacht und ihm diesen Text übersandt einschließlich der entsprechenden Aufklebeadressen und Broschüren, sodass er den Text nur noch über seinen Briefkopf laufen, die Umschläge bekleben, die Broschüre hineinstecken lassen muss – und schon können die Dinge herausgehen. Das Ergebnis wird Dich in den nächsten Tagen sicher als Beleg auch noch erreichen.« (Verfasser an M. Wollenschläger, 14.7.1998).
[91] Bis zur Konstituierung des RfM als eingetragenem Verein gab es damit eine Leitung mit Michael Wollenschläger und Rainer Münz als Stellvertreter, einen Beirat mit Dieter Oberndörfer als Vorsitzendem und Klaus J. Bade als Stellvertreter sowie mit Max Matter, Franz Nuscheler, Hans H. Reich und Bert Rürup als Mitgliedern. Weitere Mitglieder des Rates waren Jürgen Bähr, Eberhard Eichenhofer, Hartmut Esser, Wolfgang Franz, Theodor Hanf, Wilhelm Heitmeyer, Dirk Hoerder, Vittorio Hösle, Friedrich von Krosigk, Marianne Krüger-Potratz, Klaus Laubenthal, Claus Leggewie, Els Oksaar, Berndt Ostendorf, Wolfgang Pfeiffer, Gernot Rotter, Werner Schiffauer, Wendelin Strubelt, Alexander Thomas, Dietrich Thränhardt und Albrecht Weber.

[92] Rat für Migration (Hg.), Migrationspolitik in Deutschland. Eine Zwischenbilanz, IMIS/Osnabrück, September 1999.
[93] Ohne Einwanderer würde Deutschland zum Altersheim. Empfehlungen des Rats für Migration an Bundestag und Bundesregierung. Pressemitteilung mit Anlagen zur Pressekonferenz am 9.10.1998; wieder abgedruckt, in: RfM, Migrationspolitik in Deutschland, 1999, S. 9–15 (s. Anm. 91).
[94] Zur Diskussion u.v.a.: Einwanderungspolitik. Migrationsforscher mahnen Reformen an, in: Frankfurter Rundschau, 10.10.1998; Empfehlungen des Rates für Migration an die Bundesregierung«, in: Frankfurter Rundschau, 16.10.1998; Wissenschaftler fordern Reform der Ausländerpolitik, in: Frankfurter Allgemeine Zeitung, 10.10.1998; Gesetz über Zuwanderung nötig. Experten weisen auf ökonomischen Gewinn durch Zuzug hin, in: Süddeutsche Zeitung, 10./11.10.1998; H. Prantl, Macht hoch die Tür...?, in: Süddeutsche Zeitung, 24.11.1998; A. Jungkunz, Deutschland – bald nur ein Altersheim? Experten empfehlen im Gegensatz zu Otto Schily die gezielte, geregelte Zuwanderung, in: Nürnberger Nachrichten, 25.11.1998; M. Wollenschläger, Die Empfehlungen des Rates für Migration, in: Zeitschrift für Ausländerrecht und Ausländerpolitik, 6/1999 (Nov. 1999), S. 252–260.

»Einwanderungspolitik ist eine Politik, die erst ihre Ziele definiert und sie dann in Zahlen umsetzt«, schrieb Heribert Prantl im Sinne einer auch von mir vorgetragenen Forderung (2.6). »Eine Debatte darüber ist überfällig – insofern könnte man dem neuen Bundesinnenminister dankbar sein. Otto Schily freilich hat die Debatte in einer Weise intoniert, die schädlich, ja gefährlich ist. Er hat die Debatte eröffnet und sie zugleich wieder abgewürgt mit dem Bemerken, dass wir erstens kein Einwanderungsgesetz brauchen und dass es zweitens keine Einwanderung mehr geben darf. Er hat so getan, als sei der Bevölkerung eine Einwanderungspolitik nicht zuzumuten, weil sie die Fremdenfeindlichkeit verschärfe.

Damit hat er Ursachen und Folgen vertauscht. Sicherlich: Einwanderungspolitik kann man nur mit der Zustimmung der Mehrheit der Bevölkerung machen. Politik aber muss um diese Mehrheit werben. Der Innenminister tut das Gegenteil. Er wirbt um die Nichtakzeptanz der Realität. Damit aber, so sagt der Osnabrücker Migrationsforscher Klaus J. Bade zu Recht, werden Abwehrhaltungen gezüchtet und dies ausgerechnet in einer Zeit, in der zum ersten Mal seit langem mehr Menschen aus Deutschland abwandern als zuwandern.«

Mehr noch: Bei sinkenden Geburtenraten und negativer Wanderungsbilanz könnten beschleunigt die »kritischen Untergrenzen demoökonomischer Stabilität unterschritten« werden, vor denen vor fünf Jahren das Manifest der 60 gewarnt habe. Noch vor drei Jahren habe sich Schily auf einer großen Tagung der Friedrich-Ebert-Stiftung klar für ein Einwanderungsgesetz ausgesprochen, in dieser Hinsicht der damaligen Bundesregierung »eine ängstliche Abwehrhaltung gegenüber Migration« vorgeworfen und dies als »Torheit« bezeichnet. »Den Otto Schily von 1998 lässt man also am besten durch den Otto Schily von 1995 kommentieren: ›Wer ein Land oder ein Volk unter Quarantäne stellen will, der ist schlecht beraten.‹«[95]

Die Empfehlungen des Rats für Migration, an deren Vorstellung auch der Bundestagsabgeordnete Cem Özdemir (Bündnis 90/Die Grünen) als Gast und Kommentator teilnahm, hatten die Abgeordneten des neuen Bundestages und die Mitglieder der neuen rotgrünen Bundesregierung vom grundlegenden Reformbedarf in Migrations-, Asyl- und Integrationsfragen überzeugen sollen. Trotz des nachdrücklichen Einsatzes der neuen Ausländerbeauftragten der Bundesregierung, Staatssekretärin Marieluise Beck (Bündnis 90/Die Grünen), gestaltete sich der staatsangehörigkeitsrechtliche, migrations- und integrationspolitische Reformweg unter Bundesinnenminister Schily zunächst eher irritierend langsam und auch widersprüchlich in meiner Wahrnehmung, die durch Informationen aus dem Amt der Ausländerbeauftragten mit beeinflusst war. Wir wussten zunächst nicht, dass Schily dazu intern bereits große grundlegende Entwürfe erarbeiten ließ, zu denen die Reform des Staatsangehörigkeitsrechts ebenso gehörte wie ein umfassendes Zuwanderungsgesetz (s. Kap. 7).

Deshalb legte der Rat für Migration im Oktober 1999 noch einmal nach: Man habe, erklärte Dieter Oberndörfer, der noch Vorsitzender des Beirats war, den Eindruck, dass die Forderungen und Empfehlungen des RfM vom vergangenen Jahr »in den Wind gesprochen« seien. Der Rat forderte nun auch eine »Humanisierung der bürokratischen Praxis« des Asyl- und Ausländerrechts. Es sollten »im Rahmen einer gesetzlichen Härtefallklausel und eines für sie geschaffenen speziellen Aufnahmekontingents paritätisch besetzte und entscheidungsberechtigte Härtefallkommissionen in den Bundesländern gebildet werden«. Die im Koalitionsvertrag angekündigte Härtefallklausel freilich gab es auch nach einem Jahr Rotgrün noch nicht.[96]

Etappen des großen rotgrünen Reformwegs waren schließlich die Reform des Staatsangehörigkeitsrechts (1999/2000), die Einberufung der Unabhängigen Kommission Zuwanderung (2000/01), der Entwurf des Einwanderungsgesetzes 2001, die Berufung des Sachverständigenrates der Bundesregierung für Zuwanderung und Integration (Zuwanderungsrat, 2003/04) und schließlich das Zuwanderungsgesetz selbst (2005) (Kap. 5, 7).

Im Jahr 2000 gab es einen letzten, formellen Schritt zur rechtskräftigen Gründung des Rats für Migration in Gestalt seiner Konstituierung als eingetragener gemeinnütziger Verein. Gründungsmitglieder im Sinne des Vereinsgesetzes waren nun: als Vorsitzender der Politologe Dieter Oberndörfer, ich als erster Stellvertreter,

---

[95] Prantl, Macht hoch die Tür…?, 24.11.1998 (s. Anm. 94).

[96] H. Prantl, »Mehr Mut in der Migrationspolitik«. Wissenschaftler rügen Rotgrün, in: Süddeutsche Zeitung, 25.10.1999.

als weitere Stellvertreter der Demograph Rainer Münz, der Wirtschaftswissenschaftler Bert Rürup und der Rechtswissenschaftler Michael Wollenschläger; weitere Gründungsmitglieder waren der Volkskundler Max Matter, der Politologe Franz Nuscheler und der Bildungswissenschaftler Hans H. Reich.

Festgelegt wurde aber eine andere Zweckbestimmung. Hintergrund war auf einer Beiratssitzung am 11. Februar 2000 in Bonn eine von mir mit Dieter Oberndörfer abgestimmte programmatische Kürzung, die den Rat für Migration, der noch immer das Referentensystem im Titel mitschleppte, in seiner Zweckbestimmung aus der Grätsche zwischen Forschungsorganisation und kritischer Politikbegleitung zugunsten der Letzteren löste. Ausgangspunkt waren Legitimationsprobleme und die leidige Frage, wer eigentlich für den Rat zu sprechen habe. Das Protokoll zur Sitzung vom 11. Februar 2000 vermerkt dazu:

»Prof. Bade stellt fest, dass die Strukturen des Rates für Migration und des Wissenschaftlichen Beirates sehr unübersichtlich seien und für den Rat für Migration erhebliche Probleme aufwerfen würden: Ein politisches Mandat lässt sich nicht wissenschaftlich begründen. Solange Mitglieder des Rates für Migration nach disziplinären, multidisziplinären oder interdisziplinären wissenschaftlichen Gesichtspunkten berufen werden, sei nicht klärbar, wieso wer zu welcher Gelegenheit für den Rat zu sprechen habe. Das habe schon wiederholt zu entsprechenden Nachfragen geführt. Prof. Oberndörfer, der ursprünglich diese Gedanken angeregt hatte, weist ebenfalls auf diese Kompetenzprobleme hin. Prof. Wollenschläger macht darauf aufmerksam, dass wir eigentlich als eine Gruppe von Migrationswissenschaftlern angetreten seien, um ein Referentensystem zu bilden. Als Vereinigung von Wissenschaftlern mit zwangsläufig unterschiedlichen Meinungen könne der Rat nur schwer öffentlich zu Fragen Stellung nehmen. Es sei nicht geklärt, wer für wen spreche. Sprechen die Beiratsmitglieder, die sich zu politischen Fragen geäußert haben und äußern, für sich, für den Beirat oder den gesamten Rat für Migration? [...]

Um die vorher besprochenen Probleme zu lösen, die sich aus den bisherigen Strukturen ergeben haben, schlägt Prof. Oberndorf eine organisatorische Trennung in einerseits einen Rat für Migration und andererseits in eine Deutsche Gesellschaft für Migrationsforschung vor. Der Rat für Migration solle eine neue Struktur als eingetragener Verein erhalten. Der Vorstand des Vereins sei damit autorisiert, in dessen Namen zu sprechen. Der Rat für Migration solle mit seiner theoriegeleiteten migrationspolitischen Handlungs- und Entscheidungskompetenz in das politische Geschehen eingreifen. Der Deutschen Gesellschaft für Migrationsforschung komme es dazu, neue Erkenntnisse zu befördern und zu verbreiten.«[97]

Dem einstimmigen Beschluss folgte eine Satzungsänderung, mit der der »Rat für Migration« im Sommer 2000 in Freiburg als gemeinnütziger Verein beim Registergericht mit der Zweckbestimmung eingetragen wurde: »Der Rat für Migration (RfM) betrachtet Migration und Integration als zentrale Fragen und Aufgaben für Gesellschaft, Wirtschaft, Politik und Kultur. Der Rat für Migration tritt ein für aktiv gestaltende Migrations- und Integrationspolitik mit langfristigen Perspektiven, gestützt auf umfassende und integrale Konzepte. Er wirkt in diesem Sinne durch eigene Entwürfe, Beratung, kritische Politikbegleitung und Berichterstattung.«[98] Das Referentensystem und die seinerzeit ins Auge gefasste und auch in meinem Gutachten für die Unabhängige Kommission Zuwanderung (5.1.1, hier Abs. 6.1) noch empfohlene Deutsche Gesellschaft für Migrationsforschung (DGM) (4.2.1) wurden damit vom Rat für Migration abgekoppelt.

Gedanken, die ich über viele Jahre hinweg immer wieder als Forderung nach einem »Bundesinstitut für Migrations- und Integrationsforschung« publizistisch und in der politischen Beratung vorgetragen habe (u.v.a. 2.1/4, 5.1.1/3, 5.2.1/3/7/8, 6.1.1/2, 9.2.4) erleben heute vor dem Hintergrund der »Flüchtlingskrise«, die noch immer in eine Integrationskrise umschlagen kann, wieder eine Auferstehung. Es ist die von engagierten Wissenschaftlern geforderte und auch von der Integrationsbeauftragten der Bundesregierung befürwortete Idee eines »Bundesinstituts für Migrationsforschung«, von der noch die Rede sein wird (Kap. 12).[99]

---

[97] Strukturelle und organisatorische Fragen. Erweiterung des Rats für Migration / Deutsche Gesellschaft für Migrationsforschung, in: Protokoll der Sitzung des wissenschaftlichen Beirats des Rats für Migration am 11.2.2000 in Bonn.
[98] Satzung des Rates für Migration e.V., in: Rat für Migration. Information zum Migrationsreport 2000, IMIS/Osnabrück, Dezember 2000, S. 23.
[99] Vgl. A. Burchard, Mit den Flüchtlingen kamen die Fragen. Information und Beratung in der Flüchtlingskrise. Der Bedarf wächst unaufhörlich. Nun soll der Bund ein Institut finanzieren,

Vorsitzender des »neuen« Rates für Migration wurde, wie erwähnt, der Politologe und – von der Entwicklungspolitik bis zu Wahlanalysen – erfahrene Politikanalytiker und Politikberater Dieter Oberndörfer (Freiburg i. Br.), nachdem ich die mir abermals angebotene Leitung abgelehnt, mich aber bereit erklärt hatte, als erster Stellvertreter zu fungieren. Als Sitz des eingetragenen Vereins war Freiburg gewählt worden, weil Oberndörfer für die damit verbundenen Verwaltungsaufgaben dort die Organisation und Mittel des von ihm geleiteten Arnold Bergstraesser Instituts nutzen konnte.

Oberndörfers Nachfolger als Vorsitzender wurde ab 2004 der Soziologe Michael Bommes, der zugleich Direktor des IMIS in Osnabrück war. Nach seinem frühen Tod (2010) folgten als Vorsitzende die Erziehungswissenschaftlerin Marianne Krüger-Potratz (Münster) und, als amtierender Vorsitzender, der Ethnologe und Kulturanthropologe Werner Schiffauer (Viadrina, Frankfurt/Oder).

Für den »neuen« Rat für Migration hatte ich ein Veranstaltungskonzept vorgeschlagen, das der Rechtsform als eingetragener Verein Rechnung tragen, nach innen Zusammenhalt stiften und nach außen Sichtbarkeit sichern sollte: Der Rat für Migration traf sich in der Regel einmal im Jahr zu einer Mitgliederversammlung mit vorausgehender Vorstandssitzung, umrahmt durch eine Tagung und/oder den Besuch prominenter Politiker wie zum Beispiel der Bundestagspräsidentin a.D. Rita Süssmuth oder des Präsidenten des Bundesamtes für Migration und Flüchtlinge (BAMF), Alfred Schmid, die ich beide gut kannte.

Der chronische Geldmangel des Rates für Migration veranlasste mich zu einem inhaltlich zwar wohlbegründeten, aber auch personalpolitischen und finanztechnischen Schachzug: Die Otto-Benecke-Stiftung e.V. (OBS), die ich gelegentlich beriet, hatte mich um eine Vorschlagsliste für den einzurichtenden Fachbeirat mit Schwerpunkt auf Migrations- und Integrationsfragen gebeten. Wegen der vielen inhaltlichen Berührungspunkte zwischen dem wissenschaftlichen RfM und der praxisorientierten OBS, konnte ich, durchaus im Sinne des »doppelten Dialogs«, dafür sorgen, dass dieser OBS-Fachbeirat anfangs personell weitgehend deckungsgleich wurde mit dem RfM-Vorstand. RfM-Vorstandssitzungen jenseits der Jahrestreffen konnten deshalb meist in nahtlosem Übergang an die Beiratssitzungen der OBS in Bonn/Bad Godesberg anschließen, wofür die OBS die Reise- und Übernachtungskosten übernahm.

Christian Petry, aber auch Mitglieder des Rates wie zum Beispiel Dieter Oberndörfer und andere, die ich anfangs, verbunden mit dem Angebot geeigneter Hilfestellungen, um die Übernahme von Verbandsfunktionen bat, hatten mich in den ersten Jahren immer wieder gedrängt, als ideeller Initiator doch besser gleich selber den Vorsitz im Rat für Migration zu übernehmen. Ich habe das stets mit dem Hinweis abgelehnt, dass es mir darum gehe, durch Aufgabenteilung unter den Mitgliedern das gemeinsame Engagement sichtbar zu halten. Außerdem wollte ich angesichts meiner zahlreichen Aktivitäten in diesem Feld nicht in den Geruch der Anhäufung von Leitungsfunktionen geraten. Mehr als eine stellvertretende Leitungsfunktion kam deshalb für mich nicht infrage.

Das quittierte unser Förderer Christian Petry am Ende seines vergeblichen Drängens schließlich mit der von einem freundlichen Schreiben umrahmten, schnippischen Bemerkung: »Letztlich ist es ja auch egal, wer unter Dir Vorsitzender ist!« Das war provokant überzeichnet, im Blick auf meine diskrete Hintergrundfunktion in den ersten Jahren des RfM aber vielleicht so ganz falsch nicht; denn als Stellvertreter Vorsitzender habe ich den RfM in seinen ersten Jahren gewissermaßen in der Rolle des – leider fehlenden – Geschäftsführers stets im Hintergrund begleitet: intern beratend, organisierend und zusammenführend, auch Texte für andere entwerfend und auf diese Weise durchaus auch ein Stück weit indirekt steuernd.

Über Jahre hinweg gab es hier von mir insbesondere für die Leitung des RfM vielerlei Hilfestellungen. Hierher gehörte, neben den am IMIS betreuten und publizierten frühen Veröffentlichungen des Rates, zunächst auch immer wieder die vorbereitende Organisation von Vorstandssitzungen, Mitgliederversammlungen und Jahrestagungen mit dem jeweiligen Begleitprogramm.

Ein organisatorisch besonders aufwendiges Beispiel dafür war die erste Mitgliederversammlung des neu konstituierten, nach dem krankheitsbedingten Ende der Amtszeit von Michael Wollenschläger als Vorsitzendem von Dieter

---

fordern Migrationsforscher, in: Der Tagesspiegel online, 21.10.2016 (http://www.tagesspiegel.de/wissen/bundes-institut-fuer-migrationsforschung-gefordert-mit-den-fluechtlingen-kamen-die-fragen/14567378.html).

Oberndörfer geleiteten RfM am 27./28. Juni 2001 im Berliner Amadeu-Antonio-Haus: Voraus ging ein von mir organisierter, von der Freudenberg Stiftung geförderter Workshop zum Thema »Integration und Illegalität«. Dessen ebenfalls von mir vorbereitete Resolution zum Problem der aufenthaltsrechtlichen Illegalität (4.2.4) wurde auf einem von mir zusammen mit Christian Petry organisierten Pressegespräch vorgestellt, für dessen Begleitung ich die Ausländerbeauftragte der Bundesregierung, Marieluise Beck, gewinnen konnte. Ein weiterer Höhepunkt dieser ersten Mitgliederversammlung war ein Empfang des RfM bei Bundespräsident Johannes Rau, dem diese Resolution ebenfalls übergeben wurde. All das war langfristig vom IMIS aus vorbereitet und abgestimmt worden.

Bemerkenswerterweise wurde ich später zusammen mit Dieter Oberndörfer vom Rat für Migration sogar mit einer Dankesurkunde zum (vom nicht unerheblichen Mitgliedsbeitrag befreiten) »Ehrenmitglied« ernannt. Anlass war die Würdigung meiner »Verdienste um die Gründung und langjährige Leitung des Rats für Migration e.V.« – obgleich ich aus den genannten Gründen nie eine formelle Leitungsfunktion übernommen hatte.

Der kritischen Politikbegleitung des Rates für Migration, insbesondere dem Werben für konzeptorientierte Migrations- und Integrationspolitik, dienten zahlreiche einzelne Beiträge und Interviews seiner Mitglieder in den Medien. In den Bereich der Politikbegleitung durch kritische Berichterstattung gehörte die im Oktober 2000 gestartete Reihe »Migrationsreport. Fakten – Analysen – Perspektiven«, an deren Beginn eine von mir zusammen mit Rainer Münz herausgegebene kritische Bestandsaufnahme zur Migration-, Asyl- und Integrationspolitik stand (4.2.4).

Der Migrationsreport wurde bis 2010, zunächst von mir in Kooperation mit Rainer Münz sowie mit Michael Bommes, dann von Marianne Krüger-Potratz und Werner Schiffauer als Herausgebern, alle zwei Jahre für den Rat für Migration publiziert und auf einer Pressekonferenz in Berlin vorgestellt.[100] Die von mir für den Migrationsreport entwickelte Struktur mit Aufsätzen zu einem Schwerpunktthema und einem anfangs von Friedrich Heckmann, später von Karl-Heinz Meier-Braun beigesteuerten Überblick über den politischen und öffentlichen Diskurs in Migrations- und Integrationsfragen wurde bis zum letzten Band der Serie durchgehalten.

Ebenfalls wichtig für die Wirkung des Rats für Migration, hier allerdings eher in ohnehin informierten oder doch interessierten Kreisen, war die von Michael Bommes als Vorsitzendem redigierte, von Anfang 2007 bis Anfang 2009 publizierte Reihe »Politische Essays zu Migration und Integration«.[101] Zu den erwähnten Empfehlungen des RfM und der Resolution zu Fragen des illegalen Aufenthaltes kamen im ersten Jahrzehnt des neuen Jahrhunderts noch andere Verlautbarungen des RfM bzw. einiger seiner Mitglieder mit unterschiedlichem Medienecho.[102]

Die Außenwirkung des RfM durch kritische Politikbegleitung, Vorträge, Medienbeiträge, Politik-, Kommunal- und Verbandsberatung blieb, vom Echo der Präsentationen des Migrationsreports und einzelner Presseerklärungen bzw. Resolutionen abgesehen, lange vorwiegend diejenige einzelner seiner Mitglieder – ganz wie es 2001 im Vorwort zu einer RfM-Publikation hieß: »Seine Mitglieder tragen durch die Mitwirkung in beratenden Gremien, durch interne Gutachten und publizistische Kommentare zur pragmatischen Diskussion der wirtschafts-, gesellschafts- und kulturpolitisch eminent wichtigen Gestaltungsaufgaben im Bereich von Migration und Integration bei.«[103]

Dieses Prinzip bildete sich vor allem für Mitglieder des Vorstands heraus, besonders für Dieter Oberndörfer als Vorsitzenden und mich als Stellvertreter, später auch für Michael Bommes als neuen Vorsitzenden: Wir agierten in den Medien oder über Agenturen zwar de facto nur als Personen, traten aber, in der Medienhektik umständehalber oft ohne zureichende Abstimmung mit dem übrigen Vorstand, als Repräsen-

---

[100] Rat für Migration, Information zum Migrationsreport 2000, S. 23. Herausgeber der Reihe »Migrationsreport. Fakten – Analysen – Perspektiven« im Campus Verlag Frankfurt a.M./New York waren für die Jahrgänge 2000 und 2002 Klaus J. Bade und Rainer Münz; für den Jahrgang 2004 Klaus J. Bade, Michael Bommes und Rainer Münz (Ergänzungsband 2004 als H. 23/2004 der IMIS-Beiträge unter dem Titel »Migration – Integration – Bildung«, hg. v. Klaus J. Bade und Michael Bommes, Osnabrück 2004); für Jahrgang 2006 Michael Bommes und Werner Schiffauer; für Jahrgang 2008 Michael Bommes und Marianne Krüger-Potratz; für Jahrgang 2010 Marianne Krüger-Potratz und Werner Schiffauer.
[101] Zur Reihe Politische Essays zu Migration und Integration s. http://www.rat-fuer-migration.de/index.php?ID=36.
[102] Zum Rat für Migration (RfM) s. http://www.rat-fuer-migration.de.
[103] K. J. Bade / Rat für Migration, Integration und Illegalität in Deutschland, IMIS/Osnabrück, August 2001, Vorwort, S. 7f.

tanten des RfM auf oder wirkten so schlicht dadurch, dass wir als solche angesprochen wurden oder weil der Infotext auf unsere Funktionen in Vorsitz oder Vorstand verwies. Das hing, wie erwähnt, vor allem damit zusammen, dass der RfM keine Geschäftsstelle hatte und deswegen notwendig multilokal agierte, von den für koordinierte und konsensuale Erklärungen zu aktuellen Fragen viel zu seltenen Vorstandsitzungen abgesehen.

Auch zeitweise zu bestimmten Publikationsthemen gebildete Arbeitsgruppen änderten wenig an dieser Kommunikationsstruktur: Die Effektivität des RfM blieb entscheidend abhängig von der Freiheit, die sich seine Vorstandsmitglieder selbst einräumten. Bei einer steten Einbindung der Mitglieder wären überdies die in der Regel notwendigen raschen Reaktionen in Abstimmungsprozeduren stecken geblieben. Diese Kommunikationsstruktur erleichterte dem RfM Positionierungen in den Medien, schwächte ihn aber nach innen auf doppelte Weise: durch die Überlastung seiner Repräsentanten und durch die oft mangelnde Einbeziehung der übrigen Mitglieder, die mitunter erst aus den Medien erfuhren, wofür der RfM gerade eintrat.[104]

Zu einer ähnlichen Gleichsetzung oder auch Verwechslung von Personen und Verband kam es bei dem Rat für Migration zugeschriebenen Einflüssen auf Verlautbarungen zum Beispiel aus Politik oder Kirche, wie sich an einigen eigenen Beispielen zeigen lässt:

Viele von mir ganz unabhängig vom Rat für Migration in den Medien veröffentlichte Texte wurden aus den genannten Gründen auch dem Rat für Migration zugeschrieben. Als ich als Mitglied der Kommission für den Sechsten Familienbericht der Bundesregierung (»Familien ausländischer Herkunft in Deutschland«) – die ich wegen der schweren Erkrankung des Vorsitzenden Hans-Joachim Hoffmann-Nowotny zeitweise informell stellvertretend zu leiten hatte – in deren Abschlussbericht einige meiner Vorstellungen einfließen ließ, wurden diese dann aus dem gleichen Grund ebenfalls dem Rat für Migration zugeschrieben.[105]

Ähnliches galt für die ökumenische Kommission der beiden christlichen Kirchen, an der ich als Berater der EKD, nicht aber etwa als Repräsentant des RfM beteiligt war. Ich habe dort den Grundtext des gesellschaftspolitischen Kernteils der 1997 erschienenen ökumenischen Denkschrift »...und der Fremdling, der in deinen Toren ist« entworfen, der aus den gleichen Gründen teils dem Rat für Migration zugeordnet, teils als Echo des »Manifests der 60« interpretiert wurde.[106]

Ein weiteres Beispiel für solche Zuschreibungen war meine frühzeitige, unentwegte Werbung für die Einrichtung eines Bundesamtes für Migration und Integration mit angeschlossener Forschungseinrichtung. Ich habe diese Idee auch in Verlautbarungen des Rates für Migration einfließen lassen und sie schließlich an zentraler Stelle auch in meinem – in wesentlichen Teilen von der Kommission übernommenen – Gutachten für die Unabhängige Kommission Zuwanderung wiederholt. Auch das wurde dann als Einfluss des Rates für Migration bzw. der »Süssmuth-Kommission« auf die Einrichtung dieser im Zuwanderungsgesetz vorgesehenen und schließlich 2005 etablierten Institution verstanden.[107]

---

[104] Diese schwierige Frage setzte sich bis in die Gegenwart fort: Im Ergebnisprotokoll einer Klausurtagung des RfM in Berlin im Februar 2016 wurde zur Frage: »Wer kann für den Rat sprechen?« salomonisch aufgeklärt: »Die Mitglieder können *nicht* für den Rat als Ganzen sprechen – hierzu ist ausschließlich der Vorstand befugt. Sie sind aber herzlich dazu eingeladen, in den Medien als Ratsmitglieder Stellung zu beziehen und auf die Arbeit und Stellungnahmen des RfM hinzuweisen« (Ergebnisprotokoll vom 3.5.2016).

[105] K. J. Bade, Zuwanderung und Eingliederung in Deutschland seit dem Zweiten Weltkrieg, in: ders., M. Dietzel-Papakyriakou, H. J. Hoffmann-Nowotny, B. Nauck, R. v. Schweitzer, Familien ausländischer Herkunft in Deutschland: Sechster Familienbericht i. A. des Bundesministeriums für Familie, Senioren, Frauen und Jugend, Bonn 2000, S. 29–64 u.a. Einzelbeiträge. (Der neue Titel ›Familien ausländischer Herkunft‹ (statt »ausländische Familien‹) wurde auf meinen Antrag hin eingeführt, um auch die Aussiedlerfamilien berücksichtigen zu können).

[106] »... und der Fremdling, der in deinen Toren ist.« Gemeinsames Wort der Kirchen zu den Herausforderungen durch Migration und Flucht (Grundtext des gesellschaftspolitischen Teils), hg. vom Kirchenamt der Evangelischen Kirche in Deutschland und dem Sekretariat der Deutschen Bischofskonferenz in Zusammenarbeit mit der Arbeitsgemeinschaft Christlicher Kirchen in Deutschland (Gemeinsame Texte, Nr. 12), Bonn/Frankfurt a.M./Hannover 1997.

[107] Auf der Homepage des Rates für Migration (»Über uns«) liest sich das im Blick auf die Wirkung des »Manifests der 60‹ wie folgt: »Das in großer Auflage verbreitete, zum Beispiel auch Bundestagsabgeordneten übergebene Manifest setzte in der Debatte um Migration und Integration in der BRD maßgebliche Akzente. Es fand Eingang in die Diskussionen in Politik, Medien und Wissenschaft, unter anderem auch in die ökumenische Migrationsdenkschrift der beiden christlichen Kirchen von 1997: ›... Und der Fremdling, der in deinen Toren ist‹. Gemeinsames Wort der Kirchen zu den Herausforderungen durch Migration und Flucht‹ sowie in den Ende 2000 von der Bundesregierung freigegebenen Sachverständigenbericht zur ›Lage der Familien ausländischer Herkunft in Deutschland‹ und in die Arbeiten

Ich habe gelegentlich auch selbst solche – in der Sache ja nicht falschen, wenn auch mich selber als Ideentransporteur überspringenden – Folgebezüge benannt, um die Anerkennung des Rates zu mehren. Nur schwer und bestenfalls anhand der jeweiligen Sachakten zu beantworten dürfte nach alldem die verschiedentlich gestellte Forschungsfrage sein, welchen konkreten politischen Einfluss der RfM als Institution selber eigentlich hatte.[108]

Im RfM mangelte es an einer klaren Führungsstruktur und vor allem an einer agilen und belastbaren Geschäftsstelle, die nicht nur rasches, sondern auch kontinuierliches Agieren und Reagieren im politischen und öffentlichen Diskurs ermöglicht hätte. Deshalb kam es im Laufe der Jahre immer wieder zu lähmenden Grundsatz- und Abstimmungsdiskussionen und zu deshalb verspäteten Wortmeldungen, soweit solche Abstimmungen überhaupt erfolgten. Das führte zu einer Schwächung der Öffentlichkeitswirkung des Rats als Institution jenseits der erwähnten Medienbeachtung bei der periodischen, lange ebenfalls von mir organisierten Vorstellung des »Migrationsreports«.

Am Ende schien, wie ich missmutig kritisierte, nicht mehr der Migrationsreport am Rat für Migration, sondern der Rat für Migration an seinem Migrationsreport zu hängen. Dessen Vorstellung erregte jeweils noch einmal ein gewisses Aufsehen, bis dann auch diese Publikation ebenso stillschweigend einzuschlafen schien wie die von dem 2010 verstorbenen Michael Bommes als Vorsitzendem redigierte, bis Anfang 2009 publizierte Reihe »Politische Essays zu Migration und Integration«.

Ich war zu dieser Zeit schon kein Vorstandsmitglied mehr, habe aber als Mitbegründer des Migrationsreports noch einmal interveniert und darauf gedrängt, die in Fachkreisen bekannte und beliebte Reihe nicht einfach durch Nichtbefassung erlöschen zu lassen. Man möge doch, schlug ich vor, wenigstens einen formellen Schlussband ans Ende zu setzen. Dafür regte ich das aktuelle Thema »Islam« für diesen Schlussband an, zu dessen Herausgabe sich dann Marianne Krüger-Potratz und Werner Schiffauer bereit erklärten.

Ich habe dazu noch einmal einen Druckkostenzuschuss besorgt, eine entgegenkommende Druckkostenabrechnung beim Verlag erwirkt und nochmals ein Vorwort beigesteuert (4.2.6). Dabei wurde ich von der Vorsitzenden Marianne Krüger-Potratz ausdrücklich darum gebeten, die in meinem ersten Entwurf noch verhalten positiven Zukunftsperspektiven für den RfM, auch für eine mögliche Wiederaufnahme der Reihe (»Migrationsreport N.F.«) tunlichst im Ungewissen zu halten.[109]

Das alles klang für mich nach stillem Abgesang, zumal auch manche ehemals wichtigen Mitglieder schon vordem eine Erhöhung des Mitgliedsbeitrags des an chronischem Geldmangel leidenden Verbandes zum Anlass für ihren Abschied vom Rat für Migration genommen hatten. Ich selber erwog ebenfalls, auszuscheiden, entschied mich dann aber, wie Dieter Oberndörfer, dafür, Mitglied zu bleiben. Stattdessen erwog ich, über Stiftungskontakte eine Reform des Rates für Migration anzuregen oder aber einen Neubeginn zu wagen. Ich entschied mich für die zweite Lösung; denn ein konsensualer Reformweg erschien mir nach einschlägigen Erfahrungen zu umständlich und langwierig.

Nach den – noch zu schildernden – Erfahrungen (Kap. 5) mit der nur bedingt »Unabhängigen Kommission Zuwanderung« (2000/01) und dem nur angeblich unabhängigen »Sachverständigenrat für Zuwanderung und Integration / Zuwanderungsrat« (2003/04) ging es mir darum, einen Durchbruch zu suchen zu einer ganz neuen, an britischen Vorbildern orientierten Struktur: Es ging um eine stiftungsfinanzierte, hinreichend ausgestattete und tatsächlich unabhängige Organisation zur kritischen Politikbegleitung mit eigener Geschäftsstelle und zureichenden Eigenmitteln für die wissenschaftliche und publizistische Arbeit.

---

zum Bericht der von Prof. Dr. Rita Süssmuth geleiteten Zuwanderungskommission, den diese 2001 unter dem Titel ›Zuwanderung gestalten – Integration fördern‹ vorgelegt hat«(http://www.rat-fuer-migration.de).
[108] Vgl. z.B. Heckmann, Zur Entstehung und Bedeutung der Migrations- und Integrationsforschung, 2013, (s. Anm. 62), S. 41: »In welchen konkreten Einzelfragen Einfluss auf Migrations- und Integrationspolitik erfolgreich ausgeübt wurde – z.B. auch über die zweijährlichen Migrationsreports – muss empirisch erst noch untersucht werden«.

[109] Zu einer Neuausgabe des Migrationsreports mit seiner klaren Struktur ist es nicht gekommen. Stattdessen publiziert der RfM im Wochenschau-Verlag in einer »Reihe Rat für Migration« seit 2015 »in loser Folge Bücher, die Auskunft geben über seine Arbeit.« Bd. 1: Max Matter, Nirgendwo erwünscht. Zur Arbeitsmigration aus Zentral- und Südosteuropa in die Länder der EU-15 unter besonderer Berücksichtigung von Angehörigen der Roma-Minderheiten, Schwalbach i.Ts. 2015 (zit. Vorwort von W. Schiffauer, ebd., S. 23).

Das Ergebnis war der Ende 2008 – nun tatsächlich unter meinem Vorsitz gegründete – unabhängige und unvergleichbar stärkere »Sachverständigenrat deutscher Stiftungen für Integration und Migration (SVR)« (Kap. 8).

Für die SVR-Gründung bildete sich, ähnlich wie bei dem erwähnten, angeblich selbstläufigen Weg vom »Manifest der 60« zum Rat für Migration, ex post erneut eine erfolgsorientierte Kontinuitätslegende heraus. Sie liest sich auf der Homepage (»Über uns«) des von der – in Absprache mit den Trägerstiftungen bis zuletzt streng geheim gehaltenen – SVR-Gründung überraschten Rates für Migration wie folgt:

»2004/05 hat ein neuer Vorstand die Arbeit aufgenommen [...]. Vor allem aber wurde weiterhin das schon mit der Gründung des RfM angestrebte Ziel, die Einrichtung eines politikberatenden Gremiums, eines Sachverständigenrats, weiterverfolgt. Im Oktober 2008 war das Ziel erreicht; auf Initiative von acht deutschen Stiftungen wurde der ›Sachverständigenrat deutscher Stiftungen für Integration und Migration‹ gegründet. [...] Mit der Einrichtung des SVR hatte der RfM eines seiner wichtigsten Ziele erreicht«.[110]

In Wirklichkeit stand die Gründung des Sachverständigenrats deutscher Stiftungen für Integration und Migration (SVR) für den RfM weniger im Zeichen von Kontinuität als von Bruch bzw. Zäsur, wie denn auch der amtierende Vorsitzende des RfM, Werner Schiffauer, in seiner Einführung zur RfM-Tagung »Migrations- und Integrationspolitik heute« am 22.11.2013 in Berlin rückblickend erklärte:

»Die Arbeit des Rats kam in die Krise als 2008 der Sachverständigenrat deutscher Stiftungen ins Leben gerufen wurde. Der Initiator war Klaus Bade. Die Idee, die dahinterstand, war, die Funktion der kritischen Politikbegleitung auf solidere Füße zu stellen. Hervorragende Vertreter verschiedener Fachdisziplinen sollten konsensuale Grundsatzpapiere und Stellungnahmen verabschieden. Damit wurde erreicht, dass die Wissenschaft mit einer Stimme spricht – und dieser Stimme damit besonderes Gewicht zukommt. Ich habe miterlebt, wie Klaus Bade dies seinerzeit mit großem Erfolg und Einsatz in die Öffentlichkeit gebracht hat. Für den Rat für Migration bedeutete dies, dass ein Aspekt seiner ursprünglichen Aufgabe von einem anderen Gremium übernommen wurde, das eigens dafür konzipiert und aufgestellt worden war. Es kam zu einer längeren Phase des Auslotens, worin die eigentliche Aufgabe des Rates liegt. Diese Suchphase endete mit der Gründung des Mediendienstes Integration.«[111]

Dass der RfM durch die Gründung des SVR »in die Krise« geraten sei, war ebenfalls eine Frage von Interpretation und Blickrichtung; denn die erwähnte Strukturkrise des RfM mit in den laufenden publizistischen Debatten engagierter Führung aber wenig Interventionskraft als Organisation war ja gerade ein Anlass für mich gewesen, nach einer neuen Struktur zu suchen.

Nach der Gründung des SVR unter später Einbeziehung auch einiger RfM-Mitglieder (unter ihnen auf meinen Vorschlag hin auch Werner Schiffauer) war sogar die Gretchenfrage aufgetaucht, ob der zuletzt zwar in der Spitze aktiver geführte, aber als Verband dahindämmernde und überalterte Rat nicht sogar formell aufgelöst werden sollte.

Ich habe gegen diesen von dem Frankfurter Erziehungswissenschaftler und Bildungssoziologen Frank-Olaf Radtke auf einer Mitgliederversammlung eingebrachten Vorschlag als RfM-Mitglied und Gründungsvorsitzender des SVR erfolgreich wie folgt argumentiert: Man wisse nicht, ob dem neuen, von mehreren großen Stiftungen getragenen Sachverständigenrat wirklich eine dauerhafte Existenz beschieden sein werde, ob er so unabhängig und kritisch bleiben könne, wie er gedacht war, und ob der RfM nicht später einmal wieder zu neuem, wirkungsvollerem Leben erwachen würde oder erweckt werden müsse. Das sollte sich als richtig erweisen:

Schrittweise Veränderungen in Struktur, Funktion und Selbstverständnis ergaben sich im Rat für Migration in den letzten Jahren unter dem Vorsitz zunächst von Marianne Krüger-Potratz und dann besonders von Werner Schiffauer: Website-Pflege und Netzaktivitäten wurden intensiver. Es gab einen zum Teil deutlich verjüngten Vorstand, dem neben Werner Schiffauer und Marianne Krüger-Potratz auch in der weiteren Öffentlichkeit und in den Medien bekannte

---

[110] Homepage Rat für Migration: »Über uns‹ (http://www.rat-fuer-migration.de/index.php?ID=8).

[111] W. Schiffauer, Nicht nur Antworten, sondern auch Impulse geben. Grußwort, in: Rat für Migration / Jüdisches Museum Berlin (Redaktion: Mediendienst Integration), Migrations- und Integrationspolitik heute. Dokumentation der Tagung am 22.11.2013 in Berlin, Berlin/mdi, November 2014, S. 24.

jüngere Mitglieder angehörten wie die Stellvertretende Direktorin des Berlin Instituts für empirische Integrations- und Migrationsforschung (BIM) Naika Foroutan, der Direktor des Bielefelder Instituts für interdisziplinäre Konflikt- und Gewaltforschung (IKG) Andreas Zick und der – später aus Gründen der Arbeitsüberlastung wieder ausgeschiedene – Migrationshistoriker und IMIS-Mitvorstand Jochen Oltmer.

Der RfM hatte ursprünglich eine bewusst übersichtlich gehaltene und nur behutsam erweiterte Gruppe von Professorinnen und Professoren mit Engagement und guten Außenkontakten sein sollen. Diese indirekte Beschränkung der Mitgliederzahl und die Begrenzung auf Professorinnen und Professoren wurden nun aufgehoben, der Mitgliederbestand dadurch verjüngt und die interdisziplinäre Forschungskooperation zunächst auf Kosten der kritischen Politikbegleitung stärker in den Vordergrund gerückt.

Ich hatte dazu aus zwei Gründen zunächst eine skeptische Position:

Zum einen leuchtete mir nicht ein, wieso der Rat für Migration zu einem interdisziplinären Netzwerk zur Migrationsforschung erweitert sollte, weil es ja schon das erwähnte bundesweite und interdisziplinäre Netzwerk »Migration und Ethnizität« gab, mit dem die meisten Mitglieder ohnehin durch Doppelmitgliedschaften verbunden waren und das inzwischen zu einer regulären Sektion der Deutschen Gesellschaft für Soziologie (DGS) geworden war. Meine in einem verbandsintern offenen Rundschreiben an den Ratsvorsitzenden Werner Schiffauer vorgetragene Skepsis wurde ein Stück weit dadurch behoben, dass der zum zweiten Mal neu aufgestellte und zugleich verjüngte Rat für Migration in einer Art kreativen Selbstfindungsphase gerade themenorientierte Substrukturen in Gestalt von Arbeitskreisen etablierte, darunter zum Beispiel: »Bildung und Sprache«, »Gender«, »Migration, Flucht, europäisches Grenzregime«, »Postmigrantische Gesellschaft«, »Religion« sowie »Stadt und Region«.

Zum anderen habe ich Kritik an einem vom RfM-Vorsitzenden angeregten programmatischen und perspektivischen Paradigmenwechsel geübt: Schiffauer hatte in einem als Diskussionsanstoß gedachten Rundschreiben an die Mitglieder im Vorfeld der Mitgliederversammlung vom 22. November 2013 für einen Primat epistemologischer »critique« gegenüber der kritischen Politikbegleitung geworben und in diesem Zusammenhang auch das »Manifest der 60« problematisiert. Ich habe in einer an ihn gerichteten, ebenfalls verbandsintern offenen Antwort vor einem solchen Paradigmenwechsel gewarnt, der meines Erachtens zurück in die Elfenbeintürme hätte führen können. Als salomonische Lösung stand mir dabei vor Augen, dass man statt eines Paradigmenwechsels das eine tun, aber das andere nicht lassen und stattdessen beide Aufgabenstellungen besser aufeinander beziehen sollte. Ferner habe ich die retrospektive Kritik am »Manifest der 60« als in der Sache unzutreffend und ahistorisch zurückgewiesen.

Meine Reaktion auf das Rundschreiben des Vorsitzenden löste im Vorfeld der RfM-Mitgliederversammlung einen regen, zum Teil weiter über Rundschreiben laufenden Meinungsaustausch aus, an dem sich besonders Dieter Oberndörfer, Frank-Olaf Radtke und Christian Petry beteiligten. Die erfrischend streitige Kommunikation führte allerdings nicht zu dem mit meiner Intervention erstrebten und offenbar von vielen Mitgliedern auch mit Spannung erwarteten offenen epistemologischen, methodologischen und strategischen Positionsabgleich auf der Mitgliederversammlung. Sie blieb vielmehr in einer in den Mitgliederinformationen unnötig personalisierten sogenannten »Schiffauer/Bade-Kontroverse« stecken.

In der Veröffentlichung zu der mit einer Tagung (»Migrations- und Integrationspolitik heute«) verbundenen Mitgliederversammlung vom 22. November 2013[112] ließ der Vorsitzende nur eine überarbeitete Fassung seines Diskussionspapiers »Migration neu denken« abdrucken und dabei seine Kritik am »Manifest der 60« entfallen, dem durch Beiträge von mir und Heribert Prantl sogar ein prominenter Platz eingeräumt wurde (3.3/4). Er beharrte aber darauf, dass Migrationsforschung »sich aus dem Korsett der Politikberatung lösen« müsse. Das war für mich zwar gut begründet und vollkommen nachvollziehbar, aber gerade im Blick auf die Entstehungsgeschichte des Rates für Migration und die dabei konstitutive Rolle der wissenschaftlich fundierten, auf Distanz zur Politik gegründeten »kritischen Politikbegleitung« (nicht »Politikberatung«) zumindest missverständlich; ganz abgesehen davon, dass ich mich, wie gezeigt, nicht erinnern konnte, dass der Rat selbst je in einem

---

[112] Rat für Migration / Jüdisches Museum Berlin (Hg.), Dokumentation der Tagung »Migration-und Integrationspolitik heute« am 22.11.2013 in Berlin, Berlin, November 2014.

»Korsett der Politikberatung« gesteckt hätte. Aber vielleicht hatte ich da auch selber etwas missverstanden...-

Der Rat expandierte auf seinem Reformkurs mit steter Neuaufnahme von Mitgliedern weiter zu einem derzeit bereits mehr als 130 Mitglieder umfassenden Forschungsnetzwerk. Mit dem erwähnten, 2012 eingerichteten, sehr erfolgreichen Projekt »Mediendienst Integration« (mdi), das die Medien mit kritischen Informationen über Migration, Asyl und Integration versorgt, hat er zugleich ein öffentlichkeitswirksames Forum geschaffen, das zwar als von außen gefördertes »Projekt« des Rates von ihm unverbindlich beratend begleitet wird, in seiner Arbeit aber eigenständig und kein Sprachrohr des Rates ist.

Neu beim RfM ist heute ferner die kontinuierliche Kooperation mit verschiedenen Partnern. Das gilt zum Beispiel für die jährlichen Fachtagungen zusammen mit dem – unter der federführenden Leitung von Pater Jörg Alt und Schwester Cornelia Bührle (Jesuit Refugee Service / Sacré Cœur), mit denen ich bis heute freundschaftlich verbunden bin, seinerzeit von mir mitvorbereiteten – »Katholischen Forum Leben in der Illegalität«[113] und für Veranstaltungen zusammen mit dem Jüdischen Museum Berlin. Und im Übrigen engagiert sich der Rat heute auch wieder durchaus mit Aufrufen, Presseerklärungen und offenen Briefen[114] ganz in der Tradition der kritischen Politikbegleitung..

Dabei konnte ich gelegentlich auch noch etwas im Hintergrund initiierend mitwirken. Ein Beispiel dafür war der von mir initiierte »Offenen Brief für eine Neuordnung der Migrations- und Integrationsbelange auf der Bundesebene an die neue Bundesregierung und die politischen Parteien im Deutschen Bundestag vom 1.10.2013«. Mein Text wurde auf meine Bitte hin von Dietrich Thränhardt ergänzt und durch Vermittlung von Ekrem Senol, dem Chefredakteur des Internetmagazins »MiGAZIN«, in dem ich seit langem eine eigene Kolumne schreibe, als Massenpetition (change.org) für den Rat für Migration ins Netz gestellt (innerhalb weniger Wochen ca. 9 000 Unterschriften). Der Offene Brief wurde über die erfolgreiche Unterschriftenaktion selbst hinaus vom Rat zwar leider nicht als Kampagnenchance genutzt, markiert auf seiner Homepage aber gleichwohl den Beginn der neueren Interventionen im Sinne kritischer Politikbegleitung (4.2.7/8/9).

Ähnliches galt für meine Rolle als stiller Mitinitiator des derzeit letzten Offenen Briefes des Rats für Migration vom 5. Mai 2016 mit Kritik am neuen Integrationsgesetz (»Das Integrationsgesetz ist ein Rückschritt in die 1980er Jahre«). Der Text wurde ursprünglich von Staatssekretär a.D. Farhad Dilmaghani von »DeutschPlus – Initiative für eine plurale Republik e.V.« und mir als Mitglied des erweiterten Vorstands von »DeutschPlus« entworfen. Der Offene Brief wurde dann noch ergänzt und am Ende vom Rat für Migration zusammen mit »DeutschPlus« und den »Neuen deutschen Medienmachern e.V.« (zu deren Mitgliedern ich ebenfalls gehöre) ins Netz gestellt (4.2.10).

Der zum zweiten Mal neu aufgestellte und zugleich verjüngte Rat für Migration arbeitet heute als eine Art kleiner, aber deutlich schärfer kritisierender Bruder des großen, zuletzt eher »ausgewogen« formulierenden und mitunter geradezu gouvernemental bzw. »staatstragend« wirkenden »Sachverständigenrates deutscher Stiftungen für Integration und Migration« (Kap. 8). Die von mir zunächst angezweifelte, aber auf ihre Weise erfolgreiche neuere Entwicklung des RfM und seine Behauptung gegenüber dem viel größeren und stärkeren SVR war mir ein erfreulicher Beleg dafür, dass es seinerzeit gut war, gegen seine Abschaffung zu votieren, zumal Ende 2016 die Zukunft des SVR über das Jahr 2017 hinaus noch durchaus ungewiss zu sein scheint.

Erfolglos blieb mein Versuch, ein interdisziplinäres »Europäisches Forum Migration« zu organisieren, wozu ich ebenfalls ein Konzept entworfen hatte. Wenig später war Friedrich Heckmanns »europäisches forum für migrationsstudien« (efms) entstanden, das wichtige eigene Forschungen beisteuerte, aber auch Auftragsforschung und wissenschaftliche Beratungsfunktionen übernahm. Dazu gehörten kleinere Aufgaben wie der regelmäßige Bericht über Migrationsentwicklung, Migrationspolitik und Migrationsdiskussion in Deutschland für den Migrationsreport des RfM, aber auch große Aufgaben wie der anfangs vom efms konzipierte Migrationsbericht des BAMF.

Das efms konnte sich, auch dank einer umfänglichen Drittmittelausstattung, sehr erfolgreich entwickeln. Aber es konnte die europäische

---

[113] Auch von mir angestellte Bemühungen, auf höherer Ebene die EKD, für die ich in mehreren Gremien tätig war, für ein – dann ökumenisches – Mittun zu gewinnen, blieben leider erfolglos.
[114] S. http://www.rat-fuer-migration.de.

Vernetzungsfunktion, an die wir gedacht und die wir mit dem »Zentrum für Migrationsfragen und interkulturelle Entwicklung« nicht erreicht hatten, nur bedingt übernehmen. Diese Aufgabe wurde dann durch – auch mit dem IMIS und dem efms verbundene – Organisationen wie »International Migration, Integration and Social Cohesion« (IMISCOE), das »Europäische Migrationsnetzwerk« (EMN) und die »Science-Society Dialogues on Migrant Integration in Europe« (DIAMINT) übernommen. Und auf nationaler Ebene expandierte, von der Migrationssoziologie ausgehend, das erwähnte, seinerzeit ebenfalls von Friedrich Heckmann initiierte interdisziplinäre Forschungsnetzwerk »Migration und Ethnizität« als Sektion der Deutschen Gesellschaft für Soziologie (DGS).

Im ersten Jahrzehnt des 21. Jahrhunderts hatte sich ein breites Spektrum von Instituts-, Verbands- und Vereinsaktivitäten entwickelt, die sich in je und je unterschiedlicher Intensität ganz oder doch ausschnittsweise mit den Themen Migration, Integration und Minderheiten in der Einwanderungsgesellschaft beschäftigten. In einer im Mai 2007 durch die Gemeinnützige Hertie-Stiftung von mir erbetenen Ideenskizze für ein von der Stiftung angedachtes »Roman Herzog Europainstitut / Europazentrum für Migration und Integration« (s. Kap. 8) konnte ich in einem groben Überblick über diese Forschungslandschaft jenseits des Osnabrücker IMIS, des Bamberger efms, der Arbeitsstelle interkulturelle Konflikte und gesellschaftliche Integration (AKI) am Wissenschaftszentrum Berlin für Sozialforschung (WZB) und von staatlichen Institutionen[115] als Beispiele erwähnen:

Aus dem Universitätsbereich u.a.: das Institut für interdisziplinäre Konflikt- und Gewaltforschung an der Universität Bielefeld (IKG), das Forschungszentrum für Internationales und Europäisches Ausländer- und Asylrecht der Universität Konstanz (FZAA), das Institut für Migrationsforschung, Ausländerpädagogik und Zweitsprachendidaktik (IMAZ) der Universität Duisburg-Essen, das Institut für Bildung und Kommunikation in Migrationsprozessen (IKB) der Universität Oldenburg; aus dem Bereich der freien Institute u.a.: das Berliner Institut für Vergleichende Sozialforschung e.V. (BIVS), das Berlin Institute for Demography, aus dem später das Berlin-Institut für Bevölkerung und Entwicklung als unabhängiger Thinktank und Gemeinnützige Stiftung hervorging, das Bonner Institut für Migrationsforschung und Interkulturelles Lernen (BIM) e.V., zu dem heute auch der Free Pen Verlag gehört; als Beispiel für freie Dokumentationseinrichtungen: das Dokumentationszentrum und Museum über die Migration aus der Türkei e.V. in Köln, das 2007 mit dem Migrationsmuseum in Deutschland e.V. zum Dokumentationszentrum und Museum über die Migration in Deutschland (DOMID) fusionierte.

Schon bald entfalteten sich auch in der Medienlandschaft eindrucksvolle Initiativen der »Neuen Deutschen« mit dem Schwerpunkt Integration und Migration, vom »Mediendienst Integration« über den täglichen Fach-Newsletter »MiGAZIN« und das Netzwerk »DeutschPlus« bis zu dem lokal, national und international vernetzten Fachverband der »Neuen deutschen Medienmacher«. Ich arbeite im Rahmen meiner Möglichkeit auch hier als Berater oder Autor mit.

---

[115] Beispiele: Institut für Arbeitsmarkt- und Berufsforschung (IAB) der Bundesagentur für Arbeit (BA), Max Planck Institut für Demographie in Rostock, Bundesinstitut für Bevölkerungsforschung (BiB) in Wiesbaden und die Forschungsabteilung des Bundesamtes für Migration und Flüchtlinge (BAMF) in Nürnberg.

5 Begrenzte staatliche Einbeziehung von Migrationsforschung auf dem Weg zum »Zuwanderungsgesetz«: Unabhängige Kommission Zuwanderung 2000/01 und Sachverständigenrat für Zuwanderung und Integration 2003/04 (5.1.1–5.2.19)

Über Jahre hinweg hatte ich mich, wie erwähnt, besonders mit Dieter Oberndörfer, der rückblickend von dem »Kreis um Bade, dem auch ich angehörte«, spricht, darüber ausgetauscht, dass die Themen Migration und Integration in der deutschen Medienlandschaft schlicht »eventabhängig« blieben: Sie tauchten besonders in Wahlkampfzeiten oder bei starkem Wanderungsdruck wie zum Beispiel Anfang der 1990er Jahre abrupt auf. Sie drehten kurz- bis mittelfristig in populistischem Aufwind mancherlei oft gefährliche und in ihrer negativen Wirkung nachhaltige Pirouetten. Dann tauchten sie ebenso plötzlich und mitunter auf lange Zeit wieder unter, was, so auch Oberndörfer, immer wieder »Anlass zu Frust und Irritationen der Wissenschaftler« war.[116] Mit diesen abrupten diskursiven Konjunkturwechseln war es Ende der 1990er Jahre vorbei. Migration und Integration wurden dauerhaft zu sogar »talkshow-würdigen« Mainstream-Themen. Das hatte wesentlich mit dem Regierungswechsel auf der Bundesebene zu tun:

Die rotgrüne Koalition brachte einen Wandel zu aktiver staatlicher Migrations- und Integrationspolitik. Seit den späten 1990er Jahren änderte sich auch das Verhältnis von Wissenschaft, Politik und Staat in den Entwicklungs- und Gestaltungsbereichen Migration und Integration. Ein Zeichen für die Neuausrichtung war die staatlich institutionalisierte Politikberatung zu Fragen von Migration und Integration.

Das fand auf dem Weg zum »Zuwanderungsgesetz« (2005) Ausdruck in Gestalt der Berufung der »Unabhängigen Kommission Zuwanderung (UKZu)« (2000/01) und des »Sachverständigenrates für Zuwanderung und Integration (Zuwanderungsrat)« (2003/04). Die beiden staatlichen Beratungsgremien waren für mich mit spannungsreichen Erfahrungen verbunden, die mir schließlich Anlass wurden für die Anregung einer politisch und staatlich unabhängigen kritischen Politikbegleitung mithilfe von Stiftungen (Kap. 8).[117]

5.1 Die »Unabhängige Kommission Zuwanderung« 2000/01

Die nach ihrer Vorsitzenden »Süssmuth-Kommission« genannte »Unabhängige Kommission Zuwanderung (UKZu)« ist mir jenseits der wichtigen Analysen und Postulate in ihrem Abschlussbericht[118] persönlich vor allem als Erfahrung des demonstrativen politischen Ausschlusses in Erinnerung geblieben. Er war im Grunde ein Beleg für die Grenzen der »Unabhängigkeit« von staatlich initiierter Politikberatung; denn die Unabhängigkeit eines staatlich geförderten Beratungsgremiums bemisst sich nicht nur an der – hier in der Tat gegebenen – Freiheit der Berater in ihren Analysen und Empfehlungen, sondern auch an der Frage, wer überhaupt zu solcher Beratung zugelassen und wer davon trotz fachlicher Kompetenz aus politischen oder persönlichen Grunde absichtsvoll ausgeschlossen wird.

Anders gewendet: Dass es dabei nur bedingt um »unabhängige« kritische Politikbegleitung ging, zeigte die Tatsache, dass ich just wegen solcher kritischer Politikbegleitung im Vorfeld von der angeblich unabhängigen Regierungsberatung ausgeschlossen wurde:

Dass ich, obgleich auf der Berufungsliste des BMI ursprünglich hoch platziert, bei den Berufungen in die Kommission durch Bundesinnenminister Otto Schily demonstrativ übergangen wurde, war dessen Reaktion auf meine Kritik an seinen allfälligen populistischen Redensarten nach dem Amtsantritt. Schily suchte auf diese Weise, wie er mir nach unserer Versöhnung später vertraulich erklärte und dann auch öffentlich einräumte, nach Vorschussvertrauen in konservativen Kreisen; denn er bereitete, wie erwähnt,

---
[116] Vgl. D. Oberndörfer, Die Bundesrepublik Deutschland – Demokratisierung durch Zuwanderung?, in: S. Rother u.a. (Hg.), Migration und Demokratie, Wiesbaden 2016, S. 17–47, hier S. 27–32 (Der lange Kampf von Wissenschaft und Publizistik um Öffnung für Einwanderung).

[117] S. Kap. 8.
[118] Unabhängige Kommission Zuwanderung (UKZu/Hg.), Zuwanderung gestalten – Integration fördern. Bericht der Unabhängigen Kommission Zuwanderung, Berlin 2001.

nach der Amtsübernahme sogleich die beiden erwähnten grundlegenden und in jenen Kreisen erwartbar grundstürzend wirkenden Gesetzesvorhaben vor:

Bei dem ersten Vorhaben, dem Gesetzentwurf zur Reform des Staatsangehörigkeitsrechts, ging es unter anderem um den Erwerb der Staatsangehörigkeit durch Geburt im Land (jus soli). Das war eine grundlegende Abwendung von der in weiten Kreisen noch virulenten ethno-nationalen Vorstellung, Deutscher könne man zwar sein, aber nicht werden.

Das zweite Vorhaben war das im ersten Gesetzentwurf zum Teil offenste und modernste Zuwanderungsgesetz Europas. Es machte erstmals deutlich, dass die Bundesregierung eine Grundeinsicht aufgenommen hatte, für die ich seit mehr als zwei Jahrzehnten vergeblich geworben hatte, nämlich die Anerkennung von Migration und Integration als Zentralbereichen der Gesellschaftspolitik.
Der Versuch, durch prophylaktische politische Vertrauensbildung nach »rechts« hin Mehrheiten für diese doppelte legislative Innovation zu sichern, war der Hintergrund für Otto Schilys in der Sache irritierende, weil im Blick auf die vermutete Bewegungsrichtung seiner Gesellschaftspolitik kontraproduktiv und populistisch-demagogisch wirkende Statements, die in den Sensationsmedien skandalisierend breitgetreten wurden:

»Die Grenzen der Belastbarkeit durch Zuwanderung sind überschritten«, erklärte der Bundesinnenminister in Interviews und Talkshows immer wieder auf Neue, weil jährlich mehr als 600 000 Neuzuwanderer (unausgesprochen inklusive nicht nur der Spätaussiedler, sondern auch Hunderttausender von Saisonarbeitern und Werkvertragsarbeitnehmern) ins Land kämen.[119]

Schily überging dabei offenbar bewusst die ihm – als Leiter des dem Bundesinstitut für Bevölkerungsforschung in Wiesbaden übergeordneten Ministeriums – natürlich bekannte Tatsache, dass es jährlich auch rund 500 000 Ab- und Rückwanderungen ins Ausland gab. Deshalb war der positive Wanderungssaldo relativ undramatisch. Hinzu kam, dass schon seit vielen Jahren der Wanderungssaldo bei den deutschen Staatsangehörigen anhaltend negativ war, weil jährlich mehr als 10 000 mitunter auch mehr als 20 000 deutsche Staatsbürger ins Ausland abwanderten als zur gleichen Zeit aus dem Ausland nach Deutschland zurückkehrten.

So betrachtet, waren Schilys Aufsehen erregende Warnungen, die auch von dem ihm befreundeten bayerischen Innenminister Günther Beckstein (CSU) unterstrichen wurden, wie Dieter Oberndörfer rückblickend urteilt, im Grunde »eine freche Irreführung«.[120]

Schilys politisch-taktische Rechnung ging nicht nur nicht auf, sondern bewirkte sogar das Gegenteil: Das öffentliche Echo der halbfalschen Behauptungen des Bundesinnenministers verstärkte sogar den konservativen Widerstand gegen den bei der Reform des Staatsangehörigkeitsrechts ursprünglich durchweg geplanten Erwerb der Staatsangehörigkeit durch Geburt im Land, der von den Unionsparteien als Weg zum »Doppelpass« geschmäht und von Roland Koch in Hessen erfolgreich im Wahlkampf eingesetzt wurde. Deshalb konnte das Gesetz nur mit dem Zugeständnis des prekären, absehbar verheerenden und später wieder abgeschafften »Optionsmodells« den Bundestag passieren, das Zuwanderer aus Ländern mit Visumzwang diskriminierte, unter ihnen vor allem und absichtsvoll die Kinder von Einwanderern türkischer Herkunft, die genötigt wurden, sich bis zum 23. Lebensjahr zwischen der von den Eltern ererbten und der durch Geburt in Land erworbenen deutschen Staatsangehörigkeit zu entscheiden.

Und die von der rotgrünen Bundesregierung erstrebte Neuorientierung der Migrationspolitik durch Einwanderungsgesetzgebung stieß umso mehr auf Widerstand, gerade weil sie im Gesetzentwurf mit einem relativ offenen und flexiblen Punktesystem für die Zulassung ausländischer Arbeitskräfte verbunden war. Weite Kreise der Öffentlichkeit durchschauten das geplante hochflexible, jenseits der humanitären Dimension nötigenfalls auch auf eine Nullquote herunterfahrbare Steuerungssystem nicht. Sie wurden in ihrer Mischung von Fehlinterpretationen und Ängsten gezielt durch die konservative Opposition bestärkt. Deshalb konnte das Punktesystem weithin als migratorische Flutung der Republik und zugleich als irritierend inkonsequenter Widerspruch zu Schilys eigener Rede von der Überschreitung der »Belastungsgrenze« durch Zuwanderung missverstanden werden.

---

[119] Süddeutsche Zeitung, 3.11.1999.

[120] Oberndörfer, Die Bundesrepublik Deutschland, 2016, S. 31.

Ähnlich kontraproduktive Folgen hatte im Asylbereich die gleichmotivierte und für Sachkenner nicht minder schockierend wirkende Einschätzung des neuen Bundesinnenministers: »Jedes Jahr kommen etwa 100 000 Flüchtlinge nach Deutschland. Davon sind nur drei Prozent asylwürdig. Der Rest sind Wirtschaftsflüchtlinge.«[121] Schily verwies damit nur auf die Erstentscheidungen des seiner Behörde ebenfalls unterstellten damaligen Bundesamtes für die Anerkennung ausländischer Flüchtlinge (BAFl) und überging die ihm natürlich ebenso bekannte Tatsache, dass die Schutzquote aus unterschiedlichen Rechtsgründen letztinstanzlich bei mehr als 30 Prozent (2015: 48,5 %, 2016: ca. 62 %) lag. Hinzu kam, dass die von ihm behauptete krasse Dominanz von »Wirtschaftsflüchtlingen« weniger mit den Motiven der Antragsteller und mehr mit der drastischen Verengung der Zulassungsreglements seit dem »Asylkompromiss« von 1993 zu tun hatte.[122]

Schilys pauschale Schmähung der nur erstinstanzlich vom Bundesamt abgelehnten Asylbewerber als »Wirtschaftsflüchtlinge«, die er dann in einem vermeintlich semantisch korrigierenden Interview durch den ebenso abwegigen Terminus »Armutsflüchtlinge«[123] nur verschlimmbesserte, bestärkte erkennbar die durch den politischen Asylstreit Anfang der 1990er Jahre verschärften Abwehrhaltungen gegenüber schutzsuchenden Flüchtlingen. Bis heute dienen der rechtsextremen Agitation gegen die Zulassung schutzsuchender Flüchtlinge und für den Kampf gegen »Wirtschaftsflüchtlinge« als »Asylbetrüger« diese pauschalen Denunziationen des Bundesinnenministers als regierungsamtliche Berufungsgrundlage.[124]

Im Blick auf seine fatalen Aussagen über die »Grenze der Belastbarkeit durch Zuwanderung« konzedierte Schily später selbst: »Ja, da war ein Fehler, das gebe ich ja zu. Das ist mir so rausgerutscht, eine falsche Formulierung. Ich wollte damals ein wenig mein rechtes Profil schärfen.«[125]

Weil der neue Bundesinnenminister, auf den wir große Reformhoffnungen gesetzt hatten, trotz aller Korrekturhinweise aus für uns zunächst unerfindlichen Gründen an seinen gefährlichen, populistisch-demagogisch wirkenden Einschätzungen festhielt, habe ich mich schließlich, wie erwähnt (Kap. 4.2), bereit erklärt, dazu eine »Öffentliche Erklärung« (dpa) zu unterschreiben:

»Innenminister Otto Schily droht mit seiner Behauptung, ›die Grenze der Belastbarkeit durch Zuwanderung ist überschritten‹ eine von Horrorszenarien geprägte Diskussion wieder loszutreten, die Anfang der 1990er Jahre einer Welle fremdenfeindlicher Gewalt Vorschub geleistet hat. Solche Totschlagsbehauptungen blockieren eine differenzierte Debatte und die politischen Gestaltungsoptionen, die wir von der neuen Bundesregierung erwarten. Stattdessen werden mit derartigen Aussagen auf der falschen Seite gefährliche Emotionen geweckt. Wir warnen vor diesem Weg und seinen unabsehbaren Folgen.«[126]

Die unabsehbaren Folgen betrafen zunächst mich selber: Der offene Brief an den Bundesinnenminister wurde in den Sensationsmedien unter Überschriften wie »Hochschullehrer machen mobil gegen Bundesinnenminister« skandalisierend aufgegriffen.[127] Das führte, wie ich später erfuhr, zu einem der bekannten Wutausbrüche von Otto Schily und zu seiner persönlichen Anordnung, meinen Namen aus der Liste der zu berufenden Mitglieder jener Kommission zu streichen – die ich selber in öffentlichen Vorträgen und Medienbeiträgen seit vielen Jahren immer wieder gefordert und zu deren Fragen ich schon vorab viele Antworten geliefert hatte. An meiner Stelle wurde der mit mir befreundete junge, in Politikberatung und kritischer Politikbegleitung ebenfalls sehr engagierte Berliner Soziologe und Demograph Rainer Münz berufen,

---

[121] Berliner Zeitung, 8.11.1999.
[122] R. Preuß, Die Mär vom großen Missbrauch, in: Süddeutsche Zeitung online, 1.2.2015.
[123] »Ich habe lernen müssen«; Bundesinnenminister Otto Schily (SPD) über die Kritik an seiner Asylpolitik und eine neue Regelung der Zuwanderung, in: Der Spiegel, 46/1999, S. 107–110.
[124] Vgl. z.B.: M. Mannheimer Blog: Beitrags-Archiv für die Kategorie »Asylanten und Wirtschaftsflüchtlinge als Mittel der Islamisierung Europas‹, Eintrag über Schilys Zitat, 8.3.2015 (http://michael-mannheimer.net/2015/03/08/schily-1999-von-den-nach-deutschland-kommenden-asylanten-sind-97-prozent-wirtschaftsfluechtlinge-und-daher-nicht-asylwuerdig/).

[125] Otto Schily, »Wir sollten uns nicht scheuen, sie zu töten«, Interview (J. König / A. Vornbäumen) in: Der Stern, 15.9.2016, S. 109–112, hier S. 109.
[126] Öffentliche Erklärung, Osnabrück 20.11.1998, gez. Prof. Dr. Klaus J. Bade, Prof. Dr. Rainer Eisfeld, Prof. Dr. Claus Leggewie, Prof. Dr. Franz Nuscheler, Prof. Dr. Hans-Joachim Wenzel.
[127] Zehn Jahre Gemeinsames Wort der Kirchen zu den Herausforderungen durch Migration und Flucht: Historisch-politische Erinnerungen, in: A. Goldberg / D. Halm (Hg.), Integration des Fremden als politisches Handlungsfeld, Essen 2008, S. 13–27, hier S. 9.

der eine tragende Säule der Kommissionsarbeit wurde und mich gelegentlich über deren Arbeit informierte.

Meine Nichtberücksichtigung bei den Berufungen zur Kommission wurde in Kreisen der Migrationsforschung mit Irritation zur Kenntnis genommen. Die Vorsitzende ließ bei der konstituierenden Sitzung den Mitgliedern sogar das von mir initiierte »Manifest der 60«, das für sie ein »ermutigendes Kultbuch« (8.13.4) war, auf die Tische legen. Das sollte den zum Teil in der Sache wenig informierten Mitgliedern der großen Kommission die Einarbeitung erleichtern, über deren Kenntnisstand der in die Kommission berufene Rechtswissenschaftler Kay Hailbronner einmal vertraulich bemerkte: Es wäre schon viel erreicht, wenn ein Teil der Kommissionsmitglieder nach einem Jahr verstünde, worum es hier überhaupt gehe.

Schily hat meinen Ausschluss, wie mir Rita Süssmuth berichtete, schon bald bedauert (»Da habe ich einen Fehler gemacht!«) und dies auch mir selbst gegenüber später eingeräumt. Ich war über meine Nichtberücksichtigung zwar persönlich enttäuscht, habe aber im Interesse an der Förderung der Sache weiterhin intensiv in zahlreichen Medienbeiträgen (u.v.a.: 5.2.2/3/6/9/11/ 12/16) sowie in öffentlichen Vorträgen für die Reform der Migrations- und Integrationspolitik geworben. Ich habe sie auch im Innenausschuss des Bundestages (5.1.2/3) vertreten, aber auch vor überzogenen Erwartungen im Blick auf die Wirkung eines solchen Gesetzes gewarnt (5.2.7/8/10/13/ 14/16/17/19).

Publizistisch geworben habe ich zudem für das in den Empfehlungen der Kommission zentrale und von mir selber seit vielen Jahren befürwortete Punktesystem für die Zulassung ausländischer Arbeitskräfte, das allerdings nur in stark reduzierter Form im Gesetzentwurf Berücksichtigung fand. Denn der Gesetzentwurf des Bundesinnenministeriums war schon deutlich vor dem Bericht der Unabhängigen Kommission Zuwanderung fertig, weshalb der Minister ungeduldig auf den Abschluss der Arbeit der Kommission drängte, auf deren Empfehlungen er sich nach außen hin berufen wollte.

Ich habe ferner die Vorsitzende der Kommission persönlich beraten und auf ihre Bitte hin auch ein auswärtiges Gutachten (5.1.1) beigesteuert. In seinem Zentrum stand meine seit rund anderthalb Jahrzehnten vorgetragene Idee eines Bundesamtes für Migration und Integration mit angeschlossenem Bundesinstitut für Migrationsforschung, die auch in den Bericht der unabhängigen Kommission Zuwanderung übernommen wurde.[128] Auch darüber hinaus, so erklärte Rita Süssmuth in ihrem Festvortrag zum zehnjährigen IMIS-Jubiläum in Osnabrück am 17.12.2001, habe mein Gutachten »die politischen Rahmenbedingungen und die Organisationsformen« für eine strukturierte Kommunikation zwischen kritisch begleitender wissenschaftlicher Beratung und aktiver politischer Gestaltung geliefert, die die Kommission in ihr Gutachten übernommen und die von dort aus »in wichtigen Punkten Eingang in das jetzt in Bundestag und Bundesrat zur Abstimmung stehende Zuwanderungsgesetz gefunden« hätten. (4.1.2.5).

Der Unabhängigen Kommission Zuwanderung, die ein sachlich begrenztes Mandat hatte, war nur eine kurze Lebenszeit beschieden: 2000 einberufen, wurde sie nach der Ablieferung ihres Gutachtens 2001 schon wieder abberufen. Nicht länger lebte der kurz darauf, aber diesmal auf Dauer eingerichtete »Sachverständigenrat für Zuwanderung und Integration« der Bundesregierung, der 2003 einberufen wurde und mit dessen Auflösung Ende 2004 ich unerfreuliche Erinnerungen verbinde.

5.2 Der Sachverständigenrat für Zuwanderung und Integration 2003/04

In meinem Gutachten für die Unabhängige Kommission Zuwanderung hatte ich aufs Neue angeregt, analog zum Sachverständigenrat zur Begutachtung der gesamtwirtschaftlichen Entwicklung ein »Sachverständigengremium für Migration und Integration« einzurichten (5.1.1, Abs. 7). Bundesinnenminister Otto Schily hatte diese Anregung aufgegriffen und im Vorgriff auf das noch mit harten politischen Bandagen umkämpfte Zuwanderungsgesetz bereits im September 2002 die ersten vier Mitglieder des »Sachverständigenrats für Zuwanderung und Integration« (Zuwanderungsrat), bestellt, den auf sieben Mitglieder ausgelegten Rat selbst aber noch nicht berufen.[129] Der Bundesinnenmi-

---
[128] UKZu, Zuwanderung gestalten, 2001, S. 286.
[129] Die zuerst berufenen Mitglieder des Sachverständigenrates waren neben Rita Süssmuth als Vorsitzender und mir: Dr. Gerd Landsberg (Geschäftsführendes Präsidialmitglied des Deutschen Städte- und Gemeindebundes) sowie Prof. Dr. Gert Wagner (Abteilungsleiter und Forschungsdirektor des Deutschen

nister verstand diesen dann 2003 schließlich formell eingesetzten neuen Sachverständigenrat – im Gegensatz zu der großen, auch viele Nichtfachleute umfassenden »UKZu« – als kleines, aber fachlich höchstrangiges und unabhängiges Expertengremium.

Als »Aufgabe des Zuwanderungsrates« legte Schily in seiner Presseerklärung vom 16.9.2002 nicht minder höchstrangige Aufgaben fest, nämlich »die Entscheidungsgrundlagen für die künftige migrationspolitische Steuerung zu verbessern. Seine Tätigkeit soll sich daher auf die hierfür wichtigsten Parameter, die innerstaatlichen Aufnahme- und Integrationskapazitäten sowie die aktuelle und absehbare Entwicklung der Wanderungsbewegungen beziehen und diese regelmäßig begutachten. Vergleichbar dem Sachverständigenrat zur Begutachtung der gesamtwirtschaftlichen Entwicklung (›Rat der fünf Weisen‹) erstattet der Zuwanderungsrat jährlich ein Gutachten, das von der Bundesregierung mit ihrer Stellungnahme dem Deutschen Bundestag und dem Bundesrat vorgelegt wird.« Mit seinem Jahresbericht sollte der Zuwanderungsrat »wesentlich dazu beitragen, die Ziele des Zuwanderungsgesetzes umzusetzen.«[130]

Der Zuwanderungsrat wurde nicht direkt dem Bundesministerium des Innern zugeordnet, sondern dem als Bundesoberbehörde unter der Fachaufsicht des BMI stehenden Bundesamt für die Anerkennung ausländischer Flüchtlinge (BAFl). Aus dem Nürnberger Bundesamt, dem am 9. Juli 2002 offiziell die Aufgaben der neuen zentralen Migrations- und Asylverwaltung auf der Bundesebene übertragen worden waren, sollte mit dem noch umkämpften Zuwanderungsgesetz das Nürnberger Bundesamt für Migration und Flüchtlinge (BAMF) hervorgehen.

Nach gehabten Erfahrungen für mich gänzlich überraschend war ich deutlich vorab von Otto Schily unter vier Augen zu einem vertraulichen Vorgespräch über Planungsperspektiven und Kandidatenauswahl für diesen neuen Sachverständigenrat der Bundesregierung eingeladen worden. Dabei bat er mich – mit dem Ausdruck des Bedauerns über meine Nichtberücksichtigung bei den Berufungen zur »UKZu« infolge von »Irritationen« – darum, den Vorsitz in diesem neuen Beratungsgremium zu übernehmen. Ich habe das abgelehnt und vorgeschlagen, mit diesem Amt abermals Rita Süssmuth zu betrauen, was mir nicht nur im Blick auf ihre große Anerkennung in der Öffentlichkeit, ihre Politik- und Gremienerfahrung, sondern auch mit Rücksicht auf die CDU/CSU-Opposition opportun erschien.

Ich wurde dann von den Mitgliedern des Zuwanderungsrates zum Stellvertreter von Rita Süssmuth in der Leitung des Zuwanderungsrates gewählt, was zu einer guten Kooperation führte. Die verantwortungsvolle Arbeit im Zuwanderungsrat habe ich sehr ernst genommen und bin als ehedem einigermaßen engagierter politischer Publizist in diesen rund anderthalb Jahren auch weitgehend stumm geblieben; denn wir waren durch den Bundesinnenminister nach außen hin auf Schweigepflicht gegenüber aktuellen Fragen von Migration und Integration festgelegt worden. Ich habe das sogar durchgehalten, als wir nach der Vorlage unseres ersten und einzigen Jahresberichts in ein – zeitweise sogar klar erkennbar auf der Achse BMI-BAMF angefachtes – mediales Fegefeuer gerieten:

Der Zuwanderungsrat, der konkret das im Gesetzentwurf vorgesehene Punktesystem und die darin geplanten Integrationskurse, aber allgemeinhin auch die Migrations- und Integrationspolitik der Bundesregierung insgesamt beratend begleiten sollte, wurde bei der Ministerialbürokratie des Innenressorts von Beginn an als ebenso unnötige wie lästige Konkurrenz von außen empfunden und von der CDU/CSU-Opposition misstrauisch beobachtet. Er wurde deshalb im Zuge der Verhandlungen über den Entwurf des Zuwanderungsgesetzes in der Zange zwischen Legislative und Exekutive zunehmend verstümmelt, schrittweise kaltgestellt und schließlich regelrecht über Bord gekippt:

Zunächst wurde er Zug um Zug von seiner anfangs umfassenden Beratungsfunktion auf die beratende Begleitung des Punktesystems reduziert. Schließlich wurde das Punktesystem selbst gestrichen, der Zuwanderungsrat mithin seiner gesetzlichen Aufgabe entledigt und damit funktionslos gestellt. In einer abschließenden Verhandlung im Bundeskanzleramt zwischen Bundeskanzler Schröder (SPD), Bundesinnen-

---

Instituts für Wirtschaftsforschung). Für die drei übrigen Plätze um Entsendung eines Vertreters gebeten wurden: für den Bundesvorstand des DGB das Vorstandsmitglied Heinz Putzhammer (der selbst Mitglied wurde), für die Bundesvereinigung der Deutschen Arbeitgeberverbände deren Geschäftsführer Christoph Kannengießer (dito) und für die Innenministerkonferenz der Länder den amtierenden Vorsitzenden, Innensenator Dr. Kuno Böse.

[130] Schily beruft Mitglieder des Zuwanderungsrates, Pressemitteilung BMI, 16.9.2002.

minister Schily (SPD), dem bayerischen Ministerpräsidenten Beckstein (CSU) und einer Vertretung von Bündnis 90/Die Grünen wurde im Juni 2004 auch der neben der SPD bis dahin nur noch von Bündnis 90/Die Grünen verteidigte Sachverständigenrat selbst gestrichen. Als Trostpreis im finalen Kuhhandel wurde für die Eliminierung des Sachverständigenrats die von Bündnis 90/Die Grünen als Asylgrund forcierte geschlechtsspezifische Verfolgung ins Asylrecht aufgenommen.

Unser kritischer und reformorientierter erster und einziger Jahresbericht[131] vom Herbst 2004 wurde von CDU/CSU als abwegig und zugleich politisch gefährlich eingestuft: In Wahrheit hatten wir anstelle des verworfenen Punktesystems, geradezu defensiv abgesichert und argumentativ sehr vorsichtig implantiert, eine höchst flexible »Engpassdiagnose« am Arbeitsmarkt empfohlen: Sie sollte nur bei nachgewiesenem und – unter Einbeziehung der Bundesagentur für Arbeit – nachweislich nicht durch inländische Kräfte zu befriedigendem Bedarf in einzelnen Branchen und Berufsbereichen bis zu einer Größenordnung von insgesamt maximal 25 000 pro Jahr eine Zulassung von ausländischen Arbeitskräften aus Drittstaaten ermöglichen. Dabei sollte am Arbeitsmarkt außerdem noch Nachrangigkeit ausländischer gegenüber in Deutschland lebenden Bewerbern und solchen aus der EU gelten.

Die Marge von maximal 25 000 wurde in Politik und Medien, trotz mehrfacher Korrekturhinweise, gezielt nicht als Obergrenze, sondern als anzustrebende Quote und damit als Programm zur angeblichen Flutung des angeschlagenen Arbeitsmarkts mit Neuzuwanderern missverstanden. Hinzu kam aktuell ein unglückliches Zusammentreffen in der medialen und öffentlichen Diskussion: Während wir eine jährliche Zulassung von (maximal) 25 000 passgerecht qualifizierten Zuwanderern vorschlugen, kündigte zeitgleich die Firma Opel die krisen- bzw. betriebsbedingte »Freistellung« von insgesamt ca. 4 000 Mitarbeitern an, so dass die Medien rund anderthalb Wochen lang dem Sinne nach titelten: Opel entlässt 4 000 Mitarbeiter, Zuwanderungsrat verlangt 25 000 Neuzuwanderer! Damit kollidierte das von der konservativen Opposition bewusst missverstandene und von der medialen Berichterstattung fehlinterpretierte Gutachten just mit jenen Abwehrhaltungen, zu denen Otto Schily selber mit seinen populistischen Redensarten über die bei der Zuwanderung angeblich überschrittene »Belastungsgrenze« Deutschlands beigetragen hatte. Fake News auf beiden Seiten.

Wogen einer öffentlichen, insbesondere von den Unionsparteien und den ihr nahestehenden Medien forcierten Empörung mit zum Teil ebenso ahnungslosen wie schäbigen Denunziationen schlugen über dem Zuwanderungsrat und seinem Gutachten zusammen. Der Minister fühlte sich bloßgestellt und ließ mich, bei aller Hochachtung gegenüber unserer Arbeit und ihren Ergebnissen vertraulich wissen, aus politischen Gründen sei das Gutachten nicht akzeptabel und der Zuwanderungsrat selbst nicht mehr zu halten.

Im Übrigen war Schily sichtlich empört darüber, dass er von der Vorsitzenden nicht vorzeitig in unsere seines Erachtens für die politische Öffentlichkeit riskanten Empfehlungen eingeweiht worden war – was aber, wie wir sehr wohl wussten, zu entsprechenden Interventionsversuchen hätte führen können. Er ließ die Streichung unserer Mittel ankündigen und gab uns damit ein Argument zur Selbstauflösung. Er musste aber zur Kenntnis nehmen, dass wir uns im Dienst an der Sache bereit erklärten, auch ohne diese Mittel weiterzuarbeiten. Er scheute offenbar vor einer direkten Abberufung seines vorab so gepriesenen Beratungsgremiums zurück.

Wir wurden stattdessen in einer schäbigen politischen und medialen, unverkennbar auch über offiziöse Kanäle mit Informationen und Argumenten versorgten Denunziationskampagne buchstäblich öffentlich zerlegt. Das Ende war eine regelrecht ehrenrührige Entsorgung: Der im Gesetz nicht mehr vorgesehene, als so »höchstrangig« eingeführte Sachverständigenrat für Zuwanderung und Integration der Bundesregierung wurde in der medialen Kommunikationspause direkt vor Weihnachten (23.12.2004) und damit unmittelbar vor Inkrafttreten des Zuwanderungsgesetzes (1.1.2005), auf skandalöse Weise stillschweigend, nämlich ohne jede Pressemitteilung, durch individuelle Nachricht an die Mitglieder aufgelöst.

In seinem kurz darauf erschienenen Buch »Deutschland in der Abseitsfalle« schrieb Dieter Oberndörfer unter dem Eindruck der skandalö-

---

[131] Migration und Integration – Erfahrungen nutzen, Neues wagen. Jahresgutachten 2004 des Sachverständigenrates für Zuwanderung und Integration, 15.10.2004.

sen Abwicklung des vom Innenressort selbst eingerichteten Beratungsgremiums: »Wie gering inzwischen das Interesse an Zuwanderung und Flüchtlingsschutz geworden ist, veranschaulicht das matte oder besser das Nullecho auf die [...] Streichung der finanziellen Mittel für den Sachverständigenrat für Zuwanderung und Integration. Die folgende Auflösung dieses für die Steuerung und Gestaltung der Zuwanderung wichtigen Gremiums unter Vorsitz von Rita Süssmuth ging am 23. Dezember 2004 sang- und klanglos über die Bühne [...]. Die Zuwanderungsbegrenzung und die Praxis der Behandlung von Flüchtlingen sind jetzt vom Gesetzgeber festgeschrieben und geregelt. Nunmehr bedarf es keines weiteren Sachverstandes.«[132]

In seiner Festansprache auf dem Symposium zu meiner Verabschiedung aus dem Sachverständigenrat deutscher Stiftungen für Integration und Migration im August 2012 wurde Oberndörfer in seinem Urteil über die Liquidierung des Zuwanderungsrates noch deutlicher. »Dass seine Auflösung dann [...] ohne Presseerklärung, ohne halbwegs angemessene Entpflichtung und nur in direkten Anschreiben an die Mitglieder in einer Art Nacht-und-Nebel-Aktion am 23. Dezember 2004, also am Vorabend von Weihnachten, ohne die Möglichkeit zu Stellungnahmen oder Gegenreaktionen in der Öffentlichkeit geschehen konnte, ist wegen der potentiellen Bedeutung, die der Zuwanderungsrat für die politische Aufarbeitung der Themen Migration und Integration hatte, ein tiefdunkles Kapitel der deutschen Politik und insbesondere des Deutschen Bundestags. Es dokumentiert eine damals immer noch vorhandene migrationsfeindliche Grundstimmung in Politik und Gesellschaft und nicht zuletzt beschämende Intrigen im Zusammenspiel von Medien und Politik.« (8.13.6).

Damit nicht genug: Unser Gutachten, das in Fachkreisen Aufsehen erregt hatte und auch bei den Sozialpartnern durchaus zustimmend aufgenommen worden war, wurde durch eine gezielte digitale Manipulation von BMI und BAMF jahrelang in allen regierungsamtlichen Internetpublikationen unterschlagen. Deshalb kam es in der Öffentlichkeit und auch in den Medien immer wieder zu Verwechslungen dieses im Netz lange kaum erreichbaren Berichts mit demjenigen der »Süssmuth-Kommission« von 2000/01, was dadurch befördert wurde, dass Rita Süssmuth die Vorsitzende beider Kommissionen gewesen war.[133]

Aufs Neue aber wiederholten sich alte Erfahrungen: Grundlegende Anregungen unseres Jahresgutachtens wurden im Herbst 2004 von der Politik zwar empört abgewiesen, wenige Jahre später aber stillschweigend übernommen – natürlich ohne die vordem geschmähte ideelle Quelle zu benennen. Das betraf zum Beispiel unseren Hinweis auf die Dringlichkeit der Werbung um Fachkräfte im Blick auf kommende Engpässe am Arbeitsmarkt und im Blick auf unsere »Engpassdiagnose / Arbeitsmarktdiagnose«: Sie war im Herbst 2004 besonders von der (schwarzgelben) Opposition höhnisch zurückgewiesen worden und wurde schon 2008 von der neuen (schwarzgelben) Bundesregierung im Zuge der Meseburger Kabinettsbeschlüsse mit politischen Heureka-Rufen und über die Erfinder schweigend als »Arbeitsmarktanalyse« etabliert.

Nach diesen Erfahrungen mit der Politikberatung in verschiedenen mehr oder minder politikabhängigen Kommissionen, habe ich eine noch konsequentere Strategie meines Konzepts der kritischen Politikbegleitung entwickelt, das den Spieß geradewegs umkehrte und im Sachverständigenrat deutscher Stiftungen für Integration und Migration (SVR) später sehr erfolgreich werden sollte: Unabhängige eigenständige Analysen und auf dieser Grundlage kritische Politikbegleitung durch öffentliche Begutachtung auf dem Weg über die Medien, was Politik mehr Beachtung der wissenschaftlich fundierten Argumente abnötigen würde. Das sollte sich als politisch »zielführende« Strategie erweisen (Kap. 8).

Die zu Kapitel 5 ausgewählten Texte umfassen u.a. mein Gutachten für die Unabhängige Kommission Zuwanderung (5.1), Texte aus Anhörungen zum Thema »Zuwanderung« im Innenausschuss des Bundestages (5.2) sowie Kommentare zur politischen Gestaltung (5.2.1–19).

---

[132] D. Oberndörfer, Deutschland in der Abseitsfalle. Politische Kultur in Zeiten der Globalisierung, Freiburg i. Br. 2005, S. 139f.

[133] Zu diesen angstgeborenen migrationspolitischen Selbstlähmungen s. »Leviten lesen« (Kap. 7).

6 Gestaltungsbeiträge: Bundesamt für Migration und Flüchtlinge und »nachholende Integrationspolitik« (6.1/2)

Der Politikwechsel durch die rotgrüne Koalition brachte, wie erwähnt, ein verstärktes Engagement in den Bereichen von Migration und Integration, die seit den späten 1990er Jahren zu Mainstream-Themen der deutschen Innenpolitik wurden. Auf staatlicher Seite bewirkte der Politikwechsel eine Öffnung gegenüber wissenschaftlichen Einschätzungen und Anregungen auch in diesen Themenfeldern, die dafür, im Gegensatz zu anderen politischen Gestaltungsbereichen und von parteiinternen Beratungszusammenhängen abgesehen, lange nachgerade gesperrt schienen.

Das galt nicht nur für die Politikanalysen und -empfehlungen großer parteiunabhängiger Stiftungen, sondern auch für die Überlegungen von parteiunabhängigen Forschungsinstituten und einzelnen Wissenschaftlern in Politikberatung und kritischer Politikbegleitung. Das zeigte sich in meinem Falle zum Beispiel durch die Aufnahme der von mir seit vielen Jahren vorgetragenen Idee eines Bundesamtes für Migration und Integration, das heute »Bundesamt für Migration und Flüchtlinge« (BAMF) heißt (6.1) und durch die Übernahme meines Konzepts der »nachholenden Integrationspolitik« (6.2).

6.1 Das Bundesamt für Migration und Flüchtlinge (BAMF) (6.1.1/2)

Seit den 1980er Jahren habe ich immer wieder und lange vergeblich ein ganzheitliches, alle Aspekte von Migration und Integration umfassendes, möglichst transparentes und für Praxisbezüge offenes gesetzliches Regelwerk der Zuwanderungs- und Integrationspolitik angeregt mit den dazu nötigen Institutionen auf Bundesebene, nach Möglichkeit auch auf Länderebene und in geeigneter Form auch in größeren Kommunen. Ich warb dabei besonders für ein »Bundesamt für Migration und Integration«, mit einem angeschlossenen – etwa dem Institut für Arbeitsmarkt- und Berufsforschung (IAB) bei der Bundesanstalt für Arbeit (BA) vergleichbaren – Forschungsinstitut für Migration und Integration.

Es sollte begleitende wissenschaftliche Beobachtung und den Informationstransfer zwischen Wissenschaft, Verwaltung und Politik erleichtern. Das galt nicht nur für die Bundesebene und deren Abstimmungsprozesse mit entsprechenden Institutionen auf der Länderebene, sondern auch für die Kommunikation der Bundesebene mit der EU-Ebene und mit verwandten, im EU-Ausland zum Teil seit langem vorhandenen nationalen Institutionen.

Das Bundesamt sollte nach meinen Vorstellungen kein allzuständiger bürokratischer Wasserkopf werden. Es sollte aber genug Gewicht haben, um handlungsorientierte Gesamtkonzepte zu entwerfen und fortzuschreiben, auf ihre Umsetzung zu achten, Zuständigkeitslücken aufzuspüren und zu überbrücken. Es sollte imstande sein, die genannten Kommunikationsaufgaben zu erleichtern und im Übrigen lähmender Ressortkonkurrenz im behördlichen Kompetenzgerangel zu wehren.[134]

Für ein solches Bundesamt für Migration und Integration mit angeschlossenem Forschungsinstitut habe ich in Vorträgen und in den Medien seit den späten 1980er und frühen 1990er Jahren sowie insbesondere in den Jahren 2000–2002 intensiv geworben.[135] Mein Konzeptentwurf wurde von der Ausländerbeauftragten der Bundesregierung Liselotte Funcke (1981-1991) übernommen, in Beratungsgesprächen mit ihrem Stab weiter konkretisiert und um den Vorschlag einer »Ständigen Kommission für Migration und Integration« ergänzt (6.1.1).

Als unerfüllte Forderung überlebte das Konzept den Rücktritt von Liselotte Funcke im Protest gegen die Konzeptionslosigkeit der bundesdeutschen Migrations- und Integrationspolitik 1991 ebenso wie das Ende der Amtszeit ihrer Nachfolgerin Cornelia Schmalz-Jacobsen (1991–1998), die diese Forderung ausdrücklich nochmals in ihrer letzten Erklärung zum Ausschei-

---

[134] Bade, Vom Auswanderungsland zum Einwanderungsland? 1983, S. 121–124; ders., Ausländer, Aussiedler, Asyl in der Bundesrepublik Deutschland (Bundeszentrale für politische Bildung), Bonn 1994, S. 24f.; ders., Die Einwanderungssituation, Erfahrungen – Probleme – Perspektiven, in: Bericht '99. Bestandsaufnahmen und Perspektiven für die 1990er Jahre, hg. v.d. Beauftragten der Bundesregierung für die Integration der ausländischen Arbeitnehmer und ihre Familienangehörigen, 2. Aufl. Bonn 1990, S. 307–316.
[135] Beispiele in diesem Band für 1990: 1.5, 1991: 2.3/4, 1994: 2.1, 2000: 5.1, 2001: 4.3, 5.7/8, 6.1.1–3, 2002: 6.1.4.

den aus dem Amt im August 1998 in den Vordergrund rückte.[136]

Das Postulat einer solchen oder ähnlichen Institution und die Forderung nach einer ganzheitlichen und transparenten Konzeption der Migrations- und Integrationspolitik wurden mit unterschiedlichen Gewichtungen auch von Bündnis 90/Die Grünen, von der SPD, zum Teil auch von der FDP, von den Kirchen, zahlreichen zivilgesellschaftlichen Organisationen bzw. Initiativen und insbesondere von den in der Integrationsarbeit tätigen nichtstaatlichen Organisationen in den Grundzügen übernommen.

Auf Seiten der bis 1998 amtierenden Bundesregierung (CDU/CSU, FDP) hingegen blieben solche Anregungen zur legislativen und institutionellen Gestaltung ohne Resonanz. Das war Folge der langen politischen Selbstlähmung unter dem programmatischen Dementi: »Die Bundesrepublik ist kein Einwanderungsland«.

Stattdessen entfaltete sich, aus den Handlungszwängen der Praxis geboren, das, wovor ich immer wieder als einer aus der Fehlentscheidung geborenen Fehlentwicklung gewarnt hatte: ein zwar in Grenzen funktionales, aber insgesamt schwer überschaubares Steuerungssystem mit zahlreichen Einzelentscheidungen, analogen Folgeentscheidungen sowie mühevollen Informationskreisläufen zwischen oft nur partiell bzw. bedingt zuständigen Institutionen und Instanzen. Das alles vermochte hinderliche Zuständigkeitsprobleme und Kompetenzüberschneidungen beim politischen »muddling through« nur bedingt zu überbrücken und blockierte im Übrigen die von mir immer wieder vergeblich geforderte Entwicklung integraler Konzepte (vgl. z.B. 3.1, 5.2.3/4).

Meinen institutionellen Anregungen habe ich 1994, wie erwähnt (Kap. 2) erfolglos, auch einmal in direktem Kontakt zu Bundeskanzler Helmut Kohl (CDU) Gehör zu verschaffen versucht. »Ich stimme ihnen darin zu, dass hier ein ›ganzheitlicher‹ Ansatz geboten ist«, antwortete der Bundeskanzler persönlich freundlich, aber in der Sache abweisend: »Allerdings glaube ich nicht, dass die Schaffung eines ›Bundesamtes für Migration und Integration‹, eventuell mit angegliedertem Forschungsinstitut, einen Zugewinn an Effizienz bedeuten würde. Die Erfahrung lehrt, dass solche Ämter mit ›Querschnittsaufgaben‹ eher zu Reibungsverluste führen, weil sie einerseits den zuständigen Ressorts deren Letztverantwortung nicht abnehmen können, andererseits zu einer Ausweitung der Verwaltungsabläufe beitragen.«[137] Das Gegenteil hatte ich mit meinen Anregungen angestrebt.

Was von meinen und unseren frühen Bemühungen in Politikberatung und kritischer Politikbegleitung am Ende dennoch langfristig, auf welche Weise und auf welchem Weg auch immer, politisch wirksam war, ist in der Regel schwer zu beurteilen. Politische oder behördliche Bestätigungen bzw. Rückmeldungen dazu sind bekanntlich selten, waren in diesem Fall aber erfreulich positiv:

Hintergrund war die erwähnte Neuorientierung der Migrations- und Integrationspolitik unter der rotgrünen Bundesregierung. Mein Konzept für ein Bundesamt mit angeschlossener Forschungseinheit wurde aus meinem Gutachten, in dessen Zentrum diese Forderung stand (5.1), in den Bericht der Unabhängigen Kommission Zuwanderung (UKZu) aufgenommen. Von dort fand die Idee ihren Weg in das Zuwanderungsgesetz, das nach hartem Ringen und vielen im Parteidissens ausgehandelten Verschlimmbesserungen erst 2005 rechtskräftig wurde.

Der erste Präsident des späteren Bundesamtes für Migration und Flüchtlinge (BAMF), das damals noch Bundesamt für die Anerkennung ausländischer Flüchtlinge (BAFl) hieß, war Staatssekretär a.D. Dr. Albert Schmid (SPD), der Bundesinnenminister Otto Schily (SPD) persönlich nahestand. Er erklärte im Blick auf meine Bemühungen um die Einrichtung eines Bundesamtes für Migration und Integration mit angeschlossenem Forschungsinstitut in seinem Grußwort zum zehnjährigen IMIS-Jubiläum in Osnabrück am 17. Dezember 2001:

»Weil Professor Bade der Autor der Idee, dass an unserem Amt ein Bundesinstitut für Migration und Bevölkerungsforschung (sic!) eingerichtet werden soll, weil er der Autor dieser Idee ist, bin ich zuversichtlich, dass es später dann auch eine gute Zusammenarbeit mit dem Institut in Osnabrück und auch in Instituten an Universitäten (sic!) geben wird.«[138] Im Blick auf

---

[136] Integration – Grundvoraussetzung ohne Alternative. Memorandum der Beauftragten der Bundesregierung für Ausländerfragen Cornelia Schmalz-Jacobsen, MdB, Bonn 1998, S. 16f.

[137] Bundeskanzler Dr. Helmut Kohl an Verfasser, 22.5.1991 (2.1).
[138] Mit der um Korrektheit bemühten, holprigen Rede »und auch in Instituten an Universitäten« war offensichtlich Friedrich Heckmanns »europäisches forum für migrationsstudien« (efms) gemeint, das kein reguläres Universitätsinstitut, sondern

die von mir vorgeschlagene Amtsbezeichnung fügte er an: »Der Mangel in der Bezeichnung ›Amt für Migration‹ und nicht ›Bundesamt für Migration und Integration‹ wird vielleicht dadurch kompensiert, dass es eben einen Rat für Zuwanderung und Integration geben soll.«

An mich selbst gewandt hatte Schmid in seiner Rede zuvor gesagt: »Wir erwarten uns von dem Rat für Zuwanderung und Integration, den auch Sie vorgeschlagen haben, in vielen Fragen Antworten. Zum Beispiel hat die Kommission (Unabhängige Kommission Zuwanderung, KJB) bewusst ja quantitative Zielsetzungen unterlassen. Es wird erwartet, dass der Rat für Zuwanderung und Integration diese Aufgabe dann erfüllt.« (4.1.2.4)

Das war keine gute Idee: Von Otto Schily war ich, wie erwähnt, als Vorsitzender dieses Rates vorgesehen gewesen. Ich hatte diese Funktion abgelehnt, war stattdessen ab 2003 als stellvertretender Vorsitzender des dann von Rita Süssmuth geleiteten »Zuwanderungsrates« tätig und musste erleben, dass es eben dieser politische Ausflug in die Zahlenwelt war, der dem Rat bei Otto Schily selbst zum Schicksal werden sollte. (Kap. 5.2).

Bestand haben sollte indes meine Idee eines Bundesamtes für die zentrale Verwaltung der staatlichen Migrations- und Integrationsbelange mit angeschlossener Forschungseinheit. BAMF-Präsident Schmid bemerkte dazu später auf einem der für den Wissenschaftlichen Beirat der Forschungsgruppe des Bundesamtes veranstalteten »Kaminabende« zu mir gewandt: »Was Sie in der FAZ und andernorts dazu geschrieben haben, war für uns wichtiger als die ganze Süssmuth-Kommission«, der er offensichtlich nicht sehr zugetan war.

Medienberichte verfolge Schily zwar noch, wusste mir Präsident Schmid bei einem persönlichen Termin in Nürnberg im Juni 2002 zu berichten. Briefe lese er aber gar nicht mehr, sein Referent auch nicht. Es zähle nur, was man ihm direkt sage. Insoweit hätte ich bei meinen gelegentlichen »Ministerterminen« durchaus Überzeugungschancen. Schily verfolgte aber über die ihm vorgelegten Medienberichte offenbar ab und an auch meine Vortragstätigkeit, was daraus sprach, dass er sogar einmal nach einem Redemanuskript fragen ließ. Er antwortete außerdem regelmäßig im Abstand von etwa drei Wochen auf Briefe von mir, ließ mich gelegentlich auch um Stellungnahmen zu anstehenden Fragen bitten und berief sich im parlamentarischen Kampf um das Zuwanderungsgesetz im Bundestag auch direkt auf Einschätzungen von mir.

So endete Schilys Rede zum »Gesetz zur Steuerung und Begrenzung der Zuwanderung und zur Regelung des Aufenthalts und der Integration von Unionsbürgern und Ausländern (Zuwanderungsgesetz)« im Bundestag am 22. März 2002 mit den Worten: »Meine Damen und Herren, lassen Sie mich abschließend Folgendes erklären: Professor Klaus Bade hat der Politik der früheren Bundesregierung ein schlechtes Zeugnis ausgestellt. Er schrieb: ›Die regierungsamtliche Politik reagierte [...] auf die vorgelegten Bestandsaufnahmen und Entwicklungsperspektiven über ein Jahrzehnt lang mit defensiver Erkenntnisverweigerung.‹ Defensive Erkenntnisverweigerung können wir uns im Interesse unseres Landes, im Interesse unserer wirtschaftlichen Entwicklung, im Interesse des sozialen Friedens und im Interesse einer zukunftsorientierten Integrationspolitik nicht mehr leisten. Erst recht können wir uns Handlungsverweigerungen nicht mehr leisten.«[139]

Der nach anfänglichem, strategisch bedingtem Konflikt (Kap. 5.1) gute persönliche Kontakt zu Bundesinnenminister Schily und derjenige zu dem Präsidenten des Nürnberger Bundesamtes förderten, wenn auch zunächst eher semantisch, die Übernahme von Ansätzen zu einem ganzheitlichen Verständnis von Migrations- und Integrationsprozessen sowie von Migrations- und Integrationspolitik als Zentralbereichen der Gesellschaftspolitik:

Bei diesem ganzheitlichen Verständnis ging und geht es mir, wie schon angedeutet, zunächst darum, Migration und Integration als komplexe Sozial- und Kulturprozesse zu verstehen: von der sukzessiven mentalen Ausgliederung aus dem Kontext des Ausgangsraums bis zur Ein-

---

ein »An-Institut‹, also ein der Universität (Bamberg) angegliedertes, mit dem BAMF kooperierendes freies Institut war, das den anfangs für die Ausländerbeauftragte der Bundesregierung herausgegebenen, dann vom Bundesamt übernommenen Migrationsbericht erarbeitete, bis einer der beiden dafür zuständigen Mitarbeiter, Dr. Harald Lederer, selbst an das Bundesamt geholt wurde.

---

[139] O. Schilys Rede zum »Gesetz zur Steuerung und Begrenzung der Zuwanderung und zur Regelung des Aufenthalts und der Integration von Unionsbürgern und Ausländern (Zuwanderungsgesetz)‹ im Bundestag, 22.3.2002, (http://www.document archiv.de/brd/2002/rede_schily_zuwanderungsgesetz.html).

gliederung im Aufnahmeraum.[140] Die Annahme der neuen Staatsangehörigkeit bildet dabei, mentalitätsgeschichtlich betrachtet, eine wichtige und richtungweisende Wegmarke, nicht aber, wie besonders von Sprechern von CDU/CSU und von der Union nahestehenden Medien immer wieder vorgestellt, eine Art Abschlusszeugnis für das Ende dieses Wegs. Dafür gibt es in der Migrationsgeschichte zahllose Belege, auch aus der Einwanderung der Deutschen in der Neuen Welt der Vereinigten Staaten, in der sie nach Selbstbild und Zuschreibung zunächst Deutsche in Amerika (erste Generation), dann Deutsch-Amerikaner (zweite Generation) und erst später schließlich Amerikaner deutscher Herkunft waren, die mitunter gar nicht mehr wissen wollten, woher die Großeltern oder Urgroßeltern stammten, wohingegen ihre eingewanderten Vorfahren im Ausgangsraum schon in der ersten Generation als »Amerikaner« gegolten hatten.

Beim ganzheitlichen Verständnis von Migrations- und Integrationspolitik wiederum ging es mir darum, die hochkomplexe, unübersichtliche und zum Teil auch kontraproduktiv diffundierende Zuständigkeits- und Funktionenvielfalt im Zusammenhang von Migrationsverwaltung und Integrationsförderung transparenter zu gestalten.

Dass das, in amtsinterne Zielperspektiven übersetzt, »angekommen« war, zeigte ein mir beiläufig zur Kenntnis gegebenes, mit dem Vermerk »persönlich/vertraulich« gekennzeichnetes Memorandum aus der Leitungsebene der Nürnberger Bundesbehörde, das sich las wie ein in verwaltungstechnische Sprache übersetztes und sachbezogen ergänztes Exzerpt aus meinen dort vorliegenden Arbeiten:

»Der Gesamtkomplex Zuwanderung bedarf aufgrund seiner Vielgestaltigkeit und evidenter Interdependenzen der ganzheitlichen Betrachtung«, hieß es dort im Blick auf die nun endlich so genannte »gesamtgesellschaftliche und politische Querschnitts-Aufgabe« Migration und Integration. »Gegenwärtig weisen die Zuständigkeiten im Bereich Zuwanderung und Integration eine institutionelle Fragmentierung auf: Etwa 700 Ausländerbehörden und Sozialämter in 16 Bundesländern, Einwohnermeldeämter, die Regierungspräsidenten, die Arbeitsverwaltung, der Bundesgrenzschutz, das Bundesverwaltungsamt, verschiedene Ministerien und das Bundesamt nehmen unterschiedliche Aufgaben hierbei war.

Was bisher fehlt ist ein ganzheitlicher migrationspolitischer Ansatz, der diese bestehende Fragmentierung überwindet, jedenfalls reduziert, unterschiedliche Zuwanderungskategorien aufeinander abstimmt, Datendefizite beseitigt, auf die Ursachen der Wanderungsbewegung eingeht und es so ermöglicht, dass sowohl auf die Interessen des Aufnahmelandes als auch auf die Erfordernisse internationaler wie humanitärer Verpflichtungen angemessen und schnell reagiert werden kann. Zur Realisierung dieser Zielstellung ist es notwendig, die Zuständigkeiten, Verfahren und Informationen institutionell zu bündeln. Dadurch kann unter Berücksichtigung übergeordneter migrationspolitischer Gesichtspunkte sowie mittels einer transparenten und flexiblen Einwanderungspolitik auf die Zuwanderung steuernd Einfluss genommen werden.«[141]

Meine persönlichen Kontakte forcierten wohl auch die von mir seit vielen Jahren vertretene und von Präsident Schmid selbst als erhebliche Kompetenzerweiterung begrüßte Idee der Einrichtung eines zentralen Bundesamtes für Migration und Integration mit angeschlossener Forschungseinrichtung. Es ging im Blick auf den »Gesamtkomplex Zuwanderung« in der besagten Denkschrift deshalb auch um die »Zusammenführung möglichst in einer Hand, auch wenn diese gerade wegen der Komplexität der Aufgabenstellung naturgemäß nicht in alleiniger Zuständigkeit tätig werden kann und soll [...]. Da es sich um eine gesamtgesellschaftliche und politische Querschnitts-Aufgabe handelt, ist deren Übertragung an eine Bundesoberbehörde im Geschäftsbereich des BMI sachgerecht.«[142]

Auf dem Weg dorthin bat mich Präsident Schmid, der, wie er mir im Nürnberger Bundesamt im Juni 2002 bedeutete, anfangs im Hintergrund zwischen Otto Schily und mir vermittelt hatte, seinerseits um Vermittlung zwischen ihm und Otto Schily. Er beobachtete meinen enger werdenden Kontakt zu Schily auch mit einem gewissen Misstrauen und ließ mich sicherheits-

---

[140] Über meinen ganzheitlichen Ansatz als Forschungsstrategie s. jetzt: J. Oltmer, Migration vom 19. bis zum 21. Jahrhundert (Enzyklopädie deutscher Geschichte, Bd. 86), 3. Aufl. Berlin/Boston 2016, S. 74.

[141] Zuwanderung in die Bundesrepublik Deutschland. Persönlich-vertraulich, Bundesamt für die Anerkennung ausländischer Flüchtlinge, Nürnberg (April 2001).
[142] Ebd.

halber wissen, Versuche, »irgendwie dazwischen« zu kommen, seien zum Scheitern verurteilt, denn: »Zwischen Schily und mich passt kein Blatt Papier!« Ganz so war das auch wiederum nicht; denn Otto Schily bezeichnete die Ernennung von Schmid zum Präsidenten der bald neu geschaffenen Behörde zwar als »meine beste Personalentscheidung«, hielt aber vertraulich nicht mit der Betonung des wissenschaftlichen Beratungsbedarfs in Nürnberg zurück.

Einig war ich mit Präsident Schmid in der Einschätzung, dass ein Bundesamt im Geschäftsbereich des BMI für die besagte institutionelle Bündelung der anstehenden Aufgaben eine tragfähige und zukunftsorientierte Lösung sei. Der Unterschied zwischen unseren Vorstellungen lag darin, dass ich an ein unter ministerialer Fachaufsicht möglichst eigenständiges Bundesamt für Migration und Integration dachte, das nötigenfalls auch beim Nürnberger Bundesamt für die Anerkennung ausländischer Flüchtlinge angesiedelt werden könnte. Präsident Schmid hingegen sprach anfangs von einer entsprechenden Kompetenzerweiterung seiner Behörde und schließlich von deren kompletter Umwandlung in ein solches Bundesamt.

Bei der politischen, rechtlichen und administrativen Umsetzung der Idee gab es unter Zeitdruck eine sich selbst beschleunigende Dynamik auf der Achse Nürnberg-Berlin; denn das politische Zeitfenster dafür begann sich schon zu schließen, weshalb Schmid eine zunehmende Aktivität im Sinne seiner Zielvorstellungen entfaltete, denen ich mich letztlich, mit einigen Vorbehalten, nur anschließen konnte, um im Entscheidungsprozess nicht überrollt zu werden.

Ich hatte dem Präsidenten am 17.4.2001 mein am Wissenschaftskolleg zu Berlin geschriebenes Gutachten für die Unabhängige Kommission Zuwanderung mit dem Bemerken zugesandt: »Das BMI war ja, von Schäuble einmal abgesehen, lange ein Bollwerk gegen ganzheitliche Veränderungen in Sachen Migration und Integration.«

Wohl wissend, dass man in Nürnberg, im Gegensatz zu meinen Vorstellungen, zunächst mehr an migrationspolitische Steuerung und weniger an institutionell organisierte Integrationsförderung dachte, hatte ich den Integrationsaspekt in meinem Gutachten besonders und auch dem Präsidenten gegenüber ausdrücklich betont: »Ich habe weiter bewusst die Dimension der Integration bis in den Titel des Bundesamtes hinein mit aufgenommen; denn wir kriegen einen ganzheitlichen Ansatz nur schwer hin, wenn das nicht festgeschrieben wird, so schwer das vielen auch fallen mag, gerade auf Landesebene. In zehn Jahren würde, wenn das nicht klappen sollte, wieder allgemeines Kopfschütteln darüber herrschen, dass das ›damals im Jahr 2001‹ nicht als Notwendigkeit erkannt wurde – ganz wie bei dem von mir ja schon in den achtziger Jahren vorgeschlagenen Bundesamt als solchem. Nun, als Politikberater, der ›aus der Geschichte kommt‹, hat man da einen langen Atem.«

Im Blick auf die bevorstehende Präsentation des Berichts der Unabhängigen Kommission Zuwanderung fügte ich an: »Ansonsten wird alles davon abhängen, dass der Bundesinnenminister dann den Ball bei der Übergabe des Berichts gleich entsprechend auffängt, was ja an sich naheliegt: Ein gewaltiges Einwanderungsgesetz ist sowieso nicht mehr hinzukriegen, im Grunde nicht einmal mehr auf den Weg zu bringen, sofern es überhaupt politisch gewollt wird. Da eignet sich das Bundesamt als präsentable pragmatische und zugleich integrale Lösung vorzüglich, zumal es bei Andockung an das BAFl (Bundesamt für die Anerkennung ausländischer Flüchtlinge, KJB) im Prinzip mit einigen inneren und in einiger Hinsicht ja schon vorbereiteten Umbauarbeiten hochgezogen werden kann und außerdem sogar wahrscheinlich eine kostensparende Lösung ist. Die CDU geht sicher mit und die CSU sollte zu besänftigen sein, zumal Nürnberg ja bekanntlich in Bayern liegt.«[143]

In einer Presseerklärung anlässlich seines Besuchs der Feier zum zehnjährigen Bestehen des Osnabrücker Instituts für Migrationsforschung und Interkulturelle Studien (IMIS) am 17.12.2001 (4.1.2.4) ließ Präsident Schmid dann »zur Bewertung des am vergangenen Donnerstag in erster Lesung im Bundestag behandelten Zuwanderungsgesetzes« mitteilen:

»Die von der Wissenschaft seit langem erhobene Forderung nach einem ganzheitlichen migrationspolitischen Ansatz wurde in den Entwurf des Zuwanderungsgesetzes aufgenommen. Er reicht von der Differenzierung der Zugangsvoraussetzungen bis hin zu einer konsequenten Rückkehr bzw. zur Integration.« Die

---

[143] Verfasser an Präsident Dr. Albert Schmid, persönlich, 4.4.2001.

bisher bestehende institutionelle Fragmentierung werde weitestgehend aufgehoben, wobei Interdependenzen zwischen den verschiedenen Zuwanderungskategorien – bei eigenständiger Ausgestaltung des Asylbereichs – den Ausschlag gegeben hätten. »Eine Reihe zentraler Aufgaben werden bei dem neuen Bundesamt für Migration und Flüchtlinge gebündelt, das auf dem bisherigen Bundesamt für die Anerkennung ausländischer Flüchtlinge aufbaut«, erklärte Schmid. »In diesem Zusammenhang erhält der Integrationsbereich ein besonderes Gewicht.«[144]

Am Ende des Wegs stand das Bundesamt für Migration und Flüchtlinge (BAMF), zu dem sich das frühere Bundesamt für die Anerkennung ausländischer Flüchtlinge (BAFl) weiterentwickelt hatte. Schmid residierte mit seinem neuen Nürnberger Bundesamt in der nach einem klugen Architekturkonzept umgestalteten – in der NS-Zeit im Zusammenhang mit dem riesigen Reichsparteitagsgelände von Arbeitssklaven aus Konzentrationslagern errichteten, im Volksmund »SS-Kaserne« genannten – ehemaligen »SS-Unterkunft/Südkaserne«, die später der amerikanischen Armee als »Merrel Barracks« gedient hatte und in deren weiterer Umgebung ich am Luitpoldhain in der Nachkriegszeit aufgewachsen war.

Angeschlossen an das BAMF war eine kleine Forschungseinrichtung, deren Wissenschaftlichem Beirat ich seit Beginn und als heute »dienstältestes« Mitglied nach wie vor angehöre.[145] Die kleine Einrichtung war zunächst von Präsident Schmid im Wesentlichen für Forschungsberichte und amtsbezogene »Ressortforschung« gedacht (Motto: »Antwort geben auf gestellte Fragen«). Wir haben uns im Beirat immer wieder nachdrücklich, zuweilen auch im Konflikt, darum bemüht, für die Wissenschaftler auf Kosten der unmittelbar amtsbezogenen Dienstaufgaben (Recherchen für laufende Verhandlungen, Brainstorming-Papiere, Beiträge zu Redeentwürfen u.a.) mehr Freiraum für die Forschungsarbeit zu schaffen, was mühsam, aber letztlich erfolgreich war.

Ähnliches galt für Bemühungen zum Schutz der kleinen Forschungseinrichtung gegenüber der mitunter ebenso belastenden wie lähmenden Dienstaufsicht durch das Bundesministerium des Inneren, weshalb ich aus gegebenem Anlass, mit sachlichen und personellen Folgen auch einmal persönlich und direkt in Berlin intervenierte. Dies geschah in einem Streitgespräch mit zwei hohen Ministerialbeamten im Büro der Abteilungsleiterin »M« (»Migration«) Gabriele Hauser, mit der ich mich ohnehin ab und an zu Gesprächen traf, wie vordem unter Bundesinnenminister Schäuble zum Beispiel mit dem Abteilungsleiter »G« (Grundsatzfragen) Marcus Kerber und mit Stéphane Beemelmans (Abteilungsleiter Grundsatzfragen / EU- und internationale Angelegenheiten / Neue Bundesländer).

Die kleine Nürnberger Forschungseinrichtung expandierte mit wachsenden eigenen Forschungsanteilen stark.[146] Sie wurde später »Forschungsgruppe« und ab 2014 schließlich »Forschungszentrum Migration, Integration und Asyl beim BAMF« genannt, was ich im Wiss. Beirat schon einige Jahre zuvor angeregt hatte. Das Forschungszentrum bewältigt eine Fülle von Forschungs- und Dokumentationsaufgaben, darunter auch den jährlichen Migrationsbericht.

Ich habe dabei immer wieder angeregt, die misslich gespaltene und zeitversetzte Migrations- und Integrationsberichterstattung auf der Bundesebene aufzuheben. Das würde bedeuten, den jährlich beim BAMF in Nürnberg erarbeiteten Migrationsbericht und den nur zweijährig von der Integrationsbeauftragten der Bundesregierung in Berlin vorgelegten, absurderweise immer noch »Ausländerbericht« genannten »Bericht der Beauftragten der Bundesregierung für Migration, Flüchtlinge und Integration über die Lage der Ausländerinnen und Ausländer in Deutschland« kooperativ zu erarbeiten oder doch wenigstens inhaltlich besser aufeinander abgestimmt, ohne unnötige Doppelarbeit und im Erscheinen zeitgleich zusammenzuführen.

Dass dies Politik, Forschung, Öffentlichkeit und Medien den Überblick über Entwicklungen

---

[144] Präsident Dr. A. Schmid. Pressemitteilung zum Entwurf des Zuwanderungsgesetzes, 17.12.2001.
[145] Amtierende Vorsitzende ist die Leiterin des Zentralinstituts für Regionenforschung der FAU Erlangen-Nürnberg, Prof. Dr. Petra Bendel, die seit 2016 auch dem SVR angehört. Ich selbst hatte es abgelehnt, den mir von Präsident Schmid angebotenen Vorsitz als Nachfolger der wegen Arbeitsüberlastung bald zurückgetretenen und ausgeschiedenen ersten Vorsitzenden zu übernehmen. Zum zweiten Vorsitzenden wurde auf meinen Vorschlag hin der Münchner Sprachwissenschaftler Prof. Dr. Jörg Roche ernannt. Dritte Vorsitzende bis zum Amtsantritt von Petra Bendel war die Politologin Prof. Dr. Sigrid Baringhorst (Universität Siegen).

[146] Im Zeichen der »Flüchtlingskrise«, die für das Amt mit extremen Belastungen verbunden war mussten einige Forscher und Forscherinnen auf Zeit aus dem wissenschaftlichen in den operativen Bereich wechseln.

in Migration und Integration entscheidend erleichtern würde, leuchtete allen Beteiligten ein, scheiterte aber bis heute an den konkurrierenden Ressortinteressen in Berlin und Nürnberg. Deshalb entwickelte sich im Nürnberger Forschungszentrum zusätzlich zum Migrationsbericht eine eigene Integrationsberichterstattung in Gestalt von in loser Folge erscheinenden Einzelstudien, was in der Sache hilfreich war, aber den systematischen Überblick auch nicht eben erleichterte.

Dergleichen war ein Ausdruck des von mir immer wieder angeprangerten, dschungelartig verschlungenen Kompetenz-Wirrwarrs in Sachen Migration und Integration auf der Bundesebene. Dies war das Ergebnis der Tatsache, dass die Zuständigkeiten in kleinteiligem Wildwuchs ohne große Linienführung entstanden, weil die Themen Migration und Integration als Zentralbereiche der Gesellschaftspolitik lange nicht zureichend ernst genommen worden waren. Daran hat die große rotgrüne Verwaltungsreform im Migrationsbereich, deren Ergebnisse 2005 Zuwanderungsgesetz und BAMF waren, viel, aber nicht genug geändert, wie denn auch der seinerzeitige Bundesinnenminister Schily 2016 in einem Interview rückblickend erklärte: »Das rotgrüne Zuwanderungsgesetz war ein Fortschritt, aber es ist zu bürokratisch und zu unflexibel.«[147]

Aber es gab auf der Achse Nürnberg-Berlin auch noch andere interne Gestaltungsprobleme. Dabei fiel mir in Nürnberg gelegentlich eine etwas schwierige Vermittlerrolle zu, die ein eher missliches Beispiel meiner zeitweiligen Funktionenhäufung war:

Dass Präsident Schmid bei der IMIS-Jubiläumsfeier im Dezember 2001 (Kap. 4) von einem »Bundesamt für Migration und Bevölkerungsforschung« gesprochen hatte, war, wie einige Zuhörer meinten – und ich aus seinerzeit gebotenen Gründen der Vertraulichkeit im Blick auf laufende Abstimmungen nicht dementieren und nur achselzuckend zur Kenntnis nehmen konnte – durchaus kein Lapsus linguae. Es ging in Nürnberg zeitweise tatsächlich um die Idee, mithilfe von erheblichen, zur Förderung der demographischen Forschung freigegebenen BMI-Personalmitteln und damit auf Kosten des Wiesbadener Bundesamtes für Bevölkerungsforschung (BiB) ein Stück weit Migrations- und Bevölkerungsforschung beim BAMF und seiner Forschungsgruppe zusammenzuführen:

Beide Institutionen unterstanden der Fachaufsicht des Bundesministeriums des Innern, kommunizierten in der anstehenden Konfliktfrage aber weniger miteinander als via BMI übereinander, während ich nicht nur dem Beirat der Forschungsgruppe beim Nürnberger Bundesamt, sondern auch dem Kuratorium des Bundesamtes für Bevölkerungsforschung in Wiesbaden angehörte. Deshalb fiel mir zeitweise ungewollt eine durchaus unerfreuliche, weil von beiden Seiten beargwöhnte kommunikative Vermittlerrolle in dem institutionellen Konkurrenz- und Kompetenzgerangel zu, das im Kampf um die Ansiedlung von für demographische Forschungs- und Beratungszwecke bewilligten zusätzlichen Planstellen Ausdruck fand.

Hintergrund des Konflikts war die Tatsache, dass man im Bundesamt, aber auch im BMI mit dem angeblich mangelnden bzw. für praktisch-politische Zwecke unzureichend nutzbaren wissenschaftlichen Output des BiB in Migrations- und Integrationsfragen unzufrieden war, während das BiB seinen wissenschaftlich legitimen Anspruch auf den Primat der demographischen Grundlagenforschung verteidigte.

Die Stellen, die man in Wiesbaden dringend brauchte, wurden deshalb vom BMI, als Ergebnis einer diskreten Abstimmung mit dem Nürnberger Bundesamt, demonstrativ für die Erweiterung des Personalbestands der Forschungsabteilung des BAMF eingeplant. Bereitschaft zu Zugeständnissen in dieser Frage wurde nur unter der Bedingung signalisiert, dass das Wiesbadener Bundesinstitut die Bereitschaft zeigen würde, neben seiner starken Orientierung an der Grundlagenforschung mehr praxisbezogene Forschungs- und Beratungstätigkeit zu leisten. Das wiederum wurde in Wiesbaden als nachgerade erpresserische staatliche Bevormundung in Fragen der Forschungsfreiheit verstanden.

Ursprünglich hatte es in Nürnberg sogar kurzfristig den schließlich fallengelassenen Plan gegeben, das Bundesamt für Bevölkerungsforschung mit zusätzlichen Aufgaben im Bereich von Migration und Integration auszustatten und insgesamt dem BAMF selbst an- bzw. einzugliedern. Ich habe gegen eine solche politisch-administrativ motivierte, wissenschaftsferne Funktionskonzentration zunächst im Bundesamt selbst, dann auch bei einer Anhörung zum Zuwanderungsgesetz im Innenausschuss des Bundestages (5.1.2/3) nachdrücklich und am Ende

---
[147] Schily, »Wir sollten uns nicht scheuen, sie zu töten«, 15.9.2016, S. 109–112, hier S. 109 (s. Anm. 125).

offenbar mit Erfolg opponiert, was Präsident Schmid wenig erfreut, aber respektvoll als »nicht unkritisch« zur Kenntnis nahm (4.1.2.4).

Das Vorhaben hätte aus meiner Sicht möglicherweise dazu geführt, dass auch die demographische Grundlagenforschung ein Stück weit in sein Konzept jener »Ressortforschung« eingebunden worden wäre, die wir im Beirat der Nürnberger Forschungsabteilung im Interesse der dortigen Wissenschaftler mühsam, aber am Ende erfolgreich zu begrenzen suchten. Der Konflikt konnte schließlich durch eine Stellenaufteilung zwischen Nürnberg und Wiesbaden sowie einen freiwilligen Stellenwechsel von Wiesbaden nach Nürnberg beigelegt werden.

Insgesamt entsprach das Bundesamt für Migration und Flüchtlinge in seiner Struktur – als bundesweit zuständiges Verwaltungszentrum mit angeschlossener Forschungsinstitution – im Kern meiner Ausgangsidee. Es war aber weit entfernt davon, auch nur annähernd der Struktur der Bundesagentur für Arbeit mit dem beigeordneten Institut für Arbeitsmarkt- und Berufsforschung (IAB) vergleichbar zu sein, was ich nachdrücklich empfohlen hatte.

In dem aus dem Forschungszentrum des BAMF stammenden Rückblick auf seine Geschichte aus dem Jahr 2015, der mir mit der handschriftlichen Autorenwidmung »Unserem Spiritus Rector« überreicht wurde, heißt es: »Klaus J. Bade formulierte dazu 1990 richtungweisende Gedanken, die sich in mehreren späteren Berichten und Gesetzentwürfen wiederfanden […]. Aber erst als mit dem Wechsel zu einer rotgrünen Bundesregierung unter Gerhard Schröder im Herbst 1998 das bisherige Leitmotiv »Deutschland ist kein Einwanderungsland« aufgegeben wurde und Fragen der Migration und Integration ins Zentrum der deutschen Innenpolitik rückten, konnten diese Gedanken wirklich Wirkung entfalten.«[148]

6.2 »Nachholende Integrationspolitik« (6.2.1–6.2.8)

In den Grenzen des angeblichen Nicht-Einwanderungslands Deutschland, das in Wahrheit schon seit den späten 1970er Jahren ein De-facto-Einwanderungsland war, hatte sich sukzessive eine Einwanderungsgesellschaft herausgebildet und eigendynamisch stets weiter ausdifferenziert. Die große, Menschen mit und ohne den sogenannten Migrationshintergrund einschließende gesellschaftliche Integrationsaufgabe aber war, allen Warnungen und Mahnungen zum Trotz, auf der Bundesebene – im Gegensatz zur kommunalen Ebene – lange vernachlässigt oder gar für nicht-existent erklärt worden.[149] Der Bildungsrückstand von Jugendlichen aus »Gastarbeiterfamilien« wurde lange als defizitäres Zeichen eines Mangels an Integrationsbereitschaft oder sogar »Integrationsfähigkeit« interpretiert und nicht als schichten- und gruppenspezifischer und damit gesellschaftspolitischer Förderungsbedarf verstanden.

Anders gewendet: Der wachsende Bildungsabstand der Kinder und Jugendlichen aus diesen Familien zu den Familien der Mehrheitsbevölkerung galt als importiertes Prekariatsproblem und nicht als gesellschaftspolitische Aufgabe. Zur Legitimation dieser Flucht aus der gesellschaftspolitischen Verantwortung, allem migrations- und integrationshistorischem Erfahrungswissen zum Trotz, dienten schräge Vergleiche zwischen Geschichte und Gegenwart, zum Beispiel zwischen der Einwanderungsgeschichte der Vereinigten Staaten als »klassischem« Einwanderungsland und dem befristet organisierten Import von gering oder doch nicht passfähig qualifizierten ausländischen Arbeitskräften in der Bundesrepublik Deutschland.[150]

Um nachholend ausgleichende Förderung, bei der es auch um mentale Überzeugungsarbeit bei den Eltern ging, kümmerten sich vor allem Mittlerorganisationen, in erster Linie die Wohlfahrtsverbände, und viele ehrenamtliche Initiativen. Besonders ihnen, aber auch vielen privaten Gelegenheitsstrukturen war es lange zu verdanken, wenn Kindern aus »Gastarbeiter-

---

[148] Worbs/Kreienbrink, Zehn Jahre Migrations- und Integrationsforschung im BAMF, 2015, S. 325–331, hier S. 325f.

[149] Vgl. hierzu D. Oberndörfer, Zuwanderungs- und Integrationsbedarfe. Gutachten für die Enquetekommission »Demographischer Wandel« des Deutschen Bundestages, Freiburg i. Br. 2000. Bert Rürup hatte mich um ein solches Gutachten zum gesamtgesellschaftlichen Integrationsbedarf in der Bundesrepublik Deutschland gebeten, das ich aber aufgrund anderer Belastungen nicht übernehmen konnte, weshalb ich als Gutachter Dieter Oberndörfer empfahl.

[150] Dabei gab es, wie wir heute wissen, auch viele Erwerbstätige und Familien, die im Blick auf die Lage im Herkunftsland durchaus nicht zu den Unqualifizierten gehörten und in Deutschland nur in den Kontext der unqualifizierten Erwerbsarbeit gerieten, weil ihre formellen und beruflichen Qualifikationen hier nicht anerkannt wurden oder sie ihre mitgebrachten Kenntnisse, Qualifikationen und beruflichen Fähigkeiten aus sprachlichen Gründen nicht einsetzen konnten.

familien« der soziale Aufstieg durch Bildung und Ausbildung gelang. Das »soziale Wunder« am Arbeitsmarkt bestand ansonsten oft darin, dass zum Beispiel Mütter, die selbst Analphabeten waren, durch unermüdliche Arbeit auf den niedrigsten Ebenen des Arbeitsmarktes, insbesondere in den Reinigungsdiensten, die Mittel beibrachten, mithilfe derer sie ihren Kindern einen sozialen Aufstieg durch Bildung ermöglichen konnten. Das war und ist eine viel zu wenig beachtete intergenerative Integrationsleistung, die freilich nicht für die Mehrheit der Zuwandererbevölkerung galt. Im Gesamtvergleich zeigte sich vielmehr, dass die Bildungsqualifikation bei Jugendlichen aus Zuwandererfamilien zwar langsam und stetig wuchs, der Abstand zwischen ihrer und der schneller wachsenden Bildungsqualifikation von Jugendlichen aus Familien der Mehrheitsbevölkerung damit aber nicht abnahm und zum Teil sogar noch größer wurde.

Daraus ergaben sich enttäuschende und verbitternde Benachteiligungen im Erwerbsleben und in den persönlichen Lebensperspektiven von Jugendlichen, die den »Fahrstuhl« nach »oben« nicht erreichten oder danach, auf den entsprechenden höheren Ebenen, wieder vor verschlossenen Türen standen, weil sie »Ekrem« oder »Yasemin« und nicht »Hans« oder »Ingrid« hießen.

Vor diesem Hintergrund haben mein zu früh verstorbener Osnabrücker Kollege und Freund, der IMIS-Migrationssoziologe Michal Bommes und ich eine operationale Integrationsdefinition erarbeitet, die von Michael Bommes dann in ein von mir im Zuwanderungsrat für ihn beantragtes Gutachten eingebettet und vom Zuwanderungsrat auch übernommen wurde. Damit sollte soziale Integration besser empirisch fassbar, messbar und vergleichbar werden:

Integration ist nach dieser – auch für Menschen ohne den sogenannten Migrationshintergrund einsetzbaren – Definition die messbare Teilhabe an den zentralen Bereichen des gesellschaftlichen Lebens, insbesondere an frühkindlicher Erziehung, schulischer Bildung und beruflicher Ausbildung, am wirtschaftlichen Leben, an den rechtlichen und sozialen Schutz- und Hilfssystemen, bis hin zur – statusabhängigen – politischen Teilhabe. Diese Definition hat rasch Verbreitung gefunden, aber nicht in wünschenswertem Maße auch zur politischen Akzeptanz des durch zahlreiche Untersuchungen belegten ausgleichenden Förderungsbedarfs geführt.

Dass Bildungsbenachteiligung nicht nur integrationspolitisch fatal ist, sondern auch gesellschafspolitisch gefährlich sein kann, wurde, allen mahnenden Hinweisen zum Trotz, von Politik in Deutschland lange nicht verstanden. Diese von Wissenschaftlern schon seit vielen Jahren immer wieder warnend angeprangerten Fragen gerieten erst mit den wiederkehrenden Jugendrevolten im französischen Banlieue-Milieu im Herbst und Winter 2005 ins Zentrum der öffentlichen und politischen Diskussion; denn jetzt ging es plötzlich akut um die Frage nach der Benachteiligung in der Bildungs- und Erwerbsbeteiligung und nach den daraus resultierenden Einschränkungen der Lebensperspektiven als zentralem Motiv der Revolten. Das wurde nun verbunden mit der besorgten Frage, ob der französische Funke auch in den Spannungsfeldern der Einwanderungsgesellschaft in Deutschland zünden könnte.

Vor diesen Hintergründen hatte ich das Stichwort der »nachholenden Integrationspolitik« in die öffentliche Diskussion geworfen, das in meine Trias von nachholender, begleitender und vorausplanender Integrationsförderung gehört (6.2.1–8).[151] Das Stichwort verbreitete sich rasch auch in der politischen Diskussion von Regierung und Opposition, allerdings in einer semantischen Krüppelversion: Meine Anregung war schon als »nachholende Integration« in die Regierungserklärung von Bundeskanzler Gerhard Schröder aufgenommen worden. Und auch Bundesinnenminister Wolfgang Schäuble, der nach der Ablösung der rotgrünen Koalition zum zweiten Mal das Bundesinnenministerium übernommen hatte, erklärte 2007 in einem dem Thema »Nachholende Integrationspolitik« gewidmeten Band aus den »Beiträgen der Akademie für Migration und Integration« der Otto Benecke-Stiftung: »Professor Bade, der als Historiker die vielfältigen Zusammenhänge zwischen Migration und Integration kenntnisreich be-

---

[151] Vgl. K. J. Bade, Nachholende Integrationspolitik, in: Zeitschrift für Ausländerrecht und Ausländerpolitik (ZAR), 25. 2005, H. 7, S. 218–222; ders., Die Trias der Integrationspolitik. Präventive, begleitende und nachholende Interventionen, in: Kulturpolitische Mitteilungen. Zeitschrift für Kulturpolitik der Kulturpolitischen Gesellschaft, Nr. 112, I/2006, S. 29–35; wieder abgedr. in: Institut für Kulturpolitik der Kulturpolitischen Gesellschaft (Hg.), Beheimatung durch Kultur. Kulturorte als Lernorte interkultureller Kompetenz, Essen 2007, S. 17–26.

schrieben hat [...] verdanken wir auch Ansätze wie den zur nachholenden Integration«.[152]

Korrekt von »nachholender Integrationspolitik« wiederum sprachen in ihrem Vorwort zum gleichen Band der Geschäftsführende Vorsitzende der OBS, Eberhard Lemper (CDU), und der Vorsitzende des Kuratoriums der Stiftung, der frühere Regierende Bürgermeister von Berlin, Eberhard Diepgen (CDU): »Dass dieses schon vordem immer wieder angemahnte Thema endlich durchdrang, einen Namen bekam und auch schon in der Regierungserklärung von Bundeskanzler Gerhard Schröder Beachtung fand, ist dem Begründer des Osnabrücker Instituts für Migrationsforschung und Interkulturelle Studien (IMIS) und des bundesweiten Rates für Migration (RfM), Prof. Dr. Klaus J. Bade zu verdanken, der die ›Nachholende Integrationspolitik‹ als notwendiges Handlungsfeld erkannte und in ein Konzept fasste.«[153]

Wie variabel die Begrifflichkeiten verwendet wurden, zeigte zeitgleich ein von der OBS selbst entworfenes Förderungskonzept zur Kooperation mit dem BAMF als Trägern eines umfänglichen Programms »Nachholende Integration als nationale Aufgabe«.[154]

Die auch in den Medien um sich greifende Rede von »nachholender Integration« statt von nachholender Integrationspolitik oder -förderung war geeignet, zumindest in der weiteren Öffentlichkeit das Missverständnis zu bestärken, nicht das Einwanderungsland, sondern nur die Einwandererbevölkerung selbst habe hier etwas »nachzuholen«. Ich habe deshalb in publizistischen Beiträgen und öffentlichen Vorträgen immer wieder deutlich zu machen versucht: Es gehe hier auch um den »nachholenden« Ausgleich versäumter integrativer Hilfestellungen durch das Aufnahmeland, und Konzepte der nachholenden Integrationspolitik bzw. -förderung dürften sich auch nicht nur auf nachgeschobene Eingliederungshilfen für Zuwandererfamilien beschränken, zum Beispiel in Gestalt der Öffnung der für Neuzuwanderer gedachten Sprachkurse auch für die zweite oder schon dritte Generation der im Land lebenden Einwandererbevölkerung.

Geboten werden sollten vielmehr umfassende Förderungen und, im Sinne ausreichender sozialer Gerechtigkeit, auch ein Pendant für sozial benachteiligte Jugendliche aus der Mehrheitsbevölkerung, um in der Einwanderungsgesellschaft eine veritable Opferkonkurrenz zwischen sozial Schwachen mit und ohne den sogenannten Migrationshintergrund zu vermeiden. Zugleich sollte Nachholende Integrationsförderung auch eine ausgleichende Änderung der institutionellen Rahmenbedingungen in der schulischen Bildung, eine Förderung des Zugangs zu beruflicher Ausbildung sowie zum Arbeitsmarkt einschließen.

Hinzutreten sollten ferner werbende Orientierungshilfen für Teile der Mehrheitsbevölkerung, die sich auf dem Weg in die Einwanderungsgesellschaft ratlos zurückgelassen fühlten. Das Letztere hat in der publizistischen Diskussion zum Teil zu der argumentativen Schmonzette geführt, ich hätte »Integrationskurse für Deutsche« verlangt, was ja schon deshalb neben der Spur liefe, weil die Integrationskurse bekanntlich auch Sprachkurse umfassen. Was ich aber in der Tat gefordert hatte und nach wie vor für nötig halte, sind Orientierungsangebote auch für Menschen ohne den sogenannten Migrationshintergrund in der sich eigendynamisch und unübersichtlich entfaltenden Einwanderungsgesellschaft – nicht mehr, aber auch nicht weniger.

Wenn man heute in den Medien dieses alte Forderungspaket erneut »Integrationskurse für Deutsche«[155] nennt, kommt das unter den inzwischen obwaltenden Umständen einer Einladung zum deutsch-nationalen bis rechtsextremen Shitstorm gleich – wie dies unlängst die durchaus pragmatisch und differenziert argumentierende Karlsruher Soziologin Annette Treibel-Illian erleben musste.[156]

---

[152] K. J. Bade (Hg. zus. m. H.-G. Hiesserich), Nachholende Integrationspolitik und Gestaltungsperspektiven der Integrationspraxis. Mit einem Beitrag von Bundesinnenminister Wolfgang Schäuble, Göttingen 2007, S. 12.
[153] Ebd., S. 7.
[154] Nachholende Integration. Potentiale qualifizierter Zugewanderter fördern und nutzen! Konzept der Otto Benecke Stiftung e.V. und des Bundesamtes für Migration und Flüchtlinge, Bonn, Mai 2007.

[155] Soziologin fordert Integrationskurse für Deutsche, in: Der Spiegel online (dpa), 7.9.2016; desgl. in: Focus online, 7.9.2016; desgl. in: Die Welt online, 28.10.2016 u.a.a.O.
[156] Soziologin will Integrationskurse für Deutsche, in: Politically Incorrect (http://www.pi-news.net/2016/09/soziologin-will-integrationskurse-fuer-deutsche/); Jan Jaeschke, NPD-Kreisvorsitzender Rhein-Neckar, Integrationskurse für Deutsche in Deutschland gefordert! (http://www.npd-rhein-neckar.de/?p=6855).

7 Prekäre Bilanz: »Leviten lesen« 2007 (7.1–6)

Mitte 2007 schied ich in Osnabrück aus dem aktiven akademischen Dienst aus, rund anderthalb Jahrzehnte nach der formellen Gründung des Osnabrücker Instituts für Migrationsforschung und Interkulturelle Studien (IMIS). Erfahrungen mit der politischen Begrenzung und Instrumentalisierung von nur bedingt unabhängiger wissenschaftlicher Beratung waren mir Anlass zu einer politikkritischen Bilanz in meiner Abschiedsvorlesung am 27. Juni 2007 in der Aula des Osnabrücker Schlosses.[157]

Der Titel meiner Abschiedsvorlesung hieß »Leviten lesen: Migration und Integration in Deutschland«. Das hat mir in den Medien eine Zeitlang den Beinamen »Der Levitenleser« eingetragen.[158] Der Titel stand aber in der Tradition jenes in Osnabrück erarbeiteten und zuerst erprobten Konzepts, das ich »kritische Politikbegleitung« genannt hatte und dem sich auch die beiden bundesweiten Organisationen, die ich konzipieren durfte, bis heute verpflichtet fühlen: der Rat für Migration (RfM) und der Sachverständigenrat deutscher Stiftungen für Integration und Migration (SVR).

In meiner von einigen Grußworten begleiteten Bilanz (7.1) warnte ich vor den Folgen der skandalisierenden Desintegrationspublizistik und der aufsteigenden »Islamkritik«. Ich erinnerte an versäumte Gestaltungschancen und erst jüngst wieder erlebte Selbstblockaden bei der Verwandlung des im Entwurf durchaus innovativen Zuwanderungsgesetzes durch politische Verschlimmbesserung zu einer Art Zuwanderungsbegrenzungsgesetz. Und ich erinnerte an das schon geschichtsnotorische Versagen von Integrationspolitik gegenüber einer millionenstarken, oft geringqualifizierten und in Bildung, Ausbildung sowie beruflicher Fortbildung meist nicht zureichend geförderten und deshalb nicht nur im philanthropischen, sondern auch im gesellschaftspolitischen Interesse förderungsbedürftigen und förderungswürdigen Einwandererbevölkerung. Das mache heute aufwendige nachholende Programme erforderlich, um die sozialen Folgekosten der seinerzeit immer wieder vergeblich geforderten frühzeitigen Förderung zu begrenzen.

Vor allem aber kritisierte ich die Lage einer nicht nur ratlosen, sondern – seit der Abberufung des Zuwanderungsrates – auch beratungslosen Politik in Sachen Migration und Integration auf der Bundesebene. Das sollte sich schon Ende 2008 durch die Gründung des Sachverständigenrates deutscher Stiftungen für Integration und Migration (SVR) ändern (Kap. 8).

Ende 2007 übersiedelte ich mit meiner Frau nach Berlin, wo wir schon seit meiner Zeit im Zuwanderungsrat eine kleine Wohnung im Hansaviertel hatten. Ich verließ damit eine Universität und ein Bundesland, die mir und den Mitarbeitern des IMIS durch vielerlei Förderungen einen hervorragenden Rahmen für meine und unsere Arbeit geboten hatten. Ministerpräsident Christian Wulff – aus dessen Händen ich 2007 das vom Bundespräsidenten verliehene Bundesverdienstkreuz Erster Klasse für Leistungen in Migrationsforschung, Wissenschaftsorganisation und Politikberatung erhalten hatte – sowie der niedersächsische Wissenschaftsminister Lutz Stratmann und Wilhelm Krull, Generalsekretär der VolkswagenStiftung, der ich vom Stipendiaten bis zum Kurator verbunden war, bedankten sich in Grußworten, während nach meiner Einschätzung eher ich derjenige war, der hier zu danken hatte (7.2–6).

Aufgenommen wurde hier die – um einige Passagen mit seinerzeit aktuellen, heute nicht mehr belangvollen Bezügen gekürzte – Fassung meiner Abschiedsrede, die in den IMIS-Beiträgen[159] erschienen ist (7.1).

---

[157] Das merkwürdige Szenario ist mir in Erinnerung geblieben: Das Schloss war abgeriegelt von polizeilichen Einsatzkräften in Kampfanzügen. Der Präsident hatte dem Einsatzleiter das Hausrecht übertragen: Einladungsliste, kontrollierter Einlass, Gesichtskontrolle, Posten vor allen Eingängen und Parterrefenstern – das ganze Programm zur Sicherheit und Gefahrenabwehr. Anlass war keine Terrordrohung, sondern die behördliche Reaktion auf eine Ankündigung der organisierten Studentenschaft, dem damaligen Wissenschaftsminister Lutz Stratmann (CDU), der ein Grußwort sprechen wollte, einen bösen Empfang zu bereiten; denn er hatte sich zur Frage der Studiengebühren nach Auffassung der Studierenden unpassend geäußert und konnte seine Grußbotschaft (7.3) nur überbringen, weil er unter Polizeischutz durch einen Nebeneingang ins Gebäude geschleust wurde.
[158] S. Anm. 20.

[159] K. J. Bade, Leviten lesen: Migration und Integration in Deutschland. Abschiedsvorlesung mit Grußworten und ausgewähltem Schriftenverzeichnis, in: IMIS-Beiträge, 31/2007, S. 43–64.

8 Unabhängige kritische Politikbegleitung durch Stiftungskooperation: der Sachverständigenrat deutscher Stiftungen für Integration und Migration (SVR) 2008ff. (8.1–8.13)

Mit dem Ende der Unabhängigen Kommission Zuwanderung (UKZu, 2000/01) und der Abberufung des Sachverständigenrates für Zuwanderung und Integration (Zuwanderungsrat, 2003/04) waren im Bereich Migration und Integration auf der Bundesebene zwei für Deutschland neuartige, staatlich finanzierte Brücken zwischen Politik und wissenschaftlicher Politikbegleitung aufgehoben worden. Sie hatten sich mit ihrer zwar inhaltlich unabhängigen, aber materiell vom staatlichen Auftraggeber abhängigen Tätigkeit als nicht dauerhaft tragfähig erwiesen; denn sie waren, im Gegensatz zum Rat der »Wirtschaftsweisen«, von vornherein nicht (UKZu) oder am Ende nicht mehr (Zuwanderungsrat) gesetzlich legitimiert.

* * *

Zwischen der kurzen Geschichte des Zuwanderungsrats 2003/04 und meinem Abschied aus dem aktiven akademischen Dienst 2007 lag für mich 2003–2007 noch eine andere Brückenerfahrung, hier zwischen Forschungsdokumentation und gesellschaftspolitischer Praxis:

Es war die leider ebenfalls nur kurze Geschichte der am Wissenschaftszentrum Berlin für Sozialforschung (WZB) in der neuen, später von Ruud Koopmans übernommenen Abteilung »Migration, Integration, Transnationalisierung« eingerichtete, vom Bundesministerium für Bildung und Forschung finanzierte »Arbeitsstelle interkulturelle Konflikte und gesellschaftliche Integration« (AKI). Der Soziologe Hartmut Esser, die Sozialpsychologin Amélie Mummendey, der Konfliktforscher Wilhelm Heitmeyer und ich bildeten gemeinsam die AKI-Steuerungsgruppe. Sie wurde durch den empirischen Sozialforscher und früheren WZB-Präsidenten Friedhelm Neidhardt offiziell zwar nur begleitet, de facto aber geleitet, zumal er im Gegensatz zu den Mitgliedern der Steuerungsgruppe als Emeritus noch dem WZB verbunden und oft vor Ort war.

Die AKI war, wie leider ein knapper wissenschaftsgeschichtlicher Nachruf auf der Website des WZB im Bereich »beendete Forschungsprogramme« zusammenfassen musste, »ein Pilotprojekt, das Formen erproben sollte, um wissenschaftliche Expertise effektiv sowohl für die Analyse komplexer disziplinübergreifender Probleme als auch für die Bearbeitung praktischer gesellschaftlicher Probleme verfügbar zu machen. Daneben sollten Vernetzungen im interdisziplinären Forschungsfeld gefördert werden.«[160]

Zu diesem Zweck wurden in der von der Politikwissenschaftlerin Karen Schönwälder (später MPI Göttingen) geleiteten Wissenschaftlichen Geschäftsstelle, zum Teil in Kooperation mit auswärtigen Partnern, aber auch von Hartmut Esser[161] als Mitglied der Steuerungsgruppe, insgesamt fünf exemplarische AKI-Forschungsbilanzen vorgelegt. Sie erfassten den aktuellen internationalen Forschungsstand zu irregulärer Migration, Sprache und Integration, aber auch zu Fragen der Bildungsbenachteiligung und zur sozialräumlichen Segregation.

Sie prüften die Belastbarkeit der entsprechenden Forschungsergebnisse und legten offen gebliebene, gesellschaftspolitisch belangvolle Forschungsfragen frei. Zu Information und Vernetzung dienten darüber hinaus Discussion-Papers und der von der Geschäftsstelle herausgegebene Aki-Newsletter (12 Ausgaben).

Vor diesem wissenschaftlichen Hintergrund haben wir auch Appelle an die gesellschaftspolitische Gestaltung formuliert wie zum Beispiel das »Memorandum zum politischen Handeln« im Gestaltungsbereich »Sprache – Migration – Integration« vom Februar 2006, das auch eine unerfüllte Forderung des Zuwanderungsrats im Sinne kritischer Politikberatung und Politikbegleitung aufnahm:

»In der Bundesrepublik Deutschland bedarf es dringend der (Dauer-)Beobachtung der Entwicklung des Migrations- und Integrationsgeschehens über eine entsprechende Langzeituntersuchung (›Integrationspanel‹) – wie es bereits der Zuwanderungsrat gefordert hat. Eine derar-

---
[160] Zu AKI siehe: https://www.wzb.eu/www2000/alt/aki/.
[161] H. Esser, Migration, Sprache und Integration (AKI-Forschungsbilanz 4), Januar 2006
(http://www.bagkjs.de/media/raw/AKI_Forschungsbilanz_4_Sprache.pdf).

tige Studie sollte die wichtigsten (alten, neuen und noch kommenden) Migrantengruppen in hinreichender Stichprobengröße umfassen. Begleitend sollte ein streng wissenschaftlich beratendes Gremium für die Migrations- und Integrationspolitik geschaffen werden. Beide Maßnahmen wären wichtige Voraussetzungen einer auf soliden Kenntnissen aufbauenden Politik.«[162]

Die spannende und zunächst vielversprechende Arbeit der AKI war forschungsstrategisch richtungweisend, konnte ihre darüber hinaus erstrebten Ergebnisse aber nicht erreichen. Sie war, von der Kontroverse um Essers bald auch als Buch vorgelegte Forschungsbilanz über muttersprachliche Erziehung, Spracherwerb und Integration abgesehen, in der weiteren Öffentlichkeit wenig aufsehenerregend und blieb gesellschaftspolitisch weitgehend folgenlos. Sie konnte mit ihren produktiven Ansätze und Anläufen nicht strukturbildend wirken, weil sie vom Bundesministerium für Bildung und Forschung, das die Bedeutung dieser Arbeit nicht erkannte, aus schlicht programm- bzw. antragstechnischen Gründen 2007 nicht weiter gefördert wurde.[163]

* * *

Nach dem Ende des Zuwanderungsrates 2004, neben der Mitarbeit in der AKI 2003–2007 und meiner Lehr- und Forschungstätigkeit in Osnabrück hatte ich meine publizistische Arbeit zu den mit Integration und Migration verbundenen Problemen und Aufgaben fortgesetzt. Nach meinem Abschied von der Universität 2007 habe ich zugleich verstärkt nach neuen Wegen einer von Staat und Politik tatsächlich »unabhängigen« kritischen Politikbegleitung im Bereich Migration und Integration gesucht. Sie ergaben sich bald aus einer Kooperation mit in diesen Themenfeldern engagierten großen Stiftungen, aus der nach längeren Vorbereitungsarbeiten Ende 2008 der Sachverständigenrat deutscher Stiftungen für Integration und Migration (SVR) hervorging.

Am Beginn dieses Wegs stand eine Einladung, am 16. April 2007 vor dem Kuratorium der Gemeinnützigen Hertie-Stiftung über Gestaltungsperspektiven für Migrations- und Integrationspolitik als Zentralbereiche der Gesellschaftspolitik in Deutschland und Europa zu sprechen. Wie mir der Vorstandsvorsitzende der Stiftung und frühere Bundesbankvorstand Michael Endres mitteilte, war der Kuratoriumsvorsitzende, Bundespräsident a.D. Roman Herzog, sehr beeindruckt von meiner Präsentation. Er hatte angeregt, im Sinne meiner Vorschläge zur wissenschaftlich fundierten kritischen Politikbegleitung und Politikberatung ein Konzept für eine entsprechende Institution auszuarbeiten, für die er sogar seinen Namen zur Verfügung stellen wollte.

Ich erarbeitete ein knappes, nunmehr international vergleichend angelegtes Pilotpapier für ein »Roman Herzog Europa-Institut / Europazentrum für Migration und Integration«. Es sollte sich von den mir u.a. vom NIAS in Wassenaar/NL und vom Wissenschaftskolleg zu Berlin bekannten Institutes for Advanced Study unterscheiden, die, von eingestreuten kleinen Themengruppen abgesehen, in aller Regel die internationale Forscherelite zu freier Arbeit an selbstgewählten Themen versammelten. Im Gegensatz dazu ging es in meinem Konzept darum, die international Besten der Besten aus bestimmten Forschungsfeldern auf Zeit mit klaren, von einem gleichermaßen höchstrangigen Beirat zu definierenden Forschungsaufträgen zusammenzubringen.

Von Michael Endres, dem ich mein Konzept vorgelegt hatte, erfuhr ich bald, dass die Gemeinnützige Hertie-Stiftung grundsätzlich bereit sei, das groß angelegte Vorhaben zu finanzieren, dafür aber noch nach anderen Partnern und vor allem nach einer geeigneten institutionellen Anbindung Ausschau halten wolle. Nachdem eine solche, zunächst angedachte Zusatzbelastung durch ein so großes Vorhaben für unser Osnabrücker Institut und auch für mich selbst nicht infrage kam, wurde an eine der Berliner Universitäten, an das Wissenschaftszentrum Berlin für Sozialforschung (WZB) und

---

[162] Arbeitsstelle Interkulturelle Konflikte und gesellschaftliche Integration (AKI) am Wissenschaftszentrum Berlin für Sozialforschung, Steuerungsgruppe: Klaus J. Bade, Hartmut Esser, Wilhelm Heitmeyer, Amélie Mummendey, Friedhelm Neidhardt und Wissenschaftliches Team: Karen Schönwälder, Janina Söhn, Sprache – Migration – Integration. Memorandum zum politischen Handeln, Ms. Berlin 2006.
[163] S. https://www.wzb.eu/www2000/alt/aki/publications.de.htm. Nach meiner Erinnerung war das AKI-Programm nicht verlängerbar, so dass in der Steuerungsgruppe die Alternative diskutiert wurde, nach dem Motto »stay who you are‹ demonstrativ dennoch einen – vielleicht von einigem Reputationsdruck begleiteten – Verlängerungsantrag zu stellen (Vorschlag Bade) oder aber der Form zu genügen und einen zwar formal neuen, aber doch in Reichweite des früheren Programms liegenden Antrag zu stellen, was mir noch riskanter erschien, womit ich leider Recht behalten sollte.

schließlich auch an die Universität Frankfurt a.M. gedacht.

Direkt beteiligt war ich an diesen Startverhandlungen im Falle des WZB in Gestalt eines Strategiegesprächs mit der Präsidentin Jutta Allmendinger, die sich sehr um dieses Großvorhaben bemühte, und dem von ihr als Projektleiter vorgesehenen Ruud Koopmans. Ich wurde dabei darum gebeten, im Falle einer Realisierung des Projekts die Leitung des wissenschaftlichen Beirats zu übernehmen. Aus dieser Projektvariante wurde nichts, weil das WZB an ein empirisches europäisches Großprojekt mit mehreren Befragungswellen in verschiedenen EU-Staaten dachte. Die erhoffte Förderung durch EU-Mittel ließ sich nicht erbringen, zumal es dazu umfänglicher wissenschaftsdiplomatischer Vorbereitungen bedurfte, um das Vorhaben nicht als eine Art Einmischung in die inneren Angelegenheiten einzelner Mitgliedstaaten erscheinen zu lassen.

Am Ende der Standortsuche von Michael Endres stand die Kultur-, Sozial- und Bildungswissenschaftliche Fakultät der Humboldt Universität zu Berlin. Die Gemeinnützige Hertie-Stiftung finanzierte dort zusammen mit dem Deutschen Fußball-Bund, der Beauftragten der Bundesregierung für Migration, Flüchtlinge und Integration sowie der Bundesagentur für Arbeit das neue Berliner Institut für empirische Integrations- und Migrationsforschung (BIM) unter Naika Foroutan (aus akademischen Statusgründen stellvertretende, de facto aber leitende Vorsitzende), an dessen konzeptioneller Ausrichtung ich als Gutachter und Berater von Naika Foroutan im Hintergrund etwas beteiligt war.

* * *

Während die Hertie-Stiftung noch im Stadium erster Planungen zur Umsetzung unserer Konzeptidee war, hatte sich der neue Geschäftsführer der Stiftung Mercator, Bernhard Lorentz, eingeschaltet. Ich kannte ihn, seit er mich, noch als Geschäftsführer der Vodafone Stiftung, um Rat für die Vorbereitung einer großen internationalen Tagung zusammen mit der Integrationsbeauftragten Maria Böhmer gebeten hatte, zu deren Beratern ich gehörte (8.13.1).[164]

Lorentz, der von Hause aus ebenfalls Historiker (und Jurist) war, kannte Endres gut; denn er hatte, von der Zeit-Stiftung kommend, für die Gemeinnützige Hertie-Stiftung in Berlin die Hertie School of Governance aufgebaut und das Berliner Büro der Stiftung geleitet. Er war 2005–2008 Geschäftsführer der Vodafone Stiftung und 2008–2014 zunächst Geschäftsführer und schließlich Geschäftsführendes Vorstandsmitglied der Stiftung Mercator, die unter seiner starken Führung thematisch und programmatisch neu strukturiert wurde mit den drei Schwerpunktbereichen Integration, Klimawandel und kulturelle Bildung, mit großen Förderungsprogrammen, inländischen Instituten und ausländischen Dependancen. Als einzige noch wachsende große private Stiftung expandierte Mercator dabei enorm.

Lorentz schlug mir vor, aus meinem ihm bekannt gewordenen, für die Gemeinnützige Hertie-Stiftung entwickelten Großprojekt die darin vorgesehene »zentrale, wissenschaftlich unabhängige Forschungs- und Beratungsinstitution im Bereich Migration / Integration«, die ich abgekürzt »Sachverständigenrat« nannte, sozusagen als Balkon in die Öffentlichkeit herauszubrechen und mit ihm separat zu realisieren. Lorentz sagte mir, die große Lösung mit Michael Endres habe keine Chance. Endres sagte mir, die kleine Lösung mit Bernhard Lorentz habe keine Chance. Ich überließ also Lorentz die friedliche Einigung mit Endres.

Zugleich stimmte ich mich mit dem Generalsekretär der VolkswagenStiftung Wilhelm Krull ab. Als ehemaliger Akademie-Stipendiat der Stiftung, dann als Vorsitzender bzw. Mitglied des Beirats ihrer großen Schwerpunktbereiche »Das Fremde und das Eigene« sowie »Die Konstruktion des Fremden« und schließlich als langjähriger Kurator der Stiftung kannte ich ihn zunächst deutlich besser als Bernhard Lorentz. Wilhelm Krull konnte sich vorstellen, dass die VolkswagenStiftung bei der Finanzierung des Sachverständigenrats mitgehen würde. Er wies aber von Beginn an ebenfalls darauf hin, dass der Sachverständigenrat und das von mir vorgesehene umfragegestützte und deshalb besonders kostspielige »Integrationsbarometer« ein Förderungsvolumen umfassen dürften, das besser von mehreren Stiftungen geschultert werden sollte.

Das Interesse weiterer Stiftungen für dieses Thema konnte gewonnen bzw. bestärkt werden durch eine auf Krulls Anregung zurückgehende,

---

[164] »Integration by Education in the 21st Century – a Challenge for Public-Private-Partnerships«. Internationales Symposium im Weltsaal des Auswärtigen Amtes, Berlin, 16./17.10.2007.

gut besuchte Veranstaltung »Integrationsförderung deutscher Stiftungen« im »Forum Migration und Integration« des Bundesverbandes deutscher Stiftungen (BDS) bei der Robert Bosch Stiftung (RBS) in Stuttgart am 14.2.2008. Aktiv beteiligt waren der Generalsekretär des BDS Hans Fleisch, der RBS-Vorsitzende Dieter Berg, der spätere RBS-Direktor Strategische Entwicklung Olaf Hahn, vor allem aber Wilhelm Krull, der auch BDS-Vorsitzender war, und ich selbst mit dem Hauptreferat, gefolgt von einer von Krull geleiteten, intensiven Diskussion mit dem Auditorium (8.1). Die mit Krull abgestimmten abschließenden »Folgerungen und Empfehlungen« meines Hauptreferats mündeten in die für uns zentrale Empfehlung eines hochrangigen und unabhängigen, von Stiftungen getragenen wissenschaftlichen Expertengremiums mit dieser Begründung:

»Für die kontinuierlich begleitende und bewertende Beobachtung von Migrations- und Integrationsprozessen, für die handlungsorientierte Politikberatung im Bereich von Migrationssteuerung und Integrationsförderung sowie für die Erfolgskontrolle und Evaluation entsprechender Maßnahmen hilfreich wäre ein unabhängiges wissenschaftliches Expertengremium, das von mehreren Stiftungen gemeinsam getragen werden könnte. Das seit dem Ende des Sachverständigenrates für Zuwanderung und Integration (Zuwanderungsrat) entstandene Vakuum in der kontinuierlichen und unabhängigen, wissenschaftlich fundierten Politikbegleitung in den Beobachtungs- und Beratungsfeldern Integration und Migration würde auf diese Weise zivilgesellschaftlich geschlossen. Dieses Beobachtungs-, Bewertungs- und Beratungsgremium sollte (im Unterschied zum ehemaligen Zuwanderungsrat) streng wissenschaftlich sein und sich an bewährten angelsächsischen Vorbildern orientieren.« (8.1)

Im Hintergrund begleitete mich auch mein bewährter anderer Förderer und Berater aus der Stiftungswelt, Christian Petry, Geschäftsführer der – später auch im SVR engagierten – Freudenberg Stiftung, der als feinsinniger Stratege allerdings kein entspanntes Verhältnis zu dem harten Frontmanager Bernhard Lorentz hatte.

Im Anschluss an die Stuttgarter Tagung brachte Wilhelm Krull Verhandlungen mit an der Idee eines gemeinsamen Projekts interessierten Stiftungen in Gang. Die weitere Organisation und Vorbereitung des geplanten Sachverständigenrates auf der Stiftungsebene lag dann bei ihm, Bernhard Lorentz und dem Beiratsvorsitzenden der Stiftung Mercator, Staatssekretär a.D. Rüdiger Frohn, wobei mich Bernhard Lorentz über die Entwicklung informiert hielt. Zusammen mit Rüdiger Frohn, der unter Ministerpräsident Rau die Düsseldorfer Staatskanzlei geleitet hatte, Rau dann als Chef des Bundespräsidialamts nach Berlin gefolgt und nach dessen Amtszeit als Bundespräsident in den vorzeitigen Ruhestand gegangen war, arbeitete ich Geschäftsordnung und Satzung für den Sachverständigenrat aus.

In den hier nicht im Einzelnen durchzublätternden Regularien wurde festgelegt, dass der SVR inhaltlich frei, selbstständig und unabhängig auch gegenüber den ihn tragenden Stiftungen sein sollte. Er hatte die Stiftungen jedoch über seine Arbeit regelmäßig vor der Veröffentlichung seines Jahresberichts in einem durch die Förderstiftungen gebildeten Kuratorium und vierteljährlich durch vom SVR-Vorsitzenden freizugebende »Quartalsberichte« der Geschäftsstelle informiert zu halten – in denen diese später ihr besonderes Gewicht gelegentlich so zu betonen wusste, dass ich mich als SVR-Vorsitzender zu der Ermahnung veranlasst sah, dass im Notfalle zwar ein SVR ohne Geschäftsstelle, aber keine Geschäftsstelle ohne SVR vorstellbar sei. Zu den Grundregeln gehörte ferner, dass Stiftungen zwar Mittel in den SVR hineingeben könnten, aber nicht mit eigenen Mitteln innerhalb des Sachverständigenrates eigene Projekte realisieren sollten.

Getragen wurde der Sachverständigenrat bei seiner Gründung von acht Stiftungen. Dazu gehörten neben der Stiftung Mercator und der VolkswagenStiftung die Bertelsmann Stiftung, die Freudenberg Stiftung, die Gemeinnützige Hertie-Stiftung, die Körber-Stiftung, die Vodafone Stiftung sowie die Zeit-Stiftung Ebelin und Gerd Bucerius.[165] Davon brachten zu meiner Zeit (2009–2012) die Stiftung Mercator und, an zweiter Stelle, die VolkswagenStiftung mit weitem Abstand die größten Fördermittel ein.[166]

---

[165] Ausgeschieden ist später die Zeit-Stiftung, neu hinzugekommen der Stifterverband für die Deutsche Wissenschaft.
[166] Weil die Stiftung Mercator hier vornean stand, konnte Bernhard Lorentz auch die in meinen Augen eher ungewöhnliche Prioritätenfolge in der Zweckbestimmung des Sachverständigenrates für »Integration und Migration« (statt, wie der Logik nach zu erwarten und auch von mir vorgeschlagen, für »Migration und Integration«) durchsetzen, was die Beteiligung von Mercator erleichterte; denn es gab in den drei genannten

Die vorbereitenden Arbeiten waren im Herbst 2008 weitgehend abgeschlossen, das komplexe Gesamtgefüge unter dem Dach einer nicht minder komplizierten, mir ausführlich vorgestellten Rechtskonstruktion zur finanziellen Sicherheit der Stiftungen vereinigt. Dabei fungierte nur die Geschäftsstelle als eine von den Stiftungen und in deren Vertretung von der Stiftung Mercator abhängige gemeinnützige GmbH (gGmbH), der im Gegensatz dazu unabhängige Sachverständigenrat hingegen als eine Art fiktives Projekt dieser gGmbH. Was im Licht eines mir ebenfalls vorgelegten verwaltungswissenschaftlichen Gutachtens für das investive Sicherheitsinteresse der Stiftungen befriedigend und als Rechtskonstruktion praktikabel erscheinen mochte, leuchtete mir in seiner Intransparenz zwar nur bedingt ein, war aber offenbar nicht zu ändern.

Die Stiftungen dachten zunächst an ein kleines, nur fünf Mitglieder umfassendes Ratsgremium. Ich beharrte auf einem personell mindestens doppelt so starken Rat; denn ich rechnete, wie sich bald herausstellen sollte zu Recht, mit einer erheblichen Arbeitsbelastung – im Gegensatz zu der lapidaren Einschätzung von Bernhard Lorentz: »Die Gutachten werden doch in der Geschäftsstelle geschrieben!« Wir einigten uns schließlich auf ein Gremium mit neun Mitgliedern.

Aus Gründen der Konfliktbegrenzung gegenüber dem Rat für Migration (RfM) und zunächst gegen den erklärten Willen der Stiftungen, die sich hier auch personell klar unterscheiden wollten, bestand ich zuletzt ferner darauf, dass mindestens drei der insgesamt neun Mitglieder aus dem Rat für Migration (RfM) kommen sollten.

Um das Bemühen um Objektivität bei der Auswahl der weiteren Mitglieder zu demonstrieren, wurde eine Auswahlkommission zusammengestellt. Rita Süssmuth, die, wie mir zugetragen wurde, selber gerne auch den SVR geleitet hätte, half stattdessen als Leiterin dieser Auswahlkommission bei der Prüfung weiterer Kandidatenvorschläge.

Als Mitglieder von den Stiftungen berufen wurden nach mir als »gesetztem« Gründungsvorsitzenden: der Osnabrücker Migrationssoziologe und IMIS-Direktor Michael Bommes (RfM); der Sozialdemograph und Vizepräsident der Universität Wien Heinz Fassmann; die Bildungswissenschaftlerin, Turkologin und Konrektorin der Universität Bremen Yasemin Karakasoglu; die Göttinger Rechtswissenschaftlerin Christine Langenfeld, die 2012–2016 meine Nachfolgerin als SVR-Vorsitzende werden sollte; die Erziehungs-, Bildungswissenschaftlerin und frühere Ausländerbeauftragte des Hamburger Senats Ursula Neumann; der Ethnologe und Sozialanthropologe der Europa-Universität Viadrina in Frankfurt/Oder Werner Schiffauer (RfM); der Direktor des Hamburgischen Welt-Wirtschaftsinstituts (HWWI) Thomas Straubhaar und der Direktor des Göttinger Max-Planck-Instituts zur Erforschung multireligiöser und multi-ethnischer Gesellschaften Steven Vertovec.

Bis zur Gründung des SVR war alles streng vertraulich gehalten worden, damit nicht zu früh Informationen oder Gerüchte über die große neue Organisation »sickern« (B. Lorentz) und lästige Interventionen bzw. »Ratschläge« wecken konnten. Auch vom IMIS und vom Rat für Migration war niemand informiert, abgesehen von den schon erwähnten beiden Ausnahmen: Jochen Oltmer (IMIS) und Michael Bommes (IMIS / RfM), der von mir auch von Beginn an als eines der drei RfM-Mitglieder im SVR vorgesehen war.

Als alle Interna unter den Stiftungen verabredet und über Bernhard Lorentz mit mir abgestimmt worden waren, kam die Stunde der Wahrheit mit der Frage nach der ideellen Urheberschaft bei der öffentlichen Präsentation des Sachverständigenrats deutscher Stiftungen für Integration und Migration. Ich entsinne mich noch genau an einen kurzen Anruf von Bernhard Lorentz, der sich offenbar aus einer Verhandlungsrunde meldete. Seine knappe »Info zum Stand der Dinge« lautete: »Der Sachverständigenrat etc. etc. geht auf eine Initiative der Stiftungen etc. etc. zurück – kannst Du mit dieser Formulierung leben?«

Ich war in der Tat zunächst etwas überrascht, erklärte mich aber trotzdem einverstanden. Damit war die fortan auf allen Publikationen des SVR prangende Provenienzangabe gefunden: »Der Sachverständigenrat deutscher Stiftungen für Integration und Migration geht auf eine Initiative der Stiftung Mercator und der Volkswagen Stiftung zurück. Ihr gehören acht Stiftungen an …«.

Schwerpunktbereichen der Stiftung als Förderungsbereich nicht »Migration«, sondern nur »Integration«.

Das war treffend und etwas schief zugleich: Es war institutionell und materiell richtig; denn ohne die Träger- und Förderstiftungen und insbesondere das Engagement von Bernhard Lorentz und Wilhelm Krull hätten meine Pläne zwar im Sinne der »großen Lösung« unter Führung der Gemeinnützigen Hertie-Stiftung vielleicht auf weite Sicht eine gewisse Chance gehabt, sicher aber nicht so konkret und zügig wie bei der »kleinen Lösung« als Sachverständigenrat.

Die institutionell und materiell stimmige Provenienzangabe war ideell und konzeptionell freilich missverständlich; denn ideell oder konzeptionell hatte es eine »Initiative der Stiftungen« zur Organisation kritischer Politikbegleitung nicht gegeben; ganz abgesehen davon, dass es, wie auf einem der frugalen Stiftungsmeetings von einem Stiftungsmanager in einem Toast erklärt wurde, ursprünglich just diese meine Konzeptidee gewesen sei, die die bis dahin auf gleichem Feld konkurrierenden Stiftungen überhaupt »an einen Tisch« gebracht habe. Aber der Erfolg hat, wie man weiß, viele Väter und bei der Vorbereitung und Umsetzung von auf vielen Schultern ruhenden Unternehmungen sind solche Kompromisse unumgänglich.

Unter der Provenienzangabe der Stiftungen war und ist als Zweckbestimmung auf allen Publikationen des Sachverständigenrates zu lesen: »Der Sachverständigenrat ist ein unabhängiges und gemeinnütziges Beobachtungs-, Bewertungs- und Beratungsgremium, das zu integrations- und migrationspolitischen Themen Stellung bezieht und handlungsorientierte Politikberatung anbietet.« Auch das war ein etwas schräger semantischer Kompromiss, weil das Angebot »handlungsorientierter Politikberatung« für mich und auch in den Gründungspapieren durchaus sekundär war. Aber die in Wahrheit primäre und dann in der SVR-Praxis auch primär erfüllte Aufgabenstellung »kritische Politikbegleitung« erschien einigen Stiftungsvertretern weniger verständlich und kommunikabel.

Schon frühzeitig war ich von den Stiftungen gedrängt worden, als Ideengeber auch den Gründungsvorsitz des neuen Großprojekts zu übernehmen. Ich hatte das, wie vordem auch im Rat für Migration, aus den erwähnten Gründen nicht beabsichtigt, schon gar nicht unter für mich nicht ganz durchsichtigen rechtlichen Rahmenbedingungen. Aber diesmal hatte es kein Entrinnen gegeben: Bernhard Lorentz hatte mir im Gegenzug in seiner sportlichen Direktheit sogleich die unmissverständliche Botschaft überbracht, die Stiftungen würden dieses hohe, absehbar jährlich jenseits der Millionengrenze liegende Investitionsrisiko nur unter der Bedingung eingehen, dass ich die Leitungsverantwortung zumindest in der Aufbauphase übernähme. So kam ich zum Amt des von den Stiftungen ernannten und von den Mitgliedern später durch Wahl bestätigten Gründungsvorsitzenden des Sachverständigenrats.

Am 15. Oktober 2008 konnte ich auf einer Pressekonferenz in Berlin den »Sachverständigenrat deutscher Stiftungen für Integration und Migration (SVR)« vorstellen und bekanntgeben, dass er Anfang 2009 mit der Eröffnung seiner Geschäftsstelle am Hackeschen Markt offiziell seine Arbeit aufnehmen werde (8.4). Leiterin seiner rasch wachsenden Geschäftsstelle, die auch eine eigene Presseabteilung umschloss, wurde die zuvor bei der Zeit-Stiftung in Hamburg beschäftigte Politologin Gunilla Fincke. Der Sachverständigenrat wurde 2012 noch um einen von der Stiftung Mercator finanzierten »Forschungsbereich« ergänzt, der sich durch hervorragende Leistungen bewähren, dessen Implantationsform aber für mich zum Anlass für meinen Abschied vom Sachverständigenrat im Sommer 2012 werden sollte.

* * *

Nach meiner von den Stiftungen akzeptierten Konzeptidee sollte der Sachverständigenrat im Sinne der kritischen Politikbegleitung die Migrations- und Integrationspolitik kontinuierlich verfolgen. Durch eigene Print- und Netzpublikationen sowie mithilfe der Medien sollte er Politik und Öffentlichkeit über seine Einschätzungen informieren. Der Politik sollte er Handlungsspielräume, aber auch die potentiellen Folgen von politischem Nichthandeln aufzeigen. Bei in der Entwicklung und politischen Bearbeitung von Migration und Integration Besorgnis erregend erscheinenden Problemen sollte er öffentlich intervenieren. Seine Gesamteinschätzungen sollte er in einem zusammenfassenden, mit einem »Integrationsbarometer« verbundenen Jahresgutachten vorlegen.

Das Strukturkonzept der Jahresgutachten mit dem zusammenfassenden Vorschaltkapitel »Das Wichtigste in Kürze: Kernbotschaften und Erläuterungen« am Beginn und mit den eingangs ebenfalls zusammengefassten Ergebnissen des Integrationsbarometers am Ende wurde von mir vorgeschlagen und blieb bis heute erhalten (8.5).

Von den von mir als Gründungsvorsitzendem geleiteten ersten drei Jahresgutachten[167] war das erste, für das ich den programmatischen Titel »Einwanderungsgesellschaft 2010« vorschlug, das in Politik und Öffentlichkeit aufsehenerregendste.[168] Dafür sorgte auch das erste umfragegestützte »Integrationsbarometer«, das auf eine von mir schon in der Gründungphase eingebrachte Idee zurückging, bei deren weiterer Konzipierung mich Michael Bommes beriet.

Diese Idee war zunächst schwer durchzusetzen gewesen, weil mir allgemeinhin nicht geglaubt wurde, dass es möglich sein könnte, die Bevölkerung mit und ohne den sogenannten Migrationshintergrund mit den gleichen Einschätzungsfragen, und überdies sogar noch wechselseitig übereinander, zu konfrontieren. Erst eine aufwendige Mannheimer Machbarkeitsstudie hatte die Skeptiker überzeugt. Seither blühten auch andernorts »Barometer« auf, die allerdings meist beschränkter und deshalb auch billiger waren als die jeweils Hunderttausende kostenden Umfragen des SVR.

Das Jahresgutachten »Einwanderungsgesellschaft 2010« wurde auf einer von mir geleiteten Pressekonferenz zusammen mit den Sachverständigen und der für das Integrationsbarometer zuständigen Leiterin der Geschäftsstelle am 19.5.2010 der Öffentlichkeit vorgestellt (8.6). Die wichtigste Botschaft, die ich als Fanfare für die mediale Präsentation des ersten Jahresgutachtens vorgeschlagen hatte, lautete »Integration ist besser als ihr Ruf im Land«. Bekanntlich beneideten viele ausländische Beobachter Deutschland um diese, von einigen Störfeldern abgesehen, relativ positive Integrationsbilanz. Sie wunderten sich über das deutsche Gejammer auf hohem Niveau und insbesondere über die »German Kulturangst«. In der Außensicht auf den »German Way of Thinking« schien diese »German Kulturangst« als neues teutonisches Hystericum in der Rangliste der deutschen kollektiven Todesängste auf dem besten Wege, den verblassenden Klassiker zu überrunden, den die Franzosen im Blick auf deutsche Hysterien einst »Le Waldsterben« zu nennen pflegten.

Vor diesem Hintergrund war das erste SVR-Gutachten ein Schlag ins Getriebe der desintegrativen publizistischen Agitationsindustrie. Ihr Gerede und Geschreibe über die angeblich flächendeckend »gescheiterte Integration« insbesondere der türkisch-muslimischen Zuwanderer schreckte auch nicht vor gezielten Verzerrungen, Überzeichnungen und Fake News zurück und tendierte in der Epoche der postfaktischen Phantasmagorien dazu, zur sich selbst erfüllenden Prophezeiung zu werden. Das galt besonders für die rasch zu einer Art publizistischem Berufsstand gewordene »Islamkritik«, deren Vertreterinnen und Vertreter mit immer gleichen Argumenten lärmend von einer Talkshow zur anderen zogen.

Das erste SVR-Jahresgutachten schlug 2010 wie ein erhellender Blitz in die düster lamentierende öffentliche und politische Integrationsdiskussion ein. Es wurde in den Medien breit rezipiert. Dabei hatte es mich zunächst unerwartete Mühe gekostet, große Redaktionen für die Berichterstattung über unsere verhalten positive gesellschaftspolitische Bilanz zu interessieren: Eine Redaktion ließ abwehrend verlauten, man könne doch keine Verbandsberichte bringen; eine andere wies diskret darauf hin, dass gute Nachrichten doch schlecht zu vermarkten seien, nach der bekannten Spielregel, dass in den Medien nur eine schlechte eine gute Nachricht ist. Man könne doch nicht schreiben, alles sei schön. Das hätten wir auch nicht vor, entgegnete ich, denn skandalös vernachlässigte gesellschaftliche Baustellen gebe es in unserem Bericht genug – was dann doch Interesse weckte.

---

[167] Einwanderungsgesellschaft 2010. Jahresgutachten mit Integrationsbarometer, Berlin, April 2010; Migrationsland 2011. Jahresgutachten 2011 mit Migrationsbarometer, Berlin, April 2011; Integration im föderalen System: Bund, Länder und die Rolle der Kommunen. Jahresgutachten 2012 mit Integrationsbarometer, Berlin April 2012; vgl. 8.5/8/10/11; weitere Jahresgutachten: Erfolgsfall Europa? Folgen und Herausforderungen der EU-Freizügigkeit für Deutschland und Jahresgutachten 2013 mit Migrationsbarometer, Berlin, April 2013; Deutschlands Wandel zum modernen Einwanderungsland. Jahresgutachten 2014 mit Integrationsbarometer, Berlin, April 2014; Unter Einwanderungsländern: Deutschland im internationalen Vergleich, Jahresgutachten 2015, Berlin, April 2015; Viele Götter, ein Staat: religiöse Vielfalt und Teilhabe im Einwanderungsland. Jahresgutachten 2016 mit Integrationsbarometer, Berlin, April 2016.

[168] Dieses erste Jahresgutachten war für mich persönlich das schwerste, das mich unter extremem Zeitdruck bis an die Grenze meiner Belastbarkeit strapazierte; denn keiner der gut qualifizierten Mitarbeiter in der Geschäftsstelle war anfangs erfahren genug, wissenschaftlich fundierte Grundtexte in menschenfreundlicher Prosa vorzulegen. Auf meinen Vorschlag hin wurde zwar für jedes Kapitel einem Mitglied des SVR die Leitungsverantwortung übertragen. Das ändert aber nichts daran, dass ich, aus dem Kreis der Mitglieder unterstützt durch Heinz Fassmann, am Ende sämtliche Texte Wort für Wort redigieren, passagenweise auch in Abstimmung mit den jeweils verantwortlichen Sachverständigen überarbeiten musste.

Als das anfängliche redaktionelle Desinteresse überwunden war und die ersten großen Leitartikel den Durchbruch signalisierten, entfaltete sich die SVR-Diskussion wie ein Lauffeuer.[169] Wir konnten das gut verfolgen, denn eine große Medienagentur erfasste für die Pressestelle des SVR regelmäßig das Medienecho – für uns eine Art Erfolgskontrolle der kritischen Politikbegleitung über die Medien.

Manche Politiker mussten in ihren Redemanuskripten die Textbausteine über die angeblich »gescheiterte Integration« relativieren oder ganz weglassen; denn in Sachen Integration wirkte vieles plötzlich durchaus erträglicher als es zuvor gewesen zu sein schien.

Jenseits der von mir zu verantwortenden, auf der Website des SVR dokumentierten offiziellen Verlautbarungen des SVR habe ich mich auch in davon unabhängigen Medienberichten, Interviews und insbesondere öffentlichen Vorträgen erfolgreich darum bemüht, den SVR in der öffentlichen Diskussion zu halten.

Die publizistischen und »islamkritischen« Integrationsdefizit-Beschwörer standen nach der gewaltigen Diskussion um das empirisch gesicherte erste SVR-Gutachten im Frühjahr 2010 wie unter Schock im Regen. Erst als im Hoch- und Spätsommer die »Sarrazin-Debatte« einsetzte, rutschte in der öffentlichen Diskussion Vieles wieder in die alten Argumentationsschienen zurück. Integration konnte, insbesondere im Blick auf die türkisch-muslimische Minderheit, wieder als weithin »gescheitert« diffamiert, diskriminierende alte Politikerreden und mediale Grundtexte konnten wieder aus den Ablagen befreit werden (Kap. 10.1).

Nachdem das Jahresgutachten 2010 vornehmlich Integrationsfragen gewidmet war, galt das zweite, ebenfalls sehr öffentlichkeitswirksame Jahresgutachten unter dem Titel »Migrationsland 2011« einer kritischen Bestandsaufnahme zu Fragen von Migration und Migrationspolitik in Deutschland vor europäischem Hintergrund. Das dritte und letzte von mir geleitete Jahresgutachten beleuchtete unter dem Titel »Integration im föderalen System« Kernfragen der Integration auf der Bundes-, Länderebene und im letztlich entscheidenden Bereich der Kommunen.

Die hier ausgewählten Dokumente geben einen Einblick in die wichtigsten Ergebnisse dieser Jahresgutachten, zwischen denen sich der SVR immer wieder mit kleineren Interventionen zu Wort meldete.

* * *

Den weiteren Weg des Sachverständigenrats seit dem ersten Jahresgutachten kann ich hier übergehen, weil er auf der SVR-Website gut präsentiert ist.[170] Eine Reihe von nötigen Ergänzungen behalte ich meinen autobiografischen Notizen vor und komme hier stattdessen gleich zum Ende meiner Zeit beim Sachverständigenrat im Sommer 2012:

Dies hatte in gewissem Umfang auch mit meinem Verhältnis als Gründungsvorsitzendem zu der – nicht nur wegen ihres Fördervolumens, sondern auch wegen ihrer besonderen Stellung als Vertretung der Stiftungen gegenüber dem SVR – für uns erstrangigen Stiftung Mercator und zu ihrem mir befreundeten hochaktiven Geschäftsführer Bernhard Lorentz zu tun, mit dem ich mich am Ende kurzfristig verkracht und später wieder versöhnt habe, nachdem einige Hintergründe des Konflikts aufgeklärt werden konnten.

Im Zentrum dieses Konflikts stand eine mir im Zusammenhang der erstrebten Unabhängigkeit sehr wichtige, bei der Vorbereitung des SVR einvernehmlich abgeklärte Grundregel: Kein Sponsor sollte mit seinem Fördergeld innerhalb des Sachverständigenrates eigene Zelte aufschlagen dürfen.

---

[169] Erstes Jahresgutachten des Sachverständigenrats deutscher Stiftungen für Integration und Migration vorgelegt, Pressemitteilung des SVR, 19.5.2010 (http://www.svr-migration.de/presse/presse-svr/pressemitteilung-zur-veroeffentlichung-des-jahresgutachtens-2010/); hierzu u.v.a.: »Deutsches Integrationsbarometer: Schönwetter zwischen den Kulturen«, in: Der Spiegel online, 19.5.2010; Viel besser als ihr Ruf: Integration in Deutschland, in: taz.die tageszeitung, 19.5.2010; Einwanderung 2.0. Es wächst zusammen, was zusammengehört, in: Die Welt, 20.5.2010; In guter Gesellschaft: Die Integration in Deutschland funktioniert, in: Die Zeit, 20.5.2010; »Zuwanderer vertrauen den Deutschen«, in: Süddeutsche Zeitung, 20.5.2010 (sueddeutsche.de: Gutachten zu Integration in Deutschland: Viel Vertrauen, wenig Bildung, 20.5.2010); »Im Einwanderungsland angekommen«, in: Frankfurter Allgemeine Zeitung, 20.5.2010, S. 10; »Integration – viel besser als ihr Ruf«, in: Nürnberger Nachrichten, 20.5.2010, S. 4; vgl. u.v.a. Die Welt online, 19.5.2010; SWR online, 19.5.2010; Die Welt, 20.5.2010; Frankfurter Rundschau, 20.5.2010; Märkische Allgemeine Zeitung, 20.5.2010; Der Tagesspiegel, 20.5.2010; Westdeutsche Allgemeine Zeitung, 20.5.2010; Westfälische Nachrichten, 20.5.2010; Stuttgarter Zeitung, 20.5.2010.

[170] S. www.svr-migration.de.

Grenzfälle von Einmischungen von außen hatte es mehrfach gegeben: Das begann schon vor dem Start des SVR mit einem an das Berlin Institut für Bevölkerung und Entwicklung vergebenen Gutachten, das unter dem Titel »Ungenutzte Potenziale. Zur Lage der Integration in Deutschland« (Berlin, Januar 2009)[171] zu Recht berühmt wurde. Es war von der Stiftung Mercator als Auftakt zum SVR gedacht gewesen, brachte aber unser ganzes Startkonzept durcheinander, weil es im Kern schon die Grundfragen stellte, die im Mittelpunkt unseres ersten Jahresgutachtens (»Einwanderungsgesellschaft 2010«) stehen sollten. Die Tatsache, dass sich die Stiftung später aus inhaltlichen Gründen von dem Gutachten zu distanzieren suchte und darin nicht mehr genannt werden wollte, führte beim Berlin Institut zu einem scharf gezielten Gegen-Affront dergestalt, dass man die Präsentation dieses Gutachtens zeitlich so unmittelbar vor die Pressekonferenz zur Bekanntgabe des SVR-Starts legte, dass die Journalisten Mühe hatten, von einem Termin zum anderen zu kommen.

Ein anderes Beispiel war später die von der Stiftung Mercator unter Beteiligung der Freudenberg Stiftung, der Körber-Stiftung und der Vodafone Stiftung Deutschland 2011 eingesetzte »Hochrangige Konsensgruppe Fachkräftebedarf und Zuwanderung« unter Leitung von Armin Laschet (CDU) und Peter Struck (SPD), die »Bundestag und Bundesrat mehrheitsfähige Vorschläge für eine zukunftsorientierte und strategische Zuwanderungssteuerung in Deutschland vorlegen« sollte. Sie war insoweit zwar politisch hilfreich, konterkarierte aber indirekt auch die Arbeit des SVR; ganz abgesehen davon, dass sich die wissenschaftliche und geschäftliche Spitze des Sachverständigenrates indirekt genötigt sah, hier mitzumachen: ich selbst (nachdem ich die mir angetragene direkte Mitgliedschaft abgelehnt hatte) als Hauptredner bei der Auftaktveranstaltung; SVR-Geschäftsführerin Gunilla Fincke als durchgehend begleitende Wissenschaftliche Beraterin der Konsensgruppe, die ihr Büro sogar in der Berliner SVR-Geschäftsstelle aufschlug und überdies zu Ergebnissen kam, die sich zu großen Teilen mit denjenigen unseres letzten Jahresgutachtens deckten.[172]

Von einer ganz anderen Dimension aber war für mich 2011/2012 die erwähnte, außenabhängig innerhalb des SVR geplante Einrichtung des »Forschungsbereichs« beim Sachverständigenrat, ausgerechnet durch die Stiftung Mercator, deren geschäftsführendem Vorstandsmitglied Bernhard Lorentz wir so viel verdankten. Als Direktorin des Forschungsbereichs war von der Stiftung Mercator überdies in Personalunion die Geschäftsführerin der SVR gGmbH vorgesehen, was in meinen und unseren Augen die ohnehin komplizierte Struktur noch unübersichtlicher zu machen drohte. Ich wurde als Gründungsvorsitzender des SVR trotz eines auf Einbindung abzielenden Vorgesprächs letztlich mit durch Entscheid im Beirat der Stiftung vollzogenen Tatsachen konfrontiert. Bernhard Lorentz war, wie ich zwischen seinen Zeilen und Worten verstehen konnte, zwar zum Teil und insbesondere im Blick auf die unglückliche Namensgebung mit diesen Entscheidungen auch nicht glücklich, hatte sie aber als Geschäftsführendes Vorstandsmitglied dem SVR gegenüber zu vertreten.

Das alles warf für mich eine Art Verfassungsfrage auf, weil es nach meinem Urteil nicht mit dem erwähnten Gründungskomment in Übereinstimmung zu bringen war. Davon abgesehen gab es viele andere von mir und uns in einem kritischen Papier zusammengefasste Ungereimtheiten. Darüber konnte nur nach einem langen und für mich als Vorsitzenden besonders unerfreulichen Tauziehen, das am Ende in eine regelrechte Machtprobe ausartete, eine mühevolle operative Einigung erzielt werden.

Hinzu kam eine semantische Crux: Es war der ohne Berücksichtigung der Bedenken des SVR durch Beschluss im Mercator-Beirat festgelegte und mir über die Geschäftsstelle des SVR verkündete, uns befremdende Name »Forschungsbereich beim SVR«. Das konnte unseres Erachtens die Vermutung nahelegen, beim SVR selbst werde nicht geforscht, und obendrein eine ganz unnötige und möglicherweise gefährliche Verwechslungsfalle öffnen:

Kein Print-, Rundfunk- oder gar TV-Journalist, so warnten wir vergeblich, würde es sich leisten können, zu Beginn seines Beitrags zum Beispiel einen Gesprächspartner ausführlich als »Wissenschaftlichen Mitarbeiter des Forschungsbereichs beim Sachverständigenrat deutscher Stiftungen für Migration und Integration« vorzustellen und deshalb der Einfachheit halber ersatzweise schlicht vom »Sachverständigenrat« sprechen. Damit aber werde einer Ver-

---

[171] S. http://www.berlin-institut.org/fileadmin/user_upload/Zuwanderung/Integration_RZ_online.pdf.
[172] S. https://www.stiftung-mercator.de/de/publikation/abschlussbericht-der-hochrangigen-konsensgruppe-fachkraeftebedarf-und-zuwanderung/.

wechslung des (unabhängigen) SVR mit dem (abhängigen) Forschungsbereich in den Medien Tür und Tor geöffnet.

Es kam dann tatsächlich auch so und ist bis heute weitgehend so geblieben. Gerade das aber sollte, wie seinerzeit nicht absehbar war, dem SVR letztlich zugutekommen, weil der Forschungsbereich so hervorragende Arbeit leistete, dass zeitweise, wie weiland im Verhältnis des RfM zu seinem Migrationsreport, der Eindruck entstehen konnte, der Forschungsbereich hinge nicht am SVR, sondern der SVR hinge, von seinen Jahresgutachten, Auswertungen und Teilauswertungen des »Integrationsbarometers« abgesehen, an »seinem« Forschungsbereich.

Als sich in meinen Augen auf diese Weise in zähen und unerfreulichen Verhandlungen abermals die Grenzen der »Unabhängigkeit« auftaten, trat ich aus diesen und anderen, hier nicht zu vertiefenden, auch atmosphärischen Gründen nach einer Krisensitzung mit den Stiftungen zunächst als Gründungsvorsitzender zurück und nach Vorlage des dritten Jahresgutachtens im Sommer dann auch ganz aus dem SVR aus, der zu meinem Abschied ein freundliches Symposium veranstaltete (8.13).

Nach außen hin und besonders den »Probleme« witternden Medien gegenüber begründete ich meinen Rücktritt als Vorsitzender mit dem diplomatischen Hinweis auf eine »turnusgemäße« Entscheidung, für die es rechtlich und faktisch gar keine Grundlage gab. Als Grund für mein Ausscheiden gab ich ferner an, dass es für den Gründungsvorsitzenden, der den Rat in seiner Außendarstellung über seine Medienkontakte doch einigermaßen geprägt habe, so einfach nicht gewesen sein würde, ins Glied zurückzutreten: Ich würde intern weiterhin zugkräftige Botschaften formulieren, nach außen hin aber darüber schweigen, weil der Rat bekanntlich nur »mit einer Stimme«, nämlich des/der neuen Vorsitzenden, spreche.

Das Letztere kam der Wahrheit schon näher, war aber, was den eigentlichen Hintergrund meines Rückzugs angeht, zum Schutz des SVR ebenfalls nur eine Teilwahrheit (8.12). Im Übrigen freute ich mich darauf, mich endlich wieder auf eigene Arbeiten konzentrieren und auch wieder in eigener Sache öffentlich intervenieren zu können, und zwar ohne die für den Vorsitz des SVR nötige, mitunter artifizielle Balance zwischen kritischer Pointierung und »ausgewogener« Argumentation.

Es war zunächst schwer, aus den Reihen der Mitglieder eine/n Nachfolger/in zu gewinnen. Ich hatte dafür die Göttinger Rechtswissenschaftlerin Christine Langenfeld vorgeschlagen, die sich nach einigem Zögern dazu bereit erklärte, von den Mitgliedern gewählt und von den Stiftungen als meine Nachfolgerin bestätigt wurde. Sie führte den SVR bis zu ihrer Berufung als Richterin an das Bundesverfassungsgericht im Jahr 2016. Zu ihrem Nachfolger wurde der Vizepräsident des Leibniz-Instituts für Wirtschaftsforschung (RWI), Thomas K. Bauer, bestellt, der schon der zweiten Generation im stark fluktuierenden SVR-Mitgliederbestand angehörte. Zur Zeit seiner Wahl war von denen, die 2008/09 mit mir zusammen die erste neunköpfige Crew gebildet hatten, nur noch Heinz Fassmann im Rat, der Ende 2016 ebenfalls ausschied.

Gravierende Änderungen hatte es vorab auch an der Spitze der Stiftung Mercator und in der Geschäftsstelle des Sachverständigenrats gegeben: 2014 nahm Bernhard Lorentz, dem der Sachverständigenrat viel verdankte, seinen Abschied von der Stiftung Mercator.[173] Kurz vor seinem Ausscheiden verließ die Geschäftsführerin des SVR und Direktorin des Forschungsbereichs, Gunilla Fincke, den SVR und übernahm eine Leitungsposition im wissenschaftlichen Planungsstab der SPD im Berliner Willy-Brandt-Haus.

Die Arbeit des Sachverständigenrats in den Jahren nach meinem Rückzug habe ich, wie sich das für einen Ex-Vorsitzenden gehört, aus größer werdender Distanz mit Respekt und Interesse, aber schweigend verfolgt, obgleich sich unter meiner Nachfolgerin bei der kritischen Politikbegleitung des Sachverständigenrats die Balance zwischen Kritik und Ausgewogenheit in meinen Augen zeitweise etwas stark in Richtung Ausgewogenheit neigte.

Die ausgewählten Texte geben einen Einblick in den Weg zum SVR (8.1–5), in meine Arbeit als Gründungsvorsitzender (8.6–11) und deren Würdigung auf dem Symposium zu meinem Abschied vom SVR (8.13).

---

[173] Nach dem Ende seiner Mercator-Jahre 2008–2004 war Bernhard Lorentz für eine Übergangszeit als Sonderberater für Stiftungen und Zivilgesellschaft im von Frank-Walter Steinmeier (SPD) geführten Auswärtigen Amt und zugleich als Visiting Fellow/Gastprofessor an der Stanford University, California, USA tätig und wechselte Ende 2015 in eine Leitungsposition als Partner der Wirtschaftsprüfungsgesellschaft Ernst & Young in Berlin.

Migration, Integration, Flucht/Asyl und Politik im frühen 21. Jahrhundert: Bestandsaufnahmen, Denkanstöße und Diskussionsbeiträge

9   Migration und Integration als Mainstream-Themen (9.1–4)

Jahrzehntelang hatte es, wie erwähnt, in der öffentlichen und politischen Diskussion ereignisbedingte Konjunkturen der Themen Zuwanderung und Integration gegeben. Das war besonders Ergebnis ihrer Instrumentalisierung zu Wahlkampfzwecken, die wesentlich zur Stabilisierung von Abwehrhaltungen beitrug. Die Themen tauchten, oft populistisch bis zu Fake-News-Qualität verzerrt, in der öffentlichen Diskussion auf, um wieder zu versickern, sobald das Medieninteresse erlosch, weil die Politikmaschine von der hochtourigen Rhetorik am Wahlkampfhang auf semantischen Normalbetrieb in der Ebene zurückgeschaltet hatte. Die gezielt eingesetzten Beschwörungsformeln und Bedrohungsvisionen hingegen blieben, Umfragen zufolge, offenbar im kollektiven Gedächtnis weiter Kreise als argumentative Sedimente zurück. Sie konnten bei der nächsten Gelegenheit wieder aufgewirbelt werden, wobei die imaginative Sedimentschicht ständig wuchs.

Semantische Beispiele dafür waren besonders von den Unionsparteien immer wieder in den Ring geworfene polemische Stichworten wie »Überflutung«, »unkontrollierte Zuwanderung«, »Einwanderung in die Sozialsysteme«, »Armutszuwanderung«, »Wirtschaftsflüchtlinge« und »Asylbetrüger« bis herauf zu der CSU-Kampagne unter dem Stichwort »Wer betrügt, fliegt!«.[174]

Ein Sachbeispiel war die Eröffnung der »Ära Kohl« 1982: Die Regierung Schmidt wurde besonders mithilfe von ausländerpolitischen Argumenten sturmreif geschossen. Die permanenten Angriffe wurden mit gewaltigen Reformankündigungen verbunden. Davon blieb in der politischen Praxis fast nichts übrig, abgesehen von blumigen Leitzielversprechen im Regierungsprogramm und den in Wahrheit von der SPD erfundenen, aber aus guten Gründen nicht mehr umgesetzten »Rückkehrprämien«: Sie wurden als originäre Erfolgsstrategie der neuen Regierung präsentiert, obgleich sie ein dysfunktionales Plagiat waren, das, wie zuvor von der SPD befürchtet, vorwiegend Mitnahmeeffekte auslöste.

Ein anderes Beispiel war die 1991 von CDU-Generalsekretär Volker Rühe organisierte populistische und folgenreiche Anti-Asyl-Inszenierung mit Textbausteinen und vorgefertigten Beschwerdebriefen.

Ebenso beliebt waren die politischen Kampfworte »Überfremdung« und »Ausländerkriminalität« – nicht etwa nur bei der NPD oder bei der episodischen »Partei Rechtsstaatliche Offensive« des skurrilen Hamburger Politradikalen Ronald Schill, sondern zum Beispiel auch bei dem hessischen Ministerpräsidenten Roland Koch (CDU): Er hatte Anfang 1999, zur Zeit der von Otto Schily vorbereiteten Reform des Staatsangehörigkeitsrechts, mit Aufrufen gegen den »Doppelpass« (Bürgerfrage: »Wo kann ich hier gegen Ausländer unterschreiben?«) den Sieg seiner Partei in der Landtagswahl errungen. Die Verschiebung der Kräfteverhältnisse im Bundesrat nötigte die rotgrüne Koalition zu einer folgenreichen Kompromissbereitschaft bei der Reform des Staatsangehörigkeitsrechts, deren übelstes Ergebnis das schon erwähnte »Optionsmodell« war.

Nach der Jahrhundertwende zeigte sich immer häufiger, dass mit den herkömmlichen ausländerfeindlichen Argumenten keine Wahlkämpfe mehr zu gewinnen waren. Das musste am Ende auch Roland Koch selbst erfahren, als er im Wahlkampf in Hessen 2010, vor dem Hintergrund negativer Wahlprognosen, buchstäb-

---

[174] Hierzu und zum Folgenden: K. J. Bade, Zur Karriere und Funktion abschätziger Begriffe in der deutschen Asylpolitik, in: Aus Politik und Zeitgeschichte. Beilag zur Zeitschrift Das Parlament, 65.2015, Nr. 25 (Flucht und Asyl), Juni 2015, S. 3–8; ders., Kulturvielfalt, Kulturangst und Negative Integration in der Einwanderungsgesellschaft, in: K. Kazzazi / A. Treiber / T. Wätzold (Hg.), Migration – Religion – Identität. Aspekte transkultureller Prozesse, Wiesbaden 2015, S. 1–34; ders., Von Unworten zu Untaten. Kulturängste, Populismus und politische Feindbilder in der deutschen Migrations- und Asyldiskussion zwischen »Gastarbeiterfrage« und »Flüchtlingskrise«, in: IMIS-Beiträge, 48/2016, S. 35–171.

lich im letzten Moment aus heiterem Himmel vergeblich mit der Karte »Ausländerkriminalität« zu punkten suchte, was die Wähler durchschauten und an den Wahlurnen abstraften. Ergebnis seiner Niederlage war 2010 Kochs Rückzug aus der Politik.

Ähnliche Erfahrungen teilte in Nordrhein-Westfalen Norbert Rüttgers, der dort 2005–2010 Ministerpräsident war und, nach seiner Wahlniederlage, im Juni 2010 den Rückzug von allen politischen Ämtern ankündigte. Im Landtagswahlkampf 2000 war er bundesweit und mit Folgen für das Wahlergebnis angeeckt mit dem ihm zugeschriebenen Slogan »Kinder statt Inder«, der auch von den »Republikanern« im Wahlkampf übernommen wurde. Eine entschuldigende Distanzierung von seinem Motto des Jahres 2000 brachte für sein Bild in der Öffentlichkeit ebenso wenig wie die Abbitte von seiner auf Wahlkampfveranstaltungen vor der Bundestagswahl 2009 geäußerten populistisch-denunziativen Einschätzung, rumänische Arbeiter seien faul und unzuverlässig.[175] Entscheidend für seinen Rückzug aus der Politik waren zwar weitaus schwerwiegendere Probleme seiner Amtsführung als Ministerpräsident; aber die Beschädigung seines Bildes in der Öffentlichkeit durch xenophobe Semantik trug zweifelsohne zu seinem Abstieg bei.

Das gleiche Experiment wiederholte mit negativem Ergebnis noch 2015 der sächsische Innenminister Markus Ulbig (CDU): Auch er versuchte für seine Kandidatur (für das Amt des Dresdner Oberbürgermeisters) mit fremdenfeindlichen Abwehrhaltungen zu spielen. Dazu verkündete er die angeblich landesweit geplante Einrichtung polizeilicher Sondereinheiten zur Bekämpfung »krimineller Asylbewerber« – und fiel damit bei den Wählern klar durch. Dass solche fremdenfeindlichen Instrumentalisierungen der Themen Migration und Integration immer weniger erfolgreich waren, wurde allgemeinhin als Zeichen für den wachsenden Reifegrad der Einwanderungsgesellschaft interpretiert.

Aber die Geschichte des prekären Umgangs mit den Themen Migration und Integration vor dem Hintergrund zugeschriebener Bedrohungen ist nicht zu Ende: Als im Spätsommer 2016 Politiker der Unionsparteien auf die Konfrontation mit dem fundamentalistischen Terror sogleich mit der Forderung nach Abschaffung der doppelten Staatsangehörigkeit reagierten, war das nichts anderes als die Rückkehr zu dieser Denunziation des Fremden als gesellschaftlicher Ursache von Terrorangst, Desintegration und Konflikt.

Und mit dem Zusammenlaufen der asyl- und islamfeindlichen Kampfbotschaften zur »Rettung des Abendlandes« begann, nach dem Vorlauf der »Spaziergänge« der »Patriotischen Europäer gegen die Islamisierung des Abendlandes« (Pegida), mit der »Alternative für Deutschland« (AfD) eine neue Form der alten fremdenfeindlichen Wahlagitation, die, in Verknüpfung mit anderen Krisen- und Protestmotiven, 2016 enorme Wahlerfolge zeitigte. Als generelle Grundtendenz hinzu kommt die zunehmende Gefahr der Überschneidung von Realität und Fiktion in der mitunter postfaktischen digitalen Zivilisation, weit mehr noch als in der ohnehin oft weniger aufklärenden als verunklärenden Welt der Sensationsmedien.

9.1 Entwicklungslinien im Überblick (9.1.1–4)

Seit den späten 1990er Jahren rückten Migration und Integration zu Mainstream-Themen auf, auch in jenem fragwürdigen Talkshow-Ranking, das als medialer Indikator für das öffentliche Interesse an einem Thema gilt. Dabei dominierten in den Medien aber zunächst noch oft negative Schlagzeilen. Das fand – nach den gewalttätigen Exzessen auf deutschen Straßen in den frühen 1990er Jahren, dem parteipolitischen Asylstreit sowie dem »Asylkompromiss« von 1992/93 und dem dann wieder beobachtbaren Abflauen der öffentlichen Diskussion – vor allem Ausdruck im Lamento über die angeblich »gescheiterte Integration« insbesondere von muslimisch-türkischen Einwandererfamilien. Es wurde bald dauerhaft und vor allem von den aggressiv pauschalisierenden »Islamkritikern« betrieben, die seit der Jahrhundertwende bei keiner Talkshow fehlen durften (Kap. 10):

Aber der Aufstieg von Migration und Integration, von Migrations- und Integrationspolitik zu Mainstream-Themen förderte in der politischen Bearbeitung wie in der öffentlichen Diskussion schrittweise auch einen pragmatischeren

---

[175] Dabei ließ das von den Medien zusammengezogene Motto »Kinder statt Inder« in Vergessenheit geraten, dass Rüttgers in einem Interview in Wahrheit gesagt hatte: »Statt Inder an die Computer müssen unsere Kinder an die Computer« (https://de.wikipedia.org/wiki/J%C3%BCrgen_R%C3%BCttgers#Politische_Positionen_und_Kontroversen).

Blick auf die anstehenden Fragen, ihre Gestaltung und die Grenzen ihrer Gestaltbarkeit. »Migration ist schon lange kein Nischenthema mehr«, erklärte Bundestagspräsidentin a.D. Rita Süssmuth bei meiner Verabschiedung vom Sachverständigenrat im Sommer 2012 (8.13.4). In meinem Statement auf der Pressekonferenz zur Vorstellung des dritten und letzten von mir geleiteten Jahresgutachtens des Sachverständigenrates, das Integrationsfragen galt, hatte ich im Frühjahr 2012 in ähnlichem Sinne erklärt:

»Integration ist heute endlich auch ein politisches Mainstream-Thema geworden. Sie wird in die großen politischen Gestaltungsbereiche zunehmend routiniert und pragmatisch einbezogen. Die deutschen Regelungen zu Migration und Integration unterscheiden sich in ihren Grundelementen kaum mehr von denen der europäischen Nachbarn, will sagen: Auch Politik in Deutschland ist heute, mit historischer Verspätung, schrittweise angekommen in der Einwanderungsgesellschaft. Sie neigt in ihrer Selbstinszenierung aber mitunter dazu, hier Ursache und Folge zu verwechseln und das jahrzehntelang friedvolle Zusammenwachsen der Einwanderungsgesellschaft als Ergebnis ihrer eigenen, zum Teil arg verspäteten und oft lange widerwilligen Anpassung an diesen Prozess zu deuten.«

Das ändert nichts an der Tatsache, dass in der Aufholhektik der letzten anderthalb Jahrzehnte integrationspolitisch de jure und de facto unerhört viel geschehen ist: von der Reform des Staatsangehörigkeitsrechts von 1999/2000 über das »Zuwanderungsgesetz« von 2005 mit der zentralen Migrationsverwaltung im Nürnberger Bundesamt mit seinen Integrationskursen über das »Anerkennungsgesetz« 2012 bis zu dem »Integrationsgesetz« von 2016 mit seinen für Integration förderlichen, aber auch hinderlichen Bestimmungen. Politik hat damit umgesteuert vom lange angstvoll defensiven auf einen proaktiven Integrationskurs. Aber es gibt nach wie vor Dunkelzonen; denn: Die Folgen von Versäumnissen der Vergangenheit in Integration und Integrationspolitik bleiben Zukunftsbelastungen für die Einwanderungsgesellschaft (8.6).

Die im neunten Kapitel versammelten Beiträge gehen aus von einigen Entwicklungslinien und Überblicken zum Wandel in Migration und Integration, Migrations- und Integrationspolitik in Deutschland und Europa zu Beginn des 21. Jahrhunderts. Sie umfassen eine Akademievorlesung vor der Joachim-Jungius-Gesellschaft der Wissenschaften der Universität Hamburg über »Europa und die Migration am Ende des 20. Jahrhunderts« aus dem Jahr 2000 (9.1.1), einen ebenfalls an die weitere Öffentlichkeit gerichteten Essay zum Thema »Integration und Politik – aus der Geschichte lernen?« aus dem Jahr 2006 (9.1.2), eine Festrede in der Frankfurter Paulskirche zum Thema »Von der Arbeitswanderung zur Einwanderungsgesellschaft« aus dem Jahr 2009 (9.1.3) sowie einen Festvortrag im Freiburger Historischen Kaufhaus zum Thema »Migration und Integration: Historische Erfahrungen und aktuelle Herausforderungen« aus dem Jahr 2012 (9.1.4).

9.2 Pragmatische Migrations- und Integrationspolitik (9.2.1–13)

Hintergrund für zunehmend pragmatische Einschätzungen in den Themenbereichen Migration und Integration in der weiteren Öffentlichkeit war unter der rotgrünen Koalitionsregierung von Bundeskanzler Gerhard Schröder (1998–2005) die Wende zu aktiver Migrations- und Integrationspolitik und zu dem von mir schon in den 1980er Jahren angemahnten Verständnis von Migration und Integration als Zentralbereichen der Gesellschaftspolitik. Neben den bekannten Negativbotschaften rückten damit im Mainstream-Themenbereich Migration und Integration auch relativ positive oder doch gelassene, jedenfalls eher pragmatische Perspektiven auf. Der von der rotgrünen Koalition eingeleitete Kurswechsel wurde nach ihrer Abwahl 2005 in seinen Grundlinien durch die Koalitionsregierungen unter Bundeskanzlerin Angela Merkel (CDU/CSU-SPD 2005–2009, CDU/CSU-FDP 2009–2013, CDU/CSU-SPD seit 2013) fortgesetzt. In den rund anderthalb Jahrzehnten seit der Jahrhundertwende wurde damit in Sachen Migrations- und Integrationspolitik mehr gestaltet als in den vier Jahrzehnten zuvor.

Historisch betrachtet war das gefährlich spät; denn eine zielorientierte, transparent konzipierte und möglichst rational vermittelte, pragmatische Migrations- und Integrationspolitik ist entscheidend wichtig für interkulturelle Akzeptanz und sozialen Frieden in einer Einwanderungsgesellschaft im Wohlfahrtsstaat. Im anzustrebenden, wenn auch nie erreichbaren Idealfall geht es dabei in den Gestaltungsbereichen Migration und Integration um eine möglichst rationale und sachbezogene politische und öffentliche Diskussion der anstehenden Fragen und um ein am neuesten Erkenntnis- bzw. Forschungsstand orientiertes Bemühen um adäquate Bearbeitungsstrategien, ohne Geheimniskrämerei, Hysterie oder Populismus.

Eine im Rahmen des Möglichen gesteuerte und bei hohem Wanderungsdruck nötigenfalls auch bremsbare Zuwanderung erhöht die Akzeptanz der mit Integration stets verbundenen gesellschaftlichen Herausforderungen. Eine Instrumentalisierung oder gar Neurotisierung der öffentlichen Diskussion um Migration und Integration kann das Gegenteil bewirken und für interkulturelle Akzeptanz, sozialen Frieden und damit für die demokratisch verfasste Einwanderungsgesellschaft selbst gefährlich werden. Zusammen mit einer Reihe von zum Teil im Rat für Migration, im Netzwerk Migration und Ethnizität oder anderweitig organisierten Wissenschaftlern habe ich deshalb seit den späten 1990er Jahren verstärkt versucht, zur Versachlichung der Debatte um Migrations- und Integrationspolitik beizutragen.

Wegmarken des grundlegenden Politikwandels waren, wie beschrieben, die Reform des Staatsangehörigkeitsrechts von 1999/2000; die Unabhängige Kommission Zuwanderung 2000/01 und der Sachverständigenrat für Zuwanderung und Integration (Zuwanderungsrat) 2003/04. Es folgte das Zuwanderungsgesetz von 2005 mit der Einführung der zentralen Migrationsverwaltung durch das Bundesamt für Migration und Flüchtlinge mit seiner angeschlossenen Forschungsabteilung.

In die Mainstream-Linie der aktiven Integrationspolitik als Teilbereich der Gesellschaftspolitik gehörte aber auch die von Wolfgang Schäuble in seiner zweiten Amtsperiode als Bundesinnenminister 2006, als Gegengewicht zum ersten Integrationsgipfel, einberufene Deutsche Islamkonferenz (DIK), deren Arbeitsgruppe I (Grundsatzfragen) ich angehörte. Die Innovationslinie in der Migrations- und Integrationspolitik lief weiter bis zum »Anerkennungsgesetz« von 2012 und flachte dann ab mit dem zwischen Reform und Restriktion siedelnden, zur Vermeidung oder doch Begrenzung einer »Integrationskrise« nach der »Flüchtlingskrise« verabschiedeten »Integrationsgesetz« von 2016.

In die eher symbolische, aber ebenfalls wichtige Mainstream-Linie der aktiven staatlichen Integrationspolitik gehörten weiter die von mir bis 2014 durchweg besuchten »Integrationsgipfel«. Sie wurden von Bundeskanzlerin Angela Merkel in Kooperation mit der neuen Integrationsbeauftragten der Bundesregierung, Staatsministerin Maria Böhmer veranstaltet, bei der ich, wie schon bei allen ihren Vorgängerinnen seit Liselotte Funcke und später auch bei Staatsministerin Aydan Özoğuz, gelegentlich beratend tätig war.[176]

* * *

Deutlich war beim Einrücken der Themen Migration und Integration in den politischen und öffentlichen Mainstream und bei der politischen Neuausrichtung der Migrations- und Integrationspolitik auch eine verstärkte regierungsamtliche Öffnung gegenüber kritischen Einschätzungen und Anregungen von außen. Das zeigte sich in meinem Fall zum Beispiel durch die Übernahme einer ganzen Reihe von Leitbegriffen und Perspektiven, sogar ganzer Passagen aus meinen Veröffentlichungen in politische Reden bzw. regierungsamtliche Erklärungen. Konzeptionell reichte das von der bis dahin immer abgewiesenen Idee der Zusammenführung der Migrationsverwaltung in einem Bundesamt mit angeschlossener Forschungsabteilung bis hin zum Konzept der nachholenden Integrationsförderung in meiner Trias von begleitender, vorausplanender und nachholender Integrationsförderung (Kap. 6.2).

Neben den erwähnten direkten Engagements auf der Ebene der Bundesregierung gab es für mich eine große Zahl von weiteren, die Entwicklung zu einer aktiven Migrations- und Integrationspolitik begleitenden Beratungs- und Beiratsfunktionen bei anderen staatlichen Behörden, bei Kirchen, Kommunen, Verbänden und Stiftungen. Davon sollen hier nur vier Bereichsbeispiele genannt werden:

In den Bereich der staatlichen Behörden gehörten meine Mitarbeit im Forschungsbeirat des Bundesamtes für Migration und Flüchtlinge in Nürnberg und im Kuratorium des ebenfalls dem Bundesministerium des Innern unterstehenden

---

[176] Zur Kooperation mit Maria Böhmer gehörten schließlich auch Beratungsgespräche auf dem Weg zum Nationalen Integrationsplan (NIP) und bei der Etablierung des Integrationsbeirats der Bundesregierung (Beirat der Beauftragten der Bundesregierung für Migration, Flüchtlinge und Integration), dem ich ebenfalls angehörte. Für dieses große, nur wenige Wissenschaftler und vor allem Vertreter des öffentlichen Lebens, der Kirchen und Verbände umfassende Gremium, das im Bundeskanzleramt tagte, habe ich die Verhandlungsagenda mitentworfen, die mir angebotene Leitung aber abgelehnt und mich darauf beschränkt, den Auftaktvortrag zu halten.

Bundesinstituts für Bevölkerungsforschung in Wiesbaden (Kap. 6.1).

In den kirchlichen Raum gehörte eine lange Linie der Beratungstätigkeit: Am Anfang standen meine Tätigkeit als Mitglied in der Kommission für Ethnische Minderheiten der EKD und als Berater der Ökumenischen Kommission der EKD sowie des Kommissariats der Deutschen Bischöfe, aus deren Arbeit die ökumenische Denkschrift »…und der Fremdling«, der in deinen Toren ist« (1997) stammte, zu der ich den gesellschaftspolitischen Teil entworfen habe (s. Kap. 4.2).[177] Am Ende stand meine Mitgliedschaft in der bis 2015 arbeitenden Kammer für Migration und Integration der EKD.

Für den kommunalpolitischen Bereich nenne ich zwei Beispiele für beratende Tätigkeit: einerseits meine schon deutlich früher liegende konzeptionelle Mitarbeit bei der Vorbereitung des erst 1998 möglich gewordenen Landeszentrums NRW für Integration in Solingen, dessen Ortswahl ein zeichenhaftes Signal gegen den mörderischen Brandanschlag von 1993 sein sollte. Aufgaben des als »Schnittstelle zwischen Politik, Wissenschaft und Praxis« gedachten Zentrums waren später die Entwicklung gleichstellungsorientierter Integrationskonzepte, die Beratung öffentlicher und freier Träger bei deren Umsetzung, Angebotsmodelle der Fort- und Weiterbildung, Beratung für Zuwanderer und die Dokumentation von Diskriminierung sowie Konzepte zu deren Überwindung. Das im Januar 1998 von Ministerpräsident Johannes Rau (SPD) und Sozialminister Axel Horstmann (SPD) eröffnete Zentrum war bundesweit die erste Institution dieser Art und trat bald mit vielerlei praxisbezogenen Engagements und Publikationen hervor.[178]

Die mir bei den lange zurückliegenden ersten Überlegungen im SPD-geführten Sozialministerium vergeblich angetragene Leitung lag am Ende und bis zu ihrer Wahl in den Bundestag bei Lale Akgün (SPD). Das unter der rotgrünen Landesregierung dem Sozialministerium sowie der Landesstelle für Aussiedler, Zuwanderer und ausländische Flüchtlinge zugeordnete Zentrum wurde mit seinen schließlich 12 Mitarbeitern nach dem Regierungswechsel 2005 dem neuen Querschnittsministerium mit dem Schwerpunkt Integration eingegliedert und hier direkt dem »Integrationsminister« Armin Laschet (CDU) unterstellt, dessen Beirat ich angehörte (7.6).[179]

Als aktuelles Beispiel für Kooperation im kommunalen Bereich nenne ich die beratende Begleitung des von der bundesweiten kommunalen Pioniergruppe um den Stuttgarter Integrationsbeauftragten Gari Pavkovic im März 2016 vorgelegten »Kommunalen Manifests« mit dem Titel »Wir können Integration«.

Zur Kooperation mit Verbänden und Stiftungen gehörte neben einer umfangreichen Gutachtertätigkeit zu wissenschaftlichen und praktischen Zwecken unter anderem meine Tätigkeit als Vorsitzender von Beiräten für verschiedene Schwerpunktprogramme der Forschungsförderung im Bereich von Migration, Integration und Interkulturalität, als Kuratoriumsmitglied zum Beispiel bei der VolkswagenStiftung aber auch bei der START-Stiftung (Gemeinnützige Hertie-Stiftung) sowie meine erwähnte Mitgliedschaft im Fachbeirat der Otto Benecke Stiftung e.V.

9.3 Braindrain? Die Wiederentdeckung der deutschen Auswanderung (9.3.1–9.3.8)

Seit den 1990er Jahren und besonders seit der Jahrhundertwende war ein von Politik und Öffentlichkeit lange nicht erkannter Anstieg der Fortzüge von deutschen Staatsangehörigen ins Ausland zu beobachten. Das zeigte, dass Deutschland zwar seit langem ein modernes Einwanderungsland geworden war, im Blick auf das Wanderungsverhalten seiner eigenen Staatsangehörigen aber nicht aufgehört hatte, Auswanderungsland zu sein (9.3.1–7).

Dabei gab es nach meiner Einschätzung eine starke Abwanderung von gut bis hoch Qualifizierten, der eine im Durchschnitt deutlich geringer qualifizierte Zuwanderung gegenüber zu stehen schien. Das Qualifikationsprofil der fortziehenden deutschen Staatsangehörigen wurde

---

[177] S. Anm. 106, 107.
[178] Landeszentrum für Zuwanderung eröffnet, in: Landtag NRW / Landtag intern, 20.1.1998; Forschungsbeispiel A. Zick, Interkulturelle Nähe und Distanz im Stadtteil. Eine empirische Studie über die Einstellungen von Mitgliedern ethnisch-kultureller Gruppen zum Zusammenleben im Stadtteil, in: Dokumentation des Forums Migrations- und Integrationsforschung 2000: Praxisforschung im sozialräumlichen Kontext, Solingen: Landeszentrum für Zuwanderung 2001, S. 33–38; für weitere Publikationen s. http://sowiport.gesis.org/search/institution/Landeszentrum%20für%20Zuwanderung%20Nordrhein%20Westfalen,%20Solingen.

[179] N. Wiesmann, Land integriert Zentrum für Zuwanderung, in: taz.die tageszeitung, 8.9.2005.

aber nicht statistisch erfasst. Unklar war auch, ob es sich dabei um Fortzüge auf Zeit, um Abwanderungen ohne klare Zeitperspektive handelte oder aber um echte Auswanderungsabsichten im Sinne der klassischen Definition: Abwanderung ohne die feste Absicht, jemals wieder auf Dauer in das Herkunftsland zurückzukehren.

Qualifikationsprofile der deutschen Abwanderung mussten deshalb auf umständlichen indirekten Wegen erschlossen werden. Dazu dienten zum Beispiel Anfragen bei Auswandererberatungsstellen und die Qualifikationsraster für Zuwanderer in Zielländern der deutschen Abwanderer. Hinzu kamen Berichte von Wissenschaftlern, die immer häufiger von ihren fortziehenden akademischen Schülern bzw. von Kollegen um Gutachten gebeten wurden, die diese für die Zuwanderung bzw. die Bewerbung auf Stellen im Ausland brauchten. Das alles war lange ein Tasten mit der Stange im Nebel.[180]

Die Wanderungsverluste an deutschen Staatsangehörigen waren in der Wanderungsbilanz lange nicht weiter aufgefallen, weil die Zuwanderung aus dem Ausland deutlich höher war als die Abwanderung aus Deutschland einschließlich der deutschen Staatsangehörigen. Warnende Hinweise darauf, dass es sich bei den fortziehenden deutschen Staatsangehörigen zu einem beträchtlichen Teil um Hoch- bis Höchstqualifizierte handeln dürfte, wurden auf politischer Seite, wieder einmal, nicht ernst genommen: »Die kommen doch alle wieder«, sagte mir Bundesinnenminister Otto Schily auf der Grundlage von irrtümlichen Referentenrecherchen fast tröstend in einem Informationsgespräch.

Er ging davon aus, dass es sich gerade bei hoch- und höchstqualifizierten Abwanderern aus Deutschland in aller Regel nur um zirkuläre berufsbedingte bzw. qualifikationsorientierte Zeitwanderungen (Karrierewanderungen) handelte, die nach der Erledigung der entsprechenden Wanderungszwecke wieder nach Deutschland zurückführen würden. Das ergab sich aus einer Fehlinterpretation der »Rückwanderungen« deutscher Staatsangehöriger in der Wanderungsstatistik, die im Kern nur eine wenig aufschlussreiche Liste der Zu- bzw. Fortzüge über die deutschen Grenzen war. Was Schily nicht wusste und ich selbst anfangs auch nur eher ungläubig ahnte, war ein nachgerade grotesker migrationsstatistischer Irrtum:

Als »rückwandernde« Deutsche waren lange auch die Aussiedler bzw. Spätaussiedler mitgezählt worden, die gar nicht aus Deutschland fortgezogen, sondern Nachfahren von deutschen Auswanderern waren, die oft vor Generationen, nicht selten auch schon vor Jahrhunderten nach Ost- und Südosteuropa gezogen waren, zu einer Zeit also, als es »Deutschland« noch gar nicht gab. Als man schließlich die zeitgleich zugewanderten Spätaussiedler herausrechnete, wurde deutlich, dass es allein in den anderthalb Jahrzehnten vor 2009 bei der grenzüberschreitenden Mobilität deutscher Staatsangehöriger Wanderungsverluste in einer Gesamthöhe von mehr als einer halben Million Menschen gegeben hatte (9.3.8).

Nachdem ich mit meinen Hinweisen und Vermutungen im Bundesinnenministerium, dem auch das Bundesinstitut für Bevölkerungsforschung unterstand, nicht weitergekommen war, habe ich mithilfe meiner Medienkontakte versucht, das Interesse von Politik und Öffentlichkeit für das Problem zu wecken (9.3.1–7). Das gelang, führte aber prompt wieder zu voreiligen bzw. hysterischen Reaktionen: Ich hätte schließlich »vor einigen Monaten einmal in den Medien sozusagen mit der flachen Hand in die Suppe gehauen, um das Thema in den Mainstream zu drücken«, sagte ich in einem Interview im November 2006. »Da ist es inzwischen angekommen. Aber jetzt müssen wir pragmatisch bleiben und nicht in einen illusionären Interventionismus verfallen, wie beispielsweise der hessische Ministerpräsident Roland Koch, der unlängst in der Bild Zeitung mit der Schlagzeile zitiert wurde: ›Stoppt die Auswanderung!‹« (9.3.6).

Die Artikelauswahl gibt einen Einblick in diese Informations- und Aufklärungsarbeit, bei der ich mich gelegentlich bewusst drastischer Semantik bediente wie zum Beispiel in Gestalt der überdrehten Phrase »Wir bluten aus«, die ein bekanntes Wirtschaftsmagazin prompt als Titelstory nutzte (9.3.3). Als die Diskussion in Gang gebracht war, entstanden zunehmend Bemühungen um bessere Datengrundlagen und schließlich auch Programme zur Rückkehrförderung für Höchstqualifizierte. Sie waren in Einzelfällen extrem teuer und durchaus weniger wirksam als später der Sog des Arbeitsmarkts im wirtschaftlich wieder erstarkten Deutschland, das nach dem ersten Jahrzehnt des 21. Jahrhun-

---

[180] Vgl. K. J. Bade / H. Kolb, Migrationssteuerung, Integrationsförderung und Public-Private-Partnerships, in: thinktank. Das Magazin von berlinpolis, 2.2007, H. 7, S. 44–46; H. Kolb / K. J. Bade, Qualifikation und Migration. Potenziale und Personalpolitik in der »Firma‹ Deutschland (SVR, Mai 2009).

derts wachstums- und konjunkturbedingt sogar zu einem Magneten für die Zuwanderung von Hochqualifizierten in Europa wurde.

Die Kraft dieses Magneten aber war und ist zu schwach, um die migratorische Grundtendenz zum Braindrain bei den deutschen Staatsangehörigen zu brechen, zumal auch verstärkte Rückwanderungen deren negative Wanderungsbilanz bislang nicht ins Gegenteil zu verkehren vermochten.[181]

9.4 Zuwanderungsbedarf und Zuwanderungsangst (9.4.1–5)

Um die Jahrhundertwende begannen in den medialen und politischen Umwälzanlagen für Sach- und Scheinargumente die bis dahin oft eher spielerisch hin- und her gewendeten Informationen zu den Begleitumständen und Folgeerscheinungen des demographischen Wandels endgültig zu greifen. Fachwissenschaftler wie Herwig Birg hatten das anhand komplexer Modellrechnungen schon lange vorher warnend vorgetragen, ohne damit, über hysterische Sensationsmeldungen und einzelne Sachdokumentationen (FAZ) hinaus, sonderlich viel ernsthafte Aufmerksamkeit zu erzeugen. Dies gelang erst, als die sehr konkreten Folgen von demographischer Alterung und Schrumpfung des Erwerbspersonenpotenzials für Arbeitsmarkt, Sozial- und insbesondere Rentensysteme immer deutlicher erkennbar wurden.

Die nötige Zuwanderung allein könne, so haben ich in öffentlichen Vorträgen und in den Medien immer wieder gesagt und geschrieben, kein »Allheilmittel« gegen den Druck des demographischen Wandels sein (4.1.2.1, 4.2.4, 5.2.1/3, 5.2.7/8). Sie könne diesen Druck aber etwas abfedern, um Zeit zu gewinnen für die notwendigen Anpassungen von Infrastrukturen und Sozialsystemen an den demographischen Wandel, insbesondere für die längst überfälligen Sozialreformen, die man aus Angst vor dem Bürger als Wähler immer weiter vertage und die umso einschneidender werden dürften, je später sie implantiert würden (5.2.10).

Während zunächst im Zeichen der auch durch die Vereinigungskonjunktur nicht aufgefangenen strukturellen Massenarbeitslosigkeit die Abwanderung aus Deutschland stieg, die Zuwanderung abnahm und der 2006 nur noch knapp positive Gesamtsaldo (+23 000) mittelfristig weiter zu schrumpfen drohte, begann sich herumzusprechen, dass die Qualifikationsstruktur der Abwanderung aus Deutschland derjenigen der Erwerbsbevölkerung in Deutschland deutlich überlegen war (Kap. 9.2). Es gingen mithin ausgerechnet diejenigen, die für Arbeitsmarkt und Stabilität der Sozialsysteme im Wohlfahrtsstaat und allgemeinhin für die Innovationskraft der demographisch alternden Einwanderungsgesellschaft besonders wichtig waren (9.3.6).

Das verschärfte absehbar auch die Folgen der Versäumnisse in der Bildungsförderung bei der aus der ehemaligen »Gastarbeiterbevölkerung« stammenden Einwandererbevölkerung und ließ die Forderung nach qualifizierter Zuwanderung dringlicher werden, für die es aber auch im zweiten Jahrfünft des 21. Jahrhunderts erst wenig Perspektiven zu geben schien. Analysen von wirtschaftswissenschaftlichen Forschungsinstituten und Stiftungen setzten Krisensignale, zum Beispiel im Vergleich zur Lage in der Schweiz und in Österreich (8.9, 9.3.7, 11.1.1). Arbeitgeber warnten vor drastischen Verwerfungen der Angebot-Nachfrage-Spannung am Arbeitsmarkt.

Deutschland brauche mithin, so lautete eine gängig werdende Antwort, nicht nur eine Bildungs- und Qualifikationsoffensive, verbunden mit der Erschließung sämtlicher verfügbarer Potenziale mit und ohne den sogenannten Migrationshintergrund. Nötig seien auch kluge Steuerungskonzepte für eine bedarfsorientierte Förderung qualifizierter Zuwanderung, bei der sich allerdings alsbald ein Problem als schwer vermittelbar erwies:

Bei absehbarer Erschöpfung der Migrationspotenziale in den – ebenfalls unter den Druck des demographischen Wandels geratenden – europäischen Ausgangsräumen von Zuwanderungen war absehbar, dass sich die »Rekrutierungsgebiete« von potentiellen Zuwanderungen in der Zukunft weiter nach Süden und Osten verlagern würden. Das aber weckte vor dem Hintergrund antiziganistischer (»Armutsflüchtlinge«) und anti-islamischer Agitation (»Islamkritik«) Angst vor den »Armen« aus dem Osten und vor islamistischem Terror aus dem Süden. Viele Zeitgenossen standen sich mithin mit ihren Kultur-

---

[181] Hierzu aktuell: G. Heinsohn, Auswanderungsland Deutschland. Kompetente wandern ab, in: Neue Zürcher Zeitung, 7.7.2016; D. Creutzburg, Deutschland zieht kaum Fachkräfte an, in: Frankfurter Allgemeine Zeitung online, 4.10.2016; vgl. dazu meinen Beitrag: Migrationshistoriker, nicht Migrationshysteriker, in: Frankfurter Allgemeine Zeitung, 16.1.2008 (9.4.2).

ängsten im Blick auf die notwendige Zuwanderungsförderung ein Stück weit selbst im Weg.

Ich habe mich in diesem Zusammenhang, im weiten Vorfeld der »Flüchtlingskrise«, um Beiträge zu Information und Aufklärung bemüht. Wichtig war hier besonders die Verbreitung der Botschaft, dass im Rahmen der noch verfügbaren, durch Asylzuwanderung, Familiennachzug, Bildungswanderung und andere Formen der transnationalen Mobilität eingeschränkten Handlungsspielräume vernünftig gesteuerte Zuwanderung nicht nur Hilfe von außen, sondern auch eine wesentliche Voraussetzung für gelingende Integration im Innern sei. Die Texte bieten eine kleine Auswahl aus diesen Beiträgen.

10 Störfelder: Demagogie, Hysterie, Terror und staatliche Inkompetenz (10.1.1–10.1.20)

Im Zentrum der medialen Diskussion über Fragen von Migration und Integration standen im Deutschland der Jahre 2010/2011 drei Erfahrungen:

1. Aufhellend wirkte zunächst das aufsehenerregende SVR-Jahresgutachten »Einwanderungsgesellschaft 2010« (Kap. 8). Die latent depressive Grundstimmung bei den umlaufenden defizitären Bestandsaufnahmen zur »gescheiterten Integration« insbesondere der muslimischen Einwanderer türkischer Herkunft wich einer verhalten positiven Einschätzung von Erfolgen pragmatischer Integrationsarbeit vor allem auf der kommunalen Ebene. Die düstern Schreckensgeister der Integrations- und »Islamkritik« wichen irritiert zurück, ein neues Kapitel in der Diskussion um Migration und Integration schien aufgeschlagen.

2. Im Hoch- und Spätsommer zündete das bibliophile Explosivpaket Thilo Sarrazins mit dem Titel »Deutschland schafft sich ab«. Das Erscheinen des Buches wurde von einer gewaltigen Werbekampagne des Verlages vorbereitet – der zum Bertelsmann-Konzern gehört, während die Bertelsmann-Stiftung gerade im Bereich Integration aufrichtig um das Gegenteil, nämlich pragmatische und ideologiekritische Aufklärung, bemüht ist. Die aggressive Verlagswerbung wurde von den Medien begierig aufgegriffen und entfaltete in der anschließenden »Sarrazin-Debatte« eine Mischung von Information und Demagogie. Dabei war dieses Strukturkonzept schon in Sarrazins Buch selbst angelegt, das seinen Erfolg ganz wesentlich dieser gefährlichen Verbindung verdankte. Die eben erreichte pragmatische Diskussion zunehmender Integrationserfolge bei klarer Umschreibung von noch zahlreichen »Integrationsbaustellen« wich unter dem Druck der »Sarrazin-Debatte« aufs Neue der defizitären Integrationsperspektive, unterlegt mit Wirtschafts-, Sozial- und Kulturängsten, vor allem aber mit der pauschalisierenden »Islamkritik«.

3. Während die »Sarrazin-Debatte« im Verlauf des Jahres 2011 langsam abzuebben begann, verbreiteten die Medien im November 2011 die schockierende Nachricht von der Aufdeckung der Raubüberfälle und Serienmorde des »Nationalsozialistischen Untergrunds« (NSU), dessen beide Haupttäter sich durch Mord oder Selbstmord der Verfolgung entzogen. Ihre Mitwisserin Beate Zschäpe zog durch ihr nur von wenigen Äußerungen unterbrochenes Schweigen den kostspieligen Münchener NSU-Prozess über Jahre hinweg so in die Länge, dass das öffentliche Interesse daran fast erloschen bzw. durch aktuelle Terrorerfahrungen mit vorwiegend islamistischem Hintergrund überlagert wurde.

Bei alledem kam zweierlei ans Licht: Einerseits gab es offenbar ein weitverzweigtes Netzwerk des »Nationalsozialistischen Untergrunds«, in dem die Täter immer wieder Unterschlupf finden konnten; andererseits gab es eine die Glaubwürdigkeit der Sicherheitsbehörden zutiefst erschütternde Verstrickung staatlicher Organe über »V-Leute« in der verbrecherischen Szene.

Hinzu kam die zutiefst demokratiefeindliche Erfahrung, dass die Sicherheitsbehörden noch bei ihren parlamentarischen Überprüfungen, die immerhin zu einigen Entlassungen bzw. Positionswechseln von Spitzenbeamten führten, keine sonderliche Kooperationsbereitschaft bei der Aufdeckung der Hintergründe ihres eigenen Versagens zeigten. Erst recht versagte das Bundesministerium des Innern unter Leitung von Ressortchef Friedrich auf geradezu groteske Weise vor der dringend notwendigen Aufgabe, das verlorene Vertrauen in staatliche Organe wiederherzustellen. Das ließ am Ende die von mir schon seit vielen Jahren vertretene Einschätzung vorrücken, dass die Themen Migration und Integration im stark an Sicherheitspolitik und Gefahrenabwehr orientierten Bundesministerium des Innern als zentral zuständigem Ressort schlecht aufgehoben seien.

10.1 Demagogie und Hysterie: Sarrazin-Debatte und »Islamkritik« (10.1.1–20)

In der »Sarrazin-Debatte« gerieten der SVR und ich selber zeitweise unter Beschuss der »Islamkritiker«, denen wir mit unserem Jahresgutachten »Einwanderungsgesellschaft 2010« das kommerziell einträgliche Wasser abgegraben hatten (Kap. 8). Es reizte mich, auf die zum Teil argumentativ sehr vordergründigen und zuweilen auch plump-denunziativen, aber medienwirksamen Attacken mit einigen scharfen publizistischen Breitseiten zu antworten. Aber das an ein Mindestmaß an »Ausgewogenheit« gebundene Amt des SVR-Vorsitzenden ließ die m.E. hier angemessene kritische Schärfe nicht zu, weil der SVR seinen Statuten nach »mit einer Stimme« sprach, nämlich mit derjenigen des Vorsitzenden, der sich deshalb um möglichst konsensuale Statements bemühen musste.

Deshalb habe ich die zeitweise buchstäblich am laufenden Band bei mir dazu eingehenden Medienanfragen oft diskret an andere Autoren weitergeleitet, mitunter auch durch Empfehlung innerhalb der Sachverständigen umverteilt und selber zunächst eher selten in der meines Erachtens angemessenen Schärfe interveniert bzw. geantwortet (10.1.1–10).

Insgeheim habe ich in Skizzen zwar immer wieder Anlauf genommen zu einer publizistischen Generalabrechnung mit den »islamkritischen« und kulturrassistischen, ethno-nationalistischen und neo-nationalsozialistischen Positionen der populistisch-demagogischen Gespensterjäger im Feld von Migration und Integration. Zur einer näheren Ausarbeitung aber ließen mir meine Belastung durch die mit dem Vorsitz zusammenhängenden Aufgaben und durch die Beantwortung von den Ergebnissen des SVR selbst geltenden Medienanfragen nicht zureichend Zeit. Nach meinem Ausscheiden aus dem SVR im Juli 2012 habe ich dann innerhalb weniger Monate diese schon im März 2013 als Buch erschienene Abrechnung nachgeholt – wobei ich nun, an sich anderthalb Jahre nach dem Höhepunkt der »Sarrazin-Debatte«, schon aus der Distanz des Zeithistorikers schreiben konnte. Trotz dieser Distanz ist das Buch weithin und sicher auch nicht ganz zu Unrecht als »Wutbuch« verstanden worden.[182]

Das schon im September 2012 abgeschlossene Manuskript konnte erst Anfang 2013 in den – durch den Wochenschau-Verlag dankenswerterweise extrem beschleunigten – Druck gehen. Der Zeitverlust ergab sich aus einem Rückzieher des von mir zunächst ins Auge gefassten Verlags Schöningh, bei dem ich schon diverse Bücher mitherausgegeben hatte: Man wollte das Manuskript nach eingehender Prüfung am Ende aus Angst vor seiner argumentativen Schärfe nur unter der Auflage verharmlosender Verschlimmbesserungen akzeptieren, die für mich nicht in Frage kamen.

Nachdem ich über Thilo Sarrazins Buch »Deutschland schafft sich ab«, über die »Sarrazin-Debatte« und ihre Folgen diverse Artikel verfasst, Interviews gegeben (10.1.1–19) und ein ganzes Buch geschrieben habe, darf ich hier, statt einer neuerlichen Auseinandersetzung mit seinen Argumenten, auf dieses Buch verweisen.

Dass Sarrazins Buch zu den Themen Migration und Integration in der Sache selbst wenig bis gar nichts Neues beitragen konnte, war Folge der Tatsache, dass der Autor die umfangreiche Forschungsliteratur nur in Ansätzen einbezog und dabei überdies in selektiver Wahrnehmung nur Titel zur Kenntnis nahm, die seine eigenen Einschätzungen bzw. Fehleinschätzungen zu bestätigen schienen. Ergebnis war die erwähnte argumentative Mischung von Information und Demagogie, die man geradewegs »Infodemagogie« nennen sollte.

Das sahen auch viele sachkundige Leser so, zum Beispiel der Berliner Bischof Markus Dröge. Für ihn hatten Sarrazins Buch und die daran anschließende Debatte »nicht nur keine neuen Erkenntnisse gebracht, sondern vorhandene Probleme eher verschärft als hilfreiche Wege aufzuzeigen«. Sarrazins Buch habe vielmehr »Fronten verhärtet, Vertrauen zerstört«. Das hatte auch der damalige Bundesinnenminister Thomas de Maizière von Beginn an bei Sarrazin so gesehen: »Meine Hauptkritik ist, dass er mit seiner für ihn finanziell einträglichen Provokation eine Debatte

---

[182] K. J. Bade, Kritik und Gewalt. Sarrazin-Debatte, »Islamkritik« und Terror in der Einwanderungsgesellschaft, Wochenschau Verlag, Schwalbach i. Ts., März 2013, 400 S.; 2. Auflage April 2013, 3. Auflage mit Nachwort als E-Book, März 2014.

zerstören will. Er braucht für seine Thesen, dass er die Erfolge, die es gibt, leugnet. Es ist doch nicht so, dass sich da endlich mal einer traut, Tabus aufzubrechen. Alle Themen, die er anspricht, sind längst in der Debatte.« Ganz ähnlich urteilte der damalige Präsident des Bundesamtes für Migration und Flüchtlinge, der Nachfolger von Alfred Schmid, Manfred Schmidt. Er sah auch migrationspolitisch die Grundsätze in Frage gestellt, die »mühsam unter den großen Parteien erstritten« worden seien – auf die Integration der Zuwanderer zu setzen und das Land vorsichtig für neue Fachkräfte zu öffnen: »Dieser über zehn Jahre erreichte Konsens ist nun gefährdet«.[183]

Nicht zu bestreiten war hingegen die von den Medien bewirkte und zuweilen mit Aufklärung verwechselte, enorme Öffentlichkeitswirkung des Buches von Sarrazin. Sie hat die im ersten Jahrzehnt des 21. Jahrhunderts bereits zu Mainstream-Issues gewordenen Themen Migration und Integration vollends in den fragwürdigen Rang der »Talkshow-Würdigkeit« erhoben, häufig mit argumentativer Schräglage:

Dafür war am Podium in der Regel eine Vertretung der »Islamkritik« zuständig, nicht selten in Verbindung mit der unendlich oft widerlegten, aber ebenso oft wiederkehrenden, deshalb für Sachkenner zum Gähnen langweiligen, aber gesellschaftspolitisch gefährlichen These, dass »die« Integration »gescheitert« sei, insbesondere »die« Integration »der« Muslime; immer abgesehen von höflich und beiläufig gewürdigten Ausnahmen, die aber nur die Regel zu bestätigen schienen. Oft nur rhetorische Fragen von Moderatoren/innen wirkten dabei nicht selten wie kokettierendes Beipflichten von als Mediatoren verkleideten Kombattanten in populistischen Scheingefechten mit abgedroschen Phrasen.

Gegenüber den provokanten frühen Statements von Sarrazin bei der vorauseilenden Werbung für sein Buch hatte ich mich, wie erwähnt, zunächst betont zurückhaltend geäußert. Das galt auch noch für eine Berliner Podiumsdiskussion mit Thilo Sarrazin und Rita Süssmuth, in der ich in einem einleitenden Statement über die demonstrative politische Erkenntnisverweigerung und das lange politische Versagen gegenüber den Handlungserfordernissen in Sachen Migration und Integration mit der von starkem, mich irritierendem Applaus begleiteten Pointe endete: »Und die Rache heißt heute Sarrazin!«

Ich hatte Thilo Sarrazin bei einer persönlichen Begegnung vor dieser Diskussion gefragt, warum er eigentlich seine ohnehin einigermaßen steilen Thesen in so provokanter Form in die Öffentlichkeit bringe. Sarrazin antwortete in herablassender Überheblichkeit, kritische Bestandsaufnahmen mit Öffentlichkeitswirkung könne ohnehin erfolgreich nur platzieren, wer selber »prominent« sei. Aber dennoch müsse man »ein Skandalon« haben, um auf den Markt der Meinungen zu kommen. Ich habe es bei dem Einwand belassen, dass bei solchem Vorgehen immer die Gefahr bestünde, dass sich das Skandalon an die Stelle der Botschaft setzte, was Sarrazin mit seinem notorischen Argument parierte, wer sein Buch genau lese, könne solchen Missverständnissen eben nicht erliegen.

Ein verschwörungstheoretischer Angriff der im Herausgeberkreis der Frankfurter Allgemeinen Zeitung und insbesondere von Mitherausgeber Frank Schirrmacher († 2014) geschätzten »Islamkritikerin« Necla Kelek im Feuilleton der FAZ zeigte, dass Integrationskritik und »Islamkritik« nicht nur zusammenliefen, sondern medial auch gezielt zusammengeführt wurden. Kelek selbst hatte offenbar mir gegenüber auf eine Chance zur publizistischen Revanche gewartet, nachdem ich in meiner Abschiedsvorlesung »Leviten lesen« im Juni 2007 (Kap. 7) beiläufig von ihrer oft weniger wissenschaftlichen als »anekdotischen Evidenz« gesprochen hatte und in der deutschen Islamkonferenz ihren ebenso grobkörnigen wie polemischen »islamkritischen« Positionierungen persönlich wiederholt entgegengetreten war.[184]

Diese Chance glaubte sie wohl erkannt zu haben in meiner zunehmenden und die »Islamkritik« insgesamt einbeziehenden Kritik an Sarrazins Thesen. Sie überschrieb ihre argumentativ und sprachlich schwache, bemerkenswerteweise vom FAZ-Herausgeber ohne Rücksprache mit dem gegenüber der »Islamkritik« scharf abweisenden Feuilletonchef Patrick Bahners[185] für das Feuilleton angenommene Polemik mit

---

[183] Ebd., S. 350f.

[184] Hierzu und zum Folgenden: www.kjbade.de (»In eigener Sache«); vgl. ders., Kritik und Gewalt, 2013/2014, S. 201–231.
[185] Vgl. P. Bahners, Die Panikmacher. Die Angst der Deutschen vor dem Islam, München 2011. Bahners trat, angeblich auf eigenen Wunsch, bald von seiner machtvollen Position als Feuilletonchef zurück und wurde als FAZ-Kulturkorrespondent nach New York geschickt.

dem Titel »Professor Bade gibt den Anti-Sarrazin«.[186] Sie missbrauchte damit einen Begriff, den Heribert Prantl gefunden hatte, um, ganz umgekehrt, seine grandiose Würdigung des ersten Jahresgutachtens des Sachverständigenrates deutscher Stiftungen für Integration und Migration gegen die Behauptungen von Sarrazin ironisch in Stellung zu bringen:

»Gut zwei Monate vor dem Sarrazin-Buch ist das Buch erschienen, auf das seit dem Sarrazin-Buch alle warten«, schrieb Prantl im Herbst 2010 in einer ganzseitigen Würdigung des SVR-Gutachtens in der Süddeutschen Zeitung. »Es handelt sich um das Jahresgutachten ›Einwanderungsgesellschaft 2010‹ samt einem ›Integrationsbarometer‹. Dieses Werk ist in fast jeder Hinsicht ein Anti-Sarrazin.«[187]

Der auf dem Frontblatt der FAZ unter dem Titel »Das Migrationskomplott« präsentierte Appetizer zu dem Kelek-Artikel auf dem Feuilletoncover verkündete: »Der Sachverständigenrat deutscher Stiftungen für Integration und Migration wirkt wie ein Politbüro. Necla Kelek sieht ein Kartell am Werk, befehligt wird es von dem Forscher Klaus J. Bade.«

Der Kampfartikel stellte den SVR als millionenschweres »Politbüro der deutschen Migrationspolitik« und mich selbst als dessen »Generalsekretär« vor. Im Sachverständigenrat werde »nach ideologischen Kriterien Politik betrieben«; denn das »Kontrollorgan der politischen Korrektheit in Sachen Integration« gestalte mit fragwürdigen empirischen Erhebungen »Forschung als Machtpolitik« und entscheide mithilfe der Stiftungen über wissenschaftliche Karrierechancen. Es habe ein Macht- und Kontrollsystem aufgebaut, mithilfe dessen »auf Medien und Politik und Institutionen informeller Druck ausgeübt wird«, dem sogar die Stiftungen selbst, durch die besagten Wissenschaftler als Gutachter, hilflos ausgeliefert seien und dessen Opfer nun auch Sarrazin geworden sei.

Feuilletonchef Bahners übersandte mir die miserable Erstfassung des Kelek-Artikels mit einem textkritischen Kommentar und der Frage, ob er den Text mit meiner Hilfe korrigieren oder ob ich gleich oder später dazu an gleicher Stelle im Blatt Stellung nehmen möchte. Ich entschied mich für die dritte Variante. Auf den von Bahners diesmal demonstrativ nur leicht überarbeiteten Kelek-Text habe ich – nach angemessener Frist für den Eingang von Leserbriefen – in gleichem Umfang an gleicher Stelle auf dem Deckblatt des Feuilletonteils der FAZ, sachlich und ruhig geantwortet, in der Annahme, dass die Angelegenheit damit erledigt sei.[188] Umso überraschter war ich darüber, dass der offenbar um Anschluss bemühte Thilo Sarrazin, den Frau Kelek gegen mich verteidigt hatte, mir als SVR-Vorsitzendem in der FAZ in der Rolle eines Advokaten von Frau Kelek und von anderen »Islamkritikern« entgegentrat, zu deren Kreis er sich bald selber zählte (»Wir Islamkritiker«).

Ich habe darauf, trotz des Drängens des Geschäftsführers der Stiftung Mercator und SVR-Förderers Bernhard Lorentz, der um das Renommee des SVR fürchtete, nicht mehr reagiert; denn ich wollte den beiden marktschreierischen »Islamkritikern« nicht das offenbar ersehnte Vergnügen einer »Forschungskontroverse« mit dem »Generalsekretär« des »Politbüros« für Migrationsforschung (Kelek) und »Integrationspapst« Bade (Sarrazin) bieten.

Das fiel mir umso leichter, zumal es sogleich Leserbriefe an die FAZ mit scharfer Kritik an Keleks Pamphlet gegeben hatte. Überdies gab es eine zweiseitige Stellvertreterdiskussion, weil sich der seinerzeitige nordrhein-westfälische »Integrationsminister« (Minister für Generationen, Familie, Frauen und Integration) Armin Laschet, dessen Beirat ich angehörte, von sich aus mit einer Stellungnahme einschaltete. Der Auseinandersetzung räumte ich dann etwas Platz ein in meinem nach dem Ausscheiden aus dem Sachverständigenrat Mitte 2012 möglich gewordenen, im Frühjahr 2013 veröffentlichten ideologiekritischen Buch »Kritik und Gewalt. Sarrazin-Debatte, ›Islamkritik‹ und Terror in der Einwanderungsgesellschaft«.[189]

---

[186] N. Kelek, Professor Bade gibt den Anti-Sarrazin, in: Frankfurter Allgemeine Zeitung, 9.5.2011.
[187] H. Prantl, »Willkommen!«, in: Süddeutsche Zeitung, 11.9.2010.
[188] K. J. Bade, Ich sitze keinem Politbüro vor, in: Frankfurter Allgemeine Zeitung, 18.5.2011, S. 26. Die absurden Einlassungen von Frau Kelek werden von »islamkritischen« Pöblern immer wieder ins Netz gestellt, meine und andere sachliche Richtigstellungen werden dabei stets verschwiegen, wie das in diesen Kreisen so üblich ist.
[189] Zur kritischen Diskussion über den Kelek-Artikel: Ist Frau Necla Kelek eine Verschwörungstheoretikerin?, in: MiGAZIN, 13.5.2011; Absurde Behauptungen über Migrationsforschung, in: Frankfurter Allgemeine Zeitung, 13.5.2011, S. 9; Necla Kelek kennt offenbar die Forschung nicht, in: Frankfurter Allgemeine Zeitung, 16.5.2011, S. 8.; Bade war der erste Kritiker Sarrazins, in: Frankfurter Allgemeine Zeitung, 17.5.2011, S. 6; Migrationspreis antwortet Krawallnudel, in: Berliner Zeitung online, 19.5.2011; Anregungen aus wissenschaftlichem Sachverstand, in: Frankfurter Allgemeine Zeitung, 19.5.2011; Verwertbares, in:

In seinem nächsten Buch »Der neue Tugendterror«[190] glaubte Sarrazin mit vordergründigen Unterstellungen nochmals nachtreten zu sollen: Nachdem ich eine Fülle von Stellungnahmen zu seinen Äußerungen und vor allem zur Diskussion um sein Buch abgegeben und schließlich sogar noch ein eigenes Buch dazu geschrieben hatte, erdreistete er sich ein Jahr später zu der infamen Denunziation:

»Der deutsche Integrationspapst Klaus J. Bade machte sich gar nicht erst die Mühe, meinem Buch irgendwelche Fehler nachzuweisen. Er meinte lediglich pauschal, dass ich den Forschungsstand nicht überblicke. Den Erfolg des Buches erklärte er mit »Verlustängsten« und sah in dem Einwanderungsunbehagen »nur einen Spielball unter anderen im breiten Feld von Politikverdrossenheit und Protestverhalten«. So verschob er die Probleme von der realen auf die psychologische Ebene. Letztlich griff er damit den besorgten Bürger an (sic!) und erklärte ihn für inkompetent bei der Beurteilung von Einwanderungs- und Integrationsfragen.« (10.1.18).

Dies und vor allem die intrigante indirekte Einladung der »besorgten Bürger«, mich wieder einmal einer Shitstorm-Dusche zu unterziehen, war mir Anlass zu einer klärenden Stellungnahme im Nachwort zur dritten Auflage meines Buches »Kritik und Gewalt« (10.1.18). Weil ich davon ausgehen musste, dass Sarrazin auch dies wieder nicht lesen würde, ließ ich noch eine pointierte Rezension seines neuen Buches folgen. Ich wählte dazu die Form der Satire; denn das Buch war meines Erachtens in stringenter und kritischer, geschweige denn wissenschaftlicher Argumentation nicht zu würdigen, weil es gar keine sachlogische Stringenz hatte und sich stattdessen in seinen verschlungenen Argumentationslinien in selbstgefällig mäandernden Bahnen im Kern meist um die alten Thesen sowie die angebliche Opferrolle des millionenschweren Bestsellerautors drehte (10.1.19).

Es wurde dann mittelfristig stiller um die denunziative und diskriminierende Integrations- und »Islamkritik«. Die sogenannte »Flüchtlingskrise« des Jahres 2015 und insbesondere der Sex- und Raubskandal der Silvesternacht 2015 am Kölner Hauptbahnhof und andernorts boten dann der »Islamkritik« in Verbindung mit der wachsenden »Asylkritik« eine neue Chance, ihre alten Argumente wieder öffentlich in Stellung zu bringen, diesmal nicht im Blick auf »türkische«, sondern auf »arabisch-nordafrikanische«, in jedem Falle aber muslimische Zuwanderer.[191]

Vieles davon war Ergebnis der Medienhysterie um die – später in nur kleinen Meldungen (wenige Asylsuchende, wenige Nordafrikaner unter den Tatverdächtigen) beiläufig relativierten – Ereignisse der Silvesternacht 2015. Das zeigte einmal mehr, dass gewisse Medien im Blick auf die postfaktische Aufheizung der Emotionen und deren Folgen mit in die Gruppe der potentiellen »Gefährder« gehören.

Meine Kritik an der pauschalisierenden »Islamkritik« hatte mir immer wieder die üblichen, mitunter auch offen bedrohlichen Hassmails eingetragen. Das wurde noch verstärkt durch meine Wendung gegen die Gleichsetzung von Islam und Islamismus in der Diskussion um »islamkritische« Äußerungen des kabarettistischen Volksidols Dieter Nuhr, die prompt wieder die FAZ als Advokatin der – von mir gar nicht in Frage gestellten – »künstlerischen« Meinungsfreiheit auf den Plan rief (10.1.20).[192]

Ein nicht unbeträchtlicher Teil der angeblich nur auf korrekte Berichterstattung und kritische Kommentierung ausgehenden Medien[193] hat auf dem von mir immer wieder angeprangerten Weg von Unworten zu Untaten eine nicht unbeträchtliche Rolle gespielt.

Es war ein Weg, den führende Politiker selbst in einschlägigen Problemregionen wie der Pegida-Metropole Dresden in latent suizidaler Toleranzbereitschaft gegenüber aggressiver Into-

---

Frankfurter Allgemeine Zeitung, 21.5.2011, S. 10; Klaus J. Bade, Offenheit für Außenseiter, in: Frankfurter Allgemeine Zeitung, 23.5.2011, S. 8; Die Allianz gegen eine differenzierte Darstellung der Realität im Einwanderungsland Deutschland. Das Beispiel Frankfurter Allgemeine Zeitung und Necla Kelek, unveröffentlichter Leserbrief von Gari Pavkovic an die Frankfurter Allgemeine Zeitung, 11.5.2011; im Rückblick: Bade, Kritik und Gewalt, 2013/2014, S. 201–231.

[190] T. Sarrazin, Der neue Tugendterror. Über die Grenzen der Meinungsfreiheit in Deutschland, München 2014.

[191] Siehe z.B. das aktualistisch aufgemachte, zumeist aber aus alten Emma-Artikeln bestehende Buch von A. Schwarzer, Der Schock – Die Silvesternacht von Köln, Köln 2016; mit der gleichen Technik der marktgängigen aktualistischen Reproduktion: dies., Die große Verschleierung. Für Integration, gegen Islamismus, Köln 2011; kritisch: S. Zizek, Ein Karneval der Underdog, in: Der Spiegel, 3/2016, S. 128–130.

[192] K. J. Bade, Islamkritik und Meinungsfreiheit im Kabarett, in: Migazin, 10.11.2014.

[193] Vgl. hierzu besonders C. Wiedemann, Vom Versuch, nicht weiß zu schreiben. Oder: Wie Journalismus unser Weltbild prägt, Köln 2013; dies., »Wie hat sich die Debatte um das Einwanderungsland seit den 90er Jahren entwickelt?«, Vortrag am 24.11.2015 im Bundespresseamt, Berlin, anlässlich von 1 000 Tagen »Mediendienst Integration«.

leranz erst unfassbar spät begriffen oder neu entdeckten.

Das galt zum Beispiel für den sächsischen Ministerpräsidenten Stanislaw Tillich, der unter dem Eindruck des von aggressiven rechtsradikalen und rechtsextremistischen Pöbeleien gestörten Staatsakts zum 3. Oktober 2016 in der sächsischen Landeshauptstadt zu der nachgerade verhaltensauffällig späten Einsicht kam: »Beschämt erleben wir, dass Worte die Lunte legen können für Hass und Gewalt.«[194] Literaturkenntnis schützt vor in der Tat »beschämenden« Neuentdeckungen – ausgerechnet nach den einschlägigen Erfahrungen mit dem »Nationalsozialistischen Untergrund« (NSU).

10.2 Das Grauen von rechts: »Nationalsozialistischer Untergrund« (NSU), Behörden- und Politikversagen (10.2.1–4)

Mitte und Ende 2011 hielt in Nord- und Mitteleuropa der fremden- und insbesondere islamfeindliche Terror Einzug in die Einwanderungsgesellschaften. In Deutschland ging es dabei nicht um aktuelle, sondern um schon viele Jahre zurückliegende Serienverbrechen.[195]

Im Juli 2011 tötete der antiislamisch, aber auch antimultikulturell, antidemokratisch, antiliberal und antieuropäisch motivierte christlich-fundamentalistische Massenmörder Anders Behring Breivik mit einer Autobombe im Stockholmer Regierungsviertel acht Menschen und verletzte viele Passanten sowie Beschäftigte in den umliegenden Büros. Er setzte dann, als Polizist verkleidet, auf die Ferieninsel Utøya über, erschoss dort in einem Ferienlager der einwandererfreundlichen norwegischen Sozialdemokraten mit Handfeuerwaffen 69 Jugendliche und verletzte viele andere schwer. Mit dem langfristig geplanten und nachgerade routiniert vollzogenen Massaker hielt auch in Skandinavien der Terror blutigen Einzug.

Breivik hinterließ ein bis kurz vor seinem Massenmord fortgeschriebenes, vor allem aus »islamkritischen«, auch aus Deutschland stammenden Texten zusammenkopiertes »Manifest«. Er präsentierte sich damit als Vollstrecker der fremden- und islamfeindlichen Botschaften im Netz.

Der Schock gab jetzt auch in Deutschland Anlass zu verstärkten Warnungen vor der kurzen Distanz zwischen Unworten und Untaten und vor allem vor den potentiellen Folgen der unentwegt hämmernden fremden- und insbesondere islamfeindlichen Agitation. Ihre Vertreter waren zum Teil wörtlich von Breivik zitiert worden und bemühten sich nun eifrig, aber nicht selbstkritisch oder gar bußfertig um empörte Distanz gegenüber solchen, angeblich unabsehbaren Folgen ihrer eigenen Gedanken.

Die Warnungen waren in aller Regel nicht ernst genommen und in den Medien, die der »Islamkritik« eine Plattform zu bieten pflegten, als denunziative Argumente der üblichen Krisenbeschwörer abgetan worden. Journalisten deckten jetzt zum Teil in der gleichen Redaktion arbeitende Hetzer, auf die sich Breivik namentlich berufen hatte.

Es sei »höchste Zeit, den Antiislamismus gesellschaftlich als die korrupte, bigotte, intolerante, chauvinistische, verleumderische, ekelhafte, rassistische Hetzerei zu ächten, die er ist«, hatte Kay Sokolowsky schon ein Jahr vor Sarrazins Buch, am Ende seiner 2009 vorgelegten Studie »Feindbild Moslem« gewarnt und ein düsteres Prognostikon angefügt: »Der Boden ist bestellt, die Saat geht schon auf, und wenn Politik und Medien die allgemeine Akzeptanz islamfeindlicher Slogans und Dogmen nicht schleunigst als enorme Gefährdung des inneren Friedens der Republik erkennen und brandmarken, dann wird demnächst auch geerntet werden.«[196]

Auch Sokolowskys Warnung wurde überhört. Sein Buch wurde in den einschlägigen Redaktionen totgeschwiegen und erreichte keine der Bestseller-Listen, auf denen sich »islamkritische« Titel drängten. Das gleiche galt für mein eigenes Buch zum Thema. Die weitere Formation von »islamkritischen« und islamfeindlichen Strömungen zu einer machtvollen Bewegung im Schatten der »Sarrazin-Debatte« und die blutige Begegnung von Wortgewalt und Tatgewalt aber bestätigten unsere Warnungen. Was Sokolowsky 2009 nicht wissen konnte, war, dass die von ihm befürchtete »Ernte« in Gestalt der Bombenattentate, Mord- und Raubzüge des NSU schon lange vorher begonnen hatte.

---
[194] C. Jakob, Spießroutenlauf an Pegida vorbei, in: taz.die tageszeitung, 3.10.2016.
[195] Hierzu und zum Folgenden: Bade, Kritik und Gewalt, 2013/2014, S. 288–347.

---
[196] K. Sokolowsky, Feindbild Moslem, Berlin 2009, S. 146, 183.

Im November 2011 öffnete sich auch in Deutschland das Tor zur Hölle des Terrors in der Einwanderungsgesellschaft: Die Aufdeckung der terroristischen Raub- und Mordserie des »Nationalsozialistischen Untergrunds« (NSU) veranlasste die bekannten »islamkritischen« Publizisten, Netz- und Hetzwerker nun zu vollmundigen Distanzierungen, die die zum Teil ohnehin nur mäßig interessierten und Mitverantwortliche in den eigenen Reihen schützenden Sicherheitsorgane deshalb erfolgreich ablenken konnten, weil sie sich gern ablenken ließen. Die skandalöse Verstrickung der staatlichen Organe sowie ihr ausgesprochen zurückhaltend wirkendes und in verschiedenen parlamentarischen Untersuchungsausschüssen fortgesetzt mangelhaftes staatliches Aufklärungsinteresse weckten begründetes Misstrauen besonders in Kreisen der türkisch-muslimischen Einwandererbevölkerung (10.2.1/2).

Der »Nationalsozialistische Untergrund« war, wie wir heute wissen, nur die Spitze eines Eisbergs, dessen gefährliche Dimensionen immer deutlicher erkennbar werden, ohne dass die angeblich »streitbare Demokratie« (G. Jasper) mit ihrem unter dem vielsagenden Namen »Verfassungsschutz« einst gegründeten Abwehrsystem gegen diese enorme Gefahr zureichend mobilmachen würde. Akute Gefahr ist im Verzug, weniger für die angeblich von außen gefährdeten »kulturellen«, umso mehr aber für die im Inneren gefährdeten demokratischen Lebensformen in dieser Republik und in Europa insgesamt. Die Zunahme kulturrassistischer und oft postfaktischer Medien- und Alltagsdiskurse ist ein Alarmzeichen erster Ordnung, demgegenüber Verharmlosung und falsch verstandene Toleranz einer fahrlässigen Selbstgefährdung gleichkommen.[197]

Die Geschichte des »Nationalsozialistischen Untergrunds« war auch eine Geschichte des eklatanten Staats- und Behördenversagens, insbesondere beim Bundesamt und bei mehreren Landesämtern für Verfassungsschutz. Und das Bundesinnenministerium unter Leitung von Bundesinnenminister Friedrich erwies sich mit seinen eskapistischen Stellungnahmen, unbeholfenen und oft kontraproduktiven Initiativen mehr als Teil des Problems als seiner Lösung.

Das führte auch in der weiteren Öffentlichkeit zu der von mir schon seit vielen Jahren vorgeschlagenen Forderung, entweder für die Bereiche Migration, Asyl und Integration ein eigenes Ministerium oder doch ein geeignetes Querschnittsministerium zu schaffen, zumindest aber dem Bundesministerium des Innern die zentrale Zuständigkeit für diese Bereich zu entziehen und sie zum Beispiel dem Bundesministerium für Arbeit und Soziales (BMAS) zu übertragen, wo sie sehr viel früher ohnehin angesiedelt war: Auch die Anwerbevereinbarungen, mit denen die Geschichte der organisierten Zuwanderung von »Gastarbeitern« begann, waren von diesem Ministerium ausgefertigt worden – abgesehen von derjenigen mit der Türkei 1961, die wegen der Weigerung des hier skeptischen Ressortleiters dann vom Außenminister unterschrieben werden musste. Migration und Integration haben eben sehr viel mehr mit den BMAS-Schwerpunktbereichen Arbeit und Soziales zu tun als mit den im Bundesministerium des Innern dominierenden Aspekten von Sicherheitspolitik und Gefahrenabwehr (4.2.7–10, 5.1.1, 10.1.16, 10.2.3–4).[198]

Viele, die in Deutschland politische Verantwortung trugen, schienen auch nach der Erfahrung des NSU die Zeichen der Zeit noch immer nicht erkannt zu haben: Kulturangst, Kulturrassismus und die Wahlagitation mit imaginiertem oder tatsächlichem Zuwanderungsdruck gehören schon lange zu den wichtigsten Antriebskräften einer rechtsdriftenden Bewegung im vereinigten Deutschland. Ein frühes Wahlbeispiel am Vorabend des Vereinigungsprozesses war die Kulturängste stimulierende Wahlkampfagitation über die »kulturelle Überfremdung« durch »den Islam« (»Fremde im eigenen Land«), mithilfe derer die rechtsradikalen »Republikaner« durch aggressive Fernsehwerbung (»Spiel mir das Lied vom Tod«) 1989 auf Anhieb 7,5 % der Stimmen im Berliner Abgeordnetenhaus gewannen. Ein letztes Wahlbeispiel waren die spektakulären, freilich auch aus anderen Motiven gespeisten Gewinne der »Alternative für Deutschland« in den Landtagswahlen von Mecklenburg-Vorpommern im Spätsommer 2016.

---

[197] Vgl. Bade, Kritik und Gewalt, 2013/2014, S. 311–347; aktuell: S. Salzborn, Gefährliche Toleranz, in: Kontext, 1.10.2016.

[198] Zur Erläuterung der zeitweise höchst problematischen Rolle des Bundesministeriums des Innern gegenüber den anstehenden Aufgaben im Bereich von Migration und Integration muss bis zum Beginn der »Ära Kohl« zurückgeblickt werden (10.2.4).

Aber auch unabhängig von der Wahlagitation wucherte die Bewegung von über eine »Umvolkung« bramarbasierenden, angeblich nur »besorgten« Bürger als aggressiven Kulturrassisten. Das reichte im deutschen Osten bis hin zum Zuwachs von Pegida und der rechtsextremen Pegida-Abspaltung unter Tatjana Festerling, die sich in Dresden am Tag des Staatsakts zum 3. Oktober 2016 an »alle Patrioten« wandte, »die sich gegen die bisherige unkontrollierte Flutung Deutschlands mit vor allem muslimischen Männern stemmen.«[199] Der allfällige Hinweis auf ähnliche Erscheinungen im deutschen Westen kann dies weder beschönigen noch relativieren.

Aber die neue deutsche Teilung in Kulturpragmatiker und Kulturpessimisten ist keine Frage von Ländergrenzen, sondern von Kollektivmentalitäten und wurde durch die Erfahrung der »Flüchtlingskrise« 2015/16 nicht ausgelöst, sondern nur verstärkt.

11 Einwanderungsgesellschaft unter Zuwanderungsdruck: die »Flüchtlingskrise« (11.1.1–11.2.8)

Die »Flüchtlingskrise« ist die Ausgeburt einer Weltkrise, die Flüchtende aus Krisenregionen und Konflikten mit politischen, sozialen oder religiös-ethnischen Ursachen, aus ökonomischen, zunehmend auch ökologischen und vielen anderen Gründen vor die immer schärfer bewachten Tore der »Festung Europa« treibt oder lockt.

An vielen Ursachen dieser »Flüchtlingskrise« sind Europa und andere hoch entwickelte Weltregionen direkt oder indirekt mitbeteiligt. Hierher gehört in Afrika zum Beispiel der Weg von der Kolonialgeschichte und ihren Folgen bis zur Ausbeutung ehemaliger Kolonialgebiete durch auswärtige Profiteure in Kooperation mit kleptokratischen einheimischen Führungseliten. Dazu gehören krisenverschärfende oder sogar krisenauslösende bewaffnete Interventionen wie zum Beispiel in Libyen oder im Irak und schließlich auch die immer verheerenderen Folgen der Klimaveränderungen, deren Verursacher ebenfalls nicht in den davon am meisten betroffenen Regionen leben.

»The Empire strikes back« (»Das Imperium schlägt zurück«), sagen die Briten und glauben die Flucht- und Arbeitswanderer aus ihren früheren Kolonialgebieten flüstern zu hören: »We are here because you were there« (»Wir kommen zu Euch, weil Ihr zu uns gekommen seid!«).

In Afrika aber gibt es nicht nur für seine Bevölkerungen katastrophale Wirtschafts- und Gesellschaftsprobleme. Es gibt auch aufsteigende Volkswirtschaften und vor allem unerhörte Potenziale an natürlichen Ressourcen, an Humankapital, aber auch kulturellem Kapital, was sogar zu der seit Bundespräsident a.D. Horst Köhler auch in Deutschland häufiger gestellten Frage führt: »Von Afrika lernen?«[200]

Weil die »Flüchtlingskrise« in vieler Hinsicht auch eine strukturelle Weltkrise ist, die sich mit der Zunahme von »Klimaflüchtlingen« noch vervielfältigen wird, kann bloße Abwehr keine Lösung sein. Für ein globales Systemproblem müssen globale Systemfragen gestellt und weltökonomische, weltökologische und weltgesellschaftliche Antworten gefunden werden. Jenseits vom Retten von schiffbrüchigen Flüchtenden vor den Küsten der Festung Europa, vom Helfen im Alltag von Flüchtlingsaufnahme und Flüchtlingsintegration und von internationalen Bemühungen zum Schutz der Schutzsuchenden gibt es dazu zwei große Antworten:

Wir müssen, erstens, teilen lernen: Spenden ist gut, aber nicht gut genug, zumal ein Teil von gut gemeinten Spenden, zum Beispiel in Gestalt von abgelegter Kleidung, von Händlern nach Afrika exportiert wird und dort die einheimische Textilindustrie ruiniert. Das gehört im Ergebnis in die gleiche Linie wie die Ruinierung der afrikanischen Landwirtschaft durch importierte gefrorene Hühnchenteile oder eingeführte Milchprodukte und die Erwürgung der afrikanischen Küstenfischerei durch die zum Beispiel vor der Westküste Afrikas operierenden europäischen,

---

[199] C. Jakob, Bürgerwehr-Fans demonstrieren, in: taz.die tageszeitung, 4.10.2016.
[200] Vgl. H. Köhler, Von Afrika lernen – geht das?, in: Die Zeit online, 22.12.2009 (http://www.zeit.de/2009/53/Schlingensief-Koehler/komplettansicht); vgl. http://www.freunde-afrikas.de/von_afrika_lernen.html; http://www.e-fellows.net/wiki/index.php/AidReversed_-_Wie_Europa_von_Afrika_lernen_kann; https://www.bibelwerk.de/sixcms/media.php/169/biki_3_12_Zwischenruf_Kuegler.pdf; http://www.schlingensief.com/weblog/?p=487.

aber auch japanischen schwimmenden Fischfabriken (»Aus dem Netz in die Dose«).

Und wir müssen, zweitens, widerstehen lernen gegen Systeme der strukturellen, institutionellen und strategischen Inhumanität beim Kampf gegen Flüchtlinge statt gegen Fluchtursachen, wovon noch die Rede sein wird.

Dekuvrierend abwegig war vor dem Hintergrund der »Flüchtlingskrise« der exkulpierende, im Herbst 2015 in den Medien eifrig nachgebetete Politikersatz: »Niemand konnte voraussehen, dass…«. Das war schlicht Quatsch und wurde durch stete Wiederholung, mit Herbert Wehner zu sprechen, nur noch »quätscher«. Natürlich konnte niemand absehen, wann sich im globalen Wanderungsgeschehen was, wo und in welchem Umfang konkret ereignen würde bei der Verbindung der Folgen von strukturellen Krisen und aktuellen politischen, ethnischen oder anderen Konfliktpotenzialen.

Aber dass der weltweite Migrationsdruck unter bestimmten demographischen, ökonomischen, ökologischen, politischen und anderen Rahmenbedingungen und Krisenszenarien zunehmen könnte; dass er in einer noch nicht absehbaren, aber doch erwartbaren Zukunft in zunächst noch geringem, dann aber möglicherweise steigendem Umfang auch Europa erreichen könnte; dass gut gemeinte, aber unvorsichtige politische Schachzüge und Statements angesichts dieses wachsenden Migrationsdrucks eine unübersehbare Eigendynamik im Wanderungsgeschehen und in den panikartigen Reaktionen darauf auslösen könnten – das alles hätte man sehr wohl wissen können, wenn man Ergebnisse der Forschungsliteratur zur Kenntnis genommen hätte:

Entsprechende Warnungen und Mahnungen kann man über Jahrzehnte hinweg zurückverfolgen, zum Beispiel bis zum »Manifest der 60: Deutschland und die Einwanderung« (hier bes. P. J. Opitz, s. Kap. 3) von 1993/94, vom Bericht des Club of Rome von 1972 und vielen anderen wissenschaftlichen und publizistischen Menetekeln seither ganz zu schweigen. Und auch Jahrzehnte alte globale Bevölkerungsprognosen haben sich, wie das Statistische Bundesamt Ende 2016 mitteilte, als erstaunlich zutreffend erwiesen.

Politisches und öffentliches Interesse aber richteten sich selbst am Vorabend der »Flüchtlingskrise« meist noch auf durchaus andere Themenfelder: im europäischen Kontext zum Beispiel auf das Dauerthema »Griechenlandkrise« sowie die damit verbundene »Grexit«-Frage und im Migrationskontext zum Beispiel auf die vielgeschmähte »Armutswanderung« aus Rumänien und Bulgarien und auf die Bewegung von Asylsuchenden aus südosteuropäischen Drittstaaten (»Westbalkan«) insgesamt, die schrittweise zu »sicheren Drittstaaten« erklärt wurden, um insbesondere die Roma-Zuwanderung fernhalten oder doch leichter »rückschieben« zu können.

Von Lippenbekenntnissen und wenigen praktischen Initiativen abgesehen, wollte auf Seiten der Großen Koalition und besonders in den Reihen von CDU/CSU noch bis zum Sommer 2015 kaum jemand so recht etwas von einer aktiven und kostenintensiven Bekämpfung der Ursachen unfreiwilliger Wanderungen in und aus nichteuropäischen Regionen wissen. Ausnahmen blieben parteipolitisch einsame Rufer in der Wüste.

Und auch die schließlich mutige und standhafte Kanzlerin hatte doch lange kaum einen Blick für diese migratorischen Zukunftsfragen, bevor sie mit ihren drei schon bald historischen Worten »Wir schaffen das!« vom 31. August 2015 versehentlich eine Art globalen Schabowski-Effekt lostrat. Die Folge war nicht nur eine migratorische, sondern auch eine politische Lawine, in der die Bundeskanzlerin, Umfragen zufolge, möglicherweise schon im langen Vorfeld der Bundestagswahl von 2017 untergegangen sein würde, wenn es noch eine geeignete, für die Unionsparteien insgesamt akzeptable und in der CDU nicht schon prophylaktisch weggebissene Nachfolge-Alternative gegeben hätte.

Die »Flüchtlingskrise« wurde rasch auch zu einer Strukturkrise der EU, bei der der Sacro egoismo von Einzelstaaten die gemeinsame Basis wie ein Breitmaulrüssler von den Blatträndern aus zu zerfressen tendierte – vom Alleingang Ungarns bei der Abwehr von Flüchtenden bis zum Austritt von Großbritannien aus der EU (»Brexit«). Das marode Dublin-Reglement mit seiner einseitigen Belastung von Randstaaten der EU war die Kernfrage der EU-»Flüchtlingskrise«.

Nicht vergessen werden sollte dabei, dass es die Deutschen (und hier insbesondere die CDU- und noch mehr die CSU-Deutschen) selber waren, die im Blick auf das dysfunktional gewordene Dublin-System rund anderthalb Jahrzehnte lang und bis zum Vorabend der »Flüchtlingskrise« viele Reformanstrengungen im europäischen Asylrecht blockiert hatten, weil »Dublin« so bequem für die Mitte Europas war. Der deutsche Bundesinnenminister Friedrich (CSU) pflegte zu mahnen, die Italiener sollten in Sachen Asyl »ihre Hausaufgaben machen«, womit er in Wahrheit meinte, die Italiener sollten ersatzweise die europäischen »Hausaufgaben« übernehmen.

Das gleiche galt für Deutschlands lange brüske Ablehnung von Verteilungsquoten für Asylsuchende als Alternative zum Dublin-System. In der »Flüchtlingskrise« forderte Deutschland dann eben diese Verteilungsquoten von den anderen Mitgliedstaaten der EU – um die ohne Abstimmung mit ihnen aufgenommenen Geflüchteten wieder umzuverteilen. Dem selbst verstärkten und bald eigendynamischen Zustrom von Flüchtenden aus aller Welt stand die Bundesregierung am Ende schwächer gegenüber als Goethes Zauberlehrling seinem entfesselten Besen, weil es dafür – erfreulicherweise – einen tatsächlichen oder vermeintlichen »Meister« nicht gab, der hätte gerufen oder gewählt werden können.

Zu welch grotesken Ergebnissen dergleichen führen kann, zeigte – vor insgesamt anderen, im Blick auf die Themen Zuwanderung und Integration aber durchaus vergleichbaren Hintergründen – zuletzt die Wahl des offenbar narzisstisch gestörten Wutstrategen Donald Trump, der Merkels Flüchtlingspolitik als »geisteskrank« bezeichnet hatte, zum Präsidenten der in ihren gestörten Realitätsbezügen »ersten postfaktischen Regierung Amerikas«.[201]

Die Bundesregierung sah sich bei ihrem binationalen, internationalen und supranationalen Werben um Hilfe in der »Flüchtlingskrise« oft mit vordergründigen Schuldzuweisungen in einer Art Teufelskreis konfrontiert: Die sprunghaft gestiegenen Abwehrhaltungen gegenüber Zuwanderung in europäischen Nachbarstaaten hatten mit deren wachsenden Überforderungssorgen angesichts von Zuwanderungsdruck und Problemstau in der »Flüchtlingskrise« zu tun. Auf dem Höhepunkt der Krise aber kam die mutige, wichtige und kurzfristig auch richtige, dann aber in ihren Folgen nicht mehr zureichend kontrollierbare Rettungsbotschaft der Bundeskanzlerin vom 4./5.9.2016 (»Wir schaffen das!«). Sie wurde, im Nachgang zu einer am 25.8. vorausgegangenen Twitternachricht[202] des BAMF, in der elektronischen stillen Post andernorts offenbar als globale Willkommensbotschaft missverstanden bzw. durch »Schlepper« auch gezielt so fehlinterpretiert. Migrationsrouten schwenkten verstärkt ein in Richtung Deutschland, auch wenn von »Merkels Marschbefehl« (Cicero, Sept. 2016) nicht die Rede sein kann.

Ebenso wenig aber konnte bei Merkels Drei-Länder-Afrikareise vom Oktober 2016 und ihrer Ankündigung, beim deutschen Vorsitz der 20 wichtigsten Industrie- und Schwellenländer (G 20) das Thema Afrika auf die Agenda zu setzen, von einer Wende zu interkontinentaler Partnerschaft die Rede sein. Motiv und Ziel war vielmehr die Vorfeldsicherung durch Grenzvorverlagerung (»Externalisierung«) zur Abwehr von Fluchtwanderungen. Damit machte sich die deutsche Bundeskanzlerin zu einer Führerin auf dem abschüssigen Weg der Europäischen Union von einer angeblichen Wertegemeinschaft über eine Interessengemeinschaft zu einer Verteidigungsgemeinschaft im Kampf gegen Fluchtwanderungen mit globalstrategischen Abwehrbündnissen von Weißrussland im Osten bis Mali im Süden.

Die Beiträge im ersten Teil des Kapitels (11.1) beschäftigen sich mit Flucht, Asyl und Illegalität, mit übersehenen oder verdrängten Handlungsoptionen gegenüber dem transnationalen Wanderungsgeschehen und mit der zunehmenden Abwehr unerwünschter Zuwanderungen schon vor der »Flüchtlingskrise«.

Die Beiträge im zweiten Teil des Kapitels (11.2) gelten der »Flüchtlingskrise« selbst. Bei ihrer »Bewältigung«, konkret bei dem von der Bundesregierung und Regierungen anderer EU-Mitgliedstaaten als »Erfolg« gefeierten Drosseln der Zuwanderung von oft geschundenen und traumatisierten Flüchtenden, trat ein Verteidigungskrieg gegen Flüchtende an die Stelle der vielbeschworenen »Bekämpfung der Fluchtursachen«. Damit aber wurde die ethische und moralische Axiomatik der lange vielgerühmten europäischen Wertegemeinschaft zunehmend ihrer Vordergründigkeit überführt.

---

[201] C. Wergin, Die massenhaften Proteste machen Hoffnung, in: Die Welt, 23.11.2017.

[202] »Dublin-Verfahren syrischer Staatsangehöriger werden zum gegenwärtigen Zeitpunkt von uns weitestgehend faktisch nicht weiter verfolgt«; BAMF@BAMF_Dialog, 25.8.2015.

12 Spaltung in der Einwanderungsgesellschaft: »Willkommenskultur«, Abwehrhaltungen und Suche nach Zusammenhalt (12.1.1–12.2.9)

12.1 »Willkommenskultur« und Abwehrhaltungen

Auf dem Höhepunkt des Andrangs von Flüchtenden in Deutschland im Herbst 2015 konkurrierten »Willkommenskultur« und Krisenangst:

Auf der »hellen« Seite standen Bilder vom fröhlichen Flüchtlingsempfang, zum Beispiel in dem Fähnchen schwenkenden, »Refugees Welcome«-Schilder hochhaltenden und Kinderspielzeug reichenden Begrüßungsspalier beim Eintreffen der Flüchtlingszüge auf dem Münchner Hauptbahnhof.

Auf der »dunklen« Seite gab es einerseits die Bilder der düster-bedrohlichen, »Spaziergänge« genannten Pegida-Demonstrationen mit einem Deutschlandfahnen-Wald und Sprechchören mit dem Plagiat »Wir sind das Volk!« und andererseits die Bilder von umkämpften Flüchtlingsunterkünften, vor denen flüchtlingsfreundliche Bürger gegen fremdenfeindliche Randalierer Front machten.

Brennende Hilfsbereitschaft gegenüber Geflüchteten stieß auf brennende Dachstühle von Erstaufnahmeeinrichtungen für Flüchtlinge und Asylsuchende. In der Konfrontation mit dem Andrang von Geflüchteten erschien Deutschland vielen ausländischen Beobachtern als ein rätselhaftes, zwischen herzlicher Zuwendung und brutaler Abwehr gespaltenes Land.

Aber lange überwogen die Bilder der »Willkommenskultur«, auf die sich viele Politiker nun gerne beriefen. Das klang oft ebenso schal wie vordem die politische Berufung auf das angebliche »Integrationsland« Deutschland, zumal die »Willkommenskultur« von Beginn an ein doppeltes Gesicht hatte:

Auf der einen Seite stand die politisch gestiftete, ursprünglich vorzugsweise für den Empfang von hochqualifizierten Zuwanderern aus Europa gedachte »Willkommenskultur«, die sich oft in bloßer Willkommenstechnik erschöpfte. Wie weit es damit heute her ist, kann man nach dem Integrationsgesetz an der zum Teil absurden Wohnortzuweisungspolitik von Ausländerbehörden ablesen. Das gilt besonders dann, wenn sie zum Beispiel schon gut eingewöhnte Flüchtlingsfamilien aus vordem zugewiesenen in billigere, frei gewordene Erstaufnahmeeinrichtungen zurückverfrachten, auch um die Sozialwohnungen für einheimische Bedürftige freizumachen, oder aber wenn sie traumatisierte Geflüchtete mit freundlichen Worten, die sie im Willkommenskurs gelernt haben, in Kleinstädte oder Stadtteile im deutschen Osten überweisen, wo die schockierten Schutzsuchenden mit pöbelnden Anti-Asyl-Protesten empfangen werden.

Auf der anderen Seite operierte, mit mancherlei Überschneidungen, aber oft auch in klarem Gegensatz dazu, die bürgergesellschaftliche Willkommensbewegung für die Betreuung von Geflüchteten im Alltag. Ohne die gewaltigen und selbstlosen Hilfeleistungen dieser bürgergesellschaftlichen Bewegung wären die staatlichen und kommunalen Aufnahmestrukturen schon frühzeitig und mit unübersehbaren Folgen zusammengebrochen. Das zeigte monatelang das berüchtigte, in vielen Bereichen nur durch die Flüchtlingsinitiative »Moabit hilft« geminderte Chaos am Berliner LAGESO (Landesamt für Gesundheit und Soziales). Wo sind die Auszeichnungen für diese vielen Helden des Alltags hier und andernorts?

Während viele sich in der Willkommensbewegung praktisch engagierten, andere die »Willkommenskultur« von oben schmähten und sie dabei oft mit der bürgergesellschaftlichen Willkommensbewegung von unten verwechselten, entfaltete sich das stille und bis zur Erschöpfung betriebene Engagement der praktischen Flüchtlingshilfe im Alltag: von den massenhaften Kleiderspenden über die Mithilfe in Erstaufnahmeeinrichtungen bis zur Aufnahme von Geflüchteten in Familien.

Begleitumstände und Folgeerscheinungen des anhaltenden Flüchtlingsandrangs waren lange schwer abschätzbar: Die starke Zuwanderung von Geflüchteten in jugendlichem bis mittlerem Alter führte 2015 entgegen dem demographischen Trend kurzfristig sogar zu einer Verjüngung der Altersstruktur und insgesamt zu einem befristeten Wandel vom demographisch bedingten Schrumpfen zum migratorisch bedingten Wachstum der Bevölkerung in Deutschland. Aber das war nur die eine Seite der demoökonomischen Medaille.

Kehrseite des demographischen Gewinns war die schwer kalkulierbare Belastung durch die Flüchtlingsintegration, vor allem am Arbeitsmarkt. Der Erfolg der Arbeitsmarktintegration aber entscheidet volkswirtschaftlich darüber, ob der demographischen auch eine demoökonomische Gewinnrechnung entsprechen kann. Dafür gab es durchaus unterschiedliche, zum Teil auch widersprüchliche wissenschaftliche und in weiten Teilen der Bevölkerung bald zunehmend negativ beurteilte Chancen.

Hinzu trat die berechtigte Sorge von sozial Schwachen um randständige Beschäftigungschancen durch die zunächst nur imaginierte, aber durchaus erwartbare Konkurrenz von gleich oder besser qualifizierten, aber zu niedrigerem Lohn arbeitsbereiten Geflüchteten. Das gleiche galt für die befürchtete Konkurrenz bei der »Schwarzarbeit« am informellen Arbeitsmarkt. Hinzu kam die soziale Angst in der schon bald nicht mehr nur imaginierten, sondern auch konkret fassbaren Opferkonkurrenz zwischen einheimischen Armen und ausländischen Geflüchteten, zum Beispiel bei der Zuweisung von Sozialwohnungen.

Unabhängig von den Soziallagen gab es steigenden Missmut über die Belastung der kommunalen Haushalte und die Einschränkung von kommunal finanzierten Angeboten, bis hin zur zeitweisen Umnutzung von Freizeiteinrichtungen für die Unterbringung von Geflüchteten.

Durchaus anders motivierte wirtschaftliche Konkurrenzangst griff aber auch im von sozialen Abstiegssorgen geplagten Mittelstand um sich und verband sich mit allenthalben greifbaren Kulturängsten: Was die einen als »kulturelle Bereicherung« begrüßten, löste bei anderen Angst vor sozialer Überforderung und »kultureller Überfremdung« aus.

Zur sich selbst erfüllenden Prophezeiung gerieten bald stereotype populistische Warnungen konservativer Politiker und Publizisten vor einem »Kippen der Stimmung« auch in den flüchtlingsfreundlichen Teilen der Bevölkerung. Dazu diente oft der Hinweis auf eine angeblich nicht mehr aufzuhaltende »Völkerwanderung« mit der »Flüchtlingskrise« als bloßem Auftakt zu einem Huntingtons Vision folgenden, für Europa möglicherweise endzeitlichen »Zusammenprall der Zivilisationen«.[203]

Der eigentliche Wendepunkt in den Haltungen zur »Flüchtlingskrise« aber kam mit der erwähnten medialen Skandalshow um die Ereignisse in der Silvesternacht 2015 am Kölner Hauptbahnhof. Deshalb lässt sich geradewegs ein Bogen spannen von dem fröhlichen Empfang für Geflüchtete am Münchner Hauptbahnhof zu den sexistischen und räuberischen Übergriffen von »Antänzern« unter Beteiligung auch von einzelnen Asylsuchenden in jener Silvesternacht am Kölner Hauptbahnhof und andernorts. Die fraglos skandalösen Straftaten wurden, wie erwähnt, in Sensationsmedien und in rechtsorientierten Kreisen von der NPD bis zur AFD zu einem nachgerade kultur- und staatsgefährdenden Ansturm von »Sex-Mob-Asylanten« (NPD) hochstilisiert und begierig auch von den einschlägig bekannten »islamkritischen« Kreisen aufgegriffen.

Die Folgen waren verheerend. Noch ohne die allgemeine Aufnahmebereitschaft infrage zu stellen, sanken in Umfragen die flüchtlingsfreundlichen Positionierungen. Die regional und schichtenspezifisch unterschiedlich geprägte Unterströmung von Skepsis, Sorge und Angst begann erneut zu steigen und spülte alte Vorurteile gegenüber »Wirtschaftsflüchtlingen« und »Scheinasylanten« wieder nach oben.

Mitbestimmend für wachsende Abwehrhaltungen waren auf dem Höhepunkt der »Flüchtlingskrise« und noch Monate danach aber auch die scheinbar konzeptarm oder doch nicht konsensfähig zwischen Beruhigungsformeln und Alarmismus schwankenden parteipolitischen Positionierungen mit wechselseitigen Schuldzuschreibungen auf der Bundesebene und insbesondere auf der Unionsachse München-Berlin, was in einiger Hinsicht an die wechselseitigen parteipolitischen Blockaden im »Asylstreit« der frühen 1990er Jahre und deren Folgen erinnerte.

Zusätzlich verschärfend wirkten populistische parteipolitische Perspektiven in den Landtagswahlkämpfen in Mecklenburg-Vorpommern sowie in Berlin im Spätsommer 2016 und im langen Vorfeld der Bundestagswahl von 2017. Den Hintergrund bildeten Versuche, den rasant aufsteigenden eigentlichen politischen Gewinner der allgemeinen Unsicherheit, die gefürchtete »Alternative für Deutschland«, zu bremsen oder sogar zu übertrumpfen, die schon wie ein grinsendes Gespenst durch die Kabinettsrunde zu schleichen schien.

Immens verschärfend aber wirkte ein Bumerang-Effekt der immer mehr auf Sicherheitspolitik, Gefahrenabwehr und »Härte« gegenüber Flüchtenden setzenden »Bewältigung« der »Flüchtlingskrise« in Gestalt der militarisierten Drosselung des Zugangs für Flüchtende durch

---

[203] Beispiel: M. Stürmer, Wir erleben den Zusammenprall der Zivilisationen. Jetzt, in: Die Welt online, 22.7.2016.

EU-Staaten in Drachentöter-Manier (11.2.5/6). Das bestärkte erkennbar fremdenfeindliche Abwehrhaltungen und rechtsorientierte Strömungen; denn sie wussten sich diese strategische Wendung von der deutschen und europäischen Flüchtlingspolitik zur Flüchtlingsabwehrpolitik und von der nur proklamierten Bekämpfung der Fluchtursachen zur Bekämpfung von Flüchtenden weit vor den Grenzen der »Festung Europa« (»Externalisierung« der Flüchtlingsabwehr) als Erfolg auf ihre eigenen Fahnen zu schreiben. Das alles belastete schließlich auch den deutlich nach rechts rutschenden demokratischen Grundkonsens.

Klar werden muss, wie auch die nicht eben systemkritische FAZ im Blick auf den Wiener Flüchtlingsgipfel Ende September 2016 zutreffend kommentierte: »Weder EU-Gipfeltreffen noch deutsche Koalitionsrunden lösen globale Migrationsprobleme.«[204] Dazu kann nur eine Weltflüchtlingskonferenz beitragen, am besten verbunden mit einer Weltflüchtlingsdekade, in der es nicht um die »Bekämpfung« von Flüchtenden sondern von Fluchtursachen geht. Dafür und für die Stabilisierung der »Frontstaaten« mit ihrem gewaltigen Flüchtlingsaufkommen am Rand der Krisenzonen wären gewaltige Investitionen nötig, die uns alle nur etwas ärmer und die Welt insgesamt überlebensfähiger machen würden (11.2.7/8).

Die Rede von der »Bekämpfung der Fluchtursachen« aber, die auch auf dem Wiener Flüchtlingsgipfel im Konzert der dröhnenden Abwehrstrategien beschwichtigend mitklang, ist zu einer hohlen Phrase geworden. Das erinnert an die »Schande von Évian« 1938, als Vertreter von 32 Staaten und vielen Hilfsorganisationen über die Erleichterung der Einreise für die vom NS Staat terrorisierten und zunehmend in tödlicher Gefahr lebenden Juden aus Deutschland verhandelten. Sie kamen damals zu einem Ergebnis, das der österreichische Schriftsteller Alfred Polgar mit den Worten kommentierte: Internationale Verhandlungen, die zur Erörterung der Frage »Wie schützt man die Flüchtlinge?« einberufen würden, beschäftigten sich in Wahrheit vor allem mit der Frage: »Wie schützen wir uns vor ihnen?«.[205]

Nachdem der bayerische Ministerpräsident Horst Seehofer (CSU) schon im Mai 2016 das Ende der »Willkommenskultur« ausgerufen hatte, meldete im Juli 2016 das Nachrichtenmagazin »Der Spiegel« mit Blick auf die Ergebnisse einer Studie des Bielefelder Instituts für interdisziplinäre Konflikt- und Gewaltforschung: »Die Willkommenskultur verabschiedet sich [...]. Demnach sieht ein Drittel der Befragten Deutschlands Zukunft durch die Migration in Gefahr. Knapp die Hälfte von ihnen hat Angst, dass mit der steigenden Anzahl der Flüchtlinge in Deutschland auch die Bedrohung durch Terrorismus wächst. Fast ebenso viele Befragte wünschen sich, dass die Asylbewerber wieder ausgewiesen werden, wenn sich die Lage in ihren Heimatländern verbessert.«[206]

Ganz so abschiedsträchtig waren die sehr differenzierten Bielefelder Ergebnisse wiederum nicht. Sie zeigten vielmehr auch, dass eine grundlegende Aufnahmebereitschaft für Geflüchtete bei der weit überwiegenden Zahl der Befragten trotz allem noch immer vorhanden ist.

12.2 Die Suche nach dem neuen »Wir«

Umso wichtiger sind vor dem Hintergrund von gesellschaftlicher Spaltung[207] und kollektivmentaler Diffusion mit ihrem neuen Höhepunkt in der »Flüchtlingskrise« die Bemühungen um einen ideellen, sozialen und kulturellen Grundkonsens in der Einwanderungsgesellschaft, an denen ich mich schon früh beteiligt hatte.

Dabei erscheint mir die geläufige Rede von einer »Identitätskrise« der Mehrheitsbevölkerung und deren Suche nach »Zusammenhalt« einigermaßen vordergründig, solange nicht konsensual geklärt ist, woraus denn die in die Krise geratene »Identität«, von tragenden Kulturtraditionen einmal abgesehen, vordem eigentlich bestanden haben und worum es bei dem neuer-

---

[204] R. Müller, Flüchtlingsgipfel in Wien. Signale einer europäischen Union, in: Frankfurter Allgemeine Zeitung, 25.9.2016.
[205] H. Kauffmann, Das Scheitern der Konferenz 1938 und die Krise der europäischen Außenpolitik 2008, in: W. Benz / C. Curio / H. Kauffmann (Hg.), Von Evian nach Brüssel. Menschenrechte und Flüchtlingsschutz 70 Jahre nach der Konferenz von Évian, Karlsruhe 2008, S. 39.
[206] V. Steinmetz, Studie zu Flüchtlingen und Migranten. Die Willkommenskultur verabschiedet sich, in: Der Spiegel online, 7.7.2016.
[207] Hierzu zuletzt die neue »Mitte-Studie« der Friedrich-Ebert-Stiftung: A. Zick / B. Küpper / D. Krause, Gespaltene Mitte – Feindselige Zustände. Rechtsextreme Einstellungen in Deutschland 2016, Bonn 2016; vgl. O. Decker / J. Kies / E. Brähler (Hg.), Die enthemmte Mitte. Autoritäre und rechtsextreme Einstellung in Deutschland, Leipzig 2016; P. Fink / H. Tiemann, Deutschland driftet weiter auseinander, in: Neue Gesellschaft/Frankfurter Hefte, H. 7/8, 2016, S. 16–20.

dings gerade von konservativer Seite aus vielbemühten »Zusammenhalt« konkret gehen soll; immer abgesehen von den tatsächlichen »Identitätskrisen« von Migranten zwischen den multiplen eigenen Identitäten und den ihnen vom Aufnahmeland einseitig zugeschriebenen »Identitäten« (»Flüchtlingseigenschaften«), denen sie im System der staatlichen Schicksalsverwaltung zu entsprechen suchen müssen, wenn sie im Verfahren eine Chance haben wollen.

Dennoch habe ich als parteiloser wissenschaftlicher Politikbegleiter gerade linke, aber auch neoliberale Politiker und Publizisten immer wieder zu ermahnen versucht, in Sachen Migration und Integration diese sogenannten Identitätsprobleme nicht auszublenden (8.13.3). Ziel sollte es in jedem Falle sein, an die Stelle eines traditionsorientierten einen verfassungsorientierten ideellen Konsens treten zu lassen, der dann auch den nötigen »Zusammenhalt« stiften kann.

In diesem Zusammenhang muss auch immer wieder neu nachgedacht werden über den Begriff »Integration«, der sich von einer Forschergeneration zur anderen mehrfach gewandelt hat – von der »Eingliederung« damals bis zur »Inklusion« heute. Integration könne man, so habe ich 2008 vorgeschlagen (6.2.7), in einem modernen Einwanderungsland in drei Kreisen diskutieren:

Im ersten Kreis geht es um die Integration der zugewanderten und der schon im Land geborenen Bevölkerung mit dem sogenannten Migrationshintergrund.

In einem weiteren Kreis geht es um die Integration als Gesamtaufgabe der Einwanderungsgesellschaft, unter Einbeziehung also auch von im Sinne von Integration als Teilhabe nicht oder nicht mehr zureichend integrierten Menschen aus der Mehrheitsbevölkerung; denn auch sie können – zum Beispiel infolge unzureichender Qualifikation, prekärer Soziallage und dauerhafter Arbeitslosigkeit – in einen Sog desintegrativer Faktoren geraten sein, aus dem sie sich nicht mehr selbst befreien können ohne geeignete Konzepte, die die (auf Jochen Welt, SPD, als ehemaligen Aussiedlerbeauftragten der Bundesregierung zurückgehenden) Komponenten »Fördern und Fordern« verbinden.

Im dritten, weitesten Kreis geht es um die interkulturell verschärfte Gretchenfrage postindustrieller Einwanderungsgesellschaften: Was hält unsere kulturell vielfältiger werdenden Gesellschaften eigentlich ideell zusammen – die deutsche als Teil der europäischen Gesellschaft, die europäische als Teil der atlantischen, die atlantische als Teil einer Weltgesellschaft, so es eine solche in der bislang erdachten Form überhaupt schon oder noch gibt? Welches sind die dazu nötigen und in Spielregeln von wirtschaftlichem Handeln, sozialer und politischer Kommunikation übersetzbaren konsensualen Grundideen, Werte und Normen?[208]

Der ideelle Bogen geht hier aus von den vielgestaltigen, oft von Public Intellectuals mit dem sogenannten Migrationshintergrund wie den Autoren Navid Kermani[209], Naika Foroutan[210], Zafer Şenocak[211] und viele anderen[212] in ihren Büchern, von der Regisseurin und Theaterintendantin Shermin Langhoff auf der Bühne oder von der in der Berliner Akademie der Künste 2016 von Johannes Odenthal und seinem Team präsentierten großen Ausstellung »Uncertain States« mit ihrem gewaltigen Begleitprogramm initiierten Anstößen. Herausfordernde Ergebnisse sind wissenschaftliche, literarische, szenische und im weitesten Sinne künstlerische Bestandsaufnahmen, Perspektiven und Visionen der kulturellen Hybridität im »postkolonialen« und »postmigrantischen« Zeitalter.

Der Bogen spannt sich weiter über die von Harald Welzer, André Wilkens und anderen zwischen Buchdeckeln und auf Podien inszenierte, an Popper anschließende »Offene Gesellschaft«[213] bis hin zu Münklers »Neuen Deutschen«[214] und zu der von mir immer wieder angesprochenen Frage nach dem ideellen »soli-

---

[208] K. J. Bade, Statement auf der Pressekonferenz zur Vorstellung des StiftungsReports 2008/09 des Bundesverbandes Deutscher Stiftungen, Berlin, 12.6.2008.
[209] N. Kermani, Wer ist Wir? Deutschland und seine Muslime, München 2009; zuletzt: ders., Einbruch der Wirklichkeit. Auf dem Flüchtlingstreck durch Europa, München 2016.
[210] N. Foroutan, Narrationen von Nationen – Oder: Wie erzählt man nationale Identität in Deutschland neu?, in: Bertelsmann Stiftung (Hg.), Vielfältiges Deutschland. Bausteine für eine zukunftsfähige Gesellschaft, Gütersloh 2014; dies. und Forschungsteam, Deutschland postmigrantisch I. Gesellschaft, Religion, Identität – Erste Ergebnisse, Berlin 2014; dies., Deutschland postmigrantisch II – Einstellungen von Jugendlichen und jungen Erwachsenen zu Gesellschaft, Religion und Identität, Berlin 2015; dies., Die Einheit der Verschiedenen: Integration in der postmigrantischen Gesellschaft.« Bundeszentrale für politische Bildung, Focus Migration, Kurzdossier, bpb/Bonn 2015.
[211] Z. Şenocak, Deutschsein. Eine Aufklärungsschrift, Hamburg 2011.
[212] Vgl. u.v.a.: H. Sezgin (Hg.), Manifest der Vielen. Deutschland erfindet sich neu, Berlin 2011.
[213] A. Carius / H. Welzer / A. Wilkens, Welches Land wollen wir sein? Die offene Gesellschaft und ihre Freunde, Frankfurt 2016.
[214] H. u. M. Münkler, Die neuen Deutschen. Ein Land vor seiner Zukunft, Berlin 2016.

darischen Wir«, mit dem man den Begriff einer neuen kollektiven Identität füllen könnte (z.B. 2.10, 3.5, 12.2.1).

Eine für durch Keywords wie »solidarisch« oder »kollektiv« eher irritierbare Zeitgenossen vielleicht eingängigere Alternative wäre die von mir schon vor Jahren, über den vormaligen Integrationsbeirat der Bundesregierung, ganz bewusst forcierte Diskussion um einen kritisch reflektierten neuen, nicht traditionellen, sondern ideellen »Heimat«-Begriff. Das hat zuletzt auch Heribert Prantl mit den Stichworten »Heimat Demokratie – Heimat Sozialstaat – Heimat Europa« und mit dem kämpferischen Motto aufgegriffen: »In flüchtigen Zeiten Heimat schaffen, das ist Politik gegen die Parolen des Mobs.«[215]

Bei diesem auch transkulturell erweiterten Heimatbegriff ginge es um die verschiedensten kulturellen Heimaten (im Plural) unter einer übergreifenden gemeinsamen ideellen Heimat, deren tragende Wertbezüge im Grundgesetz ankern. Eine Grundvoraussetzung dafür ist die Einsicht in die Tatsache, dass es in einer Einwanderungsgesellschaft, auch innerhalb einer Familie, unterschiedliche Einwanderergenerationen und Integrationserfahrungen geben kann. Daraus entstehen vielfältig in sich gebrochene und von der Mehrheitsbevölkerung oft deutlich verschiedene Erinnerungskulturen als Grundlage für Gegenwartseinschätzung und Zukunftserwartungen (2.10, 12.2.9).

Die interkulturellen Identitäts- und Inklusionsdiskurse, die schon einen eigenen Buchmarkt haben, könnten über die »Flüchtlingskrise« von 2015/16 hinaus dauerhaft bedeutsam werden für einen von einer gemeinsamen ideellen Wertebasis getragenen, belastbaren demokratischen Grundkonsens in der Einwanderungsgesellschaft.

Er würde, so bleibt zu hoffen, auch streitbare Abwehr bieten gegen extremistische Angriffe von innen und außen; denn nichts ist für die stille fundamentalistische Allianz der Extremisten jedweder Provenienz lähmender als die Konfrontation mit einem in seinem demokratischen Grundkonsens selbstbewussten und nötigenfalls auch streitbaren Gemeinwesen, zu dessen Grundwerten das Streben nach interkultureller Akzeptanz und sozialem Frieden gehört.

Das aber muss im axiomatischen Rahmen des im Grundgesetz festgeschriebenen Grundwertekatalogs in einer Einwanderungsgesellschaft, die sich als offene Gesellschaft versteht, stets weiter ausdifferenziert, in seinen konkreten Postulaten und Perspektiven immer wieder neu ausgehandelt und sollte letztendlich auch durch eine Änderung des Grundgesetzes selbst gerahmt werden.[216]

Wir könnten, habe ich im Frühjahr 2015 vorgeschlagen, auf der diskursiven Suche nach einer inklusiven konsensualen »Narratio« mit dem französischen Kulturphilosophen Vincent Cespedes über den Verlust unserer Fähigkeit nachdenken, »Kollektive zu bilden«. Vielleicht sollten wir mit ihm auch von afrikanischen Kulturtechniken lernen und versuchen, den »Zaubertrank«

---

[215] Bei den vorbereitenden Gesprächen für den Beirat habe ich der Integrationsbeauftragten der Bundesregierung, Prof. Dr. Maria Böhmer, dazu geraten, dieses Thema, zu dem ich auch den Eröffnungsvortrag auf der konstituierenden Sitzung des Beirats gehalten habe, in den Vordergrund zu stellen und dazu eine erste Arbeitsgruppe einzurichten, was dann auch geschah; vgl. Die Beauftragte der Bundesregierung für Migration, Flüchtlinge und Integration (Hg.), Beirat Integration, Berlin August 2013, S. 9–15; H. Prantl, Mob und Mitte, in: Süddeutsche Zeitung, 18./19.6.2016.

[216] Vgl. hierzu: J. Eichenhofer / F. Dilmaghani, Eine Einwanderungsverfassung für die Einwanderungsgesellschaft, in: Carius / Welzer / Wilkens, Die offene Gesellschaft, 2016, S. 200–210; im Vorfeld des 9. Integrationsgipfels (14.11.2016) der Bundeskanzlerin und der Integrationsbeauftragten der Bundesregierung Aydan Özoğuz als Votum der Migrant/innen-Verbände: Wie interkulturelle Öffnung jetzt gelingen kann. Impulspapier der Migrant/innen-Organisationen zur Teilhabe in der Einwanderungsgesellschaft, Berlin/Pheneo gAG 2016, (https://drive.google.com/file/d/0B0IHn0rcy4UmeFVJb1FjZDZVTVk/edit); aus der Mediendiskussion dazu und zum 9. Integrationsgipfel u.v.a.: Interview mit Farhad Dilmaghani zum 9. Integrationsgipfel, in: Tagesschau24, 14.11.2016 (https://www.tagesschau.de/multimedia/video/video-231141.html); Bericht über den 9. Integrationsgipfel, in: heute.de, 14.11.2016 (http://www.heute.de/neuter-integrationsgipfel-in-berlin-fuer-eine-faire-chance-fuer-alle-45905154.html); Meinungsbeitrag von Farhad Dilmaghani über das Impulspapier und die interkulturelle Öffnung unter dem Titel »Bekenntnis zur Einwanderung muss ins Grundgesetz«, in: Tagesspiegel, 14.11.2016 (http://www.tagesspiegel.de/politik/vorschlag-zum-integrationsgipfel-bekenntnis-zur-einwanderung-muss-ins-grundgesetz/14837504.html); Die Dokumentation des Impulspapiers, in: Die Zeit online, 11.11.2016 (http://www.zeit.de/gesellschaft/zeitgeschehen/2016-11/integration-integrationsgipfel-migrantenverbaende-positionspapier); C. Dorner, Bericht zum Integrationsgipfel, in: Süddeutsche Zeitung, 14.11.2016 (http://www.sueddeutsche.de/politik/integrationsgipfel-mehr-teilhabe-fuer-migranten-1.3248910); A. Ehrenhauser, Bericht zum Integrationsgipfel, in: taz.die tageszeitung, 14.11.2016 (http://www.taz.de/!5354012/); S. Otto, Bekenntnis zur Einwanderung gefordert, in: Neues Deutschland, 12.11.2016 (https://www.neues-deutschland.de/artikel/1031860.bekenntnis-zur-einwanderung-gefordert.html); Pressemitteilung zum Impulspapier, in: DeutschPlus (http://www.deutsch-plus.de/neue-deutsche-initiativen/pressemitteilung-wir-wollen-dass-die-teilhabe-von-migrantinnen-selbstverstaendlich-wird/).

zu entdecken, mithilfe dessen man das kollektive »Wir« wiederfinden kann.[217]

Cespedes meint damit das altafrikanische »Große Palaver« aus der Zeit vor der islamischen Überformung weiter Teile des Kontinents: Es konnte sehr lange dauern, musste aber mit konsensualen und inklusiven Leitorientierungen enden. Die standen dann für alle Beteiligten nicht mehr zur Disposition – bis vielleicht ein neues »Großes Palaver« andere Leitorientierungen brachte. Um das »Große Palaver« ergebnisorientiert und nachhaltig zu strukturieren, könnte die Idee eines Leitbildes für die Einwanderungsgesellschaft eine Hilfestellung sein, die von einem breiten, vielgestaltigen und parteiübergreifenden gesellschaftspolitischen Votum getragen wird, das von Migrationsforschern und kritischen Politikbegleitern über die Integrationsbeauftragte der Bundesregierung Aydan Özoğuz, die Bewegung »Offene Gesellschaft« und Bündnis 90/Die Grünen bis zu CDU-Generalsekretär Peter Tauber reicht.[218]

Das abschließende Beiträge-Kapitel bietet Texte zur Spannung zwischen »Willkommenskultur« und Abwehrhaltungen (12.1) und zur Suche nach dem neuen »Wir« in der Einwanderungsgesellschaft unter Zuwanderungsdruck (12.2).

* * *

Ein Déjà-vu-Erlebnis der besonderen Art hatte ich im Oktober 2016, unmittelbar vor Abschluss dieses Manuskripts: Es war die Nachricht, dass von mir hochgeschätzte jüngere Bannerträger der Migrationsforschung in akademischen Leitungspositionen wie Naika Foroutan und Andreas Zick zusammen mit anderen, die für eine Leitbild-Kommission eintreten, nun auch ein »Bundesinstitut für Migrationsforschung«[219] fordern – eine Idee, für die ich mehr als ein Vierteljahrhundert geworben habe.

Hätte es in den letzten Jahren schon ein großes – unabhängiges – Bundesinstitut für Migrationsforschung (sowie für Flucht- und Integrationsforschung) gegeben, dann wäre die politische Ratlosigkeit voraussichtlich begrenzter gewesen und damit auch die Zahl der folgenschweren Fehlentscheidungen, vom Herunterfahren der Zahl der Asylentscheider im Bundesamt für Migration und Flüchtlinge bis zum Abbau von Erstaufnahmeeinrichtungen, wovon auch andere kritische Politikbegleiter mit guten Gründen, aber vergeblich abgeraten hatten.

Ein Bundesinstitut wäre trotz der in Sachen Migration und Integration heute hochdifferenzierten Forschungslandschaft m.E. nach wie vor nützlich. Grundlage sollte aber nach gehabten Erfahrungen – wie bei den »Wirtschaftsweisen« und anfangs auch beim Zuwanderungsrat – eine gesetzliche Grundlage sein, die Unabhängigkeit und Dauer garantiert. Das freilich dürfte wohl eine Forderung sein, die nicht wenige Politiker mit einem hinter vorgehaltener Hand geflüsterten »Nie wieder!« quittieren würden; denn auf Dauer gestellte und unabhängige kritische Politikbegleitung macht aus Sicht ihrer Adressaten gelegentlich auch Ärger.

Aber vielleicht gibt es ja diesmal eine Chance, die der Gründungsidee das Schicksal der Unabhängigen Kommission Zuwanderung (2000/01) und des Zuwanderungsrats (2003/04) erspart, das man in Schillers Worte fassen könnte: »Der Mohr hat seine Schuldigkeit (im Original »seine Arbeit«, KJB) getan, der Mohr kann gehen!«

Bedauerlich wäre dann freilich, dass Politik, um in dieser Hinsicht aktiv zu werden, erst das – aus ihrer Sicht – Worst-Case-Szenario der »Flüchtlingskrise« gebraucht hätte und außerdem noch den Alptraum des »Umkippens« der »Flüchtlingskrise« in eine »Integrationskrise«, die nicht allein die Geflüchteten betreffen, sondern die Einwanderungsgesellschaft insgesamt erschüttern würde.

Dass diese Krise längst schwelt, zeigen auf den Straße die immer wieder aufflammenden Anschläge und an den Wahlurnen die Erfolge der Alternative für Deutschland. Diese Erfolge aber sind nicht nur Ergebnis jenes Zusammenlaufens der Kampflinien von »Islamkritik« und »Asylkritik«, vor dem ich viele Jahre lang gewarnt habe. Sie sind, als Ergebnis von Protestverhalten und einer Suche nach großen und scheinbar einfachen Lösungen im rechten Feld, auch ein gefährliches Signal für das wachsende

---

[217] K. J. Bade, Zehn Thesen zum »Großen Palaver« über Willkommenstechnik, Willkommenskultur und teilhabeorientierte Gesellschaftspolitik, in: MiGAZIN, 12.3.2015 (http://www.migazin.de/2015/03/12/zehn-thesen-grossen-palaver-willkommenstechnik/).
[218] Vgl. u.v.a.: N. Foroutan, Wir brauchen ein Leitbild statt einer Leitkultur, in: Mediendienst Integration, 16.10.2015; zuletzt hierzu: Miteinander in Vielfalt. Ein Leitbild für die Einwanderungsgesellschaft, Friedrich-Ebert-Stiftung. Forum Berlin, Tagung 14.2.2017.
[219] S. Anm. 99.

Unbehagen an den immer schwierigen und auf Kompromissbereitschaft angewiesenen parlamentarisch-demokratischen Aushandlungsprozessen. Dieses Unbehagen aber ist auch eine Ausgeburt politischer Ratlosigkeit in der »Glokalisierung«, zu der die nationale und vor allem kommunale Konfrontation mit den globalen Problemen von Migration und Flucht gehört.

Wenn sich aber der Souverän, die einst viel gerühmte Gemeinschaft der »mündigen Bürger«, von ihrer parlamentarisch-demokratischen Lebensform abzuwenden beginnt, öffnen sich Abwege auf nach rechts hin abschüssiger Bahn. Auch die politische Kultur in Europa und im atlantischen Raum scheint in dieses Gefälle zu geraten. Das reicht von dem mit antieuropäischen »postfaktischen« Halbwahrheiten erstrittenen Wahlsieg der »Brexit«-Phantasten in Großbritannien bis zum Wahlsieg des von deutschen Vorfahren abstammenden neuen Präsidenten der Vereinigten Staaten. Donald Trump hatte seine Wahlkampagne mit noch aggressiverem Populismus bestritten, auch im Blick auf die Spaltungsthemen Migration, Flucht, Integration und Minderheiten in der Einwanderungsgesellschaft.

Es wird Zeit, auf die vielen hier offenen Grundfragen möglichst nachvollziehbare, handlungsorientierte Antworten zu liefern und damit »Gegenfeuer« gegen den auch diesseits des Atlantiks vorrückenden demagogisch-populistischen Flächenbrand zu legen.[220] An der Frage, wie das geschehen könnte, scheiden sich ratlose Geister in einer Epoche der Tageswahrheiten. Sie wählte sich in Deutschland als Wort des Jahres 2016 die passende Zuschreibung »postfaktisch«. Das Kunstwort verweist, wie die Gesellschaft für deutsche Sprache (GfdS) definierte, darauf, »dass es zunehmend um Emotionen anstelle von Fakten geht und ein Teil der Bevölkerung bereit ist, auf den Anspruch auf Wahrheit zu verzichten, Tatsachen zu ignorieren und offensichtliche Lügen zu akzeptieren.«[221] So betrachtet, war und ist gerade die politische, mediale und öffentliche Beschäftigung mit den Themen Migration, Flucht und Integration in Deutschland weithin postfaktisch geprägt.

»Die Zeit der Realität ist vorbei, die der Realitäten tritt in ihre erste Blütezeit«, diagnostizierte Roger Willemsen in seinem als Rückblick aus der Zukunft angelegten letzten öffentlichen Vortrag »Zukunftsrede« am 24.7.2015 im Gutshof Landsdorf (Mecklenburg-Vorpommern). »Ja, wir wussten viel und fühlten wenig«, sagte der jugendlich wirkende und doch schon todkranke Redner. »Aber aus all den Fakten ist keine Praxis entsprungen, die auf der Höhe der drohenden Zukunft wäre.«[222]

Eine solche Praxis aber kann nur aus belastbar fundierten und handlungsorientierten Perspektiven mit selbstkritischem Blick für die Grenzen des Möglichen gewonnen werden und nicht aus einem Wettstreit der populistischen Verheißungen – auch in Sachen Migration, Flucht und Integration.

---

[220] H. Prantl, Gegenfeuer, in: Süddeutsche Zeitung, 14.11.2016.

[221] https://de.wikipedia.org/wiki/Wort_des_Jahres_(Deutschland)#Wort_des_Jahres

[222] R. Willemsen, Wer wir waren. Zukunftsrede, Frankfurt a.M. 2016, S. 23, 26.

Teil II:
Beiträge

Inhalt Teil II: Beiträge

Migrationsforschung, interdisziplinäre Forschungsorganisation und kritische Politikbegleitung seit den 1980er Jahren ... 119

1 Politische Erkenntnisverweigerung:
vergebliche Warnungen und Mahnungen im verlorenen Jahrzehnt der 1980er Jahre ... 119
1.1 Die importierte Soziale Frage, in: Die Zeit, 7.5.1982 ... 119
1.2 Vom Auswanderungsland zum Einwanderungsland? Deutschland 1880–1980, Berlin 1983, S. 119 ... 120
1.3 »Zeitbombe Gastarbeiterfrage«, in: Gastarbeiter zwischen Arbeitswanderung und Einwanderung, Akademie für Politische Bildung, Tutzing 1983, S. 43–55. ... 120
1.4 Gastarbeiter – Dauergäste – Einwanderer, in: Universitas, 41.1986, H. 121, S. 1290–1296 ... 123
1.5 Deutsche, Bindestrich-Deutsche und »Deutschländer«, in: Deutsches Allgemeines Sonntagsblatt, 9.2.1990 ... 124
1.6 Einwanderungssituation ohne Einwanderungsland: Erfahrungen – Probleme – Perspektiven, Vortrag auf der Jahressitzung des Landeskuratoriums Berlin im Stifterverband für die Deutsche Wissenschaft, Berlin, 28.2.1990 ... 127
1.7 Rückblick: Integrationspolitik muss als Gesellschaftspolitik verstanden werden, Interview (Merve Durmuş), in: Deutsch Türkische Nachrichten, 4.3.2013. ... 131

2 Politische Selbstblockade unter Zuwanderungsdruck:
der Asylstreit und die Gewaltexzesse der frühen 1990er Jahre. ... 132
2.1 Der Rücktritt der Ausländerbeauftragten Liselotte Funcke am 15.7.1991, in: Ausländer – Aussiedler – Asyl. Eine Bestandsaufnahme, München 1994, S. 77–79 ... 132
2.2 »Deutschland muss Platz bieten«. Aufruf zur Asyldebatte, in: Frankfurter Rundschau, 29.8.1991 ... 133
2.3 »Fremde als Nachbarn«, Interview (Karl-Heinz Meier-Braun), in: »Heute im Gespräch«, Süddeutscher Rundfunk I, 23.10.1991. ... 134
2.4 Von der Ratlosigkeit der Politik und der Sprachlosigkeit zwischen Politik und Wissenschaft, in: Themen. Vierteljahreszeitschrift der Stiftung Christlich-Soziale Politik, 6.1991, H. 4 (Dez. 1991), S. 20f. ... 136
2.5 Politik in der Einwanderungssituation: Migration – Integration – Minderheiten, in: Politik der Migration. Eine Fachtagung im Hessischen Landtag zur Einwanderung (Schriftenreihe der Hessischen Landeszentrale für politische Bildung), Wiesbaden 1992, S. 4–17. ... 139
2.6 Multikulturalismus und Einwanderungssituation: Deutsche Probleme und atlantische Perspektiven, in: Die Neue Gesellschaft/Frankfurter Hefte, 40.1993, H. 9, September 1993, S. 801–811 ... 141
2.7 Homo Migrans. Wanderungen aus und nach Deutschland. Erfahrungen und Fragen, Essen 1994 (Ms. Herbst 1993), S. 93–102 ... 146
2.8 Maulkörbe zum Thema Einwanderung, in: Frankfurter Allgemeine Zeitung, 28.12.1993 ... 148
2.9 Der »Asylkompromiss«: Rettung oder Zerstörung des Rechts auf Asyl in Deutschland? Eingangsstatement als Leiter und Moderator zum Friedensgespräch »Sechs Monate neues Asylrecht in Deutschland. Eine Bestandsaufnahme«, Osnabrück, 26.1.1994, in: Osnabrücker Jahrbuch Frieden und Wissenschaft, 2.1995, Osnabrück 1995, S. 22–27. ... 149
2.10 Einwanderung in Deutschland. Politische Aufgabe und gesellschaftliche Herausforderung. Hauptreferat auf dem (gleichnamigen) Symposium der Deutschen Nationalstiftung in Weimar, 4.11.1994 ... 151
2.11 Gestalten statt Verdrängen, in: Soziale Ordnung/CDA, 48.1995, H. 2 (4.5.1995), S. 12f. ... 153

3 Formation zum wissenschaftlichen Protest:
Das »Manifest der 60: Deutschland und die Einwanderung« 1993/94 ... 155
3.1 Das Manifest der 60: Deutschland und die Einwanderung (Oktober 1993), München 1994, S. 9–65 ... 155
3.2 »Fremdenfeindlichkeit ist das Ergebnis einer Politik der Versäumnisse«, Interview (Jochen Arntz), in: Kölner Stadt-Anzeiger, 7.12.1993 ... 171
3.3 Rückblick auf das Manifest, I: Heribert Prantl, Als die Politik aus dem Tiefschlaf gerissen wurde, in: Rat für Migration/Jüdisches Museum Berlin (Hg.), Dokumentation der Tagung »Migrations- und Integrationspolitik heute«, Berlin, 22.11.2013, S. 17–19 ... 171

3.4 Rückblick auf das Manifest, II: Klaus J. Bade, Zwanzig Jahre »Manifest der 60: Deutschland und die Einwanderung« (1993/94), in: MiGAZIN, 6.12.2013 173
3.5 Handlungsspielräume und Gestaltungsperspektiven, in: Ausländer – Aussiedler – Asyl. Eine Bestandsaufnahme, München 1994, S. 207–238 178

4 Interdisziplinäre Forschungsorganisation und kritische Politikbegleitung seit den 1990er Jahren: das Osnabrücker Institut für Migrationsforschung und Interkulturelle Studien (IMIS, 1991ff.) und der bundesweite Rat für Migration (RfM, 1998ff.) 188

4.1 Das Osnabrücker Institut für Migrationsforschung und Interkulturelle Studien (IMIS) 188
4.1.1 Institut für Migrationsforschung und Interkulturelle Studien (IMIS) der Universität Osnabrück. Vorträge zur Instituterööffnung, 29.11.1991, Osnabrück/IMIS 1992 188
4.1.1.1 Klaus J. Bade, Gründungsdirektor, IMIS 188
4.1.1.2 Helga Schuchardt, Niedersächsische Ministerin für Wissenschaft und Kultur 190
4.1.1.3 Liselotte Funcke, Staatsministerin a.D., Ausländerbeauftragte der Bundesregierung 1981–1991 191
4.1.1.4 Staatsrat Prof. Dr. Luigi Vittorio Comte Ferraris, Botschafter Italiens in der Bundesrepublik Deutschland 1980–1987 192
4.1.2 Institut für Migrationsforschung und Interkulturelle Studien (IMIS). Vorträge zum zehnjährigen IMIS-Jubiläum im Schloss zu Osnabrück, 17.12.2001, in: IMIS-Beiträge, 19/2002, S. 93–127 193
4.1.2.1 Klaus J. Bade, Direktor, IMIS (1991–97, 2002–05), Geleitwort, ebenda, S. 93 193
4.1.2.2 Rainer Künzel, Präsident, Universität Osnabrück, Grußwort, ebenda, S. 95–99 193
4.1.2.3 Hans-Joachim Wenzel, Direktor a.D., IMIS (1997–2002), Grußwort, ebenda, S. 101–107 194
4.1.2.4 Albert Schmid, Dr., Präsident des Bundesamtes für die Anerkennung ausländischer Flüchtlinge, Grußwort, ebenda, S. 109f. 196
4.1.2.5 Rita Süssmuth, Prof. Dr. Dr. h.c. mult. Bundestagspräsidentin a.D., MdB., Zuwanderung – Paradigmenwechsel? Festvortrag, ebenda, S. 111–127 197
4.1.3 Aydan Özoğuz, Staatsministerin, Beauftragte der Bundesregierung für Migration, Flüchtlinge und Integration, Grußwort zum 25-jährigen Jubiläum des Instituts für Migrationsforschung und Interkulturelle Studien (IMIS) am 29. Mai 2015 im Schloss zu Osnabrück, in: IMIS-Beiträge, 48/2016, S. 19–23 200

4.2 Der bundesweite Rat für Migration (RfM) 202
4.2.1 Klaus J. Bade / Beate Winkler / Christian Petry, Abschlussbericht zum Projekt »Zentrum für Migrationsfragen und interkulturelle Entwicklung«, Osnabrück/Berlin, 20.5.1994 202
4.2.2 Rat für Migration: Die Idee, in: Rat für Migration, Präsentation einer Idee, IMIS/Osnabrück, Juli 1998, S. 6f. 205
4.2.3 Empfehlungen des Rates für Migration an Bundestag und Bundesregierung zur zukünftigen Migrationspolitik. Für den Rat für Migration: Dieter Oberndörfer und Bert Rürup, in: Frankfurter Rundschau, 16.10.1998 206
4.2.4 Klaus J. Bade / Rainer Münz, Migration und Integration – Herausforderungen für Deutschland. Einführung, in: dies. (Hg.), Migrationsreport 2000. Fakten – Analysen – Perspektiven, Frankfurt a.M./New York 2000, S. 7–20 209
4.2.5 Resolution des Rates für Migration (RfM) zum Problem der aufenthaltsrechtlichen Illegalität, Berlin, 27.6.2001 212
4.2.6 Vorwort, in: Migrationsreport 2010. Fakten – Analysen – Perspektiven. Für den Rat für Migration hg. v. Marianne Krüger-Potratz / Werner Schiffauer, Frankfurt a.M./New York 2011, S. 7–11 213
4.2.7 Für eine Neuordnung der Migrations- und Integrationsbelange auf der Bundesebene. Offener Brief des bundesweiten Rates für Migration (RfM) an die neue Bundesregierung und die politischen Parteien im Deutschen Bundestag, 1.10.2013, in: Rat für Migration (http://www.rat-fuer-migration.de/pdfs/Offener_Brief.pdf) 214
4.2.8 Institutionelle Reform der Integrationspolitik – die Diskussion ist neu eröffnet, in: MiGAZIN, 7.10.2013 216
4.2.9 Vor der Regierungsbildung: »Integration muss weg vom Innenministerium«, Interview (Andrea Dernbach), in: Der Tagesspiegel, 7.10.2013 217
4.2.10 Georg Diez u.a. / Rat für Migration / DeutschPlus, Das »Integrationsgesetz« ist ein Rückschritt in die 80er Jahre. Open Petition / Offener Brief an die Bundesregierung, in: Die Zeit online, 5.5.2016 218

5	Begrenzte staatliche Einbeziehung von Migrationsforschung auf dem Weg zum »Zuwanderungsgesetz«: Unabhängige Kommission Zuwanderung (UKZu) 2000/01 und Sachverständigenrat für Zuwanderung und Integration (Zuwanderungsrat) 2003/04	220
5.1	Gutachterliche Stellungnahmen	220
5.1.1	Gutachten für die Unabhängige Kommission Zuwanderung: Konzeptionsentwurf zur institutionellen Strukturierung des Migrationswesens unter besonderer Berücksichtigung der Organisation der Migrationsforschung in Deutschland, April 2001	220
5.1.2	Öffentliche Anhörung zum Thema Zuwanderung: Eingangsstatement Arbeitsmigration, Innenausschuss des Bundestags, 16.1.2002	237
5.1.3	Öffentliche Anhörung zum Thema Zuwanderung: Eingangsstatement Integration, ebenda 239	
5.2	Publizistische Beiträge	240
5.2.1	Verordnete Masseneinwanderung? Über nicht gemachte Millenniums-Hausaufgaben der Politik, unter dem Titel »Verordnete Einwanderung ist kein Allheilmittel«, in: Frankfurter Rundschau, 12.1.2000	240
5.2.2	Macht ein Einwanderungsgesetz! Migrationsforscher Klaus J. Bade fordert mehr Tempo, in: Der Stern, 21.5.2000	241
5.2.3	Einwanderung und Einwanderungspolitik. Eine deutsche und europäische Aufgabe, Kurzfassung unter dem Titel »Sechs Voraussetzungen für eine erfolgreiche deutsche Einwanderungspolitik«, in: Die Welt, 3.7.2000	242
5.2.4	Verspätete Nation. Für Einwanderer kein Gesetz – für Auswanderer keine Beratung. Migrationsforscher schlagen Alarm, in: Die Welt, 9.10.2000	244
5.2.5	Die Einwanderung und die Angst davor, in: Frankfurter Allgemeine Zeitung, 16.11.2000	245
5.2.6	Rotgrüne Einwanderungspolitik: Coup oder Flop?, Kurzfassung unter dem Titel »Das Tabu der Einwanderungspolitik«, in: Die Welt, 31.1.2001	246
5.2.7	»Einwanderung ist kein Allheilmittel für gesellschaftliche Probleme«, Interview (Andrea Seibel / Dorothea Siems), Kurzfassung in: Die Welt, 29.3.2001	248
5.2.8	Migration und Integration. Chancen und Risiken der Gestaltbarkeit – 15 Thesen, Kurzfassung unter dem Titel »Seid nicht zu euphorisch: Auch wachsende Zuwanderung wird die deutsche Gesellschaft nicht von ihrem Reformzwang befreien – 15 Thesen«, in: Die Zeit, 3.5.2001	250
5.2.9	Kompromiss muss den Wahlkampf überleben, in: Hessische/Niedersächsische Allgemeine, 1.7.2001	253
5.2.10	Zuwanderung ersetzt keine Reformen, Interview (Thomas Reinhold), in: FAZ.net, 4.7.2001	254
5.2.11	Die Zeit ist jetzt reif. Der Osnabrücker Migrationsforscher Klaus Bade über den Gesetzentwurf von Otto Schily, Interview (Tuncay Özdamar), in: Die Stimme, 07–08/2001, S. 9–11	255
5.2.12	Wir sind ein Einwanderungsland, in: Die Welt, 14.12.2001	258
5.2.13	Ein Jahr Zuwanderungsgesetz, Interview (Marianne Winkler), in: Betrifft Mehrheiten/Minderheiten (Zeitschrift der Ausländerbeauftragten des Landes Niedersachsen), 15.2006, H. 1 (März/Juni 2006), S. 17	258
5.2.14	Besser auswählen. Das Zuwanderungsgesetz muss reformiert werden. Die dringend benötigten Fachkräfte lassen sich nur durch ein Punktesystem ins Land holen, in: Die Welt, 7.9.2006	259
5.2.15	»Das war zuletzt eine reine Gespensterdebatte. Wie eine Lenkradverriegelung«, Interview (Georg Escher), in: Nürnberger Nachrichten, 23./24.3.2002	261
5.2.16	Das Zuwanderungsgesetz kommt 20 Jahre zu spät, Kurzfassung in: Die Welt, 27.6.2002	261
5.2.17	Die zweitbeste Lösung: Deutschland nach dem Zuwanderungsgesetz, Statement, Haus der Bundespressekonferenz, Berlin 8.7.2004	262
5.2.18	»Demographie, Demagogie und Angewandte Migrationsforschung«, Kurzfassung unter dem Titel »Sie kommen schon: Seit 50 Jahren wandern Menschen nach Deutschland ein – aber die Politik schaut weg«, in: Der Tagesspiegel, 16.7.2002	264
5.2.19	Das Zuwanderungsgesetz vom 1.1.2005: Chancen und Grenzen der Steuerung, Vortrag Osnabrück 3.1.2005	266

6	**Gestaltungsbeiträge:** **Bundesamt für Migration und Flüchtlinge und »nachholende Integrationspolitik«**	269
6.1	**Bundesamt für Migration und Flüchtlinge (BAMF)**	269
6.1.1	Eines für alle. Wider die Zersplitterung der Zuständigkeiten. Für ein Bundesamt für Migration und Integration, in: Frankfurter Allgemeine Zeitung, 28.4.2001, S. 11	269
6.1.2	Zielorientiert weitermachen: Zum Stand der Migrationsdebatte in Deutschland, Kurzfassung unter dem Titel »Das Einwanderungsgesetz kommt«, in: Die Welt, 11.10.2001	273
6.2	**»Nachholende Integrationspolitik«**	275
6.2.1	Die »Nachholende Integration«, Vortrag Osnabrück 3.1.2005	275
6.2.2	Das Fremde und das Eigene, Vortrag auf der Klausurtagung für die Mitglieder des Niedersächsischen Kabinetts, Loccum, 1.3.2005	275
6.2.3	Nachholende Integrationspolitik, in: »Die neue Integrationspolitik des Zuwanderungsgesetzes – eine Zwischenbilanz«, in: Gesprächskreis Migration und Integration der Friedrich-Ebert-Stiftung und der Arbeiterwohlfahrt Bundesverband e.V., Berlin, 6.6.2005	277
6.2.4	Integration gibt es nicht im Passiv, in: Die Welt, 2.12.2005	281
6.2.5	Versäumte Integrationschancen und nachholende Integrationspolitik, in: Aus Politik und Zeitgeschichte, 22–23/2007, 29.5.2007	282
6.2.6	»Bei der nachholenden Integrationsförderung keine Zeit verlieren«, in: BMW Group Award für Interkulturelles Lernen. Newsletter Januar 2008, S. 9–12	284
6.2.7	Integrationsförderung: nachholend – begleitend – vorausplanend, in: Bertelsmann Stiftung (Hg.), Integration braucht faire Bildungschancen. Carl Bertelsmann-Preis 2008, S. 171–178	285
6.2.8	»Frühere Versäumnisse nicht mit Lösungen von gestern beheben!«, Interview, in: Gesellschaft für innovative Beschäftigungsförderung (G.I.B.) NRW, info, März 2009 (Migrantinnen und Migranten auf dem Arbeitsmarkt in NRW), S. 46–52	288
7	**Prekäre Bilanz: »Leviten lesen« 2007**	294
7.1	Leviten lesen. Migration und Integration in Deutschland, Abschiedsvorlesung am 27.6.2007 in Osnabrück, in: IMIS-Beiträge, 31/2007, S. 43-66	294
7.2	Christian Wulff, Ministerpräsident des Landes Niedersachsen, Grußwort, ebenda, S. 15–18	300
7.3	Lutz Stratmann, Niedersächsischer Minister für Wissenschaft und Kultur, Grußwort, ebenda, S. 19–22	301
7.4	Wilhelm Krull, Generalsekretär der VolkswagenStiftung, Grußwort, ebenda, S. 23–27	303
7.5	Michael Bommes, Direktor, IMIS, Grußwort, ebenda, S. 29–35	304
7.6	Armin Laschet, Minister für Generationen, Familie, Frauen und Integration des Landes Nordrhein-Westfalen, Grußwort vor dem zweiten Treffen des Integrationsbeirates Nordrhein-Westfalen am 10.8.2007 in der Staatskanzlei zu Düsseldorf, ebenda, S. 67–70	307
8	**Unabhängige kritische Politikbegleitung durch Stiftungskooperation:** **der Sachverständigenrat deutscher Stiftungen für Integration und Migration (SVR) 2008ff.**	309
8.1	Integration in Deutschland – wo stehen wir?, Vortrag, Bundesverband Deutscher Stiftungen (BDS), Stuttgart, 14.2.2008	309
8.2	Die Zukunft des »Damals« ist unsere Gegenwart heute, Interview, in: BDS (Hg.), StiftungsReport 2008/09, Berlin 2008, S. 65–69	310
8.3	Statement zur Vorstellung des StiftungsReports 2008/09, Pressekonferenz BDS, Berlin, 12.6.2008	313
8.4	Begründung des Sachverständigenrates deutscher Stiftungen für Integration und Migration (SVR), Begrüßung als Vorsitzender, Pressekonferenz SVR, WissenschaftsForum, Berlin, 15.10.2008	314
8.5	Das Wichtigste in Kürze: Integration und Migration in der Einwanderungsgesellschaft, in: Einwanderungsgesellschaft 2010. Jahresgutachten 2010 mit Integrationsbarometer des Sachverständigenrates deutscher Stiftungen für Integration und Migration (SVR), Berlin 2010, S. 14f.	316
8.6	Statement als Vorsitzender zur Vorstellung des SVR-Jahresgutachtens »Einwanderungsgesellschaft 2010«, Pressekonferenz SVR, Berlin, 19.5.2010	318
8.7	Integrationsbilanzen: Erfolge und Defizite in Deutschland, aus: Migration, Integration und Integrationspanik in Deutschland (Vortrag Liechtenstein, 11.4.2011), in: Wilfried Marxer / Marco Russo (Hg.), Liechtenstein – Stärke durch Vielfalt, Edition Weltordnung – Religion – Gewalt, Bd. 11, Innsbruck, 2012, S. 39–81	321

8.8	Das Wichtigste in Kürze: Kernbotschaften 2011, in: »Migrationsland 2011«. SVR-Jahresgutachten 2011 mit Migrationsbarometer, Berlin 2011, S. 19–25	323
8.9	Statement als Vorsitzender zur Vorstellung des SVR-Jahresgutachtens »Migrationsland 2011«, Pressekonferenz SVR, Berlin 13.4.2011	325
8.10	Statement als Vorsitzender zur Vorstellung des SVR-Jahresgutachtens 2012 »Integration im föderalen System«, Pressekonferenz SVR, Berlin, 8.5.2012.	331
8.11	Integrationsstrukturen auf dem Prüfstand: SVR kritisiert unzureichend koordinierte Integrationspolitik im deutschen Föderalismus, Presseinformation SVR zum Jahresgutachten 2012 »Integration im föderalen System«, Berlin, 8.5.2012	334
8.12	Rückzug und Neustart von Klaus J. Bade: Es war der richtige Zeitpunkt, Interview (Merve Durmuş), in: Deutsch Türkische Nachrichten, 20.7.2012.	337
8.13	Migration, Integration, Politik und wissenschaftliche Politikberatung in Deutschland. Symposium anlässlich des Abschieds von Prof. Dr. Klaus J. Bade als Gründungsvorsitzendem des Sachverständigenrats deutscher Stiftungen für Integration und Migration (SVR) in Berlin am 30.8.2012, Berlin 2012: Grußworte, Werkstattberichte, Festreden (Auswahl).	341
8.13.1	Prof. Dr. Maria Böhmer, Staatsministerin, Beauftragte der Bundesregierung für Migration, Flüchtlinge und Integration, Grußwort, ebenda, S. 6f.	341
8.13.2	Aydan Özoğuz, MdB, Stellvertretende Bundesvorsitzende der SPD, Grußwort, ebenda, S. 8f.	342
8.13.3	Cem Özdemir, Bundesvorsitzender von Bündnis 90/Die Grünen, Grußwort, ebenda, S. 10f.	343
8.13.4	Prof. Dr. Dr. h.c. mult. Rita Süssmuth, Bundestagspräsidentin a.D., Grußwort, ebenda, S. 12–14.	344
8.13.5	Werkstattbericht aus dem Sachverständigenrat: Prof. Dr. Heinz Faßmann, SVR, und Dr. Gunilla Fincke, SVR gGmbH, im Gespräch mit Dr. h.c. Heike Schmoll, FAZ, ebenda, S. 16–19.	346
8.13.6	Prof. Dr. Dr. h.c. Dieter Oberndörfer, Universität zu Freiburg, Festvortrag I: Migration, Integration und wissenschaftliche Politikberatung, ebenda, S. 24–29	347
8.13.7	Dr. Heiner Geißler, Bundesminister für Jugend, Familie und Gesundheit a.D., Festvortrag II: Klaus J. Bade und die ethischen Grundlagen der Zuwanderungsdebatte, ebenda, S. 30–33	351
8.13.8	Klaus J. Bade, Gründungsvorsitzender, SVR 2008–2012, Rückblick und Abschied, ebenda, S. 34–38.	354

Migration, Integration, Flucht/Asyl und Politik im frühen 21. Jahrhundert: Bestandsaufnahmen, Denkanstöße und Diskussionsbeiträge ... 359

9	Migration und Integration als Mainstream-Themen	359
9.1	Entwicklungslinien im Überblick.	359
9.1.1	Europa und die Migration am Ende des 20. Jahrhunderts. Akademievorlesung, Hamburg, 4.7.2000, in: Berichte aus den Sitzungen der Joachim Jungius-Gesellschaft der Wissenschaften e.V., Hamburg, 18.2000, H. 5, Göttingen 2000.	359
9.1.2	Integration und Politik – aus der Geschichte lernen? Essay, in: Aus Politik und Zeitgeschichte, 40–41/2006, 4.10.2006	367
9.1.3	Von der Arbeitswanderung zur Einwanderungsgesellschaft, Festrede in der Frankfurter Paulskirche, 5.11.2009	370
9.1.4	Migration und Integration: Historische Erfahrungen und aktuelle Herausforderungen, Festvortrag im Freiburger Historischen Kaufhaus, 13.9.2012	383
9.2	Pragmatische Migrations- und Integrationspolitik.	394
9.2.1	»Wir führen seit Jahren das gleiche Ritterstück auf, in: Süddeutsche Zeitung, 17.11.2000.	394
9.2.2	Wählerangst und Wanderungspolitik. Der Migrationsforscher Klaus J. Bade fordert in der Zuwanderungspolitik »behutsame und pragmatische Gestaltung«, Interview, in: Diplomaten NEWS, September 2001	395
9.2.3	Einwanderungsland im Einwanderungskontinent. Bemerkungen zur Migrations- und Integrationsdiskussion, SWR, 8.7.2001	396

9.2.4	»Angst um Menschen statt vor ihnen«. Adelbert Reif im Gespräch mit Klaus J. Bade, Kurzfassung in: Universitas. Orientierung in der Wissenschaft, 56.2001, Nr. 659 (Mai 2001), S. 515–528, ergänzter Nachdruck unter dem Titel: Europa: »Immigration, Integration und kulturelle Toleranz«, in: conturen 1/05, S. 2–33	398
9.2.5	Migration und Integration: Herausforderungen, Gestaltungsaufgaben und Grenzen der Gestaltbarkeit, in: Wirtschaft und Wissenschaft (Stifterverband für die Deutsche Wissenschaft), 3/2003 (Mai 2003), S. 48–55.	398
9.2.6	Wirtschaft und Arbeitsmarkt als Integrationsmotoren, Statement in vier Thesen auf dem Integrationskongress der FDP-Bundestagsfraktion »Wege zu einer erfolgreichen Integration«, Berlin, 29.6.2009.	399
9.2.7	Migration – Integration – Partizipation. Fragen und Perspektiven für die Einwanderungsgesellschaft in Zeiten der Krise, Parlamentarischer Abend der Liga Hessen der Freien Wohlfahrtspflege in Hessen e.V., Hessischer Landtag, Wiesbaden, 7.10.2009 (Handout)	401
9.2.8	Teilhabe in der Einwanderungsgesellschaft, Interview (Ferdos Forudastan), in: MiGAZIN, 13.1.2011.	403
9.2.9	Integration in der Einwanderungsgesellschaft, Festvortrag Rathaus Stuttgart, 4.10.2011	407
9.2.10	Gut aber spät – oder zu spät?, in: MiGAZIN, 21.1.2013	410
9.2.11	Im Gespräch mit Prof. Dr. Klaus J. Bade, in: Zeitschrift für Sozialmanagement, 12.2014, H. 1, S. 53–56	411
9.2.12	Wiedergänger Punktesystem. Zur aktuellen Diskussion um ein Einwanderungsgesetz, in: MiGAZIN, 4.2.2015.	412
9.2.13	Zuwanderungsregelung und Integrationsförderung. Wovor und mit welchen Folgen hat sich die Politik so lange versteckt? Vortrag auf dem Fachkräfteforum Zuwanderung des Sächsischen Staatsministeriums für Wirtschaft, Arbeit und Verkehr in Dresden, 16.5.2012	414
9.3	**Brain-Drain? Die Wiederentdeckung der deutschen Auswanderung**	**416**
9.3.1	Heike Vowinkel, Kollektives Gefühl der Ausweglosigkeit treibt Deutsche ins Ausland, in: Welt am Sonntag, 9.1.2005	416
9.3.2	»Viele kehren dem Land den Rücken«. Migrationsforscher Klaus J. Bade über die zunehmende Auswanderung und den wachsenden Mangel an Fachkräften, Interview (Vera Gaserow), in: Frankfurter Rundschau, 2.1.2006	416
9.3.3	»Wir bluten aus«, Interview (Henrik Müller), in: manager magazin, 7/2006 (15.2.2006)	417
9.3.4	»Politik reagiert zu spät«. Auswandern als Trend, Interview (Christian Radler), in: tagesschau.de, 3.7.2006	417
9.3.5	Joachim Güntner, Ärmer, älter, kleiner, dümmer: Auswanderung – verliert Deutschland seine akademische Elite?, in: Neue Zürcher Zeitung, 10.11.2006	419
9.3.6	»Es gehen die Risikobereiten«, Interview (Peter Steinmüller), Kurzfassung in: ProFirma, November 2006, S. 86–89.	420
9.3.7	Deutschland – die Talentschmiede der anderen, in: Der Tagesspiegel, 12.1.2011	424
9.3.8	Amtliche Rechenfehler: Aussiedler und deutsche Rückwanderer, in: MiGAZIN, 11.2.2013	426
9.4	**Zuwanderungsbedarf und Zuwanderungsangst**	**427**
9.4.1	»Talente, die sich nicht entfalten können«, Interview (Stefan von Borstel), in: Die Welt, 28.6.2007	427
9.4.2	Migrationshistoriker, nicht Migrationshysteriker, Leserbrief, in: Frankfurter Allgemeine Zeitung, 16.1.2008	428
9.4.3	Migration, Integration und Integrationspanik in Deutschland (Vortrag Liechtenstein, 11.4.2011), in: Wilfried Marxer / Marco Russo (Hg.), Liechtenstein – Stärke durch Vielfalt, Edition Weltordnung – Religion – Gewalt, Bd. 11, Innsbruck, 2012, S. 39–81	429
9.4.4	»Wer betrügt, fliegt«. Eine himmlische Realsatire, in: MiGAZIN, 27.1.2014	431
9.4.5	Reich durch Einwanderung, in: MiGAZIN, 10.4.2014	432
10	**Störfelder: Demagogie, Hysterie, Terror und staatliche Inkompetenz**	**438**
10.1	**Demagogie und Hysterie: Sarrazin-Debatte und »Islamkritik«**	**438**
10.1.1	Sarrazin-Debatte: »Es gibt keine Integrationsmisere in Deutschland«, Interview (Michael Kröger), Kurzfassung in: Der Spiegel online, 7.9.2010	438
10.1.2	»Nord-Neukölln ist nicht Berlin«, Interview (Magdalena Hilgefort), in: Neue Osnabrücker Zeitung, 27.9.2010.	441
10.1.3	Rückblick: Sarrazin schafft Deutschland ab, in: MiGAZIN, 29.11.2010	442

10.1.4 »Mehr Sachlichkeit und konstruktives politisches Engagement«. Die »Sarrazin-Debatte« und die Folgen. Gespräch mit Klaus J. Bade, in: Neue Gesellschaft/Frankfurter Hefte, Nov. 2010, H. 11, S. 12-15.. 444
10.1.5 »Die eifrig geschürten islamophoben Verdächtigungen wachsen«, Interview, in: Deutsch Türkische Nachrichten, 22.12.2010 447
10.1.6 Das einträgliche Geschäft mit der Angst, in: Neue Osnabrücker Zeitung, 24.11.2011 452
10.1.7 »Sagen, was gut läuft in diesem Land«, Interview (Alem Grabovac), in: taz.die tageszeitung, 1.2.2011. 453
10.1.8 Meinungsbilder und Stimmungswandel: Die Sarrazin-Diskussion, aus: Migration, Integration und Integrationspanik (Vortrag Liechtenstein, 11.4.2011), in: Wilfried Marxer / Marco Russo (Hg.), Liechtenstein – Stärke durch Vielfalt, Edition Weltordnung – Religion – Gewalt, Bd. 11, Innsbruck, 2012, S. 39–81 454
10.1.9 Migration und Integration in Deutschland: Pragmatismus und Hysterie. Vortrag auf dem Kirchentag der EKD in der Dresdener Frauenkirche, 3.6.2011 457
10.1.10 Die Sarrazinade 2010/11. Ein Rückblick, in: Interkultureller Rat in Deutschland e.V. (Hg.), Internationale Wochen gegen Rassismus, 12.–25.3.2012, S. 5f.. 459
10.1.11 Integration in Deutschland ist viel besser als ihr Ruf, in: Palais Biron. Das Magazin für Vordenker, Jg. 2012, H. 1, S. 28–32 460
10.1.12 Populismus, Politikerangst und Bürgerwut, aus: Migration und Integration: Historische Erfahrungen und aktuelle Herausforderungen, Festvortrag im Freiburger Historischen Kaufhaus, 13.9.2012, S. 28–35. 461
10.1.13 Blockade und Befreiung: Identitätskrise, negative Integration und neue Selbstbilder in der Einwanderungsgesellschaft, in: Kritik und Gewalt, Schwalbach i.Ts. 2013, S. 348–376. 465
10.1.14 Integrationspolitik muss als Gesellschaftspolitik verstanden werden, Interview (Merve Durmuş), in: Deutsch Türkische Nachrichten, 4.3.2013. 466
10.1.15 Naika Foroutan, Buchvorstellung:»Kritik und Gewalt«, Pressekonferenz Berlin, 19.3.2013 467
10.1.16 »Kritik und Gewalt«. Zehn Fragen an den Migrationsforscher und Politikberater Klaus J. Bade, Interview (Günter Burkhardt), in: Interkulturelle Woche, Materialheft, Mai 2013, S. 26f. 469
10.1.17 Integrationspolitik im Wahljahr 2013, Keynote zur DeutschPlus-Veranstaltung »Integrationspolitik im Wahljahr 2013«, Berlin 9.9.2013 470
10.1.18 Kritik und Gewalt, Nachwort zur dritten Auflage und zur E-Book-Ausgabe 2014, Berlin, Februar 2014 472
10.1.19 Die Welt ist ungerecht – und das ist auch gut so! Satirische Rezension zu Thilo Sarrazins Buch »Der neue Tugendterror. Über die Grenzen der Meinungsfreiheit in Deutschland«, in: MiGAZIN, 24.2.2014 474
10.1.20 Nachruf auf eine Ente: Islamkritik und Meinungsfreiheit im Kabarett, in: MiGAZIN, 10.11.2014 483
10.1.21 Kulturoptimisten und Kulturpessimisten: Das deutsche Kulturparadox, aus: Von Unworten zu Untaten. Kulturängste, Populismus und politische Feindbilder in der deutschen Migrations- und Asyldiskussion zwischen »Gastarbeiterfrage« und »Flüchtlingskrise«, überarb. Vortrag Osnabrück, 29.5.2015, in: IMIS-Beiträge, 48/2016, S. 35–171, hier S. 38–46 485

10.2 Das Grauen von rechts:»Nationalsozialistischer Untergrund«, Behörden- und Politikversagen 489
10.2.1 Antiislamismus und neonationalsozialistische Gewalt: Die NSU Serienmorde in Deutschland, in: Kritik und Gewalt. Sarrazin-Debatte, »Islamkritik« und Terror in der Einwanderungsgesellschaft, Schwalbach i.Ts. 2013, S. 288–310 489
10.2.2 Behördliche Sichtblenden: Gefahren in der »Mitte« und »rechts« davon, ebenda, S. 311–229 491
10.2.3 Neonazi-Terror: Heute will es, wieder einmal, niemand gewesen sein, in: MiGAZIN, 29.11.2011 492
10.2.4 Sicherheitspolitik statt Gesellschaftspolitik im Bundesministerium des Inneren, aus: Von Unworten zu Untaten. Kulturängste, Populismus und politische Feindbilder in der deutschen Migrations- und Asyldiskussion zwischen »Gastarbeiterfrage« und »Flüchtlingskrise«, überarb. Vortrag Osnabrück, 29.5.2015, in: IMIS-Beiträge, 48/2016, S. 35–171, hier S. 53–70 493

11	Einwanderungsgesellschaft unter Zuwanderungsdruck: die »Flüchtlingskrise«	502
11.1	Flucht, Asyl und Illegalität vor der »Flüchtlingskrise«	502
11.1.1	Europa und die Migration: Realitäten und Bilder, Kurzfassung unter dem Titel »Der Ausnahmezustand ist beendet. Jetzt macht die Normalität Angst«, in: Frankfurter Allgemeine Zeitung, 27.12.2000	502
11.1.2	Die »Festung Europa« und die »illegale Migration«, Vortrag auf der RfM-Tagung »Integration und Illegalität in Deutschland«, Berlin, 27.6.2001	504
11.1.3	Und sie bewegt sich stets, Interview (Martin Beglinger), in: Das Magazin (Wochenbeilage von Tages-Anzeiger, Basler Zeitung, Berner Zeitung und Solothurner Tageblatt), 13/2008, Zürich, 29.3.2008, S. 24–29	509
11.1.4	Migration und Asyl in der »Europäischen Innenpolitik«, in: Zeitschrift für Ausländerrecht und Ausländerpolitik (ZAR), 28.2008, H. 11/12, Nov. 2008, S. 396–399	510
11.1.5	Flüchtlinge: Europa im blutigen Abwehrkrieg, Interview (Stefan Beig), Kurzfassung in: Wiener Zeitung online, 13.1.2012	514
11.1.6	Fluchtwanderungen und das Ende des Dublin-Systems, unter dem Titel »Öffnet ein Tor nach Europa«, in: ZEIT online, 16.11.2013	515
11.1.7	Über Kultur- und Sozialrassismus am Vorabend der »Flüchtlingskrise«, Einführungsvortrag zur Abschlusstagung des Graduiertenkollegs »Migration im Kontext von Religionen und Kulturen« der Katholischen Universität Eichstätt-Ingolstadt am 21.11.2013, in: Kerstin Kazzazi / Angela Treiber / Tim Wätzold (Hg.), Migration – Religion – Identität. Aspekte transkultureller Prozesse, Wiesbaden 2016, S. 1–34	516
11.1.8	Zur Karriere und Funktion abschätziger Begriffe in der deutschen Asylpolitik, in: MiGAZIN, 29.6.2015	524
11.2	»Flüchtlingskrise«, Flüchtlings- und Flüchtlingsabwehrpolitik	529
11.2.1	Wie viele Flüchtlinge verträgt Deutschland? Der Migrationsforscher Klaus J. Bade erklärt im Gespräch mit dem »stern«, wie wir uns selbst belügen, was jahrelang schiefgelaufen ist und warum wir deshalb eine neue Asylpolitik brauchen, Interview (Nicolaus Büchse), in: stern online, 9.10.2015	529
11.2.2	»Und das ist wohl erst der Anfang…«, Über Flucht nach Europa und Deutschland, Interview (Georgios Chatzoudis), in: L.I.S.A. Das Wissenschaftsportal der Gerda Henkel Stiftung, 13.10.2015	532
11.2.3	In der »Flüchtlingskrise« vom Kopf auf die Beine kommen, in: MiGAZIN, 7.12.2015	538
11.2.4	Die sogenannte »Flüchtlingskrise«. Wissenschaft, Politik und Gesellschaft in Deutschland. Festvortrag auf der Eröffnungstagung des Zentrums Flucht und Migration der Universität Eichstätt-Ingolstadt in Eichstätt, 14.4.2016	542
11.2.5	Massengrab Mittelmeer: Die tödlichen Grenzen der »Festung Europa«, aus: Von Unworten zu Untaten. Kulturängste, Populismus und politische Feindbilder in der deutschen Migrations- und Asyldiskussion zwischen »Gastarbeiterfrage« und »Flüchtlingskrise«, überarb. Vortrag Osnabrück, 29.5.2015, in: IMIS-Beiträge, 48/2016, S. 35–171, hier S. 99–113	554
11.2.6	Bruchstart – die europäische Migrationsagenda, ebenda, hier: S. 79–105	559
11.2.7	Auswege und Systemfragen, ebenda, S. 151–171	564
11.2.8	Appell an globale Fairness: »Wir brauchen eine Weltflüchtlingskonferenz«, in: Mediendienst Integration (mdi), 26.2.2016	572
11.2.9	Menschenrechte in Gefahr, in: MiGAZIN, 19.1.2016	573
12	Spaltung in der Einwanderungsgesellschaft: »Willkommenskultur«, Abwehrhaltungen und Suche nach Zusammenhalt	576
12.1	»Willkommenskultur« und Abwehrhaltungen	576
12.1.1	Identitätskrisen in der Einwanderungsgesellschaft: Muslimfurcht, Romahass und negative Integration in Deutschland, in: Deutsch Türkische Nachrichten, 25.10.2013	576
12.1.2	Kulturrassismus und Willkommenskultur, Einführungsvortrag zur Tagung der Heinrich Böll Stiftung Brandenburg »Über Nähe und Distanz. Zusammenleben in einer vielfältigen Gesellschaft«, Potsdam, 12.12.2014 (Kurzfassung, Auszug)	580
12.1.3	»Willkommenskultur und Gesellschaftspolitik«, Vortrag auf dem 3. Heidelberger Gespräch der Hochschule für Jüdische Studien Heidelberg in Berlin, 31.10.2014	584

12.1.4 Zur Selektionsfunktion der »Willkommenskultur«, aus: Von Unworten zu Untaten. Kulturängste, Populismus und politische Feindbilder in der deutschen Migrations- und Asyldiskussion zwischen »Gastarbeiterfrage« und »Flüchtlingskrise«, überarb. Vortrag Osnabrück, 29.5.2015, in: IMIS-Beiträge, 48/2016, S. 35–171, hier S. 73–81 594

12.1.5 Integration in der »Flüchtlingskrise« 2015/16, in: Die sogenannte »Flüchtlingskrise«: Wirtschaftswanderer, Flüchtlinge und Integration. Vortrag bei den Baden-Badener Unternehmer Gesprächen (BBUG), Baden-Baden, 12.5.2016 598

12.2 Die Suche nach dem neuen »Wir« 602

12.2.1 Einwanderung in Deutschland. Politische Aufgabe und gesellschaftliche Herausforderung, Hauptreferat auf dem (gleichnamigen) Symposium der Deutschen Nationalstiftung in Weimar, 4.11.1994 602

12.2.2 Migration und Integration: Herausforderungen, Gestaltungsaufgaben und Grenzen der Gestaltbarkeit, in: Wirtschaft und Wissenschaft (Stifterverband für die Deutsche Wissenschaft), 3/2003, Mai 2003, S. 48–55 603

12.2.3 Leitfragen-Bilanz. Eine Würdigung, in: Kulturpolitische Mitteilungen. Zeitschrift für Kulturpolitik der Kulturpolitischen Gesellschaft, Nr. 112, I/2006, S. 24 604

12.2.4 Migrationsforscher Klaus J. Bade: »Es mangelt am solidarischen Wir«, Interview (Sabine am Orde), in: taz.die tageszeitung, 10.2.2009 605

12.2.5 Blockade und Befreiung: Identitätskrise, negative Integration und neue Selbstbilder in der Einwanderungsgesellschaft, in: Kritik und Gewalt, 2013, S. 348–374 606

12.2.6 Heimaten in der Heimat? Schwurbeldeutsche Diskurse, in: MiGAZIN, 14.1.2013 611

12.2.7 Integrationspolitik muss als Gesellschaftspolitik verstanden werden, Interview (Merve Durmuş), in: Deutsch Türkische Nachrichten, 4.3.2013 612

12.2.8 Kulturvielfalt, Kulturangst und Negative Integration, in: SIETAR. Journal für interkulturelle Perspektiven: Mondial Jahresedition 2014, Juni 2014, S. 4–6 613

12.2.9 »Ideelle Heimat« in der Einwanderungsgesellschaft. Gemeinsame Ideale statt gemeinsamer Traditionen, Interview (Anja Höfer), SWR2 Kulturgespräch, 6.10.2015 615

Migrationsforschung, interdisziplinäre Forschungsorganisation und kritische Politikbegleitung seit den 1980er Jahren

1 Politische Erkenntnisverweigerung: vergebliche Warnungen und Mahnungen im verlorenen Jahrzehnt der 1980er Jahre

1.1 Die importierte Soziale Frage,
in: Die Zeit, 7.5.1982[1] (Auszug).

Der Haussegen hängt schief in der Bundesrepublik. Xenophobie schleicht um die Gassen der Ausländergettos. Falsche Propheten machen mit gefährlich einschlägigen Vorstellungen von sich reden. Die Zahl ihrer Anhänger ist noch ungewiss, aber der Konflikt wird emsig vorprogrammiert. Steht der hässliche Deutsche wieder auf, volkstümelnd, rassenkundig und brutal?

Die Fronten sind abgesteckt: »Ausländer raus!«, jedenfalls nicht rein ins Deutsche »Volkstum«, heißt die Parole der einen Seite. Die »Gastarbeiterfrage« sei längst ein Einwanderungsproblem, heißt die Auskunft der anderen, vorwiegend sozialwissenschaftlichen Seite. Noch ist die große Mitte ruhig. Vielleicht nur noch auf Zeit; denn diese Frage könnte die Nation in feindliche Lager spalten, umso leichter, je mehr aufgeputschte Emotionen an die Stelle rationaler Argumentation und, notfalls, auch Konfliktbewältigung treten. [...]

Das Problem hat Geschichte, auch in diesem Land. Es stellt sich heute nur anders: Die Frage, ob Deutschland ein Einwanderungsland sei, stand nach der Jahrhundertwende schon einmal zur Debatte. In den Jahrzehnten vor dem Ersten Weltkrieg vollzog sich in Deutschland der Umbruch vom Auswanderungsland mit nach Millionen zählenden Auswanderern zum »unechten« Einwanderungsland mit rund einer Million ausländischer Land- und Industriearbeiter.

Sie durften damals nicht Einwanderer werden, mussten »ausländische Wanderarbeiter« bleiben; denn Deutschland wandelte sich in diesem Umbruch nicht zu einem echten Einwanderungsland im Sinne jener Tradition klassischer Einwanderungsländer, dass Arbeit für das Einwanderungsland zu Staatsbürgerrechten führen kann. Es wandelte sich nur zudem, was die zeitgenössische Diskussion »Arbeitseinfuhrland« nannte. [...]

»Die Bundesrepublik ist kein Einwanderungsland«, so lautete bis vor wenigen Jahren das knappe regierungsamtliche Statement zur »Gastarbeiterfrage« in der Bundesrepublik. Die Entwicklung im letzten Jahrzehnt hat das demonstrative Dementi problematisch werden lassen. Heute wird von »Gastarbeiterimmigration« geredet.

Mit dem neudeutschen Stichwort wird ein ungeklärtes Problem auf einen unklaren Begriff gebracht, der etwas verbindet, das sich als Alternative gegenseitig auszuschließen tendiert: internationale Arbeitswanderung auf Zeit und definitive Einwanderung. Die schräge Wortschöpfung kennzeichnet in ihrer inneren Widersprüchlichkeit ebenso wie die Rede von den »ausländischen Mitbürger/innen« die Kipplage der Ausländerbeschäftigung in der Bundesrepublik zwischen der »Gastarbeiterfrage«, die sie bleiben sollte, und der Einwanderungsfrage, die sie geworden ist.

Heute stehen wir vor den Folgen einer in Bezug auf Arbeitsmarktentwicklung und Wanderungsgeschehen weitgehend unbewältigten jüngsten Vergangenheit, die zu einer sozialökonomischen und politischen Zusatzbelastung in der Krisenzeit der Gegenwart und nächsten Zukunft zu werden droht. Im 19. Jahrhundert hatte die deutsche Massenauswanderung weithin Züge eines Exports der Sozialen Frage. Heute geht es um eine importierte Soziale Frage. Ihre Bewältigung wird wesentlich davon abhängen, ob und inwieweit die Bundesrepublik ökonomisch genötigt, staatsrechtlich bereit und gesellschaftlich im Stande ist, sich diesem Wandel von der »Gastarbeiterfrage« zur Einwanderungsfrage zu stellen.

Dabei aber wird nicht nur nach den Interessen der Deutschen, sondern auch nach denjenigen der »ungeliebten Gäste« zu fragen sein, die die Deutschen selbst ins Land riefen und denen gegenüber sie jetzt in die Rolle von Goethes »Zauberlehrling« geraten sind – ohne dass es freilich, Gott sei Dank, jenen allmächtigen »Meister« gäbe, der nur gerufen bzw. gewählt werden müsste. [...]

Die letztlich politische Entscheidungs- und Gestaltungsaufgabe im Spannungsfeld »Gastarbeiterfrage« aber ist in der Bundesrepublik nach wie vor ungelöst. Die in der Forschungsdiskussion wie in der parlamentarischen und außerparlamentarischen Öffentlichkeit umstrittene Frage, ob das Problem durch die Integration nationaler Minderheiten als »ausländische Mitbürger« oder aber durch die Assimilation von Einwanderergruppen zu lösen sei, verzerrt die Diskussion durch eine falsche Alternative.

Beide Positionen nämlich sind schlüssig, aber für verschiedene Ausländergruppen in der Bundesrepu-

---
[1] http://www.zeit.de/1982/19/die-importierte-soziale-frage.

blik: »Ausländerpolitik« allein kann keinen Weg aus der Sackgasse bieten. Sie ist nützlich gegenüber ausländischen Arbeitnehmern, die in der Tat »Gastarbeiter« bleiben und später in ihre Herkunftsländer zurückkehren wollen. »Ausländerpolitik« ist unzureichend gegenüber denjenigen, die nicht nur in der Bundesrepublik bleiben, sondern auch deutsche Staatsbürger werden wollen. Das gilt vor allem für die zweite Generation, für die bald erwachsenen »Gastarbeiterkinder«, die im Grunde nichts Anderes sind als Deutsche mit einem ausländischen Pass.

Die Verteilung von Bundespersonalausweisen an in Deutschland aufgewachsene Ausländerkinder kann bestenfalls staatsrechtliche, aber nicht die sozialen Probleme lösen. Sie werden uns ohnedies den bevorstehenden Härtetest für das soziale Sicherheitssystem der Bundesrepublik erheblich komplizieren.

Dass indes beide Gruppen, »Gastarbeiter« und Einwanderungswillige, in Grenzen auch langfristig gebraucht werden, scheint außer Frage zu stehen: auf dem Arbeitsmarkt, wenn die »schwachen Jahrgänge« kommen, wie im Blick auf »Renten-« und »Generationenvertrag« – wenn grundlegendes Strukturveränderungen nicht alles anders kommen lassen. Für die Eingliederung derjenigen, die deutsche Staatsbürger werden wollen, aber brauchen wir nicht »Ausländerpolitik«, sondern Einwanderungsgesetzgebung und Einwanderungspolitik. [...]

Eine sinnvolle Verbindung und gegenseitige Ergänzung von »Ausländerpolitik« und Einwanderungspolitik könnte das Werkzeug bieten, das falsch etikettierte Exklusivpaket »Gastarbeiterfrage« zu entschärfen, bevor es, wieder einmal, zu spät ist.

1.2 Vom Auswanderungsland zum Einwanderungsland? Deutschland 1880–1980,
Berlin 1983, S. 119.

Die gefährliche Neigung wächst, das in Grenzen wirtschaftlich und gesellschaftlich Notwendige für politisch unmöglich zu erklären. Ein solcher Kreislauf der Argumente aber könnte für die politischen Parteien in der parlamentarischen Demokratie dieser Republik schwerwiegende Legitimationsprobleme aufwerfen.

Nicht minder gefährlich ist eine widerwillige Integrationspolitik, deren stärkste Motivation die soziale Angst vor denjenigen ist, die »integriert« werden sollen, und die zugleich im politischen Entscheidungsprozess durch jene wachsende »Fremdenfeindlichkeit« behindert wird, deren Ursprung wiederum ganz wesentlich in der gescheiterten »Rotationspolitik« selbst und nicht etwa ursächlich in blindwütigem Ausländerhass zu suchen ist.

Solange dieser Teufelskreis nicht durchbrochen wird, wächst der Problemdruck unablässig weiter.

1.3 »Zeitbombe Gastarbeiterfrage«,
in: Gastarbeiter zwischen Arbeitswanderung und Einwanderung, Akademie für Politische Bildung, Tutzing 1983, S. 43–55 (Auszug).

Dass die »Gastarbeiterbevölkerung« sich in der Bundesrepublik zum Teil in einer echten Einwanderungssituation befindet, bedeutet nicht, dass sich die Bundesrepublik selbst als »Einwanderungsland« verstünde. Sie könnte es ohnehin nur in eingeschränktem Sinne und nicht etwa im Sinne jener klassischen Einwanderungsländer, deren Gesellschaften erst durch die Verschmelzung von Einwanderergruppen selbst entstanden sind, wie zum Beispiel die Vereinigten Staaten.

Über das »Einwanderungsland Bundesrepublik« sprechen, heißt deshalb in diesem eingeschränkten Sinne
1. zur Kenntnis nehmen, dass in der Statistik des transnationalen Wanderungsgeschehens die Zuwanderung die Auswanderung weit übersteigt,
2. anerkennen, dass sich ein Großteil der zugewanderten Ausländerbevölkerung de facto in einer echten Einwanderungssituation befindet,
3. fragen, ob und in welchen Grenzen die Bundesrepublik ökonomisch, rechtlich und gesellschaftlich bereit und imstande ist, ausländische Zuwanderergruppen auf längere Zeit sozial zu integrieren oder Einwanderergruppen auf Dauer aufzunehmen bzw. einzubürgern.

Über das »Einwanderungsland Bundesrepublik« sprechen, heißt mithin auch, sich der »Gretchenfrage« zu stellen, ob und inwieweit die im faktischen Wandel von der »Gastarbeiterfrage« zur »Einwanderungsfrage« im fließenden Grenzfeld zwischen Arbeitswanderung und Einwanderung aufgeworfenen Probleme durch Arbeitsmarktpolitik, Ausländerrecht und Ausländerpolitik noch zu bewältigen sind und wie es um die Haltung der Bundesbürger und der von Ihnen gewählten politischen Handlungsträger zu dieser Frage steht. [...]

Zu lange wurde die Ausländerbeschäftigung einseitig als kurz- bis mittelfristiges arbeitsmarktpolitisches Problem betrachtet. Zu spät wurden ihre langfristigen sozialen Folgeprobleme als weit über den Bereich der Arbeitsmarktpolitik hinausgreifende Gestaltungsaufgaben erkannt. In einem lange anhaltenden Prozess defensiver Erkenntnisverweigerung glaubte die Bundesrepublik, ausländische Arbeitskräfte und Arbeiterfamilien nachgerade unbegrenzt aufnehmen, sich schließlich mit einem »Anwerbestopp« nach außen, einschränkenden »Konsolidierungsmaßnahmen« und Integrationsangeboten im Inneren begnügen und den wachsenden Problemdruck der »Gastarbeiterfrage« als Einwanderungsproblem mit dem regierungsamtlichen Dementi bannen zu können: »Die Bundesrepublik ist kein Einwanderungsland«.

Die auf Begrenzung des Zustroms von außen und soziale Integration in Innern abstellende Ausländerpolitik geriet dabei zu dem von Sozialwissenschaftlern und Praktikern der Ausländerarbeit, von Kirchen und Wohlfahrtsorganisationen immer wieder kritisierten Versuch, einer dauerhaften faktischen Einwanderungssituation mit Konzepten einer sozialen Integration auf Zeit zu begegnen. [...]

Mit Konkurrenzerscheinungen auf der internationalisierten unteren Ebene des doppelten Arbeitsmarktes aber wachsen soziale Aggressivität und jene teils ökonomisch begründete, teils nur so verkleidete und in trüben Dunkelzonen wurzelnde »Ausländerfeindlichkeit«, für die es im Blick auf die davon am meisten betroffene nationale Gruppe innerhalb der Ausländerbevölkerung in der Bundesrepublik bereits eine neudeutsche Wortschöpfung gibt – »Türkenfeindlichkeit«.

Noch reagieren die Betroffenen verschreckt und defensiv, durch verstärkten Rückzug ins Milieu der ausländischen Einwandererkolonien oder durch Rückzug aus dem Aufnahmeland. Wie lange freilich gerade die zweite Generation der Ausländerbevölkerung den durch langanhaltende Erkenntnisverweigerung, späte Einsichten und mangelnden Grundkonsens in der Gestaltungsfrage verordneten Mangel an Lebensperspektive noch defensiv erträgt, ohne sich zum Kampf um die eigene Zukunft gegen die sperrige Aufnahmegesellschaft zu sammeln, ist vielleicht nur mehr eine Frage der Zeit. [...]

Solche Konflikte aber legen sich den Bemühungen um eine Integration der ausländischen Arbeitnehmer und ihrer Familien quer; zumal dann, wenn die Integration oder gar jene Assimilation, die nicht am Anfang, sondern nur am Ende eines geglückten Einwanderungsprozesses stehen kann, den Ausländern als Vorleistung abverlangt wird (»Türken passt Euch an!«).

Besonders widersprüchlich muss es dabei erscheinen, wenn das, was vielen der großen Integrationsentwürfe der 1970er Jahre zugrunde lag – soziale Integration auf Zeit ohne Nötigung zur kulturellen Assimilation (»Germanisierung«) – heute polemisch gegen Ausländergruppen gekehrt wird, die in der Tat längerfristig als »Gastarbeiter« sozial integriert werden wollen, ohne deshalb ihre kulturelle Identität durch Nötigung zu demonstrativer Assimilationsbereitschaft gefährden zu wollen. [...]

Eine stark rechtslastige »Anti-Ausländer-Bewegung« beginnt sich zu formieren. Ihre Vorstellungen und Forderungen in der meist en bloc thematisierten »Ausländerfrage« reichen von der Verschärfung des Asylrechts, einem generellen Zuwanderungsverbot und jenen separaten Schulklassen (»Nationalklassen«) für Ausländer, mit denen die kulturelle Segregation anstelle der Integration zum Programm erhoben wird, über kollektive Verdächtigungen »der Ausländer« und den Appell an dunkle Emotionen bis hin zu ideologischen Kampfparolen gegen eine »Unterwanderung« bzw. »Überfremdung« des deutschen »Volkstums« in einer »multirassischen« Gesellschaft und für die »Reinerhaltung der deutschen Rasse« durch »Ausländerbegrenzung«.

Repräsentativbefragungen zeigen indes, dass sich seit der Jahrzehntwende die Haltung der Bundesbürger zur »Ausländerfrage« ganz allgemein von Grund auf gewandelt hat: 1978 sprach sich erst eine starke Minderheit von 39 %, Anfang 1982 hingegen eine starke Mehrheit von 68 % bzw. 66 % dagegen aus, dass »Gastarbeiter, die hierbleiben wollen, die Möglichkeit erhalten, für immer hierzubleiben« und dafür, dass sie »wieder in ihr Land zurückkehren«. Einer ausgesprochen »ausländerfreundlichen Gruppe« von nur mehr 29 % und einer »ambivalenten Gruppe« mit unterschiedlichen Einstellungen (22 %) stand eine ausgesprochen »ausländerfeindliche Gruppe« in Höhe von 49 % gegenüber.

Bei den Umfrageergebnissen aber waren deutliche Zusammenhänge zwischen der Stärke der Abwehrhaltung und dem schulischen bzw. beruflichen Qualifikationsniveau erkennbar. Sie weisen darauf hin, dass die Sorge um den Arbeitsplatz der Tendenz nach umgekehrt proportional zum abnehmenden Qualifikationsniveau anwächst und am stärksten bei jenen Gruppen ist, innerhalb derer die Ausländerbeschäftigung [...] in der Tat als Konkurrenzfaktor erfahren bzw. vermutet werden kann – von der Konkurrenz um den Arbeitsplatz bis zur Konkurrenz um die Sozialwohnung.

Für eine Rückkehr aller Gastarbeiter in ihre Herkunftsländer votierten Befragte mit Abitur zu 51 %, solche mit mittlerer Schulbildung schon zu 54 %, solche mit Volksschulbildung hingegen mit 71 %. Die Ansicht, Ausländer (»schlechte Kollegen«) seien »sehr oft unsolidarisch gegenüber den deutschen Arbeitskollegen, weil sie immer bereit seien, Überstunden am Abend und am Wochenende zu machen«, teilten unter den befragten deutschen Arbeitnehmern Angestellte zu 49 %, Facharbeiter schon zu 61 %, an- und ungelernte Arbeiter aber zu 69 %, wobei Ressentiments und Antipathie (»weniger sympathisch«) gegenüber den türkischen »Gastarbeitern« als der mit Abstand am wenigsten geschützten ausländischen Arbeitnehmergruppe am stärksten waren.

Eingefordert wird, was die Aufnahmegesellschaft selbst fortschreitend aufgehoben hat: die Einschränkung der ausländischen Erwerbsbevölkerung auf jene kurzfristigen Pufferfunktionen auf dem Arbeitsmarkt, deren sie durch die kontinuierliche Verfestigung ihres arbeits- und aufenthaltsrechtlichen Status weithin enthoben wurde. Aus der verbreiteten Unkenntnis über diese Zusammenhänge resultierende Aggressionen schlagen auf die »Gastarbeiterbevölkerung« zurück.

Die Analysen bestätigten die Folgen der unheilvollen Verquickung von »Asylantenproblem« und »Gastarbeiterfrage« in der »Ausländerdiskussion«. Sie belegten einen tiefgreifenden Mangel an Einsicht in die gesamtwirtschaftliche Bedeutung der Ausländerbeschäftigung. Und sie zeigten, dass blinde Projektionen und Vorurteile bei alledem eine außergewöhnliche Rolle spielten, denn, so konnte das Resultat im Blick auf die konkreten Erfahrungen der Befragten mit Ausländern zusammengefasst werden: »je mehr Kontakte, desto positiver die Meinung«. [...]

Solange Wirtschaft, Staat und Gesellschaft in der Bundesrepublik die »Gastarbeiterfrage« und die zum Teil dahinterstehende Einwanderungsfrage nicht als gesellschaftspolitisches Problem ersten Ranges aufgreifen und mit langfristigen Perspektiven gestalten, bleibt nicht nur die soziale Zukunft der »Gastarbeiterbevölkerung« selbst, sondern in vieler Hinsicht auch diejenige des Aufnahmelandes Bundesrepublik ungewiss. Umso brisanter wird der Problemdruck, bei dessen Diskussion neuerdings selbst Vertreter organisierter Interessen auf dem Arbeitsmarkt, »Ausländerexperten« und politische Handlungsträger in Regierungsverantwortung zuweilen nachgerade von Panik erfasst scheinen.

Eine umfassende Lösung aber ist noch immer nicht in Sicht, zumal es rasch wirkende, mit dem rechts- und sozialstaatlichen Selbstverständnis des Aufnahmelandes Bundesrepublik vereinbare Patentrezepte nicht gibt: Von dem früheren Bundesinnenminister W. Baum (FDP) wurden Ende 1981 einerseits die Worte kolportiert, dass »im Kabinett Einvernehmen« darüber bestehe, »dass die Bundesrepublik für die Ausländer, die seit langem hier sind, und, wenn sie es auch noch nicht genau wissen, bleiben wollen, ein Einwanderungsland ist«; andererseits aber auch das Eingeständnis, »dass wir in unserer Ausländerpolitik an sich noch keine gesicherte Perspektive haben«.

Das hat vor allem damit zu tun, dass es im Grunde nur mehr eine negative Koalition der Einsicht in die Notwendigkeit einer – wie auch immer vorgestellten – Beschränkung des »Ausländerzustroms« zu geben scheint und nur mehr Ansätze für einen positiven Fundamentalkonsens gegenüber der anstehenden politischen Gestaltungsaufgabe, die mit den indirekten Steuerungsinstrumentarien der Arbeitsmarktpolitik nicht mehr zu bewältigen ist: »Dass kein neuer Zuzug zu uns herkommen sollte, versteht sich von selbst«, bestätigte der Präsident der Bundesanstalt für Arbeit, J. Stingl, im Frühjahr 1980. Dies sei jedoch nicht Sache der Arbeitsmarkt-, sondern der Außen- und Innenpolitik: »Aber hier hat man wohl zu lange gezögert, sich dessen bewusst zu werden«.

Die Unsicherheit der politischen Handlungsträger hat indes auch mit der Abhängigkeit der politischen Parteien von jener Wählergunst zu tun, die Integrationskonzepte immer weniger zu honorieren scheint: Bei CDU/CSU-Wählern stehen sich Befürworter einer defensiv-restriktiven und einer liberal-integrativen Ausländerpolitik im Verhältnis von 54 % zu 25 % gegenüber, bei SPD-Wählern im Verhältnis von 47 % zu 29 %, bei FDP-Wählern im Verhältnis von 37 % zu 29 %.

Falsch aber wäre es, die Lösung des Problems allein an »die da oben«, an die Politiker nämlich, zu delegieren; denn jene in den verschiedensten Grenzen vorgestellte Integration der ausländischen Arbeitnehmer und ihrer Familien muss zwar »von oben« ihren gesetzlichen Rahmen erhalten, in der Praxis aber »von unten« beginnen. Deshalb auch ist die »Gastarbeiterfrage« als Integrations- wie als Einwanderungsproblem eine Aufgabe für jeden einzelnen, die ihm in der alltäglichen Begegnung mit der »Gastarbeiterbevölkerung« stets aufs Neue vor Augen tritt.

Solche alltägliche Aufnahmebereitschaft oder doch wenigstens Toleranz wiederum wird, gerade in der Krise, vielen Deutschen nur abzuverlangen sein, wenn in einem langfristigen Programm mit großen Perspektiven die Wege vorgezeichnet und eröffnet werden, auf denen das Problem bewältigt werden soll. Solange dieser Zirkel nicht durchbrochen wird, tickt die »Zeitbombe Gastarbeiterfrage« weiter, wird ihre Entschärfung immer schwieriger. [...]

Nötig für eine [...] Zulassung derjenigen, die die Einbürgerung beantragen, und für ihre Eingliederung als Staatsbürger in die politische Kultur dieses Landes aber sind nicht die hierzu kurz greifenden Steuerungsinstrumentarien und Integrationshilfen der Ausländerpolitik, sondern Einwanderungsgesetzgebung und Einwanderungspolitik. [...]

Dass dabei nicht etwa allen Anträgen auf Einwanderung Rechnung getragen werden kann, gehört zu den Binsenweisheiten der Einwanderungsgeschichte. Die Chancen und Grenzen eines Einwanderungsprozesses in seinen verschiedenen Formen und Stufen aber können nicht durch hilflose Defensive, sondern nur aktiv, durch Einwanderungsgesetzgebung und Einwanderungspolitik gestaltet und damit für alle erkennbar markiert werden – selbst wenn eine solche Einwanderungspolitik im äußersten Falle zeitweise die Funktion haben sollte, das zu blockieren, was zu gestalten ihre eigentliche Aufgabe ist: die Einwanderung selbst. Auch dieser, zumeist krisenbedingte und nur scheinbare Widerspruch in sich hat seine Geschichte – als Einwanderungssperre durch restriktive Einwanderungspolitik.

Die verbreitete Verwechslung von Einwanderungsgesetzgebung und Einwanderungspolitik mit einer schrankenlosen Befürwortung der Einwanderung beruht auf einem Irrglauben. Wenn es in dieser Hinsicht eine Lehre aus der Geschichte der Aus- und Einwanderungen gibt, dann diese: Einwanderungspolitik ist keineswegs nur Hilfe für Einwanderungswillige. Sie ist auch Steuerungsinstrument und damit Selbsthilfe des Einwanderungslandes. Auswanderungswillige Deutsche haben das in der Geschichte vielfach erfahren und sie erfahren es noch heute.

Einwanderungspolitik bietet dem Einwanderungsland einen gewissen Schutz vor unlösbaren Integrations- bzw. Assimilationsproblemen. Sie gibt Einwanderungswilligen, die den Einwanderungsbedingungen nicht entsprechen können oder wollen, von Anbeginn an Klarheit über die Aussichtslosigkeit ihres Vorhabens und schützt sie damit vor jener verhängnisvollen Fehleinschätzung ihrer Situation, deren Ergebnis in der persönlichen Katastrophe eines gescheiterten Einwanderungsprozesses liegt. Sie kann grausam sein für Einwanderungswillige, aber sie ist ehrlicher als eine Integrationskonzeption, die ungewollt Einwanderungsambitionen weckt, ohne ihnen entsprechen zu können.

Das häufig mit dem Integrationsproblem verwechselte Assimilationsproblem indes ist keine rechtliche oder politische Gestaltungsfrage. Seine Bewältigung auf dem Weg durch die kulturelle Identitätskrise ist eine Aufgabe, die die Aufnahmegesellschaft dem Einwanderer nicht abnehmen kann. Aber sie kann ihm den Weg erleichtern, nicht nur durch passive Toleranz, sondern auch durch **aktive Aufnahmebereitschaft** gegenüber den »Fremden« in der Bundesrepublik.

Die Deutschen, deren Vorfahren millionenfach das Schicksal von Aus- und Einwanderungsprozessen teilten, täten gut daran, sich zu erinnern, dass viele ihrer Vorfahren einst andernorts ebenso »Fremde« waren wie heute Ausländer in der Bundesrepublik. Dieses Land aber hatte nicht »Fremde«, sondern »Gäste« zur Arbeit geladen. Ihr Bleiben wurde lange stillschweigend akzeptiert. Diejenigen, die weiterhin bleiben wollen, warten auf ein Zeichen, dass die »Gastfreundschaft« noch gilt.

1.4 Gastarbeiter – Dauergäste – Einwanderer, in: Universitas, 41.1986, H. 121, S. 1290–1296 (Auszug).

»Die Bundesrepublik ist kein Einwanderungsland«, so lautet nach wie vor der kleinste gemeinsame Nenner aller regierungsamtlichen Initiativen der Ausländerpolitik. Er scheint etwas zu dementieren, das gar nicht ernsthaft zu behaupten ist; denn ein Einwanderungsland im Sinne der Gesellschaftsgeschichte klassischer überseeischer Einwanderungsländer – deren Gesellschaften sich erst im »Schmelztiegel« des Einwanderungsprozesses selbst herausbildeten – kann die Bundesrepublik ohnehin weder sein werden. [...]

Auf die vieldiskutierte Frage, ob die Bundesrepublik im transnationalen Wanderungsgeschehen der Gegenwart Aus- oder Einwanderungsland sei, muss eine paradox klingende Antwort gegeben werden: Sie ist keines von beiden und doch beides zugleich – je nachdem, ob dabei an die Absichten derjenigen gedacht wird, die angeben, aus- bzw. einwandern zu wollen oder an die Möglichkeiten beider Gruppen, ihre Absichten zu realisieren:

In die Hunderttausende gilt neuerdings die Zahl von Deutschen, die an Auswanderung denken und deswegen Rat suchen. Nur ein Bruchteil von ihnen indes wandert tatsächlich aus. Viele müssen erfahren, dass ihre Vorstellungen vom besseren oder freieren Leben in überseeischen Einwanderungsländern der Realität nur bedingt entsprechen und dass es sich lohnt, genaue Informationen einzuziehen; denn die persönliche Katastrophe eines gescheiterten Einwanderers, der sich aus der alten Welt ausgegliedert hat und sich in der neuen nicht eingliedern kann, ist weit folgenreicher als die Enttäuschung eines Auswanderungswilligen über die Unrealisierbarkeit seines Entschlusses.

Die meisten aber müssen zweierlei erfahren: erstens, dass Einwanderungsgesetzgebung und Einwanderungspolitik der überseeischen Länder, von denen sie träumen, ausschließlich an deren Interessen und nicht etwa an denen von einwanderungswilligen Ausländern ausgerichtet sind; und zweitens, dass die Zulassung zu einem regelrechten Hürdenlauf geraten kann, wenn es um definitive Einwanderung mit dem Ziel der Einbürgerung und nicht nur um einen mehr oder minder befristeten Arbeitsaufenthalt im Ausland geht.

Die Bundesrepublik, die heute an der Schwelle zum Einwanderungsland zu stehen scheint, hat mithin nicht aufgehört, Auswanderungsland zu sein. [...]

Beträchtlich, wenngleich sicher nicht so hoch wie gelegentlich behauptet, dürfte die Zahl der in der Bundesrepublik lebenden Ausländer sein, die sich einbürgern lassen würden, wenn die Möglichkeit dazu geboten wäre. Zahlreiche andere stehen an der Schwelle zu dieser Absicht, geben aber dazu keine klare Auskunft, weil sie sich selbst noch nicht sicher sind oder weil sie eine solche Entscheidung ohnehin für sinnlos halten, da es entsprechende Möglichkeiten bislang nur in sehr begrenztem Umfang gibt. Unübersehbar hoch aber liegt die Zahl derjenigen, die in der Bundesrepublik in einer echten Einwanderungssituation leben, ohne dass ihnen und dem Aufnahmeland dies bislang in seiner ganzen Tragweite zum Bewusstsein gekommen wäre – denn eine echte Einwanderungssituation wird dem, der darin lebt, häufig erst dann bewusst, wenn sie von außen infrage gestellt wird.

Auch hier treten Absichten und Möglichkeiten auseinander, mit einem Unterschied: Ein nicht realisierbarer Auswanderungsentschluss ist nur für den enttäuschten Auswanderungswilligen, nicht aber für das Einwanderungsland seiner Wahl von Belang. Das Aufnahmeland Bundesrepublik aber hat, als »Defacto-Einwanderungsland«, die potentiellen Einwanderer schon in seinen Grenzen und ist für die damit verbundenen Probleme nur unzureichend gerüstet. [...]

Gegenseitiges Missverstehen und kollektive Unsicherheit in Aufnahmegesellschaft und Ausländerbevölkerung kennzeichnen die Diskussion der »Gastarbeiterfrage«, die in vieler Hinsicht längst den ihr begrifflich zugewiesenen Rahmen gesprengt hat und vom **Arbeitsmarktproblem der 1960er** Jahre zu einem **gesellschaftspolitischen Problem erster Ordnung** für Gegenwart und Zukunft aufgestiegen ist. Ergebnis ist auf Seiten der Ausländerbevölkerung eine **wachsende kollektive Frustration**, auf Seiten der Aufnahmegesellschaft eine aus **Krisenangst** und **kollektiver Verunsicherung** gespeiste, vorwiegend **latente**, teilweise auch offen aggressive **Abwehrhaltung**, die zur ebenso generalisierenden wie simplifizierenden Rede von deutscher »Ausländerfeindlichkeit« Anlass gab. Das erschwert eine vernünftige und vor allem tolerante Klärung der anstehenden Probleme.

Die Entwicklung von der Auswanderung einheimischer zur Zuwanderung ausländischer Arbeitskräfte und die aktuellen Fragen der Ausländerbeschäftigung aber sind – von den Spezifika der »Gastarbeiterfrage« abgesehen – nicht nur oder auch nur vorwiegend »deutsche« Probleme. Die Arbeitskräftewanderungen der Gegenwart sind vielmehr Ergebnis des internationalen ökonomischen Entwicklungsgefälles, dass die meisten modernen Industriegesellschaften unter Zuwanderungsdruck aus weniger entwickelten Ländern stellt. Auch jene Ausländerfeindlichkeit in der Bundesrepublik, deren Kern ökonomische und soziale Ängste sind, ist insgesamt weder »faschistisch« noch ausgesprochen »deutsch«. Es gibt sie auch in anderen Industriestaaten mit hoher Ausländerbeschäftigung. Ihre besondere Brisanz hierzulande aber kommt aus dem langen Schatten der jüngsten deutschen Geschichte, der gewisse Leitvorstellungen und Argumentationsmuster in der Diskussion der »Ausländerfrage« noch düsterer erscheinen lässt, als sie es ohnehin schon sind. [...]

»Für die Ausländer, die sich für den Verbleib auf Dauer entscheiden, müssen die Integrationsbemühungen verstärkt werden«, schrieb der damalige Bundesinnenminister Gerhard Baum (FDP) im Vorwort zu der im April 1982 vom Bundesministerium des Inneren vorgelegten Broschüre »Betrifft: Ausländerpolitik«. Notwendiges Pendant zu solchen Integrationsbemühungen, zu »Toleranz und mitmenschlichem Verständnis« auf Seiten der Aufnahmegesellschaft müsse auf Seiten der Ausländerbevölkerung die Bereitschaft sein, »sich so in die hiesigen Verhältnisse einzufügen, dass ein reibungs- und konfliktfreies Zusammenleben in unserer Gesellschaft möglich ist«. Dazu gehöre auch »die Bereitschaft, sich nicht abzukapseln«.

Im Vorwort der nach dem Regierungswechsel überarbeiteten Fassung der gleichen Broschüre schrieb Baums Amtsnachfolger, Bundesinnenminister Friedrich Zimmermann (CSU), im Januar 1983: »Wichtiges Ziel der Ausländerpolitik ist die Integration der hier auf Dauer lebenden Ausländer«, denen gegenüber »ein hohes Maß an Toleranz« geboten sei. »Integration« bedeute »nicht Verlust der eigenen kulturellen Identität«, setze aber voraus, »dass die Ausländer [...] sich soweit an die hiesigen Verhältnisse anpassen, dass ein reibungsloses Zusammenleben möglich ist«. Die zur Erarbeitung von Empfehlungen und Vorschlägen für eine »klare und berechenbare Ausländerpolitik« von der Bundesregierung eingesetzte Kommission solle »vor allem die Erfahrungen der klassischen Einwanderungsländer und der europäischen Demokratien« berücksichtigen.

Hinter beiden Erklärungen stehen, trotz verwandter Wortwahl, in vieler Hinsicht tiefgreifende Positionsdifferenzen. Und doch könnten beide zu zwei gefährlichen Missverständnissen führen: erstens zu der [...] Neigung, Ausländer, die auf Dauer bleiben wollen, als Vorleistung zu ihrer Integration etwas abzuverlangen, das in vielerlei Hinsicht erst im langfristigen Prozess von Akkulturation und Assimilation erreicht werden kann; zweitens zu der Vorstellung, dass solche Bereitschaft, sich »ein(zu)fügen« bzw. »an(zu)passen«, einen einflussreichen reibungsloses« bzw. »reibungs- und konfliktfreies Zusammenleben in unserer Gesellschaft« ermöglichen werde.

Die Grenzfelder von transnationaler Arbeitswanderung und Einwanderung schließen – wie gerade jene »Erfahrungen der klassischen Einwanderungsländer« lehren – nun einmal kulturelle Identitätskrisen ein, die auf Zeit zur »Abkapselung« führen mögen, und Spannungen, die auf Zeit zu »Reibungen« und »Konflikten« Anlass geben können: Sozialillusionen könnten in Frustrationen enden, die die Abwehrhaltungen noch steigern würden, zumal dann, wenn die Realisierung solcher Illusionen vorwiegend vom Wohlverhalten der Ausländerbevölkerung abhängig gemacht und solchermaßen eine neue Sündenbocktheorie geradewegs vorprogrammiert würde.

Soziale Reibungsverluste sind bei transnationalen Sozialprozessen nicht zu umgehen. Aber sie können auf beiden Seiten erträglicher und begrenzter gehalten werden, wenn das rechtspolitische Normengefüge für die gemeinsame Zukunft so transparent wie möglich gestaltet und der Blick in diese Zukunft weder durch illusionäre Erwartungen verklärt noch durch lähmende Schreckbilder verdüstert wird.

1.5 Deutsche, Bindestrich-Deutsche und »Deutschländer«,

in: Deutsches Allgemeines Sonntagsblatt, 9.2.1990[2] (Auszug).

Menschen in Bewegung bestimmen das Bild der Zeit: Ausreiseströme, Fluchtwellen, Großdemonstrationen, der Mauer brechende deutsch-deutsche Massenverkehr. Seit jener »Nacht der Nächte«, in der die Mauer in Berlin zum Steinbruch für Souvenirjäger wurde, dreht sich alles um die Einordnung der deutschdeutschen Ereignisse in die verschiedenen Weltbilder. Dahinter stand für viele westlich der Mauer die überraschende Erinnerung an die Präambel des Grundgesetzes und die Frage, wie ihr Auftrag heute zu interpretieren sei; für andere wieder einmal jenes Tiefgründeln über deutsche Identität, dass, wie der amerikanische Deutschland-Historiker Gordon C. Craig unlängst meinte, selbst schon ein Stück deutscher Identität geworden ist.

Diesmal aber geht es nicht um raunende Selbstdeutung aus der Geschichte, sondern um das Abtasten von Handlungsspielräumen für die Gestaltung einer Zukunft, die nicht Sache der Deutschen allein sein kann; denn die Frage, was die Deutschen west-

---

[2] http://kjbade.de/bilder/Bindestrich-Deutsche.pdf.

lich und östlich des zu Bruch gegangenen Monstrums von 1961 miteinander anfangen wollen, können, dürfen, tangiert nicht nur deutsch-deutsche, sondern auch europäische und internationale Belange.

Wochenlang blieb das Zeiterlebnis bestimmt durch den Taumel der Begegnung mit den anderen Deutschen aus dem eingemauerten Staat. Die Freudentränen sind getrocknet. Alltag geworden ist auch die kleine Wiedervereinigung übers Wochenende. Es wird Zeit, zur Tagesordnung des großen Wanderungsgeschehens zurückzukehren. Darauf stand noch am Tag vor der »langen Nacht« des 9. November die Diskussion um Übersiedler und Flüchtlinge aus der DDR, deren Abstimmung mit den Füßen Blamage und Verfall des Regimes der alten Männer hinter der Mauer beschleunigte. Auf Platz zwei der Tagesordnung abgerutscht waren damit die Aussiedler aus der Sowjetunion, aus Rumänien und Polen – zusammen mit den Übersiedlern weit mehr als eine halbe Million im bewegten 1989er Jahr.

Durch die Über- und Aussiedlerdiskussion ganz von der Tagesordnung verdrängt worden ist das Weltflüchtlingsproblem: Es wird in der nach außen abgeschotteten Festung Bundesrepublik Deutschland ohnehin nicht als globales Problem, sondern nur in den vergleichsweise niedrigen Zahlen derjenigen wahrgenommen, denen es überhaupt gelingt, über die in Botschaften, Flughäfen und »Drittländern« errichteten Barrieren hinweg vorzudringen bis an die Bollwerke der bundesdeutschen Gralsburg. Nach demographischen Wahlkampfinszenierungen ebenfalls aus dem Blickfeld geraten und erst als rechtspolitische Behandlungsmasse durch die Diskussion um das neue Ausländerrecht wieder in Erinnerung gebracht worden ist die bei weitem stärkste Minderheit: Es ist die aus der früheren »Gastarbeiterbevölkerung« hervorgegangene »ausländische« Einwandererbevölkerung in der Bundesrepublik Deutschland.

Die Deutschen im Westen sind aus gegebenem Anlass wie selten zuvor mit sich selbst beschäftigt und mit ihrer eigenen jüngsten Geschichte. Als stille Teilhaber an solcher Geschichte zählen, trotz Versäumnis durch Abwesenheit, im Sinne von Grundgesetz und Bundesvertriebenengesetz auch Deutsche aus der DDR und Bindestrich-Deutsche aus der Sowjetunion, aus Polen und Rumänien. Mangels deutscher Staatsangehörigkeit und Abstammung außen vor bleiben dabei unter den Zugewanderten ausgerechnet die am längsten anwesenden und deshalb einheimischsten aller »Fremden« – die »ausländische Mitbürger« genannten Bindestrich-Deutschen ohne Bürgerrechte. Sie haben einen Großteil ihres Lebens hier verbracht, sind als zweite Generation hier geboren bzw. aufgewachsen, zum Teil schon erwachsen oder sogar selbst schon Eltern einer dritten Generation von »Deutschländern«.

Es gilt, mit lieb gewordenen Orientierungshilfen aufzuräumen. Alte Formeln stimmen nicht mehr. Im Problemfeld der Einwanderungssituation haben auch die herkömmlichen Begriffspaare »Einheimische/Fremde« und »Deutsche/Ausländer« jenseits rechtlicher Bestimmungskriterien an Orientierungskraft verloren: Neben einheimischen Deutschen stehen heute in der hier aufgewachsenen oder geborenen zweiten Generation nicht minder einheimische Ausländer bzw. ausländische Inländer, längst nicht mehr als Fremde mit deutscher Aufenthaltsgenehmigung, sondern als Deutsche mit fremdem Pass.

Einheimischen Deutschen und einheimischen Ausländern wiederum beggnen in der Einwanderungssituation die »Aussiedler« genannten fremden Deutschen aus Polen, Rumänien und der Sowjetunion. Sie haben, wie Übersiedler und Flüchtlinge aus der DDR, als Neubürger zwar keine Probleme mit der Staatsangehörigkeit. Sie haben aber oft umso gravierendere soziale und mentale Anpassungsprobleme, die es für einheimische Ausländer so nicht oder doch nicht mehr gibt und denen viele der Neubürger nicht gewachsen sind; will sagen: Einwanderer gibt es auch mit deutschem Pass.

Die Tiefenstaffelung der lange verdrängten Einwanderungssituation erzeugt, wie so oft in echten Einwanderungsprozessen, relativ unübersichtlich wirkende Problemlagen und Spannungslagen zwischen den verschiedensten Gruppen von »Einheimischen« und »Fremden«. Dabei sind die einheimischen Ausländer in der Begegnung mit asylsuchenden Flüchtlingen und mit den fremden Deutschen aus dem Osten heute schon häufiger auf der Seite der Bundesdeutschen zu finden. Deswegen auch können die Lebensperspektiven dieser einheimischen Ausländer mit Ausländerrecht und Ausländerpolitik allein nicht mehr bestimmt werden.

Aber auch für die Zukunft von Migration und Integration in der Bundesrepublik Deutschland, im EG-Europa und über seine Grenzen hinaus sind Ausländerrecht und Ausländerpolitik als solche nicht mehr genug. Die alte Frage, ob die Zukunft des Wanderungsgeschehens durch Ausländerrecht und soziale Integration auf Zeit zu bewältigen sei oder durch Einwanderungsgesetzgebung und Einbürgerung auf Dauer, ist falsch gestellt; denn die Alternative greift zu kurz. Der tiefgestaffelten Wirklichkeit kann nur durch gleichermaßen weitreichende Gestaltungsperspektiven entsprochen werden. [...]

Nötig für alle Problembereiche und Folgeprobleme des Wanderungsgeschehens ist eine möglichst umfassende, auf klare Rechtsgrundlagen gestützte Migrationspolitik mit großer Reichweite – von befristeten Arbeitswanderungen und Daueraufenthalten ohne Einbürgerung über definitive Einwanderungen bis hin zum großen und fließenden Grenzbereich der multikausalen Fluchtwanderungen, denen ein in seiner Interpretation auf lupenreine politische Verfolgung verengtes Asylrecht nicht gewachsen ist. Damit wäre diese Republik rechtspolitisch vorbereitet für Herausforderungen der Zukunft im transnationalen Wanderungsgeschehen auch über die Grenzen des EG-Binnenmarktes hinweg. Das schließt weitsichtige Einwanderungsgesetzgebung ebenso ein wie vorausdenkende und vorausplanende, d.h. nicht nur passiv verwaltende, sondern aktiv gestaltende Einwanderungspolitik. [...]

Nötig ist ferner eine umfassende und zugleich differenzierte, gestufte und in den Übergangszonen flexible Integrationskonzeption. Sie sollte ein institutionelles Netzwerk bieten für weitgefächerte und tiefgestaffelte Orientierungs- und Hilfsangebote – für die »Gastarbeiterexistenz«, für die »Einwandererexistenz« und für die dazwischenliegenden Lebensbereiche und Übergangsstufen.

Voraussetzung für all das ist ein umfassendes, gesellschaftspolitisch fundiertes und legislativ gesichertes Gesamtkonzept einer Migrations- und Integrationspolitik. Sie muss das vielgestaltige Problemfeld der Einwanderungssituation ganzheitlich erfassen. Und sie muss durch Ausgleichs- und Vermittlungsfunktionen dazu beitragen, dass einzelne Segmente nicht gegeneinander driften oder gar gegeneinander ausgespielt werden mit möglicherweise schwerwiegenden Folgen für den sozialen Frieden im Land.

Dem sollte auch in den Entscheidungs- und Verwaltungsstrukturen Rechnung getragen werden: Strukturprobleme liegen heute auf Bundes-, Landes- und kommunaler Ebene in Zuständigkeitslücken und Kompetenzüberschneidungen, in Ressortabgrenzung und Ressortkonkurrenz im Blick auf die vielen Besonderheiten, aber auch Gemeinsamkeiten in den Problemen zugewanderter Gruppen – ausländische Erwerbsbevölkerung und Familiennachzug, Aussiedler und Übersiedler, Asylsuchende, anerkannte Asylberechtigte, Bona-fide-Flüchtlinge, abgelehnte, aber aus humanitären, rechtlichen und politischen Gründen dennoch tolerierte De-facto-Flüchtlinge und andere.

In die Gestaltungsbereiche überspringende und dort geradewegs kontraproduktiv wirkende Probleme resultieren zum Teil aus konkurrierenden Konzepten und Strategien verschiedener Provenienz. Erinnert sei hier nur an die jahrelange ausländerrechtliche und ausländerpolitische Frontstellung bei wechselseitiger Infragestellung der Sachkompetenz zwischen der dem Bundesarbeitsministerium zugeordneten »Ausländerbeauftragten« Liselotte Funcke (FDP) und dem früheren Bundesinnenminister Dr. Friedrich Zimmermann (CSU), in dessen Ressort wiederum der »Aussiedlerbeauftragte« Dr. Horst Waffenschmidt (CSU) um Sympathie für die ihm Anvertrauten ausgerechnet mit der rechtlich sicher zutreffenden, aber politisch gefährlichen Spaltformel warb: »Aussiedler sind keine Ausländer!«

Es kommt zweifelsohne darauf an, in Einwanderungs- und Zuwanderungsfragen und bei den konkreten Problemen der ein- bzw. zugewanderten Minderheiten die vielen Besonderheiten zu würdigen, die oft nur noch ressortintern zu überblicken sind. Es geht aber ebenso darum, die vielen durch Kompetenzbarrieren und Ressortegoismen verstellten Gemeinsamkeiten der Einwanderungssituation im Blick zu halten. Dabei geht es um ein umfassendes Beobachtungs- und Aufgabenfeld: Es umschließt die Einschätzung der vielgestaltigen Begleitumstände und Folgeprobleme der Migration und damit auch der tiefgestaffelten und immer spannungsreichen Einwanderungssituation, deren Problemlagen ständig in Bewegung sind. Es umfasst aber auch die Begegnung der Majorität mit den zugewanderten Minderheiten, den Umgang der Minderheiten miteinander und allgemeinhin die Aufklärung über die Verkehrsregeln der Einwanderungssituation.

Nötig ist dafür auf Bundesebene ein ressortübergreifendes Amt für Migration und Integration. Es sollte für alle zugewanderten Minderheiten zuständig sein und könnte zum Beispiel beim Bundeskanzleramt angesiedelt werden. Es muss Kompetenzen der bislang zuständigen Stellen nicht als solche an sich ziehen, sollte mithin kein allzuständiger bürokratischer Wasserkopf werden, aber doch Gewicht genug haben, Gesamtkonzeptionen mit Bindewirkung zu entwerfen, praxisorientiert fortzuschreiben, auf ihre Umsetzung zu achten, Zuständigkeitslücken aufzuspüren, zu überbrücken und lähmender Ressortkonkurrenz im behördlichen Kompetenzgerangel zu wehren. Etatismus ist nicht angesagt, aber doch ein Mindestmaß an übergreifender Struktur, das der gesellschaftspolitischen Bedeutung des Problemfeldes entspricht. [...]

Auf Landesebene hinzukommen sollten in allen Bundesländern nicht nur »Ausländerbeauftragte«, deren Aufgabe mit der Einbürgerung der ihnen anvertrauten »Ausländer« erlöschen, sondern »Beauftragte für zugewanderte Minderheiten« mit Staatssekretärsrang, entsprechender Ausstattung und zureichender Kompetenz. Darunter sollte es ein bis auf die kommunale Ebene herab durchgestaffeltes System von entsprechenden Anlaufstellen geben zur beratenden Begleitung im Einwanderungsprozess und nicht etwa nur für die Verwaltung der Not in den ohnehin überlasteten Sozialämtern.

All das bedarf sorgsamer Abstimmung und einer flexiblen Praxis, damit nicht eine Art Sonderbürokratie entsteht, die durch kontraproduktives Verwaltungshandeln segregativ statt integrativ wirkt. Hier könnte in der Praxis viel von echten Einwanderungsländern gelernt werden.

Es fehlt ferner an einem zwar außeruniversitären, aber mit den entsprechenden Fachwissenschaften kooperierenden Bundesforschungsinstitut, dessen Arbeit Erkennbares erkennbar macht und so dazu beiträgt, in der Migrations- und Integrationspolitik die Ära der Überraschungen und reaktiven Improvisationen zu überwinden zu Gunsten aktiver Planung auf im Rahmen des Möglichen gesicherten Grundlagen.

Die Aufgaben eines solchen Instituts würden zum Beispiel konkrete Bestandsaufnahmen, deren kontinuierliche Fortschreibung, vergleichende Problemanalysen und prospektive Modellrechnungen einschließen, aber auch die fehlende Verbindung von historischen Erfahrungen und aktuellen Problemen. Das gilt etwa für die Frage, was aus früheren oder doch anderen für hiesige Einwanderungsprobleme »gelernt« werden kann oder aus der Flüchtlingsintegration des Nachkriegsjahrzehnts für die Aussiedlerintegration heute – weniger, als manche hoffen, aber doch mehr, als andere fürchten.

Die wenigen Universitätsinstitute für Migrationsforschung und verwandte Probleme, die sich oft mühsam von einer Projektfinanzierung zur anderen schleppen, sind solchen Aufgaben nicht gewachsen. Es gibt auf Bundesebene zum Beispiel international anerkannte Forschungsinstitutionen wie das Bundesamt für Bevölkerungsforschung in Wiesbaden oder das anders konzipierte Institut für Arbeitsmarkt- und Berufsforschung bei der Bundesanstalt für Arbeit in Nürnberg. Hinzutreten sollte, als Brücke zwischen Wissenschaft, Verwaltung und Politik, ein entsprechendes Bundesinstitut für Migrations- und Integrationsforschung, dass dem neu zu schaffenden Amt für Migration und Integration angegliedert werden sollte.

Für die vielfältigen Aufgabenbereiche mit unterschiedlichem Verantwortungsrang – von der übergreifenden Planung und Problemsteuerung bis zur begleitenden Beratung und Betreuung im Alltag der Einwanderungssituation – fehlt es an entsprechend ausgebildetem Personal und, vorweg, an sachgerechten und problemorientierten Ausbildungskapazitäten: Auf Universitätsebene wird es dabei vor allem um interdisziplinäre Aufbaustudiengänge gehen. Auf Fachhochschulebene sollten, in Verbindung mit besonderen praxisorientierten Ausbildungsinstitutionen, geeignete Studiengänge eingerichtet werden.

Entscheidend ist dabei auf allen Ebenen die problemorientierte, und das bedeutet hier fächerübergreifende Kooperation im Ausbildungsangebot. Mit wichtigen Teildisziplinen wie beispielsweise Ausländerpädagogik oder Zweisprachendidaktik ist das Problem nicht abzudecken. Es genügt auch nicht, Jurist zu sein und sich in den Rest einzuarbeiten. Sozialpädagogen können durch »learning by doing« gewonnenes Erfahrungswissen einbringen in die Entwicklung geeigneter Ausbildungszüge, das umfassend geschulte Fachpersonal selber aber nicht ersetzen.

Wer die Praxis kennt, weiß von den Nöten der ständig improvisierenden Praktiker im alltäglichen Drama der Einwanderungssituation. Auch hier kann Abhilfe geboten werden – es geht um aktive, vorausschauende Planung und Gestaltung anstelle von Improvisation und Sozialreparatur.

Unnötig, bei all der immer wieder darauf hinzuweisen, dass Einwanderungsprozesse »von oben« nur ihren legislativen und administrativen Rahmen erhalten können, in der Praxis aber »unten«, im alltäglichen Miteinander gestaltet werden müssen: »unten« tut sich de facto ohnehin schon lange viel mehr als de jure »oben« angesichts jener dort noch obwaltenden Berührungsängste.

Einwanderungsgesetzgebung, Migrations-, Integrationspolitik und das entsprechende Institutionengefüge indes bieten als solche weder Konzepte noch Patentlösungen. Sie sind als Instrumentarien nur Mittel zu übergeordneten Zwecken. Solche Zwecke und Ziele selbst sind zu formulieren in möglichst weit vorausdenkenden Gestaltungsentwürfen mit darin eingebetteten kurz- bis mittelfristigen Programmen für die erkennbaren Handlungsspielräume im Spannungsfeld der Entwicklung von Wirtschaft und Gesellschaft, Bevölkerung und Umwelt.

Das wiederum hat viel mit dem Selbstverständnis dieser Republik und ihrem Bild von der eigenen Zukunft zu tun. Der Streit ums Ausländerrecht ist zwar ein zentraler, aber eben nur ein Aspekt davon. Für die künftige Gestaltung von Migration und Integration bleibt ein »Ausländergesetz«, selbst wenn es so wäre, wie es sein könnte, zu wenig.

1.6 Einwanderungssituation ohne Einwanderungsland: Erfahrungen – Probleme – Perspektiven,
Vortrag auf der Jahressitzung des Landeskuratoriums Berlin im Stifterverband für die Deutsche Wissenschaft, Berlin, 28.2.1990 (Auszug).

Zankapfel »Einwanderungsland«: Irritationen und Definitionen

Im Giftschrank amtlich tabuisierte Zeitbegriffe steht eine Flasche mit der Aufschrift »Einwanderungsland«. Darin hockt ein Geist. Wer ihn befreit, so geht die Rede politischer Weisheit seit vielen Legislaturperioden, der ist verloren und mit ihm Land und Leute, von denen der Geist dann Besitz ergreift. Deshalb warnt vor solchem Tun seit jeher ein amtliches Dementi: »Die Bundesrepublik ist kein Einwanderungsland!«

Erstaunlich: Das Dementi ist klar, sein Gegenstand nicht; denn auf die Frage, was ein »Einwanderungsland« sei, gibt es in der öffentlichen Diskussion keine allgemeinverbindliche Antwort. Nachschlagewerke enthalten, wenn überhaupt, vorwiegend vom Rechtsakt der Einbürgerung ausgehende Definitionen oder aber historisierende Umschreibungen und den lichtvollen Querverweis »Einwanderung siehe Auswanderung« und umgekehrt.

Auf der Suche nach definitorischen Ausgangskriterien könnte man sich zum Beispiel an der politischen Ökonomie des zurzeit unmodischen Karl Marx orientieren, die zwischen Klassen »an sich« und »für sich« unterschied – »an sich« aus Gründen der Klassenlage, »für sich« aus Gründen des Klassenbewusstseins.

Ein Einwanderungsland »an sich«, also im rein statistischen Sinne, wäre ein Land, in dem die Einwanderung die Auswanderung dauerhaft übersteigt oder aber nur Einwanderung stattfindet in einem näher zu bestimmenden, jedenfalls erheblichen Mindestmaß im Verhältnis zur einheimischen Bevölkerung, sei es auf Zeit oder auf Dauer.

Ein Einwanderungsland »für sich« hingegen wäre ein Land, das nicht nur eine erhebliche Einwanderung verzeichnet, sondern sich auch selbst als solches versteht und diesem Selbstverständnis dauerhafte Rechnung trägt in Gestalt von Einwanderungsgesetzgebung und Einwanderungspolitik.

»Einwanderung« kann aber nicht nur als Problem der Statistik, des staatlichen Selbstverständnisses und im engeren Sinne als Rechtsakt verstanden werden, sondern auch im weitesten Sinne als Kultur- und Sozialprozess: Einwanderung ist, so betrachtet, kein Ereignis, sondern ein im Grunde schon mit seiner Voraussetzung – der Ausgliederung aus dem Kontext des Auswanderungslandes und der faktischen Auswanderung – beginnender, langfristiger und stufenweiser Prozess mit fließendem Eingang (ökonomische und soziale Integration) und lebensgeschichtlich offenem Abschluss, innerhalb dessen im Grunde nur die Einbürgerung eine äußere Wegmarke bildet.

Dabei kann der Wechsel der Staatsangehörigkeit eine relativ untergeordnete oder auch gar keine Rolle spielen, wie zum Beispiel im Fall der preußischen »Ruhrpolen« des späten 19. und frühen 20. Jahrhunderts: Polnischer Nationalkultur und Muttersprache, aber preußisch-deutscher Staatsangehörigkeit, waren sie aus den ehemals polnischen Gebieten im preußischen Osten ins Emscher- und Ruhrrevier zugewandert. Sie lebten dort zwar nicht im rechtlichen, aber im kulturellen und sozialen Sinne in einer echten Einwanderungssituation, ohne doch Ausländer zu sein. Wären sie es gewesen, dann hätte es sie zweifelsohne nicht gegeben; denn die Beschäftigung von Auslandspolen außerhalb der Landwirtschaft war in den westlichen preußischen Provinzen zu dieser Zeit untersagt.

Unterschiedliche Antworten kann es selbst auf die Frage geben, was wessen Einwanderungsland sei: Menschen können in großer Zahl nach längerem Aufenthalt in einer echten Einwanderungssituation in einem Aufnahmeland leben, das für sie ein Einwanderungsland ist, ohne sich doch selbst als solches zu verstehen. So betrachtet, ergäbe sich als Bestandsaufnahme für die Bundesrepublik ein Paradoxon: Einwanderungssituation ohne Einwanderungsland.

Zu anderen Definitionen kommt, wer von Unterschieden zwischen Geschichte und Gegenwart ausgeht: Nur von historischem Interesse ist dabei die Nationalstaatsgründung als definitorische Wasserscheide: Vor der Reichsgründung konnte ein »Auswanderer« aus Bayern am Ende seines Weges nicht etwa nur in Übersee, in Ost- oder Südosteuropa, sondern zum Beispiel auch in Preußen als »Einwanderer« erfasst werden. Das ist mitunter qualvoll für die statistischen Dimensionen der Historischen Migrationsforschung, aber für die aktuelle Diskussion ohne Belang.

Belangvoll hingegen sind die Unterschiede zwischen klassischen Einwanderungsländern der Geschichte und modernen bzw. Einwanderungsländern neuen Typs in der Gegenwart: In den klassischen, vorwiegend überseeischen Einwanderungsländern wurde die Gesellschaft durch den Einwanderungsprozess noch wesentlich mitgeformt (wobei der »Schmelztiegel« in den USA allerdings lange überschätzt wurde). So betrachtet, ist das trutzige Dementi, die Bundesrepublik sei »kein Einwanderungsland«, nur die kraftvolle Edition einer historisch-politischen Binsenweisheit; denn ein Einwanderungsland im Sinne jener klassischen Einwanderungsländer, deren Gesellschaften sich erst im Einwanderungsprozess selbst formierten, kann die Bundesrepublik ohnehin weder sein noch werden.

Diese besondere sozialgeschichtliche Dimension trennt klassische Einwanderungsländer der Vergangenheit von modernen bzw. von Einwanderungsländern neuen Typs in der Gegenwart, bei denen wiederum zwei Gruppen unterschieden werden können: einerseits formelle Einwanderungsländer neuen Typs, die nach Wanderungsgeschehen, Selbstverständnis, Gesetzgebung und politischer Praxis als solche gelten können; andererseits informelle Einwanderungsländer neuen Typs: Sie verstehen sich zwar nur als Aufnahmeländer für ausländische Arbeitnehmer und deren Familien. Sie tolerieren dabei aber in großem Umfang Daueraufenthalte mit fließenden Grenzen zur Einwanderungssituation. Und sie tragen diesen lebensgeschichtlichen Schwebezonen auch Rechnung durch entsprechend offene Einbürgerungsbestimmungen.

So betrachtet, könnte sich für die Bundesrepublik – bei Realisierung von neuerdings diskutierten drastischen Einbürgerungserleichterungen – ein Wandel abzeichnen: der Aufbruch aus dem Paradoxon der Einwanderungssituation ohne Einwanderungsland und der Weg zu einem informellen Einwanderungsland neuen Typs.

Erkenntnis und Panik – oder: Die Wirklichkeit und die Angst davor

Wie, so mag sich mancher Zeitgenosse heute fragen, konnte es zu solchen Problemen kommen? Transnationale Arbeitswanderung (auf Zeit) und definitive Einwanderung (auf Dauer) lassen sich zwar abstrakt gut Auseinanderheben. In der Wirklichkeit aber haben sie häufig fließende Grenzen: Einwanderung ist ein langfristiger, stufenweiser Prozess mit fließendem Eingang (ökonomische und soziale Integration) und fließendem, nicht selten die Pioniergeneration übergreifendem Abschluss (Assimilation).

Einwanderung ist also nicht ein Ereignis, sondern ein Prozess, innerhalb dessen im Grunde nur die Einbürgerung eine feste äußere Wegmarke bildet. Ich sage ausdrücklich »innerhalb«; denn es ist nach allen Erfahrungen mit historischen Einwanderungsprozessen falsch, das lebensgeschichtlich langfristige Ergebnis eines geglückten Einwanderungsprozesses als Voraussetzung der Einbürgerung einzufordern, die doch nur eine wichtige Etappe auf diesem Weg bildet.

Am Anfang kann durchaus der Entschluss zu einer mehr oder minder klar befristeten Arbeitswanderung gestanden haben. Bei zunehmender Aufenthaltsdauer und immer wieder zurückgestelltem Rückwanderungsentschluss kehrt sich die Zeitperspektive zunehmend um. Aufenthalte im Herkunftsland werden nur mehr als Unterbrechung des Auslandsaufenthaltes, als eine Art Urlaub in der alten Welt verstanden oder empfunden. Der dauerhafte Auslandsaufenthalt selbst mündet unterdessen schrittweise in eine echte Einwanderungssituation, ohne das, im glücklichsten Fall, den ehemaligen Arbeitswanderern dieser Übergangsprozess in all seinen Stufen überhaupt zureichend deutlich geworden wäre – im glücklichsten Fall; denn in der Regel ist dieser Übergangsprozess belastet durch eine mehr oder minder schwere kulturelle bzw. mentale Identitätskrise.

Allen Erfahrungen mit historischen Einwanderungsprozesse nach zu urteilen, lebt ein großer Teil der ehemaligen »Gastarbeiterbevölkerung« in der Bundesrepublik schon lange jenseits der mobilen Schwelle zur echten Einwanderungssituation. Diese Entwicklung aber war, wie insbesondere Friedrich Heckmann 1980 gezeigt hat, in ihren wichtigsten Grundlinien schon vor mehr als einem Jahrzehnt klar erkennbar – vom Konsum- und Sparverhalten über die Koloniebildung in der Siedlungsweise und dem intergenerativen Kulturkonflikt bis hin zu dem aus Umfragen sprechenden Zusammenhang zwischen Aufenthaltsdauer und Bleibeabsicht, um nur einige Indikatoren zu nennen im großen Szenario der Einwanderungssituation.

Wir haben hier nur Raum für einen Blick auf den letzten Stand einer einzigen solchen Entwicklungslinie, nämlich auf den langfristigen Wandel im Selbstverständnis, besonders der zweiten Generation:

Im Auftrag der Ausländerbeauftragten des Berliner Senats, Barbara John, wurde in Berlin im August und September 1988 eine repräsentative Umfrage unter türkischen und jugoslawischen Jugendlichen im Alter von 16–25 Jahren durchgeführt. Die Ergebnisse konnten unter der Schlagzeile zusammengefasst werden: »Viele ausländische Jugendliche fühlen sich schon als Deutsche. Bereitschaft zur Einbürgerung hat sich mehr als verdreifacht.«

Über 90 % gaben an, sich in Berlin »sehr wohl« oder doch »einigermaßen wohl« zu fühlen. Nur noch ein Drittel der Befragten bekannte sich vorbehaltlos zu den tradierten Vorstellungen der Eltern. In Fragen der geschlechtsspezifischen Rollenzuweisung hatten 54 %, bei der Beurteilung von Erziehungsfragen 75 % der jungen Frauen andere Auffassungen als die Elterngeneration. Die Bereitschaft, einen deutschen Ehepartner zu wählen, war auf 55 % gestiegen […].

Das also ist der neueste Stand einer schon vor mehr als einem Jahrzehnt klar erkennbaren Entwicklung – eine nachgerade klassische Einwanderungssituation mit allen ihren Licht- und Schattenseiten. Sie war schon Ende der 1970er sichtbar für alle, die Augen hatten, zu sehen und die – was in der Politik zweierlei Ding ist – auch bereit waren, zu erkennen, was sie sahen.

Die Politik aber reagierte auf die vorgelegten Bestandsaufnahmen und Entwicklungsperspektiven lange mit defensiver Erkenntnisverweigerung. Anders gewendet: Viele von denen, die seinerzeit nach Lebensgeschichte, Lebensperspektive und Selbstverständnis schon als Einwandererminorität beschrieben wurden, könnten die härteren Phasen Einwanderungsprozess heute längst oder doch besser durchlebt haben, wenn der Weg dazu nicht verstellt worden wäre durch demonstrative politische Uneinsichtigkeit und versuche, die Wirklichkeit zu »dementieren«.

Man war auf die Verarbeitung solcher Einsichten nicht vorbereitet […]. Panikstimmung war deshalb zunächst die Folge später Einsichten in vergeblich dementierte Tatsachen. Gefördert wurde das Paniksyndrom durch anhaltende Wirtschaftskrise, steigende Arbeitslosigkeit, einen sprunghaften Anstieg der Zahl von asylsuchenden Flüchtlingen, aber auch durch politisch-demagogische Verzerrungen der Wirklichkeit zu monströsen Schreckbildern.

Umfragen der 80er Jahre belegten einen dramatischen Stimmungsumschwung der deutschen gegenüber der ausländischen Bevölkerung in der Bundesrepublik, besonders gegenüber den Türken, die in großer Zahl am spätesten gekommen waren, den stärksten Zuwachs hatten und die größte ethnische Gruppe in der Ausländerbevölkerung stellten. Analysen solcher Umfragen zeigten, dass blinde Projektionen, Klischeebilder und Sündenbocktheorien, Vorurteile und Missverständnisse bei alledem eine ungewöhnliche Rolle spielten – nach dem Umkehrschluss: »Je mehr Kontakte, desto positiver die Meinung« […].

Hinter dem aber, was gemeinhin undifferenziert »Ausländerfeindlichkeit« oder auch »Fremdenfeindlichkeit« genannt wird, standen und stehen bei vielen Zeitgenossen mangelnde Transparenz und Perspektivlosigkeit, Unsicherheit und Angst – um den Ausbildungsplatz, den Arbeitsplatz, die Sozialwohnung. Deshalb wäre es naheliegend, solche Abwehrhaltungen weniger durch funkelnde Ideologiekritik und raunende Warnung vor der deutschen Geschichte, durch freundliche Aufklärung und teure Werbekampagnen zu bekämpfen und mehr an ihren eigentlichen Wurzeln: ideell an der allgemeinen Perspektivlosigkeit, die aus der politischen Konzeptlosigkeit kommt und materiell an den ökonomischen Ursachen der sozialen Angst.

Nötigt dazu sind Ideen und Geld. Es geht um langfristige und weitsichtige Programme einerseits für Arbeitsmarkt-, Beschäftigungs- und Sozialpolitik und andererseits für eine gesellschaftspolitisch eingebettete Migrations- und Integrationspolitik. Und es geht um die Mittel für die Umsetzung solcher Programme. Sie müssen zusätzlich bereitgestellt werden, wenn zum Beispiel der gefährliche Gedanke nicht weiter genährt werden soll, die nötigen und kostspieligen Eingliederungs- und Sprachprogramme der Aussiedlerintegration würden letztlich auf Kosten der Umschulungs-, Arbeitsbeschaffung- bzw. Wiedereingliederungsprogramme für einheimische Arbeitslose finanziert, unter denen ein wachsender Teil von Langzeitarbeitslosen nicht einmal mehr Arbeitslosengeld erhält, von der nach Hunderttausenden zählenden Elendsarmee der Obdachlosen ganz zu schweigen.

Handlungsspielräume und Gestaltungsperspektiven

Literaturkenntnis schützt vor Neuentdeckungen: Von Migrationsforschern und von Praktikern der Ausländerarbeit, vor allem aus den Kirchen und Wohlfahrtsverbänden, wurde schon vor rund einem Jahrzehnt immer wieder, aber ohne politische Resonanz, hingewiesen auf den fließenden Übergang von der schon damals historischen »Gastarbeiterfrage« zu einer Einwanderungsfrage neuen Typs. Für ihre rechtspolitische Bewältigung aber gibt es noch immer unzureichende Gestaltungsperspektiven.

Das hat zu einem unnötigen Problemstau geführt, vor dem auch der erste Ausländerbeauftragte der Bundesregierung, der frühere Ministerpräsident von Nordrhein-Westfalen Heinz Kühn, schon 1979 warnte. Die sozialen und politischen Folgen dieses Problemstaus werden uns in der durch Aus- und Übersiedlerprobleme verschärften Einwanderungssituation morgen noch an die Fehler von gestern erinnern.

Eines unserer gängigen Bilder in der publizistischen Diskussion um die »Zeitbombe Gastarbeiterfrage« war um die Wende der 1970er/1980er Jahre die Rede davon, dass es auf dem Zeitzünder dieses Explosivpakets schon »fünf Minuten vor zwölf« oder, wie mein Freund Herbert Leuninger meinte, schon »fünf Minuten nach zwölf« Uhr sei. Inzwischen ist rund ein Jahrzehnt vergangen. Wie viel Uhr mag es heute sein? Die Geschichte pflegt, wie Richard von Weizsäcker unlängst in anderem Zusammenhang hervorgehoben hat, ihre Angebote nicht zu wiederholen. Anders gewendet und mit den Worten von Michail Gorbatschow: »Wer zu spät kommt, den bestraft das Leben!«

Normative Kraft des Faktischen und rechtspolitische Gestaltung traten zusehends auseinander. Gründe dafür lagen in einer Mischung von später Erkenntnis, demonstrativer Erkenntnisverweigerung und Flucht aus der Verantwortung aus Angst vor den Bürgern als Wähler. [...] Wer aber in politischer Entscheidungsverantwortung gesellschaftspolitischen Erklärungs- und Handlungsbedarf unbefriedigt lässt, der schafft Raum für die großen Vereinfacher.

Auch soziale, innen- und parteipolitische Probleme, vor denen damals gewarnt wurde, wurden seinerzeit schlichtweg »dementiert« und denunziert als prognostische Albträume katastrophensüchtiger Krisenpropheten. Gewarnt wurde aber weniger vor einer sozialen Explosion als vor schleichenden Dauerschäden für Politik und Gesellschaft der zweiten Republik. Sie sind inzwischen klar erkennbar.

Und sie werden wachsen; denn die meisten Ausländer, jedenfalls diejenigen aus der zweiten oder der schon heranwachsenden dritten Generation, werden bleiben. Viele von ihnen werden früher oder später deutsche Staatsbürger sein und sich daran erinnern, dass sie als solche nicht bereitwillig, sondern widerwillig aufgenommen wurden. Am Ende dieses Weges könnten, so ist zu fürchten, weniger selbstbewusste Neubürger stehen als mental tief verletzte Deutsche zweiten Grades.

Weniger erbaulich für jene kritischen Beobachter, die mit ihren Warnungen vor einem Jahrzehnt vergeblich an den politischen Entscheidungsprozess appellierten, ist die Erfahrung: Perspektiven in alten Manuskripten können zu aktuellen Bestandsaufnahmen schlicht dadurch werden, dass man das Futur durch das Präsens oder gar schon durch das Imperfekt ersetzt.

Bitter aber sind insgesamt drei Erfahrungen: 1. dass kritische und warnende Argumente lange an defensiver Erkenntnisverweigerung abprallten; 2. dass schließlich das, wovor gewarnt wurde, erst Wirklichkeit werden musste, um als Gefahr erkannt zu werden; und 3. dass es zuletzt ausgerechnet der – als nach nativistische Protestpartei und damit als Teil dieser neuen Wirklichkeit sogar schon früher und noch kraftvoller erwartbaren – »Republikaner« und ihrer zum Teil durch politische Fehlleistungen bzw. Nichtleistungen geradezu herausgeforderten Wahlerfolge bedurfte, um zu erinnern an die Brisanz von seit langem anstehenden Problemen.

Anders gesagt: Nichthandeln hat in der Politik eine eigene Qualität. Die Quittung an der Wahlurne war nur eine Frage der Zeit. In Berlin wurde sie Ende 1988 erstmals ausgestellt, nicht etwa nur, aber auch deswegen. Andere politische Quittungen sind 1989 gefolgt in Hessen und Baden-Württemberg, weitere werden folgen und wir alle werden sie zu bezahlen haben.

Ganz unangemessen aber sind, nach langen, fahrlässigen Zuwarten und einer Politik der »ausländerpolitischen« Symbolhandlungen und Winkelzüge, nun opportunistische Hektik im parteipolitischen Wettlauf um die Wählergunst oder Stellvertreterkriege und Ersatzhandlungen in Form eines Um-die-Wette-Abschiebens von Asylsuchenden, in Gestalt einer Reduktion der anstehenden Einwanderungsprobleme auf die Diskussion um Ausländerwahlrecht und doppelte Staatsangehörigkeit oder gar im Sinne einer Strategie der Exklusion oder des Divide et Impera nach dem Motto: »Aussiedler / Übersiedler rein – Asylsuchende / Flüchtlinge raus – Ausländer im Inland vergessen!« Nötig sind stattdessen klare und langfristige Perspektiven für alle, Mehrheit und Minderheiten im Einwanderungsland neuen Typs.

1.7 Rückblick: Integrationspolitik muss als Gesellschaftspolitik verstanden werden, Interview (Merve Durmuş),

in: Deutsch Türkische Nachrichten, 4.3.2013[3] (Auszug).

Ängste und Abwehrhaltungen wurden jahrzehntelang geschürt. Welches sind die eigentlichen Hintergründe dieser Entwicklung?

Es gab in Deutschland lange einen selbstverschuldeten und völlig unnötigen Problemstau, dessen politische Verursacher heute gerne ihre Spuren verwischen: Deutschland war lange ein in seiner Selbsterkenntnis verspätetes Einwanderungsland wider Willen. Es litt an der aus der defensiven Erkenntnisverweigerung seiner politischen Eliten resultierenden realitätsfernen Selbstdefinition als »Nicht-Einwanderungsland«.

Daraus resultierte eine starke Unterschätzung seiner großen Integrationskraft als Einwanderungsgesellschaft. Diese Selbstunterschätzung war verbunden mit Ängsten vor kultureller »Überfremdung«, sozialer Überforderung, ökonomischer Benachteiligung und daraus resultierenden Abwehrhaltungen. Diese unnötigen Ängste und Abwehrhaltungen wurden jahrzehntelang stets neu geschürt, besonders durch die Agitation populistischer Politiker und Publizisten in den berüchtigten, sozial aggressiven und oft kulturrassistischen sog. »Ausländerdiskussionen« zu Wahlkampfzeiten.

Es waren oft die gleichen politischen und publizistischen Akteure oder deren Vorgänger im Amt bzw. in der Partei, die durch das Mantra der defensiven Erkenntnisverweigerung »Deutschland ist kein Einwanderungsland« lange teils ahnungslos, teils fahrlässig, teils wider besseres Wissen beigetragen haben zu einer Blockierung realitätsbezogener Gestaltungskonzepte für Migrationssteuerung und Integrationsförderung. Heute suchen sie ihre unverkennbare historische Mitschuld an der unnötigen Erschwerung der ohnehin komplexen Probleme von Migration und Integration gern anderen anzulasten – vorzugsweise einer dubiosen sogenannten »MultiKulti«-Front, die es in Wirklichkeit auf Bundesebene in Regierungsverantwortung nie gab.

Die politische Blockadehaltung wurde endgültig enthüllt durch die berühmte selbstkritische Schlafmetaphorik des seinerzeitigen Bundespräsidenten Horst Köhler (CDU): Er erklärte 2006 in einem semantischen Befreiungsschlag, man habe das Thema Integration jahrzehntelang schlicht und einfach »verschlafen«. Diese demonstrative Realitätsverdrängung in den Übergangszonen von Integrations- und Einwanderungsfragen, die von der Bundespolitik seit den späten 1970er Jahren konstant und folgenreich betrieben wurde, ist heute schon in den Geschichtsbüchern nachzulesen. Kritische Zeitgenossen hatten davor schon vor mehr als einem Vierteljahrhundert gewarnt.

Sie gehörten zu diesen kritischen Zeitgenossen. Was haben sie damals gesagt?

Ich habe seit Anfang der 1980er Jahre, zusammen mit wenigen anderen Forschern mit Praxisbezug im Feld von Migration und Integration und mit einigen Experten der Integrationspraxis, immer wieder vor den gesellschaftlich gefährlichen Folgen dieser demonstrativen Erkenntnisverweigerung und insbesondere davor gewarnt, die Eigendynamik von Integration »als gesellschaftspolitisches Problem ersten Ranges« zu unterschätzen. Das könnte, so habe ich schon 1983 geschrieben, am Ende »für die politischen Parteien in der parlamentarischen Demokratie dieser Republik schwerwiegende Legitimationsprobleme aufwerfen.« Das war, wie man heute weiß, leider keine unbegründete Sorge.

Wie reagierte Politik auf solche Warnungen?

Unsere Mahnungen und Warnungen wurden lange demonstrativ überhört oder verdrängt. Zu verdichten begann sich stattdessen kollektives Misstrauen gegenüber Migrations- bzw. Integrationspolitik, dann gegenüber Migration und Integration überhaupt und schließlich ersatzweise gegenüber der Zuwandererbevölkerung selbst. Erst im ersten Jahrzehnt des 21. Jahrhunderts, also mindestens ein Vierteljahrhundert zu spät, kam es zu kraftvollen integrationspolitischen und zögerlich auch zu migrationspolitischen Initiativen.

Ihre Bedeutung wurde in der öffentlichen Diskussion oft ebenso wenig erkannt wie die Tatsache, dass Integration auf kommunaler Ebene, gemessen an den lange widrigen staatlichen Rahmenbedingungen, sogar meist relativ erfolgreich verlaufen war. Integrationserfolge wurden allerdings häufig auch von fahrlässigen populistischen Politikern schlechtgeredet und in nicht wenigen Leitmedien larmoyant kaputtgeschrieben. Die Rede von der »gescheiterten Integration« überdauerte deshalb, allen empirischen Gegenbelegen zum Trotz, denn schlechte Nachrichten laufen besser als gute.

---

[3] http://www.deutsch-tuerkische-nachrichten.de/2013/03/470065/klaus-j-bade-integrationspolitik-muss-als-gesellschaftspolitik-fuer-alle-verstanden-werden/.

2 Politische Selbstblockade unter Zuwanderungsdruck: der Asylstreit und die Gewaltexzesse der frühen 1990er Jahre

2.1 Der Rücktritt der Ausländerbeauftragten Liselotte Funcke am 15.7.1991,
in: Ausländer – Aussiedler – Asyl. Eine Bestandsaufnahme, München 1994, S. 77–79 (Auszug).

Von grundsätzlichen Erklärungen wie der Bonner »Flüchtlingskonzeption« vom September 1990 abgesehen, blieben weitreichende und umfassende Konzeptionen im Bereich von Migration, Integration und Minderheiten aus. Initiativen der Ausländerbeauftragten gingen ins Leere. Bei wachsendem Zuwanderungsdruck, offenen Grenzen im Osten, steigenden Integrationsproblemen und zunehmender Beunruhigung der deutschen und ausländischen Bevölkerung forderte auch die Ausländerbeauftragte zuletzt ein Bundesamt für Migration und Integration und eine Ständige Kommission zur Begleitung der entsprechenden Gestaltungsaufgaben. Das entsprach im Kern der von mir seit Jahren, u.a. auch in Beratungsgesprächen im Amt der Ausländerbeauftragten entwickelten, vom Bundeskanzler aus organisatorischen Erwägungen skeptisch betrachteten, von der SPD, anderen Parteien und außerparlamentarischen Gruppen hingegen übernommenen Forderung nach einem ressortübergreifenden Bundesamte mit wissenschaftlichem Beirat im Rahmen einer ganzheitlichen Konzeption für Migration, Integration und Minderheiten. [...]
Auf Seiten der Bundesregierung hingegen blieben die Anregungen ohne Resonanz. Der Bundeskanzler hatte mir – zu einigen, ihm schließlich auch in direkter Zuschrift unterbreiteten Vorschlägen für eine ganzheitlich konzipierte Migrations- und Integrationspolitik – zwar schon im Mai 1991 geschrieben: »Ihre Vorschläge zum Thema ›Migration und Integration‹ betreffen ein Thema, das zweifelsohne an Bedeutung gewinnt und dem ich deshalb besondere Aufmerksamkeit widme. Ich stimme Ihnen darin zu, dass hier ein ›ganzheitlicher‹ Ansatz geboten ist. [...] Allerdings glaube ich nicht, dass die Schaffung eines ›Bundesamtes für Migration und Integration‹, eventuell mit angegliedertem Forschungsinstitut, einen Zugewinn an Effizienz bedeuten würde. Die Erfahrung lehrt, dass solche Ämter mit ›Querschnittsaufgaben‹ eher zu Reibungsverlusten führen, weil sie einerseits den zuständigen Ressorts deren Letztverantwortung nicht abnehmen können, andererseits zu einer Ausweitung der Verwaltungsabläufe beitragen.«[1] [...]
Die konzeptionelle Sprachlosigkeit gegenüber einer der dringendsten gesellschaftspolitischen Zukunftsaufgaben war ein Anlass zum Rücktritt von Liselotte Funcke am 15. Juli 1991. Die Ausländerbeauftragte wollte damit auch ein Signal setzen und Anschlussthemen für eine Diskussion allgemein über Konzeptionen und konkret über die mangelhafte Ausstattung ihres kleinen und auch bewusst kleingehaltenen Amtes – dass sich zum Beispiel in offiziösen Hinweisen der Frankfurter Allgemeinen Zeitung gelegentlich, in der Sache durchaus korrekt, darüber hatte belehren lassen müssen, dass seine Leiterin eben nicht »Ausländerbeauftragte der Bundesregierung«, sondern lediglich »Beauftragte der Bundesregierung für die Integration der ausländischen Arbeitnehmer und ihre Familien«, von Amts wegen mithin für nichts anderes und erst recht nicht für die Diskussion über umfassende Konzeptionen für Migration und Integration zuständig sei. Insgesamt zuständig war aber auch sonst keine Institution wegen der Zersplitterung des Großen, seiner Reichweite und Geschlossenheit noch weithin unbekannt Aufgabenfeldes über verschiedene Ressortzuständigkeiten. Das erfuhren auch wissenschaftliche Politikberater mit Entwürfen für ganzheitliche Konzepte in interministeriellen Parcours von Pontius über Pilatus zu Pontius.

»In dem Bemühen um die Integration der ausländischen Bevölkerung und in der Abwehr von Ausländerfeindlichkeit fühlen sich die Ausländerbeauftragten von Bund, Ländern und Gemeinden mit all denen, die haupt- und nebenamtlich in Verbänden und Initiativen für ein friedliches Zusammenleben in der Gesellschaft arbeiten, von offizieller Seite weithin alleingelassen«, hieß es in dem Schreiben vom 17. Juni 1991 an den Bundeskanzler, indem Liselotte Funcke ihren Rücktritt zum 15. Juli 1991 ankündigte.

»Die ausländische Arbeitnehmerbevölkerung sieht sich einer wachsenden Abwehr in der deutschen Bevölkerung und sogar tätlichen Angriffen ausgesetzt, ohne dass von politischer Seite ihre Anwesenheit begründet und ihre erwiesenen Leistungen gewertet werden. Ermutigungen zur Integration sind kaum erkennbar, ebenso wenig wirksame Maßnahmen und ausreichender Schutz gegen fremdenfeindliche Jugendbanden. Die deutsche Bevölkerung ist zunehmend verunsichert angesichts einer ständigen ungeregelten Zuwanderung, für deren Bewältigung sie kein politisches Konzept erkennen kann. Die sich daraus ergebenden Ängste schlagen sich – wie aus meinem Briefeingang hervorgeht – nicht selten in mehr oder weniger heftigen Beschuldigungen gegen die Ausländer nieder und belasten damit die Stimmung auf beiden Seiten. Die Gefahr einer Eskalation ist nicht von der Hand zu weisen.«

Am Schluss stand eine unmissverständliche Warnung: Es sei »zu befürchten, dass die zunehmende Beunruhigung in der deutschen und die Enttäuschungen in der ausländischen Bevölkerung zu Ent-

---
[1] Bundeskanzler Dr. Helmut Kohl an Verfasser, 22.5.1991.

wicklungen führen, die immer schwerer beherrschbar werden. Die wachsende Fremdenfeindlichkeit in den fünf neuen Bundesländern ist ein Alarmsignal.«[2] [...]

Die Leitungsposition im Amt der Ausländerbeauftragten blieb, ausgerechnet in der unverkennbar eskalierenden Krise, vier Monate lang unbesetzt, als wolle man in aller Gelassenheit demonstrieren, dass sie im Prinzip so nötig sei. Erst Mitte November 1991 konnte die Bundestagsabgeordnete und vormalige Generalsekretärin der FDP, Cornelia Schmalz-Jacobsen als »Beauftragte der Bundesregierung für die Belange der Ausländer« die Nachfolge von Liselotte Funcke antreten.

2.2 »Deutschland muss Platz bieten«.
Aufruf zur Asyldebatte,
in: Frankfurter Rundschau, 29.8.1991.

Die Zuwanderung von Flüchtlingen und Aussiedlern nach Deutschland stellt die Politik vor große Probleme und irritiert die Bevölkerung. Die gefährliche Suche nach »raschen Lösungen« droht, »große Vereinfacher« treten auf den Plan. Ganzheitliche Gestaltungskonzepte der Politik sind hingegen nicht in Sicht. Wir warnen davor, das zentrale Politikfeld der Zuwanderung und der Eingliederung zugewanderter Minderheiten weiter zu vernachlässigen.

1. Deutschland ist kein klassisches Einwanderungsland, aber ein attraktives Ziel für Wanderungen aus allen Regionen der Welt. In dieser Situation ist es falsch, nur in Kategorien der Abwehr zu denken und entsprechende rechtlich-polizeiliche Handlungskonzepte vorzulegen, von der Einschränkung der GG-Art. 16 (Asyl) bzw. 116 (deutschstämmige Aussiedler) bis zum Einsatz des Bundesgrenzschutzes, die allesamt die aufgetretenen Probleme nicht lösen können. Die Probleme der Zuwanderung und der Eingliederung zugewanderter Minderheiten müssen endlich als entscheidende Zukunftsaufgabe deutscher und europäischer Politik begriffen und mit umfassenden Konzepten gestaltet werden. Die Lage wird sich zuspitzen, wenn nicht vorausschauend politisch gehandelt wird.

2. In der Debatte um Zuwanderung und Eingliederung besteht ein politisch zu überbrückender Widerspruch zwischen kurzfristigen Problemstellungen und langfristigen Entwicklungen. Unvorhergesehene und unkoordinierte Zuwanderung stellen die Verwaltungen ad hoc vor erhebliche infrastrukturelle Schwierigkeiten und die Bevölkerung vor ebenso große psychologische Belastungen. Beides drückt sich in dem Slogan aus: »Das Boot ist voll!«. Auf der anderen Seite geht aus allen demographischen Prognosen hervor, dass nach der Jahrtausendwende unter verschiedenen Aspekten (zum Beispiel Arbeitsmarkt, Soziale Sicherheit) in der Alterspyramide Lücken aufreißen, die nur durch Zuwanderung von außen zu füllen sind. Mit anderen Worten: Deutschland macht auf kurze Sicht für Menschen keinen Platz, die auf lange Sicht durchaus erwünscht sind.

3. In dieser Situation muss über den Tag hinausgedacht und in Verantwortung für die Zukunft gehandelt werden. Dazu fehlt es nach wie vor an Ideen, Instrumenten und Institutionen. Beunruhigungen und Ängste entspringen mehr dieser Abwesenheit von Politik als tiefverwurzelter Fremdenfeindschaft. Deutsche Politik in Europa kann auch künftig nur auf Freizügigkeit und Offenheit beruhen. Ein reines Abwehr- und Schutzkonzept ist nicht »billiger« und vor allem weniger Erfolg versprechend als ein wohlüberlegtes Gesamtkonzept für Zuwanderung und Eingliederung. Die Politik muss jetzt einleuchtende Vorschläge machen, wie das notwendige Maß an Solidarität, zu der ein reiches Land verpflichtet und in der Lage ist, mit Nutzenerwartungen für die Zukunft zu verbinden ist.

Dies ist möglich und wird auch den Konsens in der Bevölkerung finden. Wir machen dazu die folgenden Reformvorschläge:

4. Zuwanderung und Eingliederung sind nationale Aufgaben, bei deren Gestaltung die Zuständigkeiten zwischen Bund, Ländern und Gemeinden in einem plausiblen und geschlossenen Gesamtkonzept geregelt sein müssen. Die Gesellschaft muss an dieser Aufgabe mitwirken und sichtbar beteiligt werden. Beides ist derzeit nur unzureichend verwirklicht.

4a. Politik: Statt nun vermehrte politische Anstrengungen zur Koordination des neuen Politikfeldes Zuwanderung und Eingliederung zu unternehmen, ist das Amt des Ausländerbeauftragten der Bundesregierung im vergangenen Jahrzehnt völlig an den Rand gedrängt worden. Es muss im Zuge seiner anstehenden Neubesetzung mit mehr Kompetenzen ausgestattet und als Bundesamt für Wanderung und Eingliederung mit neuem Leben erfüllt werden. Zu den Aufgaben einer solchen Institution, die keine ausufernde zentralistische Sonderbürokratie beansprucht, gehören die Formulierung von wanderungspolitischen Zielen sowie Planungs- und Koordinierungsaufgaben in Abstimmung mit den Ländern und Gemeinden (die entsprechende Behörden zum Teil schon eingerichtet haben oder Integrationsbeauftragte schaffen sollten) und der europäischen Ebene. Das Amt soll konzeptionelle Anregungen für die verschiedenen Bereiche der Eingliederung von der schulischen und beruflichen Integration bis zur wohnungspolitischen und städtebaulichen Konzeptbildung geben und praktische Vorschläge für eine verständnisvolle Vermittlung und gegebenenfalls auch Konfliktregelungen zwischen deutscher Mehrheit und zugewanderten Minderheiten erarbeiten.

4b. Wissenschaft: Das Amt sollte neue wissenschaftliche Erkenntnisse über Wanderungsbewegungen und Integrationsfragen systematisch einbeziehen und berücksichtigen. Ein interdisziplinär zusammengesetzter wissenschaftlicher Beirat sollte dazu einen jährlichen Bericht über Entwicklung, Stand und Ten-

---
[2] Liselotte Funcke an Bundeskanzler Dr. Helmut Kohl, 17.6.1991.

denzen von Zuwanderung und Eingliederung geben und in zentralen Problemfeldern gutachterlich und beratend tätig sein.

4c. Gesellschaft: Die politische Gestaltung erfordert nicht nur Zustimmung in den gesellschaftlichen Gruppen (vor allem solchen, die Zuwanderung kurzfristig als Beeinträchtigung ihrer Lebenssituation erleben oder befürchten), sondern auch Mitwirkung bei solchen, die ohne Illusionen, aber mit Tatkraft interkulturelles Leben als Chance und Herausforderung annehmen. Dazu sollte eine ständige Kommission gebildet werden, die alle für Zuwanderung und Eingliederung bedeutsamen Gruppen umfasst und die Organisation zugewanderter Minderheiten einbezieht.

Klaus J. Bade, Institut für Migrationsforschung und Interkulturelle Studien (IMIS), Univ. Osnabrück;
Micha Brumlik, Erziehungswissenschaftliche Seminar, Univ. Heidelberg;
Claus Leggewie, Institut für Politikwissenschaft, Univ. Gießen;
Odo Marquard, Zentrum für Philosophie und Grundlagen der Wissenschaft, Univ. Gießen;
Dieter Oberndörfer, Arnold-Bergstraesser-Institut, Univ. Freiburg;
Helmut Rittstieg, Fachbereich Jura, Öffentliches Recht, Univ. Hamburg;
Bernd Rürup, Institut für Volkswirtschaftslehre und Finanzwissenschaft, TH Darmstadt;
Hans-Peter Schneider, Forschungsstelle für Zeitgeschichte des Verfassungsrechts, Univ. Hannover.

2.3 »Fremde als Nachbarn«, Interview (Karl-Heinz Meier-Braun), in: »Heute im Gespräch«, Süddeutscher Rundfunk I, 23.10.1991³ (Auszug).

Wir wollen in »Heute im Gespräch« auch darüber reden, was auf politischer Ebene geschehen sollte, um die Probleme und Spannungen im Zusammenleben zwischen deutschen Zuwanderern zu entschärfen. Unser Experte für dieses Thema heute Abend ist Professor Dr. Klaus J. Bade, Direktor des »Instituts für Migrationsforschung und Interkulturelle Studien« (IMIS) der Universität Osnabrück. Was sagt er zu der anhaltenden Diskussion über eine Änderung des Grundgesetzes Art. 16 – »Politisch Verfolgte genießen Asylrecht«? Lassen sich dadurch die Flüchtlingszahlen verringern?
Nein, ich glaube nicht, dass eine Änderung des Artikels 16 GG allein das Problem lösen würde. Im Übrigen bin ich nicht der Auffassung, dass die Verfassung sozusagen als Stoßdämpfer in der Wanderungspolitik dienen kann. In der letzten Zeit hören wir häufiger, dass man Art. 16 GG ändern müsste, weil der Andrang von Asylsuchenden zu groß würde, dass man aber den Art. 116 GG, der die Aussiedler betrifft, nicht ändern müsse, weil deren Zahl ja ohnehin zurückginge.

Das ist, glaube ich nicht der Sinn einer Verfassungsdiskussion. Die Verfassung ist zwar keine heilige Kuh, aber man sollte sie nicht ohne Not ändern. Sie ist auf Dauer angelegt und seit der deutschen Vereinigung auch kein Provisorium mehr. Wir sollten also zunächst einmal über Alternativen nachdenken und prüfen, ob wir wirklich alle Möglichkeiten zur Gestaltung in diesem Bereich ausgeschöpft haben. Ich glaube, wir haben das nicht getan.

Eine weitere Beschleunigung des Asylverfahrens haben die Politiker in Bonn gerade beschlossen. Prof. Bade sieht aber viel weitergehende Lösungsvorschläge:
Ich sehe zunächst einmal, dass zweierlei notwendig ist: einerseits Festhalten am Asylrecht als individuellem Recht im Sinne des Verfassungsauftrages. Andererseits sehe ich aber auch Notwendigkeiten in der Gestaltung von Einwanderungsgesetzgebung und Einwanderungspolitik.

Ich will mal kurz erläutern, was ich damit meine: Einwanderungsgesetzgebung und Einwanderungspolitik sind notwendig nach außen hin. Das ist sozusagen Prozesssteuerung gegenüber Zuwanderungsdruck. Einwanderungsgesetzgebung und Einwanderungspolitik sind notwendig nach innen, also für diejenigen, die schon da sind. Es wäre aber eine falsche Alternative, zu sagen, entweder lösen wir alles über das Asylrecht oder wir lösen alles über Einwanderungsgesetzgebung, wie das in der letzten Zeit häufig getan wird. Beides muss zusammen greifen.

Ich könnte mir in der Praxis zum Beispiel ein Modell vorstellen, nachdem sich der Antragsteller vorher entscheiden muss: Wenn er einen Asylantrag stellen will, dann muss er wissen, dass er sich hier einem Verfahren zu stellen hat. Wenn dieses Verfahren negativ für ihn ausgibt, dann kann er sich nicht gleich als Einwanderer hier bewerben, sondern muss zunächst wieder heraus, und, wie in anderen Einwanderungsländern auch, draußen in der Schlange warten, bis er eine Chance hat mit seinem Antrag auf ein Einwanderervisum.

Ich denke also, dass beides notwendig ist. Wir produzieren nämlich, so meine ich, einen Teil des in der Tat vorhandenen Missbrauchs des Asylrechts doch selbst. Einfach deswegen, weil wir im Grunde nur ein einziges Nadelöhr in die Bundesrepublik Deutschland offenlassen – das Asylrecht. Wer herein will und keine besondere Arbeitserlaubnis oder andere Sondergenehmigungen vorzuweisen hat, muss dadurch.

In der Flüchtlings- und Ausländerpolitik liegt ein »verlorenes Jahrzehnt« hinter uns, sagt Prof. Bade. Immer wieder wurde die Chance vertan, eine zukunftsorientierte Politik zu entwickeln, sagen Kritiker wie Prof. Bade:
Wir müssen auch darüber nachdenken, ob es nicht kollektive Lösungen außerhalb des individuellen

---

³ http://kjbade.de/wp-content/uploads/2015/02/1991-10-23_auf-gute-nachbarschaft_SDR1.pdf.

Asylrechts gibt, also Kontingentlösungen in den Bereichen, in denen unser Asylrecht nicht greift. Im Asylrecht geht es bei uns um politisch Verfolgte. Es muss uns aber auch um Flüchtlinge aus Krisengebieten gehen.

Da wäre meines Erachtens eine multilaterale, also international abgesprochene Kontingentlösung sinnvoll. Das wäre eine Lösung, die es ermöglicht, in Kriegs- und Krisengebieten, in denen man nicht imstande ist, den Krisenherd stillzulegen oder im Lande selbst zu helfen, dann doch wenigstens denen zu helfen, die dort krisenbedingt auf Zeit nicht mehr existieren können. Wir sollten also Möglichkeiten haben, Menschen in größerer Zahl auf Zeit aufzunehmen, über europäische Länder zu verteilen und dann darüber nachzudenken, wann der Zeitpunkt vielleicht gekommen ist, ihnen die Möglichkeit zu eröffnen, wieder zurückzugehen.

Dass alles gehört zusammen: Asylrecht, Einwanderungsgesetzgebung, Einwanderungspolitik, Kontingentlösungen auf Zeit oder auf Dauer, ganz abgesehen von dauerhaften Arbeitsaufenthalten ohne Einbürgerung, um die es ja hier nicht geht. Das alles muss man in einem Paket zusammensehen mit dem, was auch in der Flüchtlingskonzeption des Bundesinnenministeriums schon angesprochen worden ist unter dem Stichwort »Bekämpfung der Fluchtgründe«. Das alles ist ein konzeptionelles Paket.

Immer wieder betonen Politiker, im Flüchtlings- und Asylbereich müsse endlich eine europäische Lösung gefunden werden. Fachleute wie Klaus Bade sind da eher skeptisch:
Ich glaube, dass wir nicht aus nationaler Ratlosigkeit nach Europa flüchten dürfen. Wir haben Ende der 80er und jetzt zu Beginn der 90er Jahre sicherlich eine Situation, in der viele Politiker erkennen, dass in den 80er Jahren einiges versäumt worden ist. Es hat nun keinen Zweck, zu warten, bis Europa kommt und alles auf Europa zu setzen. Man muss Europa auch von unten nach oben bauen, also von der nationalen Ebene herauf zur europäischen Ebene und nicht nur umgekehrt.

Da gibt es zum Beispiel in der Bundesrepublik eine Reihe von Versäumnissen, allein schon im institutionellen Bereich. Die Italiener haben unlängst ein Einwanderungsministerium gegründet, die Schweizer haben ein Migrationsamt, die Franzosen bereiten ein Einwanderungsministerium vor und die Schweden haben seit langem ein Einwanderungsministerium. Viele andere europäische Staaten, die mit weniger Zuwanderungsdruck zu tun haben als die Bundesrepublik, besitzen die verschiedensten Behörden, Institutionen, Forschungsinstitutionen, Integrationskommissionen usw. für dieses Feld, die wir alle nicht haben.

Wo ist, so frage ich, zum Beispiel das Bundesamt für Migration und Integration, eine Idee, die ich seit Jahren vortrage und die zuletzt auch die im Juli zurückgetretene Ausländerbeauftragte Liselotte Funcke übernommen hat. Ich sehe diese Institution nicht. Ich sehe stattdessen vielerlei Ressortzuständigkeiten für Teilbereiche, aber keine große, ganzheitliche, d.h. ressortübergreifende Konzeption für dieses Gesamtpaket, über das wir eben gesprochen haben. Und eine solche ganzheitliche Konzeption kann auch aus den einzelnen Ressorts gar nicht entwickelt werden, sondern eben nur von vornherein ressortübergreifend. Wir haben hier also ein Strukturproblem vor uns und müssen auch Institutionen neu schaffen, um mit den Dingen fertig zu werden.

Die Fremdenfeindlichkeit ist nicht nur in den neuen Bundesländern in den letzten Monaten angewachsen. Fast täglich erreichen uns Meldungen über Gewalttätigkeiten gegenüber Ausländern in Ost und West. »Eine Schande für Deutschland«, sagen die Politiker, aber wo bleiben die Taten? Und wo liegen eigentlich die Ursachen für das erschreckende Ausmaß von Ausländerfeindlichkeit im vereinigten Deutschland?
Fremdenfeindlichkeit ist allzumal eine Sache derjenigen, die sie haben, und hat ihre Ursache meistens auch auf deren Seite und häufig relativ wenig mit den Fremden selbst zu tun. Das ist meistens das Ergebnis von sozialer, von ökonomischer Angst, von Desorientierung, von allgemeiner Verunsicherung, von unübersichtlichen gesellschaftlichen Prozessen – und damit sind wir genau wieder bei dem, bei dem wir eingestiegen sind.

Ich glaube, dass manche Bürger, nicht nur im Osten, sondern auch im Westen, häufig deswegen so ablehnend, so abwehrend, zuweilen auch aggressiv reagieren, weil sie einfach keine Entwicklung sehen, keine politische Antwort auf Ihre berechtigten Fragen kriegen. Sie sind im Alltag doch mit der Einwanderungssituation konfrontiert, sehen, dass immer mehr Fremde, oder solche die man dafürhält, kommen und sehen keine Großkonzeption, mit der die entsprechenden Probleme bewältigt werden können.

Ein Amerikaner, der einen Fremden auf der Straße sieht und nicht gerade am Rio Grande lebt, kann sich denken, der ist ein Tourist oder auf einem Einwanderervisum hier oder aber auf Zeit zur Arbeit im Land – sonst wäre er wahrscheinlich nicht hier. Deutsche Bürger haben damit etwas Schwierigkeiten. Es gibt hier also eine Bringschuld der Politik, die diese Unsicherheit mit ausgelöst hat. Sehr häufig wird dann nach vereinfachenden Lösungen und nach den großen Vereinfachern gesucht.

In den fünf neuen Bundesländern kommt natürlich noch ein ganz besonderes Problem hinzu. Es ist das Ergebnis nicht der Wanderung von Menschen über Grenzen, sondern der Wanderung von Grenzen über Menschen hinweg: Die Menschen dort drüben sind ja in einer Situation, in der ihre gesamte Gesellschaft, Wirtschaft, politische Kultur durch die früheren Erzfeinde Kapitalismus und Marktwirtschaft überwölbt wird. Das ist für viele Menschen in den neuen Bundesländern ein Erlebnis der Entfremdung. Sie sind Fremde im eigenen Land geworden. Und wer unter der Strapaze eines solchen Entfremdungsprozesses innerhalb der eigenen Grenzen leidet, wird weniger willens oder imstande sein, zur Integration von anderen Fremden, die von außen kommen, beizutragen. Gerade deswegen habe ich es für einen bedenklichen Fehler gehalten, dass wir in den Einigungsvertrag hineingeschrieben haben, dass ein beträchtlicher Teil der Asylsuchenden auch in die fünf neuen Bundesländer geschickt werden soll.

Um Fremdenfeindlichkeit abzubauen, müsste es gerade im Zusammenleben zwischen Deutschen und Ausländern in der Nachbarschaft oftmals besser klappen. Was könnte in diesem Bereich getan werden?
Das ist natürlich eine schwierige Frage, wenn man bedenkt, dass im Blick auf Großkonzeptionen, auf große Lösungen, zu wenig geschehen ist und dass viel an Irritierung im Alltag gerade dadurch ausgelöst worden ist. Zunächst einmal läuft ja im Alltag vieles besser als gelegentlich behauptet. Der friedliche Alltag der Begegnung hat eben keinen Sensationswert.
Ich glaube aber, dass man darüber hinaus im Alltag einiges noch besser machen kann. Es geht vor allen Dingen darum, um Verständnis zu werben für die Situation, in der diese Menschen sind, und für ihre Eingliederungsprobleme. Es geht darum, die Öffentlichkeit in stärkerem Maße zu sensibilisieren für Ihre Probleme und Nöte. In der Praxis selbst geschieht hier ja auch schon sehr viel. Wir sollten vor allen Dingen abgehen von Abschreckungskonzeptionen, die uns nur in der ganzen Welt blamieren. Das haben wir wirklich nicht nötig. In der deutschen Bevölkerung wird dadurch die Vorstellung geweckt, hier seien unerwünschte Fremde, Wirtschaftsflüchtlinge, Menschen die nur unser soziales Netz ausnutzen wollen für ihre Zwecke und die abgeschreckt werden müssten. Das überträgt sich dann auf die einheimische Bevölkerung und führt dazu, dass die Fremden nur umso fremder, sozusagen als der Feind schlechthin erscheinen.
Das Ganze muss klare soziale Verkehrsregeln bekommen, die durchschaubar sind auch für die einheimische Bevölkerung, damit die allgemeine Ratlosigkeit, die sich nur allzu leicht in Aggressivität verwandelt, zurückgeht. Ich komme also abermals zurück auf die Bringschuld der Politik in diesem Zusammenhang. Wir können nicht erwarten, dass das, was oben an großen Konzeptionen fehlt im Alltag von unten nach oben nachgebessert wird. Hier muss man in der Tat auch oben anfangen.

2.4 Von der Ratlosigkeit der Politik und der Sprachlosigkeit zwischen Politik und Wissenschaft,
in: Themen. Vierteljahreszeitschrift der Stiftung Christlich-Soziale Politik, 6.1991, H. 4 (Dez. 1991), S. 20f.

Ratlosigkeit kennzeichnet die Diskussion um Wanderungsbewegungen und Wanderungspolitik im vereinigten Deutschland: »Migrationsexperten« genannte Wissenschaftler wissen über die angeblich bevorstehenden »neuen Völkerwanderungen« oft weniger als darüber in den Zeitungen steht; denn sie dürfen nur mit begründbaren und im Rahmen des Möglichen gesicherten Aussagen umgehen und nicht mit Vermutungen, Ängsten und Hoffnungen. Was sie aber mit guten Gründen anraten könnten, erreicht die »Handlungsträger« in Politik und Verwaltung oft nicht, weil die einen von den anderen zu wenig wissen – immer vorausgesetzt, dass die einen wirklich bereit sind, zu beraten, und die anderen, sich beraten zu lassen.

Geschichte
Wanderungsbewegungen sind gesellschaftliche Antworten auf die verschiedenartigsten Bestimmungsfaktoren in Ausgangsräumen und Zielgebieten. Die weltweiten Spannungslagen in Wirtschafts- und Gesellschaftsentwicklung, die dem transnationalen Wanderungsgeschehen der Gegenwart zu Grunde liegen, sind historisch bedingt. Ohne zureichende Kenntnis dieses bevölkerungs-, wirtschafts- und sozialgeschichtlichen Bedingungsgefüges lassen sich auch die dadurch bestimmten Wanderungsbewegungen der Gegenwart nicht zureichend erfassen.
Als bedrohliche Ausnahmesituation erlebt deshalb die Gegenwart, wenn die Geschichte nicht kennt. Mehr noch: Entwicklungstendenzen und Trendbewegungen, die über die unmittelbare Gegenwart hinaus ein Stück weit in die Zukunft verlängert werden sollen, erschließen sich allemal erst unter lang- oder doch wenigstens mittelfristiger Retrospektive, will sagen: Wer aus der Gegenwart in die Zukunft zu schauen strebt, muss zuerst den Ort der Gegenwart aus der Geschichte bestimmen. Sie bietet keine übertragbaren Patentrezepte, keine historischen Antworten auf aktuelle Fragen, aber retrospektive Orientierungshilfen. Das gilt zum Beispiel für die seit langem in der Bundesrepublik de facto vorliegende echte Einwanderungssituation, die von Wissenschaftlern seit fast anderthalb Jahrzehnten konstatiert und von Politikern ebenso lange dementiert worden ist.

Zukunft
Aufgrund vorliegender Trendbeobachtungen und Schätzungen kann, wenn unvorhersehbare Ereignisse nicht alles anders kommen lassen, in Deutschland gerechnet werden:
1. mit einem Anhalten der Aussiedlerzuwanderung;

2. mit auf niedrigerem Niveau anhaltender interner Ost-West-Wanderung aus den neuen Bundesländern bei Fortdauer von Integrationsproblemen der noch aus der DDR als Flüchtlinge oder Übersiedler Zugewanderten;
3. je nach der Entwicklung von Wirtschaft und Arbeitsmarkt in den neuen Bundesländern in geringerem Umfange auch mit internen West-Ost-Wanderungen unter Einschluss auch von Rückwanderungsbewegungen ehemaliger DDR-Flüchtlinge und Übersiedler;
4. mit Wanderungsbewegungen innerhalb des europäischen Binnenmarktes, die sich in der Bundesrepublik vornehmlich, aber nicht nur als Zuwanderung auswirken dürften;
5. mit Zuwanderungsdruck in Ost-West-Richtung vor dem Hintergrund des internationalen Entwicklungsgefälles, der diffundierenden »Sowjetunion« und anderer politischer, wirtschaftlicher und gesellschaftlicher Krisenherde in Ost- und Südosteuropa;
6. mit Zuwanderungsdruck im Süd-Nord-Richtung vor dem Hintergrund des weltweiten Entwicklungsgefälles und der sich dramatisch zuspitzenden ökonomischen, ökologischen und politischen Krisenentwicklung in der »Dritten Welt«.

Gestaltungsperspektiven
In der Konfrontation mit diesen Problemszenarien müssen die politischen Handlungsspielräume neu durchdacht werden. Es geht um langfristige, aktive Konzepte und nicht um kurzatmige reaktive Bemühungen um Balance und Reparatur. Migration und Integration betreffen existenzielle Grunderfahrungen, die – wie Geburt, Tod, Heirat und Wanderungen insgesamt – im Grunde alle Bereiche gesellschaftlichen Lebens und damit nachgerade alle Humanwissenschaften tangieren.

Eine Politik für Migration, Integration und Minderheiten muss auch deshalb als ganzheitliche Aufgabe verstanden werden. Sie darf nicht rechtstechnischer Gestaltung allein überlassen bleiben, sondern muss in ihren Perspektiven und Dimensionen in Abstimmung mit den gesellschaftlichen Kräften entwickelt werden und in Auseinandersetzung mit vorliegenden, oft noch ungenutzten wissenschaftlichen Ergebnissen.

Die Entwicklung weiterführender Gestaltungsperspektiven muss auf allen Ebenen beginnen. Sie sollte ausgehen von einem operativen Rahmenkonzept, innerhalb dessen das Streben nach konzeptioneller Geschlossenheit nicht in Widerspruch gerät zu dem Bemühen um pragmatische Gestaltung. Dabei kommt den Dialog von Wissenschaft und Praxis besondere Bedeutung zu.

Der doppelte Dialog
Es gibt einen dringenden Bedarf an praxisorientiertem Erkenntnistransfer aus den verschiedensten Forschungsfeldern, an der Evaluation und Bereitstellung von vorhandenen und bislang ungenutzten wissenschaftlichen Erkenntnissen. Dabei geht es um ein in einiger Hinsicht durchaus allgemeines Verständigungs- und Vermittlungsproblem zwischen verschiedenen Forschungsrichtungen sowie zwischen Wissenschaft und Praxis.

Sprachlosigkeit zwischen Politik und Wissenschaft, in der der Dialog eher die Ausnahme ist, hat mit mancherlei Komplikationen auf beiden Seiten zu tun – von den Legitimationsproblemen auf Seiten der Wissenschaft bis hin zu verordnetem Desinteresse auf politischer Seite.

Es gibt aber auch schlicht technische Probleme, die sehr trivial klingen und doch von solcher Folgewirkung sind, dass sie in einigen Stichworten angedeutet werden sollen:

Der in verschiedensten Wissenschaftsbereichen verfügbare Erkenntnisstand kann von »Handlungsträgern« – sofern sie denn daran interessiert sind – zuweilen auch deswegen nicht »angenommen« bzw. umgesetzt werden,
1. weil die zum Teil weit verstreuten Ergebnisse wissenschaftlicher Forschung nicht nur nicht angeboten werden, sondern zum Teil sogar in der internationalen Wissenschaftspublizistik geradezu versteckt sind;
2. weil gelegentlich unzureichend bedacht wird, dass die Sprache der Wissenschaft und besonders die Spezialterminologie der jeweiligen Fachdisziplin, Subdisziplin oder Forschungsrichtung selbst im interdisziplinären Dialog und erst recht im Dialog zwischen Forschung und Praxis auch zum Verständigungsproblem werden kann;
3. weil Forschungsergebnisse oft nur in originären Langfassungen existieren, nicht aber auch in übersichtlichen und im Rahmen des Möglichen handlungsorientierten Kurzfassungen für die politische bzw. administrative Praxis, die angewiesen ist auf umsetzbare Ergebnisse in halbwegs menschenfreundlicher Prosa.

Es geht deswegen zunächst einmal um eine praxisorientierte Evaluation des inter- bzw. multidisziplinären Forschungsstandes in den Problemfeldern von Migration, Integration und Minderheiten. Auf dieser Grundlage können fundierte und umfassende, handlungsorientierte Perspektiven und Strategien erarbeitet werden: ganzheitliche politische Gestaltungsperspektiven für die einen, handlungsorientierte für disziplinäre Forschungsstrategien für die andere Seite.

Wissenschaft, Verwaltung und Politik
Handlungsorientierte Forschungsberichte und Empfehlungen aber kann nur geben, wer als Fachwissenschaftler nicht nur den aktuellen Entwicklungsstand, sondern darüber hinaus auch die Probleme der Praxis in den nötigen Grundzügen kennt.

Es gilt also, in den Problembereichen Migration, Integration und Minderheiten einen doppelten Dialog zu organisieren: 1. zwischen den verschiedensten, oft ohne Kenntnis voneinander auf verwandten Feldern arbeitenden Wissenschaftsdisziplinen und Forschungsrichtungen; 2. zwischen ihnen, der der politischen und administrativen Praxis.

Der doppelte Dialog aber setzt den Blick über Fächergrenzen und Ressort Zäune voraus. Hier ist auf beiden Seiten viel zu tun:

Wissenschaft
Die Zersplitterung der wissenschaftlichen Arbeit innerhalb der hierzulande meist noch relativ jungen Migrationsforschung muss durchbrochen werden durch multi- und interdisziplinäre Kommunikation in entsprechenden Organisationsformen, die es in verschiedenen Bereichen schon gibt – von der Sektion »Migration und Ethnizität« der Deutschen Gesellschaft für Soziologie über die Arbeitsgruppe »Migration und psychische Gesundheit« bis zur »Gesellschaft für Historische Migrationsforschung«.

Es ist an der Zeit, solche und andere, zum Teil schon interdisziplinär ausgreifende Fachverbände einzubeziehen in eine aber – derzeit vorbereitete – fachübergreifende, bundesweite »Gesellschaft für Migrationsforschung«, die die bislang individuell oder über einzelne Forschergruppen und Fachverbände laufende internationale wissenschaftliche Kommunikation wesentlich erleichtern könnte. Mit einem solchen Organisations- und Kommunikationsgefüge wäre in der Forschung ein im Vergleich zu anderen Ländern mit verwandten Problemen deutlicher Rückstand aufgeholt.

Politik und Verwaltung
Jedem ganzheitlichen Ansatz widersprechende Strukturprobleme liegen heute in Verwaltung und Politik auf Bundesebene in Kompetenzüberschneidungen und Zuständigkeitslücken, in Ressortabgrenzung und Ressortkonkurrenz im Blick auf die vielen Besonderheiten, aber auch Gemeinsamkeiten in den Problemen zugewanderter Gruppen und Minderheiten.

Es gibt interministerielle Arbeitsgruppen, aus denen zum Teil richtungsweisende Ansätze an die Öffentlichkeit kommen, wie etwa die Bonner »Flüchtlingskonzeption« vom September 1990. Das Bemühen um ressortübergreifende Verschränkung kann indes nicht darüber hinwegtäuschen, dass es, wie intern auch ohne Umschweife zugestanden wird, ganz erhebliche Strukturprobleme gibt bei dem Versuch, im Blick auf Migration, Integration und Minderheiten zu einem ganzheitlichen Ansatz vorzustoßen.

(K)ein Bundesamt für Migration und Integration
Hilfreich wäre hier sicher, möglicherweise mit angegliedertem Forschungsinstitut, ein »Bundesamt für Migration und Integration«, das auch die im Juli 1991 – im Protest gegen die Konzeptionslosigkeit der Integrationspolitik – zurückgetretene Ausländerbeauftragte Liselotte Funcke in ihrem letzten Bericht gefordert hat.

Auch hier steht die Bundesrepublik deutlich zurück gegenüber europäischen Ländern mit verwandten Problemen und einem deutlich weiterentwickelten Institutionengefüge: Das gilt etwa in Frankreich für den Nationalen Rat für die Einwandererbevölkerung, für das interministerielle Integrationskomitee, den Hohen Rat für die Integration und das neue Einwanderungsministerium. Es gilt in Großbritannien für die Kommission für rassische Gleichheit. Es gilt aber auch in der Schweiz für die Eidgenössische Kommission für Ausländerprobleme und das vorbereitete Migrationsamt. Am weitesten fortgeschritten ist die Entwicklung in Schweden mit seinem von zwei Ministern geleiteten Arbeits- und Migrationsministerium, dem staatlichen Migrationsamt und dem Ombudsmann gegen ethnische Diskriminierung. Das jüngste Beispiel bietet das Anfang Juli 1991 vor dem Hintergrund der dramatischen Ereignisse in Italien nachgerade ad hoc eingerichtete Einwanderungsministerium in Rom. Der Bundeskanzler, der von Hause aus Historiker ist, hat dagegen einschlägige Erfahrungen (s. 2.1) ins Feld geführt [...].

Aus der Geschichte lernen
Man könnte freilich, so ließe sich antworten, aus historischen Erfahrungen auch lernen, zumal es eine solche – als strukturelle Fehlgeburt missglückte – Institution in Deutschland kurzfristig schon einmal gab: das »Reichswanderungsamt« zu Anfang der Weimarer Republik, das bezeichnenderweise als »Amts der verlorenen Worte« in die Verwaltungsgeschichte einging.

Ein Bundesamt für Migration, Integration und Minderheiten muss, wie ich schon bei der ersten Vorstellung dieser Idee vor Jahren betont habe, kein allzuständiger bürokratischer Wasserkopf werden. Es muss aber Gewicht genug haben, Gesamtkonzeptionen mit Bindewirkung zu entwerfen, praxisorientiert fortzuschreiben, auf ihre Umsetzung zu achten, Zuständigkeitslücken aufzuspüren, zu überbrücken und lähmender Ressortkonkurrenz im behördlichen Kompetenzgerangel zu wehren. Ein wissenschaftlicher Beirat könnte, wie in anderen Institutionen auch, den Dialog zwischen Wissenschaft und Politik noch weiter intensivieren helfen. Und wenn es denn kein Bundesamt sein soll, dann könnte auch die Einrichtung einer »Stiftung Migration und Integration« mit zureichender Ausstattung und Kompetenz einen Weg aus dem Dilemma bieten.

Wie auch immer die konkrete Lösung zur Überwindung der Sprachlosigkeit zwischen Wissenschaft und Politik aussehen mag – es kommt darauf an, den doppelten Dialog zu verstärken, wenn die Spannungen in den Problemfeldern von Migration, Integration und Minderheiten nicht noch weiterwachsen sollen: Das Boot ist nicht voll, aber es läuft aus dem Ruder.

2.5 Politik in der Einwanderungssituation: Migration – Integration – Minderheiten,
in: Politik der Migration. Eine Fachtagung im Hessischen Landtag zur Einwanderung (Schriftenreihe der Hessischen Landeszentrale für politische Bildung), Wiesbaden 1992, S. 4–17 (Auszug).

Zu Beginn der letzten Dekade des 20. Jahrhunderts ist Deutschland konfrontiert mit einer neuen Einwanderungssituation. Sie unterscheidet sich deutlich von den beiden vorausgegangenen großen Eingliederungsprozessen.

Der erste Eingliederungsprozess umschloss in West- und Ostdeutschland die »Integration« von Vertriebenen und Flüchtlingen, die in SBZ und DDR »Umsiedler« genannt wurden. Im Westen waren viele von ihnen Mitte der 1950er Jahre noch Fremde, als dort mit der amtlich organisierten Anwerbung ausländischer Arbeitskräfte bereits die Vorgeschichte des zweiten Eingliederungsprozesses begann: der Weg von der »Gastarbeiterfrage« im Westdeutschland der 1960er und frühen 1970er Jahre zur sozialschizoiden Lage einer Einwandererminorität in einem blockierten Einwanderungsprozess. [...]

Die neue Einwanderungssituation hat neue Spannungen und »Hackordnungen« zwischen verschiedenen Gruppen von »Einheimischen« und »Fremden« geschaffen: Im Westen stehen oft durch den Massenzustrom von Übersiedlern irritierte Bundesbürger-West (»Wessis« zu) gegen zugewanderte Bundesbürger-Ost (»Ossis«); Übersiedler gegen deutschsprachige Aussiedler; diese gegen fremdsprachige Aussiedler; Übersiedler und Aussiedler gemeinsam gegen »Ausländer« und besonders gegen asylsuchende Flüchtlinge aus der »Dritten Welt«.

Das sind nur einige Spannungszonen der neuen Einwanderungssituation mit ihren »Fremdenhierarchien« im Westen, innerhalb deren die »ethnische Klassenbildung« besonders gefährlich ist. Solche Spannungslagen können den bislang noch im sozialen Konsens vorstellbaren Weg von multiethnischer Koexistenz zu multikulturellen Lebensformen gefährden.

Diese Gefahr wird durch verschiedene Ost-West-Einflüsse noch verstärkt: Im mentalen »Marschgepäck« von Übersiedlern, aber auch von Aussiedlern sind besondere, teils latent, teils offen fremdenfeindliche Abwehrhaltungen mit in den Westen gekommen. Sie finden neuen Boden in den auch dort umgehenden Vorstellungen von einer »kulturellen Homogenität« der Deutschen, deren Bevölkerung nicht »von blutsfremden Zuwanderern durchmischt und durchrasst« (Edmund Stoiber) werden dürfe. Ein anderer Ost-West-Einfluss ist die allgemeine Angst vor einer »Völkerwanderung« aus Osteuropa, deren vermeintlicher Vorbote, die Zuwanderung von Roma aus Rumänien 1990, noch ein zusätzliches, althergebrachtes und nach wie vor hochexplosives Aggressionspotenzial entzündete: die »Zigeunerphobie«.

Hinzu kommt, dass in vielen Bereichen des zerfallenden »Ostblocks« nach dem Ende jahrzehntelanger totalitärer Disziplinierung radikale Unterströmungen zu Tage treten wie aggressiver, sich selbst als Befreiungsbewegung verstehender ethnischer Nationalismus, Rassismus und Antisemitismus. Die Konfrontation mit solchen gesellschaftlichen Eruptionen im europäischen Osten könnte zu offener Legitimierung oder doch Relativierung von auch in Deutschland selbst und insbesondere in seinen »neuen« Bundesländern vorhandenen Aggressionspotentialen und Abwehrhaltungen führen.

Alldem gegenüber geht es nicht mehr nur um wohlwollende Aufklärung oder gar um Warten auf Problemabrieb durch Zeitverzug, sondern um aktives Gegensteuern – nicht bloß durch warmherziges »soziales Engagement« von Einzelnen und Gruppen, sondern auch durch übergreifende Konzeptionen in Recht und Politik. Der neuen Situation und ihren Problemen entsprechend müssen Begriffe wie »Einwanderung« und »Einwanderungsland« neu durchdacht werden.

Es gilt, »Einwanderung« als langfristigen und umfassenden, mit ganzheitlichen Konzeptionen zu begleitenden Sozial- und Kulturprozess verstehen zu lernen, also auch als gesellschaftliche Aufgabe ersten Ranges und nicht etwa nur als punktuellen Rechtsakt im Sinne der Einbürgerung. Nötig ist ein neues Selbstverständnis der Republik, das den unübersehbaren gesellschaftlichen Fakten Rechnung trägt: Die Bundesrepublik Deutschland ist ein Einwanderungsland neuen Typs.

Das verlorene Jahrzehnt
Legislative und politische Antworten auf Einwanderungsfragen heißen nicht »Ausländerrecht« und »Ausländerpolitik«, sondern »Einwanderungsgesetzgebung« und »Einwanderungspolitik«. Aversionen dagegen haben oft in der einseitigen Orientierung am europäischen Massenexodus in die »klassischen« überseeischen Einwanderungsländer des 19. Jahrhunderts, in einer Gleichsetzung von »Einwanderungspolitik« mit bloßer Einwanderungsbeförderung oder gar in der Vorstellung, schon die schiere amtliche Beschäftigung mit dem missliebigen Phänomen führen nur zur Verschärfung der damit verbundenen Probleme.

Das erinnert an die prekäre, aller »Realpolitik« fernen Vorstellung Bismarcks, die angesichts einer in den 1880er Jahren jährlich nach Hunderttausenden zählenden Massenauswanderung immer wieder geforderte, aber bis zum Ende seiner Amtszeit verweigerte Auswanderungsgesetzgebung würde nur dazu beitragen, die missliebige Massenauswanderung noch zu fördern und damit die »Leutenot« in der ostelbischen Landwirtschaft zu mehren. Ergebnis war eine absurde historische Verspätung. Das erste »Reichsauswanderungsgesetz« kam erst 1897, als die säkulare Massenauswanderung schon der Vergangenheit angehörte.

Damals freilich ging es »nur« darum, dass Millionen von Auswanderern oft auf dem Weg in die Fremde ohne zureichenden Gesetzesschutz blieben. Das war mitunter folgenreich für Sie, nicht aber für das Auswanderungsland selbst. Heute schlägt die historische Verspätung direkt zurück: Die Einwanderer sind schon lange da, andere drängen nach, und das sperrige Einwanderungsland wider Willen gerät unter den Druck der Folgen eigener Versäumnisse. [...]

Hinzu kommt, dass es in diesem Zusammenhang nicht mehr nur um nationale, sondern um europäische Lösungsmodelle geht. Herkömmliche nationalstaatliche Strukturen werden zunehmend von oben durch supranationale Formen und von unten durch Regionalisierung aufgebrochen, bis hin zu der Vision von einer Art »multikulturellem Europa der Regionen«. Ob es angesichts ethnisch-nationalistischer Spannungen im Osten und Südosten Europas einerseits und der Wirtschafts- und Gesellschaftskrise im deutschen Osten andererseits einen europäischen und deutschen Weg von ethnopluralistischer Toleranz zu aktivem Multikulturalismus geben kann, muss die Zukunft zeigen.

Diese Zukunft aber hat in Gestalt der neuen Einwanderungssituation längst begonnen, während die zu ihrer Gestaltung notwendigen legislativen, institutionellen und politischen Instrumentarien noch fehlen oder aber auf Problemfragen der Vergangenheit zielen. Der mittlerweile schon geschichtsnotorische Mangel an ganzheitlichen Gestaltungskonzepten und der daraus resultierende Mangel an Perspektive und Transparenz haben beigetragen zu Desorientierung, Irritation und zu auf der Frustrations-Aggressions-Spirale wachsenden fremdenfeindlichen Abwehrhaltungen.

Das war schon Anfang der 1980er Jahre absehbar und wurde von den verschiedensten wissenschaftlichen Sachkennern ebenso öffentlich angesprochen wie von Praktikern der Ausländerarbeit, Vertretern der Kirchen, Gewerkschaften und Wohlfahrtsverbänden. Drängenden, seit Jahren aufgestauten gesellschaftlichen Erklärungsbedarf unbefriedigt zu lassen, ist eine politische Einladung an radikale Vereinfacher und eine Herausforderung zum Protest, gerade bei jüngeren Menschen.

Im Kontext solcher Bestandsaufnahmen, Analysen und prospektiven Überlegungen ist seinerzeit auch immer wieder nachdrücklich vor den Folgen defensiver Erkenntnisverweigerung, fahrlässigen Zuwartens und auch davor gewarnt worden, dass am Ende zumindest in ihren Dimensionen vermeidbare ethnosoziale Probleme stehen könnten. Sie treten in den seinerzeit bereits in den Grundzügen absehbar Formen längst schon so deutlich hervor, dass es inzwischen weniger um Konfliktvermeidung als um Schadensbegrenzung geht.

Das ist zwar nicht nur, aber doch ganz wesentlich auch ein Ergebnis politischer Verdrängungen und Versäumnisse. Sie werden ex post gern mit dem Hinweis legitimiert, all das habe man »damals« doch gar nicht wissen können. Man konnte, aber man wollte nicht. Es wird noch lange hinreichend Anlass geben, sich an die Versäumnisse von »damals« zu und, wenn sich nicht vieles rasch und grundlegend ändert, auch noch an die von heute zu erinnern.

Diejenigen aber, die in politischer Handlungsverantwortung standen und stehen, werden dann vielleicht schon ihre Pensionen verzehren und in ermüdendem Gleichklang immer noch an »damals« angeblich mangelnde politische Handlungsspielräume erinnern; vor allem aber daran, dass, rückblickend betrachtet, »damals« vielleicht manches nötig, aber doch gar nicht begründbar und möglich gewesen sei – weil man das, was man angeblich hätte wissen müssen, doch gar nicht wissen konnte...

Anfang der 1990er Jahre blickt man deshalb zurück auf ein in der Gestaltung der Problembereiche von Migration, Integration und Minderheiten in vieler Hinsicht verlorenes Jahrzehnt. An seinem Ende standen 1989/90 lediglich Diskussion und Verabschiedung der über Legislaturperioden hinweg folgenlos angekündigten Reform des Ausländerrechts. Sie hat Klärungen gebracht, schwer kalkulierbar Ermessensspielräume begrenzt, aber auch neue Barrieren errichtet und viele anstehende Fragen nicht aufgegriffen.

Das war Kirchen, Gewerkschaften, Wohlfahrtsverbänden und den Ausländerbeauftragten von Ländern und Gemeinden Anlass zu dem kritischen Urteil, dass die Reform des Ausländerrechts weder situationsgerecht noch langfristig integrationsfördernd sei. Auf Einwanderungsfragen kann sie schon deswegen nicht antworten, weil Ausländerrecht und Ausländerpolitik keinen Ersatz bieten für die bereits Anfang der 1980er Jahre geforderte und Anfang der 1990er Jahre nach wie vor fehlende Einwanderungsgesetzgebung und Einwanderungspolitik.

Das ist das Ergebnis amtlicher Versuche, eine gesellschaftliche Wirklichkeit zu »dementieren« (»Die Bundesrepublik ist kein Einwanderungsland!«) und mit der amtlichen Tabuisierung des Reizwortes »Einwanderung« auch das Problem selbst zu bannen. Seine Bewältigung unter Hinweis auf eine europäische Lösung weiter zu vertagen, scheint die neueste Form der Verdrängung zu sein. Dieses Land hätte zumindest legislativ und institutionell besser gerüstet sein können, als 1990 in der Konfrontation mit dem Schreckbild »Völkerwanderung« in der öffentlichen Diskussion die Panikschaukel von Angst und Ratlosigkeit in Bewegung geriet. [...]

Ende der 1970er, Anfang der 1980er Jahre konnte, wer wollte, den Wandel von der ehemaligen »Gastarbeiterbevölkerung« zur Einwandererminorität in der Bundesrepublik erkennen, daraus und aus den Trendlinien der natürlichen Bevölkerungsentwicklung Perspektiven und konkrete Gestaltungsaufgaben ableiten. Nicht absehbar hingegen waren die für das Wanderungsgeschehen entscheidenden äußeren Szenarien Wechsel der späten 1980er Jahre. Das gilt für das Ende des Kalten Krieges, die Öffnung der Ost-West-Grenzen und für Krise und Verfall des real existierenden Sozialismus als Regierungs- und Wirtschaftsform ebenso wie für die deutsche Vereinigung. Umso wichtiger wäre es, nun diese neuerliche »historische« Chance nicht abermals zu verpassen und aus den Versäumnissen der Vergangenheit zu lernen. [...]

Ohne die Bereitschaft, auf nationaler Ebene umzudenken, wird sich freilich auch auf euro-internationaler Ebene vieles gar nicht, anderes wenig und alles insgesamt zu spät bewegen. »Auf Europa warten« war und ist hier ebenso bedenklich wie das Bestreben, an Europa vorbei noch vorab durch bi- bzw. multinationale Absprachen Tabuzonen für die anstehende europäische Gestaltung zu errichten.

Migrations-, Integrations- und Minderheitenpolitik als langfristige Gestaltungsaufgabe aber setzt, zumindest in den Grundzügen, einen gesellschaftlichen Fundamentalkonsens voraus über die Gestaltung der eigenen Zukunft. Für langfristige Planungen grundlegende Daten, aus Modellrechnungen abgeleitete Strukturtrends und alternative Szenarien liegen vor bis zum Jahr 2030. Was fehlt, ist die darauf gestützte politische und gesellschaftliche Generaldebatte zum Thema Zukunft, bei der freilich nicht in Legislaturperioden, sondern in Generationen zu denken ist.

2.6 Multikulturalismus und Einwanderungssituation: Deutsche Probleme und atlantische Perspektiven,
in: Die Neue Gesellschaft/Frankfurter Hefte, 40.1993, H. 9, September 1993, S. 801–811.

Es gibt in Deutschland eine weltgefächerte Diskussion über »Multikulturalismus« mit fließenden Grenzen zwischen politologischen Tiefflügen und sozialromantischer Schwärmerei. Relativ isoliert und nicht selten denunziert, lag lange daneben die kalte Zone der Diskussion um Einwanderungsgesetzgebung und Einwanderungspolitik. Erst langsam wächst die Einsicht, dass beides – Multikulturalismus und Einwanderungspolitik – zwei Seiten der gleichen Medaille sind.

Die »Rede von der multikulturellen Gesellschaft« ging aus von der Frage nach der Übertragbarkeit überseeischer Modelle auf Europa. Sie fragt aber auch schlicht danach, was »Multikulturalismus« überhaupt ist, historisch war oder künftig sein soll. Konsens ist nicht erreicht. Jenseits der Debatten intellektueller Zirkel aber wirkt das Hieb- und Stichwort »Multikulturalismus« in der öffentlichen und politischen Diskussion um Einwanderungsfragen in Deutschland oft sogar kontraproduktiv und bestärkt, was abzubauen seine Botschaft ist – fremdenfeindliche Abwehrhaltungen in der Einwanderungssituation. Das hat hierzulande unter anderen drei Gründe:

Ein Grund für fremdenfeindliche Abwehrhaltungen ist der geschichtsfremde Traum von einer urwüchsigen »kulturellen Homogenität« – obgleich auch die Kulturgeschichte der Deutschen Ergebnis kultureller Synthese war und alles andere als klinisch reine Monokultur; abgesehen davon, dass in der Geschichte weiterhin polyethnische und multikulturelle Strukturen die Regel und ethnisch, reine« Nationalstaaten die Ausnahme waren. Die Wendung gegen den Traum von der »kulturellen Homogenität«, der für die »Fremden« im Lande immer ein Alptraum war und ist, verträgt sich sehr wohl mit der Akzeptanz einer kulturellen Axiomatik, die den einen verfassungspatriotischer Grundkatalog, den anderen fundamentaler Wertekonsens ist und auch in der Diskussion um Multikulturalismus und Einwanderungsgesellschaft nicht zur Disposition stehen kann.

Ein zweiter Grund für fremdenfeindliche Abwehrhaltungen ist die Flucht aus der mentalen Überforderung durch eine fiktive Einwanderungssituation: In der realen Einwanderungssituation ist die Begegnung mit Menschen aus anderen Kulturen und mit den Grenzgängern zwischen alter und neuer Welt längst geläufige Alltagserfahrung geworden. Es gab und gibt, oft krisenbedingt, trotzdem ökonomische, soziale und mentale Ängste – weniger um die »Kultur« als um die Sozialwohnung und den Arbeitsplatz. Dabei siedeln tönende Ideologiekritik, wohlwollende Aufklärung und gesamtwirtschaftliche Überlegungen zu Arbeitskräftebedarf und Generationenvertrag auf durchaus anderen Ebenen als individuelle Konkurrenzerfahrungen im Sozialamt und am Arbeitsmarkt. Reale Ängste aber werden überwuchert durch weniger aus konkretem Erleben als aus dem Hörensagen genährte und durch die grassierende politische Perspektivlosigkeit bestärkte fremdenfeindliche Projektionen. Im Gespensterreich der fiktiven Einwanderungssituation, die auch unter Medieneinsatz in die Köpfe kommt, pervertiert die alltägliche Begegnung mit Nachbarn aus anderen Kulturen zur Begegnung mit Fremden aus fremden Kulturen. Eingesetzt hat nicht eine »Überfremdung« Deutschlands, sondern eine Verfremdung der Begegnungen durch reale Ängste und fiktive Schreckbilder. Das Boot ist nicht voll, aber es läuft aus dem Ruder.

Ein dritter Grund für fremdenfeindliche Abwehrhaltungen liegt im konzeptionellen Versagen von Politik vor den Problembereichen von Migration, Integration und Minderheiten. Ursache war die schon vor einem Jahrzehnt mit Warnung vor den – heute längst eingetretenen – Folgen beklagte defensive Erkenntnisverweigerung gegenüber einer schon damals lange klar erkennbaren neuen sozialen Frage, die heute zunehmend auch Züge einer ethno-sozialen Frage annimmt. Es war die Flucht aus der politischen Handlungsverantwortung aus Angst vor dem Bürger als Wähler unter der heute schon mehr als ein Jahrzehnt alten parteiübergreifenden Losung: »Die Bundesrepublik ist kein Einwanderungsland.«

Damit wurde eines der brisantesten gesellschaftlichen Problemfelder der Gegenwart in seiner Existenz dementiert und als Gestaltungsbereich tabuisiert. Tabu und Dementi haben dafür gesorgt, dass hierzulande mehr als ein Jahrzehnt lang nicht entwickelt werden konnte, was heute zu einem geradezu existentiellen gesellschaftlichen Defizit geworden ist: Konzeptionen für Politik in der Einwanderungssituation. Aus der Geschichte dieses Versagens kommt die gefährliche Ratlosigkeit gegenüber den Problembereichen von Migration, Integration und Minderheiten. Die Geschichte aber kennt nicht die Chance zu rückwirkender Kurskorrektur, sondern bestenfalls die zu Schadenbegrenzung und aktiver Schlussfolgerung aus den Fehlern von gestern.

Angst und Ratlosigkeit im Umgang mit Multikulturalismus und Einwanderungssituation wurden gesteigert durch die Konfrontation mit den Exzessen innerhalb und außerhalb der deutschen Grenzen: Die Spur der Gewalt gegen Fremde und solche, die dafür gehalten oder dazu gemacht wurden, lief im deutschen Pogrom-Herbst 1991 von Hoyerswerda im Osten nach Hünxe im Westen und kehrte ein Jahr später nach Osten zurück: Im Straßenkrieg der Rostocker Nächte von August 1992 zeigte der Terror eine seit langem vorausgesagte und ebenso lang dementierte bzw. an das karitative Engagement von Sozialarbeitern delegierte neue Qualität – die Gewalt von Fremden im eigenen Land gegen zugewanderte oder zugewiesene Fremde von außen und schließlich gegen das Fremde an der deutschen neuen Welt an sich.

Atlantische Erfahrungen
Während im Lande der Betroffenheit die Freunde des Guten in der Konfrontation mit der Gewalt auf den Straßen zunächst wie vom Schock gelähmt reagierten und sich von den Morden von Mölln (November 1992) zum stummen Protest in Lichterketten fanden, schlich sich in der inländischen Diskussion die Rede von »deutschen Verhältnissen« ein. Seit den Morden von Solingen Ende Mai 1993, seit der Eruption kollektiver Gewalt auf den Straßen des Tatorts und seit den Terrorakten der kurdischen PKK vom Juni 1993 wächst die Sorge vor bürgerkriegsartigen Szenarien in der tiefgestaffelten und unübersichtlichen Einwanderungssituation in Deutschland, in der sich viele Spannungslinien überschneiden. Aber die Deutschen stehen in der Konfrontation mit der Gewalt nicht allein.

Im Szenario interethnisch aufgeladener Gewalt spannte sich ein transatlantischer Bogen 1992 von Los Angeles bis Sarajevo, ein kontinentaler vom Balkan bis zum Kaukasus. Auf der westlichen Seite des transatlantischen Bogens lag 1992 die in ihrem Südzentrum explodierende multikulturelle Megastadt in Kalifornien, die von der Nationalgarde und schließlich von regulärem Militär vor sich selbst geschützt werden musste. Auf der östlichen Seite liegt das blutige Inferno im früheren Jugoslawien, wo der teils gewachsene, teils oktroyierte multikulturelle Konsens in einem polyethnischen Staat mit historischen Sollbruchstellen zuerst spontan, dann systematisch von innen zerstört wurde, von außen begleitet durch eine Tat- und Ratlosigkeit signalisierende Friedfertigkeitsoperette der Völkergemeinschaft.

Verallgemeinerungen sollten unterbleiben, zu groß sind die Unterschiede im Einzelnen. Allen Fällen gemeinsam ist ein wachsendes Maß an Gewaltbereitschaft und Gewaltakzeptanz im Spannungsfeld der multikulturellen Begegnung. Bevor noch mancherlei multikulturelle Visionen der letzten Jahre zu Konzeptionen gereift waren, ist schon der Ernstfall eingetreten – wenn man so will der multikulturelle »Verteidigungsfall«. Er hat längst der Geschichte anheimgegebene Gespenster zu neuem Leben erweckt, in der Neuen wie in der Alten Welt, von der Dritten Welt ganz zu schweigen.

In der überseeischen Welt der »klassischen« Einwanderungsländer geht das Zeitalter der identitätsstiftenden sanften Legenden zu Ende – gerade im Land der vermeintlich »unbegrenzten Möglichkeiten«: Beim »amerikanischen Traum« vom zumindest intergenerativen Weg zum Glück war ohnehin nur das Träumen unbegrenzt. Die Verwirklichung des Traums war ethnosozial umso begrenzter. Am vorläufigen Ende des amerikanischen Wegs steht, trotz »Ethno-Pop« und »Come together«, weniger ein multikultureller »Melting pot« als eine ethnoplurale »Salad bowl« mit ethnosozialen Spannungen.

An den extrem unterschiedlich verteilten sozialen Chancenangeboten partizipieren heute »Hispanics« und Asiaten in Kalifornien oft schon besser als die Nachfahren jener Schwarzen, die von den Weißen einst in Ketten in der Neuen Welt empfangen wurden; denn der »Schmelztiegel« war in vieler Hinsicht ein weißer Traum. Auch das gehört zu der schwarzen Wut, die sich, wie so oft in der Ghettosituation, auch gegen andere Minderheiten wendet, gegen Koreaner Im brennenden South Central Los Angeles oder gegen Juden in New York – während Rabbi Schindler, der Vizepräsident des Jüdischen Weltkongresses, statt »schwarzem Antisemitismus« nach einer »Allianz von Juden und Schwarzen im Kampf gegen Diskriminierung« ruft.

Derweil hat an amerikanischen Universitäten schon eine Art akademischer Klassenkampf zwischen Schwarz und Weiß begonnen, hinter dem das lärmende Tauziehen um ethnozentrische Curricula steht. Dem guten alten und nicht selten etwas naiven amerikanischen »Multikulturalismus« ging es zwar um kulturellen Pluralismus, vor allem aber um die bereichernde Integration nichtweißer Kulturen in die angloamerikanische »Common culture«. Dem hat der neue »partikularistische Multikulturalismus« den Kampf angesagt: Es geht nicht mehr schlicht um »amerikanische« Kultur. Es geht um das Schisma einer fünffach gespaltenen euro-amerikanischen, afro-amerikanischen, hispano-amerikanischen, asiatisch-amerikanischen und schließlich »native«, also indiano-amerikanischen Kultur.

Am radikalsten ist dabei die afro-amerikanische bzw. sogar afrozentrische Kampfposition gegen das Christentum als »mental prostitution«, gegen euroamerikanische Kulturwerte als »mental genocide« und gegen die »DWEMS«, die »Dead White European Men«, also gegen die in der akademischen Lehre dominierenden »toten weißen europäischen Männer« wie Plato oder Cicero, Newton oder Einstein, Dante, Marx oder Freud. Im biologistischen Determinismus des Curriculumforschers Leonard Jeffries vom City College of New York: »Ice-men« contra »Sun-men« – Europäer als, kalte materialistische und individualistische »Eis-Menschen«, Afrikaner als warme, gemeinschaftsorientierte »Sonnen-Menschen«. Tatsächlich haben schon viele Schuldistrikte nicht nur afro-amerikanische, sondern »afrozentrische« Lehrpläne eingeführt, während in zahllosen anderen Chinesisch, Koreanisch oder Griechisch, Spanisch, Kreolisch oder Cherokee zu Unterrichtssprachen geworden sind.

»Vielleicht müssen wir lernen, den Eid auf die Flagge Spanisch zu sprechen«, räsoniert der amerikanische Historiker William Sheldon, der das Nürnberger Amerika Haus leitet, und zitiert den amerikanischen Autor Carlos Fuentes: »Ich glaube an die Latinisierung der Vereinigten Staaten, wir werden einander immer ähnlicher«. The Disuniting of America hat der Mentor der liberalen amerikanischen Geschichtsschreibung, der Historiker Arthur M. Schlesinger jr., sein jüngstes Buch überschrieben, das von der Enteignung der Vereinigten Staaten in partikularistischem Multikulturalismus warnt und vor dem neuen Kult eine Ethnizität, die einer Selbstghettoisierung gleichkomme: Ethnozentrismus als Gefahr für Multikulturalismus dort, wo ethnische Gruppenrechte gegen die fundamentalen Individualrechte in Feld gestellt werden, von denen eine multikulturelle Gesellschaft lebt. In der einflussreichen sicherheitspolitischen Zeitschrift The National Interest warnt unterdessen Graham Fuller von der Rand Corporation vor einer »Liberalisierung« Amerikas durch das Vordringen eines ethnozentrisch-segregativen auf Kosten eines integrativen Multikulturalismus mit angloamerikanischer Leitidentität. Andere warnen vor einer »Balkanisierung« Amerikas oder gar, im Blick auf das »sowjetische Apartheid-System«, vor einem »sowjetischen Modell« auf amerikanischem Boden mit interethnischen Konfliktzonen.

Das vermeintlich unsinkbare Traumschiff der multikulturellen amerikanischen Identität scheint ins Eisfeld der »Ethnizität« zu geraten. Aber Angst vor dem Titanic-Effekt ist sicher unangebracht; denn vieles ist überzeichnet in der schrillen Diskussion um Multikulturalismus und amerikanischen Konsens.

Der »American Consensus«, der im Kern nach wie vor ein »male WASP Konsensus« ist, wird durch die Spannung zwischen Defensive und Öffnung zweifelsohne strapaziert, aber, so der Frankfurter Historiker Hans-Jürgen Puhle: »The ›unity‹ of the United States, it seems, is not really in danger.«

Auch in Kanada mehren sich Sorgen um Einwanderungspolitik, Bilingualismus und Multikulturalismus bei dem es hier im historischen Kern um franko-anglo-kanadischen Spannungsausgleich auf Verfassungsebene geht. Das zur Eruierung der verfassungspolitischen Erwartungen der Bevölkerung eingesetzte »Bürgerforum für die Zukunft Kanadas« hat in seinem Schlussbericht 1991 festgestellt, dass die Mehrheit der kanadischen Einwanderungsgesellschaft sich zwar nach wie vor mit dem Konzept des aktiven Multikulturalismus identifiziert, zugleich aber auch nach stärkeren Bemühungen um die Integration der Einwanderer verlangt. Anderen Umfragen zufolge meint fast die Hälfte der Kanadier, das Land nehme »zu viele Einwanderer« auf und riskiere damit »gefährliche soziale Spannungen«.

Nicht nur Ethnozentrismus ist eine Gefahr für Multikulturalismus. Schon wo integrativer Multikulturalismus als Eingliederungshilfe zu einer diffusen »multiethnischen Sammelidentität« verkommt, kann das Energiezentrum »Ethnizität« zerstörerische Sprengkraft entfalten. »Nichts existiert in den europäischen Kulturen, das sie entweder auf einen ethnischen Pluralismus oder auf eine Schwächung der eigenen Kultur vorbereitet«, so heißt eine amerikanische Warnung an Europa. »Ähnliches könnte auch in Europa geschehen, wenn die Migration nicht eingedämmt wird. Multikulturalität ist eine Illusion und eine gefährliche Ideologie, die diese Gefahr ausblendet«, schreibt in Europa Bassam Tibi, selbst Einwanderer in Deutschland, und fragt: »Kann Europa das leisten, woran Amerikaner scheinbar gescheitert sind?«

Rache der Kolonialgeschichte

Zurück nach Europa: England, das frühere Mutterland auch der nordamerikanischen Kolonien, mag als Beispiel dienen für »Multikulturalismus«, der aus der eigenen Kolonialgeschichte kommt: »The Empire strikes back«, könnte man meinen – die farbige Einwandererbevölkerung aus den ehemaligen Kolonien als Rache der Kolonialgeschichte: »We are here because you were there«. Der bengalische Schriftsteller Nirad Chaudhuri nennt das Land, das die Trauerarbeit über den Verlust des Empire noch längst nicht abgeschlossen hat, in Umkehrung des berühmten Wortes das »Juwel in der Krone Indiens«. E. P. Thompson wiederum hat England die letzte Kolonie des Empire genannt, während Salman Rushdie, der Autor der verfemten »Satanischen Verse«, im Blick auf den Rassismus in England von einem neuen Empire innerhalb Großbritanniens sprach.

Sie sind im Stadtbild nicht zu übersehen, die knapp 5 % der Bevölkerung umfassenden ethnischen Minderheiten: die afro-karibischen Briten in Londons Nord-Kensington, die Bengalis in Spitalfields und die asiatischen Briten in nördlichen Bradford, das gelegentlich die »Hauptstadt Pakistans« genannt wird. Am Anfang stand, wie Gina Thomas spitz bemerkt hat, der Gedanke, »die farbigen Einwanderer mehr oder minder als Briten zweiter Klasse assimilieren zu können«. Der dann folgende ethnoplurale Traum vom Multikulturalismus der 60er Jahre hat vorwiegend zum Pluralismus der Speisekarte geführt. Enoch Powells Alptraum vom Ende der 60er Jahre, die englische Kultur werde in einem ethnischen Bürgerkrieg in »Strömen von Blut« versinken, ist zwar eine demagogische Groteske geblieben; aber die von »fremden Briten« gegen »einheimische Briten« eingeklagten Forderungen nach sozialer Gerechtigkeit ohne ethnischer Diskriminierung sind noch Zukunftsaufgaben in der zunehmend multikulturellen Einwanderungsgesellschaft auf jener Insel im Westen Europas, deren Imperium einmal die Welt umspannte.

Andere frühere Kolonialnationen Europas wie Frankreich, die Niederlande oder Portugal haben ihre eigenen Erfahrungen mit der Rückwanderung »einheimischer« und der Einwanderung »fremder« Bevölkerungen aus den ehemaligen Kolonien gemacht. Das unterscheidet sie von der jüngeren Einwanderungsgeschichte jener europäischen Länder, die diese koloniale Dimension der Einwanderung nicht kennen, weil sie keine Kolonien hatten oder sie nur kurz besaßen und früh verloren. Zu dieser Gruppe zählt Deutschland, für das sich, wie für Schweden, im Wanderungsgeschehen der letzten 100 Jahre die Bewegungen und die damit verbundenen Probleme im Wandel von Aus- zum Einwanderungsland geradewegs umgekehrt haben – in Schweden auch de jure, in Deutschland bislang nur de facto.

Deutsche Perspektiven
In der Konfrontation mit den Problembereichen Migration, Integration und Minderheiten täten die Deutschen gut daran, sich zu erinnern, dass Millionen ihrer Vorfahren einst als Einwanderer ebenso Fremde im Ausland waren wie heute Ausländer in Deutschland: Fast sechs Millionen zählt heute die Ausländerbevölkerung in der Bundesrepublik. Rund ebenso viele Deutsche wanderten vom frühen 19. bis zum frühen 20. Jahrhundert in die Vereinigten Staaten aus. Sie stellten dort 1861–1890 sogar die größte Einwanderergruppe.

An der gesamten Einwanderung aus Europa seit 1820 waren sie mit 15 Prozent am stärksten beteiligt. Sie suchten, wie andere Einwanderergruppen auch, zunächst Ihresgleichen im Einwanderungsprozess, siedelten im ländlichen »German belt« des »deutschen Mittelwestens« oder in ihren »ethnic communities« und »Little Germanies« der explodierenden Einwandererstädte: in Chicago, Minneapolis oder St. Louis und besonders in New York, das im späten 19. Jahrhundert ebenso eine der größten »deutschen« Städte nach Berlin war, wie heute Berlin eine der größten »türkischen« Städte nach Istanbul und Ankara ist.

Die Geschichte weiß auch von der Spannung zwischen einheimischen Amerikanern und den in Massen zuwandernden Fremden aus dem fernen »Germany« und von der notwendigen Geduld mit diesen Deutschen. Sie waren in der ersten Generation oft weit weniger »assimilationsfreudig« als ihr Ruf und brauchten zur kompletten Eingliederung, wie die anderen Gruppen auch, in der Regel drei Generationen. Daher im Amerikanischen und heute aus gutem Grunde auch im Deutschen die Rede von der »Ersten«, der »Zweiten« und der »Dritten (Einwanderer-)Generation«.

Solche historischen Erfahrungen können heute Orientierungshilfe leisten in den aktuellen Problemfeldern von Migration, Integration und Minderheiten, deren Ressortfähigkeit von der Politik in der Bundesrepublik noch immer nicht entdeckt worden ist. Dabei geht es hier um Lebens-, wenn nicht gar um Überlebensfragen für die gesellschaftliche Zukunft in Deutschland und Europa – zumindest dann, wenn diese Zukunft friedvoll bleiben soll.

Zur Erinnerung: Legislative und politische Antworten auf Einwanderungsfragen heißen nicht »Ausländerrecht«, »Ausländerpolitik«, sondern »Einwanderungsgesetzgebung« und »Einwanderungspolitik«. Aversionen dagegen hatten ihre Grundlage 1. in der einseitigen Orientierung am europäischen Massenexodus in die überseeischen Einwanderungsländer des 19. Jahrhunderts, 2. in einer Verwechslung von »Einwanderungspolitik« mit bloßer Einwanderungsförderung und 3. in der Sorge der Tabu-Front, eine legislative Beschäftigung mit dem missliebigen Phänomen der Einwanderung führe unvermeidlich zur amtlichen Anerkennung seiner vergeblich dementierten Existenz. Aber Millionen von echten Einwanderern sind zum Teil schon in drei Generationen im Land, andere drängen nach, und das sperrige Einwanderungsland wider Willen gerät unter Druck der Folgen eigener Versäumnisse.

Ein Einwanderungsland im Sinne »klassischer« Einwanderungsländer des 19. Jahrhunderts kann die Bundesrepublik ohnehin weder sein noch werden. Auch die neue Einwanderungssituation ist, trotz mancher Parallelen, nicht zu verwechseln mit »klassischen« Einwanderungssituationen in den überseeischen neuen Welten des 19. Jahrhunderts; denn sie verstanden sich nicht nur a priori als Einwanderungsländer; ihre Gesellschaften wurden auch durch den Einwanderungsprozess selbst erst geprägt.

Heute ist der Anpassungsdruck im Einwanderungsprozess sicher höher als in den »klassischen« Einwanderungsländern des 19. Jahrhunderts. Durch die Infragestellung einseitiger Assimilationsforderungen und die Verbreitung multikultureller Lebensformen sind aber auch Freiräume entstanden für offenere Formen gesellschaftlicher Begegnung in der Einwanderungssituation. Von einer falschen Alternative geht dabei die Frage aus, ob multikulturelle Lebensformen Durchgangsstadien im Einwanderungsprozess seien oder, umgekehrt, die Einwanderungssituation eine Etappe auf dem Weg zur multikulturellen Gesellschaft: Jenseits enger, vom Rechtsakt der Einbürgerung ausgehender Vorstellungen ist Einwanderung ein in der Regel integrativer Sozial- und Kulturprozess. Eine Perspektive der multikulturellen Toleranz wird in diesem Zusammenhang stärker darauf abstellen, Einwanderung als Prozess auf

Gegenseitigkeit zwischen Aufnahmegesellschaft und Einwanderergruppen zu betrachten und zu gestalten.

Multikulturalismus kann, als Leitmotiv sozialen Handelns und nicht als sozialromantische Ersatzreligion verstanden, den Eingliederungsprozess im entkrampfen, aber nicht ersetzen, nicht einmal, wie das kanadische Beispiel zeigt, im Range eines Verfassungsauftrags. Auch eine multikulturelle Einwanderungsgesellschaft braucht, gerade zum Schutz ihrer Lebensformen – zum Beispiel gegen von »kultureller Homogenität« träumende Einwanderungswillige – klare Verkehrs- und Vorfahrtsregeln. Es geht um Einwanderungsgesetzgebung, Einwanderung und Integrationspolitik bei aktivem Minderheitenschutz. Das ermöglicht den soziokulturellen und ethnosozialen Balanceakt, der einer Lebensfrage ist für multikulturelle Toleranz und sozialen Frieden in der Einwanderungssituation.

Multikulturalität als Gegenentwurf zu Abschottung und Abgrenzung, gibt Dieter Senghaas zu bedenken, sei als axiomatische Abstraktion im sozialen und soziokulturellen Bereich zwar ebenso unangreifbar wie das Prinzip des Freihandels im ökonomischen Bereich. »Aber so wie Freihandel nur unter spezifischen Bedingungen entwicklungsfördernd ist, so ist aller Erfahrung nach Multikulturalität nur in gewissen Ausmaßen sozial wirklich verträglich. Es hat wenig Sinn, das Prinzip der Multikulturalität von Gesellschaften abstrakt zu verfechten, wenn nicht gleichzeitig berücksichtigt wird, wie viel von ihr in einzelnen Gesellschaften aufgrund konkreter Ausgangslagen (Bevölkerungsdichte, politische Kultur, wirtschaftliche Situation usf.) problemlos verdaubar ist. Man schadet der guten Idee, wenn man sie nicht qualifiziert vertritt.«

Die Herausforderung der Einwanderungssituation aber muss legislativ beantwortet werden mit einem für beide Seiten, für Aufnahmegesellschaft und zugewanderte Minderheiten, gleichermaßen transparenten Rechtsgebäude zur Gestaltung von Lebensperspektiven. Es muss eingebettet sein in ein wirtschafts-, sozial- und kulturpolitisches Gesamtkonzept für Migration, Integration und Minderheiten. Es muss das gesamte Spektrum erfassen und durch Ausgleichs- und Vermittlungsfunktionen verhindern, dass einzelne Segmente kollidieren oder gar gegeneinander ausgespielt werden. Dazu gehört schließlich eine differenzierte, gestufte und in den Übergangszonen flexible Konzeption für die aktive Begleitung von Eingliederungsprozessen und für das Zusammenleben mit und innerhalb der zugewanderten Minderheiten. Sie sollte ein ins institutionelles Netz bieten für weitgefächerte und tief gestaffelte Hilfs- und Verständigungsangebote.

Europäische Dimensionen

Nationale Konzepte müssen eingebracht werden in den übergreifenden Kontext einer europäischen Migrations- und Flüchtlingspolitik. Von dieser euro-internationalen Ebene aus muss im globalen Zusammenhang ein gemeinsamer Beitrag erstrebt werden zu einer neuen, entwicklungsorientierten Migrationspolitik bzw. migrationsorientierten Entwicklungspolitik, die ohne internationalen »Lastenausgleich« nicht mehr denkbar ist.

Europäische Konzepte sollten dabei nicht nur von oben nach unten, von der supranationalen über die nationale herab bis zur kommunalen Ebene strukturiert werden, sondern gewissermaßen auch »quer« zu diesen Strukturen; denn die zu erwartenden ethnosozialen und regionalen Probleme innerhalb eines zusammenwachsenden Europa liegen selbst quer zu diesen Strukturhierarchien. Ohne die Bereitschaft, auf nationaler Ebene umzudenken, wird sich freilich auch auf euro-internationaler Ebene vieles gar nicht, anderes wenig und alles insgesamt zu spät bewegen. »Auf Europa warten« ist nicht nur keine Lösung: Je mehr an ungelösten nationalen Aufgaben an die Zukunft Europas delegiert wird, desto schwieriger ist ihre Geburt.

Diese Zukunft aber wird heute überschattet durch die schockierende europäische Dichotomie des neuen Fin de Siècle: Auf der einen Seite werden in der Europäischen Gemeinschaft herkömmliche nationalstaatliche Strukturen schrittweise gelockert – von oben durch supranationale Formen und von unten durch Regionalisierung, bis hin zur Vision von einem multikulturellen Europa der Regionen. Auf der anderen Seite blamiert sich die um die Einhaltung der Menschenrechte, um Sicherheit und friedliche Zusammenarbeit bemühte Völkergemeinschaft vor dem Blutbad jener »ethnischen Säuberungen« im Südosten Europas, die vielleicht noch immer nicht den völkerrechtlich justitiablen Tatbestand des Völkermords erfüllen, aber doch den des organisierten Verbrechens an der Menschlichkeit.

Der wieder aufflammende Nationalismus in Südost- und Ostmitteleuropa entfacht überdies gefährlichen Funkenflug in Ost-West-Richtung von der Auflösung der Tschechoslowakei bis zu der Diskussion um den Fortbestand des gemeinsamen Staates von Wallonen und Flamen in Belgien. Im Osten aber wächst die Gefahr eines Zerfalls der postsowjetischen Erbengemeinschaft GUS mit ihren extremen ethnischen Konfliktpotentialen in einem Flächenbrand, der unübersehbare Fluchtbewegungen auslösen könnte. Das reicht vom Bürgerkrieg im Kaukasus über den russisch-ukrainischen Konflikt um die Krim bis zu den Kämpfen zwischen Rumänen und Ostslawen in Moldova.

Viele Zeichen künden Sturm – nicht unbedingt auf Europa, aber jedenfalls auch für Europa. Dem gilt es vorausschauend Rechnung zu tragen, ohne lähmende Schreckensbilder, ohne Hysterie und dem nötigen Maß an Pragmatismus und Geduld. »Macht hoch die Tür, die Tor macht weit, es komme, wer da wolle«, mag eine bunte Liebenswürdigkeit sein, ist aber ebenso wenig eine politische Lösung wie das Konzept der offenen Grenzen nach innen bei geschlossenen Grenzen nach außen.

Die großen Fragen an die Zukunft der Weltbevölkerung sind offen: Bevölkerungszunahme und -abnahme wie in einem System kommunizierender Röhren? Eine bei sinkenden Geburtenraten und steigender Lebenserwartung vergreisende und abnehmende Bevölkerung in einem befestigten Bunker namens Europa gegenüber der Bevölkerungsexplosion in Ländern der »Dritten Welt« – deren Menschenströme von Europa ausgesperrt bleiben, die aber ihre Märkte offenhalten sollen für europäische Warenströme? Die »Festung Europa« muss deshalb nicht nur in ihrer Außenhandelspolitik, sondern auch in ihrer Migrationspolitik Antworten finden auf die weltweite Herausforderung durch ihre eigene Existenz.

Nötig für die Bewältigung der Zukunft in Deutschland und Europa sind verstärkte Bemühungen um die Eingliederung – zugewanderter oder schon im Lande geborener Minderheiten. Nötig sind multikulturell orientierte Toleranz im Eingliederungsprozess und das Verständnis von Eingliederung als integrativen Kulturprozess auf Gegenseitigkeit. Multikulturalismus ist dabei als romantische Sozialillusion gefährlich und gesellschaftlich hilfreich nur als pragmatische Botschaft der Annäherung. Mehr noch: Es kann in Einwanderungs- und Eingliederungsfragen nur aktiven Multikulturalismus geben. Ein aus Schwäche oder Relativismus geborener, bloß passiver und reaktiver Multikulturalismus wäre ein riskantes Versagen vor dem gesellschaftlichen Regulationsbedarf in der Einwanderungssituation.

Nötig neben aktivem Multikulturalismus, Minderheitenschutz und interkultureller Toleranz im Innern sind klare Optionen der Einwanderungspolitik gegenüber Zuwanderungsdruck von außen. Einwanderungspolitik aber braucht einen Katalog von Werten und eine Skala mit Zahlen. Voraussetzungen dazu wiederum sind konzeptionelle Antworten auf Fragen nach dem nationalen und europäischen Selbstverständnis und nach langfristigen Zielen im Bereich von Bevölkerung und Wirtschaft, Gesellschaft und Kultur. Ohne solche richtungweisenden Konzeptionen bliebe alle Einwanderungspolitik ziellos oder doch dazu verdammt, bloß defensiv zu sein.

All das hat mit Bollwerkmentalität und europäischem Festungsbau solange nichts zu tun, solange Deutschland und Europa aktive politische wirtschaftliche Konsequenzen aus einer hinlänglich bekannten Einsicht in die Bestimmungsfaktoren des internationalen Wanderungsgeschehens ziehen: Migrationspolitik ohne neue Einwanderungsstrategien bleibt ebenso unzureichend wie eine humanitär gutgemeinte Aufnahme von Flüchtlingen ohne die Bereitschaft zur wirtschaftlichen, politischen und völkerrechtlichen Bekämpfung der Fluchtursachen in einer seit dem Ende des Kalten Krieges überschaubarer, aber auch unkalkulierbarer gewordenen Welt.

2.7 Homo Migrans. Wanderungen aus und nach Deutschland. Erfahrungen und Fragen,
Essen 1994 (Ms. Herbst 1993), S. 93–102 (Auszug).

Das parteiübergreifende Dementi, die Bundesrepublik sei kein Einwanderungsland, hat mehr als ein Jahrzehnt lang eine der brisantesten politischen Aufgaben tabuisiert und blockiert. Heute werden entsprechende Konzepte zum Teil schon weniger von aktiver Steuerungsabsicht als vom reaktiven Streben nach Schadensbegrenzung bestimmt. Das muss sich ändern.

Hinter den seit langem überfälligen Gestaltungsaufgaben aber stehen nicht nur nationale, sondern ebenso auch europäische und globale Probleme. [...] Migrationspolitik ohne ganz neue Entwicklungsstrategien bleibt ebenso unzureichend wie eine humanitär gutgemeinte Aufnahme von Flüchtlingen ohne die inzwischen so viel gerühmte und zur schlanken politischen Formel erstarrte »Bekämpfung der Fluchtursachen«.

Es geht dabei, weit über die konventionelle »Entwicklungshilfe« hinaus, um Hilfe zur Selbsthilfe auf ein sich selbst weitertragendes Entwicklungsniveau. Weil hier letztlich globale Verteilungsprobleme anstehen, gibt es für eine solche entwicklungsorientierte Bekämpfung der Fluchtursachen kein Ausweichen vor der Frage nach einem internationalen Lastenausgleich zwischen Nord und Süd, aber auch zwischen Ost und West in einer immer weniger durch politisch-ideologische Differenzen und immer mehr durch ökonomische Entwicklungsunterschiede getrennten Welt, in der es auch ein »Menschenrecht auf Entwicklung« (Franz Nuscheler) geben muss.

Ein einzelnes Land wie Deutschland, das mit den wirtschaftlichen und gesellschaftlichen Folgeproblemen des Vereinigungsprozesses noch lange schwer belastet bleiben wird, wäre durch solche globalen Aufgabenstellungen bei weitem überfordert. Deutschland kann die Probleme der Welt nicht in seinen Grenzen lösen. Bei der Entwicklung entsprechender Konzepte indes fällt Deutschland als bevorzugtem Wanderungsziel in Europa jedenfalls eine besondere Verantwortung zu.

Zugleich aber geht es um die Bewältigung der Probleme im vereinigten Deutschland selbst: Voraussetzung dazu ist eine Deeskalation der durch politische Polemik und Demagogie emotionalisierten und neurotisierten deutschen Integrations- und Asyldiskussion. Dabei geht es auch darum, die humanitäre Pflicht zur Flüchtlingsaufnahme und das ökonomische Interesse an kalkulierbarerer Einwanderung nicht zu vermischen oder gar gegeneinander auszuspielen.

Bei der Einschätzung der im Sommer 1993 in Kraft gesetzten Änderungen des Asylrechts sollte nicht vergessen werden, dass das individuelle Asylangebot für politisch Verfolgte – wie die Verfassung der Bundesrepublik insgesamt – die historische Antwort der Deutschen im Westen auf die Erfahrung des

Nationalsozialismus war. Deswegen hatte die Debatte um die Änderung des deutschen Asylrechts nicht nur ein humanitäres, sondern auch ein historisch-politisches Gewicht. Nötig ist aber auch eine Entlastung dieses individuellen Asylrechts durch kollektive, in der Regel befristete Kontingentregelungen für Flüchtlinge aus Kriegs- und Krisengebieten in internationaler Abstimmung.

Nötig sind im vereinigten Deutschland verstärkte Bemühungen um die Eingliederung zugewanderter oder schon im Lande geborener Minderheiten, insbesondere im Bildungs- und Ausbildungssystem, und aktiver Minderheitenschutz auf gesetzlicher Grundlage, bis hin zu um eine gesellschaftliche Balance im Eingliederungsprozess bemühten Strategien einer ausgleichenden Bevorzugung von andernfalls benachteiligten Minderheiten. Nötig sind transparente Konzepte für Einwanderungsgesetzgebung und Einwanderungspolitik.

Die verfassungsrechtlichen Grundlagen dafür bestehen schon lange: Das Grundgesetz (Art. 73, Nr. 3) gewährt dem Bund ausdrücklich die Gesetzgebungskompetenz auf dem Gebiet der Einwanderung. Dem Bundesverwaltungsamt könnten (im Sinne von § 2 Abs. 4 des Errichtungsgesetzes vom 28.12.1959) jederzeit entsprechende Zuständigkeiten übertragen werden. Es fehlt also nur ein geeignetes Bundesgesetz, das diese Zuständigkeiten in Anspruch nimmt und ausgestaltet.

Wo an der Einrichtung neuer Institutionen, die der Bedeutung der Aufgabe entsprechen, führt kein Weg vorbei. Das reicht von Einwandererberatungsstellen für die Nöte des Alltags bis herauf zu einem besonderen Ministerium, das nicht nur Funktionen bündeln und Probleme verwalten, sondern auch konzeptionelle Aufgaben aktiv gestalten und überdies übergreifende Koordinationsaufgaben übernehmen sollte. Das gilt zwischen Bundes- und Länderebene ebenso wie zwischen der nationalen und der europäischen Ebene, auf der wiederum in internationaler Abstimmung der supranationale Rahmen einer europäischen Migrationspolitik zu entwerfen ist, der sich nicht in defensiver Sicherheitspolitik erschöpfen darf. Mit dem Ehrenamt einer Ausländerbeauftragten mit kleinem Stab und magerem Etat ist das nicht zu machen.

Deutschland ist, darin sind sich alle Sachkenner einig, ein Land, das einerseits ein Übermaß an Zuwanderung fürchtet und doch auf lange Sicht kontinuierlich ein Mindestmaß an Zuwanderung braucht. Andernfalls könnte es nach der Jahrhundertwende zu dem gespenstischen Szenario eines mitteleuropäischen Bunkers mit schrumpfender und vergreisender Besatzung kommen und damit zu unübersehbaren Folgen für Arbeitsmarktentwicklung, für die Stabilität der sozialen Leistungssysteme im »Generationenvertrag« und für den Sozialstaat insgesamt.

Wer aber Einwanderungspolitik betreiben will, soll nicht zuerst nach Zahlen, sondern nach Zielen fragen. Sie sind in umfassenden Konzeptionen zu formulieren für alle Problembereiche und Folgeprobleme des Wanderungsgeschehens: von befristeten Arbeitswanderungen über Daueraufenthalte ohne Einbürgerung bis hin zur definitiven Einwanderung und Einbürgerung. Ohne solche richtungsweisenden Konzeptionen bliebe alle Migrationspolitik ziellos oder dazu verdammt, bloß defensiv zu sein. […]

Konzeptionen für Migrationspolitik sollten in Auseinandersetzung mit vorliegenden, oft ungenutzten wissenschaftlichen Ergebnissen erarbeitet werden. Nötig dazu ist ein doppelter Dialog: einerseits zwischen den verschiedensten, oft ohne Kenntnis voneinander auf verwandten Feldern arbeitenden Forschungsrichtungen; andererseits zwischen ihnen und den verschiedensten Feldern der Praxis, auch im Blick auf Verwaltungshandeln und politischen Entscheidungsprozess. Dazu muss sich auf beiden Seiten viel ändern, wenn es nicht dahin kommen soll, dass ungenutzte handlungsorientierte Forschungsergebnisse und damit verlorene Handlungschancen erst dereinst von Wissenschaftshistorikern wiederentdeckt werden. […]

Aktive politische Gestaltung von Einwanderungs- Eingliederungsfragen ist ein Beitrag zum Abbau von Fremdenangst und fremdenfeindlichen Projektionen. Politische Passivität oder gar demonstrative Verweigerung bewirken das Gegenteil, die Folgen treffen alle. […]

Nötig für die Bewältigung der Zukunft im vereinigten Deutschland sind mithin, gerade auch im Blick auf das Thema Migration, umfassende Großkonzepte mit langfristigen Gestaltungsperspektiven für die Entwicklung von Bevölkerung und Wirtschaft, von Gesellschaft und Kultur. Notwendig dazu ist eine Generaldebatte zum Thema Zukunft, in der es um Antworten nicht für Legislaturperioden, sondern auf Generationen hinausgeht. Die Politik muss sich endlich dieser Herausforderung stellen.

Im Übrigen gilt es, in der öffentlichen Diskussion nicht länger die naive Vorstellung zu kultivieren, mit Veränderungen von Verfassungsartikeln ließe sich der Wanderungsdruck auf die deutschen Grenzen abschaffen. Die fehlenden Konzepte für Migration sind auch nicht durch den Einsatz von Wärmebildgeräten gegen illegale Grenzgänger zu ersetzen.

Bei der Problemerfassung und -gestaltung geht es vielmehr darum, die beiden großen Aufgabenbereiche im Problemfeld der Wanderungen – Einwanderungs- und Flüchtlingspolitik – in umfassende Großkonzeptionen der Migrationspolitik so einzubinden, dass auch jenes deutsche Paniksyndrom, »es könnten auf ein und demselben Territorium gleichzeitig zu wenige und zu viele Menschen existieren«, geheilt werden kann, für das Hans Magnus Enzensberger die Bezeichnung »demographische Bulimie« vorgeschlagen hat.

Die Deutschen werden sich damit abfinden müssen, dass sie, auch im eigenen Interesse, voraussichtlich auf Jahrzehnte hinaus mit Wanderungen und ihren Folgeproblemen zu tun haben werden, dass es sich hier mithin um eine dauerhafte, sich stets auch neu stellende politische Gestaltungsaufgabe handelt, die man nicht mit rechtstechnischen Patentlösungen ein für alle Mal »lösen« kann.

Umso wichtiger ist es, in der öffentlichen Diskussion Schreckbilder und Horrorvisionen zurückzunehmen und beizutragen zur Herausbildung eines positiven oder doch wenigstens gelasseneren Verhältnisses gegenüber den Problembereichen von Migration, Integration und Minderheiten. Dafür aber muss regelrecht geworben werden; denn Migrationspolitik ohne öffentliche Legitimation kann gesellschaftspolitisch lebensgefährlich werden, zumal für die zugewanderten Minderheiten.

Wer in diesem immer spannungsreichen Feld Ängste provoziert und Konflikte schürt, zerbricht vorsätzlich oder fahrlässig den in Einwanderungsfragen mitunter ohnehin fragilen gesellschaftlichen Konsens. Aus sicherheitspolitischen Gründen verordnete Schweigegebote aber helfen nicht weiter, weil, wie seit dem verlorenen Jahrzehnt der 1980er Jahre klar erkennbar, der Problemdruck auf der Zeitachse nicht schwindet, sondern wächst. Notwendig ist der offene und möglichst pragmatische Dialog über die gemeinsamen Probleme.

2.8 Maulkörbe zum Thema Einwanderung, in: Frankfurter Allgemeine Zeitung, 28.12.1993.

Die Überlegung des CDU/CSU-Fraktionsvorsitzenden Schäuble, den Einsatz der Bundeswehr im Zeitalter weltweiter Wanderungsbewegungen und internationalen Terrorismus flexibler zu gestalten (FAZ, 22.12.1993), ist das Ergebnis einer politisch durchweg negativen und defensiven Prägung der Problembereiche von Zuwanderung und Eingliederung.

Heute wird schon laut nachgedacht über den Einsatz der Bundeswehr gegenüber Wanderungsbewegungen außerhalb und innerhalb der deutschen Grenzen: von »vielfältigen neuen Gefahren und Katastrophen« ist dabei in der Begründung die Rede.

Wichtiger als den Einsatz der Bundeswehr in gesellschaftlichen Katastrophen zu planen, ist es, Konzepte zur Vermeidung solcher Katastrophen zu entwickeln. Die Nachtsichtgeräte unserer Grenzer und die Waffen unserer Soldaten sind kein Ersatz für die fehlenden Konzepte unserer Politiker in der Migrationspolitik.

Das Versteckspiel mit der gesellschaftlichen Wirklichkeit, die Vogel-Strauß-Politik in Sachen Migration muss ein Ende haben. Die Bundesrepublik ist das Hauptzuwanderungsland Europas. Jeder weiß das, auch die Bürger in diesem Land. Umfassende Konzepte aber fehlen. 1992 und 1993 wurden, von Aussiedler- und Flüchtlingszuwanderung ganz abgesehen, mehr Arbeitnehmer aus dem Ausland neu hereingenommen als im Jahr des »Anwerbestopps« von 1973, in dem von den Auslandsdienststellen der Bundesanstalt für Arbeit insgesamt 238 100 ausländische Arbeitskräfte neu vermittelt wurden. Selbst im Krisenjahr 1992 gab es, bei sinkender Tendenz, in den ersten elf Monaten noch immer höhere Zahlen als im Jahr 1973 insgesamt.

Deutschland wird auch langfristig auf Zuwanderung von außen angewiesen sein. Die akuten Probleme von Wirtschaftskrise und Arbeitslosigkeit verdecken diese Perspektive und die Notwendigkeit ihrer Gestaltung. In den vergleichsweise besseren 1980er Jahren wurde die Gestaltung der Zukunft in dieser Hinsicht versäumt. Die 1980er Jahre waren deshalb in punkto Migration ein verlorenes Jahrzehnt. Sachkenner haben immer wieder, vergeblich, dazu aufgerufen, die Bewältigung der anstehenden Aufgaben in den wirtschaftlich relativ guten Zeiten anzugehen und nicht auf künftige, möglicherweise schlechte Zeiten zu vertagen. Heute, in der Gegenwart gewordenen Zukunft der 1980er Jahre, haben wir dreierlei: schlechte Zeiten, ungelöste Probleme und mangelnde Konzepte für Zuwanderung, Eingliederung und Minderheiten.

Mehr noch: Aus Angst vor weiteren ausländerfeindlichen und überhaupt fremdenfeindlichen Ausschreitungen werden heute gegen das Thema »Einwanderung« politische Maulkörbe verteilt und Schweigegebote verordnet nach dem Motto: Wer über Einwanderung geredet, darf sich über neue Ausländerfeindlichkeit nicht wundern. Damit hat sich Politik in der eigenen Falle gefangen, denn dies ist eine komplette Verkehrung von Ursachen und Folgen:

Die Exzesse auf den Straßen sind auch die Antwort auf das gefährliche Schweigen einer Politik ohne Konzepte. Weiteres Schweigen gefährdet den sozialen Frieden und die kulturelle Toleranz im Land. Aktive politische Gestaltung von Einwanderungs- und Eingliederungsfragen ist ein Beitrag zum Abbau von Fremdenangst und fremdenfeindlichen Projektionen. Passivität und Abwehrhaltungen bewirken genau das Gegenteil, die Folgen treffen alle.

Die öffentliche Diskussion braucht eine Deeskalation der neurotischen bzw. pathologischen Migrationsdiskussion und einen Rückweg zur politischen Vernunft. Nötig ist ein positives, zumindest aber ein pragmatisches Verhältnis zu den gesellschaftlichen Problemfeldern von Zuwanderung, Eingliederung und Minderheiten. Dafür muss regelrecht geworben werden. Was man braucht, darf man nicht verteufeln. Migrationspolitik kann man nicht gegen die einheimische Mehrheit machen, sonst werden zugewanderte Minderheiten zu Opfern fremdenfeindlicher Abwehrhaltungen und Aggressionen. Demagogische Schreckbilder und Horrorvisionen müssen in der politischen Diskussion zurückgenommen werden.

In der politischen Gestaltung brauchen wir umfassende und langfristig angelegte, konsensfähige Konzepte. Es gibt dazu längst die verschiedensten Gestaltungsvorschläge und im Kern schon lange kein neues Argument mehr in der Diskussion. Was fehlt, sind der politische Konsens und die Einsicht, dass Migrationspolitik nicht irgendein Randgebiet ist, sondern Gesellschaftspolitik in einem ganz umfassenden Sinne – von der Wirtschaftspolitik über die Sozialpolitik bis zur Kulturpolitik.

In den umfassenden Zuwanderungskonzepten, die wir dringend brauchen, müssen zwei große Felder, trotz ihrer vielfältigen Überschneidungen in der Wirklichkeit, möglichst klar unterscheidbar bleiben und dürfen auf keinen Fall verwechselt oder gar gegeneinander ausgespielt werden – Flüchtlingspolitik auf der einen, Einwanderungspolitik auf der anderen Seite:

In Flüchtlingsfragen geht es um humanitäre Pflichten, um Schutz für Flüchtlinge und um die Bekämpfung von Fluchtursachen. In Einwanderungsfragen geht es primär um die Interessen des Einwanderungslandes selbst, also um die Steuerung der Zuwanderung im Interesse des Aufnahmelandes. Dazu sind Steuerungssysteme mit Kontingenten und Quoten notwendig, die so menschlich wie möglich zu gestalten sind. In der Migrationspolitik aber sollte nicht zuerst nach Zahlen, sondern nach Zielen gefragt werden. Aus solcher Zielbestimmung erst können sich Zahlen ergeben.

Notwendig dazu ist eine Generaldebatte zum Thema Zukunft, in der es nicht nur um die Entwicklung der Bevölkerung, sondern auch um die Entwicklung des Faktors Arbeit gehen muss unter besonderer Berücksichtigung der gefährlichen doppelten Brücke über die Ränder des Binnenmarktes hinweg: Export von Arbeitsplätzen und Import von Billigarbeit. Einwanderung kann ihre hilfreiche Kraft im Inneren nur entfalten und als Beitrag zum Generationenvertrag wirken, wenn die Einwanderer sozialversicherungspflichtig beschäftigt werden können und nicht auf Dauer auf Sozialhilfe angewiesen bleiben. Beachtet werden muss außerdem, dass Eingliederung immer ein Prozess auf Gegenseitigkeit ist, auch wenn der Anpassungsdruck bei den Einwanderern ungleichlich höher ist. Wird das nicht beachtet, erkannt und verstanden und werden die damit verbundenen Probleme nicht gestaltbar gehalten, dann kann Zuwanderung auch destabilisierend wirken.

Es gilt, die gefährlichen politischen Schweigegebote in Sachen Einwanderung zu durchbrechen, die selbstverordneten politischen Maulkörbe an den Nagel zu hängen und die Vogel-Strauß-Politik in Einwanderungsfragen aufzugeben. Wenn man der deutschen Politik in dieser Hinsicht für das kommende, politisch zweifelsohne sehr folgenreiche Jahr einen guten Vorsatz mit auf den Weg geben könnte, dann diesen: »Kopf hoch«, aus dem Sand nämlich, und mehr Mut zur aktiven Auseinandersetzung mit den anstehenden Problemen. Es geht darum, in punkto Migration die Politik der Versäumnisse aufzugeben und endlich umfassende Konzepte zur aktiven Gestaltung zu entwickeln – nicht nur defensive Reparaturideen zur Schadensbegrenzung für die Folgen der eigenen Versäumnisse.

2.9 Der »Asylkompromiss«: Rettung oder Zerstörung des Rechts auf Asyl in Deutschland?
Eingangsstatement als Leiter und Moderator zum Friedensgespräch »Sechs Monate neues Asylrecht in Deutschland. Eine Bestandsaufnahme«, Osnabrück, 26.1.1994, in: Osnabrücker Jahrbuch Frieden und Wissenschaft, 2.1995, Osnabrück 1995, S. 22–27 (Auszug).

Die Asyldebatte lenkte ab von der Vernachlässigung der politischen Sorgfaltspflicht im Umgang mit der gesellschaftlichen Wirklichkeit in den Problemfeldern von Migration, Integration und Minderheiten.

Wer vom »massenhaften Asylmissbrauch« redete, durfte überdies eines nicht verschweigen: Seit dem »Anwerbestopp« von 1973 gab es – von Ausnahmen bei Fach- und Führungskräften sowie in Mangelberufen und bei Saison-, Werkvertrags- und Gastarbeitnehmern aus Osteuropa abgesehen – legale Wege in die Bundesrepublik im Grunde nur mehr für Ausbildungszwecke, für Familiennachzug und Besuchsreisen, für Touristen oder aber für Asylbewerber, die die Grenzen meist als »Touristen« passierten.

Niedersachsens Ministerpräsident Gerhard Schröder verlangte im Frühjahr 1992 anstelle des Stellvertreterkrieges um Asylrechtsfragen unmissverständlich Einwanderungsgesetzgebung und Migrationspolitik mit Kontingenten und Quoten: »Die absurde Folge der Bonner Asylpolitik ist: Die Zahl der Zuwanderer wird nicht eingegrenzt, sondern im Gegenteil, es wird ausdrücklich auf jeden Versuch der Steuerung verzichtet, weil jede Zuwanderungspolitik das Eingeständnis wäre, dass die Bundesrepublik eben doch ein Einwanderungsland ist. Entwickeln wir also eine Zuwanderungspolitik. Das »Asylproblem« würde sich damit von selbst reduzieren.«[4]

Der vielfach alle Regeln parlamentarischer Streitkultur verletzende, polemische Schlagabtausch im Kampf um die Änderung des Asylrechts verstärkte insgesamt die wachsenden fremdenfeindlichen Abwehrhaltungen:

»Über den Art. 16 Abs. 2 GG wird geredet, als sei dies der Name für einen Virus«, kommentierte Heribert Prantl im März 1992.[5] »Die Art und Weise, wie in den letzten Wochen und Monaten über die Asyl- und Ausländerpolitik geredet und gestritten wurde«, konstatierte die Ausländerbeauftragte der Bundesregierung, Cornelia Schmalz-Jacobsen, im Dezember 1992, »hat das ihre dazu beigetragen, dass Ausländerfeindlichkeit gesellschaftsfähig geworden zu sein scheint.«[6]

---

[4] G. Schröder, »Wir brauchen Zuwanderer«, in: Der Spiegel, 9.3.1992, S. 59–68, hier S. 68.
[5] H. Prantl, Missbrauch, Angst und Mitleid, in: Süddeutsche Zeitung, 7./8.3.1992.
[6] C. Schmalz-Jacobsen (Hg.), Jugend ohne deutschen Pass: Bestandsaufnahme und Perspektiven für ein Land, das Einwanderer braucht, Bonn, Dezember 1982, S. 8.

Dass es zwischen Asyldebatte und ausländerfeindlichen Aktionen jedenfalls einen »mittelbaren Zusammenhang« gab, wollte auch Wolfgang Schäuble (CDU) rückblickend »nicht bestreiten«.[7] Unbestreitbar sei, »dass die Bundesrepublik in dieser Debatte Schaden genommen hat«, erklärte im November 1993 rückblickend Ministerpräsident Gerhard Schröder (SPD) in einem Redeentwurf für einen Vortrag am Osnabrücker Institut für Migrationsforschung und Interkulturelle Studien (IMIS): »Schaden hat in dieser Debatte auch die Zukunftsfähigkeit der deutschen Politik genommen.«[8]

Das zum allgemeinen Drohbild der »Asylantenfrage« verzerrte Asylproblem wurde zum Reizthema der Sensationsmedien. »Parteienverdrossenheit« steigerte sich, auch vor dem Hintergrund vielfacher anderer Enttäuschungen, zu allgemeiner Politikverdrossenheit. Am Ende standen, nach der »erfolgreichen« Vertreibung von Asylbewerbern aus dem sächsischen Hoyerswerda im September 1991 und der anschließenden ersten großen Gewaltwelle gegen Asylsuchende im vereinigten Deutschland, die Pogromszenarien des Jahres 1992, in denen die Flamme zum Symbol wachsender Fremdenfeindlichkeit im vereinigten Deutschland wurde:

Im August 1992 trugen die Medien tagelang die Bilder aus Rostock-Lichtenhagen um die Welt, wo Asylsuchende unter öffentlichem Beifall in ihren brennenden Unterkünften angegriffen worden. Fremdenfeindliche Anschläge breiteten sich in einer zweiten Gewaltwelle erneut aus wie ein Flächenbrand. Bei dem Brandanschlag von Mölln im November 1992 verbrannten drei Mitglieder türkischer Familien in ihren Häusern. Die Möllner Morde wirkten kurzfristig abermals stimulierend für Anschlusstäter in der seit den Ausschreitungen von Rostock-Lichtenhagen anhaltenden zweiten Gewaltwelle.

Der weiteren Öffentlichkeit hingegen gaben sie ein allgemein aufschreckendes Signal. Hunderttausende fanden sich im Winter 1992/93 in den berühmten Lichterketten und Demonstrationen gegen Fremdenfeindlichkeit und Gewalt und für die friedliche Bekämpfung ihrer Ursachen durch eine sachgerechte Gestaltung der anstehenden Probleme. Zugleich formierte sich eine breite, von den verschiedensten Initiativen, Gruppen, Institutionen, Verbänden, Gewerkschaften und zahlreichen Unternehmen getragene Kampagne gegen Ausländer- und Fremdenfeindlichkeit im Land.

Dass die fremdenfeindliche Strömung damit nicht abrupt zu brechen war, zeigte die dritte Gewaltwelle im Anschluss an die Solinger Morde (29.5.1993) am Tag nach der Bundesratsentscheidung über 16a GG. Der neue Gewaltrausch signalisierte vielmehr, dass der Weg zum restriktiven neuen Asylrecht dem fremdenfeindlichen Gewaltpotential sogar Erfolgsbestätigung und Anlass zu pyromanen Siegesfeiern war.

In der Auseinandersetzung um Migrationsfragen kulminierten Ende 1992 zwei für die Politik in der parlamentarischen Demokratie gefährliche Entwicklungslinien: einerseits die Eskalation der öffentlichen Auseinandersetzungen und andererseits die aus der wechselseitigen Blockierung der Parteien resultierende, in gegenseitigen Schuldzuweisungen angeprangerte politische Handlungsunfähigkeit.

Während das Bild der Bundesrepublik im In- und Ausland einerseits durch ausländerfeindliche Exzesse, andererseits durch Lichterketten gegen Gewalt bestimmt wurde und die Welt über die nach allgemeiner Auffassung außer Kontrolle geratene Entwicklung im vereinigten Deutschland eine lange historische Sekunde lang buchstäblich den Atem anhielt, war der politische Entscheidungsprozess gerade im Schwerpunktbereich der Auseinandersetzungen, der »Asylfrage«, blockiert. Der Bundeskanzler sprach von »Staatsnotstand«, ließ sondieren, inwieweit einschneidende rechtliche Eingriffe in die Asylpraxis auch ohne Grundgesetzänderung möglich werden könnten, und sah sich deshalb prompt dem schärfsten in einem Verfassungsstaat möglichen Vorwurf ausgesetzt, nämlich der Vorbereitung von Verfassungsbruch und Staatsstreich, ausgesetzt.[9]

Politik gerät immer mehr unter den Druck der Folgen eigener Versäumnisse: Die einen sahen sie in der mangelnden Bereitschaft der anderen, den Antrag des Grundrechts auf Asyl zu erfüllen. Die anderen sahen sie in der mangelnden Bereitschaft der einen, das Grundrecht einzuschränken, um seinen Auftrag erfüllbar zu halten.

Auf den Straßen suchte eine Massenbewegung für gesellschaftlichen Frieden und kulturelle Toleranz die außer Rand und Band geratene gewalttätige Minderheit von der schweigenden Mehrheit zu isolieren. Die politische Lähmung in Bonn erinnerte manche Beobachter an das »Weimar-Syndrom« von Extremismus, Staatsohnmacht und Abkehr von der Republik.[10]

Die Parteien hatten in der Asylfrage eine Art Gordischen Knoten geschnürt – weniger in der Sache als in ihrer Darstellung und Behandlung in der öffentlichen Diskussion und im politischen Entscheidungsprozess. Nach vielfältigen, das Ansehen der Parteien als Institutionen der parlamentarischen Demokratie aufs Schwerste schädigenden Wechseln vom Drohgebärden, halbherzigen Vereinbarungen und gegenseitigem Ausmanövrieren bei der Umsetzung wurde der scheinbar unauflösliche Gordische Knoten Anfang Dezember 1992 mit einem gemeinsamen Hieb durchschlagen:

---

[7] »Die ersten Fingerzeige«, in: Der Spiegel: 2.8.1993, S. 23–25, hier S. 23.
[8] G. Schröder, »Brauchen wir Zuwanderung?«, in: IMIS-Mitteilungen 1993, H. 1, S. 7–12, hier S. 7.
[9] »Dieses Land wird unregierbar«, in: Der Spiegel, 14.8.1992, S. 18–28; »Das ist der Staatsstreich«, ebd., 2.11.1992, S. 18–23.
[10] »Anklang an Weimar«, ebd., 5.10.1992, S. 18–29; Volker Ullrich, »Das Weimar-Syndrom«, in: Die Zeit, 9.7.1993, S. 28.

Die Regierungsparteien CDU/CSU und FDP einigten sich am 6. Dezember 1992 mit der oppositionellen SPD auf Grundzüge eines »Asylkompromisses« […]. Das war die letzte Stufe auf dem Weg zur Änderung des Asylrechts von 1949, die am 1.7.1993 in Kraft trat.[11] […]

Keine Einigung wurde erzielt in der Frage des auf Seiten der SPD, aber auch der FDP vor ab wiederholt angesprochenen Regelungsbedarfs im Bereich von Einwanderungsgesetzgebung und Einwanderungspolitik im Sinne eines neutralen Steuerungsinstrumentariums im grenzüberschreitenden Wanderungsgeschehen jenseits der Probleme von Flucht und Asyl.

Das hätte eine Möglichkeit bieten können, die beiden großen Bereiche des grenzüberschreitenden Wanderungsgeschehens – Flucht und Asyl einerseits, Arbeitswanderung und Einwanderung andererseits – […] mit einer integralen und im Rahmen des Möglichen transparenten Konzeption zu erfassen. Damit hätte der Weg eröffnet werden können von einer zum Teil disparaten Vielfalt von Einzellösungen zu einem integralen Gesamtentwurf von Migrationsgesetzgebung und Migrationspolitik.

Unausweichlich freilich wäre dazu auch die Beschäftigung mit der hässlichen Kehrseite der schönen Gedanken über die Begegnung von Mehrheiten und zugewanderten Minderheiten gewesen – nämlich mit den Kriterien, Kontingenten oder auch Quoten, die für die Vorfahrtsregelungen der Einwanderungspolitik unabdingbar sind.

Damit wäre innerhalb, zwischen den Parteien und in der weiteren Öffentlichkeit über den tiefgreifenden Konflikt um die Änderung des Asylrechts hinaus ein weiteres, mindestens ebenso brisantes Konfliktfeld eröffnet worden, was in der Tat riskant erscheinen musste angesichts von politischen und öffentlichen Konfliktszenarien, Orgien fremdenfeindlicher Gewalt einerseits und Massendemonstrationen gegen Gewalt andererseits.

Der »Asylkompromiss« und die Änderung des Grundrechts auf Asyl mit ihren vielen flankierenden Maßnahmen bilden nach meiner Auffassung einen bemerkenswerten Kontrast zu den Grundlinien der tiefgestaffelten, Flüchtlingskonzeption von 1990, in deren Mittelpunkt die Bekämpfung der Fluchtursachen stand.

An die Stelle der Bekämpfung der Fluchtursachen scheint eine Bekämpfung von Flüchtlingen zu treten, die nicht nur Missbrauchsfälle, sondern auch echte Flüchtlinge trifft. Flucht und Asyl werden in Deutschland zunehmend unter den Gesichtspunkten der äußeren und inneren Sicherheit diskutiert – bis hin zu dem auch mit Hinweis auf die weltweiten Wanderungsbewegungen begründeten Gedanken, die Bundeswehr nicht nur an den deutschen Grenzen, sondern auch innerhalb der deutschen Grenzen einzusetzen.[12]

2.10 Einwanderung in Deutschland. Politische Aufgabe und gesellschaftliche Herausforderung,
Hauptreferat auf dem (gleichnamigen) Symposium der Deutschen Nationalstiftung in Weimar, 4.11.1994 (Auszug).[13]

Im Zentrum der öffentlichen Diskussion um Wanderungen und um die Angst davor steht im vereinigten Deutschland das Begriffspaar »Einheimische« contra »Fremde«. Zuwandernde Fremde werden von vielen Einheimischen als Bedrohung empfunden. Das begriffliche Gegensatzpaar bekommt fließende Grenzen bei einem Blick in die Geschichte der Deutschen – weil auch in Deutschland viele Einheimische in Wirklichkeit die Nachfahren zugewanderter Fremder sind. Ähnliches gilt umgekehrt: Millionen von Deutschen waren im 19. und 20. Jahrhundert im Ausland zeitweise ebenso Fremde wie heute Einwanderer im vereinigten Deutschland – mit einem gravierenden Unterschied: Sie hatten als Einwanderer meist klare Perspektiven zur Lebensgestaltung im Einwanderungsprozess. […]

In der Geschichte haben Deutsche im Ausland und Ausländer in Deutschland alle denkbaren Erscheinungsformen des grenzüberschreitenden Wanderungsgeschehens erlebt: Aus-, Ein- und Transitwanderungen; Arbeitswanderungen von Deutschen ins Ausland und von Ausländern nach Deutschland; Flucht- und Zwangswanderungen von Deutschen ins Ausland und von Ausländern nach Deutschland, von Deutschen als Opfern und von Deutschen als Tätern, innerhalb und außerhalb der deutschen Grenzen; außerdem kannte die Geschichte der Deutschen nicht nur die Wanderung von Menschen über Grenzen, sondern auch die Bewegung von Grenzen über Menschen hinweg ebenso wie die Ausgrenzung von Minderheiten innerhalb der Grenzen selbst – Juden, Sinti, Roma und andere.

Pragmatisch, weil durch große historische Erfahrung bestimmt, könnte also in Deutschland das Ver-

---

[11] In Wirklichkeit war der »Asylkompromiss« ein weit über den Asylbereich in Grundrecht und Verwaltungspraxis hinausreichender Migrationskompromiss: Er brachte eine ganze Reihe von bald zu Gesetzen und Verordnungen verdichteten Neuregelungen auf den Weg – von neuen Formen der Ausländerbeschäftigung (zum Beispiel Saison-, Werkvertragsarbeitnehmer) über Aspekte der Ausländerintegration bis zur rechtlichen Neuregelung (Kriegsfolgenbereinigungsgesetz) und Kontingentierung (Jahresmitte 1991/92) der Aussiedlerzuwanderung.

[12] W. Schäuble, Kein Unterschied mehr zwischen innerer und äußerer Sicherheit. Neue Aufgaben für die Bundeswehr?, in: Frankfurter Allgemeine Zeitung, 22.12.1993.
[13] Kurzfassung unter dem Titel: Was man tabuisiert, das kann man nicht gestalten. Die große Ratlosigkeit: Einwanderungsprobleme ohne Einwanderungspolitik. Über Migration und Integration als Herausforderung für Politik und Gesellschaft, in: Frankfurter Rundschau, 21.11.1994 (http://kjbade.de/bilder/21111994_einwanderungsprobleme-ohne-einwanderungspolitik_FR.pdf).

hältnis zwischen Mehrheit und zugewanderten Minderheiten, zwischen Einheimischen und Fremden sein. Aber die Begegnung zwischen Mehrheit und zugewanderten Minderheiten wird durch historische Erinnerung auch erschwert. Hintergrund ist der – nicht lineare, aber doch erkennbare – Weg von der völkisch-romantisch verklärten Abgrenzung vom »Fremden« im frühen 19. Jahrhundert über die ethnisch-nationalistische Agitation gegen das »Fremdartige« im späten 19. Jahrhundert und frühen 20. Jahrhundert zum rassistischen Vernichtungskampf gegen das »Artfremde«. Vom grauenhaften Ende dieses Weges kommt der Schatten des millionenfachen Verbrechens an ethnischen, kulturellen, religiösen und anderen Minderheiten im nationalsozialistischen Deutschland und im von Deutschland besetzten Europa. Diese historische Belastung prägt in Deutschland vielfach noch immer die Spannung zwischen Xenophobie und Xenophilie als Kehrseiten der gleichen Störung im Verhalten gegenüber fremden Minderheiten. [...]

Weltweit bekannte Stichworte des neuen Terrors im vereinigten Deutschland der frühen 1990er Jahre hießen im Osten Hoyerswerda und Rostock-Lichtenhagen, im Westen Hünxe, Mölln und Solingen. In der Nacht zum 25. März 1994 brannte in Lübeck zum ersten Mal seit dem nationalsozialistischen November-Pogrom von 1938 wieder eine Synagoge in Deutschland. [...]

Bei vielen der weit ausholenden Deutungen von Fremdenangst und Fremdenfeindlichkeit im vereinigten Deutschland kamen die Kernprobleme selbst oft nur am Rande vor – nämlich Einwanderung, Eingliederung, Minderheitenfragen und deren gesellschaftspolitische Gestaltung. Das ist umso bemerkenswerter, als eine wichtige Ursache für Fremdenangst und fremdenfeindliche Abwehrhaltungen gerade in der lange anhaltenden politischen Desorientierung der Bevölkerung gegenüber den gesellschaftlichen Problemen und politischen Aufgaben im Bereich von Migration, Integration und Minderheiten zu suchen ist. Sie hatte ihren Grund in der politischen Erkenntnisverweigerung gegenüber der unübersehbaren gesellschaftlichen Tatsache, dass die Bundesrepublik seit mehr als einem Jahrzehnt ein Einwanderungsland neuen Typs geworden ist – nicht im rechtlichen, aber im gesellschaftlichen und kulturellen Sinne.

Am Ende wurde offenbar, dass das Dementi, die Bundesrepublik sei »kein Einwanderungsland«, nur die Kehrseite politischer Rat- und Konzeptionslosigkeit war. Ökonomische und soziale Ängste, Irritationen und Frustrationen über die Abwesenheit von Politik in einer geradezu gespenstischen, weil alltäglich erlebbaren und doch politisch für nichtexistent erklärten Einwanderungssituation, schlugen um in Aggression gegen »die Fremden« und solche, die dafür gehalten oder dazu erklärt wurden:

»Unten« wuchs die Angst vor den Fremden, »oben« die Angst vor den Bürgern als Wähler. Das Zusammentreffen der Angst »von unten« mit der Ratlosigkeit »von oben« trug entscheidend bei zum Weg von der »Parteienverdrossenheit« zur »Politikverdrossenheit« und schließlich zu einer echten, von Wissenschaftlern und Publizisten jahrelang immer wieder in warnenden Menetekeln umschriebenen politischen Legitimationskrise. Sie drohte kurzfristig in eine Krise des parlamentarisch-demokratischen Systems umzuschlagen. Diese Erfahrung im von Molotow-Cocktails und Demonstrationskerzen ausgeleuchteten Deutschland ließ Bundeskanzler Kohl im Herbst 1992 vom »Staatsnotstand« in Migrationsfragen sprechen. Sie erinnerte andere, irrtümlich, an den Alptraum von öffentlichem Konflikt, Staatsohnmacht und Abwendung von der parlamentarischen Demokratie in der Weimarer Republik.

Konzepte einer umfassenden Einwanderungs-, Eingliederungs- und Minderheitenpolitik mit klaren Perspektiven für langfristige Gestaltung und die dafür notwendigen Gesetze, Verordnungen und Institutionen aber sind seit mehr als einem Jahrzehnt überfällig, vom Bemühen um ein positives Verhältnis zu diesen Fragen ganz zu schweigen. Die Eskalation von Fremdenangst, gewaltbereiter Fremdenfeindlichkeit und fremdenfeindlicher Gewaltakzeptanz im Vereinigungsprozess der frühen 1990er Jahre war nach alledem weniger unvermeidbare Begleiterscheinung von Zuwanderung und Eingliederung als vermeidbare Folge ihrer mangelnden Gestaltung.

»Die wachsende Fremdenfeindlichkeit in Deutschland ist weder allein pathologischer Ausdruck einer allgemeinen Zivilisationskrise am Vorabend der Jahrtausendwende noch ›natürliche‹ Reaktion auf Zuwanderungsdruck. Sie ist auch eine aggressive Antwort auf fehlende Konzepte in der Migrationspolitik«, hieß es in dem von sechzig Wissenschaftlerinnen und Wissenschaftlern aus Deutschland getragenen »Manifest der 60: Deutschland und die Einwanderung« (3.1), aus dem wesentliche Kerngedanken in die Resolution der Deutschen Nationalstiftung zum Thema »Staatsbürgerschaft und Einwanderungspolitik in Deutschland« vom 6. Mai 1994 übernommen wurden.

Heute besteht Gefahr in einer Wende vom Alarmismus zum Desinteresse: An die Stelle der oft fahrlässig angeheizten Titanic-Hysterie der Asyldiskussion trat im Superwahljahr 1994 aus Sorge vor einer erneuten Eskalation fremdenfeindlicher Gewalt vielfach der Rückzug von Politik und Medien aus den explosiven Themenfeldern von Migration, Integration und Minderheiten.

Fremdenfeindliche und allgemein gegen Minderheiten gerichtete Gewalttaten, die sich noch immer ereignen und die noch vor kurzem allgemeines Entsetzen erregt hätten, werden, wenn überhaupt, in der Berichterstattung eher beiläufig registriert wie eine Art gesellschaftliche Unfallstatistik. Polizei- und Kommunalbehörden zeigen sich bemüht, »ausländerfeindliche Hintergründe« zu dementieren oder doch als »nicht nachweisbar« zu kennzeichnen. Der Sensationswert fremdenfeindlicher Gewalt ist gesunken.

An die Stelle von Alarmismus und Hysterie traten politisches Desinteresse und kollektive Desensibilisierung. Das aber ist sozialpsychologisch alarmierend, denn Patienten ohne Krankheitseinsicht sind nur bedingt therapiefähig. [...]

Migrationspolitik muss als Gesellschaftspolitik im weitesten Sinne betrachtet, mit umfassenden und integralen Konzepten betrieben werden; denn Migration, Integration und Minderheiten sind heute nicht mehr Randprobleme, sondern zentrale gesellschaftspolitische Aufgaben. Sie werden es aller Voraussicht nach in der Zukunft noch mehr sein. [...]

Seit dem in Sachen Migration verlorenen Jahrzehnt der 1980er Jahre zeichnete sich im Versteckspiel mit der gesellschaftlichen Wirklichkeit in der Einwanderungssituation ohne Einwanderungsland eine gefährliche Krisenspirale ab: Das sperrige Nicht-Einwanderungsland stieß mit seinen defensiven Verweigerungshaltungen und seinem demonstrativen rechtspolitischen Desinteresse an aktiven Eingliederungskonzepten die Einwandererminoritäten vor den Kopf, vor allem die zwischen Ungeduld und Ratlosigkeit schwankende zweite Generation. Fremdenfeindliche Exzesse mehrten die skeptische Distanz. Beides zusammen motivierte bereichsweise eine ethnokulturelle Re-Orientierung an Werten der schon fremder gewordenen Herkunftsgesellschaft. Das wiederum wurde auf Seiten der sperrigen Aufnahmegesellschaft vielfach als »Abkapselung« bzw. als Mangel an »Integrationsbereitschaft« oder gar »Integrationsfähigkeit« missverstanden. [...]

Nach hysterischen Diskussionen und fremdenfeindlichen Exzessen gibt es heute eine Art Atempause im Konflikt um Migrationsfragen. Das hatte zu tun mit dem Ende des verheerenden Asylstreits, mit der Dominanz von Wirtschaftskrise und Massenarbeitslosigkeit in der öffentlichen Diskussion 1993/94, aber auch mit den politischen Schweigegeboten zu den Themen Einwanderungsgesetzgebung und Migrationspolitik im Superwahljahr 1994. Es gilt, diese Atempause, die jederzeit zu Ende gehen kann, als politische Gestaltungschance zu nutzen, zumal jetzt, da die Bundestagswahl vorüber ist.

Wir brauchen 1. ein Ende des Versteckspiels mit der gesellschaftlichen Wirklichkeit in Sachen Migration, Integration und Minderheiten; 2. statt Horrorvisionen, sicherheitspolitischen Beschwörungsformeln und demonstrativer Verteidigungsbereitschaft ein positives und pragmatisches Verhältnis zu diesen Gestaltungsbereichen im Innern und nach außen; 3. integrale Konzepte für die damit verbundenen Steuerungsaufgaben im Wanderungsgeschehen und für die gesellschaftlichen Herausforderungen im Innern.

Wir müssen lernen, trotz aller Überschneidungen im Wanderungsgeschehen, zwei große Bereiche zu unterscheiden: Flucht und Asyl einerseits, Arbeitswanderung und Einwanderung andererseits. Bei Flucht und Asyl geht es um Schutz der Flüchtlinge und um die Bekämpfung der Fluchtursachen in ihren Herkunftsgebieten. Bei Arbeitswanderung und Einwanderung geht es um die Steuerung von Migrationsprozessen im wohlerwogenen Eigeninteresse des Aufnahmelandes. Dies unter Berücksichtigung der Interessen der Herkunftsländer tun, heißt die Brücke schlagen zu einer migrationsorientierten Entwicklungspolitik bzw. einer entwicklungsorientierten Migrationspolitik, bei der es ohne »internationalen Lastenausgleich« (F. Nuscheler) nicht abgehen kann, wenn das globale Desaster gebremst werden soll, das das weltweite Wanderungsgeschehen antreibt.

2.11 Gestalten statt Verdrängen,
in: Soziale Ordnung/CDA, 48.1995, H. 2 (4.5.1995), S. 12f. (Auszug).

In Deutschland nähren brennende türkische Läden und Reisebüros Skepsis gegenüber kurdischen Flüchtlingen, die ihre Zeit im Asylverfahren dazu »missbrauchen«, friedlich auf die Hintergründe ihrer Flucht hinzuweisen. Vergessen wird überdies, dass Kurden nicht nur als Asylbewerber, sondern seit vielen Jahren auch als Einwanderer aus der Türkei unter uns leben. Egal, so wird gesagt, wer als ausländischer Arbeitnehmer nach Deutschland kommen durfte, der solle arbeiten und nicht in Sachen Heimat demonstrieren. Und wer Asyl sucht, soll die Sicherheit, die ihm, wenn auch meist nur auf Verfahrensdauer, geboten wird, still genießen und uns nicht mit seinen Angelegenheiten behelligen – oder doch?

Das Zündeln der Deutschen gegen Fremde liegt noch nicht lange zurück: Weltweit bekannte Stichworte xenophoben Terrors trugen seit 1991 die Namen deutscher Orte, wo sich fremdenfeindliche Gewalttaten ereignet hatten. Sie hießen zum Beispiel Hoyerswerda und Rostock, im Westen Hünxe, Mölln und Solingen.

In der Nacht zum 25. März 1994 brannte in Lübeck zum ersten Mal seit dem nationalsozialistischen November-Pogrom von 1938 wieder eine Synagoge in Deutschland. Menschen kamen nicht zu Schaden. Aber Entsetzen ging um über die lodernde Synagoge. Eine Schrecksekunde lang kam das düsterste Kapitel der deutschen Geschichte zurück. Beschwörende Formeln fühlten tagelang ihre Presse.

Zur gleichen Zeit verbrannten sich Kurden auf deutschen Straßen, um auf das Schicksal ihres Volkes aufmerksam zu machen. Auch das beschäftigte die Medien – aber als Gegenstand öffentlichen Ärgernisses wegen Verkehrsbehinderung und Landfriedensbruchs. Ignatz Bubis war es seinerzeit, der vor dem Hintergrund des Anschlags von Lübeck daran erinnerte, dass Gewalt gegen Minderheiten, wo und gegen wen auch immer, zu ächten und zu bekämpfen sei.

Wie Ende Mai/Anfang Juni 1993 die tagelangen Krawalle im Anschluss an die Solinger Morde am Tatort und in anderen Städten gezeigt hatten, formierte sich auch unter den Adressaten der fremdenfeindlichen Bewegung, besonders unter Jugendlichen »deutschen Türken«, Abwehr- aber auch Angriffsbereitschaft. Deshalb wuchs die Gefahr ethnosozialer Spannungen.

Hinzu kommen die aus den Herkunftsländern übergreifenden Konfliktpotenziale, wie sie zum Beispiel in den Aktionen der Arbeiterpartei Kurdistans (PPK)zum Ausdruck kamen. Sie wurden mit dem Verbot der Partei und zahlreicher anderer kurdischer Organisationen in Deutschland beantwortet. Das führte zu neuen Problemen, weil justitiable Trennlinien zwischen politischem und ethnokulturellem Engagement bei Minderheitenorganisationen in der Einwanderungsgesellschaft oft schwer zu ziehen sind. Unübersehbar wurde dies spätestens bei den blutigen kurdischen Demonstrationen vom März 1994, bei denen es ethnokulturell um die Feiern zum kurdischen Neujahrsfest in Deutschland, politisch aber um den Kampf der PKK und um die Unterdrückung der kurdischen Minderheit in der Türkei ging.

Bei vielen der oft weit ausholenden Deutungen von Fremdenangst und Fremdenfeindlichkeit im vereinigten Deutschland kamen die eigentlichen Kernprobleme oft nur am Rande vor: Einwanderung, Eingliederung, Minderheitenfragen und deren gesellschaftspolitische Gestaltung. Das war umso bemerkenswerter, als eine wichtige Ursache für Fremdenangst und fremdenfeindliche Abwehrhaltungen gerade in der lange anhaltenden politischen Desorientierung der Bevölkerung gegenüber den gesellschaftlichen Problemen und politischen Aufgaben im Bereich von Migration, Integration und Minderheiten zu suchen ist.

Heute besteht Gefahr in einer Wende vom Alarmismus zum Desinteresse: an die Stelle der von Parteien und Medien oft fahrlässig angeheizten Titanic-Hysterie der Asyldiskussion der späten 1980er und frühen 1990er Jahre trat im Superwahljahr 1994, aus Sorge vor einem erneuten Aufsteigen fremdenfeindlicher Gewalt, der Rückzug von Politik und Medien aus den brisanten Themenfeldern von Migration, Integration und Minderheiten. Es ging stattdessen um Wahlkampf, Wirtschaftskrise und Massenarbeitslosigkeit.

Am Ende steht heute nach wie vor das Paradoxon einer Einwanderungssituation ohne Einwanderungsland. Migrationspolitik aber darf sich nicht allein Reglementierungen der transnationalen Wanderung oder in Sicherheitspolitik nach außen erschöpfen. Sie muss nach außen hin ergänzt werden um Programme zur Bekämpfung der Fluchtursachen, bei denen es nicht nur um ökonomische und ökologische, sondern auch um politische Krisenherde geht. Migrationspolitik braucht nach innen das Pendant der Integrations- und Minderheitenpolitik. Die Innenseite der Migrationspolitik heißt Gesellschaftspolitik. [...]

Gesellschaftliche Koexistenz in kultureller Toleranz und sozialen Frieden aber hängen entscheidend davon ab, ob und inwieweit Gesellschaft und Politik im vereinigten Deutschland bereit sind, auf diese Herausforderungen in den Problembereichen von Migration, Integration und Minderheiten mit integralen Konzepten und weitsichtigen Perspektiven zu antworten. Es wird Zeit, umzudenken, bevor es, wieder einmal, zu spät sein könnte.

3 Formation zum wissenschaftlichen Protest: »Das Manifest der 60: Deutschland und die Einwanderung« 1993/94

3.1 Das Manifest der 60: Deutschland und die Einwanderung,
(Oktober 1993), München 1994, S. 9–65.[1]

Vorwort

Sechzig Wissenschaftlerinnen und Wissenschaftler verschiedener Fachgebiete melden sich gemeinsam zu Wort. Viele von uns beschäftigen sich seit Jahren mit Problemen von Wanderung und Eingliederung im weiteren Kontext der Entwicklung von Bevölkerung und Wirtschaft, Gesellschaft, Recht und Kultur in Geschichte, Gegenwart und Zukunft.

Zusammengeführt hat uns die gemeinsame Sorge über die mangelhafte politische Gestaltung der Migration und ihrer Folgen in Deutschland. Es geht uns um umfassende Konzeptionen für Zuwanderung und Eingliederung, Einwanderungsgesetzgebung und Migrationspolitik. Den Schwerpunkt bilden hier die Interessen und Probleme von Deutschland als Aufnahmeland. Nicht im Zentrum stehen die ebenso wichtigen Themen Flucht und Asyl. Einwanderungs- und Flüchtlingspolitik, die beiden großen Aufgabenbereiche im Problemfeld der Wanderungen, müssen in umfassenden Konzepten zusammengeführt werden. Sie sollten aber auch in einem solchen Rahmen klar unterscheidbar bleiben, zumal es in der öffentlichen Diskussion immer wieder Versuche gibt, das eine Problem gegen das andere auszuspielen.

Vor dem Hintergrund der fremdenfeindlichen Ausschreitungen konzentriert sich die Diskussion in Deutschland vorwiegend auf Fragen der Schadensbegrenzung und in der Sache auf die Themen Gewalt, Jugend, Medien und mögliche Konflikte in einer multikulturellen Gesellschaft. Wir diskutieren die anstehenden Fragen in den größeren Problemzusammenhängen, die nicht in schlanken Formeln abzuhandeln sind.

Kurzfristig mag es wichtigere Probleme geben als Migration, Integration und Minderheiten. Aber Deutschlands Zukunft hängt auch von einer Migrations- und Integrationspolitik mit Vernunft und Augenmaß ab. Den Rahmen für eine solche Politik abzustecken, ihre Ziele und Inhalte exemplarisch zu umreißen, ist Zweck des Manifests. Es enthält Diagnosen, Thesen und Vorschläge, aber keine Patentrezepte. Es versteht sich als Anstoß zu einer in Deutschland längst überfälligen Debatte.

Die Autoren des Manifests und der erläuternden Beiträge vertreten unterschiedliche Forschungsrichtungen, Sichtweisen und Meinungspositionen. Gemeinsam ist uns die Einsicht in die Notwendigkeit einer aktiven Gestaltung der anstehenden Probleme.

Voraussetzung dazu ist eine offene Diskussion. Man kann sich dabei auf Gestaltungslinien einigen, auch wenn man in Sachfragen verschiedener Meinung ist. Das Manifest soll diese Diskussion erweitern und dazu beitragen, das politische Versteckspiel mit der Wirklichkeit in den Problembereichen von Migration, Integration und Minderheiten zu beenden.

Am Anfang standen intensiver Gedankenaustausch und Treffen in kleineren Gruppen. Ergebnis ist das Manifest. Es wurde von den 10 Autoren entworfen. Sie haben auch die erläuternden Beiträge verfasst, die sie allein verantworten. Der im ersten Teil dieses Buches abgedruckte Kerntext des Manifests wurde mit 50 weiteren Wissenschaftlerinnen und Wissenschaftlern abgestimmt. Sie kommen aus den verschiedensten Fachgebieten und Forschungsrichtungen: von Demographie und Wirtschaftswissenschaften, Geographie und Geschichte, Sozial-, Politik- und Rechtswissenschaften, über Pädagogik, Bildungsforschung und Sprachwissenschaft, Medizin, Psychologie und Psychoanalyse bis hin zu Kulturanthropologie, Ethnologie und Theologie. Wir wissen, dass unsere Gedanken von vielen anderen mitgetragen werden, mit denen wir in Verbindung stehen.

Allen Beteiligten danke ich für die gute Kooperation und den fairen kritischen Austausch in der kurzen Entstehungszeit dieses Buches. Für die Unterstützung bei Redaktion und Druckvorbereitung danke ich meinem Mitarbeiter am Institut für Migrationsforschung und Interkulturelle Studien (IMIS) der Universität Osnabrück, Jochen Oltmer, M.A. Dem Stifterverband für die Deutsche Wissenschaft und der Freudenberg Stiftung danke ich für die Förderung unserer Bemühungen.

Osnabrück im Oktober 1993, Klaus J. Bade

**Das Manifest der 60:
Deutschland und die Einwanderung**

Das vereinigte Deutschland hat Probleme. Eines davon ist der Umgang mit Migration und ihren Folgen. Wissenschaftliche Kritik, Warnungen und Appelle gab es zuhauf. Dennoch wurde dieses Feld von der Politik lange ignoriert. Die sonst so ereignisreichen 1980er Jahre blieben deshalb in puncto Migration ein verlorenes Jahrzehnt.

Die gesellschaftlichen Folgen der politischen Versäumnisse sind unübersehbar. Die wachsende Fremdenfeindlichkeit in Deutschland ist weder allein pathologischer Ausdruck einer allgemeinen Zivilisationskrise am Vorabend der Jahrtausendwende noch »natürliche« Reaktion auf Zuwanderungsdruck. Sie

---
[1] Die Seitenzahlen dieses Auszugs entsprechen nicht denjenigen des Originals.

ist auch eine aggressive Antwort auf fehlende Konzepte in der Migrationspolitik.

Die offene Diskussion der einschlägigen Probleme wird heute erschwert durch die Versäumnisse von gestern und die dadurch noch gesteigerten Berührungsängste gegenüber dem hoch emotionalisierten Thema »Einwanderung«. Wenn aber heute gesagt wird, die seit mehr als einem Jahrzehnt überfällige Debatte um Einwanderungsgesetzgebung und Migrationspolitik sei der Öffentlichkeit nicht zuzumuten und nur geeignet, die Fremdenfeindlichkeit zu erhöhen, dann werden Ursachen und Folgen verkehrt.

Wir wollen nicht lamentieren, sondern argumentieren. In der Sache ist, zum Teil schon seit Jahren, fast alles gesagt. Es geht darum, die verfügbaren Argumente in der exemplarischen Zusammenschau zu bündeln und in die politische Diskussion zu bringen als Grundlage für das Bemühen um einen tragfähigen Konsens.

Die weltweiten Wanderungs- und Fluchtbewegungen sind individuelle und gesellschaftliche Antworten auf politische, ökonomische und ökologische Krisensituationen. Dieser Herausforderung gegenüber kann auch ein Land von der wirtschaftlichen Stärke Deutschlands für sich allein wenig bewirken. Gesamteuropäische Lösungen sind gefragt. Als dem meist erstrebten Wanderungsziel in Europa kommt Deutschland für die Entwicklung und Umsetzung entsprechender Konzepte eine besondere Verantwortung zu. Voraussetzung dazu aber ist, die in den eigenen Grenzen anstehenden Probleme auch dort zu bewältigen und nicht an die Adresse Europas zu delegieren. Je mehr an ungelösten nationalen Problemen in die europäische Zukunft vertagt wird, desto schwieriger wird der Weg dorthin.

Im Umgang mit Migration geht es überdies nicht nur um globale und gesamteuropäische Aufgaben, sondern auch um eigene Interessen auf nationaler Ebene: Eine weitere Vernachlässigung der politischen Hausaufgaben im Problemfeld Migration gefährdet inneren Frieden und kulturelle Toleranz im vereinigten Deutschland. Es geht um die Situation von Einheimischen und Zuwanderern auf dem Wohnungs- und Arbeitsmarkt, in den Schulen, im Alltag von heute. Es geht um die gegenseitige Akzeptanz von deutscher Mehrheit und zugewanderten Minderheiten. Und es geht um den Sozialstaat von morgen, um die Sicherung seiner sozialen Leistungssysteme bei einer alternden und schrumpfenden Bevölkerung. Ihre Abnahme in absoluten Zahlen wurde bislang noch durch Zuwanderung aufgefangen. Wahrscheinlich werden wir in Zukunft weit stärker auf solche Hilfe von außen angewiesen sein, als wir uns dies heute vorstellen können und wollen.

Aber Einwanderer sind keine beliebig verfügbare Reserve, zumal dann nicht, wenn sie aus anderen Teilen Europas stammen oder gar deutschstämmig sein sollen. Fast überall in Europa schrumpfen die Geburtenzahlen. Auch die »Volksdeutschen« in Polen, Russland und Zentralasien sind kein unerschöpfliches Reservoir.

Zuwanderung kann ein Beitrag zur Lösung innerer Probleme ohnehin nur dann sein, wenn einheimische Mehrheit und zugewanderte Minderheiten neben- und miteinander leben können. Das verlangt von beiden Seiten ein gewisses Maß an Integrationsbereitschaft. Sie hat kulturelle, aber auch ökonomische Voraussetzungen: Am günstigsten sind sie, wenn Einwanderer wirklich gebraucht werden, für ihren eigenen Lebensunterhalt sorgen und ihren Beitrag zur Sicherung des Generationenvertrages leisten können. Umgekehrt kann Migration auch destabilisierend wirken, wenn die Mehrzahl der Zugewanderten auf Sozialleistungen angewiesen bleibt und am Rande der Gesellschaft, in einer Gettosituation oder gar in der Illegalität lebt.

Nach innen geht es um die Zukunft des Sozialstaats, für die Zuwanderung und Eingliederung eine erhebliche Rolle spielen werden, und um den sozialen Frieden bei anhaltender Zuwanderung. Nach innen und außen geht es einerseits um Einwanderungsgesetzgebung und Migrationspolitik, andererseits um die Aufnahme von Flüchtlingen und die Bekämpfung der Fluchtursachen.

In diesem umfassenden Aufgabenbereich haben wir uns in diesem Manifest klare Prioritäten gesetzt: Es geht um Deutschland und die Einwanderung. Der humanitäre Bereich von Flucht und Asyl wird hier nicht zentral thematisiert. Nicht weil wir ihn für unwichtig halten, sondern weil wir ihn für zu wichtig halten, um ihn von vornherein in die Diskussion um die ganz anders ausgerichteten Fragen von Einwanderungsgesetzgebung und Einwanderungspolitik einzubeziehen.

In Flüchtlingsfragen geht es um Hilfe durch Schutz und Asyl und um die Bekämpfung der Fluchtursachen. In Einwanderungsfragen aber geht es vornehmlich um die Interessen und Probleme des Einwanderungslandes. Vor diesem Hintergrund fragt das Manifest nach Aufgaben für Politik in Deutschland. Europäische und globale Perspektiven bieten Rahmenbezüge.

1 Tabu Migration: Belastungen und Herausforderungen in Deutschland (Klaus J. Bade)

1.1 Deutsch-deutsche Erfahrungen

Im Saldo der Wanderungsbilanz haben sich für Deutschland in den letzten 100 Jahren die Vorzeichen umgekehrt. Aus dem Auswanderungsland des 19. Jahrhunderts wurde ein Einwanderungsland neuen Typs. Seit dem Zweiten Weltkrieg hat sich dieser Wandel im Westen Deutschlands enorm beschleunigt.

In der Geschichte von Wanderung und Eingliederung überwogen in den beiden deutschen Staaten unterschiedliche Entwicklungen und Erfahrungen. Das galt schon für die Eingliederung der Flüchtlinge und Vertriebenen. Sie wurden im Westen appellativ »Heimatvertriebene«, im Osten schönfärberisch »Umsiedler« genannt. Was im Westen jahrzehntelang von einflussreichen Vertriebenenorganisationen öffentlich als »Recht auf Heimat« eingefordert wurde, blieb in der DDR als »Umsiedlerproblematik« tabuisiert mit Rücksicht auf die östlichen Nachbarn. Das gleiche galt dort für die öffentliche Beschäftigung mit den traumatischen Erfahrungen von Flucht und Vertreibung. Von der Integration der Flüchtlinge und Vertriebenen abgesehen, dominierten in der DDR bis zum Bau der Mauer 1961 und in abnehmendem Umfang auch danach im Gegensatz zur Bundesrepublik nicht Zuwanderung und Eingliederung, sondern Abwanderung und Ausgliederung durch Übersiedlung oder Flucht in den Westen.

Der Mauerbau im Osten aber beschleunigte im Westen nur den Weg zum unwilligen Einwanderungsland; denn die hier seit Mitte der 1950er Jahre unter staatlicher Mitwirkung begonnene Anwerbung ausländischer Arbeitskräfte wurde nach dem Ende des Zustroms aus der DDR umso mehr forciert. Die »Gastarbeiterfrage« der 1960er und frühen 1970er Jahre trug in der Bundesrepublik schon Ende der 1970er Jahre unverkennbare Züge eines echten Einwanderungsproblems. Das wiederum wurde im Westen regierungsamtlich dementiert, im politischen Entscheidungsprozess verdrängt und im Verwaltungshandeln tabuisiert. Großkonzepte für Einwanderungsfragen blieben, nur folgerichtig, aus.

Auch in der DDR gab es – in vergleichsweise kleiner Zahl und meist im Zeitvertrag – ausländische Arbeitskräfte. Offiziell und vor allem gegenüber dem »kapitalistischen Ausland« wurde die Existenz des sozialistischen Arbeitskräfteimports in der Regel totgeschwiegen. Im Innern wurden die damit verbundenen Probleme tabuisiert, die ausländischen Heloten oft durch separate Unterkünfte auf Distanz zur einheimischen Bevölkerung gehalten.

In den Prozess der Vereinigung brachten die einander fremd gewordenen Deutschen, neben vielen anderen ungelösten Fragen, auch in beiden deutschen Staaten unbewältigte Probleme im Umgang mit Fremden ein, ganz zu schweigen von der gemeinsamen Last der deutschen Geschichte gerade in diesem Bereich.

1.2 Eingliederungsprobleme im vereinigten Deutschland

Das vereinigte Deutschland der 1990er Jahre ist mit einer neuen Eingliederungssituation konfrontiert. Sie ist komplexer und unübersichtlicher als die beiden vorausgegangenen – die Integration von Flüchtlingen und Vertriebenen bis Mitte der 1950er Jahre und der im Westen anschließende Weg von der »Gastarbeiterfrage« zum tabuisierten Einwanderungsproblem. Die neue Eingliederungssituation umfasst mehrere Gruppen von ausländischen und einheimischen »Fremden«:

Es gibt in Deutschland nach wie vor die seit den späten 1970er Jahren entstandene, paradoxe Einwanderungssituation ohne Einwanderungsland und Einwanderungsentscheidung. Darin leben, als einheimische Ausländer, die meisten der heute schon bis zu drei Generationen umfassenden Familien aus der früheren »Gastarbeiterbevölkerung« – de jure Ausländer, de facto Einwanderer.

Die zweitgrößte zugewanderte Minderheit bilden die fremden Deutschen aus Ost- und Südosteuropa, die seit dem letzten Drittel des vergangenen Jahrzehnts jährlich zu Hunderttausenden als Aussiedler »zurück« ins Land ihrer Vorfahren kamen – de jure Deutsche, de facto auch Einwanderer.

Dazu kommt, als drittgrößter Problembereich, die in den 1980er Jahren ebenfalls stark angewachsene, seit Juli 1993 durch das neue Asylrecht gebremste Zuwanderung ausländischer Flüchtlinge. Schwer abschätzbar, aber zweifelsohne hoch ist die Zahl der illegal anwesenden Ausländer, die seit dem »Asylkompromiss« noch gestiegen sein dürfte.

Daneben stehen deutsch-deutsche Eingliederungsfragen und Entfremdungserfahrungen: Noch längst nicht bewältigt sind im Westen die Identitätsprobleme vieler Übersiedler aus der ehemaligen DDR. Im Osten gibt die einseitige Überformung durch den Westen vielen Menschen das Gefühl, Fremde im eigenen Land geworden zu sein. Diese innere Entfremdung hat die im Osten Deutschlands ohnehin wenig geübte Begegnung mit von außen zugewanderten Fremden noch weiter erschwert.

In der Unübersichtlichkeit der neuen Einwanderungssituation wird Zuwanderung von vielen Menschen als Bedrohung empfunden. Das hat der rechtsradikalen Agitation ein gefährliches Thema geliefert. Fremdenfeindliche Sündenbocktheorien und Projektionen wurden verstärkt durch soziale Angst und Ratlosigkeit, Orientierungsmangel und Perspektivlosigkeit, Wertediffusion und eine schleichende gesellschaftliche Entsolidarisierung.

1.3 Das verlorene Jahrzehnt der 1980er Jahre

Fremdenfeindliche Abwehrhaltungen haben aber auch zu tun mit einer heute schon historischen Bringschuld bundesdeutscher Politik. Sie kommt aus dem Versteckspiel mit der Wirklichkeit im für die Gestaltung der Einwanderungssituation verlorenen Jahrzehnt der 1980er Jahre. Es ist spät geworden in der Diskussion um Einwanderung und Eingliederung in Deutschland: Anfang der 1980er Jahre wurde bereits gefragt, ob es für die hier anstehenden Aufgaben noch »fünf vor zwölf« oder schon »fünf nach zwölf« Uhr« sei. Geschehen ist seither wenig. Wie viel Uhr mag es heute sein?

Umfassende gesetzliche und politische Antworten auf die Herausforderung durch Migration und ihre Folgen fehlen nach wie vor. Mehr als ein Jahrzehnt lang galt als kleinster gemeinsamer Nenner aller einschlägigen regierungsamtlichen Statements die parteiübergreifende Lebenslüge: »Die Bundesrepublik ist kein Einwanderungsland«. Sie hat einen der wichtigsten und, bei Vernachlässigung, gefährlichsten gesellschaftlichen Gestaltungsbereiche tabuisiert und damit blockiert. Ausländerpolitik ist keine Antwort auf Einwanderungsfragen.

Mit der ungeregelten Einwanderung und der demagogischen Auseinandersetzung darüber wuchs die Angst vor den Fremden. Als die Angst von »unten« auf die Konzeptionslosigkeit von »oben« traf, schlugen »unten« Irritationen, Frustrationen und soziale Ängste um: bei den einen in politische Apathie bzw. »Politikverdrossenheit«, bei anderen in gewaltbereite Fremdenfeindlichkeit bzw. fremdenfeindliche Gewaltakzeptanz. Das waren nicht etwa nur unvermeidbare Folgen von Einwanderung und Eingliederung, sondern auch vermeidbare Folgen ihrer mangelnden politischen Gestaltung.

Längst überfällig ist für alle Problembereiche und Folgeprobleme des Wanderungsgeschehens eine umfassende, auf klare Rechtsgrundlagen gestützte Politik für Migration, Integration und Minderheiten. Sie muss mit nüchternen Bestandsaufnahmen beginnen. Sie muss daraus den politischen Gestaltungsbedarf ableiten und die dazu nötigen Handlungsspielräume schaffen. Sie muss langfristig angelegt sein und alle Politikbereiche gegeneinander abwägen: von der Wirtschaftspolitik über die Sozialpolitik bis zur Kulturpolitik.

Voraussetzung dazu sind Gesamtkonzepte, hervorgegangen aus einer offenen Generaldebatte über die Zukunft von Bevölkerung, Wirtschaft, Politik und Kultur in Deutschland. Eine solche Debatte ist belastet durch politische Versäumnisse, unausgetragene Konflikte, verkrampfte Positionen und das mangelnde, bestenfalls in wechselseitiger Schuldzuschreibung akzeptierte Eingeständnis verlorener Handlungschancen im vergangenen Jahrzehnt und früher. Im gemeinsamen Interesse an der Gestaltung der Zukunft und an der Sicherung von sozialem Frieden und kultureller Toleranz im Innern muss es dennoch gelingen, konsensfähige Perspektiven zu finden. Nötig dazu ist eine De-Eskalation der hoch emotionalisierten deutschen Migrationsdiskussion und die Bereitschaft zum pragmatischen Dialog über die gemeinsamen Probleme.

Jede weitere politische Erkenntnisverweigerung oder Tabuisierung, jede defensive Verdrängung oder Vernachlässigung dieses innenpolitisch brisanten Themas, jede weitere Flucht aus der Handlungsverantwortung aus Angst vor dem Bürger als Wähler käme fahrlässiger Selbstgefährdung gleich. Die Migration und ihre Folgen werden Deutschland und Europa auch in Zukunft begleiten: von den Wanderungen im europäischen Binnenmarkt und an seinen Rändern bis zum kontinentalen und interkontinentalen Wanderungsdruck in Ost-West- und Süd-Nord-Richtung.

Deutschland allein kann die Wanderungsprobleme der Welt nicht lösen. Aber es kann und muss, auch im eigenen Interesse, auf nationaler und europäischer Ebene seinen Beitrag dazu leisten. Dabei müssen die Hintergründe des weltweiten Wanderungsgeschehens und die Problemlagen in Europa als Rahmenbezüge im Auge behalten werden.

2 Rahmenbezug I: Weltbevölkerung und Weltwanderung (Peter J. Opitz)

Die Migrationsbewegungen unserer Zeit übergreifen Weltregionen und Kontinente. Sie sind Folgen einer Vielzahl von Prozessen, die weit in die Geschichte zurückreichen. In ihrer Gesamtheit führten sie zu einer tiefgreifenden Veränderung der globalen Macht- und Wachstumspole. Ergebnis ist in vielen Weltregionen eine dramatische Verschlechterung der Lebensbedingungen für Hunderte von Millionen Menschen. Ihre Entscheidung, die traditionellen Siedlungsgebiete zu verlassen und auf die Suche nach einer neuen Heimat zu gehen, ist teils spontaner Reflex, teils mehr oder minder rational geplante Reaktion auf erschwerte Existenzbedingungen und auf umso lockendere Lebenschancen in anderen Gebieten. Die Steuerung dieser Migrationsbewegungen und die Bekämpfung ihrer Ursachen zählen zu den wichtigsten und zugleich schwierigsten Aufgaben unserer Zeit. Ohne ein hohes Maß an internationaler Kooperation und Koordination werden sie nicht zu bewältigen sein.

Ursächlich bestimmend für die Massenwanderungen des 20. Jahrhunderts sind mindestens vier große Prozesse:

2.1 Imperialer Zerfall und nationale Renaissance

Multi-ethnische Imperien, unter ihnen die riesigen Kolonialreiche der Staaten Westeuropas, bildeten bis Mitte des 20. Jahrhunderts die zentralen Elemente des internationalen Systems. Zerfallsprodukte dieser Imperien sind weltweit über hundert neue Staaten. Viele von ihnen leiden bis heute unter strittigen Außengrenzen, unbewältigten ethnischen Spannungen, mangelnder politischer Legitimität und wirtschaftlicher Unterentwicklung. Ethnische und religiöse Unterdrückung, massive Menschenrechtsverletzungen, Separatismus, Bürgerkriege, Grenz- und Territorialkonflikte sind die wichtigsten Folgen. Sie verstärken bereits bestehende Elemente der Destabilisierung und fördern damit die weitere Fragmentierung des internationalen Systems. Neue, noch immer schwer kalkulierbare Konfliktpotentiale brachte ab Ende der 1980er Jahre der – noch keineswegs abgeschlossene – Zerfall des sowjetischen Imperiums. Zu den Opfern dieser imperialen Zerfallsprozesse gehören fast 20 Millionen Flüchtlinge mit Konventionsstatus und eine ebenso große Zahl von innerhalb dieser Staaten entwurzelter Menschen.

2.2 Weltwirtschaftliche Umstrukturierungen

Schon vor einigen Jahrhunderten eingesetzt, aber im 20. Jahrhundert rapide zugenommen, hat die Herausbildung eines stark arbeitsteilig gegliederten

Weltwirtschaftssystems. Grundlage waren wissenschaftlich-technische Revolutionen, die sich gerade in den letzten Jahrzehnten weiter beschleunigten. Einigen Weltregionen – vor allem denjenigen, von denen es seinen Ausgang nahm – brachte dieses Wirtschaftssystem enormen Wohlstand.

In anderen Regionen hingegen führte es zu einer gravierenden Verschlechterung der Lebensbedingungen. Das gilt vor allem für Regionen, die sich aufgrund kolonialer Abhängigkeit, ungünstiger Ressourcenausstattung, ungerechter internationaler Austauschrelationen und unfähiger lokaler Eliten nicht rechtzeitig an die Veränderungen anzupassen vermochten. Die Abwanderung zahlreicher, insbesondere den Mittelschichten entstammender Menschen aus solchen Regionen in Gebiete, in denen sie sich bessere Lebensbedingungen erhoffen, gewinnt ständig an Umfang und Dynamik.

2.3 Demographisches Wachstum
Seit einigen Jahrzehnten steigt die Weltbevölkerung rapide an. Bei einem durchschnittlichen jährlichen Zuwachs um 97 Millionen Menschen droht bis zum Jahr 2050 ein Anwachsen von 5,6 Milliarden (1994) auf 10 Milliarden im günstigsten, auf ca. 12,5 Milliarden im weniger günstigen Fall. Die demographische Situation wird dadurch verschärft, dass der weitaus größte Teil des Zuwachses in Ländern des »Südens« erfolgen wird. Ohne einen tiefgreifenden Wandel in Wirtschafts- und Bevölkerungsentwicklung werden sich für viele Menschen in diesen Regionen die Lebensbedingungen weiter verschlechtern. Hungerkatastrophen, unkontrollierte Massenwanderungen und gewaltsame Ressourcenkonflikte um Land, Wasser und Nahrung sind absehbare Folgen, gegen die sich auch die wohlhabenden Länder der Welt nicht werden abschotten können.

2.4 Ökologische Zerstörung
Folge einer ebenso rücksichtslosen wie kurzsichtigen Modernisierungspolitik, wachsender Armut und rapide zunehmender Bevölkerungen gerade auch in den ökologisch sensiblen Gebieten ist die rasch fortschreitende Zerstörung der natürlichen Umwelt. Sie hat viele Formen: die schnell vorrückende Verwüstung wertvollen Acker- und Weidelands, das Verschwinden der großen tropischen Wälder, die Überfischung der Weltmeere und die Vergiftung von Wasser, Land und Luft. Die Abwanderung aus den ökologisch zerstörten und gefährdeten Regionen nimmt ständig zu. Schon heute wird die Zahl der »Umweltflüchtlinge« auf weit über 100 Millionen Menschen geschätzt. Ihre Zahl würde sich dramatisch erhöhen, sollte es zu der prognostizierten Erwärmung der Erdatmosphäre kommen, zu dem mit ihr einhergehenden Anstieg des Meeresspiegels und zur weiteren Austrocknung der Halbwüsten.

2.5 Regionale und globale Gefälle
Folgen dieser vier Prozesse sind innerhalb verschiedener Weltregionen, vor allem aber zwischen ihnen, Gefälle von dreifacher Art:

Sie zeigen sich wirtschaftlich in starken Disparitäten des Wachstums und der Fähigkeit zu wissenschaftlich-technologischer Innovation. Sie zeigen sich politisch in unterschiedlichen Niveaus der Sicherheit, der Verwirklichung von Menschenrechten und der Möglichkeiten politischer Partizipation. Sie zeigen sich demographisch in eskalierenden Bevölkerungszuwächsen in den Regionen des »Südens« und in sowohl quantitativ stagnierenden wie alternden Bevölkerungen in den Staaten des »Nordens«.

Erstmals in der Geschichte werden diese Gefälle mittels moderner Medien von großen Teilen der Weltbevölkerung nicht nur wahrgenommen, sondern aufgrund der weltweiten Verbreitung westlicher Werte – insbesondere der universale Geltung beanspruchenden Menschenrechte – auch als ungerecht empfunden. Schnelle und billige Verkehrsmittel eröffnen zudem vielen Menschen die Hoffnung, diese Gefälle durch Flucht und Migration zeitweise oder auf Dauer überwinden zu können. Eine Enttäuschung dieser Hoffnungen durch rigorose Abschottung würde, sofern sie überhaupt durchführbar wäre, zu wachsender Frustration und Feindseligkeit führen. Eine Art neuer globaler Kalter Krieg und viele heiße Kriege wären absehbar – mit unkalkulierbaren Gefahren, menschlichem Leid und finanziellen Kosten in gigantischer Höhe. Europa als eine der stärksten Wirtschaftsmächte der Welt ist nicht etwa nur in universalistischem Altruismus, sondern auch im wohlverstandenen Eigeninteresse gefordert, zur Gestaltung der globalen Probleme beizutragen, solange sie noch gestaltbar sind.

3 Rahmenbezug II: Bevölkerung und Wanderung in Europa (Rainer Münz)
Die Bevölkerungsentwicklung in den meisten Ländern Europas wird durch die gleichen Trends bestimmt: Einer davon ist das Sinken der Kinderzahl. Auf den Baby-Boom der Nachkriegszeit folgten seit den 1960er Jahren fast überall Geburtenrückgänge. Heute haben sich die Kinderzahlen in Europa – von Ausnahmen wie Albanien und dem Kosovo abgesehen – auf niedrigem Niveau eingependelt. Ein zweiter europaweiter Trend ist die steigende Lebenserwartung. Ein dritter gemeinsamer Trend gilt zumindest für die Staaten in der westlichen Hälfte Europas: Sie sind in den letzten Jahrzehnten fast alle zu Einwanderungsländern geworden.

3.1 Phasen und Typen europäischer Migration
Unterschiedliche Phasen und Typen kennzeichnen die Migration in Europa seit Mitte der 1950er Jahre: Zuerst kehrten im Zuge der Entkolonialisierung »weiße« Kolonisten, Beamte und Soldaten zurück – nach Großbritannien, Frankreich, Belgien, Italien, in

die Niederlande und später auch nach Portugal. Ihnen folgten Einheimische aus den ehemaligen Überseegebieten, meist als Arbeitskräfte. Danach begannen die stärker industrialisierten Länder Westeuropas, ihren Zusatzbedarf an Arbeitskräften durch Anwerbung im Mittelmeerraum zu decken. In Deutschland setzte die Anwerbung von »Gastarbeitern« erst nach dem Bau der Mauer in vollem Umfang ein. Seit Mitte der 1970er Jahre gewann der Familiennachzug erheblich an Bedeutung.

Der zur Zeit am meisten diskutierte Typ von Massenwanderungen begann in den 1950er Jahren mit den Fluchtbewegungen aus Osteuropa und der »Dritten Welt«. Anfangs dominierten politische Fluchtmotive. Heute ist Europa in viel größerem Umfang mit Armut, Krieg und ethnischen Konflikten als Wanderungsgründen konfrontiert. Hauptherkunftsgebiet von Flüchtlingen und Vertriebenen war in den frühen 1990er Jahren das ehemalige Jugoslawien. In Westeuropa hat sich die Zahl der registrierten Asylanträge seit Mitte der 1980er Jahre vervierfacht. 1992 wurden zwei Drittel dieser Anträge in Deutschland gestellt.

Nur in sehr wenigen Staaten spielt heute die Repatriierung ethnischer oder religiöser Minderheiten eine Rolle. Wichtigstes Beispiel dafür ist Deutschland, das sich als Aufnahmeland für Millionen von deutschstämmigen Aussiedlern aus Osteuropa und Zentralasien versteht.

Insgesamt dominierten von den 1950er bis zu den 1980er Jahren in Europa die Süd-Nord-Wanderungen. Nach einer Phase geringerer internationaler Mobilität verstärkte sich seit den späten 1980er Jahren vor allem die Ost-West-Wanderung.

In den frühen 1950er Jahren lagen die Ausländerzahlen in den meisten Staaten Europas relativ niedrig. 5,1 Millionen Einwohner Westeuropas (1,3 Prozent) hatten damals einen fremden Pass. Zu Beginn der 1970er Jahre erreichten Ausländerbeschäftigung und Ausländeranteile an der Wohnbevölkerung in Westeuropa Rekordhöhen. 1970/71 lebten fast 11 Millionen (3,5 Prozent), 1992 rund 18,4 Millionen (4,9 Prozent) Ausländer legal in Westeuropa. Viele von ihnen sind bereits im Zuwanderungsland zur Welt gekommen, besitzen aber nicht dessen Staatsbürgerschaft.

3.2 Die Zuwanderung nach Westeuropa wird anhalten
In naher Zukunft steht Europa ein Alterungsschub bevor. Die Zahl der über 65-Jährigen wird sich in den kommenden vier Jahrzehnten fast verdoppeln. Außerdem wird die geringe Kinderzahl in etlichen Ländern zu einem Schrumpfen der inländischen Wohnbevölkerung führen. Noch sorgen die hohe Arbeitslosigkeit und das wenig ausländerfreundliche Meinungsklima dafür, dass sich trotz dieser Entwicklung in Westeuropa kaum jemand für Zuwanderung einsetzt. Aber es ist durchaus vorstellbar, dass es im ersten Viertel des 21. Jahrhunderts wieder zur aktiven Anwerbung von Arbeitswanderern und wohl auch von Einwanderern kommen wird.

Massenwanderungen in und nach Europa wird es in den kommenden Jahren allerdings auch ohne aktive Anwerbung geben: Bei derzeit 18–20 Millionen Ausländern im EG- und EFTA-Raum sorgen schon Familiennachzug und Rückwanderung für ein gewisses Maß an Migration. Noch entscheidender ist, dass sich an den zentralen Wanderungsursachen der letzten Jahre auf absehbare Zeit kaum etwas ändern wird. Ein Ende der ethnischen Konflikte und »Säuberungen«, der Kriege um Land und Ressourcen und der politischen Gewalt gegen Andersdenkende in unserer unmittelbaren Nachbarschaft ist nicht absehbar. An der südlichen und östlichen Peripherie Europas – vom Maghreb über die Türkei bis Mittelasien – ist das Bevölkerungswachstum ungebrochen. Die wirtschaftliche Entwicklung dieser Regionen kann mit der demographischen nicht Schritt halten. In der östlichen Hälfte Europas gibt es zwar keine Überbevölkerung. Aber dort wächst sowohl die Zahl der wirtschaftlich und sozial marginalisierten Bürger als auch die der Ambitionierten mit höherer Qualifikation, die im eigenen Land für sich und ihre Kinder keine Zukunft sehen.

Die ökonomische Kluft zwischen Westeuropa und seiner unmittelbaren Nachbarschaft wird mithin ein gewisses Maß an Migration in Gang halten, obwohl die reichen Industriestaaten derzeit alle auf Abschottung setzen. Die Wohlstandsgrenze quer durch Europa und entlang des Mittelmeeres wird sich allerdings niemals mit derselben Perfektion kontrollieren lassen wie die innerdeutsche Grenze bis 1989. Bloße Abschottung ist kein Ersatz für Migrationspolitik. Sie beseitigt keine der Ursachen, die Menschen heute zum Verlassen ihrer Heimat zwingen. Deshalb brauchen wir eine gesamteuropäische Migrationspolitik. Die hat freilich nur dann eine Chance auf Erfolg, wenn wir jeweils auch auf nationaler Ebene unsere Handlungsspielräume nutzen.

4 Die Zukunft von Bevölkerung und Wirtschaft in Deutschland (Meinhard Miegel)
»Sterben die Deutschen aus?« heißt eine in kürzer werdenden Abständen wiederkehrende Schlagzeile der Pressediskussion. Sie ist vordergründig und vereinfachend: Die deutsche Bevölkerung wird nicht aussterben, aber der Zahl nach kleiner und im Durchschnitt älter werden. Dieser Prozess ist längst im Gang. Er kann durch Zuwanderung nicht gestoppt, aber in seinen Folgen unter bestimmten Bedingungen balanciert werden.

Die Frage nach Chance, Art und Grad solcher Balance ist abhängig von der Einschätzung der zukünftigen Entwicklung von Bevölkerung und Wirtschaft in Deutschland. Die Wirtschaftsentwicklung ist zwar eng mit der Bevölkerungsentwicklung verknüpft, hängt aber auch von vielen weiteren Faktoren ab. Deshalb gibt es auch bei »Vorhersagen« in Wenndann-Überlegungen zum Verhältnis von Bevölkerung und Wirtschaft immer eine Fülle von Unsicherheiten. Gehen wir grob von zwei alternativen Szenarien aus: von der Entwicklung der Volkswirtschaft ohne oder mit weiterer Einwanderung.

4.1 Ohne Einwanderung altert die Erwerbsbevölkerung

Ohne weitere Einwanderung wird in Deutschland schon bis Ende der 1990er Jahre der Anteil jüngerer Erwerbsfähiger deutlich zurückgehen, der Anteil älterer etwas ansteigen. Die Zahl der Erwerbsfähigen insgesamt wird sich dabei zunächst noch kaum verändern. Nach der Jahrtausendwende verstärkt sich dieser Trend: Das Durchschnittsalter der Erwerbsfähigen steigt weiter an, aber ihr Anteil an der Wohnbevölkerung nimmt nur geringfügig ab.

Ob und wie sich dieser Trend weiter fortsetzt, hängt davon ab, ob man am bisherigen Rentenalter festhält oder mit steigender Lebenserwartung, längerer physischer und psychischer Leistungsfähigkeit auch die Lebensarbeitszeit ausdehnt. Wird z.B. das Rentenalter – alsbald beginnend – jedes Kalenderjahr um einen Monat angehoben, dann geht der Anteil der Erwerbsfähigen auch bei schrumpfender Gesamtbevölkerung nur langsam zurück. Steigt zugleich die Erwerbsbeteiligung von Frauen sowie von jüngeren und älteren Erwerbsfähigen, dann kann der Anteil der Erwerbspersonen an der Bevölkerung praktisch unverändert bleiben, vorausgesetzt, dass die damit für die Stellung der Frau und die Rolle der Familie verbundenen Probleme bewältigt werden können. In jedem Falle läge das Durchschnittsalter dieser Erwerbsbevölkerung deutlich höher als das der heutigen.

Was eine alte Erwerbsbevölkerung für die Kreativität und Produktivität einer Volkswirtschaft bedeutet, ist ungewiss. Wahrscheinlich ist jedoch, dass unter den derzeitig gültigen Wirtschafts-, Arbeits-, vor allem aber Bildungs- und Ausbildungsbedingungen Kreativität und Produktivität und mit ihnen die volkswirtschaftliche Leistungsfähigkeit allmählich schwinden würden. Werden diese Bedingungen zielstrebig den Möglichkeiten einer alternden Erwerbsbevölkerung angepasst, dann können Kreativität und Produktivität wahrscheinlich erhalten bleiben.

Eine schrittweise Verlängerung der Lebensarbeitszeit würde ferner den Anstieg der »Altenlast«, der unter den bestehenden Bedingungen unvermeidlich ist, spürbar verringern. Zwar wäre auch dann noch ein Umbau der gesetzlichen Alters-, Kranken- und Pflegeversicherung unabdingbar, weil der Anteil Hochbetagter auf jeden Fall stark zunimmt. Beide Maßnahmen zusammen aber dürften bewirken, dass die alten Menschen durch den erwerbsfähigen Teil der Bevölkerung weiterhin ausreichend versorgt werden können.

Das gilt umso mehr, als der individuelle Wohlstand besonders bei älteren Menschen vorerst weiter steigen wird. Ursache dafür sind insbesondere die äußerst ergiebigen Erbgänge, die in den nächsten 10 bis 20 Jahren auf Millionen von Westdeutschen, vorwiegend in deren sechstem Lebensjahrzehnt, zukommen. Durch die Konzentration dieser Erbgänge auf einen kleiner werdenden Personenkreis wird deren wohlstandssteigernde Wirkung noch erhöht. Im Osten Deutschlands freilich ist, wegen der fehlenden Privatvermögen, mit einer solchen Entwicklung nicht zu rechnen.

4.2 Einwanderung fördert Wirtschaft nur unter bestimmten Voraussetzungen

Wenn auch in Zukunft viele Einwanderer nach Deutschland kommen, dann kann die weitere wirtschaftliche Entwicklung unter der Bedingung ihrer raschen und umfassenden Integration positiv, anderenfalls aber negativ beeinflusst werden. Die Integration von Einwanderern hängt wesentlich ab von Lebensalter, Motivation, Bildungsniveau, beruflicher Qualifikation, Wirtschafts- und Arbeitskultur und nicht zuletzt von der Integrationsbereitschaft auf beiden Seiten. Dabei gilt für die Einwanderung: je jünger, motivierter und qualifizierter die Einwanderer, desto günstiger ihr Einfluss auf die Volkswirtschaft. Es geht dabei aber nicht um irgendwelche Qualifikationen, sondern um solche, die in das sich rasch ändernde Anforderungsprofil der deutschen Wirtschaft passen.

Verfügen die Einwanderer nicht oder nur bedingt über diese Voraussetzungen, und können bestehende Defizite auch nicht kurzfristig behoben werden, dann könnte Einwanderung die wirtschaftliche Entwicklung und das soziale Netz sogar empfindlich belasten. Das aber träfe die durch Abnahme und Alterung ohnehin geschwächte einheimische Bevölkerung besonders hart.

Um dies zu vermeiden, müssten die Einwanderer – jenseits des humanitären Bereichs von Flucht und Asyl – unter wirtschaftlichen Gesichtspunkten sorgfältig ausgewählt werden können. Zugleich muss sich die einheimische Bevölkerung mehr als bisher auf die Integration der Einwanderer einstellen. Dazu gehören nicht nur organisatorische, sondern auch gesellschaftspolitische und sozialpsychologische Maßnahmen. Die einheimische Bevölkerung muss lernen, Einwanderer nicht nur hinzunehmen, sondern auch mit ihnen aktiv zu leben und zu arbeiten. Wenn die Zukunft ausschließlich aus eigener Kraft, d.h. mit eigenen (Arbeits-)Kräften und ohne Einwanderung gestaltet werden soll, dann bedarf es einschneidender wirtschafts-, sozial- und im weitesten Sinne gesellschaftspolitischer Eingriffe. Sie werden uns in vergleichsweise begrenztem Maße zwar ohnehin nicht erspart bleiben. Sie würden in vollem Umfang aber den politischen und sozialen Konsens auf eine harte Bewährungsprobe stellen, sofern sie überhaupt durchsetzbar sind.

Sollen solche Eingriffe sozial verträglich gehalten werden, dann brauchen wir Kurskorrekturen im Innern und geregelte Zuwanderung von außen. Bis auf weiteres scheint sie noch gesichert – und was dann? Der in der Diskussion beliebte Hinweis auf Aussiedler, anerkannte Asylbewerber und Flüchtlinge mit langem Inlandsaufenthalt trägt hier nur bedingt; denn die »Auswahl« dieser Zuwanderer erfolgt durch das Recht, nicht aber nach den wirtschaftlichen Interessen des Aufnahmelandes. An einer möglichst frühzeitigen Entwicklung von umfassenden Konzepten für Einwanderungsgesetzgebung und Migrationspolitik führt deshalb kein Weg vorbei.

5 Multikulturalismus in der Einwanderungsgesellschaft (Dieter Oberndörfer)

In der deutschen Diskussion um Wanderungsfragen steht der Begriff des Multikulturalismus für die Bejahung von Einwanderung und politischer Gleichberechtigung durch Einbürgerung. In der Einwanderungsgesellschaft sollen neben den kulturellen Traditionen der deutschen Bevölkerung auch diejenigen der Einwanderer Platz finden. Die Akzeptanz des Multikulturalismus findet ihre Grenzen in den Grundwerten der Rechtsordnung und des republikanischen Verfassungsstaates. Innerhalb der dadurch umrissenen Bandbreite kultureller Vielfalt beschränkt sich die gewünschte Integration der Einwanderer auf die Anerkennung der rechtlichen und politischen Ordnung mit ihren Grundwerten und Institutionen. Unerlässliche Voraussetzung dieser Integration ist die Kommunikation zwischen den Bürgern des Staatsverbandes in einer gemeinsamen Amts- und Verkehrssprache, die hierzulande das Deutsche ist.

Hintergründe des heftigen Widerstandes gegen eine Öffnung für Einwanderung und die damit verbundene kulturelle Vielfalt bilden in Deutschland die auch aus »klassischen« Einwanderungsprozessen bekannten Ängste vor ökonomischer und sozialer Konkurrenz, gruppenpsychologische Abwehrmechanismen gegen »Fremde« und kulturelle Überfremdungsängste. Trotz des starken Säkularisierungsprozesses in Deutschland richten sich solche, durch gängige Schreckbilder forcierte kulturelle Überfremdungsängste vor allem gegen Einwanderer aus außereuropäischen Kulturen. Erschwerend hinzu kommen das überlieferte völkische Nationalstaatsverständnis und immer noch vorhandene Defizite bei der Akzeptanz der vom modernen Verfassungsstaat geschützten kulturellen Freiheit.

5.1 Das völkisch-ethnische Nationalstaatsverständnis

Im Selbstverständnis des deutschen Nationalstaats ist das deutsche Volk eine ethnische Größe. Staatsangehörige sollen nach gängiger Vorstellung ausschließlich Menschen deutscher Abstammung sein. Die Nation versteht sich mithin als ethnische Abstammungsgemeinschaft. Einwanderer aus »fremden« Völkern haben in ihr keinen Platz, können nicht Staatsbürger werden. Die völkische Nationalstaatsidee ist mit der Vorstellung einer Nationalkultur verbunden, die inhaltlich definiert und gegen »fremde« Kulturen abgegrenzt werden kann.

Die völkische Ideologie übersieht dabei, dass auch »das« deutsche Volk selbst nichts Naturwüchsiges, sondern Ergebnis vielfältiger Mischungsprozesse durch Zuwanderungen von »Fremden« ist. Das gilt noch viel mehr für die vom völkischen Nationalismus beschworene, endogene Nationalkultur. Die von der Sehnsucht nach einer »homogenen«, »nationalen« Kultur getragene Polemik gegen den Multikulturalismus und die in ihm eingeschlossene Möglichkeit kultureller Konflikte nimmt überdies nicht zur Kenntnis, dass auch die Geschichte der europäischen und »deutschen« Kultur durch schwere Konflikte bestimmt wurde. Ein Beispiel dafür ist die Geschichte der religiösen Bürgerkriege in Europa. Jahrhundertelang war für die Völker Europas die konfessionelle weit wichtiger als die ethnische Zugehörigkeit. Erst nach dem Zweiten Weltkrieg haben sich in Deutschland die Gegensätze zwischen den Konfessionen entspannt.

Deutschland hat seit dem Zweiten Weltkrieg eine revolutionäre Auflösung und Abschleifung herkömmlicher Lebenswelten erfahren. Die Herausbildung neuer beruflich-sozialer Strukturen wurde von einem tiefgreifenden Säkularisierungsprozess begleitet. Katholiken besuchten 1950 noch zu 80 Prozent und Protestanten zu 20 Prozent regelmäßig die Kirche. Heute sind es jeweils noch 25 Prozent und 4 Prozent. Der schnelle Abbau festgefügter traditionaler Sozialmilieus mit ihren eingeschliffenen Lebensformen, Einstellungen, Verhaltensweisen und den daraus resultierenden sozialen und mentalen Bindungskräften kann die Öffnung zu einer multikulturellen Gesellschaft erleichtern. Schneller sozialer Wandel und die mit ihm verbundenen Irritationen und Verunsicherungen können aber auch geschichtsfremde nostalgische Träume von einer national »homogenen« Gesellschaft fördern und die Angst vor Multikulturalismus als vermeintlicher Bedrohung verstärken.

5.2 Multikulturalismus im republikanischen Verfassungsstaat

Das Kulturverständnis des völkisch-ethnischen Nationalismus gründet auf selektiver Wahrnehmung der Vergangenheit und auf einer mit ihrer Hilfe konstruierten »nationalen« kulturellen Identität, die innovationsfeindlich und abgrenzend wirkt. Im Gegensatz dazu schützt der republikanische Verfassungsstaat die kulturelle Freiheit aller Bürger und öffnet sich damit für kulturelle Vielfalt und Dynamik. Im republikanischen Verfassungsstaat gibt es keinen »nationalen« Geschmack, keine »nationale« Kunst oder Religion. Es bleibt den Staatsbürgern überlassen, welche Kulturwerte sie sich innerhalb der Grenzen der Rechtsordnung und ihrer kulturellen Grundwerte aneignen und für sich selbst verbindlich halten wollen. Dieses Recht muss in Deutschland auch für Staatsbürger nicht-deutscher Herkunft und für Ausländer gelten, die keine Deutschen sind oder werden wollen.

Fremdenfeindliche Hasskampagnen gegen eine Öffnung der Gesellschaft für multikulturelle Lebensformen führen im Grunde in die Zeit der Religionskriege zurück. Sie sind unvereinbar mit dem Grundgesetz und der rechtlichen Ordnung aller republikanischen Verfassungsstaaten. Kriterien für die Zugehörigkeit zur Republik können nur Bejahung der Verfassung und Gesetzestreue sein. Das Bürgerrecht darf im republikanischen Verfassungsstaat nicht wegen der Beheimatung in einer »fremden« Kultur verwehrt werden: »Niemand darf wegen seines Geschlechts, seiner Abstammung, seiner Rasse, seiner Sprache, seiner Heimat und Herkunft, seines Glaubens, seiner religiösen oder politischen Anschauungen benachteiligt oder bevorzugt werden«, heißt es in der Verfassung der Bundesrepublik Deutschland (Art. 3, Abs. 3 GG).

Eingliederung ist ein Kulturprozess auf Gegenseitigkeit. Nötig dazu ist die aktive Gestaltung und Einübung von Verkehrsregeln für die Begegnung von Mehrheit und zugewanderten Minderheiten in der Einwanderungsgesellschaft.

6 Ethnische Vielfalt und Akkulturation im Eingliederungsprozess (Friedrich Heckmann)
Wie in »klassischen« Einwanderungsländern, so haben sich auch in der Bundesrepublik ethnische Minderheiten herausgebildet – als Resultat des Migrationsprozesses, aber auch zu seiner Bewältigung durch die Migranten. Es gibt sie nicht nur als statistische Gruppen, sondern auch als selbstorganisierte Beziehungsstrukturen in Gestalt ethnischer »Kolonien«. Bevölkerung und Sozialstruktur haben sich ethnisch differenziert: Ethnisch (und schichtspezifisch) geprägte Milieus sind entstanden, mit ethnisch bestimmten Verkehrskreisen, Heiratskreisen, Bewusstseinsformen, politischen Präferenzen und Loyalitäten. Ethnizität ist zu einem wichtigen Merkmal der Sozialstruktur Deutschlands geworden. »Ethnizität« bedeutet, dass der Glaube an gemeinsame Herkunft und Erfahrungen, Gemeinsamkeiten der Kultur und darauf beruhende Solidargefühle zwischenmenschliche Beziehungen strukturieren und gruppenbildend wirken.

Die Bundesrepublik steht damit vor der Frage: Soll diese ethnische Vielfalt (Heterogenität) beibehalten, ihrer »spontanen«, »naturwüchsigen« Entwicklung überlassen, gefördert oder abgebaut werden? Was bedeutet ethnische Heterogenität als Quelle oder Bedingung möglicher gesellschaftlicher Konflikte? Was bedeutet sie für Integration und Kohäsion großer Teile der Bevölkerung und gesellschaftlicher Strukturen? Auch der Inhalt des Nationskonzepts steht zur Diskussion. In öffentlichen und wissenschaftlichen Erörterungen wurden diese Fragen bisher wenig diskutiert. In polemischen Auseinandersetzungen zum Thema »multikulturelle Gesellschaft« werden einige Aspekte gestreift, mehr aber nicht.

6.1 Alternative Strategien im Umgang mit Ethnizität
Im Grunde gibt es drei mögliche politische Handlungsstrategien gegenüber ethnischer Heterogenität: 1. eine Laissez-faire Strategie; 2. eine Politik der Befestigung und Förderung ethnischer Heterogenität; 3. Akkulturationsstrategien zur Einebnung ethnischer Unterschiede.

Bei einer Laissez-faire-Strategie, die einen staatlich-politischen Orientierungs- und Handlungsbedarf nicht sieht, würde ein sozialstrukturell, kulturell und politisch bedeutsamer gesellschaftlicher Bereich schlicht aus dem Steuerungs- und Verantwortungsbereich von Politik herausdefiniert. Eine Politik der Beibehaltung und Förderung ethnischer Heterogenität hieße: Staatliche Stellen und gesellschaftliche Institutionen ermutigen die ethnischen Gruppen, sich als solche zu organisieren, einen formell-rechtlichen Minderheitenstatus zu erreichen und ihr Gewicht in der Politik geltend zu machen. Ethnische Grenzen und kulturelle Differenzen würden dadurch intensiviert und institutionalisiert.

Eine Politik der Akkulturation gegenüber ethnischer Vielfalt erstrebt und fördert demgegenüber gezielt einen kulturellen und sozialen Annäherungsprozess zwischen Minderheiten und Mehrheit und den schrittweisen Rückgang der spezifischen ethnischen Gruppenidentitäten. Versuche zu einer Art Zwangsassimilierung erreichen erfahrungsgemäß meist das Gegenteil des Erstrebten. Aussichtsreich ist eine solche Politik nur als Einladung, Austausch, Werbung um Übernahme und Herausbildung neuer kultureller Muster. Eine solche Strategie belässt ethnische Praktiken im Privatraum. In den öffentlich-staatlichen Institutionen, bei der Arbeit, im Erziehungs- und Bildungssystem und in den Medien hingegen werden Akkulturationsstrategien verfolgt. Die bestehende ethnische Vielfalt wird dabei als eine gesellschaftliche Übergangsform in einem – Generationen übergreifenden – Eingliederungsprozess verstanden, in dem sich unterschiedliche ethnische Identitäten schließlich in private Herkunftsorientierungen verwandeln. Der Erfolg solcher Akkulturationsstrategien ist an eine Offenheit der Einwanderungsgesellschaft gebunden, die Kontaktmöglichkeiten und sozialökonomische Mobilitätschancen für die Migranten bietet.

Grundlegend dazu ist ein Akkulturationsverständnis, das nicht von einer bloßen Anpassung der Minderheitenkulturen an die Mehrheitskultur ausgeht, sondern von einem Interaktionsprozess, in dem auch die Mehrheitskultur verändert wird. Akkulturation heißt also wechselseitige, wenn auch nicht gleichgewichtige Beeinflussung und Veränderung. Sie bedeutet Annäherung der Minderheiten an die Mehrheitskultur, die aber auch bestimmte Elemente aus den Minderheitenkulturen aufnimmt.

6.2 Politische Empfehlungen

Welche Empfehlungen könnte eine Politikberatung, die sich auf eine Soziologie inter-ethnischer Beziehungen stützt, bei der Entscheidung für bestimmte Strategien gegenüber ethnischer Heterogenität in modernen Gesellschaften geben? Grundlegend ist dazu zunächst eine wichtige Unterscheidung: Es gibt multi-ethnische Gesellschaften, in denen unterschiedliche Ethnizität mit unterschiedlicher, historisch begründeter Territorialität verknüpft ist. Und es gibt Gesellschaften, in denen die ethnische Vielfalt ein Resultat aktueller oder erst kurz zurückliegender Migrationen ist, weshalb klare Beziehungen zwischen Territorialität und Ethnizität dort nicht existieren. Im ersteren Fall würden Assimilierungsversuche durch eine vorherrschende Gruppe als ethnische Unterdrückung und »kulturelle Vertreibung« begriffen werden.

Einwanderungsgesellschaften, deren ethnische Vielfalt nicht territorial und historisch verfestigt ist, können die Vorteile nutzen, die aus größerer kultureller Gemeinsamkeit erwachsen. Einwanderungsgesellschaften sind nicht nur auf die Integration durch gemeinsame, politische und wirtschaftliche Institutionen (»Systemintegration«) angewiesen. Sie können zusätzlich durch Gemeinsamkeiten von Sprache und Kultur und durch den Wegfall ethnischer Grenzziehungen »Sozialintegration« erleichtern. Bedeutsam sind auch kalkulierbare Effizienzvorteile bei sprachlich-kultureller Gemeinsamkeit – technisch formuliert: Die Informations- und Transaktionskosten sind dabei erheblich geringer als bei ethnisch-kultureller Heterogenität.

Auch im Hinblick auf eine Verbesserung der sozialökonomischen Lage der Minderheiten und die Einleitung von Mobilitätsprozessen kann eine Verfestigung ethnischer Vielfalt problematisch sein: Besonders bei relativer Vollständigkeit der ethnischen Organisierung besteht die Gefahr ethnischer Selbstgenügsamkeit. Sie behindert das für ein Aufbrechen ethnischer Schichtung und für soziale Mobilität notwendige Aufnehmen außerethnischer Kontakte ebenso wie die Qualifizierung für den allgemeinen gesellschaftlichen Wettbewerb.

6.3 Ethnische Vielfalt und gesellschaftlicher Konflikt

Ebenso geläufig wie ängstigend ist die Frage nach dem ethnischer Vielfalt innewohnenden gesellschaftlichen Konfliktpotential. Die bloße Existenz ethnischer Gruppen innerhalb staatlich verfasster Gesellschaften ist keineswegs »automatisch« gleichbedeutend mit Konflikt. Sie beinhaltet aber unter bestimmten Bedingungen die Möglichkeit ethnischer Konflikte, die zu den leidenschaftlichsten und gewalttätigsten Konfliktarten gehören. Ethnische Konflikte können besonders dann entstehen, wenn drei Merkmale gleichzeitig auftreten: Machtunterschiede zwischen den Gruppen, eine Ideologie des Ethnozentrismus und Konkurrenz der Gruppen um knappe Güter. Die ersten beiden Bedingungen gibt es in fast allen multiethnischen Gesellschaften. Zur Konkurrenz der Gruppen um knappe Güter hingegen kommt es vorwiegend in sozialökonomischen Krisensituationen und bei kapazitätsüberschreitender Zuwanderung.

Es ist von entscheidender Bedeutung, ethnische Vielfalt nicht als Schreckensszenario zu erleben und darzustellen, sondern als eine geläufige Übergangsform im Eingliederungsprozess zu betrachten und zu gestalten. Dafür gibt es drei Leitvorstellungen: 1. Politik und Öffentlichkeit in der Bundesrepublik müssen sich umfassend und eingehend mit den kulturellen Folgen der Einwanderung auseinandersetzen. 2. Eine Politik der ethnischen Toleranz sollte einhergehen mit Akkulturationsstrategien, die vor allem auf die zweite Generation der Einwanderer gerichtet sind. Die Befestigung ethnischer Heterogenität würde die Wahrscheinlichkeit inter-ethnischer Konflikte beträchtlich erhöhen. 3. Akkulturations- und Integrationsbemühungen können nur erfolgreich sein, wenn sich die deutsche Gesellschaft ökonomisch, rechtlich, politisch und sozial den Einwanderern öffnet. Das wird aus infrastrukturellen, ökonomischen und sozialpsychologischen Gründen nur bei einer gesteuerten und begrenzten Zuwanderung möglich sein.

7 Familie, Jugend, Bildungsarbeit (Ursula Boos-Nünning)

Multikulturelle und -ethnische Strukturen sind in der Bundesrepublik erst relativ spät erkannte Folgeerscheinungen der großen Zuwanderungen seit Mitte der 1950er Jahre. Es waren zunächst einzelne Arbeitskräfte, überwiegend Männer, die seit Mitte der 1950er Jahre für den Arbeitsmarkt in der Bundesrepublik angeworben wurden. Die nachreisenden Frauen und Kinder wurden erst sehr viel später wahrgenommen. Die Anwesenheit der Familien war nicht geplant, das Aufnahmeland nicht darauf vorbereitet. Es fehlte an Infrastruktur, z.B. an Wohnungen und Kindergartenplätzen, an wirksamen sozialen Unterstützungen und pädagogischen Konzepten. Selbst der 1970 vorgelegte Strukturplan des Deutschen Bildungsrates erwähnte die ausländischen Schüler nicht einmal, obwohl es zu dieser Zeit schon rund 3 Millionen ausländische Arbeitskräfte und Familienangehörige in der Bundesrepublik gab.

Probleme aus der Anfangszeit der Arbeitswanderung wirken heute noch nach. In der dritten Generation haben die Kinder der »Gastarbeiterkinder« noch immer einen schlechten Stand in der Gesellschaft, deutlich niedrigere Schulabschlüsse, eine geringere Berufsausbildung und ein höheres Arbeitsplatzrisiko als die gleichaltrigen Deutschen. Ethnosoziale Probleme sind damit vorprogrammiert. Die seit den 1980er Jahren in großer Zahl zugewanderten Aussiedler und Flüchtlinge kamen ebenfalls ganz überwiegend oder doch zum großen Teil als Familien. Auch sie stehen vor der Aufgabe, ihre Kinder für ein

Leben in einer zunehmend multikulturellen und -ethnischen Gesellschaft zu erziehen. Das deutsche Bildungssystem muss sich auf neue und vielfältige Unterschiede in der Schülerschaft einlassen.

7.1 Irrtümer und Fehler in der Arbeit mit Einwandererfamilien

Das deutsche Bildungs- und Erziehungssystem bietet Kindern und Jugendlichen aus Einwandererfamilien nach wie vor zu wenig Hilfen: Es vermittelt unzureichend Fähigkeiten und Fertigkeiten, die beruflich-sozialen Aufstieg ermöglichen. Es trägt nicht ausreichend bei zu einer Sicherung der Identität, die notwendig ist für ein befriedigendes Leben in einer Einwanderungssituation mit (mindestens) zwei Kulturen und Sprachen. Aber auch deutsche Kinder und Jugendliche wurden durch Familie, Schule und Jugendarbeit nicht hinreichend vorbereitet auf ein Leben in einer multikulturellen und -ethnischen Gesellschaft. Die bisherigen pädagogischen Konzepte und Maßnahmen haben die Distanz zwischen deutschen Kindern bzw. Jugendlichen und Einwanderern kaum verringert. Alle einschlägigen Untersuchungen belegen, dass außerhalb von Schule und Betrieb wenig Verbindendes besteht, die Freizeit überwiegend in der eigenen ethnischen Gruppe verbracht wird. Auch bei und gegenüber Einwanderern, die schon mehrere Jahrzehnte in Deutschland leben, hat die Kontaktbereitschaft oft kaum zugenommen. In den letzten drei Jahren haben sich die Beziehungen sogar noch verschlechtert. Ursachen sind hier freilich gesellschaftliche und rechtliche Probleme.

Aber auch im engeren pädagogischen Bereich hat es Fehler und Irrtümer gegeben, deren Folgen bis heute nachwirken: Ein erster falscher Ansatz war und ist es, Unterricht und Sozialpädagogik dafür einzusetzen, Schüler ausländischer Herkunft einseitig der deutschen Schule und Gesellschaft anzupassen. Solche, auf kompensatorische Erziehung ausgerichteten Vorstellungen beschreiben die Kinder von Einwanderern als defizitär. Sie sind in der pädagogischen Idee der interkulturellen Erziehung längst überholt, beherrschen aber nach wie vor die Praxis. Ein zweiter Fehler bestand darin, dass kein generelles pädagogisches und bildungspolitisches Konzept zum Umgang mit internationaler Mobilität und kultureller Vielfalt entwickelt wurde. Stattdessen wurden für jede neue Einwanderergruppe neue Ad-hoc-Entscheidungen getroffen. Sie führten zu schwer erträglichen Ungleichheiten und verhinderten übergreifende Lösungen. Eine dritte Fehlleistung lag darin, die Bemühungen, die es durchaus gab, auf den Bereich der allgemeinbildenden Schulen zu konzentrieren. Das Verhältnis zwischen den Sozialisationsinstanzen (Familie, Schule, Gleichaltrigengruppe) »stimmte« nicht mehr. Das damit aufgeworfene Problem wurde aber nicht als ganzheitliche Gestaltungsaufgabe begriffen. Insbesondere fand die Tatsache kaum Berücksichtigung, dass wesentliche Bildungs- und Erziehungsleistungen in der Einwandererfamilie und, gegebenenfalls, in der ethnischen »Kolonie« erbracht wurden und erbracht werden müssen, dass nur durch Kooperation Probleme begrenzt und Erfolge erzielt werden können.

7.2 Erziehung für eine multikulturelle Gesellschaft

Erziehung und Bildung für ein Zusammenleben in einer multikulturellen Gesellschaft erstreben zweierlei: die Schaffung von Entwicklungschancen für alle Teilgruppen, d. h. auch für den Einwanderer, und die Einübung in Formen des Miteinanderumgehens von Mehrheit und ethnokulturellen Minderheiten. Wird das erste Ziel verfehlt, besteht die Gefahr, dass die Einwanderer ihren Migrantenstatus vererben. Der Proletarisierungsprozess, der für die Mehrheit der Kinder und Kindeskinder der Arbeitsmigranten von damals bereits begonnen hat, würde sich verstärken. Wird das zweite Ziel verfehlt, wird also im – Generationen übergreifenden – Eingliederungsprozess nicht in allen Gruppen schrittweise ethnozentrisches Denken aufgebrochen, wäre der innere Friede in Deutschland gefährdet.

Auf dem Weg zu diesen beiden Zielen sind tiefgreifende Veränderungen in der Reflexion und Gestaltung des Eingliederungsprozesses notwendig: Nötig für das erste Ziel ist eine öffentliche Diskussion um Bildungsrechte für Minderheiten und um die Kontrolle von Chancengleichheit im Bildungssystem. Darüber hinaus ist es notwendig, in allen Bildungseinrichtungen ausschließlich national bestimmte Konzepte zu überwinden und zu interkulturellen Ansätzen zu finden. Kleine, aber wesentliche Schritte in diese Richtung sind die Einbeziehung der Einwanderer in die Europäisierung des Bildungswesens und die Anerkennung der Bedeutung ihrer Sprachen und Kulturen für die Europäische Gemeinschaft.

Das zweite Ziel verlangt zunächst die Stärkung der Sozialisationskraft der Familien von Mehrheit und eingewanderten Minderheiten. Die deutschen Familien müssen stärker als bisher befähigt werden, ihre Kinder auf eine Gesellschaft vorzubereiten, in der Menschen aus verschiedenen Kulturen und Ethnien auf Dauer miteinander leben werden. Die Einwandererfamilien müssen in die Lage versetzt werden, ihre Kinder trotz mehr oder minder starker Isolation und von der Majorität abweichender Normen und Werte darauf vorzubereiten, den Eingliederungsprozess und damit verbundene Konflikte zu bewältigen.

Die Familien alleine können diese Aufgaben aber nicht erfüllen. Notwendig ist deshalb eine (Neu-)Bestimmung des Verhältnisses der Sozialisationsinstanzen: Die Schule sollte nicht nur als Unterrichtsanstalt, sondern verstärkt auch als Sozialisationsfaktor wirken. Eine die Werte der Familien berücksichtigende Jugendarbeit muss Grenzen zwischen Einwanderern und Deutschen aufbrechen und Verbindungen schaffen, auch den Zugang der Einwanderer zu deutschen (Beratungs-)Einrichtungen erleichtern. Bei anhaltender Zuwanderung müssen Familien und Bildungseinrichtungen fähig werden, sich auf stets neue Einwanderergruppen mit unterschiedlichen Orientierungen und Voraussetzungen einzustellen und mit ihnen umzugehen. Nötig dazu ist die institutionalisierte Zusammenarbeit zwischen bislang getrennten Institutionen.

Solche Veränderungen im pädagogischen Bereich, in Sozialisationsinstanzen und Bildungseinrichtungen erfordern eine auf Einwanderung ausgerichtete Politik und eine Sicherung des Rechtsstatus der Einwandererfamilien. Dies ist zugleich Voraussetzung und Bedingung für eine bessere Akzeptanz der Einwanderer in einer multikulturellen und -ethnischen Gesellschaft.

8 Minderheiten, Volksgruppen, Ethnizität und Recht (Otto Kimminich)

8.1 Bestandsaufnahme

Die Begriffe »Minderheit« und »Volksgruppe« werden in der Rechtssprache ohne allgemeingültige Definition verwendet. Bei den Vorarbeiten für eine weltweite Minderheitenschutzkonvention bemühte sich die Menschenrechtskommission der Vereinten Nationen jahrzehntelang um die Definition des Begriffs der Minderheit und musste dieses Projekt schließlich aufgeben. Als Volksgruppen werden ethnische und nationale Minderheiten bezeichnet, wobei in der Regel kein Unterschied zwischen den beiden Fallgruppen gemacht wird. Der traditionelle völkerrechtliche Minderheitenbegriff wiederum umfasst neben ethnischen und nationalen auch religiöse und sprachliche Minderheiten.

Wesentlich für das Verständnis der völkerrechtlichen Problematik ist, dass der völkerrechtliche Minderheiten-/Volksgruppenschutz nur Staatsangehörige desjenigen Staates erfasst, auf dessen Gebiet die betreffende Gruppe ansässig ist. Alle anderen Angehörigen von Minderheiten genießen den diplomatischen Schutz ihres Heimatstaates und besitzen im Aufenthaltsland den Rechtsstatus von Ausländern. Als solchen stehen ihnen die Menschenrechte zu, wie sie in internationalen Instrumenten und im Grundgesetz für die Bundesrepublik Deutschland verbrieft sind.

8.2 Handlungsbedarf und Handlungsspielräume

Der Begriff der Staatsangehörigkeit ist ein juristischer Terminus ohne ethnische Dimension. Er ist erst im 19.Jahrhundert entstanden. Seine Verbindung mit dem Nationalstaatsprinzip hat sich in der europäischen Geschichte als verhängnisvoll erwiesen; denn das Nationalstaatsprinzip lässt sich in Europa, das durch ethnische Gemengelagen, verzahnte Sprachgrenzen und Sprachinseln gekennzeichnet ist, nicht verwirklichen. Die nationalstaatliche Ordnung hat daher im Grunde zu keiner Zeit den europäischen Gegebenheiten entsprochen. Am Ende des 20. Jahrhunderts ist sie vollends anachronistisch geworden. Alle wirtschaftlichen, politischen und sozialen Entwicklungen – Migration ist nur eine davon – machen eine Neuordnung des Zusammenlebens der Völker und Volksgruppen erforderlich. Diese Neuordnung hat schon begonnen.

Noch immer freilich bilden Nationalstaaten die Grundeinheiten des internationalen Systems. Noch immer werden Volk, Gebiet und Staatsgewalt als die drei konstitutiven Begriffselemente des Staates betrachtet. Deshalb spielt die Staatsangehörigkeit – trotz der weitgehenden rechtlichen Gleichstellung von Inländern und Ausländern im privaten und öffentlichen Recht – auch weiterhin eine existentielle Rolle für die Staaten. Diesen Gegebenheiten muss bei der Suche nach neuen Organisationsformen Rechnung getragen werden. Sie begrenzt in der gegenwärtigen Übergangsphase die zur Verfügung stehenden Handlungsspielräume.

8.3 Gestaltungsperspektiven und Optionen

Minderheiten- und Volksgruppenrechte sollen dazu beitragen, die Probleme zu lösen, die sich aus der Undurchführbarkeit des Nationalstaatsprinzips in Europa ergeben haben. Diese juristischen Instrumente jedoch fassen das Problem nicht an der Wurzel; denn den multiethnischen Gegebenheiten dieses Kontinents kann letztlich nur eine anationale oder supranationale Organisationsform gerecht werden, die an jahrhundertealte europäische Rechtstraditionen anknüpfen könnte. Sie im Zuge der europäischen Integration zu schaffen, sollte langfristig zu den vorrangigen Zielen der europäischen Einigung gehören. Der Regionalismus könnte bei der Verwirklichung dieses Konzepts unterstützend eingesetzt werden. In der Übergangsphase aber müssen die Minderheiten- und Volksgruppenrechte verstärkt werden.

Der Gedanke des Minderheitenschutzes ist durch das Versagen des Völkerbunds nach dem Ersten Weltkrieg auf diesem Gebiet in Verruf geraten. Außerdem sind die Gruppenrechte in den ersten Jahrzehnten nach dem Zweiten Weltkrieg zugunsten der individuellen Menschenrechte in den Hintergrund getreten. Heute aber ist weltweit eine allgemeine Rückbesinnung auf Gruppenrechte zu verzeichnen. Art. 27 des 1976 in Kraft getretenen »Internationalen Pakts über bürgerliche und politische Rechte« wird als ein erster Ansatz hierfür gesehen, der durch zahlreiche weitergehende völkerrechtliche Instrumente vertieft wurde. Auf europäischer Ebene haben indes starke Widerstände eine verbindliche Regelung bis heute verhindert. Die Bemühungen um eine solche Regelung verdienen Unterstützung, auch wenn sie als unzureichend angesehen werden müssen, nicht zuletzt wegen der Begrenzung auf Staatsangehörige der Territorialstaaten, die nur historisch zu verstehen ist.

Die Frage, ob und unter welchen Voraussetzungen zugewanderte Minderheiten/Volksgruppen in den Genuss eines innerstaatlichen und völkerrechtlichen Gruppenschutzes gelangen können, muss noch geklärt werden. Völlig außerhalb der Begriffswelt des geltenden Völker- und Staatsrechts stehen zum Teil nicht-sesshafte Volksgruppen wie Sinti und Roma, weil Völker- und Staatsrecht von der Sesshaftigkeit ausgehen. Ihr Schutz verlangt daher besondere Normierungen, die noch gefunden werden müssen.

Ein weiteres Sonderproblem bilden ethnische Gruppen, die nicht in geschlossenen Siedlungsgebieten leben. Bei ihnen hilft auch das traditionelle Instrument der territorialen Autonomie nicht. Die Völkerrechtswissenschaft hat hierzu aber schon vor längerer Zeit den Begriff der personalen Autonomie entwickelt. Sie ermöglicht einen Gruppenschutz auch ohne geschlossenes Siedlungsgebiet. Das Konzept ist in gemischt besiedelten Gebieten Österreich-Ungarns (z.B. in Mähren seit 1905, in der Bukowina seit 1910) mit Erfolg praktiziert worden. Die Gefahr des Separatismus, die von Gegnern der Minderheiten- bzw. Volksgruppenrechte und des Selbstbestimmungsrechts der Völker hervorgehoben zu werden pflegt, kann gerade durch die Gewährung von Gruppenrechten vermindert werden.

9 Migrationspolitik und Zuwanderungsrecht, Staatsbürgerschaft und Integration (Michael Wollenschläger)

9.1 Bestandsaufnahme

Im grenzüberschreitenden Wanderungsgeschehen der letzten Jahrzehnte ist die Bundesrepublik Deutschland längst zu einem Einwanderungsland geworden, wenn auch nicht im Sinne der »klassischen« überseeischen Einwanderungsländer. Die Zuwanderung selbst beruht auf unterschiedlichen Rechtsnormen, die teilweise im Verfassungsrecht, im Völker- und Vertragsrecht, im europäischen Recht, im EG-Recht und in Regierungsabkommen verankert sind. Diese Vielfalt der Rechtsnormen führt zu Unterschieden im rechtlichen Status der Zuwanderer. Hinzu kommen verschiedene Vorstellungen in der Politik auf der Ebene der Bundesländer. Diese Vorstellungen waren und sind weitgehend konzeptionslos. Sie haben nicht umfassend dem Umstand Rechnung getragen, dass Deutschland faktisch ein Einwanderungsland geworden ist, das allerdings keine aktive Einwanderungspolitik betreibt. Dies muss sich ändern.

9.2 Handlungsbedarf und Handlungsspielräume

Aus dem geltenden Ausländerrecht spricht überwiegend die Ordnungs- und Sicherungsfunktion und nicht die Gestaltungs- und Befriedungsfunktion des Rechts. Erst angesichts des Anstiegs der Zuwanderung und der ausländerfeindlichen Ausschreitungen häuften sich Forderungen nach politischen Reaktionen auf die Zuwanderung und ihre sozialen Folgen. Der rechtliche Handlungsbedarf hat unübersehbare Gründe. Dazu zählen insbesondere die starke Ausländerbevölkerung, die schon lange innerhalb der deutschen Grenzen lebt, die Bevölkerungsentwicklung in Deutschland und in der Europäischen Gemeinschaft, der – trotz Abnahme der Asylanträge – anhaltende Zuwanderungsdruck auf Deutschland und andere Staaten der Europäischen Gemeinschaft, aber auch die zu erwartenden Wanderungsbewegungen im Europäischen Binnenmarkt.

Das Ausländerrecht darf in diesem Zusammenhang nicht länger als Instrument zur Verhinderung von Zuwanderung eingesetzt werden. Es hat vielmehr den durch die Entwicklungen der letzten Jahrzehnte eingetretenen Wandel aktiv zu gestalten. Gefordert ist also eine aktive Zuwanderungspolitik und damit eine Umgestaltung des gesamten Ausländerrechts. Gleichzeitig muss das Recht zur Erhöhung der Rechtssicherheit der ausländischen Minderheiten und zur Gestaltung des Zusammenlebens mit der einheimischen Mehrheit dienen.

9.3 Gestaltungsperspektiven und Optionen

Verfassungs-, europa- und völkerrechtliche Vorgaben beschränken die Handlungsspielräume des nationalen Gesetzgebers. Überdies ist im demokratischen Staat das »Ob« und »Wie« rechtlicher Reaktionen des Staates auf gesellschaftliche Veränderungen ohnehin immer nur als Ergebnis des Ausgleichs widerstreitender Interessen möglich. Insgesamt müssen folgende Bereiche neu gestaltet werden:

Einwanderung: Auf nationaler und europäischer Ebene ist zu prüfen, wie die wirtschaftlich motivierte Zuwanderung durch Einwanderungsgesetzgebung in geregelte Bahnen gelenkt werden kann. Illegale Zuwanderung ist zwar auch damit nicht zu verhindern, aber vielleicht zu verringern. Jährliche Quoten und konkrete Anforderungsprofile tragen zur Berechenbarkeit der Zuwanderung bei. Ängste der einheimischen Wohnbevölkerung können durch aktive Gestaltung abgebaut werden.

Staatsangehörigkeit und Staatsbürgerrechte: Der Erwerb der deutschen Staatsangehörigkeit ist zu erleichtern. Als rechtliches Band zwischen Individuen und Staat sollte jedem legal Zugewanderten, der auf Dauer in der Bundesrepublik Deutschland bleiben will, nach einer Aufenthaltsdauer von fünf Jahren ein Anspruch auf Einbürgerung eingeräumt werden. Eine hierdurch eintretende Doppel-/Mehrstaatigkeit darf, trotz schwieriger internationaler Rechtsfragen, kein Hinderungsgrund sein. Nur durch den Erwerb der Staatsangehörigkeit wird der Einwanderer zu einem gleichberechtigten Mitglied der staatlich verfassten Gesellschaft. Außerdem ist erneut zu prüfen, ob Zuwanderer nicht vor der Einbürgerung bereits einzelne staatsbürgerliche Rechte – wie z.B. das kommunale Wahlrecht – erhalten sollten. Für Staatsangehörige der Europäischen Gemeinschaft ist dies im EG-Vertrag vorgesehen. Das Grundgesetz ist dafür schon geändert worden.

Integration: Im Sozial- und Berufszulassungsrecht müssen integrationshemmende durch integrationsfördernde Vorschriften ersetzt werden. Verstärkte Anstrengungen im Bildungswesen erleichtern die

Eingliederung und fördern in der Aufnahmegesellschaft das Verständnis für die Probleme der Einwanderer. Die Eingliederungsmaßnahmen sollten sich an den bewährten Vorgaben bei der Integration von Flüchtlingen, Vertriebenen und Aussiedlern bzw. Spätaussiedlern orientieren. Die unterschiedliche Behandlung von Inländern und Ausländern durch das Grundgesetz – etwa bei Berufsfreiheit oder Freizügigkeit – hindert den einfachen Gesetzgeber nicht, Ausländern eine Stellung zu verschaffen, die über den gegenwärtigen Rechtszustand hinausgeht. Wünschenswert ist die rechtliche Gleichstellung, insbesondere in einem Antidiskriminierungsgesetz, auch wenn dies faktische Diskriminierungen nicht verhindern kann.

10 Das Ende der Lebenslügen: Plädoyer für eine neue Einwanderungspolitik (Claus Leggewie)

10.1 Von der »real existierenden« zur formellen Einwanderungspolitik

Einwanderungspolitik im weitesten Sinne umfasst alle staatlichen Maßnahmen und gesellschaftlichen Initiativen, die grenzüberschreitende Wanderungsprozesse konsensfähig und effektiv zu steuern suchen. Das kann in Deutschland auf verschiedene Weise geschehen, implizit oder explizit:

Eine erste Möglichkeit wäre eine Fortsetzung des bisherigen, »liberal« akzeptierten Sickerprozesses. Die staatliche (Nicht-)Entscheidung bestand dabei darin, Einwanderung zwar nicht ausdrücklich zu fördern, aber geschehen zu lassen, und sich mit dem Ergebnis »ausländerpolitisch« auseinanderzusetzen. Dies geschieht restriktiv gegenüber der Ausländerbevölkerung aus Nicht-EG-Ländern; denn ein großzügiges Niederlassungsrecht bis hin zur Einbürgerung der eingewanderten Familien besteht nur für »EG-Europäer«. Auf diese Weise vollzieht sich Einwanderung ohne aktive, planende Gestaltung des Aufnahmelandes – und der Einwanderer selbst. Auch sie erkennen sich erst in dem Moment als Einwanderer, in dem sie um die deutsche Staatsangehörigkeit nachsuchen, sofern sie eine reale Chance dazu haben. Ergebnis sind Unübersichtlichkeit und Unsicherheit auf beiden Seiten und nicht zuletzt auch Spannungen zwischen beiden Seiten.

Die Alternative besteht in formeller gesetzlicher Regelung und Institutionalisierung der Einwanderung im Rahmen einer Gesamtkonzeption mit klar abgesteckten Handlungsspielräumen und Zielvorstellungen. Danach ist festzulegen, wie viele und welche Einwanderer kommen sollen. Geeignete Instrumente zur sozialen Integration sind bereitzustellen. Der Vorteil einer vorausschauenden Einwanderungspolitik liegt darin, dass ein konfliktbeladener, für populistische Kampagnen geeigneter Prozess entdramatisiert, also durch staatliche Planung und Regelung »normalisiert« wird. Es wird transparent und kontrollierbar, wie viele Einwanderer jährlich ins Land kommen und was arbeitsmarkt- und sozialpolitisch für ihre Eingliederung getan werden muss.

Dies geschieht derzeit nur in Bezug auf deutschstämmige Aussiedler aus Osteuropa. Diese »realexistierende« deutsche Einwanderungspolitik hat, im Unterschied zu derjenigen anderer Staaten, ein ethnisches Privileg. Die politische Frage ist, ob im Hinblick auf die kaum abwendbare Überalterung der deutschen Bevölkerung in großem Umfang auch eine Öffnung für nicht-deutsche Gebietsfremde vorzusehen ist, wenn der Zustrom deutschstämmiger Aussiedler versiegt sein wird.

Gegen eine vorausschauende Einwanderungspolitik wendet sich eine wachsende, militante »Anti-Immigrations-Partei« an den Wahlurnen, auf den Straßen und an den Stammtischen. Lässt man indes die in Umlauf gesetzten Horrorgemälde von Überfüllung und Überfremdung beiseite, dann spricht vieles für eine vorsorgende und ganzheitliche Politik der Öffnung für Einwanderung. Auch wenn Einwanderung in größerem Stil erst nach der Jahrtausendwende geboten sein sollte, so gibt dafür bereits jetzt die notwendigen gesetzlichen, institutionellen und nicht zuletzt psychologischen Voraussetzungen zu schaffen.

10.2 Wanderungssteuerung durch Einwanderungspolitik

Einwanderer im strengen Sinne sind Personen, die – im Gegensatz zu Flüchtlingen bzw. Asylsuchenden – aus freien Stücken in die Bundesrepublik einreisen, um hier auf Dauer ihren Lebensmittelpunkt zu finden. Dabei gibt es in der Wirklichkeit oft fließende Grenzen zwischen Aufenthaltswünschen mit offenem Zeithorizont und dauerhafter Bleibeabsicht. Das galt auch für das Gros der 1955–1973 angeworbenen »Gastarbeiter« und ihre Familien, die heutigen »Altfälle« einer nicht erkannten und nicht anerkannten Einwanderung. Motive von Einwanderern können so klar auch nur abstrakt von denen der Asylbewerber und Flüchtlinge unterschieden werden. Obgleich es auch hier in der Wirklichkeit vielerlei Überschneidungen gibt, ist diese Trennung doch unverzichtbar für die Formulierung einer künftigen Einwanderungs- und Flüchtlingspolitik.

Einwanderungspolitik ist nicht zu verwechseln mit humanitärer Entwicklungshilfe, wenngleich sie die Folgen der eigenen Reglements für Herkunftsländer von Einwanderern stets im Auge behalten muss. Sie setzt vielmehr die klar formulierten Interessen des Einwanderungslandes (z.B. an der Ausfüllung demographischer Lücken, am Ausgleich sozialpolitischer Defizite, an geeigneten Arbeitskräften usw.) an die erste Stelle und dann in Beziehung zu den Bedürfnissen potentieller Einwanderer im Rahmen der gültigen Verfassungs- und Menschenrechtsstandards. Das Einwanderungsland bestimmt also die Konditionen der Einwanderung – mit der Fixierung der Kontingente bzw. Quoten ebenso wie mit der Verbindlichkeit seiner Verfassungsordnung. Für eingewanderte Personen aber muss es ein Höchstmaß an politischer

Gleichstellung, sozialer Integration und kultureller Autonomie gewähren. Staatsbürgerliche Inklusion ist unabdingbar, wenn Einwanderung nicht das gesellschaftliche Konfliktpotential erhöhen soll: Obsolet ist deshalb eine »Einwanderungspolitik«, die nur Zuwanderung regelt, ohne politische Zugehörigkeit und Teilhabe zu garantieren. Die künftige Einwanderung ist nach Größenordnung (Kontingente), Zusammensetzung und Herkunft (Quoten) zu bestimmen. Die Höhe der jährlichen Einwanderung (durch Familiennachzug und Aussiedlerzuwanderung derzeit rund 350000 Personen) ist in bundesgesetzlich definierten Handlungsspielräumen je nach Bevölkerungs- und Wirtschaftsentwicklung kurz- und mittelfristig festzulegen. Einwanderer haben ihre Anträge grundsätzlich vom Ausland aus zu stellen. Übersteigt die Zahl der Anträge das vorgesehene Kontingent, muss über geeignete Verfahren (Punktesystem) nach den Kriterien von Herkunft (bei Familiennachzug im engeren Sinne), Qualifikation und Alter der Bewerber gewichtet werden. Personen, die einen Asylantrag gestellt haben, sollten erst nach einer angemessenen Frist als Einwanderer Berücksichtigung finden können. Nötig ist eine Abgleichung (aber nicht »Verrechnung«) mit Asylbewerbern, Kontingentflüchtlingen und Übersiedlungen von europäischen »Unionsbürgern«. In Zuwanderungsfragen soll indes nicht allein die Arbeitsmarktlage den Ausschlag geben. Es müssen – jenseits von Flüchtlings- und Entwicklungshilfe im engeren Sinne – auch in der Einwanderungspolitik selbst humanitäre Aspekte Berücksichtigung finden.

Im Zentrum der Einwanderungspolitik sollte eine leitende exekutive und konzeptuell tätige Behörde stehen, möglichst ein Bundesministerium für Migration, Integration und multikulturelle Angelegenheiten. Es bündelt die bisher in verschiedenen Ressorts (Ministerien des Inneren, für Arbeit und Sozialordnung, der Justiz) verstreuten Aufgaben und koordiniert sie mit den Ländern und Gemeinden. Hinzu kommt die Abstimmung auf europäischer Ebene; denn Einwanderungspolitik im nationalen Alleingang ist in Europa nicht mehr vorstellbar.

Die Leistungsfähigkeit von Einwanderungspolitik ist letztlich an zwei hochbrisanten Indikatoren ablesbar: einerseits am Umfang der illegalen Einwanderung und damit an der Fähigkeit des Staates, die beanspruchte Steuerung praktisch durchzusetzen; andererseits am Ausmaß der gegen Einwanderung gerichteten Agitation; denn es geht bei der Einwanderungspolitik nicht nur um Steuerung, sondern auch um Legitimation. Einwanderungspolitik kann nicht gegen die einheimische Bevölkerung gemacht werden. Weil Einwanderungspolitik Legitimationsprobleme aufwirft, muss sie konsensfähig sein und bedarf deshalb der aktiven Werbung in der Aufnahmegesellschaft. Nötig dazu ist der Abschied von den Horrorgemälden und die pragmatische Erschließung eines zu lange vernachlässigten politischen Gestaltungsbereichs.

* * *

Die Herausforderungen auf nationaler Ebene sind mit denen auf europäischer und globaler Ebene verschränkt. In diesem Manifest war von Perspektiven für Deutschland die Rede. Europäische Aufgaben vor globalem Hintergrund wurden nur in Rahmenbezügen gestreift. Europa hat nicht nur die Chance, sondern auch genügend Gewicht in Weltpolitik und Weltwirtschaft, um in den Herkunftsregionen der auf Europa gerichteten Wanderungsströme die Lebensbedingungen zu verbessern und den Wanderungsdruck zu verringern. Es geht nicht nur um das wirtschaftliche Können, sondern auch um das politische Wollen. Solche Fähigkeiten zu solidarischem und präventivem Handeln können freilich nicht ohne Veränderungen in Werthaltungen, Lebens- und Konsumstilen in den europäischen Gesellschaften entstehen. Dieser Lernprozess muss in der eigenen Gesellschaft beginnen.

Eine Festungsmentalität und ein Festhalten an eigenen Vorteilen, die andernorts migrationsfördernde Lebensbedingungen erzeugen, sind auch im langfristigen Eigeninteresse kontraproduktiv. Es geht in Deutschland und Europa nicht nur um globalen Altruismus, sondern um Einsichten in dieses Eigeninteresse und um die politische Klugheit, daraus rechtzeitig Konsequenzen zu ziehen. Noch lässt die Migrationspolitik in Deutschland und Europa diese Klugheit vermissen – langfristig zum eigenen Schaden.

Die Autoren
Prof. Dr. Klaus J. Bade, Neueste Geschichte, Direktor des Instituts für Migrationsforschung und Interkulturelle Studien (IMIS) der Universität Osnabrück.
Prof. Dr. Ursula Boos-Nünning, Ausländerpädagogik, Stellv. Leiterin des Instituts für Migrationsforschung, Ausländerpädagogik und Zweitsprachendidaktik (IMAZ/GB Essen.
Prof. Dr. Friedrich Heckmann, Soziologie, Leiter des europäischen forums für migrationsstudien (efms) an der Universität Bamberg.
Prof. Dr. Claus Leggewie, Politikwissenschaft, Universität Gießen.
Prof. Dr. Otto Kimminich, Öffentliches Recht, Universität Regensburg.
Prof. Dr. Meinhard Miegel, Direktor des Instituts für Wirtschaft und Gesellschaft (IWG), Bonn.
Prof. Dr. Rainer Münz, Demographie, Humboldt-Universität Berlin.
Prof. Dr. Dieter Oberndörfer, Politikwissenschaft, Universität Freiburg i. Br., Direktor des Arnold-Bergstraesser-Instituts.
Prof. Dr. Peter J. Opitz, Politikwissenschaft, Leiter der Forschungsstelle Dritte Welt am Geschwister-Scholl-Institut der Universität München.
Prof. Dr. Michael Wollenschläger, Öffentliches Recht und Sozialrecht, Universität Würzburg, Präsident des Wiss. Beirates der Forschungsgesellschaft für das Weltflüchtlingsproblem (AWR).

Die Mitunterzeichner

Prof. Dr. Hermann Bausinger, Ludwig-Uhland-Institut für empirische Kulturwissenschaft, Universität Tübingen.

Prof. Dr. Wolfgang Benz, Neuere Geschichte, Leiter des Zentrums für Antisemitismusforschung, Technische Universität Berlin.

Prof. Günter Bierbrauer, Ph. D., Sozial-, Rechts- und Interkulturelle Psychologie, Universität Osnabrück.

Prof. Dr. Herwig Birg, Direktor des Instituts für Bevölkerungsforschung und Sozialpolitik, Universität Bielefeld.

Prof. Dr. Bernhard Blanke, Institut für Politische Wissenschaft, Universität Hannover.

Dr. Jochen Blaschke, Leiter des Berliner Instituts für Vergleichende Sozialforschung (BIVS).

Prof. Dr. Hans-Georg Bohle, Direktor am Institut für Kulturgeographie, Universität Freiburg i. Br.

Prof. Dr. Dr. Karl Martin Bolte, Institut für Soziologie, Universität München.

Prof. Dr. Micha Brumlik, Erziehungswissenschaften, Universität Heidelberg.

Prof. Dr. Brun-Otto Bryde, Öffentliches Recht und Wissenschaft von der Politik, Universität Gießen.

Prof. Dr. Friedrich Buttler, Direktor des Instituts für Arbeitsmarkt- und Berufsforschung der Bundesanstalt für Arbeit, Nürnberg.

Prof. Dr. Eberhard Eichenhofer, Bürgerliches Recht und Sozialrecht, Universität Osnabrück.

Prof. Dr. Hartmut Esser, Soziologie und Wissenschaftslehre, Universität Mannheim.

Prof. Dr. Jürgen Fijalkowski, Politikwissenschaft, Leiter der Forschungsstelle Arbeitsmigration, Flüchtlingsbewegungen und Minderheitenpolitik, Freie Universität Berlin.

Prof. Dr. Günter Frankenberg, Rechtswissenschaften, Institut für Sozialforschung, Universität Frankfurt a.M.

Prof. Dr. Peter Graf, Interkulturelle Pädagogik, Universität Osnabrück.

Prof. Dr. Gerhard Grohs, Institut für Ethnologie und Afrika-Studien, Universität Mainz.

Prof. Dr. Dr. Reimer Gronemeyer, Institut für Soziologie, Universität Gießen.

Prof. Dr. Ingrid Haller, Migrationssoziologie, Interkulturelles Lernen, Universität/GH Kassel.

Prof. Dr. Wilhelm Heitmeyer, Pädagogik, Interdisziplinäre Forschungsgruppe für multi-ethnische Konflikte, Universität Bielefeld.

Priv. Doz. Dr. Ulrich Herbert, Neuere Geschichte, Wiss. Direktor der Forschungsstelle für die Geschichte des Nationalsozialismus in Hamburg.

Prof. Dr. Dirk Hoerder, Neuere Geschichte, Universität Bremen.

Prof. Dr. Diether Hopf, Max-Planck-Institut für Bildungsforschung, Berlin.

Prof. Dr. Wolfgang Huber, Systematische Theologie (Ethik), Universität Heidelberg.

Prof. Dr. Arthur E. Imhof, Historische Demographie, Freie Universität Berlin.

Prof. Dr. Heiko Körner, Wirtschaftspolitik, Technische Hochschule Darmstadt.

Prof. Dr. Hermann Korte, Institut für Soziologie, Universität Hamburg.

Prof. Dr. Reinhard Kreckel, Soziologie, Universität Halle-Wittenberg.

Prof. Dr. Marianne Krüger-Potratz, Leiterin der Arbeitsstelle Interkulturelle Studien/Ausländerpädagogik, Universität Münster.

Prof. Dr. Rainer Mackensen, Institut für Soziologie, Technische Universität Berlin.

Prof. Dr. Max Matter, Institut für Kulturanthropologie und Europäische Ethnologie, Universität Frankfurt a.M.

Dr. Ursula Mehrländer, Leiterin der Abt. Arbeits- und Sozialforschung des Forschungsinstituts der Friedrich-Ebert-Stiftung, Bonn.

Prof. Dr. Bernhard Nauck, Soziologie, Technische Universität Chemnitz-Zwickau.

Prof. Dr. Aylâ Neusel, Soziologie, Wiss. Zentrum für Berufs- und Hochschulforschung, Universität/GB Kassel.

Prof. Dr. Franz Nuscheler, Politikwissenschaft, Leiter des Instituts für Entwicklung und Frieden (INEF), Universität/GB Duisburg.

Prof. Dr. Dr. Els Oksaar, Institut für allgemeine Sprachwissenschaft und Indogermanistik, Universität Hamburg.

Prof. Dr. Christian Pfeiffer, Leiter des Kriminologischen Forschungsinstituts Niedersachsen, Hannover.

Prof. Dr. Ulrich K. Preuß, Öffentliches Recht und Verwaltungswissenschaften, Zentrum für europäische Rechtspolitik (ZERP), Universität Bremen.

Prof. Dr. Dr. Trutz Rendtorff, Institut für systematische Theologie, Universität München.

Prof. Dr. Dr. Horst-Eberhard Richter, Leiter des Sigmund Freud Instituts, Frankfurt a.M.

Prof. Dr. Helmut Rittstieg, Öffentliches Recht, Universität Hamburg.

Prof. Dr. Dr. Bert Rürup, Finanzwissenschaft, Institut für Volkswirtschaftslehre, Technische Hochschule Darmstadt.

Prof. Dr. Wolfram Schüffel, Zentrum für Innere Medizin, Abt. Psychosomatik, Universität Marburg.

Prof. Dr. Axel Schulte, Institut für Politische Wissenschaft, Universität Hannover.

Prof. Dr. Faruk Şen, Direktor des Zentrums für Türkeistudien, Universität/GB Essen.

Prof. Dr. György Széll, Soziologie, Universität Osnabrück.

Prof. Dr. Dietrich Thränhardt, Institut für Politikwissenschaft, Universität Münster.

Prof. Dr. Albrecht Weber, Öffentliches Recht, Institut für Europarecht, Universität Osnabrück.

Prof. Dr. Werner Weidenfeld, Institut für Politikwissenschaft, Universität Mainz.

Priv. Doz. Dr. Manfred Wöhlcke, Stiftung Wissenschaft und Politik, Ebenhausen.

3.2 »Fremdenfeindlichkeit ist das Ergebnis einer Politik der Versäumnisse«, Interview (Jochen Arntz),
in: Kölner Stadt-Anzeiger, 7.12.1993.

Herr Bade, im »Manifest der 60« sprechen 60 Wissenschaftler für ein Einwanderungsgesetz. Sie nennen die 80er Jahre ein verlorenes Jahrzehnt für die Einwanderungspolitik. Was wurde versäumt?
Einwanderung wurde tabuisiert und dementiert unter dem Stichwort »Die Bundesrepublik ist kein Einwanderungsland«. Was man tabuisierte, konnte man nicht gestalten. Die Themen Einwanderung und Eingliederung von Minderheiten sind als solche gesellschaftspolitisch nicht gefährlich. Sie können es aber werden, wenn man bei ihrer politischen Gestaltung versagt. Mit den Folgen dieser Versäumnisse – wie Fremdenfeindlichkeit – haben wir heute zu tun. Fremdenfeindlichkeit ist keine natürliche Folge von Zuwanderungsdruck, sondern Ergebnis einer verfehlten Politik.

Sie fordern ein Einwanderungsministerium. Welche Aufgaben müsste es angehen?
Das Ministerium soll Konzepte für die Bereiche Zuwanderung und Eingliederung entwickeln und fortschreiben. Und es soll die Schaltstelle zwischen Bund und Ländern einerseits und andererseits eine Brücke zwischen nationaler und europäischer Migrationspolitik sein. Außerdem kann ein solches Ministerium dazu beitragen, die Bereiche Ausländer, Aussiedler und Asyl besser zu koordinieren.

Sie schlagen ein Einwanderungsgesetz mit Quoten und Kontingenten vor. Wer dürfte, wer sollte kommen?
Wir brauchen die klare Unterscheidung zwischen dem Bereich Einwanderung und dem Bereich Flucht und Asyl. Bei der Einwanderung geht es um die kalkulierbaren Interessen des Einwanderungslandes...

Welche Interessen der Bundesrepublik sehen Sie?
Das Einwanderungsland hat ökonomische und soziale Interessen an Einwanderern. Es hat aber auch mit Eingliederungsproblemen zu tun. Es wäre ein Trugschluss, zu sagen, die Bevölkerung in der Bundesrepublik nimmt ab, also brauchen wir genauso viel Zuwanderung. Das ist Unsinn. Zuwanderung hat im Sinne des Sozialstaates nur dann einen Sinn, wenn die Zuwanderer ihren Beitrag zum Generationenvertrag leisten können, wenn sie sozialversichert beschäftigt sind.

Sind das nicht Konzepte, die man in den 60er Jahren hätte aufstellen können? Heute geht es doch darum, wie wir Armutswanderer integrieren könnten, wenn wir dies denn wollten?
Wenn schon, dann waren dies Probleme der 80er Jahre. Und richtig, die Antworten hätten schon damals gegeben werden müssen. Aber einmal abgesehen von Armutswanderern und Verfolgten – der normale Einwanderer taucht bis heute gar nicht bei uns auf, weil er nach den Gesetzen nicht auftauchen darf. Gäbe es ein Einwanderungsgesetz, würden viele, die bisher über das Asylrecht ins Land zu kommen versuchen, diesen normalen Weg wählen. Dass wir uns für diese Einwanderung einsetzen, heißt nicht, dass wir nicht auch Ursachen von Flucht und Auswanderung bekämpfen wollen.

Es geht Ihnen also nicht nur um unsere ökonomischen Interessen?
Nein, Migrationspolitik heißt nicht, nur den ökonomischen und sozialen Interessen des Einwanderungslandes langfristig zu entsprechen. Es heißt auch, einen entscheidenden Beitrag zum sozialen Frieden und zur kulturellen Toleranz zu leisten. Tun wir dies nicht, können wir schon heute die Opfer der Fremdenfeindlichkeit von morgen zählen.

Wären die Erfahrungen der Bundesrepublik mit der Integration von deutschstämmigen Aussiedlern modellhaft für die Eingliederung von Ausländern?
Ja, das könnte Vorbild sein und sollte ausgedehnt werden auf alle Menschen, die länger und auf Dauer bei uns sind. Migranten haben keinen Rechtsanspruch auf Integrationshilfen, die Aussiedlern zustehen. Die Aussiedlerintegration ist mustergültig – aber dann, bitte schön, sollte so etwas für alle Einwanderer angeboten werden.

3.3 Rückblick auf das Manifest, I: Heribert Prantl, Als die Politik aus dem Tiefschlaf gerissen wurde,
in: Rat für Migration/Jüdisches Museum Berlin (Hg.), Dokumentation der Tagung »Migrations- und Integrationspolitik heute«, Berlin 22.11.2013, S. 17–19.

Das »Manifest der 60«, das Klaus J. Bade vor 20 Jahren zusammen mit anderen Wissenschaftlern geschrieben hat, ist ein Einwanderungsmanifest mit Empfehlungen an die Politik. Es hat die Debatten nachhaltig geprägt. Hat es Deutschland verändert? Vielleicht mehr, als Bade selbst glaubt.

Die Integration ist besser als ihr Ruf. Nach Jahrzehnten des Stillstands hat sich in den vergangenen fünf bis zehn Jahren nämlich viel, sehr viel getan. Die Integration der Einwanderer in Deutschland ist möglicherweise ein Stück weiter als die Debatte darüber, sie ist weiter als es das gewaltige Echo, das Thilo Sarrazin gefunden hat, vermuten lassen könnte.

Wenn man sich, wie Bade in Bezug auf seine eigene Person in seinem neuen Buch beschreibt, »im Zielfernrohr gewaltbereiter Agitatoren« bewegen muss und »bei öffentlichen Auftritten polizeilichen Saalschutz oder gelegentlich sogar Personenschutz aufgedrückt« bekommt, mag man sich vorkommen wie der Prophet, der in die Wüste ruft.

Aber die Wüste lebt.

Sarrazin hat suggeriert, die Integration der Muslime sei, wegen ihrer angeblich mangelhaften Intelligenz, gar nicht wünschenswert. Er hat damit auch eine den Medien eigene Lust an Skandal, an Desaster und Katastrophe befriedigt. Er hatte sein Buch mit vergifteten Toner gedruckt. Und jede Talkshow leckte daran und prüfte, ob und wie das schmeckt: Prüfen wird man noch dürfen.

All das kann man mit einem klugen Manifest nicht verhindern. Doch Integration heißt: den Schutt immer wieder wegschaufeln. Das gebietet die Staatsräson, die politische Klugheitslehre – und dass verlangt die Demokratie, die ja nichts anderes ist als eine Gemeinschaft, die ihre Zukunft miteinander gestaltet. Miteinander, nicht gegeneinander.

Vorbereitung auf die dritte deutsche Einheit
Miteinander, nicht gegeneinander: das war auch der rote Faden des Manifests der 60. Gemeinsam mit den Migranten in Deutschland: Damit beginnt die dritte deutsche Einheit. Die erste deutsche Einheit begann 1949 mit der Integration der Flüchtlinge und Vertriebenen nach dem Zweiten Weltkrieg. Die zweite deutsche Einheit begann 1989 mit dem Fall der Mauer. Die dritte deutsche Einheit wurde mit dem »Manifest der 60« vorbereitet.

Es ging und geht darum, die Mauer, die die alteingesessene und von der eingewanderten Gesellschaft trennt, zu überwinden. Türkischstämmige Abgeordnete wie Lale Akgün von der SPD, Cem Özdemir und Elkin Deligöz von den Grünen haben an dieser Mauer schon gerüttelt. Die ersten Ministerinnen mit türkischem Namen, in Niedersachsen und in Baden-Württemberg, haben Steine aus dieser Mauer herausgebrochen. Es zeigt sich, dass man nicht nur in die Parlamente, sondern auch in hohe Regierungsämter kommen kann, wenn man keinen klassisch deutschen Namen hat.

Die deutsche Politik hat grausam lange die Augen davor verschlossen, dass aus Gastarbeitern Einwanderer geworden sind. Als sie merkte, dass man – so Max Frisch – Arbeitskräfte gerufen hatte und Menschen gekommen waren, wollte sie aus ihnen Rückkehrer machen; man wollte sie also wieder loswerden. Statt intensiver Integrationsmaßnahmen, wie sie schon 1979 Heinz Kühn, der erste Ausländerbeauftragte der Bundesregierung, gefordert hatte, flüchteten sich sowohl die Regierungspolitik von Helmut Schmidt als auch die von Helmut Kohl in Rückkehrprogramme; man programmierte den Anwerbestopp, produzierte Rückkehrförderungsgesetze, zahlte Handgelder und hielt das für ein Patentrezept. Das ist lange her, hatte aber langen negativen Nachhall. Nur allmählich kehrt die Migrantengeneration ein in die deutsche Gesellschaft. Das »Manifest der 60« gehörte zu den Wegweisern.

Knoblauch wurde schneller akzeptiert als Türken
Einwanderung verändert die Gesellschaft: die meisten Deutschen haben sich lange nicht bewusst gemacht, wie tief diese Änderung geht. Wir als Bürger haben, als uns klargeworden ist, dass die meisten Einwanderer nicht mehr in ihre alte Heimat zurückkehren, mehr oder weniger fordernd auf deren Integration gewartet und geglaubt, wir erbrächten unsere eigene Integrationsleistung schon damit, dass wir Döner Kebab essen. Aber der Umsatz der ausländischen Gaststätten in Deutschland ist kein Gradmesser für Integration. Integration ist mehr als das In-sich-Hineinstopfen von Dingen, die einem schmecken, und sie ist mehr als die Annahme von Leistungen, die man gerade braucht.

Nur im Strafrecht gilt der Satz: »Die Insichnahme ist die intensivste Form der Ansichname.« Der Juraprofessor erzählt diesen schönen Satz seinen Studenten im strafrechtlichen Seminar, wenn dort über die Probleme diskutiert wird, die sich ergeben, wenn ein Dieb Nahrungsmittel stiehlt und sie sofort verputzt. Würde der Satz auch für unsere Einwanderungsgesellschaft gelten, wäre die schon erheblich weiter.

Lassen wir die alte Bedriye Furtina erzählen, wie sie in den 60er Jahren nach Hamburg kam und Tellerwäscherin wurde. Sie erzählt, wie die Deutschen damals lernten, was man mit Auberginen, Paprika und Zucchini eigentlich so anstellt. Rezepte wurden auf dem Markt verteilt und die Gemüse vor aller Augen zubereitet: »Aber wenn man Knoblauch gegessen hatte, mochte Gott einem beistehen, dann spuckten die Deutschen einem fast ins Gesicht – und heute essen sie mehr Knoblauch als wir.« Der Knoblauch wurde schneller akzeptiert als die Türken; der Knoblauch hat eben keine Religion.

Jahrzehntelang stritt die deutsche Politik darüber, ob Deutschland nun Einwanderungsland ist oder nicht. Diskussionen über Ausländerpolitik liefen ab wie ein mittelalterliches Ritterstück: Die Kontrahenten standen sich schnaubend gegenüber, auf den Schilden der einen stand »Deutschland braucht Einwanderer«, auf den Schildern der anderen stand an »Deutschland ist kein Einwanderungsland«. Die Gegner legten die Lanzen ein, sprengten aufeinander los, es war ein Getrampel und ein Geklirre – und dann flog einer aus dem Sattel. Sodann legte sich der Staub, und die Sache ging wieder von vorn los.

Diese Ausländerpolitik war der GAU der deutschen Politik. Das lag auch daran, dass sie nicht für die Ausländer, nicht für die Zuwanderer, nicht für die Neubürger gemacht wurde, sondern für die eingesessenen deutschen Wähler. Sie waren die alleinigen Adressaten. Und im Umschlag mit der falschen Adresse steckte auch noch eine falsche Politik – eine, die den Einwanderer vor allem als Störer und Sicherheitsrisiko beschrieb.

Fremdenfeindliche Grundstimmung: immer neue Zielgruppen
Das bezeichnende Dokument dieser Verwirrung war der Entwurf eines neuen Ausländerrechts vom 1. Februar 1988, entstanden unter den CSU Bundesinnenminister Friedrich Zimmermann. Dieser Gesetzent-

wurf ging davon aus, dass deutsche Interessen nur gegen die Einwanderer durchgesetzt werden können. Deutschland war ein Einwanderungsland ohne Einwanderungspolitik, aber mit viel aggressiver Gehässigkeit. Dazu gehörten die Anschläge und Attentate auf Einwanderer und Flüchtlinge vor allem zu Beginn der Neunzigerjahre. Eine fremdenfeindliche Grundstimmung suchte sich immer neue Zielgruppen: Ende der 60er Jahre waren es Italiener, Ende der 70er wurden es die Türken seit Mitte der 80er sind es vor allem Asylbewerber, Afrikaner, Muslime. Friedrich der Große, der einst die in Frankreich verfolgten Hugenotten in Preußen ansiedelte und nach ihrer Fasson selig werden ließ, hatte ein Einwanderungskonzept. Die Bundesregierung hatte es nicht.

Das »Manifest der 60« von 1993 brachte die Wende – oder zumindest dazu bei. 2005 kam dann endlich das neue Zuwanderungsgesetz, dass nicht Einwanderungsgesetz heißen durfte. Es hatte eigentlich, nach den Entwürfen von Expertenkommissionen aller Parteien, einen großen bunten Teppich weben sollen, auf den Integration stattfinden kann. Es wurde nur ein Topflappen daraus. Mit diesem Topflappen werden seitdem, immerhin, die Probleme angepackt. 2006 beriefen die Kanzlerin und ihre Integrationsbeauftragte Maria Böhmer den Integrationsgipfel ein, Bundesinnenminister Wolfgang Schäuble gründete die Deutsche Islamkonferenz.

Der Tiefschlaf der Politik war zu Ende.

3.4 Rückblick auf das Manifest, II: Klaus J. Bade, Zwanzig Jahre »Manifest der 60: Deutschland und die Einwanderung« (1993/94), in: MiGAZIN, 6.12.2013[2] (Auszug).

Das Manifest der Sechzig markierte in Deutschland ein festes Datum in der öffentlichen Diskussion um Migration und Integration. Wer das Buch zwanzig Jahre nach seinem Erscheinen einschätzen und bewerten will, muss es vor seinem zeitgeschichtlichen Hintergrund sehen. Erinnerungen des Herausgebers Klaus J. Bade.

Im November 1993 ging das »Manifest der Sechzig«[3] bei C. H. Beck in den Druck, das am »Institut für Migrationsforschung und Interkulturelle Studien« (IMIS) der Universität Osnabrück konzipiert worden war. Das Erscheinen dieser politikkritischen Programmschrift markierte in Deutschland ein festes Datum in der öffentlichen Diskussion um Migration und Integration. Wer das »Manifest der Sechzig« zwanzig Jahre nach seinem Erscheinen einschätzen und be-

werten will, muss es vor seinem zeitgeschichtlichen Hintergrund sehen.

Politische Erkenntnisverweigerung im Einwanderungsland

Die Integration der damals noch »Ausländer« genannten Einwanderer war im Deutschland der 1980er Jahre stetig vorangeschritten, im kommunalen Alltagserleben ebenso wie im Spiegel von Umfragen. Aus einer »Ausländerfrage« war eine Einwanderungsfrage, aus einem »Zuwanderungsland« ein echtes Einwanderungsland geworden. In seinen Grenzen begann sich eine kulturell vielfältige Einwanderungsgesellschaft zu entfalten.

Dieser unübersehbare Kultur- und Sozialprozess, der im griesgrämigen Einwanderungsland wider Willen zur verschämten Rede vom »De-facto-Einwanderungsland« führte, wurde politisch nicht zur Kenntnis genommen und in defensiver Erkenntnisverweigerung verdrängt. Es galt, zum Teil auch parteiübergreifend, das von der CDU noch bis zum Dresdener Parteitag 1992 aufrecht erhaltenen Motto: »Deutschland ist kein Einwanderungsland«. Dabei zeigte sich ein Paradox: Auf der kommunalen Ebene, also dort, wo sich Einwanderung vor aller Bürger Augen ereignete, wurde die fortschreitende soziale Integration der Einwanderer pragmatisch gefördert. Politik auf der Bundes- und zum Teil auch auf der Länderebene hingegen beharrte gleichzeitig darauf, dass Deutschland ein »Einwanderungsland« weder sein noch werden dürfe.

Die 1980er Jahre wurden deshalb in der politischen Gestaltung auf der Bundes- und vielfach auch auf der Länderebene – anders als auf der kommunalen Ebene – ein verlorenes Jahrzehnt: Es fehlte an den von Wissenschaftlern, aber auch von Gewerkschaften, Kirchen, Mittlerorganisationen, Ausländerbeauftragten und Migrantenorganisationen immer wieder vergeblich geforderten transparenten und der Bevölkerung zureichend vermittelten Konzepten für Migrations- und insbesondere Integrationspolitik als Kernbereiche der Gesellschaftspolitik.

Hintergrund von Irritationen und Frustrationen über Einwanderungsfragen bei vielen Bürgern war diese Abwesenheit von konzeptorientierter Politik in einer alltäglich erlebbaren und doch politisch für nicht-existent erklärten Einwanderungssituation. An deren Stelle traten vielfach populistische Ersatzhandlungen. Das galt vor allem für die immer wiederkehrenden, berüchtigten Anti-Ausländer- und Anti-Asylkampagnen zu Wahlkampfzeiten.

Besonders die politische und mediale Asyldebatte provozierte eine gefährliche Mischung von Wut und Angst: Die zentrale Anti-Asyl-Argumentation drehte sich dabei oft in immer gleichen Zirkeln: In der Regel wurden nur ca. 5 Prozent der Antragsteller als im engeren Sinne »politisch verfolgt« anerkannt und damit für asylberechtigt erklärt. Das von Politikern und Medien wider besseres Wissen immer wieder in Umlauf gebrachte und nicht aus der Welt zu

---
[2] http://www.migazin.de/2013/12/06/manifest-sechzig-deutschland-einwanderung/.
[3] K. J. Bade (Hg.), Das Manifest der 60: Deutschland und die Einwanderung, München 1994 (http://kjbade.de/bilder/Das Manifestder60.pdf).

schaffende falsche Argument, die abgelehnten übrigen 95 Prozent der Antragsteller seien »Wirtschaftsflüchtlinge«, war reine Demagogie. Es blamierte sich regelmäßig vor der Tatsache, dass einem erheblichen Teil der Antragsteller und ihren Angehörigen trotz der Ablehnung aus verschiedenen Gründen ein Flüchtlingsstatus zugesprochen oder doch Abschiebeschutz in Gestalt von Duldung auf Zeit gewährt werden musste.

Vor diesem Hintergrund wuchsen in weiten Teilen der Öffentlichkeit Überforderungsvorstellungen, soziale und kulturelle Ängste. Das hatte auch mit dramatischen Veränderungen im Wanderungsgeschehen selbst zu tun.

Politische Ratlosigkeit und Bürgerangst

Der Kalte Krieg hatte in Europa jahrzehntelang die Ost-West-Migration gedrosselt und damit im Westen auch die alten Ängste davor zurücktreten lassen. Als der Limes des Kalten Krieges Ende der 1980er Jahre zerbrach, wurde deutlich, dass er auch ein Bollwerk gegen die Ost-West-Wanderung gewesen war. 1989 bis 1992 wurden in Deutschland rund eine Million Asylsuchende gezählt; nicht eingerechnet unzählige Flüchtlinge, die keine Asylanträge stellten, weil sie sich damit nicht gegen ihr Herkunftsland stellen wollten. Die meisten stammten aus dem in Krieg und Bürgerkrieg blutig zerfallenden Vielvölkerstaat Exjugoslawien. Hinzu kam die um die Jahrzehntwende jährlich abrupt in die Hunderttausende hochschnellende Zahl von Aussiedlern aus Südost- und besonders aus Osteuropa sowie zusätzlich noch die im Vereinigungsprozess rapide steigende, nunmehr innerdeutsche Ost-West-Migration.

Dieses Zusammentreffen der verschiedenen, stark wachsenden Zuwanderungen und die Furcht vor ihrer weiteren Entfaltung schien furchterregende »Migrationsszenarien« und populistische Migrations-Menetekel zu bestätigen: Bedrohungsvisionen von gewaltigen »Strömen« und »Fluten« zunächst aus dem Osten Europas, dann möglicherweise auch aus dem Süden der Welt, schienen konkrete Gestalt anzunehmen.

Vergeblich warfen engagierte Wissenschaftler, Ausländerbeauftragte und Praktiker der Ausländerarbeit schon in den 1980er und besonders in den frühen 1990er Jahren immer wieder Hinweise in die erregte Debatte, dass viele Asylsuchende, Flüchtlinge und andere, z.B. saisonal beschäftigte Ausländer, das Land wieder verließen oder, wie z.B. Zehntausende von Roma-Flüchtlingen Anfang der 1990er Jahre, mehr oder minder zwangsweise »rückgeführt« wurden. Vergebens: Demographische Argumente vermochten gegen die alltägliche Erfahrung der de facto zunehmenden und von vielen Zeitgenossen als soziale und kulturelle Bedrohung empfundenen Begegnungen mit stets neuen »Fremden« immer weniger auszurichten; denn Kulturangst reagiert nicht auf rationale Argumente. Das lange fahrlässig gefüllte Fass lief über.

Bürgerwut und Explosion der Gewalt

Vor dem Hintergrund stark steigender Zuwanderungen und fehlender Konzepte zu ihrer Gestaltung schlugen die aufgestauten Frustrationen im vereinigten Deutschland Anfang der 1990er Jahre beobachtbar zunehmend um in fremdenfeindliche Aggressivität. »Wir warnen davor, das zentrale Politikfeld der Zuwanderung und Eingliederung zugewanderter Minderheiten weiter zu vernachlässigen«, warnte noch Ende August 1991 ein von mir initiierter, von mehreren Zeitungen übernommener Aufruf engagierter Professoren verschiedener Fachrichtungen: »Die Probleme der Zuwanderung und Eingliederung eingewanderter Minderheiten müssen endlich als entscheidende Zukunftsaufgabe deutscher und europäischer Politik begriffen und mit umfassenden Konzepten beantwortet werden. Die Lage wird sich zuspitzen, wenn nicht vorausschauend politisch gehandelt wird.«[4]

Eine politische Antwort blieb abermals aus. Dann wurden die immer wieder vergeblich vorgetragenen und auf politischer Seite überhörten oder »dementierten« Warnungen schlagartig furchtbare Wirklichkeit. Radikalisierte Gruppen, die sich als Vertreter der in »Politikverdrossenheit« schweigenden Mehrheit missverstanden, eröffneten eine Gewaltorgie gegen »Fremde«. Pogromstimmung entlud sich in gewalttätigen Ausschreitungen.

Von dem Überall auf ein Ausländerwohnheim im sächsischen Hoyerswerda im September 1991 ausgehend, raste ein Inferno fremdenfeindlicher Gewalt wie ein Flächenbrand durch Deutschland. Die Exzesse vom Hebst 1991 erregten weltweit Entsetzen und Abscheu – nicht weil sie deutsche Unikate waren, sondern weil sie vor dem Hintergrund des Schicksals von Minderheiten zur Zeit der nationalsozialistischen Gewaltherrschaft gesehen wurden.

Eine zweite Welle fremdenfeindlichen Terrors ging aus von den Rostocker Pogromnächten im August 1992. Die Flammen von Rostock-Lichtenhagen wirkten wie ein Fanal. An den verschiedensten Orten im Osten und Westen der Republik gab es in der Folge Brandanschläge auf die Unterkünfte von asylsuchenden Flüchtlingen. Viele Brand- und damit Mordanschläge konnten abgewehrt, die Flammen rechtzeitig gelöscht werden. Nicht so im schleswig-holsteinischen Mölln, wo im November 1992 zwei von Türken bewohnte Häuser in Flammen aufgingen. Drei Menschen verbrannten, neun wurden zum Teil schwer verletzt.

Nach den Morden von Solingen Ende Mai 1993 und nach der Eruption kollektiver Gewalt auf den Straßen des Tatorts wuchs im vereinigten Deutschland die Sorge vor bürgerkriegsähnlichen Szenarien in einer komplizierten Einwanderungssituation. Darin überschnitten sich viele Spannungslinien, auch sol-

---

[4] K. J. Bade, Homo Migrans. Wanderungen aus und nach Deutschland – Erfahrungen und Fragen (Stuttgarter Vorträge zur Zeitgeschichte, Bd. 2), Essen 1994, S. 80ff.

che, die ursprünglich gar nichts mit Zuwanderung und Integration im herkömmlichen Sinne zu tun hatten. Das zeigte sich u.a. darin, dass zunehmend auch die Schwächsten der Schwachen, hilflose Obdachlose, angegriffen, schwer verletzt und zum Teil auch zu Tode getreten wurden.

Nicht nur Wissenschaftler, auch Praktiker der Ausländerarbeit, die Ausländerbeauftragten, Kirchen und Wohlfahrtsverbände, Gewerkschaften und die verschiedensten vor Ort arbeitenden Initiativen hatten immer wieder vor den gefährlichen Folgen politischer Abstinenz und vor zum Teil durch die Politik populistisch geradewegs vorgelebten und von den Medien weiter gesteigerten Abwehrhaltungen gegenüber Zuwanderung als angeblicher Bedrohung gewarnt: Der weithin Unsicherheit, Angst und Wut stiftende Mangel an der in politischen Reden sonst so vielbemühten Klarheit und Berechenbarkeit könnte den großen Vereinfachern von rechts zuarbeiten, die vom politischen Geschäft mit Angst und Wut leben. Das könnte zur Flucht in die Wahnwelt der falschen Ursachen und schließlich zum Terror gegen die Opfer der eigenen Ratlosigkeit führen.

Doch alle Warnungen waren auf der vermeintlich höheren politischen Warte demonstrativ überhört, für Krisengerede oder Fantasterei erklärt und nicht selten auch borniert verlacht worden. Anfang der 1990er Jahre lachte unter Politikern in Entscheidungsverantwortung niemand mehr über die akut gewordenen Probleme. Aber es waren auch nur wenige mutig und selbstkritisch genug, sich öffentlich daran zu erinnern, dass vor genau diesen Folgen politischen Fehlverhaltens bzw. Nichtverhaltens immer wieder vergeblich gewarnt worden war – dass man also sehr genau hätte wissen können, was man tat oder nicht tat und welche Folgen beides haben könnte.

»Unten« wuchs unterdessen weiter die Angst vor den »Fremden« und »oben« die Angst vor den Bürgern als Wählern, während sich Sprecher der Parteien im Kampf um die Reform des Asylrechts gegenseitig die Schuld an der politischen Handlungslähmung zuschrieben. Das Zusammentreffen der Angst von unten mit der Ratlosigkeit von oben trug bei alltäglicher Gewalt auf den Straßen wesentlich bei zu der politischen Legitimationskrise, vor der über Jahre hinweg ebenfalls vergeblich gewarnt worden war. Sie drohte kurzfristig sogar in eine Krise des parlamentarisch-demokratischen Systems umzuschlagen. Das ließ Bundeskanzler Kohl im Herbst 1992 vom »Staatsnotstand« in Migrations- und insbesondere Asylfragen sprechen und insgeheim eine Art Putsch zur Abschaffung von Art 16 GG am Parlament vorbei erwägen, was nach dem Bekanntwerden solcher Überlegungen offiziell dementiert wurde.

Anfang der 1990er Jahre schien, wie der Schriftsteller Bodo Morshäuser notierte, die Flamme zum Symbol der Kommunikation auf Deutschlands Straßen zu werden: »Das Land scheint nur mehr aus Pyromanen zu bestehen. Die einen werfen Brandsätze, die anderen halten Kerzen.«[5] Die Bilder der Gewalt auf den Straßen wurden schließlich abgedrängt durch die berühmten Lichterketten-Demonstrationen. Sie sollten zeigen, dass das fremdenfeindliche Mordgesindel und der randalierende Pöbel nicht Sprecher einer gleichermaßen fremdenfeindlichen, aber schweigenden Mehrheit waren. Nach den Erfahrungen mit dem folgenreichen Versagen von Politik waren bei den großen Lichterketten Politiker, die sich hier einreihen wollten, oft ausdrücklich unerwünscht.

Fremdenangst, gewaltbereite Fremdenfeindlichkeit und fremdenfeindliche Gewaltakzeptanz im Vereinigungsprozess der frühen 1990er Jahre waren also »nicht etwa nur unvermeidbare Folgen von Einwanderung und Eingliederung, sondern auch vermeidbare Folgen ihrer mangelnden politischen Gestaltung.« Sie waren mithin auch »eine aggressive Antwort auf fehlende Konzepte in der Migrationspolitik«.[6] Auf diesen dramatischen zeitgenössischen Problemhintergrund sollte das »Manifest der Sechzig« antworten. [...]

Forderungen und Wirkungen des »Manifests der Sechzig«

Im Zentrum des »Manifests« stand die Forderung nach Einwanderungsgesetzgebung und umfassenden Konzeptionen für Einwanderungs- und Integrationspolitik. Dabei bildeten die Interessen und Probleme des Einwanderungslandes den Schwerpunkt der Betrachtung.

Bewusst nicht im Zentrum standen die ebenso wichtigen Themen Flucht und Asyl. Beide Bereiche sollten vielmehr, so die Forderung des »Manifests«, in umfassenden Konzepten zusammengeführt werden. Sie sollten aber klar unterscheidbar bleiben, zumal es in der öffentlichen und insbesondere politischen Diskussion immer wieder Versuche gegeben hatte, die beiden Bereiche gegeneinander auszuspielen. Das hatte das Missverhältnis weiter Teile der Öffentlichkeit gegenüber Migration und Integration als Gestaltungsaufgaben vor noch mehr gesteigert.

Das »Manifest« enthielt zwar eine Fülle von konkreten Anregungen. Sein Generalappell aber zielte auf die erwähnte Intensivierung des Austausches zwischen wissenschaftlicher Forschung und politischer Praxis. Das sprach aus dem letzten Absatz im Eröffnungsbeitrag, der auch das Arbeitskonzept des »doppelten Dialogs« aufnahm, das wir am IMIS entwickelt hatten:

»Konzeptionen für Migrationspolitik müssen in Auseinandersetzung mit vorliegenden, oft ungenutzten wissenschaftlichen Ergebnissen erarbeitet werden. Nötig dazu ist ein doppelter Dialog: einerseits zwischen den verschiedensten, oft ohne Kenntnis voneinander auf verwandten Feldern arbeitenden

---

[5] B. Morshäuser, Die guten Menschen von Deutschland, in: Die Zeit, 20.8.1993, S. 32.
[6] Manifest, S. 80.

Forschungsrichtungen; andererseits zwischen ihnen und den verschiedensten Feldern der Praxis, auch im Blick auf Verwaltungshandeln und politischen Entscheidungsprozess. Dazu muss sich auf beiden Seiten viel ändern, wenn es nicht dahin kommen soll, dass ungenutzte Forschungsergebnisse und damit verlorene Handlungschancen erst dereinst von Wissenschaftshistorikern wiederentdeckt werden.«[7]

Auf Jahre hinaus sah es so aus, als ob sich diese Befürchtung erfüllen würde: Das *Manifest* stieß in der weiteren Öffentlichkeit auf großes Interesse und erregte in den an Migration und Integration interessierten Kreisen enormes Aufsehen. Das galt besonders für die Praktiker der Integrationsarbeit in Kirchen und Gewerkschaften, in den mit der Integrationsarbeit betrauten Mittlerorganisationen sowie in den Kommunen mit ihren Ausländer- bzw. Integrationsbeauftragten, Ausländerbeiräten und Migrantenorganisationen.

Klar spürbar war der Einfluss des »Manifests« z.B. bei dem ökumenischen »Gemeinsamen Wort der Kirchen zu den Herausforderungen durch Migration und Flucht« aus dem Jahr 1997, für das ich als Berater der EKD den gesellschaftspolitischen Zentralteil konzipierte. Das gleiche galt für den Ende 2000 von der Bundesregierung freigegebenen Bericht der Sachverständigenkommission zur »Lage der Familien ausländischer Herkunft in Deutschland«, der ich angehörte. Und bei der konstituierenden Sitzung der nach ihrer Vorsitzenden »Süssmuth-Kommission« genannten Unabhängigen Kommission Zuwanderung im Herbst 2000 ließ Bundestagspräsidentin a.D. Rita Süssmuth den Mitgliedern zur Orientierung über die Materie das »Manifest der Sechzig« auf die Tische legen.

Von den »Manifest«-Autoren war nur Rainer Münz in die Unabhängige Kommission Zuwanderung berufen worden. Ich selber war, wie mir Bundesinnenminister Otto Schily später mitteilte, auf einem der ersten Plätze ebenfalls dafür vorgesehen gewesen, aber auf seine verärgerte Intervention hin demonstrativ ausgeschlossen worden, was er mir selbst gegenüber als Fehler bedauerte. Anlass für meinen Ausschluss war, dass ich einen kritischen Offenen Brief an den neuen Bundesinnenminister unterzeichnet hatte, weil er seit seinem Amtsantritt Ende 1998 in Medien und Talkshows immer wieder mit populistischen Abwehrargumenten hervorgetreten war (»Die Grenze der Belastbarkeit Deutschlands durch Zuwanderung ist überschritten«). Dennoch blieben die Spuren des »Manifests« unverkennbar im 2001 vorgelegten Bericht der »Süssmuth-Kommission«, die ich schließlich als Gutachter und über die Vorsitzende auch persönlich beratend begleitet hatte.

Von der Politik wurde das politikkritische »Manifest der Sechzig« zwar ebenfalls zur Kenntnis genommen, wie zahlreiche persönliche Rückmeldungen zeigten. Nach außen hin aber wurde die Programmschrift politisch nachgerade totgeschwiegen, abgesehen von Ausnahmen bei SPD, Bündnis 90/Grünen und auf dem »linken« Flügel der CDU. Dies war umso bemerkenswerter als das »Manifest« dank der Unterstützung durch die Freudenberg Stiftung jedem Ministerium, allen Bundestagsabgeordneten und vielen anderen führenden Kräften in Politik, Verwaltung und Verbänden vorgelegt werden konnte. Zu dem erstrebten offenen Dialog zwischen Politik und Wissenschaft kam es deshalb in den Folgejahren zunächst nur in Ansätzen und in persönlichen Kontakten. [...]

20 Jahre nach dem »Manifest der Sechzig« – Wissenschaft und Politik heute

Rückblickend betrachtet hat das kritische Engagement von Migrationsforschern in Wissenschaft und Politik zweifelsohne einiges bewegt. Das galt zunächst in der Forschung selbst, dann aber auch in dem Gestaltungsbereich, der heute wie selbstverständlich »Migrations- und Integrationspolitik« heißt und viel zu lange, »Ausländerpolitik« genannt wurde. Zugleich aber ist heute vieles anders als zur Entstehungszeit des »Manifests der Sechzig« – im Blick auf Migration und Integration als Forschungsthemen wie als politische Gestaltungsaufgaben:

Was die Wissenschaft anbetrifft, so geht es heute nicht mehr um Migrationsforschung als eine kleine und anfangs eher belächelte Insel in der Wissenschaftslandschaft. Es gibt hierzu heute ein national und international anerkanntes, hoch differenziertes und tiefgestaffeltes multi- sowie interdisziplinäres Feld mit zahlreichen Forschungsrichtungen. Dieses fachlich vielgestaltige Forschungsfeld spiegelt die ganze Bandbreite der kultur- und sozialwissenschaftlichen, aber z.B. auch der bevölkerungs-, wirtschafts- und rechtswissenschaftlichen Forschungsentwicklung. Auf der Zeitachse arbeiten Migrationsforscher teils empirisch, teils mit historischer, teils mit prospektiver Blickrichtung.

Was die Bezüge zwischen Wissenschaft und politischer Praxis angeht, so gibt es Migrationsforscher, die sich in direkter Politikberatung engagieren. Daneben stehen andere, die z.B. dem Konzept der kritischen Politikbegleitung folgen, also in kritisch beobachtender Distanz bleiben und Politik nicht direkt adressieren, sondern auf dem Weg über die Öffentlichkeit, d.h. durch die breitenwirksame Publikation von Forschungsergebnissen in menschenfreundlicher Prosa oder durch Intervention über die Medien. Oft überschneiden sich beide Wege oder haben fließende Grenzen.

Es gibt aber auch Migrationsforscher, die aus einem vergleichsweise exklusiven Verständnis von Wissenschaft heraus möglichst wenig und schon gar nichts direkt mit Politik zu tun haben wollen. Aus ihren Reihen kommt gelegentlich rückblickend Kritik an einer gewissen kämpferischen Politik- bzw. Staatsfixiertheit der frühen Migrationsforschung in Deutschland. Dahinter aber stand, wie gezeigt, der mitunter etwas einsame, oft persönlich aufreibende

---
[7] Ebd., S. 84f.

und zermürbende Kampf gegen folgenreiche politische Verweigerungshaltungen, die heute schon Geschichte und oft leider auch vergessen sind.

Im Blick auf die politische Gestaltung und deren Handlungsrahmen hat sich seit dem Erscheinungsjahr des »Manifests der Sechzig« ebenfalls Grundlegendes verändert: Das gilt im Bereich Migration für die Öffnung des europäischen Wanderungsraumes im Zeichen der Freizügigkeit nach innen um den Preis einer umso stärkeren Abgrenzung nach außen und für die Beschränkung von migrationspolitischen Steuerungsoptionen fast nur mehr auf Drittstaaten. Im Bereich Integration gibt es in dem »Einwanderungsland«, dessen Existenz politisch noch bis Anfang der 1990er Jahre dementiert wurde, heute eine kulturell vielfältige Einwanderungsgesellschaft, die sich eigendynamisch stets weiter ausdifferenziert.

Aber auch im Bereich Migrations- und Integrationspolitik selbst hat sich in Deutschland seit der Jahrhundertwende Vieles von Grund auf verändert: Migration und Integration sind politische Mainstream-Themen geworden. Lange überfällige politische, legislative und administrative Entscheidungen wurden getroffen. Das geschah freilich oft mit folgenreichen historischen Verspätungen und in mühsamen politischen Stolperschritten, gemessen an den lange immer wieder vorgetragenen Appellen zur aktiven Gestaltung. Das galt, um nur vier Beispiele zu nennen, für die Reform des Staatsangehörigkeitsrechts 2000 und für das Zuwanderungsgesetz 2005 ebenso wie für die Hochqualifizierten-Richtlinie und das Anerkennungsgesetz 2012.

Zu dem mühsamen und späten, dann aber kraftvollen Wandel zum Besseren hat – im Konzert vieler Experten der Wissenschaft und der Praxis – auch das »Manifest der 60« das Seine beigetragen. Es hat mancherlei Anstöße in der öffentlichen Diskussion und letztlich auch in der Politik gegeben. Politik hat heute in den Bereichen Migration und Integration Tritt gefasst. Viele Forderungen von damals sind erfüllt, wenn auch oft halbherzig, auf mühevollen Stolperschritten und deshalb grotesk verspätet. Und doch ist das »Manifest der Sechzig« im Blick auf seinen Untertitel »Deutschland und die Einwanderung« auch zwanzig Jahre nach seinem Erscheinen noch eine Mahnung mit vielen offenen Positionen geblieben und deshalb nach wie vor aktuell. Das zeigt ein abschließender Blick auf Einwanderungsgesellschaft, Einwanderungspolitik und Asylpolitik:

»Einwanderungsgesellschaft«: Das Betriebsgeheimnis der sich eigendynamisch entfaltenden Einwanderungsgesellschaft ist der kulturell und sozial, regional und lokal unterschiedlich ausgeprägte, oft rasante Wandel in Strukturen und Lebensformen. Diese kulturelle und soziale Eigendynamik lässt viele Menschen ohne Migrationshintergrund ratlos und skeptisch zurück. Kulturelle Ängste, die in kulturrassistische Abwehrhaltungen umschlagen können, werden, wieder einmal, politisch nicht zureichend zur Kenntnis genommen. Statt einer offenen Akzeptanz der Einwanderungsgesellschaft und einer Annahme der damit verbundenen gesellschaftspolitischen Vermittlungsaufgaben verschanzt sich Politik vielfach hinter populistischen Abwehrgesten im Blick auf unerwünschte Zuwanderungen und zugleich hinter symbolischen Inszenierungen einer »Willkommenskultur«, die meist nur Willkommenstechnik für Neuzuwanderer und damit kaum mehr ist als ein aktueller Beitrag zum Märchen von des Kaisers neuen Kleidern. Heute aber geht es, von Neuzuwanderern abgesehen, nicht mehr um Integrationspolitik für Migranten, sondern um teilhabeorientierte Gesellschaftspolitik für Alle – und dafür fehlen nach wie vor die Konzepte.

»Einwanderungspolitik«: Unerfüllt geblieben ist bis heute die Forderung nach einer konzeptorientierten Einwanderungspolitik. Das muss mehr sein als die nach langem Zögern und Zaudern über Abwehrhürden hinweg gnädig erleichterte Zulassung von begehrten und für besonders passfähig gehaltenen qualifizierten bzw. hochqualifizierten Zuwanderern. Eine solche Einwanderungspolitik ist gerade im Zeichen der zunächst langsam spürbaren und dann rasant zunehmenden Folgen des demographischen Wandels für das einheimische Arbeitskräfteangebot unabdingbar – und es gibt trotzdem noch immer die Angst davor, die gerade auch von populistischen politischen Redensarten geweckt wurde und vielfach noch immer wachgehalten wird.

»Asylpolitik«: Asylgewährung und Asylpolitik standen zwar, wie erwähnt, bewusst nicht im Mittelpunkt des »Manifests der Sechzig«. Sie wurden aber an geeigneten Stellen oft ausdrücklich mit bedacht. Das hat zuletzt im Oktober 2013, kurz vor dem zwanzigsten Jubiläum des »Manifest«-Drucks im November 1993, der Chefkolumnist der Süddeutschen Zeitung, Heribert Prantl, wieder betont: Unter dem Titel »Rettet unsere Seelen« begründete er: »Warum aus einem Abwehr- und Abschreckungsregime ein Einwanderungsrecht werden muss.« Er erinnerte in diesem großen Asyl-Artikel aus Anlass der Katastrophe von Lampedusa an »das fabelhafte ›Manifest der Sechzig‹, die große Schrift, in der 60 deutsche Wissenschaftler aller Fachrichtungen 1993 für eine quotierte Einwanderung warben und Regeln dafür vorstellten.« Statt diese Vorschläge des »Manifests« zu berücksichtigen, habe sich »die deutsche Politik zwanzig Jahre lang auf die faule Haut gelegt.«

»So kam es zu zwanzig furchtbaren, verlorenen Jahren, zur Agonie der Flüchtlingspolitik – zukunftsverhindernd für Europa, tödlich für die Flüchtlinge«, schreibt Prantl. »Jetzt muss man wieder über Konzepte und Vorschläge reden, über die man schon vor zwanzig Jahren hätte reden können: über die Eröffnung legaler Zugangswege nach Europa; also über eine Einwanderung nach einem Punktesystem; und über Aufnahmequoten in den einzelnen EU-Staaten, die sich an Bevölkerungszahl und Wirtschaftskraft orientieren. Im ›Manifest der Sechzig‹ stand folgender Vorschlag: ›Einwanderer haben ihre Anträge grundsätzlich vom Ausland aus zu stellen. Übersteigt die Zahl der Anträge das vorgesehene Kontingent, so muss über ein Punktesystem nach den Kriterien Herkunft, Qualifikation und Alter der Bewerber gewichtet werden. Personen, die einen Asylantrag gestellt haben, sollen erst nach einer angemessenen Frist als Einwanderer Berücksichtigung finden.‹«[8]

Das »Manifest der Sechzig« ist nach alldem zwar in manchen seiner konkreten Forderungen heute ein eher historisches Dokument, das vor dem Hintergrund seiner zeitgeschichtlichen Rahmenbedingungen gesehen werden muss. Im Blick auf seine grundlegenden Denkanstöße aber ist es bis heute eine weithin unerfüllte politische Herausforderung geblieben.

3.5 Handlungsspielräume und Gestaltungsperspektiven,
in: Ausländer – Aussiedler – Asyl. Eine Bestandsaufnahme, München 1994, S. 207–238 (Auszug).[9]

Das globale Wanderungsgeschehen und seine Bestimmungskräfte aber sind nicht als Übergangserscheinungen, sondern als ein langfristiges, weltgeschichtliches Drama zu verstehen: Es sei »damit zu rechnen, dass der Bevölkerungsdruck, fehlende Chancengleichheit sowie Tyrannei und Unterdrückung Auswanderungswellen in Richtung Norden und Westen auslösen werden, die sich nicht mehr eindämmen lassen«, warnt der Club of Rome: »Unsere Nachkommen werden vermutlich Massenwanderungen ungekannten Ausmaßes erleben«. Die weltweite Migration könnte, so heißt es im Weltbevölkerungsbericht der UNO, zur »Menschheitskrise unserer Zeit« werden.[10]

All das macht vielen Angst. Umso mehr verdunkeln Unklarheiten und Verwechslungen im komplexen Bezugsfeld der Einwanderungssituation, verzerren Sorgen und Ängste, aber auch Abwehrhaltungen und fremdenfeindlichen Sündenbocktheorien die Diskussion um ausländische Erwerbsbevölkerung, asylsuchende Flüchtlinge, Aussiedler und Übersiedler im Westen und noch mehr im Osten der Republik. Sie traten oft weit in den Vordergrund der Sensationsberichterstattung in den Medien. Mitunter wurde das, worüber angeblich warnend berichtet werden sollte, dabei durch die Art des Berichts nur potenziert, in der Sache oder in der Angst davor. [...]

Das längst zur Selbstverständlichkeit gewordene friedliche Miteinander im Alltag der Einwanderungssituation hingegen hat keinen Sensationswert in den Medien. Umso mehr bestimmten Spannungen oder doch ängstigende Vorstellungen davon die in die Welt gesendeten Bilder der Begegnung zwischen Aufnahmegesellschaft und zugewanderten Minderheiten en bloc, zwischen einheimischen Gruppen und bestimmten Gruppen innerhalb der zugewanderten Minderheiten und schließlich zwischen den zugewanderten Minderheiten selbst.

Es gilt, solche Spannungen, soweit sie nicht nur im Zerrspiegel publizistischer Überzeichnung oder politischer Demagogie existieren, als Ausdrucksformen einer komplizierten Einwanderungssituation offen anzunehmen, als Gestaltungsaufgabe zu begreifen und gemeinsam abzubauen – ohne illusionäre Erwartungen oder lähmende Schreckbilder und mit dem nötigen Maß an Einsicht und Geduld; denn Einwanderungsfragen zählten und zählen in allen Ländern, auch in den gelegentlich so vielgerühmten »klassischen« Einwanderungsländern, immer zu den umstrittensten Konfliktbereichen der Politik.

Dabei spielen oft und insbesondere in Krisenzeiten auch Sorgen um das Eigene und Ängste vor dem Fremden eine Rolle. Sie sind nicht gleichbedeutend mit Fremdenfeindlichkeit, können sich aber dazu steigern, wenn es in den gesellschaftspolitischen Gestaltungsbereichen von Einwanderung und Eingliederung an transparenten Verkehrsregeln für beide Seiten fehlt. [...]

Jedwede Diskussion um rechtliche und politische Handlungsspielräume und Gestaltungsperspektiven aber setzt eine nüchterne und kritische Diagnose der inzwischen schon sehr vielgestaltigen und seit Ende der 1980er Jahre in neue Bewegung gekommenen Einwanderungssituation voraus. Daran hat es zu lange gefehlt. Das gilt auch für das schon geschichtsnotorisch vernachlässigte Angebot an Lebensperspektiven für die seit Jahrzehnten ansässige Ausländerbevölkerung in der paradoxen Einwanderungssituation ohne Einwanderungsland. Die Zeit der bemühten deutschen Fürsorglichkeit gegenüber unmündigen Fremden ist abgelaufen. Die zugewanderten Minderheiten verlangen ihr Recht.

Bei der Begegnung von Mehrheit und zugewanderten Minderheiten in der Einwanderungssituation aber gibt es »Betroffene« auch seitens der Einheimischen, mit noch deutlich ungleicher Lastenverteilung zwischen Deutschland-West und Deutschland-Ost. Im Schatten des sich oft sozial aggressiv feiernden neuen Reichtums stehen im Zeichen von Krisendruck und »Sozialabbau« mehr als 7,25 Mio. »Einkommensarme« mit weniger als 50 % des durchschnittlichen Haushaltseinkommens. Sie sind nicht mit gesellschaftspolitischen Visionen für morgen über ihre begründeten und berechtigten ökonomischen Nöte und sozialen Ängste von heute hinwegzutrösten – Dauerarbeitslose, Sozialhilfeempfänger, Bezieher kleiner Renten, mehr als 1 Mio. Obdachlose und die nach Hunderttausenden zählenden Ortslosen ohne festen Wohnsitz in den wuchernden Randzonen der neuen Armut und der sozialen Verlierer. Für sie kann Zu-

---
[8] H. Prantl, Rettet unsere Seelen, in: Süddeutsche Zeitung, 19./20.10.2013.
[9] Anmerkungen wurden auf reine Belegfunktionen reduziert.
[10] J. Schoeps, In jeder Sekunde drei Menschen mehr, in: Der Spiegel, 8.3.1993, S. 144–154 (zit. S. 146); Die globale Revolution. Bericht des Club of Rome 1991 (Spiegel-Spezial 2/1991), S. 43; UNO-Bericht, zit. nach: R. Klüver, Einwanderungsland Deutschland, in: Süddeutsche Zeitung, 12.7.1993, S. 4.

wanderung als ganz konkrete, bedrohliche Konkurrenzerfahrung bei der Verteilung des Mangels wirken. Scheinbar »Betroffene« gibt es aber auch im Bannkreis der materiell gar nicht begründbaren neuen Angst, bei denen, die sich »betroffen« fühlen, ohne es nach erkennbaren äußeren Kriterien zu sein. Das reicht bis zu der bei Umfragen immer wieder auffälligen Tatsache, dass »Ausländer« oft Probleme gerade dort zu verursachen scheinen, wo es sie gar nicht gibt.

Wirtschaftliche Sorgen, soziale Ängste und mentale Irritationen über Zuwanderung und Eingliederung müssen als Krisensignale ernst genommen, als Appelle an die politische Gestaltung verstanden werden. Man kann sie weder wegdementieren noch wegdemonstrieren. Politische Handlungsdefizite in diesen Bereichen öffnen das Feld für Demagogie und für die Jagd auf »Sündenböcke«. Die Opfer sind bekannt. Sympathiewerbung um Verständnis und Bemühungen um die Wiederherstellung gesellschaftlicher Sensibilität sind ebenso nötig wie die offensive, nötigenfalls strafrechtliche Auseinandersetzung mit der politischen Demagogie und der entschlossene Kampf mit allen Mitteln des Rechtsstaates gegen den Terror auf den Straßen.

Fremdenangst und fremdenfeindliche Haltungen als solche aber sind nicht zu beheben durch die wohlmeinende »Betroffenheit« der Nichtbetroffenen und kraftvolle Worte der Entrüstung, durch tönende Aufklärung und kaltschnäuzige Ideologiekritik, durch didaktische Zeigefinger und raunende Warnung vor der deutschen Geschichte oder gar durch das klingende Spiel der tumben Dementis. Fremdenangst und Fremdenfeindlichkeit können nur an ihren Wurzeln bekämpft werden, nämlich an den ökonomischen, sozialen und mentalen Ursachen der Angst, will sagen: Es geht nicht darum, die »Schönhubers« und »Skinheads« zu verteufeln. Es geht darum, die Ursachen zu beheben, deren Folgen sie sind.

Ängste und Aggressionen sind in der Einwanderungssituation zwischen »einheimischer« Mehrheit und »fremden« Minderheiten immer sehr ungleich verteilt: Ängste der Minderheiten sind größer als die der Mehrheit, und sie sind oft auch ein Stück Selbstgefährdung; denn sie wirken besonders nach innen, weil sie ungleich weniger Spielraum haben, sich aggressiv nach außen zu entfalten. Fremdenangst und die benachbarte, aber keineswegs notwendig damit einhergehende Fremdenfeindlichkeit haben in der Regel viel weniger mit den Fremden als mit den Einheimischen und ihren eigenen Problemen zu tun. Vielerlei spielt dabei eine Rolle, in welcher Kombination auch immer – Zivilisationskritik, Kulturpessimismus und Modernisierungsangst, Desorientierung, Unsicherheit und Irritationen im Umgang mit hochkomplexen, unübersichtlichen Gesellschaftsgefügen, gesellschaftliche Entsolidarisierung, konkret der Verlust an familiären, sozialen und mentalen Bindungen, verbunden mit einem umso stärkeren Sicherheits-, Rückzugs- und auch Harmoniebedürfnis, um nur einige der wichtigsten Problem- und Erfahrungsbereiche grob zu umreißen. Umso wichtiger wäre es, Migrations- und Integrationspolitik als umfassende gesellschaftspolitische Aufgabe zu verstehen, zu gestalten und bei der dazu notwendigen kritischen Bestandsaufnahme auch zu prüfen, warum und wovor Einheimische in fremdenfeindliche Projektionen flüchten. [...]

Von Migrationsforschern und Praktikern der Ausländerarbeit, vor allem aus den Kirchen und Wohlfahrtsverbänden, wurde schon vor mehr als einem Jahrzehnt immer wieder, aber ohne politische Resonanz, auf zweierlei hingewiesen: einerseits auf den fließenden Übergang von der »Gastarbeiterfrage« zu einer Einwanderungsfrage neuen Typs und andererseits auf die Notwendigkeit ganzheitlicher Konzepte für die gesellschaftlich immer brisanten, aber nur bei Vernachlässigung gefährlichen Problembereiche von Migration, Integration und Minderheiten. Gewarnt wurde von Sachkennern unentwegt, zuweilen geradezu beschwörend, vor den absehbaren gesellschaftlichen Folgen einer Mischung von politischer Demagogie und fahrlässigem Zuwarten. [...]

Bitter ist, dass heute neu entdeckte Argumente über Jahre hinweg politisch kraftlos blieben und dass es statt dessen erst einer schockierenden Bestätigung der Warnungen durch die Zunahme von Fremdenfeindlichkeit, Gewalt und Gewaltakzeptanz bedurfte, um zu erinnern an seit langem vernachlässigte, unzureichend geklärte oder souverän »dementierte« Probleme, bei deren Bewältigung es heute längst nicht mehr nur um vorausplanende Gestaltung geht, sondern schon in größerem Umfang um Schadensbegrenzung im Blick auf die Folgen der Fehler von gestern.

Das Gesamtergebnis ist ein unnötig überdimensionierter Problemstau, dessen soziale, aber auch politische Folgen uns morgen noch an diese Fehler von gestern erinnern werden. Eines der gängigen Sprachbilder in der publizistischen Diskussion um die »Zeitbombe Gastarbeiterfrage« war Anfang der 1980er Jahre die Rede davon, dass es auf dem Zeitzünder dieses Explosivpakets schon »fünf Minuten vor Zwölf« sei, oder, wie der Frankfurter Pfarrer und Vorkämpfer einer neuen Flüchtlingspolitik, Herbert Leuninger (Pro Asyl), meinte, sogar schon »fünf Minuten nach Zwölf«. Inzwischen ist rund ein Jahrzehnt vergangen. Wie viel Uhr mag es heute sein?

Ein Ergebnis unter anderen ist die bekannte, seinerzeit ebenfalls warnend vorausgesagte Kettenreaktion von Perspektivlosigkeit, Irritation und vagabundierenden Ängsten, von Frustration, Aggression und Flucht in den Hass auf »die Fremden«: Vielfach wurden, wo es irgend um tatsächlich oder auch nur vermeintlich mit Zuwanderung und Eingliederung zusammenhängende Probleme ging, die Ursachen platterdings in der Existenz »der Fremden« selbst gesehen. Das galt nicht nur für die argumentativen Endverbraucher im vulgärökonomischen Stammtischplausch. Politische Konzeptionslosigkeit und von den eigentlichen gesellschaftspolitischen Herausforderungen ablenkende denunziative Ersatzhandlungen – wie z.B. überzogene Warnungen vor »Asylantenschwemme«, vor »Ausländerflut« und »massenhaftem Missbrauch« des Asylrechts durch »Wirtschaftsflüchtlinge« u.a.m. – haben auch höhernorts durch die Legitimation entsprechender Denkschablonen das Ihre zu teils latent, teils offen fremdenfeindlichen Strömungen beigetragen. […]

Insgesamt waren der Prozess der Ausländerintegration und das Bild davon in der öffentlichen Diskussion seit Ende der 1980er Jahre geprägt durch eine groteske Gegenläufigkeit von *Entspannung und Verzerrung*:

Entspannung: Beobachtungen und Umfragen berichteten Ende der 1980er Jahre von wachsender gegenseitiger Akzeptanz, von Normalisierung der Beziehungen zwischen deutscher und ausländischer Bevölkerung sowie von einem überraschend weit fortgeschrittenen und sich intergenerativ beschleunigenden Integrationsprozess. Trotz aller politischen Dementis zu Einwanderungsfragen hatten sich Deutsche und einheimische Ausländer im Alltag längst an die schlichte Faktizität der Einwanderungssituation gewöhnt und daran, über die folgenschweren und nach wie vor empörenden, in der Sache aber nur mehr langweilenden Bonner »Dementis« hinwegzuhören. »Deutsche und türkische Jugendliche in wichtigen Fragen einig«, fasste eine Pressemeldung der Berliner Ausländerbeauftragten Barbara John im Januar 1990 ein Umfrageergebnis zusammen: »Gegenseitige tolerante Einstellungen überwiegen.«[11]

Verzerrung: Fast beziehungslos neben der faktischen Entspannung im Alltag der Einwanderungssituation stand eine Diskussion um steigende »Ausländerfeindlichkeit«, die sich zunehmend zu verselbständigen schien. Verschieden ausgeprägte Abwehrhaltungen gegenüber der Ausländerbevölkerung hatte es freilich schon seit Ende der 1960er Jahre gegeben mit unterschiedlich hohen und langen Wellen innerhalb dieser Strömungen. Deutlich war dabei schon vor der deutschen Vereinigung ein Wandel in der Abfolge der Adressaten von Angst und Aggression und von skeptischer Reserve über »Ausländerfeindlichkeit« mit wechselnden Zielgruppen zu diffuser »Fremdenfeindlichkeit«:

Höhepunkte von krisenbedingten oder auch demagogisch herbeigeredeten Abwehrhaltungen waren zunächst die Rezession 1966/67 (»Italiener«), nicht jedoch die Weltwirtschaftskrise (»Ölkrise«) von 1973; mit mehreren, unterschiedlich ausgeprägten Höhepunkten die Jahre von 1979/80 bis 1982/83, gekennzeichnet durch erneuten scharfen Ölpreisanstieg, Massenarbeitslosigkeit, wachsende Asylantragszahlen, Koalitionskrise, Regierungswechsel und Bundestagswahlkampf im Frühjahr 1983 (»Ölscheichs«, »Türken«, »Asylanten«); die publizistische Kampagne im »Sommerloch« 1986 (»Asylantenflut«). Weitere Höhepunkte waren die Wahlkämpfe in Berlin und Hessen Ende 1988/Anfang 1989, in denen »Schein- und Wirtschaftsasylanten« angeprangert, Aus- und Übersiedler gegen Ausländer und asylsuchende Flüchtlinge ausgespielt wurden. Dabei entfalteten sich ein derart aggressives Klima und eine dementsprechende Angstpsychose unter Ausländern, dass dubiose Ankündigungen, an Adolf Hitlers 100. Geburtstag werde es zu pogromartigen Ausschreitungen gegen Ausländer kommen, dazu führen konnten, dass an mehreren Orten ausländische Arbeitnehmer am 20. April 1989 zu Hause blieben, um ihre Familien zu beschützen und ihre Kinder nicht oder nur in Begleitung in die Schule schickten. Obgleich es hier wesentlich um in einseitigen Pressemeldungen aufgebauschte Absurditäten ging, bot die panikartige Reaktion doch ein alarmierendes Krisenszenario, das zeigte, was viele der begrifflich umschönten »ausländischen Mitbürger« in der Einwanderungssituation ohne Einwanderungsland immerhin für möglich hielten.

In den Hintergrund trat auf dem Weg zur deutschen Einheit seit 1989 zunächst die herkömmliche Anti-Ausländer-Agitation rechtsradikaler Gruppen und Parteien, die, wie die »Republikaner«, eine Zeitlang fast von der Bildfläche verschwanden, in interne Führungskämpfe verstrickt, durch Einigungsprozess und Zerfall des »Ostblocks« zentraler Leit- und Feindbilder beraubt. Zugleich aber kam es zu einer deutlichen Verschärfung der Probleme durch die zunächst wesentlich vom starken Zustrom der Aussiedler und Übersiedler geprägte neue Einwanderungssituation.

Damit einher gingen 1. das teils unbeabsichtigte, teils polemische oder gar offen demagogische Ausspielen von Ausländern und insbesondere asylsuchenden Flüchtlingen gegen Aussiedler in der politischen Debatte (»Aussiedler sind keine Ausländer!«); 2. ein Zurücktreten des Themas »Ausländerfeindlichkeit« bei zeitgleichem Hervortreten von allgemeiner Fremdenfeindlichkeit; 3. neue ethnosoziale Spannungen und Ängste bei anhaltendem Zuwanderungsdruck und wachsender Unübersichtlichkeit einer Einwanderungssituation ohne Konzept, in der in einer Art doppeltem Paradox nun neben einheimischen Ausländern auch noch fremde Deutsche lebten.

Die nicht nur in Ost-, sondern auch in Westdeutschland zunehmenden fremdenfeindlichen Abwehrhaltungen vermischten sich mit jener gleichermaßen wachsenden europäischen Bollwerkmentalität, hinter der feinsinnige Beobachter schon frühzeitig die große neue Angst vor künftigen Fragen der Verteilungsgerechtigkeit in der Weltgesellschaft registrierten: die diffuse Angst vor den fiktiven Ansprüchen der unbekannten Armen und Elenden aus fremden Fernen schlechthin. All das verband sich, zusätzlich aufgeladen durch die Spannungen im Vereinigungsprozess, zu der gesellschaftlich lebensgefährlichen Unterströmung von gewalttätiger Frem-

---

[11] Pressemeldung der Ausländerbeauftragten des Senats von Berlin, 5.1.1990.

denfeindlichkeit und fremdenfeindlicher Gewaltakzeptanz, innerhalb derer die mörderischen Exzesse der frühen 1990er Jahre aus der Sicht der Ethnopsychoanalyse »nur die entsetzliche Spitze eines Eisbergs« waren.[12]

Für die seit langem überfällige rechtspolitische Bewältigung der insgesamt anstehenden Probleme freilich gibt es noch immer unzureichende Perspektiven. Gründe dafür lagen und liegen im Mangel an einem positiven politischen Fundamentalkonsens gegenüber diesen Gestaltungsaufgaben, aber auch in einer Mischung von Erkenntnisverweigerung, Erkenntnisverspätung und Flucht aus der politischen Handlungsverantwortung in Einwanderungsfragen aus Angst vor dem Bürger als Wähler. Die durch telegene Probleminszenierungen informierten, oft aber auch irritierten, in ihrem Erkenntnis- und Urteilsvermögen von der Politik zuweilen grotesk unterschätzten Bürger der Mediendemokratie aber hatten sich im konkreten Lebensalltag der Einwanderungssituation in das zunehmend multikulturelle Miteinander oft längst viel besser eingefunden, als dies vielen der so aufdringlich um ihren Schutz vor »Überfremdung« besorgten Volksvertreter offenkundig überhaupt vorstellbar war.

Viel zu lange gab es die gefährliche Neigung, das gesellschaftlich Notwendige für politisch nicht durchsetzbar zu erklären und im Übrigen schweigend zu übergehen. Das aber hat im parlamentarisch-demokratischen Grundkonsens zu einer schleichenden Legitimationskrise beigetragen und die gefährliche Dichotomie des ratlos-apathischen »die da oben – wir hier unten« potenziert. In diese Kluft eingekrallt haben sich die großen Vereinfacher von rechts außen, die die Spannung zwischen oben und unten brauchen für ihr politisches Geschäft mit der sozialen Angst.

Die Krise erreichte ihren Gipfelpunkt, als die Angst vieler Bürger in der immer unübersehbarer werdenden, von der regierungsamtlichen Politik schlichtweg dementierten Einwanderungssituation auf die Konzeptionslosigkeit der Politik stieß, die hinter dem hilflosen Dementi stand: »Die Bundesrepublik ist kein Einwanderungsland«. Die Begegnung der Angst von »unten« mit der Ratlosigkeit von »oben« trug dazu bei, jene verheerenden Folgewirkungen in der politischen Kultur und in den politischen Mentalitäten auszulösen, vor denen Migrations- und Integrationsforscher mehr als ein Jahrzehnt lang vergeblich gewarnt hatten. Viele Probleme, über die deutsche Politiker heute klagen, waren und sind mithin auch hausgemachte, absehbare und immer wieder warnend vorausgesagte Folgen eigener Fehleinschätzungen und Versäumnisse in den gesellschaftlichen Problemfeldern von Migration, Integration und Minderheiten. Auch das hat dazu beigetragen, dass das Wort »Politikverdrossenheit« in Deutschland zum Schlagwort des Jahres 1992 gewählt werden konnte.

Neben dem hilflosen Dementi gab es den Bannfluch gegen angebliche Krisenbeschwörer, die schon vor mehr als einem Jahrzehnt vor den absehbaren gesellschaftlichen Konsequenzen solcher Haltungen warnten und deswegen der Absicht verdächtigt wurden, sich selbst erfüllende Prophezeiungen herbeischreiben zu wollen. [...]

Es wird noch lange hinreichend Anlass geben, sich an die Versäumnisse von »damals« und, wenn sich nicht vieles sehr rasch und sehr grundlegend ändert, auch noch an die von heute zu erinnern. Das sollte bedacht werden, wenn durch die gesellschaftlichen Folgen der eigenen Versäumnisse verschreckte Politiker heute das Thema Einwanderung vollends zu tabuisieren und, in Verkehrung von Ursachen und Folgen, sogar diejenigen, die das verordnete Schweigen über Einwanderungsfragen durchbrechen, in vorauseilender Schuldzuschreibung verantwortlich zu machen suchen für die gefürchtete neue Zunahme von »Ausländerfeindlichkeit« im Land. Die Schweigegebote von heute verlängern nur die Dementis von gestern. Sie verengen die Handlungsspielräume und blockieren die Gestaltungsperspektiven. Die Folgen sind bekannt.

Wanderungsbewegungen sind gesellschaftliche Antworten auf das Zusammenwirken der verschiedensten materiellen und immateriellen Faktoren in Ausgangs- und Zielräumen. Ohne deren Kenntnis sind sie nicht zureichend zu verstehen und zu erklären. Strukturtrends in schon laufenden Bewegungen sind durchaus absehbar, künftige Bewegungsabläufe hingegen nicht: Ende der 1970er, Anfang der 1980er Jahre konnte, wer wollte, den Wandel von der ehemaligen »Gastarbeiterbevölkerung« zur Einwandererminorität in der Bundesrepublik klar erkennen, daraus und aus den Trendlinien der natürlichen Bevölkerungsentwicklung Perspektiven und unaufschiebbare Handlungszwänge ableiten. Hinter den Versäumnissen von damals stehen heute in einigen Bereichen bereits definitiv verpasste historische Chancen zu einer frühzeitigeren und allseitigen, d.h. auf vertrauensbildende, Sicherheit und Lebensperspektiven bietende Maßnahmen gestützten gesellschaftlichen Verständigung über den Weg in die so vielbeschworene und in puncto Migration so wenig gestaltete gemeinsame Zukunft.

Nicht absehbar hingegen waren die für das internationale Wanderungsgeschehen entscheidenden politischen Szenarienwechsel der späten 1980er Jahre. Das gilt für das Ende des Kalten Krieges, die Öffnung der Ost-West-Grenzen, für Krise und Verfall des real existierenden Sozialismus als Regierungs- und Wirtschaftsform ebenso wie für die deutsche Vereinigung. Umso wichtiger wäre es, nun diese neuerliche »historische« Chance nicht abermals zu verpassen und aus den Versäumnissen der Vergangenheit zu lernen: Die Geschichte pflegt, wie Richard von Weizsäcker in anderem Zusammenhang betont hat, ihre Angebote

---

[12] F. Balke (Hg.), Schwierige Fremdheit. Über Integration und Ausgrenzung in Einwanderungsländern, Frankfurt 1993, S. XVII.

nicht zu wiederholen, geschweige denn unbegrenzt aufrecht zu erhalten. Mit den Worten von Michail Gorbatschow: »Wer zu spät kommt, den bestraft das Leben«.

Insgesamt zu spät freilich ist es nie: Soweit Spannungen zwischen einheimischer Mehrheit und zugewanderten Minderheiten mitbestimmt sind durch Mangel an Transparenz, an Perspektiven, an legislativer, institutioneller und politischer Gestaltung, ist Abhilfe zu leisten auf den einschlägigen Wegen. Dabei muss den Gemeinsamkeiten und Besonderheiten der verschiedenen Gruppen innerhalb der zugewanderten Minderheiten ebenso Rechnung getragen werden wie ihrem Verhältnis zur einheimischen Bevölkerung und zu anderen Gruppen, das durch unterschiedliche Erfahrungen aus bereits durchlebten Phasen der Einwanderungssituation mitbestimmt wird.

Der Einwanderungssituation selbst aber muss legislativ entsprochen werden durch ein für beide Seiten, Aufnahmegesellschaft und zugewanderte Minderheiten gleichermaßen transparentes Rechtsgebäude für die Gestaltung von Lebensperspektiven. Es muss eingebettet sein in eine integrale, wirtschafts-, sozial- und kulturpolitische, mithin im weitesten Sinne gesellschaftspolitische Gesamtkonzeption für Migration, Integration und Minderheiten, wie sie nun auch in dem im Dezember 1993 erstmals vorgelegten Bericht der Ausländerbeauftragten gefordert wird. Sie muss das gesamte Spektrum erfassen und durch Ausgleichs- und Vermittlungsfunktionen zu verhindern streben, dass einzelne Segmente unnötig kollidieren oder gar gegeneinander ausgespielt werden.

Das gilt auch für die beiden großen Problemfelder des Wanderungsgeschehens selbst: Einwanderung und Einwanderungspolitik einerseits, Flucht und Asyl andererseits. Sie müssen in einer umfassenden und integralen Konzeption zusammengeführt werden, sollten aber auch in solchem Rahmen klar unterscheidbar bleiben, denn: Bei Flucht und Asyl geht es um humanitäre Aufgaben, um Schutz für die Flüchtlinge und um die Bekämpfung der Fluchtursachen; bei Einwanderung und Einwanderungspolitik hingegen geht es primär um die Interessen des Aufnahmelandes, die sich qualitativ in entsprechenden Aufnahmekriterien und quantitativ in Kontingenten und Quoten ausdrücken.

Nötig ist schließlich eine differenzierte, gestufte und in den Übergangszonen flexible Gesamtkonzeption mit einem institutionellen Netz an Hilfs- und Verständigungsangeboten für die aktive Begleitung von Einwanderungs- und Eingliederungsprozessen der verschiedensten Art und für das Zusammenleben mit und innerhalb der zugewanderten Minderheiten. Allen naiven Vorstellungen vom sich vermeintlich ganz von selbst regulierenden, weil gewissermaßen naturwüchsig friedlichen gesellschaftlichen Ausgleich multikultureller, polyethnischer und ethnosozialer Spannungen bzw. sogar ihrer historischen Selbsterledigung im Prozess der »Modernisierung« zum Trotz, sind gerade für die Spannungsfelder der Einwanderungssituation begleitende Beobachtung und aktive Gestaltung unabdingbar. All das muss abgestimmt werden mit dem jenseits von sicherheitspolitischen Vereinbarungen noch fehlenden, übergreifenden Kontext einer europäischen Migrations- und Flüchtlingspolitik, zumal das vereinte Deutschland im Osten eine »Schengener Außengrenze« Europas zu sichern hat.

Zu diesen gesellschaftspolitischen Aufgabenbereichen gab es Anfang 1994 zwar eine Vielzahl von teils konträren, teils durchaus vereinbaren Ansätzen. Die öffentliche politische Diskussion über den Problemkomplex »Migration – Integration – Minderheiten« aber war zwischen den im Dauerwahlkampf engagierten Parteien stark zurückgegangen. Das hatte auch damit zu tun, dass die Thematik im Vergleich zu anderen aktuellen und im Wahlkampf zugkräftigeren Krisenthemen stark an öffentlichem Interesse eingebüßt hatte. Zugleich trug die Zurückhaltung der Parteien – genau umgekehrt wie bei der Asylhysterie – nun dazu bei, das öffentliche Desinteresse noch zu steigern, obgleich z.B. die »Kurdenfrage«, hinter der eben nicht nur politische, sondern auch ethnokulturelle Minderheitenprobleme standen, zeigte, dass sich die Probleme erkennbar zuspitzten.

Bei den verschiedenen, teils politisch verhandelten, teils unter dem Eindruck von Wirtschaftskrise und Massenarbeitslosigkeit wieder in die Schubladen versenkten und dort aufs Archiv wartenden Konzepten und Entwürfen zu Einwanderungsgesetzgebung und Migrationspolitik waren, bei vielfältigen Überschneidungen, der Tendenz nach eher reaktiv-defensive und eher aktiv-gestaltende Perspektiven unterscheidbar:

Ins Zentrum vorwiegend reaktiv-defensiver Optionen gehörten die Axiomatik einer »Politik der geschlossenen Grenzen« auf nationaler und/oder europäischer Ebene und ein Konsens der Abwehr. Dabei wurden grenzüberschreitende Migrationsbewegungen als Bedrohung von außen und zugleich im Innern vorwiegend sicherheitspolitisch betrachtet und rangierten insoweit letztlich auf ähnlichen Ebenen wie internationaler Terrorismus und organisierte Verbrechen, was, ganz folgerichtig, letztlich auch bewaffnete Antworten nahelegte, bis hin zum Gedanken an Bundeswehreinsätze auch innerhalb der deutschen Grenzen.

Im weiteren Umfeld siedelten vielfältige, aus den verschiedensten Bereichen stammende Begründungen und Folgerungen. Sie reichten von kulturdefensiven und ethnisch-nationalen Positionen (»kulturelle Homogenität« u.a.) über religiös-weltanschauliche (Christentum versus Islam u.a.) und gesellschaftliche (Liberalismus versus Fundamentalismus, Kollektivismus u.a.) Bedrohungsvisionen und Abwehrvorstellungen bis zur Kriminalisierung der Migrationshintergründe (Schlepperorganisationen, Menschenhandel u.a.).

In der Logistik der Sicherheitspolitik reichte die Spannweite von nationalen und europäischen Polizei- und Grenzschutzkonzepten bis zu Abwehr- bzw. Auffangstrategien für den Invasionsfall »Völkerwanderung«. Die schärfste Gegenposition zu solchen Vorstellungen und Planspielen bildeten kosmopolitisch ambitionierte und doch mehr auf Menschenrechts- und Zuwanderungsperspektiven in den Aufnahmeländern beschränkte, konsequent zu Ende und damit ordnungspolitisch ad absurdum gedachte Visionen einer Laissez-faire-Politik der »offenen Grenzen« mit unbeschränktem Niederlassungs- und Bleiberecht als weltweit grenzbrechendem Menschenrecht.

Zum Bereich der eher aktiv-gestaltenden Perspektiven gehörten im Wesentlichen zwei große Varianten: einerseits »metropolitane« Konzepte einer aktiven Einwanderungspolitik im engeren Sinne einer »sozialverträglichen« Kontingentierung und Quotierung nach übergeordneten und gesellschaftlich konsensfähigen Leitzielen und/oder im weiteren Sinne als Bestandteil integraler Großkonzepte für Migrations-, Integrations- und Minderheitenpolitik als alle Bereiche des öffentlichen Lebens tangierendem Aufgabenfeld der Gesellschaftspolitik unter mehr oder minder ausdrücklicher Berücksichtigung der Folgen für die Herkunftsländer; andererseits wesentlich »peripherie-orientierte« Konzepte zur Bekämpfung der Fluchtursachen durch neue Entwicklungsstrategien und supranationale Maßnahmenkataloge unter Einschluss auch der Kontrolle von in ihren Folgen krisen- und fluchtfördernden Aktivitäten der Wirtschafts- und Handelsmetropolen bis hin zu weltwirtschaftlichen Verteilungs- bzw. Umverteilungsforderungen und damit zu Visionen einer »neuen Weltwirtschaftsordnung«. [...]

»Das Ziel deutscher Wirtschafts- und Gesellschaftspolitik sollte also weniger darin bestehen, zu versuchen, die sicheren und unvermeidlichen Einwanderungen durch Defensivmaßnahmen zu reduzieren«, urteilen die Wirtschaftswissenschaftler B. Rürup und W. Sesselmeier. »Diese Zuwanderungen sollten vielmehr als gesellschaftliche und wirtschaftliche Chance begriffen werden.« Aktive politische Gestaltung von Einwanderungs- und Eingliederungsfragen ist zugleich ein Beitrag zum Abbau von Fremdenangst, fremdenfeindlichen Projektionen und überdies ein Weg, »eine Schneise durch das Dickicht des Misstrauens« zu schlagen, das gerade auf diesem Gebiet weithin gewuchert ist: »Das Ausmaß weltweiter Migrationen macht es nötig, den deutschen Anteil an der Aufnahme von Flüchtlingen und Einwanderern bewusst zu planen und zu gestalten«, forderte der Theologieprofessor Wolfgang Huber, seit April 1994 Bischof der Evangelischen Kirche in Berlin-Brandenburg und Mitunterzeichner des »Manifests der 60« in einem zu Weihnachten 1993 publizierten Appell an die Politik, die Atempause nach dem Asylstreit als Gestaltungschance zu begreifen: »Wird sie nicht genutzt, um zu einer Einwanderungspolitik vorzustoßen, die zugleich realitätsgerecht und menschenrechtsgemäß ist, so werden die Verklemmungen bei der nächsten Diskussion über dieses Thema noch größer sein. Ein Träumer aber wäre, wer dächte, das Thema bliebe uns in Zukunft erspart.«[13]

Dabei steht weit mehr an als bloße Rechts- und Sozialtechnologie. Längst überfällig ist eine Generaldebatte zum Thema Zukunft im vereinten Deutschland, dessen Bevölkerungszahl, darin stimmen alle prospektiven Modellrechnungen überein, nach der Jahrhundertwende aus generativen Gründen langfristig stark sinken wird – eine Entwicklungstendenz, die durch die Aussiedlerzuwanderung der 1990er Jahre zwar etwas verzögert und gedämpft, aber nicht grundlegend verändert wird. Das aber ist nichts anderes als eine Art intergenerative Kündigung – nämlich des »Generationenvertrags« im System der sozialen Sicherung und darüber hinaus eine Gefährdung weiter Bereiche der sozialen Infrastruktur überhaupt, von den durch das Schrumpfen der Erwerbsbevölkerung langfristig ausgelösten Wirtschafts- und Arbeitsmarktproblemen einmal ganz abgesehen.

Viel an Wissen über Trends der Bevölkerungsbewegung und ihre möglichen Folgen, das durch Bevölkerungs-, aber auch Wirtschafts- und Sozialwissenschaften seit langem erarbeitet worden ist, wird hier oft nicht zureichend zur Kenntnis genommen und umgesetzt, zuweilen aus falscher politischer Angst vor gefährlichen Stichworten wie »Rentenkrise« und »Sozialabbau«. Eine politisch zumindest ebenso gefährliche Folge der Tatsache, »dass es unsere Gesellschaft bisher versäumt hat, sich über die Eigendynamik der Bevölkerungsschrumpfung aufzuklären«, warnt vorausschauend der Bielefelder Bevölkerungswissenschaftler Herwig Birg, könnte es sein, »dass sich der sprichwörtliche Mann auf der Straße hinters Licht geführt fühlen könnte.«[14]

Vordergründige Vorschläge, Bevölkerungsabnahme und »Vergreisung« platterdings durch Einwanderung auszugleichen, gehen an mindestens drei wichtigen Grundproblemen vorbei: Zum einen werden auch Einwanderer älter und erhöhen dann, phasenverschoben, die »Altenlast«. Zum anderen passt sich, wie die Geschichte der Einwanderung zeigt, die Geburtenkurve von Einwanderern in der Regel schrittweise derjenigen der Einwanderungsgesellschaft an. Und schließlich ist Eingliederung ein Kulturprozess auf Gegenseitigkeit. Der aber kann nur funktionieren, wenn die Aufnahmegesellschaft hinreichend auf die unvermeidbar damit verbundenen Belastungen vorbereitet und bereit ist, sie mitzutragen.

Solche Integrationsbereitschaft auf beiden Seiten aber ist, wie es in dem Ende 1993 erschienenen, von

---

[13] B. Rürup / W. Sesselmeier, Die demographische Entwicklung Deutschlands: Risiken, Chancen, politische Optionen, in: PZG, 4/93 (29.10.1993), S. 3–15 (zit. S. 9).
[14] H. Birg, Demographische Wirkungen politischen Handelns. Eine deutsche Perspektive, Ms. 1993, S. 12.

sechzig Wissenschaftlern getragenen »Manifest der 60« zum Thema »Deutschland und die Einwanderung« heißt, neben im weitesten Sinne kulturellen, mentalen und psychologischen, auch an »ökonomische Voraussetzungen« gebunden: »Am günstigsten sind sie, wenn Einwanderer wirklich gebraucht werden, für ihren eigenen Lebensunterhalt sorgen und ihren Beitrag zur Sicherung des Generationenvertrages leisten können. Umgekehrt kann Migration auch destabilisierend wirken, wenn die Mehrzahl der Zugewanderten auf Sozialleistungen angewiesen bleibt und am Rande der Gesellschaft, in einer Gettosituation oder gar in der Illegalität lebt.«[15]

Abwegig wäre die naive Hoffnung, die langfristigen Trends der Bevölkerungsentwicklung ließen sich gewissermaßen auf dem Verordnungswege in eine Art Trendwende zwingen. Demographische Strukturprozesse können durch flankierende und balancierende Maßnahmen zwar in ihren Folgen gedämpft, aber nicht abrupt verändert werden. [...]

Es wird bei einer langfristig schrumpfenden und alternden Bevölkerung also darauf ankommen, einen gangbaren Mittelweg mit beiden Komponenten zu finden: weitreichenden gesellschaftspolitischen Veränderungen einerseits und kontrollierter Zuwanderung andererseits. Die Suche nach diesem Mittelweg aber setzt die erwähnte, alle Bereiche des gesellschaftlichen Lebens einschließende Generaldebatte zum Thema Zukunft voraus, die erst Anfang der 1990er Jahre zögernd begonnen hat und durch eskapistische politische Dementis nur behindert wird. [...]

Für die Generaldebatte zum Thema Zukunft aber muss ein in den letzten Jahren verstärkt in Gang gekommener, doppelter Dialog zwischen Wissenschaft und praktischer Gestaltung weiter intensiviert werden, zu dessen Voraussetzungen auch eine intensivere Kommunikation und Kooperation auf beiden Seiten gehört. [...]

Es geht in dieser, in der außerparlamentarischen Öffentlichkeit schon vehement geführten Diskussion aber auch um das Selbstverständnis der Deutschen: Zur Debatte stehen Leitvorstellungen von Republik und Nation, Verfassungspatriotismus und völkischromantischer bzw. ethnisch-nationalistischer Vorstellungen mit geschichtsfremden Harmoniebildern von »kultureller Homogenität« als vermeintlichem Schutzschild gegen ebenso falsche Schreckbilder von ethnischem Pluralismus und multikultureller Gesellschaft. Und es geht schließlich um die Kollision von europäischen und antieuropäischen Vorstellungen vor dem Hintergrund des Träume und Ängste, Hoffnungs- und Horrorvisionen weckenden politischen Vereinigungsprozesses in Europa jenseits der wirtschaftlichen Ausgestaltung des Binnenmarktes.

Insgesamt gibt es dreifachen Handlungsbedarf – nicht nur auf nationaler, sondern auch auf europäischer und globaler Ebene: [...]

In der Entwicklung von Bevölkerung und Wanderung sind in den meisten europäischen Ländern die gleichen Trends zu beobachten – steigende Lebenserwartung, sinkende Kinderzahl und Einwanderung. [...] Die europäische Integration aber hat zwei Seiten: Freizügigkeit im Innern und Abschottung nach außen. Dabei geht es nicht nur um Warenströme, Handelspolitik und das dementsprechende Misstrauen der Giganten des Welthandels, USA und Japan, gegenüber der aufsteigenden »Festung Europa« (»Fortress Europe«). Es geht auch um Wanderungsströme und Migrationspolitik, die z.B. für die »Dritte« und »Vierte Welt« ebenso wichtig sind wie wirtschafts- und handelspolitische Fragen.

Die Angst vor wachsendem Zuwanderungsdruck aus dem Süden erfährt neue Nahrung durch alltägliche Beobachtungen, die Bundesbürger auf ihren Urlaubsreisen z.B. in Italien, Spanien oder Griechenland machen – Nordafrika ist näher gekommen. [...] Hinzu kommt die seit dem Fall des »Eisernen Vorhangs« durch sensationshungrige Berichterstattungen geschürte Angst vor einer »Völkerwanderung« aus dem Osten des Kontinents geradewegs in seine vermeintlich goldene Mitte, die, wie man sagt, in Deutschland liegt. Der von den nordafrikanischen Ländern über den Vorderen Orient bis nach Asien hineinreichende »islamische Bogen« ist, zusammen mit osteuropäischen Ländern, als Aus- und Durchgangsraum dabei, für Europa zu werden, was Mexiko für die Vereinigten Staaten geworden ist.

Die Krisenschaukel von sozialer Angst und politischer Ratlosigkeit hat die Bollwerkmentalität nur bestärkt – nicht etwa nur im kosmopolitischen Stammtischplausch oder bei sozialen Randgruppen »ganz unten«, sondern auch »ganz oben« in der Sozialpyramide: »Sturm auf Europa« nannte der täglich mit dem Asylrecht befasste, frühere Landesanwalt bei der Landesanwaltschaft Ansbach, M. Ritter, sein Buch über »Asylanten und Armutsflüchtlinge«, in dem er die in Endzeitstimmung prognostizierten Massenfluchtbewegungen der »neuen Völkerwanderung« gar mit alles verzehrenden Heuschreckenschwärmen verglich.[16] Differenzierter, wenn auch in der Sache nicht minder hart argumentierte in seinem »Die Invasion der Armen« genannten Buch über »Asylanten und illegale Einwanderer« der bekannte Autor »Jan Werner«, der eigentlich Dr. H.-W. Müller heißt und zuletzt im Range eines Ministerialdirektors die Innenpolitische Abteilung im Presse- und Informationsamt der Bundesregierung leitete: »Die Erde auf dem Weg ins Chaos. Auf der einen Seite eine ungebremste Vermehrung der Weltbevölkerung, auf der anderen Seite eine Vernichtung ihrer Lebensgrundlagen [...]. Wenn die Dinge schlecht laufen, und es sieht danach aus, dann wird es zu fürchterlichen Kämpfen um Lebensmittel, Trinkwasser und eine Bleibe kommen. Hoimar von Ditfurth nannte sie ›fi-

---

[15] K. J. Bade (Hg.), Das Manifest der 60: Deutschland und die Einwanderung, München 1994, S. 15 (in diesem Band: 3.1).

[16] M. Ritter, Sturm auf Europa: Asylanten und Armutsflüchtlinge. Droht eine neue Völkerwanderung?, München 1990.

nale Verteilungskriege‹, also endgültige, letzte Kriege. Wenn Europa darin nicht untergehen will, werden wir uns wappnen und einigeln müssen. Wir müssen endlich einsehen, dass wir die Probleme der ganzen Welt nicht lösen können. Es geht nur noch darum, sie von Europa, von uns und vor allem unseren Kindern, so gut wie nur möglich, fernzuhalten.«[17]

Selbstrettungsappelle, Bollwerkmentalität und Abwehrbereitschaft gegenüber Flüchtlingen, die die Opfer zu bedrohlichen Tatverdächtigen werden lassen, gibt es nicht nur in Deutschland, sondern in der »Wohlstands-Festung« Europa allgemein. Dramatischer Höhepunkt war im August 1991 in Bari die Vertreibung von 17 000 Bootsflüchtlingen aus Albanien durch die italienische Regierung: »Unter unmenschlichen Bedingungen, wie Vieh in ein Stadion eingepfercht, von Helikoptern überwacht, durch Polizei und Militär am Ausbrechen gehindert und aus der Luft unzureichend mit Nahrung und Getränken versorgt, sollten weitere Flüchtlinge aus Albanien ein für alle Mal abgeschreckt werden. Mit einem Taschengeld, einem T-Shirt und neuen Hosen ausgestattet, wurden sie, durch die Polizei mit Knüppeln traktiert, in ihre Heimat zurücktransportiert.« Im Schatten des von den Medien um die Welt getragenen Dramas von Bari steht der seither umso mehr forcierte allnächtliche Kampf gegen illegale Einwanderer an den Grenzen der Europäischen Union vom deutschen Osten bis zum spanischen Süden.[18]

Defensivstrategien in Wanderungsfragen und Intoleranz gegenüber zuwandernden Fremden wachsen. Alarmierende Umfragen berichten, dass EG-Bürger immer weniger Verständnis für Einwanderer zeigen: Nach einer Mitte 1991 vorgestellten Repräsentativumfrage im Auftrag der EG-Kommission war jeder dritte der ca. 340 Mio. Menschen in der EG der Meinung, »dass die Rechte der Einwanderer eingeschränkt werden sollen«. Im Herbst 1988 waren nur 18 % und im Herbst 1990 erst 19 % dieser Meinung gewesen. Die Hälfte der Befragten (in Deutschland 55 %) vertrat die Auffassung, dass »zu viele Personen aus Drittländern in der EG« lebten. Jeder fünfte EG-Bürger würde Asylbewerber »am liebsten gar nicht aufnehmen«.[19]

Nicht ohne Grund beschäftigten sich die Staats- und Regierungschefs der Mitgliedstaaten des Europarats bei ihrer Tagung am 7.–9.10.1993 in Wien eingehend mit der Lage der Minderheiten in Europa und dem Verhältnis der Mehrheiten zu ihnen: Sie verurteilten »aufs schärfste Rassismus in allen seinen Formen, Fremdenfeindlichkeit, Antisemitismus und Intoleranz sowie jede Form von religiöser Diskriminierung.«. Sie ermunterten die Mitgliedstaaten dazu, »die bereits zur Beseitigung dieser Erscheinungen unternommenen Anstrengungen fortzusetzen«. Und sie verpflichteten sich, »alle Ideologien, politischen Konzeptionen und Praktiken, die eine Aufstachelung zum Rassenhass, zu Gewalt und Diskriminierung darstellen, sowie jede Handlung oder Äußerung zu bekämpfen, die geeignet ist, Ängste und Spannungen zwischen Gruppen mit unterschiedlichem rassischen, ethnischen, nationalen, religiösen oder sozialen Hintergrund zu verstärken«. Hier findet in der Tat nachgerade jede europäische Regierung heute in ihren eigenen Grenzen ein bestürzend wachsendes Betätigungsfeld.[20] [...]

Die großen Fragen an die Zukunft der Weltbevölkerung sind offen: Bevölkerungszunahme und -abnahme wie in einem sich gegenseitig ausgleichenden System kommunizierender Röhren? Eine bei sinkenden Geburtenraten und steigender Lebenserwartung vergreisende und abnehmende Bevölkerung in einem befestigten Bunker namens Europa gegenüber der Bevölkerungsexplosion einer »Dritten Welt«, die ihre Menschen nicht nach Europa schicken, aber ihre Märkte für europäische Waren offenhalten soll? Die »Festung Europa« muss mithin nicht nur in ihrer Außenhandelspolitik, sondern auch in ihrer Migrations- und Entwicklungspolitik Antworten finden auf die weltweite Herausforderung durch ihre eigene Existenz – im eigenen Interesse: »Wir haben«, so urteilt Elmar Hönekopp vom Institut für Arbeitsmarkt- und Berufsforschung der Nürnberger Bundesanstalt für Arbeit, »nur die Alternative zwischen hohem Wanderungsdruck auf Dauer oder Zunahme der Beschäftigungsmöglichkeiten im Herkunftsland über eine bessere Beteiligungsmöglichkeit am internationalen Wettbewerb.«[21]

Das führt zur dritten, globalen Ebene: »Wanderungsbewegungen entwickeln sich zu einem der größten Weltordnungsprobleme«, heißt es in der Bestandsaufnahme »Globale Trends 93/94« der Bonner Stiftung Entwicklung und Frieden. Zum einen wird es bei Krisenwachstum und Bevölkerungsexplosion, beschleunigter Entwicklung der Unterentwicklung, fortschreitender Umweltzerstörung und drohendem Klimakollaps immer schwieriger, zwischen politisch Verfolgten, Kriegs- und Bürgerkriegsflüchtlingen, Wirtschaftswanderern, Krisen-, Armuts- und Elendsflüchtlingen, Umwelt- und Klimaflüchtlingen zu unterscheiden. Welcher Art von Tod, ob Folter-, Kriegs- oder Hungertod, ein Flüchtling zu entkommen sucht, kann ohnedies schwerlich Argument für oder gegen seine Rettung sein. Zum anderen darf nicht vergessen

---

[17] J. Werner, Die Invasion der Armen, Asylanten und illegale Einwanderer, Mainz 1991, S. 260f.
[18] H. Leuninger, Auf dem Weg nach rechts, S. 6; W. Balsen / K. Rössel, Wenn der Wind sich legt, kommen die Schwarzen. Jenseits von Gibraltar beginnt für Afrika das »gelobte Land«, Funkms. WDR, 7.11.1993.
[19] Umfrage der EG-Kommission: Intoleranz gegenüber Fremden wächst, in: Süddeutsche Zeitung, 6./7.7.1991; J. Arfs, Ansturm auf die Wohlstands-Festung. In Europa wächst die Angst vor Überfremdung. Droht eine Völkerwanderung aus der Dritten Welt?, in: Die Zeit, 9.11.1991.

[20] Wiener Erklärung vom 9.10.1993, in: Bulletin, 26.10.1993, S. 1021–1025, hier S. 1022.
[21] E. Hönekopp, Das Haupteinwanderungsland Europas (IAB 1993), S. 69.

werden, dass Migrations- und Flüchtlingspolitik immer nur Behandlungen von Folgen und nicht von Ursachen sind. Humanitas und Caritas sind nötig, aber ungenügend angesichts der stark anwachsenden Flüchtlingszahlen, die nach Schätzungen unter Einschluss auch der Armuts- und Umweltflüchtlinge weltweit derzeit bereits mehr als eine halbe Milliarde Menschen umfassen.

Solche Probleme durch Flüchtlingsaufnahme, Integrationshilfen und Migrationspolitik bewältigen zu wollen, hieße Hoffen auf Heilung durch Kurieren am Symptom. Die Behandlung muss im gemeinsamen, globalen Interesse weltweit an den Ursachen ansetzen mit entwicklungsorientierter Migrationspolitik oder, umgekehrt, migrationsorientierter Entwicklungspolitik: »Von entscheidender Bedeutung sind also Beiträge aus der Völkergemeinschaft, um den Teufelskreis von mangelnder Ausbildung, Armut, Bevölkerungswachstum, Hunger, Waldsterben, Umweltzerstörung, Migration, Verletzung der Menschenrechte zu durchbrechen«, warnte im November 1993 Bundespräsident Richard von Weizsäcker in einer außenpolitischen Grundsatzrede. »Je weniger es gelingt, die Not an ihrem Entstehungsort zu überwinden, desto zwangsläufiger breiten sich ihre Folgen auch über uns aus.« Das freilich setzt die auch vom Leiter des Duisburger Instituts für Entwicklung und Frieden (INEF), Franz Nuscheler, seit Jahren geforderte »Kompetenzerweiterung« und Effizienzsteigerung multilateraler Weltorganisationen voraus, die allein den Weg bahnen können in Richtung auf »eine neue Weltpolitik und eine neue Weltordnung«.[22]

Bei der heute von vielen Seiten so freundlich empfohlenen und fast zur politischen Nullformel erstarrten »Bekämpfung der Fluchtursachen« geht es in Wirklichkeit, weit über die konventionelle »Entwicklungshilfe« hinaus, um Hilfe zur Selbsthilfe auf ein sich selbst weitertragendes Entwicklungsniveau. Dahinter aber stehen letztlich globale Verteilungsfragen. Deshalb gibt es für eine solche entwicklungsorientierte Bekämpfung der Fluchtursachen kein Ausweichen vor der Frage nach einem »internationalen Lastenausgleich« zwischen Nord und Süd, aber auch zwischen Ost und West in einer immer weniger durch politisch-ideologische Differenzen und immer mehr durch ökonomische Entwicklungsunterschiede getrennten Welt, in der ein »Menschenrecht auf Entwicklung« noch fehlt.[23]

Letztlich steht die Frage an, ob, wie lange und um welchen Preis eine Weltgesellschaft überleben kann, in der die einen ohne Rücksicht oder gar auf Kosten der anderen existieren oder, schärfer formuliert, in der die einen die Fluchtursachen der anderen mitverschulden und zugleich die Flüchtlinge als Gefährdung des eigenen Wohlstandes abzuwehren suchen: »Können wir uns eine künftige Welt vorstellen«, fragte der Club of Rome in seinem Bericht 1991, »in der sich reiche, mit hochmodernen Waffen gerüstete Staaten wie in einem Getto gegen die übrige Welt abschotten, um die aufgebrachten Horden der Hungernden, Ungebildeten und Arbeitslosen fernzuhalten?«[24]

Als Fernziel wird nur eine »neue humanitäre Weltordnung«, wie sie der frühere Hohe Flüchtlingskommissar der Vereinten Nationen, Aga Khan, entworfen hat, das Flüchtlingselend in der Welt mindern können. Wie weit der Weg dahin ist, zeigte der Kampf um globale Prioritäten auf dem »Erdgipfel« von Rio de Janeiro im Juni 1992, auf dem es den Reichen um dem Schutz der Menschenrechte und den Armen um das Recht auf Entwicklung und auf Hilfe zur Selbsthilfe ging. Abwarten aber wäre nicht nur inhuman, sondern auch wirtschaftlich und politisch weltweit gefährlich für alle.[25]

«Der Friede in der Welt hängt nicht zuletzt davon ab, wie fremde Minderheiten von den Mehrheitsgesellschaften behandelt werden«, schrieb die frühere Ausländerbeauftragte der Bundesregierung, Liselotte Funcke, am Tage ihres Rücktritts (15.7.1991) in ihrer letzten Nachricht aus dem Amt.[26] Politik in Deutschland müsse diese Herausforderung auf allen Ebenen offensiv annehmen, und zwar ohne die mit der »rituellen Beschwörungsformel«, Deutschland sei kein Einwanderungsland, »selbstverschuldeten Maulkörbe«, schreibt ihre Nachfolgerin, Cornelia Schmalz-Jacobsen, in ihrem Buch »Einwanderung – und dann?« vom September 1993.[27] »Eine weitere Vernachlässigung der politischen Hausaufgaben im Problemfeld Migration gefährdet inneren Frieden und kulturelle Toleranz im vereinigten Deutschland«, heißt es im »Manifest der 60« zum Thema »Deutschland und die Einwanderung« vom Dezember 1993. Es gelte, das unter der alten Dementiformel über das Nicht-Einwanderungsland mehr als ein Jahrzehnt lang beschworene, politische »Tabu Migration« zu brechen und am folgenschweren »Ende der Legenden« auch die politischen Schweigegebote aufzuheben, die gleichbedeutend seien mit einer Reservierung der Thematik für die Radikalen von rechts: »Deutschland kann es sich nicht leisten, dass über das Thema Einwanderung öffentlich geschwiegen und hinter verschlossenen Türen entschieden wird.«[28]

Im Versteckspiel mit der gesellschaftlichen Wirklichkeit in der Einwanderungssituation ohne Ein-

---

[22] R. von Weizsäcker, Außenpolitik muss heute Erdpolitik sein, in: Die Zeit, 10.12.1993, S. 6; Nuscheler, Horrorszenarien, S. 26.
[23] F. Nuscheler, Menschenrechte und Entwicklung – Recht auf Entwicklung, in: ders. / D. Nohlen (Hg.), Handbuch der Dritten Welt, 3. Aufl. München 1992, S. 269–286.
[24] Die Globale Revolution, S. 42.
[25] L. Kühnhardt, Die Flüchtlingsfrage als Weltordnungsproblem. Massenzwangswanderungen in Geschichte und Politik, Wien 1984; F. Nuscheler, Nirgendwo zu Hause: Menschen auf der Flucht, München 1988.
[26] Mitt. der Ausländerbeauftragten, 15.7.1991.
[27] C. Schmalz-Jacobsen / H. Hinte / G. Tsapanos, Einwanderung – und dann? – Perspektiven einer neuen Ausländerpolitik, München 1993, S. 9, 12.
[28] Bade, Manifest der 60, 1994, S. 13–21, 55–59, 66–85, 213–225.

wanderungsland aber zeichnet sich seit dem in Sachen Migration verlorenen Jahrzehnt der 1980er Jahre eine gefährliche Krisenspirale ab: Das sperrige Nicht-Einwanderungsland stieß mit seinen defensiven Verweigerungshaltungen und seinem demonstrativen rechtspolitischen Desinteresse an Einwanderungsgestaltung die Einwandererminoritäten vor den Kopf, vor allem die zwischen Ungeduld und Ratlosigkeit schwankende zweite Generation. Fremdenfeindliche Exzesse mehrten die skeptische Distanz. Beides zusammen motivierte bereichsweise eine ethnokulturelle Re-Orientierung an Werten der schon fremder gewordenen Herkunftsgesellschaft. Das wiederum wurde auf Seiten der sperrigen Aufnahmegesellschaft vielfach als »Abkapselung« bzw. als Mangel an »Integrationsbereitschaft« oder gar »Integrationsfähigkeit« missverstanden. Zentrifugale Kräfte wuchsen, die Krisenschaukel schwang weiter aus.

Prozesse der Re-Ethnisierung kann man nicht wegreden – auch nicht mit dem gutgemeinten Diktum vom »ausländischen Mitbürger«, das für ausländische Gäste am Arbeitsmarkt freundliche Sorge um das Gastrecht signalisieren mag, für Einwanderer als ausländische Nicht-Bürger aber fast so zynisch klingt wie die Rede vom »nichtarischen Mitbürger«. Ethnokulturelle Gruppenbildung in einem tabuisierten, unzureichend gestalteten und gestörten Einwanderungsprozess aber kann für beide Seiten, Aufnahmegesellschaft und Einwandererminoritäten, schwer kalkulierbare Sprengkräfte entfalten. Sie können entschärft oder doch begrenzt werden, wenn Ethnizität ein Stück weit durch eine im Einwanderungsprozess zu gewinnende neue Identität überwölbt wird, in die sich ethnokulturelle Identitäten als – mit Stolz benannte und mit Respekt akzeptierte individuelle »Herkunftsadressen« – einordnen können, so dass ethnische Kollektive als identitätsstiftende Zufluchtsadressen funktionslos werden. Das hat nichts zu tun mit Ideologiestiftung im Einwanderungsprozess, sondern schlicht mit Gesellschaftspolitik in der Einwanderungssituation, die Mentalitätsprobleme nicht ausblenden darf, weil Einwanderungsprozesse für Mehrheit wie Minderheit mit erheblichen Identitätskrisen und Identifikationsproblemen verbunden sein können. Migrationspolitik als Gesellschaftspolitik ist eben mehr als Quotenrechnen.

Grundlage einer solchen, Aufnahmegesellschaft und Einwandererminoritäten einschließenden neuen Identität der Einwanderungsgesellschaft aber ist die bewusst gestaltete und gelebte Partnerschaft von Mehrheit und zugewanderten Minderheiten in einem gewollten, politisch positiv »besetzten«, aktiv gestalteten und mit flexiblen Integrationskonzepten begleiteten Einwanderungsprozess. Blockiert wird solche Partnerschaft durch eine Politik, die sich der konzeptionellen Herausforderung durch die gesellschaftliche Entwicklung der Einwanderungssituation mit eskapistischen Dementis verweigert und die Folgen der eigenen Versäumnisse durch Drohgebärden und Sicherheitspolitik zu bewältigen sucht. Wird aber eine solche gesellschaftliche Partnerschaft in der Einwanderungssituation nicht gesucht und gestaltet, dann kann es in der Tat sehr schwierig werden.

Anders gewendet: Viele, die in Deutschland politische Verantwortung tragen, haben die Spielregeln der Einwanderungssituation noch immer nicht gelernt. Sie werden sich etwas einfallen lassen müssen, das die Wege zur Partnerschaft in der Einwanderungsgesellschaft offen hält, sonst drohen Spannungen und Konflikte, die die politische Kultur in diesem Land von Grund auf verändern könnten – und für die dann rückblickend vielleicht wieder niemand verantwortlich gewesen sein will. Dem »Prinzip Verantwortung« muss im politischen Bereich auch ein »Prinzip Haftung« entsprechen; denn Geschichte geschieht nicht nur, sie wird auch gemacht. Historiker der Zukunft werden sich, auch unter diesen Aspekten, mit unserer dann zur Geschichte gewordenen Gegenwart zu beschäftigen haben. Die Lage ist ernster als viele glauben. Nachhinkende Reparaturpolitik kann nicht ersetzen, was in der Einwanderungssituation an vorausschauender Gesellschaftspolitik für Migration, Integration und Minderheiten fehlt.

Es geht darum, die anstehenden Probleme nicht länger nur reaktiv zu verwalten, sondern aktiv zu gestalten – auf nationaler Ebene ebenso wie im Kontext einer europäischen Migrationspolitik mit globalen Perspektiven. Falsch wäre es, die Lösung der Probleme allein »von oben«, von der Politik nämlich, zu erwarten und auf politischen Dissens mit verdrossenen Abwehrhaltungen zu reagieren, die die Probleme nur umso mehr verschärfen. Das Miteinander in der Eiwanderungssituation und in den vielfältigen Formen der Begegnung auf Zeit muss seinen rechtspolitischen Rahmen zwar »von oben« erhalten. Es kann in der Praxis aber nur »von unten«, im gemeinsamen Lebensalltag gestaltet werden, in dem als Geschichte und Gegenwart verbindende Grunderfahrung stets aufs neue erlebt werden kann, dass das Fremde durch Begegnung vertraut wird und – geregelte – Einwanderung eine Bereicherung ist, trotz aller damit seit jeher verbundenen Spannungen.

4 Interdisziplinäre Forschungsorganisation und kritische Politikbegleitung seit den 1990er Jahren: das Osnabrücker Institut für Migrationsforschung und Interkulturelle Studien (IMIS, 1991ff.) und der bundesweite Rat für Migration (RfM, 1998ff.)

4.1 Das Osnabrücker Institut für Migrationsforschung und Interkulturelle Studien (IMIS)

Während meiner Jahre als Gründungsdirektor (1991–1997) und als Direktor (2002–2005) des IMIS, d.h. bis zur Amtsübernahme durch Michael Bommes (2005-2009, † 2010) gingen die meisten Beiträge zur kritischen Politikbegleitung von dem »Osnabrücker Migrationsforscher Klaus J. Bade« aus. Das galt für meine zahlreiche publizistische Interventionen (u.v.a. 2.2, 2.5, 2.6, 2.8, 2.9–11), aber auch für größere Initiativen wie das »Manifest der 60« von 1993/94 (3.1–5) und für die Aufbauphase des Rats für Migration (4.2.1–5) sowie für andere Aktivitäten. Weil diese Engagements, der Gliederung der Beiträge-Sammlung entsprechend, den jeweiligen Sach- und Themenbereichen zugeordnet wurden, enthält dieses Kapitel nur die Ansprachen zur Gründung (4.1.1–4), zum 10-jährigen (4.1.2.1–5) und zum 25-jährigen Jubiläum (4.1.3) des IMIS, die sich jeweils im Rückblick mit der Arbeit des Instituts beschäftigen.

4.1.1 Institut für Migrationsforschung und Interkulturelle Studien (IMIS) der Universität Osnabrück. Vorträge zur Institutseröffnung, 29.11.1991,
Osnabrück/IMIS 1992 (Auszüge).

4.1.1.1 Klaus J. Bade, Gründungsdirektor, IMIS
(Auszug).
Wir haben uns seit einiger Zeit daran gewöhnt, wöchentlich gleich mehrmals mit Ereignissen konfrontiert zu werden, die beanspruchen, »historisch« zu sein. Ob das mit der neuen Liebe zur Geschichte zu tun hat oder mit der Selbstüberschätzung der Gegenwart, mag dahingestellt sein. Jedenfalls sind die Historiker des kommenden neuen Jahrtausends nicht zu beneiden um die Entflechtung und Gewichtung der »historischen« Ereignisdichte unserer Zeit.

Die Gründung des interdisziplinären und interfakultativen »Instituts für Migrationsforschung und Interkulturelle Studien« ist gewiss kein »historisches«, aber sicher ein notwendiges akademisches Ereignis: Ich denke, dass es an der Zeit ist, sich dem Auftrag des gesellschaftlichen Unternehmens Universität gerade auch in jenen immer brisanter werdenden Problembereichen zu stellen, mit denen sich IMIS beschäftigen wird und die uns zweifelsohne noch lange begleiten werden.

Der dramatische aktuelle Hintergrund ist allen bekannt: IMIS kommt zu einer Zeit, in der seine beiden im Namen genannten Aufgabenfelder, »Migration« und »interkulturelle« Probleme, zu gesellschaftlichen Spannungsfeldern, politischen und publizistischen Kriegsschauplätzen geworden sind.

Täter und Opfer
Angst geht um in der vereinigten Republik – Angst vor Tätern und Angst um Opfer: Die Täter eröffneten, zuerst im Osten, dann auch im Westen der Republik, mit der Kampfparole »Ausländer raus« die Straßenjagd auf Fremde. Ihre Opfer sind meist wehrlose Asylsuchende, die unter den Deutschen Schutz zu finden hofften vor Verfolgung, aber auch vor Krieg, Armut und Elend in den Krisenzonen der Welt.

Die Runde macht aber auch das böse Wort von der »klammheimlichen Freude« jener, die zwar die Opfer bedauern und die Täter verurteilen – aber dann eben doch den Protest gegen das sog. »Asylantenheim« im eigenen Wohnviertel unterschreiben, der von den Tätern verstanden wird als Freibrief zum xenophoben Halali; ganz zu schweigen von jenen Biedermännern, die, mit der Brutalität im Alltag konfrontiert, ihre Fäuste in den Taschen wärmen, die starr wegsehen, um nicht mitschuldig zu wirken, oder gar Beifall klatschen: Neu an »Hoyerswerda« war nicht die Tat, sondern der Applaus.

Aber das Täter-Opfer-Schema ist zu einfach. Viele der meist jugendlichen Täter sind selbst Opfer ihrer eigenen sozialen Angst und Orientierungslosigkeit. Das bricht um in ohnmächtige Wut in der Konfrontation mit einer der größten Herausforderungen des späten 20. Jahrhunderts, dem schwer durchschaubaren und deshalb umso bedrohlicher wirkenden weltweiten Wanderungsgeschehen, seinen vielfältigen Ursachen und unübersehbaren Folgen.

Vor diesem Hintergrund kann die durchaus vertraute Begegnung mit den nahen Fremden zu Hause gestört werden durch Angst vor jenen unbekannten fernen Fremden, die in der publizistischen Diskussion bekanntlich nicht mehr als Menschen beschrieben werden, sondern nur mehr als »Sturmwogen« einer alles zermalmenden »Menschenflut«, die sich angeblich unausweichlich auf Europa zuwälzt. Am Ende erscheinen dann alle »Fremden« nur mehr als vermeintliche Sendboten jenes alles verzehrenden Ungeheuers »Homo migrans«, das manche Journalisten, demographischen Kriegsberichterstattern gleich, so gern beschreiben.

Kurzum: Das Angstthema »Migration« weckt apokalyptische Schreckbilder von »neuen Völkerwanderungen« in der »Festung Europa« und in dem Land, das angeblich in ihrer Mitte liegt. Dabei könnten gerade die Deutschen historisch sehr »wanderungserfahren«, oder, wie man so schön sagt, historisch »bewandert« sein.

Geschichte
Deutsche haben in der Geschichte buchstäblich alle auch nur denkbaren Erscheinungsformen des Wanderungsgeschehens erlebt, erlitten, aber auch verursacht [...]. Aber nicht nur die Wanderungen haben Geschichte in diesem Land. Auch die Angst davor hat eine Geschichte, aus der mancherlei erfahren werden kann für die Deutung unserer Fragen, etwa dies: Wo die in der Einwanderungssituation durchaus geläufige Fremdenangst von unten auf politische Ratlosigkeit von oben stößt, da ist Gefahr im Verzuge; denn die Kehrseite der Fremdenangst ist jene Fremdenfeindlichkeit, die aus der Angst und der Ratlosigkeit kommt und inzwischen zu einer gesellschaftlichen Gefahr erster Ordnung in diesem Land geworden ist.

Aber auch dies: Einwanderung ist kein Ereignis, sondern ein langfristiger, mehrstufiger Übergangsprozess. Die Deutschen haben dafür in den Vereinigten Staaten zum Teil drei Generationen gebraucht. Sie hatten ihre Probleme damit, und die Amerikaner hatten ihre Probleme mit den Deutschen. Einwanderungsprozesse waren in der Geschichte auch nie soziale Begegnungen von schierer Gemütlichkeit. Sie waren oft intergenerative Durchgangszonen mit Spannungen, Reibungen und Konflikten. Sozialromantiker sind fehl am Platze in der Einwanderungssituation, will sagen:

Vieles, was sich an Spannungen und Konflikten zeigt in der Begegnung zwischen »Einheimischen« und »Fremden«, ist weder durchweg »rassistisch«, »faschistisch« oder gar ausgesprochen »deutsch«. Es ist, nicht nur, aber auch Ausdruck einer schwierigen, durch mancherlei zusätzliche Belastungen, wie die Lage im Osten, noch weiter erschwerten, vor allem aber viel zu spät von der Politik »entdeckten« echten Einwanderungssituation – in der übrigens die vor Jahrzehnten aus dem Süden zugewanderten ausländischen Inländer und ihre Nachkommen oft »einheimischer« sind als die aus dem Osten neu zugewanderten fremden Deutschen.

Gegenwart
Soziale Angst und die ohnmächtige Wut auf die falschen Ursachen haben auch zu tun mit einer in der Tat schon »historischen« Bringschuld bundesdeutscher Politik: Wissenschaftler und Praktiker der Ausländerarbeit, die Ausländerbeauftragte und ihr Amt, Kirchen und Wohlfahrtsverbände, Gewerkschaften und die verschiedensten vor Ort arbeitenden Initiativen haben seit rund einem Jahrzehnt immer wieder und bis zuletzt dringend gewarnt vor den gefährlichen Folgen politischer Abstinenz gegenüber den gesellschaftlichen Gestaltungsbereichen Migration, Integration und Minderheiten und vor den Folgen von durch die Politik geradewegs vorgelebten Abwehrhaltungen gegenüber zugewanderten Minderheiten.

Sie haben, ebenso vergeblich, immer wieder warnend darauf hingewiesen, wohin der Mangel an der sonst so vielbemühten »Klarheit und Berechenbarkeit« in diesen gesellschaftlichen Spannungsfeldern führen könne: zur Flucht in die Wahnwelt der falschen Ursachen, zum Terror gegen die Opfer der eigenen Ratlosigkeit und zu neuen Chancen für die großen Vereinfacher bei der individuellen Abrechnung mit der Politik an der Wahlurne.

All das wurde, verbunden mit konzeptionellen Vorschlägen, schon vor rund einem Jahrzehnt benannt, auch von mir selbst, vor dem Hintergrund von Erfahrungen mit historischen Einwanderungsprozessen. Bei Licht besehen, birgt die seit Monaten anhaltende lärmende publizistische Tagesdebatte um Konzepte der Wanderungspolitik kein einziges neues Argument [...].

Aber es musste wohl soweit kommen, wie es in den letzten Monaten kam, um Bewegung in festgefahrene Fronten zu bringen, anders gesagt: Nativistische Gewalt auf den Straßen hat innerhalb von Monaten mehr bewirkt als die Argumente von Wissenschaftlern, die über Jahre hinweg vor just dieser Gefahr gewarnt und zur Diskussion um jene Großkonzepte aufgefordert haben, zu der erst jetzt die Gewaltspirale selbst den Anlass bot.

Reden wir Tacheles: Statt die seit Jahren angemahnten ganzheitlichen Konzepte zu erarbeiten, zu denen es hinreichend Vorschläge gibt, statt aufzuklären, um Verständnis zu werben und den Bürger dort abzuholen, wo er steht mit seiner mentalen, sozialen und ökonomischen Angst, gab es zu lange den Versuch, ein Gespenst durch das parteiübergreifende Dementi zu bannen: »Die Bundesrepublik ist kein Einwanderungsland!« Das war ein Streit um des Kaisers Bart. Das Dementi lenkte nur ab von mangelnder politischer Sorgfaltspflicht im Umgang mit der gesellschaftlichen Wirklichkeit.

Was der Bürger in der alltäglichen Begegnung mit den – oft längst vertrauten – sog. »Fremden« erwarten durfte, waren nicht Dementi, Bannfluch und Jammer über parlamentarische Handlungsspielräume, sondern ein politischer Fundamentalkonsens zur konkreten Gestaltung auf weite Sicht. Stattdessen gab es zu lange nur eine negative Koalition der Abwehr, defensive Erkenntnisverweigerung und eine wortreiche Flucht aus der Verantwortung aus Angst vor dem Bürger als Wähler. Die Folgen beherrschen heute die Medien.

Fremdenangst muss ernst genommen, kann weder wegdementiert noch wegdemonstriert werden. Notwendig ist zweifelsohne das Werben um Verständnis und um die Wiederherstellung gesellschaftlicher Sensibilität. Notwendig ist ebenso die offensive Auseinandersetzung mit der organisierten Demagogie und der entschlossene Kampf mit allen Mitteln des Rechtsstaates gegen den Terror auf den Straßen. Fremdenfeindliche Haltungen als solche aber sind nicht zu beheben durch Polizei oder wohlgesetzte Worte der Entrüstung, durch kaltschnäuzige Aufklärung oder tönende Ideologiekritik, durch didaktische Zeigefinger und raunende Warnung vor der deutschen Geschichte oder gar durch das klingende Spiel der tumben Dementis.

Fremdenfeindlichkeit kann man nur an ihren Wurzeln bekämpfen, nämlich an den ökonomischen, sozialen und mentalen Ursachen der Angst, will sagen: Es geht nicht darum, die »Schönhubers« und »Skinheads« zu verteufeln, sondern die Ursachen zu beheben, deren Folgen sie sind.

Fazit: Bei heftigem Streit darüber, ob das Boot voll sei oder nicht im vereinten Deutschland, läuft das Boot selbst aus dem Ruder, zumal es unter den Steuerleuten offenbar am Grundkonsens mangelt über den Kurs durch die Problemfelder von Migration, Integration und Minderheiten.

Der doppelte Dialog
Die Ratlosigkeit der Politik aber hat ein Stück weit auch zu tun mit der Sprachlosigkeit zwischen Politik und Wissenschaft. Mehr noch – im Grunde gibt es in der Diskussion um Wanderungen und Wanderungspolitik im vereinigten Deutschland eine doppelte Ratlosigkeit:

»Migrationsexperten« genannte Wissenschaftler – die sich in der letzten Zeit aus aktuellen Gründen vermehren wie Wellenreiter bei gutem Wind – wissen über die angeblich bevorstehenden »neuen Völkerwanderungen« oft viel weniger, als darüber in den Zeitungen steht; denn sie dürfen, wenn sie es ernst meinen, nur mit begründbaren und im Rahmen des Möglichen gesicherten Aussagen umgehen und nicht mit Vermutungen, Ängsten und Hoffnungen.

Was die wissenschaftlich »Bewanderten« aber mit guten Gründen anraten könnten, erreicht die »Handlungsträger« in Politik und Verwaltung oft nicht, weil die einen von den anderen zu wenig wissen – immer vorausgesetzt, dass die »bewanderten« Wissenschaftler wirklich bereit sind, zu beraten, und die oft nur scheinbar wissenschaftlich »unbewanderten« Praktiker, sich beraten zu lassen, wobei es übrigens den gleichen Lernprozess auch geradewegs umgekehrt geben kann, soweit er nicht blockiert wird durch allfällige Berührungsängste zwischen beiden Seiten: von den bekannten und in Deutschland auch historisch bedingten Legitimationsproblemen der Wissenschaft bis hin zu jenem verordneten Desinteresse auf politischer Seite, das Politikberater zur Genüge kennen aus dem Umgang mit dem Tabuwort »Einwanderung«.

Beide Seiten aber stehen vor neuen Herausforderungen: Die Problemfelder der Migration und der interkulturellen Begegnung betreffen existentielle Grunderfahrungen, die im Grunde alle Bereiche gesellschaftlichen Lebens und damit nachgerade alle Humanwissenschaften tangieren. Multidisziplinäre Forschung und interdisziplinäre Ansätze sind deshalb angezeigt. Ähnliches gilt für eine Migrations-, Integrations- und Minderheitenpolitik, die aus den gleichen Gründen als ganzheitliche, ressortübergreifende Aufgabe verstanden werden muss.

In den Problemfeldern Migration, Integration und Minderheiten aber läuft uns auf beiden Seiten, in Wissenschaft und Politik, seit Jahren die Zeit davon: Auf beiden Seiten herrscht Zersplitterung, zwischen beiden Seiten jene Sprachlosigkeit, in der der Dialog eher die Ausnahme als die Regel ist. Es gilt also, einen doppelten Dialog zu organisieren: 1. zwischen den verschiedensten, oft ohne Kenntnis voneinander auf verwandten Feldern arbeitenden Wissenschaftsdisziplinen und Forschungsrichtungen; 2. zwischen ihnen, der politischen und administrativen Praxis.

Der doppelte Dialog setzt Grenzüberschreitungen auf beiden Seiten voraus: In Politik und Verwaltung geht es darum, über Referats- und Ressortgrenzen hinaus in ganzheitlichen Großkonzeptionen zu denken. In der Wissenschaft geht es darum, in den Problemfeldern Migration, Integration und Minderheiten über die Fächerzäune zu blicken und an die Stelle borniertor fachegoistischer Kurzsichtigkeit interdisziplinäre Kooperationsbereitschaft treten zu lassen – IMIS ist ein Beitrag dazu [...]. Die Startfinanzierung von IMIS verdanken wir dem Stifterverband für die Deutsche Wissenschaft, der hier einem seiner Grundprinzipien folgte, nämlich durch gezielte Anschubfinanzierungen startfähige wissenschaftliche Unternehmungen in Gang zu bringen.

Was die Historische Migrationsforschung in der Bundesrepublik und mein eigenes Fachgebiet angeht, so hat sich im Grunde hier sogar ein Kreis geschlossen. Vor genau zehn Jahren hat der Stifterverband eine an der Politischen Akademie in Tutzing abgehaltene erste große epochenübergreifende, interdisziplinare und internationale Migrationskonferenz finanziert, aus deren Ergebnissen nachhaltige Anstöße für die historisch-sozialwissenschaftliche Migrationsforschung hervorgegangen sind. Ich hatte jene Tagung vor einem Jahrzehnt übrigens unter die Leitfrage gestellt: »Vom Auswanderungsland zum Einwanderungsland?«

Unsere Ergebnisse enthüllten schon damals vieles von dem, was manche heute noch immer dementieren und andere ganz neu entdecken: die Einwanderungssituation und die Notwendigkeit, ihr zu entsprechen mit umfassenden und langfristigen Konzepten für Migration, Integration und Minderheiten.

4.1.1.2 Helga Schuchardt, Niedersächsische Ministerin für Wissenschaft und Kultur (Auszug).
Ich freue mich, heute mit Ihnen das Institut für Migrationsforschung und Interkulturelle Studien (IMIS) zu eröffnen. Mit dem IMIS erhält die Universität Osnabrück das erste interdisziplinäre Forschungsinstitut.

Die Ziele des neuen Instituts, sich mit Problemen und Auswirkungen der grenzüber- schreitenden Wanderungsbewegungen zu befassen, sind heute besonders aktuell in zweierlei Hinsicht:

Je komplexer sich uns die Welt darstellt, je komplexer durch wachsende Informationen schon einzelne Problemkreise und deren Lösungen sind, umso notwendiger wird interdisziplinäre Forschung. Unsere Gesellschaft kann sich ein Spezialistentum nicht mehr leisten, das den Blick über den eigenen Fachbereich nicht für nötig erachtet, weil es anderswo ebenfalls Spezialisten gibt. Die Niedersächsische Koalitionsregierung hat deshalb die Stärkung interdisziplinärer Forschungsprojekte bereits in den Koalitionsvereinbarungen festgeschrieben. Das Institut für Migrationsforschung und Interkulturelle Studien, in dem Historiker, Juristen, Pädagogen, Psychologen und Soziologen zusammenarbeiten, ist hier vorbildlich. Dass es in seiner Ausrichtung und Zusammensetzung auch bundesweit neu ist, freut mich besonders.

Aktualität gewinnt die Eröffnung des Institutes noch aus einem zweiten Grund. Die Gewalt gegen Fremde, gegen Asylbewerber und Ausländer wächst von Tag zu Tag. Den Spannungen und Feindseligkeiten muss man auf allen Ebenen begegnen. Dazu ist es nötig, deren Ursachen genau zu kennen. Deshalb ist es so wichtig, dass sich das Institut ausdrücklich zum Ziel gesetzt hat, die Forschungsergebnisse einer breiten Öffentlichkeit auf nationaler und internationaler Ebene zugänglich zu machen und sie ausdrücklich auch als Entscheidungshilfe für die politisch Verantwortlichen zu begreifen. [...] Obwohl die Politik den eskalierenden Fremdenhass eigentlich gar nicht übersehen konnte, hat sie nicht den Mut gefunden, Position zu beziehen.

Im Namen der Niedersächsischen Landesregierung kann ich Ihnen, Herr Prof. Bade, aber schon heute versichern, dass wir den Sachverstand Ihres Instituts und die Ergebnisse, die Sie erarbeiten werden, sehr aktiv in Anspruch nehmen. Die weit überwiegende Mehrheit in den diese Landesregierung tragenden Parteien ist sich darin einig, dass es beim Asylrecht keine Verfassungsänderung geben kann und darf. Sie ist sich im Übrigen auch darüber einig, dass wir natürlich ein Einwanderungsland sind, auch wenn dies nicht immer laut gesagt wird. Wenn man diese Position hat, muss man auch Antworten geben. Die derzeitige Situation ist allerdings die, dass, Sie haben es schon gesagt, die Ratlosigkeit der Politik »oben« auf die Hilflosigkeit von »unten« stößt. Kurzum: Wenn Wissenschaft an irgendeiner Stelle Politikberatung leisten kann und muss, dann sicherlich zuallererst in den Fragen von Migration und Integration.

4.1.1.3 Liselotte Funcke, Staatsministerin a.D., Ausländerbeauftragte der Bundesregierung 1981–1991 (Auszug)

Ich freue mich sehr, dass wir heute die Eröffnung des Instituts für Migrationsforschung und Interkulturelle Studien erleben können. Ich finde diese fachübergreifende Initiative besonders wichtig, weil im politischen Feld die »Ausländerfragen« oft nur jeweils unter Einzelaspekten gesehen werden und nicht im Gesamtzusammenhang. So sind denn auch die Lösungsansätze oft sehr einseitig.

Zu wenig wird zur Kenntnis genommen, dass Wanderung nicht nur in der Geschichte, sondern auch in unserer Zeit normal ist, ein fortlaufender Prozess, auf den man sich politisch, aber auch gesellschaftlich und kulturell einstellen muss. Die Ausländer sind eben nicht nur »Gastarbeiter«. Sie sind auf Dauer hier, und es werden noch mehr von ihnen kommen. Das ist ja auch nur selbstverständlich in einer Zeit, die geprägt ist durch Freizügigkeit, Verflechtung der Weltwirtschaft und internationale Arbeitsteilung. Ich wundere mich immer, dass es Menschen gibt, für die es ganz selbstverständlich ist, dass jemand aus ihrer Verwandtschaft irgendwo in der Welt gut verdient und dort auch aufgenommen und anständig behandelt wird, während sie gleichzeitig die Grenzen dichtmachen wollen für unser eigenes Land.

Abschottung hilft nicht weiter. Der Versuch, aus Europa eine »Festung« zu machen, muss scheitern, schon alleine wegen der vielen offenen Küsten, die man nicht kontrollieren kann. Wenn man sie nicht zulässt, wird ihre Einwanderung illegal erfolgen. Die illegale Beschäftigung aber ist mit den bekannten Problemen verbunden – mit Ausbeutung, mit Unterbezahlung, aber auch mit Wettbewerbsverzerrungen innerhalb der Wirtschaft selbst. Wir müssen erkennen und der Bevölkerung sagen, dass Wanderung normal ist, dass wir ein Einwanderungsland sind. Auch wenn wir es immer wieder leugnen wollen: Wir sind es faktisch, und wir werden es auch rechtlich sein.

Für die Ausländerfeindlichkeit, die Eskalation der Gewalt gegen Ausländer, die wir heute erleben und vor der viele in der Ausländerarbeit stehende Sachkenner rechtzeitig gewarnt haben, sind nicht nur die Täter allein verantwortlich. Auch die Bevölkerung, die wohlwollend oder zustimmend zusieht, und die Politiker, die die Fragen der Integration und der Zuwanderung über viele Jahre nicht sehen und behandeln wollten, mit Worten wie »Asylmissbrauch«, »Überflutung« und »Ausländerkriminalität« die Emotionen anheizten, sind mitverantwortlich für das ausländerfeindliche Klima, das Gewalttaten begünstigt. Die Ausländerfeindlichkeit hat viele Ursachen. Sie ist auch eine Folge von Versäumnissen und Fehlern im Osten wie im Westen. [...]

Ich glaube aber, dass ein wesentlicher Grund darin liegt, dass die ständige Zuwanderung [...] zu beängstigenden Vorstellungen geführt hat [...]. Und dazu hat die Politik geschwiegen. Sie hat seit Jahren das Thema weggeschwiegen, und zwar in allen Parteien. Es war nicht populär, man wollte sich damit nicht befassen. Und da es auch kein Ausländerwahlrecht gab, bestand auch keine Notwendigkeit, sich etwa vor Ort mit den anstehenden Problemen zu befassen.

Es hat in allen Parteien zwar Politiker gegeben, die sich in der kommunalen Praxis unmittelbar um die Dinge kümmerten; aber sie sind in der Regel nicht bis zur Bundesspitze ihrer Parteien vorgestoßen. Deshalb hat es auch keine Argumente gegeben, die die Ängste und Halbwahrheiten im öffentlichen Gespräch hätten zurechtrücken können. Und nun packt man das Problem an einer einzigen Stelle an, nämlich an der Asylfrage, und merkt gar nicht, dass man damit in der Bevölkerung die Abwehr verstärkt [...].

Nein, wir brauchen eine Gesamtkonzeption. Davon hat Herr Bade eben schon gesprochen. Ich habe vor zwei Jahren die Bundesregierung gebeten, für die Erarbeitung einer solchen Konzeption eine Sachverständigenkommission zu berufen, die die Gesamtproblematik von Zuwanderung und Integration im internationalen Zusammenhang untersuchen und ein realisierbares Konzept zur Regelung des Zustroms erarbeiten sollte. Dazu sollten Vertreter der betroffenen Bevölkerung selbst, der Politiker, der Ministerien, der Praktiker der Ausländerarbeit und gesellschaftlicher Gruppierungen, die Erfahrungen in diesem Bereich haben, vor allen Dingen aber der Wissenschaft und auch der Medien gehören.

Dieser Vorschlag wurde noch am gleichen Tag vom Regierungssprecher zurückgewiesen, und es ist dann in dieser Hinsicht auch nichts erfolgt. Ich bin aber nach wie vor der Meinung, dass wir eine solche offizielle Kommission brauchen, ähnlich wie sie z.B. die Schweiz hat, einerseits um Konzeptionen zu entwickeln und Erfahrungen der Praxis nutzbar zu machen, andererseits aber auch um mit der Autorität dieser zusammengefassten gesellschaftlichen Kräfte zu einer positiven Meinungsbildung in der Bevölkerung beizutragen. [...]

Wir brauchen ganzheitliche Vorschläge und nicht nur eine isolierte Diskussion zur Lösung von Asylfragen. Ein zusammenhangendes Konzept müsste vorsehen: verstärkte Hilfe für die Entwicklungsländer, beschleunigte Asylverfahren, eine begrenzte Einwanderungsquote und intensive Maßnahmen zur Integration ohne kulturelle Vereinnahmung. [...]

Und wir brauchen den »Runden Tisch« aller Verantwortlichen – nicht nur auf der Bundesebene. Auch in den Ländern und Gemeinden sollten ähnliche Gremien gebildet werden, um die Einstellung der Bevölkerung durch sachliche Argumente und persönliches Engagement positiv zu beeinflussen. Ich denke, es müsste jetzt eine Bewegung einsetzen, in der man in allen Ländern und Gemeinden gemeinsam zu einem besseren Verhältnis zu den Ausländern findet. Das kann dazu beitragen, das ausländerfeindliche Klima zu verbessern, Toleranz und Weltoffenheit zu bewirken.

Sie haben davon gesprochen, Herr Prof. Bade, dass Sie die Forschungsergebnisse des Instituts Politikern und der weiteren Öffentlichkeit zugänglich machen. Ich glaube, es ist eine sehr wichtige Aufgabe, dass Wissenschaft nicht nur für sich forscht und Ergebnisse in ihren Kreisen publiziert. Es kommt darauf an, dass der Dialog in Gang kommt mit den gesellschaftlichen Kräften und vor allem mit den Politikern in öffentlichen Veranstaltungen, in Seminaren, aber auch in geschlossenen Kolloquien, damit wir gemeinsam das, was hier erarbeitet wird, in die politische Wirklichkeit umsetzen können.

4.1.1.4 Staatsrat Prof. Dr. Luigi Vittorio Comte Ferraris, Botschafter Italiens in der Bundesrepublik Deutschland 1980–1987[1] (Auszug).

Wanderungen waren und sind ein Teil der Realität, in der Geschichte und in der Gegenwart. Ich glaube, der Gedanke, dass die Wanderungen dauerhaft zu ihrem Ende kommen werden, ist unhistorisch. Natürlich verursachen Wanderungen, von den Kriegszügen hier einmal ganz abgesehen, heute natürlich andere Probleme als damals; denn sie stoßen auf besetzte Territorien mit wohlhabenden Gesellschaften, die ihren Wohlstand gegen die armen Ankömmlinge verteidigen. Das gilt auch für Deutschland. Herr Bade hat in seinen Büchern dazu vieles gesagt, das mich ermuntern würde, mich in die deutsche Innenpolitik einzumischen. [...]

Man sollte – und hier mische ich mich doch einmal ein – mehr Einsatz erwarten können von den verantwortlichen Stellen in Deutschland, von den Politikern, von der Kirche, von den Gewerkschaften im gemeinsamen Eintreten in der Konfrontation mit diesen Problemen. Es genügt eben nicht, um Barmherzigkeit für die armen Ausländer zu bitten, dazu aufzurufen, ihnen zu helfen und sie zu verteidigen. Man sollte auch deutlich machen, dass man sie braucht, klarmachen, dass ihre Anwesenheit dieses Land bereichert hat – nicht bloß in der Küche.

Und man muss die Deutschen daran erinnern, dass ihre eigenen Vorfahren auch viele andere Länder bereichert haben. Man kann sich die Vereinigten Staaten nicht vorstellen ohne deutsche und Brasilien nicht ohne italienische, aber auch nicht ohne deutsche Einwanderer. Man braucht eben »Ausländer« nicht nur der Arbeitsplätze wegen, sondern auch aus kulturellen, intellektuellen Gründen. Kultur braucht Spannung, auch zwischen Mehrheit und Minderheiten. Wieviel hat die deutsche Kultur verloren durch die Ausrottung der jüdischen Gemeinschaft? Sie wäre auch heute anders, wenn es die Juden noch gäbe. Darum, so meine ich, sollte man den Menschen klarmachen, dass Migration nicht nur ein Wirtschafts- und ein Sozialproblem, sondern immer auch ein Kulturproblem ist.

Gerade weil Migration immer auch ein Kulturproblem ist, kommt dieses interdisziplinäre »Institut für Migrationsforschung und Interkulturelle Studien« zu rechter Zeit. [...]

Wissenschaft und Politik müssen zusammenarbeiten. Die Wissenschaft hat die Aufgabe, Sachverhalte und Probleme zu analysieren und Lösungen aufzuzeigen. Die Politik ihrerseits darf sich nicht scheuen, sie mit Entschlossenheit umzusetzen. In be-

---

[1] Richter beim Obersten Verwaltungsgericht und Professor für Internationale Beziehungen in Rom mit Lehraufträgen in Pisa, Triest, Potsdam und Jena.

stimmten Fällen sind diese beiden Pole sogar untrennbar miteinander verbunden, besonders wenn es um Grundprobleme des internationalen Zusammenlebens geht.

4.1.2 Institut für Migrationsforschung und Interkulturelle Studien (IMIS). Vorträge zum zehnjährigen IMIS-Jubiläum im Schloss zu Osnabrück, 17.12.2001,
in: IMIS-Beiträge, 19/2002, S. 93–127 (Auszüge).

4.1.2.1 Klaus J. Bade, Direktor, IMIS (1991–97, 2002–05), Geleitwort,
ebenda, S. 93 (Auszug).
Migration und Integration sind Zukunftsfragen für die Gesellschaften der europäischen Staaten. Das gilt auch für die Bundesrepublik mit ihrer schrumpfenden und demographisch alternden Bevölkerung. Aber Zuwanderung ist kein Allheilmittel. Sie kann die langfristig wirkenden demographischen Trends nicht brechen, sondern – wenn sie im Rahmen des Möglichen in Umfang und Profil steuerbar wird – nur deren Folgen für die Sozialsysteme abfedern, um Zeit zu gewinnen für die nachhaltigen Wirkungen tiefgreifender innerer Reformen, die allerdings erst ansatzweise in den Blick genommen worden sind.

Dieses nicht nur migrations- und integrationspolitische, sondern im weitesten Sinne gesellschaftspolitische Credo verbindet die Wissenschaftlerinnen und Wissenschaftler am IMIS, dessen Gründungsdirektor ich 1991–97 war und dessen Leitung seither bei meinem Amtsnachfolger, Prof. Dr. Hans-Joachim Wenzel, lag. Nachdem die Institutsleitung im Frühjahr 2002 wieder auf mich übertragen wurde, darf ich mich namens des Instituts an dieser Stelle bei Hans-Joachim Wenzel für seine umsichtige Amtsführung bedanken. In das Ende seiner Amtszeit fiel das zehnjährige Jubiläum des IMIS, das im Dezember 2001 mit einem Festakt im Schloss zu Osnabrück begangen wurde.

4.1.2.2 Rainer Künzel, Präsident, Universität Osnabrück, Grußwort,
ebenda, S. 95–99 (Auszug).
Das IMIS blickt nunmehr auf zehn Jahre interdisziplinär ausgerichteter wissenschaftlicher Arbeit und kritischen öffentlichen Engagements zurück. Die Forschungsthemen Migration, Integration und interkulturelle Begegnung zwischen Mehrheiten und Minderheiten waren und sind wichtige Problembereiche und Gestaltungsaufgaben gesellschaftlichen Zusammenlebens. Durch Forschungsarbeit, Publikationen, öffentliche Veranstaltungen und die wissenschaftliche Beratungstätigkeit seiner Mitglieder hat das IMIS einen wesentlichen Beitrag zur Verdichtung und Vernetzung der interdisziplinären Arbeit sowie zum Dialog zwischen Wissenschaft und Praxis geleistet.

Dass das Osnabrücker Institut in kurzer Zeit zu einer national und international anerkannten Einrichtung geworden ist, die in der wissenschaftlichen, politischen und öffentlichen Diskussion sehr erfolgreich gewirkt hat, bestätigte zuletzt im Sommer 2000 eine hochrangige, international zusammengesetzte Gutachtergruppe unter Leitung des Sozialhistorikers und Präsidenten des Wissenschaftszentrums Berlin, Prof. Drs. Jürgen Kocka im Auftrag der Wissenschaftlichen Kommission Niedersachsen, die das IMIS evaluierte […].

IMIS war in Deutschland das erste einschlägige, mit festem Personal und Haushalt ausgestattete, d.h. regulär etatisierte Universitätsinstitut dieser interdisziplinären Bandbreite […]. Der Weg durch die akademischen Gremien erwies sich jedoch als schwierig, denn interdisziplinäre Institute gab es an der Universität Osnabrück bis dahin nicht. Das Institut für Migrationsforschung und Interkulturelle Studien war für Osnabrück in dieser Form mithin eine Pioniergründung […].

Der Weg vom Arbeitskreis zum Institut wurde entscheidend gefördert durch Starthilfen des Stifterverbandes für die Deutsche Wissenschaft, der VolkswagenStiftung und der Freudenberg Stiftung. Die Bereitschaft, das IMIS zu unterstützen, hatte anfangs sicher auch mit den konfliktreichen Zeitumständen zu tun. Im Hintergrund standen die Asylhysterie, die Exzesse auf Deutschlands Straßen 1992/93 und das, was Bundeskanzler Helmut Kohl im November 1992 als »Staatsnotstand« in Migrationsfragen bezeichnete. Vor dieser dramatischen gesellschaftlichen Kulisse hatte sich das Institut sofort und nachdrücklich mit Publikationen, Vorträgen und anderen Initiativen in die öffentliche Diskussion eingeschaltet. Es entsprach damit dem Verständnis von Universität als gesellschaftlicher Veranstaltung, für die eine Pflicht zu verantwortlichem gesellschaftlichen Engagement besteht.

Besondere Beachtung im In- und Ausland fand in diesem Zusammenhang das 1994 von Klaus J. Bade herausgegebene und nach wie vor aktuelle »Manifest der 60: Deutschland und die Einwanderung«: Sechzig deutsche Professorinnen und Professoren der verschiedensten Disziplinen riefen dazu auf, an die Stelle der prekären Mischung von Improvisation und Sozialreparatur endlich umfassende und integrale gesellschaftspolitische Gestaltungskonzepte für die Problemfelder von Zuwanderung und Eingliederung treten zu lassen.

Das Institut war von Beginn an als ein internationales Zentrum interdisziplinärer Forschung und Begegnung gedacht. Dazu sollten entsprechende Bibliotheksbestände und Räume für Forschungsprojekte, für Doktoranden und Fellows geschaffen werden. Aus eigener Kraft konnte die Universität diese für die internationale Forschungszusammenarbeit notwendige Struktur nicht schaffen. Da bot der Universitätsleitung 1993 ein an Prof. Bade ergangener Ruf an die Universität Freiburg i.Br., dem er an sich zunächst folgen wollte, die Chance zu Bleibeverhandlungen. Das Niedersächsische Ministerium für Wissenschaft und Kultur trug auf Vorschlag von Herrn Klusmann entscheidend dazu bei, das Institut mit einem Geschäftsführer, zwei Sekretariatskräften und einem eigenen Etat für Hilfskräfte, für Forschungsaktivitäten und den Aufbau der Institutsbibliothek auszustatten. Die Universität half mit der räumlichen und technischen Ausstattung.

1995 wurde mit Unterstützung der Deutschen Forschungsgemeinschaft das erste interdisziplinäre Graduiertenkolleg »Migration im modernen Europa« mit zwölf Doktorandenstipendien eingerichtet. Es wurde am 9. November 1995 feierlich eröffnet mit einem Festvortrag von Prof. Drs. Alfred Grosser, Paris, zum Thema »Identitäten – ein Zentralproblem in Europa heute« [...].

Nach erfolgreicher DFG-Evaluation begann am 1. Januar 1999 das zweite Graduiertenkolleg am IMIS mit erneut 12 Promotionsstipendiaten sowie einer Post-Doc-Position. Im November 2001 bewilligte die DFG die dritte Kollegstufe, die im Februar 2002 mit wiederum 12 Doktorandinnen und Doktoranden sowie einem Post-Doc starten wird. Im zweiten und dritten Graduiertenkolleg wurde das Rahmenthema »Migration im modernen Europa« jeweils mit neuen Schwerpunktsetzungen gefüllt.

Auf seinen Arbeitsfeldern steht das Institut in wissenschaftlichem Austausch mit zahlreichen europäischen und außereuropäischen Forschungseinrichtungen. Das Institut trägt durch seine hervorragende Arbeit und durch die große Zahl richtungsweisender Publikationen entscheidend zum nationalen und internationalen Renommee der Universität Osnabrück bei. Vor allem aber gibt es engagierten Studierenden und Doktoranden eine ausgezeichnete Qualifikationschance [...].

Die verbreitete Kritik an den Universitäten, sie würden ihrer Rolle als Kompetenzzentren der Gesellschaft für die Lösung der drängenden Gegenwartsprobleme nicht in ausreichendem Maße gerecht, lässt sich zwar nicht pauschal zurückweisen; aber das Osnabrücker Institut für Migrationsforschung und Interkulturelle Studien ist ein Beleg dafür, dass dieser Kritik auch nicht pauschal zugestimmt werden kann. Ich wünsche allen Mitarbeiterinnen und Mitarbeitern des Instituts auch für die Zukunft den überragenden Erfolg der vergangenen zehn Jahre. Sie tragen jetzt eine große Verantwortung – denn Sie gehören einer Einrichtung an, die das Image der Geistes- und Kulturwissenschaften unserer Universität in der Scientific Community ebenso wie in der politischen Öffentlichkeit entscheidend prägt.

4.1.2.3 Hans-Joachim Wenzel, Direktor a.D., IMIS (1997–2002), Grußwort,
ebenda, S. 101–107 (Auszug).

Zehn Jahre interdisziplinärer, international vernetzter Arbeit und kritischen öffentlichen Engagements des IMIS bieten hinlänglich Anlass, Bilanz zu ziehen. Gemeinhin ist man geneigt, zu vermuten, dass eine neu gegründete wissenschaftliche Forschungsinstitution in zehn Jahren kaum den unvermeidlichen Turbulenzen der Gründungsphase entronnen sein kann. Ambitiöse, die traditionellen Organisationen und Strukturen in Frage stellende Neugründungen, so eine verbreitete Annahme, seien in einem sonst eher innovationsresistenten Strukturgeflecht der Universität kaum kurzfristig durchsetzbar. Das IMIS kann demgegenüber in seinem zehnjährigen Bestehen auf erreichte Ziele und erzielte Erfolge verweisen, die sowohl in der Wissenschaft wie auch in der Politik- und Praxisbegleitung sichtbare Spuren, stellenweise sogar deutliche Furchen, hinterlassen haben [...].

Gründungsvater dieser Erfolgsgeschichte war zunächst einmal ein von einer Idee überzeugter Wissenschaftler, der dann auf eine unterstützungsbereite Universitätsspitze und auf ein wohlwollendes Wissenschaftsministerium traf. Schließlich ließen sich mehrere Kolleginnen und Kollegen an der Universität selbst mitreißen und investierten ebenfalls viel Mühe und Arbeit in das Wohlergehen des Unternehmens IMIS.

Von der Idee bis zur Gründung und Arbeitsaufnahme des IMIS war es ein hindernisreicher, mit vielen Fallgruben ausgehöhlter Weg; das liegt im Wesentlichen in der Tatsache begründet, dass das IMIS bekanntlich quer liegt zur traditionellen disziplinbezogenen Wissenschaftsorganisation in der Universität Osnabrück und auch anderswo. Der Gründungsvater, der Neuzeit-Historiker Klaus J. Bade, weiß, wovon ich rede; er hat besonders am Anfang das IMIS-Schiff zielgerichtet an allen Untiefen und Klippen vorbeigesteuert.

Eine wissenschaftlich überzeugende Idee, wie die interdisziplinäre Behandlung von Fragen räumlicher Bevölkerungsbewegung und interkultureller Begegnung in Geschichte und Gegenwart, findet keineswegs quasi automatisch ihre adäquate Organisationsform und die nötige finanzielle Unterstützung, auch wenn, um mit Victor Hugo zu sprechen, die Zeit dieser Idee schlicht gekommen war. Sie musste vom Spiritus rector der IMIS-Gründung, Klaus J. Bade, kraftvoll befördert werden, wobei er anfangs nicht nur der Organisator und Mittelbeschaffer vornehmlich für die Anschubfinanzierung war, sondern auch der Headhunter bei der Einwerbung der in Frage kommenden Kolleginnen und Kollegen. Dabei verstand es Klaus J. Bade nicht allein durch die von ihm wiederholt angemahnte »menschenfreundliche Prosa« bei der Darstellung des Anliegens, sich in der Wissenschaft und in diversen Unterstützerkreisen Gehör zu verschaffen. Er leistete – von den Höhenflügen der Forschung einmal ganz abgesehen – Basisarbeit, die bald von anderen Mitgliedern mitgetragen wurde: Sie bestand auch aus »Klinkenputzen«, Ankurbeln und dem Schreiben von Förderungsanträgen, aus Koordinieren und Überzeugungsarbeit – nach innen und außen. Er meldete sich mit zukunftsweisenden Ratschlägen zu Wort und verstand es, das Institut damit unentbehrlich zu machen. Heute sind die verschiedenen Arbeiten und Aufgaben, wie sich das in einem funktionierenden Institut gehört, auf verschiedene Schultern verteilt, und: Die Chemie stimmt nach wie vor, was in so weitgespannten interdisziplinären Unternehmungen nicht eben selbstverständlich ist.

Den Kern des Instituts bilden zurzeit neun Wissenschaftlerinnen und Wissenschaftler aus sieben verschiedenen Disziplinen – von Demographie, Geographie und Geschichte über Rechtswissenschaften und Soziologie bis zu den Sprachwissenschaften, der Psychologie und der Interkulturellen Pädagogik. Dieser Kern wird ergänzt durch 14 Fellows und Assoziierte Mitglieder, die zum Teil aus der Universität Osnabrück, zum Teil aus anderen Universitäten der Bundesrepublik und aus anderen Ländern kommen, z.B. aus den USA, Frankreich und Großbritannien.

Im Mittelpunkt des fachlichen Interesses, ich deutete es an, stehen Fragen zu Wanderungsbewegungen, zu Eingliederung und interkultureller Begegnung. Zum Selbstverständnis des IMIS gehört jedoch nicht nur die Förderung von Wissenschaft und wissenschaftlichen Diskursen in diesen Themenfeldern, sondern ebenso die Förderung des Dialogs zwischen Wissenschaft und Praxis. Durch zahlreiche Aktivitäten und Initiativen hat das IMIS in den ersten zehn Jahren seines Bestehens diesen Zielen entsprochen. In der wissenschaftlichen Arbeit hat sich dabei eine Bandbreite von neun interdisziplinären Schwerpunkten entwickelt, die sich im Laufe des ersten IMIS-Jahrzehnts immer klarer herausgebildet haben und an denen jeweils mehrere Mitglieder des Instituts beteiligt sind. Diese Schwerpunkte reichen von komplexen Zusammenhängen und Grundfragen von Migrationsprozessen und interkultureller Begegnung über die Folgewirkungen der Migration für Herkunfts- und Aufnahmeländer bis hin zu Gestaltungsfragen der Migrations- und Integrationspolitik.

Beispielhaft sei hier nur auf einige interdisziplinäre Themenfelder verwiesen, die stärker auf den Bereich der Grundlagenforschung zielen: »Migration – Nationalstaat – Wohlfahrtsstaat: Deutschland und Europa«; »Migration – Ethnizität – Multikulturalismus«. Problemfelder, die stärker die Folgen von Migration in den Blick nehmen, sind u.a. »Migration, Arbeitsmarkt- und Bildungsforschung«; »Kulturelle Lebensformen und Geschlechterverhältnisse im Eingliederungsprozess«. Ein Problemfeld, das stärker auf die politische Gestaltung abzielt, ist u.a. der Bereich »Einwanderungspolitik und Einwanderungsgesetzgebung«. [...]

IMIS hat den Dialog der Lernbereiten und stellenweise wohl auch den Dialog zu den weniger Lernbereiten hin nachweislich gefördert und hat sich – gefragt und auch ungefragt – eingemischt. Das erstere verstehen wir als Politikberatung, das letztere als »kritische Politikbegleitung« (Klaus J. Bade). In der Wissenschaft hat IMIS die Vernetzung im internationalen Maßstab mit Institutionen und Forschern gefördert und vorangetrieben. Gleichzeitig nimmt das Institut wichtige Funktionen als internationale Begegnungsstätte interdisziplinärer Forschung wahr, indem es Tagungen und Workshops organisiert, zu Vorträgen, Kolloquien und Streitgesprächen einlädt oder mit Stipendien ausgestatteten Wissenschaftlerinnen und Wissenschaftlern für längere Zeit – wenige Wochen bis zu einem Jahr – am Institut Arbeitsplätze bietet mit forschungsgerechter Ausstattung und mit Zugang zu unserer weithin geschätzten Spezialbibliothek. Sie kamen und kommen aus verschiedenen europäischen Ländern, aber auch aus dem außereuropäischen Ausland, z.B. aus den USA, aus Australien, Japan und China.

Diese an komplementären Problemstellungen arbeitenden Gastwissenschaftlerinnen und Gastwissenschaftler sind beredter Ausdruck für die Internationalität der Migrationsforschung am IMIS und auch gleichzeitig für die Globalität des Sachgegenstandes, weil sich nun einmal der Homo sapiens, wie Klaus J. Bade in seinem Buch »Europa in Bewegung« beschrieben und faktenreich belegt hat, als Homo migrans über die Welt ausgebreitet hat.

Die internationale Orientierung des IMIS spiegelt sich aber genauso in den Arbeitsfeldern und Kooperationen der IMIS-Mitglieder selbst wider. Sie waren und sind in verschiedensten Forschungskontexten tätig und jeweils mit zahlreichen wissenschaftlichen Institutionen verbunden: z.B. mit dem Europäischen Hochschulinstitut in Florenz, mit dem Wissenschaftskolleg in Berlin, mit dem Institute for Advanced Study in Wassenaar/Niederlande, aber auch mit Universitäten in den Niederlanden, in England, Skandinavien, in den USA, in Marokko, Ägypten und in der Türkei oder im subsaharischen Afrika mit Universitäten in Äthiopien, Malawi und Südafrika.

Das IMIS als interdisziplinäres, die traditionellen Organisationsstrukturen ergänzendes und zugleich übergreifendes Forschungs- und Beratungsinstitut verlangt viel von seinen Mitgliedern: Über ihre Funktionen als Forscher und akademische Lehrer hinaus müssen sie sich auch als Grenzgänger, als inter- und transdisziplinäre Manager, als Fachgrenzen und Ländergrenzen überschreitende Drittmittelakquisiteure und als Gutachter bewähren, ebenso als Politikberater und in der kritischen Politikbegleitung über die Medien. Sie müssen sich schließlich in ein international geknüpftes Netzwerk des wissenschaftlichen Austausches einbringen, aber auch als Universitäts- und Institutsbürokraten die mitunter mühsamen Verwaltungswege beherrschen. [...]

Allenthalben wird heute zweifelnd die Frage nach der Zukunft der Geistes- und Sozialwissenschaften gestellt. Die sogenannten Life Sciences/Lebenswissenschaften – von der Informationstechnologie bis zur Genforschung – scheinen übermächtig die wissenschaftlichen Ressourcen an sich zu binden. Das IMIS fühlt sich dadurch nicht bedroht, im Gegenteil: Meist wird übersehen, dass parallel zum neu erzeugten Verfügungswissen das Unwissen und die Ungewissheit steigt, nicht zuletzt im Blick auf die unübersehbaren ökonomischen, sozialen, kulturellen, aber auch umweltökologischen Nebenfolgen neuen Wissens. Gerade in einer globalisierten und im wahrsten Sinne des Wortes wanderungsbewegten Welt ergeben sich kontinuierlich neue Herausforderungen. Insoweit werden gerade auch die Fragen der Migrations- und Interkulturalitätsforschung nicht von der Agenda verschwinden.

Wir vom IMIS blicken deshalb sehr zuversichtlich und erwartungsvoll in die Zukunft. Wir glauben aber auch ganz allgemein, dass Geistes- und Sozialwissenschaften zur besseren Fundierung der sogenannten Lebenswissenschaften beitragen können. Das kann m.E. aber nur dann gelingen, wenn die traditionellen Disziplinen ihr manchmal autistisches Verhalten überwinden, interdisziplinäre Kooperationen nicht als Zumutung empfinden und sich auch stärker gegenüber Fragen der gesellschaftlichen Praxis- bzw. Anwendungsorientierung öffnen.

Wir haben das, wie ich meine, erfolgreich versucht. Aber, das möchte ich abschließend ausdrücklich betonen, ohne die nachhaltige Förderung über Drittmittel hätten wir das kaum geschafft. Dafür haben wir verschiedenen Stiftungen und Forschungsförderungsinstitutionen zu danken, insbesondere der Deutschen Forschungsgemeinschaft, der VolkswagenStiftung, der Freudenberg Stiftung, dem Stifterverband für die Deutsche Wissenschaft, dem DaimlerChrysler Fonds im Stifterverband, der Fritz Thyssen-Stiftung, der Stiftung Bevölkerung, Migration, Umwelt, dem Deutschen Akademischen Austauschdienst, der Alexander von Humboldt-Stiftung und der German-American Fulbright Commission.

4.1.2.4 Albert Schmid, Dr., Präsident des Bundesamtes für die Anerkennung ausländischer Flüchtlinge, Grußwort,
ebenda, S. 109f.

Es ist für den Präsidenten des Bundesamtes in Nürnberg mit seiner 48-jährigen Geschichte, die auch von Herrn Professor Bade gelegentlich nicht unkritisch kommentiert wurde, eine ausgesprochene Ehre, aus Anlass des zehnjährigen Jubiläums des IMIS hier das Wort ergreifen zu dürfen, galt doch der Begriff Migration in meinem Amt bei einigen bis vor, sagen wir, zwei, drei Jahren fast noch als Unwort.

Meine Damen und Herren, wir haben in der Meinungsbildung der letzten Wochen und Monate, der letzten anderthalb Jahre, denke ich eine Beobachtung machen können einer, wie ich sagen will, tripolaren Zusammenarbeit, die ihresgleichen sucht: eine politisch-gesellschaftliche unabhängige Kommission, ausgezeichnet mit Fachkompetenz und angelegt auf gesellschaftlichen Konsens, wissenschaftlich vorgearbeitet, wissenschaftlich begleitet und dann ergänzt als drittes Element durch diejenigen, denen die Verantwortung auferlegt werden soll im administrativ-gouvernementalen Bereich.

Nach meiner Beobachtung hat hier ein ganz spannender Austausch stattgefunden und haben sich auch wirklich Positionen da und dort bewegt und verändern lassen. Jedenfalls für den Teil, für den ich hier spreche, kann und darf ich dies bestätigen. Und so könnte das Timing für diesen Festakt nicht günstiger sein, wenn ich bedenke, dass am 4. Juli der Bericht der Unabhängigen Kommission vorgelegt wurde, am 4. August dann ein Referentenentwurf, am 7. November der Kabinettbeschluss erfolgte, letzte Woche der Bundestag die erste Lesung des Zuwanderungsgesetzes absolvierte und am kommenden Donnerstag sich der Bundesrat damit beschäftigen wird.

Das Anliegen dieses Instituts, wenn ich es recht verstehe, war es seit jeher, einem ganzheitlichen Ansatz in der Migrationswissenschaft, in der Migrationspolitik zum Durchbruch zu verhelfen. Betrachtete man ja lange Zeit den Bereich der humanitären Zuwanderung, der Flüchtlingsmigration, der Asylzuwanderung, der Zuwanderung von Aussiedlern, von Arbeitsmigranten als nicht in Zusammenhang stehende, völlig eigenständige Bereiche von Migration, so denke ich, war es das Verdienst dieses Instituts, die Interdependenzen sichtbar gemacht zu haben, die Zusammenhänge verdeutlicht zu haben von der Fluchtursachenbekämpfung bis hin zur – im positiven Falle – Integration oder im negativen Falle auch der Umsetzung einer Rückkehrverpflichtung.

Mit Sympathie habe ich gelesen, Herr Bade, dass Sie vor einem Jahr mal vorgeschlagen hatten, eine solche Behörde nicht bloß als Bundesoberbehörde zu etablieren, sondern gar ein Ministerium. Dem ist aus sehr guten Gründen die Kommission nicht gefolgt, weil ich denke, dass es Sinn macht, wenn dieses höchstsensible Feld durch die Distanz einer solchen Bundesoberbehörde vielleicht besser beackert werden kann in Richtung auf einen Konsens als wenn dies sehr nahe, ganz nahe an der parlamentarischen Auseinandersetzung stattfände.

Wir erwarten uns von dem Rat für Zuwanderung und Integration, den auch Sie vorgeschlagen haben, in vielen Fragen Antworten, zum Beispiel hat die Kommission bewusst ja quantitative Zielsetzungen unterlassen. Es wird erwartet, dass der Rat für Zuwanderung und Integration diese Aufgabe dann erfüllt. Der Mangel in der Bezeichnung »Bundesamt für Migration« und nicht »Bundesamt für Migration und Integration« wird vielleicht dadurch kompensiert, dass es eben einen Rat für Zuwanderung und Integration geben soll.

Ich bin außerordentlich dankbar, dass wir in den vergangenen anderthalb Jahren eine sehr enge Zusammenarbeit mit Ihrem Institut pflegen konnten, weil auf diese Weise auch gewährleistet wurde, dass nicht nur ökonomische und demographische Aspekte eine Rolle gespielt haben, sondern eben auch die Ergebnisse Ihrer interkulturellen Studien Eingang in die Überlegungen gefunden haben, und das ist eine Aufgabe, von der ich denke, dass sie in der Zukunft noch größere Beachtung finden wird.

Weil Professor Bade der Autor der Idee, dass an unserem Amt ein Bundesinstitut für Migrations- und

Bevölkerungsforschung (sic!) eingerichtet werden soll, weil ich er der Autor dieser Idee ist, bin ich zuversichtlich, dass es später dann auch eine gute Zusammenarbeit mit dem Institut in Osnabrück in der Universität und auch in Instituten an Universitäten geben wird. Ich gratuliere und hoffe auf gute Zusammenarbeit.

4.1.2.5 Rita Süssmuth, Prof. Dr. Dr. h.c. mult. Bundestagspräsidentin a.D. MdB., Zuwanderung – Paradigmenwechsel? Festvortrag,
ebenda, S. 111–127 (Auszug).

Zum zehnjährigen IMIS-Jubiläum möchte ich Sie alle herzlich begrüßen, die Sie sich in der Wissenschaft, in Stiftungen, auf Bundes-, Landes- und kommunaler Ebene im Bereich Zuwanderung und Integration engagieren. Mein besonderer Gruß gilt der jungen Generation, die so zahlreich zum Institutsjubiläum gekommen ist. Wenn wir Sie nicht erreichen, können wir auf diesem Feld keine friedlich gelebte Zukunft gewinnen.

Migrationsforschung und Politik: Gemeinsame Verantwortung

Migration – Zuwanderung in Deutschland und Europa – ist ein schwieriges Thema. Es erfordert Sensibilität und Verantwortung, Realitätssinn und Gestaltungskraft. In jeder Zuwanderung stecken Belastungen und Bereicherungen, Hoffnungen und Ängste bei Zuwanderern und Einheimischen. Eingeladene, angeworbene Zuwanderer haben es in der Regel leichter als Flüchtlinge, die auf die Aufnahme- und Schutzbereitschaft des Aufnahmelandes angewiesen sind. Ihnen gemeinsam ist der Wechsel in ein anderes Land, sehr häufig in eine andere Kultur mit hohen und höchsten Anforderungen an Umorientierungen, Lern- und Integrationsleistungen. Viel hängt davon ab, welche Offenheit und Aufnahmebereitschaft Migranten erfahren, welche Einstellungen in Politik und Gesellschaft den Umgang mit »Fremden« prägen. Zuwanderungspolitik braucht Führungspersönlichkeiten und Führungskraft (leadership), Personen mit Initiative, Konzepten, Problemlösungen, aber auch Identifikation mit der Aufgabe.

Bezogen auf die Wissenschaft beinhaltet das mehr als wissenschaftliches Interesse. Es sollte einhergehen mit öffentlicher Verantwortung. Dieses Osnabrücker Institut hat sich in den vergangenen zehn Jahren nicht nur wissenschaftliche Anerkennung durch Leistung verschafft, es ist ihm auch gelungen, dieses Themenfeld interdisziplinär zu bearbeiten und die Förderung für ein drittes Graduiertenkolleg zu erhalten.

Forschung auf den verschiedenen Gebieten der Migration und Integration ist unverzichtbar für die politischen Entscheider. Aber der aus der Forschung gewonnene Erkenntnis- und Wissensstand erreicht Politik und Gesellschaft oft gar nicht oder viel zu langsam. Das Interesse ist vielfach begrenzt, die Zusammenarbeit gestaltet sich zu punktuell, lässt organisierte Formen vermissen. Die Wissenschaft meint, es genüge, das Erforschte in Publikationen verfügbar zu machen. Und auf der anderen Seite gehört auch zur Wahrheit, dass sich Politik dem verfügbaren Wissen bisweilen verschließt oder gegen besseres Wissen kurzfristige wahltaktische Interessen verfolgt.

Zu den Schwächen unserer Demokratie gehören die Kurzfristigkeit und Kurzatmigkeit politischen Denkens und Handelns sowie political correctness, politische Tabus, die die Wahrheit über die Wirklichkeit für überfordernd, nicht opportun und zumutbar halten. Verweigern sich Politik und Gesellschaft den Realitäten, so hat das in der Regel weitreichende Folgen, weil nicht gehandelt wird, wo gehandelt werden müsste. Das gilt für viele Bereiche der überfälligen Reformen, z.B. für Bildung, soziale Sicherung oder Bekämpfung der Arbeitslosigkeit. Aber es trifft ebenso auf die Zuwanderung zu. Deutschland ist seit Jahrzehnten ein Zuwanderungsland. Viele leben seit Jahrzehnten hier, sind faktisch Eingewanderte. Aber die Antwort der Politik lautete: »Wir sind kein Einwanderungsland, wir sind ein »Rotationsland«, Menschen, die zu uns kommen, bleiben nur kurze Zeit und kehren in ihre Heimatländer zurück.« Die Realität wird verdrängt oder geleugnet. Die Politik kommt ihrer Gestaltungsaufgabe gesetzgeberisch nicht entsprechend nach. Das hat gravierende Auswirkungen auf die Steuerung der Zuwanderung und die Integration der Zugewanderten.

Die Probleme wachsen und ebenso die Spannungen zwischen Zugewanderten und Einheimischen. Das hat auch Konsequenzen für das Verhältnis zwischen Forschern sowie Politikerinnen und Politikern. Die Mehrheit der in der Forschung Tätigen denkt: »Wir werden ja doch nicht ernsthaft von den politisch Verantwortlichen gehört. Und in die Medien kommen wir nur schwer hinein. Unser Einfluss auf die öffentliche Aufklärung ist sehr begrenzt.« Ich bestreite negative Erfahrungen auf diesem Feld nicht. Es ist auch mir in Wissenschaftlichen Beiräten im Rahmen der Politikberatung in den 1970er und 1980er Jahren widerfahren. Nicht jedes Gutachten findet Zustimmung und Umsetzung zu dem Zeitpunkt, zu dem es die Experten vorlegen. Manche Umsetzung braucht Jahre. So habe ich es in der Frauen- und Familienpolitik, aber auch in der Wohnungsförderung erlebt.

Trotzdem bleibe ich dabei, dass es gerade auf dem von der Politik vernachlässigten Feld der Migration und Integration der interdisziplinären Forschung und der effizienteren Politikberatung bedarf. Das ist eine Daueraufgabe, für die die politischen Rahmenbedingungen und die Organisationsformen in der regierungsunabhängigen Kommission zur Zuwanderung auf der Grundlage des Gutachtens von Professor Bade erarbeitet wurden. Sie haben in wichtigen Punkten Eingang in das jetzt in Bundestag und Bundesrat zur Abstimmung stehende Zuwanderungsgesetz gefunden.

Die öffentliche Verantwortung für zentrale Zukunftsfragen wurde von diesem Institut, von Migrationsforschern und -forscherinnen mit aller Klarheit und mit Nachdruck wahrgenommen.

Bereits 1994 haben sich 60 Professoren und Professorinnen mit dem von Prof. Bade initiierten »Manifest der 60«[2] an die Öffentlichkeit, an die Politik gewandt. Sie haben sich öffentlich engagiert, um Notwendigkeit und Dringlichkeit eines Zuwanderungsgesetzes mit Argumenten deutlich zu machen. Ihr Engagement fand in der 13. Wahlperiode von 1994–1998 keine Resonanz. Es wurde stattdessen weiter erklärt, dass Deutschland kein Einwanderungsland sei und ein Zuwanderungsgesetz die humanitären Verpflichtungen gegenüber Flüchtlingen und Asylsuchenden weder reduziere noch löse. Mir selbst ist es in der innerparteilichen Debatte nicht anders ergangen, als ich mich in einer Publikation 1994 für ein Einwanderungsgesetz aussprach.

In den Koalitionsvereinbarungen der rotgrünen Regierung 1998 fand sich eine Vereinbarung zu einem Einwanderungs- und Zuwanderungsgesetz in dieser Wahlperiode. Aber zur öffentlichen Debatte darüber kam es erst im Frühjahr 2000 in Verbindung mit der Forderung der Wirtschaft nach Anwerbung von IT-Spezialisten.

Der kurze Paradigmenwechsel in Deutschland: Von der Öffnung zurück zur Abwehr

Der öffentliche Aufruf der 60 Professoren hat in der Folgezeit mehr und mehr Beachtung gefunden. Die Politik wie die Medien gaben ihnen ein Forum, und sie haben es genutzt, um die Öffentlichkeit über Zuwanderung und Integration in Geschichte und vor allem in den letzten 50 Jahren aufzuklären.

Vieles ist seitdem in der Bundesrepublik in Bewegung geraten. Unbestritten ist inzwischen, dass Deutschland faktisch ein Einwanderungsland ist und eine entsprechende Gesetzgebung zur Gestaltung der Zuwanderung und Integration erforderlich ist. Das Wort vom »Paradigmenwechsel« machte die Runde, war immer häufiger zu hören und zu lesen. Es setzte eine breite öffentliche Diskussion ein. In Politik, Wirtschaft, Gewerkschaften, Kirchen, Verbänden, Vereinen und Flüchtlingsorganisationen, Interessenbewegungen der Zugewanderten wurden Vorschläge zu den Inhalten einer umfassenden gesetzlichen Neuregelung erarbeitet. Dazu gehört auch die Einsetzung der regierungsunabhängigen Kommission durch Bundesinnenminister Otto Schily im September 2000 und die Vorlage des Berichts am 4. Juli 2001. Unsere Aufgabe war es, ein ganzheitliches Konzept zur arbeitsmarkt- und demographisch bedingten Zuwanderung, zu notwendigen Neuregelungen im Bereich der humanitären Verpflichtungen, zur Integration und zur besseren Organisation der Zuständigkeiten und Verwaltung vorzulegen. Unser Bericht trägt den Titel: »Zuwanderung gestalten – Integration fördern«.[3]

Unser Ziel war es, nicht nur auf kurzfristige, sondern gerade auch auf die mittel- und längerfristigen Anforderungen und Entwicklungen Antworten oder zumindest teilweise Antworten zu geben. Dazu waren wir auf Expertenwissen und verfügbare Forschungsergebnisse angewiesen. Wir haben eine Reihe von Gutachten in Auftrag gegeben und Anhörungen mit Experten aus dem In- und Ausland durchgeführt. Zu den wichtigen Anhörungen zählten die in der Praxis Tätigen, Deutsche wie Nichtdeutsche, unmittelbar und mittelbar Betroffene.

Wir verfolgten einen ganzheitlichen Ansatz, bei dem Zuwanderung und Integration eine Einheit bilden, aber auch Öffnung und Begrenzung, Rechte und Pflichten. Wir fragten nach dem Verhältnis von Bereicherung und Belastung, nach Möglichkeiten, Abwehr zu verringern und Akzeptanz zu erhöhen, nach guten Integrationskonzepten und den dazu erforderlichen Maßnahmen. Wir entwickelten Vorschläge zur Durchlässigkeit unseres Systems, d.h. Zuwanderung nicht nur von außen, sondern auch für die bei uns seit vielen Jahren lebenden Flüchtlinge.

Engagiert gestritten und um Lösungen gerungen wurde bei den nichtstaatlich und geschlechtsspezifisch Verfolgten, bei den unbegleiteten Minderjährigen, den Möglichkeiten des Schulbesuchs von Kindern illegaler Zuwanderer und des Schutzes vor Strafverfolgung für humanitäre Helfer und Helferinnen bei schwierigsten existentiellen Alltagsproblemen von Illegalen.

Wir haben Empfehlungen erarbeitet, wie der Dschungel von unterschiedlichen Aufenthaltsregelungen, von Intransparenz und Unverständlichkeit im Ausländerrecht abgebaut werden und ein durchschaubareres, d.h. in den Kriterien und Verfahren nachvollziehbareres Gesetz aussehen kann. Es galt, vorher getrennte Bereiche zusammenzuführen, wie z.B. Zuwanderung und Integration. Es galt das widersprüchliche Nebeneinander von Anwerbestopp, Anwerbestoppausnahmeverordnung mit mehr als 300 000 befristeten Arbeitskräften aus dem Ausland, erweitert um »Green Card«-Spezialisten, in ein zukunftsbezogenes Zuwanderungskonzept umzugestalten.

Die Resonanz auf unsere Empfehlungen in Deutschland und im Ausland war ermutigend und ließ auf eine entsprechende Gesetzgebung hoffen. Ermutigend war der Gleichklang der Neuausrichtung in den verschiedenen gesellschaftlichen Institutionen und Organisationen, wie auch in allen politischen Parteien. Aber dieser Gleichklang war von kurzer Dauer. Vom durchschlagenden Paradigmenwechsel kann nicht mehr die Rede sein.

Mit der sich verschlechternden wirtschaftlichen Lage, den sprunghaft angestiegenen Insolvenzen, den

---

[2] K. J. Bade (Hg.), Das Manifest der 60: Deutschland und die Einwanderung, München 1994.

[3] Zuwanderung gestalten – Integration fördern. Bericht der Unabhängigen Kommission »Zuwanderung«, 4.7.2001, Berlin 2001.

steigenden Arbeitslosenzahlen und den bevorstehenden Bundestags- und Landtagswahlen schlug das Klima um. Der Konsens nahm ab, der Dissens zu [...].

Ob das vorliegende Gesetz die notwendige Mehrheit im Bundesrat findet, ist ungewiss. Wenn die Engpässe auf dem Arbeitsmarkt zunehmen, wenn Ängste und Abwehr aus verständlichen Gründen wachsen, schwindet der Mut, das politisch Notwendige zu sagen und zu tun.

Es bleibt wieder einmal beim Alten, wohlwissend, dass es nicht beim Alten bleiben darf und bleiben wird. Neue Gesetzesinitiativen werden für die nächste Legislaturperiode angekündigt, weil offenbar kein Dissens in Bezug auf den Handlungsbedarf in der Migrationspolitik besteht. Das bedeutet allerdings konkret eine weitere Verschiebung der notwendigen Reform und ist kein Beispiel für good governance, kein Beispiel für die Leistungsfähigkeit der Demokratie.

Deutschland braucht dringend den Abbau des Reformstaus, nicht dessen Verlängerung.

Vom Konsens zum polarisierenden Dissens
Die in wenigen Monaten aufweisbare Entwicklung vom Konsens zum Dissens in Kernfragen der zu regelnden Neuzuwanderung ist nur schwer zu erklären und steckt voller Widersprüche.

Die Phase vom Sommer 2000 bis Sommer 2001 war die Zeit des Umdenkens, die Zeit einer breiten Übereinstimmung in der Problemanalyse und den sich abzeichnenden Problemlösungen. Das gilt nicht nur für die am häufigsten in der öffentlichen Debatte genannten Berichte der CDU-Kommission unter Leitung des saarländischen Ministerpräsidenten Peter Müller und der unabhängigen Regierungskommission unter meiner Leitung. Es trifft auch zu auf die Vorschläge der SPD, der Grünen wie der FDP. Gemeinsamkeiten in zentralen Standpunkten der Zuwanderung finden sich in den Vorschlägen der Wirtschaft, Gewerkschaften, Kirchen, Verbände und Vereine, von Deutschen und Nichtdeutschen.

Zu Recht konnte von einem Paradigmenwechsel gesprochen werden. Die Unterschiede betrafen die Reichweite: Kernpunkte dieses Paradigmenwechsels lassen sich wie folgt beschreiben:

- Deutschland ist faktisch ein Einwanderungsland mit einer großen Zahl von Zuwanderern, die seit mehreren Jahrzehnten bei uns leben.
- Deutschland steht zu seinen humanitären Verpflichtungen gegenüber Flüchtlingen und Asylsuchenden. Es folgt dabei seiner Bindung an die Genfer Flüchtlingskonvention (1951), dem internationalen Völkerrecht sowie dem nationalen Recht.
- Deutschland braucht ein Zuwanderungsgesetz zur Gestaltung der Zuwanderung, zur Steuerung und Begrenzung entsprechend seiner Integrationsfähigkeit. Dabei gilt es die Interessen um das eigene Wohl mit den Interessen und Verpflichtungen zum Wohl der Schutzbedürftigen miteinander zu verbinden. Anders gesagt: Wir richten uns zugleich aus auf Zuwanderer, die uns brauchen und die wir brauchen.
- Zuwanderung und Integration bilden zwei Seiten einer Medaille. Integration ist die entscheidende Gestaltungsaufgabe der Zuwanderung.

Im Sommer 2001 wurde dann vom Bundesinnenminister ein Gesetzentwurf vorgelegt. Dieser Entwurf zeigte eine klare Ausrichtung in der genannten Neuorientierung, blieb jedoch gerade in Bezug auf die umstrittene Frage der Begrenzung eher restriktiv als öffnend.

Von Anfang an konzentrierte sich die kontroverse Debatte auf die Frage des Nachzugsalters der Kinder sowie die Schutzbestimmungen für nichtstaatlich und geschlechtsspezifisch Verfolgte. Dennoch gab es eine breite Zustimmung für die Grundausrichtung dieses Gesetzentwurfs verbunden mit der Erwartung der Konsensfindung zwischen den im Bundestag vertretenen Parteien bzw. deren Fraktionen.

Dieser Konsens wurde nicht erreicht. Im Gegenteil, es entbrannte eine zugespitzte Kontroverse zwischen der Regierungskoalition von SPD und Grünen und der Opposition von CDU/CSU. Die gegensätzlichen Positionen lassen sich in folgenden Punkten zusammenfassen:

- Der Kernvorwurf lautet, das vorgelegte Gesetz beinhalte eine Öffnung für massenhafte Zuwanderung statt einer eindeutigen Ausrichtung auf Begrenzung.
- Das Gesetz öffne die Bundesrepublik für eine unkontrollierte Zuwanderung auf dem Arbeitsmarkt, es öffne für Hunderttausende die Bundesrepublik als Aufnahmeland für nichtstaatlich und geschlechtsspezifisch Verfolgte.
- Das Gesetz verfehle durch das Kindernachzugsalter von 16 Jahren die Integration. Gefordert wird die Absenkung auf 10 Jahre, möglichst ohne jede Ausnahmeregelung.
- Die vorgesehenen Integrationsmaßnahmen blieben weit hinter den Erfordernissen zurück.
- Insgesamt wolle der Gesetzgeber die Probleme auf dem Arbeitsmarkt durch Zuwanderung und nicht durch innere Reformen zur Bekämpfung der Arbeitslosigkeit lösen. [...]

Nachwort
Zwei Tage vor Abschluss dieser überarbeiteten Rede ist im Bundesrat die Entscheidung über das Zuwanderungsgesetz getroffen worden. Es war eine der tumultartigsten Abstimmungen in der Geschichte des Bundesrates. Das Land Brandenburg hat eine uneinheitliche Stimmabgabe praktiziert, und das Ja des Ministerpräsidenten gegen das Nein seines Innenministers gab den Ausschlag. Die Stimmabgabe Brandenburgs wurde vom Bundesratspräsidenten als eine Ja-Stimme gewertet. Das ist rechtlich umstritten und wird von den CDU/CSU-Ministerpräsidenten wie

auch von einem Teil der Staatsrechts- und Verfassungsjuristen als Verstoß gegen den Artikel 51 des Grundgesetzes gewertet. Der Artikel 51 erfordert einheitliche Stimmabgabe. Ob diese bei nicht vorhandenem Einvernehmen in einer Koalitionsregierung vom Ministerpräsidenten erfolgen kann, ist rechtlich kontrovers und muss geprüft werden.

Offen ist, ob der Bundespräsident das Gesetz unterschreibt. Zurzeit überlagern die Verfahrensfragen die Inhalte des Gesetzes. Wie immer die rechtliche Prüfung ausfällt, die Folgen sind gravierend. Unser Land ist politisch nicht in der Lage, trotz weitreichender Übereinstimmung in der Sache, ein überfälliges Gesetz mit den erforderlichen parlamentarischen Mehrheiten zustande zu bringen. Die Botschaft lautet zwar übereinstimmend, dass wir ein Gesetz brauchen. Aber nicht dieses, so lautet die Gegenbotschaft. Gewollt ist Integration, aber zugleich Begrenzung als Abwehr. Mit Ausnahme von Spitzenkräften soll es beim Alten bleiben. Unzumutbare Belastungen, nicht Innovation, Bereicherung und Zukunftssicherung bestimmen die Debatte. Doch eines ist auch gewiss, dass nämlich kein Volk den Realitäten entkommen kann. Wandel ist zu gestalten, Völkern, die vorangehen oder vorausgegangen sind, werden wir früher oder später folgen.

Noch wollen wir dem Wandel ausweichen, die Menschen in unserem Land vor den Realitäten schützen, mit falschen Zahlen den Weg der Abwehr verlängern. Dieser Weg mag kurzfristig sehr erfolgreich sein, aber er trägt weder mittel- noch langfristig.

Die Vernunft und die eigenen Interessen werden sich durchsetzen, das machen uns verantwortliche Kräfte in der Gesellschaft vor: Wirtschaft, Gewerkschaften, die Kirchen, Sozial-, Kultur- und Sportverbände, engagierte Vereine und Initiativen von Deutschen und Nichtdeutschen.

4.1.3 Aydan Özoğuz, Staatsministerin, Beauftragte der Bundesregierung für Migration, Flüchtlinge und Integration, Grußwort zum 25-jährigen Jubiläum des Instituts für Migrationsforschung und Interkulturelle Studien (IMIS) am 29. Mai 2015 im Schloss zu Osnabrück, in: IMIS-Beiträge, 48/2016, S. 19–23.[4]

»Bei uns kommt in Sachen Migrations- und Integrationspolitik fast alles 25 Jahre zu spät.« Das resümierte Klaus Bade, Gründungsdirektor des IMIS, vor drei Jahren in einem Zeitungsinterview. Der Anwerbestopp sei ein Fiasko gewesen, die 1980er Jahre ein verlorenes Jahrzehnt und die allseits gefeierten Integrationskurse gebe es erst seit 2005.

Ja, es stimmt: Vieles kam zu spät, und vieles hat die deutsche Politik verschlafen. Die Erkenntnis, ein Einwanderungsland zu sein, gab es eigentlich erst mit der Reform des Staatsangehörigkeitsrechtes im Jahr 2000. Da waren wir Kinder der zweiten Gastarbeitergeneration zum Teil schon über 30 Jahre alt.

Heute feiern wir den 25. Geburtstag des Instituts. Der Bedarf eines Instituts für Migrationsforschung wurde damals erkannt und zügig umgesetzt: Nachdem sich im Juni 1989 zuerst ein »Arbeitskreis Migrationsforschung« an der Universität Osnabrück gegründet hatte, folgte per Erlass der niedersächsischen Landesregierung im Juli 1991 die Gründung des Instituts.

Bei der feierlichen Eröffnung im Schloss von Osnabrück war damals übrigens meine Amtsvorgängerin Liselotte Funcke dabei. Funcke war wenige Wochen vor dem Festakt zur Institutsgründung von ihrem Amt als Ausländerbeauftragte der Bundesregierung – so hieß mein Amt damals – zurückgetreten. Sie fühlte sich von der Bundesregierung und Bundeskanzler Helmut Kohl permanent ausgebremst. All ihre Vorschläge für eine bessere Integrationspolitik wurden abgeblockt. Kein Wunder, dass das IMIS ihr auch nach dem Amtsverzicht am Herzen zu liegen schien.

In der ersten Bilanz-Broschüre des Instituts von 1998 ist zum zeitlichen Kontext der Gründung zu lesen:»»Hintergrund war die damals immer erkennbarer zutage tretende Ratlosigkeit von Politik, aber auch die Sprachlosigkeit zwischen Wissenschaft und Politik. Die Zuwandererzahlen stiegen im Vereinigungsprozess an und es gab Mangel an gesellschaftspolitischen Konzepten für die Gestaltungsaufgaben in der Einwanderungsgesellschaft. Bald folgten die Asylhysterie, die Exzesse auf Deutschlands Straßen 1992/93 und das, was Bundeskanzler Helmut Kohl im November 1992 als »Staatsnotstand in Migrationsfragen« bezeichnete.«

Ja, das war damals eine harte Zeit. Und eine herausfordernde Zeit für eine Institutsgründung. Die Sprachlosigkeit der Politik – und übrigens auch der Gesellschaft! – sollte sich durch die gesamten 1990er Jahre ziehen. Ich war und bin dem Institut unglaublich dankbar, dass es damals wie heute wissenschaftlich und im besten Sinne des Wortes sachlich über Fragen der Migration und Integration forscht und publiziert. Unsere Gesellschaft brauchte damals einen Gegenpol zu den emotionalen Debatten!

Und vergessen wir nicht: Es ist keine fünfzehn Jahre her, dass ich mich in der Hamburgischen Bürgerschaft mit dem ausländerfeindlichen Ronald Schill streiten musste. Der war damals vom »Richter gnadenlos« zum Innensenator aufgestiegen, weil jeder fünfte Hamburger seine einfachen Rezepte gegen angeblich kriminelle Ausländer und Drogendealer befürwortete! Und es ist ebenso erst fünfzehn Jahre her, dass Herr Rüttgers im Landtagswahlkampf in Nordrhein-Westfalen mit der Parole »Kinder statt Inder« loszog. Und es war 1999, als Roland Koch im hessischen Landtagswahlkampf seine Unterschriftenkampagne gegen den »Doppelpass« aufführte und es zum geflügelten Wort wurde: »Wo kann ich hier gegen Ausländer unterschreiben?«.

---

[4] http://www.imis.uni-osnabrueck.de/fileadmin/4_Publikationen/PDFs/imis48.pdf.

Es war für alle wichtig, die sich für eine gute Migrations- und Integrationspolitik einsetzten, mit der Expertise und den Publikationen des IMIS auf die immer wiederkehrenden plumpen, populistischen Tone in der medialen Debatte und auch in den Parlamenten reagieren zu können. Ich denke zum Beispiel an die hervorragende »Enzyklopädie Migration in Europa« oder an die 45 bisher veröffentlichten »IMIS-Beiträge«.

Diese Arbeiten sind für mich sehr wichtig, denn ich brauche als Politikerin rationale, empirisch belegbare Argumente, um gegen Vorurteile und viele Emotionen angehen und bestehen zu können. Und natürlich, um für eine gute Migrations- und Integrationspolitik in unserem Land werben zu können.

Ihre Arbeit hat Früchte getragen, denn es ist auch dank Ihres Instituts heute möglich, von Deutschland als Einwanderungsland zu sprechen, ohne dass gleich alle zusammenzucken. Wir sind ein offenes und vielfältiges Land und bekennen uns heute endlich dazu. Wir sind sozusagen ein Einwanderungsland mit extrem verspäteter Einsicht.

Zentrales Projekt meiner Arbeit als Integrationsbeauftragte der Bundesregierung ist es, jetzt den nächsten Schritt zu gehen: Wir müssen zu einer Einwanderungsgesellschaft wachsen. Was hält unsere Gesellschaft zusammen? Wie können wir eine integrative Politik machen, die sich nicht auf 16 Millionen mit Migrationshintergrund – und ich bleibe dabei: Das ist ein vollkommen unbrauchbarer Begriff! – beschränkt, sondern für alle 81 Millionen? Wie können wir attraktiv sein für mehr Einwanderung, auf die wir dringend angewiesen sind? Wie können wir Einwanderung vernünftig gestalten? Und wie können wir das gute Klima gegenüber Flüchtlingen erhalten?

Ich denke, es ist entscheidend, dass wir diese ständigen Trennungen in »Die« und »Wir« überwinden. Dass wir nicht in erster Linie nach Migrationshintergründen oder Herkunft fragen. Sondern dass wir ein gemeinsames WIR entwickeln. Es geht um gleichberechtigte Teilhabe für alle. Um den fairen Zugang zu Bildung und Ausbildung, zu unseren Universitäten, zum Arbeitsmarkt oder auch zum Gesundheitswesen. Herkunft darf nicht zu Ungerechtigkeiten führen!

In der bereits erwähnten ersten Bilanz des IMIS stand der Klärungsbedarf dieser Frage schon 1998 schwarz auf weiß: »Es geht um die Förderung interkultureller Kompetenz bei Migration und Integration im Allgemeinen, konkret in der Begegnung von Mehrheit und Minderheiten in der Einwanderungssituation.«

Ja, wir sind mehr denn je angewiesen auf einen neuen Ansatz, der das Zusammenleben und den Zusammenhalt unserer vielfältigen Gesellschaft befördert und gestaltet; einen Ansatz, der den Weg vom Einwanderungsland zur Einwanderungsgesellschaft begleitet und auch ein Stück weit aufzeigen kann. Hier zähle ich auch auf das IMIS, auf seine Forschung und Lehre. Und natürlich auf die Absolventinnen und Absolventen des Masterstudienganges »Internationale Migration und Interkulturelle Beziehungen«, die wir heute zu ihrem Abschluss beglückwünschen können. Ich zähle darauf, dass Sie hoffentlich zentrale Positionen in Forschung, Politik oder Wirtschaft einnehmen werden.

Das IMIS hat sich über die Jahre weltweit einen Namen gemacht und ist zu einem Ort für renommierte Lehre und Forschung geworden. Eines der Erfolgsrezepte des Instituts ist sicherlich, dass es sich immer wieder in die gesellschaftlichen und politischen Diskurse eingemischt hat. Professor Bade hatte 2007 in seiner Abschiedsvorlesung vom IMIS zu Recht darauf hingewiesen, dass es nicht immer auf Gegenliebe stieß, wenn aus Osnabrück wieder ein Weckruf kam. Ein Weckruf, um den – so Bade – »folgenschweren politischen Schlafzustand in Sachen Migration und Integration« zu beenden.

Ich habe es aber immer als Bereicherung empfunden, wenn vom IMIS mal wieder so ein Weckruf kam, z.B. in der unsäglichen Debatte über angebliche »Integrationsverweigerung« im Jahr 2012. Das Thema wurde in den IMIS-Beiträgen aufgegriffen. Dort stellten Dirk Halm und Marina Liakova ihre Forschungsergebnisse vor: Es gibt bei Jugendlichen mit Einwanderungsgeschichte keine Integrationsverweigerung, wie es der damalige Bundesinnenminister Hans-Peter Friedrich attestierte. Stattdessen gebe es bei Jugendlichen zum Teil große Enttäuschungen, die sich aus mangelndem Bildungserfolg und empfundener Ablehnung speisen. Diese Enttäuschungen erschwerten die Etablierung eines positiven Deutschlandbildes, aber führen nicht zwangsläufig zur Abwendung von der deutschen Gesellschaft. Die Welt ist eben nicht immer schwarz oder weiß, wie zumindest manch ein Innenpolitiker gern glauben würde. Halm und Liakova forderten, dass es eine Politik brauche, die offensiv kulturelle Differenzen anerkennt. Eine Politik, die aus Unterschieden keine Probleme macht. Und die die Realitäten einer Einwanderungsgesellschaft endlich anerkennt.

Ein anderer Weckruf kommt von Professor Pott beim Umgang mit Asylbewerbern in Deutschland: »Sie werden nicht integriert, sondern separiert. Sie werden viel zu oft künstlich schwach gehalten statt gestärkt«. Ja, das war und ist heute teilweise noch immer einer dieser Fehler der deutschen Politik. Heute sind wir langsam soweit und erkennen, dass wir frühe Zugänge für Asylbewerber mit guter Bleibeperspektive in unsere Gesellschaft brauchen – früher Spracherwerb, schnellerer Arbeitsmarktzugang, mehr Kontakte mit der Nachbarschaft.

Ein anderer Weckruf war der Rat für Migration, der durch das IMIS entstanden ist. So fand der Rat im Dezember 2014 eindeutige Worte für das Phänomen PEGIDA: Das seien »völkische Aufmärsche, getragen von menschenfeindlichen Meinungen über Flüchtlinge und von einer allgemeinen Abwertung von Muslimen«.

Das IMIS hat in den letzten 25 Jahren also eine breite Wirkung entfaltet und ist heute renommierter Standort für Migrationsforschung in Deutschland. Bei seinen Interventionen und Mahnungen in die Diskurse musste sich das Institut lange Zeit wie ein einsamer Rufer in der Wüste fühlen: Die langjährige politische Verweigerung, Einwanderung als eine gesellschaftliche Tatsache anzuerkennen, hatte auch in der deutschen Forschungslandschaft zu einer gewissen Lähmung geführt. Man kann sich schon die Frage stellen, warum es kein weiteres akademisches Institut mit einer ähnlich langen Geschichte gibt, welches sich ausschließlich Migrations- und Partizipationsfragen widmet.

So ist es auch ein Verdienst des IMIS, dass die Migrationsforschung heute große wissenschaftliche und öffentliche Aufmerksamkeit erhält und längst keine exotische Nischenforschung mehr ist: Heute ist Migrationsforschung eingebettet in eine sehr vielschichtige und fachübergreifende universitäre Landschaft. Soziologen, Demographen, Geographen, Ökonomen und Ethnologen beschäftigen sich mit Migrationsthemen. Und darum ist ja auch der Masterstudiengang des IMIS interdisziplinär angelegt.

Zum Schluss ein Appell: Mischen Sie sich bitte weiter ein! Seien Sie auch unbequem und folgen Sie dem Rat von Klaus Bade, gelegentlich auch einmal »falls erforderlich mit der flachen Hand in die Suppe zu hauen«, um die wissenschaftlichen und politischen Diskurse aufzurütteln.

Sie können stolz darauf sein, was Sie hier in Osnabrück in den letzten 25 Jahren aufgebaut haben! In diesem Sinne nochmals alles Gute zum Geburtstag, weiterhin gutes Gelingen und den Absolventen alles Gute für ihre berufliche Zukunft!

4.2 Der bundesweite Rat für Migration (RfM)

4.2.1 Klaus J. Bade / Beate Winkler / Christian Petry, Abschlussbericht zum Projekt »Zentrum für Migrationsfragen und interkulturelle Entwicklung«, Osnabrück/Berlin, 20.5.1994 (Auszug).

Am Anfang des Projekts stand die Idee des »Doppelten Dialogs« in den Problemfeldern Migration – Integration – Minderheiten:

Einerseits ging es darum […], die interdisziplinäre, multidisziplinäre und internationale Kommunikation im Bereich der Wissenschaft zu intensivieren, Forschungslücken zu erkunden, persönliche Kontakte zu vermitteln, sachliche Verbindungen zu stiften, weitertragende Denkanstöße bzw. Arbeitsanregungen zu geben und neue Formen der Kooperation zu erschließen. Nötig dazu waren verstärkte Bemühungen, in den verschiedensten Forschungsrichtungen und Forschungsprojekten auf verwandten Gebieten arbeitende Wissenschaftler zusammenzuführen und zugleich die entsprechende Datenvernetzung zu intensivieren.

Andererseits ging es darum, den Dialog zwischen Wissenschaft und den verschiedensten Bereichen der Praxis zu intensivieren – vom behördlichen Verwaltungshandeln über in den Problemfeldern […] tätige nichtstaatliche Organisationen bis hin zum politischen Entscheidungsprozess. Voraussetzung für einen solchen Dialog zwischen »Experten der Wissenschaft« und »Experten der Praxis« und für den damit verbundenen gemeinsamen Lernprozess war auch auf Seiten der Praxis eine verstärkte Koordination in dem in vieler Hinsicht unübersichtlichen Feld mit mancherlei Zuständigkeitsüberschneidungen und Zuständigkeitslücken sowie eine Erkundung des Praxisberatungsbedarfs sowie die Entwicklung von neuen Formen der Zusammenarbeit über einzelne Berufsbilder hinweg […].

Geeignete Wege sollten in einer Pilotphase in dem Projekt »Zentrum für Migrationsfragen und interkulturelle Entwicklung« erschlossen werden. Die Konzeption des Projekts wurde von Prof. Dr. Klaus J. Bade, Direktor des Instituts für Migrationsforschung und Interkulturelle Studien (IMIS) der Universität Osnabrück und Dr. Beate Winkler, Referentin im Amt der Ausländerbeauftragten, Bonn, im Dialog mit Christian Petry, Geschäftsführer der Freudenberg Stiftung, entwickelt. Es wurde von der Beauftragten der Bundesregierung für die Belange der Ausländer, der Freudenberg Stiftung, dem Stifterverband für die Deutsche Wissenschaft und der Forschungsgruppe Modellprojekte e. V. getragen […].

Wissenschaftler der verschiedensten Fachdisziplinen und Forschungsrichtungen im Problemfeld von Migration, Integration und Minderheiten, Experten aus dem Verwaltungsbereich und der unmittelbaren Praxis, Vertreter von Wohlfahrtsverbänden und Kirchen, Mitarbeiter in Stiftungen und Initiativgruppen, Journalisten und Politiker wurden über das Projekt informiert. Es wurden offizielle Beschlüsse gefasst, die den Aufbau eines solchen übergreifenden Netzwerkes dringend empfahlen, zum Beispiel von der Ad-hoc-Arbeitsgruppe Asylrecht und sozialer Friede der Minister und Senatoren für Arbeit und Soziales und der Bundeskonferenz der Ausländerbeauftragten.

Der grundsätzliche Ansatz des Projekts »Zentrum für Migrationsfragen und interkulturelle Entwicklung«, den Dialog zwischen den einzelnen wissenschaftlichen Disziplinen, aber auch zwischen den einzelnen Lebens- und Erfahrungsdimensionen im Bereich von Migration, Integration und Minderheiten zu intensivieren sowie Wissenschaft, Praxis und Politik stärker miteinander zu verbinden, stieß auf breite Zustimmung. So stellte die Bund/Länder-Arbeitsgruppe »Aufklärungskampagne gegen Extremismus und Fremdenfeindlichkeit« beispielsweise in ihrem Abschlussbericht fest, dass die Arbeit in diesem Bereich besonders unter fehlender Zusammenarbeit von Wissenschaft und Praxis leide. Es gäbe keine zentralen Anlaufstellen.

Der interdisziplinäre Ansatz, der Netzwerkcharakter und das Zusammenwirken von Wissenschaft, Praxis und Politik bildeten von Anfang an ein Schwergewicht. Das bedeutete auch, verständlich zu machen, dass durch neue Formen der Zusammenarbeit die eigene, zum Teil langjährige Arbeit der verschiedenen Institutionen unterstützt und verstärkt eingebunden werden sollte in einen umfassenden Kooperationsverbund. Bereits bestehende Möglichkeiten sollten effektiv genutzt und durch neue Beratungs-, Informations- und Konzeptionsangebote ergänzt werden. Für dieses langfristige Ziel sollten in der Pilotphase des Projekts exemplarischer Erprobung unternommen und weiterführende Anregungen entwickelt werden.

Die Initiativen im Bereich der Wissenschaft standen unter Leitung von Prof. Dr. Klaus J. Bade, diejenigen im Praxisbereich unter Leitung von Dr. Beate Winkler [...]. Die Initiativen und Anregungen wurden zumeist in Kooperation der Projektleiter entworfen und in begleitender Beratung mit dem Geschäftsführer der Freudenberg Stiftung, Herrn Christian Petry, abgestimmt, aber in eigener Verantwortung und Zuständigkeit von den beiden Projektleitern durchgeführt. [...] In begleitender Beratung mit dem Geschäftsführer der Freudenberg Stiftung, Herrn Christian Petry, abgestimmt, aber in eigener Verantwortung und Zuständigkeit von den beiden Projektleitern durchgeführt [...].

WISSENSCHAFTSBEREICH (Klaus J. Bade)

Im Wissenschaftsbereich ging es darum, innerhalb des Pilotprojekts entsprechende Initiativen zu entfalten, zu strukturieren, in einzelnen Bereichen auch schon abzuschließen bzw. zur weiteren Betreuung oder Entwicklung an geeignete Träger abzugeben.

Bundesnetzwerk Migration – Integration – Minderheiten:
Beim »Bundesnetzwerk« war zunächst vorwiegend an Aufbau und Vernetzung von operationalen und dezentral organisierten Informationssystemen gedacht, die mit einem Aufwand betrieben werden können, der von den jeweiligen Trägern verkraftbar ist. Als Modellprojekt wurde das Teilnetzwerk »Historische Migrationsforschung« und damit die Vernetzung dieser stark interdisziplinären Forschungsrichtungen erprobt.

Fachspezifische Informationssysteme und Organisationsformen – Modellprojekt »Netzwerk Historische Migrationsforschung«:
Entwickelt wurden EDV-Programme und Fragebögen für ein Informationssystem sowie ein Referentensystem zur Übergabe und eigenständigen Fortführung durch die »Gesellschaft für Historische Migrationsforschung« (GHM) in der Geschäftsstelle am Institut für Auslandsbeziehungen, Stuttgart. Das Informationssystem hat den Zweck, in der stark interdisziplinär ausgerichteten Historischen Migrationsforschung, die auch unmittelbar aktuelle Bezüge hat, ausgewiesene Personen und Institutionen mit ihren Forschungsschwerpunkten und laufenden Forschungsprojekten sowie einschlägigen Beratungsinteressen und Beratungsmöglichkeiten zu erfassen, die entsprechenden Informationen in regelmäßigem Abstand auf den neuesten Stand zu bringen und für fachliche, fachübergreifende und internationale Anfragen verfügbar zu halten.

EDV-Programm und entsprechende Fragebögen für dieses Informationssystem konnten mithilfe der vom Stifterverband zur Verfügung gestellten Mittel ausgearbeitet, installiert, mehrfach erprobt und dann an die »Gesellschaft für Historische Migrationsforschung« abgetreten werden [...]. Die Arbeiten an diesem System an sich aber können als abgeschlossen gelten, und das System selbst hat Modellcharakter für die Vernetzung anderer Forschungsbereiche, die wegen der hier gewonnenen Erfahrungen und gemachten Erprobung des Systems vergleichsweise kostengünstig entwickelt werden können [...].

Fachübergreifende und internationale Vernetzung von Dokumentationsstellen und Datensystemen:
Bei der stark unter dem Einfluss aktueller Entwicklungen stehenden, hektischen Expansion der wissenschaftlichen Arbeitsfelder von Migration, Integration und Minderheiten, von Multikulturalismus und Ethnizität ist ein bemerkenswertes, bereichsweise nachgerade als Wildwuchs erscheinendes Wachstum von Instituten, Dokumentationsstellen, Forschungsstellen, Forschergruppen, Arbeitsstellen, Arbeitsgruppen usw. zu bemerken, die oft mehr oder minder isoliert voneinander arbeiten und zuweilen sogar unnötige und deshalb arbeitsökonomisch und finanziell unrentable Doppelarbeit verrichten. Wichtig erschien es deshalb, einen leistungsstarken Träger mit einschlägiger Erfahrung zu finden und in Zusammenarbeit damit eine Bestandsaufnahme und Beiträge zur Vernetzung der Dokumentationsstellen auf nationaler und internationaler Ebene anzustreben.

Vergleichsweise weit fortgeschritten erschienen Datenvernetzung und Dokumentation am »Berliner Institut für Vergleichende Sozialforschung e. V«. Für ein von dem Berliner Institut in Abstimmung mit dem »Institut für Migrationsforschung und Interkulturelle Studien« (IMIS) der Universität vorbereitetes Treffen aller Dokumentationsstellen in Berlin wurden tiefgestaffelte Fragebögen vorbereitet, um eine eingehende Bestandsaufnahme zu sichern, Lücken bzw. entsprechenden Koordinations- und Ergänzungsbedarf zu erschließen. Die Konferenz aller Dokumentationsstellen hat am 22. bis 24. April 1994 in Berlin stattgefunden unter dem Titel: »Vorbereitungstreffen für ein deutsches und europäisches Datennetzwerk zu Fragen von Migration, Flucht, Rassismus und ethnischen Beziehungen«.

In einer Arbeitsgruppe sollen dort diskutierte Möglichkeiten und Wege zu einem dezentralen und zugleich relativ umfassend vernetzten System von

Dokumentationsstellen weiter konkretisiert werden, das auch für den »doppelten Dialog« auf Seiten der Wissenschaft und zwischen Wissenschaft und verschiedensten Bereichen der Praxis von großer Bedeutung ist [...].

Jedwede Förderung im Bereich von zentralen Systemen sollte nach den Erfahrungen der Pilotphase an die Bedingung geknüpft werden, dass hier im Interesse aller Beteiligten nicht Konkurrenz, sondern Kooperation herrschen. Es ist wichtig, zu begreifen, dass die im Bereich der sonstigen wissenschaftlichen Projektarbeit durchaus produktive Konkurrenz um die besten Ergebnisse im Bereich der Vernetzung nur zu unproduktiver gegenseitiger Lähmung führt.

Das Osnabrücker »Institut für Migrationsforschung und Interkulturelle Studien« (IMIS), das auf diesen Gebieten erste reguläre interfakultative Universitätsinstitut, ist zwar bereit, hier auch weiterhin Vermittlungsaufgaben zu übernehmen, wird aber in diesem Sinne kein eigenes übergreifendes Vernetzungssystem aufbauen [...].

Multi- und interdisziplinäres Referentensystem zum Bereich Migration – Integration – Minderheiten:
Neben die Vernetzung von Datenbanken und Dokumentationsstellen bzw. –systemen in den Forschungsfeldern von Migration, Integration und Minderheiten, von Multikulturalismus und Ethnizität und angrenzenden Bereichen sollte eine Art »Vernetzung der Köpfe« zu multidisziplinärer, interdisziplinärer und internationaler Kooperation treten.

Grundgedanke ist es, in den genannten Problemfeldern ein bundesweites, multi-, interdisziplinär und international kooperierendes Forum von ausgewiesenen Wissenschaftlerinnen und Wissenschaftlern zusammenzubringen, die ihrerseits wiederum über so vorzügliche interdisziplinäre und internationale Verbindungen verfügen, dass ein den gesamten Problembereich abdeckendes personales Netzwerk entsteht.

Die im Referentensystem kooperierenden Wissenschaftler sollten interdisziplinär und international arbeiten und zugleich bereit sein, mit Experten der Praxis auf den gemeinsam interessierenden Feldern zu kooperieren.

Es gibt für ein solches System bereits mehr oder minder übertragbare Modelle aus anderen, freilich stärker praxisbezogenen Feldern (Ökologie, Technik usw.), die im Rahmen des Möglichen hier einbezogen werden können. Es wäre indes falsch, bei so hochkomplexen Wissenschaftsbereichen von Beginn an mit Gremien zu starten, die etwa gleich stark mit Wissenschaftlern und Praktikern besetzt sind. Auch wenn von Anbeginn an Experten der Praxis einzubeziehen sind, müssen die Schwergewichte eindeutig verteilt sein, wenn mehr dabei herauskommen soll, als der bloße Informations- und Meinungsaustausch. Sinnvoll wäre ergänzend ein verwandtes Referentensystem im Bereich von Behörden, NGOs u.a. (s.o.).

Das Referentensystem könnte ca. 50 Wissenschaftlerinnen und Wissenschaftler umfassen, die jeweils für größere bzw. interdisziplinäre Bereiche zuständig sind und selbst über weitreichende fachliche und fachübergreifende Verbindungen verfügen. An der Spitze sollte eine Steuerungsgruppe mit nicht mehr als fünf Mitgliedern stehen. Es sollte im Jahr ca. zwei größere Treffen geben, an denen nach dem jeweiligen Schwerpunktthema ausgewählte Mitglieder des Referentensystems sowie einige Experten der Praxis teilnehmen. Hinzu treten kleinere Gruppentreffen unter entsprechender Beteiligung von Experten der Praxis.

Das System darf weder inhaltlich noch institutionell abhängig werden oder wirken und muss in dieser Hinsicht über jeden Zweifel erhaben sein. Empfehlenswert wäre dazu ein möglichst neutraler Träger. Eine Möglichkeit wäre die Anbindung bei einer Stiftung. Eine Alternative könnte eine Anbindung an eine internationale Institution, zum Beispiel an die Deutsche UNESCO-Kommission, sein.

Das von der Steuerungsgruppe geleitete System sollte seine Referenten nach Zuständigkeit und Qualifikation in konzentrischen Kreisen finden, deren entscheidendes Gewicht im engsten, zentralen Kreis liegt:

- *Im engsten, zentralen Kreis der Referenten stehen Schlüsselfragen, die Disziplinen, Forschungsfragen und Forschungsräume übergreifen.*
- *Im nächsten, diesen engsten umschließenden zweiten Kreis, sind Experten für einzelne einschlägige Forschungsfragen und Forschungsräume anzusiedeln, so dass jederzeit vom engsten Kreis in diesen umschließenden nächsten Kreis hinein gefragt werden kann.*
- *Ein dritter, die beiden anderen umschließender Kreis umfasst führende, international und interdisziplinär ausgewiesene Experten für bestimmte, im klassischen akademischen Sinne definierte Fachdisziplinen bzw. Forschungsrichtungen.*

Darüber hinaus muss sichergestellt werden, dass das System nicht durch akademische Gepflogenheiten und eingeschliffene Forschungstraditionen bzw. durch die Beachtung abgesteckter Forschungsclaims behindert wird: Es muss jederzeit die Möglichkeit bestehen, vom Kreis der Referenten aus in Fällen, in denen die beiden nächstfolgenden Kreise ebenfalls kein einschlägiges Wissen zur Verfügung stellen können, über diese Kreise hinaus Sachkenner einzubeziehen, die möglicherweise zum Beispiel über dringend notwendiges operationales Wissen verfügen, ohne im akademischen Sinn dafür ausgewiesen zu sein.

Dieses Verfahren soll sichern, dass verfügbares Wissen auch verfügbar gemacht werden kann, wenn die entsprechenden Experten nicht zum engsten Kreis der Referenten (die wegen der starken Belastung möglicherweise jeweils nur auf Zeit zu berufen sind) gehören. Das System, für dessen Grundstrukturen zur personalen und sachlichen Erfassung der entsprechenden Zuständigkeiten bereits Entwürfe für entsprechende Fragebögen erarbeitet worden sind, kann konkretere Formen erst annehmen, wenn gesichert ist, an welche Trägerschaft gedacht werden kann. [...]

Unabdingbar für den Aufbau eines solchen tiefgestaffelten Referentensystems sind Bemühungen um eine bessere Transparenz des Forschungsprozesses in seinen multi- und interdisziplinären Strukturen. Ein entscheidender Schritt voran in dieser Hinsicht wäre eine bundesweite Organisation im Bereich der Migrationsforschung.

Vorbereitung einer bundesweiten »Deutschen Gesellschaft für Migrationsforschung« (DGM):
Angesichts der national und international wachsenden Aktualität und Attraktivität der Probleme im Bereich von Migration, Integration und Minderheiten, Multikulturalismus und Ethnizität haben die entsprechenden Forschungsanstrengungen in den letzten Jahren stark zugenommen. Umso wichtiger ist eine vernünftige multi- und interdisziplinäre Abstimmung auf nationaler Ebene und in internationaler Kooperation.

Für die vielfältigen und immer unübersehbarer werdenden Engagements in diesem weiten [...] Forschungsfeld fehlt es in Deutschland an einer zentralen Wissenschaftsorganisation, die zugleich die entsprechenden internationalen Vermittlungsfunktionen übernehmen kann, für die es in einer Reihe von anderen Ländern bereits entsprechende Zentralorganisationen gibt. Eine solche bundesweite Organisation könnte den Namen tragen: »Deutsche Gesellschaft für Migrationsforschung« (DGM).

Ausgangspunkte für eine solche [...] Initiative in Servicefunktion sind die derzeit größten, jeweils mehr oder minder interdisziplinär ausgerichteten wissenschaftlichen Institute [...].

Zwischen den Leitern der genannten Institute, aber auch mit einzelnen Vertretern kleinerer Institutionen bzw. Forschungsstellen hat es Gespräche über die Einrichtung einer bundesweiten Organisation gegeben. Die im Zusammenhang der durch die Initiative des Stifterverbandes ermöglichten Vernetzungsinitiativen gewonnenen Erfahrungen waren dabei nützlich. Die entsprechende Institution wird zweifelsohne noch über eine längere Strecke hin vorzubereiten sein, zumal es in dem [...] sehr großen und noch relativ unübersichtlichen Feld nicht ganz ohne konkurrierende Interessen abgeht, die erst einvernehmlich in einen Kooperationsverbund eingebracht werden müssen. Das gilt auch im Blick auf die Tatsache, dass sich hier Institutionen begegnen, die sich zum Teil auf einen regulären und dauerhaft gesicherten Universitätsetat stützen können und solche, deren Mischfinanzierung vorwiegend aus kurz- bis mittelfristigen Projektgeldern besteht.

4.2.2 Rat für Migration: Die Idee,
in: Rat für Migration, Präsentation einer Idee, IMIS/Osnabrück, Juli 1998, S. 6f. (Auszug).

Angesichts der national und international wachsenden Aktualität und Attraktivität der Probleme im Bereich von Migration, Integration und Minderheiten, Multikulturalismus und Ethnizität haben die entsprechenden Forschungsanstrengungen in den letzten Jahren stark zugenommen. Umso wichtiger ist eine vernünftige multi- und interdisziplinäre Abstimmung auf nationaler Ebene und in internationaler Kooperation. Voraussetzung für diese Aktivität ist – jenseits der Vernetzung von Datenbanken und Dokumentationsstellen – eine Art »Vernetzung der Köpfe«, die erst eine gezielte und effektive Nutzung solcher Infrastrukturen ermöglicht. Diese Vernetzung kooperativ voranzutreiben ist das Ziel des Rates für Migration.

Grundgedanke ist es, in den Forschungsfeldern Migration – Integration – Minderheiten ein bundesweites multi-, interdisziplinär und international kooperierendes Forum von Wissenschaftlerinnen und Wissenschaftlern zusammenzuführen, die ihrerseits wiederum über so vorzügliche interdisziplinäre und internationale Verbindungen verfügen, dass ein den gesamten Problembereich abdecken des personales Netzwerk entsteht.

Der Rat für Migration soll auch die internationale Kommunikation auf den genannten Forschungsfeldern fördern. Er soll die Zusammenführung und den Austausch von Erkenntnissen aus verschiedenen Disziplinen stützen und erleichtern. Er soll – unter Ausschluss kommerzieller Funktionen und Interessen – für Anfragen aus der Politik, der Justiz, der Verwaltung und dem NGO-Bereich zur Verfügung stehen. Er soll gegenüber der Öffentlichkeit die Funktion kritischer Politikbegleitung erfüllen, u.a. durch die Herausgabe eines periodisch erscheinenden Migrationsberichts.

Die im Rat für Migration kooperierenden Wissenschaftler sind bereit, mit Experten der Praxis auf den gemeinsam interessierenden Feldern zu kooperieren im Sinne eines doppelten Dialogs: interdisziplinär im Bereich der Wissenschaften und zwischen den Experten der Wissenschaft und der Praxis. Es wäre indes falsch, bei so hochkomplexen Wissensbereichen mit Gremien zu starten, die paritätisch mit Wissenschaftlern und Praktikern besetzt sind. Bei aller Bereitschaft zur Kooperation soll von Anbeginn an darauf geachtet werden, jenen kontraproduktiven Rollentausch zu vermeiden, bei dem mitunter Praktiker als Wissenschaftler und Wissenschaftler als Praktiker auftreten und die Schärfe von Erkenntnis und Verständnis verstellt wird durch das zeitgleiche Bemühen um Verständigungs- und Vermittlungsebenen, auf denen sich letztlich beide Seiten nur mehr unzureichend wiederfinden können.

Der Rat für Migration wird letztlich aus etwa 50 Wissenschaftlerinnen und Wissenschaftlern bestehen, die jeweils für größere bzw. interdisziplinäre Bereiche kompetent sind und über weitreichende fachliche und fachübergreifende Verbindungen verfügen. Es werden jährlich etwa zwei größere Treffen stattfinden, an denen nach dem jeweiligen Schwerpunktthema ausgewählte Mitglieder des Rates für Migration sowie Experten der Praxis teilnehmen.«

4.2.3 Empfehlungen des Rates für Migration an Bundestag und Bundesregierung zur zukünftigen Migrationspolitik. Für den Rat für Migration: Dieter Oberndörfer und Bert Rürup, in: Frankfurter Rundschau, 16.10.1998.[5]

Die Zuwanderung von Ausländern und Aussiedlern hat die Bundesrepublik Deutschland kulturell bereichert. Sie war alles in allem – gesamtwirtschaftlich und auch für die Sozialversicherungssysteme – ein ökonomischer Gewinn. Der Schrumpfungs- und Alterungsprozess der Bevölkerung wurde durch sie verlangsamt. Zugleich weist aber die rechtliche, politische und soziale Integration der Zuwanderer in die Gesellschaft Deutschlands trotz vielfältiger bisheriger Maßnahmen gravierende Defizite auf. Innerhalb der bisherigen Rahmenbedingungen konnten oder wollten nur wenige Ausländer deutsche Staatsbürger werden. Die Bereitschaft wächst, aber viel zu langsam. Die Gründe sind nicht nur auf Seiten der Einwandererbevölkerung, sondern auch auf Seiten des Aufnahmelandes zu suchen. Die in Deutschland aufgewachsenen Jugendlichen der zweiten und dritten Generation blieben in weitem Umfange sozial ausgegrenzt.

Der Anteil der Zuwanderer an der Wohnbevölkerung der Bundesrepublik wird wegen höherer Geburtenrate und durch die grundgesetzlich und völkerrechtlich geschützte Zuwanderung (nachziehende Familienangehörige, Spätaussiedler, politisch Verfolgte und Flüchtlinge nach der Genfer Konvention) auch weiterhin zunehmen.

Der Alterungsprozess der deutschen Bevölkerung samt der damit verbundenen realen Belastungen aufgrund des Geburtendefizites und der steigenden Lebenserwartung kann in absehbarer Zeit negative Folgen für die wirtschaftliche Dynamik und die Generationensolidarität haben und eine großzügige Aufnahmepolitik unumgänglich machen. Bei Konstanz der derzeitigen Geburtenhäufigkeit würde die überalterte Wohnbevölkerung in Deutschland am Ende des nächsten Jahrhunderts auf 30 Millionen Menschen zurückgehen.

Der Altersaufbau der Bevölkerung gliche dann einem breitkrempigen Pilz mit schmalem, sich nach unten verjüngendem Stiel. Die sozialen Sicherungssysteme werden ohne Einwanderung noch zu Lebzeiten der heutigen jungen und mittleren Generation starken Belastungen ausgesetzt sein. Durch eine zielgerichtete Einwanderungspolitik ließe sich dieser Schrumpfungs- und Alterungsprozess nicht aufhalten, wohl aber abmildern, und es würde Zeit gewonnen für eine Anpassung der Sozial- und Wirtschaftspolitik an den insgesamt unvermeidlichen Bevölkerungsrückgang sowie für eine innovative Politik zur Verbesserung der Voraussetzungen für die wünschenswerte Geburtenhäufigkeit.

Dies alles verlangt eine kritische Überprüfung der Migrationspolitik, wie sie bereits 1994 im »Manifest der 60« und 1997 in der Denkschrift der Kirchen gefordert wurde. Im wohlverstandenen Eigeninteresse Deutschlands müssen die bisherigen Versäumnisse bei der langfristigen und umfassenden Gestaltung von Migration und Integration korrigiert werden. Diese muss künftig stärker als bisher sozialverträglich gestaltet werden und sich dabei auch an der demographischen Entwicklung und am Bedarf des Arbeitsmarktes orientieren. Darüber hinaus müssen die rechtlichen Grundlagen für die Aufnahme und den Umgang mit Ausländern und die Praxis der für sie zuständigen Behörden humanisiert werden. Unnötige Härten und mangelnde Flexibilität widersprechen dem menschenrechtlichen Fundament unseres Grundgesetzes.

Daraus ergeben sich die folgenden Forderungen für eine neue Migrations- und Integrationspolitik:

1 Steuerung und Gestaltung der Aufnahme

Trotz des hohen Migrationsvolumens lag der Gesamtwanderungssaldo 1997 und 1998 unter 100 000 und war ohne Aussiedler sogar negativ. Es geht nicht um die Begrenzung oder pauschale Förderung von Zuwanderung, sondern um die politische Gestaltung einer gewünschten Einwanderung. Hierfür fehlt bisher ein Gesamtkonzept, das nach transparenten Regeln Anforderungsprofile für zukünftige Einwanderer entwickelt, ihnen einen sicheren Aufenthaltsstatus gibt und ihre politische und soziale Integration erleichtert. Alter, Bildung oder Qualifizierungswillen, aber auch familiäre Bindungen, die Integration erleichtern, werden als Auswahlkriterien zu gewichten sein. Damit lassen sich komplementäre Arbeitsmarktwirkungen induzieren und konkurrierende berücksichtigen.

Die Rechtfertigung für diese Auswahl – eventuell auf der Grundlage eines Einwanderungsgesetzes – ergibt sich aus folgenden Überlegungen: Sie weckt zum einen weniger Widerstand als der Zustrom ungelernter, immer häufiger zur Erwerbslosigkeit verurteilter Einwanderer. Zum anderen würde damit die Aufnahme- und Integrationskapazität der deutschen Gesellschaft auch für die Einwanderung aus humanitären Gründen erweitert werden. Im Bereich des Asyl- und Flüchtlingsrechts darf diese grundsätzlich aus rechtlichen Gründen keiner »Quotierung« unterworfen werden.

---

[5] Auch in: Rat für Migration (Hg.), Migrationspolitik in Deutschland. Eine Zwischenbilanz, IMIS/Osnabrück, September 1999, S. 9–15.

Eine geeignete, umfassende Institution auf Bundes- und Landesebene muss trotz aller Arbeitsteilung im Einzelnen den Gesamtbereich von Zuwanderung und Eingliederung planen und gestalten. Die derzeitigen Kompetenzüberschneidungen sind unnötig und lähmend.

2 Einbürgerung

Die Reform des Staatsangehörigkeitsrechts und der Einbürgerungsregelungen betrifft fundamentale Fragen unseres Staatsverständnisses. Sie ist als staatliches Angebot zur politischen Teilhabe ein wichtiges Signal an die Adresse der 7,3 Millionen Menschen mit ausländischem Pass, die hier leben. Sie ist Voraussetzung für einen umfassenden, über Generationen hinwegreichenden Prozess sozialer und kultureller Integration. Die mit einer zügigen Einbürgerung verbundenen praktischen Fragen der rechtlichen Umsetzung können anhand der Regelungen vieler europäischer Nachbarstaaten beantwortet werden.

Die doppelte Staatsangehörigkeit sollte geduldet werden. Sie kommt den familienrechtlichen und familienpsychologischen Vorbehalten eines Teils der Eingewanderten entgegen und lässt sich mit den legitimen Loyalitätsansprüchen der Bundesrepublik vereinbaren. Die doppelte Staatsangehörigkeit sollte kein Stoff für Grundsatzdebatten sein, da etwa zwei Millionen Deutsche – darunter ein hoher Anteil von Spätaussiedlern – über eine weitere Staatsangehörigkeit verfügen. Es hat dadurch kaum praktische Probleme gegeben. Mehrstaatigkeit wird zudem auch von anderen Staaten mit einem hohen Einwandereranteil akzeptiert. Die Zulassung der doppelten Staatsangehörigkeit soll die Entscheidung zur Einbürgerung erleichtern sowie die Integration durch Partizipation fördern. Die Verleihung eines nationalen Minderheitenstatus ist damit nicht verbunden. Weil damit zu rechnen ist, dass mit der vermehrten Hinnahme von Mehrstaatigkeit der zum Familiennachzug berechtigte Personenkreis erweitert wird, besteht umso mehr Bedarf an einer Steuerung der Zuwanderung über eine Zuwanderungsgesetzgebung.

Die Verleihung der Staatsbürgerschaft, bisher ein bürokratischer Vorgang, muss zukünftig in einer würdigen Form gewährt werden, die ihrer integrativen politischen Bedeutung entspricht und sie symbolisiert.

3 Humanisierung der bürokratischen Praxis

Das geltende Ausländerrecht behandelt Zuwanderer – trotz einiger Verbesserungen aus dem Jahr 1990 – immer noch maßgeblich aus der Perspektive der potentiellen Gefährdung von öffentlicher Ordnung und Sicherheit. Darin spiegelt sich die bisherige Ausländerpolitik wider. Sie hat Abwehrhaltungen und das Gefühl der Überforderung unter der einheimischen Bevölkerung gefördert. Um den Anforderungen einer zukunftsfähigen Migrations- und Integrationspolitik zu genügen und die Konflikte einer Einwanderungsgesellschaft begrenzen zu können, müssen das Ausländerrecht und seine Anwendungspraxis die Gestaltungs- und Befriedungsfunktion des Rechts zur Geltung bringen.

Gesetze sind generelle Regelungen. Deshalb können sie häufig humanitären Aspekten des Einzelfalles nicht Rechnung tragen. Daher sollten im Rahmen einer gesetzlichen Härtefallklausel und eines für sie geschaffenen speziellen Aufnahmekontingents paritätisch besetzte und entscheidungsberechtigte Härtefallkommissionen in den einzelnen Bundesländern gebildet werden.

4 Soziale Integration

Soziale Integration braucht einen langen Atem. Eingliederungspolitik ist eine komplexe Aufgabe, die an alle Bereiche der staatlichen Daseinsvorsorge und des Sozialsystems Anforderungen stellt. Sie muss als eine gesetzliche Aufgabe auf Gegenseitigkeit verstanden und von einer effektiven Selbstorganisation der Zuwanderer mitgetragen werden. Die bisherige »Ausländerpolitik« hat der Entwicklung einer solchen Organisationskultur, wie sie für Einwanderungsprozesse häufig typisch ist und in Ansätzen in einigen deutschen Großstädten existiert, direkt entgegengewirkt.

Die frühere »Rückkehrförderung«, die nur zögernde Erleichterung der Einbürgerung und die Restriktionen des Ausländerrechts haben zu kollektiven mentalen Verletzungen geführt. Dadurch wurden die Generationen der hier aufgewachsenen Kinder und Enkel der früheren »Gastarbeiter« nachhaltig irritiert, zurückgestoßen und teilweise in die Selbstisolation getrieben. Ihr Rückzug in ethnische »Wir-Gruppen« trotz langen Inlandsaufenthalts, die Verjüngung islamistischer Organisationen und die Ethnisierung von Jugendkonflikten (in besonderer Schärfe zwischen Jugendlichen türkischer Herkunft und jugendlichen Aussiedlern) sind auch Folgen gesetzgeberischer Versäumnisse und politischer Untätigkeit.

Ein Krisenpotential steckt in starken Aussiedlerkonzentrationen im ländlichen und kleinstädtischen Raum. Damit drohen die Erfolge bei der durchaus vorbildlichen Eingliederung von Aussiedlern zu verkümmern. Sie funktioniert zunehmend weniger nach dem Konzept »Gleiche unter Gleichen«. Viele kommen verstärkt aus binationalen Familien und bringen immer weniger deutsche Sprachkenntnisse, dafür umso häufiger die Erfahrung der sozialen Desintegration in ihren Herkunftsländern mit.

Problemverschärfend wirkt der Rückgang materieller Integrationsanstrengungen, z.B. bei der Sprachförderung und Jugendsozialarbeit. Damit werden Investitionen in die Zukunft versäumt, die trotz aller fiskalpolitischen Zwänge unaufschiebbar sind. So müssten die nur für bestimmte Personengruppen (junge Spätaussiedler, Ehegatten von Spätaussiedlern, Kinder von Spätaussiedlern, Familienangehörige, Asylberechtigte und Kontingentflüchtlinge) vorgesehenen Ausgleichs- und Förderungsmaßnahmen

(»Garantiefonds«) dringend aufgestockt werden und für legal zugewanderte Personen ausländischer Herkunft grundsätzlich geöffnet werden. Erforderlich sind ein Antidiskriminierungs- und ein Integrationsgesetz.

Eine Schlüsselfunktion für das Gelingen der Integration kommt dem gesamten Bildungs- und Ausbildungssystem zu. Bildungsmöglichkeiten, die auf die Bedürfnisse der Zuwanderer zugeschnitten sind und die Mehrsprachigkeit und interkulturelle Begegnung fördern, müssen innovativ entwickelt und verstärkt angeboten werden.

Wünschenswert wäre ein umfassendes Programm der Zivilintegration, wie es alle niederländischen Gemeinden und Städte seit einiger Zeit praktizieren. Es verpflichtet Neuzuwanderer (z.B. nachziehende Familienangehörige, anerkannte und geduldete Flüchtlinge), an Sprach- und gesellschaftlichen Orientierungskursen im Umfang von 600 Stunden teilzunehmen. Damit wird anerkannt, dass eine multiethnische Gesellschaft – die die Bundesrepublik längst ist – über die Sprache und Kenntnis der politischen Ordnung hinaus ein Minimum an Gemeinsamkeit haben muss. Ferner soll durch Berufsorientierung und individuelle Arbeitsmarkt-Eingliederungspläne die Abhängigkeit vom Staat verringert und die Fähigkeit entwickelt werden, sich mit den Herausforderungen einer modernen Gesellschaft vertraut zu machen.

Zuwanderung von Ausländern konzentriert sich vor allem auf Städte und Ballungsräume. Nach einer Schätzung wird z.B. in nordrhein-westfälischen Groß- und Mittelstädten im Jahr 2010 in der Altersgruppe der 20- bis 40-Jährigen der Ausländeranteil um die 40 % betragen. In den Städten besteht die Gefahr schleichender, später kaum korrigierbarer Segregationsentwicklungen. Aufgrund ihrer überkommenen Strukturen gelingt es selbst wirtschaftlich dynamischen Kommunen kaum, die komplexen Probleme der Integration entschieden und koordiniert anzugehen. In der Zukunft bedarf es neuer politischer Konzepte für die Aufwertung städtischer Räume als Integrationspole. Die Städte müssen die ihnen schon nach heutigem Recht gegebenen Eingliederungsmöglichkeiten verstärkt wahrnehmen. Darüber hinaus müssen sie die für die Integration der Zuwanderer notwendigen Kompetenzen und Ressourcen im föderalen Verflechtungssystem erhalten.

5 Asyl und Flüchtlingsschutz

Die Zahl der Asylsuchenden in Westeuropa ist auf den niedrigsten Stand seit 1988 gesunken. Dieser »Erfolg der Zuzugskontrolle« wird mit der Verstärkung illegaler Zuwanderung und irregulärer Aufenthalte erkauft.

Das Asylrecht darf nicht noch stärker zur Disposition stehen. Die sich verstärkenden Restriktionen der nationalen Asylgewährung und des Flüchtlingsschutzes in Europa unterminieren das ethische und menschenrechtliche Fundament des modernen europäischen Verfassungsstaates. In einer Union europäischer Staaten, in der das Asyl- und Flüchtlingsrecht künftig zur Kompetenz der Europäischen Gemeinschaften gehören wird, ist die europaweite Abstimmung und Harmonisierung an den Maßstäben der Genfer Flüchtlingskonvention und der Europäischen Menschenrechtskonvention auszurichten. Dabei muss sich jede Reform des Verfahrens und gerichtlichen Rechtsschutzes von der besonderen Achtung der Menschenrechte leiten lassen. Die Menschenwürde und die Grundvoraussetzung eines fairen Gerichtsverfahrens müssen im Falle der Abschiebung gewahrt bleiben.

Schutzbedürftige Flüchtlinge außerhalb des engen Kriteriums politischer Verfolgung fallen derzeit durch sämtliche Raster unseres Flüchtlings- und Asylrechts. Deshalb müssen insbesondere der Schutz vor Folter, unmenschlicher und erniedrigender Behandlung sowie die Achtung von Familie und Ehe bei der Gewährung von Asyl an Ehegatten und Familienangehörige beachtet werden. Das Verfahren der Einzelfallprüfung muss durch eine »Altfallregelung« entlastet werden.

Energisch muss eine europäische Lastenverteilung bei der Aufnahme von Kriegs- und Bürgerkriegsflüchtlingen gesucht werden, die in eine gesetzliche Regelung umzusetzen wäre. Trotz einer beachtlichen Aufnahmebereitschaft der Bundesrepublik muss solchen Flüchtlingen ein vorübergehender gesicherter Aufenthaltsstatus eingeräumt werden, der die Stop-and-Go-Politik beseitigt und die Furcht vor ständiger Abschiebung mindert. Auch dieses Problem kann nur im Rahmen der Europäischen Union und der OSZE gelöst werden. Hierfür könnte eine Europäische Flüchtlingskonvention einen ersten Ansatz zur Lösung bieten. Vorschläge für ein europäisches Flüchtlingsrecht wurden bereits von der Gesellschaft zur Erforschung des Weltflüchtlingsproblems (AWR) im Jahre 1988 vorgelegt.

6 Herausforderung für die Politik

Das sich ausbreitende Klima der Fremdenfeindlichkeit und die Übergriffe gegen Menschen fremder Herkunft gefährden die Sicherheit und verletzen nicht nur das Selbstwertgefühl der in Deutschland lebenden Zuwanderer, sondern sie destabilisieren auch den inneren Frieden.

Politische Agitation und Polemik gegen Fremde sind keine lässliche Sünde der Meinungsfreiheit. Körperliche Übergriffe auf Ausländer sind keine einfachen kriminellen Delikte. Sie richten sich gegen die rechtliche und politische Ordnung insgesamt. Sie entlegitimieren die Republik. Es darf ihnen daher keine Möglichkeit weiterer Entfaltung gegeben werden.

Nach Artikel 3 Abs. 3 GG darf »niemand wegen seine Geschlechtes, seiner Abstammung, seiner Rasse, seiner Sprache, seiner Heimat und Herkunft, seines Glaubens, seiner religiösen oder politischen Anschauungen benachteiligt oder bevorzugt werden.« Für die Verwirklichung dieses Postulats des Grundgesetzes müssen sich alle demokratischen Kräfte, die Gesetzgebung, die Organe des Staates, die Bildungseinrichtungen und die Medien weit nachdrücklicher einsetzen als bisher. Auch sollte die unterschiedliche Behandlung von sich rechtmäßig aufhaltenden Drittstaatsangehörigen und EU-Bürgern aufgegeben werden. Europäische Lösungen des Asyl- und Ausländerrechts sind gezeigt.

Nicht Abstammung oder Hautfarbe, sondern die Leistungen und Werthaltungen seiner Bürger sind das Lebensfundament jedes Staates. Ebenso wichtig ist daher die Wahrnehmung der von den Zuwanderern erbrachten und zu erwartenden Beiträge für unser Gemeinwesen. Der Übergang vom bloßen Zuwanderungsland zum Einwanderungsland setzt voraus, dass Fremde gleichberechtigte und willkommene Bürger werden können.

Für den Rat für Migration: Prof. Dr. Klaus J. Bade (stellv. Vors.), Jürgen Bähr, Hartmut Esser, Theodor Hanf, Wilhelm Heitmeyer, Dirk Hoerder, Vittorio Hösle, Friedrich von Krosigk, Marianne Krüger-Potratz, Klaus Laubental, Max Matter, Rainer Münz (stellv. Vors.), Franz Nuscheler, Dieter Operndörfer (stellv. Vors.), Wolfgang Pfeiffer, Hans H. Reich, Gernot Rotter, Bert Rürup, Werner Schiffauer, Wendelin Strubelt, Alexander Thomas, Dietrich Thränhardt, Albrecht Weber, Michael Wollenschläger (Vors.).

4.2.4 Klaus J. Bade / Rainer Münz, Migration und Integration – Herausforderungen für Deutschland. Einführung,
in: dies. (Hg.), Migrationsreport 2000. Fakten – Analysen – Perspektiven, Frankfurt a.M./New York 2000, S. 7–20 (Auszug).

Deutschland steht an einer Wende in Sachen Migration und Integration, in der öffentlichen Diskussion noch mehr als in der politischen Gestaltung. Erstmals erleben wir in Deutschland im Ansatz eine positive Migrationsdiskussion. Es geht dabei weniger um die Eindämmung als um die Förderung von Zuwanderungen. Herkömmliche oder nur semantisch veränderte Positionen treffen auf tiefgreifende rechtliche Veränderungen, auf erst schwer einschätzbare politische Initiativen und institutionelle Überlegungen.

Die im Herbst 1998 angetretene »rotgrüne« Bundesregierung hatte es sich bei ihrem politischen Start zur Aufgabe gemacht, die lange mit der defensiven Selbstbeschreibung »Die Bundesrepublik ist kein Einwanderungsland« dementierte gesellschaftliche Realität der Einwanderungssituation rechtlich und politisch anzuerkennen. Dazu gehörte als erster Schritt die Reform des Staatsangehörigkeitsrechts, die seit dem 1. Januar 2000 rechtskräftig ist. Die Reform war ein Bruch mit noch in hohem Grade bewusstseinsbildenden ethnonationalen Traditionslinien.

Der zweite Schritt blieb zunächst aus – die Erarbeitung und Umsetzung einer umfassenden, integralen und langfristig angelegten Migrations- und Integrationskonzeption mit den dafür nötigen gesetzlichen und institutionellen Veränderungen. Hinter der Diskussion um die Reform des Staatsangehörigkeitsrechts war zwar, ganz unerwartet, auch eine kraftvolle öffentliche Diskussion um Einwanderungsfragen aufgestiegen, verbunden mit Forderungen nach den hier seit langem überfälligen Konzeptionen und Institutionen. Aber die Bundesregierung wies die Diskussion ab und beschloss, eine solche Debatte, die ethnonationale Kampagne bei den Wahlen in Hessen Ende 1998 vor Augen, jedenfalls nicht mehr in der laufenden Legislaturperiode zu führen.

Die von Bundeskanzler Schröder auf der Computermesse CeBIT im Februar 2000 in Hannover ins Gespräch gebrachte »Green Card« hat, wiederum ganz unversehens, eine noch breitere Diskussion um Einwanderungsfragen und Einwanderungspolitik ausgelöst, die nun nicht mehr zu umgehen oder zu vertagen war. Das zeigte, dass es sich hier um einen langfristig angewachsenen Problemstau handelte, der im öffentlichen Diskurs zunehmend Eigendynamik entfaltete.

Die »Green Card« selbst gehörte, ebenso wie die im Gegenentwurf von der bayerischen Landesregierung initiierte »Blue Card« (Bayern, Hessen, Niedersachsen), nicht in den Kontext von Einwanderungspolitik, sondern in den einer Art gehobenen Gastarbeiterpolitik für hochqualifizierte Experten. In den Gestaltungsbereich von Einwanderungskonzeptionen mit den entsprechenden gesetzlichen und institutionellen Veränderungen hingegen gehört möglicherweise die von der Bundesregierung eingerichtete Kommission für Zuwanderungsfragen ebenso wie die von der CDU dagegen gestellte eigene Zuwanderungskommission.

Noch nicht übersehbar ist, welche Rolle die Ergebnisse der beiden Kommissionen sowie die neuen Initiativen auf Bundes-, Landes- und Parteiebene im langen Vorfeld des nächsten Bundestagswahlkampfes spielen werden; denn in diesem Kampf um Mandate dürften Zukunftsthemen wie Migration und Integration im Zusammenhang mit der Entwicklung von Bevölkerung, Wirtschaft, Alterssicherung und anderen Fragen eine erhebliche Rolle spielen. Zur Debatte steht damit ein Zentralbereich von Wirtschafts- und Sozialpolitik, von Gesellschafts- und Kulturpolitik. Wer Migrationspolitik konzipieren will, sollte deshalb nicht zuerst über Zahlen, sondern zuerst über Ziele sprechen. Es muss Klartext geredet werden über Absichten, Handlungsspielräume, auch über Gestaltungsgrenzen und über die wirtschaftliche, soziale und kulturelle Kosten-Nutzen-Rechnung in diesem Feld.

Probleme von Migration und Integration, einschließlich der Frage nach Struktur und Umfang des Zuwanderungsbedarfs, werden neuerdings vehement diskutiert. Für bis dahin gern überhörte Sachkenner sind das keine neuen Themen, sondern im Grunde alte Hüte mit einigen neuen statistischen Federn. Die Wissenschaft hat diese Themen auf allen verfügbaren Ebenen seit langem immer wieder mahnend angeboten. Aber das blieb in der politischen Gestaltung weitgehend folgenlos. Heute hat Politik, besonders unter dem Druck der Rentendebatte und immer erkennbarer werdender internationaler Wettbewerbsprobleme auf dem Arbeitsmarkt, die Zeichen der Zeit erkannt. Drohende Bevölkerungsschrumpfung und demographische Alterung bergen in der Tat langfristig schwerwiegende Probleme für die wirtschaftliche Dynamik ebenso wie für die Generationensolidarität, von der Rente bis zum Pflegekostentarif. »Bevölkerungspolitik« als solche ist keine Alternative, weil sich Bevölkerungswachstum schon aus strukturellen Gründen nicht »steuern« lässt. Deswegen auch wissen wir heute schon ziemlich genau, wie es um die Bevölkerung in Deutschland im Jahr 2050 stehen wird, je nachdem, mit wie viel an dauerhafter Zuwanderung gerechnet wird, die man der Klarheit halber am besten als Einwanderung bezeichnen sollte.

Einwanderung aber ist kein Allheilmittel für Bevölkerungs- und Gesellschaftsprobleme: Auch Einwanderer werden älter, und ihre Geburtenraten pflegen sich denen der Aufnahmegesellschaften anzupassen. Außerdem können Einwanderer bei der Bewältigung wirtschaftlicher und gesellschaftlicher Probleme nur helfen, wenn sie vom Ertrag ihrer Arbeit und nicht von Sozialhilfe leben oder als Schwarzarbeiter keine Sozialversicherungsbeiträge zahlen. Es geht also weniger um den Umfang als um das Profil der erwünschten Einwanderung.

Ein brauchbarer Anstoß war hier die deutsche »Green Card«, für die es klare Argumente gibt: Die Schutzmechanismen des Sozialstaats erodieren, wenn bei struktureller Massenarbeitslosigkeit und zunehmender Alterung die Zahl derer wächst, die von Sozialtransfers leben, und die Zahl derer schrumpft, die solche Transfers über ihre Beiträge finanzieren. Verschärft wird das Dilemma, wenn zugleich höchstqualifizierte Deutsche und hier ausgebildete Ausländer abwandern, während auf Sozialhilfe oder andere Transfers angewiesene Ausländer zuwandern. Ähnliches gilt, wenn Zuwanderer, die über brauchbare Qualifikationen verfügen, keinen legalen Zugang zum Arbeitsmarkt haben.

Wenn aber einheimische Spitzenkräfte fehlen oder abwandern und ausländische im Bedarfsfalle nicht flexibel, zügig und ohne zu enge Begrenzungen zugelassen werden, dann gehen deutsche Spitzenjobs dorthin, wohin auch deutsche und ausländische Spitzenkräfte gehen, z.B. in die USA. Dass eingewanderte Spitzenkräfte nicht notwendigerweise Konkurrenten sind, sondern selbst auch neue Arbeitsplätze schaffen, kann man von den Vereinigten Staaten lernen. Die globale Konkurrenz um Spitzenkräfte, die sich ihre Einwanderungsländer aussuchen können, hat längst begonnen. Sie ist auch ablesbar an den massiven Appellen der amerikanischen Wirtschaft, die erleichterte Zugänge für befristete Zuwanderungen und reguläre Einwanderungen unter dem Motto fordert: »The New Economy needs new Americans!«

Wir brauchen deshalb einerseits eine Qualifikationsoffensive in der beruflichen Bildung, an Universitäten und Fachhochschulen. Und wir brauchen andererseits eine Einwanderungspolitik im wohlverstandenen Eigeninteresse des Einwanderungslandes Deutschland. Dafür wiederum greifen die »Green Card«- und »Blue Card«-Konzepte zu kurz. Nötig ist vielmehr das gemeinsame Dach einer Einwanderungsgesetzgebung, unter dem die vielen bislang unübersichtlichen Zuwanderungsbestimmungen versammelt und zugleich unter übergreifenden Leitgesichtspunkten um eine transparente und flexible Steuerungskonzeption ergänzt werden.

Wer aber, zumal vor dem Hintergrund von struktureller Massenarbeitslosigkeit, für Einwanderung votiert, muss nicht nur gute Argumente haben, sondern auch für diese Argumente werben; denn Einwanderungsgesetzgebung und Einwanderungspolitik kann man nur mit der einheimischen Mehrheit und nicht gegen sie machen, wenn es nicht zu schweren Spannungen, gerade zu Lasten der Eingewanderten, kommen soll. Nur wenn ein solcher Grundkonsens erreicht wird, kann Migrations- und Integrationspolitik als Beitrag zu sozialem Frieden und kultureller Toleranz wirken. Die Dinge sind also deutlich komplexer als manche denken mögen, die bloß für oder gegen schlichte Zahlen votieren. Und sie haben viele Facetten, die nationale mit europäischen Aufgaben verbinden.

* * *

In dem komplexen Problem- und Gestaltungsbereichen von Migration und Integration kann man verschiedene, große Aufgabenbereiche benennen. Verschaffen wir uns einen groben Überblick: Nötig ist allgemein eine nationale Migrationskonzeption, die diesen Namen verdient. Dazu gehören Einwanderungsgesetzgebung und Einwanderungspolitik mit übergreifenden und flexiblen Steuerungskonzepten, für die es einen zu schaffenden, nicht zu überschätzenden, aber auch nicht zu unterschätzenden Gestaltungsspielraum gibt. Nach außen gibt ein Einwanderungsgesetz mit klaren Kriterien Auskunft über die Bedingungen, die das Einwanderungsland setzt. Es bietet damit Einwanderern, die sich an die Spielregeln halten, Perspektiven für die eigene Lebensplanung. Einwanderer, die wir mit bestimmten Berufsprofilen durchaus brauchen, können sich über diese Kriterien informieren und prüfen, ob und wie sie ihre Chancen auf Zugang verbessern können. Sie können gegebenenfalls auch auf Wartelisten gesetzt werden, ohne sich durch Asylverfahren hindurchlügen oder gar illegale Wege beschreiten zu müssen. Nach innen wirkt ein Einwanderungsgesetz als ein Signal für Gestaltbarkeit und Gestaltungsbereitschaft. Das wäre ein wichtiger weiterer Schritt zur Normalisierung des noch immer erst ansatzweise entstörten Verhältnisses von Politik zum Thema Migration.

Eingliederung ist die gesellschaftliche Kehrseite von Einwanderung. Aktive Integrations- und Minderheitenpolitik kann als Teil der Gesellschaftspolitik einerseits die Eingliederung durch entsprechende Hilfestellungen erleichtern und andererseits zum Abbau von Fremdenangst und fremdenfeindlichen Projektionen beitragen. »Die wachsende Fremdenfeindlichkeit in Deutschland ist [...] auch eine aggressive Antwort auf fehlende Konzepte in der Migrationspolitik«, hieß es 1994 in dem von 60 Wissenschaftlerinnen und Wissenschaftlern aus Deutschland getragenen »Manifest der 60« zum Thema »Deutschland und die Einwanderung.« Der Sensationswert fremdenfeindlicher Gewalt ist seither deutlich gesunken. An die Stelle von Alarmismus und Hysterie traten politisches Desinteresse und kollektive Desensibilisierung. Das aber ist sozialpsychologisch alarmierend, denn Patienten ohne Krankheitseinsicht sind nur bedingt therapiefähig.

Fremdenfeindliche und allgemein gegen Minderheiten gerichtete Gewalttaten werden meist nur bei aufsehenerregenden Einzeltaten politisch skandalisiert, wie zum Beispiel zuletzt bei dem Bombenanschlag gegen osteuropäische Zuwanderer in Düsseldorf Ende Juli 2000. Ansonsten wurden fremdenfeindliche Gewalttaten in der Berichterstattung der letzten Jahre meist eher beiläufig registriert wie eine Art gesellschaftliche Unfallstatistik. Polizei- und Kommunalbehörden zeigten sich bemüht, »ausländerfeindliche Hintergründe« zu dementieren oder doch als »nicht nachweisbar« zu kennzeichnen. Fremdenfeindliche Gewalttaten aber sind keine Unfälle, sondern Verbrechen gegen Menschen und Menschlichkeit. Die teils latente, teils gewaltbereite Fremdenfeindlichkeit, die zunehmend feste Strukturen gewinnt, muss offen zum Thema gemacht werden, sonst wächst sie im Verborgenen weiter und bleibt nur über ihre Opferstatistik erkennbar. Fremdenfeindliche Handlungen müssen durch ein Anti-Diskriminierungsgesetz eingedämmt, Gewalttäter hart bestraft und öffentlich wie im Alltag geächtet werden. Wenn Einwanderer oder »Green Card« – bzw. »Blue Card«-Experten ihres Lebens nicht sicher sind, nur weil sie vielleicht etwas anders aussehen als unauffällige Deutsche, dann hat die Republik als Einwanderungsland schlechte Karten, auch in der internationalen Konkurrenz um Spitzenkräfte.

Der Übergang vom bloßen Zuwanderungsland zum Einwanderungsland setzt voraus, dass Fremde gleichberechtigte und willkommene Bürger werden können. Deshalb war die Reform des Staatsangehörigkeitsrechts ein wichtiger, nötiger und längst überfälliger Schritt. Aber rechtstechnische Änderungen sind keine gesellschaftspolitischen Selbstläufer, zumal nach der langen Ambivalenz in Einwanderungsfragen im »Nicht-Einwanderungsland«. Nötig ist in diesem Zusammenhang nicht nur aktive politische Werbung um die lange vernachlässigten und bisweilen auch zurückgestoßenen Einwanderer (»Rückkehrförderungspolitik«). Nötig ist auch eine über das Verteilen von Urkunden hinausgehende, in den Bundesländern und Gemeinden annähernd vergleichbare Einbürgerungskultur.

Auch insgesamt darf Integrationspolitik als Teil der Gesellschaftspolitik Mentalitätsprobleme nicht ausblenden; denn Einwanderungsprozesse können für Mehrheit wie für Minderheiten mit erheblichen Identitäts- und Identifikationsproblemen verbunden sein. Gebraucht wird eine übergreifende Solidarität zwischen der Einwanderergesellschaft als der Gesellschaft der Einwandernden und der Aufnahmegesellschaft – die zu einem stets wachsenden Teil auch aus Einwanderern und deren Nachkommen besteht. Ethnokulturelle Identitäten können sich innerhalb einer solchen gesellschaftlichen Partnerschaft – als durchaus mit Stolz benannte und mit Respekt akzeptierte »Herkunftsadressen« – einordnen. Voraussetzung dazu ist ein politisch klares und verlässliches Bemühen um die Stabilisierung des neuerdings im Ansatz positiveren Verhältnisses zum Thema Einwanderung. Verantwortungsträger sollten sich in diesem Zusammenhang daran erinnern, dass bei der Welle der Gewalt in den frühen 1990er Jahren nicht nur das Wanderungsgeschehen selbst, sondern auch politisch vorgelebte Abwehrhaltungen, Ausgrenzungsformeln und Horrorvisionen eine erhebliche Rolle spielten. Wer das immer noch nicht wahrhaben will, zeigt damit nur, dass er von eingeschränkter Lesetüchtigkeit ist.

Die zu erarbeitende nationale Migrationskonzeption muss europaverträglich sein; denn in Sachen Migrationspolitik gibt es in der Europäischen Union keine nationalen Alleingänge mehr. Wir brauchen deshalb für Europa klare und zugleich flexible Konzepte, wie sie im Juli 2000 von EU-Justizkommissar António Vitorino für das Jahr 2001 angekündigt wurden. Europäische Konzepte müssen zwischen supranationaler und nationaler Ebene koordiniert werden. Dazu sind auf beiden Ebenen entsprechende Institutionen nötig – auf deutscher Seite ein Amt für Migration und Integration mit angeschlossenem Forschungsinstitut, ähnlich wie das Institut für Arbeitsmarkt- und Berufsforschung bei der Bundesanstalt für Arbeit in Nürnberg. Das Amt für Migration und Integration und sein Forschungsinstitut müssen beobachten, konsultieren, koordinieren, Konzepte erarbeiten und Brückenfunktionen übernehmen: einerseits zu einer zentralen europäischen Migrationsinstitution und andererseits zu entsprechenden Institutionen der Bundesländer. Die fehlen zumeist noch ebenso wie die Einwandererberatungsstellen in den Kommunen, die jedenfalls nicht in den Sozialämtern angesiedelt sein sollten.

Nach außen nötig ist ein unausgesetzter Kampf gegen die kriminellen Schattenseiten der Zuwanderung, nämlich gegen Menschenschleusung und Menschenhandel. Deren international vernetzte Organisationen nehmen ständig zu und umgeben uns auch hierzulande, weil Menschenschleusung und Menschenhandel heute lukrativer noch als Drogenhandel sind. Grenzschutz und Polizei sind überfordert, solange dieser Kampf nicht auch politisch auf internationaler Ebene unter Einbeziehung der Ausgangsräume geführt wird. Aber man sollte sich keine Illusionen dahingehend machen, dass etwa durch Einwanderungsgesetzgebung und die Bekämpfung von Schleuserorganisationen die illegale Migration regelrecht abzuschaffen sei. Illegale Einwanderung wird es, das ist eine historische Erfahrung aller Einwanderungsländer, immer geben. Und die Versuchung dazu wächst mit der Höhe des Zauns um das gelobte Land.

Das mag widersprüchlich klingen, aber wir müssen mit dieser Spannung leben lernen. Wir brauchen deshalb einen Abbau der falschen Feindbilder von den »illegalen Einwanderern«, bei denen in der Regel überdies Täter und Opfer verwechselt werden. Hier kann man von den USA einiges lernen, wo – trotz Einwanderungsgesetzgebung, Grenzkontrollen, Blechzäunen und Wärmebildgeräten an der Grenze zu Mexiko – die größte Gruppe der Einwanderer heute nach wie vor illegal aus dem Süden ins Land kommt. Und wir brauchen die Einübung in einen normalen Umgang mit dem Unnormalen. Ein Beispiel wäre die Befreiung der Ärzte von der zum Teil noch geltenden Pflicht, illegal im Lande lebende Patienten bei den Behörden zu melden. Ein anderes Beispiel bieten die Angebote zur Legalisierung, die man in Italien wie Frankreich »Regularisation« nennt und auch anderorts kennt.

Wir brauchen schließlich eine Koordination von Einwanderungs- und Asylpolitik. Eine bloße gegenseitige Aufrechnung von Einwanderer- und Asylbewerberzahlen aber ist falsch und zynisch zugleich: Bei Einwanderung und Arbeitswanderung geht es um ökonomische Interessen – nicht nur der Wirtschaftsmigranten, sondern auch des Einwanderungslandes. Es muss das Recht haben, sich einen Teil seiner Einwanderer auszusuchen, zumal es eine große Zahl ohnehin aufnehmen muss unter dem Gebot übergeordneter Prinzipien (Familiennachzug) oder selbst auferlegter Verpflichtungen (Aussiedler). Deshalb führt an Qualifikationsanforderungen, aber auch an Quoten kein Weg vorbei. Eine kalkulierte und gezielte Öffnung der Grenzen für legale Einwanderung ist zugleich ein Beitrag zum Abbau des Zuwanderungsdrucks im Asylbereich. Bei der Aufnahme von Flüchtlingen und Asylsuchenden selbst aber geht es nicht um ökonomische Interessen, sondern um humanitäre Pflichten. Quoten sollte es nicht gegen Flüchtlinge, sondern – als Verteilungsquoten – für europäische Aufnahmeländer geben. Angesagt ist nicht eine Quotierung von Hilfsbereitschaft, sondern eine europäische Lastenteilung bei der Bewältigung dieser humanitären Pflicht.

Wer Angst vor »Überschwemmung« hat, sollte nicht nur »Pumpen im Keller« installieren, sondern sich auch um die Ursachen kümmern. Nötig ist deshalb eine Bekämpfung der Ursachen unfreiwilliger Wanderungen durch entwicklungsorientierte Migrationspolitik oder migrationsorientierte Entwicklungspolitik in den Ausgangsräumen. Dabei geht es nicht nur um den gezielten und vor allem kontrollierten Einsatz von Geld. Es geht nötigenfalls auch um – besser als bisher koordinierte – friedenschaffende Einsätze unter dem Dach der Vereinten Nationen oder anderer multinationaler Organisationen. Ein Europa, das sich dem verweigert, ist dazu verdammt, auf Dauer mit hohem Wanderungsdruck zu leben. […]

4.2.5 Resolution des Rates für Migration (RfM) zum Problem der aufenthaltsrechtlichen Illegalität, verabschiedet vom RfM auf seiner Tagung »Integration und Illegalität in Deutschland«, Berlin, 27.6.2001,

in: Klaus J. Bade (Hg. für den Rat für Migration), Integration und Illegalität in Deutschland, Institut für Migrationsforschung und Interkulturelle Studien, IMIS/Osnabrück, August 2001, S. 101f.

Der Rat für Migration ruft dazu auf, den Problemkomplex der aufenthaltsrechtlichen Illegalität nicht weiterhin politisch zu tabuisieren und nicht zu kriminalisieren, sondern ihn als einen – nicht nur in Europa, sondern weltweit – mit den »informellen Sektoren« wachsendes Problem von Wirtschaft und Gesellschaft und als politische Gestaltungsaufgabe sachlich und ohne kurzfristige Wahlkampfinteressen zu behandeln. Reguläre Migration lässt sich nicht zureichende Regeln ohne Blick auf die Konsequenzen für irreguläre Zuwanderung.

Der Rat für Migration weiß sich in dieser Forderung einig mit den Einschätzungen der Deutschen Bischofskonferenz und des Arbeitskreises Illegalität des Jesuit Refugee Service sowie dem Appell der Freudenberg Stiftung und Empfehlungen der Unabhängigen Kommission Zuwanderung.

In Deutschland lebt aus wirtschaftlichen und sozialen Gründen eine unbestimmte Vielzahl von Menschen, die weder ein Aufenthaltsrecht noch eine Duldung besitzen und keineswegs dem kriminellen Milieu zuzurechnen sind. Diese Migranten sind gefragte Arbeitskräfte in der Schattenwirtschaft, zum Beispiel in Privathaushalten, im Hotel- und Gaststättengewerbe, bei Speditionsunternehmen, in der Landwirtschaft, in den Reinigungsdiensten, im Bau- und Baunebengewerbe. Die vereinbarten Löhne sind extrem niedrig und werden oft nur teilweise oder auch gar nicht ausbezahlt.

Dieses Phänomen erfordert konzeptionelle Lösungsansätze, die vor allem Fragen des Arbeitsmarktes, des Aufenthaltsrechts und des Schutzes der Menschenwürde einbeziehen müssen. In diesem Zusammenhang fordert der Rat für Migration politische, gesetzgeberische und administrative Maßnahmen, die

- *Aufenthaltsrechtliche Illegalität – so weit wie möglich – verhindern,*
- *Möglichkeiten einer Legalisierung von Aufenthalten ohne gültige Papiere schaffen,*
- *sicherstellen, dass in Deutschland die Arbeitskraft von Migranten ohne Aufenthaltstitel nicht ausgebeutet wird und*
- *gewährleisten, dass die Inanspruchnahme von Rechten, die den irregulären Zuwanderern zu stehen, nicht aus deren Furcht vor Entdeckung und Abschiebung unterbleibt. Dies gilt insbesondere für die Durchsetzung von*
  - *Ansprüchen auf Lohn,*
  - *Ansprüche auf Leistungen des öffentlichen Gesundheitswesens und*
  - *Ansprüchen auf Schulbesuch für die Kinder.*

Der Rat für Migration fordert weiter geeignete Maßnahmen zur Schaffung von Rechtssicherheit, damit Menschen nicht kriminalisiert werden, die in Erfüllung ihrer berufsspezifischen Aufgaben (Ärzte, Lehrer, Sozialarbeiter, Seelsorger usw.) irregulären Zuwanderer in Notlagen helfen.

Dies entspricht generellen und speziellen Wertungen der Rechtsordnung, dem Interesse an der Bekämpfung rechtswidriger Beschäftigung sowie dem Interesse an Kriminalitäts- und Sprachprävention.

Für den Rat für Migration: Profs. Drs. Dieter Oberndörfer (Vors.), Klaus J. Bade (stellv. Vors.), Rainer Münz (stellv. Vors.), Dirk Hoerder, Friedrich von Krosigk, Marianne Krüger-Potratz, Claus Leggewie, Franz Nuscheler, Berndt Ostendorf, Hans H. Reich, Alexander Thomas, Michael Wollenschläger; Christian Petry (Freudenberg Stiftung).

4.2.6 Vorwort, in: Migrationsreport 2010. Fakten – Analysen – Perspektiven. Für den Rat für Migration hg. v. Marianne Krüger-Potratz / Werner Schiffauer,

Frankfurt a.M./New York 2011, S. 7–11 (Auszug).

Dies ist der sechste und letzte Band in der Reihe der »Migrationsreport. Fakten – Analysen – Perspektiven« des Rates für Migration (RfM). Die Reihe wurde im Jahr 2000 von mir zusammen mit dem Soziologen Prof. Dr. Rainer Münz konzipiert und begründet. Der seither alle zwei Jahre erscheinende Migrationsreport folgte durchgängig diesem Gründungskonzept und verband einen Aufsatzteil mit einer chronologischen Dokumentation zur Entwicklung von Migrations- und Integrationspolitik.[6]

Die Bände wurden stets von zwei, manchmal auch drei Vorstandsmitgliedern des Rates für Migration (RfM) herausgegeben, ihre jeweilige thematische Ausrichtung im Vorstand des Rates beschlossen. Der Migrationsreport war das publizistische Flaggschiff des Rates für Migration, eines bundesweiten Zusammenschlusses von mit Fragen von Migration, Integration und interkultureller Begegnung beschäftigten Wissenschaftlerinnen und Wissenschaftlern. [...]

Dass der Migrationsreport mit diesem sechsten Band sein Erscheinen einstellt, hat mehrere Gründe, die allesamt zeigen: Der Rat für Migration hat mit seinem Engagement und seinen Publikationen wichtige Anstöße gegeben. Er hat damit aber auch das Ziel erreicht, sich in den zentralen Bereichen seiner ursprünglichen Aufgabenstellung durch Erfolg selbst überflüssig zu machen:

Erstens war der Rat für Migration seinerzeit zusammengetreten, um Anstoß zu geben für den Aufbau eines multi- und interdisziplinären wissenschaftlichen Referenz- und Referentensystems. Ziel war im Bereich von Migrations- und Integrationsforschung »jenseits der Vernetzung von Datenbanken und Dokumentationsstellen [...] eine Art »Vernetzung der Köpfe«, die erst eine gezielte und effektive Nutzung solcher Infrastrukturen ermöglicht«.[7] Es sollte zunächst um eine deutsche und schließlich um eine Europäische Gesellschaft für Migrationsforschung gehen.

Solche Ziele sind längst erreicht und von anderen Organisationen in großen Netzwerken verwirklicht worden – von der Sektion Migration und Ethnizität der Deutschen Gesellschaft für Soziologie (DGS) bis hin zum Europäischen Migrationsnetzwerk (EMN), um nur zwei Beispiele zu nennen.

Zweitens wollte sich der Rat für Migration dafür engagieren, die in den 1980er und 1990er Jahren in Lethargie erstarrte Integrationspolitik als eine gesellschaftspolitische Aufgabe ersten Ranges erkennbar zu machen, deren anhaltende Vernachlässigung zu erheblichen gesellschaftspolitischen Problemen führen könne. Er wollte durch sein appellatives Engagement die Politik auf der Bundesebene aktivieren, die, wie der vormalige Bundespräsident Horst Köhler schließlich rückblickend 2006 bekannte, das Thema Integration jahrzehntelang schlicht »verschlafen« hatte.[8]

Auch das hat sich im ersten Jahrzehnt des 21. Jahrhunderts von Grund auf geändert: Migration und Integration sind als Mainstream-Themen im Zentrum der politischen Gestaltung angekommen. In Sa-

---

[6] Herausgeber der Reihe »Migrationsreport: Fakten – Analysen – Perspektiven«, die im Campus Verlag Frankfurt a.M./New York erschien, waren im Auftrag des Rates für Migration für die Jge. 2000 und 2002: Klaus J. Bade und Rainer Münz; für Jg. 2004: Klaus J. Bade, Michael Bommes und Rainer Münz (Ergän- zungsband 2004 als H. 23/2004 der IMIS-Beiträge unter dem Titel »Migration – Integration – Bildung«, hg.v. Klaus J. Bade und Michael Bommes, Osnabrück 2004); für Jg. 2006: Michael Bommes und Werner Schiffauer; für Jg. 2008: Michael Bommes und Marianne Krüger-Potratz.
[7] Rat für Migration, Präsentation einer Idee, IMIS/Osnabrück, Juli 1998, S. 4.
[8] K. J. Bade, Leviten lesen. Migration und Integration in Deutschland, in: IMIS-Beiträge, 31/2007, S. 43–64.

chen Migrations- und Integrationspolitik ist im ersten Jahrzehnt des 21. Jahrhunderts mehr geschehen als in den vier Jahrzehnten zuvor insgesamt. Der Rat für Migration hat hier zweifelsohne auf seine Weise immer wieder Anregungen geben können. Heute aber bedarf es in Sachen Integration und Migration keiner grundlegenden Anstöße zum politischen Engagement mehr.

Nötig sind, *drittens*, weiterhin kritische Politikbegleitung und Information der Öffentlichkeit über die Medien. In diesem Bereich aber ist der 2008/09 gegründete, ebenfalls interdisziplinäre und unabhängige Sachverständigenrat deutscher Stiftungen für Integration und Migration (SVR)[9] mit sehr viel größerer Kraft an die Stelle des Rates für Migration getreten: Der SVR wird von acht großen deutschen, im Bereich Integration engagierten Stiftungen getragen, zu denen auch die Freudenberg Stiftung gehört. Er verfügt über eine eigene Geschäftsstelle (SVR gGmbH) mit mehreren wissenschaftlichen Mitarbeitern und einer eigenen Medienabteilung. Es gab hier nicht nur ideelle, sondern auch personelle Kontinuitäten: Von den neun ersten Mitgliedern des SVR stammten sechs aus dem Rat für Migration.

An die Stelle des nur alle zwei Jahre erschienenen Migrationsreports sind als unabhängiges Organ der kritischen Politikbegleitung in sehr viel umfassenderer Form seit 2010 die Jahresberichte des Sachverständigenrates und dessen zahlreiche andere Publikationen getreten.[10]

Mit Ausnahme dieses letzten Bandes lag die redaktionelle und drucktechnische Vorbereitung aller Bände, wie auch die Betreuung sämtlicher anderer Schriften des Rates für Migration, bei dem von mir 1991 mit einigen Wissenschaftlern verschiedener Disziplinen begründeten Institut für Migrationsforschung und Interkulturelle Studien (IMIS) der Universität Osnabrück und hier in den Händen von Apl. Prof. Dr. Jochen Oltmer (Produktionsleitung) und Jutta Tiemeyer (Redaktion IMIS). Der Rat für Migration schuldet beiden großen Dank für dieses jahrelange Engagement, das den Rat am Leben erhielt; denn schon früh wurde intern klar, dass nicht der Migrationsreport am Rat für Migration, sondern der Rat für Migration an seinem Migrationsreport hing, weil er dessen zentrales Sprachorgan war.

Bei Redaktionsschluss dieses letzten Migrationsreports war noch nicht absehbar, ob der Rat für Migration, dessen Vorstand ich nicht mehr angehöre, über das Ende seiner zentralen Publikationsreihe hinaus den Weg in eine neue Zukunft finden kann. Sollte dies mit anderer Ausrichtung und neuen Fördermitteln gelingen, hätte auch der Migrationsreport in anders strukturierter neuer Folge (»Migrationsreport NF«) eine Chance. Dafür wünsche ich gutes Gelingen.

Klaus J. Bade
Vorsitzender des Sachverständigenrats deutscher Stiftungen für Integration und Migration (SVR)
Berlin, im Juni 2011

4.2.7 Für eine Neuordnung der Migrations- und Integrationsbelange auf der Bundesebene. Offener Brief des bundesweiten Rates für Migration (RfM) an die neue Bundesregierung und die politischen Parteien im Deutschen Bundestag, 1.10.2013,
in: Rat für Migration (http://www.rat-fuer-migration.de/pdfs/Offener_Brief.pdf).

Wir leben in einer Einwanderungsgesellschaft mit schon mehreren Generationen von Einwanderern. Strukturen und Lebensformen verändern sich, beschleunigt durch den Druck des demografischen Wandels. Migration und Integration sind Schlüsselthemen von Gegenwart und Zukunft, die fast alle Politikbereiche durchdringen. Nötig sind dazu umfassende und langfristig ausgerichtete gesellschaftspolitische Gestaltungsperspektiven.

Die Verhandlungen um einen Koalitionsvertrag für die neue Legislaturperiode bieten dazu eine besondere Chance: Zur Aufgabe gemacht werden sollte dabei die Konzipierung einer zukunftsweisenden und transparent koordinierten Migrationspolitik sowie einer Integrationspolitik, die nicht mehr Sozialtherapie für Menschen mit Migrationshintergrund ist, sondern teilhabeorientierte Gesellschaftspolitik für alle. Nötig dazu sind institutionelle Reformen.

Es gibt in Sachen Migrations- und insbesondere Integrationspolitik auf der Bundesebene eine expandierende und zunehmend handlungslähmende Vielfalt von konkurrierenden Kompetenzen: Das Bundesministerium des Innern (BMI) versteht sich als Integrationsministerium, vor allem mit Blick auf die integrationspolitischen Instrumente des Aufenthaltsgesetzes. Die Federführung für Fragen der Arbeitsmigration liegt beim Bundesarbeitsministerium. Die Visavergabe in den deutschen Auslandsvertretungen fällt in die Zuständigkeit des Bundesaußenministers. Eine Vielzahl von anderen, mit Integrationsfragen befassten Ministerien hat inzwischen selber ein Integrationsreferat oder einen Integrationsschwerpunkt. Um die diffundierenden Kräfte zu koordinieren, wurde eine interministerielle Arbeitsgruppe eingerichtet, die aber institutionell nicht hinreichend abgesichert ist. Im Bundeskanzleramt sitzt das Amt der Beauftragten der Bundesregierung für Migration, Flüchtlinge und Integration. Sie hat aber keine Zuständigkeit für das in Nürnberg residierende Bundesamt für Migration und Flüchtlinge, das zugleich mit seinen Integrationskursen eines der wichtigsten Gestaltungszentren

---

[9] Zum Sachverständigenrat deutscher Stiftungen für Integration und Migration (SVR) s. www.svr-migration.de.
[10] Einwanderungsgesellschaft 2010. Jahresgutachten 2010 des SVR mit Integrations-barometer, Berlin 2010; Migrationsland 2011. Jahresgutachten 2011 des SVR mit Migrationsbarometer, Berlin 2010 (www.svr-migration.de).

für Integrationsförderung ist, aber dem Bundesinnenministerium zugeordnet wurde.

Das lähmende Kompetenz-Wirrwarr reicht bis zur Information durch Dokumentation: Bis heute ist es nicht einmal gelungen, einen geschlossenen Migrations- und Integrationsbericht vorzulegen und kontinuierlich fortzuschreiben.

Vielmehr geben die Berliner Beauftragte der Bundesregierung ihren Integrationsbericht und das Nürnberger Bundesamt seinen Migrationsbericht heraus, unabhängig voneinander und noch dazu zu unterschiedlichen Zeitpunkten und deshalb auch mit unterschiedlichen Berichtszeiträumen – obgleich Migration und Integration doch zwei Seiten der gleichen Medaille sind. Überdies sind in Deutschland die oft sehr unterschiedliche Wege gehenden Bundesländer zuständig für Integration. Die aber spielt sich ohnehin weder auf Bundes- noch auf Länderebene ab, sondern in den Kommunen, deren Leistungen auf diesem Gebiet bei weitem unterschätzt werden und die nicht im Blickfeld der Bundespolitik, sondern, wenn überhaupt, der jeweiligen Landespolitik liegen.

Erschwerend kommt hinzu, dass das Bundesministerium des Innern mit seiner Konzentration auf Sicherheitspolitik und Gefahrenabwehr das falsche Zentralressort ist: für die Förderung von Willkommenskultur gegenüber der nötigen Zuwanderung ebenso wie für Integrationspolitik im Sinne teilhabeorientierter Gesellschaftspolitik für alle. Das mächtige Ministerium ist überdies mit einer selbst intern kaum mehr überschaubaren Aufgabenfülle überlastet. Es sollte auch deshalb in der neuen Legislaturperiode von der Federführung in Fragen der Migrations- und Integrationspolitik entlastet werden durch die Bündelung der entsprechenden Belange in einem Querschnitts-Ministerium.

Dies schließt die Zuständigkeit für das Aufenthaltsrecht und damit verknüpfte Bereiche (Flüchtlingsrecht, Freizügigkeit von Unionsbürgern) sowie das Staatsangehörigkeitsrecht ausdrücklich ein. Gerade diese Bereiche setzen entscheidende Rahmenbedingungen, die unter einer gesellschaftspolitischen und nicht nur sicherheitspolitischen Perspektive zu gestalten sind. Das BMI wäre dann in Sachen Migration und Integration nur mehr ein mit beratendes Ministerium unter anderen.

Für Migration und Integration sollte stattdessen ein Querschnitts-Ministerium federführend zuständig sein, das die Aufgabenbereiche Migration und Integration mit der Arbeits- und Sozialpolitik verknüpft und darüber hinaus die Brücke zu anderen, für Migration und Integration wichtigen Aufgabenfeldern schlägt. Dies wäre ein aus dem Bundesministerium für Arbeit und Soziales hervorgehendes Bundesministerium für Arbeit, Soziales, Migration und Integration. Hier sollte künftig auch das Bundesamt für Migration und Flüchtlinge als nachgeordnete Behörde angebunden sein. Das Amt der Integrationsbeauftragten der Bundesregierung sollte in Kompetenz und Ausstattung gestärkt werden. Bei dem neuen Ministerium läge dann auch die Federführung für die Verhandlungen auf der Ebene der Europäischen Union, wo zentrale Fragen des Migrationsrechts heute entschieden werden. Schließlich sollten in Bundestag und Bundesrat entsprechende Fachausschüsse gebildet werden, um die Arbeit zu flankieren und zu kontrollieren.

In den Bundesländern Rheinland-Pfalz, Schleswig-Holstein und Thüringen sind Integration und Ausländerrecht bereits gemeinsam in einem Ministerium verankert, was eine kohärente Politik erleichtert. Allerdings ist das nur in Rheinland-Pfalz ein sozialpolitisches Ressort (Ministerium für Integration, Familie, Kinder, Jugend und Frauen), in Schleswig-Holstein und Thüringen sind es die Innenministerien. Deutschland könnte sich hier auch an Vorbildern aus Schweden und vielen anderen europäischen Staaten orientieren. Diese Erfahrungen sollten in die institutionelle Reform auf der Bundesebene einbezogen werden.

Begleitet werden sollte eine solche Neuordnung der Zuständigkeiten innerhalb der Bundesregierung durch ein Bundesmigrations- und Integrationsgesetz. Es sollte in der Migrationspolitik rahmensetzend und koordinierend wirken. Es sollte zugleich in der Integrationspolitik als Gleichstellungsgesetz die gesellschaftlichen Teilhabemöglichkeiten für alle fördern, die interkulturelle Öffnung vorantreiben und mehr Ressourcen dafür zur Verfügung stellen. Dabei kann von den Erfahrungen der Bundesländer Nordrhein-Westfalen und Berlin profitiert werden, die solche Gesetze bereits haben. Weitere Orientierungshilfe kann die Gleichstellungspolitik im Bereich Frauen bieten.

Weil Migration und Integration für nachgerade alle Bereiche des gesellschaftlichen Lebens belangvolle Dimensionen sind, sollte das neue Querschnitts-Ministerium auch die Dimensionen Bevölkerung, Wirtschaft, Gesellschaft und Kultur im Blick haben und damit über seine eigenen Ressortgrenzen hinauswirken. Es sollte deshalb auch die Aktivitäten anderer Ressorts im Bereich von Migration und Integration koordinieren, also insbesondere diejenigen des Bildungs-, Familien-, Wirtschafts-, Innen-, Justiz- und Außenministeriums. Auf diese Weise kann das zu schaffende Querschnitts-Ministerium entscheidend beitragen zu einem Wandel von der herkömmlichen und durch die Entfaltung der Einwanderungsgesellschaft überholten »Integrationspolitik« für »Migranten« zu einer teilhabeorientierten Gesellschaftspolitik für alle.

Wir fordern die Koalitionsunterhändler, die neue Bundesregierung und die zukünftigen Bundestagsabgeordneten auf, sich unsere zukunftsorientierten Forderungen zu eigen zu machen.

Prof. Dr. Werner Schiffauer, Vorsitzender, RfM
info@rat-fuer-migration.de

Erstunterzeichner aus dem Rat für Migration (RfM):
Prof. Dr. Werner Schiffauer, Berlin (Vorsitzender)
Prof. Dr. Iman Attia, Berlin
Prof. Dr. Klaus J. Bade, Berlin
Prof. Dr. Jürgen Bast, Nijmegen/Gießen
Prof. Dr. Sigrid Baringhorst, Siegen
Dr. Naika Foroutan, Berlin
Prof. Dr. Sara Fürstenau, Münster
Prof. Dr. Ingrid Gogolin, Hamburg
Prof. Dr. Thomas Groß, Osnabrück Prof. Dr. Rainer Geißler, Siegen
Prof. Dr. Sabine Hess, Göttingen
Prof. Dr. Dirk Hoerder, Salzburg
Prof. Dr. Yasemin Karakaşoğlu, Bremen
Prof. Dr. Claus Leggewie, Essen
Prof. Dr. Marianne Krüger-Potratz, Münster
Prof. Dr. Max Matter, Freiburg
Prof. Dr. Paul Mecheril, Oldenburg
Dr. Ursula Mehrländer, Stuttgart
Prof. Dr. Karl-Heinz Meier-Braun, Tübingen
Prof. Dr. Boris Nieswand, Tübingen
Prof. Dr. Franz Nuscheler, Duisburg
Prof. Dr. Dieter Oberndörfer, Freiburg
Apl. Prof. Dr. Jochen Oltmer, Osnabrück
Prof. Dr. Bernd Ostendorf, München
Christian Petry, Weinheim
Prof. Dr. Andreas Pott, Osnabrück
Prof. Dr. Frank-Olaf Radtke, Frankfurt
Prof. Dr. Regina Römhild, Berlin
Prof. Dr. Georg Ruhrmann, Jena
Assist. Prof. Dr. Levent Tezcan, Tilburg
Prof. Dr. Alexander Thomas, Regensburg
Prof. Dr. Dietrich Thränhardt, Münster
Prof. Dr. Annette Treibel, Karlsruhe
Prof. Dr. Albrecht Weber, Osnabrück
Dr. Reinhold Weber, Stuttgart
Prof. Dr. Karin Weiss, Mainz/Berlin
Dr. Andreas M. Wüst, Mannheim
Prof. Dr. Andreas Zick, Bielefeld

4.2.8 Institutionelle Reform der Integrationspolitik – die Diskussion ist neu eröffnet,
in: MiGAZIN, 7.10.2013.[11]

Der Migrationsforscher und MiGAZIN-Kolumnist Klaus J. Bade hat den Rat für Migration (RfM) vor rund 15 Jahren mitbegründet. Er ist einer der drei Initiatoren des Offenen Briefes des RfM zur institutionellen Reform der Integrationspolitik auf Bundesebene. Klaus J. Bade kommentiert für MiGAZIN den aktuellen Stand der öffentlichen Debatte zu diesem Thema.

Der Offene Brief des Rates für Migration (RfM) mit dem Appell an die neue Bundesregierung sowie an die Parteien und Abgeordneten des neuen Bundestages zur institutionellen Reform der Migrations- und Integrationsbelange auf der Bundesebene steht erst wenige Tage im Netz und hat schon mehrere Tausend Unterzeichner gefunden. Das zeigt, dass der von fast 70 Erstunterzeichnern, zumeist Wissenschaftlern, getragene Appell ein in der Öffentlichkeit für belangvoll gehaltenes Problem angesprochen hat.

Es geht darum, das lähmende Kompetenz-Wirrwarr in den Zuständigkeiten für Migrations- und Integrationspolitik zu entwirren, die zentrale Zuständigkeit für Migration und Integration aus dem auf Ordnungs-, Sicherheits- und Gefahrenabwehrpolitik konzentrierten Bundesministerium des Innern herauszulösen, diese gesellschaftspolitischen Schlüsselbereiche in das dafür seiner Aufgabenstellung wegen besser geeignete Bundesministerium für Arbeit und Soziales einzubringen und dieses damit zu einem Querschnitts-Ministerium zu erweitern, z.B. mit dem Namen »Bundesministerium für Arbeit, Soziales, Migration und Integration«.

Zugleich sollten die gesetzlichen Bestimmungen zu Migrations- und Integrationspolitik in einem umfassenden Gesetzeswerk zusammengeführt werden. Integrationspolitik sollte dabei, von Hilfestellungen für Neuzuwanderern abgesehen, nicht mehr als Sozialtherapie für Migranten, sondern als teilhabeorientierte Gesellschaftspolitik für alle betrachtet und gestaltet werden.

Diese Zeichen der Zeit aber haben Bundesministerium des Innern und CDU/CSU offenkundig bis heute nicht erkannt. Das zeigt die pauschal abwehrende Antwort des Stellvertretenden Vorsitzenden der CDU/CSU-Fraktion, Dr. Günter Krings, mit einer gerade im Sinne des Offenen Brief vielsagenden Definition der Aufgaben des Bundesministeriums des Innern: »Es steht für die Organisation unseres Staates, die Sicherheit der Bürger und den gesellschaftlichen Zusammenhalt und damit auch für die Integration der hier lebenden Ausländer.« Die Reihenfolge der Aufgabenstellungen bestätigt die Treffsicherheit der Kritik des Appels ebenso wie die Rede von der »Integration der hier lebenden Ausländer« als dem Zentralbereich der Integrationspolitik. Genau wegen dieser ordnungs- und sicherheitspolitischen Sichtblenden müssen Migrations- und Integrationspolitik als Zentralbereiche der Gesellschaftspolitik aus dem Bundesministerium des Innern befreit werden.

So leicht, wie offensichtlich gedacht, wird es die CDU/CSU allerdings auch in der öffentlichen und parlamentarischen Debatte nicht mit dem Versuch haben, die Kritik der Öffentlichkeit mit Floskeln und

---
[11] Weitere Beiträge zum Thema: Rat für Migration fordert institutionelle Reformen in der Integrationspolitik, in: MiGAZIN, 1.10.2013; »Verkrustete Strukturen und Benachteiligungen aufbrechen«, ebd., 2.10.2013; Institutionelle Reform der Integrationspolitik – die Diskussion ist neu eröffnet, ebd., 7.10.2013 (4.2.7); Länder unterstützen Forderung nach Reformen in der Integrationspolitik, ebd., 9.10.2013; vgl. Migrationsrat will Reformen, in: Süddeutsche Zeitung, 2./3.10.2013; Forscher: Integration neu starten, in: Der Tagesspiegel, 2.10.2013; Vor der Regierungsbildung: »Integration muss weg vom Innenministerium«, Interview (Andrea Dernbach) ebd., 7.10.2013 (in diesem Band: 4.2.9).

betonverstaubten Textbausteinen zu überspringen. Schon wenn man die Aussagen der Parteien vor der Bundestagswahl zu aktuellen Gestaltungsfragen in der Zuwanderungs- und Integrationspolitik verglich, hatte das Ergebnis etwas von CDU/CSU gegen den Rest der parlamentarischen Welt. Das galt, wie eine vergleichende Studie zeigte, besonders dann, wenn es um ein Mehr an Öffnung, Liberalisierung und im Asylbereich auch an Humanität ging. Ganz anders, nämlich sehr positiv, fallen denn auch die Antworten der anderen Parteien des künftigen Deutschen Bundestages zu dem Offenen Brief des Rates für Migration aus:

Der Sprecher für Migrations- und Integrationspolitik von Bündnis 90/Die Grünen, Memet Kilic, MdB, begrüßte nachdrücklich die Intentionen des Offenen Briefes. Auch für seine Partei »steht das überkommene Verständnis des Bundesministeriums des Innern, welches das Ausländerrecht primär als Ordnungsrecht und Ausländer als Sicherheitsproblem begriffen hat/begreift, einer nachhaltigen Integrationspolitik im Weg. Ein Ressortwechsel könnte also auch zu einem Perspektivenwechsel Richtung Teilhabe(möglichkeiten) und Chancengleichheit führen.«

Im gleichen Sinne bestätigte die Sprecherin für Migration und Integration der Fraktion Die Linke, Sevim Dağdelen, MdB: »Integration ist eine soziale und keine ordnungs- bzw. sicherheitspolitische Frage. Die Linke fordert seit Jahren, dass Integrationspolitik als Querschnittsaufgabe nicht in die Zuständigkeit des Bundesinnenministeriums fällt, sondern eher in den Bereich Arbeit und Soziales. Eine Verlagerung wäre also zwingend.« Kernprobleme seien soziale Ausgrenzung, diskriminierende Gesetze und Vorschriften. Ein neu strukturiertes Ministerium sei deshalb »nur so gut wie die Gesetze und Vorschriften, die es umsetzen und ausführen soll.« Just deswegen sind im Offenen Brief des Rates für Migration neue gesetzliche Grundlagen eingefordert worden, die Integrationspolitik als teilhabeorientierte Gesellschaftspolitik für alle verstehen sollen.

Die unmittelbar vor den störungsempfindlichen Sondierungsgesprächen mit der CDU/CSU stehende SPD will derzeit keine Stellungnahme abgeben. Aber die parteinahe Friedrich Ebert Stiftung hat zeitgleich zu dem Offenen Brief des Rates für Migration eine in zentralen Positionen gleichgerichtete Studie mit dem aufschlussreichen Titel vorgelegt: »Perspektivenwechsel in der Einwanderungsgesellschaft Deutschland.« Darin werden »Grundlagen für eine neue Migrations- und Integrationspolitik« eingefordert. Die Studie der parteinahen Stiftung stimmt in fast allen Positionen mit den Forderungen des Rates für Migration überein. »Faktisch wird die Integrationspolitik auf Bundesebene im Bundesinnenministerium (BMI) bestimmt«, heißt es dort. Im Ergebnis werde »die Integrationspolitik der Bundesregierung vor allem als Sicherheitspolitik wahrgenommen.« Für die Integrationspolitik wird auch hier deren »Eingliederung in das Bundesministerium für Arbeit und Soziales« gefordert, denn: »Gesellschaftliche Teilhabe erfolgt in Deutschland nach wie vor in erster Linie über Teilhabe auf dem Arbeitsmarkt.«

Den gleichen Vorschlag hatte kurz zuvor der Sachverständigenrat deutscher Stiftungen für Integration und Migration (SVR) gemacht. Auch gewerkschaftliche, humanitäre und kirchliche Organisationen kritisieren seit langem die ordnungs- und sicherheitspolitische Blickverengung migrations- sowie integrationspolitscher und damit gesellschaftspolitischer Perspektiven.

Die Diskussion ist neu eröffnet und es wird eng für das Bundesministerium des Innern und für die Vertreter der Unveränderbarkeit des Gegebenen in der CDU/CSU. Man wird sich also mehr einfallen lassen müssen als abfällige Floskeln und Textbausteine mit dem ideellen Betonstaub der 1980er Jahre.

4.2.9 Vor der Regierungsbildung: »Integration muss weg vom Innenministerium«, Interview (Andrea Dernbach), in: Der Tagesspiegel, 7.10.2013.

Nach einem Jahrzehnt der Fortschritte stockt die Integrationspolitik wieder. Sagt der Historiker Klaus J. Bade. Er und der von ihm mitbegründete »Rat für Migration« sehen die Schuld daran nicht zuletzt beim Innenminister – und fordern einen Neustart.

Herr Bade, der Rat für Migration, den Sie vor anderthalb Jahrzehnten mitbegründet haben, hat in dieser Woche einschneidende institutionelle Veränderungen der deutschen Migrations- und Integrationspolitik gefordert und dafür eine Online-Petition gestartet. Der Rat steht mit seinen Forderungen nicht allein. Was passt Ihnen nicht?
Wir müssen einen Betonklotz aus dem Weg schaffen. Jahrzehntelang hatte Politik auf der Bundesebene, wie Bundespräsident Horst Köhler 2006 zu Recht monierte, das Thema Integration schlicht verschlafen. Mit der rotgrünen Bundesregierung kam ab 1998/99 endlich Zug in die müde Sache: 2000 trat das neue Staatsangehörigkeitsrecht, 2005 das Zuwanderungsgesetz in Kraft. Es gab zwar auch fatale Fehlentscheidungen wie den faulen Parteienkompromiss des Optionsmodells von 2000. Aber insgesamt ging es kraftvoll voran. Die schwarzgelbe Koalition nahm den Ball auf und es ging mit Sieben-Meilen-Stiefeln weiter, bis herauf zum Anerkennungsgesetz von 2012, von vielen öffentlichkeitsintensiven Initiativen einmal ganz abgesehen. Aber bei den Schritten voran war das in Sachen Migrations- und Integrationspolitik zentral zuständige Bundesministerium des Innern mitunter ein Betonklotz am Bein.

Warum?
Priorität im BMI haben Ordnung, Sicherheit und Gefahrenabwehr. Das ist nötig, aber falsch, wenn das gleiche Ressort für Integrationspolitik als teilhabeorientierte Gesellschaftspolitik zuständig sein soll. Zarte

Pflanzen kann man nicht mit eisernen Handschuhen pflegen.

Das gleiche Haus hat aber im Jahre 2006 auch die Deutsche Islam-Konferenz erfunden, das war doch ein gesellschaftspolitisches Signal. Schäuble war eben auch als Innenminister ein Gesellschaftspolitiker. Das hat die ordnungs- und sicherheitspolitische Denke des Ressorts ein Stück weit balanciert. Das Gegenteil gilt für seinen letzten Nachfolger Friedrich von der CSU, der mit seinen populistischen Plattitüden uralten Zuschnitts auch nach außen hin Abwehrbereitschaft stimuliert und damit wieder zunichtemacht, was schon erreicht wurde. Das schlagendste Beispiel ist doch gerade die Islamkonferenz, die durch ihre sicherheitspolitische Instrumentalisierung ruiniert wurde.

Ob das Ministerium gute oder schlechte Politik macht, ist also von den Leuten an der Spitze abhängig?
Integrationspolitik läuft mal gut mit einem Minister, der Sinn für das Thema hat, und schlecht mit einem, der das nicht hat. Es kann aber doch nicht sein, dass man einen starken Innenminister schon deswegen braucht, um das eigene Haus in Schach zu halten, dessen Strukturen Handlungen in die richtige Richtung lähmen. Das Haus selber ist falsch in diesem Feld.

Der Rat für Migration will, dass die zentrale Zuständigkeit für Integration und Migration ans Arbeits- und Sozialressort übergeht.

Warum gerade dahin?
Weil dort zentrale Felder beackert werden, um die es bei Integration geht, Arbeit und soziale Belange, von Sprache und Bildung mal abgesehen. Bis Anfang der 80er Jahre war die damals so genannte Ausländerpolitik sowieso Sache des Arbeits- und Sozialministeriums. Das hat sich erst unter den Regierungen Kohl geändert, am stärksten unter dem Innenminister Friedrich Zimmermann von der CSU, der sich immer mehr Kompetenzen ins eigene Haus holte, aber integrationspolitisch nichts zuwege brachte.

Welcher Integrationsbegriff leitet Sie und den Rat für Migration dabei?
Die Definition haben mein verstorbener Freund Michael Bommes und ich 2004 für den damaligen Zuwanderungsrat entworfen. Sie ist heute weithin Allgemeingut: Integration ist die messbare Teilhabe aller an den zentralen Bereichen des gesellschaftlichen Lebens, das heißt an Erziehung, Bildung, Ausbildung, Arbeitsmarkt, Recht, Sozialem bis hin zur politischen Partizipation. Integrationsförderung ist also die Förderung möglichst chancengleicher Teilhabemöglichkeiten. In einer Einwanderungsgesellschaft, die bereits mehrere Generationen von Einwanderern umschließt, geht es, von hilfsbedürftigen Neuzuwanderern abgesehen, nicht mehr um Integrationspolitik für Migranten, sondern um teilhabeorientierte Gesellschaftspolitik für alle. Wer mit dem BMI-Trikot Integrationspolitik vorwiegend als Sicherheitspolitik spielt, hat das bis heute nicht begriffen und sollte endlich besser rausgepfiffen und gegen einen besseren Spieler ausgewechselt werden.

Und mit dem Abpfiff für das BMI wäre dann alles geklärt?
Keineswegs. Ressortverschiebungen machen noch keine gute Politik. Integrationspolitik braucht ein ganz neues Konzept. Hier versprechen wir uns einiges von der neuen Bundesregierung. Wir haben uns schon zur Zeit der Koalitionsverhandlungen zu Wort gemeldet, damit erkennbar wird, dass es hier Handlungsbedarf gibt.

4.2.10 **Georg Diez u.a. / Rat für Migration / DeutschPlus, Das »Integrationsgesetz« ist ein Rückschritt in die 80er Jahre. Open Petition / Offener Brief an die Bundesregierung,** in: Die Zeit online, 5.5.2016.

Warum wir einen »Integrationsvertrag für Alle« als neuen Gesellschaftsvertrag brauchen und kein Gesetz, dass uns in die Spaltungen der Vergangenheit zurückführt – auch wenn diese so schön übersichtlich waren.

Das Integrationsgesetz, das die Bundesregierung vorschlägt, ist ein Rückschritt in die 1980er Jahre. Damals prägten Misstrauen und Einschränkungen das Reden über Einwanderung. Die Gesellschaft wurde in Migranten und Deutsche unterteilt, und Integration galt als ein einseitiger Prozess, der von Einwanderern und ihren Nachkommen erbracht werden musste, wobei die Nachweishürden stetig erhöht wurden.

Wir dachten, wir seien inzwischen gereift an der Erkenntnis, dass Deutschland ein Einwanderungsland ist, in dem demokratische Grundrechte auf Basis des Grundgesetzes für alle gelten – gleich welcher Herkunft, Religion oder Kultur. Diese Vielfalt, die sich auf Basis des Grundgesetzes zu einer Einheit formieren kann, ist politisch nicht eindeutig als Leitbild kommuniziert und in die Gesellschaft hineingetragen worden. Rechtspopulistische Parteien haben daher die Vielheit zu einer Bedrohungskulisse aufbauen können und versprechen die Reduktion der Unübersichtlichkeit, die zwar emotional verfängt, aber real nur durchsetzbar wäre, wenn es massive Einschnitte in das Grundgesetz und die demokratische Verfasstheit dieses Landes geben würde. Die zunehmenden Positionsgewinne rechtspopulistischer Parteien sind bedrohlich für unsere Demokratie. Es gilt daher eine konstruktive Antwort auf die Frage zu formulieren: »Wie wollen wir zusammenleben?«

Der Entwurf eines Integrationsgesetzes, der nun vorgelegt wurde, ist kein Lernfortschritt. Er ist getragen von Misstrauen und vorauseilenden Vorverurteilungen. Das geplante Gesetz bringt Verbesserung für eine möglichst schnelle Eingliederung von Geflüchteten in den Arbeitsmarkt. Das ist positiv. Es enthält aber auch viele neuerliche Verschärfungen: Gefordert werden zusätzliche Leistungskürzungen, Sanktionsdrohungen oder die europarechtlich fragwürdige Wohnsitzzuweisung. Es ist deshalb absurd, dieses Gesetz als historische Errungenschaft zu bewerten. Der Unterstellung mangelnder Integrationsbereitschaft der Geflüchteten steht die Tatsache entgegen, dass die Nachfrage nach Integrationskursen höher ist als das Angebot, dass die Kriminalitätsraten nicht höher sind als die der Allgemeinbevölkerung, dass die Vorstellung von einem guten Leben uns alle gleichermaßen antreibt.

Ein gemeinsamer Integrationsvertrag sollte stattdessen das Zusammenleben in der bereits bestehenden kulturell vielfältigen Einwanderungsgesellschaft gemeinschaftlich regeln und dabei zentrale Desintegrationsmechanismen, wie mangelnde Arbeit, mangelnden Wohnraum, mangelnde Perspektiven und vor alle Dingen die ansteigende Schere zwischen reich und arm als strukturelle Integrationshemmnisse in den Fokus nehmen – anstatt immer wieder fadenscheinig kulturelle Gründe nach vorne zu schieben. Er sollte zeigen, dass nicht nur Neuzuwanderer, sondern auch die Alteingesessenen – also wir alle – aber vor allem das politische System, Institutionen, Verwaltungseinheiten und Kommunen dazu beitragen müssen, Chancengleichheit, Aufstiegsmöglichkeiten und eine interkulturelle Öffnung verkrusteter Strukturen zu fördern. Es gibt bereits drei Bundesländer in Deutschland, die diesen Weg eingeschlagen haben: Baden-Württemberg, Berlin und Nordrhein-Westfalen. Warum kann sich die Bundesregierung nicht hieran orientieren? Das wäre die richtige Antwort auf die Rechtspopulisten und ein substantieller Schritt hin zu einem echten Einwanderungsgesetz. Für dieses Einwanderungsgesetz, das von einem gemeinsamen Integrationsvertrag flankiert werden muss, brauchen wir endlich ein Bundesministerium für Migration und Integration, das die zentrale Zuständigkeit für die Migrations- und Integrationspolitik in Deutschland übernimmt. Solange das Bundesinnenministerium mit seiner Orientierung an Sicherheitspolitik und Gefahrenabwehr das führende Ressort für diese Themen bleibt, werden wir nie den institutionellen Aufbruch in die Einwanderungsgesellschaft schaffen.

Deutschland hat sich seine Position als moderne und erfolgreiche Nation weltweit auch auf der Basis seines neuen Selbstbildes einer kulturell, ethnisch und religiös vielfältigen und zunehmend selbstbewussten Einwanderungsgesellschaft geschaffen. Wenn der Bundesinnenminister nun fordert, »dass alle, die hier leben wollen, die deutsche Kultur kennen und unsere Grundwerte akzeptieren«, dann ist das legitim. Aber diese Forderung muss selbstverständlich auch an jene Teile der deutschen Gesellschaft gerichtet werden, die unsere Grundwerte täglich in Frage stellen, wenn sie Verachtung gegenüber Minderheiten in die Öffentlichkeit tragen oder die grundgesetzlich garantierte Religionsfreiheit missachten. Die Normen unserer Demokratie werden vor allem dadurch gebrochen, dass in Deutschland im Schnitt jeden Tag drei Flüchtlingsunterkünfte angegriffen werden und unsere Werte werden in Frage gestellt mit jedem Flüchtling der im Mittelmeer ertrinkt. Dieses Unbehagen von sich zu weisen und mit dem Finger auf Flüchtlinge zu zeigen, die es zu disziplinieren gilt, ist das, was das geplante Integrationsgesetz tut.

Für einen gemeinsamen Integrationsvertrag brauchen wir eine Rückbesinnung auf zentrale Ideen des Grundgesetzes: Würde, Gleichheit und Solidarität sollten als Zielmarken eines solchen Vertrags formuliert werden und eine gesellschaftliche Debatte über ein Staatsziel »Vielfalt, gleichberechtigte Teilhabe und Integration« angestoßen werden.

Der vorliegende Entwurf sollte verhindert oder verbessert werden. Das geht nicht innerhalb weniger Tage oder Wochen. Das braucht Zeit und eine echte Beteiligung von Wissenschaft, Bürgergesellschaft, Migrantenselbstorganisationen und Verbänden. Die Alternative wäre, stattdessen gleich das tatsächlich fehlende große »Gesetz über Einwanderung, kulturelle Vielfalt und Integration durch Teilhabe« zu wagen.

Noch ist es nicht zu spät. Wir brauchen ein Gesetz, dass aus der Zukunft heraus denkt!

Stellvertretend für die Erstunterzeichner: Georg Diez, Journalist und Autor, Berlin; Farhad Dilmaghani, Vorsitzender DeutschPlus e.V., Berlin; Prof. Dr. Naika Foroutan, Sozialwissenschaftlerin, Berlin; Prof. Dr. Werner Schiffauer, Vorsitzender Rat für Migration, Frankfurt an der Oder.

Dieser offene Brief wird unterstützt vom »Rat für Migration« und »DeutschPlus – Initiative für eine plurale Republik e.V.«

5 Begrenzte staatliche Einbeziehung von Migrationsforschung auf dem Weg zum »Zuwanderungsgesetz«: Unabhängige Kommission Zuwanderung (UKZu) 2000/01 und Sachverständigenrat für Zuwanderung und Integration (Zuwanderungsrat) 2003/04

5.1 Gutachterliche Stellungnahmen

5.1.1 Gutachten für die Unabhängige Kommission Zuwanderung: Konzeptionsentwurf zur institutionellen Strukturierung des Migrationswesens unter besonderer Berücksichtigung der Organisation der Migrationsforschung in Deutschland, April 2001 (Auszug).[1]

Gliederung
1 Zuwanderung und Integration: zeitgeschichtliche Bestandsaufnahme
2 Aktuelle Ausgangssituation und Anforderungsprofil
3 Institutionenvielfalt der Exekutive als Strukturproblem in einem föderalen System
4 Mögliche strukturelle Neuansätze im Institutionengefüge
5 Bundesamt für Migration und Integration
   5.1   Entwicklung und Begründung der Idee
   5.2   Sachliche Zuständigkeit des Bundesamtes
   5.2.1 Zuständigkeitsbereich »Migration«
   5.2.2 Zuständigkeitsbereich »Integration«
   5.3   Strukturelle Kompetenzen
   5.4   Aufgaben und Ziele des Bundesamtes
   5.4.1 Ziele
   5.4.2 Aufgaben
   5.4.2.1 Konzeptionierungsaufgaben
   5.4.2.2 Koordinierungsaufgaben
   5.4.2.3 Kooperations- und Vernetzungsaufgaben
   5.4.3 Rechtliche Organisationsform, Befugnisse und politische Anbindung
6 Bundesforschungsinstitut für Migration und Integration
   6.1   Bundesnetzwerk Migrations- und Integrationsforschung
   6.2   Informationstransfer Wissenschaft
   6.3   Bundesnetzwerk Erziehung – Bildung / Ausbildung – Fortbildung
7 Sachverständigengremium für Migration und Integration

Migration und Integration sind wirtschafts- und arbeitsmarktpolitisch, gesellschafts-, rechtspolitisch und kulturpolitisch zentrale Herausforderungen und Gestaltungsbereiche. Ihre Bedeutung wurde in Deutschland lange unterschätzt. Eine Bestandsaufnahme muss deshalb auch Versäumnisse der Ver-gangenheit einbeziehen, soweit deren Folgen zu Belastungen in der Gegenwart bzw. zu Herausforderungen für aktuelle und künftige Gestaltung geworden sind. Die hier eingebrachten Verbesserungsvorschläge konzentrieren sich im Sinne des Arbeitsauftrages auf den institutionellen Bereich des Migrationswesens und berücksichtigen darüber hinaus Organisationsfragen der Migrationsforschung. Sie greifen dort, wo sich dies notwendig aus der Sache ergibt – und sich zum Teil erst im Arbeitsprozess selbst ergab – auch über diese Konzentration auf den Bereich der Migration hinaus auch in den Bereich der Integration aus, so dass das Thema auch im weiteren Sinne der »institutionellen Strukturierung des Migrations- und Integrationswesens unter besonderer Berücksichtigung von Vernetzungsfragen« bearbeitet wurde.

1 Zuwanderung und Integration: zeitgeschichtliche Bestandsaufnahme
Seit dem Ende des Zweiten Weltkriegs gab es im westlichen und östlichen Deutschland – abgesehen von den hier nicht zu thematisierenden Wanderungen zwischen den beiden deutschen Staaten selbst – vier große Zuwanderungs- und Eingliederungsprozesse. [...]

Deutschland hat mithin beachtliche Erfahrungen in Zuwanderungs- und Eingliederungsfragen nicht nur im Blick auf seine in dieser Hinsicht ohnehin vielgestaltige Geschichte, sondern gerade auch im Blick auf die Entwicklung seit der Mitte des 20. Jahrhunderts. Dennoch ist Migration in der Bundesrepublik, in der DDR und im vereinigten Deutschland lange ein suspektes Problemthema geblieben, obgleich in Rechtsetzung und Rechtsprechung, Verwaltung und gesellschaftlicher Alltagserfahrung der Umgang damit seit den 1990er Jahren stets pragmatischer und »normaler« geworden ist.

Dahinter steht eine eigentümliche Dichotomie von pragmatischer Integration und appellativer Verweigerung, von praktischer Erfahrung und mentaler Nicht-Akzeptanz.[2] Sie hat, von vielen, auch historisch bedingten mentalen Akzeptanzproblemen abgesehen, auch mit Mängeln der konzeptionellen und politischen Gestaltung zu tun: Es gibt nach wie vor keine die einzelnen Bereiche des Wanderungsgeschehens übergreifende, von ganzheitlichen Perspektiven ausgehende und auf aktive Gestaltung zielende Migra-

---

[1] Hinweise in den möglichst knapp gehaltenen Anmerkungen wurden weitgehend auf Belegfunktionen beschränkt.

[2] K. J. Bade / M. Bommes, Migration und politische Kultur im »Nicht-Einwanderungsland«, in: K. J. Bade / R.Münz, (Hg.), Migrationsreport 2000. Fakten – Analysen – Perspektiven, Frankfurt a.M./New York 2000, S. 163–204.

tions- und Integrationspolitik. Es gibt zwar Ansätze für ein Gesamtkonzept; sie sind aber unübersichtlich im Gesetzes- und Verordnungssystem verstreut, nur für Experten eruierbar, für die weitere Öffentlichkeit hingegen nicht erkennbar bzw. nachvollziehbar und werden auch nicht in politischer Akzeptanzwerbung präsentiert.

2 Aktuelle Ausgangssituation und Anforderungsprofil

Für die Aufgabenfelder »Migration« und »Integration« fehlt es im föderalen System an integralen Gestaltungskonzepten, die unter Berücksichtigung der jeweiligen – mitunter unscharfen und sich zum Teil überschneidenden – Zuständigkeiten auf Bundes-, Länder- und kommunaler Ebene so zu fassen sind, dass normative Gestaltungsorientierung und praktische Ermessensspielräume bei der konkreten Umsetzung gewahrt bleiben.

Die Entwicklung von Konzepten mit entsprechenden institutionellen Strukturen stand unter einseitiger Konzentration auf arbeitsmarktpolitische und später schrittweise auch im engeren Sinne sozialpolitische Aspekte lange im Zeichen einer vorwiegend reaktiven pragmatischen Improvisation entlang der Herausbildung und Entwicklung von Zuwanderungs- und Aufenthaltsformen und den jeweils damit verbundenen Handlungszwängen. Zu übergreifenden Handlungskonzepten im Sinne einer auf Einwanderungsgesetzgebung und Einwanderungspolitik gestützten Konzeption konnte es schon wegen der Tabuisierung des Problemfeldes nicht kommen, für die die bekannte Dementi-Formel stand: »Die Bundesrepublik ist kein Einwanderungsland«.

Auf der einen Seite hat das pragmatische »Durchwursteln« (»muddling through«) der deutschen Migrations- und Integrationspolitik im Rahmen der dafür verfügbaren bzw. verfügbar gemachten Rechtsgrundlagen in seinem Ergebnis einer »pragmatischen Integration«[3] wider mancherlei Erwartungen und Befürchtungen zu beachtlichen Integrationserfolgen geführt, die in Europa keinen Vergleich zu scheuen brauchen. Auf der anderen Seite steht die Tatsache, dass der Weg zu solchen Ergebnissen auch geprägt war durch eine Erschwerung der Integration für Einwanderergesellschaft wie Aufnahmegesellschaft:

Für die – zum Teil längst ebenfalls »einheimische« – Einwanderergesellschaft resultierte sie aus der demonstrativen Nicht-Akzeptanz der Einwanderungssituation und aus von der Aufnahmegesellschaft zu wenig beachteten, bei der Einwandererbevölkerung zum Teil sogar intergenerativ wirksamen kollektivmentalen Verletzungen aufgrund von lange anhaltenden Zurückweisungen im Integrationsprozess. Das galt besonders für die symbolischen Kampagnen zur »Rückkehrförderung« bzw. zur »Aufrechterhaltung der Rückkehrbereitschaft« gegenüber längst manifest gewordenen und nicht mehr umkehrbaren Einwanderungsprozessen.

Zu den Folgen gehören bis heute der bei Einwanderern aus EU-Drittstaaten mitunter zu beobachtende verstärkte Rückzug in ethnisch markierte Herkunftsgemeinschaften und Migrantenkulturen. Hierher gehört auch die indirekte und zweifelsohne nichtintendierte Stabilisierung von Doppelloyalitäten, transnationalen und transkulturellen Identitäten. Sie werden von der einheimischen Mehrheitsgesellschaft häufig als Zeichen mangelnder Integrationsbereitschaft denunziert, was die damit verbundenen latenten sozialen, kulturellen und ethnischen Spannungslagen noch erhöht. Doppelloyalitäten, transnationale und transkulturelle Identitäten haben, wie noch zu zeigen ist, auch durchaus andere Ursachen, sind aber, als Ausdruck von defensiver Koloniebildung im Einwanderungsprozess, immer auch ein Stück weit Antwort auf eine Mischung von Abwehrhaltungen und Assimilationsdruck der umschließenden Aufnahmegesellschaft.

Für die Mehrheitsgesellschaft in der Erfahrung bzw. Beobachtung dieses Integrationsprozesses belastend wirkte der aus politischen Festlegungen (»Die Bundesrepublik ist kein Einwanderungsland«) geborene Mangel an konzeptioneller Transparenz und – nicht nur symbolischer – Handlungsbereitschaft in Sachen Migration und Integration. Das war auch ein Hintergrund für die wachsenden öffentlichen Abwehrhaltungen gegenüber diesen wirtschafts-, gesellschafts- und kulturpolitisch wichtigen Aufgabenfeldern: Die Eskalation von Fremdenangst, gewaltbereiter Fremdenfeindlichkeit und fremdenfeindlicher Gewaltakzeptanz in den frühen 1990er Jahren war deshalb weniger unvermeidbare Begleiterscheinung starker Zuwanderungen und vielmehr vermeidbare Folge ihrer mangelnden Gestaltung:

»Die wachsende Fremdenfeindlichkeit in Deutschland ist weder allein pathologischer Ausdruck einer allgemeinen Zivilisationskrise am Vorabend der Jahrtausendwende noch »natürliche« Reaktion auf Zuwanderungsdruck«, hieß es in von insgesamt sechzig sachkundigen deutschen Wissenschaftlerinnen und Wissenschaftlern getragenen »Manifest der 60: Deutschland und die Einwanderung« vom September 1993. »Sie ist auch eine aggressive Antwort auf fehlende Konzepte in der Migrationspolitik«.[4] Heute ist die Bundesrepublik Deutschland weit fortgeschritten auf dem Weg von einem informellen zu einem formellen Einwanderungsland, der rechts- und institutionengeschichtlich wie folgt beschreibbar ist:

---

[3] M. Bommes, Migration, Nationalstaat und Wohlfahrtsstaat – kommunale Probleme in föderalen Systemen, in: K. J. Bade (Hg.), Migration – Ethnizität – Konflikt. Systemfragen und Fallstudien (IMIS-Schriften, Bd. 1), Osnabrück 1996, S. 213–248 (vgl. Einleitung, ebd., S. 32).

[4] K. J. Bade (Hg.), Das Manifest der 60: Deutschland und die Einwanderung, München 1994, S. 13.

Als »Einwanderungsland« im Sinne der Migrationsstatistik gilt ein Land, in dem sich eine Migrationsstruktur herausgebildet hat, innerhalb derer die Einwanderung wesentlich und dauerhaft die Auswanderung von eigenen Staatsbürgern (die hier kein Gegenstand ist) übersteigt (auch »De-facto-Einwanderungsland«). Bei der Frage nach Rechtsordnung und Rechtskultur können »formelle« und »informelle Einwanderungsländer« unterschieden werden: Formelle Einwanderungsländer zeichnen sich als solche nicht nur durch das Wanderungsgeschehen, sondern auch durch Selbstverständnis, Gesetzgebung, politische Gestaltung, institutionelle Angemessenheit und administrative Praxis aus. Informelle Einwanderungsländer hingegen verstehen sich nur als Aufnahmeländer für bestimmte Zuwanderergruppen, z.B. für ausländische Arbeitnehmer und deren Familien. Sie tolerieren dabei aber in großem Umfang Daueraufenthalte mit fließenden Grenzen zur Einwanderungssituation, die als solche meist durchaus erkannt und als Gestaltungsaufgabe verstanden wird. Und sie tragen den lebensgeschichtlichen Schwebezonen der informellen Einwanderungssituation Rechnung durch entsprechend offene Einbürgerungsbestimmungen, z.B. durch am »jus soli« orientierte Einbürgerungserleichterungen für die Nachkommen von dauerhaft im Lande lebenden Ausländern ohne Staatsangehörigkeit des Aufnahmelandes.

Auf dem Weg von einem informellen zu einem formellen Einwanderungsland in drei Schritten steht Deutschland derzeit vor dem dritten Schritt: Im Jahr 1990 kam die Reform des Ausländerrechts mit ihren altersspezifischen Einbürgerungserleichterungen (aber auch anderweitigen Erschwerungen). Im Jahr 2000 folgte die Reform des Staatsangehörigkeitsrechts mit dem bedingten bzw. eingeschränkten »jus soli«. Den dritten Schritt kann das derzeit zur Debatte und zum Teil auch schon in Verhandlung stehende umfassende, die künftige Gestaltung von Migrations- und Integrationspolitik auf möglichst transparente Weise tragende Regelwerk mit geeigneten Institutionen zur Prozesssteuerung und -begleitung erbringen.

Nötige Grundlage für eine solche Gestaltung ist ein ganzheitliches, gesellschaftspolitisch fundiertes, auf klare Rechtsgrundlagen gestütztes und alle Politikbereiche umfassendes Gesamtkonzept einer Migrations- und Integrationspolitik. Es muss die gesamte Bandbreite erfassen. Sie reicht von befristeten Arbeitswanderungen, anderweitig begründeten Zeitaufenthalten oder Daueraufenthalten ohne Einbürgerung (»Wohnbürger«/Denizen) über definitive Einwanderungen mit Einbürgerung über auf Rechtsansprüche gegründete Migrationen (Familiennachzug, Aussiedlerzuwanderung, Asylrecht) bis hin zum Bereich von durch Art. 16a GG gesetzlich nicht bzw. nicht mehr gedeckten humanitären Belangen bei nichtstaatlicher Verfolgung, kriegs- und bürgerkriegs- oder auch katastrophenbedingten Fluchtwanderungen.

Ein Gesamtkonzept muss auch davon ausgehen, dass bestehende Rechtsnormen, wie z.B. § 32a oder § 54 des Ausländergesetzes, voll ausgeschöpft und auf der Verwaltungsebene vorhandene Ermessensspielräume genutzt werden. Dies allerdings setzt einen politischen Klimawandel voraus. Im Rahmen vorausschauender Migrations- und Integrationspolitik muss solch ein Konzept zudem die möglichen Konsequenzen der EU-Osterweiterung einbeziehen.

Ein solches Gesamtkonzept muss ferner beide Seiten der Medaille im Blick behalten: das vielgestaltige grenzüberschreitende Wanderungsgeschehen mit seinen Bestimmungsfaktoren und Entwicklungsbedingungen sowie die aus Zuwanderungen resultierende Integrationsdimension, die ständig in Bewegung ist; denn Integration ist ein langfristiger, sozial- und kulturgeschichtlich nicht selten Generationen übergreifender Sozial- und Kulturprozess, der bei auf Dauer gestellten Zuwanderungen, mit denen zu rechnen ist, durch das Hinzutreten neuer Gruppen stets vor neue Herausforderungen gestellt wird.

Dabei ist zu beachten, dass Integration keine Einbahnstraße ist, bei der sich im Sinne überholter einseitig-linearer Assimilationsmodelle kulturell heterogene Einwanderergruppen einer als vergleichsweise homogen vorgestellten Aufnahmegesellschaft bis zum Erlöschen selbst mentaler Unterschiede anpassen. Integration als Folge von Zuwanderung ist heute vielmehr ein gesellschaftlicher Prozess auf Gegenseitigkeit, der beide Seiten verändert, wiewohl die zu erbringende – und ausdrücklich zu fordernde – im weitesten Sinne zivilgesellschaftliche Anpassungsleistung bei den Einwanderern unvergleichbar höher liegt.

Integration als gesellschaftlicher Prozess darf auch nicht mit Integrationspolitik als rechtlicher Rahmung und politischer Prozessbegleitung in eins gesetzt bzw. verwechselt werden: Migranten »werden« nicht politisch »integriert«, sondern integrieren sich selber. Integrationspolitik hat demgegenüber die Aufgabe, für diesen sich selbst entfaltenden gesellschaftlichen Prozess Rahmenbedingungen zu setzen und zu sichern, die seine Entfaltung ermöglichen und begleiten. Es geht mithin darum, für Integration als Sozial- und Kulturprozess Rechts- und Planungssicherheit zu schaffen bzw. zu erhalten, dadurch Rechtsvertrauen auf beiden Seiten zu stiften sowie durch Ausgleichs- und Vermittlungsfunktionen, gegebenenfalls auch durch Antidiskriminierungsmaßnahmen, dazu beizutragen, dass ethnische und kulturelle Minderheiten gleichgestellt werden und einzelne Gruppen im ethnosozialen Spannungsfeld nicht gegeneinander driften oder gar gegeneinander ausgespielt werden.

Dabei darf nicht übersehen werden, dass es neben vorausschauender Migrations- und Integrationspolitik auch eine nachholende Integrationspolitik geben muss, die Folgerungen aus eigenen Fehlleistungen zieht: Es leben schon mehr als sieben Millionen Einwanderer der ersten, zweiten und schon dritten

Generation im Land und gegenüber vielen von ihnen, jedenfalls aus der zweiten und dritten Generation, gibt es noch eine historische Bringschuld (s. Pos. 6.3).

Im Innern notwendig ist mithin eine umfassende und weitsichtige *Zu- bzw. Einwandererpolitik*, verbunden auch mit ausgleichender Minderheitenpolitik, nach außen hin eine vorausdenkende und vorausplanende, d.h. nicht nur passiv verwaltende, sondern aktiv gestaltende *Zu- bzw. Einwanderungspolitik*.

Dabei ist der – sehr deutsche und kaum übersetzbare – Streit um *»Einwanderer«-* oder *»Einwanderungspolitik«* bzw. *»Zuwanderer«-* oder *»Zuwanderungspolitik«* durch eine dreifach falsche Alternative entstanden:

Zum ersten war der Kampf gegen *Einwanderung* und *Einwanderungspolitik* als semantischer Abwehrreflex Ausdruck von politisch immer wieder stabilisierten Abwehrhaltungen gegenüber in großer Zahl faktisch laufenden Einwanderungsprozessen (»Die Bundesrepublik ist kein Einwanderungsland«). *Zuwanderung* und *Zuwanderungspolitik* schienen demgegenüber mildere, weil unverbindlichere Beschreibungsformen zu sein.

Zum zweiten ist ohnehin beides nötig: *Einwandererpolitik* für diejenigen, die schon im Lande leben und in unterschiedlichem Maße angewiesen sind auf soziale und kulturelle Akzeptanz, Hilfestellung und Schutz ihrer legitimen Interessen; *Einwanderungspolitik* als vorausplanende und begleitende Gesamtsteuerung für, gegebenenfalls aber auch gegen neue Zuwanderungen von außen. Ähnliches gilt für »Zuwanderer«- bzw. »Zuwanderungspolitik« gegenüber denen, bei denen es sich nicht vornherein um erstrebte oder erwünschte Dauereinwanderungen mit dem Ziel des Erwerbs der Staatsangehörigkeit handelt (z.B. Arbeitswanderungen).

Zum dritten abstrahiert die falsche Konfrontation der Begriffe von zwei gesellschaftlichen Tatsachen: Einerseits gibt es zwischen Arbeitsaufenthalten auf Zeit und solchen auf unbestimmte Zeit, Daueraufenthalten mit dem Fernziel der letztendlichen Zurückwanderung und solchen mit dem Ziel der Einbürgerung u.a.m. fließende Grenzen und Übergangsformen. Andererseits bilden sich zunehmend transnationale Migrantenidentitäten heraus. Sie lassen sich nicht mehr ohne weiteres in die vorgegebenen Raster einfügen und haben nicht nur mit Spezifika des Wanderungsgeschehens zu tun, sondern auch mit Veränderungen in den Handlungsspielräumen des Nationalstaates, die in Europa in mehrfacher Hinsicht unter Druck geraten sind:

von außen durch den Prozess der Globalisierung; von unten durch Prozesse der Regionalisierung und sogar des »Lokalismus«; von oben durch die Delegation von nationalen Funktionen an die supranationale europäische Ebene; und von innen gleich auf doppelte Weise: zum einen durch die abnehmende administrative Trennschärfe des nationalen Sozialstaats zwischen Staatsbürgern und Ausländern bei der sozialen Partizipation; zum anderen durch die Herausbildung eben dieser transnationalen Identitäten.

Sie werden, dies ist die Umkehrwirkung, auch dadurch gefördert, dass der Wechsel der Staatsangehörigkeit immer mehr an Interesse verliert, weil die meisten wirtschaftlichen und sozialen Grundrechte in Gestalt von durch Daueraufenthalt erworbenen Rechtsansprüchen hierzulande auch ohne deutschen Pass erreichbar sind.

Vieles davon ist nicht so neu und einzigartig, wie es dem mit abgeschlossenen – und das heißt immer historischen – Migrationsprozessen unzureichend vertrauten Beobachter erscheinen vermag. Die Schwächung nationalstaatlicher Strukturen und Funktionen durch supranationale Funktionszusammenhänge und deren Bedeutungszuwachs im Globalisierungsprozess haben zweifelsohne eine besondere historische Qualität gewonnen.

Es wird aber meist übersehen, dass es auch bei historischen Migrationsprozessen transnationale soziale Räume, transnationale Netzwerke und transnationale Migrantenidentitäten gab. Das galt etwa für die – gerade auch aus diesem Grund von Nativisten in den USA vieldenunzierte – »neue Einwanderung« aus Süd- und Osteuropa in den USA im späten 19. und frühen 20. Jahrhundert, innerhalb derer es z.B. bei den Italienern ca. 40 % Rückwanderungen und, zum Teil darin eingeschlossen, eine unübersehbare Zahl von transatlantischen Pendelwanderungen gab.[5]

Transnationale Migrantenidentitäten aber waren auch hier keine dauerhaften Schwebezustände. Sie markierten vielmehr Übergangsphasen in einer Einwanderung als Generationen übergreifendem Sozial- und Kulturprozess, in deren kollektivmentaler Dimension z.B. aus Italienern in Amerika zuerst Italo-Amerikaner, dann Amerikaner italienischer Herkunft – und schließlich nicht selten Amerikaner mit Desinteresse an der Herkunft ihrer Vorfahren wurden.[6]

Ähnliches gilt in der Migrationsgeschichte für die heute vielfach ebenfalls als qualitativ neu und scheinbar einzigartig verstandene Herausbildung transkultureller Migrantenidentitäten. Auch dies war – als mehr oder minder langanhaltende Übergangsform in Einwanderungsprozessen – in der Migrationsgeschichte vielfach beobachtbar. Es fand seine

---

[5] D. Gabaccia, From Sicily to Elizabeth Street. Housing and Social Change among Italian Immigrants, 1880–1930, Albany 1984; dies., Militants and Migrants. Rural Sicilians Become American Workers, New Brunswick 1988; dies., Italy's Many Diasporas, Seattle 2000.
[6] N. Foner, What's New about Transnationalism? New York Immigrants Today and at the Turn of the Century, in: Diaspora, 6. 1997, H. 3, S. 355–375; E. Morawska, The New-Old Transmigrants, their Transnational Lives, and Ethnicization: A Comparison of 19th/20th and 20th/21th Century Situations (European University Institute, Working Papers EUF 99/2), Florenz 1999; D. A. Gerber, Theories and Lives: Transnationalism and the Conceptualization of International Migrations to the United States, in: M. Bommes (Hg.), Transnationalismus und Kulturvergleich (IMIS-Beiträge, H. 15), Osnabrück 2000, S. 31–53.

Zentren in den ethnisch oder nach Herkunftsregionen untergliederten Einwandererkolonien – von »Little Italy« bis »Little Germany«.

Es gibt sie in Deutschland heute wieder in Gestalt von Zuschreibungen wie »Klein Istanbul«, oder »Klein Kasachstan« bzw. »Russen-Viertel«. Und sie werden von der einheimischen Mehrheitsbevölkerung nicht minder als Zeichen bewusster dauerhafter Abkapselung oder gar mangelnder »Integrationsfähigkeit« missverstanden. Sie waren und sind dennoch eher Kulturschleusen in einem langen – durch ihre Existenz mitunter auch durchaus verlängerten – Eingliederungsprozess, bei dem sich die Einwanderer nicht direkt oder nur partiell (z.B. beruflich) in die umschließende Aufnahmegesellschaft, sondern zuerst in »ihre« Einwanderergesellschaft und erst von hier aus dann schrittweise in die Aufnahmegesellschaft eingliedern – die selber bald zunehmend mehr auch aus Einwanderern und ihren Nachfahren besteht.

Historisch nicht neu sind auch die heute nur neu entdeckten Diaspora-Situationen, wobei freilich vor dem Hintergrund der erwähnten Prozesse von Transnationalisierung und Globalisierung eine Art auf Dauer gestellte und nicht mehr nur als Ausnahmesituation oder Übergangsphase zu verstehende Diasporasituation an Bedeutung gewinnt.[7]

Erschwerend und die Unübersichtlichkeit auch bei Steuerungsvorhaben steigernd kommt die – im Blick auf historische Migrationsprozesse ebenfalls nicht neue – Tatsache hinzu, dass es multiple Migrantenidentitäten gibt, die durch aus nicht oder nur bedingt mit den Migranten von der Aufnahmegesellschaft oder von der Herkunftsgesellschaft gesetzlich zugeschriebenen Migrantenidentitäten übereinstimmen: In Migration, Migrationsdiskussion und Migrationspolitik hat sich bei der einschlägigen Problemverwaltung am Ende des 20. Jahrhunderts die Spannung zwischen Selbst- und Fremdzuschreibungen, d.h. zwischen dem Selbstverständnis von Migranten und den ihnen durch Migrationspolitik zugeschriebenen Identitäten verschärft. Diesen zugeschriebenen Identitäten aber müssen Migranten zu entsprechen suchen, wenn sie eine Chance auf Zugang haben wollen.

Bei Mangel an »Haupteingängen« für reguläre und als solche deklarierte Einwanderung und der deshalb zunehmenden Bedeutung der »Nebeneingänge« im Bereich von Flucht und Asyl haben sich z.B. mit der Zuschreibung von »Flüchtlingseigenschaften« staatliche Systeme der Schicksalsverwaltung entfaltet. Sie machen Entscheidungen über den »echten« Flüchtling abhängig von der Erfüllung dieser einseitig festgelegten Kriterien. Dabei geht es für asylsuchende Flüchtlinge heute oft weniger um die Frage, was ihnen im Herkunftsland widerfahren ist oder drohte, als darum, ob ihre Geschichte in den Katalog der verfügbaren Zuschreibungen und damit in die Spielregeln des Aufnahmelandes passt. Das führt auf beiden Seiten mitunter zu einem Spiel mit falschen Karten. Die Grenzen zwischen rechtlichen Gruppenbildungen wie »Arbeit«, »Asyl«, »Flucht« oder »Minderheiten« sind in den multiplen Identitäten von Migranten deshalb noch fließender geworden als sie es ohnehin schon waren.[8]

Weil es also in den Lebens- und Migrationskonzepten von Einwanderern bzw. Zuwanderern fließende Grenzen und Übergangsformen sowie transnationale, transkulturelle und multiple Migrantenidentitäten gibt, müssen einseitig an linearen Assimilationsmodellen orientierte Vorstellungen über die Entwicklung oder staatliche Begleitung von Eingliederungsprozessen als von der gesellschaftlichen Wirklichkeit überholt gelten, auch wenn all dies nichts an den bei Eingliederung unumgänglichen Anpassungsprozessen ändert.

Migrations- und Integrationspolitik muss von einem unvermeidbaren Grad an formalisierten Vorgaben ausgehen, um Wirklichkeit verwaltbar zu machen. Gerade bei der Integrationspolitik und ganz konkret im Bereich der Eingliederungsförderung bzw. -hilfen aber sollten stets flexibel gestaltbare Hilfsangebote angestrebt werden, zumal deren Funktionstüchtigkeit wesentlich beträgt zum sozialen und kulturellen Frieden in der Einwanderungssituation.

Durch eine in der Zielorientierung ganzheitlich konzipierte und flexibel gestaltete Migrations- und Integrationspolitik unter Berücksichtigung auch von Minderheitenfragen tritt neben die vorwiegend reaktive Prozessverwaltung eine aktive Prozessgestaltung mit möglichst transparenten Konzepten. Sie schafft in der Migrations- und Integrationspolitik Berechenbarkeit und klare Perspektiven für alle in der Denkschrift der Europäischen Kommission für den Rat und das Parlament vom November 2000 angesprochenen Seiten, d.h. für Aufnahmegesellschaften und Migranten ebenso wie für die Rechtssysteme von Aufnahmeländern, Herkunftsländern und Transitländern.[9] Nötig ist ferner für alle Bereiche – von

---

[7] R. Cohen, Global Diasporas. An Introduction, London 1997; Nicholas Van Hear, New Diasporas. The Mass Exodus, Dispersal and Regrouping of Migrant Communities, Seattle 1998; Z. Skrbiš, Long-distance Nationalism. Diasporas, Homelands and Identities, Aldershot 1999; Fallstudie: S. Spiliotis, Transterritorialität und nationale Abgrenzung. Konstitutionsprozesse der griechischen Gesellschaft und Ansätze ihrer faschistoiden Transformation 1922/24–1941 (Südosteuropäische Arbeiten, Bd. 102), München 1998.

[8] Am Beispiel von Asylrecht und Asylpolitik in Deutschland: K. J. Bade, Ausländer – Aussiedler – Asyl. Eine Bestandsaufnahme, München 1994, S. 91–146; für Europa zuletzt: ders., Europa in Bewegung. Migration vom späten 18. Jahrhundert bis zur Gegenwart, München 2000, S. 439–452; ders. (Hg.), Einwanderungskontinent Europa: Migration und Integration am Beginn des 21. Jahrhunderts (Beiträge der Akademie für Migration und Integration, H. 4), Osnabrück 2001.

[9] Kommission der Europäischen Gemeinschaften, Mitteilung der Kommission 2000/757 an den Rat und an das Europäische Parlament über eine Migrationspolitik der Gemeinschaft, Brüssel, 22.11.2000.

Zeitaufenthalten über Daueraufenthalte bis zur Einbürgerung – eine differenzierte, gestufte und in den Übergangszonen flexible Integrationskonzeption, die auch ein institutionelles Netzwerk bietet mit Orientierungs- und Hilfsangeboten für die verschiedenen Problembereiche und Übergangsstufen.

Dabei geht es im Sinne des Arbeitsauftrages hier fortan nur um für notwendig gehaltene institutionelle Umstrukturierungen unter Berücksichtigung auch von Vernetzungsfragen.

3 Institutionenvielfalt der Exekutive als Strukturproblem in einem föderalen System

Institutionelle Strukturprobleme liegen heute auf Bundes-, Länder- und kommunaler Ebene in Zuständigkeitsunschärfen, Zuständigkeitslücken und Kompetenzüberschneidungen, in Ressortabgrenzung und Ressortkonkurrenz im Blick auf die vielen Besonderheiten, aber auch Gemeinsamkeiten bei den Problemen zugewanderter Gruppen. Problematisch ist auch, dass Fragen von Migration- und Integration von den Innen-Ressorts auf Landes- und Bundesebene nahezu monopolisiert, d. h. vorwiegend unter Gesichtspunkten der inneren Sicherheit und Ordnung gesehen werden.

In die Gestaltungsbereiche überspringende und dort geradewegs kontraproduktiv wirkende Probleme resultieren zum Teil aus konkurrierenden Konzepten und Strategien verschiedener Provenienz. Erinnert sei hier nur an die jahrelange ausländerrechtliche und ausländerpolitische Frontstellung bei wechselseitiger Infragestellung der Sachkompetenz zwischen der dem Bundesarbeitsministerium (BMA) organisatorisch zugeordneten Ausländerbeauftragten des Bundes Liselotte Funcke (F.D.P.) und dem früheren Bundesinnenminister Friedrich Zimmermann (CSU), in dessen Ressort wiederum der Aussiedlerbeauftragte des Bundes Horst Waffenschmidt (CDU) um Sympathie für die ihm Anvertrauten mit der zwar rechtlich zutreffenden, aber politisch gefährlichen und die nicht-deutschen Einwanderer verletzenden Spaltformel warb: »Aussiedler sind keine Ausländer!«

Festzustellen ist z.B. auch, dass es erst der dritten Ausländerbeauftragten der Bundesregierung, Cornelia Schmalz-Jacobsen (F.D.P.), gelang, das Amt der (Bundes-) Beauftragten für Ausländerfragen gesetzlich zu verankern (§§ 91a ff. des Ausländergesetzes). In der Konfrontation mit den großen Zuwanderungs- und Eingliederungsprozessen in der zweiten Hälfte des 20. Jahrhunderts ist auf Bundes-, Länder- und kommunaler Ebene durch pragmatische Entscheidungen im jeweiligen Gestaltungsbereich und analoge Anschlusshandlungen ohne gesamtkonzeptionelle Orientierungsvorgaben eine kaum mehr übersehbare Vielfalt von institutionellen Kompetenzen entstanden, die zur Kompetenz-, Ämter- und Budgetexpansion oder doch -sicherung tendieren:

Auf der horizontalen Bundesebene agieren vor allem

- *das Bundesministerium des Innern, dessen Unterbau-Strukturen vertikal über die Ständige Konferenz der Innenminister und -senatoren und damit die jeweiligen Innenminister und -senatoren als oberste Landesbehörden bis zu den kommunalen Ausländerbehörden reichen, verbunden mit der gleichfalls gegebenen Anbindung des Bundesgrenzschutzes (BGS), der seine Aufgaben schon lange nicht mehr nur an den Außengrenzen, sondern auch im Innern Deutschlands zugewiesen bekommen hat;*
- *die Beauftragte der Bundesregierung für Ausländerfragen, die sich vertikal mit der Bundeskonferenz der Ausländerbeauftragten der Länder bzw. Kommunen verständigt;*
- *das Nürnberger Bundesamt für die Anerkennung ausländischer Flüchtlinge, vertikal mit »Außenstellen« versehen;*
- *der Aussiedlerbeauftragte der Bundesregierung, der wiederum eng mit dem Bundesverwaltungsamt und mit den deutschen Auslandsvertretungen verfahrensmäßig zwingend verbunden ist;*
- *die Auslandsvertretungen, die z.B. auch Aufgaben bei der Familienzusammenführung im Rahmen solcher Gruppen erfüllen, die nicht (Spät-) Aussiedler sind.*
- *Hinzu treten weitere Bundesministerien bzw. vertikal Landesministerien, z.B. für Justiz, für Familie, Frauen und Jugend sowie*
- *Einrichtungen wie z.B. die Bundesanstalt für Arbeit mit (vertikal) Landesarbeits- und kommunalen Arbeitsämtern,*
- *schließlich auch inter- und intraministerielle Arbeitskreise verschiedener Bundesministerien,*
- *ganz zu schweigen von der Vertretung der Interessen der Bundesrepublik z.B. bei der EU im Rahmen der Tagungen der Justiz- und Innenminister der Mitgliedstaaten.*
- *Auf Länder- und kommunaler Ebene treten aus konkreter Sicht der Betroffenen hinzu z.B. Meldestellen, Schulämter und Jugendämter; im sozialrechtlichen Bereich gibt es über 700 mit Zuwanderungs- und Eingliederungsfragen beschäftigte Sozialämter; nicht zu vergessen sind »Gleichstellungsbeauftragte«, Ausländerbeiräte u.a.m.*

Diese zum Teil schon jahrzehntelang vergeblich kritisierte Fragmentierung der institutionellen Strukturen und Zuständigkeiten wirkt einer ganzheitlichen Gestaltung von Migration und Integration direkt entgegen und ist in dieser Hinsicht zum Teil geradewegs kontraproduktiv. Das zeigte z.B. über viele Jahre hinweg auch die familien- und integrationsfeindliche, spannungsreiche interne Aufsplitterung von Aussiedlerfamilien nach unterschiedlichen Statusgruppen (Aussiedler mit Aufnahmebescheid / als Ausländer eingestufte mitreisende Familienangehörige) mit unterschiedlichen Rechtsansprüchen auf Eingliederungshilfen (bes. Sprachkurse und berufsbezogene Eingliederungshilfen für Aussiedler).

Unbestreitbar ist, dass eine Querschnittsaufgabe in der Größenordnung von Migration und Integration in einem föderalen System nicht ohne eine große Bandbreite institutioneller Zuständigkeiten auskommen kann. Ebenso unbestreitbar aber ist, dass es nach wie vor keine sachadäquate, transparente und effiziente Konzentration und Vernetzung der institutionellen Struktur- und Zuständigkeitsvielfalt im Rahmen einer ganzheitlichen Konzeption gibt, die dahin wirkt, die institutionelle Vielfalt auf das wirklich Nötige zu reduzieren und umgekehrt im Bereich von besonderen Belastungen aufzustocken, Doppelkompetenzen und unnötige Kompetenzüberschneidungen abzubauen, aber auch Gestaltungsschwächen oder gar -lücken erkennbar zu machen.

Die herkömmlichen institutionellen Instrumentarien der Migrations- und Integrationspolitik sind erst recht überfordert, wenn es unter Berücksichtigung auch europäischer Handlungszwänge um vorausschauende Gestaltung durch aktive Migrations- und Integrationspolitik und zugleich um die Mehrung gesellschaftlicher Akzeptanz durch ein konzeptionell transparentes Bemühen um eine Verschränkung von Integration im Inneren und Kontrolle sowie – im Rahmen des Möglichen – Steuerung nach außen geht. Wenn Migrations- und Integrationspolitik von einer ganzheitlichen Konzeption aus gestaltet werden sollen, muss dem auch in den Entscheidungs- und Verwaltungsstrukturen entsprochen werden:

Wenn es im Rahmen des ohnehin nur begrenzt Möglichen zu planvollen Steuerungen kommen soll, sind deshalb eine ganzheitliche, transparente und zugleich flexible Konzeption und entsprechende übergreifende Institutionen nötig, die die Handlungsabläufe koordinieren, vereinfachen, effektivieren und die Steuerungsübersicht erleichtern. Diese Entwicklung zur Vereinfachung und Effektivierung durch strukturelle Entscheidungs- und Verwaltungskonzentration entspricht auch laufenden Erfahrungen und Tendenzen in klassischen Einwanderungsländern wie z.B. in den USA, Kanada und Australien, aber auch in anderen europäischen Einwanderungsländern wie z.B. in den Niederlanden und Schweden.

4 Mögliche strukturelle Neuansätze im Institutionengefüge

Jegliche strukturelle Neukonzipierung im institutionellen Bereich hängt davon ab, wie viel politischer Wille vorhanden ist, durchgreifende Veränderungen nicht nur zuzulassen, sondern auch aktiv zu fördern: je größer die politische Änderungsbereitschaft und Änderungsfähigkeit, umso größer die Aussicht auf die operative Effizienz.

Hierbei ist im Bereich der Zuwanderung aus wirtschaftlichen Gründen (sei es aus EU-Staaten oder Drittstaaten) besonders zu berücksichtigen,

- *dass es um Zuwanderer geht, denen sich auch in anderen Staaten attraktive berufliche Optionen eröffnen und die sich also grundsätzlich jenes Zuwanderungsland aussuchen werden, in dem die Strukturen am transparentesten sind, in dem die Verfahren zügig ablaufen und wo sie in Ämtern und Behörden freundlich und zuvorkommend behandelt werden;*
- *die Modelle nicht nur regionaler, sondern globaler Konkurrenz standhalten müssen: Die sogenannte »Greencard« in Deutschland wäre ohne die Osteuropäer bislang weitestgehend leergelaufen, Australien hat seit kurzem ein Programm entwickelt, das bewusst die bisherigen, auch strukturell-organisatorischen Schwächen der deutschen »Greencard« ausgleicht, und Israel denkt in die gleiche Richtung.*

Bei der Konzipierung muss Deutschland im globalen Maßstab nicht nur zeitlich bedingte, strukturell-organisatorische Erfahrungsdefizite gegenüber »klassischen« Einwanderungsländern aufholen, sondern zumindest ebenso professionell vorgehen wie jene Staaten, die historisch gesehen bereits viele Jahrzehnte einschlägige institutionelle Erfahrung haben.

In diesem internationalen institutionellen Vergleich wird deutlich, dass gesteuerte Einwanderungs- und Integrationspolitik umso erfolgreicher ist, je straffer das hierfür zuständige Institutionengefüge organisiert ist. So haben z.B. Kanada, Südafrika, Neuseeland und Australien spezifische Einwanderungsministerien, wobei im Falle Australiens das »Department of Immigration and Multicultural Affairs« auch Durchgriffsrechte auf die australischen Botschaften im Ausland besitzt, die ihrerseits fast alle eigene Einwanderungsabteilungen haben.

Hinzu kommt, dass eine Beschränkung auf Migrationspolitik als solche reines Migrationsmanagement und wirtschafts-, gesellschafts- und kulturpolitisch unzureichend wäre. Die innere Kehrseite von Migration heißt Integration. Migrations- und Integrationspolitik gehören deshalb auch im Rahmen einer institutionellen Strukturierung zusammen wie zwei Seiten der gleichen Medaille. Die Verbindung von »Migration« und »Integration« macht deutlich, dass »Integration« als die notwendige innere Kehrseite aller Gestaltung in Sachen Migration – aller gerade von Länderseite unter Hinweis auf Zuständigkeiten im föderalen System zu erwartender Einwände eingedenk – im Rahmen des hier Hilfreichen und Machbaren immer vor vornherein institutionell strukturierend mitzudenken ist.

In diesem Kontext wäre auch zu überlegen, ob nicht aus integrationspolitischen und organisatorischen Gründen bei der Auswahl von Einwanderern aus wirtschaftlichen Gründen auch auf bereits in Deutschland lebende Ausländer rekurriert werden sollte, wofür geeignete gesetzliche Bestimmungen zu schaffen bzw. hinderliche ausländerrechtliche Bestimmungen abzubauen wären.

Im Blick auf eine institutionelle Strukturierung bieten sich für Deutschland zwei grundlegende Neuansätze an: Auch in Ansehung der zuvor genannten Staaten sind dies

- *Bundes- sowie Landesministerien für Migration und Integration oder/und*

- *Bundes- sowie Landesämter für Migration und Integration*

mit jeweils weitergehenden Vernetzungen zu ergänzenden Einrichtungen.

Die Schaffung von Bundes- sowie Landesministerien für Migration und Integration könnte schon wegen des internationalen Vergleichs grundsätzlich erwogen werden. Organisationspolitisch spricht für diese Ministeriumslösung die hierdurch zweifellos effizienteste Bündelung, die auch aufenthaltsrechtliche Entscheidungen der Verwaltung einbeziehen würde (andernfalls gäbe es eine Doppelzuständigkeit mit dem BMI), mithin das Ausländer- und Asylrecht rechtssystematisch aus dem administrativen Kontext der Gefahrenabwehr (»innere Sicherheit und Ordnung«) herauslösen würde. Der politische Wille zu einer solchen grundlegenden Neuordnung ist aber derzeit nicht erkennbar, wobei der Hinweis darauf, dass es sich bei Migrations- und Integrationspolitik um eine Querschnittsaufgabe handelt, weniger tragfähig erscheint, zumal er im gleichen Sinne auch gegen die Einrichtung der Finanzressorts hätte eingebracht werden können.

Angemessener erscheint es daher, von der Einrichtung eines Bundesamtes für Migration und Integration sowie der – hier nicht zu vertiefenden – Einrichtung entsprechender Landesämter auszugehen.

5 Bundesamt für Migration und Integration

Das Bundesamt ist das Kernelement einer neuen institutionellen Strukturierung. Es erfüllt wesentliche Aufgaben in den Bereichen »Migration« und »Integration«.

5.1 Entwicklung und Begründung der Idee

Die Idee eines Bundesamtes für Migration und Integration mit angeschlossenem Bundesforschungsinstitut (s. Pos. 7) wurde vom Verfasser in den Grundzügen bereits in den späten 1980er Jahren entwickelt.[10] Das Konzept wurde von der zweiten Ausländerbeauftragten der Bundesregierung Liselotte Funcke (1981–1991) übernommen, in Beratungsgesprächen mit ihrem Stab weiter konkretisiert und ergänzt. Die Idee überlebte als unerfüllte Forderung den Rücktritt der Ausländerbeauftragten Liselotte Funcke im Protest gegen die Konzeptionslosigkeit der bundesdeutschen Migrations- und Integrationspolitik 1991 ebenso wie das Ende der Amtszeit ihrer Nachfolgerin Cornelia Schmalz-Jacobsen (1991–1998), die diese Forderung ausdrücklich nochmals in ihrer letzten Erklärung zum Ausscheiden aus dem Amt im August 1998 in den Vordergrund rückte.[11]

Der Gedanke an ein Bundesamt für Migration und Integration und die Forderung nach einer ganzheitlichen und transparenten Konzeption der Migrations- und Integrationspolitik wurden mit unterschiedlichen Gewichtungen auch von Bündnis 90/Die Grünen, von der SPD, zum Teil auch von der F.D.P., von den Kirchen, zahlreichen außerparlamentarischen Organisationen und Initiativen und insbesondere von den in der Integrationsarbeit tätigen nichtstaatlichen Organisationen in Grundzügen vertreten oder übernommen. Auf Seiten der bis 1998 amtierenden Bundesregierung hingegen blieben solche Anregungen zur institutionellen Gestaltung ohne Resonanz. [...]

Anstelle einer sachadäquaten konzeptionellen und institutionellen Schwerpunktbildung entfaltete sich, aus den Handlungszwängen der Praxis geboren, ein zwar in Grenzen funktionales, aber insgesamt schwer überschaubares Netz von Institutionen und Arbeitskreisen (s.o.), das hinderliche Zuständigkeitsprobleme und -überschneidungen nur bedingt zu überbrücken vermochte und die Entwicklung integraler Gesamtkonzepte geradewegs behinderte, so dass z.B. in Expertisen von Wissenschaftlern zur Gesamtgestaltung im Bereich von Migration und Integration, die vom BMA (Ausländerbeauftragte des Bundes) in Auftrag gegeben wurden, Asyl- und Aussiedlerfragen zuständigkeitshalber (BAFl/BMI) lange nicht einmal angesprochen werden durften, et vice versa.

Die institutionelle Fragmentierung führt zudem nicht nur nach außen, sondern auch intern zu erheblicher Unübersichtlichkeit: Heute braucht im Prinzip fast jede irgend mit Migration und Integration befasste öffentliche Stelle ihren eigenen Arbeitskreis bzw. formellen oder informellen Beirat, um überhaupt den Überblick zu behalten – von den einschlägigen intra- und interministeriellen Arbeitskreisen über den Beirat des BAFl bis hin zu demjenigen der Bundesanstalt für Arbeit, um nur einige mehr oder minder beliebige Beispiele auf Bundesebene zu nennen. Hinzu treten Reibungsverluste durch politische Kompetenzstreitigkeiten, wodurch auf Kosten der Sacharbeit wichtige Arbeitszeit und Arbeitsenergie verloren gehen.

Die Bedingungen für die Errichtung eines Bundesamtes sind heute günstig und herausfordernd zugleich:

- *Günstig ist die Tatsache, dass es seit dem ersten »Greencard«-Vorstoß des Bundeskanzlers und der daran anschließenden Diskussion vom Frühjahr 2000*

---

[10] Hierzu u.a. K. J. Bade, Von der Ratlosigkeit der Politik und der Sprachlosigkeit zwischen Politik und Wissenschaft, in: Themen. Vierteljahreszeitschrift der Stiftung Christlich-Soziale Politik, 1991, H. 4, S. 20f. (in diesem Band: 2.4); vgl. ders., Vom Auswanderungsland zum Einwanderungsland? Deutschland 1880–1980, Berlin 1983, S. 121–124; ders., Ausländer – Aussiedler – Asyl in der Bundesrepublik Deutschland (Bundeszentrale für politische Bildung), Bonn 1994, S. 24f.; ders., Die Einwanderungssituation: Erfahrungen – Probleme – Perspektiven, in: Bericht '99. Bestandsaufnahmen und Perspektiven für die 1990er Jahre, hg. v.d. Beauftragten der Bundesregierung für die Integration der ausländischen Arbeit-nehmer und ihre Familienangehörigen, 2. Aufl. Bonn 1990, S. 307–316.

[11] Integration – Grundvoraussetzung ohne Alternative. Memorandum der Beauftragten der Bundesregierung für Ausländerfragen Cornelia Schmalz-Jacobsen, MdB, Bonn 1998, S. 16f.

erstmals eine ansatzweise positive Migrationsdiskussion gibt, in der es nicht mehr vorwiegend um Bedrohungsszenarien und Abwehrstrategien, sondern um Gestaltung im wohlverstandenen Eigeninteresse geht.
- Vorteilhaft ist auch, dass entscheidende Strukturelemente – vor allem BAFl, Ausländer- und Aussiedlerbeauftragte – bereits vorhanden sind und nur neu geordnet sowie zugeordnet werden müssten.
- Herausfordernd sind einerseits die auf die staatliche Ebene zurückwirkenden Gestaltungsinteressen der europäischen Ebene und andererseits die auf staatlicher Ebene aufgrund der anhaltenden öffentlichen Diskussion in Einwanderungsgesetzgebung, Einwanderungs- und Integrationspolitik gesetzten – meist überzogenen – Hoffnungen und Erwartungen.

Im Rahmen einer Reform böte ein Bundesamt für Migration und Integration einen Gewinn an pragmatischer Gestaltung. Es würde einen Abbau von unnötigen administrativen sowie personellen Reibungsverlusten ermöglichen und angesichts der damit verbundenen Schwerpunktsetzungen insgesamt auch Kostensenkung bewirken.

Die von mehreren Seiten vorgeschlagenen Amtsbezeichnungen »Bundesamt für Flüchtlinge und Migration« oder »Bundesamt für Flüchtlinge und Zuwanderung« sind alternativ möglich, bergen aber begriffliche Unklarheiten und Verkürzungen, die vermieden werden sollten und auch vermeidbar sind:

1. Die in den Titeln einiger jüngerer Publikationen verwendete Gleichstufung von »Flucht« und »Migration« ist begrifflich disparat und tendenziell irreführend, weil »Migration« generell der Oberbegriff und »Flucht« (als unfreiwillige Migration) eine darunter liegende Kategorie (wie Vertreibung, Arbeitswanderung, Bildungswanderung o.ä.) ist. Das gleiche gilt für die Gleichstufung der Begriffe »Zuwanderung« und »Flucht« (die im Aufnahmeland eine Form der Zuwanderung ist). Sollten solche Titulierungen gewählt werden, wäre eine entsprechende operationale Definition der Amtsbegriffe einzuführen, da andernfalls die Amtsbezeichnung im Sinne des bekannten Lehrbeispiels »Dackel und Hunde« missverstanden werden könnte.

2. Eine Beschränkung auf Migrationspolitik in der Titulierung unter Ausschluss der hier konstitutiv wichtigen Dimension »Integration« (s.o.) erscheint wirtschafts-, gesellschafts- und kulturpolitisch problematisch. Das Bundesamt soll vielmehr sachlich zuständig sein für »Migration« und »Integration«. Es sollte deshalb ausdrücklich und programmatisch auch beide Leitbegriffe in der Amtsbezeichnung führen.

5.2 Sachliche Zuständigkeit des Bundesamtes
Das Bundesamt ist sachlich zuständig für »Migration« und »Integration«.

5.2.1 Zuständigkeitsbereich »Migration«
Das Bundesamt für Migration und Integration ist grundsätzlich sachlich zuständig für vier zentrale Bereiche des Wanderungsgeschehens, die wie folgt neu strukturiert werden könnten:

- *Zuwanderung / Aufnahme aufgrund von subjektiven Rechtsansprüchen (Familiennachzug, Aussiedler, EU-Binnenzuwanderung, Asyl etc.),*
- *Aufnahme aus humanitären Gründen, auf die kein Rechtsanspruch besteht (z.B. Kontingentflüchtlinge),*
- *Zuwanderung aus wirtschaftlichen Gründen (im Interesse Deutschlands bzw. im Interesse der Arbeitswanderer/Einwanderer), innerhalb derer der weiteste Handlungsspielraum für Zuwanderungssteuerung besteht.*
- *Individuelle oder organisierte (internationale Abkommen / Kontingente) Weiterwanderung / Rückkehr / Rückkehrmanagement.*

5.2.2 Zuständigkeitsbereich »Integration«
Hierunter fallen sprachliche, kulturelle, soziale, berufliche etc. Aspekte, aber auch der Gesichtspunkt der rechtlichen Integration, insbesondere Einbürgerungen. Dabei darf nicht übersehen werden, dass es neben vorausschauender auch eine nachholende Integrationspolitik geben muss, die Folgerungen aus eigenen Fehlleistungen zieht: Es leben bereits mehr als sieben Millionen Einwanderer der ersten, zweiten und schon dritten Generation im Land und gegenüber vielen von ihnen, jedenfalls aus der zweiten und dritten Generation, gibt es noch eine historische Bringschuld (s. Pos. 2, 6.3).

5.3 Strukturelle Komponenten
Im Bundesamt für Migration und Integration werden nicht nur inhaltlich, sondern auch strukturell vor allem folgende bisherige Ämter mit ihren jeweiligen Aufgabenbereichen – z.B. als Abteilungen unter einem /einer Präsident/in – integral zusammengefasst und neu geordnet:

- *Ausländerbeauftragte der Bundesregierung;*
- *Aussiedlerbeauftragter der Bundesregierung (Sonderinstitution auf Zeit mit einem abnehmenden und insgesamt zeitlich überschaubar gewordenen Aufgabenfeld);*
- *BAFl.*

Das Bundesamt für Migration und Integration ist damit nicht eine zusätzliche, vierte Einrichtung, die nur ergänzend übergeordnet ist, sondern summiert diese Ämter in sich; eine zusätzliche Einrichtung neben oder über diesen drei Ämtern brächte nur zusätzliche Ineffizienz, Verwirrung und Kosten.

5.4 Aufgaben und Ziele des Bundesamtes
5.4.1 Ziele
Die Tätigkeiten des Bundesamtes zielen darauf ab, dass – den Problemen und Herausforderungen (s.o.) angemessen – in Deutschland Entscheidungsprozesse vorbereitet, transparenter gestaltet, vereinfacht und

verkürzt sowie klarere und schlüssigere administrative Entscheidungen effizient, d.h. möglichst einheitlich und widerspruchsfrei umgesetzt werden.

5.4.2 Aufgaben
Vor diesem Hintergrund erfüllt das Bundesamt übergreifende Konzeptionierungs-, Koordinierungs- und Vernetzungsaufgaben in seinen sachlichen Zuständigkeitsbereichen (s.o.) »Zuwanderung« und »Integration« einerseits sowie »organisierte Weiterwanderung« im Rahmen internationaler Abkommen und »Rückkehrmanagement« andererseits.

5.4.2.1 Konzeptionierungsaufgaben
Zu den Konzeptionierungsaufgaben gehört es vor allem, im Rahmen politisch zu entscheidender Gesamtkonzeptionen Konzepte praxisorientiert auszurichten und fortzuschreiben, ihre Umsetzung zu evaluieren und regelmäßig über die Ergebnisse zu berichten sowie über die eigene Arbeit Rechenschaft zu geben. In die Konzeptionierungsarbeit werden im Blick auf die inhaltliche Abstimmung auch europäische sowie Landes- und kommunale Ebenen einbezogen. Von großer Bedeutung ist dabei die Kooperation mit dem zugeordneten Bundesforschungsinstitut für Migration und Integration (s. Pos. 6) und die Zuarbeit zu dem unabhängigen Sachverständigengremium für Migration und Integration (s. Pos. 7).

Im Bereich »Integration« gehört zur Konzeptionierungsarbeit z.B. die Entwicklung von Konzepten zur Umsetzung der anzustrebenden und zu fördernden Integrationsziele und der daraus abzuleitenden, möglichst von einseitigen Bevorzugungen bzw. Benachteiligungen von Migranten freizuhaltenden Rahmenbedingungen für Förderungs-, Ausgleichs- und Vermittlungsmaßnahmen, deren Umsetzung – jedenfalls bis jetzt – Ländersache ist. Die Aufgaben reichen hier weiter über die bislang ganz unzureichende, zum Teil auch gar nicht vorhandene Standardisierung entsprechender Integrationsangebote bei der Kooperation mit nichtstaatlichen Trägern bzw. Mittlerorganisationen und deren Evaluierung bis hin zu der nicht minder noch fehlenden, wenigstens in den kommunikativen Grundelementen und Rahmungen abzustimmenden Einbürgerungskultur.

Für diese, aber auch andere Bereiche können bei »klassischen« Einwanderungsländern (vorzugsweise Kanada, Australien), aber auch anderen europäischen Einwanderungsländern (vorzugsweise Niederlande, Schweden) geeignete Modelle auf ihre Übertragbarkeit hin überprüft werden, was hier nicht eingehender vertieft werden kann.[12] Für eine konkrete Strukturierung von Gestaltungszielen und Gestaltungsaufgaben im Bereich der sozialen, kulturellen und politischen Integration sei hier statt näherer Auflistung verwiesen auf das Anfang 2001 vorgelegte einschlägige Gutachten Oberndörfer.[13]

5.4.2.2 Koordinierungsaufgaben
Die Koordinierungsaufgaben umfassen zunächst inhaltlich alle internen Aufgaben des Bundesamtes selbst (s.o.). Sie sind in geeigneter Weise zu ordnen (s.o.).

Sodann ist das Bundesamt die zentrale Koordinierungsstelle für auch externe Aufgaben:

Strukturell geht es dabei *vertikal* um die gleichzeitige Erfassung der europäischen, Bundes- und Landes- sowie kommunaler Ebenen. Es koordiniert vertikal das Zusammenwirken vor allem mit inhaltlich entsprechenden europäischen (insbesondere EU-) Institutionen (unter Einschluss von auch informativen Abstimmungen) und entsprechend einzurichtenden Landesämtern für Migration und Integration, die ihrerseits Koordinierungsaufgaben auf und zwischen Landes- und kommunaler Ebene übernehmen (z.B. mit Institutionen, die auf Länderebene zum Teil bereits bestehen, wie z.B. das Landeszentrum für Zuwanderung NRW in Solingen).

Dies bedeutet für das Zuständigkeitsfeld »Migration« die Übernahme und Koordination von Funktionen, welche die Aufnahme von Zuwanderern betreffen. Entsprechendes gilt hier dann auch für Abschiebungen bzw. Rückkehrmanagement, für dies das Bundesamt federführend ist.

In der Erfüllung seiner Aufgaben arbeitet das Bundesamt im Sinne der Empfehlungen der Europäischen Kommission vom November 2000 für eine Migrationspolitik der Gemeinschaft.[14] zusammen mit Herkunftsländern, Transitländern und den Migranten selbst (Beratungs- und Vermittlungsleistungen).

Im Bereich »Integration« übernimmt das Bundesamt hier insbesondere auch Rahmungs- und Koordinationsaufgaben, die freilich in erheblich höherem Maße als beim Bereich der Zuwanderung selbst – jedenfalls bislang – durch Landeskompetenzen gebrochen sind. Dabei bedarf es auf der Bundesebene in Abstimmung mit den Ländern einer stärkeren Rahmung im Bereich der axiomatischen Grundlegungen.

Der konsequenteste Weg für eine stärkere Einbeziehung von Aufgaben der »Integration« auf der Bundesebene wäre eine Verfassungsänderung. Dies wäre auch der konsequente Umkehrschluss, wenn – wie zunehmend auch von anderen Seiten aus vorgeschlagen – an die Einrichtung eines Integrationsfonds (s. Pos 5.4.2.2) gedacht würde. In einen solchen Integrationsfonds flössen nach niederländischem Beispiel Bundeszuschüsse, die auf kommunaler Ebene, mithin im Zuständigkeitsbereich der Länder zweckgebun-

---

[12] Hierzu zuletzt die Beiträge in: K. J. Bade (Hg.), Einwanderungskontinent Europa: Migration und Integration am Beginn des 21. Jahrhunderts (Beiträge der Otto Benecke Stiftung e.V., H. 4), Osnabrück 2001.

[13] D. Oberndörfer, Zuwanderungs- und Integrationsbedarfe. Gutachten für die Enquete-Kommission Demographischer Wandel des Deutschen Bundestages, Ms. 2001.
[14] S. Anm. 9.

den verausgabt würden zur Förderung von Integrationszielen, an deren Formulierung im Sinne von bundesweit gültigen Rahmenkonzepten der Bund maßgeblich zu beteiligen wäre, schon um kontraproduktive (und u.U. eine Art »Integrationstourismus« auslösende) Unterschiede bei der Gewährung von Eingliederungshilfen zu begrenzen.

Zur Vereinfachung der – in der Regel umständlichen, zeitaufwendigen und für Migranten unübersichtlichen – Abläufe sollte das Bundesamt in Abstimmung mit den zuständigen Institutionen (z.B. mit der Arbeitsverwaltung und den Landesbehörden) – in geeigneter, hier nicht im Einzelnen zu explizierender Weise – auch die zentrale Stelle sein, über welche bundesweit die diversen Bescheide aus einer Hand zugestellt werden (one-stop-government).

Horizontal koordiniert das Bundesamt sein Zusammenwirken mit anderen staatlichen Einrichtungen auf Bundesebene, z.B. mit Bundesministerien, mit der Bundesanstalt für Arbeit, mit dem Bundesverwaltungsamt.

Damit trägt das Bundesamt entscheidend dazu bei, dass Kompetenzverschleierungen, Kompetenzüberschneidungen, aber auch Zuständigkeitslücken aufgespürt, überbrückt und beseitigt werden. Ebenso werden Reibungsverluste im organisatorischen Bereich minimiert bzw. vermieden.

5.4.2.3 Kooperations- und Vernetzungsaufgaben

Neben die Konzipierungs- und Koordinierungsaufgaben treten ergänzend und entlastend systematische Kooperations- und Vernetzungsaufgaben in den Zuständigkeitsbereichen von Migration und Integration (s.o.) sowie, über das Bundesforschungsinstitut (s. Pos. 6), in den Bereichen von Forschung, Informationstransfer sowie Erziehung – Bildung / Ausbildung – Fortbildung (s. Pos. 6.1–3).

Unter »*strukturierter Vernetzung*« ist eine *systematische Kooperation* nicht aufgrund mehr oder minder gelegenheitsbedingter Konstellationen, sondern auf der Grundlage von dauerhaft tragfähigen Strukturen zu verstehen.

Um Koordinationsinitiativen, zu ermöglichen bedarf es einer effizient strukturierten Vernetzung von Kompetenzen im staatlichen und nichtstaatlichen Bereich bzw. in freier Trägerschaft:

Das gilt zunächst im staatlichen Bereich selbst für eine transparente behördliche Strukturabstimmung zwischen Bundes- und Länderebene, d.h. vom Bundesamt für Migration und Integration über entsprechend oder ähnlich bezeichnete Landesämter für Migration und Integration bis herab zu Beratungsstellen für Zuwanderungs-, Weiter- und Rückwanderungsfragen, aber auch für ganz allgemein mit Fragen der Mobilität innerhalb des Landes bzw. der EU zusammenhängende Fragen (Mobilitätsberatung).

Es gilt im nichtstaatlichen Bereich für die Kooperation mit den auch hier wesentlich tragenden und begleitenden Mittlerorganisationen und ihren eigenen Institutionen und Netzwerken, insbesondere im Bereich der Kirchen und Religionsgemeinschaften, sowie mit gemeinnützigen Integrationsagenturen in freier Trägerschaft wie z.B. von Stiftungen ausgegangenen oder mitgetragenen Initiativen.[15]

Anschließen könnte dieses Migrations- und Integrationsnetzwerk, soweit es um »Integration« geht, an die von der Beauftragten der Bundesregierung für die Belange der Ausländer im Dezember 2000 vorgeschlagene, insbesondere an – in ihrer Leistungsfähigkeit und Effizienz allerdings häufig überschätzten – niederländischen Vorbildern orientierte Integrationskonzeption mit einem Integrationsfonds für Neuzuwanderer (s. 5.4.2.2).

5.4.3 Rechtliche Organisationsform, Befugnisse und politische Anbindung

Rechtliche Organisationsform, rechtliche Befugnisse und politische Zuordnung bedingen einander und bleiben als zu klärender zentraler Fragenkomplex der politischen Entscheidung vorbehalten.

Im Blick auf Zuständigkeiten und Aufgaben (s.o.), auch angesichts der Probleme und Herausforderungen (s.o.), sollte eine Regelung auf jeden Fall gleichzeitig

- *größtmögliche personale Nähe zu den Migranten gewährleisten (in der Praxis spielt sich Entscheidendes nicht im Schriftverkehr, sondern im persönlichen Gespräch mit Bediensteten ab)*
- *größtmögliche Nähe zur Exekutive sicherstellen*
- *größtmögliche demokratische Legitimation besitzen und*
- *größtmögliche politische Weisungsunabhängigkeit genießen sowie*
- *größtmögliche rechtliche Befugnisse vorsehen.*

Die Entscheidung über diesen politisch zentralen Fragenkomplex bewegt sich in einem Koordinatensystem gleichzeitig auf den drei Achsen

- *rechtliche Organisationsform (a),*
- *rechtliche Befugnisse (b) und*
- *politische Anbindung (c):*

a) Die rechtliche Organisationsform des Bundesamtes ist denkbar z.B.
als vollrechtsfähige Anstalt des öffentlichen Rechts oder
als Körperschaft des öffentlichen Rechts, die sich in Zentralstelle (Bundesamt), Landesstellen (Landesämter für Migration und Integration) und kommunale

---

[15] Das gilt z.B. für die wesentlich von der Freudenberg Stiftung initiierten Regionalen Arbeitsstellen (RAA) oder die Werkstatt der Kulturen in Berlin. In mehr als 45 Städten gibt es solche RAAs als Integrationsagenturen und Kompetenzzentren für interkulturelle Begegnung, Verständigung und Erziehung, teils in kommunaler, teils in freier, teils auch in gemischter Trägerschaft.

Stellen gliedert (vergleichbar der Bundesanstalt für Arbeit) oder

- im *Rahmen von (neuen) Bundesbehörden*
- *Zentralstufe: Bundesamt für Migration und Integration*
- *Mittelstufe: Landesämter für Migration und Integration*
- *Unterstufe: kommunal zuständige Ämter für Migration und Integration, und zwar mit Ordnungs- und Dienstleistungsaufgaben.*

Wenn das Bundesamt als selbständige Bundesoberbehörde errichtet werden sollte, dürfte auch Artikel 87 Absatz 3 des Grundgesetzes nicht übersehen werden:

»Außerdem können für Angelegenheiten, für die dem Bunde die Gesetzgebung zusteht, selbständige Bundesoberbehörden [...] errichtet werden. Erwachsen dem Bunde auf Gebieten, für die ihm die Rechtsprechung zusteht, neue Aufgaben, so können bei dringendem Bedarf bundeseigene Mittel- und Unterbehörden [...] errichtet werden.«

b) Rechtliche Befugnisse des Bundesamtes können z.B.
in Anlehnung an das BAFl, das jetzt schon (ausnahmsweise anders als in Artikel 83 des Grundgesetzes vorgesehen, wonach die Länder die Bundesgesetze als eigene Angelegenheit ausführen) Bundesgesetze ausführt (d.h. das Asylverfahrensgesetz insgesamt, gemäß § 5 des Asylverfahrensgesetzes ist es, nach Maßgabe des Asylverfahrensgesetzes, auch für ausländerrechtliche Maßnahmen und Entscheidungen zuständig), bis in ausländerrechtliche und staatsangehörigkeitsrechtliche Zuständigkeiten hineinreichen.

Das bedeutet konzeptionell, dass Asylbehörden, Ausländerbehörden, Einbürgerungsbehörden als Ordnungsbehörden zu Dienstleistungsbehörden umkonzipiert werden könnten, erst recht, wenn sie auch noch für Integrationsfragen zuständig wären.

c) Politische Anbindung des Bundesamtes:
Eine Anbindung an den Bundestag hätte zwar den Vorteil der größten demokratischen Legitimation, verbunden mit größtmöglicher Migrantennähe (Wahlkreisbüros der Abgeordneten); unter diesem Gesichtspunkt ist z.B. der Ausländerbeauftragte des Bundeslandes Sachsen an den Sächsischen Landtag angebunden, und ideengeschichtlich könnte an die Institution der Wehrbeauftragten des Deutschen Bundestages angeknüpft werden. Gleichwohl wäre es gewaltenteilungssystematisch problematisch, ob eine Exekutiveinrichtung bei der Legislative angebunden werden darf.

Eine Zuordnung zur Bundesregierung kann entweder bei einem Bundesministerium oder beim Bundeskanzleramt erfolgen.

Bundesministerium für Arbeit und Sozialordnung (BMA): Einer Zuordnung zum BMA dürfte die Tatsache im Wege stehen, dass von den drei unter dem Dach des Bundesamts zu vereinenden Ämtern zwei (Asyl / Aussiedler) dem Geschäftsbereich des BMI angehören, aber nur eines (Ausländer) dem BMA zugeordnet ist.

Bundesministerium des Innern (BMI): Insoweit läge eine Zuordnung zum BMI näher als diejenige zum BMA. Eine solche Zuordnung, vorzugsweise in Gestalt einer entsprechenden Umwandlung des BAFl., bedürfte aber eingehender Abstimmung und Regelung, die eine zureichende Berücksichtigung verschiedener Positionen und Ressortinteressen sicherstellt. Das gilt insbesondere

1. wegen des erwartbaren Bedeutungszuwachses des Bundesamtes in wirtschafts-, gesellschafts- sowie auch kulturpolitischen Fragen,

2. wegen einer demgegenüber möglicherweise befürchteten stärkeren Beeinflussung durch im engeren Sinne innen- und sicherheitspolitische Erwägungen durch indirekte Ressortabhängigkeit und

3. im Blick auf die Sorge um zureichende Berücksichtigung wirtschafts- und arbeitsmarktpolitischer Fragen.

Zu rechnen ist bei der Zuordnung des Bundesamtes zum BMI ferner mit einer aus der Erinnerung an die viele Jahre andauernden Konflikte zwischen liberalen Ausländerbeauftragten (Funcke, Schmalz-Jacobsen) und konservativen Bundesinnenministern (Zimmermann, Kanther) gespeisten politischen Skepsis. Hinzu träte u.U. die Sorge vor einem politisch problematischen Signal in Gestalt des Missverständnisses der Einrichtung als eine Art weiteren »Polizeibehörde«, die zudem unter der gleichen Weisungsbefugnis wie der Bundesgrenzschutz (BGS) steht.

Eine Zuordnung zu beiden Ministerien würde zusätzliche Organisationsprobleme aufwerfen, die die ganzheitliche Gestaltung erschweren bzw. konterkarieren und hat schon bei dem ideellen Vorläufer des Bundesinstituts, dem »Reichswanderungsamt« (RWA) der Weimarer Republik als Reichsmittelbehörde zu erheblichen, den Entscheidungsprozess behindernden Abstimmungsproblemen geführt, die freilich im Blick auf die seinerzeitige Ressortunterordnung durch die besonders weite Grätsche zwischen Reichsministerium des Innern und Auswärtigem Amt bestimmt war.

Zu denken wäre ferner an eine unmittelbare Zuordnung zum Bundeskanzleramt mit einem politisch Verantwortlichen für das Bundesamt im Bundeskabinett. Erfahrungen hierzu bestehen bereits im nachrichtendienstlichen Bereich.

Die schon erwähnte Einrichtung eines neuen Ministeriums für Migration und Integration erscheint zwar erwägenswert, aber nicht umsetzbar (s. Pos. 4).

Am naheliegendsten erscheint nach alldem – sofern die o.g. Einwände zureichend ausgeräumt werden können – eine Zuordnung des Bundesamtes für Migration und Integration zum BMI in Gestalt der einer entsprechenden Umwandlung und Erweiterung des BAFl.

6 Bundesforschungsinstitut für Migration und Integration

Als Brücke zwischen Wissenschaft, Verwaltung und Politik soll ein Bundesforschungsinstitut für Migration und Integration eingerichtet werden. Das Bundesforschungsinstitut soll dem Bundesamt für Migration und Integration zugeordnet werden analog der Zuordnung des Instituts für Arbeitsmarkt- und Berufsforschung zu der Nürnberger Bundesanstalt für Arbeit, wenngleich mit notwendig größerem eigenständigem Ermessensspielraum. Das Bundesforschungsinstitut soll begleitende wissenschaftliche Beobachtung sowie Berichterstattung leisten und zugleich den Informationstransfer zwischen Wissenschaft, Verwaltung und Politik erleichtern.

Das Bundesforschungsinstitut hat als Beobachtungs- und Dokumentationsstelle die Kernaufgabe, Migrations- und Integrationsprozesse kontinuierlich zu beobachten, datengestützt zu beschreiben, die Effizienz von auf die Steuerung von Migration und die Begleitung von Integration zielenden Maßnahmen zu evaluieren, Gestaltungskonzepte auf diese Weise auf ihre Tragfähigkeit hin zu prüfen und seine Beschreibungen und Analysen in übersichtlicher und handlungsrelevanter Form in festzulegenden, regelmäßigen Abständen dem Bundesgesetzgeber sowie dem Sachverständigengremium für Migration und Integration (s. Pos. 7) zuzuleiten.

Dazu bedarf es nicht nur der Bereitstellung, sondern zum Teil überhaupt erst der geeigneten Erhebung und Überprüfung der entsprechenden Daten, da die Datenlage zu Migration und Integration in der Bundesrepublik Deutschland nur bedingt den Erfordernissen eines aktive Migrations- und Integrationspolitik betreibenden Einwanderungslandes entspricht.

Beispiele:

a) *Es fehlt eine hinreichend differenzierte Zuwanderungs-, Aufenthalts- und Rückwanderungsstatistik, geordnet nach Statusgruppen bzw. erfassten Wanderungszwecken.*
b) *Es fehlt eine Statistik über Integrationsverläufe im Aussiedlerbereich (ersatzweise fortzuschreibende Repräsentativuntersuchung), weil Aussiedler mit Aufnahmebescheid nach dem Erhalt der deutschen Staatsangehörigkeit nicht mehr statistisch erfasst werden.*
c) *Es fehlt zum Teil auf Länderebene, z.B. im Land Brandenburg, auch die Erfassung von jüdischen Kontingentflüchtlingen. Das gleiche gilt für Daten über deren Binnenwanderung in Deutschland.*
d) *Es gibt keine zureichenden Informationen über die Ausreise von abgelehnten Asylbewerbern.*
e) *Es bedarf einer gründlichen Überprüfung und Neuordnung des Ausländerzentralregisters, dessen Daten schon 1987 (Volkszählung) um rund 400 000 Personen zu hoch lagen und heute noch weit höhere Abweichungen von der Realität haben dürften aufgrund von Nichtabmeldungen von dauerhaft Ausgereisten bzw. Zurückgewanderten und z.T. auch längst im Ausland verstorbenen Personen, deren Tod in Deutschland nicht melderelevant war, weil es keine mit dem Tode erlöschende Ansprüche gab.*
f) *Insgesamt werden viele Daten auf Länderebene und bei verschiedenen Landes- und Bundesbehörden zu unterschiedlichen Zwecken nach unterschiedlichen Methoden erhoben, so dass sie grundsätzlich nicht korrelierbar, mithin nur intern nützlich, für eine differenzierte Gesamtstatistik aber relativ wertlos sind.*
g) *Aktive Migrations- und Integrationspolitik stützt sich weiterhin nicht nur auf Migrations- und Integrationsdaten, sondern z.B. auch auf Arbeitsmarktdaten. Vieles deutet in diesem Zusammenhang darauf hin, dass die Ausländerstatistik noch bei weitem unschärfer ist als die Arbeitslosenstatistik, die nach jüngsten Berechnungen vom März und April 2001 zu hoch und zu niedrig zugleich ist: zu hoch, weil von den ca. 4 Millionen Arbeitslosen der amtlichen Statistik nur rund die Hälfte mittel- bzw. langfristig arbeitslos und zugleich arbeitsfähig, d.h. vermittlungsbedürftig zu sein scheint[16]; und zugleich zu niedrig, weil von Arbeitsbeschaffungsmaßnahmen (2001: 41 Milliarden DM) in der Regel nur auf Zeit aufgefangene Arbeitslosen aus der Statistik herausfallen, aber anschließend zumeist wieder dorthin zurückfallen, weil sie durch AB-Maßnahmen zwar in der Regel nicht in Dauerstellen vermittelt werden, aber neuerlichen Anspruch auf Arbeitslosengeld erwerben. Für Westdeutschland liegt demnach das Verhältnis von offener und verdeckter Arbeitslosigkeit im Verhältnis von 3:1, für Ostdeutschland sogar im Verhältnis von 3:2.[17]*

Die Unzulänglichkeiten der deutschen Migrationsstatistik scheinen mithin zumindest solchen der Arbeitslosenstatistik zu entsprechen. Migrations- und Arbeitsmarkt- sowie insbesondere Arbeitslosenstatistiken aber müssen insgesamt nach Möglichkeit sichere und korrelierbare Daten bieten, wenn in Sachen Migration und Integration auf der Grundlage von im Bundesforschungsinstitut entwickelten Berechnungen und der von dem Sachverständigengremium (s. Pos. 6) erarbeiteten Empfehlungen mittelfristig sachgerechte Planungsentscheidungen getroffen werden sollen.

Insgesamt geht es bei der Arbeit des Bundesforschungsinstituts darum, Erkennbares rechtzeitig erkennbar zu machen und so dazu beizutragen, in der Migrations-, Integrations- und Minderheitenpolitik die Ära der Überraschungen und reaktiven Improvisationen zu überwinden zugunsten von aktiver Planung auf im Rahmen des Möglichen gesicherten Grundlagen. Hierzu sind verschiedene, vom Bundesinstitut aus betriebene oder geförderte Formen der

---

[16] Arbeitsmarkt: Politik im Blindflug (Expertise M. Miegel), in: Der Spiegel, 19.3.2001, S. 22-27.
[17] Schlechte Noten für aktive Beschäftigungspolitik. Gutachten des Zentrums für Europäische Wirtschaftsforschung (ZEW) und des Instituts für Wirtschaftsforschung in Halle, in: Süddeutsche Zeitung, 5.4.2001, S. 4.

strukturierten, d.h. über bloße Verabredungen hinausgehende Vernetzungen nötig, die einen doppelten Vorzug haben:

1. Strukturierte Vernetzung führt Kompetenzen zusammen, hilft, unnötige und teure Doppelarbeit zu verhindern, Lücken zu schließen, Vermittlung zu leisten und Forschungskapazitäten zielorientiert zu bündeln und ebenso gezielt zu fördern. Dafür ist im Zusammenwirken von Bundesmitteln und Stiftungsmitteln ein Fond zu bilden;
2. Strukturierte Vernetzung bedeutet eine Entlastung des Bundesforschungsinstituts von unnötigen, andernorts – z.B. im Bundesinstitut für Bevölkerungsforschung (BIB) – bereits geleisteten (und entsprechende zu fördernden) Arbeiten. Das Bundesforschungsinstitut ist deshalb jenseits seiner o.g. Daueraufgaben auch eine Dokumentations-, Vermittlungs- und Clearingstelle für Vernetzungsaufgaben, wie sie bei der in den letzten Jahren eingerichteten, hochmodernen EDV-Dokumentationsstelle des BAFl in der Grundstruktur bereits existiert.[18]

Bei der Konzeptionierung der strukturierten Vernetzung und der Kalkulation ihrer Reichweite und Tiefenstaffelung kann zum Teil auf Erfahrungen – nicht nur im Blick auf die Chancen, sondern auch auf die Grenzen der Praktikabilität – in anderen Bereichen, z.B. im Gesundheitswesen, zurückgegriffen werden.

Zur Vernetzung geeignet erscheinen neben der vom Bundesamt für Migration und Integration selbst ausgehenden Vernetzung von Integrationsagenturen (s.o.) insbesondere die Bereiche Forschung (6.1), Informationstransfer Wissenschaft (6.2) und Erziehung – Bildung / Ausbildung – Fortbildung (6.3).

6.1 Bundesnetzwerk Migrations- und Integrationsforschung

Die Migrations-, Integrations- und interkulturelle Forschung sind in Deutschland zwar in starkem, bereichsweise sogar explosivem Wachstum begriffen, gemessen an der wirtschaftlichen, gesellschaftlichen und politischen Bedeutung ihrer Themenfelder aber nach wie vor ganz unzureichend entwickelt.

Im internationalen Vergleich gibt es in der Forschung zu diesen Feldern starke Unterschiede in Bedeutung, Intensität und Schwerpunktsetzungen. Das hat mit der unterschiedlichen Bedeutung historischer und aktueller Migrationserfahrungen in den einzelnen Forschungslandschaften und damit zu tun, ob und inwieweit Migrations- und Integrationserfahrungen im kollektiven Gedächtnis oder sogar in den Gründungsmythen (z.B. USA) erhalten geblieben sind oder ob das Interesse an diesen Forschungsthemen erst durch aktuelle Erfahrungen und Herausforderungen geweckt worden ist.

Das letztere gilt für Deutschland, das wie die meisten europäischen Einwanderungsländer der Gegenwart einen säkularen Wandel vom Auswanderungsland zum Einwanderungsland erlebte – im Gegensatz zu Frankreich, Europas »klassischem« Einwanderungsland, das zwar koloniale Siedlungswanderungen kannte, aber an der Massenauswanderung aus dem Europa des 19. und frühen 20. Jahrhunderts nicht beteiligt war.

In der sozial- und kulturwissenschaftlichen Forschung hat sich in Deutschland – nach dem Zurücktreten der durch die Integration der deutschen Vertriebenen geprägten Thematik in den 1960er Jahren – seit den Herausforderungen durch den Wandel von der »Gastarbeiterfrage« zum Einwanderungsproblem seit den späten 1970er Jahren eine große und stets weiter ausdifferenzierte Bandbreite und Tiefenstaffelung in der Migrations- und Integrationsforschung und fortschreitend auch in der Interkulturalitätsforschung herausgebildet.

Bei ihrer hektischen Expansion, die oft auch unter dem Fluss aktueller Entwicklungen und Probleme stand, ist bereichsweise ein nachgerade als Wildwuchs erscheinendes Wachstum von Dokumentationsstellen, Forschungsstellen, Forschergruppen, Arbeitsstellen, Arbeitsgruppen usw. zu bemerken, die oft mehr oder minder isoliert voneinander arbeiten und zuweilen sogar unnötige und deshalb arbeitsökonomische und finanziell unrentable Doppelarbeit verrichten. Es gibt z.B. buchstäblich Dutzende von einzelnen Wissenschaftlern liebevoll und arbeitsaufwendig gepflegten Zeitungsausschnittarchive, die gelegentlich bei Emeritierungen für Archivzwecke angeboten werden – und allesamt ersetzt werden könnten durch das umfangreiche EDV-Dokumentationszentrum beim Nürnberger Bundesamt, wenn dieses Zentrum auf geeignete Weise mit allen Forschungsinteressenten vernetzt und dazu entsprechend aufgestockt würde.

Kristallisationspunkte der Forschungsentwicklung sind in der Regel einzelne disziplinäre oder interdisziplinäre Forschungsinstitute[19], kleinere bis mittlere disziplinäre[20] und interdisziplinäre Vereinigungen[21], die je auf ihre Weise miteinander und/oder

---

[18] A. Schmid / U. Gräfin Praschma, Informationszentrum Asyl im Bundesamt für die Anerkennung ausländischer Flüchtlinge, in: Zeitschrift für Ausländerrecht und Ausländerpolitik, 21.2001, S. 59–65.

[19] Als interdisziplinäre Beispiele seinen genannt das Institut für Migrationsforschung und Interkulturelle Studien (IMIS) der Universität Osnabrück, das Institut für Migrationsforschung, Ausländerpädagogik und Zweitsprachendidaktik (IMAZ) der Universität/GH Essen, das europäische forum für migrationsstudien (efms) an der Universität Bamberg und das Berliner Institut für Vergleichende Sozialforschung e.V.
[20] Beispiele: Gesellschaft für Historische Migrationsforschung (GHM), Arbeitskreis »Historische Demographie« der Deutschen Gesellschaft für Bevölkerungswissenschaft, Arbeitskreis Ethnomedizin.
[21] Beispiele sind hier die aus der interdisziplinären Vereinigung »Migration und Ethnizität« hervorgegangene gleichnamige Sektion der Deutschen Gesellschaft für Soziologie (DGS) und der bundesweite Rat für Migration (RfM).

international mit entsprechenden Institutionen[22] vernetzt sind, zum großen, wenn nicht sogar zum größten Teil aber nur bereichsweise bzw. peripher oder auch gar nicht in eine über bloßen Schriftenaustausch hinausreichenden Netzwerkstruktur eingebunden sind und dies zwar in der Regel wünschen, aber aus eigenen Kräften nicht leisten können.

Für die Stärkung und zum Teil auch erst Schaffung von strukturierten interdisziplinären Vernetzungsbezügen hilfreich wäre eine bundesweite multi- und interdisziplinäre Organisation für Migrations-, Integrations- und interkulturelle Forschung, die zugleich die entsprechenden internationalen Vermittlungsfunktionen übernehmen kann, für die es in einer Reihe von anderen Ländern längst entsprechende Zentralorganisationen gibt. Eine solche bundesweite Organisation könnte den Namen tragen »Deutsche Gesellschaft für Migrationsforschung« (DGM). Die DGM wäre ein unabhängiges Informations- und Servicenetz, dessen Etablierung über die regulären Wege der nationalen (hier nur bedingt auch der europäischen) Forschungsfinanzierung ein für forschungsorientierte und nicht notwendig mit Managerqualitäten ausgestattete Wissenschaftler geradezu abschreckendes Vorhaben ist, bei dessen Vorbereitung und Stützung das Bundesforschungsinstitut außerordentlich hilfreich sein könnte.

Mit Hilfe der DGM wäre es möglich, Forschungsdesiderate leichter zu erkennen und entsprechende Forschungen zu implantieren, Forscherteams zusammenzuführen, Forschungsplanung besser und transparenter zu strukturieren und von den Zufälligkeiten zu entlasten, die sich aus den jeweiligen Schwerpunktinteressen einzelner Stiftungen ergeben. So war es – um nur ein einziges Beispiel aus der eigenen Erfahrung des Verfassers, der in Beiräten und als Gutachter für verschiedene in- und ausländische Stiftungen und Forschungsfonds tätig war und noch ist, anzuführen – zunächst ganz außerordentlich schwierig, zureichende Mittel für die Erforschung der Mitte der 1990er Jahre wissenschaftlich beobachtbar in eine Krise geratene Aussiedlerintegration bereitzustellen:

Die seinerzeit aktuellen Schwerpunktsetzungen bestimmter großer Stiftungen waren anders ausgerichtet und bei anderen Förderungsorganisationen musste erst eine »angemessene Zeit« zur Beurteilung der Förderungswürdigkeit und nicht unaufwendigen Vorbereitung eines entsprechenden Schwerpunktes verstreichen, während sich die Probleme erkennbar und wissenschaftlich unbegleitet zuspitzten und auf staatlicher Seite das Problem und die Förderungswürdigkeit seiner Untersuchung (Suchtverhalten, Kriminalität, soziale Auffälligkeiten im Integrationsprozess) erst sehr viel später erkannt wurden. Hier hätte eine Abstimmung zwischen einem Bundesforschungsinstitut für Migration und Integration und einer Deutschen Gesellschaft für Migrationsforschung über gezielt einzusetzende Mittel aus dem Forschungsfond dazu beitragen können, dass sich erkennbare Probleme im Bereich von Migration und Integration nicht erst auffällig zuspitzen mussten, um forschungsrelevant zu erscheinen.

Hilfreich wäre deshalb ein solcher, durch staatliche Zuschüsse und Stiftungsmittel zu bildender Forschungsfonds, in dessen Kuratorium die Leitungen des Bundesforschungsinstituts und der DGM, ein Vertreter eines Bundesministeriums, ein Vertreter des Sachverständigengremiums für Migration und Integration (s. Pos. 7) sowie Stiftungsvertreter kooperieren würden. Aufgabe wäre die Intensivierung und damit auch eine gezielte Schwerpunktförderung von Migrations-, Integrationsforschung und interkulturellen Studien im interdisziplinären Verbund. Dabei sollten, von gewissermaßen operativen Forschungsinvestitionen von akuter Dringlichkeit abgesehen, weniger Einzelprojekte (reguläre Forschungsförderung) im Vordergrund stehen als die Förderung mittel- bis langfristige Forschungsprogramme und interdisziplinärer Forschungsinstitute über besondere Forschungsaufträge.

6.2 Informationstransfer Wissenschaft

Es gibt in Deutschland – im Gegensatz z.B. zu den USA – eine erst ansatzweise entfaltete Kultur der Politikberatung. Das gilt besonders für den politik-, kultur- und sozialwissenschaftlichen Bereich, in dem Politikberatung hierzulande vielfach noch immer mit mancherlei Vorurteilen zu kämpfen hat – von wechselseitigen Abweisungen bzw. Geringschätzungen (»Elfenbeinturm« der Wissenschaft / »schmutziges Geschäft« der Politik u.a.m.) bis hin zur Gleichsetzung des Bemühens um Verständlichkeit auch außerhalb engster wissenschaftlicher Fachkreise mit Unwissenschaftlichkeit. Entsprechende Engagements im politik-, kultur- und sozialwissenschaftlichen Bereich wie die Politikberatung und kritische Politikbegleitung einschließende Tätigkeit des »Rates für Migration« (RfM) und seiner Mitglieder und diejenige einzelner Forschungsinstitute blieben in Deutschland deshalb eher Ausnahmen.

Der in den verschiedensten Wissenschaftsbereichen verfügbare Erkenntnisstand kann von politischen und administrativen Handlungsträgern zuweilen schon aus mehreren technischen Gründen nicht angenommen bzw. umgesetzt werden:

a) *weil die zum Teil verstreuten Ergebnisse wissenschaftlicher Forschung nicht nur nicht angeboten werden, sondern zum Teil sogar in der internationalen Wissenschaftspublizistik geradezu versteckt sind;*
b) *weil gelegentlich unzureichend bedacht wird, dass die Sprache der Wissenschaft und insbesondere die Spezi-*

---

[22] Zum Beispiel aus den Niederlanden (z.B. »Centre for the Study of Multi-Ethnic Societies«, Utrecht), Belgien (z.B. »Groupe d'Etude des Migrations et des Relations Interethniques«, Leuven) und Schweden (z.B. »Centre for Multiethnic Research«, Uppsala) über die Vereinigten Staaten (z.B. »Center for Migration Studies«, New York) bis nach Australien (z.B. »Center for Multicultural Studies«, Wollongong).

alterminologie der jeweiligen Fachdisziplinen, Subdisziplinen und Forschungsrichtungen selbst im interdisziplinären Dialog und erst recht im Dialog zwischen Forschung und Praxis zu erheblichen Verständigungsproblemen führen kann;

c) *weil Forschungsergebnisse oft nur in originären Langfassungen existierten, nicht aber in – durchaus nicht in allen Fällen möglichen und oft gerade auch nicht von den jeweiligen Forschern selbst zu leistenden – übersichtlichen, verständlichen und im Rahmen des Möglichen handlungsorientierten Kurzfassungen für die Praxis.*

Dass einerseits komplexe Probleme dabei nicht wissenschaftsfremd vereinfacht werden dürfen, andererseits aber Praxis und Politik schon im Entscheidungsprozess ohne ein Mindestmaß an Vereinfachung oder Formalisierung nicht auskommen, ist eine Binsenweisheit, deren Nichtbeachtung indes nicht selten mitverursachend war für durchaus nicht nur vornehmlich auf Desinteresse oder gar wechselseitige Missachtung zurückzuführendes gegenseitiges Missverstehen bzw. Nichtverstehen.

Hier haben sich inzwischen einzelne Transferdienste[23] herausentwickelt oder sind in der Entstehung begriffen[24], die in den Vernetzungstransfer einbezogen und durch geeignete Förderung dauerhaft gesichert werden könnten, zumal es, um es einmal auf die einfachste menschliche Formel zu bringen, auf die Dauer nicht motivierend sein kann, in regelmäßigen Abständen immer wieder für die uneigennützige Erfüllung von Dienstleistungen im gemeinsamen Interesse arbeitsaufwendig geeignete Mittel einwerben zu müssen.

Es geht insgesamt um einen dichten und jederzeit abrufbaren Informationstransfer in den Forschungsfeldern von Migration, Integration, interkulturellen und interethnischen Beziehungen im pragmatischen Bemühen um einen »doppelten Dialog« 1. zwischen den verschiedenen, mitunter sogar ohne Kenntnis voneinander auf verwandten Feldern arbeitenden Forschern bzw. Wissenschaftsdisziplinen und Forschungsrichtungen, 2. zwischen Wissenschaft, Praxis und Politik.[25]

6.3 Bundesnetzwerk Erziehung – Bildung / Ausbildung – Fortbildung

Für die vielfältigen Aufgabenbereiche mit unterschiedlichem Verantwortungsrang – von der übergreifenden Planung und Problemsteuerung bis zur begleitenden Beratung und Betreuung im Alltag der Einwanderungssituation – fehlt an übergreifenden Konzepten, an Fachpersonal und Ausbildungskapazitäten. Das gilt für die schulische Bildung ebenso wie für die Aus- und Fortbildung von Lehrpersonal für die Schulen sowie von Fachpersonal für die verschiedensten mit Migration und Integration zusammenhängenden Bereiche.

Dabei geht es in Universitäten und Fachhochschulen um interdisziplinäre Erweiterungs- und Aufbaustudiengänge, aber auch um komplette Studiengänge in Zusammenarbeit mit besonderen praxisorientierten Ausbildungsinstitutionen und um die berufsbegleitende Fortbildung.

Beispielgebend ist hier das Studienprogramm IMER (International Migration and Interethnic Relations), das Deutschland komplett aus anderen Einwanderungsländern übernehmen kann, wo es nach eingehender Kenntnis des Instituts für Migrationsforschung und Interkulturelle Studien (IMIS) der Universität Osnabrück sehr erfolgreich und mit guten Arbeitsmarktchancen für die Absolventen betrieben wird, etwa in Großbritannien (z.B. Warwick), Schweden (z.B. Malmö) und in den Niederlanden (z.B. Utrecht), aber auch an zahlreichen Universitäten in den USA, Kanada und Australien. Das Studienprogramm sollte in Deutschland am besten »Internationale Migration und interkulturelle/interethnische Beziehungen« heißen und könnte grundständig sowie als Nebenfach und Aufbaustudiengang konzipiert werden.

Entscheidend ist die problemorientierte, fächerübergreifende Kooperation im Ausbildungsangebot. Teildisziplinen wie Ausländerpädagogik oder Zweisprachendidaktik sind wichtig, aber unzureichend. Es genügt auch längst nicht mehr, Jurist zu sein und sich in den Rest einzuarbeiten. Sozialpädagogen, in den Krisen im Integrationsalltag als Mädchen für alles ohnehin schon vielfach überfordert, dürfen nicht ohne Zusatzausbildung und stete Fortbildung alleingelassen werden mit dem Krisenmanagement der Einwanderungssituation. »Learning by doing« ist kein Ausbildungsersatz. Für die Koordination von Aus- und Fortbildungsprogrammen für Lehrende und Lernende im Integrations- und interkulturellen Bereich könnte auf die in den letzten Jahren auf Initiative des Rates für Migration (RfM) unter Schirmherrschaft der Otto Benecke Stiftung eingerichtete »Akademie für Migration und Integration« zurückgegriffen werden.

Was sich hier jenseits der großen Mittlerorganisationen mit ihren praxisbezogenen eigenen Fortbildungssystemen bislang aufgrund von vielen mehr oder minder kleinen und oft mühsam erkämpften und durch allerlei Sparauflagen immer wieder ge-

---

[23] Als bewährte Serviceleistungen zu nennen sind hier z.B. der periodisch erscheinende, auch im Internet verfügbare Informationsdienst »Migration und Bevölkerung« des Lehrstuhls Bevölkerungswissenschaft der Humboldt Universität zu Berlin, der laufend fortgeschriebene wissenschaftliche Internet-Veranstaltungskalender des Osnabrücker IMIS sowie der vierteljährlich erscheinende (auch im Internet verfügbare) »Migration Report« des Bamberger efms.

[24] In Vorbereitung ist am Institut für Allgemeine Pädagogik (Abt. Vergleichende Sprachwissenschaft) der Humboldt Universität zu Berlin in Kooperation mit dem Sozialwissenschaftlichen Studienkreis für Internationale Probleme (SSIP) derzeit ein »Fachinformationsdienst Interkulturelle Kommunikation«.

[25] K. J. Bade, Migrationsforschung und Gesellschaftspolitik im »doppelten Dialog«, in: Profile der Wissenschaft. 25 Jahre Universität Osnabrück, Osnabrück 1999, S. 107–121.

fährdeten Initiativen auf den verschiedensten Ebenen tut, ist beachtlich, aber bei weitem zu wenig im Vergleich zu den Aufgaben – die nicht nur vor uns stehen, sondern zum Teil auch unerledigt oder unzureichend erledigt als Zusatzbelastung aus der Vergangenheit in die Gegenwart hineinragen:

Wir brauchen, wie schon angesprochen (s. Pos. 2), auch nachholende Integrationspolitik im Blick auf sprachliche Bildung, berufliche Aus- und Weiterbildung:

Die meisten Pionierwanderer wurden seinerzeit für Beschäftigungsbereiche auf den untersten Ebenen des Arbeitsmarktes angeworben. Später wurden viele dieser Beschäftigungsbereiche wegrationalisiert und nicht wenige der Angeworbenen verloren ihre Arbeit. Während der Wandel von »Gastarbeitern« zu Einwandererfamilien schon nicht mehr umkehrbar war, antwortete die Bundesregierung über den – mitunter auch nur zum Teil erreichbaren – Zugang zu regulären Umschulungsmaßnahmen hinaus statt mit forcierter und gezielter Integrationspolitik, speziellen Aus- und Fortbildungsprogrammen mit Programmen zur »Rückkehrförderung« über Prämien, die wenig bewirkt, aber tiefe kollektivmentale Verletzungen hinterlassen haben.

Auch viele Chancen, den Einwandererfamilien zu helfen, wenigstens in der nächsten Generation eine höhere soziale Ebene zu erreichen, wurden verpasst. Das zeigen heute noch die Schulabschlusszahlen. Dass die Einwanderer von damals bis heute dennoch ein fester Bestandteil dieser Gesellschaft geworden sind, ist weniger deutschen Integrationshilfen als ihrer eigenen Integrationsbereitschaft zu verdanken.

Es geht aber nicht nur um die Einwanderer aus der ehemaligen »Gastarbeiterbevölkerung« und aus den Reihen derjenigen, die als Flüchtlinge oder Asylsuchende kamen und, mit welchem Status auch immer, bleiben durften. Es geht in ganz ähnlichem Sinne um nachholende Integrationspolitik auch gegenüber jenen deutschen Einwanderern aus dem Osten, die euphemistisch »Spätaussiedler« genannt werden und, trotz aller Privilegierung gegenüber anderen Zuwanderergruppen, für die Konkurrenz in der Ellenbogengesellschaft oft nicht mit zureichenden Qualifikationen ausgestattet wurden, wobei insbesondere die unzureichende Förderung bei der sprachlichen Eingliederung seit der Senkung der entsprechenden Eingliederungshilfen zunächst eine erhebliche Rolle spielte.

Zu allen genannten Bereichen haben die Ämter der Ausländerbeauftragten, des Aussiedlerbeauftragten und das Nürnberger Bundesamt wichtige neue Gestaltungsperspektiven entworfen, die hoffentlich bald auch institutionell unter einem Dach vereint werden können. Die Gestaltung der Zukunft beseitigt aber nicht die Versäumnisse der Vergangenheit, die zu einer Belastung der Gegenwart geworden sind und dies für die Zukunft noch mehr werden dürften, wenn es nicht auch nachholende Steuerungskonzepte gibt. Deshalb sollte das von der Ausländerbeauftragten entwickelte Konzept WIN (Willkommen Integrationsscheck für Neuzuwanderer) durch zureichende konzeptionelle Ergänzung auch nachholend einsetzbar gemacht werden.

7 Sachverständigengremium für Migration und Integration

Unabhängig von den genannten Institutionen sollte es analog dem Sachverständigenrat zur Begutachtung der gesamtwirtschaftlichen Entwicklung ein auf Dauer zu etablierendes, von der Bundesregierung unter Zustimmung von Bundestag und Bundesrat einzuberufendes höchstrangiges Sachverständigengremium für Migration und Integration geben, das unabhängig und frei von eigenen migrations- und integrationspolitischen Interessen tätig wird.

Das Sachverständigengremium wird in seiner Arbeit vom Bundesamt für Migration und Integration sowie vom Bundesforschungsinstitut für Migration und Integration unterstützt. Das Sachverständigengremium legt dem Bundesgesetzgeber sowie der Stelle, dem das Bundesamt für Migration und Integration zugeordnet ist, Jahresgutachten zur umfassenden Bewertung der getroffenen Maßnahmen im Bereich von Migration und Integration vor sowie zur Entwicklung von migrations- und integrationspolitischem Steuerungsbedarf, verbunden mit entsprechenden handlungsorientierten Empfehlungen.

Im Blick auf die Zuwanderungssteuerung im Vordergrund stehen sollten dabei nicht mehr oder minder abstrakte bzw. gesamtwirtschaftlich modellierte Quoten im Sinne einer komplizierten und hochaggregierten Selbstbindung, sondern einerseits eine möglichst aktuelle, konkrete und flexible Bedarfsorientierung innerhalb von – gegebenenfalls durchlässigen – Obergrenzen und andererseits die Ermittlung einer mittelfristigen Bedarfsstruktur und deren Übersetzung in Zuwanderungsprofile, die von Migranten durch unterschiedliche Gewichtungen (Punktesystem) erfüllt werden können.

Durch geeignete Festlegungen wäre dafür Sorge zu tragen, dass die Empfehlungen des Sachverständigengremiums zureichendes Gewicht erhalten. Die Zuarbeit des Sachverständigengremiums muss insgesamt auf Bundestag und Bundesrat hin erfolgen, denn die hier notwendigen Entscheidungsgrundlagen können zwar in geeigneter Form in Gestalt von Gutachten, Analysen und gegebenenfalls alternativen Handlungsempfehlungen vorbereitet werden. Entscheidungsdiskussion und Entscheidungsfindung in diesen für die Entwicklung von Wirtschaft und Gesellschaft, von sozialem und kulturellem Zusammenleben zentralen Politikbereichen aber gehören in die parlamentarische Öffentlichkeit.

Prof. Dr. Klaus J. Bade
Wissenschaftskolleg zu Berlin
im April 2001

5.1.2 Öffentliche Anhörung zum Thema Zuwanderung: Eingangsstatement Arbeitsmigration,
Innenausschuss des Bundestags, 16.1.2002[26] (Auszug).

Europa ist ein Einwanderungskontinent geworden und wird auf geregelte Einwanderung angewiesen bleiben. Dies bestätigen viele Einschätzungen vor dem Hintergrund des Forschungsstandes, der »Süssmuth-Bericht« der Unabhängigen Kommission Zuwanderung (S. 82) und aktuell erneut das Jahresgutachten 2001/02 des Sachverständigenrates zur Begutachtung der gesamtwirtschaftlichen Entwicklung: »Niemand bestreitet mehr, dass Deutschland (wie die übrigen EU-Mitgliedsländer) Einwanderer braucht, damit das Erwerbspersonenpotential groß genug bleibt, um angemessene Wachstumsspielräume zu haben und einen hohen Lebensstandard zu sichern« (S. 309, Abschn. 336).

In den europäischen Einwanderungsländern – und das sind heute alle EU-Länder – hat sich seit den 1990er Jahren eine Einsicht durchgesetzt: Grundvoraussetzung für die gesellschaftliche Akzeptanz der (in unterschiedlichem Umfang für notwendig erachteten) Zuwanderung und für die Integration von Zuwanderern in den Aufnahmegesellschaften sind – wie auch immer geforderte oder konzipierte – Steuerungssysteme für geregelte Zuwanderung.

Zugleich bedeutet quantitative und qualitative Steuerung bei starkem Zuwanderungsdruck immer auch eine Begrenzung der Zuwanderung.

Beidem trägt der Entwurf des Zuwanderungsgesetzes Rechnung: in Gestalt der steuernden Begrenzung wie in Gestalt der Integrationsförderung als Gesetzesauftrag, von der später zu reden ist.

Im Steuerungsbereich haben die begrenzenden Elemente eine große Dimension erreicht. Weitere Restriktionen und damit auch Selbstbindungen gehen auf Kosten der Flexibilität der Steuerung, auf Kosten weitsichtiger Steuerungsprogramme und auf Kosten der lebenspraktischen Umsetzbarkeit im Bereich von Zuwanderung und Integration, dem gegenüber nie vergessen werden darf, dass es sich hier um für menschliches Leben folgenreiche staatliche Systeme der Schicksalsverwaltung handelt.

Beispiele für die obwaltenden Restriktionen und Begrenzungen, die hier nicht im Einzelnen zu vertiefen sind, reichen vom in Europa einmalig niedrigen Nachzugsalter über die (bislang nur für die Einbürgerung erforderlichen) sprachlichen und gesellschaftlichen Grundkenntnisse als Voraussetzung für die Erteilung einer Niederlassungserlaubnis bis hin zu gravierenden Einschränkungen im Flüchtlingsbereich, die in anderen Beiträgen angesprochen werden dürften.

Gleichwohl begrüße ich dieses Gesetz prinzipiell als eine bahnbrechende Politikwende:

1. im Blick auf den – im Einzelnen noch verbesserungsfähigen – Entwurf zu einer ganzheitlichen gesetzlichen Gestaltung des Bereichs Migration durch ein umfassendes und integrales Regelsystem und
2. im Blick auf die – im Einzelnen noch verbesserungsfähige – Formulierung des Integrationsauftrages nicht nur als politische, sondern auch als gesetzlich normierte Aufgabe (Staatszielbestimmung).

Insoweit bedaure ich, dass im migrationspolitischen Vorwahlkampf einige zuletzt noch ausgehandelte Zugeständnisse so stark in den Vordergrund der öffentlichen Diskussion gerückt worden sind, dass die grundlegenden Leistungen des neuen Regelwerks für Migration und Integration mitunter aus dem Blick geraten – von den (zumindest nominellen) Vereinbarungen in den Statusfragen über die Verschlankung der Migrationsverwaltung bis hin zu der nicht mehr nur politischen, sondern nun auch gesetzlichen Akzeptanz von Integrationspolitik als einem Zentral- und Querschnittsthema der Gesellschaftspolitik.

Ich konzentriere mich in der gebotenen Kürze auf drei Punkte:

1. *Arbeitslosigkeit einerseits – Arbeitskräftezuwanderung andererseits;*
2. *Zuwanderung im Punktesystem;*
3. *Zuwanderung und aufenthaltsrechtliche Illegalität.*

1 Arbeitslosigkeit einerseits – Arbeitskräftezuwanderung andererseits

Die simple Aufrechnung von einheimischen Arbeitslosen gegen erwerbstätige Zuwanderer ist ebenso hinreichend widerlegt wie die nicht minder simple Vorstellung, der demographische Wandel könne durch Zuwanderung balanciert werden.

Es gibt auch bei hoher Arbeitslosigkeit in bestimmten Bereichen und Grenzen Bedarf an einer Zuwanderung von qualifizierten und insbesondere hochqualifizierten Arbeitskräften,

- *soweit diese auf dem Arbeitsmarkt in Deutschland nicht oder nicht schnell genug verfügbar bzw. mobilisierbar sind oder aber*
- *aus dem Bereich des von Arbeitslosigkeit betroffenen Arbeitskräftepotentials nicht oder nicht schnell genug rekrutiert werden können.*

Die Befriedigung dieses Bedarfs durch Zuwanderung ist auch nach dem im Gesetz vorgesehenen Regelverfahren unter Mitwirkung der Arbeitsverwaltung möglich.

Trotz hoher Arbeitslosigkeit besteht aber auch heute schon ein gewisser Bedarf an permanenter Zuwanderung, deren Deckung bei entsprechender Auswahl sogar zu einem Rückgang der Arbeitslosigkeit führen kann.

---

[26] http://kjbade.de/bilder/StatementArbeitsmigration.pdf.

Belege u.v.a.:
Klaus F. Zimmermann u.a., Arbeitskräftebedarf bei hoher Arbeitslosigkeit. Ein ökonomisches Zuwanderungskonzept für Deutschland, Springer 2001,
S. 265: »Eine wachstumshemmende Engpasssituation kann beseitigt und zugleich gezielt Arbeitslosigkeit im Niedrigqualifikationsbereich abgebaut werden, weil der zusätzliche Einsatz von zuwandernden Fachkräften auch den vermehrten Einsatz von einheimischen Ungelernten bedingt.«
S. 267: »Sind Zuwanderer gar zu einheimischen Arbeitnehmergruppen komplementär, dann werden diese bei vermehrtem Einsatz der ausländischen Arbeitskräfte produktiver und sind mehr gefragt. Es kommt also zu einem Rückgang der Arbeitslosigkeit.«
Zum gleichen Ergebnis kommt das Jahresgutachten 2001/02 des Sachverständigenrates (S. 309f., Abs. 336–338)

2 Zuwanderung im Punktesystem

Die Auswahl geschieht jenseits der unmittelbar bedarfsorientierten Zuwanderung sinnvollerweise durch ein Punktesystem, wie es – in sehr zurückhaltender Übernahme einer Leitidee des »Süssmuth-Berichts« der Unabhängigen Kommission Zuwanderung, aber auch des »Müller-Gutachtens« – in § 20 AufenthG-Entwurf skizziert wird. Es optimiert die Vorteile für das Zuwanderungsland und sollte frühestmöglich erprobt werden.

Belege u.v.a.: Zimmermann, S. 276:
»Die Auswahl von permanenten Arbeitsmigranten im Rahmen eines Punktesystems bedarf einer intensiven Vorbereitung und Erprobung. Diese Aufgabe muss mit Priorität politisch angegangen werden, auch wenn ihre große Relevanz wahrscheinlich erst nach 2010 zum Tragen kommt, wenn eine selektive Zuwanderungspolitik als Element einer umfassenden Politik zur Bewältigung des demographischen Wandels und der daraus resultierenden Engpässe am Arbeitsmarkt unausweichlich wird. Dann müssen aber die Verfahren der Auswahl erprobt und eine internationale Reputation auf dem internationalen Arbeitsmarkt aufgebaut sein. Nur dann kann sich Deutschland eine gute Position unter den Zielländern qualifizierter Migranten sichern und die gesamtgesellschaftliche Wohlfahrt dauerhaft ausbauen.«

Diese Einschätzung bestätigt auch das Jahresgutachten 2001/02 des Sachverständigenrates (S. 310, Abs. 338): »Die Tatsache, dass die Zuwanderung ausländischer Fachkräfte nicht zahlenmäßig beschränkt werden soll, unterstützt der Sachverständigenrat ausdrücklich. Da in allen westlichen Industrieländern die Engpässe bei dieser Personengruppe groß sind, geht es darum, im internationalen Wettlauf um die ›klügsten Köpfe‹ die Nase vorn zu haben. Junge und gut ausgebildete Fachkräfte zu einer Einwanderung nach Deutschland zu bewegen, kann auf Dauer nur gelingen, wenn sie hier ohne administrative Behinderungen Entfaltungsmöglichkeiten vorfinden und erkennen, dass sie zusammen mit ihren Familien als Bürger willkommen sind.«

Ein geeignetes Verfahren ist unverzichtbar. Aus meiner Sicht ist das Punktesystem das transparenteste, berechenbarste und damit auch rechtsstaatlich begründbarste Auswahlsystem. Seine Implantation bedeutet die Einübung in ein für die Zukunft unabdingbares Regulierungsverfahren. Ein Verzicht auf eine solche Einübung wäre gleichbedeutend mit einer Reduktion der qualitativen Steuerungskompetenz auf das Niveau von bedarfsorientierter »Gastarbeiterpolitik« und mit einer Selbstschädigung in der globalen Konkurrenz um die Zuwanderung qualifizierter Arbeitskräfte.

Bei der Kritik am Punktesystem wird in der Regel übersehen bzw. ignoriert, dass es sich bei dem Auswahlverfahren nach § 20 AufenthG um ein optionales bzw. fakultatives Verfahren handelt, dessen Durchführung ausdrücklich an die vorherige Festsetzung einer Höchstgrenze durch das Bundesamt für Migration und Flüchtlinge zusammen mit der Bundesanstalt für Arbeit und mit Zustimmung des Bundesrates (Abs. 3) gebunden ist, wobei insbesondere auch die Arbeitsmarktsituation (Mitwirkung der Bundesanstalt für Arbeit) zu Grunde zu legen ist.

3 Zuwanderung und aufenthaltsrechtliche Illegalität

Lange ist in diesem Land eine Art Unterschichtenimport betrieben worden – durch die Anwerbung von Un- und Angelernten (»Gastarbeitern«), durch mangelnde Hilfestellung bei am Arbeitsmarkt später unzureichender Qualifikation dieser Zuwanderer oder von im Wege der Familienzusammenführung nachfolgender Personen.

Konsens besteht darin, dass in Zeiten von hoher Arbeitslosigkeit besonders im Bereich von An- und Ungelernten eine Förderung der Zuwanderung von schlecht oder gar nicht qualifizierten Arbeitskräften nicht in Frage kommen kann.

Der entsprechende – in einigen Bereichen durch Schwarzarbeit bzw. illegale Ausländerbeschäftigung gedeckte – Bedarf kann vielmehr in starkem Maße regulär aus den in der Arbeitslosigkeit geparkten Arbeitskräftepotentialen im Inland gewonnen werden, vorausgesetzt, dass es entsprechende (über die wichtige laufende Vermittlungsoffensive hinausreichende) arbeitsmarkt- und beschäftigungspolitische Initiativen gibt, von zureichenden und zureichend evaluierten Qualifikationsmaßnahmen bis hin zur Eröffnung eines wohlfahrtsstaatlich gerahmten Billiglohnsektors (Stichwort Kombi-Löhne).

Illegale Beschäftigung ist durch arbeitsmarkt- und beschäftigungspolitische Maßnahmen zwar ein Stück weit auszutrocknen. Aufenthaltsrechtliche Illegalität als solche ist aber nicht abzuschaffen und tendiert vielmehr dahin, mit zunehmender Abschottung zu wachsen. Das ist eine historische und aktuelle Erfahrung aller Einwanderungsländer.

Es gilt deshalb dafür Sorge zu tragen, dass auch in der Illegalität grundlegende Recht, insbesondere Menschenrecht, gewahrt bleiben und Menschen, die in die Illegalität geratenen Personen aus humanitären Gründen helfen, nicht unter Strafbarkeitsrisiko oder gar Strafandrohung gestellt werden. [...]

Berichterstattung: Philip Grassmann, Experten loben Gesetzentwurf zur Zuwanderung. Anhörung im Innenausschuss des Bundestags, in: Süddeutsche Zeitung, 17.1.2002; Für langfristige Einwanderung. Sachverständigen-Anhörung im Innenausschuss des Bundestags, in: FAZ, 17.1.2002.

5.1.3 Öffentliche Anhörung zum Thema Zuwanderung: Eingangsstatement Integration,
ebenda[27] (Auszug).

Das Bundesinstitut für Bevölkerungs- und Migrationsforschung (§ 75 (3))
Die Einrichtung eines besonderen Bundesforschungsinstituts ist unbedingt zu begrüßen, in der vorliegenden Fassung indes noch nicht zureichend aus

a) terminologischen und
b) institutionell-funktionalen Gründen:

a) Terminologische Gründe:
Das Institut hieße (wie in meinem Gutachten für die UKZu vorgeschlagen) sachgerecht besser »Bundesforschungsinstitut für Migration und Integration«. Die Amtsbezeichnung »für Bevölkerungswissenschaft und Migration« ist ein »weißer Schimmel«, weil Migrationsforschung – nicht etwa nur, aber doch in ihren in den Aufgabenbereich der Demographie fallenden Feldern – ein Teil der Bevölkerungsforschung ist; des Weiteren erscheint auch die Bezeichnung »Bundesamt für Migration und Flüchtlinge« nur bedingt sinnvoll, weil (»weißer Schimmel«) auch Flucht eine räumliche Bevölkerungsbewegung, d.h. eine Migrationsbewegung ist, während umgekehrt auch hier das Schlüsselwort »Integration« fehlt, obgleich das neue Amt doch im Sinne des Gesetzes ganz zentral mit Migration und Integration zu tun hat und deshalb auch seinem Tätigkeitsfeld entsprechend besser hieße »Bundesamt für Migration und Integration«.

Sachgerechter wären insgesamt die Bezeichnungen »Bundesamt für Migration und Integration« und »Bundesforschungsinstitut für Migration und Integration«, wodurch auch die vom Gesetzgeber gewollte ganzheitliche Perspektive schon in den Amtsbezeichnungen deutlicher würde.

b) Institutionell-funktionale Gründe:
Das »Bundesinstitut für Bevölkerungs- und Migrationsforschung« ist in der vorliegenden Fassung eine halbherzige Lösung und wurde dem bestehenden »Bundesinstitut für Bevölkerungsforschung« (BIB) beim Statistischen Bundesamt nur begrifflich übergestülpt. Das Ergebnis könnte eine Institution sein, die für ihre neuen bzw. zusätzlichen Aufgaben zum Sterben zu groß und zum Leben zu klein wäre.

Das hat mit einer Fehleinschätzung der demographischen Forschung als Grundlagenforschung und Querschnittsaufgabe zu tun, die die natürliche Bevölkerungsbewegung (ohne Wanderungen) und die tatsächliche Bevölkerungsbewegung (einschließlich der Wanderungen) umfasst, ohne doch damit notwendig zugleich auch den zugleich stark gesellschafts- und kulturwissenschaftlichen sowie kultur- und sozialpolitischen Gesamtbereich »Migration und Integration« in ganzer Breite im Auge zu haben.

Die Funktionsdefinition »Migration und Integration« beim Bundesforschungsinstitut hingegen sollte vielmehr der Breite des Aufgabenfeldes entsprechen: Das Bundesforschungsinstitut sollte im Gesamtbereich Migration und Integration (abgesehen von der im engeren Sinne demographischen Forschung) begleitende wissenschaftliche Beobachtung und Berichterstattung leisten sowie zugleich den Informationstransfer zwischen Wissenschaft, Verwaltung und Politik erleichtern:

Das Bundesforschungsinstitut sollte als Beobachtungs- und Dokumentationsstelle die Kernaufgabe haben, Migrations- und Integrationsprozesse kontinuierlich zu beobachten, datengestützt zu beschreiben, ggf. auch die Effizienz von auf die Migrationssteuerung und Integrationsförderung zielenden Maßnahmen zu evaluieren, Gestaltungskonzepte auf diese Weise auf ihre Tragfähigkeit hin zu prüfen und seine Beschreibungen und Analysen in übersichtlicher und handlungsrelevanter Form in festzulegenden, regelmäßigen Abständen dem Bundesgesetzgeber, dem Bundesamt sowie dem Sachverständigenrat für Migration und Integration zuzuleiten.

Insgesamt geht es bei der Arbeit des Bundesforschungsinstituts mithin darum, Erkennbares rechtzeitig erkennbar zu machen und so dazu beizutragen, in der Migrations- und Integrationspolitik eine aktive Planung auf gesicherte Grundlagen zu stellen.

Hierzu sind verschiedene, vom Bundesinstitut aus betriebene oder geförderte Formen der strukturierten (d.h. über bloße Verabredungen hinausgehenden) Vernetzung nötig, die einen doppelten Vorzug haben:

1. Strukturierte Vernetzung führt Kompetenzen zusammen, hilft, unnötige und teure Doppelarbeit zu verhindern, Lücken zu schließen, Vermittlung zu leisten und Forschungskapazitäten zielorientiert zu bündeln und ebenso gezielt zu fördern. Dafür ist im Zusammenwirken von Bundesmitteln und Stiftungsmitteln ein Fond zu bilden;

---

[27] http://kjbade.de/bilder/StatementIntegration.pdf.

2. Strukturierte Vernetzung bedeutet eine Entlastung des Bundesforschungsinstituts von unnötigen, andernorts – z.B. im Bundesinstitut für Bevölkerungsforschung (BIB) – bereits geleisteten (und entsprechende zu fördernden) Arbeiten. Das Bundesforschungsinstitut ist deshalb jenseits seiner o.g. Daueraufgaben auch eine Dokumentations-, Vermittlungs- und Clearingstelle für Vernetzungsaufgaben, wie sie bei der in den letzten Jahren eingerichteten, hochmodernen EDV-Dokumentationsstelle des BAFl in der Grundstruktur bereits existiert.

Bei der Konzeptionierung der strukturierten Vernetzung und der Kalkulation ihrer Reichweite und Tiefenstaffelung kann zum Teil auf Erfahrungen – nicht nur im Blick auf die Chancen, sondern auch auf die Grenzen der Praktikabilität – in anderen Bereichen, z.B. im Gesundheitswesen, zurückgegriffen werden.

Dieser gesamte Aufgabenbereich kann dem BIB nicht noch zusätzlich abverlangt werden, das mit seiner – gemessen am Arbeitsfeld – schmaler Personalausstattung (trotz einiger neuerer Zusatzbewilligungen) kaum imstande ist, seinen wichtigen eigentlichen Aufgaben im Kontext des Statistischen Bundesamtes zu genügen.

Lösungsvorschlag: Es wäre besser, das »Bundesamt für Bevölkerungsforschung« (BIB) zu erhalten (und für seine mit dem Gesetz im demographischen Bereich auch wachsenden Aufgaben entsprechend auszustatten) und zusätzlich dem Bundesamt ein neu zu schaffendes »Bundesforschungsinstitut für Migration und Integration« anzugliedern, das dem Bundesamt etwa so zugeordnet werden könnte wie das »Institut für Arbeitsmarkt- und Berufsforschung« (IAB) der Bundesanstalt für Arbeit in Nürnberg.

5.2 Publizistische Beiträge

5.2.1 Verordnete Masseneinwanderung? Über nicht gemachte Millenniums-Hausaufgaben der Politik,
unter dem Titel »Verordnete Einwanderung ist kein Allheilmittel«, in: Frankfurter Rundschau, 12.1.2000.

Die Vereinten Nationen schrecken die Diskussion um Bevölkerungsfragen in Deutschland auf. Sie dreht sich, als Umwälzanlage für abgestandene Argumente, nach wie vor um Zuwanderungsbegrenzung und nicht um Einwanderungsgesetzgebung und Einwanderungspolitik: Durchgesichert ist, dass eine Denkschrift der UN, die offiziell erst im März 2000 vorgelegt werden soll, davon ausgeht, dass Deutschland bei anhaltend gebremster Geburtenfreude bis zum Jahr 2050 rund 25 Millionen Einwanderer braucht, wenn die Folgen von Bevölkerungsrückgang und Überalterung begrenzt werden sollen.

Alarmismus ist nicht angesagt; denn das Menetekel von New York ist im Grunde ein alter Hut mit neuen Federn aus aktuellen Modellrechnungen über die Bevölkerungsentwicklung der Zukunft. Aber die Nachricht bewirkt in der politischen Öffentlichkeit in Deutschland vielleicht einen heilsamen Schock; denn die politische Diskussion um einen der entscheidendsten Entwicklungs- und Gestaltungsbereiche der Zukunft ist hierzulande nach wie vor seltsam unterbelichtet, von der späten, mühsamen und halbherzigen Reform des Staatsangehörigkeitsrechts einmal abgesehen.

Warnende Worte von wissenschaftlicher Seite an die Adresse der Politik gab es genug. Das reicht, um nur einige Beispiele zu nennen, vom »Manifest der 60«, in dem Ende 1993 sechzig einschlägig ausgewiesene deutsche Wissenschaftlerinnen und Wissenschaftler zur konzeptionellen Diskussion der Frage »Deutschland und die Einwanderung« aufriefen, über den Appell der Deutschen Nationalstiftung in Weimar vom Ende 1994 (Dokumentation FR, 21.11.1994) bis zu den Empfehlungen des 1998 zusammengetretenen »Rates für Migration«; ganz zu schweigen von den zahllosen Stellungnahmen einzelner Wissenschaftler zur Sache, von denen die meisten bei den politischen bzw. behördlichen Adressaten in den Ablagen oder in den Giftschränken mit der Aufschrift »wahltaktisch bedenklich« gelandet sind.

Der Dialog zwischen Politik und Wissenschaft ist gerade auf diesem Gebiet hierzulande noch unterentwickelt, ganz im Gegensatz zu anderen europäischen Ländern wie z.B. den Niederlanden. Andernorts arbeiten längst entsprechende Gremien und Institutionen. In Deutschland wurde die Enquete-Kommission »Demographischer Wandel« aufgelöst, liegen die verschiedenen Bereiche der Zuwanderung – Arbeitswanderungen, Aussiedlerzuwanderung, Asyl – in unterschiedlichen, sich oft überschneidenden und mitunter gegenseitig blockierenden Zuständigkeitsbereichen von Ministerien und Beauftragten. Eine alle Bereiche umfassende integrale Gesamtkonzeption für Migration und Integration ist erst in Ansätzen entwickelt, vom Fehlen übergreifender Institutionen mit Querschnittsaufgaben ganz zu schweigen.

In der Tat birgt die absehbare »Überalterung« bzw. »Vergreisung« der Bevölkerung in Deutschland schwerwiegende Probleme. Das gilt für die wirtschaftliche Dynamik ebenso wie für die Generationensolidarität. »Bevölkerungspolitik« als solche ist keine Alternative. Es kann nur um die Rahmenbedingungen gehen, in denen sich Bevölkerungswachstum durch Geburten und/oder Zuwanderung entwickelt. Dabei muss man vor allem vier Punkte im Auge behalten:

1. […] Wir müssen endlich illusionslos darüber sprechen, was wir wollen und was nicht – und über die wirtschaftlichen und sozialen, aber auch über die politischen und kulturellen Kosten von Tun und Lassen in diesem Feld. Es gilt, in der Mitte zwischen der öden Alternative von »Sozialverträglichkeit« und »Überleben« am Standort Deutschland einen tragfä-

higen Konsens auch über Migration und Integration zu finden. Einwanderungspolitik wirkt nach außen, Eingliederungspolitik nach innen. Beides sind Seiten derselben Medaille, die Einwanderungsgesetzgebung heißt. Einwanderungspolitik ohne Eingliederungshilfen ist gesellschaftspolitisch grob fahrlässig. Integration ist aber nicht bloß einseitige Anpassungsleistung, sondern immer auch ein gesellschaftliches Geschäft auf Gegenseitigkeit, das beide Seiten verändert. Das wird von den Einheimischen leichter akzeptiert, wenn Steuerung und Begrenzung nach außen die Einwanderung überschaubar halten.

2. Einwanderung ist kein Allheilmittel für gesellschaftliche Probleme: Abstürzende Geburtenraten können nicht durch Einwandererimport allein ausgeglichen werden. Gelegentlich wird die banale Tatsache übersehen, dass auch Einwanderer älter werden. Das gleiche gilt für die schon nicht mehr so triviale Information, dass sich die Geburtenraten der Einwandererbevölkerung denen der Aufnahmegesellschaft anzugleichen pflegen, so dass soziale Sicherheit für morgen nicht etwa vorwiegend über Einwanderung finanziert werden kann. Überdies können Einwanderer Hilfe bei der Bewältigung gesellschaftlicher Probleme ohnehin nur leisten, wenn sie, sozialversicherungspflichtig, vom Ertrag ihrer Arbeit und nicht von Sozialhilfe oder Schwarzarbeit leben.

3. In der Europäischen Union gibt es in Sachen Migrationspolitik längst keine nationalen Alleingänge mehr. Wir brauchen auf europäischer Ebene abgestimmte Konzepte für Steuerungsaufgaben gegenüber dem Wanderungsdruck von außen – weniger im Sinne defensiver Sicherheitspolitik («Festung Europa») als im Sinne klarer und möglichst transparent und human zu gestaltender Verkehrsregeln für künftige Einwanderungen nach Deutschland und Europa. Europäische Konzepte müssen zwischen supranationaler und nationaler Ebene koordiniert und konzeptionell fortgeschrieben werden.

Für diese Kommunikation sind entsprechende Institutionen auf beiden Ebenen notwendig – auf deutscher Seite z.B. ein Amt für Migration und Integration, das die doppelte Brücke bildet einerseits zu einer zentralen europäischen Migrationsinstitution und andererseits zu entsprechenden Institutionen der Bundesländer, die zumeist noch ebenso fehlen wie die Einwandererberatungsstellen in den Kommunen. Das Warten auf »Europa« darf dabei kein politischer Fluchtweg aus einem unliebsam gewordenen Problemstau sein: Was in Deutschland jahrzehntelang versäumt wurde, kann nicht ohne weiteres an die europäische Adresse delegiert werden, auch wenn die nationalen Handlungsspielräume kleiner geworden sind.

4. Trotz aller Überschneidungen im Wanderungsgeschehen sind zwei große Bereiche zu unterscheiden – Flucht und Asyl einerseits, Arbeitswanderung und Einwanderung andererseits. Flucht und Asyl sind humanitäre Aufgaben: Es geht um den Schutz der Flüchtlinge und um die Bekämpfung von Fluchtursachen in den Herkunftsgebieten, sofern sie denn bekämpfbar sind. Bei Arbeitswanderung und Einwanderung geht es um die Steuerung von Migrationsprozessen im wohlverstandenen Eigeninteresse des Aufnahmelandes. Beide Bereiche sollten in umfassenden Konzeptionen einander zugeordnet, aber nicht gegeneinander aufgerechnet oder gar gegeneinander ausgespielt werden.

Das alles ist in den Grundzügen seit mindestens einem Jahrzehnt bekannt. Auch die demographischen Modellrechnungen zeigen seit langem den von den Vereinten Nationen benannten – immer sicherer erfassbaren – Trend. Für manche Gestaltungsmöglichkeiten ist es inzwischen schon zu spät, abgesehen davon, dass es sie ohnehin nur in sehr begrenztem Umfang gibt, weil generative Strukturen eine eigene Dynamik haben. Aber im Rahmen dieser erkennbaren säkularen Strukturtrends politisch endlich umfassender und auf transparente Konzeptionen gegründet zu handeln, wäre für Politik in Deutschland und Europa eine echte Millenniums-Hausaufgabe.

5.2.2 Macht ein Einwanderungsgesetz! Migrationsforscher Klaus J. Bade fordert mehr Tempo, in: Der Stern, 21.5.2000.

Deutschland ist ein Land, das langfristig Einwanderung braucht und sich zugleich davor fürchtet. Das vereinigte Deutschland erlebt in diesen Monaten erstmals eine ansatzweise positive Migrationsdiskussion. Es geht voran. Hoffentlich.

Im Grunde haben alle Parteien Einwanderungsgesetze in den Schubladen. Einige haben Vorlagen gemacht und sind dabei am Widerstand der anderen gescheitert. Andere halten die Schubladen verschlossen aus Angst vor der Rache der Wähler. Aber Wähler sehen oft mehr, als Politiker glauben: Die meisten von ihnen haben schon in den 1980er Jahren im Alltag erfahren, dass sie in einem Einwanderungsland lebten, während viele Politiker noch bis in die frühen 1990er Jahre hinein das Dementi wiederholten: »Die Bundesrepublik ist kein Einwanderungsland!« Absurdes Theater mit traurigen Folgen: Versteckspiel mit der Wirklichkeit, Gespensterdebatten, Ängste, Aggressionen.

Heute sind wir durch die Reform des Staatsangehörigkeitsrechts einen großen Schritt weiter in Richtung auf die Akzeptanz der Einwanderungssituation. Aber es fehlt der zweite Schritt: Einwanderungsgesetzgebung und Einwanderungspolitik. Nicht, dass man erst Gesetze über Zuwanderung und Eingliederung machen müsste. Es gibt sie längst. Aber sie sind im Paragrafendschungel so versteckt, dass selbst Fachleute mitunter auf Spurensuche gehen müssen.

Deshalb fehlt zunächst eine klare Zuordnung der verstreuten Bestimmungen. Mit Bestandsaufnahme aber ist es nicht getan. Wir brauchen umfassende Konzepte und flexible Steuerungssysteme. Man nennt das Einwanderungsgesetzgebung. Sie muss übersichtlich sein für die, die in den Grenzen leben, und für die, die von außen kommen wollen, kommen sollen – oder eben nicht.

Nach außen gibt ein Einwanderungsgesetz Auskunft über die Bedingungen, die das Einwanderungsland setzt. Es bietet damit Einwanderern, die sich an die Spielregeln halten, Perspektiven für die eigene Lebensplanung. Nach innen ist ein Einwanderungsgesetz ein Signal für Gestaltungsbereitschaft und für Gestaltbarkeit, so begrenzt sie sein mag. Politik muss bereit sein, Horrorvisionen zurückzunehmen und sich um ein positives oder doch gelassenes Verhältnis zur Migration zu bemühen. Denn Einwanderung ist ein zentrales gesellschaftspolitisches Problem, weil sie beide Seiten verändert: Aufnahmegesellschaft und Einwanderer.

Einwanderungspolitik kann in einer Demokratie nie gegen den Willen der einheimischen Mehrheit gemacht werden, wenn Konflikte auf Kosten zugewanderter Minderheiten vermieden werden sollen. Für Einwanderungspolitik muss geworben werden. Nur dann kann sie ein Beitrag zu sozialem Frieden und kultureller Toleranz sein.

Ein Gesetz kann dazu beitragen, die Einwanderung zu strukturieren, wenn zum Beispiel IT-Spezialisten mehr gefragt sind als Melker. Das Einwanderungsland muss das Recht haben, sich zumindest einen Teil seiner Einwanderer auszusuchen, zumal es eine große Zahl ohnehin aufnehmen muss unter dem Gebot übergeordneter Prinzipien (Familiennachzug) oder selbstauferlegter Verpflichtungen (Aussiedler).

Wer Migrationspolitik machen will, sollte nicht zuerst von Zahlen, sondern von Zielen reden – in Wirtschaft, Sozialsystemen, Politik und Kultur. Aber auch Quoten müssen sein, auf nationaler wie auf europäischer Ebene. Eine Aufrechnung von Einwanderungs- und Asylpolitik aber ist abwegig: Bei Arbeitswanderung und Einwanderung geht es vorwiegend um wirtschaftliche und soziale Interessen, bei Flucht und Asyl um humanitäre Pflichten. Quoten sollte es nicht gegen Flüchtlinge, sondern – als Verteilungsquoten – für europäische Aufnahmeländer geben. Es geht nicht um eine Quotierung von Hilfsbereitschaft, sondern um Lastenteilung.

Die denunziative Rede, dass viele Asylsuchende »Wirtschaftsflüchtlinge« seien, unterschlägt, dass Deutschland am vielbeklagten »Missbrauch des Asylrechts« selber beteiligt ist: Bei Anwerbestopp und ohne Einwanderungsgesetz ist nur das Nadelöhr des Asyls für Zuwanderung offengeblieben. Es wird Zeit, dass sich das ändert.

5.2.3 Einwanderung und Einwanderungspolitik. Eine deutsche und europäische Aufgabe,
Kurzfassung unter dem Titel »Sechs Voraussetzungen für eine erfolgreiche deutsche Einwanderungspolitik«, in: Die Welt, 3.7.2000[28] (Originalfassung).

In der politischen Diskussion war das Thema Migration lange ein kümmerliches Pflänzchen, allseits für giftig erklärt und deshalb künstlich trocken gehalten. Jetzt schießt es ins Kraut wie Münchhausens Bohne. Das hat mit parteipolitischen Finessen ebenso viel wie mit der Sache selbst zu tun.

Einwanderungskommission und parteipolitisches Kalkül

Aufgeführt wurde von Bundesregierung und Opposition zunächst eine klassische Verwechslungskomödie: Als die derzeitige Regierung noch Oppositionsbänke drückte, gab es dort volltönende Forderungen nach umfassenden Konzeptionen in der Migrationspolitik und nach einem klärenden Einwanderungsgesetz, mit dem auch die mitregierende FDP liebäugelte. Die CDU/CSU hingegen mauerte, warnte, vertagte und verdrängte (»Die Bundesrepublik ist kein Einwanderungsland«), abgesehen von einigen »jungen Wilden« und von weitblickenden, aber ungeliebten Außenbordstrategen wie Heiner Geißler. Heute, in der Opposition, stellt die CDU/CSU die konzeptionelle Gretchenfrage in Sachen Migration – und die SPD mauerte und warnte lange, ganz wie ehedem die CDU/CSU: Die Diskussion sei übereilt, ja gefährlich, ein Langzeitthema, in einer Legislaturperiode gar nicht zu machen, überhaupt nur auf europäischer Ebene zu regeln. Es ist für die Opposition eben immer leichter, Konzepte einzuklagen, als für die Regierung, deren Konzepte alsbald an ihrer praktischen Umsetzung gemessen werden.

Auf Druck des Bundeskanzlers hat der Bundesinnenminister jüngst auf eine überparteiliche Kommission umgestellt – und damit eine Idee aufgegriffen, die ursprünglich im Beraterkreis der Ausländerbeauftragten Funcke und Schmalz-Jacobsen (die der Kommission angehören soll) entwickelt worden ist. Insoweit steht der Name »Schily-Kommission« eher für die Umsetzung als für die Idee.

Schily selbst hatte anfangs vielmehr von einer »hochkarätigen Expertenkommission« aus leitenden Ministerialbeamten und Vertretern der behördlichen Praxis gesprochen. Wohin es freilich führen kann, wenn Ressortvertreter und behördliche Praktiker sich selbst reformieren sollen, durften wir in den 1980er Jahren bei der immer wieder folgenlos angekündigten, stotternden und schließlich ganz liegengebliebenen Reform des Ausländerrechts erfahren. Erst der damalige neue Bundesinnenminister Wolfgang Schäuble war es, der dann 1990 nachgerade hand-

---

[28] https://www.welt.de/print-welt/article521274/Kompromiss-mit-SPD-scheint-ploetzlich-moeglich.html.

streichartig das kraftvolle Treten auf der Stelle beendete. So gesehen ist die Kommission in der jetzt geplanten Struktur ein wichtiger Schritt voran.

Wohlan denn, jedem Anfang wohnt ein Zauber inne – den man freilich auch zerdeppern kann, wenn eine »überparteiliche« Kommission so gestartet wird, als sei man schon mitten im Wahlkampf: Zunächst hielt der Bundeskanzler das Thema Einwanderung für eine Falle der CDU. Dann hielt die CDU die Berufung von Rita Süssmuth (CDU) zur Vorsitzenden für eine Falle der SPD und kündigte für die Kommission gleich ihre Mitarbeit auf.

Außerdem legten sich die Parteien, wie üblich, schon mal in Vorentscheidungen fest: die CDU/CSU auf eine Einschränkung des Asylrechts (»Zuwanderungsbegrenzungsgesetz«), SPD und Bündnis 90/Grüne auf dessen Unantastbarkeit; dazwischen, in immer neuen Interviews lavierend, der Bundesinnenminister, der doch selbst noch vor kurzem von Deutschlands Überlastung durch Zuwanderung gesprochen, gegen – zu Oppositionszeiten von ihm selbst beantragte – Einwanderungsgesetzgebung polemisiert und für ein Verständnis des Asylrechts als »Gnadenrecht« ohne Rechtsanspruch plädiert hatte. Parteipolitik muss wohl so sein.

Generaldebatte
Aber hier geht es um mehr: Zur Debatte steht ein Zentralbereich der Wirtschafts-, Gesellschafts- und Kulturpolitik. Wer Migrationspolitik konzipieren will, sollte deshalb nicht zuerst über Zahlen, sondern zuerst über Ziele sprechen. Es muss unverblümt Tacheles geredet werden über Absichten, Handlungsspielräume, auch über Gestaltungsgrenzen und über die wirtschaftliche, soziale und kulturelle Kosten-Nutzen-Rechnung in diesem Feld.

Bevölkerungsschrumpfung und Überalterung bergen in der Tat langfristig schwerwiegende Probleme für die wirtschaftliche Dynamik ebenso wie für die Generationensolidarität, von der Rente bis zum Pflegekostentarif. »Bevölkerungspolitik« als solche ist keine Alternative, weil sich Bevölkerungswachstum schon aus strukturellen Gründen nicht »steuern« lässt. Deswegen auch wissen wir heute schon ziemlich genau, wie es um die Bevölkerung in Deutschland im Jahr 2050 stehen wird, je nach dem, mit wie viel von jener dauerhaften Zuwanderung gerechnet wird, die man Einwanderung nennt.

Einwanderung aber ist kein Allheilmittel für Bevölkerungs- und Gesellschaftsprobleme: Auch Einwanderer werden älter und ihre Geburtenraten pflegen sich denen der Aufnahmegesellschaften anzupassen. Außerdem können Einwanderer bei der Bewältigung wirtschaftlicher und gesellschaftlicher Probleme nur helfen, wenn sie, sozialversicherungspflichtig, vom Ertrag ihrer Arbeit leben und nicht von Sozialhilfe oder Schwarzarbeit.

Es geht also weniger um die Zahl als um die Struktur der erwünschten Einwanderung. Die »Greencard« à la Schröder war hier ein brauchbarer Anstoß – auch wenn dabei gewiss nicht an die dadurch ausgelöste, bald eigendynamische und erstmals positive Einwanderungsdebatte gedacht war.

Es gibt in der Tat klare Argumente für die Greencard-Idee: Die Schutzmechanismen des Sozialstaats erodieren, wenn bei struktureller Massenarbeitslosigkeit und zunehmender »Vergreisung« die Zahl derer wächst, die am Sozialstaat partizipieren, und die Zahl derer schrumpft, die ihn über ihre Beiträge finanzieren, während zugleich Höchstqualifizierte abwandern und auf Sozialhilfe Angewiesene zuwandern. Wenn aber einheimische Spitzenkräfte fehlen oder abwandern und ausländische im Bedarfsfalle nicht flexibel, zügig und ohne zu enge Begrenzungen zugelassen werden, dann gehen deutsche Spitzenjobs dorthin, wohin auch deutsche und ausländische Spitzenkräfte gehen, zum Beispiel in die USA. Dass eingewanderte Spitzenkräfte umgekehrt oft neue Arbeitsplätze schaffen, kann man von den Vereinigten Staaten lernen.

Wir brauchen deshalb einerseits eine Qualifikationsoffensive in der beruflichen Bildung, an Universitäten und Fachhochschulen. Und wir brauchen andererseits eine Einwanderungspolitik im wohlverstandenen Eigeninteresse des Einwanderungslandes Deutschland. Dafür wiederum ist das Greencard-Konzept zu wenig. Nötig ist vielmehr das gemeinsame Dach einer Einwanderungsgesetzgebung, unter dem die vielen unübersichtlichen Zuwanderungsbestimmungen versammelt und zugleich nach übergreifenden Leitgesichtspunkten zu einer Steuerungskonzeption ausgerichtet werden.

Wer aber, zumal vor dem Hintergrund von struktureller Massenarbeitslosigkeit, für Einwanderung votiert, muss nicht nur gute Argumente haben, sondern auch für diese Argumente werben; denn Einwanderungsgesetzgebung und Einwanderungspolitik kann man nur mit der einheimischen Mehrheit und nicht gegen sie machen, wenn es nicht zu schweren Spannungen, gerade zu Lasten der Eingewanderten, kommen soll. Nur wenn ein solcher Grundkonsens erreicht wird, kann Migrations- und Integrationspolitik als Beitrag zu sozialem Frieden und kultureller Toleranz wirken. Die Dinge sind also deutlich komplexer als mancher denken mag, der gern von schlichten Zahlen spricht. Und sie haben viele Facetten, die die nationalen mit europäischen Aufgaben verbinden.

Folgerungen und Forderungen
Nötig ist nach alledem *erstens* eine nationale Migrationskonzeption, die diesen Namen verdient. Dann können Einwanderer, die wir mit bestimmten Berufsprofilen ja durchaus brauchen, mit klaren Anforderungen des Einwanderungslandes konfrontiert werden. Sie kennen die Kriterien und wissen, ob und wie sie ihre Chancen auf Zugang verbessern können. Sie können gegebenenfalls auch auf Wartelisten gesetzt werden, ohne sich durch Asylverfahren hindurchlügen oder gar illegale Wege beschreiten zu müssen.

Die nationale Konzeption muss europaverträglich sein; denn ich Sachen Migrationspolitik gibt es in der Europäischen Union keine nationalen Alleingänge mehr. Wir brauchen deshalb *zweitens* klare und zugleich flexible europäische Konzepte. Sie müssen zwischen supranationaler und nationaler Ebene koordiniert werden. Dazu sind auf beiden Ebenen entsprechende Institutionen nötig – auf deutscher Seite zum Beispiel ein Amt für Migration und Integration mit angeschlossenem Forschungsinstitut, ähnlich wie beim Institut für Arbeitsmarkt- und Berufsforschung bei der Bundesanstalt für Arbeit in Nürnberg. Das Amt und sein Institut müssen beobachten, konsultieren, koordinieren, Konzepte erarbeiten und Brückenfunktionen übernehmen: einerseits zu einer zentralen europäischen Migrationsinstitution und andererseits zu entsprechenden Institutionen der Bundesländer, die zumeist noch ebenso fehlen wie die Einwandererberatungsstellen in den Kommunen, die im Sozialamt nichts zu suchen haben.

Nötig ist *drittens* ein unausgesetzter Kampf gegen Menschenschleusung und Menschenhandel, deren international vernetzte Organisationen ständig zunehmen und uns auch hierzulande umgeben, weil Menschenschleusung und Menschenhandel heute noch lukrativer als Drogenhandel sind. Grenzschutz und Polizei sind überfordert, solange dieser Kampf nicht auch politisch auf internationaler Ebene unter Einbeziehung der Ausgangsräume geführt wird. Aber man sollte man sich keine Illusionen dahingehend machen, dass etwa durch Einwanderungsgesetzgebung und die Bekämpfung von Schleuserorganisationen die illegale Migration regelrecht abzuschaffen sei. Illegale Einwanderung wird es, das ist eine historische Erfahrung aller Einwanderungsländer, immer geben. Und die Versuchung wächst mit der Höhe des Zauns um das gelobte Land. Das mag widersprüchlich klingen, aber wir müssen mit dieser Spannung leben lernen.

Umso mehr brauchen wir *viertens* einen der Abbau der Feindbilder von den »illegalen Einwanderern«, bei denen in der Regel Täter und Opfer verwechselt werden. [...] Und wir brauchen die Einübung in den normalen Umgang mit dem Unnormalen, z.B. durch die Befreiung der Ärzte von der Pflicht, illegal im Lande lebende Patienten bei den Behörden zu melden, und durch Angebote zur Legalisierung auf Zeit, die man in Italien und Frankreich »Regularisation« nennt.

Und wir brauchen *fünftens* eine Koordination von Einwanderungs- und Asylpolitik. Eine bloße gegenseitige Aufrechnung von Einwanderer- und Asylbewerberzahlen aber ist falsch und zynisch zugleich: Bei Einwanderung und Arbeitswanderung geht es um ökonomische Interessen – nicht nur der Wirtschaftswanderer, sondern auch des Einwanderungslandes. Es muss das Recht haben, sich einen Teil seiner Einwanderer auszusuchen, zumal es eine große Zahl ohnehin aufnehmen muss unter dem Gebot übergeordneter Prinzipien (Familiennachzug) oder selbst auferlegter Verpflichtungen (Aussiedler). Deshalb führt an Qualifikationsanforderungen, aber auch an Quoten kein Weg vorbei.

Bei der Aufnahme von Flüchtlingen und Asylsuchenden aber geht es nicht um ökonomische Interessen, sondern um humanitäre Pflichten. Quoten sollte es nicht gegen Flüchtlinge, sondern– als Verteilungsquoten – für europäische Aufnahmeländer geben. Angesagt ist nicht eine Quotierung von Hilfsbereitschaft, sondern eine europäische Lastenteilung bei der Bewältigung dieser humanitären Pflicht im zweiten Jahrhundert der Flüchtlinge.

Wer schließlich Angst vor »Überschwemmung« hat, sollte nicht nur Pumpen im Keller installieren, sondern sich auch um die Ursachen kümmern. Nötig ist deshalb *sechstens* eine Bekämpfung der Ursachen unfreiwilliger Wanderungen durch entwicklungsorientierte Migrationspolitik oder migrationsorientierte Entwicklungspolitik in den Ausgangsräumen. Dabei geht es nicht nur um den gezielten und vor allem kontrollierten Einsatz von Geld, sondern nötigenfalls auch um – besser als bisher koordinierte – friedenschaffende Einsätze unter dem Dach der Vereinten Nationen. Ein Europa, das sich dem verweigert, ist dazu verdammt, auf Dauer mit hohem Wanderungsdruck zu leben.

5.2.4 Verspätete Nation. Für Einwanderer kein Gesetz – für Auswanderer keine Beratung. Migrationsforscher schlagen Alarm: Deutschland ist zu einer Drehscheibe der weltweiten Migration geworden – doch dafür hat es kein Konzept,
in: Die Welt, 9.10.2000.

Die deutsche Wanderungsgeschichte des letzten Jahrhunderts stand im Zeichen des Wandels vom Aus- zum Einwanderungsland. Dem entsprach auch ein Wandel der Institutionen, allerdings mit durchweg grotesken Verspätungen, die sich bis heute fortsetzen:

In der Geschichte der deutschen Migrationspolitik gibt es einen Weg vom Auswanderungsland ohne Auswanderungsgesetz zum Einwanderungsland ohne Einwanderungsgesetz und zuletzt zur Drehscheibe im transnationalen Wanderungsgeschehen ohne zureichendes Instrumentarium.

Das erste Reichsgesetz über das Auswanderungswesen kam zu spät: Als es 1897 verabschiedet und im folgenden Jahr in Kraft gesetzt wurde, gehörte sein Gegenstand, die deutsche überseeische Massenauswanderung, bereits seit Anfang der 1990er Jahre der Vergangenheit an. Die Jahrzehnte vor dem Ersten Weltkrieg standen im Zeichen des Wandels vom Auswanderungsland zum »Arbeitseinfuhrland« – es fehlte nicht mehr an Arbeitsplätzen, sondern an Arbeitskräften, die jährlich zu Hunderttausenden als »ausländische Wanderarbeiter« über die Grenzen strömten. Nicht wenige, Italiener zumal, wanderten dauerhaft zu, aber eine Einwanderungsgesetzgebung blieb, allen Forderungen zum Trotz, aus.

In der Weimarer Republik gab es erstmals ein anfangs größer geplantes »Reichswanderungsamt«, das sich um überseeische Auswanderung, kontinentale »Rückwanderung« aus dem Osten und um Einwanderung kümmern sollte. Es hatte aber bald fast nur mehr mit Auswanderungsfragen zu tun und wurde deshalb wieder zu einer kleinen, wenig effektiv arbeitenden staatlichen Beratungsstelle zusammengestrichen, die unter dem bezeichnenden Stichwort »Amt der verlorenen Worte« in die Geschichte einging.

Die erst in der späten NS-Zeit aufgelöste und in der Bundesrepublik wieder begründete Dienststelle für Auswanderungsfragen wurde zu einer Keimzelle des späteren Bundesverwaltungsamtes. Es sollte sich mit beiden Seiten des Wanderungsgeschehens, also mit Aus- und Einwanderungsfragen, beschäftigen und hat heute vorwiegend mit dem zu tun, was man nach dem Ersten Weltkrieg »Rückwanderung« nannte und was heute »Aussiedlerzuwanderung« heißt.

Nach dem Reichsgesetz zum Schutz gegen »Missstände im Auswanderungswesen« von 1924 gab es 1975 auch ein entsprechendes Bundesgesetz. Die Hauptlast der Beratungstätigkeit aber lag und liegt nach wie vor, vom Bundesverwaltungsamt selbst abgesehen, bei den nichtstaatlichen Mittlerorganisationen, unter ihnen das Raphaels-Werk und die Caritas auf katholischer, das Diakonische Werk auf evangelischer Seite und das Deutsche Rote Kreuz.

Ab 1955 begann mit der deutsch-italienischen Vereinbarung der Weg zur organisierten Massenanwerbung von ausländischen Arbeitskräften. Trotz des »Anwerbestopps« von 1973 ging die »Gastarbeiterfrage« seit den späten 1970er Jahren über in ein echtes Einwanderungsproblem. Die Zuwanderungskommission unter Rita Süssmuth aber, die über ein Einwanderungsgesetz nachdenken soll, konstituierte sich erst im September 2000. Zurzeit wird endlich – ungefähr zwei Jahrzehnte zu spät – über eine Einwanderungsbehörde nachgedacht, die angeblich im Zusammenhang des Bundesamtes für die Anerkennung ausländischer Flüchtlinge in Nürnberg geschaffen werden soll. Denn dort gibt es nach der »erfolgreichen« Drosselung der Asylzahlen zunehmend unbeschäftigte Asylentscheider.

In den Köpfen der Entscheidungsträger scheint aber nicht angekommen zu sein, dass Deutschland seit dem Ende des Kalten Krieges wieder eine Drehscheibe im transnationalen Wanderungsgeschehen ist, die im Globalisierungsprozess noch stärker in Bewegung kommt: Deutschland ist nicht nur – was lange politisch dementiert wurde – ein Einwanderungsland geworden; es ist auch ein Durch- und Auswanderungsland geblieben. Dafür besteht anhaltender Beratungsbedarf.

Migranten jedoch, die Deutschland verlassen wollen, seien es klassische Auswanderer oder Arbeitswanderer mit befristeten Arbeitsverträgen, werden, wenn eine stille Entwicklung auf staatlicher Seite so weitergeht, weil keine hinreichende Beratungsmöglichkeit mehr finden; denn der Staat und in der Folge auch die Kirche – zumindest die Evangelische Kirche (Diakonie) – ziehen sich aus der Arbeit zurück: die öffentlichen Beratungsstellen in München, Hamburg, die Beratungsstelle des Instituts für Auslandsbeziehungen in Stuttgart, kirchliche Beratungsstellen, etwa die diakonischen in Dresden und Rostock, wurden geschlossen.

Die Fördermittel des Bundes wurden extrem gekürzt, von 990 000 DM auf dem Höchststand 1994 auf 500 000 DM im Jahr 2000. Das Deutsche Rote Kreuz, das Diakonische Werk und das Raphaels-Werk sehen die korrekte Ausführung ihrer Aufgaben im Rahmen des Auswandererschutzgesetzes – das dem Vernehmen nach sogar selbst zur Disposition gestellt werden soll – gefährdet. Im Bundesverwaltungsamt besteht Einstellungsstopp für die Informationsstelle für Auswanderer und Auslandtätige. Außerdem war in den vergangenen Jahren ein auffälliger Stellenabbau zu beobachten. Zurzeit gibt es keinen Sachbearbeiter bzw. Länderreferenten für Lateinamerika und Afrika. Ein einziger Sachbearbeiter soll Nordamerika, Australien, Neuseeland und Ozeanien allein abdecken.

Im September 1992 schon musste mit den Trägern der Auswandererberatung aus Personalmangel verabredet werden, nur noch für die wichtigsten Länder Informationsschriften zu erstellen. Aber selbst hier fehlen heute so wichtige Länder Informationsschriften wie für Frankreich, die USA, Großbritannien oder Thailand.

Die gemeinnützigen Beratungsstellen, die die Hauptlast der Arbeit tragen, erhalten zudem Konkurrenz durch die Zulassung von profitorientierten – in einigen Fällen auch unseriösen – Firmen. Die Zulassung selbst wird in den Zuständigkeitsbereich der Bundesländer delegiert. Eine Überwachung fehlt.

Deutschland braucht dringend ein umfassendes Gesamtkonzept für alle Dimensionen der Migration, weil Deutschland längst eine Drehscheibe im internationalen Wanderungsgeschehen geworden ist.

5.2.5 Die Einwanderung und die Angst davor. Die Arbeit hinter verschlossenen Türen darf die öffentliche Debatte nicht ersetzen,
in: Frankfurter Allgemeine Zeitung, 16.11.2000.

Bei der politischen und rechtlichen Gestaltung der Problemfelder von Migration und Integration taten sich die Deutschen lange Zeit ungewöhnlich schwer. Das hatte vor allem drei Gründe:

1. gab es in Deutschland nicht nur die Bewegung von Menschen über Grenzen und von Grenzen über Menschen, sondern an die systematische Auskreisung von »Fremden« innerhalb der Grenzen selbst – Juden, Sinti, Roma. Der lange Schatten des staatlich organisierten Massenverbrechens im düstersten Kapitel der deutschen Geschichte erschwerte lange den

Umgang mit Migration, Integration und »Minderheiten«, die die Mehrheit einst willkürlich definierte, ausgrenzte und mörderischen »Sonderbehandlungen« unterwarf. Noch in den frühen 90er Jahren wurden mitunter Kontingente und Quoten in der Einwanderungspolitik mit der Selektion an der KZ-Rampe gleichgesetzt.

2. Ein politisch realistisches und zugleich rationales Verhältnis zu Migration und Integration als gesellschaftlichen Gestaltungsaufgaben wurde zugleich lange blockiert durch die regierungsamtlich verordnete defensive Erkenntnisverweigerung gegenüber der Tatsache, dass die Bundesrepublik spätestens seit den frühen 1980er Jahren nicht de jure, aber doch de facto ein modernes Einwanderungsland war. Bei dem Dementi »Die Bundesrepublik ist kein Einwanderungsland« wurde missverständlicherweise meist an klassische Einwanderungsländer gedacht, in denen, oft nach Verdrängung oder Vernichtung von »Ureinwohnern« bzw. zuvor zugewanderten Bevölkerungen, große Flächen zu besiedeln, Städte zu gründen, Wirtschaftsstrukturen zu entwickeln waren – und deren Gesellschaften auf diese Weise durch den Einwanderungsprozess selbst erst geformt wurden. Nicht zu dementieren hingegen war die Tatsache, dass in der Bundesrepublik Deutschland, ursprünglich ausgehend von der ehemaligen »Gastarbeiterbevölkerung« millionenfach ein echter Einwanderungsprozess in Gang gekommen war, dem nur die gesellschaftspolitische Akzeptanz und rechtliche Rahmung fehlte. Ein erster Schritt dazu wurde mit der Reform des Ausländerrechts 1990/91, ein zweiter durch die Einführung von Elementen des Territorialrechts (jus soli) bei der Reform des Staatsangehörigkeitsrechts 1999/2000 getan.

3. Der dritte Schritt, die formelle Akzeptanz der Rolle als Einwanderungsland durch Einwanderungsgesetzgebung und Einwanderungspolitik, d.h. durch die aktive rechtliche und gesellschafspolitische Gestaltung von Zuwanderung und Eingliederung, blieb zunächst aus; denn kollektive eskapistische Selbsttäuschungen entwickeln mitunter eine defensive Eigendynamik mit überlebenstechnischen Qualitäten – weil nicht sein kann, was nicht sein darf. Das gilt besonders dort, wo es um parteipolitische Festlegungen, Leitworte und Kampfbegriff geht, die, einmal losgelassen und im parteipolitischen Abwehrkampf programmatisch aufgeputzt, Eigendynamik entfalten.

Weil das so ist, fehlt es momentan an der einigenden Kraft, den mittlerweile durchaus erkennbaren Minimalkonsens in den anstehenden Gestaltungsfragen zu einem soliden parteiübergreifenden Eckwerte-Fundament zu gestalten, für dessen weiteren Auf- und Ausbau dann, auch in Wahlkampfzeiten, konstruktive Konzepte debattiert werden können: Dass es um begrenzte Einwanderungsförderung ebenso gehen muss wie um verstärkte Eingliederungshilfen nicht nur gegenüber künftigen, sondern auch gegenüber den schon vorhandenen, beruflich-sozial stark benachteiligen Einwandererbevölkerungen, ist unstrittig. Es geht nur noch darum, ohne Gesichtsverlust im eigenen Lager durch die anstehenden Verhandlungen zu kommen.

Werden die parteiübergreifenden Bemühungen um einen solchen Fundamentalkonsens zu lange hinausgezögert oder gar durch Ersatzdiskussionen (z.B. um »Leitkultur«) oder durch Blockadeargumente (z.B. ein nicht erreichbares Asylrechts-Junktim) abgedrängt, dann könnte im Wahlkampf doch noch die Stunde der Demagogen schlagen. Wohin das führen kann, sollte allen Beteiligten aus dem Kampf um den Asylkompromiss Anfang der 1990er Jahre noch in hinreichend schlechter Erinnerung sein.

Die beiden Kommissionen – die der Regierung und die der CDU – sollten, am besten in pragmatischer Kooperation, hilfreich wirken bei der nötigen gesellschaftlichen Vermittlung. Die Arbeit hinter verschlossenen Türen darf aber die nötige öffentliche Debatte nicht ersetzen; denn auch die Einübung in die pragmatische Diskussion von Migrations- und Integrationsfragen gehört zum gesellschaftlichen Alltag eines Einwanderungslandes ohne Angst vor sich selbst.

5.2.6 Rotgrüne Einwanderungspolitik: Coup oder Flop?,
Kurzfassung unter dem Titel »Das Tabu der Einwanderungspolitik«, in: Die Welt, 31.1.2001[29] (Originalfassung).

Gesetze macht man nicht von heute auf morgen. Dass ein umfassendes Einwanderungsgesetz in der laufenden Legislaturperiode nur noch auf den Weg zu bringen, aber nicht mehr zu verabschieden sein dürfte, ist für Sachkenner längst keine neue Erkenntnis mehr. Eine neue Botschaft aber brachten zu Wochenbeginn die beiden innenpolitischen Sprecher der rot-grünen Koalition, Wiefelspütz (SPD) und Özdemir (Bündnis 90/Grüne), in die Migrationsdebatte: Auch einen Entwurf für ein »umfassendes Zuwanderungsgesetz« werde es in dieser Legislaturperiode nicht mehr, möglicherweise auch überhaupt nicht geben.

Dahinter könnte ein Schachzug des Kanzlers stehen. Der hält das Stichwort »Zuwanderungsgesetz« für ein »Loser-Thema«, für eine »Falle der CDU«, die das Thema in der Tat für den nächsten Bundestagswahlkampf vorbereitet. Das wäre ein parteitaktischer Coup.

Man wolle, werden die Innenexperten zitiert, das Zuwanderungsproblem anstelle einer umfassenden Gesetzesinitiative noch vor der Wahl auf niedrigerer Gestaltungsebene regeln, u.a., so Wiefelspütz, durch flexiblere Verwaltungsvorschriften für die Greencard-Politik. Damit könnte die zu enge bundesdeutsche Greencard zwar zur Reichweite der von der bayerischen CSU erfundenen Blue Card aufgestockt

---

[29] https://www.welt.de/print-welt/article431073/Das-Tabu-der-Einwanderungspolitik.html.

werden. Aber das wäre ein strategischer Flop; denn beides sind Karten in einem Migrationsspiel nach den Regeln gehobener Gastarbeiterpolitik und kein Ersatz für Einwanderungsgesetzgebung und Einwanderungspolitik.

Der grüne Medienstar Özdemir wiederum schließt ein »Artikelgesetz« (»kleines Einwanderungsgesetz«) nicht aus, also ein Zusammenfahren der gültigen, aber weit verstreuten Gesetzesvorschriften zur besseren Übersichtlichkeit (für Juristen). Diese Idee stammt freilich nicht von den Bündnisgrünen, die unlängst erst, im Gegensatz zur SPD, einen neuen Entwurf für ein Einwanderungsgesetz vorgelegt hatten. Sie stammt von dem eher konservativen Juristen Kay Hailbronner, Mitglied der Zuwanderungskommission und Vertreter von Kanthers Asylrechtsreform in Karlsruhe, der die Diskussion um ein Einwanderungsgesetz von Anbeginn an für eine »Gespensterdebatte« hielt. Quo vadis in Migrationsfragen, rotgrüne Koalition?

Es geht um mehr: Migration, Integration und Minderheiten sind heute nicht mehr nur wirtschafts- und arbeitsmarktpolitische, sondern zentrale gesellschaftspolitische Probleme und Aufgaben. Sie sind, allem deutschen Etatismus und Legalismus zum Trotz, zwar auch durch Einwanderungsgesetzgebung allein nicht zu »lösen«. Aber ein umfassendes und transparentes, praxisorientiertes und flexibles Regelsystem ist dafür von nicht zu unterschätzender Bedeutung.

Im Kampf dafür und dagegen erreicht die parteipolitische Amnesie stets neue Höhepunkte: Die Regierungspartei SPD verweigert jetzt, was die Oppositionspartei SPD früher gefordert hat, während die Oppositionsparteien CDU/CSU heute vehement einklagen, was sie als Regierungsparteien lange tabuisiert haben: »Die Bundesrepublik ist kein Einwanderungsland« hieß die Bannformel der defensiven Erkenntnisverweigerung. Was man tabuisiert, das kann man nicht gestalten.

Das Tabu ist gebrochen, der Gestaltungsauftrag noch unerfüllt. Es ist für die Opposition immer leichter, Konzepte einzuklagen als für die Regierung, deren Konzepte alsbald an ihrer praktischen Umsetzung gemessen werden. Aber Parteitaktik darf Gestaltungsstrategien in zentralen und brisanten Fragen der Gesellschaftspolitik nicht dauerhaft behindern.

Mag sein, dass man neben BSE und Schweinemast, Renten und Uranmunition nicht noch jenes glitschige Fass aufmachen will, das die warnende Aufschrift »Einwanderungsfragen« trägt. Aber die rotgrüne Koalition hat dieses Fass nicht gefüllt, sondern nur geerbt. Manche Fische darin stanken längst vom Kopfe her. Einige wurden nach dem Regierungswechsel mutig ausgeräumt und ersetzt.

Dazu gehörte vor allem die Reform des Staatsangehörigkeitsrechts. Sie war ein wichtiger Schritt auf dem Weg vom Versteckspiel mit der gesellschaftlichen Wirklichkeit zur Akzeptanz der Realitäten im Einwanderungsland. Aber der konsequente Weg voran führt von der Anerkennung der Einwanderungssituation zu ihrer Gestaltung durch Einwanderungsgesetzgebung, Einwanderungspolitik und Integrationspolitik als deren innerer Kehrseite. Angemessen ist deshalb nicht Stop-and-go bzw. Go-and-stop, sondern ein Halteverbot in der Migrationspolitik.

Auch Europa ist kein Argument für den Rückzieher: Dass es in der EU keine nationalen Alleingänge in der Migrationspolitik mehr geben kann, ist eine Binsenweisheit. Sie darf kein Hebel sein, längst überfällige nationale Hausaufgaben auf die lange Bank zu schieben, auf der es für Deutschland in Sachen Migrationspolitik inzwischen ohnehin ein wachsendes Gefälle zwischen europäischer und nationaler Gestaltung gibt.

Wichtiger ist wohl das rotgrüne Hessen-Trauma von 1998: Hintergründe des Debakels waren nicht nur die Kampagne der Opposition, sondern auch Patzer der Regierung. Sie zeigte zunächst keine politische Kompromissbereitschaft in der Sache und übersah außerdem, dass man mit Paragraphen keine Mentalitäten ändert – schon gar nicht die in vielen Köpfen tickende ethnonationale Botschaft, Deutscher könne man zwar sein, aber nicht werden.

Die polemische CDU-Kampagne gegen den »Doppelpass schürte alte Ängste und Abwehrhaltungen, ablesbar an der Frage, mit der sich viele Zeichnungswillige nach den Unterschriftenlisten erkundigen: »Wo kann ich hier gegen Ausländer unterschreiben?« Die Kampagne trug bei zum Regierungswechsel in Hessen, weshalb die rotgrüne Koalition ihre Mehrheit im Bundesrat verlor, Angst vor der eigenen Courage bekam, Kompromissbereitschaft zeigen und ihren Gesetzentwurf überarbeiten musste. Schock und Schmerz sind verheilt, die Seelennarben geblieben.

Migrationspolitik kann in einer freiheitlichen Demokratie eben nicht gegen die einheimische Mehrheit durchgesetzt werden, wenn gesellschaftlich gefährliche Spannungen und Konflikte zu Lasten zugewanderter Gruppen vermieden werden sollen. Für ihre Akzeptanz muss deshalb in öffentlicher Überzeugungsarbeit regelrecht geworben werden. Das Abdrängen der Debatte in die fleißige Zuwanderungskommission war dabei eher kontraproduktiv.

Die still und hart arbeitende Regierungskommission, die wohl im Frühjahr erste Eckpositionen und im Sommer ihre Ergebnisse vorlegen wird, sollte überdies nicht einerseits unnötig unter Zeitdruck gesetzt und andererseits als Argument für Zeitgewinn benutzt werden. Verzögerungstaktik spricht aus dem schon wiederholt vorgetragenen Argument, man wolle die Ergebnisse der Kommission abwarten und erst dann entscheiden, ob man überhaupt ein umfassenderes Gesetzgebungswerk brauche.

Das könnte zu einem prekären Ergebnis führen; denn das Thema wird im nächsten Wahlkampf auf Bundesebene in jedem Falle eine Rolle spielen – nicht trotz, sondern gerade wegen seiner gesellschaftspolitischen Brisanz. Umso wichtiger wäre es, möglichst rasch wegzukommen von wechselseitigen Unterstellungen und Schuldzuschreibungen der Parteien, deren mögliche Folgen aus der Asyldebatte der frühen 90er Jahre hinlänglich bekannt geblieben sein sollten. Es gilt, stattdessen den in der Sache durchaus vorhandenen Minimalkonsens in Sachen Migration und Integration nach außen hin deutlicher werden zu lassen. Dazu sollte auch die Bundesregierung das Ihre beitragen.

Andernfalls könnte es vor der nächsten Bundestagswahl einen neuen fundamentalistischen Keulenkampf mit Totschlagsargumenten um die falsche Frage geben, ob in Deutschland Einwanderungsfragen anstehen oder nicht. Mehr noch: Wer dazu beiträgt, dass an die Stelle der Diskussion um das konkrete »Wie« eine neue Angstdiskussion um ein grundsätzliches »Ob« tritt, der öffnet unversehens das Feld für die großen Vereinfacher von rechts. Sie werden vom Geruch der faulen Fische magisch angezogen, weil ihnen soziale Ängste, gesellschaftliche Unübersichtlichkeiten und politische Gestaltungsschwächen traumschöne Morgengaben sind.

5.2.7 »Einwanderung ist kein Allheilmittel für gesellschaftliche Probleme«, Interview (Andrea Seibel / Dorothea Siems), Kurzfassung in: Die Welt, 29.3.2001[30] (Originalfassung).

Deutschlands Politiker streiten derzeit über den Satz »Ich bin stolz, ein Deutscher zu sein«. Fördern die Schwierigkeiten der Deutschen, eine positive Identität zu sich und ihrem Land zu finden, die Angst beim Thema »Einwanderung«?
Einwanderungen werfen oft Identitätsprobleme auf. Da stehen die Deutschen nicht allein. Aber sie haben aus historischen Gründen eine prekäre Selbstbeschreibung. Das macht es mental nicht eben leicht, die nötigen Spielregeln für Einwanderung und Eingliederung zu formulieren.

Migrationsforschung ist ein schweres Geschäft. Die aktuelle Migrationsdebatte ist, wie Sie einmal schrieben, eine »Umwälzanlage für abgestandene Argumente«.
Seit den 1980er Jahren gibt es in der Migrationsdebatte kein einziges neues Argument. Aber Victor Hugo hat einmal gesagt: »Es gibt nichts Wirkungsmächtigeres als eine Idee, deren Zeit gekommen ist.« Früher haben wir gegen Windmühlen gekämpft, heute genügen ein paar Zeitungsartikel und es bewegt sich etwas. Ein früherer hochrangiger Ministerialbeamter in Bonn hat mir vor einigen Jahren einmal sinngemäß erklärt: »Wir haben in den 80er Jahren ganz bewusst alles verhindert, was Sie und andere damals im Blick auf die angebliche Entwicklung zum Einwanderungsland gesagt und gefordert haben.« Da fragte ich ihn: »Und wer hatte damals recht, Sie oder wir?« »Rückblickend betrachtet, Sie«, sagte er. »Aber das konnten Sie doch damals nicht wissen.«

Ist die Bundesrepublik wirklich schon ein Einwanderungsland?
Zweifelsohne. Wir sind auf dem Weg von einem informellen zu einem formellen Einwanderungsland in drei Schritten: 1990 kam die Reform des Ausländerrechts mit den Einbürgerungserleichterungen, 2000 folgte die Reform des Staatsangehörigkeitsrechts. Jetzt brauchen wir noch Einwanderungsgesetzgebung und Einwanderungspolitik mit entsprechenden Institutionen. Dann sind wir angekommen.

An welche Institutionen denken Sie dabei?
Vor allem an ein Bundesamt für Migration und Integration. Das Beauftragtenwesen war ja nur eine Verlegenheitslösung, eine pragmatische Improvisation aus der Zeit des Kleinhaltens und Kleinredens des großen Themas. Das muss endlich unter einem Dach vereint werden.

Was soll ein solches Amt leisten?
Es geht um eine doppelte Koordination: Horizontal zwischen dem, was heute auf die Beauftragten für Ausländer, Aussiedler und für die Anerkennung ausländischer Flüchtlinge verteilt ist, sowie zwischen den verschiedenen Ressorts, die mit dem Thema zu tun haben, das ja zum Teil eine Querschnittsaufgabe ist. Und vertikal zwischen einer europäischen Migrationsinstitution und entsprechenden Institutionen auf Landesebene, wie zum Beispiel dem NRW-Landeszentrum für Zuwanderung in Solingen. Daneben muss es ein Bundesforschungsinstitut geben. Es muss kontinuierlich die Entwicklung verfolgen, Konzepte auf ihre Praxistauglichkeit hin prüfen und regelmäßig Bericht erstatten. Um unnötige Doppelarbeit zu vermeiden, um bestehende Kapazitäten zu ergänzen und sachbezogen zu bündeln, muss das Forschungsinstitut über ein bundesweites Netzwerk eng kooperieren mit entsprechenden Instituten an Universitäten, und Fachhochschulen und in freier Trägerschaft. Schließlich brauchen wir eine gezielte Förderung von Forschung, Aus- und Fortbildung in diesem Bereich. Bei dem insgesamt ganz erfolgreichen »Durchwursteln« haben wir uns in einigen Bereichen daran gewöhnt, ohne Führerschein zu fahren.

Was würde sich dadurch qualitativ ändern? In der Wirtschaft herrscht ja die Meinung vor, wir könnten uns die Einwanderer einfach aussuchen.
Das können wir nicht. Viele Eintrittskarten sind schon vergeben durch höheres Recht oder selbstauferlegte Verpflichtungen. In Deutschland z.B. durch Familiennachzug, Aussiedler und Asyl, alles in allem 200–250 000 Menschen im Jahr. Die Steuerungschancen sollte man also nicht überschätzen. Man muss von dem deutschen Legalismus und Etatismus heruntergekommen. Viele denken, jetzt wird ruckzuck ein

---
[30] https://www.welt.de/print-welt/article442433/Einwanderung-ist-kein-Allheilmittel-fuer-gesellschaftliche-Probleme.html.

Einwanderungsgesetz gemacht, dann hört die illegale Einwanderung auf und wir bekommen ideale Einwanderungsverhältnisse, eine Art Migrationsparadies auf Knopfdruck. sozusagen. In den 80ern haben wir gegen defensive Erkenntnisverweigerung gekämpft und um eine gewisse Annäherung an die gesellschaftliche Realität. Inzwischen hat sich herumgesprochen, dass Einwanderung auch positive Seiten hat, und nun mehren sich die Stimmen, die glauben, Einwanderung sei ein Allheilmittel für gesellschaftliche Probleme.

Wie hoch wäre zu den von Ihnen erwähnten fixen Zahlen die übrige Steuerungsmenge?
Es gibt zum Beispiel momentan ein m.E. passables Modell, das insgesamt etwa bei 300 000 plus bleibt, davon ca. 100 000 Steuerungsmenge. Herr Schwarz-Schilling sprach unlängst sogar von insgesamt 700 000–800 000, was ich aber nicht für machbar halte. Man hat doch Jahrzehnte lang die Angst vor Einwanderung geschürt. Die Folgen sind mentale Barrieren, die man heute nicht einfach überspringen kann. Man kann Einwanderungspolitik, die gesellschaftspolitisch immer brisant ist, nicht gegen, sondern nur mit der einheimischen Mehrheit machen. Wenn man jetzt das Steuer überreißt, bekommt man noch mehr Akzeptanzprobleme. Außerdem: Woher sollen die vielen Einwanderer denn kommen? Die Geburtenraten sinken doch nicht nur in den westeuropäischen Staaten, sondern auch im Osten und selbst in der Türkei, die schon im Übergang vom Aus- zum Einwanderungsland ist. Wer für Europa Einwanderer in so großer Zahl sucht, wird sich schon in einem Jahrzehnt eher in Afrika und Indien umsehen müssen.

Ein Grund für diese Verschiebung der Perspektive ist das Wissen darum, dass unsere Gesellschaft überaltert. Kann man aber Gesellschaft wie ein Gefäß betrachten, das von außen aufgefüllt gehört?
Nein, es geht weniger um die Menge als um das Profil der Zuwanderung. »Migrationspolitik pur« geht sowieso nicht. Zu den anstrengendsten Aufgaben aller Zuwanderungskommissionen gehört die Einsicht in die Tatsache, dass alles mit allem zusammenhängt. Das reicht von der Wirtschaftspolitik über die Sozialpolitik bis in die Kulturpolitik und in viele andere Bereiche hinein. Wir fangen gerade erst an mit einer offenen Generaldebatte zum Thema »Zukunft«, in der Migration eine ganz wichtige Rolle spielt. Hinzu kommen einige simple Einsichten: Wir müssen weg von den absurden Gedanken an generative Einsatzreserven im Ausland, die man einfliegen kann, damit sie sich dann hier ersatzweise fleißig vermehren. Erstens werden Einwanderbevölkerungen auch älter und zweitens passen sie sich nach kurzer Zeit dem Geburtenverhalten der Aufnahmegesellschaft an. Man müsste, um die gegenwärtige Altersstruktur in der Bundesrepublik einzufrieren, für lange Zeit jährlich rund zwei Millionen Einwanderer holen. Das kann niemand im Ernst vorschlagen. Die Kehrseite von Migrationspolitik heißt schließlich Integrationspolitik. Und da haben wir ohnehin schon manches versäumt: Wir sollten deshalb auch nicht nur an die Zukunft denken, sondern auch in der Gegenwart die Fehler der Vergangenheit zu begrenzen suchen durch nachholende Integrationspolitik. Wir haben z.B. in den 80er Jahren mehr Rückkehrförderungspolitik als Integrationspolitik betrieben.

Warum war diese Strategie falsch?
Bei der Anwerbung von »Gastarbeitern« wurden seit Mitte der 1950er Jahre viele Menschen gezielt für die untersten Ebenen des Arbeitsmarktes angeworben. Genau zu der Zeit, als sich eine dauerhafte Einwanderungssituation herausbildete, sind viele dieser Arbeitsplätze dem Strukturwandel zum Opfer gefallen oder wurden wegrationalisiert. Da wäre mehr Integrationspolitik mit Umschulungen, Aus- und Fortbildungsmaßnahmen für Einwanderer angesagt gewesen.

Wie kann man die Integration fördern? Und ist sie von den Migranten überhaupt erwünscht? Bei einem Blick auf das Kreuzberger Ghetto hat man nicht den Eindruck.
Ich warne davor, von »Ghettos« zu sprechen. Für mich sind das städtische Siedlungskolonien. Die sind immer auch Antworten auf kulturelle Unterschiede, Abwehrhaltungen oder Anpassungsdruck der Aufnahmegesellschaft. In der Einwanderungsgeschichte Amerikas gab es auch zwei bis drei Generationen lang Little Italy oder Little Germany.

Viele Menschen hier zu Lande können sich dies nicht vorstellen, ja wollen es auch nicht.
Es wird vielfach noch nicht erkannt, dass Einwanderung ein beidseitiger Anpassungsprozess ist. Deshalb würde ich auch nicht nur von »Integration der Einwanderer« reden, sondern auch von einer »Integration zwischen Aufnahme- und Einwanderergesellschaft«. Das ändert aber nichts daran, dass die Anpassungsleistung der Einwanderer immer unvergleichbar höher ist.

Heißt das, dass sich über kurz oder lang die Länder einander angleichen und die kulturellen Unterschiede verschwinden?
Nichts wird in Europa so bleiben, wie es einmal war. Die Berge bleiben an der gleichen Stelle, die Flüsse in denselben Läufen, aber kulturell wird sich vieles von Grunde auf ändern.

Ist es also letztlich egal, woher Migranten stammen?
Viele von uns reagieren immer noch auf die »Sichtbarkeit« des Fremden. Dahinter steckt oft ein latenter Eurorassismus, der Distanz schafft und Skepsis. Das wird sich ändern müssen. Denn Kultur ist kein Zustand, sondern ein Prozess, in dem jede Zeit ihre eigene Form gewinnt. Wenn man das verstanden hat, weiß man, dass es keinen Zweck hat, sich dem Wandel zu verschließen.

Nochmals eingehakt. Ist dies nicht eine zu ökonomistische und mechanistische Sicht auf gewachsene Organismen wie etwa die deutsche Gesellschaft?
Die ist doch gar nicht »organisch gewachsen«. Die ist doch nach 1945 im Rahmen des Möglichen ganz bewusst geschaffen worden und zwar im Gegenentwurf gegen vieles, das angeblich »organisch« gewachsen war und dann im Orkus der NS-Zeit endete.

Die Politik hat vor dem Zuwanderungsthema wie dem Überalterungsthema Angst. Dies wird auch daran deutlich, dass die Zuwanderungskommission der Bundesregierung nicht so bald einen Gesetzentwurf vorlegen wird.
Ich möchte die Schily-Kommission unter Führung Rita Süssmuths ausdrücklich in Schutz nehmen. Sie ist unabhängig. Sie soll die Grundlagen für ein Regelwerk zur Migration finden und arbeitet unter enormem Zeitdruck. Ihre Aufgabe kann es nicht sein, einen fertigen Gesetzentwurf hinzulegen. Sie wird wohl Anfang Juli ein Rahmenkonzept präsentieren, innerhalb dessen ein solches Gesetz im Konsens entwickelt werden kann. Im Mai dürfte die CDU-Kommission ihre Angebote vorlegen. Dann kann man auf diesen und anderen Grundlagen hoffentlich eine pragmatische Wie-Diskussion führen, statt in die demagogische Ob-Diskussion zurückzufallen.

Sie haben eben gesagt, Migration sein kein »Allheilmittel für gesellschaftliche Probleme«. Wie schätzen Sie denn den Stellenwert von Migration in diesem Zusammenhang überhaupt ein?
Es geht um eine vernünftige Vermittlung zwischen geregelter Zuwanderung von außen und zum Teil schmerzlichen Reformen im Innern. Dazu gehören die Verlängerung der Lebensarbeitszeit und die Erhöhung der Rentenbeiträge trotz Senkung des Rentenniveaus. Dazu gehören aber auch ein stärkeres Ausschöpfen der Arbeitsmarktreserven im Bereich der Arbeitslosigkeit durch Umschulungen, Fortbildungen und Beschäftigungspolitik sowie ganz allgemein eine umfassende Qualifikationsoffensive. Und dazu gehört eine Steigerung der Frauenerwerbstätigkeit, verbunden mit Frauenförderung, gravierenden Verbesserungen in der Familienpolitik und im Bereich von Ganztagsschulen und Kindergärten, um nur einige Beispiele zu nennen. Geregelte Zuwanderung kann bei alledem nur begleitende Hilfestellung bieten im Sinne einer Abfederung der sozialpolitischen Folgen von Bevölkerungsrückgang und Überalterung. Ein Ersatz für Reformen ist sie nicht.

Viele andere Staaten haben vor Deutschland erkannt, dass sie gut ausgebildete Arbeitskräfte aus dem Ausland brauchen. Steht uns ein Kampf um Fachkräfte bevor?
Wir sind doch längst in diesem Prozess und kämpfen gegen die Abwanderung unserer besten Leute. Es sind aber nicht allein die höheren Gehälter, die z.B. viele unserer besten jungen Forscher zur Abwanderung bringen, sondern auch die ganz anderen Entfaltungsmöglichkeiten im westlichen Ausland, die Flucht aus der staatlichen Bevormundung von »Bediensteten«, aus dem lähmenden Bürokratismus im öffentlichen Dienst, bei der Forschungsförderung und aus dem verkorksten Verhältnis von Lehre und Forschung an deutschen Universitäten. Die kommen doch nicht zurück, bloß, weil die Bundesforschungsministerin ein paar Geldsäcke auf den Tisch stemmt.

Gibt es Gesellschaften, die den postnationalen Gesellschaftsvertrag besser meistern oder ist es das Schicksal der Politik, diese Fragen nicht mehr anpacken zu können?
Wir haben tragischerweise in der Politik durch den Wahlturnus so etwas wie freiheitlich-demokratische Vierjahrespläne. Wenn man Migrationspolitik als Gesellschaftspolitik begreift, muss man aber für 20–30 Jahre planen. In anderen Ländern gibt es da geglücktere Experimente, etwa in den Niederlanden. Die Niederländer hatten Ende der 70er eine ähnliche Situation wie die Deutschen. Aber sie haben eine offene Diskussion geführt, und mithilfe einer Kommission die Wahrheit an sich herangelassen und sich ihr in konkreter Gestaltung gestellt. Wir müssen auch in der Bundesrepublik dahin kommen, ein positives Verhältnis zu Migration und Integration zu stabilisieren, statt Angst davor zu predigen.

5.2.8 Migration und Integration. Chancen und Risiken der Gestaltbarkeit – 15 Thesen,

Kurzfassung unter dem Titel »Seid nicht zu euphorisch: Auch wachsende Zuwanderung wird die deutsche Gesellschaft nicht von ihrem Reformzwang befreien – 15 Thesen«, in: Die Zeit, 3.5.2001[31] (Originalfassung).

1. Europa ist ein Einwanderungskontinent mit fallenden Geburtenraten, steigender Lebenserwartung und demographisch alternden Bevölkerungen. Daraus resultieren viele Zukunftsprobleme. Europa braucht deshalb geregelte und aktiv gestaltete Einwanderung. Das ist heute weithin akzeptiert. Früher haben wir lange vergeblich um die Akzeptanz dieser Einsichten gekämpft, heute müssen wir vor Überzeichnungen warnen. Das fängt bei der Frage an, woher die Einwanderer der Zukunft eigentlich kommen sollen. Und es endet mit der Frage nach ihrer Integration in einem Europa, das trotz verhaltener Einwandererfreude weithin noch immer ein latent eurorassistisches Missfallen an anderen Hautfarben zeigt; denn viele Europäer begegnen den »Fremden« nach wie vor lieber im Urlaub als zuhause, am Arbeitsplatz oder gar im Chefzimmer.

Nicht nur in der Europäischen Union, sondern auch in ihrem östlichen Erweiterungsraum sinken, von wenigen Ausnahmen abgesehen, die Geburtenraten. In diesen Trend eingeschwenkt ist mittlerweile auch schon die Türkei in ihrem zügigen Wandel vom

---
[31] http://www.zeit.de/2001/19/200119_forderungen_xml, Nachdruck unter dem Originaltitel, in: taz.die tageszeitung, 6.7.2001.

Auswanderungsland zum Einwanderungsland. Wer also, wie für Einwanderung in großer Zahl plädiert soll auch sagen, an welche Ausgangsräume er dabei denkt. Und er soll sagen, wie er sich angesichts der nach wie vor verbreiteten Abwehrhaltungen konkret die Förderung der Akzeptanzbereitschaft gegenüber solcher Einwanderung in großer Zahl, z.B. aus Afrika und Indien, vorstellt.

2. Einwanderung ist kein Allheilmittel für gesellschaftliche Probleme: Abstürzende Geburtenraten können nicht durch Einwandererimport ausgeglichen werden. Gelegentlich wird die banale Tatsache übersehen, dass auch Einwanderer älter werden. Das gleiche gilt für die schon nicht mehr so triviale Information, dass sich – auch das gehört zur Integration – die Geburtenraten der Einwandererbevölkerung zügig denen der Aufnahmegesellschaft anzugleichen pflegen. Deshalb kann soziale Sicherheit für morgen nicht etwa vorwiegend über Einwanderung finanziert werden. Überdies können Einwanderer Hilfe bei der Bewältigung gesellschaftlicher Probleme ohnehin nur dann leisten, wenn sie, sozialversicherungspflichtig, vom Ertrag ihrer Arbeit leben und nicht von Sozialhilfe oder Schwarzarbeit.

3. Die Wahrheit liegt in einer vernünftigen Vermittlung zwischen geregelter Zuwanderung von außen und tiefgreifenden, für Viele schmerzhaften Reformen im Innern. Sie zentrieren in einem – schon im »Manifest der 60« zum Thema »Deutschland und die Einwanderung« von 1993 geforderten – Mix von zum Teil unerfreulichen Positionen. Dazu zählen u.a.: Verlängerung der Lebensarbeitszeit durch Verkürzung von Ausbildungszeiten und Erhöhung des Renteneintrittsalters; Erhöhung der Rentenbeiträge trotz Senkung des Rentenniveaus; Ausschöpfen von Arbeitsmarktreserven im Bereich der Arbeitslosigkeit durch gezielte und vor allem in ihrer Effizienz und Arbeitsmarkttauglichkeit evaluierte Umschulungs- und Fortbildungsmaßnahmen, verbunden mit nicht minder streng evaluierten beschäftigungspolitischen Initiativen; Erhöhung der in Deutschland im internationalen Vergleich niedrigen Frauenerwerbsquote, verbunden mit gravierenden Änderungen in der Frauenförderung, in der Familienpolitik und im Schul- und Vorschulwesen: von Ganztagsschulen, bis hin zu jenem Kindergarten-System, das in Deutschland mit der DDR untergegangen ist. Geregelte Zuwanderung kann bei alledem und anderem mehr nur begleitende Hilfestellung bieten im Sinne einer Abfederung der sozialpolitischen Folgen der nicht mehr aufzuhaltenden demographischen Prozesse. Ein Surrogat für Reformen ist sie nicht.

4. »Migrationspolitik pur« ist Nonsens; denn teuflischerweise hängt gerade hier alles mit allem zusammen. Mehr noch: Wer Migrationspolitik machen will, sollte deshalb weniger von Zahlen und mehr von Zielen reden in Wirtschafts- und Sozialpolitik, aber auch in der Kulturpolitik. Er muss außerdem in langen Planungszeiträumen denken und nicht nur in den von Legislaturperioden skalierten freiheitlich-demokratischen Vier-Jahresplänen, von denen ohnehin immer nur die drei ersten Jahre voll zählen, weil im vierten schon wieder Wahlkampf ist. Wer also in Sachen Migrationspolitik nur bis drei oder vier zählen und nicht mindestens ein bis zwei Jahrzehnte vorausplanen will oder kann, der spielt am falschen Tisch.

5. Die innere Kehrseite von Migration heißt Integration. Migrations- und Integrationspolitik gehören zusammen wie zwei Seiten der gleichen Medaille. Heute wird – endlich – viel und ernsthaft von »Integration« gesprochen. Nicht zu übersehen ist dabei, dass es neben vorausschauender auch eine nachholende Integrationspolitik geben muss, die Folgerungen aus eigenen Fehlleistungen zieht: Es leben schon mehr als sieben Millionen Einwanderer der ersten, zweiten und schon dritten Generation im Land und gegenüber vielen von ihnen gibt es hier noch eine historische Bringschuld.

6. Einwanderungspolitik als Gesellschaftspolitik darf auch Mentalitätsprobleme nicht ausblenden; denn Einwanderungsprozesse können für Mehrheit wie Minderheiten mit erheblichen Identifikationsproblemen verbunden sein. Integration ist dabei nicht bloß einseitige Anpassungsleistung, sondern auch ein gesellschaftliches Geschäft auf Gegenseitigkeit, das beide Seiten verändert. Dabei bildet sich, im glücklichsten Falle, eine neue Solidarität in einer Einwanderungsgesellschaft heraus. Unter diesem Dach können sich ethnokulturelle Identitäten als durchaus mit »Stolz« benannte und mit Respekt akzeptierte individuelle »Herkunftsadressen« einordnen. Damit würden ethnische Kollektive als identitätsstiftende Bezüge weitgehend funktionslos, abgesehen von ihrer oft unersetzlichen Druckkammer-Funktion in den ersten Phasen des Eingliederungsprozesses. Das hat nichts mit »Ideologiestiftung« im Einwanderungsprozess zu tun. Es geht schlicht um Gesellschaftspolitik in der Einwanderungssituation. Sie darf nicht unbegleitet bleiben im naiven Vertrauen auf einen gleichsam naturwüchsig friedlichen Verlauf gesellschaftlicher Prozesse. Migrations- und Integrationspolitik ist eben mehr als Quotenrechnen.

7. Integration von Einwanderern in großer Zahl und die damit verbundenen Veränderungen in der Aufnahmegesellschaft werden von den Einheimischen leichter akzeptiert, wenn Steuerung und Begrenzung nach außen die Einwanderung überschaubar halten. Nötig für eine geregelte Zuwanderung ist eine europäische Migrationspolitik, die diesen Namen verdient. Dann können Einwanderer, die man in den europäischen Einwanderungsländern mit unterschiedlichen Berufsprofilen dringend braucht, mit klaren Anforderungen konfrontiert werden. Sie kennen die

Kriterien und wissen, ob und wie sie ihre Chancen auf Zugang verbessern können. Sie können gegebenenfalls auch auf Wartelisten gesetzt werden, ohne sich durch Asylverfahren hindurchlügen oder gar illegale Wege beschreiten zu müssen.

8. Aber es darf keine Illusionen geben über die Grenzen der Gestaltbarkeit: Hinter der durch Umfragen belegten neuen deutschen Euphorie gegenüber Zuwanderungsgesetzgebung steckt hierzulande vielfach weniger der Gedanke an die nötige Zuwanderungsförderung als die stille Hoffnung auf Zuwanderungsbegrenzung. Übersehen wird dabei oft, dass die Handlungsspielräume für Migrationssteuerung durchaus begrenzt sind wegen umfangreicher, durch unterschiedliches Recht geschützter Zuwanderungen (in Deutschland also Familiennachzug, Aussiedlerzuwanderung und Asyl).

9. Umso wichtiger ist es, hier rechtspolitisch nicht – wie z.B. im Ausländergesetz von 1990 – starr, sondern flexibel zu handeln, so dass z.B. auch im Bereich von Flucht und Asyl im wohlverstandenen Eigeninteresse des Aufnahmelandes in geeigneten Fällen Einwanderungskriterien wirksam gemacht werden können. Umgekehrt könnte bei der Aussiedlerzuwanderung, die, was die Zahl der jährlichen Aufnahmebescheide angeht, längst die Aura der nicht quotierbaren Unumgänglichkeit eingebüßt hat, neben die Sprachfertigkeit als Zugangskriterium auch eine zureichende berufliche Basisqualifikation als Kriterium für Zugangserleichterung bzw. -beschleunigung treten. Das gilt auch für jene mitreisenden Familienangehörigen nichtdeutscher Herkunft, die heute bekanntlich 75 % der Aussiedlerzuwanderung stellen, die mithin de facto heute zu 75 % russische Einwanderung ist. Antragsteller deutscher Herkunft und auf Mitreise hoffende Familienangehörige nichtdeutscher Herkunft müssen allesamt in der Regel jahrelang auf den Aufnahmebescheid warten. Sie haben also Zeit genug, sich zureichend und mit deutscher Hilfe vor Ort auf die erstrebte Einwanderung vorzubereiten, wenn es ihnen denn tatsächlich ernst ist mit der Integrationsbereitschaft im Einwanderungsland Deutschland.

10. Einwanderungsgesetzgebung und Einwanderungspolitik als Steuerungssysteme für im Rahmen des Möglichen geregelte Zuwanderung von außen sind im Innern Voraussetzungen für die Akzeptanz der teuren Eingliederungshilfen. Wer aber, zumal vor dem Hintergrund von struktureller Massenarbeitslosigkeit, für Einwanderung votiert, der muss nicht nur gute Konzepte haben, sondern für diese Konzepte auch mit guten Argumenten werben; denn Einwanderungsgesetzgebung und Einwanderungspolitik kann man nur mit der einheimischen Mehrheit und nicht gegen sie machen, wenn es nicht zu Spannungen zu Lasten eingewanderter Minderheiten kommen soll.

11. Das nötige Pendant zu Einwanderungsgesetzgebung und Einwanderungspolitik sind entsprechende Institutionen, die in Deutschland noch fehlen: Das auf Zeit durchaus bewährte Beauftragtenwesen in den drei Bereichen Ausländer, Aussiedler und Asyl ist, historisch betrachtet, eine pragmatische Improvisation entlang der Migrationsentwicklung aus der Zeit des Kleinredens und administrativen Kleinhaltens des großen Themas Migration. An die Stelle dieser ausgewucherten Verlegenheitslösung sollte das seit den 80er Jahren vergeblich geforderte zentrale Bundesamt für Migration und Integration mit angeschlossenem Forschungsinstitut treten sowie ein Sachverständigenrat für Migration und Integration. Bundesweit vernetzte Systeme im Bereich der Integration würden Transparenz schaffen, verfügbare Kompetenzen einbinden und die Arbeit intensivieren, ohne sie in der Gesamtrechnung zu verteuern.

12. Blick nach außen: Einwanderungsgesetzgebung und Einwanderungspolitik als transparenter Rahmen für geregelte Zuwanderung sind auch ein Betrag zum Kampf gegen Schleuserkriminalität, weil reguläre Einwanderer, aber auch Arbeitswanderer keine Schleuser brauchen, um in ein europäisches Einwanderungsland zu kommen. Nötig ist dennoch ein unausgesetzter direkter Kampf gegen Menschenschleusung und Menschenhandel, deren international vernetzte Organisationen ständig zunehmen; denn Menschenschleusung und Menschenhandel sind heute ebenso lukrativ wie Drogenhandel und werden nicht selten von den gleichen Organisationen und auf den gleichen Wegen betrieben. Grenzschutz und Polizei sind überfordert, solange dieser Kampf nicht auch politisch deutlich verstärkt auf internationaler Ebene unter Einbeziehung der Ausgangsräume und Transitländer geführt wird. Auch die schon im Feld operierenden Nachrichtendienste müssen noch nachdrücklicher und vor allem international koordinierter eingeschaltet werden. Anders kommt man etwa an international vernetzte Strukturen wie die der »Schlangenköpfe« genannten südchinesischen Triaden nicht heran. Sie standen am Anfang des langen Todesweges jener illegalen südchinesischen Einwanderer, der im Sommer 2000 in dem Leichenwagen von Dover mit 58 Toten und 2 Überlebenden endete.

13. Etatismus und Legalismus deutscher Provenienz aber sind auch hier nicht angezeigt: Durch Migrationsgesetzgebung und die Bekämpfung von Schleuserorganisationen wird die illegale Migration nicht einfach abgeschafft. Es wird sie, das ist eine historische Erfahrung aller Einwanderungsländer, immer geben. Und die Versuchung dazu wächst mit der Höhe des Zauns um das gelobte Land. Daran ändern auch Einwanderungsgesetze wenig: Das zeigt gerade das Einwanderungsland USA mit seinen Einwanderungsgesetzen, seinen scharfen Grenzkontrollen, seinen Blechzäunen und Wärmebildgeräten an den Grenzen zu Mexiko: Trotzdem kam von der größten

heute legal in den USA lebenden Einwanderergruppe jenseits der Präferenzlisten, von den »Hispanics« also, der größte Teil ursprünglich illegal ins Land. Aber Einwanderungsgesetze verhindern immerhin, dass an legaler Einwanderung Interessierte, die nicht zu den bevorzugten Gruppen zählen, in die Illegalität gedrängt werden. Solange es freilich statt eines europäischen Migrationskonzepts nur eine negative Koalition der Abwehr gegen unerwünschte Zuwanderungen gibt, solange wirkt Europa selbst mit an der Illegalisierung der Zuwanderung von außen und am Feindbild der »illegalen Einwanderung« im Innern.

14. Wir müssen mit einer Spannung leben lernen zur Entkriminalisierung des Blicks auf illegale Migration: Wir brauchen dazu einerseits einen Abbau der Feindbilder von den »illegalen Einwanderern«, bei denen ohnehin in der Regel Täter und Opfer verwechselt werden. Und wir brauchen andererseits die Einübung in einen im Rahmen des Möglichen normalen Umgang mit dem Unnormalen, z.B. durch die Befreiung von Ärzten oder Sozialdiensten von der Pflicht, illegal hier lebende Patienten oder Hilfesuchende den Behörden zu melden. Wir brauchen zugleich Angebote zur Legalisierung irregulärer Beschäftigungsverhältnisse. Das sollte nur auf Zeit gelten, also unterhalb der Schwelle dessen bleiben, was in Italien oder Frankreich »Regularisation« heißt; eine generelle Akzeptanz illegaler Wege zu unbefristeten Aufenthalts- und Arbeitsgenehmigungen führt Einwanderungsgesetzgebung und Einwanderungspolitik ad absurdum.

15. Es gibt nicht nur erwünschte Zuwanderungen, sondern auch unerwünschten Wanderungsdruck. Der erledigt sich nicht durch Grenzbollwerke, Sicherheitspolitik und Warten auf Besserung wanderungstreibender Umstände. Nötig ist deshalb auch eine Bekämpfung der Ursachen unfreiwilliger Wanderungen – soweit sie denn überhaupt bekämpfbar sind – durch entwicklungsorientierte Migrationspolitik oder migrationsorientierte Entwicklungspolitik in den Ausgangsräumen. Dabei geht es nicht nur um den gezielten und vor allem kontrollierten Einsatz von Geld, sondern nötigenfalls auch um – besser als bisher koordinierte – friedensichernde Einsätze unter dem Dach der Vereinten Nationen oder anderer multinationaler Organisationen. Ein Europa, das sich dem verweigert, ist dazu verdammt, auf Dauer mit diffusen Ängsten vor Wanderungsdruck zu leben.

5.2.9 Kompromiss muss den Wahlkampf überleben. Am Mittwoch will die Zuwanderungskommission der Bundesregierung ihren Bericht vorlegen. Der Migrationsforscher Klaus J. Bade fordert einen tragfähigen Kompromiss aller Parteien,
in: Hessische/Niedersächsische Allgemeine, 1.7.2001.

Ein Einwanderungsgesetz sollte umfassend und transparent sein: Umfassend sollte es sein, weil Migration die Entwicklung von Bevölkerung, Wirtschaft, Gesellschaft und Kultur zugleich tangiert und in fast alle Lebensbereiche hineinragt. Deshalb gehört zur Migrationspolitik auch deren innere Kehrseite, die Integrationspolitik, die ihrerseits die verschiedensten Bereiche berührt. Reines Migrationsmanagement bliebe deshalb einseitig und vordergründig.

Transparent muss Einwanderungsgesetzgebung für beide Seiten sein: für die einheimische Bevölkerung und für mögliche Einwanderer. Bislang ist das deutsche Ausländerrecht ein Paragrafendschungel, in dem sich nur hochspezialisierte »Ausländerrechtler« auskennen. Das Einwanderungsgesetz sollte deshalb, jedenfalls in seinen Grundprinzipien, kein Arbeitsbeschaffungsprogramm für Juristen werden, sondern ein klares und für möglichst weite Kreise verständliches Grundkonzept haben. Und es muss eine schlanke und überblickbare behördliche Seite haben – gerade für mögliche Einwanderer, die wir ja mit bestimmten Qualifikationsprofilen dringend brauchen und für die ein Behördenweg von Pontius zu Pilatus nur abschreckend wäre – zum Nachteil für das Einwanderungsland.

Auf ein Einwanderungsgesetz bauende Einwanderungspolitik muss nicht nur vertrauenerweckend und kalkulierbar, sondern auch flexibel sein: Laissez-faire in Sachen Migrationspolitik wäre gesellschaftspolitisch grob fahrlässig. Umgekehrt führen unnötige selbst Bindungen zu absurden Entscheidungszwängen.

Beispiel 1: Bis vor kurzem mussten ausländische Absolventen deutscher Universitäten, die mit deutschem Geld studiert hatten, grundsätzlich in ihrer Heimatländer zurückgesandt werden, weil es das deutsche Ausländerrecht so wollte, obgleich zur gleichen Zeit in den gleichen Branchen händeringend nach ausländischen Absolventen gesucht wurde.

Beispiel 2: Weil der gleiche Amtsschimmel es so wollte, mussten bis vor kurzem bosnische Flüchtlinge mit jahrelangem Inlandsaufenthalt, die in der Heimat alles verloren hatten und gerne in Deutschland geblieben wären, zurückgeschickt werden, auch wenn sie sich gut eingelebt hatten und ihre gegen die Abschiebung protestierenden deutschen Arbeitgeber gleichermaßen händeringend, aber vergeblich unter einheimischen Arbeitnehmern wie unter erreichbaren EU-Ausländern nach Ersatz für sie suchten.

Einwanderungspolitik muss deshalb die richtigen Mittel finden zwischen zu großen Ermessensspielräumen und zu engen Handlungsspielräumen.

Ein Parteikompromiss in Sachen Einwanderungsgesetzgebung und Einwanderungspolitik muss tragfähig genug sein, um einen Wahlkampf überleben zu können, ohne dass es Rückfälle aus der pragmatischen Diskussion um das »wie« der Gestaltung in fundamentalistische Grabenkämpfe um ein »ob überhaupt« gibt. Ein Kompromiss ist aber kein Selbstzweck: Die Wähler wollen Entscheidungen und politische Führung sehen und an der Wahlurne bewerten. Einheit im Stillstand wäre Frustration für alle.

Nicht minder gefährlich aber wären übersteigerte Hoffnungen, was die vermeintlich allumfassende Regelbarkeit von Migration und Integration angeht. Nötig sind deshalb Gestaltungsbereitschaft, klare Konzepte und politische Werbung um deren Akzeptanz. Nötig ist aber, Wahlkampf hin oder her, auch die Werbung um eine pragmatische Einsicht in die Beschränktheit der Möglichkeiten, also in die Grenzen der Gestaltbarkeit, die nicht Parteischwäche ist, damit nicht am Ende überzogene Hoffnungen in Frustrationen und Aggressionen umschlagen, die für die großen politischen Vereinfacher willkommene Morgengaben sind.

Die Parteien müssen lernen, dass es gerade bei zentralen gesellschaftspolitischen Fragen nicht angehen kann, in der Regierung »Hüh« und in der Opposition »Hott« zu sagen und umgekehrt, weil auf den Rängen dasselbe Wählerpublikum sitzt, das auf Rollen- und Maskentausch mit noch stärkerer Abwendung vom politischen Theater reagieren könnte.

5.2.10 Zuwanderung ersetzt keine Reformen. Der Osnabrücker Migrationsforscher Klaus J. Bade weist in der Zuwanderungspolitik auf »Grenzen der Gestaltbarkeit« hin, Interview (Thomas Reinhold), in: FAZ.net, 4.7.2001[32] (Auszug).

Die Ausländerbeauftragte glaubt, es sei der Bevölkerung jetzt schon schwer genug, zu vermitteln, dass Deutschland Zuwanderung braucht. Ist das Land etwa nicht reif für die Vorschläge der Zuwanderungskommission?
Es kommt darauf an, dass Politik durch Gestaltungsbereitschaft und klare politische Führung, vor allem Mut und Transparenz, die Voraussetzungen dafür schafft, dass die Bevölkerung akzeptieren kann, was aufgrund von überzeugenden Argumenten jetzt notwendig ist. Und das ist: geregelte Zuwanderung von außen bei zureichenden Reformen von innen. Eine Zuwanderung von außen ersetzt diese Reformen nicht. Die Reformen alleine hingegen würden zu Problemen führen, wenn wir nicht eine Abpufferung von außen haben.

Nach Umfragen erwarten viele Menschen vor allem Begrenzung der Zuwanderung, die Wirtschaft fordert eine Öffnung Deutschlands. Worum geht es wirklich?
Es gibt immer zwei Ebenen der Wahrheit, die häufig durcheinandergebracht werden. Das eine ist die der hoch aggregierten Zahlen, die dann Botschaften übermitteln wie »Deutschland braucht Zuwanderung von außen« oder »Zuwanderung ist eine wirtschaftliche und kulturelle Bereicherung«. Die andere Ebene ist die der Alltagserfahrung und der alltäglichen Ängste der Menschen. Zwischen diesen Ebenen muss auf eine vernünftige Weise vermittelt werden, damit die Akzeptanz für Zuwanderung wächst. Das bedeutet, es gibt ein Problem für die Politik. Hinter der verhaltenen Zustimmung für Einwanderung und Einwanderungspolitik steckt bei vielen Menschen nicht der Gedanke an Zuwanderungsförderung, sondern der Gedanke an Zuwanderungsbegrenzung. Daran merkt man, dass bei den Hoffnungen, die auf Einwanderungspolitik gerichtet werden, etwas falsch ist. Politik muss hier nachbessern.

Fehlt es an Werbung in der Bevölkerung?
Es geht nicht nur um politische Handlungsbereitschaft, um gute Konzepte und gute Werbung dafür, sondern auch um die Notwendigkeit der Einsicht in Grenzen der Gestaltbarkeit. Sonst können übersteigerte Erwartungen in Frustrationen oder Aggressionen umschlagen – auf Kosten zugewanderter Minderheiten und als Einfallstor für die großen Vereinfacher von rechts.

Aber die CSU warnt noch immer vor »ungesteuerter Zuwanderung«. Ist das Panikmache?
Die CSU, so fürchte ich, lebt in Sorge vor der eigenen Wählerklientel, die noch eingeschworen ist auf das alte Motto, »Deutschland ist kein Einwanderungsland« und die Vorstellung, Zuwanderung sei vor allem gefährlich. Der CSU ist es zum Teil noch nicht gelungen, aus diesem Dunstkreis herauszukommen, deswegen laviert sie. Man kann von der CSU aber auch sehr klare Äußerungen dazu hören, dass Zuwanderung notwendig ist für Deutschland.

Wenn nach den Vorschlägen zunächst 50 000 Ausländer jährlich einwandern dürfen und später mehr: Wollen so viele Menschen überhaupt nach Deutschland?
Das wird sehr darauf ankommen, wie wir dieses Land für Ausländer öffnen, wie wir die Kriterien gestalten und welches Bild wir im Ausland hinterlassen. Momentan ist es noch so, dass die allerbesten Leute, etwa aus Bangalore, weniger in die Bundesrepublik streben als in die Vereinigten Staaten. Wir müssen diese Konkurrenz aufnehmen – und dafür müssen wir besser werden.

Unbeschränkter Zuzug für Spitzenkräfte ist ein schöner Wunsch, dabei haben es sogar Akademiker schwer, nach ihrem Examen in Deutschland zu bleiben.

---

[32] http://www.faz.net/aktuell/politik/interview-migrationsforscher-bade-zuwanderung-ersetzt-keine-reformen-132666.html.

Es muss sich zunächst am Ausländerrecht einiges ändern, erste Brückenschläge sind ja sichtbar. Es muss sich ändern, dass Hoch- und Höchstqualifizierte, die auf Kosten der Bundesrepublik Deutschland ausgebildet werden, aber aus dem Ausland stammen, nach ihrer Qualifikationsphase zurück in ihre Herkunftsländer oder zumindest über die deutschen Grenzen geschickt werden. Wir haben in den letzten Jahren festgestellt, dass sie dann häufig nicht nach Hause gegangen, sondern in die USA weitergewandert sind. Das ist völlig absurd. Wir müssen Übergangsregelungen schaffen, damit wir die Menschen hier behalten können, die wir hier behalten wollen.

Das führt natürlich zu einem anderen Konflikt: Wir bieten ja Entwicklungschancen, zum Beispiel für Menschen aus minder entwickelten Ländern, gerade deshalb an, damit sie später in ihren Herkunftsgebieten die erworbenen Kenntnisse einsetzen können.

Sie haben gefordert, illegal in Deutschland lebende Ausländer nicht länger zu tabuisieren und zu kriminalisieren. Was meinen Sie damit?
Ich meine damit eine humanitäre Botschaft im Sinne der Resolution des Rates für Migration. Illegalität hat viele Gesichter. Sie reicht von der illegalen Fluchtwanderung über die illegale Familienzusammenführung bis zur illegalen Arbeitswanderung. Man kennt hierzulande meist nur Sensationsberichte über grauenhafte Folgen gescheiterter, mehr oder minder krimineller Schleusungsversuche. Doch der Regelfall ist der legale Grenzübertritt und die Illegalisierung durch Überschreiten der Aufenthaltsfrist. Es geht auf keinen Fall darum, generell Illegale zu legalisieren, sondern darum, die Illegalität als ein im engeren Sinne aufenthaltsrechtliches Delikt zu verstehen. Das ist ein klarer Unterschied zur Kriminalität, die es natürlich auch gibt.

Wir können aber nicht zulassen, dass illegale Zuwanderung verharmlost wird, während wir gleichzeitig Einwanderungspolitik betreiben wollen. Dann ist das Ganze nicht mehr vermittelbar. Ein großes Problem ist, dass die Schattenwirtschaft ständig wächst. Dort füllen illegal beschäftigte Ausländer Systemlücken, die wir offenkundig anderweitig nicht schließen können oder wollen. Das gleiche gilt übrigens für einheimische Schwarzarbeiter, die man genauso gut »einheimische Illegale« nennen könnte. Wir benutzen diese Menschen – und wir diffamieren sie gleichzeitig. Das ist ein scheinheiliger Widerspruch. [...]

Rita Süssmuth hat beklagt, neun Monate seien zu wenig Zeit für die Arbeit der Kommission. Hatte sie Recht?
Jein. Sie hatte als Vorsitzende Recht, weil sie die Kommission nicht ausgesucht hat. Wenn es eine reine Expertenkommission gewesen wäre, dann hätte man in längstens drei bis vier Monaten einen ausgereiften Gesetzentwurf mit einigen Alternativen erwarten können. Otto Schily hatte aber ganz bewusst eine Mischung von Experten und Vermittlungskommission in den gesellschaftlichen Bereich hinein berufen. Da gab es am Anfang eine längere Phase allgemeiner Verständigung, die zwar notwendig war, die aber auch Zeit gekostet hat.

Ist der Paradigmenwechsel gelungen: Deutschland, doch ein Einwanderungsland?
Der Paradigmenwechsel ist weitgehend gelungen. Jetzt kommt es auf die Umsetzung in praktische Politik an, das ist nicht das gleiche. Was wir dazu brauchen, ist klare politische Führung, die sich auf einen tragfähigen Konsens stützt, der – das möchte ich ausdrücklich hinzufügen – wahlkampftauglich ist; das heißt so stabil, dass er auch mal eine politische Schlägerei im Wahlkampf überstehen kann.

5.2.11 Die Zeit ist jetzt reif. Der Osnabrücker Migrationsforscher Klaus Bade über den Gesetzentwurf von Otto Schily, Interview (Tuncay Özdamar),
in: Die Stimme, 07–08/2001, S. 9–11.

Professor Klaus J. Bade hat schon 1983 in einem Buch über die deutsche Migrationsgeschichte mit dem Titel »Vom Auswanderungsland zum Einwanderungsland« auf die Umkehrung im Wanderungsgeschehen hingewiesen und nach sachgemäßen politischen und gesetzlichen Antworten auf diese Herausforderung verlangt. Er war auch Initiator und Herausgeber des »Manifests der 60« zum Thema »Deutschland und die Einwanderung«, in dem sechzig deutsche Wissenschaftler und Wissenschaftlerinnen 1994 ein zukunftsweisendes Einwanderungskonzept forderten.

Herr Bade, Sie waren Gutachter für die Süssmuth-Kommission. Welche wichtigen Punkte der Süssmuth-Kommission wurden von Otto Schily nicht berücksichtigt?
Zunächst einmal – und das ist doch positiv zu bewerten – sind ganz wesentliche Grundlinien aus dem Bericht der Süssmuth-Kommission und auch aus anderen Papieren berücksichtigt worden. Ich halte den Entwurf des Bundesinnenministers für einen Konsensentwurf, der versucht, allen Seiten etwas anzubieten. Die Kehrseite ist folgerichtig, dass nicht alles aus allen Entwürfen übernommen werden konnte. Beim Süssmuth-Papier gilt dies insbesondere für den Bereich der angebotsorientierten, also demo-ökonomisch begründeten Migration. Im Gesetzentwurf von Otto Schily ist zwar das Punktesystem übernommen worden, nicht aber der Vorschlag, bereits jetzt aus wirtschaftlichen und demographischen Gründen mit etwa 20 000 von insgesamt 50 000 Zuwanderern zu beginnen. Es ist sehr viel stärker die aktuell bedarfsorientierte Migration im Auge behalten worden, also die Frage nach denen, die der Arbeitsmarkt gerade braucht auf Arbeitsplätzen, die nicht von Deutschen oder anderen EU-Ausländern besetzt werden können.

Wie bewerten Sie den Schily-Entwurf generell?
Ich halte ihn aus zwei Gründen für außerordentlich wichtig und bedeutsam.

Erstens: Wir sind in der Bundesrepublik in einer historischen Entwicklung vom informellen zum formellen Einwanderungsland. Ein informelles Einwanderungsland waren wir bereits Anfang der 80er Jahre. Den Weg zum formellen Einwanderungsland, also zu einem Land, das sich in seiner Gesetzgebung zur faktischen Einwanderungssituation bekennt, haben wir in zwei Schritten angetreten – zögerlich zunächst durch die Reform des Ausländerrechts Anfang der 90er Jahre, die Einbürgerungserleichterungen aber auch Einbürgerungserschwerungen gebracht hat, und dann vor allem durch die Reform des Staatsangehörigkeitsrechts im Jahr 2000. Jetzt kommt der dritte Schritt – die Zuwanderungsgesetzgebung, die noch stärker ergänzt werden muss im Bereich der Integrationspolitik.

Zweitens: Wir sind momentan in einer verhalten positiven Migrationsdiskussion. Erstmals in der Geschichte der Bundesrepublik wird nicht mehr vorwiegend oder gar nur darüber nachgedacht, wie schädlich, wie bedrohlich und wie problematisch Zuwanderung ist, sondern wie nützlich kontrollierte Zuwanderung sein kann. In dieser Phase wäre es sehr wichtig, ein entsprechendes Gesetzesvorhaben zu platzieren. [...] Die Idee hatten Kirchen, Gewerkschaften, Ausländerbeauftragte, engagierte Publizisten und Wissenschaftler schon in den 80er Jahren – aber damals wollte ja keiner in politischer Handlungsverantwortung zuhören. Ich habe seinerzeit von demonstrativer Erkenntnisverweigerung gesprochen.

Die wirtschaftlichen Interessen der Bundesrepublik Deutschland spielen in dem Gesetzentwurf eine wichtige Rolle. CSU-Politiker sprachen von Einwanderern, »die uns nützen« und solchen, »die uns ausnützen«. Kann man diesen Geist auch im Schily-Entwurf beobachten?
Diese Polemik stammt vom bayerischen Innenminister Beckstein. Ich würde, wenn schon, sprechen von Leuten, die wir brauchen, und solchen, die uns brauchen, vorwiegend aus humanitären Gründen. In diesem Gesetzentwurf ist erfreulicher Weise die Asylrechtsfrage nicht direkt gegen die Frage der Arbeitswanderung ausgespielt worden, indem man z.B. gesagt hätte, wir wollen mit Quoten arbeiten, oder wir wollen den Rechtsrahmen als solchen verschieben, etwa hin zu einer institutionellen Garantie. Aber es ist deutlich, dass es Verschärfungen im Bereich des Asylrechts gegeben hat. Das gilt z.B. für die Überprüfung nach drei Jahren und für die durchgängige Finanzierung der Asylbewerber nach dem Asylbewerberleistungsgesetz und nicht mehr, nach Fristablauf, nach dem Bundessozialhilfegesetz. Das sind Verschärfungen, die zwar möglicherweise den Dialog mit der Opposition leichter machen. Aber ich bin immer skeptisch, wenn parteitaktische Überlegungen humanitäre Positionen beeinflussen.

Wie schätzen Sie diese Asyl-Regelung insgesamt ein?
Mir wäre es lieber, wenn eine solche Überprüfung nicht stattfände und stattdessen vorher sehr klar, nötigenfalls auch hart aber transparent geurteilt und dann den Urteilen entsprechend gehandelt würde, damit die Menschen nicht innerhalb dieser drei Jahre in erheblicher Unsicherheit gehalten werden. Das erschwert den Integrationsprozess, und diejenigen, die dann dauerhaft bleiben dürfen, haben trotzdem die ersten drei Jahre als eine Phase der allgemeinen Verunsicherung durchlebt. Das gilt besonders für die Kinder. Aber man sollte nicht übersehen, dass eine solche Überprüfung auch nach der derzeitigen Gesetzeslage schon möglich, wenn auch nicht zwingend vorgeschrieben ist.

Auch bei der Begrenzung des Familiennachzugs ist Herr Schily der CDU mit der Altersbegrenzung von 12 Jahren sehr entgegen gekommen. Wie beurteilen Sie das?
Die Altersbegrenzung ist nach dem Gesetzentwurf, den ich allerdings bislang nur in der Zusammenfassung kenne, sozial differenziert. Wenn ich es recht sehe, ist bei Hoch- und Höchstqualifizierten nicht daran gedacht, dass die Kinder nur bis zum 12. Lebensjahr nachziehen dürfen, bei anderen aber sehr wohl. Mir wäre die alte Lösung mit 16 Jahren lieber gewesen. Wenn das Gesetz nur auf diese Weise politisch realisierbar ist, dann sollte man wenigstens versuchen, die Ermessensspielräume so zu gestalten, dass in begründeten Fällen Ausnahmeregelungen greifen können. Wir sollten ohnehin weniger über Altersgruppen nachdenken, und mehr – wie bei der Zuwanderungsregelung insgesamt – über das Profil der Zuwanderung. Man könnte z.B. festlegen, dass Jugendliche, die ein bestimmtes Alter überschritten haben und deren Eltern dauerhaft im Inland leben, beim Nachzug über zureichende Deutschkenntnisse verfügen sollten. Dann wissen die Eltern, worauf sie zu achten haben. Dann wird es eben nicht mehr so sein, dass Kinder ganz bewusst zur Ausbildung ins Heimatland zurückgeschickt oder dort zurückgelassen und dann später ohne zureichende Sprachkenntnisse nach Deutschland geholt werden.

Ein weiterer wichtiger Punkt im Schily-Entwurf: Die Zuwanderer müssen bereit sein, an den Integrationskursen teilzunehmen. Sonst drohen ihnen Sanktionen. Die Türkische Gemeinde in Deutschland (TGD) z.B. befürchtet, dass Zuwanderer, die nicht bereit sind, Integrationskurse zu besuchen, möglicherweise Deutschland verlassen müssen. Wie berechtigt sind solche Bedenken?
Rückwirkende Gesetze kann es nicht geben. Wir können nicht sagen: Wer seit langem im Lande lebt, bis heute die deutsche Sprache nicht gelernt hat und sich weigert in einen solchen Kurs zu gehen, wird aufenthaltsrechtliche Probleme bekommen. Wir können Menschen mit einem gesicherten Aufenthaltsstatus ohnehin nur Angebote machen. Wir brauchen Überzeugungsarbeit und positive, verlockende Sanktionen – wenn es denn solche gibt: Man kann den

Menschen doch nicht einen Aufenthaltsstatus anbieten, auf den sie ohnehin Anspruch haben, oder den Zugang zur Staatsangehörigkeit erleichtern, wenn sie sie gar nicht haben wollen oder ihnen vollmundig Arbeit versprechen, die es dann doch nicht gibt. Für die Zukunft aber kann man in der Tat von neuen Arbeitswanderer/Einwanderern verlangen, dass in angemessener Zeit Deutschkenntnisse erworben werden, die hinreichen, um sich im Berufsleben und im Alltag zu verständigen. Sie müssen, um für lange Zeit oder gar dauerhaft hier arbeiten zu können, Grundkenntnisse über Recht, Wirtschaft, Kultur und Gesellschaft dieses Landes erwerben. Sonst bleiben sie dauerhaft »Fremde«. Das erschwert die interkulturelle Verständigung im Integrationsprozess, der zwar immer ein Geschäft auf Gegenseitigkeit ist und beide Seiten verändert, bei dem aber in jedem Fall den Einwandernden die höhere Anpassungsleistung abzuverlangen ist.

Eine Gruppe taucht in dem Gesetzentwurf nicht auf: die Illegalen. Gibt es überhaupt Möglichkeiten, die Lebenssituation dieser Menschen durch gesetzliche Regelungen zu verbessern?
Es gibt solche Möglichkeiten. Wir haben dazu eine Reihe von Appellen an die Bundesregierung gerichtet. Es gilt deutlich zu machen, dass auch Illegale Rechte haben, wovon sie selber meist gar nichts wissen und dass auch Menschen, die Illegalen helfen, nicht von vornherein straffällig werden. Sie werden dies nur dann, wenn ihre Hilfen den illegalen Aufenthalt als solchen überhaupt erst ermöglichen. Kein Arzt kann bestraft werden, weil er einen Illegalen behandelt, kein Seelsorger, weil er einen Illegalen betreut, kein Schuldirektor kann bestraft werden, weil er illegal im Lande anwesende Kinder zum Schulunterricht zulässt. Illegale haben sogar ein einklagbares Recht auf Lohn für tatsächlich geleistete Arbeit.

Wir müssen auch weg von der Vorstellung, dass Illegale Kriminelle sind. Denn Illegalität ist in diesem Lande zum allergrößten Teil aufenthaltsrechtliche Illegalität. Es sind zwei Gruppen zu unterscheiden: Die einen sind die sogenannten registrierten Illegalen, das sind etwa 250 000 im Land. Sie haben zwar eine Ausreisepflicht, aber sie müssen oder können ihr nicht Folge leisten auf Grund besonderer Umstände im Herkunftsland.

Darüber hinaus gibt es die erheblich größere Zahl von nicht registrierten Illegalen, bei denen aber ebenfalls nicht etwa kriminelle, sondern ganz andere Motive im Vordergrund der Entscheidung für die Illegalität im Vordergrund stehen: Dazu gehört z.B. das Untertauchen nach der Ablehnung eines möglicherweise subjektiv aufrichtigen oder sogar nach europäischem Recht, nicht aber nach deutschem Recht akzeptablen Asylgesuchs. Dann gibt es die wirtschaftlichen Motive bei illegalen Arbeitswanderern, die meist ohnehin nur auf Zeit bleiben wollen. Daneben stehen soziale Motive bei der illegalen Familienzusammenführung. Schließlich gibt es noch die sogenannte schlepperinduzierte illegale Migration, bei der meist Täter und Opfer verwechselt werden.

Am Arbeitsmarkt schließt die illegale Ausländerbeschäftigung jedenfalls eine Systemlücke, die nur durch Änderungen in der Sozial- und Arbeitsmarktpolitik zu beheben wäre. Wir lügen uns doch in die eigene Tasche, wenn wir die Illegalität einerseits diffamieren und sie andererseits als Lückenbüßer auf dem Arbeitsmarkt ausnutzen. Und genau das tun wir momentan, weil nicht wenige un- oder nur angelernte einheimische Arbeitslose sich weigern, Niedriglohnjobs zu übernehmen, die kaum mehr einbringen als das Arbeitslosengeld und außerdem bessere und cash entlohnte Schwarzarbeiten blockieren. Die Niedriglohnjobs aber müssen auch übernommen werden und gehen dann an Illegale. Kombi-Löhne wären da hilfreich. Aber sie kommen nicht. Nun, jeder Politikberater weiß, dass es Entscheidungen gibt, die notwendig erscheinen, aber offenkundig auf Zeit nicht umsetzbar sind. Außerdem kann man Migration ohnehin nicht regeln wie den Straßenverkehr. Es kommt deshalb nicht nur auf überzeugende Gestaltungskonzepte an, sondern auch auf die Einsicht in die Grenzen der Gestaltbarkeit.

Viele reden vom Konsens. Sie, Herr Bade, hätten nichts dagegen, Einwanderung auch zum Thema des Bundestagswahlkampfes zu machen. Weshalb?
Mir wäre es durchaus lieber, wenn Einwanderung nicht im zum Wahlkampfthema würde. Aber ich würde das nicht von vorne herein verteufeln. Es kommt doch immer darauf an, wie man das macht. Wenn man einen Grundkonsens hat, zu dem man auch in argumentativen Schlagabtausch steht, dann kann man sich über alle möglichen Einzelheiten, nötigenfalls auch polemisch, auseinandersetzen. Wenn der Grundkonsens z.B. heißt: Wir brauchen kontrollierte Zuwanderung von außen und entsprechende Integrationsangebote im Innern, dann kann man beim Wähler um die besseren Gestaltungs- oder Finanzierungsideen konkurrieren. Was ich nicht verstehen kann, ist, dass offensichtlich manche Politiker denken, man müsse Wähler behandeln wie Kinder und ihnen bestimmte Themen wegnehmen, damit sie sich nicht die Finger daran verbrennen. Wir können getrost davon ausgehen, dass immer mehr Wähler inzwischen in Sachen Migration und Integration informiert genug sind, um Forderungen an die Politik zu stellen und über deren Erfüllung oder Nichterfüllung dann auch mit dem Stimmzettel zu entscheiden. Es wird schwer sein, Themen die den Bürgern wirklich auf den Nägeln brennen, aus dem Wahlkampf heraus zu halten und sich stattdessen z.B. über das Wetter zu streiten.

5.2.12 Wir sind ein Einwanderungsland,
in: Die Welt, 14.12.2001[33] (Auszug).

In der Bundesrepublik Deutschland fehlte lange der pragmatische Blick auf die Realitäten in Sachen Migration und Integration. Auf den seit den 70er Jahren erkennbaren fließenden Übergang von der »Gastarbeitermigration« zur Einwanderung reagierten viele mit demonstrativer Erkenntnisverweigerung unter dem Leitwort »Die Bundesrepublik ist kein Einwanderungsland«. [...]

Wenn Politik in Deutschland heute bereit ist, Migrations- und Integrationspolitik offen als umfassenden gesellschaftspolitischen Handlungsauftrag anzunehmen, dann ist das in mancher Hinsicht ein Akt der Schadensbegrenzung in der Folge unnötiger Versäumnisse der Vergangenheit. [...] Die dazu nötigen Integrationshilfen sind teuer und doch zugleich immer sozial »rentable« Zukunftsinvestitionen; denn die sozialen Folgekosten der Nichtintegration sind allemal höher als rechtzeitig angebotene Integrationshilfen.

Es kann sich dabei ohnehin immer nur um Integrationsangebote handeln, nicht um Integrationspolitik im Passiv: Zuwanderer werden nicht integriert. Sie integrieren sich selber – oder eben nicht. Was sie brauchen, sind Rechtssicherheit, Vertrauensschutz und Integrationsangebote. Darüber hinaus ist Einwanderung lebensgeschichtlich immer ein spannungsreiches und auch riskantes Geschäft, bei dem es allumfassende und zukunftssichernde Lebenshilfe nicht gibt. [...]

Die Lage ist widersprüchlich: Auf der einen Seite hat es bei den Sicherheitspaketen Auslagerungen von schwerwiegenden, zuletzt noch abgemilderten Entscheidungen aus dem Migrationsbereich in den Anti-Terrorbereich gegeben. Folgenschwere Einschränkungen wurden dabei durch rotgrüne Unterschriften nicht charmanter.

Auf der anderen Seite ist ein modernes und vergleichsweise liberales Zuwanderungs- und Integrationsgesetz entstanden. Sollten nun aber die Sicherheitsgesetze durchgehen, die Migration- und Integrationsreform hingegen scheitern, dann wäre die Lage deutlich schlechter als zuvor.

Es geht nicht um eine falsche Konkurrenz von Sicherheits- und Integrationspolitik. Es geht im Blick auf die viel diskutierte Verhältnismäßigkeit der Mittel auch darum, unerwünschte Folgen der Sicherheitspolitik für Integration und Zuwanderung im Auge zu behalten: Sicherheitspolitik für die Einheimischen kann als Verunsicherung für die Zugewanderten wirken, auch für solche, die sich längst als Einheimische fühlen. Notwendig sind deshalb vertrauensbildende Maßnahmen unter dem Leitgedanken: »Ihr bleibt willkommen und seid nicht gemeint!«

Auch bei den Zuwanderern kann es Gefühle geben, unerwünscht zu sein oder aber aufgrund von Herkunft, Glaubensbekenntnis oder ethnischer Zugehörigkeit verdächtigt zu werden. Das kann die Zuwanderungsbereitschaft beeinträchtigen – nicht nur bei denen, die uns brauchen (zum Beispiel Flüchtlinge), sondern auch bei denen, die wir brauchen (zum Beispiel qualifizierte Wirtschaftswanderer).

Beachtet werden muss, dass es bei den Einwanderern Kollektividentitäten und Solidaritäten gibt, die sich durch aggressiven Druck von außen zu inneren Abwehrfronten verdichten können. Wenn sich etwa Muslime als Muslime verdächtigt fühlen, dann ist das ein Alarmzeichen. Es muss deshalb zum Beispiel sorgfältig erklärt werden, was es mit der Aufnahme der muslimischen Religionszugehörigkeit in die Rasterfahndung auf sich hat.

Es kommt in einem Einwanderungsland eben nicht nur darauf an, was die Aufnahmegesellschaft meint und intendiert. Es muss immer auch darum gehen, was die Zuwandererbevölkerung oder die potentiellen Zuwanderer darunter verstehen. Notwendig ist deshalb auch intensive Werbung um Vertrauen in die rechtliche Sicherheit, in die kulturelle und persönliche Freiheit in diesem Staat. Aber dazu müssen wir lernen, das eigene Land nicht nur mit den eigenen Augen zu sehen, sondern auch mit den Augen der zugewanderten anderen, die zwar meist keine »Fremden« mehr sind, aber durch innere Entfremdungsprozess wieder dazu gemacht werden können.

5.2.13 Ein Jahr Zuwanderungsgesetz, Interview (Marianne Winkler),
in: Betrifft Mehrheiten/Minderheiten (Zeitschrift der Ausländerbeauftragten des Landes Niedersachsen), 15.2006, H. 1 (März/Juni 2006), S. 17.

Herr Prof. Bade, am 1.1.2005 trat in Deutschland das sogenannte »Zuwanderungsgesetz« in Kraft. War das ein Grund zum Feiern?

Darauf antworte ich mit einem entschiedenen »Jein«: »Ja«, weil das Gesetz die Zeit der Grundsatzdebatten beendet und den Weg frei gemacht hat zur pragmatischen Gestaltung. Schnee von gestern ist seither die öde Frage, ob Deutschland ein Einwanderungsland sei. Es geht nur noch um das ganz konkrete »Wie« der Gestaltung. Migrationssteuerung und Integrationsförderung als staatliche Aufgabe werden im Zusammenhang gesehen – das habe ich selbst schon vor einem Vierteljahrhundert gefordert. Hätte es damals schon ein solches Gesetz gegeben, wäre uns und vor allem den Einwanderern in Deutschland manches erspart geblieben. Das »one-step-Government«, also die Antragstellung nur noch über einen Ansprechpartner, macht vieles leichter. Es gibt, nach außen hin, nur noch zwei Statusgruppen (Aufenthalt/Niederlassung). Nichtstaatliche und geschlechtsspezifische Asylgründe wurden anerkannt. Kettenduldungen

---

[33] https://www.welt.de/print-welt/article492824/Wir-sind-ein-Einwanderungsland.html.

sollten abgeschafft, die »Altfälle« zügig geklärt werden. Es gab einen breiten und tragfähigen Konsens für das Gesetz – aber das führt auch zum »Nein« fürs Feiern; denn der Preis für den Konsens war entschieden zu hoch: Das Punktesystem zur flexiblen Zuwanderungssteuerung wurde gestrichen, ebenso der Sachverständigenrat für Zuwanderung und Integration. Das Bundesforschungsinstitut für Migration und Integration kam nicht zustande. Beibehalten wurden der sperrige Anwerbestopp von 1973 und die Anwerbestoppausnahmeverordnung. Die Spielregeln zur Förderung der Zuwanderung von Höchstqualifizierten und Selbständigen wurden mit zu hohen Hürden verbunden. Es fehlt eine klare Definition von Integration und der daraus abgeleiteten Integrationsziele.

Wie fällt Ihre Bilanz nach einem Jahr aus? Hat sich das »Zuwanderungsgesetz« bewährt?
Im Blick auf die grundlegenden Veränderungen klar »ja«, in der Praxis und in der Umsetzung eher nur bedingt: Im Ausländerrecht ist intern vieles mindestens so kompliziert geworden wie zuvor. Die Zuwanderung von Spitzenkräften ist stark zurückgegangen. Die Kettenduldungen unter dem Damoklesschwert der Ausweisung sind kaum abgebaut worden, die »Härtefall«-Regelung, die an Länderkommissionen delegiert worden ist und auch die »Altfälle« umfassen sollte, kommt nur schleppend voran. Bei den Integrationskursen gibt es zu wenig Geld für das, was ich »nachholende Integrationspolitik« genannt habe. Viele kommunale Ausländerbehörden haben in ihren Mentalitäten noch nicht umgestellt von der autoritären Schicksalsverwaltung gegenüber misslichen Fremden zur Integrationsförderung von Einwanderern. Überhaupt sind viele Mängel, die heute dem Zuwanderungsgesetz angelastet werden, in Wirklichkeit Umsetzungsprobleme. Und die Umsetzung der EU-Auflagen im deutschen Aufenthaltsrecht (in das das Zuwanderungsgesetz eingegangen ist), atmen schon wieder stark den alten negativen Migrationsbegriff: Zuwanderung ist eine Bedrohung von außen und schafft im Innern vorwiegend Probleme. Was in den Begründungen humanitär klingt in der Wendung gegen »Zwangsheiraten« (die eher arrangierte Heiraten sind) und »Ehrenmorde« (die ja nicht gerade eine Massenerscheinung sind), ist doch sehr restriktiv gestrickt.

In welchen Bereichen sehen Sie Handlungsbedarf? Was muss geändert werden – und mit welchen Zielen?
Mehr Mut zur Selbstdefinition: Wir brauchen in diesem Land mit seinen notorischen Problemen der Selbstbeschreibung endlich in menschenfreundliche Prosa formulierte, für beide Seiten der Einwanderungsgesellschaft gültige, im weitesten Sinne kulturelle Leitorientierungen mit daraus ableitbaren konkreten sozialen Umgangsformen. Die müssen auf Bundesebene auch in einer Art Einbürgerungskanon festgeschrieben sein – man wird doch durch Einbürgerung nicht Niedersachse oder Berliner, sondern Deutscher. Unser Grundgesetz ist eine vorzügliche Grundlage dafür – aber das kennen leider die meisten Deutschen scheinbar auch nicht so genau.

Gäbe es den »Sachverständigenrat für Migration und Integration der Bundesregierung« noch, dem Sie in der Vorbereitung des »Zuwanderungsgesetzes« angehörten – was würden Sie der regierenden Großen Koalition raten?
Wir brauchen viel bessere Datengrundlagen für die Beobachtung der Integrationsentwicklung und ein darauf gestütztes dauerhaftes Integrations-Monitoring. Und wir brauchen ein streng wissenschaftliches, möglichst unabhängiges Gremium zur beobachtenden und beratenden Begleitung der Migrations- und Integrationspolitik. Das hat soeben auch die junge, aber schon international renommierte »Arbeitsstelle interkulturelle Konflikte und gesellschaftliche Integration« (AKI) beim Wissenschaftszentrum Berlin für Sozialforschung gefordert in ihrem »Memorandum zum politischen Handeln« (»Sprache – Migration – Integration«).

5.2.14 Besser auswählen. Das Zuwanderungsgesetz muss reformiert werden. Die dringend benötigten Fachkräfte lassen sich nur durch ein Punktesystem ins Land holen,
in: Die Welt, 7.9.2006.

Die große Koalition ringt in diesen Wochen um die Verbesserung des Zuwanderungsgesetzes. Bislang geht dies auf dem in aller Regel durch Schlachtenlärm gekennzeichneten Feld vergleichsweise geräuschlos ab. Das lässt darauf schließen, dass grundlegend neue Ergebnisse nicht zu erwarten sind. Sie wären aber nötig.

Das Zuwanderungsgesetz aus der rotgrünen Regierungszeit war ursprünglich einmal ein großer, in vieler Hinsicht mustergültiger und moderner Entwurf, geeignet für Schritte in Siebenmeilenstiefeln. Dann aber wurde das Gesetz im parteipolitischen Hickhack mit den Bundesländern und der Union unter populistischer Begleitmusik kleinteilig zurechtverhandelt.

Das Ergebnis war dennoch respektabel und immer noch eine nachgerade historische Zäsur im Blick auf die historische Verspätung in Sachen Migrations- und Integrationspolitik, die bis dahin unter dem Tabu-Motto »Die Bundesrepublik ist kein Einwanderungsland« gestanden hatte.

Aber nach der parteipolitischen Entbeinung des Gesetzentwurfes fehlten entscheidende Stützen und Gelenkstellen, die das Gesetzeswerk auf Dauer belastbar und flexibel hätten halten können. Dazu gehörten einerseits das Punktesystem und andererseits der Sachverständigenrat für Zuwanderung und Integration, kurz »Zuwanderungsrat« genannt.

Das Punktesystem nach kanadischem Vorbild war schon von der Unabhängigen Kommission Zuwanderung unter Leitung von Rita Süssmuth vorgeschlagen und mit Abstrichen auch in den ersten Gesetzentwurf übernommen worden – der schon weitgehend fertig war, bevor die Kommission noch ihren Bericht abgeschlossen hatte, auf den das Gesetz bei seiner Vorstellung zurückgeführt werden sollte, woraus sich das unnachgiebige Drängen des seinerzeitigen Bundesinnenministers Otto Schily ergab. Das Punktesystem war ein hochflexibles Steuerungsinstrument: Zuwanderer mit Bleibeabsicht konnten sich nach Maßgabe klarer Kriterien bewerben, die vom Einwanderungsland nach dessen eigenen Interessen festgesetzt und immer wieder neu den eigenen Bedürfnissen angepasst werden konnten. Das sollte helfen, den ermittelten tatsächlichen Zuwanderungsbedarf ohne unnötige Konkurrenz zu befriedigen und die Integration über das Einfordern von entsprechenden Voraussetzungen zu erleichtern.

Die Kanadier, aber auch die Australier haben beste Erfahrungen mit diesem System gemacht, auch die Engländer führen es jetzt ein. In Deutschland hingegen wurde es, wie manche anderen Initiativen zuvor, als bloßes Instrument zur Flutung der Nation mit Einwandererströmen missverstanden und mit Totschlagargumenten bekämpft, bis es sturmreif am Boden lag.

Es wurde in der letzten Verhandlungsrunde im Bundeskanzleramt im Sommer 2004 geopfert, um den Weg zum Gesetz freizumachen, auf dessen Verabschiedung der Bundesinnenminister ungeduldig drängte – wie auch der von ihm berufene Präsident des Nürnberger Bundesamtes für Migration und Flüchtlinge, das mit dem Gesetz einen außerordentlichen Kompetenzzuwachs erhalten sollte, aus verständlichen Gründen an der Verabschiedung des Gesetzes außerordentlich, ja nach eigenem Bekunden »wahnsinnig« interessiert war.

Der unabhängige Zuwanderungsrat nun, der die Migrations- und Integrationspolitik kontinuierlich begleitend beraten sollte, war anfangs dem Rat der Wirtschaftsweisen gleichgestellt und damit gerade auch dem Bundesinnenministerium gegenüber beratungsbeauftragt. Doch wurde er schon im Gesetzentwurf schrittweise vorab herabgestuft, bis ihm nur noch die Beratung beim Punktesystem geblieben wäre, wodurch er so nahe an dieses heranrückte, dass er mit ihm stehen oder fallen musste.

Und so fiel der Zuwanderungsrat denn auch nach einem denunziativen publizistischen Gezerre, das mitgespeist wurde durch Indiskretionen von Politik- und Behördenvertretern, denen ein unabhängiger Rat ein Dorn im Auge war. Über Weihnachten 2004 wurde der Zuwanderungsrat mit individuellen Schreiben an seine Mitglieder und ohne Presseerklärung still abgeschaltet, im Januar war dies für die Medien schon eine Nachricht vom vergangenen Jahr. Während andere Länder, wie zuletzt erneut England, ihre seit langem bestehenden Beratungsgremien festigten oder mit zusätzlichen Kompetenzen ausstatteten, gab Deutschland ein solches Hilfsmittel aus der Hand, und die Behörden waren wieder unter sich.

Nachdem das Punktesystem gekippt worden war, hatte der Zuwanderungsrat noch empfohlen, an dessen Stelle als eine Art steuerungspolitischer Rettungsring immerhin ein System der »Engpassdiagnose« am Arbeitsmarkt zu erwägen. Dies hätte die Möglichkeit geboten, bei nachweislichem und trotz längerer Bemühungen am inländischen Arbeitsmarkt nicht zu befriedigendem Arbeitskräftemangel gezielt einzelne branchenspezifische oder auch berufsgruppenspezifische Migrantenkontingente zuzulassen bis zu einer Obergrenze von 25 000 Zuwanderern pro Jahr.

Eine Maximalzahl in dieser Größenordnung war bei allen wirtschaftswissenschaftlichen Forschungsinstituten durchaus gängig. Der Vorschlag wurde, wie zuvor das Punktesystem, von Arbeitgeber- und Arbeitnehmervertretern einhellig begrüßt – nicht hingegen von den innenpolitischen Streitern der damals noch informellen großen Koalition. Die Engpassdiagnose des Zuwanderungsrates wurde vielmehr erneut als migrationspolitischer Dammbruch verteufelt, was umso leichter war, als annähernd zeitgleich mit der Vorstellung des Zuwanderungsberichts im Oktober 2004 Opel die Freistellung von mehreren Tausend Mitarbeitern ankündigte. Das unglückliche Zusammentreffen der beiden Informationen in den Medien besiegelte dann das Schicksal auch dieser Initiative.

Infolgedessen steht die Migrationspolitik in Deutschland heute ohne zentrales und flexibles Steuerungsinstrument da, während die Ab- und Auswanderung qualifizierter Kräfte kontinuierlich wächst und die Zuwanderung solcher Kräfte schrumpft. Das nun offenbar geplante zögerliche Herunterbasteln der Einwanderungshindernisse für Selbständige (bisher müssen sie eine Million Euro investieren und zehn Arbeitsplätze schaffen) auf die Hälfte und der viel zu hoch angesetzten Mindestgehälter für Hochqualifizierte (bisher 84 000 Euro) um rund ein Drittel sind bestenfalls Tropfen auf einen heißen Stein. Es wäre an der Zeit für einen migrationspolitischen Befreiungsschlag, der den Steuerungsbereich für Zuwanderung entschieden erweitert.

Die meisten Zuwanderer mit Bleibeabsicht kommen unter dem Schutz unserer Gesetze – per Familien- beziehungsweise Ehegattennachzug – als Spätaussiedler oder als Juden aus der Russischen Föderation. Bei der freien Zuwanderung stellen jährlich Hunderttausende von bloßen Saison- und Werkvertragsarbeitnehmern mit befristeten Verträgen die bei weitem größte Zahl. Der Steuerungsbereich für freie Zuwanderung mit Bleibeabsicht hingegen – für die es klare Kriterien nicht gibt – dürfte im Jahr 2005 auf maximal 20 000 geschrumpft sein. Das ist definitiv zu wenig.

Insoweit kann man den Verhandlungspartnern der kleinlauten großen Koalition nur den Mut wünschen, die von der informellen großen Koalition bei der Verabschiedung des Zuwanderungsgesetzes gemachten Fehler rückgängig zu machen und das Gesetz mutig den deutlich gewandelten Herausforderungen anzupassen.

5.2.15 »Das war zuletzt eine reine Gespensterdebatte«. Migrationsforscher Klaus J. Bade befürchtet nach Eklat im Bundesrat weitere Verzögerungen. Experte sieht große Probleme ohne Zuwanderungsgesetz – »Wie eine Lenkradverriegelung«, Interview (Georg Escher),
in: Nürnberger Nachrichten, 23./24.3.2002.

Nach dem gestrigen Eklat im Bundesrat sieht es so aus, als könnte das Zuwanderungsgesetz erst später in Kraft treten, möglicherweise gar nicht mehr in dieser Form. Wie würden Sie die Folgen dieses Zustands bewerten?
Das wäre eine miserable Situation, weil dadurch die historische Verspätung Deutschlands bei der aktiven Gestaltung von Migration und Integration noch weiter wachsen würde. Wir haben heute schon mit der Bewältigung von Folgeschäden dieses Zögerns in der Vergangenheit zu tun. Und irgendwann wird die Bewältigung von Fehlern von gestern so stark werden, dass wir das in der Gegenwart kaum noch schaffen können. Denn die Fehler von gestern laufen so lange weiter, bis eine neue gesetzliche Grundlage geschaffen werden kann, die damit aufräumt

Wo entstehen nach ihrer Einschätzung die größten praktischen Probleme, wenn das Gesetz verspätet oder nicht in Kraft tritt?
Wir würden weiterfahren mit einer eingerasteten Lenkradverriegelung, das ist der Anwerbestopp. Und nur dann, wenn die Verriegelung rausgenommen wird in Gestalt der Anwerbestopp-Ausnahmeverordnung, können wir steuern. Das heißt, wir erklären die Steuerungsmöglichkeit zum Ausnahmezustand und die Lenkradverriegelung zur Normallage. Es muss genau umgekehrt sein, wenn wir in Zukunft weiterkommen wollen. Es kommt hinzu, dass Bundesregierung und verschiedene Lager der Opposition sich in nachgerade allen Kernpunkten einig sind und dass in den letzten Monaten und insbesondere Wochen eine reine Gespensterdebatte geführt worden ist, die nur einen einzigen Zweck hatte – sich selbst im Wahlkampf zu positionieren.

Von der Opposition kam der Vorwurf, dass das Gesetz durchgepeitscht worden wäre. Können Sie dem folgen?
Da blamiert sich die Opposition vor ihrer eigenen Geschichte. Ich erinnere daran, wie Bundesinnenminister Wolfgang Schäuble 1990 in einer Art Geniestreich die Reform des Ausländerrechts so durchgepeitscht hat, dass man sagen kann, er hat in einem Spurt mehrere Barrieren in einem einzigen Sprung genommen. Hintergrund war, dass auch damals eine Stimme im Bundesrat wackelte oder sogar in Wegfall zu kommen schien für die CDU, nämlich die Stimme Niedersachsens. Dort stand eine Wahl an, man rechnete damit, dass die Wahl an die SPD gehen oder zu einer rotgrünen Koalition führen könnte – was dann auch geschah. Dann wäre die Mehrheit im Bundesrat weg gewesen, und das Gesetz hätte Schwierigkeiten gehabt. Deswegen wurde es so durchgepeitscht, sehr viel schneller im Übrigen als die Gesetzesvorlage hier, die ja nun seit Mitte vergangenen Jahres bekannt und immer wieder in der Öffentlichkeit diskutiert worden ist. Das ging bei Schäuble alles noch sehr viel schneller.

Enthält das neue Gesetz noch Regelungen, die sie geändert hätten?
Ich sehe jetzt an diesem Gesetz nichts, was es gerechtfertigt hätte, es in den Vermittlungsausschuss zu überweisen. Kleinere Verbesserungen gibt es immer. Ich sage, dieses Gesetz ist ein gewaltiger Durchbruch nach vorn. Die Verbesserungen sind mit den Händen zu greifen, und dort, wo es Zweifel gibt, soll die Praxis entscheiden. Und wenn die Praxis in bestimmten Bereichen negativ entscheidet, dann sollte nachgebessert werden. Das hat im Übrigen der Bundesinnenminister auch selbst schon gesagt.

5.2.16 Das Zuwanderungsgesetz kommt 20 Jahre zu spät,
Kurzfassung in: Die Welt, 27.6.2002[34] (Originalfassung).

Zuwanderungspolitik hat Adressaten im Zuwanderungsland auf beiden Seiten: Auf der einen Seite steht die einheimische Mehrheit jener, die nicht zugewandert, deutsch »von Hause aus« sind – und von denen doch viele über die Generationen hinweg das haben, was heute politisch korrekt »Migrationshintergrund« heißt:

Von den Binnenwanderern innerhalb der deutschen Grenzen, die man im Süden bayerisch »Zuagroaste« und im Norden plattdeutsch »tolopen Volk« nennt, über die Millionen Flüchtlinge und Vertriebenen nach dem Zweiten Weltkrieg und deren Nachkommen bis hin zu den Nachfahren »echter« Ausländer; denn nicht nur die Wanderung von Deutschen ins Ausland, auch die Zuwanderung von Ausländern nach Deutschland hat eine lange Tradition. Mit der einheimischen Mehrheit aber ist nicht gut Kirschen essen, wenn es um Zuwanderungsfragen und damit ums Eingemachte geht; denn Zuwanderer stehen bei vielen – zu Unrecht – unter dem Generalverdacht, mehr zu nehmen als zu geben.

Auf der anderen Seite steht die vielfältig in sich gebrochene, politisch korrekt als »Mitbürger ausländischer Herkunft« umschriebene Zuwandererbevölkerung mit einer bis zur Mitte des 20. Jahrhunderts zurückreichenden Migrations- und Integrationsgeschichte. Ihre Familien umschließen längst drei Generationen und fühlen sich in diesem Land ebenfalls schon mehr oder minder lange »einheimisch« oder doch »zu Hause«, ob nun mit oder ohne deutsche Staatsangehörigkeit.

---

[34] https://www.welt.de/print-welt/article396750/Zwanzig-Jahre-zu-spaet.html.

Diese Zuwanderer sind nicht von der Mehrheit »integrierte«, sondern aktiv handelnde Subjekte, die sich – Ausnahmen bestätigen die Regel – selber integrieren. Andernfalls wäre das Menetekel des ersten Ausländerbeauftragten und vormaligen Ministerpräsidenten von Nordrhein-Westfalen, Heinz Kühn (SPD), vom Ende der 1970er Jahr zu einer furchtbaren, sich selbst erfüllenden Prophezeiung geworden: Was nicht rechtzeitig in die Integration der ausländischen Arbeitnehmer und ihrer Familien investiert werde, sei später für Resozialisierung und Polizei zu bezahlen. Dass es nicht dahin kam, hat weniger mit Integrationshilfen von deutscher Seite als mit der Integrationsbereitschaft der Zuwanderer zu tun. Dafür muss man nicht dankbar zu sein, die Anerkennung der gesellschaftsgeschichtlichen Fakten genügt.

Um die einheimische Mehrheit muss mit guten Argumenten geworben werden, wenn Zuwanderungspolitik eine Chance haben soll. Nötig ist aber auch Werbung um das Vertrauen der Zuwanderer. Sie haben an die deutsche Geschichte der letzten Jahrzehnte durchaus anders geprägte Erinnerungen. Sie sind für viele heute noch mitbestimmend für ein anderes Verständnis der politischer Diskussion über Migration und Integration, besonders in Wahlkampfzeiten, denn:

In Sachen Migration und Integration unterscheidet sich die einheimische Mehrheit von den zugewanderten Minderheiten durch einen gravierenden Punkt: Die einheimische Mehrheit hat kein Gedächtnis für eigene Versäumnisse in der Einwanderungssituation, z.B. bei der sozialen Ausgrenzung von »Gastarbeitern«, bei »Ausländerpolitik« anstelle von Integrationspolitik, bei dem höflichen Vertreibungsdruck der »Rückkehrprämien« Anfang der 1980er oder bei den fremdenfeindlichen Exzessen der frühen 1990er Jahre. Die Zuwandererbevölkerung hingegen wurde oder fühlte sich von solchen Versäumnissen nicht selten existentiell betroffen. Mitunter registrierte sie Versäumnisse in der Integrationspolitik erst später, mitunter sogar erst im intergenerativen Prozess, also im Dialog mit der schon im Land selbst aufgewachsenen zweiten Generation. Denn einerseits zielten viele Lebenskonzepte der Pioniermigranten nicht von Beginn an auf dauerhafte Einwanderung; andererseits wurden solche Lebenskonzepte zum Teil auch durch die Abwehrhaltungen des Aufnahmelandes lange daran gehindert, sich in Richtung auf dauerhafte Einwanderung zu entfalten.

Die meisten »Gastarbeiter« waren seinerzeit für Beschäftigungsbereiche auf den untersten Ebenen des Arbeitsmarktes angeworben worden. Später wurden viele dieser Beschäftigungsbereiche wegrationalisiert oder entfielen krisenbedingt und die Angeworbenen verloren ihre Arbeit. In einer Situation, in der der Wandel von »Gastarbeiterfamilien« zu Einwandererfamilien schon – ohne Gewalt – nicht mehr umkehrbar war, antwortete die Bundesrepublik Anfang der 1980er Jahre aber gerade nicht mit forcierter Integrationspolitik und gezielten Aus- und Fortbildungsprogrammen, sondern mit ausgrenzenden und erniedrigenden Maßnahmen zur »Aufrechterhaltung der Rückkehrbereitschaft«. Das hat wenig bewirkt, aber folgenreiche kollektiv-mentale Verletzungen hinterlassen. Auch viele Chancen, den Einwandererfamilien zu helfen, wenigstens in der nächsten Generation eine höhere soziale Ebene zu erreichen, wurden verpasst. Das zeigen heute noch die Schulabschlusszahlen.

Es ist deshalb zynisch, im Blick auf solche Bildungslagen in Verkehrung von Ursache und Folge z.B. von »mangelnder Integrationsfähigkeit« zu reden. Dergleichen ist mehr als Wahlkampfrhetorik. Es ist Ausdruck einer gefährlichen Mischung von Ahnungslosigkeit und Verantwortungslosigkeit gegenüber den kulturellen und sozialen Verständigungsaufgaben in der Zuwanderungsgesellschaft.

Das Zuwanderungsgesetz von heute wäre schon Anfang der 1980er Jahre fällig gewesen und wurde damals auch schon, vergeblich, angemahnt. Es hätte uns und den Zuwanderern vieles ersparen können. Es hat nicht sollen sein – ein »historischer« Grund mehr, das längst überfällige Gesetz nun zügig umzusetzen und in der Praxis zu erproben.

5.2.17 Die zweitbeste Lösung: Deutschland nach dem Zuwanderungsgesetz, Statement als Stellv. Vors. des Rats für Migration zur Präsentation von: »Migrationsreport 2004« (hg. v. K. J. Bade / M. Bommes / R. Münz) und »Migration – Integration – Bildung« (hg.v. K. J. Bade / M. Bommes), Haus der Bundespressekonferenz, Berlin 8.7.2004 (Auszug).

Mit dem Zuwanderungsgesetz hat sich Deutschland vom informellen zum formellen Einwanderungsland gewandelt. Das ist die – unausgesprochene – Botschaft des Gesetzes. Damit ist der Weg abgeschlossen, der im Jahr 2000 mit der Reform des Staatsangehörigkeitsrechts begann. Beide Reformen werden in der historischen Erinnerung für die innenpolitische »Ära Schily« prägend bleiben.

Jahrzehntelang wurde für Deutschland vergeblich Einwanderungsgesetzgebung und Integrationspolitik gefordert, um politisch gleichzuziehen mit der unverkennbaren Entwicklung zum Einwanderungsland. Das ist, mit vielen Abstrichen von den Visionen der »Süssmuth-Kommission«, erst jetzt geschehen. Die bei der Vorbereitung des ersten Gesetzentwurfes noch verhalten positive Stimmung im Umgang mit den Themen Migration und Integration aber ist im jahrelangen Streit um das Zuwanderungsgesetz wieder verlorengegangen.

Der Preis für die historische Verspätung sind Defizite in Verlauf und Ergebnissen der Integration. Sie dürfen nicht einseitig den Einwanderern zugeschrieben werden, wie im öffentlichen Schlagabtausch um das Zuwanderungsgesetz immer wieder geschehen, z.B. in der denunziativen Rede von der »millionenfachen Einwanderung in die Sozialsysteme«.

Das ist Geschichtsklitterung: In Wirklichkeit hat Deutschland von der Mitte der 1950er Jahre bis in die frühen 1970er Jahre und mit dem Familiennachzug noch weit darüber hinaus einen organisierten Unterschichtenimport (»Gastarbeiterbevölkerung«) betrieben bzw. zugelassen. Es hat dann dem Übergang von Daueraufenthalten in echte Einwanderungssituationen lamentierend zugesehen, ohne die nötigen und immer wieder geforderten, nachhaltigen Integrationskonzepte anzubieten oder gar den missliebigen Dauergästen mit einem goldenen Handschlag demonstrativ die Einbürgerung zu erleichtern, wie dies die Integrationsbeauftragte und ihre Vorgänger/innen immer wieder gefordert haben.

Wenn Integration in Deutschland bislang trotzdem ohne größere Spannungen funktioniert hat, dann sollte man sich dafür bei den Zuwanderern bedanken, die sich in diesem widerwilligen Einwanderungsland im Rahmen ihrer Möglichkeiten integriert haben. Die Rede von der »Einwanderung in die Sozialsysteme« war das Gegenteil davon. Es genügt deshalb nicht, nach dem endlich gefundenen Konsens im Kreise der politischen Akteure wieder betont friedfertig miteinander umzugehen und so zu tun, als sei im Vorfeld sei nichts geschehen.

Die angeblichen »Einwanderer in die Sozialsysteme« haben die im politischen Schlagabtausch zu Lasten Dritter verwandten Argumente nicht überhört, zumal solche sozialen Verleumdungen hierzulande eine lange Geschichte haben. Ebenso nachhaltig dürften diese Argumente aber auch bei jenen gewirkt haben, denen Einwanderer nach wie vor als missmutig geduldete Kostgänger mit unzureichenden Tischsitten erscheinen, die per Gesetz endlich integrativ zu disziplinieren sind. Auf dem Schild über dem Eingang nach Deutschland heißt es nach Auffassung vieler, trotz Zuwanderungsgesetz, nach wie vor nicht »Einwanderer gesucht und willkommen!«, sondern »Einwanderung als nötiges Übel akzeptiert!«

Andere Länder machen das besser. Das kann man heute nicht mehr nur in Übersee, z.B. in Kanada oder Neuseeland, studieren, sondern auch schon in der europäischen Nachbarschaft. Das gilt z.B. für England, das inzwischen ein – hochbürokratisches – Punktesystem hat. Es gilt aber etwa auch für Tschechien, das sogar den ursprünglich von Bundesinnenminister Schily vorgelegten Gesetzentwurf ohne Abstriche übernommen hat. Das deutsche Gesetz hingegen trägt deutliche Blessuren aus dem Kampf um den kleinsten gemeinsamen Nenner: von der Aufrechterhaltung des – durch Ausnahmeverordnungen durchlöcherten – Anwerbestopps bis zur Streichung des Punktesystems, das uns schon bald fehlen wird.

Zur Integrationsförderung gehört nicht nur die Bereitschaft, in der politischen Kommunikation und in der alltäglichen Begegnung aufeinander zuzugehen. Auch gesellschaftliche Institutionen und Strukturen müssen auf ihre Funktionstüchtigkeit im Integrationsprozess hin überprüft werden. Das gilt, um nur ein Beispiel zu nennen, für das erkannte, aber nicht gebannte Problem, dass die Bildungssysteme in Deutschland dazu tendieren, soziale Benachteiligungen bei den Bildungszugängen zu reproduzieren, was besonders für Einwanderer von Nachteil ist.

Lauthals beklagte Integrationsdefizite sollten nachdrücklicher als derzeit erkennbar durch Angebote zur nachholenden Integration beantwortet werden: Einwanderer bleiben auf Dauer. Investitionen in ihre Qualifikation und damit in ihre beruflichen und sozialen Lebensperspektiven kommen deshalb allen zugute. Die Kosten für Integrationsförderung sind niedriger als die sozialen Folgekosten der Nicht-Integration. Das Gesetz ist, so gesehen, in der Tat erst der »Einstieg in eine systematische Integrationspolitik.« (Otto Schily, 1.7.2004).

In der politischen Integrationsdiskussion in Deutschland werden häufig Prozesse und Konzepte miteinander verwechselt: Integration ist ein mittel- bis langfristiger, in der Regel Generationen übergreifender Kultur- und Sozialprozess. Daher die Rede von der »ersten«, der »zweiten« bzw. der »dritten Generation«. Integrationspolitik kann mit ihren Konzepten nur darauf zielen, die Eigendynamik dieses Prozesses fördernd zu begleiten, ihn aber nicht ersetzen; denn Einwanderer integrieren sich als Handelnde selber und werden nicht als passiv Beteiligte durch staatliche Politik »integriert«. Die langen und eigendynamischen Eingliederungsverläufe können auch den Charakter von schrittweisen Assimilationsprozessen mit fließendem Eingang und offenem, oft Generationen übergreifendem Abschluss haben. Das kann mit Hilfe entsprechender Indikatoren beobachtet werden. Mit staatlicher Integrationspolitik hat das nichts zu tun.

Einwanderung aber ist ein gesellschaftliches Geschäft auf Gegenseitigkeit. Es verändert auch die hierzulande immer noch zu statisch vorgestellte Aufnahmegesellschaft, die doch zunehmend auch aus Einwanderern und deren Nachfahren besteht. Politik im Einwanderungsland sollte deshalb nicht unnötig die ohnehin vorhandenen Ängste vor solchen Veränderungen beschwören. Deutsche haben solche Ängste zur Zeit ihrer millionenstarken Einwanderung in den Vereinigten Staaten im 19. Jahrhundert auch geweckt. Das gleiche galt umgekehrt für starke und konzentriert siedelnde Einwanderergruppen in Deutschland selber – von den Hugenotten bis zu den Ruhrpolen.

Spannungszonen in den – meist ethnisch heterogenen – Einwandererviertln bilden sich heute gelegentlich dort, wo soziale Benachteiligung und Zuwandererkonzentration zusammenwirken. Die Einwanderungsgeschichte liefert zahllose Belege dafür, dass solche Herkunftsgemeinschaften, die den Aufnahmegesellschaften zuweilen als gefährliche, vermeintlich integrationsfeindliche »Parallelgesellschaften« erscheinen, für die darin siedelnden Einwandererbevölkerungen wichtige Eingliederungshilfen bieten können. Was der umschließenden Aufnahmegesellschaft als Desintegration und Segregation von »fremden Kulturen« erscheinen mag, kann auf Zeit für die Eingliederung also durchaus hilfreich sein. Von Nachteil sind solche Konzentrationen nur für Einwanderer, die zu lange oder auf Dauer in diesen Milieus bleiben, von den sendungsbewussten neueren, in ihrer weiteren Entwicklung schwer kalkulierbaren fundamentalistischen Strömungen einmal abgesehen.

Es könnte sein, dass auf das lautstarke Ringen um den Konsens in Sachen Migration und Integration eine Phase des Schweigens zur Sache folgt. Die Erfahrungen mit der Praxis des Zuwanderungsgesetzes und die sich in wenigen Jahren drastisch beschleunigenden Folgen des demographischen Wandels aber werden in absehbarer Zeit einiges von dem wieder ins Gespräch bringen, was im Kampf um das Zuwanderungsgesetz dem aktuellen Konsens geopfert werden musste. Das gilt besonders für das Punktesystem als weltweit bestes und andernorts längst mit Erfolg praktiziertes Steuerungssystem in der globalen Konkurrenz um die »besten Köpfe«. Für diese Konkurrenz hat Deutschland mit seinem Zuwanderungsgesetz eine im Feld insgesamt sehr gute, im Vergleich mit der internationalen Spitzengruppe aber nur zweitbeste Startposition gewählt.

Für den neuen Start könnte eine Mahnung der Europäischen Kommission an den Rat und an das Europäische Parlament auch in Deutschland hilfreich sein:

»Der Wechsel zu einer bewussten Migrationspolitik erfordert politische Führungsstärke und ein eindeutiges Bekenntnis zur Förderung pluralistischer Gesellschaften sowie die Verurteilung von Rassismus und Fremdenfeindlichkeit. Es wird auf die Vorzüge der Einwanderung und der kulturellen Vielfalt hinzuweisen sein; bei Stellungnahmen zu migrations- und asylpolitischen Fragen wäre ein Sprachgebrauch zu vermeiden, der rassistischen Tendenzen Auftrieb geben oder die Spannungen zwischen den Bevölkerungsgruppen verschärfen könnte. Die Verantwortlichen müssen öffentlich ihre Unterstützung für Maßnahmen zur Förderung der Integration von neuen Migranten und ihren Familienangehörigen bekunden und für die Anerkennung und Akzeptanz von kulturellen Unterschieden innerhalb eines klar abgesteckten Rahmens von Rechten und Pflichten werben. Auch den Medien kommt in ihrer Funktion als Meinungsbildner diesbezüglich eine beträchtliche Verantwortung zu.«[35]

5.2.18 »Demographie, Demagogie und Angewandte Migrationsforschung«,

Kurzfassung unter dem Titel »Sie kommen schon: Seit 50 Jahren wandern Menschen nach Deutschland ein – aber die Politik schaut weg«, in: Der Tagesspiegel, 16.7.2002[36] (Originalfassung).

Wer seit der Bundesratsdebatte über das Zuwanderungsgesetz am 22. März 2002 in der Bundesrepublik über Migration und Integration schreibt, tut gut daran, vorweg zu klären, dass es sich dabei nicht um einen Beitrag zur Theaterwissenschaft handelt. Dies sei hiermit geschehen.

Das Stichwort »Migration« hat, nach verhaltenem Optimismus in den Debatten um »Greencard« und den Bericht der »Süssmuth-Kommission«, in der politischen Diskussion in Deutschland neuerdings wieder negative Hochkonjunktur. In fahrlässigem Populismus wedeln Wahlkämpfer über die gefährliche Grenze zwischen Demographie und Demagogie. Das hat aber nicht nur mit Wahlkämpfen in Deutschland und anderen EU-Ländern zu tun, sondern auch mit einer in den nationalen kollektiven Gedächtnissen vielfach noch nicht zureichend verarbeiteten historischen Grunderfahrung zu tun: dem Wandel vom Aus- zum Einwanderungskontinent Europa, der sich auch in der deutschen Geschichte der letzten 100 Jahre abgebildet hat:

Vom Auswanderungsland zum Einwanderungsland
In der letzten Auswanderungswelle des 19. Jahrhunderts schifften sich von 1880 bis 1893 noch rund 1,8 Mio. Deutsche allein in die Vereinigten Staaten ein, nicht selten mehr als 200 000 im Jahr. Dann riss in Deutschland die Geschichte der transatlantischen Massenauswanderung ab. Vor dem Hintergrund des starken Wirtschaftswachstums der Jahrzehnte vor dem Ersten Weltkrieg kam die langfristige migratorische Wende in Sicht: Zur Massenbewegung wurde jetzt erstmals die – vorwiegend saisonale – Zuwanderung ausländischer Arbeitskräfte nach Deutschland, von denen es am Vorabend des Ersten Weltkriegs rund 1,2 Millionen gab.

Nach der Epoche der Weltkriege mit ihren Verwerfungen im Migrationsgeschehen und dem Zustrom von Flüchtlingen und Vertriebenen nach dem Zweiten Weltkrieg lief seit den 1950er Jahren der migratorische Jahrhunderttrend fort: Auswanderungen von Deutschen traten zurück hinter steigende Zuwanderungen von Ausländern nach Deutschland.

Aus vielen der seit Mitte der 1950er Jahre und insbesondere in den 1960er Jahren in großer Zahl zugewanderten »Gastarbeitern« waren, trotz des »Anwerbestopps« von 1973, am Ende der 1970er Jahre längst Einwanderer geworden, die ihre Familien nachzogen. Aber die vielbeschworene und skandali-

---

[35] Kommission der Europäischen Gemeinschaften, Mitteilung der Kommission 2000/757 an den Rat und an das Europäische Parlament über eine Migrationspolitik der Gemeinschaft, Brüssel 22.11.2000.

[36] http://www.tagesspiegel.de/weltspiegel/gesundheit/sie-kommen-schon/329864.html.

sierte »Zeitbombe Gastarbeiterfrage« explodierte nicht. Sie verwandelte sich vielmehr still und bemerkenswert konfliktarm, wenn auch unter mancherlei unnötigem Leidensdruck für die Ausländerbevölkerung, in eine echte Einwanderungsfrage. Daneben stiegen die Zahlen der Flüchtlinge und Asylsuchenden in Deutschland stetig an und überschritten 1980 erstmals die Marke von 100 000. Als Massenbewegung kam seit dem Ende der 1980er Jahre die Zuwanderung der Aussiedler bzw. Spätaussiedler hinzu.

Einen neuen Höhepunkt erreichte der Zustrom in den frühen 1990er Jahren: Starke Zuwanderungen von ausländischen Flüchtlingen und Asylsuchenden, von Aussiedlern bzw. Spätaussiedlern, aber auch von Umsiedlern aus den neuen Bundesländern trafen auf eine immer deutlicher werdende Konzeptionslosigkeit von Politik gegenüber Fragen von Migration und Integration.

Die Antwort waren Ängste, wachsende Fremdenfeindlichkeit und schließlich Ausschreitungen gegen Asylsuchende, ausländische Arbeitnehmer und zum Teil auch Aussiedler. Die legislative Reaktion ging unter falschem Namen in die Geschichte ein; denn der »Asylkompromiss« von 1993 war in Wirklichkeit ein umfassender Migrationskompromiss, der z.B. auch die Aussiedlerzuwanderung einbezog – in Gestalt des »Kriegsfolgenbereinigungsgesetzes« von 1993. Die explosive Situation Anfang der 1990er Jahre war das Ergebnis einer langen Phase defensiver Erkenntnisverweigerung unter dem Stichwort »Die Bundesrepublik ist kein Einwanderungsland«.

Der zögerliche Wandel zu einer aktiven Gestaltung von Zuwanderung und Eingliederung und damit vom informellen zum formellen Einwanderungsland kam in drei Schritten:

Ein erster Schritt war die Reform des Ausländerrechts 1990 mit ihren Erleichterungen (in einigen Bereichen aber auch Erschwerungen) der Einbürgerung. Der zweite Schritt war die Reform des Staatsangehörigkeitsrechts 2000. Sie erweiterte das bis dahin einseitig am Vererbungsprinzip orientierte Staatsangehörigkeitsrecht um ein bedingtes Territorialrechts in Gestalt des befristeten Erwerbs der Staatsangehörigkeit durch Geburt im Land. Der dritte und letzte Schritt zur Akzeptanz der demographischen und gesellschaftlichen Realitäten ist das aktuelle Zuwanderungsgesetz.

Wahlkampf um das Zuwanderungsgesetz

Der dritte Schritt dauerte zu lange angesichts der heraufziehenden politischen Unwetterfront des Wahlkampfes. Der Übergang zum Wahlkampf war erkennbar an der Zunahme von Gespensterdebatten auf Kosten von Sachdiskussionen.

Zum Allgemeinwissen zählt heute schon der Hintergrund der aktuellen Debatte: Die Dramatik der demographischen Prozesse in der langfristig alternden und schrumpfenden Gesellschaft in der Mitte Europas, deren Erwerbspotential schon auf mittlere Sicht quantitativ und qualitativ immer weniger den Herausforderungen der Informationsgesellschaft im Globalisierungsprozess entspricht. Zuwanderung mit entsprechendem Qualifikationsprofil ist demgegenüber kein allheilender Zaubertrank, sondern ein Mittel von mehr oder minder begrenzter Reichweite zur Abpufferung der unmittelbaren wirtschaftlichen und sozialpolitischen Folgen.

Es geht in Wirklichkeit um eine Kombination zwischen gesteuerter – und das heißt bei Zuwanderungsdruck immer auch begrenzter – Zuwanderung von außen und scharfen, zum Teil zweifelsohne schmerzhaften Reformen im Innern, von der Arbeitsverwaltung bi zu jenen sozialen Leistungssystemen, die nicht überleben können, wenn der Generationenvertrag sie nicht mehr trägt. In Sachen Migration und Integration ist einerseits um Mut zur Gestaltung gefragt, andererseits aber auch pragmatische Einsicht in die Grenzen der Gestaltbarkeit; denn Migrations- und Integrationsverläufe haben eine vielfach unterschätzte Eigendynamik.

Sollte es erneut zu einer Vertagung der längst überfälligen Gestaltung aktueller Probleme auf Kosten der Zukunft kommen – dann werden nicht erst die Enkel ihre Großeltern, sondern schon bald Kinder ihre Eltern im Generationenkonflikt verfluchen wegen folgenschwerer Versäumnisse in einer Gegenwart, die dann schon Geschichte heißt.

Angewandte Migrationsforschung

Vor diesem Hintergrund kommt es für Wissenschaft in handlungsrelevanten Bereichen darauf an, ihre Erkenntnisse nicht nur in internen Diskursen zu kommunizieren, sondern sich im gebotenen Maß an menschenfreundlicher Prosa auch öffentlich zu engagieren – in Publizistik, in Politikberatung oder in kritischer Politikbegleitung über die Medien. In diesem Sinne »angewandte Migrationsforschung« erarbeitet in multidisziplinären und interdisziplinären Analysen Grundeinsichten und Handlungsempfehlungen für einen – hierzulande vielfach noch immer unzureichend wahrgenommenen – Zentralbereich der Gesellschaftspolitik.

Migration ist ein Teilbereich der Conditio humana – seit sich der Homo sapiens als Homo migrans auf seinen Weg gemacht hat. Deshalb sind hier nachgerade alle Humanwissenschaften herausgefordert, soweit sie ihr Tun als gesellschaftliche Veranstaltung verstehen. Migrationsforschung ist mithin eine multidisziplinäre Herausforderung mit in der Regel interdisziplinären Forschungsansätzen. Das gilt nicht nur für demographische oder im engeren Sinne sozial- und wirtschaftswissenschaftliche, sondern z.B. auch für historische Migrationsforschung in ihrem Bemühen, historische Entwicklungslinien und aktuelle Bestandsaufnahmen mit der Diskussion um die Gestaltung der Zukunft zu verbinden:

Die Beobachtungsmethoden sind schärfer, die Beobachtungsfelder dennoch unübersichtlicher geworden: Die seit jeher zu beobachtende Spannung zwischen dem Selbstverständnis von Migranten, den ihnen durch Migrationspolitik zugeschriebenen Identitäten und der ihnen abverlangten Erfüllung bestimmter Kriterien hat sich bei wachsendem Wanderungsdruck und zunehmender Abschottung dagegen verschärft. Zugleich sind die Grenzen zwischen rechtlichen Gruppenbildungen wie »Arbeit«, »Asyl«, »Flucht« oder »Minderheiten« in den multiplen Identitäten von Migranten fließender geworden. In der Konfrontation mit solchen Problemen, die das Phänomen Migration aufwirft, erscheinen Migrationspolitik und Migrationsforschung mitunter nicht sehr weit voneinander entfernt – trotz aller grundlegenden Unterschiede zwischen den Zuschreibungsinteressen auf beiden Seiten.

Es geht darum, zu verfolgen, wie und warum in den gesellschaftlichen Problemfeldern von Migration und Integration alles so kam, wie es kam. Zu zeigen ist aber auch, dass nicht alles so kommen musste, wie es kam, und wo Versäumnisse von gestern zu Problemen von heute geworden sind. Dabei geht es nicht um Anklagen oder Schuldsprüche. Erkennbare Versäumnisse aber müssen benannt werden, wenn aus folgenreichen Problemen der Vergangenheit für die Gestaltung der Zukunft gelernt werden soll. Und dieser Lernprozess muss beschleunigt werden. Wenn wir so weitermachen wie bisher, laufen die Probleme aufs Neue ihrer Gestaltung davon.

5.2.19 Das Zuwanderungsgesetz vom 1.1.2005: Chancen und Grenzen der Steuerung,
Vortrag zur Verleihung der Möser-Medaille der Stadt Osnabrück, Friedenssaal des Historischen Rathauses, Osnabrück 3.1.2005 (Auszug).

Das gerade drei Tage alte und zu Recht als historisch bedeutsam bewertete Baby Zuwanderungsgesetz ist bekanntlich Ergebnis eines etwas gestörten politischen Zeugungsprozesses und wurde überdies schon in pränatalem Zustand immer wieder attackiert. Es fehlen ihm deshalb einige wichtige Organe, wie z.B. das Punktesystem – aber das Zuwanderungsgesetz ist sicher auch in dieser Form eine begrüßenswerte, wenn auch sehr späte und im Ergebnis noch verbesserungsfähige Geburt. [...]

Spielregeln für den Umgang mit Chancen und Grenzen der Steuerbarkeit von Migration und Integration
Spielregel 1: Man muss immer zweierlei auseinanderhalten: Konzept und Prozess, also Gestaltung und Entwicklung. In den Konzeptbereich gehören die Maßnahmen, die auf Steuerung und Begrenzung zielen. In den Entwicklungsbereich gehört auch die Eigendynamik von Migrations- und Integrationsabläufen, die nur bedingt steuerbar ist.

Darum ist auch die neue Diskussion über »Multikulti« oft absurd, weil Politik und gesellschaftliche Realität verwechselt werden: Die Bundesrepublik Deutschland ist ein Land mit kultureller Vielfalt geworden, ob man das so wollte oder nicht. Was für die politische Gestaltung zählt ist, die gesellschaftliche Realität, die man in einem liberalen Rechtsstaat nicht rückwirkend verändern kann. Wenn heute posaunt wird »der Multikulturalismus« sei gescheitert, dann können damit ja nicht die realen gesellschaftlichen Verhältnisse gemeint sein, sondern nur jene sozialromantischen Konzepte, die in Deutschland – im Gegensatz zu den Niederlanden – doch nie Regierungspolitik waren.

Was aber die gesellschaftliche Entwicklung selber angeht, so war für alle schon vor langer Zeit erkennbar, dass der Weg zur kulturellen Vielfalt alles andere sein würde als eine fröhliche Rutschbahn in ein buntes Paradies. Dass das den Niederländern erst relativ spät aufgefallen ist, hat damit zu tun, dass man in den Niederlanden – im Gegensatz Deutschland – in der Tat lange aktiv ein Multikulturalismus-Konzept verfolgt hat als regierungsamtliche Praxis. Es war das sogenannte Säulen-Modell, in das man noch eine Säule »Ethnizität« hineingestellt hatte – was dann das Auseinanderdriften in Minderheiten nur noch mehr beförderte. Deswegen war das Erwachen aus diesem Traum umso härter.

Aber die deutschen Bundesregierungen, gleich welcher Couleur, haben diesen Traum nie geträumt. Sie haben vielmehr in Sachen Migration und Integration lange entweder Alpträume gehabt oder überhaupt nicht geträumt und nur tief geschlafen. Deswegen sollte man beim Aufwachen das eigene Sichtfeld nicht unnötig mit dem der Niederländer verwechseln.

Spielregel 2: Unzureichend bewusst ist den meisten, dass Integration ein Prozess ist, der grundsätzlich beide Seiten verändert, die Aufnahmegesellschaft wie die Zuwandererbevölkerung – von der allerdings ein bei weitem höheres Maß an Anpassung zu erwarten und zu fordern ist. Das Echo der Diskussion um sog. »Parallelgesellschaften« in der Vorweihnachtszeit zeigte in aller Deutlichkeit noch einmal die ganze politische Ahnungslosigkeit in der Wahrnehmung der Wirklichkeit.

Keine Frage: Der internationale fundamentalistische Terrorismus ist eine dramatische Gefahr. Aber das ist nicht nur ein sicherheitspolitisches Problem, sondern auch ein Problem der Ursachenbekämpfung. Und die Ursachen liegen zweifelsos nicht Deutschland selbst – abgesehen einmal von den von der Justiz zu lange so sanft behandelten schwerstkriminellen mafiotischen »Ethno-Clans«. Sie haben tatsächlich längst echte Strukturen von abgeschotteten »Parallelgesellschaften« ausgebildet, bis hin zu eigenen sog. »Friedensrichtern« und Strafvollziehern anstelle von Recht und Gesetz.

Die friedliche Koloniebildung im Einwanderungsprozess aber hat mit solchen »Parallelgesellschaften« sehr wenig zu tun: »Klein-Istanbul« ist nicht mehr und nicht weniger, als es »Little Germany« in den Vereinigten Staaten des 19. Jahrhunderts war. Und überall in den historischen Quellen gibt es die amerikanischen Klagen über diese Deutschen, die sich offenkundig nicht integrieren könnten und wollten, die im sog. »deutschen Mittelwesten« vielleicht sogar die amerikanische Kultur überformen wollten, die ständig in ihre »deutschen« Viertel einwanderten und die zum Teil in der dritten Generation noch immer im Englischen radebrechten...

Und die grässlichen Katholiken unter ihnen galten gar als eine Art konfessioneller »Landesverräter«, für die »White Anglo-Saxon Protestants« eben so schlimm wie die Iren. Und was geschah? Aus den eingewanderten Deutschen in Amerika, ob nun protestantisch oder »Landesverräter«, wurden in der zweiten Generation Deutsch-Amerikaner und in der dritten Generation Amerikaner deutscher Herkunft, von denen sich viele, zumal in den späteren Generationen, gar nicht mehr erinnern konnten oder wollten, woher ihre Vorfahren ursprünglich gekommen waren.

Das illustriert ein kleines Reiseerlebnis aus der Gegend jenes ehemaligen »Deutschen Mittelwestens«, des »German Midwest«:

Ich war dort einmal von Bloomington/Indiana aus unterwegs auf der Suche nach dem Ort »New Harmony«. Das ist eine ursprünglich einmal von frommen südwestdeutschen Siedlern unter dem Dorfnamen »Harmonie / Harmony« gegründete und später von dem englischen Sozialreformer Robert Owen übernommene und in »New Harmony« umgetaufte Siedlung, die heute noch besteht. Als mir das Benzin auszugehen drohte, nahm ich eine Abfahrt in eine kleine Stadt. Da fielen mir Reklameschilder mit deutschen Firmennamen auf, wie etwa »Richard Muller's Fast Food – Take away« oder »Kalbfleisch Brothers Rent a Car«.

Ich fragte den Mann an der Tankstelle: »I'm astonished about all that German names in your village«, worauf der Tankwart, der offenbar bei der Army gewesen war, kopfschüttelnd entgegnete: »Sir, no Sir, I never noticed that, Sir!« Ich fragte ihn, seinen Militärjargon imitierend: »Sir, Yes, Sir, and what is your name, Sir?« Er antwortete entrüstet: »Sir, my name ist Schmid, Sir. And this is a damned old American name, Sir!« Sagte er und bediente stumm weiter den Einfüllstutzen. Und auf seine Weise hatte der Tankwart durchaus Recht; denn irgendwann waren alle einmal eingewandert, auch die Schmids. Die Lehre:

Spielregel 3: Man braucht viel Geduld für die Beobachtung und Einschätzung von Integrationsprozessen; denn Integration ist ein lange dauernder Kultur- und Sozialprozess. Er ist für den Einwanderer eine lebenslange Aufgabe und übersteigt nicht selten sogar die lebensgeschichtliche Dimension – daher die inzwischen auch in Deutschland gängige Rede von den Einwanderern der Zweiten und sogar der Dritten Generation.

Es geht also nicht um das Schreckbild von »Parallelgesellschaften«, sondern um das Erlernen des Umgangs mit kultureller Differenz, mit kultureller Vielfalt: Die Amerikaner sprechen von »Diversity« unter einem gemeinsamen Dach. Das gilt heute auch für viele deutsche Firmen, von denen Politik in diesem Land eine Menge lernen könnte. Aber das besagte gemeinsame Dach sollte man schon beschreiben können. Sonst wissen die Einwanderer und am Ende auch die Einheimischen nicht mehr, woran sie sind.

Die Amerikaner haben in Sachen »Diversity« überdies zwei Momente für sich, die brüskierende Diskussionen über eingewanderte Minderheiten begrenzen und von denen wir lernen könnten: Man hat in den Vereinigten Staaten wie in Kanada einen positiven Migrationsbegriff: Einwanderer sind Helfer von außen, die jährlich in großer Zahl zugelassen und auch gezielt angeworben werden, um die Wirtschaft in Gang zu halten. Man sucht sich dabei im Rahmen des Möglichen verständlicherweise auch die Besten und Passfähigsten aus – nicht selten übrigens in Deutschland selbst. Und dafür hat man Gesetze – auch wenn der Handlungsspielraum wegen des freien Familiennachzugs kleiner geworden ist. Und man hat in den USA das »ethnic vote«, also das Wahlrecht einer großen Zahl von Zuwanderern im Land. Das begrenzt aggressive politische Redensarten über Einwandererminderheiten.

In Deutschland haben wir dagegen einen negativen Migrationsbegriff – Zuwanderung als Bedrohung von außen. Und die meisten im Lande lebenden Einwanderer und ihre Nachfahren sind nach wie vor Ausländer und deshalb nicht wahlberechtigt. Man stelle sich vor, von den fast 2 Millionen (1 998 534) Deutsch-Türken im Jahr 2001 hätte eine Million das Wahlrecht in Deutschland. Dann würde hier sicher anders über den Islam diskutiert. Dabei hat die verzögerte Einbürgerung übrigens auch damit zu tun, dass wir über Jahrzehnte hinweg keine nationale Einbürgerungskultur mit klarem Forderungskatalog entwickelt haben. Auch das sollte sich nachhaltig ändern.

Spielregel 4: Die Handlungsspielräume sind begrenzt. Das hat seinen Grund u.a. in der ohnehin laufenden starken, derzeit bei knapp 200 000 Personen pro Jahr liegenden Zuwanderung mit Bleibeabsicht unter dem Schutz der Gesetze. Da ist qualitätsorientiert bislang wenig zu steuern.

Das fängt beim Familiennachzug an und geht über Spätaussiedler und Asylsuchende weiter bis zu Juden aus der GUS. Wenn man aber – als demographische Regelerwartung – von einem nötigen positiven Zuwanderungssaldo von 200 000 bis 250 000 Menschen pro Jahr ausgeht, dann ist ein Steuerungsbereich zur Gestaltung beruflich-sozial profilierter Zuwanderung logischerweise fast gar nicht mehr vorhanden. Der Handlungsspielraum für Steuerung könnte größer werden, wenn sich der stark rückläufige Trend bei der Zuwanderung von Asylsuchenden und Spätaussiedlern fortsetzen und auch die neuerdings unter Druck geratene Zuwanderung von Juden aus der GUS schrumpfen sollte. Aber das ist noch nicht abzusehen.

* * *

Man sieht jedenfalls: Die Chancen zur Steuerung von Zuwanderung sind derzeit begrenzt. Umso wichtiger ist es, bei Migrations- und Integrationspolitik die folgenden Punkte zu beachten:

a) Man sollte bei künftigen Zuwanderungen jedweder Art im wohlverstandenen Eigeninteresse im Rahmen des Möglichen mehr auf die beruflich-soziale Passfähigkeit und damit vor allem auf die Qualifikation von Zuwanderern achten. Die muss nicht immer erst mühevoll und teuer hierzulande nachgebessert und kann auch im Ausland schon vorbereitet werden.

b) Man kann auch mit großzügig bemessener und vor allem bedarfsorientierter nachholender Integrationsförderung einige, aber keineswegs alle Versäumnisse der Vergangenheit korrigieren.

c) Man sollte also solche Versäumnisse bei der Erstintegration tunlichst vermeiden und deshalb die vom Zuwanderungsgesetz eröffneten Gestaltungsmöglichkeiten im Zweifelsfalle lieber zu generös als zu zurückhaltend nutzen.

d) Bei der vielzitierten »Konkurrenz um die besten Köpfe« sollten wir beachten, dass das im Saldo für Deutschland derzeit mehr ein Verlustgeschäft ist: In starkem und offenkundig zunehmendem Maße wandern viele unserer »besten Köpfe« dauerhaft ins Ausland ab. In der Zuwanderung überwiegt die Zahl von unzureichend Qualifizierten. Und viele der weltweit Besten machen inzwischen einen Bogen um dieses Land. Deshalb droht Deutschland in der Konkurrenz um die »besten Köpfe« selber ein »Braindrain«-Fall zu werden. Auch das sollte sich schleunigst ändern.

e) Der »Kampf um die besten Köpfe« aber ist nicht nur eine Frage der migratorischen Konkurrenz. Er muss auch im Inneren geführt werden. Und das gilt nicht nur für die Elitenförderung. Wir müssen tiefer ansetzen:

Wir haben ein problematisches, weil einseitig orientiertes sog. »meritokratisches« Bildungssystem, in dem es an sozialer Gerechtigkeit fehlt, will sagen: Bei dem Bemühen um die gerechte, d.h. gleiche Bewertung von gleichen Leistungen wird viel zu wenig der mitunter sehr ungleiche soziale Hintergrund berücksichtigt, vor dem diese Leistungen erbracht werden.

Das kostet uns jährlich zahllose Opfer an den Schulen und schon im vorschulischen Bereich. In keinem anderen Land Europas schlägt die soziale Herkunft der Kinder so unmittelbar auf ihre schulischen Leistungen durch wie in Deutschland. Am härtesten betroffen sind dabei, wie wir und andere nachgewiesen haben, die Kinder aus Zuwandererfamilien. Das widerspricht grundlegend den geradewegs umgekehrten Erfahrungen z.B. in Kanada und Neuseeland, wo die Zuwandererkinder zum Teil sogar besser abschneiden als die einheimischen.

Wir können und dürfen uns diese menschlich, sozial und volkswirtschaftlich unsäglich törichten und verhängnisvollen Opfer an den Schulen nicht länger leisten.

Was aber das neue Zuwanderungsgesetz selbst anbelangt, so bleibt, trotz mancher Schwächen und Umsetzungsprobleme, festzuhalten: Migrations- und Integrationspolitik sind in einem Einwanderungsland Zentralbereiche der Wirtschafts-, Gesellschafts- und Kulturpolitik. Vor diesem Hintergrund ist dieses Gesetz, als Teil der Reformpolitik, ein gewaltiger Schritt voran. Wie groß und folgenreich dieser Schritt war, wird man erst in einigen Jahren ermessen können.

6 Gestaltungsbeiträge: Bundesamt für Migration und Flüchtlinge und »nachholende Integrationspolitik«

6.1 Bundesamt für Migration und Flüchtlinge (BAMF)

6.1.1 Eines für alle. Wider die Zersplitterung der Zuständigkeiten. Für ein Bundesamt für Migration und Integration,
in: Frankfurter Allgemeine Zeitung, 28.4.2001, S. 11.

Es gibt einen politischen Stimmungswechsel in Deutschland. Über alle Grenzen von Parteien, Unternehmerverbänden, Gewerkschaften und Kirchen hinweg ist der Ruf nach einem ganzheitlichen Konzept von Zuwanderung und Integration laut geworden. Ähnliche Forderungen waren schon in den 1980er Jahren erhoben worden. Aber Politik in Regierungsverantwortung kam ihnen damals nicht nach. Wer, wie der Verfasser, die Themen Migration und Integration seit etwa zwei Jahrzehnten in Forschung, Politikberatung und kritischer Politikbegleitung verfolgt, reibt sich ein wenig die Augen, bleibt aber skeptisch.

Eines jedenfalls ist gewiss: Das Versteckspiel mit der Wirklichkeit ist Geschichte. Die Bürger wissen, dass Migration keine Naturgewalt, sondern eine Aufgabe ist, die mit kühlem Verstand und politischem Mut zu bewältigen ist. Sie werden Konzepte und deren Verwirklichung mit dem Stimmzettel bewerten. Dementis (»kein Einwanderungsland«) und Panikformeln (»Völkerwanderung«) bieten keine politischen Fluchtwege mehr.

Der neue Grundkonsens eineinhalb Jahre vor der Bundestagswahl ist nötig, aber noch nicht belastbar; denn die Kehrseite sachlicher Übereinstimmung ist im Wahlkampf das demonstrative Streben nach der Unterscheidbarkeit politischer Konzepte. Die kommenden Monate dürften schon deswegen spannend werden, weil es zwei konkurrierende – und sich doch gelegentlich diskret begegnende – Kommissionen gibt, die zu verschiedener Zeit ihre Ergebnisse vorlegen werden: die CDU-Kommission unter dem saarländischen Ministerpräsidenten Peter Müller Mitte Mai, die von Bundesinnenminister Otto Schily (SPD) einberufene Regierungskommission unter der früheren Bundestagspräsidentin Rita Süssmuth (CDU) Anfang Juli. Wie zeigt man Übereinstimmung, wenn der eine schon gesprochen hat und der andere noch schweigt?

Information als beste Waffe gegen Misstrauen
Der Ernst der politischen Absichten ist aber nicht nur an der Bereitschaft zu messen, den Gesetzes- und Verordnungsdschungel der »Ausländerpolitik« zu lichten. Eine neue Politik muss sich auch darin bewähren, den unübersichtlichen institutionellen Wildwuchs zu beschneiden, der in der Zeit der kleinen Lösungen gewuchert ist.

Im Gespräch ist, endlich, eine zentrale Migrationsbehörde. In Nürnberg soll, so heißt es, eine neue Behörde entstehen. »Bundesamt für Flüchtlinge und Migration« (BFM) soll sie heißen und in fließendem Übergang aus dem »Bundesamt für die Anerkennung ausländischer Flüchtlinge« hervorgehen, das man im Amtsjargon knapp »Bafl« nennt. Sein Präsident, der liberale Sozialdemokrat und praktizierende Katholik Albert Schmidt, ist einer der vehementesten Befürworter dieser Idee.

Untergebracht ist das Bundesamt für die Anerkennung ausländischer Flüchtlinge derzeit in einer umgebauten ehemaligen SS-Kaserne am Rande des Nürnberger »Reichsparteitagsgeländes«. Während der Zeit des Nationalsozialismus von Arbeitssklaven aus Konzentrationslagern errichtet, wurde die Kaserne nach dem Krieg unter dem Namen »Merrell-Barracks« von der amerikanischen Armee genutzt. Mit dem Umbau hat sich das architektonische Innenleben der Kaserne stark verändert. In dem von außen noch immer bedrohlich wirkenden Klotz ist unter Wahrung der historischen Bausubstanz viel an lichter Aufgliederung entstanden. Mit der räumlichen korrespondiert die organisatorische Transparenz, die sich in diesem Gebäude entfaltet hat.

Dazu gehört auch die Öffnung der modernen Informationssysteme des Bundesamtes nach außen. Wer wissen will, auf welchen Wegen Schleuser ihre menschliche Ware nach Europa schmuggeln, der muss nicht, wie früher, mit sicherheitspolitischer Abwehr rechnen, sondern nur die Homepage des Bafl im Internet aufrufen; dito, wenn es um aktuelle Informationen über die Entwicklung der Asylgesuche oder über die Ausgangsräume von Flüchtlingszuwanderungen geht. In Nürnberg hat man gelernt, dass Information die beste Waffe gegen Misstrauen ist.

Trotzdem ist die Behörde eine der nationalen Schaltzentralen der »Festung Europa«. Die »Festung« ist bestrebt, nur Migranten hereinzulassen, die von ihren Mitgliedstaaten erwünscht oder aufgrund übergeordneten Rechts oder universalistischer Prinzipien nicht abzuweisen sind und deshalb toleriert werden müssen. Bei einem generellen Mangel an »Haupteingängen« für reguläre Einwanderung wurden die »Nebeneingänge« auf dem Feld des Asylrechts wichtiger, aber auch problematischer.

Entscheidungen über »echte Flüchtlinge« sind zunehmend abhängig geworden von der Erfüllung der »Flüchtlingseigenschaften«, wie sie von den jeweiligen Aufnahmestaaten festgelegt werden. Entscheidend für die Aufnahme ist oft weniger, was asylsuchenden Flüchtlingen im Herkunftsland widerfahren ist oder drohte. Wichtiger ist, ob ihre Geschichte in die Rubriken der verfügbaren Zuschreibungen im Aufnahmeland passt. Diesen Regeln müssen Migranten zu entsprechen suchen, wenn sie Aufnahme finden wollen. Das führt auf beiden Seiten mitunter zu einem Spiel mit falschen Karten. Auch in Nürnberg gibt sich niemand Illusionen darüber hin, dass die Grenzen zwischen fiktiven Gruppenbildungen wie »Arbeit«, »Asyl« und »Flucht« oder »ethnische Minderheiten« in der vielgestaltigen Wirklichkeit fließend sind.

Auch das wäre ein Grund, die Zersplitterung der Zuständigkeiten für Migration und Integration zu beenden. An die Stelle vieler kleiner Behörden soll aber keine neue Superbehörde treten. Das Vorhandene müsste nur gebündelt und gestrafft werden. Auf der Suche nach einer geeigneten Struktur der Migrationsverwaltung richtet sich der Blick auch auf die Vergangenheit. Die Vorgeschichte reicht zurück bis in die Tage der gescheiterten Revolution von 1848/49. Im Hintergrund stand der Wandel vom Aus- zum Einwanderungsland. Er bildete sich in der öffentlichen Diskussion ebenso ab wie in Gesetzgebung und Institutionen:

Migration in Deutschland war im 19. Jahrhundert zunächst millionenfache Auswanderung. Von einer »deutschen« Auswanderungspolitik konnte freilich vor der Reichsgründung von 1871 nicht die Rede sein. Ein erster Versuch, das Auswanderungswesen zu ordnen, war das von der Frankfurter Nationalversammlung 1849 angenommene Auswanderungsgesetz. Es sah ein von der Zentralgewalt einzusetzendes Auswanderungsamt vor, das sogar den Rang eines Reichsministeriums erhalten sollte. Leitgedanken waren Auswanderungsfreiheit sowie Schutz für Auswanderer und Deutsche im Ausland. Die Pläne gingen unter im Scheitern der Revolution.

Den nächsten Höhepunkt erreichte die Debatte über Migration und Migrationspolitik in der Kolonialdiskussion der späten siebziger und frühen achtziger Jahre des 19. Jahrhunderts: Die dritte, stärkste und letzte Auswanderungswelle des 19. Jahrhunderts hatte eingesetzt. Ein Ziel in der öffentlichen Diskussion war es, einen Teil der Auswanderer in deutsche Kolonien zu »lenken«. Die aber waren für eine Masseneinwanderung gänzlich ungeeignet und nur für kapitalkräftige Siedler attraktiv. Während zwischen 1880 und 1893 noch fast 1,8 Millionen Deutsche auswanderten und sich zu etwa 90 Prozent in die Vereinigten Staaten einschifften, lag die Zahl der Deutschen in den größten – afrikanischen – Kolonien im Jahr 1913 noch unter 20 000.

Für die in der öffentlichen Diskussion abermals geforderte Auswanderungsgesetzgebung oder gar für ein zentrales Auswanderungsamt gab es ohnehin keine Chance in der Bismarckzeit: Die demonstrative Reserve gegen ein solches Vorhaben war wesentlich bestimmt durch die Vorstellung Bismarcks und führender, vor allem agrarisch-konservativer Kreise im Kaiserreich, Auswanderungsgesetzgebung werde das missliebige Phänomen durch amtliche Anerkennung nur mehren. Das Unbehagen kam nicht von ungefähr. Ein Großteil der Auswanderer jener Jahre stammte aus den vorwiegend agrarischen, von »Leutenot« geplagten Gebieten im Nordosten des Reiches.

Zum ersten Reichsgesetz über das Auswanderungswesen kam es deshalb erst im Jahr 1897, als die Massenauswanderung des 19. Jahrhunderts bereits der Geschichte angehörte. 1902 wurde die »Zentral-Auskunftsstelle für Auswanderer« eingerichtet, die Auswanderungswillige beraten sollte. Die Behörde unterstand der Aufsicht des Reichskanzlers, war aber keine selbständige staatliche Stelle, sondern bei der Deutschen Kolonialgesellschaft angesiedelt. Dieses Arrangement zeugte nochmals von der wenig realistischen Hoffnung, aus dem Strom der überseeischen Auswanderung wenigstens einen Nebenarm in die Kolonien abzuzweigen. Auch die staatliche Geringschätzung und die institutionelle Unterbewertung der Migrationsverwaltung, die die Revolutionäre von 1848/49 schon hatten hinter sich lassen wollen, wirkten fort.

Aber in den beiden Jahrzehnten vor dem Ersten Weltkrieg war die deutsche Auswanderung nahezu versiegt. Das Missverhältnis zwischen Wachstum von Bevölkerung und Erwerbsangebot, das im 19. Jahrhundert die Hauptantriebskraft für den Massenexodus nach Übersee gewesen war, hatte sich um die Jahrhundertwende geradewegs umgekehrt: Das rapide Wirtschaftswachstum führte zu einem Mangel an Arbeitskräften.

Das hatte Folgen für das Wanderungsgeschehen in Deutschland: Während die überseeische Auswanderung zum Rinnsal schrumpfte, entwickelte sich der kontinentale Zustrom »ausländischer Wanderarbeiter« nach Deutschland und insbesondere nach Preußen zu einer Massenbewegung. Er erreichte am Vorabend des Ersten Weltkriegs seinen Höchststand mit 1,2 Millionen Migranten. Besonders hoch war der Anteil ausländischer Arbeitskräfte in der ostelbischen Landwirtschaft. Die Hälfte der hier zumeist aus dem russischen Kongresspolen stammenden Arbeitskolonnen bestand aus Frauen.

Deutschland wandelte sich vom Auswanderungsland zum »Arbeitseinfuhrland«. Die Staatsräson der antipolnischen »preußischen Sicherheitspolitik« suchte dabei nach einem Bollwerk gegen die gefürchtete »Polonisierung des Ostens« durch Einwanderung aus dem östlichen Ausland. Daraus entstand ein von Preußen ausgehendes, restriktives System der Wanderungskontrolle. Es zwang den hier besonders starken Zustrom aus dem östlichen Ausland in die Bahnen einer im Jahresrhythmus schwankenden Saisonwanderung.

Schaltzentrale dieses staatlichen Bestrebens war abermals eine halbstaatliche Agentur: die aus der »Preußischen Feldarbeiterzentrale« hervorgegangene »Deutsche Arbeiterzentrale«. Sie stand zwar unter der Aufsicht des Reichskanzleramts, lebte aber vor allem von den Gebühren für die »Legitimation« und Vermittlung der »ausländischen Wanderarbeiter«.

Während des Ersten Weltkriegs überlagerten sich alte und neue Formen der Migration: seit etwa zwei Jahrzehnten niedrige überseeische Auswanderung, hohe Ausländerbeschäftigung, Rückkehrverbote bzw. Arbeitszwang für aus dem feindlichen Ausland stammende »ausländische Wanderarbeiter« und Kriegsgefangene, aber auch die Rückwanderung von Russlanddeutschen.

Dieser Vielfalt sollte eine neue Behörde entsprechen: In der Mitte des Jahres 1918 entstand in Berlin die »Reichsstelle für deutsche Rückwanderung und Auswanderung (Reichswanderungsstelle)«. Sie wurde ein Jahr später erweitert und aufgewertet zu dem nun von einem Präsidenten geleiteten »Reichsamt für deutsche Einwanderung, Rückwanderung und Auswanderung (Reichswanderungsamt)«.

Der Entwicklung des Wanderungsgeschehens in der Nachkriegszeit entsprechend, war aus In der öffentlichen Diskussion meist als »RWA« bezeichnete neue Reichsamt vorwiegend mit Auswanderungsfragen befasst. Diesen Zwecken diente unter anderem der in den ersten beiden Jahren zügig betriebene Ausbau eines weitgefächerten Systems von Zweigstellen. Über seine Dependancen hinaus war das RWA bestrebt, möglichst alle gemeinnützigen Organisationen in das Beratungssystem einzubeziehen, die auf dem Gebiet des Auswanderungswesens tätig waren. Etwa 120 Organisationen wurden schließlich als »gemeinnützige Auskunftsstellen für deutsche Aus-, Rück- und Einwanderung« anerkannt.

Das RWA hatte den Auftrag, schwankenden Auswanderungswilligen von ihrem Vorhaben abzuraten und sie durch die Vermittlung von Arbeit wieder fest im Auswanderungsland einzubinden. Das brachte das »Amt der verlorenen Worte« als »Warntrompete« bzw. als »Reichsverhinderungsamt« und seine Beratungsstellen als »Abratebehörden« unter den Verdacht der Manipulation.

Nach einer hektischen Auf- und Ausbauphase war die Arbeit des RWA gekennzeichnet durch Lähmung, Krise und Abbau: Schwerfälligkeit und dadurch bedingte mangelnde Wirksamkeit waren wesentlich in einer ausgesprochen unglücklichen behördlichen Struktur begründet. Der Aufbau der Behörde war ein Ergebnis von Improvisation in wechselvoller Krisenzeit: Von sich aus konnte das RWA wenig Initiative entfalten; denn es unterstand als Reichsmittelbehörde nicht nur dem Auswärtigen Amt, sondern auch dem Reichsministerium des Innern. Das führte zu erheblichem Abstimmungsaufwand.

Hinzu kamen umstrittene Zielsetzungen sowie mangelhafte funktionale und organisatorische Transparenz aufgrund des auswuchernden Apparates. Als im Jahr 1923 die katastrophale Finanzsituation der Weimarer Republik zu drastischen Einsparungen nötigte, wurde das RWA in seinem Personalbestand stark reduziert. Ohne sein eigenes Zweigstellensystem schrumpfte die Behörde 1924 zu einer dem Innenministerium unterstellten »Reichsstelle für das Auswanderungswesen«. In dieser reduzierten Form überlebte die »Reichsstelle« den Untergang der Weimarer Republik und wurde im nationalsozialistischen Deutschland erst im Frühjahr 1944 aufgelöst.

Mehr noch als nach dem Ende des Ersten Weltkriegs wurde nach dem Ende des Zweiten mit einer Massenauswanderung aus dem räumlich geschrumpften, weithin zerstörten, wirtschaftlich ruinierten und übervölkerten Deutschland gerechnet. Auswanderung aber wurde, von speziellen Programmen für Displaced Persons (DPs) und von anderen Sonder- und Ausnahmeregelungen abgesehen, von den Alliierten in der unmittelbaren Nachkriegszeit nicht erlaubt.

Auf dem Weg zum Bundesverwaltungsamt
Auch nach der Aufhebung der alliierten Beschränkungen erreichte die Auswanderung nicht annähernd die in den Nachkriegsjahren zunächst prophezeiten Dimensionen. Das »Wirtschaftswunder« und der steigende Lebensstandard dämpften die Auswanderungsneigung. Am höchsten lagen die Zahlen zwischen 1952 (90 000) und 1956 (82 000). Bis 1960, dem ersten Jahr der Vollbeschäftigung, sank die Zahl der Auswanderer auf knapp 48 000.

Die Beschäftigung des Staates mit Migrationsfragen knüpfte nach dem Krieg in der Sache zunächst an die früheren Institutionen der Auswanderungsverwaltung an: 1946 wurden in Hamburg ein »Ausschuss der Regierungsvertreter für Auswanderungsfragen« und in Bremen ein »Ständiges Sekretariat für das Auswanderungswesen« errichtet. Daraus gingen 1950 in Köln die »Bundesstelle für das Auswanderungswesen« und 1952 jenes »Bundesamt für Auswanderung« hervor, mit dem der Weg zum Bundesverwaltungsamt begann.

Das neue Bundesamt wurde dem Bundesministerium des Innern unterstellt. Das Auswärtige Amt blieb aber weisungsberechtigt, soweit die Aufgaben auswärtige Angelegenheiten berührten, bis die kleine Behörde der Bundesstelle für Verwaltungsangelegenheiten des Bundesministeriums des Innern angegliedert wurde. Bundesamt und Bundesstelle wuchsen 1959 zusammen unter dem Behördennamen »Bundesverwaltungsamt«. Die Auswanderung ist bis heute Aufgabe dieser Behörde.

Nach dem Zweiten Weltkrieg vollendete sich in Deutschland der säkulare Wandel vom Aus- zum Einwanderungsland. Er wurde beschleunigt durch die Mitte der 1950er Jahre beginnende, staatlich organisierte Anwerbung von »Gastarbeitern«. Ihre Zahl stieg nach dem Mauerbau von 1961 rasch in die Millionen. Viele lebten bald in einem Paradox – in einer echten Einwanderungssituation in einem Nichteinwanderungsland. 1980 überschritt die Zahl der Asylsuchenden erstmals die magische Jahresschwelle von 100 000, nach dem Ende des Kalten Krieges wurde die Zuwanderung von Aussiedlern zu einer Massenbewegung.

In der Migrationsverwaltung kam es zunächst erneut zu einer Kette von pragmatischen Improvisationen parallel zur Entwicklung der Zuwanderung. Der Formel »Die Bundesrepublik ist kein Einwanderungsland« entsprach das stete Bemühen, den Begriff »Einwanderung« politisch zu tabuisieren und das damit verbundene Geschehen institutionell möglichst unsichtbar zu halten. Das Ergebnis war eine nur auf Zeit funktionale Zersplitterung in Gestalt einer bald nur noch von Spezialisten durchschaubaren Vielfalt von Kompetenzen und Stellen auf Bundes-, Landes- und kommunaler Ebene, die emsig nach Expansion oder doch wenigstens Sicherung und Verteidigung von Zuständigkeiten, Budgets und Ämtern strebten.

Wissenschaftler und Fachleute der Ausländerarbeit, Ausländerbeauftragte des Bundes und der Länder, Kirchen, Wohlfahrtsverbände, Gewerkschaften und lokale Initiativen hatten schon frühzeitig, aber vergeblich eine ganzheitliche Politik auf dem Feld von Migration und Integration gefordert. Sie sollte der unverkennbaren Entwicklung zum Einwanderungsland entsprechen.

Das sollte auch für dazu nötige Institutionen gelten, etwa für das vom Verfasser schon in den 1980er Jahren angeregte »Bundesamt für Migration und Integration«. Es sollte im Rahmen politischer Grundsatzentscheidungen Konzepte für die Praxis entwerfen und fortschreiben, ihre Verwirklichung begleiten, Zuständigkeitslücken überbrücken und lähmender Ressortkonkurrenz im behördlichen Kompetenzgerangel wehren.

Angeschlossen werden sollte ein Forschungsinstitut, etwa dem Institut für Arbeitsmarkt- und Berufsforschung bei der Bundesanstalt für Arbeit vergleichbar. Es hätte, nach außen hin vernetzt mit anderen Forschungseinrichtungen, begleitende wissenschaftliche Beobachtung leisten und den Informationstransfer zwischen Wissenschaft, Verwaltung und Politik erleichtern können. Das Bundesamt sollte zugleich in der Kommunikation zwischen Behörden Brücken schlagen – auf der Bundesebene, zu den Bundesländern, aber auch zur europäischen Ebene und zu vergleichbaren Institutionen, die im europäischen Ausland zum Teil seit langem bestehen.

Das Konzept wurde von der Ausländerbeauftragten der Bundesregierung Liselotte Funcke (1981–1991) übernommen, in Gesprächen mit ihrem Stab konkretisiert und ergänzt. Es überlebte als unerfüllte Forderung den Rücktritt Funckes im Jahr 1991 aus Protest gegen die Konzeptionslosigkeit deutscher Migrations- und Integrationspolitik ebenso wie das Ende der Amtszeit ihrer Nachfolgerin Cornelia Schmalz-Jacobsen (1991–1998), die diese Forderung nochmals in ihrer letzten Erklärung vor ihrem Ausscheiden aus dem Amt im August 1998 in den Vordergrund rückte.

Die Forderung nach einer zentralen Migrationsbehörde und nach einer ganzheitlichen und transparenten Konzeption der Migrations- und Integrationspolitik wurde mit unterschiedlichen Gewichtungen von Bündnis 90/Die Grünen, von der SPD, zum Teil auch von der FDP, von den Kirchen, zahlreichen außerparlamentarischen Organisationen und Initiativen und insbesondere von den in der Integrationsarbeit tätigen nichtstaatlichen Organisationen in Grundzügen übernommen oder auf Grund eigener Konzepte vertreten. In der bis 1998 amtierenden Bundesregierung blieben solche Anregungen zur institutionellen Gestaltung ohne Resonanz. [...]

Anstelle einer transparenten behördlichen Konzentration entfaltete sich, aus den Handlungszwängen der Praxis geboren, über, unter, neben und zwischen den Ämtern der Bundesbeauftragten für Ausländer, Aussiedler und ausländische Flüchtlinge jenes zwar in Grenzen funktionale, aber mit großen Reibungsverlusten verbundene und schwer überschaubare Institutionen- und Zuständigkeitsnetz. Für die längst überfällige Entwicklung und Umsetzung einer ganzheitlichen Migrations- und Integrationspolitik ist es ein sperriges Auslaufmodell.

Das soll nun anders werden, und der Ausbau des Nürnberger Bundesamtes zu einer zentralen Migrationsbehörde soll eine wichtige Rolle dabei spielen. Damit würde sich ein ganzheitlicher Ansatz in der Migrationspolitik, der in der Epoche der Tabuisierung und der defensiven Erkenntnisverweigerung nicht gestaltbar war, auch in der Verwaltungsstruktur spiegeln.

Das Bafl aber untersteht dem Bundesministerium des Innern. Deshalb bedarf es noch klärender Antworten auf einige Fragen, zum Beispiel diese: Wie steht es um die zureichende Berücksichtigung wirtschafts- und arbeitsmarktpolitischer, gesellschafts- und kulturpolitischer Aspekte? Welches Gewicht erhalten diese Aspekte gegenüber den auf Gefahrenabwehr gerichteten sicherheitspolitischen Interessen eines Ressorts, dessen Weisungsbefugnis dann von der Zuwanderungsbehörde bis zum Bundesgrenzschutz reicht?

Nicht vergessen sind die Konflikte der CDU-Politiker Zimmermann und Kanther als Bundesinnenminister mit den von der FDP gestellten Ausländerbeauftragten des Bundes, Funcke und Schmalz-Jacobsen. Es ging damals auch um eine ganzheitliche Migrationspolitik, gegen die das Bundesministerium des Innern der alles blockierende Sperrriegel war. Unter Otto Schily in Berlin und Albert Schmid in Nürnberg ist das heute anders. Aber was wird morgen oder übermorgen sein? Politiker darf man nicht mit den von ihnen geleiteten Institutionen verwechseln. Das liberale Regiment der beiden Sozialdemokraten, die eine belastbare politische Partnerschaft verbindet, ist nicht gleichbedeutend mit einer dauerhaft liberalen Struktur.

Und wie steht es um die Berücksichtigung der Integrationspolitik als der Innenseite der Migrationspolitik? Für sie fehlt es dem Bund noch an zureichender Kompetenz. Der Name »Bundesamt für Flüchtlinge und Migration« signalisiert eher Migrationsverwaltung, ganz abgesehen davon, dass er ein Kuriosum wäre; denn Flucht ist nach deutschem Sprachgebrauch eine Erscheinungsform der (unfreiwilligen) Migration. Ein »Bundesamt für Migration und Integration« hingegen würde schon im Behördennamen die programmatische Klammer tragen. Nur wenn beide Seiten der Medaille auch institutionell miteinander verschränkt werden, kann ein ganzheitlicher Wurf gelingen. All das wird seine Zeit brauchen, aber das Streben in die richtige Richtung sollte von Anbeginn an erkennbar sein.

6.1.2 Zielorientiert weitermachen: Zum Stand der Migrationsdebatte in Deutschland, Kurzfassung unter dem Titel »Das Einwanderungsgesetz kommt«, in: Die Welt, 11.10.2001[1] (Originalfassung).

Deutschland kommt in Sachen Migrationspolitik endlich mit Sieben-Meilen-Stiefeln voran: Nach langen Jahren angstvoller Abwehrhaltungen gegenüber dem Thema Einwanderung begann der Weg vom informellen zum formellen Einwanderungsland – in Deutschland angstvoll »Zuwanderungsland« genannt – in drei Stufen:

Die erste Stufe war 1990 die Reform des Ausländerrechts mit ihren Erleichterungen (aber auch Erschwerungen) der Einbürgerung, die zweite wurde im Jahr 2000 durch die Reform des Staatsangehörigkeitsrechts erreicht. Sie setzte neben die traditionelle Vererbung der Staatsangehörigkeit deren Erwerb durch Geburt im Land. Jetzt geht es um die Vorbereitung der dritten Stufe, um ein umfassendes Regelwerk für Migration und Integration, das den Herausforderungen für ein modernes Einwanderungsland im 21. Jahrhundert entspricht.

Leichter gesagt, als getan: Harte Bandagen, parteitaktische Schachzüge und heisere Schreie der politischen Kritik bestimmen momentan den Stand der Debatte um Migration und Integration. Neue Argumente sind nicht in Sicht. Vielmehr haben alle, die glauben, etwas beitragen zu können zur Sache oder zur Kritik daran, ihre Magazine leergeschossen – meist in Richtung »Schily-Entwurf«, oft mit unnötig polemischen Argumenten. Die Rolle von Bundesinnenminister Otto Schily (SPD) bei der Vorbereitung des Regelwerks zur Zuwanderungspolitik 2001/02 unterscheidet sich dabei von derjenigen von Bundesinnenminister Wolfgang Schäuble (CDU) bei der Reform des Ausländerrechts 1990:

Schäuble handelte ebenfalls unter enormem Zeitdruck; denn bei dem Versuch, endlich die von der christlich-liberalen Bundesregierung zuvor immer wieder folgenlos angekündigte Reform des Ausländerrechts zu vollziehen, stand die Niedersachsen-Wahl ins Haus. Dabei war ein Wahlsieg der von Gerhard Schröder geführten SPD abzusehen, der die Mehrheitsverhältnisse im Bundesrat auf Kosten der christlich-liberalen Koalition verändern würde, was dann auch geschah. Schäuble kannte die nicht nur publizistisch, sondern auch politisch wirksame außerparlamentarische Hufeisen-Koalition aus Gewerkschaften, Kirchen, Wohlfahrtsverbänden, humanitären Organisationen, Ausländerbeauftragten und politisch engagierten Wissenschaftlern, die in den 1980er Jahren seinen Amtsvorgänger Zimmermann bei dessen Entwurf zur Reform des Ausländerrechts in die Zange genommen hatte.

Er ließ unter Hochdruck einen Referentenentwurf erarbeiten und boxte ihn mithilfe eines taktischen Geniestreichs durch die Minenfelder der Kritik: Während der Entwurf noch in anderen Ressorts mit der Bitte um Stellungnahmen kursierte, wurde er bereits außerparlamentarischen Kritikern mit der Ankündigung zugänglich gemacht, auch deren Kritik im Rahmen des vertretbar Erscheinenden zügig zu berücksichtigen. Unterdessen arbeiteten die Referenten im Ministerium zeitweise buchstäblich rund um die Uhr. Bei der fast postwendenden Wiedervorlage von überarbeiteten Entwürfen fielen Zug um Zug die Kritiker aus, weil mit diesem Tempo am Ende nur mehr Schritt halten konnte, wer geradezu beruflich mit dem Thema befasst war.

Das Gesetz wurde noch rechtzeitig vor der Niedersachsenwahl über die Hürden von Bundestag und Bundesrat gebracht, Schäuble blieb Sieger nach Punkten. Die Reform des Ausländerrechts brachte in der Tat mancherlei Verbesserungen. Sie enthielt aber auch der Eilfertigkeit geschuldete unnötige Komplizierungen, deren Hinderlichkeit erst später zureichend deutlich wurde. Manches davon hätte bei weniger überstürztem Vorgehen ausgebaut werden können – immer vorausgesetzt, dass die veränderten politischen Kräfteverhältnisse im Bundesrat dem Gesetzesvorhaben in dieser Form überhaupt eine Chance gegeben haben würden, was nach Auffassung der damaligen Bundesregierung so sicher nicht war.

Bundesinnenminister Otto Schily, vom Bundeskanzler federführend mit der rechtlichen und politischen Vorbereitung des neuen Zuwanderungsgesetzes betraut, hat einen anderen Weg gewählt – ebenfalls unter Zeitdruck, nämlich im Blick auf den näher rückenden Beginn der offensiven Phase des Wahlkampfes 2002. Auch er ging früh nach außen: Er stellte den zügig erarbeiteten Referentenentwurf für das neue Gesetzesvorhaben zunächst in den Grundzügen öffentlich vor, erntete viel Lob dafür und ließ einige Wochen später auch den ausgearbeiteten Entwurf als Datei ins Netz hängen. Nach der Lektüre des »Kleingedruckten« meldete sich zunehmend Kritik zu Wort.

Im Gegensatz zu Schäuble aber behandelte Schily den Text nach außen hin weniger als Diskussionsgrundlage, sondern stellte sich von Anbeginn an mit der ganzen Kraft seiner politischen Persönlichkeit vor

---

[1] https://www.welt.de/print-welt/article480755/Das-Einwanderungsgesetz-kommt.html.

den Entwurf seiner Referenten. Das mochte den Eindruck mangelnder Verhandlungsbereitschaft wecken, auch bei den Grünen, die unzureichende Berücksichtigung als Regierungspartner einklagten, weil der federführende Bundesinnenminister vorab bereits in Verhandlungen mit der Opposition nach Wegen zu einem vorparlamentarischen Grundkonsens suchte.

Und doch deutet einiges darauf hin, dass es diese Gesprächsbereitschaft auf den verschiedensten Ebenen gab und nach wie vorgibt. Dem Vernehmen nach wird in Berlin derzeit um jeden Buchstaben gekämpft. Nach der Berlinwahl soll Ende Oktober, wenn nicht unvorhersehbare, z.B. sicherheitspolitische Dramaturgien abermals die Fahrpläne durchkreuzen, ein Kabinettsbeschluss zum Zuwanderungsgesetz herbeigeführt werden. In einigen zentralen Bereichen sind dabei schon im Vorfeld deutliche Nachbesserungen erkennbar:

Es wird sehr viel konkretere Informationen zum Thema Integration geben, auch im Blick auf die bislang unterbelichteten Zuständigkeiten des Bundes und der Länder in einem mehrstufigen Angebotsmodell, das sich stark, aber durchaus nicht nur am niederländischen Vorbild orientiert. Man wird dabei mit klaren Angaben auch zur finanziellen Lastenteilung zwischen Bund und Ländern rechnen dürfen – also keine Rede mehr von »Kosten keine« in Sachen Integration.

Es ist einiges an Klärung zu erwarten im Blick auf die von den verschiedensten Seiten eingeklagten Fragen der Schutzlücken im Bereich von Flucht und Asyl. Dabei dürfte es auch weiterhin sehr darauf ankommen, inwieweit eine entsprechend angeleitete behördliche Praxis imstande sein kann, im Gesetz weniger scharfkantig formulierte Festlegungen auszugleichen. Das könnte beitragen zu einem pragmatischen Ausgleich im Kampf zwischen »rechten« und »linken« Rechtspositivisten um humanitäre Schlüsselstellen des Regelwerks.

Im Blick auf das neue Bundesamt für Migration und Flüchtlinge, das aus dem bisherigen Nürnberger Bundesamt für die Anerkennung ausländischer Flüchtlinge (BAFl) hervorgehen soll und sicher besser Bundesamt für Migration und Integration hieße, wird es ein – beim BAFl bislang ohnehin schon zu beobachtendes – weiteres Abrücken aus dem Schatten der übergeordneten Belange von Sicherheitspolitik und Gefahrenabwehr geben.

Auch im Blick auf die Funktionen des dem Bundesamt zugeordneten Forschungsinstituts soll es klarere Aussagen geben. Das Institut soll einerseits Ressortforschung – vereinfacht: freie Antworten auf gestellte Fragen – treiben, mithin nicht etwa in Konkurrenz zur freien Forschung treten, aber auch hilfreiche Dienstleistungen nach außen übernehmen, z.B. bundesweite Vernetzungsfunktionen.

Kurzum, im Hintergrund ist vieles in Bewegung. Das spricht für die konsequente Vorbereitung des von einigen nicht mehr für möglich gehaltenen, von anderen gar nicht mehr für wünschenswert erklärten Gesetzes, Wahlkampf hin oder her. Victor Hugo hat sinngemäß einmal gesagt, nichts sei wirkungsmächtiger als eine Idee, deren Zeit gekommen ist. Er meinte das, was die alten Griechen den »Kairos« nannten und was Sozialwissenschaftler heute als herausfordernde Gelegenheitsstruktur verstehen. Historische Implementationschancen für grundlegende – in anderen Augen vielleicht auch grundstürzende – »Jahrhundertgesetze« sind nicht beliebig reproduzierbar, denn die Geschichte wiederholt sich nicht.

Würde man z.B. bis zum Ende der Legislaturperiode warten und das Gesetzesvorhaben erst 2003 betreiben, dann könnte ein Gegenargument lauten: Warum jetzt überhaupt noch legislative Vorfestlegungen schaffen in Gestalt von nationalen Kompaktlösungen? Warum nicht gleich bis 2004 warten, wenn die europäische Ebene im Sinne des Amsterdamer Vertrages bei der übergreifenden Gestaltung der Migrationspolitik am Zuge ist? Das könnte zum einen zu einer Schwächung der deutschen Position am europäischen Verhandlungstisch führen. Es könnte zum anderen auf eine Vertagung bis zum St. Nimmerleinstag hinauslaufen; denn nichts spricht dafür, dass die noch verhalten positive Grundstimmung für die Akzeptanz des Gesetzesvorhabens bis dahin erhalten bleibt. Und Migrationsgesetzgebung mit ihren Folgen für die verschiedensten Lebensbereiche kann man nicht gegen die einheimische Mehrheit durchsetzen. Wer gar aus den Reihen von Bündnis 90/Grüne hingegen kalkulieren sollte, es sei besser, jetzt zu pausieren, um dann die bislang zu kurz gekommen eigenen Forderungen nach der Bundestagswahl in der neuen Koalitionsvereinbarung durchsetzen zu können, sollte bedenken, dass niemand voraussagen kann, wer nach der nächsten Bundestagswahl mit wem Koalitionsverhandlungen führt.

Es gilt deshalb, trotz aller Kritik, die historische Gestaltungschance für das Zuwanderungsgesetz zu nutzen – freilich möglichst ohne prekäre Schleifspuren, die sich langfristig zu Spurrillen mit zunehmender Zielabweichung vertiefen könnten. Ende Oktober wird man wissen, was die in der außerparlamentarischen Diskussion, aber auch auf Regierungsebene eingebrachten Veränderungsvorschläge zum Gesetzentwurf ausgetragen haben. Bis dahin macht es wenig Sinn, gebets- und tretmühlenartig die all zuhauf vorgetragenen Argumente stets wieder aufs Neue zu filtrieren.

6.2 »Nachholende Integrationspolitik«

6.2.1 Die »Nachholende Integration«,
aus: Das Zuwanderungsgesetz vom 1.1.2005: Chancen und Grenzen der Steuerung. Vortrag zur Verleihung der Möser-Medaille der Stadt Osnabrück, Friedenssaal des Historischen Rathauses, Osnabrück, 3.1.2005 (Auszug).

Das Beispiel der »nachholenden Integration« lehrt, was mit gesellschaftspolitisch wichtigen Innovationen geschehen kann, wenn sie bei der Verwandlung in Gesetze und Rechtsverordnungen in die Mühlen der Bürokratie geraten ohne zureichende Rückkopplung an Wissenschaft und Praxis. Der zugegebenermaßen etwas verkorkste Begriff der »nachholenden Integrationspolitik« war mir in einem Anfall semantischer Erschöpfung in die Feder bzw. in die Tastatur gerutscht und entfaltete fortan ein sonderbares Eigenleben, und das kam so:

Das Zuwanderungsgesetz ist ja bekanntlich auch ein Integrationsgesetz, worauf auch die niedersächsische Landesregierung entschieden Wert gelegt hatte. Schon der Entwurf des wichtigen und nötigen Gesetzes aber wusste nicht so recht, was *Integration* eigentlich sei. Es gab demzufolge auch keine exakte Definition, an der sich Rechtsverordnungen und zielführende Maßnahmen hätten orientieren können, z.B. im Bereich der Integrationskurse; ganz zu schweigen von größeren Erhebungen über den Umfang des Bedarfs an »nachholender Integrationspolitik«.

Der von mir in die Diskussion gebrachte Begriff fand seinen Weg, zur »nachholenden Integration« verstümmelt, in die Regierungserklärung des Bundeskanzlers. Fortan wurde die Schrumpfform als Worthülse weitergetragen, so, als sei ihr Inhalt selbstverständlich, nach dem bewährten Modell: Steht etwas in Texten der höchsten Kommandoebene bzw. der »Basta«-Ebene, dann wird das eben umgesetzt. Und das ging, während der Amtsschimmel dreimal wieherte, wie folgt:

Statt zunächst einmal rückzufragen, was denn »nachholende Integration« eigentlich sei, einigte man sich darauf, dass damit sicher *Sprachkurse* gemeint seien. Schon das war eine indirekte Kürzung des Bedarfs an integrationsfördernden Hilfestellungen; denn heute weiß jeder, dass Sprachkurse zwar entscheidend wichtig sind, für Integrationsförderung allein aber nicht genügen.- Egal, man einigte sich auf Sprachkurse. Da wieherte der Amtsschimmel zum ersten Mal.

Der Bedarf an solchen Angeboten aber wurde nicht erhoben, sondern über den Daumen gepeilt – man musste ja schließlich irgendwie zu anschlussfähigen Zahlen für den Haushalt 2005 kommen. Da wieherte der Amtsschimmel zum zweiten Mal.

Über den Amtsdaumen wurden für sechs Jahre ca. 300 000 Plätze für Sprachkurse zur »nachholenden Integration« angepeilt, macht jährlich ca. 50 000 Plätze. Sollte es größeren Bedarf geben, dann könnten bei der Erstintegration ungenutzte Plätze hinzukommen, was bei den rückläufigen Zuwandererzahlen durchaus möglich ist. So weit, so gut, aber der Schimmel hatte noch eine dritte Gelegenheit zum Wiehern:

Bekanntlich weiß jeder Pädagoge, dass Lernen auf Wunsch nachhaltigere Folgen hat als Lernen unter Zwang. Aber was wurde unter dem Motto »Fördern und Fordern« aus dem Konzept der »nachholenden Integration«? Zumindest teilweise ein strafbewehrtes Nachsitzkonzept: Denn es wurde Wert gelegt auf den verpflichtenden Charakter der Maßnahme: Wer der Ausländerbehörde unzureichend integriert erscheint ausweislich seiner schlechten Sprachkenntnisse im Behördendialog, der oder die kann zur Teilnahme an Maßnahmen der »nachholenden Integration«, also an Sprachkursen, verpflichtet werden. Folgten er oder sie der Verpflichtung nicht, dann drohen Sanktionen – von der Kürzung der Sozialleistungen bis zu Problemen bei der Verfestigung des Aufenthaltsstatus. Aber: Verpflichten kann man nun einmal keine EU-Bürger, auch nicht assoziierte Türken, gleich welcher Generation – und obendrein nur Empfänger staatlicher oder kommunaler Transferleistungen; denn wer zahlt, schafft an.

Da wieherte der Amtsschimmel zum dritten Mal; denn die »nachholende Integration« gerät unter Umständen, d.h. wenn nicht korrigierend nachgesteuert wird, zu einer integrativen Wunderwaffe zur Besserung von im Deutschen radebrechenden Sozialhilfeempfängern aus Drittstaaten bzw. aus der sogenannten Dritten Welt. So war das eigentlich nicht gedacht.

6.2.2 Das Fremde und das Eigene: Wanderung, Wirtschaft und Kultur in Geschichte und Gegenwart,
Vortrag auf der Klausurtagung für die Mitglieder des Niedersächsischen Kabinetts, Loccum, 1.3.2005 (Auszug).

Zuwanderungssteuerung und Integrationsförderung – Grenzerfahrungen

Was das neue Zuwanderungsgesetz anbelangt, so ist, trotz mancher Schwächen und absehbaren Umsetzungsprobleme, festzuhalten: Migrations- und Integrationspolitik sind in einem Einwanderungsland Zentralbereiche der Wirtschafts-, Gesellschafts- und Kulturpolitik. Vor diesem Hintergrund ist dieses Gesetz, als Teil der Reformpolitik, ein erheblicher Schritt voran. Wie groß und folgenreich dieser Schritt war, wird man erst in einigen Jahren ermessen können.

Die Handlungsspielräume für Zuwanderungssteuerung aber sind begrenzt. Das hat seinen Grund u.a. in der ohnehin laufenden starken, derzeit wohl noch bei 100 000 bis 150 000 Personen pro Jahr liegenden Zuwanderung mit Bleibeabsicht unter dem Schutz der Gesetze.

Da war qualitätsorientiert bislang wenig zu steuern. Das fängt beim Familiennachzug an und geht über Spätaussiedler und Asylsuchende weiter bis zu Juden aus der GUS.

Das neue Zuwanderungsgesetz eröffnet hier gewisse Steuerungsmöglichkeiten – z.B. bei den Spätaussiedlern durch die Sprachprüfungen auch für mitreisende Familienangehörige nichtdeutscher Herkunft.

Der Handlungsspielraum für Steuerung könnte insgesamt größer werden, wenn sich der stark rückläufige Trend bei der Zuwanderung von Asylsuchenden und Spätaussiedlern (einschließlich ihrer in der Statistik, als Deutsche, nicht nachvollziehbaren Weiterwanderung, z.B. nach Kanada) fortsetzen, die Rückwanderung in die Türkei zunehmen und auch die neuerdings unter Druck geratene Zuwanderung von Juden aus der GUS schrumpfen sollte. Aber das ist noch nicht zureichend abzusehen.

Die Chancen zur Steuerung von Zuwanderung sind also derzeit noch sehr begrenzt. Umso wichtiger ist es, bei Migrations- und Integrationspolitik die folgenden Punkte zu beachten:

Man sollte bei künftigen Zuwanderungen im wohlverstandenen Eigeninteresse im Rahmen des Möglichen mehr auf die beruflich-soziale Passfähigkeit und damit vor allem auf die Qualifikation von Zuwanderern achten. Die muss nicht immer erst mühevoll und teuer hierzulande nachgebessert werden. Sie kann auch im Ausland schon vorbereitet werden. Das gilt auch für Spätaussiedler und Juden.

Katastrophenseher taugen nicht als Visionäre der Integrationspolitik; ebenso wenig aber auch Politiker, die in Ihrer verantwortlichen Handlungsbereitschaft in der Legislaturperiode nur bis drei zählen können oder wollen – weil im vierten Jahr schon wieder Wahlkampf ist; denn Integrationspolitik sollte pragmatisch sein, weite Perspektiven und einen langen Atem haben. Sie sollte selbstbewusst sein und eine möglichst klare, für alle Seiten unmittelbar verständliche Sprache sprechen.

Im Rückblick auf die Geschichte der Integration von Zuwanderern in Deutschland ergibt sich bei solch nüchterner Bestandsaufnahme, dass Deutschland – trotz vieler Mängel im Integrationskonzept und mancher Verzögerungen Integrationsprozess – nach wie vor durchaus ein Erfolgsmodell ist, das sich vor keinem anderen Land in Europa verstecken muss; selbst wenn die Bilanz in einigen Bereichen nur die Einschätzung zulässt: »Es hätte schlimmer kommen können«.

Wo es klemmt, da sollte nach der Maßgabe »Fördern und Fordern« nachgebessert werden im Sinne des von mir […] angestoßenen Konzepts der nachholenden Integrationsförderung. Man kann aber auch mit großzügig bemessener und vor allem bedarfsorientierter verkürzt sogenannter »nachholender Integration« immer nur einige und keineswegs etwa alle Versäumnisse der Vergangenheit korrigieren.

Man sollte deshalb solche Versäumnisse bei der Erstintegration tunlichst vermeiden und deshalb die vom Zuwanderungsgesetz eröffneten Gestaltungsmöglichkeiten im Zweifelsfalle lieber zu generös als zu zurückhaltend nutzen.

»Humankapital«, Bildung und Ausbildung – begründbare Zukunftsangst

Bei dem vielzitierten »Kampf um die besten Köpfe« sollten wir beachten, dass das im Saldo für Deutschland derzeit mehr ein Verlustgeschäft ist: In starkem und offenkundig zunehmendem Maße wandern viele unserer »besten Köpfe« dauerhaft ins Ausland ab. In der Zuwanderung überwiegt nach wie vor die Zahl von unzureichend Qualifizierten. Und viele der weltweit Besten machen inzwischen einen Bogen um dieses Land. Deshalb droht Deutschland in der Konkurrenz um die »besten Köpfe« selber ein »Braindrain«-Fall zu werden.

Der »Kampf um die besten Köpfe« aber ist nicht nur eine Frage der migratorischen Konkurrenz. Er muss auch im Inneren geführt werden. Und das gilt nicht nur für die Elitenförderung. Wir müssen tiefer ansetzen:

Das führt zu einem letzten Punkt – dem absurden Umgang mit dem eigenen und dem zugewanderten »Humankapital« in Deutschland: Wir müssen denjenigen unter uns, ob nun mit oder ohne Migrationshintergrund, die leistungsfähig und leistungsbereit sind, aber keine entsprechenden oder nicht die hier gültigen formellen Abschlüsse erworben bzw. mitgebracht haben, geeignete Hilfestellungen bieten, damit sie einen ihrem Leistungsvermögen entsprechenden Platz in Wirtschaft und Gesellschaft einnehmen können.

Die Schulen müssen aufhören, vor allem neutrale Schiedsrichter über Leistungen zu sein. Sie müssen mehr zum Generieren von Leistungen selbst beitragen. Dazu müssen sie freilich auch besser ausgestattet werden.

Ich bin ein Gegner des Schlechtredens unserer Schulen. Ihre Lehrkräfte leisten extreme Schwerstarbeit unter steigenden Herausforderungen und zwar nicht mit wachsenden, sondern oft mit stagnierenden, zum Teil sogar schrumpfenden Mitteln und für die interkulturelle Herausforderung oft mangelhaften Handreichungen.

Aber wir haben bundesweit ein problematisches, weil sozial blindes sog. »meritokratisches« Bildungssystem.[2] Es ist ein System, das bei dem Bemühen um die gleiche Bewertung von gleichen Leistungen zu wenig den ungleichen sozialen Hintergrund berücksichtigt, vor dem diese Leistungen erbracht werden oder eben nicht erbracht werden können.

Das kostet uns jährlich zahllose Opfer an den Schulen und schon im vorschulischen Bereich. In keinem anderen Land Europas schlägt die soziale Her-

---

[2] Hierzu zuletzt: F.-O. Radtke, Die Illusion der meritokratischen Schule. Lokale Konstellationen der Produktion von Ungleichheit im Erziehungssystem, in: K. J. Bade / M. Bommes (Hg.), Migration – Integration – Bildung. Grundfragen und Problembereiche (IMIS-Beiträge, H. 23), Osnabrück 2004, S. 143–178.

kunft der Kinder so unmittelbar auf ihre schulischen Leistungen durch wie in Deutschland. Am härtesten betroffen sind dabei, wie wir und andere nachgewiesen haben, die Kinder aus Zuwandererfamilien. Das widerspricht grundlegend den geradewegs umgekehrten Erfahrungen z.B. in Kanada und Neuseeland, wo die Zuwandererkinder zum Teil sogar besser abschneiden als die einheimischen – was wesentlich, aber eben nicht nur mit der ja nur eingeschränkt möglichen Auswahl an Zuwanderern zusammenhängt.

Wir können und dürfen uns diese menschlich, sozial und volkswirtschaftlich unsäglich törichten und verhängnisvollen Opfer an den Schulen nicht länger leisten, zumal es hinreichend Abhilfevorschläge gibt. Nur ein Beispiel sei genannt: Kinder mit kultur- und milieubedingten Lernschwierigkeiten – unter ihnen viele Zuwandererkinder – sollten nach Möglichkeit nicht wegen erwiesener Leistungsschwäche erst mal nicht versetzt und dann an die Sonderschulen delegiert werden. Es wäre besser, Sonderschullehrer nachmittags an den regulären Schulen einzusetzen, damit sie nach Rücksprache mit den Klassenleitern einschlägig benachteiligten, aber entwicklungsfähigen Schülern vor Ort die zu Hause fehlende Hilfestellung zukommen lassen können.

Aber damit nicht genug. Es geht nicht nur um das Lernen für das Leben in der Schule, sondern auch um das lebenslange Lernen und auch gibt es für Deutschland im europäischen Vergleich nach Maßgabe des Eurostat-Jahrbuchs 2004 erheblichen Nachbesserungsbedarf.[3]

Wir haben mithin allen Anlass, darüber nachzudenken, ob diese prekäre Leistungsbilanz ausreichen kann, um in der besagten Konkurrenz um die »besten Köpfe« in der Zukunft zu bestehen – wenn wir nicht am Ende darauf angewiesen sein wollen, Bildung und Qualifikation verstärkt über Migration zu beziehen. Das aber wäre eine kulturelle und kulturpolitische Bankrotterklärung.

6.2.3 Nachholende Integrationspolitik,

in: »Die neue Integrationspolitik des Zuwanderungsgesetzes – eine Zwischenbilanz«, in: Gesprächskreis Migration und Integration der Friedrich-Ebert-Stiftung und der Arbeiterwohlfahrt Bundesverband e.V., Berlin, 6.6.2005 (Auszug).

Vorbemerkung
Erlauben Sie mir eine knappe persönliche Vorbemerkung, weil ich bewusst mit einer zum Teil etwas persönlichen Note spreche: Besserwisser pflegen nur beliebt zu sein, wenn sie des Irrtums überführt werden können. Ich bin kein Besserwisser, aber ich gehöre zu den historischen Frühwarnern in Sachen Migration

---
[3] Lebenslanges Lernen in der EU, in: DGB Bildungswerk, Newsletter Akzeptanz: Europa, Nov. 2004.

und Integration; denn ich habe, gemeinsam mit nur wenigen anderen Mitkämpfern, die Grundlinien dessen, worauf man sich in Deutschland nun mühsam im Zuwanderungsgesetz geeinigt hat, schon vor und seit einem Vierteljahrhundert in Wort und Schrift immer wieder gefordert, leider lange vergeblich.

An die seinerzeit von mir immer wieder kritisierte demonstrative Erkenntnisverweigerung im Blick auf den nach allen verfügbaren wissenschaftlichen Kriterien unverkennbaren Wandel zur Einwanderungssituation will sich von den damals in der politischen Entscheidungs- oder doch Handlungsverantwortung Stehenden heute so gern niemand mehr erinnern lassen [...].

Allgemeine Einschätzung
Der Weg zum Konsens über das Zuwanderungsgesetz war lang und strittig. Bei vielen, die den langen Weg zum Zuwanderungsgesetz publizistisch und im Zusammenhang mit der von Bundesinnenminister Otto Schily einberufenen Unabhängigen Kommission »Zuwanderung« (UKZu / »Süssmuth-Kommission«) beratend begleitet hatten, war die Phase der fast uneingeschränkten Zustimmung schon vor der letzten Entscheidung im Sommer 2004 vorbei; denn das, was da am Ende zu verhandeln war, erschien deutlich eingeschränkt im Vergleich zu jenen weitreichenden Perspektiven und Gestaltungsspielräumen, die anfangs in dem Gesetzentwurf gestanden hatten – der seinerseits schon weniger war als das, was seinerzeit als Ergebnis der Unabhängigen Kommission »Zuwanderung« einmal allseits begrüßt worden war. Aber zwischen dem UKZu-Bericht und den Verhandlungen um den Gesetzentwurf lagen die terroristischen Anschläge des 11. September 2001, das davon ausgelöste Vorrücken sicherheitspolitischer Aspekte und eine innenpolitisch begründete neuerliche Politisierung der Themen Migration und Integration.

Was nach der finalen Streichung des Punktesystems und damit auch des (sehr nahe an das Punktesystem gerückten) Sachverständigenrates für Zuwanderung und Integration (Zuwanderungsrat), nach dem kaum modifizierten Festhalten an Anwerbestopp und Anwerbestoppausnahmeverordnung sowie nach anderen vom Bemühen um Konsens erzwungenen bzw. ermöglichten Streichungen bzw. Wiederbelebungen herauskam, war eine noch eingeschränktere Version der ursprünglich hochmodernen Grundidee. Das Ergebnis bot mithin keinen Anlass zu Jubelfeiern, zumal bei der extremen Hektik, in der die Umsetzungsarbeiten betrieben werden mussten, Implantationsprobleme nicht auszuschließen waren.

Von denen, die die Themen Migration und Integration in der politischen Debatte seit längerem kritisch kommentiert bzw. beratend begleitet hatten, haben viele, so wie ich selber, dieses Gesetz dennoch begrüßt und es eben nicht, wie andere vorschlugen, in der öffentlichen Diskussion durch einige konzentrierte publizistische Schläge in die Ecke der medialen Missgunst befördert. Ich bin von den Medien immer wieder gefragt worden, ob ich, der ich den Gesetzentwurf doch in Presse, Funk und Fernsehen anfangs nachdrücklich als »historische Wende« begrüßt hätte, nun nicht eine öffentliche Kritik des im Vergleich zu den Gründungsvisionen eher bescheidenen Konsensergebnisses vornehmen möchte.

Ich habe das nicht getan: einerseits, weil wir uns in dem Ende vergangenen Jahres abberufenen Sachverständigenrat für Zuwanderung und Integration (Zuwanderungsrat), dessen Stellvertretender Vorsitzender ich war, auf das ausdrückliche Ersuchen des Bundesinnenministers hin zu aktuellen Fragen von Migration und Integration Schweigepflicht auferlegt hatten, weshalb ich als ehedem einigermaßen engagierter Publizist zu diesen Themen für etwa anderthalb Jahre weitgehend stumm geblieben bin; andererseits habe ich aber auch im Wissen um die beschränkten politischen Handlungsspielräume bei der Konsensfindung auf Kritik am Ergebnis der Verhandlungen verzichtet und auch anderen, die zu der relativ breit gewordenen Front der kritischen Politikbegleitung in Sachen Migration und Integration gehörten, von einer scharfen Stellungnahme abgeraten. So hat z.B. der bundesweite wissenschaftliche »Rat für Migration« (RfM), dessen Stellvertretender Vorsitzender ich seinerzeit war, das Verhandlungsergebnis in einer verhalten positiven Stellungnahme als jedenfalls »zweitbeste Lösung« kommentiert.[4]

Und ich bin nach wie vor der Meinung, dass das Zuwanderungsgesetz zwar nicht mehr als der ursprünglich ins Auge gefasste historische Schritt mit Sieben-Meilen-Stiefeln, aber dennoch als Überschreitung einer historischen Schwelle zu verstehen ist; denn die Themen Migration und Integration wurden erstmals nachhaltig, und zwar gemeinsam in einem auf breiten Konsens gegründeten Gesetzeswerk, legislativ und institutionell in den Mainstream aufgenommen, was ich selber seit einem Vierteljahrhundert vergeblich angemahnt hatte mit der Forderung, aktive Migrations- und Integrationspolitik als zentrale Gestaltungsbereiche der Gesellschaftspolitik zu verstehen. Außerdem wurde mit der legislativen »Normalisierung« des Handlungsfeldes auch eine pragmatische Beruhigung der aufgepeitschten öffentlichen Emotionen erreicht.

Hinzu kommt, dass ein Gesetz zunächst einmal ein mit politischer Baugenehmigung versehenes, in seinem legislativen Umfeld verankertes Gebäude ist, das zwar für sich tragfähig sein, aber für Reparatur- bzw. Renovierungsarbeiten zu gegebener Zeit offenstehen muss – nachdem zureichend erprobt wurde, ob und inwieweit es seinen ursprünglichen Intentionen entsprochen hat oder neuen Herausforderungen noch genügt. Dabei ist durchaus denkbar, dass das Gesetz unter der Bedingung anderer Herausforderungen und Handlungsspielräume wieder jene Sieben-Meilen-Stiefel (z.B. in Gestalt des Punktesys-

tems oder einer ähnlichen Lösung) erhält, die bei seiner Implantation keine Chance hatten.

Otto Schily hat deshalb Recht, wenn er dieses Gesetzeswerk nach wie vor als ein historisches Datum versteht. Recht hat er aber auch mit der Einschränkung, dass es – nicht im bewertenden Sinne von »nur«, sondern im historischen Sinne von »erst« – den Einstieg in eine umfassende Migrationspolitik bzw. in eine systematische Integrationspolitik markiert.

Der tragende Grundkonsens, der schwer genug zu finden war, sollte – auch zu Wahlkampfzwecken – nicht gefährdet werden. Das Zuwanderungsgesetz ist erst ein halbes Jahr alt und viele seiner Wirkungen können sich nur langfristig entfalten. Das gilt besonders für den Integrationsbereich, um den es hier ausschließlich geht. Kritische »Bilanzen« können gerade hier nur zurückhaltend und unter Vorbehalt gezogen werden.

Es gibt aber Bereiche, in denen auch derzeit schon Einschätzungen nahe liegen. Hier kommt es darauf an, durch Ermutigung und Kritik dazu beizutragen, zielführend Richtung zu halten, unsichere Zielansprachen und mögliche Zielabweichungen frühzeitig erkennbar zu machen. Eine solche noch unsichere Zielansprache, aus der eine Zielabweichung werden könnte, fällt unter das vom Verfasser – zugegebenermaßen semantisch einigermaßen unglücklich – in die Debatte geworfene Stichwort »nachholende Integrationspolitik«.

Aufgaben nachholender Integrationspolitik
Nachholende Integrationspolitik ist zunächst einmal, wie Integrationspolitik generell, immer nur eine begleitende Maßnahme. Sie kann also die Eigendynamik auch eines verspäteten Integrationsprozesses nicht etwa ersetzen, sondern nur fördernd begleiten bzw. einen gestörten oder steckengebliebenen Integrationsprozess aufs Neue in Gang zu setzen suchen. Diese fördernde Begleitung durch nachholende Integrationspolitik ist, wie Integrationspolitik selbst, orientiert an dem Ziel der Eröffnung von Chancen zu einer möglichst gleichberechtigten Partizipation an allen gesellschaftlichen Teilbereichen. Das gilt insbesondere (aber nicht etwa nur) für die folgenden, für Integration besonders wichtigen Hilfsangebote:

1. *für die sprachliche Integration, also die zureichende Kommunikationsfähigkeit in der Mehrheitssprache;*
2. *für die ohne diese Voraussetzung kaum erreichbare soziale Integration;*
3. *für die kulturelle Integration einschließlich des sich Einlebens in die Grundwerte der Rechtskultur;*
4. *für die ökonomische Integration, insbesondere den Zugang zum Arbeitsmarkt und*
5. *insbesondere bei jüngeren Menschen, für die Voraussetzungen dazu in Gestalt von familiärer Erziehung, schulischer Bildung und beruflicher Ausbildung bzw. Qualifikation.*

Über die Vermittlung der sprachlichen Kommunikationsfähigkeit hinaus kann nachholende Integrati-

---

[4] ZAR 8/2004, S. 294f.

onspolitik, wie Integrationspolitik generell, nur eine auf ein Höchstmaß an Chancengleichheit zielende Unterstützung des Engagements der Einwanderer im Sinne von »Fördern und Fordern« bieten; denn Einwanderung ist ein individuelles Lebensrisiko, das den Einwanderern nicht abgenommen werden kann durch eine falsch verstandene migrations- und integrations-politische Daseinsvorsorge-Regie.

Bei nachholender Integrationspolitik geht es in erster Linie um eine *zentrale Adressatengruppe*, aber in zweiter Linie auch um bestimmte *institutionelle und mentale Rahmenbedingungen*, ohne die entsprechenden Maßnahmen kaum nachhaltig wirken können:

Zentrale Adressatengruppe nachholender Integrationspolitik ist nicht die Gruppe der neu Zugewanderten, sondern die Bevölkerung mit Migrationshintergrund, deren Zugehörige schon lange, zum Teil schon in der zweiten oder dritten Generation, im Lande leben, aber die Integrationshilfen nie erhalten haben, die bei der »Erstintegration« von neu Zugewanderten heute für selbstverständlich gehalten werden.

Die meisten haben ihren Integrationsweg auch alleine gefunden. Vielen aber sind die Benachteiligungen auf diesem Weg ohne gezielte und ausgleichende Förderung bis heute statistisch anzusehen – von mangelnder sprachlicher Kommunikationsfähigkeit über Rücklagen in der beruflichen Qualifikation bis hin zu der aus beidem resultierenden Benachteiligung am Arbeitsmarkt bzw. der erschreckenden Überrepräsentation bei den Arbeitslosenzahlen.

Nachholende Integrationspolitik zielt auf diese Gruppe in der Bevölkerung mit Migrationshintergrund insgesamt und nicht nur auf »Bestandsausländer«. Es gibt auch zahlreiche Zuwanderer deutscher Staatsangehörigkeit, deren Integration zumindest partiell ebenfalls nicht als gelungen betrachtet werden kann. Das gilt z.B. für zahlreiche jugendliche Spätaussiedler, deren Integrationsprobleme zweifelsohne nicht allein mit Sprachkursen aufzufangen sind.

Zu den *gesellschaftlichen Rahmenbedingungen*, ohne die nachholende Integrationspolitik – wie Integrationspolitik selbst – nicht nachhaltig wirken kann, gehören *Institutionen und Mentalitäten* der Einwanderungsgesellschaft:

Institutionen der Einwanderungsgesellschaft: Die Wende zu Integrationspolitik als gesetzlichem Auftrag hat viele damit beschäftigte Institutionen auf den Ebenen von Bund, Ländern und Gemeinden sozusagen »kalt erwischt«, auch wenn sich viele davon schon lange vorher oder doch unter dem Eindruck des – in seinem Integrationsteil weniger umstrittenen – Zuwanderungsgesetzes schon aus eigenem Antrieb in diese Richtung bewegt hatten.

Mängel in der Umsetzung dieses gesetzlichen Auftrages sind erkennbar bei Institutionen, bei denen dieser Wandel erst verspätet, mit unzureichenden Ergebnissen, noch gar nicht oder bislang erst auf dem Papier eingesetzt hat. Das reicht, lebensgeschichtlich aufgereiht, von Geburtshelfern über Kindergärten, Schulen und Krankenhäuser bis hin zu Altersheimen und Friedhofsverwaltungen. Es gilt aber auch ganz allgemein für die kommunalen Institutionen als Ansprechpartner auch für Menschen mit Migrationshintergrund. Ein Stichwort dazu ist die interkulturelle Öffnung der kommunalen und ganz allgemein der sozialen Dienste, einschließlich auch der medizinischen Versorgung (interkulturell fundierte psychoedukative Vermittlung).

Viele kommunale Institutionen und solche auf Landesebene haben sich schon lange vor dem Zuwanderungsgesetz aus eigenem Antrieb in die neue Richtung bewegt und leisten dabei vorzügliche Arbeit. Das zeigte aktuell der vom Bundesminister des Innern und der Bertelsmann Stiftung initiierte bundesweite Wettbewerb »Erfolgreiche Integration ist kein Zufall«.

Besonders schwierig war der Umbruch für viele Ausländerbehörden, die sich mit ihren unter anderen Aufgabenstellungen durchaus bewährten »alten« Köpfen bei erheblichem amtlichen Kompetenzzuwachs ganz neuen Herausforderungen stellen müssen. Man braucht dort nicht nur Entlastung durch Personalaufstockung, sondern auch eine Neuorientierung, die über die Reform von Verwaltungsvorschriften hinausreichen muss: Sie muss dazu führen, dass die vielfach jahrzehntelang vertraut gewordene restriktive Schicksalsverwaltung gegenüber zugewanderten Fremden ersetzt wird durch ein »in dubio pro integratione«.

Gerade weil Integration eine alle Lebensbereiche der Gesellschaft durchdringende Aufgabe ist, müssen alle diese Institutionen, als »learning organizations«, in interkulturell-integrative Coaching-Programme einbezogen werden. Man könnte das, wegen der Überfälligkeit dieses Wandels, auch als eine Art institutionell nachholende Integrationspolitik beschreiben.

Mentalitäten der Einwanderungsgesellschaft: Integrationspolitik wie nachholende Integrationspolitik können sich als gesellschaftspolitische Maßnahmen nicht hinreichend entfalten, wenn nach Auskunft aktueller Umfragen die Mehrheit der deutschen Bevölkerung zwar Integration für nötig hält, aber deren Chancen nach wie vor skeptisch beurteilt. In die gleiche Richtung weist die alte Vorurteile transportierende Mehrheitsmeinung, »dass es in Deutschland zu viele Ausländer gibt« – eine Meinung, die nach wie vor besonders dort verbreitet ist, wo es nur wenige Ausländer gibt.

Zu den nötigen Rahmenbedingungen für den Erfolg von Integrationspolitik wie von nachholender Integrationspolitik gehört deshalb die Förderung der Akzeptanzbereitschaft der Mehrheitsgesellschaft durch eine in ihren Grundbotschaften möglichst konsensuale politische Aufklärung und nötigenfalls durch regelrechte PR-Kampagnen. Was Anfang der

1990er Jahre unter dem integrations-politisch prekären Spaltermotto »Aussiedler sind keine Ausländer!« mit großem Mittelaufwand werberisch inszeniert wurde, muss auch zur Förderung der Akzeptanzbereitschaft gegenüber der übrigen Bevölkerung mit Migrationshintergrund möglich sein. Konkret: Neben die – beeindruckende – Öffentlichkeitsarbeit des Nürnberger Bundesamtes für Migration und Flüchtlinge (BAMF) für das Zuwanderungsgesetz, für die eigene Institution und deren Arbeit sollte verstärkt auch die Werbung um die Adressaten von Maßnahmen der nachholenden Integration treten; denn sie leben schon lange im Land und sind nicht, wie neu Zugewanderte, ohne weitere Umstände institutionell direkt ansprechbar.[...]

Mühsam und erst schrittweise verbreitet sich die Einsicht, dass Integration ein gesellschaftlicher Prozess auf Gegenseitigkeit ist, also keine einseitige Bewegung der Zuwandererbevölkerung auf die »Aufnahmegesellschaft« hin. Nötig ist dazu auch die Akzeptanz-, Lern- und Veränderungsbereitschaft der Mehrheitsgesellschaft insgesamt. Diese Einsicht sollte sich nicht nur in den Maßnahmen zur Integrationspolitik, sondern auch in denen zur nachholenden Integrationspolitik spiegeln. Wichtig ist hier insbesondere die erwähnte nachdrückliche Werbung um die Akzeptanz nachholender Integrationspolitik bei der Mehrheitsbevölkerung ohne Migrationshintergrund und um deren aktive Mitwirkung im Integrationsalltag sowie bei der Umsetzung angebotener Integrationskonzepte; denn lernen muss in der Einwanderungsgesellschaft eben nicht nur die Zuwandererbevölkerung, sondern auch die Mehrheitsgesellschaft, die mithin – angesichts der historischen Verspätung der Integrationsförderung – ebenfalls Adressat nachholender Integrationspolitik sein muss.

Anforderungen an die Entwicklung und Umsetzung nachholender Integrationspolitik

Nötig ist 1. eine umfassende, durch Experten der Wissenschaft und der Praxis beratene und begleitete – nicht nur interne und an vorentschiedenen Finanzierungsgrenzen orientierte – Bedarfsanalyse. Sie sollte von einem operationalen, d.h. wissenschaftlich fundierten und zugleich praxisorientierten Integrationskonzept ausgehen und auf dieser Grundlage fragen, welche konkreten Defizite und Probleme durch welche konkreten Maßnahmen nachholender Integrationspolitik noch behoben oder doch in ihren negativen Folgen begrenzt werden können. Der Gesamtbedarf an entsprechenden Maßnahmen muss in regelmäßigen Abständen erhoben werden. Das setzt eine wissenschaftlich fundierte begleitende Beobachtung der Integrationsprozesse voraus, wozu derzeit in verschiedenen europäischen Ländern unterschiedliche Modelle erarbeitet und erprobt werden.

Nötig ist 2. eine auf der Grundlage dieser Bedarfsanalyse konzipierte variable und praktikable Palette von Angeboten. Ihre Vermarktung darf nicht vorrangig den oft nach wie vor in ihrer restriktiven Verwaltungstradition gefangenen Ausländerbehörden überlassen bleiben. Für die Annahme dieser Angebote über den Kreis der selbst bereits zureichend motivierten Adressaten hinaus ist vielmehr die erwähnte zielorientierte und nötigenfalls aufwendige Überzeugungswerbung zu betreiben; denn unzureichend integrierte Menschen mit Migrationshintergrund, die zum Teil in ethnischen Enklaven oder Zuwandererviertlen ohne integrative Vorbildkarrieren leben, werden durch amtliche Verlautbarungen über Hilfsangebote zur nachholenden Integrationspolitik kaum erreicht.

Der dann sicher absehbare – und zweifelsohne kostenträchtige – Erfolg würde auch für das lange und partiell noch immer gestörte Einwanderungsland Deutschland beweisen: Einwanderer müssen nicht vorwiegend durch amtlich verfügte Kurse zu ihrem Glück gezwungen werden. Sie sind vielmehr in der Regel selber hinreichend an der Förderung ihres ökonomischen, sozialen und besonders beruflichen Fortkommens interessiert – wenn solche Maßnahmen, wie andere auch, bedarfsorientiert sind, wenn sie gezielt und mit dem nötigen PR-Aufwand angeboten werden und wenn insgesamt der Förderungscharakter und nicht der Sanktionscharakter im Vordergrund steht.

Nötig ist 3., dass die neuen Maßnahmen der Integrationspolitik wie der nachholenden Integrationspolitik nicht als bundespolitische Eier des Kolumbus über manche vor Ort vielleicht schon erfolgreich blühende Pflänzchen hinweg auf die Bühne gerollt werden. Sie sollten vielmehr in sorgsamer Abstimmung mit und gegebenenfalls unter Einbeziehung von längst bewährten Konzepten umgesetzt werden von Trägern, die in ihrer Sachkenntnis und Praxiserfahrung unübersehbar weit vor den vorwiegend an verwaltungsrechtlichem Anschlusshandeln orientierten Ausländerbehörden liegen. Das reicht von Wohlfahrtsverbänden bzw. Mittlerorganisationen über kommunale und kirchliche bis hin zu privaten Initiativen, die in diesem Feld schon aktiv waren, als auf Bundesebene das Wort »Integrationsförderung« – gegenüber ausländischen Zuwanderern – noch eine klägliche Nebenrolle spielte.

Zu fordern ist 4., dass die an der Umsetzung beteiligten Ausländerbehörden – die zum Teil schon programmatisch in »Migrations- und Integrationsbehörden« umbenannt wurden – für ihre nötigen Lernprozesse auf Zeit die entsprechende Entlastung erhalten, um ihren neuen Aufgaben zureichend gerecht werden zu können, denn: Wie Integration funktioniert und wie man sie fördern bzw. Desintegration begrenzen kann, das konnte man in kommunalen Ausländerämtern nicht ohne weiteres lernen – was der umstrittene Umgang mit geduldeten Flüchtlingen aufs Neue belegt. Ganz abgesehen davon, dass in kommunalen Ausländerämtern bei Stellenbesetzungen nicht immer die aufgabenbezogenen Qualifikationsmerkmale angelegt wurden bzw. angesichts der verspäteten Zuwanderungsgesetzgebung auch gar nicht angelegt werden konnten. Learning by doing ist aber kein Qualifikationsersatz in gesellschaftspolitisch entscheidend wichtigen Gestaltungsbereichen.

5. Schließlich ist zu fordern, dass all dies durch kontinuierliche Evaluation begleitet wird – und zwar nicht nur durch interne oder zugeordnete bzw. amtlich eingebettete Beratungsgremien, sondern auch durch externe, internationalen Standards entsprechende Evaluationen, denen die jeweiligen Institutionen den nötigen Einblick in ihre Arbeit zu geben haben, um eine Verselbständigung der Exekutive gegenüber legislativen Intentionen zu begrenzen.

Man kann aber auch mit großzügig bemessenen und bedarfsorientierten Angeboten nachholender Integrationspolitik immer nur einige und keineswegs etwa alle Versäumnisse der Vergangenheit korrigieren oder in ihren negativen Folgen begrenzen; denn – und ich sage das als Historiker ganz bewusst – irgendwann ist es für bestimmte Handlungsspielräume immer einmal zu spät, weil man nicht länger von den Modellen von gestern zehren kann. Man sollte sich, in aller Bescheidenheit gesagt, gelegentlich daran erinnern, dass es Zeitgenossen gegeben hat bzw. noch gibt, die schon vor einem Vierteljahrhundert vor den gefährlichen Folgen unzureichend konzeptorientierter Förderung im Integrationsbereich gewarnt haben. Einer davon bin ich selber. [...]

Fazit
In Sachen nachholender Integration ist grundsätzlich keine Zeit zu verlieren; denn wenn diese zweifelsohne mühsamen und kostspieligen Anstrengungen jetzt nicht wenigstens ex post noch zügig investiert werden, dann könnte es sein, dass das bislang glücklicherweise – zumeist – gegenstandslose Menetekel des ersten Ausländerbeauftragten der Bundesrepublik Deutschland, des vormaligen nordrhein-westfälischen Ministerpräsidenten Heinz Kühn, vom Ende der 1970er Jahre doch noch Wirklichkeit wird: Was man heute nicht in die Integration der ausländischen Arbeitnehmer und ihrer Familien investiere, das müsse man später für Resozialisierung und Polizei bezahlen – wobei heute zum Teil ohnehin weniger von ausländischen Arbeitnehmern als von ausländischen Arbeitslosen und ihren Familien zu reden wäre.

Dass diese düstere Prophezeiung trotz eines Vierteljahrhunderts integrationspolitischer Investitionsverweigerung nicht eingetreten ist, ist zweifelsohne weniger der deutschen Integrationspolitik als der friedlichen alltäglichen Integrationsbereitschaft der Menschen mit Migrationshintergrund zu verdanken. Das muss aber bei denen, die sich ausgeschlossen fühlen, nicht so bleiben, wenn nicht – und ich habe mit meinen negativen »Wenn-nicht-dann«-Prognosen leider bislang fast immer recht behalten – attraktive Angebote nachholender Integrationspolitik aufgelegt werden. [...]

Wir sind integrationspolitisch schon ein Vierteljahrhundert zu spät daran und die Eigendynamik von kommunikativ, aber auch ökonomisch und im weitesten Sinne gesellschaftlich bedingten desintegrativen Potentialen arbeitet gut gemeinten, aber bislang zu kurz greifenden Anstrengungen im Sinne nachholender Integrationspolitik direkt entgegen. Heute wird von allen Dächern gepredigt, dass die »sozialen Kosten der Nicht-Integration« (von Loeffelholz) viel höher sind als diejenigen von rechtzeitiger Integration. Umso mehr sind die sozialen Kosten von nicht oder nicht zureichend gewährter, ohnehin immer schon verspäteter nachholender Integrationspolitik in der Einwanderungsgesellschaft eine Gefahr für das Zusammenleben in sozialem Frieden und kultureller Toleranz.

6.2.4 Integration gibt es nicht im Passiv,
in: Die Welt, 2.12.2005.

Die Angst vor »französischen Zuständen« geht um in europäischen Einwanderungsländern. In Deutschland ist sie zurzeit noch unbegründet, denn die Dinge liegen in Frankreich ganz anders: Dort hat man in den 60er und 70er Jahren an den Rändern von Großstädten soziale Gettos gebaut. Es sind die Wohntürme für sozial Schwache, Gastarbeiter und Einwanderer, die man dort weitgehend sich selbst überlassen hat, von immer neuen Ad-hoc-Programmen zur sozialen Beruhigung abgesehen.

Heute sind diese Siedlungen vielfach geprägt durch klare ethnokulturelle und religiöse Konzentrationen: Maghrebiner, Schwarzafrikaner, Dominanz des Islam. Neben extremer wirtschaftlicher und sozialer Benachteiligung gibt es ethnische Diskriminierung. Sie reicht von der Chancenlosigkeit einer Bewerbung unter einer Banlieue-Adresse bis zum martialischen Auftreten der Polizei gegenüber denen, deren Hautfarbe signalisiert, dass sie zwar auch Franzosen geworden, aber dennoch »Fremde« geblieben sind. Auch deswegen hat die oberste Kontrollbehörde, der Cour des Comptes, vom Scheitern des französischen Integrationsmodells gesprochen. Ob die nun auch wieder aufgelegten sozialen Besänftigungsprogramme dauerhaft helfen werden, bleibt abzuwarten. Ganz anders in Deutschland: Hier sind die Einwandererviertel multiethnisch und multireligiös, trotz klar identifizierbarer ethnokultureller Siedlungskerne. Sie sind in der Regel durch Zu- und Wegzug gewachsen, nicht gebaut. Soziale Brennpunkte, in denen ethnische und soziale Probleme sich gegenseitig verschärfen, wachsen aber auch hier, nicht nur in von den Medien immer neu ausgeleuchteten Problembezirken wie Berlin-Neukölln.

Das hat auch mit der historischen Verspätung von konzeptorientierter Integrationspolitik in Deutschland zu tun: Das neue Zuwanderungsgesetz war hier ein wichtiger Schritt von historischem Rang – aber dieser Schritt kam rund 25 Jahre zu spät. Außerdem gibt es schon wieder Nachbesserungsbedarf im Zuwanderungsgesetz. Denn einerseits fehlen die

Leitorientierungen für die Einwanderungsgesellschaft – worum soll es denn eigentlich konkret gehen bei der vielbeschworenen Integration? Andererseits ist es mit Sprach- und Orientierungskursen allein nicht getan. Wir sollten drei Formen der Integrationspolitik unterscheiden, von denen das Zuwanderungsgesetz nur die zweite kennt: erstens präventive, zweitens begleitende, drittens nachholende Integrationspolitik.

Präventive Integrationspolitik setzt schon im Ausland an: Man muss mehr auf die beruflich-soziale Passfähigkeit und damit vor allem auf die Qualifikation von Zuwanderern achten, die nicht immer erst hierzulande mühevoll und teuer nachgebessert werden muss. Sie kann bei Zuwanderern, die sich im Rahmen eines staatlich geregelten Antragsverfahrens bewerben, schon im Ausland vorbereitet werden. Das gilt zum Beispiel für Spätaussiedler und Juden: Die Wartezeit bis zum Eintreffen des Aufnahmebescheids umfasst bei ihnen oft mehrere Jahre. In denen können sich alle, die es ernst meinen mit der Integration, darauf vorbereiten. Dazu ist deutsche Hilfe nötig, zum Beispiel in Gestalt von Fernkursen nicht nur zum Spracherwerb, sondern auch zur Weiterqualifikation für die Anerkennung von im Ausland erworbenen Abschlüssen. Die Bereitschaft dazu könnte bei der Bewertung der Aufnahmeanträge berücksichtigt werden, etwa in Form einer bevorzugten Bearbeitung.

Begleitende Integrationspolitik im Sinne des Zuwanderungsgesetzes greift später, nach erfolgter Zuwanderung. Sie sollte pragmatisch sein, weite Perspektiven und einen langen Atem haben. Sie sollte selbstbewusst sein und eine möglichst klare Sprache sprechen. Sie sollte Versäumnisse der Vergangenheit bewusst annehmen und daraus Lehren ziehen. Sie sollte deshalb die vom Zuwanderungsgesetz eröffneten Gestaltungsmöglichkeiten im Zweifelsfalle lieber zu generös als zu zurückhaltend nutzen, auch deutlich über Sprach- und Integrationskurse im engeren Sinne hinaus.

Wo es anhaltend klemmt, da sollte nach der Maßgabe »Fördern und Fordern« nachgebessert werden im Sinne des von mir – begrifflich zugegebenermaßen in einem Anfall semantischer Erschöpfung – angestoßenen Konzepts der »nachholenden Integrationspolitik«. Der von mir gewählte Begriff fand in der verballhornten Kurzformel »nachholende Integration« seinen Weg in die Regierungserklärung von Altbundeskanzler Schröder und von dort aus in den öffentlichen und politischen Sprachgebrauch, wo er seither vorwiegend im Passiv herumgeistert. Das legt das Missverständnis nahe, Strauchler und Nachzügler im Integrationsprozess könnten sozusagen von Amts wegen »nachholend integriert werden«. Doch im Passiv funktioniert das nicht.

Auch nachholende Integrationspolitik ist in Wirklichkeit immer eine begleitende Maßnahme. Sie kann die Eigendynamik eines gestörten oder steckengebliebenen Integrationsprozesses nicht ersetzen, sondern nur zu fördern beziehungsweise neu in Bewegung zu bringen suchen. Sie orientiert sich am Ziel der – hier verspäteten – Eröffnung von Chancen zu einer möglichst gleichberechtigten Teilhabe am gesellschaftlichen Leben. Dabei geht es besonders um die sprachliche Integration, um die ohne diese Voraussetzung kaum erreichbare soziale Integration und um die kulturelle Integration einschließlich der Grundwerte unserer Rechtskultur. Und es geht um den Zugang zum Arbeitsmarkt sowie um die Voraussetzung dazu: Erziehung, Bildung und Ausbildung.

Bei der nachholenden Integrationspolitik ist heute keine Zeit mehr zu verlieren, denn die Alarmzeichen sind unübersehbar. Eines davon ist der hohe Anteil unzureichend integrierter Jugendlicher mit Migrationshintergrund an der Gruppe jugendlicher Gewalttäter. Jugendliche ohne Migrationshintergrund antworten darauf mit steigender ethnonationalistischer beziehungsweise völkischer Orientierung und mit als Selbsthilfe verstandener Abgrenzung gegen »Russen«, »Türken« und »Migranten« oder gegen »Fremde« überhaupt. Das gilt nicht nur für Neonazis, denen der aktuelle Verfassungsschutzbericht einen Zuwachs um 25 Prozent im letzten Jahr bescheinigt, sondern auch für viele neue Rechtsorientierungen im Vorfeld parteipolitischer Bindungen.

Die noch latente Polarisierung wächst, und die Erfolgschancen nachholender Integrationspolitik nehmen ab; zugleich steigen die sozialen Kosten. Gewarnt sei deshalb vor fahrlässigem Zuwarten wie vor Schönreden in falsch verstandener politischer Korrektheit an der Grenze zu philanthropischer Heuchelei. Der schulischen Bildung muss dabei besonderes Augenmerk gelten, auch bei der nachholenden Integrationspolitik: Wenn bei wachsender und von den Betroffenen zunehmend als sozial diskriminierend registrierter Benachteiligung der Durchbruch hier nicht bald gelingt – dann ist nicht auszuschließen, dass einzelne Problembezirke auch in Deutschland einmal französisches Feuer fangen.

6.2.5 Versäumte Integrationschancen und nachholende Integrationspolitik,
in: Aus Politik und Zeitgeschichte, 22–23/2007, 29.5.2007 (Auszug).

Migrations- und Integrationspolitik sind Zentralbereiche der Gesellschaftspolitik im Einwanderungsland Deutschland. Das wird heute zunehmend anerkannt. Lange war das Gegenteil der Fall, gab es doch in Deutschland bis zum Vorabend der Jahrhundertwende ein gesellschaftliches Paradox: eine Einwanderungssituation ohne Einwanderungsland.

Folgenreiche Versäumnisse existierten dabei auf beiden Seiten: Es gab sie bei der so genannten »Aufnahmegesellschaft«, die sich in Wirklichkeit in stetem Wandel befand und in der längst auch Millionen von Zuwanderern zu Einheimischen geworden waren. Und es gab sie auf Seiten der vielgestaltigen Zuwandererbevölkerung, die vor dem Eintreffen der Aussiedler/Spätaussiedler in größerer Zahl vor allem aus jenen Arbeitswanderern bestand, die man im Volksmund lange »Gastarbeiter« nannte. [...]

Gelingende Integration aber setzt Integrationsbereitschaft nicht nur bei der Zuwandererbevölkerung, sondern auch bei der Mehrheitsgesellschaft voraus. In einigen Zuwanderergruppen zu beobachtende Tendenzen zu Selbstabgrenzung und Rückzug in Herkunfts- und Religionsgemeinschaften sind ganz wesentlich auch Echoeffekte auf Desorientierung und tatsächlichen oder auch nur so empfundenen Mangel an Akzeptanz im Integrationsprozess: Ein Einwanderungsland wider Willen sollte sich über gelegentlich widerwillige Einwanderer nicht wundern. [...]

Statt konzeptorientierter Integrationspolitik gab es nach dem »Anwerbestopp« von 1973 noch jahrzehntelang vorwiegend »Ausländerpolitik«, die kaum mehr war als Arbeitsmarktpolitik, angewendet auf Ausländer. Sie wurde in den 1980er Jahren begleitet von den illusionären Komponenten einer »sozialen Integration auf Zeit« und einer insbesondere an die deutsch-türkische Zuwandererbevölkerung adressierten »Förderung der Rückkehrbereitschaft« durch bewusste Aufrechterhaltung jener Heimatorientierung – deren mentale Folgen heute allseits beklagt werden. Ich erinnere mich in dieser Hinsicht noch gut an meine vergebliche Kritik an der »demonstrativen Erkenntnisverweigerung« in den politischen Diskussionen der frühen 1980er Jahre und an meine Warnung vor deren sozialen Folgen, die heute vielerorts zu besichtigen sind. [...]

Neuerdings werden Stichworte, die wir seit den späten 1970er und frühen 1980er Jahren in die Debatte geworfen haben, beherzt neu entdeckt. So werden etwa von mir stammende Formulierungen wie »Integration ist keine Einbahnstraße«, »Integrationsförderung als Gesellschaftspolitik« oder »Integration als gesellschaftlicher Prozess auf Gegenseitigkeit« bzw. »als intergenerativer Kultur- und Sozialprozess« heute gern von Prominenten in der Politik verwendet.

Das gilt auch für die Rede von einem für die Einwanderungsgesellschaft nötigen »neuen Gesellschaftsvertrag«. Heiner Geißler erinnert sich in diesem Sinne an seine frühe Rede von der »neuen sozialen Frage«. Barbara John, die frühere Ausländerbeauftragte und spätere Integrationsbeauftragte des Senats von Berlin, teilt die Erfahrung, dass uns heute auf öffentlichen Veranstaltungen mitunter die eigenen, schon ein Vierteljahrhundert alten Ideen oder Redewendungen begegnen, zuweilen sogar mit erhobenem Zeigefinger mahnend vorgehalten werden. Auch Rita Süssmuth, Dieter Oberndörfer und die wenigen anderen heute noch aktiven frühen publizistischen Mitstreiter teilen diese Erfahrungen [...].

Der Staat selbst ist bei der konzeptorientierten Integrationsförderung erst im Vorfeld des Zuwanderungsgesetzes – mit den vorbereitenden Überlegungen der Unabhängigen Kommission Zuwanderung seit 2000/01 – aus einem langen, durch die verschiedensten Appelle nicht zu störenden Tiefschlaf erwacht. Zuvor war die themen- und gruppenorientierte Integrationsarbeit weitgehend an die Wohlfahrtsverbände delegiert worden. Seit der schlafende Riese Staat erwacht ist, gilt es, darauf zu achten, dass er sich nicht zu sehr in Allzuständigkeitsvisionen ergeht, gewissermaßen – frei nach Thomas Mann, der vom »General Dr. von Staat« gesprochen hatte – als »Generalintegrator Dr. von Staat«. Zudem sollten historisch-politische Legendenbildungen vermieden werden, etwa in Gestalt der aktuellen politischen Legende, dass das, was uns dem Ziel der »Integrationsförderung als Gesellschaftspolitik« heute – 25 Jahre nach den frühen vergeblichen Appellen – allmählich näher bringt, vorher gesellschaftlich und politisch gar nicht möglich gewesen sei. Es erschien nur lange gesellschaftlich nicht möglich, weil es politisch für unmöglich bzw. für gegenstandslos erklärt wurde (»Die Bundesrepublik ist kein Einwanderungsland«). [...]

Auch nachholende Integrationspolitik kann immer nur als begleitende Maßnahme konzipiert werden. Sie kann also die Eigendynamik eines verspäteten Integrationsprozesses nicht etwa ersetzen, sondern nur fördernd begleiten bzw. einen gestörten oder steckengebliebenen Integrationsprozess wieder in Gang zu setzen suchen. Diese fördernde Begleitung durch nachholende Integrationspolitik ist – wie die begleitende Integrationspolitik – an dem Ziel der Eröffnung von Chancen zu einer möglichst gleichberechtigten Partizipation an allen gesellschaftlichen Teilbereichen orientiert. Das gilt insbesondere für die sprachliche Integration, also die zureichende Kommunikationsfähigkeit in der Mehrheitssprache; für die ohne diese Voraussetzung kaum erreichbare soziale Integration; für die kulturelle Integration einschließlich des sich Einlebens in die Grundwerte der Rechtskultur; für die ökonomische Integration, insbesondere den Zugang zum Arbeitsmarkt und, besonders bei jüngeren Menschen, für die Voraussetzungen dazu in Gestalt von familiärer Erziehung, schulischer Bildung und beruflicher Ausbildung bzw. Qualifikation.

Aber auch mit großzügig bemessenen und bedarfsorientierten Angeboten nachholender Integrationspolitik können immer nur einige und keineswegs etwa alle Versäumnisse der Vergangenheit korrigiert bzw. in ihren negativen Folgen begrenzt werden; denn irgendwann ist es, gemessen an versäumten früheren Chancen, für manche Gestaltungsmöglichkeiten immer einmal zu spät. Eine Schadensbegrenzung ist ohnehin nur dann möglich, wenn nicht versucht wird, die gesellschaftlichen Folgen der Versäumnisse der Vergangenheit heute noch mit oft überholten Lösungen von gestern zu beheben. Entsprechende Handlungsoptionen müssen deshalb – von unabhängiger Warte aus – stets neu auf ihre Passfähigkeit und Effizienz hin überprüft werden; denn die Einwanderungsgesellschaft ist kein statischer Zustand, sondern verändert sich in einem sich ständig wandelnden Sozial- und Kulturprozess. Diesen Wandel in kultureller Toleranz und sozialem

Frieden aktiv zu begleiten, ist eine der größten Herausforderungen für die gesellschaftliche Zukunft in Deutschland und Europa.

6.2.6 »Bei der nachholenden Integrationsförderung keine Zeit verlieren«,
in: BMW Group Award für Interkulturelles Lernen. Newsletter Januar 2008, S. 9–12 (Auszug).

Als »Urgestein der deutschen Migrationsforschung« bezeichnete ihn einst »Die Welt«. Denn lange bevor die Politik das Thema aufgriff, erforschte Prof. Dr. Klaus J. Bade die sozialen, politischen und kulturellen Folgen der Integration. Bereits Anfang der 80er Jahre erklärte der Historiker Deutschland zum Einwanderungsland, forderte eine begleitende Integrationspolitik, Islamunterricht an deutschen Schulen und ein Bundesamt für Migration und Integration.

Vorwort von Jörg Roche
»Nachholende Integration« ist vor kurzem zu einem Begriff geworden, der die migrationspolitischen Versäumnisse der Vergangenheit in Form eines konstruktiven Programmes für die Zukunft benennt. [...] Geprägt wurde das Konzept von Professor Klaus Bade, einem der renommiertesten und einflussreichsten Migrationsforscher in Deutschland. Unermüdlich weist Bade in seinen zahlreichen Publikationen darauf hin, dass dieser Prozess alle sozialen, ethnischen und beruflichen Gruppen zu umfassen hat, wenn er erfolgreich sein will und langfristiger Schaden abgewendet werden soll. Die Ursachen und Folgen mangelhafter Integration, bei der das Fremde auf einer rudimentären Stufe der alltäglichen Normalität stehen geblieben ist, skizziert er in seinem kurzen Beitrag. [...]

»Bei der nachholenden Integrationsförderung keine Zeit verlieren«
»Ein Fremder ist nur ein Freund, den Du noch nicht getroffen hast«, sagt ein irisches Sprichwort. Auf meinem Schreibtisch liegt eine Postkarte mit dem in den 80er Jahren geläufigen Wort: »Alle Menschen sind Ausländer – fast überall«. Aus nationaler Perspektive gesehen ist der größte Teil der Welt bekanntlich Ausland, unterschiedlich je nach nationaler Landmasse, für jemanden aus Liechtenstein natürlich noch mehr als für einen Amerikaner oder Chinesen. Im Zeitalter der Globalisierung und der sprunghaft zunehmenden Mobilität ist die Begegnung von Fremden mit Fremden irgendwo in der Fremde immer mehr zum Alltag geworden. Aber die Begegnung von Fremden mit anderen Fremden in der Fremde löst ja in der Regel auch keine Fremdenangst aus. Sie stiftet eher umgekehrt Gemeinsamkeit unter Fremden gegenüber den gemeinsam als fremd empfundenen Einheimischen.

Fremdenangst gibt es eher zu Hause, bei der Begegnung von so genannten Einheimischen mit so genannten Fremden – »so genannt«, weil dabei oft zweierlei übersehen wird: Erstens, dass viele angeblich Fremde im Land längst selber zu Einheimischen geworden sind und zweitens, dass die meisten Einheimischen in Wirklichkeit selber Nachfahren zugewanderter Fremder sind. Man muss dazu nicht einmal selber einen Migrationshintergrund, also einen im Ausland geborenen Elternteil, haben. Man muss oft in der eigenen Familiengeschichte nur ein paar Generationen zurückgehen.

Die Begegnung von Einheimischen und Fremden war und ist auch im persönlichen Alltag selten ganz ohne Probleme oder interkulturelle Missverständnisse. Das macht gerade den Reiz der interkulturellen Begegnung aus, sagt man so leichthin. Aber das gilt nur da, wo man diese Begegnung auch selber sucht. Dort wo sie einem mehr oder minder sozial aufgezwungen wird, ist das nicht selten eine soziale Anstrengung für beide Seiten; denn Integration ist keine bunte Rutschbahn in ein fröhliches Paradies. Sie ist vielmehr ein mitunter anstrengender Kultur- und Sozialprozess, der die gesamte Gesellschaft und auch das persönliche Lebensumfeld immer wieder verändert und deshalb ein ständiger Lernprozess bleibt. Wer diesen Prozess verweigert, der kann zum Feind von Einwanderung und Einwanderern werden, wenn er es nicht schon vorher war. [...]

Gelingende Integration ist nicht nur das Ergebnis von Anpassungsbereitschaft der Zuwandererbevölkerung. Sie setzt ebenso auch eine aktive Akzeptanzbereitschaft bei der Mehrheitsgesellschaft voraus. Aus dieser Wechselbeziehung von Anpassungs- und Akzeptanzbereitschaft muss ein Mindestmaß an gegenseitigem Grundvertrauen resultieren. Es muss für die Mehrheitsgesellschaft Eingliederungsbereitschaft der Einwanderer und für die Einwanderer Akzeptanz und Sicherheit im Einwanderungsland signalisieren.

Integration kann man – unabhängig vom Migrationshintergrund – definieren als möglichst gleichberechtigte Partizipation am Chancenangebot in zentralen Bereichen der Gesellschaft. Diese Partizipation ist Ergebnis vor allem von entsprechender Teilhabe an Erziehung, Bildung und Ausbildung, die wiederum die Voraussetzung ist zur Teilhabe am wirtschaftlichen Leben im Allgemeinen und am Arbeitsmarkt im Besonderen. Das Gelingen von Integration ist von entscheidender Bedeutung für die dauerhafte Sicherung von kultureller Toleranz und sozialem Frieden in einer Einwanderungsgesellschaft. Dem gegenüber steht ein skandalöses Auseinanderdriften der gesellschaftlichen Partizipationschancen von Mehrheitsgesellschaft und Bevölkerung mit Migrationshintergrund. Die Benachteiligung der Zuwandererbevölkerung in Bildung, Ausbildung und beruflicher Qualifikation bzw. Weiterqualifikation bildet die Grundlage für eine oft unverschuldete, aber lebenslang wirkende Benachteiligung. Diese Benachteiligung von Migranten in Bildung und Ausbildung führt zunehmend zu aggressiven Empörungen, die vielleicht bald den sozialen Frieden in der Einwanderungsgesellschaft gefährden können.

6.2.7 Integrationsförderung: nachholend – begleitend – vorausplanend,
in: Bertelsmann Stiftung (Hg.), Integration braucht faire Bildungschancen. Carl Bertelsmann-Preis 2008, S. 171–178 (Auszug).

Die Diskussion über die Frage, was Integration eigentlich sei, ist komplex, besonders im methodologisch und epistemologisch diskursfreudigen Deutschland. Das erinnert mitunter an jenen unsäglich bekannten Kalauer über einen englischen, einen französischen und einen deutschen Studenten in einem Oxford-Seminar, in dem die Aufgabe für den zu schreibenden Essay lautet: »Write something on elephants«: Der Engländer schreibt über »Elephants and Trade«, der Franzose über »Elephants and Beauty«, der Deutsche aber legt einen Leitzordner an mit der Aufschrift »Prolegomena on Elephantology«.

In Sachen Integration konkurrieren unterschiedliche Großkonzepte mit mancherlei Überschneidungen. Darunter lagern jeweils mehr oder minder empirieorientierte Subkonzepte. Bei denen aber tauchen in unterschiedlicher Sortierung und Gewichtung jeweils ähnliche Beobachtungsbereiche auf, vor allem: Wirtschaft und Arbeitsmarkt, Erziehung, Bildung und Ausbildung, Wohnen und Wohnumfeld, Sozialkontakte, Heiratskreise usw. [...]

Drei Kreise der Integration
Integration selbst kann man auf dieser Basis in einem modernen Einwanderungsland innerhalb dreier Kreise diskutieren:

Im engsten Kreis geht es um die Integration der zugewanderten und der schon im Land geborenen Bevölkerung mit Migrationshintergrund. In einem diesen engsten umschließenden weiteren Kreis geht es um Integration als Gesamtaufgabe der Einwanderungsgesellschaft – unter Einbeziehung also auch von desintegrierten bzw. nicht oder nicht mehr zureichend integrierten Menschen aus der Mehrheitsgesellschaft ohne Migrationshintergrund. Auch sie können – z.B. infolge unzureichender Qualifikation, prekärer Soziallage und insbesondere von dauerhafter Arbeitslosigkeit – in einen Sog desintegrativer oder auch segregativer Faktoren geraten sein. Die Betroffenen, ihre Familien und insbesondere ihre Kinder können sich u.U. daraus nicht mehr selbst befreien ohne geeignete, die Komponenten von »Fördern und Fordern« verbindende Konzepte. Das reicht bis hin zu den alarmierenden Meldungen über die Ergebnisse von Sprachstandsmessungen bei Kindern auch ohne Migrationshintergrund aus prekären, bildungsfernen Milieus. In diesen beiden erstgenannten Kreisen geht es also um individuelle und gruppenspezifische Prozesse von unzureichender Integration oder zunehmender Desintegration, möglicherweise auch Segregation.

Im dritten, weitesten, die beiden erstgenannten Integrationskreise einschließenden Kreis geht es um die interkulturell verschärfte Gretchenfrage postindustrieller Einwanderungsgesellschaften im Globalisierungsprozess. Es ist eine in vielen westlichen Einwanderungsländern auf den verschiedensten Ebenen mit unterschiedlicher Intensität vordringende Frage, die teils wissenschaftliche, teils eher weltanschauliche Tagungen in Reihe produziert und in jedem Falle hoch ungemütlich ist: Was hält unsere Gesellschaften eigentlich zusammen – die deutsche als Teil der europäischen Gesellschaft, die europäische als Teil der euro-atlantischen, diese als Teil einer Weltgesellschaft, so es eine solche in der bislang erdachten Form schon oder noch gibt? Welches sind die identitätsstiftenden und in Spielregeln der sozialen Kommunikation übersetzbaren konsensualen Werte und Normen, die gesellschaftliche Diffusionskräfte bändigen?

Man kann im Grunde die Reihenfolge der drei Kreise also auch von außen nach innen denken, denn: Die identitätsstiftenden Werte und Normen einer Gesellschaft sind der Bezugsrahmen, innerhalb dessen sich unsere Wahrnehmung von Integration, Desintegration und Segregation formt und artikuliert: sei es im engsten ersten Kreis der Integration von Zugewanderten oder Menschen mit Migrationshintergrund oder sei es im weiteren zweiten Kreis der Integration als gesamtgesellschaftlicher Aufgabe unter Einschluss auch von partiell nicht oder nicht mehr integrierten Menschen ohne Migrationshintergrund. Ich beschränke mich hier auf den engsten Kreis, also auf die Integration von Zugewanderten oder Menschen mit Migrationshintergrund. Integration steht, wenn sie zur Krisenerfahrung wird, hier – im Gegensatz zur Lage von Menschen der Mehrheitsgesellschaft ohne Migrationshintergrund – unter einer Doppelbelastung, nämlich unter dem Druck von in der Regel prekären Soziallagen und Einwanderungsproblemen.

Drei Säulen der Integrationspolitik
Das mit dem Zuwanderungsgesetz von 2005 und der Überarbeitung des Aufenthaltsrechts von 2007 begründete neue System einer konzeptorientierten Integrationspolitik ruht auf drei Säulen: präventive, begleitende und nachholende Integrationsförderung [...].

Nachholende Integrationsförderung ist heute die wichtigste Säule der Integrationspolitik in Deutschland; denn die Zahl der dauerhaft im Lande lebenden Einwanderer und Menschen mit Migrationshintergrund, die niemals die heute für selbstverständlich erachteten Integrationskurse und andere Eingliederungshilfen erhalten haben, übersteigt um ein Vielfaches die kontinuierlich schrumpfende Zahl der Neuzuwanderer. Auch nachholende Integrationsförderung kann immer nur im Sinne begleitender Angebote konzipiert werden.

Begleitende wie nachholende Integrationspolitik sind Querschnittsaufgaben, orientiert an dem erwähnten Ziel der Eröffnung von Chancen zu einer möglichst gleichberechtigten Partizipation an den zentralen Bereichen des gesellschaftlichen Lebens im Einwanderungsland.

Bestandsaufnahme
Bestandsaufnahme: Wir haben jahrzehntelang eine Art organisierten Unterschichtenimport betrieben, aber auch viele qualifizierte und aufgrund von Sprachproblemen nicht adäquat einsetzbare bzw. dem aktuellen Bedarf am Arbeitsmarkt folgende Zuwanderer in unqualifizierten Beschäftigungen fehlalloziert. Hoch war die durch Anwerbung gesteuerte Zuwanderung aus bildungsfernen Milieus, die sich intergenerativ über die Heiratsmigration fortgesetzt hat. Der nachlässige Umgang mit dem Begabungs- und Qualifikationspotential aus diesen zugewanderten bildungsfernen Milieus ist ein folgenschweres Problem mit geradezu biblischen Schleifspuren; denn seine Folgen schwächen uns wirtschaftlich und im Blick auf die Sozialsysteme bis ins dritte und vierte Glied der migratorischen Generationenfolge:

Die Bertelsmann Stiftung hat im Januar 2008 ihre Studie »Gesellschaftliche Kosten unzureichender Integration von Zuwanderinnen und Zuwanderern in Deutschland« vorgelegt. Sie bestätigt die schon 2001 von Hans Dietrich von Loeffelholz ermittelte rechnerische Bandbreite und auch vordem schon von anderen, u.a. auch von mir selber, vorgetragene Warnungen. Ergebnis: Bezogen auf die Bevölkerung mit Migrationshintergrund im erwerbsfähigen Alter ergibt sich eine jährliche Gesamtsumme an Kosten bzw. Verlusten infolge unzureichender Integration in Höhe von bis zu rund 16 Mrd. Euro (11,8 bis 15,6 Mrd. Euro). Bezogen auf die gesamte Gruppe der Bevölkerung mit Migrationshintergrund läge dieser Wert noch deutlich höher. Die Folgerung der Bertelsmann-Studie lautet, »dass die dargestellten gesellschaftlichen Kosten der unzureichenden Integration ein großes Potential an Einsparungen für die öffentliche Hand darstellen, welches zumindest teilweise über gezielte Integrationsmaßnahmen erreicht werden kann.«[5] Ganz abgesehen von den mit all dem verbundenen erwerbsbiographischen persönlichen Verlusterfahrungen und deren Folgen für die davon Betroffenen.

Damit nicht genug: Die Folgen unzureichender Integration können schon mittelfristig auch den sozialen Frieden in der Einwanderungsgesellschaft gefährden; denn: Die dauerhafte Sicherung des sozialen Friedens in einer Einwanderungsgesellschaft hängt entscheidend ab von dem Gelingen von Integration im erwähnten Sinne möglichst gleicher Teilhabechancen. Demgegenüber beleuchten die im deutschen Bildungsbericht, aber auch auf OECD-Ebene vorgelegten Daten zur Integration der Bevölkerung mit Migrationshintergrund in Deutschland ein dramatisches Auseinanderdriften der gesellschaftlichen Partizipationschancen von Mehrheitsgesellschaft und Zuwandererbevölkerung. Das erzeugt eine noch latente, aber nach einschlägigen Anzeichen ständig wachsende soziale Spannung. Dahinter steht die in Deutschland wie in keinem anderen europäischen Einwanderungsland so deutliche Vererbung der sozialen Startnachteile auf den Ebenen von Erziehung, Bildung, Ausbildung und Erwerbschancen.

In der öffentlichen und politischen Diskussion über Mehrheiten, Minderheiten und Integrationsfragen in Deutschland hingegen dominierte lange die einseitige Konzentration auf abschreckende Stichworte wie »Ehrenmorde«, »Zwangsheiraten«, »Genitalverstümmelungen« und »Parallelgesellschaften« als selbst gewählte »Ghettosituationen«, organisiert in »ethnischen Kolonien« als Zentren von Kriminalität und häuslicher Gewalt. Die Mediendiskussionen in den zurückliegenden Wahlkämpfen haben dieses Bild noch mehr übersteigert und uns in der Diskussion um nachholende Integrationsförderung erkennbar zurückgeworfen. Kein Zweifel: Es gibt diese Probleme und man sollte sie nicht schönzureden suchen. Wir brauchen vielmehr unmissverständliche Antworten darauf.

Zentrales Problem: Bildungsbenachteiligung
Das zentrale Integrationsproblem in Deutschland – und Europa insgesamt – aber ist die Benachteiligung der Zuwandererbevölkerung in Bildung, Ausbildung und beruflicher Qualifikation bzw. Weiterqualifikation. Sie bildet die Grundlage für eine oft unverschuldete, aber lebenslang wirkende Benachteiligung, aus der sich viele Anschlussprobleme ergeben.

Diese Benachteiligung von Migranten in Bildung und Ausbildung führt, auch in anderen europäischen Staaten, zunehmend zu aggressiven Empörungen. Sie wachsen materiell und quantitativ mit dem Anteil der sozialen Verlierer, der mit dem Anteil der Bevölkerung mit Migrationshintergrund an der Gesamtbevölkerung steigt. Sie wachsen mental in dem Maße, in dem sich die Betroffenen dieser Ihrer Lage als soziale Verlierer bewusst werden. Das Empörungspotential hat einen sehr naheliegenden, in den nationalen Mehrheitsgesellschaften oft zu wenig bekannten Grund:

Mit zunehmender Integration wächst, vor allem in der zweiten und dritten Generation, die mentale Verletzbarkeit durch die Erfahrung oder begründete Befürchtung gruppenbezogener, insbesondere wirtschaftlicher und sozialer Benachteiligung. Anders gewendet: Gerade die Verletzbarkeit durch so begründete oder auch nur als so begründet empfunde-

---

[5] T. Fritschi (BASS) / B. Jann (ETH Zürich) i.A. der Bertelsmann Stiftung, Gesellschaftliche Kosten unzureichender Integration von Zuwanderinnen und Zuwanderern in Deutschland. Welche gesellschaftlichen Kosten entstehen, wenn Integration nicht gelingt?, Gütersloh 2008.

ne gruppenbezogene Zurücksetzungen und Benachteiligungen ist ein Zeichen von mental fortgeschrittenen Integrations- und Assimilationsprozessen. Deren Nichtakzeptanz durch die Mehrheitsgesellschaft kann zu offener Auflehnung führen – zuletzt zu besichtigen in Gestalt der Tumulte und Brände in französischen Vorortstraßen im Herbst 2005 und danach.

Bei unqualifizierten und unzureichend integrierten jungen Menschen mit Migrationshintergrund wächst über die mentale Verletzbarkeit hinaus bereichsweise die Aggressivität untereinander und eine ohnmächtige, auch durch Sozialneid bestimmte Mischung von Frustration, Wut und Hass sozialer Verlierer mit Migrationshintergrund gegenüber vermeintlich sozialen Gewinnern aus der sich scheinbar abschließenden Mehrheitsgesellschaft.

Davon zeugt – nicht nur in Deutschland, sondern auch in anderen europäischen Einwanderungsländern – der alarmierend hohe Anteil unzureichend integrierter Jugendlicher mit Migrationshintergrund an der Gruppe der Intensivtäter im Gewaltbereich. Ihre Gruppe ist noch sehr klein, aber die sozialen Folgewirkungen ihrer kriminellen Karrieren sind verheerend. Das gilt auch ganz unabhängig von oft skandalisierenden Mediendiskursen; nämlich zum einen im Blick auf die Opfer gewaltaffiner Täter unter Einschluss der amtlich nicht erfassten Dunkelfeldtaten sowie im Blick auf als Opfer dieser Taten oder auch durch permanente Bedrohungen traumatisierte und in ihrem Sozialverhalten nachhaltig gestörte Menschen aus dem weiteren Umfeld dieser Täter. Es gilt zum anderen im Blick auf eine prekäre Vorbildfunktion dieser zumeist nach Maßgabe des Jugendstrafrechts behandelten Täter bei gefährdeten Jugendlichen an der fließenden Grenze zur Jugendkriminalität.

Gewaltdelikte im Migrantenmilieu sind keine Frage der nationalen oder ethnischen Herkunft. Sie haben vielmehr vorwiegend mit Desorientierung und Perspektivlosigkeit aufgrund von sozialen Problemen zu tun, die durch Integrationsprobleme noch verschärft werden.

Jugendliche ohne Migrationshintergrund antworten auf die bereichsweise wachsende Aggressivität jugendlicher Migranten aus prekären Milieus zum Teil mit steigender ethno-nationalistischer bzw. völkischer Orientierung und mit einer als Selbsthilfe verstandenen Abgrenzung gegen »Russen«, »Türken« und »Migranten« bzw. gegen zugewanderte »Fremde« überhaupt. Das gilt nicht nur für Neonazis, denen die letzten Verfassungsschutzberichte durchgängig starke Zuwachsraten bescheinigen. Es gilt bei Jugendlichen auch für zahlreiche neue Rechtsorientierungen im Vorfeld parteipolitischer Bindungen. Die Jugendlichen von heute aber sind die Wähler von morgen.

Unter Erwachsenen in entsprechenden Milieus wiederum wächst scheinbar bereichsweise die Vorstellung, dass neo-nationalsozialistische Gruppen wie z.B. die sog. »Freien Kameradschaften« gegebenenfalls hingenommen werden müssten, so lange sie auf den Straßen für »Ruhe und Ordnung« und insbesondere für Schutz vor sog. »gewalttätigen Ausländern« sorgten. Bleibt abzuwarten, wie die nicht nur in den neuen Bundesländern ausgeschwärmten getarnten Nachfolgeorganisationen verbotener rechtsextremistischer Verbände diese gefährliche Chance zu nutzen verstehen.

Die an Berichten über erlebte gruppenspezifische Benachteiligungen bzw. Diskriminierungserfahrungen von Jugendlichen mit Migrationshintergrund ablesbare, meist noch latente Polarisierung wächst und die Erfolgschancen nachholender Integrationspolitik nehmen auf der Zeitachse ab – bei zugleich unverhältnismäßig steigenden sozialen Kosten. Benachteiligungen abbauen liegt deshalb nicht nur im Interesse der Betroffenen, sondern im Interesse der Einwanderungsgesellschaft insgesamt.

In Sachen nachholender Integrationsförderung ist also – nicht nur in Deutschland – keine Zeit zu verlieren. Und die begleitende Integrationsförderung im Sinne des Zuwanderungsgesetzes muss aus gehabten Erfahrungen darauf zielen, dass später nicht wieder in großem Umfange nachholende Integrationsförderung als Folge von vorausgegangenen Versäumnissen nachgeschoben muss.

Die Aufgaben der begleitenden Integrationsförderung reichen von der frühkindlichen bzw. vorschulischen und schulischen Förderung von Spracherwerb und sozialer Kompetenz über Programme zur Begabtenförderung auf den Schulen bis zu fördernden Brückenschlägen zwischen den Lebensbereichen von schulischer Bildung und beruflicher Ausbildung sowie zwischen Schulen und Hochschulen. Daneben bedürfen auch die dort angekommenen Elitegruppen mit Migrationshintergrund oft noch einer sensiblen begleitenden Förderung, um Chancengleichheit zu sichern.

Bei solchen Brückenschlägen haben Förderprogramme von Stiftungen mittlerweile eine strategische Pionierfunktion übernommen. Diese Pionierfunktionen können und wollen keine flächendeckenden Ersatzleistungen bieten. Aber sie haben erfolgreich den Nachweis der Machbarkeit des lange Unvorstellbaren erbracht. Über all dies hinaus ist aber nicht nur Begabten- und Elitenförderung, sondern auch allgemeine Breitenförderung nötig.

Bei der nachholenden Integrationsförderung ist es mit der gezielten Förderung vorschulischer Erziehung und schulischer Bildung freilich nicht mehr getan; denn: Ein Großteil der Nachwuchsbevölkerung mit Migrationshintergrund hat das Schulalter längst hinter sich gelassen und ist deshalb mit solchen Maßnahmen nicht mehr erreichbar. Bei der Konkurrenz um Lehrstellen aber zeichnet sich für Bewerber mit Migrationshintergrund eine annähernd gleiche Benachteiligung wie auf den Schulen ab. Und das gilt ausdrücklich nicht nur bei denen, die, in weit größerem Maß als deutsche Jugendliche, die Hauptschulen ohne Abschluss verlassen haben. Empirische Studien lassen vermuten, dass solche Benachteiligungen oft gar nicht bewusst, sondern eher reflexartig erfolgen.

Die intergenerative Zeitachse im Integrationsprozess verweist auf ein noch weiterreichendes Problem: Viele von in ihrer Kindheit und Jugend vernachlässigten oder doch unzureichend geförderten Zuwanderern oder Zuwandererkindern, die deshalb die beruflich-sozialen Fahrstühle verpasst haben, sind heute selbst bereits Eltern von umso mehr benachteiligten Kindern mit Migrationshintergrund. Nicht nur begleitende, auch nachholende Integrationsförderung muss deshalb über die Förderung von Kindern und Jugendlichen hinaus nach Möglichkeit die Familien insgesamt in den Blick nehmen.

In den Familienverbänden aber überschneidet sich nicht selten ein Bedarf an begleitender und zugleich nachholender Integrationsförderung; denn die Vorstellung von mehr oder minder geschlossenen ersten oder zweiten oder dritten Einwanderergenerationen ist eine statistische Fiktion, die mit der Lebensrealität der Familienverbände nur wenig zu tun hat. Hier können vielmehr, um nur ein geläufiges Beispiel zu nennen, durch den Ehegattennachzug zu schon im Inland geborenen Ausländern (also der zweiten Generation) immer wieder aufs Neue innerfamiliäre erste Generationen entstehen. Deren Kinder wiederum könnten dann, je nach innerfamiliärer Disposition, mental eher einer zweiten oder eher einer dritten Generation zugerechnet werden.

Brücken bauen
Um in bildungsferne, kulturell in sich vielfältig gebrochene Familien hinein zu kommen, brauchen wir die Vermittlungshilfe von Menschen mit Migrationshintergrund mit erfolgreicher Integrationskarriere als Vorbild gebende und zugleich vertrauenswürdige Kommunikatoren, als »Ethnic Leaders«, »Integrationspaten«, »Integrationslotsen« oder interkulturelle »Scouts« u.a.m. Auch hier gibt es inzwischen eine wachsende Bandbreite an fördernden Stiftungsengagements.

Die Erfahrung lehrt, dass an die Stelle versäumter begleitender Integrationsförderung heute bei weitem kostenintensivere und ergebnisärmere Maßnahmenkataloge der nachholenden Integrationspolitik treten müssen. Diese Erfahrung sollte eine mächtige Motivation sein, solche Folgekosten von Versäumnissen künftig zu vermeiden. Das führt zur Forderung nach einer über die begleitende hinausgreifenden vorausplanenden Integrationspolitik. Sie bildet die Brücke zwischen vergangenheitsorientierter Schadensbegrenzung und dem Streben nach künftiger Schadensvermeidung.

Vorausplanende Integrationsarbeit richtig verstehen, heißt davon ausgehen, dass Integration ein langlaufender, intergenerativer Sozial- und Kulturprozess ist. Dabei laufen die Versäumnisse von gestern in Gestalt der dadurch bedingten Folgeschäden in den Zuwandererfamilien intergenerativ fort, gerade wegen der erwähnten, in Deutschland besonders ausgeprägten Vererbung der sozialen Startnachteile. Aus diesen Gründen gibt es eine konstitutive fließende Verbindung zwischen nachholender, aktuell begleitender und vorausplanender Integrationsarbeit.

6.2.8 »Frühere Versäumnisse nicht mit Lösungen von gestern beheben!«, Interview,
in: Gesellschaft für innovative Beschäftigungsförderung (G.I.B.) NRW, info, März 2009 (Migrantinnen und Migranten auf dem Arbeitsmarkt in NRW), S. 46–52.

Herr Prof. Bade, in Deutschland wird seit langem diskutiert, ob Migrantinnen und Migranten integriert sind oder nicht. Was aber heißt überhaupt Integration?
Unter Integration verstehe ich in Übereinstimmung mit der operationalen Definition des Zuwanderungsrats von 2004 die möglichst chancengleiche Teilhabe an den zentralen Bereichen des gesellschaftlichen Lebens. Das gilt besonders für, Erziehung, Bildung, Ausbildung, Zugang zum Arbeitsmarkt, Wohnen und Wohnumfeld, aber auch für die Teilhabe an den Fürsorge- und Schutzsystemen für Gesundheit und Recht und anderes mehr. Diese pragmatische Definition erlaubt es, den Erfolg von Integrationsprozessen zu messen.

Bei den sog. Integrationsindikatoren wird aber meist nur die Anpassungsleistung der Zuwandererbevölkerung und nicht auch das Integrationsangebot der Mehrheitsgesellschaft gemessen und deren Bereitschaft, strukturelle Veränderungen in Folge von Zuwanderung und Integration anzunehmen. Nur unter Berücksichtigung beider Seiten aber kommt man zu einem Ergebnis, das Aussagen über Integration als Kultur- und Sozialprozess auf Gegenseitigkeit erlaubt. Einseitige Integrationsindikatoren sind in Wirklichkeit Assimilationsindikatoren, deren Ergebnis Zertifikate für Assimilationsbereitschaft sind, Benotungen normgerechten Wohlverhaltens der Zuwandererbevölkerung durch die Mehrheitsgesellschaft. Das ist zu wenig. Deswegen erheben wir im Sachverständigenrat deutscher Stiftungen für Integration und Migration für unser Jahresgutachten einen »Integrationsbarometer« genannten Integrationsklima-Index, der beide Seiten der Einwanderungsgesellschaft erfasst.

Deutschland ist, trotz selbstkritischen Jammerns auf hohem Niveau, im internationalen europäischen Vergleich in Sachen Integration nach wie vor ein pragmatischer Erfolgsfall. Dabei gibt es neben vielen hellen und dunkle Stellen, die man offen und vorbehaltlos ansprechen muss, und zwar auf beiden Seiten, auf Seiten der Mehrheitsgesellschaft und ihrer Politik wie auf Seiten der Zuwandererbevölkerung.

Welche Rolle spielen Arbeit und Bildung im Integrationsprozess?
Arbeit ist neben Sprache eine der beiden entscheidenden Integrationsschienen in unserem Land. Für

andere Länder wie z.B. England und Frankreich gilt das oft so nicht in der großen Zahl, weil dort die meisten Einwanderer schon die Sprache des Aufnahmelandes sprechen. Länder wie Kanada wiederum verfügen über ein Punktesystem, bei dem potenzielle Einwanderer nach Kriterien wie Bildung, beruflicher Qualifikation und Sprachfähigkeit ausgewählt werden.

Arbeit ist deswegen eine so entscheidende Integrationsschiene, weil sie zu einem wirtschaftlich selbstbestimmten Leben führt und zugleich die Akzeptanzbereitschaft der Mehrheitsgesellschaft erhöht. Wer Arbeit hat, gilt als nützliches Mitglied der Gesellschaft, wer keine hat und außerdem noch Zuwanderer ist, gerät rasch in den Verdacht, als Kostgänger des Wohlfahrtsstaates zugewandert zu sein. Dabei gibt es zwei Schienen der Integration über Arbeit: den Eintritt in abhängige Beschäftigung und den Weg in die wirtschaftliche bzw. berufliche Selbständigkeit.

Wenn man sich den ersten Weg anschaut, sind sowohl dunkle als auch helle Stellen zu erkennen. Eine helle Stelle ist das duale System der Berufsausbildung mit seiner engen Kooperation von Staat und Wirtschaft. In England z.B. gibt es so etwas gar nicht und in den Niederlanden etwa ist die Verschränkung von Staat und Wirtschaft bei der Berufsausbildung weitaus weniger eng. Das duale System ist eine deutsche Erfolgsgeschichte, ein Exportschlager wie auch der Bericht des Konsortiums Bildungsberichterstattung 2006 noch einmal deutlich gemacht hat.

Aber es gibt auch eine dunkle Stelle dabei: Der Anteil der ausländischen Auszubildenden im dualen System hat sich seit 1993 von ungefähr 9,4 auf rund 5,3 Prozent fast halbiert. Besonders stark ist dabei der Rückgang der männlichen ausländischen Jugendlichen. Deren Ausbildungsbeteiligungsquote im dualen System ist seit 1994 um rund 40 Prozent zurückgegangen. Das heißt: Die deutsche Erfolgsgeschichte »duales System als Integrationshilfe in den Arbeitsmarkt« beginnt zu korrodieren; denn Chancenverlust am Arbeitsmarkt ist beim Vorliegen solcher Daten erwerbsbiographisch in großer Zahl vorprogrammiert. Mit anderen Worten: Die Gruppe der perspektivlosen sozialen Verlierer, die auch wissen, dass sie verloren haben, wächst und mit ihr wachsen gesellschaftlichen Polarisierungen und – noch latente – sozialen Spannungen.

Was ist Ursache für den Rückgang der Ausbildungsquote speziell ausländischer Jugendlicher?
Das hängt einerseits mit milieubedingter Bildungsferne in den Elternhäusern, mit mangelnder Einsicht in die Notwendigkeit von Bildung und Ausbildung in der Wissensgesellschaft und natürlich auch mit persönlichem Versagen, zusammen. Es hängt andererseits auf der viel wichtigeren strukturellen Ebene zusammen mit dem Bildungssystem in Deutschland, das dazu führt, dass Jugendliche, die ihre Abschlüsse noch im Ausland erworben haben und hier zuwandern, erstaunlicherweise besser vorankommen als Jugendliche, die von Beginn an hier die Schule besucht haben. Die Gründe sind vielfältig und fangen schon vor dem Schulalter an: Kindergärten und Kindertagesstätten werden noch viel zu sehr als Kinderaufbewahrungsanstalten begriffen, statt als Anstalten zum spielerischen Lernen fürs Leben. Meist fehlt es dazu auch an zureichend qualifiziertem Personal. Hinzu kommt, dass unser Schulsystem, zumal das dreigliedrige, viel zu früh aussortiert und dass oft nicht Begabungen, Fähigkeiten und Fertigkeiten darüber entscheiden, ob ein Kind eine Überleitungsempfehlung bekommt, sondern schlicht die Folgen mangelnder Sprachfertigkeit. Das ist sozial zutiefst ungerecht und die jungen Menschen spüren, dass sie ungerecht behandelt werden. Die einen verzweifeln, die anderen werden aggressiv.

Wir haben nach wie vor einen sehr hohen Anteil von Schulkindern, die lernfähig, lernbereit und sehr begabt sind, dem Unterricht aber nicht folgen können, weil sie den Lehrer oder die Lehrerin einfach nicht oder doch nicht gut genug verstehen. Und das in Klassen, in denen in sog. sozialen Brennpunkten oft 90 Prozent der Schüler einen Migrationshintergrund haben!

Im Gegensatz etwa zu Schweden, wo es Schwedisch als Zweitsprache gibt, ist bei uns Deutsch als Zweitsprache noch nicht sehr verbreitet. Die Folge: In Schweden sind Schüler der zweiten Zuwanderergeneration annähernd gleich gut wie ihre Mitschüler ohne Migrationshintergrund, in Deutschland hingegen wird die Distanz in der zweiten Generation sogar noch größer. Das ist eine Katastrophe! Frühzeitige Sprachstandsmessungen wie z.B. in Nordrhein-Westfalen, entsprechend nachdrücklich formulierte Kursangebote und Kindertagesstätten als verpflichtendes Regelangebot für die Kommunen sind sicher richtige Wege, aber damit stehen wir erst am Anfang. Was die Kindertagesstätten angeht, hätten wir von der DDR einiges lernen können, von der allfälligen ideologischen Instrumentalisierung einmal abgesehen

Auch beim späteren Übergang von der Schule in den Beruf ist oft noch eine speziell an Jugendliche mit Migrationshintergrund gerichtete begleitende Förderung nötig. Zugleich sollten ausbildungsbereite Unternehmen von unnötigen Verwaltungslasten in diesem Bereich befreit werden, denn Bürokratie schreckt insbesondere Unternehmer mit Migrationshintergrund ab. Drittens brauchen wir ganz generell praxisnahe Fitnessprogramme für betrieblich schwer vermittelbare Jugendliche, aber auch für Altbewerber mit besonderem Förderbedarf und darunter sind besonders viele Migranten. Sicher gibt es beim Übergang in abhängige Beschäftigung auch bei Jugendlichen ohne Migrationshintergrund mancherlei Schwierigkeiten, aber bei Menschen mit Migrationshintergrund gibt es in der Regel eine Doppelbelastung durch den Integrationsprozess mit all seinen Fallen und Problemen.

Sie sprachen die zweite Integrationsschiene durch Arbeit an: die wirtschaftliche und berufliche Selbständigkeit. Gibt

es für Migrantinnen und Migranten besondere Herausforderungen, wenn sie sich für diese Option entscheiden?
In der Öffentlichkeit wird viel zu wenig wahrgenommen, dass sich die Zahl der selbständigen Ausländer seit 1991 um über 60 Prozent auf 365 000 erhöht hat. Dabei sind rund zwei Millionen Arbeitsplätze entstanden. Das heißt, jeder 20. Erwerbstätige arbeitet in Deutschland in einem Migrantenunternehmen, wobei sich die Dynamik vor allem bei den türkischen Gründern außerordentlich erhöht hat.

Es gibt aber auch hier eine dunkle Stelle: Untersuchungen belegen, dass Migranten oft als unvorbereitet in die Selbständigkeit gehen und schneller scheitern als deutsche Selbständige. Dafür gibt es Gründe: Zum einen den Mangel an Marktkenntnissen – Beispiel: ein Gründer, der ein Unternehmen für türkische Milchprodukte aufbauen wollte, aber nicht wusste, dass es ein Importverbot für Milchprodukte aus der Türkei gab; zum zweiten Orientierungsverluste im bürokratischen deutschen Paragrafendschungel, der besonders für Migrantenunternehmer schwer zu durchschauen ist, insbesondere wenn Sprachprobleme hinzukommen. Drittens fehlt es den Migrantenunternehmern oft an Eigenkapital, um die erste wirtschaftliche Durststrecke zu überstehen. Hinzu kommt, dass der Zugang zu Fremdkapital, gerade im Zeichen der aktuellen Krise, begrenzt wird durch eine immer rigider werdende Kreditvergabe der Banken. Das heißt, in der Einwanderungsgesellschaft werden auch im Zeichen der Krise wieder mal die schwächsten der Bewerber am härtesten getroffen – am Arbeitsmarkt, wie auf dem Weg in die Selbständigkeit.

Ist die Unterscheidung zwischen Menschen mit und ohne Migrationshintergrund nicht oft viel zu undifferenziert? Es handelt sich doch hier nicht um zwei in sich homogene, voneinander aber strikt getrennte Gruppen.
Richtig, es ist genauso abwegig, von »den Deutschen« oder »den Ausländern« zu sprechen wie von »den« Menschen mit und ohne Migrationshintergrund. Ein Blick auf die aktuelle Studie des Berlin-Instituts für Bevölkerung und Entwicklung zu den »Ungenutzten Potenzialen« von Migrantinnen und Migranten macht das deutlich. Würde man die Indikatoren, die das Berlin-Institut gewählt hat, auf das deutsche »Prekariat« anlegen, also auf Sozialmilieus, in denen es eine über Generationen vererbte Arbeitslosigkeit, Bildungsferne und steigenden Analphabetismus gibt, käme man für diese Gruppe zu ähnlichen Ergebnissen und dennoch würde keine Zeitung schreiben: »Deutsche Unterschicht verweigert eisern die Integration«. In den Worten meines alten Freundes Dieter Oberndörfer: »Was, bitte schön, ist eigentlich ein integrierter Deutscher?«

Selbstverständlich sind bei Zuwanderern einzelne Gruppen zu unterscheiden. Das lief lange sehr einseitig: Wir waren genötigt, von Nationalitätengruppen bzw. Herkunftsgemeinschaften auszugehen, weil die deutsche Statistik nur zwischen Deutschen und Ausländern und hier zwischen einzelnen Nationalitätengruppen unterschied. Seit dem Mikrozensus 2005 können wir näher hinschauen und z.B. auch die Gruppe der Eingebürgerten mit Migrationshintergrund näher differenzieren, weil der Geburtsort der Eltern mit aufgenommen worden ist.

Wichtig ist in diesem gesamten Kontext jedoch, nicht herkunfts- und kulturspezifische Aspekte in den Vordergrund zu stellen, sondern die unterschiedlichen Sozialmilieus. Nicht etwa aus Gründen der political correctness, sondern weil es eben nicht der Türke als Türke oder der Muslim als Muslim ist, auf den ein bestimmtes Problem zutrifft, sondern weil es um ein bestimmtes Sozialmilieu geht, das z.B. bei Türken oder Muslimen aus bestimmten Regionen, aber eben nicht nur bei ihnen, besonders ausgeprägt sein kann. Natürlich gibt es über das Sozialmilieu hinaus weitere kulturelle Einflussfaktoren, z.B. besondere Formen eines der modernen Wissensgesellschaft fernen Traditionalismus, aber im Vergleich zum Einfluss der Sozialmilieus sind solche Faktoren meist nachrangig.

Bei den Zuwanderern türkischer Herkunft zum Beispiel ist zu beachten, dass sie die am spätesten in großer Zahl ins Land gekommene Gruppe sind, in der ersten Generation oft nur ein relativ niedriges Bildungsniveau vorweisen konnten und vom Aufnahmeland dann im Regen hat stehen gelassen wurden, statt ihre Partizipationschancen zu mehren durch das, was man heute »Fördern und Fordern« nennt. Berücksichtigt man diese Tatsachen, kommt man fast zwangsläufig zu Bestimmungsfaktoren der sozialen Entwicklung, die auf die Milieus hinweisen und nicht auf die nationale Herkunft.

Sicher gibt es auch Zuwanderergruppen, die ebenfalls mit vielerlei Integrationsproblemen kämpfen mussten und dennoch sehr erfolgreich sind. Paradebeispiel sind die Vietnamesen, die beachtliche beruflich-ökonomische Karrieren vorweisen können und in ihrem Aufstiegshunger und ihrer Bildungseinstellung an die Mentalität der Vertriebenen und Flüchtlinge nach 1945 erinnern. Dabei ist neben kulturbestimmten Bildungstraditionen und Wertvorstellungen aber zu berücksichtigen, dass die meisten von ihnen eben nicht – im geografischen Bild gesprochen – aus ostanatolischen Sozialmilieus stammten, sondern aus Kleinbürgertum und Mittelstand und zum Teil auch über erheblich höhere Qualifikationen und formale Bildungsabschlüsse verfügten, auch wenn sie sie zum Teil gar nicht einsetzen konnten.

Dort, wo Integration auch nach Jahrzehnten noch nicht gelungen ist, muss etwas schiefgelaufen sein. Was?
Es hat Versäumnisse auf beiden Seiten gegeben, bei den Zuwanderern wie bei Mehrheitsgesellschaft. Grundsätzlich ist Einwanderung ein individuelles Lebensrisiko, das Arbeitswanderern im fließenden Übergang von Daueraufenthalten zur definitiven Einwanderung nicht abgenommen werden kann durch eine wohlfahrtsstaatlich falsch verstandene integrati-

onspolitische Daseinsvorsorge-Regie. Die Zuwandererbevölkerung hat hier viel zu spät erkannt, dass aus Arbeitsaufenthalten Daueraufenthalte und daraus wiederum echte Einwanderungssituationen wurden, dass die Heimatorientierung zur verblassenden Illusion geriet und dass man sich sehr viel mehr um die Werte, Normen und Orientierungen des Einwanderungslandes und die Herausforderungen des Einwanderungsprozesses hätte kümmern sollen.

Aber wie hätte eine aus Arbeitswanderern zu Einwanderern werdende Bevölkerung sich dieser Veränderung bewusstwerden sollen, wenn sie gleichzeitig immer wieder von der Mehrheitsgesellschaft mit der Parole konfrontiert wurde »Die Bundesrepublik ist kein Einwanderungsland!« Wenn das Aufnahmeland standhaft dementiert, ein Einwanderungsland zu sein, kann es dort logischerweise auch keine Einwanderer geben. Der Versuch, Einwanderer mithilfe dieser Tabuformel quasi wegzubeschwören, hat die notwendigen Erkenntnisse auf Seiten der entstehenden Einwanderungsgesellschaft sehr verzögert. Ich habe das in den 1980er Jahren »defensive Erkenntnisverweigerung« genannt und vergeblich vor deren sozialen Folgen gewarnt, die heute gesellschaftliche Wirklichkeit geworden sind.

Wenn sich die Mehrheitsgesellschaft frühzeitig, spätestens in den 1980er Jahren, eingestanden hätte, auf dem Weg zur Einwanderungsgesellschaft zu sein und daraus die Konsequenz gezogen hätte, partnerschaftlich mit den Einwanderern die gemeinsame Zukunft zu gestalten, dann wäre das eine richtungsweisende Weichenstellung gewesen. Wenn z.B. nur kleine Zeichen wie die Einladung ausgewählter Repräsentanten der ersten Zuwanderer-Generation durch die Bundeskanzlerin im Herbst 2008 ins Bundeskanzleramt unter der Überschrift »Deutschland sagt Danke!« – etwas, was ich lange Zeit vergeblich gefordert habe – zwanzig Jahre früher gekommen wären, dann wäre leichter eine gemeinsame neue Identität entstanden und Integration hätte sich vielleicht ganz anders entwickelt.

Stattdessen wurden Anfang der 1980er Jahre Rückkehrprämien angeboten mit der Botschaft: Macht Euch vom Acker! Das gehörte in eine lange Linie der Abwehrpolitik. Sie begann 1973 mit dem – annähernd zeitgleich auch von anderen europäischen Aufnahmeländern verordneten – Anwerbestopp. Der wurde von den ehedem willkommen geheißenen »Gastarbeitern« als Aufkündigung des Gastrechts verstanden. Solche Brüskierungen wurden verstärkt durch kulturalistische Abwehrhaltungen wie Helmut Schmidts Diktum »Mir kommt kein Türke mehr über die Grenze!« Ähnlich wirkten nach den ebenfalls mehr oder minder offen auf türkische Einwanderer in Deutschland zielenden Rückkehrprämien dann Ende der 1980er Jahre, im Zeichen der Massenzuwanderung von Aussiedlern, die ganzseitigen Presse-Anzeigen mit der Spalter-Botschaft: »Aussiedler sind keine Ausländer!«. Das hat bei Vertretern von Migrantenselbstorganisationen die berechtigte Frage provoziert, warum denn nun »einheimische Ausländer« gegen »fremde Deutsche« ausgespielt würden. Die latent und nicht selten auch offenen antimuslimischen Distanzierungen wurde mit den Terroranschlägen muslimischer Fundamentalisten vom 11. September 2001 noch immens stärker und setzten sich fort bis ins Jahr 2006 mit den Diskussionen um Einbürgerungskurse, aus denen vielfach wiederum eine besondere Skepsis gegenüber der sog. Integrationsfähigkeit von Muslimen und ihrer Akzeptanz als Staatsbürgern sprach. All das hat kollektive mentale Verletzungen hinterlassen, die sich in die Erinnerungen der Einwandererfamilien eingegraben haben. Die Mehrheitsgesellschaft nahm davon keine Notiz.

Trotz Versäumnissen und Abwehrhaltungen aber ist Integration aber doch offensichtlich nicht völlig fehlgeschlagen. Sie sprachen ja eingangs selbst vom im internationalen Vergleich »pragmatischen Erfolgsfall Integration«.

Das ist richtig und darauf zurückzuführen, dass parallel zu all den Verspätungen, Blockierungen und Abwehrhaltungen insbesondere auf zwei Ebenen etwas ganz Anderes ablief, das häufig nicht zureichend beachtet wird: die pragmatische Integration in den Kommunen und durch die Rechtsprechung.

Schon in den frühen 1980er Jahren erkannten viele Kommunen, trotz gegenteiliger Verlautbarungen auf Bundes- oder Landesebene, dass vor Ort zweifellos eine echte Einwanderungssituation vorlag; denn die Zuwanderer blieben dauerhaft in der Stadt, reisten nur noch auf Urlaub in die Herkunftsländer und investierten ihre Ersparnisse in Wohnungen oder auch Häuser. Den Kommunen blieb also gar nichts anderes übrig als auf diese faktische Normalisierung wohlfahrtstaatlich und verwaltungstechnisch ganz normal zu reagieren. Ähnlich pragmatisch verlief der Prozess der Integrationsbegleitung auf der Ebene der Rechtsprechung, wo Richter manche Politiker, die Zuwanderer am liebsten wieder abgeschoben hätten, daran erinnern mussten, dass diese Menschen mit der zunehmenden Aufenthaltsverfestigung längst dauerhafte Rechtsansprüche erworben hatten.

Und noch etwas Anderes kam hinzu: Auf Bundesebene haben wir eine Überschneidung zweier Linien, einer Abwehrlinie bis zum Jahr 2006 und einer Reformlinie, die lange darunter verlief, langsam aufstieg und mittlerweile deutlich über der anderen liegt.

Die Reformlinie begann 1990 mit der Novellierung des Ausländerrechts unter Bundesinnenminister Schäuble. Ihr Kern war die Erleichterung der Einbürgerung, ein deutlicher Schritt voran in Richtung Einwanderungsgesellschaft, der in der öffentlichen Debatte aber kaum beachtet wurde wegen der absoluten Dominanz der Vereinigungsdiskussion. Der nächste wichtige Schritt kam zehn Jahre später mit der Reform des Staatsangehörigkeitsrechts unter Schäubles Nachfolger Schily. Sie bedeutete einen Bruch mit der ethno-nationalen Tradition, deren Schlüsselgedanke lautete: »Deutscher kann man zwar sein, aber nicht werden.«

Statt des auch von mir angeregten goldenen Handschlags im Sinne einer bedingten Hinnahme der doppelten Staatsangehörigkeit oder wenigstens einer befristeten Sonderregelung für schon lange im Land lebende Ausländer aber entschied man sich für das unglückliche Optionsmodell der doppelten Staatsangehörigkeit auf Zeit, nämlich in Gestalt ihres Erwerbs durch Geburt im Land und einer späteren Nötigung, sich für eine der beiden Staatsangehörigkeiten zu entscheiden.

Der dritte Innovationsschritt kam im Jahr 2005 durch das ebenfalls von Bundesinnenminister Schily initiierte Zuwanderungsgesetz, das Integration zur staatlichen Aufgabe erklärte und dafür ein ganz neues Verwaltungsinstrumentarium schuf. Ein gewaltiger Schritt voran, aber zugleich auch ein Stolperschritt, denn kurz vor der endgültigen Abstimmung im Bundestag wurde ausgerechnet die am meisten zukunftsweisende Komponente, das vom Zuwanderungsrat beratend zu begleitende Punktesystem, wieder eliminiert, das der deutschen Migrationspolitik ein flexibles Steuerungssystem geboten hätte. Einen vierten Innovationsschritt bildeten die 2006 geschaffenen, durchaus nicht nur appellativen und symbolischen Institutionen »Integrationsgipfel« und »Islamkonferenz«, deren weitere Entwicklung abzuwarten bleibt.

Wir haben offensichtlich viel aus der Geschichte gelernt und holen beschleunigt auf. Aber neben der begleitenden und vorausplanenden Integrationspolitik brauchen wir eine nachholende Integrationsförderung als Partizipationsförderung. Sie ist das allerwichtigste Investitionsfeld in der deutschen Einwanderungsgesellschaft; denn den meisten Einwanderern sind nie Angebote wie Eingliederungs-, Sprach- und Orientierungshilfen gemacht worden, die heute bei Neuzuwanderern als selbstverständlich gelten.

Sie plädieren für eine »nachholende Integrationspolitik«, der Begriff stammt ja von Ihnen selber. Aber die heutigen Verhältnisse sind doch mit denen zu Beginn der Migration gar nicht mehr zu vergleichen. Brauchen wir für die neue Lage nicht auch neue Lösungen?
Allerdings. Es ist ein verbreiteter Irrglaube, gesellschaftliche Folgen früherer Versäumnisse heute mit den Lösungen von gestern beheben zu können, in der geschichtsfremden Vorstellung, dass man nun, klüger als zuvor, da weitermachen könne, wo man vor einem Vierteljahrhundert anzufangen versäumt hat.

Häufig wird dabei die simple Tatsache übersehen, dass auch Einwanderer älter werden, dass also diejenigen, die Anfang der 1980er Jahre vielleicht erst zehn Jahre alt waren, heute über Reformen des Bildungssystems und auch über das duale System nicht mehr zu erreichen sind und schon selbst wieder Kinder haben, an die sie – bedingt auch durch das deutsche Schulsystem – ihre sozialen Startnachteile weiterreichen.

Zuwanderer sind heute oft unter dem Niveau ihrer Begabungen und ihrer formalen Abschlüsse beschäftigt, Wirtschaftswissenschaftler nennen das Fehlallokationen am Arbeitsmarkt. Ihnen müssen wir die Anerkennung Ihrer Abschlüsse erleichtern und nötigenfalls Chancen zur praxisbezogenen Nachqualifizierung bieten. Wir müssen dabei aber ihre heutige soziale und berufliche Situation berücksichtigen und die Ersatzkarrieren, die sie notgedrungen eingeschlagen haben.

Nehmen wir den Fall eines mir bekannten Kältetechnikers aus der ehemaligen Sowjetunion: Sein Examen wurde hier nicht anerkannt, weshalb er keinen seiner Ausbildung adäquaten Job finden konnte und deswegen als Taxifahrer angefangen hat. Heute besitzt er ein kleines Taxiunternehmen, mit dem er jetzt drei anderen Menschen Arbeitsplätze bietet. Er kann doch seine wirtschaftliche Existenzgrundlage nicht einfach hinwerfen und sich nun, weil seine ursprünglichen Qualifikationen aufgrund des eklatanten Fachkräftemangels dringend benötigt werden, ganztags der Weiterbildung in seinem Erstberuf widmen. Er muss die Chance erhalten, seine Fähigkeiten in Abendkursen auf den neuesten Stand zu bringen.

Denkbar wären auch nachholende Weiterqualifikationen in Kombilohn-Modellen, wobei ein Beschäftigter vom Unternehmen z.B. einen Tag pro Woche zur Weiterqualifizierung freigestellt und ein Ersatz für diesen Tag finanziert wird, wobei sich das Unternehmen verpflichtet, den sich weiterbildenden Beschäftigten nach bestandener Prüfung für einen festzulegenden Mindestzeitraum anzustellen.

Gefragt ist also kreative Phantasie, um notfalls auch einen Diplom-Ingenieur, der beruflich nicht auf dem neuesten Stand ist, wenigstens als Ingenieur oder doch als Techniker zu beschäftigen, statt ihn arbeitslos oder ersatzweise Hauswart werden zu lassen. Letztes Beispiel: Statt zwei Fachlehrer mit Migrationshintergrund, die jeweils nur ein Fach unterrichten können, trotz des Lehrermangels zu Sozialfällen zu machen, weil Lehrer hierzulande zumindest zwei Fächer unterrichten müssen, könnte man zwei Lehrer mit je einem Fach je zur Hälfte an zwei verschiedenen Schulen anstellen. Der Fantasie sind keine Grenzen gesetzt, wenn man bereit ist, bürokratische Denkblockaden aus dem Weg zu räumen.

Einstiegshilfen für die Integration in den Arbeitsmarkt und Ausbildungshilfestellungen sind doch vorhanden! Brauchen wir maßgeschneidertere Lösungen?
Wir haben in der Tat schon eine Vielfalt von Hilfen dieser Art. Sie sind jedoch für die Adressaten kaum mehr durchschaubar. Beim Konzept der nachholenden Integrationsförderung muss daran gedacht werden, dass der nachholenden Partizipationsförderung »von unten« zugleich »von oben« ein verstärktes Engagement im Bereich des Diversity Management entsprechen muss. Nur so kann verhindert werden, dass beruflich-soziale Fahrstühle in kaputten Paternostern enden:

Es gilt also zu verhindern, dass die gut gemeinte fördernde und fordernde Einladung in die beruflich-sozialen Fahrstühle in ein Paternoster mündet, bei dem es unten Einstiege, aber oben keine Ausgänge in den Arbeitsmarkt gibt, so dass sich die Kandidaten ergebnislos, perspektivlos, frustriert und schließlich zunehmend aggressiv von einer kostspieligen Maßnahme zur anderen im Kreise drehen. Das könnte bei der Mehrheitsgesellschaft überdies die ohnehin verbreitete Vorstellung vom »Missbrauch des Wohlfahrtstaates durch Migranten« stärken und damit nicht nur nicht spannungsabbauend, sondern sogar spannungsverstärkend wirken.

Welche Rolle könnten Migrantenselbstorganisationen im Integrationsprozess spielen und wie wichtig sind dabei Vorbilder?
Vorbilder sind ganz entscheidend. Wir haben heute längst eine neue Elite mit Migrationshintergrund in der Leitung von Unternehmen, in Ministerien und im Bundestag, selbst in der Führungsspitze von politischen Parteien. Es gibt rasante Integrations- und Aufstiegskarrieren von Menschen mit Migrationshintergrund, deren Eltern fast ohne Schulbildung waren und sich selbst in den kleinen Mittelstand hochgearbeitet haben. Dass jetzt zum Beispiel bei den Türken eine breiter werdende Mittelschicht heranwächst ist ein sehr erfreulicher Integrationserfolg, von den erwähnten Integrationskarrieren von Vietnamesen ganz zu schweigen. Integration aber ist in der Regel ein sehr unauffälliger Prozess, der am erfolgreichsten für beide Seiten dann ist, wenn man gar nichts davon merkt.

Jetzt kommt es darauf an, Vorbildkarrieren namhaft zu machen, den Erfolgen Gesichter zu geben, bei der Mehrheitsgesellschaft, aber auch bei der Zuwandererbevölkerung selbst. Migrantenselbstorganisationen in Förderungsmaßnahmen mit einzubeziehen ist wichtig, denn sie sind die Brückenbauer in ihre Milieus. Wenn Politik sich dieser Brückenbauer bedient und ihnen vielleicht auch eine gewisse finanzielle Förderung für ihre wichtige Arbeit bietet, würde vieles leichter gelingen.

7 Prekäre Bilanz: »Leviten lesen« 2007

7.1 Leviten lesen. Migration und Integration in Deutschland, Abschiedsvorlesung am 27.6.2007 in der Aula des Schlosses der Universität zu Osnabrück[1],
in: IMIS-Beiträge, 31/2007, S. 43–66 (Auszug).

Migrations- und Integrationsforschung sind interdisziplinär orientierte und anwendungsbezogene Forschungsrichtungen. Dabei hat die historische Dimension eine wesentliche Bedeutung. Geschichte macht zwar, wie wir wissen, nicht etwa »schlau für ein andermal«. Sie ist deshalb auch kein Steinbruch zur Suche nach über Zeitgrenzen hinweg umsetzbaren Lösungsblöcken für aktuelle Problembezüge. Die Folie der historischen *longue durée* aber kann Grundeinsichten und Orientierungshilfen für die kurzatmige Gegenwart vermitteln. Und sie kann Fragestellungen erschließen, die sich nur eröffnen, wenn man um die lange Dauer sozialer und kultureller Prozesse weiß. Das gilt auch für die Frage nach den Ergebnissen »abgeschlossener« Integrationsprozesse, die folgerichtig nur im historischen Rückblick beantwortet werden kann.

Das ist der Hintergrund, vor dem ich mich im letzten Vierteljahrhundert im Rahmen meiner Möglichkeiten auch in dem Feld engagiert habe, das gelegentlich »Applied Migration Research« genannt wird. Ich habe dabei mitunter versucht, historische und gegenwartsbezogene interdisziplinäre Forschungsarbeit zu verbinden mit Politikberatung und publizistischer Politikbegleitung. Das gilt auch für diese Abschiedsvorlesung [...].

Ich beschränke mich auf zwei Leitaspekte, nämlich auf Migrationssteuerung und Integrationsförderung. Außer Betracht bleiben hier andere Bereiche des Migrationsrechts wie Asylrecht oder Aufenthalts- und Bleiberecht, über die es vor aktuellem Hintergrund nicht minder viel zu sagen gäbe.

Schreckbilder
Die öffentliche und politische Diskussion über Integrationsfragen ist in Deutschland oft unnötig aufgeregt. Dabei wird meist übersehen, dass Integration hierzulande längst zum Normalfall geworden ist und sehr pragmatisch gehandhabt wird. Es gibt in Deutschland, wie in anderen europäischen Einwanderungsländern, zweifelsohne Integrationsprobleme.

Aber es gibt in Sachen Migration und Integration keinen Anlass zu nationaldepressiven Selbstbeschreibungen. Trotz lange fehlender Integrationskonzepte auf der deutschen Seite, trotz mancherlei Verzögerungen im Integrationsprozess bei der Zuwandererbevölkerung und trotz ebenso unübersehbarer sozialer Brennpunkte ist der deutsche Weg in die Einwanderungsgesellschaft insgesamt nach wie vor ein pragmatischer Erfolgsfall, der einem Vergleich mit anderen europäischen Einwanderungsländern durchaus standhält.

Der nüchterne Blick auf die in der Regel ruhige und unauffällige Entwicklung von Integration in Deutschland wird getrübt durch katastrophistische Bewertungen [...].

Der nüchterne Blick auf die in Wirklichkeit größtenteils friedliche Entwicklung der Einwanderungsgesellschaft wird in Deutschland oft verstellt durch solche Beschwörungen einer allgemeinen »Integrationskrise« mit einseitiger Konzentration auf abschreckende Stichworte wie »Ehrenmorde«, »Zwangsheiraten«, »Genitalverstümmelungen« und »Parallelgesellschaften« als selbst gewählte »Ghettosituationen«, organisiert in »ethnischen Kolonien« als Zentren von Kriminalität und häuslicher Gewalt. Die Inszenierung solcher Horrorkulissen vorzugsweise anti-islamischer Provenienz wird geläufigerweise begleitet von der nicht minder einseitigen und undifferenzierten, zwar wissenschaftlich längst widerlegten, aber immer wieder aufs Neue aufgetischten Legende von der volkswirtschaftlich angeblich rein negativen Kosten-Nutzen-Bilanz der Zuwanderung seit Mitte der 1950er Jahre.

Integrationsforschung wiederum konzentriert sich oft mehr auf Konflikte und Desintegration – so als führe die Analyse von Verkehrsunfällen zur Entdeckung der Regeln des ruhig fließenden Verkehrs. Es ist schriftstellerisch wie wissenschaftlich zweifelsohne leichter, sensationelle Ausnahmesituationen zu beschreiben und damit das Leserpublikum in seinen eigenen sozialen und kulturellen Ängsten zu bestätigen, als die durchaus unauffälligen Normallagen der Integration und deren komplexe Eigendynamik zu beschreiben und zu analysieren.

Gelingende Integration aber zeichnet sich gerade dadurch aus, dass sie unauffällig bleibt. Ein alltäglicher Beleg dafür war die erstmalige statistische Erschließung des sogenannten »Migrationshintergrundes« der in Deutschland lebenden Bevölkerung. Dabei ergab sich, dass 2005 in Deutschland bereits 15,3 Millionen Menschen, d.h. fast ein Fünftel der Bevölkerung in Deutschland (ca. 19 Prozent) einen »Migrationshintergrund« hatten – und niemand hatte es so recht bemerkt. In Großstädten Nordrhein-Westfalens zum Beispiel liegen die entsprechenden Daten für die nachwachsende Generation im schul-

---

[1] Leicht überarbeitete und nur um Zitatbelege ergänzte Fassung meiner Abschiedsvorlesung vom 27.6.2007. Stark erweiterte Fassung mit Literaturhinweisen unter dem Titel: Versäumte Integrationschancen und nachholende Integrationspolitik, in: K. J. Bade / H.-G. Hiesserich (Hg.), Nachholende Integrationspolitik und Gestaltungsperspektiven der Integrationspraxis. Mit einem Beitrag von Bundesinnenminister Wolfgang Schäuble (Beiträge der Akademie für Migration und Integration, H. 11), Göttingen, 2007, S. 21–95.

pflichtigen Alter längst mehr als doppelt so hoch, Tendenz steigend.

Konfliktpotentiale
Euphemistische Verharmlosungen und harmonistisches Schönreden wären nicht minder abwegig und gesellschaftspolitisch fahrlässig wie die erwähnten Bedrohungsszenarien: Es gibt z.B. in aus bestimmten Regionen der Türkei, aber auch aus anderen Ausgangsräumen stammenden Zuwanderermilieus zweifelsohne Fälle atavistischer Schwerstkriminalität in Gestalt von in den Herkunftskulturen mitunter »Traditionsmorde« genannten »Ehrenmorden«. Ebenso gibt es neben einvernehmlich arrangierten Eheschließungen – in weitaus geringerem Umfang, aber in fließenden Grenzen dazu – das Phänomen der Zwangsheiraten.

Es ist wichtig und nötig, solche unerträglichen, mit der Rechtsordnung dieses Landes unvereinbaren Formen von Gewaltkriminalität und abweichendem Verhalten zu beschreiben, zu analysieren und damit zu ihrer Aufklärung, gesellschaftlichen Ächtung und strafrechtlichen Verfolgung beizutragen. Es ist aber in jedem Falle abwegig, die genannten Delikte einseitig »dem Islam« zuzuweisen; denn es gibt sie auch in anderen Herkunftskulturen – ganz abgesehen davon, dass der Islam ohnehin keine Einheit ist, sondern eine Vielfalt von Lehrtraditionen und Lebensformen umschließt.

Es wäre zweifelsohne eine Fehlinterpretation des Grundgesetzes, wenn nicht berücksichtigt würde, dass das kulturelle Toleranzgebot durch die Rechtsordnung des Einwanderungslandes begrenzt wird, will sagen: Keine Einwanderergruppe kann auf religiösen Gebräuchen bzw. religiös begründeten oder auch nur so legitimierten Verhaltensnormen beharren, die mit der Rechtskultur des Einwanderungslandes und den dahinterstehenden Grundwerten unvereinbar sind. Völlig ohne Belang bleibt dabei, ob es sich um muslimische, christliche oder andere Fundamentalisten handelt.

Kollektive Verdächtigungen aber halten eine Schaukel der Desintegration in Gang; denn sie schwächen die Integrationsbereitschaft der denunzierten Zuwanderergruppen ebenso wie die Akzeptanzbereitschaft der verschreckten Mehrheitsgesellschaft. Statistisch ablesbar ist dies einerseits an der rückläufigen Entwicklung der Einbürgerungszahlen bei der Zuwandererbevölkerung und andererseits an der wachsenden Islamophobie bei der Mehrheitsgesellschaft sowie an der aus Umfragen sprechenden mehrheitlichen Einschätzung, »dass es zu viele Einwanderer in Deutschland« gebe und dass deren Integration »gescheitert« sei.[2]

Vieles hätte schlimmer kommen können: Erinnern wir uns an die dreißig Jahre zurückliegende Warnung des ersten Ausländerbeauftragten der Bundesregierung, des vormaligen nordrhein-westfälischen Ministerpräsidenten Heinz Kühn (SPD) vom Ende der 1970er Jahre: Was man heute nicht in die Integration der ausländischen Arbeitnehmer und ihrer Familien investiere, das müsse man später für Resozialisierung und Polizei bezahlen.

Dass es nicht so gekommen ist, haben wir zweifelsohne nicht der seit den späten 1970er und frühen 1980er Jahren auch von mir immer wieder und lange vergeblich eingeforderten Politik einer konzeptorientierten begleitenden Integrationsförderung zu verdanken. Entscheidend dafür war vielmehr die friedvolle Integrationsleistung der Zuwandererbevölkerung – deren Integrationsbereitschaft oder sogar Integrationsfähigkeit dennoch immer wieder in Frage gestellt wird. Angebrachter wäre ein anständiges politisches »Dankeschön« für diese standhafte Eingliederungsbereitschaft unter stetem Denunziationsdruck.

Und doch hatte Kühn in einiger Hinsicht so unrecht nicht; denn wenn wir das Wort »Resozialisierung«, das aus dem Bereich des Strafvollzugs stammt und auch dort bleiben sollte, ersetzen durch den hier passenderen Begriff der nachholenden Integrationsförderung, dann erinnert uns das an Versäumnisse der deutschen Integrationspolitik und deren Folgen, die heute nur mehr zum Teil begrenzt werden können; und zwar auf sehr teure Weise – ganz im Sinne des bekannten Diktums, dass die finanziellen Kosten rechtzeitiger Integrationshilfen bei weitem niedriger sind als die sozialen Kosten verspäteter Reparaturpolitik.

Aber auch Kühns Rede von »Resozialisierung« und »Polizei« ist im Blick auf versäumte Integrationschancen ganz abwegig nicht geblieben. Das zeigt z.B. ein Blick in die Jugendknäste in Niedersachsen, in denen oft nicht das Deutsche, sondern das Russische die Lingua franca ist. Das belegt, dass es auch bei der Integration der Aussiedler/Spätaussiedler zu unnötigen Versäumnissen mit warnend und treffend vorausgesagten Folgen gekommen ist.

Das galt beispielsweise Anfang der 1990er Jahre für die scharfe Reduktion der Eingliederungshilfen auf Bundesebene, darunter auch der Sprachkurse, trotz noch hoch liegender Zuwandererzahlen und stark abnehmender Integrationsvoraussetzungen, insbesondere im Bereich der sprachlichen Qualifikation. Heute weiß jeder, wie richtig die Warnung vor dieser Fehlentscheidung war, aber keiner mag sich erinnern, dass sie seinerzeit immer wieder ausgesprochen worden ist.

Ähnliches gilt, um ein zweites Beispiel zu nennen, für Fehlentwicklungen im Bereich der Flüchtlingsintegration, vor denen ebenfalls frühzeitig und nicht minder vergeblich gewarnt worden ist: Der auffällig hohe Anteil von gewaltaffinen Straftätern bei einzelnen Flüchtlingsgruppen hat mit dem Scheitern von Jugendlichen aus Flüchtlingsfamilien im Integrationsprozess zu tun. Das wiederum hängt – nicht et-

---

[2] Deutsche bei Migranten skeptisch (Umfrage i.A. der International Herald Tribune und des TV-Senders France 24), in: Hamburger Abendblatt online, 26.5.2007.

wa nur, aber eben sehr stark auch – mit einer jahrzehntelang dezidiert nicht-integrativen, im sozialen und mentalen Ergebnis de facto desintegrativen und desorientierenden Flüchtlingspolitik zusammen. Dabei ging es nicht um eine zeitlich wie auch immer begrenzte, geschweige denn lebensperspektivische Integrationsgestaltung, sondern um eine restriktive und ausgrenzende Schicksalsverwaltung, vor deren Folgen schon seit den 1980er Jahren ebenfalls immer wieder vergeblich gewarnt worden ist.

Das gilt besonders für einzelne, lebensgeschichtlich zwischen die Fronten geratene Flüchtlingsfamilien, die in ihren Herkunftsräumen schon heimatlos waren. Markante Beispiele sind heute Palästinenser aus dem Libanon und ursprünglich aus der Türkei stammende, aus dem Libanon nach Deutschland zugewanderte arabisch sprechende Kurden, von denen sich einzelne als Flüchtlinge zugewanderte und mit dauerhaftem Aufenthaltsrecht oder auch deutscher Staatsbürgerschaft sesshaft gewordene Großfamilien nach ständiger Ausgrenzung scheinbar in einer Art Paria-Existenz eingerichtet haben. Ihre Kinder führen als sogenannte »Libanesen« die Liste der gefürchteten jugendlichen Gewalttäter in Berlin an, um die sich seit drei Jahren die Ermittler einer Spezialabteilung der Staatsanwaltschaft kümmern.

Das Berliner Landeskriminalamt kann Straßen in Neukölln, Kreuzberg oder Schöneberg benennen, in denen sich »Gangsta-Rapper« in Straßenclans organisieren und die »für die Polizei kaum noch kontrollierbar sind«. Sozialforscher sprechen von einer entstehenden »modernen Unterschicht« sui generis. Sie unterscheide sich von herkömmlichen Unterschichten nicht nur durch eine »besorgniserregende Gewaltakzeptanz«, sondern auch durch ein identitätsstiftendes »Underdog-Bewusstsein«, eine »Unterschichtskultur, die sich selbstbewusst als solche artikuliert und die eigenen Merkmale ästhetisch überhöht.«[3]

Gewaltdelikte im Migrantenmilieu aber sind nicht primär eine Frage der nationalen oder ethnischen Herkunft. Sie haben vorwiegend mit gescheiterten Integrationsprozessen und dadurch verschärften sozialen Problemen, mit Desorientierung und Perspektivlosigkeit zu tun. Das ist keine Werbung um Verständnis, geschweige denn um kollektiv mildernde Umstände für jugendliche Gewaltkriminelle, die zunächst einmal selber für ihre Verbrechen verantwortlich und im strafrechtlichen Sinne des Wortes haftbar zu machen sind. Es ist aber eine Warnung vor der Ethnisierung sozialer Probleme und eine Erinnerung daran, dass gesellschaftliche Fehlentwicklungen auch im Integrationsprozess in aller Regel ihre Ursache nicht allein in sich selber tragen. Blicken wir zurück:

Versäumte Chancen

Migrations- und Integrationspolitik sind Zentralbereiche der Gesellschaftspolitik in einem Einwanderungsland. Das wird heute auch im Einwanderungsland Deutschland zunehmend anerkannt. Lange war das Gegenteil der Fall; denn in Deutschland gab es bis zum Vorabend der Jahrhundertwende ein gesellschaftliches Paradox – eine Einwanderungssituation ohne Einwanderungsland.

Folgenreiche Versäumnisse existierten dabei auf beiden Seiten: Es gab sie bei der so genannten »Aufnahmegesellschaft«, die in Wirklichkeit in stetem Wandel war und in der längst auch Millionen von Zuwanderern zu Einheimischen geworden waren. Und es gab sie auf Seiten der vielgestaltigen Zuwandererbevölkerung, die vor dem Eintreffen der Aussiedler bzw. Spätaussiedler in größerer Zahl vor allem aus jenen Arbeitswanderern beiderlei Geschlechts bestand, die man im Volksmund lange »Gastarbeiter« nannte.

Gast ist nur, wer nicht auf Dauer bleibt. Bei der »Gastarbeiterbevölkerung« aber war nach Maßgabe von in der internationalen Forschungsdiskussion gültigen Indikatoren insgesamt ein Wandel von der Arbeitswanderung über Daueraufenthalte mit offenem Zeithorizont zu einer echten Einwanderungssituation zu konstatieren, d.h. ein langfristig fließender Wandel von einer Zuwanderer- zu einer Einwandererbevölkerung. Dieses Hinübergleiten in einen echten Einwanderungsprozess wurde von vielen der seit Mitte der 1950er Jahre zugewanderten ausländischen Arbeitskräfte lange nicht zureichend erkannt. Es fehlte deshalb oft an Verhaltensformen, die bei nach beruflich-sozialem Aufstieg in ihrer neuen Heimat strebenden Einwanderern erwartbar sind.

Das galt nicht nur für das Bemühen um den Erwerb der Staatsangehörigkeit des Einwanderungslandes, den freilich längere Zeit auch einzelne Herkunftsländer (z.B. die Türkei) erschwerten. Es galt zum Teil auch für das Bemühen um zureichenden Spracherwerb sowie um Bildung, Ausbildung und berufliche Qualifikation der zweiten Generation über das Niveau der un- bzw. angelernten Beschäftigungsverhältnisse hinaus, für die die »Gastarbeiter« seit Mitte der 1950er Jahre zumeist angeworben worden waren.

Hinzu kam die Wirkung wachsender Abwehrhaltungen des widerwilligen Einwanderungslandes: Zuwanderung wurde immer seltener als Hilfe von außen und immer häufiger als soziale Belastung im Innern verstanden. Das war für die Zuwanderer, jenseits ihrer alltäglichen persönlichen Akzeptanz, in den politischen und publizistischen Diskursen unverkennbar.

Gelingende Integration aber ist nicht nur Ergebnis von Integrationsbereitschaft der Zuwandererbevölkerung, von der ein bei weitem höheres Maß an Anpassung an – unmissverständlich zu formulierende und für beide Seiten der Einwanderungsgesellschaft gültige – Leitorientierungen zu erwarten ist.

---

[3] P. Oehmke, Poesie aus der Siedlung, in: Der Spiegel, 16.4.2007, S. 180–186.

Gelingende Integration setzt ebenso auch aktive Akzeptanzbereitschaft bei der Mehrheitsgesellschaft voraus.

Aus dieser Wechselbeziehung von Integrations- und Akzeptanzbereitschaft muss ein Mindestmaß an gegenseitigem Grundvertrauen resultieren, das für die Mehrheitsgesellschaft Eingliederungsbereitschaft der Einwanderer und für die Einwanderer Akzeptanz und Sicherheit im Einwanderungsland signalisiert. Anders gewendet: Ein Einwanderungsland wider Willen sollte sich über gelegentlich widerwillige Einwanderer nicht wundern.

Frühe Forderungen der 1980er Jahre, unter anderen auch von mir, entsprachen im Kern bereits dem, was heute unter der Maßgabe »Fördern und Fordern« bei Neuzuwanderern für selbstverständlich gehalten wird. Dagegen stand der unantastbare, ebenso wirklichkeitsfremde wie gesellschaftlich folgenschwere Dementi-Konsens »Die Bundesrepublik ist kein Einwanderungsland«. Er blockierte, von wenigen Ausnahmen in den politischen Parteien abgesehen, die Aufnahme solcher Anregungen. Dieser Dementi-Konsens hat der Mehrheitsgesellschaft und der Bevölkerung mit Migrationshintergrund die Akzeptanz der tabuisierten Einwanderungssituation unnötig erschwert. Das gleiche galt für die Akzeptanz der sich immer deutlicher herausbildenden Strukturen einer Einwanderungsgesellschaft, die die Mehrheitsgesellschaft und die Bevölkerung mit Migrationshintergrund einschließt.

Ich erinnere mich in dieser Hinsicht noch gut an meine vergebliche Kritik an der »demonstrativen Erkenntnisverweigerung« in den politischen Diskussionen der frühen 1980er Jahre und an meine Warnung vor deren sozialen Folgen, die heute vielerorts zu besichtigen sind. Erinnerte man Politiker später an die früheren Warnungen, dann stieß man nicht selten sogar auf retrospektive Erkenntnisverweigerung bzw. Legitimation ex post – à la: »Das konnten Sie damals zwar sagen, aber doch gar nicht wissen« oder: »Lassen Sie uns keine rückblickenden Rechthaberdiskussionen führen«. – Als Besserwisser verdächtigte Zeitzeugen pflegen nur beliebt zu sein, wenn man sie des Irrtums überführen kann.

Politikberater und publizistische Politikbegleiter tun deshalb gut daran, bestenfalls in Abschiedsvorlesungen einmal allgemeinhin auf politische Verspätungen um glatt ein Vierteljahrhundert hinzuweisen, ansonsten aber schweigend zuzusehen, wenn Politik die Realität entdeckt und verkündet, dass das, was zwar vielleicht schon Anfang der 1980er Jahre gefordert worden sein möge, doch eben erst heute ernsthaft in Erwägung gezogen werden könne – weil eben die Bedingungen und Möglichkeiten dazu erst heute gegeben seien. Dabei wird mitunter verdrängt, dass es schon früher nicht an Bedingungen und Möglichkeiten fehlte, sondern an der Bereitschaft, sie zu erkennen und zu nutzen; denn was man verdrängt, das kann man nicht gestalten.

Mehr noch: Manches von dem, was in der weiteren Öffentlichkeit an xenophoben Dispositionen existierte, wurde auch durch politische Abwehrhaltungen bzw. denunziative Semantik im politischen Diskurs stimuliert oder sogar vorgelebt – sicher meist unbeabsichtigt, aber doch fahrlässig und folgenreich. [...]

Innovationsschritte

Vieles hat sich geändert seit der Epoche der defensiven Erkenntnisverweigerung in Sachen Migration und Integration. Prominente politische Stimmen sprechen heute nicht mehr nur von Integrationsdefiziten bei der Zuwandererbevölkerung, sondern auch von Defiziten der Integrationspolitik in Deutschland, von historischen Versäumnissen in Problemakzeptanz und Gestaltungsbereitschaft:

Bundespräsident Horst Köhler (CDU) rügt pointiert, Deutschland habe das Thema »Integration verschlafen«.[4] Bundeskanzlerin Angela Merkel (CDU) räumt ein: »Wenn wir ehrlich sind, haben wir das Thema Integration in unserem Land zu lange auf die lange Bank geschoben.«[5] Bundesinnenminister Wolfgang Schäuble (CDU) erinnert an Karl Poppers Diktum, es sei ein »Vorzug freiheitlicher Ordnungen, dass sie Irrtümer erkennen und korrigieren« könnten, und räumt für beide Seiten der Einwanderungsgesellschaft »Versäumnisse über Jahrzehnte« ein: »weil wir mehr oder weniger alle – die Wirtschaft ebenso wie die Politik, die Verwaltung und die Gesellschaft – geglaubt haben, das Integrationsproblem löse sich nach und nach von alleine.«[6]

»Auf beiden Seiten haben wir ein Problem«, bestätigt der nordrhein-westfälische Integrationsminister Armin Laschet (CDU). Die Politik, auch seiner eigenen Partei, habe »zu spät erkannt, dass wir de facto ein Einwanderungsland sind« und in Sachen Integrationspolitik »jahrzehntelang geschlafen.« Integration aber werde »das Top-Thema der nächsten Jahrzehnte« bleiben. »Wenn sie scheitert, ist der Zusammenhalt der Gesellschaft gefährdet.«[7] Auch die Hamburger Sozialsenatorin Birgit Schnieber-Jastram (CDU) räumt ein, dass das »Thema Einwanderung in der

---

[4] Köhler: Integration verschlafen, in: Hamburger Abendblatt, 28.4.2006.
[5] Merkel will Umdenken bei Integration, Märkische Oderzeitung online, 6.5.2007.
[6] W. Schäuble, Erst Integration, dann Einbürgerung, in: Netzzeitung.de, 20.4.2006; ders., Integration in die Gesellschaft – Funktioniert ein multikulturelles Deutschland? Rede auf dem Symposium der Initiative Freiheit und Verantwortung der Spitzenverbände der deutschen Wirtschaft, Berlin, 27.6.2006; ders., Einheit in der Vielfalt. Integration in Deutschland. Rede anlässlich der Tagung »Integration – Zauberformel – Problem – Notwendigkeit«, der Evangelischen Akademie Tutzing am 1.7.2006 (publiziert 18.8.2006, Internetredaktion BMI).
[7] T. Krägenow, CDU-Minister will bunte Leitkultur (zit. A. Laschet), in: Financial Times Deutschland, 11.4.2006; Armin Laschet, in: Rheinische Post (online), 14.4.2006; M. Röttger, Integration – nur mit Bildung und Sprache, in: Hamburger Abendblatt (online), 20.5.2006 (Interview A. Laschet).

Union lange Zeit falsch eingeschätzt« worden sei. »Niemand bestreitet, dass wir da gepennt haben.« Es sei ein Fehler gewesen, dass Unionspolitiker bis ins Jahr 2000 betont hätten, Deutschland sei kein Einwanderungsland.[8] Auch der innenpolitische Sprecher der SPD-Fraktion im Bundestag, Dieter Wiefelspütz, konzediert: »Ich glaube, dass wir das Thema Integration über Jahre hinweg zunächst ausgeblendet und dann unterschätzt haben«.[9]

Diejenigen aber, die, wie ich selber, schon rund ein Vierteljahrhundert vor den heute gebräuchlichen selbstkritischen Schlafmetaphern immer wieder mit Weckrufen auf den folgenschweren politischen Schlafzustand in Sachen Migration und Integration hinzuweisen suchten, wurden von den politischen Schläfern bzw. Schlafwandlern im Feld von Migration und Integration seinerzeit, ganz folgerichtig, als Ruhestörer geschmäht. Die Erinnerung daran verschließt bei vielen Politikern, von den selbstkritischen Schlafmetaphorikern einmal abgesehen, heute oft selbstgnädige Amnesie.

Heute werden Stichworte, die wir seit den späten 1970er und frühen 1980er Jahren in die Debatte geworfen haben, beherzt neu entdeckt. Literaturkenntnis schützt vor Neuentdeckungen. Aber auch nicht erkannte Neuentdeckungen können verspätet produktive politische Folgerungen zeitigen, was an sich ja nur erfreulich ist.

Der im engeren Sinne legislative Wandel kam in vier Innovationsschritten: Ein erster Innovationsschritt war 1990 – nach immer wieder folgenlosen Ankündigungen während der 1980er Jahre – die Reform des Ausländerrechts unter Bundesinnenminister Wolfgang Schäuble. Der zweite Innovationsschritt kam erst ein Jahrzehnt später, im Jahr 2000, mit der Reform des Staatsangehörigkeitsrechts unter Bundesinnenminister Otto Schily. Der dritte Innovationsschritt kam im Jahr 2005 durch das ebenfalls von Otto Schily initiierte Zuwanderungsgesetz.

Einen vierten doppelten, vorwiegend politischen Innovationsschritt auf der Bundesebene, der ganz auf Integrationsfragen konzentriert ist und mitunter mit parallel laufenden Verschärfungen von Ausländer- und Aufenthaltsrecht kollidiert, bilden seit 2006 der Integrationsgipfel von Bundeskanzlerin Angela Merkel in Kooperation mit der Beauftragten der Bundesregierung für Migration, Flüchtlinge und Integration, Staatsministerin Maria Böhmer, sowie, damit verschränkt, die Deutsche Islam Konferenz (DIK) von Bundesinnenminister Wolfgang Schäuble.

Selbstlähmungen

Die migrationsrechtlichen und -politischen Innovationsschritte wurden durch angstvolle Selbstlähmungen erschwert. Das galt, um nur drei Beispiele zu nennen, 1. für die Streichung des »Punktesystems« im Sinne des von der allgemeinhin »Süssmuth-Kommission« genannten »Unabhängigen Kommission Zuwanderung« (2000/01) entworfenen Konzepts der Migrationssteuerung; 2. für die Abberufung des »Zuwanderungsrat« genannten – ebenfalls von Rita Süssmuth (und mir als ihrem Stellvertreter) geleiteten – gleichermaßen unabhängigen »Sachverständigenrates für Zuwanderung und Integration« (2003/04) und 3. für das vom Zuwanderungsrat entworfene Konzept einer Migrationssteuerung mithilfe einer Engpassdiagnose am Arbeitsmarkt:

1. Das – in Tschechien sogar im Sinne des ersten Entwurfs des deutschen Zuwanderungsgesetzes übernommene – Punktesystem zur Auswahl von Einwanderern mit Hilfe variabler, aber nicht notwendig arbeitsmarktorientierter Kriterien (z.B. berufliche Qualifikation, Sprachkenntnisse, Alter) war nach Maßgabe des erfolgreichen kanadischen und mittlerweile auch schon britischen Vorbilds auf Anregung der Süssmuth-Kommission, wenngleich in stark reduzierter Form, in den Entwurf des Zuwanderungsgesetzes übernommen worden. Es wurde in den letzten Verhandlungen der stillen Großen Koalition im Sommer 2004 aus dem Gesetz gestrichen, um den Weg frei zu machen zu einer möglichst breiten Mehrheit.

2. Der im Zuwanderungsgesetz vorgesehene, von Bundesinnenminister Schily im Vorgriff auf das Gesetz schon 2003 einberufene unabhängige Zuwanderungsrat war angesichts seiner gesellschaftspolitisch hochrangigen Aufgaben bei der kontinuierlich beratenden Begleitung von Zuwanderungssteuerung und Integrationsförderung ursprünglich dem Rat der »Wirtschaftsweisen« faktisch gleichgestellt. Er wurde schon im Zuge der weiteren Gesetzesausarbeitung, trotz seiner nach wie vor umfassenden Ausstattung, in seinen Aufgaben immer mehr beschnitten und schließlich weitgehend auf eine beratende Funktion für das Punktesystem reduziert. In seiner kritischen Arbeit zunehmend misstrauisch beobachtet, wurde er, rechtlich nur folgerichtig, aber begleitet von einer üblen Denunziationskampagne, im Sommer 2004 zusammen mit dem Punktesystem aus dem Gesetz gestrichen und im Dezember 2004 abberufen.

3. Der Zuwanderungsrat hatte in seinem im Herbst 2004 vorgelegten Bericht u.a. eine Migrationssteuerung mithilfe einer »Engpassdiagnose« am Arbeitsmarkt vorgeschlagen als kleine, flexible und streng arbeitsmarktorientierte Ersatzlösung für das im Sommer 2004 der diffusen Angst vor Zuwanderung zum Opfer gefallene große und nur bedingt arbeitsmarktorientierte Punktesystem: Bei akutem und absehbar nicht durch inländische Arbeitskräfte zu befriedigendem Arbeitskräftemangel sollten – zwar flexibel, aber streng am Bedarf orientiert – ausländische Fachkräfte in jeweils festzulegenden Kontingenten zugelassen werden bis zu einem jährlichen Maximum von 25 000. Dieser – wie zuvor das Punktesystem – von Arbeitgeber- wie Arbeitnehmerseite gleichermaßen begrüßte Vorschlag wurde von den innenpolitischen Streitern der Parteien nur wieder aufs Neue

---
[8] J. Meyer-Wellmann, 250 Experten beraten über Integrationskonzept, in: Hamburger Abendblatt online, 26.8.2006.
[9] Europenews online, 16.1.2007.

mit eingeübten populistischen Abwehrreflexen als Programm zur migratorischen Flutung Deutschlands denunziert.

Die Streichung des Punktesystems, die Abschaffung des unabhängigen Sachverständigenrates für Zuwanderung und Integration und die Ablehnung des vom Zu- wanderungsrat konzipierten Systems der Migrationssteuerung über eine Engpassdiagnose am Arbeitsmarkt haben Deutschland hinter andere europäische Einwanderungsländer zurückgeworfen. Das gilt z.B. für Großbritannien, die Niederlande oder Schweden, in denen es konzept- und arbeitsmarktorientierte aktive Zuwanderungspolitik und eine unabhängige wissenschaftliche Integrationsberatung gibt. Sie ist inzwischen auch Teil der Integrationsagenda der EU vom 1. September 2005 und nicht zu ersetzen durch die in Deutschland verbreitete abhängige Ressortforschung mit fallweise ausgelagerten Expertisen und Forschungsaufträgen.

Die Migrations- und Integrationspolitik in Deutschland steht infolgedessen heute ohne kontinuierlich begleitende hochrangige wissenschaftliche Beratung und ohne ein umfassendes und zugleich flexibles Steuerungsinstrumentarium da. Und das in einer Zeit, in der die Ab- und Auswanderung qualifizierter Kräfte wächst, die Zuwanderung solcher Kräfte schrumpft und die Wirtschaft bei günstiger, vom Aufschwung forcierter Auftragslage über zunehmende Behinderungen durch Fachkräftemangel klagt.

Die Abnahme erwünschter Zuwanderungen wurde migrationspolitisch noch forciert durch eine weitere Fehlentscheidung. Ihr besonderes Gewicht resultierte aus dem Zusammenwirken von drei kleinteiligen Stellschrauben, die im Zusammenhang des Zuwanderungsgesetzes anstelle einer großen flexiblen Gesamtlösung in Gestalt des Punktesystems implantiert – und aus Angst vor Zuwanderung sogleich restriktiv überdreht wurden.

Die drei restriktiven Stellschrauben standen in der Tradition protektionistischer Arbeitsmarktpolitik. Sie sollten also dem Schutz des Arbeitsmarktes in Deutschland vor unnötiger ausländischer Konkurrenz dienen. Sie wirkten aber, wie seinerzeit von Sachkennern warnend vorausgesagt, allesamt zum Konkurrenznachteil im »Kampf um die besten Köpfe«, in dem Deutschland ohnehin bereits deutlich abgeschlagen ist. Das aber ist besonders prekär im Blick auf die nach Abschätzung der OECD- Berichterstattung wie der nationalen Bildungsberichterstattung bald aus demographischen Gründen quantitativ und aus Bildungs- und Ausbildungsgründen im eurointernationalen Vergleich auch qualitativ geschwächte Erwerbsbevölkerung in Deutschland.

Die Lähmung durch defensive Blockierung des Steuerungsbereichs wurde umso deutlicher vor dem Hintergrund des konjunkturellen Aufschwungs mit wachsendem Bedarf an qualifizierten Arbeitskräften und zunehmenden Klagen von Arbeitgebern über entsprechenden Arbeitskräftemangel am deutschen Markt:

Schraube 1: Zuwanderungswillige ausländische Unternehmer bzw. Existenzgründer wurden abgeschreckt durch die Auflage, mindestens 1 Million Euro zu investieren und mindestens 10 Arbeitsplätze zu schaffen (seit März 2007 zögerlich heruntergebessert auf die Hälfte und immer noch zu hoch).

Schraube 2: Die Bindung der Zulassung von ausländischen Hochqualifizierten an ein vom Arbeitgeber zu bietendes jährliches Brutto-Einstiegsgehalt von mindestens 85 500 Euro (trotz scharfer Proteste von Arbeitgeberverbänden und Gewerkschaften sowie eines entsprechenden Mehrheitsbeschlusses im Bundesrat vom Mai 2007 noch immer nicht nachgebessert).

Schraube 3: Das – im Sinne der Leitlinien der Entwicklungsförderungspolitik zuvor definitiv nicht vorgesehene – Verbleiben von in Deutschland höchstqualifizierten Ausländern, in der Regel Absolventen deutscher Hochschulen, wurde im Zuwanderungsgesetz zwar grundsätzlich ermöglicht, aber zugleich praktisch erschwert: durch die zeitliche Begrenzung ihrer Arbeitsuche auf ein Jahr, durch vorgeschriebene Mindesteinkommen, aber berufliche Einschränkung auf die mit dem Diplom bzw. Examen nachgewiesene spezielle Qualifikation und zugleich Nachrangigkeit gegenüber deutschen und EU-Ausländern (nach wie vor nicht nachgebessert, zumal es hier keine organisierte Interessenvertretung gibt).

Es wäre an der Zeit für einen migrationspolitischen Befreiungsschlag, der den Steuerungsbereich für freie Zuwanderung mit Bleibeabsicht jenseits der gesetzlich geschützten Zuwanderungsverfahren entschieden erweitert. [...] Dringend nötig ist ein Punktesystem oder ein seinen Funktionen nahekommendes, noch flexibleres Steuerungssystem, am besten eine Kombination eines kriteriengestützten Punktesystems, wie es die »Süssmuth-Kommission« 2001 vorgeschlagen hatte, mit einer arbeitsmarktorientierten Engpassdiagnose, wie sie der Zuwanderungsrat 2004 angeregt hatte.

Dass die öffentlichkeitswirksame Versenkung der beiden strategischen Steuerungskonzepte im Jahr 2004 keine gute Idee war, hat nun offenbar auch die Politik registriert: Die Antwort der Bundesregierung auf die Große Anfrage zu den »Konsequenzen der Auswanderung Hochqualifizierter aus Deutschland« vom 8. Mai 2007 zeigte nicht nur einen bedrückenden – auch auf die Verweigerung der hier dringend nötigen Forschungsfinanzierung zurückzuführenden – Informationsmangel über Aus- und Abwanderungsfragen.

Sie signalisierte auch eine stille, seither diskret fortgeschriebene Wiederannäherung an das Punktesystem, das 2004 nach einer ebenso polemischen wie sachfremden politischen Debatte aus dem Zuwanderungsgesetz gestrichen worden war und, unausgesprochen, auch an seine nachgeborene kleine Schwester, die arbeitsmarktpolitische Engpassdiagnose, deretwegen der Zuwanderungsrat 2004 mit jener populistisch-denunziativen Kampagne überzogen worden war. Selbst das vom Zuwanderungsrat vorgeschlagene, seinerzeit perhorreszierte Maximalkontingent von jährlich 25 000 qualifizierten Zuwanderern ist, wie von ungefähr, in den politischen Diskurs zurückgekehrt. [...]

Tröstlich ist bei alledem, dass die Verfallszeit von defensiver Erkenntnisverweigerung von früher bis zu einem Vierteljahrhundert heute immerhin auf rund drei Jahre – von 2004 bis 2007 – geschrumpft zu sein scheint. Das gibt Anlass zu der Hoffnung, dass sich in Sachen Migration und Integration die zeitliche Regeldistanz zwischen wissenschaftlich fundiertem Rat und dessen politischer Akzeptanz in der Zukunft noch weiter verkürzen könnte. [...]

Schlussbemerkung
Ich habe rund ein Vierteljahrhundert lang, mit wechselnden Schwerpunktsetzungen, Forschung, Politikberatung und publizistische Politikbegleitung in den Feldern von Migration und Integration nebeneinander betrieben. Im Blick auf die wichtigen Innovationsschritte, die wir, trotz mancher Rückschritte, seit Reform des Staatsangehörigkeitsrechts und Zuwanderungsgesetz, mit Integrationsgipfel, Islamkonferenz und anderen Initiativen auf Länder- und kommunaler Ebene heute erleben, sieht es – wieder einmal – so aus, als ob in Sachen Migration und Integration die besagte historische Zeit gekommen sei, von der Victor Hugo gesprochen hatte.

Das könnte umso mehr so erscheinen, als die Bundeskanzlerin nun dieses Land im Sinne des neuen Grundwerte-Programms der CDU sogar zum »Integrationsland« erklärt hat. Das könnte man interpretieren als eine hoffnungsvolle Punktlandung im Nervenzentrum der Einwanderungsgesellschaft. Man könnte es aber auch als einen Versuch verstehen, die missliebigen, uns sicher auch in Zukunft beschäftigenden Themen »Einwanderung«, »Einwanderungsland« und »Einwanderungsgesellschaft« schlichtweg zu überspringen und »Integration« nur als missliche, aber nötige Bekämpfung der Folgen einer unerfreulichen historischen Entwicklung auf die innenpolitische Agenda zu setzen.

Ich bleibe also, trotz begründbarem Optimismus, verhalten skeptisch; denn in einem Leben als Historiker und Politikbegleiter haben mich einschlägige Hoffnungen zu oft enttäuscht. Aber man soll die Hoffnung bekanntlich nie aufgeben. Hoffen wir also – mit produktiver Skepsis – in Sachen Migration und Integration das Beste für dieses Land.

7.2 Christian Wulff, Ministerpräsident des Landes Niedersachsen, Grußwort,
ebenda, S. 15–18.

Mit der heutigen Vorlesung, unter dem für ihn durchaus bezeichnenden Titel »Leviten lesen«, verabschiedet sich mit Professor Bade eine große und beeindruckende Persönlichkeit von der Universität Osnabrück und aus dem Dienst des Landes Niedersachsen, den ich seit vielen Jahren kenne und hoch schätze: als ausgezeichneten Wissenschaftler, als Politikberater und nicht zuletzt als freundlichen, offenen und allen zugewandten Menschen, der sich weit über die Wissenschaft für die Sache – seine Sache – engagiert.

Diese persönliche Note gleich zu Beginn zu unterstreichen, liegt mir am Herzen. Als Niedersächsischer Ministerpräsident kann ich nahtlos anfügen, dass sich für das Land Niedersachsen mit dem Namen und dem Wirken von Professor Bade geradezu ein Markenzeichen verbindet: Das Institut für Migrationsforschung und Interkulturelle Studien der Universität Osnabrück ist uns allen unter dem Kürzel IMIS seit Jahren bestens vertraut. Wenn es dieses Institut nicht gäbe, man müsste es sofort gründen.

Das Institut verdankt seine Gründung im Jahre 1991, seinen Auf- und Ausbau und seinen heutigen Stellenwert ganz wesentlich dem Ehrgeiz und dem Engagement von Professor Bade. Es stellt einen echten wissenschaftlichen Leuchtturm dar, der von der Universität Osnabrück und damit von Niedersachsen aus weit über die Grenzen unseres Landes und über die Grenzen Deutschlands europaweit und international ausstrahlt.

Dabei verbindet sein langjähriger »Leuchtturmwärter« für mich in nur äußerst selten anzutreffender Weise eine über mehr als drei Jahrzehnte reichende intensive Forschungsleistung. Dokumentiert ist diese unter anderem in zahlreichen Forschungsprojekten und Publikationen.

Diese enorme Schaffenskraft und die Fähigkeit von Professor Bade, wissenschaftliche Erkenntnisse in eine, wie er es zu nennen pflegt, »menschenfreundliche Prosa« zu übersetzen, zeichnen seine Arbeit in Forschung und Lehre hier an der Universität Osnabrück seit mehr als 25 Jahren aus. Professor Bade ist es so gelungen, die Aufmerksamkeit der politisch interessierten Öffentlichkeit ebenso wie die der zum verantwortlichen Handeln aufgerufenen Politikerinnen und Politiker zu finden.

Bei Professor Bade haben sich eine erforderliche thematische Differenzierung sowie ein entsprechendes Problembewusstsein stets mit dem Bemühen vertragen, verständlich in der Sprache von Politik und Öffentlichkeit die Herausforderungen und Aufgaben von Migration und Integration zu formulieren. Die Resultate sind bis in die Gegenwart hinein beispielgebend. Sie haben letztlich auch dem Land Niedersachsen in dringenden Fragen von Migration und Integration Antworten gegeben und neue Lösungsansätze aufgezeigt.

Bereits die Gründung zu Beginn der 1990er Jahre und der Ausbau des Instituts wurden in einer Zeit vorangetrieben, in der es nach dem Fall der Mauer und dem Zusammenbruch der kommunistischen Zwangsherrschaft in Osteuropa darauf ankam, im Kontext von Zuwanderung und vereinzelter Fremdenfeindlichkeit tragfähige neue Antworten zu finden. Das IMIS hat daraufhin in der Folgezeit schnell und dauerhaft einen festen Platz in der öffentlichen Diskussion in Deutschland eingenommen. Es bedarf hier keiner näheren Begründung, dass angesichts der in Deutschland im Bereich von Migration, Integration und Minderheiten sichtbar gewordenen und bis heute bestehenden Probleme ein Forschungsinstitut mit der Ausrichtung auf diese Themenfelder wichtig und richtig war.

Vom IMIS sind in den Jahren seit 1991 daher verschiedenste fruchtbare Anstöße zu einer Intensivierung der interdisziplinären Zusammenarbeit im Bereich der Forschung und der Zusammenarbeit zwischen Wissenschaft und den verschiedensten Bereichen der Praxis ausgegangen. Dies gilt insbesondere im Blick auf politische Entscheidungsprozesse, auf mit einschlägigen Problemen befasste Verwaltungsbehörden und auf nichtstaatliche Mittlerorganisationen.

Auch in der Gegenwart geht das Land Niedersachsen auf Anstoß insbesondere von Professor Bade und anderen Wissenschaftlerinnen und Wissenschaftlern des IMIS auf neuen Wegen beispielgebend voran. Wir haben in Niedersachsen als erstes Bundesland einen bislang einzigartigen Master-Studiengangs »Internationale Migration und interkulturelle Beziehungen« an der Universität Osnabrück eingerichtet. Darüber hinaus sind wir gegenwärtig dabei, auch auf die so dringlich gewordene Frage der Integration der in unserem Lande lebenden Muslime mit dem Aufbau des Faches Islamische Religionspädagogik mit dem Ziel einer Ausbildung von Lehrerinnen und Lehrern für islamischen Religionsunterricht eine beispielhafte institutionelle Antwort zu geben.

Ich bin sicher, dass die Vorreiterrolle, die die Universität Osnabrück hier einnimmt, auch in den anderen Bundesländern allerhöchste Aufmerksamkeit und Anerkennung finden wird. Die Niedersächsische Landesregierung unterstützt dieses wegweisende Projekt nicht nur finanziell, denn hier wird sowohl konzeptionell als auch ganz praktisch dringend notwendige Pionierarbeit geleistet.

Ich will den anschließenden Vortrag von Professor Bade – Stichwort: »Leviten lesen« – nicht vorwegnehmen. Und dennoch weiß ich, dass es Professor Bade, unbeschadet der von mir nur bruchstückhaft skizzierten Verdienste, hin und wieder schwer hatte, mit seinen wissenschaftlich fundierten Positionen in der Öffentlichkeit und der Politik Gehör zu finden. Er hat dies in seiner unnachahmlich direkten Sprache einmal »defensive Erkenntnisverweigerung« genannt.

Aller geübten Kritik zum Trotz hat er immer wieder mit Geduld und langem Atem seine Forschungsarbeiten verfolgt und die daraus gewonnenen Erkenntnisse vorgetragen, ja für deren Umsetzung in der Sphäre der Politik mit Leidenschaft geworben. Die Leidenschaft für die Migrationsforschung hält Professor Bade, spätestens seit seiner Habilitationsschrift von 1979, gefangen. Meines Wissens wurden seine daraus resultierenden Forschungsergebnisse damals in Fachkreisen enthusiastisch als eine sachlich und methodisch bahnbrechende Pionierleistung gewertet. Meine Landesregierung hat den Rat von Professor Bade regelmäßig gesucht.

Die von Professor Bade unermüdlich geleistete langjährige Aufbauarbeit an der Universität Osnabrück und seine Tätigkeit als Mahner und Berater in Politik und Öffentlichkeit sind ein Glücksfall für das Land Niedersachsen und die Universität Osnabrück.

Durch ihn ist uns demonstriert worden, dass international anerkannte Forschung und praxisorientierte Aufklärung von der lokalen Ebene bis zur Bundes- und Europaebene miteinander vereinbar sind. Dafür schulden wir dem nimmermüden Wissenschaftler Professor Bade schlicht aufrichtigen Dank!

Wir sehen der Tatsache, dass er uns zukünftig außerhalb seines universitären Amtes als Hochschullehrer auch weiterhin noch auf die ihm eigene freundliche, aber sicher keineswegs immer gemütliche Art erhalten bleiben wird, mit Freude und Neugier entgegen, ohne die darin fortbestehende, an uns als Politiker gerichtete Herausforderung zu übersehen.

7.3 Lutz Stratmann, Niedersächsischer Minister für Wissenschaft und Kultur, Grußwort, ebenda, S. 19–22.

Wir verabschieden heute mit Professor Klaus J. Bade einen Wissenschaftler und Hochschullehrer, der sich nicht allein in Niedersachsen, sondern national wie international ein exzellentes Renommee erworben hat. Die Zeitung »Die Welt« hat ihn in einem Portrait aus dem Jahre 2001 zu Recht als »Urgestein der deutschen Migrationsforschung« bezeichnet und damit gewissermaßen geadelt. Klaus Bade war und ist wie nur wenige seiner Zunft in der Lage, die individuelle Karriere als ausgezeichneter Wissenschaftler in einzigartiger Weise zu verknüpfen sowohl mit der Kompetenz des Gründers und Organisators eines wissenschaftlichen Forschungsinstituts als auch der eines Beraters von Politik und gesellschaftlicher Praxis. Ich glaube hier ohne Übertreibung feststellen zu dürfen, dass sein Ethos immer von der Rolle des Aufklärers her bestimmt war und gewiss auch zukünftig bleiben wird. In diesem Sinne hat er sein Selbstverständnis als Migrationsforscher einmal dahingehend beschrieben, »den Deutschen klar zu machen, was sie von der Zuwanderung haben. Dazu muss man den Menschen die Wahrheit sagen, damit sie begreifen, dass von ihrer eigenen, ganz persönlichen und privaten Zukunft die Rede ist.«

Lassen sie mich im Folgenden einige wenige Aspekte in den Vordergrund stellen, die unterstreichen, dass das Niedersächsische Wissenschaftsministerium frühzeitig das große Potenzial dieses Forschers und Beraters erkannte und im Wissen um seine vielseitige und national wie international erfolgreiche Arbeit sich wiederholt dafür eingesetzt hat, ihm die dafür erforderlichen Rahmenbedingungen zur Verfügung zu stellen – zuerst, um ihn nach Niedersachsen zu holen, und dann um ihn gegen auswärtige Verlockungen hier zu halten.

Die Erfolgsgeschichte der Beziehung zwischen dem Wissenschaftsministerium und Professor Bade begann vor 25 Jahren, als das Ministerium für die damals an der Universität Osnabrück neu eingerichtete C 4-Professur für »Neueste Geschichte (19. und 20. Jahrhundert)« eine zusätzliche Ausstattung bereitstellte, um Herrn Bade, dem zeitgleich in Bayern eine C 4-Professur an der Universität Erlangen-Nürnberg angeboten wurde, 1982 zur Annahme des Rufes nach Osnabrück zu bewegen.

Zu Beginn der 1990er Jahre wiederholte sich diese Situation, wenn auch unter anderen Vorzeichen. Das vereinigte Deutschland war im Problemfeld von Migration und Integration mit dreierlei Herausforderungen konfrontiert: mit starkem Zuwanderungsdruck von außen, mit gefährlichen fremdenfeindlichen Bewegungen im Inneren und einer, wie im Rückblick zu erkennen ist, gewissen politischen Ratlosigkeit gegenüber diesen Herausforderungen. Damit war die Situation entstanden, vor der Professor Bade schon seit Anfang der 1980er Jahre in seinen Appellen zur politischen Gestaltung dieses Problemfeldes immer wieder eindringlich gewarnt hatte.

Weil Professor Bade erfolgreich die Errichtung des Instituts für Migrationsforschung und Interkulturelle Studien der Universität Osnabrück betrieben hatte, erhielt er 1993 – für alle, die um seine erfolgreiche Arbeit wussten, wenig überraschend – einen Ruf auf einen traditionsreichen Lehrstuhl für Neuere und Neueste Geschichte an der Universität Freiburg. Das Land, insbesondere meine Amtsvorgängerin Helga Schuchardt, zögerte in dieser Situation nicht, alle erdenklichen Anstrengungen zu unternehmen, um Professor Bade durch ein Bleibeangebot mit für einen Geisteswissenschaftler durchaus unüblichen Konditionen an der Universität Osnabrück zu halten. Dies ermöglichte ihm den Aufbau des Instituts für Migrationsforschung und Interkulturelle Studien zu der Forschungs-, Lehr- und Beratungseinrichtung, als die es heute nicht nur in Niedersachsen, sondern auch bundesweit und international bekannt ist.

Statt auf die Entwicklung des IMIS im Detail einzugehen, was reizvoll wäre, lassen Sie mich auf die interdisziplinäre und interfakultative Ausrichtung des Instituts hinweisen, die sich in der Zusammensetzung seiner Mitglieder und deren Forschungsschwerpunkten widerspiegelt:

Wir haben 2007 das Jahr der Geisteswissenschaften. Allenthalben wird daher die Frage nach der Zukunft der Geistes-, Kultur- und Sozialwissenschaften diskutiert. Dies geschieht in der Regel vor dem Hintergrund, dass unter dem Stichwort Life Sciences oder Lebenswissenschaften die Natur-, Ingenieur- und Informationswissenschaften vorrangig die Aufmerksamkeit der Öffentlichkeit und der forschungsfördernden Institutionen auf sich ziehen. Dabei gerät allzu leicht aus dem Blick, dass parallel zu den neuen Erkenntnissen, die uns diese Wissenschaften bescheren, die Ungewissheit über deren Nebenfolgen zunehmen, die sich etwa in ökonomischer, kultureller und sozialer Hinsicht ergeben. Gerade in unserer globalisierten und im wahrsten Sinne des Wortes von Wanderung bewegten Welt entstehen daraus neue Herausforderungen. Fragen der Interkulturalitäts- und Migrationsforschung werden daher weiterhin ein wesentlicher Gegenstand gesellschaftlicher Aufmerksamkeit sein, auf die allein interdisziplinäre Forschung adäquate Antworten geben kann. Deshalb brauchen weder die Geistes- und Sozialwissenschaften noch IMIS mit Sorgen in die Zukunft zu blicken.

Das Wissenschaftsministerium hat auch in der laufenden Legislaturperiode die Entwicklung des von Professor Bade begründeten Forschungsschwerpunkts immer wieder finanziell und ideell unterstützt, zuletzt mit der Förderung des von Professor Bade zusammen mit Professor Oltmer beantragten großen europaweiten Projekts zur Erarbeitung eines auf drei Bände veranschlagten Handbuchs »Staat und Migration in Deutschland seit dem 17. Jahrhundert«. Mir liegt viel an einer erfolgreichen Fortsetzung der Arbeiten zu diesem Thema, dessen Bedeutung immer noch ungebrochen ist. Vor diesem Hintergrund werden wir das jetzt laufende Forschungsprojekt noch einmal um drei zusätzliche Jahre verlängern und damit die nötige Personalkapazität, aber auch die nötigen Sachmittel bereitstellen, um die Kontinuität der Forschungsarbeiten hier in Osnabrück zu sichern. Dabei bin ich mir bewusst, dass diese zusätzlichen Mittel die profunden Kenntnisse und Fähigkeiten von Professor Bade nicht ersetzen können – aber sie sichern, dass die von ihm gestellten Fragen an die Forschung in der Universität Osnabrück weiterverfolgt werden können.

Wenn wir heute Herrn Professor Bade aus seinem Amt als Hochschullehrer verabschieden, dann verbinden wir damit zwei Hoffnungen:

1. dass er uns auch weiterhin als Berater zu Problemstellungen von Migration und Integration in Deutschland und Europa zur Verfügung stehen wird und

2. dass es der Universität Osnabrück gelingen möge, eine hochkarätige und seine Arbeit produktiv fortsetzende Nachfolgebesetzung seiner Professur zu erreichen, um damit die Nachhaltigkeit der Bearbeitung von Problemen im Bereich von Migration und Integration zu gewährleisten, für die der Wissenschaftler Klaus J. Bade mit seinem Werk so ausdauernd und eindrucksvoll den Boden bereitet hat. Dass das Niedersächsische Wissenschaftsministerium die Universität Osnabrück dabei nach Kräften unterstützen wird, will ich hier ausdrücklich versichern.

7.4 Wilhelm Krull, Generalsekretär der VolkswagenStiftung, Grußwort, ebenda, S. 23–27.

Stiftungen sind – oder zumindest sollten sie doch – risikofreudig sein, aufgeschlossen für das Erkunden unbekannten Terrains und für den außergewöhnlichen Gedanken. Eine gewisse Abenteuerlust ist dabei durchaus hilfreich. Oft müssen jedoch Mut, Entschlossenheit und nicht zuletzt Durchhaltevermögen hinzukommen, um die als richtig erkannte Sache zum Erfolg zu führen.

Bevor ich jedoch in Versuchung komme, Ihnen meine eigene Theorie der Kreativität in Wissenschaft, Kultur und Stiftungen darzulegen, oder auch – damit durchaus eng verknüpft – Ihnen mittels stiftungsphilosophischer Betrachtungen meine Wertschätzung des wissenschaftlichen und politischen Wirkens von Herrn Bade bekunde, will ich mich gewissermaßen selbst kopfüber in das Wagnis des Aufwerfens grundlegender Fragen und eines nicht bloß rhetorischen Vergleichs stürzen, der manchem von Ihnen überraschend erscheinen, seltsam anmuten oder Sie gar irritieren mag. Zunächst also einige (von vielen möglichen) Fragen:

- *Wer ist Klaus Bade? – Eine fundamentale Frage, die er sich vermutlich schon des Öfteren selbst gestellt hat und die so wohl keiner von uns wird beantworten können.*
- *Anders gefragt: Was zeichnet diesen Historiker und Migrationsforscher derartig aus, dass sogar der Niedersächsische Ministerpräsident und der zuständige Minister gemeinsam zu seiner Abschiedsvorlesung kommen wollten?*
- *Für mein Grußwort leitend wird jedoch eher die Frage sein: Wie kann man das Wirken Klaus Bades am ehesten charakterisieren? – Ist er ein »Anwalt der Entrechteten«, ein »unermüdlicher Aufklärer« oder gar »unser aller Migrationspapst«?*

Eine Teilantwort auf die Frage nach der Positionierung Klaus Bades – mit ihren Entsprechungen und vor allem auch bedeutenden Unterschieden – fand ich im Kontext eines Aufsatzes von Walter Benjamin aus den 1930er Jahren mit dem Titel »Der Erzähler«. Darin unterscheidet Benjamin zwischen zwei Archetypen des Erzählers: dem sesshaften, tief in der Geschichte seines Volkes verwurzelten Ackerbauern einerseits und dem weitgereisten, Handel treibenden und Neuigkeiten aus fremden Ländern mitbringenden Seemann andererseits. Beide erreichen später im erzählenden Handwerker ihre ideale Synthese: »in ihm [dem Handwerkerstand] verband sich die Kunde von der Ferne, wie der Vielgewanderte sie nach Hause bringt, mit der Kunde aus der Vergangenheit, wie sie am liebsten dem Sesshaften sich anvertraut.«

Dabei tritt Benjamin zufolge in dieser goldenen Zeit des Geschichtenerzählens der Autor gewissermaßen zum letzten Mal in der Geschichte als ein seiner selbst und der geschichtlichen Entwicklung gewisser Ratgeber in Erscheinung; denn danach beginnt die Krise des Erzählens, die nicht zuletzt durch die erschütternden Erfahrungen in den Material- und Menschenschlachten des Ersten Weltkrieges ihren traurigen Höhepunkt erreicht: »Eine Generation, die noch mit der Pferdebahn zur Schule gefahren war, stand unter freiem Himmel in einer Landschaft, in der nichts unverändert geblieben war als die Wolken und unter ihnen, in einem Kraftfeld zerstörender Ströme und Explosionen, der winzige, gebrechliche Menschenkörper.« Diese Erfahrungen und die nachfolgenden Ereignisse haben, so Benjamin, jede Möglichkeit, aus einer Position gesicherter Erfahrung heraus Rat wissend zu erzählen, obsolet werden lassen.

Nun möchte ich keineswegs behaupten, dass Herr Bade das Ideal des erzählenden Handwerkers verkörpere oder der von Walter Benjamin diagnostizierte Verfallsprozess des Erzählens etwa durch Herrn Bades Wirken und Werk widerlegt worden wäre. Und erst recht möchte ich aus ihm keinen Märchenerzähler oder gar einen Wanderprediger in puncto Migration machen. Ich meine jedoch, dass Sie, lieber Herr Bade, durchaus einen neuen, so von Benjamin noch nicht gekannten Typus des Erzählers verkörpern, nämlich den des welterfahrenen und zugleich historisch versierten, vertikal tief verwurzelten Zeitdiagnostikers, der die Geschichte und die Geschichten der (nur allzu oft unfreiwillig) Weitgereisten erzählt und damit den zahlreichen Migranten unserer Tage nicht nur eine Stimme verleiht und sie somit ins Licht unserer Aufmerksamkeit rückt, sondern uns zugleich klugen Rat erteilt, wie mit ihnen positiv und produktiv umzugehen wäre. Und dies tun Sie in so souveräner Manier, dass es denn doch beinahe wie ein Echo des Benjaminschen Vergleichs erscheint: »So betrachtet geht der Erzähler unter die Lehrer und Weisen ein. Er weiß Rat – nicht wie das Sprichwort: für manche Fälle, sondern wie der Weise: für viele. Denn es ist ihm gegeben, auf ein ganzes Leben zurückzugreifen.«

Ganz im Sinne François Lyotards und Hayden Whites ist es Ihnen, lieber Herr Bade, gelungen, uns einige der großen »Meistererzählungen«, der wirklich formativ wirksamen, die Debatten weit über den Kreis der Migrationsforscherinnen und -forscher hinaus prägenden Bücher und Aufsätze zu schenken. Ein großes Geschenk für uns alle! Sie haben uns damit gezeigt, dass die Lebendigkeit der Geschichtsbilder sich im Willen zur Diagnose der Gegenwart zeigt und motiviert ist von der Frage: Was kann man in historischer Perspektive für Entwicklungen erwarten und wie kann man gegebenenfalls steuernd eingreifen? Beispielhaft sei hier nur auf Ihr rund fünfhundert Seiten starkes, zur Jahrtausendwende im Münchner Beck-Verlag erschienenes Buch verwiesen: »Europa in Bewegung. Migration vom späten 18. Jahrhundert bis zur Gegenwart«, in dem Sie uns in souveräner Stoffbeherrschung die ganze Vielfalt des Wanderungsgeschehens in, aus und nach Europa vor Augen führen, um sich schließlich den gegenwärtigen Herausforderungen und Problemen zuzuwenden, wie dem organisierten Menschenschmuggel, dem neuen Feindbild des »illegalen Einwanderers« und der zunehmenden Tendenz zur Abgrenzung der »Festung Europa« gegenüber unerwünschten Zuwanderern von außen. Der Schlusssatz Ihres Buches liest sich auch sieben Jahre nach dessen Erscheinen – und wohl auch jüngst im Lichte des G8-Gipfels von Heiligendamm – wie eine überaus aktuelle Mahnung an die Adresse der Mächtigen in Politik und Wirtschaft: »Solange das Pendant der Abwehr von Flüchtlingen aus der ›Dritten Welt‹, die Bekämpfung der Fluchtursachen in den Ausgangsräumen fehlt, bleibt diese Abwehr ein historischer Skandal, an dem künftige Generationen das Humanitätsverständnis Europas im späten 20. und frühen 21. Jahrhundert bemessen werden.«

Es ist Ihr großes Verdienst, lieber Herr Bade, dass Sie nicht nur selbst auf vielfältige Weise daran mitgewirkt haben, die aus Ihrer Forschung resultierenden Erkenntnisse in den politischen Raum hineinzutragen, sondern dass Sie auch andere dazu angehalten haben und weiterhin – etwa die Wissenschaftlerinnen und Wissenschaftler in den von uns geförderten Studiengruppen zu »Migration und Integration« – dazu anhalten, sich dieser Aufgabe, die ja ungeheuer viel Kraft kostet, immer wieder anzunehmen.

Als Politikberater kann es einem jedoch in der Tat zuweilen so ergehen wie dem weitgereisten Abenteurer in dem folgenden Zitat von Ludwig Marcuse: »Der Abenteurer ist unentbehrlich. Das wird allerdings erst erkannt, wenn sich herausstellt, dass er [ein neues] Amerika entdeckt hat.« Um in der Politikberatung – wie übrigens auch in der Forschungsförderung – erfolgreich sein zu können, bedarf es freilich nicht nur des Erkundens von Neuland, sondern auch eines langen Atems und der Entschlossenheit, sich von Rückschlägen nicht entmutigen zu lassen. Vielmehr gilt es, stets aufs Neue, wie Sisyphos, den schweren Stein den Berg der Entscheidung hinaufzurollen und dabei an Albert Camus' berühmten Satz zu denken. »Wir müssen uns Sisyphos als einen glücklichen Menschen vorstellen.«

Nun sind Sie, lieber Herr Bade, nicht nur ein viel gefragter Autor, Redner, Diskutant und politischer Berater, sondern zum Glück auch »Stiftungsmensch«. Zunächst fast zehn Jahre lang als Gutachter und seit mehr als fünf Jahren als Kurator standen und stehen Sie uns in der VolkswagenStiftung auf vielfältige Weise zur Seite. Dafür sind wir Ihnen allesamt, zuvorderst die Kuratorinnen und Kuratoren, die Mitarbeiterinnen und Mitarbeiter sowie nicht zuletzt die Geförderten von ganzem Herzen zu Dank verpflichtet. Sie haben nicht nur in den 1990er Jahren das Thema der Interkulturalität mit Ihrem scharfsichtigen Gutachterblick und zugleich als Vorsitzender des seinerzeitigen Beraterkreises entscheidend mitgeprägt, sondern Sie waren auch immer wieder mit konzeptionellem Rat zur Stelle, wenn es galt, neue Förderformen – wie etwa die bereits erwähnten Studiengruppen zu »Migration und Integration« im Rahmen unserer Förderinitiative »Zukunftsfragen der Gesellschaft« – und die mit ihnen verbundenen Ausschreibungen vorzubereiten. Schmerzlich nur, dass Sie sich als Kurator nicht selbst in den Wettbewerb um die ausgelobten Drittmittel stürzen konnten. Aber so ist das in der VolkswagenStiftung, vor allem bei Wissenschaftlern, die uns »lieb und teuer« sind. Dabei gilt das Gesagte nicht nur für die VolkswagenStiftung, sondern auch für zahlreiche andere Fördereinrichtungen. Auch hier mag als jüngstes Beispiel die Vodafone-Stiftung genügen. Mit ihr und dem Bundeskanzleramt versuchen wir gemeinsam, für Mitte Oktober 2007 eine große internationale Konferenz zum Themenkomplex »Migration, Integration und Bildung« auf die Beine zu stellen.

Es gibt also weiterhin viel zu tun. Und ich freue mich, lieber Herr Bade, dass ich mit Blick auf unser Zusammenwirken in der VolkswagenStiftung keine Abschiedsworte sprechen muss, sondern weiterhin darauf hoffen darf, dass Ihr Engagement für die gemeinsame Sache der Wissenschaftsförderung uns auch für die nächsten Jahre erhalten bleibt.

Sicherlich werden Sie in Ihrem kämpferischen Elan nicht nachlassen und sowohl uns in der Stiftung wie auch manchem Geförderten, der nicht so recht vom Fleck kommt, und erst recht den Politikern die Leviten lesen (was ja nicht immer mit Strafpredigten gleichzusetzen sein muss). Damit Sie hier und heute möglichst bald dazu kommen, vielleicht sogar selbst in die Rolle eines Leviten zu schlüpfen, möchte ich mein kleines Grußwort jetzt beenden mit dem Ausdruck ganz persönlicher Vorfreude darauf, dass wir schon morgen und übermorgen in Hannover erneut die Gelegenheit haben, im Rahmen des Kuratoriums zusammenzuwirken, und dies zugleich mit den besten Wünschen für Sie, lieber Herr Bade, verbinden, nicht zuletzt für eine sich öffentlich stabilisierende Gesundheit. Bleiben Sie möglichst gesund, bleiben uns stets gewogen, und wirken Sie vor allem weiterhin als der meisterhaft agierende, kämpferisch-engagierte Migrationsforscher, den wir alle so sehr schätzen!

7.5 Michael Bommes, Direktor, IMIS, Grußwort, ebenda, S. 29–35.

Klaus Bade hat 1999 in einem nach wie vor aktuellen und lesenswerten Beitrag über »Migrationsforschung und Gesellschaftspolitik« geschrieben: »Wissenschaft ist eine gesellschaftliche Veranstaltung«. Sie sei aufgerufen, sich über die Kommunikation in der Scientific community hinaus auch in gesellschaftspolitischen Belangen zu engagieren, um durch die Vermittlung wissenschaftlicher Erkenntnisse zur praktischen Bewältigung anstehender Probleme bzw. zur Schadensbegrenzung beizutragen.

Das liest sich von heute aus wie ein autobiographisches Handlungskonzept von Klaus J. Bade
1. als Historiker,
2. als Wissenschaftsorganisator,
3. als politischer Publizist und
4. als Politik- und Strategieberater.

Schauen wir uns also zunächst viermal Klaus Bade kurz genauer an:

1. Der Historiker: Klaus Bade hat in der Geschichtswissenschaft und aus dieser heraus auch interdisziplinär mancherlei richtungweisende Anstöße gegeben – von der Kolonial- und Überseegeschichte bis hin zur Historischen Regionalforschung. Er hat aber vor allem die Historische Migrationsforschung als interdisziplinäre Forschungsrichtung in Deutschland begründet, konzeptualisiert und wissenschaftstheoretisch fundiert. Dazu gehört auch der Bereich, der im anglophonen und insbesondere transatlantischen Raum schon lange und neuerdings auch auf europäischer Ebene – vielleicht ein wenig missverständlich – »Applied Migration Research«, also »Angewandte Migrationsforschung«, genannt wird.

Es geht darum, so Klaus Bade, »zu verfolgen, wie und warum in den gesellschaftlichen Problemfeldern von Migration, Integration und Minderheiten alles so kam wie es kam. Zu zeigen ist aber auch, dass nicht alles so kommen musste, wie es kam, und wo Versäumnisse von gestern zu Problemen von heute geworden sind. Dabei geht es nicht um Anklagen oder Schuldsprüche. Erkennbare Versäumnisse aber müssen benannt werden, wenn aus folgenreichen Problemen der Vergangenheit für die Gestaltung der Zukunft gelernt werden soll.« Das bezeichnet gewissermaßen das Hintergrundprogramm vieler der von ihm vorgelegten Bücher und Aufsätze.

2. Der Wissenschaftsorganisator: Klaus Bade wusste, dass es, wenn tragfähige Strukturen geschaffen werden sollen, nicht genügt, Forschungsergebnisse und wissenschaftlich wohlbegründete Bestandsaufnahmen in verschlüsselter Semantik in die geschlossenen Kreise der Fachwissenschaft hinein zu kommunizieren. Er hat deshalb im Feld von Migration und Integration, von Migrations- und Integrationspolitik eine ganze Reihe von Institutionen begründet oder, wie er in der ihm eigenen intellektuellen Bescheidenheit sagen würde, »mitbegründet«, die zum Teil schon Erwähnung gefunden haben und von denen ich hier als sein Amtsnachfolger als IMIS-Direktor nur und – wen wird das überraschen – insbesondere unser Institut für Migrationsforschung und Interkulturelle Studien, das IMIS, nennen möchte.

Ich weiß, dass er zu der heute weithin üblichen egomanen Gründersemantik stets Distanz gehalten hat. Stattdessen spricht er im Sinne dessen, was man im Jargon »Corporate identity« zu nennen pflegt, immer nur von »unserem Institut«, »unserer Arbeit« und »unseren Erfolgen«. Aber alle, die dabei waren und sind, wissen, dass damit ganz wesentlich und vor allem sein Institut, seine Arbeit und seine Erfolge bezeichnet sind, die, worauf Herr Präsident Rollinger schon hingewiesen hat, immer auch auf die Universität und ihre Außendarstellung ausgestrahlt haben.

Es ging Klaus Bade bei alledem, ausgehend vom IMIS, um die forschungsorientierte und interdisziplinäre Intensivierung von Kommunikation durch Organisation. Hierher gehört ein halbes Dutzend von wissenschaftlichen Organisationen, von denen die bundesweite »Gesellschaft für Historische Migrationsforschung« (GHM) und der ebenfalls bundesweite, aber multidisziplinäre »Rat für Migration« (RfM) wohl die wichtigsten sind.

Hierher gehört aber auch Klaus Bades frühes Konzept des »doppelten Dialogs« im Problemfeld von Migration und Integration – nämlich 1. zwischen den verschiedenen, lange ohne nähere Kenntnis voneinander auf verwandten Feldern arbeitenden Wissenschaftsdisziplinen und Forschungsrichtungen und 2. zwischen Forschung, Praxis und Politik.

Dabei blieb Klaus Bade, wenn die Sache es erlaubte, auch in der Gründungsphase immer nur möglichst kurze Zeit an der Spitze und trat dann wieder ins Glied zurück oder wirkte – wie z.B. beim Rat für Migration – von Beginn an nur als Stellvertreter oder als Vorstandsmitglied mit. Diese persönliche Zurückhaltung kennzeichnet Klaus Bade ebenso wie sein Bemühen darum, das, was er z.B. hier in Osnabrück geschaffen oder: wie er formulieren würde »mit aufgebaut« hat, schon möglichst früh in andere und schließlich in jüngere Hände zu legen. Das kann man dahingehend zusammenfassen: Er hat sich um die Universität und die Scientific community verdient gemacht und zugleich stets rechtzeitig sein Haus bestellt.

3. Der politische Publizist: Schreiben hat Klaus Bade von der Pike auf gelernt, denn er stammt aus einer Familie, in der man zum Teil vom Schreiben lebte, als Journalist oder Verleger. Er ist im Blick auf sein Verständnis wissenschaftlicher Öffentlichkeitsarbeit gewissermaßen »amerikanisch« geprägt – verstanden in dem Sinne, dass er dort, wo eine weitere Öffentlichkeit erreicht werden sollte, selber so schrieb, dass seine Texte journalistische Übersetzungshilfen überflüssig machten. Das begründete im Verbund mit seiner Autorität in der Sache bei dem Thema Migration und Integration seine öffentliche Resonanz: Hier war er auffällig als ein ausgesprochener Frühwarner und wurde in den beiden letzten Jahrzehnten in diesem seinem Schwerpunktthema zu einem weithin bekannten politischen Publizisten.

Als ein solcher politischer Publizist hat Klaus J. Bade wiederkehrend genau das praktiziert, was mittlerweile nach einer ebenfalls ihm geschuldeten Begriffsprägung »kritische Politikbegleitung« genannt wird. Dabei ging und geht es darum, in Kooperation mit den Medien perspektivische Verzerrungen in Öffentlichkeit und Politik aufzuheben, wie z.B. vor einigen Jahren beim Thema der aufenthaltsrechtlichen Illegalität, das in Deutschland jahrzehntelang im öffentlichen Diskurs einseitig nur mit organisierter Kriminalität und deren Opfern in eins gesetzt und als strukturelle Dauerproblemstellung (nicht nur) in Deutschland und Europas geleugnet wurde. Es ging aber auch darum, über die Medien, wie Klaus Bade das gelegentlich drastisch zu benennen pflegte, erforderlichenfalls einmal »mit der flachen Hand in die Suppe zu hauen«, um unterbelichtete Themen in den öffentlichen Mainstream zu drücken – so zuletzt beim Thema der Abwanderung von qualifizierten Kräften aus Deutschland, das zuvor niemand so recht ernst nehmen wollte.

Viele Gestaltungsappelle von Klaus Bade seit den frühen 1980er Jahren haben wenig von ihrer Aktualität verloren. In der Frage der Auslotung der Möglichkeiten von Migrationssteuerung und Integrationspolitik hat Deutschland eine lange »bleierne Zeit« hinter sich. Frühzeitigeres Hinhören, was auf gesellschaftspolitisch besonders umstrittenen Feldern aber bekanntlich nur selten gelingt, hätte Deutschland und Europa auf dem Weg in die Einwanderungsgesellschaft manche unnötige Verzögerung erspart. Deren Folgen sucht man heute durch das zu begrenzen, was man, erneut nach Klaus Bade, »nachholende Integrationspolitik« nennt – aber dies zeigt nur und lässt uns für die Zukunft hoffen, dass er so schnell keine Ruhe gibt.

4. Der Politik- und Strategieberater: Von Klaus Bades Rolle als neutraler und parteiloser Berater sind vorwiegend seine Tätigkeiten in Kommissionen und Sachverständigenräten bekannt – von EKD- und ökumenischen Kommissionen über diverse Sachverständigenräte der Bundesregierung bis hin zum Zuwanderungsrat 2003/04. Über manche seiner direkten Beratertätigkeiten in verschiedenen Bereichen und insbesondere in der Politikberatung ist jedoch wenig bekannt. Er hat hier diskret vieles bewegt und die Ergebnisse dennoch nie, obgleich das als ein bewährtes Erfolgskriterium von Forschungseinrichtungen in der Wissenschaftsevaluation gilt, unter seinem Namen patentieren lassen – und so weiß auch kaum jemand, dass, um nur zwei Beispiele zu nennen, das langjährige Solinger »Landeszentrum für Zuwanderung«, gewissermaßen das sachliche und personelle Fundament des ersten deutschen Integrationsministeriums in Nordrhein-Westfalen, oder die »Akademie für Migration und Integration« der Otto-Benecke Stiftung auf Anregungen und Konzepte von Klaus Bade zurückgehen.

Ich komme zum Schluss. Wir verabschieden uns heute von Klaus Bade als Hochschullehrer und Forscher dieser Universität, der er 25 Jahre angehört hat. Wir verabschieden uns von ihm nicht als Person. Das soll mir aber kein Grund sein, mich nicht auch zu Klaus Bade als Person zu äußern – und dies unvermeidlich gedoppelt in meiner Rolle als Nachfolger von Klaus Bade und als jemand, der wissenschaftlich und persönlich auf eine ebenfalls mehr als 15-jährige Geschichte in der Spur von und mit Klaus Bade zurückblickt:

Als langjähriges IMIS-Mitglied und mittlerweile IMIS-Direktor brauche ich nur wenige Worte, um bündig zu sagen: Alle, die im IMIS als dessen Mitglieder, wissenschaftliche und nicht-wissenschaftliche Mitarbeiter, als Graduierte und Doktoranden sowie auch als Studierende dabei waren, wissen um den prägenden Einfluss von Klaus Bade – sie haben gewissermaßen seinen Geist, der Menschenfreundlichkeit mit Unnachgiebigkeit in der Sache paart, inhaliert und alle von der durch ihn geschaffenen Infrastruktur profitiert. Das schlägt sich nieder in dem wissenschaftlichen Output des IMIS, in zahlreichen Forschungsprojekten, die am IMIS durchgeführt worden sind und werden, in den Dissertationen, die aus dem IMIS-Graduiertenkolleg hervorgegangen sind, aber auch in den Karrieren von jungen Nachwuchswissenschaftlern, die zum Teil heute selbst Professoren und Professorinnen sind und, fragte man sie nach den Stationen ihrer Karriere, dabei die Begegnung mit Klaus Bade sicher nicht auslassen würden.

Mit dem IMIS ist das erste der mittlerweile zahlreicheren interdisziplinären Institute an dieser Universität entstanden und es hat für seine Mitglieder frühzeitig praktisch gemacht, was allerorts gefordert wird: Interdisziplinarität in Forschung und Lehre. Davon haben alle profitiert, dafür sind sie Dir, Klaus, dankbar und ich versprachliche damit nur, da bin ich sicher, was sie ohnehin damit zum Ausdruck bringen, dass sie heute in so großer Zahl gekommen sind.

Für mich selbst möchte ich mit zwei Episoden abschließen: Als ich 1992 als Assistent für Soziologie an den FB Sozialwissenschaften kam, beantragte ich, Mitglied des IMIS zu werden. Ein paar Arbeiten zum Feld Migration und Integration, u.a. meine Dissertation in den Sprachwissenschaften an dieser Universität bei dem späteren IMIS-Mitglied Utz Maas und Siegfried Kanngießer zum Thema Sprachverhalten von Migrantenjugendlichen, hatte ich schon geschrieben. Klaus Bade teilte mir mit, dass das Ganze (natürlich nach Beschluss der Mitgliederversammlung) in Ordnung gehen würde, und so kam es denn auch. Kurz darauf gingen wir nach einem Vortrag am IMIS zu einem Restaurant. Ich hatte Klaus Bade einen Antragsentwurf für ein Forschungsprojekt geschickt mit der Bitte um einen Kommentar – im Wissen darum, dass er in solchen Fragen ein unersetzlicher Berater ist. Auf meine Frage, ob er sich das Ganze mal angeschaut habe, gab er mir ein paar Hinweise und fragte mich, was ich darüber hinaus von ihm in dieser Sache erwarte. Ich antwortete, dass ich außer diesem Kommentar nichts von ihm erwarte, sonst hätte ich dies ausdrücklich gesagt. Seine Reaktion daraufhin: »Sie sind ein empfindlicher Mensch, Herr Bommes« – wir waren damals noch beim Sie. Ich parierte knapp: »Ich bin nicht empfindlich, sondern meine das, was ich sage, so, wie ich es sage.«

Wenige Wochen später gab es eine IMIS-Mitgliederversammlung, meine zweite. Die Mitglieder hatten einen Antrag auf ein Graduiertenkolleg formuliert, nachdem ein erster Antrag mit der Aufforderung zur Überarbeitung zurückgekommen war – bald darauf hatten wir drei erfolgreiche Graduiertenkollegs hintereinander. Klaus Bade schlug vor, diesen ersten Antrag, bevor er abgeschickt werde, noch einmal kritisch durchzusehen – und wir hätten doch nun ein neues Mitglied, das diese Rolle einmal stellvertretend einnehmen könne – gemeint war ich. Das war nicht gut ablehnbar. Ich hatte den Antrag gelesen und war wenig begeistert. Was sollte ich sagen? Nun, ich habe dazu gesagt, was ich meinte.

Beides zusammen war gewissermaßen der Takeoff des Gespanns Bade/Bommes, das sich in manchen erfolgreichen Unternehmungen niedergeschlagen hat – immer im klaren Wissen darum, dass die Reihenfolge vor und nach dem Schrägstrich nicht dem Alphabet, sondern der Kompetenz in der Sache und einer Erfahrung geschuldet ist, in deren Windschatten ich den Weg auf das stürmische Feld von Migration und Integration gefunden habe und die Position auch bei plötzlichen und manchmal ziemlich unberechenbaren Winddrehungen halten konnte.

Wenn ich das persönlich hier zusammenfassen darf, dann möchte ich sagen, dass Klaus Bade und ich es bis in die Gegenwart so gehalten haben: Wir meinen wechselseitig, was wir sagen und machen es uns dabei nicht gemütlich. Aber das hat begründet, dass sich kaum übertreiben lässt, was ich menschlich und beruflich der Begegnung mit Klaus Bade verdanke, dass wir in der Sache manches zusammen hinbekommen haben und dass daraus eine Freundschaft hervorgegangen ist, die Anforderungen an die Berufsrolle und Persönliches nie durcheinander gebracht – und genau darin ihr Fundament hat. Das wird auch über diesen Tag und die Emeritierung von Klaus Bade hinaus Bestand haben, ändert aber nichts daran, dass ich bislang Direktor des IMIS unter Klaus Bade war – ab jetzt bin ich allein.

7.6 Armin Laschet, Minister für Generationen, Familie, Frauen und Integration des Landes Nordrhein-Westfalen, Grußwort vor dem zweiten Treffen des Integrationsbeirates Nordrhein-Westfalen am 10.8.2007 in der Staatskanzlei zu Düsseldorf,
ebenda, S. 67–70.

Wir sollten das zweite Treffen des Integrationsbeirates Nordrhein-Westfalen nicht beginnen, ohne zuvor eines seiner Mitglieder besonders zu würdigen.

Professor Bade hat am 27. Juni seine Abschiedsvorlesung an der Universität Osnabrück gehalten. Das ist ein Einschnitt für ihn persönlich, natürlich. Bei einem Wissenschaftler vom Kaliber Professor Bades ist es aber noch mehr. Da ist es ein Einschnitt für die deutsche Migrations- und Integrationsforschung insgesamt. Und als der für Integration zuständige Minister in Nordrhein-Westfalen will ich darauf eingehen.

Denn Sie, lieber Professor Bade, haben deutsche Migrations- und Integrationsforschung wie kaum ein anderer über Jahre und Jahrzehnte geprägt. Das Institut für Migrationsforschung und Interkulturelle Studien, das IMIS an der Universität Osnabrück, war dabei Ihre Basis. Sie haben aus dem Institut eine weit über Deutschland hinaus anerkannte Forschungseinrichtung gemacht. Sie hat eigentlich nur einen Makel: Sie steht auf niedersächsischem und nicht auf nordrhein-westfälischem Boden.

Alles andere als ein Makel, sondern ein ausgesprochener Vorzug ist es, dass Sie zu den Forschern gehören, die über das von ihnen Erforschte auch berichten – und zwar nicht nur den anderen Forschern. Sie haben es auch denen berichtet, die es sehr oft nicht hören wollten. Das nennt man dann Politikberatung.

Ich will mir als Vertreter der Politik heute den Schmerz ersparen, alle Warnungen und Mahnungen aufzulisten, die von Ihnen und der Integrationsforschung stetig gekommen sind – und die von der Politik aller Couleur ebenso stetig in den Wind geschlagen wurden. Ich will Ihnen aber ganz ausdrücklich für Ihre beharrliche und demonstrative Erkenntnisverbreitung danken, die Sie einer, wie Sie es nannten, »demonstrativen Erkenntnisverweigerung« entgegengesetzt haben.

Ich will Ihnen dafür danken, dass Ihre Stimme dabei nicht hart oder schrill geworden ist, wie es leicht geschieht, wenn man Lernprozesse auslösen will, aber zu häufig auf taube oder verschlossene Ohren trifft. Vielleicht ist Ihnen dieses Kunststück dadurch gelungen, dass Sie Ihre Erfahrungen als Politikbegleiter und Historiker in eine wunderbare Ironie verwandelt haben. So, wenn Sie in Ihrer Abschiedsvorlesung anmerken, vieles würde in der Migrationspolitik heute »beherzt neu entdeckt« und hinzufügen »Literaturkenntnis schützt vor Neuentdeckungen«.

Ich will Ihnen drittens dafür danken, dass Sie Begriffe geprägt und Formulierungen gefunden haben, die Einzug in die deutsche Integrationspolitik gefunden haben. So wenn sie feststellen: »Gelungene Integration aber zeichnet sich dadurch aus, dass sie unauffällig bleibt«. So wenn Sie einen Begriff wie »nachholende Integrationspolitik« prägen. Wie sind wir zuvor ohne diesen wichtigen Begriff ausgekommen?

Lieber Professor. Bade, sicher ist die deutsche Zuwanderungs- und Integrationspolitik heute noch nicht so, wie Sie es sich wünschen. Aber dass wir heute viel weiter sind, als noch vor zehn und zwanzig Jahren, dass wir heute pragmatisch Zuwanderungs- und Integrationspolitik machen können, dass wir Illusionsballast abgeworfen haben, das ist in hohem Maße Ihr persönliches Verdienst.

Sie haben sich, um mit Voltaire zu sprechen, solange wiederholt, bis man Sie verstanden hat, Sie haben mit ganz langem Atem immer wieder das deutlich gemacht, was Sie für zentral halten:

- *Wir sind de facto ein Einwanderungsland.*
- *Wir müssen die Migrations- und Integrationspolitik als zentrale Gestaltungsbereiche in den Mittelpunkt stellen.*
- *Wir müssen ein Integrationsland werden. Ein Land der neuen Integrationschancen.*

Inzwischen, hoffentlich nicht nur derzeit, haben wir darüber einen Konsens erreicht. Jetzt geht es darum, auf dieser Basis weiterzukommen. Ich denke dabei vor allem an ein Mehr an Verbindlichkeit und an eine solidere Datengrundlage für Integrationspolitik.

Schon die Süssmuth-Kommission hat die Unzulänglichkeit der statistischen Erfassung von Migration beklagt und bessere Daten gefordert. Wir wissen z.B. bis heute nicht genau, wie viele Aussiedler und Spätaussiedler tatsächlich in Nordrhein-Westfalen und im Bundesgebiet wohnen. Der Sachverständigenrat für Zuwanderung und Integration, dessen stellvertretender Vorsitzender Sie nach Rita Süssmuth waren, hat von gravierenden Mängeln der Integrationsberichterstattung gesprochen. Er hat »geeignete Indikatoren zur Messung der Zielerreichung« gefordert, auch um Entscheidungen in der Zuwanderungs- und Integrationspolitik methodisch und empirisch besser abzusichern. Der Sachverständigenrat spricht sogar von einer Migrations- und Integrationspolitik »im Blindflug«.

Ich bin sicher, dass wir mit der freundlichen Beharrlichkeit, für die Professor Bade steht, die Chance haben, auch in Sachen Datengrundlage und Verbindlichkeit endlich weiterzukommen, im Bund und im Land. Und ich setze und hoffe darauf, dass Sie uns auch nach dem Abschied von der »akademischen Kärrnerarbeit«, wie Sie es genannt haben, in diesen und anderen Fragen der Integrationspolitik weiter zur Seite stehen.

Lieber Professor Bade, Sie haben gesagt, ich habe es zitiert: »Literaturkenntnis schützt vor Neuentdeckungen«. Machen wir die Probe! Ich habe hier ein Dokument, dessen Autor einen sehr starken Bezug zu Nordrhein-Westfalen hatte. In dem Text stehen u.a. folgende Forderungen:

- *»Anerkennung der faktischen Einwanderung«;*
- *erhebliche Intensivierung der integrativen Maßnahmen vor allem für die Kinder und Jugendlichen, d.h. im Bereich der Vorschule, Schule und beruflichen Bildung.*

Wissen Sie, was das sein könnte?

(Zwischenruf Professor Bade: »Das ›Kühn-Memorandum‹ von 1979!«)

Richtig! Ich möchte Ihnen aus diesem Anlass eines der letzten noch verfügbaren »Originale« des Memorandums des damaligen ersten Beauftragten der Bundesregierung für Integration, Heinz Kühn, aus dem Jahr 1979 überreichen. Und wie zufällig stehe ich hier vor dem Bild von Heinz Kühn, des früheren Ministerpräsidenten von Nordrhein-Westfalen. Damit können Sie – vielleicht bei dieser Flasche Wein – noch einmal nachlesen, dass der Fortschritt in der Integrationspolitik zwar eine Schnecke ist, aber eine, die sich doch bewegt.

8 Unabhängige kritische Politikbegleitung durch Stiftungskooperation: der Sachverständigenrat deutscher Stiftungen für Integration und Migration (SVR) 2008ff.

8.1 Integration in Deutschland – wo stehen wir?, Vortrag auf der Tagung »Integrationsförderung deutscher Stiftungen« des Forums Migration und Integration im Bundesverband Deutscher Stiftungen, Robert Bosch Stiftung, Stuttgart, 14.2.2008 (Auszug).

Folgerungen und Empfehlungen
Um Integrationspolitik auf den Ebenen von Bund, Ländern und Kommunen konzeptionell zu stabilisieren, um die Ebenen selbst im Rahmen des Möglichen konzeptionell und operativ anschlussfähiger zu gestalten, um Transparenz zu steigern und synergetische Prozesse zu fördern, erscheinen mir, über bereits vorhandene Strukturen und Bemühungen hinaus, wichtig bzw. noch verstärkt förderungswürdig:

1. Verschränkung und Vernetzung – systemisch in der bereichsübergreifenden Querschnittsaufgabe in den Kommunen, horizontal zwischen den Kommunen und vertikal zwischen der kommunalen und der Länderebene (beispielhaft bereits: Baden-Württemberg und Nordrhein-Westfalen). Stiftungen können hier beratend und vermittelnd tätig werden, auch im Blick auf die Vernetzung mit und zwischen Migrantenselbstorganisationen (Beispiel Bertelsmann Stiftung).

2. Begleitende Beratung, Erfolgskontrolle und Evaluation von Interventionen zur Integrationsförderung auf kommunaler und Länderebene (Beispiel MGFFI/ NRW). Hier könnte es für Stiftungen um eine Förderung solcher Initiativen durch die Vermittlung von wiss. begleitender Beratung gehen.

3. Zielvereinbarungen, Integrationsindikatoren und die Erhebung der dazu nötigen Datengrundlagen. Auch hier besteht Bedarf an begleitender und vergleichender Beratung, der durch Stiftungen vermittelt werden kann.

4. Die interkulturelle und integrationspraktische Qualifizierung von im Integrationsbereich tätigen Behörden einschließlich der Ausländerbehörden durch in Kooperation mit Stiftungen erarbeitete Coaching-Programme (Beispiel: Coaching von Ausländerbehörden in Niedersachsen).

5. Die verstärkte Ausbildung von Fachpersonal für die begleitende und nachholende Integrationsförderung:
Dazu gibt es an deutschen Universitäten und Fachhochschulen, im Gegensatz zu anderen europäischen Einwanderungsländern, bislang viel zu wenige Professuren und Studiengänge mit zureichender Breite. Hier wären Stiftungsprofessuren ein entscheidender Anschubfaktor. (Beispiel: der durch die Volkswagen Stiftung am IMIS / Universität Osnabrück ermöglichte Studiengang »Internationale Migration und Interkulturelle Beziehungen« / IMIB).

6. Die Einbeziehung von Migranten mit erfolgreicher Integrationskarriere und von Migrantenselbstorganisationen in die begleitende und nachholende Integrationsarbeit:
Für den Kontakt in bildungsferne Milieus sind die erwähnten vertrauenswürdigen Kommunikatoren mit Migrationshintergrund und erfolgreicher Integrationskarriere hilfreich. Das gleiche gilt nicht nur für eigens dazu geschaffene zivilgesellschaftliche bzw. ehrenamtliche Initiativen, sondern auch für »amtliche« Kommunikatoren wie insbesondere Lehrer und Polizisten mit Migrationshintergrund.

Trotz verstärkter behördlicher Bemühungen aber fehlt es z.B. bei den Polizeien oft an zureichend qualifizierten Bewerbern mit Migrationshintergrund. Das wiederum hat seinen Grund in der unzureichenden Förderung von Sprache, Bildung und sozialer Kompetenz, von der schon wiederholt die Rede war. Damit schließt sich der Kreislauf der Mängel im Bereich der Integrationsförderung, der mit Stiftungshilfe weiter durchbrochen werden könnte und sollte (Beispiel: Leadership-Programm der Bertelsmann Stiftung für junge Führungskräfte aus Migrantenselbstorganisationen).

7. Von der begleitenden und nachholenden zur vorausplanenden Integrationsförderung:
Die Erfahrung lehrt, dass an die Stelle versäumter begleitender Integrationsförderung heute bei weitem kostenintensivere und ergebnisärmere Maßnahmenkataloge der nachholenden Integrationspolitik treten müssen. Diese Erfahrung sollte eine mächtige Motivation sein, solche Folgekosten von Versäumnissen künftig zu vermeiden. Das führt zur Forderung nach einer über die begleitende hinausgreifenden vorausplanenden Integrationspolitik (Beispiel: MGFFI/ NRW).

Vorausplanende Integrationspolitik bildet die Brücke zwischen vergangenheitsorientierter Schadensbegrenzung und dem Streben nach künftiger Schadensvermeidung. Vorausplanende Integrationsarbeit richtig verstehen, heißt davon ausgehen, dass Integration ein langlaufender, intergenerativer Sozial- und Kulturprozess ist. Dabei laufen die Versäumnisse von gestern in Gestalt der dadurch bedingten Folgeschäden in den Zuwandererfamilien intergenerativ fort, gerade wegen der erwähnten, in Deutschland besonders ausgeprägten Vererbung der sozialen Startnachteile. Aus diesen Gründen gibt es eine konstitutive fließende Verbindung zwischen nachholender, aktuell begleitender und vorausplanender Integrationsarbeit. Stiftungen können hier Neuland erschließen durch die Entwicklung von Konzepten zu einer familienintern Generationen übergreifenden Integrationsförderung.

Abschließend noch drei allgemeine Anregungen für Stiftungen im Förderungsfeld Integration:

8. Public Private Partnerships – Stiftungen, private und öffentliche Akteure:
Der Staat kann nicht alles. Auch in Deutschland bewähren sich zunehmend Kooperationen zwischen Staat, Wirtschaft und privaten bzw. zivilgesellschaftlichen Akteuren auch bei der Integrationsförderung unter dem Schirmbegriff »Public Private Partnership«. Die schon mehrfach erwähnte Berliner Vodafone-Konferenz vom Oktober 2007 hat hier Orientierungshilfen geboten, die auch auf kommunaler und Länderebene nützlich sind:

Private Akteure wie insbesondere Stiftungen verfügen über einen Flexibilitäts- und Geschwindigkeitsvorteil sowie eine höhere Risikobereitschaft als staatliche Institutionen. Sie können deshalb neue Entwicklungen und Problemstellungen schneller aufnehmen, bearbeiten und so z.B. den Reformprozess staatlicher Institutionen begleiten und dazu auch vorübergehende Brückenlösungen anbieten. Staatliche Akteure wiederum verfügen über festere Strukturen und längerfristig gesicherte Budgets, um die Nachhaltigkeit von Projekten zu sichern. Daraus resultiert eine wechselseitige Win-win-Konstellation, deren Axiomatik Max Weber vielleicht als »intensive Interessengemeinschaft« umschrieben haben würde.

9. Mittel- bis langfristige, konzeptorientierte Förderungsstrategien im Integrationsbereich:
Weil Integration ein lang dauernder Sozial- und Kulturprozess ist, können kurzfristige Interventionen in Gestalt von beschränkten bzw. projektförmigen Förderungen zwar wichtige Pilotfunktionen haben und auch folgenreiche Handlungsanstöße geben. Sie können aber kaum nachhaltig wirken. Umso wichtiger sind mittel- und insbesondere langfristige, konzeptorientierte Förderungsstrategien, die oft nur in Kooperation mit auf Strukturförderung gerichteten öffentlichen Trägern umsetzbar sind. Hier sind auch Stiftungspools in PPP-Bezügen vorstellbar, um die Last auf mehrere Schultern zu verteilen.

10. Eine Dokumentations-, Informations- und Clearingstelle für Stiftungsaktivitäten im Integrationsbereich:
Für Engagements von Stiftungen zur strukturellen, gruppenspezifischen und individuellen Integrationsförderung gilt tendenziell, was auch für die entsprechenden Aktivitäten auf Länder- und kommunaler Ebene gilt: Es gibt eine zunehmend unübersichtliche Vielfalt von Engagements, zumal Stiftungen oft auch mit ihrerseits ganz unterschiedlich ausgerichteten öffentlichen Akteuren kooperieren. Umso wichtiger wäre – und hier knüpfe ich erweiternd an eine in der von der Körber-Stiftung 2004 geförderten Bestandsaufnahme genannte und auch auf der Vodafone-Konferenz vom Oktober 2007 unterstrichene Empfehlung – eine Dokumentations-, Informations- und nötigenfalls Clearingstelle der Stiftungen, unterstützt durch den Bundesverband. Sie wäre zugleich deutscher Partner in einem transnationalen und zumindest OECD-weiten Informationsnetz über Best-Practice-Erfahrungen im Förderungsfeld Integration.

11. Ein hochrangiges und unabhängiges, von Stiftungen getragenes wissenschaftliches Expertengremium in den Beobachtungs- und Beratungsfeldern Integration und Migration:
Für die kontinuierlich begleitende und bewertende Beobachtung von Migrations- und Integrationsprozessen, für die handlungsorientierte Politikberatung im Bereich von Migrationssteuerung und Integrationsförderung sowie für die Erfolgskontrolle und Evaluation entsprechender Maßnahmen hilfreich wäre ein unabhängiges wissenschaftliches Expertengremium, das von mehreren Stiftungen gemeinsam getragen werden könnte. Das seit dem Ende des Sachverständigenrates für Zuwanderung und Integration (Zuwanderungsrat) entstandene Vakuum in der kontinuierlichen und unabhängigen wissenschaftlich fundierten Politikbegleitung in den Beobachtungs- und Beratungsfeldern Integration und Migration würde auf diese Weise zivilgesellschaftlich geschlossen. Dieses Beobachtungs-, Bewertungs- und Beratungsgremium sollte (im Unterschied zum ehemaligen Zuwanderungsrat) streng wissenschaftlich sein und sich an bewährten angelsächsischen Vorbildern orientieren.

8.2 Die Zukunft des »Damals« ist unsere Gegenwart heute, Interview,
in: Bundesverband Deutscher Stiftungen (Hg.), StiftungsReport 2008/09, Berlin 2008, S. 65–69.

Professor Bade, als frischgebackener Emeritus blicken Sie zurück auf ein erfülltes akademisches Leben, insbesondere als Migrationsforscher, aber auch als Politikberater und publizistischer Politikbegleiter. Ist die interdisziplinäre Migrationsforschung in Deutschland heute so potent, wie Sie sich das wünschen?
Die Frage muss man mit einem klaren Jein beantworten. Ja, sie ist so potent, dass sie auf die zu stellenden Fragen die nötigen Antworten finden kann. Nein, denn sie wird nicht so gefördert, dass sie ihr Potenzial zureichend in entsprechende Forschungsergebnisse umsetzen kann. Es gibt zu wenige Lehrstühle dafür, in meinem eigenen Kernbereich, der epochenübergreifenden Historischen Migrationsforschung, keinen

einzigen. Alles was wir da auf die Beine gestellt haben, lief sozusagen nebenher. Ohne stete Förderung durch Stiftungen hätten wir keine Chance gehabt. Viele haben immer noch nicht verstanden, dass es hier um zentrale Lebens- und Überlebensfragen der Einwanderungsgesellschaft geht. Es ist nie zu spät. Das haben Integrationsgipfel und Islamkonferenz gezeigt. Aber es ist ziemlich spät geworden in Deutschland.

Was sind die fehlenden Forschungsgebiete, wenn Sie sagen: nein?
Ein zentraler Bereich ist die empirische Bildungsforschung. Hinzu kommt die Integrationsforschung im weitesten Sinne, die uns zeigt, warum was wo besser oder schlechter läuft. Wir brauchen eine kontinuierliche wissenschaftliche Begleitung von Integrationsentwicklung und Integrationspolitik. Die Abberufung des – den »Wirtschaftsweisen« gleichrangigen – Sachverständigenrates für Zuwanderung und Integration 2004 war ein Eigentor. Wir brauchen auch dringend Forschung, die uns die konkreten Grundlagen bietet zu dem, was heute – nach einem etwas unglücklichen Begriff von mir selber – »nachholende Integrationspolitik« genannt wird. Dabei sollten wir weniger einseitige sozialtherapeutische Interventionsforschung treiben nach dem Motto »Wir untersuchen und heilen Eure Probleme«, und mehr die Einwanderungsgesellschaft insgesamt in den Blick nehmen. Integrationsprobleme haben zunehmend auch Menschen ohne Migrationshintergrund.

Migranten gelten als aufstiegsorientiert in der Gesellschaft, in der sie ankamen. Viele schaffen den Aufstieg aber trotzdem nicht. Ist Bildung der Schlüssel zur Partizipation?
Bildung und Ausbildung sind die Schlüssel, wenn zum Bereich Bildung auch die Sprache gezählt wird: Aber wir haben Jahrzehnte lang einen organisierten Import von Menschen aus oft bildungsfernen und ländlich geprägten Milieus betrieben, um uns das Leben am Arbeitsmarkt zu erleichtern. Wir haben sie malochen und dann im Regen stehen lassen. Deshalb sollten wir uns nicht wundern, dass aus den Enkeln der »Gastarbeiterbevölkerung« heute nicht in großer Zahl Nobelpreisträger geworden sind. Das bedeutet nicht, negativ zu reden über diese Zuwanderung.

Warum nicht?
Weil sie damals am Arbeitsmarkt zum deutschen »Wirtschaftswunder« beigetragen und unseren Leuten den beruflich-sozialen Aufstieg erleichtert, dann aber selbst diesen Fahrstuhl verpasst hat. Wir konzentrieren uns zu stark auf das Hellfeld der Auffälligkeiten und nicht auf das Dunkelfeld der Unauffälligkeiten. Erfolgreiche Integration bleibt aber in aller Regel unauffällig. Das beste Beispiel war die die Entdeckung der »Menschen mit Migrationshintergrund« 2006, die annähernd 20 Prozent der Bevölkerung in Deutschland stellten, Tendenz ständig steigend – und niemand hatte es so recht bemerkt. Wir müssen uns verabschieden von alarmistischen Selbstbeschreibungen und kakophonen Menetekeln einer allgemeinen Integrationskrise, die von statischen Kulturverhältnissen ausgeht á la: Einheimische bleiben immer Einheimische, Fremde immer Fremde, Ausländer immer Ausländer. Wir haben gerade eine fast drei Kilo schwere »Enzyklopädie Migration in Europa vom 17. Jahrhundert bis zur Gegenwart« herausgebracht. Sie zeigt, dass Integration zwar immer auch mit Spannungen, Reibungen und Konflikten einherging, aber dann doch in aller Regel zu friedlichen neuen Formen des Zusammenlebens geführt hat. Das sollte Anlass sein, nicht hysterisch, sondern pragmatisch und möglichst gelassen auf diese Dinge zu schauen.

Wir hören und lesen aber doch permanent Begriffe wie Ehrenmord, Zwangsheirat, Parallelgesellschaften oder Staatsnotstand, wie ihn der damalige Bundeskanzler Kohl im Zusammenhang mit dem Asylstreit der frühen 90er Jahre geprägt hat ...
Keine Frage, es gibt das Problem der Zwangsheiraten und der Ehrenmorde und darauf kann es kein interkulturelles Pardon, sondern nur geharnischte Antworten geben. Parallelgesellschaften gibt es in Deutschland kaum. Es gibt vielmehr Parallelkulturen, die typisch sind für echte Einwanderungsprozesse. Auch das ist historisch nichts Neues, kein Sonderfall im europäischen Vergleich, also kein Grund, nationaldepressiv die Einwanderungssituation in Deutschland zu verteufeln. Das entscheidende Integrationsproblem in Deutschland ist das wachsende Bildungsgefälle zwischen der Einwandererbevölkerung und der Mehrheitsgesellschaft. Trotz ständiger Zurücksetzungen, Benachteiligungen und Denunziationen hat es aber – Ausnahmen bestätigen die Regel – eine friedvolle Eingliederung dieser Einwandererbevölkerung gegeben. Und dafür hat es bis zum Integrationsgipfel an einem staatlichen Dankeschön gefehlt.

Was kann die Wissenschaft an Fakten beitragen, um emotionale Debatten zu versachlichen, zum Beispiel den Begriff von der »Einwanderung in die Sozialsysteme«?
Als 1973 im Zeichen der strukturellen Arbeitslosigkeit der Anwerbestopp verabschiedet worden ist, hat man nicht erkannt, dass man dadurch die schon laufende Entwicklung zur echten Einwanderungssituation noch beschleunigte, nämlich mit der Nötigung der Zuwanderer vor die Entscheidung: dauerhaft rein oder raus. Ein Teil ist zurückgewandert, der überwiegende Teil aber hat die Familie nachgezogen. Spätestens jetzt wäre die Situation da gewesen, in der man gegenüber vielen durchaus etwas autoritär hätte formulieren können: Wir geben euch noch fünf Jahre. In dieser Zeit werdet Ihr Deutsch lernen und euch, mit unserer Hilfe, beruflich weiter qualifizieren, damit ihr den künftigen Herausforderungen am Arbeitsmarkt besser gewachsen seid. Das haben wir aber nicht getan, sondern uns lamentierend abgewandt. So sind schließlich viele der früher so hilfreichen »Gastarbeiter« sukzessive in die Arbeitslosigkeit

und in die Transfersysteme abgerutscht. Eine ganz andere Frage war die Nachwanderung im Bereich der Heiratsmigration. Das war gelegentlich etwas, wo das schlimme Stichwort, das ich gar nicht verwenden würde, ein Stück weit greifen könnte.

Was ist denn richtig: »die Einwanderung in die Sozialsysteme« oder »die Einwanderer haben mit ihren Beiträgen die deutschen Renten- und Sozialversicherungssysteme mit aufgebaut«?
Bis zum Anwerbestopp eindeutig das letztere – und sie haben zu einem beträchtlichen Teil dabei den Kürzeren gezogen. Denn diejenigen, die zurückgegangen sind, haben ja nicht alles, was für sie eingezahlt wurde, mitgenommen, sondern einen beträchtlichen Teil im Lande gelassen. Außerdem haben die »Gastarbeiter« und ihre Nachfahren entscheidend dazu beigetragen, dass dieses Land in seiner Bevölkerungsentwicklung erst sehr viel später rote Zahlen geschrieben hat als dies der Fall gewesen wäre, wenn die Deutschen unter sich geblieben wären. Andernfalls wäre die demografische Zukunftsangst schon vielfrüher ausgebrochen.

Kann man Migration wissenschaftlich bewerten, gar einen Negativ- oder Positivsaldo aufstellen?
Es geht um die beruflich-soziale Passfähigkeit der Einwanderung und um darauf zielende, flexible und arbeitsmarktorientierte Steuerungssysteme, die uns fehlen. Auch unsere Datengrundlagen sind für ein Einwanderungsland miserabel. Deswegen haben wir Erkenntnisprobleme bei den nötigen Integrationsindikatoren. Unsere Wanderungsstatistik müsste sehr viel schärfsichtiger werden wie zum Beispiel die in den Vereinigten Staaten, wo man klarer erkennen kann, was aus den einzelnen Einwanderergruppen geworden ist. Wir haben auch unzureichende Datengrundlagen zur Ermittlung der Bestimmungsfaktoren des Wanderungsverhaltens. Wir brauchen dringend regelmäßige Bevölkerungszählungen, um zu wissen, wie viele Menschen mit Migrationshintergrund es tatsächlich in Deutschland gibt. Die ersatzweisen Datenfortschreibungen können das nicht leisten, weil sie auch alte Fehleinschätzungen fortschleppen.

Ein anderes Beispiel: Jahrelang hieß es aus vermeintlich wohlmeinenden Kreisen, wer verbindliche Deutschkurse verlangt, der betreibt Assimilation und nimmt den nicht ernst, der hier einwandert. Ist Deutsch der gemeinsame Nenner, braucht eine Gesellschaft einen gemeinsamen Wertekanon?
Die Lingua Franca in Deutschland ist deutsch, Punkt. Sie ist die Grundvoraussetzung für die erfolgreiche Integration, insbesondere am Arbeitsmarkt, abgesehen einmal von Hochqualifizierten, die mitunter auch in englischsprachigen Branchen tätig werden und denen niemand einen Sprachkurs aufdrängt. Umgekehrt sollte die Mehrheitsgesellschaft lernen, dass auch die Herkunftssprachen eine Bereicherung im Einwanderungsland sind. Natürlich braucht eine Einwanderungsgesellschaft einen Wertekanon als gemeinsame Orientierungshilfe für alle. Aber den haben wir doch schon: Er steht im Grundgesetz. Wir müssen das Grundgesetz in alltagsfähige Prosa übersetzen, damit alle ganz konkret wissen, welches die Grundwerte, Rechte und Pflichten hierzulande sind und was in diesem Land geht und was nicht.

Spätestens seit dem Kühn-Memorandum 1979 hätte man wissen können, dass damals schon eine Million Kinder und Jugendliche mit Migrationshintergrund in der Bundesrepublik lebten. Trotzdem hat es 30 Jahre gedauert, bis sich diese Vokabel bei den Sozialdemokraten und noch viel später bei den Christdemokraten durchgesetzt hat. Ihre Erklärung dafür?
Wir haben die Probleme sehr lange mit Distanz schaffenden Vokabeln umschrieben, insbesondere mit der Tabuformel »Die Bundesrepublik ist kein Einwanderungsland«. Das war ein hilfloser Selbstrettungsversuch, ein semantischer Ausdruck demonstrativer Erkenntnisverweigerung, wie ich das Anfang der 1980er Jahre genannt habe. Und was man verdrängt, das kann man nicht gestalten.

Ist es nicht viel mehr so gewesen, dass man mit der Semantik Politik auf dem Rücken der Einwanderer betrieben hat? Und damit letztlich auch beispielsweise den Rechtsradikalismus befördert hat?
Der populistische Umgang mit Fragen von Migration und Integration hat oft unversehens den falschen Adressen zugearbeitet. Beispiele sind der seinerzeitige Bundeskanzler Helmut Schmidt mit seiner populistischen Parole »Mir kommt kein Türke mehr über die Grenze« oder der damals gerade ernannte Bundesinnenminister Otto Schily mit seiner Aufsehen erregenden Warnung, die »Grenze der Belastbarkeit durch Zuwanderung« sei überschritten. Das hat manche Protestwähler animiert, dann nicht die vermeintlichen Kopien, sondern gleich die rechten Originale der Fremdenfeindlichkeit zu wählen. Das ist immer ein sehr gefährliches Spiel mit einer sehr kurzen Lunte.

Die Politik ist nun aufgewacht?
So ist es und das ist sehr erfreulich. Es gibt nun viele prominente selbstkritische Schlafmetaphoriker. Das gilt zum Beispiel für den Bundespräsidenten, der sagt: »Wir haben die Integration verschlafen«. Oder auch für die Bundeskanzlerin, die feststellt: »Wir haben das Thema zu lange auf die lange Bank geschoben«. Als wir in den 1980er Jahren mit dem Wecker herumliefen, wurden wir ganz konsequent als Ruhestörer beschimpft. Das sei vergeben, vorausgesetzt, der politische Wachzustand hält an.

Warum ist der Dritte Sektor, Stiftungen beispielsweise, früher wach gewesen?
Das ist ungefähr so wie mit Antilopen und Elefanten. Stiftungen können sich sehr geschwinde über das Feld bewegen, sehr schnell etwas erfassen, auch mit

begrenztem Risiko auf eigene Kosten etwas versuchen. Sie können es sich außerdem leisten, Fehler einzugestehen und nötige Kurswechsel zu vollziehen, ohne dabei um die Wählergunst buhlen zu müssen. Stiftungen sind gegenüber dem Bereich Migration und Integration, also gegenüber dem, was Heiner Geißler schon in den 1970er Jahren die »neue soziale Frage« genannt hat, in einer ähnlichen Rolle wie private Initiativen oder die Kirchen Mitte des 19. Jahrhunderts gegenüber der klassischen Sozialen Frage, die natürlich eine viel gewaltigere Dimension hatte. Die waren seinerzeit schon ein halbes Jahrhundert aktiv, bevor der Staat mit den Anfängen der Bismarckschen Sozialversicherungsgesetzgebung auf den Plan trat.

Ein Blick nach vorn: Was versäumen wir heute?
Das entscheidende Problem ist die Nichtakzeptanz des Selbstverständnisses vieler Menschen der zweiten und der dritten Einwanderergeneration, die mitunter in einer ausgesprochenen Fallensituation aufwachsen: Die einen haben erfolgreiche Integrationskarrieren, die anderen haben mehr Misserfolge zu verzeichnen. Sie sind aber allesamt Einheimische in diesem Land und fühlen sich oft nicht zureichend akzeptiert als Bestandteil der Einwanderungsgesellschaft. Sie erleben reihenweise gruppenspezifische Zurücksetzungen und Benachteiligungen in Bildung, Ausbildung und auf dem Weg in den Arbeitsmarkt. Frühzeitige Investitionen in Integrationsförderung sind aber bei weitem billiger als die Großprogramme zur nachholenden Integration, die heute unabdingbar geworden sind. Jeder Tag, der vergeht, ohne dass wir Menschen, ob nun mit oder ohne Migrationshintergrund, die begabt sind, aber dringenden Förderungs- bzw. Qualifikationsbedarf haben, nicht die nötigen Förderungshilfen anbieten, ist ein verlorener Tag für die Einwanderungsgesellschaft der Zukunft. Die soziale Spannung wächst. Wenn wir nicht gegensteuern, kann es sein, dass uns in zehn oder zwanzig Jahren ganze Segmente der urbanen Einwanderungsgesellschaft um die Ohren fliegen. Und dann wird man sich wieder fragen: Wie konnte es sein, dass wir damals diese Situation verpasst haben? Die Zukunft des »Damals« ist unsere Gegenwart heute.

8.3 Statement zur Vorstellung des StiftungsReports 2008/09 des Bundesverbandes Deutscher Stiftungen (BDS),
Pressekonferenz BDS, Berlin, 12.6.2008 (Auszug).

1 Integration als Aufgabenfeld und Gestaltungsdimension
Alle reden von Integration. Viele haben unterschiedliche Vorstellungen davon. Weithin aufgenommen wurde die operationale Definition des Zuwanderungsrates (2004):

Integration ist die danach möglichst chancengleiche Teilhabe an den zentralen Bereichen des gesellschaftlichen Lebens, also vor allem an Wirtschaft und Arbeitsmarkt, Erziehung, Bildung und Ausbildung, Wohnen und Wohnumfeld. Das gleiche gilt für die Teilhabe an den Fürsorge- und Schutzsystemen für Gesundheit und Recht u.a.m. […].

2 Von Grundsatzdebatten zur pragmatischen Integrationsförderung
Bis in die 1990er Jahre hinein war die Integrationsdiskussion in Deutschland überschattet von Grundsatzdebatten um die – angesichts der normativen Kraft der sozialen Fakten längst überflüssige – Frage, ob Deutschland ein Einwanderungsland sei.

Der Wandel zur Akzeptanz der Einwanderungssituation und schließlich zu aktiver, konzeptorientierter Integrationspolitik kam in drei Stufen: erstens mit der Reform des Staatsangehörigkeitsrechts 2000, zweitens mit dem Zuwanderungsgesetz 2005 und drittens mit der darauf gegründeten Umsetzung konzeptorientierter Integrationspolitik – von der Einrichtung des Nürnberger Bundesamtes für Migration und Flüchtlinge (BAMF) mit seinen Integrationsprogrammen bis hin zu Integrationsgipfel und Deutscher Islamkonferenz.

Die pragmatische Integrationsförderung ist nicht aus dem politischen Himmel gefallen. Es gab sie in vielen richtungweisenden Ansätzen schon Jahrzehnte zuvor: bei den Wohlfahrtsverbänden, an die diese Aufgabe delegiert worden war, bei den Kommunen, bei den Ausländer- bzw. Integrationsbeauftragten – und eben bei den Stiftungen.

3 Integrationsförderung durch Stiftungen
In der öffentlichen und politischen Diskussion über Integrationsfragen dominiert die einseitige Konzentration auf abschreckende Stichworte wie »Ehrenmorde«, »Zwangsheiraten«, »Genitalverstümmelungen« und »Parallelgesellschaften« als selbst gewählte »Ghettosituationen«, organisiert in »ethnischen Kolonien« als Zentren von Kriminalität und häuslicher Gewalt. Kein Zweifel: Es gibt diese Probleme und man sollte sie nicht schönzureden suchen. Wir brauchen vielmehr klare Antworten darauf.

Das zentrale Integrationsproblem aber ist die Benachteiligung der Zuwandererbevölkerung in Bildung, Ausbildung und beruflicher Qualifikation bzw. Weiterqualifikation. Sie bildet die Grundlage für eine oft unverschuldete, aber lebenslang wirkende Benachteiligung, aus der sich viele Anschlussprobleme ergeben.

Die Folgen schwächen uns wirtschaftlich und im Blick auf die Sozialsysteme: Die Studie der Bertelsmann Stiftung vom Januar 2008 über die »Gesellschaftlichen Kosten unzureichender Integration von Zuwanderinnen und Zuwanderern in Deutschland« bestätigt schon frühzeitig vorgetragene Warnungen: Bezogen auf die Bevölkerung mit Migrationshintergrund im erwerbsfähigen Alter ergibt sich eine jährliche Gesamtsumme an Folgekosten unzureichender

Integration in Höhe von bis zu rund 16. Mrd. Euro (11,8 bis 15,6 Mrd. Euro).

Die Folgen unzureichender Integration können schon mittelfristig aber auch den sozialen Frieden in der Einwanderungsgesellschaft gefährden; denn: Die dauerhafte Sicherung des sozialen Friedens in einer Einwanderungsgesellschaft hängt entscheidend ab von dem Gelingen von Integration im erwähnten Sinne möglichst gleicher Teilhabechancen. Demgegenüber beleuchten die Bildungsdaten in Deutschland ein dramatisches, soziale Spannung erzeugendes Auseinanderdriften der gesellschaftlichen Partizipationschancen von Mehrheitsgesellschaft und Zuwandererbevölkerung.

Wir brauchen in diesem Zusammenhang nicht nur begleitende Integrationsförderung im Sinne des Zuwanderungsgesetzes, sondern auch nachholende Integrationsförderung zur Begrenzung der Folgeschäden von Versäumnissen der Vergangenheit [...].

In Sachen Integrationsförderung gibt es heute in Deutschland schon lange keine Erkenntnislücke mehr, sondern ein Umsetzungsproblem. Stiftungsinitiativen setzen auch hier Maßstäbe und belegen damit zugleich in Pionierfunktion die Machbarkeit des Wünschbaren. Unter den Trägern von Integrationsförderung im Stiftungsbereich gibt es private, unternehmensnahe, partei- und gewerkschaftsnahe Stiftungen sowie Kooperationen privater Stiftungen mit öffentlichen Akteuren auf Bundes-, Länder- und kommunaler Ebene; dazu kommen die vielgestaltigen Bürgerstiftungen, die zu einer bundesweiten Bewegung zusammenwachsen.

Von den in der Integrationsförderung engagierten privaten und unternehmensnahen Stiftungen nenne ich hier als Beispiele nur – sicherheitshalber in neutraler alphabetischer Reihenfolge – die Stifter- und Stiftungsnamen: Bertelsmann, BMW, Bosch, Freudenberg, Hertie, Interkultur, Körber, Mercator, Schader, Vodafone und die noch junge Polytechnische Gesellschaft sowie, im Bereich der Integrationsförderung durch einschlägige Forschungsförderung, die VolkswagenStiftung. Sie und andere können staatlichen Akteuren als Vorbild dienen, aber auch als Partner in Public Private Partnerships.

Zwei mustergültige bundesweite Initiativen will ich vor dem Hintergrund von Integration durch Bildung besonders hervorheben: einerseits das START-Programm der Hertie-Stiftung, das jungen Menschen den Weg zum Abitur und damit zur Hochschulreife ebnet und andererseits das Bildungsangebot der Mercator-Stiftung, in deren Förderschulen sprachlich benachteiligte Kinder mit Migrationshintergrund beim Spracherwerb wie auch beim Lernen fachlicher Inhalte von Lehramtsstudenten gefördert werden, die ihrerseits auf diese Weise Praxiserfahrung in der Lehre sammeln.

Neben der begleitenden und nachholenden Integrationspolitik brauchen wir eine vorausplanende Integrationspolitik, die aus den Folgen von Versäumnissen der Vergangenheit in der Gegenwart lernt für die Gestaltung der gemeinsamen Zukunft in der Einwanderungsgesellschaft. Sie muss einer viel zu wenig bekannten Tatsache Rechnung tragen: Integration ist ein langfristiger, oft intergenerativer Kultur- und Sozialprozess mit fließenden Grenzen zur Assimilation. [...]

Integrationsförderung darf sich aber nicht nur an die Adresse der Menschen mit Migrationshintergrund richten. Sie muss auch die Mehrheitsbevölkerung einbeziehen, weil Integrationsförderung ohne Akzeptanzbereitschaft der Mehrheitsgesellschaft eine gesellschaftspolitische Luftnummer bleibt. Auch hier gibt es ein gewaltiges Aufgabenfeld, in dem sich Stiftungen als manifeste Stimmen der Zivilgesellschaft nachdrücklich zu Wort melden. Stiftungen mehren damit die aktive Akzeptanz der Einwanderungssituation. Auch davon berichtet der StiftungsReport.

8.4 Begründung des Sachverständigenrates deutscher Stiftungen für Integration und Migration (SVR), Begrüßung als Vorsitzender,
Pressekonferenz SVR, WissenschaftsForum, Berlin, 15.10.2008 (Auszug).

Im Namen der Ratsmitglieder danke ich den Stiftungen dafür, dass sie diese freie und unabhängige Institution zur Politikberatung, aber auch zur kritischen Politikbegleitung möglich gemacht haben in den für die gesellschaftliche Zukunft dieses Landes entscheidend wichtigen Bereichen von Integration und Migration [...]. Wir hoffen, dem aus unserer Berufung sprechenden verpflichtenden Vertrauen durch unsere Arbeit gerecht zu werden.

1 Differenz – was uns unterscheidet:
In den politischen Sorgenfeldern Integration und Migration entstanden seit dem Ende des Zuwanderungsrates 2004 verstärkt amtliche und halbamtliche Beratungsstrukturen mit unterschiedlich begrenzten Zuständigkeiten. Zur internen Politik- und Verwaltungsberatung entstanden auch behördliche Forschungseinheiten, vorwiegend zur Ressortforschung, also mit der Aufgabe »Antwort geben auf gestellte Fragen«. All das ist wichtig, nötig und unverzichtbar, aber noch nicht genug. Und deswegen sind wir heute hier.

Der Rat mit dem langen Namen, der heute aus der Taufe gehoben wird, unterscheidet sich klar von anderen Beratungsstrukturen im Feld von Migration und Integration, aus zumindest fünf Gründen:

1. Der Sachverständigenrat wird nicht vom Staat und seinen Behörden initiiert sondern von durch die eigene Förderungsarbeit im Feld erfahrenen großen deutschen Stiftungen. Er kommt also aus der Zivilgesellschaft selber.

2. Der Sachverständigenrat ist grundsätzlich frei in seinen Beobachtungsfeldern, Fragestellungen und

Schwerpunktsetzungen. Er ist unabhängig nicht nur von Staat und Politik, sondern selbst von den Stiftungen, die ihn tragen.

3. Der Sachverständigenrat behandelt die Aufgabenfelder Migration und Integration im Gegensatz zur amtlichen Berichterstattung in Deutschland aus einer Hand und ganzheitlich, d.h. im Blick auf beide Problembereiche und Gestaltungsdimensionen zugleich; denn Migration und Integration, die in den amtlichen deutschen Berichten getrennt behandelt werden, sind zwei Seiten einer Medaille. Hinzu kommt, dass Migration bei uns nicht nur Zuwanderung, sondern ebenso auch Ab- und Auswanderung meint.

4. Der Sachverständigenrat ist kein Mix aus Wissenschaftlern und Nichtwissenschaftlern, Politikern, Behörden- oder Interessenvertretern. Er besteht ausschließlich aus im Feld von Migration und Integration sowie von Migrations- und Integrationspolitik als Forscher und Berater international ausgewiesenen Wissenschaftlern mit Praxisbezügen und stark interdisziplinärer Orientierung.

5. Der Sachverständigenrat richtet seinen Blick primär auf die nationale Ebene und zwar auf alle drei internen Ebenen, nämlich auf den Bund sowie auf ausgewählte Länder und Gemeinden. Aber er arbeitet dabei stets im internationalen Vergleich. Er besteht deshalb auch nicht nur aus Deutschen, sondern zu einem Drittel aus Wissenschaftlern aus dem europäischen Ausland, nämlich aus Großbritannien, Österreich und der Schweiz.

Diese fünf Punkte gemeinsam markieren einen deutlichen Unterschied in den Strukturen von Politikberatung und kritischer Politikbegleitung im Feld von Migration und Integration in Deutschland.

2 Intention – was wir vorhaben:

Der Sachverständigenrat stellt sich vor allem drei Aufgaben:

1. Erstens geht es um die langfristige Vorbereitung des Jahresberichts über Integration und Migration, aber auch über Integrations- und Migrationspolitik. Es gibt dabei kontinuierlich beobachtete Felder und unterschiedliche Schwerpunktsetzungen. Wir bewegen uns dabei immer vor dem Hintergrund dessen, was wir das internationale »Lernfeld Integrations- und Migrationspolitik« nennen; denn kein Land ist in jeder Hinsicht vollkommen in diesen beiden Bereichen. Vielmehr können die Länder in je unterschiedlichen Erfahrungsfeldern voneinander aus positiven, aber auch negativen Erfahrungen lernen.

Vor diesem Hintergrund geht es also nicht nur um Bestandsaufnahmen, Entwicklungserzählungen und Politikbeschreibungen. Es geht auch um bewertende Einschätzungen der Prozesse von Zuwanderung und Abwanderung und deren Folgen einerseits und der entsprechenden politischen Interventionen und deren Effekte andererseits. Das gilt vor allem im Bereich von Zuwanderungssteuerung und Integrationsförderung unter besonderer Berücksichtigung der Partizipationsförderung – auf der Zeitachse von der nachholenden über die begleitende bis zur vorausplanenden Integrationspolitik.

Unser Jahresbericht soll nicht nur Fachwissenschaftler erreichen, sondern die breite und damit auch die politische Öffentlichkeit. Deswegen wird er ein möglichst lesbares Kompendium sein mit klaren Thesen und Perspektiven – also wissenschaftlich fundiert, aber in menschenfreundlicher Prosa. Unsere Jahresberichte werden jeweils im Frühjahr vorgelegt. Der erste Jahresbericht des Sachverständigenrates ist also im Frühjahr 2010 zu erwarten.

2. Unsere zweite Aufgabe ist das jährlich fortzuschreibende »Integrationsbarometer«, eine Art Integrationsklima-Index. Dieses auf eine Idee von mir selber zurückgehende, umfragegestützte Instrument soll Antwort geben auf verschiedene Fragen u.a.:
– Wie werden Integrations- und Migrationspolitik beurteilt auf beiden Seiten der Einwanderungsgesellschaft, also einerseits bei der Mehrheitsgesellschaft und andererseits bei der Zuwandererbevölkerung einschließlich der Bevölkerung mit Migrationshintergrund ohne eigene Migrationserfahrung, also bei der zweiten oder dritten Generation?
– Wie wird auf beiden Seiten in dieser Hinsicht die erwartete Zukunft eingeschätzt?
– Wie steht es in Sachen Integration um die entsprechenden Zeiterfahrungen und um die wechselseitigen Zuschreibungen auf beiden Seiten der Einwanderungsgesellschaft?
Die Ergebnisse des Integrationsbarometers sollen jeweils zusammen mit dem Jahresbericht veröffentlicht werden. Das ist die zweite Jahresaufgabe des Sachverständigenrats.

3. Die dritte, fortlaufende Aufgabe umfasst aktuelle Gutachten und Stellungnahmen zu besonderen Entwicklungslagen im Bereich von Migration und Integration und zu entsprechenden gesetzlichen und politischen Initiativen auf den drei Ebenen von Bund sowie ausgewählten Ländern und Gemeinden.

3 Identität – wer wir sind:

Wir, das sind neben mir acht weitere Mitglieder des Sachverständigenrates:
als stellvertretende Vorsitzende die Hamburger Erziehungswissenschaftlerin und vormalige Ausländerbeauftragte des Hamburger Senats, Frau Prof. Dr. Ursula Neumann; in alphabetischer Folge dann:

– der Migrationssoziologe und Direktor des Osnabrücker Instituts für Migrationsforschung und Interkulturelle Studien (IMIS), Prof. Dr. Michael Bommes;
– der Österreichische Sozialdemograph Prof. Dr. Heinz Fassmann vom Institut für Geographie und

Regionalforschung der Universität Wien und Autor des österreichischen Integrationsberichts, der sich deutlich abhebt von -der deutschen Integrations- und Migrationsberichterstattung;
– die Bremer Erziehungs-, Bildungswissenschaftlerin und Turkologin, Prof. Dr. Yasemin Karakasoglu;
– die auch mit Fragen der sprachlichen Integrationsförderung aus rechtswissenschaftlicher Sicht befasste Lehrstuhlinhaberin für Öffentliches Recht an der Universität Göttingen, Frau Prof. Dr. Christine Langenfeld;
– der Ethnologe und Vergleichende Kultur- und Sozialanthropologe an der Europa-Universität Viadrina in Frankfurt a. d. Oder, Prof. Dr. Werner Schiffauer;
– der als Ökonom stark auch mit Migrationsfragen beschäftigte Direktor des Hamburgischen Weltwirtschaftsinstituts, Prof. Dr. Thomas Straubhaar und
– der Direktor des Max-Planck-Instituts zur Erforschung multireligiöser und multi-ethnischer Gesellschaften, der britische Ethnologe, transnationale Anthropologe und vormalige Direktor des Economic and Social Research Council (ESRC) Programme on Transnational Communities der Oxford University, Prof. Dr. Steven Vertovec.

Wir Ratsmitglieder könnten vor der selbst gestellten Herausforderung nicht bestehen, wenn wir uns nicht auf eine leistungsstarke Geschäftsstelle stützen könnten. Sie steht unter der Leitung von Frau Dr. des. Gunilla Fincke als Geschäftsführerin, die heute ebenfalls anwesend ist. Mit Frau Fincke zusammen wird die Geschäftsstelle in Berlin bis 1.1.2009 vier fachlich ausgewiesene wissenschaftliche Mitarbeiter aus verschiedenen Fachgebieten umschließen, u.a. Politikwissenschaft, Rechtswissenschaften und empirische Sozialforschung, sowie ein Sekretariat. Dann wird der Sachverständigenrat, der in diesen Wochen seine Arbeit aufnimmt, in vollem Umfang einsatzfähig sein.

* * *

Die Arbeit des Sachverständigenrates will und kann, wie eingangs gesagt, amtliche Berichte nicht ersetzen. Sie soll die amtliche Berichterstattung aber ergänzen um die unabhängige wissenschaftliche Betrachtung und Beurteilung aus ganzheitlicher Sicht. Unsere Arbeit ist ein kooperatives Angebot, keine Kampfansage.

Unsere Adressaten sind einerseits die Zivilgesellschaft im weitesten Sinne und andererseits Politik und Verwaltung in Bund, Ländern und Gemeinden. Unser Beratungsangebot erfolgt – von ausdrücklich vertraulichen Anfragen abgesehen – auf dem Weg über die Öffentlichkeit; denn wir sind durch die Stiftungen verpflichtet, unsere Gutachten, Stellungnahmen und Berichte grundsätzlich zu veröffentlichen.

Wir bemühen uns bei der erstrebten Breitenwirkung unserer Veröffentlichungen, gerade im Zusammenhang der kritischen Politikbegleitung, um eine intensive Kooperation mit den Medien. Sie können also ab Januar 2009 in vollem Umfang mit uns rechnen und uns dann auch umgekehrt gern über die Geschäftsstelle erreichen. Wir freuen uns auf diese Zusammenarbeit. Vielen Dank.

8.5 **Das Wichtigste in Kürze: Integration und Migration in der Einwanderungsgesellschaft,** in: Einwanderungsgesellschaft 2010. Jahresgutachten 2010 mit Integrationsbarometer des Sachverständigenrates deutscher Stiftungen für Integration und Migration (SVR)[1], Berlin 2010, S. 14f.

Bevölkerung und Wirtschaft, Politik, Kultur und die verschiedensten Teilbereiche des gesellschaftlichen Lebens werden von der Eigendynamik der Einwanderungsgesellschaft verändert und wirken je auf ihre Weise auf diese Dynamik zurück. Die folgenden Kernbotschaften kommen aus Querschnitten durch die Argumentation von Jahresgutachten und Integrationsbarometer. Sie sind zugleich Ankerpunkte für die folgenden Trendbeobachtungen, Folgeabschätzungen, Beschreibungen und Bewertungen.

15 Kernbotschaften

1. Migrationsland: Deutschland ist ein demografisch schrumpfendes und alterndes Migrationsland mit hoher transnationaler, insbesondere innereuropäischer Mobilität. Bei tendenziell ausgeglichenen Wanderungsbilanzen halten sich Zu- und Abwanderung annähernd die Waage. Deshalb ist Deutschland heute weder Ein- noch Auswanderungsland, sondern ein Migrationsland in der statistischen Mitte zwischen Ein- und Auswanderungsland.

2. Einwanderungsgesellschaft: In den Grenzen des Migrationslandes entfaltet sich eine Einwanderungsgesellschaft. Ihre Heterogenität wächst auch bei abnehmender Zuwanderung aus demografischen Gründen eigendynamisch weiter. Zugleich steigt aus den gleichen Gründen selbst ohne Zuwanderung der Anteil der Bevölkerung mit Migrationshintergrund weiter an.

3. Migrationshintergründe: In der Einwanderungsgesellschaft begegnen sich, auch innerhalb der Familien, unterschiedliche Einwanderergenerationen und Integrationserfahrungen. Daraus entstehen vielfältig in sich gebrochene und von der Mehrheitsbevölkerung oft verschiedene Erinnerungskulturen als Grundlage für Gegenwartseinschätzung und Zukunftserwartung.

---

[1] http://www.svr-migration.de/publikationen/jahresgutachten-2010-mit-integrationsbarometer/.

4. Integrationserfolge: Im internationalen Vergleich ist »die Integration« in Deutschland keineswegs »gescheitert«. Sie ist vielmehr in vielen empirisch fassbaren Bereichen durchaus zufriedenstellend oder sogar gut gelungen. Zudem stehen beide Seiten der Einwanderungsgesellschaft den Anforderungen von Zuwanderung und Integration pragmatisch und zuversichtlich gegenüber. Die deutschen Regelungen zu Migration und Integration unterscheiden sich in ihren Grundelementen kaum mehr von denen der europäischen Nachbarn.

5. Elitendiskurse: In der konkreten Alltagswirklichkeit der Einwanderungsgesellschaft wirken publizistische Elitendiskurse über Krise und Scheitern von Integration einerseits, Marginalisierung und Exklusion der Zuwandererbevölkerung andererseits wie fernes Wetterleuchten am Horizont.

6. Mainstream: Nach langer Verdrängung (»Die Bundesrepublik ist kein Einwanderungsland«) sind Integration und Migration endlich im politischen Mainstream angekommen. Vieles wurde erreicht. Aber manches von dem, was appellativ als politische »Schlüsselaufgaben« formuliert wird, bleibt den Adressaten im Alltag der Einwanderungsgesellschaft ebenso fremd wie die Elitendiskurse.

7. Spannungspotenziale: Als Folge der historischen Vernachlässigung von Integration und Integrationspolitik bekommen Verteilungskonflikte um knappe Ressourcen (Arbeit, Einkommen, öffentlicher Raum, sozialer Status) heute eine ethnische Komponente mit wachsendem sozialem Spannungspotenzial.

8. Integration als Partizipation: Für den sozialen Frieden in der Einwanderungsgesellschaft konstitutiv ist ein Verständnis von Integration als möglichst chancengleiche Teilhabe an den zentralen Bereichen des gesellschaftlichen Lebens. In einer auch aus vielen anderen Gründen immer heterogener werdenden Einwanderungsgesellschaft ist das Kriterium »Migrationshintergrund« nur einer unter mehreren, insbesondere sozioökonomischen Markern für potenziellen Förderungsbedarf. Dem Förderungskriterium Migrationshintergrund muss aber so lange Raum gegeben werden, bis es vollends hinter milieuspezifische Bedarfskriterien zurücktreten kann. Noch ist es nicht so weit.

9. Bildung als Integrationsbaustelle: Neben vielen anderen Integrationsaufgaben in der Einwanderungsgesellschaft gibt es enorme Herausforderungen im Bereich Bildung. Noch kann von gleichen Bildungschancen oder gar Bildungserfolgen von Jugendlichen mit und ohne Migrationshintergrund nicht die Rede sein. Zum Hintergrund zählt auch ein Paradox: Mehrheits- wie Zuwandererbevölkerung haben überwiegend positive persönliche Erfahrungen mit ethnischer Heterogenität in den Institutionen des Bildungssystems, aber eine überwiegend negative Einschätzung der Leistungsfähigkeit von Schulen unter multikulturellen Bedingungen.

10. Migration und Sozialreform: In einem Wohlfahrtsstaat mit demografisch schrumpfender und alternder Bevölkerung erhöhen zunehmende Abwanderung und abnehmende Zuwanderung von Menschen im besten Erwerbsalter den Reformdruck auf die Sozialsysteme. Der Wohlfahrtsstaat aber gewinnt einen großen Teil seiner politischen Legitimation aus dem Erfolg ausgleichender Wirtschafts- und Sozialinterventionen. Die durch Veränderungen im Wanderungsverhalten verschärfte Nötigung zu einschneidenden Sozialreformen wirft deshalb schwerwiegende Legitimationsprobleme auf.

11. Personalprobleme der »Firma Deutschland«: Es gibt in Deutschland ein quantitatives und ein qualitatives Migrationsproblem. Deshalb muss Deutschland proaktive Zuwanderungspolitik betreiben, für qualifizierte Zuwanderung attraktiver werden, aber auch die Bedingungen für das Bleiben qualifizierter potenzieller Abwanderer verbessern, die zur Finanzierung des Sozialstaats beitragen.

12. Einwanderer ohne Staatsangehörigkeit: Für eine demokratische Einwanderungsgesellschaft ist das Auseinanderfallen von Wohnbevölkerung und Wahlbevölkerung eine Gefahr. Die eingewanderten Ausländer für die deutsche Staatsangehörigkeit zu gewinnen, muss im lange griesgrämigen Einwanderungsland wider Willen heute als ein vorwiegend deutsches Interesse verstanden werden; denn Deutschland kann sich seine De-facto-Einwanderer nicht mehr aussuchen und sie nur noch einladen, auch De-jure-Einwanderer zu werden.

13. Sackgasse Optionsmodell: Das Optionsmodell war ein Notkompromiss mit nicht zureichend durchdachten Folgen. Es sollte ersetzt werden durch eine fünfjährige Übergangslösung, die den Betroffenen auf Antrag die doppelte Staatsangehörigkeit gewährt. Zugleich sollte für diese Zeitspanne in Deutschland alt gewordenen ausländischen Einwanderern aus Drittstaaten die Hinnahme der doppelten Staatsangehörigkeit angeboten werden. In der Übergangszeit sollte eine neue Gesamtlösung entwickelt werden, die den Herausforderungen der Einwanderungsgesellschaft und der damit verbundenen Heterogenisierung der Bevölkerung gerecht wird, ohne die dem Phänomen der Mehrstaatigkeit immanenten rechtstechnischen Probleme auszublenden.

14. Migration und Humanität: Flüchtlingsaufnahme ist eine humanitäre Pflicht. Über die Aufnahme von Wirtschaftswanderern entscheiden die Interessen des Aufnahmelandes. Gerade weil es mitunter fließende Grenzen zwischen Wirtschafts- und Fluchtwanderungen gibt, muss eine zureichende Prüfung der

Wanderungsmotive gewährleistet bleiben. Nationalstaatliche Überforderungen durch Flüchtlingsandrang führen zu einer Schicksalsverwaltung zu Lasten der Flüchtlinge. Auf Dauer können nur europäische Konzepte den weltweit steigenden Flüchtlingswanderungen gewachsen sein und Perspektiven bieten, die humanitären Geboten entsprechen.

15. *Fehlsteuerungen und Steuerungsfehler:* Migration, Integration und Einwanderungsgesellschaft sind Dimensionen mit hoher sozialer Eigendynamik und auf der Zeitachse schwer absehbaren ökonomischen und gesellschaftlichen Folgen. Rechtliche und politische Interventionen müssen deshalb stets die Grenzen der Gestaltbarkeit, die Gefahr von Fehlsteuerungen, von nicht intendierten Folgen und unbeabsichtigten Härtefällen im Auge behalten. Eine eher bescheidene Verbindung von flexibler Konzeptorientierung und pragmatischer Gestaltung wirkt hier mitunter nachhaltiger als der auf lange Dauer angelegte große Wurf, bei dem eine Zielverfehlung mit nicht minder großen sozialen Kosten verbunden sein kann.

8.6 Statement als Vorsitzender zur Vorstellung des SVR-Jahresgutachtens »Einwanderungsgesellschaft 2010«,
Pressekonferenz SVR, Berlin, 19.5.2010 (Auszug).

Wir haben uns über die Medien schon oft zu Wort gemeldet zu aktuellen Fragen von Migration und Integration sowie von Migrations- und Integrationspolitik […].

Heute aber ist erstmals insgesamt Tacheles zu reden in Gestalt des ersten Jahresgutachtens mit dem SVR-Integrationsbarometer […]:

Deutschland ist angekommen in der Einwanderungsgesellschaft. Aber deren Eigendynamik wird noch nicht zureichend durchschaut: Der Begriff »Integrationsland« taugt nicht mehr – wenn er denn je hilfreich war; denn er nährt die falsche Vorstellung von einer Art festen gesellschaftlichen Gussform, innerhalb derer sich Integration bewegt, bis sie in der vorgegebenen Form erstarrt.

Das ist falsch, denn: Die Einwanderungsgesellschaft ist kein stabiler gesellschaftlicher Rahmen, innerhalb dessen sich Integration in vorgegebener Begrenzung entfaltet. Die Einwanderungsgesellschaft ist vielmehr ein fortwährend beide Seiten verändernder, vielgestaltiger Sozial- und Kulturprozess.

Vielfalt und Diversität wachsen auch bei abnehmender Zuwanderung aus demographischen Gründen eigendynamisch weiter. Ergebnis ist ein beschleunigter, manche Zeitgenossen scheinbar überfordernder Wandel von Strukturen und Lebensformen, will sagen: Die Einwanderungsgesellschaft wird unübersichtlicher und zugleich in der Erfahrung alltäglicher. Aber Integration in der Einwanderungsgesellschaft in Deutschland gelingt.

Stichwort 1: Erfolgsfall Integration
Semantische Korrektur vorab. »Die« Integration in »die« Gesellschaft gibt es gar nicht, weil Gesellschaft aus den verschiedensten Teilbereichen besteht. Als messbare Dimension definieren wir Integration deshalb als gesellschaftliche Anerkennung in Gestalt möglichst chancengleicher Teilhabe an den zentralen Bereichen des gesellschaftlichen Lebens. In diesem Sinne wird Integration in Deutschland, auch im internationalen Vergleich, in vielen Bereichen zunehmend erfolgreicher.

Ausnahmen bestätigen die Regel: Die Arbeitslosigkeit liegt bei Personen mit Migrationshintergrund in Deutschland zwar nach wie vor mehr als anderthalbmal so hoch wie bei der Mehrheitsbevölkerung. In anderen europäischen Einwanderungsländern, wie etwa in den Niederlanden und Schweden, ist für Migranten das Risiko, arbeitslos zu werden, aber annähernd dreimal so hoch.

Ein verhalten positives Bild von Integration zeigt sich nicht nur bei den objektiv messbaren Integrationsindikatoren. Es spricht auch aus den subjektiven Einschätzungen und Wahrnehmungen des Integrationsalltags auf beiden Seiten der Einwanderungsgesellschaft, also bei Personen mit und ohne Migrationshintergrund.

Das SVR-Integrationsbarometer zeigt dazu: Beide Seiten der Einwanderungsgesellschaft sehen Integration pragmatisch und zuversichtlich. Und sie haben ein hohes Grundvertrauen zueinander. Dabei vertrauen Zuwanderer zum Teil den Deutschen nicht nur mehr als der eigenen Herkunftsgemeinschaft, sondern mitunter sogar mehr als die Deutschen sich selber.

Dieses verhalten positive Ergebnis ist noch kein Grund zum Jubilieren; denn es gibt, wie wir gleich sehen werden, nach wie vor Dunkelzonen der Integration. Unser Ergebnis bietet aber ein klares Gegenbild zum deutschen Integrations-Gejammer auf hohem Niveau und vor allem gegen die Skandalisierung einer angeblich flächendeckend »gescheiterten Integration«. Sie ist in ihren Verallgemeinerungen nur ein absurder Zerrspiegel der Einwanderungsgesellschaft in Deutschland.

Stichwort 2: Desintegrative Kakophonie
Die skandalisierenden Diskurse über Krise und Scheitern von Integration, über Marginalisierung und Exklusion der Zuwandererbevölkerung haben mit der Realität so viel zu tun wie eine Geisterbahn:

Auf der einen Seite steht die Rede von der vermeintlich »mangelnden Integrationsbereitschaft« oder gar »Integrationsunfähigkeit« insbesondere muslimischer Zuwanderer. Auf der anderen Seite steht das nicht minder klischeehafte, mitunter auch von Stimmen aus Migrantenverbänden bestärkte Bild einer im Kern integrationsresistenten Mehrheitsbevölkerung, die die nimmermüden Integrationsanstrengungen der Zuwanderer ins Leere laufen lässt. Beides ist falsch.

Das Integrationsbarometer des SVR liefert die empiriegestützten Selbstbeschreibungen auf beiden Seiten der Einwanderungsgesellschaft. Sie zeigen:

Auf beiden Seiten der Einwanderungsgesellschaft in Deutschland dominiert nicht nur ein gemeinsames Integrationsverständnis, sondern sogar ein deutlicher Integrationsoptimismus. Beide Seiten der Einwanderungsgesellschaft teilen gemeinsame pragmatische und weitgehend positive Einschätzungen der Integration:

Für integrationsrelevant halten beide Seiten zu jeweils über 95 Prozent vor allem die Bekämpfung der Arbeitslosigkeit, verbesserte Bildungs- und damit Arbeits- und Aufstiegschancen, das Angebot von Sprachkursen und den Abbau von Diskriminierung. Diese pragmatischen Themen und nicht die abgestandenen und stets neu aufgebrühten Glaubens- und Grundsatzfragen sind es, die beide Seiten in der Einwanderungsgesellschaft tatsächlich interessieren.

Darüber hinaus haben beide Seiten wechselseitig sogar die gleichen Zuständigkeitszuschreibungen: Befragte mit und ohne Migrationshintergrund weisen die Verantwortung für Integration zu zwei Dritteln den Zuwanderern und nur zu einem Drittel der Mehrheitsbevölkerung zu. Das aber heißt: Der abgestandene und nur immer wieder künstlich aufgewärmte Konflikt um die falschen Alternativen von zwanghafter Assimilation oder wildwüchsiger Multikulti-Idylle ist im pragmatischen Alltag der Einwanderungsgesellschaft längst vom Tisch. Diesen Wandel sollten sich einige innenpolitische Sprecher vor Augen halten.

Stichwort 3: Integration als Mainstream-Thema
Integration ist heute endlich auch ein politisches Mainstream-Thema geworden. Sie wird in die großen politischen Gestaltungsbereiche zunehmend routiniert und pragmatisch einbezogen.

Die deutschen Regelungen zu Migration und Integration unterscheiden sich in ihren Grundelementen kaum mehr von denen der europäischen Nachbarn, will sagen: Auch Politik ist heute, mit historischer Verspätung, schrittweise angekommen in der Einwanderungsgesellschaft. Politik neigt in ihrer Selbstinszenierung aber mitunter dazu, hier Ursache und Folge zu verwechseln und das jahrzehntelange friedliche Zusammenwachsen der Einwanderungsgesellschaft als Ergebnis ihrer eigenen, zum Teil arg verspäteten und lange widerwilligen Anpassung an diesen Prozess zu deuten.

Das ändert nichts an der Tatsache, dass in der Aufholhektik der letzten 10 Jahre integrationspolitisch de jure und de facto mehr geschehen ist als in den vier Jahrzehnten zuvor. Politik hat damit umgesteuert vom lange angstvoll defensiven auf proaktiven Integrationskurs. Sie hat dabei kraftvoll Tritt gefasst.

Aber es gibt nach wie vor Dunkelzonen; denn: Die Folgen von Versäumnissen der Vergangenheit in Integration und Integrationspolitik bleiben Zukunftsbelastungen für die Einwanderungsgesellschaft. Dazu gehören u.a. einerseits soziale Spannungspotentiale und andererseits ein Problemstau auf der Integrationsbaustelle Bildung. Dazu zuerst:

Stichwort 4: Soziale Spannungspotenziale
Es gibt in der Einwanderungsgesellschaft in Deutschland ein Integrationsparadox: Einerseits gibt es ein verhalten optimistisches Selbstbild der Einwanderungsgesellschaft und ein zunehmend pragmatisches Verhältnis zu Integrationsfragen. Andererseits gibt es an der breiten Basis der Sozialpyramide nach wie vor viele Einwandererfamilien mit starken, zum Teil über Generationen hinweg anhaltenden Integrationsdefiziten als Teil einer »neuen Unterschicht« mit, aber auch ohne Migrationshintergrund.

Ihre prekären Sozialmilieus werden durch die in Deutschland besonders ausgeprägte Vererbung der sozialen Startnachteile intergenerativ stabilisiert. Die unzureichende Qualifikation vieler Jugendlicher aus diesen Milieus blockiert nicht nur deren Erwerbschancen. Sie begrenzt auch das – schon aus demographischen Gründen in wenigen Jahren definitiv nicht mehr ausreichende – Arbeitskräfteangebot. Und sie belastet durch zum Teil schon in dritter Generation »ererbte« Transferabhängigkeit den Sozialetat im Wohlfahrtsstaat.

Mehr noch: Die Perspektivlosigkeit der »Generation Hartz IV« führt zu einem zunehmend aggressiven Empörungspotential. Es wächst mit der Zahl der sozialen Verlierer, die sich ihrer perspektivlosen Lage bewusst werden. Aus dem Umschlag von Frustration in Aggression könnten möglicherweise individuelle Reizbarkeit oder sogar spontane Gewaltbereitschaft kommen. Ob sie sich bei gegebenem Anlass in gruppenübergreifende milieuspezifische Konfliktbereitschaft verwandeln werden, ist nicht abzusehen.

»Französische Zustände« wie im Herbst und Winter 2005 sind in Deutschland wenig wahrscheinlich. Aber zwischen brennenden Straßen in französischen Vorstädten und »sozialen Brennpunkten« in deutschen Großstädten kann es vielerlei Abstufungen von explosiven sozialen Spannungslagen geben; besonders dann, wenn diese Spannung aus gegebenem Anlass gleichermaßen benachteiligte Sozialmilieus mit und ohne Migrationshintergrund verbindet.

Mangelnde Chancengleichheit ist deshalb eine Gefahr für den sozialen Frieden in der Einwanderungsgesellschaft. Politik hat diese wachsende soziale Gefahr noch nicht zureichend erkannt. Das zeigt ein Blick auf

Stichwort 5: Problemstau auf der Integrationsbaustelle Bildung
Noch kann von gleichen Bildungschancen oder gar Bildungserfolgen von Jugendlichen mit und ohne Migrationshintergrund nicht die Rede sein.

Zum Hintergrund zählt ein zweites Integrationsparadox: Nach dem SVR-Integrationsbarometer befürworten Eltern aus Mehrheits- wie Zuwandererbevölkerung zwar durchweg Gleichberechtigung bei den Bildungschancen. Sie teilen auch selber überwiegend positive persönliche Erfahrungen mit ethnischer Heterogenität in den Institutionen des Bildungssystems.

Sie haben aber dennoch meist eine negative Einschätzung der Leistungsfähigkeit von Schulen mit ethnisch heterogener Schülerschaft. Sie wollen deshalb für die eigenen Kinder nicht das sog. »Risiko« ethnisch gemischter Schulklassen eingehen. Das gilt für bildungsorientierte, einkommensstarke Eltern aus der Mehrheitsbevölkerung ebenso wie für Aufsteigerhaushalte mit Migrationshintergrund.

Beide Seiten könnten hier die vielgerühmte Vorbildrolle erfüllen. Sie übernehmen diese Rolle aber, aus nachvollziehbaren Gründen, in aller Regel nicht. Damit tritt ein Grunddilemma zutage:

Forderungen nach einem Umbau des Bildungssystems zugunsten von Chancengleichheit prallen bei wachsender Heterogenität an der Abwehrhaltung der Adressaten ab. Solange sich die Einschätzung hält, dass Heterogenität der Schülerschaft und Leistungsfähigkeit der Schule weitgehend inkompatibel sind, wird sich eine wachsende soziale Segregation im Bildungswesen nicht wirksam bekämpfen lassen. Dieses Dilemma kann man nur begrenzen, wenn sich durch innovatives Engagement, durch konzeptionelle, personelle und materielle Investitionen in heterogene Schulen deren Attraktivität erhöht.

Schärfer gesprochen: Mindestens so wichtig wie Subventionen zur Rettung von Banken vor dem selbstverschuldeten Luzifersturz sind Investitionen in Bildung und Ausbildung zur Sicherung nicht nur der wirtschaftlichen Zukunft in der Wissensgesellschaft, sondern auch einer friedlichen sozialen Zukunft in der Einwanderungsgesellschaft. Hier gibt es gesellschaftspolitisch noch erheblichen Erkenntnis- und Umsetzungsbedarf.

Soviel zu Integration und Integrationspolitik in der Einwanderungsgesellschaft. Abschließend ein kurzer Blick auf *Migration und Migrationspolitik*. Auch hier stehen gravierende Herausforderungen und unerledigte Aufgaben an:

Stichwort 6: Migrationsland im demographischen Umbruch
Deutschland ist heute weder Einwanderungsland noch Auswanderungsland allein, sondern beides zugleich. Es ist ein demografisch alterndes Migrationsland. Es hat eine hohe transnationale, insbesondere innereuropäische Mobilität. Und es hat eine tendenziell ausgeglichene Wanderungsbilanz.

Das klingt so gut wie eine ausgeglichene Zahlungsbilanz, ist es aber nicht, denn: Die tendenziell ausgeglichene Wanderungsbilanz verursacht bislang unzureichend erkannte und gestaltete Folgeprobleme.

Folgeproblem a. Verschärfung des sozialen Reformdrucks:
In einem Wohlfahrtsstaat mit demografisch alternder Bevölkerung verschärft sich bei zunehmender Abwanderung und abnehmender Zuwanderung von Menschen im besten Erwerbsalter der Reformdruck auf die Sozialsysteme. Akzeptanz von Politik im Wohlfahrtsstaat aber ist abhängig von ausgleichenden Wirtschafts- und Sozialinterventionen. Deshalb weicht Politik hier schmerzhaften Entscheidungen aus. Je länger aber mit den überfälligen Sozialreformen gewartet wird, desto einschneidender werden sie sein.

Folgeproblem b. Umkehr der Angebot-Nachfrage-Spannung am Arbeitsmarkt: Wenn nicht eine neue Finanz- bzw. Wirtschaftskrise alles zunichtemacht, könnten, Modellrechnungen zufolge, 2015 in Deutschland bereits ca. 3 Millionen Arbeitskräfte fehlen. Zu quantitativen Defiziten kommen qualitative Defizite; denn: Der Brain-Drain läuft. Deutschlands Abwanderer sind tendenziell qualifizierter und wirtschaftlich leistungsstärker als Deutschlands Zuwanderer und als die Erwerbsbevölkerung insgesamt (von zuwandernden Wissenschaftlern und außeruniversitären Forschern abgesehen, für die bekanntlich sehr offene Sonderregelungen gelten).

Um wirtschaftlich zukunftsfähig zu bleiben, braucht Deutschland deshalb eine Bildungs- und Qualifikationsoffensive im Innern. Und es braucht zugleich Konzepte für die Förderung bedarfsorientierter, qualifizierter Zuwanderung von außen.

Nötig dazu ist ein modifiziertes und flexibles, d.h. kriterien- und zugleich arbeitsmarktorientiertes Punktesystem mit Engpassdiagnose. Der Sachverständigenrat hat dazu ein Konzept vorgelegt. Die unübersichtliche Vielfalt von Ausnahmeverordnungen und Sonderregelungen zum Anwerbestopp ist keine Alternative dazu.

Aber die Grenzen der Gestaltbarkeit sind eng geworden; denn Migrationssteuerung greift heute nur noch gegenüber Drittländern außerhalb der EU. Attraktivität wird deshalb wichtiger als administrative Gestaltung. Das aber heißt: Deutschland muss im Innern attraktiver werden für Qualifizierte, die abwandern wollen und nach außen hin für solche, die zuwandern sollen:

Dazu muss das Migrationsland sich endlich selbstkritisch fragen, was qualifizierte und hochmotivierte Arbeitskräfte veranlasst, dieses Land zu verlassen. Einiges deutet darauf hin, dass es verwandte Gründe sind, die erwünschte und qualifizierte Zuwanderer veranlassen, einen Bogen um dieses Land zu machen. Ein Land, das das ändern will, muss auch bereit sein, sich selbst zu ändern.

8.7 Integrationsbilanzen: Erfolge und Defizite in Deutschland,

aus: Migration, Integration und Integrationspanik in Deutschland, Vortrag in der Reihe »Stärke durch Vielfalt«, Liechtenstein 11.4.2011, in: Wilfried Marxer / Marco Russo (Hg.), Liechtenstein – Stärke durch Vielfalt, Edition Weltordnung – Religion – Gewalt, Bd. 11, Innsbruck 2012, S. 39–81 (Auszug ohne Anmerkungen).

Die Bürgergesellschaften in Europa haben sich zumeist in Einwanderungsgesellschaften verwandelt. Im Gegensatz zu vielen Integrations(schein)debatten mit abwegigen statischen Gesellschaftsbildern ist die Einwanderungsgesellschaft kein Zustand, sondern ein vielgestaltiger und komplexer Kultur- und Sozialprozess, der sich stets weiter ausdifferenziert. Er besteht aus dem Zusammenwachsen von Mehrheits- und Zuwandererbevölkerung in einem ständigen Interaktionsprozess, der beide Seiten tiefgreifend verändert. Ergebnis ist ein beschleunigter, manche Zeitgenossen überfordernder Wandel von Strukturen und Lebensformen. Diesen Wandel, insbesondere in den Großstädten mit starker Zuwandererbevölkerung, als tägliche neue Aufgabe anzunehmen, ist die zentrale Herausforderung in der Einwanderungsgesellschaft.

»Die« Integration in »die« Gesellschaft gibt es nicht, weil Gesellschaften aus den verschiedensten Teilbereichen bestehen. Als messbare Dimension von sozialer Integration definierte der SVR deshalb in seinem Jahresgutachten *Einwanderungsgesellschaft 2010* die Teilhabe an den zentralen Bereichen des gesellschaftlichen Lebens. Dazu gehören z.B. Erziehung, Bildung, Ausbildung, Arbeitsmarkt, Recht, soziale Sicherheit, die – statusabhängige – politische Mitbestimmung u.a.m. Dem entspricht, als Ziel von Integrationsförderung, die möglichst chancengleiche Teilhabe an den zentralen Bereichen des gesellschaftlichen Lebens.

Der – im Sinne der Ausrichtung des SVR-Jahresgutachtens 2010 auf die Integration von Zu- und Einwanderern nicht genutzte – Vorteil dieser partizipationsorientierten Definition von sozialer Integration ist, dass sie auch auf Staatsangehörige ohne Migrationshintergrund angewendet werden kann: Im Sinne dieser Definition kann es bei deutlich unterschiedlicher Teilhabe in den zentralen Bereichen des gesellschaftlichen Lebens (und abgesehen von den mit der Staatsangehörigkeit selbst verbundenen Rechten und Pflichten) bereichsweise auch gut integrierte Ausländer und schlecht integrierte Deutsche geben.

In der Bürgergesellschaft als Einwanderungsgesellschaft geht es also, von Neuzuwanderern mit Sprachproblemen einmal abgesehen, nicht um Integration von Migranten durch Maßnahmen. Es geht vielmehr um die soziale Anerkennung von Menschen mit und ohne Migrationshintergrund durch gesellschaftliche Teilhabe. Dabei kann im Zusammenhang von Integrationsförderung bei länger zurück liegender oder sogar schon nicht mehr selber erlebter Zuwanderung ein Migrationshintergrund nur mehr ein soziales Förderkriterium unter anderen sein.

1 Integrationserfolge

[…] Die wichtigsten Ergebnisse des SVR-Jahresgutachtens 2010: Deutschland ist angekommen in der Einwanderungsgesellschaft. Integration in Deutschland ist besser als ihr Ruf im Land. Auffällige Ausnahmen bei einzelnen Gruppen und in einzelnen Bereichen bestätigen die Regel und relativieren sich zudem im internationalen Vergleich. Ein verhalten positives Bild von Integration sprach für Deutschland nicht nur aus den objektiven bereichsspezifischen Integrationsindikatoren. Es sprach auch aus den – empirisch begründeten – subjektiven Einschätzungen, Wahrnehmungen und Beschreibungen des Integrationsalltags bei Personen mit und ohne Migrationshintergrund […].

Das insgesamt verhalten positive Ergebnis war kein Grund zum Jubilieren. Es bot aber ein klares Gegenbild zu dem deutschen Integrationsgejammer auf hohem Niveau und zu der hysterischen Skandalisierung einer angeblich flächendeckend »gescheiterten Integration«. Dieses düstere, realitätsbezogenen Bestandsaufnahmen und internationalen Vergleichen absurd widersprechende Bild war und ist, von Ausnahmen abgesehen, ein grotesker Zerrspiegel der Einwanderungsgesellschaft in Deutschland.

Aber wenn man einer mediengläubigen Öffentlichkeit lange durch selektive Wahrnehmung, Schattenspiel-Demoskopie und Bierdeckel-Demographie eine Geisterbahn als Realität vorführt, dann kann es bereichsweise zur Übernahme solcher Vorstellungen in den kollektiven Projektionshaushalt kommen. Das gilt besonders im um den Erhalt von Wohlstand und sozialer Sicherheit besorgten Mittelstand, wie dies Wilhelm Heitmeyer in seinen »Deutschen Zuständen« mehrfach vorgeführt hat.

Das zeichnete sich ein Vierteljahr nach der Publikation des SVR-Gutachtens im Mai 2010 und nach dessen breiter öffentlicher Diskussion bis zum Sommer dann im Hochsommer und Herbst 2010 im Gefolge der sog. »Sarrazin-Debatte« ab. Sie erbrachte, jedenfalls für Sachkenner, keinen Erkenntnisfortschritt und bewirkte mit ihren Bewertungen einen Rücksturz in längst überholt geglaubte und spätestens mit dem SVR-Jahresgutachten 2010 klar abgewiesene Denkschablonen.

2 Integrationsdefizite

Bei der Integration gibt es in Deutschland auch soziale Dunkelzonen und spannungsgeladene Problembereiche, in denen sich Sozial- und Integrationsprobleme gegenseitig verstärken. Sie wurden im SVR-Jahresgutachten 2010 klar – aber milieubezogen und, im Gegensatz zur »Sarrazin-Debatte«, ohne ethnokulturelle bzw. kulturalistische Gruppendenunziation – angesprochen.

Die Folgen von Versäumnissen der Vergangenheit auf beiden Seiten, also in Integration und Integrationspolitik, bleiben Gegenwarts- und Zukunftsbelastungen für die Einwanderungsgesellschaft. Aber die Handlungsspielräume waren dabei ungleich verteilt. Ein sich selbst über Jahrzehnte mit dem Mantra »Die Bundesrepublik ist kein Einwanderungsland« selbst dementierendes, mental verklemmtes Einwanderungsland darf sich über die verspätete Entwicklung von Einwandererbewusstsein bei seinen verschämt als »Zuwanderer« bezeichneten Einwanderern nicht wundern. Wie sollten »Zuwanderer« Einwandererbewusstsein ausbilden, wenn ihnen unausgesetzt mitgeteilt wurde, dass dieses Land »kein Einwanderungsland« sei? […].

Populistisch und kontraproduktiv wirkt hier deshalb die Ausgrenzungen weitertreibende, diffus diffamierende Rede von »Integrationsverweigerern« (Bundesinnenminister De Maizière 2010). Hilfreicher und mutiger, weil viel schwieriger umzusetzen wäre eine Sozialreform, die den Missbrauch der sozialen Sicherheitssysteme erschwert, den es im Übrigen in der Mehrheitsbevölkerung ohne Migrationshintergrund nicht nur auf Grund der unterschiedlichen Größenordnungen, sondern auch deswegen viel häufiger gibt, weil er hier noch einfacher zu bewerkstelligen ist.

Fraglos gibt es aber auch eine – vergleichsweise kleine – desintegrative Gegenwelt bei Zuwandererfamilien, die trotz schon generationenübergreifendem Inlandsaufenthalt weniger an staatsbürgerlicher Integration als an den Sozialbezügen im Wohlfahrtsstaat interessiert sind. Sie geben zuweilen auch ganz offen zur Kenntnis, dass sie Deutschland den Rücken kehren würden, wenn es diesen sozialstaatlichen Rahmen nicht mehr gäbe. Diese Verführung zum Sozialmissbrauch aber hat die wohlfahrtsstaatliche Integrationsregie – wie auch in anderen ähnlich verfassten modernen europäischen Einwanderungsländern – selbst bewirkt.

Hintergrund ist die Abschaltung der migratorischen Selektionsfunktionen, nach denen in weniger wohlfahrts- als marktbasierten Einwanderungsländern wie z.B. den USA Migranten nicht nur weiterwandern oder zurückkehren müssen, wenn sie wirtschaftlich nicht auf eigenen Beinen stehen können. Sie können, von Ausnahmen beim Familiennachzug abgesehen, in der Regel erst gar nicht (legal) einwandern, wenn absehbar ist, dass sie wenig oder keine Chance auf dem Arbeitsmarkt haben. Auch die Greencard-Prozedur geht mit einer Prüfung der formalen Qualifikationen einher. In Deutschland hingegen wurde und wird manchen Zuwanderern erst vor Ort klar, dass ihre formalen und beruflichen Zeugnisse hier wenig oder nichts wert sind.

Es gibt auch einzelne, ebenfalls vergleichsweise kleine religiös-weltanschauliche, vorzugsweise islamistisch-fundamentalistische Gruppen, die Hasspredigern hörig sind, die von einem Gottesstaat schwärmen, der mit dem Grundgesetz und den darin festgeschriebenen Werten und Normen grundsätzlich unvereinbar ist. Wenn z.B. die Einschätzung von Behörden richtig sein sollte, dass es einzelnen salafistischen Gruppen um Ziele geht, die mit den Deutschland und Europa geltenden Verfassungsnormen nicht vereinbar sind, dann muss hier der gesamte Apparat der »streitbaren Demokratie« (G. Jasper) zum Einsatz kommen. Auf diese Weise muss verhindert werden, dass ein Rechtsstaat aus Angst vor der Ausschöpfung seiner Handlungsspielräume zum Spielball verfassungswidriger Bestrebungen wird.

Nicht minder gesellschaftspolitisch gefährlich und unverantwortlich ist es, wenn, wie in den letzten Jahren zunehmend geschehen, »islamkritische« Agitatoren als säkulare Hassprediger das integrationsfeindliche Verhalten solcher religiös-weltanschaulicher Minderheiten auf Kosten der friedvollen Integrationsbereitschaft der Muslime in Deutschland einseitig in den Vordergrund der Ergebnisse ihrer meist unbelegten »Beobachtungen« und »Gespräche« rücken. Religiös-weltanschauliche bzw. kulturell bedingte Integrationshindernisse sind in Wirklichkeit die Ausnahme, sozial bedingte Barrieren aber die Regel, wenn es um die Hintergründe von nicht individuell-persönlich verursachten Integrationsproblemen geht.

An der breiten Basis der Sozialpyramide leben in Deutschland in städtischen Verdichtungsräumen mit starker Zuwandererbevölkerung viele Familien mit starken, zum Teil über Generationen hinweg anhaltenden Integrationsdefiziten als Teil einer »neuen Unterschicht« mit, aber auch ohne Migrationshintergrund. Ursachen solcher prekären Soziallagen sind bei Familien mit Migrationshintergrund Versäumnisse bei Integration und Integrationsförderung. Hinzu kommen, von individuellem Versagen abgesehen, strukturelle Diskriminierung in Bildung und Ausbildung, daraus resultierende unzureichende Qualifikation und eine Benachteiligung am Arbeitsmarkt, die aber nach wie vor auch bei gleicher Qualifikation in der Konkurrenz mit Bewerbern ohne Migrationshintergrund zu beobachten ist.

Die »neue Unterschicht« hat eine offene Grenze nach unten in die strukturelle Randständigkeit, aus der sich viele kaum mehr aus eigener Kraft befreien können. Ihre prekären Sozialmilieus werden durch die in Deutschland besonders ausgeprägte »Vererbung« der sozialen Startnachteile über das Bildungssystem intergenerativ stabilisiert. Das trifft Zuwandererfamilien noch mehr als Familien ohne Migrationshintergrund. Von gleichen Bildungschancen oder gar Bildungserfolgen von Jugendlichen mit und ohne Migrationshintergrund kann auch deshalb noch nicht die Rede sein.

Zum Hintergrund der sozialen Spaltung im Bildungswesen zählt ein Dilemma: Die Einwanderungsgesellschaft ist, wie erwähnt, gekennzeichnet durch wachsende Heterogenität. Nach dem SVR-

Integrationsbarometer 2010 haben Schülereltern selbst in aller Regel durchaus positive Erfahrungen mit ethnischer Heterogenität. Und Eltern aus Mehrheits- wie Zuwandererbevölkerung befürworten auch durchweg Gleichberechtigung bei den Bildungschancen in ethnisch heterogenen Schulen.

Sie haben aber dennoch meist eine negative Einschätzung der Leistungsfähigkeit von Schulen mit ethnisch heterogener Schülerschaft. Sie wollen deshalb für die eigenen Kinder eben gerade nicht das »Risiko« ethnisch gemischter Schulklassen eingehen. Das gilt besonders für bildungsorientierte, einkommensstarke Eltern aus der Mehrheitsgesellschaft, aber auch für Aufsteigerhaushalte mit Migrationshintergrund.

Dahinter steht die in Deutschland im Blick auf viele städtische Verdichtungsräume mit hoher Einwandererkonzentration und sozial schwachen Familien durchaus begründete Gleichsetzung von ethnisch gemischten Schulklassen mit einem hohen Anteil an Schülern aus sozial schwachen und bildungsfernen Milieus. Solange sich die Einschätzung hält, dass Heterogenität der Schülerschaft und Leistungsfähigkeit der Schule schwer vereinbar sind, solange wird sich in Deutschland die soziale Spaltung im Bildungswesen nicht wirksam bekämpfen lassen [...].

Es gibt aber nicht nur eine bildungspolitische, sondern auch eine im weitesten Sinne gesellschaftspolitische Seite des Problems: Die unzureichende Qualifikation vieler Jugendlicher aus prekären Milieus mit und ohne Migrationshintergrund blockiert nicht nur deren individuelle Zukunfts- und Erwerbschancen. Sie begrenzt zusätzlich auch das – mittelfristig schon aus demographischen Gründen schrumpfende – Arbeitskräfteangebot. Und sie belastet durch zum Teil schon »ererbte« Transferabhängigkeit den Sozialetat in dem unter dem Druck auf die Sozialsysteme zunehmend torkelnden Wohlfahrtsstaat.

Mehr noch: Die Perspektivlosigkeit der »Generation Hartz IV« führt in sozial schwachen Milieus zu einem zunehmend aggressiven Empörungspotential. Es wächst mit der Zahl der sozialen Verlierer, die sich ihrer perspektivlosen Lage bewusst werden. Aus dem Umschlag von Frustration in Aggression kommen mitunter individuelle Reizbarkeit und spontane Gewaltbereitschaft.

Das schichtspezifische Pendant bei der gut integrierten neuen Leistungselite mit Migrationshintergrund insbesondere türkischer Herkunft sind die Erfahrung oder begründete Befürchtung von gruppenbezogen mangelnder Akzeptanz und Benachteiligung am Arbeitsmarkt und eine daraus resultierende mentale Abwendung vom Einwanderungsland oder auch der Rückzug in die eigene Gruppe aus einem naheliegenden, aber in der Mehrheitsgesellschaft zu wenig berücksichtigten Grund:

Fortschreitende Integration mit ihren fließenden Grenzen zur Assimilation geht mit einer zunehmenden Sensibilität gegenüber mangelnder Akzeptanz und Ausgrenzung einher. Deshalb auch zeigte die zunächst lange an Arbeitsaufenthalte auf Zeit mit Heimatorientierung und Rückkehrabsicht denkende Erste Generation der »Gastarbeiter« nach außen hin weniger Sensibilität gegenüber solchen – fraglos auch seinerzeit spürbaren – Zurückstellungen als die in Deutschland sozialisierte Zweite oder Dritte Generation.

Mangelnde Chancengleichheit – vor allem bei Bildung, Ausbildung und Teilhabe am Arbeitsmarkt – ist mithin eine Gefahr für den sozialen Frieden in der Einwanderungsgesellschaft. Die Politik hat diese über viele Jahre hinweg immer wieder warnend angesprochene, wachsende soziale Gefahr lange nicht zureichend erkannt oder auch verdrängt und die Warnung vor hier möglicherweise drohenden sozialen Spannungen als sträflichen Versuch diskreditiert, solche Spannungen »herbeizureden« – nach dem Motto, dass nicht sein kann, was nicht sein darf. Aber was man verdrängt, das kann man nicht gestalten.

8.8 Das Wichtigste in Kürze: Kernbotschaften 2011,
in: »Migrationsland 2011«. SVR-Jahresgutachten 2011 mit Migrationsbarometer[2], Berlin 2011, S. 19–25 (Auszug).

Kernbotschaft 1: Quantitative Entwicklung – Verfestigung der negativen Wanderungsbilanz

Der SVR fordert, die neuen Wanderungsrealitäten in der öffentlichen und politischen Diskussion stärker zur Kenntnis zu nehmen. Die Vorstellung, Deutschland müsse sich vor Zuwanderung in größerem Umfang schützen, ist nicht nur empirisch falsch, sondern geradezu kontraproduktiv im Blick auf ein angestrebtes wirtschaftliches Wachstum und eine sozialverträgliche und langfristige Umgestaltung des Wohlfahrtsstaates.

Gesteuerte Zuwanderung ist notwendig, wenn man den negativen Wanderungssaldo ausgleichen, den wachsenden Fachkräftemangel begrenzen, ökonomische Wachstumspotenziale nutzen und den auf Beitragszahler angewiesenen umlagebasierten Wohlfahrtsstaat lebensfähig halten will.

Kernbotschaft 2: Qualitative Tendenz – Braindrain aus Deutschland anhaltend

Der SVR fordert: Deutschland muss attraktiver werden, nicht nur für ausländische, sondern auch für die eigenen Spitzenkräfte. Der Sachverständigenrat verlangt ein Ende des beschwichtigenden politischen Schönredens der offenkundigen Braindrain-Entwicklung und dringt auf eine sachgerechte Diskussion über Lösungsstrategien.

Nötig dazu sind eine selbstkritische Auseinandersetzung mit den Motiven für diese Ab- bzw.

---

[2] http://www.svr-migration.de/publikationen/jahresgutachten-2011-mit-migrationsbarometer/.

Auswanderung und die Bereitschaft zur Revision von Bedingungen, die steigende Ab- bzw. Auswanderungen von Fachkräften und zu wenig ausgleichende Zuwanderungen bewirken. Die Klagen reichen von Überreglementierung und nicht zureichend flexiblen bzw. leistungsgerechten Einkommen über steile betriebliche Hierarchien, z.B. in Krankenhäusern, bis hin zu Neidkultur und einem überkomplizierten Steuer- und Abgabensystem, das im gehobenen Mittelstand Leistung nachgerade unter Strafe stelle, um nur einige Beispiele zu nennen. Deutschland muss sich ändern, wenn es im demografischen Wandel und im Kampf um die »besten Köpfe« zukunftsfähig bleiben will. Wenn das gelingt, könnte das Land ein Modellprojekt werden.

Kernbotschaft 3: Migrationspolitik in Deutschland – besser, aber noch nicht gut genug
Der SVR fordert die konsequente Weiterentwicklung einer umfassenden und konzeptorientierten Migrationspolitik unter Beachtung der Braindrain-Effekte, für die Zuwanderungssteuerung und Attraktivitätssteigerung zusammenwirken müssen. Das SVR-Migrationsbarometer zeigt, dass sich die Bevölkerung in Deutschland – ob mit oder ohne Migrationshintergrund – mit großer Mehrheit (57,7 % und 58,7 %) für mehr Fachkräftezuwanderung ausspricht.

Aufgegeben werden sollte daher das parteipolitische wie behördliche Versteckspiel hinter angeblichen Sorgen der Bürger, das Handeln lähmt bzw. Nichthandeln legitimiert. Bausteine einer umfassenden und konzeptionell geschlossenen Migrationssteuerung werden in den folgenden Kernbotschaften vorgestellt.

Kernbotschaft 4: Künftige Zuwanderer – neue Herkunftsländer und Anwerbestrategien
Der SVR fordert einen nicht durch Kulturpanik verblendeten, realistischen Blick auf mögliche neue Herkunftsgebiete künftiger Zuwanderung: Nordafrika (z.B. Marokko, Ägypten), Zentralasien (z.B. Usbekistan) oder Südostasien (z.B. Indien), die heute als Herkunftsgebiete noch unbedeutend sind, werden wahrscheinlich an Bedeutung gewinnen. Die institutionellen Verbindungen zu den künftig relevanten Herkunftsgebieten sollten ausgebaut werden, im Land aktive deutsche Institutionen als Sympathieträger für Deutschland wirken.

Nötig dazu ist eine Verschränkung von Migrationspolitik, Außenhandelspolitik und insbesondere auswärtiger Kulturpolitik mit ihrem Brückenbauer-Konzept. Ein ganzes Potpourri an Handlungsoptionen bietet sich hier an: von der Förderung studentischer Mobilität über die Etablierung von Migrationsattachés in den Konsulaten und die Unterstützung der Kulturarbeit der Goethe-Institute bis hin zu Imagekampagnen, die nicht von behördlicher Fantasie allein getragen, sondern in Zusammenarbeit mit professionellen PR-Agenturen zu entwickeln sind. Bemühungen um die Vernetzung von abgewanderten deutschen Hochqualifizierten, insbesondere Wissenschaftlern, und die teuren, aber bislang wenig erfolgreichen Rückholprogramme sind kein Ersatz dafür.

Kernbotschaft 5: Ausländische Studierende – verkannte Idealzuwanderer
Der SVR empfiehlt für eine effektive und nachhaltige »Bleibepolitik« gegenüber ausländischen Studienabsolventen eine Verdoppelung der nach Studienabschluss zur Jobsuche gewährten Aufenthaltsdauer von einem auf zwei Jahre. Hinzutreten sollte eine flexiblere Auslegung der Vorschrift, dass die nach Studienabschluss angenommene Tätigkeit der erworbenen Qualifikation entsprechen muss.

Kernbotschaft 6: Reform der Fachkräfteanwerbung – das Drei-Säulen-Modell des SVR
Der SVR empfiehlt zur Zuwanderungssteuerung im Hochqualifiziertensegment ein Drei-Säulen-Modell, das die einseitig arbeitgeberbasierte Ausrichtung modifiziert und um humankapitalorientierte Steuerungselemente ergänzt: Die erste Säule umfasst eine Senkung des für die Niederlassungserlaubnis notwendigen Mindesteinkommens von derzeit noch 64 800 auf 40 000 Euro Jahresbrutto sowie eine Entbürokratisierung und Beschleunigung der Vorrangprüfung, die für die meisten Optionen temporärer Zuwanderung weiterhin obligatorisch ist. Die zweite Säule enthält verbesserte Bleibeoptionen für ausländische Studierende nach deren Studienabschluss in Deutschland. Die dritte Säule bildet ein zunächst begrenztes Punktesystem, das auf den unumstrittenen aktuellen Bedarf in den MINT-Berufen (Mathematik, Informatik, Naturwissenschaften, Technik) zugeschnitten ist.

Kernbotschaft 7: Temporäre Zuwanderung in niedrig qualifizierte Beschäftigung – Erfolgsfall der Migrationssteuerung
Der SVR empfiehlt, die bewährten Instrumente der Zuwanderungssteuerung im Bereich niedrigqualifizierter Beschäftigung beizubehalten. Die Mehrzahl dieser Programme wird durch die 2011 bzw. 2014 einsetzende Freizügigkeit für Arbeitskräfte aus den neuen EU-Mitgliedstaaten zwar an Bedeutung verlieren. Sie sollten als bewährtes Steuerungselement aber erhalten bleiben, damit sie ohne Gesetzgebungs- und Verwaltungsaufwand zugeschaltet werden können, wenn neue Knappheiten in diesem Bereich auftreten.

Kernbotschaft 8: Familiennachzug – Integration und Restriktion
Der SVR warnt vor der verbreiteten Illusion, der Familiennachzug könne ähnlich gesteuert werden wie die Zuwanderung z.B. von Hochqualifizierten. Familiennachzug findet statt, auch wenn dies bereichsweise eher zähneknirschend zur Kenntnis genommen wird. Angebote zur präventiven Integration im Ausgangsraum sowie zur begleitenden und nachholen-

den Integration im Aufnahmeland sind aber in jedem Falle hilfreich, um die Eingliederung auch von nachziehenden Partnern zu erleichtern. Die präventive Integrationsarbeit sollte beobachtet, evaluiert und nötigenfalls nachjustiert werden.

Kernbotschaft 9: Flucht und Asyl – nationale und internationale Aufgaben
Der SVR fordert eine verstärkte Solidarität der europäischen Staaten bei der Aufnahme und Betreuung von Flüchtlingen und Asylsuchenden. Dringend erforderlich ist dazu ein funktionierendes »burden sharing« in Europa. Deutschland sollte ferner ein Resettlement-Programm einführen und damit ein flexibles Instrument zur Aufnahme besonders schutzbedürftiger Flüchtlinge aus Erstaufnahmestaaten schaffen.

Schließlich sollte der verbliebene nationalstaatliche Handlungsspielraum genutzt werden, um geduldeten Personen, die gut integriert sind und dauerhaft nicht zurückkehren können, eine Bleibeperspektive in Deutschland zu eröffnen. Personen im subsidiären Schutz sollte früher die Aufnahme einer Arbeit ermöglicht werden. Das wäre die Konsequenz der Einsicht, dass sich ab einer bestimmten Verweildauer das individuelle Interesse des Flüchtlings an einer gesicherten Aufenthaltsperspektive mit dem staatlichen Interesse an Integrationsförderung deckt.

Kernbotschaft 10: Irregularität – Grenzen der Gestaltbarkeit
Der SVR empfiehlt, für Arbeitgeber die Anreize zu irregulärer Ausländerbeschäftigung zu reduzieren. Dazu sollten im Bereich unqualifizierter und gering entlohnter Beschäftigung die unmittelbar auf den Faktor Arbeit entfallenden Abgaben nach Möglichkeit gering gehalten werden. Empfohlen wird weiterhin, die gut funktionierenden legalen Möglichkeiten der Anwerbung von Arbeitskräften für niedrig qualifizierte Beschäftigungsbereiche zu nutzen.

Nötig sind aber auch strukturelle Reformen im Bereich der sozialen Dienste, insbesondere mehr Angebote ganztätiger Kinderbetreuung und finanzierbare Möglichkeiten der häuslichen Pflege von Kranken und alten Menschen.

Irregulär lebende Menschen sollten nicht aus Furcht vor Entdeckung oder Abschiebung darauf verzichten müssen, auch in der Irregularität bestehende Rechte in Anspruch zu nehmen, z.B. das Recht auf körperliche Unversehrtheit, auf den vereinbarten Lohn für geleistete Arbeit sowie für Kinder und Jugendliche das Recht auf Bildung.

Kernbotschaft 11: Humanität und Staatssouveränität – »Festung Europa«
Der SVR fordert eine zureichende rechtsstaatliche und zivilgesellschaftliche Kontrolle der Grenzsicherung durch Drittstaaten. Das gleiche gilt für die enorm wachsende europäische Grenzschutzagentur Frontex, die über ihre Selbstberichte hinaus nur geringer parlamentarischer Kontrolle unterliegt.

Trotz der immer weiter in Richtung auf die Herkunftsländer vorverlagerten Abwehrstrategien muss sichergestellt werden, dass der humanitären Aufgabe des Schutzes von bedrohten und verfolgten Personen entsprochen wird. Gerade weil die irreguläre Zuwanderung nach Europa eine Vielfalt von Einzelfällen umfasst, ist individuell zu prüfen, ob es sich um Flüchtlinge oder Asylsuchende handelt, die Anspruch auf ein geregeltes Verfahren haben. Dies kann mit zureichender Gründlichkeit nicht an Bord der vor den Küsten Europas operierenden Abfangflotte geschehen. Es muss entweder in Europa selbst geschehen oder außerhalb Europas in Einrichtungen, die unter der Kontrolle des UNHCR stehen.

Das politische Verstecken hinter der angeblich in der Mehrheitsbevölkerung herrschenden »Das Boot ist voll«-Haltung sollte aufgegeben werden; denn ausweislich des Migrationsbarometers wünschen sich 48,5 Prozent der Deutschen ohne Migrationshintergrund eine großzügigere Aufnahme von Flüchtlingen und Asylsuchenden.

Kernbotschaft 12: Migration und globale Entwicklung – Migrationsmanagement zum Vorteil aller?
Der SVR stellt fest, dass konzeptorientiertes Migrationsmanagement einen Beitrag zu einer effizienteren Entwicklungspolitik leisten kann. Angesichts der zunehmenden Abschottung der EU gegenüber Niedrigqualifizierten und Flüchtlingen sollten, auch aus normativen Gründen, Migrations- und Entwicklungspolitik stärker miteinander verbunden werden.

Europäische und deutsche Handlungsspielräume für zirkuläre Migrationsprogramme sind vorhanden und sollten nachdrücklich genutzt werden. Zirkuläre Migrationsprogramme müssen in Mobilitätspartnerschaften eingebettet werden, die nicht nur die Interessen von Herkunfts- und Zielländern, sondern auch diejenigen der Migranten selbst berücksichtigen; denn nur dann kann mit deren Kooperationsbereitschaft gerechnet und die Zirkularität der Wanderungen sichergestellt werden.

8.9 Statement als Vorsitzender zur Vorstellung des SVR-Jahresgutachtens »Migrationsland 2011«,
Pressekonferenz SVR, Berlin 13.4.2011 (Auszug).

Migration und Integration sind zwei Seiten einer Medaille. Der Sachverständigenrat beobachtet in seinen Jahresgutachten abwechselnd beide Seiten. Das im Mai vergangenen Jahres vorgestellte erste SVR-Jahresgutachten »Einwanderungsgesellschaft 2010« mit Integrationsbarometer richtete den Blick nach innen. Es analysierte und bewertete Integration und Integrationspolitik in Deutschland vor internationalem Hintergrund.

Unser zweites Jahresgutachten konzentriert sich auf die zweite Seite unserer inhaltlichen Aufgabenstellung: Migration und Migrationspolitik vor europäischem und globalem Hintergrund. Das Jahresgutachten positioniert Deutschland im Kontext des internationalen Wanderungsgeschehens und im Vergleich der nationalen Steuerungskonzepte. Es beschreibt den aktuellen Stand der Migrationsverhältnisse. Es analysiert erkennbare Trendentwicklungen sowie erwartbare Zukunftsprobleme. Und es korrigiert gängige Fehleinschätzungen des globalen Wanderungsgeschehens.

Deutschland ist heute ein demographisch alterndes Migrationsland in der statistischen Mitte zwischen Ein- und Auswanderungsland. Darum heißt das zweite SVR-Jahresgutachten auch »Migrationsland 2011«.

Ich skizziere einige zentrale Ergebnisse des SVR-Migrationsgutachtens 2011 in fünf Stichworten [...]:

Stichwort 1: Vom Integrationsbarometer zum Migrationsbarometer – oder: Warum Politik die Bürgergesellschaft systematisch unterschätzt

Das SVR-Integrationsbarometer berichtete im Mai 2010 von pragmatisch-gelassenen bis verhalten positiven Haltungen zu Integration und Integrationspolitik auf beiden Seiten der Einwanderungsgesellschaft. Es zeugte ferner von einem hohen Grundvertrauen der Zuwandererbevölkerung gegenüber der Mehrheitsgesellschaft ohne Migrationshintergrund. Diese Einstellungen unterschieden sich deutlich von den Schreckbildern der Desintegrationspublizistik und von den politischen Gerede über eine in Deutschland angeblich flächendeckend »gescheiterte Integration«.

Datengrundlage war unsere Erhebung vom Herbst 2009, publiziert mit dem Jahresgutachten im Mai 2010. Das war, bevor der trompetende Elefant Sarrazin im Sommer und Herbst 2010 seine Spuren durch den Porzellanladen der Einwanderungsgesellschaft zog. Wir haben diesen Trampelpfad vermessen:

Unsere demoskopische Spurenlese war eine zweite Repräsentativbefragung Ende 2010, also nach dem Höhepunkt der Sarrazinade. Sie zeigte einiges an Verheerungen: Der Aussage, Mehrheits- und Einwandererbevölkerung lebten »ungestört miteinander«, hatten im Herbst 2009 noch 21,7 Prozent der Einwanderer »voll und ganz« zugestimmt. Im November und Dezember 2010 bestätigten diese positive Einstellung nur noch 9,1 Prozent – Absturz bei den Integrationsoptimisten um mehr als die Hälfte.

Umgekehrt verdoppelte sich fast der Anteil der Integrationspessimisten unter den Einwanderern: Der Anteil derjenigen, die die Annahme eines ungestörten Miteinanders mit »gar nicht« bewerteten, stieg von nur 3,5 im Jahr 2009 auf 6 Prozent Ende 2010. Auch in der Mehrheitsbevölkerung nahm die Einschätzung eines uneingeschränkt positiven Zusammenlebens um mehr als die Hälfte ab – von 10,7 auf 4,3 Prozent.

Aber: Der Anteil derjenigen, die das Zusammenleben als »teils, teils« (also teils ungestört, teils problematisch) bewerteten, stieg unter den Zuwanderern von 20,3 auf 32,7 Prozent. Und der entsprechende Anteil in der Mehrheitsbevölkerung stieg, fast parallel, von 20,9 auf 34,2 Prozent.

Ergebnis: In den Meinungsspitzen bei der Zuwandererbevölkerung gibt es zwar Bestürzung, Ernüchterung und Integrationspessimismus anstelle des noch Ende 2009 gemessenen Integrationsoptimismus. In der breiten Mitte der Einwanderungsgesellschaft aber ist eine in unterschiedlichem Grad aus Enttäuschung, aus Ernüchterung oder aus näherer Information geborene pragmatische Differenzierung gewachsen, die sich in den zurückhaltend-abwägenden »teils-teils«-Bewertungen niederschlägt.

Anders gewendet: Der Flurschaden bzw. der Porzellanschaden der sog. »Sarrazin-Debatte« ist – von geringem, in Wahrheit nur erneuertem Erkenntnisgewinn abgesehen – beträchtlich. Das gilt im Blick auf die Stimmung in der Einwandererbevölkerung wie im Blick auf den neuerlichen Attraktivitätsverlust des Einwanderungslandes im Innern und nach außen hin. So betrachtet, war die sog. Sarrazin-Debatte ein doppeltes Eigentor im demographisch alternden Einwanderungsland, das auf sozialen Frieden, kulturelle Toleranz und auf Zuwanderung angewiesen ist.

In der Breite des Meinungsfeldes in der Einwanderungsgesellschaft aber war der Sarrazin-Schaden durchaus geringer als befürchtet« – trotz allem politischen Gerede von den sogenannten »Ängsten in der Bevölkerung, die man ernst nehmen« müsse.

Zu in einiger Hinsicht verwandten Ergebnissen kommt das unserem Migrationsgutachten 2011 erstmals beigefügte Migrationsbarometer 2011: Es fragt, analog zum Integrationsbarometer, nach subjektiven Einschätzungen von Migration und Migrationspolitik. Ergebnis: In der Bevölkerung mit und ohne Migrationshintergrund dominiert weithin eine durchaus pragmatische Einschätzung von Migration und Migrationspolitik.

Die im Migrationsbarometer 2011 gemessenen pragmatischen Einschätzungen von Migration und Migrationspolitik unterscheiden sich abermals wie in einem Zerrspiegel von düsteren Migrations-Menetekeln von Zuwanderung als Bedrohung für Arbeitsmarkt und Wohlfahrtsstaat. Diese Schreckbilder werden ebenfalls von der Sensationspublizistik verbreitet. Sie werden ebenfalls nicht selten auch von der Politik als Menetekel an die Wand geworfen, und zwar aus partei- und wahltaktischen Gründen sowie zur vordergründigen Legitimation von politischem Nichthandeln bzw. von Fundamentalopposition gegenüber migrationspolitischen Reformkonzepten.

Eine ganz ähnliche Spannung zwischen tatsächlichen Bürgermeinungen und falschen Bürgereinschätzungen durch Politik gibt es im Blick auf eine durchaus realitätsbezogene Bewertung der Gefahr eines Brain-Drain bei den Befragten mit und ohne Migrationshintergrund. Deren pragmatisch-nüchterne Einschätzungen stehen ebenfalls in deutlichem Gegensatz zu der in diesem Falle von Politik nicht selten beschwichtigend heruntergespielten Bedeutung der Abwanderung von Spitzenkräften aus dem demografisch alternden Migrationsland in der Mitte Europas.

Fazit: Beide Seiten der Einwanderungsgesellschaft in Deutschland sind also – von einigen Fehleinschätzungen abgesehen – auch über die realen Migrationsverhältnisse im Land weit besser informiert als Politik gelegentlich anzunehmen scheint. Auf diese Unterschätzung des Souveräns durch seine politischen Repräsentanten komme ich noch mehrfach zurück.

Stichwort 2: Migrationsverlierer Deutschland – oder: warum das Land sich runderneuern muss
[...] Sieht man von der Aussiedlerzuwanderung ab, die in der Statistik lange fälschlicherweise als deutsche »Rückwanderung« gezählt wurde, dann ergibt sich als Wanderungssaldo: Deutschland hat innerhalb von fünfzehn Jahren (1994 bis 2009) insgesamt über eine halbe Million (515 336) Staatsbürger mehr ans Ausland abgegeben, als im gleichen Zeitraum von dort zugewandert sind. Und bei der Abwanderung geht es meist nicht um Wohlstandswanderer bzw. Rentner, sondern um Menschen im besten Erwerbsalter.

Eine tendenziell negative Wanderungsbilanz ist für einen umlagebasierten Wohlfahrtsstaat mit demographisch alternder Bevölkerung riskant, weil die Zahl der Einzahler fällt, während die der Entnehmer steigt.

Während in Deutschland die Abwanderung steigt und die Zuwanderung schrumpft, überwiegt z.B. in Österreich und der Schweiz klar die Zuwanderung: Österreich mit seinen gut 8 Mio. Einwohnern (8.355 260) weist seit vielen Jahren einen positiven jährlichen Wanderungssaldo aus dem Ausland auf, der 2009 bei fast 21 000 (20 596) lag, in der fast gleich großen Schweiz (7 701 856) betrug der positive Wanderungssaldo 2009 sogar fast 75 000 (74 600) netto, darunter viele Deutsche.

Deshalb titelte »Der Blick«, das schweizerische Pendant von »Bild« schon mal: »Wie viele Deutsche verträgt das Land?«. Aber würde man den schweizerischen Wanderungssaldo den Größenordnungen der Bevölkerung entsprechend auf die Bundesrepublik übertragen, dann wäre das ein positiver Wanderungssaldo für 2009 in Höhe von rund 700 000 Zuwanderern netto in einem einzigen Jahr – ich möchte nicht wissen, wie die deutschen Schlagzeilen dazu lauten würden [...].

Deutschlands Ab- bzw. Auswanderer sind im Durchschnitt qualifizierter und wirtschaftlich leistungsstärker als die Erwerbsbevölkerung in Deutschland insgesamt. Nach einer heute in 32 europäischen Staaten durchgeführten Arbeitskräfteerhebung (dem European Union Labour Force Survey) haben etwa die Hälfte (49 Prozent) der deutschen Ab- bzw. Auswanderer einen Hochschulabschluss. In der Wohnbevölkerung in Deutschland gilt das nur für 29 Prozent. Auch die berufliche Qualifikation dieser deutschen Ab- bzw. Auswanderer liegt weit über dem durchschnittlichen Niveau der Wohnbevölkerung in Deutschland: Mehr als die Hälfte arbeiten in qualifizierten Beschäftigungen oder als Führungskräfte.

Zugleich verschärft sich die Konkurrenz um die besten Köpfe, innerhalb der EU und über ihre Grenzen hinaus. Wenn es so weitergeht, könnten selbstkritische politische Schlafmetaphoriker im kommenden Jahrzehnt mit dem vormaligen Bundespräsidenten Horst Köhler rückblickend sagen, man habe in Deutschland nicht nur die Integrationspolitik, sondern auch die Zuwanderungsförderung »verschlafen«.

Mehr noch: Man wird sich in Berlin beeilen müssen, denn die Konkurrenz jedenfalls »schläft« nicht: Die Mitbewerber im weltweiten Kampf um Spitzenkräfte haben vielmehr in Deutschland ein paradoxes Missverhältnis erkannt zwischen Ausbildungsqualität, Attraktivität und Abwanderungsintensität. Sie nehmen das kopfschüttelnd zur Kenntnis und wissen es zugleich im eigenen Interesse zu nutzen:

Beleg: Deutschland rangiert nach der Einschätzung von 1200 weltweit durch die Wirtschaftsprüfungsgesellschaft Ernst & Young befragten Führungskräften in forschungs- und entwicklungsintensiven Unternehmen auf Rang vier der Talentschmieden der Zukunft nach China, den USA und Indien. Zu rechnen ist also mit einer noch verstärkten Ausrichtung der Abwerbestrategien auf Deutschland.

Folgerung: Deutschland muss attraktiver werden – nicht nur für ausländische, sondern auch für die eigenen Spitzenkräfte. Der Sachverständigenrat empfiehlt deshalb ein Ende des beschwichtigenden politischen Schönredens der offenkundigen Brain-Drain-Entwicklung.

Die Bürger müssen in dieser Hinsicht von der Politik nicht länger beschwichtigend getröstet werden. Sie wissen vielmehr, wie das Migrationsbarometer zeigt, dass etwas faul ist – nicht »im Staate Dänemark«, sondern im Staate Deutschland, nämlich was die Wanderungsbilanzen und die Brain-Drain-Tendenz angeht.

Umso mehr dringt der SVR auf eine endlich sachgerechte Diskussion ohne Scheuklappen über geeignete Lösungsstrategien. Nötig dazu sind auch eine selbstkritische Auseinandersetzung mit den Motiven für diese Ab- bzw. Auswanderung und damit die Bereitschaft zur Prüfung von Bedingungen, die scheinbar dazu beitragen, dass es steigende Ab- bzw. Auswanderungen von Fachkräften und zugleich zu wenig qualitativ ausgleichende Zuwanderungen gibt.

Die Klagen der Ab- und Auswanderer reichen bei abhängig Beschäftigten von nicht zureichend flexiblen bzw. leistungsgerechten Einkommen bei starker Belastung bis zur Kritik an ungewöhnlich steilen betrieblichen Hierarchien, z.B. in Krankenhäusern. Die Klagen betreffen aber allgemeinhin auch Überreglementierung und Neidkultur und reichen im gehobenen abhängigen und selbständigen Mittelstand bis hin zur Kritik an einem dschungelartigen Steuer- und Abgabensystem, das Leistung nachgerade unter Strafe stelle, um exemplarisch nur einige materielle und mentale Argumente zu nennen. Bei den migrationstreibenden und zuwanderungsbremsenden Klagen rücken neuerdings aber scheinbar auch Hinweise auf die Verdüsterung der Integrationsatmosphäre im Gefolge der sog. »Sarrazin-Diskussion« auf.

Eine demographisch alternde und schrumpfende, auf qualifizierte Zuwanderung angewiesene Einwanderungsgesellschaft aber, die Teile ihrer neuen Zuwandererelite vertreibt, bringt sich um ihre eigene Zukunft. Und diese Zukunft ist – wie ich persönlich hinzufüge – zwar sicherlich nicht multikulturalistisch; aber sie ist klar und ständig zunehmend multikulturell, höchstrangigen Irrtümern zum Trotz.

Will sagen: Deutschland muss sich runderneuern und attraktiver werden im Innern und nach außen, damit die, die wir brauchen, nicht auf Dauer gehen und diejenigen kommen, die wir von außen brauchen als Ersatz für abgewanderte Qualifizierte und im Blick auf den ohnehin wachsenden Fachkräftemangel.

Stichwort 3: Zuwanderungsförderung – besser als früher, aber noch nicht zukunftsfest genug
Um wirtschaftlich zukunftsfähig zu bleiben, braucht Deutschland zweifelsohne die vielbeschworene, auch nachholend wirkende Bildungs- und Qualifikationsoffensive zur Erschließung sämtlicher verfügbarer Potentiale mit und ohne Migrationshintergrund. Das allein ist aber nicht genug. Deutschland braucht zugleich kluge Steuerungskonzepte für eine bedarfsorientierte Förderung qualifizierter Zuwanderung.

Wenn nicht eine neue Finanz- bzw. Wirtschaftskrise alles anders kommen lässt, könnten, Modellrechnungen zufolge, 2015 in Deutschland, also in vier Jahren, schon bis zu 3 Millionen Arbeitskräfte fehlen, ungefähr so viele, wie es heute noch Arbeitslose gibt. Deutschland wird also gezwungen sein, sein im Prinzip zwar zunehmend funktionstüchtiges, aber noch immer zu wenig effizientes, weil zu unübersichtliches und zu kleinteiliges System der Zulassung von Fachkräften aus Drittstaaten transparenter und attraktiver zu machen. Auch das weiß die Bevölkerung durchaus besser als die Politik glaubt, wie das SVR-Migrationsbarometer zeigt.

Politik sollte also endlich von der Vorstellung ablassen, die Bürger wie in einem Kindergarten für Erwachsene immer wieder vor ihren eigenen Ängsten schützen zu müssen. Der Souverän, also die Bürgergesellschaft, hat hier vielmehr durchaus »erwachsene« Vorstellungen, deren Erkenntnis Politik unter Handlungsdruck setzen sollte. Das gilt auch für die dringende migrationspolitische Antwort für die wachsende Konkurrenz um Humankapital, vulgo also für den sog. Kampf um die »besten Köpfe« – genauer gesagt um die für Deutschland ohnehin meist nur erreichbaren zweitbesten – »Köpfe«.

Das SVR-Migrationsbarometer zeigt, dass sich die Bevölkerung in Deutschland mit großer Mehrheit für mehr Fachkräftezuwanderung ausspricht. […] Politik sollte also endlich damit aufhören, den eigenen Mangel an couragierter Gestaltungsbereitschaft hinter angeblichen Sorgen der Bürger zu verstecken, die in der Mehrheit offenkundig klarsichtiger urteilen als manche Politiker, die den Souverän für ziemlich einfältig zu halten scheinen […].

Österreich hat gerade ein begrenztes, pragmatisch-flexibles Punktesystem eingeführt hat in Gestalt seiner »Rot-Weiß-Rot-Karte«. Deutschland fällt demgegenüber in seinem migrationspolitischen Elan deutlich zurück. Der Grund ist abermals nicht die vorgebliche Angst der Bürger vor einem flexiblen und begrenzten Punktesystem zur Förderung qualifizierter Zuwanderung, sondern die unnötige Angst der Politik vor falsch eingeschätzten Bürgern.

Deutschland braucht aber nicht nur Hochqualifizierte und Fachkräfte als Einwanderer auf Dauer. Es braucht insgesamt auch befristete, flexible und mobile Zuwanderung auf Zeit und zu einem beträchtlichen Teil auch befristete bzw. saisonale Ausländerbeschäftigung in niedrig qualifizierten Bereichen.

Und hier ist Deutschland seit langem sehr erfolgreich mit einem ebenso stillen, wie umfangreichen und vielgestaltigen Migrationssystem, das de facto fast so funktioniert wie ein zirkuläres Migrationssystem: Es ist die befristete Zuwanderung in niedrigqualifizierte Bereich in Deutschland. Sie umfasste 2009 fast 300 000 (294 828) Wanderungsfälle. Sie war damit die stärkste Zuwanderergruppe im Land mit weitem Abstand noch vor dem Familiennachzug, auf den ich hier aus Zeitgründen eben so wenig eingehen kann wie auf die damit verbundenen, nach Auffassung des Sachverständigenrates teils unnötig provozierten, teils missverständlichen Konflikte in der politischen und publizistischen Diskussion.

Die Angebote zur befristeten Zuwanderung in niedrigqualifizierte Bereiche in Deutschland werden seit langem von Arbeitskräften vor allem aus dem östlichen Europa genutzt – in arbeitsintensiven Bereichen wie Landwirtschaft, Bau- und Baunebengewerbe aber auch in Privathaushalten. Der SVR empfiehlt, dieses feingliedrige Steuerungssystem für die befristete Zulassung insbesondere von Saison- und Werkvertragsarbeitnehmern beizubehalten.

Es wird durch die 2011 bzw. 2014 einsetzende Freizügigkeit für Arbeitskräfte aus den neuen EU-Mitgliedstaaten zwar an Bedeutung verlieren. Es sollte als bewährtes Steuerungsaggregat aber erhalten bleiben, damit es ohne Gesetzgebungs- und Verwaltungsaufwand zugeschaltet werden kann, wenn am Arbeitsmarkt neue Knappheiten bei der niedrigqualifizierten Beschäftigung auftreten.

Insgesamt betrachtet muss Deutschland sein migrationspolitisches Steuerungssystem modernisieren, wenn es den demo-ökonomischen Herausforderungen der Zukunft gewachsen sein will; denn: Die einzige Ressource des demographisch alternden und schrumpfenden Landes ist bekanntlich sein Humankapital, also sein qualifiziertes Erwerbspotential.

Neben der Qualifikationsoffensive im Innern nötig sind deswegen: Versuche, die eigenen Spitzenkräfte im Land zu halten oder doch nicht auf Dauer zu verlieren; eine zumindest ausgleichende, möglichst dauerhafte Zuwanderung von Hochqualifizierten; eine teils dauerhafte, teils befristete Zulassung von Fachkräften sowie eine befristete bzw. saisonale Zulassung von Arbeitswanderungen in niedrig qualifizierte Beschäftigungsbereiche.

Dazu braucht das Land ein klares und politisch mutiges Gesamtkonzept. Einzelne Aggregate dazu sind, wie gezeigt, schon durchaus funktionstüchtig. Sie müssen ergänzt, kombiniert und abgestimmt werden in einem möglichst flexiblen und unbürokratischen Gesamtkonzept. Dieses Gesamtkonzept muss zugleich für die Bürgergesellschaft klar und nachvollziehbar sein. Es muss erkennbar zielorientiert, deshalb im Blick auf die Zielannäherung für die Bürger kontrollierbar, politisch bewertbar und nötigenfalls politisch sanktionierbar sein.

Das wäre eine handlungsorientierte und zugleich vermittelbare migrationspolitische Vertrauensgrundlage. Wenn ein solches Gesamtkonzept gelingt, könnte Deutschland als Migrationsland im demographischen Wandel ein Modellprojekt werden.

Aber woher sollen sie kommen, die zuwandernden Arbeitskräfte der Zukunft? Langfristig dürften die meisten der heutigen Herkunftsländer der Zuwanderung nach Deutschland als migratorische Zubringer ausfallen, denn: Sie werden vermutlich ökonomisch aufholen und im Zeichen des demographischen Wandels selbst zu Einwanderungsländern mit wachsendem Arbeitskräftebedarf werden.

Deutschland wird deshalb in seiner Zuwanderungspolitik räumlich und strategisch Neuland betreten müssen. Die Rekrutierungsgebiete potenzieller Zuwanderungen werden sich in der Zukunft weiter nach Süden und Osten verlagern. Der SVR fordert deshalb einen realistischen, nicht durch – letztlich auch wirtschaftsfeindliche – populistische Kulturpanik verblendeten, Blick auf mögliche neue Herkunftsgebiete künftiger Zuwanderung, denn:

Dazu zählen neben migrationspolitisch heute noch unbedeutenden Ausgangsräumen wie Zentralasien (z.B. Usbekistan) oder Südostasien (z.B. Indien) gerade auch die neuen Schwellenländer in Nordafrika mit vorwiegend muslimischer Bevölkerung, insbesondere Tunesien, Marokko und Ägypten. Das steht in einem bemerkenswerten Gegensatz zur europäischen Flüchtlingsabwehrpolitik.

Stichwort 4: Humanität mit Grenzen – oder: die Festung Europa, Flucht, Asyl und Illegalität

Die »Festung Europa« umgibt sich mit einem immer weiter nach außen vorgeschobenen Schutzwall. Das nötigt Zuwanderer, die die Kontroll- und Abwehrmechanismen auf irregulären Wegen zu unterlaufen suchen, zu immer gefährlicheren Routen. Ergebnis ist ein weiterer Anstieg der ohnehin hohen Todeszahlen vor den Grenzen Europas.

Die Sicherung der EU-Außengrenzen wurde bis Ende 2010 um den Preis fragwürdiger Kooperationen mit Staaten bzw. Regimen erzielt, die menschenrechtliche Standards verletzen. Diese Formen der europäischen Selbstschutz-Kooperation im Krieg gegen Flüchtlinge mit demokratischen und humanitären Werten spottenden Regimen wie Gaddafis Libyen hat die Glaubwürdigkeit Europas erschüttert bei den Bürgern, die in Nordafrika seit Ende 2010 gegen diese Regime revoltieren. [...]

Absehbar ist jedenfalls eine noch stärkere Politisierung der Themen Migration und Flucht im Dialog zwischen Europa, den Ausgangsräumen und vor allem den Transitregionen von irregulären Wanderungen.

Der SVR fordert eine zureichende Kontrolle der Grenzsicherung durch Drittstaaten. Er fordert ferner eine zureichende Kontrolle der enorm wachsenden europäischen Grenzschutzagentur Frontex, die über ihre Selbstberichte hinaus nur geringer parlamentarischer Kontrolle unterliegt.

Die irreguläre Zuwanderung nach Europa ist keine uniforme Massenbewegung mit gleichen Antriebskräften. Sie besteht vielmehr aus einer Vielfalt von Einzelfällen aus den verschiedensten Motiven und Herkunftsgebieten. Gerade deshalb ist individuell zu prüfen, ob es sich um Wirtschaftswanderer oder um Flüchtlinge bzw. Asylsuchende handelt, die Anspruch auf ein geregeltes Verfahren haben.

Dies kann nicht an Bord einer vor den Küsten Europas operierenden Abfangflotte geschehen. Der SVR fordert, dass dies entweder in Europa selbst geschieht oder außerhalb Europas in Einrichtungen, die unter der Kontrolle des UNHCR stehen.

Aber wir wissen, dass die Grenzen zwischen Flucht- und Wirtschaftswanderungen oft fließend sind, zumal es auch Flucht aus unerträglich werdenden Existenzbedingungen gibt, die sich aus der Sicht europäischer Aufnahmeländer nur dadurch von sog. »echten« Flüchtlingen unterscheiden, dass sie nicht in deren gesetzliche Regelsysteme passen. Und diese Zwischenformen mit fließenden Grenzen sind gerade in historischen Umbruchsituationen häufig zu beobachten wie wir sie gerade in Nordafrika erleben.

Stichwort 5: Migration und Entwicklung – oder: vom Kampf gegen Flüchtlinge zum Global Migration Management

Die einen sprachen lange über migrationsorientierte Entwicklungspolitik, die anderen über entwicklungsorientierte Migrationspolitik, alle meinten das gleiche: Wie kann in den Ausgangsräumen von Migration die wirtschaftliche Entwicklung so gestaltet werden, dass die keine zu weit nach außen drängende Wanderungsdynamik entfesselt wird?

Gedacht wurde dabei in den letzten Jahren, in der Politik mehr als in der Öffentlichkeit, an eine Verschränkung von Migrations- und Entwicklungspolitik in Gestalt zirkulärer Migrationsprogramme. Davon erhoffen sich »entwicklungspolitische Migrationsoptimisten« in Europa 1. eine Erhöhung von Steuerungschancen, 2. eine Verringerung irregulärer Migration in die EU und vor allem 3. eine Verbesserung der Situation in den Herkunftsländern durch Rücküberweisungen und Technologietransfer.

Um herauszufinden, ob und wie das gehen kann, haben wir in Simulationsmodellen die potentiellen Effekte solcher »zirkulären Migrationsprogramme« getestet. Ergebnis: Wirken können Sie nur, wenn alle drei beteiligten Seiten darin Vorteile sehen: die Zuwanderungsräume, die Herkunftsländer und die Migranten selbst.

Dazu aber sind in den Ausgangsräumen Entfaltungsbedingungen nötig, die es gerade in den unter Abwanderungsdruck stehenden Regionen meist noch nicht gibt, nämlich insbesondere Rechtssicherheit, eine korruptionsfreie Bürokratie und entwicklungsfähige wirtschaftliche Rahmenbedingungen. Der SVR empfiehlt deshalb, die Konzepte der »Circular Migration« weiterhin erst in überschaubaren Pilotprojekten zu erproben.

Im Themenfeld Migration und Entwicklung forcierten die Ereignisse in Nordafrika abrupt den gemessenen Schritt der Konzeptabwägungen in nationalen, internationalen und supranationalen Gremien. Akut muss die EU insbesondere den revolutionären nordafrikanischen Schwellenländern Entwicklungsperspektiven bieten.

Über gezielte handelspolitische Wachstumsimpulse hinaus nötig wäre zur nachhaltigen Entwicklungsförderung eine Art europäischer Marshall-Plan für Nordafrika. Dann könnten hier auch Programme einer zirkulären Migration greifen.

Um ganz andere Herausforderungen könnte es in der weiteren Zukunft, insbesondere bei anhaltendem Klimawandel, gehen im Blick auf Massenwanderungen bzw. Massenumsiedlungen in Großregionen, in denen aus den verschiedensten Gründen Leben oder Überleben immer weniger gesichert sind; denn zirkuläre Migration und Entwicklungsförderung funktionieren nicht in Regionen, die zunehmend unter Wasser geraten oder zu Wüsten werden. Wie solche noch nicht absehbaren, aber erwartbaren Zukunftsdesaster sogar von hausgemachten Gegenwartsdesastern mit verwandten Dimensionen überholt werden können, zeigt aktuell die Katastrophe in Japan.

Will sagen: Die migrationstreibenden oder Umsiedlungen erzwingenden Ursachen, Begleitumstände und Folgeerscheinungen regionaler Desaster und globaler Megakrisenkrisen werden immer komplexer. Umso komplexer müssen Konzepte eines global migration management gedacht werden, wenn sie den globalen Herausforderungen der Zukunft gewachsen sein sollen.

Das gilt für Migration und Entwicklung einerseits und für die Aufnahme von Flüchtlingen andererseits: Im Blick auf Migration und Entwicklung muss in Europa die Einsicht wachsen, dass es in dem globalen Zusammenhang, den mein verstorbener Freund, der Migrationssoziologe Hans-Joachim Hoffmann-Nowottny gerne die »Weltgesellschaft« genannt hat, schon aus Selbstschutzgründen ein gemeinsames Interesse an ausgleichender Entwicklungsförderung geben muss, wenn sich die sog. Rangspannungen im Entwicklungsprozess nicht in einen entfesselten Migrationsdruck umsetzen sollen.

Zurück nach Deutschland: Gerade weil die Grenzen zwischen Flucht- und Wirtschaftswanderungen fließend sind, sollten bei der Flüchtlingsaufnahme in gewissen Grenzen auch Interessen des Aufnahmelandes eine Rolle spielen dürfen – nicht auf Kosten humanitärer Verpflichtungen, aber doch so, dass im Extremfalle nicht (wie z.B. in Deutschland bei den Kosovo-Flüchtlingen tausendfach geschehen) qualifizierte Flüchtlinge aus bestimmten Berufsgruppen gegen ihren Willen zurückgeschickt werden, während man gleichzeitig genau diese Berufsgruppen mit geringem Erfolg als qualifizierte Zuwanderer sucht.

Zynische Karikaturen zeichnen ist einfach – nach dem Motto: »Alle Mann in die Rettungsboote, Diplom-Ingenieure und Ärzte zuerst.« Eine pragmatische Migrations- und Flüchtlingspolitik sieht anders aus.

Nach meiner persönlichen Einschätzung ist anzunehmen, dass die Bevölkerung in Deutschland auch solchen Überlegungen gegenüber offen ist, zumal hier das aufgeklärte Eigeninteresse des Einwanderungslandes ins Spiel kommt; denn: einerseits ist, wie erwähnt, ausweislich des Migrationsbarometers eine klare Mehrheit der Bevölkerung für die Förderung qualifizierter Zuwanderung; andererseits wünscht sich fast die Hälfte der Bevölkerung in Deutschland eine großzügigere Aufnahme von Flüchtlingen. Eine in gewissen Grenzen kombinierte Migrations- und Flüchtlingspolitik wäre also auch in dieser Hinsicht durchaus vermittelbar.

Wie eine pragmatische und durch vorausgehende Einbeziehung der Medien vorbereitete Übernahme von Kontingenten aus dem Flüchtlingsbereich in den Einwanderungsbereich gestaltet werden kann, ohne die humanitäre Dimension als solche in Frage zu stellen, kann man z.B. in Kanada lernen.

Ich fasse zusammen:

1. Deutschland muss sich runderneuern und attraktiver werden im Innern und nach außen, damit die, die wir brauchen, nicht auf Dauer gehen und diejenigen kommen, die wir von außen brauchen als Ersatz für abgewanderte Qualifizierte und im Blick auf den ohnehin wachsenden Fachkräftemangel.

2. Für die Zuwanderungsförderung braucht Deutschland mutige und für die Bürger nachvollziehbare Gestaltungskonzepte. Sie sollten klare Zielvorgaben haben und im Blick die auf konkrete Zielannäherung in der politischen Praxis überprüfbar sein.

3. Im Inneren sollte Politik entschieden dazu beitragen, dass die Einwanderungsgesellschaft nicht durch ebenso besinnungslos wie verantwortungslos betrie-

bene Kulturpanik gespalten und nach außen hin blamiert und als Zuwanderungsziel abgeschottet wird.

4. Politik sollte sich, gerade in dem gesellschaftspolitisch enorm brisanten Feld der Migrations- und Integrationspolitik, nicht zum Erfüllungsgehilfen demoskopischer Forschungsinstitute machen. Sie sollte ihren Souverän, also die Bürgergesellschaft, mithin weniger demoskopisch-opportunistisch wahrnehmen und mehr inhaltlich-programmatisch ernstnehmen; denn: Die Bürger sind keine desinformierten politischen Halbwüchsigen, die vor sich selbst in Schutz genommen werden müssen mit dem bequemen, weil politisch handlungslähmenden Argument, man müsse die »Ängste der Bürger ernst nehmen«.

Die Bürger sind, wie das Migrationsbarometer zeigt, von einigen Fehleinschätzungen abgesehen, in Sachen Migration und Migrationspolitik weit besser informiert als Politik zu glauben scheint.

8.10 Statement als Vorsitzender zur Vorstellung des SVR-Jahresgutachtens 2012 »Integration im föderalen System«[3],

Pressekonferenz SVR, Berlin, 8.5.2012 (Auszug).

Dies ist das letzte von mir geleitete und vorzustellende Jahresgutachten. Denn ich beende, wie schon zu meinem Amtsantritt mitgeteilt, nach der Leitung von drei Jahresgutachten und damit nun gut dreieinhalb Jahren Aufbauarbeit meine Amtszeit als Vorsitzender des SVR. Meine einstimmig von uns gewählte Nachfolgerin wird ab 1. Juli 2012 Frau Prof. Dr. Christine Langenfeld, Göttingen, sein. Als Nachfolger meiner Stellvertreterin, Prof. Dr. Neumann, Hamburg, gewählt wurde Prof. Dr. Ludger Pries, Bochum.

Meine dreieinhalbjährige Amtszeit als Gründungsvorsitzender stand im Zeichen einer sehr erfolgreichen gemeinsamen Aufbauarbeit. Wir haben nicht nur von Beginn an viel Beachtung gefunden, sondern auch viel bewirken können. Wir haben uns dabei nie öffentlich auf die Schultern geklopft. Denn zu erfolgreicher kritischer Politikbegleitung gehört es auch, amtlichen Nachvollzug mit stiller Freude zu begleiten – wie z.B. zuletzt bei der Umsetzung der Hochqualifizierten-Richtlinie.

Ich danke allen, die mir und uns bei dieser Aufbauarbeit geholfen haben. Mein Dank gilt dabei einerseits den Stiftungen, die eine 2007/08 von mir entwickelte Konzeptidee aufgegriffen und mit der SVR-Gründung 2008 unsere Arbeit ermöglicht haben. Mein Dank gilt andererseits den Vertretern der Medien. Denn im Sinne des seinerzeit von mir entwickelten und so benannten Konzepts der »kritischen Politikbegleitung«, das seine Informationen über die Me-

dien an Politik und Öffentlichkeit adressiert, sind in aller Regel die Medien unser erster Gesprächspartner, so auch heute bei diesem dritten Jahresgutachten des SVR [...].

Die Generalbotschaft unseres Jahresgutachtens 2012 lautet: Integration kommt weiterhin voran in Deutschland. Auf den Ebenen von Bund, Ländern und Kommunen hat sich eine intensive integrationspolitische Dynamik entfaltet, vielfach aber auch ein Neben- oder sogar Gegeneinander. Integrationspolitik funktioniert also im föderalen System zwar insgesamt gut, bereichsweise aber nur bedingt. Das kann in Sachen Integration letztlich die Axiomatik des kooperativen Föderalismus in Frage stellen, bei der es um den Verfassungsauftrag der Sicherung möglichst gleichwertiger Lebensverhältnisse geht.

Bildlich gesprochen: Die föderale Integrationsmaschine läuft insgesamt rund, aber sie stottert in manchen Bereichen. Bei der Vielzahl von Treibriemen und Räderwerken mit unterschiedlichen Übersetzungen führen Koordinationsprobleme in diesen Bereichen zu unnötigen Blockaden und Aussetzern mit Kräfteverschleiß, Zeitverlust und improvisierten Reparaturen nur bis zum nächsten Störungsfall.

In der Mitte der Einwanderungsgesellschaft stabilisiert sich eine aktive Akzeptanz der kulturellen Vielfalt. Das Stimmungsbild liegt mehrheitlich zwischen verhaltenem Integrationsoptimismus und kritischem Integrationspragmatismus. Abseits davon gibt es auffällige, aber in ihren radikalen Formen nach wie vor randständige fremdenfeindliche und insbesondere antiislamische Strömungen. Sie reichen an der Oberfläche bis in die Mitte der Gesellschaft hinein. Sie sind dort aber wohl mehr Echoeffekte auf die skandalisierende sogenannte »islamkritische« Publizistik sowie auf xenophobe und insbesondere islamophobe Internetblogs wie z.B. Politically Incorrect mit ihren islamfeindlichen Sündenbock- und Verschwörungstheorien.

Die antiislamischen Strömungen sind nicht Ergebnis der konkreten Erfahrung im kommunalen Integrationsalltag. Hier dominiert vielmehr die wachsende Akzeptanz von Vielfalt und Wandel in der Einwanderungsgesellschaft zwischen verhaltenem Integrationsoptimismus und kritischem Integrationspragmatismus. Diese pragmatische Vernunft in der Mitte der Bürgergesellschaft bietet eine belastbare Basis für mutige, konzeptorientierte Gestaltung. Sie sollte von der Politik genutzt werden für gesetzliche, institutionelle und politische Reformen auf und vor allem zwischen den Ebenen des föderalen Systems. Schauen wir in zehn kurzen Stichworten etwas genauer hin:

Stichwort 1. Integration als Teilhabe:

[...] Integration ist die empirisch messbare Teilhabe an den zentralen Bereichen des gesellschaftlichen Lebens. Dabei geht es ausdrücklich um Menschen mit wie ohne den sogenannten Migrationshintergrund. Integrationsförderung ist dementsprechend das Be-

---

[3] http://www.svr-migration.de/presse/presse-svr/pressemitteilung-zur-veroeffentlichung-des-jahresgutachtens-2012/.

mühen um eine möglichst chancengleiche Teilhabe aller an den zentralen Bereichen des gesellschaftlichen Lebens. Das trifft sich mit dem Leitgedanken des kooperativen Föderalismus an die Eröffnung möglichst gleichwertiger Lebenschancen im Land.

Stichwort 2. Integrationspolitik als Gesellschaftspolitik:
Teilhabeorientierte Integrationspolitik ist ein Zentralbereich der Gesellschaftspolitik. Sie kann durch proaktive Gestaltung beitragen zum Zusammenhalt in der Einwanderungsgesellschaft in kultureller Toleranz und sozialem Frieden. Sie braucht dazu positive Leitbilder im Bemühen um ein solidarisches Wir. Dieses solidarische Wir muss alle im Land Lebenden einschließen, gleichgültig, ob sie oder ihre Familien nun erst kurz, schon lange und wie manche zu meinen scheinen, schon seit der Austreibung aus dem Paradies oder, im Zeichen der angeblich tausendjährigen deutschen Kultur, doch mindestens seit den Kreuzzügen im Lande leben. Erst wenn begriffen wird, dass es um die Teilhabe von allen geht, wird auch verstanden werden, dass Integration und Integrationspolitik in der Einwanderungsgesellschaft ein gesellschaftspolitisches Thema für alle ist.

Stichwort 3. Integrationspolitik und föderale Struktur:
Es gibt in Deutschland auch nicht die Integrationspolitik, sondern nur rechtlich und politisch unterschiedlich definierte Zuständigkeiten dafür auf den Ebenen von Bund, Ländern und Kommunen. Dabei verfolgen die Akteure in Politik und Verwaltung auf diesen drei Ebenen jeweils eigene, oft sehr unterschiedliche und mitunter auch sehr eigenwillige integrationspolitische Konzepte.

Stichwort 4. Integrationspolitische Licht- und Schattenseiten des Föderalismus:
Auf der Lichtseite eröffnet der kooperative Föderalismus als institutionalisiertes Freiheitsprogramm gegenüber einem Zentralstaat vergleichsweise offene Handlungsperspektiven. Das könnte im Idealfall eine Art Laborsituation schaffen: Akteure auf den Ebenen der Länder und Kommunen erproben Konzepte und Maßnahmen, die im Erfolgsfall und bei ähnlichen Rahmenbedingungen auch andernorts implementiert werden könnten.

Aber das sind meist realitätsfremde Idealvorstellungen. Die Schattenseite des föderalen Mehrebenensystems zeigt ein eher unkoordiniertes Miteinander oder auch nur Neben- und sogar Gegeneinander der verschiedenen politischen Akteure. Das hat weithin zu einem Wildwuchs an integrationspolitischen Einzelmaßnahmen geführt, bei denen nicht selten das Rad immer wieder aufs Neue erfunden wurde, während das synergetische Gestaltungspotenzial föderaler Strukturen in wechselseitigen Blockaden erstickt.

Unser Abhilfevorschlag ist eine zentrale Serviceagentur für kommunale Integrationspolitik. Ihre Aufgaben im Rahmen proaktiver Integrationspolitik wären: vertikale und horizontale Vernetzung, Informationstransfer und begleitende Beratung bei der Übertragung von andernorts erprobten Konzepten und Modellen. Die Agentur könnte neu geschaffen werden. Sie könnte aber auch, zweifelsohne kostengünstiger, an bestehende Einrichtungen angeschlossen werden, etwa an das Bundesamt für Migration und Flüchtlinge (BAMF) oder an die Kommunale Gemeinschaftsstelle für Verwaltungsmanagement (KGSt). Eine solche Agentur wäre ein wichtiges technisches Hilfsinstrument. Aber die Probleme liegen tiefer:

Stichwort 5. Zentralthemen auf Bundes-, Länder- und kommunaler Ebene:
Besonders ausgeleuchtet haben wir drei integrationspolitisch enorm relevante Bereiche: Arbeitsverwaltung, soziales Wohnen sowie schulische und vorschulische Bildung. Ergebnis: In diesen drei Bereichen arbeiten im föderalen Mehrebenensystem die beschließenden, finanzierenden und ausführenden Einheiten in vielen Fällen nicht nur nicht synergetisch zusammen. Sie driften mitunter sogar kontraproduktiv auseinander. Das erschwert integrationspolitische Maßnahmen und legt kraftvolle Reformschritte nahe. Das zeigt ein Blick auf den Bereich schulische und vorschulische Bildung:

Schulen: Bildung ist eine zentrale Baustelle der Integrationspolitik. Der Wettbewerb der Bundesländer um die besten Plätze im Ranking führt zum Teil allerdings zu einer Absenkung von Standards und nicht zu dem wünschenswerten Wetteifern um die bestmögliche Bildungsvermittlung. In manchen Ländern stehen zudem nicht genügend Mittel für Bildung zur Verfügung.

Integration darf aber nicht länderintern von zufälligen Rahmenbedingungen der Kommunen abhängen. Schlecht ausgestattete Bildungseinrichtungen – womöglich in sozialen Brennpunkten – haben verheerende Folgen weit über den kommunalen Bereich hinaus für die Gesellschaft insgesamt. Um eine gute Ausstattung der Bildungseinrichtungen flächendeckend zu gewährleisten, muss die unterschiedliche Finanzkraft der Kommunen stärker als bisher ausgeglichen werden.

Insgesamt können die integrationspolitischen Herausforderungen im Bildungsbereich nur durch gemeinsame Anstrengungen von Bund, Ländern und Kommunen bewältigt werden. Das führt zu einem Kardinalproblem: Es ist das Kooperationsverbot zwischen Bund und Ländern, das 2006 mit der Föderalismusreform beschlossen wurde. Es hat sich nicht bewährt, ist bildungspolitisch und damit auch integrationspolitisch kontraproduktiv und sollte abgeschafft werden.

Vorschulische Erziehung: Gerade für Kinder mit Migrationshintergrund und/oder aus sozial benachteiligten Familien ist die Förderung in Kitas besonders wichtig. Auf die Einführung des von der Bundesregierung geplanten Betreuungsgeldes, das ich von Beginn an scharf kritisiert habe, sollte verzichtet werden. Es wird absehbar dazu führen, dass der Besuch einer Kita ausgerechnet bei Kindern zurückgeht, deren Eltern die sozialen Startnachteile ihrer Kinder in Bildung und/oder Sprachfähigkeit nicht aus eigener Kraft bis Schulbeginn ausgleichen können. Integrationspolitisch wäre das Betreuungsgeld ein kompromissgestützter Schuss in den Ofen. Und der Kompromissvorschlag letzter Hand, dann sicherheitshalber Hartz IV-Familien das Elterngeld gleich wieder abzuziehen wäre, um im rußigen Bild zu bleiben, nur noch ein Böller im Ofen selbst. Ein anderes Negativ-Beispiel ist das gut gemeinte »Bildungspaket« für Kinder von Hartz IV-Empfängern. Die neu eingeführten Leistungen des Bundes führten zum Teil zur Abschaffung kommunaler Leistungen wie Schulspeisungen. Für die Kinder ist damit nichts gewonnen. Das Beispiel zeigt: In Sachen Bildung muss endlich Schluss sein mit dem sinnlosen Prinzip linke Tasche, rechte Tasche.

Stichwort 6. Blick auf die Bundesebene:
Der Bund ist ein integrationspolitischer Nachzügler […]. Das hat auf dieser Ebene die immer wieder vergeblich geforderte realitätsnahe, proaktive und zugleich konzeptorientierte Gestaltung von Integrationsfragen lange blockiert und auch den Aufbau einer zentral koordinierten Integrationspolitik mit entsprechenden Institutionen lange verhindert.

Auch auf der Bundesebene ist in Sachen Integrationspolitik bessere Koordination und Kooperation angezeigt. Zentral für Integrationspolitik zuständig ist hier nach wie vor das Bundesinnenministerium. Es ist mit dieser Aufgabe, soweit sie als Gesellschaftspolitik im weitesten Sinne zu verstehen ist, sichtlich überfordert. Und das ist meines Erachtens nicht nur eine Personalfrage, sondern auch eine Strukturfrage. Das Bundesinnenministerium sollte deshalb von im weiteren Sinne gesellschaftspolitisch belangvollen Bereichen der Integrationspolitik entlastet werden, von ausländer- und aufenthaltsrechtlichen Fragen sowie von Kernbereichen wie z.B. Migration oder Flucht bzw. Asyl einmal abgesehen.

Nötig ist außerdem eine bessere Abstimmung mit und zwischen den Ressorts, deren Entscheidungen integrationspolitische Auswirkungen haben, neben dem Innenressort also vor allem in den Bereichen Wirtschaft, Arbeit, Soziales und Bildung. Dies ist bislang erst bedingt und improvisiert gegeben. Es gibt zwar immerhin die interministerielle Arbeitsgruppe Integration. Sie ist institutionell aber nicht zureichend abgesichert und in ihrer Effizienz deshalb weitgehend abhängig vom Wohlwollen der beteiligten Ressorts. Das gilt auch für die Integrationsabteilungen oder -schwerpunkte in fast jedem einschlägigen Ministerium. Neben den Teilzuständigkeiten verschiedener Bundesressorts und dem zentral zuständigen Bundesinnenministerium gibt es die Staatsministerin im Bundeskanzleramt, die für Migration, Flüchtlinge und Integration zuständig ist, und das fast gleichnamige Bundesamt für Migration und Flüchtlinge, das aber dem Bundesinnenministerium zugeordnet ist.

Wohin solche Kompetenzüberschneidungen in integrationspolitisch belangvollen Fragen führen können, hat man zuletzt bei den verschiedenen, zeitraubenden Anläufen zum »Anerkennungsgesetz« erleben können. Diese Erfahrung könnte man unter das von mir auch im Blick auf andere, schon geschichtsnotorische Verspätungen in der Migrations- und Integrationspolitik ausgegebene Motto stellen: Wir werden immer besser, aber wir kommen immer zu spät!

Deshalb wäre es gut, spätestens nach der nächsten Bundestagswahl die vom sacro egoismo der Ressortinteressen immer wieder abgewürgte Diskussion um einen Neuzuschnitt der integrationspolitischen Zuständigkeiten fortzusetzen, die in den letzten Koalitionsverhandlungen nur mit der Keule »Integrationsministerium ja oder nein?« geführt worden ist.

Stichwort 7. Blick auf die Länderebene:
Die Bundesländer sind im föderalen System die zentralen integrationspolitischen Akteure. Ihre Einbettung in ein komplexes Mehrebenensystem mit unterschiedlichen, sich teils überschneidenden Entscheidungskompetenzen und Verantwortlichkeiten verschafft ihnen nicht nur Gestaltungsspielräume. Sie erschwert auch eine effiziente und zielgerichtete Erfüllung ihrer integrationspolitischen Aufgaben. Das zeigt im Gutachten der Blick auf die integrationspolitischen Schlüsselbereiche Arbeit, Wohnen und Bildung.

Stichwort 8. Blick auf die kommunale Ebene:
Die Kommunen sind seit jeher die Pioniere der pragmatischen Integrationspolitik. Sie fühlten sich dabei oft zu Recht allein gelassen. Das zeigt aktuell wieder die auf Bundes- und Länderebene unzureichend geklärte Frage des Umgangs mit der alternativlosen Integration von aus Rumänien und Bulgarien als EU-Bürger zuwandernden Roma.

Wenn Kommunen aber immer mehr Integrationsaufgaben übertragen und damit auch mehr Integrationslasten auferlegt bekommen, dann müssen sie dazu auch besser ausgestattet werden, zumal ihre Rahmenbedingungen zum Teil extrem unterschiedlich sind, wie das SVR- Gutachten in seiner Gemeindetypologie zeigt.

Die Integrationsleistung der Kommunen erhält, gemessen an ihren Erfolgen, bei Weitem zu wenig Aufmerksamkeit oder gar Anerkennung. Das hat seinen Grund darin, dass ihr erfolgreiches praktisches Engagement von ihnen selber oft gar nicht ausdrücklich als Integrationspolitik verstanden oder benannt wurde. Die Folgen zeigt das SVR-Integrationsbarometer 2012: Symbolpolitisch aufgeladene und appellativ unter dem erhabenen Etikett staatlicher Integrationspolitik laufende Konzepte und Maßnahmen von Bund und Ländern finden deutlich mehr Beachtung. Kommunale Integrationspolitik wird also klar unter Wert kommuniziert.

Stichwort 9. Proaktive Gestaltung in der Integrationspolitik:
Unnötige und folgenreiche Verspätungen sollten sich nicht wiederholen: Dem wichtigen Zuwanderungsgesetz von 2005 und dem nicht minder wichtigen Anerkennungsgesetz von 2012 ist aus meiner Sicht als Migrationshistoriker eines gemeinsam: Beide immer wieder vergeblich geforderten Initiativen kamen mindestens ein Vierteljahrhundert zu spät.

Das Zuwanderungsgesetz kam erst, als die für die Formation der Einwandererbevölkerung in Deutschland wichtigsten Zuwanderungen schon Geschichte waren. Und das Anerkennungsgesetz erreicht Hunderttausende von gut und zuweilen auch höchstqualifizierten Zuwanderern nicht mehr; denn sie haben sich längst weit unter ihrem Qualifikationsniveau liegende Ersatzkarrieren aufgebaut oder sind schon als Taxifahrer oder Hausmeister in Rente gegangen. Überdies stehen die notwendigen Regelungen für die Umsetzung auf Länderebene noch aus.

Hätte es beide oder ähnliche Gesetze und Maßnahmen ein Vierteljahrhundert früher gegeben, wie dies damals auch immer wieder vergeblich gefordert wurde, dann wäre Integration insgesamt und für viele Einzelne leichter geworden.

Insgesamt nötig ist zweierlei:

Erstens: Abgebaut werden müssen in Sachen Integrationspolitik die Schleifspuren von politischen Verspätungen, institutionellen Verkrampfungen und Blockaden auf und zwischen den Ebenen des föderalen Systems. Intensiviert werden müssen stattdessen die vertikale und die horizontale Vernetzung auf und zwischen den Ebenen. Das eröffnet Wege vom unkoordinierten Nebeneinander zum produktiven Miteinander.

Zweitens: Über solche institutionellen und technisch-organisatorischen Reformen hinaus unabdingbar nötig ist eine kohärente und konzeptorientierte Integrationspolitik mit klaren und für die Bürger transparenten Zielvorgaben.

Die Zeit für beides ist günstig; denn der vom SVR-Integrationsbarometer erfasste kritische Integrationspragmatismus der Bürger ermöglicht solche politischen Antworten auf die anstehenden Herausforderungen nicht nur; der Souverän verlangt sie auch.

Stichwort 10. Bürgerpragmatismus als Herausforderung für die Politik:
Die pragmatische Einsicht der Bürgergesellschaft in Probleme der Einwanderungsgesellschaft wird oft unterschätzt von einer Politik, die glaubt, ihren Souverän in einer Art Kindergarten für Erwachsene vor seinen eigenen Ängsten vor Migration und Integration beschützen zu sollen. Aber die Bürgergesellschaft als Einwanderungsgesellschaft sieht in ihrem kritischen Integrationspragmatismus vieles klarer als Politik zu glauben scheint.

Das Integrationsbarometer 2012 zeigt u.a.: Die Bevölkerung lässt sich auch von aufgeregten Integrationsdiskussionen nicht nachhaltig beirren. Vielmehr dominieren auf beiden Seiten der Einwanderungsgesellschaft auch im Integrationsbarometer 2012 (Erhebung Ende 2011) kritischer Integrationspragmatismus und verhaltener Integrationsoptimismus.

Es gibt also in der Bürgergesellschaft als Einwanderungsgesellschaft eine belastbare Stimmungsgrundlage für pragmatische Reformen in der Migrations- und Integrationspolitik. Sie sollten mutig in Angriff genommen werden.

8.11 Integrationsstrukturen auf dem Prüfstand: SVR kritisiert unzureichend koordinierte Integrationspolitik im deutschen Föderalismus, Presseinformation SVR zum Jahresgutachten 2012 »Integration im föderalen System«, Berlin, 8.5.2012.

Sachverständigenrat deutscher Stiftungen für Integration und Migration (SVR) kritisiert im Jahresgutachten 2012 das Neben- und Gegeneinander von Bund, Ländern und Kommunen in der Integrationspolitik. Dringend erforderlich: bessere Koordination, Kooperation und Vernetzung; Aufhebung des Kooperationsverbots zwischen Bund und Ländern im Bildungsbereich; bessere Ausrichtung der integrationspolitischen Zuständigkeiten auf der Bundesebene. Gesamtbewertung: föderale Strukturen in der Integrationspolitik bedingt tauglich; Integrationsbarometer: Integrationsklima in Deutschland, trotz aufgeregter Debatten, anhaltend positiv.

Berlin, 8. Mai 2012. Das Jahresgutachten 2012 des Sachverständigenrats deutscher Stiftungen für Integration und Migration (SVR) analysiert, wie funktionstüchtig die integrationspolitische Zusammenarbeit zwischen Bund, Ländern und Kommunen ist. Dabei zeigt sich deutlich die Schattenseite des Föderalismus: Die Verteilung der Gesetzgebungskompetenzen und Verwaltungsaufgaben auf unterschiedliche Akteure in Bund, Ländern und Kommunen führt zu zahlreichen parallelen, sich überschneidenden und sogar konkurrierenden Zuständigkeiten, die eine effektive Bündelung integrationspolitischer Maßnahmen erschweren. Zudem verfolgen die Akteure – je nach politischer Färbung – oft sehr unterschiedliche integrationspolitische Agenden.

»An den Schnittstellen von Föderalismus und Integrationspolitik fehlt ein Masterplan«, kritisierte der SVR-Vorsitzende Prof. Dr. Klaus J. Bade. »Das schlecht koordinierte Mit-, Neben- und sogar Gegeneinander der verschiedenen politischen Akteure hat zu einem

Wildwuchs integrationspolitischer Einzelmaßnahmen geführt, bei denen das Rad oft mühevoll immer wieder aufs Neue erfunden wurde.« Neben konzeptstarken Integrationserfolgen und konzeptschwachem oder konzeptlosem Durchwursteln gebe es auch Umsetzungshindernisse, Finanzierungsblockaden und sogar handlungslähmende Wahrnehmungsprobleme. Koordination und Vernetzung von Integrationspolitik im föderalen System seien, so die kritische Bestandsaufnahme des SVR-Vorsitzenden, »zwar insgesamt funktionstüchtig, aber bereichsweise nur bedingt tauglich und dringend verbesserungswürdig«.

Das SVR-Integrationsbarometer fällt – trotz der 2010/2011 aufgeregt geführten Integrationsdebatte – überraschend positiv aus. Der Vergleich mit den 2009 erstmals erhobenen Daten zeigt: Das pragmatisch-positive Integrationsklima hat sich 2011 verfestigt. Der Integrationsklimaindex (IKI), der die Einschätzungen und Erfahrungen im Integrationsalltag auf beiden Seiten der Einwanderungsgesellschaft misst, ist weitgehend stabil. Der Index aus den Bereichen Bildung, Arbeit, Nachbarschaft und soziale Beziehungen liegt für Zuwanderer bei 2,87 und ist damit sogar noch etwas positiver als der der Mehrheitsbevölkerung (2,66). Beide IKI-Werte liegen über dem Mittelwert von 2 (Skala von 0 bis 4) und signalisieren ein anhaltend freundliches Integrationsklima. Dies gilt, etwas geringer ausgeprägt, auch für die beiden ostdeutschen Befragungsregionen Berlin/Brandenburg und Halle/Leipzig.

»Das Integrationsbarometer zeigt, dass sich die Bevölkerung von aufgeregten oder gar hysterisch geführten Integrationsdiskussionen nicht lange beirren lässt«, sagte Klaus J. Bade. »Auf beiden Seiten der Einwanderungsgesellschaft dominiert kritischer Integrationspragmatismus und verhaltener Integrationsoptimismus.« Für das Integrationsbarometer wurden 9 200 Personen mit und ohne Migrationshintergrund befragt, erstmals auch in Ostdeutschland.

Kommunen unterstützen, Potenziale besser nutzen
In den Kommunen findet pragmatische Integrationspolitik statt. Das gilt vor allem für die konkrete Umsetzung in Schlüsselbereichen wie vorschulische Bildung, Schule oder Stadtentwicklung und Wohnungsbau. Bei der Erfüllung der integrationspolitischen Aufgaben werden die Kommunen bislang jedoch oft allein gelassen. Es fehlt vor allem an einem systematischen Austausch von erfolgversprechenden Integrationskonzepten und Best Practice-Beispielen sowie konkreter Beratung. Die Kommunen müssen stärker unterstützt werden, damit sie die Potenziale besser nutzen können.

»Wir brauchen eine Instanz, die wechselseitiges kommunalpolitisches Lernen und Vergleichen verantwortlich organisiert und dafür geeignete Netzwerke und Plattformen bereitstellt. Wir empfehlen dazu eine zentrale Serviceagentur für kommunale Integrationspolitik«, sagte Bade. Ihre Aufgaben wären vertikale und horizontale Vernetzung, Informationstransfer und begleitende Beratung bei der Übertragung von andernorts erprobten Konzepten und Modellen. Die Agentur könne neu geschaffen, aber auch – zweifelsohne kostengünstiger – an bestehende Einrichtungen angeschlossen werden, etwa an das Bundesamt für Migration und Flüchtlinge (BAMF) oder an die Kommunale Gemeinschaftsstelle für Verwaltungsmanagement (KGSt). Die zentrale Serviceagentur unterstützt die Kommunen bei einer proaktiven Integrationspolitik. Dies würde Kommunen in die Lage versetzen, ihre Handlungsspielräume besser als bisher zu nutzen.

Integration ist eine Querschnittsaufgabe. Doch vielfach betrachten die Kommunen die ihnen zur Verfügung stehenden Maßnahmen und Instrumente nicht als Teil der Integrationspolitik. Dies spiegelt sich auch in der Wahrnehmung der Bevölkerung wider. Das Integrationsbarometer zeigt, dass mehr als die Hälfte der Befragten ohne Migrationshintergrund und fast zwei Drittel der Befragten mit Migrationshintergrund der Politik auf Bundes- und Landesebene ein hohes integrationspolitisches Engagement zuschreiben. Der Wert für die Kommunalpolitik liegt mit 44,0 bzw. 48,8 Prozent aber deutlich niedriger. Bade: »Kommunale Integrationspolitik wird klar unter Wert kommuniziert.«

Das Jahresgutachten zeigt aber auch: Die Rahmenbedingungen für Integration sind vor Ort sehr unterschiedlich. Der SVR hat im vorliegenden Jahresgutachten die strukturellen, soziodemografischen und wirtschaftlichen Rahmenbedingungen zu einer Gemeindetypologie mit neun Kategorien verdichtet. Dabei zeigen sich auch erhebliche regionale Differenzen: Vorherrschender Gemeindetypus in Bayern sind kleine Gemeinden mit hohem Ausländeranteil und niedriger Arbeitslosenquote. In Nordrhein-Westfalen hingegen sind es große Gemeinden mit hoher Arbeitslosenquote und hohem Ausländeranteil. Wenn Kommunen aber immer mehr Integrationsaufgaben übertragen und damit auch mehr Integrationslasten auferlegt bekommen, dann müssen sie dazu auch besser ausgestattet werden.

Synergieeffekte zwischen Bund, Ländern und Gemeinden stärken
Eine bessere Zusammenarbeit von Bund, Ländern und Kommunen könnte in vielen Bereichen zu Synergieeffekten führen. Wie das Beispiel der Arbeitsmarktreformen zeigt, sieht die Realität anders aus: Seit den Hartz-Reformen sind die Kommunen mit zuständig für die Arbeitsvermittlung, entweder gemeinsam mit den Arbeitsagenturen oder, im Fall der sog. Optionskommunen, in alleiniger kommunaler Verantwortung. Eine für das SVR-Jahresgutachten erstellte Expertise kommt zu dem Ergebnis, dass es den Optionskommunen deutlich schlechter gelingt, Transferempfänger mit Migrationshintergrund in Arbeit zu vermitteln als den Jobcentern, die in gemeinsamer Trägerschaft von Kommune und Arbeitsagentur tätig sind. Der SVR empfiehlt daher eine

engere Prozessverzahnung von Optionskommunen und Arbeitsagenturen.

Kooperationsverbot im Bildungsbereich sollte aufgehoben werden
Bildung ist eine zentrale Baustelle der Integrationspolitik. Der Wettbewerb der Bundesländer um die besten Plätze im Ranking führt zum Teil allerdings zu einer Absenkung von Standards und nicht zu dem wünschenswerten Wetteifern um die bestmögliche Bildungsvermittlung. In manchen Ländern stehen zudem nicht genügend Mittel für Bildung zur Verfügung. Das Kooperationsverbot zwischen Bund und Ländern, das 2006 mit der Föderalismusreform beschlossen wurde, ist kontraproduktiv und sollte abgeschafft werden.

Integration darf auch nicht von zufälligen Rahmenbedingungen der Kommunen abhängen. So darf die Ausstattung von Schulen und Kitas nicht vorwiegend von der finanziellen Lage der Kommunen abhängen. »Schlecht ausgestattete Schulen – womöglich in sozialen Brennpunkten – haben verheerende Folgen weit über ihren Einzugsbereich hinaus und damit für die Gesellschaft insgesamt«, sagte Bade. Um eine gute Ausstattung der Bildungseinrichtungen flächendeckend zu gewährleisten, müssten die Länder die unterschiedliche Finanzkraft der Kommunen stärker als bisher ausgleichen.

Gerade für Kinder mit Migrationshintergrund und/oder aus sozial benachteiligten Familien ist die Förderung in Kitas besonders wichtig. Auf die Einführung des von der Bundesregierung geplanten Betreuungsgelds, das der SVR-Vorsitzende von Beginn an scharf kritisiert hatte, sollte verzichtet werden. Es werde absehbar dazu führen, »dass der Besuch einer Kita ausgerechnet bei Kindern zurückgeht, deren Eltern die sozialen Startnachteile ihrer Kinder in Bildung und/oder Sprachfähigkeit nicht aus eigener Kraft bis Schulbeginn ausgleichen können«, sagte Bade. Integrationspolitisch wäre das »Betreuungsgeld ein Schuss in den Ofen.«

Die integrationspolitischen Herausforderungen im Bildungsbereich können nur durch gemeinsame Anstrengungen von Bund, Ländern und Kommunen bewältigt werden. Ein Negativ-Beispiel ist das gut gemeinte »Bildungspaket« für Kinder von Hartz IV-Empfängern. Die neu eingeführten Leistungen des Bundes führten zum Teil zur Abschaffung kommunaler Leistungen wie Schulspeisungen. Für die Kinder ist damit nichts gewonnen. »In Sachen Bildung muss Schluss sein mit dem sinnlosen Prinzip linke Tasche, rechte Tasche«, sagte Bade.

Integrationsbarometer: Integrationsklima in Deutschland ist stabil
»Es war zu befürchten, dass die oft polemisch geführte Integrationsdebatte im Herbst 2010 das Klima in der Einwanderungsgesellschaft nachhaltig beschädigen könnte. Das Integrationsbarometer belegt, dass sich diese Befürchtungen nicht bewahrheitet haben«, sagte Bade. Ende 2010 hatte der SVR kurzfristig erhebliche Störungen an den Rändern des Meinungsklimas gemessen. Nun zeigt das Integrationsbarometer 2012: Das 2009 erstmals gemessene verhalten pragmatisch-positive Integrationsklima hat sich im Alltag der Einwanderungsgesellschaft mehrheitlich verfestigt. Gestützt wird dieses Ergebnis auch dadurch, dass die Befragten den Integrationsalltag an ihrem Wohnort (IKI der Zuwanderer 2,87; Mehrheitsbevölkerung 2,66) positiver einschätzen als in Deutschland allgemein (Zuwanderer 2,4; Mehrheitsbevölkerung 2,0).

Ein Teil der Befragten hat bereits 2009 am Integrationsbarometer teilgenommen. Diese Panelstichprobe ermöglicht eine Analyse der individuellen Veränderungen im Zeitverlauf. Bei der Frage, ob Zuwanderer an Integration interessiert sind, zeigen sich die gleichen Befragten 2011 deutlich meinungsstärker als 2009. Das Lager der »Unentschiedenen« nahm bei Befragten mit und ohne Migrationshintergrund um rund 24 Prozent auf rund 13 Prozent ab. Der Anteil der »Integrationsoptimisten« und der »Integrationspessimisten« wuchs in gleichem Maße und lag 2011 bei 49,7 bzw. 37,1 Prozent. »Die intensive, wenn auch oft sehr aufgeregte Integrationsdebatte 2010/2011 hatte an den Rändern des Meinungsspektrums in Gestalt von Frustration und Radikalisierung nachhaltig negative Folgen«, sagte Bade. »Sie hat aber wohl auch dazu beigetragen, dass sich die Befragten intensiver mit dem Thema auseinandergesetzt und sich stärker eine Meinung gebildet haben.«

Allerdings sind mehr Befragte als 2009 integrationskritisch: Der Anteil der Befragten ohne Migrationshintergrund, die der Zuwandererbevölkerung ein Interesse an Integration absprechen, stieg von 32,0 Prozent (2009) auf 40,7 Prozent (2011). Zugleich meinten mehr Befragte mit Migrationshintergrund, die Mehrheitsgesellschaft sei nicht bereit, zur Integration beizutragen. Ihre Zahl stieg von 20,1 Prozent im Jahr 2009 auf 25,0 Prozent im Jahr 2011. Umgekehrt ist das eigene Verantwortungsgefühl für das Gelingen von Integration bei der Mehrheitsbevölkerung um 17,3 Prozent auf 84,2 Prozent gestiegen. Eine Spaltung der Einwanderungsgesellschaft hat – entgegen vieler Befürchtungen – nicht stattgefunden.

Einig sind sich alle Befragten über die negative Schlagseite der öffentlichen Diskussion über Integration in Deutschland. Über 50 Prozent aller Befragten beklagen, die Diskussion über Integration würde »eher« oder »viel« zu negativ geführt. Dies gilt auch für das Themenfeld Islam. Die mediale und publizistische Überzeichnung und Verzerrung in der Integrationsdebatte wird deutlich erkannt.

Das Integrationsbarometer 2012 erlaubt erstmals auch einen Vergleich zwischen Ost- und Westdeutschland. Dabei zeigt sich überraschenderweise, dass das Integrationsklima von den Befragten in den beiden ostdeutschen Regionen nur leicht negativer wahrgenommen wird als in Westdeutschland. Auch die Integrationsbereitschaft der jeweils anderen Seite wird zurückhaltender eingeschätzt. So denken 57,9 Prozent der Befragten ohne Migrationshintergrund in Ostdeutschland, dass die Mehrheitsbevölkerung an Integration interessiert sei. In Westdeutschland liegt dieser Wert mit 65,3 Prozent um mehr als 7 Prozentpunkte (und somit um fast 13 %) höher.

Die Wirkung der Integrationspolitik wird eher positiv eingeschätzt: 47,6 Prozent der Befragten mit Migrationshintergrund in Westdeutschland finden, dass die Integrationspolitik der letzten fünf Jahre die Integration gefördert hat. Nur 17,6 Prozent erkennen Verschlechterungen. In der Mehrheitsbevölkerung sieht sogar über die Hälfte der Befragten (53,4 %) einen positiven Beitrag der Integrationspolitik. Einen negativen Einfluss schreibt ihr nur etwa jeder Zehnte (10,4 %) zu. Und die Erwartungen für die Zukunft sind positiver als bei der Befragung 2009: Mehr als die Hälfte der Befragten mit und ohne Migrationshintergrund (54,5 % bzw. 56,9 %) erwarten von der Politik Verbesserungen bei der Integration. Verschlechterungen befürchtet nur eine kleine Minderheit (15,9 % bzw. 12,1 %).

Für eine vernetzte Zusammenarbeit
Die praktische Umsetzung von Integrationspolitik ist im föderalen Mehrebenensystem vorwiegend Sache der Länder und Kommunen. In den letzten Jahren wurde vielfach einer stärkeren und bisweilen auch vollständigen Kommunalisierung von Integrationspolitik das Wort geredet. Zum Teil wurde sogar eine weitgehende Verlagerung integrationspolitischer Kompetenzen von der Bundes- und Länderebene auf die kommunale Ebene gefordert. Dies ist aus Sicht des SVR nicht zielführend. Nötig ist für die Integrationspolitik vor allem eine engere Kooperation und dichtere Vernetzung von Bund, Ländern und Kommunen, die der Rede vom »kooperativen Föderalismus« besser entspricht.

»Auch auf Bundesebene ist in Sachen Integrationspolitik bessere Koordination und Kooperation angezeigt«, sagte Bade. Zentral für Integrationspolitik zuständig ist hier nach wie vor das Bundesinnenministerium. Es ist, so Bade, »mit dieser Aufgabe, soweit sie als Gesellschaftspolitik im weitesten Sinne zu verstehen ist, sichtlich überfordert und sollte deshalb entlastet werden, von Kernbereichen wie z.B. Migration oder Flucht bzw. Asyl einmal abgesehen.« Nötig sei außerdem eine bessere Abstimmung mit und zwischen den Ressorts, deren Entscheidungen integrationspolitische Auswirkungen haben, neben dem Innenressort also vor allem in den Bereichen Wirtschaft, Arbeit, Soziales und Bildung.

Dies ist bislang erst bedingt und improvisiert gegeben. Es gibt zwar immerhin die interministerielle Arbeitsgruppe Integration. Sie ist institutionell aber nicht zureichend abgesichert und in ihrer Effizienz deshalb weitgehend abhängig vom Wohlwollen der Delegierten bzw. ihrer Ressorts. Das gilt ebenso für die Integrationsabteilungen oder -schwerpunkte in fast jedem einschlägigen Ministerium. Neben den Teilzuständigkeiten verschiedener Bundesressorts und dem zentral zuständigen Bundesinnenministerium gibt es die Staatsministerin im Bundeskanzleramt, die für Migration, Flüchtlinge und Integration zuständig ist, und das fast gleichnamige Bundesamt für Migration und Flüchtlinge, das aber dem Bundesinnenministerium zugeordnet ist.

Wohin Kompetenzüberschneidungen in integrationspolitisch belangvollen Fragen führen können, habe man zuletzt bei den verschiedenen, zeitraubenden Anläufen zum »Anerkennungsgesetz« erleben können, sagte Bade. Diese Erfahrung könne man unter das Motto stellen: »Wir werden immer besser, aber wir kommen immer zu spät!« Deshalb wäre es gut, so Bade, »spätestens nach der nächsten Bundestagswahl die vom sacro egoismo der Ressortinteressen immer wieder abgewürgte Diskussion um einen Neuzuschnitt der integrationspolitischen Zuständigkeiten fortzusetzen, die in den letzten Koalitionsverhandlungen nur mit der Keule ›Integrationsministerium ja oder nein?‹ geführt worden ist.«

Aus Sicht des SVR sollten Bund, Länder und Kommunen von einem unzureichend koordinierten Nebeneinander zu einem produktiven Miteinander und einer systematischen vertikalen und horizontalen Vernetzung finden. Das Integrationsbarometer zeigt, dass die Bevölkerung eine aktive Integrationspolitik mit klaren und verständlichen Zielen nicht nur befürwortet, sondern auch fordert. Die Politik sollte diese günstige Ausgangslage für weitere, kraftvolle Reformschritte im Bereich Integration und Migration nutzen. Sie sollte, so Bade: »nicht länger davon ausgehen, die Bürger in einer Art Kindergarten für Erwachsene vor ihren eigenen Ängsten beschützen zu müssen.«

8.12 Rückzug und Neustart von Klaus J. Bade: Es war der richtige Zeitpunkt, Interview (Merve Durmuş),
in: Deutsch Türkische Nachrichten, 20.7.2012.

Klaus J. Bade ist zum 1. Juli 2012 turnusgemäß als Vorsitzender des Sachverständigenrats deutscher Stiftungen für Integration und Migration abgetreten. Der Gründungsvorsitzende ist aber auch ganz aus dem Sachverständigenrat ausgeschieden. Und sogleich meldet er sich zurück – pointierter und schärfer im Tonfall. Im Gespräch mit den Deutsch Türkischen Nachrichten gibt der renommierte Migrations- und Integrationsforscher keinen aalglatten Rückblick. Und auch in Zukunft wird es Wortmeldungen von ihm geben, »die einigen Zeitgenossen nicht gefallen werden«.

Arbeitgeberpräsident Dieter Hundt erklärte am Montag, Deutschland benötige »eine echte Willkommenskultur« angesichts des enormen Fachkräftemangels. Fördern solche Aussagen die Integration?

Klingt gut, aber entscheidend ist das Wörtchen »echt«, sonst wird das nur ein aufgesetzter Zuckerguss. Das modische Reden von der Willkommenskultur kommt mir oft vor wie das Märchen von des Kaisers neuen Kleidern. Überdies sollte der Willkommensgruß nicht nur qualifizierten Neuzuwanderern gelten, sondern allen Einwanderer im Land, egal wie lange sie und ihre Familien schon hier leben. Viele haben zu oft das Gegenteil gehört. Nur dann kann Willkommenskultur eine Förderung der Integration bewirken, bei der es ja nur zum geringsten Teil um Neuzuwanderer geht.

Wo sollten Konzepte der Willkommenskultur denn besonders ansetzen?
Willkommenskultur brauchen wir vor allem von Amts wegen. Eine Untersuchung des Sachverständigenrats hat gezeigt, dass sich qualifizierte Zuwanderer oft gerade in Behörden unangemessen behandelt, zum Teil sogar diskriminiert fühlen. Es gibt dabei natürlich unterschiedliche Befindlichkeiten von Zuwanderern im Ausländeramt, im Einwohnermeldeamt oder im Sozialamt. Für den ausländischen Malocher vom Bau ist es vielleicht weniger verletzend, wenn er im Ausländeramt geduzt wird. Das ist auf seiner Baustelle auch nicht anders. Wenn aber ein hochqualifizierter Zuwanderer dort herablassend behandelt wird, empfindet er das als Diskriminierung. Und weil das Ausländeramt die ersten Eindrücke prägt, überträgt sich das Bild zuweilen auf das Land insgesamt. Das ist makaber.

Ist der Tendenz nach Diskriminierung von Amtswegen denn der Regelfall?
Nein, es gibt natürlich große Unterschiede zwischen und sogar in den Behörden, die ja keinen leichten Job haben und oft mit erheblichen Problemen und Belastungen konfrontiert sind. Zum Teil haben die interkulturellen Coaching-Programme in der behördlichen Kommunikation bereits gezündet noch bevor allenthalben vollmundig von Willkommenskultur die Rede war. Aber manche Amtsdeutsche haben eben den Schuss noch immer nicht gehört. Interkulturelles Coaching blieb bei ihnen politisch korrektes Gesäusel an der Oberfläche. Sie machen, von ein paar aufgesetzten netten Formulierungen abgesehen, weiter wie gehabt.

Mangel an Sensibilität ist ja auch kein Wunder. Ausländerämter, aber auch Sozialämter waren früher oft weniger Karrierezüge als Orte für indirekte Strafversetzungen, weil sie vielfach überfordert und schlecht ausgestattet waren. Und die Ausländerämter hatten lange vorwiegend Übung in der restriktiven Schicksalsverwaltung und nicht in der sensiblen Integrationsförderung. Manche Mitarbeiter glauben eben immer noch, dass auch qualifizierte Zuwanderer den steten Nachweis des Glücksgefühls erbringen müssen, um ihren lästigen Aufenthalt zu begründen, statt dass sie selber mal sagen: Wir sind froh, dass Ihr gekommen seid, um uns zu helfen.

Sind sogenannte Welcome-Center eine Lösung?
Jein. Welcome-Center für qualifizierte Zuwanderer wie in Hamburg sind wichtig und nötig. Aber eine solche Klassentrennung ist nur dann legitim, wenn die gleiche interkulturelle Sensibilität auch auf den unteren Sprossen der sozialen Rangstufenleiter gilt. Da gibt es z.B. in NRW gute Beispiele.

Sie sind mit dem SVR der Ansicht, dass Integration in Deutschland, allen Problemen zum Trotz, ziemlich gut gelungen ist, auch im internationalen Vergleich. Warum finden dann Menschen, die das Gegenteil behaupten, soviel Gehör?
Dafür sehe ich mehrere Gründe: Erstens haben die Skandalisierer der angeblich »gescheiterten Integration« noch immer nicht begriffen, dass in Wahrheit sie selber mit ihren Einschätzungen gescheitert sind. Sie starren immer nur auf die klar erkennbaren Betriebsunfälle der Integration. Gelungene Integration aber zeichnet sich gerade dadurch aus, dass sich unauffällig bleibt. Es ist also viel schwerer, das Gelingen der stillen Integration zu ergründen, als auffällige Betriebsunfälle zu beschreiben. Die sind doch nur Ausnahmen, die die Regel der mehr oder minder gelungenen Integration bestätigen.

Außer Frage steht, dass vieles hätte besser gelaufen wäre, wenn die politischen Eliten im Einwanderungsland nicht so lange in der Illusion des Nicht-Einwanderungslandes und die Einwanderer nicht so lange in der Rückkehrillusion gelebt hätten. Aber das eine hing doch sehr mit dem anderen zusammen: Wer will schon in einem Land einwandern, das lange alles auf »Rückkehrförderung« setzte und behauptete »kein Einwanderungsland« zu sein?

Ein zweiter Grund ist das lange Versagen von Politik vor der Integrationsaufgabe. Die gern verbreitete Politlegende, dass das etwas mit Multikulti zu tun gehabt hätte, ist eine konservative Geschichtsklitterung. Das Gegenteil ist richtig: MultiKulti war nie Regierungskonzept und Politik in Regierungsverantwortung hat, wie der frühere Bundespräsident Horst Köhler als selbstkritischer Schlafmetaphoriker 2006 zum Ärger seiner Parteifreunde aus der CDU gesagt hat, das Thema Integration lange schlicht »verschlafen«. Es ist der Politik jahrzehntelang nicht gelungen, die hier anstehenden Probleme mit transparenten und zielorientierten Konzepten anzugehen, wie ich und andere dies z.B. schon Anfang der 1980er Jahre gefordert haben. Das machte vielen Bürgern stille Wut.

Ein dritter Grund ist der immer rasantere Wandel von Strukturen und Lebensformen beim Zusammenwachsen von Zuwanderer- und Mehrheitsbevölkerung zur Einwanderungsgesellschaft im Zeichen des demographischen Wandels. Das macht manchen Bürgern mentalen Stress und stille Angst.

Viertens gibt es die Macht der Ahnungslosigkeit: Das, was der Latecomer Sarrazin, von seinen agitatorischen Skandalisierungen einmal abgesehen, in Sachen Migrations- und Integrationspolitik an durchaus treffenden Argumenten vorgetragen hat, war fast alles schon Anfang der 1980er Jahre vergeblich gefordert worden. Das wusste er ebenso wenig wie das Gros seiner Leser.

Wut, Angst und Ahnungslosigkeit treiben Wasser auf die Mühlen der großen Vereinfacher. Politik muss deshalb, wie ich das seit Anfang der 1980er Jahre immer wieder gefordert habe, Integrationspolitik endlich als Gesellschaftspolitik begreifen und dazu klare Konzepte vorlegen. Sie muss heute zugleich vorleben, dass es in der Einwanderungsgesellschaft darauf ankommt, den steten Wandel als Normalität zu verstehen.

Als integrationshemmend wird von vielen Politikern die Optionspflicht im Staatsangehörigkeitsrecht gesehen. Aufgrund einer aktuellen Studie, die zeigt, dass die Bürger damit allerdings kein Problem haben, sieht das Bundesamt für Migration und Flüchtlinge sowie das Innenministerium keinen gesetzlichen Handlungsbedarf. Sehen Sie das ähnlich?

Nein. Das sogenannte Optionsmodell war ein populistischer Kompromiss und im Ergebnis ein Schuss in den Ofen. Es wäre klüger gewesen, auch bei sozial gut integrierten Nicht-Europäern die begründete Hinnahme der doppelten Staatsangehörigkeit zu akzeptieren, wie das im Gesetzentwurf auch vorgesehen war. Stattdessen wurde aus Angst vor der vermeintlichen Rache des Wählers lieber eine erträglicher wirkende Fehlentscheidung getroffen, mit der die anstehenden Probleme scheinbar erst einmal vertagt werden konnten. Wir haben von Beginn an vergeblich vor den Folgen gewarnt. Bald ist das Ende der Fahnenstande erreicht und dann wird es ernst. Ich vermute, dass der faule Zauber dann in wenigen Jahren wieder abgeschafft werden wird, wenn sich zeigt, welcher Rattenschwanz an Rechts- und Verwaltungsproblemen für die Behörden damit verbunden ist.

Die erwähnten neuen Untersuchungen der Forschungsabteilung des Bundesamtes für Migration und Flüchtlinge über die positive Akzeptanz des Optionsmodells sind wissenschaftlich sachhaltig und solide. Sie werden aber vom BMI, wie bei der Muslim-Studie, mal wieder politisch falsch interpretiert: Es wurden hier in Wirklichkeit nur Jugendliche befragt, die 1990 durch eine Sonderregelung im Gesetz auf Antrag der Eltern noch im Alter bis zu 10 Jahren in die neue Regelung einbezogen wurden. Dass Kinder aus solchen Familien weniger Probleme mit der Einbürgerung haben, ist doch kein Wunder.

Und die BAMF-Untersuchungen, die zeigen, dass es ansonsten durchaus Probleme bei der Entscheidung für die durch Geburt erworbene und gegen die von den Eltern ererbte Staatsangehörigkeit gibt, sind auch richtig und bestätigen die Ergebnisse des Sachverständigenrates. Hintergrund ist das auch in anderen Ländern Europas geltende wohlfahrtsstaatliche Integrationsmodell, in dem die migratorische Selbstauslese abgeschaltet ist, im Gegensatz z.B. zu der marktorientierten Integrationsregie in den USA: Dort soll zurückkehren oder weiterwandern, wer nach einiger Zeit nicht imstande ist, wirtschaftlich auf eigenen Beinen zu stehen.

Bei uns hingegen sind Ausländer nach einer zureichenden Zahl von Anwesenheitsjahren arbeits- und sozialrechtlich deutschen Staatsangehörigen weitgehend gleichgestellt. Was ihnen dann noch fehlt, ist vor allem das Wahlrecht auf Landes- und Bundesebene, von Erleichterungen beim Grenzübertritt in der EU einmal abgesehen. Das ist manchen zu wenig auf der Waagschale, wenn damit der Verlust der eigenen Staatsangehörigkeit aufgewogen werden soll. Ein lange griesgrämig wirkendes Einwanderungsland wider Willen sollte sich am Ende über mitunter widerwillige Einwanderer nicht wundern. Da gibt es also auch eine Bringschuld auf deutscher Seite. Die doppelte Staatsangehörigkeit für sozial gut integrierte Einwandererfamilien gleich welcher Herkunft mit langem, zum Teil schon Generationen übergreifendem Aufenthalt wäre ein Schlussstrich unter diese peinliche Geschichte.

Der SVR geht ursprünglich auf ein Grundkonzept von Ihnen zurück. Sie haben viele tragende Ideen miteingebracht, viel Arbeit investiert und das sehr erfolgreich. Warum hören Sie gerade jetzt auf? Gab es Probleme?

Es hat bis zuletzt eine hervorragende Kooperation im Kreis Sachverständigen gegeben, die mich auch sehr bedrängt haben, nicht zu gehen. Aber meine Entscheidung war richtig so. Natürlich gab es auch Probleme und Ärger, die der Vorsitzende im Interesse des Gremiums abzufangen hatte, das gehört ja zu seinen Aufgaben. Wer das nicht verkraften kann, der soll so eine exponierte Position nicht übernehmen. Auf einem ganz anderen Blatt steht die Schattenseite dieser öffentlichen Exponiertheit...

Zu der Schattenseite gehört sicherlich die heftige Kritik von Necla Kelek...

Sie arbeitet doch nur einträglich ihre eigenen Probleme ab. Und langsam schwimmen ihr die Felle weg mit ihren allgemeine Vorurteile bedienenden, pauschalisierenden Skandalnummern über »die« Integration insbesondere »der« Muslime, über »den« Islam als Gefahr und über »die« an allem mitschuldige Migrationsforschung, in der sie selbst wissenschaftlich nicht Fuß fassen konnte. Man muss bei Erfolg eben auch mit neidvoll-gehässigen Angriffen leben. Das geistige Niveau war dabei zuweilen so niedrig, dass man auf seine Schuhe achten musste, um nicht drauf zu treten. Da hat es sich gelegentlich gewurrt, dass ich nur mit zurückhaltender Korrektur antworten, aber nicht in aller Härte zurückschlagen konnte: Denn in der weiteren Öffentlichkeit wurde ich ja vorwiegend als der um Ausgewogenheit bemühte, gleichsam über den Wassern schwebende Vorsitzende des Sachverständigenrates und nicht, wie früher, auch als streitiger Wissenschaftler und Publizist wahrgenommen, der auch eine kalte Dusche bedienen kann. Das gefiel mir nicht immer ganz so gut.

Also hören Sie als Vorsitzender auf, damit Sie wieder heftiger debattieren können?
Jein. Ich hatte den Stiftungen und den Sachverständigen von Beginn an nur maximal drei Jahre für die Umsetzung meiner Ideen zum SVR zugesagt. Die waren im Januar 2012 erfüllt und ich bin nur auf die Bitte der Sachverständigen noch ein halbes Jahr geblieben, um das dritte von mir geleitete Jahresgutachten noch bis zu seiner Vorstellung und Diskussion in den Medien zu begleiten. Darum hat sich mein Rücktritt als Gründungsvorsitzender um ein halbes Jahr, bis Ende Juni, verzögert.

Aber warum sind Sie dann auch ganz aus dem Sachverständigenrat ausgestiegen?
Kernstrategie des SVR ist nach wie vor mein Erfolgskonzept der »kritischen Politikbegleitung« über die Medien. In den Medien aber spricht der SVR, seiner Geschäftsordnung entsprechend, nur mit der Stimme des Vorsitzenden. Ich hätte also weiter zündende Ideen für die Mediendiskussion entwickeln, deren Präsentation aber meinen Nachfolgern im Vorsitz überlassen müssen. Das wäre auf die Dauer für alle Beteiligten keine gute Lösung gewesen. Das haben meine Kolleginnen und Kollegen verstanden.

Was waren Ihre persönlichen Höhe- und Tiefpunkte beim SVR?
Eine Kette von Höhepunkten war von Beginn an das Funktionieren meines Konzepts der kritischen Politikbegleitung über die Medien und natürlich die exzellente Kooperation im SVR selbst. Wir hatten oft ganz unterschiedliche Einschätzungen und haben uns für unsere Gutachten doch immer produktiv zusammengerauft, ohne nur auf dem kleinsten gemeinsamen Nenner zu bleiben. Ein Tiefpunkt war die sogenannte islamkritische, zum Teil auch rechtsradikale, neo-nationalsozialistische, mitunter auch schlicht dümmliche und vierschrötig pöbelnde Agitation gegen mich. Die berief sich u.a. auf die ebenso absurden und belanglosen wie in ihrer Wirkung fatalen Denunziationen von Necla Kelek, aber auch anderen Skandalpublizisten. Deshalb hat man mir bei öffentlichen Vorträgen zeitweise polizeilichen Saalschutz oder sogar Personenschutz aufgedrückt, was mir gar nicht gefiel.

Worum handelt es sich bei der von Ihnen so genannten »kritischen Politikbegleitung« über die Medien genau?
Etwas salopp formuliert haben wir früher gesagt: »Herr Minister, ich habe einen Rat für Sie.« Die Antwort lautete: »Und ich habe ein Regal, da können Sie Ihren Rat ablegen«. In dem Regal fand man dann auch die nicht zur Kenntnis genommenen Ratschläge der letzten Jahre wieder. Bei der kritischen Politikbegleitung über die Öffentlichkeit, die ja zuerst informiert wird, erfährt Politik aus den Medien, was man über sie denkt und was man vorzuschlagen hat. Das ist in der Mediendemokratie wesentlich wirksamer als unerbetener Rat in dienender Haltung. Politik hat schnell gelernt, dass der Sachverständigenrat ein nicht nur kompetenter, sondern auch ernst zu nehmender Partner ist, dessen öffentliche Interventionen man nicht einfach überhören sollte. So ist eine von gegenseitigem Respekt getragene Kommunikation entstanden, oft auch in direkten Arbeitskontakten auf Augenhöhe. Das hat eine Menge positive Spuren hinterlassen, über die man nicht spricht, denn zu den Spielregeln der kritischen Politikbegleitung gehört auch, sich nicht öffentlich auf die Schultern zu klopfen, sondern den politischen Nachvollzug eigener Ideen mit stiller Genugtuung zu begleiten. Zu dieser Genugtuung hatte der SVR zu meiner Zeit allen Anlass und ich hoffe, dass das auch so bleiben kann.

Wie geht es bei Ihnen nach Ihrer Zeit beim SVR weiter?
Für Trauerarbeit habe ich keinen Anlass. Das war ja keine zweite Emeritierung, sondern nur das Ende eines wichtigen biographischen Abschnitts, der mir, trotz aller Belastungen, insgesamt viel Spaß gemacht hat. Was wir auf die Beine gestellt haben, war eine Aufsehen erregende gemeinsame Leistung, bei der ich meinen ideellen und praktischen Anteil nicht überschätze. Aber ein bisschen stolz bin ich doch auf diesen Erfolg und denke dabei an meinen verstorbenen deutsch-amerikanischen Freund und Kollegen Fritz Redlich an der Harvard University, der mir dort Mitte der 1970er Jahre einmal sagte: Es gibt doch nichts Schöneres als irgendwann durch das Gewicht derjenigen, die einem auf den Schultern stehen, unter den Rasen gedrückt zu werden. Aber bis dahin ist hoffentlich noch etwas Zeit.

Und was machen Sie jetzt ganz konkret?
Ich bin ja von Hause aus politik- und sozialwissenschaftlich orientierter Zeithistoriker. Momentan arbeite ich an einem kritischen Rückblick auf die sog. Sarrazin-Debatte 2010–2012, bei der ich selber zeitweise im Visier stand. Das soll noch Ende des Jahres erscheinen. Langfristig arbeite ich, vielleicht unter einem Titel wie »Integration verschlafen«, an meinen Erinnerungen zum Thema Migration, Integration, Politik und kritische Politikbegleitung, die einigen Zeitgenossen nicht gefallen werden. Darüber hinaus melde ich mich wieder verstärkt unter eigenem Namen im gleichen Feld zurück, also ohne abgestimmte milde Pufferung, etwas pointierter und im Tonfall schärfer vielleicht, so wie vor meiner Zeit als Gründungsvorsitzender des SVR.

8.13 Migration, Integration, Politik und wissenschaftliche Politikberatung in Deutschland. Symposium anlässlich des Abschieds von Prof. Dr. Klaus J. Bade als Gründungsvorsitzendem des Sachverständigenrats deutscher Stiftungen für Integration und Migration (SVR) in Berlin am 30.8.2012[4],
Berlin 2012: Grußworte, Werkstattberichte, Festreden (Auswahl).

8.13.1 Prof. Dr. Maria Böhmer, Staatsministerin, Beauftragte der Bundesregierung für Migration, Flüchtlinge und Integration, Grußwort,
ebenda, S. 6f.

Am 2. Dezember 2005 erschien in der Zeitung »Die Welt« ein Essay mit der Überschrift »Integration gibt es nicht im Passiv«, der Autor: Klaus J. Bade.

Lieber Herr Bade, ich war zu diesem Zeitpunkt neu im Amt der Integrationsbeauftragten. Gespannt habe ich Ihren Essay damals gelesen. Sie haben mich damit neugierig gemacht: auf Ihre Überlegungen zur Integration und auf den Menschen Klaus Bade. Aus meiner Neugierde ist ein intensiver und anregender Austausch mit Ihnen entstanden: manchmal kontrovers, manchmal konsensual, immer konstruktiv. Dafür bin ich Ihnen sehr dankbar. Und deshalb bin ich auch sehr gerne Ihrer persönlichen Einladung zu diesem Symposium gefolgt, das der Sachverständigenrat deutscher Stiftungen für Integration und Migration für Sie heute ausrichtet.

Lieber Herr Bade, Sie wollen aufrütteln – als Wissenschaftler und als Politikberater. Sie formulieren zweifellos pointiert. Sie regen auf – andere und sich selbst. Und Sie regen an – zum Nachdenken. Doch nicht nur das. Sie wollen etwas bewegen!

Klaus Bade – der Wissenschaftler: Kaum ein anderer Wissenschaftler hat sich so intensiv mit den Motiven von Migration, mit den sozialen Folgen, den Veränderungen der aufnehmenden Gesellschaft und den politischen Anforderungen auseinandergesetzt. Sie haben das Institut für Migrationsforschung und Interkulturelle Studien an der Universität Osnabrück gegründet. Ich habe Sie dort vor einigen Jahren besucht und viele Anregungen mitgenommen. Nicht nur als Integrationsbeauftragte, auch als Wissenschaftlerin hat mich Ihre Arbeit beeindruckt. Die Ergebnisse Ihrer Forschungstätigkeit schlagen sich in unzähligen Veröffentlichungen nieder. Zum Beispiel in der von Ihnen initiierten und mitherausgegebenen »Enzyklopädie Migration in Europa«. Lieber Herr Bade, Sie haben mir die 1 156 Seiten starke Enzyklopädie mit dem Hinweis geschickt, ich hielte damit knapp drei Kilogramm Migration in den Händen. Sie sehen es mir nach, dass ich sie heute nicht mitgebracht habe! Die Enzyklopädie beleuchtet die großen europäischen Migrationsbewegungen aus historischer, aber auch aus soziologischer Perspektive.

Sie haben immer wieder deutlich gemacht: Migration, Integration und interkulturelle Begegnung ziehen sich durch die gesamte europäische Kulturgeschichte. Migration und Integration sind eine europäische, ja eine globale Herausforderung über Zeiten und Räume hinweg.

Klaus Bade – der Politikberater: Sie wollen Ihre Erkenntnisse nicht nur mitteilen. Sie wollen sich in gesellschaftspolitische Belange einmischen. Sie möchten verändern, Anstöße geben, Brücken zwischen Wissenschaft und Praxis schlagen. Das treibt Sie an. Das hat Sie zu einem wichtigen Berater der Politik in Deutschland gemacht. Mit den Worten Dante Alighieris: »Der eine wartet, dass die Zeit sich wandelt, der andere packt sie kräftig an und handelt.« Sie sind ein echter Dante-Typ 2! Denn Sie packen an und handeln – und das mit großer Leidenschaft.

Einer Ihrer meistzitierten Sätze lautet: »Das habe ich schon in den 80er Jahren gesagt.« Man spürt förmlich Ihre Ungeduld! Sie liegen richtig, wenn Sie sagen: »Bei uns kommt alles 25 Jahre zu spät.« Sie haben schon früh nachhaltige Konzepte für Integration eingefordert, als Politik und Gesellschaft noch im integrationspolitischen Dämmerschlaf lagen oder unfruchtbare Debatten über die Frage führten, ob Deutschland ein Einwanderungsland sei. Und was haben Sie gemacht? Aufgegeben? Nein, Sie haben weiter argumentiert und gestritten. Von Ihnen stammt die anschauliche Beobachtung: »Früher haben wir gesagt: Herr Minister, ich habe einen Rat für Sie.« Die Antwort lautete: »Und ich habe ein Regal, da können Sie Ihren Rat ablegen.« Das hat sich geändert! Denn Sie lassen nicht locker! Ihr Rat ist heute mehr denn je gefragt. Das zeigt sich auch an der Vielzahl der Gremien, in denen Sie mitwirken. Und noch wichtiger: Die Politik hat viele Ihrer Anregungen aufgegriffen.

Erst kürzlich sagten Sie in einem Interview, die Integrationspolitik sei in den vergangenen zehn Jahren weiter vorangekommen als in den vier Jahrzehnten zuvor. Sie haben Recht! Denn wir haben in der Integrationspolitik umgesteuert. Davon zeugen das Zuwanderungsgesetz, die Integrationsgipfel von Bundeskanzlerin Angela Merkel und die Deutsche Islamkonferenz. Davon zeugen der Nationale Integrationsplan und der Nationale Aktionsplan Integration, die ich vorgelegt habe. Ich selbst habe Sie gebeten, an den inzwischen fünf Integrationsgipfeln im Bundeskanzleramt teilzunehmen. Sie waren damit eng eingebunden in die Ausarbeitung des Nationalen Integrationsplans und des Nationalen Aktionsplans Integration. Sie waren erneut ein wertvoller Ratgeber, als ich 2011 den Beirat für Integration einberufen habe. Wir haben lange gemeinsam überlegt, wie solch ein Beirat konzipiert werden könnte und welche Aufgaben er übernehmen sollte.

---

[4] http://www.svr-migration.de/wp-content/uploads/2014/11/FestschriftSymposiumfuerProfBade_creator.pdf.

Das Umsteuern zeigt Wirkung: Es gibt einen Paradigmenwechsel: weg vom Diktum »Deutschland ist kein Einwanderungsland«, hin zum Bekenntnis »Deutschland ist Integrationsland« bis zur klaren Botschaft »Deutschland braucht qualifizierte Zuwanderung«. Dafür steht das neue Gesetz zur Anerkennung von im Ausland erworbenen Abschlüssen. Jetzt schaffen wir die Rahmenbedingungen für eine echte Willkommenskultur.

Heute können wir endlich dazu übergehen, von der rein nachholenden zur vorbereitenden Integration zu kommen. Genau das war die Botschaft Ihres Essays vom Dezember 2005. Vorbereitende Integration – das sind beispielsweise Sprachkurse im Herkunftsland oder Vorab-Information über die Anerkennung von Berufsqualifikationen. Das heißt für uns: weg vom Reparaturbetrieb, hin zur Zukunftswerkstatt Integration!

Lieber Herr Bade, Ihre beratende Rolle konnte auch deshalb diese Wirkung entfalten, weil Sie sich in einem großen Netzwerk bewegen. Dazu gehören die für Integration maßgeblichen Stiftungen. Die Stiftungen haben eine Schrittmacherfunktion – sie erkunden und erproben.

Sie leisten eine wichtige Pionierarbeit im Bereich der Integration. Sie sind es, die mit gezielten Programmen und Projekten Zuwanderer fördern, Netzwerke stärken und Vorbilder in den Blick rücken. Zukunftsweisend war die Gründung des Sachverständigenrats deutscher Stiftungen für Integration und Migration im Jahr 2008. Die Stiftung Mercator und die VolkswagenStiftung haben gemeinsam mit sechs weiteren Stiftungen einen Kreis von Wissenschaftlern berufen. Sie haben damit eine Plattform für Dialog, wissenschaftliche Begleitung und Politikberatung geschaffen.

Lieber Herr Bade, kein Zweifel: Als Gründungsvorsitzender des Sachverständigenrats haben Sie dessen Arbeit maßgeblich geprägt. Gemeinsam mit allen Beteiligten haben Sie den Sachverständigenrat als wahren Thinktank etabliert. Ich schätze die Arbeit des Sachverständigenrats außerordentlich. Mein ausdrücklicher Dank gilt den Stiftungen für die Einrichtung und allen, die im Sachverständigenrat mitwirken. Zum 1. Juli 2012 hat Professor Christine Langenfeld den Vorsitz übernommen. Liebe Frau Langenfeld, ich bin mir sicher, dass Sie die Arbeit des Sachverständigenrats hervorragend weiterführen werden, und freue mich auf unsere Zusammenarbeit.

Lieber Herr Bade, der Abschied heute ist nur ein partieller. Sie gehen als Vorsitzender des Sachverständigenrats, und ich danke Ihnen für alles, was Sie aufgebaut und erstritten haben. Ich möchte auf Sie als Ratgeber nicht verzichten. Ich freue mich auf unser weiteres gemeinsames Wirken in meinem Integrationsbeirat. Denn es gilt, gerade für die Integration, was Ingeborg Bachmann einmal gesagt hat:

»Es gibt keinen Punkt, an dem wir stehen bleiben können und sagen: Jetzt haben wir's.«

Alles Gute und herzlichen Dank!

8.13.2 Aydan Özoğuz, MdB, Stellvertretende Bundesvorsitzende der SPD, Grußwort, ebenda, S. 8f.

Frau Staatsministerin, wir beschreiben eindeutig die gleiche Person, wenn auch einige Bewertungen etwas anders ausfallen. »Vater« oder »Urgestein« der Migrationsgeschichte Deutschlands, »Volksaufklärer«, »Migrationspapst«, »Grenzgänger« – dies ist nur eine kleine Auswahl der anerkennenden Bezeichnungen, die Ihnen, Professor Bade, in den letzten Jahren mit gutem Grund zuteilwurden.

Mit Ihnen, lieber Klaus Bade, hat sich ein Wissenschaftler um den großen Bereich der Migrationsforschung verdient gemacht, der uns z.B. mit seiner Enzyklopädie »Migration in Europa«, mit zahlreichen Studien und nicht zuletzt mit seiner gut vernehmbaren Stimme – in den letzten Jahren aus dem Sachverständigenrat deutscher Stiftungen für Integration und Migration heraus – stets viel Faktenwissen geliefert hat. Mit Ihren Ergebnissen hätten gesellschaftliche Akteure, Medien und auch Politikerinnen und Politiker jederzeit eine sachlich fundierte und wo nötig lösungsorientierte Debatte führen können.

Ich wähle hier bewusst den Konjunktiv, denn auch das dürfte Klaus Bades Werk jahrzehntelang und auch im Sachverständigenrat, dessen Existenz ihm zu verdanken ist, geprägt haben: Irgendwie und trotz all der Arbeit, die er dafür geleistet hat, klappt das mit der sachlichen und von Kenntnis geprägten Debatte nicht so ganz in unserem Land. Als Klaus Bade in den ersten Jahren des 21. Jahrhunderts aus dem Bundestag vernehmen durfte, dass nun auch dort wahrgenommen wurde, dass Deutschland ein Einwanderungsland sei, musste er schon wieder flugs korrigieren und sagen – ich sage es einmal mit meinen Worten: »Liebe Leute, schön, dass ihr es verstanden habt, aber eigentlich sind wir das schon gar nicht mehr.«

Als ich selbst Ende der 1980er Jahre als Erste in meinem Freundeskreis an der Uni Hamburg darüber nachdachte, ob ich mich einbürgern lassen solle, und von mehreren Seiten hörte, dass das ja wohl eigentlich von niemandem in Deutschland wirklich gewollt wäre, gab es eben doch die eine oder andere Stimme, die Mut machte, z.B. einen gewissen Klaus Bade, der sagte – und jetzt sage ich es mit Ihren Worten: »Ausländerpolitik ist das falsche Instrument gegenüber Ausländern, die nicht nur seit langem in der Bundesrepublik arbeiten und leben, sondern auch deutsche Staatsbürger werden wollen […]. Das gilt im Kontext der früheren Gastarbeiterbevölkerung besonders für die hier geborenen oder doch aufgewachsenen Bindestrich-Deutschen der zweiten oder schon dritten Generation.«

Und Sie waren – wie sollte es anders sein – auch damals schon viel weiter, indem Sie noch hinzufügten: »Hier geht es um drastische Erleichterungen der Einbürgerung, auch um den Preis der doppelten Staatsangehörigkeit.«

Fast zur gleichen Zeit, 1990, haben Sie noch etwas beschrieben, mit dessen Wahrnehmung sich viele in unserem Land auch heute noch immer schwertun: Denn fremd kann man auch als Deutscher in diesem Land sein. Auch wenn man keine Probleme mit der Staatsangehörigkeit hat, kann es, wie Sie sagen, »umso gravierendere soziale und mentale Anpassungsprobleme geben, die es für einheimische Ausländer so nicht oder doch nicht mehr gibt«.

Dirk Halm hat anlässlich Ihrer Ehrung durch die Türkische Gemeinde nicht nur darauf hingewiesen, dass Ihnen das Kunststück geglückt ist, »wissenschaftliche Exzellenz und öffentliche Wirksamkeit zu vereinigen«, sondern auch, dass Sie, wie Sie selbst einmal sagten, gelegentlich »mit der flachen Hand in die Suppe gehauen« haben, um zum Beispiel auf die Abwanderung qualifizierter Menschen aus Deutschland aufmerksam zu machen. Auch dieser Hinweis – bedeutend für die zukünftige Entwicklung unserer Gesellschaft – kam von Ihnen nicht erst heute, wo das Problem zumindest manchen bewusst ist.

Vor einigen Jahren haben wir Sie für einen Vortrag ins Netzwerk türkeistämmiger Mandatsträger eingeladen. Wir empfanden es als riesiges Glück, dass Sie uns überhaupt zusagten. Aber wie schön war es – wie mir viele im Nachhinein berichteten – Sie dann auch zu hören und mit Ihnen zu diskutieren. Für Menschen, die vieles von dem, über das Sie forschen, manchmal seit ihrer Geburt in Deutschland erleben, war es etwas Besonderes, teilweise Erleichterndes und, wie damals auch zu spüren war, streckenweise Erheiterndes, die sich auch immer mal widersprechenden Aussagen einiger Politiker auszuwerten. Aber das Schönste war, dass Sie dann bei uns blieben und den Abend mit uns verbrachten, an dessen Abschluss mir alle übereinstimmend sagten: Der ist einer von uns!

Lieber Klaus Bade, Sie werden von mir heute keine Worte über Ausscheiden oder Abschied hören, denn mir ist es nicht so furchtbar wichtig, von welcher Stelle aus Sie gerade agieren. Und dass Sie das nicht tun, ist ohnehin nicht vorstellbar. Wichtig ist, dass Sie uns weiterhin, bitte auch lautstark wie gewohnt, begleiten, damit Gesellschaft und Politik nicht länger als unbedingt notwendig brauchen, um für unser Land wichtige Weichenstellungen gerade auch im Bereich der Zuwanderungs- und Gesellschaftspolitik vorzunehmen.

Dem Sachverständigenrat, dessen Kuratorium ich als Vertreterin der Körber-Stiftung angehören durfte, wünsche ich, dass diese wichtige Arbeit weiter fortgeführt wird. Ich bin gespannt auf Ihre – wie ich hoffe – intensive Politikbegleitung, die Klaus Bade mit und durch diesen Sachverständigenrat ins Leben gerufen hat.

8.13.3 Cem Özdemir, Bundesvorsitzender von Bündnis 90/Die Grünen, Grußwort,
ebenda, S. 10f.

Ich fühle mich geehrt, im »Politbüro der deutschen Migrationspolitik« zu Ihnen sprechen zu dürfen, bei der Verabschiedung des »Generalsekretärs« dieses Politbüros dabei zu sein, hier beim Sachverständigenrat – dem »Kontrollorgan der politischen Korrektheit in Sachen Integration«.

Bei diesen Formulierungen darf man schon einmal zusammenzucken. Es handelt sich um Zitate einer allseits bekannten Islamkritikerin und promovierten Soziologin, Necla Kelek. Sie richten sich an Klaus Bade. Als Politikerin und Politiker ist man es gewohnt, dass die eine oder andere bösartige Mail im Postfach landet, da muss man durch. Aber dass man als Wissenschaftler derart attackiert wird, ist ungewöhnlich. Lieber Herr Bade, ich weiß, dass Sie das eigentlich gar nicht nötig haben, aber ich will es ins Positive wenden: Es ist heutzutage offenbar so, dass man durch scharfe Kritik von Frau Kelek geadelt wird.

Dabei haben Sie, lieber Herr Bade, schon genug damit zu tun, uns Politikerinnen und Politikern die Leviten zu lesen. Vor genau zehn Jahren sagten Sie: »Es ist geradezu absurd, wie ahnungslos Politiker mit einer gesellschaftspolitisch so brisanten Frage wie der Einwanderung umgehen.« Seither ist zwar einiges passiert, auch Positives, es fällt mir dennoch schwer, Ihnen zu widersprechen – und das sicher nicht nur aus Höflichkeit. Ihre Geduld mit uns kann ich mir eigentlich nur so erklären, dass Sie als Historiker quasi von Berufs wegen in längeren Zeiträumen denken. So manch anderer hätte sich wohl in den Elfenbeinturm zurückgezogen oder gleich das Fach gewechselt. Dafür sind Sie aber mit zu großer Leidenschaft Wissenschaftler, Wissenschaftsmanager, Publizist und kritischer Politikberater.

Nun weiß ich, dass Wissenschaftler sich untereinander auch etwas neidisch beäugen, wenn der eine oder die andere den Elfenbeinturm verlässt und sich in die Öffentlichkeit begibt. Es mag auch so manche geben, die das gerne täten, aber nicht können. Sie, Herr Bade, haben hier eine Gabe, die natürlich sehr hilfreich ist: Formulierungskunst, ob mündlich oder schriftlich.

Als Rot-Grün die Einwanderungspolitik umkrempelte und dies auf Widerstand der Konservativen stieß, sagte Klaus Bade unnachahmlich: »Kanzler Schröder ging durch ein Pulvermagazin und zündete sich eine Havanna an. Und dann kamen die Druckwellen.«

Ich kann mich an ein gemeinsames Radiointerview erinnern, das ein Journalist mit uns führte. Damals war ich noch um einiges jünger. Natürlich wollte ich dem Wissenschaftler und Experten Klaus Bade an klugen Äußerungen in nichts nachstehen und mindestens die gleiche Redezeit wie er beanspruchen. Aber im Laufe des Gesprächs habe ich immer weniger gesagt und immer aufmerksamer zugehört. Schließlich habe ich angefangen, eifrig mitzuschreiben. Das fiel im Übrigen gar nicht schwer, da er druckreif formulierte. Was Sie sagten, war nicht weniger wichtig: Weil Sie mit Ihren Positionierungen, die bei Ihnen als politischem Publizisten ja nicht ausbleiben können, für mich immer ein liberaler Kopf gewesen sind – im guten Sinne des Wortes, das muss man heutzutage dazusagen. Und kein Ideologe bei einem Thema, das leider so sehr zu Ideologie, Unsachlichkeit und dem Ausblenden von Fakten verleitet.

Damit keine Missverständnisse entstehen: Klaus Bade hat auch der Linken im Land die Leviten gelesen! Er hat immer wieder erklärt, dass Einwanderungspolitik nicht den Fehler begehen darf, Identitätsprobleme auszublenden. Er hat es kritisiert, wenn manche es sich zu einfach machten und einen Thilo Sarrazin bloß als Rassisten bezeichneten, ohne sich wirklich mit seinen Thesen auseinanderzusetzen. Er hat die Selbstblockade der Linken in der Leitkulturdebatte kritisiert, da sie es teilweise nicht verstanden hat, Begriffe wie Patriotismus und Identität selbst zu besetzen und zu definieren. Klaus Bade hat recht, wenn er erklärt: »Eine Einwanderungsgesellschaft, die sich scheut, eine Werte- und Identitätsdebatte zu führen, kriegt auf Dauer ein Problem.«

Viel ist die Rede von der Notwendigkeit einer Willkommenskultur. Klaus Bade hat auch hier beharrlich auf einen wichtigen Punkt hingewiesen, der auch mir sehr wichtig ist. Willkommenskultur muss erst einmal in unseren staatlichen und öffentlichen Institutionen realisiert werden: in der öffentlichen Verwaltung, im Ausländeramt, in der Schule, im Krankenhaus und an vielen anderen Stätten. Deshalb zielt Integration nicht nur auf das Individuum, sondern auch auf die öffentlichen Institutionen und öffentlichen Orte, die unser Gemeinwesen prägen. An den Orten, wo Einwanderinnen und Einwanderer oder ihre Nachkommen im Alltag mit dem Staat konfrontiert werden, der ja auch ihr Staat sein oder werden soll.

Lieber Herr Professor Bade, hier und heute geht es um Ihren Abschied als Gründungsvorsitzender des Sachverständigenrats. Ich bin aber sicher, dass Sie zu Hause am Schreibtisch schon am nächsten Buch arbeiten. Ich freue mich auf Ihre Wortmeldungen, wünsche Ihnen alles Gute und alles Gute auch Ihrer Nachfolgerin Prof. Dr. Christine Langenfeld.

8.13.4 Prof. Dr. Dr. h.c. mult. Rita Süssmuth, Bundestagspräsidentin a. D., Grußwort, ebenda, S. 12–14.

Lieber Klaus Bade, ich wäre nicht gekommen, wenn es heute meine Aufgabe hätte sein sollen, einen Abschiedsgruß zu sprechen.

Du gibst ein Amt ab, aber Du machst weiter, Du bist stark auch als »Einzelkämpfer«, wie Dich Heribert Prantl gestern in der Süddeutschen Zeitung genannt hat. Und Du weißt auch um die große Bade-Gefolgschaft, die vor allem seit den frühen 1990er Jahren entstanden ist. Ein von Regierungs- und Parteipolitik unabhängiger Sachverständigenrat, das war Deine Idee und Dein langjähriger Wunsch. Er hat sich erfüllt. Der Zusammenschluss von acht Stiftungen hat es ermöglicht.

Alle diese Stiftungen waren, mit unterschiedlichem Gewicht, schon vorher im Bereich Integration engagiert, einige waren unter den Stiftungen Pioniere auf diesem Gebiet wie insbesondere die Körber-Stiftung und die Freudenberg Stiftung.

Nachdem der »Sachverständigenrat für Zuwanderung und Integration (Zuwanderungsrat)« der rot-grünen Bundesregierung, den ich zusammen mit Klaus Bade leitete, Ende 2004 aufgelöst worden war, fehlte im politischen und öffentlichen Diskurs ein unabhängiges, wissenschaftliches Expertengremium.

Vor diesem Hintergrund hast Du ein Gremium aus der Bürgergesellschaft angeregt, das Politik öffentlich adressieren sollte, ohne von ihr abhängig zu sein.

Der neu geschaffene Sachverständigenrat deutscher Stiftungen für Integration und Migration (SVR) folgt angelsächsischen Beispielen der unabhängigen Politikberatung. Er ist ein zivilgesellschaftlicher Gegenentwurf zu einer Tradition, in der sich Politik teilweise selbst evaluiert, die Bewertung der eigenen Leistungen an amtsinterne oder halbamtliche Kommissionen vergibt oder sie an freie Träger auslagert. Entscheidend für den SVR sind politische Unabhängigkeit, wissenschaftliche Kompetenz und eine ganzheitliche Perspektive. Er versteht Integration, um ein Wort von Klaus Bade aufzunehmen, als »Kultur- und Sozialprozess, der beide Seiten der Einwanderungsgesellschaft verändert«.

Dein Aufruf im »Manifest der Sechzig: Deutschland und die Einwanderung« im Jahre 1994 wurde im Kreis der Engagierten zwar ein ermutigendes Kultbuch, das ich auch in der ersten Sitzung der »Unabhängigen Kommission Zuwanderung« als Denkanstoß auf die Tische habe legen lassen. Es wurde auf Deine Bitte hin vom Verlag auch breit verteilt und z.B. allen Bundestagsabgeordneten übersandt. Aber das entscheidende politische Echo blieb zunächst dennoch aus. Die Reaktion bekräftigte sogar die Meinung der Mehrheit in weiten Kreisen der politischen Öffentlichkeit: Wir sind kein Einwanderungsland.

Du warst »Urgestein der deutschen Migrationsforschung« seit den 1970er Jahren, »Rufer in der Wüste« und »Prophet im eigenen Einwanderungsland« seit den frühen 1980er Jahren und hast aus meiner Sicht mit dem Sachverständigenrat den Höhepunkt Deiner Arbeit als gesellschaftspolitisch engagierter Wissenschaftler erreicht. Den Erfolg dieser wesentlich von Dir angeschobenen Institution belegt nicht nur ihre öffentliche Geltung, sondern auch die Evaluation des Sachverständigenrats. Abgesehen von nur marginalen kritischen Anregungen dominierte höchste

Anerkennung für die unter Deiner Leitung als Gründungsvorsitzendem geleistete Arbeit.

Was ist mir wichtig? Klaus Bade ist ein Unikat. Auch wenn wir heute viele Engagierte in der Integrations- und Migrationspolitik haben, kann man ihn nicht nachahmen. Man kann jedoch durch ihn angestiftet werden, wie dies auch Frau Staatsministerin Maria Böhmer in ihrem Grußwort gesagt hat. Insofern sind alle unsere Abschiedsworte Aufrufe und Zwischenrufe.

Was meine ich, wenn ich sage, er ist ein Unikat? Er vergisst nicht, was er vor 20 oder 30 Jahren zum Thema »konzeptorientierte Einwanderungspolitik im aufgeklärten Eigeninteresse« und zum Thema »Integrationspolitik als Gesellschaftspolitik« gesagt und gefordert hat. Er kann auch immer wieder daran erinnern, was andere damals dagegen gesagt und bis heute noch nicht begriffen haben.

Dies haben wir auch bei den diversen Zuwanderungskommissionen erlebt. Man glaubte, eine zugkräftige Truppe in der Politik hinter sich zu haben. Und plötzlich waren sie oftmals verschwunden. Trotzdem galt es weiterzumachen.

Dass der Lohn für jahrzehntelanges mutiges und kritisches Engagement öffentliche Verleumdung sein konnte, wie durch Necla Kelek im Feuilleton der FAZ, das hat Klaus Bade auch persönlich gekränkt. Und, das hat Cem Özdemir eben schon richtig zum Ausdruck gebracht, das ist etwas, was uns Politiker und Politikerinnen genauso kränkt. Wir haben immer noch nicht gelernt, uns so auseinanderzusetzen, so miteinander zu streiten, dass wir uns nicht in einer Weise persönlich verletzen, die tief ins Mark geht. Und das müssen wir lernen, ob im Parlament oder in der Öffentlichkeit, denn diese Häme nützt niemanden.

Klaus J. Bade ist kein Historiker im klassischen Sinne, der nur nach hinten schaut. Und ich finde es gut, wenn Historikerinnen und Historiker auch vorausdenken.

Wir stehen mitten in einem Lernprozess, in dem wir noch viel zu lernen und umzulernen haben. Die Evaluationskommission hat angeregt, über die Begriffe Migration und Integration nachzudenken oder den Begriff Migrationshintergrund zu definieren. Und es gibt noch viele andere ungeklärte Fragen: Wie lange ist man eigentlich Migrant? Wann ist man zugehörig? Über wie viele Generationen wollen wir das verfolgen?

Manfred Schmidt, der neue Präsident des Bundesamts für Migration und Flüchtlinge (BAMF), sagte vor Kurzem, dass wir in der Frage der Integration vor neuen Aufgaben stehen, und Klaus Bade hat schon vor langer Zeit den Begriff »nachholende Integrationspolitik« in die Debatte geworfen – den hat die Politik sofort aufgenommen, aber in »nachholende Integration« verkürzt, was signalisiert, dass angeblich nur die anderen, die Einwanderer, etwas nachzuholen hätten, nicht aber die Politik selber. Die Integrationsmaßnahmen waren geplant für alle Neuzuwanderer, der Hauptteil entfiel jedoch, »nachholend«, auf die seit Langem hier anwesenden, in Deutschland lebenden Einwanderer.

Migration ist schon lange kein Nischenthema mehr, weder in der Politik noch in den Medien. Und die Wissenschaft forscht seit vielen Jahren darüber. Studien werden über das Leben der Zuwanderer erstellt, Bücher über Integration geschrieben, die Einwanderungsgeschichte der ersten »Gastarbeiter« wird erforscht, Fluchtursachen und Flüchtlingsaufnahme zum Thema gemacht. In all diesen Gebieten forscht, publiziert und berät Klaus Bade seit Jahrzehnten.

Was ist weiterhin Unikat an Klaus Bade? Er ist ein Perfektionist, nicht nur als Wissenschaftler, sondern auch als Politikberater.

Im Sinne des von Klaus Bade entwickelten Konzepts der »kritischen Politikbegleitung« begleitet der Sachverständigenrat die Politik auf Bundes-, Länder- und kommunaler Ebene kritisch mit wissenschaftlich fundierten und handlungsorientierten Empfehlungen.

Ich möchte den Sachverständigenrat ermuntern, im Sinne von Vita activa und Vita contemplativa seine Handlungsempfehlungen auch weiterhin schon im Zuge der Analyse mit der Orientierung auf Handeln zu verbinden.

Die Vernetzung in der Forschungslandschaft der Bundesrepublik wie auch die Verbindung von Theorie und Praxis halte ich für sehr wichtig. Wir haben noch nicht bewiesen, dass wir mit verschiedenen Kulturen, insbesondere wenn es die Fundamente betrifft, in Frieden leben können. Hier haben wir noch eine harte Auseinandersetzung zu führen. Dabei wünsche ich mir, dass diese Frage auch vom Sachverständigenrat, in alter und neuer Zusammensetzung, weitergeführt wird.

Sobald der Begriff »Multikulturell« und die Frage, was die Muslime mit Europa zu tun haben, auftauchen, erlebe ich immer wieder, dass wir in den alten ideologischen Streit verfallen. In diesem Zusammenhang wird schnell über »Multikulti« gesprochen, ohne dass man weiß, was damit gemeint ist. Es geht leider zu häufig darum, bestimmte Gruppen politisch zu befriedigen. Das kann und darf nicht der Auftrag sein.

Der Sachverständigenrat informiert die Öffentlichkeit sachlich und politisch unabhängig über gesellschaftliche und politische Entwicklungen in den Bereichen Integration und Migration und gibt so der integrations- und migrationspolitischen Debatte neue Impulse.

Ich danke allen, die sich in den letzten Jahren sehr darum bemüht haben, diese Diskussion voranzutreiben. Ich möchte Sie auch dazu ermuntern, so wie es die Evaluationskommission schon getan hat, die Zivilgesellschaft noch stärker zu beteiligen, sei es in Ihren themenbezogenen Interventionen oder im Jahresgutachten. Wir müssen zeigen, dass die Zivilgesellschaft kontinuierlich Einfluss auf das nimmt, was wir denken und was wir in Erfahrung bringen wollen. Ich wünsche mir, dass unsere Gesellschaft weiter lernt und nicht zurückfällt.

Dir, lieber Klaus Bade, danke ich ganz herzlich für die Jahre, die wir zusammengearbeitet haben. Für Deine Engagements nach den Jahren beim Sachverständigenrat wünsche ich Dir viel Kraft und weiterhin viel Erfolg bei allem, was Du Dir für die Zukunft vorgenommen hast.

Und ich danke Dir für das, was Du für uns alle auf den Weg gebracht hast.

8.13.5 Werkstattbericht aus dem Sachverständigenrat: Prof. Dr. Heinz Faßmann, SVR, und Dr. Gunilla Fincke, SVR gGmbH, im Gespräch mit Dr. h.c. Heike Schmoll, FAZ, ebenda, S. 16–19 (Auszug).

Heike Schmoll: Herr Professor Faßmann, Sie sind auch Vorsitzender des österreichischen Expertenrats für Integration und Mitglied in vielen anderen europäischen Gremien, die sich mit Migration und Integration fassen. Was ist das Besondere dieses Sachverständigenrats?
Heinz Faßmann: Das Besondere war Klaus Bade. Er war der unermüdliche Motor des Sachverständigenrats, er hat für klare inhaltliche Positionierungen gekämpft, er hat Öffentlichkeit erzeugt und auch dafür gesorgt, dass der SVR zu einer ersten Adresse der deutschen Migrations- und Integrationsforschung wurde. Das Integrationsbarometer wurde von ihm initiiert und die Jahresgutachten maßgeblich von ihm gestaltet. Dabei hat er sich nicht auf das Delegieren von Aufträgen zurückgezogen, sondern das Jahresgutachten vom Anfang bis zum Ende begleitet und sich auch in jedes Detail eingemischt. Formulierungen wurden von ihm immer wieder modifiziert, damit am Ende des Weges griffige Botschaften übrigblieben, die sich im Kopf festsetzen und ein umfangreiches Jahresgutachten auf einige kurze Sätze kondensieren. Die auf den einfachen Nenner gebrachte Formel »Integration ist besser als ihr Ruf im Land« mag ein Beispiel dafür sein. Es ist die Kraft des öffentlichen Votums, die die Stärke des SVR ausmacht, und Klaus Bade hat für diese Kraft gesorgt.
Darüber hinaus sehe ich auch strukturelle Vorteile des SVR. Seine Unabhängigkeit ist ein hohes und wichtiges Gut, weil seine Handlungsempfehlungen dadurch ein ganz anderes Gewicht haben. Andere Beratergremien sind oft sehr politiknah, nur wenige sind wirklich unabhängig […]. Eine weitere Stärke des Sachverständigenrats ist seine interdisziplinäre Besetzung, die von Jura über Soziologie bis zu Wirtschafts- und Erziehungswissenschaft reicht und durch Klaus Bade auch die Historische Migrationsforschung inkludierte. Trotz dieser unterschiedlichen akademischen Herkünfte ist es uns gelungen, ein gemeinsames Verständnis von Integration zu entwickeln, so dass wir politische Maßnahmen an diesem Verständnis messen und bewerten konnten.

Heike Schmoll: Frau Dr. Fincke, Sie steuern als Geschäftsführerin die Zusammenarbeit zwischen dem Sachverständigenrat und der Geschäftsstelle. Wie muss man sich diese Zusammenarbeit vorstellen? Wir finden Sie Themen?
Gunilla Fincke: Das ist ein interessanter Prozess, zumal wir jedes Jahr ein Gutachten herausgeben […]. Die Zusammenarbeit gestaltet sich so, dass die Sachverständigen in der ersten Sitzung im neuen Jahr – auf der Basis von durch Vorsitz und Geschäftsstelle erstellten Vorschlägen – das Thema bestimmen und die Richtung für die einzelnen Kapitel des Jahresgutachtens vorgeben. Die Mitarbeiter der Geschäftsstelle fertigen dann Entwürfe an, werten Daten aus und steuern die Erhebungen des Integrations- und Migrationsbarometers […]. Dann beginnt der Abstimmungsprozess mit den Sachverständigen, die jeweils für einzelne Kapitel des Jahresgutachtens die Verantwortung übernehmen. Die von den verantwortlichen Ratsmitgliedern durchgesehenen und kommentierten Entwürfe werden dann umverteilt und in sechs bis acht Sitzungen des Sachverständigenrats in der Geschäftsstelle beraten. Zwischen den Sitzungen findet ein reger Austausch per E-Mail statt […]. Abschließend findet eine umfangreiche Schlussbearbeitung durch den Vorsitz und einen federführenden Sachverständigen statt.

Die Arbeit des Sachverständigenrats wäre ohne das erhebliche Engagement seiner Mitglieder nicht möglich. Alle Sachverständigen arbeiten als Professoren an Universitäten und werden für ihre Tätigkeit im Sachverständigenrat nicht freigestellt. Der einzige der kein Ordinarius mehr schon Emeritus war, war der Gründungsvorsitzende Klaus, im Kreis der Sachverständigen die ganze Aufbauarbeit geschultert und die strukturgebenden Ideen eingebracht hat, die die Arbeit des Sachverständigenrats bis heute prägen. Das war für ihn oft ein Fulltime-Job, in den Wochen der Schlussphase des ersten Jahres, als sich die Strukturen und Kooperationsformen noch nicht zureichend eingeschliffen hatten, sogar mehr als das […]. Insbesondere in den Wochen der Endbearbeitung gingen die E-Mails mit Herrn Professor Bade in rasantem Tempo hin und her. Wenn ich ihm nach Mitternacht schrieb, hatte ich morgens um sechs schon die Antwort und viele neue Anregungen. Er ist ein Überzeugungstäter im besten Sinne des Wortes. Dabei verfügt er über ein Sprachgefühl und eine Wortgewalt, wie es sie kaum mehr gibt. Man spürt seine frühen Prägungen im PR-Journalismus. Durch seine umfangreichen Erfahrungen in der politikbegleitenden Öffentlichkeitsarbeit ist ihm eine »menschenfreundliche Prosa«, wie er es selbst nennt, besonders wichtig. Für mich war es eine außergewöhnliche Freude, mit ihm zusammenzuarbeiten, und ich habe sehr viel von ihm gelernt.

Heike Schmoll: Herr Professor Faßmann, wie bewältigt man diese Anforderungen? Sie sind auch noch Vizepräsident der Universität.

Heinz Faßmann: Das schafft man nur, indem man einen Teil seiner persönlich verfügbarer Arbeitszeit ganz explizit dem Sachverständigenrat widmet. Ich habe das sehr gerne gemacht, weil die Zusammenarbeit mit Klaus Bade ein Erlebnis war. Wir haben insbesondere in den heißen Phasen der Schlussbearbeitung der Jahresgutachten gemeinsam intensiv an den Texten gearbeitet, vornehmlich an Sonn- und Feiertagen, oft bis tief in die Nacht in hoher Frequenz über Mails unserer Meinungen ausgetauscht und mit starkem Arbeitseinsatz Kapitel für Kapitel finalisiert. Ich habe dabei sein Wissen, seine Formulierungskraft, aber auch seine Ironie sehr geschätzt […].

Ich kann mich erinnern, als mich Bernhard Lorentz vor vier Jahren anrief und fragte:»Wollen Sie nicht Mitglied werden?« Ich habe ihn gefragt:»Ist das denn viel Arbeit?«»Nein, sie treffen sich ein paar Mal und das ist es dann.« (Publikum lacht) Ich kann nur sagen: Es ist ganz anders gekommen als erwartet, aber ich bereue es nicht, ja gesagt zu haben.

8.13.6 Prof. Dr. Dr. h.c. Dieter Oberndörfer, Universität zu Freiburg, Festvortrag I: Migration, Integration und wissenschaftliche Politikberatung,
ebenda, S. 24–29.

In meinem Vortrag möchte ich Beiträge Klaus J. Bades zu Migration, Integration und wissenschaftlicher Politikberatung skizzieren und würdigen.

Klaus Bade hat in diesen Politikbereichen wichtige Anstöße gegeben. Von diesen wurden die Debatte und die Politik zu Migration, Integration sowie die wissenschaftliche Politikberatung nachhaltig geprägt. Im Wirken Bades äußert sich ein bewundernswertes moralisches Engagement.

Zuletzt will ich noch kurz die Bedeutung erörtern, die eine humane Flüchtlingsaufnahme für Einwanderung und damit für unsere Zukunft als Nation hat.

Mit Einwanderung habe ich bereits das zentrale Thema des migrationspolitischen Engagements Klaus Bades genannt. Bade plädiert seit Beginn der neueren migrationspolitischen Debatte in Deutschland für Einwanderung, für die Öffnung Deutschlands für Zuwanderung und die soziale und politische Integration der Zuwanderer. Einwanderung wirkt als Sauerstoff für die Vitalisierung unserer Gesellschaft. Sie bereichert sie auch kulturell. Einwanderung muss sozialverträglich gestaltet werden und daher auch den Bedürfnissen des Arbeitsmarktes und der demografischen Entwicklung Rechnung tragen.

Einwanderungspolitik ist zwangsläufig Gesellschaftspolitik. Als Gesellschaftspolitik muss sich Einwanderungspolitik am menschenrechtlichen Wertefundament unserer Republik orientieren. Dies gilt insbesondere für die Zuwanderung von Flüchtlingen, die an Leib und Leben bedroht sind. Deren Aufnahme ist eine zwingende Vorgabe des Menschenrechts und auch international verbindlichen Rechts.[5] Bei der Regelung der Arbeitsmigration sollen nicht nur der Bedarf des Arbeitsmarktes und der Demografie, sondern auch die normativen Aspekte berücksichtigt werden, die sich aus der Verantwortung für die Herkunftsländer der Migranten ergeben. Einwanderungspolitik hat eine entwicklungspolitische Dimension.

Das hier in groben Zügen umrissene Einwanderungskonzept Klaus Bades beruft sich auf die Dynamik menschlicher Gesellschaften und die Bedeutung von Migration in ihrer Geschichte. Im Unterschied zur Geschichtsschreibung der Nationalstaaten, in der Geschichte als Endbahnhof der Bildung des je eigenen Staates zurechtkonstruiert wird, ist Geschichtsschreibung für den engagierten Historiker Bade nicht eine rückwärtsgewandte selektive Festschreibung des Status quo zur Abwehr von Veränderung, sondern vielmehr Hilfe für die Gestaltung verändernder Zukunft. Lernen aus Geschichte heißt für Klaus Bade auch Lernen aus den Erfahrungen mit Migration und Integration in der Vergangenheit.

Klaus Bade ist es gelungen, als Wissenschaftler in der öffentlichen Debatte und in der Politik Gehör zu finden. Wie war das möglich? In welcher Form ist dies geschehen?

Erlauben Sie mir hier zunächst eine Bemerkung zu Hindernissen wissenschaftlicher Politikberatung. Politiker und vor allem Spitzenpolitiker sind vielbeschäftigte Menschen. Nur wenige nehmen sich dennoch die Zeit und haben die Möglichkeit, sich von der Bonität der wissenschaftlichen Zuarbeit, die sie erreicht, selbst ein fundiertes Bild zu machen. Die beteiligten Personen wechseln, sie kommen und gehen. Dies gilt auch für die wissenschaftliche Beratung von Behörden. Direkte Politikberatung ist zudem häufig belastet durch Versuchungen des Wissenschaftlers, sich Erwartungen seiner Auftraggeber anzupassen.

Wissenschaftliche Beratung der Politik, insbesondere zu kontroversen politischen Belangen, hat über Bewusstseinsbildung der Öffentlichkeit eine weit bessere und wirksamere politische Erfolgschance als durch direkte Beratung von Politikern oder Behörden. Über Beiträge zur Bewusstseinsbildung der Öffentlichkeit wird Wissenschaft von der Politik eher gehört und ernst genommen.

Als engagierter Wissenschaftler hat Klaus Bade bislang vor allem über diesen Weg der Politikberatung gewirkt und mit seinen wissenschaftlich fundierten Beiträgen die öffentliche Debatte über Einwanderung geprägt. Dieser Weg wurde durch seine beeindruckenden wissenschaftlichen Veröffentlichungen und seine glanzvolle wissenschaftliche Laufbahn unterstützt. Ihr Prestige war als vertrauensbildendes Kapital das Fundament seines migrati-

---

[5] Deutschland hat sich schon 1951 mit der Unterzeichnung der Genfer Konvention zur Aufnahme von Flüchtlingen bekannt, die an Leib und Leben bedroht sind. Die damit verbundene Verpflichtung wurde lange gröblich missachtet.

onspolitischen Wirkens in der Öffentlichkeit und der Politik.

Einige Daten sollen dieses Kapital illustrieren. Da sind etwa 25 Bücher zur Geschichte der Migration, darunter das ins Englische, Französische, Spanische und Italienische übersetzte monumentale Buch »Europa in Bewegung« – ein wirklich großartiges Werk zur neueren Migrationsgeschichte Europas. Dazu kommt noch eine kaum übersehbare Zahl von Aufsätzen. Die Veröffentlichungen Bades begründen sein Ansehen als international geachteter Migrationshistoriker.

Dieses Ansehen drückt sich auch in seiner wissenschaftlichen Laufbahn aus: Nach der Habilitation in Erlangen-Nürnberg im Jahr 1979 führte sie in kurzem Abstand über Professuren in Erlangen und Augsburg 1981/82 zu Angeboten von ordentlichen Professuren für Wirtschaftsgeschichte in Nürnberg und für Neueste Geschichte in Osnabrück 1982, wobei Bade sich für den Lehrstuhl in Osnabrück entschied. Bade blieb umworben. 1993 hat sich meine Freiburger Fakultät zu meiner eigenen Enttäuschung und zu ihrem Leidwesen eine Rufablehnung bei Bade eingehandelt, der aber ein derart fulminantes Bleibeangebot in Osnabrück erhielt, dass damit die Würfel für Osnabrück gefallen waren.[6]

Ehrenvolle ganzjährige Gastprofessuren in Harvard und Oxford, am Berliner Wissenschaftskolleg und gleich zweimal am Institute for Advanced Studies der Niederländischen Akademie der Wissenschaften und andere wissenschaftliche und öffentliche Auszeichnungen dokumentieren den Rang Klaus Bades in der Academia. Sie reichten im letzten Jahrfünft vor seiner Emeritierung 2007 vom Philip Morris Forschungspreis 2002 über die Möser-Medaille der Stadt Osnabrück 2004/05 und den Jahrespreis der Helga und Edzard Reuter-Stiftung 2006 bis zum Verdienstkreuz Erster Klasse des Verdienstordens der Bundesrepublik Deutschland 2007.

In Osnabrück hat Klaus Bade das Institut für Migrationsforschung und Interkulturelle Studien (IMIS) zu einem international hoch angesehenen Zentrum der Migrationsforschung entwickelt. Hinzu kamen die aktive Mitwirkung in vielen wissenschaftlichen Kuratorien und Beiräten sowie Weichen stellende Gutachten und die Leitung mehrerer bedeutender deutscher und internationaler Forschungsprojekte.

Dies alles und Bades migrationspolitische Aktivitäten, von denen noch die Rede sein wird, dokumentieren eine phänomenale Arbeitsleistung verbunden mit einem hervorragenden Gedächtnis und einer phantastischen Formulierungsgabe. Klaus Bade formuliert auch Komplexes atemberaubend schnell, dicht und, wenn der Gegenstand das erlaubt und wenn er wütend wird, gestochen scharf. Er kann wissenschaftliche Sachverhalte ohne Informationsverlust verständlich machen und vermitteln.

Geholfen hat ihm dabei seine Fähigkeit wunderbar anschaulicher Begriffsbildung. Mit Formulierungen wie »defensive Erkenntnisverweigerung« und »fremdenfeindliche Abwehrmentalität« brachte er politisch hoch aufgeladene, erbitterte Kontroversen kurz und knapp auf durchaus zutreffende Begriffe. Weitere sinnfällige Begriffsschöpfungen Bades sind die »nachholende«, »begleitende« und »vorausplanende Integrationspolitik« sowie die »kritische Politikbegleitung« und das »Integrationsbarometer«, aber auch viele längst zu geflügelten Worten gewordene Formeln wie »Integration ist keine Einbahnstraße« oder »Migration und Integration sind zwei Seiten einer Medaille«.

Über die Organisation kollegialer interdisziplinärer Zusammenarbeit hat Klaus Bade seinem wissenschaftlichen migrationspolitischen Engagement interdisziplinäre Breite und stärkere Durchschlagskraft verschafft. Wissenschaftler sind meistens Individualisten und präferieren die Einzelspur. Wissenschaftler zu gemeinsamem Handeln zu verbinden und dieses zu organisieren, ist ein schwieriges, arbeitsaufwendiges und oft mit viel Ärger verbundenes Unterfangen. Da ich selbst in vielen akademischen Gremien und wissenschaftlichen Projekten tätig war, weiß ich, wovon ich rede. Mir kommt hier das Bild eines Sacks voll stolzer Flöhe in den Sinn. Dass sich Klaus Bade als Wissenschaftler nicht auf den einfacheren Weg der bloßen Konzentration auf eigene wissenschaftliche Publikationen beschränkt hat, sondern mit viel Zähigkeit auch den schwierigen und arbeitsaufwendigen Weg der Organisation interdisziplinärer Zusammenarbeit beschritten hat, belegt ganz besonders die Ernsthaftigkeit und Kraft seines visionären migrationspolitischen Engagements.

Motiviert von seinem Engagement, wurde Klaus Bade zum konzeptionellen Initiator und Organisator des »Manifests der 60: Deutschland und die Einwanderung«.[7] In dieser von ihm über aufwendige Vorgespräche mit den Autoren vorbereiteten, kritisch redigierten und Ende 1993 herausgegebenen Programmschrift haben 60 Professorinnen und Professoren verschiedener Disziplinen – unter ihnen zehn Autoren mit eigenen Beiträgen – in einem inhaltlich straff und streng komponierten Band konzeptorientierte aktive Zuwanderungs- und Integrationspolitik angemahnt.

Unter dem Eindruck grassierender Fremdenfeindlichkeit und fremdenfeindlicher Gewalttaten war der Aufruf des Manifests von der Sorge über die mangelnde Handlungsfähigkeit der Politik und die fehlende politische Gestaltung der Einwanderungsprozesse getragen. Das an alle Bundestagsabgeordneten verteilte, auch international beachtete Manifest,

---

[6] Damit und mit Hilfe eines zusätzlichen Akademie-Stipendiums der VolkswagenStiftung wurde auf Jahre hinaus die gesamte große Ausstattung des von Bade gegründeten Osnabrücker Instituts für Migrationsforschung und Interkulturelle Studien (IMIS) gedeckt.

[7] K. J. Bade (Hg.), Das Manifest der 60: Deutschland und die Einwanderung, München 1994.

dessen Beiträge heute noch in vielem sehr aktuell sind, markiert eine Zäsur in der Migrationsdebatte. In großer Auflage verbreitet, setzte es in der Politik, den Medien und der Wissenschaft lange nachwirkende Akzente. Sie fanden unter anderem Eingang in die ökumenische Migrationsdenkschrift der christlichen Kirchen von 1997, in den Sachverständigenbericht zur »Lage der Familien ausländischer Herkunft in Deutschland« sowie in die Arbeiten zum Bericht der von Rita Süssmuth geleiteten Unabhängigen Kommission Zuwanderung, bei deren konstituierender Sitzung das Manifest auf den Tischen auslag.

Das Manifest hat 2002 ganz wesentlich zu jenem zeitweiligen Meinungsumschwung in der Öffentlichkeit zugunsten einer geregelten Einwanderung beigetragen, dessen Kraft schließlich zur Bildung der Süssmuth-Kommission führte, deren bis heute grundlegender Bericht dann aber am Widerstand der Politik scheiterte. Den mit dem Manifest der 60 eingeschlagenen Weg »kritischer Politikbegleitung und -beratung« hat Klaus Bade 1998 durch die Gründung des Rats für Migration (RfM) mit Autoren des Manifests und anderen Kollegen fortgesetzt. Vom Rat für Migration, einem Zusammenschluss von über dreißig mit Migrations- und Integrationsthemen befassten Professoren unterschiedlicher Disziplinen, wurde die Umsetzung der Anstöße des Manifests in Wissenschaft und Politik immer wieder angemahnt.

Organisator des Rats war Klaus Bade. Finanzielle Lebenshilfe erhielt er dabei von der Freudenberg Stiftung und logistische Unterstützung kam von seinem Osnabrücker IMIS-Institut, an dem, unter Leitung von Jürgen Oltmer, auch sämtliche Publikationen des Rats für Migration betreut wurden. Die Konzeption des Rats wurde von Klaus Bade entwickelt und formuliert. Ich zitiere eine Passage aus dem Gründungsdokument: »Der Rat für Migration, ein unabhängiges wissenschaftliches Gremium, will in den Forschungsfeldern von Migration, Integration, Minderheiten und interkultureller Begegnung Wissenschaftlerinnen und Wissenschaftler unterschiedlicher Disziplinen zusammenführen, um Politik in diesen Bereichen zu beraten und kritisch zu begleiten.«[8]

Im Vorwort zu dem ebenfalls von Klaus Bade konzipierten und zusammen mit Rainer Münz im Jahr 2002 herausgegebenen RfM-Migrationsreports heißt es zur politischen Zielsetzung des Rats noch deutlicher: »Die öffentliche Diskussion um Migration und Integration sowie die Förderung und kritische Begleitung von Migrations- und Integrationspolitik ist das wichtigste Ziel der Arbeit des Rats für Migration.«[9] Über die wissenschaftlichen Publikationen des Rats, vor allem die seit 2000 in zweijähriger Folge herausgegebenen »Migrationsreporte«, angesehene Katalysatoren der Migrationsforschung, sowie über die wissenschaftlichen Tagungen des Rats, auf denen jeweils aktuelle Themen der Migration und Integration behandelt wurden, kann ich mangels Zeit nicht berichten.

Zur politischen Zielsetzung des Rats möchte ich aber doch auf eine schon 1998 von allen Mitgliedern des Rats unterzeichnete Denkschrift hinweisen, die unter dem Titel »Zur künftigen Migrationspolitik – Empfehlungen des Rates für Migration an Bundestag und Bundesregierung«[10] allen Mitgliedern des Bundestags zuging und der Öffentlichkeit in Bonn auf einer Pressekonferenz von Bert Rürup und mir vorgestellt wurde. Ihre Überlegungen und Empfehlungen eilten ihrer Zeit voraus, haben aber doch vielleicht geholfen, die damals besonders stur gewordene Blockadefront »defensiver Erkenntnisverweigerung« aufzuweichen. In diesem Sinne haben ferner zahlreiche Presseerklärungen gewirkt, die ich als Vorsitzender und Sprecher des Rats in den Jahren 2000 bis 2004 und auch später noch abgeben konnte.

Als Klaus Bade im Mai 2003 von Bundesinnenminister Otto Schily in den vom Zuwanderungsgesetz vorgesehenen Sachverständigenrat für Zuwanderung und Integration (Zuwanderungsrat) berufen und von dessen Mitgliedern zum Stellvertreter der Vorsitzenden Rita Süssmuth gewählt wurde, schien sich ihm die Möglichkeit zu bieten, seine Vorstellungen zu Migration und Integration in direktem Kontakt mit der Politik umzusetzen. Dazu zählte vor allem die Mitarbeit an der primären Aufgabe des Zuwanderungsrats, der Erstellung eines jährlichen Gutachtens über den aktuellen Stand von Zuwanderung und Integration und deren absehbare Entwicklung. In seinem ersten Jahresbericht vom Herbst 2004 ging der Zuwanderungsrat jedoch den Politikern und besonders Otto Schily zu weit. Der Rat wagte es, konkrete Empfehlungen zu geben, und schlug die Gewährung von jährlich bis zu 25 000 »Engpassgenehmigungen« für Zuwanderer vor.

Dieses vernünftige Vorhaben für den gespaltenen Arbeitsmarkt Deutschlands, in dem fehlende Ingenieure nicht einmal nicht durch arbeitslose Bergleute oder Werftarbeiter ersetzt werden konnten, stieß bei fast allen Parteien des Bundestags auf eine Woge empörter Ablehnung, zumal die Veröffentlichung des Berichts des Zuwanderungsrats zeitlich mit der Ankündigung der Entlassung von ca. 4 000 Arbeitskräften bei Opel zusammengetroffen war. Die gesetzliche Grundlage für den Zuwanderungsrat, das Punktesystem, war schon im Juni 2004 in einem Kompromiss gefallen, bei dem Bündnis 90/Die Grünen mit dem Zugeständnis der Anerkennung geschlechtsspezifischer Verfolgung im Asylbereich abgefunden wurden. Der Zuwanderungsrat erklärte sich bereit,

---

[8] Aus: Rat für Migration (Hg.), Migrationspolitik in Deutschland. Eine Zwischenbilanz, IMIS/Osnabrück, September 1999.
[9] Zitat aus meinem Vorwort zum »Migrationsreport 2002. Fakten – Analysen – Perspektiven«. Für den Rat für Migration herausgegeben von K. J. Bade / R. Münz, Frankfurt a.M./New York 2002.

[10] Text in: Frankfurter Rundschau, 16.10.1998, S. 20 (in diesem Band: 4.2.3).

auch ohne gesetzliche Grundlage und Ausstattung weiter zu arbeiten.

Daraufhin wurde seine Auflösung parteipolitisch und behördengesteuert betrieben. Dass seine Auflösung dann zum Inkrafttreten des Zuwanderungsgesetzes am ersten Januar 2005 ohne Presseerklärung, ohne halbwegs angemessene Entpflichtung und nur in direkten Anschreiben an die Mitglieder in einer Art Nacht-und-Nebel-Aktion am 21. Dezember 2004, also am Vorabend von Weihnachten, ohne die Möglichkeit zu Stellungnahmen oder Gegenreaktionen in der Öffentlichkeit geschehen konnte, ist wegen der potenziellen Bedeutung, die der Zuwanderungsrat für die politische Aufarbeitung der Themen Migration und Integration hatte, ein tiefdunkles Kapitel der deutschen Politik und insbesondere des deutschen Bundestags. Es dokumentiert eine damals immer noch vorhandene migrationsfeindliche Grundstimmung in Politik und Gesellschaft und nicht zuletzt beschämende Intrigen im Zusammenspiel von Medien und Politik.

Aber bereits 2008, nur drei Jahre später, feierte der Zuwanderungsrat als »Sachverständigenrat deutscher Stiftungen für Integration und Migration« eine »erstaunliche Erneuerung«.[11] Anders als beim ersten Anlauf handelt es sich aber jetzt um ein politisch unabhängiges wissenschaftliches Expertengremium auf der Basis privater Initiativen, großer, schon selbst im Bereich Integration tätiger Stiftungen. Wie zuvor der Zuwanderungsrat hatte auch der Sachverständigenrat den Auftrag eines jährlichen Gutachtens zu Migration und Integration.

Der Sachverständigenrat verdankte seine Gründung weitblickenden Initiativen der VolkswagenStiftung und der Stiftung Mercator. Die Idee und das Konzept jedoch kamen von Klaus Bade. Prof. Dr. Bernhard Lorentz, der Geschäftsführer der Stiftung Mercator, hat dies in seinen Dankesworten für Klaus Bade klar formuliert.[12]

Von den Leistungen des Sachverständigenrats möchte ich nur die Integrationsbarometer erwähnen, da über sie nachgewiesen wurde, dass Zuwanderung und Integration von unseren Bürgern mehrheitlich weit positiver wahrgenommen werden, als die Polemik ihrer Gegner glauben machen will. Dieser Sachverhalt hat eine so grundlegende politische Bedeutung, weil Migration und Integration in einer demokratischen Gesellschaft auf legitimierende Zustimmung angewiesen sind. Die Kritiker der Integrationsbarometer haben dies begriffen. Ihre unfairen, bösartigen Angriffe auf den Sachverständigenrat und Klaus Bade signalisierten damit die politische Bedeutung der Botschaften der Integrationsbarometer.

Wie ein Blick in viele Regionen Deutschlands verdeutlicht, bleiben dennoch große Aufgaben. Zwar wurde in der Politik mit der Reform des Staatsangehörigkeitsrechts, dem Zuwanderungsgesetz, der Islamkonferenz und dem nationalen Integrationsplan, die sich auch im Vergleich mit anderen Ländern sehen lassen können, weit mehr erreicht als in den vorausgegangenen Dekaden. Zu diesen Erfolgen haben viele Akteure aus Politik und Gesellschaft im Bund und in den Ländern und nicht zuletzt auch Wissenschaftler wie Klaus Bade und seine Weggefährten beigetragen.

Trotz des erreichten Wandels in der Grundstimmung in unserer Gesellschaft müssen aber die immer noch vorhandenen Defizite unserer politischen Kultur sehr ernst genommen werden. Zuwanderung nach Deutschland wurde nicht wie in anderen Einwanderungsländern mit positiven Erwartungen aufgeladen, wurde nicht offiziell begrüßt und unterstützt. Im Gegenteil: Von vielen wird sie heute noch mit Hass bekämpft. Integration erhält dadurch den Anschein der bloßen Reparatur eines letztlich negativen Geschehens. Klaus Bade spricht in diesem Zusammenhang davon, dass »Deutschland im politischen Elitendiskurs und in den Medien […] immer noch eine griesgrämige oder doch verschämte Einwanderungsgesellschaft wider Willen« geblieben sei, und kritisiert die damit verbundenen Mängel unserer »Willkommenskultur«.[13]

Wir dürfen uns nicht damit beruhigen, dass die Ablehnung von Fremden und die daraus erwachsende latente Gefährdung von Humanität und innerem Frieden potenziell allen Gesellschaften innewohnen. In unseren Einstellungen gegenüber Zuwanderern geht es letztlich um die humane Qualität unserer Republik. Wir müssen uns um den Abbau solcher Gefährdungen bemühen.

Die fehlende Akzeptanz von Zuwanderung und die schändliche Einschränkung der Humanität gegenüber »Ausländern« äußern sich seit vielen Jahren in der Politik gegenüber Flüchtlingen und Asylsuchenden. Sie zeigen sich vor allem auch im Scheitern der Bemühungen, notwendige und effektive politische Korrekturen inhumaner Praktiken zu erreichen. So war es möglich, dass die Leistungen für Asylbewerber im sogenannten Asylbewerberleistungsgesetz weit unter das Niveau der vom Bundesverfassungsgericht als menschenwürdig definierten Mindestleistungen abgesenkt werden konnten und erst jetzt, nach vielen Jahren, ein Inflationsausgleich über das Bundesverfassungsgericht erstritten wurde.

Weitere Arbeitsmigration wird von dem demografisch bedingten Mangel an Arbeitskräften erzwungen werden. Sie hat sich schon jetzt durch Ab-

---

[11] R. Detsch, Phönix aus der Asche – der neue Zuwanderungsrat, Goethe-Institut Online-Redaktion, März 2009.
[12] Sachverständigenrat deutscher Stiftungen für Integration und Migration, Presseinformationen, Berlin, Führungswechsel im Sachverständigenrat, 28.7.2012.
[13] K. J. Bade, Zuwanderungsregelung und Integrationsförderung: Wovor und mit welchen Folgen hat sich die Politik so lange versteckt?, Vortrag auf dem Fachkräfteforum Zuwanderung des Sächsischen Staatsministeriums für Wirtschaft, Arbeit und Verkehr in Dresden am 16.5.2012.

senkung der für zuwanderungswillige Fachkräfte notwendigen Einkommenshöhen, durch Zuwanderung aus der EU, in geringerem Umfang auch durch Kontingente verstärkt. Zugleich wird der Druck der Flüchtlingszuwanderung anhalten und eher noch zunehmen. Für die Humanisierung der gesamten Migrationspolitik aber hat die Humanisierung der Flüchtlingspolitik eine Schlüsselfunktion.

Es ist in Deutschland so viel und so vollmundig von Vergangenheitsbewältigung die Rede. Der von ihr angestrebte Beitrag zu mehr Menschlichkeit sollte heute in Gestalt einer humaneren Flüchtlingsaufnahme praktiziert werden. Erfolgreiche Vergangenheitsbewältigung muss heißen, dass der unheimliche Wahn bekämpft wird, es gäbe wesentliche Unterschiede zwischen dem Wert der Menschen unserer Nation und dem Wert der Menschen anderer Völker.

Nachhaltige Impulse zur Korrektur dieses Wahns[14] gibt es derzeit primär durch gesellschaftliche Gruppen wie etwa in den Kirchen, durch Pro Asyl oder auch durch einzelne Akteure wie Klaus Bade, den Heribert Prantl in der Süddeutschen Zeitung heute zu Recht einen »Einzelkämpfer für Einwanderer« genannt hat.[15]

Die Humanisierung der Flüchtlingspolitik hätte eine tiefgreifende symbolische Wirkung für unsere Migrationspolitik und die Bildung einer reicheren nationalen Identität. Geschichtliche Erfahrungen bestätigen, dass Fortschritte bei der Humanisierung unserer Gesellschaft primär über das Engagement von Einzelkämpfern und gesellschaftlichen Gruppen gelingen. Die Unterstützung ihres Engagements durch private Stiftungen könnte ihnen helfen. Gruppen in den Kirchen und Organisationen wie Pro Asyl oder der Interkulturelle Rat sind in ihrem Einsatz für Flüchtlinge und Minderheiten bisher »nur« heroische Einzelkämpfer ohne größerer Gefolgschaft geblieben. Was private Stiftungen für unsere Migrationspolitik bringen können, zeigt die Arbeit des Sachverständigenrats.

Wir begegnen in der Migrationspolitik ungelösten Fragen unseres Selbstverständnisses als Nation oder noch genauer Fragen nach dem Kern unserer nationalen Identität. Im Schatten der gewaltigen, insgesamt recht erfolgreichen Anstrengungen zur wirtschaftlichen und sozialen Einigung Deutschlands ist die – noch gegen Ende der Bonner Republik bei der Feier zum vierzigjährigen Bestehen des Grundgesetzes geführte – Debatte über das Ende des Nationalstaats und eine Entstehung der von dem Historiker Karl Dietrich Bracher propagierten »postnationalen Republik« eingeschlafen.

In dem späteren Streit über »Leitkultur« wurde nicht genügend herausgestellt, dass das legitime Engagement für eigene kulturelle Traditionen eingebunden sein muss in die Anerkennung unseres Grundgesetzes und dessen menschenrechtlichen Kern. Mit diesem ist Ausländer- und Minderheitenfeindlichkeit ebenso wie die kontinuierliche Absage an Einwanderung unvereinbar. Wenn es nicht gelingt, den menschenrechtlichen Werten unserer politischen Ordnung stärker als bisher Geltung zu verschaffen, fehlt eine wichtige Grundlage für den Ausbau der notwendigen Willkommenskultur.

Ich freue mich, dass ich zu Ihnen über das Wirken von Klaus Bade für Migration und Integration sprechen konnte. Auf dem Humus gemeinsamer Ziele, gemeinsamer Bemühungen, aber auch gemeinsamer Enttäuschungen ist in über 30 Jahren im Verhältnis von Klaus Bade und mir eine uns bereichernde Freundschaft gewachsen. Aus den Erfahrungen dieser langen Zeit bin ich gewiss, dass sich Klaus Bade nach seinem Überwechseln in die Einzelspur der Migrations- und Integrationsdebatte weiterhin als kritischer Politikbegleiter kräftig und leidenschaftlich zu Wort melden wird. Wir brauchen ihn auch in dieser Debatte.

8.13.7 Dr. Heiner Geißler, Bundesminister für Jugend, Familie und Gesundheit a.D., Festvortrag II: Klaus J. Bade und die ethischen Grundlagen der Zuwanderungsdebatte, ebenda, S. 30–33.

Bertolt Brecht hat in seinem Drama »Galileo Galilei« die Situation beschrieben, als Galileo aus dem Raum der Sacra Rota trat, also aus der Inquisitionsbehörde, der Vorgängerinstitution der heutigen Glaubenskongregation, deren Vorsitzender lange Zeit der jetzige Papst war: Als Galileo aus der Tür der Sacra Rota trat, standen draußen seine Schüler. Galileo ging gebeugt, man sah ihm an, dass etwas Schreckliches passiert sein musste, und die Schüler wussten: Er hat widerrufen.

Nebenbei gesagt kann man sich die Frage stellen: Hätte er sich eigentlich verbrennen lassen sollen? Nur deswegen, weil die Kardinäle naturwissenschaftlich noch nicht so weit waren, zu begreifen, dass er Recht hatte?

Die Schüler haben das, laut Brecht, offenbar anders gesehen, denn sein Lieblingsschüler rief ihm zu: »Unglücklich das Land, das keine Helden hat!« Da hat sich Galileo, bei Brecht, aufgerichtet und erwidert: »Unglücklich das Land, das Helden nötig hat.«

Nun will ich Klaus J. Bade nicht mit Galileo Galilei vergleichen; und doch hat diese Geschichte von Brecht etwas mit unserem Klaus J. Bade zu tun und mit dem, was er in seinem Leben gewirkt und bewirkt hat.

Deutschland war über Jahrzehnte zumindest partiell ein unglückliches Land. Zwanzig Jahre ist das

---

[14] Zu diesem Wahn und seinen Grundlagen in der völkischen Tradition vgl. D. Oberndörfer, Der Wahn des Nationalen, Freiburg 1995, und ders., Die Offene Republik, 2. Aufl. Freiburg 1992.
[15] H. Prantl, Einzelkämpfer für Einwanderer. Der Sachverständigenrat verabschiedet seinen Chef Klaus Bade, in: Süddeutsche Zeitung, 30.8.2012.

jetzt gerade her: Rostock-Lichtenhagen, Mölln, Hoyerswerda, Solingen... – was einem auch alles einfallen mag an schrecklichen Geschehnissen in einem Land, aus dem heraus sechs Millionen Juden vergast worden waren, wenige Jahrzehnte zuvor. Ein langer Weg lag damals vor den Zeitgenossen, die sich damit nicht abfinden wollten. Es war schwer für alle, die sich dagegen wehrten, auch in meiner eigenen Partei, die ich hier besonders ansprechen muss. Über die anderen Parteien maße ich mir kein Urteil an, obwohl es diese Diskussionen dort auch gab.

Vor diesem Hintergrund war es ein Glücksfall, dass es Klaus J. Bade gab. Sie haben uns munitioniert mit Argumenten. Sie sind vielleicht kein Held im Sinne von Bertolt Brechts Galileo. Sie mussten nicht widerrufen.

Aber Sie sind, im Sinne von Kant, der große Aufklärer geworden, der maßgeblich dazu beigetragen hat, dass dieses Land und seine politische Elite, kurzum die Menschen dieses Landes »den Ausgang fanden«, wie Kant es formuliert, aus der selbstverschuldeten Unmündigkeit auf dem Weg zu Einwanderungsland und Einwanderungsgesellschaft, um die Fähigkeit zu bekommen, selbständig, hier: eigenständig, zu denken, selbstbewusst und doch humanitär zugleich. Das ist Ihre ganz große Leistung, diese große Aufklärung in der Ausländerpolitik, in der Einwanderungspolitik, in der Integrationspolitik.

Das war ein weiter Weg. Ich will, um diese Wegstrecke zu markieren, nur einmal eine Diskussion im Fraktionsvorstand CDU/CSU um die doppelte Staatsbürgerschaft schildern – Rita Süssmuth kann sich vielleicht noch daran erinnern, Maria Böhmer war vielleicht auch dabei. Wir haben damals darauf hingewiesen, und viele andere waren ganz anderer Auffassung, dass diese Debatte um die doppelte Staatsbürgerschaft etwas mit unserer Verfassung zu tun hat. In Artikel 1 wird die Menschenwürde als unantastbar dargestellt und noch durch Artikel 79 Absatz 3 mit einem Ewigkeitscharakter versehen. Und der damalige Innenminister Kanther stand auf und sagte: »Die Verfassung ist fünfzig Jahre alt. Das deutsche Volk ist tausend Jahre alt.« An diesem Beispiel können Sie sehen, welch hohes Maß an geistiger Verwirrung herrschte, als es damals um die Bewertung der Ausländer- und Einwanderungspolitik ging.

Ich habe da auch meine eigenen Erfahrungen gemacht. Rita Süssmuth, in manchen Kommentaren von Ihnen kommen Teile der CDU schlecht weg, völlig zu Recht. Aber es gab auch andere Teile und der Weg, der hier gegangen worden ist, war sehr schwer bei dem angedeuteten Umfeld. Ich denke an Namen wie Rita Süssmuth, Christian Schwarz-Schilling, Norbert Röttgen, Peter Altmaier, Hermann Gröhe, Karl Lamers, Ruprecht Polenz, Andreas Krautscheid, Peter Müller, Maria Böhmer. Die wären damals innerhalb der CDU/CSU nie irgendetwas geworden. Später oder heute waren oder sind sie in führenden Positionen der Christlich Demokratischen Union.

Ich führe das nur an, um zu zeigen, wie sich die Mentalitäten in dieser einen großen Volkspartei völlig verändert haben. Sie haben selber diesen Weg in einem Interview beschrieben und sagen zu Recht, dass in den letzten zehn Jahren in der Migrations- und Integrationspolitik mehr passiert ist als in den vier Jahrzehnten davor zusammen: die Reform des Staatsangehörigkeitsrechts, die Islamkonferenz, der Nationale Integrationsplan. Auch das Zuwanderungsgesetz:

»Wäre es nach Bade gegangen«, schrieb heute die Süddeutsche Zeitung, wäre das Gesetz »mindestens 10 Jahre früher gekommen. Wäre es nach ihm gegangen, wäre dieses Gesetz ein großer Teppich geworden, auf dem Integration stattfinden kann. Aus dem Teppich wurde, und auch das nur mit Müh' und Not, ein Topflappen. Aber auch auf diesem müsste eigentlich sein Name stehen. Bade hat ganz wesentlich dazu beigetragen, dass sich das Bewusstsein in Deutschland gewandelt hat.«

Integration ist hierzulande, wie Sie sagen, längst eine Erfolgsgeschichte und viel besser als ihr Ruf im Land. Probleme sind nach wie vor vorhanden, aber sie bestätigen als Ausnahmen eher die Regel der erfolgreichen Integration. Diese kann sich auch im internationalen Vergleich sehr wohl sehen lassen. In Frankreich, England oder den Niederlanden ist die Lage durchaus schwieriger.

Sie schildern in einem Aufsatz die Begegnung mit einem früheren hohen Beamten aus dem Innenministerium im Jahre 1996. Der kam zu Ihnen und sagte, er sei derjenige, der Anfang der 1980er Jahre alles verhindert habe, was Sie, Klaus J. Bade, damals vorgeschlagen hätten im Blick auf Einwanderungssteuerung und Integrationsförderung auf dem Weg zum Einwanderungsland: Damit seien er und das BMI ja sehr erfolgreich gewesen, haben Sie zur Zufriedenheit des Beamten gesagt. Aber dann haben Sie ihn gefragt, wer denn nun, rückblickend, Recht gehabt habe: Sie mit Ihrer Einschätzung, dass Deutschland auf dem Weg zum Einwanderungsland sei und dass daraus die entsprechenden legislativen Folgerungen gezogen werden müssten, oder er mit seiner Einschätzung, dass das nicht so sei und auch nichts geschehen dürfe, was auf legislativem Wege eine solche Entwicklung fördern könnte. Da habe der Beamte gesagt, rückblickend hätten Sie da schon Recht gehabt – »aber das konnten Sie damals doch gar nicht wissen!«

Und das ist die Parallele zu Galileo. Diese »defensive Erkenntnisverweigerung«, wie Sie das schon in den 1980er Jahren genannt haben, die hatte seinerzeit das Kardinalskollegium auch. Mit den gleichen Folgen, über die Sie einmal gesagt haben: »Was man verdrängt, das kann man nicht gestalten.« Und deswegen ist auch nicht die Multikulti-Diskussion, sondern eben diese Erkenntnisverweigerung lange, lange Jahre hindurch in den Eliten der Politik – nicht nur meiner Partei – der Grund für das, was Sie beklagen: dass wir in der Integrationspolitik schon vor 25 Jahren so weit waren, da anzusetzen, wo das Bemühen um aktive Gestaltung und Beteiligung im letzten Jahrzehnt angesetzt hat.

Deutschland ist seit vielen Jahren kein Einwanderungsland mehr, sagen Sie, sondern Ein- und Auswanderungsland zugleich, kurzum ein Migrationsland mit hoher transnationaler und insbesondere innereuropäischer Mobilität. Eine vielgestaltige Einwanderungsgesellschaft entfaltet sich in seinen Grenzen. Sozialer Frieden und kulturelle Toleranz sind für Sie die tragenden Säulen in der Architektur dieser Einwanderungsgesellschaft. Ihre Basis ist das Grundvertrauen zwischen Mehrheits- und Einwandererbevölkerung, sagen Sie. Aber dazu braucht es positive Leitbilder im Bemühen um »ein solidarisches Wir«.

Und jetzt sagen Sie etwas ganz Entscheidendes: Dieses »solidarische Wir« muss die Teilhabe von allen im Land Lebenden einschließen, ob mit oder ohne Migrationshintergrund. Dieses »solidarische Wir« gilt also nicht exklusiv »Dem Deutschen Volke«, wie es seit 1916 auf der Inschrift über dem Westportal des Reichstagsgebäudes heißt.

Es war eine der großen positiven Entscheidungen, dass es im Reichstag auch eine Stätte gibt, an der man sich erinnert, dass nicht nur das deutsche Volk, sondern die in unseren Grenzen lebende Bevölkerung insgesamt repräsentiert werden sollte durch das Parlament unserer Republik. Ich habe damals als Bundestagsabgeordneter einen Felsbrocken von der Reichsfeste Trifels dort deponiert, der liegt da immer noch. Im Bundestag in Bonn gab es früher eine Karte, die das Heilige Römische Reich Deutscher Nation zeigte – von der Provence bis in die baltischen Länder und von Sizilien bis nach Flandern. Und wenn man da die Diagonale gezogen hat, dann lag im Schnittpunkt die Burg Trifels.

Dieser Grundgedanke, dieses Denken an die in Deutschland lebende Bevölkerung und nicht nur an das deutsche Volk im engeren Sinne, das war die ethische Grundlage der Konzeption von Klaus J. Bade. Es war die Erkenntnis, dass wir auch und gerade beim Thema Integration zwischen den Menschen keine wertenden Unterschiede machen dürfen.

Aristoteles sagt, dass Politik nichts anderes sei als das Bemühen, das geordnete Zusammenleben der Menschen zu ermöglichen. Da muss man sich Gedanken machen darüber, wie diese Ordnung aussehen soll, und da kommen wir um die Frage nicht herum: Wer ist ein Mensch, was ist ein Mensch? Und diese Frage haben Sie sich gestellt, haben wir uns alle gestellt, die wir uns um die Integration bemüht haben.

Das war nicht unbestritten in der Menschheitsgeschichte. Karl Marx hat in einer frühen Schrift zur Judenfrage dem Sinne nach gesagt: Der Mensch, wie er geht und steht, ist nicht der eigentliche Mensch. Er muss das richtige Bewusstsein haben, der richtigen Klasse angehören. Die Nationalisten meinten, der richtigen Nation. Die Nazis meinten, der richtige Rasse. Bei uns meinte man, dem richtigen, nämlich dem deutschen Volk. Und andere Fundamentalisten sagen, er muss die richtige Religion haben, sonst wird er ausgepeitscht, wie in einigen arabischen Ländern. Wieder andere Fundamentalisten meinen gar, man müsse das richtige Geschlecht haben.

Die wohl am weitesten verbreitete negative Apostrophierung des Menschen, Frau zu sein, ist eine besondere Problematik bei der Integration. Denn die flächendeckende Diskriminierung und Entrechtung der Frauen in der islamischen Welt realisiert sich auch in Teilen der muslimischen Bevölkerung und produziert die Abwehrhaltung vieler Bürgerinnen und Bürger gegenüber der islamischen Religion.

Wir müssen auf die Werte bauen, die im Grundgesetz verankert sind und die Grundlage unseres Zusammenlebens bilden: dass der Mensch, wie er geht und steht, der eigentliche Mensch ist, und zwar unabhängig davon, wo er geboren ist, woher er kommt – unter der Voraussetzung, so haben Sie immer gesagt, lieber Herr Bade, und auch das ist Teil der ethischen Grundlagen gewesen, dass sich die Menschen, die hier leben wollen, zu dieser Verfassung bekennen. Wir müssen das immer wieder betonen, gerade weil es, wie Sie sagen, immer wieder randständige fremdenfeindliche, heute insbesondere islamfeindliche Strömungen gibt.

Etwas, das Sie besonders betont haben, ist der Zusammenhang von Wortgewalt und Tatgewalt. Etwas, was mich auch immer wieder erschüttert hat, auch im Rückblick, ist: Was waren die Vorläufer von Mölln, von Lichtenhagen, von Hoyerswerda? Das war eine unglaublich verhetzte und auch verwirrte Medienlandschaft. Die Bildzeitung, der Spiegel mit Plakaten an den Litfaßsäulen. Dass Titelgeschichten aufgemacht worden sind mit Untergangswarnungen: »Das Boot ist voll!«

Es ist unglaublich, was sich in unserer Medienlandschaft damals abgespielt hat und sich auch heute noch entwickeln kann. Patrick Bahners hat, wie Sie einmal schrieben, im Blick auf die unerhörten Beleidigungen, Schmähungen und auch Bedrohungen, die Ihnen und anderen Aufrechten widerfahren sind, gesagt: »Das eigentlich Bedenkliche an solchen Vorgängen scheint mir zu sein, dass es angesichts der Schlichtheit der konkret agierenden Person, also der Beleidiger, auch ein Umfeld an geistigen Brandstiftern gibt, die solche Fanatisierung ermöglichen.« Und darin liegt auch die eigentliche Bedeutung der Auseinandersetzung mit Thilo Sarrazin, mit Necla Kelek und anderen sogenannten Islamkritikern.

Von Aristoteles stammt der Satz: Nicht die Dinge bewegen die Menschen, sondern die Ansichten über die Dinge. Ich sage das am liebsten auf Griechisch, weil Griechenland ja in unserer Diskussion etwas ins Abseits gerät, weil wir vergessen, wo wir eigentlich herkommen, geistig, philosophisch, kulturell. Griechenland ist sozusagen das kulturelle Mutterland Europas, mit dem man nicht nach rein ökonomischen, monetären Gesichtspunkten umspringen kann, wie man will.

Nicht die Tatsachen verwirren die Menschen, sondern die Ansichten über die Tatsachen. Heinrich Heine hat das in »Deutschland – ein Wintermärchen« in einer großartigen Form ausgedrückt: »Du denkst, und ich – ich handle«, sagt der schweigsame Dämon zum Autor. »Ich bin dein Liktor, und ich geh' beständig mit dem blanken Richtbeil hinter dir – ich bin die Tat von deinem Gedanken.«

Und das ist die eigentliche Gefahr, dass wir wieder einen Rückfall bekommen in das, was vor 20 Jahren passiert ist, dadurch, dass der bedrohliche Zusammenhang zwischen Wortgewalt und Tatgewalt nicht gesehen wird. Die wissenschaftliche Fundierung der Migrationspolitik, der Einwanderungspolitik haben wir Ihnen, Klaus J. Bade, und vielen von Ihnen hier im Saal, den Wissenschaftlern, zu verdanken. Sie haben uns die Argumente geliefert. Dafür muss Ihnen die Politik dankbar sein.

Es hat ja im Zusammenhang mit der Fußball-Europameisterschaft wieder eine Diskussion gegeben. Einigen Leuten hat es keine Ruhe gelassen, dass in der deutschen Fußballnationalmannschaft Fußballer mitspielen, die nicht Wilhelm Schulz oder Dieter Meier heißen, sondern Sami Khedira, Jerome Boateng, Mario Gomez und, völlig unglaublich, sogar Mesut Özil. Um Deutscher zu sein, las man dann im Internet, reiche es nicht aus, einen deutschen Pass zu haben, man müsse schon zum deutschen Volk gehören, denn, ich zitiere: »Ein Stück Papier ändert die Abstammung nicht.«

Das ist richtig. Aber muss man heute, um Deutscher zu sein, einen reinrassigen Stammbaum haben wie Schäferhunde und Zuchtbullen? Das ist in Deutschland in den 1 000 Jahren, die dieses Volk angeblich existiert, nie der Fall gewesen. Man musste das nicht im Heiligen Römischen Reich Deutscher Nation und man muss es nicht in unserer Bundesrepublik Deutschland. Nur bei Kaiser Wilhelm und den Nazis war der Stammbaum Kult.

Mit gleichem Recht könnte man ja auch fragen, wie ein Deutscher aussieht. Wie die Glatzen in Südost-Sachsen oder wie Thilo Sarrazin? Oder wie Heino und Florian Silbereisen? Sehen so die Deutschen aus? Die haben sich schon immer mit ihren Nachbarn vermischt: mit Römern, Kelten, Griechen, Germanen, Slawen – auch das haben Sie immer wieder gesagt. So hat sich in der Mitte Europas eine der schönsten Kulturen der Welt entwickelt: in Dichtung und Musik. Aber rassistischer Nationalismus hat trotzdem millionenfache Opfer gekostet, Hunderttausende in Flucht und Exil getrieben – gerettet und zugleich verloren für Deutschland.

Deutschland aber hat seine größten Erfolge als demokratisches, weltoffenes, europäisch integriertes Gemeinwesen erzielt, international vernetzt in Wirtschaft, Forschung und Sport und nicht als völkisches Kollektiv, das hat Professor Oberndörfer oft gesagt. Kein völkisches Kollektiv, sondern dieses Deutschland, wie ich es gerade beschrieben habe, wird in der Welt positiv gesehen. Und dass wir dieses Deutschland als friedvolle und tolerante Einwanderungsgesellschaft haben und in der Welt zeigen können, das verdanken wir nicht zuletzt dem großen Aufklärer in der Migrations- und Integrationsdebatte, dem großen Forscher, dem großartigen Gelehrten und dem mutigen Menschen Klaus J. Bade.

8.13.8 Klaus J. Bade, Gründungsvorsitzender, SVR 2008–2012, Rückblick und Abschied, ebenda, S. 34–38.

Lieber Heiner Geißler, lieber Dieter Oberndörfer, ich danke Ihnen für die bewegenden Worte.

Ich grüße die baden-württembergische Integrationsministerin Bilkay Öney.

Für ihre liebenswürdigen Grüße danke ich Frau Bundestagspräsidentin a. D. Rita Süssmuth, Frau Staatsministerin Maria Böhmer, der stellvertretenden SPD-Bundesvorsitzenden Aydan Özoğuz und dem Bundesvorsitzenden von Bündnis 90/Die Grünen, Cem Özdemir.

Stellvertretend für die Vertreter der Stiftungen, die den SVR tragen, grüße ich mit Dank Herrn Frohn und Herrn Lorentz von der Stiftung Mercator, die als Vertreter der Gesellschafter im Kreis der Stiftungen der direkte Ansprechpartner für den SVR ist.

Ich grüße Herrn Krull, dessen VolkswagenStiftung ich zehn Jahre lang als Kurator verbunden war. Als Generalsekretär seiner Stiftung sowie als Vorsitzender des Bundesverbandes deutscher Stiftungen war er für mich der erste Ratgeber bei meinen konzeptionellen Überlegungen, an denen anfangs auch Herr Endres von der Gemeinnützigen Hertie-Stiftung beteiligt war.

Meine Überlegungen zielten nach den Erfahrungen mit der angeblich Unabhängigen Kommission Zuwanderung (2000/01) und dem angeblich unabhängigen Zuwanderungsrat der Bundesregierung (2003/04) auf ein nicht mehr von Politik und Staat abhängiges, d.h. ein wirklich unabhängiges, aus der Bürgergesellschaft selbst kommendes Gutachtergremium. Diese gemeinsamen konzeptionellen Überlegungen haben dank der später von Mercator geführten Stiftungsinitiative schließlich zum Sachverständigenrat deutscher Stiftungen für Integration und Migration geführt.

Ich grüße meine Nachfolgerin als SVR-Vorsitzende Christine Langenfeld sowie die anderen Kolleginnen und Kollegen der ersten und zweiten SVR-Generation. Ich grüße Frau Fincke samt Mitarbeitern aus Geschäftsstelle und Forschungsbereich des SVR. Ich grüße Frau Schmoll stellvertretend für die Vertreter der Medien, die immer die ersten Ansprechpartner des Sachverständigenrats waren und sind. Ich grüße die Vertreter aus Politik und Behörden und ganz besonders meine anwesenden Freunde und langjährigen Wegbegleiter.

Damit ich unter den anwesenden Würden- und Bürdenträgern ganz sicher niemanden übergehe, sage ich mit meinem lieben alten Pariser Freund Alfred Grosser abschließend: Chers tous, liebe Alle!

* * *

Ich danke für die hohe Anerkennung unserer und meiner Arbeit. Wie ich aus verschiedenen Zuschriften erfahren habe, wird mein Abschied vom SVR als Zweite Emeritierung verstanden. Eine Glückwunschkarte trug sogar die Aufschrift: »Alles Gute zum Ruhestand! Nun lass das Leben ruhig fließen und nimm Dir Zeit, es zu genießen!« Ich werde mir Mühe geben – aber getrost: So viel Ruhestand wird nicht sein, Sie werden also weiter von mir hören.

Andere haben geschrieben »Der Lotse geht von Bord«, in Anspielung auf die bekannte Punch-Karikatur von 1890, die den greisen Bismarck an der Reling schwerfällig absteigend und den mit verschränkten Armen darüber lümmelnden Wilhelm II. zeigt. Auch das ist durchaus abwegig, denn ich hatte mit dem Reichsgründer zwar als Historiker früher einiges, persönlich aber ebenso wenig zu tun wie Frau Langenfeld mit Wilhelm II.

Die Karikatur als solche ist freilich ganz abwegig nicht, denn so habe ich meine Aufgabe im SVR durchaus verstanden: Maximal drei Jahre hatte ich als Gründungsvorsitzender zugesagt, um das Schiff aus den Schären herauszulotsen und auf Kurs zu bringen. Das haben wir mit vereinten Kräften und massiver Stiftungshilfe geschafft. Deshalb ist es angemessen, das Ruder nun in andere Hände zu geben.

Ich habe das bei allen einschlägigen Gründungen, an denen ich beteiligt war, so gehalten: vom Institut für Migrationsforschung und Interkulturelle Studien (IMIS) in Osnabrück über den Rat für Migration (RfM) und die Gesellschaft für Historische Migrationsforschung (GHM) bis eben zum SVR. Und das ist auch gut so, wie man in Berlin so sagt.

Den Stiftungen und hier besonders der Stiftung Mercator und der VolkswagenStiftung danke ich für die Förderung meiner Konzeptidee und unseres gemeinsamen Engagements.

Den Kolleginnen und Kollegen vom SVR, von denen inzwischen mehr als die Hälfte der Gründergeneration ausgeschieden ist, und den Mitarbeitern der Geschäftsstelle unter Frau Fincke danke ich für die gute und belastbare Zusammenarbeit, die das alles ermöglicht hat.

Vor der Alternative, ein guter Mensch oder ein guter Vorsitzender zu sein, habe ich mich klar für das Bemühen entschieden, ein guter Vorsitzender zu sein. Wenn ich dabei gelegentlich etwas hart geführt haben sollte, bitte ich, mir zugute zu halten, dass dies im Dienst an der Sache geschah und dass ich die härtesten Anforderungen in diesem Zusammenhang immer an mich selber gestellt habe.

Zwei mahnende Ermutigungen möchte ich meinen Kolleginnen und Kollegen abschließend mit auf ihren weiteren Weg geben, den ich nur noch über Google Alert verfolgen kann. Beide hängen mit politischen Fragen zusammen:

* * *

Der erste Punkt gilt der erfolgreichen Umsetzung des von mir in die SVR-Grundidee eingebrachten strategischen Konzepts, das ich »kritische Politikbegleitung« genannt habe.

Danach vermittelt der SVR seine Botschaften an Politik und Behörden zunächst auf dem Weg über die Öffentlichkeit, d. h. über die Medien. Diese Strategie hat den Voten des Sachverständigenrats von Beginn an nachhaltige öffentliche und auch politische Wirkung verliehen.

Die kritische Politikbegleitung hat freilich auch Risiken; denn die Positionierung gegenüber der Politik in den Medien ist auf eine Balance zwischen Provokation und Ausgewogenheit angewiesen, die den Dialog mit der Politik zwar provoziert, aber auch möglich macht.

Kommunikative Ausgewogenheit kann auf Kosten von wissenschaftlicher Klarheit gehen. Deshalb war und ist mir in meinem Begriff der »kritischen Politikbegleitung« das durchaus produktiv gemeinte Wort »Kritik« immer wichtiger als das Wort »Begleitung«; denn der gefährliche Sog des Machtfeldes Politik kann dahin führen, dass Wissenschaftler am Ende wie Politiker argumentieren und Kompromisse aushandeln, statt sich kompromisslos forschungsbasiert zu positionieren. Ich wünsche Ihnen, dass es auch weiterhin gelingen möge, hier die nötige Balance zu halten zwischen kritischer Provokation und vermittelnder Ausgewogenheit.

* * *

Mein zweiter Punkt ist ernster und deshalb auch länger: Rechtsradikalismus, Rechtsextremismus und neuer Nationalsozialismus kristallisieren sich zentral an Themenfeldern, für die der SVR zuständig ist: Aggressionsobjekte sind Migration, Integration und Minderheiten, hier besonders der Islam und die in Deutschland heute mehr als vier Millionen Menschen umfassende Gruppe der Muslime.

Die Einwanderungsgesellschaft hat auch in Deutschland einen düsteren kommunikativen Untergrund. Hier tummeln sich viele Angstgetriebene, die in der rasanten Eigendynamik der Einwanderungsgesellschaft ihren Halt zu verlieren fürchten und nach Schuldigen suchen für ihre ökonomischen und sozialen, kulturellen und mentalen Absturzängste. Hier wabert seit langem ein minderheitenfeindlicher völkischer Sumpf, dessen argumentative Schlinggewächse immer gefährlicher und sichtbarer wurden. In der Vergröberung der Argumente von Integrations- und Islamkritik tobt in millionenfach angeklickten Internetblogs ein gefährlicher Kampf um Deutungshoheiten. Dieser bedroht oft auch diejenigen, die sich diesen Strömungen kritisch entgegenzustellen suchen.

Mir ist das auch so gegangen – stellvertretend für den SVR, weil der SVR, seinen Statuten entsprechend, mit »einer Stimme« spricht, mit der des Vorsitzenden nämlich, der deshalb immer eine einigermaßen exponierte Stellung in der öffentlichen Diskussion hat. Und es ist kein gutes Gefühl, sich im Zielfernrohr gewaltbereiter oder doch zu Gewalt animierender Agitatoren zu bewegen und bei öffentlichen Auftritten polizeilichen Saalschutz oder gelegentlich sogar Personenschutz aufgedrückt zu bekommen.

Wir hatten, empirisch gesichert, schon in unserem ersten Jahresgutachten »Einwanderungsgesellschaft 2010« die Einwanderungsgesellschaft als informiert, belastbar und verhalten integrationsfreudig beschrieben. Das war ein wissenschaftlich fundiertes Gegenbild gegen das vorwissenschaftliche, von der publizistischen Desintegrationsindustrie intonierte skandalisierende Gejammer auf hohem Niveau über die angeblich in Deutschland flächendeckend »gescheiterte Integration«. Deswegen rückten der SVR und vor allem sein Vorsitzender und Sprecher alsbald ins Feindbild von Desintegrationspublizistik, »Islamkritik« und dem ihr hörigen kommunikativen Untergrund ein.

Der publizistische Zangenangriff auf mich, stellvertretend für den SVR, hatte mit dem von Cem Özdemir schon karikierten, ebenso dummdreisten wie infamen und auch persönlich beleidigenden Artikel »Professor Bade gibt den Anti-Sarrazin« der Skandalpublizistin Necla Kelek in der FAZ vom 9.5.2011 begonnen. Ich habe der streitsüchtigen Verfasserin, in Vertretung des SVR und deshalb bemüht ausgewogen, an gleicher Stelle geantwortet (»Ich sitze keinem Politbüro vor«, FAZ, 18.5.2011). Viele haben sich gewundert, dass ich auf Keleks Pöbelei so betont milde reagiert habe, ausgewogen eben.

In Kürze aber komme ich [...] ausführlicher in eigener Sache und deshalb durchaus weniger ausgewogen auf das Denunziationskartell Kelek, Sarrazin & Co. und auf die im kommunikativen Untergrund operierenden Internet-Pranger zu sprechen. Dabei geht es in einem Kapitel auch um die Frage nach dem Zusammenhang von »Wortgewalt und Tatgewalt«, den Heiner Geißler schon angesprochen hat, der einen Entwurf meines Manuskripts kennt.

Die Kelek-Attacke wurde in der Agitation der rechts- populistischen Presse gegen den SVR-Vorsitzenden als »Multikulti-Einflüsterer« und »einflussreichsten Propagandisten einer Einwanderungspolitik« (Junge Freiheit, 30.5.2011) fortgesetzt und noch grobschlächtiger in den Informationen und Kommentarschleifen der Internet-Blogs verlängert. Die Folge waren viele Hass- und Schmähmails, aber auch direkte Bedrohungen aus dem kommunikativen Untergrund, die das Landeskriminalamt alarmierten.

Ein Tor, der glaubt, dass das nur Zufall war: Diese Netzwerke und die darin blitzartig umverteilten geistigen Marschbefehle aber durchschaut nur, wer die Informationsstrukturen im Internet und vor allem im kommunikativen Untergrund kennt. Dazu gehört auch der in Deutschland mächtigste und einflussreichste denunziative Internet-Pranger »Politically Incorrect« (PI). Er greift über die deutschen Grenzen hinaus und ist schon lange auch eine »Bewegung« geworden, die mit ihren »Ortsverbänden« das Land überzieht. Sie wirkt oft in stiller Kooperation mit den Netzwerken und Informationsdiensten von anderen islamophagen und rechtsradikalen Parteien und Verbänden wie »Pro Deutschland« und »Pax Europa« zusammen. Ihre User sabotieren mitunter systematisch und vorverabredet öffentliche Veranstaltungen von angeblichen wissenschaftlichen »Schönrednern«, »Menschenfreunden« und besonders »Muselfreunden« (Moslemfreunden) zu den Themen Migration, Integration und Islam.

Wenn man bei dieser Agitation – nicht etwa allein gegen den Islam, sondern auch gegen die in den Kommentarschleifen der Blog-Pranger oft verächtlich »Musels« genannten Muslime – den Begriff »Musels« durch »Ostjuden« ersetzen würde, könnte man sich als Historiker sehr wohl an die Agitation gegen diese zugewanderte Minderheit und überhaupt an den sich immer mehr radikalisierenden Antisemitismus in der Spätphase der Weimarer Republik erinnert fühlen. Was folgte, ist bekannt.

Aber die Geschichte verläuft nicht linear und sie wiederholt sich auch nicht in gleicher Form. Ihre Kenntnis macht deshalb auch nicht »schlau für ein andermal«, wie Jacob Burckhardt meinte, sondern, bestenfalls, »weise für immer«. Dem entgegen steht das Wort von George Santayana: »Wer sich der Vergangenheit nicht erinnern will, ist dazu verurteilt, sie noch einmal zu erleben.« Die Wahrheit liegt in der Mitte: Die Geschichte wiederholt sich nicht in gleicher, aber vielleicht in anderer Form.

Deutschland könnte z.B. in den Weg anderer europäischer Länder einbiegen mit einem starken Wachstum völkischer, von Demagogen geführter Strömungen und Parteien, die hierzulande bislang noch im vorhandenen Parteienspektrum aufgefangen werden konnten. Vielleicht brauchen diese Strömungen auch in Deutschland nur noch ein größeres Sammelbecken und einen charismatischen Führer, um gefährliche Sprengkraft zu entfalten.

Das wäre aber nur scheinbar eine Art »Normalisierung« des deutschen Wegs in Europa; denn sie stünde im langen Schatten einer düsteren Geschichte, die sich gerade in Minderheitenfragen deutlich von derjenigen anderer moderner europäischer Einwanderungsländer unterscheidet. Also wehren wir den Anfängen. Sage keiner hinterher, man habe, wieder einmal, die schleichende Gefahr nicht erkennen können.

Der Massenmord in Norwegen vom Juli 2011 und die im November 2011 aufgedeckten Serienmorde des Nationalsozialistischen Untergrunds in Deutschland haben vielleicht nur eine Atempause bewirkt.

Politik hat, soweit ich sehe, bislang wenig daraus gelernt – vor allem nicht, dass es indirekte Ursache-Folge-Zusammenhänge zwischen Wortgewalt und Tatgewalt geben kann.

Politik und Behörden müssen den Kampf an dieser schmutzigen Front verstärken. Öffentliche Trauerarbeit, fleißige Kommissionssitzungen, ein paar Rücktritte, Razzien mit ein paar lokalen Vereinsverboten und possierliche Reformen an dem föderalen Monster Verfassungsschutz sind dazu nicht genug. Und die aktuellen »Vermisstenanzeigen« des in Sachen Integrationspolitik als Gesellschaftspolitik von einem Fetteimer in den anderen tretenden Bundesinnenministeriums sind exakt das Gegenteil der vertrauensbildenden Maßnahmen, die wir gerade jetzt so dringend brauchen.

Außerdem sollten wir nicht immer erst dann, wenn es ohnehin zu spät ist, zur Tataufklärung nämlich, nach physischen Fingerabdrücken suchen. Wir sollten vielmehr rechtzeitig, zur Tatprävention nämlich, nach geistigen Fingerabdrücken suchen.

Das gilt auch für minderheitenfeindliche und damit klar verfassungsfeindliche Internet-Blogs, die mit fadenscheinigen Begründungen lange vom Verfassungsschutz unbeobachtet blieben oder es noch immer sind – im Gegensatz zu meist harmlosen islamischen Moscheevereinen.

Hätte diese Prävention funktioniert, dann hätte der für mindestens 10 Morde und noch mehr Raubüberfälle verantwortliche Nationalsozialistische Untergrund wohl weniger mörderische Chancen gehabt.

Mehr noch: In den beiden Jahrzehnten seit der Wiedervereinigung, von 1990 bis 2010, hätte es (im Gegensatz zur rechtsbegrifflich geschönten Kriminalstatistik in Deutschland, die »nur« 69 Todesopfer rechter Gewalt zählt) wohl kaum die mindestens 149 Todesopfer rechtsradikaler Gewalt, die um ein Vielfaches größere Zahl von bei solchen Verbrechen schwer Verletzten und die noch viel größere Zahl von traumatisierten und oft für ihr Leben psychisch zerbrochenen Opfern gegeben, die meist nach wie vor mit ihrem Leid und ihrer Angst allein sind; ganz abgesehen von den immer wieder fahrlässig beschönigten östlichen No-go-Areas für erkennbar aus anderen Kulturen stammende Zuwanderer.

* * *

Das alles muss nicht ein zentrales Aufgabenfeld des Sachverständigenrats werden. Aber niemand kann sagen, das alles habe nichts mit den Titelbegriffen des Sachverständigenrats »Integration und Migration« zu tun. Wie hieß doch gleich das Startmotto der früheren Zwickauer Kampfhundefreundin und späteren nationalsozialistischen Mörderbraut Zschäpe: »Zuerst müssen mal die Ausländer weg!«. Wohin das führte, weiß heute jeder.

Ich ermuntere deshalb meine Kolleginnen und Kollegen im SVR dazu, Politik und Behörden auch in diesem Grenzfeld des Themas Integration und Migration zu mehr Engagement zu drängen und nicht zu warten, bis es, vielleicht wieder einmal, zu spät geworden ist.

Das wäre dann der Fall, wenn minderheitenfeindliche und damit verfassungsfeindliche Internet-Blogs so mächtig geworden sind, dass sie mit ihrer bekannten Warnung davor, durch amtliche Beobachtung »die rote Linie« zu überschreiten, staatliche Organe zu scheuem Zurückweichen veranlassen können. Das wäre in einer Mediendemokratie Selbstmord aus Angst vor dem Tode. Die Freiheit der Medien ist in der Mediendemokratie ein hohes Gut. Umso mehr muss sie gegen Missbrauch geschützt werden.

* * *

Ich jedenfalls werde meinen Kampf auch an dieser schmutzigen und gefährlichen Front weiter fortsetzen, und zwar durchaus weniger »ausgewogen«, wie Sie vielleicht an einigen Interviews schon gemerkt haben und demnächst aus einer größeren Veröffentlichung noch deutlicher erkennen werden.

Damit bin ich am Ende mit meinem kleinen »politischen Testament« als Gründungsvorsitzender des Sachverständigenrats.

Ich hoffe, dass sich unsere nun auseinandertretenden Engagements in den Feldern Integration und Migration weiterhin ergänzen mögen, im gemeinsamen Interesse an Minderheitenschutz, kultureller Toleranz und sozialem Frieden in der Einwanderungsgesellschaft in unserem Land.

Ich halte Ihnen für Ihren weiteren Weg beide Daumen und sage zum Abschied leise Servus. Vielen Dank.

Migration, Integration, Flucht/Asyl und Politik im frühen 21. Jahrhundert: Bestandsaufnahmen, Denkanstöße und Diskussionsbeiträge

9 Migration und Integration als Mainstream-Themen

9.1 Entwicklungslinien im Überblick

9.1.1 Europa und die Migration am Ende des 20. Jahrhunderts. Akademievorlesung, Hamburg 4.7.2000,
in: Berichte aus den Sitzungen der Joachim Jungius-Gesellschaft der Wissenschaften e.V., Hamburg, 18.2000, H. 5, Göttingen 2000 (leicht gekürzte Fassung).[1]

Für Migration und Migrationspolitik in Europa markierte das Ende des Kalten Krieges eine wichtige Zäsur. Bestimmend dafür waren nicht nur die Wanderungsbewegungen selbst. Es waren auch – und zum Teil noch mehr – die in politischen und publizistischen Migrationsdiskursen umlaufenden Beschreibungen, Konstruktionen und Visionen. Sie zeigten ein Europa unter abrupt wachsendem »Wanderungsdruck«, nicht mehr nur aus dem Süden, sondern nun auch aus dem Osten. Beobachtungen, Projektionen und Visionen wurden am Ende des 20. Jahrhunderts handlungsbestimmend für die Migrationspolitik in einer Europäischen Union, deren Integration im Innern einherging mit der Abgrenzung nach außen, vieldiskutiert unter dem unscharfen Stichwort »Festung Europa«. [...]

Die Konstruktion des Fremden: Bilder und Politik
Die Migrationspolitik der europäischen Einwanderungsländer war im späten 20. Jahrhundert geprägt durch eine unterschiedliche Gewichtung der Tendenzen von Liberalisierung und Restriktion. Seit den 1980er Jahren verstärkten sich Restriktion und Abwehr. Das Thema »Einwanderung« wurde vielfach in parteipolitischen Auseinandersetzungen und von außerparlamentarischen Protestbewegungen dramatisiert und skandalisiert. Auslösend dafür war oft politische Ratlosigkeit gegenüber den unerwarteten sozialen Folgen von Migrationsprozessen.

Hinzu kam die politische Inszenierung bestimmter »Entdeckungen« durch politische Parteien, ethnonationale und rassistische Strömungen: Das galt in Deutschland z.B. seit 1979/80 für die Entdeckung des Wandels von der Arbeitsmigration auf Zeit zur definitiven Einwanderung, trotz des von defensiver Erkenntnisverweigerung geprägten offiziellen Dementis »Die Bundesrepublik ist kein Einwanderungsland«. In Großbritannien ging es seit 1979 um die Entdeckung der aus kolonialen und postkolonialen Zuwanderungen entstandenen ethnischen Minderheiten, in Frankreich seit 1984 um die Entdeckung beider Entwicklungen und um die damit verbundenen Konflikte.

Im Zentrum der Auseinandersetzungen standen dabei vor allem die aus der Wanderungsgeschichte vielfach bekannten, durch Kettenwanderungen entstandenen Konzentrationen von Zuwanderergruppen in ethnischen oder regionalen Herkunftsgemeinschaften oder gemischten Zuwandererviertel, zumeist in städtischen Ballungsräumen. Die Herausbildung polyethnischer Strukturen setzte bei vielen Einheimischen, forciert durch politische Agitation und deren Unterstützung durch die Medien, Prozesse der negativen Integration, des defensiven Zusammenrückens auf Kosten von »Fremden«, in Gang. Politisierung und Emotionalisierung der Migrationsdiskussion wurden forciert durch die in den 1980er Jahren stark wachsende Zuwanderung von Flüchtlingen und Asylsuchenden aus der »Dritten Welt«. Sie rückte in der öffentlichen Diskussion immer mehr in den Vordergrund und wirkte belastend auch auf die Haltung gegenüber aus kolonialen Zuwanderungen und aus außereuropäischen Arbeitswanderungen hervorgegangenen Minderheiten zurück.

Gemeinsam waren den politischen und publizistischen Debatten über Einwanderungsfragen in Europa vor allem vier Veränderungen:
1. In den 1980er Jahren festigte sich allgemein der Gedanke, Zuwanderungsbeschränkungen seien die Voraussetzung für die Integration der Zugewanderten und für deren Akzeptanz durch die Aufnahmegesellschaften.
2. Gegenüber den Zuwanderergruppen selbst gab es einen Wandel von innereuropäischen zu außereuropäischen Fremdheitszuschreibungen: Während in den 1960er Jahren in Mittel-, Nord- und Westeuropa

---

[1] Erw. Fassung u. d. Titel: Einwanderungskontinent Europa. Migration und Integration am Ende des 20. Jahrhunderts, in: Zuwanderung und Asyl. Schriftenreihe des Bundesamtes für die Anerkennung ausländischer Flüchtlinge, Bd. 8, Nürnberg 2001, S. 13–53; desgl. u. d. Titel: Migration und »Festung Europa«, in: W. Lepenies (Hg.), Wissenschaftskolleg / Institute for Advanced Studies zu Berlin, Jahrbuch 2000/01, Berlin 2001.

auch Arbeitsmigranten aus Südeuropa noch vielfach als »Fremde« beschrieben wurden, galt das dort schon in den 1970er Jahren immer weniger für Südeuropäer, aber z.B. immer mehr für Türken. In den 1980er Jahren wiederum rückten Aversionen gegenüber der wachsenden Zuwanderung von Flüchtlingen und Asylsuchenden aus der »Dritten Welt« in den Vordergrund.

3. Bei der Behandlung des Themas Migration traten populistischer Alarmismus, Dramatisierung und Skandalisierung im politischen und publizistischen Diskurs einerseits und die pragmatische Verwaltung von Zuwanderungs- und Eingliederungsprozessen andererseits mitunter weit auseinander. Im Vordergrund der politischen und publizistischen Migrationsdiskussion stand der Streit um Abwehrmaßnahmen gegen vermeintlich drohende Massenzuwanderungen und um eine »Festung Europa« mit Grenzbollwerken gegen Migration als Gefahr.

4. Auch ganz generell gab es in den politischen und publizistischen Diskurs auffällige Differenzen zwischen der Realität und den ihre Wahrnehmung bestimmenden Beschreibungen: So waren die aus kolonialen und postkolonialen Zuwanderungen, aber auch aus europäischen Arbeitswanderungen hervorgegangenen Einwandererbevölkerungen auch in den 1990er Jahren noch bei weitem am stärksten und nahmen zumeist durch natürliches Wachstum in den Aufnahmeländern sowie durch transnationalen Familiennachzug noch weiter zu. Dennoch dominierten in den Migrationsdebatten vieler Aufnahmeländer die in ihrem Gesamtumfang noch weitaus kleineren Zuwanderungen von Flüchtlingen und Asylsuchenden als vermeintliche Vorboten »neuer Völkerwanderungen« aus der »Dritten Welt«.

Die Angst vor dem Süden
Die »Dritte Welt« ist in Europa seit dem späten 20. Jahrhundert ein migratorischer Angstgegner erster Ordnung. Auf sie zielen seit dem Ende des Kalten Krieges auch im Migrationskontext zunehmend mehr sicherheitspolitische als entwicklungspolitische Konzepte. Und das, obwohl die Süd-Nord-Migration nach Europa in den 1990er Jahren um weniger als 2 %, die Ost-West-Migration hingegen um mehr als 20 % anstieg.

Unter den wanderungsbestimmenden Faktoren auf der südlichen Halbkugel stand und steht bis heute an erster Stelle die Schere zwischen starkem Bevölkerungswachstum und stagnierendem oder sogar schrumpfendem Erwerbsangebot. Sie öffnet sich besonders in der durch Bodenverknappung, Mechanisierung der Produktion, aber auch durch Welthandelseinflüsse verschärften Krise der Landwirtschaft. Verarmende Landbevölkerungen suchen ihr durch vorwiegend regionale Landflucht zu entkommen. Das verschärft die Krise in überlasteten städtischen Zuwanderungsräumen mit mangelnder Infrastruktur. Das gilt besonders für die wachsenden Slums der »Megastädte« bzw. »Giant Cities«, aus denen wieder neue Wanderungen ausbrechen.

Hinzu trat in vielen Ausgangsregionen die mobilisierende Kraft von klimatisch bedingter und menschlicher Umweltzerstörung: In ökologisch kritischen Zonen leben weltweit bereits ca. 1,6 Milliarden Menschen. Akut bedroht durch Umweltzerstörung und besonders durch Wüstenbildung (»Desertifikation«) sind nach Angaben des UN-Umweltprogramms (UNEP) die Lebensräume von ca. 135 Millionen Menschen.

Als Folge disproportionalen Wachstums verschärfte sich das globale und regionale Entwicklungsgefälle: 1996 lebten nach dem Human Development Report des Entwicklungsprogramms der UN (UNDP) 1,6 Milliarden Menschen schlechter als 15 Jahre zuvor, lag das Pro-Kopf-Einkommen in 70 Ländern der »Dritten Welt« niedriger als zwei Jahrzehnte zuvor. Das Entwicklungsgefälle wurde noch verstärkt durch die seit dem Ende der weltweiten Ost-West-Teilung forcierte Entfesselung von Kapitalbewegungen, Produktions- und Marktbeziehungen im Globalisierungsprozess. Zugleich reduzierte das Ende der Systemkonkurrenz die Bereitschaft zu »Entwicklungshilfe« im weitesten Sinne, die im Kalten Krieg nicht nur humanitär, sondern auch machtpolitisch motiviert war.

Vor diesem komplexen Hintergrund und im Zusammenwirken damit ging der Weltbevölkerungsbericht des United Nations Population Fund (UNFPA) von 1993 einerseits davon aus, dass die Suche nach besseren Einkommenschancen immer deutlicher durch Überlebensmigrationen auf der Suche nach Arbeit und Einkommen überlagert wird. Andererseits bietet die Verdichtung des globalen Verkehrswesens zunehmend bessere Möglichkeiten, durch die weltweite Vernetzung der Medien und Informationssysteme forcierte Migrationsanreize umzusetzen – allerdings vorwiegend für den gebildeten Mittelstand. Die Abwanderung der besser Qualifizierten (»Braindrain«) aber beschleunigt noch den relativen Verarmungsprozess der Herkunftsgebiete.

Mobilisierend wirken in den Ausgangsräumen weiter Spannungen, die teils aus indigenen Entwicklungen, teils aus kolonialen bzw. postkolonialen Belastungen resultieren und Konflikte verschärfen, die zu Abwanderung, Flucht oder Vertreibung von Minderheiten führen können. Dazu zählen, um nur einige Beispiele zu nennen, die aus einseitigen Bevorzugungen bzw. Benachteiligungen bestimmter Bevölkerungsgruppen durch die Kolonialmächte resultierende ungleiche Verteilung von Besitz, Bildung und damit verbundenen sozialen Chancen. Daneben wirken die willkürlichen kolonialen Grenzziehungen ohne Rücksicht auf wirtschaftliche und ethnische Strukturen. Hinzu kamen die mehr oder minder erzwungene Umsiedlung großer Bevölkerungsgruppen zur Arbeit in der Kolonialwirtschaft und koloniale Strategien der Zwangsumsiedlung im Kampf gegen einheimische Befreiungsbewegungen und dadurch ausgelöste

Vertreibungen, Fluchtwanderungen, Weiter- und Rückwanderungen nach dem Ende der Kolonialherrschaft.

In den 1990er Jahren wurden Bürgerkriege zu den wichtigsten Antriebskräften von Zwangs- und Fluchtwanderungen in der »Dritten Welt«. 1998 fanden in Afrika 44 % aller Kriege der Welt statt. Wie die Kriegsursachenforschung ermittelt hat, ging dabei ein stagnierender oder sogar rückläufiger Entwicklungsprozess mit erhöhter Kriegshäufigkeit und den damit verbundenen Folgen im Wanderungsgeschehen einher, anders gewendet: Der Zusammenbruch von Wirtschaftsordnung und zivilen Strukturen, die Etablierung autoritärer Regime bzw. terroristischer Diktaturen und die damit schwindenden beruflich-sozialen Lebensperspektiven fördern die Migrationsbereitschaft bei den Höherqualifizierten mit auswärtigen Kontakten und dem Mindestmaß an Mitteln, das Auswanderung oder Flucht ermöglicht.

Bei den Angstvorstellungen über Verlauf und Zukunft der Süd-Nord-Migration standen und stehen auf der einen Seite Menetekel vom afrikanischen »Marsch« auf Europa. Sie erinnern an die schon älteren Schreckensvisionen von Enoch Powell in seiner »Rivers of Blood«-Rede (1968) oder an Jean Raspails fiktiven Roman (1972) über die Landung einer Invasionsflotte von hungernden Einwanderern aus Kalkutta an der Côte d'Azur. Auf der anderen Seite dominieren Vorstellungen von einer Art sukzessiver migratorischer Infiltration, nach denen Asylsuchende (Mittel- und Nordeuropa) und irregulär Beschäftigte (Südeuropa) als Pioniermigranten Zuwanderungspfade für Familiennachzüge und irreguläre bzw. illegale Kettenwanderungen eröffnen.

Der mit Abstand größte Teil der schätzungsweise 120 Millionen Menschen umfassenden weltweiten Wanderungsbewegungen aber verlief am Ende des 20. Jahrhunderts nach wie vor innerhalb der »Dritten Welt«, zu rund einem Drittel allein in Afrika, und tangierte das verängstigte Europa nur zu ca. 5 %. Es gibt mithin einen klaffenden Unterschied zwischen globalen Dramen im Fluchtgeschehen und europäischer Dramaturgie bei der Inszenierung von »Betroffenheiten« durch weltweit wachsenden »Migrationsdruck«, über dessen Einschätzung sich die Geister scheiden. Die Geschichte der Süd-Nord-Wanderung nach Europa ist, so betrachtet, im Grunde weniger eine Geschichte von Wanderungsbewegungen als eine Geschichte der Angst davor und der Abwehr dagegen.

Auf außereuropäische Massenmigrationen aus dem Süden der Welt und besonders auf Asylwanderungen zielende Abwehrhaltungen hatten sich bereits stark manifestiert, als das Ende des Kalten Krieges mit dem Thema der Ost-West-Wanderungen eine zweite große Angstdimension eröffnete.

Die Angst vor dem Osten

Die Ost-West-Migration hatte im späten 19. und frühen 20. Jahrhundert Millionen von Auswanderern über den Atlantik geführt und jährlich Hunderttausende von Arbeitswanderern nach Mittel- und Westeuropa gebracht. Zur Ost-West-Wanderung zählte auch ein großer Teil der mehr als 20 Millionen Menschen, die vom Ende des Ersten Weltkriegs bis zum Ende der 1940er Jahre von zwangsweisen Umsiedlungen nach Grenzverschiebungen und von Vertreibungen betroffen waren.

Der Kalte Krieg bewirkte jahrzehntelang eine Drosselung der Ost-West-Migration und ließ im Westen auch die alten Ängste davor zurücktreten. Der Eiserne Vorhang wurde im Westen als ideologisch motiviertes Bollwerk der »Mächte des Bösen« (R. Reagan) gegen den Sog der Freiheit beklagt. Als der Limes des Kalten Krieges am Ende der 1980er Jahre zerbrach, wurde deutlich, dass er auch eine Sperre gegen die Ost-West-Wanderung gewesen war. Nach der Beendigung des permanenten Ausnahmezustandes und der auch »migratorischen Teilung Europas« (B. Santel) kehrte im Blick auf die Ost-West-Wanderung in Europa eine Art Angst vor der Normalität zurück.

Bereits unmittelbar nach der Öffnung des Eisernen Vorhangs meldeten sich europäische und besonders deutsche Ängste vor einer »Flut« aus dem Osten zu Wort. Dabei mischten sich neue mit zum Teil bis ins späte 19. Jahrhundert zurückreichenden Aspekten. Gestützt wurden solche Projektionen von zuweilen voreiligen wissenschaftlichen und populärwissenschaftlichen »Migrationsszenarien«, deren Menschenbild ein heimatloser Homo oeconomicus bzw. ein hominides ökonomisch-spekulatives Animal rationale migrans zu sein schien, das vom vergleichsweise reichen Europa geradezu magnetisch angezogen wurde. Hinter den Angstvisionen im Westen stand aber auch der politisch-demographische Umgang mit Migrationsperspektiven im Osten als Wanderungsdrohung bei der Anmahnung von Wirtschaftshilfe:

Der französische Demograph C. Chesnais rechnete für den Gesamtzeitraum 1992–95 mit 4–5 Millionen Menschen, die aus den Territorien der zerfallenden Sowjetunion nach Westen wandern würden. Das war, wie sich bald zeigen sollte, deutlich überhöht und wirkte in der öffentlichen Diskussion bereits aufsehen- bzw. furchterregend. Aber dahinter stand nur demographisches Erkenntnisinteresse.

J. Rechetow vom sowjetischen Außenministerium hingegen rechnete für den gleichen Zeitraum pro Jahr mit 4–6 Millionen. Der Diplomat und stellvertretende Direktor des »Nowosti«, W. Miljutenko, rechnete pro Jahr sogar mit 7–8 Millionen bzw. mit 25–30 Millionen bis 1995. B. Chorew von der Moskauer Lomonossow-Universität prognostizierte bis 1995 eine Ost-West-Wanderung von 40 Millionen. A. Wishnewskij vom Wissenschaftlichen Rat für Soziale Entwicklung beim Ministerrat der UdSSR schließlich rechnete bis 1995 sogar mit 48 Millionen – einem Sechstel der Bevölkerung auf dem Weg nach Westen. Ob in den sowjetischen Zahlen Verlustangst, demographische Kritik an »Perestroika« und »Glasnost« oder nur eine Irritationsstrategie gegenüber dem Westen dominierten, sei dahingestellt.

Immer häufiger jedenfalls wurde die Rede von den gefürchteten »neuen Völkerwanderungen« von den möglichen Ausgangsländern mehr oder minder strategisch eingesetzt – als eine Art Wanderungsdrohung in der Diskussion um Zinserlass, Wirtschaftshilfe und weltwirtschaftliche Fragen: Der polnische Ministerpräsident wollte nicht ausschließen, dass sich bei unzureichender Wirtschaftshilfe Millionen erwerbsloser Polen nach Westen in Marsch setzen könnten. Er werde gegebenenfalls sogar die Grenzen seines Landes im Osten und im Westen öffnen, »damit die Flüchtlinge aus Russland in die Bundesrepublik weiterwandern können«. Auf russischer Seite wiederum wurde hörbar spekuliert, dass die Intensität der osteuropäischen Westwanderung nach Einführung der Reisefreiheit schlicht abhängig sein könnte von der Kapazität der Passdruckerei. Zu den Bedrohungsvisionen aus dem Osten gesellten sich offene Drohungen aus dem Süden wie die des Präsidenten des Senegal Abdou Diouf in einem Interview mit »Le Figaro«, aus dem ein ausgesprochen phantasievolles Mittelalter-Bild sprach: Europa müsse Afrika wirtschaftlich weit massiver unterstützen als bisher – »sonst werdet Ihr von Horden wie im Mittelalter überrollt«.

Die meisten kurz- bis mittelfristigen Prognosen und Modellrechnungen über Zuwanderung nach Europa sollten sich als falsch oder doch bei weitem überzeichnet erweisen. Den apokalyptischen Automatismus der gefürchteten »Überflutung« Europas durch »neue Völkerwanderungen« gab es mithin auch im Blick auf die Ost-West-Wanderungen mehr in den Visionen der Europäer als in der Realität des Wanderungsgeschehens. Die Existenz von gewaltigen Migrationspotentialen auch im Osten zwar unbestritten, Massenwanderungen aber blieben auf den Osten beschränkt. Bei den Mitte der 1990er Jahre überschaubarer werdenden Ost-West-Bewegungen nahmen bis zum Ende der 1990er Jahre Zeit- bzw. Pendelwanderungen auf Kosten dauerhafter Auswanderungen zu.

Umstritten blieb die Frage, ob und inwieweit dies Ergebnis der aus der Angst vor sich selbst erfüllenden Prophezeiungen geborenen Abgrenzung der »Festung Europa« gegen unerwünschte Zuwanderungen war. Unbestreitbar aber war die Tatsache, dass einzelne Länder Europas von der Zunahme der Süd-Nord- oder der Ost-West-Wanderungen unvergleichbar stärker als andere betroffen wurden. Das galt im Blick auf die Süd-Nord-Wanderungen z.B. seit den 1980er Jahren besonders für Italien. Und es galt in Mitteleuropa bei den neuen Ost-West-Wanderungen seit den späten 1980er Jahren in erster Linie für Deutschland, die Schweiz und Österreich. Nach der Öffnung des Eisernen Vorhangs trat Deutschland dabei, ähnlich wie Österreich, wieder in seine migrationsgeographisch bedingte historische Rolle als Transitland bzw. Ost-West-Brücke oder mitteleuropäische Drehscheibe im transnationalen Wanderungsgeschehen ein.

Die »Festung Europa« und die legale Migration

Die verschieden ausgeprägten Bedrohungsvisionen im xenophoben »Gespenstertreiben« (P. Opitz) in Sachen Migration, aber auch die unterschiedliche Betroffenheit von tatsächlichen Zuwanderungen verstärkten seit den späten 1980er Jahren in europäischen Aufnahmeländern Abwehrhaltungen und ein Verständnis von Migrationspolitik als Sicherheitspolitik. Am bekanntesten wurden Anfang der 1990er Jahre die fremdenfeindlichen Ausschreitungen in Deutschland, das in den Jahren nach dem Ende des Kalten Krieges am stärksten von Zuwanderungen betroffen war. Was in Deutschland passierte und weltweit Aufsehen erregte, war durchaus kein Unikat in Europa. Es fiel aber deutlicher auf, weil es sich vor dem Hintergrund des dunkelsten Kapitels der deutschen Geschichte um so greller abhob. Ergebnis der politischen Richtungskämpfe um die Migrationspolitik war im Dezember 1992 in Deutschland der unter enormem Druck improvisierte »Asylkompromiss«. Er war in Wirklichkeit, weit über Asylfragen hinausreichend, ein umfassender restriktiver »Migrationskompromiss«, der auch die Begrenzung der Aussiedlerzuwanderung (Kriegsfolgenbereinigungsgesetz) einbezog.

Mit dem Asylkompromiss hielten die Erstasylland-Klausel und die – in der Praxis zum Teil schon vordem praktizierte – »safe country«-Doktrin Einzug auch in das deutsche Grundrecht auf Asyl: Seither hat in aller Regel keine Chance mehr auf Asyl in Deutschland, wer aus »verfolgungsfreien« Ländern kommt oder über »sichere Drittstaaten« einreist – mit denen sich Deutschland durch einseitige Erklärungen lückenlos umgeben hat. Bis 1992/93 hatte Deutschland im europäischen Vergleich das liberalste Asylrecht und die restriktivste Asylrechtspraxis, um seine Anwendung zu begrenzen. Die restriktive Reform von 1993 passte das zuwanderungsfreundliche Asylrecht der zuwanderungsfeindlichen Praxis an und näherte sich, vom individuellen Rechtsanspruch abgesehen, zugleich europäischen Standards an.

Die deutschen Restriktionen wirkten auch über die Grenzen hinaus. Sie nötigten andere europäische Staaten ihrerseits zu einer restriktiven Anpassung, um das Ausweichen von Asylsuchenden auf ihre Territorien zu begrenzen. Das gleiche galt auch umgekehrt. Solche Kettenreaktionen in einer zusammenwachsenden negativen Koalition der Abwehr allein indes hätten, über bilaterale oder internationale sicherheitspolitische Vereinbarungen hinaus, kaum zu supranationalen Konzepten der Abwehr geführt. Entscheidend dafür waren vielmehr die auf dem Weg zum grenzenlosen Binnenmarkt wachsenden Handlungszwänge: Integration nach innen führte zur Abgrenzung nach außen wegen der steigenden, im martialischen Jargon der Sicherheitspolitik sogenannten

»Vulnerabilität« durch Migration als Gefahr. Vor dem Hintergrund der Ende der 1980er und Anfang der 1990er Jahre stark steigenden Zuwanderungen und der fortschreitenden Entgrenzung im Innern wuchs nach dem Ende des Kalten Kriegs beschleunigt die Abgrenzung der »Festung Europa« gegen unerwünschte Zuwanderungen von außen.

Der Weg zum gemeinsamen Asyl- und Einwanderungsrecht der EU ist am Beginn des 21. Jahrhunderts noch immer weit. Aber schon in den 1990er Jahren bestimmten vielfältige Reglementierungen, Beschränkungen und Verbote die Muster der Zuwanderung aus Drittstaaten nach Europa. Innerhalb dieser Zuwanderungsmuster dominieren heute, mit mancherlei Überschneidungen, vier Großformen:

Eine erste – trotz mancher Einschränkungsversuche stabile und anhaltende – Zuwanderungsform bildet der Familiennachzug: Er ist, wie längst in den Vereinigten Staaten, auch in Europa im Begriff, zu einer der wichtigsten Zuwanderungen zu werden. Die Familienzuwanderung entfaltet sich, bei begrenzten Zulassungen, zunehmend auf Kosten anderer Zuwanderergruppen, weil sie nur diejenigen einschließt, die schon enge Verbindungen zum Zielland haben, eingehen wollen (»Heiratsmigration«) oder für ihre Kinder durch Geburt im Land zu schaffen suchen (»Geburtsmigration«).

Ein zweiter Zugangsbereich umschließt traditionell privilegierte Migrationsbeziehungen: Dazu gehören in den ehemaligen Kolonialstaaten zum Teil noch postkoloniale Zuwanderungen, seit der Öffnung des Eisernen Vorhangs aber vor allem »ethnische« bzw. Minderheitenwanderungen in Ost-West-Richtung. In Deutschland sind dies vor allem die »Aussiedler« genannten deutschen Einwanderer aus dem Osten und, in deutlich kleinerem Umfang, auch Juden aus der GUS.

Einen dritten Zuwanderungsbereich bilden die internationalen und globalen Arbeitswanderungen. Dabei sind vor allem zwei Dimensionen zu unterscheiden. Ganz weit »oben« rangieren die weitgehend freien Experten- und Elitenmigrationen, ganz weit »unten« die häufig befristeten Aufenthalte der »neuen Heloten« (R. Cohen) in bestimmten, von einheimischen, aber auch früher zugewanderten Arbeitskräften nicht mehr akzeptierten Beschäftigungsbereichen:

An der Spitze der beruflich-sozialen Pyramide steht die in der Regel ohnehin hohe transnationale, interkontinentale und globale Mobilität von Funktionseliten, die als politisch unbedenklich gilt. Stark wuchs in diesem Bereich in den 1990er Jahren die Mobilität von Technikern, Kaufleuten und Managern international operierender Unternehmen und multinationaler Konzerne: Neben der außereuropäischen Mobilität europäischer Fach- und Führungskräfte nahmen auch die Arbeitsaufenthalte außereuropäischer Kräfte in den großen europäischen Wirtschaftsregionen und -metropolen zu. Wo Zuwanderungsbeschränkungen und Anwerbestopps galten, wurden sie in der Regel auf Antrag von Arbeitgebern mit Hilfe von Ausnahmeverordnungen oder Sonderregelungen ermöglicht, in dem in dieser Hinsicht vergleichsweise starren deutschen Regelsystem zuletzt durch die im Jahr 2000 etablierten Systeme von »Green Card« (Bundesebene) bzw. »Blue Card« (Länderebene: bislang Bayern, Hessen, Niedersachsen). Zugleich wuchs die transnationale Elitenmobilität innerhalb des zur EU zusammenwachsenden Wirtschaftsraumes.

Unbegrenzte, d.h. nicht nur transnationale, sondern dezidiert globale Mobilitätsbereitschaft wurde seit den 1980er und vor allem in den 1990er Jahren selbstverständliche Voraussetzung beruflich-sozialen Aufstiegs in Leitungspositionen multinationaler Konzerne mit entsprechend strukturierten Führungsetagen und über globale Filialnetze gespannten weltweiten internen Arbeitsmärkten.

An der Basis der Sozialpyramide bewegen sich im Rahmen bilateraler Vereinbarungen meist befristet zugelassene Arbeitswanderungen aus Drittstaaten über die europäischen Außengrenzen. Sie führen oft in Arbeitsbereiche und Beschäftigungsverhältnisse, für die Einheimische, früher Zugewanderte oder andere EU-Angehörige nicht mehr zu gewinnen sind. Das gilt einerseits für ortsfeste saisonale und zum Teil durchaus hochbezahlte, aber im Akkord zu verrichtende landwirtschaftliche Arbeiten z.B. bei der Ernte von Blüten, Wein, Hopfen und Spargel. Es gilt aber z.B. auch in Bereichen des Bauwesens. Hinzu kommen die bei der temporären Ost-West-Migration besonders ausgeprägten Bewegungen von Grenzgängern und Pendlern. Vor allem bei temporären bzw. saisonalen Ost-West-Migrationen sind der exorbitant höheren Löhne wegen in Kauf genommene Dequalifizierungen bzw. Fehlallokationen am Arbeitsmarkt an der Tagesordnung. Ein polnischer Arzt kann bei der Beerenlese oder beim Spargelstechen in Deutschland bisweilen noch immer erheblich mehr verdienen als in seinem hochspezialisierten Beruf in einem polnischen Krankenhaus.

Eine vierte Form der legalen Zuwanderung nach Europa umschließt die schon erwähnten Migrationen von Flüchtlingen und Vertriebenen. Ihnen bietet Europa, scharf eingeschränkt, nach wie vor zwei Zugänge: einerseits politisches Asyl und andererseits Aufenthalte mit unterschiedlichem Flüchtlingsstatus, in der Regel auf Zeit. Aber nicht nur in diesem, in der öffentlichen Diskussion am meisten beachteten Bereich, sondern auch ganz allgemein gilt: Die Zäune um die »Festung Europa« sind höher geworden. Die Suche nach irregulären Zugängen und der Kampf dagegen wurden zu zentralen Themen der europäischen Migrationsdiskussion.

Formen illegaler Zuwanderung und irregulärer Beschäftigung in Europa

Kehrseite der Abschottung Europas war die Etablierung von Zuwanderungs- und Aufenthaltsformen im Grenzfeld zwischen Legalität, Irregularität, Illegalität und Kriminalität. Cum grano salis kann man vier große, in sich vielfältige und zum Teil ineinander übergehende Erscheinungsformen irregulärer bzw. illegaler Zuwanderung nach Europa unterscheiden:

Ein *erster Bereich* beginnt mit der legalen Einreise, z.B. als Tourist, als Saisonbeschäftigter, als Geschäftsreisender, Asylsuchender oder Flüchtling. Zur Illegalisierung führen die Arbeitnahme ohne Arbeitserlaubnis, das Überschreiten der Aufenthaltsfrist (»overstayers«, »sans papiers«) oder das »Abtauchen« nach dem Eintreffen der Ablehnung eines Asylgesuchs, der Ausreiseaufforderung bzw. der Ankündigung von aufenthaltsbeendenden Maßnahmen (»Abschiebung«). Ein *zweiter Bereich* beginnt mit bereits illegaler heimlicher Zuwanderung oder dem Grenzübertritt mit gefälschten Papieren, gefolgt von illegalem Inlandsaufenthalt und illegaler Arbeitnahme, unangemeldet oder registriert aufgrund falscher Papiere.

Es gibt mithin in beiden erstgenannten Bereichen aufeinander folgende oder miteinander in Verbindung stehende Regelverstöße bei Arbeitnahme ohne Arbeitserlaubnis, ohne Aufenthaltsgenehmigung oder sogar nach illegaler Zuwanderung, ganz abgesehen von damit verbundenen, mitunter in der Illegalität unumgänglichen Regelverstößen bzw. Folgedelikten, z.B. bei der Wohnungsanmietung unter falschen Angaben. Entscheidende Hilfestellungen bieten in beiden Formenbereichen durch Migration selbst entstandene, in der Regel nach Familien- oder Herkunftsgemeinschaften gegliederte Netzwerke, deren wichtigste Funktion aber nicht etwa die Begünstigung irregulärer oder illegaler Zuwanderungen ist, sondern die Selbsthilfe im Einwanderungsprozess.

Irreguläre und illegale Arbeitswanderungen führen in den in Europa unterschiedlich stark expandierenden informellen Sektor. Er hat Schwerpunkte u.a. im Bau- und Baunebengewerbe, in den Reinigungsdiensten, in ortsfesten saisonabhängigen Beschäftigungsbereichen und bei verschiedenen anderen Ersatz- oder Zusatzbeschäftigungen.

In Frankreich wurde schätzungsweise ein Drittel der Autobahnen von »Illegalen« gebaut. Auch die französische Autoproduktion wird nach wie vor zu rund einem Drittel von irregulär Beschäftigten bestritten. In Italien erwirtschaften Illegale schätzungsweise 20–30 % des Bruttosozialprodukts. In Großbritannien, wusste die Financial Times schon 1990, käme die Bauindustrie einschließlich der Arbeiten am Kanaltunnel ohne irregulär Beschäftigte in größte Kalamitäten. Schlecht würde es auch der Modebranche gehen und den vielen Bürgern, die ihren Haushalt gerne anderen überlassen.

Im vereinigten Deutschland war es ein offenes Geheimnis, dass auf Europas größter Baustelle, dem Berlin der 1990er Jahre, ohne illegale Arbeitskräfte die von der Bundesregierung vorgegebenen Kostenspielräume noch schlechter und die Einzugstermine 1999 überhaupt nicht einzuhalten gewesen wären; ganz abgesehen von den irregulären Beschäftigungsverhältnissen auf privatem Baugelände in der neuen Hauptstadt der Republik. Auch in den Pflegediensten werden in Deutschland zunehmend Frauen aus Osteuropa als irreguläre bzw. illegale Billigarbeiterinnen beschäftigt. Sie werden zuweilen sogar diskret von Ärzten und Pfarrern vermittelt, die ihren auf häusliche Pflege angewiesenen, aber wegen der Pflegekostentarife unterversorgten Patienten bzw. Gemeindemitgliedern nicht mehr anders zu helfen wissen; ganz zu schweigen von den privaten Haushaltshilfen und Reinigungskräften, bei denen viele Arbeitgeber gar nicht so genau wissen wollen, wie es um Arbeits- oder auch Aufenthaltsgenehmigung steht.

Zur illegalen Ausländerbeschäftigung gehören mithin immer zwei – ein Arbeitnehmer, der illegal ist und Arbeitgeber, der illegal handelt. Der expandierende informelle Sektor aber ist auf diese irregulären bzw. illegalen Beschäftigungsverhältnisse angewiesen, an denen freilich auch einheimische »Schwarzarbeiter« partizipieren. Deshalb hat die meist schwer aufzudeckende Irregularität bzw. Illegalität ein hohes Maß an stiller Akzeptanz, sozialer Scheinlegitimität und oft auch an stillschweigender behördlicher Duldung – trotz der bekannten Tatsache, dass irreguläre bzw. illegale Arbeit meist unterbezahlt, unversichert, unversteuert und oft mit Schwerstarbeit und gesundheitlichen Risiken verbunden ist. Symbolische Drohgebärden und gelegentliche Razzien gegen die Beschäftigung »illegaler Einwanderer« sind deshalb mitunter eher geeignet, in der weiteren Öffentlichkeit fremdenfeindliche Abwehrhaltungen zu stärken. Das gilt auch für Deutschland: Hier waren zwar Ende der 1990er Jahre ca. 3 500 Mitarbeiter von Arbeitsverwaltung und Zoll zur Bekämpfung der illegalen Beschäftigung eingesetzt; aber die verschärften Kontrollen und erhöhten Strafen, insbesondere im Bausektor, wirkten offenkundig trotzdem nur bedingt abschreckend oder waren relativ leicht zu umgehen.

Einen dritten Bereich im Spannungsfeld von Migration und Illegalität bildet die Tätigkeit der international organisierten Schlepperorganisationen. Sie profitieren am meisten von der Abgrenzung der »Festung Europa«. In Städten der »Dritten Welt« treten sie nicht selten als reguläre, auf dieses einträgliche Geschäft spezialisierte »Reiseagenturen« auf. Sie bieten regelrechte, wenn auch nicht einklagbare Schleusungs- bzw. Vermittlungsverträge an – von der »Schleusungsgarantie« bis zum »Kinderrabatt«.

Die internationale Zubringerkriminalität hat oft eine fließende Grenze zur international organisierten Betrugs-, Raub- und Gewaltkriminalität, bis hin zur fahrlässigen Tötung: Betrug und Raub dort, wo es um die Täuschung oder Ausplünderung von Migranten geht, die ihren Schleppern hilflos ausgeliefert sind; Gewalt und fahrlässige Tötung dort, wo die Opfer des internationalen Menschenschmuggels bei drohender Entdeckung vor Küsten, an kaum überwindbaren Flüssen oder andernorts unter lebensgefährlichen Umständen ausgesetzt oder aber in lebensgefährlichen »Beförderungsmitteln« transportiert bzw. ihrem Schicksal überlassen werden, z.B. auf seeuntüchtigen Schiffen oder in plombierten Containern. Das galt etwa im Juni 2000 für den Leichenwagen von Dover mit 58 Toten und 2 Überlebenden aus Südchina – die sogleich geschützt, ja buchstäblich versteckt werden mussten vor dem Zugriff der im Menschenhandel aktiven mafiotischen Triaden, die man in Südchina »Schlangenköpfe« nennt.

Gezählt werden von europäischen Grenzbehörden nur die tatsächlich aufgefundenen Toten, deren Zahl in den 1990er Jahren ständig stieg. Nicht gezählt werden die, die auf dem illegalen Weg nach Europa umkommen oder vor europäischen Küsten ertrinken. »Todesboote« werden in der marokkanischen Presse die hochmotorisierten Schmugglerboote und die seeuntüchtigen Nussschalen genannt, auf denen viele die Südküste Europas zu erreichen suchen. An manchen südeuropäischen Stränden sind mitunter frühmorgens Strandläufer mit Handys unterwegs, damit angeschwemmte Leichen rechtzeitig verschwinden.

Eine vierte Form der Illegalität gehört in den Bereich der im engeren Sinne kriminellen transnationalen Migration, d.h. der grenzüberschreitenden Mobilität zu kriminellen Zwecken. Am wichtigsten ist hier der Menschenhandel als international organisiertes Verbrechen, vor allem in Gestalt des Frauenhandels, der in Europa – häufig in Überschneidung mit einschlägigen Vermittlungsgeschäften (z.B. betrügerische Arbeits- und Ehevermittlung) – stark zugenommen hat. Bei der Überschneidung von Migration und Kriminalität gibt es gelegentlich auch – mitunter denunziativ in den Vordergrund gerückte – Verbindungen von Herkunftsgemeinschaften bzw. Migrationsnetzwerken und kriminellen Milieus. Das gilt besonders im Bereich mafiotischer Organisationen, die es heute nicht nur im gesamten ostmitteleuropäischen Raum, sondern auch in dessen Diaspora gibt, z.B. unter Albanern in Deutschland.

Pfade illegaler Migration nach Europa
Seit der Öffnung des Eisernen Vorhangs haben sich in der interkontinentalen Süd-Nord- und in der Ost-West-Wanderung neben den Migrationsmustern auch die Migrationspfade verändert. Dabei gibt es zunehmend Überschneidungen in Gestalt von Süd-Ost-West- und Ost-Süd-Nord-Wanderungen. Die Implosion des »Ostblocks« und besonders der Sowjetunion führte nicht nur zu starken Wanderungsbewegungen innerhalb der Großregion und zu Abwanderungen über ihre Grenzen; auch die Zuwanderung aus dem »Süden« nahm zu und tangierte in unterschiedlichem Maß auch Länder des ehemaligen »Ostblocks«. Gründe waren die Liberalisierung im postsowjetischen Zeitalter, mangelhafte administrative Strukturen für die Verwaltung von Wanderungsbewegungen und schwache Grenzkontrollen, die Einreise und Aufenthalt in Ländern der GUS erleichterten. Westeuropäische Regierungen drängten deshalb, mit zunehmendem Erfolg, auf eine Verschärfung der entsprechenden Kontrollreglements, insbesondere der Sichtvermerkspraxis, nach westlichen Mustern.

Dennoch stranden immer mehr Migranten in ostmittel- und osteuropäischen Transitländern oder fallen dort Schlepperorganisationen in die Hände, soweit ihnen die Wege dorthin nicht ohnehin bereits durch deren Vermittlung gebahnt wurden. Insgesamt war im ostmittel-, aber auch osteuropäischen Raum in den 1990er Jahren eine deutliche Zunahme von nach Westeuropa oder Nordamerika strebenden Transmigranten aus Afrika und Südostasien zu beobachten. Illegaler Transport von Migranten bzw. deren scheinlegale Tarnung zu Grenzübertritt und illegalem Aufenthalt sind in der GUS neben Drogen zum »Big Business« geworden.

Nach Schätzungen warteten schon Mitte der 1990er Jahre allein im Großraum Moskau über 250 000 Asiaten, hauptsächlich aus China und Sri Lanka, auf ihren von Schleusern arrangierten Weitertransport in den Westen. Die Zahl der illegalen Migranten aus dem Irak, dem Iran und Afghanistan wurde für ganz Russland auf eine halbe bis eine Million veranschlagt.

Viele von ihnen leben in Russland unter verheerenden Bedingungen – nicht nur ohne Flüchtlingsstatus und Aufenthaltsgenehmigung, sondern auch, besonders die Farbigen unter ihnen, allenthalben ausgeplündert und erpresst, diskriminiert, erniedrigt und misshandelt.

Zu Hauptzielgebieten für illegale Transitmigranten sind vor allem die westlichen Länder der GUS geworden – Weißrussland, die Ukraine, Moldawien und die Russische Föderation. Nach Regierungsschätzungen lebten z.B. Mitte der 1990er Jahre in Weißrussland 150–300 000 Illegale, von denen nur der kleinste Teil aus anderen GUS-Ländern stammte. Mehr als 70 % sollen aus Asien und Afrika und ca. 15 % aus dem Nahen und Mittleren Osten zugewandert sein. Aufgegriffen und verhaftet wurden in Weißrussland illegale Transmigranten aus bis zu 36 Nationen. Die Mehrzahl der verhafteten Illegalen betrachtete Weißrussland als Zwischenstation auf dem erstrebten Weg in den Westen, vor allem nach Deutschland, Frankreich und Skandinavien.

Chinesen reisten via Hongkong, Singapur und Bangkok zunächst nach Moskau, um von dort aus weiter nach Westeuropa zu kommen. Eine andere Route führte über Ostmitteleuropa: 1989–92 gab es zwischen China und Ungarn keinen Visazwang. Chinesen konnten nach Ungarn reisen, um dort eine Aufenthaltsgenehmigung zu erhalten, mit der wiederum leichter ein Visum für ein westliches Land zu beantragen war. Nach Wiedereinführung des Visazwangs 1992 kehrte ein Teil der Chinesen zurück. Andere waren mittlerweile in Ungarn sesshaft geworden. Inzwischen haben sich chinesische Herkunftsgemeinschaften und Migrationsnetzwerke mit Vermittlungsfunktion für die Zu- und Weiterwanderung entwickelt. Schätzungen über die Zahl der illegal in Ungarn lebenden Ausländer gehen weit auseinander. Sie schwankten Mitte der 1990er Jahre zwischen 40 000 und 150 000 Personen. Grundlage für die Schätzungen waren die jährlich 10–20 000 bei illegalem Grenzübertritt Gefassten, die insgesamt aus mehr als 100 Staaten stammten.

Auch die baltischen Staaten, Polen und Tschechien wurden zu Ost-West-Transitländern bzw. »Warteräumen« für Migranten aus Asien und Afrika, aus arabischen Ländern des Nahen und Mittleren Ostens, aber auch aus dem asiatischen Teil der GUS. Die Europäische Union wird sich zu alledem einiges einfallen lassen müssen, besonders wenn es um die näherrückende Ost-Erweiterung geht.

Folgerungen und Forderungen
In Migration, Migrationsdiskussion und Migrationspolitik hatte sich am Ende des Jahrhunderts eine Spannung zwischen Selbst- und Fremdzuschreibungen verschärft – zwischen dem Selbstverständnis von Migranten und den ihnen durch Migrationspolitik zugeschriebenen Identitäten. Diesen zugeschriebenen Identitäten aber müssen Migranten zu entsprechen suchen, wenn sie eine Chance auf Zugang haben wollen. Die Grenzen zwischen rechtlichen Gruppenbildungen wie »Arbeit«, »Asyl«, »Flucht« oder »Minderheiten« sind in den »multiplen Identitäten« (S. Castles / M. J. Miller) von Migranten deshalb noch fließender geworden als sie es vorab schon waren.

In Europa scheiden sich die Geister im Streit um die Einschätzung des »Migrationsdrucks« aus dem Süden und Osten. Im Zentrum steht die Frage, ob er überhaupt auf Europa zielt, ob er nachgerade unvermeidlich weiter ansteigen wird oder ob er durch supranational abgestimmte und international koordinierte Interventionen (»global governance«) zur Eindämmung von Migrations- und insbesondere Fluchtursachen begrenzt werden kann. Es geht dabei vor allem um ökonomische, politische und humanitäre Interventionen, als letztes Mittel notfalls aber auch um die bewaffnete Bekämpfung von Fluchtursachen: In Ruanda war sie seinerzeit wegen der Rivalitäten Frankreichs und der USA unterblieben. Im Kosovo führte sie, ohne UN-Mandat, in Gestalt des NATO-Bombardements 1999 sogar zunächst zur weiteren Eskalation der »ethnischen Säuberungen«; im September 1999 wurde sie auf Osttimor durch die Stationierung einer internationalen Friedenstruppe eingeleitet.

Von allen denkbaren Gestaltungsmöglichkeiten wurde von Europa bislang am meisten gegen die Zuwanderung von Flüchtlingen und Asylsuchenden, am wenigsten jedoch für die Bekämpfung der Fluchtursachen in den Ausgangsräumen getan. Das gilt, obgleich es für die Bekämpfung der Fluchtursachen zahlreiche Initiativen, Appelle und Absichtserklärungen, aber auch konkrete – wegen ungeklärter Beteiligungs- und Finanzierungsfragen noch wenig verbindliche – Pläne und sogar Beschlüsse gibt, von der nationalen über die europäische Ebene (Tampere 1999) bis zu den Vereinten Nationen. Solange das Pendant der Abwehr von Flüchtlingen aus der »Dritten Welt«, die Bekämpfung der Fluchtursachen in den Ausgangsräumen, fehlt, bleibt diese Abwehr ein historischer Skandal, an dem künftige Generationen das Humanitätsverständnis Europas im späten 20. Jahrhundert bemessen werden.

Die Rede von der »Festung Europa« ist bei alledem falsch und richtig zugleich: Sie ist falsch, weil Europa offen geblieben ist für viele Zuwanderer, die auf nationalen Ebenen erwünscht sind oder aufgrund übergeordneten europäischen Rechts bzw. universalistischer Prinzipien toleriert werden. Das gilt für privilegierte Minderheiten, für den Familiennachzug, in immer begrenzterem Umfang auch noch für Flüchtlinge und Asylsuchende; ganz abgesehen von nicht als sicherheitsrelevant geltenden Zuwanderungen, wie z.B. Eliten- und Wohlstandswanderungen oder Bildungs- bzw. Ausbildungswanderungen. Das Ergebnis sind Zugänge für eine erhebliche, aber doch vergleichsweise überschaubare Zahl. Die Rede von der »Festung Europa« ist richtig im Blick auf die Zuwanderungsbeschränkungen bzw. auf die Abwehr unerwünschter Zuwanderer, bevor sie über europäische Grenzen in den Geltungsbereich solchen Rechts und solcher Prinzipien kommen. Das bedeutet den Ausschluss einer unvergleichbar größeren Zahl.

Die uneingeschränkte Definitionsmacht über die Erwünschtheit oder Unerwünschtheit von Zuwanderungen aber liegt beim Einwanderungskontinent und seinen Staaten. Deshalb bleibt der Streit um die »Festung Europa« ein Streit um des Kaisers Bart; denn es ist immer Zweck einer Festung, denen, die drinnen leben, Schutz vor tatsächlicher oder vermeintlicher Bedrohung von außen zu bieten und nur die hereinzulassen, die nach Entscheidung der Insassen als erwünscht oder schutzbedürftig gelten.

Die geschilderten Probleme und Entwicklungstendenzen geben Anlass zu einer Reihe von Forderungen. Nötig ist zunächst und vor allem eine europäische Migrationspolitik, die diesen Namen verdient. Dann können Einwanderer, die mit bestimmten Berufsprofilen durchaus gebraucht werden, mit klaren Anforderungen des jeweiligen Einwanderungslandes konfrontiert werden. Sie können sich über die Einwanderungskriterien und darüber informieren, ob und wie sie ihre Chancen auf Zugang verbessern oder sich ggf. auf Wartelisten setzen lassen können – ohne sich durch Asylverfahren hindurchlügen oder gar illegale Wege beschreiten zu müssen.

Die Eröffnung von reellen Chancen für reguläre, wenn auch begrenzte Einwanderung wäre mithin auch ein Beitrag zum Kampf gegen die internationale Schleuserkriminalität im Bereich der illegalen Migration. Nötig ist dennoch ein unausgesetzter direkter Kampf gegen Menschenschleusung und Menschenhandel; denn deren international vernetzte Organisationen wachsen ständig, zumal Menschenschleusung und Menschenhandel heute ebenso lukrativ wie Drogenhandel sind und nicht selten über die gleichen mafiotischen Systeme betrieben werden. Grenzschutz und Polizei sind überfordert, solange dieser Kampf nicht auch politisch auf internationaler Ebene unter

Einbeziehung der Ausgangsräume geführt wird. Anders kommt man an international vernetzte kriminelle Organisationen wie die z.B. südchinesischen Triaden nicht heran. Gegebenenfalls müssen auch die Nachrichtendienste eingeschaltet werden.

Illusionär aber wäre die Vorstellung, dass die illegale Migration etwa durch Einwanderungsgesetzgebung und die Bekämpfung von Schleuserorganisationen regelrecht abzuschaffen sei. Illegale Einwanderung wird es, das ist eine historische Erfahrung aller Einwanderungsländer, immer geben. Und die Versuchung dazu wächst mit der Höhe des Zauns um das gelobte Land. Auch im Einwanderungskontinent USA mit seinen Einwanderungsgesetzen, Blechzäunen und Wärmebildgeräten an der Grenze zu Mexiko kommt die größte Gruppe der Einwanderer heute illegal aus dem Süden ins Land.

Aber Einwanderungsgesetze verhindern immerhin, dass an legaler Einwanderung Interessierte, die nicht zu den bevorzugten Gruppen zählen, in die Illegalität gedrängt werden – weil es keine legalen Zuwanderungswege für sie gibt oder weil diese Wege vom Dickicht der Restriktionen überwuchert worden sind. Solange es statt eines europäischen Migrationskonzepts nur eine negative Koalition der Abwehr gegen unerwünschte Zuwanderungen gibt, solange wirkt Europa selbst mit an der Illegalisierung der Zuwanderung von außen und am Feindbild der illegalen Einwanderung im Innern.

Das mag widersprüchlich klingen, aber wir müssen mit dieser Spannung leben lernen. Es geht um eine möglichst weitreichende Entkriminalisierung des Problems Migration. Wir brauchen deshalb einen Abbau der Feindbilder von den »illegalen Einwanderern«, bei denen in der Regel überdies Täter und Opfer verwechselt werden. Und wir brauchen die Einübung in einen normalen Umgang mit dem Unnormalen, z.B. durch die Befreiung von Ärzten von der zum Teil noch immer geltenden Pflicht, illegal im Lande lebende Patienten den Behörden zu melden. Wir brauchen zugleich geeignete Angebote zur Legalisierung, die man z.B. in Italien wie Frankreich »Regularisation« nennt und auch andernorts kennt.

Wir brauchen ferner eine Bekämpfung der Ursachen unfreiwilliger Wanderungen durch entwicklungsorientierte Migrationspolitik oder migrationsorientierte Entwicklungspolitik in den Ausgangsräumen. Dabei geht es nicht nur um den gezielten und vor allem kontrollierten Einsatz von Geld, sondern nötigenfalls auch um – besser als bisher koordinierte – friedensichernde Einsätze unter dem Dach der Vereinten Nationen oder anderer multinationaler Organisationen. Ein Europa, das sich dem verweigert, ist dazu verdammt, auf Dauer mit hohem Wanderungsdruck zu leben.

Nötig ist schließlich eine Koordination von Einwanderungs- und Asylpolitik. Eine bloße gegenseitige Aufrechnung von Einwanderer- und Asylbewerberzahlen wäre dabei falsch und zynisch zugleich: Bei Einwanderung und Arbeitswanderung geht es um ökonomische Interessen – nicht nur der Wirtschaftswanderer, sondern auch des Einwanderungslandes. Es muss das Recht haben, sich einen Teil seiner Einwanderer auszusuchen, zumal es eine große Zahl ohnehin aufnehmen muss unter dem Gebot übergeordneter Prinzipien (z.B. Familiennachzug) oder selbst auferlegter Verpflichtungen (z.B. Aussiedler). Deshalb führt an Qualifikationskriterien und Quoten hier kein Weg vorbei. Bei der Aufnahme von Flüchtlingen und Asylsuchenden hingegen geht es nicht um ökonomische Interessen, sondern um humanitäre Pflichten. Quoten sollte es deshalb nicht gegenüber Flüchtlingen und Asylsuchenden, sondern – als Verteilungsquoten – für europäische Aufnahmeländer geben. Angesagt ist nicht eine nationale Quotierung von Hilfsbereitschaft, sondern eine europäische Lastenteilung bei der Erfüllung dieser universellen humanitären Pflicht.

9.1.2 Integration und Politik – aus der Geschichte lernen? Essay,
in: Aus Politik und Zeitgeschichte, 40–41/2006, 4.10.2006 (Auszug).

Integration ist ein langer, mitunter intergenerativer Sozial- und Kulturprozess. Es geht es um die richtige Mitte zwischen der Forderung nach Integrationsbereitschaft der Zuwandererbevölkerung, klarer Rahmensetzung und der Bereitschaft zum Erlernen des Umgangs mit kultureller Differenz.

Erfahren und pragmatisch könnten die Deutschen gegenüber Problemen von Migration und Integration sein, bietet die Geschichte von Deutschen im Ausland und von Ausländern in Deutschland dazu doch viele Grunderfahrungen und Orientierungshilfen. Sie kannte in Deutschland aber nicht nur Integration, sondern auch Nichtakzeptanz und sogar die Ausgrenzung von gar nicht zugewanderten eigenen und doch zu »Fremden« gemachten Bürgerinnen und Bürgern. Das reichte bis zur Entrechtung und schließlich zur systematischen Ermordung von zu fremden »Untermenschen« Erklärten – innerhalb der eigenen Grenzen, vor allem aber nach deren gewaltsamer Expansion ins östliche Europa während des Zweiten Weltkriegs: Juden, Sinti, Roma und andere.

Dieser lange Schatten der jüngeren deutschen Geschichte liegt noch immer über vielem, was in Deutschland mit Mehrheit und Minderheiten, mit der Begegnung des Eigenen mit dem Fremden und mit den dazu nun einmal nötigen Spielregeln zu tun hat. Aber trotz aller daraus resultierenden Probleme der Selbstbeschreibung muss sich Deutschland als Einwanderungsland ein für andere und insbesondere für Einwanderer verstehbares öffentliches Bild von sich selber machen. Woran sonst sollten sich Einwanderer bei dem Versuch orientieren, das Land zu verstehen, das als Einwanderungsland ihre neue Heimat ist oder doch werden soll?

Die Akzeptanz des Wandels zur Einwanderungsgesellschaft wurde in Deutschland nicht nur durch Probleme der prekären nationalen und kulturellen Selbstbeschreibung, sondern auch durch eine säkulare ethno-nationale Tradition erschwert, in deren Zentrum die Vorstellung stand, Deutscher könne man nur sein, aber nicht werden. Diese Tradition wurde legislativ – damit aber nicht notwendig auch mental – erst durch die Reform des Staatsangehörigkeitsrechts im Jahr 2000 durchbrochen. Prekäre Selbstbilder und ethno-nationale Mentalitäten verschärften den Schock der kulturellen Differenzerfahrung, den die »Entdeckung« der Einwanderungsgesellschaft auslöste. Deren Existenz war bekanntermaßen lange Zeit hilflos dementiert worden («Die Bundesrepublik ist kein Einwanderungsland!«).

Mit diesem Schock begann der lange und bis heute erst streckenweise abgeschrittene Lernweg in Richtung auf die Einübung in den Umgang mit dem, was die einen (in Verkürzung eines Begriffs des amerikanischen Soziologen Richard Sennett) die Kultur der Differenz, die anderen (zur Vermeidung des anrüchig gewordenen Begriffs der multikulturellen Gesellschaft) kulturelle Vielfalt nennen. Dabei ging und geht es nach wie vor um den – für die einen grundlegenden, für die anderen grundstürzenden – Umgang mit der Frage, ob und wie die soziale Koexistenz unterschiedlicher kultureller »Heimaten« zur konstitutiven Selbstbeschreibung einer gemeinsamen kulturellen »Heimat« in der Einwanderungsgesellschaft werden kann. Das aber setzt eine Einigung darüber voraus, was denn das gemeinsame »Eigene« ist, das die kulturelle Differenz – also das je und je unterschiedlich registrierte Fremde – überwölben soll.

Die aufgeregt geführte neue Diskussion über »das Ende von Multikulti« in Deutschland ist zuweilen absurd, weil Politik und gesellschaftliche Realität verwechselt werden: Die Bundesrepublik Deutschland ist de facto längst ein Land mit kultureller Vielfalt geworden – ganz gleich, ob man diese Entwicklung nun seinerzeit bejubelt oder verteufelt hat. Was für die gesellschaftspolitische Gestaltung zählt, ist die gesellschaftliche Realität, die man in einem liberalen Rechtsstaat nicht rückwirkend verändern kann. Vergleiche mit den Niederlanden ankern oft in Missverständnissen: Auch dort ist die Multikulturalismus-Euphorie längst der Ernüchterung gewichen. Das aber hat vor allem damit zu tun, dass in den Niederlanden – anders als in Deutschland – lange aktiv ein regierungsamtliches Multikulturalismus-Konzept verfolgt wurde. Die deutschen Bundesregierungen, gleich welcher Couleur, hatten diesen multikulturellen Traum aber nie. Zuwanderung und Integration haben ihnen vielmehr lange Zeit entweder Alpträume verursacht oder sie haben überhaupt nicht geträumt, sondern nur tief geschlafen.

Die Folgen sind heute mancherlei Mängel an Klarheit, an konzeptioneller Zielorientierung, an pragmatischer Gelassenheit, aber auch an selbstbewusster Positionierung von Politik in einem lange missmutigen Einwanderungsland, das sich über mitunter widerwillige Einwanderer nicht wundern sollte. Viel zu spät wurde erkannt, dass – wie auch vom Verfasser schon Anfang der 1980er Jahre immer wieder vergeblich angemahnt – in der sich herausbildenden Einwanderungsgesellschaft Migrations- und Integrationspolitik, das heißt Migrationssteuerung nach außen und Integrationsförderung im Innern, zentrale Bereiche der Wirtschafts-, Gesellschafts- und Kulturpolitik sind.

Im späten 20. und frühen 21. Jahrhundert sind Zuwanderung und Integration – nicht nur in Deutschland – zu Sorgenthemen ersten Ranges geworden, insbesondere auf kommunaler Ebene. Dabei wird hierzulande freilich oft einseitig, nämlich nur im Blick auf mangelnde Integrationsbereitschaft der Einwanderer und nicht auch auf mangelhafte Integrationspolitik des Einwanderungslandes, skandalisiert und übertrieben, wird der Blick auf die größtenteils friedliche Entwicklung in unseren Städten oft durch Konzentration auf abschreckende Szenarien wie Zwangsheiraten, »Ehrenmorde«, Schulskandale und angeblich allenthalben wuchernde »Parallelgesellschaften« verstellt.

Das gilt nicht nur für die Medien, sondern auch für wichtige Bereiche der Wissenschaft: »Integrationsforschung« konzentriert sich in Wirklichkeit oft mehr auf Konflikt- und Desintegrationsforschung – als führe eine möglichst methodensichere empirische Analyse von Verkehrsunfällen zur Entdeckung der Regeln für den ansonsten meist flüssigen und unfallfreien Verkehr. Es ist offenbar leichter, sensationelle Ausnahmesituationen zu beschreiben als die unauffälligen, aber erfolgreichen Normallagen der Integration und deren komplexe Eigendynamik zu analysieren. Das Geheimnis der gelungenen Integration liegt aber gerade darin, dass sie unauffällig bleibt. In der politischen Migrationsdiskussion wiederum treten, zumal nach dem terroristischen Massenmord des 11. September 2001, die integrationspolitischen gegenüber den sicherheitspolitischen Komponenten stets weiter zurück.

Nicht nur in der deutschen, auch in der europäischen Mediendiskussion springt das Interesse von einem Konfliktfeld zum anderen: Nach der kurzfristigen Konzentration auf den Kampf gegen illegale Zuwanderer an den blutigen Zäunen der spanisch-nordafrikanischen Exklaven Ceuta und Melilla im Spätsommer 2005 kehrte das Sensationsinteresse vom Thema Zuwanderung nach Europa Ende 2005 wieder zum Thema Desintegration in Europa zurück, hier insbesondere mit Blick auf die Ereignisse in Frankreich. Deutsche Innenminister verfolgten aufmerksam, dass – wie schon mehrfach zuvor in England – nun auch im europäischen Einwanderungsland par excellence stellenweise die Wut benachteiligter jugendlicher Einwanderer der zweiten oder auch schon dritten Generation explodierte. Aus den Tumulten, die nicht zuletzt auf Fehlsteuerungen der französischen Integrationspolitik zurückzuführen sind, entwickelte sich im Oktober 2005 rasch ein suburbaner Flächenbrand.

Einige sich als Propheten des Untergangs gerierende Publizisten sehen die urbanen Welten auch in Deutschland nur mehr im Prozess von ethnischer, kultureller und sozialer Desintegration und Deformation. Panikschreiber machen mit vorgeblich wissenschaftlich fundierten oder scheinbar ganz pragmatischen, in Wirklichkeit monströs aufgeblasenen und auf die verängstigte ethno-nationale Volksseele zielenden aggressiv-kulturpessimistischen Menetekeln von sich reden. Dabei geht es in kulturhistorischem Dilettantismus vorzugsweise um den Untergang einer vermeintlich epochenübergreifend statisch bewahrten, nämlich »tausendjährigen deutschen Kultur« in der schmutzig-fremden Brühe einer urbanen »Multiminoritätengesellschaft«.

Was oft fehlt, ist der offene, nüchterne Blick auf die gesellschaftliche Wirklichkeit, das heißt auf die Situation der Einwanderer, der auch eigene Versäumnisse und nicht nur solche der Zuwandererbevölkerung wahrnimmt. Im Lichte historischer Entwicklungen kann die Einwanderungssituation in Deutschland noch immer als unauffällig beschrieben werden, wenngleich es größer werdende und keinesfalls zu verharmlosende Spannungsfelder gibt. Das gilt zum Beispiel für die Politik und das Handeln von Behörden gegenüber schon lange und immer wieder vergeblich angemahnten Problemen im schulischen Bereich, der zu Teilen nicht etwa erst heute implodiert, sondern dessen weitgehenden, von den Lehrkräften immer weniger aufhaltbaren Zusammenbruch man erst heute öffentlich hysterisch, politisch entrüstet und amtlich verlegen registriert. Schulische Brennpunkte wie die vielgescholtene Rütli-Hauptschule im Berliner Problembezirk Neukölln, aber auch die nicht minder vielgeziehene Leistikow-Schule im Berliner Villenviertel Zehlendorf, sind nur Beispiele dafür. Viel zu lange wurden einschlägige Warnungen von Experten der Wissenschaft und der Praxis überhört oder als bloße Dramatisierung abgetan. Solche Spannungsfelder sollten deshalb heute nicht populistisch dramatisiert werden – die Realität und das lange politische Versagen ihr gegenüber sind dramatisch genug.

Mitunter wird aber übersehen, dass im Licht historischer Erfahrungen das, was die Mehrheitsgesellschaft ohne Migrationshintergrund oft voreilig als »Desintegration« oder gar »Ghettobildung« beschreibt, im langläufigen Integrationsprozess eine Zwischen- und Übergangsphase bilden kann: Kultur ist, auch in der Einwanderungsgesellschaft, kein Zustand, sondern ein Prozess. Darin findet jede Zeit ihre besondere Form. Unzureichend bewusst ist vielen Zeitgenossen auch, dass in diesem Zusammenhang Integration grundsätzlich zu Veränderungen auf beiden Seiten führt: bei der Mehrheitsgesellschaft ohne Migrationshintergrund wie bei der Zuwandererbevölkerung. Dabei ist freilich von der Zuwandererbevölkerung ein bei weitem höheres Maß an Anpassung an – für beide Seiten – unmissverständlich zu formulierende Leitorientierungen und daraus abzuleitende soziale Umgangsformen in der Einwanderungsgesellschaft zu erwarten.

Mit dem Begriff »Parallelgesellschaften« wird seit etwa zwei Jahren in der deutschen öffentlichen Diskussion das Schreckbild einer dauerhaften Nicht- oder Desintegration von Zuwanderern mit permanent weiter ausblühenden urbanen Segregationsprozessen gezeichnet. Der Begriff wurde aus sachfremden Kontexten importiert, von den Medien begierig aufgegriffen und wird im politischen Diskurs seither in einer sich mittlerweile selbsttragenden Umlaufbahn um die eigentlichen Probleme gehalten. In der Alltagskommunikation der schockierten Mehrheitsgesellschaft ohne Migrationshintergrund dient die Paniksemantik vorzugsweise dazu, eigene kulturelle Vorurteile zu bestätigen.

Parallelkulturen als fließende Übergangserscheinungen gab und gibt es in vielen Prozessen der Einwanderung. Soziale und kulturelle Parallelitäten sind darüber hinaus prägend für Entwicklungslinien und Beschreibungsformen der modernen Gesellschaft insgesamt. Sie ist zwar vielgestaltiger und damit auch unübersichtlicher geworden, aber deshalb nicht – etwa im Sinne von zivilisationskritischen bzw. kulturpessimistischen, politischer Romantik verpflichteten Perspektiven – als schieres Zerfallsprodukt zu verstehen.

«Parallelgesellschaften« im strengen Sinne – das heißt mit klar abgrenzbarer ethno-kultureller Identität, bewusster sozialer und ökonomischer Abkapselung und eigenen, die staatlichen ersetzenden Institutionen – gibt es in Deutschland kaum. Zu den wenigen Ausnahmen gehören die von der deutschen Justiz in einem interkulturellen Missverständnis zu lange mit Samthandschuhen behandelten, zum Teil schwerstkriminellen mafiotischen Großfamilien und Ethno-Clans in unseren Städten, die insbesondere von Drogen-, Menschenhandel und Schutzgelderpressung leben. Diese Clans haben in der Tat schon lange in vollem Umfang abgeschottete parallelgesellschaftliche Strukturen ausgebildet, was mitunter bis zu eigenen so genannten Friedensrichtern und Strafvollziehern geht, die an die Stelle von Recht und Gesetz treten. »Parallelgesellschaften« im engeren Sinne gibt es in Deutschland darüber hinaus nur in Ansätzen, die man freilich im Auge behalten muss.

Soziale Brennpunkte entstehen auch nicht automatisch dort, wo sich Einwanderer konzentrieren, sondern dort, wo ethnische mit sozialen Problemen zusammentreffen und sich gegenseitig verschärfen. Die friedliche Koloniebildung im Einwanderungsprozess allein hat mit »Parallelgesellschaften« wenig zu tun: »Klein-Istanbul« ist, soweit damit nur die Siedlungskonzentration als solche angesprochen wird, im Kern nicht mehr und nicht weniger, als es viele der – nur in der deutschen Auswanderungsliteratur idyllisierten – Little Germanies in den Vereinigten Staaten des 19. Jahrhunderts waren. Wer das bestreitet, kennt die amerikanische Sicht der »verdammten Deutschen« (»these damned Dutch«) zur Zeit ihrer millionenstarken Masseneinwanderung nicht. [...]

Die Integration in die Mehrheitsgesellschaft erfolgt also oft auf dem Umweg über die Einwandererkolonie. Sie beginnt dann mit der Eingliederung in diese Herkunftsgemeinschaft mit ihren räumlich verdichteten Siedlungsstrukturen oder doch sozial geschlossenen Kommunikationskreisen. Integration auf diesem Umweg bedeutet – nach mehr oder minder langer Zugehörigkeit – Eingliederung in die umschließende Mehrheitsgesellschaft durch schrittweise Ausgliederung aus den Strukturen der Kolonie, etwa durch die Übernahme eines weiter entfernten Arbeitsplatzes, der einen Umzug erforderlich macht. Die Kolonie als Schutzgemeinschaft auf Zeit wird von der Mehrheitsbevölkerung des Einwanderungslandes oft nicht als Integrationsschleuse, sondern als integrationsfeindliche Abkapselung von nicht integrationswilligen oder gar nicht integrationsfähigen Einwanderern wahrgenommen. Das war in der Geschichte nicht anders.

Betrachtungen aus der Historischen Migrationsforschung sollen keine Verklärung der Koloniebildung im Einwanderungsprozess darstellen: Der Weg zur Integration über die Kolonie kann für Einwanderer im günstigen Falle eine subjektiv schützende Entlastung auf Zeit gegenüber dem möglicherweise aggressiven oder so empfundenen Assimilationsdruck der umschließenden Mehrheitsgesellschaft bieten; aber er bleibt objektiv immer ein Umweg mit einer mehr oder minder langen Verzögerung des Integrationsprozesses, insbesondere beim Spracherwerb als entscheidender Grundlage für die soziale Integration. Dauerhaft hinderlich war und ist dieser Eingliederungsweg allerdings nur für diejenigen, die zu lange oder gar auf Dauer im Sog der Kolonie bleiben, die bei segregativer Erstarrung auch integrationsfeindliche Verhaltensnormen ausbilden kann, die die Eingliederung in die Mehrheitsgesellschaft sogar als »Verrat« an der Herkunftsgemeinschaft erscheinen lassen können.

Es gibt für Fragen der Integration keine maßgeschneiderten »Lehren der Geschichte«. Die Integrationsgeschichte ist kein Steinbruch mit passgerechten Antwortblöcken für Fragen der Gegenwart, aber sie lehrt das Gebot der Geduld: Man sollte lernen, heute laufende Integrationsprozesse auch im Sinne von Kultur als Prozess, das heißt unter der Folie von Integration als lange dauerndem, mitunter intergenerativem Kultur- und Sozialisationsprozess zu verstehen. Dieser Prozess ist für die Einwanderer eine lebenslange Aufgabe und übersteigt nicht selten sogar die lebensgeschichtliche Dimension. Dies belegt die inzwischen auch in Deutschland gängige Rede von den Einwanderern der zweiten und dritten Generation. Es geht also nicht um das Schreckbild der dauerhaften Nicht- oder Desintegration in »Parallelgesellschaften«. Es geht um die richtige Mitte zwischen der nötigen Forderung nach Integrationsbereitschaft der Zuwandererbevölkerung, klarer politischer und rechtlicher Rahmensetzung und der Bereitschaft der Mehrheitsgesellschaft zum Erlernen des Umgangs mit kultureller Differenz bzw. kultureller Vielfalt.

9.1.3 Von der Arbeitswanderung zur Einwanderungsgesellschaft,
Festrede auf der Veranstaltung »Ein halbes Jahrhundert Arbeitswanderung« in der Frankfurter Paulskirche, 5.11.2009 (Auszug).[2]

1848/49 versammelte sich die Elite des Bürgertums hier in der Frankfurter Paulskirche. Im Vordergrund standen die nationale und die Verfassungsfrage, im Hintergrund drohte die Soziale Frage. In der Paulskirche ging besonders um politische Rechte für den bürgerlichen »Dritten Stand«, die ein Äquivalent zu seiner wirtschaftlichen Stellung bilden sollten.

Diskutiert wurde in der Paulskirche aber auch über Wanderungsfragen. In deren Zentrum standen in der öffentlichen Diskussion der Jahrhundertmitte die überseeische Massenauswanderung, der Schutz deutscher Auswanderer, aber auch die Frage nach einer indirekten Steuerung und wirtschaftlichen Nutzung der deutschen Auswanderung. Bei der Steuerung wurde in der zeitgenössischen Diskussion an die Begründung von informellen deutschen Siedlungskolonien, vorzugsweise in Südamerika, gedacht, die zugleich deutsche Absatzmärkte in Übersee erschließen sollten und zwar ohne Konkurrenz auf dem Weltmarkt – wie im Falle der Vereinigten Staaten, dem damaligen Haupteinwanderungsland der Deutschen. Das war eine britischen Kolonialtheorien verpflichtete Illusion, die in der Expansionsdiskussion der späten 1870er und frühen 1880er Jahre nochmals eine erhebliche, nicht minder illusionäre Rolle spielte.

Vor allem aber wurde die überseeische Massenauswanderung in der öffentlichen Diskussion der Jahrhundertmitte, in der seinerzeit modernen Dampfkesselmetaphorik, als soziales »Sicherheitsventil« gegen potenziell sozialrevolutionär wirkenden »Überdruck« im »Dampfkessel« der Gesellschaft verstanden. Dahinter stand die Angst vor der als gesellschaftliches Kernproblem im Wandel von der Agrar- zur Industriegesellschaft immer stärker ins Blickfeld rückenden großen Sozialen Frage des 19. Jahrhunderts.[3]

---

[2] Das Ms. konnte aufgrund des durch das Veranstaltungskonzept beschränkten Zeitbudgets nur teilweise und vorwiegend in freier Rede vorgetragen werden (Auszüge in: Die Welt, 7.11.2009; Süddeutsche Zeitung, 7.11.2009). Für kritische Hinweise danke ich Bernhard Santel, Dirk Halm, Jochen Oltmer und Steven Vertovec.
[3] Hierzu und zum Folgenden: K. J. Bade, Friedrich Fabri und der Imperialismus in der Bismarckzeit: Revolution – Depression – Expansion (Beiträge zur Kolonial- und Überseegeschichte, hg.v. R. von Albertini und H. Gollwitzer, Bd. 13), Freiburg i.Br./Zürich 1975, S. 33–53, S. 80–134.

In den legislativen und institutionellen Kernforderungen ihrer migrationspolitischen Diskussion waren die Abgeordneten der Verfassunggebenden Nationalversammlung 1848/49 in einiger Hinsicht schon weiter als die Abgeordneten des deutschen Bundestages im späten 20. und frühen 21. Jahrhundert; denn die Fraktionen der Paulskirche verabschiedeten am 15. März 1849 ein Migrationsgesetz (Reichsauswanderungsgesetz), in dem auch ein Migrationsministerium (Reichauswanderungsamt) vorgesehen war.

In der Gegenwart, in der es in der öffentlichen Diskussion – im Gegensatz zur statistischen Wirklichkeit – mehr um Zuwanderung als um Auswanderung geht, wäre das Pendant das Zuwanderungsgesetz (das es erst seit 2005 gibt) und ein Integrationsministerium (das nach wie vor ebenso fehlt wie ein umfassendes Integrationsgesetz). Eine auch vom Sachverständigenrat deutscher Stiftungen für Integration und Migration (SVR) vorgeschlagene institutionelle Stärkung des Migrations- und Integrationsbereichs auf der Bundesebene, z.B. durch die Einrichtung eines Querschnittsministeriums für Integration, wurde in der weiteren Öffentlichkeit im Herbst 2009 von den verschiedensten Seiten gefordert.[4] Sie scheiterte in den Koalitionsverhandlungen Ende Oktober 2009 am Widerstand insbesondere der Innen- und Rechtspolitiker, die auch andere Innovationen in der Migrations- und Integrationspolitik »streitig stellten«, was am Ende teils zu Ablehnungen, teils zu vagen Formelkompromissen in der Koalitionsvereinbarung zu Fragen von Zuwanderungsteuerung und Integrationspolitik führte.[5]

In dieser Hinsicht also harren die – freilich von ganz anderen Gesellschafts- und Migrationsverhältnissen bestimmten – institutionellen Pläne der Verfassunggebenden Nationalversammlung noch immer ihrer Umsetzung. Sie gingen seinerzeit unter mit der Revolution von 1848/49. Das Scheitern der Revolution wiederum hatte auch mit dem Rückzug des Bürgertums zu tun; denn im Frühjahr 1849 traten zunehmend die sozialrevolutionäre Unterströmung der Revolution und mit ihr der beargwöhnte frühproletarische »Vierte Stand« in den Vordergrund, was den bürgerlichen »Dritten Stand« ebenso abschreckte wie die alten Eliten. Die gefürchtete Soziale Frage aber stieg mit dem Industriezeitalter zur gesellschaftlichen Schlüsselfrage des 19. Jahrhunderts auf.

Ein Jahrhundert später, in den 1970er Jahren, hat Heiner Geißler mit Blick auf die seinerzeit unter dem Stichwort »Zeitbombe Gastarbeiterfrage« vieldiskutierte Integration der Zuwandererbevölkerung von einer »neuen sozialen Frage« gesprochen.[6] Sie ist längst, wenngleich in viel geringerem Maße als die große Soziale Frage des 19. Jahrhunderts, zu einer gesellschaftspolitischen »Schlüsselfrage« geworden – wie es auch wörtlich in der Koalitionsvereinbarung von Ende Oktober 2009 heißt.

Als ich in und seit den frühen 1980er Jahre in zahlreichen Schriften und Vorträgen zusammen mit nur wenigen anderen Wissenschaftlerinnen und Wissenschaftlern immer wieder von Integration als einem Zentralthema der Gesellschaftspolitik für Gegenwart und Zukunft[7] gesprochen habe, haben noch viele gelacht oder sich in zynisch-herablassenden Bemerkungen ergingen.[8] Heute lacht darüber niemand mehr. Aber die meisten der damaligen politischen und politisch-publizistischen Akteure haben vergessen oder verdrängt, dass das, worüber wir heute diskutieren, schon vor einem Vierteljahrhundert – vergeblich – als Thema aufgerufen worden ist. Heute haben wir es längst mit dem zu tun, was Bundestagspräsidentin a.D. Rita Süssmuth (CDU) 2006 im Untertitel ihres Buches über Migration und Integration als »Testfall für unsere Gesellschaft« be-

---

[4] Sachverständigenrat deutscher Stiftungen für Integration und Migration/SVR (Hg.), Viel getan, viel zu tun: Empfehlungen für die neue Regierungskoalition (SVR- Informationen, Oktober 2009, Presseinformation 5.10.2009), www.svr-migration.de.
[5] Wachstum – Bildung – Zusammenhalt. Koalitionsvertrag zwischen CDU, CSU und FDP, 17. Legislaturperiode, S. 74–79.
[6] H. Geißler, Die neue soziale Frage, Freiburg i.Br. 1976.

[7] Vgl. z.B. H. Esser, Arbeitsmigration und Integration, sozialwissenschaftliche Grundlagen, Königstein 1979; ders., Aspekte der Wanderungssoziologie: Assimilation und Integration von Wanderern, ethnischen Gruppen und Minderheiten, Darmstadt 1980; ders., Die fremden Bürger. Möglichkeiten und Grenzen der Integration von Ausländern. Düsseldorf 1983; E. Gehmacher / D. Kubat / U. Mehrländer (Hg.), Ausländerpolitik im Konflikt: Arbeitskräfte oder Einwanderer?, Königstein i.Ts. 1981; H.-J. Hoffmann-Nowotny / K.-O. Hondrich (Hg.), Ausländer in der Bundesrepublik Deutschland und der Schweiz: Segregation oder Integration, Frankfurt 1981; K. Dohse, Ausländische Arbeiter und bürgerlicher Staat, Königstein i.Ts. 1981; F. Heckmann, Die Bundesrepublik. Ein Einwanderungsland? Zur Soziologie der Gastarbeiterbevölkerung als Einwandererminorität, Stuttgart 1981; K. J. Bade, Vom Auswanderungsland zum Einwanderungsland? Deutschland 1880–1980, Berlin 1983; ders. (Hg.), Auswanderer – Wanderarbeiter – Gastarbeiter. Bevölkerung, Arbeitsmarkt und Wanderung in Deutschland seit der Mitte des 19. Jahrhunderts, 2 Bde., Ostfildern 1984; ders., Ausländer – Aussiedler – Asyl in der Bundesrepublik Deutschland (Monographie und Dokumentation, Nieders. Landeszentr. f. pol. Bildung), Hannover 1990; D. Oberndörfer, Die Offene Republik, Freiburg i.Br. 1991; ders., Der Wahn des Nationalen, Freiburg i.Br. 1993; K. J. Bade (Hg.), Deutsche im Ausland – Fremde in Deutschland: Migration in Geschichte und Gegenwart, München 1992; ders. (Hg.), Das Manifest der 60: Deutschland und die Einwanderung, München 1994 (https://www.imis.uni-osnabrueck.de/fileadmin/4_Publikationen/PDFs/Das Manifest der60.pdf); ders., Homo Migrans: Wanderungen aus und nach Deutschland – Erfahrungen und Fragen, Essen 1994; ders., Ausländer – Aussiedler – Asyl. Eine Bestandsaufnahme, München 1994 (https://www.imis.uni-osnabrueck.de/fileadmin/4_Publikationen/PDFs/Auslaender_Aussiedler_Asyl.pdf); für Medienbeiträge des Verfassers zu Migrations- und Integrationspolitik als Gesellschaftspolitik seit den frühen 1980er Jahren s. www.kjbade.de.
[8] Das galt insbesondere oft für die innenpolitische Berichterstattung der Frankfurter Allgemeinen Zeitung (FAZ), die viele Jahre eine Art publizistischen »Sperrriegel« (D. Oberndörfer) gegen Innovationen der Migrations- und Integrationspolitik bildete und schließlich selbst das ausdrücklich auch zum Zweck der »Begrenzung der Zuwanderung« formulierte Zuwanderungsgesetz von 2005 bis zuletzt noch als gefährliches »Einwanderungsgesetz« zu brandmarken suchte.

schrieben hat.[9] Dieser Test kann erst als bestanden gelten, wenn empirisch fassbare Realität geworden ist, was NRW-Integrationsminister Armin Laschet (CDU) in seinem im Oktober 2009 vorgestellten neuen Buch »Die Aufsteiger-Republik« genannt hat.[10]

1 Die Republik als Ein- und Auswanderungsland

Bestandsaufnahme: Die Zuwanderung nach Deutschland schrumpft und die Abwanderung steigt. Die Botschaft der Zahlen heißt: Deutschland kehrt in Sachen Migration und Integration zu historischen Grunderfahrungen zurück; denn es war in der Vergangenheit oft Einwanderungsland und Auswanderungsland im Wechsel oder zugleich. Mehr noch: Der aus der Verrechnung von Ab- und Zuwanderungsdaten gewonnene Wanderungssaldo von deutschen Staatsangehörigen wird anhaltend negativer. Er liegt seit 2006 durchgehend über minus 50 000 pro Jahr. Dass er in den letzten Jahren so deutlich erkennbar wurde, hatte statistische Gründe: In der Statistik der »Zuzüge und Fortzüge« (eine reguläre Migrationsstatistik gibt in Deutschland nicht) werden als Deutsche nicht nur die deutschen Rückwanderer, sondern auch die zuwandernden Spätaussiedler gezählt. Als die Zahl der Spätaussiedler, wie nicht anders zu erwarten und möglicherweise auch indirekt angestrebt, in Folge des Zuwanderungsgesetzes von 2005[11] steil abstürzte, wurden die Deutschen mit der nackten Wahrheit der roten Zahlen in ihrer Wanderungsstatistik konfrontiert.

Bis 2007 wurde der negative Wanderungssaldo bei den deutschen Staatsangehörigen noch balanciert durch den positiven Wanderungssaldo von ausländischen Staatsangehörigen. 2008 erlahmte diese balancierende Kraft bei schrumpfender ausländischer Zuwanderung und nach wie vor hoher deutscher Abwanderung, die allerdings in diesem Jahr aus verrechnungstechnischen Gründen[12] überhöht erscheint. 2008 gab es deshalb in der Statistik der Zu- und Fortzüge der Bundesrepublik Deutschland erstmals seit 1984 wieder eine auch insgesamt negative Bilanz. Langfristige Modellrechnungen zur Stabilität der sozialen Sicherheitssysteme in Deutschland aber gehen für die Zukunft zumeist noch von stark positiven Wanderungssalden und damit von einer indirekten Abfederung des Drucks der demographischen Wandels auf die Sozialsysteme aus. Diese Feder ist längst gebrochen.

Ausgeglichene oder gar negative Wanderungsbilanzen in einem Wohlfahrtsstaat mit schrumpfender und demographisch alternder Bevölkerung erhöhen mithin den strukturellen Reformdruck durch die Folgen des Zusammenwirkens von anhaltend hoher Abwanderung von Menschen im besten Erwerbsalter und abnehmender Zuwanderung von im Vergleich zum Aufnahmeland ebenfalls in der Regel jüngeren Menschen. Die Bereitschaft zu nachhaltigen Sozialreformen aber war schon vor der Krise im warmen Licht des Aufschwungs erlahmt, siehe Rentenpolitik. Sie schien im Zeichen von Krisensemantik und Wahlkampfrhetorik vollends abhanden gekommen zu sein und hat sich, wie die Koalitionsvereinbarung zeigte, auch im Zeichen der scheinbar abflauenden Krise noch nicht wieder eingefunden. Das gleiche gilt für die vom Sachverständigenrat und anderen Migrationsforschern dringlich empfohlene Entwicklung einer qualifikations- und arbeitsmarktorientierten Zuwanderungssteuerung zum gezielten Ausgleich der im Erwerbspersonenpotential steigenden Qualifikationsverluste durch Abwanderung.[13] [...]

Hätte es nach dem »Anwerbestopp« von 1973 oder doch wenigstens Anfang der 1980er Jahre für die dauerhaft im Land bleibenden Zuwanderer und ihre Familienangehörigen schon die Integrations- und Qualifizierungsprogramme im Konzept von »Fördern und Fordern« und die lange gleichermaßen vergeblich geforderte gezielte Einbürgerungswerbung gegeben – dann wäre vielleicht vieles anders gekommen. Was es, trotz der auf der Bundesebene geltenden Abwehrhaltungen, in der rettenden Praxis stattdessen gab, war die in vieler Hinsicht alleingelassene, improvisierende, aber durchaus erfolgreiche pragmatische Integrationsförderung durch die Kommunen und die Mittlerorganisationen von Caritas und Diakonischem Werk der EKD über Arbeiterwohlfahrt, Paritätischen Wohlfahrtsverband und Deutsches Rotes Kreuz bis zum Zentralverband der Juden in Deutschland, an die die Integrationsarbeit mit

---

[9] R. Süssmuth, Migration und Integration. Testfall für unsere Gesellschaft, München 2006 (Schmähkritik in der FAZ: S. Luft, Allgemeinplätze sind noch kein neues Denken, 9.2.2007).

[10] A. Laschet, Die Aufsteiger-Republik: Zuwanderung als Chance, Köln 2009 (Schmähkritik in der FAZ: S. Luft, Integrationsminister Armin Laschet hat sich überzeugt, 12.10.2009; vgl. dagegen K. J. Bade, Warum die Integration eine Erfolgsgeschichte ist, Rezension A. Laschet, in: Die Welt, 24.10.2009).

[11] Dies war absehbar und wurde auch vorausgesagt als Folge der Ausdehnung des nicht wiederholbaren Sprachprüfungen auch auf die mitreisenden Familienangehörigen nicht-deutscher Herkunft: Im Falle eines negativen Ausgangs der Prüfung wurde ein Zurücklassen von Familienangehörigen auf Zeit zur Beantragung von Familiennachzug von Deutschland aus nötig, was mit einer Familientrennung auf Zeit für zumindest einige Monate verbunden war. Dies aber hat in der Erinnerungskultur russlanddeutscher Familien seit dem Ende der Wolga-Republik 1941 eine alarmierende Konnotation, weil seinerzeit viele Familien auseinandergerissen wurden und sich zum Teil, wenn überhaupt, erst nach Jahrzehnten wiederfanden. Deshalb war eine abrupte Veränderung im Wanderungsverhalten nach der Bekanntgabe dieser Maßnahme durchaus erwartbar.

[12] Hintergrund sind amtliche Abmeldungen im Zusammenhang der neu eingeführten Steuernummern.

[13] Sachverständigenrat deutscher Stiftungen für Integration und Migration/SVR (Hg.), Qualifikation und Migration: Potenziale und Personalpolitik in der »Firma« Deutschland (SVR-Information Mai 2009; Presseinformation 26.5.2007); vgl. die im Auftrag des SVR erstellte Hochrechnung des Instituts für Wirtschaftsforschung (ifo): C. Holzner (ifo), S. Münz (ifo), S. Übelmesser (CES), Fiskalische Wirkungen der Auswanderung ausgewählter Berufsgruppen, 13.5.2009), alle Texte in: www.svr-migration.de.

Kostenübernahme delegiert wurde und die die Betreuungsklientel unter sich aufteilten.

Auf der Bundesebene aber dominierten in den 1980er Jahren drei Strategien: 1. die vergebliche Rückkehrwerbung mithilfe der als erster Erfolg der »Ausländerpolitik« der neuen Bundesregierung (CDU/CSU/FDP) gefeierten »Rückkehrprämien« 1982/83, die in Wirklichkeit nur einen Rückwanderungsstau und vorwiegend bloße Mitnahmeeffekte[14] auslösten, 2. die ausländerpolitische Maxime der »Aufrechterhaltung der Rückkehrbereitschaft« sowie 3. Angebote zu einer nur »sozialen Integration auf Zeit« – und all das unter dem reflexartig wiederholten Motto der wirklichkeitsfremden Verdrängung, dass die Bundesrepublik »kein Einwanderungsland« sei. »Was man verdrängt, das kann man nicht gestalten«, so habe ich vor diesem Hintergrund noch im November 1994 mein Hauptreferat bei dem Symposium der Deutschen Nationalstiftung in Weimar über Einwanderungsfragen überschrieben.[15]

Heute gibt es »Migrationsexperten« en gros. In den späten 1970er und frühen 1980er Jahren gab es erst eine kleine und nur langsam wachsende Gruppe von wissenschaftlichen Sachkennern, die mehr als zwei Jahrzehnte lang gegen eine defensive politische Gummiwand anredeten bzw. anschrieben und vergeblich vor den gesellschaftlich und volkswirtschaftlich kostspieligen Folgen unzureichender Integration und Integrationsförderung warnten.

Politische Verantwortungsträger von damals denken heute ungern daran zurück und weisen lästige Erinnerungen daran unwirsch als für die Gegenwart unproduktive Ausflüge in »Diskussionen von gestern« bzw. in rückwärtsgewandte »Rechthaberdiskussionen« ab, weil die im weitesten Sinne gesellschaftlichen, im engeren Sinne sozialen, volkswirtschaftlichen und fiskalischen Folgen der Versäumnisse von gestern heute unübersehbar sind.[16] Wer freilich diese konkreten Folgen defensiver Erkenntnisverweigerung nicht als Resultate auch von politischen Fehl- oder Nichtentscheidungen der Vergangenheit zu akzeptieren bereit ist, der läuft in der Gegenwart Gefahr, abermals in die gleichen Fallen zu treten, mit vielleicht noch gravierenderen Folgen für die Zukunft.

Einseitige Schuldzuschreibungen an die Adresse der Politik aber bleiben vordergründig; denn die Zuwanderer waren nie nur hilflos Betroffene, sondern immer zugleich auch eigenverantwortliche Akteure. Und sie verharrten als solche in ihrer Mehrheit lange unschlüssig zwischen unbefristetem Arbeitsaufenthalt und definitiver Einwanderungsabsicht. So betrachtet gab es lange eine doppelte Realitätsverkennung: ein Einwanderungsland ohne Einwanderungspolitik und Einwanderer ohne Einwandererbewusstsein.

Und doch gab es klare Ursache-Folge-Relationen; denn eine perspektivlose Einwanderungssituation fördert Orientierungsverlust bei den Einwanderern. Wie, so muss man rückblickend fragen, sollte Einwandererbewusstsein bei Zuwanderern entstehen, denen bis Anfang der 1990er Jahre immer wieder erklärt wurde »Die Bundesrepublik ist kein Einwanderungsland!« Ein Einwanderungsland wider Willen darf sich am Ende über gelegentlich widerwillige Einwanderer nicht wundern [...].

Deutschland selbst wandelte sich schrittweise – beschleunigt seit dem Mauerbau 1961, der den Arbeitskräftezustrom aus der DDR abschnitt – zuerst zum Arbeitseinfuhrland, dann weiter zum Einwanderungsland und in den letzten Jahren schließlich zu einem Migrationsland mit hoher transnationaler Wanderungsintensität in der Mitte zwischen Ein- und Auswanderungsland. Verbunden war mit alledem der Wandel von einer Aufnahmegesellschaft für Arbeitswanderer auf Zeit zu der Einwanderungsgesellschaft, in der wir heute leben mit ihrer hohen transnationalen Mobilität, ihrem beschleunigtem Strukturwandel und ihrer eigendynamisch wachsenden, komplexen und deshalb oft unübersichtlichen Diversität.

2 Migration und Integration in der Politik

Vieles hat sich seither geändert. Die Anstöße kamen lange Zeit von unten: aus den Kommunen, aus den Mittlerorganisationen, die lange die Integrationsarbeit trugen, aus den Ämtern der Ausländer- bzw. Integrationsbeauftragten auf Bundes- und Länderebene, aus den Kirchen, Gewerkschaften, Unternehmerverbänden und von Seiten gesellschaftspolitisch engagierter Wissenschaftler, die sich schon in den frühen 1980er Jahren des Themas angenommen hatten. Vielfach werden heute Stichworte und Einschätzungen beherzt neu entdeckt, die wir vor einem Vierteljahrhundert vergeblich vorgetragen haben. [...]

In der Tat hat Politik auf der Bundesebene im vergangenen Jahrzehnt, zwar historisch um ein Vierteljahrhundert verspätet, dafür aber umso kraftvoller, die Zeichen der Zeit erkannt. Es ging nun deutlich und in mancher Hinsicht sogar rasant und richtungsweisend voran. [...] Migrations- und Integrationspolitik sind zunehmend pragmatischer, die Themen Migration und Integration schrittweise zu Mainstream-Themen geworden.

---

[14] Das Konzept der »Rückkehrprämien« stammte überdies sogar vor der abgelösten sozialliberalen Koalition, war von ihr aber gerade wegen der befürchteten bloßen Mitnahmeeffekte nicht mehr umgesetzt worden.
[15] K. J. Bade, Die große Ratlosigkeit: Einwanderungsprobleme ohne Einwanderungspolitik, in: Frankfurter Rundschau, 21.11.1994, S. 12 (Dokumentation); vgl. ders., Migrationspolitik als Gesellschaftspolitik im vereinigten Deutschland, in: Caritas, 95.1994, H. 9, Sept. 1994, S. 381–387; ders., Gestalten statt verdrängen: Migration und Integration von Ausländern, in: Soziale Ordnung. Zeitschrift der Christlich-Demokratischen Arbeitnehmerschaft (CDA) Deutschlands, 48. 1995, H. 2, S. 12f.
[16] K. J. Bade, Versäumte Integrationschancen und nachholende Integrationspolitik, in: ders. / H.-G. Hiesserich (Hg.), Nachholende Integrationspolitik und Gestaltungsperspektiven der Integrationspraxis, Göttingen 2007, S. 21–94, hier S. 92–95.

Kehrseite der Beförderung von Integration als gesellschaftspolitischer Querschnittsaufgabe in den Mainstream-Bereich insbesondere von Innen-, Rechts- und Sozialpolitik, von Familien- und Bildungspolitik ist ein Zurücktreten von migrantenspezifischen Förderungen zugunsten einer nicht status-, sondern bedarfsorientierten Förderung derer, die begleitende und nachholende Integrationsförderung[17] als Partizipationsförderung brauchen, ob nun mit oder ohne Migrationshintergrund. Keine Frage: Es gibt es in Deutschland verwandte soziale Startnachteile an der Basis der Sozialpyramide auch bei der Bevölkerung ohne Migrationshintergrund. Deshalb sind z.B. begleitende und nachholende Bildungsförderung als Zentralbereiche der Partizipationsförderung auch für Menschen ohne Migrationshintergrund wichtige Gestaltungsaufgaben.

Es muss hier aber zumindest auf Zeit noch konzeptorientierte Differenzierungen geben, die nicht im Sinne einer absurden Opferkonkurrenz als einseitige Bevorzugung von Menschen mit Migrationshintergrund (»positive Diskriminierung«) missverstanden werden sollten; denn es geht hier, auch bei gleicher Soziallage, um Probleme von Einwanderern, die in einem sich lange verweigernden Einwanderungsland entstanden sind und von Menschen ohne Migrationshintergrund so nicht reklamiert werden können. Das ändert nichts an der Tatsache, dass sie im Ergebnis in ihren Entfaltungsmöglichkeiten und sozialen Aufstiegschancen über Bildung, Ausbildung und berufliche Qualifikation ähnlich benachteiligt sein können. Das reicht konkret bis hin zu den alarmierenden Meldungen über die Ergebnisse von Sprachstandsmessungen auch bei Kindern ohne Migrationshintergrund in prekären, bildungsfernen Milieus.

Ebenso klar ist aber, dass das Zusammenwirken von Integrationsproblemen und sozialen Problemen eine Doppelbelastung darstellt. Sie sollte Anlass sein, bei der Bildungsförderung in der Bevölkerung mit Migrationshintergrund nachhaltig zu intervenieren, ohne dabei durchaus ähnlich hilfsbedürftige Menschen ohne Migrationshintergrund zu übersehen. Für sie müssen die entsprechenden Programme aber zum Teil deutlich anders zugeschnitten werden, zumal bei der Bevölkerung mit Migrationshintergrund z.B. in höherem Maße Sprachprobleme mit den verschiedensten Anschlussproblemen eine besondere Rolle spielen.

Gerade in Schulen großstädtischer Verdichtungsräume mit starker Zuwandererbevölkerung erstreckt sich der besondere kompensatorische Bedarf an begleitender und nachholender Bildungsförderung als Teil der Lebenschancen eröffnenden Partizipationsförderung derzeit noch zum überwiegenden Teil auf Kinder und Jugendliche aus Familien mit Migrationshintergrund. Ziel muss es in der sich entfaltenden Einwanderungsgesellschaft sein, diesen besonderen kompensatorischen Bedarf bei der Bevölkerung mit Migrationshintergrund zu senken. Im Hintergrund steht dabei auch die hinlängliche bekannte, durch das deutsche Bildungssystem bewirkte, im EU-Vergleich einzigartige »Vererbung« der sozialen Startnachteile. Im Blick auf die hierzu seit vielen Jahren immer wieder wissenschaftlich und praxisbezogen begründeten und geforderten systemischen – d.h. das Bildungssystem in seinen Strukturen, in den Schulen, in der Ausbildung der Lehrkräfte und in deren Handlungsspielräumen verändernden – Reformen an Haupt und Gliedern gibt es, statt des von politischer und administrativer Seite immer wieder aufs Neue eingeklagten Erkenntnis- oder gar Nachweisbedarfs, in Wahrheit nur noch politische Umsetzungsprobleme. Trotz der hier aufgestauten, vielbeschriebenen und in ihren Folgen auf der Zeitachse wachsenden Probleme aber dürften die nur schrittweise vorankommenden Reformen in einem föderalen System, in dem die Zuständigkeit in Bildungsfragen von der Bundesebene weitestgehend der Länderebene überantwortet wurde, zweifelsohne noch geraume Zeit auf sich warten lassen.

Mit dem anzustrebenden Sinken dieses besonderen kompensatorischen Förderungsbedarfs bei der Bevölkerung mit Migrationshintergrund wird auch das Förderungssignal »Migrationshintergrund« verblassen und ein mehr und mehr gleichrangiges Kriterium für Hilfsangebote werden, bei denen es immer weniger um integrationsspezifischen und immer mehr um milieuspezifischen Förderungsbedarf gehen wird. Noch aber ist es nicht soweit. Konzepte, die diese Entwicklung durch die künstliche Einebnung der integrationsspezifischen Startnachteile antizipatorisch zu überspringen suchen, blamieren sich vor Schulklassen mit in städtischen Zuwanderungsräumen oft mehr als 80 Prozent Kindern und Jugendlichen mit einer wachsenden Vielfalt an Migrationshintergründen und sind eine zynische Antwort auf die Hilferufe von durch die Spannung zwischen solchen eigendynamischen Klassenstrukturen und dem Diktat unflexibler Lehrpläne oft bis an die Grenze der Belastbarkeit strapazierten Lehrkräften.

Integrationsspezifische Kompensationsprogramme sind deshalb durch die konkreten Integrationsverhältnisse bestimmte, zumindest mittelfristig noch unabdingbare soziale Schwellenkonzepte. Sie sind mitentscheidend für die Sicherung des sozialen Friedens in der sich entfaltenden und sich ständig weiter

---

[17] Zu diesen von mir angeregten Konzepten: K. J. Bade, Nachholende Integrationspolitik, in: Zeitschrift für Ausländerrecht und Ausländerpolitik (ZAR), 25.2005, H. 7, S. 218–222; ders., Die Trias der Integrationspolitik: Präventive, begleitende und nachholende Interventionen, in: Kulturpolitische Mitteilungen. Zeitschrift für Kulturpolitik der Kulturpolitischen Gesellschaft, Nr. 112, I/2006, S. 29–35; ders., Integration – Versäumte Chancen und nachholende Politik, in: Aus Politik und Zeitgeschichte, 22–23/2007, S. 32–38; ders., Nationaler Integrationsplan und Aktionsplan Integration NRW: Aus Erfahrung klug geworden?, in: ZAR, 27.2007, H. 9, S. 307–315; W. Schäuble, Anforderungen an eine moderne Integrationspolitik, in: K. J. Bade / H.-G. Hiesserich (Hg.), Nachholende Integrationspolitik, S. 7–20, hier S. 12.

ausdifferenzierenden Einwanderungsgesellschaft. Es geht hier mithin um eine gesellschaftspolitische Aufgabe ersten Ranges mit dem erhabenen Ziel, sich selbst überflüssig zu machen.

Die seinerzeit warnend angekündigten Rechnungen über die sozialen Folgen der historischen Versäumnisse in Sachen Einwanderungspolitik und Integrationsförderung aber kommen heute zunehmend auf den Tisch: Es sind die sozialen, aber auch volkswirtschaftlichen Folgekosten unzureichender Integration, die die Bertelsmann-Stiftung 2008 auf jährlich 16 bis 20 Milliarden Euro hochgerechnet hat. Dabei kann das, was seinerzeit an rechtzeitiger Integrationsförderung unterblieb, heute durch nachholende Integrations- und Partizipationsförderung ohnehin nicht mehr ausgeglichen, sondern nur mehr in seinen Folgeschäden begrenzt werden, trotz vielfach höherer Kosten.

3 Migranten in der Politik

Innerhalb der Gesamtbevölkerung in Deutschland haben derzeit insgesamt fast 20 Prozent einen sogenannten Migrationshintergrund.[18] In vielen Großstädten liegt der Anteil bedeutend höher, in Frankfurt bei mehr als einem Drittel der Stadtbevölkerung. In Nordrhein-Westfalen haben laut Mikrozensus 36,2 Prozent der unter 18-Jährigen einen Migrationshintergrund, in Köln sind es 48,5 Prozent, in Düsseldorf 49,4 und in Hagen sogar 55,7 Prozent. In manchen deutschen Städten also bilden innerhalb der jüngeren Bevölkerung Menschen mit Migrationshintergrund bereits die Mehrheit.[19] Und unsere urbanen Welten sind bislang noch immer nicht in einer die »deutsche Ethnie« erstickenden »Multiminoritätengesellschaft« (A. Schmid) versunken, wie dies seit Jahrzehnten auch in zivilisationskritischen und kulturpessimistischen Menetekeln über den Untergang der scheinbar aus dem Zeitalter der Kreuzzüge datierenden, weil angeblich »tausendjährigen« deutschen Kultur (H. Birg) beschworen wird.

Die Wahlberechtigten mit Migrationshintergrund stellten vor der letzten Bundestagswahl ca. 9 Prozent (5,6 Mio.) der Gesamtzahl der Wahlberechtigten (62,2 Mio.). Im letzten Bundestag gab es mit 612 Abgeordneten aber nur 11 (knapp 1,8 Prozent) Abgeordnete mit Migrationshintergrund. Im neuen Bundestag haben sich die Relationen deutlich verändert: Von den nunmehr 622 Abgeordneten haben jetzt knapp doppelt so viele wie bisher, nämlich 21 Abgeordnete (ca. 3,5 Prozent) einen Migrationshinter-

grund.[20] Zu ihnen zählt mit Philipp Rösler (FDP) erstmals auch ein Minister, der allerdings nicht einer der großen Zuwanderergruppen mit ihren zuweilen harten Integrationswegen (bes. »Gastarbeiter«, Aussiedler/Spätaussiedler, Juden aus der GUS) entstammt, sondern als aus Vietnam adoptiertes Kind in einer deutschen Familie in Hamburg-Harburg und Bückeburg aufgewachsen ist.

Die deutschen Relationen liegen zwar durchaus im unteren europäischen Mittelfeld: Einen Migrationshintergrund haben – bei einiger Skepsis gegenüber den schillernden Definitionen gerade im internationalen Vergleich – im schwedischen Rijksdag über 7, im britischen Unterhaus 3,7 und in der französische Nationalversammlung 2,7 Prozent der Abgeordneten.[21] Mit fast 20 Prozent der Bevölkerung, 9 Prozent der Wahlberechtigten und nur 3,5 Prozent der Abgeordneten mit Migrationshintergrund im Bundestag ist die parlamentarische Repräsentanz der Bevölkerung mit Migrationshintergrund einer demokratischen Einwanderungsgesellschaft aber noch immer unwürdig.

Geklagt wird vor diesem Hintergrund in Deutschland oft über stagnierende, in einigen Bundesländern auch rückläufige Einbürgerungszahlen. Daraus wiederum wird nicht selten der – voreilige und empirischen Erhebungen nicht standhaltende – Rückschluss auf ein manifestes Desinteresse der Einwandererbevölkerung an politischer Beteiligung und Mitwirkung gezogen. Parteien, insbesondere solche, die sich von Wählern mit Migrationshintergrund wenig Stimmen versprechen, argumentieren mit einem Zielkonflikt zwischen dem Erreichen ihrer Wahlziele und der Berücksichtigung von Kandidaten mit Migrationshintergrund bei aussichtsreichen Direktmandaten bzw. auf den vorderen Listenplätzen, nach dem Motto: Es sei doch verständlicherweise im gemeinsamen Interesse besser, wenn »Hans« den Wahlkreis gewinne und dann auch »Ali« im Bundestag oder im Landtag vertrete als wenn »Ali« die Wahl verliere und dann weder »Hans« noch sich selbst vertreten könne. Unzureichend begründet bleibt dabei in der Regel nur die Gewissheit, dass »Ali« ein Verlierer sei.

Dieser vordergründige Zielkonflikt würde aufgehoben und das Interesse der Einwandererbevölkerung am Erwerb der deutschen Staatsangehörigkeit würde abrupt deutlicher zutage treten durch eine Erleichterung der Einbürgerung. Dabei geht es nicht etwa um eine Senkung der aus guten Gründen hochliegenden Standards; denn der Eintritt in den Kreis der Staatsangehörigen mit allen Rechten und Pflich-

---

[18] Die neudeutsche Wortschöpfung tendiert zu einer semantischen Verschleierung der Einwanderungssituation ebenso wie die Rede vom »Integrationsland Deutschland«. Klarer und realitätsbezogener wäre es gewesen, dem international üblichen Sprachgebrauch zu folgen und von »Einwanderern (der ersten, der zweiten oder der dritten Generation) im Einwanderungsland Deutschland« zu sprechen.

[19] Daten von IT-NRW, ehemals Landesamt für Datenverarbeitung und Statistik (LDS), Düsseldorf.

[20] Die gelegentlich genannte Zahl von 27 ergibt sich, wenn dabei auch Abgeordnete mitgezählt werden, die bei einem zeitweiligen Auslandsaufenthalt ihrer deutschen Eltern geboren wurden.

[21] A. M. Wüst / T. Saalfeld, Abgeordnete mit Migrationshintergrund im Vereinigten Königreich, Frankreich, Deutschland und Schweden: Opportunitäten und Politikschwerpunkte, in: Politische Vierteljahresschrift, 44.2009.

ten ist mehr als die Mitgliedschaft im Fußballclub. Es geht vielmehr um die bedingte Akzeptanz der doppelten Staatsangehörigkeit – nicht nur in den üblichen Sonderfällen, z.B. im Falle von Herkunftsländern, die, wie etwa der Iran, Auswanderer nicht aus der Staatsangehörigkeit entlassen, sondern auch bei Einwanderern, deren Familien schon lange, zum Teil seit Generationen, in Deutschland leben. Damit würde das seinen Einwanderern gegenüber lange griesgrämige Einwanderungsland wider Willen endlich einen Schlussstrich ziehen unter ein für eine demokratische Einwanderungsgesellschaft unrühmliches Kapitel der Bürgergeschichte.

Bei EU-Staatsangehörigen erfolgt die Einbürgerung heute zu rund 95 Prozent unter Hinnahme der doppelten Staatsangehörigkeit. Warum nicht auch bei dauerhaft ansässigen Drittstaatsangehörigen, die die dazu erforderlichen Voraussetzungen mitbringen, also auch bei Menschen aus Staaten wie z.B. der Türkei, um das quantitativ wichtigste Beispiel zu nennen. Das würde bei vielen seit Generationen im Land ansässigen türkischen Ausländerfamilien auch intergenerative Spannungen zwischen der Großeltern- und der Enkelgeneration aufheben. An denen aber ist das widerwillige Einwanderungsland nicht unschuldig, das einst den Großvater mit Rückkehrprämien aus dem Land locken wollte, weshalb der Enkel heute sagt: »So lange mein Großvater lebt, der von den Deutschen viel einstecken musste, so lange werde ich die türkische Staatsangehörigkeit nicht zugunsten der deutschen aufgeben; denn dann bin ich der Deutsche und er fühlt sich auch mir gegenüber als Ausländer.«

Wir müssen sensibler werden für kulturelle Differenz. Es gilt zu lernen, in der Einwanderungsgesellschaft mit unterschiedlichen Erinnerungskulturen zu leben: Millionen von Inländern mit Migrationshintergrund haben die Geschichte dieses Landes anders erlebt als die Mehrheitsbevölkerung ohne Migrationshintergrund. Wer von einer Förderung der Einbürgerungsbereitschaft redet, sollte deshalb von der Akzeptanz der doppelten Staatsangehörigkeit nicht schweigen. Damit wäre auch der elende Stellvertreterkrieg um das kommunale Wahlrecht vom Tisch, bei dem Zuwanderer aus Drittstaaten außerhalb der EU gleichermaßen benachteiligt sind und selbst im lokalen Raum nicht mitbestimmen dürfen, auch wenn sie schon seit Jahrzehnten in Deutschland leben, arbeiten, Steuern und Sozialabgaben an das Gemeinwesen bezahlen.

Wir hören stattdessen immer wieder von angeblichen Identitätskrisen und Loyalitätskonflikten, die mit der doppelten Staatsangehörigkeit verbunden sein sollen. Das sind in Wahrheit Projektionen, die es vorzugsweise in den Köpfen der Gegner der doppelten Staatsangehörigkeit gibt. Andernfalls müsste ja auch eine große Zahl der Aussiedler/Spätaussiedler in diesem Sinne mental erkrankt sein, weil sie die mitgebrachte Staatsangehörigkeit behalten oder wiedererwerben durften; ganz zu schweigen von den rund 95 Prozent mit doppelter oder sogar mehrfacher Staatsangehörigkeit eingebürgerten Unionsbürgern, die sich dem Vernehmen nach auch nach dem zusätzlichen Erwerb der deutschen Staatsangehörigkeit noch bester Gesundheit erfreuen.

Die Ablehnung der Mehrstaatigkeit wurde bekanntlich auch von der EU 1997 fallen gelassen und wird seither auf EU-Ebene nur mehr als ein pragmatisch-rechtstechnisches Problem verstanden. Deshalb spricht auch supranational nichts mehr gegen das, was in Deutschland nach wie vor so gefürchtet ist als Nachwirkung von durch die hier inkonsequente Reform des Staatsangehörigkeitsrechts 2000 unzureichend eingegrenzten ethno-nationalen Traditionslinien. Den selbsternannten Sozialtherapeuten der Identitätskrisen von Doppelstaatlern sei deshalb geraten, sich nicht die Köpfe anderer Leute zu zerbrechen und sich mehr um die eigenen zu kümmern.

Was es tatsächlich gibt, sind rechtstechnische Probleme der Mehrstaatigkeit, die auch auf EU-Ebene gesehen werden. Sie sollten nicht naiv kleingeredet, können aber pragmatisch gelöst werden. Das gilt etwa für bilaterale Abkommen über die Nicht-Vererbbarkeit einer doppelten oder mehrfachen Staatsangehörigkeit auf die dritte Generation, wenn die Eltern selber schon nicht mehr im entsprechenden Land geboren worden sind. Dass das für die Behörden, die mit der Klärung und Verwaltung dieser Probleme befasst sein werden, mit erheblicher Mehrbelastung verbunden ist, steht außer Frage und sollte bei der Bewertung der in der Regel vehementen Ablehnung solcher Überlegungen auf Behördenseite mit bedacht werden.

Was hingegen als fatales Rechtskonstrukt tatsächlich folgenreiche Identitätskrisen bei von einer Elternentscheidung betroffenen Jugendlichen auslösen kann, ist die Rechtsakrobatik der sogenannten Optionslösung bei der parteipolitisch umstrittenen Reform des Staatsangehörigkeitsrechts im Jahr 2000 mit ihren zum Teil absurden Rechtsfolgen. Die Beispielkette reicht von jungen Mandatsträgern oder Berufsbeamten, die ihre als »Optionskind« erworbene deutsche Staatsangehörigkeit wieder verlieren, bis hin zu wieder ausgebürgerten Eltern, die ihre auf Zeit erworbene deutsche Staatsangehörigkeit aber bereits an ihre Kinder vererbt haben, was zweifelsohne nicht um den Schutz der Familie bemühten Vätern und Müttern des Grundgesetzes so nicht vorgesehen war.

Was können Enkel der ehemaligen »Gastarbeiter« aus der Türkei dafür, dass das Heimatland ihrer Großeltern heute noch immer nicht reguläres Mitglied der EU ist? Wie sollen sie verstehen, dass auf den Schulbänken um sie herum aus dem gleichen Zuwanderermilieu stammende deutsche Schüler italienischer, spanischer oder griechischer Herkunft sitzen, die, wenn ihre Eltern dies beantragt haben, mit Selbstverständlichkeit zwei Pässe haben können, während sie als in dritter Generation in Deutschland geborene türkische Schüler nur Deutsche auf Zeit sein dürfen und sich zwischen ihrem 19. und der Vollendung ihres 23. Lebensjahres für eine der beiden

Staatsangehörigkeiten entscheiden müssen? Das ist rechtlich korrekt, aber lebensweltlich grotesk.

Die Optionslösung sollte deshalb möglichst bald aufgehoben und durch eine Lösung ersetzt werden, die einer demokratischen Einwanderungsgesellschaft würdig ist, wie dies auch der Sachverständigenrat deutscher Stiftungen für Integration und Migration in seinem zu den Koalitionsverhandlungen vorgelegten Dringlichkeitskatalog empfohlen hatte.[22] Die Koalitionsvereinbarung sieht nach heftigen öffentlichen Protesten zwar immerhin vor, das Optionsmodell in der Praxis zu überprüfen und nötigenfalls zu überarbeiten. Es wäre aber sicher besser gewesen, die in solchen Fällen in der Wirtschaft übliche Notbremse zu ziehen, d.h. ein fragwürdiges Produkt zurückzurufen und es erst in verbesserter Form wieder auf den Markt zu bringen, statt die Fehlkonstruktion zunächst einmal einen Testlauf auf Kosten der Betroffenen absolvieren zu lassen, um deren Reaktion zu beobachten.

4 Integration und Streitkultur

Integration braucht Engagement und Geduld auf beiden Seiten der Einwanderungsgesellschaft: Bei den sogenannten Fremden, die in Wirklichkeit oft schon lange Einheimische sind und bei den Einheimischen, die oft selber die Nachfahren zugewanderter Fremder sind.

Engagement ist nötig, denn: Gelingende Integration setzt nicht nur Integrationsbereitschaft bei den Einwanderern, sondern auch aktive Akzeptanz bei der Mehrheitsbevölkerung voraus. Aus beidem muss ein Mindestmaß an gegenseitigem Grundvertrauen resultieren, das Einwanderern dauerhafte Sicherheit im Einwanderungsland signalisiert. Das gilt zumal dann, wenn sie beim Erwerb der Staatsangehörigkeit ihre staatsbürgerlichen Bindungen zum Herkunftsland aufkündigen müssen und damit auch dessen Schutz im Ausland verlieren.

Geduld ist nötig, denn: Integration ist ein langer Kultur- und Sozialprozess, der oft die Lebensdauer überschreitet und damit zum intergenerativen Prozess wird. Das können Deutsche aus ihrer eigenen Migrationsgeschichte lernen: Deutsche Einwanderer waren auch keine »Musterknaben der Assimilation« (W. Kamphoefner) und haben in den Vereinigten Staaten des 19. Jahrhunderts oft drei Generationen gebraucht, bis aus »Deutschen in Amerika« (erste Generation), in der zweiten Generation »Deutsch-Amerikaner« und in der dritten schließlich »Amerikaner deutscher Herkunft« wurden, obgleich sie in der Heimat schon in der ersten Generation »Amerikaner« oder doch »Deutsch-Amerikaner« genannt wurden.

Warum sollte es nicht auch mitunter bis zu drei Generationen dauern, bis – um das türkisch-deutsche Beispiel zu wählen – aus Türken in Deutschland (erste Generation), in der zweiten Generation türkische Deutsche mit und ohne Staatsangehörigkeit und in der dritten Generation Deutsche türkischer Herkunft bzw. Deutsche mit türkischem Migrationshintergrund geworden sind, obgleich auch sie schon in der ersten Generation in der Heimat »Deutschländer« (»Alemanji«) genannt wurden? Und gegenüber dem beliebten Argument der Mehrheitsbevölkerung, dass andere Zuwanderergruppen sich deutlich schneller integrierten als »die Türken«, darf daran erinnert werden, dass es zur Zeit der deutschen Masseneinwanderung in den Vereinigten Staaten des 19. Jahrhunderts nach Auffassung der amerikanischen »White Anglo Saxon Protestants« (WASP) auch andere Einwanderergruppen gab, die sich bedeutend rascher und problemloser zu integrieren schienen als ausgerechnet »these damned Dutch«, wie man »diese verdammten Deutschen« wegen ihrer befremdlich klingenden Sprache auch nannte, und insbesondere die Katholiken unter ihnen, die fast so unbeliebt waren wie die Iren.[23]

Geduld ist deshalb auch nötig bei denen, die diesen Prozess beobachten, und die im Streit um die Deutungsmacht im Diskussionsfeld Integration lange in zwei große, in sich vielgestaltige Lager zerfielen – in das Lager der euphemistischen Sozialromantiker und in das Lager der kakophonen Skandalisierer:

Die Sozialromantiker glaubten, Integration sei eine fröhliche Rutschbahn in ein buntes Paradies. Das war ein ebenso naiver wie gutgläubiger Irrtum, der bald desillusioniert und aufgegeben wurde. Die ebenso selbstgerechte wie historisch falsche Rede des anderen Lagers, dass »MultiKulti« lange die nötige Integrationspolitik blockiert habe, ist eine geschichtsfremde Legende, die durch stete Wiederholung nicht an historischem Realitätsbezug gewinnt; denn man muss Konzept und Prozess unterscheiden: Eine multikulturelle Gesellschaftspolitik als Konzept auf Bundesebene hat es in Deutschland – im Gegensatz zu dem niederländischen Experiment – nie gegeben. Aber was den Prozess der Gesellschaftsentwicklung anbelangt, so steht außer Frage, dass sich in Deutschland multikulturelle Gesellschaftsstrukturen herausgebildet haben und immer weiter ausdifferenzieren, ob man das nun begrüßt oder verflucht.

In der öffentlichen und politischen Diskussion über Mehrheiten, Minderheiten und Integrationsfragen in Deutschland dominiert noch immer die von eifernden Skandalisierern der Integration wachgehaltene einseitige Konzentration auf abschreckende Stichworte wie »Ehrenmorde«, »Zwangsheiraten«, »Genitalverstümmelungen« und »Parallelgesellschaften« als selbst gewählte »Ghettosituationen«, organi-

---

[22] SVR, Viel getan, viel zu tun, s. Empfehlung 3.2, S. 4.

[23] Über die sich von einer Einwanderergeneration zur anderen verschiebenden Zuschreibungen von Integrationsversagen, Gefährdung des Einwanderungslandes und den damit verbundenen Wandel der Feindbilder gegenüber Einwanderergruppen im internationalen Vergleich: L. Lucassen, The Immigrant Threat. The Integration of Old and New Migrants in Western Europe since 1850, Urbana 2005.

siert in »ethnischen Kolonien« als Zentren von Kriminalität und häuslicher Gewalt.

Kein Zweifel: Es gibt diese Probleme und man sollte sie nicht schön zu reden versuchen. Wir brauchen vielmehr klare Antworten darauf und sie werden zunehmend auch gegeben, zuletzt z.B. durch die Erklärung von Zwangsheiraten und Genitalverstümmelungen zu Straftatbeständen. Aber die skandalisierende Addition von abscheulichen Ausnahmen bestätigt nur die Regel der fortschreitenden Integration, auch wenn sie in einigen Segmenten der Einwanderungsgesellschaft deutlich langsamer vorankommt als in anderen. Wir sollten deshalb, auch in der Berichterstattung in den Medien, für die Verhältnismäßigkeit der Mittel sorgen und der fremdenfeindlichen populistischen Agitation ebenso wenig zuarbeiten wie der latenten oder sogar offenen Verdächtigung von Muslimen als Zugehörige einer potentiell fundamentalistisch-terroristischen Minderheit nach dem absurden Motto: Wer anders betet, wirft vielleicht auch Bomben.

Die Skandalisierer der Integration erklären noch immer konstant, »die Integration« sei flächendeckend »gescheitert«, was, gerade im europäischen Vergleich, kakophoner Unflat ist. Sie diffamieren zugleich das vielseitige Engagement zur Förderung von Integration als semi-kommerzielle »Integrationsindustrie«. Sie betreiben damit auf scheinheilige Weise in heroischer, nur der angeblichen »Wahrheit« verpflichteten Pose selber eine sehr einträgliche denunziative Desintegrationspublizistik. Sie werden damit zu einem populistischen Hindernis im Integrationsprozess, weil sie alte Vorurteile gegenüber einzelnen Einwanderergruppen stets aufs Neue bekräftigen, zumeist mit unzureichend belegten Behauptungen von bloß anekdotischer Evidenz und nicht selten vor dem einfältigen Hintergrund von handgestrickten Kulturphilosophemen.

Streit um Integration geht oft ans »Eingemachte«. Das war und ist in allen Einwanderungsländern so. Das haben auch Deutsche im Ausland immer wieder erfahren und sie erfahren es noch heute. Das reicht von der geläufigen amerikanischen Befürchtung, die im 19. Jahrhundert in Massen einwandernden, oft lange in ihren städtischen »Little Germanies« konzentrierten und im ländlichen »German Midwest« vielfach noch in der dritten Generation im Englischen radebrechenden Deutschen wollten nicht sich, sondern die Amerikaner integrieren bis hin zu der aktuellen Frage einer bekannten Schweizer Zeitung »Wie viele Deutsche verträgt die Schweiz?«[24].

Auseinandersetzungen über Integrationsfragen gehören also, auch mit harten Bandagen, durchaus zur Streitkultur in einer demokratischen Einwanderungsgesellschaft. Integrationsstreit muss aber die Spielregeln einhalten und seine Schranke finden vor herkunfts-, kultur- oder religionsbezogenen Gruppendenunziationen mit nachgerade anthropologischen Argumenten im Blick auf so bedingte intellektuelle, mentale oder habituelle »Fähigkeiten«, z.B. zur Integration.

Diese auch verfassungsverankerte Denunziationsschranke hat Thilo Sarrazin im Vollrausch seiner sarkastischen Semantik durchbrochen, trotz manch treffsicherer Beobachtungen in anderen Bereichen seines nur wegen der demagogischen Ausreißer vieldiskutierten, aber insgesamt nicht sonderlich gehaltvollen Interviews.[25] Dieser Kommunikationsbruch hat die von der Desintegrationspublizistik emsig munitionierte und von nicht wenigen Politikern und anderen meinungsbildenden Multiplikatoren argumentativ wachgehaltene islamophobe Unterströmung der deutschen Integrationsdiskussion erneut zuoberst gekehrt und auch in die Feuilletons gespült. Hinter den oft von wenig Sachkenntnis getrübten teils islamkritischen, teils muslimkritischen, mitunter nachgerade islamophagen Argumenten steht durchaus nicht nur in erster Linie das vorgebliche Bemühen um eine »doch nur objektive« Betrachtung eines oft von den gleichen Autoren ohnehin perhorreszierten Themas. Erinnert sei insoweit an Bertolt Brechts berühmtes Wort »Mit der Objektivität fängt es immer an!« (»Furcht und Elend des Dritten Reiches«) oder, B.B. möge verzeihen, an das berüchtigte Wort von Franz-Josef Strauß, er glaube nur an die Statistiken, die er selber gefälscht habe.

Dass Sarrazin 70 Prozent »der türkischen« und 90 Prozent »der arabischen Bevölkerung« in Berlin pauschal für »weder integrationswillig noch integrationsfähig« hielt, war eine ebenso unbelegte wie skandalöse Projektion, die besser am Stammtisch geblieben wäre, wo sie bekanntlich ohnehin gilt. Dass aber 51 Prozent der daraufhin befragten Deutschen Sarrazins Einschätzungen für richtig hielten – das war der eigentliche Skandal.[26] Er signalisierte, dass noch immer mehr als die Hälfte der Nation im Blick auf den Islam geistig an dem besagten Stammtisch sitzt. Die populistische Desintegrationsindustrie weist immer neuem Publikum den Weg dorthin und bestätigt durch solchen Zulauf zugleich das alte Publikum in seinen gläubigen Argumenten. Das Ergebnis der »Sarrazin-Diskussion« erinnerte in vieler Hinsicht an die pauschale öffentliche Diskussion im Anschluss an das – im Gegensatz zu Sarrazins polemischem Tontaubenschießen tatsächlich auf eigene Mikrozensus-Analysen gestützte – Migrationsgutachten des Berlin-Instituts für Bevölkerung und Entwicklung[27] zu Jahresbeginn, in der ebenfalls insbesondere die Bevölkerung türkischer Herkunft der

---

[24] Wie viele Deutsche verträgt die Schweiz«, Serie in: Der Blick, ab 19.2.2007.

[25] Klasse statt Masse. Von der Hauptstadt der Transferleistungen zur Metropole der Eliten. Thilo Sarrazin im Gespräch, in: Lettre International, H. 86, Herbst 2009, S. 197–201.
[26] Repräsentative Emnid-Umfrage im Auftrag von Bild am Sonntag, 11.10.2009.
[27] Berlin-Institut für Bevölkerung und Entwicklung, Ungenutzte Potentiale. Zur Lage der Integration in Deutschland, Köln, Januar 2009.

mangelnden Integrationsfähigkeit geziehen wurde. Deshalb im Gegenzug:

5 Erfolge der Integration

Neueste Untersuchungen, wie diejenigen meines Berliner Kollegen Ruud Koopmans, bestätigen aufs Neue, dass Deutschland im internationalen Vergleich mit den anderen modernen Einwanderungsländern Europas nicht nur keinerlei Anlass hat zu dem unsäglichen Gerede von der in Deutschland angeblich »gescheiterten Integration«.[28] Im Gegenteil: Viele andere Länder beneiden Deutschland und seine Zuwandererbevölkerung in manchen Feldern um Integrationserfolge und verstehen umso weniger das in Integrationsfragen in Deutschland verschämte Selbstmitleid bzw. Jammern auf hohem Integrationsniveau; denn »nobody is perfect in integration«. Wir leben vielmehr in einem internationalen »Lernfeld Integration«, in dem jedes Land auf jeweils unterschiedlichen Gebieten von einschlägigen Erfolgen, aber auch Misserfolgen anderer Länder lernen kann.

Was die denunziationsfreudige Desintegrationspublizistik mit ihren dumpfen Theoremen von der gerade bei der Einwandererbevölkerung türkischer Herkunft angeblich ganz besonders »gescheiterten Integration« mitunter übersieht, sind die relativen milieuspezifischen Fortschritte bei der Integration als intergenerativem Kultur- und Sozialprozess.

Das hat sich zuletzt exemplarisch abgebildet in der neunten nordrhein-westfälischen Mehrthemenbefragung des Essener Zentrums für Türkeistudien und zugleich in den Ergebnissen einer Erhebung des Würzburger Instituts für empirische Bildungsforschung unter Hauptschülern türkischer Herkunft.[29] Hier einige dieser neuesten Ergebnisse zum Bildungsbereich:

Das Bildungsniveau der Einwandererbevölkerung türkischer Herkunft in Nordrhein-Westfalen ist zwar insgesamt nach wie vor niedrig und wächst vergleichsweise langsam: gut ein Viertel ohne qualifizierten Schulabschluss, mehr als die Hälfte ohne berufliche Ausbildung. Von solchen Daten allein ausgehende oder voreilig verallgemeinernde Bewertungen der Integrationsentwicklung »der Türken« aber führen in die Irre; denn dabei wird immer noch die Generation der Pionierwanderer, also der längst im Rentenalter lebenden alten »Gastarbeiter« mitgezählt. Und die wurden bekanntlich seinerzeit nicht als neue Bildungselite nach Deutschland angeworben, sondern für meist un- und angelernte, oft extrem harte Arbeiten, für die Deutsche, jedenfalls zu den gebotenen Löhnen, damals nicht mehr zu gewinnen waren: vom städtischen Müllwerker über die unter Akkord im Niedriglohn schuftende Textilarbeiterin bis hin zum Autofließbandmonteur im Dauerstress.

Ohne Zuwanderer hätten die Deutschen im Westen ihr weltweit berühmtes »Wirtschaftswunder« sicher nicht so gestalten und, im Blick auf die damit verbundenen beruflich-sozialen Aufstiegschancen, auch nicht so nutzen können. Und das galt nicht nur für das meist gut qualifizierte Reservoir an Arbeitskräften (und Konsumenten) der deutschen Flüchtlinge und Vertriebenen aus dem Osten und bis 1961 auch der Zuwanderer aus der DDR. Es galt millionenfach auch für die meist – aber durchaus nicht immer – weniger qualifizierten ausländischen Pionierwanderer.

Von diesen heute über 60-Jährigen, oft von einem harten Arbeitsleben gezeichneten Pionierwanderern beiderlei Geschlechts, aus der Türkei haben, wenig überraschend, sogar zwei Drittel der Befragten keinen Schulabschluss im Sinne des deutschen Schulsystems. Im letzten Drittel aber gab es viele »Gastarbeiter« mit durchaus qualifizierten Berufsabschlüssen, die sie nicht einsetzen konnten, weil es keinen Bedarf daran gab oder aus sprachlichen Gründen, während für die angebotenen unqualifizierten Tätigkeiten bei weitem höhere Löhne geboten wurden als für qualifizierte Beschäftigung im Ausgangsraum, wenn sie dort überhaupt erreichbar war. Unter den unter 30-jährigen Befragten türkischer Herkunft aber gibt es in Nordrhein-Westfalen fehlende Schulabschlüsse heute nur noch bei 6 Prozent. Das deutsche Abitur hingegen haben bereits bei 17 Prozent, mit einer klaren Tendenz zur Feminisierung des Bildungserfolgs, die auch auf deutscher Seite nicht unbekannt ist.

Es gibt zwar nach wie vor einen deutlichen, zum Teil sogar wachsenden Qualifikationsabstand zur deutschen Bevölkerung ohne Migrationshintergrund in NRW – nicht weil die ausländischen Bildungserfolge langsamer, sondern weil die deutschen rascher zunehmen. Es gibt aber zugleich einen unvergleichbar größeren und schneller wachsenden Abstand zur Generation der Eltern oder sogar Großeltern. Das ist das zunächst einmal wichtigere intergenerative Integrationsindiz. Und mehr als 75 Prozent der Befragten türkischer Herkunft in der Altersgruppe unter 30 Jahre schätzen ihre Deutschkenntnisse heute als gut bis sehr gut ein. Über 60 Prozent der Jugendlichen gaben an, mit ihren Eltern beide Sprachen zu sprechen.

Es geht im Spiegel der Regionaldaten mithin auch in diesem Bereich deutlich voran, wenn auch mit klaren Unterschieden innerhalb der Einwandererbevölkerung, bei denen sich der Vergleich zwischen der im Bildungserfolg schnellsten vietnamesischen und der vergleichsweise langsamsten italieni-

---

[28] R. Koopmans, Tradeoffs between Equality and Difference Immigrant Integration, Multiculturalism, and the Welfare State in Cross-National Perspective. Discussion Paper. January 2008. http://www.wzb.eu/zkd/mit/pdf/dp_sp_iv_2008-701.pdf.

[29] M. Sauer / D. Halm, Erfolge und Defizite türkeistämmiger Einwanderer, Wiesbaden 2009; Kurzfassung der Würzburger Ergebnisse in: Migration und Bevölkerung, 7/2009, Sept. 2009, S. 2f.; vgl. jetzt auch die viele Ergebnisse der ZfT-Studie bestätigende Befragungsstudie von INFO GmbH (Berlin) und Liljeberg Research International Ltd. Sti. (Antalya/Türkei), Deutschtürkische Wertewelten (Ergebnispräsentation in: Presseinformation Berlin 19.11.2009).

schen (nicht türkischen) Einwanderergruppe besonderer Beliebtheit erfreut. Die Unterschiede in Bildungserfolgen und beruflich-sozialer Mobilität aber haben in erster Linie mit Soziallagen, soziokulturellen Milieus, herkömmlichen Traditionen und Werten in der Einwandererbevölkerung und nicht mit deren ethnischer Herkunft als solcher zu tun.

Nach der NRW-Befragung des Zentrums für Türkeistudien können nur 13 Prozent der Zuwandererbevölkerung türkischer Herkunft als eher nicht oder gar nicht in die deutsche Gesellschaft eingebunden gelten. Dieser Prozentsatz ist über die Jahre hinweg gleichgeblieben und wird besonders durch die Folgen der Heiratskreise mit den Herkunftsregionen bestimmt, bei denen in jungen Einwandererfamilien der Integrationsprozess stets aufs Neue beginnt. Es handelt sich hier also zu weiten Teilen um soziale Transitmilieus mit dem bekannten scheinstabilen Badewannen-Effekt, bei dem der Zufluss von oben annähernd dem Abfluss unten entspricht. Nur eine winzige und ebenfalls annähernd gleichbleibende Minderheit von ca. 3 Prozent lebt aus den verschiedensten Gründen abgewandt von der Einwanderungsgesellschaft.

Deshalb kann nach der Einschätzung der Essener Autoren, die auch durch die Basisstudien des neuen Frankfurter Integrations- und Diversitätskonzepts bestätigt werden, vom vielbeschworenen Wachstum von »Parallelgesellschaften« (mit bewusster wirtschaftlicher und sozialer Selbstabgrenzung, geschlossenen Kommunikationskreisen und eigenem Sozial-, Rechts- und Strafsystem bis hin zum Friedensrichter, der die Strafe gleich selbst vollzieht) kaum die Rede sein[30]; auch wenn die Desintegrationspublizistik verständlicherweise mit dem Mikroskop nach Indizien solcher Strukturen sucht, weil sie von deren Beschwörung lebt, vom Beten im Unterricht bis zur Moschee-Architektur.

Voll ausgebildete parallelgesellschaftliche Strukturen und Lebensformen gibt es in Deutschland in der Tat – aber weniger in den ethno-kulturell heterogenen und sich ständig wandelnden Einwanderer-Kiezen als in den schwerstkriminellen Ethno-Clans bzw. mafiotischen Großfamilien in großstädtischen Verdichtungsräumen mit starker Zuwandererbevölkerung. Sie aber bestätigen als kriminelle Ausnahmen nur die Regel der friedlichen Integration und sind insofern weniger Aspekte der Einwanderung als des organisierten Verbrechens.

»Parallelgesellschaften« werden in der öffentlichen Diskussion freilich oft in eins gesetzt mit transitorischen Parallelkulturen, die als oft mehrere Generationen überdauernde Übergangserscheinungen zwischen alter und neuer Welt aus fast allen historischen Einwanderungsprozessen über Kulturgrenzen hinweg bekannt sind. Sie wiederum bestätigen als solche oft nur das Vorliegen von echten Einwanderungsprozessen mit ihren vielfältigen Übergangszonen, wie dereinst die vielen von den Amerikanern beargwöhnten »Little Germanies« im »deutschen Mittelwesten« der USA.

Es kommt mithin darauf an, Indikatoren zur Integration differenziert zu interpretieren und ihre Grunddaten korrekt zu bewerten – soweit sie denn überhaupt zureichend vorhanden sind, was in Deutschland noch immer nicht der Fall ist, worauf schon der Sachverständigenrat für Zuwanderung und Integration (Zuwanderungsrat) in seinem Gutachten 2004 hingewiesen hat.[31] So hat z.B. das NRW-Integrationsministerium auf der Grundlage des Mikrozensus gezeigt, dass Eingebürgerte nicht nur höhere Bildungsabschlüsse und eine bessere Integration in den Arbeitsmarkt aufweisen als ausländische Gleichaltrige, sondern mitunter sogar als Deutsche ohne Migrationshintergrund.[32] Umstritten bleibt dabei, was die Henne und was das Ei ist: die Einbürgerung oder der Bildungserfolg, der jedenfalls im Bereich des Spracherwerbs Voraussetzung der Einbürgerung ist. Diese Integrationserfolge jedenfalls blieben lange verdeckt, da eingebürgerte Zuwanderer statistisch als Deutsche erfasst werden. In der nur nach Deutschen und Ausländern unterscheidenden Bildungsstatistik wurden solche Bildungskarrieren von Deutschen mit Migrationshintergrund mithin nur der deutschen Seite zugerechnet, so dass die ausländischen Jugendlichen in der Statistik vordergründig umso schlechter abschnitten.

Nicht ohne Grund hat Armin Laschet sein eingangs erwähntes Integrationsbuch »Die Aufsteiger-Republik« genannt. Der nordrhein-westfälische Integrationsminister weiß, dass viele erfolgreiche Bildungs- und Integrationskarrieren ihren Grund nach wie vor mehr in Gelegenheitsstrukturen, also mehr in glücklichen Zufällen als in einer systematischen Förderung haben. Und er plädiert dafür, genau das umzukehren: Das systematische Förderungsangebot sollte die Regelstruktur, das Unglück dabei die selbstverschuldete Ausnahme werden. Das wiederum steht in anderen Worten auch in den Koalitionsvereinbarungen der neuen Bundesregierung. Hoffen wir das Beste. Aber nach der erlebten Vorgeschichte bleibt Skepsis angebracht.

---

[30] Viele Missverständnisse in der Diskussion um die Existenz von »Parallelgesellschaften« ankern in unterschiedlichen Definitionen des Phänomens und Problems, hierzu zuletzt: W. Schiffauer, Parallelgesellschaften. Wie viel Wertekonsens braucht unsere Gesellschaft. Für eine kluge Politik der Differenz, Bielefeld 2008.

[31] Migration und Integration – Erfahrungen nutzen, Neues wagen. Jahresgutachten 2004 des Sachverständigenrates für Zuwanderung und Integration, Nürnberg, Oktober 2004 (www.zuwanderungsrat.de).
[32] Ministerium für Generationen, Familie, Frauen und Integration des Landes Nordrhein-Westfalen: Nordrhein-Westfalen: Land der neuen Integrationschancen. 1. Integrationsbericht der Landesregierung, Düsseldorf 2008.

6 Gefahren der Desintegration

Das zentrale Integrationsproblem in Deutschland ist nach wie vor – trotz deutlicher Besserungen und mit gravierenden Unterschieden zwischen den Einwanderergruppen – die Benachteiligung der Einwandererbevölkerung in Bildung, Ausbildung und beruflicher Qualifikation im Vergleich zur Mehrheitsbevölkerung ohne Migrationshintergrund. Sie bildet die Grundlage für eine lebenslang wirkende Benachteiligung mit vielen Anschlussproblemen, die oft nicht nur auf selbst verschuldetes Versagen zurückzuführen sind.

Die Benachteiligung von Einwanderern in Bildung und Ausbildung führt, auch in anderen europäischen Staaten, zunehmend zu aggressiven Empörungen. Sie wachsen mit dem Anteil der sozialen Verlierer. Und sie gewinnen an Schärfe in dem Maße, in dem sich die Betroffenen ihrer perspektivlosen Lage als soziale Verlierer bewusst werden.

Das Empörungspotential hat einen sehr naheliegenden, in der Mehrheitsbevölkerung oft zu wenig bekannten Grund: Mit zunehmender Integration wächst, vor allem in der zweiten und dritten Generation, die mentale Verletzbarkeit durch die Erfahrung oder begründete Befürchtung gruppenbezogener, insbesondere wirtschaftlicher und sozialer Benachteiligung. Das führt in der Einwandererbevölkerung zunehmend zu zwei verschiedenen Reaktionsformen – an der Spitze und an der Basis der Sozialpyramide:

An der Spitze der Sozialpyramide, also bei der in der Einwandererbevölkerung nachgewachsenen neuen Elite, die den harten Weg über die für sie besonders hohen Hürden des deutschen Bildungssystems geschafft hat, wächst eine Tendenz zur Abwendung von Deutschland. Sie spricht aus der Umfragen zufolge wachsenden Neigung zu einer Art »Rückwanderung« über Generationen hinweg in die fremde Heimat der Eltern oder sogar Großeltern oder zur Abwanderung in die Länder, in die auch viele qualifizierte Deutsche ohne Migrationshintergrund ziehen. Als Begründung geben sie das Gefühl an, in Deutschland »keine Heimat« gefunden zu haben, und die Erwartung, trotz guter Qualifikation gegenüber deutschen Mitbewerbern benachteiligt zu werden, was empirische Untersuchungen nur zum Teil bestätigen.[33] Denunziative Diskussionen wie diejenige im Anschluss an das Gutachten des Berlin-Instituts und zuletzt im Anschluss an Interview von T. Sarrazin tragen erkennbar zu dieser mentalen Abwendung von Deutschland bei.[34] Sie könnte dazu führen, dass in verstärktem Maße ausgerechnet Teile der aus der Einwandererbevölkerung selbst stammenden neuen Elite abwandern, was die erwähnte Dequalifikation des Erwerbspotentials in Deutschland durch Migration noch verstärken würde.

An der Basis der Sozialpyramide, bei unqualifizierten, d.h. in Bildung, Ausbildung und Arbeitsmarktzugang unzureichend integrierten jungen Menschen mit, aber auch ohne Migrationshintergrund wächst bereichsweise eine andere soziale Antwort: Es ist die Aggressivität untereinander und eine ohnmächtige, auch durch Sozialneid bestimmte Mischung von Frustration, Wut und Hass sozialer Verlierer (»Hartzer«, »Generation Hartz IV«) gegenüber vermeintlich sozialen Gewinnern aus der sich scheinbar abschließenden Mehrheitsbevölkerung ohne Migrationshintergrund.

Ob mitunter aus dem Umschlag von Frustration in Aggression kommende individuelle Reizbarkeit und spontane Gewaltbereitschaft sich bei gegebenem Anlass in gruppenübergreifende milieuspezifische Konfliktbereitschaft verwandeln könnte, ist nicht abzusehen. Dass es in Deutschland keine »französischen Zustände« wie im Herbst und Winter 2005 geben wird, ist eine binsenweise Voraussage; denn die deutschen »Kieze« und auch die »sozialen Brennpunkte«, in denen sich soziale und Integrationsprobleme überschneiden, sind ethno-kulturell viel heterogener und haben auch städtebaulich wenig gemein mit der betonierten Segregation in trostlosen Distrikten der (in sich auch sehr vielgestaltigen) Banlieue-Vorstädte in Frankreich. Aber zwischen brennenden Straßen in französischen Banlieue-Distrikten und »sozialen Brennpunkten« in deutschen Großstädten kann es vielerlei Abstufungen von explosiven sozialen Spannungslagen geben.[35]

Ich sehe deshalb eine Art Integrationsparadox in Deutschland: einerseits ein zunehmend pragmatisches Verhältnis zu Migrations- und Integrationsfragen auf allen Ebenen und ein Aufrücken dieser Gestaltungsdimension in den politischen Mainstream-Bereich; andererseits eine Tendenz zur Abwendung der neuen Elite mit Migrationshintergrund an der Spitze und zugleich eine wachsende Polarisierung an der prekären Basis der Sozialpyramide. Sie könnte auf gleichermaßen randständige Sozialmilieus ohne Migrationshintergrund übergreifen, sich damit in soziale Spannungen umsetzen und den bislang erlebten sozialen Frieden in der Einwanderungsgesellschaft gefährden. Benachteiligungen abbauen liegt deshalb nicht nur im Interesse der Betroffenen, sondern im Interesse der Einwanderungsgesellschaft insgesamt. In

---

[33] K. Sezer / N. Dağlar, Türkische Akademiker und Studenten in Deutschland (TASD): Abwanderungsphänomen der TASD beschreiben und verstehen (Vorwort K. J. Bade), Krefeld/Dortmund, April 2009.
[34] Bericht des Integrationsbeauftragten des Senats von Berlin Günter Piening über solche Effekte in Berlin an Verf.
[35] Die Thesen von I. Klöpfer (Aufstand der Unterschicht: Was auf uns zukommt, Hamburg 2008) hierzu sind zwar etwas grobkörnig, aber als Gefahrenhinweis ebenso wenig pauschal abzuweisen wie das für die Situation in den Niederlanden galt bei dem Buch von M. Kleijwegt (Schaut endlich hin: Wie Gewalt entsteht – Bericht aus der Welt jugendlicher Immigranten, Freiburg i.Br. 2007; von grundsätzlicher Integrationsskepsis, aber im Kern wesentlich ebenfalls durch die niederländische, mit der deutschen nur bedingt vergleichbare Grunderfahrung bestimmt: P. Scheffer, Toleranz in einer grenzenlosen Welt, München 2009).

Sachen nachholender Integrations- und Partizipationsförderung ist deshalb keine Zeit mehr zu verlieren – koste es buchstäblich was es wolle; denn andernfalls wachsen die volkswirtschaftlichen, sozialen und fiskalischen Folgekosten entsprechender Versäumnisse auf der Zeitachse exponentiell.

7 Integration und Diversität – die neue Unübersichtlichkeit

Integration wird immer alltäglicher – und dennoch scheinbar immer unübersichtlicher; denn Integration meint heute längst nicht mehr nur die Eingliederung von großen Herkunftsgruppen wie z.B. von Türken, Spaniern oder Italienern in eine deutsche Mehrheitsbevölkerung. Es gibt zugleich eine komplexe und eigendynamisch wachsende Heterogenität, die immer stärker von einem Phänomen geprägt wird, das in der sozialwissenschaftlichen Migrations- und Integrationsforschung heute als »Super-Diversity« umschrieben wird. Begriff und Konzept stammen von dem britischen Kultursoziologen, Ethnologen und Sozialanthropologen Steven Vertovec, der Direktor am Göttinger Max-Planck-Institut zur Erforschung multireligiöser und multiethnischer Gesellschaften und Mitglied des von mir geleiteten Sachverständigenrates deutscher Stiftungen für Integration und Migration ist.[36]

Gemeint ist mit »Super-Diversität«, stark vereinfacht, dies: In der Einwanderungsgesellschaft gibt es die zwar immer noch dominanten großen, von außen meist als homogen wahrgenommenen, in Wirklichkeit in sich oft sehr unterschiedlichen und sich im Integrationsprozess immer vielgestaltiger ausdifferenzierenden Herkunftsgruppen. Hinzu treten aber immer häufiger unterschiedlich zusammengesetzte und sich ihrerseits unterschiedlich ausdifferenzierende Kleingruppen aus immer mehr Regionen und Kulturen: In Frankfurt z.B. stammt die Zuwandererbevölkerung schon seit dem Vorabend der Jahrhundertwende (1999) annähernd konstant aus weltweit mehr als 170 Ländern.[37]

Es gibt in der Einwanderungsgesellschaft eine wachsende Vielfalt der Herkunftsländer und -kulturen mit einer internen Pluralität z.B. von regionalen und lokalen, ethnischen, sprachlichen und religiösen Identitäten und damit verbundenen kulturellen Werten, Traditionen und Alltagspraktiken. Dazu tritt, oft in mehrfacher Überschneidung damit, die Vielfalt der Migrationszwecke und Migrationspfade: von der hochselektiv angeworbenen Arbeitsmigration auf den verschiedensten beruflich-sozialen Ebenen über anerkannte oder Anerkennung suchende Flüchtlinge und Asylbewerber bis hin zu der ihrerseits intern auf die vielfältigste Weise – abhängig von externen Bedingungen – in sich gebrochenen Gruppe der irregulären Zuwanderer (»Illegale«).

Hinzu kommen von den Behörden des Aufnahmelandes zugeschriebene Gruppenzugehörigkeiten wie »Saisonarbeitnehmer«, »Werkvertragsarbeitnehmer« »Flüchtling«, »Asylbewerber«, »Geduldeter«, »Bildungsinländer« und die daraus resultierende Vielfalt im Rechtsstatus und in den damit unterschiedlich eingegrenzten Möglichkeiten zur Teilhabe an zentralen Bereichen des gesellschaftlichen Lebens. Das Ergebnis ist eine wachsende, oft allen anderen Bestimmungsfaktoren von Migrantenidentitäten querliegende Divergenz von rechtlichen Statusgruppen, sozialen Gruppen und sozialer Ungleichheit.

Migrationsbiographien, Migrationszwecke, Migrationspfade und ethno-kulturelle Identitäten oder Zuschreibungen sind bei alledem aber nur Teilaspekte einer »multidimensionalen Diversität« (S. Vertovec) unserer Gesellschaft, die sich Soziallagen und Milieus nicht allein entlang einer Trennlinie zwischen Migranten und Nicht-Migranten voneinander abheben. »Multiple Identitäten« (S. Castles), nicht nur von Migranten, begegnen einander vielmehr auch im Wandel von kommunikativen Milieus in Beruf, Alltag und den verschiedensten anderen Sozialbezügen. All dies führt im Ergebnis dazu, dass sich die Einwanderungsgesellschaft auch jenseits der unmittelbaren Migrations- und Integrationsbezüge eigendynamisch stets weiter ausdifferenziert. Integration und Diversität wirken mithin nebeneinander und ineinander.

Ergebnis ist die vielen modernen Einwanderungsgesellschaften gemeinsame Erfahrung eines beschleunigten und viele Zeitgenossen scheinbar überfordernden Wandels von Strukturen und Lebensformen. Der ethno-nationale Traum von der Rettung einer ohnehin nur gefühlten »Homogenität« durch »echte« Integration wird damit endgültig zur Illusion, die Desillusionierung selbst für manche Träumer zum Albtraum. Heterogenität und Differenz als Normallage ertragen zu lernen, wird damit zur Hauptaufgabe der Sozialisation in der Einwanderungsgesellschaft, deren sich scheinbar immer neu bildende Identität umso mehr auf eine gemeinsame Basis von Werten und Normen angewiesen ist. Auf kommunaler Ebene tritt dabei neben die Integrations- und Partizipationsförderung mit zunehmender Bedeutung die Aufgabe, innerhalb dieser wachsenden »Super-Diversität« die interkulturelle, soziale und kommunikative Vernetzung zu fördern. […]

* * *

Auf dem rund ein Vierteljahrhundert langen Weg, auf dem ich den Stop-and-go-Kurs der Migrations- und Integrationspolitik in diesem Land als Forscher und Publizist, als kritischer Politikbegleiter und gelegentlich auch als handlungsorientierter Politikberater

---

[36] S. Vertovec, Super-Diversity and its Implications, in: Ethnic and Racial Studies, 29.2007, H. 6, S. 1024–1054; zuletzt: ders., Transnationalism, New York/London 2009.

[37] Hierzu und zum Folgenden: Magistrat der Stadt Frankfurt am Main, Dezernat XI – Integration (Hg.), Vielfalt bewegt Frankfurt. Entwurf eines Integrations- und Diversitätskonzepts für Frankfurt am Main, Frankfurt a.M., Sept. 2009, S. 30–54.

verfolgen konnte, habe ich mich manchmal darüber gewundert, wie integrationsstark diese Gesellschaft doch ist und wie – von Ausnahmefällen abgesehen – im Großen und Ganzen friedlich der Integrationsprozess verlaufen ist, trotz vieler von der Mehrheitsbevölkerung meist nicht registrierten individuellen Belastungen für die Einwandererbevölkerung.

Ich denke dabei oft zurück an ein Wort des ersten Integrationsbeauftragten der Bundesrepublik Deutschland Heinz Kühn. Er warnte in seinem erwähnten »Kühn-Memorandum« aus dem Jahr 1979, das – wie Kühn intern (z.B. in einem mir vorliegenden persönlichen Dokument) selbst einräumte – in Wirklichkeit zu weiten Teilen gar nicht von ihm allein, sondern von seinem bald verstorbenen Chefdenker Dr. Karl Friedrich Eckstein stammte und deshalb besser »Kühn/Eckstein-Memorandum« heißen sollte: Was man heute nicht (in dreistelliger Millionenhöhe) in die Integration der ausländischen Arbeitnehmer und ihrer Familien investiere, das müsse man in der Zukunft für Resozialisierung und Polizei bezahlen. Dabei müsse, warnten Kühn und Eckstein ausdrücklich und unmissverständlich, »gesehen werden, dass es keineswegs nur um humanitäre und soziale Ziele geht, sondern vor allem auch – namentlich im Hinblick auf die zweite und dritte Generation – darum, eine Entwicklung aufzuhalten, die, wenn sie unkontrolliert weiterlaufen würde, in absehbarer Zeit zu ganz erheblichen gesamtgesellschaftlichen Schäden führen würde. Der Ausgleich dieser Schäden würde zweifellos einen weit höheren Aufwand erfordern und zum Teil finanziell überhaupt unmöglich sein. Möglicherweise wären alsdann anstelle eines Lehrers zwei Ordnungskräfte notwendig und wäre Berufsvorbereitung nur noch Ergänzungsprogramm in Resozialisierungsversuchen.«[38]

Hätten Kühn und Eckstein Recht behalten, dann wäre Deutschland schon lange von schweren sozialen Spannungen betroffen worden; denn diese – neben Einbürgerungserleichterung und Qualifikationsförderung – zentrale Forderung ihres Memorandums blieb bekanntlich lange unerfüllt. Dass es nicht so gekommen ist, haben wir zweifelsohne mehr der friedfertigen und geduldigen Integrationsbereitschaft der Zuwandererbevölkerung zu verdanken und weniger den auf Bundesebene erst mit dem Zuwanderungsgesetz von 2005 in jährlich dreistelliger Millionenhöhe anspringenden Investitionen in die Integrationsförderung.

9.1.4 Migration und Integration: Historische Erfahrungen und aktuelle Herausforderungen,

Festvortrag auf der Veranstaltung »Vielfalt macht den Unterschied« im Freiburger Historischen Kaufhaus, 13.9.2012; erweiterte Fassung: Stadt Freiburg i.Br. (Hg.), 60 Jahre Baden-Württemberg – Vielfalt macht den Unterschied: Der Beitrag der Zuwanderung zum Aufbau unseres Gemeinwesens, Freiburg i.Br. November 2013 (gekürzte Fassung).[39]

1 Grundfragen: Lernen aus der Migrations- und Integrationsgeschichte?

Eine immer wieder gestellte Grundfrage lautet: Gibt es in Sachen Migration und Integration historische Antworten auf aktuelle Probleme? Manche glaubten das, zum Beispiel chinesische Sozialwissenschaftler, die in den 1990er Jahren in die Bundesrepublik kamen oder deutsche Sozialhistoriker nach China einluden, weil sie aus der Geschichte der deutschen Massenwanderungen des 19. Jahrhunderts, z.B. ins Ruhrgebiet, lernen wollten, wie Partei und Staat in China am besten mit den millionenstarken aktuellen Massenwanderungen von chinesischen Arbeitskräften umgehen könnten. Es hat einigen Aufwand gebraucht, sie davon zu überzeugen, dass diese Massenwanderungen über Raum und Zeit hinweg nur sehr äußerlich vergleichbar seien.

Die Geschichte ist also kein Steinbruch, aus dem man für Probleme der Gegenwart passgerechte Lösungsblöcke heraussprengen könnte. Außerdem sieht, wie man spätestens seit Reinhardt Koselleck weiß, auf der Zeitachse immer alles anders aus: je nachdem, ob man aus der Gegenwart, die einmal die Zukunft der Vergangenheit war, in jene Vergangenheit zurückblickt, die inzwischen Geschichte geworden ist; ob man aus der Gegenwart in die vielleicht gefürchtete Zukunft zu blicken sucht – oder ob man dereinst aus jener Zukunft auf die Vergangenheit blickt, die heute noch unsere Gegenwart ist.

Will sagen: Jede Zeit hat ein Recht auf ihre eigenen Sorgen und Ängste, auch wenn sie im Rückblick aus der Zukunft überdramatisiert erscheinen mögen. Umgekehrt erscheinen dem Historiker manche grundstürzenden Sorgen der Gegenwart und manche Ängste vor der Zukunft eher überdramatisiert, verglichen mit historischen Erfahrungen in verwandten Feldern.

---

[38] Kühn, Stand und Weiterentwicklung der Integration, S. 56.

[39] Der Vortrag auf der vom Land Baden-Württemberg und der Stadt Freiburg i. Br. getragenen Veranstaltung »Vielfalt macht den Unterschied« fand am Vorabend des zehnten Aktionstages »Freiburg steht auf – gegen Fremdenhass und Rassenwahn!« statt. Ich verzichte auf Belege und verweise stattdessen auf mein zu diesem Thema erschienenes Buch: » Kritik und Gewalt: Sarrazin-Debatte, »Islamkritik« und Terror in der Einwanderungsgesellschaft«, Schwalbach i.Ts., März 2013, 2. Auflage April 2013; 3. Auflage mit Nachwort als E-Book, März 2014.

Historiker leben, was Geschichte und Gegenwart angeht, mit ihrem Blick auf die Dinge oft zwischen verschiedenen Erfahrungswelten. Sie wirken in ihren Aussagen für geschichtsblinde Zeitgenossen vielleicht manchmal etwas geschichtstrunken und deshalb im Urteil nicht so vermeintlich klar wie mancher Zeitgenosse, der seine Kriterien zur Beurteilung der Gegenwart nur aus der Gegenwart selber schöpft. Er dreht sich dabei aber mitunter in einem hermeneutischen Zirkel um sich selber, was ihn nur deswegen nicht schwindlig macht, weil er die eigene Kreisbewegung nicht durchschaut.

Sie werden aber gleich merken, dass auch Historiker sehr klar, vielleicht sogar politisch unerwünscht klar sein können im Urteil über aktuelle Fragen, hier im Blick auf Migration und Integration und besonders auf Migrations- und Integrationspolitik.

Die Frage nach dem Lernen aus der Migrations- und Integrationsgeschichte beantworte ich also mit einem klaren »Jein«. Ich befinde mich damit in gutem Einvernehmen mit bedeutenden Denkern in Geschichte und Gegenwart, von denen Jacob Burckhardt vielleicht die prägnanteste Antwort hinterlassen hat. Sie lautet: Geschichte macht nicht klug für ein andermal, sondern weise für immer.

Man sollte das aber, Burckhardt möge mir verzeihen, korrigieren und gerade im Blick auf politische Erfahrungen besser sagen: Geschichte macht bestenfalls weise für immer; denn diese Weisheit für immer, die aus der Geschichte kommen kann, hat zweierlei Voraussetzungen, wie man auch an politischen Beispielen zum Bereich Migrations- und Integrationspolitik immer wieder erkennen kann:

Die erste Voraussetzung ist, dass man die Geschichte überhaupt kennt, was heute leider immer seltener gegeben ist. Das gilt leider mitunter auch für Politiker, von denen manche sich in Sachen politischer Verantwortung scheinbar gerade noch daran erinnern können, wann die eigene Legislaturperiode begann, aber nicht daran, was die eigene Partei vorher schon alles verbaut hat und wofür man persönlich, natürlich, keine Verantwortung übernehmen will, weil man da ja schließlich noch gar nicht im Amt war. Historische Verantwortung übernimmt man lieber für nachhaltige Erfolge. Die Übernahme von historischer Verantwortung für erfolgreiche Migrations- und insbesondere Integrationspolitik aber fällt auf der Bundesebene sehr leicht, weil es solche Erfolge und selbst das Bemühen darum lange Zeit kaum gab.

Die zweite Voraussetzung lautet, dass man bereit ist, im Rahmen des Möglichen aus der Geschichte zu lernen. Ingeborg Bachmann hat einmal gesagt: Die Geschichte lehrt dauernd, aber sie findet keine Schüler. Das gilt auch für die Geschichte von folgenschweren politischen Fehlentscheidungen, Nichtentscheidungen oder Spätentscheidungen in Sachen Migration und Integration mit bis in die Gegenwart reichenden Schleifspuren.

Aus dieser historischen Verantwortung sucht sich mancher zu befreien durch Flucht in die politische Amnesie, in den politischen Gedächtnisverlust. Wer sich aber an folgenschwere Fehlentscheidungen, Nichtentscheidungen oder Spätentscheidungen nicht erinnern will, der läuft Gefahr, die gleichen politischen Fehler noch einmal zu begehen und die Rechnung zahlen wir dann alle. [...]

Man hätte in der Politik in Sachen Migration und Integration vieles besser wissen und gestalten können, wenn man bereit gewesen wäre, die Scheuklappen auf beiden Augen abzunehmen und die defensive Erkenntnisverweigerung aufzugeben, d.h. die empirischen Bestandsaufnahmen der Wissenschaft und die Einschätzungen aus der kommunalen Integrationspraxis (OB Rommel in Stuttgart!) zur Kenntnis zu nehmen, die all das belegten, wenn man also couragiert genug gewesen wäre, auch eigene Irrwege einzugestehen und einen mutigen Neuanfang zu wagen. Aber dazu war man seinerzeit nicht bereit. Lieber missbrauchte man die Themen »Ausländer«, »Flüchtlinge« und »Integration« von einer Legislaturperiode zur anderen populistisch zu Wahlkampfzwecken und zog im Übrigen den politischen Karren stöhnend und maulend direkt neben dem durch einen mutigen Kurswechsel erreichbaren festen Gelände weiter durch den unwegsamen Sumpf. [...]

Dann, wenn Historiker die Entwicklungs- und Entscheidungsverläufe rekonstruieren, ist es für die Chance zu gestaltungsrelevantem Erkenntnisgewinn zu spät. Ein Grund mehr für in langen Linien denkende Migrations- und Integrationshistoriker, sich ab und an mit einigen mahnenden Hinweisen aus der gebotenen wissenschaftlichen Distanz in die aktuelle Konkurrenz von Einschätzungen und Fehleinschätzungen einzumischen. Politisch beliebt wird man dadurch bestenfalls bei der jeweiligen Opposition – die dann aber manchmal ganz vergisst, dass sie zu der Zeit, aus der heute noch folgenreiche Fehlentscheidungen datieren, selber an der Regierung war.

In den 1980er Jahre hatte ich in einem heute auch in den politischen Lagern, in denen damals jene defensive Erkenntnisverweigerung dominierte, gern gebrauchten Diktum gewarnt: »Integration ist keine Einbahnstraße!« Ich wollte damit deutlich machen, dass Zuwanderung beide Seiten der Einwanderungsgesellschaft verändere und Integrationspolitik deshalb als »Zentralbereich der Gesellschaftspolitik« verstanden werden müsse. Das wurde damals politisch nicht nur nicht akzeptiert, sondern als geradewegs alberne Überbetonung eines unbedeutenden Randproblems abgewiesen.

Nachdem die Chance zu rechtzeitiger, d.h. proaktiver konzeptorientierter Gestaltung historisch verspielt war, habe ich zwei Jahrzehnte später das Stichwort »nachholende Integrationspolitik« in die politische Debatte geworfen. Das wurde, wie andere von mir geprägte Begriffe, gern übernommen – allerdings verstümmelt zu »nachholender Integration«, was wohl signalisierenden sollte, dass hier nicht die Politik, sondern nur die Zuwandererbevölkerung etwas nachzuholen hätte.

Man könnte die Entwicklung von Migrations- und Integrationspolitik auf der Bundesebene in dem Vierteljahrhundert vom Beginn der 1980er Jahre bis zum Zuwanderungsgesetz 2005 in diesem Sinne also sarkastisch so beschreiben: Es war der Weg von der im Sinne demonstrativer politischer Erkenntnisverweigerung verworfenen, damals noch vergleichsweise kostengünstigen proaktiven Integrationspolitik zu integrativen Reparaturkonzepten im Sinne nachholender Integrationspolitik mit volkswirtschaftlich, fiskalisch und sozial unvergleichbar höheren Kosten.

Es gibt also mindestens zwei Gründe, die Gegenwart vor dem Hintergrund historischer Erfahrungen zu sehen:

Erstens geht es darum, dass Gegenwart und absehbare Zukunft nicht als bedrohliche oder gar ausweglose historische Ausnahmesituationen erscheinen, was Hasspredigern wie Schönrednern den Wind aus den Segeln nehmen kann. Die Tatsache, dass heute der Vorabend des zehnten Aktionstages »Freiburg steht auf – gegen Fremdenhass und Rassenwahn!« ist, soll mir Anlass sein, diesen Aspekt noch weiter zu vertiefen. Jede Stadt sollte übrigens einen solchen Aktionstag haben. Anlass dafür gibt es heutzutage fast überall genug, Tendenz leider steigend.

Zweitens geht es darum, dass Fehlentscheidungen, Nichtentscheidungen oder Spätentscheidungen der Vergangenheit als historische Signale und als Warnungen vor aktuellen oder künftigen politischen Wiederholungstätern erkannt und verstanden werden können.

2 Migration und Integration: Erfahrungen in Deutschland

Die Deutschen könnten aus ihrer eigenen Geschichte in Sachen Migration und Integration vieles an historischen Grunderfahrungen lernen; denn in der Geschichte haben Deutsche im Ausland und Ausländer in Deutschland in ungewöhnlich großer Zahl buchstäblich alle denkbaren Erscheinungsformen des grenzüberschreitenden Wanderungsgeschehens erlebt:

Aus-, Ein- und Transitwanderungen; Arbeitswanderungen von Deutschen ins Ausland und von Ausländern nach Deutschland; Flucht- und Zwangswanderungen von Deutschen ins Ausland und von Ausländern nach Deutschland, von Deutschen als Opfern und von Deutschen als Tätern, innerhalb und außerhalb der deutschen Grenzen. Außerdem kannte die Geschichte der Deutschen nicht nur die Wanderung von Menschen über Grenzen, sondern auch die Bewegung von Grenzen über Menschen hinweg. Das wurde z.B. bestimmend für die Massenwanderungen derer, die man in Deutschland nach 1945 die Vertriebenen nannte.

Die deutsche Geschichte kannte aber auch die Ausgrenzung von einheimischen, aber zu »Fremden« gemachten oder staatlich dazu erklärten Menschen innerhalb der deutschen Grenzen selbst. Neben Integration gab es also auch absichtsvolle Desintegration. Das reichte von sozialer Ausgrenzung über gruppenspezifische Verfolgung bis hin zur systematischen Entrechtung, Verfolgung und schließlich Ermordung ganzer Bevölkerungsgruppen – Juden, Sinti, Roma und andere. Der lange düstere Schatten dieses mörderischen Umgangs mit »Fremden« und solchen, die dazu gemacht wurden, liegt in diesem Land bis heute über der oft noch immer verkrampft-unsicheren und eher defensiven Haltung gegenüber zugewanderten Gruppen oder Minderheiten.

Greifen wir, zum Brückenschlag zwischen jüngerer Vergangenheit und Gegenwart in Sachen Migration und Integration, fünf Beispiele heraus:

Beispiel 2.1: Von »Gastarbeitern« zu Einwanderern – oder: von der politischen Erkenntnisverweigerung zur nachholenden Integrationspolitik

Der deutsch-italienische Anwerbevertrag von 1955 gab den Auftakt zur amtlich organisierten Anwerbung ausländischer Arbeitskräfte ins Land des »Wirtschaftswunders«. Der Mauerbau im Osten beschleunigte im Westen den Weg zum Einwanderungsland wider Willen; denn die Anwerbung ausländischer Arbeitskräfte wurde nach dem Ende des Zustroms aus der DDR 1961 umso mehr forciert.

Bis zum Ölpreisschock von 1973 und dem dadurch ausgelösten Anwerbestopp dauerte die Anwerbung im Westen. Rund 14 Mio. kamen in dieser Zeit, etwa 11 Mio. davon kehrten zurück. Der Rest blieb, zog die Familien nach und lebte zum Großteil schon in den späten 1970er Jahren in einem gesellschaftlichen Paradox – in einer Einwanderungssituation ohne Einwanderungsland.

Ohne die vielgeschmähten, oft als Arbeiterklasse oder gar Menschengruppe zweiten Ranges betrachteten und behandelten »Gastarbeiter« wäre das deutsche »Wirtschaftswunder« keine solche Erfolgsgeschichte geworden. Vielleicht wäre es auch ohne »Gastarbeiter« gegangen, wie der ex post schlaue Altbundeskanzler Helmut Schmidt heute gern meint, der diese Entscheidung jetzt für einen historischen »Fehler« hält und dabei ganz übersieht, dass er damit Millionen von Einwanderern und deren Nachfahren in diesem Land sozusagen zu menschlichen Fehlern degradiert. Außerdem: Ohne die Millionen von ausländischen Arbeitswanderern beiderlei Geschlechts aber wären damals kräftige Lohnsteigerungen und Verbesserungen der Arbeitsqualität auch in wenig geschätzten Arbeitsbereichen notwendig geworden. Die dadurch noch verschärfte Modernisierung und Rationalisierung hätte viele an der Rentabilitätsgrenze wirtschaftende und nur durch »Gastarbeiterbeschäftigung« noch auf Zeit überlebensfähige »Grenzbetriebe« vom Markt gefegt und damit volkswirtschaftlich eine regelrechte »Reinigungskrise« ausgelöst. Ob unter diesen Bedingungen das allen zu Gute kommende »Wirtschaftswunder« auf Hochtouren hätte weiter laufen können, darf zumindest bezweifelt werden.

Aber hätte auch mit der heute meist vergessenen, damals aber vieldiskutierten Alternative von geringerer Ausländerbeschäftigung und verschärftem Reformdruck im Innern leben und, langfristig betrachtet, vielleicht volkswirtschaftlich sogar besser auskommen können. Aber Deutschland hat seinerzeit dem Wirtschaftswachstum die Zügel schießen lassen sich für umfassende Hilfe von außen entschieden. Das geschah unter Zustimmung der Sozialpartner und nicht zuletzt auch auf das Drängen der »Entsendeländer« hin. Im Falle der Türkei hatten auch die USA mit ihren strategischen Interessen an der Türkei diskret die Hand im Spiel bei einer massiven Einmischung in die inneren Verhältnisse in Deutschland – so massiv sogar, dass der 1961 anstehende Anwerbevertrag, den zu unterschreiben das zuständige Arbeits- und Sozialministerium sich zuletzt weigerte, umständehalber vom Außenministerium ausgefertigt werden musste.

Die Hilfe von außen war am deutschen Arbeitsmarkt lange erfolgreich, was heute nur zu leicht vergessen wird. Dass sie in der Krisenentwicklung seit den 1970er Jahren wachsende soziale Folgekosten verursachte, hatte seinen Grund zumindest auch darin, dass Integrationspolitik nicht als soziale und volkswirtschaftliche Zukunftsinvestition begriffen wurde. Was stattdessen praktiziert wurde, war lediglich Arbeitsmarktpolitik, angewendet auf Ausländer.

Dazu gehörte auch, dass der Anwerbestopp für diejenigen, die blieben, nicht mit entsprechenden Bildungs- und Qualifikationsangeboten begleitet wurde. Sie hätten durchaus nicht nur fördernd, sondern auch klar fordernd gestaltet werden können, jedenfalls für diejenigen, die noch nicht über einen verfestigten Aufenthaltsanspruch verfügten. Alternative: Innerhalb eines zu verabredenden Zeitraums Sprache lernen und Qualifikation verbessern als eigener Beitrag zur Förderung der Integration – oder Rückwanderung spätestens nach Ablauf einer entsprechenden Frist. Es ist anzunehmen, dass viele der zwischen Rückkehrillusionen, dauerhaftem Arbeitsaufenthalt und schrittweise akzeptierter Einwanderungssituation schwankenden ausländischen Arbeitnehmer beiderlei Geschlechts einen solchen »goldenen Handschlag« akzeptiert hätten, wenn er ihnen und den misstrauischen Deutschen dann zureichend vermittelt worden wäre.

Zu all dem kam es nicht. Vielmehr wurde die Einwanderungssituation ohne Einwanderungsland regierungsamtlich dementiert, im politischen Entscheidungsprozess verdrängt und im Verwaltungshandeln tabuisiert. Die überfälligen Großkonzepte für Zuwanderungs- und Integrationsfragen blieben, ganz folgerichtig, aus; denn, so schrieb ich damals einmal: »Was man verdrängt, das kann man nicht gestalten!«

Auch in der DDR gab es, in vergleichsweise geringem Umfang, Ausländerbeschäftigung auf der Grundlage von Regierungsabkommen. Die Ausländer beiderlei Geschlechts stammten hier zuletzt vorwiegend aus Vietnam und Mosambik. Sie schufteten, wie ehedem die »Gastarbeiter« im Westen, meist in den am wenigsten geschätzten Beschäftigungsfeldern mit den härtesten Arbeitsbedingungen, z.B. zu drei Vierteln im Schichtdienst. Und sie standen unter weit restriktiveren arbeitsrechtlichen Bedingungen.

Die erinnerten zum Teil ausgerechnet an diejenigen von »ausländischen Wanderarbeitern« im in der DDR verhassten »junkerlichen« preußischen Osten vor dem Ersten Weltkrieg. Das galt z.B. bei ausländischen Arbeiterinnen im Falle von Schwangerschaft als Verletzung des Arbeitsvertrags für die brutale Alternative von Zwangsabtreibung oder Rückkehr auf eigene Kosten. Die Ausländerbeschäftigung wurde in der DDR offiziell totgeschwiegen, dementiert oder als Ausbildungswanderung verharmlost.

Nach dem Ende der deutschen Teilung begegneten sich als Bürger der neuen Bundesrepublik einander fremd gewordene, aus politisch-ideologisch gegensätzlichen Erfahrungswelten stammende Deutsche. In den Vereinigungsprozess, der seinerseits große, nunmehr innerdeutsche Wanderungen auslöste, brachten sie, neben vielen anderen ungelösten Fragen, auch in beiden deutschen Staaten ungeklärte Probleme im Umgang mit zugewanderten Minderheiten ein.

Dennoch wurde die Integrationsgeschichte im vereinigten Deutschland letztlich eine Erfolgsgeschichte. Ausnahmen bestätigen die Regel. Wir sollten uns diese von der Bürgergesellschaft selbst gestaltete Erfolgsgeschichte nicht kaputtschreiben lassen durch die konfliktsüchtige Desintegrationspublizistik mit ihrem skandalisierenden Gefasel von einer angeblich flächendeckend »gescheiterten Integration«. Das ist kakophoner publizistischer Unflat, der auch durch stete Wiederholung nicht wahrer wird.

Beispiel 2.2: Aussiedler – deutsche Einwanderer aus Osteuropa
Im Westen überdauerte die Zuwanderung von Aussiedlern aus Ost- und Südosteuropa das Ende der Vertreibungen: Fast 1,6 Mio. passierten 1951–1988 die Grenzdurchgangslager. Bis heute zugewandert sind insgesamt ca. 4,5 Millionen Aussiedler bzw. Spätaussiedler, wie sie seit dem Kriegsfolgenbereinigungsgesetz von 1993 genannt werden. Die Vorfahren sind teils vor Generationen, teils schon vor Jahrhunderten oder, wie im Falle der »Siebenbürger Sachsen«, sogar schon im Spätmittelalter ausgewandert – in Zeiten mithin, in denen es »Deutschland« noch gar nicht gab.

Anerkannte Aussiedler/Spätaussiedler hatten im Sinne des Kriegsfolgenrechts Anspruch auf die deutsche Staatsangehörigkeit mit allen Rechten und Pflichten. Sie waren aber kulturell, mental und sozial zugleich auch echte Einwanderer, also, wie ich sie damals bewusst paradox genannt habe, »deutsche Einwanderer«. Ihre Eingliederungsprobleme wurden, trotz aller wissenschaftlichen Warnungen, durch Unterschätzung oder gar Verwechslung mit den Vertriebenen und Flüchtlingen nach 1945 lange politisch kleingeredet und damit nur erschwert. Dabei sollte allerdings nicht vergessen werden, dass auch die Flüchtlinge und Vertriebenen aus dem deutschen Osten, wie ihre oft erschütternden Selbstbeschreibungen bei unseren Interviews und Umfragen zeigten, seinerzeit als »Fremde« in der Spannung zwischen Abwehr und Akzeptanz oft selber mit echten Einwanderungsproblemen in der gleichen Nation zu kämpfen hatten.

Die Aussiedlerzuwanderung galt zu Recht lange als mustergültiges Modellunternehmen, empfehlenswert auch für die Eingliederung ausländischer Einwanderer. Selbst eine israelische Delegation besuchte Deutschland, um sich das anzusehen, nachdem eine vor Ort von mir geleitete deutsche Delegation aus Wissenschaftlern, Ministerialbeamten und Vertretern von Mittlerorganisationen in Israel das Modell der »Absorption« von weltweit zuwandernden Juden studiert und einen vergleichenden Bericht vorgelegt hatte.

Der Modellcharakter der staatlich begleiteten Aussiedlerintegration verblasste seit Ende der 1980er Jahre bei abrupt steigender Zuwanderung von Aussiedlern, wachsendem Haushaltsdruck, zunehmendem Sozialneid bei Einheimischen und aus all diesen Gründen seit Anfang der 1990er Jahr zunehmenden Kürzungen der Eingliederungshilfen. Die Aussiedler näherten sich damit zwar schrittweise anderen Zuwanderergruppen an, blieben aber auch fortan noch immer eine klar privilegierte Gruppe.

Es wäre, wie seinerzeit von mir vorgeschlagen, vielleicht besser gewesen, trotz des enormen Zuwanderungsdrucks bei der Steuerung umgekehrt zu verfahren, also die Zuwanderung bei einer Politik der garantierten »offenen Tür« mit Zeit noch stärker zu drosseln, aber die Eingliederungshilfen im Kernbereich weiterhin hoch zu halten. Das hätte die sozialen Folgekosten unnötiger Integrationsprobleme auch bei Aussiedlern / Spätaussiedlern niedriger gehalten. Ganz kurzsichtig und kontraproduktiv war es, die mitreisenden Familienangehörigen nichtdeutscher Herkunft, als Ausländer, trotz allen Geredes von der Familienförderung weitgehend von den Integrationshilfen für Aussiedler deutscher Herkunft auszuschließen. Das galt auch für die Ansprüche auf zureichende Sprachkurse, mit dem erwartbaren Ergebnis von verstärkten Integrationsproblemen am Arbeitsmarkt und einem Verpuffen von Sprachkursergebnissen bei Aussiedlern in der häuslichen Kommunikation mit ihren russischsprachigen Familienangehörigen nichtdeutscher Herkunft. Sie hätten es leichter haben können, aber die Integration der Aussiedler ist trotzdem weitestgehend gelungen, auch hier bestätigen Ausnahmen nur die Regel.

Auf der Bundesebene kam ein weit über den Kreis der Aussiedler / Spätaussiedler hinauswirkender Denkfehler hinzu: Ich hatte die Aussiedler / Spätaussiedler als »Rückwanderer über Generationen hinweg« beschrieben, nicht ahnend, welches Missverständnis hier beim Statistischen Bundesamt wirkte: Die im staatsrechtlichen Sinne in der Tat deutschen Aussiedler / Spätaussiedler wurden lange auch in der Wanderungsstatistik als »rückwandernde Deutsche« gezählt – so als ob sie selber vordem ab- oder ausgewandert und dann zurückgekehrt wären!

Das hat unser migratorisches Deutschlandbild lange verfälscht. Dadurch wurde statistisch nicht erkennbar, dass Deutschland im Blick auf das Wanderungsverhalten der deutschen Staatsangehörigen schon im ersten Jahrzehnt dieses Jahrhunderts ein Auswanderungsland mit roten Zahlen in der Wanderungsstatistik geworden war. Konkret: Allein in den anderthalb Jahrzehnten vor 2009 gab es z.B. rund eine halbe Million mehr deutsche Ab- bzw. Auswanderer als deutsche Rückwanderer, wenn man die im gleichen Zeitraum zugewanderten Spätaussiedler herausrechnet. Will sagen: Deutschland war im Blick auf das Wanderungsverhalten seiner Staatsangehörigen schon lange auch Auswanderungsland gewesen, als manche Politiker noch immer nicht begriffen hatten, dass es vordem lange ein Einwanderungsland gewesen war. Deutschland schloss auf diese Weise ein Stück weit an Traditionslinien im Wanderungsgeschehen an; denn es war in der Migrationsgeschichte – vom Zeitalter des überseeischen Massenexodus im 19. Jahrhundert abgesehen – meist Aus- und Einwanderungsland zugleich.

Andere Politiker, wie z.B. der sich für alle inneren Nöte der Nation zuständig fühlende, aber im BMI falsch beratene Bundesinnenminister Otto Schily (SPD), ergingen sich gegenüber wissenschaftlichen Warnungen vor offenkundig hoher Abwanderung von qualifizierten Deutschen in herablassenden regierungsamtlichen Besänftigungen: Die meisten abgewanderten Deutschen kehrten doch wieder zurück, wie man ja schließlich an den hohen Rückwandererzahlen erkennen könne. Weit gefehlt: Das waren also meist andere Deutsche, die selber gar nicht ausgewandert, sondern Nachfahren von Jahrhunderten zuvor ausgewanderten Deutschen waren. So entstehen Irrtümer vom Amt.

Beispiel 2.3: Juden aus der GUS – Inklusion und Akzeptanz

Vor dem Hintergrund des düstersten Kapitels der deutschen Geschichte fanden Juden aus Nachfolgestaaten der ehemaligen Sowjetunion bis zum Zuwanderungsgesetz (2005) Aufnahme im Land des Holocaust. Das entsprach einer späten, vom Zentralverband der Juden in Deutschland gestützten, von Bonn nur mit heftigem Widerstreben übernommenen Reforminitiative des schon in der Agonie liegenden SED-Regimes. Die Juden aus der GUS wurden analog zu Kontingentflüchtlingen aufgenommen, mit einem Status also, der annähernd demjenigen von Asylberechtigten entspricht.

Vom Fall des Eisernen Vorhangs bis Ende 2004 sind insgesamt knapp eine Viertelmillion (rund 220 000) Juden aus der Sowjetunion bzw. der GUS eingereist. 2003–2005 hat Deutschland dabei jährlich mehr Juden aufgenommen als der Staat Israel, worüber sich die zuwanderungshungrigen Israelis mitunter in Bonn beschwerten.

Seit dem Zuwanderungsgesetz (2005) wird die Zuwanderung von Juden aus der GUS durch eine Art stilles Punktesystem nach einer für jeden einzelnen Antrag zu stellenden »Integrationsprognose« gesteuert, bei der es um »Integrationsfähigkeit« und insbesondere um die Aufnahme in einer Synagogengemeinde geht, die die Integration fördernd begleiten soll.

Dabei gibt es spezifische Identitätsprobleme dieser Einwanderergruppe: Ihre Zugehörigen wandern als Juden aus. Sie werden als solche aufgenommen und von den jüdischen Gemeinden unterstützt. Aber ein großer Teil von ihnen hatte in der Herkunftsgesellschaft gar keine jüdische Identität im religiöskulturellen Sinne mehr und entdeckt sie oft, wenn überhaupt, im Aufnahmeland erst wieder neu. Das verursacht mitunter Enttäuschungen auf beiden Seiten.

Hinter dem Weg zu der restriktiven »Integrationsprognose« aber stand, wieder einmal, eine amtliche Fehldiagnose eines Problems, dessen Ergebnis für viele jüdischen Zuwanderer persönlich tragisch und für das Aufnahmeland volkswirtschaftlich und sozial kontraproduktiv war:

Juden aus der GUS waren die mit weitem Abstand qualifizierteste Zuwanderergruppe in Deutschland. Die Sozialpyramide der Aussiedler reichte vom Landproletariat bis zum Mittelstand mit einer steilen Spitze zur Oberschicht. Die Sozialpyramide der jüdischen Zuwanderer reichte vom meist qualifizierten bis hochqualifizierten Mittelstand zur Oberschicht. Deshalb auch kursierten in der Sowjetunion und in der GUS sozialrassistische Witze, die an Judenwitze der NS-Zeit erinnerten à la: »Seine Frau war Russin, er aber war Rechtsanwalt oder Arzt«, will sagen: Er war Jude.

Die jüdische Zuwanderung trug also eindeutig Züge einer Elitenwanderung, aber ihr Potential wurde verschleudert: Juden ohne Deutschkenntnisse hatten lange Zeit nicht denjenigen der Aussiedler auch nur annähernd vergleichbare Ansprüche auf Eingliederungshilfen wie z.B. zureichende Sprachkurse. Und ihre Qualifikationen wurden meist nicht anerkannt (was allerdings auch viele Aussiedler und besonders deren mitreisende Familienangehörigen nichtdeutscher Herkunft traf) oder waren wegen mangelnder Sprachkenntnis nicht einsetzbar.

Fiktives Beispiel: Einem höchstqualifizierten Physiker von der Lomonossow-Universität in Moskau, der mit der einen oder anderen Ergänzungsqualifikation an einer deutschen Universität, in der außeruniversitären Forschung oder in der Wirtschaft hätte eingesetzt werden können, wurde die berufliche Qualifikation nicht anerkannt. In der Arbeitsmarktstatistik, galt er damit als »unqualifiziert«. Wenn sich der »unqualifizierte« jüdische Forscher ohne Sprachkenntnisse bewarb, hatte er wenig Chancen. So wurde aus einem »unqualifizierten« ein »unqualifizierter

arbeitsloser« jüdischer Zuwanderer. Das wiederum ließ im Bundesministerium des Innern die irrige Vorstellung von der schlechten Integrierbarkeit jüdischer Zuwanderer am Arbeitsmarkt und von der Notwendigkeit einer restriktiven »Integrationsprognose« entstehen.

Erst später wurde die hier höchstproblematische Statistik der Arbeitsverwaltung korrigiert. Sehr viel später erst wurden auch die Eingliederungshilfen für jüdische Zuwanderer verbessert. Und ganz am Ende steht 2012 das »Anerkennungsgesetz«, das die Anerkennung der Qualifikationen von Zuwanderern insgesamt, erleichtern und beschleunigen soll.

Aber all das kam, wieder einmal, zu spät; denn die jüdische war nicht nur die höchstqualifizierte, sondern auch die demographisch älteste Zuwanderergruppe in Deutschland. Ihre Potentiale wurden verschleudert, ihre Integration am Arbeitsmarkt unnötig erschwert und die damit verbundenen sozialen Folgekosten in Gestalt von Sozialtransfers zu Lasten des Aufnahmelandes erhöht. So wurde aus einer potentiellen volkswirtschaftlichen Gewinnrechnung eine Verlustbilanz mit oft tragischen Folgen für die Betroffenen. Dumm gelaufen.

Trotzdem waren die der gruppenbezogenen Ausgrenzung in der GUS entkommenen Juden nach den Aussiedlern wegen ihrer bis zum Zuwanderungsgesetz 2005 erleichterten Zuwanderung und wegen ihres sicheren rechtlichen Status eine gegenüber anderen Zuwanderergruppen, insbesondere gegenüber asylsuchenden Flüchtlingen, noch eindeutig privilegierte Gruppe. Auch ihre Integration ist gelungen, aber sie hätte wahrhaft besser gestaltet werden können

Beispiel 2.4: Roma aus Osteuropa – Exklusion und Deportation

Dass in der Bundesrepublik Schuldgefühle wegen nationalsozialistischer Massenverbrechen nicht bei der Behandlung aller davon betroffenen Minderheiten wirkten, zeigte das Schicksal der aus Mittelost- und Südosteuropa zugewanderten Roma. Die Erinnerung, dass Sinti und Roma nach den Juden mit rund 500 000 Opfern von der nationalsozialistischen Mordmaschinerie am zweitstärksten betroffen waren, bot hier keine Brücke nach Deutschland:

Nach amtlichen Schätzungen gab es von Anfang 1990 bis zum Inkrafttreten des neuen Asylrechts 1993 rund eine Viertelmillion Roma-Flüchtlinge in Deutschland. Sie kamen vor allem aus Rumänien, aber auch aus Jugoslawien und Bulgarien. Ihre Behandlung zeigte ein strenges Gegenbild zu derjenigen von Aussiedlern und Juden aus Osteuropa.

Bei Aussiedlern und Juden ging es um staatlich begleitete Einwanderung unter den Leitperspektiven von wohlfahrtsstaatlicher Inklusion und gesellschaftlicher Integration. Das Gegenteil galt für die unerwünschte Zuwanderung von »Zigeunern« aus Osteuropa: Exklusion, Zwangsrepatriierung bzw. als »Rückführung« amtlich geschönte Deportation zurück in Länder, in denen sie, wie z.B. in Rumänien, zumindest ebenso ausgekreist waren und sind wie Juden in der GUS. In anderen mittelost- und südosteuropäischen Ländern werden sie bis heute nicht nur Opfer von sozialer Ausgrenzung, Erniedrigung, Entrechtung und Verfolgung, sondern auch von regelrechten Pogromen, denen in den letzten Jahren allein in Tschechien 19 und in Ungarn 11 Menschen zum Opfer fielen.

Aber heute kommen sie wieder – und diesmal als EU-Bürger aus Rumänien und Bulgarien. Von dort kommen auch gut qualifizierte Zuwanderer, aber sozial besorgniserregend ist die Zuwanderung von Roma.

Wir haben lange vergeblich empfohlen, konzeptionell darauf vorbereitet zu sein und die Bürger in ihren Kommunen darauf vorzubereiten, bevor sich rechtsradikale Gruppen mit ihrer rassistischen Agitation des Themas bemächtigen; denn dies ist die Kehrseite des Evangeliums der Freizügigkeit, bei dem offensichtlich viele Politiker nur von der Zuwanderung von möglichst hochqualifizierten und in ihren Berufs- bzw. Sozialprofilen hübsch passgerechten Zuwanderern träumten. Sie dachten nicht an eine Armenwanderung in die Sozialsysteme – die nun nicht mehr zwangsweise umkehrbar ist.

Die steigende Zuwanderung von armen, gering oder doch nicht passfähig qualifizierten Roma aus prekären Soziallagen in den Ausgangsräumen stellt die Zielländer vor eine Aufgabe, mit der viele nicht gerechnet hatten: länder- und gruppenspezifisch orientierte »Entwicklungspolitik« mitten in Europa. Es geht national um die Integration in den Zielgebieten und supranational um die Bekämpfung der wanderungstreibenden Faktoren in den Ausgangsräumen. Das eine geht nicht ohne das andere; denn nur so kann verhindert werden, dass die Freizügigkeit zu einem menschenverachtenden transnationalen Verschiebebahnhof mit dem Export und Import von Sozialproblemen wird.

Aber die auch schon von Brüssel vergeblich um eine nationale Roma-Konzeption gebetene Bundesregierung schaut demonstrativ weg und lässt die Kommunen, wieder einmal, mit den Problemen allein. Diese Probleme aber sind längst da, und die Konzepte zu ihrer Behandlung fehlen nach wie vor. Die von der Bundesregierung Ende vergangenen Jahres, unmittelbar vor Ablauf der Frist, nach Brüssel übermittelte Antwort wirkt geradezu albern: Es bestehe kein Handlungsbedarf in Sachen einer nationalen Roma-Konzeption; denn es gebe in Deutschland schließlich ein komplexes System von Integrationshilfen, insbesondere Integrationskurse mit Sprach und Orientierungskursen, die die Roma-Zuwanderer doch nur beantragen müssten.

Es hat sich offenkundig noch nicht bis ins hohe Berlin herumgesprochen, dass eine Bevölkerungsgruppe, die auf Grund jahrhundertelanger Auskreisung, Ächtung und Verfolgung gelernt hat, sich misstrauisch nach außen abzugrenzen und Vertrauen nur gegenüber den familialen Großverbänden zu haben, nicht ohne weiteres in die Regularien der wohlfahrtsstaatlichen Integrationsförderung einzuklinken ist. Herumgesprochen hat sich offenkundig auch nicht, dass manche Roma-Familien nicht zum ersten Mal in Deutschland sind und vor zwei Jahrzehnten schon eine Deportationserfahrung hinter sich gebracht haben, aus der anhaltendes Misstrauen resultiert, was auch nicht gerade eine optimale Integrationsvoraussetzung ist.

Wer mit unseren klugen kommunalen Integrationsbeauftragten über diese Probleme spricht, erfährt sogleich, wie vordergründig die Berliner Antwort war. Das zeigt einmal mehr, dass das hier zuständige Bundesministerium des Innern in Sachen Integrationspolitik als Gesellschaftspolitik seine Lektionen noch immer nicht gelernt hat.

Die Jazzsängerin Dotschy Reinhardt schreibt in ihrem Buch »Gypsy. Die Geschichte einer großen Sinti-Familie« (2008): »Wir haben nichts als unsere Kultur und Sprache, die uns zusammenhält, auf die wir uns berufen und mit der wir uns abgrenzen können.« Daher auch der Widerstand von zugewanderten Roma gegen einen zur Integrationsbegleitung zeitweise erwogenen muttersprachlichen Unterricht an deutschen Schulen.

Hier gibt es also in der Tat historisch gewachsene kleine, nach außen abgeschottete »Parallelgesellschaften«, die geschlossen zuwandern oder in Kettenwanderung nachrücken. Sie können nur als solche in die staatliche Integrationsförderung einbezogen werden. Unsere Integrationshilfe-Pakete sind dafür nicht geschnürt. Vor Illusionen sei gewarnt.

Politik hat hier auf der Bundesebene, allen Warnungen zum Trotz, konzeptionell bislang keine nachhaltige Initiative erkennen lassen und stattdessen, wieder einmal, mit populistischen Drohgebärden reagiert. Bundesinnenminister Friedrich redete alarmistisch von einem »zunehmenden Asylmissbrauch aus den Balkanländern«, der »unverzüglich gestoppt« werden müsse. Das kann man, falls es wirklich nötig wäre, auch still besorgen. Lautstarke Ersatzhandlungen für anderweitig nötige, mutige Positionierungen treiben nur Wasser auf die Mühlen der Rechtsradikalen. Die haben, wie vorausgesagt, ihre Chance längst erkannt haben und sind mit dem Thema »Zigeuner« bereits bundesweit am Ball. Wer es wissen will, werfe einen Blick in die fremdenfeindlichen Weblogs mit ihren hasstriefenden Kommentarschlangen. Die Folgen sind absehbar. Bleibt zu hoffen, dass es nicht zu einem episodischen Nachvollzug der Exzesse der frühen 1990er Jahre kommt.

Beispiel 2.5: Irreguläre Zuwanderungen – Selbstschutz vor Humanität

Die irregulären (»illegalen«) Zuwanderungen und Inlandsaufenthalte sind in Deutschland stark gesunken; denn seit der EU-Ostexpansion liegen die wichtigsten mittel- und südosteuropäischen Aus- und Durchgangsräume der irregulären Zuwanderung in EU-

Europa. Die europäischen Abwehrmaßnahmen gegen Asylsuchende, Flüchtlinge und andere unerwünschte Zuwanderer aber sind immer effektiver geworden und, haben, gleichsam als »Kollateralschäden«, die Todesraten an den europäischen Außengrenzen auf das Opferniveau eines mittleren Krieges erhöht.

Damit nicht genug. Zur Unterstützung der europäischen Grenzschutz-Agentur FRONTEX, die nach wie vor ohne zureichende EU-parlamentarische Kontrolle arbeitet, wird der Einsatz von unbewaffneten Aufklärungs-Drohnen zur Sicherung der europäischen Außengrenzen geplant. Der Einsatz von Elektronik zur Grenzkontrolle ist heute normal. Nicht normal ist, dass es des massiven Einsatzes von nichtstaatlichen humanitären Organisationen und Vertretern der Kirchen auf EU-Ebene bedurfte, um etwas überhaupt erst einmal in Erwägung zu ziehen, das an sich selbstverständlich sein sollte: die Information über von den Drohnen entdeckte Seenotfälle von Flüchtlingsbooten, um Flüchtlinge vor dem Ertrinken zu retten als Kernelement eines international vernetzten Seenot-Rettungssystems.

Genau das war nicht vorgesehen und ist auch bis heute nur in einer Nebenbemerkung angedacht; denn es ging um Gefahrenabwehr im Blick auf die »Verletzbarkeit« (»vulnerability«) der europäischen Außengrenzen – und ertrinkende Flüchtlinge sind zwar ein bedauernswertes Problem, aber keine Bedrohung für die europäischen Außengrenzen. Böse Zungen erinnern an den alten Wildwest-Spruch: »Nur ein toter Indianer ist ein guter Indianer«. Ich erspare mir die Übersetzung in die Flüchtlingsdimension.

Damit es keine Missverständnisse gibt: Niemand sollte europäischen Behörden unterstellen, von nachweislich immer wieder vorkommenden ungeheuerlichen Sonderfällen abgesehen, mutwillig oder gar vorsätzlich Hilfestellung zu unterlassen; denn das ist in Seenotfällen bekanntlich ein humanitäres Verbrechen und deswegen ein besonders schwerwiegender Straftatbestand. Keine Unterstellung aber ist, leider, die Tatsache, dass an den europäischen Außengrenzen im Zweifelsfalle eine brutale Priorität gilt: Selbstschutz geht vor Humanität.

Und wir vergessen zu gerne dabei, dass private, auch europäische Wirtschaftsinteressen, z.B. in Afrika, wesentlich dazu beitragen, die irreguläre Zuwanderung nach Europa in Gang zu halten, die Europa dann wie einen Feind bekämpft: von dem Import von Gebrauchttextilien, der die einheimische Textilproduktion erledigt, über die subventionierten billigen Agrarimporte, die die einheimische Landwirtschaft ruinieren, bis hin zu den schwimmenden Fischfabriken (Fisch vom Netz direkt in die Dose) in afrikanischen Küstengewässern, die afrikanische Küstenfischer veranlassen, ihre nutzlos gewordenen alten Trawler an Schlepper zu verkaufen oder selbst in deren Dienste zu treten.

Auf dem Evangelischen Kirchentag im Juni 2011 habe ich in meinem Vortrag in der mit rund 1 900 Besuchern voll besetzten Dresdner Frauenkirche dazu etwas gesagt, dass ich dem Sinne nach hier wiederholen möchte:

> Wir leben, ethisch bewertet, in einer ebenso schäbigen wie schändlichen Zivilisation. Sie gründet ihre erbärmliche Schnäppchenkultur auf die Ausbeutung der Ärmsten der Armen weit jenseits ihrer Grenzen, unter ihnen auch Kinder und Sklaven. Sie lässt erbarmungslos vor ihren Grenzen halbtote Flüchtlinge ertrinken oder auf hoher See in ihren Booten verdursten. Und sie beschwert sich obendrein noch über die Beeinträchtigung ihrer Badefreuden an möglichst sauberen Sandstränden durch die angespülten Zeugnisse der Tragödien auf hoher See in Gestalt von Bootstrümmern, Kleiderfetzen und mitunter auch menschlichen Überresten.
>
> Das ist die Welt, in der wir heute leben und für die wir alle gemeinsam verantwortlich sind, jeder an seinem Platz. […] Es geht hier um einen historischen Skandal, an dem zukünftige Generationen das Humanitätsverständnis im Europa des späten 20. und frühen 21. Jahrhundert bemessen werden. Ihr Urteil dürfte ein verheerendes sein – wenn bis dahin nicht alles noch schlimmer geworden ist.

* * *

Die wenigen ausgewählten Beispiele zeigen, wie vielgestaltig die Erfahrungen mit Migration und Integration, aber auch mit Desintegration und Ausgrenzung in der jüngsten Vergangenheit und Gegenwart waren und sind.

Viele Zuwanderungswillige hatten keine Chance, in Deutschland oder anderen europäischen Ländern zu bleiben. Die meisten Flüchtlinge und Asylsuchende wurden schon an den Grenzen abgewiesen oder nach immer kürzeren Verfahren durch freiwillige Ausreise bzw. zwangsweise »Rückführung« (Deportation) in das Schicksal zurückgeworfen, dem sie durch Flucht zu entkommen gesucht hatten. Viele von ihnen hatten dazu vergeblich lange, in der Regel von teuren und oft brutalen Schleppern begleitete, nicht selten mehrfach unterbrochene und deshalb Jahre dauernde Reisen hinter sich gebracht. Eine große Zahl von ihnen kam dabei irgendwo vor den europäischen Grenzen um, z.B. auf dem großen Wüstentransit quer durch die Sahara, aber vor allem dann im Mittelmeer, das zu einem Massengrab für Flüchtlinge geworden ist. Andere blieben für immer zwischen den Welten stecken oder endeten z.B. auf der afrikanischen Süd-Nord-Route in den Oasen in sklavenähnlichen Abhängigkeitsverhältnissen, die nur noch das nackte Überleben sichern.

Auch an sie alle sollte gedacht werden, wenn von einem Wanderungsergebnis die Rede ist, von dem viele von ihnen vergeblich träumten: Aufnahme und Integration, also Inklusion durch Teilhabe. Denen, die in Deutschland zuwandern konnten oder als anerkannte Flüchtlinge bzw. Asylbewerber Aufnahme fanden, erging es vor diesem Hintergrund, trotz vieler Härten und Enttäuschungen, vergleichsweise erträglich oder sogar gut.

Der von mir angestoßene, konzipierte und als von mir Gründungsvorsitzendem von Ende 2008 bis Mitte 2012 geleitete Sachverständigenrat deutscher Stiftungen für Integration und Migration (SVR) hat mit seinen umfragebasierten »Integrationsbarometern« empirisch nachgewiesen – von der vom SVR nicht untersuchten, sich smogartig ausbreitenden Islamfeindschaft abgesehen: Integration in Deutschland ist besser als ihr Ruf im Land, auch im internationalen Vergleich. Viele im Ausland beneiden uns darum und können die permanente selbstkritisch-depressive Nabelschau der Deutschen mit ihrem erbärmlichen Tunnelblick und ihrem Gejammer auf hohem Niveau einfach nicht nachvollziehen.

Aber es gibt Unterschiede: Es ist kein Geheimnis, dass Integration im deutschen Süden und Südwesten und in anderen reicheren Regionen besser gelungen ist als in ärmeren Regionen im Norden und Nordosten oder im Schatten der Mauer im ehemals geteilten Berlin. Unterschiede im Integrationserfolg haben eben auch damit zu tun, dass Arbeit neben Sprache die wichtigste Integrationsschiene und das integrationsfördernde Erwerbsangebot in Deutschland sehr unterschiedlich ist.

Dennoch gilt: In Sachen Integration sind die nach wie vor klar vorhandenen und zum Teil schwerwiegenden Probleme nicht die Regel, sondern eher Ausnahmen, die die Regel der erfolgreichen, wenn auch oft mühevollen Integration bestätigen. Und Ausnahmen gibt es bekanntlich auch in besonders erfolgreichen Regionen, z.B. im deutschen Südwesten: Der schockierende Anschlag in Winterbach wäre beinahe zum Pogrom geworden, wenn die jungen Leute nicht unter Prügeln aus dem von Rechtsradikalen angezündeten Schuppen ausgebrochen wären, in dem sie vor den brutalen Gewalttätern Schutz gesucht hatten. Und doch war auch Winterbach eine der Ausnahmen, die insgesamt nur die Regel der erfolgreichen Integration bestätigen.

Dass es, trotz aller Probleme, weitgehend gut gegangen ist mit der Integration in diesem Land, haben wir vor allem zwei Kraftfeldern zu verdanken: Auf der einen Seite stand die friedvolle Eingliederungsbereitschaft der vielfach denunzierten, herablassend behandelten und zum Teil bis heute nicht als Partner auf Augenhöhe akzeptierten Einwanderer. Auf der anderen Seite wirkte die Integrationskraft unserer Kommunen, gestärkt durch die Ausländer- und Integrationsbeauftragten auf kommunaler und später auch auf Länderebene und schließlich diejenige der Mittlerorganisationen, an die praktische Integrationsarbeit vor der Erfindung der staatlichen Integrationskurse im Zuwanderungsgesetz jahrzehntelang delegiert worden war.

Auf Bundesebene hingegen hatte man, wie der seinerzeitige Bundespräsident Horst Köhler (CDU) 2006 zum Erschrecken der Unionsparteien ebenso aufrichtig wie selbstkritisch bekannte, die Integration lange schlicht und einfach »verschlafen«.

Zur kollektiven Erinnerung der Deutschen an den Umgang mit zugewanderten Minderheiten gehört aber auch der erwähnte düstere Schatten des organisierten Verbrechens an »Fremden« oder dazu erklärten Menschen im nationalsozialistischen Deutschland und im von Deutschland beherrschten Europa während des Zweiten Weltkriegs. [...]

Trotz aller prekären Probleme der Selbstbeschreibung mit Blick auf die jüngere deutsche Geschichte aber muss sich Deutschland endlich ein für Alle und insbesondere für Einwanderer verstehbares öffentliches Bild von sich selber machen; denn woran sonst sollten sich Einwanderer orientieren bei dem Versuch, ihr Einwanderungsland und dessen Einwanderungsgesellschaft zu verstehen?

Dafür brauchen wir Leitorientierungen im Plural, d.h. für beide Seiten der Einwanderungsgesellschaft, und darauf gegründete Spielregeln. Die wichtigsten stehen schon in unserer Verfassung, die aber offenkundig nicht eben jeder kennt und die wir in historisch missverständlicher Weise, nämlich noch immer staatliche Vorläufigkeit signalisierend, auch nach der deutschen Vereinigung noch »Grundgesetz« nennen.

Diese Spielregeln sollten in frühkindlicher Erziehung, in schulischer und beruflicher Bildung eingeübt werden. Wir brauchen kein nationalideelles Glaubensbekenntnis wie es amerikanische Schüler als »American Creed« sprechen. Aber die Vermittlung der Werte unserer Verfassung muss mehr sein als Thema in ein paar Unterrichtsstunden im Ethik-, Sozial- oder Gemeinschaftskunde-Unterricht. [...]

Grundlage für Vielfalt in Einheit oder Einheit in Vielfalt ist ein solidarisches »Wir«, für das ich seit vielen Jahren werbe. Tragende Grundlagen sind dabei nicht sozialtherapeutische Hilfsbereitschaft und huldvoll von oben gewährte Toleranz im Sinne einer Art kultureller Duldung. Es geht vielmehr um Akzeptanz und Teilhabe in sozialem Frieden in einer Bürgergesellschaft, die sich als Einwanderungsgesellschaft von Bürgern mit und ohne Migrationshintergrund versteht. Die weithin erfolgreiche alltagspraktische Probe aufs Exempel zeigen die Kommunen, in denen sich in Sachen Einwanderungsgesellschaft alles entscheidet – auch in dieser Stadt.

Im Folgenden geht es darum, die bisher erörterten Aspekte in den weiteren Zusammenhang des Wegs zur Einwanderungsgesellschaft zu stellen.[40]

---

[40] Das Folgende nach: K. J. Bade, Abwehrhaltungen und Willkommenskultur in der Einwanderungsgesellschaft, in: Bertelsmann Stiftung (Hg.), Deutschland öffne Dich! Willkommenskultur und Vielfalt in der Mitte der Gesellschaft verankern, Gütersloh 2012, S. 45–56.

3 Ankunft in der Einwanderungsgesellschaft: kulturelle Vielfalt, Kulturangst und Flucht in »islamkritische« Ersatzdebatten

Die Bürgergesellschaften in Europa haben sich seit dem letzten Drittel des 20. Jahrhunderts zumeist in Einwanderungsgesellschaften verwandelt. Ihre Basis ist das Grundvertrauen zwischen Mehrheits- und Einwandererbevölkerung. Die Einwanderungsgesellschaft ist ein eigendynamischer Kultur- und Sozialprozess, der vielgestaltig, deshalb oft unübersichtlich ist und sich stets weiter ausdifferenziert. Er besteht aus dem räumlich, sektoral und sozial unterschiedlich voranschreitenden Zusammenwachsen von Mehrheits- und Zuwandererbevölkerung in einem Interaktionsprozess, der beide Seiten tiefgreifend verändert.

Ergebnis ist ein beschleunigter, manche Zeitgenossen überfordernder Wandel von Strukturen, Lebensformen und Alltagserfahrungen. Er wird gerade von Menschen, die davon in ihren altvertrauten Lebensbereichen besonders betroffen sind, nicht selten als Überforderung, Zumutung und soziales Ärgernis registriert. Das kann zu Abwehrhaltungen führen, selbst gegenüber seit langem »einheimischen Fremden«. »Alienation« nennen die Amerikaner diesen Entfremdungsprozess.

Die Aufgabe, diesen Wandel als täglich neu erlebbare Herausforderung anzunehmen, wird aber wegbestimmend bleiben für die Entwicklung der Einwanderungsgesellschaften in Europa. Das gilt in Deutschland nicht nur für großstädtische Siedlungsdistrikte mit starker Zuwandererbevölkerung. Es gilt auch für Regionen, die Zuwanderung und Integration fast nur aus den Medien kennen, sich aber in ihrer Selbstwahrnehmung mitunter umso mehr davon betroffen oder sogar bedroht fühlen und deshalb in die weit ausgebreiteten Arme von rechtsradikalen Rattenfängern flüchten, die sich vor Ort als Retter gerieren. Das scheint z.B. in Mecklenburg-Vorpommern der Fall zu sein, wo es vergleichsweise wenig aus dem Ausland zugewanderte »Fremde« gibt, während die fremdenfeindliche NPD in allen Kreistagen und, zum zweiten Mal in Folge, seit 2006 auch im Landtag sitzt.

Die gesellschaftspolitische Aufgabe heißt, den Wandel als Normalität zu verstehen. Politik wird dabei ihrer hier dringend nötigen Vermittler- und Vorbildrolle nur selten gerecht. Einer der wenigen höchstrangigen Politiker, die hier mutig vorangingen, war der durch skandalfreudige Medien öffentlich geschlachtete und rücksichtslos ausgeweidete frühere Bundespräsident Christian Wulff. Man kann ihm vieles nachsagen, auf keinen Fall aber, dass er nicht ein in gesellschaftspolitischen Fragen besonders sensibles Staatsoberhaupt gewesen wäre.

Das zeigte insbesondere seine zuerst berühmte und dann bald berüchtigte Bremer Rede zum 20. Jahrestag der deutschen Vereinigung im Oktober 2010. Wulff wurde damit zunächst vielseitig anerkannt und nach seiner folgenden Rede im türkischen Parlament in Ankara sogar in den höchsten Tönen belobigt. Da lief aber schon die »islamkritische« Wühlarbeit gegen den Bundespräsidenten, dessen Bremer Rede bald geradewegs auf den Index gesetzt bzw. im ideologischen Orkus versenkt wurde.

Wulffs Aussage, dass neben dem Christentum und dem – durch Flucht, Exil und Holocaust fast ganz ausgelöschten und erst durch die Zuwanderung aus der GUS wieder etwas gewachsenen – Judentum heute auch der Islam zu Deutschland gehöre, war angesichts von mehr als vier Millionen Muslimen, von denen rund die Hälfte deutsche Staatsbürger sind, keine grundstürzende Bestandsaufnahme. Sie war auch keineswegs neu, weil sie nur wiederholte, was der Begründer der Deutschen Islam Konferenz, der damalige Bundesinnenminister Wolfgang Schäuble, unter großem Beifall schon 2006 im Deutschen Bundestag gesagt und seither öfters widerspruchslos wiederholt hatte. Nach den großen christlichen Konfessionen bildet der Islam in Deutschland heute nun einmal de facto die drittstärkste Religionsgemeinschaft, auch wenn er sich noch nicht zu einer de jure, d.h. im Sinne des deutschen Kirchenverfassungsrechts, anerkannten Glaubensgemeinschaft zusammengefunden hat, von einzelnen Gruppen wie den Alewiten abgesehen.

Wulffs Islamsatz konnte nur deswegen solches Aufsehen erregen, weil er im Oktober 2010, auf dem Höhepunkt der stark »islamkritisch« unterlegten Sarrazin-Debatte, fiel und die bundesweit vernetzte »Islamkritik« zur Treibjagd auf den Bundespräsidenten blies. In Zentrum der Rede stand dem inhaltlichen Gewicht nach aber nicht diese erst verspätet, dann aber umso giftiger angefeindete Passage.

Viel wichtiger als der Islam-Satz war eine die Rede durchziehende Leitlinie, in der es um das ging, was Wulff als Schlusspointe seiner Rede in dem Wortspiel zusammenfasste, man sei in diesem Land »zusammengewachsen« und »zusammen gewachsen«. Damit meinte der Bundespräsident nicht nur die Deutschen im Vereinigungsprozess, sondern auch das immer wieder angesprochene Zusammenwachsen von Mehrheits- und Einwandererbevölkerung zur Einwanderungsgesellschaft. Deshalb, so lautete eine zentrale Botschaft seiner Rede dem Sinne nach, sei es in der Einwanderungsgesellschaft erste Bürgerpflicht, den alltäglichen Wandel als stete Herausforderung anzunehmen.

Zu einer bewussten Annahme dieser Herausforderung durch den Wandel zur Einwanderungsgesellschaft und zur Gestaltung der damit verbundenen Aufgaben konnte es in Deutschland ohnehin erst stark verspätet kommen; denn wie gesagt: was man verdrängt, das kann man nicht gestalten. Deutschland war, wie gezeigt, lange ein in seiner Selbsterkenntnis verspätetes Einwanderungsland wider Willen. Es litt an der aus der defensiven Erkenntnisverweigerung seiner politischen Eliten resultierenden realitätsfernen Selbstdefinition als »Nicht-Einwanderungsland«.

Daraus resultierte eine, durch stets neu geschürte Überforderungsängste angetriebene Unterschätzung seiner eigenen Integrationskraft als Einwanderungsgesellschaft. Heute ist Deutschland, trotz aller praktischen, d.h. kommunalen Integrationserfolge, im politischen Elitendiskurs und in den Medien vielfach noch immer eine griesgrämige oder doch verschämte Einwanderungsgesellschaft wider Willen, deren Parcours der »Willkommenskultur« einem nationaldidaktischen Sackhüpfen auf Stelzen gleicht.

4 Integrationspolitik als Gesellschaftspolitik in der Einwanderungsgesellschaft – Anerkennung durch Teilhabe

Integration im herkömmlichen sozialtherapeutischen Sinne ist heute das falsche Konzept auf dem richtigen Weg: In der Bürgergesellschaft als Einwanderungsgesellschaft geht es, von Neuzuwanderern mit Sprachproblemen einmal abgesehen, nicht mehr um Integration durch Maßnahmen. Es geht um Anerkennung durch Teilhabe – für Menschen mit wie ohne Migrationshintergrund. Dabei kann im Zusammenhang von Integrationsförderung ein Migrationshintergrund nur mehr ein Förderkriterium unter anderen sein. Dieses Förderungskriterium muss aber dort bzw. so lange vorgehalten werden, wo bzw. so lange es wesentliche migrationsinduzierte Benachteiligungen gibt.

Es gilt zu begreifen, dass bei Integration im oben beschriebenen Sinne beide Seiten der Einwanderungsgesellschaft aufeinander angewiesen sind. Nur dann kann sich jene belastbare, die Bevölkerung mit und ohne Migrationshintergrund einschließende neue bürgergesellschaftliche Identität mit einem solidarischen »Wir« entwickeln. Wir kommen damit, allen Störungen zum Trotz, schrittweise voran.

Neben der gefährlichen negativen Integration, wie ich die Selbstvergewisserung der Mehrheit durch die denunziative Abgrenzung von Minderheiten nenne, gibt es in Sachen Integration in Deutschland aber auch noch andere spannungsgeladene Problembereiche. Hier zeigen sich auch Folgen von Versäumnissen der Vergangenheit auf beiden Seiten: Es gab sie bei der Integration von Einwanderern, die zu lange an ihren Rückkehrillusionen festhielten und zu spät Einwandererbewusstsein entwickelten. Und es gab sie auf Seiten des Einwanderungslandes, das, wie erwähnt, das Thema Integration als politische Gestaltungsaufgabe jahrzehntelang »verschlafen« hat (Horst Köhler 2006).

Diese Versäumnisse auf beiden Seiten sind historische Gegenwarts- und Zukunftsbelastungen für die Einwanderungsgesellschaft in Deutschland. Aber die Handlungsspielräume waren dabei ungleich verteilt: Ein sich selbst über Jahrzehnte mit dem Mantra der defensiven Erkenntnisverweigerung »Die Bundesrepublik ist kein Einwanderungsland« selber dementierendes, mental verklemmtes Einwanderungsland darf sich über die verspätete Entwicklung von Einwandererbewusstsein bei seinen verschämt als »Zuwanderer« bezeichneten Einwanderern nicht wundern.

Ich habe seit den 1980er Jahren immer wieder und lange vergeblich auf eine prekäre Ursache-Folge-Wirkung im Einwanderungsland wider Willen hingewiesen, die man rückblickend auch so beschreiben könnte: Ein Bademeister, der jahrzehntelang vor seinem Schwimmbad ein Schild aufgestellt hat mit der Aufschrift »Baden verboten! Dies ist kein Schwimmbad!«, sollte sich später nicht beklagen, dass zu wenig Badegäste Schwimmen lernten und deshalb später »nachholende« Schwimmkurse brauchten. Ich bin seinerzeit wegen solcher Forderungen von manchen Politikern herablassend belächelt worden. Heute lacht keiner mehr – aber an die eigenen Fehleinschätzungen oder diejenigen der eigenen Partei und deren Folgen möchten sich natürlich viele nur ungern erinnern lassen.

An der breiten Basis der Sozialpyramide leben heute in Deutschland aus diesen, aber auch anderen Gründen viele Familien mit starken, zum Teil über Generationen hinweg anhaltenden Integrationsdefiziten als Teil einer »neuen Unterschicht«, die es mit, aber auch ohne Migrationshintergrund gibt. Ihre prekären Sozialmilieus wurden und werden in Deutschland intergenerativ stabilisiert durch die hierzulande nach wie vor besonders ausgeprägte »Vererbung« der sozialen Startnachteile über das Bildungssystem. Das hat der aktuelle OECD-Bericht gerade aufs Neue herausgestellt und zusätzlich darauf hingewiesen, dass im ehemaligen Land der Dichter und Denker nur jeder fünfte Jugendliche einen höheren Abschluss erzielt als seine Eltern und 22 Prozent sogar unter deren Niveau bleiben.

Daneben gibt es auch eine vergleichsweise kleine desintegrative Gegenwelt von Zuwandererfamilien, die trotz schon generationenübergreifendem Inlandsaufenthalt scheinbar weniger an staatsbürgerlicher Integration interessiert sind als an den Sozialbezügen im Wohlfahrtsstaat. Sie imitieren damit aber nur das Fehlverhalten von schlechten Vorbildern aus der Mehrheitsgesellschaft ohne Migrationshintergrund. Böse Zungen beschreiben das auch als eine Form von Integration oder sogar Assimilation.

Schließlich gibt es auch einzelne, ebenfalls vergleichsweise kleine, aber auffällige, weil mitunter aggressiv missionierende religiös-weltanschauliche, insbesondere islamistisch-fundamentalistische Gruppen. Sie sind zum Teil Hasspredigern hörig, die von einem Gottesstaat schwärmen, der mit dem Grundgesetz und den darin festgeschriebenen Werten und Normen grundsätzlich unvereinbar ist – heute die Salafisten, morgen vielleicht die Wahhabiten. Hier sind Härte und Abwehr angesagt.

Nicht minder gesellschaftspolitisch gefährlich aber ist das Wirken selbsternannter »islamkritischer« Experten mit und ohne Migrationshintergrund als aggressive vulgär-säkulare Hassprediger. Sie rücken das integrationsfeindliche Verhalten von aggressiven kleinen religiös-weltanschaulichen Minderheiten auf

Kosten der friedvollen Integrationsbereitschaft der meisten Muslime in Deutschland einseitig in den Vordergrund.

Sie können sich den fragwürdigen Ruhm bescheinigen, wesentlich dazu beigetragen zu haben, dass Deutschland, Umfragen zufolge, heute in Europa zu den düsteren Spitzenreitern bei den nicht »nur« islam-, sondern auch muslimfeindlichen Abwehrhaltungen geworden ist: Eine negative bis sehr negative Einstellung gegenüber »Muslimen« (also nicht etwa »nur« gegenüber dem Islam) bescheinigen sich in Westdeutschland fast 58 Prozent (57,7 %) und in Ostdeutschland, wo es vergleichsweise wenige Muslime gibt, sogar gut 62 Prozent (62,2 %) der von dem »Heymat«-Projekt (VolkswagenStiftung) an der Humboldt-Universität Berlin Befragten. Dieses Stimmungsbild entspricht der Tendenz nach den Ergebnissen des von Wilhelm Heitmeyer begründeten Bielefelder Großprojekts »Gruppenbezogene Menschenfeindlichkeit«.

Wozu als »Islamkritik« getarnter antiislamischer Kulturrassismus bei gewaltbereiten Adressaten führen kann, haben zuletzt in Norwegen die Gewaltverbrechen des nicht islamistisch-fundamentalistisch, sondern christlich-fundamentalistischen Attentäters Breivik im Juli 2011 gezeigt und in Deutschland die seit November 2011 aufgedeckten, schon älteren, aber ebenfalls vorwiegend antiislamisch-fundamentalistisch motivierten Serienmorde des »Nationalsozialistischen Untergrunds« (NSU).

Es gibt hier eine fließende Grenze zwischen Wortgewalt und Tatgewalt, von der auch die Bundeskanzlerin in ihrer Rede auf der nationalen Trauerfeier für die Opfer der NSU-Serienmorde in Berlin gesprochen hat. Den publizistischen Agitatoren der »Islamkritik« direkte, persönlich zuschreibbare Ursache-Folge-Zusammenhänge gegenüber vierschrötigen Gewalttätern zuweisen zu wollen, wäre zwar eine haltlose Unterstellung. Die im Zeitalter der Internetagitation gefährliche geistige Nähe zwischen gruppenfeindlichen oder auch nur so verstehbaren Argumenten und entsprechenden Tatmotiven schlichtweg bestreiten kann aber nur, wer die Lehre der – vermeintlich Glück bringenden – drei Affen zur verhaltensleitenden Disposition erhoben hat: nichts (Böses) sehen, hören, sagen.

9.2 Pragmatische Migrations- und Integrationspolitik

9.2.1 »Wir führen seit Jahren das gleiche Ritterstück auf«,
Beitrag auf einer Diskussionsveranstaltung der Evangelischen Akademie Tutzing und der Süddeutschen Zeitung, in: Süddeutsche Zeitung, 17.11.2000[41] (Auszug).

Professor Bade, Sie haben 1994 geschrieben: »Wenn wir so weitermachen, laufen die Probleme ihrer Gestaltung davon.« Ist es schon so weit?
Zum Teil ja. Der argumentative Kreisverkehr hat uns viel Zeit gekostet. Deutschland ist seit den frühen 80er Jahren de facto ein Einwanderungsland – freilich kein klassisches, wo die Gesellschaft überwiegend aus Einwanderern besteht. Da hat die CSU recht, nur hilft uns das nicht weiter.

Die Bundesrepublik ist auf der Schwelle von einem informellen zu einem formellen Einwanderungsland. Den ersten Schritt dahin hat 1990 der damalige Innenminister Wolfgang Schäuble getan, als er die Einbürgerung erleichtert. Die zweite Stufe war die Änderung des Staatsangehörigkeitsrechts. Es fehlt der dritte Schritt: ein Einwanderungsgesetz samt umfassender Einwanderungspolitik. Wenn die Parteien hier einen Minimalkonsens erreichen, darf man ruhig über Zuwanderung streiten – über das Wie, nicht über das Ob.

Ist Zuwanderung überhaupt noch national zusteuern?
Nein, jede Steuerungskonzeption muss heute europafähig sein. Ein Land, das aus wirtschaftlichen Gründen auf Zuwanderung angewiesen ist, darf sagen: Wir wollen diese und jene Menschen haben – ohne das Asylrecht, die Flüchtlingskonvention, die Zuwanderung von Aussiedlern einzuschränken. Wir haben 30 Jahre lang wenig zur Integration von Ausländern angeboten, anders als bei den Aussiedlern. Dort werden jetzt die Eingliederungshilfen gestrichen, dabei wäre es im Gegenteil notwendig: diese Hilfen auch anderen Zuwanderern anzubieten.

Wir führen stattdessen seit Jahrzehnten ein Ritterstück auf. Da stürmt das eine Heer heran und ruft: Kein Einwanderungsland! Dann kommen die anderen: Einwanderungsland! Es fliegen die Splitter: Unentschieden. Aber hinter dieser Bühne hat sich ein pragmatischer Integrationsprozess abgespielt – dank der Integrationsbereitschaft der Ausländer. Wir haben wenig dazu getan.

---

[41] http://kjbade.de/bilder/ritterstueck.pdf.

9.2.2 Wählerangst und Wanderungspolitik. Der Migrationsforscher Klaus J. Bade fordert in der Zuwanderungspolitik »behutsame und pragmatische Gestaltung«, Interview, in: Diplomaten NEWS, September 2001 (Auszug).

Nur wenige wussten schon um die Bedeutung des Themas Einwanderungspolitik, als Professor Klaus J. Bade 1983 sein Buch »Vom Auswanderungsland zum Einwanderungsland? Deutschland 1880–1980« vorlegte. Heute erkennen auch politische Eliten, dass einfühlsame Migrationspolitik in Zukunft mit über unseren Wohlstand entscheiden wird. Jetzt endlich findet auch politisch Gehör, was der Osnabrücker Historiker und Migrationsforscher schon vor zwei Jahrzehnten forderte – umfassende Konzepte für Migrations- und Integrationspolitik. Sein Terminalender quillt über vor Anfragen zu diesen Themen.

Klaus J. Bade spricht hochkonzentriert und druckreif. Man spürt ein Interesse, Ergebnisse intensiver Forschungsarbeit in »menschenfreundlicher Prosa« zu vermitteln. Seine Anliegen und Argumente sind frei von Dogmen, getragen von charmantem Understatement und Selbstironie. Der Migrationsforscher lebt nicht im wissenschaftlichen Elfenbeinturm, sondern bemüht sich um den Brückenschlag von Politik zu weiterer Öffentlichkeit. Auch die Medien spielen eine wichtige Rolle bei dem, was er »kritische Politikbegleitung« nennt.

Immer wieder hat der 1944 im Elsass geborene Wissenschaftler den Scheinwerfer auf die politische Bühne gerichtet, wo in Sachen Migration in den 80er Jahren »defensive Erkenntnisverweigerung« herrschte. Klar Position zu beziehen, war immer seine Devise.

»Migration ist seit jeher ein sehr emotionsgeladenes, angstbesetztes Thema. Man muss geduldig dicke Bretter bohren, klare und nachvollziehbare Argumente haben, Überzeugungsarbeit leisten und die Leute dort abholen, wo sie stehen mit ihren ganz konkreten Ängsten im Alltag«, meint der Papst der Historischen Migrationsforschung in Deutschland.

»In vielen deutschen Köpfen steckt noch immer eine ethnonationale Information, die sagt: Deutscher kann man nur sein, aber nicht werden. Weit gefehlt – bei zureichender Familienforschung würden viele Einheimische merken, dass sie in Wirklichkeit die Nachfahren zugewanderter Fremder sind. Wir haben es aber bis heute nicht geschafft, eine neue kollektive Identität auszubilden, die beide Seiten umschließt, die Aufnahmegesellschaft und die Zugewanderten«. [...]

Mit der Frage nach der sicheren Rente hat eigentlich die ganze Demographie-Diskussion angefangen. Die Sorge, wer sie künftig finanzieren soll, wenn es immer mehr Rentner und immer weniger junge Arbeitskräfte gibt, hat erstmals einem breiten Publikum klargemacht, dass es ohne fremde Arbeitskräfte nicht gehen wird.

»Wir können unsere Bevölkerungsprobleme aber nicht dadurch kurieren, dass wir möglichst viele Menschen aus dem Ausland holen«, warnt der Experte. »Zuwanderung ist kein Allheilmittel. Sie kann Bevölkerungsabnahme und demographische Überalterung nicht abfangen, sondern nur deren Folgen für Arbeitsmarkt und Sozialsysteme abfedern. Antworten auf die anstehenden Probleme müssen wir zugleich durch Reformen im Inneren suchen«.

Als Beispiele nennt er: Verkürzung der Ausbildungszeiten, Ausdehnung der Lebensarbeitszeit, Bekämpfung der Arbeitslosigkeit durch evaluierte Qualifikationsmaßnahmen und Beschäftigungspolitik, Familienpolitik, Steigerung der Frauenerwerbstätigkeit durch Frauenförderung, Einführung von Kindertagesstätten und Ganztagsschulen u.a.m.

Bade traut der Politik nicht so ganz und fürchtet, im kommenden Wahlkampf könne die Parteitaktik wieder »die Logik der Argumente verbiegen«. Politik sei zu »demoskopieabhängig« geworden, müsse wieder mehr »konzeptorientiert« werden.

Die Parteien müssten lernen, dass es gerade bei zentralen gesellschaftspolitischen Fragen nicht angehen kann, in der Regierung »Hüh« und in der Opposition »Hott« zu sagen und umgekehrt – weil auf den Rängen dasselbe Wählerpublikum sitzt, das auf Rollen- und Maskentausch mit noch stärkerer Abwendung vom politischen Theater reagieren könnte.

Regierung und Opposition müssen zur Kenntnis nehmen, dass sie beide in Haftung stehen für diesen zentralen Politikbereich. »Gegenseitige Denunziationen, Populismus und platte Kampagnendemagogie nützen niemandem. Sie nähren nur die Zweifel an der Kompetenz der politischen Klasse insgesamt und stärken überdies die Aggressionen von rechts außen«, warnt Bade.

Laisser-faire in Sachen Migrationspolitik wäre gesellschaftspolitisch grob fahrlässig. Einwanderungsgesetzgebung müsse aber transparent für beide Seiten sein: für die einheimische Bevölkerung und für mögliche Einwanderer. Eine darauf beruhende Einwanderungspolitik muss vertrauenerweckend, kalkulierbar und flexibel sein. »Durch den Schily-Entwurf sind wir jetzt einen großen Schritt weiter. Das ist ein pragmatischer Konsensentwurf«, schätzt Bade. »Jetzt kommt alles darauf an, auf dem eingeschlagenen Weg einer behutsamen und pragmatischen Gestaltung weiterzugehen. Überzeugende Konzepte sind die beste Waffe gegen Fremdenfeindlichkeit. Je weniger Unsicherheit da ist, desto weniger läuft das Geschäft mit der irrationalen Angst.«

Dem Osnabrücker Wissenschaftler geht es darum, in der Politik und öffentlichen Diskussion zu einer Normalisierung des Themas beizutragen. Schließlich sei Migration so alt wie die Geschichte selbst, denn der »Homo sapiens hat sich nun einmal als Homo migrans über die Welt ausgebreitet«.

Nach einem inspirierenden Jahr am Wissenschaftskolleg in Berlin ist Bade wieder an seine Heimatuniversität zurückgegangen. Hier arbeitet das von ihm zusammen mit einigen anderen Kolleginnen und Kollegen 1991 aufgebaute, längst international renommierte Institut für Migrationsforschung und Interkulturelle Studien (IMIS), ein interdisziplinäres Zentrum für Forschung, Politikberatung und kritische Politikbegleitung.

Der Spagat zwischen Wissenschaft und Politik ist nicht leicht. Er erfordert nicht nur Sensibilität, sondern auch ein dickes Fell. »Das wächst einem bei diesem Geschäft wie von selbst und schützt vor Frustrationen«, sagt Bade. »Aber momentan ist durchaus verhaltener Optimismus angesagt«.

9.2.3 Einwanderungsland im Einwanderungskontinent. Bemerkungen zur Migrations- und Integrationsdiskussion, SWR, 8.7.2001, in: K.-H. Meier-Braun / M. A. Kilgus (Hg.), Integration durch Politik und Medien?, Baden-Baden 2002, S. 35–43 (Auszug).

Europa ist ein Einwanderungskontinent mit fallenden Geburtenraten, steigender Lebenserwartung und demographisch alternden Bevölkerungen. Daraus resultieren viele Zukunftsprobleme. Europa ist deshalb auf geregelte und aktiv gestaltete Einwanderung angewiesen.

Früher haben wir lange vergeblich um die Akzeptanz dieser Einsicht gekämpft, heute müssen wir vor Überzeichnungen warnen: Das fängt schon bei der Frage an, woher die Einwanderer der Zukunft eigentlich kommen sollen in einem Europa, das trotz verhaltener Einwandererfreude weithin noch immer ein latent eurorassistisches Missfallen an anderen Hautfarben zeigt, denen viele Europäer nach wie vor lieber im Urlaub begegnen als am Arbeitsplatz oder gar im Chefzimmer.

Aber nicht nur in der Europäischen Union, sondern auch in ihrem östlichen Erweiterungsraum sinken, von wenigen Ausnahmen abgesehen, die Geburtenraten. In diesen Trend eingeschwenkt ist mittlerweile auch schon die Türkei in ihrem zügigen Wandel vom Auswanderungsland zum Einwanderungsland.

Wer also für Einwanderung in größerer Zahl plädiert, soll auch sagen, an welche Ausgangsräume er dabei denkt. Und er soll sagen, wie er sich angesichts der nach wie vor verbreiteten Abwehrhaltungen konkret die Förderung der Akzeptanzbereitschaft gegenüber solcher Einwanderung in großer Zahl, z.B. aus Afrika und Indien, vorstellt. [...]

Die Wahrheit liegt in einer vernünftigen Vermittlung zwischen geregelter Zuwanderung von außen und tiefgreifenden, für Viele schmerzhaften Reformen im Innern. Sie liegen für Deutschland in einem Mix von zum Teil unerfreulichen Positionen.

Dazu zählen u.a. 1. die Verlängerung der Lebensarbeitszeit durch Verkürzung von Ausbildungszeiten und Erhöhung des Renteneintrittsalters; 2. die Erhöhung der Rentenbeiträge trotz Senkung des Rentenniveaus; 3. das Ausschöpfen von Arbeitsmarktreserven im Bereich von Arbeitslosigkeit und beruflichen Fehlallokationen durch gezielte und vor allem in ihrer Effizienz und Arbeitsmarkttauglichkeit evaluierte Umschulungs- und Fortbildungsmaßnahmen, verbunden mit – nicht minder streng evaluierten – beschäftigungspolitischen Initiativen; und 4. die Erhöhung der in Deutschland im internationalen Vergleich niedrigen Erwerbsquote der Frauen, verbunden mit gravierenden Änderungen in der Frauenförderung, in der Familienpolitik und im Schul- und Vorschulwesen von Ganztagsschulen bis hin zu einem Kindergarten-System, wie es in Deutschland mit der DDR untergegangen ist.

Geregelte Zuwanderung kann bei alledem und anderem mehr nur begleitende Hilfestellung bieten im Sinne einer Abfederung der sozialpolitischen Folgen der nicht mehr aufzuhaltenden demographischen Prozesse. Ein Surrogat für Reformen ist sie nicht.

Außerdem: »Migrationspolitik pur« ist Nonsens. Teuflischerweise hängt hier geradezu alles mit allem zusammen. Wer Migrationspolitik machen will, soll deshalb weniger von Zahlen und mehr von Zielen reden in Wirtschafts- und Sozialpolitik, aber auch in der Kulturpolitik. Und er muss lernen, in großen Zeiträumen zu denken und nicht nur in den von Legislaturperioden skalierten freiheitlich-demokratischen Vier-Jahresplänen, von denen ohnehin immer nur drei zählen, weil im vierten schon wieder Wahlkampf ist.

Die innere Kehrseite von Migration heißt Integration. Migrations- und Integrationspolitik gehören zusammen wie zwei Seiten der gleichen Medaille. Einwanderungspolitik ohne Eingliederungshilfen ist deshalb gesellschaftspolitisch grob fahrlässig.

Heute wird – endlich – viel und ernsthaft von »Integration« nicht mehr nur auf Zeit, sondern auf Dauer, d.h. von Einwandererförderung gesprochen. Dabei darf nicht übersehen werden, dass es neben vorausschauender auch eine nachholende Integrationspolitik geben muss, die Folgerungen aus eigenen Fehlleistungen zieht: Es leben schon mehr als sieben Millionen Einwanderer der ersten, zweiten und schon dritten Generation im Land und gegenüber vielen von ihnen gibt es noch eine historische Bringschuld.

Es geht aber nicht nur um die, die kommen oder kamen. Integration ist nicht bloß einseitige Anpassungsleistung, sondern auch ein gesellschaftliches Geschäft auf Gegenseitigkeit, das beide Seiten verändert. Das wird von den Einheimischen leichter akzeptiert, wenn Steuerung und Begrenzung nach außen die Einwanderung überschaubar halten.

Nötig für eine solche geregelte Zuwanderung ist eine europäische Migrationspolitik, die diesen Namen verdient. Dann können Einwanderer, die man in den europäischen Einwanderungsländern mit bestimmten Berufsprofilen ja durchaus braucht, mit klaren Anforderungen konfrontiert werden. Sie kennen die Kriterien und wissen, ob und wie sie ihre Chancen auf Zugang verbessern können. Sie können gegebenenfalls auch auf Wartelisten gesetzt werden, ohne sich durch Asylverfahren hindurchlügen oder gar illegale Wege beschreiten zu müssen.

Aber es darf keine Illusionen geben über die Grenzen der Gestaltbarkeit: Hinter der durch Umfragen belegten neuen deutschen Euphorie gegenüber Zuwanderungsgesetzgebung steckt vielfach weniger der Gedanke an die nötige Zuwanderungsförderung als die stille Hoffnung auf Zuwanderungsbegrenzung.[42] Übersehen wird dabei oft, dass die Handlungsspielräume für Migrationssteuerung ohnehin begrenzt sind wegen umfangreicher, durch unterschiedliches Recht geschützter Zuwanderungen (in Deutschland: Familiennachzug, Aussiedler, Asyl).

Umso wichtiger ist es, hier rechtspolitisch nicht – wie z.B. im Ausländergesetz von 1990 – starr, sondern flexibel zu handeln, so dass z.B. auch im Bereich von Flucht und Asyl im wohlverstandenen Eigeninteresse des Aufnahmelandes in geeigneten Fällen Einwanderungskriterien wirksam gemacht werden können.

Umgekehrt könnte bei der Aussiedlerzuwanderung, die, was die Zahl der jährlichen Aufnahmebescheide angeht, längst die Aura der nicht quotierbaren Unumgänglichkeit eingebüßt hat, neben die Sprachfertigkeit als Zugangskriterium auch eine zureichende berufliche Basisqualifikation als Kriterium für Zugangserleichterung bzw. -beschleunigung treten.

Das gilt auch für jene mitreisenden Familienangehörigen nichtdeutscher Herkunft, die heute bekanntlich 75 % der Aussiedlerzuwanderung stellen, die mithin de facto heute zu 75 % russische Einwanderung ist. Antragsteller deutscher Herkunft und auf Mitreise hoffende Familienangehörige nichtdeutscher Herkunft müssen allesamt in der Regel jahrelang auf den Aufnahmebescheid warten. Sie haben also Zeit genug, sich zureichend und mit deutscher Hilfe vor Ort auf die erstrebte Einwanderung vorzubereiten, wenn es ihnen denn tatsächlich ernst ist mit der Integrationsbereitschaft im Einwanderungsland Deutschland.

Nicht zukunftsfähig jedenfalls ist die derzeit noch laufende deutsche Braindrain-Migration, die, überspitzt gesagt, bereichsweise aus der Auswanderung von Spitzenkräften und der Einwanderung von Sozialfällen besteht. Sie waren dies zumeist nicht im Ausgangsraum. Sie werden es aber hierzulande, wenn sie weder beruflich noch sprachlich den Anforderungen im Einwanderungsland genügen. Sie können diesen Standard auch durch ½ Jahr Sprachkurs nicht erlangen, wenn nicht im Ausgangsraum zureichend vorgearbeitet worden ist. Hier begann sich erst in den letzten beiden Jahren Entscheidendes zu ändern. Hunderttausende aber haben diese heute gebotenen Chancen schon verpasst und leben als soziale Verlierer unter uns. [...]

Aber das ist nur die eine Seite der Medaille. Die andere: Wir brauchen eine Bekämpfung der Ursachen unfreiwilliger Wanderungen, soweit sie denn überhaupt bekämpfbar sind, durch entwicklungsorientierte Migrationspolitik oder migrationsorientierte Entwicklungspolitik in den Ausgangsräumen. Dabei geht es nicht nur um den gezielten und vor allem kontrollierten Einsatz von Geld, sondern nötigenfalls auch um – besser als bisher koordinierte – friedenssichernde Einsätze unter dem Dach der Vereinten Nationen oder anderer multinationaler Organisationen. Ein Europa, das sich dem verweigert, ist dazu verdammt, auf Dauer mit hohem Wanderungsdruck zu leben.

Zwischen europäischer und nationaler Gestaltung in Sachen Migrationspolitik zeichnen sich deutlich unterschiedliche Geschwindigkeiten ab. Die europäische scheint den nationalen Gestaltungsperspektiven davon zu eilen, ohne dass doch, wie man weiß, die supranationale Perspektive ohne internationalen Konsens konkrete Gestalt annehmen könnte.

Die Kommission der Europäischen Gemeinschaften hat dem Rat und dem Parlament Ende November vergangenen Jahres ein Rahmenkonzept vorgeschlagen für eine europäische Migrationspolitik in Abstimmung mit den Ausgangsräumen, mit den Transitländern, mit den Wanderungszielen und mit den Migranten selbst, das die unausweichlichen Gestaltungsdimensionen klar umschreibt. Die Kommission hat dem eine Art europäischen »Knigge« für den Übergang zu einer aktiven Migrationspolitik beigegeben, dessen Verhaltensmaßregeln auch auf nationalen Ebenen Beachtung finden sollten:

»Der Wechsel zu einer bewussten Migrationspolitik erfordert politische Führungsstärke und ein eindeutiges Bekenntnis zur Förderung pluralistischer Gesellschaften sowie die Verurteilung von Rassismus und Fremdenfeindlichkeit. Es wird auf die Vorzüge der Einwanderung und der kulturellen Vielfalt hinzuweisen sein; bei Stellungnahmen zu migrations- und asylpolitischen Fragen wäre ein Sprachgebrauch zu vermeiden, der rassistischen Tendenzen Auftrieb geben oder die Spannungen zwischen den Bevölkerungsgruppen verschärfen könnte.

Die Verantwortlichen müssen öffentlich ihre Unterstützung für Maßnahmen zur Förderung der Integration von neuen Migranten und ihren Familienangehörigen bekunden und für die Anerkennung und Akzeptanz von kulturellen Unterschieden innerhalb eines klar abgesteckten Rahmens von Rechten und Pflichten werben. Auch den Medien kommt in ihrer Funktion als Meinungsbildner diesbezüglich eine beträchtliche Verantwortung zu.«[43]

---

[42] Zu entsprechenden Umfrageergebnissen des Instituts für Demoskopie Allensbach: R. Köcher, Verringern oder halten, aber nicht ausweiten, in: Frankfurter Allgemeine Zeitung, 20.6.2001, S. 5.

---

[43] Kommission der Europäischen Gemeinschaften, Mitteilung der Kommission 2000/757 an den Rat und an das Europäische

9.2.4 »Angst um Menschen statt vor ihnen«. Adelbert Reif im Gespräch mit Klaus J. Bade,

Kurzfassung in: Universitas. Orientierung in der Wissenschaft, 56.2001, Nr. 659 (Mai 2001), S. 515–528, ergänzter Nachdruck unter dem Titel: Europa:»Immigration, Integration und kulturelle Toleranz«, in: conturen 1/05, S. 2–33 (Originalfassung, Auszug).

Wir brauchen ein normalisiertes und möglichst positives Verhältnis zu den Zukunftsthemen Migration und Integration. Wir brauchen politische Gestaltungsbereitschaft und die stete, positive Signale setzende Demonstration der Gestaltbarkeit dieses gesellschaftspolitisch eminent belangvollen, aber auch brisanten Handlungs- und Erfahrungsbereichs. Nötig dafür sind neben Gesetzen auch entsprechende Institutionen. Es fragt sich, ob das im Grunde aus Ersatzhandlungen gewachsene Beauftragtenwesen, das wir in der Bundesrepublik mit den getrennt schaltenden und waltenden Ämtern der Ausländerbeauftragten, des Aussiedlerbeauftragten und des Amtes für die Anerkennung ausländischer Flüchtlinge haben, auf Dauer zukunftsfähig sein kann.

Ich meine, dass wir eine umfassende und übergeordnete Institution für diese Aufgaben brauchen, unterhalb derer es ja problemlos weiterhin entsprechende institutionelle Zuständigkeiten geben kann und muss. Das ist auch nötig für den doppelten Brückenschlag zu einer supranationalen Einwanderungsinstitution auf europäischer Ebene sowie zu entsprechenden Institutionen in den Bundesländern. Es ist doch wirklich seltsam, dass gerade die ansonsten so organisationswütigen Deutschen diesen eminent wichtigen politischen Gestaltungsbereich so vor sich hin wuchern lassen. In der Weimarer Republik gab es bereits ein übergreifendes »Reichswanderungsamt«. Das war zwar eine Fehlkonstruktion, die schlecht funktionierte, aber man kann aus Fehlern ja lernen.

Ich denke vor allem an ein Bundesamt für Migration und Integration mit angeschlossenem Forschungsinstitut, etwa nach dem Vorbild des Bundesinstituts für Arbeitsmarkt- und Berufsforschung, das der Bundesanstalt für Arbeit in Nürnberg zugeordnet ist. Das wäre eine der Bedeutung des Problems in unserem Einwanderungsland entsprechende Institution. Dort würden Migrations- und Integrationsprozesse fortlaufend beobachtet und auch entsprechende Konzeptionsvorschläge fortgeschrieben. Die Institution könnte wesentlich entlastet werden durch Kooperation und Vernetzung mit schon bestehenden Forschungs- und Beobachtungsinstitutionen. An den Universitäten und Fachhochschulen bräuchten wir dringend Studiengänge, die sich mit internationaler Migration und interkulturellen bzw. Interethnischen Problemen befassen und entsprechendes Personal ausbilden, das heute häufig immer noch innerhalb von Behörden und Mittlerorganisationen über hausinterne entsprechende Kurse hochtrainiert wird.

9.2.5 Migration und Integration: Herausforderungen, Gestaltungsaufgaben und Grenzen der Gestaltbarkeit,

in: Wirtschaft und Wissenschaft (Stifterverband für die Deutsche Wissenschaft), 3/2003 (Mai 2003), S. 48–55 (Auszug).

Die Bevölkerungsentwicklung in Deutschland ist, wie in fast allen Staaten im Einwanderungskontinent Europa, geprägt durch sinkende Geburtenraten und steigende Lebenserwartung. Die Folgen sind demographische Alterung und eine zunehmende Schrumpfung. Sie bleibt in absoluten Zahlen bislang noch durch Zuwanderung und – sich tendenziell angleichende, d.h. ebenfalls sinkende – Geburtenraten der Zuwandererbevölkerung verschleiert, wird aber bald offen zutage treten. Daraus resultieren viele Zukunftsprobleme für Wirtschaft, Arbeitsmarkt und die Systeme der sozialen Sicherung im Generationenvertrag, aber auch für die gesellschaftliche Entwicklung insgesamt und für die verschiedensten Lebensbereiche.

Deutschland braucht langfristig und flexibel geregelte – d.h. bei Zuwanderungsdruck auch begrenzte – und im Rahmen des Möglichen beruflich-sozial profilierte Zuwanderung auf Zeit und Einwanderung auf Dauer. Das ist heute weithin akzeptiert. Früher wurde in Deutschland lange vergeblich um die Akzeptanz solcher Einsichten gekämpft. Heute muss vor einseitigen Überzeichnungen gewarnt werden; denn Zuwanderung ist in Sachen Zukunftsgestaltung nur ein Teilkonzept unter anderen, das in seiner Wirksamkeit nicht überschätzt werden darf.

Zwischen den einseitigen Extrempositionen von »Heilung« durch Zuwanderung und »Gesundschrumpfung« in geschlossenen Grenzen liegt als ausgleichende Mitte eine vernünftige Vermittlung zwischen geregelter Zuwanderung und tiefgreifenden, mitunter auch schmerzhaften Reformen im Innern, zu denen es bislang erst Ansätze gibt. Ihre unerbittlich absehbare Aktualität kann für hellsichtige Zeitgenossen auch durch die derzeit noch alles beherrschende Thematik der Massenarbeitslosigkeit nicht verdeckt werden.

Nur im Kontext eines umfassenden und nachhaltigen Reformprogramms kann geregelte Zuwanderung begleitende Hilfestellung bieten und dazu beitragen, für Wirtschaft, Arbeitsmarkt und Sozialsysteme die Folgen der nicht mehr aufzuhaltenden demographischen Prozesse abzufedern. Sie kann damit ein wichtiges Zeitpolster bieten für eine etwas behutsamere Einführung der überfälligen Reformen. Ein Surrogat für Reformen aber ist Zuwanderung nicht.

Parlament über eine Migrationspolitik der Gemeinschaft, Brüssel, 22.11.2000, S. 21.

Nötig für geregelte Zuwanderung ist eine europäische Migrationspolitik, die diesen Namen verdient. Das gleiche gilt auf nationaler Ebene. Übersehen wird dabei oft, dass die Handlungsspielräume für Migrationssteuerung relativ begrenzt sind wegen gesetzlich festgeschriebener Schutzräume im Zuwanderungsgeschehen:

Beispiel: Die Ausländerbeauftragte der Bundesregierung spricht für 2000/01 von einer jährlich um ca. 250 000 schwankenden Zahl von »Einwanderern mit längerfristiger Perspektive«. Die aber stammten ganz vorwiegend aus gesetzlich geschützten Präferenzbereichen: Spätaussiedler mit ihren mitreisenden Familienangehörigen nicht-deutscher Herkunft (98 000), Nachzug ausländischer Familienangehöriger vor allem von Deutschen und in etwas geringerem Umfang von in Deutschland lebenden Ausländern (82 000), Unionsbürger (35 000), anerkannte Flüchtlinge (mit 23 000 zu ca. einem Viertel der jährlichen Antragstellungen verrechnet) und jüdische Kontingentzuwanderer aus der GUS (17 000).

Viele Schätzungen über eine dauerhaft nötige, schlicht erwartbare oder gesellschaftlich »verkraftbare« bzw. »sozialverträgliche« Zuwanderung aber gehen von jährlich ca. 250 000–300 000 Zuwanderern mit dauerhaften Bleibeperspektiven aus. Bei 250 000 Zuwanderern mit Bleibeperspektiven und einem in gleicher Höhe veranschlagten jährlichen Einwanderungssoll läge der Steuerungsbereich mithin schlicht bei null. Auch bei einem Einwanderungssoll von 300 000 läge er lediglich bei 50 000 Personen im Jahr.

Wenn es also im Rahmen des Möglichen gesteuerte jährliche Zuwanderung mit dauerhaften Bleibeperspektiven in einer Größenordnung von 250 000 bis 300 000 geben soll, dann kann der gordische Knoten nur durch eine Ausdehnung des Steuerungsbereiches auf Kosten geschützter Präferenzbereiche durchschlagen werden. Die relativ begrenzten Handlungsspielräume sind dabei durch das Grundgesetz vorgegeben (z.B. Schutz der Familie, Asylrecht). Auch innerhalb dieser Grenzen wird jeder Eingriff schmerzhaft sein; denn gegen jeden gibt es im Einzelnen nachvollziehbare Argumente. Aber aufs Ganze gesehen führt kein Weg an steuernden, aber auch befreienden (»Anwerbestopp«) Eingriffen vorbei, soweit dies überhaupt mit dem Grundgesetz vereinbar ist.

Vor Illusionen aber sei gewarnt: Vieles im Wanderungsgeschehen ist wenig kalkulierbar, geschweige denn »berechenbar«. Es gibt fließende Grenzen und Übergangsformen zwischen Arbeitsaufenthalten auf Zeit, solchen auf unbestimmte Zeit, Daueraufenthalten ohne Einbürgerung oder mit dem Fernziel der letztendlichen Rückwanderung und definitiver Einwanderung mit dem Ziel auch der Einbürgerung.

Was als Zuwanderung auf Zeit gedacht war, kann Einwanderung auf Dauer werden. Was als definitive Einwanderung begann, kann in Zuwanderung auf Zeit stecken bleiben oder auch zum Abbruch in Gestalt von Rückwanderung führen. Rückwanderungen aber können, wie unzählige Beispiele zeigen, in erneute Zuwanderungen auf ungewisse Zeit oder auch in dauerhafte Pendelwanderungen münden – um vielleicht erst am Lebensabend in definitiven Ein- oder Rückwanderungen zu enden.

Einerseits sind mithin Wanderungsabsichten und Wanderungsergebnisse oft zweierlei. Andererseits sind Migration und Integration hochgradig eigendynamische Prozesse, die man nicht regeln kann wie den Straßenverkehr.

9.2.6 Wirtschaft und Arbeitsmarkt als Integrationsmotoren,

Statement in vier Thesen auf dem Integrationskongress der FDP-Bundestagsfraktion »Wege zu einer erfolgreichen Integration«, Berlin, 29.6.2009 (Auszug).

Integration messen ist heute Mode geworden im sogenannten »Integrationsland« Deutschland, das immer noch Angst hat vor dem Begriff Einwanderungsland. »Indikatoren« heißen die oft trügerischen Maßeinheiten, bei denen meist der Querschnitt der sogenannten »Aufnahmegesellschaft« zum Maß aller Dinge erhoben und dann einseitig der Annäherungsgrad der Einwandererbevölkerung gemessen wird. Vereinfacht gesprochen heißt die Logik dieses Verfahrens: Wenn die Zuwanderer so viel Steuern hinterziehen wie wir, ist ihr Integrationsprozess erfolgreich abgeschlossen.

Spaß beiseite: Was man messen will, muss man messbar definieren. Es gibt eine solche Definition. Sie stammt aus dem Gutachten 2004 des Sachverständigenrats für Zuwanderung und Integration (Zuwanderungsrat).[44] Sie ist 2008 von der Bundesregierung übernommen worden, die den in seiner kritischen Politikbegleitung missliebigen Zuwanderungsrat Ende 2004 abgeschafft hat. Politische Lernprozesse brauchen hierzulande mitunter ungewöhnlich viel Zeit. Die Definition lautet: Integration ist die möglichst chancengleiche Teilhabe an den zentralen Bereichen des gesellschaftlichen Lebens, also an Erziehung, Bildung, Ausbildung, Wirtschaft und Arbeitsmarkt, Gesundheit, Rechts- und Sozialsystem usw. Im Zentrum steht die Chance zur wirtschaftlichen Selbstentfaltung, also die Teilhabe an Wirtschaft und Arbeitsmarkt als Grundlage zu eigenständiger Lebensführung und sozialer Akzeptanz.

In Zeiten von Aufschwung und Wachstum fällt wirtschaftliche Integration leichter. Im Zeichen von Abschwung, Krise oder gar Depression fällt sie schwerer. Denn Freistellungen treffen Zuwanderer oft zuerst. Das erfahren heute auch Deutsche im Ausland; denn Deutschland ist heute Einwanderungsland und Auswanderungsland zugleich. In Krisen am

---

[44] Migration und Integration – Erfahrungen nutzen, Neues wagen, Jahresgutachten 2004 des Sachverständigenrates für Zuwanderung und Integration (Zuwanderungsrat), Berlin 2004.

Arbeitsmarkt hilft hierzulande der Wohlfahrtsstaat. Das klingt gut. Aber der Wohlfahrtsstaat hat in Sachen Migration und Integration ein doppeltes Gesicht.

These 1: In marktbasierten Integrationsregimen wie z.B. in den USA, die ihre eigenen Schattenseiten haben, ist für Newcomer der Zugang zum Arbeitsmarkt oder in die Selbständigkeit wesentlich leichter, aber auch wesentlich unsicherer bzw. riskanter. In hochregulierten Wohlfahrtsstaaten wie in Deutschland ist der Zugang für Newcomer deutlich schwieriger, die Sicherheit am Arbeitsplatz dafür vergleichsweise höher, von dem erwähnten Kriseneffekt abgesehen.

These 2: Zur Schattenseite der wohlfahrtsstaatlichen Integrationsregie zählt auch die Tatsache, dass sie in aller Regel die migratorische Autoselektion abschaltet, also die Selbstauslesekraft von Migrationsprozessen, nach der in marktbasierten Integrationssystemen sehr flexibel reagieren oder aber zurückkehren bzw. weiterziehen muss, wer wirtschaftlich nicht auf eigenen Beinen stehen kann.

These 3: Im überregulierten deutschen Wohlfahrtsstaat kommt ein weiteres Problem hinzu. Es trifft zwar nicht nur Migranten, sondern alle, die aus dem ersten Arbeitsmarkt stürzen. Es betrifft aber besonders niedrig qualifizierte Arbeitslose, die die stärkste Gruppe der erwerbsfähigen Dauerarbeitslosen bilden und unter denen wiederum der Migrantenanteil besonders hoch liegt:

Das System der Sozialtransfers in Deutschland prämiert nach dem Sturz aus dem ersten Arbeitsmarkt bekanntlich das Liegenbleiben in appellativer Reglosigkeit. Und es bestraft den Versuch, sich aus eigener Kraft wieder in den ersten Arbeitsmarkt hochzustemmen, z.B. mit kleineren regulären Nebenjobs, die dann prompt auf Hartz IV angerechnet werden. Das führt, ganz nach der Logik des wirtschaftlichen Prinzips, dazu, dass man im Hellfeld der Transferkontrolle oft unfreiwillig bewegungslos und nachweislich angeschnallt in der verordneten sozialen Hängematte liegt und im Dunkelfeld seine Arbeitskraft dem vielstimmig verfluchten informellen Arbeitsmarkt zugutekommen lässt.

Solange dies so bleibt, solange wird Integration durch Arbeit wohlfahrtsstaatlich nicht stimuliert, sondern etatistisch gelähmt. Anders gewendet: Wir leisten uns eine Unsummen kostende hochregulierte wohlfahrtsstaatliche Arbeits- und Sozialverwaltung, die weithin mit ihrer Selbstverwaltung beschäftigt ist, und in ihren Integrationsfunktionen zum Teil kontraproduktiv wirkt, denn: Ein System, das mit seinen Transferleistungen Arbeitsmarktzugänge für erwerbsfähige und erwerbswillige Arbeitslose nicht erleichtert, sondern erschwert, wirkt im Blick auf die zentrale Bedeutung des Arbeitsmarktzugangs für die Integration desintegrativ und damit kontraproduktiv.

Zum Schluss noch ein Blick über die Grenzen unseres Landes, das heute Auswanderungsland und Einwanderungsland zugleich ist.

These 4 – oder: Warum Zuwanderungsförderung und Arbeitslosigkeit kein Widerspruch sind. Wir leben in einem exportorientierten Land mit schrumpfender und demographisch alternder Erwerbsbevölkerung. Seine wichtigste Ressource ist das hochqualifizierte Erwerbspersonenpotential. Dass wir deshalb dauerhaft Qualifikation im Innern und qualifizierte Zuwanderung von außen brauchen, ist heute eine volkswirtschaftliche Binsenweisheit.

Weniger bekannt ist die Tatsache, dass wir beim Vergleich der Qualifikationsstruktur von Abwanderung und Zuwanderung zu einem prekären Ergebnis kommen, das unlängst der Sachverständigenrat deutscher Stiftungen für Integration und Migration offengelegt hat.[45] Vereinfacht gesprochen: Die Qualifikationsstruktur der deutschen Abwanderung ist derjenigen der Gesamtbevölkerung in Deutschland deutlich überlegen. Die Qualifikationsstruktur der ausländischen Zuwanderung bietet dafür nicht nur keinen Ersatz, im Gegenteil. Sie ist der Qualifikationsstruktur der deutschen Abwanderung bei weitem unterlegen, will sagen:

Bei zunehmend negativer Wanderungsbilanz bei den deutschen Staatsangehörigen (2008 erstmals auch in der Wanderungsbilanz insgesamt) trägt das Qualifikationsgefälle zwischen deutscher Abwanderung und ausländischer Zuwanderung der Tendenz nach sogar zur Dequalifizierung des Erwerbspotenzials in Deutschland bei. Das zeigt, dass unser Steuerungssystem zur Förderung qualifizierter Zuwanderung dysfunktional und nicht einmal imstande ist, im Blick auf Migration und Qualifikation wenigstens den Brain-Drain zu balancieren.

Längst überfällig ist deshalb die Implantation eines von mir seit Jahren geforderten proaktiven hochflexiblen Steuerungssystems zur Förderung qualifizierter Zuwanderung mit einer Kombination von kriterienorientiertem Punktesystem und arbeitsmarktorientierter Engpassdiagnose.[46]

Das Punktesystem wurde 2001 von der Unabhängigen Kommission Zuwanderung empfohlen, in den Gesetzentwurf aufgenommen und bei der letzten Stufe der parlamentarischen Verschlimmbesserung des Zuwanderungsgesetzes im Sommer 2004 wieder gestrichen. Die vom Zuwanderungsrat 2004 zeitgleich vorgeschlagene Engpassdiagnose wurde in einer ebenso sachfremden wie denunziativen Politkampagne im Herbst 2004 öffentlich verworfen, sicher-

---

[45] Sachverständigenrat deutscher Stiftungen für Integration und Migration, Qualifikation und Migration: Potenziale und Personalpolitik in der »Firma« Deutschland, Berlin Mai 2009 (www.svr-migration.de).
[46] Vgl. u.v.a. K. J. Bade, Leviten lesen: Migration und Integration in Deutschland. Abschiedsvorlesung mit Grußworten und ausgewähltem Schriftenverzeichnis (IMIS-Beiträge, H. 31), 128 S., Osnabrück 2007 (in diesem Band: 7.1).

heitshalber auch gleich der Zuwanderungsrat selbst Ende 2004 abberufen. 2008 wurde die zuvor politisch verhöhnte und verteufelte Engpassdiagnose des Zuwanderungsrates von der Bundesregierung semantisch verschämt als »Engpassanalyse« eingeführt im System der Allianz zur Sicherung des Fachkräftebedarfs – ein weiterer Beleg für die zeitverschobene politische Akzeptanz von wissenschaftlichen Empfehlungen in Sachen Migration und Integration. Die Engpassdiagnose allein ist aber nur die halbe Miete. Wir müssen in der Migrationspolitik lernen, angebots- und nachfrageorientiert zugleich zu denken.

9.2.7 Migration – Integration – Partizipation. Fragen und Perspektiven für die Einwanderungsgesellschaft in Zeiten der Krise, Parlamentarischer Abend der Liga Hessen der Freien Wohlfahrtspflege in Hessen e.V., Hessischer Landtag, Wiesbaden, 7.10.2009
(Handout: Gliederung mit Kurzfassung u. Thesenauswahl).

Vorbemerkung:
1. Es gibt ein Menschenrecht auf Bildung und die soziale Verpflichtung, bei dem Bemühen um die gleiche Bewertung gleicher Leistungen, auch sozial ungleiche Bedingungen zu beachten, unter denen gleiche Leistungen ohne zusätzlich Förderung mitunter nicht zu erbringen sind. Leistung ist nicht nur abhängig von Begabung. Sie ist auch abhängig von den sozialen Bedingungen unter denen sich Begabung entfalten kann.

Migration und Migrationspolitik
2. Deutschland ist heute Ein- und Auswanderungsland zugleich. Ausgeglichene oder sogar negative Wanderungsbilanzen in einem Wohlfahrtsstaat mit schrumpfender und demographisch alternder Bevölkerung erhöhen den strukturellen Reformdruck; denn das Zusammenwirken von anhaltend hoher Abwanderung von Menschen in den besten Erwerbsalter und abnehmender Zuwanderung von im Vergleich zur Altersstruktur des Aufnahmelandes ebenfalls in der Regel jüngeren Menschen steigert den ohnehin wachsenden Druck des demographischen Wandels auf die Sozialsysteme.

3. Die Qualifikationsstruktur der Zuwanderung ist derjenigen der deutschen Abwanderung unterlegen. Das Verhältnis von Abwanderung und Zuwanderung trägt derzeit zu einer Dequalifizierung des Erwerbspotentials in Deutschland bei. Nötig sind bessere Steuerungssysteme für die Zuwanderung (s.u.) und Konsequenzen aus den Gründen, die Hochqualifizierte dazu bewegen, Deutschland den Rücken zu kehren und Hochqualifizierte aus dem Ausland – von Ausnahmegruppen und -bereichen abgesehen – veranlassen, einen Bogen um dieses Land zu machen.

4. Bei Zuwanderern, die mit zureichenden Qualifikationen kommen, wurden lange und werden noch heute oft die im Ausland erworbenen Abschlüsse und beruflichen Erfahrungen nicht anerkannt. Dahinter stehen bürokratische Gründe, falsch verstandene protektionistische Erwägungen, berufsständische Gruppeninteressen oder schlicht auf Kosten der Gesamtverantwortung rücksichtslos durchgesetzte Konkurrenzerwägungen vertretungsstarker Gruppen. Das Ergebnis ist, dass Hunderttausende von zugewanderten Akademikern, sogar aus dem sog. MINT-Bereich, arbeitslos oder weit unter ihrem Qualifikationsniveau beschäftigt sind. Wir brauchen ein Anerkennungsgesetz, dass den Anspruch von Zuwanderern auf ein geregeltes Verfahren zur Anerkennung ihrer formellen Qualifikationen und praktischen Berufserfahrungen garantiert.

Integration- und Partizipation
5. »Die Integration« ist, im Gegensatz zu den Horrorgemälden der Desintegrationspublizistik, keineswegs durchweg »gescheitert« bzw. eine Dunkelzone mit einigen wenigen erfolgreichen Leuchttürmen, die als Ausnahmen die Regel bestätigen. Aktuelle Untersuchungen beleuchten vielmehr erhebliche Fortschritte bei der Integration als intergenerativem Kultur- und Sozialprozess. Das zentrale Integrationsproblem in Deutschland aber bleibt die Benachteiligung der Bevölkerung mit Migrationshintergrund in Bildung, Ausbildung und beruflicher Qualifikation bzw. Weiterqualifikation im Vergleich zur Mehrheitsbevölkerung ohne Migrationshintergrund.

6. Der nachlässige Umgang mit dem Begabungs- und Qualifikationspotential aus zugewanderten, oft bildungsfernen Milieus ist ein folgenschweres Sozialproblem mit geradezu biblischen Schleifspuren. Seine Folgen schwächen uns wirtschaftlich und im Blick auf die Sozialsysteme bis ins dritte und vierte Glied der migratorischen Generationenfolge.

7. Die dauerhafte Sicherung des sozialen Friedens in einer Einwanderungsgesellschaft aber hängt entscheidend ab von dem Gelingen von Integration im Sinne möglichst gleicher Teilhabechancen oder doch durch die möglichst realitätsbezogene Vorstellung von der konkreten Erreichbarkeit dieses Ziels. Umgekehrt erzeugen gruppenbezogene faktische oder auch nur so begründet erscheinende Benachteiligungen eine noch latente, aber nach einschlägigen Anzeichen wachsende soziale Spannung.

8. Es gibt darum ein Integrationsparadox in Deutschland: einerseits ein zunehmend pragmatisches Verhältnis zu Migrations- und Integrationsfragen auf allen Ebenen; andererseits eine wachsende soziale Polarisierung und Spannung, die geeignet sein könnte, den bislang erlebten sozialen Frieden in der Einwanderungsgesellschaft zu gefährden.

9. Die Benachteiligung von Einwanderern in Bildung und Ausbildung führt, auch in anderen europäischen Staaten, zunehmend zu aggressiven Empörungen. Sie wachsen mit dem Anteil der sozialen Verlierer. Und sie gewinnen an Schärfe in dem Maße, in dem sich die Betroffenen Ihrer Lage als soziale Verlierer bewusst werden. Die – meist noch latente – Polarisierung wächst und die Erfolgschancen nachholender Integrationsförderung nehmen auf der Zeitachse ab, während zeitgleich die finanziellen Aufwendungen und die sozialen Kosten steigen.

10. Benachteiligungen abbauen liegt deshalb nicht nur im Interesse der Betroffenen, sondern im Interesse der Einwanderungsgesellschaft insgesamt. In Sachen nachholender Integrations- und Partizipationsförderung ist deshalb keine Zeit mehr zu verlieren.

11. Es geht nicht nur um soziale, sondern auch um politische Partizipation. Innerhalb der Gesamtbevölkerung in Deutschland haben derzeit insgesamt knapp 20 Prozent Menschen einen sogenannten Migrationshintergrund. Die Wahlberechtigten mit Migrationshintergrund stellten vor der letzten Bundestagswahl ca. 9 Prozent (5,6 Mio.) der Gesamtzahl der Wahlberechtigten (62,2 Mio.). Im Bundestag gab es bei 612 Abgeordneten aber nur 11 Abgeordnete mit Migrationshintergrund die einen Anteil von nur 1,8 Prozent der Abgeordneten stellten. Diese Zahlenverhältnisse sind einer Einwanderungsgesellschaft unwürdig. Parteien argumentieren mit einem Zielkonflikt zwischen der Berücksichtigung von Kandidaten mit Migrationshintergrund auf den vorderen Listenplätzen und dem Erreichen der Wahlziele.

12. Dieser Zielkonflikt würde aufgehoben und das Interesse der Bevölkerung mit Migrationshintergrund an der politischen Mitwirkung, d.h. am Erwerb der deutschen Staatsangehörigkeit würde erhöht durch eine stärkere Akzeptanz der doppelten Staatsangehörigkeit auch bei Drittstaatsangehörigen, also aus der EU nicht angehörenden Staaten. Das würde z.B. bei vielen seit Generationen im Land ansässigen türkischen Ausländerfamilien intergenerative Spannungen aufheben.

13. Die vorgeblichen Identitätskrisen und Loyalitätskonflikte, die mit der doppelten Staatsangehörigkeit verbunden sein sollen, gibt es in Wahrheit nur in den Köpfen der Gegner der doppelten Staatsangehörigkeit. Andernfalls müsste eine große Zahl der Aussiedler/Spätaussiedler in diesem Sinne psychisch oder doch mental erkrankt sein, weil sie die mitgebrachte Staatsangehörigkeit behalten oder wiedererwerben durften. Das gleiche gälte für die meisten der in jüngerer Zeit neu Eingebürgerten, weil die Neueinbürgerungen derzeit zu mehr als der Hälfte (53 Prozent) unter Hinnahme der doppelten Staatsangehörigkeit erfolgen, deren Ablehnung auch von der EU 1997 aufgegeben wurde.

14. Was tatsächlich folgenreiche hausgemachte Identitätskrisen und Loyalitätskonflikte bei den Betroffenen auslöst, ist die sogenannte Optionslösung bei der parteipolitisch umstrittenen Reform des Staatsangehörigkeitsrechts im Jahr 2000. Sie ist überdies mit absurden rechtstechnischen Konstruktionsfehlern und nicht intendierten Folgeproblemen behaftet und sollte als Irrweg aufgehoben werden, der einer Einwanderungsgesellschaft nicht würdig ist.

Wirtschaft und Arbeitsmarkt
15. Von der Krise werden Migranten hierzulande nicht als Migranten besonders getroffen, sondern primär deswegen, weil bei ihnen der Prozentsatz der unzureichend qualifizierten Erwerbstätigen oder Erwerbssuchenden besonders hoch ist.

16. Ein Wohlfahrtssystem, das mit seinen Transferleistungen Arbeitsmarktzugänge für erwerbsfähige und erwerbswillige Arbeitslose nicht erleichtert, sondern erschwert, wirkt im Blick auf die zentrale Bedeutung des Arbeitsmarktzugangs für die Integration desintegrativ.

17. Wir müssen, auch in der Krise, langfristig antizyklisch nachdenken über eine konzeptorientierte proaktive Förderung qualifizierter Zuwanderung. Es muss alles daran gesetzt werden, die Qualifikationsoffensive zu effektivieren und zugleich die vermeintliche migrationspolitische Atempause der Krise zu nutzen, um die noch nicht hinreichenden Instrumente zur konzeptorientierten proaktiven Migrationssteuerung zu ergänzen.

18. Wir brauchen für Zuwanderung von außen eine Kombination aus arbeitsmarktorientierter Engpassdiagnose und einem reformierten und modernisierten kriterienorientierten Punktesystem in einem kohärenten, transparenten und flexiblen Rahmenkonzept.

Ausblick: Krisenfolgen und Massenmigration
19. Im weltweiten Migrationsgeschehen stehen gewaltige demo-ökonomische und humanitäre Aufgaben an; denn die langfristigen Folgen von Bevölkerungswachstum, Weltwirtschaftskrise, Umweltzerstörung und Klimawandel werden – nicht nur in den bisherigen Ausgangsräumen des globalen Migrationsgeschehens – Massenwanderungen in Gang setzen.

20. Diese Massenwanderungen werden – bei einer innerhalb eines halben Jahrhunderts möglicherweise auf das Doppelte angewachsenen Weltbevölkerung und einer geschrumpften und demographisch gealterten europäischen Bevölkerung – nicht nur, wie bisher zumeist, die umliegenden Regionen der Ausgangsräume, sondern verstärkt auch Europa tangieren, sofern sie nicht durch Massenumsiedlungen in andere Großregionen aufgefangen werden können.

21. Mit administrativen Blockaden und Grenzsperren, mit Auffanglagern zu Lande und Frontex zu Wasser, mit bilateralen Abwehrkonzepten, zirkulären Migrationssystemen und Mobilitätspartnerschaften allein wird der Zuwanderungsdruck auf Europa nicht aufzufangen sein.

22. Zielführender sind auf EU-Ebene schon konzipierte, aber erst ansatzweise umgesetzte entwicklungsorientierte Förderungsprogramme in den Ausgangsräumen der Migration, bei denen es um migrationsorientierte Entwicklungspolitik bzw. entwicklungsorientierte Migrationspolitik geht. Aber auch das wird nicht mehr genügen; denn die fortschreitende, durch den Klimawandel noch forcierte Zerstörung der Lebensgrundlagen von vielen Millionen Menschen wird Dimensionen von Umweltflucht und Neuansiedlung zur Folge haben, die weit über das hinausgehen, was wir heute als Weltflüchtlingsproblem kennen.

23. Je früher und vorbehaltloser wir uns diesen globalen demo-ökonomischen und humanitären Herausforderungen stellen, desto angemessener können unsere Antworten sein – wenn wir denn proaktiv antworten und uns nicht nur realitätsblind, angstvoll und abwehrbereit verstecken wollen in einem europäischen Bunker mit schrumpfender und demographisch vergreisender Bevölkerung.

9.2.8 Teilhabe in der Einwanderungsgesellschaft, Interview (Ferdos Forudastan), in: MiGAZIN, 13.1.2011.

Migrationsforscher Prof. Dr. Klaus J. Bade spricht sich dafür aus, Eltern nötigenfalls zu verpflichten, ihre kleinen Kinder in die Kita zu geben. Das müsse aber für alle Eltern gelten. Ein Gespräch über Fehler und was man besser machen sollte.

Herr Professor Bade, ich gehe durch eine deutsche Behörde, eine Schule, eine Universität, ein Gericht oder ein Ministerium, ich betrachte die Spitzen der Parteien, Gewerkschaften oder Verbände, ich schlage die Zeitung auf, schalte das Radio oder Fernsehen ein – und gewinne den Eindruck: Hier scheinen fast nur Menschen zu leben, die selber, deren Eltern und Großeltern schon in Deutschland geboren sind. Anders ausgedrückt: Die Tatsache, dass rund 20 Prozent der Menschen in Deutschland eine persönliche oder familiäre Zuwanderungsgeschichte haben spiegelt sich in den meisten Institutionen kaum wider. In der Verwaltung einer deutschen Großstadt beispielsweise haben nur rund drei Prozent der Mitarbeiter ausländische Wurzeln. Woran liegt das?
Das liegt zunächst daran, dass viele Zuwanderer aus der ehemaligen »Gastarbeiterbevölkerung«, also aus oft bildungsfernen Schichten stammen. Deren Kinder waren schon deswegen in der Schule, in der Ausbildung und damit in der Vorbereitung auf das Erwerbsleben benachteiligt und kamen zunächst entsprechend seltener in qualifizierte Jobs, wie es sie in der Verwaltung, der Wissenschaft oder in den Medien gibt. Natürlich war auch ein kleiner Teil der Kinder aus sogenannten Gastarbeiterfamilien in der Schule sehr erfolgreich, aber diese Kinder hatten Glück, etwa weil außergewöhnlich engagierte Nachbarn oder Lehrer sie unterstützten. Solche Bildungskarrieren waren lange eher Ausnahmen, welche die Regel des Bildungsrückstands bestätigten. Das galt auch, wenn die Eltern ihre Kinder in der Schule unterstützen wollten, dies aber selber nicht konnten. Dass Eltern sich zusammenschlossen, um gemeinsam die Bildung ihrer Kinder zu fördern, gelang nur selten wie im Fall der erfolgreichen spanischen Elternvereine. Das alles zusammengenommen bedeutete: Soziale Startnachteile von Zuwanderern haben sich auf ihre Kinder vererbt. Und unser Bildungssystem hat diese Vererbung noch befördert und befördert sie bis heute.

Sie spielen darauf an, dass schon in der 4. Klasse die Kinder darauf festgelegt werden, welche schulische Laufbahn sie einzuschlagen haben?
Das auch, aber meine Kritik setzt viel früher an. Wir haben zu lange zugelassen, dass viele der unter Sechsjährigen in einer Umgebung heranwuchsen, in der sie kaum, nicht einmal sprachlich, gefördert wurden. Die Väter waren den ganzen Tag weg, die Mütter im Haushalt gebunden, und fast niemand sprach mit den Kindern Deutsch. In der Schule lagen sie dann weit hinter deutschen Jungen und Mädchen zurück, nicht weil sie unbegabter waren, sondern oft schlicht deswegen, weil sie die Lehrkräfte nicht oder nur mühsam verstehen konnten. Das hat sich erst in Ansätzen gebessert.

Das heißt: Es muss sich etwas ändern, und zwar etwas Grundlegendes...
So hart es klingen mag: Wir sollten Eltern nötigenfalls verpflichten, ihre kleinen Kinder in die Kita zu geben. Das sollte übrigens nicht nur für Kinder von Zuwanderern gelten. Es gibt bekanntlich auch eine wachsende Zahl von jungen Menschen ohne Migrationshintergrund, die kaum in der Lage sind, einen etwas längeren Text zu lesen und zu verstehen. Wir haben aber bislang viel zu wenige Kitas. Sie müssten flächendeckend über das Land verteilt sein und hochqualifizierte Erzieher beschäftigen. Und es müsste regelmäßig geprüft werden, ob die Kinder dort bei spielerischer Beschäftigung nicht nur genug Deutsch lernen, sondern auch, ob sie überhaupt lernen, zu lernen.

Eine allgemeine Kindertagesstättenpflicht? Ich sehe sie schon Sturm laufen, die Eltern aus der gehobenen Mittelschicht, die dagegen halten, sie wollten und könnten ihre Kinder zuhause fördern und erziehen.
Ich sagte »nötigenfalls« – also dann, wenn die Eltern nachweislich nicht imstande sind, ihren Kindern das

mitzugeben, was sie brauchen, um später zumindest sprachlich problemlos dem Unterricht in einer deutschen Schule folgen zu können. Niemand würde beispielsweise englischsprachige Kinder von ausländischen Diplomaten, die später sowieso eine internationale Schule besuchen, zwingen wollen, in eine deutsche Kita zu gehen. Das Gleiche gilt für bildungsorientierte deutsche Eltern, die das allein schaffen.

Heißt das, Sie stellen sich eine Art Elternprüfung vor? Und wenn diese tatsächlich durchgesetzt würde: Wie sollten Eltern verpflichtet werden, ihre Kinder in die Kita zu schicken?

Reden wir nicht um den heißen Brei herum: Eine Sprach- und Lernstandsmessung im Vorschulalter bedeutet immer auch indirekt, zu prüfen, ob die Erziehungsberechtigten in der Lage und willens sind, ihrer Aufgabe nachzukommen. Dort, wo das nicht gelingt, sind die Eltern meist in einer sozial sehr schwierigen Situation und oft von staatlichen Transferleistungen abhängig. Hier muss gelten: Eltern, die Sozialgeld und insbesondere Kindergeld beziehen, sind umso mehr verpflichtet, durch die Erziehung ihrer Kinder dafür zu sorgen, dass sich ihre eigene Transferabhängigkeit nicht vererbt. Unterlassen sie das, sollte die Förderung reduziert werden. Schicken sie ihre Kinder trotzdem nicht in die Kita, müsste das Jugendschutzgesetz greifen können.

Mit anderen Worten: Der Staat entzieht den Eltern befristet und zweckbestimmt das Erziehungsrecht. Kindeswohl geht vor Elternrecht. Um diesem Gedanken gerecht zu werden, haben wir aber erst geringe gesetzliche und behördliche Handlungsspielräume, und wir wenden sie zu selten an.

Wir müssten aber auch die Stellung der Lehrer stärken. Es ist ein Unding, dass sie Eltern zum Gespräch über Lern- oder Verhaltensprobleme ihrer Kinder einbestellen – und die kommen dann einfach nicht. So was könnte man durch Elternverträge regeln, welche die beiderseitigen und wechselseitigen Verpflichtungen ebenso klären wie die Folgen von Pflichtverletzungen. Außerdem müssen wir die Kooperation zwischen Lehrern, Sozialarbeitern und nötigenfalls Jugendgerichten verbessern.

Damit wäre das Problem der ungleichen Bildungschancen, das wiederum zu schlechteren Chancen auf dem Arbeitsmarkt führt, aber noch nicht gelöst, oder?

Nein, dieses Problem wäre so lange nicht gelöst, wie sich die Misere in den Schulen fortsetzt. Dort hocken nämlich nicht die Schüler, sondern im Grunde auch deren Eltern. Mütter und Väter, die selbst eine gute Bildung genossen haben oder gut verdienen, können ihren Kindern nachmittags selber helfen oder eben Nachhilfestunden bezahlen. Eltern die selbst kaum zur Schule gegangen sind oder wenig Geld haben, schaffen es nicht, die Unzulänglichkeiten unseres Schulsystems privat auszugleichen. Gäbe es flächendeckend Ganztagsschulen, würden auch Kinder aus bildungsfernen Familien besser gefördert, ob nun mit oder ohne Migrationshintergrund. Das hieße in der Konsequenz, mehr Kinder aus sozial schwachen Familien würden eine bessere Schulbildung genießen.

Und dann? Es gibt doch schon heute viele gut ausgebildete junge Menschen mit ausländischen Wurzeln, die trotzdem keine ihrer Qualifikation entsprechende Stelle in der Verwaltung, der Wissenschaft oder den Medien bekommen, wenn sie nicht »Müller«, sondern »Yildirim« heißen, wie etwa in einer Studie der OECD nachzulesen ist.

Richtig, wobei allerdings die Benachteiligung schon früher, beim Übergang auf weiterführende Schulen und bei der Vergabe von Ausbildungsplätzen, meist stärker greift als später bei gleicher Qualifikation am Arbeitsmarkt. Dass dort, wo es um attraktive Jobs wie im öffentlichen Dienst oder in Medien geht, oft weniger Menschen mit Migrationshintergrund zu finden sind, hat aber noch einen anderen Grund: In den meisten Institutionen weiß man nicht genug über den Wert interkultureller Kompetenz. Worauf nur wenige Chefs achten, sind Qualifikationen wie diese: Kennen Bewerber aus eigener Anschauung mehr als eine, die hiesige Kultur? Können sie sich – weil sie darin Erfahrung haben – rasch in eine andere Kultur einfinden, vielleicht sogar zwischen verschiedenen Kulturen pendeln und vermitteln? Sprechen sie andere Fremdsprache als die gängigen? Hat jemand in einem der Herkunftsländer von Einwanderern gelebt?

Wie könnte man Entscheider in den Personalabteilungen der verschiedenen Institutionen denn davon überzeugen, dass sie mehr Mitarbeiter aus Migrantenfamilien einstellen sollten?

Indem man zum Beispiel den Verantwortlichen in einer Arbeitsagentur nahebringt, wie wertvoll es ist, wenn eine Sachbearbeiterin, die selbst türkische Wurzeln hat, weiß, wie sie mit einem türkischen Mann sprechen muss, der zunächst eigentlich nicht will, dass seine Frau erwerbstätig wird.

Oder indem man der Leiterin einer öffentlichen Bibliothek erklärt, dass sie in ihrer Bücherauswahl der Tatsache gerecht werden muss, dass in ihrem Großstadtbezirk mehr als ein Drittel der Bevölkerung und bei der Jugend vielleicht schon fast die Hälfte aus anderen Ländern stammt und dass sie ihr Angebot viel besser auf Literatur auch aus den Herkunftsländern ausweiten kann, wenn sie bikulturelle Mitarbeiterinnen beschäftigt.

Oder indem man Bildungsministerien davon überzeugt, dass es sinnvoll ist, Menschen aus den Hauptherkunftsländern von Migranten beratend hinzuzuziehen, wenn sie ihre Lehrpläne erstellen.

Das würde etwa das Augenmerk in Geschichte oder Politik darauf lenken, wie sehr die jüngste deutsche Geschichte von Zuwanderung geprägt ist, wie sehr die Migration dieses Land verändert hat, dass Migrantenfamilien die Zeitgeschichte dieses Landes aber oft auch ganz anders erlebt haben als die Mehrheitsbevölkerung. Das wiederum könnte enorm motivierend für die vielen Schüler aus Zuwandererfamilien sein, denen der Unterrichtsstoff bisher oft den Eindruck vermittelt, es habe sie und ihre Familien in Deutschland gar nicht gegeben, von ein bisschen »Gastarbeitergeschichte« einmal abgesehen.

Man sollte Entscheidungsträgern in Institutionen etwas »nahebringen«, ihnen »etwas erklären«, sie »überzeugen«: Das klingt, mit Verlaub, sehr soft. Muss man nicht stärkeren Druck entfalten, zum Beispiel über Quoten für Einwanderer und ihre Nachfahren? Der öffentliche Dienst etwa könnte sich verpflichten, einen bestimmten Prozentsatz seiner Stellen an Menschen mit Migrationshintergrund zu vergeben.

Ich bin kein Freund von Quoten oder von Maßnahmen, die eine »positive Diskriminierung« bestimmter Bevölkerungsgruppen bedeuten. Zu sagen, x oder y bekommt den Job, weil er ein Migrant ist, ist weder gut für den Job, noch für den Kandidaten und schon gar nicht für den sozialen Frieden. Ein Migrant, der mit Hilfe einer starren Quote in eine Position gekommen ist, müsste mit dem Stigma leben, dass er es nur wegen seiner ethnischen Herkunft geschafft hat. Er könnte unter Umständen weniger gestalten, hätte geringeren Einfluss, wäre mehr als andere gezwungen, um Anerkennung und Respekt zu kämpfen. Das wäre nicht nur für diesen Menschen ein Problem. Es würde auch die jeweilige Institution belasten. Hinzu kommt, dass Quoten für Zuwanderer sehr wahrscheinlich auch Neid und Ausländerfeindlichkeit schüren würden. Diese Konsequenz kann niemand wollen.

Ein Teil Ihrer Argumente gegen die Quote für Migranten ähnelt den Argumenten gegen die Frauenquote. Trotzdem hat sie dafür gesorgt, dass endlich mehr Frauen an gute Jobs und in wichtige Positionen gekommen sind.

Gucken Sie sich die deutschen Universitäten an: Fast nirgendwo steht, dass dort für bestimmte Institute auf Gedeih und Verderb eine bestimmte Quote eingehalten werden muss. Aber es wird in der Regel festgehalten, dass das Geschlechterverhältnis ausgewogen zu sein hat. Solange dies nicht der Fall ist – und es ist überwiegend noch nicht der Fall – muss die Gleichstellungsbeauftragte darauf achten, dass bei gleich qualifizierten Bewerbern die Frauen vorgezogen werden. Das gleiche gilt zum Beispiel für Behinderte. Für Berufungsverfahren ist das eine ganz wichtige Regelung, an der man nicht so einfach vorbeikommt. Natürlich wird sie immer wieder trickreich unterlaufen. Aber seit es diesen Orientierungspunkt gibt, hat sich die Situation zugunsten der Frauen verbessert. Wenn wir so einen Orientierungspunkt auch für die Einstellung von Menschen mit ausländischen Wurzeln hätten, wären wir schon viel weiter.

Und wenn wir die Quote in den Parteien nicht hätten, wäre die deutsche Politik viel männlicher als jetzt.

Sicher, die Frauenquote hat hier zu einem Wandel im Bewusstsein vieler politischer Entscheidungsträger geführt: Sie tun sich heute nicht mehr so leicht wie früher, mehr Positionen mit Männern als mit Frauen zu besetzen. Niemand würde es auch heute mehr wagen, wie oft noch in den 1970er Jahren, im gleichen Atemzug von »Minderheiten wie Ausländern, Behinderten und Frauen« zu reden.

Sie haben in den USA gelebt und gearbeitet. Dort tut man sich mit festen Quoten für Migranten nicht so schwer. Positive Diskriminierung ist dort, anders als hier, kein Schreckgespenst.

So einfach ist das nicht: Die Affirmative Action (AA), also die positive Diskriminierung, hat sich in den USA nur bedingt bewährt: Schon bald klagte man über die Verletzung der Prinzipien von Chancengleichheit und Leitungsgerechtigkeit, über Opferrollen, Opferkonkurrenzen und Gruppenrivalitäten, aber auch über die Entwertung von Karrieren durch ihre Zurückführung auf AA, und schließlich über den Missbrauch von AA als Karrieretreiber durch Leute, die zwar einer benachteiligten Gruppe zugehörten, selber aber gar nicht benachteiligt waren.

Um solche Fehlentwicklungen zu begrenzen, entstanden eine wuchernde Kontrollbürokratie und ein Beschäftigungsprogramm für Juristen und Gerichte. Mittlerweile gibt es in den USA als Folge entsprechender Gerichtsurteile sehr komplizierte Rahmenbestimmungen, wie AA aussehen darf und wie nicht. Die Erfahrungen aus den USA sind mithin nicht so ermutigend, dass man sie in Deutschland wiederholen müsste. Außerdem gibt es hier doch auch ganz praktische Wege, um den Anteil von Menschen mit Zuwanderungsgeschichte in allen möglichen Institutionen zu erhöhen.

Welche Wege meinen Sie?

Polizei, Schulen oder auch Ämter müssten nachdrücklicher um Auszubildende und Mitarbeiter mit Migrationshintergrund werben. Es müsste für diese Menschen viel mehr Schulungen, Integrationslotsen und Mentorenprogramme geben, um die fehlende Förderung in den Schulen ein Stück weit auszugleichen, nachholende Integrationsförderung nennt man das heute. Es geht nicht darum, die Standards zu senken, sondern darum, sie erreichbar zu machen.

Nehmen Sie die Berliner Polizei: Sie weiß, wie wichtig Polizisten aus den unterschiedlichen Einwanderergruppen für den Kontakt mit Angehörigen dieser Gruppen sind. Also werden junge Migranten eingestellt, die sich für den Polizeiberuf interessieren, auch wenn sie in einigen Bereichen noch Leistungsschwächen haben. Man gibt ihnen die Chance die Schwächen im Verlauf des ersten Jahres auszugleichen und ihren nachgeholten Erfolg in einer Prüfung unter Beweis zu stellen. Dann dürfen sie im Vorbereitungsdienst bleiben. Auf diese Weise gewinnt man durch eine Art Nachqualifikation in der Einstiegsphase hoch motiviertes Personal, ohne die Standards zu senken. Alles in allem aber führt kein Weg daran vorbei, Entscheidungsträger davon zu überzeugen, dass mehr Mitarbeiter mit ausländischen Wurzeln einen großen Gewinn für die eigene Behörde, den eigenen Verband oder Sender darstellen.

Wir sprechen über den großen Gewinn für die Institutionen. Muss man nicht genauso fragen, welchen Wert hat die Zusammenarbeit für Frauen und Männer aus Zuwandererfamilien?
Natürlich, man muss sogar noch ein ganzes Stück weitergehen und sagen: In einer Demokratie kann man nicht einer Bevölkerungsgruppe Teilhabe verweigern, indem man es ihr außerordentlich erschwert, in der Verwaltung, in der Politik, in Verbänden oder Medien zureichend mitzuwirken. Hier lebende Menschen ausländischer Herkunft haben ein Recht darauf, diese Gesellschaft durch ihre Mitarbeit in den unterschiedlichen Institutionen mitzugestalten.

Mal angenommen, es lassen sich nicht genügend Behördenleiter, Parteivorsitzende oder Chefredakteure davon überzeugen, wie wichtig es ist, mehr Menschen mit Zuwanderungsgeschichte einzustellen: Erledigt sich das Problem nicht irgendwann dadurch, dass den Deutschen der Nachwuchs ausgeht, dass die Zahl der Frauen und Menschen mit ausländischen Wurzeln wächst und es damit nur eine Frage der Zeit ist, bis Entscheidungsträger ihre Hände nach ihnen ausstrecken?
Der Eintritt der geburtenstarken Jahrgänge ins Rentenalter, anhaltend niedrige Geburtenraten bei der deutschen, höhere bei der Zuwandererbevölkerung und sinkende Arbeitslosenzahlen bei wirtschaftlichem Aufschwung führen zweifelsohne zu einer gewissen Entspannung am Arbeitsmarkt. Heute wird vereinzelt schon mit Azubi-Stellen nach Bewerbern geworfen. Nur auf die Gnade des demografischen Wandels am Arbeitsmarkt zu setzen, reicht aber nicht. Institutionen müssen die Interkulturalität in der Gesellschaft begleiten. Dafür muss sich diese Interkulturalität in ihren eigenen Reihen widerspiegeln. Nur dann können die Institutionen ihre eigene Zukunft – und damit die der ganzen Einwanderungsgesellschaft – adäquat mitgestalten. Eine zunehmende interkulturelle Ausdifferenzierung im öffentlichen Dienst, in der Politik, in Verbänden steigert die Fähigkeit, in der Einwanderungsgesellschaft Entfremdungserfahrungen zu mindern.

Wie kriegt man diese beiden Bilder zusammen? Auf der einen Seite Institutionen, die sich bewusst für Menschen mit ausländischen Wurzeln öffnen; auf der anderen Seite eine Öffentlichkeit, die in Teilen heftig dem Buchautor Thilo Sarrazin applaudiert, der Migranten aus Hauptherkunftsländern als existenzielle Gefahr für Deutschland darstellt.
Wenn Thilo Sarrazin sagt: Wir wollen nicht »Fremde im eigenen Land« werden, dann hat er die Einwanderungsgesellschaft als Kulturprozess nicht zureichend verstanden. »Fremd im eigenen Land zu werden« ist die Vorstellung, dass die Minderheit über die Mehrheit kommt und die Mehrheit anschließend selbst zur Minderheit wird. Das geht von der falschen Vorstellung aus, Fremde bleiben immer Fremde und Einheimische bleiben immer Einheimische – ein Gedanke, der jeder kulturhistorischen Perspektive entbehrt; denn Kultur ist kein Zustand, den man sich wie einen Spiegel an die Wand nageln kann, sondern ein Prozess. Darin findet jede Zeit ihre eigene Form.

Ein schöner Satz, aber was bedeutet er genau? Und wie könnte er jene Bürger beruhigen, die meinen, die Lage sei so düster, wie Thilo Sarrazin sie malt?
Machen wir ein fiktives Experiment und drehen wir die deutsche Geschichte um ein halbes Jahrhundert zurück: Könnte man einem Berliner aus dem Jahr 1960 einen Film aus der Berliner U-Bahn oder S-Bahn des Jahres 2010 zeigen, dann würde er das vielleicht für eine Fälschung oder für einen Filmbericht aus New York oder San Francisco halten und sagen: »In einer solchen Zukunft würde ich nicht leben wollen, da wäre ich ja ein Fremder im eigenen Land!« Aber wir leben in diesem Deutschland des Jahres 2010 und wir kommen, glaube ich, doch ganz gut klar.

Ebenso klar ist, dass es desintegrative Problemzonen und Spannungsfelder gibt, vor deren Wachstum ich, pardon, viele Jahre vor Thilo Sarrazin immer wieder nachdrücklich, aber folgenlos öffentlich gewarnt habe. Sie erfordern endlich nachdrückliches Handeln, aber sie bestätigen doch als Ausnahmen nur die Regel der friedvollen Integration insgesamt.

Erfolgreiche Integration bleibt eben meist unauffällig. Auffällig sind die sozialen Betriebsunfälle. Aber niemand käme auf den absurden Gedanken, aus einer Statistik der Verkehrsunfälle das Geheimnis des ruhig fließenden Verkehrs ableiten zu wollen.

Trotzdem bekommt, wer mit spitzem Finger auf die Verkehrsunfälle zeigt, immer noch lauteren Beifall als der, der auf den ruhig fließenden Verkehr aufmerksam macht. Genauer: Trotzdem bekommt Thilo Sarrazin von einem Teil der Öffentlichkeit heftigen Beifall. Warum fällt es vielen Menschen so schwer zu akzeptieren, dass die deutsche Gesellschaft heute eine Einwanderungsgesellschaft ist?
Die Einwanderungsgesellschaft, in der wir leben, schließt Zuwandererbevölkerung und Mehrheitsbevölkerung ohne Migrationshintergrund ein. Weil deren Geburtenraten nach wie vor niedriger liegen als die – allerdings ebenfalls sinkenden – Geburtenraten der Zuwandererbevölkerung, setzt sich der interethnische Wandel in der Einwanderungsgesellschaft auch ohne Zuwanderung fort. Die Einwanderungsgesellschaft ist also ein sich ständig veränderndes Gebilde, das zwar immer alltäglicher, aber auch immer unübersichtlicher wird. Das verängstigt viele Menschen, ältere mehr als jüngere. Das noch verbreitete Bild von der ethno-national statischen Aufnahmegesellschaft, in die sich die Hinzukommenden gefälligst einzupassen, in der sie quasi spurlos aufzugehen haben, ist – ob uns das passt oder nicht – eine realitätsfremde Fiktion.

Integration ist ein langer, mitunter Generationen übergreifender Kultur- und Sozialprozess mit fließenden Grenzen zur Assimilation, die übrigens als solche überhaupt nichts Schreckliches ist, die man im Gegensatz zum Bemühen um Integration aber nicht einfordern kann. Im Laufe der Zeit verändert Einwanderung beide Seiten der Einwanderungsgesellschaft, die sich dabei stets weiter ausdifferenziert. Damit müssen auch die Institutionen der Einwanderungsgesellschaft Schritt zu halten suchen. Behörden, Politik, Verbände, Medien:

Sie und ihre Aufgaben verändern sich zwangsläufig, wenn immer mehr Menschen in diesem Land ausländische Wurzeln haben. Diesen eigenen Veränderungsprozess als alltägliche Herausforderung anzunehmen, ihn nicht nur passiv hinzunehmen, sondern im Rahmen des Möglichen aktiv zu gestalten, das ist eine Kernaufgabe des Lebens in der Einwanderungsgesellschaft. Darauf hat auch Bundespräsident Christian Wulff in seiner programmatischen Bremer Rede zum 3. Oktober 2010 hingewiesen.

9.2.9 Integration in der Einwanderungsgesellschaft,
Festvortrag zum Festakt »Zehn Jahre Stuttgarter Bündnis für Integration«, Rathaus Stuttgart, 4.10.2011.

1 »Multikulti« – oder: Geschichtsklitterung in der Einwanderungsgesellschaft

Stuttgart ist eine multikulturelle Metropole in einem multikulturellen Staat in der Mitte Europas. Die auf bundes- und landespolitisch höchster Ebene gelegentlich und insbesondere auf dem Höhepunkt der Sarrazin-Debatte im Oktober vergangenen Jahres geäußerte Einschätzung »Multikulti« sei »gescheitert, total gescheitert« oder sogar »tot«, ist doppelt falsch; denn man muss hier gesellschaftspolitische Konzepte und gesellschaftliche Entwicklung unterscheiden:

Als Regierungskonzept hat es Multikulturalismus in Deutschland – im Gegensatz zu den Niederlanden – nie gegeben. Es gab hierzulande nur die frühen, naiven Vorstellungen einiger Grünen von Integration als immerwährendem Straßenfest mit fröhlichen Rutschbahnen in ein buntes Paradies. Aber von dieser realitätsblinden Multikulti-Romantik haben sich die frühen Grünen viel rascher gelöst als die Unionsparteien mit ihrem noch Jahrzehnte beibehaltenen Mantra der defensiven Erkenntnisverweigerung »Deutschland ist kein Einwanderungsland«.

Das gleiche galt lange für kontraproduktiv, d.h. desintegrativ wirkende Konzepte auf Länderebene wie z.B. die gezielt segregativen »Nationalklassen« an bayerischen Schulen. Es galt auf der Bundesebene für die Rede von »sozialer Integration« nur »auf Zeit«, von der »Aufrechterhaltung der Rückkehrbereitschaft« und für die ausdrückliche Warnung vor einer »Assimilation«, die diese Heimatorientierung schwächen könnte. Die Ablehnung von Assimilation war also in Deutschland keineswegs eine neue populistische Entdeckung des türkischen Ministerpräsidenten Erdogan. Sie spielte in der Frühphase des griesgrämigen Einwanderungslandes wider Willen selbst eine Rolle.

Es ist deshalb parteipolitische Geschichtsklitterung, immer wieder zu behaupten, »Multikulti« hätte Deutschland daran gehindert, rechtzeitig Integrationspolitik zu treiben. Umgekehrt wird ein Schuh daraus. Zu Recht haben mithin führende deutsche Politiker aus verschiedenen Parteien selbstkritisch dem Diktum des vormaligen Bundespräsidenten Horst Köhler aus dem Jahr 2006 zugestimmt, man habe die Integration politisch schlicht »verschlafen«.

Den vielgezogenen Multikulturalismus hat es als Regierungskonzept in Deutschland also nie gegeben. Und die multikulturelle Realität unserer Gesellschaft zu bestreiten, das wäre heute noch realitätsferner als das alte Dementi Deutschland sei »kein Einwanderungsland«. Deutschland ist heute de facto ein multikulturelles Land, ob man das will oder nicht. Wer das ändern wollte, hätte sich historisch früher engagieren müssen.

2 Standortfragen und kommunale Integrationspolitik

In Stuttgart ist das anders: Es gibt weithin eine klare Akzeptanz der multikulturellen Einwanderungsgesellschaft von unten, also aus der urbanen Bürgergesellschaft. Und es gibt sie von oben, also auf den Leitungsebenen von Politik und Verwaltung und von dort wieder herunter bis in die Bürgergesellschaft hinein – Ausnahmen bestätigen die Regel. Das zeigen uns auch die im Herbst 2009 gesammelten Daten unserer Umfrage zum »Integrationsbarometer« 2010. Unsere Interview-These, zu der die Befragten mit und ohne Migrationshintergrund Stellung nehmen sollten, lautete »Mehrheitsbevölkerung und Zuwanderer leben in Nachbarschaften ungestört miteinander«.

Diese positive, also integrationsoptimistische Einschätzung bewerteten in der Region Stuttgart 66,4 Prozent der Befragten mit »ja« oder doch »eher ja«. Zu dieser schon großen Mehrheit der Integrationsoptimisten kamen noch verhalten positive 12,8 Prozent mit der eher pragmatisch abwägenden Antwort »teils, teils«. Die Integrationspessimisten, die die Frage mit »nein« oder doch »eher nein« beantworteten, stellten nur 20,8 Prozent, will sagen: Drei Viertel der Bevölkerung mit und ohne Migrationshintergrund in der Region Stuttgart bewertete die multikulturelle Atmosphäre der Stadt zumindest verhalten positiv.

Dieses Miteinander in der Bürgergesellschaft als Einwanderungsgesellschaft und dieses Zusammenwirken von unten und von oben ist nicht in allen Städten so gut gelungen. Auf einer Podiumsdiskussion im Münchner Neuen Rathaus, die ich mit einem Impulsreferat eröffnen durfte, hat mir der Münchner OB Christian Ude letzte Woche (am 29.9.15) entgegengehalten: Die metropolitanen Erfolgsfälle in Sachen Integration: Frankfurt, München und Stuttgart gründeten ihren Erfolg besonders auf wirtschaftliche Standortvorteile, vor allem also auf einen Arbeitsmarkt, der die wichtigste Integrationsschiene, die Integration über Arbeit sichert. Das ist sicher richtig und welche Probleme ein wirtschaftlich geschwächter Standort in Sachen Integration zu kämpfen hat, demonstriert das Beispiel meiner urbanen Wahlheimat Berlin.

Und doch zeigt sich auch im Städtevergleich, welche unerhörte Bedeutung es hat, ob eine Kommune von Beginn an oder schon sehr früh Integration proaktiv als kommunales Aufgabenfeld angenommen hat. Das war und ist in Stuttgart in besonderem Maße der Fall.

Ich schaue mich jetzt etwas auf der nationalen bzw. europäischen Ebene um und komme am Ende auf die kommunale Ebene zurück.

3 Die Einwanderungsgesellschaft – oder vom Wandel als Normalzustand

Die Bürgergesellschaften in Europa haben sich zumeist in Einwanderungsgesellschaften verwandelt. Die Einwanderungsgesellschaft ist kein Zustand, sondern ein vielgestaltiger, komplexer und sich stets weiter ausdifferenzierender Kultur- und Sozialprozess. Er besteht aus dem regional, lokal und sozial unterschiedlich ausgeprägten Zusammenwachsen von Mehrheits- und Zuwandererbevölkerung, das beide Seiten tiefgreifend verändert.

Ergebnis ist ein beschleunigter Wandel von Strukturen und Lebensformen, insbesondere in Großstädten mit starker Zuwandererbevölkerung. Diesen Wandel als Normalität zu begreifen und als täglich neue Herausforderung anzunehmen, ist die zentrale Aufgabe in der Einwanderungsgesellschaft.

Sie wird von Menschen, die davon in ihren altvertrauten Lebensbereichen besonders betroffen sind, nicht selten als Überforderung, Zumutung und soziales Ärgernis registriert. Das führt mitunter zu als Selbstschutz verstandenen, aber aggressiv wirkenden Abwehrhaltungen – selbst gegenüber seit langem »einheimischen Fremden«.

»Alienation« nennen die Amerikaner diesen Entfremdungsprozess, der seinerseits meist eine Übergangserscheinung in diesem Wandel ist. Dieser Wandel selbst wird aber mitunter erschwert durch eine Politik, die gesellschaftlichen Realitäten verkennt, weil sie die pragmatische Realitätsakzeptanz der Bürgergesellschaft unterschätzt.

4 Die Unterschätzung der Bürger

In Sachen Integration und Migration gibt es in Deutschland ein doppeltes Missverhältnis zwischen Empirie und Projektion: erstens zwischen Alltagserfahrung in der Einwanderungsgesellschaft und publizistischen sowie politischen Diskursen über Integration und Migration; zweitens zwischen dem Erkenntnisstand der Bürgergesellschaft in Sachen Integration und Migration und dessen Fehleinschätzung durch politische Akteure.

Der Sachverständigenrat deutscher Stiftungen für Integration und Migration (SVR) hat im Mai 2010 ein »Integrationsbarometer« und im April 2011 ein »Migrationsbarometer« vorgelegt. Beim Integrationsbarometer ging es um die Einschätzung von Integration und Integrationspolitik, beim Migrationsbarometer um diejenige von Migration und Migrationspolitik. Befragt wurden jeweils beide Seiten der Einwanderungsgesellschaft in Deutschland, also die Menschen mit und ohne Migrationshintergrund.

Das Integrationsbarometer 2010 beruhte auf einer großen Umfrage vom Herbst 2009. Es sprach von pragmatisch-gelassenen bis verhalten positiven Haltungen zu Integration und Integrationspolitik auf beiden Seiten der Einwanderungsgesellschaft. Sie zeigten ein hohes Grundvertrauen der Zuwanderer gegenüber den Deutschen, höher als das Vertrauen der Deutschen zu sich selber. Diese Einstellungen unterschieden sich grundlegend von den Schreckbildern der Desintegrationspublizistik und von dem politischen Gerede über eine in Deutschland angeblich flächendeckend »gescheiterte Integration«. Die national und international Aufsehen erregenden Botschaften lauteten: Deutschland ist angekommen in der Einwanderungsgesellschaft und: Integration in Deutschland ist besser als ihr Ruf im Land.

Die sog. Sarrazin-Debatte im Sommer und Herbst 2010 führte zu deutlichen Stimmungsveränderungen in der Einwanderungsgesellschaft und im In- und Ausland bereichsweise zu einer erneuten Verdüsterung des gerade erst aufgehellten Bildes von Integration in Deutschland. Der SVR hat diese Stimmungsveränderungen Ende 2010, also nach dem Höhepunkt der sog. Sarrazin-Debatte, in einer zweiten Repräsentativbefragung erfasst.

Ergebnis: In der Einwandererbevölkerung ist der im Hebst 2009 noch gemessene hohe Anteil der Integrationsoptimisten um mehr als die Hälfte gesunken: von 21,7 auf 9,1 Prozent. Umgekehrt ist der niedrige Anteil der Integrationspessimisten auf fast das Doppelte gestiegen: von 3,5 auf 6 Prozent. Das war besonders deswegen alarmierend, weil sich hier gerade diejenigen besonders betroffen fühlten, die am wenigsten gemeint waren, nämlich diejenigen, die gut integriert, gut qualifiziert und gut informiert waren. Manche von ihnen verloren dadurch scheinbar noch mehr an mentaler Bodenhaftung in Deutschland als das vordem schon der Fall war. Die schon längere Zeit zunehmende Abwanderung von qualifizierten Deutsch-Türken in die Türkei hat auch diesen Hintergrund und nicht etwa nur wirtschaftliche Gründe.

Diejenigen aber, die schlecht integriert, wenig qualifiziert und kaum über deutsche Diskussionen informiert waren, hatten, wie andere Umfragen zeigen, von der »Sarrazin-Debatte« wenig mitbekommen. Es gibt hier also eine sich tendenziell selbst erfüllende Prophezeiung der Sarrazin-These, dass Deutschland durch Migration immer »dümmer« werde, denn: Gerade bei der von ihm vielgezogenen türkischen (»muslimischen«) Einwandererbevölkerung wandern Qualifizierte ab, während transferabhängige Geringqualifizierte bleiben, weil sie in der Türkei nicht mit einem auch nur annähernd vergleichbaren sozialen Sicherheitsnetz rechnen können.

Nicht überraschend war, dass auch im Bereich der deutschen Bevölkerung ohne Migrationshintergrund die ohnehin überschaubare Zahl der Integrationsoptimisten um mehr als die Hälfte gesunken war: von 10,7 auf 4,3 Prozent. In der breiten Mitte der Einwanderungsgesellschaft aber war in der Bevölkerung mit wie ohne Migrationshintergrund eine in unterschiedlichem Grad aus Enttäuschung, aus Ernüchterung oder aus näherer Information geborene nüchtern-pragmatische Differenzierung gewachsen: Diejenigen, die die Frage nach dem störungsfreien Zusammenleben von Mehrheitsbevölkerung und Zuwanderern in den Nachbarschaften mit einem pragmatisch-differenzierenden »teils – teils« beantwortete, wuchs in der Zuwandererbevölkerung von 20,3 auf 32,7 Prozent und in der Mehrheitsbevölkerung ohne Migrationshintergrund von 20,9 auf 34,2 Prozent.

Insgesamt urteilte die Einwanderungsgesellschaft durchaus informierter, rationaler und pragmatischer als von vielen politischen Akteuren offenkundig vermutet. Zu in einiger Hinsicht verwandten Ergebnissen kam das ebenfalls Ende 2010 erhobene SVR-Migrationsbarometer, das nach subjektiven Einschätzungen von Migration und Migrationspolitik fragte. Auch hier dominierten, von wenigen Fehleinschätzungen abgesehen, weithin nüchtern-pragmatische Einschätzungen. Diese Vernunft der Mitte ist scheinbar in weiten Kreisen der Politik schlicht unbekannt geblieben.

5 Politik in der Einwanderungsgesellschaft – oder: der Souverän im Kindergarten

Politik sollte der skandalisierenden Desintegrationspublizistik nicht mit populistischen Konzessionen begegnen. Sie sollte vielmehr endlich anerkennen, dass Integration in Deutschland insgesamt und auch im internationalen Vergleich ein Erfolgsfall ist.

Wer die Integrationserfolge in Deutschland schlechtredet im internationalen Vergleich, dem empfehle ich einen nächtlichen Stadtbummel mit Schlips und Kragen in einem französischen Banlieue-Distrikt oder in »Little Pakistan« in Bradford und dann zur Erholung mal einen Besuch um die gleiche Zeit in Neukölln oder Kreuzberg. Dort wird man mitnichten gleich beim ersten Besuch erschlagen – höchstens mal beim zweiten oder dritten… – Integration in Deutschland als Erfolgsfall zu sehen, ist für manche Politiker verständlicherweise nicht ganz einfach; denn Politik hat, wie gezeigt, jedenfalls auf der Bundes- und Länderebene, die von unten gewachsene Integration jahrzehntelang von oben nicht nur nicht zureichend befördert, sondern zum Teil sogar durch kontraproduktive Konzepte behindert.

Empfänge für alte »Gastarbeiter« im Bundeskanzleramt unter dem Motto »Deutschland sagt danke« und symbolträchtige Veranstaltungen wie die Deutsche Islamkonferenz (DIK) I und II, die inzwischen schon vier großen Integrationsgipfel mit dem Nationalen Integrationsplan (NIP) und dem nationalen Aktionsplan zu dessen praktischer Weiterentwicklung (NAP) sind zweifelsohne wichtige und auch über ihre Signalfunktion hinaus nützliche Initiativen. Sie bilden aber sehr späte prunkvolle Rahmen zu einem Bild, das sich gleichsam selber geschaffen hat; denn es war die mit der Zuwandererbevölkerung zur Einwanderungsgesellschaft zusammenwachsende Bürgergesellschaft selbst, die diese von oben kaum erleichterte oder gar geförderte Integrationsleistung von unten bewerkstelligt hat. Sie wurde getragen von kommunalen Verwaltungen, Ausländerbeauftragten, die man später Integrationsbeauftragte nannte, von Mittlerorganisationen wie der Caritas, dem Diakonischen Werk, dem DRK und dem Paritätischen Wohlfahrtsverband, von den Ausländerbeiräten, den verschiedensten Migrantenorganisationen, anderen ehrenamtlichen Vereinigungen, vor allem aber von den Menschen mit und ohne Migrationshintergrund in der alltäglichen Begegnung vor Ort.

Diese gewaltige gesellschaftliche Leistung des Souveräns sollte bei dessen auf Zeit gewählten politischen Repräsentanten mehr Respekt und Anerkennung finden. Aufgegeben werden sollte deshalb das politische Versteckspiel hinter den sogenannten »Ängsten in der Bevölkerung«, die man »ernst nehmen« müsse. Politik sollte also davon ablassen, in Sachen Migration und Integration die Bürgergesellschaft in einer Art Kindergarten für Erwachsene betreuen und dort vor ihren eigenen Ängsten beschützen zu wollen. Dies wäre nichts anderes als der Versuch, den eigenen Mangel an couragierter Gestaltungsbereitschaft mit angeblich lähmenden Ängsten des Souveräns zu legitimieren.

6 Politikerangst und Bürgerwut

Politik muss in Sachen Integration herausfinden aus ihrer Angst vor dem Bürger als Wähler und begreifen, dass hier Eile geboten ist, wenn aus engagierten Bürgern nicht noch mehr »Wutbürger«, Nicht- oder Protestwähler werden sollen. Nötig dazu sind klare, für die Bürgergesellschaft nachvollziehbare Konzepte mit zielorientierten, in ihrer Zielannäherung messbaren und an der Wahlurne bewertbaren Strategien, getragen von politischer Führungsstärke und Verantwortungsbereitschaft.

Gelingt dieser Kurswechsel nicht, dann könnte Deutschland in den Weg anderer europäischer Länder einbiegen mit einem starken Wachstum völkischer, von charismatischen Demagogen geführter Strömungen und Parteien. […] Eine richtungsweisende Mahnung könnte die norwegische Reaktion auf das Verbrechen des christlich-fundamentalistischen Terroristen Breivik sein: in der multikulturellen Gesellschaft auf minderheitenfeindliche, anti-liberale, antidemokratische und antieuropäische Strömungen zu reagieren mit einer umso kraftvolleren Offensive für Gemeinschaft in der Vielfalt, für liberale und demokratische Offenheit im eigenen Land und in Europa.

7 Modellfall Stuttgart

Es scheint mir gerade diese Offensive für Gemeinschaft in der Vielfalt, für liberale und demokratische Offenheit zu sein, die diese Stadt und ihren Umgang mit der kommunalen Einwanderungsgesellschaft kennzeichnet, für die sinnhaft das »Stuttgarter Bündnis für Integration« steht. Entscheidend dafür war auch der früh eingeschlagene Weg von der Sozialtherapie zur Gesellschaftspolitik, der bundesweit Beachtung finden sollte, denn: Politik muss verstehen lernen, dass eine auf der Zeitachse »reifer« werdende Einwanderungsgesellschaft mit schon über mehrere Generationen laufenden Integrations- und Assimilationsprozessen neue Gestaltungsaufgaben mit sich bringt:

Es geht immer weniger sozialtherapeutisch um die »Integration von Migranten« durch Maßnahmen. Es geht immer mehr gesellschaftspolitisch um die soziale Anerkennung von Menschen mit und ohne Migrationshintergrund durch möglichst chancengleiche Teilhabe an den zentralen Bereichen des gesellschaftlichen Lebens.

9.2.10 Gut aber spät – oder zu spät?, in: MiGAZIN, 21.1.2013.

»Wer als Politiker zu spät kommt, der bestraft sein Land«, schreibt Prof. Klaus J. Bade in seiner MiGAZIN-Kolumne »Bades Meinung« und führt Beispiele auf: das Zuwanderungsgesetz, die EU-Hochqualifizierten-Richtlinie, das Anerkennungsgesetz (Weichenstellungen der Migrations- und Integrationspolitik, Folge 1).

Vieles hat sich in Sachen Migrations- und Integrationspolitik in Deutschland seit dem letzten Jahrzehnt zum Besseren gewendet. In dieser Zeit ist, so habe ich einmal in einer Politikbewertung geschrieben, mehr erreicht worden als in den vier Jahrzehnten zuvor insgesamt. Migrations- und Integrationspolitik haben Tritt gefasst. Die Themen Migration und Integration sind in den politischen Mainstream eingerückt. Das geschah aber meist mit folgenreichen historischen Verspätungen im Vergleich zu den immer wieder vorgetragenen Appellen zur aktiven Gestaltung. Will sagen: Wir werden immer besser, aber wir kommen meist unnötig spät.

Gut, aber spät also? Leider manchmal auch zu spät; denn auch in der Politikgeschichte gibt es – oft von unabhängigen Geistern wie Wissenschaftlern, kritischen Politikbegleitern oder Publizisten markierte – Gelegenheiten, die man politisch beim Schopfe packen kann, wenn man nicht »zu spät« kommen will. Den »Kairos« nannten das die alten Griechen. Diesen Kairos zu erkennen, ist das Markenzeichen kluger Politik. Ihn in der Umsetzung rechtzeitig zu nutzen, fällt aus den verschiedensten Gründen politisch oft schwer. Rückblickend besserwisserisch beckmessern ist leicht.

Die historische Erinnerung an Fehlentscheidungen, Spätentscheidungen oder auch Nichtentscheidungen (die in der Politik genauso wirken können wie Fehlentscheidungen) kann aber dazu beitragen, ihre Wiedergänger zu bannen, also die Wiederholung von Fehlern zu begrenzen. Die Erinnerung an historische Fehlleistungen kann auch dazu beitragen, scheinheilige Geschichtsklitterungen durch Politiker abzuweisen, die die Schuld für ihr oder ihrer Parteien historisches Versagen gern bei anderen suchen oder es als Erfolg feiern, zum Schaden vieler Einwanderer fahrlässig verpasste Gelegenheiten auf Kosten der Steuerzahler aufwendig nachzubessern.

Politisch, gesetzlich oder behördlich verpassten Gelegenheiten nachrennen ist eben meist unverhältnismäßig kostspieliger und weniger effektiv als die rechtzeitige Investition von Ideen, Engagement und Geld. Gorbatschows berühmtes Wort an die Adresse der senilen DDR-Führung »Wer zu spät kommt, den bestraft das Leben« gilt dabei aber oft nicht zu Lasten der zu spät kommenden Politik, sondern zu Lasten Dritter oder sogar des ganzen Landes. Deshalb könnte man Gorbatschows Wort auch variieren: »Wer als Politiker zu spät kommt, der bestraft sein Land«. Wir wollen heute und in einigen Folgen ein paar Beispiele dazu ausleuchten.

Gut, aber spät galt in der Migrations- und Integrationspolitik für das rotgrüne »Zuwanderungsgesetz« von 2005: Der kluge Entwurf wurde unter dem Druck der Opposition stark verschlimmbessert. Die Zuwanderungssteuerung war mit ihren prohibitiv hohen Mindestgehältern und Investitionsforderungen für zuwanderungswillige abhängig Beschäftigte und Selbständige zunächst angstvoll fehljustiert. Das Zuwanderungsgesetz wirkt deshalb zunächst eher als »Zuwanderungsverhinderungsgesetz«. Aber es brachte, mühsam von einer Nachbesserung zur anderen stolpernd, schließlich jene konzeptorientierte proaktive und nicht nur restriktive Migrationssteuerung, die seit Jahrzehnten überfällig war und deren Fehlen historisch zu vielen bis heute folgenreichen Problemen, Fehlentwicklungen und verpassten Chancen geführt hatte.

Das Zuwanderungsgesetz brachte endlich auch die gleichermaßen seit Jahrzehnten vergeblich angemahnte proaktive Integrationspolitik, die auf Seiten der Regierungspolitik lange »verschlafen« worden war (Bundespräsident Horst Köhler 2006). Sie konnte meist aber nur noch im Sinne dessen wirken, was ich »nachholende Integrationsförderung« genannt habe; denn sie kam erst, als »Integration« für die meisten Einwanderer schon ein eher lästiges historisches Stichwort war. Hunderttausende, wenn nicht Millionen Zu- und Einwanderer hätten es leichter haben können, wenn diese Integrationshilfen in Sachen Sprachkurse, Orientierungskurse und Bildungs- bzw. Qualifikationsförderung früher gekommen wären.

Schon in den späten 1970er und frühen 1980er Jahren dazu gemachte Vorschläge wurden von der damaligen Regierungspolitik oft für inhaltlich unnötig, gesellschaftspolitisch falsch und ohnehin fiskalisch unbezahlbar erklärt sowie von einflussreichen »Leitmedien« geschmäht, kaputtgeschrieben und dem Vergessen überantwortet. Sarrazin hat hier nur das Rad neu erfunden und seine Leser und manche »Leitmedien« haben es gar nicht gemerkt.

Gut, aber spät gilt auch für die – von der EU-Ebene angeschobene – Umsetzung der »Hochqualifizierten-Richtlinie« 2012. Sie brachte im Kern ein kleines Punktesystem mit der erleichterten Zuwanderung für Hochqualifizierte. Ein Punktesystem (z.B. Süssmuth-Kommission 2001) oder wenigstens eine Engpassdiagnose am Arbeitsmarkt (z.B. Zuwanderungsrat 2004) und allgemeinhin die erleichterte Zuwanderung von Qualifizierten (z.B. Sachverständigenrat deutscher Stiftungen für Integration und Migration 2010/11) waren ebenfalls seit langer Zeit vergeblich angeregt worden. Von politischer Seite wurden auch solche Vorschläge lange mit allen verfügbaren, oft populistischen und inhaltlich mitunter aus Absurdistan hergeholten Argumenten abgewiesen, mit folgenschweren Nachteilen für das Land im weltweiten »Kampf um die besten Köpfe«.

Gut, aber spät gilt auch für das von Staatsministerin Böhmer zu Recht gefeierte aktuelle »Anerkennungsgesetz« von 2012. Wäre es aber spätestens Ende der 1980er Jahre verabschiedet worden, dann hätte es Hunderttausende von Einwanderern davor schützen können, zu ihrem und zum Schaden ihres Einwanderungslandes weit unter ihrer beruflichen Qualifikation oder auch gar nicht sozialversicherungspflichtig beschäftigt zu werden. Viele wären dann zu einem volkswirtschaftlichen Gewinn und nicht zu einem sozialen Kostenfaktor für dieses Land geworden. Das zeigt, in der nächsten Folge, besonders ein Blick auf das Schicksal der jüdischen Zuwanderer aus der GUS.

9.2.11 Im Gespräch mit Prof. Dr. Klaus J. Bade, in: Zeitschrift für Sozialmanagement, 12.2014, H. 1, S. 53–56.

Woher nehmen Sie eigentlich die Energie und Motivation für Ihr weiterhin bewundernswertes Engagement als Migrationsforscher, Publizist und Politikberater?
Danke für die Blumen. Wenn man als Wissenschaftler den Eindruck hat, etwas zur Klärung wichtiger öffentlicher oder politischer Fragen beitragen zu können, dann sollte man das tun und zwar in einer erträglichen Verbindung von wissenschaftlicher Fundierung und menschenfreundlicher Prosa. Das habe ich in den USA gelernt. Direkte Politikberatung in Sachen Migration und Integration ist in Deutschland lange gescheitert an der defensiven Erkenntnisverweigerung unter dem Stichwort »Wir sind kein Einwanderungsland«. [...] Deshalb habe ich den Weg über die Medien gewählt. Denn Politik und Öffentlichkeit sind am besten auf diesem Weg zu erreichen. Dafür habe ich bestimmte Konzepte entwickelt, z.B. die »kritische Politikbegleitung« über die Medien. Ich mache weiter mit dem Bohren dicker Bretter, solange es geht, Engagement hält jung. Aber vieles können heute die Jüngeren besser. Und da halte ich mich dann zurück. Mein alter Freund Fritz Redlich an der Business School der Harvard University, ein deutscher Auswanderer, hat mir mal gesagt: »Am schönsten ist es, wenn man am Ende durch das Gewicht derer, die einem auf den Schultern stehen, unter den Rasen gedrückt wird.« Er hatte recht, aber ich sehe den Rasen noch von oben.

Wann und wie begannen Sie sich für das Thema Migration und Integration zu interessieren?
Mein Urgroßvater, ein nachgeborener Bauernsohn aus Nordhessen, wanderte mit einem Kissenbezug mit seinen Siebensachen auf der Schulter in den 1870er Jahren ins Ruhrgebiet. Er war am Ende eines langen Arbeitslebens Werkmeister bei Krupp und kam mit einer ansehnlichen Summe Geldes als »gemachter Mann« zurück in sein Dorf – um sich dort seinen Lebenstraum zu erfüllen: Er kaufte einen Hof. Seine Söhne, darunter mein Großvater, blieben im Ruhrgebiet. Meine Großmutter wanderte mit ihren Eltern 1890 im Alter von sieben Jahren zurück nach Deutschland aus Paris, wohin die Familie eine Generation zuvor aus einem anderen hessischen Dorf ausgewandert war. Die Familie ging aber nicht mehr zurück nach Hessen, sondern ebenfalls ins Ruhrgebiet, wo sich später meine Großeltern kennenlernten. Meine Frau ist die Nachfahrin von Hugenotten, die im 18. Jahrhundert in Pommern eingewandert waren. Dazu gehörten später diverse Bauern, aber auch ein Verwalter auf Bismarcks Gut und der Kammerherr des Reichskanzlers. Nach dem Zweiten Weltkrieg wurde die Familie nach Westen vertrieben, wo ich meine Frau kennenlernte. Ich selber bin im Elsass geboren, habe in Hessen meine Kindheit und in Bayern meine Jugend verbracht, war Mitte der 1970er in den USA und dabei zeitweise ernsthaft über Auswanderung nachgedacht. Ich habe mich dann mit der Geschichte von Migration und Integration im 19. und frühen 20. Jahrhundert beschäftigt und dabei gemerkt, dass es viele verwandte Grunderfahrungen in Geschichte und Gegenwart gibt, die man nutzen kann für einen kritischen Umgang auch mit aktuellen Problemen.

Der Öffentlichkeit wurden Sie durch Ihre kritische Haltung gegenüber Politik und Medien in Integrationsfragen bekannt. Sehen Sie einen Fortschritt? Wo sehen Sie Entwicklungsbedarf?
Die sogenannte Sarrazin-Debatte 2010/11 war das letzte große und folgenreiche Beispiel für den unbefriedigenden Umgang von Politik und Medien mit dem Thema Integration. Thilo Sarrazin lieferte einen kritischen, in vieler Hinsicht polemisch überzogenen und bereichsweise auch kulturrassistischen Rundumschlag, vielfach ohne zureichende Kenntnis des Forschungsstandes. Die gewaltige Resonanz signalisierte, dass hier offenkundig seit langem Erklärungs- und

Vermittlungsbedarf bestand. Das war eine Steilvorlage für eine gesellschaftspolitische Antwort. Das Ergebnis war aber nicht ein kritisches und produktives Aufgreifen dieses Erklärungsbedarfs durch Politik und Medien, sondern ein verschämtes politisches Versteckspiel einerseits und eine hysterietreibende Sensationspublizistik andererseits. Die Folgen habe ich in meinem letzten Buch beschrieben. Wir brauchen mehr Gesellschaftspolitik und weniger Populismus in Sachen Migration und Integration.

Wie könnte eine zeitgemäße Integrationspolitik aussehen?
In einer Einwanderungsgesellschaft, die schon mehrere Generationen von Einwanderern umschließt, geht es, von Neuzuwanderern abgesehen, nicht mehr um Integrationspolitik für Migranten. Es geht um eine an Teilhabe orientierte Gesellschaftspolitik für Alle, ob nun mit oder ohne den sogenannten Migrationshintergrund. Integration ist dabei ganz konkret die messbare Teilhabe an den zentralen Bereichen des gesellschaftlichen Lebens, von Erziehung, Bildung und Ausbildung über Wirtschaft und Arbeitsmarkt, Rechts- und Sozialsystem bis hin zur politischen Teilhabe. Je mehr sich das herumspricht, desto mehr begreift man, dass Integrationspolitik ein Zentralbereich der Gesellschaftspolitik ist.

Warum gibt es dennoch keine Integrationsmisere in Deutschland?
Integration ist viel besser als ihr Ruf im Land, auch im internationalen Vergleich. Viele im Ausland beneiden uns darum. Aber das Betriebsgeheimnis erfolgreicher Integration ist, dass sie immer unauffällig bleibt. Man merkt gar nicht, dass sie sich vollzieht. Auffällig sind nur die Betriebsunfälle. Und über die wird dann in den Medien berichtet. So kann ein Zerrbild entstehen, das von der Wirklichkeit so weit weg ist wie eine Reportage aus der Geisterbahn.

Welche Erklärung haben Sie für öffentlich geäußerte Vorbehalte gegen Zuwanderer?
Die Menschen urteilen differenzierter als viele glauben: Deutschland ist ein demographisch alterndes und schrumpfendes Land. Es braucht Zuwanderung, damit der Druck des demographischen Wandels auf Arbeitsmarkt und die Sozialsysteme noch etwas abgefedert werden kann und die ohnehin unumgänglichen Sozialreformen nicht noch einschneidender ausfallen müssen. Die überwältigende Mehrheit aller Befragten in allen Umfragen weiß das und votiert deshalb für qualifizierte Zuwanderung. Rund zwei Drittel der Befragten sind gegen eine Zuwanderung von gering oder gar nicht Qualifizierten.

Innerhalb der EU aber gilt Freizügigkeit. Man kann Zuwanderung also nicht mehr nach Belieben »steuern«. Akzeptiert wird von den Bürgern mit Selbstverständlichkeit, dass auch ausländische EU-Bürger, die in Deutschland arbeitslos werden, Transferleistungen beziehen. Großes Misstrauen aber herrscht gegenüber Transferbezügen, die sich nicht auf vorherige Beschäftigung gründen. Das ist der Hintergrund für die Skepsis gegenüber »Armutswanderungen« aus der EU, zurzeit besonders aus Rumänien und Bulgarien, obgleich von dort bei weitem mehr Qualifizierte und sogar Hochqualifizierte kommen als unqualifizierte Arme. Hinzu kommen Abwehrhaltungen gegenüber dem Islam und gegenüber Muslimen, die durch die oft polemische »Islamkritik« in Publizistik und Medien gefördert wurden, besonders im langen Schatten der Sarrazin-Debatte 2010/11.

Wie viel Forschung benötigt die Integrationsforschung noch? Welche Art von Forschung?
Wir müssen uns mehr um die Entwicklung der Einwanderungsgesellschaft kümmern. Das ist ein schwer vermittelbarer, weil hoch komplizierter, unübersichtlicher und vor allem eigendynamischer Sozial- und Kulturprozess, der sich immer weiter ausdifferenziert. Er besteht aus dem regional und lokal durchaus unterschiedlich ausgeprägten Zusammenwachsen von Mehrheits- und Einwandererbevölkerung. Das Ergebnis ist eine ständige Veränderung von Strukturen und Lebensformen. Was die einen kulturelle Bereicherung nennen, macht anderen kulturelle Angst und weckt bei ihnen das Gefühl, »Fremde im eigenen Land« zu werden. Es gilt, die stete Veränderung, die man nicht stoppen oder gar zurückdrehen kann, als alltägliche Herausforderung anzunehmen. Qualitative und quantitative Forschung kann entscheidend dazu beitragen, Informationen bereit zu stellen, auf Grund derer Politik und Medien in diesem Zusammenhang ihrer gesellschaftspolitischen Aufklärungs- und Vermittlungsfunktion besser gerecht werden können als das bislang der Fall ist.

9.2.12 Wiedergänger Punktesystem. Zur aktuellen Diskussion um ein Einwanderungsgesetz, in: MiGAZIN, 4.2.2015.

In Sachen Einwanderung lernt Politik langsam in diesem Land: In den 1980er und 1990er Jahren war es in der politischen Diskussion in Deutschland offenkundig noch zu früh für das damals immer wieder geforderte klassische Punktesystem nach kanadischen Vorbild. Heute ist es dafür zu spät, weil sich das kanadische und das deutsche Migrationsrecht längst in der Mitte getroffen haben. Aber für ein »Einwanderungsgesetz«, das diesen Namen verdient, ist es noch nicht zu spät, sagt als politikkritischer Zeitzeuge Klaus J. Bade, der diese Diskussion seit den 1980er Jahren begleitet und mitgestaltet hat.

Ein bleicher Wiedergänger schleicht durch die Einwanderungsdiskussion in Deutschland: das Punktesystem nach kanadischem Vorbild. Es hatte als transatlantisches Modell seine große Zeit in den Diskussionen der 1980er und 1990er Jahre. Es wurde von konservativer Seite damals stets mit dem Totschlagargument blockiert, Deutschland sei »kein Einwanderungsland« und schon gar kein »klassisches«.

Und doch fand das Punktesystem einen zentralen Platz in den 2001 vorgelegten Empfehlungen der von Rita Süssmuth geleiteten Unabhängigen Kommission Zuwanderung. Auf ihre Ergebnisse wartete ungeduldig der seinerzeitige Bundesinnenminister Otto Schily; denn auf seinem Tisch lag längst der Entwurf des Zuwanderungsgesetzes, den er mit der Berufung auf Ergebnisse dieser Kommission begründen wollte.

Das Punktesystem wurde, allerdings in stark reduzierter Form, auch in den Entwurf des Zuwanderungsgesetzes übernommen. Vorgesehen war im Gesetz ferner ein unabhängiger Sachverständigenrat für Zuwanderung und Integration (Zuwanderungsrat). Er sollte Zuwanderungssteuerung und Integrationsförderung kontinuierlich beraten und zugleich die Umsetzung und Ausrichtung des Punktesystems begleiten.

Der Zuwanderungsrat war hochrangig besetzt, gut ausgestattet, faktisch dem Rat der »Wirtschaftsweisen« gleichgestellt und sollte zu Fragen von Migration und Integration jährlich ebenfalls ein umfassendes Gutachten vorlegen. Er wurde von Bundesinnenminister Schily im Vorgriff auf das Gesetz schon 2003 einberufen. Schily bat mich, den Vorsitz im Zuwanderungsrat zu übernehmen. Ich lehnte ab, empfahl Rita Süssmuth, die dieses Amt übernahm, in dem ich dann als ihr Stellvertreter fungierte.

Aber es war für das Punktesystem in Deutschland noch immer zu früh. Das zeigte sich auf dem Weg zum Zuwanderungsgesetz, das nach verheerendem politischen Hickhack erst 2005 in Kraft treten konnte: Der Zuwanderungsrat wurde im Zuge der strittigen weiteren Gesetzesausarbeitung, trotz seiner nach wie vor umfassenden Ausstattung, in seinen Aufgaben immer mehr beschnitten und schließlich weitgehend auf eine beratende Funktion für das Punktesystem reduziert. Damit war klar, dass der Zuwanderungsrat mit dem Punktsystem stehen oder fallen würde.

Um den von der konservativen Opposition blockierten Weg zur parlamentarischen Entscheidung für das rotgrüne Gesetzesvorhaben ohne erneute Anrufung eines Vermittlungsausschusses freizumachen, wurde das Punktesystem in einer parteiübergreifenden Besprechung im Bundeskanzleramt Anfang Juni 2004 aus dem Gesetzentwurf gestrichen. Mit dem Punktesystem fiel, rechtlich nur folgerichtig, aber begleitet von einer üblen politischen und medialen Denunziationskampagne, auch der Zuwanderungsrat, der in seiner kritischen Arbeit von der Opposition und vor allem von den irritierten Behörden zunehmend misstrauisch beobachtet worden war.

Wohl wissend, dass es für das Punktesystem bis auf weiteres keine Chance mehr gab, hatte der Zuwanderungsrat in seinem ersten, im Herbst 2004 vorgelegten Jahresgutachten unter anderem eine Migrationssteuerung mithilfe einer Engpassdiagnose am Arbeitsmarkt vorgeschlagen. Das war eine kleine, flexible und streng arbeitsmarktorientierte Ersatzlösung für das im Sommer 2004 der diffusen Angst vor »ungesteuerter Zuwanderung« zum Opfer gefallene große und nur bedingt arbeitsmarktorientierte Punktesystem:

Bei akutem und absehbar nicht durch inländische Arbeitskräfte zu befriedigendem Arbeitskräftemangel sollten – zwar flexibel, aber streng am Bedarf orientiert – ausländische Fachkräfte zugelassen werden. Es ging um nach Berufsgruppen oder Branchen jeweils festzulegende Kontingente, bis zu einem jährlichen Gesamtmaximum von 25 000.

Dieser Vorschlag wurde – wie zuvor das Punktesystem – von Arbeitgeber- wie Arbeitnehmerseite gleichermaßen begrüßt. Von den innenpolitischen Streitern der Opposition aber wurde das Konzept aufs Neue mit den eingeübten populistischen Mayday-Reflexen als Programm zur Überflutung Deutschlands mit Migranten denunziert.

Willkommene Hilfestellung leisteten dabei ein gezieltes Missverständnis und ein unglückliches Zusammentreffen zweier Nachrichten in den Medien: zum einen wurde die maximale Zahl von 25 000 als Jahresquote missverstanden; zum anderen traf die Veröffentlichung des Vorschlages des Zuwanderungsrates zusammen mit der Ankündigung des Opel-Konzerns, 4 000 Fachkräfte freizustellen, so dass die Medien fast zwei Wochen lang titelten:»Opel entlässt 4 000 Fachkräfte – Zuwanderungsrat verlangt jährliche Zuwanderung von 25 000 ausländischen Fachkräften!«

Damit war das Ende besiegelt, die Schmutzarbeit erledigten politische und mediale Denunzianten. Sie wurden immer aggressiver, als sich herumsprach, dass der Zuwanderungsrat sogar erwog, seine Arbeit auch ohne Ausstattung und rechtliche sowie politische Legitimation fortzusetzen.

Am Ende der üblen Kampagne wurde der politisch und medial verteufelte Zuwanderungsrat vom Bundesministerium des Inneren handstreichartig und ohne Presseerklärung am Tag vor Heiligabend 2004, also unmittelbar vor Inkrafttreten des Zuwanderungsgesetzes, durch eine kurze Notiz stillschweigend abgeschafft. Die Nachricht fand, gezielt in die Weihnachtspause gesetzt, in den Medien keinerlei Beachtung.

Das Gutachten des Zuwanderungsrates selbst wurde über Jahre hinweg politisch totgeschwiegen. Es war – im Gegensatz zum Gutachten der Unabhängigen Kommission Zuwanderung von 2001, das von Beginn an auf der Seite des Bundesministeriums des Innern stand – im Netz nur auf größten Umwegen überhaupt erreichbar.

Deshalb konnte in der Öffentlichkeit der Eindruck entstehen, das Jahresgutachten des Zuwanderungsrates von 2004 sei identisch mit dem ebenfalls ersten und einzigen Gutachten der Unabhängigen Kommission Zuwanderung von 2001. Das war ein Missverständnis, das auch dadurch befördert wurde, dass in beiden Fällen Rita Süssmuth den Vorsitz innehatte. Erst in den letzten Jahren fand das Gutachten des Zuwanderungsrates einen Platz auf der Seite des Bundesamtes für Migration und Flüchtlinge, nicht aber auf derjenigen des Bundesministeriums des Inneren, dem der Zuwanderungsrat zugeordnet gewesen war.

Ich erinnere mich noch gut an ein Gespräch mit Rita Süssmuth am Rande der letzten Sitzung des Zuwanderungsrates: Wir waren uns einig darüber, dass es nur wenige Jahre dauern würde, bis vor dem Hintergrund des immer deutlicher Fahrt aufnehmenden demographischen Wandels unsere Vorschläge ganz neu entdeckt werden würden – und dann wahrscheinlich ganz ohne Erinnerung an den missliebigen Zuwanderungsrat.

So kam es dann auch: Nachdem das Zuwanderungsgesetz im Bereich der Migrationssteuerung, der Opposition zuliebe, zunächst als eine Art Zuwanderungsverhinderungsgesetz (»Gesetz zur Begrenzung und Steuerung der Zuwanderung«) umgesetzt und erst durch zögerliches Nachbessern seinen ursprünglichen Intentionen näher gebracht worden war, wurde schon 2007 über eine »Allianz« zur Sicherung des Fachkräftebedarfs nachgedacht, wobei sogar das seinerzeit verteufelte Maximalkontingent von jährlich 25 000 qualifizierten Zuwanderern, wie von ungefähr, in den politischen Diskurs zurückkehrte.

Aber es sollte noch weitere fünf Jahre dauern, bis 2012 mit der Blue Card für qualifizierte Zuwanderer aus Drittstaaten, mit der Zulassung von Hochqualifizierten zur freien Arbeitsplatzsuche für ein halbes Jahr und mit den Zuwanderungserleichterungen für gesuchte Fachkräfte für Mangelberufe eine Art kleines Punktesystem Wirklichkeit wurde, begleitet durch Integrationserleichterungen am Arbeitsmarkt im Rahmen des Anerkennungsgesetzes.

In den 1990er Jahren und bis zum Zuwanderungsgesetz von 2005 war es mithin für das Punktesystem in Deutschland politikgeschichtlich offenkundig noch zu früh. Und für die, die sich dafür historisch zu früh engagierten, galt die umgekehrte Version des berühmten Gorbatschow-Wortes: Wer zu früh kommt, den bestraft das Leben.

Heute aber ist es für das Punktesystem im vollen und klassischen Sinne wiederum historisch zu spät, denn in Deutschland wie in Kanada haben sich Mischsysteme herausgebildet, die sich in einiger Hinsicht durchaus ähnlich sind: In Deutschland gibt es heute eine Art kleines Punktesystem und Kanada hat sich von seinem offenen Punktesystem verabschiedet und dem in Deutschland von jeher gültigen Arbeitsmarktbezug Vorrang eingeräumt.

Was in den Jahren vor und nach der Jahrhundertwende zu früh war, kommt heute zu also spät: Bei der neu vom Zaun gebrochenen Diskussion um ein »Einwanderungsgesetz« kann von einem Punktesystem im ursprünglichen kanadischen Sinne heute für Deutschland nicht mehr die Rede sein. Ein »Einwanderungsgesetz« für die zu mehr als drei Vierteln aus Europa und insbesondere aus der Europäischen Union stammende Zuwanderung wäre nur ein einladender klingendes Firmenschild; denn in Europa gilt Freizügigkeit. Da ist nichts mehr zu steuern und was sozialrechtlich zu klären war, ist weitgehend geklärt. Allerdings könnte der Wildwuchs von Regelungen, der in der Anpassung des ursprünglich sperrigen Gesetzes an die Realität entstanden ist, beschnitten, besser zusammengeführt und dann in der Tat unter dem Stichwort »Einwanderungsgesetz« vereinigt werden.

Aber es geht um mehr: Deutschland ist heute am Arbeitsmarkt der Profiteur der Struktur- und Wachstumskrisen in anderen Staaten der Europäischen Union. Das kann, darf und wird auf Dauer nicht so bleiben. Und wenn es den anderen Volkswirtschaften wieder bessergeht, werden die Zuwanderungen aus Europa zurückgehen. Aber der eklatante Zuwanderungsbedarf in Deutschland wird aus demographischen Gründen bleiben, weil die Eltern der Kinder von morgen gestern schon nicht mehr geboren worden sind.

Umso mehr muss sich Deutschland, wie seit Jahren gefordert, zukunftsorientiert um Zuwanderungen aus Drittstaaten weit jenseits der Europäischen Union kümmern. Und bei einem Blick auf die dazu verfügbaren gesetzlichen Steuerungsregularien fällt sofort auf: Sie wirken, von den genannten Sonderregelungen abgesehen, wie ein Stacheldrahtverhau um den in diesem Bereich noch immer gültigen Anwerbestopp, bei dem die Zuwanderung nur eine gnädig gewährte Ausnahme von der defensiven Regel ist.

Und dazu hilfreich wäre für das Einwanderungsland Deutschland dann in der Tat ein »Einwanderungsgesetz«, das diesen Namen verdient, weil es zur Öffnung für Zuwanderung nach außen und zu ihrer Akzeptanz im Innern beiträgt.

9.2.13   **Zuwanderungsregelung und Integrationsförderung. Wovor und mit welchen Folgen hat sich die Politik so lange versteckt?**,
Vortrag auf dem Fachkräfteforum Zuwanderung des Sächsischen Staatsministeriums für Wirtschaft, Arbeit und Verkehr in Dresden, 16.5.2012 (Auszug).

Migrations- und Integrationspolitik auf der Bundesebene – oder: Wir werden immer besser, aber wir kommen meistens zu spät.

Der Bund ist ein integrationspolitischer Nachzügler. Er hat das Thema Integration, wie Bundespräsident a.D. Horst Köhler als selbstkritischer Schlafmetaphoriker 2006 zu Recht bemerkte, allen Weckrufen zum Trotz jahrzehntelang »verschlafen« und erst sehr spät für sich entdeckt.

Das BMI, das sich hier zentral zuständig fühlende Ressort am Kabinettstisch, war, von vorausgegangenen Initiativen von Bundesinnenminister Wolfgang Schäuble (CDU) bei der Reform des Ausländerrechts einmal abgesehen, im Grunde fast bis zur Jahrhundertwende noch nicht im Einwanderungsland angekommen. Dessen legislative und gesellschaftspolitische Rahmung begann erst unter Bundesinnenminister Otto Schily (SPD) mit der Reform des Staatsangehörigkeitsrechts 1999/2000, der Einberufung der Unabhängigen Kommission Zuwanderung (2000/2001) und dem Zuwanderungsgesetz 2005, fortgesetzt dann von Wolfgang Schäuble in dessen zweiter Amtsperiode als Bundesinnenminister (Islamkonferenz u.a.) sowie im Bundeskanzleramt von der Beauftragten der Bundesregierung für Migration, Flüchtlinge und Integration, Staatsministerin Maria Böhmer (Integrationsgipfel, Nationaler Integrationsplan u.a.).

Diese allerhöchste Erkenntnisverspätung auf dem selbst im Alltag für alle Zeitgenossen erkennbaren Weg zum Einwanderungsland hat auf der Bundesebene die immer wieder vergeblich geforderte realitätsnahe, proaktive und zugleich konzeptorientierte Gestaltung von Migrations- und Integrationsfragen lange blockiert. Aus den gleichen Gründen wurde auf der Bundesebene auch der Aufbau einer zentral koordinierten Migrations- und Integrationspolitik mit entsprechenden Institutionen lange erschwert.

In den Themen Migration und Integration kraftvoll Fuß gefasst hat die Bundespolitik erst seit dem letzten Jahrzehnt, in dem in Sachen Migrations- und Integrationspolitik auch mehr passiert ist als in den vier Jahrzehnten zuvor. Aber strukturelle Lähmungen blieben, zumal Migrations- und Integrationspolitik erst schrittweise von einer Nebenabteilung zu einer zentralen Abteilung des BMI und Migration und Integration selbst erst spät zu Mainstream-Themen auf der Bundesebene geworden sind.

Als zentral für Integrationspolitik zuständig versteht sich hier nach wie vor das Bundesinnenministerium. Es ist aber mit dieser Aufgabe, soweit sie als Gesellschaftspolitik im weitesten Sinne zu verstehen ist, sichtlich überfordert. Es verbeißt sich in seiner Spitze in die Abwehr von fundamentalistisch-islamistischer Agitation, verkehrt sogar die von Wolfgang Schäuble begründete Islamkonferenz indirekt zu einem Organ der Sicherheitspolitik, verharmlost zugleich die nicht minder gefährliche anti-islamische Agitation und verwechselt dergleichen mit Integrations- und Gesellschaftspolitik, wie zuletzt das fatale Debakel um die sog. Muslimstudie gezeigt hat. Damit wird im Grunde konterkariert, was es an gesellschaftspolitischen Initiativen schon gab und gibt – von der Islamkonferenz bis zum Nationalen Integrationsplan.

Will sagen: So wie das BMI Ende des 20. Jahrhunderts noch nicht im Einwanderungsland angekommen war, so ist es scheinbar bis heute nicht in der Einwanderungsgesellschaft angekommen. Und das ist nicht eine Personalfrage in der Leitung, sondern ein Strukturproblem. Das überforderte Bundesinnenministerium sollte deshalb von im weiteren Sinne gesellschaftspolitisch belangvollen Bereichen der Integrationspolitik entlastet werden, abgesehen von ausländer- und aufenthaltsrechtlichen Fragen sowie von Kernbereichen wie z.B. Migration oder Flucht bzw. Asyl.

Nötig ist auch eine bessere Abstimmung mit und zwischen den Ressorts, deren Entscheidungen integrationspolitische Auswirkungen haben, neben dem Innenressort also vor allem in den Bereichen Wirtschaft, Arbeit, Soziales und Bildung, aber auch Familie. Dies ist auf der Bundesebene bislang erst bedingt und improvisiert gegeben:

Die Interministerielle Arbeitsgruppe Integration ist nicht mehr als eine improvisierte Notlösung. Sie ist institutionell nicht zureichend abgesichert und in ihrer Effizienz deshalb weitgehend abhängig vom Wohlwollen der beteiligten Ressorts. Auch die Integrationsabteilungen oder -schwerpunkte in fast jedem einschlägigen Ministerium steigern als kleinteilige Ersatzlösungen nur die Unübersichtlichkeit der Entscheidungsstränge. Neben dem Bundesinnenministerium, der sich als zentrale Vermittlungsstelle verstehenden Interministeriellen Arbeitsgruppe Integration und den Teilzuständigkeiten verschiedener Bundesressorts gibt es die Staatsministerin im Bundeskanzleramt, die für Migration, Flüchtlinge und Integration zuständig ist, und das fast gleichnamige Bundesamt für Migration und Flüchtlinge, das aber dem Bundesinnenministerium zugeordnet ist.

Wohin Kompetenzüberschneidungen in integrationspolitisch belangvollen Fragen auf der Bundesebene führen können, konnte man zuletzt bei den verschiedenen, zeitraubenden Anläufen zum »Anerkennungsgesetz« erleben. Diese Erfahrung könnte man unter das von mir auch im Blick auf andere, schon geschichtsnotorische Verspätungen in der Migrations- und Integrationspolitik ausgegebene Motto stellen: »Wir werden immer besser, aber wir kommen meistens zu spät!«

Und das gilt nicht nur für den Bereich Integrationspolitik, hier gezeigt am Beispiel des Anerkennungsgesetzes, das Hunderttausende von gut und zuweilen auch höchstqualifizierten Zuwanderern nicht mehr erreicht, weil sie sich längst weit unter ihrem Qualifikationsniveau liegende Ersatzkarrieren aufgebaut haben oder schon als Taxifahrer oder Hausmeister in Rente gegangen sind. Das gleiche galt im Bereich Migrationspolitik für das Zuwanderungsgesetz von 2005: Dieses seit Anfang der 1980er Jahre immer wieder vergeblich geforderte und von der erwähnten höheren Warte aus immer wieder abgewiesene Gesetz kam erst, als die für die Formation der Einwandererbevölkerung in Deutschland wichtigsten Zuwanderungen schon längst Geschichte waren.

Dem wichtigen Zuwanderungsgesetz von 2005 und dem nicht minder wichtigen Anerkennungsgesetz von 2012 ist also eines gemeinsam: Beide Initiativen kamen mindestens ein Vierteljahrhundert zu spät. Hätte es beide oder ähnliche Gesetze und Maßnahmen ein Vierteljahrhundert früher gegeben, wie dies damals auch immer wieder vergeblich gefordert wurde, dann wären Zuwanderung und Integration insgesamt, für viele einzelne Migranten und auch für die oft über mangelnde Transparenz in der Steuerung irritierte Mehrheitsbevölkerung sehr viel leichter verkraftbar gewesen.

Dumm gelaufen. Aber Politik ereignet sich nicht in einem subjektlosen politischen Prozess ohne verantwortliche Handlungsträger bzw. Handlungsverweigerer. Und die politischen Pioniere werden in diesem Land zu wenig geachtet, während politische Versager und Bremser zu wenig in die historische Verantwortung gerufen werden.

Anders gewendet: Es kann nicht angehen, immer nur das Nachbessern und die verspätete Reparaturpolitik zu bejubeln, statt sich zu erinnern, dass vorausschauende, also proaktive Politik seinerzeit für alle Beteiligten bei weitem besser gewesen wäre als reaktive Reparaturpolitik heute. Ein Preis für solche regierungsamtliche defensive Amnesie könnte der zu Lasten Aller gehende Verlust der Fähigkeit sein, aus Fehlentscheidungen oder Nichtentscheidungen der Vergangenheit für die Gestaltung der Zukunft zu lernen. Aber Integrationspolitik wurde zwar von der Bundesebene lange konzeptionell und institutionell behindert, aber in der Praxis auf der Länderebene und vor allem auf der kommunalen Ebene gemacht, auch wenn dort wegen mangelhafter Abstimmung das berühmte Rad oft neu erfunden werden musste.

9.3 Brain-Drain? Die Wiederentdeckung der deutschen Auswanderung

9.3.1 **Heike Vowinkel, Kollektives Gefühl der Ausweglosigkeit treibt Deutsche ins Ausland. Die Zahl der Fortzüge steigt seit Jahren. Schuld daran ist die schlechte Stimmung im Land,**
in: Welt am Sonntag, 9.1.2005[47] (Auszug).

Die Zahl der Deutschen, die ihre Heimat verlassen, steigt kontinuierlich. 2003 waren es knapp 127 000, fast 20 Prozent mehr als vor fünf Jahren. Seit der Wende lag die Zahl nur 1994 und 1995 höher. 2004 werden es noch mehr, denn bereits im ersten Halbjahr lag die Zahl der Fortzüge um 3 250 höher als im Vorjahreszeitraum.

Nicht alle gehen dauerhaft, viele kehren nach befristeten Auslandsaufenthalten zurück. Doch auch Auswanderungsberater bestätigen: Immer mehr Deutsche wollen weg – vor allem aus wirtschaftlichen Gründen.

Facharbeiter und mittelständische Unternehmen stellen mittlerweile die größte Gruppe der Ratsuchenden […]. Wie viele Deutsche tatsächlich dauerhaft ins Ausland gehen, wird nicht ausgewertet. »Deutschland ist ein Datenfriedhof, was die Wanderungsbewegungen angeht«, kritisiert der Osnabrücker Migrationsforscher Klaus J. Bade. Doch auch Bade beobachtet, dass neben Akademikern, die es schon lange ins Ausland zieht, mittlerweile immer mehr normal Qualifizierte fortgehen. »Das kollektive Gefühl der Ausweglosigkeit spielt eine große Rolle. Viele erleben den Zustand des Landes als eine Art mentale Depression, in die sie sich nicht länger hineinziehen lassen wollen«, sagte Bade.

9.3.2 **»Viele kehren dem Land den Rücken«. Migrationsforscher Klaus J. Bade über die zunehmende Auswanderung und den wachsenden Mangel an Fachkräften, Interview (Vera Gaserow),**
in: Frankfurter Rundschau, 2.1.2006.

Herr Bade, seit genau einem Jahr hat Deutschland ein Zuwanderungsgesetz. Wenn Sie einen Blick auf das aktuelle Migrationsgeschehen werfen, welche Entwicklung beobachten Sie?
Einerseits sehen wir, auch als Folge des Zuwanderungsgesetzes, eine Abnahme der Zuwanderung nach Deutschland in vielen Bereichen: weniger Spätaussiedler, Asylsuchende und jüdische Zuwanderer. Andererseits gibt es, unabhängig vom Gesetz, mehr Fortzüge aus Deutschland, auf Zeit, aber auch auf Dauer.

Heißt das, Deutschland wird von einem Einwanderungs- zu einem Auswanderungsland?
Es gibt deswegen keinen Anlass zur Migrationshysterie. Deutschland war oft Ein- und Auswanderungsland zugleich. Die Zuwanderung überwiegt auch weiter, nur die Komponente der Fortzüge nimmt langfristig wieder zu.

Welche Menschen sind es, die Deutschland den Rücken kehren?
Sie sind im besten Erwerbsalter und suchen nach einer beruflichen Chance oder Alternative im Ausland. Viele werden auch innerhalb ihres Betriebs über die Landesgrenzen hinaus versetzt. Ehemalige Zuwanderer kehren in ihre Herkunftsländer zurück, besonders polnische Aussiedler. Manche türkischen Einwanderer der zweiten Generation wandern in die Heimat der Eltern aus. Und es gibt Auswanderungen von jungen Aussiedlern etwa nach Kanada. Deren Eltern bleiben dann meist allein hier zurück, um ihre Rentenbezüge nicht zu gefährden. Das ist ein nicht zu unterschätzendes Problem in Zeiten der Rentenkrise. Außerdem nimmt die Abwanderung von Hoch- und Höchstqualifizierten zu, besonders in die Vereinigten Staaten. Vor allem bei Experten der Informationstechnologie wächst dabei der Trend zur dauerhaften Abwanderung.

Welche Motive treiben die Auswanderer?
Zum einen sind da die Probleme am Arbeitsmarkt. Wer in der Zeitung immer wieder die öde Botschaft

---
[47] https://www.welt.de/print-wams/article120335/Kollektives-Gefuehl-der-Ausweglosigkeit-treibt-Deutsche-ins-Ausland.html.

liest, dass es mittelfristig zwar wirtschaftlich wieder aufwärtsgehen wird, aber dennoch nicht mit einer Besserung am Arbeitsmarkt zu rechnen ist, der kommt ins Grübeln. Und in Kombination mit den Hartz-Gesetzen hat das viele dazu gebracht, verstärkt nach Alternativen zu suchen. Zum anderen vertreiben absurde Praktiken der Hochschulpolitik viele unserer besten Nachwuchswissenschaftler.

Müsste Politiker nicht rechtzeitig gegensteuern?
Das geht, wenn überhaupt, nur indirekt, also über die Veränderung der wanderungsbestimmenden Umstände, aber nicht direkt: Versuche, Auswanderung restriktiv zu beeinflussen, wären nicht durch das Grundgesetz gedeckt und staatliche Ambitionen, Auswanderungswilligen ihrer Absichten auszureden, haben in der Geschichte meist das Gegenteil bewirkt.

In der Zuwanderungsdebatte warnten viele Experten, spätestens ab 2010 bekomme Deutschland einen Arbeitskräftemangel. Steuern wir angesichts des Abwanderungstrends schon jetzt auf eine Problemlage zu?
Angesichts der wirtschaftlichen Entwicklungen, die wir in den letzten Jahren erlebt haben, bin ich vorsichtig mit Prognosen. Aber wir werden jedenfalls schon in absehbarer Zukunft in bestimmten Sektoren einen wachsenden Mangel an qualifizierten Arbeitskräften haben.

Könnte es sein, dass Deutschland demnächst schon einen negativen Wanderungssaldo aufweist, also mehr Aus- als Einwanderung?
Das ist schon in 5 bis 10 Jahren durchaus möglich. Wichtiger ist aber die Frage nach den Migrationsprofilen. Deutschland ist auf dem Weg, in der Konkurrenz um die besten Köpfe auf die Verliererseite zu geraten: Die Zuwanderung entspricht vielfach nicht den Anforderungen an die berufliche und soziale Passfähigkeit, die man zum Beispiel durch das – im Gesetz gestrichene – Punktesystem hätte verstärken können. Gleichzeitig wandern zunehmend Qualifizierte und Höchstqualifizierten ab – unsere unqualifizierten Arbeitslosen kann man auch im Ausland nicht brauchen. Und die Zuwanderung der Höchstqualifizierten nach Deutschland schrumpft, trotz Zuwanderungsgesetz. Das ist alles in allem ein durchaus unerfreuliches Migrationsszenario, dass man nicht schönreden oder schönrechnen sollte.

9.3.3 »Wir bluten aus«. Klaus J. Bade über die Eigendynamik von Auswanderungswellen, Interview (Henrik Müller),
in: manager magazin, 7/2006, 15.2.2006.

Herr Professor Bade, immer mehr Hochqualifizierte verlassen Deutschland. Beruhigt Sie das?
In der Tat. Wir befinden uns in einer migratorisch suizidalen Situation. Es gelingt uns immer schlechter, jungen fähigen Leuten immer noch hier in Deutschland eine Perspektive zu bieten. Von Nachwuchswissenschaftlern höre ich immer wieder: Wir haben die Schnauze voll, wir gehen! Kein Wunder, dass auch die Zuwanderung von Topleuten aus dem Ausland dramatisch abnimmt. Diejenigen, die in Deutschland zuwandern, sind überwiegend gering oder wenig passfähig qualifiziert.

Kann man daran nichts ändern?
Natürlich. Wir müssen eine gezielte Zuwanderungspolitik betreiben. Das Zuwanderungsgesetz sah ursprünglich ein Punktesystem vor, nachdem sich geeignete Einwanderer bewerben können – die Regelung wurde gestrichen. Die Engländer führen sie gerade ein, obgleich die wesentlich besser dastehen als wir. Wir müssen wenigstens jährlich ein respektables Kontingent an qualifizierten Arbeitskräften nach Deutschland holen. Das haben meine Kollegen und ich im Sachverständigenrat für Zuwanderung und Integration vorgeschlagen – Ergebnis: Das Gremium wurde aufgelöst. Zuwanderung wird nach wie vor als Bedrohung empfunden. Dabei ist sie eine Chance – wenn wir für qualifizierte Ausländer attraktiver wären, würden sich auch viele mobile Deutsche fürs Bleiben entscheiden.

Ist die derzeitige Auswanderungswelle nicht eher eine Mode, getrieben von der schwachen Wirtschaftsentwicklung der vergangenen Jahre?
Ich fürchte, nicht mehr. Wanderungsbewegungen haben ihre eigene Dynamik. Sie beginnen langsam und können sich dann zu einer mitreißenden Bewegung ausweiten. Diejenigen, die den Schritt ins Ausland gemacht haben, melden zurück: Das läuft sehr gut hier. Dann entschließen sich weitere, zu gehen. Da folgt eine Spur der anderen. Die Alternative, wegzugehen, setzt sich in den Köpfen fest. Vor zehn Jahren war das noch kein Thema, heute ist es eines.

Sie rechnen also mit einem weiteren Anstieg der Zahlen?
Allerdings. Der Sog hat sich entfaltet, und er wird so schnell nicht verschwinden. Das Entscheidende sind aber nicht die Zahlen, sondern die Migrationsprofile. Und die zeigen: Wir bluten aus. Nur in der politischen Öffentlichkeit ist das Thema noch nicht angekommen. Manchen werden da in den nächsten Jahren noch die Ohren schlackern.

9.3.4 »Politik reagiert zu spät«. Auswandern als Trend, Interview (Christian Radler),
in: tagesschau.de, 3.7.2006.

»Deutsche Spitzenkräfte wandern zunehmend ab und ausländische Spitzenkräfte machen immer deutlicher einen Bogen um dieses Land.« So bringt der Migrationsexperte Klaus J. Bade von der Universität Osnabrück die Lage auf den Punkt. Im Gespräch mit tagesschau.de sagt Bade, wo die größten Fehler gemacht werden.

Herr Bade, wie stark ausgeprägt ist der Auswanderungstrend? Gibt es den überhaupt?
Auswanderung ist nach klassischer Definition das Verlassen des Herkunftslandes, ohne die feste Absicht, jemals wieder auf Dauer dorthin zurückzukehren. Das gilt wohl nur für eine eher überschaubare Zahl von Personen. Wir haben ja gar keine »Auswanderungsstatistik« im engeren Sinne, sondern nur eine Statistik der »Fortzüge« und »Zuzüge«, in der es vielerlei Unsicherheiten gibt, weil nicht Personen, sondern Wanderungsfälle gezählt werden.

Wie gut belegt sind die Zahlen, die im Umlauf sind: bis zu 160 000 Auswanderer im letzten Jahr, von »hoher Dunkelziffer« war in der Presse die Rede...
Die Dunkelziffer kann man nur schätzen, weil viele sich nicht abmelden und weil andere ins Ausland gehen, ohne die Absicht, »auszuwandern«, dann aber doch letztlich auf lange Zeit oder sogar auf Dauer bleiben. Es gibt umgekehrt auch viele, die tatsächlich »auswandern« wollten, aber nach einiger Zeit wieder zurückkommen. Wanderungsabsicht und Wanderungsergebnis treten also manchmal deutlich auseinander. Das Umgehen mit sogenannten Dunkelziffern ist also, über Trendaussagen hinaus, immer eine gehobene Art von Kaffeesatzlesen.

Unzureichend erforschtes Phänomen
Wie gut erforscht ist die Motivation der Auswanderer?
Miserabel. Abgesehen von den aus Visa-Statistiken ablesbaren Absichten, zu bestimmten Zwecken auf Zeit in bestimmte Länder zu gehen, sind wir da erst ganz am Anfang. Auswanderung war eben lange kein aktuelles wissenschaftliches Thema mehr. Es wird Zeit, dass sich das ändert.

Wo gehen die deutschen Auswanderer hin?
In die Vereinigten Staaten, nach England, in Kontinentaleuropa besonders in die Schweiz und nach Österreich, in die Niederlande oder nach Skandinavien. Es gibt aber auch erhebliche Fortzüge etwa nach Polen. Dorthin kehrt auch mancher Aussiedler und Spätaussiedler zurück.

Wie gut – und bis zu welchem Punkt – können die Abwanderungen mit Einwanderern kompensiert werden?
Das funktioniert der Tendenz nach nur dann, wenn die Migrationsprofile insgesamt annähernd übereinstimmen, wenn also beispielsweise annähernd so viele Ärzte zuziehen wie fortziehen

Mancher gut ausgebildete Zuwanderer fährt Taxi
Reagiert die deutsche Politik adäquat auf den Trend?
Nein, sie erkennt heute, rund ein Vierteljahrhundert zu spät, endlich an, dass Deutschland ein Einwanderungsland ist und will Zuwanderung immer noch vorwiegend beschränken, statt Ziel- und konzeptorientiert zu steuern. Es ist geradezu peinigend absurd: Deutsche Spitzenkräfte wandern zunehmend ab und ausländische Spitzenkräfte machen immer deutlicher einen Bogen um dieses Land. Die Zuwanderer, die unter dem Schutz unserer Gesetze kommen und die wir uns nicht aussuchen können, entsprechen in ihren beruflichen Profilen oft nicht unserem Bedarf.

Und wo das tatsächlich der Fall wäre, da erkennen wir oft ihre Diplome nicht an und helfen ihnen nicht zureichend bei Nachqualifikation und Spracherwerb, so dass zugewanderte Ärzte, die uns in den neuen Bundesländern fehlen, als Hausmeister arbeiten müssen und höchstqualifizierte Feststoffphysiker Taxi fahren – während uns an den Schulen Physiklehrer fehlen. Und bei der zweiten und dritten Einwanderergeneration verschleudern wir Begabungen durch unzureichende Förderung.

Punktesystem nach Vorbild Kanadas abgelehnt
Im industrialisierten Ausland freut man sich vermutlich...
Die Amerikaner tippen sich inzwischen schon in ihren Medienberichten vernehmlich an die Schläfe, wenn sie über den sträflichen Umgang der Deutschen mit ihren Migranten berichten. Das hätten wir deutlich besser machen können. Zwei Beispiele:

Wir hätten Zuwanderung im eigenen Interesse flexibel steuern können durch das im Zuwanderungsgesetz ursprünglich vorgesehene Punktesystem nach kanadischem Vorbild. Die Briten führen es gerade ein, obgleich sie im Wanderungsgeschehen viel besser dastehen als wir. In Deutschland wurde es gestrichen aus Angst vor Zuwanderung. Ein verwandter Vorschlag des Zuwanderungsrates wurde im Herbst 2004 mit populistischem Geschrei verworfen, am Ende des Jahres wurde sicherheitshalber der ganze Zuwanderungsrat aufgelöst.

Deutschland hat sich eingeigelt – und jetzt kommt die Rechnung im Wanderungsgeschehen.

Wie kommen die Auswanderer eigentlich in ihren Zielländern zu Recht?
Sie kommen mehrheitlich gut zurecht, sonst würden sie ja zurückkommen oder weiterwandern müssen. Denn in ihren Zielländern gibt es in aller Regel nicht ein Wohlfahrtssystem, das, wie in Deutschland, die »migratorische Selbstauslese« abschaltet.

Wie meinen Sie das?
In dem Sinn, dass Migranten nach einigen Jahren vollen Anspruch auf Sozialleistungen haben, mithin auch bleiben können, wenn sie sich aus eigener Kraft nicht über Wasser halten können.

Kettenwanderung der Hochqualifizierten?
Stichwort Braindrain: Sie sagen, das Land blutet qualitativ an der Spitze aus. Was heißt das? Wer sind diejenigen, die das Land verlassen?
Wir haben steigende Wanderungsverluste bei Spitzenkräften, denen keine entsprechenden Wanderungsgewinne bei Hochqualifizierten gegenüberstehen. Bei den Selbständigen sieht es nicht besser aus. Das geht auf die Dauer ohne schwere Einbußen an Innovationskraft nicht ab.

Was passiert, wenn die Ausgewanderten nach Hause melden: »Es läuft gut«. Kommt es dann zum Schneeballeffekt? Dann können sogenannte Kettenwanderungen entstehen, die nicht sofort wieder aufhören, nur weil es einmal wieder bessere Nachrichten von zu Hause gibt.

9.3.5 Joachim Güntner, Ärmer, älter, kleiner, dümmer: Auswanderung – verliert Deutschland seine akademische Elite?, in: Neue Zürcher Zeitung, 10.11.2006.

Beim Stichwort »Migration« denken die meisten Deutschen an Ausländer, die zu ihnen einwandern. Nach Bekanntgabe aufsehenerregender statistischer Daten ist nun auch die Auswanderung der Inländer Thema geworden. Sorgen macht vor allem der Wegzug von Hochqualifizierten.

Die Liebhaber düsterer soziodemographischer Befunde kommen in Deutschland glänzend auf ihre Kosten. Der Pisa-Schock, diverse auf den Geburtenrückgang abhebende Methusalem-Szenarien, die Kunde von einer wachsenden Unterschicht und nun auch noch die Statistiken zur Auswanderung verflechten sich zu einem Nachrichtengestrüpp, das den ebenso diffusen wie bedrohlichen Eindruck vermittelt, die deutsche Bevölkerung entwickle sich vor allem in vier Dimensionen: Sie werde ärmer, älter, kleiner – und dümmer. Fast 145 000 Deutsche sind nach Angaben des Statistischen Bundesamtes in Wiesbaden im vorigen Jahr aus ihrem Heimatland fortgezogen, so viele wie seit den 1950er Jahren nicht mehr. Deutlich mehr als die Hälfte davon ist jünger als 35 Jahre. Den Präsidenten des Deutschen Industrie- und Handelskammertages veranlasste dies, Alarm zu schlagen und den Verlust »zahlreicher qualifizierter und hochmotivierter Köpfe« zu beklagen. Die neudeutsche Rede vom »Braindrain« erhielt frischen Auftrieb.

Dürftige Migrationsforschung
Dabei hatte im Juni 2005 die Bildungsministerin der damals regierenden rotgrünen Koalition frohlockt, die Abwanderung deutscher Nachwuchswissenschaftler ins Ausland sei gestoppt. »Deutschland gehört zu den Gewinnern des internationalen Wettbewerbs um die besten Köpfe«, sagte Edelgard Bulmahn, als sie eine Erhebung des Deutschen Studentenwerks vorstellte. Die Verdienste um die gewachsene Zahl ausländischer Studierender schrieb sich die Ministerin gleich selbst zu: Es liege wohl an ihrer Ablehnung von Studiengebühren und an der Einführung des »Juniorprofessors«. Den Einwand, ein von Gebührenfreiheit angezogener Kopf müsse nicht notwendig der Beste sein, vermochte Bulmahn nicht zu entkräften. Auch ließ sie die zentrale Frage unberücksichtigt: Ob denn all jene, die als Studenten in den Genuss deutscher Bildungsinvestitionen kommen, dem Land auch später als produktive Kräfte erhalten bleiben.

Was profunde Studien und gesicherte Daten angeht, ist die Migration in Deutschland ein Stiefkind der Forschung (und noch mehr der Forschungsförderung). Der Statistik des Bundesamts fehlt denn auch Wesentliches: Sie macht keine Angaben zur Berufsgruppe oder zum Bildungsstand der Zu- und Auswanderer, und natürlich erfährt man hier erst recht nichts über ihre Motive. Mehr Aufschluss bietet der von der Weltbank veröffentlichte Bericht »International Migration, Remittances and the Brain Drain«, der zwar eine globale Perspektive einnimmt, für Deutschland aber immerhin die Feststellung trifft, der Brain-Drain – hier erfasst als Saldo aus zuwandernden und auswandernden Menschen mit Hochschulausbildung – liege bei minus 0,3 Prozent.

Das ist kein gravierender Abfluss akademischer Intelligenz, allerdings fokussiert der Bericht auf das Jahr 2000. Er lässt somit die Zeit der nachfolgenden großen Konjunkturkrise unberücksichtigt. Vier, fünf Jahre, die erfüllt sind von Hiobsbotschaften über Jugendarbeitslosigkeit, Stellenabbau, unsichere Renten und steigende Kosten im Gesundheitswesen, können Stimmung und Lebensplanung der arbeitsfähigen Bevölkerung durchaus verändern. Wer dramatische und aktuelle Befunde wünscht, ist auf Studien von McKinsey oder jüngst des Meinungsforschungsinstituts Forsa angewiesen. Dort gibt es Umfragen zu lesen, wonach 1,5 Prozent aller 14- bis 49-Jährigen entschlossen seien, aus Deutschland auszuwandern. 8 Prozent dächten ernsthaft darüber nach, weitere 40 Prozent spielten gelegentlich mit dem Gedanken daran.

Als Beweggründe werden angegeben: die schlechte Wirtschaftslage, das knappe Angebot an Stellen, Bildungsmisere und Überalterung. Zu diesen Zukunftsängsten, die abstoßend wirken – »Push-Motive« heißen sie in der Forschung –, kommen die »Pull-Motive«: konkrete Angebote aus dem Ausland, die Hoffnung auf Verringerung der Steuerlast, auf mehr Freiheit bei der Gestaltung der Arbeit, auf eine bessere Vereinbarkeit von Familie und Beruf (diesbezüglich erscheinen die skandinavischen Länder als verlockend). McKinsey macht überdies darauf aufmerksam, dass karriereorientierte Kriterien wie hohes Einkommen und repräsentative Stellung bei der Berufswahl nicht mehr so wichtig sind. Die junge Generation pflegt auch mäßig postmaterialistische Wünsche nach interessanten Jobs, die der Persönlichkeitsentwicklung nicht im Wege stehen.

Aufgeschlüsselt nach schulischen oder beruflichen Qualifikationen der Befragten sind die genannten Zahlen über Auswanderungswillige allerdings auch nicht. Jeder siebte deutsche Student wandere in die USA aus, hat vor drei Jahren einmal der Soziologe Wolf Lepenies behauptet. Obs stimmt, weiß kein Statistiker zu sagen. Dass die Akademiker jetzt alle in die Schweiz flüchten, das neue gelobte Land der Deutschen, dürfte zweifelhaft sein. Gänzlich ungeklärt bleibt überdies – und zwar in allen Erhebungen –, inwieweit es sich beim Wegzug der sogenannten klugen Köpfe um Auslandsaufenthalte auf Zeit oder um dauerhafte Migration handelt.

Evidente Lage
Für den Historiker Klaus J. Bade, der an der Universität Osnabrück das Institut für Migrationsforschung und Interkulturelle Studien leitet, sind die dürftigen Daten kein Grund zur Entwarnung. Er fällt pointierte Urteile zur Lage: »Es ist geradezu peinigend absurd: Deutsche Spitzenkräfte wandern zunehmend ab, und ausländische Spitzenkräfte machen immer deutlicher einen Bogen um dieses Land. Die Zuwanderer, die unter dem Schutz unserer Gesetze kommen und die wir uns nicht aussuchen können, entsprechen in ihren beruflichen Profilen oft nicht unserem Bedarf.« Als wir ihn nach der Basis seiner Aussagen fragen, räumt er zwar den Mangel an valider amtlicher Statistik umstandslos ein, kann aber auf qualitative Stichproben verweisen und replizieren: »Es hat doch keinen Sinn zu warten, bis das Kind im Brunnen ertrunken ist, nur weil noch nicht letzte empirische Sicherheit über Brunnentiefe und Kindesalter bestand.« Wer wollte ihm widersprechen? Schwarzmalerei ist eines, Warnrufe zur rechten Zeit aber tun not.

9.3.6 »Es gehen die Risikobereiten«, Interview (Peter Steinmüller),
Kurzfassung in: ProFirma, November 2006, S. 86–89[48] (Originalfassung).

Herr Professor Bade, Sie warnen vor der zunehmenden Abwanderung hochqualifizierter Arbeitskräfte ins Ausland. Aber ist deren Zahl wirklich so hoch, dass dies unsere Wirtschaftskraft gefährdet?
Noch nicht, aber das kann sich ändern. Zunächst müssen wir berücksichtigen, dass die Abwanderungszahlen in der Spitze ein ganz anderes Gewicht haben als die im soliden Mittelfeld. Es macht eben einen Unterschied, ob 2 000 Bauarbeiter nach Skandinavien oder 500 Spitzenforscher in die USA gehen. Hinzu kommt, dass die Zuwanderung von Spitzenkräften rückläufig ist.

Schauen wir uns das mal insgesamt an: Im vorigen Jahr wanderten 145 000 deutsche Staatsangehörige ins Ausland ab, so viele wie seit 1923 nicht mehr. Das hat natürlich auch mit den Mobilisierungseffekten der Globalisierung zu tun. Deshalb kann man solche Abwanderungszahlen nicht ohne weiteres vergleichen. Schaut man sich aber die Wanderungsbilanz bei den deutschen Staatsangehörigen an, dann ergibt sich doch schon ein klares Signal in Richtung Auswanderung: Wenn wir für das Jahr 2005 Zu- und Abwanderungen gegenüberstellen und dabei die zugewanderten Spätaussiedler außen vor lassen, haben fast 50 000 mehr Deutsche das Land verlassen, als zugezogen sind. Und die Zuwanderungen der Spätaussiedler, die diese Wanderungsverluste an Staatsangehörigen bislang kaschiert haben, nehmen ja ständig weiter ab.

Zudem können wir aus Befragungen von wegziehenden Deutschen erkennen, dass der Anteil derer wächst, die mit offenem Zeithorizont gehen – und das sind in der Regel diejenigen, die länger oder auch auf Dauer bleiben. Gleichzeitig ist die Option »Auswanderung« in den Köpfen der Bevölkerung angekommen. Vor fünf Jahren war das für viele noch »ein Thema des 19. Jahrhunderts«. Laut einer Forsa-Umfrage beschäftigen sich heute gut 7 Prozent der Deutschen im besten Erwerbsalter ernsthaft mit diesem Thema und »1,5 wollen tatsächlich auswandern« – ob sie es dann auch tun, ist eine andere Frage.

Also ist der viel beschworene »Brain-Drain« ernst zu nehmen?
Mich stört die typisch deutsche Hysterie der Debatte. Wir haben uns drei Jahrzehnte fast die Schädel blutig geschlagen über die Frage, ob Deutschland ein Einwanderungsland ist. Jetzt diskutieren wir genauso aufgeregt, ob aus dem Standort Deutschland ein Auswanderungsland wird.

Ich habe selber vor einigen Monaten einmal in den Medien sozusagen mit der flachen Hand in die Suppe gehauen, um das Thema in den Mainstream zu drücken. Da ist es inzwischen angekommen. Aber jetzt müssen wir pragmatisch bleiben und nicht in einen illusionären Interventionismus verfallen, wie beispielsweise der hessische Ministerpräsident Roland Koch, der unlängst in der Bildzeitung mit der Schlagzeile zitiert wurde: »Stoppt die Auswanderung!« Zum Glück leben wir einem Land, in dem sich die Bürger frei über die Grenzen bewegen können. Und mit einem Mauerbau haben wir bekanntlich ausgesprochen schlechte Erfahrungen gemacht.

Tatsächlich nähern wir uns ausgeglichenen Wanderungsbilanzen. Deutschland kehrt sozusagen in seine Geschichte zurück, in der es abwechselnd Ein- und Auswanderungsland und häufig sogar beides zugleich gewesen ist. Das ist keine Katastrophe, aber es ist nicht mehr so gemütlich wie die alberne, aber lange geglaubte Vorstellung, dass alle Welt auf gepackten Koffern sitzt, um sich am Arbeitsmarkt in Deutschland anzubieten.

Als Motive für ihren Wegzug nennen angeblich viele Wegzügler höhere Gehälter und geregeltere Arbeitszeiten im Ausland, oder auch die soziale Kälte in Deutschland. Das sind ja nicht unbedingt Motive, die von höherem Freiheitsdrang zeugen.
Das waren wohl romantisch träumende Möchtegern-Auswanderer mit demonstrativem Probehandeln im Beratungsgespräch. Die Gehälter sind im Ausland durchaus nicht immer höher, die Arbeitszeiten sind mitunter sogar deutlich ungeregelter, oft auch länger und soziale Kälte gibt es hie und da auch. Insgesamt spielen bei denen, die nicht nur vom Weggehen

---
[48] http://kjbade.de/bilder/risikobereiten.pdf.

träumen, sondern es auch tun, wirtschaftliche wie mentale Motive eine Rolle. Viele Mediziner und Naturwissenschaftler haben bei uns eine gut dotierte Position, glauben aber trotzdem, im Ausland bessere Perspektiven zu haben. In Großbritannien zum Beispiel verdienen Ärzte mitunter sogar etwas schlechter, haben aber bessere Arbeitsbedingungen. Das gilt auch für die Schweiz, wo sie zugleich deutlich mehr verdienen. Früher beruflich akzeptiert werden, nach Leistung bezahlt zu werden – das sind für viele Ärzte ganz entscheidende Punkte. Zu solchen privilegierten Gruppen, die sich im Ausland verbessern wollen, kommen, in geringerem Umfang, jene, die gar keinen Job mehr haben oder deren Arbeitsplätze gefährdet sind und die Hartz IV und Ein-Euro-Jobs als erniedrigende Bedrohung empfinden.

Zu den mentalen Motiven zählen die Argumente, die Auswandererberater immer wieder zu hören bekommen: Überbürokratisierung, Erstarrung des Systems, Mangel an Flexibilität, Gestaltungsfreiheit und Entfaltungsmöglichkeiten. Das sagen auch viele Selbständige und solche, die es werden wollen. Ob solche düsteren Perspektiven stimmen oder nicht, ist eine ganz andere Frage. Aber die Vorstellungen sind so. Und sie ändern sich nicht abrupt, nur weil die Medien nach vielen Jahren der nicht immer realitätsbezogenen Jammertal-Berichterstattung ausnahmsweise einmal etwas positivere Signale zur Wirtschafts- und Arbeitsmarktentwicklung übermitteln.

Trotzdem sind diese Menschen Optimisten?
Es gehen gerade die Selbstsicheren und Risikobereiten, die wir doch brauchen, nicht jene, die in konzentrischen Kreisen die Sozialämter umschwirren und die auch im Ausland niemand haben will. Und es gehen Leute, die eine wie auch immer geartete Qualifikation mitbringen und bereit sind, auch außerhalb dieser Fachkompetenz etwas tiefer in der Hierarchie anzufangen und sich wieder hochzuarbeiten. Sie wissen, warum sie gegangen sind. Und wenn sie im Wunschland einmal auf die Nase fallen, dann probieren sie es eben erneut.

Das klappt nur auf einem flexiblen Arbeitsmarkt. In Großbritannien etwa akzeptieren die Banken auch Bewerbungen von Historikern oder Sozialwissenschaftlern, wenn sie nach deren gründlicher Prüfung zu dem Ergebnis kommen: Das sind Leute mit einer guten akademischen Grundausbildung, die sind kreativ und können konzeptionell denken, das Banking bringen wir ihnen dann lieber selber bei. In Deutschland ist so ein Training on the Job oft noch sehr ungewöhnlich.

Ist gestiegene Mobilität nicht ein internationales Phänomen, das auch andere Länder trifft?
Selbstverständlich. Das kommt uns doch wirtschaftlich nur zugute. Wir haben schließlich auch geschlossene internationale Arbeitsmärkte von Konzernen wie Siemens die dauerhaft ca. 100 000 Mitarbeiter im Ausland haben. Die viel gescholtene Green Card für Deutschland war ja im Ergebnis ein Erfolgsmodell. Denn 80 Prozent der Unternehmen, die sie in Anspruch genommen haben, waren mittelständische Betriebe, die nicht über einen internen grenzüberschreitenden Arbeitsmarkt verfügten.

Nun hat die Green-Card-Einführung auch deutlich gemacht, dass Deutschland auf dem internationalen Arbeitsmarkt nicht besonders hoch angesehen ist. Welche Schlüsse ziehen Sie daraus?
Weil die Höchstqualifizierten die Vereinigten Staaten und Großbritannien wesentlich attraktiver finden als die Bundesrepublik, bekommen wir oft ohnehin nur die zweite Garnitur. Aber auch die bringt noch hervorragende Qualitäten mit. Wir müssen uns dabei endlich eines klarmachen: Die Globalisierung ist keine fröhliche Rutschbahn in ein buntes Paradies am Arbeitsmarkt. In der weiteren Zukunft werden sich zunehmend ausländische Hoch- und Höchstqualifizierte mit hoher Leistungsbereitschaft zu Gehältern anbieten, die weit unter den hier zu Lande üblichen liegen. Wir werden Probleme mit diesem globalisierten Arbeitsmarkt bekommen, wenn Unternehmer dann vor die Alternative geraten, entweder hoch qualifizierte Billiglöhner nach Deutschland zu holen, was heute noch nicht möglich ist, oder die entsprechenden Abteilungen in deren Herkunftsland zu verlegen, was ja immer häufiger vorkommt.

Viele dieser internationalen Spezialisten ziehen nach ein oder zwei Jahren weiter in das nächste Land, so dass ihr Know-how nur kurz zur Verfügung steht.
Dagegen spricht nichts, solange immer wieder Nachfolger einreisen. Die Integrationskosten sind niedrig, niemand schreibt diesen Jobnomaden vor, dass sie fließend deutsch sprechen müssen, solange sie das Grundgesetz in der englischen Übersetzung akzeptieren. Wir haben allerdings Probleme mit unserem Wohlfahrtsstaat, weil er die Selbstselektion bei den Migrationsprozessen abgeschaltet hat. Sie besagt, dass weiter- oder zurückwandern muss, wer sich wirtschaftlich im Aufnahmeland nicht aus eigener Kraft über Wasser halten kann. Wir haben das nicht befolgt. Das war nett für gute Zeiten, aber falsch für schlechte und rächt sich seit langem. Aber das betrifft weniger die Spitzenkräfte, sondern die gering Qualifizierten.

Gerade sie drängen aus Osteuropa und Afrika besonders stark nach Mitteleuropa. Wie kann hier gegengesteuert werden?
Auf drei Wegen, Beispiel Afrika: Erstens durch die Bekämpfung der wirtschaftlichen Ursachen illegaler Zuwanderung in den Ausgangsräumen. Es geht um strategische und kontrollierte Entwicklungsförderung in produktiven Schlüsselbereichen. Mit der gescheiterten konventionellen Entwicklungshilfe hat das nichts zu tun. Zweitens durch die Bändigung privatwirtschaftlicher Interessen, die die Entwicklung von genau diesen Schlüsselbereichen blockieren: Bil-

lige hochsubventionierte Agrarprodukte aus Europa ruinieren die einheimische Landwirtschaft in Afrika. Mildtätige Kleiderspenden landen als kommerzielle Billigprodukte auf afrikanischen Textilmärkten und erdrosseln die einheimische Textilproduktion. Schwimmende Fischfabriken aus Spanien, Portugal, aber auch aus Asien treiben die afrikanische Küstenfischerei in den Ruin. Das hat absurderweise dazu geführt hat, dass die erwerbslos gewordenen Fischer ihre Boote zum Transport illegaler Einwanderer in Richtung Europa einsetzen! Drittens: Die Rücküberweisungen von Arbeitswanderern, auch von illegal Beschäftigten, sind heute schon mehr als doppelt so hoch wie die internationalen Entwicklungshilfezahlungen und damit deutlich wichtiger für die Ausgangsräume.

Es wäre doch denkbar, Arbeitswanderern, die ansonsten illegal auf lebensgefährlichen Wegen und mit Hilfe von teuren Schleppern durchzubrechen versuchen, die Chance zu bieten, für einige Jahre – ohne Familiennachzug und ohne Bleibeperspektive – zur Arbeit in gesetzlich geschützte Niedriglohnbereiche zu kommen. Lügen wir uns doch nicht in die eigene Tasche: Wir finden für diese Niedriglohnbereiche, trotz Kombilöhnen, keine einheimischen Arbeitskräfte mehr, weil wir nicht imstande sind, unsere Transferleistungen den harten Fakten am Arbeitsmarkt anzupassen.

Ausländische Niedriglöhner würden dort immer noch ein Vielfaches ihres Einkommens in ihren Herkunftsländern verdienen und könnten sich und ihren Familien damit eine bessere Existenzgrundlage in der Heimat aufbauen. Das wäre aufrichtiger als die Schattenwirtschaft, von der viele von uns profitieren, indirekt zu tolerieren, aber die »Wirtschaftsflüchtlinge« auf ihrem Weg dorthin zu bekämpfen und am Ziel als Illegale schutzlos zu lassen. Dann wäre es auch legitimer, hart gegen illegale Zuwanderer vorzugehen, weil diese sonst die Löhne jener kaputt machen, die sich an die Regeln halten. Wer illegal durchzubrechen sucht, wird, biometrisch erfasst, für lange Zeit am Arbeitsmarkt gesperrt. Wenn sich das in den Ausgangsräumen herumspricht, und die Handy-Kommunikation sorgt dafür, dann hätten die teuren kriminellen Schlepper sicher schlechtere Karten.

Für Bürger der neuen mittelosteuropäischen EU-Staaten, die sich auf Dauer in Deutschland ansiedeln wollen, hat Deutschland den Arbeitsmarkt noch auf Jahre verschlossen. Besteht die Möglichkeit, nach Ablauf der Fristen dieses Potenzial doch noch zu erschließen?
Wer zu spät kommt, den bestraft auch der Arbeitsmarkt. Neben den Ost-West-Wanderungen mit Bleibeabsicht sind Pendelwanderungen stark aufgerückt, was zeigt, dass der Wanderungsdruck nachgelassen hat. Davon zeugen auch die steigenden Rückwandererzahlen z.B. unter deutsch-polnischen Spätaussiedlern mit doppelter Staatsangehörigkeit, die ein Echo auf das rasante Wirtschaftswachstum in Polen sind. Ich gehe davon aus, dass es bald keine gro-

ßen, beruflich passfähigen Humankapitalressourcen im grenznahen mittelosteuropäischen Raum für uns mehr geben wird, zumal auch die alten Wanderungstraditionen von Polen in die USA, nach Kanada, Frankreich und England wieder aufgelebt sind. Der problematische EU-Anschluss von Rumänien und Bulgarien ist eine ganz andere Story.

Das Zuwanderungsgesetz erlaubt ausländischen Studierenden, nach dem Abschluss ein Jahr lang eine Stelle zu suchen, bevor sie Deutschland verlassen müssen. Halten Sie das für eine zweckmäßige Lösung?
Zweckmäßig ja, aber ebenso unzureichend wie die viel zu hohen Hürden für die Zulassung von Selbständigen und hochqualifizierten Spitzenkräften: Denn in diesem einen Jahr wird der Absolvent bei der Stellenvermittlung nur nachrangig bedient. Wenn ein Deutscher oder ein EU-Ausländer sich um den gleichen Job bemüht, ist er weg vom Fenster. Zudem darf der Akademiker sich nur in seinem speziellen Fachgebiet bewerben – der Biologe als Biologe, der Architekt als Architekt. Wieso kann ein Architekt nicht auch ein guter Journalist oder Produktmanager sein? Mit dieser mangelnden Flexibilität nehmen wir uns die Chance, hochintelligente Leute auch in angrenzenden Berufsfeldern zu halten.

Die Amerikaner zeigen im Gespräch über unsere kurzatmige Regulierungswut oft zwei Reaktionen. Erst tippen sie sich an die Stirn, dann klatschen sie in die Hände; denn sie freuen sich über das Humankapital, das wir ihnen auf diese Weise spendieren. Diese Erfahrung haben sie bereits nach dem Kosovo-Krieg gemacht: Deutschland hat die meisten Flüchtlinge möglichst zügig in die Heimat abgeschoben, völlig unabhängig von ihrer wirtschaftlichen Passfähigkeit und ihrem Integrationserfolg. Die USA haben eine Aufnahmequote eingeführt und sich gezielt die passfähigsten Köpfe ins Land geholt.

Die Regelungen, mit denen Asylsuchende und Bürgerkriegsflüchtlinge vom Arbeitsmarkt ferngehalten werden, halten Sie für sinnwidrig?
Das Zuwanderungsgesetz sollte die unmenschlichen Kettenduldungen beenden. Bei Fortdauer der noch einmal abschließend zu prüfenden Asylgründe sollte abgelehnten, d.h. de facto abzuschiebenden, aber nach wie vor nicht abschiebbaren Asylsuchenden ein Bleiberecht eröffnet werden. Stattdessen prüfen die Ausländerbehörden in ihren engen Handlungsspielräumen vor allem, ob in der Heimat veränderte Bedingungen eine rasche Abschiebung ermöglichen könnten, egal wie erfolgreich integriert die zum Teil schon anderthalb Jahrzehnte im Land lebenden Familien sind und ob ihre oft schon vor dem Abitur stehenden Kinder die Heimat der Eltern überhaupt kennen. Das ist menschlich trostlos und wirtschaftlich töricht.

Viel zweckmäßiger wäre es, die Handlungsspielräume der Ausländerbehörden, z.B. in Kooperation mit der Bundesagentur für Arbeit, so zu gestalten, dass bei nachweislichem Bedarf, entsprechenden Qualifikationen oder Berufserfahrungen Aufenthaltsgenehmigungen erteilt werden können. Sind wir eigentlich wirklich so dumm, Menschen zurück in die Krisenzonen zu schicken, während gleichzeitig ein Unternehmer dasteht und sagt, er müsse eine Abteilung ins Ausland verlegen, weil er keine Fachkräfte dafür findet? Ganz abgesehen davon, dass viele dann gar nicht zurückkehren, sondern gleich oder doch möglichst bald in ein anderes Land auswandern, in dem man mehr an ihren Qualifikationen und ihrer Leistungsbereitschaft interessiert ist.

Sie kritisieren, dass die Zuwanderung nach Deutschland jahrzehntelang nicht mehr zureichend unter dem Gesichtspunkt der Arbeitskräftegewinnung genutzt wurde. Sind die Chancen dafür jetzt besser, weil der Wanderungsdruck gesunken ist?

Die meisten Zuwanderer mit Bleibeabsicht kommen unter dem Schutz unserer Gesetze. Das gilt für den Familien- und insbesondere Ehegattennachzug ebenso wie für die Zuwanderung von Spätaussiedlern und Juden aus der GUS. Diese privilegierten Gruppen können wir uns nicht nach Qualitätskriterien aussuchen, abgesehen einmal von der erst 2006 eingeführten »Integrationsprognose« bei jüdischen Zuwanderern. Jenseits dieser privilegierten Gruppen ist die Zahl der Einwanderer im engeren Sinne im Jahr 2005 auf maximal 20 000 geschrumpft. Das ist der eigentliche, lächerlich kleine Steuerungsbereich. Vor allem für die Wirtschaft mit steigenden Fachkräftebedarf ist er völlig inakzeptabel. Gleichzeitig vergeuden wir das Arbeitskräftepotenzial der privilegierten Minderheiten unter den Zuwanderern.

Wie meinen Sie das?

Stephan J. Kramer, der Generalsekretär des Zentralrates der Juden in Deutschland, hat mir einmal erzählt, er könne ganze Symphonieorchester inklusive Dirigenten aus russisch-jüdischen Zuwanderern zusammenstellen. Stattdessen fahren diese hochqualifizierten Musiker Taxi oder arbeiten als Hausmeister, ähnlich wie viele Feststoffphysiker oder Ärzte aus der früheren Sowjetunion. Wir erkennen ihre Examina nicht an und sparen bei berufsorientierten Eingliederungskursen.

Und gleichzeitig lamentieren wir über den Mangel an Musik- und Physiklehrern an den Schulen und darüber, dass in vielen Gegenden Ostdeutschlands die Gesundheitsversorgung zusammenbrechen wird, wenn die in die Jahre gekommenen Landärzte ihre Praxen schließen. Wenn wir jetzt noch die sozial verheerende Vernachlässigung der Gastarbeiterkinder in Bildung und Ausbildung dazu nehmen, vor der unsereiner immer wieder vergeblich gewarnt hat, dann zeigt sich angesichts des demografischen Wandels und des künftigen Fachkräftemangels nur umso deutlicher, welch latent suizidale Migrations- und Integrationspolitik wir betrieben haben und zum Teil noch betreiben.

Welche Integrationsmaßnahmen schlagen Sie für die bereits bei uns lebenden Zuwanderer vor?

Das was ich schon vor Jahren immer wieder als »nachholende Integrationspolitik« empfohlen habe: Erstens müssen mehr berufsspezifische Sprach- und Professionalisierungskurse angeboten werden, auch um die Social Performance dieser Menschen zu beschleunigen. Dabei sollten besonders Instrukteure mit Migrationshintergrund auftreten, die leichter Kontakt finden, selbst eine erfolgreiche Integrationskarriere hinter sich haben, und damit ein ermutigendes Beispiel dafür sind, dass solcher Erfolg machbar ist.

Zweitens müssen wir begreifen, dass auch Menschen der zweiten oder dritten Generation in bildungsfernen Einwanderermilieus aufstiegsorientiert und nur desinformiert bzw. desillusioniert und entmutigt sind. Das sind meist keine sturen Verweigerer, sondern Leute, die den Zug verpasst haben, weil sie keinen Fahrplan dafür hatten. Wir müssen diese Milieus durch Überzeugungsarbeit aufbrechen. Das geht nicht »top down«, sondern nur »bottom up«. Auch hier sind wieder »ethnic leaders« mit erfolgreichem Migrationshintergrund und Zugängen in die Milieus gefragt. In den Maßnahmenkatalog gehören auch Fortbildungskurse für Kleinunternehmer, von denen viele erfolgreich zur Selbsthilfe gegriffen haben, als ihre Jobs in der Industrie weggefallen sind, denen aber für die Expansion ihrer Betriebe das Fachwissen fehlt.

Zuwanderung wird in der Öffentlichkeit oft als zweckmäßiges Mittel gegen den Geburtenschwund interpretiert. Halten Sie das für zulässig?

Das ist Milchmädchen-Demographie. Wir können durch Zuwanderung diesen Prozess nicht mehr aufhalten, der sich beschleunigt entfaltet, weil die Eltern der morgen nötigen Kinder doch schon heute und gestern gar nicht mehr geboren worden sind. Da müssen wir ganz andere Hebel ansetzen.

Ansonsten könnten wir lediglich durch möglichst passfähige Arbeitsmarkt- und Bildungsprofile der Zuwanderer den Druck auf die Sozialsysteme ein wenig abzufedern suchen, so dass deren Reform etwas behutsamer vorangetrieben werden könnte – wir sind dabei sowieso viel zu langsam und mutlos. Aber jetzt bricht auch noch diese Feder weg, weil der Wanderungsüberschuss von über 200 000 mittlerweile auf 97 000 Zuwanderer gefallen ist, Tendenz weiter sinkend. Die Qualifikationsprofile dieser Wenigen stimmen außerdem meist nicht mit dem Bedarf überein. Und Leute, deren Qualifikationsprofile durch geeignete Integrationshilfen passfähig gemacht werden könnten, lassen wir im Regen stehen, statt sie effizient am Arbeitsmarkt einzusetzen. Als Folge wird der mögliche Produktivitätsgewinn durch Zuwanderung in einen Verlust umschlagen, der den Reformdruck noch verstärkt.

9.3.7 Deutschland – die Talentschmiede der anderen,
in: Der Tagesspiegel, 12.1.2011.

Warum Deutschland der große Verlierer der Migration im deutschsprachigen Raum ist, erklärt der Migrationsforscher Klaus J. Bade hier in seinem Essay für den Tagesspiegel.

Deutschland ist heute nicht mehr Einwanderungsland und noch nicht Auswanderungsland. Es ist ein demografisch alterndes Migrationsland in der statistischen Mitte zwischen Ein- und Auswanderungsland. Es verzeichnet eine hohe transnationale, insbesondere innereuropäische Mobilität. Ein beträchtlicher Teil dieser innereuropäischen Wanderungen spielt sich zwischen Deutschland, Österreich und der Schweiz ab.

Dabei ist Deutschland im Kreis der deutschsprachigen Länder quantitativ und qualitativ ein Migrationsverlierer. Das gilt auch gegenüber dem vierten deutschsprachigen Land, dem kleinen Fürstentum Liechtenstein, das hier außer Betracht bleiben soll.

Deutschland altert demografisch besonders rasch: Das zeigt der Altenquotient, also das Verhältnis der Personen über 65 Jahre, die von der Statistik für ökonomisch inaktiv gehalten werden, zu den Personen im Arbeitsalter von 15–64 Jahren. Hier liegt Deutschland mit 30,9 deutlich über dem Mittelfeld der EU 27 (25,4), in dem die Altenquotienten von Österreich (25,7) und der Schweiz (24,3) nahe beieinander liegen.

Deutsche gehen innerhalb Europas am liebsten in die Schweiz: Die Fortzüge dorthin haben sich in den vergangenen zehn Jahren fast verfünffacht, 2008 wurde mit knapp 30 000 (29 139) Zuzüglern ein neuer Höchstwert erreicht. Insgesamt sind 2008 über 20 000 Deutsche mehr von Deutschland in die Schweiz ausgewandert, als von der Schweiz nach Deutschland zugezogen sind. Nach Österreich gingen 2008 über 7 000 mehr deutsche Abwanderer als Rückwanderer von dort nach Deutschland kamen. Bilanz für Deutschland: klar negativ gegenüber beiden Ländern.

Insgesamt hatte Deutschland in den letzten Jahren eine tendenziell knapp ausgeglichene und zuletzt sogar scheinbar deutlich negative Wanderungsbilanz. Aber so einfach ist das nicht. Der Wanderungssaldo 2008/09 wird auf noch schwer kalkulierbare Weise verzerrt durch die Löschung von Steueradressen, die seit langem nicht mehr erreichbar sind. Sie werden von der Statistik als Abwanderung erfasst. Haben wir also noch etwas Geduld, bis zureichende Berechnungen vorliegen.

Sicher ist im Blick auf den migratorischen Generaltrend der letzten Jahre und bis auf weiteres nur dies: Deutschland hat eine tendenziell ausgeglichene Wanderungsbilanz. Das klingt so gut wie eine ausgeglichene Zahlungsbilanz, ist es aber nicht, denn: In einem Wohlfahrtsstaat mit demografisch alternder Bevölkerung verschärft sich bei zunehmender Abwanderung und abnehmender Zuwanderung von Mensch en im besten Erwerbsalter der Reformdruck auf die Sozialsysteme, weil die Zahl der Einzahler fällt, während die der Entnehmer steigt. Und wenn nicht eine neue Finanz- bzw. Wirtschaftskrise alles anders kommen lässt, könnten – Modellrechnungen zufolge – 2015 in Deutschland schon bis zu drei Millionen Arbeitskräfte fehlen. Das sind ungefähr so viele, wie es dort heute Arbeitslose gibt.

Zu quantitativen kommen qualitative Defizite in Deutschland; denn der Brain-Drain läuft, allem Schönschreiben und Schönrechnen zum Trotz – und zwar nicht nur gegenüber der Schweiz und Österreich. Deutschlands Abwanderer scheinen tendenziell qualifizierter und wirtschaftlich leistungsstärker zu sein als Deutschlands schon anwesende Zuwandererbevölkerung und sogar als im Durchschnitt die Erwerbsbevölkerung insgesamt.

Das zeigt ein Blick auf die Elitenabwanderung am Beispiel der Ärzte. Nach Angaben der Kassenärztlichen Bundesvereinigung sind derzeit rund zehn Prozent der 28 000 Ärzte, die in der Schweiz arbeiten, deutsche Staatsangehörige. Insgesamt sind im Jahr 2008 über 3 000 Ärzte aus Deutschland abgewandert. Wenn von diesen 3 000 Ärzten nur rund ein Drittel nicht wieder zurückkehrte, betrüge der Verlust aus entgangenen Steuer-, Sozialversicherungs- und anderen Einnahmen hochgerechnet rund 1,1 Milliarden Euro, Ausbildungskosten nicht eingerechnet. Das hat 2009 das Münchener ifo-Institut für den Sachverständigenrat deutscher Stiftungen für Integration und Migration (SVR) ermittelt.

Nachteilig für ein Land sind vor allem negative Wanderungssalden bei Personen im erwerbsfähigen Alter. Dieser Effekt wird noch verstärkt, wenn die Abwanderer auf dem Höhepunkt ihrer Leistungsfähigkeit sind, also zwischen 25 und 50 Jahren. Auch hier ist die Schweiz der eindeutige Wanderungsgewinner: Der Anteil der deutschen Abwanderer im Alter von 25 bis 50 Jahren lag 2008 in der Schweiz bei fast 70 Prozent.

Auch die deutschen Zuwanderer in Österreich können als größtenteils wirtschaftlich besonders leistungsfähig gelten: 49 Prozent der in Österreich lebenden Deutschen im Alter von 15 und mehr Jahren verfügten 2007 zumindest über Abitur und weitere 28 Prozent über einen darüber hinausreichenden Bildungsabschluss. Dem hohen Bildungsniveau der Deutschen in Österreich entsprechen auch ihre beruflichen Tätigkeiten: 2007 waren 23 Prozent der berufstätigen Deutschen als Wissenschaftler tätig und 24 Prozent als Techniker oder gleichrangig in nichttechnischen Berufen. Dann folgte unter anderen eine relativ große und zum Teil saisonal fluktuierende Gruppe von Dienstleistenden im Bereich des Gaststättengewerbes, vorzugsweise aus Ostdeutschland, die aber, als Saisonarbeitskräfte, nur in Ausnahmefällen als Migranten gezählt werden. Unqualifizierte deutsche Hilfsarbeiter hingegen sind in Österreich mit 4,5 Prozent eine Seltenheit.

Während in Deutschland die Abwanderung steigt und die Zuwanderung schrumpft, überwiegt in Österreich und der Schweiz klar die Zuwanderung: Österreich weist seit 2005 einen positiven jährlichen Wanderungssaldo aus dem Ausland von etwa 30 000 auf, die fast gleich große Schweiz sogar von etwa 65 000.

»Deutschland hat migrationspolitisch zu lange und zu erfolgreich gebremst«, sagt der Vorsitzende des Integrationsbeirats beim österreichischen Innenministerium, Heinz Faßmann, der zugleich dem deutschen Sachverständigenrat angehört. Führende deutsche Politiker bekennen heute im Blick auf die 1980er und 1990er Jahre selbstkritisch, man habe »die Integration verschlafen«. Wenn es so weitergeht, könnten selbstkritische politische Schlafmetaphoriker im kommenden Jahrzehnt rückblickend sagen, man habe »die Zuwanderungsförderung verschlafen«. Um wirtschaftlich zukunftsfähig zu bleiben, braucht Deutschland nicht nur die vielbeschworene, aber bislang erst schrittweise, in den Bundesländern unterschiedlich angegangene und insgesamt noch bei Weitem unterfinanzierte Bildungs- und Qualifikationsoffensive. Das Land braucht zugleich kluge Steuerungskonzepte für die bedarfsorientierte Förderung qualifizierter Zuwanderung. Entwürfe gibt es für beides zuhauf. Es fehlt am Mut, sie flächendeckend umzusetzen.

Der Eintritt der starken Nachkriegsjahrgänge ins Rentenalter und der wachsende Fachkräftemangel setzen die Volkswirtschaften der deutschsprachigen Länder auf unterschiedliche Weise unter Druck. Zugleich wächst der Konkurrenzdruck im Blick auf den Wettkampf um die besten Köpfe, innerhalb der EU und über ihre Grenzen hinaus.

Deutschland wird gezwungen werden, sein im Prinzip zwar funktionstüchtiges, aber zu wenig effizientes, weil unübersichtliches und kleinteiliges System der Zulassung von Fachkräften aus Drittstaaten transparenter und attraktiver zu machen. Die Konfliktlinie liegt momentan zwischen dem Arbeits- und dem Wirtschaftsministerium auf der einen Seite, die für ein modifiziertes Punktesystem votieren, und dem Innenministerium, das an dem bestehenden System festhalten will und Punkteorientierungen gleichsetzt mit ineffektiver Bürokratisierung. Man wird sich in Berlin beeilen müssen, denn die Konkurrenz schläft nicht.

Die Konkurrenten im weltweiten Kampf um Spitzenkräfte haben in Deutschland ein paradoxes Missverhältnis zwischen Ausbildungsqualität, Attraktivität und Abwanderungsintensität erkannt. Sie nehmen das kopfschüttelnd zur Kenntnis und wissen es zugleich im eigenen Interesse zu schätzen und zu nutzen.

Deutschland rangiert nach der Einschätzung von 1 200 weltweit durch die Wirtschaftsprüfungsgesellschaft Ernst & Young befragten Personalmanagern in forschungs- und entwicklungsintensiven Unternehmen auf Rang vier der Talentschmieden nach China, den USA und Indien. Mit einer entsprechenden Verstärkung der Abwerbestrategien auf Deutschland ist zu rechnen. Folgerung: Deutschland muss attraktiver werden nicht nur für ausländische, sondern auch für die eigenen Spitzenkräfte.

Die Schweiz muss sich am wenigsten um die ohnehin laufendende Zuwanderung von Hochqualifizierten sorgen. Wichtiger ist hier deren gesellschaftliche Akzeptanz, auch im Blick auf die immer wieder auftauchende Alarmfrage »Wie viele Deutsche verträgt das Land?«

Österreich entwickelt eine ambitionierte »Rot-Weiß-Rot-Karte«. Das Land geht damit einen Mittelweg zwischen einer Art Greencard, wie es sie in Deutschland einmal gab, und einem flexibilisierten und arbeitsmarktorientierten Punktesystem für Hochqualifizierte, Mangelberufe und für Ersatzkräfte bei Stellen, die nicht mit inländischen Arbeitskräften besetzt werden können. Österreich überlegt zugleich, ob es ausländischen Absolventen heimischer Universitäten ein halbes Jahr legalen Aufenthalt gönnen soll, um sich einen ausbildungsadäquaten Arbeitsplatz zu suchen. Deutschland gewährt seinen ausländischen Universitätsabgängern dazu bereits ein ganzes Jahr – neuerdings sogar ohne Nachrangigkeit gegenüber deutschen Stellenbewerbern.

Österreich hat im Blick auf begehrte Studienplätze aber auch ganz andere Sorgen: Es wehrt sich gegen den Ansturm deutscher Studenten mithilfe einer Quotierung von Studienplätzen in den Fächern, in denen dies gesetzlich möglich ist (Medizin). Man fürchtet überdies ein Überschwappen des doppelten Abiturientenjahrganges aus Deutschland in allen anderen Fächern. Die österreichischen Universitäten brauchen mehr Geld für diese zusätzlichen Ausbildungsleistungen. Sie dürfen sich diese Mittel aber nicht von den Studierenden holen. Und der österreichische Steuerzahler fragt sich, warum er den nach ihrem Studienabschluss wieder zurückkehrenden Deutschen das Studium finanzieren soll.

Allenthalben wuchern in Europa, selbst im deutschsprachigen Raum, bei durchaus vergleichbaren Herausforderungen, unterschiedliche Regelungen. Sie sind sachlich schwer zu begründen und schwächen die gemeinsame Attraktivität Europas für qualifizierte Zuwanderer aus Drittstaaten.

»Welche Nummer muss ich wählen, wenn ich den europäischen Außenminister sprechen will?«, hat der mit seinen Eltern aus NS-Deutschland in die Vereinigten Staaten emigrierte Henry Kissinger gefragt, der seinem Land als Sicherheitsberater und als Außenminister diente. Welche Nummer muss man wählen, wenn man das europäische Migrationsministerium erreichen will, würde die entsprechende Frage heute heißen. Die Europäer, auch die deutschsprachigen unter ihnen, werden sich auch in Sachen Migrationspolitik mehr an Koordination und Abstimmung einfallen lassen müssen, wenn sie im weltweiten Wettbewerb bestehen wollen.

9.3.8 Amtliche Rechenfehler: Aussiedler und deutsche Rückwanderer,
in: MiGAZIN, 11.2.2013.

»Deutschland war schon lange Auswanderungsland geworden, als manche Politiker noch immer nicht begriffen hatten, dass es vordem lange Einwanderungsland gewesen war«, schreibt Prof. Klaus J. Bade in seiner MiGAZIN-Kolumne und erklärt, wie es dazu kommen konnte (Weichenstellungen der Migrations- und Integrationspolitik, Folge 3).

Die Aussiedlerzuwanderung galt zu Recht lange als mustergültiges Modellunternehmen, empfehlenswert auch für die Eingliederung ausländischer Einwanderer. Selbst eine israelische Delegation besuchte Anfang der 1990er Jahre Deutschland, um sich das anzusehen, nachdem eine auf Ersuchen des Bundesministeriums des Innern im Herbst 1991 von mir geleitete deutsche Delegation aus Wissenschaftlern, Ministerialbeamten und Vertretern von Mittlerorganisationen in Israel das Modell der »Absorption« von weltweit zuwandernden Juden studiert und 1993 einen vergleichenden Bericht vorgelegt hatte.

Der Modellcharakter der staatliche begleiteten Aussiedlerintegration verblasste seit Anfang der 1990er Jahre bei abrupt gestiegener Zuwanderung von Aussiedlern, wachsendem Haushaltsdruck, offenem Sozialneid bei Einheimischen und aus all diesen Gründen zunehmenden Kürzungen der Eingliederungshilfen. Die Aussiedler näherten sich damit in ihrer Lage zwar schrittweise anderen Zuwanderergruppen an, blieben aber auch fortan noch immer eine klar privilegierte Gruppe.

Es wäre, wie seinerzeit auch von mir vorgeschlagen, vielleicht besser gewesen, trotz des enormen Zuwanderungsdrucks bei der Steuerung umgekehrt zu verfahren, also die Zuwanderung bei einer Politik der garantiert »offenen Tür« auf Zeit noch stärker zu drosseln, aber die Eingliederungshilfen im Kernbereich weiterhin hoch zu halten. Das hätte die sozialen Folgekosten unnötiger Integrationsprobleme auch bei Aussiedlern / Spätaussiedlern niedriger gehalten. Das wurde politisch nicht gewollt, weil man bei anhaltendem Migrationsdruck eine Zuwanderungspanik in der GUS fürchtete.

Ganz kurzsichtig und kontraproduktiv war es, die mitreisenden Familienangehörigen nichtdeutscher Herkunft, als Ausländer, trotz allen Geredes von der Familienförderung, zunächst und noch lange weitgehend von den Integrationshilfen für Aussiedler deutscher Herkunft auszuschließen. Das gehörte in den Arsenalbereich der bei Asylsuchenden hinreichend (und weitgehend erfolglos) erprobten Abschreckungsmittel. Die demonstrative Benachteiligung galt auch für die Ansprüche auf zureichende Sprachkurse, mit dem erwartbaren Ergebnis von verstärkten Integrationsproblemen am Arbeitsmarkt und einem Verpuffen von Sprachkursergebnissen bei Aussiedlern in der häuslichen Kommunikation mit ihren russischsprachigen Familienangehörigen nichtdeutscher Herkunft. Sie hätten es leichter haben können, aber die Integration der Aussiedler ist trotzdem weitestgehend gelungen, auch hier bestätigen Ausnahmen nur die Regel.

Die faktische Drosselung der Aussiedlerzuwanderung (die als Integrationserfolg durch deutsche Hilfen in der GUS gefeiert wurde) gelang erst durch die Einführung der abschreckenden, weil nicht wiederholbaren Sprachprüfungen für Antragsteller deutscher Herkunft im Ausgangsraum 1996/97 und endgültig durch die Ausdehnung dieser Prüfungen auch auf die Angehörigen nichtdeutscher Herkunft im Zuwanderungsgesetz von 2005.

Der besänftigende Hinweis, zugewanderte Spätaussiedler könnten, als Deutsche, später auch Familienangehörige nichtdeutscher Herkunft nachholen, war ein von wissenschaftlicher Seite sogleich zurückgewiesenes Kuschelargument; denn es war zu erwarten, dass russisch-deutsche Familien, zu deren kollektiver Erinnerung die brutale Zerschlagung der Familienverbände bei den Umsiedlungen und Deportationen unter Stalin gehörte, sich nicht durch allerlei staatliche Zusagen auch nur auf Zeit würden trennen lassen. Und so kam es denn auch.

Auf der Bundesebene gab es bei alledem einen weit über den Kreis der Aussiedler/Spätaussiedler hinauswirkenden, für das deutsche Selbstbild folgenschweren Denkfehler: Ich hatte die Aussiedler/Spätaussiedler als »Rückwanderer über Generationen hinweg« beschrieben, nicht ahnend, welches Missverständnis hier in der amtlichen Statistik wirkte: Die nach erfolgreicher Antragstellung zuzugsberechtigten, im staatsrechtlichen Sinne (ab Grenzübertritt) deutschen Aussiedler/Spätaussiedler wurden lange auch in der Wanderungsstatistik als »rückwandernde Deutsche« gezählt – so als ob sie selber vordem ab- oder ausgewandert und dann wieder zurückgekehrt wären!

Das hat unser migratorisches Deutschlandbild lange verfälscht. Dadurch wurde statistisch nicht erkennbar, dass Deutschland im Blick auf das Wanderungsverhalten der deutschen Staatsangehörigen schon im ersten Jahrzehnt dieses Jahrhunderts ein Auswanderungsland mit knallroten Zahlen in der Wanderungsstatistik geworden war.

Konkret: Allein in den anderthalb Jahrzehnten vor 2009 gab es z.B. rund eine halbe Million mehr deutsche Ab- bzw. Auswanderer als deutsche Rückwanderer, wenn man die im gleichen Zeitraum zugewanderten Spätaussiedler herausrechnet. Will sagen: Deutschland war im Blick auf das Wanderungsverhalten seiner Staatsangehörigen schon lange auch Auswanderungsland geworden, als manche Politiker noch immer nicht begriffen hatten, dass es vordem lange vorwiegend Einwanderungsland gewesen war.

Deutschland schloss auf diese Weise ein Stück weit an Traditionslinien im Wanderungsgeschehen an; denn es war in der Migrationsgeschichte – vom Zeitalter des überseeischen Massenexodus im

19. Jahrhundert abgesehen – meist Aus- und Einwanderungsland zugleich.

Politiker, wie z.B. der im BMI falsch beratene Bundesinnenminister Otto Schily (SPD), ergingen sich gegenüber wissenschaftlichen Warnungen vor offenkundig hoher Abwanderung von qualifizierten Deutschen in herablassenden regierungsamtlichen Besänftigungen: Die meisten abgewanderten Deutschen kehrten doch wieder zurück, wie man ja schließlich an den hohen Rückwandererzahlen erkennen könne.

Weit gefehlt: Das waren also meist andere Deutsche, die selber gar nicht ausgewandert, sondern Nachfahren von Jahrhunderten zuvor ausgewanderten Deutschen waren. Erst als die Zuwanderung der Spätaussiedler sank und aus den genannten Gründen fast ganz abbrach wurde deutlich, dass da »Rückwanderer über Generationen hinweg« mit echten Rückwanderern verwechselt worden waren. So entstehen Irrtümer vom Amt.

9.4 Zuwanderungsbedarf und Zuwanderungsangst

9.4.1 »Talente, die sich nicht entfalten können«, Interview (Stefan von Borstel), in: Die Welt, 28.6.2007.

Warum Zuwanderung auch Arbeitsplätze schaffen kann. Der Migrationsforscher Klaus Bade über den Mangel an hoch qualifizierten Fachkräften und begriffsstutzige Politiker.

Herr Professor Bade, die OECD hat Deutschland jüngst aufgefordert, mehr hoch qualifizierte Zuwanderer ins Land zu lassen. Warum tun sich die deutschen mit der Zuwanderung so schwer?
Wir haben einen negativen Migrationsbegriff in den Köpfen vieler Bürger, aber auch in denen vieler Politiker. Migration gilt nicht als Hilfe, sondern als Bedrohung von außen, die im Inneren soziale Probleme schafft. Diese Sichtweise ist falsch. Zuwanderung ist eine Chance, wenn sie begrenzt und gesteuert wird. Doch das ist bei den Bürgern noch nicht angekommen. Und die Politiker haben erst in den letzten Jahren begonnen, umzudenken.

Wie kann Zuwanderung konkret gesteuert werden?
Dazu gibt es zwei Vorschläge. Da ist einmal das Punktesystem nach dem Beispiel Kanadas. Die Zuwanderer werden dabei nach bestimmten Kriterien ausgewählt, zum Beispiel Alter, Qualifikation und Integrationsfähigkeit, unabhängig von den konkreten Bedürfnissen am Arbeitsmarkt. Dieser Vorschlag stand im Zuwanderungsgesetz, wurde aber im Sommer 2004 von einer stillen großen Koalition abgeschossen. Ein zweiter Vorschlag war die Engpassdiagnose des Zuwanderungsrates vom Herbst 2004, die sich streng am Arbeitsmarkt orientiert. Wenn nachgewiesen werden kann, dass bestimmte Arbeitsplätze nicht mit Arbeitnehmern aus Deutschland oder dem EU-Ausland besetzt werden können, dann soll für diese Berufsgruppe oder Branche die Grenze aufgemacht werden können. Gedacht war an eine Obergrenze von maximal 25 000 qualifizierten Zuwanderern im Jahr. Dieses Modell scheiterte an den Innenpolitikern der Parteien, die es mit ihren eingeübten Abwehrreflexen als ein Programm zur migratorischen Flutung Deutschlands missverstanden. Was wir heute brauchen, ist ein Mittelding zwischen dem Punktesystem und der Engpassdiagnose.

Viele Deutsche fragen, warum wir bei fast 4 Millionen Arbeitslosen Zuwanderer brauchen.
Diese falsche Debatte müssen wir endlich überwinden. Die Qualifikation von Arbeitslosen im Inland darf nicht gegen die Zuwanderung von außen ausgespielt werden. Das sind falsche Alternativen. Wir brauchen beides, aber zeitversetzt. Ein Unternehmer, der im internationalen Wettbewerb um Aufträge ringt, kann es sich nicht leisten, zu warten, bis eine Qualifikationsoffensive gegriffen hat. Das ist doch absurd. Zuwanderung von Hochqualifizierten vernichtet keine Arbeitsplätze, sondern schafft neue.

Was muss kurzfristig getan werden?
Erstens muss die Schwelle für Existenzgründer aus dem Ausland gesenkt werden. Heute müssen sie 500 000 Euro investieren und fünf Arbeitsplätze schaffen. Das ist immer noch viel zu hoch. Ein Wissenslogistiker fängt heute nicht mit 500 000 Euro, sondern mit einer gebrauchten Büroeinrichtung für 5 000 Euro an. Daraus kann ein rasch wachsendes Unternehmen mit zahlreichen Arbeitsplätzen werden. Auch die Einkommenslatte für Hochqualifizierte liegt mit mindestens 85 000 Euro im Jahr viel zu hoch. Das können innovative kleine bis mittlere Firmen nicht zahlen. Die Grenze muss gesenkt werden; auch 40 000 bis 60 000 Euro, wie jetzt in der Diskussion, sind als Mindestgehalt für den Start noch zu viel. Drittens muss die Zulassung von Ausländern, die ihr Studium in Deutschland abgeschlossen haben, erleichtert werden. Sie haben es heute extrem schwer. Sie dürfen nur ein Jahr lang nach einer Stelle suchen und auch nur in dem Feld, in dem sie studiert haben. Zudem müssen sie ein Mindesteinkommen nachweisen. Und schließlich werden sie nur nachrangig eingestellt, also wenn sich kein deutscher oder EU-Ausländer für den Job findet. Wer diese Kriterien alle erfüllt, der muss schon ziemlich genial sein.

Wie viel Zuwanderer brauchen wir?
Wir werden den demographischen Wandel in Deutschland und die damit verbundene Änderung der Altersstruktur durch Zuwanderung nie ausgleichen können. Das ist vollkommen unmöglich. Dann müssten wir Millionen pro Jahr ins Land holen. Wir können die demographischen Folgeeffekte für die Sozialsysteme nur etwas abfedern, mit 150 000–200 000

Zuwanderern im Jahr – sofern es sich um Leute handelt, die von sozialversicherungspflichtiger Arbeit im ersten Arbeitsmarkt leben und nicht von Sozialtransfers oder Schwarzarbeit. Doch tatsächlich ist der Wanderungssaldo nahezu ausgeglichen, wir haben nur noch ein Plus von 20 000 bis 30 000. Wir müssen uns jetzt auf das konzentrieren, was wir an Zuwanderung am Arbeitsmarkt am dringendsten brauchen. Außerdem müssen wir sehen, was wir am Arbeitsmarkt durch Weiterbildung leisten können. Jahrzehntelang haben wir der Bevölkerung mit Migrationshintergrund zureichende Bildungschancen verwehrt. Das rächt sich jetzt. Dabei haben wir zahllose Talente im Land, die sich wegen Sprachproblemen und der frühen Auslese im Schulsystem nicht entfalten konnten.

9.4.2 Migrationshistoriker, nicht Migrationshysteriker,
Leserbrief, in: Frankfurter Allgemeine Zeitung, 16.1.2008.

Im Zentrum des Leitartikels von Alfons Kaiser »Sie sind dann mal weg« in der FAZ vom 5.1.2008 steht ein Zitat von mir, demzufolge der »hohe Anteil von Akademikern an den Fortzüglern eine »migratorisch suizidale Situation« für Deutschland sei. Das ist richtig und falsch zugleich, denn Migrationshistoriker sind keine Migrationshysteriker:

Richtig ist, dass ich unter diesem Stichwort vor zwei Jahren in den Medien einmal mit der flachen Hand in die Suppe gehauen habe, um auf diese Weise das Thema in die Öffentlichkeit zu bringen, das von den zuständigen Ministerien verharmlost bzw. schöngeredet wurde und wird. Wir wissen hier viel zu wenig. Das hat auch mit mangelnder staatlicher Forschungsförderung zu tun. Sicher ist bislang nur dies:

Die Abwanderung steigt und der aus der Verrechnung von Ab- und Zuwanderungsdaten gewonnene Wanderungssaldo von deutschen Staatsangehörigen (bei dem auch die zu- und abwandernden Aussiedler/Spätaussiedler mitgezählt werden) wird anhaltend negativer (2005: -17 000; 2006: -52 000). Ob aus Abwanderungen definitive Auswanderungen werden, kann die Statistik nicht ahnen. Auswanderung ist das Verlassen des Herkunftslandes ohne die feste Absicht, jemals wieder auf Dauer dorthin zurück zu kehren. Diese Wanderungsabsicht bestimmt offenkundig erst eine Minderheit. Aber der Anteil der Abwanderungen mit offenem Zeithorizont steigt und diese Gruppe schließt potentielle Auswanderer ein. Die Abwanderung setzt sich über den Aufschwung hinweg fort, weil Wanderungsbewegungen oft träge reagieren, wenn sich einmal eine Eigendynamik entfaltet hat. Bislang wird der negative Wanderungssaldo bei den deutschen Staatsangehörigen noch balanciert durch den positiven Wanderungssaldo von ausländischen Staatsangehörigen (2005: +96 000, 2006: +75 000). Aber diese balancierende Kraft schwindet mit der abnehmenden Zuwanderung nach Deutschland (Gesamtsaldo 2005: +79 000, 2006: +23 000).

All das ist aber kein Anlass für nationale Angstneurosen: Deutschland, das im 19. Jahrhundert eines der klassischen europäischen Auswanderungsländer war und in der zweiten Hälfte des 20. Jahrhunderts vom Zuwanderungsland zum Einwanderungsland wurde, ist zunächst einmal nur auf dem Weg zu tendenziell ausgeglichenen Wanderungsbilanzen. Das freilich ist insofern von Belang, als langfristige Berechnungen der Stabilität der sozialen Sicherheitssysteme in Deutschland für die Zukunft zumeist noch von stark positiven Wanderungssalden ausgehen, die in Wirklichkeit schon der Vergangenheit angehören. Abnehmende Zuwanderungen in ein Land mit schrumpfender und demographisch alternder Bevölkerung sind als solche zwar ebenfalls nicht dramatisch. Sie erhöhen aber – durch den Rückgang erwerbsfähiger, d.h. in der Regel jüngerer Zuwanderer – den strukturellen Reformdruck, der gerade erlahmt im warmen Licht der Konjunktur, das mittelfristig wieder abnehmen oder auch erlöschen kann.

Auffällig ist die Tatsache, dass die Qualifikationsstruktur der Abwanderung aus Deutschland – nicht nur im Blick auf Akademiker – derjenigen der deutschen Bevölkerung deutlich überlegen ist: Es gehen mithin gerade diejenigen, die hier dringend gebraucht werden. Auch das wäre unproblematisch, wenn es eine in der Qualifikationsstruktur annähernd gleichgewichtige Zuwanderung nach Deutschland gäbe – ob es sich dabei um rückwandernde Deutsche oder zuwandernde Ausländer handelt, ist wirtschaftlich sekundär. Das Gegenteil ist der Fall: Die Qualifikationsstruktur der nichtdeutschen Zuwanderung aus dem Ausland ist derjenigen der deutschen Abwanderung ins Ausland bei weitem unterlegen. Im globalen »Kampf um die besten Köpfe« ist Deutschland ohnehin weit abgeschlagen. Die »besten Köpfe« machen, von einzelnen besonders attraktiven Bereichen abgesehen, einen Bogen um dieses arbeits- und aufenthaltsrechtlich sperrige Land, das zudem in den Ruf geraten ist, nicht eben durchweg fremdenfreundlich zu sein.

Bei Zuwanderern wiederum, die mit zureichenden Qualifikationen kommen, wurden aus bürokratischen Gründen oft die Diplome und Examina nicht anerkannt. Das Ergebnis ist, dass Zehntausende von zugewanderten osteuropäischen Akademikern arbeitslos oder unter Niveau beschäftigt sind und als Ärzte, Physiker oder Ingenieure Taxi fahren oder Hausmeister spielen. In den ländlichen Distrikten der neuen Bundesländer aber herrscht bereits ein dramatischer Ärztemangel, an den Schulen fehlen die Physiklehrer und in der Wirtschaft die Ingenieure, um nur einige Beispiele zu nennen; ganz abgesehen von den vergeudeten Qualifikationspotentialen bei vielen Flüchtlingen bzw. »Geduldeten« und deren Nachkommen.

Mehr noch: Jahrzehntelang hat dieses Land einen organisierten Unterschichtenimport betrieben. Dazu gehörten nicht nur unqualifizierte Arbeitskräfte, sondern auch ursprünglich durchaus qualifizierte Fachkräfte, die aber, vorwiegend auf Grund von mangelnden Sprachkenntnissen, unqualifizierte Arbeiten übernahmen. Hierher gehörte, neueren Forschungsergebnissen zufolge, auch fast ein Drittel der beruflich-sozial so vielgeschmähten türkischen Arbeitswanderer. Gemeinsam war Unqualifizierten und am Arbeitsmarkt unter ihrem Qualifikationsniveau Beschäftigten die katastrophale Vernachlässigung ihrer Kinder und Kindeskinder durch das deutsche Schulsystem. Das galt und gilt für ihre Benachteiligung beim Übergang auf weiterführende Schulen ebenso wie beim Eintritt ins Erwerbsleben. Das Ergebnis dieser Integrationsversäumnisse spricht aus den ebenso alarmierenden wie blamablen Ergebnissen der deutschen Bildungsstatistik.

Diesen migratorischen Gesamtzusammenhang und nicht etwa nur die Abwanderung hatte ich vor Augen, als ich von einer latent suizidalen Migrationssituation sprach. Und an dieser Situation hat sich bislang wenig geändert.

9.4.3 Migration, Integration und Integrationspanik in Deutschland.
Vortrag in der Reihe »Stärke durch Vielfalt«, Liechtenstein 11.4.2011, in: Wilfried Marxer / Marco Russo (Hg.), Liechtenstein – Stärke durch Vielfalt, Edition Weltordnung – Religion – Gewalt, Bd. 11, Innsbruck 2012, S. 39–81 (Auszug).

Ein Gespenst geht um in Europa: das Gespenst der »gescheiterten Integration«. Seine düsteren Begleiter bilden Desintegrationspublizistik, Zivilisationskritik, Kulturpessimismus, ethnonationale, xenophobe, insbesondere islamophobe und auch völkische Agitation. Von der lautstark skandalisierenden Desintegrationspublizistik entworfen werden dabei allenthalben Horrorszenarien von Migration und Integration, die Vorurteile gegenüber zugewanderten Minderheiten bestätigen oder schüren. Unterstützt wird diese Agitation durch aggressive Denunziationsschleifen in Gestalt von national und international kooperierenden Internet-Blogs. Sie bieten in aller Regel nur scheinbar »kritische« bzw. um »Aufklärung« bemühte, in Wirklichkeit meist einerseits wissenschaftsfeindliche, andererseits gruppenfeindliche und hier insbesondere islamophobe bzw. islamophage »Bestandsaufnahmen«. [...]

Ein Betriebsgeheimnis der lautstark agitierenden Desintegrationspublizistik ist die wenig bekannte Tatsache, dass gelingende Integration in der Regel unauffällig bleibt. Es ist deshalb wesentlich einfacher, auffällige Betriebsunfälle zu skandalisieren als die wirtschaftlichen, gesellschaftlichen und kulturellen Bestimmungsfaktoren und Entwicklungsbedingungen der meist unauffälligen Integrationserfolge zu analysieren. Versuche, von der Analyse sozialer Betriebsunfälle auf die Qualität der gesellschaftlichen Integration rückzuschließen, haben mit dem Bemühen um möglichst objektive Einschätzungen ungefähr so viel zu tun wie der Versuch, aus einer Statistik der Verkehrsunfälle die Regeln des still fließenden Verkehrs abzuleiten.

Empirische Studien der sozial- und kulturwissenschaftlichen Migrations- und Integrationsforschung zeichnen für Deutschland insgesamt ein wesentlich »normaleres« Bild der Einwanderungsgesellschaft. Sie beleuchten zwar auch Dunkelzonen und Spannungsfelder, in denen Sozialmilieu- und Integrationsprobleme sich gegenseitig steigern. Dabei erscheinen soziale Betriebsunfälle aber eher als Ausnahmen, die die Regel einer weithin mit mehr oder minder großem Erfolg gelingenden Integration bestätigen.[49]

Insgesamt ist Integration in Deutschland viel besser als ihr Ruf, auch im internationalen Vergleich. Das gilt aller gegenläufigen Agitation der organisierten Desintegrationspublizistik zum Trotz, deren Gejammer auf hohem Niveau im Ausland, von Geleichgesinnten abgesehen, ohnehin kaum verstanden und eher dem kollektiven Krankheitsbild der »German Disease« mit dem besonderen Symptombild der »German Angst« zugeschrieben wird.

Politik sollte in Sachen Migration und Integration aufhören, den eigenen Mangel an couragierter Gestaltungsbereitschaft hinter den von der Desintegrationspublizistik geschürten angeblichen Ängsten der Bürger zu verstecken. Die Bürgergesellschaft ist kompetenter als viele Politiker zu glauben scheinen. Sie erwartet aber von ihren auf Zeit gewählten Repräsentanten politische Kompetenz in Führungsverantwortung, gegründet auf nachvollziehbare klare, zielorientierte und in ihrer Zielannäherung bewertbare Konzepte. [...]

Wenn die wirtschaftliche Erholung anhält und nicht eine neue Finanz- bzw. Wirtschaftskrise alles anders kommen lässt, könnten, Modellrechnungen zufolge, 2015 in Deutschland schon bis zu 3 Mio. Ar-

---

[49] Kurzer allgemeiner Überblick: K. J. Bade / J. Oltmer, Normalfall Migration. Deutschland im 20. und frühen 21. Jahrhundert, 2. überarb. Ausg. Bonn 2011; Bestandsaufnahme: K. J. Bade / M. Bommes / H. Faßmann / Y. Karakasoglu / C. Langenfeld / U. Neumann / W. Schiffauer / T. Straubhaar / S. Vertovec / Mitarb. d. SVR-GmbH (2010): »Einwanderungsgesellschaft 2010. Jahresgutachten 2010 mit Integrationsbarometer«, Berlin 2010 (http://www.svr-migration.de/wp-content/uploads/2010/05/svr_jg_2010.pdf); zur europa-historischen und transatlantischen Einordnung von Migration und Integration: K. J. Bade / L. Lucassen / P. Emmer / J. Oltmer (Hg.), Enzyklopädie Migration in Europa vom 17. Jahrhundert bis zur Gegenwart, Paderborn 2007; engl. Ausg.: dies., The Encyclopedia of European Migration and Minorities. From the Seventeenth Century to the Present. Cambridge 2011; L. Lucassen, The Immigrant Threat. The Integration of Old and New Migrants in Western Europe since 1850, Urbana, IL 2005; zur weltgeschichtlichen Einordnung: D. Hoerder, Cultures in contact. World Migrations in the Second Millennium, Durham 2002.

beitskräfte fehlen. Das wären ungefähr so viele, wie es heute noch Arbeitslose gibt. Der annehmbare Fachkräftemangel dürfte auch durch die anzustrebende Ausschöpfung der Qualifizierungspotentiale im Innern in so kurzer Frist nicht wesentlich zu verringern sein. Die Bundesagentur für Arbeit geht für die Mitte der 2020er Jahre von 6,5 Mio. fehlenden Arbeitskräften aus, die Prognos AG von 2,4 Mio. fehlenden Akademikern bis 2030.[50] Diese Einschätzungen, die sich mit denjenigen führender Wirtschaftsinstitute treffen, hat auch die Bundesregierung in ihr aktuelles Konzept zur Begrenzung des Fachkräftemangels aufgenommen.[51] Die »Wirtschaftsweisen« vom Sachverständigenrat für die Begutachtung der gesamtwirtschaftlichen Entwicklung sehen einen ähnlich hohen, kaum zu deckenden Fachkräftemangel mit schwerwiegenden Folgen für die Wirtschaftsentwicklung: Die Einwanderungspolitik solle sich an klassischen Zuwanderungsländern orientieren, die Qualifikationen in einem Punktesystem bewerten, fordern sie in ihrer Expertise für die Bundesregierung vom Mai 2011. Stelle sich die Politik diesen Herausforderungen nicht, werde sich das Wirtschaftswachstum verlangsamen.[52]

Zu fragen bleibt vor diesem Hintergrund, ob und inwieweit es unter dem demographischen Druck langfristig überhaupt noch gelingen kann, den absehbar wachsenden Fachkräftemangel zu balancieren. Die Alternative wäre eine »geordnete Schrumpfung« (H. Birg) auch am Arbeitsmarkt, bis hin zum verstärkten internen »Poolen« oder auch transnationalen »Outsourcen« von nicht standortgebundenen Dienstleistungen.

Deutschland wird in jedem Falle gezwungen sein, sein System der Zulassung von Fachkräften aus Drittstaaten transparenter und attraktiver zu machen. Es ist in den letzten Jahren, nach übervorsichtig-defensiven Fehlsteuerungen im Rahmen des Zuwanderungsgesetzes von 2005, zwar funktionstüchtiger und ergebnisreicher geworden. Aber es arbeitet noch immer zu wenig effizient; denn es ist in sich zu kleinteilig, nach außen zu unübersichtlich und im Innern geradezu betriebsfeindlich – besonders für kleinere und erst recht für Start-up-Betriebe, die sich keine hochspezialisierten Personalabteilungen leisten können.

Anders gewendet: Es gab in der Migrations- wie in der Integrationspolitik im vergangenen Jahrzehnt zwar richtungweisende Fortschritte, zumal in der Integrationspolitik im ersten Jahrzehnt des neuen Jahrhunderts mehr geschehen ist als in den vier Jahrzehnten davor. [...]

Dass im Staate Deutschland nach wie vor etwas faul ist bei der Förderung qualifizierter Zuwanderung, weiß die Bevölkerung besser als die Politik glaubt. Das SVR-Migrationsbarometer 2011[53] zeigt: Die Bevölkerung mit und ohne Migrationshintergrund in Deutschland ist mit großer Mehrheit (knapp 60 Prozent) für mehr Zuwanderung von Hochqualifizierten. Sie ist mit noch größerer Mehrheit (fast 70 Prozent) gegen eine weitere Zuwanderung von Niedrigqualifizierten. Und fast 50 Prozent der Deutschen ohne Migrationshintergrund sowie ca. 40 Prozent der Befragten mit Migrationshintergrund sind für eine stärkere Aufnahme von Flüchtlingen, nur ein Drittel ist dagegen.

Wenn das, gemessen an den Vorstellungen von einer in Sachen Migration und Integration angeblich zu Hysterie und Panik neigenden Bevölkerung, keine relativ kalkulierbare oder gar belastbare Stimmungsgrundlage für Reformen in der Migrations- wie in der Flüchtlingspolitik ist, dann müsste ernsthaft gefragt werden, wie anders denn eine solche Stimmungsgrundlage überhaupt aussehen sollte. Politik sollte also damit aufhören, den eigenen Mangel an couragierter Gestaltungsbereitschaft hinter der Rücksichtnahme auf den angeblich angsterfüllten Seelenhaushalt der Bürger zu verstecken, die in ihrer Mehrheit scheinbar klarsichtiger urteilen als manche politischen Akteure zu glauben scheinen.

Als einen ersten, aktuell nötigen Schritt in Richtung auf eine Reform der Zuwanderungssteuerung hat der SVR sein Drei-Säulen-Modell empfohlen: 1. Senkung der Mindesteinkommensgrenze für ausländische Hochqualifizierte von derzeit 66 000 Euro auf ca. 40 000 Euro Jahresbrutto; 2. forcierte Werbung um den Verbleib ausländischer Studienabsolventen als idealer Zuwanderergruppe; 3. im Modellversuch mit anschließender Evaluierung ein flexibles, branchenspezifisch begrenztes und befristetes qualifikationsorientiertes Zulassungssystem (zur Vermeidung des Schreckbegriffs »Punktesystem«) zunächst für den derzeit am stärksten vom Fachkräftemangel betroffenen MINT-Bereich, in dem derzeit nach entsprechenden Meldungen insbesondere Maschinenbauer, Ingenieure, aber auch IT-Spezialisten fehlen.

---

[50] Prognos AG: Arbeitslandschaft 2030. Auswirkungen der Wirtschafts- und Finanzkrise, Basel 2010.
[51] R. Preuß / C. Hulverscheidt, »Zuwanderung erlauben, aber nicht darüber reden«, in: Süddeutsche Zeitung, 22./23.6.2011, S. 19; Bundesregierung, 22.6.2011: »Konzept Fachkräfte«, online unter: https://www.bundesregierung.de/ContentArchiv/DE/Archiv17/Artikel/2011/06/2011-06-22-fachkraefte-fuer-deutschland.html; Bundesministerium für Arbeit und Soziales (BMAS), 22.6.2011: »Fachkräftesicherung. Ziele und Maßnahmen der Bundesregierung«, online unter: http://www.bmas.de/SharedDocs/Downloads/DE/fachkraeftesicherung-ziele-massnahmen.pdf?__blob=publicationFile&v=2.
[52] Sachverständigenrat zur Begutachtung der gesamtwirtschaftlichen Entwicklung, 2011: »Herausforderungen des demografischen Wandels. Expertise im Auftrag der Bundesregierung«, online unter: http://www.sachverstaendigenrat-wirtschaft.de/fileadmin/dateiablage/Expertisen/2011/expertise_2011-demografischer-wandel.pdf.

[53] K. J. Bade / M. Bommes / H. Faßmann / Y. Karakasoglu / C. Langenfeld / U. Neumann / W. Schiffauer / T. Straubhaar / S. Vertovec / Mitarb. d. SVR-GmbH, »Migrationsland 2011. Jahresgutachten 2011 mit Migrationsbarometer«, online unter: http://www.svr-migration.de/wp-content/uploads/2011/04/SVR-Jahresgutachten_2011.pdf.

Das darf nicht darüber hinwegtäuschen, dass es auch andere, zwar nicht wirtschaftlich, aber umso mehr gesellschaftlich wichtige Mangelbereiche gibt. Das reicht von der absolut unterversorgten Altenpflege bei zu niedrigen Einkommenssätzen für das Pflegepersonal und zu begrenzten Pflegekostentarifen für die Patienten bis hin zu dem Ärztemangel, der insbesondere in ländlichen Distrikten und vor allem in den neuen Bundesländern stark angewachsen ist.

Österreich geht hier, wie erwähnt, voran mit seiner »Rot-Weiß-Rot-Karte«, die solch ein pragmatisch-flexibles Steuerungssystem bietet. Deutschland fällt demgegenüber in seinem migrationspolitischen Elan deutlich zurück. Der Grund ist nicht die vorgebliche Angst der Bürger vor einem flexiblen und begrenzten Punktesystem zur Förderung hochqualifizierter Zuwanderung. Ursächlich ist vielmehr auch hier die erwähnte falsche Angst der Politik vor falsch eingeschätzten Bürgern, die in Wirklichkeit für eine qualifikationsorientierte Zuwanderungsförderung sind.

Deutschland braucht aber nicht nur Hochqualifizierte und Fachkräfte als dauerhafte Einwanderer. Auf weite Sicht braucht das Land eine flexible und für die Bürger wie für potenzielle Zuwanderungsinteressenten draußen transparente Gesamtkonzeption. Dabei geht es um ein an Qualitätskriterien orientiertes und zugleich am Arbeitsmarkt geerdetes System von Einwanderung auf Dauer und Zuwanderung auf Zeit. Es kann gegebenenfalls fließende Grenzen zwischen beiden Bereichen geben. Über deren Öffnung aber hat ausschließlich das Einwanderungsland zu entscheiden; denn hier geht es nicht um humanitäre Aufgaben, sondern um ökonomische Interessen auf beiden Seiten. Wenn ein solches Gesamtkonzept gelingt, könnte Deutschland als Migrationsland im demographischen Wandel ein Modellprojekt werden.

9.4.4 »Wer betrügt, fliegt«. Eine himmlische Realsatire,
in: MiGAZIN, 27.1.2014.

Was würde Franz Josef Strauß selig über die Kampagne seines derzeitigen irdischen Amtsnachfolgers Seehofer gegen angebliche Armutswanderer und Sozialbetrüger aus Bulgarien und Rumänien sagen? Klaus J. Bade hat darüber nachgedacht.

»Cefix-Halleluja-Bimbam-Hollerstaudenbusch«, zeterte auf einer blauweißen Wolke im Himmel Erster Klasse, in dem man zwar schimpfen, aber nicht fluchen darf, der etwas dickliche Engel und vormalige bayerische Ministerpräsident Franz Josef Strauß, der hienieden seinerzeit in Innsbruck promovieren wollte, worum es damals einigen Ärger gegeben hatte, vorbei, vorbei.

Der bayerische Engel schimpfte, wie zu Lebzeiten, mit vorgerecktem und auf den Hemdkragen gedrücktem Doppelkinn, mit zornig vorgeschobenen Schultern und auf den Zehen wippend; denn er sah mit einigem Missfallen herab auf das ungeschickte Wirken des CSU-Generalsekretärs Dr. phil. Andreas Scheuer, der in Prag promoviert, aber erheblich mehr Ärger damit hatte und gerade eifrig den Kampfspruch verbreitete »Wer betrügt, fliegt!«, den des Engels letzter irdischer Amtsnachfolger Seehofer in die Welt gesetzt hatte.

Gegen den Spruch selbst hatte der Engel nichts, im Gegenteil: Er hätte von ihm selber stammen können; ging es dabei doch um die in seinem Politischen Testament hinterlassene Richtlinie, dass es rechts von der CSU keine bedeutende, demokratisch legitimierte Kraft mehr geben dürfe. Ganz auf dieser Linie versuchte sein politischer Nachfahre im Amt, Seehofer, mit dem Motto »Wer betrügt, fliegt« die NPD mit ihrem Slogan »Geld für die Oma, nicht für Sinti und Roma« rechts zu überholen und zugleich der Alternative für Deutschland rechte Wählerstimmen abzujagen; denn die bayerischen Kommunalwahlen und die Europawahl standen bevor.

»Wohl getan«, lobte deshalb der Engel und klopfte sich auch selbst auf die gefiederte Schulter. Gleichwohl bedauerte er rückblickend, dass er seine alte Drohung, die CSU bundesweit zu etablieren, zu Lebzeiten nicht mehr umgesetzt hatte; denn damit hätten sich in Bayern die liberal-konservativen Kräfte in der CDU und bundesweit die rechtskonservativen Kräfte im Saugschwamm der CSU sammeln können. »Was nicht ist, kann ja noch werden«, tröstete sich der Engel FJS.

Was den himmlischen Ministerpräsidenten a.D. aber ärgerte, war die Tatsache, dass es für die Anwendung des Kampfspruchs »Wer betrügt, fliegt« offenbar viele Kandidaten in der CSU selber gab; denn mit der semantischen Drohgebärde war ja z.B. nicht ein namenloser, faul promovierter CSU-Landrat gemeint, der seine Doktorarbeit buchstäblich zusammenkopiert hatte. Gemeint damit war auch nicht der lustige und allseits beliebte Bayern-Präsident, Spekulant und Steuerhinterzieher Uli Hoeneß.

Und ausdrücklich nicht gemeint war auch der erwähnte, eifrig über angebliche »Armutswanderer« und »Sozialbetrüger« aus Bulgarien und Rumänien herziehende smarte CSU-Generalsekretär Dr. Andreas Scheuer, obgleich der sich fabelhaft für den Spruch eignen würde; denn Scheuer muss sich nicht nur wegen des Führens eines in Deutschland falschen Doktortitels, sondern obendrein auch noch wegen des Verdachts auf Plagiate bei dessen Erwerb, mithin wegen gleich zweier potenzieller Verfehlungen im Bereich der Titelerschleichung verantworten.

Er übertrifft damit sogar noch den CSU-Freiherrn von und zu Guttenberg mit der gleichermaßen flott gegelten Frisur, bei dem zwar auch ein Teil der Doktorarbeit abgeschrieben, aber wenigstens der Titel echt, wenn auch ebenfalls erschlichen und deshalb zurückzugeben war.

Denn das schon im Jahr 2004 von Herrn Scheuer erworbene, nur an der Prager Universität zu erwerbende »kleine Doktorat« ist ja kaum mehr als eine gehobene Magisterarbeit, wobei der »kleine« Doktortitel in Deutschland nur in Bayern und Berlin geführt werden darf.

Das hätte ja für Herrn Scheuers bilokale Arbeit als Generalsekretär in München und als Bundestagsabgeordneter in Berlin zuletzt sogar ganz passend sein können – wenn der faule Titel nicht ebenso aufgeflogen wäre wie die Tatsache, dass Herr Scheuer in seiner Arbeit überdies aus Publikationen der Bundeszentrale für politische Bildung abgeschrieben hatte – dummerweise sogar mit einem unverzeihlichen Abschreibefehler, der den Engel FJS erboste; denn Herr Scheuer hatte ausgerechnet den Namen Franz Josef Strauß falsch mit abgeschrieben, nämlich mit einem Bindestrich zwischen dem »Franz« und dem »Josef«.

»Dieses geht entschieden zu weit, Halleluja«, schimpfte der Engel entrüstet, aber so, dass man es nicht bis zur nächsten Wolke hören konnte, denn die NSA ist auch da oben überall. Aber vielleicht war das da unten in Bayern ja auch schon erledigt: Scheuers schlichte Ankündigung, seinen seit 2004 geführten falschen Doktortitel dann eben künftig nicht mehr führen zu wollen, veranlasste seinen Ministerpräsidenten Seehofer sogleich zu der bayerisch-höchstrichterlichen Exkulpation: Damit sei die Sache für ihn erledigt und der Generalsekretär genieße wieder sein volles Vertrauen.

So ist das System Bayerns. Wie hieß doch gleich der Titel der »kleinen« Doktorarbeit des Herrn Scheuer? »Die politische Kommunikation der CSU im System Bayerns«. Das ist, mit Verlaub, wirklich bescheuert.

9.4.5 Reich durch Einwanderung,
in: MiGAZIN, 10.4.2014 (Auszug).

Hinter das Motto »Reich durch Zuwanderung« kann man, je nach Position und Perspektive, ein Ausrufezeichen, aber auch ein Fragezeichen setzen. Zur Debatte dazu stellte Prof. Klaus J. Bade auf der Berliner Stiftungswoche im Allianz Forum am 8.4.2014 acht Thesen auf. MiGAZIN dokumentiert seinen Vortrag:

These I: Bedingter Reichtum durch Einwanderung – historischer Rückblick
Eines vorweg: Migration ist in der Regel eine positive Auslese. Abgesehen von Flucht oder Vertreibung und von nur durch den Sog der Bewegung selbst angezogenen Mitläufern in Massenbewegungen, gehen nicht Schwache, Ängstliche und Risikoscheue, sondern Starke, Mutige und Risikobereite, die ihre oder die Lage ihrer Familien in den Ausgangsräumen durch Migration verbessern wollen.

Bei der Bewertung von Einwanderungen in der jüngsten migrationshistorischen Vergangenheit konkurrieren kontroverse Positionen, von denen ich hier nur einige exemplarisch auswählen kann. Dabei frage ich hier nicht nach kultureller, sondern, im Blick auf aktuelle migrationskritische Debatten, nur nach wirtschaftlicher Bereicherung und auch dies nur aus der Sicht des Einwanderungslandes:

Da gibt es, *erstens*, den alten Streit zwischen der betriebswirtschaftlichen und der volkswirtschaftlichen Perspektive, zum Beispiel darüber, dass die sogenannte Gastarbeiterzuwanderung wirtschaftsgeschichtlich ein doppeltes Gesicht hatte: Sie hat, betriebswirtschaftlich gesehen, viele an der Rentabilitätsgrenze torkelnde Betriebe, zum Beispiel in der Textilindustrie, noch lange am Markt gehalten. Sie hat damit der Wirtschaft eine zweifelsohne schwerwiegende Reinigungskrise erspart. Sie hat, volkswirtschaftlich gesehen, damit aber auch den anstehenden Strukturwandel vertagt und dadurch später verschärft.

Daneben steht, *zweitens*, die volkswirtschaftliche Perspektive der öffentlichen Güter. Das gilt zum Beispiel für die Infrastruktur, deren sich ein Migrant von Beginn an bedient, zu der er aber nichts beigetragen hat, wenn er kommt. Deshalb kann, so betrachtet, von einem für das Einwanderungsland gewinnbringenden wirtschaftlichen Beitrag also vielleicht erst nach Jahrzehnten sozialversicherungspflichtiger Beschäftigung geredet werden.

Es gibt, *drittens*, in der Arbeitnehmerperspektive die umstrittene »Unterschichtungsthese«. Sie zentriert in der Vorstellung, dass die funktionale und soziale »Unterschichtung« deutscher durch ausländische Arbeitnehmer und Arbeitnehmerinnen bereichsweise den betrieblichen und sozialen Aufstieg der deutschen erleichtert hat.

Und es gibt, *viertens*, die begründete Einschätzung, dass das deutsche »Wirtschaftswunder« im Blick auf den Arbeitsmarkt in der erlebten Form keine Chance gehabt hätte ohne ergänzende starke Ausländerbeschäftigung, auch nicht mit den Millionen von Flüchtlingen und Vertriebenen der Nachkriegszeit und mit den Zuwanderern aus der DDR bis zum Mauerbau und erst recht nicht danach. Daraus kann man historische Dankbarkeit gegenüber den seinerzeit oft gering geschätzten und abschätzig behandelten Pionieren der sogenannten Gastarbeiterwanderung ableiten.

Dagegen steht, *fünftens*, die rückblickende Einschätzung von Altbundeskanzler Helmut Schmidt. Er glaubt, dass die Gastarbeiterbeschäftigung ein historischer Irrweg gewesen sei. Sie habe am Anfang den erwähnten zukunftsweisenden strukturellen und betrieblichen Modernisierungsdruck vertagt und später, in der Strukturkrise mit Massenarbeitslosigkeit, die sozialen Folgekosten erhöht.

Das akzeptiere ich so nicht, denn: Zum einen halte ich es, bei aller Ehrerbietung gegenüber einer der bedeutendsten Persönlichkeiten der neueren deutschen Politikgeschichte, für unangemessen, einer millionenstarken Bevölkerung, deren Großeltern und Eltern schon für dieses Land geschuftet haben, zu erklären, dass ihre Existenz die Folge eines historischen Irrtums sei.

Zum anderen waren die späteren Probleme von erhöhter Arbeitslosigkeit und Transferabhängigkeit nicht nur für den deutschen Sozialstaat folgenreich, sondern vor allem für die davon betroffene und inzwischen längst einheimische ausländische Arbeitnehmerschaft.

Und schließlich hätte es diese Folgeprobleme sicher weniger gegeben, wenn man sich, wie immer wieder vergeblich angemahnt, frühzeitig um die zureichende oder doch weitere berufliche und sprachliche Qualifikation dieser Einwanderer gekümmert hätte.

Dieser zentrale Aspekt von Integrationspolitik aber wurde in defensiver Erkenntnisverweigerung mit dem appellativen Dementi vertagt, die Bundesrepublik sei »kein Einwanderungsland«. Es war von beschwörenden Vorstellung getragen, dass nicht sein kann, was nicht sein darf und von der hilflosen Hoffnung, die »Zuwanderer« würden sich bei wirtschaftlichen Wachstumsstörungen wieder in Rückwanderer verwandeln. Solche Einschätzungen verkannten, dass der »Homo migrans«[54] kein ökonomistischer Homunkulus ist, dessen Wanderungsverhalten nur dem reinen Lohnsog folgt.

All das gehört in den Bereich der kontrafaktischen Historiographie mit ihrer Frage, was wäre wohl gewesen wenn bzw. wenn nicht – wenn es also zum Beispiel Ausländerbeschäftigung als Massenerscheinung in Deutschland gar nicht gegeben hätte. Aus der Sicht der Gegenwart, die einmal die Zukunft der Vergangenheit war, ist es bekanntlich immer leichter, bewertend und auf jene Vergangenheit zu blicken, die heute Geschichte geworden ist; denn Historiker, aber auch Memoirenscheiber unterscheiden sich von Zeitgenossen dadurch, dass sie das Ende immer schon vorher kennen.

Ich sage im zeithistorischen Rückblick also nicht »reich« (oder arm), sondern »bedingt reich« durch Einwanderung, also zwar »reich«, aber auch mit Folgekosten für beide Seiten. Damit aus der Zeitgeschichte zurück in die Gegenwart:

These II: Einwanderung ist auch heute nötig und schafft auch heute Probleme

Aber das ist kein Déjà-vu; denn der demo-ökonomische Hintergrund ist heute anders: Viele Eltern der Kinder von morgen sind gestern schon nicht mehr geboren worden und die ehemals starken Jahrgänge bereichern heute zunehmend die Rentnerpopulation, beschleunigt noch durch die fröhliche neue Rentenreform.

Deutschland braucht Einwanderung wie andere demographisch alternde und schrumpfende Wohlfahrtsstaaten in Europa. Aktuell gibt es starke Migrationsbewegungen innerhalb Europas – and the Winner is: Germany! 2,4 Millionen Ausländer waren 2013 sozialversicherungspflichtig in Deutschland beschäftigt – Zuwachs 8 Prozent seit 2012.

Geredet wird von einem Triple Win-Business zu Gunsten von Ausgangsräumen, Zielländern und Migranten nach dem migrations- und sozialpolitischen Zauberspruch: Verwandle transferabhängige Arbeitslose aus krisengeschüttelten Ausgangsräumen mit hoher Arbeitslosigkeit in sozialversicherungspflichtig beschäftigte Arbeitskräfte in boomenden Zielländern mit starkem Arbeitskräftebedarf.

Das klingt einleuchtend. Aber vergessen wir drei Probleme nicht:

1. Viele kommen und gehen bald wieder: Einerseits kehren Sie Deutschland den Rücken, weil sie, auch aus sprachlichen Gründen, Jobs nur unter ihrem Qualifikationsniveau finden; andererseits ziehen sie weiter oder kehren zurück, weil die sogenannte deutsche Willkommenskultur in Wahrheit nur eine – jenseits von wenigen erfolgreichen »Welcome Centers« unbedingt nötige – Willkommenstechnik am Hauseingang ist und darüber hinaus eher ein appellativer Beitrag zur aktuellen Fortschreibung des alten Märchens von des Kaisers neuen Kleidern.

2. Die neuen Zuwanderer sind mit ihrer Qualifikation derjenigen in Deutschland im Schnitt klar überlegen. Die Kehrseite des Gewinns für den Zuwanderungsraum ist aber in den Ausgangsräumen nicht nur Entlastung der Sozialetats, sondern mitunter auch Brain-Drain. Das gilt weniger für die südeuropäischen Krisenstaaten. Es gilt aber zum Beispiel für Rumänien und Bulgarien: Nach Gewerkschaftsangaben sind seit 1989 allein aus Rumänien rund 20 000 Pflegekräfte und rund 30 000 Ärzte ausgewandert. Mehr als 2 000 rumänische Ärzte arbeiten derzeit in Deutschland.

In den Kliniken der Ausgangsräume aber müssen zunehmend ganze Abteilungen geschlossen werden, weil das Fachpersonal fehlt. Und wenn es, was zu bezweifeln steht, in den Ausgangsräumen bald wieder besser läuft, dann rollt die Migrantenlawine nicht einfach wieder bergauf zurück. Die Rede ist von der freien und sich wechselseitig befruchtenden Entfaltung von Migration und Entwicklung übersieht hier die hochkorruptiven Strukturen in den Ausgangsräumen, die zum Beispiel bei Ärzten die Abwanderung antreibt und die Rückwanderung erschwert: Mitunter müssen Ärzte Zehntausende Euro an mafiotische Strukturen bezahlen, um eine Stelle in einem Krankenhaus zu bekommen, auf der sie dann aber so wenig verdienen, dass der Schuldendienst sie auf Jahrzehnte hinaus abhängig macht.

3. Die Kehrseite der europäischen Öffnung nach innen ist bekanntlich die Abschottung der »Festung Europa« nach außen. Das gilt für Flucht, Asyl und die Behandlung von Flüchtlingen und Asylsuchenden vor den Grenzen, an den Grenzen und in Deutschland und Europa insgesamt. Der Krieg gegen Flüchtlinge aber hat an und vor den Grenzen Europas nach

---

[54] K J. Bade, Homo Migrans: Wanderungen aus und nach Deutschland – Erfahrungen und Fragen (Stuttgarter Vorträge zur Zeitgeschichte, Bd. 2), Essen 1994.

neuen Schätzungen allein seit dem Jahr 2000 rund 23 000 Tote gekostet. Das ist die Größenordnung eines regulären mittleren Krieges. Und viele dieser Kriege haben weniger Opfer gekostet.

Die Abwehr der Flüchtlinge aber findet nach wie vor kein Pendant in der Bekämpfung der Fluchtursachen. Umso mehr ist dieser multinational organisierte Krieg gegen Flüchtlinge ein historischer Skandal, an dem künftige Generationen das Ethos und das Humanum Europas und Deutschlands im späten 20. und frühen 21. Jahrhundert bemessen werden. [...]

These III: Integration funktioniert und macht Angst zugleich
Ich habe vor Jahrzehnten ein Stichwort in die öffentliche Debatte geworfen, das bald zu einer stehenden Wendung geworden ist, obgleich manche nicht verstanden, was ich damit ausdrücken wollte. Ich sagte bzw. schrieb »Integration ist keine Einbahnstraße« und meinte damit: Zuwanderung in großer Zahl verändert auch Gesellschaft und Kultur des Einwanderungslandes. Deshalb müsse die sogenannte Integrationspolitik immer auch als Teil von Gesellschaftspolitik verstanden werden.

Ich habe das seit Jahrzehnten gefordert und vergeblich vor einer folgenreichen Flucht aus der Wirklichkeit gewarnt. Besserwisser pflegen nur beliebt zu sein, wenn man sie des Irrtums überführen kann. Das ist hier, leider, nicht der Fall. Denn der späte Ausweg aus der politischen Erkenntnisverweigerung kam erst im ersten Jahrzehnt des 21. Jahrhunderts. [...]

Manche Zeitgenossen nehmen das erst heute mit Schrecken zur Kenntnis. Aber Integration ist in Deutschland viel besser als ihr Ruf im Land. Das gilt trotz aller Chancenungleichheiten in den Bereichen Bildung und Arbeitsmarkt, die ich hier nicht behandeln kann, und deren Abbau die vielbeschworene kulturelle Bereicherung fördern würde, über die ich hier auch nicht weiter reden kann. Auch andere Schattenseiten aber bestätigen als Ausnahmen eher die Regel der insgesamt relativ positiven Integrationsbilanz – relativ im Blick auf die miserablen Bedingungen unter denen sie sich entwickelt hat im vermeintlichen Nicht-Einwanderungsland mit seinen vielen politischen Erkenntnisblockaden.

Viele im Ausland beneiden uns um diese relativ positive Bilanz. Sie wundern sich über das deutsche Gejammer auf hohem Niveau und neuerdings insbesondere über »the German Kulturangst«. Die nämlich ist heute als neues teutonisches Hystericum auf dem besten Wege, den Rang von »le Waldsterben« zu überrunden.

Kulturangst hat auch mit Identitätsfragen in der Einwanderungsgesellschaft zu tun. Denn das ist keine fröhliche Rutschbahn in ein buntes Paradies mit immerwährenden Straßenfesten zur Begrüßung immer neuer Migranten. Die Herausbildung der Einwanderungsgesellschaft zentriert vielmehr im Zusammenwachsen von Mehrheits- und Einwandererbevölkerung. Das ist ein eigendynamischer, unübersichtlicher und mitunter anstrengender Kultur- und Sozialprozess. Dieser Prozess kann auch Identitätsängste, Vertrauenskrisen und Aggressionen auslösen – gerade weil er eigendynamisch und unumkehrbar ist, also ohne Gewalt nicht mehr abgebrochen werden kann.

Im günstigen Fall ergibt sich dabei eine neue kollektive Identität, getragen von einem solidarischen Wir. Im ungünstigen Fall ergeben sich u.U. übergangsweise Identitätskrisen und gesellschaftliche Konfliktpotenziale; denn die rasante Eigendynamik der Einwanderungsgesellschaft verändert Strukturen und Lebensformen von Grund auf. Und genau das macht vielen Menschen ohne Migrationshintergrund kulturellen, sozialen und mentalen Stress.

These IV: Vielfalt und Kulturparadox
Umfragen zeigen: Jüngere Menschen akzeptieren den alltäglichen kulturellen und sozialen Wandel in der Einwanderungsgesellschaft inzwischen weithin als normale, alltägliche Struktur ihrer Lebenswelt. Radikalisierte und gewaltbereite Ausnahmen bestätigen eher die Regel der friedlichen Akzeptanz. Bei Älteren gibt es oft eine niedrigere Schwelle zur Kulturangst. Sie spricht zum Beispiel aus dem offenkundig zunehmenden Gefühl »fremd zu werden im eigenen Land.« Aber das ist nicht nur ein Generationenproblem. Es gibt insgesamt eine paradoxe Spaltung in der Einwanderungsgesellschaft: auf der einen Seite die wachsende Zahl der Kulturoptimisten oder doch Kulturpragmatiker; auf der anderen Seite die schrumpfende, aber umso lauter protestierende Zahl der Kulturpessimisten.

Diese kulturelle Spannung muss ernst genommen werden, will sagen: Integrationspolitik muss endlich als Gesellschaftspolitik verstanden werden und auch die Mehrheitsbevölkerung ohne Migrationshintergrund mitzunehmen suchen. Anders gewendet: Was wir in einer Einwanderungsgesellschaft mit schon mehreren Generationen von Einwanderern brauchen, ist – von Neuzuwanderern und nachholender Integrationsförderung abgesehen – nicht mehr »Integrationspolitik für Migranten«. Es geht uns eine von Visionen für Zusammenhalt in der Vielfalt getragene, teilhabeorientierte Gesellschaftspolitik für alle, ob nun mit oder ohne den infamen »Migrationshintergrund«, der Familien mit Zuwanderungsgeschichte anhaftet wie ein erbliches Vorstrafenregister. Nicht ohne Grund gibt es neuerdings dazu sogar die von der »Jungen Islamkonferenz« initiierte Forderung nach einer Enquete-Kommission im Bundestag, die nachholen soll, was zu lange versäumt worden ist.

Wichtig bei alldem ist zugleich ein Problem, das auch bei der Begründung des neuen Berlin-Instituts für empirische Migrations- und Integrationsforschung Anfang April mehrfach erwähnt worden ist: Die Kultur- und Sozialängste, die sich in der sogenannten Mitte der Gesellschaft häufig auf Migranten richten, sind oft nur Projektionen und Sündenbocktheorien. Sie haben oft wenig oder auch gar nichts mit Migration und Integration zu tun; denn Migration und Integration sind nur verstärkende Teilbereiche des rasanten allgemeinen kulturellen und sozialen Wandels, den der Kultur- und Sozialanthropologe Steven Vertovec als beschleunigten Weg in die »Superdiversität« beschrieben hat.[55]

These V: Kulturangst und Abwehrhaltungen gegenüber Einwanderung

Kulturangst ist ein wesentlicher Hintergrund für Abwehrhaltungen gegenüber starker Zuwanderung aus anders geprägten Kulturen. Das gilt für Deutschland ebenso wie für andere europäische Einwanderungsländer. Das war dem Rational-Choice-Codex, also dem Glauben an den Menschen als rational denkendes Wesen, lange ein Rätsel.

Umfragen zeigen aber: Soziokulturelle Faktoren bestimmen die Haltung zu Einwanderungsfragen stärker als wirtschaftliche Aspekte. Dabei ist das in Deutschland stark negativ geprägte Bild fremder Religionen und Kulturen vor allem durch die Haltung zum Islam bestimmt. Das gilt zwar mehr oder minder für ganz Europa. Aber die Deutschen stehen in der Spitzengruppe der modernen Kreuzritter. Das hat Folgen bis hin zu der bekannten und vom Sachverständigenrat jüngst neu bestätigten Benachteiligung am Ausbildungs- und am Arbeitsmarkt, wenn man zum Beispiel Memet Yildirim und nicht Hans Müller heißt, auch wenn das im Blick auf die Qualifikation der Bewerber betriebswirtschaftlich widersinnig ist.

Die richtige Antwort ist aber m.E. weniger eine neue Software für das Blinde-Kuh-Spiel der anonymisierten Bewerbung auch für mittlere bis kleine Betriebe, sondern eine interkulturelle Gehirnwäsche bei den Personalentscheidern im Interesse der Betriebe selbst. Und hier geht es in der Wirtschaft, jedenfalls in größeren Betrieben, längst deutlich besser voran als etwa im öffentlichen Dienst.

Dabei war übrigens die in den Medien am 1. April umlaufende Nachricht ein Aprilscherz, aus Gründen der Willkommenskultur sollten in den Ausländerämtern durch Personalfragebogen ermittelte ausländerfeindliche Mitarbeiter aus dem Publikumsverkehr zurückgezogen und die übrigen zum Lächeln verpflichtet werden. Viele Mitarbeiter haben sich besorgt bei den vorgesetzten Behörden nach diesen Fragebögen erkundigt, so dass sich das Bundesamt für Migration und Flüchtlinge zu einem Dementi genötigt sah. Viele Leser haben diese Information zunächst ebenfalls ernst genommen, sich aber darüber gefreut und die Entlarvung als Aprilscherz bedauert – was einiges aussagt über die öffentliche Bewertung der Willkommenskultur in den Ausländerbehörden, an deren Etablierung das BAMF nun, nach vielen scheinbar wenig erfolgreichen Initiativen und Crash-Kursen, mit einem bundesweiten Großprojekt in 10 Ausländerämtern von 10 Bundesländern arbeitet.

These VI: Sozialangst und Abwehrhaltungen gegenüber Einwanderung

Sozialängste werden verstärkt durch die wachsende Schere zwischen Arm und Reich. Die halten viele Bürger nach dem Politbarometer von Ende Dezember 2013 für »ein starkes Konfliktpotenzial«; zu Recht, denn die Einkommensspreizung in Deutschland hat in den letzten Jahren mit jährlich 0,7 % auf der von Null bis Eins reichenden Gini-Skala innerhalb der OECD mit am stärksten zugenommen. Vulgo: Die schmunzelnden Reichen werden reicher. Die fluchenden Armen werden ärmer, aber notfalls von den Sozialsystemen aufgefangen. Und zwischen Reich und Arm rangiert der besorgte Mittelstand. An seinem unteren Rand wachsen die sozialen Abstiegsängste, die bekanntlich Abwehrhaltungen bestärken und empfänglich machen für Sündenbocktheorien.

Und prompt rückte im Politbarometer von Mitte Januar 2014 das Thema Zuwanderung erstmals auf den ersten Platz der deutschen Sorgenliste – also noch vor Arbeitslosigkeit, Einkommensfragen und Alterssicherung. Dabei geht es, allen Aufklärungsbemühungen zum Trotz, um das Gespenst der sogenannten Armutswanderung, die angeblich aus den 2007 aufgenommenen neuen EU-Mitgliedstaaten Bulgarien und Rumänien kommt und sich vermeintlich vorwiegend von kommunalen Sozialetats nährt. Diese Information kam zuerst von einigen Städten und dann, stark vergröbert, zuletzt von der bayerischen CSU.

Im Vorfeld schon hatte auf der Bundesebene der ehemalige Bundesinnenminister Friedrich (CSU) vorgearbeitet, der in seiner Amtszeit, von ihrem missglückten Start bis zu ihrem unrühmlichen Ende, in der weiteren Öffentlichkeit vorwiegend durch gesellschaftspolitische Fehltritte und populistische Redensarten bekannt geworden war. Das galt in diesem Bereich zum Beispiel für seine semantischen Ausfälle über südosteuropäische potentielle »Sozialbetrüger«, die man »ohne viel Federlesen« wieder »rausschmeißen« und mit einer Wiedereinreisesperre belegen müsse.[56] [...]

Nach der Kommunalwahl ist vor der Europa-Wahl und die von der CSU weiter betriebene hysterische, nur dem Markenzeichen nach christlich-soziale, in der Strategie aber unchristlich-asoziale Abwehrpropaganda hat in den Köpfen vieler Menschen, nicht nur in Bayern, gefährliche Botschaften hinterlassen. Und an die können jene Rechtspopulisten nahtlos anknüpfen, die man doch angeblich aus wahltaktischen Gründen nur rechts überholen wollte.

Notabene: Wer fahrlässig mit Kopien hantiert, kann damit am Ende die Originale wecken. Zum Echo von fremdenfeindlichen »Betrüger«-Kampagnen gehören bekanntlich auch die sich häufenden Angriffe auf Flüchtlingsheime als angebliche Zentren von »Asylbetrügern« und »Sozialschmarotzern«.

---

[55] Zuletzt: S. Vertovec, Super-Diversity, London/New York 2014.

[56] Friedrich will ausländische Sozialbetrüger »rausschmeißen«, in: Süddeutsche Zeitung, 7.6.2013.

Deshalb hätte man neben dem Schandwort »Sozialtourismus« auch das Schandwort »Asyltourismus« zum Unwort des Jahres wählen können.

Die CSU aber setzt auch für die Europawahl auf die gemeingefährliche Agitation gegen »Sozialbetrüger«, sondern geht sogar noch weiter: Ihr Generalsekretär Scheuer sprach in Interviews von einem Landesgesetz gegen »Sozialbetrüger« aus Bulgarien und Rumänien. 86 % (516 Personen) der in der bayerischen Polizeilichen Kriminalstatistik für 2012 (neuere Zahlen liegen nicht vor) ausgewiesenen mutmaßlichen Sozialbetrügern aber sind deutsche Staatsangehörige. Und unter den verbleibenden 14 % standen den offiziellen Zahlen zufolge nur »insgesamt zwölf Rumänen und null Bulgaren im Verdacht, Sozialleistungen erschlichen zu haben.«

Das erinnert an den leichtfüßigen Umgang mit Landesgesetzen in der Causa Scheuer selbst: Der CSU-Generalsekretär hatte unter dem Druck von Plagiatsvorwürfen auf das Führen seines mit dem nur in Prag angebotenen »kleinen Doktorat« erworbenen »Doktortitels« verzichtet, den er mit einem auf dem Niveau einer gehobenen Magisterarbeit liegenden akademischen Papier mit dem nachgerade einschlägig wirkenden Titel erworben hatte: »Die politische Kommunikation der CSU im System Bayerns«. Dieser »Doktortitel«, hatte in Deutschland zunächst nur in Berlin gegolten und in Bayern Geltung erst mithilfe eines speziellen Landesgesetzes erlangt, das unter dem Spottnamen »Lex Scheuer« in die parlamentarische Geschichte Bayerns eingegangen ist.

Was die sogenannte Armutswanderung angeht, so geht es eben nicht, wie die NPD in ihrer Wahlreklame deutlich zu machen suchte, um eine »Massenzuwanderung aus Bulgarien und Rumänien« in die deutschen Sozialsysteme. Es geht um spezifische soziale Probleme in einzelnen städtischen Distrikten vor allem struktur- und finanzschwacher Kommunen mit ohnehin stark angeschlagenen Sozialetats.

Das gilt besonders für Städte des Ruhrgebiets, das der Paritätische Wohlfahrtsverband zu Recht als »Problemzone Nummer eins« in Deutschland bezeichnet hat, mit Dortmund und Duisburg auf den Plätzen eins und drei in der Liste der größten deutschen Städte mit der höchsten Armutsgefährdung, die hier jeweils rund ein Viertel der Gesamtbevölkerung mit stark steigender Tendenz betrifft.

Das ist eine soziale Katastrophe. Und vor diesem kommunalen Hintergrund mag dann jeder zuwandernde potentielle oder tatsächliche Transferabhängige als der menschliche Tropfen wirken, der das Fass zum Überlaufen bringt. Aber mit Rumänen und Bulgaren hat das ursächlich wenig zu tun.

Nur ein paar Zahlen dazu: Rumänen zum Beispiel haben in Deutschland mit 60,2 % im Durchschnitt die höchste Erwerbsquote im Vergleich zu allen anderen Zuwanderern aus östlichen wie südlichen EU-Mitgliedsländern. Ihre Arbeitslosenquote liegt mit 5,3 % sogar unter dem Bevölkerungsdurchschnitt in Deutschland in Höhe von 6,7 %. Und ihre Transferabhängigkeit liegt mit nur 7,4 % sogar knapp unter der durchschnittlichen Leistungsempfängerquote in Deutschland in Höhe von insgesamt 7,5 %. Rumänen sind im Bundesdurchschnitt also geradezu mustergültige Zuwanderer und alles andere als sogenannte Armutswanderer oder gar Faultiere in den Ästen unseres Sozialsystems.

Ebenso falsch wie die abschätzigen Verallgemeinerungen unter dem denunziativen Stichwort »Armutswanderung« aber wären Versuche, bundesweite Gesamtzahlen in Stellung zu bringen gegen lokale Daten und Beobachtungen in kommunalen Problemzonen, in denen sich gering qualifizierte Zuwanderer mit prekären Soziallagen konzentrieren.

Und das gilt auch für die Zuwanderung aus Bulgarien und Rumänien: Sie zeigt nach Qualifikations- und Sozialstruktur eine große Spreizung mit starken Eliteanteilen an der Spitze und starken Prekariatsanteilen an der Basis der migratorischen Sozialpyramide. Und die scheint sich durch Kettenwanderungen ausgerechnet in den kommunalen Problemzonen noch zu verbreitern. Das ist vor Ort schlimm genug, aber kein Grund zu nationaler Hysterie, sondern zu gezielter Intervention, die bislang noch immer bei weitem zu gering ausgefallen ist im Blick auf die hierzu immer wieder vorgetragenen Handlungskonzepte auf kommunaler, nationaler und supranationaler Ebene.

These VII: Armutswanderung, Kommunen und Europa
Alle Integration bzw. Inklusion gelingt oder scheitert »vor Ort«, also in den Kommunen. Sie ereignet sich nicht auf der Länder- oder gar auf der Bundesebene, die in Wahrheit lange nur die Gestaltung der anstehenden Probleme mit dem hilflosen Tabu-Dementi erschwert hat, Deutschland sei nun mal »kein Einwanderungsland«.

Aber wir können europäische Probleme nicht auf kommunaler Ebene lösen. Nötig ist die Intensivierung des bundesweiten Austauschs über geeignete Konzepte. Der Föderalismus könnte eine Vielfalt von Laboren bieten, in denen kommunale Experten um die besten Ideen und Lösungsmodelle konkurrieren. Die Wirklichkeit sieht anders aus und oft wird hinter hohen Stadtmauern immer wieder nur das Rad neu erfunden. Das hat der Sachverständigenrat deutscher Stiftungen für Integration und Migration (SVR) in seinem letzten, noch von mir geleiteten Jahresgutachten »Integration im föderalen System« 2012 gezeigt.[57]

---

[57] K. J. Bade (Vors.) / G. D'Amato / Th. K. Bauer / H. Faßmann / Y. Karakasoglu / C. Langenfeld / U. Neumann / L. Pries / W. Schiffauer / Mitarb. d. SVR-GmbH, Integration im föderalen System: Bund, Länder und die Rolle der Kommunen. Jahresgutachten 2012 mit Integrationsbarometer des Sachverständigenrates deutscher Stiftungen für Integration und Migration (SVR), Berlin 2012.

Für Städte, die mit den anstehenden Herausforderungen tatsächlich überfordert sind, brauchen wir einen strategischen nationalen Sozialfonds. Das jetzt auf sieben Jahre gestreckte Hilfspaket von 200 Millionen Euro u.a. aus dem Programm »Soziale Stadt« ist dafür nicht genug. Der nationale Sozialfonds könnte einen solchen Millionenbetrag auf Zeit sogar jährlich erforderlich machen. Er könnte damit auf Zeit durchaus in der Größenordnung der Daueraufwendungen für die Integrationskurse liegen, zumal einzelne betroffene Städte schon zweistellige Millionenbeträge einklagen.

Schärfer gesprochen: Ein Land, das selbstverschuldet in Schieflage geratene Spekulationsbanken stützen, retten oder sogar zum Überleben verlustreich verstaatlichen kann, sollte auch unverschuldet in Not geratene Kommunen fördern können. Privatisierung der Gewinne und Sozialisierung der Verluste ist das falsche Prinzip.

Gefordert ist zugleich im Hohen Berlin gesellschaftspolitische Aufklärungs-, Überzeugungs- und Vermittlungsarbeit. Hier ist viel nachzubessern angesichts des Sündenfalls der vormaligen Ressortleitung des Bundesministeriums des Innern. Sie hat zuerst mit ihrer Hinhaltetaktik gegenüber Brüssel bei der Frage nach Konzepten zur Roma-Integration auf der Bundesebene unnötigen Zeitverlust verursacht. Und sie hat dann mit den populistischen Plattitüden und alarmistischen Gesten des vormaligen Ressortleiters die ohnehin verbreiteten antiziganistischen Abwehrhaltungen nur gesteigert. Sie war deshalb lange ein regierungsamtlicher Teil des Problems und nicht seiner Lösung. [...]

Auf europäischer Ebene nötig ist eine Art Entwicklungspolitik mitten in Europa zur Begrenzung der wanderungstreibenden Faktoren in den Ausgangsräumen. Hier sind schon Unsummen fehlinvestiert worden – nämlich in die Taschen von korrupten Politikern und in die Kassen von feisten Sozialbürokratien, die nichts produziert haben außer Papieren, die ihre stolzen Ablagen füllen. Jede weitere Investition müsste also durch EU-Kommissare überwacht werden.

Aber »Geld schießt keine Tore«, wie der scheidende Geschäftsführer der Stiftung Mercator, Bernhard Lorentz, in der Rede auf seinem Abschiedsempfang gestern, am 7. April 2014, in Essen gesagt hat.

Geld allein genügt nicht, um den Wanderungsdruck zu begrenzen, ganz abgesehen davon, dass zweistellige Millionenbeträge, auch aus Deutschland, in Brüssel gar nicht mehr abgerufen worden sind.

Es müssen sich auch die Strukturen und Mentalitäten in den Ausgangsräumen ändern; denn dort gibt es gegenüber den sogenannten »schwarzen« Roma bereichsweise nicht nur kulturelle und soziale Ausgrenzung. Es gibt auch regelrechten Pogromdruck, nicht nur in Bulgarien und Rumänien, sondern auch in Ungarn und Tschechien.

These VIII: Warnung vor absehbaren Folgen
In Sachen der sogenannten Armutswanderung ist auch aus politischen Gründen keine Zeit mehr zu verlieren; denn der Rechtspopulismus lebt auch von der Beschwörung zehrender Krankheiten, die angeblich die doppelte Seuche von Sozial- und Kulturfraß übers Land bringen: Das neue, vorwiegend antiziganistische Gespenst der sogenannten Armutswanderung frisst angeblich die kommunalen Sozialetats und bedroht damit von unten den Wohlfahrtsstaat. Das neue zehrende Gespenst tritt neben das alte, noch gefräßigere, weil angeblich demographisch und kulturell, also unten und oben zehrende Monster »Islam«. Beide Gespenster weben das für die demokratische Einwanderungsgesellschaft gefährliche kulturrassistische Band, das in einer negativen Koalition der Abwehr auch international alle rechtspopulistischen Kräfte zusammenhält, die für die bevorstehende Europawahl erstmals den Aufstand proben.

Es geht darum, diese Kräfte zu begrenzen. Gelingt dieser Kurswechsel nicht, dann könnte auch Deutschland in den Weg anderer europäischer Länder einbiegen mit einem starken Wachstum völkischer, von charismatischen Demagogen geführter Strömungen und Parteien; denn Einwanderungs- und Integrationsfragen sind bewährte Gleitschienen, Brückenköpfe und Feuerleitstellen für rechtspopulistische Strömungen und Parteien.

Vieles hat in der Geschichte klein angefangen und am Ende katastrophale Folgen gehabt. An die erinnern dann Mahnmale, vor denen Spätgeborene Kränze niederlegen und sich fragen, warum man seinerzeit den Anfängen nicht mutiger entgegengetreten ist. Aber die Anfänge sieht man eben leichter, wenn man das Ende schon kennt.

10 Störfelder: Demagogie, Hysterie, Terror und staatliche Inkompetenz

10.1 Demagogie und Hysterie: Sarrazin-Debatte und »Islamkritik«

10.1.1 Sarrazin-Debatte: »Es gibt keine Integrationsmisere in Deutschland«, Interview (Michael Kröger),
Kurzfassung in: Der Spiegel online, 7.9.2010[1] (Originalfassung).

Herr Bade, Sie haben als einer der ersten Wissenschaftler und Publizisten Front gegen Sarrazin gemacht. Kannten Sie sein Buch schon vor der Veröffentlichung?
Ja, ich habe wie viele andere, die an der Diskussion beteiligt waren, frühzeitig eine Verlagskopie bekommen, in meinem Falle zur Vorbereitung einer Fernsehsendung.

Sarrazins Buch steht auf dem zweiten Platz der Bestsellerliste nach dem Buch der Jugendrichterin Heisig. Was ist das Erfolgsgeheimnis dieser Bücher zu komplizierten gesellschaftlichen Fragen?
Heisig hat, gestützt auf eigene berufliche Erfahrungen, ein gravierendes Problem angesprochen: die Kriminalität von Jugendlichen mit, aber auch ohne Migrationshintergrund in deutschen Großstädten, die unsichere bis hilflose Haltung von Behörden dazu und systemische Schwächen in der Abwehr und Begrenzung dieses Problems. Sie hat zahlreiche praktische neue Vorschläge zur Begrenzung der von ihr beschriebenen Probleme präsentiert. Bei Sarrazin fehlt die empirische Komponente. Er ersetzt das durch die gezielte Vereinfachung der Probleme, ihre Verankerung in zwei oder drei vermeintlich zentralen Ursachen mit daraus abgeleiteten, scheinbar einfachen Lösungen in einem weithin geschlossenen Weltbild, in dem sich die Dinge immer kausal im Kreise drehen. Das erinnert an Huntingtons »Krieg der Zivilisationen«, nur auf einem flacheren Niveau.

Wo vereinfacht Sarrazin in unzulässiger Weise?
Der kluge Finanzpolitiker Sarrazin versteht von Integration ungefähr so viel wie ich von Finanzpolitik, nämlich nur das, was man sich darüber als Laie so anliest. Der Laie aber strebt oft nach möglichst überschaubaren Erklärungsmustern, weil ihm die Komplexität der Probleme unzugänglich bleibt. Ein solches Muster bei Sarrazin ist z.B. die soziobiologische und sozialgenetische Argumentation, die aus der deutschen Geschichte hinreichend bekannt ist, auch mit ihren fürchterlichen Folgen:

Intelligenz ist nach Sarrazin zum größten Teil erblich und in der Oberschicht konzentriert. Darum ist oben ja auch oben und unten eben unten. In der Mittelschicht sieht es auch noch ganz erträglich aus, mit Ausreißern nach oben hin. Die Unterschicht aber ist für Sarrazin das Reich der weithin Unintelligenten. Weil sich die Unterschicht stärker vermehrt als die intelligente Oberschicht, wird das deutsche Volk angeblich immer dümmer, eine Tendenz, die durch die Zuwanderung von scheinbar wenig intelligenten Migranten ebenso scheinbar noch verstärkt wird.

Umso mehr sollten, so Sarrazin, die Sozialtransfers beschnitten werden, die in der Unterschicht zur Vermehrung auf Staatskosten führen, auf Staatskosten Prämien in Höhe von 50 000 Euro für gebärfreudige Jungakademikerinnen ausgesetzt und zugleich Zuwanderungen von wenig intelligenten Migranten eingeschränkt werden. Und dazu gehören in Deutschland und beim Zuwanderungsdruck von außen vor allem die scheinbar dummen, aber lendenstarken Muslime – die für ihre mangelnde Intelligenz aber nichts können, die nun halt mal »genetisch« vermittelt, also zu weiten Teilen erblich ist.

Im Grunde ist das eine nicht hochkonservative, sondern flach nationalistisch-elitäre Semantik, irgendwo in der Mitte zwischen dem kolonialen Diskurs über die angeblich begrenzten Möglichkeiten zur »Erziehung des Negers zur Arbeit« (so der evangelische Missionsdirektor Friedrich Fabri 1979) und der Beförderung der Gebärfreudigkeit durch »Mutterkreuze« in der NS-Zeit.

Sarrazin würde das mit Sicherheit abweisen als polemische Vereinfachung und auf seine statistischen Belege verweisen. Zahlen sind doch eine sichere Basis?
Wer Polemik säht, muss auch Polemik ertragen können. Sarrazin ist ein datengläubiger Ökonom. Franz Josef Strauß hat einmal gesagt, er vertraue nur den Statistiken, die er selbst gefälscht habe. In das gleiche Feld gehört die Vorstellung von Sarrazin, man könne bei gesellschaftlichen Prozessen von zwei scheinbar bekannten Größen in einem »Dreisatz« auf die unbekannt dritte Größe schließen. Das führt auf Abwege.

Hinzu kommt, dass er ahistorisch argumentiert, im Rückblick in die Geschichte wie im Ausblick auf die Zukunft: Er redet von der tausendjährigen »deutschen Geschichte« bedenkt aber offenkundig nicht, dass er mit diesem Zurückbeamen der »deutschen« Geschichte, für seine anti-islamische Argumentation ganz passgerecht, direkt im Zeitalter der Kreuzzüge landet. Und er blickt um 100 Jahre voraus in die Zukunft und geht dabei von scheinbar stabilen Größen wie »Deutschen« und zugewanderten »Minderheiten«, von denen die einen immer deutsch und die anderen immer Minderheiten bleiben, wobei am Ende die Minderheiten durch Zuwanderung und Gebärfreudigkeit zu Mehrheiten und die Deutschen zu »Fremden im eigenen Land« werden. Kultur ist aber keine statische Größe, sondern ein Prozess. Ein Autor, der

---

[1] http://www.spiegel.de/politik/deutschland/sarrazin-debatte-es-gibt-keine-integrationsmisere-in-deutschland-a-716081.html.

nicht Müller, sondern Sarrazin heißt, sollte das eigentlich aus der eigenen Familiengeschichte wissen.

Aber seine Zahlen als solche sind doch richtig?
Es gibt für komplexe Sozial- und Kulturprozesse keine alles erklärenden Zahlen »als solche«. Die Daten bieten immer nur Ausschnitte, Einzelinformationen oder Aussagen unter bestimmten Annahmen und dürfen deshalb nicht verallgemeinert werden. Zum Beispiel bieten Zahlen über Bildungserfolge ohne zureichende Berücksichtigung der Soziallagen keine tragfähigen Informationen. Außerdem wird dabei der intergenerative Bildungserfolg nicht berücksichtigt: Der Weg von einem anatolischen Kleinlandwirt, der nicht lesen und schreiben konnte, zu einem Enkel mit deutschem Abitur ist bei weitem steiler als derjenige von einem deutschen Industriearbeiter mit abgeschlossener Volksschulausbildung zum Enkel mit bestandener Reifeprüfung.

Außerdem kennt Sarrazin selbst die verfügbaren Zahlen nicht gut genug: Er weiß scheinbar nicht, dass die »Italiener« beim Bildungserfolg noch schlechter abschneiden als die »Türken«. Er weiß auch nicht, dass die Abwanderung aus Deutschland in die Türkei seit Jahren höher ist als die Zuwanderung nach Deutschland aus der Türkei, wobei übrigens gerade gut qualifizierte Menschen mit Migrationshintergrund aus Deutschland in die Heimat der Eltern oder Großeltern zurückkehren – eine Entwicklung, die durch die Agitation von Sarrazin gegen Muslime mit Sicherheit noch forciert werden wird.

Und wie sieht es mit denn mit den ganz nüchternen Daten zur Bevölkerungsentwicklung bei Sarrazin aus?
So »nüchtern« sind die auch nicht: Sarrazin weiß scheinbar nicht, dass Deutschland schon lange kein »Einwanderungsland« im statischen Sinne mehr ist, sondern relativ ausgeglichene Wanderungsbilanzen, neuerdings sogar deutliche Wanderungsverluste hat und deswegen heute ein Migrationsland in der statistischen Mitte zwischen Ein- und Auswanderungsland ist. Deswegen haben seine Hochrechnungen in die Zukunft schon vom Start weg eine rasant zunehmende Zielabweichung.

Außerdem sind demographische Modellrechnungen über hundert Jahre in die Zukunft abwegig. Wer vor hundert Jahren, also im Jahr 1910, um hundert Jahre vorausrechnete, wusste nichts von den gewaltigen Todesraten in zwei Weltkriegen, von Gebietsverlusten im Osten, von Flucht, Vertreibung, Gastarbeiterzuwanderung, Pille, demographischem Wandel etcetera. Ein Demograph hat mir dazu gerade geschrieben: Sarrazins »Vorausberechnungen zum Bevölkerungsanteil von muslimischen Migranten« seien »aus fachlicher Sicht putzig. Die passen sehr gut in meine Sammlung von hobby-demografischen Entgleisungen, als besonders abschreckendes Exemplar. Die Demografie zieht solche Hobbyforscher immer wieder an.«

Aber was ist denn nun das eigentlich Neue bei Sarrazin?
Das beantwortet man am besten mit einem sowjetischen Pressewitz aus der Zeit des Kalten Krieges: »Prawda ist oft nicht Iswestija und Iswestija ist nicht Prawda«. Prawda heißt nämlich die Wahrheit und Iswestija die neue Nachricht, gemeint war also: Was wahr ist, ist oft nicht neu und was neu ist, ist oft nicht richtig.

Glaubt man dem SPD-Politiker Thilo Sarrazin, dann sind muslimische Arbeitnehmer gar nicht in der Lage, modernen betrieblichen Anforderungen zu genügen. Hat er Recht?
Nein, die Unterschiede haben wesentlich mit Soziallagen, mit Bildung bzw. Ausbildung und gar nichts mit der Glaubenszugehörigkeit zu tun. Ein Christ ist nicht von Hause aus intelligenter als ein Muslim. Bei Männern ohne Migrationshintergrund sind 50,3 %, bei Frauen 37,5 % erwerbstätig. Bei »türkischen« männlichen Zuwanderern sind etwa 45,1 % und bei Frauen 23,5 % erwerbstätig, wobei allerdings, im Blick auf die hohe Zahl von kleinen Selbständigen, die in der Statistik nicht erfassten mithelfenden Familienangehörigen eine hohe Dunkelziffer bilden.

Sarrazin behauptet, die verschiedenen Migrantengruppen integrierten sich unterschiedlich in die deutsche Gesellschaft. Lässt sich das tatsächlich beobachten?
Das Wissen, dass es »Migrantengruppen« als solche nicht gibt, gehört mittlerweile eigentlich schon zum Alltagswissen. Vielmehr lassen sich innerhalb der verschiedenen Herkunftsgruppen Milieus ausmachen, die ebenfalls bei der Bevölkerung ohne Migrationshintergrund zu finden sind. Und das spiegelt sich dann auch in Fragen der Integration wieder. Einerseits schneiden türkische Zuwanderer in ihren schulischen Leistungen zwar im Schnitt schlechter ab als Schüler ohne Migrationshintergrund. Das gilt aber auch für andere Herkunftsgruppen wie z.B. Italiener, die, wie gesagt, in der Bildungsstatistik sogar noch schlechter dastehen, obgleich sie bekanntlich keine Muslime sind. Andererseits finden auch unter Zuwanderern, wie unter der Bevölkerung ohne Migrationshintergrund, Personen mit besonders stark ausgeprägter Aufstiegsorientierung, gerade auch bei Menschen mit türkischem Migrationshintergrund.

Ist es denn nicht so, dass z.B. von den Migranten vorwiegend Medien in der Heimatsprache genutzt werden?
Nein, nur 14 % aller Zuwanderer konsumieren ausschließlich Fernsehprogramme in ihrer Herkunftssprache, ein Viertel sieht Programme in deutscher wie in der Herkunftssprache. Die Hälfte nutzt sogar ausschließlich deutschsprachiges Fernsehen. Türkische Zuwanderer verfolgen türkische und deutsche Medien etwa gleichermaßen. Bei türkischen Medien steht dabei die Unterhaltung im Vordergrund, bei deutschen die Information. Und auch hier lässt sich beobachten, dass bei den türkischen Zuwanderern zwischen den Generationen das Interesse an deutschsprachigen Produktionen zunimmt.

Laut Integrationsbericht der Regierung steht einer kleinen Elite von hoch qualifizierten Migranten eine wachsende Zahl jugendlicher Zuwanderer gegenüber, die kaum Chancen auf dem Arbeitsmarkt haben. Was kann man tun, um diesen Trend zu stoppen?
Das ist natürlich eine Frage mit zwei Packenden. Einerseits müssen wir uns stärker im Bereich der Zuwanderung von Hochqualifizierten engagieren und brauchen hierzu effektivere Steuerungsinstrumente. Unter den Zuwanderern finden sich zwar neuerdings immer mehr Hochqualifizierte oder Selbständige – allerdings fallen deren Zahlen im Vergleich mit anderen Zahlen immer noch eher gering aus. 2009 kamen z.B. über 12 000 qualifizierte Drittstaatsangehörige zu Erwerbszwecken nach Deutschland. Dies ist eine Größe, die angesichts der demographischen Entwicklung und des drohenden Fachkräftemangels sicherlich ausgebaut werden muss. Dazu müssen unsere Steuerungsinstrumente übersichtlicher und flexibler werden, dann hört auch die immer wieder beschworene Angst vor »ungesteuerter Zuwanderung« auf. Außerdem müssen wir insgesamt so attraktiv werden, dass die Qualifizierten, die wir brauchen, kommen und diejenigen, die gehen wollen, bleiben oder jedenfalls nicht auf Dauer auswandern. Das ist die eine Seite der Medaille.

Die andere: Unser Bildungssystem muss sich besser auf die interkulturellen Rahmenbedingungen einstellen. Hochqualifizierte können nämlich nicht nur zuwandern, man kann sie durch zureichende Förderung auch im eigenen Land gewinnen. Wir müssen dafür sorgen, dass die Eltern mit ihren Problemen nicht alleine gelassen werden. Im internationalen Vergleich verlangt nämlich das deutsche Schulsystem den Eltern besonders viel ab. Damit geht es aber von Voraussetzungen aus, die es bei den oft geringer gebildeten, zugewanderten Eltern häufig nur bedingt gibt. Ganztagsschulen und frühkindliche Förderung können, wenn sie qualitativ hochwertig angelegt sind, hier effektiv Abhilfe versprechen. Was die Forderung nach Ganztagsschulen und Ganztags-Kitas angeht, hat Sarrazin vollkommen recht, aber das ist auch wieder keine neue Forderung. Wir haben in diesen Hinsichten eben seit langem weniger Erkenntnisbedarf als politische Umsetzungsprobleme.

Taugen die Erfolgsgeschichten hochqualifizierter Migranten als Vorbild für ihre Landsleute?
Ja natürlich. Im Bereich der schulischen Bildung machen wir hervorragende Erfahrungen damit. Das gilt z.B. für Studenten mit Migrationshintergrund, die Schüler mit Migrationshintergrund gezielt auf ihrem Weg durch die Schullaufbahn begleiten und unterstützen. Warum sollte dies in der Berufswelt anders sein? Wir reden nur zu wenig über diese erfolgreichen Zuwanderer, sondern jammern lieber über im Schnitt schlechteres Abschneiden von Migranten auf dem Arbeitsmarkt. Übrigens auf hohem Niveau: Das Risiko der Arbeitslosigkeit für Zuwanderer liegt in anderen europäischen Ländern zum Teil doppelt bis dreimal so hoch wie in Deutschland.

Studien zeigen, dass bei vielen Einstellungsentscheidungen Bewerber mit türkischem Namen von vornherein aussortiert werden. Schneiden sich Unternehmen damit nicht ins eigene Fleisch? Immerhin sind qualifizierte Mitarbeiter immer schwieriger zu finden.
Richtig. Wir sehen aber deutliche Tendenzen eines Umdenkens in dieser Hinsicht. Vor rund einem Jahr hat z.B. der Zentralverband des Deutschen Handwerks die Marschrichtung vorgegeben, dass Betriebe künftig verstärkt um Jugendliche mit Migrationshintergrund werben werden. Wenn Sie so wollen, spielt der demographische Wandel dem Bewusstseinswandel also in die Hände.

Wer trägt ihrer Meinung nach die Schuld an der Integrationsmisere? Die Politik? Die Gesellschaft als ganze? / Thilo Sarrazin würde sagen, die Migranten sind selbst daran schuld, dass sie schlecht integriert sind…
Ich sehe keine »Integrationsmisere« in Deutschland. Wie der Sachverständigenrat deutscher Stiftungen für Integration und Migration in seinem aktuellen Jahresgutachten gezeigt hat, verläuft Integration in Deutschland sehr viel erfolgreicher als es die Desintegrationspublizistik glauben machen will, auch im internationalen Vergleich. Ausnahmen bestätigen die Regel. In den letzten zehn Jahren ist in Sachen Integrationspolitik mehr geschehen als in den vier Jahrzehnten zuvor. Wir sollten eher mal fragen, wer trotz jahrzehntelanger Versäumnisse in der Integrationspolitik für die Erfolgsgeschichte der Integration in Deutschland verantwortlich ist. Denn die in Deutschland geborene Zuwandererbevölkerung der zweiten und dritten Generation erzielt in fast allen Bereichen, sei es Bildung oder Arbeitsmarkt, deutlich bessere Ergebnisse als ihre Eltern und Großeltern. Dieser Effekt lässt sich für nahezu alle Herkunftsgruppen beobachten.

Wer trägt nun also mehr Verantwortung für das Gelingen von Integration: die Mehrheits- oder die Zuwandererbevölkerung?
Das Integrationsbarometer des Sachverständigenrates hat Personen mit und ohne Migrationshintergrund gefragt, wer für eine erfolgreiche Integration in Deutschland verantwortlich ist. Auf beiden Seiten der Einwanderungsgesellschaft wird dafür die Zuwandererbevölkerung zu zwei Dritteln und die Mehrheitsbevölkerung nur zu einem Drittel in die Verantwortung gerufen. Die Zuwandererbevölkerung stellt also die immer wieder geäußerte Forderung gar nicht in Frage, dass Zuwanderer stärker als die Aufnahmegesellschaft zum Gelingen von Integration beitragen müssen.

10.1.2 »Nord-Neukölln ist nicht Berlin«. Forscher Bade warnt davor, in der Integrationsdebatte Probleme zu verallgemeinern, Interview (Magdalena Hilgefort),
in: Neue Osnabrücker Zeitung, 27.9.2010.

Der Sachverständigenrat deutscher Stiftungen für Integration und Migration hat 2010 zum ersten Mal ein Jahresgutachten mit »Integrationsbarometer« vorgelegt. Ergebnis: Integration gelingt in Deutschland besser, als viele Menschen denken. In einem Interview mit unserer Zeitung äußert sich der Vorsitzende, Professor Klaus J. Bade, zu Integrationsbaustellen und Fehlern in der aktuellen Integrationsdebatte.

Herr Professor Bade, in ihrem Gutachten wird von einer »insgesamt gelungenen« Integration gesprochen. Woran machen Sie das fest?
Wir haben beide Seiten der Einwanderungsgesellschaft, also Mehrheits- und Zuwandererbevölkerung, für die Erhebung unseres Integrationsbarometers mit den gleichen Fragen angesprochen. Wir stellen fest, dass beide Seiten ein verhalten positives und ganz pragmatisches Verhältnis zur Integration haben und die letzten Jahre Integrationspolitik auch verhalten positiv sehen. Ebenfalls blicken sie mehrheitlich positiv in die Zukunft.

Das Problem auf den Schulhöfen zum Beispiel zwischen Jugendlichen verschiedenster Kulturen und die Herausbildung von sogenannten Parallelgesellschaften gibt es aber doch trotzdem...
Es gibt in großstädtischen Siedlungsräumen mit starker Zuwandererkonzentration und zugleich starker Konzentration von Minderprivilegierten ohne Migrationshintergrund Spannungslagen, um die man sich kümmern muss. Aber Nord-Neukölln ist nicht Berlin und Berlin ist nicht die Bundesrepublik Deutschland. Problembeladene Ausnahmesituationen bestätigen nur die Regel der zumeist friedvollen Integration im Alltag.

Wo liegen also die Fehler in der aktuellen Integrationsdebatte, die ja vor allem durch die umstrittenen Thesen von Thilo Sarrazin wieder aufgeflammt ist?
Erstens werden Probleme verallgemeinert. Zweitens wird eine bestimmte Gruppe, nämlich die Muslime, in den Vordergrund der Probleme gerückt, was einfach nicht stimmt und schon durch zwei simple Beobachtungen zu widerlegen ist.

Die da wären?
Die Zuwanderung aus dem Iran zum Beispiel besteht auch vorwiegend aus Muslimen und ist fast durchweg eine Elitenzuwanderung, die wenig Integrationsprobleme hat. Und bei den Bildungserfolgen zum Beispiel schneiden die Italiener in Deutschland sogar noch knapp schlechter ab als die Türken und Italiener sind bekanntlich selten Muslime. Die Beschwörung einer durchweg muslimischen Problemzone ist also ein Zerrspiegel der Realität.

Gibt es weitere Fehler aus ihrer Sicht?
Ja, es wird zu wenig darauf geachtet, dass wir in einem Wohlfahrtsstaat leben, der eine Sonnenseite hat, aber auch eine Schattenseite. Da ist der Missbrauch der Sozialsysteme, die Lähmung der Eigeninitiative – aber das gilt nicht nur für Zuwanderer, sondern auch für Deutsche ohne Migrationshintergrund.

Was sind die wichtigsten Integrationsbaustellen?
Am wichtigsten ist die Integrationsbaustelle Bildung, die auch die Sprachförderung einschließt. Hier gibt es kaum mehr neuen Erkenntnisbedarf, es gibt vor allem Umsetzungsprobleme. Wir wissen, dass ein früherer Zugang zu Kindertagesstätten hilfreich ist, dass gutes Personal für die Kindertagesstätten notwendig ist, dass Ganztagsschulen sinnvoll sind.

Wir wissen also ziemlich viel...
Richtig. Aber wenn man das, was wir wissen, vergleicht mit dem, was wir tun, dann kommt dabei immer noch eine ziemlich prekäre Bilanz heraus, die zugleich einigermaßen unübersichtlich wirkt, weil Bildung in Deutschland Ländersache ist.

Was sind denn ihre Empfehlungen für diese Baustelle?
Erste Empfehlung: Verträge zwischen Eltern und den Schulen, damit die Eltern – ob nun mit oder ohne Migrationshintergrund – verstehen, wie das deutsche Bildungssystem funktioniert und welche Rolle sie selbst dabei zu spielen haben. Es darf nicht sein, dass Lehrer wiederholt Eltern einbestellen, die dann einfach nicht kommen. Das ist ein absolut unhaltbarer Zustand. Zweiter Vorschlag: wir brauchen eine bessere Zusammenarbeit zwischen Lehrern, Sozialarbeitern und nötigenfalls auch Jugendgerichten bei ausgesprochenen Problemfällen.

An welche Problemfälle denken Sie dabei?
Insbesondere an das höflich als »Schuldistanz« umschriebene dauerhafte Schulschwänzen, das sogar eine fließende Grenze zur Jugendkriminalität haben kann. Bei Jugendlichen, die in diesem Sinne verhaltensauffällig werden, muss es frühzeitig nachdrückliche Hinweise auf einen Regelverstoß geben, und dort, wo die Grenze zur Jugendkriminalität überschritten wird, auch rechtzeitige und spürbare Strafen. Auch das gilt wieder für beide Seiten der Einwanderungsgesellschaft.

Sie sind immer sehr darauf bedacht, Menschen mit und ohne Migrationshintergrund einzubeziehen. Warum ist das so wichtig?
Integrationsprobleme gibt es nicht nur bei Menschen mit Migrationshintergrund. Ihre Ursachen haben auch weniger mit Herkunft oder gar Religion und viel mehr mit den Sozialmilieus zu tun. Und in diesen Milieus gibt es heute auch deutsche Analphabe-

ten, deren Zahl sogar wächst. Deshalb sind zum Beispiel die Sprachstandsmessungen für Kinder ohne Migrationshintergrund oft ebenso wichtig wie für Zuwandererkinder.

10.1.3 Rückblick: Sarrazin schafft Deutschland ab, in: MiGAZIN, 29.11.2010.

Wieso wurde Thilo Sarrazins Buch »Deutschland schafft sich ab« zum Bestseller? Mit welchen Folgen? Ein »Rückblick auf eine fatale Debatte« vom Vorsitzenden des Sachverständigenrats deutscher Stiftungen für Integration und Migration, Klaus J. Bade.

Der soziale Frieden in einer Einwanderungsgesellschaft lebt vom Grundvertrauen zwischen Mehrheits- und Einwandererbevölkerung. Die »Sarrazin-Debatte« hat über diesem, seriösen Umfragen zufolge in Deutschland nach wie vor tragenden Grundvertrauen, mancherlei Oberflächenwirbel erzeugt. Sie greifen unterschiedlich tief. Sie sind nicht zu verwechseln mit den in Deutschland seit den 1980er Jahren immer wieder zu beobachtenden Konjunkturen der Ausländer- oder Fremdenfeindlichkeit. Die folgten oft fahrlässiger Instrumentalisierung der Themen Migration und Integration zu Wahlkampfzwecken.

Spiel mit dem Feuer
Schon damals war dieses Spiel mit dem Feuer buchstäblich brandgefährlich, wie man spätestens Anfang der 1990er Jahre beobachten konnte. Aber Integration wurde da noch immer als Randthema eingeschätzt. Heute ist dieses Spiel mit dem Feuer noch gefährlicher, weil Integration ein Mainstream-Thema geworden ist. Deshalb bewirken von der Politik populistisch aufgenommene integrationshysterische Strömungen heute tiefer reichende Brüche in der politischen Kommunikation, möglicherweise sogar in der politischen Struktur.

Ausgangspunkt in Deutschland war das im Spätsommer 2010 erschienene Buch des früheren Berliner Finanzsenators, späteren Frankfurter Bundesbankvorstandes und – seines Buches wegen – heutigen Frührentners und wohlsituierten Auflagenmillionärs Thilo Sarrazin »Deutschland schafft sich ab«. Sein Buch verzeichnete mit schon im Oktober 2010 erreichten 1,1 Millionen gedruckten Exemplaren innerhalb eines Vierteljahrs in Deutschland die höchste Auflage seit 1945 und ist auch zuvor nur mit absoluten Auflagenspitzen vergleichbar: Der nationalsozialistische Ideologiestifter Arthur Rosenberg hat mit seiner Propagandaschrift »Der Mythos des 20. Jahrhunderts« für die gleiche Auflagenhöhe rund 14 Jahre gebraucht, von 260 000 Exemplaren der »Dünndruck-Ausgabe« abgesehen.

Damit sollen hier ausdrücklich nur Bestseller-Auflagenzahlen, nicht aber Inhalte verglichen werden; denn Thilo Sarrazin ist weder ein Rassentheoretiker reinsten Wassers noch ein dumpfer Neonazi. Wer das behauptet, macht sich den Umgang mit ihm und seinen Anhängern zu leicht. Es sind vielmehr die fließenden Grenzen zwischen nüchternen Bestandsaufnahmen mit pointierter Polemik einerseits, anthropologischen, ethnonationalen und sozialbiologistischen Interpretationen andererseits, die dieses Buch so gefährlich machten, das nicht wenigen Lesern den Eindruck vermittelte, als geborene Deutsche schon mal kulturell im Vorteil zu sein.

Publizistische Desintegrationsindustrie
Sarrazins Buch war eine argumentative Feuerleitstelle für die Einschläge der schon lange zuvor in Stellung gebrachten Geschütze der publizistischen Desintegrationsindustrie. Seine Wirkung wurde, über die aggressive mediale Vermarktungsstrategie des zum Bertelsmann-Konzern gehörenden Verlags hinaus, forciert durch methodisch hochproblematische, weil zwar richtig gerechnete aber unvertretbar überinterpretierte wissenschaftliche Untersuchungen (»je muslimisch-frommer, desto gewaltbereiter, je christlich-frommer, desto mildtätiger«), durch quasiwissenschaftliche Bierdeckel-Demographie (Deutsche als »Fremde im eigenen Land«) und durch volkskundliche Mausklick-Demoskopie (»Ist der Islam gefährlich – ja oder nein?«).

Nicht minder animierend wirkten populistisch-politische Redensarten zum Zweck der Selbstfindung in der Boulevard-Presse, vor allem aber skandalisierende Mediendiskurse nach dem bekannten Motto »Nur eine schlechte Nachricht ist eine gute Nachricht«. Deshalb auch verkaufte sich die falsche Information, Integration sei schlechter als ihr Ruf in Deutschland viel besser als die zutreffende gegenteilige Botschaft.

Das zeigt ein Vergleich des im Frühsommer 2010 vorgelegten Jahresgutachtens des Sachverständigenrates deutscher Stiftungen für Integration und Migration (SVR) »Einwanderungsgesellschaft 2010« mit dem im Spätsommer erschienenen Buch von Thilo Sarrazin »Deutschland schafft sich ab«. Heribert Prantl hat das in der Süddeutschen Zeitung vom 11.9.2010 eindringlich analysiert: »Gut zwei Monate vor dem Sarrazin-Buch ist das Buch erschienen, auf das seit dem Sarrazin-Buch alle warten […]. Es handelt sich um das Jahresgutachten »Einwanderungsgesellschaft 2010« samt einem »Integrationsbarometer«. Dieses Werk […] ist in fast jeder Hinsicht ein Anti-Sarrazin.«

Indirekt warben für das Buch von Thilo Sarrazin auch Kohorten von publizistischen Animateuren: notorische Künder des kulturellen Untergangs der deutschen Nation; selbsternannte professionelle »Islamkritiker«, die heute in jeder Talkshow vertreten sein müssen, auch wenn es nur um Rasierschaum für muslimische Bartpflege geht; denunziative islamophobe bzw. islamophage Agitatoren, in deren Reihen sich neuerdings auch altfeministische Frauenretterinnen eingeschleust haben, die in appellativer

Verzweiflung gegen die angeblich drohende »Schariarisierung« Europas ankämpfen.

Dabei geht es oft um publizistische Strömungen, die dahin tendieren, zum Teil auch expressis verbis dazu aufrufen, eine differenzierte, unaufgeregt-pragmatische Diskussion und das Bemühen um abgewogene Einschätzungen alarmistisch und agententheoretisch zu denunzieren – als intellektualistischen Relativismus, als ahnungslos-dümmliches Gutmenschentum oder gar als arglistige Teufelei im Dienste der islamistischen Weltverschwörung. Pöbelnde Unterstellungen machen heute auch nicht vor Präsidentenschelte Halt, z.B. im Blick auf die mutige und richtungsweisende Bremer Rede des Bundespräsidenten Christian Wulff zum 20. Jahrestag der deutschen Vereinigung am 3. Oktober 2010.

Dabei trat in der islamophoben bis islamophagen Desintegrationspublizistik eine Botschaft des Bundespräsidenten ganz in den Hintergrund, die wichtiger war als das nicht mehr sonderlich originelle, weil schon 2006 zum Auftakt der Islam-Konferenz von dem seinerzeitigen Bundesinnenminister Schäuble geprägte Diktum, dass auch der Islam zu Deutschland gehöre. Die für die Einwanderungsgesellschaft in Deutschland viel wichtigere Botschaft lautete dem Sinne nach: Gesellschaftliche Vielfalt aushalten lernen ist eine Aufgabe für alle. Diese Vielfalt kann sich in Deutschland frei entfalten. Sie muss aber, wo nötig, entschieden, streitbar und abwehrbereit in den Grenzen unserer Verfassungsordnung gehalten werden. Deren wichtigster Grundgedanke ist es, dass der eigene Anspruch auf Recht und Freiheit sich nicht auf Unrecht und Unfreiheit für andere gründen darf.

Erkenntnisperspektiven
»Nach Sarrazin« können Migrations- und Integrationsforscher ihre in Teilen durchaus verwandten eigenen, zum Teil schon Jahrzehnte zurückliegenden, aber politisch kaum beachteten kritischen Argumente und Warnungen kaum wiederholen, ohne als Sarrazin-Plagiaten zu gelten. »Nach Sarrazin« kann man auch die angesichts der jahrzehntelangen politischen Vernachlässigung des Themas durchaus überraschende, weil zumeist friedvolle Entwicklung der Integration in Deutschland nicht öffentlich anerkennen, ohne gefragt zu werden: »Haben Sie denn Ihren Sarrazin nicht gelesen?« Positive Einschätzungen werden als einfältige prä-sarrazinöse, negative Bewertungen als epigonale Sarrazinaden bewertet. Sarrazins Buch forcierte deshalb die Diskussion nur zum Schein. Es wirkte in Wahrheit wie ein Bremsklotz und warf sie bereichsweise um Jahrzehnte zurück.

Der kauzige Sarrazin ist ein gewiefter Finanzökonom mit langer, hochrangiger Praxiserfahrung in verschiedenen Verwaltungs- und Politikbereichen. Er ersetzte die mangelnde Kenntnis des Forschungsstandes zu Migration und Integration im Blick von draußen durch den berühmt-berüchtigten gesunden Menschenverstand. In seiner Kritik an Integration und Integrationspolitik hat er dennoch eine ganze Reihe von – in der Forschungsliteratur allerdings längst bekannten – Problemen neu erkannt, wenn auch oft schief interpretiert und begründet. Dabei geht es, von jahrzehntelangen Unzulänglichkeiten in der Migrations- und Integrationspolitik und deren Folgen abgesehen, insbesondere um Strukturprobleme des Wohlfahrtsstaates mit seinen zum Missbrauch offenen Flanken. Dieser Missbrauch aber kommt keineswegs primär aus düsteren Migrationshintergründen.

Sarrazin hat sich viel Mühe damit gemacht, das Rad neu zu erfinden, das sich auf dem Forschungsstand längst in vielfachen Versionen drehte, aber in der Politik wenig Beachtung gefunden hatte. Hätte er das alles berücksichtigt, wäre er in zitatenreichen Wiederholungen stecken geblieben. Hätte er seinen Bericht dennoch, aber nüchtern-sachlich und ohne skandalisierende Empörungssemantik geschrieben, dann wäre sein Buch gewiss kein Bestseller geworden. Er hat den Forschungsstand souverän übersprungen, die Wirklichkeit neu entdeckt und mit seinen Ergebnissen nicht argumentativ angeklopft, sondern agitatorisch mit der Tür gleich die ganze Hauswand eingetreten.

Zugleich hat Thilo im Wunderland der angeblich gescheiterten Integration die desintegrative Sensationspublizistik bereichert um eine in Deutschland besonders prekäre ethnogenetische bzw. sozialbiologistische Variante, die in der neuesten Auflage stillschweigend abgemildert wurde, so als sei nichts geschehen: Ihr Leitargument war die genetisch begründete, meist als »kulturell« umschriebene, angeblich mangelnde Intelligenz »der Muslime«, die sich innerhalb der anwesenden und demographisch stark wachsenden muslimischen Zuwandererbevölkerung expansiv vererbt und deswegen Deutschland »immer dümmer« mache.

Volkswirtschaftliche Perspektiven
Das war im Kern die sozialbiologistische Verballhornung einer 2009 Aufsehen erregenden, vom Sachverständigenrat erarbeiteten, aber in ihrer Quelle dem Autor wegen mangelnder Übersicht über den Forschungsstand gar nicht bekannten These, bei deren Erarbeitung auch das Münchner ifo-Institut mitgewirkt hat. Sie beschrieb eine tendenzielle Dequalifizierung des Erwerbspersonenpotenzials in der »Firma Deutschland«, bei der verschiedene migratorische Faktoren zusammenwirkten: Ein jahrzehntelang betriebener, durch Familiennachzug fortgesetzter organisierter Unterschichtenimport, die Vererbung der sozialen Startnachteile im Bildungswesen für die Nachfahren der »Gastarbeiterbevölkerung« und zuletzt eine steigende Abwanderung von Qualifizierten im besten Erwerbsalter, darunter heute zunehmend auch gut ausgebildete, aber unzufriedene und von der islamophoben Agitation abgeschreckte Zugehörige der zweiten oder dritten Einwanderergeneration.

Die islamophobe Agitation gegen »die Muslime« führt erkennbar dazu, dass sich in der bestens integrierten neuen Elite mit Migrationshintergrund, die wir in Deutschland dringend brauchen, die ohnehin zunehmende latente Abwanderungsneigung noch weiter verstärkt. Das wäre im Ergebnis eine Art personalpolitischer GAU in der Firma Deutschland. Er würde den Brain-Drain noch verstärken und auf der Seite der Zuwandererbevölkerung unbeabsichtigt genau das forcieren, was Sarrazin grotesk überzeichnet beschrieben hat, nämlich, dass Deutschland im Blick auf sein Erwerbspersonenpotential »immer dümmer« wird.

Das hätte seinen Grund aber nicht in der kruden Wirkung von ethnogenetischen Faktoren. Es resultierte vielmehr aus dem wachsenden Missverhältnis zwischen wirtschaftlich starken Qualifizierten, von denen nicht wenige abwanderungsbereit sind, und sozial schwachen, transferabhängigen Unqualifizierten, die im Land bleiben, weil das soziale Schutzniveau hier noch immer hoch ist und weil sie draußen sowieso niemand haben will. Ähnliches spricht heute scheinbar aus ersten vergleichenden Beobachtungen der Qualifikationsstruktur der neuen Zuwanderung aus der Türkei mit derjenigen der deutlich stärkeren Abwanderung aus Deutschland in die wirtschaftlich boomende Türkei – die längst ein Einwanderungsland ist, während Deutschland vielleicht bald ein Auswanderungsland sein wird.

Politische Perspektiven
Populistische politische Statements wie »Multikulti ist tot« unterscheiden nicht zwischen der – gar nicht dementierbaren – multikulturellen Realität der Einwanderungsgesellschaft und Multikulturalismus als einem politischen Konzept, das aber bekanntlich in Deutschland nie regierungswirksam war. Solche Redensarten sind deshalb zwar nur doppelt absurde rhetorische Luftnummern. Sie steigern in ihrer Missverständlichkeit aber noch das Fiasko, das die Sarrazin-Debatte für das Deutschlandbild im Ausland bewirkt hat. Das ist genau das Gegenteil der dringend nötigen Förderung der Attraktivität Deutschlands, die durch die fromme Rede von der wünschenswerten »Willkommenskultur« nicht zu ersetzen ist.

Als Folge der Sarrazin-Debatte zu beobachten ist mithin ein fatales Syndrom mit u.a. vier ineinandergreifenden Bereichen: 1. Das Sarrazinom selbst mit seinen bis in den Alltag reichenden kommunikativen Metastasen; 2. politisch-populistische Anbiederungen gegenüber diesen kommunikativen Milieus; 3. die damit verbundene Verletzung auch der erfolgreich Integrierten in Deutschland und 4. im Ausland ein aus alldem gemeinsam resultierendes, wieder unnötig verdüstertes Bild der Einwanderungsgesellschaft in Deutschland. All das trägt erkennbar dazu bei, dass auch Qualifizierte mit Migrationshintergrund, die wir in Deutschland dringend brauchen, verstärkt erwägen, auszuwandern und dass wanderungsbereite Qualifizierte im Ausland, die wir in Deutschland umso dringender brauchen, zögern hier einzuwandern. Dumm gelaufen bislang.

Wenn man das ändern will, sollte man politisch zweierlei tun: Einerseits sollte Politik der skandalisierenden Desintegrationspublizistik nicht mit populistischen Konzessionen begegnen. Sie sollte vielmehr anerkennen, dass Integration in Deutschland insgesamt, auch im internationalen Vergleich, ein Erfolgsfall ist, auch wenn sie selbst die Integration jahrzehntelang nicht befördert, sondern »verschlafen« (Horst Köhler) oder sogar behindert hat, und dass die von Sarrazin zum Teil zu recht, wenn auch nicht originär ausgeleuchteten Problemzonen die Ausnahmen sind, die diese erfolgreiche Regel nur bestätigen.

Andererseits sollte Politik endlich begreifen, dass ihr Souverän, also der Bürger, es entschieden satt hat, in Sachen Integration und Migration mit mäandernden Bestandsaufnahmen, wechselseitigen politischen Schuldzuweisungen, appellativen Ankündigungen und trostvollen Versprechungen bedient zu werden und stattdessen konzeptorientierte Richtungsentscheidungen mit klaren Zielvorgaben in politischer Führungsverantwortung erwartet.

Geschieht dies nicht, dann könnte die inzwischen schon geschichtsnotorische Unterschätzung der Eigendynamik von Integration »als gesellschaftspolitisches Problem ersten Ranges« am Ende »für die politischen Parteien in der parlamentarischen Demokratie dieser Republik schwerwiegende Legitimationsprobleme aufwerfen«. Davor habe ich, pardon, mit diesen Worten schon vor mehr als einem Vierteljahrhundert gewarnt.[2]

Die Warnung scheint zur sich selbst erfüllenden Prophezeiung zu werden. Besserwisser pflegen nur beliebt zu sein, wenn sie des Irrtums überführt werden können. Das ist hier, leider, nicht der Fall. Und die Rache heißt heute Sarrazin.

10.1.4 »**Mehr Sachlichkeit und konstruktives politisches Engagement«. Die »Sarrazin-Debatte« und die Folgen. Gespräch mit Klaus J. Bade,**
in: Neue Gesellschaft/Frankfurter Hefte, Nov. 2010, H. 11, S. 12-15.

Hat die Sarrazin-Debatte tatsächlich, wie einige Medien behaupten, eine überfällige Diskussion über den Stand der Integration in Deutschland endlich angestoßen? Oder was sind ihre bisher zu beobachtenden Effekte?
Die Debatte um das Buch von Sarrazin hat eine desintegrative Eigendynamik an der Grenze zu Hysterie und Panik entwickelt. Sie kann zerstören, was sie eröffnen könnte: eine sachliche Auseinandersetzung mit Erfolgen, Problemen und Aufgaben im Feld von Integration und Migration. Stattdessen wurden abwegige Ängste vor kultureller und demographischer

---
[2] K. J. Bade, Vom Auswanderungsland zum Einwanderungsland?, Berlin 1983, S. 116, 119.

»Überfremdung« geschürt und auf die muslimischen Einwanderer projiziert, die zu 45 % deutsche Staatsangehörige sind. Das verursacht Verletzungen bei der Zuwandererbevölkerung, und belastet unnötig das Zusammenleben in der Einwanderungsgesellschaft in kultureller Toleranz und sozialem Frieden – es ist mithin im Grunde das passiert, wovor der Bundespräsident in seiner Bremer Rede vom 3.10. gewarnt hat: eine »falsche Konfrontation« mit »Legendenbildungen, Zementierung von Vorurteilen und Ausgrenzungen«.

Wenn man die bei Sarrazin und anderen sehr pauschale und fundamentale Kritik an dem heutigen Stand der Integration und Integrationspolitik in Deutschland ihrerseits der Kritik unterzieht, so wird dies gern als Schönrednerei und Problemblindheit denunziert. Was ist aus der Sicht der wissenschaftlichen Integrationsforschung dran an diesem Vorwurf?
Kritik an Fehlentwicklungen muss sein, z.B. im Blick auf den Missbrauch von Sozialleistungen, auf Kriminalitätsbelastungen oder auf Mängel in der frühkindlichen und schulischen Bildung. Das hat aber nicht vornehmlich mit Fragen von Zuwanderung und Integration zu tun, auch wenn die Gewichte in einzelnen Bereichen klar unterschiedlich verteilt sind. Das hat aber ursächlich nichts mit »genetischen« Verhaltensdispositionen oder ethnischer Herkunft zu tun, sondern vorrangig mit der Doppellast von sozialer Schwäche und Integrationsprozess. Dabei spielen auch Kulturtraditionen, wie z.B. Vorstellungen über die Rolle von Bildung für den sozialen Aufstieg, eine Rolle, die im »mentalen Gepäck« mitgebracht wurden, aber doch weder »ererbt« noch irreversibel sind. Abstürze im Integrationsprozess sind außerdem die Ausnahmen, die in Wirklichkeit die Regel bestätigen, dass Integration in Deutschland mehrheitlich mehr oder minder gelingt und Fortschritte auch in der Zuwanderungspolitik erzielt werden konnten.

Sarrazins Zukunftsprognose lautet »Deutschland schafft sich ab«. Von diesem Alarmismus lebt die aufgedrehte Debatte. Er führt dafür massenweise Statistiken ins Feld. Wie ist der empirische Teil dieser Prognosen rein wissenschaftlich zu beurteilen?
Wissenschaftlich gibt es keine Zukunftsprognosen, sondern nur Modellrechnungen und die kann man nicht gleich auf 120 Jahre oder länger dehnen, das ist unseriös. Thilo Sarrazin ist als Ökonom und Finanzwissenschaftler klug genug, um das zu wissen. Umso irritierender ist es, wie er damit umgeht. Drehen wir die Dinge doch mal nach hinten in die Vergangenheit zurück: Wenn ein Zeitgenosse aus dem Jahr 1890 die Zukunft bis zum Jahr 2010 hochgerechnet hätte – was hätte er beim besten Willen alles nicht ahnen können: den Ersten und Zweiten Weltkrieg mit jeweils millionenfachen Opfern, den Nationalsozialismus mit 6 Millionen ermordeten Juden, Flucht und Vertreibung von 14 Millionen Deutschen aus den Ostgebieten, von denen 2 Millionen nicht überlebten, den Verlust der Ostgebiete selbst, die deutsche Teilung und Vereinigung, die Zuwanderung von Millionen von »Gastarbeitern« im Westen, aus denen vielfach Einwanderer wurden, die Zuwanderung von Millionen von Aussiedlern und Spätaussiedlern, die intergenerativen Echo-Effekte all dieser demografischen Veränderungen in der deutschen Bevölkerungspyramide, den Weg Deutschlands vom Auswanderungsland des 19. zum Einwanderungsland des 20. Jahrhunderts und von dort zu einem Migrationsland in der statistischen Mitte zwischen Ein- und Auswanderungsland im frühen 21. Jahrhundert… - All dies wäre dem Zukunftsrechner aus dem Jahr 1890 unbekannt gewesen. Man sieht also, dass es einfach Unsinn ist, mit Prognosen über solche Zeiträume zu operieren.

Viele bejubeln Sarrazin aus der Sorge heraus, dass ihre Enkel und Großenkel als Deutsche zu Fremden im Eigenen Land werden würden. Sind diese Sorgen denn ganz unberechtigt?
Sarrazin operiert mit einem statischen Kulturbegriff. Kultur ist aber kein Zustand, sondern ein Prozess. Darin findet jede Zeit ihre eigene Form. Zuwanderer werden zu Einwanderern, Einwanderer werden zu Einheimischen und meist auch zu Deutschen mit Migrationshintergrund, die sich in der dritten oder vierten Generation, wenn sie den Urenkeln von Sarrazin begegnen, vielleicht gar nicht mehr daran erinnern wollen oder können, woher der Urgroßvater eigentlich gekommen ist. Machen wir noch ein Experiment: Nehmen wir einen Deutschen aus dem Jahr 1950, in dem die Bundesrepublik also gerade ein Jahr alt ist, und zeigen wir ihm einen Film über die Berliner Bevölkerung des Jahres 2010. Er wird wahrscheinlich annehmen, dass das eine Fälschung ist und ihm hier die Bevölkerung von New York oder San Francisco vor Berliner Kulisse vorgeführt wird. Wenn man in aufklärt über den Realitätsbezug des Films, wird er vielleicht sagen: »Gehen Sie zurück in Ihre Zukunft. In diesem Deutschland würde ich nicht leben wollen!« Wir leben aber in dieser Welt und ich denke, wir kommen ganz gut klar damit.

Sarrazin führt für seine beängstigenden Überfremdungsvisionen viele anscheinend harten empirischen Daten an. Wie sind diese zu beurteilen?
Die von Sarrazin – nicht unbedingt nur von ihm, sondern ebenso sehr auch von den Medien – geschürten demografischen Ängste im Blick auf Integration und Zuwanderung sind völlig überzogen. So nähert sich z.B. die Geburtenrate der Bevölkerung mit türkischem Migrationshintergrund immer weiter derjenigen der deutschen Mehrheitsbevölkerung an. Die Zuwanderung aus der Türkei ist längst weit geringer als die Abwanderung aus Deutschland in die Türkei (Saldo 2008 insgesamt – 10 147; Ausländer – 8 107; Deutsche – 2 040). Die kulturaggressive Polemik gegen eine angeblich geschlossene und bedrohlich wachsende Gruppe von »ungebildeten« oder gar aus

»genetischen« Gründen »unintelligenten« muslimischen Migranten gehört ins Reich der mittelalterlichen Brunnenvergifter-Legenden:

Die Zuwandererbevölkerung, auch die muslimische, zerfällt in unterschiedliche Milieus – von international tätigen Fachkräften bis hinab zu arbeitslosen Niedrigqualifizierten, deren Zahl hier freilich deutlich höher ist als bei der Bevölkerung ohne Migrationshintergrund. Auch das hängt mit der sozialen und nicht mit der ethnischen Herkunft oder gar der religiösen Zugehörigkeit zusammen. Wir haben doch damals in Anatolien nicht eine Elitenwanderung nach Deutschland in Gang gebracht, sondern Menschen für niedrigrangige Arbeiten geholt – von denen übrigens manche durchaus qualifiziert waren, nur mit ihrer Qualifikation hier nichts anfangen konnten.

Ist also die kollektive Rede von »den Muslimen« im Blick auf Bildung und Integrationsfähigkeit eine Irreführung?
Dass das eine bewusste Irreführung wäre, will ich nicht unterstellen, klar ist nur, dass es Unfug ist. Nur zwei Beispiele dazu: Aus dem Iran kam eine ausgesprochene Elitenwanderung nach Deutschland, die kaum Integrationsprobleme hatte. Und die Italiener schneiden in ihren Bildungsabschlüssen in Deutschland sogar knapp schlechter ab als die Türken, obgleich die Italiener bekanntlich keine Muslime sind. Die dumpfe Agitation gegen »Muslime« kann aber dazu führen, dass sich die ohnehin laufende Abwanderung der bestens integrierten neuen Elite, die wir dringend brauchen, noch verstärkt, siehe Abwanderung in die Türkei.

Was für ein Art von öffentlichem und politischem Diskurs braucht das Land um die offenen Fragen so zu debattieren, dass die Integration gefördert und nicht beschädigt wird?
Anzumahnen ist insgesamt mehr Sachlichkeit und konstruktives politisches Engagement, um von der bloß defensiven Reaktion auf das Sarrazin-Buch endlich zur Diskussion konkreter Handlungsempfehlungen zurück zu kommen, wie der Sachverständigenrat deutscher Stiftungen für Integration und Migration (SVR) sie in seinem Jahresgutachten »Einwanderungsgesellschaft 2010« formuliert hat, und wie Heribert Prantl das in seinem großen Artikel in der Süddeutschen Zeitung vom 11.9.2010 gefordert hat. Wir sollten endlich aufhören, mit dem Rücken an der Wand zu diskutieren. Das ist ein völlig unverdienter Platz für die Mehrheits- wie für die Zuwandererbevölkerung in der Einwanderungsgesellschaft in Deutschland. Dennoch bleibt viel zu tun: Deutschland steht einwanderungs- und integrationspolitisch schon alleine deshalb vor großen Herausforderungen, weil es sich – im Gegensatz etwa zu den USA und Kanada – nicht auf die Selbstauslesekraft von Integrationsprozessen verlassen kann: In marktbasierten Integrationssystemen muss zurückkehren, weiterziehen oder am Arbeitsmarkt sehr flexibel reagieren, wer wirtschaftlich nicht auf eigenen Beinen stehen kann.

Wie unterscheidet Deutschland sich davon?
Wir leben unter einer wohlfahrtsstaatlichen Integrationsregie. Der deutsche liberale Rechts- und Wohlfahrtsstaat hat mit seinem im internationalen Vergleich immer noch hohen sozialen Schutzniveau eine von vielen außerhalb der deutschen Grenzen beneidete Sonnenseite. Wer aber von dieser Sonnenseite spricht, darf nicht schweigen von der Schattenseite des Missbrauchs durch Zugriff von »unten« und der Lähmung von Eigeninitiative durch einschränkende Reglementierung von »oben«, z.B. durch eine frustrierende Anrechnung von Zuverdiensten bei Transferabhängigen, die die Ehrlichen bestraft und in die Schwarzarbeit treibt. Das alles muss nachdrücklich begrenzt werden – aber eben keineswegs nur im Blick auf Menschen mit Migrationshintergrund.

Wenn Sarrazins Antworten im Hinblick auf die tatsächlichen Bedingungen und Herausforderungen der Integration in Deutschland so abwegig sind, wie Sie darlegen, worauf führen Sie dann den atemberaubenden Erfolg des Bestsellers von Thilo Sarrazin zurück?
Das hatte nicht vorwiegend oder gar nur mit Problemen von Integration und Migration zu tun. Der Erfolg hatte mindestens ebenso, wenn nicht mehr mit der – auch durch die Ergebnispublikation »Deutsche Zustände« meines Bielefelder Kollegen Wilhelm Heitmeyer belegten – wachsenden stillen Wut weiter Kreise der Bevölkerung gegenüber einer politischen Klasse zu tun, die nach verbreiteter Auffassung in existenziellen, insbesondere im Mittelstand ängstigenden Fragen, zeitweise Bürgernähe und zugleich konzeptorientierte Führungsstärke vermissen lässt. Beides muss zusammengehen, sonst knirscht die politische Legitimation.

Ist die ganze Sarrazin-Manie demnach vor allem der Ausdruck einer Legitimationskrise der Demokratie in Deutschland?
Soweit würde ich noch nicht gehen. Aber Tendenzen dahin lassen sich ablesen an abnehmender Wahlbeteiligung, wachsender Neigung zur Protestwahl und zur Bereitschaft, an der Wahlurne Protestparteien die Stimme zu geben bis hin zur der für eine lebendige und streitbare Demokratie in der Tat lebensgefährlichen Überlegung der informellen »Man wird doch wohl noch fragen dürfen-Fraktion«, ob denn die parlamentarische Demokratie geeignet sei, die aktuellen »Herausforderungen« zu »bewältigen«. Das Thema Migration und Integration ist bei alledem nur ein Spielball unter anderen im weiten Feld von Politikverdrossenheit und Protestverhalten, in dem die verschiedensten Empörungen, aber auch Verlustängste zusammentreffen.

10.1.5 »Die eifrig geschürten islamophoben Verdächtigungen wachsen«, Interview,
in: Deutsch Türkische Nachrichten, 22.12.2010 (Auszug).

Kennen Sie dieses Zitat: »Aus der ›Gastarbeiterfrage‹ ist weithin eine Einwanderungsfrage, aus dem Arbeitskräfteimport eine importierte soziale Frage geworden, die nicht einfach wieder exportiert werden kann, weil es sich hier nicht um Gebrauchsartikel handelt, sondern um Menschen«. Wissen Sie vor allem, von wann es ist?
Das ist eindeutig von mir, es gibt diverse andere Zitate inhaltlich in der Nähe, wahrscheinlich aus einem Zeitungsartikel…

Das haben Sie 1982 in einem Artikel für die »ZEIT« geschrieben, also vor fast 30 Jahren! Müssen wir angesichts der aktuellen Debatte feststellen, dass die Deutschen es nicht geschafft haben, die Migrationsthematik zu lösen?
Die »Migrationsthematik« hat ein Vorder- und eine Rückseite: Zunächst ging und geht es um Migration und Migrationspolitik, also bis vor wenigen Jahren vorwiegend um Zuwanderung und Zuwanderungspolitik. Dann ging und geht es um Integration und Integrationspolitik, also um die im weitesten Sinne gesellschaftlichen Folgen von Zuwanderung, denn Zuwanderung in großer Zahl verändert die Gesellschaft insgesamt. Diese Veränderungen aber sind auch dann noch von Bedeutung, wenn Zuwanderung in großer Zahl schon der Geschichte angehört. Das ist heute der Fall, denn wir haben de facto mehr an Abwanderung bzw. Auswanderung und müssen eben wir immer noch mit Integration als Folge früherer Zuwanderungen zu tun. Migration und Integration sind also zwei Seiten der gleichen Medaille.

Diese Migrations- und Integrationsthematik als solche kann man nie ein für alle Mal »lösen«, weil sie sich auf der Zeitachse immer wieder neu stellt: Was in den frühen 1970er Jahren noch als »Lösung der Gastarbeiterfrage« diskutiert wurde, die damals oft als »Zeitbombe« umschrieben wurde, war schon in den 1980er Jahren nicht mehr zeitgemäß; denn die frühere »Gastarbeiterfrage« war da schon zu einer echten Einwanderungsfrage geworden, auch wenn Politik auf der Bundesebene das lange dementierte nach dem Tabu-Motto, dass nicht sein kann, was nicht sein darf: »Die Bundesrepublik ist kein Einwanderungsland«. Aber was man verdrängt, das kann man nicht gestalten. »Defensive Erkenntnisverweigerung« habe ich das damals genannt und vor den Folgen gewarnt.

Sie zeigten sich unverkennbar Anfang der 1990er Jahre in den nicht etwa einzigartigen, aber wegen des düsteren Schattens der deutschen Geschichte weltweit Aufsehen erregenden Exzessen auf deutschen Straßen unter dem Druck von Massenzuwanderungen von Asylsuchenden, aber auch von Aussiedlern. In den frühen 1990er Jahren wurde zögernd akzeptiert, dass die Bundesrepublik doch längst ein »Einwanderungsland« geworden war. Auch die CDU ließ 1994 zumindest den realitätsfremden Dementi-Satz in ihren Grundsatzpapieren fallen. Aber nun ging es darum, den unkontrollierbar gewordenen Zuzug auf der Grundlage des Grundrechts auf Asyl durch eine restriktive Grundgesetzänderung zu begrenzen. Das geschah dann 1993 im sog. »Asylkompromiss«. Ganz anders wiederum stellte sich die Lage dar, als es Anfang des 21. Jahrhunderts, im Vorfeld des Zuwanderungsgesetzes von 2005, um eine Gesamtreform von Zuwanderungssteuerung und Migrationsverwaltung ging. Herausforderungen durch die Themen Migration und Integration stellten sich dabei immer wieder neu.

Politik hat seit dem Anwerbestopp von 1973 im Blick auf die immer wieder vergeblich eingeforderten strategischen Konzepte für Migration und Integration auf Bundesebene jahrzehntelang »geschlafen«, wie der vormalige Bundespräsident Horst Köhler 2006 zu Recht gesagt hat. Erst im ersten Jahrzehnt des 21. Jahrhunderts hat Politik auch auf der Bundesebene in Sachen Migration und Integration kraftvoll Tritt gefasst und dabei mehr getan als in den vier Jahrzehnten zuvor. Aber die Schleifspuren der integrationspolitischen Versäumnisse in den vorausgegangenen Jahrzehnten sind Zusatzbelastungen für Gegenwart und absehbare Zukunft. Die politisch Verantwortlichen dafür sind bekannt und lassen sich heute nur ungern an ihre eklatanten Fehler von gestern erinnern. Dieses Erinnern aber ist nötig, damit Fehlentwicklungen nicht als unvermeidlich-schicksalhaft missverstanden werden, sondern als Folgen von vermeidbaren und künftig zu vermeidenden politischen Fehleinschätzungen, Fehlsteuerungen und fahrlässigen Verdrängungen.

Wie kommt es, dass in vielen Fällen das Zusammenleben verschiedener ethnischer Gruppen in Deutschland viel besser abläuft als etwa in Frankreich, dass aber die mediale Selbstreflexion Deutschland als am Rande des Kollapses beschreibt?
In Frankreich hat man in Gestalt der Banlieue-Distrikte in den 1960 und 1970er Jahren Neubausiedlungen, oft mit wenig anziehender Infrastruktur, weit vor die Großstädte gesetzt, aus denen dann schrittweise Migrantensiedlungen wurden, obwohl sie zunächst dafür gar nicht gedacht waren. Diese Siedlungen sind viel stärker durch einzelne ethnische Gruppen, insbesondere aus dem Maghreb, geprägt als die Einwanderviertel in Deutschland. Die sind, von einzelnen ethnisch relativ homogenen Siedlungskernen einmal abgesehen, insgesamt kulturell heterogen. Die erkennbare Benachteiligung der Banlieue-Bewohner, z.B. am Arbeitsmarkt, hat die soziale Spannung immer weiter erhöht, bis dann ein Zündfunken im Herbst 2005 zur Explosion dieser Spannungen genügte. Konflikte um Einwanderungs- und Integrationsfragen hatte es in Frankreich aber auch früher schon gegeben. Das ist mit der Situation in Deutschland nicht zu vergleichen. Deshalb hat damals der Berliner

Integrationsbeauftragte Piening zu Recht gesagt: »Berlin ist nicht Paris!«

Integration ist in Deutschland aber auch insgesamt viel besser als ihr Ruf im Land, und zwar auch im internationalen Vergleich. Das war ein zentrales Ergebnis des Jahresgutachtens »Einwanderungsgesellschaft 2010« des Sachverständigenrates deutscher Stiftungen für Integration und Migration (SVR) im Mai 2010 (www.svr-migration.de). Damit erstmals verbunden war unser »Integrationsbarometer«, in dem wir beide Seiten der Einwanderungsgesellschaft, also Zuwandererbevölkerung und deutsche Mehrheitsbevölkerung mit den gleichen empirie-orientierten und nicht etwa nur allgemeinhin meinungsbezogenen Fragen konfrontiert haben. Das Integrationsbarometer zeigte, dass im Alltag der Einwanderungsgesellschaft das gegenseitige Grundvertrauen und auch die Sicht von Integration und Integrationspolitik auf beiden Seiten bei weitem positiver sind als dies die skandalisierende, sensationalistische und miesepetrige Berichterstattung darüber seit vielen Jahren vermuten ließ. Auch die von Politik immer wieder gezeichneten Schreckbilder und Horrorszenarien von der angeblich flächendeckend »gescheiterten Integration« waren und sind abwegige Zerrbilder […]. Integration ist in Deutschland vielmehr relativ gut gelungen, obgleich Politik, von der kommunalen Ebene und den Mittlerorganisationen einmal abgesehen, dabei jahrzehntelang nicht nur nicht sonderlich hilfreich, sondern zuweilen sogar ausgesprochen hinderlich war.

Die Deutschen jammern in Sachen Integration also auf sehr hohem Niveau. Fraglos gibt es Schwachstellen und spannungsgeladene Dunkelzonen der Integration, insbesondere dort, wo soziale Probleme und Integrationsprobleme sich gegenseitig verstärken. Aber das sind die auffälligen Ausnahmen, die in Wirklichkeit nur die Regel der im Großen und Ganzen friedvoll und erfolgreich verlaufenden Integration bestätigen. Das Geheimnis erfolgreicher Integration aber ist, dass sie unauffällig bleibt. Auffällig sind nur die Betriebsunfälle. […]

Einer der ganz großen Konfliktherde sind die Schulen: Was wurde hier falsch gemacht, was muss hier dringend verbessert werden?
Bildung ist ein Risikogeschäft. Staat und Gesellschaft können nur Angebote machen. Ob und wie sie genutzt werden, ist Sache der Einzelnen, die auch die Verantwortung für die Folgen ihres Verhaltens tragen müssen. Voraussetzung dafür, dass das funktioniert, sind aber gleiche Chancen. Und daran fehlt es nach wie vor. Es wird zwar auf die gleiche Bewertung gleicher Leistungen geachtet. Aber es wird zu wenig auf die sozial ganz unterschiedlichen Bedingungen geachtet, unter denen diese Leistungen erbracht werden oder eben nicht erbracht werden können. Das gilt z.B. wenn die Eltern kein Deutsch können und den Kindern auch darüber hinaus nicht das mitgeben können, was diese für einen erfolgreichen und ihren Begabungen entsprechenden Schulbesuch mitbringen müssen. Die Förderung im Vorschul- und im frühkindlichen Bereich ist aber noch bei weitem nicht hinreichend. Vieles hat sich in den letzten Jahren verbessert, aber nach wie vor gilt: Von gleichen Bildungschancen oder gar Bildungserfolgen von Jugendlichen mit und ohne Migrationshintergrund kann noch immer nicht die Rede sein.

Zum Hintergrund zählt ein weiteres Dilemma: Nach dem SVR-Integrationsbarometer befürworten Eltern aus Mehrheits- wie Zuwandererbevölkerung zwar durchweg Gleichberechtigung bei den Bildungschancen und auch die Erziehung in heterogenen Schulklassen. Sie haben aber meist eine negative Einschätzung der Leistungsfähigkeit von Schulen mit ethnisch heterogener Schülerschaft; denn sie bringen ethnisch stark heterogene Schulen, oft nicht zu Unrecht, vor allem mit sozial schwachen Elternhäusern in Verbindung. Deshalb wollen sie für die eigenen Kinder nicht das »Risiko« ethnisch gemischter Schulklassen eingehen. Das gilt nicht nur für bildungsorientierte Eltern aus der Mehrheitsbevölkerung, sondern auch für Aufsteigerhaushalte mit Migrationshintergrund. Sie ziehen weg, um ihre Kinder in einer »besseren« Schule anmelden zu können. Dieses – verständliche – Verhalten von Eltern verschärft noch die Probleme vor Ort.

Forderungen nach einem Umbau des Bildungssystems zugunsten von Chancengleichheit prallen also bei wachsender Heterogenität an der Abwehrhaltung von bildungsorientierten Eltern ab. Solange sich die Einschätzung hält, dass Heterogenität der Schülerschaft und Leistungsfähigkeit der Schule weitgehend unvereinbar sind, wird sich die soziale Segregation im Bildungswesen nicht wirksam bekämpfen lassen. Dieses Dilemma kann man nur begrenzen, wenn sich durch innovatives Engagement, durch konzeptionelle, personelle und materielle Investitionen in heterogene Schulen deren Attraktivität erhöht.

Durch den 11. September 2001 ist der Islam weltweit schlagartig mit bösartigstem Terrorismus in Verbindung gebracht worden. In Deutschland hat sich dieses Thema besonders gehalten, weil einige der Terroristen lange und unbehelligt hier gelebt haben. Wo ist ein Hebel, damit die Auseinandersetzung mit dem Islam entgiftet wird?
Es gibt in Deutschland eine sich anti-islamistisch gerierende, in Wahrheit aber anti-islamische Strömung, deren publizistische Meinungsführer sehr einträglich von der ständigen Beschwörung einer angeblichen Bedrohung durch »den Islam« leben. Gegenüber diesen Denunziationskampagnen wissen viele Meinungsführer auf der muslimischen Seite gar nicht mehr, was sie tun sollen: Positionieren sie sich öffentlich, wird ihnen aggressiver Drang zu »Missionierung«, zu »Unterwanderung« oder »Überfremdung« unterstellt. Ziehen sie sich zurück, wird von »Parallelgesellschaften« geredet. So macht man Integrationsbereitschaft kaputt.

Man muss dieses undifferenzierte Islam-Feindbild auflösen: Nicht »der Islam« ist eine Bedrohung. Er ist vielmehr eine mehrheitlich friedvolle, aus vielen unterschiedlichen Strömungen und Lehrtraditionen bestehende religiöse Weltdeutung, jedenfalls was die aus dem türkisch-islamischen Zusammenhang stammenden Lehrtraditionen angeht, die in Deutschland dominieren. Zweifelsohne gibt es fundamentalistische Strömungen, die die Heiligen Schriften eins zu eins übernehmen und umsetzen wollen. Aber es gibt ja schließlich auch christlich-fundamentalistische Sekten, die außer der Wort für Wort zu lebenden Bibel kein anderes Buch akzeptieren wollen. Sicher gibt es im Koran einzelne, immer wieder vorgeführte martialische Suren, aber das Alte Testament ist in manchen Stellen auch nicht gerade eine kuschelige Erzählung.

In das Feindbild der zivilisierten Welt gehören, wenn schon, aggressive fundamentalistisch-islamistische Strömungen, die sich zu Unrecht auf angebliche Botschaften des bei uns verbreiteten Islams zur Zwangsmissionierung der ganzen Welt und zum Kampf gegen alles »Ungläubige« und »Westliche« berufen. Aber man darf die Ausnahme nicht zur Regel erklären. Niemand würde doch in Deutschland »die katholische Kirche« in die Verantwortung rufen und pauschal als potentiell terroristisch denunzieren, wenn die IRA in Nordirland mal wieder einmal eine Bombe zündet.

Wir messen – aus verstehbaren historischen Gründen – in Deutschland überdies mit zweierlei Maß: Die eifrig geschürten islamophoben bzw. islamophagen Verdächtigungen wachsen. Sie setzen sich zunehmend auch in aggressives Verhalten um – und hinterher will es bestimmt wieder keiner gewesen sein. In der letzten Zeit wurden allein in Berlin rund ein halbes Dutzend Anschläge auf Moscheen gezählt. Man stelle sich vor, es hätte sich dabei um Anschläge auf Synagogen gehandelt. Als Thilo Sarrazin in seinem Buch von der genetisch mangelhaften Intelligenzausstattung »der Muslime« schrieb, wurde das zwar mit einiger Irritation zur Kenntnis genommen, aber beschwichtigt und sogar zum Anlass genommen für eine umfängliche Diskussion um Fragen der Vererbbarkeit von Intelligenz nach dem Motto »Man wird doch wohl noch sagen dürfen…«. Als Sarrazin dann aber eher beiläufig einmal von »jüdischen Genen« sprach, brach sofort die Hölle los. Die Rede von »Muslimgenen« ist aber ebenso ethnobiologisch absurd und aggressiv wie diejenige von »Judengenen«, auch wenn man in Deutschland, dem Land der staatlich organisierten Massenmords an den Juden Europas, allen Anlass hat, gerade im Blick auf jedwede Form von Antisemitismus besonders hellhörig zu sein.

Auch nach 9/11 gibt es immer wieder neue Vorwürfe, etwa, der Islam sehe den Mord als eine Art religiöse Handlung vor. Verstehen die Deutschen den Islam zu wenig, oder versteckt sich hinter dieser Religion doch mehr als nur eine, die in Lessings »Nathan« eine Hauptrolle in einem aufgeklärt-toleranten Terzett spielt?

»Der« Islam ist in der Tat nicht leicht zu verstehen, offenkundig aber auch bei nicht wenigen Muslimen selbst: Manche haben vielleicht diverse für das alltägliche Leben hilfreiche Suren im Kopf, kennen den Koran insgesamt aber gar nicht, weil er in arabischer Schrift geschrieben ist. Manche kennen ihn nur aus dem, was der Imam ihnen darüber berichtet. Nicht wenige sprechen auch das Freitagsgebet in der Moschee eher lautierend nach, ohne genau den Sinn zu verstehen, ganz so wie das früher bei vielen Katholiken der Fall war, die auswendig gelernte lateinische Formeln beteten, ohne des Lateinischen mächtig zu sein. Viele gehen nicht einmal zu dem an sich verpflichtenden gemeinsamen Freitagsgebet in die Moschee. »Der Islam« ist also in Deutschland ebenso eine kommunikative Karikatur wie »der Muslim«. Man muss mehr differenzieren und genauer hinsehen, dann entdeckt man überrascht die Wirklichkeit einer ganz »normalen« Welt.

Es wird oft gesagt, dass der Islam im Gegensatz zum Christentum die Säkularisierung noch vor sich habe. Die einen fragen dann, ob er sie aushalten kann, ohne sich in inneren Konflikten zu verzehren. Andere meinen, dass er dazu ganz unfähig sei. Beides ist falsch, denn es geht nicht um eine Art nachholende Säkularisierung. Es geht um das Ankommen in säkularen Gesellschaften unter dem Druck, von der persönlichen Glaubenswelt mit ihren religiös-spirituellen Lebens- und Jenseitsbezügen abgesehen, auch wissenschaftlich-rationale Zugänge zu Religion und Religionsgeschichte zu akzeptieren und damit eine Brücke zu bauen zwischen Spiritualität und Moderne.

Für »Nathan« steht, wenn man so will, in der modernen Türkei, aber auch von Nordamerika über Südamerika bis nach Afrika und Asien ausgreifend die einerseits hochmoderne, andererseits in ihren Glaubensbezügen durchaus metaphysische sog. »Gülen-Bewegung«. Sie beruft sich – in ihrer Namensgebung durchaus gegen seinen Willen – auf den türkischen Intellektuellen, Schriftsteller und Prediger Fethullah Gülen, der heute in den USA lebt. Es ist eine gewaltige, Millionen Anhänger zählende Bildungsbewegung mit eigenen Universitäten, vielen Dutzenden von Schulen und zahllosen Nachhilfezentren, deren Einrichtungen in Istanbul ich mir unlängst einmal angesehen habe. Diese Bildungseinrichtungen berufen sich zwar immer wieder auf Gülen, arbeiten aber, nur zum Teil über eine zentrale Stiftung finanziert, weitgehend autonom und folgen dem berühmten Gülen-Motto: »Baut nicht mehr Moscheen. Davon haben wir genug. Baut Schulen!« Gülen war auch der erste, der den Terror-Anschlag vom 9/11 in einer in der islamischen Welt Aufsehen erregenden Erklärung ächtete. Und einer seiner wichtigsten Vertreter in Deutschland, der Berliner Soziologe und Stadtplaner Ercan Karakoyun[3], erklärt: »Die Demokratie ist nicht ein System, dass gestürzt werden muss, sondern die sich vielfach bewährende Regierungsform. Terror und Gewalt sind keine Grundzüge des Islam, sondern diesen entgegengesetzt. Bin Laden ist keine Held, sondern ein Verbrecher.«

Außerdem deutet vieles darauf hin, dass sich die vermeintliche nachholende Säkularisierung, die »dem Islam« insgesamt immer wieder abverlangt wird, in den Köpfen der vielen einzelnen Muslime – wir haben mehr als vier Millionen davon in Deutschland, von denen rund die Hälfte deutsche Staatsbürger sind – längst ganz anders vollzogen hat. Und zwar im Sinne einer pragmatischen Modernisierung: Wir haben seit langem in Deutschland lebende oder sogar hier geborenen Muslime gefragt, was für sie am wichtigsten ist. Sie sprechen dann von einer möglichst guten Bildung und Ausbildung für ihre Kinder, von gleichen Chancen am Arbeitsmarkt, von einer guten Wohnung in angenehmer Nachbarschaft, vom Wunsch nach Anerkennung als gleichrangige Bürger u.a.m. – und keineswegs in erster Linie davon, dass die Moschee höhere Minarette braucht. Manche wissen kaum, wie die für sie zuständige Moschee von innen aussieht. Das erinnert an Christen, die auf die Frage, ob sie in die Kirche gehen, antworten: »Ja, wenn es sich kunsthistorisch lohnt.«

Wir haben in Deutschland erste Versuche einer Ausbildung von muslimischen-Religionslehrern unter staatlicher Aufsicht, z.B. an der Universität Osnabrück. Kann das funktionieren? Imam Altinen aus Osnabrück hat bereits in einem Artikel gesagt, keine Gemeinde werde jemals einen staatlich ausgebildeten Imam akzeptieren – so wie die Katholiken auch keinen Priester akzeptieren würden, der vom deutschen Staat ausgebildet wird. Kann dieses Modell funktionieren?

Ich bin selber in den Anfängen an der Entwicklung des Osnabrücker Modells beteiligt gewesen, weil es ursprünglich von dem von mir dort gegründeten Institut für Migrationsforschung und Interkulturelle Beziehungen (IMIS) ausging. Wir hatten anfangs viel mehr vor: Die Ausbildung sollte zum Teil auch an einer theologischen Hochschule eines islamischen Landes erfolgen, aber dann in Deutschland abgeschlossen werden. Das wurde letztlich zu kompliziert und zu teuer. So ist nach langen Verhandlungen, an denen anfangs auch die höchste islamisch-staatliche Autorität der Türkei, Bardakoğlu (Diyanet), beteiligt war, nach meiner Zeit in Osnabrück ein stark verkürzter Studiengang entstanden, der ja schließlich auch in die modulierten deutschen Studienmodelle passen musste.

Aber was hier dem Osnabrücker Imam zugeschrieben wird, ist sicher ein doppeltes Missverständnis, aus mehreren Gründen: Zunächst einmal ist eine Religionslehrer-Ausbildung nicht zu verwechseln mit einer Imam-Ausbildung. Islam-Lehrer werden auch nicht von staatlichen Behörden ausgebildet, sondern von akademischen Lehrern an einer theologischen Fakultät, die ihrerseits staatlicher Aufsicht unterliegt, ganz so wie etwa die Ausbildung von evangelischen oder katholischen Religionslehrern auch. Über theologische Lehrinhalte wird mit der islamischen Seite durchaus geredet, was freilich viel leichter wäre, wenn die islamischen Gesprächspartner Vertreter einer staatlich anerkannte Glaubensgemeinschaft wären, was sie aber nach wie vor nicht sind. Und schließlich wäre es doch sehr merkwürdig, wenn ausgerechnet von islamisch-türkischer Seite in Deutschland absolute Staatsferne im Religionsunterricht eingeklagt würde, obgleich doch die Diyanet, also die oberste türkische Religionsbehörde, eine staatliche Institution ist.

Das Grundgesetz sieht keine religiösen Bevorzugungen vor. Was müssen die Muslime in Deutschland liefern, damit sie als Religionsgemeinschaft anerkannt werden können?

Das ist eine nicht unkomplizierte Frage des Kirchenverfassungsrechts, auch Religions- und Staatkirchenrecht genannt. Das Kernproblem liegt darin, dass der Islam in sich bei weitem vielgestaltiger ist als die christliche Kirche mit ihren verschiedenen Konfessionen. Stark vereinfacht heißt die Lösung: Die Muslime müssen versuchen, sich selbst in Religionsgemeinschaften zu organisieren, die mit einer Stimme oder doch zumindest mit einigen Stimmen reden können, die also Gremien haben, die die verbindliche Ansprechpartner des Staates sind. Das haben z.B. die Alewiten in NRW schon geschafft. Sie sind eine in ihren Lebensformen moderne und liberale muslimische Glaubensrichtung mit in Deutschland insgesamt Hunderttausenden von Mitgliedern, die aber von manchen anderen, insbesondere konservativen muslimischen Strömungen als liberalistische Sektierer attackiert werden.

Sehen Sie Ansätze bei den deutschen Muslimen in diese Richtung?

Es gibt den 2007 zusammengetretenen Koordinationsrat der Muslime in Deutschland, der auch eine Antwort auf die 2006 von Bundesinnenminister Schäuble einberufene Islam-Konferenz war, zu der »Vertreter der Muslime« einzuladen waren. Der Koordinationsrat besteht aus verschiedenen Religionsverbänden, von denen die DITIB (Diyanet) der größte ist. Der Koordinationsrat umfasst die eher konservativen und strenggläubigen Verbände, die ihrerseits wiederum nur einen Teil der Muslime in Deutschland repräsentieren. Die Stärke dieser Repräsentativität ist je nach Position und Perspektive umstritten. Auf staatlicher Seite wird, gestützt auf wissenschaftliche Untersuchungen, von nur 15–20 Prozent der Muslime gesprochen. Die im Koordinationsrat vereinten Verbände schätzen diesen Anteil deutlich höher ein oder beteiligen sich auch gar nicht an solchen

---

[3] Karakoyun ist einer der Herausgeber der Deutsch Türkischen Nachrichten, Anm. der Redaktion.

Rechenspielen, die schon deshalb wenig aussagekräftig sind, weil eben keineswegs alle in der Statistik als solche ausgewiesenen Muslime regelmäßig ihren Glauben praktizieren oder gar strenggläubig sind.

Welche Vor- und welche Nachteile hätte der Islam, wenn er eine anerkannte Religionsgemeinschaft wäre?
Der einzige Nachteil für den Islam in Deutschland wäre, dass die Muslime erkennen und akzeptieren müssten, dass es wohl eine sehr große Zahl von bloßen »Kartei-Muslimen« gibt, die ihren Glauben zwar bei der Anmeldung angeben, aber im Lebensalltag gar nicht praktizieren. Ansonsten gibt es für den Islam im Grunde nur Vorteile. Deshalb streben die muslimischen Verbände, die zumeist nur eingetragene Vereine (e.V.) sind, ja auch nach der Anerkennung als Religionsgemeinschaften im Sinne des Grundgesetzes. Sie können dann z.B. als Körperschaften des öffentlichen Rechts Kirchensteuern von ihren Mitgliedern erheben und sogar den Staat zu beauftragen, dies für sie zu tun über die Landesfinanzbehörden, vor Ort also die Finanzämter. Sie genießen auch andere Vorteile, z.B. Steuer-, Gebühren- und Kostenbefreiungen. Sie können die Rechtsstellung ihrer Bediensteten privatrechtlich oder öffentlich-rechtlich gestalten. Religionsgemeinschaften haben gegenüber dem jeweiligen Bundesland unter bestimmten Voraussetzungen auch einen Rechtsanspruch auf Einrichtung von religiösem Bekenntnisunterricht. Das geschieht dann unter staatlicher Schulaufsicht, aber in einer Kooperation mit den Religionsgemeinschaften, die deren religiöse Grundsätze berücksichtigt. Wäre dies also in Niedersachsen der Fall, dann hätte auch der Osnabrücker Imam keinen Grund zur Sorge.

Die Anerkennung einer religiösen Vereinigung als Religionsgemeinschaft im Sinne des Grundgesetzes und damit als Körperschaft des öffentlichen Rechts ist Ländersache; denn die Bundesländer sind in erster Linie für die Kultusangelegenheiten und damit auch für das Staatskirchenrecht zuständig. Die Länder dürfen diesen Status nur an Gemeinschaften verleihen, die die Gewähr eines dauerhaften Bestands bieten. Vorausgesetzt werden dazu meist eine rechtliche Verfassung, eine Mindestzahl von Mitgliedern, eine hinreichende finanzielle Ausstattung und eine Bestandszeit von in der Regel 30 Jahren im Land. Das ist also alles nicht so einfach.

Welche Vor- und welche Nachteile hätte Deutschland, wenn der Islam eine anerkannte Religionsgemeinschaft wäre?
Das wäre ein Schritt weiter zur Akzeptanz der Realitäten in der Einwanderungsgesellschaft, von der auch Bundespräsident Christian Wulff in seiner richtungweisenden Rede vom 3. Oktober 2010 gesprochen hat; denn immerhin ist der Islam nach dem Christentum und weit vor dem Judentum die zweitgrößte Religion in Deutschland. Für die Einwanderungsgesellschaft hätte das den Vorteil einer »Normalisierung«, die der Desintegrationspublizistik ein Stück weit den Boden entziehen würde durch eine anerkannte, offene und für alle zugängliche religiöse Alltagswelt, so normal eben wie diejenige der christlichen Konfessionen auch. Deutschland hätte im Übrigen keine Nachteile, abgesehen von den zu beanspruchenden Leistungen des Staates. Die würden aber dadurch aufgewogen, dass der Staat einen Überblick über das Wirken der Religionsgemeinschaften auf seinem Territorium hat und ihnen zugleich heraushilft aus der untergeordneten Stellung gegenüber anderen und insbesondere den christlichen Religionsgemeinschaften.

Welche Rolle spielt in der Entwicklung der demografische Faktor? In schon sehr kurzer Zeit werden die jungen Türken in Deutschland eine nicht mehr zu übersehende Kraft sein. Erwarten Sie da auch eine stärkere Politisierung, oder werden die türkisch-stämmigen Deutschen in den traditionellen Parteien aufgehen?
Die »jungen Türken«, die übrigens zumeist deutsche Staatsbürger sind und dies auch bleiben, wenn sie sich spätestens bis zum 23. Lebensjahr dafür entscheiden, sind heute schon nur noch von Blinden zu übersehen. Der Anteil der jungen Einwanderer der zweiten und dritten Generation mit türkischstämmigem Migrationshintergrund wächst im Vergleich zu den jungen Deutschen ohne Migrationshintergrund. Aber die kinderreiche türkische Familie in Deutschland gehört der Vergangenheit an. Die Geburtenkurve passt sich schrittweise derjenigen der deutschen Mehrheitsbevölkerung an. Bislang sind auch keine »türkischen« Einwandererparteien in Deutschland in Sicht. Sie hätten auch wenig Chancen. Es ist davon auszugehen, dass auch die Deutsch-Türken die traditionellen Parteien bevorzugen, weil die einfach stärker sind. Wenn die Zahl der Einbürgerungen und damit das Gewicht der »Migrationshintergründe« an den Wahlurnen wächst, wird sich Politik ohnehin immer »migrantenfreundlicher« gerieren.

Möglicherweise lösen sich alle Probleme durch wirtschaftlichen Druck – kann die deutsche Wirtschaft ohne einen signifikanten Migrationsschub weiter erfolgreich sein?
Wenn nicht alle Modellrechnungen täuschen und wenn nicht eine neue Finanz- oder Wirtschaftskrise wieder vieles zunichtmacht, kann in Deutschland schon im Jahr 2015, also in vier Jahren, mit einem Arbeitskräftemangel von bis zu 3 Millionen gerechnet werden, also annähernd so viel, wie es heute Arbeitslose gibt. Das hat vor allem mit dem beschleunigten demographischen Wandel, aber auch mit den anfangs angesprochenen Migrationsverhältnissen zu tun: Es gibt einen zunehmend negativen Wanderungssaldo. Mehr Menschen ohne und mit Migrationshintergrund verlassen Deutschland als neue Zuwanderer nach Deutschland kommen.

Mehr noch, es gibt auch einen qualitativ negativen Wanderungssaldo für Deutschland: Vieles spricht dafür, dass das Qualifikationsniveau der ab- und auswandernden Deutschen, aber auch der neuen

Elite aus den Nachfahren der ehemaligen Gastarbeiterbevölkerung höher ist als dasjenige der Zuwandererbevölkerung in Deutschland, vielleicht sogar als dasjenige der in Deutschland lebenden Bevölkerung insgesamt. Unser Bildungssystem ist in der Spitze hervorragend, deshalb werden unsere Leute ja auch im Ausland mit Kusshand genommen. Aber es ist aus den genannten Gründen nicht durchlässig genug für die von unten nachwachsenden Begabungen. Umso mehr sind wir neben einer Qualifikationsoffensive im Innern auch auf gezielt zugelassene Zuwanderung von außen angewiesen.

10.1.6 Das einträgliche Geschäft mit der Angst,
in: Neue Osnabrücker Zeitung, 24.11.2011.

Manchen, die sich in der Integrationsdebatte zu Wort melden, geht es nicht um seriöse Problemlösung. Sie beuten die stille Wut des Mittelstandes über eine bürgerferne Politik aus. Ein Mittel hierzu ist die Denunziation des Islam. Dabei funktioniert die Integration in Deutschland besser, als viele wahrhaben wollen.

In der deutschen Integrationsdebatte datiert man neuerdings »vor und nach Sarrazin«. Das ist erstaunlich, weil es in der »Sarrazin-Debatte« kaum sachlich Neues gab. Das mag Thilo Sarrazin als wirtschafts- und finanzwissenschaftlich geschulten Autodidakten in der Migrations- und Integrationsthematik nicht bekannt gewesen sein, weil er den Forschungsstand nicht überblickte. Das Gleiche dürfte für einen großen Teil der 1,2 Millionen Käufer des Bestsellers »Deutschland schafft sich ab« gelten, die allerdings nicht durchweg mit Buchlesern in eins zu setzen sind. Die Debatte ist nur lauter, alarmistischer geworden. Aber vielleicht ist das in Deutschland, dem Land der jahrzehntelangen Realitätsverweigerung bzw. Erkenntnisverspätung unter dem Motto »Die Bundesrepublik ist kein Einwanderungsland«, nötig, um gehört zu werden. Alarmismus als publizistischer Türöffner läuft freilich immer Gefahr, mit der Botschaft selbst verwechselt zu werden.

Protestverhalten
Bilder der deutschen Integration erscheinen paradox: Es gibt ein im Alltag tragendes, verhalten optimistisches Selbstbild der Einwanderungsgesellschaft und ein zunehmend pragmatisches Verhältnis zu Integrationsfragen. Das hat das Integrationsbarometer des Sachverständigenrates deutscher Stiftungen für Integration und Migration (SVR) mit dem Titel »Einwanderungsgesellschaft 2010« im Frühsommer gezeigt.

Über dieser, nach seriösen Umfragen auch weiterhin tragenden Grundströmung gibt es seit der »Sarrazin-Debatte« stürmische Oberflächenwirbel. Sie werden angetrieben von einer emsigen Desintegrationspublizistik, die weniger Integrations- und »Islamkritik« als Integrations- und Islam-Denunziation betreibt. Das ist ein einträgliches Geschäft mit der kulturellen und sozialen Angst, die auch ganz andere Ursachen hat. Entscheidend ist die Frage, wie tief die Oberflächenwirbel greifen und ob sie imstande sein werden, auch den noch stabilen Grund des Gruppenvertrauens in der Einwanderungsgesellschaft aufzuwühlen.

Das Sarrazin-Phänomen selbst ankert nicht vorwiegend oder gar nur in Problemen von Integration und Migration: Es hat ebenso zu tun mit der – auch durch die Publikationsreihe »Deutsche Zustände« von Wilhelm Heitmeyer belegten – wachsenden stillen Wut weiter Kreise der Bevölkerung. Sie zielt auf eine politische Klasse, die in existenziellen, insbesondere den Mittestand ängstigenden Fragen Bürgernähe und konzeptorientierte Führungsverantwortung vermissen lässt.

Das Thema Integration ist also nur ein Spielball unter anderen im breiten Feld von Politikverdrossenheit und Protestverhalten, in dem die verschiedensten Empörungen, aber auch Verlustängste zusammentreffen. Sie könnten, über Sündenbocktheorien projiziert, bei steter Wiederholung auch die noch stabile Basis des Gruppenvertrauens im Alltag der Einwanderungsgesellschaft destabilisieren. Dann wäre in der Einwanderungsgesellschaft unter Umständen der soziale Frieden in Gefahr, mit schwer absehbaren Folgen.

Politik spielt hier eine ambivalente Rolle. Sie hat in Sachen Integration kraftvoll Tritt gefasst und kommt doch immer wieder aus dem Tritt: Einerseits ist in Deutschland in den letzten zehn Jahren integrationspolitisch de jure und de facto mehr geschehen als in den vier Jahrzehnten zuvor. Andererseits kommt es im gleichen Feld immer wieder zu vermeintlich bürgerorientierten, in Wirklichkeit aber opportunistisch medien- und demoskopieorientierten Stolperschritten. Sie untergraben nicht nur das Gruppenvertrauen in der Einwanderungsgesellschaft, sondern auch die Glaubwürdigkeit politischer Positionen, von der die Legitimation der Politik in der demokratischen Einwanderungsgesellschaft lebt.

Geduld auf beiden Seiten
Abhilfe leisten kann aufseiten der Politik nur die konzeptorientiert handlungsbereite, verlässliche und damit auch vertrauensbildende, aber eben auch persönlich haftungsbereite Führungsverantwortung. Sie gründet sich auf das, was der österreichische Bundespräsident Fischer in einer Rede vor dem österreichisch-französischen Zentrum im Oktober 2010 das Streben nach »klaren und nachvollziehbaren Regelungen« genannt hat. Ein Beispiel für Deutschland gab die programmatische Rede von Bundespräsident Christian Wulff zum 20. Jahrestag der deutschen Vereinigung. Seine Rede markierte in der politischen Migrations- und Integrationsdiskussion in Deutschland eine historische Zäsur, zu der sein Amtsvorgänger Horst Köhler 2006 vergeblich mit dem kritischen Statement ausgeholt hatte, man habe in der Politik

»die Integration verschlafen«. Wulffs Rede hat die Nation aufhorchen lassen und – wie alles, was auf höchster Ebene eine Wende markiert – unvermeidlich zu Entrüstungen geführt. Das war bei Bundespräsident Richard von Weizsäcker seinerzeit auch nicht anders, als er das Ende des Zweiten Weltkrieges und damit die deutsche Niederlage als Befreiung beschrieb.

Die Entrüstung wird verhallen, die historische Wegmarke steht fest. Sie umschließt das Feld der Integration, von der Akzeptanz des Islam abgesehen, insbesondere zwei Botschaften: 1. die Integration in Deutschland ist besser als ihr Bild in den Medien und ein Generationenprojekt, das Geduld auf beiden Seiten braucht; 2. gesellschaftliche Vielfalt aushalten zu lernen, ist Aufgabe für alle. Diese Vielfalt kann sich frei entfalten. Sie muss aber, wo nötig, entschieden, streitbar und abwehrbereit in den Grenzen einer Verfassungsordnung gehalten werden, die festschreibt, dass der eigene Anspruch auf Recht und Freiheit sich nicht auf Unrecht und Unfreiheit für andere gründen darf. Von der Politik vorgelebt werden sollte in diesem Sinne nicht populistischer Alarmismus, sondern ein kritischer Integrationsoptimismus: realitätsbezogen, pragmatisch-unaufgeregt und verantwortungsbereit.

10.1.7 »Sagen, was gut läuft in diesem Land«, Interview (Alem Grabovac),
in: taz.die tageszeitung, 1.2.2011.

Integration: Wo sind die linken Denker in der Debatte über das Buch von Thilo Sarrazin? Erstarrt in Schockstarre und Selbstblockade, sagt der Berliner Migrationsforscher Klaus J. Bade.

Herr Bade, die Debatte über Thilo Sarrazins Buch »Deutschland schafft sich ab« ist gerade abgeklungen. Weshalb hat man rückblickend ständig das Gefühl, dass das linke Milieu irgendwie versagt hat?
Unverkennbar gab es eine Schockstarre, als die ersten Artikel mit der Vorankündigung von aggressiven sozialbiologistischen Denunziationen über »die« Integration »der« Muslime platziert wurden. Und das, nachdem der Sachverständigenrat erst drei Monate zuvor nachgewiesen und belegt hatte, dass Integration viel besser ist als ihr Ruf. Viele konnten einfach nicht glauben, dass so ein Text im Jahr 2010 so eine Breitenwirkung erzielt. Das war im Grunde wie damals bei der Konfrontation mit der Neuauflage von »ethnischen Säuberungen« in Exjugoslawien und dem Schock von Srebrenica: Viele registrierten ungläubig, wie dünn der Firnis der »modernen« Zivilisation sein kann über dem angeblich längst überwundenen Grauen von ethnobiologistischen Feindbildern – und das alles mitten in Europa am Ende des 20. Jahrhunderts. In der Sache kann man Sarrazins Buch damit nicht vergleichen, wohl aber in seiner Schockwirkung auf das Milieu, das Sie »die Linke« nennen.

Hat die Linke Sarrazin unterschätzt?
Sicher. Viele dachten, jetzt entlarvt sich das bürgerliche Milieu in seinem eigenen Zerrspiegel. Mit diesen »neorassistischen Thesen« ist doch kein Staat zu machen, jetzt zerfleischen die sich selber. Das war eine Fehleinschätzung.

Und was kam nach der Schockstarre und der Fehleinschätzung?
Die mediale Wucht war ungeheuerlich. Alle wollten mit Sarrazin ihre Auflagen steigern. Journalistische Sorgfaltspflicht war da oft nur lästig. Die bekannten Verdächtigen der publizistischen Desintegrationsindustrie und viele Trittbrettfahrer wähnten sich an der Spitze einer neuen bürgerlichen Bewegung, die mal wieder die schweigende Mehrheit repräsentiert. Die sogenannte Linke wurde überrollt, reagierte eher mit dem Rücken an der Wand, anstatt das Thema offensiv für sich zu besetzen ...

Wie meinen Sie das?
Es wurde Denunziation gegen Denunziation gestellt. Man hat Sarrazin mit der Rassismuskanone wegzublasen versucht. Dann hat man mit Entsetzen festgestellt, dass das Wasser auf die Mühlen der rechtspopulistischen Agitation war, erkennbar an dem Satz: »Man wir doch wohl noch sagen dürfen ...« Thilo Sarrazin ist eben weder ein Rassentheoretiker reinsten Wassers noch ein dumpfer Neonazi. Wer das behauptet, macht es sich zu leicht. Es sind vielmehr die fließenden Grenzen zwischen nüchternen Bestandsaufnahmen, pointierter Polemik, Halbwahrheiten und sozialbiologistischen Interpretationen, die dieses Buch so gefährlich machen. Es vermittelte überdies vielen Lesern das wohltuende Gefühl, als geborene Deutsche kulturell im Vorteil zu sein. Nein, das nur selten bediente Königsargument der sogenannten Linken hätte die soziale Lage der Menschen mit und ohne Migrationshintergrund sein müssen.

Der entscheidende Faktor ist also die soziale Milieuzugehörigkeit eines Menschen?
Wenn es um Integrationsfragen geht, eindeutig ja. Bildung und Ausbildung, im weitesten Sinne soziales Kapital und Chancengleichheit bei seinem Einsatz, das sind die entscheidenden Dimensionen. Muslimische Migranten in der neuen Unterschicht sind doch genauso eine soziale Realität wie die ebenfalls muslimische Elitenzuwanderung aus dem Iran oder aus Afghanistan. Das hat alles nichts mit Religion zu tun. Und auch Sarrazins scheindemografische These von der gefährlichen muslimischen Lendenstärke im Innern und der muslimischen Invasion von außen ist doch Unsinn. Da hat er die Statistik gezielt »getürkt«; denn die Geburtenkurve flacht ab und die Abwanderung aus Deutschland in die Türkei ist seit Jahren viel stärker als die Zuwanderung von dort. All diese Fakten hätte man von Beginn an stärker betonen müssen.

Ist das denn nicht geschehen?
Durchaus. Ich habe es auch selber sogleich versucht, aber ich stand damit eine Weile ziemlich allein auf weiter Flur und wurde von der publizistischen »Achse des Guten« nach allen Regeln der Kunst durch den Kakao gezogen. Naika Foroutan hat die Sachlage jetzt mit ihrer Studie »Sarrazins Thesen auf dem Prüfstand« umfassend ausgeleuchtet. Sie belegt in wesentlichen Punkten, was ich von Beginn an gesagt habe: Was wahr ist, ist oft nicht neu, und was neu ist, ist oft nicht wahr.

Aber glauben Sie wirklich, dass das reicht? Geht es in dieser Debatte nicht auch um Überfremdungsängste und die Suche nach einer neuen nationalen Identität?
Niemand sagt, dass das reicht. Natürlich geht es auch um diese Fragen. Die Muslime werden en bloc als die Inkarnation des Fremden konstruiert. Das hat viel mit ethnonationalen Denktraditionen in diesem Land zu tun. Man muss endlich lernen, dass die Identität eines Menschen die Summe seiner Teilidentitäten ist. Die Rede von »den Muslimen« ist, so betrachtet, nichts als die Verabsolutierung einer Teilidentität. Ich bin Christ. Aber ich verbitte mir entschieden, dafür denunziativ in Sippenhaftung genommen zu werden. Die Grundwerte unserer Verfassung geben uns das Recht auf diese Vielfalt. Und die ändert sich dauernd. Nur die Grundwerte selbst stehen außerhalb jeder Disposition.

Aber dieser Verfassungspatriotismus zieht nicht mehr, das sind doch alles kalte und rationale Argumente. Wo bleibt die emotionale Besetzung der Nation? Hat die Linke in Deutschland nicht ein Problem mit dem Begriff der Nation?
Dazu sage ich entschieden Jein: Auf der einen Seite gibt es die berühmte »German Disease«, die im Ausland immer wieder aufs Neue Irritationen auslöst: Alle paar Jahre fragen sich die Deutschen in kollektiver Selbstsuche, wer sie denn eigentlich sind. Auf der anderen Seite gibt es bei der sogenannten Linken sicher eine Selbstblockade gegenüber der »Leitkulturdebatte«. Man kann den Begriff wechseln, aber man muss da durch. Eine Einwanderungsgesellschaft, die sich scheut, eine Werte- und Identitätsdebatte zu führen, kriegt auf die Dauer ein Problem.

Was heißt das konkret?
Man muss die eigenen Spielregeln in menschenfreundlicher Prosa benennen können, wenn ein Einwanderungswilliger fragt: Worum geht es eigentlich in deinem Land? Jeder Amerikaner kann dann darauf in seiner Alltagssprache eine Handvoll Antworten geben. Die Deutschen suchen im Regal nach dem Grundgesetz. Mehr Alltagswissen über die großartigen Grundwerte unserer Verfassung wäre schon ganz hilfreich.

Fehlt es der Linken an Mut in der Integrationsdebatte?
Mut und Wut sind keine politischen TÜV-Kriterien. Aber die sogenannte Linke könnte gelegentlich mal deutlicher sagen, was gut oder im internationalen Vergleich sogar sehr gut läuft in diesem Land. Man muss ja nicht immer gleich schwer atmend auf irgendwas »stolz« sein. Aber man sollte endlich mit dem Rücken weg von der Wand und angreifen. Man sollte die Vielfalt in der Einheit betonen, sie als unerhörtes und kompromisslos zu verteidigendes Gut präsentieren. Eine sogenannte Linke, die die Einwanderungsgesellschaft mit ihren Begriffen kritisch, aber positiv und, wenn es denn der Identitätsfindung dient, von mir aus auch »emotional« besetzt, wäre eine realistische Alternative zu dem Sarrazinom mit seinen wuchernden Metastasen.

Jetzt wird gespannt ein Buch erwartet, in dem der FAZ-Feuilletonchef Patrick Bahners die Sarrazin-Debatte reflektiert. Schon wieder ein Konservativer. Wo sind die linken Denker in der Debatte?
Originär »linke« Positionen und Argumente fehlen in dieser Debatte nach wie vor. Mag sein, dass für viele die Sarrazinade ein klebriges Ekelgebräu ist. Aber man kann sich nur mit Argumenten auseinandersetzen, die von rationaler Ästhetik sind, sonst beherrschen irgendwann die Fliegenfänger das Land.

10.1.8 Meinungsbilder und Stimmungswandel: Die Sarrazin-Diskussion,

aus: Migration, Integration und Integrationspanik in Deutschland. Vortrag in der Reihe »Stärke durch Vielfalt«, Liechtenstein 11.4.2011, in: Wilfried Marxer / Marco Russo (Hg.), Liechtenstein – Stärke durch Vielfalt, Edition Weltordnung – Religion – Gewalt, Bd. 11, Innsbruck, 2012, S. 39–81 (Auszug, Anmerkungen gekürzt).

Der soziale Frieden in einer Einwanderungsgesellschaft lebt vom Grundvertrauen zwischen Mehrheits- und Einwandererbevölkerung. Die sog. »Sarrazin-Debatte« hat über diesem in der breiten Mitte der Einwanderungsgesellschaft nach wie vor tragfähigen Grundvertrauen mancherlei Oberflächenwirbel erzeugt. Diese oft xenophoben und insbesondere islamophoben bzw. islamophagen Oberflächenwirbel greifen unterschiedlich tief.

Sie sind nicht zu verwechseln mit den in Deutschland seit den 1980er Jahren immer wieder zu beobachtenden Konjunkturen der Ausländer- oder Fremdenfeindlichkeit. Die folgten oft gesellschaftspolitisch fahrlässiger Instrumentalisierung der Themen Migration und Integration zu Wahlkampfzwecken. Schon damals war dieses Spiel mit dem Feuer buchstäblich brandgefährlich, wie man spätestens Anfang der 1990er Jahre beobachten konnte.[4] Aber Integration wurde seinerzeit weithin noch immer als Randthema eingeschätzt. Heute ist dieses Spiel mit

---
[4] K. J. Bade, Ausländer – Aussiedler – Asyl. Eine Bestandsaufnahme, München 1994.

dem Feuer strukturell riskanter, weil Integration ein Mainstream-Thema geworden ist. Deshalb können von der Politik populistisch aufgenommene integrations- und islampanische Strömungen heute in einer Art »diskursivem Bürgerkrieg«[5] tiefer reichende Brüche in der politischen Kommunikation, möglicherweise sogar in der politischen Struktur bewirken.

Ausgangspunkt in Deutschland war das im Spätsommer 2010 erschienene Buch »Deutschland schafft sich ab« des früheren Berliner Finanzsenators, späteren Frankfurter Bundesbankvorstandes und – seines Buches wegen – vorzeitig in den Ruhestand versetzten Auflagenmillionärs Thilo Sarrazin.[6] Fließende Grenzen und argumentative Gemengelagen machten das nur im Umschlag »rote« Buch von Thilo Sarrazin vieldeutig und gefährlich: Auf der einen Seite stehen nüchterne Bestandsaufnahmen, pointierte Polemik, sozialstaats- bzw. sozialkritisches Feuilleton im Blick auf zum Teil auch von mir selbst immer wieder kritisierte Probleme, die in der »Sarrazin-Debatte« zu wenig diskutiert wurden.

Auf der anderen Seite gibt es, mit vielerlei Überschneidungen, nicht nur sarkastische Elitenlyrik, Zivilisationskritik und Kulturpessimismus, sondern auch anthropologische, kulturalistische, ethnosoziale und eugenisch-sozialbiologische Interpretationen[7] zum Bereich Integration und Migration sowie seine Kollektivdenunziationen »der« Muslime, die ich von Beginn an scharf zurückgewiesen habe.[8] Sarrazins Buch bewirkte, wie Ulrich Beck rückblickend pointierte, eine »Bündelung deutscher Ängste«, insbesondere vor kosmopolitischer Vielfalt.[9] Aber es vermittelte seinen Lesern zugleich das den ethno-nationalen Selbstwert steigernde Empfinden, als geborene Deutsche schon einmal kulturell im Vorteil zu sein. Das schien verbunden mit einer Art Recht auf soziale Verachtung schwächerer Milieus, die Patrick Bahners in die ätzende Pointe gekleidet hat: »Sarrazin liefert abgepackt, durchgezählt und medizinisch auf Erbkrankheiten durchgecheckt den konstitutionellen Versager als Sozialfigur frei Haus. Der Muslim sitzt zusammen mit einem grotesk verfetteten Unterschichtsangehörigen auf dem widerlichen Plastiksofa und guckt schreckliches Fernsehen.«[10]

Die im Herbst 2010 hochschlagenden Wogen der »Sarrazin-Debatte« hatten eine ausgeprägt islamophobe Konnotation, die ohne Distanzierung von dem stark öffentlichkeitsorientierten Autor hingenommen wurde, der sich auf diesen Wogen mit seinem innerhalb weniger Monate schon mehr als eine Million Mal verkauften Bestseller von Auflage zu Auflage tragen ließ. Pöbelnde, in denunziativen Internet-Blogs gefeierte Unterstellungen machten im Deutschland der »Sarrazin-Debatte« auch nicht vor Präsidentenschelte Halt. Das galt z.B. für die mutige und richtungweisende Bremer Rede des Bundespräsidenten Christian Wulff »Vielfalt schätzen – Zusammenhalt fördern« zum 20. Jahrestag der deutschen Vereinigung am 3. Oktober 2010, aber auch für seine Rede vor dem türkischen Parlament in Ankara.[11] Aus der lautstarken Abwehr seiner im Grunde nur beschreibenden Bremer Bestandsaufnahme, dass auch der Islam zu Deutschland gehöre, sprach eine vorwiegend dem Höhepunkt der »Sarrazin-Debatte« geschuldete politisch-populistische Attitüde. Sie blamierte sich schon vor der statistischen Tatsache, dass es heute mehr als zwei Millionen Deutsche muslimischen Glaubens gibt.

Hinzu kam, dass dieses Statement gar nicht mehr so neu war, weil es schon vom seinerzeitigen Bundesinnenminister Schäuble 2006 zum Auftakt der Islam-Konferenz im Bundestag vorgetragen worden war. Schäuble hatte sogar davon gesprochen, dass der Islam ein Teil der deutschen und europäischen Gegenwart und Zukunft sei – und war, ob solch mutiger Einsicht und Weitsicht, seinerzeit eifrig belobigt wurden.[12] Das erschien auf dem Höhepunkt der sog.

---

[5] T. Assheuer / I. Mangold, »Lust an der Herabsetzung. In seinem Buch ›Die Panikmacher‹ warnt Patrick Bahners vor hysterischem Alarmismus. Ein Gespräch über Staat, Gesellschaft, Glauben und Islam«, in: Die Zeit, 21.2.2011, S. 50.
[6] T. Sarrazin, Deutschland schafft sich ab. Wie wir unser Land aufs Spiel setzen, München 2010.
[7] Zum Teil später stillschweigend gelöscht, allerdings erst in der 14. Auflage, hoch über einer Million, Sueddeutsche.de: »Sarrazin revidiert sich«, 14.11.2010, online unter: http://www.sueddeutsche.de/politik/integrationsdebatte-sarrazin-mildert-sich-ab-1.1023585.
[8] Stellungnahme Prof. Dr. Klaus J. Bade, Vorsitzender des SVR, zu dem am 23. August im Spiegel erschienenen Artikel von Thilo Sarrazin »Was tun?«, 23.8.2010, online unter. http://www.svr-migration.de/presse/presse-svr/stellungnahme-prof-dr-klaus-j-bade-vorsitzender-des-svr-zu-dem-am-23-august-im-spiegel-erschienenen-artikel-von-thilo-sarrazin-was-tun/; vgl. die Interviews mit dem Verfasser zu diesem Thema u.v.a.: M. Kröger, Sarrazin-Debatte. Es gibt keine Integrationsmisere in Deutschland«,7.9.2010, online unter: http://www.spiegel.de/politik/deutschland/0,1518,716081,00.html; S. Thelen, Man muss sich mit den Ängsten befassen, in: Stuttgarter Zeitung, 9.9.2010, S. 2; M. Hilgefort, Forscher Bade warnt davor, in der Integrationsdebatte Probleme zu verallgemeinern: »Nord-Neukölln ist nicht Berlin«, 26.9.2010, online unter: http://www.noz.de/deutschland-welt/politik/artikel/370603/ nord-neukolln-ist-nicht-berlin; Neue Gesellschaft/Frankfurter Hefte: Gespräch mit Klaus Bade. Mehr Sachlichkeit und konstruktives politisches Engagement. Die »Sarrazin-Debatte« und die Folgen, H. 11/2010, online unter: http://www.frankfurter-hefte.de/Archiv/2010/Heft_11/Zwischenruf/Zwischenruf.html.

[9] U. Beck in seiner Key Note zu der Diskussionsveranstaltung »Reden über Europa« in Berlin, Allianz-Forum, 24.6.2011 (Mitschnitt: Allianz Kulturstiftung (2011); Kurzfassung: U. Beck, Nein, wir schaffen das nicht allein, in: Die Zeit, 30.6.2011, S. 15).
[10] Assheuer / Mangold (s. Anm. 5).
[11] Bundespräsidialamt: »Vielfalt schätzen – Zusammenhalt fördern«. Rede von Bundespräsident Christian Wulff zum 20. Jahrestag der Deutschen Einheit am 3. Oktober 2010 in Bremen, online unter: http://www.bundespraesident.de/Shared Docs/Reden/DE/Christian-Wulff/Reden/2010/10/20101003_Rede_Anlage.pdf?_blob=publicationFile.
[12] Bundesregierung: Perspektiven für eine gemeinsame Zukunft. Regierungserklärung des Bundesministers des Innern Dr. W. Schäuble, zur Deutschen Islamkonferenz vor dem Deutschen Bundestag am 28. September 2006 in Berlin, online unter:

»Sarrazin-Debatte« nicht mehr politisch opportun, weshalb die an Hysterie erinnernde Aufregung über das fast deckungsgleiche Wort des Bundespräsidenten in Wirklichkeit nicht seinem Argument, sondern nur der laufenden Debatte selbst geschuldet war.

Die für die Einwanderungsgesellschaft in Deutschland viel wichtigere Botschaft in der Rede des Bundespräsidenten Christian Wulff zum 3. Oktober 2010 aber lautete dem Sinne nach: Gesellschaftliche Vielfalt aushalten lernen ist im Einwanderungsland alltägliche Bürgerpflicht. Diese Vielfalt kann sich in Deutschland frei entfalten. Sie muss aber entschieden, streitbar und abwehrbereit in den Grenzen unserer Verfassungsordnung gehalten werden. Zur deren Axiomatik gehört bekanntlich der Leitgedanke, dass der eigene Anspruch auf Recht und Freiheit sich nicht auf Unrecht und Unfreiheit für andere gründen darf. In die Spielregeln der Bürgergesellschaft als Einwanderungsgesellschaft übersetzt, heißt dies: Die negative Integration im Sinne der identifikatorischen Selbstvergewisserung der Mehrheit durch die diffamierende Auskreisung von Minderheiten ist nichts anderes als ein Angriff auf kulturelle Toleranz und auf sozialen Frieden in der Bürgergesellschaft als Einwanderungsgesellschaft.

Forciert wurde die Wirkung des Sarrazin-Buches besonders durch skandalisierende Mediendiskurse [...]. Deshalb auch verkaufte sich die falsche Information, die Integration sei schlechter als ihr Ruf im Land viel besser als die zutreffende gegenteilige Botschaft, dass, wie erwähnt, Integration im Alltag der Einwanderungsgesellschaft in Deutschland viel besser ist als ihr von der Desintegrationspublizistik im In- und Ausland nachhaltig beschädigter Ruf.

Das zeigt ein Vergleich der großen Wirkung des im In- und Ausland Aufsehen erregenden SVR-Jahresgutachtens vom Frühjahr 2010 mit der ungleichlich stärkeren, von langer Verlagshand strategisch vorbereiteten und kommerziell kalkulierten Durchschlagskraft des im Spätsommer erschienenen Buches von Thilo Sarrazin. Heribert Prantl erinnerte in einem ganzseitigen Artikel in der Süddeutschen Zeitung im Herbst 2010 an die paradoxen Folgen dieses Medienengagements: »Gut zwei Monate vor dem Sarrazin-Buch ist das Buch erschienen, auf das seit dem Sarrazin-Buch alle warten [...]. Es handelt sich um das Jahresgutachten ›Einwanderungsgesellschaft 2010‹ samt einem ›Integrationsbarometer‹. Dieses Werk [...] ist in fast jeder Hinsicht ein Anti-Sarrazin.«[13] Insgesamt hat sich im Gefolge der »Sarrazin-Debatte« die vom SVR Ende 2009 gemessene und im SVR-Integrationsbarometer vom Mai 2010 präsentierte Stimmungslage in der Einwanderungsgesellschaft deutlich verschlechtert, vor allem bei der Bevölkerung mit Migrationshintergrund. Bei einer rund 2 000 Befragte umfassenden, Anfang Januar 2011 präsentierten SVR-Erhebung von Ende 2010, also nach dem Höhepunkt der »Sarrazin-Debatte« im Herbst des Jahres, zeigte sich: Die Einwanderer blicken mit weit weniger Zuversicht auf das Zusammenleben in Deutschland als noch ein Jahr zuvor.[14]

In den Antworten auf die Frage, ob Mehrheits- und Einwandererbevölkerung »ungestört miteinander« leben, zeigte sich bei Einwanderern ein deutlicher Unterschied zwischen Herbst 2009 und Jahresende 2010: Dieser Aussage hatten im Herbst 2009 noch 21,7 Prozent der Einwanderer »voll und ganz« zugestimmt. Im November und Dezember 2010, nach der »Sarrazin-Debatte«, bestätigten diese positive Einstellung nur noch 9,1 Prozent – ein Absturz bei den Integrationsoptimisten um mehr als die Hälfte. Umgekehrt verdoppelte sich fast der Anteil der pessimistischen Einschätzungen unter den Einwanderern: 2009 bewerteten nur 3,5 Prozent die Annahme eines ungestörten Miteinanders mit »gar nicht«. 2010 stieg der Anteil der Integrationspessimisten auf 6 Prozent. Auch in der Mehrheitsbevölkerung nahm die Einschätzung eines uneingeschränkt positiven Zusammenlebens um mehr als die Hälfte ab – von 10,7 auf 4,3 Prozent.

Der Anteil derjenigen hingegen, die das Zusammenleben als »teils, teils« (teils ungestört, teils problematisch) bewerteten wuchs unter den Zuwanderern von 20,3 auf 32,7 Prozent und in der Mehrheitsbevölkerung von 20,9 auf 34,2 Prozent an. In den Meinungsspitzen bei der Zuwandererbevölkerung gibt es mithin mehr Ernüchterung bzw. Integrationspessimismus anstelle des noch Ende 2009 gemessenen Integrationsoptimismus. Im breiten Mittelfeld der Einwanderungsgesellschaft aber ist eine aus Ernüchterung oder näherer Information geborene pragmatische Differenzierung gewachsen. Der Schaden der »Sarrazin-Debatte« ist in der Breite also geringer als vermutet. Den Zugewinn an pragmatischer Differenzierung jedoch einseitig als Zugewinn der »Sarrazin-Debatte« zu betrachten, wäre zynisch angesichts der damit verbundenen, folgenreichen Enttäuschung und Bestürzung in Kreisen der Einwandererbevölkerung.

In ihren zutreffenden, zumeist nur neu entdeckten Positionierungen hat die »Sarrazin-Debatte« schlicht gar nichts bewirkt, weil sich in führenden Kreisen der politischen Parteien eine Art pauschalisierende »Sarrazin ist pfui«-Abwehrhaltung ausbrei-

---

https://www.bundesregierung.de/Content/DE/Bulletin/2001_2007/2006/09/_Anlagen/93-1-bmi-islamkonferenz-bt.pdf?__blob=publicationFile&v=1.

[13] H. Prantl, Willkommen!, in: Süddeutsche Zeitung, 11.9.2010, S. V2/1.

[14] SVR: Umfrage: Sarrazin-Debatte trübt Zuversicht bei Zuwanderern in Deutschland. SVR sieht »Eigentor«, 10.1.2011, online unter: http://www.svr-migration.de/presse/presse-svr/umfrage-sarrazin-debatte-truebt-zuversicht-bei-zuwanderern-in-deutschland-svr-sieht-eigentor/. Hierzu u.v.a.: Deutsch Türkische Nachrichten, Sarrazin-Debatte trübt Zuversicht bei Zuwanderern in Deutschland, 10.1.2011 (http://www.deutsch-tuerkische-nachrichten.de/2011/01/67428/sarrazin-debatte-trubt-zuversicht-bei-zuwanderern-in-deutschland/).

tete, die eine Auseinandersetzung mit den Punkten, in denen er durchaus Recht hatte, blockierte, ob man dabei das immer häufiger unausgesprochene »S-Wort«, das »S-Buch« bzw. »das Buch« beim Namen genannt hätte oder nicht. Denn es kommt nicht darauf an, wer etwas gesagt hat, sondern ob etwas ein zutreffender Denkanstoß ist. Politisch hat die »Sarrazin-Debatte« vielmehr kurzfristig eine Lähmung mancher Initiativen bewirkt und populistische Abwehrhaltungen bestärkt. Das galt auf der kommunikativen Ebene z.B. für die Aufnahme der vom Bundesinnenministerium ausgegangenen Rede von »Integrationsverweigerern«.[15] Sie löste sogleich eine gewaltige, in der Ausrichtung vorwiegend islamophobe, insbesondere antitürkische und antiarabische Sanktionsdebatte aus, obgleich es zu dem seither verstärkt umlaufenden Stichwort »Integrationsverweigerung« zur Zeit seiner amtlichen Prägung weder einen validen Begriff noch belastbare Zahlen gab.

Die »Sarrazin-Debatte« hat ferner neben der zunehmend pragmatisch-gelassenen Diskussion von Integrationsfragen in Deutschland wieder die altbekannte Empörungssemantik aufsteigen lassen und damit diese Diskussion deutlich hinter den im Frühjahr 2010 erreichten Stand zurückgeworfen. Sie hat längst überwunden geglaubte ethno- und sozialbiologistische Denkmuster wieder erweckt. Sie hat das Grundvertrauen der Integrationsoptimisten in der Zuwandererbevölkerung nachhaltig beschädigt und zugleich die Desintegrationspublizistik und insbesondere die islamophobe publizistische Agitation und Denunziation bestärkt.

Neu beschädigt hat die »Sarrazin-Debatte« zugleich das erst durch die Diskussion um das SVR-Jahresgutachten im Frühjahr 2010 kurzfristig aufgebesserte Image des Einwanderungslandes Deutschland im Ausland, wie irritierte Fragen ausländischer Journalisten nach einer Rückkehr der Fremdenfeindlichkeit in Deutschland immer wieder zeigten. Dadurch aber können potentielle qualifizierte Zuwanderer, nicht etwa nur »muslimischer« Glaubenszugehörigkeit, verprellt werden.[16] Das aber wäre zusammen mit der wachsenden Abwanderungsneigung in der jungen türkisch-deutschen Leistungselite ein doppeltes Eigentor; denn Deutschland ist, wie gezeigt, längst ein Migrationsverlierer geworden, der dringend auf die Steigerung seiner Attraktivität für hochqualifizierte Zuwanderer angewiesen ist.

10.1.9 Migration und Integration in Deutschland: Pragmatismus und Hysterie.
Vortrag auf dem Kirchentag der EKD in der Dresdener Frauenkirche, 3.6.2011, in: Deutscher Evangelischer Kirchentag Dresden 2011. Dokumente, hg. v. Silke Lechner / Friedemann Düring, Gütersloh 2012, S. 405–437, hier S. 409–418 (Auszug).

Die »Sarrazin-Debatte«
[…] Wichtig ist mir hier eine dreifache Unterscheidung – zwischen Thilo Sarrazin, seinem Buch und der Mediendiskussion darüber. Das verhilft zu einem differenzierteren Blick auf das, was gemeinhin die »Sarrazin-Debatte« genannt wird. Es relativiert aber nichts; denn der Autor war, trotz vieler ihm selbst lästiger, aber nicht öffentlich missbilligter Überzeichnungen, absichtsvoll und gern Mittelpunkt dieser Debatte.

Da ist, *erstens*, der promovierte Wirtschaftswissenschaftler und Finanzpolitiker Thilo Sarrazin mit Praxiserfahrung in den verschiedensten Feldern, zeitweise auch als behördlicher Redenschreiber für Auftraggeber der verschiedensten Couleur, was seine scharfe Feder geschult hat. Am bekanntesten wurde der gern auf Öffentlichkeitswirkung achtende, oft polemisierende »Klartext-Redner« Sarrazin als Berliner Finanzsenator. Ich teile seine Einschätzungen nicht, aber ich respektiere ihn als schlagfertigen Gegner und habe mit ihm – über lautstarke Dissonanzen in den Medien hinweg – sogar eine private Korrespondenz. Das wiederum können einfältige Schmähbrief-Schreiber aggressiver Blogs gar nicht begreifen, weil ihre binären geistigen Tentakel nur schwarz und weiß oder, politisch gesprochen, nur rot und braun unterscheiden können.

Da ist, *zweitens*, das passagenweise rasant geschriebene, nur im Umschlag »rote« Bestseller von Thilo Sarrazin[17] mit seinen ethnogenetischen bzw. sozialbiologistischen Interpretationen zum Bereich Integration und Migration und seinen kulturalistischen Kollektivdenunziationen »der Muslime«, die ich von Beginn an scharf zurückgewiesen habe. Einige der ethnogenetischen Passagen hat er später zum Teil stillschweigend abgemildert oder gelöscht – allerdings erst in der 12. Auflage, hoch über einer Million.

Sarrazins Buch war aber zunächst gar nicht als Beitrag zur Diskussion von Migrations-, Integrations- oder gar Islamfragen angelegt. Das Thema Integrati-

---
[15] RP Online: De Maizière will Integrationsverweigerer härter bestrafen, 16.10.2010, online unter: http://www.rp-online.de/politik/deutschland/De-Maiziere-will-Integrationsverweigerer-haerter-bestrafen_aid_919181.html; vgl. K. J. Bade, Wer sind die eigentlichen Integrationsverweigerer?, 16.9.2010, online unter: http://www.migazin.de/2010/09/16/ wer-sind-die-eigentlichen-integrationsverweigerer/.
[16] Tamar Yacoby (New York) im Interview mit der Berliner Zeitung: »Die Sarrazin-Debatte hat dem Ansehen Deutschlands nicht geholfen. Das spricht sich rum bis nach China.« (O. Schoeller, Ihr Deutschen braucht mehr Bindestrich-Identitäten, in: Berliner Zeitung, 22.1.2011, online unter: http://www. berliner-zeitung.de/wir-taeten-uns-leichter-mit-dem-thema-einwanderung--wenn-der-einzelne-wichtiger-genommen-wuerde--sagt-migrationsexpertin-tamar-jacoby--sie-selbst-nennt-sich-juedisch-amerikanisch--staunt-ueber-deutschlands-integrationsdebatte-und-glaubt--dass-thilo-sarrazins-buch-deutschlands-ansehen-schaden-wird-ihr-deutschen-braucht-mehr-bindestrich-identitaeten-14988346.

[17] T. Sarrazin, Deutschland schafft sich ab, DVA, 1.–12. Aufl. München 2010.

on war vielmehr ein ausgewucherter Nebenast, auf dem es übrigens, trotz vieler unerträglicher Bewertungen, auch pointiert angesprochene und treffende Kritikpunkte gibt. Die aber hätte Sarrazin in der Fachdiskussion, auch bei mir selber, schon Jahre, zum Teil sogar Jahrzehnte früher finden können, wenn er denn mehr Fachliteratur gelesen hätte und weniger desintegrative Meinungspublizistik mit vorwiegend anekdotischer Evidenz. Hauptthema des Buches war vielmehr eine Kritik an Fehlentwicklungen und Fehlsteuerungen im zunehmend torkelnden Wohlfahrtsstaat. Diese Kritik teile ich im Kern seit langer Zeit in einer ganzen Reihe von Punkten[18], hier wiederum abgesehen von Sarrazins elitär-sozialaggressiven Bewertungen und sogar sozialhygienisch-bevölkerungspolitischen Vorschlägen z.B. im Bildungsbereich.

Und da war, drittens, eine bald entfesselte, auflagengierige, mitunter der journalistischer Sorgfaltspflicht spottende Mediendiskussion, über Sarrazins Thesen oder das, was dafür ausgegeben oder daraus abgeleitet wurde. Dabei wurde das gesellschaftspolitisch brisante Reizthema der angeblich »gescheiterten Integration« mit gruppenspezifischer Sündenbock-Denunziation »der Muslime« in den Vordergrund gerückt. Die Mediendiskussion wurde mit einer unbeschreiblich aggressiven Strategiekampagne vorbereitet durch die Verlagsgruppe Random House, z.B. mit denunziativ pauschalisierenden Vorabinformationen über eine angeblich fortschreitende Verdummung Deutschlands durch kulturell und vor allem demographisch gefährliche, weil wenig intelligente, aber lendenstarke Muslime mit gebärfreudigen Frauen.[19]

Sogleich präsentierte Gegenbelege verwiesen z.B. auf die Elitenzuwanderung von Muslimen aus dem Iran oder später aus Afghanistan, also darauf, dass es hier nicht um Religions-, sondern um Milieufragen ging. Es wurde darauf hingewiesen, dass viele Vergleiche fragwürdig seien, bis hin zu der Tatsache, dass auch »die Türken« im Generationenvergleich erhebliche Bildungserfolge zu verzeichnen hätten und überdies z.B. Einwanderer mit italienischem Migrationshintergrund geringere Bildungserfolge hätten als »die Türken«, obgleich Italiener bekanntlich keine Muslime sind.[20]

Die medial vergröberte These »Islam macht dumm« war also von Beginn an ein argumentativer Rohrkrepierer. Aber sie passte vielen Vorurteilsträgern so verlockend ins projektive Puzzle, dass sie kaum mehr herauszulösen war. Das bestärkte in manchen Kreisen eine gesellschaftlich gefährliche Abwehrhaltung gegenüber »dem« Islam. Umgekehrt entsetzte und beleidigte sie Millionen erfolgreich integrierter Einwanderer muslimischen Glaubens. Sie lockerte die Bindung der hochmotivierten und leistungsstarken neuen deutsch-türkischen Elite an das Einwanderungsland und bestärkte latente Abwanderungsneigungen. Bei der Minderheit der tatsächlich unzureichend integrierten – durchaus nicht nur muslimischen – Einwanderer hingegen bewirkte die als aufklärerische »Islamkritik« verkleidete kulturalistische Minderheitendenunziation absolut gar nichts.

Die medial verstärkte Agitation war in ihrem Ergebnis ein Musterbeispiel für »negative Integration«, also die identitätsstiftende Selbstvergewisserung der Mehrheit durch die denunziative Auskreisung von Minderheiten, hier »Muslime«, insbesondere Türken, aber auch »Araber«. Die Agitation führte zugleich zu einer Konfrontation von auch aus ganz anderen Gründen empörten »Angst- und Wutbürgern« mit vermeintlichen »Schönrednern«, die sich wechselseitig paranoide Islamophobie und kurzsichtig-naives »Gutmenschentum« vorhielten. Carl Schmitt hätte sein Freund/Feind-Konzept daran erproben können – wenn das Niveau der Diskussion nicht so flach gewesen und nicht gelegentlich in keulenbewehrten Positionierungen erstarrt wäre.[21]

Die törichte neue Zeitrechnung in der Integrationsdiskussion lautete nunmehr »ante« oder »post Sarrazinum«. Dabei machten die Newcomer in der Diskussion durch ihre einseitige Orientierung an dem Latecomer Sarrazin freilich nur deutlich, dass sie sich vorher nicht um das Thema gekümmert hatten – zu

---

[18] Vgl. hierzu einmal K. J. Bade (Hg.), Das Manifest der Sechzig: Deutschland und die Einwanderung, München 1994 (in diesem Band: 3.1); vgl. ders., Leviten lesen. Migration und Integration in Deutschland (IMIS-Beiträge, H. 31), Osnabrück 2007 (in diesem Band: 7.1); ders., Versäumte Integrationschancen und nachholende Integrationspolitik, in: ders./ H.-G. Hiesserich (Hg.), Nachholende Integrationspolitik und Gestaltungsperspektiven der Integrationspraxis, Göttingen 2007, S. 21–94, hier S. 74–76.

[19] Die Verlagsgruppe Random House (Deutsche Verlags-Anstalt) gehört ebenso zum Bertelsmann-Konzern wie die u.a. um Integrationsförderung bemühte Bertelsmann-Stiftung. Die Stiftung distanzierte sich sogleich und stellte sogar ein Statement von mir auf ihre Website, das ich schon zwei Stunden nach dem ersten, schockierenden SPIEGEL-Artikel über das angekündigte, mir dann auch in den Druckfahnen übermittelte Buch von T. Sarrazin an die Agenturen gegeben hatte (T. Sarrazin, Was tun?, in: Der Spiegel, 34/2010, S. 136–140; Bertelsmann Stiftung, Sarrazin bleibt Lösungen für ein zukunftsfähiges Deutschland schuldig, 25.8.2010, http://www.bertelsmannstiftung.de/cps/rde/xchg/bst/hs.xsl/nachrichten_102863.htm).

[20] K. J. Bade zu dem am 23. August im Spiegel erschienenen Artikel von T. Sarrazin »Was tun?«, 23.8.2010, http://www.svrmigration.de/presse/presse-svr/stellungnahme-prof-dr-klaus-jbade-vorsitzender-des-svr-zu-dem-am-23-august-im-spiegelerschienenen-artikel-von-thilo-sarrazin-was-tun/; ders., Mehr Sachlichkeit und konstruktives politisches Engagement. Die »Sarrazin-Debatte« und die Folgen, in: Neue Gesellschaft/ Frankfurter Hefte, 2010, http://www.frankfurter-hefte.de/Archiv/2010/Heft_11/Zwischenruf/; ders., Nord-Neukölln ist nicht Berlin. Forscher Bade warnt davor, in der Integrationsdebatte Probleme zu verallgemeinern, in: Neue Osnabrücker Zeitung, 26.9.2010; ausführlicher: N. Foroutan (Hg.), Sarrazins Thesen auf dem Prüfstand, http://www.heymat.hu-berlin.de/sarrazin2010; umfassende Einordnung: P. Bahners, Die Panikmacher. Die deutsche Angst vor dem Islam. Eine Streitschrift, München 2011.

[21] Hierzu jetzt die hervorragende Analyse von S. Weidner, Vom Nutzen und Nachteil der Islamkritik für das Leben, in: MIGAZIN, 9.6.2011, http://www.migazin.de/2011/06/09/vomnutzen-und-nachteil-der-islamkritik-fur-das-leben/.

einer Zeit nämlich, als die Dinge noch gestaltbar waren. Diejenigen aber, die, wie der Verfasser, schon lange vor Sarrazin nachdrücklich, wenn auch vergeblich vor einschlägigen Fehlentwicklungen gewarnt hatten, wurden, wenn sie jetzt die überzogene Kritik Sarrazins und insbesondere seine gruppenfeindlichen Schuldzuschreibungen zurückwiesen, in oft hysterischen Kommentaren als ahnungslose »Gutmenschen« und »Schönredner« oder auch als bösartige »Ideologen« beschimpft. Sie wurden von zunehmend völkisch agitierenden Blogs aber auch zu »Volksverrätern« erklärt und zur allgemeinen Ächtung oder gar Bestrafung ausgeschrieben, so dass man mitunter auf Saalschutz gegen Pöbler achten musste.

Forciert wurde die Wirkung des Sarrazin-Buches besonders durch die erwähnten skandalisierenden Mediendiskurse nach dem Motto »Nur eine schlechte Nachricht ist eine gute Nachricht«. Deshalb auch verkaufte sich die falsche Information, die Integration sei schlechter als ihr Ruf viel besser als die zutreffende gegenteilige Botschaft, dass Integration im Alltag der Einwanderungsgesellschaft in Wahrheit viel besser ist als ihr von der Desintegrationspublizistik nachhaltig beschädigter Ruf im Land. [...]

Indirekt warben für das Buch von Thilo Sarrazin auch Kohorten von rechtspopulistischen und »islamkritischen« Publizisten. Dabei ging und geht es oft um publizistische Strömungen, die dahin tendieren, eine differenzierte, unaufgeregt-pragmatische Diskussion und das Bemühen um abgewogene Einschätzungen alarmistisch und agententheoretisch zu denunzieren – z.B. als »Kulturrelativismus«, »ideologische« Parteinahme oder gar als arglistige Teufelei im Dienste einer imaginierten islamistischen Weltmission, von deren Beschwörung die »islamkritische« Desintegrationspublizistik lebt.[22] Hier wiederum schließen als verfassungsfeste kritische Aufklärer (»Für Grundgesetz und Menschenrechte«) auftretende, aber weithin denunziativ agitierende Internet-Blogs wie »Politically Incorrect« (PI) an, mit ihren täglich von angeblich bis zu 60 000 Nutzern angeklickten Informationen und Kommentarlinien mit hasserfüllten Schmäh- und zuweilen auch Drohmails, gegen deren Autoren dann wiederum die Staatsschutzabteilungen der Landeskriminalämter (so auch im Falle von M.

Rohe und K. J. Bade) ermitteln – sofern die Verfasser nicht, wie meist, zu feige sind, ihre Adressen preiszugeben. Früher warf man missliebigen Gegnern oder Gruppen die Scheiben ein oder zertrümmerte ihre Geschäfte, heute stellt man sie an den virtuellen Pranger und lädt damit zu anonymen Hasstiraden in den Kommentarspalten ein.[23] [...]

Es wird Zeit, die publizistische Desintegrationsindustrie nicht länger zu verharmlosen unter dem Leitmotto, »Man wird doch wohl noch sagen dürfen...«. Man darf dies ausdrücklich nicht, wenn es sich dabei um einen Kommunikations- oder gar Zivilisationsbruch in der Einwanderungsgesellschaft handelt, z.B. in Gestalt pauschalisierender religiöser oder ethnischer Gruppendenunziationen. Das ist mit dem Grundgesetz nicht vereinbar.

Es ist an der Zeit, die Botschaften unserer Verfassung mehr im Alltag zu verankern und damit von der Kita an aufwärts spürbar zu machen, wo, auch in der alltäglichen Kommunikation, die Grenze zum Verfassungsbruch liegt. Die amerikanischen Schüler erheben sich vor dem Unterricht zum Bekenntnis zu Ihrer Verfassung (»American's Creed«) mit der Hand auf dem Herzen. Wir brauchen wahrhaftig keinen »German's Creed«, schon gar nicht mit politisch-religiöser Semantik. Aber wenn die Verfassung gelebt werden soll, muss die Beschäftigung mit ihren Grundwerten mehr sein als ein Spezialthema im Sozialkundeunterricht.

10.1.10 Die Sarrazinade 2010/11. Ein Rückblick,
in: Interkultureller Rat in Deutschland e.V. (Hg.), Internationale Wochen gegen Rassismus, 12.–25.3.2012, S. 5f. (Auszug).

Sarrazin stand und steht erkennbar gerne im Vordergrund der mit seinem Namen verbundenen Mediendiskussion. Er hält dabei bis heute auch an völlig abwegigen, schon frühzeitig sachlich widerlegten Thesen fest, die aber anhaltend öffentlichkeitswirksam sind, weil sie gängige Vorurteile bestätigen. Hinzu kommt, dass Thilo Sarrazin in Zusammenarbeit mit bestimmten Medien nicht nur mitunter als publizistischer Agitator für die seines Erachtens gute Sache, sondern zuweilen auch gezielt als Agent Provocateur auftritt.

Letztes Beispiel war Ende Juli 2011 sein Besuch in Kreuzberg: Es ging um die Vorbereitung einer ZDF-Sendung zum einjährigen »Jubiläum« des Erscheinens seines Buches »Deutschland schafft sich ab«. Dazu besuchte Sarrazin ihm zum Teil bis dahin persönlich gar nicht bekannte zentrale Orte in dem von ihm gern als Musterbeispiel misslingender Integration vorgeführten Berliner Stadtteil Kreuzberg, in dem

---

[22] Letzte Beispiele aus der FAZ, die hierzu insbesondere N. Kelek seit Jahren eine Plattform bietet: N. Kelek, Das ist Kulturrelativismus, in: Frankfurter Allgemeine Zeitung, 15.2.2011, S 29 (gegen den international renommierten Ordinarius für Bürgerliches Recht, Internationales Privatrecht und Rechtsvergleichung sowie Direktor des Erlanger Zentrum für Islam und Recht in Europa (EZIRE), Mathias Rohe, der, im Gegensatz zu der publizistischen »Islamkritikerin« Kelek, ein rechtswissenschaftlicher Islamkenner ist); Replik: M. Rohe, Das ist Rechtskulturrelativismus, in: Frankfurter Allgemeine Zeitung, 22.2.2011, S. 30; das gleiche denunziative Schauspiel gegenüber dem Verfasser und SVR-Vorsitzendem: N. Kelek, Professor Bade gibt den Anti-Sarrazin, in: Frankfurter Allgemeine Zeitung, 9.5.2001, S. 25; Replik: K. J. Bade, Ich sitze keinem Politbüro vor, in: Frankfurter Allgemeine Zeitung, 18.5.2011, S. 26 (vgl. hierzu: www.kjbade.de, hier: »in eigener Sache«).

[23] B. Kastner, Der Feind steht fest, in: Süddeutsche Zeitung Online, 2.3.2011; J. Schindler, Die wahren Deutschen. Erkundungen am rechten Rand der Republik, in: Berliner Zeitung, 17.6.2011.

insbesondere muslimische Bewohner sich von seinen Thesen angeprangert und bloßgestellt fühlen konnten.

Sarrazin kam aber nicht als Privatperson nach Kreuzberg. Er ließ sich vielmehr mit medialer Entourage und großem Kameraaufgebot, nämlich begleitet von einem ZDF-Kamerateam und Journalisten, also gezielt Aufsehen erregend, durch Kreuzberg geleiten. Das führte erwartungsgemäß dazu, dass er in den vor laufender Kamera gesuchten Interviews nicht nur sachlich kritisiert, sondern auch mit Schmährufen aus dem Hintergrund bedacht wurde. Dies wiederum kommentierte Sarrazin, die Relation von Aktion und Reaktion in der gezielt provozierten Konfliktsituation geradewegs umkehrend, als eine Art Vertreibung aus dem deutschen Stadtbezirk, was für ihn angeblich seine düstersten Zukunftserwartungen schon in der Gegenwart bestätigte.[24]

All dies spiegelte sich in der sogleich wieder anspringen den kampagnenartigen medialen Berichterstattung, bei der erneut »Die Welt« und die »Bild-Zeitung« vorangingen. Nach den dem starken Abflauen der »Sarrazin-Debatte« seit dem Frühjahr 2011 schien Sarrazins PR-Welt im Sommer noch 2011 abrupt wieder zu funktionieren; denn es waren just solche kampagnenartigen medialen Provokationen, mit denen Sensationsmedien im »heißen« Herbst 2010 die »Sarrazin-Debatte« zu einem nationalen Ereignis hochgetrieben hatten.

Das Massaker des christlich-fundamentalistischen norwegischen Terroristen Breivik und seine Echo in den Medien setzten dem Sommer Albtraum von der Sarrazin-Renaissance und der Agitation der selbst ernannten »Islamkritiker« in Deutschland fürs erste ein Ende. Aber mehr als eine Atempause wird das nicht sein.

10.1.11 Integration in Deutschland ist viel besser als ihr Ruf,
in: Palais Biron. Das Magazin für Vordenker, Jg. 2012, H. 1, S. 28–32[25] (Auszug).

Der Einwanderungsexperte kritisierte auf den 129. Baden-Badener Unternehmer-Gesprächen die fatalen Folgen der »Sarrazin-Debatte«.

Die soziale Integration in Deutschland ist in vielen Bereichen besser als ihr Ruf im Land. Auffällige Ausnahmen bei einzelnen Gruppen und in einzelnen Bereichen bestätigen die Regel und relativieren sich zudem im internationalen Vergleich. […] Das sind die wichtigsten Ergebnisse des vom Sachverständigenrat deutscher Stiftungen für Integration und Migration (SVR) im Mai 2010 vorgelegten Jahresgutachtens. […]

Die verhalten positiven Ergebnisse der Untersuchung erregten großes Aufsehen in der deutschen und internationalen Öffentlichkeit. Sie wurden seit dem Spätsommer 2010 überschattet durch das Echo der »Sarrazin-Debatte«. […]

Die Sarrazin-Debatte führte zu deutlichen Stimmungsveränderungen im In- und Ausland. Der SVR hat diese Stimmungsveränderungen Ende 2010, also nach dem Höhepunkt der sog. Sarrazin-Debatte, in einer zweiten Repräsentativbefragung erfasst.

Ergebnis: Im Ausland kam es bereichsweise zu einer erneuten Verdüsterung des gerade erst aufgehellten Bildes von Integration in Deutschland. In der Einwandererbevölkerung ist der hohe Anteil der »Integrationsoptimisten« um die Hälfte gesunken, gerade bei denen, die sich schon stärker über deutsche Medien informieren. Umgekehrt ist der niedrige Anteil der »Integrationspessimisten« in der Zuwandererbevölkerung um die Hälfte gestiegen.

Auch in der Mehrheitsbevölkerung ohne Migrationshintergrund ist der Anteil der »Integrationsoptimisten« um gut die Hälfte gesunken. Insofern war die Sarrazin-Diskussion für das auf kulturelle Toleranz und sozialen Frieden im Innern und auf qualifizierte Zuwanderung von außen angewiesene Land ein doppeltes Eigentor.

In der breiten Mitte der Einwanderungsgesellschaft aber ist in der Bevölkerung mit wie ohne Migrationshintergrund eine in unterschiedlichem Grad aus Enttäuschung, aus Ernüchterung oder aus näherer Information geborene nüchtern-pragmatische Differenzierung gewachsen. Das zeigt auch das »Migrationsbarometer« in dem im Frühjahr 2011 vorgelegten zweiten SVR-Jahresgutachten »Migrationsland 2011«, das nach Einschätzungen der Bevölkerung mit und ohne Migrationshintergrund zu Migration und Migrationspolitik fragt.

Die Sarrazin-Debatte nur als Zugewinn an pragmatischer Differenzierung in Integrationsfragen zu preisen, bleibt also vordergründig angesichts der damit verbundenen Schattenseiten. Es gilt zu begreifen, dass bei der Integration in der Einwanderungsgesellschaft beide Seiten aufeinander angewiesen sind, wenn sich eine belastbare neue, die Bevölkerung mit und ohne Migrationshintergrund einschließende bürgergesellschaftliche Identität entwickeln soll. Das Gegenteil wäre eine negative Integration, in der sich die Selbstvergewisserung der Mehrheitsgesellschaft aus der Distanzierung von durch negative Zuschreibungen ausgekreisten Minderheiten ergibt.

---

[24] T. Sarrazin, Aus Kreuzberg verjagt, in: Welt am Sonntag, 17.7.2011.
[25] http://www.kjbade.de/bilder/201201_integration-in-deutschlandPALAIS-BIRON.pdf.

10.1.12 Populismus, Politikerangst und Bürgerwut,
aus: Migration und Integration: Historische Erfahrungen und aktuelle Herausforderungen,
Festvortrag auf der Veranstaltung »Vielfalt macht den Unterschied« im Freiburger Historischen Kaufhaus, 13.9.2012 (9.1.4), S. 28–35.

Populismus im politischen Elitendiskurs: politische Öffentlichkeitsarbeit und Innenpolitik

Vieles hat sich in Sachen Migrations- und Integrationspolitik in Deutschland seit dem letzten Jahrzehnt zum Besseren gewendet: Das Thema Integration ist heute in den politischen Mainstream eingerückt, wenn auch mit folgenreicher historischer Verspätung gegenüber den immer wieder vorgetragenen Appellen zur aktiv gestaltenden Akzeptanz der gesellschaftlichen Realitäten.

Darauf habe ich in meiner Presseerklärung zur Vorstellung des letzten von mir geleiteten Jahresgutachtens 2012 des Sachverständigenrates mit der Botschaft hingewiesen: »Wir werden immer besser, aber wir kommen meistens unnötig spät!«

Das galt für das »Zuwanderungsgesetz« von 2005, das endlich, wenn zunächst auch erst zögerlich, die proaktive Migrations- und Integrationspolitik brachte, die seit Jahrzehnten fehlte. Es galt für die Umsetzung der »Hochqualifizierten-Richtlinie« 2012, die im Kern ein kleines Punktesystem zugunsten von Hochqualifizierten war, das ebenfalls seit langer Zeit vergeblich auch von mir und uns gefordert worden war.

Und es gilt für das aktuelle »Anerkennungsgesetz« von 2012. Wäre es spätestens Ende der 1980er Jahre verabschiedet worden, hätte es Hunderttausende von Einwanderern davor geschützt haben können, zu ihrem und zum Schaden ihres Einwanderungslandes weit unter ihrer beruflichen Qualifikation oder auch gar nicht sozialversicherungspflichtig beschäftigt zu werden. Viele wären nun zu einem volkswirtschaftlichen Gewinn und nicht zu einem sozialen Kostenfaktor für dieses Land geworden. Das galt, wie erwähnt, besonders für Juden aus der GUS, aber auch für viele Spätaussiedler und deren mitreisende Familienangehörige nichtdeutscher Herkunft sowie für anerkannte Asylbewerber und geduldete Flüchtlinge.

Dennoch: Integration wird heute zunehmend routiniert und pragmatisch einbezogen in die großen politischen Gestaltungsbereiche. Dabei ist in Deutschland in den letzten zehn Jahren integrationspolitisch mehr geschehen als in den vier Jahrzehnten zuvor. Im gleichen Feld aber kommt es nach wie vor immer wieder zu nur vermeintlich bürgerorientierten, in Wirklichkeit aber politisch-populistischen Stolperschritten. Sie untergraben das Grundvertrauen, von dem die Legitimation von Politik in der demokratischen Einwanderungsgesellschaft lebt. Ein Beispiel dazu war die opportunistisch-populistische Haltung von Politikern auf dem Höhepunkt der »Sarrazin-Debatte« (s. Kap. 10.1) im Herbst 2010:

Die meisten Politiker hatten sich zunächst klar von »Sarrazins Thesen« oder von dem was dafür ausgegeben wurde, und von den durch die »Sarrazin-Debatte« forcierten »islamkritischen« Ausfällen distanziert. Dann wurden, auch auf die Interventionen von »islamkritischen« bzw. islamfeindlichen Hilfsbataillonen wie dem Denunziationsblog »Politically Incorrect« hin, Redaktionen und vor allem Parteizentralen mit Stellungnahmen zugunsten von Sarrazin überschwemmt.

Auf beschämende Weise ruderten nun – Bündnis90 /Die Grünen und Die Linke ausgenommen – viele Parteisprecher zurück. Sie fanden jetzt nicht mehr Sarrazins Botschaften unerträglich, sondern nur noch deren Formulierung überzogen und ließen sich zum vermeintlichen Ausweis ihrer volksnahen Kompetenz im Herbst 2010 zu populistischen Konzessionen an die aufgeheizte Stimmung hinreißen. Das galt insbesondere für den Höhepunkt der »Sarrazin-Debatte« im Oktober 2010. Vier prominente Beispiele seien hier genannt:

Der bayerische Ministerpräsident Seehofer empfahl im Oktober 2010, die Grenzen vor Türken und Arabern zu schließen und votierte gegen eine Zuwanderung »aus fremden Kulturkreisen«, was in den durch Sarrazin ermutigten kulturrassistischen Kreisen auf helle Begeisterung stieß. Der damalige Bundesinnenminister de Maizière suchte im Oktober 2010 vergeblich nach Belegen für die von ihm fahrlässig verkündete Zahl von angeblich ca. 15 Prozent »Integrationsverweigerern«, die er »härter bestrafen« wollte. Es gab dazu gar keine konkreten Zahlen, nicht einmal einen für deren Erhebung tauglichen Begriff. Die Rede von den »Integrationsverweigerern« aber löste prompt eine minderheitenfeindliche, insbesondere wieder einmal islamophobe Sanktionsdebatte aus und ermutigte ganz allgemein die Vertreter der These von der mangelnden Integrationswilligkeit oder gar Integrationsfähigkeit vieler Zuwanderer.

Ebenfalls im Oktober 2010 warnte Bundesfamilienministerin Schröder schlagzeilenstark vor einem Minderheitenrassismus in Gestalt von »Deutschenfeindlichkeit« auf den Schulhöfen. Sie finanzierte wissenschaftliche Schnellgutachten, die den vermeintlichen Zusammenhang von muslimischem Glauben und Gewaltaffinität bei Jugendlichen nachweisen sollten, dies aber nicht konnten; denn es geht hier nicht primär um Religionsfragen, sondern vorwiegend um eine Mischung von Milieuproblemen und sozial aggressivem Macho-Gehabe. Das hinderte die Ministerin nicht, ihre mehr gefühlte als empirisch begründbare These weiter zu verbreiten, die in islamophoben Kreisen begeistert begrüßt wurde.

Gleichfalls im Oktober 2010 verkündete Bundeskanzlerin Merkel, die sich zuvor klar von der medialen Sarrazinade distanziert hatte, in Wahlkampfstimmung plötzlich barsch: »MultiKulti« sei »gescheitert, absolut gescheitert«, was der bayerische Ministerpräsident gleich steigerte zu der konzeptionellen Sterbeurkunde »MultiKulti ist tot«. Diese finale Diagnose war in der Sache doppelt falsch; denn man muss hier gesellschaftspolitische Konzepte und gesellschaftliche Entwicklung unterscheiden:

Als Regierungskonzept hat es Multikulturalismus in Deutschland – im Gegensatz zu den Niederlanden – nie gegeben. Es gab hierzulande nur die frühen, naiven Vorstellungen einiger Grünen von Integration als immerwährendem Straßenfest mit fröhlichen Rutschbahnen in ein buntes Paradies. Aber von dieser realitätsblinden »MultiKulti«-Romantik haben sich die frühen Grünen viel rascher gelöst als die Unionsparteien mit ihrem noch Jahrzehnte beibehaltenen Mantra der defensiven Erkenntnisverweigerung »Deutschland ist kein Einwanderungsland«.

Es ist deshalb eine parteipolitische Geschichtsklitterung, zu behaupten, »MultiKulti« hätte Deutschland daran gehindert, rechtzeitig Integrationspolitik zu treiben. Das galt z.B. für die bayerische Sozialministerin Christine Haderthauer, die vor dem Hintergrund der »Sarrazin-Debatte« im September 2010 erklärte: »Multikulti ist das größte bundespolitische Integrationshindernis der letzten Jahre!« Das halten nur bayerische Mikrofone aus.

Umgekehrt wird ein Schuh daraus. Zu Recht haben deshalb führende deutsche Politiker aus verschiedenen Parteien nach und nach dem erwähnten Diktum des selbstkritischen semantischen Schlafmetaphorikers Horst Köhler aus dem Jahr 2006 zugestimmt, man habe die Integration politisch stark »verschlafen«. Das ist die Wahrheit, vor deren Folgen Wissenschaftler und Experten der Integrationspraxis ein Vierteljahrhundert lang immer wieder vergeblich gewarnt hatten.

Die Spur folgenreicher politisch-populistischer Entgleisungen endete aber nicht mit dem Abebben der Sarrazin-Debatte. Sie führt weiter bis in die aktuelle Diskussion hinein. Im Blick auf die längere Zeit zwischen Tragödie, Farce und Vertuschung schwankende »Aufklärung« und auf die mangelhafte gesellschaftspolitische Bearbeitung der Serienmorde aus dem »Nationalsozialistischen Untergrund« (NSU) hatte der scheidende Integrationsbeauftragte des Senats von Berlin, Günter Piening, im Juni 2012 erklärt:

»Das Vertrauen in diese Gesellschaft und ihre Institutionen, das bei Einwanderinnen und Einwanderern immer sehr hoch war, hat stark gelitten. Die bisher unternommenen Aufklärungsbemühungen sind nicht ausreichend. Die staatlichen Institutionen haben den Nachweis noch nicht erbracht, dass in Deutschland alle Bevölkerungsgruppen den gleichen Schutz staatlicher Stellen genießen. Es wird große Anstrengungen brauchen, hier wieder das Vertrauen aufzubauen, das die Basis jeder gelingenden Integration ist.«

Das Gegenteil dieser dringend nötigen Vertrauensoffensive waren die grotesken, für einen mehr als vier Millionen starken, nämlich muslimischen Teil der Einwandererbevölkerung vertrauenszerstörenden gesellschaftspolitischen Fehlleistungen vor allem des Bundesinnenministeriums. Sie reichten in der »Ära Friedrich«, bislang, von der sicherheitspolitischen Instrumentalisierung der Deutschen Islam Konferenz bis zuletzt zum skandalösen Umgang mit der »Muslimstudie« und zu den von Muslimen erwartungsgemäß als diskriminierend empfundenen »Vermisstenanzeigen«. So schafft man nicht, so zerstört man Vertrauen in der demokratischen Einwanderungsgesellschaft.

Das Bundesministerium des Innern ist in seinem riesigen, selbst für führende Beamte kaum noch überschaubaren Zuständigkeitsbereich zweifelsohne extrem gefordert. Mit Integrationspolitik als Gesellschaftspolitik in der Einwanderungsgesellschaft ist es offenkundig klar überfordert. Seine strukturellen Schwächen können nicht immer nur durch die persönliche Initiative eines gesellschaftspolitisch versierten Ministers, wie z.B. Schäuble mit seiner Islam-Konferenz, ausbalanciert werden. Das überforderte Ressort sollte deshalb im Bereich Migration und Integration entlastet werden und jenseits von Migrationspolitik, Ausländer- und Aufenthaltsrecht, Flüchtlings- und Asylrecht den »weichen« Bereich von Integrationspolitik als Gesellschaftspolitik an andere Ressorts oder auch ein Querschnittsministerium abgeben. Erfolgreiche Länderbeispiele dafür gibt es inzwischen genug.

Politikerangst und Bürgerwut: Bürgerpragmatismus, Politikversagen und Gefahr von rechts
Politik sollte die negative Integration zu Lasten insbesondere der muslimischen Minderheit nicht durch populistische Konzessionen ermutigen. Das Ergebnis könnte eine Spaltung, wenn nicht sogar eine Sprengung der demokratischen Einwanderungsgesellschaft sein anstelle der nötigen Förderung der Akzeptanz von kultureller Vielfalt in sozialem Frieden.

Politik sollte stattdessen endlich anerkennen, dass Integration in Deutschland insgesamt und auch im internationalen Vergleich ein Erfolgsfall ist, bei dem Ausnahmen die Regel bestätigen. Das ist für manche Politiker in Deutschland verständlicherweise nicht ganz einfach; denn Politik hat, jedenfalls auf der Bundesebene, die von unten, also auf der kommunalen Ebene gewachsene Integration jahrzehntelang von oben nicht nur nicht zureichend befördert, sondern zum Teil sogar durch kontraproduktive Konzepte unter dem Dach der »Nicht-Einwanderungsland«-Diskussion behindert.

Das reichte, um nur einige Beispiele zu nennen, von der »sozialen Integration auf Zeit« zur »Aufrechterhaltung der Rückkehrbereitschaft«, der dezidiert nicht intendierten »Assimilation« (was also keine Erfindung von Erdogan war) und den »Rückkehrprämien« Anfang der 1980er Jahre über die von den einheimischen Ausländern als diffamierend empfundene Zurückstellung gegenüber fremden Deutschen in Gestalt der bundesweiten PR-Kampagne »Aussiedler sind keine Ausländer« Ende der 1980er Jahre und die bereichsweise grob muslimfeindliche Diskussion um die Einbürgerungstests bis herauf zu den erwähnten aktuellen Beispielen.

Empfänge für alte »Gastarbeiter« im Bundeskanzleramt unter dem Motto »Deutschland sagt danke« und symbolträchtige Veranstaltungen wie die Deutsche Islamkonferenz (DIK) I und II, die Integrationsgipfel mit dem Nationalen Integrationsplan (NIP) und dem Aktionsplan zu dessen praktischer Weiterentwicklung (NAP) oder zuletzt die Einberufung des Integrationsbeirats der Bundesregierung sind verdienstvolle und auch über ihre Signalfunktion hinaus nützliche und nachhaltige Initiativen.

Sie bilden aber sehr späte prunkvolle Mehrfachrahmen zu einem Bild, das sich gleichsam selber geschaffen hat; denn es war die mit der Zuwandererbevölkerung zur Einwanderungsgesellschaft zusammenwachsende Bürgergesellschaft, die diese lange von oben kaum erleichterte oder gar geförderte Integrationsleistung von unten bewerkstelligt hat. Sie wurde gefördert durch die Pionierarbeit der Kommunen, ihrer Ausländer- bzw. Integrationsbeauftragten und durch die Mittlerorganisationen, auch in dieser Stadt. Diese dauerhafte und gewaltige gesellschaftliche Leistung des Souveräns in seinem kommunalen Alltag sollte bei seinen auf Zeit gewählten politischen Repräsentanten mehr Respekt und Anerkennung finden.

Die Bürgergesellschaft in Deutschland ist zwar offenkundig anfällig für »islamkritische« bis islamfeindliche Agitation und damit für eine Ideologie der negativen Integration anstelle einer im Blick auf die gesellschaftliche und kulturelle Vielfalt realitätsbezogenen, mutigen und selbstkritischen Debatte um die neue kollektive Identität in der Einwanderungsgesellschaft. Hier hat Politik, von Ausnahmen abgesehen, bislang ihre nötige Vermittlungsaufgabe und Vorbildrolle klar verfehlt bzw. »verschlafen«. Wortscharfe Erinnerung daran sollte hier endlich politische Lernprozesse anstoßen.

Wenn man, wie der Sachverständigenrat dies getan hat, die Bürgergesellschaft nach ihrer Haltung zu Migration und Integration sowie zu Migrations- und Integrationspolitik im engeren Sinne befragt, dann zeigt sich: Trotz aller Wirkungen von »islamkritischer« bis islamfeindlicher, völkisch-kulturrassistischer, zum Teil auch neo-nationalsozialistischer Agitation urteilt die Bürgergesellschaft in dieser Hinsicht insgesamt durchaus rationaler und pragmatischer als viele politische Akteure zu glauben scheinen. Sie scheint auch im Blick auf begründbar anstehende migrationspolitische Entscheidungen deutlich belastbarer zu sein als von vielen politischen Akteuren vermutet.

Als Folge »islamkritischer« Publizistik, islamfeindlicher Internet-Agitation, aber auch kulturrassistisch-populistischer Entgleisungen nicht weniger Politiker manifest geworden sind islam- und sogar muslimfeindliche Abwehrhaltungen, die in Europa düstere Spitzenwerte erreichen. Hier ist Politik, die in diesem Punkt so lange versagt hat, klar gefordert, um endlich diesen übelriechenden Augiasstall auszumisten. Parteiverbot und Extremistenjagd sind dazu nicht genug. Gefragt sind positive, in der demokratischen Einwanderungsgesellschaft haltgebende Initiativen. Das ist das Gegenteil von opportunistischem Populismus. Das kostet Mut und vielleicht auch einige Wählerstimmen. Aber es ist ein verantwortungsvoller Dienst an der Zukunft dieses Landes.

Aufgegeben werden sollte das politische Versteckspiel hinter den »Ängsten in der Bevölkerung«, die man »ernst nehmen« müsse. Politik sollte also davon ablassen, in Sachen Migration und Integration die Bürgergesellschaft in einer Art Kindergarten für Erwachsene betreuen und dort vor ihren eigenen Ängsten beschützen zu wollen. Dies wäre nichts anderes als der Versuch, den eigenen Mangel an couragierter Gestaltungsbereitschaft mit angeblich lähmenden Ängsten des Souveräns zu legitimieren.

Politik muss begreifen, dass hier Eile geboten ist, wenn aus engagierten Bürgern nicht noch mehr »Wutbürger«, Nicht- oder Protestwähler werden sollen. Nötig dazu sind klare, für die Bürgergesellschaft nachvollziehbare Konzepte mit zielorientierten, in ihrer Zielannäherung messbaren und an der Wahlurne bewertbaren Strategien, getragen von politischer Handlungskraft, Führungsstärke und Verantwortungsbereitschaft in Regierungsverantwortung, einschließlich der hier unabdingbaren, bewusst gelebten politischen Vorbildrolle.

Gelingt dieser Kurswechsel nicht, dann könnte Deutschland in den Weg anderer europäischer Einwanderungsländer einbiegen mit einem starken Wachstum völkischer, von charismatischen Demagogen geführter Strömungen und Parteien. Diese Strömungen konnten hierzulande bislang noch im vorhandenen Parteienspektrum aufgefangen werden, während die »islamkritische« Publizistik mit ihren fließenden Grenzen zur islamfeindlichen Agitation durch negative Integration das Geschäft betreibt, das in anderen europäischen Einwanderungsländern von fremdenfeindlichen Parteien erledigt wird.

Vielleicht aber brauchen diese Strömungen, die sich zu einer »Bewegung« zu formieren beginnen, auch in Deutschland nur noch ein Sammelbecken und einen charismatischen Führer, um gefährliche Sprengkraft zu entfalten. Das freilich wäre in Deutschland nur eine scheinbare europäische »Normalisierung«; denn sie stünde im langen Schatten einer düsteren Geschichte, die sich gerade in Minderheitenfragen deutlich von der Geschichte anderer europäischer Einwanderungsländer unterscheidet.

Der Massenmord in Norwegen vom Juli 2011 und die im November 2011 aufgedeckten Serienmorde des Nationalsozialistischen Untergrunds in Deutschland (s. Kap. 10.2) haben vielleicht nur eine Atempause bewirkt. Politik hat, soweit ich sehe, bislang wenig daraus gelernt, vor allem nicht, dass es indirekte Ursache-Folge-Zusammenhänge zwischen Wortgewalt und Tatgewalt geben kann, von dem erwähnten warnenden Wort der Bundeskanzlerin auf der nationalen Trauerfeier für die Mordopfer des »Nationalsozialistischen Untergrunds« einmal abgesehen.

Rückblickend betrachtet, drängt sich im Blick auf das bei den »Ermittlungspannen« in Sachen NSU bisher bekannt gewordene behördliche Fehlverhalten im Blick auf Einzelfälle mitunter der Verdacht auf, dass Gefahren von rechts nicht registrieren konnte, wer selbst einschlägig positioniert war. Das mag daran erinnern, dass am Beginn des deutschen Geheimdienstwesens und, wie neue Aktenfunde zeigen, in Führungspositionen zum Teil bis in die 1960er Jahre hinein »Experten« aus nationalsozialistischen Sicherheitsdiensten standen, was dann auch bei den von ihnen in ihren neuen Funktionen zu treffenden Personalentscheidungen weiterhin folgenreich war.

Niemand soll uns weismachen, dass die ostdeutschen Mörder und Bankräuber mit ihrem unbeholfenen großen Campingbus seelenruhig durch westdeutsche Städte gondeln und dabei ausfindig machen konnten, wo und wann sie passgerecht zum Bankeinbruch oder bei Mord zum Schuss kommen könnten, nämlich in der Regel dann, wenn der zu ermordende Geschäftsinhaber allein in seinem Laden stand. Niemand soll uns auch weismachen, dass sie bei den gleichen auffälligen Spazierfahrten auch noch ihre jeweiligen Fluchtwege und die für das unauffällige Abtauchen in der Nähe des Tatorts wichtigen Informationen über die Ringfahndungstechniken der örtlichen Polizei erkunden konnten.

Nein, hier waren zweifelsohne größere Kreise von Helfern, Helfershelfern und Mitwissern engagiert. Sie wurden zum Teil vor amtlichem Zugriff geschützt durch die Warnungen von mitwissenden V-Leuten. Die operierten mitunter wie Doppelagenten, weil sie aus den Fragen ihrer Führungsbeamten unschwer deren besonderes Fahndungsinteresse ablesen konnten. Sie selber aber wurden, wie neuerdings bekannt gewordene Dokumente zeigen, in ihrer notwendig glaubwürdigen Rolle im rechtsextremistischen Milieu fast systematisch durch den »Verfassungsschutz« vor polizeilichem Zugriff geschützt. Mitglieder entsprechender Untersuchungsgremien auf Bundes- und Länderebene können darüber empörende Lieder singen, mit erschütternden, unfassbaren Details, von denen die ohnehin strapazierte Öffentlichkeit verschont bleibt. Nur »Pannen« jedenfalls waren das nicht.

Einiges deutet auch darauf hin, dass von dem weiteren »Nationalsozialistischen Untergrund« mit dem Zwickauer Mördertrio nur die Spitze eines einzigen Eisbergs enttarnt worden sein könnte, während andere noch unter der Wasserlinie schaukeln. Möglicherweise hat sich dort längst eine Art »BAF« (»Braune Armee Fraktion«) gesammelt, die nur aus zwei Gründen noch nicht losschlägt: weil sie sich nach dem Abtauchen von rund hundert mit Haftbefehl gesuchten Rechtsradikalen erst konspirativ neuformieren muss und weil im Moment der Fahndungsdruck der um ihren angeschlagenen Ruf kämpfenden Sicherheitsdienste extrem hoch ist. Hoffen wir, dass sich diese Befürchtung als falsch erweist, unbegründet ist sie nicht.

Politik und Behörden müssen den Kampf an dieser schmutzigen Front verstärken. Öffentliche Trauerarbeit, fleißige, zum Teil von arroganten, mitunter selber in die »Pannen« verwickelten Behördenvertretern mit unerhörter Dreistigkeit behinderte Kommissionssitzungen, ein paar Rücktritte von Verfassungsschutzpräsidenten, Razzien mit einigen lokalen Vereinsverboten und possierliche Reformen an dem föderalen Monster Verfassungsschutz sind dazu nicht genug.

Was für den deutschen Inlandsgeheimdienst unlängst vom Bundesminister des Innern als »neue Philosophie« angekündigt wurde, taugt eher für den technischen Begriff einer neuen Logistik, die sich, erfolgreich, in der nun in der Tat abrupt intensiveren Beobachtungs-, Ermittlungs- und Fahndungsintensität spiegelt. Das alles ist angesichts der amtlich nach wie vor nicht zureichend erkannten, rapide wachsenden Gefahr von »rechts« aber erschütternd und möglicherweise folgenreich wenig; ganz abgesehen davon, dass sich hier erneut geradezu spiegelbildlich die kontraproduktive Funktion des V-Mann-Unwesens zeigte, weil die verschärfte Fahndungsintensität prompt zum – rechtzeitigen – Abtauchen von Dutzenden von mit Haftbefehl gesuchten Rechtsradikalen in den Untergrund führte.

Eine richtungweisende Mahnung hätte die norwegische Reaktion auf das Massaker des christlich-fundamentalistischen, anti-multikulturalistischen Terroristen Breivik sein können: in der multikulturellen Gesellschaft auf minderheitenfeindliche, antiliberale, antidemokratische und antieuropäische Strömungen zu reagieren mit einer umso kraftvolleren Offensive für demokratisches Selbstbewusstsein, für Respekt und Anerkennung gegenüber Zuwanderern, für Gemeinschaft in der Vielfalt, für liberale und demokratische Offenheit im eigenen Land und in Europa.

In Deutschland hat es nach den NSU-Morden nur zur Trauer und zur Warnung vor Rechtsextremismus und sogar formelhaft vor Antisemitismus gelangt. Von den neuen Nazis wurden aber keine Juden umgebracht. Planmäßig hingerichtet wurden in aller Öffentlichkeit Muslime bzw. solche, die die Mörder aus dem »Nationalsozialistischen Untergrund« dafür hielten bei ihren Schüssen aus einer Česká CZ 83 mit Schalldämpfer – mehrfach, immer mitten ins Gesicht. So töten keine eiskalten Killer, so schießen zwar ebenfalls kaltblütig planende, aber von rassistischem Hass getriebene Mörder.

Wo also sind in Deutschland die öffentlichen und vor allem politischen Warnungen vor der nur vordergründig religionskritischen, vor allem aber kulturrassistischen antiislamischen Hassbewegung, die sich zu Unrecht »Islamkritik« nennt? Wo sind die nachhaltigen politischen Warnungen vor den ideellen Zusammenhängen zwischen Wortgewalt und Tatgewalt? Wo ist insgesamt die nötige Sensibilität im Umgang mit Integrationspolitik als Gesellschaftspolitik?

Es ist erkennbar »braune« Gefahr im Verzuge. Später wird es, wie bei den von kritischen Beobachtern, investigativen Journalisten und sogar dem amerikanischen Geheimdienst frühzeitig der organisierten Rechten zugeordneten Serienmorden der NSU, vielleicht wieder einmal heißen, das habe man zwar alles schreiben, aber doch gar nicht wissen können. Politische Antworten stehen nach wie vor aus. Gerade deswegen ist der Aktionstag »Freiburg steht auf – gegen Fremdenhass und Rassenwahn!« so wichtig. Daraus sollte ein breites interkommunales Bürgerbündnis gegen Fremdenfeindlichkeit und Kulturrassismus werden.

10.1.13 Blockade und Befreiung: Identitätskrise, negative Integration und neue Selbstbilder in der Einwanderungsgesellschaft,
in: Kritik und Gewalt, Schwalbach i.Ts. 2013, S. 348–376 (Auszug ohne Anmerkungen).

Das dritte, im Frühjahr 2012 vorgelegte Integrationsbarometer des Sachverständigenrats hat gezeigt, dass die Sarrazin-Debatte zwar in der Tat zu einer intensiveren Beschäftigung mit Integrationsfragen und zu einer klareren Positionierung bei der Bewertung von Integration und Integrationspolitik geführt hat. Aber die fragwürdige Win-win-Beziehung zwischen dem Bestsellerautor und seiner Anhängerschaft in der Mehrheitsbevölkerung war ein desintegratives Geschäft zu Lasten Dritter; denn die Zeche für den bestenfalls begrenzten und historisch verspäteten Lerneffekt bei der Mehrheitsbevölkerung zahlten die Einwanderer und unter ihnen besonders die Muslime:

Schon ein Vergleich der einschlägigen Ergebnisse des ersten SVR-Barometers vom Frühjahr 2010 mit denen des zweiten vom Frühjahr 2011, deren Erhebungszeiträume (Ende 2009/Ende 2010) die Zeit vor der Sarrazin-Debatte und deren Höhepunkt im Herbst 2010 umschlossen, hatte gezeigt, dass in der Zuwandererbevölkerung (bei insgesamt noch immer positiven Werten) der noch Ende 2010 gemessene ausdrückliche Integrationsoptimismus deutlich zurückgegangen war […].

Die im Juli 2011 präsentierten Ergebnisse der elften, seit 1999 jährlich unter türkischstämmigen Zuwanderern in Nordrhein-Westfalen durchgeführten Mehrthemenbefragung der Stiftung Zentrum für Türkeistudien erbrachten den schärfsten Anstieg von »Diskriminierungserfahrungen« auf 81 Prozent seit zehn Jahren. Eine wachsende Zahl der Befragten habe das Gefühl, »unerwünscht zu sein« und »abgewiesen zu werden«. Dies sei »auch das Resultat« der Sarrazin-Debatte, erklärte als Institutsleiter der deutsch-türkische Sozialpsychologe und Integrationsforscher Hacı-Halil Uslucan, der auch Mitglied des SVR ist und dort von den Stiftungen nachgewählt wurde, als ich im Sommer 2012 ausschied.

Der NRW-Integrationsminister Guntram Schneider (SPD) beklagte, »die Sarrazin-Debatte habe das Klima bei den Zuwanderern erheblich belastet. Viele fühlten sich durch dessen Thesen über Integrationsunwilligkeit verletzt und ausgegrenzt.« Es drohe eine bedenkliche »Re-Migration« in die Türkei, weil gerade »in Deutschland gut ausgebildete Akademiker« in die Heimat ihrer Eltern abwanderten. »Das ist ein Minusgeschäft«, warnte Schneider. […]

Die vom Bundesministerium des Innern in Auftrag gegebene »Muslimstudie«, die verschiedene Befragungen, auch die des SVR, vor und nach dem Erscheinen des Sarrazin-Buches und der daran anschließenden Mediendebatte vergleichend analysiert hat, enthält einen längeren, datengespickten »Exkurs: vor und nach Sarrazin«. […]

Für die Muslime deutscher Staatsangehörigkeit ergaben sich nur unscharfe Ergebnisse. Eine Art Ausgrenzungsgefühl sprach aus der signifikant stärker gewordenen Auffassung, »dass die Deutschen wollen, dass die zugereisten Muslime die Kultur ihres Herkunftslandes bewahren sollten«. Das signalisierte ein Auseinanderfallen der wechselseitigen Einschätzungen und Erwartungshaltungen. Sollte dies ein »Sarrazin-Effekt« gewesen sein, so Exkurs-Autor Wolfgang Frindte, »hätten wir es mit einer fatalen Intergruppen-Konstellation zu tun, die der Integration sicher nicht sehr förderlich sein dürfte.

Erheblich drastischer fiel das Ergebnis für die nichtdeutschen Muslime aus, für die ebenfalls die oben genannten Einschränkungen gelten: Das Interesse, »die Kultur unseres Herkunftslandes bewahren« zu wollen, stieg von knapp 52 Prozent auf rund 72 Prozent, das Gefühl einer »großen Verbundenheit mit der Gemeinschaft der Muslime« von 41 Prozent auf gut 70 Prozent. Die »Vorurteile gegenüber dem Westen« wuchsen von gut 33 Prozent auf knapp 53 Prozent und der »religiöse Fanatismus« stieg von knapp 26 Prozent auf knapp 49 Prozent. »Vorurteile gegenüber Juden« wuchsen von knapp 30 Prozent auf rund 33 Prozent, der »Hass gegenüber dem Umgang der westlichen Welt mit dem Islam« stieg von 11 Prozent auf knapp 27 Prozent und die Rechtfertigung, sich mit Gewalt gegen die »Bedrohung der islamischen Welt durch den Westen« zu verteidigen, wuchs von gut 7 Prozent auf 27 Prozent. Gesunken war einzig die Bereitschaft, »die deutsche Kultur übernehmen« zu wollen: von 37 Prozent auf knapp 14 Prozent.

Stimmungs- und Verhaltensänderungen solcher Dimension, die Naika Foroutan als emotionale und identifikatorische Abkehr vom Einwanderungsland zugunsten von regionalen oder lokalen Ersatzidentitäten beschrieben hat, sind in einer Einwanderungsgesellschaft nicht »naturwüchsig«. Sie sind meist das Ergebnis jener aggressiven Mischung von Assimilations- und Exklusionsdruck, die für viele Muslime eine Grunderfahrung der stark »islamkritisch« unterlegten Sarrazin-Debatte war. [...]

In der millionenstarken muslimischen Einwandererbevölkerung hat sie schweren Schaden angerichtet, den man nicht »schönschreiben« kann. Sie hat das Grundvertrauen der Integrationsoptimisten erschüttert und die Befürchtungen der Integrationspessimisten bestärkt.

In der Mehrheitsbevölkerung hat die Sarrazin-Debatte zwar pragmatische Differenzierungen und aktive Positionierungen befördert, aber zum Teil um den Preis einer Forcierung fremdenfeindlicher Abwehrhaltungen gegenüber bestimmten, insbesondere muslimischen Einwanderergruppen. Sie hat also neben der pragmatischen Diskussion auch die altbekannte Empörungssemantik intensiviert, Abwehrhaltungen gruppenbezogen kanalisiert und damit die Diskussion deutlich hinter den Stand zurückgeworfen, der im Frühjahr 2010 mit dem national und international vielbeachteten SVR-Gutachten erreicht worden war.

10.1.14 Integrationspolitik muss als Gesellschaftspolitik verstanden werden, Interview (Merve Durmuş),
in: Deutsch Türkische Nachrichten, 4.3.2013[26] (Auszug).

Warum haben Sie dieses Buch[27] geschrieben, das schon vor seinem Erscheinen einiges Aufsehen erregt hat?
Die Jahre 2010/11 waren eine Zäsur in der Integrationsdebatte: Am Anfang stand die Beendigung der absurden Diskussion über die angeblich flächendeckend »gescheiterte Integration«. Diesem Gerede der Desintegrationspublizistik wurde der Boden entzogen durch das im Frühjahr 2010 vorgelegte Jahresgutachten »Einwanderungsgesellschaft 2010« des Sachverständigenrates deutscher Stiftungen für Integration und Migration (SVR), dessen Gründungsvorsitzender ich bis 2012 war. Wir dachten, wir hätten es geschafft, dauerhaft den Weg zu einer vernünftigen, ruhigen und pragmatischen Integrationsdiskussion zu eröffnen.

Das war ein Irrtum; denn im Sommer 2010 begann die zunehmend »islamkritisch« und zunehmend auch antimuslimisch geführte Sarrazin-Debatte bis zum Frühjahr 2011. Sie brachte einen Rücksturz in die alte desintegrative Empörungsdiskussion über Integrationsfragen. Im Juli 2011 kam das antimuslimische Breivik-Massaker in Norwegen, im November 2011 die Aufdeckung der schon älteren antimuslimischen Serienmorde des »Nationalsozialistischen Untergrunds« (NSU) in Deutschland und die entsetzliche Blamage unserer Sicherheitsdienste bei deren Aufklärung.

Spätestens seit dem Massenmord des christlich-fundamentalistischen Terroristen Breivik war klar, dass es in Sachen islamophober und zum Teil auch muslimfeindlicher »Islamkritik« eine fließende Grenze zwischen Wortgewalt und Tatgewalt gab. Die Sarrazin-Debatte, die NSU-Morde, das Versagen staatlicher Orange im Kampf gegen den rechten Terror in Deutschland und die unerhörten amtlichen Versuch, dieses Versagen zu verschleiern und zu vertuschen, lösten fast eine Staatskrise aus. Das alles hat tiefe Verletzungen besonders bei der muslimischen Einwandererbevölkerung hinterlassen, die man nicht symbolisch wegtrauern kann.

Ich will mit diesem Buch verhindern, dass man nun wieder schlicht zur Tagesordnung übergeht und so tut, als sei nichts gewesen. Wenn man die fremden- und insbesondere islamfeindliche Aggressivität in manchen Kreisen der Mehrheitsbevölkerung einerseits und die Verletzungserfahrungen in der millionenstarken muslimischen Einwandererbevölkerung andererseits nicht ernst nimmt, schwären die Probleme ungeklärt weiter und können sich später auf die verschiedenste Weise neu entladen. Mein Buch soll dazu beitragen, dass es nicht dazu kommt und Anstoß geben, gemeinsam über die eigentlichen Hintergründe nachzudenken. [...]

Sie sprechen von »Islamkritik« in distanzierenden Anführungszeichen. Warum?
Ich sehe einen wichtigen und gefährlichen Unterschied zwischen drei Eckpositionen: Eine Eckposition ist der nötige Abwehrkampf gegen den islamistischen Terrorismus, der mit einigen Brückenköpfen auch in dieses Land vorgedrungen ist. Hier geht es um Islamismuskritik. Eine zweite, auch wissenschaftliche bzw. wertebezogene Islamkritik genannte Eckposition ist die vergleichende Religionskritik, z.B. zwischen christlichen und den vielfältigen islamischen Lehrtraditionen. Das ist ein religions- und kulturwissenschaftliches Arbeitsfeld mit langer akademischer Tradition. Und dann gibt es eine dritte Eckposition: Da treiben, besonders im Web 2.0, die giftigen Sumpfblüten dessen, was der wissenschaftliche Sachkenner Navid Kermani zu Recht die »vulgärrationalistische« und deshalb nur sogenannte »Islamkritik« selbsternannter publizistischer Scheinexperten genannt hat.

Diese nur sogenannte »Islamkritik« ist in Wahrheit nichts anderes als Islam- und Muslim-Denunziation nach dem kulturrassistischen Dreisatz:

1. »Der« Islam ist nicht integrierbar, also auch nicht »die« Muslime, soweit sie sich nicht öffentlich von »dem« Islam distanzieren – obgleich es »den« Islam ebenso wenig gibt wie »die« Muslime.

2. Die sogenannte »islamische Kultur«, die es in dieser Pauschalisierung ebenfalls gar nicht gibt, ist das Gegenteil der liberal-demokratischen Kultur,

---
[26] http://www.deutsch-tuerkische-nachrichten.de/2013/03/470065/klaus-j-bade-integrationspolitik-muss-als-gesellschaftspolitik-fuer-alle-verstanden-werden/.
[27] K. J. Bade, Kritik und Gewalt. Sarrazin-Debatte, »Islamkritik« und Terror in der Einwanderungsgesellschaft, Schwalbach i.Ts. März 2013.

»der« Islam ist also das Gegenteil »der« Demokratie. Deshalb ist er gefährlich und muss bekämpft werden.

3. Wer das nicht versteht – der ist eben ein naiver »Gutmensch«, der lächerlich gemacht werden muss. Oder er ist ein gefährlicher »Schönschreiber« wie ich selber. Und der muss, so die strengste Form der vorwiegend im Web 2.0 wabernden sogenannten »Islamkritik« jenseits der Grenze zwischen Wortgewalt und Tatgewalt, nötigenfalls persönlich »zur Rechenschaft gezogen«, so z.B. die nach Einschätzung unserer Sicherheitsbehörden und Geheimdienste von einzelnen Mitgliedern oder Ortsverbänden des zentralen antiislamischen Internet-Prangers »Politically Incorrect« gesteuerten Internet-Blogs »Nürnberg 2.0« und »Chronik Berlin«.

Weil es diese fließenden Grenzen zwischen den verschiedenen Formen der Islamkritik gibt, rede ich von »Islamkritik« nur noch in Anführungszeichen.

10.1.15 Naika Foroutan, Buchvorstellung: Klaus J. Bade, »Kritik und Gewalt. Sarrazin-Debatte, ›Islamkritik‹ und Terror in der Einwanderungsgesellschaft«,

Pressekonferenz Berlin, Projekt Zentrum Berlin (PZB) der Stiftung Mercator, 19.3.2013.

Wir alle sind heute Abend hier, weil Klaus Bade ein Buch geschrieben hat, ca. ein halbes Jahr nachdem er sich als Vorsitzender des Sachverständigenrates deutscher Stiftungen für Integration und Migration mit den Worten verabschiedet hat: »Ich jedenfalls werde meinen Kampf auch an dieser schmutzigen und gefährlichen Front weiter fortsetzen«. Letztes Jahr im Juli 2012 hat er dies angekündigt – 9 Monate später im März 2013 liegt ein Buch auf dem Tisch. Eine erfreuliche Geburt.

»Kritik und Gewalt« heißt sein Buch, wie wir in den vergangenen Tagen in zahlreichen Rezensionen und Hintergrundberichten von SPIEGEL über Tagesspiegel bis zur Süddeutschen Zeitung lesen konnten. »Sarrazin-Debatte, ›Islamkritik‹ und Terror in der Einwanderungsgesellschaft« werden darin behandelt.

»Kritik und Gewalt« – es hätte auch »Gewalt und Kritik der Gewalt« heißen können – denn genau darum geht es Klaus Bade hier: Die Gewalt aufzuzeigen, wie sie in den Diskursen und Debatten um Islam und Muslime in Deutschland zunimmt, woher sie kommt, wie sie in die Mitte der Gesellschaft kriecht und was sie mit den Personen macht, die es wagen, sich dieser Gewalt in den Weg zu stellen. Und er zeigt auf, wie und warum man diese Gewalt kritisieren sollte. Deutlich und klar und nicht akademisch versteckt!

Zuallererst möchte ich Klaus Bade für dieses Buch danken, weil er sich als einer der renommiertesten Wissenschaftler und Experten zu Fragen von Migration und Integration einmischt, in eine Gewalt-Debatte, die viele Menschen in dieser Gesellschaft täglich einschüchtert und verstummen lässt. Besonders jene, die die breitflächiger werdende verbale Gewalt kritisieren – ganz gleich welchen Hintergrund, welchen Rang und welche Stellung sie in der Gesellschaft haben. Ob Jurist, ob Polizist, ob Wissenschaftler, Bundespräsident oder Bloggerin, ob muslimisch oder nicht: Dem Kritiker wird über unterschiedliche Wege Gewalt angetan, er wird diffamiert, diskreditiert, unglaubwürdig gemacht, seine Privatsphäre wird recherchiert und im öffentlichen Raum platziert, seine Adresse mit Aufforderungen zur Einschüchterung im Netz verbreitet.

Es dauert nicht lange nach einer Kritik und es springen die sogenannten Islamkritiker auf. Die Publizisten aus der Mitte der Gesellschaft übernehmen das gesäte Giftkorn und formulieren einen Anfangsverdacht, der sich dann zersetzend verselbständigt. Und man kann nur noch verdachtsunabhängig agieren vor jenen, die diese Maschinerie kennen. Alle anderen, die die Hintergründe dieser Agitationsmaschinerie, wie Klaus Bade sie beschreibt, nicht kennen, treten dem Kritiker gegenüber mit mindestens einem Minimalmisstrauen, das dem Sprichwort entspringt: »Wo viel Rauch ist, ist auch viel Feuer«. Am Ende ist man hilflos, sich selbst erklärend in einer Dauerverteidigungsposition und hat seine Ehre verloren, wie Katharina Blum.

Wortmächtig und wirkmächtig beschreibt Klaus Bade den Weg der Gewalt in seinem Buch: Ihre Träger, ihre konsumierbar gemachte und portionierte Argumentationsstruktur und ihre Ziele. Das Buch ist als ein – auf wissenschaftlicher Analyse basierender – impulsgebender Debatten-Beitrag zu verstehen. Schon zu Beginn der politischen Diskussionen um die Zugehörigkeit von Einwanderern zu Deutschland Ende der 1970er und 1980er Jahren gehörte Klaus Bade zu den Ersten, die Antworten auf integrationspolitische Fragen gaben, die zum damaligen Zeitpunkt noch keiner zu stellen vermochte.

In der Einleitung zu seinem Buch nimmt Klaus Bade diese Zeit auf und beschreibt ausführlich das politische und gesellschaftliche Hadern in Deutschland mit der nach Jahrzehnten der Zuwanderung formulierten Erkenntnis, ein Einwanderungsland geworden zu sein. »Die Bürgergesellschaften des 20. Jahrhunderts haben sich seit dem späten 20. Jahrhundert zumeist in Einwanderungsgesellschaften gewandelt. [...] Ihre Basis ist das Grundvertrauen zwischen Mehrheits- und Einwanderungsbevölkerung«, sagt er (S. 17).

Was aber, wenn diese Vertrauensbasis jahrzehntelang durch die »sozial aggressiven und kulturrassistischen »Ausländerdiskussionen« zu Wahlkampfzeiten, durch die Agitation populistischer Politiker und Publizisten« (S. 21) in Frage gestellt wird? Dann kommt es zu einer manifesten Wahrnehmung von »gescheiterter Integration« (S. 27), die sich zunehmend in einer Islamisierung der Integrationsdebatte auf die größte religiöse Minderheit in diesem Lande stürzt: auf »die Muslime«.

Durch die Ausgrenzung der in Deutschland lebenden Muslime als gesellschaftliche Minderheit erfährt die Mehrheitsbevölkerung, so Klaus Bade, eine Selbstvergewisserung ihrer Identität, die sie im Zuge des Wandels in eine Einwanderungsgesellschaft zunehmend aufweichen sieht. Bade beschreibt dies als »negative Integration«: Anstatt eine nötige gesamtgesellschaftliche Debatte über die neue Identität einer pluralen und zukunftsorientierten Einwanderungsgesellschaft zu führen, ist eine Ersatzdebatte entbrannt, die starke gesellschaftliche Spannungen und antidemokratische Impulse mit sich führt. Der Islam ist eine Art Projektionsfläche geworden für gesamtgesellschaftliche Fragestellungen, die nicht behandelt werden.

Im 2. Kapitel des Buches erläutert Klaus Bade, wie diese bereits bestehende Anti-Islam-Rhetorik durch das Buch Thilo Sarrazins im Jahr 2010 in einer breiten Debatte mediale Sättigung erfuhr. Er beschreibt Sarrazins Rhetorik der Verachtung, seine kulturrassistischen Argumentationsformen und verweist auf zahlreiche Wegbegleiter und Kritiker, von Heiner Geißler über Thomas de Maizière bis hin zu Maria Böhmer und Barbara John. Klaus Bade hat hier zu Person und Position des Autors ausführlich recherchiert und kommt zu dem Schluss: »Hinter all dem steht ein hochkonservatives, ahistorisches und statisches, zugleich stark biologistisches und sozialtechnologisches Kultur- und Gesellschaftsverständnis.« (S. 63)

Im 3. Kapitel beschreibt Bade den Einfluss, den die Argumentation und Rhetorik der sogenannten »Islamkritiker« auf die Debatte ausübt. Das Einsickern dieser pauschal abwertenden, den Islam als einziges Dogma erklärenden Diskurse, die von Intellektuellen geführt werden über die Medien in die Mitte der Bevölkerung. Bade beschreibt, dass die »Islamkritik« zwischen zwei Polen oszilliert: der Islamkritik im Sinne einer friedlichen Auseinandersetzung mit religiösen Inhalten und der aggressiven, diffamierenden islamfeindlichen Agitation.

Im nachfolgenden Kapitel 4 widmet sich Klaus Bade den Personen, die hinter dieser sogenannten Islamkritik stehen, und fokussiert sich hier vor allem auf Necla Kelek als treibende Kraft und ethnische Kronzeugin. In einer in der Süddeutschen Zeitung erschienenen Vorabrezension von Bades Buch »Kritik und Gewalt« schrieb der Journalist Roland Preuss: »Der Schrecken und der Ekel, den die Debatte bei dem Wissenschaftler hinterlassen hat, ist ihm deutlich anzumerken. Der wissenschaftliche Stil ist immer wieder angereichert durch in Sprache gekleideten Zorn.«

Dass Klaus Bade sich in der Sarrazin-Debatte öffentlich zu Wort meldete, brachte ihm verbale Gewaltattacken des von ihm in seinem Buch als »Agitationskartell« bezeichneten Zirkels ein. So bezeichnete Necla Kelek ihn in der Frankfurter Allgemeinen Zeitung 2011 als »Generalsekretär« eines »Politbüros«, womit der SVR gemeint war, und als einen, der nach »ideologischen Kriterien Politik mache«. Eine infame Strategie, wissenschaftliche Erkenntnisse als persönliche Manipulationen erscheinen zu lassen und somit allen, die analytisch differenziert mit empirischen Daten arbeiten, im Grunde genommen die wissenschaftliche Berechtigung zu entziehen.

Diese Taktik erkennen natürlich jene, die mit Klaus Bade beruflich arbeiten und auch jene, die die gleichen Datensätze analysieren. Aber all die anderen Personen, die die FAZ lesen, die eben nicht mit diesem Berufsfeld zu tun haben, die Mediziner, Ökonomen, Juristen etc., diejenigen, die nicht diese konzertierte Agitation kennen und auch nicht die statistischen Daten und auch nicht wirklich wissen, wer Necla Kelek ist und die trotzdem Meinungshoheit besitzen und diese weitergeben, die bekommen durch einen solchen Artikel einen Zweifel eingesät, »ja, der Klaus Bade, der verfälscht vielleicht Ergebnisse« – einen halben Hohn und ein selbstvergewisserndes Gefühl von »glaube keiner Statistik, die Du nicht selbst gefälscht hast«. So werden die zentralen Ergebnisse des SVR dann angezweifelt und können in diesen Schichten ihre Wirkung nicht mehr entfalten.

Es ist nicht verwunderlich, dass gerade Klaus Bade von den Islamkritikern als Gegenspieler wahrgenommen wird: Ein Wissenschaftler, der in Deutschland auf dem Gebiet der Migrationsforschung so viel erreicht und bewirkt hat wie kaum ein anderer, stellt mit seinen wissenschaftlich fundierten Erkenntnissen und scharfsinnigen Analysen wohl die größte Gefahr für die populistische Ausgrenzungsargumentation der benannten Agitatoren dar.

Dieser Verbindungsweg von antimuslimischer Rhetorik zu konkreten Belästigungen bringt Bade dazu, in Kapitel 5 die Zusammenhänge zwischen Wortgewalt und Tatgewalt zu analysieren. Laut Bade verselbständigen sich die Argumente der publizistischen Islamkritik im Web 2.0, wo Islamkritik auf radikalen Portalen wie »Politically Incorrect« erst in Islamfeindlichkeit und dann konkret in antimuslimischen Rassismus umschlägt. Muslimfeindliche Hetze, Hassmails wie auch Einschüchterungsversuch und Bedrohungsaufrufe im Internet gegen Personen, die sich differenziert zu den Themen um Islam und Muslime äußern, werden hier systematisch vernetzt und organisiert und entwickeln eine Eigendynamik, von deren Wirkung sich die publizistische Islamkritik bislang nicht ausreichend öffentlich distanziert hat.

Es ist also keine Diskurs-, sondern vielmehr eine Wirkungsanalyse, die Klaus Bade mit seinem Buch vollzieht und die er zugleich in die Politikgeschichte einbettet. Hier gelingt ihm in Kapitel 6 ein Brückenschlag von der Debatte über »Islamkritik« bis hin zur erschütternden Terrorerfahrung und der Terrorverarbeitung nach Bekanntwerden der NSU-Morde. Hierbei ist ihm die Unterscheidung wichtig, dass er die Agitatoren und ihre Wortgewalt nicht durch ein Ursache-Wirkungs-Prinzip für die terroristische Tatgewalt verantwortlich macht; jedoch weist er darauf hin, dass die sogenannten Islamkritiker eine Verantwortung für ihre geschaffenen Instrumente tragen, die sich in einer radikalisierten Szene verselbständigen können. Auch kann unter Umständen durch Wortgewalt und einer radikalen und kontinuierlichen Diffamierung einer Minderheit der Nährboden für eine Legitimation von Taten geschaffen werden, wie dies z.B. bei Anders Breivik und der Argumentation seiner Terrorattacken zu beobachten war. Es kommt hier in Teilen einer radikalisierten Rechten zu der Annahme, die kontinuierlichen, abwertenden Debatten seien letztlich eine Aufforderung, um selbst zu handeln und Ausweisungen vorzunehmen oder gar Tötungen, wie im Falle des NSU. »Taten statt Worte« war hier die Prämisse.

Hier erörtert Bade in Kapitel 7 auch den, wie er sagt, »folgenreichen Einfluss der »Islamkritik« auf Behörden und Politik«. Er macht auf die Kulturalisierung sozialer Probleme durch die publizistische Islamkritik aufmerksam, die auch Grundlage behördlicher Entscheidungen sein kann, und schreibt:»Sie holen ratlose, aber empörungsbereite Vorurteilsträger dort ab, wo sie mit ihren kulturellen Ängsten stehen.« (S. 180)

Am Ende (Kapitel 8) des Buches plädiert Bade dafür, gesamtgesellschaftliche und soziale Probleme nicht mehr in stigmatisierender Art und Weise auf die muslimische Community oder andere Minderheiten zu projizieren – sondern sie als das zu verhandeln, was sie sind:

Transformationsprobleme der Bürgergesellschaft, die mit ihrem Wandel in eine Einwanderungsgesellschaft überfordert zu sein scheint. Diese Debatten sollen nicht mehr als Integrationspolitik verhandelt und somit als Bewältigungsproblem von Minderheiten gedeutet werden, sondern als Gesellschaftspolitik verdeutlichen, dass die gesamte Gesellschaft an diesem Wandel partizipieren muss.

Wenn dies nicht gelingt, »dann könnte Deutschland in den Weg anderer europäischer Länder einbiegen, mit einem starken Wachstum völkischer, von charismatischen Demagogen geführter Strömungen und Parteien.« (S. 373)

Sein Buch trifft in eine Zeit, kurz vor der Wahlkampf, in der wir befürchten müssen, dass wieder einmal populistische »Ausländerpolitik« den Wandel Deutschlands in eine Einwanderungsgesellschaft, in der Mehrfachzugehörigkeiten, auch nationale Mehrfachzugehörigkeiten, Normalität sein sollten, zurückwerfen könnte, z.B. durch eine radikalisierte Debatte um den sogenannten Doppelpass, in der den Trägern zweier Pässe unterstellt wird, sie bräuchten den zweiten Pass ja eigentlich nur, um bei Straftaten leichter aus Deutschland fliehen und im Herkunftsland unterkommen zu können.

Ich möchte nicht enden, ohne Ihnen, lieber Klaus Bade, noch einmal zu sagen, warum Ihr Buch so wichtig ist und warum Sie so wichtig sind. Während die allermeisten Sozialwissenschaftler in Deutschland geschwiegen haben, als Thilo Sarrazin mit seinen Abwertungen die Gefühle der Mehrheitsgesellschaft erreichte, haben Sie E-Mails versendet an Menschen, die Sie nicht kannten, in denen stand:»Lassen Sie sich nicht unterkriegen. Wir müssen jetzt zusammenstehen. Es wird schwer werden, aber wir müssen da durch und wir dürfen niemanden verlieren, [...] gehen Sie aufrecht weiter, wir können das nur gemeinsam schaffen.«

Während Physiker aus den Universitäten in den Medien den Menschen erklärten, was in Fukushima passiert ist, haben Sozialwissenschaftler in Deutschland sich in den Universitäten versteckt und so getan, als würden sich beschmutzen, wenn sie zu Sarrazin Stellung beziehen. Dabei ist genau ihre Disziplin dafür da, gesellschaftliche Verwerfungen zu erklären – sonst machen es Leute wie Buschkowsky.

Sie, lieber Klaus Bade, schreiben regelmäßig auf dem Portal »MiGAZIN«, von dem Sie wissen, dass es von Migranten besonders stark frequentiert wird. Nicht zuletzt damit zeigen Sie, dass Sie Migranten und ihre Nachkommen als Bürger dieses Landes ernst nehmen und somit auch die von Migranten geschaffenen publizistischen Organe.

Sie haben bereits für Minderheiten Position bezogen, als dies noch lange nicht opportun war und Sie tun es stetig. Sie verkörpern in Ihrer Person ein solidarisches Miteinander, kontaktieren und unterstützen in Hochphasen der Debatten Betroffene und nehmen eben nicht nur das wissenschaftliche Thema Migration ernst, sondern auch die Menschen, die dahinterstehen. Sie haben dies nie in einem paternalistischen Duktus getan, sondern mit einem zutiefst demokratischen Impetus. Ihr deutlich signalisiertes »wir können das nur gemeinsam schaffen« zeugt genau von dieser starkmachenden, gleichwertigen Solidarität und greift der von Ihnen geforderten Gesellschaftspolitik gelebt voraus.

Sie selbst, mein lieber Klaus Bade, sind genauso wie Ihr Buch: glaubwürdig, mutig, demokratisch und aufrecht.

Schlussendlich bringen Sie mit diesem wichtigen Debatten-Beitrag auf die politische Agenda, dass sich eine Demokratie vor allem an ihrem Umgang mit ihren Minderheiten messen lässt.

Herzlichen Dank für dieses Geschenk!

10.1.16 »Kritik und Gewalt«. Zehn Fragen an den Migrationsforscher und Politikberater Klaus J. Bade, Interview (Günter Burkhardt),
in: Interkulturelle Woche, Materialheft, Mai 2013, S. 26f. (Auszug).

Ihr neues Buch heißt »Kritik und Gewalt«. Es geht um die Sarrazin-Debatte, um Islamkritik und rechten Terror in der Einwanderungsgesellschaft. Sehen Sie da Ursache-Folge-Zusammenhänge?

Verurteilungen auf der Schiene »Wort und Mord« sind kurzschlüssig. Persönliche Schuldzuschreibungen können aus ideellen Übereinstimmungen zwischen publizistischen Äußerungen und sogar direkt darauf bezogenen Begründungen von Gewalttätern nicht abgeleitet werden. Die wortgewaltigen Vertreter der islamfeindlichen sogenannten »Islamkritik« hätten sich also nach dem Breivik-Massaker und erst recht nach der Aufdeckung der schon älteren NSU-Serienmorde gar nicht so hysterisch gegen persönlichen Tatverdacht verwahren brauchen. Es geht hier weniger um persönliche Haftung als um ethische Verantwortung. Und da müssen die noch einiges lernen.

Was müssen »wortgewaltige Islamkritiker« da lernen?
Der ethischen Verantwortung kann sich kein Publizist entziehen, der mit zündfähigen, z.B. latent kulturrassistischen bzw. so zu verstehenden Argumenten in hochexplosivem Gelände hantiert. Dazu gehört, solche Argumente so zu präsentieren, dass sie nicht unter Berufung auf die Autoren als Brandsätze missbraucht werden können und, sollte dies doch geschehen, sich entschieden dagegen zu verwahren. Das ist aus opportunistischen, genauer gesagt kommerziellen Gründen nicht geschehen, denn es hätte zweifelsohne wichtige Leserkreise irritiert.

Wie bewerten Sie das?
Das war der eigentliche Skandal im Verhalten von demagogischen, populistischen und opportunistischen »islamkritischen« Publizisten: Sie haben mit ihrer Agitation emsig Geld verdient, viel Schaden angerichtet und dann versucht, sich mit verschwurbeltem Geschwafel oder sogar dreisten Gegenangriffen davonzumachen oder sich obendrein noch in der bekannten Täter-Opfer-Umkehr als Märtyrer des wahren Wortes zu gerieren. Das habe ich in meinem Buch in der nötigen Klarheit gesagt.

Was verstehen Sie unter Kulturrassismus?
Heute geht es bei rassistischen Dispositionen weniger um Rasse, Blut und Boden. Es geht mehr um pauschalisierende Kulturkonfrontationen. Islamkritik z.B. kann zu Kulturrassismus werden, wenn sie sich gegen »die islamische Kultur«, »den« Islam und »die« Muslime richtet, denn: »Die islamische Kultur« gibt es in dieser Pauschalisierung gar nicht. »Der« Islam besteht aus den verschiedensten Lehrtraditionen, die sich weit stärker unterscheiden als z.B. die christlichen Konfessionen. Und »die« Muslime unterscheiden sich in ihrem Verhältnis zu »dem« Islam mindestens so wie die Christen in ihrem Verhältnis zu ihrer Religion, die für viele oft nur noch auf dem Papier steht, mit einem gravierenden Unterschied: Aus »dem« Islam kann man, von bestimmten Glaubensrichtungen abgesehen, in der Regel nicht so persönlich problem- und folgenlos austreten wie aus einer christlichen Kirche oder gar einem Schwimmverein.

Sie kritisieren das »Rechtsextremismus«-Feindbild der Behörden, sprechen da von einem »Tunnelblick«. Was ist das Problem?
Die Konzentration auf »Rechtsextremismus« und dabei sogar noch auf die »klassischen rechtsextremistischen Argumentationsmuster« (BMI) erzeugt einen amtlichen Tunnelblick, der blind macht gegenüber anderen gesellschaftlichen Gefahren: Nicht nur das Gewaltpotenzial von herkömmlichem Rechtsextremismus und islamistischem Fundamentalismus, auch der völkisch-kulturrassistische antiislamische Fundamentalismus der Mitte ist eine Lebensgefahr für die Einwanderungsgesellschaft; denn die ist essentiell angewiesen auf Anerkennung durch Teilhabe und auf die aktive Akzeptanz kultureller Vielfalt in sozialem Frieden.

Sie beklagen die unzureichende gesellschaftspolitische Reaktion auf den NSU-Schock in Deutschland. Wie hätte die denn aussehen können?
Die antiislamischen Serienmorde kann man nicht zeremoniell wegtrauern. Man muss sich dieser faktisch vorhandenen extremistischen und kulturrassistischen Unterwelt mit klaren Gegenentwürfen stellen. Die Norweger haben in Reaktion auf das Breivik-Massaker gezeigt, wie so was aussehen kann. In Deutschland hat es bei der regierungsamtlichen Reaktion auf den NSU-Schock nur zu Trauerbekundungen und zu Warnungen vor »Rechtsextremismus« gereicht. Selbst in der Konfrontation mit den in Reihe aufgedeckten neo-nationalsozialistischen antiislamischen Mordtaten war die Hürde zu einem Bekenntnis zu den Grundwerten der de facto seit langem multikulturellen Einwanderungsgesellschaft in Deutschland offenkundig noch immer zu hoch. Wo waren die Warnungen vor der hasserfüllten antiislamischen Bewegung? Wo war und bleibt die gesellschaftliche Ächtung der immer einflussreicher und mächtiger werdenden, geschickt an der Grenze der Verfassungskonformität operierenden antiislamischen Netzwerke, die treffender Hetzwerke heißen sollten? Sie werden zumeist noch nicht einmal vom Verfassungsschutz beobachtet, im Gegensatz zu friedlichen Moscheevereinen einerseits und der demokratischen Partei »Die Linke« andererseits. Das ist unerträglich.

10.1.17 Integrationspolitik im Wahljahr 2013, Keynote zur DeutschPlus-Veranstaltung »Integrationspolitik im Wahljahr 2013«, Projektzentrum Berlin der Stiftung Mercator (PZB), 9.9.2013,
in: MiGAZIN, 11.9.2013 (Auszug).

Integrationspragmatismus und kulturelle Angst
Die Sarrazin-Debatte hat […] mit der in ihrem Windschatten aufsteigenden Islamkritik dem im Hintergrund schon lange wühlenden, besonders antiislamischen Kulturrassismus auf breiter Front zum Durchbruch verholfen. Sie hat die rund vier Millionen zählende muslimische Bevölkerung, soweit sie von der Debatte Kenntnis nahm, damit schwer und nachhaltig getroffen, mit spürbaren Folgen bis heute.

Der anhaltend negative Wanderungssaldo gegenüber der Türkei ist nur ein Beleg unter anderen dafür. »Wir verlieren so die Besten«, hat der ZEIT-Journalist Jörg Lau bitter und zu Recht dazu notiert.

Und die Parteien haben die Sarrazin-Debatte auch nicht souverän übergangen wie eine Pfütze am Weg. Gerade die großen Parteien zeigten zeitweise eine ratlose Schockstarre mit Kaninchenblick auf die plötzlich allenthalben züngelnden kultur-rassistischen Schlangenköpfe; denn das Echo der Sarrazin-Debatte enthüllte, wie dünn der demokratische Firniss über dem Alltagsrassismus war und wie weit er über die sogenannte Mitte der Gesellschaft auch in die jeweils eigene Parteibasis hineinreichte. [...]

Man muss in Deutschland also wohl unterscheiden zwischen den [...] allgemeinen, pragmatisch-positiven Einschätzungen von Integration und Integrationspolitik und den [...] bizarren Bewertungen von kultureller Vielfalt unter Berücksichtigung der Religionszugehörigkeit und besonders des Islam.

Belege: Rund 51 Prozent der Deutschen empfinden Misstrauen und Kulturangst gegenüber dem Islam. Nach der Münsteraner Umfrage von 2010 sahen 72 Prozent der Westdeutschen und 69 Prozent der Ostdeutschen »in der wachsenden Vielfalt der Religionen eine Bedrohung des sozialen Friedens«. Im Gegensatz zu anderen europäischen Ländern haben auch nur 34 Prozent der Westdeutschen und 26 Prozent der Ostdeutschen ein persönlich positives Bild von Muslimen. 42 Prozent der von den Münsteranern befragten Deutschen vertraten die sogar verfassungswidrige Auffassung, dass »die Ausübung des islamischen Glaubens« stark eingeschränkt werden müsse. Und nach der 2012 vorgelegten Bielefelder Umfrage hielten rund 40 Prozent der Deutschen Ausländer ganz allgemein für eine Bedrohung und Deutschland insgesamt für »in einem gefährlichen Maß überfremdet«.

Diese Antinomie zwischen Akzeptanz von Integration und Skepsis gegenüber kultureller Vielfalt scheint eine geistige Tretmine aus dem Arsenal des »German way of thinking« zu sein; denn: Integration und kulturelle Vielfalt sind in der Einwanderungsgesellschaft zwei Seiten der gleichen Medaille. Mehr noch: Mit der wachsenden Akzeptanz der kulturellen Vielfalt wuchsen panikartig die Militanz, Radikalität und Brutalität ihrer angstgetriebenen und identitätsgestörten, gut vernetzten, zum Teil hochkonspirativ in Kleingruppen arbeitenden Gegner. [...]

Das reicht von durch den Bundesverfassungsschutz demonstrativ tolerierten Netz- und Hetzwerken wie den Internet-Prangern »Politically Incorrect« [...] und Kriegsverbrecher- oder Todeslisten, die ihre Kritiker vogelfrei stellen wie »Nürnberg 2.0« oder »Chronik Berlin« bis hin etwa zu der bundesweit konspirativ organisierten und gefährlichen, weil bewaffneten Terror- und Femegruppe der sogenannten »Reichsbürger«. Sie bedrohen Synagogen, Moscheen, Behörden und individuelle Kritiker mit Anschlägen und physischer Gewalt bis hin zum Mord. Sie kündigen an, im Netz hängende, zu Gewalttaten einladende Todeslisten final abzuarbeiten. Und das ist zumindest dann nicht lustig, wenn man selbst auf solchen Listen steht.

Naika Foroutan hat das Paradox von Akzeptanz und Abwehr kultureller Vielfalt in Deutschland in die Pointe gefasst: Integration funktioniert, aber »minus Muslime«. Nach meiner Einschätzung hat die Ausgrenzung der Muslime auf dem viele Deutsche ängstigenden Weg in die Einwanderungsgesellschaft die Funktion einer identitätsstiftenden Selbstvergewisserung durch negative Integration, also Integration des Eigenen durch Abgrenzung vom Fremden.

Das Beispiel von Muslimskepsis und Islamfeindschaft zeigt überdies, dass im integrationspolitischen Parteiendiskurs der Tanz um das goldene Kalb der Einbürgerung als Bekenntnis zur deutschen als der einzigen und in Deutschland allein selig machenden Staatsangehörigkeit im Blick auf die kollektiven Mentalitäten der Deutschen ein Mummenschanz ist, denn: Die Rede von der Einbürgerung als dem krönenden Abschluss der Integration blamiert sich täglich vor der Tatsache, dass auch deutsche Muslime mit ihrer vermeintlichen Läuterung durch den Wechsel der Staatsangehörigkeit eben nicht verschont bleiben von Muslimskepsis und Islamfeindschaft.

Solange das so bleibt, fehlt der gängigen These von der Einbürgerung als Erfolgsnachweis bei der Integration muslimischer Einwanderer das Pendant, nämlich die Einhaltung der Akzeptanz-Spielregeln durch die Mehrheitsgesellschaft.

Umso mehr appelliere ich an die Parteien, jedenfalls in der kommenden Legislaturperiode die Integrationspolitik als Gesellschaftspolitik auch die kulturellen Identitätsprobleme dieser Mehrheitsbevölkerung auf ihrem Weg in die Einwanderungsgesellschaft einzubeziehen und dabei, gerade nach der NSU-Erfahrung, die zum Teil fließenden Grenzen im Auge zu behalten zwischen Kulturangst, Fremdenfeindlichkeit, Islamfeindschaft, Rechtsextremismus und Neo-Nationalsozialismus.

Die Lage ist ernster als viele glauben: Berlin-Hellersdorf ist nur ein aktuelles Fanal unter anderen. Dort müssen heute schändlicherweise wieder Asyl suchende Flüchtlinge vor ebenso dümmlicher wie aggressiver rassistischer Mobilisierung fliehen. Berlin-Hellersdorf ist von dem tagelangen Pogrom in Rostock-Lichtenhagen zwar dadurch getrennt, dass es heute ein starkes Engagement demokratischer Bürgerinitiativen gibt und dass die Polizei heute nicht mehr durch tatenloses Herumstehen zum passiv duldenden Mittäter wird.

Heute werden dafür auch die kleinparteilich organisierten neo-nationalsozialistischen Alltagsterroristen als scheindemokratische Demonstranten von der Polizei geschützt, womit sich die Staatsgewalt wieder einmal vor verfassungsfeindlichen Rechtsextremisten blamiert, denn: Mit demokratischer Meinungs- und Demonstrationsfreiheit in der Einwanderungsgesellschaft hat die Verbreitung von Pogromstimmung nichts zu tun. Hoffen wir, dass sich der berühmte Satz nicht erfüllt: Wer seine Geschichte vergisst, ist dazu verdammt, sie noch einmal zu erleben.

Über institutionellen Reformbedarf auf der Bundesebene

Dass in einer schon mehrere Generationen von Einwanderern umfassenden Einwanderungsgesellschaft Integrationspolitik nur als teilhabeorientierte Gesellschaftspolitik für alle verstanden werden kann, hat der wichtigste institutionelle Akteur, der Bundesminister des Innern, bis heute nicht erkannt. Ebenso nicht, dass Populismus kein Ersatz ist für fehlende Konzepte in der Gesellschaftspolitik.

Stattdessen hat der Bundesinnenminister regierungsamtlich indirekt Aggressionsanreize gesetzt und Adressaten markiert: Das gilt einerseits für seine fahrlässigen Tiraden über sogenannte osteuropäische Armutswanderer als angebliche Betrüger und Schmarotzer, die man, wie er populistisch pointierte »ohne viel Federlesen« wieder »rauswerfen« müsse. Und es galt andererseits für seine Redensarten über einen angeblich »alarmierenden« Ansturm von Flüchtlingen und Asylsuchenden.

Und das, obgleich das wirtschaftlich prosperierende Deutschland innerhalb der EU, gemessen an seiner Größe, im Asylaufkommen lediglich auf Platz 10 liegt, also hinter viel stärker betroffenen und zusätzlich krisengeschüttelten EU-Staaten; und obgleich es in Deutschland, so der »Mediendienst Integration« (Thränhardt), weniger um einen sogenannten Ansturm von Asylsuchenden geht als um hausgemachte Probleme: nämlich um einen Bearbeitungsstau auf Grund von Personaleinsparungen im Bundesamt für Migration und Flüchtlinge – das bekanntlich als nachgeordnete Behörde dem Bundesinnenministerium unterstellt ist.

Angesichts solcher populistischer Vorleistungen könnten wir bei steigenden Zuwanderungen im Zuge der vollen Arbeitnehmerfreizügigkeit für Rumänien und Bulgarien ab Anfang 2014 und bei einem weiteren Anstieg der Asylbewerberzahlen unter Umständen einen Rücksturz in längst überwunden geglaubte Aggressionen erleben, von dem Kulturrassismus gegenüber dem Islam einmal ganz abgesehen. Ein episodischer Nachvollzug der Exzesse der frühen 1990er Jahre ist dabei nicht auszuschließen. Sage später niemand wieder, man habe das alles nicht absehen können.

Und der über den zunehmenden Fremdenhass gegenüber den Schwächsten der Schwachen, nämlich gegenüber Asylsuchenden und Armutswanderern, am Ende selber erschrockene Bundesinnenminister warnt nun vor Folgen – aber nicht etwa vor den gesellschaftlichen, sondern vor marktwirtschaftlichen Folgen: nämlich davor, dass das, was er »unser Vaterland« nennt, international in seinem Ansehen beschädigt und in seiner Exportkraft geschwächt werden könnte.

Das ist in meinen Augen unerträglich. Der Bundesinnenminister zertrampelt im integratorischen Porzellanladen auf der Bundesebene das, was die Integrationsbeauftragte der Bundesregierung zusammen zu führen und beieinander zu halten sucht. Will sagen: Bundesinnenminister Friedrichs Ressortführung in Sachen Integrationspolitik war und ist kein Beitrag zur Lösung, sondern ein verstärkender Teil der Probleme. Hoffen wir nach der Wahl auf einen Neubeginn an der Spitze des Ressorts.

Wichtiger aber als persönliche Veränderungen sind in Sachen Migrations- und Integrationspolitik institutionelle Reformen in der nächsten Koalitionsvereinbarung. Und die betreffen besonders den Geschäftsbereich des Bundesinnenministeriums. Das mächtige Ressort, das sich auch als Integrationsministerium versteht, ist mit der Fülle seiner Aufgaben offenkundig überlastet. Es sollte deshalb in der nächsten Koalitionsvereinbarung entlastet werden.

Und zwar durch die weitgehende Ausgliederung der Migrations- und Integrationsbelange und deren Umverteilung auf andere hier schon maßgeblich beteiligte Ressorts wie Arbeit und Soziales, Bildung, Familie und Justiz; alternativ durch deren Bündelung in einem eigenen oder in einem Querschnittsministerium, wie dies auf Länderebene schon erprobt wird. Vergessen wir nicht, dass die Gestaltungsbereiche Zuwanderung und Integration bis zum Beginn der »Ära Kohl« 1982/83 ohnehin nicht vorwiegend im Innenressort, sondern im Ministerium für Arbeit und Sozialordnung angesiedelt waren.

Das BMI wäre dann in Sachen Migration und Integration nur mehr ein begrenzt beteiligtes Ministerium unter anderen. Migrations- und Integrationspolitik kann dadurch nur besser werden; ganz abgesehen davon, dass Integration ohnehin nicht primär Bundesaufgabe, sondern Ländersache ist und sich in der Praxis auch nicht auf Bundes- oder Länderebene, sondern vor Ort, also in den Kommunen vollzieht. Und deren Leistungen in Sachen Integration werden, wie das vorletzte SVR-Gutachten 2012 über »Integration im föderalen System« gezeigt hat, nach wie vor bei weitem unterschätzt.

10.1.18 Kritik und Gewalt. Sarrazin-Debatte, »Islamkritik« und Terror in der Einwanderungsgesellschaft, Schwalbach i.Ts. 2013, Nachwort zur dritten Auflage und zur E-Book-Ausgabe 2014,
Berlin, Februar 2014 (Auszug).

Während der »Sarrazin-Debatte« der Jahre 2010/2011 im Anschluss an Sarrazins im Juli 2010 erschienenes Buch »Deutschland schafft sich ab« konnte ich mich nur mit einigen Presseartikeln und anderen Medienbeiträgen an der laufenden Diskussion beteiligen. Die Arbeit am Auf- und Ausbau des von mir angeregten Sachverständigenrates deutscher Stiftungen für Integration und Migration (SVR) in Berlin ließ mir zu einer eingehenderen Stellungnahme keine Zeit. Ich nahm mir damals vor, dies möglichst bald nachzuholen. Das habe ich nach meinem Ausscheiden als Gründungsvorsitzender aus dem SVR im Juli 2012 sogleich getan. Das Ergebnis war das im März 2013 erschienene Buch, das hier in dritter Auflage und zugleich in einer E-Book-Ausgabe vorgelegt wird.

In diesem Buch habe ich Sarrazins Argumentationstechniken durchleuchtet und die nach ihm benannte »Sarrazin-Debatte« als zeithistorisches Phänomen beschrieben. Ich habe die in ihrem Schatten wuchernde, als »Islamkritik« getarnte scheinwissenschaftliche Islamdenunziation als Gratwanderung zwischen Wortgewalt und Tatgewalt analysiert. Schließlich habe ich diese Linien bis zur Verarbeitung des antimuslimischen Terroraktes in Norwegen 2011 und der schon älteren antimuslimischen Serienmorde in Deutschland verfolgt.

Sarrazin selbst legte im Februar 2014 ein neues Buch vor mit dem Titel »Der neue Tugendterror. Über die Grenzen der Meinungsfreiheit in Deutschland«. Darin erklärt er der Politischen Korrektheit und elenden Gleichmacherei in dieser Welt den Krieg und sucht zugleich inhaltlich und geschäftlich an seinen Bestseller aus dem Jahr 2010 anzuknüpfen.

Sein neues Buch zeigt: Sarrazin hat aus der »Sarrazin-Debatte« selber wenig bis nichts hinzugelernt. Er posiert in seinem neuen Buch in der wehleidigen Attitüde eines Märtyrers der Wahrheit. Er bleibt seinen Leitargumenten starrsinnig treu und breitet ihr geistiges Fundament nur weiter aus. Und er sucht abermals den absatzfördernden Schulterschluss mit der Lesergemeinde, die seinem Bestseller von 2010 einen Absatz von mehr als 1,4 Millionen einbrachte – allen angeblichen »Grenzen der Meinungsfreiheit in Deutschland« zum Trotz. [...]

Seinen Lesern dient er sich als dankbarer, nur von ihnen in verschworener Gemeinschaft Geretteter an; denn nur durch ihren demonstrativen Bücherkauf haben sie ihn im übertragenen Sinne vor dem Scheiterhaufen bewahrt: »Mit meinen Lesern teile ich wohl die Dankbarkeit darüber, dass wir nicht mehr, wie noch vor wenigen Jahrhunderten, wegen falschen Glaubens als Ketzer verbrannt werden können« (S. 12) Das ist das Gegenteil von Lernbereitschaft.

Sarrazin unterfliegt in seinem neuen Buch das wenigstens gelegentlich noch tendenziell wissenschaftlich wirkende Niveau seines Buches »Deutschland schafft sich ab« und bewegt sich auf der Ebene von normativ-weltanschaulichem Feuilleton oder gar bloßem Meinen mit eingestreuten Zitaten. Vieles liegt zwischen halbrichtig und halbfalsch, wird aber selbstbewusst von der scheinbaren Warte höchster Weisheit aus formuliert. Das alles hellt wenig auf. Es bestärkt vielmehr in seiner Wirkung in der weiteren Öffentlichkeit möglicherweise viele Vorurteile und macht das neue Buch deshalb noch gefährlicher als es das alte war.

In Sarrazins neuem Buch dominiert eine Flut von empörten bis beleidigten, mitunter auch beleidigenden Erregungen des stachelmimosigen Angreifers, der gern austeilt, aber nicht einstecken kann. Er wehrt sich gegen vielerlei Kritik an seinem Bestseller »Deutschland schafft sich ab« und arbeitet dabei selber mit den Techniken, die er seinen Gegnern ankreidet.

Vor allem aber »beschweigt« er Kritiker, die ihm wirklich gefährlich wurden. Das gilt einerseits z.B. für die auf seinen Umgang mit »den« Muslimen konzentrierte Internet-Dokumentation der Soziologin Naika Foroutan und ihrer Forschungsgruppe »Sarrazins Thesen auf dem Prüfstand. Ein empirischer Gegenentwurf zu Thilo Sarrazins Thesen zu Muslimen in Deutschland« (2010). Und es gilt andererseits für mein die gesamte Sarrazin-Debatte und ihre Folgewirkungen überblickendes Buch.

Sarrazin handelt hier nur konsequent, denn er weiß: »Die probateste Methode, eine ungeliebte Meinung zu unterdrücken, besteht darin, sie zu beschweigen oder allenfalls unvollständig und beiläufig zu berichten. Darin liegen Kern und Ursprung aller Zensur.« (S. 108)

Gesagt, getan: Das vorliegende Buch, in dem ich mich umfangreich und detailliert mit ihm und der sogenannten Sarrazin-Debatte auseinandergesetzt habe, kommt bei ihm deshalb nicht vor. Stattdessen zieht Sarrazin in seinem Buch nur einen einzelnen von mir im Herbst 2010 in der Neuen Züricher Zeitung veröffentlichten Artikel heran, in dem er mir unbelegte Vorwürfe unterstellt und indirekt an die »besorgten Bürger« appelliert, den hochnäsigen »Integrationspapst« Bade zu schmähen:

»Der deutsche Integrationspapst Klaus J. Bade machte sich gar nicht erst die Mühe, meinem Buch irgendwelche Fehler nachzuweisen. Er meinte lediglich pauschal, dass ich den Forschungsstand nicht überblicke. Den Erfolg des Buches erklärte er mit ›Verlustängsten‹ und sah in dem Einwanderungsunbehagen ›nur einen Spielball unter anderen im breiten Feld von Politikverdrossenheit und Protestverhalten‹. So verschob er die Probleme von der realen auf die psychologische Ebene. Letztlich griff er damit den besorgten Bürger an und erklärte ihn für inkompetent bei der Beurteilung von Einwanderungs- und Integrationsfragen.« (S. 85)

Das alles ist schlicht das Gegenteil der Wahrheit und damit nur der Vollzug von Sarrazins eigener Kapitelüberschrift »Unterschlagung von Differenzierungen, gezielte Missverständnisse«. Verbunden ist damit zudem ein denunziativer Auskreisungsdiskurs, der die »besorgten Bürger« alarmieren und zum Shitstorm animieren soll. Die Rede vom »besorgten Bürger« ist, nebenbei, heute das Standardargument der NPD. Das ist das Dreifachgift DDD: Diffamierung, Denunziation und Demagogie in einem, mithin genau das, was der Autor in Märtyrerhaltung seinen Kritikern unterstellt. Wie heißt es doch so treffend bei Sarrazin: »Das Ziel der Skandalisierung ist es, den Skandalisierten seiner gerechten Strafe zuzuführen, ihn zu isolieren, zu beschämen und zu entehren.« (S. 114) Da weiß einer genau, was er tut.

Es gibt da nur einen kleinen, aber brutalen Unterschied: Auf Sarrazins Seite operieren als – sicher ungeladene – Verteidiger und Angreifer kulturrassistische antiislamische Netzwerke wie die Internet-Pranger »Politically Incorrect« [...] und die Mordbrenner von »Nürnberg 2.0« und »Archiv Berlin«. Deren Portale aber werden nach der Einschätzung von Sicherheitsdiensten und investigativen Journalisten von Mitgliedern des »islamkritischen« Internet-Prangers »Politically Incorrect« gesteuert.

Im Übrigen steht Sarrazin mit dem vergeblichen Versuch, mein Buch zu »beschweigen«, nicht allein: Auf der früher einmal politikkritischen, heute vorwiegend »islamkritischen« Seite des Journalistenbündnis »Achse des Guten« hatte der antiislamische Demagoge Henryk M. Broder einige Wochen vor dem Erscheinen meines Buches »Kritik und Gewalt« in einer knappen Schmähkritik eine Totschweige-Empfehlung an die üblichen Verdächtigen im »islamkritischen« Agitationskartell erteilt. Dazu zählen u.a. neben Broder selbst: Necla Kelek, Ralph Giordano und indirekt auch Sarrazin (»Wir Islamkritiker«). Der bei seiner »islamkritischen« Minderheitenschelte aus Gründen vorauseilender Exkulpation oft auf seine jüdische Herkunft verweisende Broder nahm das von Sarrazin eingeführte NS-Vokabular gerne auf und schrieb:

»Der weltberühmte ›Migrationsforscher‹ Klaus Bade sagt in einem Gespräch mit der ›Neuen Osnabrücker Zeitung‹: ›Selbst ernannte ›Islamkritiker‹ wie die Publizisten Necla Kelek, Henryk M. Broder und Ralph Giordano haben dem kulturellem Rassismus Vorschub geleistet und auflagenstark davon profitiert.‹ Nun, ich weiß nicht, wie Necla und Ralph es halten, ich habe mich jedenfalls darum bemüht, zu einem amtlich anerkannten ›Islamkritiker‹ ernannt zu werden. Leider aber gibt es in der Bundesrepublik weder eine Reichskultur- noch eine Reichsschrifttumskammer, die eine solche Lizenz zum Kritisieren ausstellen könnte. Auch der Verband Deutscher Journalisten, vertreten durch seinen rührigen Vorsitzenden Michael Konken, wollte sich nicht exponieren, ebenso der PEN-Club unter Johano Strasser. Was blieb mir also übrig, als mich selbst zum ›Islamkritiker‹ zu ernennen? Da hatte es Klaus Bade besser, er wurde von der ›Neuen Osnabrücker‹ zum Migrationsforscher geadelt. Jetzt drücken wir ihm die Daumen, dass keiner sein stinklangweiliges Buch kauft...«

Der Appell hat nur bedingt Früchte getragen: Es gab zu meinem Buch eine Flut von durchweg positiven Reaktionen. In bestimmten Leitmedien wie z.B. »Die Welt« (Redakteur Broder, geschätzte Autorin Kelek) oder FAZ (langjährige Starkolumnistin Kelek) hingegen wurden Rezensionsanfragen von außen abgewiesen und sogar redaktionsinterne Besprechungsabsichten geblockt. So läuft das in Wirklichkeit mit der von Sarrazin & Co. wehleidig eingeklagten »Meinungsfreiheit« und dem von ihm inkriminierten »Beschweigen« bzw. »Totschweigen«. Ich habe meine Kritik an Sarrazins neuem Buch am Tage seines offiziellen Erscheinens (24.2.2014) in einer umfangreichen Stellungnahme in dem Internet-Fachmagazin für Migration und Integration »MiGAZIN« veröffentlicht (10.1.19). Ich will es dabei bewenden lassen; denn publizistische Überzeugungstäter sind schlecht zu überzeugen.

10.1.19 Die Welt ist ungerecht – und das ist auch gut so! Satirische Rezension zu Thilo Sarrazins Buch »Der neue Tugendterror. Über die Grenzen der Meinungsfreiheit in Deutschland«,
in: MiGAZIN, 24.2.2014.

In seinem Buch »Der neue Tugendterror« erklärt Thilo Sarrazin der Political Correctness den finalen Krieg. Er rechnet mit seinen Gegnern ab, bleibt aber seinen Leitargumenten treu. Aus der »Sarrazin-Debatte« hat er selber wenig gelernt.

Der Bestsellerautor Thilo Sarrazin möchte mit seinem neuen Buch »Der neue Tugendterror«[28] noch einmal richtig Kasse machen; denn sein letztes Buch »Europa braucht den Euro nicht« (2012) hatte sich zwar ebenfalls sehr gut verkauft, war aber für den verwöhnten Erfolgsautor ein Flop im Vergleich zur allein in Deutschland mehr als anderthalb Millionen hohen Auflage seines Bestsellers »Deutschland schafft sich ab« (2010).

Und es hatte außerdem nichts bewirkt. Denn zum Ärger von Thilo Sarrazin und der »Alternative für Deutschland«, der die Argumente des bekennenden Sozialdemokraten erheblich näherstehen als denen der deutschen Sozialdemokratie, glauben die Deutschen nach Auskunft des Politbarometers von ZDF und Tagesspiegel von Mitte Dezember 2013 mehr und mehr an den Euro und daran, dass das Jahr 2013 für Deutschland ein gutes Jahr war. Was macht man da? Man versucht inhaltlich und geschäftlich noch einmal an den Bestsellererfolg von 2010 anzuknüpfen in der Hoffnung, dass die Welle vielleicht noch trägt.

Das Ergebnis ist ein mitunter flott, meist aber langatmig geschriebenes Buch. Es ist offenbar aus drei verschiedenen Anläufen zusammengequält und deshalb in seiner Struktur so verschachtelt, dass der Autor immer wieder mit lästigen gliedernden Hinweisen, Ankündigungen und Rückbezügen den roten Faden hochhalten muss. Die Möchtegern-Sozialphilosophie steht dabei von Beginn an stets im Hintergrund.

Im ersten Drittel des Buches antwortet der beleidigte und beleidigende Autor auf Kritik an seinem

---
[28] T. Sarrazin, Der neue Tugendterror. Über die Grenzen der Meinungsfreiheit in Deutschland, 397 S., Deutsche Verlags-Anstalt: München 2014.

Bestseller »Deutschland schafft sich ab«. Er übergeht dabei aber Stimmen, die ihm wirklich gefährlich wurden. Das gilt z.B. für Klaus J. Bades Gesamtdarstellung der sogenannten Sarrazin-Debatte[29] ebenso wie für die Kritik der Berliner Soziologin Naika Foroutan und ihrer Forschungsgruppe an seinen Thesen zu Muslimen in Deutschland.[30]

Im zweiten Drittel posiert der neokonservativ argumentierende Möchtegern-Sozialphilosoph von der traurigen Gestalt in seiner liebsten Rolle: als angeblicher Tabubrecher in Sachen Political Correctness und öder Gleichmacherei. Im letzten Drittel geht die Bühne auf für ein Kabarett, in dem das Publikum an vierzehn Beispielen lernen darf, was man doch wohl noch sagen darf.

Erster Akt: Der Märtyrer Sarrazin – Selbstverteidigung im Freistilkampf

Zunächst und sehr lange dominiert im Buch eine Flut von empörten bis beleidigten, mitunter auch beleidigenden Erregungen des stachelmimosigen Angreifers, der gern austeilt, aber nicht einstecken kann. Er wehrt sich, wohlgegliedert nach Zettelkasten oder Excel-Tabelle, gegen vielerlei Kritik an seinem Bestseller »Deutschland schafft sich ab«, unter besonderer Berücksichtigung der in der Sarrazin-Debatte leitenden Themen. Dazu stellt er eingangs, nach einigen Begriffsklärungen, nochmals die schrägen »Kernthesen« seines Bestsellers vor:

An erster Stelle steht die Einschätzung, dass sich Deutschland mit seiner anhaltend niedrigen Reproduktionsrate »aus der Geschichte wegschrumpft«, was bekanntlich so nicht stimmt.

An zweiter Stelle steht seine These, dass durch die sozial »schiefe Geburtenstruktur«, für die auch »die spezifische Konstruktion des deutschen Sozialstaats einschließlich des Familienlastenausgleichs« verantwortlich sei, »das intellektuelle Potential in Deutschland und damit auch die potentielle Bildungsleistung noch schneller als die Zahl der Geburten« sinken, was insgesamt, drittens, Wirtschaftskraft und Lebensstandard gefährde.

Einwanderer wären, viertens, nur dann eine Hilfe, wenn ihre Bildung und Qualifikation über dem deutschen Durchschnitt lägen. Das aber sei wegen der »spezifischen Struktur der Einwanderung in Deutschland«, nämlich »vorwiegend aus der Türkei, Afrika, Nah- und Mittelost«, nicht der Fall. Das ist natürlich weitestgehend falsch, denn: Die Wanderungsbilanz gegenüber der Türkei ist bekanntlich seit vielen Jahren negativ; drei Viertel aller Zuwanderer in Deutschland stammen heute aus Europa, zwei Drittel

---
[29] K. J. Bade, Kritik und Gewalt. Sarrazin-Debatte, »Islamkritik« und Terror in der Einwanderungsgesellschaft, Schwalbach i.Ts. 2013.
[30] N. Foroutan / K. Schäfer / C. Canan / B. Schwarze, Sarrazins Thesen auf dem Prüfstand. Ein empirischer Gegenentwurf zu Thilo Sarrazins Thesen zu Muslimen in Deutschland, Berlin 2010, online unter: http://www.heymat.hu-berlin.de/sarrazin2010.

aus der EU; und 29 Prozent davon zählen zur Gruppe der Hochqualifizierten, die in Deutschland nur 19 Prozent stellen.

Fünftens, und damit geht es ab in die Welt der Vererbungslehre, gebe es »zwischen unterschiedlichen Gruppen von Einwanderern signifikante gruppenbezogene Unterschiede, die sich auch in den nachfolgenden Generationen nur langsam abbauen, wenn überhaupt. Generell gilt: Einwanderung aus Fernost erhöht die durchschnittliche Bildungsleistung und das Qualifikationsniveau der aufnehmenden Gesellschaft. Einwanderung aus der Türkei, Afrika, Nah- und Mittelost senkt die durchschnittliche Bildungsleistung und das Qualifikationsniveau der aufnehmenden Gesellschaft.«

Dass z.B. die von ihm andernorts nur als »Armutswanderung« und damit als Gefahr für den Wohlfahrtsstaat registrierte Zuwanderung aus Rumänien (»Nah- und Mittelost«) zu knapp der Hälfte aus Qualifizierten und zu fast einem Viertel aus Hochqualifizierten besteht, ist ihm offenbar nicht bekannt.

An sechster Stelle rangiert die Vertiefung seiner kulturrassistischen Einschätzungen mit der antiislamischen These von der erblichen Abhängigkeit von Qualifikationsniveau und Bildungsleistung von der Herkunftskultur: »Muslimische Prägung von Kulturen wirkt sich negativ auf das durchschnittliche Qualifikationsniveau und die durchschnittliche Bildungsleistung von Einwanderern und ihren Nachkommen aus.«

Am Ende steht, siebtens und insgesamt, Sarrazins wohlbekannte, hier etwas verklausulierte These: Die Einwandererbevölkerung mit ihren zwar schrumpfenden aber relativ noch immer höher liegenden Geburtenraten, ihrem niedrigeren Qualifikationsniveau und ihrer niedrigeren Bildungsleistung tendiert dahin, die deutsche Bevölkerung demographisch zu überrunden und die deutsche Kultur auf ihr niedriges Niveau herabzuziehen. (S. 57f.)

Das alles wird in diesem neuen Buch nicht etwa näher differenziert, sondern nur mit zusätzlichen Scheinbelegen und zuweilen auch mit argumentativen Winkelzügen weiter expliziert. Sarrazin bleibt insoweit das, was er immer war, ein sturer Exeget seiner bekannten Behauptungen. Das gilt vor allem für seine in der vorgetragenen Pauschalisierung gesellschaftspolitisch gemeingefährlichen Lieblingsthemen: die Erblichkeit von Intelligenz und deren weitgehende Unabhängigkeit von sozialen Umfeldbezügen sowie die angeblich weltweit erkennbare kulturelle Bodenhaftung »der« Muslime:

Der Genetiker Sarrazin weiß schwurbelklar: »Wenn Hochqualifizierung auch nur teilweise mit der genotypischen Intelligenz korreliert, dann kann eine dauerhaft niedrige Geburtenrate der Hochqualifizierten nicht ohne Auswirkungen auf die durchschnittliche genotypische Intelligenz bleiben«. (S. 272f.) Diese genetische Logelei ist auch nicht durch soziale Umstände zu relativieren, erst recht nicht bei den »kulturell« minderrangigen Teilen Einwandererbevölkerung: »Die Vermutung, schlechte Bildungsleistungen bei bestimmten Gruppen von Migranten seien Resultat der Einwanderungssituation, lässt sich empirisch nicht bestätigen. Das Gegenteil ist der Fall. Offenbar sind die Prägungen der Herkunftskultur über Generationen recht stabil.« (S. 287)

Die Belege für das »Gegenteil« bleibt Sarrazin seiner Gemeinde schuldig. Macht auch nichts, denn die glaubt ihm das sowieso. Und dass türkische Aufsteigerhaushalte ihre Kinder oft aus umständehalber miserablen deutschen Schulen abziehen und in der Türkei zur Schule schicken, dass in der Türkei abgeschlossene Schulausbildungen denen von türkischen Kindern in Deutschland mitunter klar überlegen sind, das weiß der Bildungsgenetiker Sarrazin alles nicht. Damit nicht genug. Das kulturell niedrige Niveau bewirkt sogar politische Schlagseiten: »Genetische Prädispositionen wirken indirekt selbst auf politische Einstellungen.« (S. 258) Alles Genetik oder was?

Und dann erst mal »der« Islam und »die« Muslime: In seinen Ausführungen zur – natürlich mangelnden – »Gleichwertigkeit der Kulturen« verzichtet Sarrazin zwar zunächst großzügig »auf kausale Erklärungen«. Er legt dann andernorts aber doch klar nach mit der Botschaft, dass »der kulturelle und religiöse Hintergrund des Islams den Bildungserfolg, den wirtschaftlichen Erfolg und die soziale Entwicklung der islamischen Länder« behindert und »viele Probleme, die die Länder des islamischen Kulturraums kennzeichnen und vom Rest der Welt trennen, im Islam selber liegen und schon in der Entstehung und frühen Verbreitung des Islams angelegt waren.« (S. 290f.)

Genüsslich zitiert Sarrazin den pakistanischen Atomphysiker Pervez Hoodbhoy: »Es gibt rund 1,5 Milliarden Muslime in der ganzen Welt – aber sie können in keinem Bereich eine substanzielle Errungenschaft vorweisen... Alles, was sie mit großer Hingabe tun, ist beten und fasten... Die Inschallah-Mentalität, die für alles Gott verantwortlich macht, ist der Gegensatz zu wissenschaftlichem Denken.« (S. 294) Dass wir fast unsere gesamte Kenntnis der klassischen Antike muslimischer, in diesem Falle arabischer Vermittlung verdanken, ist beiden wohl entgangen.

Und dazu, weiß Sarrazin, kommt noch als weitere mentale Behinderung »die muslimische Kultur des Beleidigtseins« und besonders »das Beleidigtsein der Türken«, kurzum das »türkisch-muslimische Beleidigtsein« (S. 297f.). Aber dazu gibt es doch gar keinen Grund, jedenfalls nicht bei Sarrazin; denn er schreibt über seinen Bestseller von 2010, der bei der muslimischen neuen Elite in Deutschland Schockwellen auslöste, treuherzig: »Keine einzige Formulierung im gesamten Buch war geeignet, ein Individuum, eine Gruppe, eine Ethnie, eine Rasse oder eine Religion zu beleidigen oder zu verletzen.« (S. 91). Und das entscheidet natürlich nur Thilo Sarrazin selber als Richter in eigener Sache.

Und wer, wie der Sachverständigenrat deutscher Stiftungen für Integration und Migration (SVR) in Berlin, aufgrund sorgfältiger empirischer Bestandsaufnahmen die bekannte und gerade durch die Desintegrationspublizistik vom Schlage Sarrazin & Co. mit bewirkte »Häufung der Negativberichte und die wenigen Berichte über das Gelingen von Integration im Alltag der Einwanderungsgesellschaft« beklagt, der wird von Richter Sarrazin sogleich polemisch abgestraft: »Wer kritisch ist, hat nach dieser Lesart Vorurteile. Wegschauen ist also angesagt. Wer das nicht tut, ist der eigentliche Störenfried.« (S. 301f.) So grob geschnitzt ist das Weltbild, in dem Thilo Sarrazin seine Gemeinde demagogisch bestärken möchte.

Und er kennt gleich noch einen zweiten Scheinbeleg für seine haltlosen Unterstellungen: »Aus demselben Grund war bereits der Bundesjugendministerin Kristina Schröder vorgeworfen worden, sie gieße ›Öl ins Feuer der um sich greifenden Muslimfeindlichkeit‹. Ihr ›Vergehen‹: Sie hatte in der Öffentlichkeit zwei von ihrem Ministerium beauftragte Studien zur Gewaltbereitschaft unter jungem Muslimen und deren Ursachen vorgestellt.« (S. 302)

Die Wahrheit sieht anders aus: Auf dem hysterischen Höhepunkt der Sarrazin-Debatte im Oktober 2010 glaubte auch Familienministerin Schröder Einschlägiges beitragen zu sollen und warnte schlagzeilenstark vor einer Art Minderheitenrassismus in Gestalt von »Deutschenfeindlichkeit« auf den Schulhöfen. Sie finanzierte dazu sogar zwei teure wissenschaftliche Schnellgutachten, die den vermeintlichen Zusammenhang von muslimischem Glauben und Gewaltaffinität bei Jugendlichen nachweisen sollten, was die aber nicht nur nicht konnten, sondern sogar klar dementierten; denn es geht hier nicht primär um Religionsfragen, sondern vorwiegend um eine Mischung von Milieuproblemen und sozial aggressivem Macho-Gehabe. Das hinderte die Ministerin nicht, ihre mehr gefühlte als empirisch begründbare These weiter zu verbreiten, die in den Sensationsmedien begierig aufgenommen wurde, deshalb erwartungsgemäß großes Aufsehen erregte und in islamophoben Kreisen lautstark begrüßt wurde.[31] Über solchen und anderen Umgang Sarrazins mit Argumenten und vorgeblichen Belegen wird gleich noch eingehender zu berichten sein.

Hier surft ein Kulturrassist, der keiner sein will, auf der von ihm selbst erzeugten Woge. Mit »Kulturrassismus« ist heute nicht mehr der klobige alte rassenbiologische Begriff aus dem 19. und frühen 20. Jahrhundert und schließlich aus der nationalsozialistischen Blut- und Boden-Ideologie gemeint, dessen sich Kulturrassisten gerne bei dem Hinweis zu bedienen pflegen, man sei doch »kein Rassist«.

In den heute expandierenden kulturrassistischen Diskursen geht es kaum mehr um die Ab- bzw. Auf-

---

[31] Bade, Kritik und Gewalt, S. 237.

wertung von Rassen unter Zuschreibung angeblich kollektiver Rasseeigenschaften. Statt Rassen geht es heute meist um »Kulturen« (und deren Religionen). Denen aber werden in gleicher Weise bestimmte, angeblich kulturinhärente Kollektivmentalitäten und Verhaltensdispositionen zugeschrieben. Und die sind angeblich mehr oder minder unveränderlich bzw. sogar »erblich« und bleiben deshalb auch bei Sozialisation in neuen Kontexten relativ stabil. Die Vorstellung von solchen imaginierten Kulturgruppen spricht z.B. bei der vulgärrationalistischen »Islamkritik« aus der Rede von »dem Islam«, »der islamischen Kultur« oder gar »den« Muslimen schlechthin.

Dass Sarrazins Argumentationsweise hier in den Bereich des Kulturrassismus gehört, möchte er ebenso empört wie trickreich mit dem nur scheinbar ideologiekritischen Argument abweisen, der alte Rassismus-Begriff werde durch Wortschöpfungen wie »Kulturrassismus« doch nur unnötig inflationiert und um seine so wichtige Schärfe gebracht. Für ihn selbst passt seines Erachtens natürlich ohnehin weder der eine noch der andere Begriff. (S. 40, 85–90). Er beruft sich statt dessen lieber auf die in denunziativer Vorwärtsverteidigung geübte und gern in der bekannten Täter-Opfer-Umkehr argumentierende »Islamkritikerin« Necla Kelek: »Der Eindruck drängt sich auf, hier solle eine überfällige Diskussion mit bewährten Begriffen wie Rassismus und Populismus kontaminiert werden.« (S. 86f.).

Es gibt in der Rassismus-Diskussion aber durchaus fließende Grenzen zwischen kulturrassistischen Zuschreibungen und klassischen Rassismus-Vorstellungen. Ein geradezu bühnenreifes Beispiel mit argumentativer Versehentlicher Selbstentlarvung lieferte hier Thilo Sarrazin selber: Er berichtete in seinem Bestseller »Deutschland schafft sich ab«, in Vorträgen und Interviews zuerst oft in genetischem Sinne über »die« Muslime und sogar über das intellektuell schwache »Muslim-Gen« (einmal, mit devot folgender Entschuldigung, sogar über das »Juden-Gen«) mit seinen über die Aufblähung der gering qualifizierten und gebildeten deutschen Unterschicht durch unqualifizierte und ungebildete »muslimische« Zuwanderung indirekt volksverdummenden Folgen für Deutschland.

Nachdem mehr als eine Million Exemplare seines Bestsellers verkauft waren, ersetzte er stillschweigend seine immer wieder angegriffenen, indirekt bildungs- und sozialgenetischen durch soziokulturelle Argumente.[32] Mit dieser semantischen Gleichsetzung enthüllte er unversehens die fließende Grenze zwischen Rassismus und Kulturrassismus und demonstrierte damit am eigenen Beispiel, dass Kulturrassismus eben auch eine Form des Rassismus ist.

In solchen Argumentationslinien zu denken, setzte, so räsoniert Sarrazin rückblickend stolz, »einen Freiheitsgrad des Denkens voraus, den die Kritiker so

nicht akzeptieren wollten.« (S. 58) Hier spricht der Märtyrer der Wahrheit. Seinen Lesern dient er sich als dankbarer, nur von ihnen in verschworener Gemeinschaft Geretteter an; denn nur durch ihren demonstrativen Bücherkauf haben sie ihn im übertragenen Sinne vor dem Scheiterhaufen bewahrt. Anschlusshandlungen auch für das aktuelle Buch erwünscht, versteht sich.

Gleich zu Beginn kommt das wuchtige Bekenntnis: »Mit meinen Lesern teile ich wohl die Dankbarkeit darüber, dass wir nicht mehr, wie noch vor wenigen Jahrhunderten, wegen falschen Glaubens als Ketzer verbrannt werden können.« (S. 12) Wenige Seiten später wird gleich noch mal drauf geladen: »Die heilige Inquisition hatte für solche Fälle den Scheiterhaufen, die Sowjetunion nahm in den siebziger Jahren Rückgriff auf die Irrenhäuser, nachdem Massenerschießungen und Lagerhaft mittlerweile als politisch unkorrekt galten.« (S. 32).

Und damit es aber auch wirklich keine Missverständnisse gibt, darf man kurz darauf noch einmal lesen: »Vor vierhundert Jahren verteidigte die katholische Kirche ihr geozentrisches Weltbild mit den Mitteln der Inquisition und mit der Androhung des Scheiterhaufens, weil sie sich mit Argumenten nicht zu helfen wusste. Das ist heute nicht mehr möglich. Heute bleibt nur noch der moralische Scheiterhaufen in den Medien, indem man die Integrität und den Anstand des ›Sünders‹ in Frage stellt.« (S. 58)

Und das ist, wie man erfährt, wesentlich schlimmer als der mittelalterliche Pranger; denn der war »immerhin Ergebnis eines Gerichtsverfahrens, das mit der Suche nach der Wahrheit verbunden war und am Ende zu einer Bestrafung, eben dem Pranger, führte. Die publizistische Skandalisierung dagegen ist Anklage, Urteil und Vollstreckung zugleich, vollzogen durch Unzuständige und Parteiische, statt einem Gericht eher dem Lynchmob vergleichbar, der den vermuteten Pferdedieb oder Frauenschänder umstandslos am nächsten Baum aufknüpft.« (S. 13)

Wer nun erwartete, dass Sarrazin seine Thesen zumindest in Teilen relativiert hätte, wird enttäuscht. Er nimmt nichts zurück und hat auch nichts hinzugelernt, ganz so wie dies ein kluger erster, noch ohne Kenntnis des Buches vorauseilender Rezensent glaubte absehen zu können.[33] Stattdessen konzentriert sich Sarrazin darauf, Kritiken an seinem Buch abzuweisen.

Dabei bedient er sich der verschiedensten argumentativen Manöver. Nur drei Beispiele dazu: Ein erstes Leitargument heißt, die Kritiker hätten sein Buch entweder gar nicht gelesen oder doch nicht richtig verstanden, was, versteht sich, nur er beurteilen kann. Entscheidend ist ihm, zweitens, mitunter nicht,

---

[32] Sarrazin revidiert sich, in: sueddeutsche.de, 14.11.2010; vgl. Bade, Kritik und Gewalt, S. 65f., 69f., 76, 90, 97, 102, 220f.

[33] H. Schümann, Neues Sarrazin-Buch. Die Schublade des gefährlichen Schwachsinns, in: Der Tagesspiegel, 7.2.2014, online unter: http://www.tagesspiegel.de/meinung/neues-sarrazin-buch-die-schublade-des-gefaehrlichen-schwachsinns/9444452.html.

ob ein kritisches Argument trifft, sondern ob ein dabei genanntes Wort in seinem Buch verwendet wurde oder nicht. Ein weiteres Ausweichmanöver besteht darin, dass er selber die Spielregeln definiert, nach denen festgestellt wird, was er hätte geschrieben haben müssen, damit ein kritisches Argument legitim gewesen wäre. Beispiel: »Da ich in meinem Buch keine sozialwissenschaftliche Evolutionstheorie entwickelte, fällt der Vorwurf des Sozialdarwinismus ins Leere.« (S. 96).

Dass sich z.B. im Schatten der nach seinem Buch genannten »Sarrazin-Debatte« die vulgärrationalistische »Islamkritik« selbsternannter angeblicher Islamexperten umso aggressiver entfaltete, kann der Autor ohnehin nicht negativ bewerten, weil er ja selbst in dieses Lager gehört (»Wir Islamkritiker«).[34] In der besonders bei der »Islamkritik« üblichen denunziativen Täter-Opfer-Umkehr geht es dem wehleidigen Scharfschützen vor allem um die Klage über die »Delegitimierung des Autors als Person« (S. 103f.) sowie über »Isolieren, Vereinzeln, Totschweigen« (S. 106ff.). Spätestens hier muss sich der Leser fragen, wie es nun zu den mehr als 1,5 Millionen verkauften Exemplaren seines Bestsellers kommen konnte, der doch nicht nur bei demonstrativen Trotzkäufern Gefallen gefunden haben kann.

Bei der strategischen Abwehr von Kritik an seinem Buch aber arbeitet Sarrazin im Gegenangriff oft selber mit Methoden, die er seinen Kritikern als infam ankreidet. Das lässt sich am Beispiel des Rezensenten zeigen, den die »Islamkritikern« Necla Kelek den »Anti-Sarrazin« genannt hat. Dazu muss ich in eigener Sache etwas weiter ausholen.

Exkurs in eigner Sache zum Dreifachgift DDD: Diffamierung, Denunziation und Demagogie
Die angriffslustige selbst ernannte »Islamkritikerin« Necla Kelek, deren desintegratives Wirken ich in meinem Buch »Kritik und Gewalt« ausgiebig unter die kritische Lupe genommen habe, hatte seinerzeit Sarrazins Buch als »Befreiungsschlag« vorgestellt. Sie durfte in der ihr gewogenen FAZ im Mai 2011 einen aggressiv-dümmlichen, persönlich beleidigenden, sachlich falschen, deshalb an der Grenze der journalistischen Sorgfaltspflicht liegenden und zum Teil sogar in unsäglichem stalinistischem Vokabular gehaltenen Schmähartikel über mich als »Anti-Sarrazin« veröffentlichen, der bis heute in einschlägigen Kreisen meinungsbestimmend geblieben ist.

Darin denunzierte sie den Gründungsvorsitzenden des – für ihre skandalisierende Desintegrationspublizistik verständlicherweise geschäftsschädigenden – Sachverständigenrates deutscher Stiftungen für Integration und Migration (SVR) als »Generalsekretär eines Politbüros«. Dessen Allmacht seien Medien, Stiftungen und letztlich auch die Politik hilflos ausgeliefert, weil, so ihre infantile Verschwörungstheorie, diese Wissenschaftlerbande alle entscheidenden Fäden in Händen halte. Ich habe diesen Unsinn der wissenschaftsfernen Publizistin wenig später an gleicher Stelle zurückgewiesen und damit diese Scheinkontroverse für beendet erklärt, nach der die streitsüchtige Publizistin erkennbar strebte.[35]

Im Juli 2011 eilte ihr Thilo Sarrazin in der FAZ zu Hilfe: Er griff das vorliegende SVR-Jahresgutachten an und verwechselte dabei Kraut und Rüben. Er unterstellte dem SVR-Vorsitzendem in diesem gleichermaßen an üble Nachrede grenzenden Schmähartikel, ich sei zwar ein guter Wissenschaftler, aber ein ängstlicher Zeitgenosse, der nirgendwo anecken möchte. Er bediente sich dabei im Gegensatz zu Kelek nicht stalinistischen, sondern zur totalitären Abwechslung nationalsozialistischen Vokabulars und präsentierte den SVR-Vorsitzenden als Leiter eines »Reichsfunks« mit beschönigenden Berichten von der »Integrationsfront«.[36]

Ich habe Sarrazins Attacke damals unbeantwortet gelassen, weil ich diesen albernen publizistischen Schlagabtausch für beendet erklärt hatte, obgleich Sarrazin in seinem Artikel frecherweise sogar unautorisiert aus unserem privaten Briefwechsel zitierte. Hinzu kam, dass der frühere NRW-Integrationsminister Armin Laschet (CDU) Ende Juli 2011 in der FAZ ohnehin auf Sarrazins Artikel antwortete und dabei auch auf dessen Angriffe auf mich und den SVR einging.[37] Ich nahm mir aber vor, auf das demagogische Wirken des »islamkritischen« Agitationskartells später in größerem Zusammenhang und mit der gebotenen Klarheit zurück zu kommen. Das habe ich getan, sobald ich hinreichend Zeit dazu fand, nämlich nach meinem Abschied vom SVR im Juli 2012. Das Ergebnis war mein schon im März 2013 erschienenes Buch »Kritik und Gewalt«.

In diesem Buch habe ich Sarrazins Argumentationstechniken durchleuchtet und dabei auch seinen FAZ-Artikel noch einmal aufgenommen. Ich habe die sogenannte Sarrazin-Debatte als zeithistorisches Phänomen beschrieben und die in ihrem Schatten wuchernde, als »Islamkritik« getarnte scheinwissenschaftliche Islamdenunziation als Gratwanderung zwischen Wortgewalt und Tatgewalt analysiert. Schließlich habe ich diese Linien bis zur Verarbeitung des antimuslimischen Terroraktes in Norwegen 2011 und der schon älteren antimuslimischen Serienmorde in Deutschland verfolgt.[38] Aus diesem Buch hätte Sarrazin einiges lernen können, auch über unbeabsichtigte Folgen publizistischen Tuns, gerade weil er, wie er mir 2010 einmal mitgeteilt hatte, gern ganz bewusst skandalisiert, um den Markt der Meinungen zu erreichen.

Und was tut Thilo Sarrazin? Er überspringt, wie so oft im Umgang mit unbequemen Ergebnissen der Wissenschaft, das Buch des angeblichen »Anti-Sarra-

---

[34] Bade, Kritik und Gewalt, S. 115.
[35] Ebd., S. 201–213.
[36] Ebd., S. 213f.
[37] Ebd., S. 214.
[38] Ebd., S. 41–146, 213f.

zins« Bade komplett. Stattdessen erweckt er beim Leser sogar vorsätzlich den falschen Eindruck, ich hätte mich mit seinem Buch und dessen Folgen nicht auseinandergesetzt und stattdessen nur ohne Belege lamentiert. Sarrazin handelt hier nur konsequent, denn er weiß: »Die probateste Methode, eine ungeliebte Meinung zu unterdrücken, besteht darin, sie zu beschweigen oder allenfalls unvollständig und beiläufig zu berichten. Darin liegen Kern und Ursprung aller Zensur.« (S. 108) […].

Zweiter Akt: Der Sozialphilosoph Sarrazin – neokonservativer Zitatenreichtum aus dem bildungsbürgerlichen Weltdeutungswissen

Auch Sarrazins Eintreten für die Achtung der Ungleichheit sowie gegen kulturelle und soziale Gleichmacherei ankert in den Ideen seines Bestsellers und in dessen Verteidigung gegen Kritik. Der argumentative Kuhfuß, mit dem er glaubt, kritische Einwände gegen sein Buch aus den Scharnieren stemmen zu können, ist der Hinweis auf die seines Erachtens überall lauernde und über die Medien vorangetriebene Verschwörung der »Political Correctness«, die kritische Realitätsbezüge und Differenzierungsvermögen blockiere. Die damit verordnete Brille lässt Ungleiches gleich erscheinen und verstellt so den Blick auf die alles Leben auf diesem Planeten bestimmenden und auch erst ermöglichenden Unterschiede; denn »der Kern des Tugendterrors« ist dieser:

»Die Ideologie (oder Religion) der Gleichheit erklärt alle sich manifestierenden Unterschiede in den Leistungen und im materiellen Erfolg von Individuen und Gruppen zum Ausfluss von Ungerechtigkeit, letztlich zum Ergebnis des Bösen, das in dieser Welt wirkt: Das Böse bewirkt, vergrößert, erklärt und rechtfertigt Ungleichheit. Das Gute kämpft gegen das Böse und damit gegen Ungleichheit in jeder Form.« (S. 39) So einfach ist Sarrazins Kernbotschaft.

Das alles wird dann ideengeschichtlich mitunter durchaus kenntnisreich, zuweilen auch arg trivial und mit vielen, wenn auch zweckorientiert zurechtgerupften Zitaten illustriert. Hier spricht der kundige Bildungsbürger. Aber der übergestreifte Talar des Kulturhistorikers ist ihm, wie der des Sozialphilosophen, doch ein paar Nummern zu groß, so dass das gravitätische Schreiten der Argumentation mitunter eher Sackhüpfen ähnelt.

»Die Erscheinungen des Tugendterrors sind aber so alt wie die menschliche Gesellschaft«, doziert Sarrazin (S. 187) und greift bis in den Weltenbeginn zurück, den er selbstverständlich ebenfalls souverän überblickt: »Alle Bewegung, alle Entwicklung entsteht nämlich aus Differenz und aus dem Wettbewerb, den Unterschiede auslösen. So entstand das Leben auf der Erde. So vollzog sich die gesamte biologische Evolution einschließlich der Entwicklung des Menschen, und so entstand auch die vom Menschen bewirkte soziale Evolution.« (S. 236) So war das also.

Und weil Sarrazin das weiß, beginnt er mit seinem bereichsweise durchaus kenntnisreichen Überblick über die Rolle von Gleichheit bzw. Ungleichheit und die diesbezüglichen, zuweilen blutig folgenreichen Missverständnisse schon vor dem Alten Testament: Er verfolgt den »Tugendterror im Wandel der Zeiten« von der Ablösung der antiken Götter durch das Christentum über Inquisition, Hexenwahn und Terror in der Französischen Revolution, Kommunismus und Pol Pot schnurgerade bis zum »Tugendterror in der Gegenwart«. Und der treibt heute angeblich »so unterschiedliche Sachverhalte wie progressive Steuersysteme, Genderforschung und Integrationspolitik«. (S. 218) So ist das bei Sarrazin, der die Dinge mutig und konsequent zu Ende denkt, wenn auch manchmal bis gegen die Wand.

Und weil er gerne überzeichnet, gibt es Grundgedanken, die an sich treffend, wenn auch wahrhaftig nicht neu sind, in ihrer Anwendung auf diverse Praxisbereiche aber zu arg vordergründigen Scheinergebnissen führen. Beispiel: »Aus der Gleichsetzung von Freiheit mit Gleichheit und von Gleichheit mit Gerechtigkeit wuchs der eigentliche Tugendterror, zunächst philosophisch und gesellschaftspolitisch, dann aber auch in der Wirklichkeit, wo immer diese Art von Denken politische Macht erlangte.« (S. 205) So weit nicht schlecht.

Ob man aber, wie Sarrazin meint, die Lehren, die man den grauenhaften Kapiteln der Französischen Revolution verdankt, z.B. auch auf das deutsche Bildungssystem anwenden kann, erscheint doch etwas fragwürdig; ganz abgesehen davon, dass sich Sarrazin hier wieder einmal Urteile anmaßt, die von manifester Ahnungslosigkeit im Blick auf den Stand der Bildungsforschung zeugen. Klar, man kann nicht alles wissen in diesem Riesenfeld, aber gerade deswegen wäre etwas intellektuelle Bescheidenheit hier eine Zier. Aber das kann man von diesem Autor kaum erwarten.

Daneben gibt es eine ganze Reihe von weiteren Beispielfeldern, auf denen sich Sarrazin mit seiner Kritik an einer angeblich sprachlichen »Tabuisierungen« abarbeitet, besonders in polemisch-despektierlicher Auseinandersetzung mit Vorschlägen der »Nationalen Armutskonferenz« (NAK). Das ist eine Vereinigung der Spitzenverbände der Freien Wohlfahrtspflege mit deutschlandweit tätigen Fachverbänden und Selbsthilfeorganisationen sowie dem Deutschen Gewerkschaftsbund – logischerweise alles Verbände, die vorzüglich ins Feindbild des Autors passen.

Seine Kritik an einer angeblich an Politischer Korrektheit ausgerichteten »Dekadenz der Sprache«, die zur »Dekadenz des Denkens« führt, gilt z.B. kreuz und quer für Tabuisierungen in der Märchensprache (»Negerkönig« und »Chinesenmädchen« u.a.), bei ethnisierenden Gruppenbeschreibungen (»Schwarzer«, »Zigeuner, »Roma« u.a.), bei Begrifflichkeiten der geschlechtergerechten Sprache oder bei der gleichgeschlechtlichen Nutzung von Institution und Begriff »Ehe«.

Das reicht bis hin zu Begriffen wie »alleinerziehend«, »arbeitslos« und sogar zum Begriff des »Wirtschaftsflüchtlings«, für den Sarrazin eine besonders barsche Klärung bereithält: »Der Wirtschaftsflüchtling muss weder idealisiert noch verteufelt werden, er muss aus Sicht deutscher Interessen schlichtweg verhindert werden.« (S. 182) Basta.

Ein flacher Exkurs über »Moral und Gewissen« in Sachen »Tugendterror, der jenseits von Ausführungen über »sozialen Mut« (unausgesprochen natürlich besonders des Verfassers) im wesentlichen Goethe-Zitate sowie Gliederungshinweise enthält und besser vom Lektor gestrichen worden wäre, darf hier rücksichtsvoll übergangen werden. (S. 207–216)

Wer aber sind nun die Täter, die falschen Fährtenleger in diesem Minenfeld? Es ist die »Klasse der Sinnvermittler«. Das waren nach Sarrazin »in früheren Jahrhunderten die Theologen, dann die Philosophen und Dichter«, wobei er die hier entscheidende Rolle der Historiker im 19. Jahrhundert offensichtlich nicht kennt. »Heute sind es vor allem die Vertreter der Medien, angereichert durch den einen oder anderen medientauglichen Schriftsteller oder Wissenschaftler.« (S. 26) Man fühlt sich getroffen. Schlimmer noch: »Der größte Teil der im Medienbereich Tätigen hat Politikwissenschaft, Germanistik oder Geschichte studiert«, was alles drei zusammen, einschließlich noch der Sozialwissenschaften, auch für den Rezensenten gilt. Man beginnt sich zu schämen.

Diese »sinnstiftende Medienklasse« besteht deshalb bestenfalls aus »Experten für Kritik und Sinngebung, nicht aber für Problemlösungen in der sozialen und physischen Wirklichkeit«, zumal diese elenden Schreiberlinge, im Gegensatz zu seinesgleichen, »oft auch keinen ausgeprägten Sinn für Zahlen, Proportionen oder die Widerspenstigkeit realer Sachzusammenhänge« haben und überdies in ihrer Abhängigkeit von »herrschenden Moden« auch einen »gewissen Herdentrieb« zeigen. (S. 26f.) Man spürt, dass der souveräne Autor dieses besondere Feindbild buchstäblich mit Schaum vor dem Mund umschreibt.

Und so entstand im Reich des »Tugendterrors«, den die Gleichheitsideologie antreibt, ratzfatz »ein recht hermetischer Code des Guten, Wahren und Korrekten, der große Teile der Medienklasse dominiert.« (S. 35) Das alles hat natürlich auch seine psychologische Note, denn es gibt, besonders beim »Furor der Skandalisierung«, eine »gefühlsgesteuerte Selbstgewissheit bei den beteiligten Medien und der Öffentlichkeit.« (S. 113) Sarrazin weiß so was, denn er berichtet ja aus der Sicht des Opfers.

Und noch ein Hieb drauf: Sarrazin raunt, »dass aktuell eine herrschsüchtige, ideologisierte Medienklasse ganz informell und ohne großen Plan zusammenwirkt mit einer opportunistischen und geistig recht wenig profilierten Politikerklasse.« (S. 183) Das wurde an den geistigen Stammtischen des gebildeten Bürgertums schon immer so geahnt und wird nun endlich von hoher Warte aus bestätigt. Man wird es sich vergrößern und an die Badezimmertüre hängen.

»Der Gleichheitswahn ist zu einer dominierenden Strömung in unserer Gesellschaft und insbesondere in den Medien geworden«, weiß Sarrazin und tritt noch einmal drauf: »Getrieben wird der Gleichheitswahn vom utopischen Überschuss einer Medienklasse, die zu großen Teilen eine komplexe Wirklichkeit, die sie kaum kennt und nur in Bruchstücken versteht, einseitig unter der Brille einer bestimmten moralischen Sicht betrachtet. In der menschlichen Geschichte waren jene immer schon die Schlimmsten, die aus einem Teilverständnis der Wirklichkeit unhaltbare Theorien fütterten und daraus ›Erkenntnisse‹ zogen, nach denen sie die Welt umgestalten wollten.« (S. 343) Volltreffer. Mehr geht eigentlich nicht.

Aber es gibt noch klarere Positionsbekenntnisse. Hier kommt dann der »Neidfaktor« ins Spiel, besonders bei diesen schlimmen Journalisten: »Eine ganze Bewusstseinsindustrie in den Medien, bei den Verbandsvertretern und bei allen Politikern mit ›linker‹ Tradition arbeitet in diese Richtung. Durch unsinnige und tendenziöse Behauptungen verwirren und desinformieren sie jene Mehrheit der Bürger, die mit Zahlen nichts am Hut haben. Dadurch wird dann ein Klima geschaffen, von dem politische Parteien glauben, sie könnten mit Mehrbelastungen für die ›Reichen‹ bei den Wählern punkten.« (S. 254) Plump, der Lektor war wohl gerade nicht da.

Mitunter gerät Sarrazins bibliophile Umwälzanlage für Aggressionen und Vorurteile auch schon mal ins Stottern, wenn die Sprache des Dichters am eigenen Schwulst erstickt. Das gilt z.B. unter der Überschrift »Abgesunkenes Kulturgut: Tugendterror in der Gegenwart« für eine Einschätzung der Folgen der Studentenbewegung der späten 1960er Jahre in den Medien:

»Die Trümmer der obsoleten und historisch diskreditierten Lehren treiben nach wie vor als moralisches Strandgut auf den Meeren der Geistesgeschichte. Sie verursachen die unterschiedlichsten geistigen Havarien und prägen so manchen Fernsehkommentar und Zeitungsartikel.« (S. 203)

Wenn das mal selber kein Paradebeispiel für argumentative »Havarien« ist. Überdies weiß hier so recht keiner, was hier eigentlich gemeint ist; aber zumindest in seinen Vorurteilen gegenüber »der sogenannten 68er-Bewegung und ihren geistigen Nachfahren« darf sich jeder irgendwie bestätigt fühlen. Das ist doch auch schon was.

Am Ende seiner Medienkritik bleibt aber auch beim allwissenden Weltendeuter Sarrazin eine Spur Ratlosigkeit: »Aus der Sicht der mehrheitlichen Medienmeinung wird die Verteilung des Wohlstandes in der Marktwirtschaft deshalb ungerecht bleiben. Die sozialistische Alternative ist aber diskreditiert und ein neues Leitbild haben alle die hektischen Diskussionen seit der Weltfinanzkrise nicht geschaffen. An dieser Stelle hat man den Eindruck: Der Furor des medialen Gleichheitswahns ist umso größer, je weniger er sich mit konkreten Inhalten füllen lässt.« (S. 256) Was tun, sprach Zeus – wir machen Kabarett.

Dritter Akt: Kabarett à la Sarrazin – der Sozialphilosoph als Sozialkundelehrer

Am Ende kommt der Höhepunkt, dem die Show entgegen strebt, wie der bis zum Erbrechen aufdringliche begleitende Erzähler in seinen gliedernden Bemerkungen immer wieder aufs Neue ankündigt. Was im zweiten Akt ausgebreitet, zum Teil auch wiederkehrend breitgetreten wurde, mit vielen Zitaten aus dem Schatzkästlein bildungsbürgerlichen Weltdeutungswissens, das wird nun im dritten Akt vertieft.

Das geschieht in der Auseinandersetzung mit »Vierzehn Axiomen des Tugendwahns im Deutschland der Gegenwart«, die zum Teil schon in der aggressiven Verlagswerbung unters Volk gebracht wurden. Dabei geht es um Meinungskarikaturen, die Sarrazin »Positionen« nennt. Sie sind meist popanztechnisch absurd überzeichnet und können dann umso leichter demontiert werden. Das werden sie aber nicht immer, wie wir gleich noch sehen werden.

Die Demontage der »Postulate« geschieht dann jeweils in der belehrenden Konfrontation mit einem »Die Wirklichkeit« genannten Gegenbild, als dessen berufener Anwalt der Autor fungiert. Und spätestens hier wird auch dem bestwilligen Leser klar, dass der Sozialphilosoph in Wahrheit ein schlechter Sozialkundelehrer ist:

Er konfrontiert vierzehnmal »Postulat« und »Wirklichkeit«, wobei das, was er als »Postulat« vorstellt, bissige bis hämische, mitunter auch geschmacklose Satire ist. Aber selbst das könnte noch so durchgehen – wenn er sich wenigstens darauf beschränken würde, den umschmeichelten Leser als denkendes Wesen dadurch anzuerkennen, dass er ihn mit der Satire allein lässt und ihm damit die Chance gibt, den Verzerrungseffekt gegenüber der »Wirklichkeit« selbst zu entlarven.

Aber wo kämen wir da hin, wenn der Leser selber schlussfolgern dürfte. Nein, er muss geführt werden. Deshalb tritt der Autor in einer Doppelrolle auf: Zuerst kommt er als Kabarettist auf die Bühne und zieht seine satirischen Grotesken ab, die inhaltlich mitunter ungewollt an die mit wichtiger Miene geplapperten Sketche des wunderbaren Münchner Kabarettisten Polt erinnern.

Dann aber tritt der allwissende Erzähler jeweils im Anschluss als Oberlehrer vor den Vorhang. Mit erhobenem Zeigefinger und aufdringlichen, mitunter sogar didaktisch gegliederten Kommentaren, erkenntnissichernden Wiederholungen und Rückverweisen belehrt er die Leser darüber, dass das eben vorgeführte Stück gar nicht »Die Wirklichkeit« gewesen sei. Wer hätte das auch gedacht.

Wenn das machen würde, dann wäre das womöglich ein fulminantes Hyperkabarett, das dem Publikum die Lachkrämpfe aus dem Hals würgen könnte. Aber bei Sarrazin gibt es nichts zu lachen; denn er steht bieder vor dem Vorhang und meint es biererernst mit seinen didaktischen Kommentaren.

Damit nicht genug: Mitunter stürzt seine bornierte Zitations- und Belehrungsfreude in diesen Kommentaren über »Die Wirklichkeit« (die zuweilen an den Inhalten des jeweiligen grotesken »Postulats« vorbei laufen) zurück in das, was er vorher schon bräsig gelehrt hat, indem er sogar in der Untergliederung, statt »Postulat« und »Wirklichkeit«, noch einmal eine eigene antinomische Substruktur aufbaut in Gestalt von vorgeführten »Mythen« und deren Widerlegung (z.B. S. 337).

Räumlich aus dem Ruder laufen solche Kommentare mit indirekten Wiederholungen und Überschneidungen, wenn es um das raumfressende Lieblingsfeindbild des »Islamkritikers« Sarrazin und um sein Faible für sozial- und kulturrassistische Positionierungen und Provokationen geht. Dann würde man das Bündel Papier gern endgültig in die Tonne hauen, wenn man es nicht besprechen müsste. Für die Tonne ist dann immer noch Zeit.

Wenn man nämlich Sarrazins Buch genau liest, dann kommt man dahinter, mit welcher Raffinesse der Autor für kulturrassistische, natürlich von ihm strengst bestrittene Perspektiven wirbt: Er packt sie in seinen axiomatischen »Positionen« unter für manche Leser provozierende, für andere verlockende Überschriften wie:

- »*Ungleichheit ist schlecht, Gleichheit ist gut*« (Pos. 1);
- »*Unterschiede in den persönlichen Lebensverhältnissen liegen meist an den Umständen, kaum an den Menschen*« (Pos. 4);
- »*Die menschlichen Fähigkeiten hängen fast ausschließlich von Bildung und Erziehung ab*« (Pos. 5);
- »*Völker und Ethnien haben keine Unterschiede, die über die rein physische Erscheinung hinausgehen*« (Pos. 6);
- »*Alle Kulturen sind gleichwertig, insbesondere gebührt den Werten und Lebensformen des christlichen Abendlandes und der westlichen Industriestaaten keine besondere Präferenz*« (Pos. 7).
- »*Alle Menschen auf der Welt haben nicht nur gleiche Rechte, sondern sie sind auch gleich, und sie sollten eigentlich alle einen Anspruch auf die Grundsicherung des deutschen Sozialstaats haben*« (Pos. 13)

Wie man mit den unter solchen Überschriften stehenden Texten umgehen kann, zeigt z.B. »Position« 6:

Am Anfang steht eine im Büßerhemd vorgetragene, klar als vordergründig vorgeführte geschichtstriefend-moralisierende und auf die von ihm selbst andernorts vehement zurückgewiesene Kollektivschuldthese anspielende Distanzierung von Rassismus und Sozialbiologismus:

»Die Frage der Unterschiede von Völkern und Rassen erfordert zunächst eine grundsätzliche Feststellung: Gerade in Deutschland haben wir aufgrund unserer historischen Schuld eine besondere Verpflichtung, von allen Denkstilen weiten Abstand zu halten, die irgendwie den Verdacht von Rassismus begründen oder gar in einen solchen münden könnten.«

Nach dieser zwischen Bekenntnis zu Toleranzgebot und Verhohnepiepelung von Rassismusverdacht flottierenden Einleitung ist in dann im folgenden Absatz klar Schluss mit lustig:

»Schon eine derartige Fragestellung reflektiert einen bestimmten Denkstil. Sie enthält eine Wertung, denn weshalb stellt man sonst so eine Frage!? Wer nach Unterschieden fragt, seien diese kulturell oder genetisch bedingt, zieht offenbar die Möglichkeit von Unterschieden in Betracht. Damit zeigt er bereits, dass er das falsche Bewusstsein hat und jedenfalls grundsätzlich die Möglichkeit nicht ausschließt, es könne gruppenspezifische Unterschiede zwischen Menschen geben. Damit ist er – moralisch gesehen – bereits Verräter an der Idee der Gleichheit und hat sich schon am Beginn seiner Forschungen unter die rassistischen Menschenfeinde eingereiht. Bei einer moralisch so abwegigen Fragestellung ist es auch ganz belanglos, was eine dermaßen fehlgeleitete empirische Forschung dann tatsächlich herausfindet« (S. 275).

Hier geht es unverkennbar um die Blamierung von für gewöhnlich »Gutmenschen« oder »Schönschreiber« genannten menschenfreundlichen Zeitgenossen. Dergleichen kann man in vielen rechtspopulistischen User-Einträgen kulturrassistischer Internet-Portale und erst recht bei der NPD (»Wir sind das rechte Volk!«) ganz ähnlich lesen.

Die so vorgeführte Denkungsart wird aber im anschließenden, über »Tabuisierung« klagenden Kommentar (»Die Wirklichkeit«) nicht etwa in kritischer Distanzierung zurückgewiesen. Sie wird vielmehr durch die erwähnte »empirische Forschung« sogar indirekt bestätigt und noch um einschlägige Beispiele bereichert wie: »Aschkenasische Juden teilen die Neigung zu bestimmten Erbkrankheiten, darin unterscheiden sie sich von sephardischen Juden«. (S. 279). So betrachtet wirkt hier die Konfrontation von »Postulat« und »Wirklichkeit« letztlich wie eine kulturrassistische Legitimationsideologie im Sinne von Kurt Lenk.

Die Reihe der schiefen Interpretationen ließe sich bei Sarrazin lange fortsetzen. Dabei durchzieht die im dritten Akt besonders hervortretende Popanz-Technik der Argumentation in Wirklichkeit das ganze Buch: Gern wird dazu etwas im Argument völlig überzogen vorgeführt, aber mitunter so, dass dabei dann eben doch ein entscheidendes Quäntchen Scheinwahrheit bleibt, das gängige Vorurteile und Fehleinschätzungen zu bestätigen tendiert.

Beispiel: Unter der Überschrift »Deutschsein, deutsche Kultur und Eigenart« liest man die empörte Zurückweisung der – Goldhagen hin oder her – in der Tat abwegigen »These, es gebe etwas im deutschen Volkscharakter oder in der Essenz des Deutschtums, das linear zum Holocaust geführt habe.« Aber schon die Begründung ist falsch, Deutschland sei schließlich »bis 1933 im Vergleich zu den anderen Völkern Europas weder besonders aggressiv noch besonders antisemitisch« gewesen. Das mit der Aggressivität mag noch durchgehen, das mit dem vor 1933 kaum zunehmenden Antisemitismus sicher nicht.

Und weiter insinuiert der Möchtegern-Historiker Sarrazin in verschlagen raunender Stammtisch-Argumentation: »Die moralische Katastrophe und der Schrecken des Holocaust haben sich eben nicht gesetzmäßig aus der deutschen Geschichte entwickelt. Sie sind ein grauenhaftes Unikat, dessen Tiefendimension und dessen Erklärung man schlicht verfehlt, wenn man es essentialistisch mit deutschem Wesen und deutscher Geschichte verbindet.« (S. 70)

Aber just das ist versehentlich die argumentative Bestätigung einer rechtspopulistischen Position, die Sarrazin mit diesen verräterischen Scheinargumenten von sich weisen will; denn »gesetzmäßig« aus der deutschen Geschichte und »essentialistisch« aus dem deutschen »Volkscharakter« sind Antisemitismus und Holocaust fraglos nicht zu erklären. Aber als »grauenhaftes Unikat« wirkt der Holocaust dann doch mal wieder als ein in seiner »Tiefendimension« schwer fassbarer, bedauernswerter Betriebsunfall der deutschen Geschichte – und genau das war er eben nicht.

Sarrazins »Tugendterror« verläuft sich am Ende, wie sein Bestseller »Deutschland schafft sich ab«, in kulturpessimistischen Menetekeln von Niedergang und Schwund: Die Bevölkerung schrumpft, das Bildungssystem versagt, das Erfolgsmodell der deutschen Wirtschaft wird »von innen ausgehöhlt« und der internationale Wettbewerb aus Fernost wird die erlöschenden deutschen Märkte übernehmen. In maximal einem Vierteljahrhundert kommt für ihn der Zeitpunkt, »an dem Deutschland trotz steigender Abgaben weder sein Sozialleistungsniveau aufrechterhalten noch das Rentenniveau sichern kann, aber das wird die Bio-Deutschen kaum noch treffen, weil ihre Zahl dann bereits stark schwindet.« (S. 338) Abgang Deutschland.

Fazit

Sarrazins neues Buch ist bereichsweise flott geschrieben, aber meist arg über den belehrenden Zeigefinger des bildungsbürgerlichen Weltdeutungswissens gequält. Er selbst hat wenig hinzugelernt. Er bleibt seinen Leitargumenten starrsinnig treu, breitet ihr geistiges Fundament nur weiter aus und greift in wesentlichen Argumentationslinien auf seinen Bestseller »Deutschland schafft sich ab« zurück. Er unterfliegt aber dessen wenigstens gelegentlich noch tendenziell wissenschaftlich wirkendes Niveau in normativ-weltanschaulichem Feuilleton oder gar bloßem Meinen mit eingestreuten Zitaten.

Vieles liegt zwischen halbrichtig und halbfalsch, wird aber von der Warte höchster Weisheit aus formuliert. Das alles hellt wenig auf. Es bestärkt vielmehr in seiner Wirkung in der weiteren Öffentlichkeit möglicherweise viele Vorurteile und macht das neue Buch deshalb noch gefährlicher als es das alte war.

Anknüpfung suchte auch der Verlag an den Bestseller von 2010 und zwar an die dabei bewährten aggressiven Werbestrategien, die hier aber reichlich überzogen wirken: Der Verlag machte vorab in einem

PR-Stakkato manieristisch Reklame mit Reklame und teilte dem Leser »top-aktuell« mit: »Das Buchereignis – Startauflage 100 000 – Große Pressekonferenz – Talkshow-Auftritte – Großes Medienecho – Wir werben in Frankfurter Allgemeine, Die ZEIT, Die Welt, Zeit Online…« Merkwürdig für ein Buch, dessen rote Linie die wehleidige Klage des Autors über die Einschränkung seiner »Meinungsfreiheit« ist.

Die Werbestrategen glauben offenkundig, dass es zuhauf Käufer gibt, die von solchem Rummel angezogen werden, nach dem Motto: Was so aufwendig beworben wird, muss einfach gut sein. Es könnte sein, dass sie mit ihrer strategischen Kalkulation Recht behalten – wenn die in diesem Buch rundum geohrfeigten, erniedrigten und beleidigten Medien sich trotzdem auf eine »Sarrazin-Debatte II« einlassen.

10.1.20 Nachruf auf eine Ente: Islamkritik und Meinungsfreiheit im Kabarett,
in: MiGAZIN, 10.11.2014.

Es rauschte kurz im Blätterwald. Ein Muslim aus Osnabrück hatte den Kabarettisten Dieter Nuhr angezeigt wegen Verunglimpfung des Islams. Viele haben ihre Meinung dazu gesagt. Und viel Aufregung ging am Kern des Problems vorbei. Eine Klarstellung von Prof. Klaus J. Bade.

Ende einer scheppernden Posse: Die Anzeige eines Muslims gegen die sarkastische Islamkritik des Kabarettisten Dieter Nuhr wurde eingestellt, ebenso schon vorab die Anzeige von Nuhr gegen den Muslim. Das war ein nötiges Zeichen, das in seinem Feld ein Stück weit Rechtsgeschichte machen wird. Zeit für einen Rückblick in eigener Sache.

Protokoll: Ich bin am Freitag, den 24.10. um 16.15 Uhr, mitten im lärmenden Berliner Straßenverkehr, von einer Journalistin der Welt angerufen worden. Sie erzählte mir etwas von »islamkritischen« Witzen des Kabarettisten Dieter Nuhr mit allerlei Verallgemeinerungen, berichtete über einen im Gericht angekommenen Streit darüber in Osnabrück, von dem ich nichts wusste, und bat um ein kurzes Statement.

Ich machte über die pauschalisierende Kritik Nuhrs an »dem« Islam (nicht über den deswegen angestrengten Prozess) eine flapsige Bemerkung, dass hier wohl Islam und Islamischer Staat verwechselt würden, was aus meiner Sicht so viel miteinander gemein habe wie eine Kuh mit dem Klavierspiel, und sagte dann einen zur Veröffentlichung gedachten Satz: »Pauschale Diffamierungen anstelle von Differenzierungen schaffen nur neue Schreckbilder, die dem mehrheitlich liberalen europäischen Islam das Wasser abgraben.«[39] Das war, wie kurz darauf die taz ätzte, »bestes Migrationsforscherdeutsch«.[40] Zugegeben, ich bin eben kein Kabarettist.

Das Ganze dauerte nicht mehr als drei Minuten und war kein Interview, sondern nur eine Art Zuruf mitten im brodelnden Straßenverkehr. Dass die flapsige Nebenbemerkung, die nicht auf die Person, sondern auf die mir am Telefon überbrachten Argumente zielte, mit abgedruckt wurde, ist bedauerlich. Das war aber mein Fehler, weil ich mir den Text nicht nochmal habe vorlegen lassen. So ist das nun mal mit der Pressefreiheit. Und das ist auch gut so.

Zwei Ebenen der Diskussion

Die Diskussion in den Medien über die Osnabrücker Strafanzeige, in deren Zusammenhang fälschlicherweise mein Statement stets mitgeschleppt wurde, teilte sich rasch in zwei Ebenen: erstens die nur ansatzweise ausgetragene Diskussion über »islamkritische« Inhalte[41], die ich mit meinem Statement anstoßen wollte; zweitens eine auf der Metaebene geführte Debatte über den hohen Wert der Meinungsfreiheit in Presse und Kunst mit wichtigen Beiträgen insbesondere von Heribert Prantl[42] und Klaus Staeck[43].

Die abgehobene Diskussion zur Meinungsfreiheit machte es vielen freiheitskämpfenden Anschlussschreibern leicht, Position zu beziehen, ohne im Blick auf die »Islamkritik« näher Stellung nehmen zu müssen; denn fortan wurde alles über den Kamm der Presse- oder Kunstfreiheit geschoren und Eintreten für Freiheit ist immer gut. Das klang wie eine Neuauflage der an die Wand gelaufenen Diskussion um Thilo Sarrazins letztes Buch über die angebliche Einengung der Meinungsfreiheit durch einen »neuen Tugendterror«.[44]

---

[39] C. Becker / F. Peters, Nuhr verwechselt Islam mit dem Islamischen Staat, in: welt.de, 24.10.2014, online unter: https://www.welt.de/politik/deutschland/article133641173/Nuhr-verwechselt-Islam-mit-dem-Islamischen-Staat.html.

[40] D. Yücel, Muslim krass beleidigt. Gäbe es einen Nobelpreis für Beleidigtsein, die islamische Welt würde nicht so leer ausgehen wie sonst. Jüngster Fall: die Anzeige gegen Dieter Nuhr, in: taz.die tageszeitung, 28.10.2014, online unter: http://www.taz.de/!5030028/.

[41] Pointiert dazu: T. Assheuer, Dieter Nuhr. Die Frömmigkeit des Aufklärers. Der Kabarettist Dieter Nuhr wird wegen religiöser »Hetze« angezeigt, in: zeit online, 30.10.2014, online unter: http://www.zeit.de/2014/45/dieter-nuhr-anzeige-religioese-hetze; Kerim Pamuk, Dieter Nuhr und Erhan Toka sollten Yoga machen! Der Kabarettist Kerim Pamuk betrachtet für das Abendblatt die aufgeregt geführte Diskussion um Dieter Nuhrs Ansichten zum Islam. Es gibt nicht DEN Islam, aber eher eine Milliarde Muslime weltweit, in: Hamburger Abendblatt, 28.10.14, online unter: http://www.abendblatt.de/kultur-live/tv-und-medien/article133725432/Dieter-Nuhr-und-Erhan-Toka-sollten-Yoga-machen.html.

[42] H. Prantl, Meinungsfreiheit und Demokratie. Spott über Gott, in: süddeutsche.de, 26. 10. 2014, online unter: http://www.sueddeutsche.de/politik/meinungsfreiheit-und-demokratie-spott-ueber-gott-1.2191490.

[43] A. Oswald / K. Staeck, Nicht von Fanatikern einschüchtern lassen, in: tagesspiegel.de, 27.10.2014, online unter: http://www.tagesspiegel.de/weltspiegel/dieter-nuhr-klaus-staeck-nicht-von-fanatikern-einschuechtern-lassen/10888100.html.

[44] T. Sarrazin, Der neue Tugendterror. Über die Grenzen der Meinungsfreiheit in Deutschland, München 2014; vgl. hierzu:

Dabei flatterte in vielen Beiträgen die journalistische Ente im Kreise und verwechselte die oben genannten beiden Ebenen. So wurde mir unterstellt, ich hätte die Meinungsfreiheit eines Kabarettisten aufs Korn genommen und damit zugleich eine Klage gestützt, die ich gar nicht kannte. Künstliche, mitunter an Hysterie grenzende Aufregung und luftige Projektionen waren die Folge. Im Nu hatten ich und andere Beteiligte mal wieder den Speicher voll mit einem Shitstorm von pöbelnden mitte-rechtskonservativen, rechtsradikalen und rechtsextremistisch-rassistischen Verteidigern von Dieter Nuhr. Das klang zum Beispiel so:

»Na, Jung! Da empfehle ich Dir, nimm das ganze schmutzige Islamgesindel aus Deutschland und am besten ganz Europas und siedelt Euch in Syrien, Irak oder sonst wo an. Dann könnt Ihr Euch gegenseitig genießen, wir sind die ganzen Kanaken los und Europa ist wieder lebenswerter geworden. Niemand braucht dieses Pack hier. Also, hopp, Sachen gepackt und ab. Du kannst sicher sein, außer paar debile Grüne, weint Eurem Zug niemand auch nur eine Träne nach und das grüne Gesindel nehmt Ihr am besten gleich mit.« (B. Holz, 24.10.2014)

Falsche oder echte Freunde?
Man könnte folgern: Sage mir, wer Deine Freunde sind und ich sage Dir, wer Du bist! Falsch, denn niemand kann sich heute dagegen wehren, im Netz von falschen »Freunden« umarmt zu werden. Aber auch ein Kabarettist muss zur Kenntnis nehmen, dass es diese »Freunde« gibt und dass er ganz offensichtlich deren Bedürfnisse befriedigt, ob gewollt oder ungewollt.

Dieter Nuhr weiß das. Er bedauert das auch.[45] Er macht aber trotzdem weiter mit seiner sogenannten Islamkritik. Er will sie, wie er sagt, nicht »den Rechten« überlassen, bedient damit aber eben auch »die Rechten« in der Mitte. Man kann das aus seiner Sicht verstehen: Es läuft halt so gut. Da verliert man schon mal den Schwelbrand aus den Augen, in den die öligen Pointen tropfen.

Andere »Islamkritiker« machen das auch so wie z.B. der Welt-Kolumnist Henryk M. Broder, der seinen »lieben muslimischen Mitbürgern und Mitbürgerinnen« erklärt: »Die Unterscheidung zwischen Islam und Islamismus ist oft spitzfindig. Es sind manchmal zwei Seiten einer Medaille.«[46] Und wenn dann vor dem Hintergrund islamistischer Radikalisierung über die Frage lamentiert wird »Droht eine Spaltung der Gesellschaft?«[47], dann sind die »Islamkritiker« daran zweifelsohne nicht schuldlos.

All das macht kritischen Geistern immer mehr Sorge, z.B. dem Menschenretter und »radikalen Humanisten« bzw. »radikalen Christen« Rupert Neudeck. Er warnt: »Mich beunruhigt, wie wir mit dem Islam umgehen« und fügt an: »Ich finde es ganz furchtbar, wenn man die Taliban, Boko Haram oder Isis ›radikal islamisch‹ nennt. Diese Menschen sind Verbrecher, und sie müssen Verbrecher oder Terroristen genannt werden. Die Serben, die im Bosnienkrieg Muslime vergewaltigt und ermordet haben, haben wir auch nicht radikal christlich genannt. Ich möchte gerne radikal christlich sein, aber ich möchte, dass das ein Ehrentitel ist.«[48]

Ich schätze Dieter Nuhr als Kabarettisten, aber nicht seine sogenannte Islamkritik. Dazu habe ich eine ganz andere Position, über die man sich anhand der einigermaßen umfangreichen Publikationsliste auf meiner Website informieren kann und vor allem in meinem Buch: »Kritik und Gewalt. Sarrazin-Debatte, ›Islamkritik‹ und Terror in der Einwanderungsgesellschaft« (Wochenschau Verlag, Schwalbach i.Ts. 2013, 3. Aufl. als E-Book 2014).

Der Kern des Problems
Nuhr bedient sich zum Teil ähnlicher Argumente und Argumentationstechniken wie die bekanntesten »Islamkritiker« Kelek, Broder, Giordano, Sarrazin, Journalisten der »Achse des Guten« und andere. Sie haben mit ihrer zwischen Kritik und Denunziation oszillierenden Antiislam-Agitation über Jahre hinweg den Resonanzboden geschaffen, auf dem dann die Horrormeldungen über »Boko Haram« in Afrika und den »Islamischen Staat« im arabischen Raum wie Bestätigungen ihrer Menetekel klingen konnten.

Dazu gehörten auch führende Journalisten der FAZ wie z.B. der kürzlich verstorbene, blitzgescheite und zeitweise scharf »islamkritische« Mitherausgeber der FAZ und ehemalige Kelek-Protegé Frank Schirrmacher. Der im gleichen Fahrwasser schreibende stellvertretende Feuilletonchef der FAZ Jürgen Kaube glaubte in einem tausendfach von Usern auf Facebook geteilten, in einiger Hinsicht schiefliegenden Kommentar dem (angeblichen »Osnabrücker«, in Wirklichkeit Berliner) »Migrationsforscher Bade« wegen dessen Warnung vor einer Gleichsetzung von Islam und verbrecherischem Islamismus empfehlen zu sollen: »Professor Bade sollte unbedingt zum Seniorenstudium der Logik zugelassen werden.«

K. J. Bade, Die Welt ist ungerecht – und das ist auch gut so! Kulturrassismus, neokonservative Sozialphilosophie und »Tugendterror« bei Thilo Sarrazin, in: MiGAZIN, 24.2.2014 (in diesem Band:10.1.19).
[45] Kabarett: Dieter Nuhr wehrt sich gegen Vorwurf der Islamhetze, in: MiGAZIN, 28.10.2014, online unter: http://www.migazin.de/2014/10/28/kabarett-dieter-nuhr-vorwurf-islamhetze/.
[46] H. M. Broder, Offener Brief: Liebe muslimische Mitbürger und Mitbürgerinnen ..., in: welt.de, 23.9.2014, online unter: https://www.welt.de/debatte/henryk-m-broder/article1324985 28/Liebe-muslimische-Mitbuerger-und-Mitbuergerinnen.html.

[47] Angst vor dem Islam: Droht eine Spaltung der Gesellschaft?«, Talk im Hangar-7, 19.9.2014, online unter: http://www.servustv.com/de/Medien/Talk-im-Hangar-766.
[48] C. Hoffmans, »Mich beunruhigt, wie wir mit dem Islam umgehen«. Interview mit Rupert Neudeck, in: welt.de, 9.8.2014, online unter: https://www.welt.de/regionales/koeln/article 131024879/Mich-beunruhigt-wie-wir-mit-dem-Islam-umgehen.html.

Das sind in Inhalt und Stil die »islamkritischen« Spuren von Necla Kelek in der FAZ. Mein Buch berichtet davon. Diverse Kommentare im Netz zu dem Schmähartikel von Kaube[49] aber blieben überraschend differenziert bzw. kritisch und die aus der »islamkritischen« Linie laufende Kommentarspalte[50] wurde alsbald geschlossen.

Die Gefahr wächst, dass pauschalisierende denunziative »Islamkritik« das kritische Denken blockiert und Kritik dieser »Islamkritik« sofort »kulturelle« Selbstverteidigungsreflexe auslöst. Das aber sind die besten Voraussetzungen für einen »Kulturkampf« in der Einwanderungsgesellschaft, für den dann wieder nur »dem Islam« und nicht etwa der »Islamkritik« die Schuld zugewiesen werden wird.

Meinungsfreiheit leben heißt Kritik üben und aushalten

Was bleibt jenseits der wichtigeren und zumeist nicht erkannten »islamkritischen« Gefahrendimension: Wer als Kabarettist sarkastisch verpackte Kritik übt, muss auch selber Kritik aushalten können und braucht nicht von pöbelnden Verteidigern in Watte gepackt zu werden.

Einen Kabarettisten anzuzeigen, wie in Osnabrück geschehen, weil er pointiert, wenn auch oft flach überzieht, ist abwegig. Es ist gut so, dass das Gericht das auch so gesehen hat. Und von einer Unterstützung der Osnabrücker Klage oder gar von einem angeblichen Angriff von Klaus J. Bade auf Dieter Nuhrs Meinungsfreiheit als Kabarettist konnte keine Rede sein.

Die Meinungsfreiheit ist nicht nur für Hochschullehrer, sondern auch und gerade für die Medien, für die Künste und überhaupt für alle Bürgerinnen und Bürger ein hohes und gegen jeden Angriff zu schützendes Gut. Das gilt auch, wenn man dabei, wie in meinem Falle geschehen, selber mal unter die journalistischen Räder kommt. Wer Angst davor hat, soll den Mund halten.

Das Schlusswort überlasse ich gerne Thomas Assheuer:

»Bekanntlich müssen Kabarettisten weder dem gesellschaftlichen Betriebsfrieden dienen noch vor höheren Mächten zu Kreuze kriechen. ›Einseitigkeit‹ ist für sie ein Ehrentitel, vor allem angesichts der Tatsache, dass der Koran von marodierenden Killern derzeit ohnehin sehr einseitig interpretiert wird. Es ist ihnen gelungen, eine große Weltreligion in Verruf zu bringen, und selbst Wohlmeinende begegnen dem Islam nun mit epochaler Ratlosigkeit. [...] Es ist unselig, dass der Streit um den Islam nicht politisch geführt wird, sondern als Kampf um die wahre Religion. Islamkritiker verlesen prekäre Koranstellen, und Muslime revanchieren sich mit dem christlichen Schwertvers, der auf den ersten Blick auch nicht gerade gemütlich ist. Das geht immer so weiter, und am Ende geht die Saat der Islamisten auf. Sie träumten schon immer vom planetarischen Religionskrieg, und der Westen war töricht genug, darauf mit einem Kreuzzug für ›unsere Werte‹ zu antworten. Statt im Koran nach bösen Suren zu suchen, würde es völlig reichen, sich über die Verletzung von Menschenrechten zu empören, die einst aus den Religionen hervorgegangen sind. Das funktioniert vermutlich sogar im Kabarett, jedenfalls so lange, bis einem das Wort im Halse stecken bleibt.«[51]

10.1.21 Kulturoptimisten und Kulturpessimisten: Das deutsche Kulturparadox,

aus: Von Unworten zu Untaten. Kulturängste, Populismus und politische Feindbilder in der deutschen Migrations- und Asyldiskussion zwischen »Gastarbeiterfrage« und »Flüchtlingskrise«, überarb. Vortrag Osnabrück, 29.5.2015, in: IMIS-Beiträge, 48/2016[52], S. 35–171, hier S. 38–46.

In Deutschland entfaltet sich eigendynamisch eine hochkomplexe und in ihren Binnenstrukturen »superdiverse« Migrations- und Einwanderungsgesellschaft.[53] In der Konfrontation mit diesem unübersichtlichen Kultur- und Sozialprozess, der viele Menschen irritiert und verunsichert, gibt es ein Kulturparadox, das cum grano salis zwei Großgruppen umfasst: Kulturoptimisten und Kulturpessimisten.

Auf der einen Seite steht die wachsende Gruppe der stillen Kulturpragmatiker oder sogar Kulturoptimisten. Für sie ist die kulturelle Vielfalt als Folge von Zu- und Einwanderungen längst eine mit Selbstverständlichkeit akzeptierte alltägliche Lebenswirklichkeit geworden.[54]

Auf der anderen Seite rumort die schrumpfende, aber umso lauter protestierende Gruppe der Kultur-

---

[49] J. Kaube, Strafantrag gegen Dieter Nuhr Kabarett mit Pellkartoffeln. In Osnabrück gibt es nicht nur einen Mitbürger islamischen Glaubens, der im Kabarettisten Dieter Nuhr einen Hassprediger sieht und deshalb vor Gericht zieht, sondern auch zwei akademische Mitbürger, denen die Kategorien verrutscht sind. Ein Kommentar, in: faz.net, 27.10.2014, online unter: http://www.faz.net/aktuell/feuilleton/strafantrag-gegen-dieter-nuhr-kabarett-mit-pellkartoffeln-13230969.html.
[50] Ebd.
[51] T. Assheuer, Dieter Nuhr. Die Frömmigkeit des Aufklärers. Der Kabarettist Dieter Nuhr wird wegen religiöser »Hetze« angezeigt, in: zeit.online, 30.10.2014, online unter: http://www.zeit.de/2014/45/dieter-nuhr-anzeige-religioese-hetze.
[52] http://www.imis.uni-osnabrueck.de/fileadmin/4_Publikationen/PDFs/imis48.pdf.
[53] Im Anschluss an den von Steven Vertovec geprägten Begriff der »Super-Diversity« (ders., Super-Diversity and its Implications, in: Ethnic and Racial Studies, 30. 2007, S. 1024–1054); zuletzt: J. Schneider / M. Crul / F. Lelie, Generation Mix. Die superdiverse Zukunft unserer Städte und was wir daraus machen, Münster/New York 2015.
[54] T. Petersen (Institut für Demoskopie Allensbach), Ein Volk kommt zur Ruhe, in: Frankfurter Allgemeine Zeitung, 28.1.2015; vgl. Migranten blicken zuversichtlicher in die Zukunft, in: MiGAZIN, 6.11.2013.

pessimisten oder doch MultiKulti-Phobiker. Sie umfasst meist ältere, aufrichtig besorgte Menschen sowie kulturalistisch argumentierende Angst- und Wutbürger. Sie schließt an ihrem rechten Rand auch eine Minderheit von meist jüngeren xenophoben und kulturrassistischen Radikalen und Extremisten ein. Ihr Missverhältnis zur Realität der kulturell immer vielfältiger werdenden Gesellschaft in Deutschland prägt die zum kollektiven Leitbild erstarrte fiktive Erinnerung an eine vermeintlich kulturell homogene Gesellschaft, die es in Deutschland historisch nie gab.

Für die Kulturpessimisten und Kulturrassisten ist die zunehmende kulturelle Vielfalt gleichbedeutend mit einer Bedrohung oder sogar mit dem Untergang der deutschen und europäischen Kultur. Zu ihrem Feindbild gehören deshalb nicht nur Muslime, »Armutswanderer« (insbesondere Roma) und andere unerwünschte Zuwanderer sowie als »Scheinasylanten« und »Wirtschaftsflüchtlinge« verdächtigte Asylsuchende. Dazu gehören auch jene Kulturpragmatiker oder Kulturoptimisten, die kulturelle Vielfalt gelassen akzeptieren oder sogar befürworten und deshalb von den Kulturpessimisten als naive »Gutmenschen« oder gefährliche »Schönschreiber« diffamiert und attackiert werden. Der starke und anhaltende Anstieg der Zuwanderung von Geflüchteten und Asylsuchenden hat diese Polarisierung deutlich gesteigert.[55]

Das Missverhältnis von Kulturpessimisten, Kulturalisten und Kulturrassisten gegenüber kultureller Vielfalt wurde mitgeprägt durch die publizistische und mediale »Islamkritik« selbsternannter »Islamexperten«. Diese »islamkritische« Agitation, die oft in raffinierter Scholastik vordergründige Koran-Exegese, historisches Halbwissen und anekdotische Evidenz verbindet, breitete sich im Schatten der sogenannten Sarrazin-Debatte 2010/11 wie ein Flächenbrand aus.[56]

Kulturangst ist in Deutschland und in Europa insgesamt heute stark durch das pauschalisierte und undifferenzierte Feindbild »Islam« bestimmt. Es wurde in Deutschland – nach der historischen Erfahrung der Politisierung einer religiösen Bewegung durch Chomeini im Iran einerseits und nach den islamistischen Terroranschlägen in den USA 2001 andererseits – durch diese »Islamkritik« geprägt und durch die Gräuel der islamistischen Terrormilizen von »Boko Haram« im afrikanischen und des »Islamischen Staates« im arabischen Raum verstärkt. Verschärfend hinzu trat die auf Europa überspringende Bedrohung durch den islamistischen Terrorismus, wofür zuletzt die Anschläge in Paris am 13. November 2015 standen.

Bindungsthemen, die alle kulturalistischen, kulturrassistischen, rechtsradikalen und rechtsextremistischen Kräfte in Deutschland und Europa zusammenhalten, sind heute der mit dem Islamismus gleichgesetzte Islam sowie Geflüchtete bzw. Asylsuchende und »Armutswanderer«, insbesondere Roma.[57] Das agitatorische Spiel mit der Islamangst übergehe ich hier und verweise stattdessen auf mein Buch »Kritik und Gewalt: Sarrazin-Debatte, ›Islamkritik‹ und Terror in der Einwanderungsgesellschaft«.[58]

Von der »Islamkritik« aus lief eine semantische und ideologische Linie zu der 2014 von Dresden ausgehenden, von den Medien mächtig aufgeblasenen Bewegung der »Patriotischen Europäer gegen die Islamisierung des Abendlandes (Pegida)«, für die einer Umfrage zufolge zunächst immerhin knapp die Hälfte (49 Prozent) der Deutschen »Verständnis« zeigte. Dabei hatte sich die programmatische Anti-Islam-Agenda aber schon so formelhaft verselbständigt, dass sie weniger als inhaltliches Argument und mehr als mentales Bindemittel für diffuse Protesthaltungen funktionierte. Eine besondere Rolle spielte der Umfrage zufolge bei den Pegida-Verstehern die mehrheitlich (59 Prozent) vertretene Ansicht, »dass Deutschland zu viele Flüchtlinge aufnimmt«.[59]

Aus diesen Protesthaltungen, die sich kleine gewaltbereite Minderheiten zunutze zu machen suchten, sprach nicht schiere, durch »Hetze« (Angela Merkel) provozierte Xenophobie.[60] Deshalb gingen viele vordergründige Warnungen von wieder einmal ratlosen Politikern vor »Fremdenfeindlichkeit« ins Leere und lenkten von den eigentlichen Problemen ab. Der Refrain »Wir sind das Volk!« war weniger Drohung als trotziger Hilferuf, denn: Hinter »Pegida« stand eine aus vielen Gründen gespeiste »wachsende Unsicherheit und Angst in der Bevölkerung«. Beides

---

[55] Zuletzt hierzu: »Deutschland ist ein zerrissenes Land«. Der Konfliktforscher Andreas Zick im Interview (Carsten Polke-Majewski) in: ZEIT Online, 6.12.2015; vgl. ders., / B. Küpper / R. Melzer, Wut, Verachtung, Abwertung – Rechtspopulismus in Deutschland, Bonn 2015.
[56] Hierzu K. J. Bade, Kritik und Gewalt. Sarrazin-Debatte, »Islamkritik« und Terror in der Einwanderungsgesellschaft, Schwalbach i.Ts. 2013 (3. überarb. Aufl. als E-Book 2014), bes. S. 147–311; vgl. K. Sokolowsky, Feindbild Moslem, Berlin 2012; W. Benz, Die Feinde aus dem Morgenland. Wie die Angst vor den Muslimen die Demokratie gefährdet, München 2012; N. Cakir, Islamfeindlichkeit. Anatomie eines Feindbildes in Deutschland, Bielefeld 2014; zuletzt hierzu: I: Kuhn, Antimuslimischer Rassismus – Auf Kreuzzug für das Abendland, Köln 2015.
[57] A. Glas / D. Hutter / S. Wimmer, Islamhass kittet Neonazis zusammen, in: Süddeutsche Zeitung, 18.1.2015; Thomas Kirchner, Willkommen in der Realität, in: ebd., 3.2.2015; K. J. Bade, Roma-Integration und Politik in Deutschland: Pragmatismus und Populismus, in: MiGAZIN, 1.12.2014.
[58] Ders., Kritik und Gewalt, bes. S. 147–311; s. auch Anm. 56.
[59] Streit über Umgang mit Pegida-Anhängern, in: MiGAZIN, 16.12.2014; zu Pegida u.v.a.: L. Geiges / S. Marg / F.Walter, Pegida. Die schmutzige Seite der Zivilgesellschaft?, Bielefeld 2015; K.-H. Reuband, Wer demonstriert in Dresden für Pegida? Ergebnisse empirischer Studien, methodische Grundlagen und offene Fragen, in: Mitteilungen des Instituts für Parteienrecht und Parteienforschung, 2015, H. 1, S. 133–144; M. Güllner, Die Verherrlichung von »Pegida« in den deutschen Medien hat fatale Folgen, in: Engagement. Woche des bürgerlichen Engagements, 11.–20.9.2015, Berlin 2015, S. 54–59.
[60] Streit über Umgang mit Pegida-Anhängern, in: MiGAZIN, 16.12.2014.

hatte viel mit der mangelnden Transparenz und Bürgernähe von Politik und mit ihrer unzureichenden Vermittlung von zukunftsrelevanten Grundfragen und Richtungsentscheidungen zu tun. Das führte den Berliner Philosophen Byung-Chul Han zu dem scharfen Urteil: »Pegida bedeutet vor allem das Versagen der Politik.«[61]

Das galt auch für die seit vielen Jahren immer wieder vergeblich angemahnte Bringschuld von Politik im Blick auf die fehlenden visionären Konzepte für die Selbstdeutung der Migrations- und Einwanderungsgesellschaft als einer historisch im Kern zwar nicht neuen, aber im kollektiven Gedächtnis nicht mehr gespeicherten Erfahrung.[62] Konservative politische Eliten, die sich über Jahrzehnte hinweg in das hilflose Dementi geflüchtet haben, die Bundesrepublik sei »kein Einwanderungsland«, scheinen zu glauben, gesellschaftspolitisch sei der Fall heute erledigt mit dem nicht minder hilflosen Zugeständnis, dass Deutschland nun eben doch zum Einwanderungsland geworden sei.

Es geht aber nicht um ein semantisches Zugeständnis an die lästigen Bedürfnisse von Menschen mit dem ebenso peinlichen wie peinigenden Etikett »Migrationshintergrund« oder gar an ihre angeblichen »Lobbygruppen« in einer sogenannten »migrationspolitischen Fachöffentlichkeit«, wie es im Begleitbuch zur Ausstellung »Immer bunter. Einwanderungsland Deutschland« im Haus der Geschichte in Bonn abschätzig heißt.[63] Es geht auch um Grundprobleme und Grundängste der Mehrheitsbevölkerung. Das ist politisch lange und zum Teil bis heute nicht begriffen worden. Ein aktuelles Beispiel dafür ist just dieses aufwändig gestaltete Bonner Ausstellungsbuch: Es zeichnet zwar das notorisch verspätete Begreifen des Weges zum Einwanderungsland nach. Ihm fehlt aber die perspektivische Verlängerung zum Beispiel in Gestalt eines gegenwartsbezogenen und zugleich visionären Schlusskapitels über die in ihrer sozialen und kulturellen Eigendynamik heute vielfach ebenfalls noch unverstandene Migrations- und Einwanderungsgesellschaft. Neuland wäre dazu nicht zu beschreiten gewesen – Literaturkenntnis schützt vor Neuentdeckungen.

Unverstanden geblieben ist bei vielen Politikern scheinbar auch, dass eine Migrations- und Einwanderungsgesellschaft kein durch regierungsamtliche Anerkennung abzustempelnder Sozial- und Kulturzustand ist. Es geht vielmehr um einen eigendynamischen, d.h. ohne Gewalt nicht mehr abbrechbaren, geschweige denn reversiblen Kultur- und Sozialprozess, der Strukturen und alltägliche Lebensfelder ständig verändert und deshalb viele, auch über sich selbst hinausweisende Fragen aufwirft.[64] Auf die seinerzeit nicht erahnten Selbstdeutungsfragen einer solchen Migrations- und Einwanderungsgesellschaft mit eigendynamisch wachsender kultureller Vielfalt gibt auch das Grundgesetz über seine unveräußerlichen Grundwerte hinaus keine ohne weiteres für den konkreten alltäglichen Umgang miteinander verständliche Antwort.[65] Deshalb könnte eine mittlerweile von verschiedenen Seiten angeregte Enquete- oder doch Leitbild-Kommission zur Klärung dieser Fragen hilfreich und für den gesellschaftlichen Zusammenhalt förderlich sein. Darauf wird noch zurück zu kommen sein.[66]

Solange hier ankernde und wuchernde Fragen in der diffundierenden Konsensgesellschaft ungeklärt bleiben, solange können politisch Furcht und Schrecken einflößende Gespenster wie »Pegida«, in welchem Gewand und mit welcher Anschlussfähigkeit auch immer, stets aufs Neue und vielleicht durchaus bedrohlicher wiederkehren.[67] Kein Ersatz für die Klärung der hier anstehenden, für die einen grundlegenden, für andere grundstürzenden Fragen sind regierungsamtliche Bestrebungen, durch publikumswirksame symbolische Engagements Bürgerkontakt zu demonstrieren, um die dem politischen Diskurs entgleitenden Themenfelder wieder zu besetzen.

In den Bereich der Bemühungen um demonstrativen Bürgerkontakt gehören die im April 2015 mit einer Veranstaltung unter dem Motto »Gut leben in Deutschland – Was uns wichtig ist« im Gasometer Berlin-Schöneberg von Bundeskanzlerin Angela Merkel und Bundeswirtschaftsminister Sigmar Gabriel eröffneten sogenannten »Bürgerdialoge«. Mithilfe

---

[61] B.-C. Han, Sehnsucht nach dem Feind, in: Süddeutsche Zeitung, 17.12.2014.
[62] Vielfältige Beispiele hierzu aus der deutschen und europäischen Geschichte in: K. J. Bade / L. Lucassen / P. C. Emmer / J. Oltmer (Hg.), Enzyklopädie Migration in Europa vom 17. Jahrhundert bis zur Gegenwart, Paderborn 2007 (engl. Ausg. Cambridge UP 2011).
[63] S. Luft, In neuer Verfassung – Einwanderungsland Deutschland, in: Haus der Geschichte der Bundesrepublik Deutschland (Hg.), Immer bunter. Einwanderungsland Deutschland. Begleitbuch zur Ausstellung im Haus der Geschichte, Bonn 2014, S. 140–157, hier S. 143.

[64] Allgemein hierzu: A. Wimmer, Kultur als Prozess. Zur Dynamik des Aushandelns von Bedeutungen, Wiesbaden 2005.
[65] Vgl. hierzu schon in den frühen 1990er Jahren: D. Oberndörfer, Die offene Republik. Zur Zukunft Deutschlands und Europas, Freiburg i.Br. 1991; ders., Der Wahn des Nationalen. Die Alternative der offenen Republik, Freiburg i.Br. 1993.
[66] »Wer gehört zum deutschen Wir?« Pressemitteilung zur Studie »Deutschland postmigrantisch« des Berliner Instituts für empirische Integrations- und Migrationsforschung (BIM), Humboldt-Universität zu Berlin, 3.12.2014; »Der Markenkern Deutschland wird neu verhandelt«. Interview (Arno Widmann) mit Naika Foroutan, in: Frankfurter Rundschau (FR), 13.12.2014; Esra Kücük (Junge Islamkonferenz), Denkfabrik Zukunft Deutschland. Ein Projektvorschlag in Kooperation mit der Beauftragten für Migration, Flüchtlinge und Integration, Ms. Berlin 2014; Fabio Ghelli, Migrationsforscher fordern neues Leitbild für Deutschland, in: Mediendienst Integration, 5.1.2015; Renate Künast, Das deutsche »Wir« neu verhandeln, in: Frankfurter Allgemeine Zeitung, 5.2.2015; Willkommen in Deutschland! Die Zukunft der Einwanderungsgesellschaft. Tagung der Heinrich-Böll-Stiftung und Konrad-Adenauer-Stiftung, Berlin, 8.6.2015.
[67] Allgemein hierzu: M. Geis / B. Ulrich, Ausweitung der Kampfzone, in: Die Zeit, 29.1.2015.

dieses andernorts durchaus bewährten Konzepts bemüht sich die Bundesregierung, den verlorenen Kontakt zu den Bürgern wiederzufinden und – in einem Schneeballsystem, in dem sich Interessenten selbst als Veranstalter von »Bürgerdialogen« melden können – Bürger mit Bürgern ins Gespräch zu bringen, um so von oben nach unten eine »produktive Streitkultur« (Bundeskanzlerin Angela Merkel) zu stiften. Die Ergebnisse sollen von einem wissenschaftlichen Beirat zusammengefasst und dann von der Bundesregierung in einen »Aktionsplan« umgegossen werden.

Auf der Website der Bundesregierung ist dazu im Stil possierlicher Grundschuldidaktik zu lesen: »Vor Vertretern von Dialog-Veranstaltern aus ganz Deutschland sagte die Kanzlerin: Die Menschen bewegten ganz unterschiedliche Fragen, doch nicht immer wisse die Politik, welche dieser Fragen die drängendsten sind. Das herauszufinden, sei ein Ziel des Bürgerdialoges.«[68] Das macht staunen; denn entsprechende und im Gegensatz zu den Bürgerdialogen wissenschaftlich fundierte – und nicht nur wissenschaftlich ausgewertete – Umfragen sind der Bundesregierung zuhauf zugänglich und werden zum Teil auch von ihr selbst veranlasst; ganz abgesehen davon, dass Bürgerdialoge, bei denen Bürger, die glauben, etwas sagen zu sollen, ihre Meinung kundtun können, ohnehin keine auch nur ansatzweise tragfähigen Ergebnisgrundlagen erbringen können, aus denen »die« Meinung »der« Bevölkerung destilliert werden könnte, die sich eben nur aus jenen repräsentativen Umfragen erschließt. Was auf den ersten Blick kuriose Züge direkter Sandkasten-Demokratie zu haben scheint, entpuppt sich bei näherem Hinsehen mithin als eine gesellschaftspolitische PR-Veranstaltung zur Bürgereinbindung, von der schwer vorstellbar ist, dass sie den Weg zu einer »zielführenden« Diskussion, geschweige denn zur Beantwortung der hier anstehenden Grundfragen eröffnen könnte.

Ebenfalls im April 2015 startete das Bundesministerium des Innern eine medienstark begleitete Tagungsserie über nationale und europäische Fragen von Migration, Flucht und Integration, um, so Bundesinnenminister de Maizière in seiner Eröffnungsansprache, ein »breites nationales Bündnis für Migration und Integration« zu stiften.[69] Das bleibt freilich eine appellative Ersatzhandlung, solange kein regierungsamtliches Bemühen um eine gesellschaftspolitisch tragfähige und perspektivenstarke Neukonzeption für die durch defensive und mutlos-rechtspositivistische Kleinwuselei unübersichtlich gewordenen Gestaltungsbereiche Migration, Integration und Asyl erkennbar ist. Schon zuvor war die zwar de jure eigenständige, de facto aber nur bedingt unabhängige Bundeszentrale für politische Bildung vom BMI eingeschaltet worden, um aufklärend, orientierungsstiftend und meinungsbildend in den eskalierenden Problemfeldern zu wirken.[70]

Das wird versucht durch eine seit Jahresbeginn besonders intensive Behandlung der einschlägigen Themen nach dem Motto: »Aus Notwehr wird Klugheit: Die deutsche Gesellschaft hat ihre Vorteile durch Immigration erkannt.«[71] Erstrebt wird das sogar auf der Ebene der – ursprünglich aus der inklusiven Behindertenpädagogik stammenden – »Leichten Sprache« in Beilagen zu der von der Bundeszentrale herausgegebenen Wochenzeitschrift »Das Parlament«. Unter der Katechismus-Überschrift »Migration: Was ist das?«[72] gibt es hier unter anderem Informationen über den Terrorismus des »Islamischen Staats« als Fluchtmotiv, über die angebliche »Angst« der Deutschen vor »Migranten mit muslimischem Hintergrund« sowie über die Protestbewegung »Pegida« (»Die Menschen, die demonstrieren, sagen: ›Wir wollen keine muslimischen Migranten‹«).[73]

Während die vom »Pegida«-Schock beflügelten politischen Bemühungen um Bürgernähe zeitverzögert in Gang kamen, hatte die Selbstzerlegung von »Pegida« bereits begonnen. Die enttäuschten, von »Pegida« immer weniger zum schweigenden Massenprotest auf montäglichen »Spaziergängen« animierbaren kulturalistischen Angst- und Wutbürger sanken zunächst in »verbitterte Sprachlosigkeit« zurück.[74] Auf der Seite der meist jüngeren xenophoben Rechtsradikalen und Rechtsextremisten am rechten Rand der Bewegung hingegen gab es eine Art episodische Wiederkehr von Verhaltensmustern bei den Exzessen Anfang der 1990er Jahre: Sie missverstanden sich, heute noch absurder, als Sprecher der doch gar nicht mehr schweigenden Mehrheit. Es wuchsen aggressive Parolen gegen eine angebliche »Überfremdung durch Massenzuwanderung« und gegen anders denkende »Volksverräter«.[75]

---

[68] Deutschland im Dialog. Wir sind neugierig, 13.4.2015 (https://www.bundesregierung.de/Content/DE/Artikel/2015/04/2015-04-13-buergerdialog-merkel-gabriel.html).
[69] Rede von Bundesinnenminister Thomas de Maizière auf der Berliner Migrationskonferenz am 14.4.2015.

[70] »Propaganda nicht auf den Leim gehen«. Interview (Wolf Wiedmann-Schmidt) mit dem Direktor der Bundeszentrale für politische Bildung, Thomas Krüger, in: Der Spiegel, 22.12.2014.
[71] M. Beise (Chefredakteur Wirtschaft der SZ), Aus Notwehr wird Klugheit. Die deutsche Gesellschaft hat ihre Vorteile durch Immigration erkannt, in: Das Parlament, 5.1.2015.
[72] Beilage zur Ausgabe 5.1.2015.
[73] Die Bundeszentrale für politische Bildung hatte hier durchaus einschlägig mitgewirkt: Sie brachte in großer Auflage zum Billigpreis das »islamkritische« Pamphlet des islamophoben Journalisten Henryk M. Broder, »Hurra wir kapitulieren – Von der Lust am Einknicken« (2006) heraus und empfahl das Buch durch seine Aufnahme in ihre Schriftenreihe als Lehr- und Lernmittel (Schriftenreihe der Bundeszentrale für politische Bildung, Bd. 601).
[74] Die Pegida-Anhänger verstummen verbittert. Interview mit dem Soziologen Heinz Bude, in: Berliner Zeitung, 16.2.2015; vgl. A. Glas / D. Hutter / S. Wimmer, Islamhass kittet Neonazis zusammen, in: Süddeutsche Zeitung, 18.1.2015; H. Prantl, Das Ende von Pegida, in: ebd., 12.3.2015.
[75] M. Bartsch, Volksverräter, in: taz.die tageszeitung, 18./19.4.2015; B. Zimmermann / C. Raatz, Pegida entfacht Ausländerhass, in: Nürnberger Nachrichten, 30.6.2015.

Die dadurch motivierten, noch zu behandelnden fremdenfeindlichen Untaten reichten von Brandanschlägen auf Moscheen, Synagogen und besonders auf die Unterkünfte von Asylsuchenden bis zu tätlichen Angriffen auf im Sinne eines zivilen »Racial profiling« als »Fremde« ausgemachte Menschen im Alltag. »Pegida führt dazu, dass die Hemmschwelle, Muslime zu diskriminieren und anzugreifen, bei vielen sinkt«, erklärte treffend der Vorsitzende des Zentralrats der Muslime, Aiman Mazyek. »Beleidigungen gegen Muslime, häufig Frauen mit Kopftuch, Vandalismus an Moscheen und Gewalt gegen Imame sind mittlerweile an der Tagesordnung.« Die Beratungsstelle für Opfer rechter, rassistischer und antisemitischer Gewalt (»ReachOut«) registrierte 2014 allein in Berlin 179 tätliche Angriffe. Imame raten Musliminnen mit Kopftuch, zum Einkauf statt der öffentlichen Verkehrsmittel das Auto zu benutzen. Rabbiner empfehlen jüdischen Gemeindemitgliedern, bestimmte Stadtteile zu meiden oder dort jedenfalls ohne Kippa zu verkehren.[76] Brennende Hilfsbereitschaft gegenüber Geflüchteten trifft auf brennende Flüchtlingsunterkünfte – Deutschland 2015.

Fremdenfeindliche Verbrechen fanden und finden Zuspruch aber nicht nur in kulturrassistischen, rechtsradikalen, rechtsextremistischen und neonationalsozialistischen Netzwerken, sondern auch weit darüber hinaus. Das bestätigten 2014/15 aufs Neue fast ein Dutzend Umfragen zum Extremismus der Mitte: Als Reaktion auf Meldungen über den Brandanschlag auf ein noch unbewohntes Asylbewerberheim in Tröglitz (Sachsen-Anhalt) Anfang April 2015 zum Beispiel gab es auf Facebook unflätige Beschimpfungen (»Scheiß Asylbetrüger«, »Dreckspack«). Und der hasserfüllte Eintrag »Bedauern, dass zum Zeitpunkt des Feuers noch keine Flüchtlinge im Heim waren«, erhielt auf Anhieb eine dreistellige Zahl von »Likes«.

Das Netz brachte es an den Tag: »Die Erschütterung über den Hass im Netz ist eigentlich die Erschütterung über den undigitalen Hass in den Köpfen«, kommentierte der Spiegel Online-Blogger Sascha Lobo. »Das Internet hat eine Illusion über die Gesellschaft zerstört: Dass die Unmenschlichkeit im Verborgenen blühte, wurde bequemerweise als Abwesenheit der Unmenschlichkeit interpretiert.« Und dass Gewaltpropaganda im Netz zu Gewalttätigkeit auf den Straßen führen kann und immer häufiger auch führt, ist heute auch kein Geheimnis mehr.[77]

10.2 Das Grauen von rechts: »Nationalsozialistischer Untergrund«, Behörden- und Politikversagen

10.2.1 Antiislamismus und neonationalsozialistische Gewalt: Die NSU Serienmorde in Deutschland,
in: Kritik und Gewalt. Sarrazin-Debatte, »Islamkritik« und Terror in der Einwanderungsgesellschaft, Schwalbach i.Ts. 2013, S. 288–310 (Auszug).

Für viele deutsche Zeitgenossen war der norwegische Terrormörder Breivik zunächst nur ein Einzeltäter in einem fernen Land. »Wie weit weg ist Norwegen?«, fragte in düsterer Ahnung der Integrationsbeauftragte des Senats von Berlin, Günter Piening, Ende Juli 2011 und gab sich diese Antwort:

»Nein, niemand kann sagen, ob in unserer Mitte ein ähnlicher Gewalttäter heranwächst. Doch auch bei uns ist der Boden bereitet, auf dem so jemand seine kruden Rechtfertigungen finden könnte. Die Abwertung und Ausgrenzung von Muslimen ist in den letzten Jahren gesellschaftsfähig geworden. Auf Internetplattformen wie ›Politically Incorrect‹ dürfen sich Muslimhasser austoben, ohne Angst vor Strafverfolgung haben zu müssen. In ihrer Abwertung von Minderheiten und ihren Aussagen zu Islam und Einwanderern insbesondere aus der Türkei und den arabischen Ländern stehen viele dort veröffentlichte Beiträge in keiner Weise dem nach, was der norwegische Attentäter vertritt, ja der Attentäter war selbst aktiv in dieser Internetszene. [...] Hier wird Ausgrenzung und Gewalt der Weg geebnet. Hier ist das Umfeld, in dem ›Einzeltäter‹ oder Gruppen genauso wie rechtspopulistische Bewegungen Bestätigung und Anstöße für ihr Denken und Handeln finden.«[78]

Als Anfang November 2011 die schon seit 1999 anhaltenden Verbrechen der »Zwickauer Zelle« aus dem »Nationalsozialistischen Untergrund« (NSU) und deren Unterstützungskreise ins Blickfeld der Öffentlichkeit rückten, war klar, dass Pienings Frage nach der Distanz zwischen Norwegen und Deutschland schon ihre Antwort gefunden hatte, lange bevor sie gestellt worden war. Als der Integrationsbeauftragte des Senats von Berlin im Juni 2012 resigniert zurücktrat, hinterließ er eine kritische Abschieds-

---

[76] Aiman Mazyek: »In Deutschland gibt es Anschläge auf Moscheen fast im Wochentakt«, in: Focus Online, 24.1.2015; vgl. U. Beck, Die Globalisierung des Antisemitismus. Wie jetzt aus Nachbarn Juden, Ausländer, Hassobjekte werden, in: Süddeutsche Zeitung, 11.8.2014; H. Tanriverdi, Vater Courage, in: ebd., 29.1.2015; Allein in Berlin wurden 250 Menschen verletzt, gejagt und bedroht, in: MiGAZIN, 19.3.2015; M. Bewarder / K. Kammholz, Was hilft gegen die Fremdenangst?, in: Die Welt, 8.4.2015; T. Musme, »Das nächste Ding, das brennt«, in: ebd., 10.4.2015; D. F. Sturm, Glaube, Liebe, Hoffnung in Tröglitz, in: ebd., 13.4.2015; M. Jauch / M. Bewarder, Rechtsextreme Links: Rassisten hetzen auf Facebook und anderswo im Internet gegen Flüchtlinge und bedrohen Politiker, in: ebd., 13.4.2015; M. Bewarder, Flüchtlinge werden überall in Deutschland attackiert, in: ebd., 15.4.2015.

[77] S. Lobo, Aufblitzen der Unmenschlichkeit, in: Spiegel Online, 8.4.2015; ders., Deutschlands Qaida-Moment, in: ebd., 21. 10. 2015; vgl. M. Linden, Krieger an der Tastatur, in: sueddeutsche.de, 6.11.2015; S. Kailitz, Rechte Kampagnen damals und heute, in: Cicero Online, 13.11.2015.

[78] Wie weit weg ist Norwegen? Pressemitteilung des Integrationsbeauftragten des Senats von Berlin Günter Piening, Berlin, 26.7.2011.

bilanz der bundesdeutschen Integrationspolitik. Sie kam zu dem Ergebnis, dass Deutschland »von einer wirklichen Anerkennung der Einwanderungsgesellschaft und der Gleichstellung der Einwanderer und ihrer Kinder« noch weit entfernt sei:

»Die Zustimmung, die die zynischen und rassistischen Thesen von Thilo Sarrazin in Teilen der bundesdeutschen Eliten gefunden haben, haben gerade bei vielen erfolgreichen Migranten die Frage aufgeworfen, ob sie in der Bundesrepublik jemals als gleichberechtigte Bürgerinnen und Bürger anerkannt sein werden.« Vor diesem Hintergrund seien die Erkenntnisse im Zusammenhang mit den NSU-Serienmorden auch integrationspolitisch eine Zäsur: »Es ist nach wie vor unfassbar, dass eine Gruppe von Mördern durch die Lande ziehen und willkürlich Einwanderer ermorden konnte und die Ermittlungsbehörden nehmen das Umfeld der Opfer in Verdacht, statt dem nachzugehen, was naheliegt: dass hier rechtsextremes, rassistisches Gedankengut seine fürchterlichen Folgen zeigt.«[79]

Das Zwickauer Trio aus dem »Nationalsozialistischen Untergrund« folgte bei seinen Mord- und Raubzügen durch die Republik dem Strategiekonzept »Taten statt Worte«, das in neonationalsozialistischen Kreisen in Deutschland und in den internationalen Neonazi-Netzwerken schon länger diskutiert wurde, was die Sicherheitsdienste in Alarmbereitschaft hätte versetzen müssen. Aber davon ahnten die deutschen Sicherheitsbehörden einschließlich des scharf nach möglichen islamistischen und linksradikalen Tätern Ausschau haltenden Verfassungsschutzes in Deutschland trotz allen Einsatzes von V-Leuten in der Szene offenkundig wenig; denn sie beobachteten die neonationalsozialistischen Weblogs ebenso wenig systematisch wie die islamfeindlichen digitalen Netz- und Hetzwerke.

Zur Last gelegt wurden den drei NSU-Tätern, von denen sich die beiden männlichen der Festnahme durch Selbstmord entzogen: mindestens 15 Banküberfälle zur Finanzierung der Taten und des Lebens im Untergrund; diverse Sprengstoffanschläge, darunter auch der unaufgeklärte Nagelbomben-Anschlag in Köln-Mülheim in einer vorwiegend von türkischen Einwanderern bewohnten Straße im Jahr 2004, der 22 Menschen verletzte; 2000 bis 2007 mindestens neun Hinrichtungen gleichende Erschießungen von sieben türkischen sowie einem griechischen Einwanderer, der wohl für einen Türken gehalten wurde, regelmäßig aus nächster Nähe durch Schüsse mitten ins Gesicht aus einer Ceska-Pistole; die Erschießung einer Polizistin in Heilbronn, wobei auch deren Kollege schwer verletzt wurde und überdies durch das posttraumatische Stresssyndrom die Erinnerung an den Tathergang verlor. Hier war es offenkundig nur darum gegangen, an die Dienstwaffen der Polizisten zu kommen, von denen eine später in den Trümmern der von der überlebenden dritten Tatverdächtigen angezündeten letzten Bleibe des untergetauchten Mördertrios in Zwickau gefunden wurde.

Erschreckend waren nicht nur die Mordtaten selbst, sondern auch die auffälligen, bald kaum mehr nur als »Pannen«, Abstimmungs- und Konkurrenzprobleme erklärbaren Versäumnisse, Unterlassungen und scheinbar in Einzelfällen sogar Verstrickungen bei der »Aufklärung« der Verbrechen. [...]

Der in Fragen der Integration in der Einwanderungsgesellschaft sensible frühere Bundespräsident Christian Wulff [...] forderte die konsequente Ächtung jeder Art von Fremdenfeindlichkeit und erklärte unausgesprochen, aber unmissverständlich auch an die Adresse der »Islamkritik« gewandt: »Wir brauchen ein Klima, das schon pauschale Diffamierungen nicht zulässt«, denn: »Sie sind der Nährboden für Gewalt«.[80]

Auf der Trauerfeier selbst sagte die Bundeskanzlerin: »Doch Intoleranz und Rassismus äußern sich keineswegs erst in Gewalt. Gefährlich sind nicht nur Extremisten. Gefährlich sind auch diejenigen, die Vorurteile schüren, die ein Klima der Verachtung erzeugen«. Und: »Aus Worten können Taten werden.«[81]

Aber im langen Schatten der Sarrazin-Debatte bewegt sich mehr als Umfragedaten erkennen lassen. Der ZEIT-Journalist Jörg Lau hat die tiefer liegenden Stimmungsveränderungen in einer scharfsichtigen Einschätzung ausgeleuchtet, die vollauf meiner eigenen entspricht:

»Man fühlte sich von Sarrazin und seinem begeisterten Publikum aus Deutschland heraus definiert«, schreibt er über die Betroffenheitserfahrung von Menschen mit Migrationshintergrund. »Die Enthüllung über die Mordserie traf auf diese Gefühlslage. Ohnehin angeknackstes Vertrauen war nun bei vielen ganz dahin: Die Hinrichtung von Türken, wie sich nun herausstellte, durch Neonazis, war jahrelang den Opfern und ihrem mutmaßlichen ›Milieu‹ zugeschrieben worden. Im Begriff ›Dönermorde‹ schien der antitürkische Rassismus der Behörden und der Medien zu sich zu kommen. Gerade bei gut ausgebildeten und erfolgreichen deutschen Türken trifft man derzeit auf eine Mischung aus enttäuschter Liebe zu ihrer Heimat, auf Wut, Trauer und allgemeine Aufgewühltheit, in einem Maß, dass einem Angst um dieses Land und seinen Zusammenhalt machen kann. Wir verlieren so die Besten. Auch diejenigen, die nicht weggehen, schließen innerlich mit Deutschland ab.«[82]

Diesen Kulturbruch in der Einwanderungsgesellschaft verdanken wir zu wesentlichen Teilen der von

---

[79] Senatsverwaltung für Arbeit, Integration und Frauen: Pienings kritische Abschiedsbilanz. Reform des Aufenthalts- und Staatsbürgerrechts überfällig, Berlin 21.6.2012.

[80] Zit. nach: Mordserie von Rechtsextremen, in: Newsletter Migration und Bevölkerung, Dez. 2011, S. 1–3.
[81] Zit. nach H. Prantl, Wie Integration gelingen kann, in: sueddeutsche.de, 23.2.2012.
[82] J. Lau, Die Vergiftung der deutschen Integrationsdebatte, in: Zeit online, 20.10.2012.

der Sarrazin-Debatte nachhaltig forcierten vulgärrationalistisch-kulturrassistischen publizistischen »Islamkritik« und ihren digitalen, im Argument noch grobschlächtigeren Begleitkommandos im Web 2.0.

10.2.2 Behördliche Sichtblenden: Gefahren in der »Mitte« und »rechts« davon,
ebenda, S. 311–229 (Auszug).

Einige Sicherheitsbehörden beobachteten die islamfeindliche Agitation im Internet zwar in Ausschnitten sehr wohl, aber eben nur unsystematisch und vorwiegend passiv, d.h. ohne Ermittlungsauftrag. Das aktive Ermittlungsinstrumentarium, das sie gegen tatsächliche, potentielle oder nur vermutliche fundamentalistische Islamisten so oft in Stellung brachten, wurde gegenüber den Aktivitäten von im Internet als aufklärerische »Islamkritiker« getarnten fundamentalistischen Antiislamisten eher zurückhaltend oder auch gar nicht eingesetzt. Und das, obgleich dabei zuletzt auch zunehmend fließende Grenzen zu rechtsextremistischen und neonationalsozialistischen Kreisen klar erkennbar geworden waren.

Am Ende wollte es, wieder einmal, niemand gewesen sein. Niemand konnte angeblich irgendetwas ahnen oder gar absehen. Wissenschaftlich begründete Warnungen wurden als intelligentes Raten, ihre im Nachhinein erwiesene Treffsicherheit, wie gehabt, als reiner Zufall abgetan. Die eklatanten Fahndungs- und Aufklärungsprobleme wurden vorwiegend auf technisch-organisatorische »Pannen«, inner- und zwischenbehördliche Missverständnisse zurückgeführt – tödliche Pannen und Missverständnisse leider, mit einer langen blutigen Spur. Und mit dieser verspäteten, heute nur noch historischen Spurensuche sind wir noch bei weitem nicht am Ende – wenn diese Spurensuche denn überhaupt mit dem gebotenen Nachdruck betrieben wird, nämlich ohne Rücksicht auf Namen, Funktionen und Pensionsbezüge. [...]

Daran gibt es begründbare Zweifel; denn die für eine Einwanderungsgesellschaft latent suizidale Tradition der gezielten Nichtbefassung mit Gefahren für Anerkennung durch Teilhabe und Akzeptanz von kultureller Vielfalt in sozialem Frieden dauert an. Das zeigte der Unterschied zwischen der Trauer- und Vermittlungsarbeit in Norwegen und Deutschland: In Norwegen war die regierungsamtliche Reaktion auf den Terror-Schock vom Juli 2011 geprägt durch ein umso nachdrücklicheres Bekenntnis zu Multikulturalität und Liberalität, zur offenen Demokratie und zu Europa sowie durch die gemeinsame Wendung gegen minderheitenfeindliche Strömungen, die diesen programmatischen Grundwerten in der Einwanderungsgesellschaft zuwiderlaufen.

In Deutschland hat es in der regierungsamtlichen Reaktion auf den NSU-Schock nur zu Trauerbekundungen und zu Warnungen vor Rechtsextremismus gereicht. Selbst in der Konfrontation mit den in Reihe aufgedeckten Mordtaten war die Hürde zu einem Bekenntnis zu den Grundwerten der de facto seit Langem multikulturellen Einwanderungsgesellschaft in Deutschland offenkundig noch immer zu hoch. [...]

Wo also waren die Warnungen vor der hasserfüllten antiislamischen Bewegung? Sie faselt von der »Islamisierung Europas« durch »demographische« Usurpation, versteht sich als selbsternannter Retter des Abendlandes, nennt sich zu Unrecht »Islamkritik« und betreibt in Wahrheit desintegrative Identitätssicherung durch die aggressive Auskreisung von Minderheiten, also negative Integration. Wo war und bleibt die gesellschaftliche Ächtung der immer einflussreicher und mächtiger werdenden, geschickt an der Grenze der Verfassungskonformität operierenden antiislamischen Netzwerke, die treffender Hetzwerke heißen sollten? [...]

Das widersprach der Überzeugung vieler Vertreter auch der großen Parteien, für die »PI-Inhalte fremdenfeindlich und volksverhetzend waren« und die deshalb »eine Überwachung durch den Verfassungsschutz« forderten.[83] Es zeigte auch, dass Politik und Behörden zum Teil noch immer nicht in der Einwanderungsgesellschaft angekommen sind; denn die Konzentration auf »Rechtsextremismus« und dabei sogar noch auf die »klassischen rechtsextremistischen Argumentationsmuster« erzeugt einen amtlichen Tunnelblick, der blind macht gegenüber anderen gesellschaftlichen Gefahren: Nicht nur das Gewaltpotenzial von Rechtsextremismus und islamistischem Fundamentalismus, auch der latent oder sogar offen gewaltbereite völkisch-kulturrassistische und in seiner konkreten Stoßrichtung antiislamische, sich selbst als »christlich-abendländischer« Widerstand verstehende Fundamentalismus der Mitte ist eine Lebensgefahr für die Einwanderungsgesellschaft, die essentiell auf die Anerkennung durch Teilhabe und auf die Akzeptanz kultureller Vielfalt in sozialem Frieden angewiesen ist.

Das wurde im Bundesministerium des Innern erst spät und ansatzweise entdeckt: Anfang Dezember 2012 erst fand in Berlin eine Tagung der Deutschen Islamkonferenz (DIK) des BMI zum Thema »Muslimfeindlichkeit in Deutschland. Phänomen und Gegenstrategien« statt, auf der sich Ministerialbeamte und Behördenvertreter anhand der Berichte von Experten der Wissenschaft und der Praxis über den Ernst der Lage und damit auch über ihre – auch weiterhin uneingestandenen – Versäumnisse kundig machen konnten. Bis dahin hatte sich nur die im Herbst 2010 eingerichtete Arbeitsgruppe »Präventionsarbeit mit Jugendlichen«, und zwar nur unter anderem auch, um dieses Thema gekümmert, nämlich sehr breit und allgemein im verschwurbelten Sinne von »Fragen der universellen Prävention von Muslimfeindlichkeit, Antisemitismus unter muslimischen Ju-

---

[83] Steven Geyer/Jörg Schindler, Die Islamhasser bitten zur Kasse, in: Frankfurter Rundschau, 23.9.2011.

gendlichen und Islamismus im Sinne eines religiös begründeten Extremismus«.

In der von der Arbeitsgruppe in Abstimmung mit dem BMI erarbeiteten einladenden Erläuterung der Konferenzagenda hieß es denn auch, in verkrampfter Diktion versehentlich die enorme Erkenntnis- und Handlungsverzögerung des Ministeriums dokumentierend: »Laut der Bestandsaufnahme der Arbeitsgruppe beginnt Muslimfeindlichkeit erst ein Thema der spezifischen, themenbezogenen Präventionsarbeit zu werden. Das betrifft auch die Prävention von Muslimfeindschaft im Sinne einer Förderung positiver Einstellungen in der Mehrheitsgesellschaft gegenüber kultureller und religiöser Vielfalt mit konkretem Bezug auf Muslime. Aber auch im Blick auf Maßnahmen gegen Rechtsextremismus wird erst begonnen, sich mit ›Anti-Islamisierungs-Kampagnen‹ rechtsextremistischer Parteien und Gruppierungen auseinanderzusetzen.« […]

Politik und Behörden jedenfalls haben bislang scheinbar wenig aus beiden Terrorerfahrungen gelernt – vor allem nicht, dass es jenen indirekten Ursache-Folge-Nexus zwischen Wortgewalt und Tatgewalt gibt. Sie müssen den Kampf an dieser schmutzigen Front verstärken. Öffentliche Trauerarbeit, fleißige Kommissionssitzungen, ein paar behördliche Abberufungen, Rücktritte, diskrete Versetzungen und wenige Disziplinarverfahren, einige Razzien und lokale Vereinsverbote sind dazu nicht genug. Unsere Dienste sollten, wie erwähnt, nicht nur reaktiv, bei der Tataufklärung, nach physischen Fingerabdrücken suchen. Sie müssen lernen, proaktiv, zur Tatprävention, nach geistigen Fingerabdrücken zu suchen.

10.2.3 Neonazi-Terror: Heute will es, wieder einmal, niemand gewesen sein,
in: MiGAZIN, 29.11.2011 (Auszug).

Heute will es, wieder einmal, niemand gewesen sein. Niemand konnte angeblich irgendetwas absehen. Alles waren vorwiegend technische Pannen und Missverständnisse – ziemlich tödliche Missverständnisse, leider, mit einer langen blutigen Spur, schreibt Prof. Klaus J. Bade in einem Gastbeitrag im MiGAZIN.

Das berühmte Menetekel des Kühn-Memorandums von 1979 lautete: »Was wir heute nicht in die Integration […] investieren, das müssen wir später für Resozialisierung und Polizei bezahlen«. Investiert wurde bekanntlich lange nicht viel. Die Integration wurde vielmehr, wie der vormalige Bundespräsident Horst Köhler zu Recht 2006 sagte, lange schlicht »verschlafen«.

Was Kühn nicht ahnen konnte, war, dass sich sein Menetekel zum Teil gerade am rechten Rand der Mehrheitsbevölkerung erfüllen sollte, der heute in einzelnen Themenspektren bis in die Mitte der Gesellschaft hineinreicht.

Das gilt z.B. für den teils kulturalistisch, teils völkisch geprägten fundamentalistischen Anti-Islamismus. Wie lautete doch ein grundlegender Startgedanke des nationalsozialistischen Jenaer Mörder-Trios Anfang der 1990er Jahre: »Zuerst müssen die Ausländer weg!« So die damals erst 17 Jahre alte aggressive Kampfhundfreundin und spätere nationalsozialistische Terroristin Beate Zschäpe, die heute gerne als »Kronzeugin« straffrei davonkommen möchte.

Das Feindbild »Ausländer« wurde zunehmend zum Feindbild »Islam« bzw. »Muslim« mit fließenden Grenzen zum Feindbild des »Türken« als der Inkarnation des vermeintlich auch kulturell bedrohlichen Fremden schlechthin. Dabei ist das jüngst endlich aufgedeckte mörderische nationalsozialistische Jenaer Trio nur die Spitze eines von anderen Eisbergen mit einem ständig weiter aufgedeckten Helferkreis und einem schier unübersehbaren mentalen Anhängerkreis im Internet.

Um diese Eisberge herum plantschten lange auffällig hilflose Verfassungsschützer ohne zureichende Ermittlungsaufträge im milden Oberflächenwasser. Die frostigen Einflüsse dieser Eisberge aber sorgen heute dafür, dass mit Integration und Migration beschäftigte Wissenschaftler wie ich als sog. »Volksverräter« auf nationalsozialistischen und inhaltlich angrenzenden Feme-Aufrufen und Fahndungslisten stehen und bei öffentlichen Veranstaltungen zunehmend auf Saalschutz, mitunter sogar auf Personenschutz angewiesen sind.

Eine der mir auf einer im Internet hängenden sog. »Kriegsverbrecherliste« als »Verbrechen am deutschen Volke« zur Last gelegten Aussagen ist die in der Tat von mir stammende Kernbotschaft des SVR-Jahresgutachtens 2010: »Integration in Deutschland ist besser als ihr Ruf im Land.« Welch ein Verbrechen!

Wissenschaftler, die oft von Stiftungen – wie z.B. der VolkswagenStiftung und der Freudenberg Stiftung – gefördert wurden, haben frühzeitig und lange vergeblich gewarnt vor den Folgen der demonstrativen Erkenntnisverweigerung unter dem Motto »Die Bundesrepublik ist kein Einwanderungsland«.

Sie haben, ebenso vergeblich, gewarnt vor der mangelnden Erkenntnis der Gefahren, die in der diffusen publizistischen Integrationsdiskussion ausgingen von der oft denunziativen, in scheinwissenschaftlichem Gewande daher kommenden sogenannten »Islamkritik«. Deren Argumente wurden in aggressiven Internetblogs zu anti-islamischer Volksverhetzung. Sie wurden zu Kampfaufrufen gegen die kulturelle Toleranz in der Einwanderungsgesellschaft.

Hier gibt es eine in der aktuellen Empörungsdiskussion zu wenig gesehene Kontinuitätslinie. Sie reicht von teils diffuser, teils rechtsextremistischer Fremdenfeindlichkeit über die anti-islamische Bündelung solcher Ressentiments in der sog. »Islamkritik« mit ihren publizistischen Denunziationskampagnen bis zum latent gewaltbereiten völkischen anti-islamischen Fundamentalismus mit seinen zum Teil fließenden Grenzen zum neuen Nationalsozialismus. In islamophoben Internetblogs mit ihren umschwebenden Hassmail-Wolken durften am Ende sogar die sog. Döner-Morde straflos zu heroischen Taten verklärt werden. Ein bloßes NPD-Verbot wäre da ebenso hilfreich wie hilflos zugleich.

Der Verfassungsschutz aber beobachtete, wie mir Vertreter unser Dienste aus gegebenem Anlass schon vor längerer Zeit mitteilten, all dies zwar sehr wohl, aber eben nur vorwiegend passiv und ohne Ermittlungsauftrag. Das aktive Ermittlungsinstrumentarium, das er gegen potentielle Islamisten so oft einsetzte, wurde eher zurückhaltend bedient gegenüber den Aktivitäten rechtsextremistischer und nicht selten neo-nationalsozialistischer Anti-Islamisten.

Vor den erwartbaren Folgen habe ich immer wieder gewarnt. Ich bin dadurch, wie erwähnt, selber ins Zielfernrohr dieser verfassungsfeindlichen Aktivitäten geraten. Durch entsprechende Ermittlungen helfen konnte mir angeblich niemand. Denn unseren Diensten waren hier, wie mir wiederholt mitgeteilt wurde, durch mangelnde Zuständigkeit, geltendes Medienrecht und andere widrige Umstände leider die Hände gebunden. Von wem eigentlich, habe ich mich oft gefragt.

10.2.4 Sicherheitspolitik statt Gesellschaftspolitik im Bundesministerium des Inneren,

aus: Von Unworten zu Untaten. Kulturängste, Populismus und politische Feindbilder in der deutschen Migrations- und Asyldiskussion zwischen »Gastarbeiterfrage« und »Flüchtlingskrise«, überarb. Vortrag Osnabrück, 29.5.2015, in: IMIS-Beiträge, 48/2016[84], S. 35–171, hier S. 53–70 (Anmerkungen gekürzt).

Ich beschränke mich hier auf eine Skizze zur Rolle einzelner Ressortleiter des Bundesministeriums des Innern (BMI) seit Beginn der »Ära Kohl«[85]; denn viele Probleme bei der politischen Bearbeitung der Bereiche Migration und Integration, Flucht und Asyl haben auch damit zu tun, dass sich die Zuständigkeit für diese Fragen seither immer mehr im Innenressort und damit im Kernbereich von Sicherheitspolitik und Gefahrenabwehr zentrierte.

Die Ressortleiter sind bei ihren Entscheidungsvorbereitungen und bei ihrer Öffentlichkeitsarbeit in dem riesigen Zuständigkeitsbereich des BMI oft abhängig von diesem gewaltigen, die verschiedensten Aufgabenbereiche umfassenden Apparat und seiner mitunter auch meinungsbildenden Zuarbeit. Die ministerialen Denktraditionen haben deshalb, wenn der Ressortleiter nicht eine besonders starke politische Persönlichkeit war, mitunter auch einschlägige Spuren in den Aufgabenfeldern Migration und Integration hinterlassen – nach dem bekannten Motto: »Die Minister wechseln, die Ministerialräte bleiben«.

Und doch war das Spannungsverhältnis zwischen den Denkstrukturen im BMI und den politischen Persönlichkeiten an seiner Spitze je und je ganz unterschiedlich geprägt. Es gab Ressortleiter wie die Bundesinnenminister Zimmermann (CSU), Kanther (CDU) und Seiters (CDU), deren politisches Weltbild ohnehin diesen Denkstrukturen zu entsprechen schien. Ebenso gab es starke und eigenwillige Ressortleiter, die sich auch als Gesellschaftspolitiker zu engagieren suchten, wie die Bundesinnenminister Wolfgang Schäuble (CDU) und Otto Schily (SPD). Blicken wir, beschränkt auf unser Themenfeld, zunächst auf die drei erstgenannten Ressortleiter:

Der aus vielen, auch persönlichen Gründen umstrittene politische Haudegen Friedrich Zimmermann (CSU) regierte 1982–1989 im BMI. Bestimmend für seine Politik in den Bereichen Migration und Integration war das realitätsfremde Tabu-Dogma, die Bundesrepublik sei »kein Einwanderungsland«. Damit verbunden waren sein Unvermögen, Einwanderung als Gestaltungsaufgabe, geschweige denn als zentrales gesellschaftspolitisches Thema zu begreifen und sein aggressives Desinteresse gegenüber entsprechenden gesellschaftspolitischen Konzepten.

Vor dem Hintergrund neuerlichen Streits um das kommunale Wahlrecht und der Kritik am langen Ausbleiben des immer wieder folgenlos angekündigten Gesetzesentwurfs zur Novellierung des Ausländerrechts wurde 1988 im Bundesinnenministerium ein rund 200 Seiten langer zweiteiliger Gesetzentwurf ausgefertigt, der durch eine Indiskretion an die mediale Öffentlichkeit geriet. Der erste Teil, das »Ausländerintegrationsgesetz (AIG)« enthielt Integrationsangebote und -forderungen. Der zweite Teil, das »Ausländeraufenthaltsgesetz (AAG)« umfasste vor allem Abwehrinstrumentarien mit weiten Ermessensspielräumen für die Behörden. Normativer Anker des Gesetzes aus dem Hause Zimmermann war die Gleichsetzung von Zuwanderung und Integration mit einem »Verzicht auf die Homogenität der Gesellschaft«. Das meinte konkret: »Die gemeinsame deutsche Geschichte, Tradition, Sprache und Kultur verlören ihre einigende und prägende Kraft. Die Bundesrepublik Deutschland würde sich nach und nach zu einem multinationalen und multikulturellen Gemeinwesen entwickeln.«

Zunächst wurde die Existenz des Entwurfs vom Ministerium wahrheitswidrig bestritten. Dann wurde seine Existenz bestätigt, aber seine Bedeutung als »Referentenentwurf« heruntergespielt. Schließlich

---

[84] IMIS-Beiträge, 48/2016 (http://www.imis.uni-osnabrueck.de/fileadmin/4_Publikationen/PDFs/imis48.pdf).
[85] Bundesinnenminister waren in der Amtsfolge: Friedrich Zimmermann (CSU) 4.10.1982–21.4.1989; Wolfgang Schäuble (CDU) 21.4.1989–26.11.1991; Rudolf Seiters (CDU) 26.11.1991–7.7.1993; Manfred Kanther (CDU) 7.7.1993–26.10.1998; Otto Schily (SPD) 27.10.1998–22.11.2005; Wolfgang Schäuble (CDU) 22.11.2005–27.10.2009; Thomas de Maizière (CDU) 28.10.2009–3.3.2011; Hans-Peter Friedrich (CDU) 3.3.2011–17.3.2013; Thomas de Maizière (CDU) 17.3.2013 (amtierend).

wurde der Gesetzentwurf nach schärfsten Protesten aus der Öffentlichkeit ganz zurückgezogen. Nach der Kabinettsumbildung spielten die hochpolitisierten Themen Zuwanderung und Integration dann abermals eine unübersehbare Rolle beim Wechsel an der Spitze des Bundesinnenministeriums von Friedrich Zimmermann (CSU) zu Wolfgang Schäuble (CDU), der vordem Chef des Bundeskanzleramtes gewesen war.[86]

Regierungsamtliche defensive Erkenntnisverweigerung und gesellschaftspolitische Konzeptlosigkeit, die Einschätzung von Zuwanderung als Gefahr von außen und von Integration als Gefahr im Inneren hatten als Faktorenbündel vor allem drei Folgen:

Erstens trugen sie entscheidend dazu bei, dass die 1980er Jahre in der Gestaltung des Weges zu Einwanderungsland und Einwanderungsgesellschaft auf der Bundesebene und damit auch in der Bundesgesetzgebung ein verlorenes Jahrzehnt blieben – im Gegensatz zur kommunalen Ebene, auf der Integration, allen abgehobenen Grundsatzdebatten zum Trotz, von Beginn an pragmatisch begleitet bzw. verwaltet wurde.

Zweitens förderte die Haltung der Bundesregierung und insbesondere diejenige des Bundesinnenministeriums zu Fragen von Zuwanderung und Integration Abwehrhaltungen in weiten Kreisen der Bevölkerung. Sie wurden emsig geschürt durch Sensationsmedien und durch rechtsradikale bzw. rechtsextremistische Bewegungen, die sich immer mehr an den Themen Zuwanderung und (»gescheiterter«) Integration hochangelten, wobei ihnen populistische Redensarten opportunistischer Politiker als Steigeisen dienten. Verstärkt wurden diese Abwehrhaltungen durch ein fatales Zusammentreffen verschiedener Faktoren Anfang der 1990er Jahre: einerseits die horrend ansteigenden Zuwanderungen – Aussiedler, Umsiedler im Vereinigungsprozess, Geflüchtete aus Krieg und Bürgerkrieg in der zerfallenden Vielvölkerrepublik Jugoslawien, unter ihnen auch rund eine Viertelmillion Roma, jüdische Geflüchtete aus der GUS und Asylsuchende aus aller Welt; andererseits die eklatante politische Konzeptlosigkeit und Handlungsunfähigkeit gegenüber diesen gewaltigen gesellschaftspolitischen Herausforderungen. Das galt auf der Regierungsebene für das rat- und konzeptlose Innenressort. Und es galt im Bundestag für den »Asylstreit« mit wechselseitigen Denunziationen, die schließlich zu gegenseitiger Lähmung und Handlungsunfähigkeit führten, was die Sensationspresse begierig aufgriff und Bundeskanzler Kohl davon reden ließ, das das Land auf Grund des Asylstreits nicht mehr »regierbar« sei.[87]

Das war, *drittens*, die Voraussetzung dafür, dass das erwähnte medial forcierte Zusammentreffen von Bürgerangst und Bürgerwut von »unten« mit politischer Rat- und Konzeptlosigkeit von »oben« (»Bürger fragen – Politiker schweigen«) eine Hochspannung erzeugte. Sie war kleinen gewaltbereiten Minderheiten, die sich als Vertreter der schweigenden Mehrheit verstanden, Anlass, an den verschiedensten Orten im Osten und Westen des Landes mit weltweit Aufsehen erregenden blutigen Exzessen loszuschlagen – die vom Bundesinnenministerium wiederum nicht als gesellschaftspolitische Warnsignale, sondern ordnungspolitisch und rechtspositivistisch als Folgeprobleme des »Asylmissbrauchs« verstanden wurden, weshalb die Opfer als Täter erschienen.

Das zeigte sich auch in der Reaktion des Bundesinnenministers Rudolf Seiters (CDU), der 1991 bis 1993 auf Wolfgang Schäubles erste Amtszeit (1989–1991) gefolgt war, von der gleich die Rede sein wird. Seiters war als Bundesinnenminister eine vergleichsweise blasse Erscheinung. Seine Antwort auf die anhaltenden Gewalttakte und aktuell auf den Pogrom von Rostock-Lichtenhagen aber war klar und lautete in unmissverständlicher Täter/Opfer-Umkehr: »Wir müssen handeln gegen den Missbrauch des Asylrechts, der dazu geführt hat, dass wir einen unkontrollierten Zustrom in unser Land bekommen haben.« Ganz in diesem Sinne hatten sich der seinerzeitige Ministerpräsident von Mecklenburg-Vorpommern Berndt Seite (CDU) und sein Innenminister Lothar Kupfer (CDU) zu dem Pogrom von Rostock-Lichtenhagen geäußert. Kupfer erklärte nach den Ereignissen von Rostock-Lichtenhagen mit einem semantisch verkorksten Dankeschön an die Adresse der rechten Gewalttäter: »Die Rechten haben bewirkt, die Politiker dafür zu sensibilisieren, dass das Asylrecht eingeschränkt wird und dass das Sicherheitsgefühl an erster Stelle steht – nicht nur in Ostdeutschland!«.[88]

1993–1998 stand an der Spitze des BMI der streng konservative und hochmoralisch auftretende, später über submoralische Parteispendensünden tief fallende Bundesinnenminister Manfred Kanther (CDU). Auch er war auf dem Weg zur Einwanderungsgesellschaft ein retardierendes Element par excellence und deklamierte noch Jahre nach dem Dresdner Parteitag der CDU von 1992, auf dem dieses Motto von seiner Partei fallen gelassen worden war: »Die Bundesrepu-

---

[86] K. J. Bade, Ausländer – Aussiedler – Asyl. Eine Bestandsaufnahme, München 1994, S. 61f.; vgl. H. Prantl, Wieviele Flüchtlinge haben Sie schon aufgenommen, Herr Prantl?, in: Süddeutsche Zeitung, 17./18. Oktober 2015.
[87] Zu den Wanderungsbewegungen: K. J. Bade, Europa in Bewegung. Migration vom späten 18. Jahrhundert bis zur Gegenwart, München 2000, S. 409–439; Bade, Ausländer – Aussiedler – Asyl, S. 122 (Kohl).
[88] Nachdem eine Überprüfung die gegen Kupfer erhobenen Vorwürfe wegen massiver Versäumnisse bei der Planung und Durchführung der Polizeieinsätze in Rostock-Lichtenhagen bestätigt hatte, trat Kupfer, auch auf Druck aus seiner eigenen Partei hin, im März 1993 zurück und erklärte wenig später mit seinen Austritt aus der CDU. H. Funke, Brandstifter. Deutschland zwischen Demokratie und völkischem Nationalismus, Göttingen 1993, S. 131; mit Quellenverweisen auch aus Mediendokumentationen: H. Cremer, Die Asyldebatte in Deutschland: 20 Jahre nach dem »Asylkompromiss« (Deutsches Institut für Menschenrechte, Essay Nr. 14), Juni 2013, S. 17–19.

blik ist kein Einwanderungsland und soll auch keines werden!«[89] Am Ende seiner Amtszeit wurde ein – erfreulicherweise in den Schubladen gebliebener – an denjenigen von Zimmermann erinnernder Gesetzentwurf fertig, in dem Einwanderung vorwiegend als Störung der gesellschaftlichen »Homogenität« und »nationalen Kultur« erschien.[90]

Der liberalkonservative Bundesinnenminister Wolfgang Schäuble (CDU) hingegen, der zweimal das BMI leitete, war ein Beispiel dafür, dass an der Spitze dieses Ressorts auch pragmatische Gesellschaftspolitik möglich war. Das reichte von der Reform des Ausländerrechts bis zur Islamintegration:

Schäuble erledigte in seiner ersten Amtsperiode (1989–1991) zunächst im Handstreich unter seinem Vorgänger Zimmermann liegen gebliebene Hausaufgaben. Weil bei den bevorstehenden Landtagswahlen ein Verlust der Unionsmehrheit im Bundesrat möglich war, betrieb er ab Herbst 1989 in einem nicht nur für seine Mitarbeiter atemberaubendem Tempo[91] die Reform des Ausländerrechts. Sie wurde am 26. April 1990 vom Bundestag und am 11. Mai 1990 vom Bundesrat angenommen (Gesetzeswirkung ab 1. Januar 1991) – zwei Tage bevor mit dem Ergebnis der Niedersachsenwahl vom 13. Mai 1990 die Bundesratsmehrheit tatsächlich verloren ging, womit die umstrittene Gesetzesreform viel schwieriger geworden wäre. Die Debatte über ihre gesellschaftspolitischen Komponenten ging im Trubel der Vereinigungsdiskussion unter.

In seiner zweiten Amtszeit (2005–2009) begründete Schäuble 2006 die Deutsche Islamkonferenz mit der gesellschaftspolitisch mutigen Botschaft, dass der Islam zu Deutschland gehöre, die noch Jahre später, vor dem Hintergrund der sogenannten Sarrazin-Debatte, dem Bundespräsidenten Christian Wulff zum Verhängnis werden sollte.[92]

In der Mitte zwischen dröhnender Gefahrenabwehr und reformorientierter Gesellschaftspolitik positionierte sich, als Kanthers Nachfolger, 1998–2005 der Bundesinnenminister der rotgrünen Koalition, Otto Schily (SPD). Er wurde wegen seiner Raubeinigkeit auch »roter Sheriff« genannt. Er war aber, insbesondere gegenüber Kritik an seiner Amtsführung, sehr empfindsam.

Schily agierte in Ausländerrecht, Migrations- und Integrationsverwaltung sowie im Staatsangehörigkeitsrecht sehr reformfreudig und gesellschaftspolitisch vorausblickend. Zur »Ära Schily« gehörten verfassungsrechtliche und gesellschaftspolitische Reformen von historischer Bedeutung. Das galt für das neue Staatsangehörigkeitsgesetz (1990), in das die konservative Opposition unter anderem das turkophobe, später wieder revidierte »Optionsmodell« hineinzwang. Und es galt ebenso für das – im Entwurf – in Europa modernste »Zuwanderungsgesetz« (2005) mit seiner die Zuständigkeit der Bundesländer für Integration ergänzenden bundesweiten Integrationsverwaltung (Bundesamt für Migration und Flüchtlinge/BAMF). Daraus wurde durch von der Opposition erzwungene rechtsdrehende Verschlimmbesserungen bereichsweise ein Zuwanderungs-Verhinderungsgesetz (»Gesetz zur Steuerung und Begrenzung der Zuwanderung und zur Regelung des Aufenthalts und der Integration von Unionsbürgern und Ausländern«) mit schweren und folgenreichen programmatischen Opfern:

Das galt, um nur drei Beispiele zu nennen, strategisch für die Streichung des im Bericht der »Unabhängigen Kommission Zuwanderung« unter Leitung von Bundestagspräsidentin a.D. Rita Süssmuth (»Süssmuth-Kommission«)[93] 2001 vorgeschlagenen flexiblen Punktesystems zur Migrationssteuerung – von dem in episodischem Nachvollzug in den letzten Jahren einige Rudimente, insbesondere bei der Zulassung von Hochqualifizierten, nachgebessert wurden, die durchaus zurecht als »kleines Punktesystem« bezeichnet wird.

Es galt institutionell für die Abschaffung des erst 2003 von Otto Schily zur beratenden Politikbegleitung auf der Bundesebene eingesetzten »Sachverständigenrates für Zuwanderung und Integration (Zuwanderungsrat)«, der 2004 seinen reformorientierten ersten und einzigen Jahresbericht[94] vorgelegt hatte, in dem er anstelle des gefürchteten Punktesystems eine »Engpassdiagnose« am Arbeitsmarkt als Steuerungsinstrument vorschlug. Sie wurde von der oppositionellen CDU/CSU, wie das Punktesystem, ebenfalls als migrationspolitisches Monster verteufelt. Und doch versuchte man, die »Engpassdiagnose« des Zuwanderungsrates wenig später, wenn auch zunächst vergeblich, als »Fachkräfteallianz« nachzuspielen. Heute ist sie als »Positivliste« für die weitge-

---

[89] Ausländer: Die brauchen wir, in: Der Spiegel, 1996, Nr. 26, S. 44–49; P. Dreesen, »Wir haben Einwanderung, aber wir sind kein Einwanderungsland«, in: G. Antos / U. Fix / B. Radeiski (Hg.), Rhetorik der Selbsttäuschung, Berlin 2014, S. 67–88.
[90] H. Prantl, Die fünfte Gewalt, in: Süddeutsche Zeitung, 17./18.1.2015.
[91] Ein taktischer Geniestreich Schäubles bestand dabei darin, dass er die Kritiker in der weiteren Öffentlichkeit, die die umstrittenen Referentenentwürfe seines Amtsvorgängers, das »Ausländeraufenthaltsgesetz« (AAG) und das »Ausländerintegrationsgesetz« (AIG), bis zum Rückzug der Vorlagen buchstäblich zerfetzt hatten, dadurch einband, dass er ihnen noch vor der Vorlage im Kabinett eine fortlaufende kritische Prüfung offerierte. Das war ein Angebot, das die Adressaten zwar nicht ablehnen, aber auch nicht durchstehen konnten: Schäuble ließ ihnen die geprüften und daraufhin sogleich überarbeiteten Texte immer wieder sofort erneut zur Prüfung vorlegen, bis sie, nicht hauptamtlich damit Beschäftigte, in diesem Tempo nicht mehr mithalten konnten; vgl. Bade, Ausländer – Aussiedler – Asyl, S. 62–66.
[92] Ders., Kritik und Gewalt. Sarrazin-Debatte »Islamkritik« und Terror in der Einwanderungsgesellschaft, Schwalbach i.Ts. 1993 (3. überarb. Aufl. als E-Book 2014), S. 184–201.

[93] Zuwanderung gestalten – Integration fördern. Bericht der Unabhängigen Kommission »Zuwanderung«, 4.7.2001.
[94] Migration und Integration – Erfahrungen nutzen, Neues wagen. Jahresgutachten 2004 des Sachverständigenrates für Zuwanderung und Integration, 15.10.2004.

hend barrierefreie Zuwanderung von passgerechten Arbeitskräften ebenfalls ein Kernstück der vielgerühmten »modernen«, aber historisch unnötig verspäteten Zuwanderungspolitik.

Innovationsfeindlich war ferner die Festlegung von grotesk übersteigerten Anforderungen für die Zuwanderung von hochqualifizierten Beschäftigten und von Selbständigen aus Drittstaaten. Das führte dazu, dass unter Berufung auf die damit eröffneten, genauer gesagt verbauten Möglichkeiten aus diesen beiden Gruppen zunächst fast niemand nach Deutschland zuwanderte, was durchaus den Zuwanderungsphobien vieler Politiker von CDU und CSU zu entsprechen schien.

Hätte der ursprüngliche Gesetzentwurf die parlamentarischen Hürden genommen, dann wären dem Land viele enervierende Nachbesserungen und unnötige Probleme erspart geblieben – bis hin zu der neuen Diskussion um ein klares und zugleich flexibles »Einwanderungsgesetz«, das damit im Kern seinerzeit schon geschaffen worden wäre. Zu Recht betonte Rita Süssmuth rückblickend: »Wir wären heute deutlich weiter und besser auf den Zustrom von Einwanderern vorbereitet, wenn sich die Politik auf Grundsätze des Kommissionsberichts hätte einigen können.«[95] Es hat nicht sollen sein. Und die politischen Verantwortungsträger von damals lassen sich heute, wieder einmal, ungern an ihr furchtsames konzeptionelles Versagen erinnern; abgesehen von dem notorischen Hinweis, dass die Umstände eben, wieder einmal, damals nicht so waren, will unausgesprochen sagen, dass sie sich selbst im Wege standen.

Schilys Amtsführung hatte aber auch folgenreiche Schattenseiten: Das galt für autoritär formulierte, aber voreilige und nachhaltige Fehleinschätzungen, zum Beispiel bei der durch sein forsches Dementi eines »ausländerfeindlichen« Hintergrundes erschwerten Früherkennung der Anschläge des »Nationalsozialistischen Untergrunds« (NSU). Es galt für die Förderung der seines Erachtens vorwiegend emanzipatorischen sogenannten »Islamkritik« zum Beispiel in Gestalt einer Aufsehen erregenden großen Jubelrezension des bald in Massenauflage verbreiteten Buches »Die fremde Braut« der selbsternannten Islamexpertin Necla Kelek, die im BMI ein- und ausging.[96] Und es galt ebenso für frühe populistische Äußerungen über eine angeblich durch Zuwanderung überschrittene »Grenze der Belastbarkeit« sowie über Asylsuchende als »Wirtschaftsflüchtlinge« in Deutschland. [...]

Auf die »Ära Schily« folgte in der anschließenden CDU/CSU-FDP-Koalition im BMI zunächst die schon erwähnte zweite Amtszeit von Wolfgang Schäuble.

Sie endete 2009, weil Schäuble in der zweiten schwarz-gelben Koalition das Bundesfinanzministerium übernahm.

Schäubles Nachfolger mit ebenfalls doppelter Amtszeit als Bundesinnenminister (2009–2011 und ab 2013) wurde der vormalige Chef des Bundeskanzleramtes und enge Vertraute der Bundeskanzlerin Thomas de Maizière. Der immens fleißige, oft bis zur sichtbaren Erschöpfung arbeitende, stets aktenkundige neue/alte Bundesinnenminister brachte ein persönliches Handicap mit: Er ist ein hervorragender Verwaltungsjurist, loyaler Umsetzer vorgegebener rechtspolitischer Richtlinien, aber kein gesellschaftspolitischer Visionär.[97] Der Bundesinnenminister und seine Kanzlerin, die er intern nur »die Chefin« nennt und mit der er eng befreundet ist, passen deshalb zwar trotz aller Unterschiede im Naturell perfekt zusammen, können sich hier aber kaum produktiv ergänzen, weil Merkel als Pragmatikerin ohne gesellschaftspolitische Visionen das gleiche Manko hat.

De Maizière wurde zwar wegen seiner Klarheit und Sachlichkeit gerühmt, ging aber dennoch schon in seiner ersten Amtsperiode in die Geschichte der integrationskritischen Schandwortpolemik ein. Dafür sorgte seine aus der Luft, möglicherweise aus der BMI-Luft, gegriffene, sogar mit fiktiven Prozentangaben (vorgeblich ca. 15 Prozent) geschmückte Rede von angeblichen »Integrationsverweigerern«. Er schuf damit ein Klischee, das 2010 bei der Entscheidung über das Unwort des Jahres auf dem zweiten Platz landete. Die populistisch-denunziative Desinformation war trotz aller nachholenden Bemühungen des BMI auf Bundes- und Länderebene um eine statistische Rechtfertigung der polemischen Unterstellungen des Ministers nirgends zu belegen. Das galt sogar für das unter der Fachaufsicht des BMI stehende Bundesamt für Migration und Flüchtlinge, bei dessen Integrationskursverwaltung ebenfalls vergeblich nach »Verweigerern« gesucht wurde, zumal der enorme Andrang von freiwilligen Kursbesuchern mit den regulären Angeboten kaum zu bewältigen war. Dennoch legte de Maizière sogar noch nach und regte eine Bestrafung der »Integrationsverweigerer« an.[98] Eine entschuldigende Korrektur dieses minderheitenfeindlichen denunziativen Fehlverhaltens durch das Bundesinnenministerium oder seinen Ressortleiter ist nicht bekannt geworden.

---

[95] Zit. nach: Christian Bommarius, Missbrauch des Asylrechts. Deutschland braucht ein Einwanderungsgesetz und eine Stichtagsregelung bei Asylverfahren. Sonst werden wir der steigenden Zahl von Flüchtlingen nicht gerecht, in: Frankfurter Rundschau, 23.9.2015.

[96] Hierzu: Bade, Kritik und Gewalt, S. 153f.

[97] »Ich glaube, dass ein Tag dann gut zu Ende geht und wir dann gute Arbeit geleistet haben, wenn wir sagen können: Wir haben eine Aufgabe gelöst und dabei auch Vorschriften beachtet.« (Rede des Bundesinnenministers anlässlich der 1. Lesung des Bundeshaushalts 2016 (Innen, EP 06), 8.9.2015, http://www.bmi.bund.de/SharedDocs/Videos/DE/00-Ministerium/Haushalt/haushaltsrede-2016-1.html), vgl. I. Ehrich, Kritik am Innenminister: Ist de Maizière krisenfest?, in: n-tv.de, 17.9.2015 (http://www.n-tv.de/politik/Ist-de-Maiziere-krisenfest-article15955551.html).

[98] Wer sind die eigentlichen Integrationsverweigerer?, in: MiGAZIN, 16.9.2010.

Das sollte kein Einzelfall bleiben: In seiner zweiten, anhaltenden und noch zu behandelnden Amtsperiode verkündete de Maizière, 30 Prozent der Asyl suchenden Syrer stammten in Wahrheit gar nicht aus dem Kriegs- und Bürgerkriegsland und hätten sich falsche Pässe besorgt, um in den Genuss der Vorzugsbehandlung für Geflüchtete aus Syrien zu gelangen. Die Information war im Kern nicht ganz abwegig, weil es tatsächlich einen Passhandel gab und gibt, aber vor allem deswegen, weil in den Herkunftsregionen heute kaum mehr Möglichkeiten bestehen, einen Pass zu erhalten, erst recht nicht für Ausreise- bzw. Auswanderungswillige. Und die zweifelsohne bei weitem überzogene Prozentangabe war abermals schlicht aus der Luft gegriffen.

Wieder gab es keine Belege. Wieder blieb eine selbstkritische Korrektur aus und wieder speiste die von Zuwanderungs- und »Asylkritikern« gern zitierte Fehlinformation Abwehrhaltungen gegenüber »Asylbetrügern«, bis eine beiläufige TV-Nachricht Anfang Dezember 2015 meldete, Stichproben hätten ergeben, dass nur 8 Prozent der syrischen Pässe »bemängelt« (also nicht einmal notwendig für gefälscht erklärt) worden seien.[99]

Ähnliches galt für de Maizières Sozialneid stimulierende Polemik gegenüber sozial besser gestellten Geflüchteten, von denen einige – was vor Beginn eines Asylverfahrens keineswegs verboten ist – die ihnen zugewiesene, möglicherweise als unerträglich empfundene Erstaufnahmeeinrichtung verließen und sich auf den Weg zum Beispiel zu Verwandten in Deutschland oder ins Ausland machten. Bei de Maizière klang das im Oktober 2015 in einem empörten Fernsehkommentar über Ordnungsstörungen so: Früher hätten Flüchtlinge sich bestenfalls bei den Behörden erkundigt, wohin sie zugewiesen werden würden. Heutzutage glaubten manche von ihnen offenbar, sie könnten sich selbst irgendwohin zuweisen. »Sie gehen aus Einrichtungen raus, sie bestellen sich ein Taxi, sie haben erstaunlicherweise das Geld, um Hunderte Kilometer durch Deutschland zu fahren.« Das legte die lebensfremde Vorstellung nahe, Flüchtlinge müssten immer arm, fügsam vor allem dankbar sein.[100]

Daneben standen andere, »Asylkritik« gegenüber »Asylmissbrauch« durch »Sozialschmarotzer« und diffuse Flüchtlings- und Fremdenfeindlichkeit schü-

rende Denunziationen des Bundesinnenministers wie zum Beispiel sein Hinweis auf das angeblich verbreitete, in der Öffentlichkeit »Simulantentum« genannte Verhalten von Ausreisepflichtigen bzw. Abzuschiebenden: »Viele simulieren eine Krankheit, um nicht abgeschoben zu werden, sind aber gar nicht krank.«[101] Wieder blieb jeder Beleg für die Nachricht aus, die unversehens wie eine Argumentationshilfe für rechtsextreme Kreise wirkte.

2015 irritierte der Bundesinnenminister mit seiner – im Kontext der von der Bundesregierung getroffenen Neuregelungen für forcierte Abschiebungen stehenden – Ankündigung, mehr Geflüchtete aus Afghanistan in »sichere Landesteile« ihrer Heimat zurückzuschicken und ihnen die Teilnahme an Integrationskursen zu verweigern. Das stand in schroffem Gegensatz zu dem Festhalten der Bundesregierung am eingeschränkten Afghanistan-Einsatz der Bundeswehr und zur Nachricht der deutschen Botschaft in Kabul, dass das Leben in Afghanistan im Zeichen des neuerlichen Vorrückens der Taliban immer gefährlicher werde, weshalb Abschiebungen derzeit kaum möglich seien. Das Land »versinkt in einem Chaos aus Korruption und Gewalt«, kritisierte die Hilfsorganisation Pro Asyl: »Auf sichere Landesteile zu verweisen, wie de Maizière dies getan hat, stellt eine Verhöhnung der vielen afghanischen Binnenflüchtlinge dar.« Der Minister aber hatte seine Abschiebungsinitiative für Afghanen, die im Herbst 2015 die zweitgrößte Gruppe der eintreffenden Flüchtlinge stellten, mit einer Begründung versehen, aus der eine für einen Ressortchef mit Leitungskompetenz in migrations- und asylpolitischen Fragen nachgerade groteske Inkompetenz im Blick auf Migrationsprozesse zu sprechen schien: »Millionen Euro an Entwicklungshilfe« seien nach Afghanistan geflossen, erklärte de Maizière. Ergebnis dieser Bemühungen könne »nicht sein, dass verstärkt Menschen das Land verlassen«.[102]

Abgesehen von seiner mangelnden Kenntnis über die konkrete Lage in Afghanistan hatte der Minister offenbar auch noch nie etwas von dem in der internationalen Migrationsforschung gängigen Topos des nur scheinbar paradoxen »Migrationsbuckels« im Wanderungsverhalten gehört – der aber auch wenig in sein oft binär und rechtspositivistisch wirkendes Denken passen dürfte, in dem nicht sein kann, was ordnungspolitisch nicht vorgesehen ist: Zugewinne bzw. Einkommenssteigerungen, zum Beispiel durch oft kontraproduktive konventionelle »Entwicklungshilfe«, werden in »Entwicklungsländern« oft zuerst in Migration investiert. Dieses Paradox nennt man in der wirtschafts- und politikwissenschaftlichen Ent-

---

[99] T. Seibert, Eintrittskarte für ein besseres Leben: Syrische Pässe sind bei Asylbewerbern begehrt, in: Der Tagesspiegel, 9.9.2015; vgl.: »Alles muss sehr schnell gehen«. Wie viele Flüchtlinge kann Deutschland aufnehmen, wen soll es abweisen? Interview mit Bundesinnenminister Thomas de Maizière über das, was sich jetzt ändern muss, in: Die Zeit, 3.9.2015; »Ich habe eine Vision«. Spiegel-Gespräch: Innenminister Thomas de Maizière, 61, plädiert für ein neues restriktives Asylrecht in Europa und erklärt, wie viele Flüchtlinge Deutschland aufnehmen kann, in: Der Spiegel, 19.9.2015; A. Meier / U. Scheffer, Anspruch und Wirklichkeit der Flüchtlingspolitik, in: Der Tagesspiegel online, 23.11.2015.
[100] Flüchtlinge: Spurlos verschwunden, in: DW.com, 3.11.2015 (http://www.dw.com/de/ spurlos-verschwunden/a-18823825).

[101] Abschiebungen: Der Druck wächst, in: Forum Migration, Dezember 2015 (http://www.migration-online.de/beitrag._aWQ 9MTAwMTE_.html).
[102] Ebd.; L. Häuptli, Zahl der Flüchtlinge steigt sprunghaft, in: Neue Zürcher Zeitung, 8.11.2015; Afghanen sollen vorerst kein Deutsch lernen, in: Süddeutsche Zeitung online, 5.12.23015.

wicklungsforschung einen »Migrationsbuckel«. Er nimmt erst ab, wenn das Durchschnittseinkommen auf ein anhaltend hohes Niveau steigt und es Perspektiven für eine weitere Besserung der wirtschaftlichen Lage im Ausgangsraum gibt.[103]

Nicht minder auffällig, zumindest ungewöhnlich ungeschickt, waren in der ersten und blieben auch in der zweiten Amtsperiode des Bundesinnenministers gelegentlich Verlautbarungen gegenüber den Medien: Das reichte von jener Presseinformation am 13. September 2015, mit der er, erstaunlicherweise ohne Nachfragen von Journalisten zuzulassen, einen ebenso abrupten wie grundlegenden, später wieder relativierten Kurswechsel in der Asyl- und Grenzpolitik verkündete, was ihm als angeblichem »Problemfall« der Regierungspolitik sogar Rücktrittsforderungen vom Koalitionspartner SPD eintrug[104], bis hin zu seiner verschwurbelten Begründung, genauer gesagt Nicht-Begründung für die Absage des Fußball-Länderspiels Deutschland/Niederlande in Hannover am 17. November 2015 im Schatten der Pariser Terroranschläge vom 13. November 2015: Bei der Verweigerung jedweder Auskunft über die offenbar akute Gefahrenlage[105] stellte er nicht etwa die oft üblichen kriminaltechnischen Erwägungen in den Vordergrund, sondern die Aufsehen erregende Information, dass ein Hinweis auf die Informationsquelle »die Sicherheit des Landes« gefährden würde, sowie die ganz im Gegensatz zur bekundeten Absicht in der Tat Besorgnis erregende Befürchtung: »Ein Teil dieser Antworten würde die Bevölkerung beunruhigen.«[106] Derlei diffuse Gefahren- und Feindbildbeschwörungen entsprangen zum einen vielleicht dem Mangel an jedem Gespür für die gesellschaftspolitische »Sprengkraft« solcher Botschaften vor dem Hintergrund der in den Medien omnipräsenten Bedrohungskulissen. Sie waren zum anderen aber wohl auch ein ungewöhnlich plumper Versuch, weiter geplante »Sicherheitsmaßnahmen« und Gesetzesänderungen zur Aufrechterhaltung der »Ordnung« medial vorzubereiten.

Solche und andere, wechselhaft oder widersprüchlich wirkende Positionierungen des Bundesinnenministers gerade in der Asyl- und Flüchtlingspolitik, auf die noch zurückzukommen ist (Kap. 11.2), erregten vielfach Irritationen und führten zu immer wieder anschwellender Kritik an seiner Amtsführung. Den Höhepunkt erreichte diese Krise in de Maizières zweiter Amtsperiode vor dem Hintergrund der zunehmenden politischen und öffentlichen Kritik an dem monströsen Asylverfahrensstau im Nürnberger Bundesamt für Migration und Flüchtlinge (BAMF), das dem BMI und damit de Maizière untersteht. Die Kritik am BAMF verschärfte die Kritik an der Asylpolitik der Bundesregierung insgesamt. Die Bundeskanzlerin sah sich genötigt, dem Bundesministerium des Innern die Koordination der Flüchtlingspolitik zu entziehen, und damit den Bundesminister für besondere Aufgaben und Chef des Bundeskanzleramtes, Peter Altmaier zu betrauen, wovon noch die Rede sein wird. Diese überraschende, hastig und – zum Beispiel im Blick auf das Verbleiben des für die Flüchtlingsverwaltung zentralen BAMF beim BMI – inkonsequent bzw. fragil wirkende Verschiebung zentraler Zuständigkeiten wurde in den Medien vor allem als »Entmachtung« de Maizières diskutiert, der aber weiter unter öffentlichem und auch politischem Druck blieb. Es wirkte deshalb weniger wie ein personaler Zufall und eher wie ein personalpolitischer Schachzug, dass der erst vor wenigen Jahren berufene, aus dem BMI selbst stammende zweite Präsident des BAMF, Manfred Schmidt, angeblich »aus persönlichen Gründen« zurücktrat.[107]

Kritiker der Opposition aber auch aus den Reihen der Union und des Koalitionspartners SPD vermuteten dahinter einen »Winkelzug des Innenministers« zu seiner Entlastung in der Krise und damit ein neuerliches »klassisches Bauernopfer« (Katrin Göring-Eckardt, Bündnis 90/Grüne). Manche Beobachter

---

[103] Verhindert wirtschaftliche Entwicklung Migration? Eine Einschätzung populärer Rezepte zum Umgang mit Migration aus Drittstaaten: Entwicklungszusammenarbeit und Repression, in: foraus (Forum Außenpolitik), Diskussionspapier Nr. 12, Juli 2012 (http://www.foraus.ch/satisfaction/downloads/26); vgl. C. Wiedemann, Mythen der Migration, in: Le Monde diplomatique, Berlin, 12.6.2009 (http://www.monde-diplomatique.de/pm/2009/06/12.mondeText1.artikel,a0048. idx,14).

[104] Deutschland führe »in diesen Minuten« wieder Grenzkontrollen ein. Ziel sei es, »den derzeitigen Zustrom nach Deutschland zu begrenzen und wieder zu einem geordneten Verfahren bei der Einreise zu kommen.« Dies sei »auch aus Sicherheitsgründen dringend erforderlich«. Nach geltendem europäischen Recht (Dublin-Reglement) sei Deutschland ohnehin für den allergrößten Teil der Schutzsuchenden gar nicht zuständig.« vgl. R. Rossmann / D. Kuhr, Deutschland führt Grenzkontrollen ein. Bundesregierung ändert in der Flüchtlingskrise ihren Kurs, in: Süddeutsche Zeitung, 14.9.2015; »Dann sollte er de Maizière zurücktreten«. Die SPD verliert in der Flüchtlingsfrage die Geduld mit Thomas de Maizière, in: Spiegel Online, 20.9.2015.

[105] Sorge vor Anschlägen. Deutsche Behörden fahndeten nach aktiver Terrorgruppe, in: faz.net, 22.11.2015.

[106] T. Frische, Terror-Alarm in Hannover: Thomas de Maizière gibt unglückliches Bild ab, in: web.de, 18.11.2015 (http://web.de/magazine/panorama/terror-hannover/terror-alarm-hannover-thomas-de-maiziere-unglueckliches-bild-31149370/); Warum der Innenminister Informationen zurückhält, in: Die Welt, 18.11.2015, dort auch die Presseinformation im Wortlaut (http://www.welt.de/politik/deutschland/article 148981512/Warum-der-Innenminister-Informationen-zurueck haelt.html); Gefahr: Thomas de Maizière will, dass nach der Absage des Fußballspiels in Hannover alle ruhig bleiben – und erreicht mit einem Satz genau das Gegenteil, in: taz.die tageszeitung, 19.11.2015; S. Braun, Besser nichts zu wissen, in: Süddeutsche Zeitung, 19.11.2015.

[107] D. Vates, Ein Flüchtlingskind im Flüchtlingsamt. Manfred Schmidt managt die Migrationsbehörde und mischt sich in die Politik ein, in: Frankfurter Rundschau, 4.8.2015; E. Lohse, Politischer Kopf, in: Frankfurter Allgemeine Zeitung, 10.8.2015; D. Bax, Rücktritt – oder Bauernopfer? Der Chef der Flüchtlingsbehörde in Nürnberg tritt zurück, in: taz.die tageszeitung, 18.9.2015; N. Fried, Flüchtlingspolitik: nicht geschafft, in: Süddeutsche Zeitung, 18.9.2015; K. J. Bade, Das BAMF zwischen Arbeitsmarkt-, Asyl- und Integrationspolitik: Der Wechsel an der Spitze des Bundesamtes für Migration und Flüchtlinge ist mehr als eine Personalie, in: MiGAZIN, 21.9.2015.

fühlten sich offenbar erinnert an den Fall des Staatssekretärs Stéphane Beemelmans in der für den damaligen Bundesverteidigungsminister de Maizière am Ende seiner Amtszeit in diesem Ressort sehr gefährlich gewordenen Krise um Wissen oder Nichtwissen über die Fehlinvestitionen in der »Euro-Hawk-Affäre«: Die Folgen trafen nicht den zurück ins BMI wechselnden de Maizière, sondern seinen im Bundesverteidigungsministerium zurückbleibenden Staatssekretär Beemelmans, der von de Maizières Nachfolgerin Ursula von der Leyen bald in den einstweiligen Ruhestand versetzt wurde.[108]

Anstelle des zurückgetretenen BAMF-Präsidenten Manfred Schmidt setzte die Bundeskanzlerin als neuen BAMF-Leiter in Doppelfunktion den Präsidenten der Bundesagentur für Arbeit Frank-Jürgen Weise ein. Auch das hinderte de Maizière nicht daran, weiterhin mit Statements oder Entscheidungen hervorzutreten, die weder mit dem Flüchtlingskoordinator Altmaier noch mit dem neuen BAMF-Leiter Weise oder der Kanzlerin selbst abgestimmt waren, die gleichwohl demonstrativ an ihm festhielt (»Ich brauche ihn mehr denn je!«).[109]

Dazu gehörten, um nur drei Beispiele zu nennen, die im November 2015 bekannt gewordenen Entscheidungen des Bundesinnenministers vom 21.10.2015, bei Geflüchteten aus Syrien auf zwei Jahre den Familiennachzug auszusetzen, auch bei Ihnen zum Dublin-Verfahren (Rückverweis an die Erstzugangsländer) und anstelle ihrer bisher praktizierten, mehr oder minder pauschalen Anerkennung im Sinne der Genfer Flüchtlingskonvention zur Einzelfallprüfung zurückzukehren. Das wirkte wie ein Gegenentwurf zu den ansonsten so vielbeschworenen Bemühungen um eine möglichst zügige Integration der Kriegs- und Bürgerkriegsflüchtlinge aus Syrien und war überdies gleichbedeutend mit einer schweren Zusatzbelastung des ohnehin extrem eingespannten und auch unter seiner neuen Leitung weiter in der Kritik stehenden Bundesamtes für Migration und Flüchtlinge.[110]

Umso mehr war im Bundestag und in den Medien von de Maizières »Zickzack-Kurs in der Flüchtlingspolitik« und über ein vom Bundesministerium des Inneren ausgelöstes »Kommunikationsdesaster« die Rede. Die ansonsten sehr pragmatische, für ausgewogene Urteile bekannte Integrationsbeauftragte der Bundesregierung und stellvertretende SPD-Vorsitzende Aydan Özoğuz, die Staatsministerin bei der Bundeskanzlerin ist, sprach sogar davon, dass durch de Maizière »die Abläufe fast täglich chaotisiert« würden. Während über die »Chaos-Tage« der CDU/CSU in Berlin diskutiert wurde, wies die parlamentarische Geschäftsführerin der SPD-Fraktion, Christine Lambrecht, darauf hin, dass mit der Rückkehr zur Einzelfallprüfung bei den aus Syrien Geflüchteten »das Bundesamt für Migration lahmgelegt« und im Blick auf die Wiederaufnahme des Dublin-Reglements überdies eine irritierende »Phantomdiskussion« geführt werde, weil auch Wochen nach der neuen Anordnung de Maizières gerade einmal vier Geflüchtete in ein anderes EU-Land zurückgeschickt worden seien. Das alles sei »sehr ärgerlich« und lasse nicht erkennen, wer in der Union derzeit »die Zügel in der Hand hält«, weshalb sich die Bundeskanzlerin »Fragen nach der Richtlinienkompetenz« gefallen lassen müsse.[111]

---

[108] Vor dem Untersuchungsausschuss nahm der loyale Staatssekretär alle Schuld für die mangelnde Kenntnis des Ministers über das Scheitern des kostspieligen Projekts auf sich persönlich, bediente sich aber einer bemerkenswert diplomatischen Formulierung: Er habe de Maizière »informiert, so wie ich es für nötig hielt. Ich habe erfahren, dass er mehr für nötig hielt«, weshalb den Minister aus seiner Sicht in Informationsfragen aber keine »Holschuld« treffe. Hierzu: Euro Hawk-Ausschuss: Staatssekretär übernimmt Verantwortung in Drohnenaffäre, in: Spiegel Online, 30.7.2013; Staatssekretär entlastet De Maizière, in: manager magazin online, 30.7.2013; Wikipedia, Art. Stéphane Beemelmans (Stand 2.6.2015).
[109] Die Kanzlerin in der Flüchtlingskrise – Können wir es wirklich schaffen, Frau Merkel? Über die Flüchtlingskrise diskutiert Angela Merkel mit Anne Will, in: Das Erste – NDR, 7.10.2015.
[110] Merkels Diener in großer Not. Innenminister Thomas de Maizière wirkt angesichts des wachsenden Flüchtlingsandrangs oft wie ein Notar der Krise. Was treibt ihn an? Und vor allem: Was bremst ihn?, in: Focus, 5.9.2015; N. Fried / R. Rossmann, Sorgendämmerung: Grenze auf, Grenze zu: Was den Flüchtlingsstrom betrifft, wagt niemand mehr Prognosen. Aber viele wagen die Frage, ob die Kanzlerin überhaupt einen Plan hat, in: Süddeutsche Zeitung, 14.9.2015; Flüchtlingskrise: de Maizières Kontingentplan sorgt für Koalitionszoff, in: Spiegel Online, 20.9.2015; T. Öchsner, Der doppelte Chef, in: Süddeutsche Zeitung (SZ), 19.9.2015; S. Astheimer / J. Pennekamp, Die Jahrhundertaufgabe, in: Frankfurter Allgemeine Zeitung, 19.9.2015; SPD-Vize über Innenminister: »Dann sollte de Maizière zurücktreten«, in: Spiegel Online, 20.9.2015; P. Carstens / M. Wehner, Merkels bester Bürokrat. Die Bundeskanzlerin macht Deutschlands oberstem Job-Vermittler auch zum Chef des Flüchtlingsamtes, in: Frankfurter Allgemeine Sonntagszeitung, 20.9.2015; T. Öchsner, SPD stellt sich gegen de Maizière, in: SZ, 21.9.2015; W. Schmiese, Hat sich de Maizière dann doch durchgesetzt?, in: Cicero Online, 11.11.2015.
[111] Hierzu und zum Folgenden: A. Maier u.a., Meuterei auf der »Merkel«, in: taz.die tageszeitung, 10.11.2015; K. Litschko, Der Querschläger, in: taz.die tageszeitung, 9.11.2015; E. Lohse / M. Sattar, Ein paar Sätze zum falschen Zeitpunkt, in: Frankfurter Allgemeine Zeitung, 9.11.2015; S. Braun, Eine Krise auf höchstem Niveau: Aufruhr in der CDU nach dem Streit um den Familiennachzug. In der Kritik steht das Vorpreschen Thomas de Maizières – aber noch sehr viel mehr die Art und Weise, in der das Kanzleramt den eigenen Innenminister gleich zweimal düpierte, in: SZ, 10.11.2015; C. Hickmann / R. Preuß, Zurück zu Dublin, in: SZ, 11.11.2015; De Maizière düpiert Merkel: Mit der Wiederaufnahme des Dublin-Verfahrens für syrische Flüchtlinge traf der Innenminister wieder eine wichtige Entscheidung in der Asylpolitik, ohne das Kanzleramt vorab zu unterrichten, in: SZ, 12.11.2015; T. Hoppe, So schaffen wir das nicht: Die Union konterkariert die Politik ihrer Kanzlerin, in: Handelsblatt, 12.11.2015; R. Alexander / M. Bewarder, Keine Informationen vom Innenminister: De Maizières Zickzack-Kurs in der Flüchtlingspolitik irritiert den Bundestag. SPD spricht von »Kommunikationsdesaster«, in: Die Welt Kompakt, 12.11.2015; T. Hildebrandt, Frisch geschreddert, in: Die Zeit, 12.11.2015; S. Braun, Flüchtlinge: Politik aus dem Stegreif, in: SZ, 12.11.2015; ders. / R. Rossmann, In der Lawine, in: SZ, 13.11.2015.

Der hessische SPD-Chef Thorsten Schäfer-Gümbel erklärte, der Bundesinnenminister trage allein die politische Verantwortung für die aktuellen Zustände, vor deren Hintergrund nun auch der neue Leiter des Bundesamtes für Migration und Flüchtlinge unter starkem Druck geraten sei: De Maizière könne »sich nicht hinter Herrn Weise verstecken.« Der Bundesinnenminister parierte mit einem von der Kritik an seiner Amtsführung ablenkenden Ausbruch nach vorn, hielt als oberster Dienstherr demonstrativ seine schützende Hand über das BAMF, über dessen neuen Chef Weise und seine Mitarbeiter. Er nahm die Behörde in Schutz und mahnte zur Geduld, nachdem er vorab seine allenthalben kritisierte »Rolle rückwärts« scheinbar gelassen mit dem ordnungspolitischen Hinweis kommuniziert hatte, man habe die Entscheidungen von Oktober nicht weiter kommuniziert, weil es sei schlicht darum gegangen sei, »zu geordneten Verfahren zurückzukehren«.[112]

Ein mehr oder minder hilfloses Opfer der im BMI vorgefundenen Strukturen war der persönlich freundlich-umgängliche, aber für dieses schwere Amt politisch zu schwache, deshalb von Beginn an überforderte und mitunter als »schwarzer Sheriff von der traurigen Gestalt« titulierte Bundesinnenminister Hans-Peter Friedrich (CSU), der de Maizière auf dessen erste Amtsperiode folgte. Friedrich hatte unter dem massiven Druck des CSU-Vorsitzenden und bayerischen Ministerpräsidenten Horst Seehofer nur widerwillig das BMI übernommen, nachdem de Maizière auf Drängen der Bundeskanzlerin den weltgewandten, allseits beliebten und scheinbar politisch zukunftssicheren, dann aber über die Plagiatsaffäre in Sachen seiner zum Teil abgeschriebenen Dissertation gestürzten Freiherrn von und zu Guttenberg (CSU) als Bundesverteidigungsminister ersetzen musste.

Friedrich trat im BMI immer wieder mit islamophoben Positionierungen, Indiskretionen, Warnungen und übel missglückten Aktionen hervor, an denen die Behördenspitze gelegentlich nicht ganz unschuldig gewesen zu sein scheint, für die er als Ressortleiter aber die Verantwortung übernehmen musste. Das galt, um nur zwei Beispiele zu nennen, einerseits für seinen in den Medien stark beachteten, scheinbar manipulativen Umgang mit den Ergebnissen einer aus sicherheitspolitischen Erwägungen veranlassten Islam-Studie. Es ging dabei um eine zuerst vehement bestrittene, dann schrittweise eingeräumte und schließlich offen eingestandene verdeckte Kooperation seiner Presseabteilung mit der Bild-Zeitung, wobei nicht erkennbar war, ob der scharf attackierte Minister davon tatsächlich oder angeblich nichts wusste. Es galt andererseits für die aufklärerisch intendierte, aber islamophob angelegte oder doch wirkende und deshalb nach massiven öffentlichen Protesten abgebrochene Plakatkampagne unter der Schlagzeile »Vermisst«. Friedrich betrieb auf diese Weise, ganz in den Traditionen des Amtes, Integrationspolitik als Sicherheitspolitik. Er sorgte damit für schweren Vertrauensverlust bei Vertretern der Einwandererbevölkerung, brachte selbst Schäubles Deutsche Islamkonferenz an den Rand des Zusammenbruchs und stürzte schließlich über sein Mitteilungsbedürfnis in der Edathy-Affäre.

Zum Ersatz von Friedrich an der Spitze des BMI wurde im Dezember 2013 der bis heute amtierende Bundesinnenminister de Maizière aus dem Bundesverteidigungsministerium zurückgeholt, wo er wegen seines Taktierens zur Begründung von Informationsdefiziten in der Drohnen-Affäre (»Euro-Hawk«), Bauernopfern auf der Leitungsebene und generell wegen angeblich mangelnder Führungsstärke an der Spitze des hochgradig verfilzten militärischen Verwaltungsapparats in die Kritik geraten war. Im BMI trat de Maizière zuletzt, wie schon angedeutet, erneut und noch stärker als in seiner ersten Amtsperiode, mit auffällig mäandernden sicherheitspolitischen Argumentationslinien, widersprüchlichen und defensiven Positionswechseln in Sachen deutscher und europäischer Flüchtlings- und Asylpolitik hervor, von denen noch eingehender zu reden sein wird (s. Kap. 11.2).

In summa hatten die Bundesminister des Innern und ihr Ressort nach langen, schwerwiegenden und folgenreichen Erkenntnis- und Handlungsblockaden zwar wesentlichen Anteil an den neueren migrations-, ausländer- und aufenthaltsrechtlichen sowie staatsangehörigkeitsrechtlichen Reformschritten, für die insbesondere die Namen Schäuble und Schily stehen. Integrationspolitisch und im Blick auf die Flüchtlingspolitik in Deutschland und Europa aber wirkte das BMI oft polarisierend und retardierend durch seine einseitige Orientierung an den Leitperspektiven von Sicherheitspolitik bzw. Gefahrenabwehr und insbesondere durch das immer wieder beschworene Feindbild »Islam«.

»Brandsätze bestehen aus Salpeter, Schwefel oder Phosphor, aus Benzin, Heizöl und Schwefelsäure; wenn das Zeug in Flaschen abgefüllt ist, nennt man es Molotowcocktail«, schrieb Heribert Prantl Mitte Dezember 2014 im Blick auf den erwähnten Brandanschlag in Mittelfranken, auf islamophobe Agitation im »Pegida-Fieber« (S. Teune) und politische Verstehensbekundungen gegenüber in Angst und Wut geratenen Bürgern. »Es gibt auch noch andere brandgefährliche Cocktails, die nicht aus Benzin hergestellt werden, sondern, und dies in aller Öffentlichkeit, aus hetzerischen Reden, aus Reden gegen Muslime, gegen Flüchtlinge und Asylbewerber. Solche Brandsätze werden in der ganzen Republik gemischt, auch auf den Demonstrationen, in denen gegen die ›Islamisierung‹ agitiert wird. Die Agitationscocktails sind noch

---

[112] Kritik am BAMF: Schäfer-Gümbel macht de Maizière verantwortlich, in: Die Welt online, 7.12.2015; Flüchtlingskrise: De Maizière verteidigt das Flüchtlings-Bundesamt, in: Handelsblatt online, 6.12.2015.

gefährlicher als Molotowcocktails, weil sie an vielen Stellen gleichzeitig hochgehen können.«[113]

Als sich die verschreckten Innenminister des Bundes und der Länder nach Überwindung der ersten Schockstarre im Dezember 2014 trafen, um über den Umgang mit der von Dresden weiter ausgreifenden Bewegung ›Pegida‹ und über die Zunahme fremden- und insbesondere asylfeindlicher Emotionen und Attacken zu beraten, konnte darüber nicht zu Unrecht unter der Schlagzeile berichtet werden: »Innenminister tagen über die Geister, die sie riefen«.[114]

Fazit: Die Konzentration der Aufgaben in den Bereichen Migration und Integration, Flucht und Asyl im Bundesministerium des Innern hat dazu geführt, dass die hier meist dominierenden Perspektiven von Sicherheitspolitik und Gefahrenabwehr auch in diesen Gestaltungsbereichen in den Vordergrund rückten, während, von Ausnahmen abgesehen, die wichtige Dimension von Integrations- bzw. Inklusionspolitik als teilhabeorientierter Gesellschaftspolitik[115] durchaus zweitrangig wurde. Strategische Konzepte für die Zukunft der Migrations- und Einwanderungsgesellschaft unter den – auf Grund von zahlreichen wissenschaftlichen Studien mit fortgeschriebenen Trendbeobachtungen und alternativen Modellrechnungen – erwartbaren Rahmenbedingungen[116] blieben aus. Das gleiche galt für die in der weiteren Öffentlichkeit, aber auch von Sachkennern immer wieder eingeforderten Gestaltungskonzepte für die sogenannte »Flüchtlingskrise«. Stattdessen dominierte auch hier ein oft rechtspositivistisch angeleitetes ordnungspolitisches Denken, das in eine Art geistige Parallelwelt eingesponnen schien, der als befriedigend galt, was in geordneten Bahnen verlief, was indes gerade im Blick auf die Massenzuwanderung von Flüchtenden immer weniger der Fall war.

All das sollte Anlass sein, dem Bundesministerium des Innern zwar nicht die notwendige weitere Mitwirkung, aber doch die zentrale Zuständigkeit für die Bereiche Zuwanderung und Integration zu entziehen und diese zum Beispiel dem Bundesministerium für Arbeit und Soziales zu übertragen, wo sie im Blick auf die hier besonders wichtigen Arbeitsmarkt- und Gesellschaftsbezüge sicher besser aufgehoben wären.[117]

Das BMI hätte, zum Beispiel in Grenzschutzfragen, dabei immer noch genug mit Migrationsfragen zu tun, dann aber wohl weniger als Teil des Problems und mehr als Teil seiner Lösung. Insoweit bleibt zu hoffen, dass die im Herbst 2015 geschaffene, wenn auch noch unvollkommene Bündelung zentraler Aufgaben im Bereich der Aufnahme und Integration von Geflüchteten im Bundeskanzleramt nur ein Zwischenschritt auf diesem Weg sein möge, wenn er nicht dereinst ohnehin zu dem von mir und anderen seit langem geforderten Bundesministerium für Migration und Integration führt, das unter den obwaltenden Umständen besonders wichtig wäre.

---

[113] H. Prantl, Gefährlicher als Molotowcocktails, in: Süddeutsche Zeitung, 12.12.2014; S. Teune, Im Pegida-Fieber, in: ebd., 28.1.2015.
[114] Innenminister tagen über die Geister, die sie riefen, in: MiGAZIN, 12.12.2014.
[115] Hierzu zuletzt: L. Pries, Teilhabe in der Migrationsgesellschaft: Zwischen Assimilation und Abschaffung des Integrationsbegriffs, in: IMIS-Beiträge, 47/2015, S. 7–35.
[116] Vgl. K. Simon, Flüchtlingskrise und Prognosen: Warum Katastrophen erkannt, aber selten verhindert werden, in: Cicero Online, 3.12.2015.

[117] K. J. Bade, Gesellschaftspolitik im Einwanderungsland, in: MiGAZIN, 18./19.3.2013. Das war auch die Kernbotschaft einer von mir initiierten und im Grundtext formulierten, von dem »MiGAZIN«-Chefredakteur Ekrem Senol organisierten und dann vom Rat für Migration übernommenen Massenpetition, die im Netz innerhalb weniger Wochen rund 9 000 Unterschriften erhielt (in diesem Band: 4.2.7); hierzu: K. J. Bade, Integration muss weg vom Innenministerium, Interview, in: Der Tagesspiegel, 7.10.2013 (in diesem Band: 4.2.9); ders., Es reicht nicht, den Minister auszutauschen, Interview, in: Frankfurter Rundschau, 13.11.2013; Institutionelle Reform der Integrationspolitik – die Diskussion ist neu eröffnet, in: MiGAZIN, 7.10.2013 (in diesem Band: 4.2.8); Offener Brief: Wissenschaftler fordern Integrationsministerium, in: Spiegel Online, 1.10.2013 (http://www.spiegel.de/politik/deutschland/online-petition-wissenschaftler-fordern-integrationsministerium-a-925491.html); Rat für Migration fordert institutionelle Reformen in der Integrationspolitik, in: MiGAZIN, 1.10.2013; vgl. Forscher: Integration neu starten, in: Der Tagesspiegel, 2.10.2013; Migrationsrat will Reformen, in: Süddeutsche Zeitung, 2./3.10.2013; zuletzt hierzu: C. Leggewie / D. Cohn-Bendit, Warum ein Integrationsministerium notwendig ist, in: Der Tagesspiegel online, 11.11.2015 (http://www.tagesspiegel.de/politik/fluechtlinge-in-deutschland-warum-ein-integrationsministerium-notwendig-ist/12567690.html).

11 Einwanderungsgesellschaft unter Zuwanderungsdruck: die »Flüchtlingskrise«

11.1 Flucht, Asyl und Illegalität vor der »Flüchtlingskrise«

11.1.1 Europa und die Migration: Realitäten und Bilder,
Kurzfassung unter dem Titel »Der Ausnahmezustand ist beendet. Jetzt macht die Normalität Angst«, in: Frankfurter Allgemeine Zeitung, 27.12.2000 (Originalfassung, Auszug).

Das Ende des Kalten Krieges markierte für Migration und Migrationspolitik in Europa eine wichtige Zäsur. Bestimmend dafür waren nicht nur die Wanderungsbewegungen selbst. Es waren auch und zum Teil noch mehr die in politischen und publizistischen Migrationsdiskursen umlaufenden Beschreibungen, Konstruktionen und Visionen. Sie zeigten ein Europa unter abrupt wachsendem »Wanderungsdruck«, nicht mehr nur aus dem Süden, sondern nun auch aus dem Osten. Beobachtungen, Projektionen und Visionen wurden am Ende des 20. Jahrhunderts handlungsbestimmend für die Migrationspolitik in einer Europäischen Union, deren Integration im Innern einherging mit der Abgrenzung nach außen, vieldiskutiert unter dem unscharfen Stichwort »Festung Europa«.

Einwanderungskontinent Europa
Bis zum Ende der 1980er Jahre hatte sich das Europa westlich des Eisernen Vorhangs insgesamt in einen Einwanderungskontinent verwandelt. Einwanderung war in allen europäischen Staaten zu einem zentralen politischen Thema geworden.

1950–90 waren die ausländischen Wohnbevölkerungen in den heutigen EU-Staaten einschließlich der Schweiz, Norwegens und Liechtensteins um mehr als das Vierfache gewachsen: von 3,7 auf 16 Millionen, d.h. von 1,3 % auf 4,5 % der Bevölkerung. Die höchsten absoluten Zahlen verzeichneten 1995 Deutschland mit 7,7 Millionen (8,8 %), Frankreich mit 3,6 Millionen (6,3 %) und Großbritannien mit 2 Millionen (3,4 %).

Die höchsten Ausländeranteile an der Gesamtbevölkerung hingegen gab es 1995 in Liechtenstein (38,1 %), Luxemburg (33,4 %) und der Schweiz (18,9 %). Die gern über eine angeblich nahe gerückte oder schon überschrittene »Belastungsgrenze durch Zuwanderung« (Otto Schily) klagenden Deutschen kamen, nach Belgien (9 %), erst an fünfter Stelle in Europa.

Mehr noch: Ausländerzahlen und Ausländeranteile sagen wenig aus über tatsächliche Einwanderungsprozesse. Das hat mit Unterschieden in der Einbürgerungspraxis zu tun und damit, dass der Erwerb der Staatsangehörigkeit durch Geburt im Land im Sinne des – seit Beginn des neuen Jahrtausends auch in Deutschland geltenden – Territorialprinzips meist gar nicht gesondert erfasst wird.

Nimmt man die Ausländerbevölkerung von 1985 als Vergleichsgrundlage, dann lag die Einbürgerungsrate von der Mitte der 1980er bis zur Mitte der 1990er Jahre beispielsweise am höchsten in Schweden (58,7 %) und in den Niederlanden (44,7 %), am niedrigsten hingegen in Deutschland (5 %), wenn die Einbürgerungen der »Aussiedler« bzw. »Spätaussiedler« außer Acht bleiben. Die vielbeklagten hohen Ausländerzahlen in Deutschland sind also im Grunde ein hausgemachtes Problem.

Einwanderergesellschaften
Die Einwanderer bilden in Europa eine fast ausschließlich städtische Wohnbevölkerung mit Konzentrationen in bestimmten Stadtvierteln und in Vorstädten von Ballungsräumen. In den ehemaligen Kolonialstaaten ist dabei der Anteil der aus Übersee stammenden Einwandererbevölkerungen besonders stark angestiegen.

In den Niederlanden waren 1995 bei einer Bevölkerung von 15,5 Millionen insgesamt 728 400 Ausländer (5 %) gemeldet; im Ausland geboren war jedoch rund die doppelte Zahl, 1,4 Millionen, von denen 57 % die niederländische Staatsangehörigkeit besaßen. Die stärksten Gruppen unter den ausländischen Staatsbürgern stellten Türken, Surinamesen, Indonesier, Marokkaner und Deutsche. Über 40 % der gesamten Einwandererbevölkerung (aber nur 11,5 % der Niederländer) wohnten in den vier größten Städten Amsterdam (20 % der Surinamesen), Rotterdam, Den Haag und Utrecht.

In Großbritannien hatten 1951 erst 74 000 Menschen aus dem New Commonwealth gelebt. Im Zensus von 1991, der erstmals auch nach der ethnischen Herkunft fragte, wurden rund 3 Millionen (5,5 %) Zugehörige »ethnischer Minderheiten« erfasst. 47 % von ihnen waren bereits in Großbritannien geboren. Mehr als die Hälfte stammte aus Asien, etwa ein Fünftel aus der Karibik. Die meisten wohnten in den Großräumen London und Manchester, in den West Midlands mit Birmingham als Zentrum und in West Yorkshire mit dem Zentrum Bradford (»Little Pakistan«).

Zehn Millionen Franzosen haben zumindest teilweise ausländische Eltern oder Großeltern. Nord- und Schwarzafrikaner sind seit Jahrzehnten die stärkste Einwanderergruppe. Sie stellen 63 % der ausländischen Schüler und 8 % der schulpflichtigen Kinder insgesamt, Tendenz steigend. Der größte Teil der Einwanderer wohnt im Großraum Paris (Ile de France mit 38,3 %), in Rhône-Alpes mit dem Zentrum

Lyon (12 %) und in der Region Provence-Alpes-Côte d'Azur zwischen Marseille und Nizza (8,4 %).

In Schweden wuchs die Bevölkerung ausländischer Herkunft 1950–95 von annähernd 200 000 auf knapp 1 Million (936 000) und stieg zügig über die Millionengrenze hinaus. Das führte zu erheblichen Veränderungen in der Zusammensetzung der Wohnbevölkerung, innerhalb derer schon 1995 mehr als 10 % im Ausland geboren waren – von südeuropäischen Staaten, Ex-Jugoslawien, der Türkei und Marokko abgesehen, vor allem in Chile, Äthiopien, Iran, Irak, Libanon und Somalia.

In der Schweiz stellten 1990 die 1,1 Millionen Ausländer schon 16 % der Gesamtbevölkerung. Dabei war der Anteil derer, die aus den Nachbarländern Deutschland, Österreich und Italien stammten, 1960–93 von 87 % auf 40 % gesunken. Die meisten Ausländer lebten in den Kantonen Genf, Tessin und Basel-Stadt.

In Österreich, dessen Bevölkerung vom Ende des Zweiten Weltkriegs bis 1995 von rund 6,5 Millionen auf gut 8 Millionen anwuchs, wanderten in diesem Zeitraum 3,8 Millionen Menschen zu. Rund 1,2 Millionen davon blieben. Die meisten kamen aus den Territorien der früheren Donaumonarchie, insbesondere aus Ex-Jugoslawien.

Von den 7,7 Millionen Ausländern, die 1995 in Deutschland lebten und zu 20 % bereits im Land geboren waren, stammten die drei stärksten Gruppen aus der Türkei (28,1 %), aus Ex-Jugoslawien (18,3 %) und Italien (8,2 %). In absoluten Zahlen dominierten die Ausländerbevölkerungen von Berlin, Hamburg, München, Frankfurt a.M., Köln und Stuttgart, in relativen Zahlen von jeweils mehr als 20 % diejenigen von Offenbach, Frankfurt a.M., München und Stuttgart.

Zugleich hat die Ost-West-Wanderung, insbesondere diejenige der »Aussiedler« bzw. »Spätaussiedler« genannten Einwanderer deutscher Herkunft, seit dem Ende der Teilung Europas die Struktur der Einwandererbevölkerung in Deutschland deutlich verschoben: Die Aussiedler rückten neben den aus der ehemaligen »Gastarbeiterbevölkerung« hervorgegangenen Einwanderergruppen auf: Seit dem Ende der organisierten Vertreibungen nach dem Zweiten Weltkrieg sind insgesamt 3,6 Millionen von ihnen zugewandert, fast ausschließlich in Westdeutschland.

Konstruktion des Fremden: Bilder und Politik

Die Migrationspolitik der europäischen Einwanderungsländer war im späten 20. Jahrhundert geprägt durch eine unterschiedliche Gewichtung von Liberalisierung und Restriktion. Seit den 1980er Jahren verstärkten sich Restriktion und Abwehr. Das Thema »Einwanderung« wurde vielfach in parteipolitischen Auseinandersetzungen und von außerparlamentarischen Protestbewegungen dramatisiert und skandalisiert.

Auslösend dafür war oft politische Ratlosigkeit gegenüber den unerwarteten sozialen Folgen von Migrationsprozessen. Hinzu kam die politische Inszenierung bestimmter »Entdeckungen« durch politische Parteien, ethnonationale und rassistische Strömungen:

Das galt in Deutschland z.B. seit 1979/80 für die Entdeckung des Wandels von der Arbeitsmigration auf Zeit zur definitiven Einwanderung, trotz des von defensiver Erkenntnisverweigerung geprägten offiziellen Dementis »Die Bundesrepublik ist kein Einwanderungsland«. In Großbritannien ging es seit 1979 um die Entdeckung der ethnischen Minderheiten, die aus kolonialen und postkolonialen Zuwanderungen entstanden waren: In Frankreich ging es seit 1984 um die Entdeckung beider Entwicklungen und um die damit verbundenen Konflikte.

Im Zentrum der Auseinandersetzungen standen dabei die durch Kettenwanderungen entstandenen Konzentrationen von Zuwanderergruppen in ethnischen oder regionalen Herkunftsgemeinschaften oder in gemischten Zuwanderervierteln, zumeist in städtischen Ballungsräumen. Die Europäer schienen vergessen zu haben, dass sie sich zur Zeit des europäischen Massenexodus in Übersee zum Teil selbst auf Zeit in solche Siedlungskolonien geflüchtet hatten (»Little Germany«, »Little Italy« u.a.).

Die Siedlungskolonien hatten eine Doppelfunktion im Einwanderungsprozess: Sie waren Selbsthilfegemeinschaften, Schutzräume gegen den aggressiven Assimilationsdruck der umschließenden Aufnahmegesellschaft und zugleich Kulturschleusen in einem steten Wandel. Er war bestimmt durch das fortwährende Einströmen neuer Kettenwanderungen und die stete Abgabe von früher Zugewanderten in einem generationenübergreifenden Kultur- und Sozialprozess, in dem die Siedlungskolonien schließlich selbst verschwanden.

All das war vergessene Geschichte. Missverständliche bzw. halbverstandene Bannworte wie »Ghetto« und »Parallelgesellschaft« machten die Runde. Die Herausbildung polyethnischer Strukturen setzte bei vielen Einheimischen, forciert durch politische und publizistische Agitation, Prozesse der negativen Integration, des defensiven Zusammenrückens auf Kosten von »Fremden«, in Gang.

Politisierung und Emotionalisierung der Migrationsdiskussion wurden forciert durch die in den 1980er Jahren stark wachsende Zuwanderung von Flüchtlingen und Asylsuchenden aus der »Dritten Welt«. Gemeinsam waren den politischen und publizistischen Debatten über Einwanderungsfragen in Europa vor allem vier Veränderungen:

1. In den 1980er Jahren festigte sich allgemein der Gedanke, Zuwanderungsbeschränkungen seien die Voraussetzung für die Integration der Zugewanderten und für deren Akzeptanz durch die Aufnahmegesellschaft.

2. Gegenüber den Zuwanderergruppen selbst gab es einen Wandel von innereuropäischen zu außereuropäischen Fremdheitszuschreibungen – von Italienern über Türken zu Asylsuchenden aus der »Dritten Welt«.

3. Weit auseinander traten bei der Behandlung des Themas Migration mitunter populistischer Alarmismus, politisch-publizistische Dramatisierung und Skandalisierung und die pragmatische Verwaltung von Zuwanderungs- und Eingliederungsprozessen: Im Vordergrund der Debatte stand der Streit um Abwehrmaßnahmen gegen vermeintlich drohende Massenzuwanderungen und um eine »Festung Europa« mit Grenzbollwerken gegen Migration als Gefahr. Dennoch blieben diese Grenzen für eine insgesamt relativ große Zahl von Zuwanderern durchlässig. Das galt für privilegierte Minderheiten, für den Familiennachzug, in begrenztem Umfang auch noch für Flüchtlinge und Asylsuchende; ganz abgesehen von nicht als sicherheitsrelevant geltenden Zuwanderungen wie z.B. Eliten- und Wohlstandswanderungen oder Bildungs- bzw.- Ausbildungswanderungen.

4. Auch ganz generell gab es in den politischen und publizistischen Diskursen auffällige Differenzen zwischen der Realität und den ihre Wahrnehmung bestimmenden Beschreibungen: So waren die aus kolonialen und postkolonialen Zuwanderungen, aber auch aus europäischen Arbeitswanderungen hervorgegangenen Einwandererbevölkerungen auch in den 1990er Jahren noch bei weitem am stärksten und nahmen zumeist durch natürliches Wachstum in den Aufnahmeländern sowie durch transnationalen Familiennachzug noch weiter zu. Dennoch dominierten in den Migrationsdebatten vieler Aufnahmeländer die in ihrem Gesamtumfang noch weitaus kleineren Zuwanderungen von Flüchtlingen und Asylsuchenden als vermeintliche Vorboten »neuer Völkerwanderungen« aus der »Dritten Welt«.

Einwanderungsangst und Sicherheitspolitik
Die Angst vor Massenwanderungen aus Osteuropa war in der geteilten Welt des Kalten Krieges noch kein Thema. Auf außereuropäische Massenmigrationen aus dem Süden der Welt und besonders auf Asylwanderungen zielende Abwehrhaltungen hingegen hatten sich bereits stark manifestiert, als das Ende des Kalten Krieges mit dem Thema der Ost-West-Wanderungen eine zweite große Angstdimension eröffnete […].

Gemeinsames Ergebnis der vieldiskutierten wanderungsbestimmenden Faktoren in Ausgangsräumen im Süden und Osten der Welt schien ein daraus abgeleiteter, seit Ende der 1980er Jahre scharf zunehmender »Wanderungsdruck« zu sein. Die verschieden ausgeprägten Bedrohungsvisionen im xenophoben »Gespenstertreiben« (P. Opitz) in Sachen Migration verstärkten seit den späten 1980er Jahren in europäischen Aufnahmeländern Abwehrhaltungen und ein Verständnis von Migrationspolitik als Sicherheitspolitik.

Den apokalyptischen Automatismus der gefürchteten »Überflutung« Europas durch »neue Völkerwanderungen« gab es mehr in den Visionen der Europäer als in der Realität des Wanderungsgeschehens: Gewaltige Wanderungsbewegungen fanden zwar statt, aber nicht nach Europa, sondern im Osten und besonders im Süden der Welt. Dort hatten zum Teil gerade die ärmsten Nachbarländer in der Tat »Fluten« von Flüchtlingen aufzunehmen; ganz abgesehen von der großen Zahl der »Binnenflüchtlinge« innerhalb von Landesgrenzen und von den gewaltigen Land-Stadt-Wanderungen.

Unbestreitbar aber war die Tatsache, dass einzelne Länder Europas von der Zunahme der Süd-Nord- oder der Ost-West-Wanderungen unvergleichbar stärker als andere betroffen wurden. Das galt im Blick auf die Süd-Nord-Wanderungen z.B. seit den 1980er Jahren besonders für Italien. Und es galt in Mitteleuropa bei den neuen Ost-West-Wanderungen seit den späten 1980er Jahren in erster Linie für Deutschland, die Schweiz und Österreich. Nach der Öffnung des Eisernen Vorhangs trat Deutschland dabei, ähnlich wie Österreich, wieder in seine migrationsgeographisch bedingte historische Rolle als Transitland und als mitteleuropäische Drehscheibe im transnationalen Wanderungsgeschehen ein.

Umstritten bei den Diskussionen über den »Migrationsdruck« auf Europa ist die Frage, ob und inwieweit das Ausbleiben der gefürchteten Massenzuwanderungen aus dem Osten und Süden auch Ergebnis der aus der Angst vor sich selbst erfüllenden Prophezeiungen geborenen Abgrenzung der »Festung Europa« gegen unerwünschte Zuwanderungen war. Eng verbunden damit ist die Frage, wie eine solche Abgrenzung zu legitimieren ist ohne die Bekämpfung der Ursachen unfreiwilliger Wanderungen in den Ausgangsräumen, insbesondere durch migrationsorientierte Entwicklungspolitik oder entwicklungsorientierte Migrationspolitik. Europa ist der Geschichte, allen Deklamationen zum Trotz, eine klare Antwort darauf bislang schuldig geblieben. Aber auch Nichthandeln wird im Rückblick aus der Zukunft als eine klare historische Antwort der Europäer gelten.

11.1.2 Die »Festung Europa« und die »illegale Migration«,
Vortrag auf der RfM-Tagung »Integration und Illegalität in Deutschland«, Berlin, 27.6.2001.[1]

Die Rede von der »illegalen Migration« erscheint manchen als terminologische Stabilisierung einer Fehleinschätzung: zum einen weil die meisten derer, die illegal, d.h. ohne Aufenthaltstitel, in Europa leben, nicht »illegale Migranten« in dem Sinne sind, dass sie illegal die europäischen Außengrenzen oder nationale Grenzen überschritten hätten; zum anderen, weil Illegalität in diesem Sinne kein kriminelles, sondern ein aufenthaltsrechtliches bzw. arbeitsrechtliches Delikt ist.

---
[1] Erw. Fassg. mit Belegen in: K. J. Bade (Hg.), Integration und Illegalität, IMIS/Osnabrück, August 2001, S. 65–75.

Ich gehe trotzdem von diesem im öffentlichen Diskurs missverständlichen Begriff aus; denn ich ziehe es vor, Inhalte von Beschreibungsformen zu differenzieren bzw. zu korrigieren, statt in einem Missverständnis der Intentionen »politischer Korrektheit« mit kalligraphischem Eskapismus in terminologische Ersatzlösungen zu flüchten – die gerade die Abwehrhaltungen ausblenden, die aus den euphemistisch umgangenen Beschreibungsformen sprechen.

1 Entwicklungslinien

Der Titelbegriff »Illegalität« umschreibt ein nicht nur europaweit, sondern im Globalisierungsprozess weltweit wachsendes Phänomen und Problem. Dennoch ist der Begriff in Deutschland noch mehr als denunziatives und kriminalisierendes Hieb- und Stichwort denn als politisches Aufgabenfeld bekannt.

Stigmatisierende Beschreibungen im Umgang mit Migration sind oft Ausdruck von Bedrohungsvorstellungen und Feindbildern, von Angstvisionen und Abwehrhaltungen, die so alt sind wie die Geschichte der Wanderungen selbst. Hinter der Angst vor dem Fremden stand und steht die Angst um das Eigene – um Arbeitsplatz und soziale Lage, aber auch um jene kulturelle Identität, bei der es meist um kulturalistisch bzw. nativistisch umschriebene Abwehrhaltungen geht. Ökonomische, soziale und kulturelle Ängste aber sind immer ernst zu nehmen, weil sie verhaltensbestimmende Beschreibungsformen gesellschaftlicher Realitäten sind.

In Europa war im letzten Drittel des 20. Jahrhunderts ein doppelter Wandel in den Abwehrhaltungen gegenüber dem Phänomen und Problem Migration zu beobachten:

Es gab einerseits, besonders in Staaten ohne koloniale Vergangenheit, einen von innen nach außen rückenden Wandel von kulturalistischen Fremdheitszuschreibungen, z.B. in Deutschland von Italienern über Türken zu Schwarzafrikanern – und damit zugleich von Menschen, nach denen Europa als Helfern suchte, zu solchen, die in Europa Hilfe suchten, d.h. von der Anwerbung von »Gastarbeitern« zur Zuwanderung von Asylsuchenden und anderen Flüchtlingen.

Es gab andererseits einen Wandel in den Bedrohungsvisionen, besonders von einer zunächst als migratorische Masseninvasion vorgestellten »neuen Völkerwanderung« in den 1980er und 1990er Jahren zum kriminalisierten Schreckbild einer über wuchernde mafiotische Strukturen einsickernden »illegalen Einwanderung« zahlloser einzelner Migranten nach Europa.

Auch die Migrationspolitik zielte nicht auf das, was Historiker der Zukunft aus der Distanz von Jahrzehnten einmal als die migratorische »Realität« des späten 20. und frühen 21. Jahrhunderts beschreiben werden. Auch sie antwortete vielmehr, wie anders, ganz wesentlich auf in öffentlichen und politischen Migrationsdiskursen umlaufende, durch populistische Rhetorik bzw. Publizistik stabilisierte Beschreibungen und bzw. auf die aus solchen sozialen Konstruktionen abgeleiteten migratorischen Visionen. Sie zeigten ein Europa unter wachsendem Wanderungsdruck, seit der Öffnung des Eisernen Vorhangs nicht mehr nur aus dem Süden, sondern nun auch aus dem Osten.

Mit der fortschreitenden Entgrenzung Europas nach innen wuchs seine Abgrenzung gegen unerwünschte Zuwanderungen von außen. Der Weg zum gemeinsamen Asyl- und Einwanderungsrecht der EU ist zwar auch heute noch weit. Aber schon in den 90er Jahren bestimmten vielfältige Reglementierungen, Beschränkungen und Verbote die Muster der legalen Zuwanderung aus Drittstaaten nach Europa.

Innerhalb dieser legalen Muster dominieren heute vier Formen der erwünschten oder doch tolerierten Zuwanderung: 1. Familiennachzug; 2. traditionell privilegierte Migrationsbeziehungen (z.B. postkoloniale Migration, Minderheitenwanderungen); 3. Arbeitswanderungen; 4. die Zuwanderung von Asylsuchenden und anderen Flüchtlingen.

In der »Festung Europa« gibt es mithin durchaus Zugänge für eine große Zahl von erwünschten oder doch tolerierten Migranten. Es gibt aber zugleich auch den Ausschluss einer unvergleichbar größeren Zahl von unerwünschten Migranten. Als Kehrseite der Abschottung Europas gegen unerwünschte Zuwanderungen haben sich im Grenzfeld zwischen Legalität, Illegalität und Kriminalität neue Zuwanderungs- und Aufenthaltsformen etabliert.

Die wichtigste Erscheinungsform beginnt mit der legalen Einreise, z.B. als Tourist, als Saisonbeschäftigter, als Geschäftsreisender, Asylsuchender oder Flüchtling. Die Illegalisierung beginnt mit der Arbeitnahme ohne Arbeitserlaubnis und mit dem Überschreiten der Aufenthaltsfrist (»overstayers« im anglophonen, »sans papiers« im frankophonen Bereich). Oder sie beginnt mit dem »Abtauchen« nach dem Eintreffen der Ablehnung des Asylgesuchs, der Ausreiseaufforderung oder der Ankündigung von aufenthaltsbeendenden Maßnahmen, vulgo »Abschiebung« genannt. Darüber hinaus gibt es eine große Vielfalt von »mobilen Migrationsmustern«.

Weniger bedeutend, aber aufsehenerregender und nicht selten überschätzt ist die illegale heimliche Zuwanderung oder der Grenzübertritt mit gefälschten Papieren, gefolgt von illegalem Inlandsaufenthalt und illegaler Arbeitnahme, unangemeldet oder registriert aufgrund gefälschter Papiere. In diesem Bereich operieren auch die zumeist international organisierten, oft über mafiotische Netze verbundenen Schlepperorganisationen, die die Hauptprofiteure der Abgrenzung Europas gegen unerwünschte Zuwanderungen sind. Hier gibt es auch fließende Grenzen zum illegalen Kontrakthandel, zu modernen Formen der Schuldknechtschaft und zum Menschenhandel als international organisiertem Kapitalverbrechen, z.B. in Gestalt des Frauenhandels.

Viel wird in der Öffentlichkeit diskutiert über diese »illegale Einwanderung« über europäische

Grenzen: Auch nur annähernd zuverlässige Zahlen gibt es nicht, weil die Statistik nicht den Erfolg, sondern nur den Misserfolg, d.h. die Aufgriffe im Grenzraum zählt. Schätzungen gehen meist von der aus der amerikanischen Praxis stammenden Annahme aus, dass auf einen Aufgriff zwei weitere nicht entdeckte, d.h. erfolgreiche Grenzüberschreitungen kommen (»one is caught, two pass«), wobei umständehalber nicht zureichend geprüft werden kann, inwieweit solche Modelle auf Europa übertragbar sind.

Nach dieser Schätzungsgrundlage wäre z.B. bei 1999 insgesamt ca. 260 000 Aufgriffen an den europäischen Außengrenzen davon auszugehen, dass sich, trotz ständig wachsender Grenzsicherungen, die Zahl der erfolgreichen illegalen Grenzübertritte bzw. Schleusungen von 1993 (ca. 50 000) bis 1999 (ca. 520 000) mehr als verzehnfacht hätte; anders gerechnet bzw. geschätzt hätte es 1999 ca. 780 000 Versuche des illegalen Grenzübertritts an den europäischen Außengrenzen gegeben, von denen nur ca. 260 000 scheiterten. Dabei sind indes einschlägige Mehrfachdelikte einzubeziehen, zumal Migranten mit zureichender finanzieller Ausstattung bzw. »Schleusungsgarantie« so oft und über die Grenze gebracht werden, bis die Schleusung erfolgreich ist.

In Deutschland selbst wurden 1999 knapp 38 000 Personen beim Versuch, über die »grüne« Grenze einzureisen, abgewiesen. Ginge man von der gleichen Schätzungsgrundlage aus, dann wären in diesem Jahr ca. 76 000 Personen illegal eingereist. Bezöge man auch die an den regulären Grenzen abgewiesenen rund 35 000 Ausländer ein, dann läge die Zahl der nicht erfassten, d.h. erfolgreichen illegalen Grenzübertritte 1999 sogar bei schätzungsweise 146 000, wobei allerdings, vom erwähnten Problem der Mehrfachzählungen abgesehen, zu berücksichtigen bleibt, dass Deutschland in der illegalen Migration nicht nur Zielland, sondern auch Transitland (z.B. für die Niederlande) ist.

Schätzungen der Zahl illegaler Inlandsaufenthalte in Deutschland schwankten Ende der 1990er Jahre zumeist um die Marke von 500 000, reichten in Einzelfällen aber auch herab bis zu 100 000 (sicher zu niedrig) und auch herauf bis über 1 Million (möglicherweise zu hoch); allein für Berlin waren begründete Schätzungen von 50 000–100 000 im Gespräch. Konkret heißt das in aller Bescheidenheit: Man argwöhnt viel und weiß wenig.

Hilfestellungen für illegale Inlandsaufenthalte bieten vor allem die durch Migration selbst entstandenen Netzwerke, in der Regel gegliedert nach Familien- oder Herkunftsgemeinschaften. Ohne ihre Hilfe ist ein längeres Überleben in der Illegalität kaum möglich.

Irreguläre oder illegale Arbeitswanderungen führen in die Schattenwirtschaft der stark expandierenden Schattenwirtschaft des »informellen Sektors«. Er hat Schwerpunkte im Bau- und Baunebengewerbe, in den Reinigungs- und Pflegediensten, in ortsfesten saisonabhängigen Beschäftigungsbereichen und bei anderen Ersatz- und Zusatzbeschäftigungen der verschiedensten Art.

Am »informellen Sektor« partizipieren freilich einheimische Schwarzarbeiter in noch deutlich höherem Maße als im aufenthaltsrechtlichen Sinne illegale Ausländer. Dabei schließt der Begriff der »Einheimischen« indes auch viele Zuwanderer ein – von den Aussiedlern bis zu den einheimischen, aber nicht eingebürgerten Ausländern mit gesichertem Aufenthaltsstatus aus der seit den 1950er/60er Jahren zum Teil schon drei Generationen umfassenden Ausländerbevölkerung, zumal es gerade in Zuwandererenklaven oft fließende Grenzen zwischen Nachbarschaftshilfe und Schwarzarbeit gibt.

2 Herausforderungen

Blicken wir zuerst auf das – nicht zu unterschätzende, aber doch vielfach überschätzte – Problem der illegalen Zuwanderung und dann auf die Illegalität als aufenthaltsrechtliches bzw. arbeitsrechtliches Problem. Im ersten Fall geht es um Sicherung nach außen, im zweiten vor allem um Gestaltung im Innern, die mehr sein muss als Gefahrenabwehr:

Nötig sind operative Gesamtkonzepte europäischer und nationaler Migrationspolitik. Dabei sind Einwanderungsgesetzgebung und Einwanderungspolitik als möglichst transparenter Rahmen für geregelte Einwanderung auf Dauer oder Arbeitswanderung auf Zeit auch ein indirekter Betrag zum Kampf gegen Schleuserkriminalität; denn reguläre Migranten brauchen keine Schleuser.

Nötig ist trotzdem auch weiterhin ein unausgesetzter direkter Kampf gegen Menschenschleusung und Menschenhandel, deren international vernetzte Organisationen deutlich zugenommen haben. Das reicht von Grenzschutz und Polizei über internationale Abstimmungen unter Einbeziehung der Ausgangsräume und Transitländer bis hin zu einem stärker koordinierten Einsatz der schon im Feld operierenden Nachrichtendienste

Etatismus und Legalismus stehen dabei in Spannung zur Einsicht in die Grenzen der Gestaltbarkeit: Es sollte keine Illusionen darüber geben, dass etwa durch Migrationsgesetzgebung und die Bekämpfung von Schleuserorganisationen die illegale Migration regelrecht abzuschaffen sei. Illegale Einwanderung wird es, das ist eine historische Erfahrung aller Einwanderungsländer, immer geben. Und die Versuchung dazu wächst mit der Höhe des Zauns um das gelobte Land. Aber Einwanderungsgesetze verhindern immerhin, dass an legaler Zuwanderung Interessierte, die nicht zu den bevorzugten Gruppen zählen, in die Illegalität gedrängt werden.

Solange es freilich statt eines europäischen Migrationskonzepts nur eine negative Koalition der Abwehr gegen unerwünschte Zuwanderungen gibt, solange wirkt Europa selbst mit an der Illegalisierung der Zuwanderung von außen und am Feindbild der »illegalen Einwanderung« im Innern. Das Gegenteil ist nötig: Wir brauchen einen Abbau der Feindbilder von den »illegalen Einwanderern«, bei denen ohnehin meist Täter und Opfer verwechselt werden, und eine Entkriminalisierung des Phänomens und Problems der Illegalität als aufenthalts- und arbeitsrechtlichem Problem.

Wir brauchen dazu politische Entscheidungen, legislative und administrative Maßnahmen, die aufenthalts- und arbeitsrechtliche Illegalität soweit wie möglich vermindern, die sicherstellen, dass in Deutschland die Arbeitskraft von Migranten ohne Aufenthaltstitel nicht ausgebeutet wird und die gewährleisten, dass die Inanspruchnahme von – auch in der Illegalität vorhandenen Rechten – nicht aus Furcht vor Entdeckung und Abschiebung unterbleibt.

Das gilt besonders für die Durchsetzung von Ansprüchen auf Lohn für tatsächliche geleistete Arbeit, für Ansprüche auf Leistungen des öffentlichen Gesundheitswesens und für Ansprüche auf ungehinderten Schulbesuch für die Kinder. Und es gilt für die Schaffung von Rechtssicherheit, damit Menschen nicht kriminalisiert werden, die in Erfüllung ihrer beruflichen Aufgaben Migranten ohne Aufenthaltstitel in Notlagen helfen, wie z.B. Ärzte, Lehrer, Sozialarbeiter oder Seelsorger.

Wir brauchen ferner eine offene Diskussion über die lange tabuisierten Zusammenhänge der Entwicklung von regulärem Arbeitsmarkt und »informellem Sektor«, von Sozialleistungen für Einheimische im Wohlfahrtsstaat, einheimischer Schwarzarbeit und illegaler Ausländerbeschäftigung. Deshalb muss in diesem Zusammenhang ausdrücklich auch von einheimischen Schwarzarbeitern die Rede sein – die man im Blick auf ihr arbeitsrechtliches Delikt ebenso gut »einheimische Illegale« nennen könnte:

Wenn wir bei den Konzepten für Zuwanderungspolitik nur über fachwissenschaftlich höchstqualifizierte Experten und hochqualifizierte Facharbeiter nachdenken und den Bereich der in starkem Maße auch von illegal beschäftigten Ausländern beiderlei Geschlechts übernommenen Niedriglohnarbeiten tabuisieren, dann beschleunigt das u.U. noch das weitere Wachstums der Schattenwirtschaft«, in der einheimische Schwarzarbeiter im Lohndumping durch illegal beschäftigte, ausgebeutete oder sich als Scheinselbständige selbst ausbeutende Ausländer noch unterboten werden.

Einheimische Schwarzarbeiter und illegal beschäftigte Ausländer unterscheiden sich in ihren Soziallagen mehrfach, wobei der Vergleich immer zu Ungunsten der Ausländer ausgeht: Illegal beschäftigte Ausländer sind nicht nur nicht versichert, sondern auch ohne jeden Sozialschutz, mitunter häufig hilflos vom Arbeitgeber abhängig und auf die verschiedenste Weise erpressbar. Mehr noch, sie verdienen auch nur einmal, nämlich für tatsächlich geleistete Arbeit. Einheimische Schwarzarbeiter hingegen sind mitunter eine durch das Sozialsystem geschützte besondere Spezies von »illegalen Doppelverdienern« – dort nämlich, wo unter Hinterziehung von Steuerabgaben und Sozialversicherungsbeiträgen »schwarz« rein netto verdient und zugleich Arbeitslosengeld oder Sozialhilfe bezogen wird, was, begründeten Schätzungen zufolge, nicht eben die Ausnahme ist.

Arbeitslosengeld oder Sozialhilfe mit Zusatzleistungen plus Schwarzarbeit aber ergeben gerade bei beruflich Unqualifizierten bzw. Un- oder Angelernten in der Arbeitslosigkeit zuweilen ebenso viel oder sogar mehr als ein zu versteuerndes und sozialversicherungspflichtiges Brutto-Einkommen für reguläre Arbeit, neben der zudem Schwarzarbeit in größerem Umfange schon aus Zeitgründen kaum mehr möglich ist.

Die Folgen sind – nicht nur in Deutschland, sondern z.B. auch in den Niederlanden – bekannt: Man sei, so kann man hören, schon aus familiären Rücksichten geradezu gezwungen, in der Kombination von Arbeitslosigkeit, Sozialleistungsbezügen und Schwarzarbeit zu bleiben und deshalb genötigt, vom Arbeitsamt angebotene Tätigkeiten mit Hilfe der notorischen und schwer nachweisbaren Ausweichstrategien zu umgehen. Insoweit wird der »informelle Sektor« indirekt durch ein bereichsweise hochtourig leerlaufendes System von Sozialleistungen stabilisiert.

Wir müssen hier aus schmerzlichen Einsichten Folgerungen ziehen: Jenseits des Bereichs der aus Alters- oder Gesundheitsgründen tatsächlich nicht mehr Arbeitsfähigen brauchen wir ein nachhaltiges Ausschöpfen von Arbeitsmarktreserven im Bereich der Arbeitslosigkeit und von aus den verschiedensten Ursachen eingetretenen Fehlallokationen am Arbeitsmarkt. Warum sollte z.B. ein zum Taxi-Fahrer abgestiegener Facharbeiter oder gar Diplomingenieur – in jeder größeren Stadt gibt es dafür hinreichend Beispiele – nicht durch entsprechende Nach- bzw. Umschulung zum Abbau des vielbeklagten Fachkräftemangels beitragen können?

Nötig dazu sind gezielte, evaluierte bzw. kontrollierte Umschulungs- und Fortbildungsmaßnahmen, verbunden mit positiven Anreizen, wie z.B. fördernden Ausgleichszahlungen, im Falle von Arbeitslosigkeit auf Grund unzureichender oder nicht mehr zureichender Qualifikation aber auch mit spürbaren Sanktionen bei mehrfacher Nichtakzeptanz entsprechender Qualifikationsangebote. Qualifikation und Vermittlung gehören dabei zusammen. Umschulungsinstitutionen, die nicht nachweislich vermittlungstauglich qualifizieren, sollten nicht länger mit staatlichen Subventionen rechnen dürfen.

Aktive Beschäftigungspolitik muss es Arbeitgebern erleichtern, auch umgeschulte Langzeitarbeitslose einzustellen. Hilfreich sind dazu möglicherweise z.B. jene Lohnzuschüsse auf Zeit, die einmal »Kombi-Lohn« genannt und dann nach einiger öffentlicher Empörung bis auf weiteres in Versuchsprojekten versteckt wurden.

Arbeitsfähigen und Arbeitswilligen, die ohne Vorsatz durch das Schleppnetz der Qualifizierungsmaßnahmen rutschen, mithin unzureichend qualifiziert bleiben und deshalb nur für jene Niedriglohnbereiche an oder unterhalb der unterhalb der Schwelle von Arbeitslosengeld bzw. Sozialhilfe taugen, sollte die Übernahme solcher Tätigkeiten durch geeignete Maßnahmen erleichtert werden.

Ein Weg wären finanzielle Ausgleichszahlungen über die Höhe von Arbeitslosengeld bzw. Sozialhilfe hinaus, was wenigstens die soziale Wiedereingliederung über Arbeit sichern würde. Das wäre eine »warme« wohlfahrtsstaatliche Lösung. Eine »kalte« marktwirtschaftliche Lösung wäre die Aufhebung von Beschränkungen, z.B. von Steuervergünstigungen bei »Mehrfachjobs« im Niedriglohnbereich, was indes, wie das amerikanische Beispiel zeigt, viele Schattenseiten hat. Eine dem wohlfahrtsstaatlichen Selbstverständnis der Republik entsprechende Lösung wird in der Mitte zu suchen sein.

Wer solche oder andere Reformen im Innern nicht will und zugleich die selbstverschuldete Ersatzlösung einer weiteren Expansion der Schattenwirtschaft einschließlich der illegalen Ausländerbeschäftigung stigmatisiert oder gar kriminalisiert, der lebt in einer Dunkelkammer zwischen Wohlfahrtstraum und Marktdiktat.

Einheimische Schwarzarbeit und illegale Ausländerbeschäftigung aber sind durchaus nicht vorwiegend oder gar nur Sache von unzureichend qualifizierten An- und Ungelernten. Auf dem »schwarzen« bzw. illegalen Arbeitsmarkt ist vielmehr ein hohes Maß an Qualifikation abrufbar, vom kleingewerblichen bzw. handwerklichen bis hin zum Dienstleistungsbereich.

Gegenüber der Kombination von Schwarzarbeit und Missbrauch des Sozialsystems bei einheimischen Arbeitslosen könnten die genannten und andere Hilfsmaßnahmen Wege bzw. Rückwege in reguläre Beschäftigung und damit zur wirtschaftlichen und sozialen Wiedereingliederung über Arbeit eröffnen.

Im Bereich der vielgeschmähten und doch in wichtigen Arbeitsmarktsegmenten alltäglichen illegalen Ausländerbeschäftigung hilft das nicht weiter, weil hier erst einmal Wege zu regulärer Beschäftigung geöffnet werden müssten. Geeignet wären dafür Maßnahmen zur Legalisierung illegaler Arbeitsaufenthalte, wie man sie in Frankreich oder Italien als »Regularisation« kennt. Sie sollten m.E. aber in aller Regel nur auf Zeit und in Abhängigkeit von Arbeitsverträgen wirken; denn eine indirekte Prämierung von Illegalität durch die generelle Akzeptanz illegaler Wege zu unbefristeten Aufenthalts- und Arbeitsgenehmigungen würde, jedenfalls hierzulande, Einwanderungsgesetzgebung und Einwanderungspolitik ad absurdum führen und deren Akzeptanz bei der einheimischen Bevölkerung nur umso mehr erschweren.

Auch eine befristete Legalisierung illegaler Beschäftigungsverhältnisse setzt flexible Bestimmungen und entsprechende Handlungsspielräume voraus; denn ohne sie würden viele Arbeitgeber bei einer Legalisierung nicht mitgehen, sofern es bei den illegalen Beschäftigungsverhältnissen nicht nur um aufenthaltsrechtliche Probleme geht.

Viele illegal beschäftigte Ausländer sind in Deutschland – im Gegensatz zu England, Frankreich oder den USA – nicht illegale Einwanderer mit dauerhafter Bleibeabsicht, sondern temporäre Arbeitswanderer beiderlei Geschlechts, die mit dem Ziel ins Land kommen, in möglichst kurzer Zeit und unter Vernachlässigung der Arbeitsbedingungen Ersparnisse für bestimmte Zwecke im Herkunftsland zu erwirtschaften.

Wenn aber ausländische Arbeitswanderer hierzulande auf Zeit Arbeitsplätze übernehmen wollen, die ohnehin besetzt werden müssen, aber mit einheimischen oder anderen EU-europäischen Kräften nicht besetzt werden können, weil man sich den oben genannten Herausforderungen bzw. Zugeständnissen nicht stellen will, dann ist es scheinheilig, nach dem Motto zu handeln, dass nicht sein kann, was nicht sein darf. Nichts Anderes nämlich bedeutet es, die Illegalen betrieblich oder privat de facto auszubeuten, sie aber appellativ zu stigmatisieren und zu kriminalisieren, statt anzuerkennen, dass sie eine Systemlücke füllen, die anderweitig nur durch Systemveränderung verkleinert werden kann. Ganz zu schließen ist sie ohnehin nie.

Aber Illegalität ist in ihren Ursachen nicht etwa nur ein wirtschaftliches oder arbeitsmarktpolitisches, sondern auch ein humanitäres Problem, weil die Abschottung Europas im Wanderungsgeschehen auch viele schutzbedürftige Flüchtlinge trifft. Nötig sind deshalb transparente, trennscharfe und doch zugleich pragmatisch-flexible Gesamtkonzepte für Asyl- und Flüchtlingspolitik auf europäischer und nationaler Ebene.

Nötig ist in den Ausgangsräumen zugleich eine Bekämpfung der Ursachen unfreiwilliger Wanderungen, soweit sie denn überhaupt bekämpfbar sind, durch entwicklungsorientierte Migrationspolitik oder migrationsorientierte Entwicklungspolitik. Dabei geht es nicht nur um den gezielten und vor allem kontrollierten Einsatz von Geld. Es geht nötigenfalls auch um rechtzeitige – besser als bisher koordinierte – friedensichernde Interventionen unter dem Dach der Vereinten Nationen oder anderer multinationaler Organisationen. Das zeigt ein Blick nach Mazedonien, wo im Juni 2001 nicht auszuschließen war, dass Skopje ein zweites Sarajewo würde.

Fazit: Illegalität ist ein alltäglicher, nicht länger politisch zu tabuisierender und vor allem nicht a priori zu kriminalisierender Problembereich der Migration, zumal es bei den »Illegalen« in aller Regel nicht um kriminelle, sondern um aufenthaltsrechtliche und arbeitsrechtliche Delikte geht.

Nicht nur gegenüber der zur umfassenden Regelung anstehenden regulären Einwanderung, auch gegenüber ihrer illegalen bzw. irregulären Kehrseite sind Gestaltungskonzepte notwendig, die nicht nur aus Verboten und Strafen bestehen, sondern auch pragmatische Lösungen einschließen sollten. Dabei sollte man das Gesamtproblem der Illegalität, aus dem hier nur einige Segmente ausgeleuchtet werden konnten, pragmatisch differenzieren und auf dieser – dann kleinteiligeren und weniger monströs wirkenden – Grundlage nach geeigneten Lösungsansätzen suchen.

Das gilt, um einige Beispiele zu nennen, etwa für die Zerlegung des Problemfeldes in Fluchtmigration (Überprüfung/Reform der Aufnahmebedingungen), sozial motivierte Migration wie z.B. illegale Familienzusammenführung (Einbeziehung sozialer Kontakte in die Zuwanderungsregelungen), Arbeitsmigration (Einbeziehung der Grundproblematik des informellen Arbeitsmarktes in die Lösungskonzepte), schlepperinduzierte Migration/Menschenhandel (Grenzsicherung, Täterverfolgung, Opferschutz) u.a.m.

Wird das Thema »Illegalität« trotz aller Appelle – wie z.B. der Bischofskonferenz, des Jesuit Refugee Service, des Rates für Migration, aber auch einiger Hinweise im Bericht der Unabhängigen Kommission Zuwanderung – politisch nicht rechtzeitig verantwortungsvoll und pragmatisch aufgegriffen, dann könnte es im Parteienkonflikt zu einem denunziativen Nebenkriegsschauplatz zu Lasten hilfloser Dritter werden.

Insgesamt gilt auch hier, was gegenüber den nun endlich anstehenden umfassenden Regelsystemen für Einwanderungsgesetzgebung und Einwanderungspolitik gilt: Nötig sind nicht nur Gestaltungsbereitschaft, klare Konzepte und politische Werbung um deren Akzeptanz. Nötig ist auch die Werbung um eine pragmatische Einsicht in die Grenzen der Gestaltbarkeit – damit nicht am Ende überzogene Hoffnungen in Frustrationen und Aggressionen umschlagen, die für die demagogischen großen Vereinfacher willkommene Morgengaben sind.

11.1.3 Und sie bewegt sich stets, Interview (Martin Beglinger),
in: Das Magazin (Wochenbeilage von Tages-Anzeiger, Basler Zeitung, Berner Zeitung und Solothurner Tageblatt), 13/2008, Zürich, 29.3.2008, S. 24–29[2] (Auszug).

So viele Ausländer! So schlimm war es noch nie! Das meinen heute viele – aber sie irren. Denn das meinten die Menschen schon immer. Der Migrationshistoriker Klaus J. Bade klärt auf.

Warum es lohnt, sich mit dieser Geschichte zu beschäftigen? Weil wir nicht wissen, wer wir sind, wenn wir nicht wissen, woher wir kommen, sagt Bade. Nicht nur Menschen haben »Migrationshintergrund«, auch Länder und Kontinente. Wer dies ignoriere, der sei im Hier und Heute gefangen und glaube, dass es nie schlimmer gewesen sei als gerade jetzt; dass die Vergangenheit eine goldene gewesen sei und die Zukunft noch dunkler als die Gegenwart; dass

[2] http://kjbade.de/wp-content/uploads/2015/10/2008-03-29_und-sie-bewegt-sich-stets_DASMAGAZIN.pdf.

früher wenigstens anständige Leute eingewandert seien, heute aber nur noch schreckliche kämen, von morgen nicht zu reden.»Dieses Zeitgefühl des Immer-Schlechter-Werdens war über Jahrhunderte dominant«, sagt Klaus Bade. Zu rasch vergesse man, dass heute der wohlgelittene Nachbar sei, wen man eine Generation zuvor noch als Zumutung empfunden habe.

Ebenso falsch ist auch die Meinung, erst Auto und Flugzeug hätten die Welt so richtig in Bewegung gebracht. Schon die Menschen im Mittelalter waren, so Bade »hochmobil«. Damals seien gar vergleichsweise mehr Leute unterwegs gewesen als heute, zwar nicht global, aber in ihrer eigenen, kleineren Lebenswelt. »Jedes Zeitalter sprach von Globalisierung, nur in seinen eigenen Begriffen«.

Dass Geschichte »schlau macht für ein andermal« oder Instantlösungen für die kurzatmige Gegenwart bietet, das will der Historiker Bade nicht behaupten. Handkehrum ist der Mann, aus dem die Sätze schießen ohne Punkt und Komma, viel zu temperamentvoll, um keine Schlüsse aus seiner Forschung zu ziehen. Zumindest das besagte Zeitgefühl hofft er ein wenig zu korrigieren. Er weiß, dass er auch damit noch einen langen Weg vor sich hat.

Dabei war die Auswanderung nie das Problem. Für die heimische Gesellschaft war sie immer ein Ventil für Unter- oder Überdruck […]. Schwierig wurde es immer in umgekehrter Richtung […]. Wann funktioniert die Integration der Einwanderer, wann nicht? Der Historiker Michael Stürmer brachte es mit Blick auf die Arbeit von Klaus Bade einmal auf den sehr nüchternen Punkt: »Die Armen waren von jeher als Arbeitskräfte willkommen, als Nachbarn nicht. Das ist zwar moralisch zu missbilligen. Aber so sind die Menschen, andere gibt es nicht.«

Auch Hans Magnus Enzensberger hielt in seinem Essay über »Die große Wanderung« (1993) illusionslos fest: Die Begrüßung hängt vom Kontostand ab: je höher, umso freundlicher. Dem kann der Integrationshistoriker Bade schlecht widersprechen. Er kann höchstens ergänzen, Integration gelingt am ehesten dort, »wo sie am wenigsten auffällt«. Und »wo sich die Einwanderer schnell und geschmeidig den Marktmechanismen angepasst haben und die Mentalität einigermaßen zusammenpasst«. […]

Man kann mit dem Historiker Bade nicht reden, ohne rasch in der Aktualität zu landen. Das ist in seinem Sinn, denn er verstand sich immer auch als (parteiloser) Politikberater. Vor 25 Jahren begann er seine ersten Referate über Integration zu halten, und ungefähr gleich lange regte er sich über die »demonstrative Erkenntnisverweigerung« der Politiker auf. Entweder wurde die Einwanderung schöngeredet oder deren Folgen ignoriert. Seit Beginn der 1980er Jahre fordert Bade eine präventive staatliche Integrationspolitik ohne Schönfärberei, doch niemand hörte hin.

Vielmehr liefen Leute »schreiend aus den Sälen, wenn ich Szenen voraussagte, wie sie heute immer wieder vorkommen, dass nämlich deutsche Urlauber, die an südlichen Gestaden schwimmen, in eine Qualle hinein klatschen und erst hinterher merken, dass es gar keine Qualle war, sondern ein aufgedunsener menschlicher Leib, der zuvor durch eine Schiffsschraube gedreht worden ist. Damals hielten mir die Leute vor, ein solches Gruselszenario könne gar nicht sein. Heute haben sich die Menschen schon so daran gewöhnt, dass sie sagen: ›Ja, wir gehen nach Lampedusa, aber die Leichen treibt es nur unten an die Küste, doch wir sind oben, und dort ist es noch gut.‹« [...]

Und was kommt? Zunächst ein tiefer Seufzer am Telefon. Doch Klaus Bade macht die Hoffnung nicht fahren lassen, »dass die Probleme rund um die Einwanderung als soziale und nicht als ethnische Probleme diskutiert werden.« [...] Es macht den Migrationshistoriker wenig froh, dass er bislang vor allem mit seinen düsteren Prognosen recht behielt. Noch um die Jahrtausendwende hatte er gehofft, die Migration werde sich »rechtlich besser regeln«. Und dass die Bereitschaft des reichen Nordens größer sei, »ein Stück weit zu verarmen, um gemeinsam zu überleben. Denn die Reichen müssen ärmer werden, sonst schaffen wir es nicht.«

Beides hat sich als Illusion erwiesen. Stattdessen ist eingetroffen was der (mittlerweile verstorbene) Zürcher Soziologe Hans-Joachim Hoffmann-Nowotny seinem Kollegen und Freund Bade ausgemalt hatte, nämlich »eine Welt mit entwickelten Zonen und unterentwickelten Polen sowie unterentwickelten Zonen mit entwickelten Polen. In den entwickelten Zonen holen wir Menschen herein, beuten sie aus und wenn sie kaputt sind, schicken wir sie wieder zurück.« »Wenn man sich die illegalen Migranten bei uns anschaut und handkehrum Bangalore in Indien, dann ist diese sehr gruselige Vision schon Realität geworden«, sagt Klaus Bade.

Das Zeitalter der Zäune und Mauern, das 1989 zu Ende schien, hat eben erst begonnen. »Ich fürchte«, sagt Bade, »es wird noch sehr leichig werden.«

11.1.4 Migration und Asyl in der »Europäischen Innenpolitik«,
in: Zeitschrift für Ausländerrecht und Ausländerpolitik (ZAR), 28.2008, H. 11/12, Nov. 2008, S. 396–399[3] (Auszug).

Die weltweite Entwicklung von Wirtschaft, Bevölkerung und Wanderung steht im Zeichen tiefgreifender Veränderungen: Im Zentrum stehen zunehmende demoökonomische Rangspannungen: Ökonomische Entwicklungsspannungen und Spannungen zwischen demographischer Alterung und Schrumpfung in hoch entwickelten Regionen einerseits und einem explosiven Wachstum von demographisch jungen Bevölkerungen in minder entwickelten Regionen andererseits. Das sind – von Flucht- bzw. Zwangswanderungen, Karriere- oder Wohlstandswanderungen abgesehen – die wichtigsten materiellen Bestimmungsfaktoren des internationalen Wanderungsgeschehens. Es wird durch Antriebskräfte in den Ausgangsräumen ebenso bestimmt wie durch von den elektronischen Medien verbreitete Bilder über vergleichsweise paradiesisch erscheinende Lebensbedingungen in den Zielräumen.

Das Ergebnis ist ein scheinbar unkalkulierbar zunehmender Migrationsdruck auf hoch entwickelte Regionen, zu denen auch Europa zählt. Umstritten ist dabei, ob und inwieweit die Tatsache, dass Europa erst zu einem eher überschaubaren Anteil Zielregion von Zuwanderungen aus Drittländern geworden ist, eine Folge der Abwehr unerwünschter Zuwanderungen an und vor den europäischen Grenzen ist. Umstritten ist ebenso die Frage nach den nicht intendierten Folgen dieser Abwehrmaßnahmen – von irregulären bzw. illegalen Inlandsaufenthalten bis zur wachsenden Selbstgefährdung von Migranten beim Versuch, die europäischen Kontrollsysteme zu Land und zu Wasser zu umgehen.

Zum Problem gehören aber nicht nur die Wanderungsbewegungen als solche, sondern auch darauf gerichtete, nicht immer realitätsbezogene Projektionen von ökonomischer, sozialer und kultureller Angst in weiten Bereichen der europäischen Öffentlichkeit. Es gibt zu diesem in der Realität komplexen und in den darauf gerichteten Projektionen diffusen Problemfeld auf den verschiedensten Ebenen dramatische Menetekel, philanthropische Appelle und konkurrierende Gestaltungsvorschläge.

* * *

Auf europäischer Ebene gibt es zwar einen in den Grundzügen wachsenden Konsens der Einsicht in die Notwendigkeit eines ganzheitlichen Verständnisses von Migrations-, Integrations- und Asylpolitik als Querschnittsaufgaben. Dieser fortschreitende Konsens in Fragen von Migrationssteuerung, Integrationsförderung und Asylstandardisierung bildet sich aber in der Entscheidungspraxis noch vorwiegend ab in eher mosaikartigen Einzelkonsensen auf dem – der zumeist nötigen Einstimmigkeit halber – oft den kleinsten gemeinsamen Nenner, von den vorwiegend sicherheitspolitischen Komponenten ab gesehen, bei denen größere Übereinstimmung oft leichter erreichbar scheint.

Jenseits von inhaltlichen Dissensen und nationalen Souveränitätsvorbehalten ist auf europäischer Ebene auch im Bereich von Migration und Asyl das Hauptproblem die tragende Konsensarchitektur, in der sich mehrere Spannungsbögen überlagern. Sie erschweren die für eine europäische Migrations- und Asylpolitik als supranationale Querschnittsaufgabe nötige Verbindung von intentionalem Konsens und

---
[3] Überarbeitete Fassung meines Vortrags: Konsensarchitektur, ganzheitliche Perspektiven und Entwicklungszusammenarbeit. Erste Sitzung der Studiengruppe »Europäische Innenpolitik«, Sektion Migration und Asyl, Bundesministerium des Innern, Berlin, 8.9.2008.

struktureller Kohärenz. Das Konstruktionsproblem dieser Konsensarchitektur ist, dass sich die tragenden Spannungsbögen auf nachgerade allen Ebenen überschneiden.

Das gilt, wie zuletzt Petra Bendel in einer knappen Einschätzung[4] betont hat, einerseits auf der europäischen Ebene institutionell bzw. horizontal, weil hier verschiedene bislang kaum in strukturierten Entscheidungsprozessen koordinierte Ressorts mit verschiedenen Kompetenzen und Verfahrensformen einzubeziehen sind – von Justiz und Innerem über Außen- und Entwicklungspolitik bis hin zu Wirtschafts-, Arbeitsmarkt-, aber auch Sozial- und Bildungspolitik. Es gilt andererseits vertikal für die Kompetenz- und Souveränitätsspannungen zwischen dieser intern institutionell und horizontal unter Spannung stehenden supranationalen Ebene und den unterschiedlich betroffenen nationalen Ebenen mit ihrem gerade in Einwanderungsfragen bekannten Sacro Egoismo.

Es gilt inhaltlich aber auch im Blick auf eine Vielzahl von auf und zwischen den Ebenen konkurrierenden Interessen und im Blick auf eine prekäre Spannung zwischen defensiver Erkenntnisverweigerung und pragmatischer Realitätsakzeptanz, zwischen politisch kurzatmigem Aktionismus mit appellativen Postulaten und dem pragmatischen Bemühen um kontinuierliche Fortschritte auf einer ansteigenden Strecke mit mancherlei Rücksturzrisiken, die manchem Beobachter deshalb als Sisyphus-Strecke erscheint.

Vor diesem Hintergrund können die auch in der programmatischen Übersicht der »Zukunftsgruppe«[5] diskutierten beiden großen neuen (inhaltlich im Einzelnen durchaus nicht so neuen) europäischen Papiere bzw. Konzepte des laufenden Jahres[6] zweifelsohne zu einer weiteren Abklärung der Positionen beitragen. Sie konzipieren aber keine die genannten horizontalen und vertikalen Spannungsbögen der europäischen Konsensarchitektur überbrückende bzw. darüber schwebende neue Basis für Migrations- und Asylpolitik als europäische Querschnittsaufgabe. Es gilt einerseits für die Kommissionspapiere über »Eine gemeinsame Einwanderungspolitik für Europa« und die integrierte »Künftige Asylstrategie«. Es gilt andererseits für das von der französischen Ratspräsidentschaft intendierte, vorwiegend auf Sicherheit gegen-

über irregulärer Zuwanderung abstellende »Europäische Einwanderungs- und Asylabkommen«, in dessen Mittelpunkt der weitere Ausbau der Grenzschutzagentur FRONTEX sowie des europäischen Asylsystems, aber auch eine abgeschwächte Wiederaufnahme von Frattinis europäischer »Blue Card« stehen.[7]

Einen Neuansatz im Sinne eines Verständnisses von Migrationspolitik als europäischer Querschnittsaufgabe aus ganzheitlicher Perspektive formuliert vielmehr gerade der hilfreiche Bericht der »Zukunftsgruppe« selbst. Er bildet freilich seinerseits wiederum in manchen Bereichen den kleinsten gemeinsamen Nenner der am Diskussionsprozess beteiligten Gruppe ab und bleibt deswegen auch nicht ohne innere Widersprüche; denn es handelt sich hier nicht um konkrete Handlungsanleitungen, sondern um ein in intensiven Gesprächen ausgehandeltes, größtmöglichen Konsens spiegelndes Policy Paper.

* * *

Kommen wir von den euro-nationalen Gestaltungsspannungen zurück zu den eingangs skizzierten weltwirtschaftlichen und weltgesellschaftlichen Spannungslagen und deren Auswirkungen auf die Problembereiche Migration und Asyl […].

Es ist hilfreich, über amtliche Verlautbarungen und Statistiken hinaus auch NGO-Berichte und Reportagen aus erster Hand zur Beurteilung der Süd-Nord-Wanderungsdynamik und -dramatik einzubeziehen, deren Ergebnis nach EU-Einschätzungen 7–8 Millionen überwiegend afrikanische irreguläre Aufenthalte auf dem Territorium der EU sind. Zu diesem Quellen gehören die regelmäßigen, quellengestützten Berichte über »Tod an der Grenze« (Europas) der anerkannten und preisgekrönten Organisation PICUM, deren Angaben sich nach oben hin deutlich von amtlichen Schätzungen abheben. Auch den bedrängenden Berichten von Gabriele del Grande[8] und von Klaus Brinkbäumer[9] zur Flucht aus Afrika nach Europa kann man nicht ausweichen. Und auch Stefan Ulrich hat wohl so unrecht nicht, wenn er vor diesem Hintergrund lapidar erklärt: »Auch Schnellboote und Abschiebelager können diese vom Mut der Verzweiflung getriebenen Menschen nicht stoppen«.[10]

Und doch sind wir dazu verdammt, eine Lösung zu suchen. Das geht nur auf dem Weg über die – leider durch gebetsmühlenartig wiederholte, aber folgenlose Appelle zur Leerformel erstarrte – Bekämpfung der Ursachen unfreiwilliger Wanderungen in den Ausgangsräumen. Dazu gehört die Bereitschaft, mit Fehlern und Fehleinschätzungen aufzuräumen,

---

[4] P. Bendel, Europäische Migrationspolitik: ein stimmiges Bild?, in: Aus Politik und Zeitgeschichte, 35/2008 (25.8.2008), S. 14–19; auch zum Folgenden.
[5] Freiheit, Sicherheit, Privatheit – Europäische Innenpolitik in einer offenen Welt. Bericht der Informellen Hochrangigen Beratenden Gruppe zur Zukunft der europäischen Innenpolitik (Zukunftsgruppe), Informatorische Übers. a. d. Engl., Bundesministerium des Innern, Berlin, Juni 2008.
[6] Europäische Kommission, Eine gemeinsame Einwanderungspolitik für Europa: Grundsätze, Maßnahmen und Instrumente, KOM (2008) 359 endgültig; dies., Künftige Asylstrategie – ein integriertes Konzept für EU-weiten Schutz, KOM (2008) 360 endgültig.

[7] Vgl. Bendel, s. Anm. 4.
[8] G. del Grande, Mamadous Fahrt in den Tod. Die Tragödie der irregulären Migranten im Mittelmeer, Karlsruhe 2008.
[9] K. Brinkbäumer, Der Traum vom Leben. Eine afrikanische Odyssee, Frankfurt a.M. 2006.
[10] Süddeutsche Zeitung, 16./17.9.2006.

damit wir nicht ständig aufs Neue in die gleichen Fallen laufen:

1. Wer wirtschaftlich bedingte Notwanderungen (»subsistence migrations«) begrenzen will, sollte sich weniger um ein Aufhalten der Wirtschaftsflüchtlinge als um die Eindämmung der wirtschaftlichen Ursachen ihrer Flucht bemühen. Darauf zielende supranationale Aktionspläne ohne bindende Finanzierungsabreden bleiben gut gemeinte Luftnummern.

2. Entwicklungsförderung kann nachhaltige Folgen nur haben, wenn die Investitionen kontrollierbar im produktiven Bereich gehalten werden. Entwicklungsförderung braucht dazu ein nötigenfalls robustes Kontrollmandat in internationaler Absprache. Fortschritte gibt es hier zunächst einmal im Sinne einer europäischen Strategie zur Förderung von Direktinvestitionen in den Ausgangsräumen internationaler Wanderungen.

3. Entwicklungsförderung bleibt ineffektiv, solange sie durch konkurrierende ökonomische Interessen ausgehebelt wird, z.B. a) solange subventionierte europäische Agrarprodukte in Afrika billiger sind als einheimische, was die Entfaltung der afrikanische Landwirtschaft behindert, von der nötigen Aufhebung der Ausgrenzung afrikanischer Agrarprodukte auf dem europäischen Markt ganz abgesehen; b) solange von mildtätigen europäischen Altkleidersammlungen ausgehende kommerzielle Textilimporte die Entfaltung der afrikanischen Textilindustrie behindern, von der Rolle der chinesischen Billigproduktion in Afrika ganz abgesehen; c) solange europäische, aber auch japanische Interessenten nach dem Erwerb der Fischereirechte z.B. vor Westafrika mit ihren schwimmenden Fischfabriken selbst die küstennahen Fanggebiete der einheimischen Fischer absaugen, was die einheimische Küstenfischerei ruiniert. Nötig sind hier im Rahmen des Möglichen internationale Absprachen und Kontrollgefüge.

4. Nötig sind in den europäischen Zielräumen irregulärer Wirtschaftswanderungen legale Zugänge für befristete Arbeitswanderungen ohne Familiennachzug in gesetzlich geschützte Niedriglohnbereiche, die so gestaltet werden müssen, dass die dort Beschäftigten aus Drittstaaten nicht als importierte Dumpingkonkurrenz am Arbeitsmarkt funktionieren oder so verstanden werden können. Dort können ausländische Arbeitskräfte aus minder entwickelten Regionen auf Zeit noch immer ein Vielfaches mehr als in ihren Herkunftsräumen verdienen. Sie können damit ihre Familien unterstützen und zugleich die Mittel für den Aufbau einer neuen Existenzgrundlage im Ausgangsraum erarbeiten. Sinnvoll erschiene dabei eine Verbindung des erfahrungsgemäß für sich allein genommen unzureichenden Konzepts der »circular migration« mit dem Konzept der bilateralen, aber auch multilateral denkbaren »Mobilitätspartnerschaften« – die freilich nicht etwa vorwiegend als strategische Erleichterung von Rückführungsmaßnahmen dienen sollten.

Es ist widersinnig und zynisch, einerseits über die sich amöbenhaft ausbreitende informelle Ökonomie und insbesondere die illegale Ausländerbeschäftigung zu lamentieren, von der in Europa längst weite Bereiche der Wirtschaft und der privaten häuslichen Dienste einschließlich der Pflegedienste abhängig geworden sind und andererseits die Eröffnung eines legalen Niedriglohnsektors für ausländische Arbeitswanderer zu blockieren, bzw. a priori für »politisch nicht durchsetzbar« zu erklären, zumal die Rücküberweisungen von Arbeitswanderern bekanntlich rund doppelt so hoch sind wie die europäischen Entwicklungshilfezahlungen. Ein solches Konzept zu erarbeiten und umzusetzen wäre aufrichtiger als die illegale Ausländerbeschäftigung offiziell zu skandalisieren, inoffiziell zu tolerieren, die dort Beschäftigten auf dem Weg zu ihren Zielen als Wirtschaftsflüchtlinge zu bekämpfen und am Ziel als Illegale de facto schutzlos zu lassen.

Nötig ist 5. die Akzeptanz der Tatsache, dass es im Bereich der unfreiwilligen Wanderungen fließende Grenzen gibt zwischen Wirtschaftswanderungen und Fluchtwanderungen, was in den Bereich der im weltweiten Wanderungsgeschehen allenthalben beobachtbaren »multiplen Migrantenidentitäten«[11] gehört. Es ist deshalb unglaubwürdig, einerseits über europäische Asylstandards zu diskutieren und andererseits Flüchtlinge a priori daran zu hindern, Ihre Passfähigkeit zu diesen Standards prüfen zu lassen; d.h. z.B. konkret, Migranten auf dem Weg nach Europa in internationalen Gewässern zu stoppen bzw. abzudrängen, statt zu prüfen, ob sich unter ihnen Personen befinden, deren Migrationsgründe als Fluchtgründe dem asylrechtlichen oder doch flüchtlingsrechtlichen Bereich zuzurechnen sind.

Primär ist dabei nicht die Frage, ob solche Prüfungen auf europäischem Territorium oder in entsprechenden Einrichtungen in Drittländern oder sogar in regionaler Nähe zu den Ausgangsräumen stattfinden. Entscheidend ist vielmehr die Bedingung, dass sie unter dem Schutz des UNHCR auf dem Gebiet von Staaten stattfinden, in denen die Genfer Flüchtlingskonvention gilt.

Das alles ist in der einen oder anderen Form immer wieder national und international gefordert worden. Aber ohne stets neue Forderung und Erinnerung wird eine wenigstens ansatzweise Lösung des Problems ausbleiben oder am Ende an die Stelle der Bekämpfung der Fluchtursachen vollends der Kampf gegen Flüchtlinge getreten sein. Sehr weit sind wir in einiger Hinsicht von diesem Fiasko ohnehin nicht mehr entfernt.

---

[11] S. Castles / M. J. Miller, The Age of Migration. International Population Movements in the Modern World, 2. überarb. Ausg. London 1998, S. 297.

6. Neben der Bekämpfung der Ursachen unfreiwilliger Wanderungen brauchen wir einen von sachgerechter Aufklärungsarbeit getragenen Abbau der ökonomischen, sozialen und kulturellen Ängste vor Zuwanderung in den Vorstellungen der demographisch vergreisenden europäischen Aufnahmegesellschaften. Das betrifft gerade im Falle Deutschlands ein demographisch beschleunigt vergreisendes Land. Sein Eintritt in die Schrumpfung in absoluten Zahlen und eine beschleunigte Verschiebung der Altersstruktur wurden seit Beginn der 1970er Jahre nur durch Zuwanderung aufgehalten. Beides, beschleunigte Schrumpfung und demographische Alterung, wird künftig durch Zuwanderung nicht einmal mehr in ihren Folgen für die Sozialsysteme abzufedern sein.

Anders gesagt: Deutschland wird verstärkt auf – im Rahmen des Möglichen gesteuerte und begrenzte – Zuwanderung auf Zeit und auf Dauer angewiesen sein, wenn die absehbar negativ werdenden Wanderungsbilanzen nicht als zusätzliche Belastung auf die durch die demographische Entwicklung ohnehin extrem herausgeforderten wohlfahrtsstaatlichen Sozialsysteme wirken und wenn der ohnehin obwaltende und viel zu wenig bediente Reformdruck nicht zu einer politisch kaum mehr zu vermittelnden Intensität gesteigert werden soll. Das gilt vor allem für die Folgen der demographischen Verschiebung der Altersstruktur auf Kosten der Bevölkerung im erwerbsfähigen Alter. Dass es bei der dauerhaften Niederlassung von Wirtschaftswanderungen – also jenseits der humanitären Dimension von Flucht und Asyl – um möglichst qualifizierte Zuwanderer gehen sollte, die über flexible Steuerungssysteme (Punktesystem/ Engpassdiagnose) ausgewählt werden, bedarf nach fast einem Jahrzehnt intensiver Diskussion um diese Fragen keiner neuerlichen Begründung.

* * *

Es kann und darf nicht länger darum gehen, Wirtschaftswanderungen aus Drittstaaten möglichst abzuwehren. Es geht darum, sie im gemeinsamen Interesse im Rahmen des überhaupt Möglichen konzeptorientiert zu steuern und die Integration der dauerhaft zugelassenen Zuwanderer durch präventive, begleitende und nötigenfalls auch nachholende Partizipationsförderung zu erleichtern.[12]

Neben einer Verschränkung von »circular migration« und »Mobilitätspartnerschaften« für Zuwanderer aus Drittstaaten bei denen (z.B. wegen unzureichender beruflicher Qualifikation) nicht an dauerhafte Niederlassung gedacht wird und die deshalb mit geeigneten Visa für Zeitaufenthalte auszustatten wären, sollte für qualifizierte Zuwanderungen aus Drittstaaten auf europäischer Ebene eine migratorische Kombi-Steuerung treten, in der zwei Komponenten zusammenwirken:

1. ein supranational implantiertes, kriteriengestütztes Punktesystem, etwa im Sinne einer flexibel gehaltenen »Blue Card«[13];
2. ein international koordiniertes System von nationalen Engpassdiagnosen, orientiert am nationalen Arbeitskräftebedarf, wie es für Deutschland 2004 vom Sachverständigenrat für Zuwanderung und Integration (Zuwanderungsrat) konzipiert und in den Grundzügen von der Bundesregierung 2008 als »Engpassanalyse« übernommen wurde.[14]

Die Verschränkung beider Systeme kann zu einer wechselseitigen Intensivierung der Flexibilität im Steuerungszusammenhang führen. Nötig dazu wäre auf supranationaler Ebene eine für das europäische Punktesystem zuständige Agentur, die auch zuständig wäre für den Abgleich zwischen supranationaler Punkte-Steuerung und international koordinierter Engpasssteuerung. Ein Beratungsgremium aus Wissenschaftlern, Politikern und Praktikern der Arbeitsverwaltung würde die Arbeiten der Agentur beratend begleiten.

Durch die beiden Systeme der Migrationssteuerung (»circular migration«, »Mobilitätspartnerschaften« und Punktesystem/Engpassdiagnosen) sollte europaweit ein höheres Maß an Gesamtsteuerung nach außen und an Feinsteuerung nach Innen ermöglicht werden. Das Zusammenwirken der beiden Komponenten von supranationalem Punktesystem und koordinierten Engpasskonzepten würde bei der qualifizierten Zuwanderung wiederum ein für die nationalen Volkswirtschaften vergleichsweise hohes Maß an Flexibilität bei der Steuerung ermöglichen; denn es bliebe jedem nationalen Akteur vorbehalten, zu entscheiden, ob er stärker der einen oder der anderen Komponente für seinen Arbeitsmarktzugang Wirkungskraft eröffnen will.

Es ist keine Frage, dass ein am Binnenmarkt orientierter europäischer Arbeitsmarkt für die Wirt-

---

[12] Vgl. K. J. Bade, Die Trias der Integrationspolitik: Präventive, begleitende und nachholende Interventionen, in: Kulturpolitische Mitteilungen. Zeitschrift für Kulturpolitik der Kulturpolitischen Gesellschaft, Nr. 112, I/2006, S. 29–35; ders., Migration, Integration und kulturelle Vielfalt: historische Erfahrungen und aktuelle Herausforderungen, in: Kulturelle Vielfalt in der Stadtgesellschaft. 34. Cappenberger Gespräch der Freiherr-vom-Stein-Gesellschaft, 3.11.2005 (Cappenberger Gespräche, Bd. 34), Köln 2007; ders. / H.-G. Hiesserich (Hg.), Nachholende Integrationspolitik und Gestaltungsperspektiven der Integrationspraxis. Mit einem Beitrag von Bundesinnenminister Wolfgang Schäuble (Beiträge der Akademie für Migration und Integration, H. 11), Göttingen 2007.
[13] Vgl. auch J. von Weizsäcker, Einwanderung nach Punkten, in: Handelsblatt, 24.7.2008.
[14] Als gleichgerichtete Konzeptempfehlung auf nationaler Ebene: K. J. Bade, Leviten lesen: Migration und Integration in Deutschland in: IMIS-Beiträge, H. 31, Osnabrück 2007, S. 59f. (in diesem Band: 7.1); vgl. S. Angenendt, Die Steuerung der Arbeitsmigration in Deutschland. Reformbedarf und Handlungsmöglichkeiten (Friedrich Ebert Stiftung, Gesprächskreis Migration und Integration), Sept. 2008, S. 44–52.

schaftswanderungen und für das Steuerungsmanagement ebenso hilfreich wäre wie ein europäischer Asylstatus für asylsuchende Flüchtlinge einerseits und das Asylmanagement andererseits. Aber wir sind in der offenkundig noch nicht so weit. Und solange solche Überlegungen bestenfalls Zukunftsvisionen sind, darf nicht gewartet werden mit der Implantation von tatsächlich möglichen Systemen der ohnehin nur begrenzt möglichen Steuerung, auch wenn sie dereinst vielleicht als antiquierte Surrogate erscheinen werden – in einer Zukunft, deren Vergangenheit unsere Gegenwart ist.

11.1.5 Flüchtlinge: Europa im blutigen Abwehrkrieg, Interview (Stefan Beig),
Kurzfassung in: Wiener Zeitung online, 13.1.2012[15] (Originalfassung, Auszug).

Für den deutschen Migrationsforscher Klaus J. Bade versagt die europäische Union bei der Flüchtlingspolitik. Bade im Gespräch über Flüchtlinge, Menschenhandel und Silvio Berlusconi

Jährlich sterben tausende Flüchtlinge beim Versuch nach Europa zu kommen. Scheitert hier die EU?
Bei der Flüchtlingsproblematik versagt die EU seit langem. Erstens führen ihre ausgeweiteten Kontrollen zu immer riskanteren irregulären Routen nach Europa. Zweitens wird die Verantwortung für die Flüchtlingsabwehr zunehmend auf Drittstaaten verlagert. Das steht in Spannung zu humanitären Prinzipien, denn es gibt fragwürdige binationale Kooperationen mit Regimen, die selber menschenrechtliche Standards missachten. Die Flüchtlingsabwehr wurde nicht nur in internationale Gewässer vorverlagert, sondern sogar in die Küstengewässer von Drittstaaten. Dabei werden gerade bei binationalen Verträgen oft die Rechte der Flüchtlinge missachtet. Die EU beklagt das, erklärt sich aber dafür nicht zuständig und nimmt zugleich billigend das Ergebnis in Kauf: die Abwehr von irregulären Flüchtlingen. Es gibt also ein Versteckspiel mit ethischen Normen.

Liegt das Problem auch daran, dass Staaten an den Schengen-Außengrenzen allein gelassen werden?
Teilweise. Zuständig für asylsuchende Flüchtlinge ist grundsätzlich das Land, in dem diese zuerst europäischen Boden betreten haben. Griechenland ist damit komplett überfordert. Deutschland traut sich nicht mehr, Flüchtlinge dorthin zurückzuschicken. Italien hat in Wahrheit deutlich weniger Probleme, täuscht sie aber vor. Als es dort nach den Revolutionen in Nordafrika Tausende von Flüchtlingen eintrafen, hat Italien ein falsches Szenario vorgespielt: Es hat z.B. die Flüchtlinge auf Lampedusa vor dem großen neuen, aber abgeschlossenen Aufnahmelager stehen ge-

lassen und Berlusconi erklärte dann, Italien sei durch den »Tsunami« von ca. 25 000 Flüchtlingen überfordert. Dabei waren solche Flüchtlingszahlen ein Klacks im Vergleich zu den jährlich Hunderttausenden von Zuwanderern und Flüchtlingen, die Deutschland in den frühen 90er Jahren zu verkraften hatte. Wir haben also zwei verschiedene Beispiele an der Schengen-Außengrenze: Italien wollte es nicht schaffen, Griechenland kann es nicht.

Was sollte man tun?
Resettlement und Burden Sharing zum Beispiel: Flüchtlinge könnten über Resettlement-Programme des UNHCR direkt von bestimmten Aufnahmeländern aufgenommen werden. Über Burden Sharing kann man überlasteten Staaten an den Schengen-Grenzen helfen durch Investitionen in Infrastruktur, Technologie, medizinische Versorgung oder auch durch die Übernahme von Flüchtlingen selbst, damit sie die humanitären Herausforderungen meistern können. Wenn man die Schengen- Abkommen nicht in Frage stellen will, denen zufolge die Länder der ersten Kontrolle verpflichtet sind, sich um die Flüchtlinge zu kümmern, müssen wir bereit sein, diesen Ländern zu helfen. Stattdessen führt Europa einen Abwehrkrieg zur »Verteidigung« seiner Grenzen gegen deren »Verletzung« durch irreguläre Flüchtlinge.

Das ist etwas hart formuliert.
Europa legt restriktiv und einseitig fest, wer überhaupt unter den Begriff »Flüchtling« fällt. Dabei ist die Herkunft meist wichtiger als das Flüchtlingsschicksal. Im Übrigen kommen z.B. weltweit nicht einmal zehn Prozent aller Flüchtlinge überhaupt nach Europa. Die meisten bleiben ihren Großregionen, auch in Afrika. Hinzu kommt, dass wirtschaftliche Antriebsfaktoren irregulärer Flüchtlingsbewegungen zum Teil von Europa selbst verschärft werden. Subventionierte, aber aus dem Markt genommene EU-Agrarprodukte landen nicht selten in Afrika, wo sie dann billiger sind als lokale Produkte. Kommerzialisierte Altkleidersammlungen ruinieren die einheimische Textilproduktion, vor den Küsten schwimmende Fischfabriken die afrikanische Küstenfischerei. Kein Wunder, dass dann die alten Fischkutter ruinierter Küstenschiffer zu irregulären Flüchtlingstransportern werden [...].

Gibt es in gewissem Sinn eine Fortsetzung der Kolonialpolitik?
Das wäre Ihrerseits zu hart formuliert. Ich würde eher sagen: Europa hat sich zu wenig um die Folgen seiner Kolonialgeschichte gekümmert. Sie war für die Kolonien, trotz gelegentlicher Strukturgewinne, in Summe ein dramatisches und oft blutiges Verlustgeschäft – im deutschen Falle war sie übrigens ein Verlustgeschäft auch für das sogenannte »Mutterland«. Die kurze deutsche Kolonialgeschichte dauerte nur von der Mitte der 1880er Jahre bis zum Ersten Weltkrieg. Die Zuwanderung von Flüchtlingen aus über-

---

[15] http://www.wienerzeitung.at/themen_channel/integration/migration/?em_cnt=427094.

seeischen Territorien hatte in Deutschland deshalb – im Gegensatz zu England, Frankreich oder den Niederlanden – nichts mehr mit in der Kolonialzeit aufgebauten Kontakten zu tun.

Gibt es international positive Beispiele für gelungene Flüchtlingspolitik?
Selten. Die besten Beispiele sind die am meisten betroffenen Nachbarstaaten der Ausgangsräume, z.B. in Afrika, wo man die aus dem Nachbarland Geflohenen meist selbstverständlich aufnimmt, auch wenn man sie oft nur mit internationaler Hilfe versorgen kann. Australien geht auch sehr hart um mit irregulären Flüchtlingen, die nicht selten auf Inseln deportiert werden. Ein interessantes Beispiel bot Kanada, wo es ab und an eine fließende Grenze zwischen der Aufnahme von Einwanderern und von Flüchtlingen gab. Man hatte dort den Widersinn erkannt, sich einerseits um den Zuzug von Hochqualifizierten zu kümmern und andererseits Flüchtlinge zu deportieren, die eben diesen Kriterien entsprachen. Die diskrete Verwandlung von Flüchtlingen in Einwanderer wurde durch eine Einbindung der Medien erleichtert. Aber auch Kanada ist strenger geworden. Außerdem: Man sollte nicht leichtfertig ökonomische Interessen und humanitäre Pflichten vermischen. In Deutschland geschah das Gegenteil: Egal wie qualifiziert Flüchtlinge z.B. aus dem Kosovo waren, sie wurden zurückgeschickt. Die Amerikaner aber suchten sich bei ihrer Kosovo-Quote unter den Augen deutscher Behörden gezielt die ihres Erachtens passfähigsten und qualifiziertesten Flüchtlinge aus.

Prinzipiell hat die deutsche Politik bei der Flüchtlingsaufnahme und beim Bleiberecht in den letzten Jahren manche Restriktionen abgebaut, aber mit unterschiedlichen Ergebnissen. Das hat auch damit zu tun, dass für die Umsetzung im föderalen Staat die Innenministerien und die Ausländerbehörden der Bundesländer zuständig sind. Das schafft mitunter erhebliche Unterschiede bei der Behandlung von Flüchtlingen vor Ort.

11.1.6 Fluchtwanderungen und das Ende des Dublin-Systems,
unter dem Titel »Öffnet ein Tor nach Europa« in redaktionell überarbeiteter Form in: ZEIT online, 16.11.2013[16] (Originalfassung).

Der Dublin-Konsens funktioniert faktisch nicht mehr. Für Asylsuchende sollte das Land zuständig sein, in dem der Erstkontakt auf europäischem Boden erfolgte. Das war für Deutschland in seiner Mittellage lange komfortabel.

Von Rechts wegen können Asylsuchende Deutschland nur in ganz besonderen Ausnahmefällen legal und direkt erreichen, z.B. wenn sie nach Rücksprache mit deutschen Konsulaten hierzulande begründete Perspektiven auf Asyl haben. Legal und direkt ist ansonsten nur der reguläre Luftweg. Aber der mündet exterritorialen Bereich in das Flughafenverfahren, in dem zu entscheiden ist, ob ein Asylverfahren überhaupt in Frage kommt.

Die meisten anderen Flüchtlinge schlagen sich auf illegalen Wegen nach Deutschland durch. Sie werfen auf Anraten ihrer Schlepper schon vor dem ersten Kontakt mit europäischen Behörden ihre Papiere weg und sind im Verfahren nicht bereit, sich zu erinnern, wie sie heißen, woher und auf welchen Wegen sie nach Europa gekommen sind; denn ausgewiesen werden darf niemand, dessen Herkunft unbekannt ist. Dieser illegale Zugang wurde durch den faktischen Kollaps des Dublin-Systems um die sprunghafte Zunahme der illegalen Weiterreise innerhalb Europas nach Deutschland verstärkt:

Tschetschenen fliehen aus ihrer von russischen Granaten umgepflügten Heimat auf dem Weg über Polen, Bulgarien oder Griechenland nach Mitteleuropa und vorzugsweise nach Deutschland. In diesem Jahr waren es bis September allein 13 500, das sind rund 800 Prozent mehr im gleichen Zeitraum des Vorjahres, Tendenz steigend.

Griechenland ist in der Krise schon mit dem Elend seiner eigenen Bürger überfordert. Die miserablen Lebensbedingungen für die starke Flüchtlingsbevölkerung sind deshalb noch abschreckender geworden. Hinzu kommt, dass sich auf Flüchtlinge und Asylsuchenden ersatzweise die Wut vieler Bürger entlädt. Asylsuchende fliehen deshalb auch vor faschistisch-rassistischer Verfolgung aus Griechenland weiter, besonders nach Deutschland. Weil hier auch im Asylbereich unvergleichbar bessere Verhältnisse herrschen. Und weil Asylsuchende aus den genannten Gründen nicht mehr nach Griechenland zurückgeschickt werden.

Italien weist abgelehnte Asylbewerber ohnehin seit jeher nach einer mehrwöchigen Übergangsfrist mit 500 Euro Übergangsgeld und einem Touristenvisum aus. Ihr Weg führt dann vorzugsweise nach Norden, besonders nach Deutschland. Immer häufiger nehmen italienische Behörden auch gar keine Fingerabdrücke mehr. Die aber sind das einzige sichere Indiz, mithilfe dessen anhand der europäischen Zentraldatei festgestellt werden kann, dass ein Flüchtling z.B. über Italien eingereist ist und dorthin zurückgeschickt werden kann. Komplizenschaft zwischen Flüchtlingen und Behörden.

Und in Deutschland selbst wachsen Abwehrhaltungen gegenüber »Asylbetrügern«, die meist die Falschen treffen. Erinnerungen an die frühen 19890er Jahre werden wach, auch wenn sie im Blick auf die Zahlenverhältnisse unangebracht sind.

Fazit: Das asylpolitische St.-Florians-Prinzip gegenüber den Randstaaten an den Schengen-Grenzen trägt nicht mehr. Nötig sind neue Grundlagen, die die Randstaaten aus der Verdammnis befreien, mit den Flüchtlingen allein zu Recht zu kommen, die dort

---
[16] http://www.zeit.de/politik/ausland/2013-11/asyl-fluechtlingen-eu-reform.

zuerst europäischen Boden betreten. Lastenteilung (burden sharing) sowie Kontingent- und Umsiedlungsprogramme (resettlement) genügen nicht mehr.

Nötig ist auch eine Umverteilung der Flüchtlinge selbst über Kontingente oder Quoten, bemessen an der Bevölkerungs- und Wirtschaftsstärke der europäischen Staaten. Dann könnten Flüchtlinge sich sogar ihre Zielländer aussuchen. Wenn deren Kontingent oder Quote erfüllt ist, kann nur eines der nächsten Länder auf der Rangliste in Frage kommen. Dabei könnten dann im aufgeklärten Eigeninteresse durchaus auch Wunschvorstellungen von Flüchtlingen und Nützlichkeitserwägungen von Aufnahmestaaten in der Spannung von Qualifikationsangeboten und Arbeitskräftebedarf eine Rolle spielen.

Der durchaus nicht neue Gedanke, beruflich qualifizierte asylsuchende Flüchtlinge vielleicht sogar ganz aus den Fesseln des Asylverfahrens zu befreien, setzt aber eine Reform des Asylsystems voraus. Sonst wird das Asylsystem zur Falle; denn zum Nachweis ihrer Qualifikation müssen Flüchtlinge sich enttarnen, d.h. Herkunft, Qualifikationsorte und, als Zeichen guten Willens, sicher auch ihre Fluchtwege aufdecken. Das aber kann, wenn es dann mit der passgerechten Qualifikation doch hapert, nach geltendem Recht zum Rückverweis an das Land des europäischen Erstkontakts führen – oder sogar direkt ins Herkunftsland, wenn dieses als verfolgungsfreies Ausgangsland gilt.

Die beste Lösung wäre eine beschränkte Eröffnung legaler Zugangswege in den Ausgangsräumen mit einer Art europäischem Punktesystem, über das man sich im Netz bewerben kann. Dabei sind zwei Wege denkbar: Qualifizierten-Migration und Qualifikations-Migration.

Bei der Qualifizierten-Migration geht es um die Passfähigkeit der beruflichen bzw. berufspraktischen Qualifikation von Zuwanderern. Sie können auf Zeit und mit Verlängerungsmöglichkeit oder gleich mit offenem Zeithorizont zuwandern. Das ist zum Teil in Deutschland auch jetzt schon möglich, aber noch nicht hinreichend bekannt. Bei der Qualifikations-Migration geht es um befristete Ausbildungsmigration mit Rückkehrpflicht in den Ausgangsraum. Das ist also eine Mischung zwischen zirkulärer Migration und Entwicklungshilfe. Auch andere Wege könnten in diesem System mit etwas kreativer Phantasie gestaltet werden. Das würde auch die Akzeptanz bei den Bürgern fördern, die Flüchtlinge und Asylsuchende zunehmend wieder mit Misstrauen, Argwohn und offener Fremdenfeindlichkeit begegnen.

Aber eines ist gewiss: Der Migrationsdruck wird durch alles dies nicht enden, im Gegenteil: Je mehr Flüchtlinge auf legalen, halblegalen oder illegalen Wegen durchkommen, desto mehr Nachfolger werden sich auf den Weg nach Europa machen. Es muss also bei Kontrolle und auch Rückführung bleiben. Aber nach geordneten individuellen Verfahren, die Fluchtursachen prüfen, auch jenseits der abstrusen Engführung des Asylbegriffs. Aber was legal offen und transparent ist, kann in Missbrauchsfällen auch umso legitimer restriktiv praktiziert werden.

Und vor den nassen Grenzen muss die europäische Abschreckungselektronik in eine Rettungselektronik verwandelt werden. Probleme sind nicht geklärt, wenn kenternde Boote bei Frontex vom Schirm verschwunden, sondern wenn ihre Insassen gerettet sind.

Wer aber den Migrationsdruck dort bekämpfen will, wo er entsteht, in den z.B. afrikanischen Ausgangsräumen, der muss sich um das schäbige Zusammenspiel zwischen außerafrikanischen Geschäftsinteressen und korrupten afrikanischen Führungseliten kümmern; denn die finanzieren mit außereuropäischen Hilfsgeldern oft vorwiegend ihre Paläste, Bunker und Privatarmeen oder leiten Entwicklungsgelder gleich auf ihre privaten europäischen Bankkonten um. So ist die Welt. Wer Patentlösungen hat, möge sich melden.

11.1.7 Über Kultur- und Sozialrassismus am Vorabend der »Flüchtlingskrise«,

aus: Kulturvielfalt, Kulturangst und Negative Integration in der Einwanderungsgesellschaft. Einführungsvortrag zur Abschlusstagung des Graduiertenkollegs »Migration im Kontext von Religionen und Kulturen« der Katholischen Universität Eichstätt-Ingolstadt am 21.11.2013, überarb. Fassg. in: Kerstin Kazzazi / Angela Treiber / Tim Wätzold (Hg.), Migration – Religion – Identität. Aspekte transkultureller Prozesse, Wiesbaden 2016, S. 1–34 (Auszug).

Kulturrassismus und »Islamkritik«
Eine Anfang 2012 veröffentlichte Umfrage unter 40 000 Europäern aus 21 Ländern kam u.a. zu dem Ergebnis, dass soziokulturelle Faktoren die Haltung zu Einwanderungsfragen zwei- bis fünfmal stärker bestimmen als wirtschaftliche Aspekte. Am meisten trieb die Befragten die Befürchtung um, »dass sich das gewohnte kulturelle und soziale Umfeld zu stark verändern könnte«.[17]

Zu ganz ähnlichen Ergebnissen war die im Herbst 2009 vorgelegte Münsteraner religionssoziologische Studie von D. Pollack und O. Müller gekommen. Danach sahen 72 Prozent der Westdeutschen und 69 Prozent der Ostdeutschen »in der wachsenden Vielfalt der Religionen eine Bedrohung des sozialen Friedens« und ihrer kulturellen Identität. Das negative Bild fremder Religionen war dabei »in erster Linie durch den Islam geprägt«.[18]

---

[17] D. Card / C. Dustmann / I. Preston, Immigration, Wages, and Compositional Amenities, in: Journal of the European Economic Association, 10.2012, H. 1, S. 78–119.

[18] D. Pollack, Studie »Wahrnehmung und Akzeptanz religiöser Vielfalt«. Bevölkerungsumfrage des Exzellenzclusters »Religion und Politik« unter Leitung von D. Pollack, Münster 2010,

Der Islam aber hatte, wie eine im Frühsommer 2010 von den Münsteraner Forschern unternommene Befragung von je 1 000 Menschen in Ost- und Westdeutschland, Frankreich, Dänemark, Portugal und den Niederlanden ergab, bei den Befragten aller europäischen Länder ähnlich negative Konnotationen: Alle in Europa Befragten verbanden mit dem Islam vor allem die Benachteiligung der Frau (ca. 80 %), Fanatismus (ca. 70 %), Gewaltbereitschaft (ca. 60 %) und geistige Engstirnigkeit (ca. 50 %).[19]

Solche Dispositionen erklären, warum immer wieder erbrachte Nachweise, dass eine bedarfsorientierte Beschäftigung von Zuwanderern aus anderen Kulturen auch in großer Zahl volkswirtschaftlich von Vorteil sei, keine beruhigende Wirkung haben konnte: Wesentlich soziokulturell motivierte Dispositionen, Kollektivmentalitäten und Stimmungslagen reagieren nicht auf ökonometrische Argumente, vulgo: »Wir haben Angst. Kommen Sie uns nicht mit Sachargumenten und schon gar nicht mit solchen aus der sogenannten Migrationsforschung!«[20]

Dies ist der Rahmen, in dem sich Kulturrassismus entfalten kann. Damit ist heute nicht mehr der klassische biologistische Rassismusbegriff aus dem späten 19. Jahrhundert und schließlich aus der nationalsozialistischen Blut- und Bodenideologie gemeint. Er wird von Kulturrassisten für gewöhnlich sogar in exkulpativer Distanzierung ins Feld geführt wird (»Ich bin doch kein Rassist!«). In den heute expandierenden kulturrassistischen Diskursen geht es kaum mehr um diese Zuschreibung angeblich genetischer Rasse-Eigenschaften. Statt Rassen geht es heute meist um imaginierte Kulturen (und Religionen). Denen aber werden, wie erwähnt, in gleicher Weise – nur nicht mehr »rassisch«, sondern »kulturell« geprägte – mehr oder minder unveränderliche, angeblich sogar »erbliche« und zusätzlich durch primäre Sozialisation bestärkte Kollektivmentalitäten und Verhaltensdispositionen zugeschrieben.

Das gilt in der vulgärrationalistischen »Islamkritik« selbsternannter »Islamexperten« wie Necla Kelek, Henryk M. Broder und auch Thilo Sarrazin (»Wir Islamkritiker«) zum Beispiel für die pejorativ verallgemeinernde Rede von »dem Islam«, von »der islamischen Kultur« oder gar von »den Muslimen« schlechthin. Die aber gibt es allesamt in dieser Pauschalisierung nicht: »Der« Islam umschließt vielmehr eine Vielfalt von Lehrtraditionen sowie von – oft blutig verfeindeten – religiösen oder auch nur scheinreligiösen Gruppenbildungen.

Und die als »Umma« vielzitierte weltweite islamische Wertegemeinschaft »der« Muslime umfasst schon hierzulande allein die verschiedensten Gruppen: die rührige und in ihren Verbänden gut organisierte, aber relativ kleine Gruppe strenggläubigkonservativer Muslime; eine geradezu winzige, wenn auch laute und ihrem radikalen Flügel gefährliche Gruppe von Islamisten; Anhänger eines wie auch immer verstandenen »Volksislam«; Agnostiker, die sich aber nicht vom Islam lossagen, um unerfreuliche Diskussionen mit Verwandten und Bekannten zu vermeiden; und im breiten Mittelfeld schließlich die große Zahl derjenigen, die sich selbst als Muslime bezeichnen und verstehen, gelegentlich auch mal beten, aber keineswegs immer und oft nicht einmal, wie an sich vorgeschrieben, freitags in der Moschee, die viele so selten besuchen wie sogenannte Christen ihre Kirche.

Es gibt aber auch fließende Grenzen zwischen kulturrassistischen Zuschreibungen und dem klassischen, genetisch argumentierenden Rassismus. [...] Medien spielten dabei eine entscheidende Rolle. Neben und in Überschneidung mit ihrer alarmistischen Berichterstattung arbeitete eine zunehmend weiter verzweigte »islamkritische« bzw. islamfeindliche Desintegrationspublizistik, die sich schließlich in Deutschland im Schatten der Sarrazin-Debatte 2010/11 gewaltig entfaltete.[21]

Ihre Vertreter posieren gern in der Rolle uneigennütziger mutiger, angeblich von einer Allmacht von Sittenwächtern der »Political correctness« bedrängter Künder und Märtyrer der Wahrheit. Jüngstes Beispiel dafür ist das Pamphlet von Thilo Sarrazin »Der neue Tugendterror«. Darin lässt der Autor als eine Art wehleidiger Volkstribun seine umschmeichelten und in ihren Vorurteilen bestätigten Leser (»Man wird doch wohl noch sagen dürfen...!«) immer wieder erfahren, dass seinesgleichen in früheren Zeiten verfolgt, gefoltert oder gleich auf dem Scheiterhaufen verbrannt worden wäre.[22]

In Wirklichkeit betreiben die vulgärrationalistischen publizistischen »Islamkritiker« ein sehr risikoarmes, weil allseits beliebtes und sehr einträgliches Geschäft; denn die bald geradezu berufsmäßig eta-

---

(http://www.uni-muenster.de/imperia/md/content/religion_und_politik/aktuelles/2010/12_2010/studie_wahrnehmung_und_akzeptanz_religioeser_vielfalt.pdf).
[19] D. Pollack / O. Müller / G. Rosta / N. Friedrichs / A. Yendell, Grenzen der Toleranz. Wahrnehmung und Akzeptanz religiöser Vielfalt in Europa, Wiesbaden 2013.
[20] Die wissenschaftsferne Polemik gegen die »sogenannte« Migrationsforschung wurde durch die als Migrationssoziologin gescheiterte, aber als populärwissenschaftliche »islamkritische« Publizistin erfolgreiche türkisch-deutsche Schriftstellerin Necla Kelek begründet; über Kelek s. jetzt: K. J. Bade, Kritik und Gewalt. Sarrazin-Debatte »Islamkritik« und Terror in der Einwanderungsgesellschaft, Schwalbach i.Ts. 1993 (3. überarb.. Aufl. als E-Book 2014), S. 147–231.

[21] Hierzu zuletzt: Sachverständigenrat deutscher Stiftungen für Integration und Migration (SVR), Muslime in der Mehrheitsgesellschaft: Medienbild und Alltagserfahrungen in Deutschland, Berlin 2013; Medien zeichnen ein zu negatives Bild von Muslimen, Presseinformation SVR, 12.3.2013; Medien verstärken »Islamisierung der Integrationsdebatte«, in: MiGAZIN, 13.3.2013.
[22] T. Sarrazin, Der neue Tugendterror. Über die Grenzen der Meinungsfreiheit in Deutschland, München 2014; vgl. dazu als am Erscheinungstag des Buches (24.2.2014) veröffentlichte ausführliche kritische Stellungnahme: K. J. Bade, Die Welt ist ungerecht – und das ist auch gut so! Kulturrassismus, neokonservative Sozialphilosophie und »Tugendterror« bei Thilo Sarrazin., in: MiGAZIN, 24.2.2014 (in diesem Band: 10.1.8).

blierte »Islamkritik« entwickelte sich rasch zu einer Mischung von Volkssport und Veitstanz um ein Bestseller gebärendes Thema am Markt der Meinungen.²³ [...]

Einen entscheidenden Anteil an der Herausbildung und Stabilisierung islam- und muslimfeindlicher Vorstellungen und Haltungen hatten in Deutschland, aber auch in Europa und im transatlantischen Raum digitale Netz- und Hetzwerke. Dafür stehen in Deutschland antiislamische Denunziationspranger wie »Politically Incorrect« oder »Nürnberg 2.0« und »Archiv Berlin«, um nur drei Beispiele zu nennen.²⁴

Die antiislamischen digitalen Hetzwerke werden, trotz des geradezu verhaltensauffälligen Versagens des deutschen Inlandsgeheimdienstes bei der »Aufklärung« des antiislamischen NSU-Terrors, vom Verfassungsschutz nach wie vor nicht systematisch beobachtet und abmildernd der »rechtspopulistischen Szene« zugewiesen, von nur wenigen Ausnahmen vorwiegend auf Länderebene abgesehen. Auch der aktuelle Verfassungsschutzbericht, der im Juni 2014 von Bundesinnenminister Thomas de Maizière (CDU) und dem noch von seinem Amtsvorgänger Friedrich (CSU) eingesetzten neuen, aber in den alten Bahnen denkenden Präsidenten des Bundesamtes für Verfassungsschutz, Hans-Georg Maaßen, vorgestellt wurde, zeigt:

Der Verfassungsschutz operiert gegenüber selbst nur unterstellten »islamistischen« Inlandsaktivitäten überaus scharfäugig, tastet gegenüber der aggressiven antiislamischen Agitation aber nach wie vor halbblind mit der Stange im Nebel der Volksverhetzung. Das hat wohl auch damit zu tun, dass nach solch langer demonstrativer amtlicher Erkenntnisverweigerung diese in Teilbereichen zweifelsfrei verfassungswidrigen islam- und muslimfeindlichen Positionierungen schon längst »Gemeingut« in der sogenannten Mitte der Gesellschaft geworden sind – »too big to fail«.²⁵ [...]

Der Abstand zwischen Wortgewalt und Tatgewalt aber kann in der Außenwirkung gefährlich kurz sein. Das zeigte in Deutschland zum Beispiel – neben vielen anderen rechtsextremistischen, fremdenfeindlichen und insbesondere antiislamisch geprägten, aber nach wie vor unzureichend aufgeklärten oder kriminalstatistisch falsch eingruppierten Gewaltverbrechen²⁶ – im Juni 2009 die bestialische Abschlach-

---

²³ Bade, Kritik und Gewalt, S. 86–231.
²⁴ Ebd., S. 232–264.
²⁵ Bundesministerium des Innern (Hg.), Verfassungsschutzbericht 2013, Stand: Juni 2014 (http://www.verfassungsschutz.de/de/oeffentlichkeitsarbeit/publikationen/verfassungsschutzberichte); Islamfeindlichkeit und antimuslimischer Rassismus. Antwort der Bundesregierung auf die Kleine Anfrage der Abgeordneten Ulla Jelpke, Christine Buchholz, Annette Groth, weiterer Abgeordneter und der Fraktion DIE LINKE, Deutscher Bundestag, 18. Wahlperiode, 4.6.2014, Drucksache 18/1442 (http://dip21.bundestag.de/dip21/btd/18/016/1801627.pdf).
²⁶ Vgl. u. v. a.: C. Unger, Wie oft mordeten Rechtextreme wirklich? Mehr als 600 nicht aufgeklärte Taten werden von der Polizei neu aufgerollt, in: Hamburger Abendblatt, 3.2.2014.

tung der schwangeren ägyptischen Pharmazeutin Marwa El-Sherbini im Verhandlungssaal des Dresdner Landgerichts. Sie verblutete unter den Messerhieben eines rasenden, wegen seiner antimuslimischen Ausfälle angeklagten Muslimhassers.²⁷ Von der fließenden Grenze zwischen Wort- und Tatgewalt zeugten auch die schon älteren, erst Ende 2011 aufgedeckten, ebenfalls antimuslimisch bzw. antitürkisch motivierten Serienmorde des »Nationalsozialistischen Untergrunds« (NSU).²⁸

In Norwegen galt es für das gleichermaßen antiislamisch, aber erklärtermaßen auch anti-multikulturell, anti-demokratisch, anti-liberal und antieuropäisch motivierten Massenmord des christlich-fundamentalistischen Terroristen Anders Behring Breivik [...].

Unmittelbar vor seiner Tat hatte Breivik sein aus »islamkritischen« Internet-Beiträgen zusammenkopiertes »Manifest« wie ein Politisches Testament an tausende, darunter auch einschlägige deutsche Facebook-Adressen versandt. Darin berief er sich auf antiislamische Blogs, auf denen er zum Teil auch selber geschrieben hatte. Er nannte dabei ausdrücklich auch Publizisten aus der deutschen »islamkritischen« Szene. Deren Vertreter distanzierten sich eilfertig von dem angeblich »geisteskranken«, von den Behörden aber für durchaus zurechnungsfähig erklärten Täter: Er habe aus ihren richtigen Argumenten bloß die falschen Konsequenzen gezogen und damit der »islamkritischen« Bewegung einen Bärendienst erwiesen.²⁹ [...]

Im Gegensatz zu der norwegischen Antwort auf das Breivik-Massaker hat es in Deutschland bei den regierungsamtlichen Reaktionen auf den NSU-Schock nur zu Trauerbekundungen und zu Warnungen vor Rechtsextremismus gereicht. Selbst in der Konfrontation mit den in Reihe aufgedeckten, klar kulturrassistisch motivierten antiislamischen bzw. antitürkischen Mordtaten war die Hürde zu einem Bekenntnis zu den Grundwerten der de facto seit langem multikulturellen Einwanderungsgesellschaft in Deutschland und zur aktiven Akzeptanz der muslimischen Einwandererbevölkerung offenkundig immer noch zu hoch.³⁰

Im Hintergrund steht hier auch eine unerfüllte Bringschuld an gesellschaftspolitischen Vermittlungsaufgaben. An deren Stelle war in der Politik oft sogar fahrlässiger und im Blick auf die Stiftung und Stabilisierung von Vorurteilen gefährlicher kulturalistischer Populismus getreten. Das galt im Bereich der Bundesregierung zuletzt, weit über das Ende seiner Amtszeit hinauswirkend, für den vormaligen Bundesinnenminister Friedrich (CSU).

---

²⁷ Bade, Kritik und Gewalt, S. 265–270.
²⁸ Ebd., S. 288–310.
²⁹ Ebd., S. 270–288.
³⁰ Ebd., S. 311–329.

Sozialrassismus und »Armutswanderung«
Dem Politbarometer der Mannheimer Forschungsgruppe Wahlen im Auftrag von ZDF und Tagesspiegel von Mitte Dezember 2013 (14.12.3013) zufolge war für 72 Prozent der befragten Bürger das zu Ende gehende Jahr 2013 ein »gutes Jahr«. Allerdings sahen drei Viertel der Befragten in der wachsenden Schere zwischen Arm und Reich »ein starkes Konfliktpotential«. Die Bürger hatten hier einen realitätsbezogenen und kritischen Blick; denn die Einkommensspreizung in Deutschland hat in den letzten Jahren mit jährlich 0,7 Prozent auf der von Null bis Eins reichenden Gini-Skala innerhalb der OECD mit am stärksten zugenommen.[31] [...]

Das war zweifelsohne mitbestimmend für das Ergebnis des Politbarometers von Mitte Januar 2014 (18.1.2014), in dem die aktuelle Zuwanderungsfrage erstmals in der Geschichte dieser Umfragen auf Platz Nr. 1 der deutschen Sorgenliste aufgerückt war, also noch vor Arbeitslosigkeit, Einkommensfragen und Alterssicherung.[32] In der Sache geht es hier einerseits um migrations- und integrationspolitische Konzeptfragen und andererseits um soziale, sozialrechtliche und sozialpolitische Probleme in Kommunen. Sie sind nicht zu bestreiten und schwer zu handhaben, insbesondere in struktur- und finanzschwachen Kommunen.

In der Diskussion geht es aber auch um die höherrangige, angesichts vollzogener Tatsachen nur mehr fiktiv-kontrafaktische Frage, ob und inwieweit hier zwischen »Berlin« und »Brüssel« beim Thema Freizügigkeit in der EU gleichsam Verträge zu Lasten Dritter, der Kommunen nämlich, geschlossen wurden, die dann mit den nicht übersehenen Folgelasten zunächst allein blieben. Dahinter wiederum tauchten seit dem knapp erfolgreichen Schweizer Referendum zu Einwanderungsfragen (»Masseneinwanderungsinitiative«) zunehmend europakritische Fragen auf:

Diskutiert wurde darüber, ob der nationale Souverän bei seine Identität und sein Selbstverständnis betreffenden und darum von ihm für existentiell gehaltenen Grundfragen durch achselzuckenden Verweis seiner politischen Repräsentanten auf EU-Entscheidungen hätte übergangen oder doch ohne zureichende gesellschaftspolitische Vermittlung hätte zurückgelassen werden dürfen. Viel spricht dafür, dass eine dem Schweizer Referendum entsprechende Umfrage in Deutschland durchaus Erfolgsaussichten gehabt haben könnte.[33]

In dieser gefährlichen Gemengelage von Problemen und Perspektiven wurden Sach- und Politikdiskussionen belastet durch kultur- und sozialrassistische Abwehrhaltungen aus dem Kontext der negativen Integration[34]. Sie wurden forciert durch die fahrlässige Instrumentalisierung dieser Fragen zu Wahlkampfzwecken.

Dabei geht es um die in ganz Europa laufende, in Deutschland aber besonders intensiv, zum Teil auch hysterisch geführte und in ihrer beachtlichen Außenwirkung blamable Debatte um das neue Gespenst der sogenannten Armutswanderung aus den 2007 aufgenommen EU-Staaten Bulgarien und Rumänien, die angeblich den Sozialstaat frisst. Das neue Gespenst konkurriert mit dem von der Islamkritik beschworenen alten Monster aus dem Morgenland, das angeblich den Untergang des Abendlandes bewirkt. Beide Perspektiven sind oft von der Realität so weit entfernt wie eine Geisterbahn. [...]

In den ab- und ausgrenzenden Diskursen zum Thema »Armutswanderung« zeichnete sich von Beginn zweierlei ab – negative Integration und Sozialrassismus:

Im Bereich der negativen Integration durch identitätssichernde ab- und ausgrenzende Feindbilder trat das neue Gespenst der angeblich für den Sozialstaat bedrohlichen »Armutswanderung« rasch gleichrangig neben das ältere, von der »Islamkritik« beschworene, angeblich für Volk, Nation und Abendland gefährliche Monster aus dem Morgenland. Zu den auf Roma und andere sogenannte Zigeuner zielenden kulturrassistischen Beschreibungen gesellte sich im Diskurs um die »Armutswanderung« ein Strukturmerkmal des Sozialrassismus: In prekären Soziallagen lebenden Gruppen werden ihre durch diese Lage geprägten Lebensformen abwertend als gruppenspezifische Formen des Sozialverhaltens und als selbstverschuldete Ursachen dieser sozialen Lage zugeschrieben: wohnräumliche Verwahrlosung, aggressives Betteln, »Arbeitsstrich« der Männer, Prostitution der Frauen u.a.m.[35]

Im Fall der Roma überschnitten sich dabei sozial- und kulturrassistische Zuschreibungen. Mittelständische Stammtische wissen: Die »Armutswanderung« aus Bulgarien und Rumänien wird den Sozialstaat fressen. Sie wurden informiert von der CSU. [...]

Die Ende 2013 geplante, fremdenfeindliche Abwehrhaltungen forcierende und bald international

---

[31] A. Funk, Politbarometer: Mehrheit sieht Euro wieder positiv, in: Der Tagesspiegel online, 13.12.2013 (http://www.tagesspiegel.de/politik/politbarometer-mehrheit-sieht-euro-wieder-positiv/9215552.html); D. Böcking, Soziale Ungleichheit. Deutschland wird amerikanischer, in: Spiegel online, 5.12.2011).
[32] L. Haverkamp, Politbarometer: Wähler sehen Zuwanderung erstmals als wichtigstes Thema, in: Der Tagesspiegel online, 17.1.2014 (http://www.tagesspiegel.de/politik/politbarometer-waehler-sehen-zuwanderung-erstmals-als-wichtigstes-thema/9347408.html); H. Hildebrand, Stern-Umfrage: Starke Minderheit plädiert für Einschränkung der Zuwanderung aus der EU, in: stern news 20.2.2014 (http://www.presseportal.de/pm/6329/2668596).

[33] C. Pauly u.a., Das Schweizer Virus, in: Der Spiegel, 17.2.2014; F. Leber, Auf dem Wohlstandsbaum, in: Der Tagesspiegel, 18.2.2014; vgl. M. Stürmer, Hau die Schweiz, in: 19.2.2014.
[34] Zum Begriff der Negativen Integration s. Bade, Kritik und Gewalt, 2013, S. 348–364.
[35] Ders., »Armutswanderung«: Pragmatismus, Rassismus und Negative Integration, in: MiGAZIN, 18.3.2014. (http://www.migazin.de/2014/03/18/bade-armutswanderung-pragmatismus-rassismus-negative-integration/).

Aufsehen erregende CSU-Kampagne[36] stieß auf breite Ablehnung: nicht nur bei Sozialdemokraten in der neuen Bundesregierung und bei den Oppositionsparteien, sondern auch bei kirchlichen Verbänden wie der Caritas und bei um das Ansehen Deutschlands im Ausland und damit um die Konkurrenzfähigkeit auf dem weltweiten Arbeitsmarkt besorgten Wirtschaftsverbänden.[37] Aber die CSU war dadurch nicht zu beeindrucken, weil es nicht um die Sache, sondern um Wahlkampf ging.[38]

Im Vorfeld schon hatte auf der Bundesebene der ehemalige Bundesinnenminister Friedrich (CSU) vorgearbeitet, der in seiner Amtszeit von ihrem missglückten Start bis zu ihrem unrühmlichen Ende in der weiteren Öffentlichkeit vor allem durch gesellschaftspolitische Fehltritte und populistische Redensarten bekannt geworden war. Das galt in diesem Bereich zum Beispiel für seine semantischen Ausfälle über südosteuropäische potentielle »Sozialbetrüger«, die man »ohne viel Federlesen« wieder »rausschmeißen« und mit einer »Wiedereinreisesperre« belegen müsse.[39] [...]

Neben führenden Vertretern der CSU tummelten sich im dem antibulgarischen, antiromanischen und antiziganistischen Konzert sogleich auch wieder die üblichen Verdächtigen aus der »islamkritischen« Publizistik, die eine neue einträgliche Skandalisierungs-Chance witterten: Thilo Sarrazin sah Ende 2013 unter der »Focus«-Überschrift »Hartz IV für die Welt« Deutschland in einer selbst gegrabenen Sozialfalle verenden.[40] Alsbald folgte die selbsternannte Islam-Expertin Necla Kelek, die in ihrer Rolle als Fachfrau für scheiternde Integration nun auch als Roma-Expertin debütierte.[41]

Sarrazin selbst polemisierte in seinem neuen Pamphlet über weite Strecken kultur- und sozialrassistisch gegen angeblichen »Tugendterror« und führte dabei als ein »Axiom des Tugendwahns im Deutschland der Gegenwart« popanztechnisch die folgende Meinungskarikatur vor: »Es mag sein, dass unser Sozialstaat viele Menschen anzieht, die ein besseres Los für sich und ihre Familien suchen. Aber was ist so schlimm daran? Lasst uns doch mal die Leistungsfähigkeit unseres Sozialstaats testen. [...] Außerdem würde damit der sowieso nötige kulturelle und demographische Wandel in Deutschland beschleunigt werden, und der Zeitpunkt würde näher rücken, an dem das dumme Gerede von deutscher Identität und Eigenart endlich ganz aufhört.«[42]

Mit erhobenem Zeigefinger meldete sich auch wieder der medientüchtige Bezirksbürgermeister von Berlin-Neukölln, Heinz Buschkowsky, zu Wort. Er verweigerte aber zugleich eine Stellungnahme zu peinlichen investigativen Journalistenfragen. Dabei wären Antworten zu erwarten gewesen z.B. zu der Frage, wieso in seinem Bezirk ohne Einschreiten der Bezirksverwaltung so viele arme Einwanderer doppelt ausgebeutet werden dürften: von betrügerischen Arbeitgebern als Scheinselbständige mit Billiglöhnen ohne Sozialabgaben und von nicht minder skrupellosen Vermietern durch Matratzen-Mieten in Schrottimmobilien mit verschimmelten Wohnungen ohne Toiletten in Gesellschaft von Mäusen und Kakerlaken und von Ratten in den Müllbergen vor dem Haus.[43]

Wie effektiv indirekt kultur- und sozialrassistische Gruppendenunziationen wirken, zeigte das erwähnte Politbarometer von Mitte Januar 2014: 56 Prozent aller Wahlberechtigten hielten für Deutschlands Zukunft zwar die Zuwanderung ausländischer Arbeitskräfte für »wichtig«. Aber 51 Prozent glaubten, dass eine verstärkte Zuwanderung aus Bulgarien und Rumänien »für Deutschland hauptsächlich Nachteile« bringen würde. Anhänger von Union und AfD glaubten sogar zu 62 Prozent, »dass viele Zuwanderer aus diesen Ländern nur nach Deutschland kommen, um hier Sozialleistungen in Anspruch zu nehmen«. Auf diese Wähler aber zielte das CSU-Diktum »Wer betrügt, der fliegt!«.

Im inszenierten Alarmismus gegenüber angeblich drohender Gefahr für das nationale Wohlfahrtsparadies in der Mitte Europas sah sich schließlich selbst Bundeskanzlerin Merkel genötigt, in ihre Regierungserklärung im Bundestag am 29.1.2014 die diplomatische Warnung an Europa aufzunehmen: »Angesichts völlig unterschiedlicher Sozialsysteme in den Mitgliedstaaten der Europäischen Union darf es durch das Prinzip der Freizügigkeit nicht zu einer faktischen Einwanderung in die Sozialsysteme kommen.«[44]

---

[36] Zuwanderungsdebatte. Wie berichten Medien in Bulgarien und Rumänien?, in: Der Tagesspiegel, 9.1.2014.
[37] Vgl. dazu u.v.a.: R. Roßmann, Wegen Bulgarien und Rumänien: CSU plant Offensive gegen Armutsmigranten, in: Süddeutsche Zeitung, 28.12.2013 (http://www.sueddeutsche.de/politik/wegen-bulgarien-und-rumaenien-csu-plant-offensive-gegen-armutsmigranten-1.1852159); Zoff um Armutszuwanderung SPD-Minister gehen auf CSU los, in: Der Stern, 2.1.2014; Zuwanderungsstreit in der Großen Koalition. Industrie warnt vor Wirtschaftsschäden, in: tagesschau.de, 4.1.2014; F. Stier / C. Böhme, Entgegen allen Vorurteilen, in: Der Tagesspiegel, 4.1.2014; Wirtschaft kritisiert Debatte über arme Migranten, in: heute.de, 7.1.2014; M. Kamann, Katholischer Sozialverband rügt CSU im Zuwanderungsstreit, in: Die Welt, 8.1.2014.
[38] Vgl. S. Klein, Eine Frage, Herr Seehofer, in: Süddeutsche Zeitung, 23.1.2014; Position Städtetag: Einwanderungsland ohne ehrliche Debatte, in Mediendienst Integration (mdi), 6.2.2014; Präsident des Städtetages: »Wir brauchen ein Konzept, keine apokalyptischen Visionen«, in: MiGAZIN, 17.2.2014.
[39] Friedrich will ausländische Sozialbetrüger »rausschmeißen«, in: Süddeutsche Zeitung, 7.6.2013. (http://www.welt.de/politik/deutschland/article116913358/Friedrich-will-Armutseinwanderer-rausschmeissen.html).
[40] T. Sarrazin, Hartz IV für die Welt?, in: Focus, 9.12.2013.
[41] N. Kelek, Romakinder in die Schule, in: Die Welt, 6.1.2014; vgl. dagegen: M. Martens, Bildung, Bildung, Bildung?, in: Frankfurter Allgemeine Zeitung, 7.1.2014.

[42] Sarrazin, Tugendterror, S. 332.
[43] Wie Kommunalpolitiker die Ängste vor Rumänen und Bulgaren schüren (http://www.rbb-online.de/kontraste/ueber_den_tag_hinaus/migration_integration/zuwanderung-als-schreckgespenst-wie-kommunalpolitiker-die-aengs.html).
[44] Regierungserklärung von Bundeskanzlerin Merkel im Deutschen Bundestag, 29.1.2014 (http://www.bundesregierung.de/

Schon im Koalitionsvertrag der schwarzroten Bundesregierung war unter der Überschrift »Armutswanderung innerhalb der EU« beschlossen worden: Um »die Akzeptanz für die Freizügigkeit in der EU« zu erhalten, werde man »der ungerechtfertigten Inanspruchnahme von Sozialleistungen durch EU-Bürger entgegenwirken« und dafür Sorge tragen, »dass Anreize für Migration in die sozialen Sicherheitssysteme verringert werden.« Neben administrativen Defensivmaßnahmen, einer verbesserten Zusammenarbeit der Behörden und »befristeten Wiedereinreisesperren« wurde an Hilfsmaßnahmen durch Förderungsprogramme des Bundes (z.B. Soziale Stadt) für besonders »durch Armutswanderung betroffene Kommunen« gedacht. Das klang wie eine strategische Kombination von Deichbaumaßnahmen und Nothilfezusagen für Flutopfer.[45]

Die soziale Wirklichkeit hinter der Fassade des »Sozialtourismus«

Es geht nicht, wie etwa die NPD in Ihrer Wahlreklame deutlich zu machen suchte, um eine »Massenzuwanderung aus Bulgarien und Rumänien« in die Sozialsysteme.[46] Es gibt sie nicht, wie zahlreiche fundierte Einschätzungen belegen [...]. Deshalb wurde zu Recht das – angeblich aus der Führungsetage des Bundesministeriums des Innern neu in die öffentliche Diskussion geschleuste – Schandwort »Sozialtourismus« zum »Unwort des Jahres« 2013 gewählt.

Bei den alarmistisch bis hysterisch vorgeführten Skandalen mit den immer wieder gefilmten »Problemhäusern« – bei denen in Wahrheit Mieter die Opfer und Vermieter die Täter sind – geht es in Wirklichkeit um spezifische Sozialprobleme in einzelnen städtischen Distrikten vor allem struktur- und finanzschwacher Kommunen mit ohnehin stark angeschlagenen Sozialetats. Das gilt besonders für Städte des Ruhrgebiets, das der Paritätische Wohlfahrtsverband zu Recht als »Problemzone Nr. eins« in Deutschland bezeichnet hat.

Dramatische Musterbeispiele sind hier die beiden Spitzenreiter bei der Armutsgefährdung unter den 15 größten deutschen Städten: Auf Platz 1 steht Dortmund mit 26,4 % Armutsgefährdung (Zuwachs 7,8) und, nach Leipzig (25,9 %), auf Platz 3 Duisburg mit 25,1 % Armutsgefährdung (Zuwachs 8,1 %). In diesen beiden über »Armutseinwanderung« klagenden Großstädten lebt mithin ein Viertel der gesamten Stadtbevölkerung in der sozialen Problemkategorie »armutsgefährdet«, Tendenz jährlich rasant steigend. Vor solchem Hintergrund kann jede Mehrbelastung des kommunalen Sozialetats als kleine Katastrophe wirken.[47] [...]

In den Medien aber wurde allenthalben berichtet über den »Arbeitsstrich« der Männer, über Prostitution der Frauen, über Verunreinigungen im Umfeld elender Wohnquartiere, mitunter auch über einen Anstieg der Kleinkriminalität in deren Umfeld; denn die Kamerateams der Medien filmen nicht die normalen sauberen Bürgersteige, die es dort ja ebenfalls gibt, sondern bevorzugt die telegenen blauen Müllsäcke vor dem Haus.[48]

In Wahrheit waren 2007–2011 bundesweit bis zu 80 Prozent der Zuwanderer aus Bulgarien und Rumänien beschäftigt. Davon waren ca. 46 Prozent qualifiziert und ca. 22 Prozent sogar hochqualifiziert – mehr also als bei der in Deutschland lebenden Bevölkerung, die mit ihren nur 19 Prozent deutlich niedriger lag und heute sogar insgesamt 10 Prozent unter den entsprechenden Werten der aktuellen Gesamtzuwanderung (29 %) liegt.[49]

Allein aus Bulgarien gab es 2011 schon rund 7 000 Studierende in Deutschland. Und aus der Qualifikationsstruktur der zuwandernden Rumänen sprach annähernd die gleiche Überlegenheit gegenüber der deutschen Bevölkerung ohne Migrationshintergrund, die heute bei Zuwanderern nach Deutschland im Alter zwischen 15 und 65 Jahren allgemein zu beobachten ist: 43 Prozent von ihnen haben einen tertiären Abschluss (Meister,- Hochschul- oder Technikerabschluss), was für Deutsche ohne Migrationshintergrund nur zu 26 Prozent gilt.[50] Das markiert einen grundlegenden Unterschied zwischen der neuen

---

Content/DE/Regierungserklaerung/2014/2014-01-29-bt-merkel.html).
[45] Deutschlands Zukunft gestalten. Koalitionsvertrag zwischen CDU, CSU und SPD, Berlin 2013, S. 108 (https://www.cdu.de/sites/default/files/media/dokumente/koalitionsvertrag.pdf)
[46] Die NPD berief sich dabei – fälschlich – auf eine grundsätzliche Warnung des Hauptgeschäftsführers des Städte- und Gemeindebundes, G. Landsberg, vor einer »ungebremsten Armutsmigration in unsere Sozialsysteme« und auf dessen Appel, eine »ungerechtfertigte Inanspruchnahme von Sozialleistungen durch EU-Bürger« sozialrechtlich zu klären: »Nicht die NPD, sondern die Einwanderung in den Sozialstaat muss verboten werden!«, in: www.npd.de, 2.12.2013.

[47] Deutscher Städtetag, Positionspapier zu den Fragen der Zuwanderung aus Rumänien und Bulgarien, Berlin 22.1.2013; vgl. Falsche Zahlen. Keine Belege für Armutszuwanderung aus Bulgarien und Rumänien, in: MiGAZIN, 22.1.2013.
[48] Vgl. u.v.a.: J. Kubsova / L. Heiny, »Willst Du Sklavenhandel in Deutschland sehen, dann komm hierher«, in: Der Stern, 9.1.2014, S. 50–58.
[49] Die auf kleinen Einheiten beruhenden, anfangs insbesondere von der Duisburger »Informationslogistik« attackierten Ergebnisse des Mikrozensus waren zwar für Gesamtdaten über einzelne Nationalitätengruppen in der Tat nur beschränkt aussagefähig. Sie wurden aber zunehmend bestätigt durch Angaben des Instituts für Arbeitsmarkt- und Berufsforschung (IAB) der Nürnberger Bundesanstalt für Arbeit, was die ca. 46 % Qualifizierten und die ca. 22 % Hochqualifizierten angeht. Nur die Gesamtangaben über die dauerhafte Beschäftigung unter den Neuzuwanderern schwankten zwischen 60 und 80 %, was aber auch mit der Zunahme der Saisonarbeiterbeschäftigung zu tun hatte. Nach Angaben des IAB waren im Dezember 2012 auch nur 9,6 % der Bulgaren und Rumänen in Deutschland arbeitslos gemeldet. Damit lag deren Erwerbslosenquote sogar bei weitem niedriger als diejenige der Ausländer in Deutschland insgesamt, die zeitgleich 16,4 % betrug. Eine sichere Basis wird sich aber erst mithilfe der seit dem freien Arbeitsmarktzugang (1.1.2014) verfügbaren Daten ergeben.
[50] D. Huneke (Hg.), Ziemlich deutsch. Betrachtungen aus dem Einwanderungsland Deutschland, Bonn 2013, S. 220.

Zuwanderung und der in Deutschland lebenden Bevölkerung mit Migrationshintergrund, die in ihrem – aus den Bildungsabschlüssen abgeleiteten – Qualifikationsniveau der Bevölkerung ohne Migrationshintergrund noch immer deutlich unterlegen ist. Der Bildungsbericht 2014 zeigt zwar, dass Jugendliche mit Migrationshintergrund aufholen, diejenigen ohne Migrationshintergrund aber nicht einholen (»Fahrstuhleffekt«) und dass das Bildungssystem herkunftsbedingte soziale Startnachteile nach wie vor nicht ausgleichen kann.[51]

Eine unter dem bezeichnenden Titel »Die Mär vom ›Sozialtourismus‹« Anfang 2014 vorgelegte Studie der Friedrich Ebert-Stiftung über Arbeitswanderer aus Rumänien in Deutschland und anderen EU-Mitgliedsländern kommt auf der Basis von Zahlen des IAB zu dem Ergebnis, dass Rumänen in Deutschland »gut in den Arbeitsmarkt integriert« sind.[52]

Rumänen haben in Deutschland mit 60,2 Prozent die höchste Erwerbsquote, verglichen mit dem Durchschnitt der Zuwanderer aus den anderen östlichen (Bulgarien, Estland, Lettland, Litauen, Polen, Slowenien, Slowakei, Tschechien und Ungarn) sowie aus den südeuropäischen EU-Mitgliedsländern (Griechenland, Italien, Portugal und Spanien). Ihre Arbeitslosenquote liegt mit 5,3 Prozent sogar unter dem Bevölkerungsdurchschnitt in Deutschland (6,7 %) und weit unter dem mehr als doppelt so hohen Durchschnitt der ausländischen Bevölkerung (14,7 %).

Verglichen mit der Ausländerbevölkerung insgesamt erhalten Rumänen in Deutschland auch nur zu 7,4 Prozent Sozialleistungen nach SGB-II (»Hartz IV«), zudem meist nur als erwerbstätige »Aufstocker«. Dieser Wert liegt sogar knapp unter der durchschnittlichen Leistungsempfängerquote in Deutschland insgesamt (7,5 %) und weit unter dem abermals mehr als doppelt so hohen Durchschnitt der Ausländerbevölkerung (16,2 %).

Falsch aber wäre es, bundesweite Gesamtzahlen über Beschäftigung, Qualifikation und Transferabhängigkeit gegen lokale Daten und Beobachtungen in den kommunalen Problemzonen in Stellung zu bringen, in denen sich gering qualifizierte Zuwanderer mit prekären Soziallagen konzentrieren. Das gilt auch für die Zuwanderung aus Bulgarien und Rumänien, die nach Qualifikations- und Sozialstruktur eine große Spreizung zeigt – mit starken Eliten- und zugleich starken Prekariatsanteilen. An der Basis der migratorischen Sozialpyramide gibt es hier in der Tat zum Teil eine transnationale Migration vom Prekariat ins Prekariat. Und im Falle der Roma sowie anderer Gruppen von »Zigeunern« geht es um Wege vom ethnosozialen Subproletariat in Bulgarien und Rumänien ins ethnisch heterogene, aber sozial geschlossene großstädtische Subproletariat in Deutschland.[53]

Aber auch da ist viel Hysterie im Spiel: Nach den in der FES-Studie verwendeten IAB-Daten lag zwar zuletzt »die Arbeitslosenquote der Rumänen in Duisburg bei 18,7 Prozent, in Berlin bei 21,6 Prozent und in Dortmund bei 19,3 Prozent«, also gut dreimal so hoch wie die Arbeitslosenquote der Rumänen im Bundesdurchschnitt. Auch das jedoch sind, so die unaufgeregte Sekundäranalyse der FES, für sich genommen »keine alarmierenden Zahlen«; denn sie liegen allen Fällen deutlich unter der Arbeitslosenquote der in diesen drei Städten lebenden Ausländer insgesamt. Sie zeigen demnach nur, »dass in diesen Gegenden die Arbeitsmarktintegration weniger gut gelingt als im Bundesdurchschnitt.«[54] Allerdings zeigte Ende 2013 – bei noch vergleichsweise kleinen Fallzahlen auf der Bundesebene und deutlich klarer in den westdeutschen großstädtischen Ballungsräumen – die Kurve der durch Arbeitslosigkeit bedingten Transferabhängigkeit bei Rumänen und besonders bei Bulgaren steil in die Höhe.[55]

Richtig bleibt, dass gerade in diesen prekären Milieus, wie bei deutschen Arbeitnehmern auch, die Inanspruchnahme von Sozialtransfers stärker ausgeprägt ist. Das liegt aber nicht daran, dass die Menschen im Sinne der abschätzigen »Sozialtourismus«-These kämen, um sich als Faultiere in die Äste des deutschen Sozialsystems zu hängen. Ihre erste Frage heißt nicht »Sozialamt«, sondern »Arbeit«. Sie sind in der Tat oft unzureichend qualifiziert, meist auch unzureichend informiert und suchen deshalb oft vergeblich nach Arbeit für sich und ihre Familien. Sie bedienen sich dann des Sozialsystems im Wohlfahrtsstaat, ganz wie Deutsche aus verwandten Milieus auch, im Unterschied zu ihnen aber oft ohne vorher in die Sozialsysteme einbezahlt zu haben und in Abhängigkeit von allerlei dubiosen und meist teuren privaten »Beratern« und »Vermittlern«.

---

[51] H. Brücker, Auswirkungen der Einwanderung, S. 79f.; Autorengruppe Bildungsberichterstattung, Bildung in Deutschland 2014. Ein indikatorengestützter Bericht mit einer Analyse zur Bildung von Menschen mit Behinderungen, Bielefeld 2014 (http://www.bildungsbericht.de/de/bildungsberichte-seit-2006/bildungsbericht-2014/pdf-bildungsbericht-2014/bb-2014.pdf); F. Woellert / R. Klingholz, Neue Potenziale. Zur Lage der Integration in Deutschland (Berlin-Institut für Bevölkerung und Entwicklung), Berlin 2014 (http://www.berlin-institut.org/publikationen/studien/neue-potenziale.html).
[52] Hierzu und zum Folgenden: M. Jobelius / V. Stoiciu, Die Mär vom »Sozialtourismus«. Zuwanderung rumänischer Staatsbürger nach Deutschland und in andere EU-Mitgliedsländer, Berlin 2014. Arbeitnehmer aus Rumänien sind allerdings offenbar besser in den Arbeitsmarkt integriert und nehmen weniger Sozialtransfers in Anspruch als Arbeitnehmer aus Bulgarien; vgl. IAB-Kurzbericht 16/2013.
[53] »Armut zu Armut«. Romani Rose im Interview (B. Dörries, R. Wiegand), in: Süddeutschen Zeitung, 4.11.2013.
[54] Jobelius / Stoiciu, Die Mär vom »Sozialtourismus« (Anm. 52); die in der FES-Studie nicht erfassten entsprechenden Werte der Zuwanderer aus dem europäischen Armenhaus Bulgarien fallen schlechter aus.
[55] K. Tscharnke, Zuwanderung aus Südosteuropa erreicht die Jobcenter, dpa 5.2.2014; Deutlich öfter Hartz IY für Südosteuropäer, in: Nürnberger Zeitung, 6.2.2014; Zuwanderung: Mehr Jobs und mehr Hartz IV, in: Der Tagesspiegel, 6.2.2014; Mehr Hartz-IV-Hilfen für Rumänen und Bulgaren, in: Süddeutsche Zeitung, 6.3.2014.

Die Widersprüche und Schwachstellen des Sozialsystems im deutschen Wohlfahrtsstaat aber laden bekanntlich geradezu zum Missbrauch im Sinne der unter den Deutschen selbst am meisten verbreiteten »ausgleichender Selbsthilfe« ein. Das galt bei Arbeitskräften aus Bulgarien und Rumänien lange eher für die Selbstausbeutung durch Scheinselbständigkeit mithilfe der Beantragung eines Gewerbescheins. Nötig dafür waren nur 26 Euro und die Angabe einer Wohnadresse. Damit konnten Bulgaren und Rumänen schon vor dem 1.1.2014 in Deutschland die Arbeitsmarktsperre unterlaufen und auch bei geringer Qualifikation erwerbstätig werden.

Solidität des beabsichtigten Gewerbebetriebs und Validität der Wohnadresse wurden, des damit verbundenen Verwaltungsaufwands wegen, in aller Regel nicht überprüft. Das galt im Extremfall sogar bei mehr-dutzendfachen Gewerbeanmeldungen unter einer einzigen Hostel-Adresse ebenso wie bei der Konzentration von mitunter mehr als 70 Gewerbetreibenden in einer einzigen Schrottimmobilie mit Matratzenlagern. Ein folgenloses Kavaliersdelikt blieb offenkundig lange auch die Verbindung von Selbstausbeutung und Sozialbetrug bei offenkundiger Scheinselbständigkeit. Das galt zum Beispiel dort, wo skrupellose Arbeitgeber durch – meist von ihnen selbst vorbereitete, in immer gleicher Form an sie selber gerichtete – Rechnungen dem Finanzamt versehentlich selber nachwiesen, dass es sich hier um in abhängiger Beschäftigung erbrachte Arbeitsleistungen handelte, für die die Sozialabgaben unterschlagen wurden, was bekanntlich eine Straftat ist.

Eine verschärfte Nachweispflicht mit behördlicher Kontrolle forderten sogleich die Experten der 2013 eingesetzten Bund-Länder-Arbeitsgruppe mit dem amtlich diskriminierenden Titel »Armenwanderung aus Osteuropa«. Und auch der Skandal mit den Matratzenvermietungen – in Duisburg allein in rund 40 Gebäuden – wurde erst spät unter die amtliche Lupe genommen.[56]

Manches könnte sich tendenziell zum Positiven wenden: einerseits durch die kommunikativ verzögerten Auswirkungen der vollen Arbeitnehmerfreizügigkeit, von deren Rechtsvorteilen viele bulgarische und rumänische Arbeitskräfte nach Straßeninterviews lange gar nichts wussten; andererseits durch die umstrittene Mindestlohngesetzgebung – soweit diese am Ende nicht doch viele einschlägige Ausnahmen enthält. Die aber wünschen sich zum Beispiel ausgerechnet Arbeitgeber in Bayern und deren politische Interessenvertreter für Bereiche, in denen gerade die vielgeschmähten und als »Betrüger« verdächtigten Bulgaren und Rumänen als um angemessenen Lohn betrogene »Billiglöhner« beschäftigt sind, von der Landwirtschaft bis zur Fleischverarbeitung.

Für die Ausgangsräume Bulgarien und Rumänien aber ist die Arbeitswanderung wegen der Rücküberweisungen (»remittances«) ein entscheidender Beitrag zur gesamten Wirtschaftsleistung. Und sie ist zugleich ein dramatischer Brain-Drain, der diese Länder bereichsweise regelrecht ausbluten lässt. Das gilt nach Gewerkschaftsangaben seit 1989 zum Beispiel für die Abwanderung von 20 000 Pflegekräften und von 30 000 Medizinern aus Rumänien, von denen derzeit mehr als 2 000 Ärzte in Deutschland tätig sind, die hier insbesondere in den ländlichen Regionen fehlen.[57] In den Kliniken der Ausgangsräume aber müssen ganze Abteilungen geschlossen werden, weil das Fachpersonal fehlt. Deshalb wird hier in absehbarer Zeit mit der Notwendigkeit von EU-Rettungspaketen zur Stabilisierung der immer mehr gefährdeten medizinischen Grundversorgung zu rechnen sein – Dritte Welt in der EU.

Kultur- und Sozialrassismus als politische Gefahr
Die aggressive fremdenfeindliche Agitation der CSU war zweifelsohne mental folgenreich und zahlte sich doch an der Urne nicht aus, im Gegenteil: Bei von zuletzt 60 auf 55 Prozent sinkender Wahlbeteiligung sackte die erfolgsverwöhnte CSU – erstmals in den Kommunalwahlen seit 1960 – knapp unter die Marke von 40 Prozent ab. Die Alternative für Deutschland hingegen, die vor der Wahl taktisch mit rechtspopulistischen Positionen geliebäugelt hatte, erreichte bei der Europawahl auf Anhieb beachtliche 7 Prozent und kooperierte im Vorfeld der Koalitionsverhandlungen sogleich mit dem rechtskonservativen Bündnis »Europäische Konservative und Reformisten« (ECR), das sich damit als drittstärkste Kraft für die Koalitionsverhandlungen positionieren konnte. Unter dem Banner der ECR aber tummeln sich neben britischen Europa-Skeptikern auch Nationalisten, Kulturrassisten, Einwanderer- und insbesondere Islam- und Muslimfeinde wie die »Wahren Finnen«, die »Dänische Volkspartei« oder die »Kroatische Partei der Rechte«.[58]

Politik ging nach der kommunalen und europapolitischen Wahlagitation wieder pragmatisch zur Tagesordnung über, als sei nichts gewesen. Fremdenfeindliche, latent oder auch offen kultur- und sozialrassistische Parolen aber, wie sie im Wahlkampf verbreitet wurden, wirkten wie geschönte Kopien rechtspopulistischer und rechtsradikaler Pamphlete. Wer aber fahrlässig mit solchen Kopien hantiert,

---

[56] Vgl. u.v.a. P. Berger, Die Grenzen Europas im Ruhrgebiet, in: Berliner Zeitung, 8.1.2014; Betten im Schrotthaus, in: Süddeutsche Zeitung, 28.1.2014; R. Burger, Der Kampf der Städte mit der Armutseinwanderung, in: Frankfurter Allgemeine Zeitung, 3.2.2014.

[57] G. Bohsem, 110 Prozent Hausarzt. Die Medizinerverbände warnen vor einem grassierenden Nachwuchsmangel, die gesetzlichen Krankenkassen sehen dagegen nur Lücken auf dem Land, in: Süddeutsche Zeitung, 28.2.2014; M. Widmann, Doktor Teilzeit. Norddeutsche Gemeinden locken Ärzte mit einer Festanstellung, in: Süddeutsche Zeitung, 22./23.2.2014.
[58] A. Meier, AfD und Cameron-Partei kooperieren, in: Der Tagesspiegel, 13.6.2014; Wie rechts ist die EU?, in: Frankfurter Rundschau, 14.5.2014.

spielt mit der Gefahr, die Originale zu wecken. Und die können dann problemlos an die abwertend-aggressiven Redensarten anknüpfen, die in der Erinnerung ihrer Adressaten hängen bleiben und auch auf andere Aggressionsobjekte überspringen wie z.B. Flüchtlinge, Asylsuchende und Muslime bzw. auf Asylunterkünfte und Moscheen.

In Sachen der sogenannten »Armutswanderung« ist heute deshalb nicht nur aus sozialen bzw. sozialrechtlichen, sondern auch aus politischen Gründen keine Zeit mehr zu verlieren; denn dieses sozialrassistische Reizthema ist, zusammen mit dem ebenso verbreiteten kulturrassistischen Schreckbild »Islam«, das einigende Band aller rechtspopulistischen Kräfte in Deutschland und Europa.

Es geht darum, diese Kräfte zu begrenzen. Nicht weiter hilft hier die oft nur vordergründige Rede von einer »Willkommenskultur«, die im Bereich des öffentlichen Dienstes meist über bloße Willkommenstechnik für Ausländerbehörden nicht hinauskommt und selbst dabei oft im Vorfeld stecken bleibt.[59] »Von einer Willkommenskultur sollte schweigen, wer nicht über Diskriminierung, Fremdenfeindlichkeit, Rassismus und Rechtsextremismus reden will«, schreibt der Politologe Roland Roth. »Der Schock über das Totalversagen der Behörden im Kontext des NSU- Terrors bietet Anlass genug, neue Wege in der Auseinandersetzung mit dieser nicht selten gewalttätigen Opposition gegen Vielfalt und Zuwanderung zu gehen.«[60] [...]

Der Ausbreitung völkischer, kultur- und sozialrassistischer sowie neo-nationalsozialistischer Vorstellungen kann entgegengewirkt werden, wenn die demokratische Einwanderungsgesellschaft ihre Verfassung lebt und deren Feinden auf dieser Grundlage in Freiheit entschieden, mutig und wehrhaft entgegentritt. Das wäre deutlich leichter, wenn auch der Verfassungsschutz seine politisch ebenso opportunistische wie fahrlässige Erkenntnisverweigerung in dieser Hinsicht aufgäbe, bevor es, wieder einmal, zu spät ist. Spät genug ist es ohnehin und der überwältigende Sieg des völkisch-rechtsextremistischen, kultur- und sozialrassistischen, einwanderungs- und europafeindlichen Front National von Marine Le Pen hat im Nachbarland Frankreich gezeigt, wohin die Reise gehen kann.[61]

11.1.8 Zur Karriere und Funktion abschätziger Begriffe in der deutschen Asylpolitik, in: MiGAZIN, 29.6.2015[62] (Auszug).

In der politischen Polemik gegen »Asylmissbrauch« haben gefährliche Kampfbegriffe Karriere gemacht: von der Prägung in denunziatorischer Absicht über den Alltagsgebrauch bis zur Bestätigung durch lexikalische Festschreibungen.

Artikel 16, Absatz 2, Satz 2 des Grundgesetzes der Bundesrepublik Deutschland von 1949 umfasste bewusst nur vier Worte: »Politisch Verfolgte genießen Asylrecht«. Das war die generöse Antwort auf die Erfahrung der Aufnahme, aber auch Nichtaufnahme (z.B. in der Schweiz) der von den Nationalsozialisten Verfolgten. Das Grundrecht war bewusst so umfassend und ohne jede Einschränkung formuliert worden, trotz aller Bedenken in der intensiven Diskussion im Parlamentarischen Rat im Winter 1948/49.[63] Hermann von Mangoldt (CDU) betonte ausdrücklich, »wenn wir irgend eine Einschränkung aufnehmen würden, wenn wir irgendetwas aufnehmen würden, um die Voraussetzungen für die Gewährung des Asylrechts festzulegen, dann müsste an der Grenze eine Prüfung durch die Grenzorgane vorgenommen werden. Dadurch würde die ganze Vorschrift völlig wertlos.«[64]

Historische Erfahrungen

Schutzbedürftigkeit hatte es im nationalsozialistischen Deutschland und später im von Deutschland besetzten Europa während des Zweiten Weltkriegs für aus politischen, religiösen, rassistischen und anderen Gründen Unterdrückte, Entrechtete und Verfolgte gegeben, unter ihnen besonders Menschen jüdischen Glaubens. Nicht wenige Länder der Welt hatten dem bald tödlichen antisemitischen Terror in Deutschland lange tatenlos zugesehen oder aus den verschiedensten Gründen auch demonstrativ weggesehen.

Auf der Konferenz von Évian 1938 verhandelten zwar Vertreter von 32 Staaten und von vielen, auch jüdischen Hilfsorganisationen über die Erleichterung der Einreise für die vom NS-Staat terrorisierten und zunehmend in tödlicher Gefahr lebenden Juden aus Deutschland. Unterhalb wohlklingender humanitärer

---

[59] Wirkungsanalyse des rechtlichen Rahmens für ausländische Fachkräfte. Studie im Auftrag des Bundesministeriums für Wirtschaft und Energie, München 2014; vgl. Ausländerbehörden bremsen Willkommenskultur, in: MiGAZIN, 16.6.2014; Fallbeispiel: M. Amjahid, Die Akte Amjahid, in: Der Tagesspiegel, 17.5.2014.
[60] R. Roth, Willkommens- und Anerkennungskultur in Deutschland: Herausforderungen und Lösungsansätze, in: Bertelsmann Stiftung (Hg.), Vielfältiges Deutschland. Bausteine für eine zukunftsfähige Gesellschaft, Gütersloh 2014, S. 295–354.
[61] J. Hanimann, Aufstand der Sprachlosen. Frankreich zwischen Fremdenhass und Wutbürgertum, in: Süddeutsche Zeitung, 16./17.11.2013; hierzu zuletzt: B. Korn, Des Teufels Generalin. Marine Le Pen hat den Rechtsextremismus gesellschaftsfähig gemacht, in: der Tagesspiegel, 15.6.2014; für eine kaum verhüllte Sympathieerklärung aus Kreisen der deutschen »Islamkritik« an die Adresse der französischen Islamhetzerin, s. den Artikel »Wer ist Marine Le Pen« von der feministischen »Islamkritikerin« A. Schwarzer hg. Zeitschrift EMMA, 24.4.2014 (http://www.emma.de/artikel/wer-ist-marine-le-pen-317041).
[62] http://www.migazin.de/2015/06/29/zur-karriere-funktion-begriffe-asylpolitik/. Gekürzte Fassung in: Aus Politik und Zeitgeschichte. Beilage zur Zeitschrift Das Parlament, 65.2015, Nr. 25 (Flucht und Asyl), Juni 2015, S. 3–8.
[63] Für kritische Anregungen danke ich Dr. S. C. Meyer, H. Kauffmann, M.A., und Prof. Dr. J. Oltmer.
[64] Hierzu mit Belegen: K. J. Bade, Ausländer – Aussiedler – Asyl. Eine Bestandsaufnahme, München 1994, S. 93–95.

Erklärungen gab es auf der Ebene der konkreten Hilfs- und Aufnahmebereitschaft vorwiegend ablehnende Voten oder hinhaltende Ausflüchte, nicht selten auch rassistische Stellungnahmen und sogar die Rede vom »Missbrauch des Asylrechts« durch einreisewillige NS-Verfolgte.[65]

Der österreichische Schriftsteller Alfred Polgar schrieb unter dem Eindruck der Konferenz von Évian 1938: Internationale Verhandlungen, die zur Erörterung der Frage »Wie schützt man die Flüchtlinge?« einberufen worden seien, beschäftigten sich in Wahrheit vor allem mit der Frage: »Wie schützen wir uns vor ihnen?«[66] Einige Jahrzehnte nach der Aufnahme des offensten Asylrechts der Welt in das Grundgesetz der Bundesrepublik Deutschland 1949 zeichnete sich in Deutschland und in der Europäischen Union eine durchaus ähnliche Ambivalenz ab.[67]

Daran erinnerte 2008 eine vom Zentrum für Antisemitismusforschung der TU Berlin und der Bundesarbeitsgemeinschaft für Flüchtlinge PRO ASYL veranstaltete Berliner Konferenz unter dem Titel »Festung Europa. 70 Jahre nach Évian. Menschenrechte und Schutz von Flüchtlingen«. Der Vorstandssprecher von PRO ASYL, Heiko Kauffmann, erklärte auf dieser Konferenz: Mit ihrem Konzept von Abschottung und Abweisung erinnere die Politik der EU sieben Jahrzehnte nach Évian »fatal an die heuchlerische humanitäre Beschwörungs- und Mitleidsrhetorik und an ihren in der Sache jedoch unerbittlich harten Abwehrkurs gegenüber Flüchtlingen vor 70 Jahren.«[68]

Asylangebot, Asylbegrenzung und wachsende Abwehrhaltungen
In der jungen Bundesrepublik Deutschland hatte man zunächst auch den Zustrom von deutschen Flüchtlingen aus dem Osten mithilfe von Art. 16 GG zu regeln versucht. Das führte schon im Winter 1949/50, wenige Monate nach der Staatsgründung, zu einer ersten großen Debatte über die Praktikabilität des Asylrechts. Es ging dabei besonders um »Wirtschaftsflüchtlinge« unter den Deutschen aus dem Osten, deren Zuwanderung man durch die Einführung des Notaufnahmeverfahrens 1950/51 zu begrenzen suchte, bei dem DDR-Bürger als Deutsche und nicht mehr nach Art. 16 GG aufgenommen wurden.

Als Ergebnis der Überprüfung der Fluchtgründe von DDR-Zuwanderern im Notaufnahmeverfahren dominierten eindeutig »politische« Motive; denn nur »echte« Flüchtlinge, d.h. solche, die im Aufnahmegespräch politische Ausreise- bzw. Fluchtmotive angaben, kamen in den Genuss der begehrten Eingliederungshilfen. Die Statistik verzeichnete deshalb nicht eine Abnahme des Zustroms von »Wirtschaftsflüchtlingen«, sondern nur eine »Zunahme erklärter politischer Fluchtgründe«.[69]

Die Politisierung der »Ausländerfrage« seit dem »Anwerbestopp«
Generelle Aufnahmebereitschaft, hier nach Art. 16 GG und der Genfer Flüchtlingskonvention, galt zur Zeit des Kalten Krieges für die als vorwiegend politisch motiviert verstandene Ost-West-Migration von Ausländern aus dem übrigen »kommunistischen Machtbereich«. Sie wurde in der Konkurrenz der politischen Systeme als Abstimmung mit den Füßen zugunsten des Westens begrüßt und war zur Zeit des deutschen Wirtschaftswunders zugleich ein durchaus erwünschter Arbeitskräftezuwachs. Als der Zustrom von Arbeitskräften aus der DDR durch den Mauerbau 1961 blockiert wurde, stiegen ersatzweise die Zahlen der angeworbenen ausländischen Arbeitswanderer (»Gastarbeiter«) abrupt in die Millionen.

Die Wirtschaftswunder-Euphorie endete 1973 mit der Ölpreiskrise und dem Anwerbestopp für ausländische Arbeitskräfte. Er erwies sich am Arbeitsmarkt als Bumerang: Mit der oktroyierten Alternative zwischen fortgesetztem Inlandsaufenthalt oder dauerhafter Abwanderung ins Herkunftsland ohne Rückkehrchance beendete der Anwerbestopp die transnationale Mobilität der ausländischen Arbeitnehmer und forcierte die schon stark angelaufene Familienzusammenführung in Deutschland. Mit dem verstärkten Nachzug nicht erwerbstätiger Familienangehöriger wiederum sank die anfangs hohe Erwerbsquote der »Gastarbeiter«.

Die Folgen des Anwerbestopps beendeten nicht nur den soziale Kosten sparenden Export von Arbeitslosigkeit durch die Rückwanderung von Arbeitslosen in ihre Herkunftsländer. Sie förderten insgesamt den unerwünschten Übergang von der Arbeitswanderung zur Einwanderung und damit ein politisches, soziales und mentales Paradox: Auf kommunaler Ebene wurde der Übergang zur echten Einwanderungssituation pragmatisch verwaltet. Auf Bundesebene und weithin auch auf den Länderebenen aber galt bis Anfang der 1990er Jahre die Devise, Deutschland sei »kein Einwanderungsland«, verbunden mit dem Bemühen um die »Förderung der Rückkehrbereitschaft« der ausländischen Arbeitnehmer.

Die »Gastarbeiterfamilien« aber blieben mit zunehmender Aufenthaltsdauer immer häufiger im

---

[65] H. Kauffmann, Von Évian nach Brüssel. Das Scheitern der Konferenz 1938 und die Krise der europäischen Asylpolitik 2008, in: W. Benz / C. Curio / H. Kauffmann (Hg.), Von Évian nach Brüssel. Menschenrechte und Flüchtlingsschutz 70 Jahre nach der Konferenz von Évian, Karlsruhe 2008, S. 46.
[66] Ebd., S. 39.
[67] Zur Geschichte von Asylrecht und Asylpolitik in Deutschland im Überblick: J. Oltmer, Politisch verfolgt? Asylrecht und Flüchtlingsaufnahme in der Bundesrepublik, in: Stiftung Haus der Geschichte der Bundesrepublik Deutschland (Hg.), Immer bunter. Einwanderungsland Deutschland. Begleitbuch zur Ausstellung im Haus der Geschichte, Mainz 2014, S. 106–123.
[68] R. Probst, Die Ahnungslosen von Évian, in: Süddeutsche Zeitung, 4.7.2008.

[69] P. Steinbach, Geschichte des Asylrechts und der Flüchtlingspolitik in den Anfängen der Bundesrepublik, in: Frankfurter Rundschau (FR), 26./27.9.1989; V. Ackermann, Der »echte« Flüchtling. Deutsche Flüchtlinge und Vertriebene aus der DDR 1945–1961, Osnabrück 1995.

Land, obgleich sie wegen ihrer oft geringen oder nur angelernten Qualifikationen von der bald steigenden Arbeitslosigkeit zuerst und am stärksten betroffen waren. Mit dem kontinuierlichen Anstieg der Arbeitslosenzahlen erschienen beschäftigte Ausländer bald als unerwünschte Konkurrenten am Arbeitsmarkt, während arbeitslose »Gastarbeiter« als soziale »Kostgänger« diskreditiert wurden.[70]

Ähnliche Abwehrhaltungen traten gegenüber der ebenfalls soziale Kosten verursachenden Aufnahme von Asylbewerbern hervor, als deren Zahl seit dem letzten Drittel den 1970er Jahre scharf anstieg und die Antragsteller nun nicht mehr vornehmlich aus den »Ostblockstaaten«, sondern aus der »Dritten Welt« stammten. Dabei entstand das »Asylantenproblem« nicht etwa allein als Folge der zunächst nur zeitweise und erst später anhaltend starken Zunahme von Asylanträgen. Es wurde bei der Politisierung der »Ausländerfrage« auch bewusst geschaffen durch die Eröffnung einer zweiten Front neben der »Gastarbeiterfrage«.

Das zeigte sich erstmals deutlich im Wahlkampf 1980 bei einem Höchststand an Asylgesuchen im Zeichen von Wirtschaftskrise, steigenden Arbeitslosenzahlen und Entdeckung der Einwanderungssituation hinter der »Gastarbeiterfrage«. Die populistischen Argumente in der politischen Diskussion um Asylrecht und Asylrechtspraxis, die in den Medien skandalisierend fortgeschrieben wurden, hatten dabei mit der Realität oft wenig zu tun. Das zeigte sich z.B. darin, dass sogar noch Anfang der 1980er Jahre, bei kurzzeitig wieder sinkenden Asylbewerberzahlen, in den Reihen von CDU und CSU weiter die Rede ging vom »Asylmissbrauch« im Schatten einer angeblich »anhaltenden Flut von Scheinasylanten und Wirtschaftsflüchtlingen«[71]

Die lautstarke Asyldebatte lenkte ab von der Konzeptions- und Perspektivlosigkeit in der »Ausländerpolitik« und von den vorwiegend deklamatorischen Bemühungen um eine verstärkte »Integration« der »Ausländerbevölkerung« im Kontext der – in den 1980er Jahren immer wieder folgenlos angekündigten – Novellierung des Ausländerrechts. Das wurde 1985/86 aufs Neue deutlich: Die Diskussion um Lage, Probleme und Zukunft der ausländischen Arbeitnehmer und ihrer Familien wurde immer verhaltener, diejenige um den »Missbrauch des Asylrechts« umso schriller.[72]

Begleitet wurde all dies asylrechtlich von einer zunehmenden Engführung des Begriffs der »politischen« Verfolgung und auf der politischen Bühne von dem wachsenden Streit um eine Einschränkung der Möglichkeiten zur Inanspruchnahme des Rechts auf Asyl durch eine Änderung des Grundgesetzes. Das führte schließlich zum »Asylkompromiss« vom Dezember 1992, der am 1. Juni 1993 Gesetzeskraft erlangte in Gestalt der restriktiven Veränderungen durch Art. 16a GG. Sie erschienen den einen als rettende Reform, anderen als Ende des grundgesetzlich verbrieften Asylrechts.

Hinzu kamen flankierende, in den Bundesländern unterschiedlich umgesetzte und zum Teil wiederholt veränderte Maßnahmen zur Verringerung von »Fluchtanreizen« und zur Abschreckung von Asylbewerbern mit insgesamt drei Zielrichtungen: Erschwerung der Einreise von Flüchtlingen und Asylsuchenden, Beschleunigung der Asylverfahren und Verschlechterung der Lebensbedingungen von Asylbewerbern. In diesen Kontext gehörte auch der von Bundeskanzlerin Merkel einmal benutzte und 2009 bei der Entscheidung über das »Unwort des Jahres« in die engere Wahl gezogene Begriff »Flüchtlingsbekämpfung«.

All dies geschah in der Vorstellung, Fluchtbewegungen würden vorwiegend durch die Anziehungskraft von Zielgebieten bewirkt und weniger durch die Schubkraft der Krisensituationen in den Ausgangsräumen. Die vermeintlich abschreckenden Lebensbedingungen für Asylbewerber bewirkten wenig und trafen meist die falschen, nämlich »echte« Flüchtlinge, während gewiefte Asylbetrüger, Schleuser, Schlepper und Menschenhändler durch solche Manöver bekanntlich wenig zu beeindrucken sind.

Konsens der Abwehr
Auf europäischer Ebene begann zeitgleich, als Kehrseite der europäischen Integration im Innern, die Abgrenzung der »Festung Europa« nach außen. In der »Festung« gab es zwar mancherlei Ideen über die Bekämpfung der Ursachen unfreiwilliger Wanderungen in den Ausgangsräumen. In der Praxis aber dominierte die Abwehr der – wegen der Zuwanderungsblockaden illegalen – Flüchtlingszuwanderung, die immer mehr zu einem regelrechten Krieg gegen Flüchtlinge vor den Grenzen Europas geriet. Er kostete seit 1990 rund 30 000 Todesopfer im Mittelmeer und überstieg damit das Niveau eines mittleren Krieges – wobei die unbekannten, auf dem Weg durch die Wüsten Afrikas Verdursteten, Verhungerten oder Ermordeten gar nicht berücksichtigt sind, deren Zahl noch höher liegen könnte als die der Toten im Meer.

Wie in Europa insgesamt, so bewirkten auch in Deutschland die Abschreckungsmaßnahmen auf Dauer keine Verringerung des Zuwanderungsdrucks. Sie verstärkten aber in weiten Kreisen der Bevölkerung die Abwehrhaltungen gegenüber Flüchtlingen und Asylbewerbern. Sie wurden in und seit den 1980er Jahren, besonders zu Wahlkampfzeiten, forciert durch die anhaltende politische und mediale Agitation gegen den »Missbrauch des Asylrechts« durch angebliche »Sozialbetrüger«, »Sozialschmarotzer« und »Asyltouristen« im grenzüberschreitenden

---

[70] K. J. Bade / M. Bommes, Migration und politische Kultur im »Nichteinwanderungsland«, in: K. J. Bade, Sozialhistorische Migrationsforschung, hg.v. M. Bommes / J. Oltmer (Studien zur Historischen Migrationsforschung, Bd. 13), Göttingen 2004, S. 437–472.
[71] Bade, Ausländer – Aussiedler – Asyl, S. 100f.
[72] F. Nuscheler, Migration. Flucht und Asyl, Opladen 1995, S. 21ff.

»Asylumhopping« bzw. später auch durch asylsuchende »Sozialtouristen« (Unwort des Jahres 2013), wobei die drei letztgenannten Schandworte aus dem Jargon der Ausländerbehörden bzw. der ministerialen Migrationsbürokratie zu stammen scheinen [...].

Im Schatten der politischen und medialen Polemik gegen angebliche oder tatsächlichen »Asylmissbrauch« verstärkten sich die bellizistischen Begriffskarrieren: Sie führten von der Prägung denunziativer Kampfbegriffe in der politischen und medialen Diskussion über deren zunehmend unreflektierten Alltagsgebrauch bis zur semantischen Gültigkeitsbestätigung in Gestalt lexikalischer Festschreibungen.

Dies geschah zuerst mit dem Kampfbegriff des »Asylanten«, der offenbar aus dem Jargon der ministerialen Ausländerbürokratie stammte, Anfang der 1970er Jahre als abschätzige Alternative zu den Begriffen »Flüchtling« und »Asylbewerber« Eingang in den allgemeinen Sprachgebrauch fand, sich dort rasch etablierte und zunehmend als Ersatz dafür fungierte: Der Begriff »Asylant« wurde 1980 in dem jährlichen semantischen Ranking der Gesellschaft für deutsche Sprache e. V. unter den »Wörtern des Jahres« zweitplatziert und zeitgleich in die 18. Auflage des Rechtschreib-Dudens mit der neutralen Definition »Bewerber um Asylrecht« aufgenommen. Der Begriff behielt zwar seinen negativen Beigeschmack, die Begleitumstände seiner Schöpfung aber waren in der kollektiven Erinnerung bald verblasst.[73]

Der Begriff »Asylant« fand später nicht selten Eingang sogar in die Diktion von Initiativen zum Flüchtlingsschutz. Ein nicht minder frappierender Beleg für den Einzug des Kampfbegriffes in den allgemeinen Sprachgebrauch war die Tatsache, dass in Gestalt der Rede von »Scheinasylanten« eine denunziative Verdoppelung des ursprünglich ohnehin in dieser Absicht geschaffenen Begriffs »Asylant« entstand.

Eine ähnliche und doch in einiger Hinsicht andere Laufbahn erlebte der Begriff »Wirtschaftsflüchtling«, der, wie gezeigt, schon eine beachtliche historische Karriere hinter sich hatte, bevor er im Kontext der Asyldebatte auftauchte. Auch hier standen denunziative Intentionen am Beginn. Im Gegensatz zum Begriff des »Asylanten«, der eine skeptische Distanz zu Asylbewerbern insgesamt insinuierte, zielte der Begriff »Wirtschaftsflüchtling« auf eine spezielle Form des »Asylmissbrauchs«: Es ging um vermeintlich nur vorgeschützte politische Fluchtgründe im Sinne von Art 16 GG bzw. Art. 16a GG (seit 1993) bei angeblich vorrangig wirtschaftlichen und sozialen Migrationsmotiven.

Wirtschaftswanderer und »Wirtschaftsflüchtlinge«
Im Gegensatz zum Begriff des Asylbewerbers, der a priori nur Flucht- und Zwangswanderungen (zum Beispiel Vertreibungen), also »unfreiwillige« Wanderungen adressiert, war der in der deutschen Asyldiskussion in und seit den 1990er Jahren wieder verstärkt vordringende Begriff des »Wirtschaftsflüchtlings« in der Regel mit einer anderen Vorstellung verbunden: mehr oder minder »freiwillige« Mobilität in Gestalt der Suche nach besseren wirtschaftlichen und sozialen Existenzbedingungen als Wanderungsmotiv.

Die Unterscheidung zwischen »freiwilligen« und »unfreiwilligen« Wanderungen bleibt aber vordergründig, weil es jenseits von Vertreibung oder Flucht wegen politischer Verfolgung oft fließende Grenzen zwischen freiwilligen und unfreiwilligen Wanderungen auch aus wirtschaftlichen und sozialen Gründen gibt; denn Verfolgung kann auch in gruppenspezifischer oder persönlicher Ausgrenzung, Unterdrückung sowie in wirtschaftlicher und sozialer Benachteiligung Ausdruck finden, die dann für Wanderungsentschlüsse mitbestimmend oder gar letztlich auslösend werden.[74]

Das zeigt auf der begrifflichen Ebene auch die im wissenschaftlichen Sprachgebrauch geläufige Unterscheidung zwischen »*betterment*« und »*subsistance migration*«: Während Mobilität zur Verbesserung der wirtschaftlichen und sozialen Lebensumstände (»*betterment migration*«) in den Bereich der »freiwilligen« Wanderungen gehört, ist die Flucht aus unerträglichen Existenzbedingungen (»*subsistance migration*«) ein Teilbereich der »unfreiwilligen« Wanderungen. So betrachtet, könnte der Begriff »Wirtschaftsflüchtling« also eine wertneutrale Beschreibung von unfreiwilliger Migration aus wirtschaftlichen und sozialen Notlagen sein. Er begegnet in diesem Sinn auch gelegentlich in begrifflichen bzw. lexikalischen Bestimmungen.[75]

Auffällig ist deshalb der denunziative Beigeschmack des Begriffs »Wirtschaftsflüchtling« in der politischen und öffentlichen Asyldiskussion in Deutschland. Dies umso mehr, als wirtschaftliche und soziale Beweggründe von lokalen, regionalen, transnationalen und interkontinentalen Migrationsbewegungen auch aus der deutschen Migrationsgeschichte bestens bekannt sind, was den Begriff eigentlich vor Missbrauch schützen könnte.[76] [...]

---

[73] J. Link, Asylanten – ein Schimpfwort, in: H. Kauffmann (Hg.), Kein Asyl bei den Deutschen. Anschlag auf ein Grundrecht, Reinbek 1986, S. 55–59 (Belege); vgl. ders., »Asylanten«. Zur Erfolgsgeschichte eines deutschen Schlagworts, in: C. Butterwegge / S. Jäger (Hg.), Europa gegen den Rest der Welt? Flüchtlingsbewegungen – Einwanderung – Asylpolitik, Köln 1993, S. 111–126.

[74] J. Lucassen, Free and Unfree Labour before the Twentieth Century: A Brief Overview, in: T. Brass / M. van der Linden (Hg.), Free and Unfree Labour: The Debate Continues, Bern 1997.
[75] Vgl. z.B. das »Project Economic Refugee« (www.economicrefugee.net/about-project-economic-refugee/), 10.4.2015.
[76] Vgl. K. J. Bade / L. Lucassen / P. C. Emmer / J. Oltmer (Hg.), Enzyklopädie Migration in Europa vom 17. Jahrhundert bis zur Gegenwart, Paderborn 2007 (engl. Ausg. Cambridge UP 2011).

Die denunziative Konnotation des Begriffs »Wirtschaftsflüchtling« in Deutschland hat mit all diesen Wanderungsbewegungen in, aus und nach Deutschland nichts zu tun. Sie stammt vielmehr aus dem Kontext der Folgen von Migrations- und Asylpolitik: Bei dem seit 1973 gültigen, wenn auch zunehmend durchlöcherten »Anwerbestopp« blieb wirtschaftlich und sozial motivierten Zuwanderungswilligen, die nicht unter die »Ausnahmeverordnungen« fielen, zur legalen Zuwanderung bzw. zur Legalisierung ihres Aufenthalts in Deutschland oft nur das Nadelöhr des Asylverfahrens.

Auf dem Weg durch dieses Nadelöhr gab und gibt es mancherlei flüchtlingsrechtliche Hilfestellungen. So lag die gesamte Schutzquote – trotz der sehr niedrigen Anerkennungsquote nach Art. 16a GG (ca. 2–3 %) – durch Berücksichtigung anderweitiger Fluchtgründe und unter Berufung auf humanitäre, soziale und weitere völkerrechtliche Standards je nach Berechnung lange bei 20–40 Prozent und zuletzt sogar bei 48,5 Prozent.[77] Das gilt trotz aller populistischen Agitation für eine »zügige« und »konsequente Abschiebung«, hinter der oft Vorstellungen stehen, die mit der deutschen und europäischen Rechtsordnung nicht vereinbar sind.

Der Begriff des »Wirtschaftsflüchtlings« konnte in diesem Zusammenhang seine denunziative Konnotation nur entfalten, weil Wirtschaftswanderer keine andere Zuwanderungsmöglichkeit hatten oder sahen als diesen Weg durch ein Asylverfahren. Dort aber war die begründete Vermutung vorrangig wirtschaftlicher Motive gleichbedeutend mit dem Anfangsverdacht auf »Asylbetrug«. Das wiederum weckte in weiten Kreisen der Bevölkerung die falsche Vorstellung, dass angesichts der sehr niedrigen Anerkennungsquote nach Art. 16a GG in Höhe von durchschnittlich nur knapp 3 Prozent die restlichen 97 Prozent der Antragsteller allesamt »Wirtschaftsflüchtlinge« seien.

Die umlaufenden asylfeindlichen Schreckbilder schienen auf politisch höchstrangiger Ebene bestätigt zu werden: Ausgerechnet der neue Bundesinnenminister der rotgrünen Koalition, Otto Schily (SPD), machte nach seiner Amtsübernahme zunächst mit populistisch wirkenden Statements auf sich aufmerksam. Er erklärte 1999 einerseits wiederholt: »Die Grenzen der Belastbarkeit durch Zuwanderung sind überschritten« und wies dabei auf die hohen jährlichen Zuwanderungszahlen hin, allerdings ohne die ebenfalls hohen Abwanderungszahlen zu erwähnen.[78] Er behauptete andererseits: »Jedes Jahr kommen etwa 100 000 Flüchtlinge nach Deutschland. Davon sind nur drei Prozent asylwürdig. Der Rest sind Wirtschaftsflüchtlinge.«[79]

Schilys Statements erregten enormes Aufsehen. Sie stießen auf Widerspruch in den eigenen Reihen, bei der Integrationsbeauftragten der Bundesregierung Marieluise Beck (Bündnis 90/Die Grünen) sowie bei Kirchen, Gewerkschaften, Flüchtlingshilfsorganisationen und kritisch engagierten Wissenschaftlern.[80] Sie fanden Beifall in konservativen Kreisen, bei denen der Bundesinnenminister damit auch um Vorschussvertrauen warb, um die vorbereitete Reform von Staatsangehörigkeitsrecht und des Aufenthaltsrecht (Zuwanderungsgesetz) politisch einzubetten, die für die einen grundlegend, für andere grundstürzend war. Die politische Rechnung ging nicht auf: Die Statements des Bundesinnenministers verstärkten die asylfeindlichen Abwehrhaltungen und dienen bis heute rechtsextremistischen geistigen und praktischen Brandstiftern als regierungsamtliche Berufungsinstanz.[81]

Abwehr allein ist kein Gestaltungsprinzip
Wenn man der denunziativen Verbindung von Wirtschafts- und Fluchtwanderung zur semantischen Missgeburt des »Wirtschaftsflüchtlings« den Boden entziehen will, dann würde dies zweifelsohne am ehesten gelingen, wenn Flucht- und Wirtschaftswanderungen stärker unterscheidbar würden. Das aber setzt voraus: Mehr reguläre Zuwanderungswege nach Europa eröffnen und für Informationen über solche regulären Zugänge im Vorfeld von Wanderungs- bzw. Fluchtentscheidungen sorgen. Der Weg dahin erscheint noch weit.

Eine List der Bevölkerungs- und Wirtschaftsgeschichte wird aber, allen Widerständen zum Trotz, darin liegen, dass das vermeintliche Paradies in der Mitte Europas unter dem Druck des demographischen Wandels im aufgeklärten Eigeninteresse schrittweise zu einem doppelten Kurswechsel gezwungen sein dürfte: einerseits in Richtung Eröffnung weiterer regulärer Zuwanderungswege und andererseits in Richtung auf eine stärkere und frühere Eingliederung von Flüchtlingen in den Arbeitsmarkt.

Es gilt zweierlei zu verstehen: Für das demographisch alternde und schrumpfende Deutschland sind Wirtschaftswanderungen keine Bedrohung, sondern ein Gewinn. Und die Flüchtlingsaufnahme ist nicht nur eine kostenintensive humanitäre Verpflichtung. Sie kann auch als kulturelle und zugleich wirtschaft-

---

[77] R. Preuß, Die Mär vom großen Missbrauch, in: Süddeutsche Zeitung, 1.2.2015.
[78] Süddeutsche Zeitung, 3.11.1999.
[79] Berliner Zeitung, 8.11.1999.

[80] Asylpolitik: Härtefall Schily, in: Spiegel online, 21.11.1999 (http://www.spiegel.de/politik/deutschland/asylpolitik-haertefall-schily-a-53361.html, 10.4.2015); K. J. Bade, Kritik und Gewalt. Sarrazin-Debatte, »Islamkritik« und Terror in der Einwanderungsgesellschaft, Schwalbach i.Ts. 2013, S. 225.
[81] Vgl. z.B.: Michael Mannheimer Blog: Beitrags-Archiv für die Kategorie »Asylanten und Wirtschaftsflüchtlinge als Mittel der Islamisierung Europas«, Eintrag über Schilys Zitat, 08.3.2015 (http://michael-mannheimer.net/2015/03/08/schily-1999-von-den-nach-deutschland-kommenden-asylanten-sind-97-prozent-wirtschaftsfluechtlinge-und-daher-nicht-asylwuerdig/, 10.4.2015).

liche Bereicherung verstanden werden. Je mehr dies erkannt wird, desto eher werden Schandworte wie »Wirtschaftsflüchtling« und »Scheinasylant« in ihrer demagogischen Wirkung verblassen.

Das alles wird aber nur möglich sein, wenn es zu einer grundlegenden Reform des inhumanen und überdies dysfunktional gewordenen Asylrechts in Europa kommt. Die Reform müsste zudem von anderen Kurswechseln begleitet werden, z.B. in der wachstumsblockierenden und krisentreibenden EU-Handels- und Agrarpolitik gegenüber den Herkunftsländern der illegalen und oft unfreiwilligen Zuwanderungen nach Europa.

Nötig ist darüber hinaus, wie 70 Jahre nach Évian auf der eingangs erwähnten Berliner Konferenz von 2008 gefordert, eine UN-Weltkonferenz zu Migration, Flucht und Asyl, analog zu den großen Weltkonferenzen seit den 1990er Jahren. Über allem muss die Erkenntnis stehen, dass Abwehr allein kein Gestaltungsprinzip ist.

11.2 »Flüchtlingskrise«, Flüchtlings- und Flüchtlingsabwehrpolitik

11.2.1 Wie viele Flüchtlinge verträgt Deutschland? Der Migrationsforscher Klaus J. Bade erklärt im Gespräch mit dem »stern«, wie wir uns selbst belügen, was jahrelang schiefgelaufen ist und warum wir deshalb eine neue Asylpolitik brauchen, Interview (Nicolaus Büchse),
in: stern online, 9.10.2015[82].

Wenn man im Internet nach Begriffen wie Flucht, Asyl und kulturelle Vielfalt sucht, stößt man neben Willkommensgrüßen auch auf wüste Hasstiraden. Warum?
Ein gutes Drittel der Bevölkerung ist kulturoptimistisch, offen gegenüber kultureller Vielfalt, sieht Zuwanderung als Chance. Ein anderes Drittel sind die Kulturpessimisten. Denen ist kulturelle Vielfalt der Untergang von Volk und Abendland. Da wächst auch der Hass. Jetzt läuft der Kampf um das noch diffuse Drittel dazwischen. Die Grenzen verschwimmen, je nachdem, um welche konkrete Frage es geht.

Wie optimistisch, diffus oder pessimistisch sehen sie das Einwanderungsland Deutschland zurzeit?
Ich bin gedämpft zuversichtlich. Die Bürgergesellschaft hat die Politik vor sich her getrieben. Weil sie die Schnauze voll hatte von dieser miserablen Asylpolitik, aber auch von sogenannten Asylkritikern wie Pegida.

Thomas de Maiziere hat verkündet, solch ein Zustrom an Flüchtlingen sei auf Dauer zu viel für Deutschland.

Ist ja nett. Es muss aber endlich begriffen werden: Migration und Integration sind gesellschaftspolitische Lebensfragen unserer Gegenwart und Zukunft. Man muss sich also mehr einfallen lassen als Redensarten, Ordnungspolitik und Rechtsklempnerei. Deshalb haben diese Fragen zentral auch nichts im Bundesinnenministerium zu suchen. Dort denkt man in erster Linie in den Kategorien von Ordnung, Sicherheit und Gefahrenabwehr. Bei Migration und Integration geht es aber vor allem um Arbeit und Soziales. Die zentrale Zuständigkeit dafür sollte deshalb endlich dem Bundesministerium für Arbeit und Soziales übertragen werden.

Was wäre zu tun?
Die Bundesregierung hat unter dem steigenden Migrationsdruck zwar unlängst fürs erste hilfreiche Entscheidungen gefällt und zum Beispiel den überlasteten Kommunen Hilfe zugesagt. Aber das war Betriebsunfallpolitik im Anschluss an das mutige Wort der Kanzlerin »Wir schaffen das!« Es hatte im Wanderungsgeschehen eine Art Schabowski-Effekt ausgelöst, einen Sturm auf die deutschen Grenzen. Jetzt ist die Lage nicht »am Limit«, sondern außer Kontrolle und es beginnt die Defensive mit Abwehrmaßnahmen an und auch vor den Grenzen, zum Teil in Reichweite zum regierungsamtlichen Verfassungsbruch. Für die Sicherung der gemeinsamen Zukunft brauchen wir aber weniger Abwehrspieler und mehr Stürmer mit großen Visionen für Deutschland und Europa.

Worauf muss sich Deutschland einstellen?
Wir müssen uns politisch ehrlich machen: Der Migrationsdruck wird, wenn er einmal aufgestiegen ist, anhalten. Das haben wir schon im »Manifest der Sechzig: Deutschland und die Einwanderung« 1994 vorausgesagt. Politik hat das damals überhört und dann verschlafen. Wenn wir uns nicht, wie zuletzt in Ungarn, hinter Stacheldrahtverhauen mit Wasserwerfern, Nebelkerzen und Blendgranaten verteidigen oder am Ende gar auf Flüchtlinge schießen wollen, dann werden wir auch künftig mit einem starken Flüchtlingsaufkommen in Europa und Deutschland leben müssen. Es muss endlich begriffen werden: Wenn wir uns nicht um die Dritte Welt kümmern, dann kommt sie zu uns.

Heißt konkret?
Die Krisenherde in Syrien und Nordafrika zum Beispiel wird es noch lange geben. Deshalb werden viele der von dort gekommenen und noch kommenden Flüchtlinge hierbleiben und zum Teil ihre Familien nachziehen. Politik muss den Bürgern erklären, wie sie damit umgehen und dabei handlungsfähig bleiben will.

Die Regierung hat gerade beschlossen, die Zahl der sicheren Herkunftsländer zu erweitern.

---
[82] http://www.stern.de/panorama/gesellschaft/asylbewerber-in-deutschland--wie-viele-fluechtlinge-vertraegt-das-land--6488074.html.

Das war ein fauler Kompromiss mit großem Krötenfressen. »Sicher« sind diese Länder doch nur im Sinne des verstümmelten deutschen Asylrechts. Niemand kann im Ernst behaupten, dass die unterdrückten und alltäglich diskriminierten Roma vom sogenannten Westbalkan, die damit doch besonders gemeint sind, keinem Verfolgungsdruck unterliegen.

Das sieht die Regierung nicht so.
Regierungsmeinungen ändern Tatsachen nicht. Die Schweizer erkennen zum Beispiel, und zwar erheblich schneller, bis zu 30 Prozent, die Franzosen knapp 10 Prozent der Antragsteller aus dem Kosovo als verfolgte Flüchtlinge an. Wir aber schützen uns vor Menschen, die wir hier als Flüchtlinge nicht haben wollen, indem wir Ihre Länder zu sicheren Drittländer erklären. Das ist rechtspolitischer Humbug. Außerdem bringt das verfahrenspraktisch fast nichts, wie die Erfahrungen mit Bosnien-Herzegowina, Mazedonien und Serbien zeigen, die 2014 zu sicheren Drittstaaten erklärt worden sind.

Was sollte man stattdessen tun?
Den Wanderungsdruck in den Ausgangsräumen lindern, Minderheitenschutz forcieren, alles bekannt. Und das Grundgesetz achten, auch wenn man Regierung ist: Ein Flüchtling, der um Asyl bittet, muss aufgenommen und individuell angehört werden. Er hat das Recht zu bleiben, bis ihm nachgewiesen werden kann, dass sein Schutzanspruch unbegründet ist. Und auch dagegen kann er Rechtsmittel einlegen. Wenn wir ihn, wie jetzt geplant, an den Grenzen mit Schnellverfahren abweisen, was im Sinne des Grundgesetzes ohnehin verfassungswidrig ist, dann kommt er irregulär bzw. »illegal« wieder. Damit fördern wir nur die Schlepper, die wir angeblich bekämpfen. Für Verzweifelte ist keine Grenze unüberwindbar. Wir müssen die Ursachen unfreiwilliger Wanderungen in den Ausgangsräumen bekämpfen und dazu bereit sein, auch Systemfragen zu stellen, wie der kluge Papst das in seiner Enzyklika »Laudato Si« getan hat. Und wir müssen Teilen lernen: Spenden ist noch nicht teilen und Willkommensgrüße sind noch keine Willkommenskultur. Und wir sollten den angekommen Flüchtlingen den Weg in den Arbeitsmarkt erleichtern.

Gibt es Erfolgsbeispiele dazu?
Wir könnten da von den Amerikanern lernen. Als in den frühen 1990er Jahren viele Menschen aus dem blutig zerfallenden Jugoslawien nach Deutschland kamen, suchten die Amerikaner sich nicht nur die humanitär dringendsten Fälle, sondern oft auch die fähigsten Leute aus. Ich habe selber solch einen Fall mitbetreut: Einen Facharzt für Anästhesie aus Sarajevo, der mit seiner Familie auf komplizierten Wegen aus der umkämpften Stadt nach Deutschland geflohen war. Er wollte hier keinen Asylantrag stellen. Er sagte, damit distanziere ich mich von meiner Heimat. Ich bin doch nicht politisch verfolgt, ich kann da nur nicht mehr leben. Ich bin zuckerkrank, bekomme dort keine Medikamente und muss sehen, wo ich bleibe. Da kamen die Amerikaner mit ihrer Quote für Flüchtlinge aus dem ehemaligen Jugoslawien und sagten dem Sinne nach: Sie sind Anästhesist und ihre Gattin ist Englischlehrerin? Hervorragend, kommen Sie! Er fand bald in einem Krankenhaus in den USA eine gute Position, eines seiner Kinder machte einen Prädikatsabschluss an der Schule und konnte sich eine Universität für ein kostenloses Studium aussuchen. Das ist eine amerikanische Flüchtlingskarriere. Wir hätten gesagt: Gehen Sie zurück, Sie haben keinen Asylantrag gestellt.

Wie stellen Sie sich das für Deutschland vor?
Es gibt kein Recht auf Einwanderung, aber Flüchtlinge haben ein Recht auf Schutz. Bei uns werden nur bis zu 3 % der Antragsteller als asylberechtigt anerkannt. Aber insgesamt dürfen rund 50 % aus Gründen der Genfer Flüchtlingskonvention und aus anderen Gründen als schutzberechtigte Flüchtlinge bleiben. Warum soll es nicht möglich sein, dass auch solche Flüchtlinge schneller als Einwanderer akzeptiert werden, wenn sie gute Voraussetzungen dafür mitbringen. Warum ersparen wir uns nicht diesen riesigen Verwaltungsaufwand, den wir betreiben, und ihnen die Tortur, sie jahrelang in einem unsicheren Bleibestatus zu halten, mit Arbeitsgenehmigungen auf Zeit, die die Arbeitgeber daran hindern, in ihre Weiterqualifikation zu investieren? Warum bieten wir ihnen nicht die Einwanderung an? Viele würden dieses Angebot sicher gerne annehmen.

Und dann?
Bei Bedarf das ganze Programm: Sprachkurs, Orientierungskurs, Einführungen in die verschiedensten Bereiche, berufliche Ergänzungsangebote...– damit helfen wir uns doch selber, denn wir brauchen Einwanderer. Ein Einwanderungsgesetz, das seinen Namen verdient, könnte hier vieles erleichtern.

Das klingt gut. Aber es kommen nicht nur Anästhesisten/Qualifizierte als Flüchtlinge nach Deutschland.
Wenn Flüchtlinge schutzberechtigt sind, dann hat es nicht zu interessieren, ob Sie Hochqualifizierte oder Analphabeten sind. Integrationsförderung kostet immer Geld, aber das ist gut investiert; denn die sozialen Folgen gescheiterter Integration sind wesentlich belastender für alle als die finanziellen Kosten rechtzeitiger Teilhabeförderung, anders gewendet: Wenn wir Unqualifizierte mit Sozialgeld über Wasser halten, kostet das weitaus mehr als sie dazu zu bringen, wirtschaftlich auf eigenen Beinen zu stehen.

Das bisherige System ist schon überlastet. Wie stellen Sie sich das konkret vor?
Wir sollten zum Beispiel Flüchtlinge aus Krieg und Bürgerkrieg in Syrien aus dem Asylverfahren herausnehmen und ihnen auf Zeit einen Flüchtlingsstatus zuerkennen. Nach drei oder fünf Jahren kann

man dann prüfen, wie die Lage in Syrien ist und ob man die Leute zurückschicken kann. Diejenigen aber, die diese Zeit genutzt haben, um Deutsch zu lernen und ihre berufliche Qualifikation zu ergänzen und deshalb auf eigenen Beinen stehen oder einen Arbeitsvertrag haben, denen sollten wir anbieten, zu bleiben. Es wäre doch absurd, Menschen, die wir wegen ihrer Qualifikation hier brauchen, zurückzuschicken, nur weil das in irgendwelchen asyl- oder aufenthaltsrechtlichen Ausführungsverordnungen steht.

Und wenn das nicht gelingt?
Wenn die Aufenthaltszeit abgelaufen ist und die Rückkehr ansteht, weil sich die Lage im Herkunftsland gebessert hat, dann müssen wir konsequent genug sein, zu sagen: Sie hatten jahrelang Zeit, die deutsche Sprache zu lernen und eine wie auch immer geartete Ausbildung zu erwerben. Wenn Sie das nicht wollten oder konnten, dann gehen Sie bitte wieder zurück. Das bedeutet nicht, dass jeder, der nach einigen Jahren nicht gut Deutsch spricht oder eine Stelle gefunden hat, zurückgeschickt werden muss. Jenseits von Qualifikationsfragen muss es auch humanitäre Sonderregelungen geben, zum Beispiel aus familiären Gründen. Das unflexible starre Ordnungsdenken in der deutschen Asylpolitik ist wenig hilfreich und wohl auch der verzweifelte Versuch, von dem zusammenstürzenden europäischen Asylsystem nicht mit erschlagen zu werden. Wir brauchen ein neues europäisches Asylrecht.

Wie soll das aussehen?
Nötig sind auf europäischer Ebene zunächst einmal vergleichbare Asylstandards. Das ist die Voraussetzung für die Verabredung von nationalen Aufnahmequoten. Wir brauchen zusätzlich für Arbeit und Asyl zwei supranationale europäische Agenturen in Servicefunktion, also zur Hilfe für die Staaten, nicht zu ihrer Bevormundung...

... eine für die Arbeitsuchenden?
Ja, eine Europäische Arbeitsagentur, die mit den nationalen Arbeitsagenturen vernetzt ist. Dort stünde eine große, stets aktuelle Datensammlung bereit. Bewerber aus aller Welt können dort formalisierte Unterlagen einreichen, statt aussichtslose Asylanträge zu stellen. Unternehmer, Betriebe und die öffentliche Hand können dort anfragen, aber auch selber Stellen anbieten. Datenschutz ist kein Problem, wenn Bewerber und Anbieter der Freigabe ihrer Daten zustimmen. So etwas Ähnliches gibt es auf nationaler Ebene schon in Kanada. Quer durch Europa könnte dann zum Beispiel ein in Nordafrika tätiger deutsch-französischer Kältefachbetrieb anfragen: Habt ihr einen Kältefachingenieur, der auch kaufmännische Auslandserfahrung hat und arabisch, deutsch und französisch spricht? So was erfährt man ja nicht beim nächsten Jobcenter.

Und für die Flüchtlinge?
Eine ebenso vernetzte Asylagentur in Servicefunktion, die aufgrund der Rückmeldungen aus den Mitgliedstaaten die Entwicklung der Aufnahmequoten dort überblickt. Wenn es vergleichbare Standards, Aufnahmequoten und eine solche zentrale Agentur gäbe, dann könnten sich Flüchtlinge sogar ihr Zielland aussuchen: Wenn ein Flüchtling zum Beispiel nach Deutschland will und das Bundesamt für Migration und Flüchtlinge meldet, dass die deutsche Quote erschöpft ist, dann könnte der Flüchtling ein anderes Land wählen, das noch Aufnahmekapazitäten frei hat und dort anfragen lassen. Wenn er die zweite oder sogar dritte Chance ablehnt, dann muss er sich verteilen lassen oder aber, so hart das auch sein mag, auf seinen Aufnahmeantrag verzichten.

Das wird schwierig, einige Mitgliedsländer lehnen eine Quote strikt ab.
Das ist letztlich Verhandlungssache. Man ist sich schon grundsätzlich einig über die Möglichkeit eines Verteilungsschlüssels nach Bruttoinlandsprodukt, also Wirtschaftskraft, nach Arbeitslosenzahlen, nach der Zahl der schon aufgenommenen Flüchtlinge und anderen Kriterien. Es muss weiter nach Möglichkeiten gesucht werden, das konkret umzusetzen, unter Umständen bis zum Freikauf von Quotenanteilen bei besonderen Engpässen in dem einen oder anderen Land. Das muss auch für die Regierungen der osteuropäischen neuen Mitgliedstaaten gelten, die zögerlich sind vor dem Hintergrund der fremdenfeindlichen Strömungen in ihren Ländern. Es geht nicht, dass einige Länder in Europa nur kassieren wollen, aber nicht in gemeinsame europäische Belange investieren wollen. Die EU ist kein Transferverband.

Innenminister de Maiziere sieht große Probleme darin, dass nun vor allem arabische Muslime nach Deutschland kommen.
Damit redet er den »Islamkritikern« das Wort, die arabischen Muslime gerade zu einem Schreckbild aufblasen. Er hetzt sogar pauschal gegen Flüchtlinge und sagt im ZDF-»heute-journal«: Bis zum Sommer seien die Flüchtlinge dankbar gewesen, bei uns zu sein, hätten brav gefragt, wohin sie verteilt werden würden. Jetzt gebe es sogar Flüchtlinge, die »streiken, weil ihnen die Unterkunft nicht gefällt und weil ihnen das Essen nicht passt«. Manche flüchten in der Tat aus den zum Teil unerträglichen Sammellagern, was bei de Maizière dann heißt: »Sie gehen aus Einrichtungen raus, sie bestellen sich ein Taxi und haben erstaunlicherweise das Geld, Hunderte Kilometer durch Deutschland zu fahren«. Müssen Flüchtlinge eigentlich immer arm und demütig sein? Das ist gefährliche populistische Semantik, die nicht folgenlos bleiben wird.

Aber dass es bei der Integration Probleme geben kann ist klar – soziale, religiös-kulturelle Probleme, auch importiertes Konfliktpotential. Das kann in einer perspektivlos wirkenden Lagersituation explosiv wirken.

Wie kann man das verhindern?
Einerseits sollte man die Menschen nicht so lange in Lager sperren. Andererseits kann man nicht erwarten, dass Flüchtlinge im Schlauchboot auf dem Mittelmeer die deutsche Verfassung auswendig lernen. Umso mehr muss ihnen gleich nach der Aufnahme, und zwar in der jeweiligen Landessprache, in einer knappen und klaren Erläuterung mitgeteilt werden: Dies sind die wichtigsten Grundrechte und Grundwerte in unserem Land und die daraus folgenden Spielregeln für den Alltag. Nichtbeachtung kann Ausweisung zur Folge haben. Das Dokument sollte im Beisein eines Dolmetschers erläutert und dann unterschrieben werden, damit sicher ist, dass die Botschaft auch verstanden worden ist. Ich habe etwas gegen »Gesinnungsprüfungen«. Aber die Akzeptanz der Grundwerte unserer Verfassung ist nun einmal unabdingbar. Wer seine Aufnahme als Flüchtling unserem Grundgesetz verdankt und uns gleichzeitig sagt: Ich verachte Euer westliches Wertesystem, dem sollten wir, mit Verlaub, gleich wieder den Weg zur Grenze zeigen.

Klingt, als würden Sie der Deutschen Leitkultur das Wort reden.
Ich rede vom Wertesystem des Grundgesetzes. Das schützt nicht die Würde des Deutschen, sondern des Menschen. Hilfreich wäre hier die von verschiedenen Seiten angeregte Leitbildkommission, die die im Grundgesetz verankerten Werte für das Zusammenleben im Alltag unserer Einwanderungsgesellschaft leichter verständlich und handhabbar macht – für Zugewanderte, aber auch für Einheimische.

Wieso ist das nötig?
Viele Bürger haben noch nicht zureichend realisiert, dass die Einwanderungsgesellschaft kein Zustand ist, sondern ein eigendynamischer und unübersichtlicher Kulturprozess. Sie verändert sich ständig weiter, auch ohne neue Zuwanderungen, aber beschleunigt, wenn es starke weitere Zuwanderung gibt. Nichts bleibt so wie es war. Das hat Politik über Jahrzehnte hinweg nicht erklärt, zum Teil wohl selber nicht verstanden. Das ist auch eine Quelle der verbreiteten Sorge, »Fremde im eigenen Land« zu werden. Aber viele Ängste sind unbegründet oder sogar durch politische Polemik hervorgerufen.

Inwiefern?
Ein Beispiel unter vielen anderen ist der derzeitige Bundesinnenminister selber. Er hat in seiner ersten Amtsperiode aus heiterem Himmel behauptet, es gäbe viele »Integrationsverweigerer« im Land, er kannte sogar ihren Anteil an der Zuwandererbevölkerung: 15 Prozent. Das war populistischer Quatsch. Überall wurde dann vom BMI vergeblich nach Belegen für die ominösen 15 Prozent gesucht. Trotzdem legte der Minister öffentlich sogar mit der Überlegung nach, »Integrationsverweigerer« zu bestrafen. Das war zwar, frei nach Herbert Wehner, »noch quätscher«, aber der Begriff »Integrationsverweigerer« blieb, wie »Asylanten«, »Asyltouristen«, »Wirtschaftsflüchtlinge« und andere politisch-populistische Unworte, in vielen Köpfen hängen.

Was ist ihre Prognose: Wie wird das Einwanderungsland Deutschland in zehn Jahren dastehen?
Deutschland wird kulturell noch vielfältiger sein. Die Forschung spricht von »hybriden« oder »hyperdiversen« Einwandererstädten. Wir werden uns, wie derzeit schon die Bürger von Amsterdam, London und Brüssel, zunehmend daran gewöhnen müssen, dass die Menschen ohne Migrationshintergrund irgendwann die größte Minderheit sind, weil es keine »Mehrheitsgesellschaft« mehr gibt. So wie in den USA, wo die aus Europa stammenden Amerikaner um die Mitte des 21. Jahrhunderts nur noch die größte einheimische Minderheit sein werden.

11.2.2 »Und das ist wohl erst der Anfang…«, Über Flucht nach Europa und Deutschland, Interview (Georgios Chatzoudis),
in: L.I.S.A. Das Wissenschaftsportal der Gerda Henkel Stiftung, 13.10.2015[83] (Auszug).

Krieg, Flucht, Asyl – Begrifflichkeiten, die Politik, Medien und Öffentlichkeit vor allem seit dem Sommer intensiv beschäftigen. Der vermittelte Eindruck: Ungeahnt strömen plötzlich Hunderttausende nach Europa, insbesondere nach Deutschland. Tatsächlich aber kündigen Migrationsforscher schon seit Jahren Wanderungsbewegungen dieses Ausmaßes an und fordern eine gezielte Migrationspolitik sowie eine Bekämpfung der Fluchtursachen. So auch der renommierte Migrationsforscher, Publizist und Politikberater Prof. Dr. Klaus J. Bade. Er war Begründer des Osnabrücker Instituts für Migrationsforschung und Interkulturelle Studien (IMIS), des bundesweiten interdisziplinären Rates für Migration (RfM), der ebenfalls bundesweiten Gesellschaft für Historische Migrationsforschung (GHM) sowie Gründungsvorsitzender des Sachverständigenrates für deutscher Stiftungen für Integration und Migration (SVR) und ist von der Bundesregierung immer wieder zu Rate gezogen worden, wenn es um Fragen zu Migration und Integration geht. Wir wollten von ihm wissen, wo er die Ursachen für die Fluchtbewegung sieht, welche Maßnahmen zu ergreifen sind, um Flüchtlinge zu integrieren und wie eine nachhaltige Politik aussehen müsste, die Fluchtbewegungen entgegenwirkt.

Herr Professor Bade, Sie zählen zu den renommiertesten Migrationsforschern. Zurzeit erleben wir eine – ja, was ei-

---

[83] http://lisa.gerda-henkel-stiftung.de/klaus_j_bade.

gentlich? Eine Flüchtlingsflut, -welle, -ströme, -problematik, -bewegung?
Was heute von vielen Politikern wie ein unerwartbares, geradezu schicksalhaftes Migrationsunwetter mit Jahrhundertflut aus heiterem Himmel beschrieben wird, das sich an aktuellen Krisenherden im arabischen Raum entzündet hat, überrascht Migrationsforscher nicht so sehr. Niemand konnte zwar konkret voraussagen, was sich wann in welchem Umfang wo und wie erreichen würde. Prognosen sind bekanntlich immer ein Problem – und besonders dann, so Karl Valentin, wenn es dabei um die Zukunft geht. Aber es gab hinreichend Trendanalysen und Warnungen vor sich aufbauenden Kraftfeldern im Wanderungsgeschehen. Literaturkenntnis schützt vor Neuentdeckungen:

Wir haben schon frühzeitig, zum Beispiel im »Manifest der 60: Deutschland und die Einwanderung« von 1994 darauf hingewiesen, dass sich in verschiedenen außereuropäischen Großregionen, vor allem des globalen »Südens« langfristig ein Migrationsdruck aufbaut. Man kann sich das wie ein Fass mit Problemen vorstellen, dass immer mehr vollläuft, irgendwann überläuft und dann Migrationsbewegungen auslöst. Sie sind allerdings bislang zu mehr als 90 Prozent im weiteren Umfeld geblieben und haben Europa nur zu einem sehr geringen Bestandteil tangiert.

Was wissen wir über die Hintergründe? Was kommt da weiter auf uns zu?
Es treffen mehrere Entwicklungen aufeinander. Das gilt vor allem für tiefgreifende wirtschaftliche Umstrukturierungen, ökologische Zerstörung und eine Ausplünderung, an der auch die westliche Welt maßgeblich beteiligt ist. Hinzu kommen ein rapides Bevölkerungswachstum und eine aus all dem resultierende Verschlechterung von Existenzbedingungen, Lebens- und Überlebenschancen. Dem gegenüber präsentieren die elektronischen Medien und insbesondere die internationalen TV-Programme attraktiv wirkende Gegenwelten. Der wanderungstreibende Problemdruck hat sich seit Anfang der 1990er Jahre deutlich verschärft.

Das gilt zum Beispiel für die wachstumsblockierende und krisentreibende EU-Handels- und Agrarpolitik gegenüber den Herkunftsländern von oft unfreiwilligen Wirtschafts- und Fluchtwanderungen. Und es gilt, um ein großregionales Beispiel zu nennen, für das immer engmaschiger gewordene Netz von neokolonialen Strukturen, das über Afrika gespannt wurde. Es besteht vielfach aus doppelter Ausbeutung, von außen durch die verschiedenen westlichen Geschäftsinteressen und von innen durch mit diesen Interessen kooperierende Diktaturen oder andere korrupte Führungseliten. Hinzu treten in Afrika als fluchttreibende Faktoren schließlich auch kriminelle bzw. mafiotische Strukturen in Kooperation mit den abhängigen Führungseliten schwacher Staaten bzw. »Failed States«, in die westliche Rüstungskonzerne aber nach wie vor kraftvoll ihre Militaria exportieren.

Die Flucht aus afrikanischen und arabischen Krisenzonen mit politisch, ethnisch, religiös-kulturell oder anderweitig bedingten Konflikten und aus wirtschaftlicher Not ist aber nur ein Beispiel für das globale Fluchtgeschehen mit seinen zahllosen Opfern. Die weltweiten Fluchtbewegungen haben mit derzeit ca. 60 Millionen Menschen bislang nicht gekannte Dimensionen erreicht, die selbst diejenigen nach dem Zweiten Weltkrieg übertreffen. Allein 2014 wurden weltweit fast 14 Millionen Menschen zu Flüchtlingen.

Und das ist wohl erst der Anfang, denn klimagetriebene Fluchtwellen kündigen sich schon an. Auch bei der Flucht aus Syrien spielte das schon eine indirekte Rolle: Hunderttausende waren wegen des Absinkens des Grundwasserspiegels und des dadurch beschleunigten Vorrückens der Wüsten aus vertrocknenden Agrarregionen in die Städte geflohen, wo sie sich eine neue Existenz aufbauen wollten. Sie wurden dort von Krieg und Bürgerkrieg überzogen und verließen dann als Kriegs- und Bürgerkriegsflüchtlinge das Land.

Die Flucht aus dieser Krisenregion wird anhalten; denn ein Ende von Krieg und Bürgerkrieg im weithin zerstörten Land ist auf mittlere Sicht nicht absehbar. Das Eingreifen der Großmächte, zuletzt von Russland, dürfte die internen Konflikte nur verschärfen. Am Ende könnten der komplette Zusammenbruch aller Infrastrukturen und die Machtübernahme durch sich gegenseitig bekämpfende »War Lords« und ihre Milizen stehen, darunter auch der »Islamische Staat«, wenn er am Ende nicht ohnehin der Nutznießer dieses chaotischen Flächenbrandes sein wird. Die russische Interventionspolitik könnte hier einiges von den Folgen der amerikanischen lernen.

Das Bundesinnenministerium erwartet in diesem Jahr 800 000 Flüchtlinge, die nach Deutschland kommen. Realistisch?
Gute Frage, denn die Phantasie kennt scheinbar keine Grenzen: Bis zu 1 Million oder nun sogar schon 1,5 Millionen und noch mehr Flüchtlinge bzw. Asylsuchende werden inzwischen angeblich in diesem Jahr in Deutschland erwartet. Unverantwortliche zahlenfetischistische Hysteriker politischer und medialer Provenienz feiern fröhliche Urständ. Einigermaßen verlässliche Zahlen für 2015 werden erst im Frühjahr 2016 vorliegen.

Wenn wir möglichst realitätsbezogen bleiben, dann könnte sich folgendes Bild ergeben: Bis September 2015 sind ca. 580 000 Flüchtlinge amtlich erfasst worden; nicht mitgezählt, logischerweise, die 200–300 000 Flüchtlinge, die sich angeblich irregulär oder doch noch unangemeldet im Land aufhalten. Rund 1 Million Flüchtlinge bis Jahresende wäre demnach eine durchaus vorstellbare Größenordnung.

Aber das sind Brutto-Zahlen, nicht vor Steuern, sondern vor Asyl- bzw. Schutzentscheid. Gehen wir davon aus, dass auch weiterhin ca. 50 Prozent der

Flüchtlinge, mit welchen Status auch immer, bleiben dürfen, dann wären das also ca. 500 000 im Jahr 2015; nicht zu vergessen die vorwiegend europäischen Wirtschaftswanderer, bei denen es 2014 einen Wanderungsgewinn in Höhe von ca. 350 000 gab. Schriebe man diesen Wanderungsgewinn für 2015 fort, dann ergäben sich am Jahresende also ca. 500 000 Flüchtlinge plus ca. 350 000 sonstige Zuwanderer, macht also netto ca. 850 000 Neuzuwanderer insgesamt.

Bei manchen Flüchtlingen, weniger bei den vorwiegend aus Europa stammenden Wirtschaftswanderern, ist allerdings mit Familiennachzug zu rechnen. Das steht ihnen zu, wenn sie einen gesicherten Aufenthaltsstatus haben und ein Einkommen nachweisen können, mit dem sie sich und ihre nachziehende Familie unterhalten können. Damit wäre also insgesamt durchaus ein Wanderungsgewinn von gut 1 Million Menschen vorstellbar. Dabei sollte man allerdings berücksichtigen, dass nicht alle Flüchtlinge in Deutschland bleiben wollen, zum Beispiel von den Flüchtlingen aus Syrien nach einer nicht repräsentativen Umfrage derzeit nur etwa jeder zehnte.

Aber auch das bliebe für die Kostenrechnung der Kommunen eine gehobene Milchmädchenrechnung; denn bis zur Ermittlung der Schutzquote, also bis zum Ende des letzten Einspruchsverfahrens gegen einen Asylentscheid, vergeht oft bis zu einem Jahr, in dem die Antragsteller ja im Land bleiben und in den Kommunen auf diese letzte Entscheidung bzw. auf deren Vollzug warten. Und der möglicherweise anschließende Familiennachzug ist vollends unkalkulierbar, von der zusätzlichen Frage des Zuzugs in ohnehin überlastete sogenannte Problemviertel einmal ganz abgesehen.

Wie auch immer – es geht jedenfalls um Dimensionen, mit denen Demographen in frühen Modellrechnungen experimentierten, wenn es darum ging, gegen den Strudel des demographischen Wandels die derzeitige Altersstruktur der Bevölkerung in Deutschland aufrechtzuerhalten. Das wurde allerdings meist mit dem Bemerken begleitet, dass eine so starke Zuwanderung auf Dauer gesellschaftlich wohl kaum durchzustehen sei. Hier hat offenkundig, jedenfalls für ein Jahr, die Realität die Modellrechnungen überholt.

Warum eigentlich Deutschland? Welche Erwartungen sind bei den Flüchtlingen mit Deutschland verbunden?
Viele Flüchtlinge sind über das Land ihrer Träume nur unzureichend informiert. Dergleichen war um die Mitte des 19. Jahrhundert mitunter auch bei der großen deutschen transatlantischen Massenwanderung der Fall, wenn den Rhein hinunterfahrende Auswanderer glaubten, die nächste »Station« nach Hamburg sei »Amerika« und dort werde sich alles Weitere finden. Aber die meisten hatten doch über Auswandererbriefe von Verwandten und Bekannten, über kommerzielle Auswandereragenturen, karitative und später auch staatliche Beratungsstellen ziemlich konkrete Vorstellungen von ihren Wanderungszielen und den Bedingungen dort.

An die Stelle der Auswandererbriefe von damals sind heute Smartphones, soziale Medien und internationale Fernsehprogramme getreten. Flüchtlinge, die Verwandte in Deutschland haben und über solche Informationsmedien verfügen, haben mitunter sehr konkrete und positive Grundvorstellungen von Deutschland: ein Land, das Flüchtlinge aufnimmt, in dem Recht, Gesetz, Ordnung und Sicherheit gelten, in dem Flüchtlinge anständig behandelt werden, in dem es gute wirtschaftliche und soziale Perspektiven für die Lebensgestaltung gibt, so dass man Geld an die zurückgebliebene Familie überweisen oder sie später sogar nachholen kann usw.

Entscheidend waren im Sommer 2015 die berühmten drei Worte der Bundeskanzlerin »Wir schaffen das« sowie die Ankündigung des Bundesamtes für Migration und Flüchtlinge, keine Syrien-Flüchtlinge nach dem Dublin-Reglement mehr zurückzuschicken in die Länder, in denen sie zuerst europäischen Boden betreten hatten. Beides zusammen wurde in Syrien als Willkommenssignal verstanden und löste eine Art Schabowski-Effekt im Wanderungsgeschehen aus. Das wurde noch verstärkt durch das zeitweise umlaufende, wohl aus Vorschlägen in der deutschen Flüchtlingsdiskussion stammende Gerücht, Deutschland könnte sogar Schiffe entsenden, um syrische Flüchtlinge im Libanon oder in der Türkei abzuholen.

Was kann man in Deutschland tun, um die Probleme zu begrenzen?
Nationale Handlungsspielräume sind hier begrenzt. Wir haben bei der Flüchtlingsaufnahme und -versorgung, vor allem in den Kommunen und durch ehrenamtlichen Helfer aus der Bürgergesellschaft, bislang Hervorragendes geleistet. Das Bild des »hässlichen Deutschen« ist hinter dem Bild des freundlichen, aufnahmebereiten Deutschen zurückgetreten, obgleich in keinem anderen Land derzeit Gastfreundschaft und Fremdenfeindlichkeit so aufeinandertreffen wie in Deutschland.

Wir improvisieren aber notgedrungen, bei wachsendem Problemdruck: Es fehlen die Strukturen, die eine längere Belastung in diesen Dimensionen möglich machen. Das fing bei dem vor Jahren heruntergefahrenen Personal des Bundesamtes für Migration und Flüchtlinge und dem dadurch ausgelösten Bearbeitungsstau mit viel zu langen Entscheidungsverfahren an. Es ging weiter mit dem Abbau bzw. der Umnutzung von ursprünglich für die Aufnahme von Flüchtlingen gedachten Unterkünften, die uns heute fehlen, um nur zwei Beispiele zu nennen.

Alle aufgenommenen Flüchtlinge sollten eine knappe Handreichung in ihrer Landessprache über die Grundrechte, Grundwerte und Spielregeln im Aufnahmeland erhalten. Eine entsprechende Verpflichtungserklärung sollte nach einem kurzen Aufnahmegespräch in Anwesenheit eines Dolmetschers unterschrieben werden, damit gesichert ist, dass die Botschaft verstanden wurde.

Wichtig für alle, die bleiben dürfen, sind frühzeitige Integrationshilfen im Blick auf Sprache und berufliche Zusatzqualifikation, um mitgebrachte Fähigkeiten am Arbeitsmarkt einsetzbar zu machen. Das wird insgesamt Milliarden kosten, die aber, auch nach Einschätzung des aktuellen Jahresgutachtens der »Wirtschaftsweisen«, gut investiert sind. Denn frühzeitige Teilhabeförderungen sind wesentlich billiger als die Folgekosten gescheiterter Integration in Gestalt von Langzeitarbeitslosigkeit und Sozialtransfers.

In weiten Kreisen beunruhigt die Tatsache, dass nur bis zu 3 % der Asylbewerber anerkannt werden, aber mehr als 50 Prozent durch Anerkennung als Flüchtlinge nach der Genfer Flüchtlingskonvention oder aus anderen Gründen mehr oder minder lange oder auch auf Dauer bleiben dürfen. An sich ist das eine wichtige humanitäre Errungenschaft. Sie kann aber das »Kippen« der bislang noch verhalten positiven Stimmung in der Bevölkerung befördern, wenn andere europäische Staaten Deutschland mit seinem großen Flüchtlingsaufkommen achselzuckend weiter im Regen stehen lassen, so dass hier zwei Sozialprobleme in Sichtweite kommen: einerseits eine veritable Opferkonkurrenz zwischen inländischen Armen und ausländischen Flüchtlingen und andererseits eine generelle Überlastung und dauerhafte Zweckentfremdung kommunaler Einrichtungen, wenn zum Beispiel für Kultur und Sport gedachte Gebäude gesperrt und für die Aufnahme von Flüchtlingen verwendet werden müssen.

Was wird in Deutschland schon konkret getan und wie kann man das beurteilen?
Das Kabinett hat eine Reihe von Hilfsmaßnahmen für die Kommunen beschlossen, die weiterführen, aber wohl noch nicht zureichend sind. Organisatorisch hat man zuletzt Leitungsfunktionen aus dem überforderten Bundesministerium des Inneren herausgenommen, das vor allem in den Kategorien von Sicherheitspolitik und Gefahrenabwehr denkt. Man hat diese Funktionen und unter Leitung des Chefs des Bundeskanzleramtes gebündelt und dabei auch Zuständigkeiten anderer Ministerien verstärkt. Das ist ein wichtiger, von uns seit langem geforderter Schritt voran, an dessen Ende auch die konsequente Verschiebung der zentralen Zuständigkeit vom Bundesministerium des Inneren in das Bundesministerium für Arbeit und Soziales stehen sollte; denn bei Migration und Integration geht es eben nicht vorrangig um Gefahrenabwehr und Sicherheitspolitik, sondern um Arbeit und Soziales.

Im Schatten dieser konstruktiven Interventionen aber gibt es auf nationaler Ebene restriktive, zum Teil auch tendenziell populistische Maßnahmen, die von Wissenschaftlern, humanitären Organisationen, Gewerkschaften, Kirchen und sogar Ausländerbehörden kritisiert wurden; denn sie sind mitunter nur kostspielig, ineffektiv oder sogar kontraproduktiv und treffen überdies wieder einmal oft die Falschen.

Im Bereich der Flüchtlingsverwaltung gilt das zum Beispiel für die Abschaffung des sogenannten »Taschengeldes«, von dem sich Flüchtlinge zum Beispiel die Chipkarten für ihre Handys, Bustickets oder einige Kleinigkeiten des alltäglichen Bedarfs kaufen konnten. Diese Umstellung auf Sachleistungen ist sehr verwaltungsaufwendig. Sie bindet Kräfte, die bei der allgemeinen Überforderung anderweitig dringend gebraucht werden. Und sie wird niemanden, der vor Krieg, Bürgerkrieg oder Verelendung flüchtet, irgend beeindrucken, wenn man überhaupt davon erfährt. Sie quält nur die Flüchtlinge in den Aufnahmeeinrichtungen in der vordergründigen und längst Ammenmärchen widerlegten Vorstellung, dass so genannte »Fehlanreize« Wanderungsbewegungen motivieren oder Wanderungsrichtungen bestimmen würden.

Ähnliches gilt für die vermeintlich abschreckende, in Wahrheit nur psychisch destabilisierende Senkung der Überprüfungsfrist für Geduldete von sechs auf drei Monate und umgekehrt die Erhöhung der Lagerhaltung von Antragstellern von drei auf sechs Monate. Und auch zur Bekämpfung der Ursachen unfreiwilliger Wanderungen in den Ausgangsräumen trägt die restriktive Reform nur vorgeblich bei: Die kleine Erhöhung der ohnehin erwiesenermaßen ineffektiven, zum Teil auch kontraproduktiven konventionellen Entwicklungshilfe verschleiert, dass das nunmehr angestrebte Niveau schon früher einmal zugesagt, aber gar nicht angestrebt und die Entwicklungshilfe in Wahrheit sogar gesenkt worden war.

Aber was sollen wir als Wissenschaftler denn noch tun jenseits der von mir seinerzeit konzipierten »kritischen Politikbegleitung« in Gestalt der Veröffentlichung von Forschungsergebnissen in menschenfreundlicher Prosa und der immer wieder erneuten, oft über die Medien organisierten massiven Kritik an falschen, ineffektiven oder sogar kontraproduktiven politischen und oft auch nur politisch-populistischen Maßnahmen? Die mangelnde Lernfähigkeit, mitunter auch defensive Erkenntnisverweigerung von Politik in Regierungsverantwortung lässt manchmal zum Verzweifeln. Ein höchstrangiger Ministerialbeamter hat mir in anderem Zusammenhang sogar einmal dem Sinne nach gesagt: Rückblickend betrachtet hätten wir wohl Recht gehabt mit unseren warnenden Voraussagen – »aber das konnten Sie damals doch gar nicht wissen…«

Was könnte und sollte auf europäischer Ebene geschehen?
Das herkömmliche europäische Asylrecht mit dem Dublin-System, nach dem die Erstzugangsländer auch die Asylverfahren abzuwickeln haben, ist in der Praxis weitgehend zusammengebrochen. Das sieht auch die Kanzlerin so. Dieses System hing im Grunde von Beginn an deswegen schief, weil es auf Kosten der Grenzstaaten funktionierte und auf Druck der großen Staaten in der Mitte Europas vereinbart wur-

de, bevor noch die entsprechenden Voraussetzungen in den Staaten an den Schengen-Grenzen geschaffen waren.

Wir brauchen ein neues europäisches Asylrecht mit festen Aufnahmequoten, das mithilfe einer europäischen Asylagentur verwaltet werden sollte, die nicht als Steuerungsinstrument, sondern als Servicezentrum für die Mitgliedstaaten funktioniert […].

Das alles setzt aber voraus, dass es in Europa annähernd vergleichbare Standards bei den Asylverfahren und bei der Unterbringung von Flüchtlingen gibt. Erst auf dieser Grundlage kann es eine Einigung über Quoten geben, denn es macht ja keinen Sinn, zum Beispiel in der derzeitigen Situation, in der etwa Griechenland und Italien mit der Flüchtlingsaufnahme vollkommen überfordert sind, diesen Ländern über Quoten größere Zahlen von Flüchtlingen zuzuweisen, für deren Aufnahme dort die Voraussetzungen fehlen.

Das Bemühen um eine immer bessere Organisation der Flüchtlingsaufnahme in Europa ändert aber nichts an den Ursachen der Fluchtbewegungen und zäumt das Pferd im Grunde vom Schwanz her auf. Es bringt ja wenig, die defensive Verwaltung der Folgen zu verbessern, wenn die wanderungstreibenden Ursachen immer schubkräftiger werden.

Und Europa kümmert sich, allen politischen Sonntagsreden zum Trotz, fast gar nicht um die Bekämpfung der Fluchtursachen. Es setzt vor allem weiterhin und noch verstärkt auf die Abwehr von Flüchtlingen, die seit 1990 schon mehr als 30 000 und 2014 allein 3 500 Tote im Mittelmeer gekostet hat, nicht zu reden von denen, die auf dem Weg dahin umgekommen sind. Hierzu läuft jetzt, auch auf Druck aus Deutschland hin, die immer schärfere Abriegelung der »Festung Europa« an und auch weit vor ihren Grenzen:

Das gilt *erstens* für den hektischen Aufbau der »Hot Spots« genannten Auffanglagern mit Registrier- und Verteilerzentren an den europäischen Schengen-Grenzen. Es nützt aber doch nichts, grenznahe Zentren zur europaweiten Verteilung von Flüchtlingen einzurichten, wenn die Länder, in die die Flüchtlinge verteilt werden sollen, dafür noch unzureichend eingerichtet sind oder gar die Aufnahme verweigern.

Es gilt *zweitens* für die sogenannte Externalisierung der Grenzverteidigung durch den Auf- und Ausbau von »Transitzentren« genannten Auffanglagern mit Asylschleusen in der Nähe der Ausgangsräume von Fluchtwanderungen. Dort sollen in Schnellverfahren Asylsuchende mit möglichen Bleibeperspektiven ausgesondert, sogenannte Wirtschaftsflüchtlinge auf andere Möglichkeiten der Zuwanderung hingewiesen und die mit Sicherheit meisten anderen irgendwie wieder zurückgeschickt werden sollen. Das wird nicht funktionieren, weil die sich dann wieder den Schleppern anvertrauen werden, deren Bekämpfung im Mittelmeer auch nur ein populistisches Schauspiel ohne reale Chance ist.

Und es gilt *drittens* sogar für Vereinbarungen mit fluchttreibenden Despotenregimen wie zum Beispiel im Sudan und Eritrea. Sie sollen gegen entsprechende Forderungen und Investitionen, zum Beispiel in ihre Grenzsicherungssysteme, sowie durch Beratung und nötigenfalls auch Training ihrer Sicherheitsorgane dazu gebracht werden, Menschen, die vor ihnen selbst oder durch ihre Territorien fliehen wollen, an ihrer Flucht in Richtung Europa zu hindern. […]

Welche Herausforderungen sehen Sie auf globaler Ebene?
In einer Welt, in der heute fast die Hälfte des globalen Reichtums in den Händen von weniger als einem Prozent der Weltbevölkerung liegt, in der im wirtschaftlichen Süd-Nord-Transfer für jeden Dollar, der in den globalen »Süden« fließt, zwei Dollars in der Gegenrichtung zurückfließen, in dieser Welt gibt es nicht eine weltweite »Flüchtlingskrise«, sondern eine Weltkrise, die Fluchtbewegungen erzeugt.
Man kann sich in diesem Zusammenhang an ein Gedicht von Bertolt Brecht aus dem Jahr 1934 erinnern: »Reicher Mann und armer Mann standen da und sahen sich an. Und der Arme sagte bleich: ›Wär' ich nicht arm, wärst du nicht reich‹«.

Wenn man diese Weltkrise bekämpfen will, muss man sich nicht nur um die Begrenzung ihrer Folgen in Gestalt von Fluchtbewegungen, sondern auch um die Bekämpfung ihrer Ursachen kümmern. Dazu muss man weltökonomische, weltökologische und weltgesellschaftliche Systemfragen stellen, wie sie auch der kluge, aus der nichtmarxistischen südamerikanischen Befreiungstheologie stammende Papst Franziskus in seiner Enzyklika »Laudato Si« in ungewohnter Schärfe angesprochen hat. Die karitativen Engagements von großen Stiftungen und auch von großen Unternehmungen sind demgegenüber nur wohlgemeinte Tropfen auf den heißen Stein. Es führt kein Weg mehr vorbei an einer Auseinandersetzung mit dem von wenigen ökonomischen Machtzentren aus gesteuerten, in seiner fortschreitenden Hypertrophie desaströsen, von Helmut Schmidt als »Raubtierkapitalismus« kritisierten Wirtschaftssystem mit seinen menschenfeindlichen Schattenseiten. Das ist, um ein gebräuchliches Modewort zu benutzen, in der Tat »alternativlos« […].

Sind moderne Migrationsbewegungen, wie wir sie derzeit erleben, denn überhaupt staatlich lenkbar oder gar verhinderbar? Können Grenzregime, wie sie seit Jahren in der Europäischen Union aufgebaut werden, ein wirksames Mittel dazu sein?
»Abschottung und Abgrenzung im Zeitalter des Internets sind eine Illusion«, hat Bundeskanzlerin Angela Merkel Anfang Oktober in einem Interview zu Recht gesagt […].

Verzweifelte Flüchtlinge sind durch keine Grenze aufzuhalten. Das haben auch die Amerikaner lernen müssen mit ihren gewaltigen Grenzbefestigungen gegenüber Mexiko: Die gestaffelten Zäune wurden immer höher, aber die illegale Zuwanderung stieg weiter an. Einerseits deswegen, weil viele legal einreisen, dann ihre Aufenthaltsgenehmigung überschritten und illegal im Land blieben. Andererseits, weil viele illegale Zuwanderer nicht mehr zu ihren Familien zurückkehrten und stattdessen alles daransetzten, ihre Familien nachzuholen. Selbst Länder, die durch das Meer umschlossen sind, haben mit illegaler Zuwanderung zu tun wie zum Beispiel Australien, das sich auf brutale Weise gegen illegale Zuwanderer wehrt, die in Booten über zum Teil riesige Distanzen hinweg die australischen Küsten zu erreichen streben – und dann auf entlegene Inseln deportiert werden.

Je mehr sich Europa abzuschotten sucht, desto mehr werden die Schleuser und Schlepper verdienen. Und wenn sich die »Festung Europa« gewaltsam abschotten will, dann wird der ohnehin schon laufende menschenfeindliche und opferreiche Abwehrkampf gegen Flüchtlinge umso mehr Dimensionen und Formen annehmen, die mit den Menschenrechten im Allgemeinen und mit unseren vielbesungenen europäischen Werten im Besonderen absolut nicht mehr vereinbar sind.

Ganz abgesehen von den Ideen und Intentionen der Väter und Mütter des deutschen Grundgesetzes 1948/49: In hitzigen Verhandlungen über das Grundrecht auf Asyl sagte der Sozialdemokrat Carlo Schmid: Wenn man Asyl gewähren wolle, dann müsse man »generös« sein und das schließe auch das Risiko ein, sich »in der Person geirrt zu haben«. Und der Christdemokrat Hermann von Mangoldt schloss sich ausdrücklich mit dem Bemerken an: Wenn man zu den vorgeschlagenen, bald berühmten vier Worten »Politisch Verfolgte genießen Asyl« nur »irgendetwas« hinzufügen würde, dann müsste »eine Prüfung durch die Grenzorgane« erfolgen, wodurch »die ganze Vorschrift völlig wertlos« würde. Und genau da sind wir heute angelangt – bei einem Asylrecht, das in jenem Sinne »völlig wertlos« erscheinen könnte.

Was werden die Folgen des nationalen, europäischen und globalen Versagens vor diesen Problemen sein?
Die Rache im Wanderungsgeschehen wird nicht ausbleiben: »The Empire strikes back« stöhnen manche Briten. Andere glauben die Einwanderer aus ihren früheren Kolonien flüstern zu hören: »We are here, because you were there!«. Will sagen: Wenn wir uns nicht um die Menschen in den weniger entwickelten und oft in Konflikte verwickelten Regionen der Welt kümmern – dann kommen sie zu uns. Und was dann an Abwehrmaßnahmen aufgefahren werden würde, dürfte noch weniger mit den angeblichen Grundwerten der freien westlichen Welt vereinbar sein als das, was wir uns in dieser Hinsicht bislang ohnehin schon leisten.

Im Zusammenhang mit den aktuellen Fluchtbewegungen tauchen Begrifflichkeiten wieder auf, die die frühen 1990er Jahre erinnern. Verläuft die politische und mediale Diskussion ähnlich wie damals, als vor allem Flüchtlinge aus dem Bürgerkrieg im früheren Jugoslawien nach Deutschland kamen oder was ist heute anders?
Die Exzesse auf deutschen Straßen Anfang der 1990er Jahre hatten nur sehr bedingt mit den Zuwanderungsbewegungen selbst zu tun. Solche Behauptungen sind nur zigfach widerlegte Selbstrechtfertigungsversuche von Politikern. Die Exzesse waren in Wahrheit vor allem Ergebnis des Zusammentreffens der Ratlosigkeit der Bürger mit der Konzeptlosigkeit der Politik in Regierungsverantwortung. Sie entzündeten sich an dem jahrelangen ergebnislosen und am Ende durch wechselseitige Denunziationen zur Handlungsunfähigkeit der Politik führenden Asylstreit, der in den Medien stets weiter skandalisiert wurde.

Das hat schließlich dazu geführt, dass kleine radikale Minderheiten glaubten, mit ihren demonstrativen Untaten für die schweigsame Mehrheit sprechen zu können. Die suchte sich dann mit den berühmten Lichterketten von diesen Gruppen zu distanzieren. Politiker, die sich nun hier einreihen wollten, wurden oft demonstrativ zurückgewiesen, was wiederum oft die Falschen traf, während die eigentlich politisch Verantwortlichen für das Desaster in borniertem Zynismus auf die Bürger mit ihren angeblich albernen Lichterketten herabsahen.

Das ist heute anders: Es gibt eine starke Bürgerbewegung, die sich den – im Gegensatz zu den frühen 1990er Jahren oft überregional organisierten und über das Netz koordinierten – fremdenfeindlichen radikalen, extremistischen und neonationalsozialistischen Kräften entgegenstellt, Flüchtlinge schützt und ihnen hilft. Auch Politik scheint ein Stück weit aus ihrem Versagen Anfang der 1990er Jahre und aus den Folgen ihrer schön älteren ungezügelten populistischen Wahlkampfagitationen gegen »Migrantenfluten«, »Masseneinwanderung in die Sozialsysteme«, gegen »Sozialschmarotzer«, »Asylbetrüger« und »Wirtschaftsflüchtlinge«, gegen »Ausländerkriminalität«, »nicht integrierbare Türken« und »Integrationsverweigerer« gelernt zu haben; abgesehen von der CSU, die damit dem bekannten Votum ihres geistigen Übervaters Franz Josef Strauß zu entsprechen sucht, dass es rechts von der CSU keine demokratisch legitimierte Kraft in Bayern geben dürfe, und dabei heute im Wettlauf mit der AfD selbst in Gefahr gerät, zu einer solchen Kraft zu werden.

Und auch die Medien haben sich ein Stück weit zurückgenommen, wobei es bemerkenswerte Themenwechsel gibt: Anfangs standen die Flüchtlingstragödien im Mittelmeer im Vordergrund; dann ging es besonders um brennende Flüchtlingsheime, dann vorwiegend um die Willkommenseuphorie gegenüber Flüchtlingen. Erkennbar war aber weithin das Bemühen, nicht ständig Menetekel vom Weltuntergang durch Massenwanderungen an die Wand zu malen, von Ausnahmen immer abgesehen, die aber die Regel bestätigten.

11.2.3 In der »Flüchtlingskrise« vom Kopf auf die Beine kommen,
in: MiGAZIN, 7.12.2015.

Europa steht Kopf in der »Flüchtlingskrise«. Es wird erst wieder vom Kopf auf die Beine kommen, wenn begriffen wird, dass es hier nicht nur um eine Krise der anderen, sondern auch um unsere eigene Krise geht.

Die politische Diskussion um Handlungskonzepte in Deutschland, innerhalb der EU und gegenüber der Türkei als dem europäischen Haupttransitland für Flüchtlinge aus dem Nahen Osten torkelt zwischen zwei Polen:

Kontingente und Zäune
Auf der einen Seite steht die Rede von »Kontingenten«, die rasch zur Lieblingsfloskel des konzeptlos unter Handlungsdruck geratenen Bundesministeriums des Innern geworden ist, aber auch von CDU, SPD und Bündnis90/Grüne mitgetragen wird.[84] Dies wäre aus zwei Gründen eine nur scheinbare Ersatzlösung sowohl für eine nationale Aufnahmequote als auch für die von vielen erwünschte und von der Bundeskanzlerin mit guten Gründen – noch – verweigerte Entscheidung über eine »Obergrenze«:

1. Ein deutscher Alleingang mit einem nationalen »Kontingent« bliebe nur eine einseitige Selbstverpflichtung und kein Beitrag zu einer EU-Entscheidung über entsprechende »Kontingente« der übrigen Mitgliedstaaten, die sich dann insgesamt zu einer Art »europäischem Kontingent« (von welcher globalen Gesamtheit?) addieren könnten; denn eine solche europäische Entscheidung wäre nach dem konträren derzeitigen Stand der Verhandlungspositionen wohl ebenso wenig erreichbar wie diejenige über die bislang nicht zu vereinbarenden und nicht einmal in einem Notprogramm (40 000/160 000) umsetzbaren Verteilungsquoten.

2. Ein »Kontingent« wäre eine asylrechtlich nicht funktionierende semantische Tarnkappe für eine »Obergrenze«; denn jenseits aller begrüßenswerten Kontingentverfahren, die Flüchtlingen legale Zugangswege ohne Selbstgefährdung eröffnen würden, müsste »der individuelle Anspruch auf Zugang zu einem Asylverfahren für diejenigen, die außerhalb solcher Aufnahmeverfahren nach Deutschland kommen« im Sinne des Grundgesetzes gewahrt bleiben.[85] Das aber könnte bedeuten, dass Asylverfahren in Deutschland jenseits von Kontingentzulassungen mit legalen Zugangswegen individuell – und damit im ursprünglichen Sinne des Grundgesetzes – nur mehr auf illegalem Weg über die deutschen Landesgrenzen erreichbar wären. Das aber könnte gleichbedeutend sein mit einer Art asylpolitischen Arbeitsbeschaffungsmaßnahme für »Schlepper«.

Auf der anderen Seite stehen nationale und europäische politische Bankerotterklärungen in der »Flüchtlingskrise«: einerseits in Gestalt von schwimmenden Sperrriegeln mit beiläufiger Rettungsfunktionen vor Libyen sowie zwischen der Türkei und den griechischen Inseln Kos und Lesbos; andererseits in Gestalt des Baus von Sperrzäunen mit für die Flüchtlinge im heraufziehenden Winter lebensgefährlichen Rückstaueffekten auf der »Balkanroute«.[86]

Die EU sei »heillos überfordert mit der Flüchtlingskrise. Durch ihre Inkompetenz gefährdet sie sich selbst«, warnte Joschka Fischer, Bundesaußenminister in rotgrünen Zeiten: »Auf Dauer wird die Politik der Bevölkerung erklären müssen, dass es beides – hohe Wettbewerbsfähigkeit und soziale Sicherheit einerseits und keine Zuwanderung andererseits – nicht geben kann, sondern dass es sich hier um eine historische Entweder-oder-Frage handelt, die entschieden werden muss.«[87]

Je mehr sich Politik auf nationaler und europäischer Ebene anstelle transparenter Gestaltungskonzepte und Handlungsstrategien für eine gemeinsame Zukunft mit vordergründigen Schein- bzw. Ersatzaktivitäten blamiert, desto mehr werden sich auf nationaler Ebene und in Europa Anti-Parteien- und Anti-Politik-Affekte aufstauen. Sie könnten am Ende einen Dammbruch verursachen und damit parlamentarische Demokratie und Europäische Union insgesamt gefährden.

Auf nationaler Ebene verzeichnet die wie erwartet[88] vom euro-kritischen immer weiter ins europakritische und »islamkritische« Lager driftende »Alternative für Deutschland« nach Umfragen eine rasante Zuwachstendenz. Das ließ sie im November 2015 mit bundesweit 10,5 Prozent für einen Moment als drittstärkste Partei nach CDU/CSU und SPD erscheinen. Selbst die im Blick auf die Fünf-Prozent-Hürde schon totgesagte, nun im deutschen Osten emsig gegen »Asylschnorrer« hetzende NPD erwacht dort zu neuem Leben jenseits dieser Hürde. Und der »Thüringen-Monitor«, der in den letzten Jahren eine ständige Abnahme rechtsextremer Einstellungen dokumentierte, signalisiert eine Wende: Die Zahl rechtsextremer Einstellungen wuchs seit 2014 von 17 % auf 24 %, das ist ein sprunghafter Anstieg, wie er zuletzt inmit-

---

[84] R. Birnbaum / H. Monath, Union, SPD und Grüne für »Kontingente«, in: Der Tagesspiegel online, 24.11.2015; Der Begriff »Kontingentlösung« wird sehr verschieden interpretiert, in: Nürnberger Zeitung (dpa), 24.11.2015.
[85] H. Cremer, Stellungnahme des Deutschen Instituts für Menschenrechte zur Debatte um »Obergrenzen« beim Recht auf Asyl in Deutschland, Berlin 30.11.2015.

[86] Rückstau auf der Balkanroute: Mehrere Länder lassen nur noch Syrer, Iraker und Afghanen einreisen, in: Süddeutsche Zeitung, 24.11.2015; N. Mappes-Niediek, Der irrsinnige Zaun an der Grenze zu Österreich, in: Frankfurter Rundschau, 27.11.2015.
[87] J. Fischer, Europa muss sich entscheiden, in: Süddeutsche Zeitung, 25.8.2015.
[88] K. J. Bade, Mit Fremdenfeindlichkeit nach Europa und zurück, in: Zeit online, 30.11.2013.

ten der Sarrazin-Debatte 2011 zu verzeichnen war.[89] Deutschland wirkt insgesamt gespalten zwischen einer kulturoptimistischen, menschenfreundlichen Willkommensbewegung mit rund 7 Millionen Aktiven und einem kulturpessimistischen, asylskeptischen Lager, an dessen Rändern rechtsextremistische, aber auch biedermännische menschenfeindliche Pyromanen toben, deren Leuchtfeuer die brennenden Dachstühle von Flüchtlingsheimen sind.[90]

Im Süden und Osten der Europäischen Union reicht der Bogen der aggressiven Flüchtlings- und zunehmend auch Europakritik von der hasserfüllten Polemik rechtsradikaler italienischer Politiker gegen irregulär zugewanderte Flüchtlinge als »Schakale«, »Ratten« und »Würmer« über die Anti-Asyl-Agitation des ungarischen Populisten Orban und seiner Partei bis zu der nicht minder flüchtlingsfeindlichen und insbesondere »islamkritischen« Propaganda der neuen polnischen Regierung, die gefährlich zwischen verschämtem Rechtskonservatismus und offenem Faschismus schwankt.

Sie warnt vor »Parasiten und gefährlichen Krankheiten«, die angeblich von Flüchtlingen, die selber dagegen immun sind, eingeschleppt werden und verbindet das mit monströsen Monstermärchen: In Schweden gebe es in 54 Bezirken schon »keinerlei Kontrolle des Staates mehr«, weil dort »die Scharia verpflichtend« sei, Schulen würden keine schwedischen Fahnen mehr zu hissen wagen, weil darauf ein Kreuz zu sehen sei. Und erst mal Italien: Dort würden sogar »Kirchen mitunter als Toiletten missbraucht«. Schuld an alledem sind angeblich die Flüchtlinge und die fehlende Abwehrbereitschaft gegen sie.

Im Westen und Norden Europas reicht die Front von der populistischen Konkurrenz zwischen Marine Le Pen (Front National) und Nicolas Sarkozy (UMP) in Frankreich um die unflätigsten xenophoben, auch antieuropäischen Argumente bis hin zu den asyl-, fremden- und europafeindlichen Rechtskonservativen in Dänemark und Schweden.[91] Europaweit wächst der Ruf nach Schließung der Grenzen gegen Flüchtlinge.[92]

Die Willkommensbewegung als »Aufstand der Anständigen«

Die Lage ist ernst. Die politische und gesellschaftliche Polarisierung in der Europäischen Union, in vielen ihrer Mitgliedstaaten und auch in Deutschland wächst. Zeit ist nicht mehr zu verlieren.

Auf späte Erkenntnisprozesse des hier noch immer regierungsamtlich meinungsbildenden Bundesinnenministeriums zu warten, ist verlorene Zeit; denn hier dominiert weithin nach wie vor ein gesellschaftspolitischen Visionen ferner Rechtspositivismus. In den vorwiegend als Problemfelder betrachteten Bereichen Migration und Integration erschöpft er sich weitgehend in der Frage, was nach Maßgabe von Sicherheitspolitik und Gefahrenabwehr aufgrund welcher gesetzlichen Bestimmungen wie gestaltbar ist, getreu dem Amtsverständnis von Bundesinnenminister de Maizière: »Ich glaube, dass ein Tag dann gut zu Ende geht und wir dann gute Arbeit geleistet haben, wenn wir sagen können: Wir haben eine Aufgabe gelöst und dabei auch Vorschriften beachtet.«[93]

Die Reichweite ordnungspolitischer Rechtsklempnerei aber endet weit vor der unerbittlich anstehenden, in mancher Hinsicht geradewegs umgekehrten Frage: Was erscheint im Sinne von übergeordneten Perspektiven für die Zukunft der Einwanderungsgesellschaft im demographischen Wandel wichtig und was muss dazu an bestehenden Rechtsvorschriften geändert werden, die nicht wegen ihres schieren Bestandes heilig sind.

Umso nötiger ist deshalb eine Mobilmachung der aufgeklärten Bürgergesellschaften in Europa im Sinne eines »Aufstands der Anständigen«, von dem der seinerzeitige Bundeskanzler Gerhard Schröder (SPD) einmal sprach und den der thüringische Ministerpräsident Bodo Ramelow (Die Linke) unlängst in einen

---

[89] F. Jansen, Rechtspopulismus und Neonazis: AfD und NPD im Aufwind, in: Der Tagesspiegel online, 17.11.2015; E. Peter, Der neue Rechte, in: taz.die tageszeitung, 23.11.2015; Der geteilte Himmel. Warum Pegida aus der Flüchtlingsfrage im Osten Kapital schlagen kann. Interview (Alex Rühle) mit dem Rechtsextremismusforscher David Begrich, in: Süddeutsche Zeitung, 24.11.2015; K. Litschko, Die hässliche Trendwende, ebd., 27.11.2015.
[90] L. Kampf / H. Leyendecker / B. von der Heide, Die Mitte brennt. Rasend schnell breitet sich in Deutschland, wo es auch so viel Gutes gibt, der Fremdenhass aus, in: Süddeutsche Zeitung, 30.11.2015; Ein Land in Flammen. Fast täglich gibt es Angriffe auf Flüchtlingsunterkünfte. Die Täter werden so gut wie nie gefasst. Sind Polizei und Justiz auf dem rechten Auge blind?, in: Die Zeit, 3.12.2015.
[91] O. Meiler, Von Schakalen, Ratten und Würmern, in: Süddeutsche Zeitung, 12.9.2015; »Bedrohung für die weiße Rasse«: Ostländer der Europäischen Union Flocken Flüchtlinge ab und gehen damit auf Konfrontation zu Brüssel und Berlin (dpa), in: Die Welt, 2.9.2015; A. Mostyn, Totengräber der Samtenen Revolution: Präsident Milos Zeman nutzt den Jahrestag, um vor ausgesuchten Publikum gegen Flüchtlinge zu hetzen, in: taz.die tageszeitung, 19.11.2015; C. Wernicke, Valls: Europa muss Grenzen schließen, in: Süddeutsche Zeitung, 25.11.2015; G. Lesser, Medien in Polen sollen wieder polnisch werden: Die rechtsnationale Regierung will die Medien »repolonisieren« – und beeinflussen, ebd.; Polen will keine Flüchtlinge mehr, ebd., 27.11.2015; vgl G. Lesser, Demokratie in Gefahr, ebd., 5./6.12. 2015; Schweden macht Kehrtwende im Asylwesen, in: Neue Zürcher Zeitung, 27.11.2015; R. Balmer, Frankreich: Mit der nationalen Eintracht ist es jetzt vorbei, in: taz.die tageszeitung, 3.12.2015.
[92] »Spielen Sie die Sicherheitsfrage nicht herunter«. Interview (Daniel Brössler) mit dem EU-Ratspräsidenten Donald Tusk, in: Süddeutsche Zeitung, 3.12.2015; E. Bonse, Flüchtlingspolitik: Die EU-Chefs verlässt der Mut. Ratspräsident Tusk fordert Kurswechsel von Deutschland, in: taz.die tageszeitung, 5.12.2015; »Diese Flüchtlingswelle ist zu groß«. SZ-Interview mit dem EU-Ratspräsidenten Donald Tusk, in: Süddeutsche Zeitung, 13.12.2015.
[93] Rede des Bundesinnenministers anlässlich der 1. Lesung des Bundeshaushalts 2016 (Innen, EP 06), 08.9.2015; vgl. I. Ehrich, Kritik am Innenminister: Ist de Maizière krisenfest?, in: n-tv.de, 17.9.2015.

Wechselbezug zur Mobilisierung der staatlichen Dimension rückte: »Die ›Zuständigen‹ müssen sich bewegen, damit die ›Anständigen‹ besser anschließen können.«[94]

Der Publizist Robert Misik hat die hilfsbereite Willkommensbewegung jenseits ihres humanitären Engagements sehr treffend auch als eine »Art Aufstand« beschrieben: »Die Zivilgesellschaft, die die Sache selbst in die Hand nahm […], sie ›hilft‹ nicht einfach nur, sie protestiert auch implizit. Es ist ein Protest, aber fast ohne Parolen, einer des Handelns. Es ist unübersehbar ein Protest gegen Regierungspolitik, die nur versucht, sich Flüchtlinge vom Hals zu halten, es ist auch ein Protest gegen ein Dublin-Regime, das nicht nur versucht, das ›Problem‹ auf die europäischen Peripheriestaaten abzuwälzen, sondern das frierende, hungernde und im Extremfall ersaufende Flüchtlinge sogar wünscht, als Abschreckung für alle anderen, als Botschaft: bleibt, wo ihr seid.«[95]

Auf Seiten der Bürgergesellschaft gehören in den Zusammenhang dieser breiten Willkommensbewegung die Demonstrationen gegen fremden- und besonders flüchtlingsfeindliche Gruppierungen, die nichtstaatlichen und privaten Initiativen zum Schutz und zur Hilfe für Flüchtlinge und für Asylsuchende im Verfahren.[96]

Dazu gehören auf See die privaten Rettungsinitiativen mit dem »Alarmphone« im Mittelmeer[97] und den dort kreuzenden zivilen Rettungsschiffen, zu denen sich bald das – im Gegensatz zu den anderen, derzeit in den Häfen liegenden, weil nicht winterfesten Schiffen – erste Schiff der neuen Initiative »SOS Méditerranée – Europäische Gesellschaft zur Rettung Schiffbrüchiger im Mittelmeer« unter dem Kommando des Hochseekapitäns und promovierten Frühneuzeithistorikers Klaus Vogel gesellen wird.[98]

Dazu gehören aber auch der politikkritische Empörungssturm in den Sozialen Medien, die Mahnungen der Kirchen in Deutschland[99] und der weltweite Appell des mutigen, aus der nichtmarxistischen südamerikanischen Befreiungstheologie stammenden Papstes in seiner Enzyklika »Laudato Si«. Auch öffentlich engagierte Gesellschaftswissenschaftler und Philosophen schweigen dazu nicht. »Es sind die Bürger«, hat zum Beispiel Jürgen Habermas in einer Politikkritik in anderem Zusammenhang geschrieben, »die in europäischen Schicksalsfragen das letzte Wort behalten müssen.«[100]

Das alles sollte Politik in Regierungsverantwortung unter Druck bringen, ihre immer deutlichere Blamage durch eklatantes Versagen vor den Geboten der Menschlichkeit zu begrenzen[101] – in den Worten von Bundespräsident Joachim Gauck: »Es widerspricht jeder Vorstellung von Menschenwürde, wenn Menschen auf der Flucht vor Gewalt und Verfolgung, auf der Suche nach einem würdigen Leben, abermals ihrer grundlegenden Rechte beraubt werden oder sogar ihr Leben verlieren.«[102] […]

Kurskorrekturen ohne Kursverlust
Die drei Worte der Bundeskanzlerin Angela Merkel »Wir schaffen das« waren vor dem Hintergrund einer akut drohenden Flüchtlingskatastrophe historisch wichtig und richtig. Was aber für den Moment richtig war, muss dies nicht auf Dauer bleiben; denn im Wanderungsgeschehen dominieren nicht Momente, sondern Prozesse, die sich eigendynamisch so verstärken können, dass diese Dynamik unter Umständen, im schlimmsten, möglichst zu vermeidenden

---

[94] Forderung von Gerhard Schröder als Bundeskanzler in Reaktion auf den Brandanschlag auf die Düsseldorfer Synagoge am 2.10.2000 und als Ex-Bundeskanzler im Dezember 2014 als Antwort auf »Pegida«; Anschlag auf Synagoge: Schröder fordert »Aufstand der Anständigen«, in: Der Spiegel, 4.10.2010; Schröder fordert »Aufstand der Anständigen« gegen »Pegida«, in: Die Zeit, 23.12.2014, Ministerpräsident Bodo Ramelow auf der Tagung (Die Linke im Bundestag) »Refugees welcome« in Berlin, 28.11.2015.
[95] R. Misik, Der Aufstand der »freiwilligen Helfer«. Warum die Flüchtlingshilfe keineswegs nur »karitativ« ist, in: prager frühling, 5. 11. 2015. Diesen Hinweis verdanke ich dem Einführungsvortrag von Dietmar Bartsch, MdB (Die Linke) auf der Konferenz »Refugees welcome« (Die Linke im Bundestag), Berlin, 28.11.2015.
[96] Vgl. hierzu u.v.a. »Bei Flüchtlingsaufnahme gibt es keine Obergrenze«. Pro Asyl-Geschäftsführer Burkhardt über den Umgang mit Schutzsuchenden in der EU und richtige Willkommenskultur. Interview (Marcel Leubecher), in: Die Welt, 9.7.2015.
[97] M. Barmeyer, Die Grenzen wegdenken. »Watch the Med« hat ein Notrufsystem für Bootsflüchtlinge auf dem Mittelmeer organisiert, in: taz.die tageszeitung, 25.7.2015; S. Sontowski, »Keine Lösung, aber eine notwendige Intervention«. Das Watch The Med Alarm Phone, in: movements. Journal für kritische Migrations- und Grenzregimeforschung, 1.2015.

[98] Hierzu: www.SOSMEDITERRANEE.org; facebook.com/SOS MEDITERRANEE; vgl. Selber reiten. Warum der Schiffskapitän Klaus Vogel eine zivile europäische Seenotrettung für das Mittelmeer gründet, in: Der Tagesspiegel, 1.6.2015; M. Klingst, Wo Tritons Hilfsbereitschaft aufhört, in: ZEIT online, 11.5.2015.
[99] Erinnert sei hier an das Ökumenische Wort der Christlichen Kirchen in Deutschland, zu dem ich als Berater der evangelischen Seite die migrationshistorischen und gesellschaftspolitischen Kerntexte »Geschichtliche Erfahrungen und Einsichten in Deutschland« entworfen habe: »... und der Fremdling, der in deinen Toren ist«. Gemeinsames Wort der Kirchen zu den Herausforderungen durch Migration und Flucht (Gemeinsame Texte der Deutschen Bischofskonferenz und der Evangelischen Kirche in Deutschland, Nr. 12), Bonn/Frankfurt a.M./Hannover 1997, S. 9–30.
[100] J. Habermas, Sand im Getriebe. Nicht Banken, sondern Bürger müssen über Europa entscheiden, in: Süddeutsche Zeitung, 23.6.2015.
[101] Belege für eine Wende finden sich zunehmend, besonders bei der Regierungspartei SPD, vgl. SPD fordert EU-Asyl für Hunderttausende, in: Die Welt, 1.6.2015; Syrien: Gabriel will Flüchtlinge mit Fähren nach Europa holen, in: ZEIT online, 4.6.2015.
[102] Bundespräsident Joachim Gauck im Zusammenhang seiner Forderung nach mehr Einsatz für Flüchtlinge beim Empfang für den Menschenrechtsrat der Vereinten Nationen in Berlin im Mai 2015, zit. nach: Gauck: Flüchtlingen helfen, in: Süddeutsche Zeitung, 23.5.2015.

Falle, ohne den Einsatz des staatlichen Gewaltmonopol nicht mehr kontrollierbar erscheint.

Wer das vermeiden will, muss friedlich, aber bestimmt und vor allem rechtzeitig handeln, spätestens dann, wenn sich eine transnationale Migrationsdynamik erkennbar und zunehmend der staatlichen Kontrolle zu entziehen beginnt. Gänzlich »beherrschbar« war Migration in Europa nie, wie die Jahrhunderte übergreifende Geschichte der Versuche staatlicher Migrationssteuerungen zeigt.[103] Kaum begrenzbar ist mitunter auch der Ansturm derer, die um ihr Leben laufen, die nicht zurückkehren können oder wollen und im Zweifelsfalle Barrieren mit ihren Körpern erdrücken. Das hat das Niederrennen von Polizeiketten an europäischen Grenzen mehrfach gezeigt. Es kommt also darauf an, *vor, an und innerhalb der Grenzen* das »in Grenzen« Mögliche zu tun, pragmatisch und aller Migrationsromantik fern:

Vor den Grenzen, insbesondere in den Ausgangsräumen der Wanderungen, geht es nicht um semimilitärische Sperrriegel und Staatsverträge, die die Menschen am Verlassen ihrer Heimat hindern oder den Transit auf seinem Weg nach Europa blockieren sollen. Nötig sind vielmehr gewaltige Investitionen und unter Umständen auch friedensichernde – möglichst nicht militärische, sondern politische – Interventionen, die das Leben in den Ausgangsräumen wieder möglich und sinnvoll erscheinen lassen. Dabei ist, wie die Rede vom »Migrationsbuckel« lehrt, zunächst mit paradoxen Wirkungen zu rechnen: In unter Auswanderungsdruck stehenden Regionen werden von außen kommende, in ihrer Verwendung nicht zweckgebundene Mittel oft zunächst zur Auswanderung eingesetzt, bis sich die Verhältnisse so gebessert haben, dass das Bleiben wieder sinnvoll erscheint. Das darf die Bereitschaft, zu helfen, nicht mindern. Wir müssen teilen lernen. Spenden heißt noch nicht teilen.[104]

Den Ausgangsräumen gegenüber nötig ist die Eröffnung von legalen Zugangswegen für Arbeitswanderer und Einwanderer. Sie werden deswegen immer begrenzt sein, weil über solche Zulassungen ausschließlich die Interessen des Zu- bzw. Einwanderungslandes entscheiden. Über Chancen und »Grenzen« von Arbeits- und Einwanderung, von Flüchtlingsschutz im weiteren und Asylgewährung im engeren Sinne muss in den Ausgangsräumen von Migration und Flucht zureichend informiert werden.

Dafür könnten zum Beispiel die seit Jahren vergeblich geforderten Migrationsbeauftragten in deutschen Auslandsvertretungen hilfreich sein. Bloße Warnungen vor der Flucht nach Deutschland und Europa sind kein Ersatz dafür. Die Geschichte lehrt überdies, dass solche Warnungen von ihren Adressaten – ähnlich wie bei den Auswanderungswilligen und »Auswanderungsagenten« in der Geschichte der deutschen überseeischen Massenauswanderung des 19. Jahrhunderts – nicht selten sogar als hinterhältige regierungsamtliche Gegenpropaganda verstanden werden und damit zusätzliche Wanderungsanreize stimulieren können.

Weil Smartphone-Informationen heute schneller sind als Auswandererbriefe damals und weil die sozialen Medien ganz andere, weitreichendere und tiefgestaffeltere Informationsplattformen bieten, gibt es hier eine Fülle von kommunikativen Möglichkeiten. Sie sollten auch im Zeichen der sogenannten »Flüchtlingskrise« nicht vorwiegend zu Warnung und Abschreckung genutzt werden.[105]

An und in den Grenzen muss wieder deutlich werden, dass für die Öffnung und Schließung von Staatsgrenzen, auch in humanitären Ausnahmesituationen, ausschließlich der Staat oder, wie im Falle der Europäischen Union, der entsprechende Staatenverbund, zuständig und verantwortlich ist. Andernfalls kann das legitime Schutzbedürfnis derjenigen, die in diesen Grenzen leben, strapaziert und das demokratische Staatsverständnis selbst von Feinden des liberaldemokratischen Rechts- und Wohlfahrtsstaats auf eine gefährliche Probe gestellt werden. Alarmierende Anfänge dazu sind in verschiedenen europäischen Staaten, auch in Deutschland, schon erkennbar.

Innerhalb der Grenzen selbst muss im gemeinsamen Interesse alles getan werden, was das Zusammenleben im sozialem Frieden und aktiver kultureller Akzeptanz. Grundlage dazu sind die Werte, die im Grundgesetz stehen, das deshalb in der politischen Bildung mehr Platz einnehmen sollte als ein paar Stunden im Sozialkundeunterricht.

Darüber hinaus gibt es auch demographischkulturellen Informations- und Orientierungsbedarf: In den Vereinigten Staaten wird um die Mitte des 21. Jahrhunderts die aus Europa stammende Mehrheit der Amerikaner in der Bevölkerungsstatistik – cum grano salis – unter die Marke von 50 Prozent gesunken und damit zur größten einheimischen Min-

---

[103] Hierzu zuletzt: J. Oltmer (Hg.), Handbuch Staat und Migration in Deutschland seit dem 17. Jahrhundert, Berlin 2015; vgl. Bade u.a. (Hg.), Enzyklopädie Migration; unter globaler Perspektive: D. Hoerder, Cultures in Contact. World Migrations in the Second Millennium, Durham 2002; I. Ness (Hg.), The Encyclopedia of Global Human Migrations, 5 Bde., Malden, MA/Oxford/Chichester 2013; Überblick: J. Oltmer, Globale Migration. Geschichte und Gegenwart, München 2012.

[104] E. Ostrom / S. Helfrich, Was mehr wird, wenn wir teilen. Vom gesellschaftlichen Wert der Gemeingüter, München 2011; zuletzt hierzu: Reiner Metzger, Teilen, die andere Ökonomie. Sharing könnte eine Alternative zum Eigentum sein – tatsächlich verschafft es dem Kapitalismus neue Märkte, in: Le Monde diplomatique, Atlas der Globalisierung. Weniger wird mehr, Berlin 1915, S. 146–149.

[105] M. Meisner, Warnung vor »Wirtschaftsasyl« in Deutschland, in: Der Tagesspiegel online, 25.6.2015; Bund rät via Facebook von Asylgesuchen ab, in: Die Welt, 12.8.2015; Thomas Brey, Video soll alle Träume von Deutschland zerstören. BMI will mit einem tristen Kurzfilm Einwanderer vom Balkan abschrecken, in: Nürnberger Zeitung, 17.8.2015; S. Aust, Friede, Freundschaft, Eierkuchen: 2014 ließ das BAMF einen Werbefilm für das Asylverfahren drehen. Ein neuer Clip dient der Abschreckung, in: Die Welt, 31.8.2015; Kabul: Plakate warnen Afghanen vor Flucht nach Deutschland, in: Spiegel online, 15.11.2015.

derheit geworden sein, gefolgt von »Blacks« und »Hispanics«. Europa ist auch auf diesem Weg. In Städten wie Amsterdam, London und Brüssel ist der bevölkerungsstatistische Wendepunkt schon erreicht. In Deutschland werden als erste Städte Frankfurt, Augsburg und Stuttgart folgen.[106] Das ist kein Grund zur Panik. Es sollte aber Anlass sein, darüber nachzudenken, ob nicht die Zeit für die gemeinsame Diskussion über für alle verständliche neue »Leitbilder« gekommen ist.

Leitbilder für die Einwanderungsgesellschaft
Entsprechende Denkanstöße von Wissenschaftlern und Publizisten liegen vor und sind auch von anderen Seiten schon aufgegriffen worden.[107] Das Grundgesetz bleibt auch dafür die Basis aller gesellschaftspolitischen Architektur. Nötig ist zunächst ein auf seinen Wertebezügen ruhendes zentrales Leitbild mit daraus ableitbaren Spielregeln für den alltäglichen Umgang miteinander in der sich eigendynamisch stets weiter ausdifferenzierenden Einwanderungsgesellschaft. Das kann man als eine neue solidarisch wirkende kollektive Identität umschreiben oder anheimelnder als eine gemeinsame, Zusammenhalt stiftende kulturelle Heimat, die die verschiedensten darunterliegenden kulturellen Heimaten (im Plural) überwölbt.

Hilfreich dazu sind einprägsame Formeln als Botschaften. Das war auch bei den »klassischen« Einwanderungsländern nicht anders: Die amerikanische Leitidee »Nation of Immigrants« stammt nicht aus der Gründerzeit, sondern erst aus den 1960er Jahren.

Und das kanadische Leitmotto »Unity within Diversity« fand erst in den 1980er/90er Jahren Verbreitung.

Die Vorbereitung des wieder verstärkt diskutierten Einwanderungsgesetzes könnte eine Plattform für die gemeinsame Erarbeitung eines solchen neuen Leitbildes für Deutschland bieten. Am Ende könnte dessen Aufnahme in die deutsche Verfassung stehen, die – weil im Vereinigungsprozess nicht vom »gesamtdeutschen Volk« angenommen/verabschiedet – noch immer provisorisch »Grundgesetz« heißt, obgleich die Bundesrepublik seit der deutschen Vereinigung kein Provisorium mehr ist. Das sollte Anlass sein, auch in Fragen der Migrationspolitik endlich »erwachsen« zu werden. Dazu gehört, Realitäten nicht in defensiver Erkenntnisverweigerung zu verdrängen und die Mühen der Ebene auszuhalten.

Nach außen gewendet: Wenn wir uns nicht um die Menschen der sogenannten Dritten oder Vierten Welt kümmern, dann kommen sie zu uns. Ein trotz aller Dramatik im globalen Vergleich noch durchaus überschaubares Beispiel dafür ist das, was in Deutschland und Europa heute »Flüchtlingskrise« heißt und doch in Wahrheit unsere eigene Krise ist.[108]

11.2.4 Die sogenannte »Flüchtlingskrise«. Wissenschaft, Politik und Gesellschaft in Deutschland.
Festvortrag auf der Eröffnungstagung des Zentrums Flucht und Migration der Universität Eichstätt-Ingolstadt in Eichstätt, 14.4.2016 (Auszug).[109]

Angewandte Migrationsforschung, Politikberatung und kritische Politikbegleitung
Für das Verhältnis von Wissenschaft und Politik in den Problemfeldern und Gestaltungsbereichen Migration und Integration hilfreich ist eine Bibellesung der besonderen Art aus der Genesis in den Worten eines britischen Klimaforschers, über die der Chef des Potsdamer Zentrums für Klimafolgenforschung, Hans Joachim Schellnhuber, auf einer gemeinsamen

---

[106] J. Schneider / M. Crul / F. Lelie, Generation Mix. Die superdiverse Zukunft unserer Städte – und was wir daraus machen, Münster 2015.
[107] Hierzu und zum Folgenden: K. J. Bade, Das Ende der Ersatzdebatten: von negativer Integration zu neuer Identität in der Einwanderungsgesellschaft, in: ders., Kritik und Gewalt. Sarrazin-Debatte, »Islamkritik« und Terror in der Einwanderungsgesellschaft, Schwalbach i.Ts. 2013 (3. überarb. Aufl. als E-Book 2014), S. 365–374; N. Foroutan, Neue Deutsche, Postmigranten und Bindungs-Identitäten. Wer gehört zum neuen Deutschland?, in: Aus Politik und Zeitgeschichte, 46–47/2010, S. 9–15; dies., Wir brauchen ein neues Leitbild. Spiegel-Gespräch (Frank Hornig/Maximilian Popp), in: Der Spiegel, 10.10.2015; dies., Ein neues Leitbild für Deutschland. Pluralität als gesellschaftliche Aufgabe für die Zukunft, in: C. Reschke (Hg.), Und das ist erst der Anfang. Deutschland und die Flüchtlinge, Hamburg 2015, S. 283–293; E. Kücük (Junge Islamkonferenz), Denkfabrik Zukunft Deutschland. Ein Projektvorschlag in Kooperation mit der Beauftragten für Migration, Flüchtlinge und Integration, Ms. Berlin 2014; F. Ghelli, Migrationsforscher fordern neues Leitbild für Deutschland, in: Mediendienst Integration, 5.1.2015; F. Dilmaghani, Für ein anderes Grundgesetz: »Vielfalt und gleichberechtigte Teilhabe« sollten in der Verfassung verankert werden, in: SZ 12.10.2015; A. Nassehi, Wir müssen reden. Über das Fremde spricht es sich viel leichter als über das Eigene. Das sollte nicht so bleiben, in: Süddeutsche Zeitung, 21./22.11.2015; Beispiele aus Politik und Verbänden: Renate Künast, Das deutsche »Wir« neu definieren, in: Frankfurter Allgemeine Zeitung, 5.2.2015; Willkommen in Deutschland! Die Zukunft der Einwanderungsgesellschaft. Tagung der Heinrich-Böll-Stiftung und Konrad-Adenauer-Stiftung, Berlin, 8.6.2015.

[108] Vgl. K. J. Bade, »Und das ist wohl erst der Anfang...«, Interview (Georgios Chatzoudis) über Fluchtwanderungen und Flüchtlingspolitik in Deutschland und Europa, in: L.I.S.A. Das Wissenschaftsportal der Gerda Henkel Stiftung, 13.10.2015 (in diesem Band: 11.2.2); H. Welzer, »Klimawandel wird Flüchtlingsströme verursachen«, Interview (Joachim Wille) über Flucht und Zuwanderung, in Frankfurter Rundschau online, 23.11.2015.
[109] Erweiterte und aktualisierte Fassung des Vortrags, ergänzt um einige, vorwiegend auf Belegfunktion beschränkte Anmerkungen. Für weitere Bezüge und Belege s. meinen Rupert Neudeck († 31.5.2016) gewidmeten Essay zum 25. Jubiläum der Gründung des Osnabrücker Instituts für Migrationsforschung und Interkulturelle Studien (IMIS): K. J. Bade, Von Unworten zu Untaten. Kulturängste, Populismus und politische Feindbilder in der deutschen Migrations- und Asyldiskussion zwischen »Gastarbeiterfrage« und »Flüchtlingskrise«, in: IMIS-Beiträge, 48/2016, S. 35–171 (http://www.imis.uni-osnabrueck.de/filead min/4_Publikationen/PDFs/imis48.pdf).

Veranstaltung berichtet hat. Der britische Kollege begann seinen Vortrag mit den Worten: »In the very begin there was darkness and chaos. And god came along and said: ›There should be light!‹ And there was light. However, there was still chaos. But the chaos was enlighted.«

Das irdische Chaos wurde durch die göttliche Intervention nicht behoben, aber be- und erleuchtet. Damit sind wir bei einem besonderen Aufgabenbereich der – auch vielfältig anderweitig engagierten – Migrationsforschung im Kontext der Kritischen Politikbegleitung: Die notwendig interdisziplinäre Forschung in den Bereichen Migration, Flucht und Integration soll hier mit der analytischen Ausleuchtung des unübersichtlichen Geländes einen nach Möglichkeit auch handlungsorientierten Erkenntnisgewinn erbringen. Sie hat dabei mit ihren historiographischen Linienführungen, empirischen Analysen und prospektiven Modellrechnungen vier zentrale Aufgaben:
1. soll sie das erwähnte »Chaos« in den globalen, europäischen und nationalen Bezugsfeldern von Migration, Flucht und Integration analytisch ausleuchten;
2. soll sie die ausgeleuchteten Problemfelder zugleich als Handlungsfelder verstehbar machen, Handlungsspielräume abwägen und alternative Handlungskonzepte erschließen;
3. soll sie auch die potentiellen Folgen von politischem Nichthandeln kalkulierbar machen und
4. soll sie dies alles der Politik und der weiteren Öffentlichkeit in verständlicher Sprache vor Augen rücken.

Das ist – neben anderen Aufgabenstellungen – ein Kernbereich dessen, was ich als Angewandte Migrationsforschung (»Applied Migration Research«) bezeichnet habe und was hier an der Katholischen Universität Eichstätt-Ingolstadt in beeindruckend erweiterter Form strategisch gebündelt werden soll. Zu diesem Bemühen kann ich schon jetzt nur gratulieren.

Die sogenannte Flüchtlingskrise

Im Wanderungsgeschehen stehen wir heute offenbar vor erheblichen Umbrüchen. Wir wissen noch nicht, ob es sich dabei um grundlegende bzw. grundstürzende historische Zäsuren handelt. Klar ist aber, dass sie durch strategische migrations- und asylpolitische Schachzüge zwar in gewissen Grenzen möglicherweise in ihren Folgen begrenzt, in ihren Ursachen aber nicht aufgehoben werden können und dass politische Winkelzüge und populistische Horrorszenarien nur eine sachgerechte Wahrnehmung dieser migratorischen Wirklichkeit in der Öffentlichkeit erschweren. Wir wissen auch noch nicht, ob diese Erfahrungen zu einer politisch intensiveren und fundierteren ökonomischen, ökologischen, gesellschaftlichen und humanitären Beschäftigung mit diesen Problemen, ihren Ursachen und Folgen führen werden.[110]

Die sogenannte Flüchtlingskrise selbst ist ein hochkomplexer Zusammenhang mit einem zumindest vierfachen Gesicht:

Erstens ist die sogenannte Flüchtlingskrise eine anhaltende, oft durch die verschiedensten Konflikte und Krisen ausgelöste und im Blick auf tiefer liegende strukturelle ökonomische, ökologische und insbesondere klimatische Bestimmungsfaktoren voraussichtlich wachsende migratorische Weltkrise. Sie treibt und lockt Flüchtlinge und Wirtschaftswanderer, neben vielen anderen Zielen, auch vor die zunehmend geschlossenen Tore der Festung Europa, wobei aber die meisten Flüchtlinge weltweit nach wie vor im weiteren Umfeld ihrer Ausgangsräume bleiben.

In dem vermeintlichen Paradies im Zentrum der besagten Festung würde es ohne Zuwanderung aufgrund des demographischen Wandels schon bald zu dem gespenstischen Szenario eines mitteleuropäischen Bunkers mit vergreisender und schrumpfender Besatzung kommen und damit zu schwerwiegenden Folgen für Arbeitsmarktentwicklung, Stabilität der sozialen Leistungssysteme im »Generationenvertrag« und für den Wohlfahrtsstaat insgesamt. Das eine gute Million Menschen umfassende Flüchtlingsaufkommen des Jahres 2016 wäre vor diesem Hintergrund nicht sonderlich belangvoll gewesen, wenn es in der rund eine halbe Milliarde umfassenden Gesamtbevölkerung der Europäischen Union Eingang gefunden und nicht zu großen Teilen in Deutschland stecken geblieben wäre.

Zweitens ist die sogenannte Flüchtlingskrise zugleich eine Krise der Flüchtlinge und Wirtschaftsmigranten selbst: Sie werden zum überwiegenden Teil von mehr oder minder existenzbedrohenden Faktoren wie zum Beispiel Kriege und Bürgerkriege, Verfolgung aus politischen, ethnischen oder religiös-kulturellen Gründen und von zuweilen nicht minder existenziellen sozialen, ökonomischen, zunehmend auch ökologischen (»Klimaflüchtlinge«) Krisenfaktoren in ihren Ausgangsräumen angetrieben. Sie sind insoweit vorwiegend »push«-motiviert und werden oft auf ihrer mitunter lebensgefährlichen Flucht von einer Lebenskrise zur anderen weitergetrieben. Sie werden zum kleineren Teil auch vom vermeintlichen Paradies Europa angelockt, sind insoweit also vorwiegend »pull«-motiviert. Oft überschneiden sich auch Schub- und Anziehungskräfte, abgesehen von ganz einseitig »push«-motivierten Migranten wie insbesondere Flüchtlingen aus Kriegs- und Bürgerkriegsgebieten, Verfolgten und Vertriebenen.

Sie alle hoffen auf ein Überleben oder doch ein besseres Leben für sich und ihre Familien in Europa und besonders in Deutschland. Sie treffen dort, nach oft traumatisierenden Ausgangs- und Fluchterfah-

---

[110] Vgl. hierzu allg. ders., Und das ist wohl erst der Anfang. Interview (Georgios Chatzoudis) über Fluchtwanderungen und Flüchtlingspolitik in Deutschland und Europa, in: L.I.S.A. Das Wissenschaftsportal der Gerda Henkel Stiftung, 13.10.2015 (in diesem Band: 11.2.2).

rungen, vielfach auf neue Lebenskrisen, bestimmt durch oft jahrelange Ungewissheit über ihre Bleibechancen, Trennung von ihren Familien und belastende Identitätskrisen unter nicht selten durch Abwehrhaltungen in der neuen Heimat erschwerten Integrationsbedingungen.

Trotz aller, besonders durch den auch im Netz ausgetragenen Streit um Obergrenzen für die Flüchtlingsaufnahme, durch verschärfte Grenzkontrollen und schließlich durch zunehmende Grenzschließungen ausgelösten Torschlusspanik-Reaktionen sollten die Flüchtenden nicht nur als hilflose Opfer ihrer Umstände zuhause bzw. unterwegs oder als von »Schleppern« zunächst Verführte und dann Drangsalierte betrachtet werden. Sie sind immer auch eigenverantwortlich handelnde Subjekte, die im Rahmen der ihnen verfügbaren (und von ihnen meist vermeintlich via Smartphone kontrollierbaren) Spielräume in ihrem Wanderungsverhalten entscheiden.

Drittens ist die sogenannte Flüchtlingskrise eine Existenzkrise der Europäischen Union geworden: Schutzsuchende Flüchtlinge sollen zwar in der EU aufgenommen werden; aber ihre Mitgliedstaaten sind zum Teil untereinander so zerstritten über die Frage, wie dies einvernehmlich zu lösen ist, dass der Kampf um die Gestaltung der gemeinsamen und doch national unterschiedlichen bis gegensätzlichen Interessen zu einer schweren Belastungsprobe wurde, bei der zeitweise ein Zerbrechen der Europäische Union nicht mehr ausschließbar erschien und bei erneut scharf ansteigenden Migrationsdruck und nach wie vor ungeklärten Aufnahmeperspektiven auch für die weitere Zukunft nicht ausgeschlossen werden kann.

Viertens hat die sogenannte Flüchtlingskrise eine Krise im Zielland Deutschland bewirkt: Als Krise wahrgenommen wurde zum einen das Wanderungsgeschehen selbst, in dem zwei missverständliche Botschaften für Deutschland einen bald eigendynamischen Schabowski-Effekt im globalen Wanderungsgeschehen auslösten, der sich schließlich zu einer nicht mehr kontrollierbaren zunehmend irregulär grenzüberschreitenden Massenbewegung entwickelte:

Die eine Botschaft war Angela Merkels – zunächst nur auf die katastrophalen Zustände in Ungarn gerichtete, aber nicht klar darauf begrenzte und deshalb als semantischer Generalschlüssel für Deutschland missverstehbare – Formel »Wir schaffen das!«

Die andere Botschaft war die nur auf Asylverfahren in Griechenland mit ihren unerträglichen Bedingungen zielende Information des Bundesamtes für Migration und Flüchtlinge (BAMF), Antragsteller nicht mehr aus Deutschland zurückzuschicken. Hinzu kamen über die Medien weltweit kolportierte Willkommensbekundungen für Flüchtlinge in Deutschland.

Diese Botschaften aus und Nachrichten über Deutschland verbanden sich in Flucht-Ausgangsräumen und in Flüchtlingslagern zu der – von »Schleppern« gezielt geförderten – Vorstellung, Deutschland heiße Schutzsuchende aus aller Welt willkommen und weise keine Asylsuchenden zurück.

Die starke und anhaltende Zuwanderung von Flüchtenden wurde in Deutschland zudem aus drei weiteren Gründen als »Flüchtlingskrise« wahrgenommen:

1. Die Verteilung der Geflüchteten in Europa gelang nicht bzw. nur in geringem Umfang, weshalb die bald nicht mehr kontrollierbare und täglich in dramatischen Medienberichten als Massenzustrom vorgeführte Zuwanderung zu einem großen Teil in Deutschland stecken zu bleiben schien. Dabei wurde oft übersehen, dass auch andere europäische Staaten wie zum Beispiel Österreich und Schweden, gemessen an der jeweiligen Gesamtbevölkerung, sehr viele Flüchtende aufnahmen.

2. Der mit dem unübersichtlichen Zuwanderungsgeschehen verbundene Kontrollverlust, Notrufe von Kommunen, Proteste aus einzelnen Bundesländern und Drohgebärden der bayerischen Landesregierung gegenüber der Bundesregierung im Streit um Grenzkontrollen und Obergrenzen für die Aufnahme von Flüchtenden weckten den Eindruck von Staatsversagen gegenüber einer migratorischen Bedrohung von außen.

»Die Wucht und das Ausmaß dieses Prozesses sind so enorm, dass die deutsche Regierung offen einräumt, die Kontrolle darüber verloren zu haben. Ja sie weigert sich sogar, amtliche Zahlen und Schätzungen über das die deutsche Bevölkerung am meisten beschäftigende politische Problem zu veröffentlichen. Es ist völlig gleichgültig, ob diese Entscheidung auf fehlendem amtlichen Wissen oder auf der Angst vor den Folgewirkungen einer Veröffentlichung beruht«, warnte der kritische Wirtschafts- und Sozialwissenschaftler Markus Kerber, der zunächst Bankier in England, unter Wolfgang Schäuble dann Abteilungsleiter in den Bundesministerium des Inneren und der Finanzen und nun Hauptgeschäftsführer des Bundesverbandes der Deutschen Industrie (BDI) war; »denn eine solche Haltung untergräbt die Autorität und Glaubwürdigkeit staatlichen Handelns. Transparenz und empirische Tatsachen sind aber zwingende Voraussetzung für effiziente Entscheidungen. Alles beginnt mit dem Betrachten und nicht mit dem Verschweigen der Wirklichkeit.«[111]

3. Neben einer gewaltigen und anhaltenden, durch die verschiedensten privaten und organisierten Initiativen getragenen Willkommensbewegung stieg eine starke Gegenbewegung (Alternative für Deutschland, Pegida, Hogesa u.a.) als Bündnis ex negativo auf: der verbreitete Eindruck vom Staatsversagen, Europakritik, wachsende Überfremdungsängste (»Fremde im eigenen Land«), verstärkte »Islamkritik«

---

[111] M. Kerber, Flucht, Wanderung und Wirtschaft, in: J. Spahn (Hg.), Ins Offene. Deutschland, Europa und die Flüchtlinge, Freiburg 2015, S. 163–170, hier S. 163f.

angesichts des hohen Anteils von Zuwanderern aus islamisch geprägten Ländern und Kulturen, verbunden mit latent oder auch offen kulturrassistisch bestimmten xenophoben Abwehrhaltungen bis hin zu rechtsextremistischen und neonationalsozialistischen Strömungen.

Damit starb endgültig die verbreitete, durch Umfragen ohnehin zunehmend widerlegte Hoffnung, Deutschland würde wegen des düstersten Kapitels seiner Geschichte von in anderen europäischen Staaten vorrückenden nationalistischen, fremdenfeindlichen und durch kulturell rückwärtsgewandte Vorstellungen geprägten Bewegungen wie etwa dem »Front National« in Frankreich verschont bleiben. Vor dieser Entwicklung hatte ich, zusammen mit anderen politikkritischen Beobachtern aus Wissenschaft und verschiedenen Praxisbereichen seit vielen Jahren vergeblich gewarnt:

Es gehe hier, schrieb ich schließlich Ende 2013, auch um »Identitätsfragen der Mehrheitsbevölkerung, die schlicht vergessen worden ist auf dem Weg in die Einwanderungsgesellschaft. Die besteht nämlich nicht nur aus Migranten und deren Identitätsproblemen. Integrationspolitik kann deshalb nicht nur Migrantenpolitik sein. Sie muss Gesellschaftspolitik für alle sein. Sie muss auch die Mehrheit mitnehmen, in der sich viele als »Fremde im eigenen Land« fühlen. Sie führen das auf kulturelle »Überfremdung« in den eigenen Grenzen und auf »Europäisierung« von außen zurück.

Wenn das nicht eingefangen werden kann durch eine auf Teilhabe und Zusammenhalt zielende Gesellschaftspolitik für alle, dann könnte Deutschland in den Weg anderer europäischer Länder einbiegen mit einem starken Wachstum völkischer, von charismatischen Demagogen geführter Strömungen und Parteien. Denn Einwanderungs- und Integrationsfragen sind bewährte Angriffspunkte der Rechtspopulisten. […] Zugleich formieren sich auch in Deutschland kulturkämpferische, insbesondere »islamkritische« Strömungen. Sie propagieren Positionen, die in anderen Ländern von offen fremden- und islamfeindlichen Parteien vertreten werden.

Das ist mehr als bildungsbürgerliche Islamskepsis. Die Islamfeindschaft ist heute in Europa insgesamt das einigende Band aller rechtspopulistischen, rechtsradikalen und rechtsextremistischen Bewegungen. Vielleicht brauchen sie auch in Deutschland nur noch ein Sammelbecken und einen charismatischen Führer, um gefährliche Sprengkraft zu entfalten.[112] Mit der sogenannten Flüchtlingskrise war es auch in Deutschland soweit und die nun auch stark »islamkritisch« aufgeladene »Alternative für Deutschland« entwickelte sich in Landtagswahlen zur drittstärksten Partei, massiv gefördert durch die scheinkritische Berichterstattung von Sensationsmedien, angeblich um Aufklärung bemühte Talkshows und andere Formen des »Infotainments«.[113]

Dass aber die Flüchtlinge in großer Zahl auch aus Lagern am Rande der Krisenzonen nach Europa und besonders nach Deutschland aufbrachen, hatte zunächst vorwiegend mit dem Versagen der internationalen Gemeinschaft bei der Grundfinanzierung des Lebens und Überlebens in den Flüchtlingslagern zu tun. Erst der dadurch noch verstärkte Migrationsdruck war die Voraussetzung dafür, dass die missverständlichen Botschaften aus und Nachrichten über Deutschland die erwähnte migratorische Eigendynamik auslösen konnten.

Warnungen und Appelle an die Adresse der Politik
Abwegig ist vor dem Hintergrund der sogenannten Flüchtlingskrise der exkulpierende, in den Medien vervielfältigte Politiker-Satz: »Niemand konnte voraussehen, dass …«. Natürlich konnte niemand voraussagen, was sich wann im Wanderungsgeschehen konkret ereignen würde bei der Verschränkung der Folgen von strukturellen Krisen und aktuellen politischen, ethnischen oder anderen Konfliktpotentialen.

Aber dass der weltweite Migrationsdruck auf Grund von wanderungstreibenden strukturellen (demographischen, ökonomischen und ökologischen) Rahmenbedingungen und aktuell wanderungsauslösenden Krisenfaktoren (Unterdrückung und Verfolgung, Kriege, Bürgerkriege, politische und andere Konflikte) zunehmen, dass er in einer noch nicht absehbaren, aber doch erwartbaren Zukunft in zunächst noch geringem, dann aber umständebedingt möglicherweise steigendem Umfang auch Europa erreichen könnte – das konnte man aus gut begründeten Mahnungen, Warnungen und Appellen schon seit Jahrzehnten wissen:

In seinem weltweit Aufsehen erregenden Gutachten beleuchtete der Club of Rome 1972 die Endlichkeit der globalen Ressourcen, die dadurch bestimmten, näher rückenden »Grenzen des Wachstums« und global wachsende Disparitäten, die, wie sich bald erweisen sollte, auch wanderungsfördernd wirkten.[114] Auf deutscher Seite warnte Willy Brandt in dem von ihm entscheidend angestoßenen Nord-Süd-Dialog in den 1980er Jahren wiederholt vor den Folgen der ökonomischen und sozialen Rangspannungen zwischen hoch- und minderentwickelten bzw. zwischen reichen und armen Regionen der Welt: Je weniger sich die hochentwickelten um die minderentwickelten Regionen der Welt kümmerten, desto größer werde die Wahrscheinlichkeit, dass deren Bewohner

---

[112] K. J. Bade, Mit Fremdenfeindlichkeit nach Europa und zurück, in: Zeit online, 30.11.2013; allgemein hierzu: ders., Kritik und Gewalt. Sarrazin-Debatte, »Islamkritik« und Terror in der Einwanderungsgesellschaft, Schwalbach i.Ts. 2013 (3. um ein Nachwort erweiterte Auflage als E-Book 2014).

[113] Vgl. G. Diez, Rechte Talkshowgäste: Wie Pyromanen in der Streichholzfabrik, in: Spiegel online, 15.5.2016.
[114] D. D. Meadows u.a., Die Grenzen des Wachstums 1972 (The Limits of Growth, i.A. des Club of Rome, 1972); Übersetzung von Hans-Dieter Heck, 14. Aufl., Stuttgart 1987.

irgendwann kommen würden, um am Glück Europas teilzuhaben.

In dem von mir initiierten, von 10 Autorinnen und Autoren entworfenen und von 50 weiteren Professorinnen und Professoren und unterschriebenen, Ende 1993 verbreiteten und Anfang 1994 auch als Buch vorgelegten »Manifest der 60: Deutschland und die Einwanderung«[115] schrieb der Politologe und Dritte-Welt-Forscher Peter J. Opitz:

»Die schnelle Zunahme der Migration im Weltmaßstab ist zu einem der prägenden Merkmale der letzten Jahrzehnte des 20. Jahrhunderts geworden. In vielen Regionen haben sich die Lebensbedingungen dramatisch verschlechtert, Hunderte von Millionen Menschen leben in absoluter Armut. Gleichzeitig hat in anderen Regionen der Welt die Lebensqualität ein Niveau erreicht, dass in der Geschichte der Menschheit einmalig ist. […] Diese Gefälle werden heute – mittels moderner Medien – von großen Teilen der Weltbevölkerung nicht nur wahrgenommen, sie werden auch als ungerecht empfunden infolge der weltweiten Verbreitung westlicher Wertvorstellungen und insbesondere der universale Geltung beanspruchenden Menschenrechte. […] Die schnelle Zunahme der Zahl der Flüchtlinge und Migranten lässt sich besonders deutlich an jener Gruppe von Flüchtlingen ablesen, über die es die vergleichsweise besten Statistiken gibt – an jenen Menschen nämlich, die vor Krieg, Bürgerkrieg und Verfolgung aus ihren Heimatländern fliehen.« Hinzu kämen Binnenflüchtlinge innerhalb der Grenzen ihrer Länder, Armutsflüchtlinge, über die keine Statistik berichtet und Umweltflüchtlinge, deren Zahl immer stärker ansteigen werde.

Über »Globale Handlungsspielräume und Gestaltungsperspektiven« schrieb Opitz 1993 Sätze, die bis heute wenig an Aktualität verloren haben: »Da es sich bei den Flucht- und Migrationsbewegungen unserer Zeit um ein weltweites Phänomen handelt, das in seinen tieferen Ursachen und Folgen den Rahmen und die Kraft einzelner Gesellschaften weit übersteigt, bedarf es zu seiner Entschärfung regional und international abgestimmter und koordinierter Strategien.

Besondere Verantwortung kommt bei ihrer Entwicklung und Durchführung den politisch stabilen und wirtschaftlich starken Staaten und Regionen der Welt zu. Europa, insbesondere Westeuropa, bildet eine solche Region; die Europäische Gemeinschaft ist eine der stärksten Wirtschaftsmächte der Welt. Nicht nur aufgrund einer übergreifenden internationalen Verantwortung, sondern auch aus wohlverstandenem regionalem Eigeninteresse sollten sich ihre Mitglieder ernsthafter mit der Wanderungsproblematik befassen als dies bislang geschah. Denn der bisher noch vergleichsweise geringe Migrationsdruck wird weiter steigen.

Eine Beschränkung auf Abschottungsmaßnahmen wird weder die erhoffte Entlastung bringen, noch wird sie der Gesamtproblematik und der humanistischen Tradition Europas gerecht.« Nötig seien vielmehr grundlegende Veränderungen, die insbesondere zweierlei voraussetzten: »einerseits die Schaffung geeigneter regionaler und internationaler Organisationen zur Förderung eines kooperativen und konstruktiven Dialogs sowie andererseits der Abbau überzogener Anspruchshaltungen und Lebensstile, wie sie insbesondere, aber nicht nur die westlichen Gesellschaften prägen. Das eine bedingt daher das andere: Ohne eine Senkung der Anspruchshaltungen wird auch die Bereitschaft zu strukturellen Veränderungen in engen Grenzen bleiben.«

Zur Problembegrenzung hat Peter J. Opitz im »Manifest der 60« und in seinen größeren selbständigen Schriften politische, ökonomische und ökologische Vorschläge vorgelegt – von der Flüchtlingsaufnahme über Umsiedlungsprogramme bis zur Fluchtursachenbekämpfung. Er argumentierte dabei nicht als illusionärer Utopist, sondern als politologischer Pragmatiker: Es werde schwer sein »für die entwickelten Lösungen international politische Zustimmung zu finden und sie dann in die Praxis umzusetzen«, schrieb er in treffender Voraussicht und mahnte: »Dennoch müssen wir uns der Problematik stellen, solange sie noch handhabbar ist.«[116] Mit ähnlichen Forderungen meldete sich in einem gleichermaßen an die weitere Öffentlichkeit gerichteten Appell wenig später auch der Entwicklungsforscher Franz Nuscheler zu Wort.[117]

Im Schlussteil seines Beitrages zum Manifest der 60 warnte auch der Demograph Rainer Münz: »Bewaffnete Grenztruppen, Zäune und eine rigide Asylpraxis sind weder die einzige noch die beste Antwort auf den Migrationsdruck in Richtung Westeuropa. Denn bloße Abschottung ist kein Ersatz für Migrationspolitik und sie beseitigt keine der Ursachen, die Menschen heute zum Verlassen ihrer Heimat zwingen. […] Diese Diagnose macht auch klar, dass die Nationen Europas in ihrer Wanderungspolitik aufeinander angewiesen sind. Deshalb bedarf sowohl der politische Umgang mit grenzüberschreitenden Wanderungen und ihren Folgen als auch die Beseitigung von Fluchtursachen der internationalen Koordination. Ein Land allein wäre damit überfordert. Selbst ein so großes und wirtschaftlich potentes wie Deutschland. Das darf allerdings nicht als Ausrede dienen, wenn Deutschland in der Migrationspo-

---

[115] K. J. Bade (Hg.), Das Manifest der 60: Deutschland und die Einwanderung, München 1994 (in diesem Band: 3.1); vgl. dazu: ders., 20 Jahre nach dem »Manifest der 60«. Offene Forderungen an das Einwanderungsland, in: Mediendienst Integration, 18.11.2013 (in diesem Band: 3.4).

[116] P. J. Opitz, Rahmenbezug I: Weltbevölkerung und Weltwanderung, in: Bade, Manifest, S. 86–101, hier S. 86–88, 99–101.
[117] Vgl. u.v.a. F. Nuscheler, Internationale Migration. Flucht und Asyl, Opladen 1995.

litik seinen nationalen Handlungsspielraum zu wenig ausschöpft.«[118]

Und auch der politisch eher konservative Wirtschaftswissenschaftler und damalige Direktor des Instituts für Wirtschaft und Gesellschaft (IWG) in Bonn, Meinhard Miegel, schloss sich unter Arbeitsmarktperspektiven im Manifest der 60 diesen Warnungen und Mahnungen an: Es gehe »darum, eine Balance zu finden zwischen Kurskorrekturen im Inneren und geregelter Zuwanderung von außen. Die Zukunft ist in den eingeschliffenen Strukturtrends der Bevölkerungsentwicklung absehbar geworden. Die Weichen müssen gestellt werden, bevor die Entwicklung sie überrollt. Die Zukunft hat längst begonnen, die konzeptionelle Antwort auf ihre Herausforderungen fehlt.«[119]

Im Blick auf die »verlorenen 1980er Jahre« lautete meine eigene Diagnose im Manifest der 60: »Längst überfällig ist für alle Problembereiche und Folgeprobleme des Wanderungsgeschehens eine umfassende, auf klare Rechtsgrundlagen gestützte Politik für Migration, Integration und Minderheiten. […] Voraussetzung dazu sind Gesamtkonzepte, hervorgegangen aus einer offenen Generaldebatte über die Zukunft von Bevölkerung, Wirtschaft, Politik und Kultur in Deutschland. Eine solche Debatte ist belastet durch politische Versäumnisse, unausgetragene Konflikte, verkrampfte Positionen und das mangelnde, bestenfalls in wechselseitiger Schuldzuschreibung akzeptierte Eingeständnis verlorener Handlungschancen im vergangenen Jahrzehnt und früher. Im gemeinsamen Interesse an der Gestaltung der Zukunft und an der Sicherung von sozialem Frieden und kultureller Toleranz im Inneren muss es gelingen, konsensfähige Positionen zu finden. […] Jede weitere politische Erkenntnisverweigerung oder Tabuisierung, jede defensive Verdrängung oder Vernachlässigung dieses innenpolitisch brisanten Themas, jede weitere Flucht aus der Handlungsverantwortung aus Angst vor dem Bürger als Wähler käme fahrlässiger Selbstgefährdung gleich.«[120]

Publizistische Schreckensvisionen

Die Warnungen und Mahnungen auch in der internationalen Bevölkerungs- und Migrationsforschung wurden, in der öffentlichen Diskussion, in den Medien und in der Trivialliteratur auch in anderen Ländern Europas aufgegriffen, allerdings meist verbunden mit düsteren Menetekeln und Zukunftsperspektiven. Werfen wir dazu nur einen exemplarischen Blick auf einige Titel der hier einschlägigen Trivialliteratur:

Beklemmende bis düstere Perspektiven gab es in Großbritannien zum Beispiel für das 1990 dort und dann auch in Deutschland ausgestrahlte Fernseh-Drama »Der Marsch« (Drehbuch William Nicholson). Seine Botschaft war aber nicht das Menetekel vom alternativlosen Untergang Europas durch eine migratorische Masseninvasion der, sondern der Appell an die hoch entwickelten Industriestaaten zur Hilfe für die minder entwickelten Regionen in Afrika im Interesse am gemeinsamen und damit auch am eigenen Überleben.[121]

Dramatischer und ausweisloser erschienen in Frankreich die Botschaften des seit seinem Erscheinen 1973 in Millionenauflage, seit 1985 auch in deutscher Übersetzung verbreiteten, kulturpessimistischen Science-Fiction Romans von Jean Raspail »Das Heerlager der Heiligen«. Er beschrieb die Übernahme zunächst von Südfrankreich unter dem Druck einer auf 99 verrosteten Ozeanriesen aus Kalkutta eintreffenden, rund eine Million starken Armada von Elendswanderern.[122]

In Deutschland gehörte in diesen Zusammenhang zum Beispiel das von dem ehemaligen Leiter der innenpolitischen Abteilung im Presse- und Informationsamt der Bundesregierung, Ministerialrat Dr. jur. Hans-Werner Müller (Pseudonym Jan Werner) 1992 vorgelegte, eher kulturkritische und zukunftsskeptische Buch »Die Invasion der Armen: Asylanten und illegale Einwanderer«. Kritisch, aber pragmatisch-positiv davon abgehoben wirkte das Buch des Botschafters und Leiters der politischen Abteilung für die Dritte Welt im Auswärtigen Amt, Dr. jur. Walter Gorenflos »Keine Angst vor der Völkerwanderung«.[123]

Werner sah »die Erde auf dem Weg ins Chaos. Auf der einen Seite eine ungebremste Vermehrung der Weltbevölkerung, auf der anderen Seite eine Vernichtung ihrer Lebensgrundlagen.« Europa sei im letzten Jahrzehnt des 20. Jahrhunderts »mit unerwarteten Bedrohungen konfrontiert. Zu Pessimismus oder gar Resignation besteht indes kein Anlass, vorausgesetzt, die Europäer bringen die Kraft auf, sich konsequent diesen Herausforderungen zu stellen«, aber sich auch zum Selbstschutz abzugrenzen von den Problemen der Welt.[124]

Ähnlich, wenngleich ruhiger, konstruktiver und weltgesellschaftlich altruistischer urteilte Gorenflos, dessen Buch eine direkte Antwort auf Jean Raspails »Heerlager der Heiligen« war: »Mit seiner Initiative zur Bekämpfung von Flüchtlingsströme hat Deutschland schon 1980 die internationale Diskussion in

---

[118] R. Münz, Rahmenbezug II: Bevölkerung und Wanderung in Europa, in: Bade, Manifest, S. 102–117, hier S. 17.
[119] M. Miegel, die Zukunft von Bevölkerung und Wirtschaft in Deutschland, ebd., S. 118–132, hier S. 131.
[120] K. J. Bade, Tabu Migration: Belastungen und Herausforderungen in Deutschland, ebd., S. 20f.

[121] W. Nicholson, Der Marsch. Aufbruch der Massen nach Europa. Das Drama des Nord-Süd-Konflikts. Mit einem Essay von Hans Arnold, Rosenheim 1990.
[122] J. Raspail, Das Heerlager der Heiligen (frz. Orig.: Le Camp des saints, 1973), Tübingen/Zürich/Paris 1985.
[123] J. Werner, Die Invasion der Armen. Asylanten und illegale Einwanderer, Mainz/München 1992; W. Gorenflos, Keine Angst vor der Völkerwanderung, Hamburg 1995.
[124] Werner, S. 260f.

Gang gebracht. Es sollte jetzt bei der Entwicklung einer internationalen Wanderungspolitik nicht nur mitsprechen, sondern selbst die Initiative ergreifen und dabei sein Engagement im Feld der Menschenrechte und der humanitären Aktionen fortführen. Dies wäre ein Stück weltweiter Friedenspolitik.

Wanderungspolitik ist weltweite Außenpolitik in einer Epoche existenzieller Bedrohungen und Veränderungen. Die weltweiten Wanderungsprozesse üben einen langsamen, aber hartnäckigen Veränderungsdruck aus, den jeder heute schon im Alltag wahrnehmen kann. Immer wieder kommen eruptive Wanderungsströme hinzu, die den Druck verstärken. Die deutsche Idylle, allein unter Deutschen im eigenen Land zu leben, ist längst vorbei, auch wenn dies manche noch nicht wahrhaben wollen. Den stillen Sturm der Wanderungen, der unablässig über Europa zieht, kann nur bestehen, wer sich dem Wandel öffnet.«[125]

Politische Beratungsresistenz

Wenig Wirkungen zeitigten in Deutschland lange die Mahnungen und Warnungen von Migrationsforschern und Praktikern der Integrationsarbeit auf Seiten der Politik in Regierungsverantwortung auf der Bundesebene. Es wiederholte sich vielmehr seit den frühen 1980er Jahren oft die Stufenfolge von Ungläubigkeit bzw. Desinteresse, verspäteter Erkenntnis und schließlich hektischen bis panischen Ad-hoc-Reaktionen:

Am Anfang standen oft defensive Erkenntnisverweigerung sowie bramarbasierende Dementis von vermeintlich höherer, politischer Warte. Dann folgten die verspätete Entdeckung der vermeintlich aus heiterem Himmel herabgefahrenen Wirklichkeit und wechselseitige parteipolitische Denunziationen zur Frage, wer diese Erkenntnisverspätung zu verantworten habe. Am Ende standen nicht selten von populistischen Abwehrgesten gegen migratorische Bedrohungen begleitete rechtspositivistische Klempnereien mit zuweilen hektischen Stückwerk-Reaktionen anstelle von langfristig geplanten und in ihrer Wirkung nachhaltigen Strategien.

Politik hat, wie der frühere Bundespräsident Horst Köhler 2006 zu Recht kritisierte, »die Integration verschlafen.«[126] Das galt auch für den durch Bestandsaufnahmen und Umfragen dokumentierten Weg zu Einwanderungsland und Einwanderungsgesellschaft. Die Erfahrungen, die die ohnehin erst wenigen Migrations- und Integrationsforscher in den 1980er Jahren mit der politischen Resonanz ihrer Untersuchungen machen mussten, waren lange frustrierend. Das führte sogar dazu, dass sich einige, wie mir zum Beispiel der hier frühzeitig engagierte Soziologe Hartmut Esser in unserer gemeinsamen Arbeitsstelle Interkulturelle Konflikte und gesellschaftliche Inte-

gration (AKI) am Wissenschaftszentrum Berlin für Sozialforschung (WZB) einmal berichtete, eine Zeitlang ganz aus diesem Themenfeld zurückzogen und sich dazu erst später, als Politik für den Dialog mit der Wissenschaft offener geworden war, dazu erneut zu Wort meldeten.

Noch in den späten 1980er Jahren stand bei Beratungsgesprächen auf Referentenebene im Bundesministerium des Innern selbst das öffentliche tabuisierte Wort »Einwanderung« unter regelrechtem Sprechverbot. Ich erinnere mich an ein solches Beratungsgespräch, im Rahmen einer deutsch-israelischen Wissenschaftskooperation, in dem ich erstmals im BMI den – sicherheitshalber meinem israelischen Kollegen in den Mund gelegten und diplomatisch als deutsch-israelische Initiative vorgestellten – Vorschlag wagte, zur wissenschaftlichen Begleitung von Einwanderungs- bzw. Integrationsprozessen ein Bundesinstitut für Migration und Integration einzurichten. Darauf antwortete die bis dahin sehr aufgeschlossene Referentin erschrocken: »Wenn Sie hier über ›Einwanderung‹ sprechen wollen, muss ich den Herrn Ministerialrat holen!« [...]

Das war die Logik der seinerzeitigen, sogar retrospektiven demonstrativen Erkenntnisverweigerung in Sachen Migrations- und Integrationspolitik, die vieles in diesem Land unnötig erschwert und verzögert hat. Das galt vor allem für die Familien der ehemaligen »Gastarbeiterbevölkerung«, aus denen längst Einwanderer zum Teil schon der zweiten oder dritten Generation geworden waren, während das griesgrämige Aufnahmeland noch immer verkündete, »kein Einwanderungsland« zu sein – und sich dann im Rückblick auf seine nach wie vor uneingestanden sozialschizoide Einwanderungssituation ohne Einwanderungsland später darüber beschwerte, dass die »Gastarbeiter« lange zu wenig Einwandererbewusstsein entwickelt hätten.

Durch die Erfahrung von mitunter ebenso borniert-selbstgewissen wie in der Sache ahnungslosen Abwehrhaltungen gerade bei juristisch gebildeten Spitzenbeamten verärgert, habe ich einige Zeit später vor einem wesentlich durch solche Zuhörer bestimmten Auditorium einmal bemerkt, es genüge eben nicht Jurist zu sein und sich nebenbei in den jeweiligen Rest einzuarbeiten. Man müsse auch immer von der Sache selbst etwas verstehen. Anschließend von einem juristisch gebildeten Regierungsbeamten etwas irritiert zur Rede gestellt, habe ich mit dem Argument reagiert: »Sie würden sich doch selber auch nicht von einem Juristen operieren lassen!« Dies wurde zwar verstanden, aber überzeugt war mein Gesprächspartner dennoch nicht, weil er der Auffassung war, dass es »Gesellschaftspolitik« als Gestaltungsaufgabe gar nicht gebe und wenn, dann bestenfalls als Wirkungsfrage im Blick auf Gesetze und Maßnahmen. Da war argumentativ wenig zu erreichen [...].

Eine Wende im Verhältnis von Politik und Wissenschaft kam nach der aus dem Jahr 2013 rückblickenden Einschätzung von Heribert Prantl mit unse-

---

[125] Gorenflos, S. 7f., 176f.
[126] Köhler: Integration verschlafen, in: Hamburger Abendblatt, 28.4.2006.

rem Manifest der 60 von 1993/94 (s. Kap. 3). Das Manifest habe, urteilte der politikkritische Kommentator und Ressortleiter Innenpolitik der Süddeutschen Zeitung, »die Politik aus dem Tiefschlaf gerissen […]. Es hat die Debatten nachhaltig geprägt. Hat es Deutschland verändert? Vielleicht mehr als Bade selbst glaubt.«

Prantl begründete dies so: »Miteinander, nicht gegeneinander: Das war auch der rote Faden des Manifests der 60. Gemeinsam mit den Migranten in Deutschland: Damit beginnt die dritte deutsche Einheit. Die erste deutsche Einheit begann 1949 mit der Integration der Flüchtlinge und Vertriebenen nach dem Zweiten Weltkrieg. Die zweite deutsche Einheit begann 1989 mit dem Fall der Mauer. Die dritte deutsche Einheit wurde mit dem Manifest der 60 vorbereitet.«[127]

Unser Manifest, das durch den Stifterverband für die Deutsche Wissenschaft und die Freudenberg Stiftung gefördert wurde und mit einer Startauflage von 12 000 Exemplaren erschien, war von mir als publizistischer Paukenschlag geplant worden (wobei mir zugutekam, dass ich früher einmal mein Studium als PR-Journalist verdient hatte). Es wurde vom Verlag nach einer langen Verteilerliste einschlägigen Behörden, Ministerien und allen Bundestagsabgeordneten vorgelegt.

Es hat in der Tat in vielen Bereichen das Ende der defensiven politischen Erkenntnisverweigerung in Sachen Einwanderungsland und Einwanderungsgesellschaft eingeläutet. Es sollte aber noch bis zur rotgrünen Koalition dauern, bis Politik mit der Reform des Staatsangehörigkeitsgesetzes (2000), der Unabhängigen Kommission Zuwanderung (2000/01) und dem Zuwanderungsgesetz (2005) festen Tritt fasste auf dem Weg zur Einwanderungsgesellschaft, der dann, nach dem Regierungswechsel, mit dem ersten Integrationsgipfel und der Deutschen Islamkonferenz (2006) fortgesetzt wurde.

Deutlich weniger Resonanz fanden auch langfristig, und hier wir mir Herbert Prantl sicher zustimmen, die demoökonomischen Mahnungen und Warnungen unseres »Manifests der 60« im Blick auf das starke, aber ungleiche Wachstum der Weltbevölkerung, auf die wachsenden sozialen und ökonomischen Disparitäten in der Weltgesellschaft, auf den aus diesen globalen Rangspannungen gespeisten Migrationsdruck und die daraus abzuleitenden Aufgaben für Politik auf europäischer und nationaler Ebene.

In beiderlei Hinsicht – im Blick auf Deutschlands Weg zu Einwanderungsland und Einwanderungsgesellschaft wie im Blick auf die anstehenden Aufgaben im Blick auf deutsche und europäische Migrationspolitik – wenig begriffen hatte seinerzeit das hier entscheidende Bundesinnenministerium; denn an seiner Spitze stand 1993–1998 der streng konservative, hochmoralisch auftretende und später über submoralische Parteispenden tief fallende Bundesinnenminister Manfred Kanther (CDU). Noch Jahre nach dem Dresdner Parteitag der CDU von 1992, auf dem das Motto »kein Einwanderungsland« fallen gelassen worden war, deklamierte er uneinsichtig und trotzig: »Die Bundesrepublik ist kein Einwanderungsland und soll auch keines werden!«[128]

Asyl-, Migrations- und Integrationspolitik im Bundesinnenministerium

Ich beschränke mich hier exemplarisch auf sechs Punkte in den von wissenschaftlicher Seite ausgeleuchteten Gestaltungsbereichen Asyl, Migration und Integration.[129] Das Ergebnis ist auf der Bundesebene eine ausgesprochene Mängelliste, im Gegensatz zu den pragmatischen Erfolgen in Integrationsfragen auf der kommunalen Ebene[130]:

Hierher gehört *erstens* das lange politische Versagen des BMI in den Themenfeldern Flucht und Asyl: Das gilt zum Beispiel für das riskante Herunterfahren der Zahl der sogenannten Entscheider beim Bundesamt für Migration und Flüchtlinge (BAMF) in der allen wissenschaftlichen Mahnungen trotzenden Vorstellung, der Zuwanderungsdruck im Fluchtgeschehen sei nun bewältigt und man könne wieder zur Tagesordnung übergehen. Überhört oder verdrängt wurde dabei der immer wieder geradezu verzweifelt vorgetragene Hinweis, dass die statistische Zickzackkurve der Asylwanderungen und die bei Krisen-Eskalation sprunghafte Veränderung der Ausgangsräume zeige, dass Fluchtwanderungen vorwiegend Antworten auf Schubkräfte in den Ausgangsräumen und weniger Reaktionen auf angebliche Anziehungskräfte in einzelnen Aufnahmeländern seien. Es sei deshalb ein Irrweg, zu glauben, man könne durch den Abbau von »Fehlanreizen«, insbesondere durch die Verschlechterung der Existenzbedingungen für Flüchtlinge, potentielle Nachfolger abschrecken und damit den »Asylmissbrauch bekämpfen«.

Die politische Mängelliste führt *zweitens* zur von den Bundesinnenministerien lange exekutierten doppelten Reformresistenz Deutschlands in entscheidenden Fragen des europäischen Asylrechts, die zu den Hintergründen der aktuellen Krise gehört: Das gilt einerseits für die von dem Flüchtlingskoordinator der

---

[127] H. Prantl, Als die Politik aus dem Tiefschlaf gerissen wurde, in: Rat für Migration (Hg.), Dokumentation der Tagung »Migrations- und Integrationspolitik heute«, 22.11.2013 in Berlin, Berlin 2014, S. 17–19 (in diesem Band: 3.3).

[128] Bade, Von Unworten zu Untaten (s. Anm. 109), S. 22.
[129] Zum Folgenden s. K. J. Bade, Sicherheit, Ordnung und Gesellschaftspolitik im Bundesinnenministerium, in: MiGAZIN, 12.1.2016 (http://www.migazin.de/2016/01/12/bades-mei nung-sicherheit-ordnung-gesellschaftspolitik/).
[130] Ders. / M. Bommes, Migration und politische Kultur im »Nichteinwanderungsland«, in: K J. Bade, Sozialhistorische Migrationsforschung, hg.v. M. Bommes / J. Oltmer (Studien zur Historischen Migrationsforschung, Bd. 13), Göttingen 2004, S. 437–472.

Bundesregierung und Chef des Bundeskanzleramts Peter Altmaier am 12.4.2016 in einem Diskussionsforum im Bundestag in Erinnerung gerufene Tatsache, dass die deutschen Bundesinnenministerien in den letzten anderthalb Jahrzehnten vehement jenen Gedanken an Verteilungsquoten für Flüchtlinge in der EU abgelehnt haben, für den die Bundeskanzlerin heute umständehalber so flehentlich wirbt. Es gilt andererseits für die vor allem von Deutschland, aber auch von Frankreich mit allen Mitteln verhinderte, von anderen europäischen Staaten, insbesondere von den vom Migrationsdruck am meisten betroffenen »Schengenländern« Italien, Griechenland und Malta erbetene Reform des europäischen Asylsystems. Es zentrierte in dem 1990 vertraglichen vereinbarten und 1997 (Inkraftsetzung) von Deutschland und Frankreich durchgesetzten unfairen Dublin-System, das die Erstzugangsländer am Rande Europas belastete und die Staaten in der Mitte Europas entlastete.

Das umstrittene, weil strukturkranke und geradezu in die Agonie hineingeborene System ging bald in Siechtum über und erlag unter dem Druck der sogenannten Flüchtlingskrise schließlich seinen angeborenen Defiziten. Nur zynisch konnte vor diesem Hintergrund die vordem von politischen Lehrmeistern in Deutschland und hier besonders in Bayern immer wieder vorgetragene Aufforderung klingen, »die Italiener« und »die Griechen« möchten im Sinne von Dublin doch endlich »ihre Hausaufgaben machen«. Heute räumt auch der für diplomatisch verschlüsselte Mahnungen bekannte Bundespräsident Gauck ein: »Hätten wir die Zeichen früher gedeutet, wir wären wohl zu der Erkenntnis gelangt, dass unser gemeinsames europäisches Asylsystem einer grundlegenden Reform bedarf«, wozu auch ein »nachhaltiger Mechanismus zur Verteilung von Flüchtlingen« gehöre – späte Einsichten des allerhöchsten höchsten Zeichendeuters.[131]

Auf die deutsche politische Mängelliste zu setzen sind in Sachen Flucht und Asyl auf europäischer Ebene *drittens* das opferreiche Hintertreiben der großen humanitären italienischen Rettungsaktion »Mare Nostrum«: Mit dem bis vor die libyschen Küstengewässer reichenden maritimen Rettungsnetz von »Mare Nostrum« konnten 2014/2015 innerhalb eines einzigen Jahres mehr als 160 000 Menschen aus akuter Seenot geborgen bzw. gerettet werden. Es war erneut das deutsche Bundesministerium des Innern und hier konkret Bundesinnenminister De Maizière, die alles daransetzten, diesen Einsatz als bloße Arbeitsbeschaffungsmaßnahme für kriminelle Schlepper erscheinen zu lassen und dafür zu sorgen, dass Europa nicht mehr als 10 Prozent der jährlich rund 90 Millionen umfassenden Kosten für das maritime Rettungswerk übernahm. Als alle Hilferufe der Italiener an solchen zynischen Argumenten abprallten, musste Rom schließlich sein heroisches Rettungsprogramm abbrechen. Und der wegen der im Mittelmeer sofort wieder in die Höhe schnellenden Todeszahlen unter Druck geratende Bundesinnenminister interpretierte das Desaster dann schmallippig und aktengrau als »rein italienische Entscheidung«.

Hinzu kamen auf der bundespolitischen Mängelliste *viertens* politisch-populistische Begriffsschöpfungen und denunziative Redensarten im gefährlichen Grenzfeld zwischen Unworten und Untaten: Das galt zum Beispiel für aus dem Bereich der Ausländer- bzw. Ministerialbürokratie stammende Begriffe wie »Asylum-hopping« bzw. »Asyltouristen« und »Sozialtouristen«. Es galt auch für die von Bundesinnenminister De Maizière stammende, nicht belegbare Rede von angeblich 15 Prozent »Integrationsverweigerern«, die sogar »bestraft« werden sollten. Und es galt später für die ebenso denunziative, nach einer erneut blamablen Überprüfung ebenfalls widerlegte und später in indirektem Schuldbekenntnis zu einem bloßen »Schätzwert« abgemilderte BMI-Rede von angeblich 30 Prozent »falschen«, nämlich mit gefälschten Pässen ausgestatteten Syrern.[132] All das hinterließ Spuren im öffentlichen Gedächtnis und schürte auf amtlichem Weg den ohnehin seit langem virulenten und besonders in Wahlkämpfen immer wieder mobilisierten Betrugs- und Missbrauchsverdacht gegenüber Zuwanderung als »Einwanderung in die Sozialsysteme« und insbesondere gegenüber schutzsuchenden Flüchtenden als »Asylbetrügern« und »Wirtschaftsflüchtlingen«.

Es folgten *fünftens* die wiederholten öffentlichen Stoßgebete des Bundesinnenministers vom März 2016, man habe »nur noch zwei Wochen Zeit«, um einen europäischen Weg aus der sogenannten Flüchtlingskrise zu finden – als ob bei unzureichender Einigung über Schutz nicht von, sondern vor Flüchtenden nach dem Rückgang der Frühjahrsstürme im Mittelmeer die migratorischen Heuschreckenschwärme über die ruhiger gewordene See wieder in Europa einfallen würden.

Und die Liste der Fehlleistungen des BMI reicht *sechstens* aktuell weiter bis zu dem wesentlich von Berlin eingefädelten menschenfeindlichen EU-Türkei-Flüchtlingsdeal, in dem durch die Blockade der Festung Europa auf lebensgefährliche Wege genötigte Flüchtende und Asylsuchende in »illegale Migranten« umdenunziert werden, um sie – im Sinne des EU-Rechts scheinlegal und im Sinne des deutschen Grundrechts auf Asyl und des Völkerrechts rechtswidrig – deportabel zu machen.

Man müsse diese harten Bilder jetzt aushalten, sagte der Bundesinnenminister annähernd gleichlau-

---

[131] Die Welt, 13.4.2016.

[132] Bade, Von Unworten zu Untaten (s. Anm. 109); vgl. ders., Zur Karriere und Funktion abschätziger Begriffe in der deutschen Asylpolitik, in: MiGAZIN, 29.6.2015 (in diesem Band: 11.1.8).

tend wie zuvor der jugendliche österreichische Außenminister. Gemeint waren damit die Staus von unversorgten, zuweilen auch mit Polizeiknüppeln, Blend-, Gasgranaten und Gummigeschossen traktierten Geflüchteten vor den improvisierten Stacheldrahtverhauen auf der Balkanroute, das Elend der Geflüchteten in dem improvisierten Zeltlager im Schlamm von Idomeni vor der abgeriegelten griechisch-mazedonischen Grenze und das Flüchtlingsgeschäft an der Ägäis mit den noch an der türkischen Küste, in Booten auf dem Weg zu den griechischen Inseln abgefangenen oder auf den griechischen Inseln selbst inhaftierten und mit ungewissem Schicksal zurück in die Türkei deportierten Geflüchteten.

Nein, wir müssen diese harten Bilder über den Krieg gegen schutzsuchende Flüchtende nicht aushalten. Und wir müssen auch diesen Härte kultivierenden Bundesinnenminister nicht aushalten. Bundesinnenminister De Maizière ist zweifelsohne ein exzellenter Verwaltungsjurist, ein extrem fleißiger und stets aktenkundiger Ressortleiter, aber eben kein Gesellschaftspolitiker, auch wenn er neuerdings gelegentlich, als gefälliges Zugeständnis, diese Semantik bedient. Das ist ausgesprochen misslich; denn Migrations- und Integrationspolitik sind nun einmal, wie ich seit den späten 1980er Jahre immer wieder betont habe – und was zum Beispiel Bundesinnenminister Schäuble in seiner Amtszeit nicht erst lernen musste) – Zentralbereiche der Gesellschaftspolitik. Mangelnde Sensibilität in diesem Bereich kann verheerende Folgen haben.

Problematische amtliche Verlautbarungen und Positionierungen sind aber nicht etwa nur dem amtierenden Bundesinnenminister De Maizière und noch mehr seinem Vorgänger Hans-Peter Friedrich und damit Ressortleitern aus CDU und CSU anzulasten. Sie waren zum Beispiel auch bei dem sozialdemokratischen Bundesinnenminister Otto Schily zu beobachten (s. Kap. 5.1/2). […]

Ein Ministerium für Integration und Migration?

Wie stark das Denken über Migration und Integration im Bundesministerium des Innern nach wie vor durch die Grundorientierung an Sicherheitspolitik und Gefahrenabwehr nach außen und im Inneren geprägt ist, zeigte zuletzt der in Fachkreisen umstrittene Referentenentwurf aus dem BMI zum sogenannten Integrationsgesetz der Bundesregierung vom Frühjahr 2016. Er zielte zwar auf eine Art administrative Beschleunigung der Integration von Geflüchteten ab; er war aber, von einigen hilfreichen Verbesserungsvorschlägen in dieser Hinsicht abgesehen, von Misstrauen in die Integrationsbereitschaft seiner Adressaten, von lebensfremden Auflagen, Kontrollvorschriften und Sanktionsdrohungen geprägt.

Der Gesetzentwurf ist, darin waren sich viele Integrationsforscher und Integrationspraktiker einig, zum Beispiel im Blick auf die Wohnsitzzuweisung sogar eine Art Anti-Integrationsgesetz. Sein eigentlicher Zweck war wohl, unter AfD-Angst und Österreich-Schock in Integrationsfragen Härte und Geschlossenheit zu zeigen. Manche nannten den Entwurf einen Schritt in die richtige Richtung. Für die zustimmungswillige SPD, aus der die meisten außerparlamentarischen Kritiker kamen, ist er am Ende vielleicht mehr ein Tritt in die falsche Richtung, nämlich noch weiter nach unten in der Gunst ihrer Stammwähler.

Bei der öffentlichen Bewertung des Referentenentwurfs gerieten auch die beiden erwähnten wissenschaftlichen Organisationen zur kritischen Politikbegleitung, der Sachverständigenrat deutscher Stiftungen für Integration und Migration (SVR) und der Rat für Migration (RfM), die in der Spannung zwischen Kritik und »Ausgewogenheit« deutlich verschieden positioniert sind, öffentlich aneinander.[133]

Der SVR begrüßte den Gesetzentwurf unter Konzentration auf die Verbesserungsvorschläge mit nur einigen beiläufigen Ermahnungen zu einem ausgewogenen »Fördern und Fordern« im Wesentlichen als Schritt »in die richtige Richtung«[134] und sah sogar in der am heftigsten kritisierten »Wohnsitzauflage« ein »vernünftiges Instrument zur Integrationsförderung«.[135]

Der RfM hingegen kritisierte den Referentenentwurf in einem öffentlichen Aufruf zusammen mit DeutschPlus[136] und einem – zusammen mit dem Paritätischen Gesamtverband, der Diakonie Deutschland und der Flüchtlingshilfsorganisation PRO ASYL verfassten – offenen »Brandbrief«[137] an den Bundesinnenminister:

---

[133] Integrationsgesetz bei Experten umstritten, in: MiGAZIN (epd, 19.5.2016), 20.5.2016 (http://www.migazin.de/2016/05/20/misstrauen-integrationsgesetz-bei-experten-umstritten/?utm_source=wysija&utm_medium=email&utm_campaign=MiGAZIN+Newsletter); Fabio Ghelli, Experten kritisieren geplantes Integrationsgesetz, in: Mediendienst Integration, 19.5.2016 (https://mediendienst-integration.de/artikel/rat-fuer-migration-wohlfahrtsverbaende-brandbrief-an-die-bundesregierung-zum-integrationsgesetz.html?utm_source=Themen-Alert+Mediendienst+Integration&utm_campaign=b1a4d9892c-Mai+2016&utm_medium=email&utm_term=0_e43692422d-b1a4d9892c-24640353); vgl. Verbände schlagen Alarm wegen Integrationsgesetz, in: Donaukurier, 19.5.2016.
[134] Presseinformation SVR, Berlin 14.4.2016: Beim Integrationsgesetz kommt es auf gute Balance von Fördern und Fordern an. Die Eckpunkte der Großen Koalition für ein Integrationsgesetz enthalten gute Ansätze. Entscheidend ist nun eine kluge Ausgestaltung, damit das Ziel der Integrationsförderung auch erreicht werden kann.
[135] »Wohnsitzauflage kann vernünftiges Instrument zur Integration sein«. Interview (Doris Simon) mit Prof. Dr. Christine Langenfeld (Vors., SVR), Deutschlandfunk, 24.5.2016 (http://www.deutschlandfunk.de/integrationsgesetz-wohnsitzauflage-kann-vernuenftiges.694.de.html?dram:article_id=355193).
[136] RfM / DeutschPlus, »Dieses Gesetz spaltet«. Wissenschaftler, Künstler und Autoren protestieren gegen das geplante Integrationsgesetz. Es sei ein »Rückschritt in die 1980er Jahre«, in: ZEIT online, 4.5.2016.
[137] RfM, Pro Asyl, Paritätischer Gesamtverband, Diakonie Deutschland an BMI De Maizière, betr. Referentenentwurf zu einem Integrationsgesetz vom 29.4.2016, Berlin 19.5.2016.

Der Entwurf, den PRO ASYL mit scharfen Argumenten als »Desintegrationsgesetz« und damit als »Etikettenschwindel« disqualifizierte, sei im Blick auf die beabsichtigte Integrationsbeschleunigung durch sanktionsbewehrte Maßnahmen eine kontraproduktive, praktischen Erfahrungen und einschlägigen Forschungsergebnissen widersprechende und überdies für die Akzeptanzbereitschaft gegenüber Asylsuchenden in der weiteren Öffentlichkeit sogar gefährliche Rolle rückwärts in die 1980er Jahre.[138]

Wegen der stark an Sicherheitspolitik, Gefahrenabwehr und der daraus resultierenden Sorge um Kontrollverlust geprägten Axiomatik des BMI und wegen der langen Reihe der dadurch mitgeprägten problematischen Einschätzungen, Entscheidungen und Maßnahmen insbesondere im Bereich der Integrationspolitik habe ich wie andere Wissenschaftlern, aber auch einzelne politische Praktiker seit vielen Jahren gefordert, die beim BMI liegende zentrale Zuständigkeit für Migrationspolitik und Integrationsfragen (die ohnehin Ländersache sind) einem eigenen Bundesministerium zu übertragen.[139]

Das neue Ministerium sollte, wie bisher das BMI, mit anderen Bundesressorts kooperieren. Es sollte nach oben hin mit einer noch zu schaffenden Europäischen Asylagentur in Vermittlungs- und Dienstleistungsfunktion verbunden sein und nach unten hin mit den Integrationsministerien auf der Länderebene, die die Brücke schlagen zur kommunalen Ebene, auf der allein es entscheidet, ob uns wie Integration gelingt.[140] In gleicher Funktion sollte eine Europäische Arbeitsagentur hinzutreten, damit qualifizierten Flüchtlingen oder Asylsuchenden, die nicht die Sprache des Aufnahmelandes, aber eine andere europäische Sprache beherrschen, bei Bedarf im entsprechenden Land Beschäftigungschancen eröffnet werden können.[141]

Sollte ein solches Bundesministerium nicht einzurichten sein, dann sollte die zentrale Zuständigkeit für die Bereiche Migration und Integration jedenfalls aus dem BMI ins Bundesministerium für Arbeit und Soziales verlagert werden; denn bei Migration und Integration geht es, vom Asylbereich einmal abgesehen, ganz entscheidend um Arbeit und Soziales und nicht primär um Gefahrenabwehr und Sicherheitspolitik. Das Bundesinnenministerium hätte in beiden Fällen, zum Beispiel im Blick auf Grenzschutz und innere Sicherheit, auch dann noch genug mit Migrationsfragen zu tun. Es wäre dann aber, hoffentlich, weniger ein Teil des Problems und mehr ein Teil seiner Lösung.

Es gibt stattdessen heute eine verwirrende und selbst für sogenannte Migrationsexperten kaum mehr überschaubare Vielfalt von sich überschneidenden und manchmal sogar blockierenden Zuständigkeiten in Sachen Migration und Integration. Hier kooperieren, um nur die wichtigsten Beispiele zu nennen, in mitunter durchaus spannungsreicher Kooperation:

1. das zentral zuständige Bundesinnenministerium und 2. diverse mitzuständige anderen Bundesministerien, die über eine interministerielle Staatssekretärsrunde (3.) verbunden sind und überdies 4. in der Regel eigene Integrationsabteilungen haben, 5. das Bundeskanzleramt, dessen Chef zugleich Flüchtlingsbeauftragter der Bundesregierung ist, 6. die Beauftragte der Bundesregierung für Migration, Flüchtlinge und Integration, die mit ihrem Amt als Staatsministerin ebenfalls im Bundeskanzleramt angesiedelt ist, 7. das mit seinen Regionalkoordinatoren für die Integrationskurse und seinen zahlreichen Außenstellen bis auf die kommunale Ebene heruntergreifende Bundesamt für Migration und Flüchtlinge (BAMF) mit seiner Zentrale in Nürnberg, das zwar dem Bundesministerium des Innern zugeordnet ist, aber 8. derzeit in Personalunion mitgeleitet wird vom Präsidenten der Nürnberger Bundesagentur für Arbeit, die wiederum der Rechtsaufsicht des Bundesministeriums für Arbeit und Soziales untersteht…-

Dieses bürokratisch monströse, disparate und bereichsweise polykratische, im Laufe der Zeit immer wieder umgestrickte, mitunter sogar aus politischen Versorgungsgründen umgestaltete, chaotisch wirkende Organigramm ist nur ein Beleg mehr für die

---

[138] Pro Asyl, Geplantes Integrationsgesetz ist in Wahrheit Desintegrationsgesetz (https://www.proasyl.de/news/geplantes-integrationsgesetz-ist-in-wahrheit-desintegrationsgesetz/).
[139] Hierzu der ursprünglich von mir initiierte und formulierte, von Ekrem Senol (Chefredakteur, MiGAZIN) als Massenpetition organisierte, dann von Rat für Migration zusammen mit DeutschPlus als Petition an Bundesregierung und politische Parteien im Bundestag gerichtete Aufruf »Für ein Neuordnung der Migrations- und Integrationsbelange auf der Bundesebene«, 1.10.2013 (in diesem Band: 4.2.7); vgl. Rat für Migration fordert institutionelle Reformen in der Integrationspolitik, in: MiGAZIN, 1.10.2013; Verkrustete Strukturen und Benachteiligungen aufbrechen, ebd., 2.10.2013; Länder unterstützen Forderung nach Reformen in der Integrationspolitik, ebd., 9.10.2013; vgl. ferner: Forscher: Integration neu starten, in: Der Tagesspiegel, 2.10.2013; Migrationsrat will Reformen, in: Süddeutsche Zeitung, 2./3.10.2013; vgl. zuletzt hierzu: Norbert Röttgen fordert Flüchtlingsministerium, in: Der Tagesspiegel, 2.1.2016; Kerber, Flucht, Wanderung und Wirtschaft, S. 168.
[140] Für diese erst im Frühjahr 2016 in Berlin und Brüssel ernsthaft ventilierte Idee s. schon K. J. Bade, Migration und Asyl in der »Europäischen Innenpolitik«. Vortrag der Ersten Sitzung der Studiengruppe »Europäische Innenpolitik«, Sektion Migration und Asyl, Bundesministerium des Innern, Berlin, 8.9.2008, in: Zeitschrift für Ausländerrecht und Ausländerpolitik (ZAR), 11/12.2008, S. 396–399 (in diesem Band: 11.1.4); vgl. Wir brauchen eine EU-Asylbehörde – aber nicht so wie die EU sich das denkt, Interview, in: SWR2 Wissen, 2.3.2016.

[141] Im Übrigen es für mich ohnehin nicht einsichtig, wieso zum Beispiel ein französischsprachiger Anästhesist aus Tunesien hierzulande erst einmal Deutsch lernen soll, wenn er doch vielleicht nach Frankreich oder auch nach Kanada vermittelt werden kann, warum ein englischsprachiger Mechatroniker aus Syrien nicht direkt in englischsprachigen deutschen Betrieben (z.B. in der Produktion bei Mercedes-Benz) anfangen kann, was in gleicher Weise etwa für einen IT-Spezialisten gilt, der hier zunächst einmal fern vom Arbeitsmarkt in einem Integrationskurs kostspielig und zeitraubend Deutsch pauken muss und dann später doch einen Job in der IT-Branche sucht, die auch in Deutschland zu großen Teilen englischsprachig ist.

eine Tatsache: Politik war über Jahrzehnte hinweg weder willens noch imstande, die Größe der im Bereich von Migration, Asyl und Integration anstehenden Gestaltungsaufgaben zu erkennen und auf diese Herausforderung mit Institutionen zu antworten, die diesem Aufgabenbereich gewachsen sind. Der institutionelle Wildwuchs, den darin aufgewachsene Regierungsbeamte für durchaus tauglich halten mögen, gleicht in Wahrheit einer übersteuerten Schalttafel, bei der jeder Impuls diverse Nebenimpulse und Sperren auslöst, was nicht eben zur Effizienz der Betriebsabläufe beiträgt. Kein vernünftiger Geschäftsführer oder Controller würde das in einem Wirtschaftsunternehmen durchlassen.

Gesellschaftliche Akzeptanz- und Abwehrhaltungen in der sogenannten Flüchtlingskrise
Die Konfrontation mit der sogenannten Flüchtlingskrise hat das schon seit längerer Zeit beobachtbare Kulturparadox in Deutschland wesentlich verstärkt und zu einer Polarisierung verschärft, deren Konfliktlinien sich wie ein an Breite zunehmender Riss quer durch alle Schichten und damit auch durch die Mitte der Gesellschaft fressen.[142] [...]

Die Kulturpessimisten haben in den Themen Einwanderung, Asyl und Islam eine in der vermeintlichen kulturellen und nationalen Krise mit gemeinsamen Feindbildern verklammerte Ersatzidentität (negative Integration) gefunden, vor deren Herausbildung Wissenschaftler seit Jahren gewarnt haben.[143] Das Ergebnis ist ein durch »islamkritische«, asyl- und oft generell einwanderungsfeindliche, anti-multikulturelle, kultur- und zivilisationskritische, antimoderne, antiliberale und in Teilen auch antieuropäische und antidemokratische Schnittmengen und Versatzstücke zusammengehaltenes, xenophobes Bündnisses mit diffusen Feindbildern.

An seinen Rändern wuchern gewaltbereite und gewalttätige radikale, rechtsextremistische und neonationalsozialistische Gruppierungen. Sie schließen mitunter auch biedermännische Brandstifter ein, die zur Stabilisierung der Immobilienpreise im eigenen häuslichen Umfeld oder zum Zweck tätiger Nachbarschaftshilfe schon mal ein Flüchtlingsheim »abfackeln«. Das Bundeskriminalamt hat 2015 insgesamt 1 031 (amtlich erfasste) Anschläge auf Asylbewerberunterkünfte registriert – das Fünffache der Zahl von 2014 (203). Fast alle stammten aus dem »lokalen Umfeld« und nicht von in großen Aktionsradien operierenden Kampforganisationen aus dem extremistischen Untergrund. Das aber heißt, dass auch lebensgefährdende Gewalt in diesen Zusammenhängen Teil des Alltags in Deutschland geworden ist.

Dass dabei bislang nur wenig Verletzte und Todesopfer zu beklagen waren, hat seinen Grund nicht in philanthropischer Pyromanie. Es hat vielmehr damit zu tun, dass Polizeien und Feuerwehren nach gehabten Erfahrungen und auch Überprüfungen ihres einschlägigen Engagements aufmerksamer sind als Anfang der 1990er Jahre, zum Beispiel bei dem tagelangen, von Würstchen und Bier vertilgenden Gaffern und anfangs auch von ratlos herumstehenden Polizisten begleiteten Pogrom von Rostock-Lichtenhagen.

Das ist die düstere Gegenwelt zu den Willkommensgrüßen für Flüchtlinge, zu der behaupteten, politisch von oben gestifteten angeblichen Willkommenskultur und zu der in der Tat gewaltigen, spontan von unten gekommenen bürgergesellschaftlichen Willkommensbewegung. Die aber ist eine Art basisdemokratischer Gegenentwurf zur sogenannten Willkommenskultur, eine pragmatische stille soziale Revolte. Sie zeigt, dass die Bürgergesellschaft bereit und imstande ist dort, wo Politik und Behörden überfordert sind, einzuspringen, das Heft in Teilen sogar selbst in die Hand zu nehmen und damit Politik und Behörden zu mehr Engagement vor sich herzutreiben.

Und das gilt heute nicht mehr nur für konkrete Hilfe vor Ort sowie an und an den trockenen Grenzen. Es gilt auch für die Bergung und Rettung schiffbrüchiger Flüchtlinge auf hoher See. Dazu gibt es im Mittelmeer eine kleine, aber höchste erfolgreich operierende, knapp ein Dutzend Boote umfassende zivile Rettungsflotte, deren Einsätze von der Rettungsleitstelle in Rom koordiniert werden.[144]

Das Land der Deutschen aber bleibt gespalten – nicht mehr staatlich, aber mental, quer durch alle Schichten und auch in der bislang stabilen Mitte: Brennende Hilfsbereitschaft trifft auch brennende Flüchtlingsunterkünfte. Deutschland 2015/2016 [...].

---

[142] Hierzu zuletzt: A. Zick / B. Küpper / R. Melzer (Hg.), Wut – Verachtung – Abwertung. Rechtspopulismus in Deutschland, Friedrich-Ebert-Stiftung, Forum Berlin, Bonn 2015.
[143] Vgl. u.a. K. J. Bade, Kritik und Gewalt. Sarrazin-Debatte, »Islamkritik« und Terror in der Einwanderungsgesellschaft, Schwalbach i.Ts. 2013 (3. um ein Nachwort erweiterte Auflage als E-Book 2014), S. 348–366.

[144] Das derzeit größte zivile Rettungsschiff im Mittelmeer ist die von den deutschen, französischen und italienischen Mitgliedern der 2015 begründeten Initiative »SOS MEDITERRANEE – Europäische Gesellschaft zur Rettung Schiffbrüchiger im Mittelmeer« gecharterte hochseetaugliche, sturm- und winterfeste »Aquarius«: 77 m Länge, 12 m Breite und 6 m Tiefgang, an Bord: 11 Mann reguläre Besatzung, ein vierköpfiges Search & Rescue Team, ehrenamtlich arbeitende Ärzten (Ärzte der Welt/ Ärzte ohne Grenzen), Mitglieder von SOS MEDITERRA NEE, mitunter auch Journalisten; denn es geht neben der Rettung von Schiffbrüchigen auch darum, Zeugnis abzulegen über das oft tödliche Desaster vor den Grenzen der Festung Europa. Die »Aquarius« kann bis zu ca. 450 Schiffbrüchige aufnehmen und kurzzeitig verpflegen. Sie hat schon in den ersten vier Wochen ihres Einsatzes bis Ende März 2016 über 600 Menschen aus Seenot gerettet. Dieses Rettungswerk kostet einschließlich Charter, Diesel, Mannschaftsgehältern und ständig zu erneuernder Ausrüstung – von der Kindermilch bis zu den Leichensäcken – täglich 7 000–10 000 Euro. Deshalb sind wir stets auf weitere Spender und Sponsoren angewiesen; vgl. Die Retter vom Mittelmeer, in: Die Zeit, 7.4.2016; https://twitter.com/SOS MedGermany; https://www.facebook.com/SOSMEDITERRANEE/videos/vb.793048414135802/945630235544285/?type=2&theater.

Teilen lernen: die Botschaft der globalen Fairness
Dass die Aufnahme von Schutzsuchenden eine humanitäre Pflicht ist und dass Zuwanderung und gelingende Integration für das wirtschaftlich boomende und demographisch vergreisende vermeintliche Paradies in der Mitte Europas nur hilfreich sein können, ist eine Binsenweisheit. Aber die Gretchenfrage lautete 2015 anders:

Wie soll das Schutzgebot gegenüber weltweit nachdrängenden Schutzsuchenden aufrechterhalten werden, wenn die Integrations- bzw. Inklusionssysteme zunehmend belastet und vielleicht am Ende sogar verstopft werden, weil zu viele Neuzuwanderer zu lange in diesen Förderungssystemen bleiben müssen, bis sie eine wirtschaftlich eigenständige Lebensführung finden können, während andere, ebenso aufnahme- und förderungsbedürftige Schutzsuchende nachdrängen?

Darüber muss offen und klar geredet werden. Und dafür sind Konzepte gefragt, die nicht nur auf die Förderung der Integration bzw. Inklusion, sondern auch auf die Regulation der Zuwanderung in Deutschland und Europa zielen. Damit erweist sich nur ein weiteres Mal die triviale Tatsache, dass Integration und Migration zwei Seiten der gleichen Medaille sind.

Durch die Schließung der »Balkanroute« und durch den Brüssel-Ankara-Flüchtlingsdeal zur Blockierung der Flucht über die Ägäis auf die griechischen Inseln ist nun eine brutale Zwangspause eingekehrt. Aber das Problem ist damit nur vertagt; denn der Migrationsdruck hält an und die Antwort auf die Blockade wird eine Verschiebung der Fluchtroute auf den älteren und noch gefährlicheren Weg von Libyen über das Mittelmeer in Richtung Lampedusa, mithin ein neuer Ansturm auf Italien sein.

Dort wird es den nächsten Wanderungsstau geben. Und der wird nicht durch Rückschiebungen wie von Griechenland in die Türkei abbaubar sein; es sei denn man würde, wie Andeutungen von BMI De Maizière signalisieren, ähnliche Abkommen wie mit der Türkei auf EU-Ebene auch mit anderen Herkunfts- oder Transitländern abschließen, wie es sie auf nationaler Ebene zum Beispiel in Spanien (»Operation Seepferchen« im nördlichen Westafrika) schon lange gibt.

Während sich die Bürgergesellschaft in der sogenannten Flüchtlingskrise für die konkrete Lage der Geflüchteten innerhalb, aber auch außerhalb der deutschen Grenzen in einer nie da gewesenen humanitären Bewegung engagierte, lief nach außen hin die immer schärfere Abriegelung der Festung Europa gegen schutzsuchende Flüchtende an und auch weit vor ihren Grenzen.

11.2.5 Massengrab Mittelmeer: Die tödlichen Grenzen der »Festung Europa«,
aus: Von Unworten zu Untaten. Kulturängste, Populismus und politische Feindbilder in der deutschen Migrations- und Asyldiskussion zwischen »Gastarbeiterfrage« und »Flüchtlingskrise«, überarb. Vortrag Osnabrück, 29.5.2015, in: IMIS-Beiträge, 48/2016[145], S. 35–171, hier S. 99–113 (Auszug).

Im Sommer 2004 [...] trat Bundesinnenminister Otto Schily mit heftig umstrittenen Überlegungen hervor, nach Europa strebende Flüchtende und Asylsuchende weit vor den Grenzen der »Festung Europa« in »Aufnahmezentren« genannten nordafrikanischen Flüchtlingslagern aufzuhalten. Von dort aus wären auch Asyl- oder Zuwanderungsanträge denkbar, begründete Schily beschwichtigend. Das könne Antragsteller den Fängen der »Schlepper« entziehen, damit die Zahl der Opfer irregulärer Zuwanderung über das Mittelmeer begrenzen und aus solchen Asyl-Außenstellen »die Vorform einer europäischen Asylbehörde« werden lassen.

Das weckte in weiten Kreisen und besonders bei Bündnis 90/Die Grünen die Vorstellung, dass es bei diesen »Lagern« mehr um defensive Sicherheitspolitik als um humanitäre Erwägungen gehe, zumal Schily wiederholt betonte: »Afrikas Probleme müssen in Afrika gelöst werden«. Der Minister bescheinigte seinen »grünen Freunden« daraufhin in einem Artikel der Frankfurter Allgemeinen Zeitung Übung nur »in rhetorischer Humanität«. Aber auch der Vize-Fraktionschef der Union im Bundestag und vormalige Bundesinnenminister (1989–1991) Wolfgang Schäuble (CDU), der Schily in diesem Amt schon 2005 wieder ablösen sollte, kritisierte scharf: »Internierungslager für Asylbewerber am Rande der Sahara können keine Lösung sein«, schrieb er in der konservativen Rheinischen Post. Schily wäre »gut beraten, solche Vorschläge nicht einmal im Sinne eines lauten Nachdenkens zu machen«, weil sie sich mit den Grundregeln des internationalen Asylrechts ebenso wenig vertrügen wie mit der Genfer Flüchtlingskonvention.[146]

Die Politik in der »Festung« und der Tod im Meer
Mit ähnlichen, noch weitgreifenderen Überlegungen zu nunmehr »Transitzentren« genannten Aufnahmeeinrichtungen für Geflüchtete und Asylsuchende weit vor den Grenzen Europas trat auf nationaler Ebene zuletzt Bundesinnenminister Thomas de Maizière

---

[145] http://www.imis.uni-osnabrueck.de/fileadmin/4_Publikationen/PDFs/imis48.pdf.
[146] Zusammenfassung der Streitpositionen mit Zitatbelegen: Flüchtlingslager-Streit. Schily torpediert Grüne, in: Rheinische Post online, 22.7.2004; zur Funktion von Lagerkonzepten zwischen Migrationspolitik und Grenzkontrolle kritisch: Tobias Pieper, Das Lager als variables Instrument der Migrationskontrolle, in: S. Hess / B. Kasparek (Hg.), Grenzregime – Diskurse, Praktiken, Institutionen in Europa, Göttingen 2010, S. 219–227.

hervor. Hintergrund war der seit Jahrzehnten befürchtete, im Vergleich zu anderen Regionen der Welt noch immer unbedeutende und nur im Vergleich zur bisherigen Erfahrung in Europa dramatisch wirkende Anstieg der Zahlen von irregulär über das Mittelmeer flüchtenden Asylsuchenden.[147] Hinzu kamen die grauenerregenden, allgemeine Empörung verursachenden und die europäische Flüchtlingsabwehr im politischen »Blame Game« zutiefst bloßstellenden Katastrophen auf See.

Obgleich de Maizière aus den Misserfolgen der ein Jahrzehnt zuvor umstrittenen sogenannten Lagerideen von Otto Schily gelernt hatte, weckten seine Vorstellungen durchaus ähnliche Zweifel: Die Hilfsorganisation PRO ASYL etwa sprach von einem »klaren Signal der Absage an die Lebensrettung« und wertete de Maizières Vorschlag als »zynisches Marketing«, um das durch massive Interventionen aus dem Bundesinnenministerium beförderte Ende des italienischen Rettungsprogramms »Mare Nostrum« für Bootsflüchtlinge im Mittelmeer zu kaschieren bzw. »human zu verkaufen«.[148] Das hatte seinen Grund wohl auch darin, dass der Minister in seinen Äußerungen über irregulär über das Mittelmeer nach Europa Flüchtenden zeitweise deutlich zwischen Abwehr und Hilfe schwankte:

Nach den verheerenden Flüchtlingskatastrophen im Mittelmeer hatte die italienische Regierung im Oktober 2013 ihre grandiose nationale Rettungsmission »Mare Nostrum« gestartet, die nur zu etwa 10 Prozent von der EU bezuschusst wurde. Im Zusammenwirken von Marine und Küstenwache wurde von Italien ein rund 43 000 Quadratkilometer großer Teil des Mittelmeeres bis kurz vor die nordafrikanischen Küsten kontrolliert. Damit konnten allein 2014 rund 166 000 Flüchtende geborgen bzw. gerettet werden. Immer wieder richtete Italien Hilferufe an die Adresse der EU mit der Bitte um Unterstützung bei dem kostspieligen Großprojekt. Im Mai 2014 versuchte Italien, den Druck auf die EU zu erhöhen, zog seine Schiffe in einer Art maritimem Menschenversuch demonstrativ ein Stück weit von der libyschen Küste zurück – und sogleich schoss die Zahl der Schiffbrüche mit Todesfolgen in die Höhe. Aber selbst diese »tödliche Demonstration« vermochte die EU nicht zu beeindrucken.[149] Im November 2014 musste Italien sein humanitäres Großprojekt wegen mangelnder Unterstützung und zunehmender Anfeindungen durch die Europäische Union und besonders aus Deutschland einstellen.

Entscheidenden Anteil an seinem Scheitern hatten das Bundesinnenministerium und Bundesinnenminister de Maizière persönlich: Er hatte die italienische Rettungsmission beharrlich als »Beihilfe zum Schlepperwesen«, als »eine Art Beihilfe für das Vermögen von Menschenhändlern« und als illegale »Brücke nach Europa« denunziert.[150] Sein Haus bombardierte das italienische Innenministerium mit einschlägigen Vorwürfen, bis die Italiener schließlich aufgaben – was de Maizière dann in kühler Distanz als »rein italienische Entscheidung« interpretierte.[151]

Durch europäische Entscheidung wurde das bis in die nordafrikanischen Küstengewässer ausgreifende große und erfolgreiche Rettungsprojekt Italiens ersetzt durch das vergleichsweise kleine und vorrangig auf Grenzschutz durch Flüchtlingsabwehr im europäischen Küstenraum konzentrierte EU-Projekt »Triton«, das Karl Kopp (PRO ASYL) als »Sterbebeobachtungsoperation« beschrieben hat. Es läuft unter Kontrolle der selber kaum kontrollierten europäischen Grenzschutzagentur »Frontex«.[152] Die aber ist auch nach eigenem Bekunden ebenfalls primär für Grenzschutz und nicht etwa für die Seenotrettung zuständig, die zunächst wieder ganz bei der italienischen Küstenwache mit ihren vergleichsweise begrenzten Möglichkeiten lag. Für »Triton« bezahlt die gesamte EU mit einem Monatsbudget von etwa 2,9 Millionen Euro dreimal weniger als die mit den geretteten Flüchtlingen allein gelassenen Italiener monatlich für ihr Rettungsprojekt »Mare Nostrum« ausgegeben hatten.[153]

---

[147] Beispiele aus der älteren Diskussion: P. J. Opitz, Weltbevölkerung und Weltwanderung, in: K. J. Bade (Hg.), Das Manifest der Sechzig. Deutschland und die Einwanderung, München 1994, S. 86–101; ders., (Hg.), Der globale Marsch. Flucht und Migration als Weltproblem, München 1997; W. L. Bernecker, Flüchtlinge und Migranten. Eine neue Völkerwanderung?, in: ders., Port Harcourt, 10. November 1995. Aufbruch und Elend in der Dritten Welt, S. 176–189; S. Angenendt (Hg.), Migration und Flucht. Aufgaben und Strategien für Deutschland, Europa und die internationale Gemeinschaft, Bonn 1997; M. Fischer (Hg.), Fluchtpunkt Europa. Migration und Multikultur, Frankfurt a.M. 1998; M. Schwelien, Das Boot ist voll. Europa zwischen Nächstenliebe und Selbstschutz, Hamburg 2004; T. Holert / M. Terkessidis, Fliehkraft. Gesellschaft in Bewegung – von Migranten und Touristen, Köln 2006; J. Alt, Globalisierung – Illegale Migration – Armutsbekämpfung. Analyse eines komplexen Phänomens, Karlsruhe 2009; aus der älteren Angst- und Menetekel-Literatur: M. Ritter, Sturm auf Europa. Asylanten und Armutsflüchtlinge. Droht eine neue Völkerwanderung?, München 1990; J. Werner, Die Invasion der Armen. Asylanten und illegaler Einwanderer, München 1992.

[148] De Maizière schlägt Transitzentren vor, in: Süddeutsche Zeitung, 13.11.2014.

[149] C. Jakob, Flüchtlinge Willkommen – Refugees Welcome? Mythen und Fakten zur Migrations- und Flüchtlingspolitik, hg.v.d. Rosa Luxemburg-Stiftung, Reihe: luxemburg argumente, 2. Aufl. Berlin 2015, S. 11.

[150] Hilfe für Flüchtlinge. Wie de Maizière vom Bremser zum Retter wurde, in: MiGAZIN, 21.4.2015.

[151] Hierzu und zum Folgenden: M. Gebauer u.a., Angekündigte Katastrophe, in: Der Spiegel, 2015, Nr. 18, S. 18–23, hier S. 21.

[152] B. Kasparek, Die Grenzschutzagentur Frontex, in: Hess/Kasparek (Hg.), Grenzregime, S. 111–126; Silja Klepp, Die Politik der EU auf dem Mittelmeer zwischen Grenzkontrolle und Flüchtlingsschutz, in: ebd., S. 201–218.

[153] Karl Kopp, Leben oder Tod? Der europäische Mittelmeereinsatz »Triton« gleicht einer Sterbebeobachtungsoperation, in: Pro Asyl (Hg.), Refugees Welcome. Tag des Flüchtlings 2015, Frankfurt a.M. 2015, S. 8f.; vgl. Antwort der Bundesregierung auf die kleine Anfrage der Abgeordneten Ulla Jelpke, Herbert Behrens, Jan Korte, weiterer Abgeordneter und der Fraktion DIE LINKE: Seenotrettung auf dem Mittelmeer und deutsche Rettungska-

Die absehbaren Folgen waren verheerend: Flüchtlings- und Menschenrechtsorganisationen warnten, das Mittelmeer könne nun »wieder zum Massengrab werden«. Der einsame Tod in den Fluten wurde noch durch zwei weitere Entwicklungen vorprogrammiert: Vor dem Hintergrund der europäischen Flüchtlingspolitik begannen Reeder damit, ihre in der Seenotrettung hoch aktiven Frachtschiffe aus Kostengründen an den wichtigsten Flüchtlingsrouten vorbei zu navigieren, um der verpflichtenden Seenotrettung, den damit verbundenen Kursänderungen und rechtlichen Scherereien bei der Anlandung von geborgenen bzw. geretteten Flüchtlingen als »illegalen Einwanderern« zu entgehen. Der UNHCR wiederum warnte, Privatboote würden aus den gleichen Gründen ihre Position gar nicht mehr durchgeben.

Das alles war, wie erwähnt, auch eine Folge der destruktiven Rolle des Bundesministeriums des Innern und seines Ressortleiters. Vom Bundesinnenministerium und von de Maizière persönlich waren gegen »Mare Nostrum« insgesamt vor allem drei Argumente ins Feld geführt worden:
1. würde das italienische Rettungsprojekt mit seinem bis in die nordafrikanischen Küstengewässer ausgreifenden Aktionsradius »Beihilfe für das Schlepper-Unwesen« leisten. Die »Schlepper« würden nun umso mehr massenweise Flüchtlinge in seeuntauglichen Schlauchbooten oder in kielbewehrte Halbwracks pferchen und dann schon in den libyschen Küstengewässern Schiffbruch melden, um die in der Nähe patrouillierenden Schiffe der italienischen Kriegsmarine zu Rettung und Übernahme der Flüchtlinge zu nötigen; 2. würde »Mare Nostrum« nur die Zuwanderung von Flüchtlingen verstärken und außerdem 3. zu noch mehr Opfern auf See führen.

Das erste Argument[154] war in der Sache nicht abwegig, aber polemisch; die beiden anderen Argumente erwiesen sich als falsch, denn: Nach dem Ende von »Mare Nostrum« erreichten in den ersten beiden Monaten des Jahres 2015 sogar noch mehr Zuwanderer Italien als im Vergleichszeitraum des Vorjahres. Und in den ersten Monaten des Jahres 2015, als die staatliche Seenotrettung nur noch bei den Booten der Küstenwache lag, sind im Mittelmeer mehr Flüchtende umgekommen als in diesem Zeitraum jemals zuvor. Eine zumindest indirekte Mitschuld der deutschen Seite an diesem – nicht intendierten, aber absehbaren – Fiasko war unbestreitbar. De Maizière geriet erneut unter Druck. Eine Entschuldigung des Bundesinnenministeriums oder seiner Ressortleitung für die Fehleinschätzungen, populistischen Denunziationen und deren Folgen aber gab es abermals nicht. Im Blick von außen schienen das BMI und seine Leitung, wie früher schon oft, erneut in der Nähe der berühmten drei Affen zu operieren: »Nichts (Böses) sehen, hören, wissen«.

»Wir alle versagen«, bekannte hingegen EU-Kommissar Günther Oettinger im April 2015 aufrichtig vor dem Hintergrund grauenhafter Schiffstragödien mit Hunderten von Opfern. Oppositionspolitiker forderten eine Neuauflage der Seenotrettungsmission »Mare Nostrum«, was, wieder einmal, zu einer Blamage für den zunehmend auf verlorenem Posten argumentierenden Bundesinnenminister geworden wäre. Unter zunehmendem Druck gestand de Maizière den folgenschweren Irrtum seines Hauses zwar nicht ein, durchbrach aber den sich abermals um ihn schließenden Ring der Kritik mit einer aufsehenerregenden Flucht nach vorn: Er ließ seinen Sprecher erklären, der Bundesinnenminister sehe in der Seenotrettung zwar kein Allheilmittel; wenn eine Neuauflage von »Mare Nostrum« aber Teil eines Maßnahmenpaketes wäre, »dann würde sich das Bundesinnenministerium dem nicht verschließen«.

Mehr noch: De Maizière forderte zum allgemeinen Erstaunen plötzlich ein, was er kurz zuvor noch abgewiesen und in Gestalt von »Mare Nostrum« selber torpediert hatte: »Seenotrettung ist das Erste, Wichtigste und Dringlichste, was unverzüglich beginnen muss.« Der Bundesinnenminister brachte nun von sich aus sogar eine Quotenregelung für die Aufnahme von Flüchtlingen in den EU-Ländern ins Gespräch, die vordem von deutscher Seite und damit vor allem vom Bundesinnenministerium – als Alternative zum de facto gescheiterten, aber nach wie vor von Deutschland de jure unbeirrbar verteidigten Dublin-Reglement – strikt abgewiesen worden war.[155]
[…]

Verspätete Lernprozesse und falsche Asylheroik
Wollte man der denunziativen Verbindung von Wirtschafts- und Fluchtwanderung zur semantischen Missgeburt des »Wirtschaftsflüchtlings« den Boden entziehen, dann würde dies zweifelsohne am ehesten dann gelingen, wenn Flucht- und Wirtschaftswanderungen stärker unterscheidbar würden. Das aber setzt zweierlei voraus: jenseits von Flucht und Asyl mehr reguläre Zuwanderungswege nach Europa und leichter verfügbare, vertrauenswürdige Informationen darüber im Vorfeld von Wanderungs- bzw.

---

pazitäten, in: Deutscher Bundestag, 18. Wahlperiode, Drucksache 18/5572, 18.7.2015.
[154] Dieses Argument wird auch von dem früheren Bundesinnenminister Otto Schily heute vertreten, der unlängst in einem Interview erklärte, er sei dafür, »dass wir die Menschen aus Seenot retten. Aber wir spielen den Menschenhändlern natürlich in die Hände«, in: »Die Angst sucht sich ein Objekt«. Otto Schily im Gespräch mit Carolin Emcke, in: taz.die tageszeitung, 19.6.2015; Kapitän Dr. Klaus Vogel (»SOS MEDITERRANEE – Europäische Gesellschaft zur Rettung Schiffbrüchiger«) hat mich darauf hingewiesen, dass die meisten Beförderungsmittel der »Schlepper« so seeuntüchtig gebaut oder ausgerüstet sind, dass im Prinzip schon mit ihrem Start der Seenotfall eintritt.

[155] Hilfe für Flüchtlinge. Wie de Maizière vom Bremser zum Retter wurde, in: MiGAZIN, 21.4.2015; T. Ludwig, EU-Quote für Flüchtlinge rückt näher, in: Handelsblatt, 30.4.2015; EU-Kommission will Quotensystem zur Verteilung von Flüchtlingen, in: MiGAZIN, 4.5.2015.

Fluchtentscheidungen. Dafür wäre die Einrichtung von einigen »Transitzentren« zweifelsohne zu wenig, es sei denn, man dächte an Beauftragte wie die (seinerzeit allerdings kommerziellen) »Auswanderungsagenturen«, die zur Zeit der deutschen überseeischen Massenauswanderung in jeder größeren deutschen Gemeinde ihre Niederlassungen hatten.

Ein Schritt voran wäre es, wie im Frühjahr 2015 aus Berliner Regierungskreisen zu hören war, neben den weiter zu führenden Asylverfahren »möglichen Wirtschaftsflüchtlingen über ein neu zu schaffendes legales Einwanderungsrecht die Möglichkeit zu geben, sich für einen Aufenthalt in der EU zu bewerben.« Das ist keine neue Idee. Die von den verschiedensten Seiten immer wieder ins Gespräch gebrachte verstärkte Öffnung legaler Zuwanderungswege war vielmehr vom Bundesinnenministerium lange beharrlich als angebliches Lockmittel für »Wirtschaftsflüchtlinge« abgewiesen worden: vom Punktesystem für Zuwanderer/Einwanderer über ein neues Einwanderungsgesetz und die freie Wahl des Ziellandes für Asylsuchende bei hinreichend verfügbaren Kapazitäten, bis zum von Bundesinnenminister de Maizière nach wie vor vehement abgelehnten nachträglichen Statuswechsel zwischen Asylgesuch und Antrag auf Zulassung als Arbeitswanderer/Einwanderer im aufgeklärten Eigeninteresse des Ziellandes. Vielleicht hatte es hier einen späten, bislang jedenfalls folgenlosen Meinungswandel gegeben. »Ohne ein solches neues Einwanderungsrecht hätten sogenannte Willkommenszentren keinerlei Glaubwürdigkeit«, erläuterte nun treffend ein hoher Regierungsbeamter. »Und ohne Glaubwürdigkeit wird es nie gelingen, die Menschen vom gefährlichen Weg über das Meer abzuhalten«.[156]

Der verschlungene Weg zu einem zögerlichen Lernprozess in Berlin wäre im Ergebnis erfreulich. Offen bleibt die Frage, ob und inwieweit sich eine solche pragmatische Offenheit auch auf europäischer Ebene umsetzen lässt, im Gegensatz zu den in der EU erfolgssicheren Abwehrkomponenten – getreu dem bissigen Wort von Heribert Prantl: »Die Abwehr von Flüchtlingen ist heute der einzig funktionierende Teil der EU-Flüchtlingspolitik«.[157] Sicher ist nur dies: Durch die umständebedingte partielle Wendung des Bundesinnenministeriums vom Saulus zum Semi-Paulus der Flüchtlingspolitik[158] gibt es in der europäischen Asyl- und Flüchtlingspolitik jedenfalls einen

Bremser weniger, der sich selbst in Sachen Asyl gern als Hauptlastenträger und von anderen behinderter Motor der Entwicklung darzustellen pflegte:

Das BMI verbreitete allenthalben die heroische Klage, Deutschland trage in Europa die mit weitem Abstand stärkste Belastung durch Asylbewerber. Das ist nicht falsch, bestärkte aber in dieser einfachen Setzung mit den üblichen Ländervergleichen in absoluten Zahlen in der weiteren Öffentlichkeit die Skepsis gegenüber Asylsuchenden und gegenüber der EU in Asylfragen. In der Sache war diese heroische Klage ebenso problematisch wie weiland Schilys Schreckensbotschaft von der angeblich überschrittenen »Grenze der Belastbarkeit« Deutschlands durch Zuwanderung ohne Berücksichtigung der zeitgleichen, ebenfalls sehr starken Abwanderung, denn:

Es kann zwar kein Zweifel daran bestehen, dass Deutschland, trotz aller Kritik von humanitärer Warte aus, über ein rechtlich transparentes, behördlich belastbares und trotz aller Härten bei den aufenthaltsbeendenden Maßnahmen (Abschiebungen) im europäischen Vergleich geradezu menschenfreundlich wirkendes Asylsystem verfügt, von Ausnahmen wie zum Beispiel Schweden einmal abgesehen. Das sollte aber kein Anlass sein für Selbstverherrlichung unter Hinweis auf die Asylstatistik als internationales Leistungsbarometer.

Im letzten Vierteljahrhundert wurden in Deutschland insgesamt 2,6 Millionen Asylanträge (Erst- und Folgeanträge) gestellt. Den Höchststand in den stark schwankenden Antragszahlen bildete das Jahr 1992 mit 438 000, den Tiefstand das Jahr 2007 mit nur noch 28 000 Anträgen. Deshalb wurde der Personalbestand an Asylentscheidern im Bundesamt für Migration und Flüchtlinge (BAMF) stark reduziert. Das war, wie sich bald zeigen sollte, eine kurzsichtige Fehlentscheidung mit verhängnisvollen Folgen, weil die immer wieder erlebten, von wechselnden Krisensituationen in den Ausgangsräumen abhängigen, starken Schwankungen in der Zuwanderung von Flüchtenden und Asyl übersehen wurden. Ab 2008 stiegen die Zahlen der Asylsuchenden kontinuierlich wieder stark und schließlich scharf an auf 202 834 im Jahr 2014.

Das Kanzleramt und das hier zuständige Bundesministerium des Innern registrierten, trotz aller Warnungen von Wissenschaftlern und Praktikern der Asylverwaltung, viel zu spät die historische Dimension der aufsteigenden »Flüchtlingskrise« in Europa und Deutschland, die bald zu einer Krise der Kanzlerschaft von Angela Merkel geraten sollte. Während Kommunen schon im Februar 2015 vergeblich um Hilfe riefen und sich das Transitland Serbien auf größere Fluchtbewegungen vorbereitete, regte sich in Berlin gar nichts. Das Bundesministerium des Innern glaubte sogar dem ihm unterstellten Bundesamt für Migration und Flüchtlinge die von Präsident Manfred

---

[156] De Maizière schlägt Transitzentren vor, in: Süddeutsche Zeitung, 13.11.2014; Rede des Bundesinnenministers anlässlich der Migrationskonferenz 2015, Berlin 14.4.2015.
[157] H. Prantl, Im Namen der Menschlichkeit. Rettet die Flüchtlinge, Berlin 2015, S. 15.
[158] Vgl. hierzu: S. Braun / R. Preuß, »Deutschland kann nicht alle Mühseligen und Beladenen auf der Welt aufnehmen«. Innenminister Thomas de Maizière verteidigt seine harte Haltung gegenüber Armutsflüchtlingen, in: Süddeutsche Zeitung, 12.9.2014; Vom Bremser zum Retter. Innenminister de Maizières Meinungswandel in Zitaten, in: Süddeutsche Zeitung, 21.4.2015.

Schmidt dringend erbetenen neuen Stellen für Asylentscheider verweigern zu sollen.[159]

Dann kam, viel zu spät, die zunächst noch immer verzagte Kurskorrektur: Die Zahl der Asylsuchenden könnte, so das BAMF schon in frühen Schätzungen und schließlich auch Bundesinnenminister de Maizière am 7. Mai 2015 in Berlin, im Jahr 2015 auf mehr als das Doppelte des Vorjahres, ca. 450 000 steigen, nachdem allein in den ersten vier Monaten bereits 114 000 Personen Asylanträge gestellt hatten. Aber wegen der verstärkt fluchttreibenden Krisenherde (besonders Syrien, Nordirak, Afghanistan), weil Griechenland und Italien die Geflüchteten zunehmend »durchwinkten« und weil die Türkei den Transit bzw. die Weiterwanderung von Geflüchteten aus Syrien nicht behinderte, stiegen die Zahlen rapide weiter an:

Am 19. August 2015 erhöhte das BMI seine Zahlenperspektive nochmals auf fast das Doppelte, auf das Niveau von bis zu 800 000 für 2015, das allerdings schon Ende Oktober wieder fast erreicht war, woraufhin das BMI weitere Zuwanderungskalkulationen verweigerte. Der Andrang aber lief sogar verstärkt weiter und überstieg Ende November bereits die Grenze von 1 Million. Deshalb wirkte die von Bundeswirtschaftsminister und Vizekanzler Gabriel ins Gespräch gebrachte, zunächst eine Mischung von Amüsement, ungläubigem Staunen und Erschrecken auslösende Zahl von 1–1,5 Millionen Geflüchteten und Asylsuchenden nicht mehr unrealistisch, zumal BAMF und BMI noch im Herbst 2015 von einer zwar abnehmenden, aber möglicherweise noch immer nach Hunderttausenden zählenden Gruppe von nicht registrierten Geflüchteten mit irregulärem Inlandsaufenthalt ausgingen.

Dabei beleuchtet der geläufige Hinweis auf durch Personalzuwachs und Effektivierung der Arbeitsabläufe im BAMF langsam sinkende Bearbeitungszeiten bei den Asylanträgen mit einer Steigerung von 1 000 auf zuletzt 1 600 Entscheidungen pro Tag nur die Vorderseite der Medaille. Auf der Rückseite stehen die meist nicht diskutierten Wartezeiten für den Bearbeitungsbeginn: Nach wie vor dauert es durchschnittlich fünf Monate, bevor registrierte Geflüchtete überhaupt ihren ersten Termin bei der Asylbehörde erhalten. Aus im Schnitt derzeit 5,2 (2014 noch 7,1) Monaten Bearbeitungszeit im BAMF werden so für die Antragsteller de facto insgesamt bis zu zehn Monaten Wartezeit allein bis zum Erstentscheid. Das ist, milde ausgedrückt, ein Skandal zulasten der Geflüchteten und der Kommunen, die den Platz für die Wartenden vorhalten müssen; ganz abgesehen davon, dass dies für angeblich chancenreiche Asylbewerber das Gegenteil einer Förderung von »zügiger Integration« und für vermeintlich chancenlose das Gegenteil von »Rückkehrförderung« oder »zügiger Rückführung« ist.

Im November 2015 ging nichts mehr: Bei insgesamt 328 000 unerledigten Asylanträgen und rund 400 000 amtlich erfassten Geflüchteten, die noch gar keine Asylanträge gestellt haben, entschied das BAMF notgedrungen, »derzeit keine neuen Termine für die Stellung eines Asylantrags und Flüchtlinge auszugeben.«[160] [...]

Viele europäische Staaten aber kommen ihrer Pflicht, Asylsuchende aufzunehmen, nicht annähernd nach oder behandeln sie auf unerträgliche Weise wie zum Beispiel Ungarn, Bulgarien oder Griechenland.[161] Hinzu kommen gravierende Unterschiede in der Schutzgewährung, was zu einer Art europäischer »Schutzlotterie« geführt hat.[162] [...]

Und hierher gehört auch das meistgescholtene Italien, das schließlich zeitweise dunkel mit einem »Plan B« drohte, der mit einem noch verstärkten ungeprüften Durchlassen von Geflüchteten gleichbedeutend sein könnte. Das würde möglicherweise das Dublin-System von innen aufsprengen und unter Umständen sogar die Freizügigkeit innerhalb Europas gefährden, wenn nämlich andere Staaten im Gegenzug ihre Grenzen zu Italien wieder kontrollieren würden, wie im Falle Frankreichs schon geschehen. Das wäre gesamteuropäisch unvertretbar, aber aus italienischer Sicht nicht unverständlich:

Das Schengen-Land hat mit seiner zu 90 Prozent selbst finanzierten Operation »Mare Nostrum« unvergleichbar viel für die Rettung von Geflüchteten ausgegeben. Es wurde dann mit diesen geretteten bzw. geborgenen Geflüchteten als Erstzugangsland im Sinne von Dublin allein gelassen. Seine Hilferufe und Appelle an europäische Solidarität wurden, wie erwähnt, gerade aus Deutschland und hier besonders aus dem BMI und auch von Bundesinnenminister de

---

[159] M. Amann u.a., An der Grenze: Wie nie zuvor in ihrer Amtszeit ist Angela Merkels Kanzlerschaft bedroht. Der Flüchtlingsstrom hält an, in: Der Spiegel, 2.11.2015, S. 16–25, hier S. 24.

[160] A. Meier / U. Scheffer, Anspruch und Wirklichkeit der Flüchtlingspolitik, in: Der Tagesspiegel online, 23.11.2015; J. Bielicki, Mehr als eine Million Flüchtlinge bis Jahresende, in: Süddeutsche Zeitung, 27.11.2015, Hunderttausende Flüchtlinge ohne Asylantrag, in: Frankfurter Allgemeine Zeitung, 27.11.2015; M. Stempfle, Dublin-Verfahren bringt wenig: Es dauert im Durchschnitt etwas mehr als fünf Monate, bis ein Asylantrag bearbeitet wird, in: tagesschau.de, 27.11.2015.

[161] Vgl. z.B.: B. Mesovic, Kalte Herberge Ungarn. Die Orbán-Regierung plant die Verschärfung ihrer flüchtlingsfeindlichen Maßnahmen, in: Pro Asyl (Hg.), Refugees Welcome. Tag des Flüchtlings 2015, Frankfurt a.M. 2015, S. 16; J. Kopp, Barbarisches Asyl. Flüchtlingsschutz gibt es in Bulgarien nur auf dem Papier, in: ebd., S. 18f.; N. Mappes-Niediek, Busse voller scheuer Menschen mit abgelaufenen Schuhen. Täglich greifen bulgarische Grenzer Menschen auf, die auf der Flucht in Richtung EU sind. Wer es hinüber schafft, den erwarten erniedrigende Zustände, in: Frankfurter Rundschau, 29.5.2015; J. Schreijäg, Wo Asyl der Abschreckung dient, in: Zeit online, 27.7.2015; C. Jakob, Luft raus, Motor weg. Flüchtlinge beklagen Übergriffe der griechischen Küstenwache, in: taz.die tageszeitung, 7.8.2015; Überblick: M. Richter, Fluchtpunkt Europa. Unsere humanitäre Verantwortung, Hamburg 2015, S. 123–155.

[162] A. Maisch, In den Untiefen der europäischen Schutzlotterie, in: Die Welt, 22.9.2015.

Maizière persönlich mit schulmeisterlichen Ordnungsrufen und sogar mit einer wenig diplomatischen öffentlichen Abkanzelung des italienischen Innenministers beantwortet.¹⁶³

Die italienische Seite musste sich obendrein wiederholt sagen lassen, dass Italien nicht nur aus Lampedusa bestehe und insgesamt deutlich mehr Flüchtlinge aufnehmen könne. Aber die deutsche Seite muss auch den Hinweis aushalten, dass man nicht strikte Regeltreue einfordern sollte, wenn man es selber an der gebotenen Solidarität fehlen lässt.

11.2.6 Bruchstart – die europäische Migrationsagenda,
ebenda, hier S. 79–105 (Auszug).

Im Hintergrund der zur sogenannten »Flüchtlingskrise« anschwellenden »Massenflucht nach Deutschland« standen Ende August und Anfang September 2015 zwei Signale aus Deutschland, die weltweit Aufsehen erregten und in Flüchtlings-, vor allem aber in »Schlepperkreisen« als offene Einladung nach Deutschland (miss)verstanden wurden:

Auf einem Treffen von BMI, BAMF und den Innenministern der Länder Ende August 2015 einigte man sich darauf, die Geflüchtete, die in großer Zahl in Ungarn ankamen, dort Züge stürmten, die dann zuerst wieder gestoppt wurden, und sich dann in langen Kolonnen zu Fuß, auf Straßen oder sogar auf befahrenen Schienentrassen auf den Weg nach Westen machten, aus Deutschland nicht nach Ungarn zurückzuschicken. Am 25. August bestätigte das BAMF auf Twitter: »Dublin-Verfahren syrischer Staatsangehöriger werden zum gegenwärtigen Zeitpunkt von uns weitestgehend faktisch nicht mehr verfolgt.« Der Tweet lief weltweit, auch über die Smartphones von »Schleppern« und von Flüchtenden bzw. Geflüchteten in Ausgangsräumen, Zwischenstationen der Flucht und in Flüchtlingslagern. Weder Kanzlerin Merkel noch ihr Kanzleramtsminister Peter Altmaier wussten davon. »Im Klartext«, interpretierte ein Medienkommentar: »Syrische Flüchtlinge, die es bis nach Deutschland geschafft haben, dürfen bleiben!«.¹⁶⁴

Ungarns für die EU zuständiger Staatssekretär Gergely Pröhle erklärte, diese Nachricht hätten viele Flüchtlinge »wörtlich genommen« und auch die ungarische Polizei habe das »so verstanden, dass die Flüchtlinge freien Zugang zu den Zügen haben dürfen«, was dann wohl ein folgenreiches »Missverständnis« wie beim Fall der Berliner Mauer gewesen sei. Der österreichische Bundeskanzler Werner Faymann wiederum nannte zwar Ungarns Entscheidung, die Registrierung der Geflüchteten zeitweise auszusetzen, »unverantwortlich«; ein Sprecher des Wiener Innenministeriums aber erklärte lakonisch, den aus Ungarn auf dem Schienenweg kommenden und nach Deutschland abgeleiteten »enormen Reisedruck« hätten die österreichischen Einsatzkräfte schlichtweg »nicht stoppen können«. Während also Ungarn und Österreich Züge einsetzten, um die chaotischen und gefährlichen Fluchtbewegungen von Autobahnen und Schienentrassen weg in »geordnete Bahnen« – nach Deutschland – zu leiten, entschied das Kanzleramt, trotz Bedenken des BMI, diese Züge nicht zurückzuweisen, was auch konkret kaum möglich gewesen wäre.¹⁶⁵

Das zweite Signal aus Deutschland war die rasch weltweit als historisches Wort zitierte Botschaft der Bundeskanzlerin, die auf ihrer Sommerpressekonferenz am 31. August 2015 und seither wiederholt erklärte: »Wir schaffen das!« Was klang wie Obamas »Yes we can!« war kein Signal für einen programmatischen und umfassenden deutschen Kurswechsel in der Flüchtlingspolitik, sondern zunächst eher situativ bzw. logistisch-verfahrens-technisch gemeint. Was aber vor dem Hintergrund einer sich anbahnenden humanitären Katastrophe historisch mutig, richtig und wichtig war, geriet bald in die Dynamik einer politischen Paralleldebatte, in deren Rollenspielen es weniger darum zu gehen schien, was migrations- und asylpolitisch, sondern was machtpolitisch richtig und wichtig ist. Darauf wird noch zurück zu kommen sein.

Merkel, die noch im Juli 2015 in einem »Bürgerdialog« einem daraufhin prompt in Tränen ausbrechenden palästinensischen Mädchen gegenüber erklärt hatte, »Wir können nicht alle aufnehmen!« reagierte mit ihren drei Worten, wie der stellvertretende Regierungssprecher erklärte, zwar anfangs in der Tat nur auf eine »akute Notlage«. Sie geriet, gemessen an ihrer bekannten pragmatisch-unemotionalen Problemverarbeitung, aber sogar deutlich in emotionale Rage, als sie auf einer gemeinsamen Pressekonferenz mit Österreichs Kanzler Werner Faymann zur Verteidigung ihrer Linie in der Flüchtlingspolitik austeilte: »Ich muss ganz ehrlich sagen, wenn wir jetzt anfangen, uns noch entschuldigen zu müssen dafür, dass wir in Notsituationen ein freundliches Gesicht zeigen, dann ist das nicht mehr mein

---

¹⁶³ M. Gebauer u.a., Angekündigte Katastrophe, in: Der Spiegel, 2015, Nr. 18, S. 18–23, hier S. 21; Richter, Fluchtpunkt Europa (s. Anm. 160), S. 106–113; vgl. jetzt: B. Kasparek, Was war Mare Nostrum? Dokumentation einer Debatte um die italienische Marineoperation, in: movements. Journal für kritische Migrations- und Grenzregimeforschung, 1.2015, http:// movementsjournal.org/issues/01.grenzregime/11.kasparek-mare-nostrum-debatte.html).

¹⁶⁴ H. Bubrowski, Dubliner Theorie und Praxis, in: Frankfurter Allgemeine Zeitung, 4.9.2015; M. Staudinger / R. Treichler, Warum Angela Merkel Europa vor einer Katastrophe bewahrt hat, in: PROFIL.at, 26.9.2015.

¹⁶⁵ J Bielicki, An der Grenze der Solidarität: Wieso kommen so viele Flüchtlinge in Zügen nach Deutschland? Ungarn und Österreich machen die Kanzlerin dafür verantwortlich. Merkel wehrt sich, in: Süddeutsche Zeitung, 2.9.2015; Merkel: keine Mitverantwortung Deutschlands für Flüchtlingszustrom, in: Frankfurter Allgemeine Zeitung, 2.9.2015.

Land!«¹⁶⁶ Es schwangen aber durchaus auch grundsätzliche Gedanken bei Merkel mit; denn sie sagte – in Anlehnung an ihre frühere Bemerkung »Scheitert der Euro, dann scheitert Europa« – auch: »Versagt Europa in der Flüchtlingsfrage, geht diese enge Bindung mit den universellen Bürgerrechten kaputt« und das Ergebnis würde dann »nicht das Europa sein, dass wir uns vorstellen«.¹⁶⁷

Merkels Worte wurden aber weithin als menschenfreundlicher oder sogar naiver programmatischer Kurswechsel interpretiert oder auch gezielt so missverstanden, selbst bei europäischen »Partnern«, von denen sich manche in nachgerade hämischen und vorwiegend auf Selbstschutz in der nun angeblich von Deutschland heraufbeschworenen »Flüchtlingskrise« hin angelegten Kommentaren ergingen. Der Eindruck verdichtete sich, dass nicht wenige Regierungen von EU-Mitgliedsländern, die Deutschland nach wie vor seine Führungsrolle in der »Grexit«-Krise verübelten, nicht unglücklich darüber waren, die stille Zentralmacht Europas nunmehr aufs Neue in einer europäischen Führungsrolle, diesmal aber auf eigene Kosten bzw. zum eigenen Schaden, sozusagen auf dem Rost, zu sehen, wie sogar die »International New York Times« schon am Anfang September 2015 titelte: »Leadership in E.U. Crisis again falls to Germany«.¹⁶⁸

Das Ergebnis war eine national und international turbulente Debatte. Da gab es den bekannten österreichischen Sozialgeographen, Vizepräsidenten der Universität zu Wien und Chef des Expertenrats für Integration beim österreichischen Bundesministerium für Europa, Integration und Äußeres, Heinz Fassmann, der auch Mitglied des Berliner Sachverständigenrates deutscher Stiftungen für Integration und Migration ist. Er gab auf Journalistenanfrage nur den knappen diplomatischen Hinweis, Deutschland habe mit seinen missverstehbaren Botschaften offenbar »eine Dynamik eingeleitet, die nicht vorteilhaft war«.¹⁶⁹

Ganz anders klangen der Vorwurf des ungarischen Ministerpräsidenten Viktor Orban an die Adresse Deutschlands, Menschen im Nahen Osten zur Flucht zu ermuntern und Henryk M. Broders Unterstellung, die Kanzlerin sei von ihrer Vergangenheit in der DDR eingeholt worden, in der bei anfallenden Propagandaaktionen der Kampfruf »Das schaffen wir!« geläufig gewesen sei. Einen Gipfel bildete die aggressive Polemik des konservativen britischen Politologen Anthony Glees, die Deutschen hätten offenbar »ihr Gehirn verloren« in einem nur noch von Emotionen geleiteten »Hippie-Staat«.¹⁷⁰

Gegenteilige Bewertungen kamen zu dem Ergebnis, dass »Angela Merkel Europa vor einer Katastrophe bewahrt« habe, unter ihnen auch die Position des in der »Grexit«-Krise noch als vehementer Merkel-Kritiker hervorgetretenen Philosophen und Soziologen Jürgen Habermas. Er wirkte nun nachgerade »begeistert« von Merkels Haltung gegenüber der »bedrängenden Unaufhaltsamkeit des Stroms elender, das größere Elend unter hohem Risiko fliehenden Menschen« und zeigte sich tief beeindruckt von den Flüchtenden, die die polizeilich abgeriegelten Grenzen von Mazedonien, Serbien und Rumänien nicht mit Waffen, »sondern mit dem bloßen Aufprall ihrer erschöpften und hilfsbedürftigen Existenzen, durch ihren Hunger, ihren Durst und ihre Krankheit« überwunden hätten. Am Umgang mit diesen Flüchtenden müsse sich zeigen, wie zivilisiert Europa sei.¹⁷¹

Merkels Signal für pragmatische Offenheit und humanitäre Hilfestellung ermutigte die Bewegung der ehrenamtlichen Helfer, ohne deren Engagement das zunehmend überlastete Asylsystem, die kommunale und vielleicht sogar die staatliche Ordnung an den Rand des Zusammenbruchs geraten wären. »Ohne die Ehrenamtlichen wäre der Staat kollabiert«, meldete eine kritische Bestandsaufnahme.¹⁷² Die Kanzlerin selbst wiederum war, wie erwähnt, bei ihrer Botschaft »Wir schaffen das« am 31. August 2105 auch sichtlich beeindruckt oder sogar mit motiviert durch die Bewegung der ehrenamtlichen Flüchtlingshelfer. Deren Engagement könne die Deutschen »ein Stück weit auch stolz machen auf unser Land«, erklärte sie. »Die Welt sieht Deutschland als ein Land der Hoffnung und der Chancen, und das war nun wirklich nicht immer so.«¹⁷³

Die Medien antworteten, auch weit über die deutschen Grenzen hinaus, mit der Einschätzung, Merkels Worte und ihre Standfestigkeit gegenüber

---

¹⁶⁶ Kanzlerin wird emotional – Merkel: »Dann ist das nicht mehr mein Land«, in: n-tv.de, 15.9.2015.
¹⁶⁷ G. Bannas, Große Herausforderung – kleine Lösungen: »Wir schaffen das«, sagt Merkel mit Blick auf die Flüchtlingskrise, in: Frankfurter Allgemeine Zeitung, 1.9.2015.
¹⁶⁸ Bielicki, An der Grenze der Solidarität (s. Anm. 165); R. Schönball u.a., »Wir schaffen das« – Wie schaffen wir das?, in: tagesspiegel.de, 17.9.2015; International New York Times, 12.9.2015.
¹⁶⁹ Interview Heinz Fassmann, WDR 5, Politikum, 9.9.2015 (http://www.ardmediathek.de/radio/WDR-5-Politikum/Politikum-vom-09-09-2015/WDR-5/Audio-Podcast?documentId=30494452&bcastId=19340232)

¹⁷⁰ H. M. Broder, Die späte Rache der DDR an Angela Merkel, in: Die Welt, 27.10.2015; C. Meyer, Flüchtlingskrise: das denkt Großbritannien über Deutschland, in: http://web.de/magazine/politik/fluechtlingskrise-in-europa/fluechtlingskrise-denkt-grossbritannien-deutschland-30904098.
¹⁷¹ Staudinger / Treichler, Warum Angela Merkel Europa vor einer Katastrophe bewahrt hat (s. Anm. 164); J. Habermas, Warum Merkels Griechenland-Politik ein Fehler ist, in: sz.de, 22.6.2015; C. Schröder, Jürgen Habermas über Flüchtlinge, in: Der Tagesspiegel.de, 30.10.2015; »Dann sind wir verloren, dann ist Europa kaputt«. Von der Bundeskanzlerin ist Habermas plötzlich sehr begeistert, Interview (Moritz Koch) mit Jürgen Habermas, in: Handelsblatt, 30.9.2015.
¹⁷² T. Hildebrandt / B. Ulrich, Im Auge des Orkans: Massenflucht nach Deutschland, in: Die Zeit, 20.9.2015; A. Kaiser, »Yo, wir schaffen das!«, in: FAZ.net, 12.10.2015.
¹⁷³ S. Braun / C. Kahlweit, »Deutschland ist ein Land der Hoffnung«, in: Süddeutsche Zeitung, 1.9.2015; Meyer, Flüchtlingskrise (s. Anm. 170); Staudinger/Treichler (s. Anm. 164).

Kritik daran hätten »Deutschland ein freundliches Gesicht gegeben«. Das galt auch für die – einerseits noch wegen der Dominanz Deutschlands in der »Grexit«-Krise, andererseits wegen der aktuell steigenden fremden- und insbesondere flüchtlingsfeindlichen Aktivitäten in seinen Grenzen – noch kurz zuvor in Blättern wie der »New York Times« oder der »Financial Times« umlaufenden Nachrichten über die Wiederkehr des »hässlichen Deutschen« (»Die deutsche Frage ist zurück«).[174]

In Deutschland selbst schwenkten, auch vor dem Hintergrund erwartbar steigender Bundeszuschüsse, die unter der Zuwanderungslast ächzenden Kommunen und ihre Vertreter zum Teil von Mayday-Signalen zögernd um auf eher beruhigende Botschaften. Der frühere Städtetagspräsident und Nürnberger Oberbürgermeister Ulrich Maly (SPD) erklärte sogar: »Die Kommunen schaffen das!«[175] Auch der Kultursoziologe und Hauptgeschäftsführer des Deutschen Städtetages Stephan Articus (CDU) hielt die in den Kommunen anstehenden Belastungen, bei zureichender Förderung aus Bundes- und Ländermitteln, für durchaus tragbar und grenzte sich damit von dem Bundesinnenminister de Maizière zugeschriebenen Menetekel vom drohenden »Kollaps« der Systeme in Deutschland ab.[176] Damit konkurrierte freilich die anhaltende Sorge anderer kommunaler Verbandsvertreter, alles könne, wie der aus Niederbayern stammende Gemeindetagspräsident Uwe Brandl (CSU) gleich mehrfach in Interviews warnte, doch noch »ein schlimmes Ende nehmen«.[177]

Das erfolglose Gezerre um die Verteilung einer sehr überschaubaren Zahl von Geflüchteten in ganz Europa zur Entlastung von Italien und Griechenland zeigte: In vielen Mitgliedstaaten gilt nicht Solidarität gegenüber der Europäischen Union und einzelnen unter Druck geratenen Mitgliedern, sondern das Sankt Florianprinzip. Das sei ein »politisches Armutszeugnis« kritisierte Jens Schneider, Leiter des Forschungsbereichs beim SVR: »In manchen Ländern herrscht offenbar ein mangelndes Verständnis von Solidarität; denn derzeit stark von Flüchtlingszuwanderung betroffene Länder wie Griechenland oder Italien werden so mit ihren Problemen allein gelassen. Auch scheint vielen nicht klar zu sein, dass gemeinsame europäische Politik eben auch eine gemeinsame Flüchtlingspolitik zwangsläufig mit einschließt: Wir haben seit einigen Jahren ein ›gemeinsames europäisches Asylsystem‹ – aber eben nur auf dem Papier.«[178] […]

Aussichtsreicher als die auf Zusammenarbeit und Zusammenhalt in der »Flüchtlingskrise« zielenden Vorschläge waren, wie oft in der EU-Diplomatie, die Abwehrkomponenten der europäischen Migrationsagenda:

Durchaus im Sinne des Vorschlages von Bundesinnenminister de Maizière zur Einrichtung von »Transitzentren« weit vor den Grenzen der »Festung Europa« plant die EU-Kommission im nigerianischen Agadez als Pilotprojekt ein Auffang- und Informationszentrum für Flüchtende, in dem es um Informationsdienste, aber auch um Selektionsfunktionen gegenüber Asylsuchenden und Wirtschaftswanderern gehen soll. Das Zentrum soll mit dem UNHCR und insbesondere mit der Internationalen Organisation für Migration (IOM) zusammenarbeiten, die in Agadez und drei anderen nigerianischen Städten schon Servicezentren betreibt, die vor allem als Anlaufstellen für gestrandete Flüchtlinge dienen, die aus den nördlichen Nachbarstaaten Algerien und Libyen zurückgewandert sind (Januar bis Juli 2015 insgesamt 5 800 Fälle). In dem neuen multifunktionalen EU-Transitzentrum sollen EU-Delegierte die Migranten befragen: »Wenn ihre Fluchtgründe einen Anspruch auf Asyl nahelegen, soll ihnen eine sichere Weiterreise in die EU ermöglicht werden. Wer aus überwiegend wirtschaftlichen Gründen flieht, soll je nach Qualifikation in ein EU-Land vermittelt werden, das Arbeitskräfte sucht.« Wer weder in die eine noch in die andere Kategorie passt, soll »in sein Herkunftsland zurückgeschickt werden«.[179]

Das erscheint in mehrfacher Hinsicht problematisch: Grobe, aber existenziell folgenreiche Vorentscheidungen über Asylwürdigkeit oder -unwürdigkeit ohne zureichende individuelle Prüfung entbehren der Rechtsgrundlage; denn zu einem rechtsstaatlichen Verfahren gehört die Möglichkeit, Behördenentscheidungen anzufechten, was in einem

---

[174] V. Zastrow, Deutschland schafft sich ab, in: faz.net, 6.9.2015; Der hässliche Deutsche und die menschenfreundlichen Südländer, in: MiGAZIN, 29.7.2015.
[175] NRW in höchster Not, in: Focus, 1.8.2015; Roland Englisch, Asyl: »Die Kommunen schaffen das«, in: Nürnberger Nachrichten, 12.8.2015.
[176] »Ein Land mit sehr viel Potenzial«. Städtetag sieht Kapazitäten für Flüchtlinge: Der Geschäftsführer des Städtetages […] warnt vor Panikmache, fordert aber Finanzhilfen, in: n-tv.de, 28.7.2015; Städtetag sieht noch viel Platz für Flüchtlinge. Geschäftsführer Articus fordert mehr Hilfen von Bund, in: Welt online, 28.7.2015; Deutschland kann weiter Flüchtlinge aufnehmen, in: MiGAZIN, 29.7.2015; Herausforderung Flüchtlinge: Kommunen finanziell entlasten, Integration ermöglichen, Pressemitteilung Deutscher Städtetag, 29.10.2015; M. Schäfers, »Humanität ist nicht zum Nulltarif zu haben«, in: faz.net, 29.10.2015.
[177] »Es wird ein schlimmes Ende nehmen«, Interview (Moritz Schwarz) mit dem Vize-Präsidenten des Deutschen Städte- und Gemeindetages Uwe Brandl, in: Junge Freiheit, 20.11.2015; ders., »Wir müssen endlich andere Bilder aussenden«, Interview, in: Bayerische Staatszeitung, 20.11.2015.

[178] Scheitern der EU-Flüchtlingsquote: »Ein politisches Armutszeugnis«. Interview mit Jens Schneider, in: tagesschau.de, 26.6.2015 (https://www.tagesschau.de/ausland/eu-fluechtlingsquote-interview-101.html); C. B. Schiltz, Eine Union von Egoisten, in: Die Welt, 1.9.2015.
[179] M. Gebauer u.a., Angekündigte Katastrophe, in: Der Spiegel, 2015, Nr. 18, S. 18–23, hier S. 23. Erwogen wird in dem Papier zugleich die Möglichkeit, »eine Art Pool an zuwanderungswilligen Arbeitskräften zu errichten, auf das staatliche Stellen sowie Arbeitgeber, angelehnt an das kanadische Modell, Zugriff haben«; L. Wagner, Das neue Migrationskonzept der EU-Kommission, in: MiGAZIN, 13.5.2015.

»Transitzentrum« wohl kaum möglich sein dürfte. Ein »Zurückschicken« dürfte schwierig sein, weil der Rückweg aus einem »Transitzentrum«, auch mit Rückkehrhilfen, quer durch Afrika kaum verordnet, geschweige denn kontrolliert werden kann; es sei denn, es würden regelmäßig kostspielige Flug- und Anschlussverbindungen dafür bezahlt, was bislang nur in Einzelfällen von der IOM übernommen wurde.[180] Hinzu kommt, dass es für Migranten oft keinen Rückweg mit leeren Händen gibt, wenn für ihren Weg mit »Schlepperdiensten« eine Großfamilie oder sogar ein ganzes Dorf in der Hoffnung auf einträgliche Rücküberweisungen zusammengelegt haben.

Aus der sicher größten Gruppe der nicht in die ersten beiden Kategorien passenden Migranten würde sich also zweifelsohne weiterhin die irreguläre Zuwanderung mithilfe von »Schlepperorganisationen« rekrutieren. Gegenüber solchen weder als Asylsuchende akzeptierten noch als Arbeitskräfte erwünschten Migranten aber, die dennoch die »tödlichen Grenzen« der »Festung Europa« erreichen, würde der Begriff »Wirtschaftsflüchtling« dann vollends zum Kampfbegriff werden.[181]

Im Kampf gegen solche unerwünschten Zuwanderungen geht es – im Sinne der Defensivstrategien migrationsorientierter Entwicklungspolitik, die die sicherheitspolitisch orientierte Entwicklungspolitik im Zeitalter des Kalten Krieges abgelöst hatte – um Verträge mit zahlreichen Ausgangsräumen von Migration in Afrika, die durch entsprechende Entwicklungsförderung instandgesetzt werden sollen, potentiellen Auswanderern Alternativen zum Bleiben zu bieten.

Es geht aber auch um derzeit vorbereitete, ebenso unmenschliche wie zynische Rückhalte- und Deportationsbündnisse mit in Wahrheit fluchttreibenden despotischen nord- und ostafrikanischen Küstenregimen. Das gilt zum Beispiel für den wegen blutiger Kriegsverbrechen in Darfur vom Internationalen Strafgerichtshof mit internationalem Haftbefehl gesuchten Präsidenten des Sudan, Omar-al-Bashir. Und es gilt ebenso für Eritreas Präsidenten Isayas Afewerki, dessen Regime die Vereinten Nationen barbarische Menschenrechtsverletzungen in der Dimension von Verbrechen gegen die Menschlichkeit vorhalten, etwa im Blick auf seinen »Nationaldienst« für junge Männer, der als eine Art Wehrdienst firmiert, in Wahrheit aber Zwangsarbeit ohne Zeitgrenze bedeutet – wer sich weigert, wird verhaftet und verschwindet, nicht selten auf immer, weshalb junge Männer in Scharen aus dem Land flüchten.

Solche Abkommen zu der [...] prophylaktischen exterritorialen Vorverlagerung (»Externalisierung«) des Kampfes gegen unerwünschte Zuwanderungen werden – in widerlicher Perversion eines aus der entwicklungsorientierten Migrationspolitik bzw. migrationsorientierten Entwicklungspolitik stammenden Begriffs – neuerdings »Mobilitätspartnerschaft« genannt, was hier nichts anderes als Mobilitätsbegrenzung meint, und so auch zwischen der EU und afrikanischen Staaten verhandelt wird.[182] Das hat die Hilfsorganisation PRO ASYL zu dem scharfen Urteil veranlasst: »Durch zweifelhafte Kooperationen verrät die Bundesregierung die Menschenrechte.« Das gilt besonders für das an indirekten Menschenhandel erinnernde Geschäftsprinzip »more for more«, also mehr Investitionen für mehr Rückhaltung oder Rücknahme von Geflüchteten, wobei diese Investitionen auch Infrastrukturmaßnahmen im Sicherheitsbereich (zum Beispiel Gefängnisse), Grenzbefestigungen und das Training von Sicherheitspersonal einschließen.[183]

Mit ähnlichen Abkommen und eher informellen Vereinbarungen mit westafrikanischen Ausgangs- und Transiträumen von Arbeits- und Fluchtwanderungen hatte Spanien schon 2006 im Rahmen seines »Plan África« begonnen. Bei diesen »Seahorse-Operations« ging es vor allem um zweierlei: Blockiert werden sollte durch spanisch-marokkanische Patrouillen im Hinterland sowie zusätzlich auf See die irreguläre Zuwanderung in die gegenüber Marokko mit immer gewaltigeren Doppelzäunen geschützten nordafrikanischen spanischen Exklaven Ceuta und Melilla. Abgeschnitten werden sollte außerdem die atlantische Route von Westafrika auf die Kanarischen Inseln, auf denen nach amtlichen Angaben 2006 mindestens 31 678 Afrikaner, vorwiegend aus Senegal und Mauretanien, mit täglich oft Dutzenden von zerbrechlichen hölzernen Pirogen die Kanaren erreicht hatten. Über die hohe Zahl derjenigen, die auf dem extrem gefährlichen, zum Teil rund 1 500 km langen und etwa eine Woche dauernden Weg über den offenen Atlantik mit den überladenen und nur bedingt seetüchtigen Holzbooten umgekommen sind, berichtet keine Statistik.

Die »erfolgreiche« spanische Blockade der Atlantikroute durch die weitgehend von der EU finanzierte »Operation Seepferdchen« gelang durch gemeinsame Landpatrouillen in Mauretanien und Senegal, durch

---

[180] J. Stahnke, Fernschmerz, in: Frankfurter Allgemeine Zeitung, 29.5.2015.
[181] Bericht und Zitate nach: L. Wagner, Das neue Migrationskonzept der EU-Kommission, in: MiGAZIN, 13.5.2015; vgl. Maximilian Popp, Tödliche Grenzen. Die Krise der europäischen Flüchtlingspolitik, Spiegel E-Book, kindle edition 2015.
[182] M. Stabenow, EU-Afrika-Gipfel: Knoten der Freundschaft, in: faz.net, 11.11.2015; ders., Ein Gipfel voller Hoffnung und Enttäuschung, in: ebd., 12.11.2015.
[183] G. Burkhardt, Flüchtlingszentren in Nordafrika? Durch zweifelhafte Kooperationen verrät die Bundesregierung die Menschenrechte, in: Pro Asyl (Hg.), Refugees Welcome. Tag des Flüchtlings 2015, Frankfurt a.M. 2015, S. 24f.; vgl. N. Steiner / C. Wiedl, Grenzen dicht: Europas Pakt mit Despoten, in: Monitor, 23.7.2015; I. Guzmán, Finanztopf gegen die Auswanderung Richtung Europa, in: MiGAZIN, 28.7.2015; T. Zick, Im Griff der Angst: Wie das Regime in Eritrea die Leute aus dem Land treibt, in: Süddeutsche Zeitung, 22.8.2015; B. Rühl, Afrikas Fluchthelfer, in: Internationale Politik und Gesellschaft (IPG), 25.8.2015, A. de Waal, Das System Eritrea, in: Le Monde diplomatique (taz.die tageszeitung), November 2015, S. 12f.

die Abfangjagd von an der westafrikanischen Küste stationierten Booten der Guardia Civil, zusätzlich durch Flugzeuge und Hubschrauber. Auf See am wichtigsten war dabei das radar- und satellitengestützte elektronische Überwachungssystem, das die Bewegung von Flüchtlingsbooten trennscharf in Echtzeit sichtbar machte und es ermöglichte, die entsprechenden Abwehrkräfte per Mausklick zum Einsatz zu beordern.[184]

Dass diese Operationen in internationalen Gewässern völkerrechtlich nicht zu vertreten war, wurde dabei billigend in Kauf genommen, die »externalisierte« Grenzverteidigung der »Festung Europa« heiligte die Mittel zum Zweck. Das gleiche galt für den in den »Rücknahmeabkommen« geregelten Rücktransport von »illegalen« Asylsuchenden auf einer Luftbrücke zwischen den Kanaren und Westafrika. Die Abschiebung ohne Prüfung der Asylbegehren war ebenso rechtswidrig wie die Einweisung der auf dem Luftweg abgeschobenen und der in Westafrika an Land abgefangenen Migranten in Internierungslager und Gefängnisse unter Kontrolle westafrikanischer Behörden, die die Einheimischen »Guantanamito« nannten. Sie wurden in ihren brutalen Haftbedingungen nur noch übertroffen durch die mörderischen Migrantenlager im Libyen Gaddafis. Ihre Grundlage waren die 2003 gegen Milliardeninvestitionen geschlossenen italienisch-libyschen Verträge über die »Rücknahme« von durch die italienische Seite dazu erklärten »Illegalen«, die nach unübersehbar langer Haft unter entsetzlichen Bedingungen gelegentlich in Transporter gequetscht und in der Wüste ausgesetzt wurden.[185]

Das Abfangen von Flüchtlingsbooten aus Libyen und ihre Zurückdrängung in »Push-back-Operationen« bzw. die Rückführung ihrer Insassen aus internationalen Gewässern nach Libyen aber war ebenso wie die spanische »Operation Seepferdchen« in vieler Hinsicht ein völker- und seerechtliches Vergehen mit einem klaren Verstoß gegen das Verbot der Genfer Flüchtlingskonvention, Geflüchtete in ein Land zurück zu verweisen, in denen ihnen Gefahr für Leib und Leben droht. Dennoch wurde die italienische Rückführungspraxis nach Libyen vom damaligen Generaldirektor für Inneres der Europäischen Kommission, Stefano Manservisi, 2010 ausdrücklich gerechtfertigt, während der libysche Flüchtlingshändler Gaddafi, der die Genfer Flüchtlingskonvention nicht unterzeichnete hatte, sich für diese komplizhafte Kooperation darauf berief, dass Libyen nun mal eine andere Flüchtlingsdefinition vertrete und mit diesem Argument sogar zeitweise die Arbeit des UNHCR untersagte.[186]

»Die Grenze Europas wurde nach Senegal verlagert«, erklärte der senegalesische Menschenrechtler Badara Ndiaye. Infolge dessen verlagerte sich die Süd-Nordwest-Fluchtroute über Westafrika und den Atlantik vollends auf den Weg durch die Sahara und Libyen, das nach dem Sturz Gaddafis für die Transitwanderung von Flüchtenden wieder offen war.[187]

»Die griffige Formulierung von der Festung Europa ist ihrerseits zum Mythos erstarrt«, kommentierte die Schriftstellerin und Journalistin Charlotte Wiedemann. »Die Metapher hat sich überlebt, sie ist zu harmlos. Europa hat keineswegs defensiv seine Brücken hochgezogen. Was einst Grenzschutz ließ, ist heute territorial entgrenzt; das sogenannte integrierte Grenzmanagement findet weit im Vorfeld Europas statt. Wie Deutschlands Interessen bekanntlich am Hindukusch verteidigt werden, so werden Europas Grenzen am Niger und Kongo geschützt. Die neue Migrationspolitik ist komplex, sie bietet neben polizeilichen-militärischen Maßnahmen ein Instrumentarium für Belohnungen und Bestrafung: Entwicklungsgelder, Entschuldung, Fischereiabkommen, kontingentierte Aufenthaltsgenehmigungen. Aus dem Versuch der Migrationssteuerung entwickelt sich eine neue globale Strukturpolitik, diktiert von den Interessen des Nordens.«[188] [...]

Auf europäischer Ebene wäre das flüchtlingsfeindliche Fiasko, dem die berühmte Mahnung von

---

[184] B. Stahnke, Operation Seepferdchen, in: faz.net, 9.10.2015; G. Heck, Migrationsmanagement und migrantische Strategien am Beispiel Marokkos, in: S. Hess / B. Kasparek (Hg.), Grenzregime – Diskurse, Praktiken, Institutionen in Europa, Göttingen 2010, S. 43–56.
[185] G. de Grande, Guantanamo Libyen. Der neue Gendarm der italienischen Grenzen (2009), in: Afrique-Europe-Interact, abgerufen 29.11.2015 (http://afrique-europe-interact. net/192-0-Del-Grande-Libyen.html); fortresseuropa, Grenze Sahara. Die Inhaftierungslager in der libyschen Wüste (Januar 2009), in: ebd. (http://afrique-europe-interact.net/196-0-lager-libyen.html); vgl. die Presserklärung der Malischen Vereinigung der Abgeschobenen (Association Malienne des Expulsés/AME) zu den Charterabschiebungen von Libyen nach Mali, Bamako, 3.5.2010, in: ebd., abgerufen 29.11.2015 (http://afrique-europe-interact. net/193-0-ame-zu-charterabschiebungen.html).

[186] Generaldirektor für Inneres der EU-Kommission stellt sich hinter Menschenrechtsverletzungen auf hoher See. Pressemitteilung Pro Asyl, 29.7.2010, in: ebd. (http://afrique-europe-interact.net/194-0-pro-asyl-zu-kooperation-2010.html).
[187] All included, Das EU-Grenzregime in Westafrika, in: ebd. (http://afrique-europe-interact.net/177-0-EU-Grenzregime-Mauretanien-Mali.html); vgl. Z. Lamazou, Europa exportiert seine Außengrenze an den Rand der Sahara (Le Monde diplomatique, Nr. 8735, 14.11.2008), in: ebd. (http://afrique-europe-interact.net/195-0-lager-mauretanien.html).
[188] C. Wiedemann, Mythen der Migration, in: Le Monde diplomatique Nr. 8907, 12.6.2009, in: ebd. (http://afrique-europe-interact.net/173-0-Wiedemann-Mythen-Migration.html); vgl. M. Feldenkirchen u.a., Die Weltverbesserer: Angesichts der Flüchtlingsströme richtet die Regierung Sicherheitspolitik und Entwicklungshilfe auf ein Ziel aus: die Fluchtursachen zu bekämpfen. Es ist ein Projekt zwischen Verzweiflung und Größenwahn, in: Der Spiegel, 7.11.2015; grundlegend und weiterführend hierzu die Forschungsarbeiten und aktuellen Diskussionsbeiträge von Kritnet (www.kritnet.org) c/o Institut für Kulturanthropologie/Europäische Ethnologie der Universität Göttingen: Labor für kritische Migrations- und Grenzregimeforschung (Leitung: Prof. Dr. Sabine Hess), hier u.a.: S. Dünnwald, Blick von Bamako auf die europäische Grenze, in: Heimeshoff u.a. (Hg.), Grenzregime II, 2014, S. 58–74.

Hermann von Mangoldt (CDU)[189] bei den Beratungen zum Asylrecht als Teil des Grundgesetzes 1948/49 galt, ebenfalls vollendet, wenn die Schattenseiten der EU-Migrationsagenda Wirklichkeit würden. Das Ergebnis wäre, mit Heiko Kauffmann (PRO ASYL) zu sprechen, »eine humanitäre, politische und moralische Bankrotterklärung und eine Schande für die zivilisierte Welt.«[190] Damit hätte Heribert Prantl recht, wenn er in Anlehnung das berühmte Wort von Papst Franziskus »Diese Wirtschaft tötet«[191] schreibt, »der Tod der Flüchtlinge ist Teil der europäischen Abschreckungsstrategie. Europa schützt sich vor Flüchtlingen mit toten Flüchtlingen. Diese Europäische Union tötet.«[192]

Fazit: Die EU-Migrationsagenda und die deutschen Zubringerdienste dafür waren in weiten Teilen eine programmatische Inszenierung, die die politische Ratlosigkeit kaschieren und die empörte Öffentlichkeit kalmieren sollte. Das Quotensystem wird in der gedachten Form keine Chance haben. Der schäbige Ersatz des großen und von deutscher Seite vielgeschmähten italienischen Rettungsprogramms »Mare Nostrum« durch vergleichsweise kleine und mehr auf Abwehr als auf Rettung angelegte europäische Programme ist eine auf Abschreckung hin ausgelegte menschenfeindliche Groteske, die den Tod von Flüchtenden in Kauf nimmt und auch schon viele Opfer gekostet hat. Der pompös präsentierte, extrem aufwendige Kampf gegen »die Schlepper«, bei dem eher beiläufig, aber medienstark präsentiert, auch Flüchtende aus Seenot gerettet werden, bleibt ein symbolischer Kurieren am Symptom, kann an Land kaum erfolgen und auf See eine zusätzliche Gefährdung der Flüchtenden bedeuten. Diese Bereiche der europäischen Migrationsagenda sind mithin teils mehr oder minder chancenlos, teils kontraproduktiv oder sogar gefährlich.

Als konstruktive Erkenntnis- und Gestaltungschancen aus der Migrationsagenda und im Anschluss daran bleiben: 1. der weitere Ausbau von Beratungsdiensten in den Hauptausgangs- und Durchgangsräumen von Migration und Flucht; 2. die verstärkte Öffnung von legalen Zuwanderungswegen für Geflüchtete und Asylsuchende nach humanitären Kriterien[193] und für Arbeitswanderer und Einwanderer, über deren Zulassung das Interesse die Zielländer entscheidet; 3. ein multinationales Bemühen um eine Begrenzung der Ursachen unfreiwilliger Wanderungen im Rahmen des überhaupt Möglichen; 4. die politische Bereitschaft, zu erkennen, dass mit den weltweit zunehmenden Fluchtwanderungen ein lange vorausgesagtes und ebenso lange unterschätztes Phänomen die Bühne von Weltwirtschaft und Weltgesellschaft erreicht hat, das viele Folgeprobleme verursacht und selber eine Folge von bislang zu wenig diskutierten Ursachen ist.

Nach gehabten Erfahrungen und nach allem, was derzeit erkennbar ist, steht aber befürchten, dass bei der Umsetzung dieser konstruktiven Erkenntnis- und Gestaltungschancen in der »Festung Europa« weiterhin die defensive Axiomatik im Vordergrund stehen wird, nach der es, trotz aller humanitären Deklamationen, primär um die Abwehr von Flüchtlingen und, wenn überhaupt, erst sekundär um ihren Schutz durch Aufnahme geht.

11.2.7 Auswege und Systemfragen,
ebenda, S. 151–171 (Auszug).

In dieser Welt, in der heute fast die Hälfte des globalen Reichtums in den Händen von weniger als einem Prozent der Weltbevölkerung[194] liegt, gibt es nicht eine weltweite »Flüchtlingskrise«, sondern eine Weltkrise, die Fluchtbewegungen erzeugt. Wenn man diese Weltkrise bekämpfen will, sollte man sich nicht auf die Begrenzung ihrer Folgen in Gestalt von Fluchtbewegungen, sondern auf die Analyse ihrer Ursachen konzentrieren und dazu weltökonomische, weltökologische und weltgesellschaftliche Systemfragen stellen.[195]

---

[189] Hermann von Mangoldt (CDU) hatte hier ausdrücklich betont, »wenn wir irgendeine Einschränkung aufnehmen würden, wenn wir irgendetwas aufnehmen würden, um die Voraussetzungen für die Gewährung des Asylrechts festzulegen, dann müsste an der Grenze eine Prüfung durch die Grenzorgane vorgenommen werden. Dadurch würde die ganze Vorschrift völlig wertlos.« Hierzu mit Belegen: K. J. Bade, Ausländer – Aussiedler – Asyl. Eine Bestandsaufnahme, München 1994, S. 93–95.
[190] H. Kauffmann, Wer Menschen rettet, rettet sich selbst, in: FR, 18.5.2015.
[191] Apostolisches Schreiben »Evangelii Gaudium« des Heiligen Vaters Papst Franziskus an die Bischöfe, an die Priester und Diakone, an die Personen geweihten Lebens und an die christgläubigen Laien über die Verkündigung des Evangeliums in der Welt von heute, 24.11.2013.
[192] H. Prantl, Im Namen der Menschlichkeit. Rettet die Flüchtlinge, Berlin 2015, S. 13.
[193] Hierher gehört die vom deutschen Generaldirektor der Behörde für Migration und Inneres der EU-Kommission, M. Ruete, schon als »Quantensprung in der Migrationspolitik« bewertete Absicht, gerade einmal 20 000 schon bei den Vereinten Nationen als Flüchtlinge registrierte und in Lagern lebende Schutzbedürftige im Zuge des »Resettlement«-Verfahrens dauerhaft nach Europa umzusiedeln. Vgl. P. von Bebenburg, Legal einreisen, in: Frankfurter Rundschau, 21.7.2015.
[194] C. Hulverscheidt, Neue gegen alte Welt, in: Süddeutsche Zeitung, 16.5.2015.
[195] U. Bardi, Der geplünderte Planet. Die Zukunft des Menschen im Zeitalter schwindender Ressourcen, München 2013; E. Kolbert, Das sechste Sterben. Wie der Mensch Naturgeschichte schreibt, Berlin 2015; Kritische Überblicke in: Le Monde diplomatique, Auf den Ruinen der Imperien. Geschichte und Gegenwart des Kolonialismus, Berlin 2016; E. Altvater, Der Grundwiderspruch des 21. Jahrhunderts: Der globalisierten Kapitalismus ist auf eine stetig wachsende Wirtschaft angewiesen, nun stößt er an natürliche Grenzen, in: Le Monde diplomatique, Berlin 2015, S. 16–19; ders., Das Erdzeitalter des Kapitals, in: ebd., S. 44–47; U. Herrmann, Der schwierige Übergang. Der Kapitalismus ist zerstörerisch, und für den Ausstieg gibt es keinerlei Plan, in: ebd., S. 104–107.

Denn der Migrationsdruck wird anhalten und der Kraft von Millionen Verzweifelten können die Mauern der reichen »Festung Europa« nicht standhalten, solange deren politische Architekten nur in Kategorien der Abwehr denken.[196] Den Deutschen als den volkswirtschaftlich Reichsten der Reichen in der bröckelnden »Festung Europa« kommt dabei im aufgeklärten Eigeninteresse eine besondere Verantwortung zu.[197]

Zu alledem gehört auch die Einsicht in die weltwirtschaftliche Tatsache, dass die »Entwicklungshilfe«, über die unter anderem zuletzt auch auf der UN-Konferenz in Addis Abeba verhandelt wurde, längst »auf dem Kopf« steht, denn: »Weltweit fließt etwa doppelt so viel Geld aus den Entwicklungsländern in die Industrienationen wie die armen Staaten aus der klassischen ›Nord-Süd-Entwicklungshilfe‹ bekommen«. Auch eine aktuelle Studie der Entwicklungsorganisation »European Network on Debt and Development« (Eurodad), die sich auf offizielle Quellen stützt, zeigt: Seit der Finanzkrise 2008 »verlieren die Entwicklungsländer mehr als zwei Dollar für jeden Dollar, den sie bekommen«.[198]

Hart ins Gericht mit dem europäischen Beitrag zum »Zerfall der staatlichen Ordnung in Ländern Nordafrikas und des Nahen Ostens« als »Hauptursache für den derzeitigen Anstieg der Flüchtlingszahlen« ging im Mai der Friedenspreisträger des deutschen Buchhandels 2015 Navid Kermani, Schriftsteller, Orientalist und intimer Kenner der arabischen Welt:

»Europa hat diesen Verfall nicht etwa aufgehalten, sondern selbst befördert, indem es über Jahrzehnte und noch inmitten der arabischen Aufstände skrupellose Tyrannen massiv unterstützte. Das Wort ›Mittelmeerprozess‹, das wie ein EU-Programm zur Rettung von Straßencafés oder zum Austausch mediterraner Kochrezepte klingt, bedeutet konkret die vertiefte Zusammenarbeit mit diesen Diktatoren, um Europa vor Flüchtlingen und Terroristen zu schützen, wie man in den Strategiepapieren der EU-Thinktanks nachlesen kann – Flüchtlinge und Terroristen in einem europäischen Atemzug. [...]

Am verheerendsten aber, moralisch wie strategisch, ist das Bündnis, das der Westen und damit auch Europa mit dem Hauptsponsor des militanten Islamismus eingegangen ist, mit Saudi-Arabien. Immerhin verteilt der ›Islamische Staat‹ in allen Städten, die er erobert, vom ersten Tag an Schriften des saudischen Vordenkers Abd al-Wahhāb. Nicht nur sie, aber gerade auch die Hunderttausende arabische Christen, die aus dem Irak und Syrien fliehen mussten, sind unmittelbare Opfer dieser Ideologie des Hasses, die von Saudi-Arabien aus in die gesamte islamische Welt getragen wurde und wird. Fragt man, warum das Bündnis mit einem radikalfundamentalistischen und diktatorischen Staat der Hauptpfeiler der westlichen und auch europäischen Nahost-Politik ist, muss man nur auf den gesunkenen Ölpreis schauen, der unsere Volkswirtschaft in Krisenzeiten zuverlässig wieder angekurbelt hat.«

Kermani registrierte aber auch, dass sich in Deutschland zum Teil eine positive Wende in den Mentalitäten der Bürger vollzogen hatte: »Niemand sollte glauben, dass die Mehrheit der Deutschen noch länger zusehen will, wie mit den Flüchtlingen die europäische Idee in den Fluten versinkt.«[199] Das gilt trotz verbreiteter Skepsis gegenüber Zuwanderungen aus Ländern und Kulturen jenseits der Grenzen Europas, trotz Unsicherheit in Asylfragen, aber auch schriller asylfeindlicher Agitation und eines rasanten Anstiegs von Anschlägen auf Flüchtlingsunterkünfte. Sie waren im ersten Halbjahr 2015 im Vergleich zum Vorjahr um 27 Prozent gestiegen und fanden in den Medien zunächst mehr Beachtung als die stille alltägliche Flüchtlingsarbeit, bis sich, wie gezeigt, im Zuge der gewaltig zunehmenden Fluchtwanderungen und der Formation der ehrenamtlich Engagierten zu einer regelrechten sozialen Bewegung der mediale Fokus auf sogenannte »Willkommenskultur« gegenüber Geflüchteten drehte.[200]

Wenn man die dazu für Deutschland vorliegenden Umfragen cum grano salis zusammennimmt, dann kann man mit dem Bielefelder Sozialpsychologen und Konfliktforscher Andreas Zick von einer »stark polarisierten Gesellschaft« sprechen, weil »ein Drittel der Bevölkerung offen gegenüber Zuwande-

---

[196] »Eine Politik, die wirklich die Fluchtursachen bekämpfen will, muss sich zunächst kritisch mit der Frage befassen, welche politischen Maßnahmen oder Versäumnisse der EU (bzw. der Industriestaaten) selbst dazu beitragen, dass Fluchtursachen geschaffen werden«, heißt es auch in einer Presseerklärung des Interkulturellen Rats in Deutschland von Juni 2015. »Die Aufgabe der Bekämpfung von Fluchtursachen ist deshalb nicht allein der Entwicklungspolitik zuzuweisen, sie ist als Problem unserer Wirtschaftsweise dem entsprechenden Ressort im Inland und auf Ebene der EU zuzuordnen.« (Interkultureller Rat in Deutschland, Pressereklärung »Flüchtlinge aufnehmen und integrieren«, Darmstadt, 25.6.2015).
[197] Vgl. H. Münkler, Macht in der Mitte. Die neuen Aufgaben Deutschlands in Europa, Hamburg 2015.
[198] European Network on Debt and Development, The State of Finance for Developing Countries 2014, http://eurodad.org/files/pdf/557ecbdba973a.pdf; Auswertung zit. nach: B. Pötter, Arm finanziert reich, in: taz.die tageszeitung, 17.7.2015; vgl. Andreas Zumach, Vereinte. Und Nationen, in: ebd., 11./12.7.2015.

[199] N. Kermani, Warum Europa uns jetzt braucht, in: Frankfurter Allgemeine Zeitung, 9.5.2015; vgl. u.v.a. Umfragen: R. Köcher, Die Bürger von heute. Ergebnisse des Allensbach Instituts zum Thema »Zuwanderung«, ebd., 17.12.2014.
[200] S. Braun, Fremdenfeindlichkeit: Gewalt gegen Asylbewerber nimmt drastisch zu, in: Süddeutsche Zeitung, 30.6. 2015; Mediendienst Integration (Ferda Ataman), Verfassungsschutzbericht 2014: Übergriffe auf Flüchtlingsunterkünfte enorm gestiegen, 1.7.2015; Fallbeispiel: B. Honnigfort, In Freital regiert der blanke Hass, in: Frankfurter Rundschau, 8.7.2015; Immer mehr Freiwillige engagieren sich in der Flüchtlingsarbeit, in: MiGAZIN, 5.8.2015.

rung ist, während sich fremdenfeindliche Einstellungen bei einem weiteren Drittel stabilisieren.«[201] [...]

Man kann dabei aber, wie Umfragen zeigten, mit Kermani davon ausgehen, dass die Bürger, unabhängig von ihrer Einstellung zur Flüchtlingsfrage insgesamt, mehrheitlich in der Tat nicht einverstanden waren mit der unterlassenen Hilfeleistung mit massenhafter Todesfolge im Mittelmeer und sogar für den Einsatz von »Flüchtlingsfähren« votierten.[202] Man dürfe nicht unterschätzen, sagte unlängst auch die couragierte Schriftstellerin und Journalistin Carolin Emcke in einem Gespräch mit dem früheren Bundesinnenminister Otto Schily, »wie viele Menschen die gegenwärtige Flüchtlingspolitik als unverzeihlich empfinden. Für viele zeigt sich im Umgang mit den Flüchtlingen, wer wir sein wollen. Viele, die sich in Initiativen engagieren, wissen, dass Europa an den Fluchtursachen mitschuldig ist.«[203] Sie verlangen die (Wieder-) Einführung eines Seenotrettungsprogramms, das seinen Namen verdient. Und sie engagieren sich angesichts des ebenso skandalösen wie blamablen Versagens staatlicher Institutionen auf nationaler und EU-Ebene zum Teil sogar in nichtstaatlichen bzw. privaten Initiativen in der Nachfolge der legendären ersten »Cap Anamur« von Rupert Neudeck.[204] [...]

Viele Bürger wissen auch, dass das schon krank geborene Dublin-System, dessen immer wieder geforderte Reform, aus naheliegenden Gründen, gerade von Deutschland und Frankreich hartnäckig verhindert wurde, längst gescheitert ist und drängen auf eine ausgewogene Lastenteilung bei der Aufnahme von Flüchtenden und Asylsuchenden in Europa. Sie erwarten allgemeinhin eine Flüchtlingspolitik, die die massenweise Selbstgefährdung durch den irregulären Weg über das Meer in Abhängigkeit von »Schleppern« unnötig macht. Und sie erwarten, von grundsätzlichen Skeptikern gegenüber Zuwanderungen aus Drittstaaten fern der EU abgesehen, konkret die Eröffnung von legalen Zuwanderungswegen bzw. den Einsatz von Luftbrücken oder Fähren für Flüchtende bzw. Asylsuchende und für in Europa aus wirtschaftlichen Gründen gebrauchte Zuwanderer.

Viele Bürger wissen aber auch, dass Flüchtlingspolitik ohne eine nachhaltige und nicht nur deklamatorische Begrenzung der vielgestaltigen Fluchtursachen in den Ausgangsräumen nur der Versuch einer Quadratur des Zirkels ist; denn die Frage nach den Fluchtursachen rührt an Grundfragen von Weltwirtschaft, Weltökologie und Weltgesellschaft: Wenn die Ursachen von im engeren Sinne politisch motivierten Fluchtbewegungen und von wirtschaftlich, klimatisch oder durch andere existenzbedrohende Faktoren angetriebenen unfreiwilligen Wanderungen bekämpft werden sollen, genügt es nicht, wie schon betont, im Appell zu verharren oder an Symptomen bzw. Folgeerscheinungen zu kurieren, weil es um zunehmend unausweichliche Systemfragen geht, wie sie auch Papst Franziskus in seiner Enzyklika in ungewohnter Schärfe angesprochen hat.

»Viele Menschen spüren, dass jetzt etwas zurückkommt«, diagnostizierte im Juli 2015 der durch seine psychosoziale Interpretation der Mentalitäten in den neuen Bundesländern der Nachwendezeit bekannt gewordene Psychotherapeut Hans-Joachim Maaz im Blick auf die Erfahrung der starken Flüchtlingszuwanderung: »Sie ahnen, dass der Zustrom nur das krebsartige Symptom einer globalen Krise der kapitalistischen Wirtschafts- und Lebensform ist, das Symptom einer falschen Welt.«[205] »Wir leben unter der Weltdiktatur der Oligarchen des globalisierten Finanzkapitals« erklärte der Soziologe, Globalisierungskritiker und ehemalige UN-Diplomat Jean Ziegler, den die »gnadenlose Konkurrenz im Raubtierkapitalismus« zu dem Urteil führte: »Die Weltordnung ist kannibalistisch.«[206]

Das betrifft auch viele andere zeitgenössische Problemfelder. Das hat zeitgleich der slowenische Philosoph Slavoj Zizek zum Beispiel im Blick auf die nach wie vor schwelende »Griechenland-Krise«, die in Wahrheit die zweite Grundkrise der EU ist, für den »Kampf um eine wirtschaftliche und politische Leitkultur Europas« auf diesen Nenner gebracht: »Nur eine neue Häresie – momentan von Syriza vertreten – kann jenes sichern, was des Sicherns im europäischen Erbe wert ist: Demokratie, Vertrauen in die Menschen, egalitäre Solidarität. Jenes Europa, das gewinnen wird, wenn Syriza ausgebootet ist, wird ein Europa der asiatischen Werte sein. Der zeitgenössische Kapitalismus begrenzt die Demokratie.«[207]

Dafür steht auch der [...] global operierende Internationale Währungsfonds (IWF): »Er erpresst Staaten. Er plündert Kontinente. Er hat Generationen von Menschen die Hoffnung auf eine bessere Zukunft ge-

---

[201] S. Liebscher, Zwischen Fremdenfeindlichkeit und Solidarität: Einstellungen in der Bevölkerung gegenüber Flüchtlingen, in: Migration und Bevölkerung, 2015, Nr. 3.
[202] Mehrheit der Deutschen für Flüchtlingsfähren im Mittelmeer, in: MiGAZIN, 30.4.2015.
[203] »Die Angst sucht sich ein Objekt«. Otto Schily im Gespräch mit Carolin Emcke, in: taz.die tageszeitung, 19.6.2015.
[204] R. Neudeck, Die Menschenretter von Cap Anamur, München 2002; ders., Die Flüchtlinge kommen. Warum sich unsere Asylpolitik ändern muss, Kreuzlingen 2005; ders., Abenteuer Menschlichkeit, Köln 2007. Die mit Hilfe von Spendengeldern von der Hilfsorganisation »Cap Anamur/Deutsche Notärzte e.V.« erworbene Cap Anamur II unter Kapitän Elias Bierdel geriet nach ihrem ersten Rettungseinsatz wegen »Beihilfe zur illegalen Einreise« im sizilianischen Hafen Porto Empedocle in Konflikt mit den Behörden im Italien Berlusconis, was zum Abbruch des Einsatzes nötigte und schließlich zum Verkauf des Schiffes führte.

[205] C. Pommer, Heimatkunde, in: Süddeutsche Zeitung, 21.7.2015; vgl. H.-J. Maaz, Der Gefühlsstau. Psychogramm einer Gesellschaft, Berlin 1990 (Neuauflage München 2010).
[206] Interview (Martina Bachler) mit Jean Ziegler, in: Format 2015, Nr. 11 (http://www.trend.at/wirtschaft/international/jean-ziegler-kannibalische-weltordnung-5554523).
[207] Philosoph Slavoj Zizek: »Zeitgenössischer Kapitalismus begrenzt die Demokratie«. Interview (Philip Kaleta), in: Spiegel online, 5.7.2015.

nommen und ist dabei zur mächtigsten Finanzorganisation der Welt aufgestiegen«. Das schreibt Ernst Wolff, der sich seit Jahrzehnten mit Wechselbeziehungen zwischen Wirtschaft und Politik beschäftigt, im Cover-Text seines kritischen Berichts über die »Weltmacht IWF«. Er belegt darin, wie Stiglitz, die dramatischen Folgen der Erzwingung neoliberaler Reformen zur sogenannten Entwicklungsförderung mithilfe einer abhängig machenden Kreditspirale für zahlreiche Wirtschaften, Gesellschaften und politische Systeme.[208] Sie wirkt – in einem multikausalen Ursachenzusammenhang – auch mit bei der weltweiten Mobilisierung von Fluchtwanderungen aus wirtschaftlich ruinierten Lebensbedingungen.

Will sagen: An einer Auseinandersetzung mit dem von wenigen ökonomischen Machtzentren aus gesteuerten, in seiner fortschreitenden Hypertrophie weltwirtschaftlich und weltgesellschaftlich desaströsen, in seinen Auswüchsen in der Tat »raubtierkapitalistischen« Wirtschaftssystem mit seinen menschenfeindlichen Schattenseiten führt kein Weg mehr vorbei.[209] Weil dieses System global ausgewuchert, verankert und verzahnt ist, gibt es dabei keine zügigen Patentlösungen, sondern nur ein zähes Bemühen am größtmöglichen Tisch. Umso dringlicher ist, wie 70 Jahre nach der »Schande von Évian« auf der Berliner Konferenz 2008 gefordert, die Einberufung einer UN-Weltkonferenz zu Migration, Flucht und Asyl, analog zu den großen Weltkonferenzen seit den 1990er Jahren, am besten verbunden mit einer UN-Dekade zum Schutz der Geflüchteten.[210]

Das wäre aber nur dann sinnvoll, wenn es dabei nicht nur um die kurative Behandlung oder gar Bekämpfung der Folgen, sondern auch um die Begrenzung der Ursachen unfreiwilliger Wanderungen geht, was in Zweifel steht im Blick auf die schwächliche Position der Vereinten Nationen, die das frühere Schweizerische Mitglied im Beratenden Ausschuss des UN-Menschenrechtsrates Jean Ziegler zu dem vernichtenden Urteil veranlasste: »Die UNO ist eine jämmerliche Weltmacht«.[211]

Gegenwärtig scheint eher eine gegenteilige Entwicklung im Gang zu sein: Die EU-Außenbeauftragte Federica Mogherini erdreistete sich, vor den Vereinten Nationen in New York die Fluchtbewegungen mit »Schlepperbooten« über das Mittelmeer als Bedrohung für den Weltfrieden zu beschreiben. Sie begründete damit den Antrag auf ein UN-Mandat, das staatliche Souveränität bricht, in diesem Fall diejenige des zerfallenden Staates Libyen, an und vor dessen Küsten Boote von »Schleppern« und solche, die dafür gehalten werden, zerstört bzw. versenkt werden sollten.

Die Nutzung von Kap. 7, Art. 39 der UN-Charta, nach dem ein UN-Mandat nur möglich ist, wenn Gefahr für die internationale Sicherheit besteht oder droht, wird dabei mit einer scholastischen Argumentationslinie begründet, die beim Kampf gegen Piraten, Drogen- und Waffenhändler gebräuchlich geworden ist: »Nicht die Flüchtlinge selbst sind die Gefahr für den Weltfrieden. Vielmehr das Chaos, das ihre Ankunft auslöst.« Der in Hamburg lebende Völkerrechtler Stefan Oeter klagte deshalb, die Konturen des Begriffs »Bedrohung des Weltfriedens« seien völlig »aufgeweicht«. Unter sicherheitspolitischer Perspektive erscheinen dabei die Opfer als Gefährder. Grenzüberschreitende Migrationsbewegungen würden, so Oeter, »fast schon automatisch als Friedensbedrohung deklariert.«[212]

Selbstgerechte Distanzierungen und orgelnde Appelle aus Brüssel helfen nicht weiter: Als sich Anfang August 2015 vor der Küste Libyens eine neue Tragödie ereignete, weil ein sogar schon von mehreren Rettungsschiffen erreichter, mit rund 600 Geflüchteten völlig überladener Fischkutter kenterte und Hunderte von Passagieren – allein rund 100 von ihnen im Frachtraum – in den Tod riss, meldete sich der luxemburgische Außenminister Jean Asselborn, dessen Land gerade den EU-Vorsitz innehatte, mit der präventiven Exkulpation zu Wort: »Es wäre unfair, Europa für das Unglück verantwortlich zu machen«.

Man könne nie genug tun, »um alle Tragödien zu verhindern«, sekundierten eilig in einer gemeinsamen Erklärung der Vizepräsident der EU-Kommission, Frans Timmermans, die Außenbeauftragte Federica Mogherini und Migrationskommissar Dimitris Avramopoulos. »Migration ist kein populäres oder schönes Thema«, hieß in der Erklärung weiter. Es sei »leicht, vor dem Fernseher zu weinen, wenn man solche Tragödien sieht. Schwerer ist es, aufzustehen und Verantwortung zu übernehmen.« Mut zum gemeinsamen Handeln sei nun das Gebot der Stunde. Nach einschlägigen Erfahrungen mit den ereignisbedingten und oft scheinheiligen appellativen Konjunkturen konnte allerdings bezweifelt werden, dass das neuerliche Massensterben ein gemeinsames politisches »Aufstehen« in der EU bewirken würde.[213]

---

[208] E. Wolff, Weltmacht IWF. Chronik eines Raubzugs, Marburg 2014; vgl. E. Lenz, Sie verlassen die neoliberale Epoche!, in: taz.die tageszeitung am Wochenende, 1./2.8.2015.
[209] Vgl. S. Zizek, Wenn die Utopie explodiert, in: Die Zeit, 10.9.2015. Dies schließt nicht etwa nur westlich-kapitalistische, sondern ebenso z.B. auch chinesische staatskapitalistische Strukturen ein; vgl. als eindringliche Erzählung dazu Kai Strittmatters tragische Lebensskizze des chinesischen Bauernsohns, Wanderarbeiters und Dichters Xu Lizhi: K. Strittmatter, Der Sprung, in: Süddeutsche Zeitung, 20./21.6.2015.
[210] Vgl. H. Kauffmann, Wer Menschen rettet, rettet sich selbst, in: FR, 18.5.2015.
[211] »Die UNO ist eine jämmerliche Weltmacht.« Interview (Bernhard Pötter) mit Jean Ziegler, in: taz.die tageszeitung am Wochenende, 26/27.9.2015.

[212] R. Steinke, Flucht nach vorn. Wie Völkerrechtler aus Migration eine Gefahr für den Frieden ableiten, in: Süddeutsche Zeitung, 19.5.2015; vgl. D. Brössler, Im Meer der Unsicherheit. Für einen Militäreinsatz ist die Zustimmung der Regierung in Libyen eine Voraussetzung – nur wer regiert das Land?, in: ebd.
[213] A. Bachstein / D. Brössler, Bootsunglück – EU sieht keine Mitschuld, in: Süddeutsche Zeitung, 7.8.2015; A. Bachstein, In die Tiefe gerissen, in: ebd.

Mitarbeiter der am Rettungseinsatz beteiligten internationalen Hilfsorganisation »Ärzte ohne Grenzen« fragten Überlebende des Schiffbruchs, warum sie die lebensgefährliche Überfahrt riskiert hätten und meldeten: »Wir haben immer die gleiche Antwort bekommen: Es gab keine Alternative«. Es gäbe sie, aber Europa will sie nicht.[214]

Weltkonferenzen der mächtigsten Industrienationen tragen kaum oder gar nicht zur Klärung der hier anstehenden Probleme dann bei, wenn als Bedingungsrahmen für die Umsetzung ihrer Ergebnis nur deren Ursachen stabilisiert werden, die auch mit dem bestehenden Weltwirtschafts- und Weltfinanzsystem zusammenhängen. Dabei hat – nur zum Vergleich – der G7-Gipfel auf Schloss Elmau im Juni 2015, den Jean Ziegler ein politisches »Marionettentheater« an den Fäden der Konzerne nannte, insgesamt rund ebenso viel gekostet wie das italienische Rettungsprogramm »Mare Nostrum« in einem ganzen Jahr. Und er wird im Zusammenhang von Migration und Entwicklung wohl ebenso wenig bewirken wie der G8-Gipfel in Heiligendamm im Juni 2007.[215]

Das alles sind – von den hier in der Tat wichtigen Klimagipfeln und zuletzt gerade von demjenigen in Paris im Dezember 2015 einmal abgesehen – aufwendige Um- und Abwege, vor denen im humanitären Interesse ein Schild »Sackgasse« aufgestellt werden sollte mit der aufklärenden Tafel: »Abwehr ist kein Gestaltungsprinzip in einer gemeinsamen Welt«.[216]

Das gilt auch im eigenen Interesse: »Eine EU, die es zulässt, dass Tausende vor ihren Küsten ertrinken, wird sich auch intern der grassierenden Menschenverachtung nicht erwehren können«, kommentierte die Redakteurin der Tageszeitung Ines Kappert. »Was nämlich könnte ein de Maizière den Fremdenfeinden entgegenhalten? Nichts. Genau. Eine gerechte Flüchtlingspolitik ist daher vor allem eine Frage des Selbstschutzes.«[217]

Dazu entwickelte Modelle füllen viele Bücher- und Aktenregale. Konsequenzen daraus sind nicht gezogen worden oder nur Appell geblieben.[218] Es gibt also weniger Bedarf an neuen Erkenntnissen als an der Bereitschaft, vorliegende Erkenntnisse und Vorschläge umzusetzen oder doch wenigstens zu erproben.

Im Spätherbst 2015 torkelte die politische Diskussion um Handlungskonzepte in Deutschland, innerhalb der EU und gegenüber der Türkei als dem europäischen Haupttransitland für Geflüchtete aus dem Nahen Osten zwischen zwei Polen:

Auf der einen Seite stand die rasch zur Lieblingsfloskel des BMI gewordene, von CDU, SPD und Bündnis90/Grüne mitgetragene Rede von »Kontingenten«.[219] Dies wäre aus zwei Gründen eine nur scheinbare Ersatzlösung sowohl für eine nationale Aufnahmequote als auch für die von vielen erwünschte und von der Bundeskanzlerin anhaltend verweigerte Entscheidung über eine »Obergrenze«:

1. Ein deutscher Alleingang mit einem nationalen »Kontingent« bliebe nur eine einseitige Selbstverpflichtung und kein Beitrag zu einer EU-Entscheidung über entsprechende »Kontingente« der übrigen Mitgliedstaaten – die sich dann insgesamt zu einer Art »europäischem Kontingent« (von welcher globalen Gesamtheit?) addieren könnten; denn eine solche europäische Entscheidung wäre nach dem konträren derzeitigen Stand der Verhandlungspositionen wohl ebenso wenig erreichbar wie diejenige über die bislang nicht zu vereinbarenden und nicht einmal in ei-

---

[214] C. Jakob, Und wieder sterben Hunderte, in: taz.die tageszeitung, 7.8.2015.
[215] Abschlussdokumentation: http://www.weltwirtschaft-und-entwicklung.org/wearchiv/042ae6a4b0082bc01.php; S. Gierke, Elmauer »Marionettentheater«, in: Süddeutsche Zeitung, 5.6.2015; Interview mit Jean Ziegler: www.sz.de/g7; Oxfam: G7 machen verhaltenen Schritt beim Klimaschutz, bleiben bei Armutsfragen aber unverbindlich, Berlin/Garmisch-Partenkirchen, 8.6.2015; vgl. R. Alexander / M. Greive, Umweltschützer jubeln über Klimaversprechen der G-7-Staaten, in: Die Welt, 9.6.2015. Aber auch der neue UN-Aktionsplan »Unsere Welt verändern – Programm für nachhaltige Entwicklung bis 2030«, auf den sich die Vertreter der 193 UN-Staaten in New York geeinigt haben, wird mit seinem hehren Ziel »Armut ausrotten« zu kurz greifen, weil er im Kern nur die bisherigen UN-Millenniumsziele auf freiwilliger Basis fortschreibt; vgl. A. Bachstein, UN wollen Armut besiegen, in: Süddeutsche Zeitung, 4.8.2015; Armut ausrotten, (afp/dpa), in: Nürnberger Nachrichten, 4.8.2015.
[216] Vgl. hierzu die kritischen Pressemitteilungen des Rates für Migration: »Integration statt Abschreckung«. Die europäische Asylpolitik steht am Scheideweg, 29.4.2015 (http://www.rat-fuer-migration.de/pdfs/RfM_Pressemitteilung_Asylpolitik_2015.pdf); Stellungnahme des »Rats für Migration« (RfM) zur geplanten Asylrechts-Reform der Bundesregierung, Berlin 29.9.2015 (http://www.rat-fuer-migration.de/pdfs/Pressemitteilung_Asylrechtsreform(3).pdf; Bundespressekonferenz: https://www.youtube.com/watch?v=2nIZrnjuhK4); vgl. T. Löhr, Schutz statt Abwehr. Für ein Europa des Asyls, Berlin 2010; für neuere Grundpositionen s. P. Vonnahme, Vorboten einer neuzeitlichen Völkerwanderung. Ein nachdenklicher Zwischenruf eines ehemaligen Asylrichter, in: Hintergrund, 22.8.2015 (http://www.hintergrund.de/201508223637/feuilleton/zeitfragen1/vorboten-einer-neuzeitlichen-voelkerwanderung.html); K. Hailbronner, Asyl ist nicht für alle da, in: Die Welt, 31.8.2015; zuletzt hierzu: P. Endres de Oliveira, Schutz oder Abwehr? Die Entwicklung des Asylrechts in der EU, in: A. Reschke (Hg.), Und das ist erst der Anfang. Deutschland und die Flüchtlinge, Hamburg 2015, S. 251–260.
[217] I. Kappert, Kontrolle statt Rettung. Menschenrechte sind nicht billig. Der Preis für eine menschenwürdige Asylpolitik wird aber noch viel höher sein, in: taz.die tageszeitung, 18./19.4.2015.
[218] Für eine aktuelle knappe Zusammenfassung der – diesseits der weltwirtschaftlichen und weltgesellschaftlichen Systemfragen – diskutierten kurz-, mittel- und langfristigen Gestaltungskonzepte s. jetzt: S. Angenendt, Flucht, Migration und Entwicklung: Wege zu einer kohärenten Politik, in: APuZ, 2015, Nr. 25, S. 8–17.
[219] K. Helberg, Kontingente statt Asyl, in: taz.die tageszeitung, 12.11.2015; R. Birnbaum / H. Monath, Union, SPD und Grüne für »Kontingente«, in: Der Tagesspiegel online, 24.11.2015; Der Begriff »Kontingentlösung« wird sehr verschieden interpretiert, in: Nürnberger Zeitung (dpa), 24.11.2015. Gabriel plädiert in Asyl-Debatte für Kontingentlösung, in: Süddeutsche Zeitung, 24.11.2015; Forderung nach Landeslimit: Sachsen-Anhalt will maximal 12 000 Flüchtlinge aufnehmen, in: Spiegel online, 24.11.2015.

nem Notprogramm für 40 000 bzw. 160 000 Geflüchtete umsetzbaren Verteilungsquoten.

2. Ein »Kontingent« wäre eine asylrechtlich nicht funktionierende semantische Tarnkappe für eine »Obergrenze«; denn jenseits aller begrüßenswerten Kontingentverfahren, die Geflüchteten legale Zugangswege ohne Selbstgefährdung eröffnen könnten, müsste »der individuelle Anspruch auf Zugang zu einem Asylverfahren für diejenigen, die außerhalb solcher Aufnahmeverfahren nach Deutschland kommen« im Sinne des Grundgesetzes gewahrt bleiben.[220] Das aber könnte bedeuten, dass Asylverfahren in Deutschland jenseits von Kontingentzulassungen mit legalen Zugangswegen individuell – und damit im ursprünglichen Sinne des Grundgesetzes – nur mehr auf illegalem Weg über die deutschen Landesgrenzen erreichbar wären, was gleichbedeutend wäre mit einer Art asylrechtlichen Arbeitsbeschaffungsmaßnahme für »Schlepper« und damit für rechtswidrige Wege zum Rechtsanspruch.

Auf der anderen Seite standen nationale und europäische politische Bankerotterklärungen in der »Flüchtlingskrise« in Gestalt des Baus von Abwehrzäunen mit für die Flüchtenden im heraufziehenden Winter lebensgefährlichen Rückstaueffekten auf der »Balkanroute«.[221] Die EU sei »heillos überfordert mit der Flüchtlingskrise. Durch ihre Inkompetenz gefährdet sie sich selbst«, warnte der ehemalige Bundesaußenminister Joschka Fischer: »Auf Dauer wird die Politik der Bevölkerung erklären müssen, dass es beides – hohe Wettbewerbsfähigkeit und soziale Sicherheit einerseits und keine Zuwanderung andererseits – nicht geben kann, sondern dass es sich hier um eine historische Entweder-oder-Frage handelt, die entschieden werden muss.«[222]

Je mehr sich Politik auf nationaler und europäischer Ebene anstelle transparenter Gestaltungkonzepte und Handlungsstrategien für eine gemeinsame Zukunft mit vordergründigen Schein- bzw. Ersatzaktivitäten blamiert, desto mehr werden sich auf nationaler Ebene und in Europa Anti-Parteien- und Anti-Politik-Affekte aufstauen. Sie könnten, die am Ende einen Dammbruch verursachen und damit parlamentarische Demokratie und Europäische Union insgesamt gefährden.

Das reicht auf europäischer Ebene von der hasserfüllten Polemik rechtsradikaler italienischer Politiker gegen irregulär zugewanderte Geflüchtete als »Schakale«, »Ratten« und »Würmer« über die Anti-Asyl-Agitation der Regierungen von Ungarn und Polen sowie die populistische Konkurrenz zwischen Marine Le Pen (Front National) und Nicolas Sarkozy (UMP) in Frankreich um die unflätigsten xenophoben, auch antieuropäischen Argumente bis hin zu den asyl-, fremden- und europafeindlichen Rechtskonservativen in Dänemark und Schweden.[223]

Die Lage ist ernst. Die politische und gesellschaftliche Polarisierung in der Europäischen Union, in vielen ihrer Mitgliedstaaten und auch in Deutschland wächst. Zeit ist nicht mehr zu verlieren. Und auf späte Erkenntnisprozesse des hier noch immer regierungsamtlich meinungsbildenden Bundesinnenministeriums zu warten, ist ohnehin verlorene Zeit; denn hier dominiert weithin ein allen gesellschaftspolitischen Visionen ferner Rechtspositivismus. Er erschöpft sich in der Frage, was insbesondere nach Maßgabe von Sicherheitspolitik und Gefahrenabwehr in den vorwiegend als Problemfelder betrachteten Bereichen Migration und Integration aufgrund welcher gesetzlichen Bestimmungen wie gestaltbar ist. Die Reichweite ordnungspolitischer Rechtsklempnerei aber endet weit vor der unerbittlich anstehenden, in mancher Hinsicht geradewegs umgekehrten Frage: Was ist im Sinne von – endlich zu klärenden – übergeordneten Perspektiven für die Zukunft der Migrations- und Einwanderungsgesellschaft im demographischen Wandel wichtig und was muss dazu an bestehenden und nicht wegen ihres schieren Bestehens heiligen Rechtsvorschriften geändert werden?

Umso nötiger ist deshalb eine Mobilmachung der aufgeklärten Bürgergesellschaften in Europa im Sinne eines »Aufstands der Anständigen«, von dem der seinerzeitige Bundeskanzler Gerhard Schröder (SPD) einmal sprach und den der thüringische Ministerpräsident Bodo Ramelow (Die Linke) in einen Wechselbezug zur Mobilisierung der staatlichen Dimension rückte: »Die ›Zuständigen‹ müssen sich bewegen,

---

[220] H. Cremer, Stellungnahme des Deutschen Instituts für Menschenrechte zur Debatte um »Obergrenzen« beim Recht auf Asyl in Deutschland, Berlin 30.11.2015 (http://www.institut-fuer-menschenrechte.de/fileadmin/user_upload/PDF-Dateien/Stellungnahmen/DIMR_Stellungnahme_Asylrecht_Obergrenze_30_11_2015.pdf).
[221] Rückstau auf der Balkanroute: Mehrere Länder lassen nur noch Syrer, Iraker und Afghanen einreisen, in: Süddeutsche Zeitung, 24.11.2015; Norbert Mappes-Niediek, Der irrsinnige Zaun an der Grenze zu Österreich, in: Frankfurter Rundschau, 27.11.2015.
[222] J. Fischer, Europa muss sich entscheiden, in: Süddeutsche Zeitung, 25.8.2015.
[223] O. Meiler, Von Schakalen, Ratten und Würmern, in: Süddeutsche Zeitung, 12.9.2015; »Bedrohung für die weiße Rasse«: Ostländer der Europäischen Union blocken Flüchtlinge ab und gehen damit auf Konfrontation zu Brüssel und Berlin (dpa), in: Die Welt, 2.9.2015; A. Mostyn, Totengräber der Samtenen Revolution: Präsident Milos Zeman nutzt den Jahrestag, um vor ausgesuchtem Publikum gegen Flüchtlinge zu hetzen, in: taz.die tageszeitung, 19.11.2015; C. Wernicke, Valls: Europa muss Grenzen schließen, in: Süddeutsche Zeitung, 25.11.2015; G. Lesser, Medien in Polen sollen wieder polnisch werden: Die rechtsnationale Regierung will die Medien »repolonisieren« – und beeinflussen, in: ebd.; Polen will keine Flüchtlinge mehr, in: ebd., 27.11.2015; Schweden macht Kehrtwende im Asylwesen, in: Neue Zürcher Zeitung, 27.11.2015; S. Simons, Frankreich rückt nach rechts, in: Spiegel online, 6.12.2015; Die Kleinstadt stirbt und Frankreichs Rechtsextreme triumphieren: Interview (Alex Rühle) mit dem Politologen Jean-Yves Camus über den Erfolg von Europas Demokratiefeinden, in: Süddeutsche Zeitung, 10.12.2015.

damit die ›Anständigen‹ besser anschließen können.«²²⁴

Der österreichische Autor, Journalist und Blogger Robert Misik hat die hilfsbereite Willkommensbewegung jenseits ihres humanitären Engagements sehr treffend auch als eine »Art Aufstand« beschrieben: »Die Zivilgesellschaft, die die Sache selbst in die Hand nahm […], sie ›hilft‹ nicht einfach nur, sie protestiert auch implizit. Es ist ein Protest, aber fast ohne Parolen, einer des Handelns. Es ist unübersehbar ein Protest gegen Regierungspolitik, die nur versucht, sich Flüchtlinge vom Hals zu halten, es ist auch ein Protest gegen ein Dublin-Regime, das nicht nur versucht, das ›Problem‹ auf die europäischen Peripheriestaaten abzuwälzen, sondern das frierende, hungernde und im Extremfall ersaufende Flüchtlinge sogar wünscht, als Abschreckung für alle anderen, als Botschaft: Bleibt, wo ihr seid.«²²⁵

Auf Seiten der Bürgergesellschaft gehören in diesen Zusammenhang die Demonstrationen gegen fremden- und besonders flüchtlingsfeindliche Gruppierungen, die nichtstaatlichen und privaten Initiativen zum Schutz und zur Hilfe für Geflüchtete und für Asylsuchende im Verfahren.²²⁶ Dazu gehören auf See die privaten Rettungsinitiativen mit dem »Alarmphone« im Mittelmeer²²⁷ und den dort kreuzenden zivilen Rettungsschiffen. Dazu gehören aber auch der politikkritische Empörungssturm in den Sozialen Medien, die Mahnungen der Kirchen in Deutschland²²⁸ und der weltweite Appell des Papstes.

Auch öffentlich engagierte Gesellschaftswissenschaftler und Philosophen schweigen dazu nicht. »Es sind die Bürger«, hat zum Beispiel Jürgen Habermas in einer Politikkritik in anderem Zusammenhang geschrieben, »die in europäischen Schicksalsfragen das letzte Wort behalten müssen.«²²⁹ Das alles sollte Politik in Regierungsverantwortung unter Druck bringen, sich stärker für den Schutz von Geflüchteten *vor, an und innerhalb der Grenzen* zu engagieren²³⁰ […].

Möglicherweise prophylaktisch ließ sich der immer wieder hintergründig in restriktiven, ordnungspolitisch-rechtspositivistischen Andeutungen grollende Bundesinnenminister schon einmal mit dem Bemerken zitieren, rechtlich halte er das »Zurückweisen von Flüchtlingen an der Grenze grundsätzlich für möglich«, fügte an: »politisch« habe sich die Bundesregierung, »bisher jedenfalls dagegen entschieden« und verwies darauf, dass auch im asylrechtlichen Bereich deutsches Recht »in vielerlei Hinsicht vom europäischen überlagert« werde.²³¹

Der Hinweis auf die Überlagerung von nationalem durch europäisches Recht im Blick auf die auf die Möglichkeit einer Zurückweisung von Flüchtlingen an einer Schengen-Grenze war nur korrekt. Nicht auszuschließen ist freilich, dass der Minister damit dem Sinne nach auf seinen voreilig angekündigten, dann wieder zurückgenommenen und später »externalisierten« Gedanken an »Transitzentren« an den deutschen Grenzen zurückgreifen wollte.

Wenn er damit nach einer »rechtskonformen« Möglichkeit tasten sollte, den im Grundgesetz gesicherten individuellen Anspruch auf Prüfung eines Asylbegehrens durch Abweisung von Antragstellern an den deutschen Grenzen, die keine Schengen-Grenzen sind, unter Berufung auf Europarecht auszuhebeln, dann wäre das, »Hotspot« hin oder her, wohl ein Fall für das Bundesverfassungsgericht. Die in ihren Konsequenzen vielleicht auch nur unbedachte Äußerung des Bundesinnenministers dürfte jedenfalls von rechtsradikalen »Asylkritikern« als Eingeständnis von höchster Warte begrüßt werden, dass man in Berlin politisch nicht mehr den politischen Mut habe, zur »Flüchtlingsabwehr« verfügbare rechtliche Handlungsspielräume zureichend auszuschöpfen.

Gänzlich »beherrschbar« aber war Migration in Europa ohnehin nie, wie die Jahrhunderte übergrei-

---

²²⁴ Forderung von Gerhard Schröder als Bundeskanzler in Reaktion auf den Brandanschlag auf die Düsseldorfer Synagoge am 2.10.2000 und als Ex-Bundeskanzler im Dezember 2014 als Antwort auf »Pegida«; Anschlag auf Synagoge: Schröder fordert »Aufstand der Anständigen«, in: Der Spiegel, 4.10.2010; Schröder fordert »Aufstand der Anständigen« gegen »Pegida«, in: Die Zeit, 23.12.2014, Ministerpräsident Bodo Ramelow auf der Tagung (Die Linke im Bundestag) »Refugees welcome« in Berlin, 28.11.2015.
²²⁵ R. Misik, Der Aufstand der »freiwilligen Helfer«. Warum die Flüchtlingshilfe keineswegs nur »karitativ« ist, in: prager frühling, 5.11.2015. Diesen Hinweis verdanke ich dem Einführungsvortrag von Dietmar Bartsch, MdB (Die Linke) auf der Konferenz »Refugees welcome« (Die Linke im Bundestag), Berlin, 28.11.2015.
²²⁶ Vgl. hierzu u.v.a.: »Bei Flüchtlingsaufnahme gibt es keine Obergrenze«. Pro Asyl-Geschäftsführer Burkhardt über den Umgang mit Schutzsuchenden in der EU und richtige Willkommenskultur. Interview (Marcel Leubecher), in: Die Welt, 9.7.2015.
²²⁷ M. Barmeyer, Die Grenzen wegdenken. »Watch the Med« hat ein Notrufsystem für Bootsflüchtlinge auf dem Mittelmeer organisiert, in: taz.die tageszeitung, 25.7.2015; S. Sontowski, »Keine Lösung, aber eine notwendige Intervention«. Das Watch The Med Alarm Phone, in: movements. Journal für kritische Migrations- und Grenzregimeforschung, 1. 2015, http://movements-journal.org/issues/01.grenzregime/13.sontowski,wtm--alarmphone-watch-the-med.html).
²²⁸ Erinnert sei hier an das Ökumenische Wort der Christlichen Kirchen in Deutschland, zu dem ich als Berater der evangelischen Seite die migrationshistorischen und gesellschaftspolitischen Kerntexte »Geschichtliche Erfahrungen und Einsichten in Deutschland« (http://jubab.iksebk-host.de/synapsepath/Dokumentenarchiv.dat/Und_der_Fremdling.pdf) entwerfen durfte:

»… und der Fremdling, der in deinen Toren ist«. Gemeinsames Wort der Kirchen zu den Herausforderungen durch Migration und Flucht (Gemeinsame Texte der Deutschen Bischofskonferenz und der Evangelischen Kirche in Deutschland, Nr. 12), Bonn/Frankfurt a.M./Hannover 1997, S. 9–30.
²²⁹ J. Habermas, Sand im Getriebe. Nicht Banken, sondern Bürger müssen über Europa entscheiden, in: SZ, 23.6.2015.
²³⁰ Belege dafür finden sich zunehmend, besonders bei der Regierungspartei SPD, vgl. SPD fordert EU-Asyl für Hunderttausende, in: Die Welt, 1.6.2015; Syrien: Gabriel will Flüchtlinge mit Fähren nach Europa holen, in: Zeit online, 4.6.2015.
²³¹ S. Aust u.a., De Maizière hält Zurückweisen von Flüchtlingen für möglich, in: Welt online, 13.12.2015.

fende Geschichte der Versuche staatlicher Migrationssteuerungen zeigt.[232] Im Notfall kaum begrenzbar ist dabei mitunter der Ansturm derer, die um ihr Leben laufen, die nicht zurückkehren können oder wollen und die im Zweifelsfalle Barrieren mit ihren Körpern erdrücken, um den Weg für die Nachfolgenden freizumachen. Das hat das Niederrennen von Polizeiketten an europäischen Grenzen gezeigt. Es kommt also darauf an, rechtzeitig vor, an und innerhalb der Grenzen das »in Grenzen« Mögliche zu tun. [...]

Deutschland hat in deinem einen Jahr mehr als eine Million Schutzsuchende aufgenommen. Das Land hat damit in besonderem Maße humanitären Pflichten entsprochen. Es muss sich deshalb nicht genieren, auch Forderungen an die zu stellen, die im Schutz des Rechts- und Wohlfahrtsstaates leben wollen.[233]

Es gilt mit einem Irrtum aufzuräumen: Verfolgte Schutzsuchende sind nicht soziale und kulturelle Lichtgestalten, denen gegenüber die Forderung nach der Beachtung von Werten und Regeln des Aufnahmelandes ein interkultureller Sündenfall wäre. Sie sind meist leidgeprüfte, oft auch traumatisierte, aber ansonsten ganz normale Menschen. [...] Wer den Schutz des Grundgesetzes beansprucht, muss auch dessen Wertebasis akzeptieren. Wer diese auch für die langfristige Integration entscheidenden Grundwerte und die daraus abgeleiteten Grundregeln nicht akzeptieren will oder kann, der sollte konsequenterweise andernorts versuchen, zu seinen Bedingungen den von ihm erstrebten Schutz zu finden.

Es geht aber um mehr als nur um die vieldiskutierte aktuelle kulturelle und soziale Veränderung des Landes durch die starken Neuzuwanderungen allein: In den Vereinigten Staaten wird um die Mitte des 21. Jahrhunderts die aus Europa stammende Mehrheit der Amerikaner in der Bevölkerungsstatistik – cum grano salis – unter die Marke von 50 Prozent gesunken und damit zur größten einheimischen Minderheit geworden sein, gefolgt von »Blacks« und »Hispanics«. Europa folgt auf diesem Weg. In Städten wie Amsterdam, London und Brüssel ist der bevölkerungsstatistische Wendepunkt schon erreicht. In Deutschland werden als erste Städte Frankfurt, Augsburg und Stuttgart folgen.[234] Das ist kein Grund zur Panik. Es sollte aber Anlass sein, darüber nachzudenken, ob nicht die Zeit für die gemeinsame Diskussion über ein für alle verständliches neues Leitbild gekommen ist, das auch die Kommunikation mit Neuzuwanderern entschieden erleichtern würde. Entsprechende Denkanstöße von Wissenschaftlern und Publizisten liegen vor und sind auch von verschiedenen politischen Seiten schon aufgegriffen worden.[235]

Das Grundgesetz bleibt auch dafür die Basis aller gesellschaftspolitischen Architektur. Nötig ist ein auf seinen Wertebezügen ruhendes Leitbild mit daraus ableitbaren Spielregeln für den alltäglichen Umgang miteinander in der Migrations- und Einwanderungsgesellschaft, die sich eigendynamisch und unübersichtlich stets weiter ausdifferenziert. Hilfreich dazu sind einprägsame Formeln als Botschaften. Das war auch bei den »klassischen« Einwanderungsländern nicht anders: Die amerikanische Leitidee »Nation of Immigrants« stammt nicht aus der Gründerzeit, sondern erst aus den 1960er Jahren. Und das kanadische Leitmotto »Einheit in Vielfalt« fand erst in den 1980er/90er Jahren Verbreitung.

Die offenbar mit einem breiten Parteienkonsens endlich anstehende – von Bundesinnenminister de Maizière und der Führungsriege des BMI (das dann die Arbeit machen muss) lange hartnäckig, aber vergeblich bekämpfte – Vorbereitung eines Einwande-

---

[232] Hierzu zuletzt: J. Oltmer (Hg.), Handbuch Staat und Migration in Deutschland seit dem 17. Jahrhundert, Berlin 2016; vgl. Bade u.a. (Hg.), Enzyklopädie Migration; in globaler Perspektive: D. Hoerder, Cultures in Contact. World Migrations in the Second Millennium, Durham 2002; I. Ness (Hg.), The Encyclopedia of Global Human Migrations, 5 Bde., Malden, MA 2013; Überblick: J. Oltmer, Globale Migration. Geschichte und Gegenwart, München 2012.
[233] Über Migration, Rechts- und Wohlfahrtsstaat zuletzt, besonders in Auseinandersetzung mit den Arbeiten unseres verstorbenen Osnabrücker Kollegen und Freundes Michael Bommes: E. Eichenhofer, Wohlfahrtsstaat und Migration, in: IMIS-Beiträge, 47/2015, S. 99–115.
[234] J. Schneider / M. Crul / F. Lelie, Generation Mix. Die superdiverse Zukunft unserer Städte und was wir daraus machen, Münster/New York 2015.

[235] Hierzu und zum Folgenden neben M. Geis / B. Ulrich, Ausweitung der Kampfzone, in: Die Zeit, 29.1.2015; auch: N. Foroutan, Neue Deutsche, Postmigranten und Bindungs-Identitäten. Wer gehört zum neuen Deutschland?, in: Aus Politik und Zeitgeschichte, 2010, Nr. 46/47, S. 9–15; dies., Wir brauchen ein neues Leitbild. Spiegel-Gespräch (Frank Hornig/Maximilian Popp), in: Der Spiegel, 10.10.2015; dies., Wer integriert hier wen: Deutschland braucht ein neues Leitbild, in: Die Zeit, 29.10.2015; dies., Ein neues Leitbild für Deutschland. Pluralität als gesellschaftliche Aufgabe für die Zukunft, in: Reschke, Und das ist erst der Anfang, 2015, S. 283–293; »Wer gehört zum deutschen Wir?« Pressemitteilung zur Studie »Deutschland postmigrantisch« des Berliner Instituts für empirische Integrations- und Migrationsforschung (BIM), Humboldt-Universität zu Berlin, 3.12.2014; »Der Markenkern Deutschland wird neu verhandelt«. Interview (Arno Widmann) mit Naika Foroutan, in: Frankfurter Rundschau (FR), 13.12.2014; E. Kücük (Junge Islamkonferenz), Denkfabrik Zukunft Deutschland. Ein Projektvorschlag in Kooperation mit der Beauftragten für Migration, Flüchtlinge und Integration, Ms. Berlin 2014; F. Ghelli, Migrationsforscher fordern neues Leitbild für Deutschland, in: Mediendienst Integration, 5.1.2015; R. Künast, Das deutsche »Wir« neu definieren, in: FAZ, 5.2.2015; Willkommen in Deutschland! Die Zukunft der Einwanderungsgesellschaft. Tagung der Heinrich-Böll-Stiftung und Konrad-Adenauer-Stiftung, Berlin, 8.6.2015; K. J. Bade, Das Ende der Ersatzdebatten: von negativer Integration zu neuer Identität in der Einwanderungsgesellschaft, in: ders., Kritik und Gewalt. Sarrazin-Debatte, »Islamkritik« und Terror in der Einwanderungsgesellschaft, Schwalbach i.Ts. 2013 (3. um ein Nachwort erweiterte Auflage als E-Book 2014), S. 365–374; F. Dilmaghani, Für ein anderes Grundgesetz: »Vielfalt und gleichberechtigte Teilhabe« sollten in der Verfassung verankert werden, in: SZ 12.10.2015; A. Nassehi, Wir müssen reden. Über das Fremde spricht es sich viel leichter als über das Eigene. Das sollte nicht so bleiben, in: Süddeutsche Zeitung, 21./22.11.2015.

rungsgesetzes könnte eine gute Plattform für die gemeinsame Erarbeitung eines neuen Leitbildes für die Zukunft der Migrations- und Einwanderungsgesellschaft in Deutschland bieten. Am Ende könnte die Aufnahme eines solchen Leitbildes in die Verfassung stehen, die – weil im Vereinigungsprozess nicht vom »gesamtdeutschen Volk« angenommen und verabschiedet – noch immer provisorisch »Grundgesetz« heißt, obgleich die Bundesrepublik seit der deutschen Vereinigung kein Provisorium mehr ist.

Das sollte Anlass sein, auch in Fragen der Migrationspolitik endlich »erwachsen« zu werden. Dazu gehört, im Interesse an einer lebenswerten Zukunft Gestaltungsgebote in nationalen, internationalen und globalen Bezügen nicht in defensiver Erkenntnisverweigerung zu verdrängen. Das gilt auch für die anstehenden weltwirtschaftlichen, weltökologischen und im weitesten Sinne weltgesellschaftlichen Systemfragen, zu denen nicht nur »Staatsmänner« und »Staatsfrauen«, sondern auch die Bürger auf ihre Weise in ihren privaten Produktions-, Konsumgewohnheiten und alltäglichen Lebensformen durchaus beitragen können.

Zivilisatorische Robinsonaden haben wenig Überlebenschancen, anders gewendet: Wenn wir uns nicht um die Existenzbedingungen der Menschen in der sogenannten Dritten und Vierten Welt kümmern, dann kommen sie zu uns, zumal sie nicht nur von westlichen Fernsehwelten träumen, sondern in ihren kollektiven Erzählungen auch nicht vergessen haben, was unsere Vorfahren, zum Teil aber auch wir selbst im »Westen« ihnen und ihren Vorfahren mit unseren durchaus nicht altruistischen materiellen und immateriellen »Kulturimport« angetan haben.

Ein noch vergleichsweise kleines Beispiel dafür ist das, was in Deutschland und Europa heute »Flüchtlingskrise« heißt und doch in Wahrheit unsere eigene Krise ist.[236]

11.2.8 Appell an globale Fairness: »Wir brauchen eine Weltflüchtlingskonferenz«,
in: Mediendienst Integration (mdi), 26.2.2016 (Auszug).

Was derzeit viele Menschen nach Europa treibt, ist keine »Flüchtlingskrise«, sondern eine Weltkrise, so der Migrationsforscher Klaus J. Bade. Dennoch werden naheliegende Schritte wie eine weltweite Konferenz zur Bekämpfung der Fluchtursachen und zur Aufnahme der Flüchtenden immer noch nicht umgesetzt. Im Gastkommentar schlägt der Experte zudem Grundlagen für eine neue Asyl- und Migrationspolitik vor.

Internationale Anschubfinanzierung für die Krisenregionen
Selbst der Multimilliardär, Philosoph und Förderer George Soros[237] fordert jetzt einen Schritt in diese Richtung. Bekannt wurde er unter anderem durch spektakuläre Börsengeschäfte, die ganze Staaten erschütterten, aber auch als Gründer von Stiftungen wie den Open Society Foundations (OSF)[238], die sich für eine offene Gesellschaft und Menschenrechte einsetzen und den Mediendienst Integration fördern[239]. Mit Blick auf die relativ erfolgreiche »Geberkonferenz«[240] für Syrien am 4. Februar 2016 schrieb George Soros in einem Beitrag für die Süddeutsche Zeitung: »Die internationale Gemeinschaft unterschätzt den Bedarf an Unterstützung für die Flüchtlinge nach wie vor enorm, und zwar sowohl innerhalb als auch außerhalb der Grenzen der Europäischen Union [...]. Statt Jahr für Jahr unzureichende Geldmittel für die Flüchtlinge zusammenzukratzen, ist es Zeit für eine großzügige Anschubfinanzierung [...]. Die Ausgaben vorzuziehen, würde uns in die Lage versetzen, die gefährlichsten Folgen der Krise – die einwandererfeindliche Stimmung in den Aufnahmeländern und das Elend und die Marginalisierung der Flüchtlinge – wirksamer anzusprechen.«[241]

Neben einer europäischen Asylrechtsreform und besseren Grenzkontrollen denkt Soros dabei vor allem an eine drastische Erhöhung der Subventionen für die derzeitigen »Frontstaaten« des Fluchtgeschehens (Jordanien, Libanon und die Türkei): »In den Frontstaaten wird Geld benötigt, um den Flüchtlingen reguläre Beschäftigungsverhältnisse, Gesundheitsversorgung und Bildung zur Verfügung zu stellen. Wenn man das Leben für die Flüchtlinge in den Frontstaaten erträglich macht und [...] es ein geordnetes Verfahren für die Einreise nach Europa gibt, werden sie eher abwarten [...] als nach Europa zu hetzen und das System zu überlasten. In ähnlicher Weise wird [die] europäische Öffentlichkeit [...] dann weniger bereit sein, eine einwandererfeindliche Politik zu unterstützen.«

Der Multimilliardär fordert eine gewaltige internationale Anschubfinanzierung, ermöglicht zum Beispiel durch europäische Staatsanleihen: »In den kommenden drei bis fünf Jahren müssen mindestens

---

[236] Vgl. K. J. Bade, »Und das ist wohl erst der Anfang...«, Interview (Georgios Chatzoudis) über Fluchtwanderungen und Flüchtlingspolitik in Deutschland und Europa, in: L.I.S.A. Das Wissenschaftsportal der Gerda Henkel Stiftung, 13.10.2015 (in diesem Band: 11.2.2); vgl. »Klimawandel treibt Millionen in die Flucht«. Interview (D. Goffart / T. Heid), mit Umweltministerin Barbara Hendricks, in: Focus, 7.11.2015; H. Welzer, »Klimawandel wird Flüchtlingsströme verursachen«, Interview (Joachim Wille) über Flucht und Zuwanderung, in: FR online, 23.11.2015 (http://www.fr-online.de/flucht-und-zuwanderung/migration--klimawandel-wird-fluechtlingsstroeme-verursachen-,24931854,32486976.html).

---

[237] https://www.georgesoros.com/the-life-of-george-soros/.
[238] https://www.opensocietyfoundations.org/about.
[239] https://mediendienst-integration.de/foerderung.html.
[240] Zur »Geberkonferenz« s. http://www.tagesschau.de/ausland/syrien-geberkonferenz-113.html.
[241] G. Soros, Die Zeit drängt, SZ.de, 17.2.2016, online unter: http://www.sueddeutsche.de/politik/aussenansicht-die-zeit-draengt-1.2866759.

40 Milliarden Euro jährlich ausgegeben werden. Noch größere Beträge sind gerechtfertigt, wenn es gelingen soll, die Migrationskrise unter Kontrolle zu bringen.« Die Migrationskrise stelle eine existenzielle Bedrohung für die EU dar. Tatsächlich zeige die Union Auflösungserscheinungen – Nord stehe gegen Süd und Ost gegen West. Wann also, so fragt Soros, sollte das höchste Kreditrating[242] der EU genutzt werden, wenn nicht jetzt?

Wenn man die Idee von Soros in ein umfassenderes Konzept einbringt, könnte sich daraus folgendes Strategiepaket ergeben:

Auf globaler Ebene:
Die Vereinten Nationen (UN[243]) berufen eine Weltflüchtlingskonferenz ein, am besten verbunden mit einer Welt-Flüchtlingsdekade. Dabei muss die absehbare millionenstarke Zahl von »Klimaflüchtlingen« bereits mitgedacht werden, für die es bislang weder eine Rechtskategorie noch Umsiedlungsprogramme gibt.

Auf europäischer Ebene:
1. Eine Reform[244] des europäischen Asylrechts mit Aufnahmequoten oder Kontingenten und einem zumindest in einem Kerneuropa abgestimmtem Lastenausgleich. Eine europäische Asylagentur wäre dabei hilfreich.
2. Mehr legale Zuwanderungswege in den Arbeitsmarkt, was viele sogenannte »Wirtschaftsflüchtlinge« veranlassen könnte, von vornherein nicht als Asylbewerber den Zutritt in die EU oder nach Deutschland zu suchen, sondern als Wirtschaftswanderer. Dazu wäre eine europäische Arbeitsagentur hilfreich.
3. An den Schengen-Grenzen[245] sollte ein Kontrollsystem eingeführt werden, das Drittstaatsangehörigen[246], die sich nicht ausweisen können, nur Zutritt gewährt, wenn sie Asyl suchen. Alle anderen würden auf die Möglichkeit verwiesen, ein Arbeitsvisum zu beantragen.
4. Die meisten Menschen flüchten aus den Krisenzonen in die Nachbarstaaten. Ein Teil von ihnen flieht von dort nach Europa weiter. Das könnte durch gewaltige Investitionen für die Anrainerstaaten, die den Großteil der Flüchtlinge aufnehmen, begrenzt werden. So könnte die Europäische Union in ihrer eigenen »Flüchtlingskrise« wieder konsens- und handlungsfähig gemacht werden.

Auf nationaler Ebene:
1. Einrichtung eines Nationalfonds zur Förderung der Integration und Entlastung der Kommunen.
2. Eine Entlastung des für die Asylverfahren zuständigen Bundesamtes für Migration und Flüchtlinge (BAMF[247]) durch die befristete Aufnahme von Kriegs- und Bürgerkriegsflüchtlingen aus festgelegten Regionen (wie derzeit Syrien) in Kontingenten ohne asylrechtliche Einzelfallprüfung.
3. Eine Schwächung des sogenannten Schlepperwesens, indem man über solche Asylanträge bereits in den Krisenregionen entscheidet und die (befristet) akzeptierten Flüchtlinge auf dem Luft- oder Seeweg abholt.
4. Die befristete Schutzgewährung sollte mit einer generellen Rückkehrpflicht verbunden werden. Gleichzeitig sollten jedoch Bleibeperspektiven eröffnet werden für diejenigen, die gefragte Qualifikationen mitbringen oder während ihres Aufenthalts erworben haben.

So könnte das Grundgerüst einer neuen Asyl- und Migrationspolitik aussehen, die auch gesellschaftlich konsensfähig wäre. Nur mit solchen lösungsorientierten und nachvollziehbaren Konzepten kann die sogenannte Flüchtlingskrise abgemildert werden. Mit einem politischen Zickzackkurs hingegen, der die teilweise aufgebrachte Öffentlichkeit noch mehr irritiert, wird das nicht gelingen. Andernfalls könnte die Europäische Union zerfallen oder zu einer bloßen Wirtschaftsgemeinschaft zurück schrumpfen. Auch schwere Konflikte, die die parlamentarischen Demokratien in einzelnen Mitgliedstaaten erschüttern, wären dann nicht auszuschließen.

Ein Beitrag zur Bekämpfung der Ursachen unfreiwilliger Wanderungen in den Ausgangsräumen und zu globaler Fairness wäre das alles noch nicht, aber sicher ein erster Schritt dahin.

11.2.9 Menschenrechte in Gefahr, in: MiGAZIN, 19.1.2016 (Auszug)

Bei der Feier zum 20-jährigen Jubiläum des Menschenrechtszentrums Karlsruhe hat Klaus J. Bade am 10.12.2016 in Karlsruhe den Festvortrag gehalten zum Thema: »Menschenrechte in Gefahr – ›Flüchtlingskrise‹, Abwehrhaltungen und Willkommenskultur.« MiGAZIN veröffentlicht einen Auszug aus seiner Rede.

Rund 60 % der 2015 in Deutschland als Flüchtlinge Zugewanderten werden zumindest auf Zeit im Land bleiben, mit welchem Status auch immer. Alles, was wir an Erfahrungen und Potenzialen zur Integrationsförderung haben, muss aktiviert oder reaktiviert werden, damit aus der »Flüchtlingskrise« keine Inte-

---
[242] Zu Kreditrating s. http://boerse.ard.de/boersenwissen/boersenlexikon/rating-100.html.
[243] http://www.un.org/en/index.html.
[244] F. Ghelli, Neue Migrationsagenda der EU, Notfallplan zur Verteilung von Asylsuchenden, mdi, 15.5.2015, online unter: https://mediendienst-integration.de/artikel/eu-migrationsagenda-quotensystem-grenzschutz.html.
[245] Zum Schengener Übereinkommen siehe: http://www.auswaertiges-amt.de/DE/EinreiseUndAufenthalt/Schengen_node.html.
[246] Anm. Menschen, die nicht die Staatsangehörigkeit eines EU-Landes besitzen. Quelle: BAMF.

[247] http://www.bamf.de.

grationskrise mit schwerwiegenden humanitären und politischen Folgen wird.

Im Blick auf diese große Integrationsaufgabe fiel und fällt den Kommunen eine Schlüsselrolle zu. Das gleiche galt und gilt für die Willkommensbewegung von unten in Gestalt des bürgergesellschaftlichen Engagements unter dem Eindruck der Überforderung staatlicher und kommunaler Versorgungseinrichtungen durch den aktuellen Flüchtlingsandrang. [...]

Umfragen meldeten 2016 ein Sinken der flüchtlingsfreundlichen Positionierungen in der Bevölkerung. Die regional und schichtenspezifisch unterschiedlich geprägte Unterströmung von Skepsis, Sorge und Angst begann wieder zu steigen und spülte alte Vorurteile gegenüber »Wirtschaftsflüchtlingen« und »Scheinasylanten« nach oben.

Aber auch die zunächst euphorische Stimmung in der bürgergesellschaftlichen Willkommensbewegung selbst ging zurück und die Zahl der praktisch Engagierten schrumpfte.

Eine gewisse Rolle spielte dabei zweifelsohne der demotivierende Schock der in den Sensationsmedien zu einem Danteschen Inferno hochgeputschten Nachrichten über die scheußlichen Ereignisse der Silvesternacht 2015 am Kölner Hauptbahnhof und andernorts.

Mitwirkend war sicher auch, dass nach dem heroischen Höhenflug bei der Erstaufnahme nun die Mühen der Ebene begannen. Vor allem aber ging es, wie Beobachter berichteten, um den damit verbundenen, ganz praktischen Wechsel der Aufgabenstellungen: vom Überleben zum Leben, vom Provisorium zur Lebensplanung, von der Sammelbetreuung zur individuellen Gestaltung und mit all dem zur Teilhabe an den zentralen Bereichen des gesellschaftlichen Lebens. Und dazu gehörten, je nach konkreter Entwicklung des einzelnen Falles, die Begleitung zu Behörden und andere Hilfestellungen im Alltag – wofür zum Beispiel Berufstätige auf Dauer kaum hinreichend Zeit im Übrigen konnten, zumal nach Feierabend auf die Behörden Feierabend hatten.

Wir wissen zwar, dass das gezielt destruktive und denunziative, konservativ-populistische Gerede vom »Ende der Willkommenskultur« eine grobe Überzeichnung der demoskopischen Umfragen ist; denn rund 70 % der Bevölkerung sind nach wie vor grundsätzlich für die Aufnahme von Flüchtlingen und Millionen von Menschen engagieren auch weiter in der Flüchtlingsarbeit. Aber die Abwehrhaltungen wuchsen:

Mitbestimmend dafür waren auf dem Höhepunkt der »Flüchtlingskrise« und noch Monate danach auch die alarmistischen Positionierungen auf der Unionsachse München/Berlin unter dem Stichwort »Obergrenze«.

In die gleiche Richtung wirkten populistische parteipolitische Perspektiven im Vorfeld von Wahlen auf Länder- und kommunaler Ebene und im langen Vorfeld der Bundestagswahl von 2017. Im Hintergrund standen nicht selten Versuche, den rasant aufsteigenden, mit dem Blick des Kaninchens auf die Schlange verfolgten, eigentlichen politischen Gewinner der allgemeinen Unsicherheit, die Alternative für Deutschland (AfD), zu bremsen oder sogar durch taktisch tänzelnde Verbeugungen nach rechts in vorauseilendem Gehorsam zu überholen. Insoweit ist die AfD längst zur stillen Mitregierung geworden.

»Die Sorgen der Menschen ernst nehmen«, nennt man das heute überheblich, als ob das bislang nicht nötig gewesen wäre und Politiker sich über den Souverän erheben wollten, dessen Legislatur-Zeitangestellte sie in Wahrheit nur sind.

Besonders verschärfend wirkte zuletzt ein Bumerang-Effekt: Es war die immer mehr auf Sicherheitspolitik, Gefahrenabwehr und »Härte« gegenüber schutzsuchenden Flüchtlingen setzende »Bewältigung der Flüchtlingskrise« durch die militarisierte Drosselung des Zugangs für Flüchtende in die EU in Drachentöter-Manier.

Das bestärkte fremdenfeindliche Abwehrhaltungen und rechtsorientierte Strömungen; denn die wussten sich diese deutsche und europäische strategische Wendung von der Flüchtlingspolitik zur Flüchtlingsabwehrpolitik als Erfolg auf ihre eigenen Fahnen zu schreiben: Da gleiche galt für die Wende von der nur proklamierten »Bekämpfung der Fluchtursachen« zur faktischen Bekämpfung von Flüchtlingen weit vor den Grenzen der Festung Europa unter der mit dem Stichwort »Externalisierung« umschriebenen Vorverlagerung der europäischen Grenzverteidigung.

* * *

Bei der Flüchtlingsabwehr gibt es eine Art legitimatorischen Schaukeleffekt: Je unsicherer die Bevölkerung wird bzw. je unsicherer sie gemacht wird, desto leichter lassen sich inhumane Abwehrkonzepte legitimieren. Das gilt zum Beispiel für Verträge mit selbst Flucht verursachenden brutalen Diktaturen wie in Eritrea und im Sudan – wobei der blutige Diktator des Sudan sogar beim Internationalen Strafgerichtshof wegen Verbrechen gegen die Menschlichkeit angeklagt und international zur Fahndung ausgeschrieben ist.

So sehen heute Vertragspartner der EU und damit auch Deutschlands bei der Flüchtlingsabwehr aus. Damit zeigt sich die dunkle Kehrseite von Angela Merkels »Wir schaffen das«-Medaille. Ihre Botschaft lautet: Wir schaffen es, die Flüchtlinge fernzuhalten, und zwar in Gestalt einer postkolonialen, in Wahrheit neokolonialen Abstimmung mit nicht selten korrupten und kleptokratischen Eliten der vorwiegend afrikanischen Ausgangsräume in einer Mischung von Zuckerbrot und Peitsche. Deutschland und seine Bundeskanzlerin stehen vornean in dieser Abwehrfront, so als wollten sie nach dem »Desaster« von 2015 europapolitisch etwas wiedergutmachen.

Dabei bleiben die eigentlichen Ursachen der fluchtgenerierenden Weltkrise außer Acht; denn eine Systemkrise kann man nicht mit Abwehr und Almosen, sondern nur mit kritischen Systemfragen angehen. Das hat auch der aus der nichtmarxistischen lateinamerikanischen Befreiungsbewegung stammende Papst in seiner Enzyklika »Laudato Si« unverblümt angesprochen. Seine Systemkritik hat er andernorts sogar einmal in die mutigen Worte gefasst »Dieses System tötet!«.

* * *

Vor diesem Hintergrund geht es, über die konkreten Hilfestellungen für Flüchtlinge im Alltag hinaus, um dreierlei: 1. teilen, 2. retten, 3. widerstehen:

Ad 1.: Wir müssen teilen: Spenden ist gut, aber nicht gut genug; denn die globale Krise kommt – nicht nur, aber eben auch – aus der fortschreitenden postkolonialen bzw. neokolonialen Ausbeutung der Armen durch die reichen Länder der Welt. Nutznießer sind wir alle, bis hin zur Schnäppchenjagd nach Waren, von unter Hungerlöhnen gestressten Arbeiterinnen oder von zerschundenen Kinderhänden gefertigt wurden.

Ad. 2: Wir müssen retten: an und vor den Grenzen der Festung Europa. Hier spielen diverse Bürgerinitiativen mit ihren privaten Rettungsschiffen im Mittelmeer eine wichtige Rolle neben den Booten der Küstenwachen und den vorwiegend für Schlepperjagd und Schlepperbootsversenkung gedachten, zur »Operation Sophia« verbundenen maritimen Einheiten der EU-Militärmission »European Union Naval Force« (Eunavfor Med), an der auch Deutschland mit zwei Schiffen beteiligt ist.

Ein besonderes Beispiel für die privaten Rettungsinitiativen ist die vor allem vor den libyschen Küstengewässern patrouillierende »Aquarius«, gechartert von der deutsch-französisch-italienischen Initiative »SOS Mediterranee: Europäische Gesellschaft zur Rettung Schiffbrüchiger im Mittelmeer«, zu deren Mitgliedern auch der Verfasser gehört. Die »Aquarius« ist das größte, als einziges auch sturmtaugliche und winterfeste private Rettungsschiff im Mittelmeer: 77 m Länge, 11 m Breite, 6,5 m Tiefgang, an Bord eine elfköpfige reguläre Crew, ein im Kampf um das Leben Schiffbrüchiger erfahrenes Search & Rescue-Team, vier ehrenamtlich arbeitende Ärzte, aber auch Beobachter, die über das Geschehen im Meer Zeugnis ablegen. Das Schiff ist mit allem für den ständig eintretenden Ernstfall Nötigen ausgestattet, vom Kinderspielzeug bis zu Leichensäcken, und kann offiziell bis zu 400 Schiffbrüchige aufnehmen, zuletzt waren auch schon mal rund 700 an Bord.

Ad 3: Wir müssen widerstehen: gegen Systeme der strukturellen, institutionellen und strategischen Inhumanität. Das führt unmittelbar zu den weiteren Plänen des neuen Abwehrsystems der EU mit ihren »Migrationspartnerschaften«. In dieser Region heißt das: Gerettete Flüchtlinge, die mit libyschen Booten in Seenot gerieten, sollen in libysche Lager deportiert werden.

Solche Internierungslager gibt es dort schon seit dem Berlusconi/Gaddafi-Abkommen (2008) zur Abwehr von in »illegale Zuwanderer« umbenannten Flüchtlingen. Es waren gehobene Konzentrationslager, in denen Gefangene oft unter unsäglichen Bedingungen buchstäblich vergingen, wenn sie nicht ab und in Busse oder Lastwagen gepfercht, irgendwo in der Wüste ausgekippt und dort ihrem oft tödlichen Schicksal überlassen wurden. Nach dem Sturz des Gaddafi-Regimes wurden diese Lager von konkurrierenden und sich gegenseitig bekämpfenden Milizen übernommen, die sie auch als Geisellager betreiben.

Grundlage des neuen Abwehr- und Lagerkonzepts werden »humanitär« gestaltete, aber gleichgerichtete vertragliche Regelungen zum Beispiel mit einer der libyschen »Regierungen« sein, nämlich mit dem von EU und UN anerkannten »Government of National Accord« (GNA): Die »Regierung« besteht aus einem Präsidenten und einem siebenköpfigen Präsidialrat, der es nicht wagt, die Marinebasis in Tripolis zu verlassen, wo er selber Schutz gefunden hat. Es geht hier also um einen Vertrag der Europäischen Union mit einem durch Anerkennung, Geld, Hilfslieferungen und Ausbildungsangebote gefügig gemachten, derzeit noch zögerlichen Marionettenregime.

Die schon angelaufene Ausbildung selbst ist das Training von Sicherheitskräften. Dabei handelt es sich offenbar nicht selten um Kräfte, die schon unter Gaddafi einschlägige Erfahrungen gesammelt haben. Sie sind oft verhaltensauffällig aggressiv, so dass sie zunächst ein Anti-Aggressions-Training brauchen.

* * *

Der Menschenhändler Gaddafi lässt grüßen. Er war auf furchtbare Weise seiner Zeit voraus und wir treten mit den europäisch-afrikanischen »Migrationspartnerschaften« scheinbar ein Stück weit sein schäbiges Erbe an. Die militarisierte »Verteidigung« der Festung Europa gegen schutzsuchende Flüchtlinge sowie gegen wirtschaftlich und sozial motivierte Überlebenswanderer mit ihren Familien ist, von irregulären ökonomisch-spekulativen Wirtschaftswanderern abgesehen, ein politisch organisiertes Vergehen gegen die Menschlichkeit, aller humanitär klingelnden semantischen Glöckchen in der Vertragsgestaltung zum Trotz.

Sage später niemand wieder, man habe das alles nicht gewusst. Wir haben es gewusst und wer sich nicht dagegen auflehnt, wird vor der Geschichte und, wenn er Christ ist, auch vor seinem Gott mitschuldig sein. Es muss dabei nicht um christliche Nächstenliebe gehen. Die profane Beachtung der Menschenrechte genügt; denn der Schutz vor der Gefährdung von Leib und Leben und ein Leben in Würde sind Menschenrechte. Und die deutsche Verfassung schützt bekanntlich nicht die Würde des Deutschen, sondern die Würde des Menschen – gleich wie er aussieht, woher er kommt und an welchen Gott er glaubt.

12 Spaltung in der Einwanderungsgesellschaft: »Willkommenskultur«, Abwehrhaltungen und Suche nach Zusammenhalt

12.1 »Willkommenskultur« und Abwehrhaltungen

12.1.1 Identitätskrisen in der Einwanderungsgesellschaft: Muslimfurcht, Romahass und negative Integration in Deutschland,
in: Deutsch Türkische Nachrichten, 25.10.2013.

Der Berliner Migrationsforscher Klaus J. Bade sagt, dass die Sarrazin-Debatte weitreichende negative Folgen für die deutsche Gesellschaft nach sich gezogen hat. So richte sich die »Islamkritik« gegen »den« Islam, »die islamische Kultur« und »die« Muslime als »kulturelle« Fremdkörper, die »nicht integrierbar« seien in »die« demokratische Kultur in Deutschland. Doch auch Roma sind betroffen und in Deutschland herrsche mittlerweile eine »Zigeuner«-Hysterie.

Zwei Gespenster gehen um in Deutschland, ein altes und ein neues. Beide werden angetrieben durch die Angst vor Massenwanderungen. Das alte Gespenst sind Fluchtwanderungen aus aller Welt, das neue sind sogenannte Armutswanderungen aus dem Osten der EU. Die aggressiven Abwehrreaktionen auf beide Ängste werden in Deutschland mitbestimmt durch die mental folgenreichen und bei weitem unterschätzten Folgen der Sarrazin-Debatte der Jahre 2010/11. Sie trugen bei zu einem Syndrom der negativen Integration in einer Art Identitätskrise, die viele Deutsche ohne Migrationshintergrund im rasanten und eigendynamischen Wandel der Einwanderungsgesellschaft belastet. Das wird im Folgenden begründet.

Angst vor Fluchtwanderungen
Die Angst vor Flüchtlingen aus dem Süden der Welt begleitet die europäischen Kolonialmächte seit dem Untergang ihrer überseeischen Imperien und den damit verbundenen postkolonialen Zuwanderungen. In Deutschland ist sie, als Angst vor und Abwehr gegen »Wirtschaftsflüchtlinge« und »Asylschmarotzer«, seit den 1980er Jahren virulent. Sie wurde in ihren wechselnden Konjunkturen immer wieder angefacht durch politische und mediale Anti-Ausländer- und insbesondere Anti- Asylkampagnen zu Wahlkampfzeiten, die Vorurteile und Abwehrhaltungen schürten. Als Politik und Medien längst wieder zur Tagesordnung übergegangen waren, lebten die propagierten Übertreibungen und denunziativen Schreckbilder in den Vorstellungen vieler Bürger fort und konnten dort mit entsprechenden Stichworten immer wieder abgerufen werden.

Einen Höhepunkt erreichte die Asylpanik Anfang der 1990er Jahre, als jährlich Hunderttausende von Flüchtlingen und Asylsuchenden, vor allem aus Ex-Jugoslawien, in Deutschland eintrafen. Der Streit um die Änderung des Asylrechts lähmte die politische Handlungsfähigkeit bei wechselseitigen Schuldzuschreibungen der politischen Parteien. Die Begegnung von Handlungslähmung und Konzeptionslosigkeit der Politik auf der Bundesebene mit der Empörung der Bürger über vermeintlich ungeregelte Zuwanderungen war in den frühen 1990er Jahren der Hintergrund für die weltweit Aufsehen erregenden fremdenfeindlichen Exzesse gewalttätiger Minderheiten, die sich für die Sprecher der schweigenden Mehrheit hielten.

Unter dem Druck der Gewalt auf den Straßen kam es zu den restriktiven migrationspolitischen Entscheidungen im »Asylkompromiss« von 1993, der treffender Migrationskompromiss genannt wird; denn er schränkte nicht nur das Asylrecht scharf ein, sondern brachte auch viele andere migrationspolitische Regelungen mit sich, z.B. auch gegenüber der starken Zuwanderung von Aussiedlern aus Osteuropa. Die Gewalt des auf den Straßen randalierenden Pöbels selbst hingegen wurde erst durch die berühmten »Lichterketten« eingeschränkt, die zeigten, dass die Mehrheit nicht hinter der gewalttätigen Minderheit stand. Nach dem folgenschweren Versagen der Politik auf der Bundesebene waren Politiker, die sich hier einreihen wollten, ausdrücklich unerwünscht.

Angst vor Armenwanderungen
Zur alten Angst vor den Flüchtlingen gesellte sich Anfang der 1990er Jahre zunächst die ebenfalls schon alte Angst vor Ost-West-Wanderungen nach Europa; denn als der Eiserne Vorhang fiel, wuchs die Sorge, dass mit dem Limes des Kalten Krieges auch eine Art Bollwerk gegen die gefürchtete kontinentale Ost-West-Wanderung gefallen sein könnte. Deswegen nutzte Deutschland, wo es noch anhaltende Massenarbeitslosigkeit gab, bei der EU-Osterweiterung 2004 alle verfügbaren Handlungsspielräume, um die Gewährung der vollen Freizügigkeit am Arbeitsmarkt möglichst lange hinauszuschieben. Das galt besonders gegenüber Polen, wo die stärksten Wanderungskontingente von Billigarbeitern vermutet wurden.

Die polnischen Arbeits- und Auswanderungen gingen deshalb nach Skandinavien und nach England, wo sich rasch feste Wanderungspfade einschliffen und sogar polnische Siedlungsdistrikte entstanden, bis im Mai 2011 endlich auch das Tor zum Arbeitsmarkt in Deutschland geöffnet wurde. Dies geschah zu einer Zeit, in der die polnische Wirtschaft bereits boomte und polnische Unternehmen ausgewanderte qualifizierte Arbeitskräfte, insbesondere Ingenieure, sogar mit dem Angebot von Rückkehrprämien heim zu locken suchten. Die in Deutschland gefürchtete massenhafte Zuwanderung insbesondere von polnischen Billigarbeitern blieb deshalb aus.

Die Zuwanderung aus Polen ist heute nach wie vor bedeutend stärker als diejenige aus den 2007 aufgenommenen neuen EU-Staaten Bulgarien und Rumänien. Auch nach deren Beitritt wählte Deutschland sicherheitshalber die längste, insgesamt siebenjährige Sperrfirst. Sie endet mit der Gewährung der vollen Freizügigkeit auch für Arbeitnehmer aus Bulgarien und Rumänien im Januar 2014.

Vorab schon trafen in vielen deutschen Städten sogenannte Armutswanderer, besonders aus Bulgarien und Rumänien ein. Unter ihnen waren angeblich viele oder sogar meist Roma bzw. solche, die sich so nannten oder dafür gehalten wurden, weil sie eine ihrer Sprachen bzw. Dialekte verstanden; denn eine ethnische Statistik gibt es in Deutschland nicht mehr seit den rassistischen Verfolgungen und dem Holocaust in der NS-Zeit, wobei, nach den Juden, die »Zigeuner« mit rund einer halben Million Ermordeten und unzähligen anderen Verstümmelten und in Konzentrationslagern Gequälten am meisten zu leiden hatten.

Das Bundesministerium des Innern hatte im Vorfeld versagt und auf die Anfrage aus Brüssel nach einer integrativen Roma-Strategie im Blick auf absehbare Zuwanderungen nach langem Zögern zum letztmöglichen Zeitpunkt Ende 2011 geantwortet, eine solche Strategie sei in Deutschland nicht nötig. Man habe im Zweifelsfalle die bewährten Integrationskurse und spezielle Konzepte für Roma hätten nur eine segregative Wirkung.

Nach allem, was man, gerade in der Heimat des Holocaust, über spezifische Probleme der Roma-Integration vor dem Hintergrund der historischen Erfahrungen dieser Gruppe wissen konnte und sollte, war diese inkompetente Antwort eine Art Kriegserklärung an die Realität. Als Brüssel ein Jahr später hartnäckig erneut anfragte, über welche konkreten Konzepte und Projekte denn im Bereich der Roma-Integration aus Deutschland zu berichten sei, war die Antwort eine peinliche Internet-Recherche unter den Stichworten »Roma« und »Integration«.

Der Alarmruf der Städte

Im Februar 2012 schlug eine Arbeitsgruppe des Städtetages Alarm mit dem Aufsehen erregenden Notruf, dass durch die sprunghaft Zunahme der sogenannten Armutswanderungen aus Bulgarien und Rumänien »die soziale Balance und der soziale Friede in den Städten in höchstem Maße gefährdet« seien. Damit gesellte sich zu den alten Ängsten vor Fluchtwanderungen und generell vor Ost-West- Wanderungen die neue Angst vor Armenwanderungen aus dem Osten der EU.

Der Notruf der Städte war berechtigt und problematisch zugleich. Berechtigt war der Hinweis auf erhebliche Sozialprobleme in einzelnen Distrikten und auf die damit verbundenen Kosten für die ohnehin angeschlagenen kommunalen Sozialetats. Missverständlich war der Hinweis an den rasanten Anstieg der Zuwanderung aus Bulgarien und Rumänien von 2007 (ca. 64 000) auf mehr als das Doppelte im Jahr 2011 (ca. 147 000), Tendenz rasant weiter steigend; denn man hatte die jährlichen starken Rückwanderungen, z.B. von Saisonarbeitern, nicht berücksichtigt. So betrachtet gab es z.B. 2011 im Saldo netto nicht die im Aufruf der Städte genannten ca. 147 000, sondern ca. 64 000 Zuwanderer aus Bulgarien und Rumänien.

Das führte zu einer nicht minder Aufsehen erregenden Korrektur durch eine kritische Wissenschaftlergruppe, die die Angaben der Städte in ihre »Unstatistik des Monats« aufnahm. Sie wies überdies darauf hin, dass unter den Zuwanderern aus Bulgarien und Rumänien seit dem EU-Beitritt beider Länder 2007 keineswegs etwa unqualifizierte Arbeitslose bzw. Transferabhängige dominierten. Vielmehr seien rund 80 Prozent dieser Zuwanderer erwerbstätig, davon fast die Hälfte (46 %) qualifiziert und fast ein Viertel (22 %) sogar hochqualifiziert. 2011 hatte es in Deutschland allein aus Bulgarien ca. 7 000 Studierende gegeben. Und im Dezember 2012 waren insgesamt nur 9,6 Prozent der Bulgaren und Rumänen in Deutschland arbeitslos gemeldet, womit deren Erwerbslosenquote deutlich niedriger lag als diejenige der Ausländer in Deutschland insgesamt (16,4 %).

Der quantitativ und qualitativ korrigierende Hinweis auf Gesamtdaten zur bulgarischen und rumänischen Zuwanderung relativierte aber die konkreten Probleme der von tatsächlichen Armutswanderungen betroffenen Städte nicht; denn diese Zuwanderungen, in denen scheinbar die von den Korrektoren nicht näher qualifizierten letzten 20 Prozent der Gesamtstatistik dominierten, waren mit den sozial ausgewogenen Gesamtdaten zur Zuwanderung aus Bulgarien und Rumänien nicht vergleichbar. Und sie trafen im Rahmen von Kettenwanderungen meist ausgerechnet in sozialen »Problemvierteln« bzw. ohnehin schon überfüllten »Problemhäusern« ein.

Populistische Rhetorik statt konzeptorientierter Fachpolitik

Auf kommunaler Ebene gab es im Grunde nur eine klare Alternative: entweder die kostspielige und wohl nur durch Zusatzförderungen aus einem zu schaffenden nationalen Sozialfonds finanzierbare Integration durch Qualifikation und Bildung, besonders für die Kinder; oder die z.B. in Hamburg in vielen Fällen erfolgreich praktizierte Überzeugungsarbeit der Integrationsdienste mit dem Ziel der Rückkehr von Armutswanderern ohne jede Integrationschance, z.B. von unqualifizierten bzw. berufslosen und zugleich nicht alphabetisierten Erwachsenen.

Auf der europäischen Ebene gab es nur den Weg einer Art migrationsorientierten Entwicklungspolitik mitten in Europa zur Begrenzung der wanderungstreibenden Faktoren in den Ausgangsräumen. Milliarden sind dafür schon fehlinvestiert worden – in die Taschen von korrupten Politikern und von feisten Sozialbürokratien, die nichts produziert haben als Papier. Fehlinvestitionen sind aber kein Grund für die z.B. von Bundesinnenminister Friedrich angedrohte Verweigerung (»wir zahlen nicht zweimal«) von – diesmal durch EU-Kommissare überwachten – streng zweckbestimmten und konzeptorientierten Neuinvestitionen.

Statt einer Diskussion über pragmatische Lösungswege breitete sich allenthalben eine Art »Zigeuner«-Hysterie aus, zu der pauschalisierende populistische, von Sensationsmedien begierig aufgegriffene Äußerungen des Bundesinnenministers Friedrich beitrugen, die peinlicherweise selbst in Brüssel als »Bierzelt«-Rhetorik zurückgewiesen wurden. Dabei machte Brüssel allerdings den gleichen Fehler, nämlich qualitative Gesamtdaten zur bulgarischen und rumänischen Zuwanderung gegen die empirischen Erhebungen der Städte vor Ort in Stellung zu bringen, was dort, aber auch auf Bundes- und Länderebene, zu Empörung Anlass gab.

Abwehr des Fremden als Negative Integration
Die neue Angst vor fremden Armen ist gefährlicher als seinerzeit die falsche Angst vor einer vermeintlichen Masseninvasion von Billigarbeitern aus Polen; denn in den letzten Jahren sind soziale Ängste überformt worden durch kulturelle Ängste und kulturrassistische Abwehrhaltungen.

Das hat mit der rasanten und eigendynamischen Entfaltung der kulturell vielfältigen Einwanderungsgesellschaft zu tun. Viele Alteingesessene ohne Migrationshintergrund haben dabei den Eindruck, »Fremde im eigenen Land« geworden zu sein. Gerade die zunehmende Akzeptanz kultureller Vielfalt lässt bei ihnen umso mehr das Misstrauen gegenüber dieser als »Multikulti aus Schwäche« missverstandenen Vielfalt wachsen.

Die Verbreitung kultureller Ängste und kulturrassistischer Abwehrhaltungen ist aber auch eine anhaltende Folge der sogenannten Sarrazin-Debatte, die von der Publikation von Thilo Sarrazins Millionenbestseller »Deutschland schafft sich ab« im Sommer 2010 ausgelöst wurde und in zwei hier belangvollen Komponenten bis heute folgenreich geblieben ist:

Die eine Komponente war die im Schatten der Sarrazin-Debatte wuchernde vulgärrationalistische »Islamkritik«. Sie richtete sich gegen »den« Islam, »die islamische Kultur« und »die« Muslime als »kulturelle« Fremdkörper, die »nicht integrierbar« seien ohne eine Gefährdung »der« demokratischen Kultur in Deutschland, in Europa und im Westen insgesamt. Das hat am Ende zu einer negativen Integration geführt, d.h. zu einer Selbstvergewisserung irritierter Kreise der Mehrheit durch die Auskreisung einer starken – muslimischen – Minderheit. Solche anschlussfähigen Abwehrhaltungen können in Identitätskrisen mentale Ersatzgemeinschaften stiften. »Othering« nennen das die Amerikaner. Die andere Komponente war die von Sarrazins Buch geweckte und in der Sarrazin-Debatte fortgetragene Legitimation der offenen Verachtung von sozial Schwachen.

Mit Kulturängsten und Identitätskrisen in der Entfaltung der Einwanderungsgesellschaft verbinden sich heute die zunächst von der Islam- und Muslimfeindschaft ausgegangenen kulturrassistischen Abwehrhaltungen und die soziale Ächtung der Schwachen zu einem diffusen Syndrom neuer Fremdenfeindlichkeit. Sie richtet sich besonders gegen als »Wirtschaftsflüchtlinge« und »Sozialbetrüger« geschmähte asylsuchende Flüchtlinge aus »fremden« Kulturen sowie gegen sogenannte Armutswanderer aus Bulgarien und Rumänien und insbesondere gegen die »Zigeuner« genannten Roma unter ihnen.

Das hat den Boden bereitet für den Einschluss auch der »Zigeuner« in das Feindbild der negativen Integration. Wer dagegen rationale Argumente vorträgt, wird von kulturrassistischen und insbesondere »islamkritischen« Internet-Prangern wie »Madrasa of Time – Time of Counterdjihad« oder »Politically Incorrect« und ihren feigen, unter Pseudonym hetzenden Usern vom »Gutmenschen« und »Schönschreiber« zum »Dhimmi-Pascha« oder »Zigeuner-Lobbyisten« befördert. Es sind die gleichen Kräfte, die vordem gegen »den Islam« und »die Muslime« hetzten, die heute gegen »Zigeuner« genannte Roma agitieren, die oft gleichen Pseudonyme verraten das.

Wortgewalt und Tatgewalt
Misstrauen gegenüber vermeintlich unredlichen Flüchtlingen, Wut auf verachtete Armutswanderer, Antiislamismus und Antiziganismus treiben heute gemeinsam Wasser auf die Mühlen von Rechtspopulisten, Rechtextremisten und Neo- Nationalsozialisten, die sich die politisch-populistische, mediale und nachbarschaftliche Empörung zu Nutze machen. Das reicht von der Angst vor dem Türken- oder Arabergetto über das Roma-Problemhaus nebenan bis hin neuerdings auch zum Übergangswohnheim für Asylbesucher; denn dort hausen auf Gemeinschaftskosten, wie der pöbelnde Volksmund zu wissen glaubt, in Wirklichkeit nicht »echte« Flüchtlinge und Asylsuchende, sondern vorzugsweise »Wirtschaftsflüchtlinge«, »Armutswanderer«, »Sozialschmarotzer« und »Zigeuner«.

Das alles ist buchstäblich brandgefährlich. Die medialen und publizistischen geistigen Brandstifter sind bekannt. Der Weg von der Wortgewalt zur Tatgewalt kann kurz sein. »Aus Worten können Taten werden«, warnte Kanzlerin Merkel in ihrer Trauerrede zu dem Attentat des christlich-fundamentalistischen Islamkritikers, Multikultur- und Europafeindes Breivik vom Juli 2011 in Norwegen. »Wie weit weg ist Norwegen«, fragte damals der Berliner Integrationsbeauftragte Günter Piening. Er konnte nicht ahnen, dass die ab November des gleichen Jahres aufgedeckten Mord- und Raubüberfälle des »Nationalsozialistischen Untergrunds« (NSU) in Deutschland schon viel älter waren als die Verbrechen des norwegischen Terroristen Breivik.

Wie weit weg ist Slowenien, wo es um Mord und Totschlag gegenüber Roma geht, könnte man heute fragen. Und wie weit weg ist der »Schluckenauer Zipfel« im Norden der Tschechischen Republik an der deutsch-tschechischen Grenze zwischen dem Elbsandsteingebirge und dem Lausitzer Gebirge, wo an den Wochenenden immer wieder von geradezu ritualisierten Roma-Hatzen in Pogromstimmung berichtet wurde. Tschechische Spezialeinheiten hielten die gewaltbereiten Anti-Roma-Hetzer in Schach. Und in der tobenden Menge tauchten immer wieder glatzköpfige Rechtsextremisten und Neonazis aus Deutschland auf, die dort wohl schon mal üben wollten, wie das zuhause dereinst so gehen könnte.

Heute ist das neue fremdenfeindliche Syndrom längst auch in Deutschland angekommen. Zu konstatieren ist dabei, dass es nach langer politischer Zurückhaltung in der Erinnerung an die Folgen fremdenfeindlicher Polemik in den frühen 1990er Jahren nun sogar eine Stimme aus der Bundesregierung selbst war, die hier mit populistischer Rhetorik für Empörung, Angst und Wut bei vielen Bürgern sorgte:

Die wachsende fremdenfeindliche Stimmung wurde von dem gesellschaftspolitisch passiven, aber populistisch umso aktiveren Bundesinnenminister Friedrich (CSU) mit befeuert. Der Minister war zuvor immer wieder mit sicherheitspolitisch motivierter Islamskepsis und mit in der Sache falsch begründeter »Sorge« vor einer angeblich zunehmenden Radikalisierung junger Muslimen hervorgetreten. Nun warnte er vor für den Sozialstaat und damit letztlich für alle Bürger im Land gefährlichen Armutswanderungen in die Sozialsysteme und vor wandernden »Betrügern«, die man »ohne viel Federlesen« wieder »rauswerfen« und an der Wiedereinreise hindern müsse. Genau dies sind die auch in anderen europäischen Ländern von Populisten im Umlauf gebrachten Brandreden, die rechtspopulistische und rechtsextremistische Kräfte für ihre Zwecke zu nutzen verstehen.

»Wir sind das Volk – und nicht die da!«
Zuerst versuchte in Duisburg die rechtsextremistische Kleinstpartei »Pro NRW«, sich die aufgebrachte nachbarschaftliche Stimmung gegen zugewanderte Arme und besonders »Zigeuner« aus Bulgarien und Rumänien zunutze zu machen. Zunehmend ging bei den angst- und wutgetriebenen Bürgerprotesten argumentativ vieles, mitunter auch alles durcheinander. Das zeigten die beschämenden Tumulte um das Asylbewerber-Übergangsheim in einer leer stehenden Schule in Berlin-Hellersdorf. Dort skandierten protestierende, von Rechtsradikalen weiter aufgestachelte Bürger die Losung der negativen Integration: »Wir sind das Volk – und nicht die da!« Der als Publizist kommerziell in der Sarrazin-Nachfolge arbeitende Berliner Bezirksbürgermeister Buschkowsky, der mit seinem zynischen Bestseller »Neukölln ist überall« die Herzen der integrationsskeptischen »Mitte der Gesellschaft« erobert hat, könnte vielleicht bald dichten »Hellersdorf ist überall«:

In Güstrow gab es einen Brandanschlag auf ein Asylbewerberheim. »Diffuse Fremdenangst treibt die Menschen auf die Straße – und in die Arme der Rechtsextremisten«, berichtete die Chemnitzer Zeitung am 21.10.2013 über einen von der NPD organisierten Fackelzug gegen ein in einer ehemaligen Kaserne untergebrachtes Übergangsheim für Asylbewerber im erzgebirgischen Schneeberg. Dem schrägen Schüttelreim »Lichtellauf gegen Asylmissbrauch« schlossen sich in der nur rund 15 000 Einwohner zählenden Kleinstadt nach Angaben von Polizei und Landratsamt 1 000 bis 1 500 Demonstranten mit Lampions und von der NPD verteilten Fackeln an, unter ihnen ganze Familien mit Kinderwagen, von denen viele grollend riefen »Wir sind das Volk!«

Auf hochgehaltenen Pappschildern gab es Aufschriften wie: »Wir sind Mütter, Väter, Omas, Opas – Bürger in Angst!« Trotz einer Schilder-Aufschrift »Wir sind keine Nazis!« agitierten demagogische NPD-Redner unter Beifall in Rattenfänger-Manier gegen Ladendiebstähle »ohne Ende«, was sich bei entsprechenden Recherchen als gegenstandslos erwies. Sie hetzten gegen die »linke Asyl-Lobby«, gegen »Überfremdungspolitiker«, schwärmten von »Volk und Heimat« und schmähten Kritiker als »Volksverräter«, während diverse junge Leute demonstrativ den Hitlergruß zeigten. So andere düstere Beispiele zeigen, dass Gefahr im Verzuge ist.

Die Nagelprobe könnte kommen, wenn die – auch schlicht durch einen Bearbeitungsstau hochgetriebenen – Asylbewerber-Zahlen de facto weiter steigen und zusätzlich ab Januar 2014 auch für Rumänien und Bulgarien die volle Arbeitnehmerfreizügigkeit gilt. Ganz so folgenlos wie damals mit Polen dürfte dies z.B. im Falle von Bulgarien nicht abgehen; denn das Land ist buchstäblich in jeder Hinsicht das Armenhaus Europas mit einer in ihrer Entwicklung unvergleichbar zurückliegenden Wirtschaft und mit von Korruption zerfressenen Verwaltungsstrukturen, die eine Entfaltung wirtschaftlichen Wachstums über freie Konkurrenz am Markt erschweren.

Heute ist die Lage zwar anders als in den frühen 1990er Jahren; denn die Polizei greift bei aggressiven fremdenfeindlichen Demonstrationen ordnungsstiftend ein und steht nicht mehr, wie weiland in Rostock-Lichtenhagen, lange tatenlos herum, während zum Pogrom Würstchen und Bier angeboten wurden. Aber es gibt heute eine wachsende Zahl rechtsextremistischer Strömungen und Parteien und zusätzlich konspirativ organisierte und zum Teil auch bewaffnete rechtsextremistische Kleingruppen. Sie können blitzschnell zuschlagen, spurlos untertauchen und laufen dem relativ schwerfälligen V-Leute-System des Verfassungsschutzes immer wieder aus dem Raster, weil ihre hochmobilen Organisationsformen zu schnell wechseln.

Sage niemand, wie einst in Rostock-Lichtenhagen und bei den folgenden Exzessen der frühen 1990er Jahre, man habe das alles nicht voraussehen können und niemand habe rechtzeitig davor gewarnt. Hoffentlich besinnt sich die in dieser Hinsicht wieder einmal wie abwesend wirkende Politik endlich ihrer gesellschaftspolitischen Vermittlungspflicht, bevor es, wieder einmal, zu spät ist.

12.1.2 Kulturrassismus und Willkommenskultur, Einführungsvortrag zur Tagung der Heinrich Böll Stiftung Brandenburg »Über Nähe und Distanz. Zusammenleben in einer vielfältigen Gesellschaft«, Potsdam, 12.12.2014 (Kurzfassung, Auszug).

Bei rassistischen Argumentationen wird heute in aller Regel weniger in rassenbiologischen und mehr in Kategorien von Kultur und Religion gedacht.

Kulturrassismus in der Einwanderungsgesellschaft
Das spielt eine entscheidende Rolle vor allem bei kulturalistischen und rassistischen Abwehrhaltungen gegenüber »dem« Islam bzw. »den« Muslimen. Ähnliches gilt für Abwehrhaltungen gegenüber »den« in der Regel als homogene Ethnie missverstandenen Roma, hier noch verbunden mit sozialrassistischen Verhaltenszuschreibungen, zumal es »die Roma« als homogene Ethnie gar nicht gibt, sondern nur eine Vielzahl von Gruppen mit sogar eigenen Sprachen und Dialekten.

Kultur- und sozialrassistische aggressive Fremdheitszuschreibungen greifen über auf verwandte Distanzbeschwörungen gegenüber Flüchtlingen und Asylsuchenden, die in größerer Zahl als bedrohliche Fremde wahrgenommen werden.

Kultur- und sozialrassistische Abwehrhaltungen gegenüber zugewanderten Minderheiten siedeln heute aber längst nicht mehr vornehmlich am rechten Rand. Sie ankern geradewegs in der gebildeten Mitte: »Ein deutlicher Anstieg von Rassismus, Fremdenfeindlichkeit, Islamfeindlichkeit oder der Abwertung von Langzeitarbeitslosen zeige sich insbesondere bei den Befragten mit mittlerem bis höherem Einkommen«, erklärte der Direktor des Bielefelder Instituts für interdisziplinäre Konflikt- und Gewaltforschung, Andreas Zick. »Seit der Finanzkrise ist Menschenverachtung fest in der Mitte der Gesellschaft verankert.«[1]

Minderheitenfeindliche Abwertungen, Ausgrenzungen und Aggressionen sind oft Projektionen und haben insoweit weniger mit ihren Adressaten zu tun als mit ihren Absendern und deren Problemen in einer immer unübersichtlicher wirkenden Welt, in der stets neue Sündenböcke durch die Dörfer getrieben werden.

Wachsende Ängste und Bedrohungsperspektiven in einer Welt voller Konflikte sprachen auch aus dem deutschen Politbarometer vom August 2014. Bedrohungsvisionen, Projektionen, konkrete und diffuse Ängste schlugen bei gewaltbereiten Gruppen aus der Mehrheit, aber auch aus Minderheiten in Deutschland zunehmend um in Aggressionen der verschiedensten Art: in Anschläge auf Flüchtlingsquartiere, auf Moscheen und, vor dem Hintergrund des Israel-Hamas-Krieges, auf Synagogen sowie in Angriffe auf Minderheiten zum Beispiel auf Jesiden und Juden, aber auch in gewalttätige Auseinandersetzungen zwischen Minderheiten wie zum Beispiel Tschetschenen und Jesiden, Salafisten und radikalen Kurden.

Mittelbürgerlich dominierte, vorwiegend islam-, zuwanderungs- und insbesondere asylfeindliche Sammelbecken von Abwehrhaltungen sind neuerdings Großdemonstrationen wie »HoGeSa« (»Hooligans gegen Salafisten«), bislang in Köln und Hannover, sowie »Pegida« (»Patriotische Europäer gegen die Islamisierung des Abendlandes«) mit ihren zuletzt rund 10 000 Menschen umfassenden »Spaziergängen« in Dresden und kleineren Anschlussformen unter ähnlich klingenden Namen in einer wachsenden Zahl anderer Kommunen.

Kulturangst und antiislamische Abwehrhaltungen
Kulturangst ist die Angst vor einer Gefährdung der eigenen Wertvorstellungen und Lebensformen oder dessen, was man dafür hält, durch als fremd empfundene Wertvorstellungen und Lebensformen oder das, was man dafür hält. Solche Kulturangst ist ein wesentlicher Hintergrund für Abwehrhaltungen gegenüber starker Zuwanderung aus anders geprägten Kulturen.

Soziokulturelle Faktoren bestimmen die Haltung zu Einwanderungsfragen heute oft stärker als wirtschaftliche Aspekte. Dabei ist das in Deutschland stark negativ geprägte Bild fremder Religionen und Kulturen vor allem durch die Haltung zum Islam bestimmt.

Das hat ursächlich gar nichts zu tun mit der aktuellen Explosion von islamistischem Terror in Afrika (bes. »Boko Haram«) und im arabischen Raum (bes. »Islamischer Staat«); denn antiislamische Abwehrhaltungen wurden schon vorher in Deutschland in systematischer publizistischer und medialer Agitation verbreitet. In meinem Buch »Kritik und Gewalt« habe ich das für Deutschland gezeigt und geistige Brandstifter genannt. In für die oft als sogenannte Islamkritik getarnte Islamdenunziation empfänglichen Kreisen der Mehrheitsbevölkerung stand am Ende vielfach das, was ich »negative Integration« genannt habe.[2]

---

[1] Zit. nach: PRO ASYL, Gemeinsam gegen den Rassismus. Tag des Flüchtlings 2014, S. 4.

[2] K. J. Bade, Kritik und Gewalt. Sarrazin-Debatte »Islamkritik« und Terror in der Einwanderungsgesellschaft, Schwalbach i.Ts. 1993 (3. überarb. Aufl. als E-Book 2014).

Dabei geht es um die identitätsstiftende Selbstvergewisserung durch die Selbstabgrenzung von einer millionenstarken, hier muslimischen Minderheit, die als kulturelles Gegenbild konstruiert wird. Das ist also ein identitätssichernder Auskreisungsdiskurs. Im angloamerikanischen Kontext nennt man das »Alienation«, »Outgrouping« oder »Othering«, in neudeutsch amerikanisierender Semantik gelegentlich auch »Anderung«.

Noch scheint die zunehmende pragmatische Akzeptanz der kulturellen Vielfalt aggressive religiös-kulturelle Abwehrhaltungen in Deutschland zu begrenzen. Antiislamische und antimuslimische Kulturängste aber wachsen mit der Überformung und Verzerrung des Islambildes durch die blutige Raserei des islamistischen Terrors und mit der allenthalben beschworenen Gefahr von terroristischen Anschlusshandlungen in Europa und Deutschland.

Sozialangst und antiziganistische Abwehrhaltungen
Besonders deutlich wurde das Zusammenspiel von kultur- und sozialrassistischen Vorstellungen und politischem Populismus bei den Abwehrhaltungen gegenüber der sogenannten europäischen Armutswanderung, bei denen es im Kern um antiziganistische Positionierungen gegenüber sogenannten Zigeunerwanderungen besonders aus Rumänien und Bulgarien geht.[3]

Sturmflutmeldungen über sogenannte Armutswanderungen kamen zuerst von einigen Städten und dann, stark vergröbert, von der bayerischen CSU in deren Kommunal- und Europawahlkampf unter dem Motto »Wer betrügt, der fliegt«. Damit suchte die Partei konkurrierenden rechtspopulistischen Strömungen das Wasser abzugraben und geriet dabei unversehens selber immer mehr in dieses Fahrwasser.[4]

Die CSU brachte mit ihrer rechtspopulistischen Initiative, für die es selbst in der Polizeistatistik des Freistaats keine zureichenden Belege gab, auch auf der Bundesebene einen Stein ins Rollen. Am Ende stand, mit Einbeziehung der Ergebnisse des Staatssekretärsausschusses, der Entwurf für ein Bundesgesetz gegen den Sozialmissbrauch durch zugewanderte EU-Bürger.

Das war in einiger Hinsicht eine symbolpolitische gemeinte, im Ergebnis populistisch-demagogische Gesetzesinitiative, die, wie weiland das sogenannte Elterngeld, wesentlich aus der Abhängigkeit der Bundes-CDU von der Bayern-CSU entstand. Sie legitimierte auf höchster Ebene einschlägige, insbesondere antiziganistischen Abwehrhaltungen in weiten Kreisen der Bevölkerung. Sie wurde von der CSU gefeiert als Ergebnis ihrer Agitation unter dem Motto »Wer betrügt, der fliegt«. Und Sie wurde im politischen Gleichklang von der rechtsextremistischen NPD begrüßt als Vollzug ihrer Wahlparole »Geld für die Oma, nicht für Sinti und Roma«.

Was die sogenannte Armutswanderung angeht, so geht es nicht, wie die NPD in ihrer Wahlreklame deutlich zu machen suchte, um eine »Massenzuwanderung« aus Bulgarien und Rumänien »in die deutschen Sozialsysteme«. Das bestätigen alle Forschungsinstitutionen und Behörden, die dazu datengestützt Auskunft geben können.

Es geht vielmehr um spezifische soziale Probleme von nach Auskunft des Präsidenten des Deutschen Städtetags Ulrich Maly bundesweit etwa 12 struktur- und finanzschwachen Kommunen mit ohnehin stark angeschlagenen Sozialetats. Das gilt besonders für Städte des Ruhrgebiets, das der Paritätische Wohlfahrtsverband zu Recht als aktuelle »Problemzone Nummer eins« bezeichnet hat.

Vor solchen kommunalen Hintergründen mag jeder zuwandernde potentielle oder tatsächliche Transferabhängige als der menschliche Tropfen zu viel wirken, der das Fass zum Überlaufen bringt. Aber mit Bulgaren und Rumänen hat das ursächlich wenig zu tun.

Ihre Integration am Arbeitsmarkt ist, besonders im Falle der Rumänen, bundesweit insgesamt sogar ausgesprochen erfolgreich. Bundesdaten sollten aber nicht mit den häufig sehr viel dramatischeren kommunalen Sozialdaten verwechselt werden; denn Kettenwanderungen von sozial schwachen Arbeitsuchenden münden oft gerade in ohnehin sozial schwer belastete kommunale Problembezirke.

Sozialrassistische Auskreisungsdiskurse, politischer Populismus und minderheitenfeindliche legislative Symbolpolitik haben dazu beigetragen, dass die im September 2014 vom Zentrum für Antisemitismusforschung und dem Institut für Vorurteils- und Konfliktforschung e.V. für die Antidiskriminierungsstelle des Bundes erarbeitete Expertise »Zwischen Gleichgültigkeit und Ablehnung: Bevölkerungseinstellungen gegenüber Sinti und Roma« einen rasanten Anstieg der Abwehrhaltungen von 2011–2014 dokumentierte, die unter anderem aus den Antworten auf drei Fragen sprach:

1. »Ich hätte ein Problem damit, wenn sich Sinti und Roma in meiner Gegend aufhalten« (Anstieg von 40,1 auf 55,4 %);
2. »Sinti und Roma sollten aus den Innenstädten verbannt werden« (Anstieg von 27,7 auf 47,1 %);
3. »Sinti und Roma neigen zur Kriminalität« (Anstieg von 44,2 auf 55,9 %).

Antiziganistische Diskurse und ihre scheinbare Legitimation durch administrative und legislative Interventionen haben von Sozialangst getragene Fremdenskepsis und fremdenfeindliche Abwehrhaltungen bestärkt. Sie haben trotz aller wachsenden Einsicht in

---

[3] K. J. Bade, »Armutswanderung«. Pragmatismus, Rassismus und Negative Integration, in: MiGAZIN, 18.3.2014 (http://www.migazin.de/2014/03/18/bade-armutswanderung-pragmatismus-rassismus-negative-integration/).

[4] K. J. Bade, »Wer betrügt, der fliegt«. Eine himmlische Realsatire, in: MiGAZIN, 27.1.2014 (in diesem Band: 9.4.4).

die demo- ökonomische Notwendigkeit von starker Zuwanderung eine alte Vorstellung neu erweckt: »Das Boot ist voll« und bietet Plätze nur mehr für zureichend qualifizierte und »kulturell passfähige« Passagiere, die sich unauffällig einfügen und sogleich aktiv zu seinem Fortkommen beitragen können.

Kulturrassismus, Sozialrassismus und Populismus gegenüber Flüchtlingen und Asylsuchenden
Neben die symbolpolitische bzw. populistisch-denunziative antiziganistische Gesetzesinitiative im Sozialbereich in Gestalt des Bundesgesetzes gegen den Sozialmissbrauch durch EU-Ausländer 2014 trat im gleichen Jahr im Asylbereich der gleichermaßen symbolpolitische bzw. populistisch-denunziative, wiederum stark antiziganistische Gesetzentwurf für den sogenannten neuen Asylkompromiss.

Er enthielt einige Erleichterungen für schon hier lebende Flüchtlinge (z.B. Residenzpflicht und Sachleistungsprinzip im Asylbewerberleistungsgesetz), aber auch erhebliche Verschärfungen für neue Antragsverfahren (z.B. Bezahlung von Fluchthelfern bzw. Schleusern als Straftat) und vor allem gezielte Asylrechtseinschränkungen für Flüchtlinge vom Westbalkan durch die Erklärung von Bosnien-Herzegowina, Mazedonien und Serbien zu verfolgungsfreien Herkunftsländern.

Es ging dabei vornehmlich um das sogenannte Winterasyl von Roma- Familien aus den genannten Herkunftsländern. Solche Anträge aber waren auch schon bisher vom BAMF fast durchweg als »offenkundig unbegründet« abgelehnt worden. Das freilich änderte zumeist nichts an den Monate währenden Aufenthalten im Familienverband bis zu Antragsablehnung, Rückreiseaufforderung und nötigenfalls zur Rückführung mit der (bald abgeschafften) Wiedereingliederungshilfe von einigen hundert Euro.

Aber auch nach dem neuen Asylkompromiss muss geprüft werden, ob – trotz der legislativen Verhängung der angeblichen Verfolgungsfreiheit über die Ausgangsräume – nicht vielleicht doch ein individueller Verfolgungstatbestand vorliegt. Deshalb können die Asylanträge aus den genannten Herkunftsgebieten nicht zu Gunsten »echter«, zum Beispiel syrischer Flüchtlinge a priori kollektiv abgewiesen werden. Sie müssen individuell geprüft werden – und dabei erbringt die geänderte Gesetzeslage einen Zeitgewinn pro Antragsentscheidung von nicht mehr als ca. 10 Minuten.

Die dem neuen Asylkompromiss vorausgegangenen politisch- populistischen Diskussionen aber weckten die Vorstellung, dass scheinbar sogar mithilfe von Bundesgesetzen Barrieren gegen anbrandenden »Sozial- und Asylmissbrauch« hochgezogen werden müssten. Das hat in der weiteren Öffentlichkeit den Verdacht auf diesen »Sozial- und Asylmissbrauch« gleichsam regierungsamtlich legitimiert und zugleich weiter bestärkt.

Weil im Zentrum des sogenannten neuen Asylkompromisses erneut die Diskussion um den vorsätzlichen »Asylmissbrauch« in Überschneidung mit »Sozialmissbrauch« stand, hatte diese Debatte auch Rückwirkungen auf das Bild von Flüchtlingen und Asylsuchenden in migrations- und integrationsskeptischen Kreisen.

Die Abwehrhaltungen gegen Asylsuchende als »Wirtschaftsflüchtlinge«/ »Asylbetrüger« und gegen »Armutswanderer« / »Sozialbetrüger« siedeln zentral auch in der Oberschicht: »Die negativen Einstellungen kommen aus den höchsten Bildungsschichten«, urteilt umfragegestützt Andreas Zick.

Diese Einstellungen gibt es in gleicher Weise in urbanen Nobelvierteln mit prohibitiven Immobilien-, Miet- und Einkaufspreisen wie in mittel-, klein- und armbürgerlichen Stadtdistrikten und ländlichen Gemeinden. Die so oder anders motivierten Abwehrhaltungen entladen sich vorzugsweise gegenüber konzentriert untergebrachten Flüchtlingen und Asylsuchenden.

Einschlägige Umfragen – insbesondere die Mitte-Studie der Universität Leipzig, die von der Stiftung Mercator finanzierte Untersuchung des Bielefelder Instituts für interdisziplinäre Konflikt- und Gewaltforschung und zuletzt die neue Mitte-Studie der Friedrich-Ebert-Stiftung, in die die Bielefelder Ergebnisse eingeflossen sind – zeigen:

Der vierschrötige Springerstiefel-, Glatzen- und Baseballschläger- Rechtsextremismus ist rückläufig oder zeigt doch in Umfragen seltener offen sein brutales Gesicht. Sprunghaft angewachsen aber sind die gruppenbezogenen Abwertungen und Abwehrhaltungen gegenüber sozial Schwachen und Langzeitarbeitslosen sowie gegenüber Minderheiten mit Migrationshintergrund und insbesondere gegenüber Flüchtlingen und Asylsuchenden als den Schwächsten der Schwachen.[5]

Die Abneigung gegenüber Asylbewerbern hat sich von 2012 bis Mitte 2014 sogar verdreifacht: 2012 waren noch 25,8 % der Befragten der Meinung, »der Staat solle bei der Prüfung von Asylanträgen nicht großzügig sein«. Im Juni 2014 vertraten nach der Leipziger Mitte-Studie 76 % diese restriktive Position.[6] Das alles ist kein guter Mutterboden für die Zuchtpflanze »Willkommenskultur«.

Willkommenskultur »top down«
Willkommenskultur ist ein politisch gewolltes, demoökonomisch bedarfsorientiertes, top down gestiftetes Elitenkonzept.[7] Es will Signale setzen für die Offen-

---
[5] A. Zick / A. Klein, Fragile Mitte – feindselige Zustände. Rechtsextreme Einstellungen in Deutschland 2014, hg. für die Friedrich-Ebert-Stiftung v. R. Meltzer, Bonn 2014.
[6] MiGAZIN, 5.6.2014.
[7] F. Heckmann, Ein neuer Ton im migrationspolitischen Diskurs, in: Bertelsmann Stiftung (Hg.), Vielfältiges Deutschland. Bausteine für eine zukünftige Gesellschaft, Gütersloh 2014, S. 39–54; vgl. K. J. Bade, Willkommenskultur und Fremdenangst in der Einwanderungsgesellschaft, in: Deutsch Türkische Nachrichten, 31.10.2014 (http://www.deutsch-tuerkische-nach

heit gegenüber Zuwanderung nach außen und die Akzeptanz von Vielfalt im Innern mit Strategien auf behördlicher, betrieblicher und kommunaler Ebene. Dazu gibt es Websites von Ministerien, Behörden und zuletzt auch von der Bundesregierung insgesamt. Es gibt Diversity Strategien in und für Unternehmen, Stiftungsaktivitäten, zahllose Tagungen, Agenturen mit »Werkzeugkoffern für Willkommenskultur«; kurzum es blüht eine regelrechte Willkommensindustrie.

Willkommenskultur ist insoweit ein Anlauf zu einem nötigen Spurwechsel im politischen und öffentlichen Diskurs. Jenseits von konkreten Konzepten für Unternehmen, Verwaltungen und Behörden ist Willkommenskultur aber bislang noch ein eher wolkiger Orientierungsrahmen mit erheblichem Verbesserungs- und Ergänzungsbedarf.

Die von »oben« verordnete Willkommenskultur ist stark »außenorientiert« und kommt oft nicht über Willkommenstechnik mit freundlichen Begrüßungsritualen und Eingliederungshilfen für Neuzuwanderer hinaus. Sie geht an den angstgeborenen Abwehrhaltungen in der Mehrheitsgesellschaft vorbei. Mentalitäten aber ändert man nicht durch freundlichere Umgangsformen allein.

Bemühungen um Willkommenskultur können aus verschiedenen Gründen auch vordergründig und kontraproduktiv wirken: Das gilt dann, wenn Willkommenskultur in bloßer Willkommenstechnik am Hauseingang steckenbleibt und die fremdenfeindlichen Tendenzen im Hausinnern verschleiert.

Willkommenskultur kann sogar demagogisch wirken, weil sie auch eine indirekte gruppenbezogene Selektions- und Denunziationsfunktion hat; denn sie macht unausgesprochen klar, dass Gruppen wenig oder auch gar nicht erwünscht sind, die nicht zu ihren Adressaten zählen [...].

Willkommenskultur operiert mithin im Vorfeld einer teilhabeorientierten Gesellschaftspolitik für alle. Sie ist ein wichtiger Neuanstoß (zur Vermeidung der zur leergedroschenen Phrase verkommenen Rede vom Paradigmenwechsel). Sie ähnelt in ihren derzeitigen Operationsformen zwar noch einem modernen Beitrag zum alten Märchen von des Kaisers neuen Kleidern, ist als Konzept und Praxis aber zweifelsohne verbesserungsfähig.

Trotz insgesamt zunehmender Akzeptanz von Zuwanderung und kultureller Vielfalt fehlt in der Einwanderungsgesellschaft nach wie vor ein Zusammenhalt stiftendes und belastbares Selbstbild mit Visionen für die gemeinsame Zukunft. Willkommenskultur könnte hier anschließen, ist aber kein Ersatz dafür.

Umso dringlicher ist es, dass die bedarfs-, also marktorientierte, genauer gesagt arbeitgeberorientierte Zuwanderungspolitik ihr übergeordnetes Pendant findet in einer teilhabeorientierten Gesellschaftspolitik für alle, getragen von einem Zusammenhalt fördernden visionären Selbstbild der demokratischen Einwanderungsgesellschaft. Ohne ein solches gesellschaftspolitisches und ideelles Fundament wäre Willkommenskultur nur ein Schmiermittel für die Maschinerie der bedarfsorientierten Zuwanderungspolitik.

Willkommensbewegung »bottom up«
Jenseits der als Elitenprojekt top down (F. Heckmann) konzipierten Willkommenskultur sind bottom up viele praktische nichtstaatliche Engagements gewachsen: zur Hilfe für Flüchtlinge und Asylsuchende, deutlich seltener für Roma-Familien, und oft auch erst dann, wenn das Image des eigenen Ortes in den Medien auf dem Spiel zu stehen schien.

Diese Initiativen reichen heute von Stiftungen, wie z.B. auch der Heinrich Böll Stiftung, über PRO ASYL oder das WorldCom-Programm von Refugium und über Kirchen und Wohlfahrtsverbände bis hin zu mehr oder minder organisierten nichtstaatlichen und zahllosen privaten Initiativen vor Ort unter dem Eindruck der Überforderung staatlicher und kommunaler Versorgungseinrichtungen durch den aktuellen Flüchtlingsandrang.

Es gibt im Land also mehrfache Paradoxien mit einem Neben- und Gegeneinander von Kulturoptimisten und Kulturpessimisten, von Vertretern kultureller Vielfalt und kultureller Abgrenzung und von zuwanderungs- und insbesondere asylfeindlichen Protesten und Gegenveranstaltungen.

Das war besonders deutlich bei den Großdemonstrationen von »HoGeSa« (»Hooligans gegen Salafisten«) in Köln und Hannover sowie von »Pegida« (»Patriotische Europäer gegen die Islamisierung des Abendlandes«) in Dresden, wo sich zuletzt ca. 10 000 Pegida-Demonstranten (»Spaziergänger«) und rund 9 000 Gegendemonstranten gegenüberstanden, voneinander getrennt durch rund 1 200 Polizisten. Verwandte kleinere Kundgebungen gibt es unter ähnlich klingenden Namen in einer wachsenden Zahl anderer Kommunen. Eine Bewegung scheint sich zu formieren. Ob sie in ihren einzelnen Flügeln von »rechts« auf ihren »Spaziergängen« nur begleitet, instrumentalisiert oder sogar dominiert wird, bleibt abzuwarten.

Neben der wachsenden Bereitschaft zur Wendung gegen die rechtspopulistischen und neonationalsozialistischen Aufmärsche stehen zwei weitere Gegenströmungen: einerseits die bundesweit gewaltig zunehmenden, wenngleich nicht öffentlichkeitswirksam organisierten nichtstaatlichen bzw. privaten Initiativen zur Hilfe für Flüchtlinge und Asylsuchende; andererseits das wachsende kritische Engagement gegen das fahrlässige politische Spiel mit dem Kalten Krieg. All das mag an die zivile Kraft der Lichterketten der frühen 1990er Jahre erinnern. Dieses Engagement könnte als Wink der Wähler helfen, die Orientierung populistischer Politik an den Angst- und

---

richten.de/2014/10/506244/willkommenskultur-und-fremdenangst-in-der-einwanderungsgesellschaft/).

Wutbürgern zu begrenzen, wofür es bereits erste Zeichen gibt.

Gelänge es, in Sachen Willkommenskultur die Bestrebungen top down und bottom up zu einer Gesamtbewegung zu vereinen, die auf teilhabeorientierte Gesellschaftspolitik für alle zielt und über ein einladendes inklusives Selbstbild verfügt, dann könnte die demokratische Einwanderungsgesellschaft deutlich krisenfester werden.

Gelingt das nicht, dann könnten die Einwanderungsgesellschaften in Europa und Deutschland durch Abwehrhaltungen gegenüber Minderheiten, ethnokulturelle und soziale Spannungen auf eine harte Probe gestellt werden, denn: Anti-Islam-Agitation, Antiziganismus, Anti-Einwanderungs- und Anti-Asyl-Hysterie sind heute die wichtigsten Bindemittel aller rechtspopulistischen, rechtsradikalen, rechtsextremistischen und neo- nationalsozialistischen Bewegungen in Deutschland und Europa.

Erinnern wir uns an die berühmte Warnung: Wer seine Geschichte vergisst, ist dazu verdammt, sie noch einmal zu erleben. Vieles hat in der Geschichte klein angefangen und am Ende katastrophale Folgen gehabt. An die erinnern dann Mahnmale, vor denen Spätgeborene Kränze niederlegen und sich fragen, warum man seinerzeit den Anfängen nicht mutiger entgegengetreten ist.

Denkbar wäre das, frei nach Koselleck, auch beim Rückblick aus der Zukunft in jene Vergangenheit, die heute unsere Gegenwart ist; denn die Anfänge sieht man bekanntlich immer schärfer, wenn man das Ende schon kennt. Und erkennbar sind diese potentiellen Anfänge auch heute schon.

12.1.3 »Willkommenskultur und Gesellschaftspolitik«,

Vortrag auf dem 3. Heidelberger Gespräch der Hochschule für Jüdische Studien Heidelberg in Berlin, 31.10.2014, unter dem Titel »Willkommen in der Einwanderungsgesellschaft?« in: Politik unterrichten, Zeitschrift der Vereinigung für politische Bildung Niedersachen e.V., 30.2015, H. 1, S. 52–64[8] (Auszug).

Willkommenskultur ist ein wichtiger und nötiger Spurwechsel im politischen und öffentlichen Diskurs. Jenseits von konkreten Diversity-Konzepten für Unternehmen, Verwaltungen und Behörden einerseits und der breiten bürgergesellschaftlichen Willkommensbewegung für geflüchtete Schutzsuchende ist Willkommenskultur aber meist noch ein eher wolkiger Orientierungsrahmen mit erheblichem Verbesserungs- und Ergänzungsbedarf.

Kulturangst in der Einwanderungsgesellschaft

[...] Was unter dem Eindruck starker Zuwanderungen bereichsweise umgeht in der Einwanderungsgesellschaft in Deutschland, ist die Angst vor einer Gefährdung der eigenen »kulturellen« Werte, Normen und Lebensformen oder dessen, was man jeweils darunter versteht, durch als fremd empfundene »kulturelle« Wertvorstellungen und Lebensformen oder das, was man jeweils dafür hält. Auf der einen Seite steht eine wachsende Zahl von Kulturpragmatikern oder sogar verhaltenen Kulturoptimisten, denen kulturelle Vielfalt alltägliche Normalität geworden ist. Auf der anderen Seite gibt es eine schrumpfende, aber umso lauter protestierende Zahl von Kulturpessimisten, die Zuwanderung und Integration als Bedrohung durch »Überfremdung« wahrnehmen.

Kulturangst ist nicht nur kein tragfähiges Fundament für Willkommenskultur, weil Einwanderer nur willkommen heißen kann, wer keine Angst vor Ihnen hat. Kulturangst ist auch ein wesentlicher Antriebsfaktor für latent oder offen fremdenfeindliche Abwehrhaltungen gegenüber starker Zuwanderung aus anders geprägten Kulturen. Angstbesetzt wurden die Themen Zuwanderung und Integration in Deutschland lange auch durch politische bzw. regierungsamtliche Abwehrhaltungen:

Der Weg vom amtlichen Dementi (»Die Bundesrepublik ist kein Einwanderungsland«) zur Akzeptanz von Einwanderungsland und Einwanderungsgesellschaft hat Jahrzehnte gedauert. Erst spät wurde deutlich, dass unterlassene oder verspätete Interventionen hohe soziale Folgekosten verursachen und dass »nachholende Integrationsförderung« (Bade) immer bei weitem teurer und ineffektiver ist als rechtzeitige Förderung von Integration.[9]

Der lange und oft unnötig harte Weg zur Einwanderungsgesellschaft hat für viele Einwanderer und ihre Familien mancherlei Probleme und Folgeprobleme verursacht. Die werden von der Mehrheitsbevölkerung oft nur unzureichend oder zu spät wahrgenommen, zum Beispiel dann, wenn sich Angehörige der zweiten oder schon dritten Generation in Protesthaltungen oder Ersatzidentitäten flüchten, wovor Migrations- und Integrationsforscher lange vergeblich gewarnt haben.

---

[8] Ähnlich: K. J. Bade, Kulturangst, Willkommenstechnik und Willkommenskultur, in: MiGAZIN, 13.10.2014; ders., Integration, Kulturangst und Terror in der Einwanderungsgesellschaft, Vortrag am Deutsch-Amerikanischen Institut Heidelberg, 24.3.2013, SWR Tele-Kolleg 15.6.2014 (http://www.tele-akademie.de/begleit/video_ta140615.php).

[9] K. J. Bade, Versäumte Integrationschancen und nachholende Integrationspolitik, in: ders. / H.-G. Hiesserich (Hg.), Nachholende Integrationspolitik und Gestaltungsperspektiven der Integrationspraxis. Mit einem Beitrag von Bundesinnenminister Wolfgang Schäuble (Beiträge der Akademie für Migration und Integration, Heft 11), Göttingen 2007, S. 21–95; ders., Die Trias der Integrationspolitik: Präventive, begleitende und nachholende Interventionen, in: Kulturpolitische Mitteilungen. Zeitschrift für Kulturpolitik der Kulturpolitischen Gesellschaft, Nr. 112, I/2006, S. 29–35.

Teilhabeorientierte Gesellschaftspolitik für Alle

In einer schon mehrere Generationen umschließenden Einwanderungsgesellschaft kann es heute – von Neuzuwanderern und nachholender Integrationsförderung abgesehen – nicht mehr um »Integrationspolitik für Migranten« gehen. Es geht um sozialen Frieden durch Anerkennung auf Augenhöhe, also nicht um »kulturelle Toleranz« im Sinne herablassender kultureller Duldung, sondern um die aktive Akzeptanz von kultureller Vielfalt als Conditio humana, d.h. als Lebens- und Überlebensbedingung in der Einwanderungsgesellschaft.

Grundlage ist eine teilhabeorientierte Gesellschaftspolitik für alle, ob nun mit oder ohne den sogenannten Migrationshintergrund, der Einwanderern und ihren Nachkommen in diesem Land anhaftet wir ein erbliches Sündenregister. Für teilhabeorientierte Gesellschaftspolitik gibt es die 2004 für den Sachverständigenrat der Bundesregierung für Zuwanderung und Integration (Zuwanderungsrat) entwickelte operationale Neudefinition:

Integration ist die (messbare) Teilhabe an den zentralen Bereichen des gesellschaftlichen Lebens, von frühkindlicher Erziehung, schulischer Bildung und beruflicher Ausbildung über die Teilhabe am Arbeitsmarkt, an den Rechts- und Sozialsystemen bis hin zur politischen Teilhabe, die vom rechtlichen Status abhängig ist. Integrationsförderung ist in diesem Sinne das Bemühen um möglichst chancengleiche Angebote zur Teilhabe an den zentralen Bereichen des gesellschaftlichen Lebens. Solche Angebote anzunehmen oder zu verweigern und die Folgen zu tragen, liegt in der Verantwortung der Adressaten.[10]

Das ist heute weitgehend akzeptiert, aber noch nicht zureichend umgesetzt. Bestenfalls ein Teilkonzept davon kann der vielgestaltige Bereich der so genannten Willkommenskultur sein, die heute oft einseitig in den Vordergrund gerückt und damit entschieden überfordert wird.

Die Semantik der Willkommenskultur

Alle reden heute von Willkommenskultur – die Integrationsbeauftragten im Bundeskanzleramt; das Bundesamt für Migration und Flüchtlinge; Unternehmen und Unternehmerverbände mit ihren Diversity-Konzepten; Stiftungen, die einschlägige Workshops und Publikationen fördern; private Agenturen, die ihre »Werkzeugkoffer für Willkommenskultur« anbieten und damit oft die Willkommens- oder Diversity-Performance für Behörden oder Kommunen entwerfen. Welcome- oder Diversity-Konferenzen und reihenweise erscheinende Publikationen dazu überbieten sich im bunten Karussell einer expandierenden Willkommensindustrie.

Viele Akteure definieren »Willkommenskultur«, wenn überhaupt, je und je anders, zumal es keine Legaldefinition dazu gibt. Kaum jemand weiß so recht, was damit konkret gemeint ist; daher auch die vielsagenden Verdoppelungen bei der Rede von der wünschenswerten »wirklichen« und »echten« bzw. »eigentlichen« oder »tatsächlichen« usw. »Willkommenskultur«. Um etwas semantische Ordnung zu stiften, könnte man mit F. Heckmann Willkommenskultur gegenüber Einwanderern als Anerkennung und Offenheit auf individueller, organisatorischer (ich würde eher sagen: institutioneller) und gesamtgesellschaftlicher Ebene verstehen.[11]

Willkommenskultur gegenüber Neuzuwanderern predigen heute in salbungsvollen Worten auch Politiker, deren Parteien sich jahrzehntelang, insbesondere zu Wahlkampfzeiten, auf Bundes- und Länderebene überboten haben mit schrillen Warnungen vor Zuwanderung.

Von bedrohlichen »Masseninvasionen« und von »Überflutungen« des deutschen Arbeitsmarktes war da die Rede, trotz aller Hinweise auf die erkennbar wachsende Schere von Geburtenrückgang und Vergreisung mit absehbaren Folgen für Arbeitsmarkt und Sozialsysteme. Und Abwehrbereitschaft wurde beschworen gegenüber den vermeintlich andrängenden sogenannten »Sozialschmarotzern« aller Länder, die es angeblich abgesehen hatten auf das vermeintliche soziale Paradies in der Mitte Europas, besonders geeignet für ausländische Faultiere im üppigen Baum des Wohlfahrtsstaates.[12]

Das alles waren ebenso giftige wie fahrlässige politische Saatbeete für schnellwüchsige und nachhaltige Fremdenfeindlichkeit. Und heute plötzlich Willkommenskultur? Schauen wir genauer hin.

Legislative Willkommensoffensiven

Willkommenskultur kann man im Zusammenhang von Migrations- und Integrationspolitik am *Wortanfang* und am *Wortende* betonen.

Im Blick auf die *erste Worthälfte*, also auf »Willkommen«, geht es heute vorwiegend um den utilitaristischen Versuch, qualifizierte Zuwanderer als Einwanderer auf Dauer zu bekommen für das demographisch alternde und ohne Zuwanderung schrumpfende Land in der Mitte Europas. Sie sollen den wachsenden Druck des demographischen Wandels auf Arbeitsmarkt und Sozialsysteme noch etwas abfedern helfen. Damit soll auch Zeit gewonnen werden für die längst überfälligen Sozialreformen, die man in politischem Opportunismus, also aus Angst

---

[10] R. Süssmuth (Vors.) / K. J. Bade (stellv. Vors.) / C. Kannengießer / G. Landsberg / H. Putzhammer / G. G. Wagner (Hg.), Migration und Integration – Erfahrungen nutzen, Neues wagen. Jahresgutachten 2004 des Sachverständigenrates für Zuwanderung und Integration, Berlin 2004.

[11] F. Heckmann, Ein neuer Ton im migrationspolitischen Diskurs, in: Bertelsmann Stiftung (Hg.), Vielfältiges Deutschland. Bausteine für eine zukünftige Gesellschaft, Gütersloh 2014, S. 39–54; vgl. A. Knopp, Willkommens- und Anerkennungskultur – nur zusammen denkbar, ebd., S. 259–277; R. Roth, Willkommens- und Anerkennungskultur in Deutschland: Herausforderungen und Lösungsansätze, ebd., S. 295–353.

[12] Bade, Versäumte Integrationschancen und nachholende Integrationspolitik, S. 23–38.

vor den Wählern, noch immer vor sich her schiebt oder aber, wie unlängst mit der Rentenreform als Wahlgeschenk demonstriert, unter törichtem Beifall sogar wieder zurückdreht.[13]

Für die gezielte Zuwanderungsförderung wurden, zunächst beschränkt auf Hochqualifizierte, die legislativen Rahmenbedingungen der Migrationssteuerung gegenüber Drittstaatsangehörigen geradezu sensationell liberalisiert. Das gilt insbesondere für das Anerkennungsgesetz und die Blue Card 2012, bei der Deutschland mit rund 17 000 teils neu zugewanderten, teils im Inland qualifizierten Ausländern mit weitem Abstand an der Spitze der EU liegt; es gilt für die im Juli 2013 in Kraft getretene Änderung der Beschäftigungsverordnung und für den neu eingeführten §18c AufenthG, der die Möglichkeit eines Aufenthaltstitels zur Arbeitsplatzsuche für sechs Monate bietet und im Kern ein kleines, »binär codiertes Punktesystem« ist.[14]

Unnötig lang war dabei auch hier, wie so oft in diesem Land, der Weg von der defensiven Erkenntnisverweigerung aus politischem Opportunismus zur Realitätsakzeptanz unter dem Druck der Umstände; denn all das und anderes mehr haben wir im Zuwanderungsrat 2004 bereits gefordert – offenkundig historisch zu früh; denn dafür wurden wir von Vertretern der gleichen Parteien, die diese Liberalisierung und Flexibilisierung am Arbeitsmarkt heute feiern, damals noch aus dem politischen Tempel gejagt und unter schäbiger Medienhilfe öffentlich geächtet. Den Rest erledigt die politische Amnesie.

Zu den heute ebenso zukunftsweisenden wie historisch verspäteten legislativen Befreiungsschlägen kamen regierungsamtliche Initiativen. Davon erwähne ich hier nur zwei:

Erstens die von der vormaligen Ausländer- und Integrationsbeauftragten des Bundes forcierte, zunächst belächelte, aber in ihrer Wirkung nicht zu unterschätzende Charta der Vielfalt, deren Selbstverpflichtungen bis heute über 1 700 Betriebe unterzeichnet haben.

Zweitens das vom Bundesministerium für Bildung und Forschung (BMBF) gemeinsam mit dem Bundesinstitut für Berufsbildung (BIBB) entwickelte Anerkennungsportal zum Anerkennungsgesetz des Bundes. Es geht weiter als das vom Bundeswirtschaftsministerium betriebene Internetportal (»www.make-it-in-Germany.com«) und ermuntert in sieben Sprachen ausländische Arbeitskräfte zur eigenständigen Informationsbeschaffung.

Dergleichen ist hilfreich, ersetzt aber nicht das nach wie vor fehlende strategische Zuwanderungsmarketing unter Einbeziehung auch der deutschen Auslandsvertretungen. Das könnte dazu beitragen, von Kanada zu lernen, aber dabei nicht kanadische Anfangsfehler zu wiederholen, zum Beispiel mit dem Import von möglichst vielen akademisch Qualifizierten auch am Arbeitsmarkt vorbei; denn in Deutschland fehlen zur Zeit, von besonderen Gruppen aus dem naturwissenschaftlich-technischen Bereich abgesehen, mehr Altenpfleger und Mechatroniker als Akademiker.[15]

Politik steht mit der Wende zur Willkommenskultur nicht allein: Von Unternehmen, Unternehmerverbänden, Stiftungen und Beratungsagenturen wurden und werden in ständig wachsender Zahl Diversity-Konzepte entwickelt bzw. umgesetzt. Auch in Kommunalverwaltungen geht vielfach die Rede von Willkommenskultur als kommunaler »Visitenkarte«.

Behördliche Willkommensoffensiven

Vor allem geht es um Versuche, Ausländerbehörden in »Willkommensbehörden« mit Servicefunktion zu verwandeln. Von weithin strahlenden Leuchttürmen wie dem Hamburger Welcome-Center und einigen anderen Modell- und Erfolgsprojekten wie zum Beispiel in Dresden, Essen und Stuttgart abgesehen, ist das bislang meist erst bedingt gelungen, allen Appellen, Behördentagungen, Schulungsformularen und Crashkursen zum Trotz.

Ausgerechnet die idealen Einwanderer, internationale Studierende, klagten in einer Befragung im Auftrag des Forschungsbereichs beim Sachverständigenrat deutscher Stiftungen für Integration und Migration (SVR) über mangelhafte oder gar abweisende Beratung durch Ausländerämter. Viele, die, wie auf deutscher Seite erhofft, nach dem Studium im Land bleiben wollten, hatten zu dieser neuen Chance nichts erfahren können. Zwei Ausländerämter mussten sogar ausdrücklich ermahnt werden, ausländische Studierende besser zu beraten und sie bei der Immunmatrikulation nicht zu behindern.[16]

Solche und andere Grotesken haben das Bundesamt für Migration und Flüchtlinge (BAMF) mit dem von ihm moderierten Runden Tisch zum Thema »Aufnahmegesellschaft« zu einem Großprojekt zusammen mit einer privaten Beratungsagentur veranlasst. Es umfasst zehn Bundesländer und zehn Ausländerämter. Es soll der erstrebten Verwandlung von Ausländerbehörden in interkulturell sensibilisierte Willkommensbehörden neuen Schub geben. [...]

Es ging also zunächst im weitesten Sinne um Willkommenstechnik, wozu das BAMF unter dem Ti-

---

[13] Grundlegend hierzu: H. Brücker, Auswirkungen der Einwanderung auf Arbeitsmarkt und Sozialstaat: neue Erkenntnisse und Schlussfolgerungen für die Politik, in: Bertelsmann Stiftung (Hg.), Vielfältiges Deutschland. Bausteine für eine zukünftige Gesellschaft, Gütersloh 2014, S. 73–118.
[14] Zeitschrift für Ausländerrecht und Ausländerpolitik (ZAR), H. 7, 2014, S. 249.

[15] T. Triadafilopoulos, Zwischen Kontinuität und Wandel – was Deutschland von der kanadischen Zuwanderungspolitik lernen kann, in: Bertelsmann Stiftung (Hg.), Vielfältiges Deutschland. Bausteine für eine zukünftige Gesellschaft, Gütersloh 2014, S. 469–495.
[16] Sachverständigenrat deutscher Stiftungen für Integration und Migration (SVR). Forschungsbereich, Mobile Talente? Ein Vergleich der Bleibeabsichten internationaler Studierender in fünf Staaten der Europäischen Union, Berlin 2011.

tel »Willkommen in Deutschland« eine mustergültige Informationsplattform ins Netz gestellt hat. Ihr tiefgestaffeltes Informationsangebot reicht von Zuwanderung über Arbeit, Eingliederung und Einbürgerung bis hin zur Rückkehrförderung. All das ist, über Zuwanderungsförderung im engeren Sinne hinaus, informationstechnisch eminent wichtig auch für das, was in einer Einwanderungsgesellschaft von teilhabeorientierter Gesellschaftspolitik erwartet werden muss. Es ist aber nur ein Mittel zu diesem Zweck und kein Ersatz dafür.

Hier hat das BAMF nun programmatisch nachgelegt. Es hat sich nach eigener Aussage dezidiert »der Etablierung einer Willkommens- und Anerkennungskultur verschrieben.« Das Amt definiert dazu: »Anerkennungskultur meint Wertschätzung gegenüber kultureller Vielfalt und soll als Grundlage den gesellschaftlichen Zusammenhalt unterstützen.« Dabei soll es insbesondere um »Anerkennungskultur vor Ort« gehen mit dem Ziel, bürgerschaftliches Engagement interkulturell zu öffnen und zu stärken. Das alles ist sehr viel an gesellschafts- und kommunalpolitischem Engagement für eine Bundesbehörde, zumal deren Fachaufsicht beim Bundesministerium des Innern liegt, das mit seiner Konzentration auf Sicherheitspolitik und Gefahrenabwehr bekanntlich nicht gerade eine Welcome-Behörde ist.

Willkommenstechnik im Vorfeld von Willkommenskultur
Die überblickten legislativen, regierungsamtlichen und behördlichen Initiativen zur Förderung von Willkommenskultur sind eine wichtige Begleitung auf dem Weg in die Einwanderungsgesellschaft. Aber sie bieten keinen Ersatz für die nach wie vor fehlenden, auf die Förderung des Zusammenhalts von Mehrheit und Minderheiten zielenden visionären und möglichst krisenfesten gesellschaftspolitischen Konzepte.

Die aber sind nötig; denn für Willkommenskultur fehlt weithin noch ein zureichendes soziales und mentales Fundament im Land. Kulturangst, Sozialangst und der denunziative Kampf gegen die Schwächsten der Schwachen, nämlich gegen europäische sogenannte Armutswanderer und gegen außereuropäische Flüchtlinge, bilden vielmehr eine gefährliche fremdenfeindliche Gemengelage auf sumpfigen Grund. Darin kann man die tragenden Säulen einer Willkommenskultur noch nicht tief genug verankern.

Und selbst wenn das hilfreiche, aber eher kommunikative, servicefreundliche und vernetzungsfreudige Willkommensevangelium ankommen würde, dann wäre damit erst eine erweiterte *Willkommenstechnik* bei Unternehmen, Ausländerbehörden, Kommunalverwaltungen und vielleicht auch bei engagierten Bürgervereinen erreicht, aber noch nicht Willkommenskultur im Land.

Wenn man nämlich bei Willkommenskultur nicht die erste Hälfte, also das »Willkommen«, sondern *die zweite Worthälfte*, nämlich »*Kultur*« betont, dann ergibt sich nach wie vor eine vielfach unbefriedigende Bilanz. Denn Mentalitäten ändert man nicht durch Umgangsformen allein. Und zu Kultur gehört mehr als die freundliche Begrüßung neuer Gäste. Sie werden bald entdecken, was es außer den netten Gesten am Hauseingang noch so alles gibt in diesem unheimlichen Haus.

Da gibt es, längst nicht mehr nur im Osten der Republik, expandierende neo-nationalsozialistische No-Go-Areas, vor denen heute selbst der Bundespräsident warnt. Und nicht nur dort gibt es Diskriminierung und sogar Alltagsterrorismus mit alltäglichen Bedrohungen von so genannten »Fremden« mit oder ohne deutschen Pass und gegenüber deutschen, aber politisch-weltanschaulich anders denkenden sogenannten »Gemeinschaftsfremden«, wie man das auch im Nationalsozialismus schon nannte. [...]

Die politische Inszenierung der vielbeschworenen Willkommenskultur hat überdies auch eine indirekte gruppenbezogene Selektionsfunktion. Sie macht unausgesprochen klar, dass Gruppen von Zu- und Einwanderern wenig oder gar nicht erwünscht sind, die nicht zu den Adressaten von Willkommenskultur zählen – und anstelle von Willkommensgrüßen mit einseitigen Anpassungsforderungen im »Integrationsland« konfrontiert werden.[17] [...]

Zusammenhalt in der Einwanderungsgesellschaft
Willkommenskultur richtet sich aber auch nicht oder nur kommunikations- und vernetzungstechnisch und nicht kollektivmental an die Adresse der Mehrheitsbevölkerung. Der Mehrheits- und Einwandererbevölkerung einschließenden Einwanderungsgesellschaft fehlt für eine tragfähige Willkommenskultur bis heute eine entscheidende Klammer, an die zuletzt Naika Foroutan erinnert hat.[18]

Es ist das Zusammenhalt stiftende Selbstbild der demokratischen Einwanderungsgesellschaft. Dazu gehören das Mehrheits- und Einwandererbevölkerung verbindende Bekenntnis zum Wertekodex des Grundgesetzes und die große Erzählung (»Narratio«) als Grundlage der gemeinsamen Erinnerung und Selbstbeschreibung. Sie verankert Migration und Integration als konstitutive Elemente der Entwicklung von Bevölkerung, Wirtschaft, Gesellschaft und Kultur.

Das bietet eine Basis für die erwähnte aktive Akzeptanz von kultureller Vielfalt als Conditio humana, als Lebens- und Überlebensbedingung der Einwanderungsgesellschaft. Hilfreich dazu ist auch die Kenntnis der längeren Linien in der Geschichte

---

[17] Hierzu in diesem Band: 12.1.1.
[18] N. Foroutan, Identity and (Muslim) Immigration in Germany, in: Bertelsmann Stiftung, Migrations Policy Institute (Hg.), The Transatlantic Council of Migration: Rethinking National Identity in the Age of Migration, Gütersloh 2012, S. 227–250, hier S. 240ff.; dies., Narrationen von Nationen – oder: Wie erzählt man nationale Identität in Deutschland neu?, in: Bertelsmann Stiftung (Hg.), Vielfältiges Deutschland. Bausteine für eine zukünftige Gesellschaft, Gütersloh 2014, S. 176–199.

Deutschlands und Europas, in der sich ständig Menschen über Grenzen und oft auch Grenzen über Menschen bewegten.[19]

Ein so oder ähnlich fundiertes, visionäres Selbstbild der Einwanderungsgesellschaft sollte in allen öffentlichkeitswirksamen Bereichen vermittelt und gelebt werden – von Kindertagesstätten über Schulen, Betriebe und Museen bis zur kultursensiblen Altenpflege.

Auch klassische Einwanderungsländer haben spät neue kollektivmental wirksame Bindungsformeln nachgeführt: Der neue Schlüsselbegriff im Selbstbild der Vereinigten Staaten als »Nation of Immigrants« stammt aus den 1960er Jahren mit ihren das Land spaltenden Rassenkonflikten. Und in Kanada fand die diversitäre Inklusionsformel »Vielfalt ist unsere Stärke« (»Diversity is Our Strength«) erst in den 1980er Jahren Eingang in die politische Kommunikation.

Allheilmittel sind solche Bindungsformeln dann nicht, wenn sie mit grundlegenden und von vielen als grundstürzend betrachteten Politikwechseln verbunden sind. Das zeigt das Beispiel Australien: Grundlegende Veränderungen im Selbstverständnis als Einwanderungsland schien hier das von gewaltigen Medienkampagnen begleitete, späte Bekenntnis zu Einwanderungsförderung als Lebensfrage (»Populate or Perish«) zu signalisieren, zusammen mit der Umstellung von der Politik des »Weißen Australien« auf Multikulturalität. Nach Aufsehen erregenden Anfangserfolgen stieß beides, vor allem aus Angst vor der wachsenden asiatischen Einwanderung, in den 1990er Jahren auf erhebliche Widerstände in der Bevölkerung und endete schließlich in einer umso restriktiveren Einwanderungs- und insbesondere Asylpolitik.

Abwehrhaltungen und Willkommenskultur

Bleibt ein Zusammenhalt stiftendes Selbstbild in der modernen Einwanderungsgesellschaft dauerhaft aus, dann könnte in der Mehrheitsbevölkerung trotz insgesamt zunehmender Akzeptanz von Zuwanderung und kultureller Vielfalt die Zahl derer gefährlich wachsen, die sich als »Fremde im eigenen Land« übergangen fühlen und sich deshalb vernehmlich oder gar aggressiv gegen »Überfremdung« wenden. Der internationale Vergleich mit der Entwicklung einwanderungs- bzw. fremdenfeindlicher Strömungen in anderen europäischen Einwanderungsländern sollte hier eine Warnung sein, zumal entsprechende Entwicklungen auch hierzulande schon in Gang gekommen sind.

Stattdessen funktioniert die öffentliche und politische Inszenierung von Willkommenskultur in Deutschland oft eher als selbstgefällige Übertünchung von hinter der Willkommensfassade liegenden, in Umfragen immer wieder ausgeleuchteten Problem- bzw. Spannungszonen, die das Gegenteil von Willkommenskultur sind.

Dabei geht es besonders um teils diffuse, teils klar gruppenbezogene Abwertungen und Abwehrhaltungen, die allesamt sprunghaft angestiegen sind. Das belegt auch die neue »Mitte«-Studie der Universität Leipzig: Die Verbreitung geschlossener rechtsextremer Weltanschauungen hat sich in Deutschland in den letzten zwölf Jahren zwar halbiert. Aber noch immer ist jeder fünfte Befragte latent ausländerfeindlich eingestellt. Insbesondere gegenüber Gruppen, die Kulturängste wecken oder denen ungerechtfertigte oder doch als illegitim verstandene Ansprüche zugewiesen werden, ist die Feindseligkeit abrupt gestiegen.[20]

Das gilt heute besonders für muslim- und romafeindliche Einstellungen sowie für die Ablehnung von Asylsuchenden: Mehr als ein Drittel der Befragten war 2014 für ein Verbot der Zuwanderung von Muslimen nach Deutschland. 2009 sagte das erst jeder Fünfte. Die Zahl jener, die der Ansicht sind, »Sinti und Roma sollten aus den Innenstädten verbannt werden«, kletterte zwischen 2011 und 2014 von 27,7 auf 47,1 %. Drei Viertel der Befragten sind gegen eine großzügige Prüfung von Asylanträgen, 2011 war dies erst ein Viertel der Befragten.«[21] Nach Ermittlungen der Flüchtlingshilfsorganisation PRO ASYL und der Amadeu Antonio Stiftung gab allein für die Zeit von Januar bis September 2014 in Deutschland fast 200 Demonstrationen gegen Unterkünfte von Asylbewerbern und 50 gewalttätige Angriffe, darunter 23 Brandanschläge.[22]

»Islamkritik«, Rechtspopulismus und institutionelle Diskriminierung

Gruppenbezogene, insbesondere antiislamische bzw. muslimfeindliche Abwehrhaltungen wurden durch digitale Netz- und Hetzwerke, aber auch durch tendenziöse Medienberichterstattung[23] weiter forciert. Beides wurde auf regierungsamtlicher bzw. behördli-

---

[19] Vgl. K. J. Bade, (Hg.) Deutsche im Ausland – Fremde in Deutschland: Migration in Geschichte und Gegenwart, München 1992; ders., Homo Migrans: Wanderungen aus und nach Deutschland - Erfahrungen und Fragen Essen 1994; ders., (Hg.), Menschen über Grenzen – Grenzen über Menschen. Die multikulturelle Herausforderung, Herne 1995; ders., Europa in Bewegung: Migration vom späten 18. Jahrhundert bis zur Gegenwart, München 2000 (ital. Übers 2001; franz. Übers. 2002; span. Übers. 2003; engl. Übers. 2003); ders. (Hg. zus. m. P.C. Emmer, L. Lucassen u. J. Oltmer), Enzyklopädie Migration in Europa vom 17. Jahrhundert bis zur Gegenwart, Paderborn 2010 (engl. Cambridge, Mass. 2011).

[20] Wir steuern auf einen Kollaps zu und niemanden interessiert's, in: MiGAZIN, 2.7.2014.
[21] »Mitte«-Studie: Rechtsextremismus geht zurück, Ausländerfeindlichkeit bleibt weit verbreitet, in: DGB Bildungswerk, 30.6.2014; vgl. DGB Forum Migration, Juli 2014.
[22] M. Bartsch u.a., Anpacken statt jammern, in: Der Spiegel, 20.10.2014.
[23] K. J. Bade, Kritik und Gewalt. Sarrazin-Debatte »Islamkritik« und Terror in der Einwanderungsgesellschaft, Schwalbach i.Ts. 1973 (3. überarb. Aufl. 2014).

cher Seite nicht nur nicht begrenzt, sondern mitunter sogar indirekt ermutigt.

Das galt in der Politik z.B. für die rechtspopulistische Wahlkampfagitation der CSU unter dem Motto »Wer betrügt, der fliegt«. Das lag semantisch auf der gleichen Ebene wie die NPD-Parole »Geld für die Oma, nicht für Sinti und Roma« und bestärkte die gleichen Abwehrhaltungen.

Im Bereich der Bundesbehörden galt es etwa für die dreiste Begründung der Ablehnung einer Beobachtung der hasserfüllten islam- und muslimfeindlichen Agitation im Netz durch Einträge auf dem einflussreichen und mächtigen Internetpranger »Politically Incorrect« durch den Präsidenten des Bundesamtes für Verfassungsschutz mit den lakonischen Worten: »In Deutschland darf man sagen, dass man den Islam nicht mag, genauso wie man sagen darf, dass man das Christentum nicht mag.«[24] Das wurde von rechtsextremer Seite prompt mit der treffenden Bemerkung kommentiert: »Präsident Dr. Hans-Georg Maaßen stärkte hierbei der Islamkritik den Rücken«.[25]

Die Kehrseite solcher, schon in der blamablen NSU-Affäre demonstrierten Halbblindheit bildeten im gleichen Bericht des Bundesamtes für Verfassungsschutz falsche Feindbildbeschwörungen gegenüber weder verfassungsfeindlichen noch gewaltbereiten muslimischen Gruppen wie der »Islamischen Gemeinschaft Millî Görüş« (IGMG): Sie wird vom Bundesamt für Verfassungsschutz kaum mehr und von einzelnen Landesämtern schon lange gar nicht mehr beobachtet. Ihre Mitglieder aber werden nach wie vor pauschal dem sogenannten Islamismuspotenzial zugerechnet, das im Kern nur aus zum Teil in der Tat gefährlichen Kleingruppen wie den Salafisten besteht.

Durch dieses fatale amtliche Rechenkunststück wird die Größendimension des sogenannten Islamismuspotenzials alle Jahre wieder dramatisch überhöht, denn: Die Islamische Gemeinschaft Millî Görüş (IGMG) stellt mit ihren hier denunziativ eingruppierten 31 000 Mitgliedern rund drei Viertel dieses sogenannten »islamistischen Personenpotenzials« von insgesamt 43 190 Personen. Die rufschädigende Einbeziehung von Milli Gürüs gegen alle vorliegenden Erkenntnisse in den Bericht des Bundesamtes für Verfassungsschutz ist eine demagogische amtliche Verschwörungsagenda, die selbst im Bundesamt zunehmend umstritten ist und Experten von »aufgeblasenen Zahlen« sprechen lässt.[26]

Keine Frage: Der gewaltbereite Islamismus ist, wie abschließend noch zu zeigen sein wird, eine enorme Gefahr. Das gleiche Bundesamt hat denn auch zur Volksaufklärung im August eine Wanderausstellung über Islamismus auf den Weg geschickt – aber keine über die antiislamischen Netz- und Hetzwerke im Land; denn, wie gesagt: In Deutschland muss man den Islam »nicht mögen«.

Die Verharmlosung islam- und muslimfeindlicher Aggressionen und umgekehrt die amtliche Denunziation friedlicher muslimischer Gemeindeverbände als potenziell gefährliche Fundamentalisten – das liegt in der Mitte zwischen einer Art statistischem »Othering« und institutioneller Diskriminierung und ist damit das Gegenteil von amtlicher Willkommenskultur gegenüber einer starken Einwandererminderheit. Die aber umfasst heute rund 4 Millionen Muslime in Deutschland, von denen etwa die Hälfte deutsche Staatsangehörige sind. Das konterkariert im Grunde sogar die gesellschaftspolitischen Vermittlungsbemühungen des BAMF, obgleich das BMI in beiden Fällen die vorgesetzte Dienstbehörde ist. [...]

Gefährdungen von innen und außen

Willkommenskultur kommt von oben nach unten, aber die Angst vor »Überfremdung« und Terror wächst von unten nach oben. Für die Bemühungen um Willkommenskultur im engeren und um teilhabeorientierte Gesellschaftspolitik im weiteren Sinne gibt es dabei Gefährdungen von innen und außen:

Im Innern wächst das in der Regel verharmlosend als »Rechtspopulismus« umschriebene brisante Konglomerat von völkischem Nationalismus, Kulturrassismus, Sozialverachtung und gruppenbezogener Menschenfeindlichkeit. Dieses Syndrom ist eminent gefährlich, zumal es sich, Umfragen zufolge, längst in der so genannten Mitte der Gesellschaft festgesetzt hat.

Einwanderungs- und Integrationsfragen sind bewährte Gleitschienen für diese sogenannten rechtspopulistischen Strömungen und Parteien. Sie leben in diesem Zusammenhang auch von der Beschwörung zehrender Gespenster. Die bringen angeblich die doppelte Seuche von Sozial- und Kulturfraß übers Land:

Das neue, vorwiegend antiziganistische Gespenst der sogenannten Armutswanderung frisst angeblich die kommunalen Sozialetats und bedroht damit von unten den Wohlfahrtsstaat. Dieses neue zehrende Gespenst tritt neben das alte, noch gefräßigere, weil angeblich demographisch und kulturell, also unten und oben zehrende Monster »Islam«.

Beide Gespenster, Armutswanderung und Islam, weben und weben das für die demokratische Einwanderungsgesellschaft gefährliche kulturrassistische Band, das heute in einer negativen Koalition der Abwehr auch international alle rechtspopulistischen Kräfte zusammenhält.

Gefahr von außen mit Rückwirkungen im Inneren droht durch den blutigen islamistisch-fundamentalistischen Terror. Stichworte dazu sind »Boko Haram« im afrikanischen und »Islamischer Staat« (IS) im arabischen Raum. Am gefährlichsten wirkt hier

---
[24] D. Bax, Das Problem mit den Muslimhassern. Die deutschen Behörden tun sich bislang schwer damit, gegen Islamfeindlichkeit vorzugehen, in: taz.die tageszeitung, 7.5.2013.
[25] M. Stürzenberger, Verfassungsschutzpräsident Maaßen: »Man muss Islam nicht mögen – Politically Incorrect wird nicht beobachtet«, in: Die Freiheit Bayern, 2.5. 2013.
[26] Verfassungsschutzbericht 2013, in: Mediendienst Integration, 18.6.2014.

der IS-Terror, weil er Brücken nach Europa und Deutschland hat und weil er hier die spaltende antiislamische Denunziation der seit Jahren unausgesetzt hämmernden publizistischen und medialen sogenannten Islamkritik zu bestätigen und zu fördern tendiert.

Wachsende Ängste und Bedrohungsperspektiven in einer Welt voller Konflikte sprachen aus dem deutschen Politbarometer vom August 2014. Und jeder kann sich prüfen, ob und inwieweit er hier selbst für entsprechende Sorgen und vordergründige Schuldzuschreibungen empfänglich ist.

Bedrohungsvisionen, Projektionen, konkrete und diffuse Ängste, politische Wut und kulturrassistischer Hass schlagen bei gewaltbereiten Gruppen von Mehrheit und Minderheiten in Deutschland um in Aggressionen. Davon zeugen die erwähnten Anschläge auf Flüchtlingsquartiere, auf Moscheen, und, vor dem Hintergrund des Israel-Hamas-Krieges, auf Synagogen. Das gleiche gilt für das meist nur unter Sachbeschädigung verbuchte Einwerfen der Fenster christlicher Kirchen.

Hierher gehören auch die Angriffe auf Minderheiten, zum Beispiel auf Jesiden und Juden. Dazu kommen die zunehmenden Spannungen und Konflikte zwischen rechtsextremen Gruppierungen und Hooligans einerseits und Salafisten, Kurden und anderen zum Teil gewalt- oder doch verteidigungsbereiten Minderheiten andererseits. Dabei scheinen die zersplitterten Rechtsextremen und Hooligans sich unter dem gemeinsamen Feindbild Islam im Sinne negativer Integration zu einem Kampfbündnis zu finden. All das alarmiert die Sicherheitsdienste und nährt die Furcht vor einem »Kulturkampf auf den Straßen« der Einwanderungsgesellschaft.[27]

Europa, Deutschland und der Dschihad
Verwandte, wenn auch je und je unterschiedlich strukturierte Gefahren lauern auch im übrigen Europa. In der Erinnerung am stärksten präsent sind dabei die großen terroristischen Attentate: Von den Anschlägen auf das World Trade Center, auf das Pentagon in den USA und auf viele andere Ziele weltweit abgesehen, gilt das auf islamistisch-fundamentalistischer Seite in Europa besonders für die Angriffe z.B. auf die Pan Am-Maschine über dem schottischen Lockerbie, auf die U-Bahn in London oder auf die Züge in Madrid. Es gilt auch für zahlreiche missglückte oder in letzter Minute verhinderte islamistisch-fundamentalistische Attentatsversuche.

Auf rechtsextremistischer Seite gilt es vor allem für das anti-islamisch, antiliberal, antidemokratisch und antieuropäisch motivierte Massaker des norwegischen christlich-fundamentalistischen Terroristen Breivik im Regierungsviertel von Stockholm und unter jungen Sozialdemokraten auf der Ferieninsel Utöya. Daneben stand in Europa eine große Zahl von rechtsradikalen allgemein fremdenfeindlichen und insbesondere islamfeindlichen Ausschreitungen und Anschlägen auf Objekte und Gruppen, in Deutschland von Hoyerswerda (1991) über Rostock-Lichtenhagen, Mölln (1992), Solingen (1993) und Lübeck (1996) bis herauf zu den aktuellen Brandanschlägen auf Flüchtlingsheime, Moscheen und Synagogen.

In der Erinnerung haften blieben aber auch auf Einzelpersonen zielende islamistisch-fundamentalistische Mordanschläge der letzten Jahre in Europa: die Ermordung dreier jüdischer Schulkinder in Toulouse durch einen islamistischen Fanatiker 2008, die Ermordung von vier Besuchern des jüdischen Museums in Brüssel im September 2013 oder die öffentliche Ermordung und Zerstückelung eines britischen Soldaten mit einem Schlachter-Hackmesser im Mai 2013 in London durch zwei islamistische Fundamentalisten aus dem Einwanderermilieu, die damit Allah gefallen wollten, wie sie mit bluttriefenden Händen noch am Schauplatz der Tat in laufende Kameras erklärten.

Aber erst die erste video-übertragene Botschaft von der Abschlachtung eines amerikanischen Journalisten im August 2014, der kurz darauf mehrere andere folgen sollten, löste regelrechte Schockwellen aus; denn der vermummte, mit einem Kampfmesser zum Halsabschneiden angetretene IS-Kämpfer war ein muslimischer Brite mit ägyptischem Migrationshintergrund. Damit wuchs im Westen abrupt die Angst vor einem Überspringen des IS-Terrors, den es in der Tat in einer nicht fernen Zukunft auch in Europa und Deutschland geben könnte.

Denn im Dschihad des »Islamischer Staat« genannten religiös archaischen und technisch-organisatorisch modern ausgestatteten fundamentalistischen Systems kämpfen im Irak und in Syrien 15 000 bis 20 000 Auswärtige aus weltweit mehr als 80 Staaten. Zu ihnen zählen Tausende von meist jungen Europäern.

Aus Deutschland kämpfen nach Geheimdienstschätzungen in den Reihen der IS-Milizen mehr als 450, aus England 500, nach anderen Quellen sogar bis zu 1 500 fundamentalistische Terroristen. Aus Frankreich stammen vermutlich 300–700 Dschihadisten, aus dem kleinen Belgien angeblich 385 meist namentlich bekannte Kämpfer, die prozentual die stärkste europäische Nationalitätengruppe stellen.

Die Europäer sprechen meist schlecht arabisch und kämpfen deshalb in nach Nationalitäten gegliederten IS-Einheiten, unter ihnen ein ganzes französisches Bataillon und daneben ein weiteres unter dem Kommando der inzwischen mit dem Islamischen Staat um den globalen Führungsanspruch konkurrierenden Terror-Organisation Al Qaida. Die europäischen IS-Kämpfer werden, wenn sie nicht mit ihren Familien ausgewandert sind, um im IS-Kalifat zu kämpfen, zu leben und zu arbeiten, und wenn sie nicht als Kanonenfutter oder als Selbstmordbomber umgekommen sind, nach Europa zurückkehren –

---

[27] C. Cöln, Polizei fürchtet Krieg der Hooligans gegen Salafisten, in: Die Welt, 16.10.2014.

manche traumatisiert und behandlungsreif, andere wie befreit aus einem Traum, der zum Albtraum geriet, wieder andere vielleicht als Sendboten des Terrors.

Und bei der letztgenannten Gruppe geht es dann wahrscheinlich nicht nur um potentielle Einzeltäter, sondern auch um gut vernetzte Kampfgruppen, deren terroristische Einsätze über deren Opfer hinaus unübersehbare Folgen haben können: für religiös-ethnische und andere Konfliktlinien und damit für den kulturellen und sozialen Frieden in den Einwanderungsgesellschaften insgesamt. Nach Geheimdienstinformationen läuft eine Spur direkt auf Europa zu. So werden im nördlichen Syrien französische Kämpfer sogar direkt für den Einsatz in ihrer Heimat ausgebildet. 150 von ihnen sollen bereits in Frankreich, fast ebenso viele in Deutschland eingetroffen sein.[28]

Über die rund 800 km lange und zum Teil offene Grenze des NATO-Staates Türkei zu Syrien wurde und wird zum Teil noch immer der menschliche und materielle Nachschub für den »Islamischen Staat« abgewickelt. In umgekehrter Richtung rollten in Tanklastzügen lukrative Rohöl- und Dieselexporte des IS.

Die unmittelbar vor der türkischen Grenze von den hochmodern ausgerüsteten IS-Milizen bedrängten, mit altertümlichen Handfeuerwaffen kämpfenden Verteidiger der kurdischen Enklave Kobanî hingegen wurden von dem an der Grenze aufgefahrenen türkischen Militär vom Nachschub an Menschen und Material abgeschnitten. In der Türkei selbst durfte der IS, der dort auch allenthalben Kämpfer rekrutierte, mit seinen durch den illegalen Ölexport erwirtschafteten Gewinnen u.a. Immobilien kaufen, die für Ausbildungszwecke umgebaut wurden.[29] Ein europäischer Albtraum schien sich abzuzeichnen.

Desintegration und Terror in der Einwanderungsgesellschaft
Von diesem Albtraum profitieren als erste wieder die publizistischen und medialen Pioniere der sogenannten Islamkritik, die fröhliche Urständ feiern mit der neuen Anmeldung ihrer alten Argumente. Die werden nun ergänzt um die argumentative Groteske, dass das wahre Gesicht des Islams die islamistische Weltverschwörung des Islamischen Staates sei.[30]

Die sogenannte Islamkritik aber hatte mit ihrer unausgesetzt hämmernden, zwischen Kritik und Denunziation siedelnden Agitation vordem die folgenreichen antiislamischen Auskreisungsdiskurse etabliert und forciert. Diese »Othering«-Diskurse haben im Sinne des Konzepts der »negativen Integration«[31] mit dazu beigetragen, Jugendliche, die z.B. wegen Gewalterfahrungen in der primären Sozialisation im Elternhaus, wegen Bildungsrücklagen, Ausbildungsdefiziten, aber auch wegen Benachteiligungen am Arbeitsmarkt perspektivlos geblieben oder geworden sind, in ihren Orientierungs- oder auch Identitätskrisen empfänglich zu machen für passgerecht wirkende Angebote von Ersatzidentitäten.

Das gilt besonders für die religiös verkleideten Botschaften der islamistischen großen Vereinfacher mit ihren archaischen Orientierungsangeboten. Deren binäre Logistik unterscheidet nur Dschihadisten und zu bekämpfende Ungläubige, denen Allah dereinst entweder ewiges Glück im Schoße der berühmten Jungfrauen oder aber Tod und ewige Verdammnis beschert.

Solche simplen Botschaften, vor allem aber die dahinterliegenden allumfassenden gemeinschaftlichen Regularien für den Lebensalltag haben offenkundig starke Anziehungskraft auf orientierungs- und perspektivlose jüngere Menschen im Sinne einer Art totalitären Jugendbewegung. »Es wirkt so, als ob sich Kleinstädten ganze Jugendgruppen aufmachen«, heißt es in einer gut recherchierten aktuellen Reportage. »Die meisten wurden hier groß, sind deutsche Staatsbürger, manche Schulabbrecher, andere Hochschulabsolventen. Jetzt schlagen sie Köpfe ab, töten Wehrlose, schänden Gräber und fühlen sich dabei als aufrichtige Gläubige, als bessere Menschen. Sie haben ein Ziel: die Scharia und das Kalifat auszudehnen. Ihr Mittel: der Dschihad.«[32]

Es sind nicht nur mental und sozial defizitäre Integrationsverlierer mit Migrationshintergrund. Die sind besonders in der mehr als zwei Drittel umfassenden Gruppe derer zu finden, die ohne abgeschlossene Schulausbildung am Arbeitsmarkt ohnehin kaum Chancen haben und ihren aus Frustration resultierenden diffusen Aggressionsstau in gewalttätiger Gemeinschaft abarbeiten wollen. Für den Dschihad sammeln sich aber auch mehr oder minder Qualifizierte aus Einwandererfamilien sowie deutsche und europäische Konvertiten ohne Migrationshintergrund und andere aus den verschiedensten Gründen Irritierte und Empörte, zuweilen auch begleitet von jungen Frauen bzw. Lebensgefährtinnen.

Sie legitimieren die Abwendung von ihrem konkreten sozialen und kulturellen Umfeld oder auch insgesamt von der westlichen Zivilisation bzw. dem was sie darunter verstehen, mit Bekenntnissen zu einem Islam, die zu dem sich manche, wie Nachrichtendienste berichten, erst kurz vor ihrer Ausreise in die Kampfzonen aus dem Netz noch krude Einfüh-

---

[28] J. Bittner u.a., Vier Fragen aus der Hölle. Die IS- Terroristen und wir: ein Versuch, Antworten zu finden, in: die Zeit, 28.8.2014.
[29] T. Seibert, Druck von den Partnern. Die Türkei geht zu lasch gegen IS vor, in: Der Tagesspiegel, 2.9.2014.
[30] Vgl. C. Becker, F. Peters, »Nuhr verwechselt Islam mit dem Islamischen Staat«, in: welt.de, 24.10.2014 (http://www.welt.de/politik/deutschland/article133641173/Nuhr-verwechselt-Islam-mit-dem-Islamischen-Staat.html).

[31] Bade, Kritik und Gewalt, S. 348–364.
[32] G. Mascolo / A. Ramelsberger, Die Spur der Bomben. Seit Jahren versuchen Islamisten, in Deutschland Attentate zu verüben. Jetzt tritt eine neue Generation von Dschihadisten auf. Sie ist so gefährlich wie keine zuvor, in: Süddeutsche Zeitung, 18./19.10.2014, S. 13–16.

rungsliteratur herunterladen. Die aber scheint zumindest tragfähig genug zu sein bis zum Ende des mitunter sehr überschaubaren Lebenswegs von Selbstmordattentätern, die zuweilen schon kurz nach ihrem Eintreffen und ebenso ehrenvoller wie knapper Einweisung zu ihrem ersten und letzten Einsatz gefahren werden. Überlebende Rückkehrer gliedern sich nach amtlichen Beobachtungen in drei Gruppen: Desillusionierte, behandlungsreife Traumatisierte und fanatisierte Sendboten des Terrors, die angeblich unter höchsten Fahndungsdruck nach einer Chance suchen, ihren Kampfauftrag zu erfüllen.

Vor aggressiven Fluchtwegen aus mentaler und sozialer Orientierungs- und Perspektivlosigkeit, aus diffuser Wut und nicht zuletzt auch aus der erniedrigenden und beleidigenden Erfahrung einer die eigene Gruppe pauschal diffamierenden und denunzierenden sogenannten Islamkritik hatten kritische Beobachter seit langem vergeblich gewarnt.[33] Wenn sie heute an ihre Mahnungen erinnern, werden sie von Seiten eben jener sogenannten Islamkritik mit unflätigen Anwürfen überhäuft und der Verwechslung von Ursache und Wirkung geziehen.

Besserwisser pflegen nur beliebt zu sein, wenn sie des Irrtums überführt werden können. Mangelnde Einsicht hält die für den sozialen Frieden in der Einwanderungsgesellschaft gefährliche gruppenbezogene Frustrations-Aggressions-Schaukel weiter in Schwung. Später könnte es wieder heißen, die Folgen seien seinerzeit unabsehbar gewesen. Wichtige Denk- und Handlungsanstöße könnte hier ein neues »Manifest« geben, das zwanzig Jahre nach dem von mir 1993/94 initiierten und herausgegebenen »Manifest der Sechzig« zum Thema »Deutschland und die Einwanderung«[34] den aktuellen Fragen der Einwanderungs- bzw. Migrationsgesellschaft Rechnung trägt.

Den Anfängen wehren
Staatliche Reaktionen konzentrieren sich derzeit besonders auf das Katz- und Maus-Spiel von Ausreisesperren für Terrorverdächtige, Einreiseverbote oder Strafverfahren für Rückkehrer mit ausländischem Terrortraining oder einschlägiger Kampferfahrung. Jenseits der allfälligen Verbots- und Verfolgungsdiskurse viel zu wenig diskutiert wird die Frage, wie den meist jungen Menschen auf friedliche Weise geboten werden kann, was sie auf mörderischen Wegen an Ersatzidentität bzw. Ersatzbefriedigung suchen. Viele haben und sind schon verloren. Für viele andere ist es, hoffentlich, noch nicht zu spät. Deshalb verdienen Initiativen, die in Schulen und den Moscheegemeinden ansetzen und andere Multiplikatoren einbinden, höchste Förderung.[35]

Der Europäische Jüdische Kongress (EJK) warnte Ende August 2014 vor Anschlägen der IS-Terror- Miliz in Europa und vor wachsendem Antisemitismus im Schatten der Kritik an Israels aggressiver Selbstschutzpolitik im Krieg gegen die Hamas:

In den vergangenen Wochen hätten Zehntausende radikaler Islamisten bei Kundgebungen in Europa einen »Heiligen Krieg« (Dschihad), die Ermordung von Juden sowie die Einführung der Scharia verlangt. Auch zunehmende Angriffe auf jüdische Einrichtungen zeigten, dass es darum gehe, »einen Religionskrieg auf dem Kontinent zu entfachen.« Europa erlebe »die schlimmste Antisemitismus-Welle seit Ende des Holocaust.«[36]

Wir erinnern uns an grölende Islamisten auf dem Berliner Kudamm mit der Parole »Jude, Jude, feiges Schwein – komm heraus und kämpf allein!« Das lag auf der gleichen Ebene wie das SA-Kampflied mit dem Refrain »Und wenn das Judenblut vom Messer spritzt, dann geht's nochmal so gut«. Und die überforderte Polizei sah zu. In welchem Land leben wir und welche Geschichte haben wir eigentlich in diesem Land?

Willkommenskultur ist kein Schutzschild gegen die hier möglicherweise heraufziehenden, von innen und außen beförderten Konflikte, zu denen in einer intentionalen Allianz der Destruktion Dschihadisten und Rechtsextremisten das Ihre beitragen. Sie könnten den kulturellen und sozialen Frieden in der Einwanderungsgesellschaft ernsthaft gefährden und am Ende manche dazu führen, statt friedlicher interkultureller Kommunikation die Geheimdienste mit ethnokulturellen Verdächtigungen zu bedienen.

Vieles hat in der Geschichte klein angefangen und am Ende katastrophale Folgen gehabt. An die erinnern dann Mahnmale, vor denen Spätgeborene Kränze niederlegen und sich fragen, warum man seinerzeit den Anfängen nicht mutiger entgegengetreten ist.

Denkbar wäre das, frei nach Koselleck, auch beim Rückblick aus der Zukunft in jene Vergangenheit, die heute unsere Gegenwart ist; denn die Anfänge sieht man bekanntlich immer schärfer, wenn man das Ende schon kennt. Aber erkennbar sind diese potentiellen Anfänge, fürchte ich, auch heute schon.

10 Schlussthesen
Willkommenskultur ist ein wichtiger und nötiger Spurwechsel im politischen und öffentlichen Diskurs. Jenseits von konkreten und erfolgserprobten Diversi-

---

[33] Beispiele in eigener Sache: Bade, Ausländer – Aussiedler – Asyl, S. 71–90, 175–206; ders., Einwanderung und Gesellschaftspolitik in Deutschland – quo vadis Bundesrepublik?, in: ders. (Hg.), Die multikulturelle Herausforderung. Menschen über Grenzen – Grenzen über Menschen, München 1996, S. 230–253; ders., Tabu Migration. Belastungen und Herausforderungen in Deutschland, in: ders. (Hg.), Das Manifest der Sechzig: Deutschland und die Einwanderung, München 1994, S. 66–85; ders., Kritik und Gewalt, S. 365–374.
[34] S. Kap. 3.

[35] Beispiel: A. Corves, Berliner Initiative will Jugendliche vor Salafismus schützen – »Schnelle Radikalisierung zu spät erkannt« (http://www.rbb-online.de/politik/beitrag/2014/10/Salafisten-Dschihadisten-Initiative-KIgA-Berlin-Kreuzberg-IS.html).
[36] Jüdische Organisationen: Europa ist »reif« für Terroranschläge, in: Katholische Nachrichten-Agentur 25. 8. 2014.

ty-Konzepten für Unternehmen, Verwaltungen und Behörden (Willkommenstechnik) ist Willkommenskultur als gesellschaftspolitisches Konzept aber noch ein wolkiger Orientierungsrahmen mit unklaren Konturen und erheblichem Verbesserungs- und Ergänzungsbedarf:

1. Willkommenskultur ist ein politisch gewolltes, top down gestiftetes Elitenkonzept (F. Heckmann). Bottom up aber wächst Kultur- und Fremdenangst, die durch Willkommenskultur geschönt, aber nicht aufgefangen werden kann.

2. Willkommenskultur ist ein demo-ökonomisch motiviertes Zuwanderungskonzept und ölt als solches in erster Linie die bedarfsorientierte, d.h. arbeitsmarktorientierte, d.h. vorwiegend arbeitgeberorientierte Eingliederungsmaschinerie für qualifizierte Neuzuwanderung.

3. Willkommenskultur kommt meist nicht über Willkommenstechnik mit freundlichen Eingliederungshilfen für erwünschte Neuzuwanderer hinaus, abgesehen von begrenzten kommunalpolitischen Initiativen und zur Zeit erst erprobten amtlichen, aber über die behördliche Dimension hinausgreifenden Konzepten (z.B. »Anerkennungs- und Willkommenskultur«-Großprojekt des BAMF).

4. Die politische Inszenierung von Willkommenskultur hat sogar eine indirekt gruppenbezogene Selektionsfunktion: Sie macht unausgesprochen klar, das Gruppen wenig oder gar nicht erwünscht sind, die nicht zu den Adressaten von Willkommenskultur zählen und anstelle von Willkommensgrüßen mit einseitigen Anpassungsforderungen konfrontiert werden. Die politische Inszenierung von Willkommenskultur richtet sich zum Beispiel dezidiert nicht an explizit unwillkommene, aber aus europarechtlichen Gründen ebenfalls zu akzeptierende Zuwanderer wie etwa die sogenannten »Armutswanderer« aus Südosteuropa. Die politische Inszenierung von Willkommenskultur richtet sich – trotz einzelner Verbesserungen der insgesamt nach wie vor bewusst abschreckenden Lebensbedingungen – erst recht nicht an die Adresse von Asyl oder doch Schutz suchenden Flüchtlingen, abgesehen von einzelnen bevorzugten Gruppen oder Kontingenten und im Gegensatz zu der breiten, aus dem ehrenamtlichen Engagement der Bürgergesellschaft kommenden Willkommensbewegung zum Schutz und zur Hilfe für geflüchtete Schutzsuchende, die mit staatlich bzw. behördlich inszenierter Willkommenskultur wenig gemein hat.

5. Staatliche bzw. behördliche Konzepte einer Willkommenskultur für Neuzuwanderer gehen aber auch an der schon mehrere Generationen im Land lebenden Einwandererbevölkerung vorbei und können dort sogar als weiterer Beitrag zur Zurücksetzung und Benachteiligung erfahren oder doch empfunden werden.

6. Willkommenskultur hilft zugleich wenig gegen angstgeborene Abwehrhaltungen gegenüber Zuwanderern und Asylsuchenden in der Mehrheitsbevölkerung; denn Mentalitäten ändert man nicht durch freundlichere Umgangsformen.

7. Konzepte für Willkommenskultur operieren, wie appellativ formulierte sozialtechnologische Konzepte der Integrationspolitik (»Integrationsland«), im Vorfeld der für die Einwanderungsgesellschaft nötigen teilhabeorientierten Gesellschaftspolitik für Alle, d.h. mit wie ohne den sogenannten Migrationshintergrund.

8. Trotz insgesamt verhalten zunehmender Akzeptanz von Zuwanderung und kultureller Vielfalt fehlt in der Einwanderungsgesellschaft ein konsensuales und inklusives Selbstbild mit kollektiven Erinnerungen (»Narratio«) an kulturelle Herkunft und Zusammenwachsen von Mehrheitsbevölkerung und Einwandererbevölkerungen und mit Visionen für die gemeinsame Zukunft (N. Foroutan). Willkommenskultur als Elitenkonzept von oben ist kein Ersatz dafür.

9. Ohne teilhabeorientierte Gesellschaftspolitik für Alle und ohne ein konsensuales und inklusives Selbstbild der Einwanderungsgesellschaft könnte in Kreisen der Einwandererbevölkerung, insbesondere unter jüngeren Menschen, das verbreitete und begründbare Gefühl unzureichender Akzeptanz und Teilhabechancen ebenso weiter wachsen wie in Kreisen der Mehrheitsbevölkerung die Angst, »Fremde im eigenen Land« zu sein, die Anlass werden kann, sich aggressiv gegen vermeintliche »Überfremdung« zu wenden. Daraus resultierende Spannungen könnten zusammen mit zusätzlichen, von innen (»Islamkritik«) und von außen (»Islamischer Staat«) geförderten Sozial- und Kulturängsten den sozialen und kulturellen Frieden in der Einwanderungsgesellschaft gefährden.

10. Wir könnten auf der diskursiven Suche nach einer inklusiven konsensualen »Narratio« mit dem französischen Kulturphilosophen Vincent Cespedes über den Verlust unserer Fähigkeit nachdenken, »Kollektive zu bilden«. Vielleicht sollten wir mit ihm von afrikanischen Kulturtechniken lernen und versuchen, den »Zaubertrank« zu finden, mithilfe dessen man das kollektive »Wir« wiederfinden kann. Cespedes meint damit das afrikanische »Große Palaver«: Es kann sehr lange dauern, muss aber mit konsensualen und inklusiven Leitorientierungen enden. Die stehen dann für alle Beteiligten nicht mehr zur Disposition – bis vielleicht ein neues »Großes Palaver« andere Leitorientierungen bringt. Um das »Große Palaver« ergebnisorientiert und nachhaltig zu strukturieren,

könnte auf der Bundesebene eine Leitbild-Kommission oder die von der Jungen Islamkonferenz ins Gespräch gebrachte Enquete-Kommission nützlich sein.

12.1.4 Zur Selektionsfunktion der »Willkommenskultur«,
aus: Von Unworten zu Untaten. Kulturängste, Populismus und politische Feindbilder in der deutschen Migrations- und Asyldiskussion zwischen »Gastarbeiterfrage« und »Flüchtlingskrise«, überarb. Vortrag Osnabrück, 29.5.2015, in: IMIS-Beiträge, 48/2016[37], S. 35–171, hier S. 73–81 (Auszug).

Praktische »Willkommenskultur« spricht [...] aus der wachsenden Zahl nichtstaatlicher Engagements unter dem Eindruck der Überforderung staatlicher und kommunaler Versorgungseinrichtungen durch den aktuellen Flüchtlingsandrang. Diese Ersatzengagements für die politisch vielbeschworene, aber im Bereich von Flucht und Asyl in aller Regel fehlende staatliche – nur in Kommunen gelegentlich begegnende – »Willkommenskultur« sind weitgefächert. Sie reichen von den christlichen Kirchen und anderen Religionsgemeinschaften über Wohlfahrtsverbände, die Hilfsorganisation PRO ASYL und das Welcome-Programm von Refugio bis hin zu zahllosen bürgerschaftlich-privaten Initiativen vor Ort, die nach Schätzungen mehr als 7 Millionen ehrenamtliche Helfer und Spender einschließen, was dazu führte, dass in Städten wie München zeitweise die Listen der freiwilligen Helfer sowie die Lager für Kleiderspenden wegen Überfüllung geschlossen werden mussten.

Was sich hier formiert hat, ist eine bundesweite Willkommensbewegung, die in einer schon längeren Tradition von ehrenamtlichem Engagement, Hilfe, aber auch Protest steht und seit dem »Migrationssommer« 2016 zu Millionenstärke angewachsen ist. Ihre bis zur Erschöpfung arbeitenden ehrenamtlichen Helfer entlasten die überforderten Behörden bei der Flüchtlingsaufnahme nicht nur, sondern ersetzen sie oft auch.

Die Willkommensbewegung ist zu einer regelrechten Gesellschaftsstruktur geworden: Nach einer noch laufenden Umfrageauswertung des neuen Berlin-Instituts für empirische Migrationsforschung (BIM) ist ihr Sozialprofil in starkem Maße geprägt durch jüngere Alterskohorten, einen überdurchschnittlich hohen Anteil von Frauen (ca. 70 %) und Gebildeten (80 % haben Abitur oder höhere formelle Abschlüsse). Und sie umfasst einen im Vergleich zur Durchschnittsbevölkerung (ca. 20 %) ebenfalls deutlich höheren Anteil von Personen mit Migrationshintergrund (ca. 30 %), was aber auch damit zusammenhängen kann, dass der – im internen Arbeitsjargon des SVR »MiHi« – genannte Migrationshintergrund, statistisch betrachtet, mit sinkendem Lebensalter steigt.[38]

In der Willkommensbewegung sind cum grano salis drei Leitzielen besonders deutlich: Hilfe (für Geflüchtete), Protest (gegen restriktive Regierungspolitik) und Kampf (gegen fremden- und flüchtlingsfeindliche Aktivitäten). Sie ist, wie der Sozialforscher und Publizist Harald Welzer zu Recht betont, »eine Sternstunde der Demokratie«: Der Souverän, also die Bürgergesellschaft, hat auch nach meiner Einschätzung durch ihr staatsfreies, ehrenamtliches Engagement Türen in die Zukunft eingetreten, während die nachhinkende Politik zum Teil angstvoll und durch parteipolitisches Gezerre blockiert, vor den Handlungsschwellen verharrte und dabei, wieder einmal in bedrohlichen Menetekeln vor der Zukunft warnend, ihre eigenen Lähmungen zu überspielen tendierte.[39]

In ihren praktischen Engagements eilt die überaus vielfältige Willkommensbewegung zum Teil mit Siebenmeilen-Stiefeln den staatlichen Engagements davon. Nur zwei Beispiele aus dem Integrationsbereich dazu:

Beispiel 1: Die von Studenten begründete, bundesweite und inzwischen in ihrem Beratungs- und Lehrangebot sogar bis in die Vereinigten Staaten ausgreifende englischsprachige Online-Universität (»Kiron University«). Sie soll Geflüchteten den Einstieg ins deutsche Hochschulsystem dadurch erleichtern, dass sie unbürokratisch sofort online mitstudieren können und die anfangs fehlenden oder noch nicht anerkannten Voraussetzungen dazu innerhalb von zwei Jahren nachbringen können, um dann im dritten Jahr regulär in die entsprechenden Studiengänge einzuschwenken.

Beispiel 2: Die ebenfalls ehrenamtlich von Studenten der Universität Augsburg und der TU München um den Initiator Daniel Kehle programmierte fünfsprachige Smartphone-App »Integreat« für Geflüchtete, die Augsburg als »Pilotstadt« übernommen hat. Sie bietet in Deutsch, Englisch, Französisch, Arabisch und Farsi die wichtigsten Informationen für soziale Integration im Alltag an – wobei man sogar an

---

[37] http://www.imis.uni-osnabrueck.de/fileadmin/4_Publikationen/PDFs/imis48.pdf.

[38] Vortrag von Serhat Karakayali (BIM), Ehrenamtliche Flüchtlingshilfe und was die Politik daraus lernen kann, Vortrag auf der Konferenz »Refugees welcome« der Fraktion Die Linke am 28.11.2015 in Berlin (http://linksfraktion.de/nachrichten/lasst-uns-gefluechteten-weltbuerger-betrachten-wohnort-wechseln-muessen/).

[39] M. Deggerich / C. Neumann / M. Popp, Vor dem Zusammenbruch. Bund und Länder verlassen sich darauf, dass Tausende Freiwillige die Flüchtlingskrise bewältigen. Doch viele Helfer können nicht mehr, in: Der Spiegel, 2.11.2015; vgl. u.v.a. den Antrag aus der Fraktion Die Linke im Bundestag: Flüchtlinge willkommen heißen – Für einen grundlegenden Wandel in der Asylpolitik, Deutscher Bundestag, 18. Wahlperiode, Drucksache 18/3839, 28.1.2015]; P. Unfried, Die Stimmung kippt und nicht. Gespräche jenseits intellektueller Arschgeigen: Welches Land wollen wir sein, Harald Welzer?, in: taz.die tageszeitung, 12./13.12.2015 (Zitat).

die skandalösen Zustände in den Erstaufnahmeeinrichtungen mit völlig unzureichenden Internetanschlüssen gedacht hat, weshalb die App nur einmal heruntergeladen werden muss und dann auch offline abrufbar ist.[40]

Solche und andere aus dem ehrenamtlichen bürgergesellschaftlichen Engagement stammenden schnellen, funktionstüchtigen und kostengünstigen oder sogar kostenlosen Initiativen unterscheiden sich von den schwerfälligen und oft überforderten staatlichen Angebotsstrukturen wie hochtourige Rennwagen auf einer Piste von im Gelände wühlenden Kettenfahrzeugen. Dazu mag hier der Hinweis auf das makabre Beispiel des Berliner Landesamtes für Gesundheit und Soziales (LAGeSo) in Berlin-Moabit genügen, das ohne die vielen freiwilligen Helfer von »Moabit hilft« und ohne die mithelfenden Geflüchteten selbst komplett an seinen Aufgaben gescheitert wäre und damit eine humanitäre Katastrophe ausgelöst hätte.

Die Berliner Behörde war wegen mehrerer Skandale bei der Versorgung von Geflüchteten rasch bundesweit ins Gerede gekommen – von durchnässten Geflüchteten im Regen vor verschlossenen Zelten bis hin zum Wartenummern-Handel von privaten, Geflüchtete gelegentlich mit Knüppeln prügelnden Sicherheitsleuten mit Wachhunden, die bei den zum Teil panisch reagierenden arabischen Moslems als unrein und glaubensgefährdend gelten u.a.m. Bis Ende 2015 war es nicht einmal gelungen, zu einer geregelten Terminvorgabe für die behördliche Registrierung der Geflüchteten zu kommen. Stattdessen wurden über Monate hinweg täglich rund 500 Geflüchtete zu Dienstbeginn (morgens 9 Uhr) einbestellt, obgleich nur etwa 200 von ihnen eingelassen werden konnten.

Deshalb hockten und lagen Geflüchtete in Schlangen – unter ihnen auch Erkrankte, die eine Überweisung zu ärztlicher Behandlung erbitten wollten – schon am Nachmittag des Vortages und die ganze Nacht hindurch, selbst bei Wind und Wetter in der Vorweihnachtszeit, auf dem Bürgersteig vor dem Amt. Sie wollten ihren Termin nicht versäumen, der dann wegen der Fehlorganisation oft erst am übernächsten Tag erreichbar wurde. Alle Proteste bei dem an oberster Stelle verantwortlichen Sozialsenator Mario Czaja (CDU) nutzten nichts. Am Ende stellte sich der Verdacht ein, dass hier auf Kosten der Geflüchteten die Überlastung der Sozialbehörde und die Notwendigkeit der Einrichtung eines eigenen »Flüchtlingsamtes« zu ihrer Entlastung demonstriert werden solle. Vielleicht war es insoweit kein Zufall, dass Ende 2015 in der Tat für das Jahr 2016 die Einrichtung eines solchen zusätzlichen Flüchtlingsamtes vorgesehen wurde.[41]

Hinzu kamen in der Willkommensbewegung teils gewaltige, teils eher skurrile symbolische Aktionen – drei Beispiele: Am »Tag des Flüchtlings« (20. Juni 2015) ertönten abends im Erzbistum Köln die Glocken von 230 Kirchen jeweils 100 Mal zum Gedenken an die amtlich genannten ca. 23 000 im Mittelmeer umgekommenen Geflüchteten, deren Zahl nach verlässlichen Angaben von Hilfsorganisationen bei weitem höher zu veranschlagen ist. In Berlin plakatierte das politisch-künstlerische »Peng-Collective« Selbstanzeigen (»Ich bin eine Fluchthelferin, denn Fluchthilfe rettet Leben«). Und die Berliner Menschenrechts- und Künstlergruppe »Zentrum für politische Schönheit« erinnerte mit Toten an Tote: Sie ließ dazu die exhumierte Leiche einer im Mittelmeer ertrunkenen Muslima nach Berlin bringen und dort »würdig begraben«.[42]

Eine Studie des Berliner Instituts für empirische Integrations- und Migrationsforschung (BIM) und des Refugee Studies Centre (RSC) der Oxford University zur ehrenamtlichen Arbeit für Geflüchtete kam zu dem Ergebnis: »In Deutschland ist die ehrenamtliche Flüchtlingsarbeit schon eine Bewegung.« In keinem anderen Land Europas gebe es ein so starkes Engagement für Geflüchtete wie in Deutschland. Und eine auf der Berliner Konferenz »Refugees welcome« der Fraktion Die Linke im Bundestag am 28.11.2015 vorgestellte Studie sprach von mehr als 7 Millionen Aktiven in der »Flucht-Hilfe-Bewegung«.[43]

---

[40] M. Müller (KNA), Studenten gründen online-Uni für Flüchtlinge, in: Der Tagesspiegel online, 9.9.2015; World Class Education for Refugees, https://kiron.university/; S. Mayr, Smartphone-App für Flüchtlinge, in: Süddeutsche Zeitung, 27.11.2015.

[41] Die Entlassung des zusammen mit dem Senator schließlich von einer Strafanzeige von 40 Berliner Rechtsanwälten bedrohten Behördenleiters Franz Allert durch den Sozialsenator Anfang Dezember 2015 war lediglich ein Bauernopfer, das an den Missständen in der »Chaosbehörde« nichts änderte; vgl. Deggerich, Vor dem Zusammenbruch, S. 26f. sowie die fast tägliche Berichterstattung in: taz.die tageszeitung, z.B. K. Kipping, Flüchtlinge, dem Amt ausgeliefert: »Das Staatsversagen ist nicht erkennbar, denn die Freiwilligen gleichen es aus«, in: taz.die tageszeitung, 5.11.2015; R. Künast, Strafanzeige offenbar notwendig, in: ebd., 7.12.2015; »Die Warteschlangen müssen verschwinden«. Interview (Ute Schleiermacher) mit der Bezirksstadträtin Sabine Smentek (SPD), in: ebd., 23.11.2015; Allert-Rücktritt: Bauernopfer oder genialer Coup?, in: ebd., 10.12.2015; H. Heine, CDU spricht von »öffentlicher Hinrichtung« des LAGeSo-Chefs, in: Der Tagesspiegel online, 10.12.2015; J. Fahrun, Senatskrise: Berlins Sozialsenator Czaja entging seinem Rauswurf, in: Berliner Morgenpost, 13.12.2015.

[42] H. Prantl, Freies Geläut, in: Süddeutsche Zeitung, 15.6.2015; Totengeläut für ertrunkene Flüchtlinge: 23 000 Glockenschläge in NRW, in: taz.die tageszeitung, 16.6.2015; C. Haunhorst, Big Peng Theory, in: Süddeutsche Zeitung, 10.8.2015; I. Kappert / M. Kaul, Tabubruch: Leichen nach Berlin. Exhumiert und neu bestattet: Aktionskünstler bringen Überreste von Flüchtlingen nach Deutschland, in: ebd.; P. Laudenbach, Die Toten sehen, in: ebd., 16.6.2015.

[43] M. Bartsch u.a., Anpacken statt jammern, in: Der Spiegel, 20.10.2014. PRO ASYL e.V. (Hg.), Herzlich Willkommen. Wie man sich für Flüchtling engagieren kann, Frankfurt a.M. 2015; T. Petersen (Institut für Demoskopie Allensbach), Zaghafte Schritte zur »Willkommenskultur«: Die Zahl der Flüchtlinge wächst. Das besorgt viele. Doch aggressive Ablehnung, wie noch vor 20 Jahren, ist kaum zu spüren, in: Frankfurter Allge-

Dennoch gab es für Beobachter aus dem Ausland, die teils fasziniert, teils erschreckt auf die Entwicklung in Deutschland blickten, auch im »Flüchtlingssommer« 2015 bizarre Kontrapunkte in Gestalt dessen, was Bundespräsidenten Gauck das »helle« Deutschland und das »Dunkeldeutschland« nannte.[44] Dabei überschnitten sich gegenläufige wirkende Konjunkturen von Sympathie- und Schreckensberichten, bis deutlich wurde, dass das »dunkle« nur die Rückseite der »hellen« Medaille war.

Politische Demagogie irritierte im Sommer 2015 wieder die zunächst überwältigende bürgergesellschaftliche Willkommenshaltung gegenüber Geflüchteten. Besonders wirksam waren hier die zur sich selbst erfüllenden Prophezeiung werdenden Warnungen der bayerischen CSU vor einem »Kippen der Stimmung« und ihre teils latent, teils offen ethnisierende Agitation gegen den angeblich »massenhaften Asylmissbrauch«, insbesondere durch als Geflüchtete getarnte »Wirtschaftswanderer« bzw. »Armutswanderer« aus dem »Westbalkan« (Albanien, Kosovo, Montenegro). Begründet wurde damit die – im Freistaat sogleich umgesetzte und bald auch von anderen Bundesländern aufgegriffene – Forderung nach herkunftsspezifischen und unausgesprochen ethnischen »Sonderlagern«. Sie wurden in der Öffentlichkeit »Abschiebelager« genannt und könnten vielleicht bald wieder »Zigeunerlager« heißen, denn ein Großteil dieser »Balkan-Flüchtlinge« sind Roma.[45]

Bei der Akzeptanzhaltung gegenüber Geflüchteten begann der noch immer klar positive Stimmungspegel im Sommer 2015 zu sinken. Die Sorge um Zuwanderung stieg. Immer mehr Deutsche wollten insbesondere die Zuwanderung von »Armutsflüchtlingen« begrenzt sehen und setzten dabei überzogene Hoffnungen auf ein Einwanderungsgesetz.[46]

Das Eurobarometer meldete, dass 86 Prozent der Bundesbürger mit der wirtschaftlichen Lage und 91 Prozent mit ihrem persönlichen Leben zufrieden seien. Aber in keinem anderen europäischen Land werde Zuwanderung mit solcher Priorität als das »mit Abstand größte gesellschaftliche Problem« betrachtet. Mehr noch: Wider alle demo-ökonomische Vernunft »sieht eine Mehrheit der Deutschen den Zuzug von Menschen von außerhalb der EU als problematisch an. Immer weniger Bundesbürger finden, dass Zuwanderer einen ›großen Beitrag‹ fürs Land leisten.«[47]

Die pöbelnden Demonstrationen und die Anschläge auf Erstaufnahmeeinrichtungen für Geflüchtete nahmen deutlich zu und eroberten die Medien auf Kosten der Berichterstattung über die sogar wachsende flüchtlingsfreundliche praktische Hilfsbereitschaft. Organisierte Rechtsextremisten verbreiteten im Netz zur Gewalt einladende Karten von Aufnahmeeinrichtungen für Geflüchtete und Asylsuchende in Deutschland. Und das Bundeskriminalamt sorgte sich zugleich um die Ausbreitung »völkischer Ideologie« in der bürgerlichen Mitte, weil viele Tatverdächtige zuvor nie als Extremisten aufgefallen waren.[48]

Regierungskreise, insbesondere das zentral zuständige Bundesministerium des Innern, zeigten sich, wieder einmal, ratlos und ergingen sich zumeist in einer Mischung von Ordnungsrufen und Empörungssemantik, statt engagiert zum Schutz der wehrlosen Geflüchteten zu intervenieren. »Der Strom der Flüchtlinge fordert die Gesellschaft heraus. Bund und Länder aber wirken bislang überfordert«, warnte Daniel Delhaes. »Nur ein klares Zuwanderungskonzept

---

meine Zeitung, 21.5.2015; G. Burkhardt, Refugees Welcome? Es ist noch viel zu tun, bis Flüchtlinge in Deutschland wirklich willkommen sind, in: PRO ASYL (Hg.), Refugees Welcome. Tag des Flüchtlings 2015, Frankfurt a.M. 2015, S. 4–7; Engagierte in der Flüchtlingsarbeit sind weiblich, jung und gut gebildet, in: MiGAZIN, 15.5.2015; Die Linke im Bundestag, Konferenz »Refugees welcome«, Berlin 28.11.2015 (http://linksfraktion.de/nachrichten/lasst-uns-gefluechteten-weltbuerger-betrachten-wohnort-wechseln-muessen/)

[44] L. Ondreka, Joachim Gauck, die Ossis und Dunkel Deutschland, in: SZ.de, 26.8.2015; Bundespräsident Gauck bei Flüchtlingen: »Es gibt ein helles Deutschland«, in: Spiegel online 26.8.2015.

[45] F. Holzschuh, Kritik an »Sonderlagern«, in: Nürnberger Nachrichten, 18.6.2015; PRO ASYL, Integration für die einen, Massenabfertigung für die anderen, 23.6.2015; PRO ASYL, Stimmungsmache und Stigmatisierung: Bayern will Abschiebelager einrichten, 22.7.2015; W. Wittl, Aufnahmezentrum kommt nach Ingolstadt, in: Süddeutsche Zeitung, 31.7.2015; vgl. »Wenn jemand das Recht auf Asyl hat, dann zweifellos die Roma«. Interview (Ines Wallrodt) mit dem Historiker Wolfgang Wippermann über tief sitzende Vorurteile und darüber, wie Politik und Medien vor der europaweiten Diskriminierung einer Minderheit die Augen verschließen, in: Neues Deutschland, 31.7.2015; hierzu zuletzt: N. Mappes-Niediek / D. Reljić, »Geh auch du!« Warum Zehntausende von Balkan nach Westen wandern, in: A. Reschke (Hg.), Und das ist erst der Anfang. Deutschland und die Flüchtlinge, Hamburg 2015, S. 71–80.

[46] Immer mehr Deutsche wollen Einwanderung begrenzen, in: Zeit online, 30.7.2015; M. Bewarder, Akzeptanz für Flüchtlinge sinkt, in: Die Welt, 31.7.2015; »Stoppen können wir diese Dynamik nicht«. Interview (Claudia Ehrenstein) mit dem Entwicklungspolitik-Experten Dirk Messner, in: ebd., 30.7.2015.

[47] H. Müller, Selbstzufriedenheit: Die Deutschen sind gefährlich satt, in: Spiegel online, 9.8.2015.

[48] Nazis mit Online-Karte gegen Flüchtlinge, in: MiGAZIN, 17.7.2015; Liste der Schande – Der unfassbare Alltag in Deutschland, in: Die Welt, 20.7.2015; Flüchtlingsunterkünfte immer häufiger in Flammen, in: MiGAZIN, 21.7.2015; Deutlich mehr Übergriffe auf Flüchtlingsheime, in: Zeit online, 23.7.2015; Dramatischer Anstieg. Behörden zählen 2015 bereits 202 Angriffe auf Flüchtlingsheime, in: Süddeutsche Zeitung, 24.7.2015; A. Lehmann, Willkommen in Sachsen, in: taz.die tageszeitung, 28.7.2015; Rassismus im Internet: Aufrufe zu Brandstiftung, Körperverletzung, Mord, in: Frankfurter Allgemeine Zeitung, 30.7.2015; M. Decker, Brandstifter auf dem Vormarsch. In ganz Deutschland werden Asylbewerberheime attackiert, in: Frankfurter Rundschau, 31.7.2015; Mehr Angriffe auf Flüchtlingsheime als vom Bund angegeben, in: Zeit online, 30.7.2015; Attacken auf Asylunterkünfte: BKA fürchtet Ausbreitung »völkischer Ideologie«, in: Spiegel online, 31.7.2015.

kann dafür sorgen, dass am Ende Bürger und Migranten profitieren.«[49]

Anstelle der dringend nötigen Einigung auf eine für die Bürger verständliche, tragfähige und zukunftsorientierte Zuwanderungs- und Asylkonzeption aber begannen, wie Anfang der 1990er Jahre, wieder schäbige Schacherspiele: zum Beispiel mit dem Angebot der Akzeptanz eines Einwanderungsgesetzes durch die Unionsparteien gegen die Hinnahme der Erklärung von Albanien, Kosovo und Montenegro zu sogenannten »sicheren Herkunftsstaaten« durch die SPD.[50] Bundesinnenminister de Maizière wurde unterdessen, als regierungsamtlicher Krisenbeschwörer, mit der dramatischen Warnung vor einem »Kollaps« des Asylsystems zitiert, so wie seinerzeit Bundeskanzler Kohl mit seiner Rede vom »Staatsnotstand« in der Republik unter Zuwanderungsdruck.[51]

Die Geschichte wiederholt sich nicht, aber Déjà-vu-Erfahrungen sind nie auszuschließen: Vor Hintergrundbildern von brennenden Asylbewerberheimen, grölendem Pöbel mit Hitlergruß und im Alkoholrausch durchgepinkelter Trainingshose wurden Erinnerungen wach an die Exzesse auf deutschen Straßen in den frühen 1990er Jahren und deren skandalöse politische Vorgeschichte. Im Ausland gewann, wie schon vor dem Hintergrund des deutschen EU-Zentralmacht-Gebarens in der »Grexit«-Krise, das erst in den letzten Jahren verblasste Bild des »hässlichen Deutschen« neue Konturen. In Europa kehrte die Rede von der »deutschen Frage« zurück. In den USA tauchte« neben dem Gespenst der »German Uebermacht« wieder die »German Angst« vor Migration auf. Die Wirtschaft der Exportnation sorgte sich zunehmend um das Bild Deutschlands im Ausland. Und Manfred Schmidt, Präsident des Bundesamtes für Migration und Flüchtlinge, das in zehn Bundesländern ein Großprojekt zur Förderung von »Willkommenskultur« betrieb, warnte wenige Wochen vor seinem freiwillig-unfreiwilligen Rücktritt: »Wir müssen aufpassen, dass alles, was wir an Willkommenskultur aufgebaut haben, nicht in Gefahr gerät.«[52]

Dann wandelte sich das Bild der Deutschen im Ausland überraschend wieder ins Positive. Hintergrund war der mediale Fokus-Schwenk auf die gewaltige, ehrenamtliche Hilfs- und Willkommensbewegung gegenüber Geflüchteten aus aller Welt in Deutschland. Dazu gehörte auch die dadurch mit motivierte und sie mit »Stolz« erfüllende mutige und standhafte Haltung der deutschen Bundeskanzlerin in Fragen des Flüchtlingsschutzes. Übersehen wurde dabei gelegentlich, dass diese ehrenamtliche Hilfs- und Willkommensbewegung von Beginn an auch eine Protestbewegung nicht nur gegen die »Pegidisierung« der öffentlichen Diskussion, sondern auch gegen die restriktive Politik der Bundesregierung und insbesondere des hier zuständigen Bundesministeriums des Innern war. Aus dieser regierungsamtlichen politischen Abwehrhaltung war die mit ihrer Meinungsbildung für gewöhnlich abwartende und auf Konsensorientierung ausgehende Bundeskanzlerin erst spät und deshalb umso Aufsehen erregender ausgeschert auf einen eigenwilligen, bald immer einsameren, ihre Position auch schwächenden, aber ohne Gesichts- und Machtverlust nicht mehr von Grund auf korrigierbaren Kurs.

Zu diesem von den Medien in die Breite getragenen Wandel des Deutschlandbildes ins Positive trug in Deutschland selbst weniger die durchaus ambivalente, neben Hilfsbereitschaft auch Angst stimulierende alltägliche mediale Konfrontation mit den Elendswanderungen nach Europa und insbesondere nach Deutschland bei. Wirksamer war hier offenbar das öffentliche Echo auf die Berichterstattung über tragische Einzelschicksale von Flüchtenden und ihren Familien auf diesem opferreichen Weg. Dieses Echo übertraf den noch nachwirkenden Eindruck, den schon frühere Veröffentlichungen über das Massensterben im Mittelmeer wie zum Beispiel die Bücher von Gabriele del Grande, Fabrizio Gatti oder auch Elias Bierdel hinterlassen hatten.[53]

Sie wurden durch die aktuellen Berichterstattungen in ihrer Wirkung deswegen noch übertroffen, weil sie von erschütternden Bild- und Filmdokumentationen in Echtzeit begleitet wurden. Dafür steht bis heute das im Spätsommer weltweit Bestürzung erregende und doch für alle vor Ort mit den tödlichen Katastrophen[54] befassten Helfer fast alltägliche Bild der Leiche des ertrunkenen und vom Meer wieder angetriebenen dreijährigen Aylan Kurdi. Seine Familie stammte aus Damaskus und hatte das Fluchtziel Kanada, wo Verwandte umsonst warteten. Ihre

---

[49] D. Delhaes, Der Mensch von draußen, in: Handelsblatt, 31.7.2015.
[50] M. Decker, Ratlos gegen Fremdenhass. Politiker wissen nicht, wie sie Flüchtlinge schützen sollen, in: Frankfurter Rundschau, 25.7.2015; R. Bingener, Fauler Friede nach dem Brand, in: Frankfurter Allgemeine Zeitung, 21.7.2015; »Man braucht Schutzschilder«. Interview mit dem Bielefelder Sozialpsychologen und Konfliktforscher Andreas Zick über radikalisierte Gewalt gegen Fremde und Hassprävention, in: Frankfurter Rundschau, 31.7.2015; Europa und das Konzept »sicherer Herkunftsstaaten«, in: MiGAZIN, 29.7.2015; SPD offen für weitere »sichere Herkunftsstaaten«, in: Frankfurter Allgemeine Zeitung, 5.8.2015.
[51] De Maizière warnt vor Asyl-Kollaps, in: NDR Info Nachrichten, 26.7.2015; Ulrike Ruppel, Helfer schreien nach Hilfe, Politiker warnen vor »Kollaps«, in: BZ-Berlin, 26.7.2015; Bade, Ausländer, S. 122 (Kohl).
[52] Der hässliche Deutsche und die menschenfreundlichen Südländer, in: MiGAZIN, 29.7.2015; »Es gibt eine »German Angst« vor Migration«. Interview (Alex Rühle) mit den amerikanischen Soziologen Richard Alba und Nancy Foner, in: Süddeutsche Zeitung, 20.7.2015; M. Bartsch u.a., Die Grenzen des Glücks, in: Der Spiegel, 25.7.2015, S. 14–18 (zit. S. 18).
[53] G. Del Grande, Mamadous Fahrt in den Tod. Die Tragödie der irregulären Migranten im Mittelmeer, Karlsruhe 2008; Fabrizio Gatti, Bilal. Als Illegaler auf dem Weg nach Europa, München 2010; E. Bierdel, Ende einer Rettungsfahrt. Das Flüchtlingsdrama der Cap Anamur, Weilerswist 2006.
[54] Dokumentation: Die schlimmsten Flüchtlings-Unglücke seit 2001, in: MiGAZIN, 10.8.2015.

Flucht führte von Damaskus über Aleppo nach Kobanî, von dort in und quer durch die Türkei. Bei der Überfahrt von Bodrum auf die griechische Insel Kos kenterte ihr überladenes Boot. Die Mutter und die beiden Söhne der Familie ertranken, nur der vom Schicksal gebrochene Vater überlebte.

Das Bild des von den sanften Wellen auf dem Strandkies umspülten, wie schlafend daliegenden toten kleinen Aylan Kurdi war tagelang mit erschütternden Kommentaren in allen Medien präsent. Es brannte sich – nicht nur bei den Deutschen und Europäern – so ins Gedächtnis ein wie seinerzeit das von einem jungen vietnamesischen Fotografen geschossene, nicht minder entsetzliche Bild des Mädchens Kim Phúc, das nach einem US-amerikanischen Napalm-Angriff aus dem durch den tödlichen Brandqualm verdunkelten Hintergrund nackt, verletzt und schreiend zusammen mit anderen weinenden Kindern dem Kameramann entgegenlief.[55] Das machte offenkundig viele in Deutschland für die Leidenswege der in immer größerer Zahl eintreffenden Geflüchteten erreichbar und verstärkte bei ihnen die Hilfsbereitschaft, vermochte aber nicht zu hindern, dass mit dem steigenden Andrang von Geflüchteten auch die Polarisierung in der sogenannten »Flüchtlingskrise« beständig weiter wuchs.

12.1.5 Integration in der »Flüchtlingskrise« 2015/16,
in: Die sogenannte »Flüchtlingskrise«: Wirtschaftswanderer, Flüchtlinge und Integration. Vortrag bei den Baden-Badener Unternehmer Gesprächen (BBUG), Baden-Baden, 12.5.2016 (Auszug).

Die Hauptlast der Flüchtlingsintegration werden auch weiterhin die Kommunen zu tragen haben, gestützt durch die bewährten Mittlerdienste und durch die ehrenamtliche Bürgerbewegung; denn Integration gelingt oder misslingt nicht auf der Bundes-oder auf der Länderebene, sondern nur auf der kommunalen Ebene. Die Kommunen müssen deshalb bei Bedarf stärker gefördert werden, um ihre Integrationsaufgaben meistern zu können. Das gilt besonders für die dazu nötigen Anschubfinanzierungen und Flexibilisierungen in den Bereichen von Infrastruktur, Wohnungsbau und Wohnraumsanierung: 60 000 bis 80 000 Sozialwohnungen fallen jährlich aus der Mietpreisbindung heraus. Weil sich auch Flüchtlinge um diese Wohnungen sich auch Flüchtlinge bewerben werden, wollte Bundesbauministerin Barbara Hendricks (SPD) Ende 2015 die Förderung von 518 Millionen auf 1 Milliarde Euro verdoppeln. Nach Auffassung des Pestel-Instituts war das bei weitem zu wenig. 80 000 Sozialwohnungen müssten jährlich entstehen und wofür der Bund eine Förderung in Höhe von 6,4 Milliarden pro Jahr investieren müsse. Einig waren sich Wissenschaftler und Bundesbauministerin nur darin, dass es jedenfalls mehr Steuervorteile für Investitionen in den Wohnungsbau geben müsse.[56]

Anderen scheint auch das nicht genug: Nach einer Studie des Instituts der deutschen Wirtschaft (IW) in Köln müssten angesichts des durch die Flüchtlingskrise drohenden Wohnungsmangels in Deutschland bis 2020 rund 430 000 Wohnungen gebaut werden, also deutlich mehr als die 350 000 Wohnungen, die die Bundesbauministerin als jährliches Ziel genannt hatte. Wie groß der wirkliche Mangel sein könnte, zeigt noch deutlicher der Blick auf den tatsächlichen Wohnungsbau: Zwar ist die Zahl der jährlich fertig gestellten Wohnungen seit ihrem Tiefstand im Jahr 2009 von 159 000 Wohnungen bis 2014 wieder auf 245 000 gestiegen und dürfte im vergangenen Jahr auf knapp 260 000 Einheiten zugenommen haben. Aber bliebe der Wohnungsbau schon hinter dem aktuellen Bedarf weit zurück.[57] Und der ist noch nicht stark von Integration en gros geprägt, weil die meisten Neuzuwanderer noch in mehr oder minder großen zentralen Aufnahmeeinrichtungen und noch nicht in einzelnen Wohnungen leben.

Viele Kommunen haben längst verstanden: Die Integration von Flüchtlingen kostet nicht nur Geld und schafft nicht nur Probleme in den Sozialsystemen. Sie schafft auch Nachfrage, Beschäftigung am Arbeitsmarkt und Investitionschancen für die verschiedensten Bereiche der unternehmerischen Wirtschaft. Die Zuwanderung von Flüchtlingen nach Deutschland hat nach einer Ende April 2016 vorgelegten Untersuchung des Instituts für Arbeitsmarkt- und Berufsforschung (IAB) der Bundesagentur für Arbeit bereits Zehntausende neuer Arbeitsplätze geschaffen – auch wenn es sich hierbei zunächst vorwiegend um Jobs für Sprachlehrer, Sozialarbeiter und Wachleute handelt.[58]

* * *

Der Migrationsdruck wird anhalten, auch wenn es die Legende gibt, das Problem sei »gelöst«: einerseits durch die Schließung der Balkanroute und andererseits durch den EU-Türkei-Vertrag, genauer gesagt durch den der EU auferlegten Berlin-Ankara-Flüchtlingsdeal, der mich an die vertraglich geregelten Ge-

---

[55] Vgl. u.v.a.: R. Schaper, Die Not der Flüchtlinge: Warum uns dieses Bild nicht loslässt. Manche Bilder vergisst man nicht, sie prägen das Bild des Krieges. Das Foto des dreijährigen Aylan wird für lange Zeit verbunden sein mit dem Tod der Flüchtlinge. Der Anblick ist unerträglich. Es zu zeigen, eine Pflicht, in: Der Tagesspiegel online, 3.9.2015.
[56] R. Schönball u.a., Angela Merkel und die Flüchtlingspolitik: »Wir schaffen das« – Wie schaffen wir das?, in: der Tagesspiegel, 17.9.2015.
[57] Flüchtlingskrise verschärft den Wohnungsmangel, in: Frankfurter Allgemeine Zeitung, 16.12.2015.
[58] Einwanderung von Flüchtlingen schafft Beschäftigung, in: MiGAZIN, 26.4.2016.

schäfte des Flüchtlingshändlers Gaddafi mit dem Politmafioso Berlusconi erinnert. [...]

Die erste Krise des Brüssel-Ankara-Abkommens aber wird schon im Juni kommen, wenn es um die Gewährung der Visa-Freiheit für die Türkei geht; denn sonst, so der türkische Regierungschef Davutoğlu wörtlich: »...platzt der Flüchtlingsdeal!« Und siehe da, die Dinge stehen schon auf der Kippe, man darf gespannt sein auf das diesbezügliche politisch-diplomatische Geschick bei den Vertragspartnern des »Flüchtlingsdeals«.

Damit nicht genug: Im EU-Türkei-Vertrag vom März 2016 steht nicht nur, dass die EU Milliarden zu zahlen und für jeden zurückgenommenen »illegalen« syrischen Flüchtlingen einen legalen (also in der Türkei registrierten) syrischen Flüchtling aufzunehmen habe bis zu einer Marge von 72 000 Personen. In Absatz 4 des Vertrages steht auch, dass die EU bei starkem Migrationsdruck zur freiwilligen Aufnahme einer großen Zahl von in der Türkei gestrandeten Flüchtlingen bereit sei. Der türkische EU-Botschafter Yenel erwartet unverblümt, dass die EU jährlich 150 000–200 000 Syrer aufnimmt. Und auf welcher vertraglichen Grundlage sollen die dann in der EU verteilt werden? Es ist eher zu erwarten, dass man im EU-Ausland wieder mit dem bösen Finger auf das sich als verschämte imperiale Zentralmacht gerierende oder doch so empfundene Deutschland zeigen wird.

So wie Angela Merkel mit ihren drei Worten »Wir schaffen das« jenen globalen Schabowski-Effekt ausgelöst hat, für dessen Folgen dann Deutschland allein haften sollte, so könnte die EU-Nachbarn dann entdecken, dass das EU-Türkei-Abkommen doch im Kern ein Berlin-Ankara-Vertrag gewesen sei, mit dessen Scheitern sich auf europäischer Seite vornehmlich die Deutschen beschäftigen sollten. Von Entwarnung kann also nicht die Rede sein.

Es wäre deshalb sicher klug, nach gehabten Erfahrungen nun nicht wieder in der Annahme, das Problem sei erledigt, die gerade erhöhte Zahl der Asylentscheider wieder herunterzufahren und Erstaufnahmeeinrichtungen gleich wieder zu schließen oder gar abzubauen. Es gilt vielmehr, das Wohnraumangebot massiv weiter zu steigern; denn zunächst wird der Integrationsdruck und dann auch weiterhin der Migrationsruck anhalten. Rückwanderungen in großer Zahl erscheinen zumindest auf mittlere Sicht wenig aussichtsreich, vom Familiennachzug einmal ganz abgesehen.

* * *

Wir müssen uns darauf einrichten, dass aus vielen Geflüchteten auf mehr oder minder lange Zeit Mitbürger werden, mit welchem rechtlichen Status auch immer. Damit stellen sich durchaus besondere, wenn auch nicht immer neue Fragen 1. kultureller, 2. sozialer und 3. ökonomischer Art. Dazu hier nur einige Andeutungen:

Kulturelle Aspekte der Flüchtlingsintegration

[...] Bei der Integration von Hunderttausenden von Neuzuwanderern aus anderen Kulturen wird auch mit importierten Kulturspannungen und Kulturkonflikten zu rechnen sein; denn zu den ins Land geflüchteten Gruppen gehören auch solche, die sich im Ausgangsraum bekämpft haben und sich hier gegenseitig beschuldigen, für den Verlust der jeweils anderen Heimat verantwortlich zu sein.

Hinzu kommen interreligiöse Spannungen. Sie haben in Berlin zum Beispiel zum Asyl vom Asyl geführt, dergestalt, dass ein aus seiner Heimatregion vor Verfolgung durch muslimische Fundamentalisten geflohener, vom Islam konvertierter Christ in einer Berliner Erstunterkunft von Koranverse brüllenden Muslimen so zum Widerruf gedrängt wurde, dass er schließlich – nach einem Selbstmordversuch – in einer Berliner Gemeinde Kirchenasyl erhielt. Das ist kein Einzelfall und für mich nur ein weiterer Hinweis auf die Notwendigkeit meiner Forderung, allen Neuzuwanderern mit Bleibeabsicht möglichst rasch nach ihrer Niederlassung auf geeignete Weise nachdrücklich die Spielregeln der Einwanderungsgesellschaft im Aufnahmeland deutlich zu machen:

In der Migrations- und Einwanderungsgesellschaft muss im gemeinsamen Interesse alles getan werden, was das Zusammenleben in sozialen Frieden und wechselseitiger kultureller Akzeptanz auf der Grundlage der Werte ermöglicht, die im Grundgesetz stehen. Das gilt für Einheimische wie für Neuzuwanderer.

Deutschland hat 2015 rund eine Million von Schutzsuchenden aufgenommen. Das Land hat damit in besonderem Maße humanitären Pflichten entsprochen. Es muss sich deshalb nicht genieren, auch Forderungen an die zu stellen, die im Schutz des Rechts- und Wohlfahrtsstaates leben wollen.

Es gilt hier mit einem Irrtum aufzuräumen: Verfolgte Schutzsuchende sind nicht qua Verfolgung soziale und kulturelle Lichtgestalten, denen gegenüber jedwede Forderung nach der Beachtung von Werten und Regeln des Aufnahmelandes ein interkultureller Sündenfall wäre. Das wäre nicht Willkommenskultur, sondern Willkommenskitsch.

Schutzsuchende sind meist leidgeprüfte, oft auch traumatisierte, aber ansonsten ganz normale Menschen. Sie kommen nur oft aus anderen Kulturen mit anderen Lebensformen. Sie haben ein Recht darauf, zu erfahren, aber auch die Pflicht, zur Kenntnis zu nehmen, wie die Spielregeln des Landes lauten, das sie auf eigenen Wunsch auf Zeit oder auf Dauer zu ihrer neuen Heimat machen wollen und das viele von Ihnen offenbar bislang nur aus dem Fernsehen, aus den sozialen Medien oder gar nur vom Hörensagen kennen. [...]

Wer den Schutz unseres Grundgesetzes beansprucht, muss auch dessen Wertebasis akzeptieren. Wer diese Grundwerte und die daraus abgeleiteten Grundregeln aus welchen Gründen auch immer nicht akzeptieren will oder kann, der sollte konsequenterweise gebeten werden, andernorts zu seinen Bedingungen den von ihm erstrebten Schutz zu suchen. [...]

Soziale Aspekte der Flüchtlingsintegration.
Für soziale Integration gibt es eine seinerzeit von meinem zu früh verstorbenen Freund und Kollegen Michael Bommes und mir 2004 für den Zuwanderungsrat entwickelte operationale Definition. Sie lautet: Integration ist die messbare Teilhabe an den zentralen Bereichen des gesellschaftlichen Lebens, als da sind zum Beispiel: frühkindliche Erziehung, schulische Bildung, berufliche Ausbildung, Teilhabe am Arbeitsmarkt, an den Sozial- und Rechtssystemen bis hin zur politischen Teilhabe, die natürlich statusabhängig ist.

Integrationsförderung in diesem Sinne bedeutet dementsprechend das Bemühen um eine möglichst chancengleiche Teilhabe an den zentralen Bereichen des gesellschaftlichen Lebens. Hierzu ist das gesamte Inventar der Integrationsförderung gefragt, damit es nicht aufs Neue zur Notwendigkeit dessen kommt, was ich seinerzeit einmal konzipiert habe unter dem Stichwort »Nachholende Integrationsförderung«; denn die Erfahrung hat gelehrt, dass nachholende Integrationsförderung viel teurer und weniger effektiv ist als rechtzeitige Integrationsförderung, besonders im Blick auf sprachliche und berufliche Qualifikation.

In der öffentlichen Diskussion sozialer Aspekte der Flüchtlingsintegration dürften alle Kampfargumente der Vergangenheit aufs Neue in Stellung gebracht werden. Das reicht von der aus dem BMI stammenden Denunziationsrede von den sogenannten »Integrationsverweigerern« und der aus der gleichen Quelle stammenden, ebenso falschen Denunziationsrede von den angeblich zu rund einem Drittel falschen Syrern, nämlich solchen mit angeblich gefälschten Pässen, bis hin zu dem Kollektivtrauma der sogenannten »Parallelgesellschaften«. Hinzu kommt das nicht zu unterschätzende Problem der veritablen Opferkonkurrenz zwischen ausländischen Flüchtlingen und einheimischen Armen.

Ökonomische Aspekte der Flüchtlingsintegration
Von Zwangswanderungen, also Vertreibungen und Deportationen mit erzwungenen Zielvorgaben einerseits und bloßen Mitläufern andererseits abgesehen, ist Migration über weite Distanzen, Sprach- und Kulturgrenzen hinweg zumeist eine positive Auslese; denn es gehen nicht die Schwachen, Ängstlichen und Risikoscheuen, sondern die Starken, Mutigen und Risikobereiten.

Gerade deswegen wäre es natürlich deutlich besser gewesen, wenn Deutschland – wie von Wissenschaftlern bis zur geistigen Erschöpfung immer wieder vergeblich angeraten – rechtzeitig ein am Arbeitsmarkt geerdetes Punktesystem eingeführt hätte, um unter Arbeitswanderern oder Einwanderern auswählen zu können, statt sich am Ende auf die arbeitsmarktorientierte nachholende Qualifikation von Geflüchteten konzentrieren zu müssen, von denen niemand weiß, wann sie in ihr Herkunftsland zurückkehren wollen, können oder müssen. Es hat nicht sollen sein.

Die Rede vom doch inzwischen sehr praktikablen »kleinen Punktesystem« insbesondere für Fachkräfte und Hochqualifizierte, das zu Recht auch die OECD lobt, kann nicht verschleiern, dass es über Jahrzehnte hinweg in Deutschland – jenseits der Verträge über befristete bzw. saisonale Beschäftigungen im Rahmen der »Anwerbestopp-Ausnahmeverordnungen« – kein funktionstüchtiges Steuerungssystem im Blick auf die Arbeitsmarktentwicklung gab.- Und ich habe die immer wiederkehrende geschichtsklitternde retrospektive Rechtfertigung von grotesk verspäteten politischen Entscheidungen gründlich satt.

Bei der Integration der Geflüchteten spielt im Übrigen, wie in allen Integrationsprozessen, neben Sprache und Bildung die Integration am Arbeitsmarkt eine entscheidende Rolle. Dabei geht es hier aber eben nicht primär um arbeitsmarktpolitische Überlegungen, sondern um Integrationsförderung, bei der das aufgeklärte Eigeninteresse des Aufnahmelandes durchaus zweitrangig ist. Es kommt jetzt und auch auf weite Sicht darauf an, den Flüchtlingen die Chance zu geben, ihr Humankapital zu investieren zum Zweck ihrer Integration und als Gewinn für diese Gesellschaft oder, im Falle ihrer Rückwanderung, im Interesse ihrer Reintegration und der Entwicklungsförderung ihrer Herkunftsgesellschaft.

Integration durch Arbeit aber setzt sprachliche und berufliche Qualifikation voraus. Und hier liegt ein Problem, dass wir nicht sozialromantisch schönreden sollten: Die europäischen Wirtschaftswanderer sind zwar zumeist erheblich besser qualifiziert als die Erwerbsbevölkerung in Deutschland. Aber bei den Flüchtlingen aus Drittstaaten sieht das oft ganz anders aus.

Nach noch unsicheren Schätzungen haben zwar zum Beispiel ca. 30 % der Flüchtlinge aus Syrien einen tertiären Abschluss, auch wenn der nicht immer mit einem deutschen vergleichbar ist. Viele andere Syrer haben eine abgeschlossene Berufsausbildung oder doch berufliche Erfahrung als selbständige Gewerbetreibende. Das klingt gut.

Aber in der Gesamtheit der neu zuwandernden Flüchtlingsbevölkerung gibt es wohl zur weit überwiegenden Mehrheit keine Berufsabschlüsse, die hiesigen Kriterien entsprechen. Und nicht wenige Flüchtlinge haben auch gar keine schulische oder berufliche Qualifikation. Angeblich ca. 15 % der Erwachsenen sind Analphabeten, nach Auffassung des in dieser Hinsicht für schlechte Perspektiven immer offenen Bundesministeriums des Inneren möglicherweise sogar bis zu 30 %.

Ein Analphabet mag im Herkunftsgebiet durchaus die Chance gehabt haben, ein eigenständiges Leben zu führen. Hier hat er dafür wenig Chancen, auch wenn es bei der Arbeitnahme im Einwanderungsland nicht immer nur um berufliche Qualifikation, sondern auch um persönliche Leistungsbereitschaft, Einsatzfreude und insgesamt das sogenannte Humankapital angeht, das bekanntlich nicht nur zeugnisabhängig ist. Das sie, wie auch andere für reguläre Beschäftigungen nicht zureichend qualifizierte oder aus asyl- bzw. arbeitsrechtlichen Gründen dafür nicht zugelassene Flüchtlinge offenbar auf informelle Beschäftigungsverhältnisse (»Schwarzarbeit«) ausweichen, ist bereits deutlich erkennbar.

350 000 Flüchtlinge können nach Einschätzung der Bundesanstalt für Arbeit jährlich am Arbeitsmarkt aufgenommen werden, wo im Jahr rund 700 000 neue Arbeitsplätze geschaffen werden. Aber ob die andernorts tönende Rede von der demoökonomischer »Bereicherung« in Zeiten des demographischen Wandels oder sogar von unglaublichem »Glück« und »Segen« für Arbeitsmarkt und Rentensysteme wirklich sachhaltig ist, stellen doch viele Fachleute zunehmend infrage.

Auch die BA geht davon aus, dass nur 10 % der Flüchtlinge nach einem Jahr, 50 % nach fünf Jahren und insgesamt 75 % nach 12/13 Jahren eine Arbeit gefunden haben werden. Das ist ein langer und im Blick auf die dazu nötigen Sozialtransfers teurer Zeitraum. Und 25 % der erwerbsfähigen Flüchtlinge, insbesondere diejenigen, die älter als 40 Jahre sind, würden nach dieser Rechnung gar keinen regulären Zugang zum Arbeitsmarkt finden. Sie würden, als transferabhängige Langzeitarbeitslose, also nicht die Renten sichern, sondern die Altersarmut steigern.

Dennoch, so die BA, dürfte auch die aufwendige wirtschaftliche Integration der Flüchtlinge am Arbeitsmarkt auf weite Sicht letztendlich für das Aufnahmeland eine Gewinnrechnung sein. Die Wirtschaft sieht das für ihre Betriebe auch so. Sie hat dafür sogar die Netzplattform www.wir-zusammen.de und die Website »Wirtschaft zusammen« entwickelt, die die Integrationsinitiativen der deutschen Wirtschaft präsentieren. Sie bezieht bei ihren relativ optimistischen betriebswirtschaftlichen Gesamtrechnungen in Sachen Integration am Arbeitsmarkt aber natürlich die staatlichen Sozialtransfers nicht mit ein.

Klar ist jedenfalls, dass die regierungsamtliche integrationspolitische Gängelei von Arbeitskräfte suchender Wirtschaft einerseits und arbeitsuchenden Flüchtlingen andererseits immer wieder qualmende Schüsse in den Ofen produziert. Das letzte Beispiel ist die sogenannte Wohnsitzauflage selbst für anerkannte Asylbewerber im »Integrationsgesetz«. Das kann schlimmstenfalls dahin führen, dass Arbeitskräfte angekettet werden in Regionen, in denen es zwar Wohnraum, aber keine Arbeit gibt. Das alles stammt aus dem tief sitzenden Misstrauen gegenüber Arbeitgebern, die nichts anderes zu tun haben, als Arbeitskräfte auszubeuten und gegenüber Arbeitskräften, die nichts anderes zu tun haben als den Sozialstaat auszubeuten und sich unter Umständen sogar in angeblich gemeingefährlichen »Parallelgesellschaften« zu konzentrieren, die in Wahrheit in aller Regel die selbst aus der deutschen Einwanderungsgeschichte in den USA bekannten Siedlungskolonien sind, die sich im Laufe von Generationen aufzulösen pflegen. Etwas mehr politisches Vertrauen in die ansonsten so vielgerühmte Selbstregulierung der Kräfte am Markt wäre sicher angebracht.

Der Leiter des Forschungsbereichs »Arbeitsmärkte, Personalmanagement und soziale Sicherung« am Zentrum für Europäische Wirtschaftsforschung (ZEW) in Mannheim, Holger Bonin, hat unlängst erstmals systematisch geprüft, wie sich das Qualifikationsniveau der Neuankömmlinge auf die Staatsfinanzen auswirkt. Er kommt in seiner kleinen Broschüre »Gewinne der Integration« zu dem schon auf dem Deckblatt präsentierten Ergebnis: »Berufliche Qualifikation und Integrationstempo entscheiden über die langfristigen fiskalischen Kosten der Aufnahme Geflüchteter«. Gelinge die Integration, dann flössen zusätzliche Staatseinnahmen in Höhe von 20 Milliarden Euro. Bei einem Scheitern der Arbeitsmarktintegration von Flüchtlingen hingegen drohten den öffentlichen Haushalten möglicherweise langfristige Kosten von bis zu 400 Milliarden Euro.

Entscheidend ist nach alledem, dass die Flüchtlinge schnell sozialversicherungspflichtig Arbeit finden.[59] Bei einiger Anstrengung müsste das jedenfalls auf mittlere Sicht zu schaffen sein, weshalb der Ökonom Börsch-Supan im Blick auf die Flüchtlinge dringend warnt: »Wenn wir ihre Integrationschancen schlecht reden, schaden wir uns am Ende selbst. Ich fürchte, dass aus der negativen Stimmung eine sich selbst erfüllende Prophezeiung wird. Integration ist nicht nur eine technokratische, sondern auch eine massenpsychologische Aufgabe.«[60]

Manche Ökonomen, von Werner Sinn bis Bernd Raffelhüschen, tragen die verhalten positive Sicht der Arbeitsmarktintegration der Flüchtlinge als Gewinn für das Aufnahmeland nicht mit und zeichnen – aus verschiedenen Gründen – düstere Perspektiven im Blick auf eine dauerhafte Überlastung der Sozialsysteme durch Langzeitarbeitslosigkeit sowie Altersarmut und damit eine Beschädigung des ohnehin torkelnden Wohlfahrtsstaates.

Die pessimistischen Perspektiven haben inzwischen verstärkt Eingang in die öffentliche Wahrnehmung gefunden: Nach einer am 8.4.2016 veröffentlichten Umfrage rechnen nur 38 % der Befragten mit einem Gelingen, aber 58 % mit einem Misslingen dieser Integration am Arbeitsmarkt. Und 43 (43,2) Prozent der Befragten ohne Migrationshintergrund sowie 45 (44,9) Prozent der Befragten mit Migrationshintergrund glauben, dass »die aktuelle Zahl der

---

[59] Integration von Flüchtlingen kann Milliarden einbringen, in: MiGAZIN, 28.4.2016; H. Bonin, Gewinne der Integration. Berufliche Qualifikation und Integrationstempo entscheiden über die langfristigen fiskalischen Kosten der Aufnahme Geflüchteter, in: Heinrich Böll Stiftung (Hg.), Teilhabegesellschaft (Böll. Brief Nr. 1, April 2016).
[60] A. Börsch-Supan, »Langfristig helfen die Flüchtlinge uns«. Migranten können für unser Rentensystem eine Chance sein, in: Der Spiegel, 27.1.2016.

Asylbewerber eine Bedrohung für den Wohlstand in Deutschland« sei. Die Positionierungen sind dabei schichten- und chancenabhängig: Je niedriger das Bildungsniveau und je schlechter die Einschätzung der eigenen wirtschaftlichen Lage, desto höher diese Bedrohungsvorstellungen gegenüber der Arbeitsmarktintegration von Flüchtlingen.

Die Wahrheit über die Plus-Minus-Debatte im Blick auf die Chancen der Arbeitsmarktintegration für Flüchtlinge muss erst noch gefunden werden – und zwar unter erheblichem Zeitdruck; denn noch fehlen uns belastbare Daten, während im Blick auf die Chancen der Arbeitsmarktintegration von Flüchtlingen die Skepsis in der Bevölkerung und die Angst unter Politikern wächst. Die Hoffnung stirbt zuletzt.

Im Übrigen sollten wir endlich damit aufhören, uns einzureden, dass unsere niedrige Geburtenrate durch Zuwanderung ausgeglichen werden könnte. Zuwanderung kann die Folgen des demographischen Wandels für Arbeitsmarkt und Sozialsysteme nur etwas abfedern, aber nicht ausgleichen. Wir brauchen endlich die von Politik aus Angst vor dem Bürger als Wähler immer weiter vertagten einschneidenden Sozialreformen, um zukunftsfähig zu bleiben – in den Worten von Börsch-Supan: »Wenn wir den demographischen Wandel allein über Einwanderung bewältigen wollten, müssten dauerhaft 1,5 Millionen Menschen pro Jahr zu uns kommen. Das ist wohl nicht sehr realistisch. Es bleibt also dabei: das Rentenalter muss steigen, die Babyboomer müssen einen Teil ihrer Rente privat finanzieren, wir müssen mehr Geld in die Bildung unserer wenigen Kinder investieren.«[61]

Fazit: Dass die Aufnahme von Schutzsuchenden eine humanitäre Pflicht ist und dass Zuwanderung und Gelingen der Integration für das demographiegeplagte Altenheim in der Mitte Europas nur hilfreich sein können, ist eine Binsenweisheit. Aber die Gretchenfrage lautet 2015 anders:

Wie sollte das Schutzgebot gegenüber weltweit nachdrängenden Schutzbedürftigen aufrechterhalten werden, wenn die Integrationssysteme zunehmend belastet und vielleicht am Ende sogar verstopft würden, wenn zu viele Neuzuwanderer zu lange in dieser Förderung bleiben müssten, bis sie eine wirtschaftlich eigenständige Lebensführung finden könnten, während andere, ebenso aufnahme- und förderungsbedürftige Schutzsuchende nachdrängten? Darüber muss offen und klar geredet werden. Und dafür sind politische Konzepte gefragt, die nicht nur auf die Förderung der Integration, sondern auch auf die Regulation der Zuwanderung in Deutschland und Europa erzielen.

Durch die Schließung der »Balkanroute« und den Brüssel-Ankara-Flüchtlingsdeal ist eine brutale Zwangspause eingekehrt. Das Problem ist damit aber nur vertagt; denn die Antwort auf die Blockade der Festung Europa im Bereich Griechenland wird eine Verschiebung der Fluchtroute zum Beispiel auf den noch gefährlicheren alten Weg von Libyen über das Mittelmeer in Richtung Italien sein. Dort wird es den nächsten Wanderers Stau geben. Und der wird nicht durch Rückschiebungen wie von Griechenland in die Türkei abbaubar sein.

Es sei denn, man würde, wie Andeutungen von BMI de Maizière signalisieren, ähnliche Abkommen wie mit der Türkei auf EU-Ebene auch mit anderen Herkunfts- oder Transitländern abschließen wollen, wie es sie auf nationaler Ebene zum Beispiel in Spanien in Gestalt von zwischenstaatlichen Abkommen schon lange gibt (»Operation Seepferdchen«). In jedem Falle wäre damit das ohnehin nur noch rudimentär vorhandene Schattenrecht auf Asyl in Deutschland de facto endgültig vom Tisch.

12.2 Die Suche nach dem neuen »Wir«

12.2.1 Einwanderung in Deutschland. Politische Aufgabe und gesellschaftliche Herausforderung,
Hauptreferat auf dem (gleichnamigen) Symposium der Deutschen Nationalstiftung in Weimar, 4.11.1994[62] (Auszug).

Prozesse der Re-Ethnisierung kann man nicht wegreden – auch nicht mit dem gutgemeinten Diktum vom »ausländischen Mitbürger«, das für ausländische Gäste am Arbeitsmarkt durchaus freundliche Sorge um das Gastrecht signalisieren mag, für Einwanderer als ausländische Nicht-Bürger aber fast so zynisch klingt wie die Rede vom »nichtarischen Mitbürger«. Ethnokulturelle Gruppenbildung in einem tabuisierten, unzureichend gestalteten und gestörten Einwanderungsprozess kann für beide Seiten, Aufnahmegesellschaft und Einwandererminoritäten, schwer kalkulierbare Sprengkräfte entfalten.

Sie können entschärft oder doch begrenzt werden, wenn Ethnizität im Einwanderungsprozess ein Stück weit überwölbt wird durch eine neue Solidarität von Mehrheit und zugewanderten Minderheiten. Darunter könnten sich ethnokulturelle Identitäten als – durchaus mit Stolz benannte und mit Respekt akzeptierte individuelle »Herkunftsadressen« – einordnen. Damit würden ethnische Kollektive als identitätsstiftende Bezüge weitgehend funktionslos, abgesehen von ihrer oft unersetzbaren Druckkammer-Funktion in den ersten Phasen des Eingliederungsprozesses.

Das hat nichts zu tun mit »Ideologiestiftung« im Einwanderungsprozess. Es geht schlicht um Gesellschaftspolitik in der Einwanderungssituation, die

---

[61] Ebd.

[62] Kurzfassung unter dem Titel »Was man tabuisiert, das kann man nicht gestalten. Die große Ratlosigkeit: Einwanderungsprobleme ohne Einwanderungspolitik. Über Migration und Integration als Herausforderung für Politik und Gesellschaft«, in: Frankfurter Rundschau, 21.11.1994 (http://kjbade.de/bilder/21111994_einwanderungsprobleme-ohne-einwanderungspolitik_FR.pdf).

nicht unbegleitet bleiben darf in gütigem, aber falschem Vertrauen auf gesellschaftlich grundsätzlich friedvollen Wildwuchs. Einwanderungspolitik als Gesellschaftspolitik darf Mentalitätsprobleme nicht ausblenden; denn Einwanderungsprozesse können für Mehrheit wie Minderheit mit erheblichen Identitätskrisen und Identifikationsproblemen verbunden sein. Migrationspolitik als Gesellschaftspolitik ist eben mehr als Quotenrechnen.

Grundlage einer solchen, Aufnahmegesellschaft und Einwandererminoritäten einschließenden Solidarität der Einwanderungsgesellschaft aber ist die bewusst gestaltete und gelebte Partnerschaft von Mehrheit und zugewanderten Minderheiten in einem gewollten, politisch positiv »besetzten«, aktiv gestalteten und mit flexiblen Integrationskonzepten begleiteten Einwanderungsprozess. Blockiert wird solche Partnerschaft durch eine Politik, die sich der konzeptionellen Herausforderung durch die gesellschaftliche Entwicklung der Einwanderungssituation mit eskapistischen Dementis verweigert und die Folgen der eigenen Versäumnisse durch Drohgebärden und Sicherheitspolitik zu bewältigen sucht.

Bekannt ist, dass gesellschaftliche Probleme auf der Zeitachse nicht schrumpfen, sondern wachsen. Zum Preis der Verdrängung zählen Angst und Aggressivität. Aktive Migrations-, Eingliederungs- und Minderheitenpolitik mit transparenten Konzepten ist deshalb der beste Beitrag zum Abbau von Fremdenangst und fremdenfeindlichen Projektionen. Gesellschaftspolitik ist durch Sicherheitspolitik nicht zu ersetzen.

12.2.2 Migration und Integration: Herausforderungen, Gestaltungsaufgaben und Grenzen der Gestaltbarkeit,
in: Wirtschaft und Wissenschaft (Stifterverband für die Deutsche Wissenschaft), 3/2003, Mai 2003, S. 48–55 (Auszug).

Deutschland hat beachtliche Erfahrungen in Zuwanderungs- und Eingliederungsfragen, nicht nur aus seiner in dieser Hinsicht ohnehin vielgestaltige Geschichte, sondern auch im Blick auf die Entwicklung seit der Mitte des 20. Jahrhunderts. In Recht, Verwaltung und Alltag ist der Umgang mit Migration und Integration seit den 1990er Jahren deutlich pragmatischer und »normaler« geworden. Dennoch sind Migration und Integration im politischen Diskurs vielfach bis heute unterschwellig suspekte Problemthemen geblieben.

Dahinter steht eine eigentümliche Spannung zwischen pragmatischer Integration und appellativer Verweigerung, von praktischer Erfahrung und mentaler Nicht-Akzeptanz. Auf der einen Seite hat das konzeptarme pragmatische »Durchwursteln« (»Muddling through«) der deutschen Migrations- und Integrationspolitik wider mancherlei Erwartungen und Befürchtungen zu beachtlichen Integrationserfolgen beigetragen. Sie brauchen in Europa, auch im Vergleich zu dem oft überschätzten niederländischen Modell, keinen Vergleich zu scheuen. Auf der anderen Seite steht die Tatsache, dass der Weg zu solchen Ergebnissen auch geprägt war durch eine zweifellos noch bis in die absehbare Zukunft hinein folgenreiche Belastung der Themen Migration und Integration für Zuwandererbevölkerung und Mehrheitsgesellschaft.

Die Deutschen im Westen haben lange gebraucht, um zu verstehen, dass es auch ein genuin ostdeutsches Geschichtsbild gibt, das mehr ist als nur ein ärmliches Gegenbild des westlichen. Aber auch im Westen selber gibt es bislang weitgehend übersehene kollektive historische Erinnerungen: Man muss den intergenerativen Kultur- und Sozialprozess der Integration und den dabei heute erreichten Stand aus zwei Perspektiven betrachten – aus der Sicht der Mehrheitsgesellschaft wie aus derjenigen der Zuwandererbevölkerung:

Irritierend für die Mehrheitsgesellschaft wirkte u.a. der lange anhaltende, aus demonstrativer Erkenntnisverweigerung (»Die Bundesrepublik ist kein Einwanderungsland«) geborene Mangel an konzeptioneller Transparenz und – nicht nur symbolischer – politischer Handlungsbereitschaft in Sachen Migration und Integration. Das war auch mitbestimmend für die wachsenden öffentlichen Abwehrhaltungen gegenüber diesen wirtschafts-, gesellschafts- und kulturpolitisch eminent wichtigen Aufgabenfeldern. Die Eskalation von Fremdenangst, gewaltbereiter Fremdenfeindlichkeit und fremdenfeindlicher Gewaltakzeptanz in den frühen 1990er Jahren war deshalb nicht nur Reaktion auf starke Zuwanderungen, sondern auch fehlgeleiteter Protest gegen ihre mangelnde Gestaltung.

Die vielfach in sich gebrochene Zuwandererbevölkerung hingegen hat an die deutsche Geschichte der letzten Jahrzehnte anders geprägte und gruppenspezifisch wiederum verschiedene kollektive Erinnerungen. Sie sind für viele Zuwanderer heute noch mitbestimmend für die Perzeption der aktuellen politischen Diskussion um Migration und Integration. Das wiederum ist für die Mehrheitsgesellschaft oft schwer nachvollziehbar; denn sie hat in der Regel kein Gedächtnis für eigene Versäumnisse in der Einwanderungssituation.

Dazu zählte z.B. die lange anhaltende soziale Ausgrenzung von »Gastarbeitern«, die heute die Großeltern der dritten Einwanderergeneration sind. Dazu gehörte auch die Entscheidung für »Ausländerpolitik« anstelle von Integrationspolitik bzw. für »soziale Integration auf Zeit« statt für Eingliederung auf Dauer. Hinzu kamen das nachdrückliche Bemühen um die »Aufrechterhaltung der Rückkehrbereitschaft«, der diskrete Vertreibungsdruck der »Rückkehrprämien« Anfang der 1980er Jahre und schließlich die fremdenfeindlichen Exzesse der frühen 1990er Jahre. Die Zuwandererbevölkerung wurde oder fühlte sich von solchen Versäumnissen nicht selten existentiell betroffen.

Es gab während all dessen zwar eine letztlich wichtigere, weil durchgängige, alltäglich-unauffällig fortschreitende Praxis der Integration. Im kollektiven Gedächtnis der Zuwandererbevölkerung aber haften auch die als schmerzhaft empfundenen Belastungen und Brüche in dieser Entwicklung.

Zuweilen registrierte sie eigene Versäumnisse und solche in der Integrationspolitik des Aufnahmelandes auch erst später, mitunter erst in der intergenerativen Kommunikation, im Dialog der Pioniermigranten mit der schon im Land selbst aufgewachsenen zweiten Generation; denn einerseits zielten viele Lebenskonzepte der Pioniermigranten nicht von Beginn an auf dauerhafte Einwanderung; andererseits wurden solche Lebenskonzepte zum Teil auch durch Abwehrhaltungen des Aufnahmelandes lange daran gehindert, sich in Richtung auf dauerhafte Einwanderung zu entfalten.

Zu den Folgen gehören mitunter der Rückzug in ethnisch markierte Herkunftsgemeinschaften und Migrantenkulturen, die Stabilisierung von Doppelloyalitäten und transnationalen Identitäten. Solche Verhaltensweisen werden von der einheimischen Mehrheitsgesellschaft wiederum häufig als Zeichen mangelnder Integrationsbereitschaft denunziert oder gar als Gletscherspitzen von »Parallelgesellschaften« skandalisiert – was die latenten sozialen, kulturellen und ethnischen Spannungen nur weiter erhöht.

Doppelloyalitäten und transnationale Identitäten haben zwar, von historisch hinlänglich bekannten Übergangserscheinungen in Integrationsprozessen selber abgesehen, zwar auch andere Ursachen, die z.B. im Verblassen nationalstaatlicher Zuständigkeiten und in der globalen Informationsgesellschaft zu suchen sind. Sie sind aber, als Ausdruck defensiver Koloniebildung in einem verharschenden Eingliederungsprozess, auch Reaktionen auf Abwehrhaltungen und Assimilationsdruck der umschließenden Aufnahmegesellschaft.

An Definitionen von Integration ist kein Mangel. Im weitesten Sinne kann damit ein langfristiger, mitunter Generationen übergreifender Sozial- und Kulturprozess umschrieben werden, der auf das Hinzutreten neuer Gruppen und vielerlei andere Wechselbezüge eigendynamisch antwortet.

Leitziel von Integrationspolitik sollte die Eröffnung und Sicherung möglichst gleichberechtigter Partizipationschancen sein. Es geht darum, für den sich mehr oder minder eigendynamisch entfaltenden Eingliederungsprozess Rahmenbedingungen zu sichern, die dessen Entfaltung und die Entwicklung von darin eingeschlossenen Lebenskonzepten ermöglichen. Für Integration als Sozial- und Kulturprozess müssen Rechts- und Planungssicherheit geschaffen bzw. erhalten, muss das Rechtsvertrauen auf beiden Seiten bestärkt werden.

Ob Zuwanderer sich dann zunächst in einigen Bereichen mehr, in anderen weniger integrieren (»partielle Integration«), muss ihnen selbst überlassen bleiben. Einwanderung ist, lebensgeschichtlich betrachtet, immer Chance und Risiko zugleich. Eine soziale oder gar mentale Lebensversicherung gegen individuelle Risiken im Einwanderungsprozess kann es nicht geben. Es geht aber trotzdem darum, individuellen und strukturellen Diskriminierungen zu wehren, d.h. durch Ausgleichs- und Vermittlungsfunktionen, wie z.B. Antidiskriminierungsmaßnahmen, dazu beizutragen, dass Minderheiten in ihren Partizipationschancen nicht behindert, einzelne Gruppen im ethnokulturellen Spannungsfeld der Einwanderungssituation nicht gegeneinander ausgespielt werden.

Integrationspolitik darf, als Teil der Gesellschaftspolitik, auch Mentalitätsprobleme nicht ausblenden; denn Einwanderungsprozesse können für Mehrheit wie Minderheiten mit erheblichen Identifikationsproblemen verbunden sein. Die Integration von Migranten ist keine Einbahnstraße, bei der sich im Sinne einseitig-linearer Assimilationsmodelle kulturell heterogene Einwanderergruppen einer angeblich homogenen Aufnahmegesellschaft spurlos anpassen. Integration beschreibt vielmehr ein eigendynamisches gesellschaftliches Geschäft auf Gegenseitigkeit, das beide Seiten verändert. Dennoch bleiben die im Integrationsprozess einzufordernden Anpassungsleistungen ungleich verteilt; denn die zu erbringende und ausdrücklich zu fordernde, im weitesten Sinne zivilgesellschaftliche Anpassungsleistung liegt bei den Zuwanderern unvergleichbar höher.

Für diesen gesellschaftlichen Lernprozess aber fehlt es in Deutschland immer noch an gemeinverständlichen Orientierungshilfen. Nötig sind dazu – trotz des nicht überspringbaren langen Schattens der jüngeren deutschen Geschichte und trotz aller dadurch bedingten prekären Probleme der Selbstbeschreibung – klar formulierte und auf beiden Seiten gültige Normen und Leitperspektiven für die Einwanderungssituation. Sie werden von den Einwanderern meist auch selber gesucht. Diese Spielregeln müssen zweifelsohne mehr umfassen als Sprach- bzw. Orientierungskurse auf der einen und verschämten Verfassungspatriotismus auf der anderen Seite.

12.2.3 Leitfragen-Bilanz. Eine Würdigung, in: Kulturpolitische Mitteilungen. Zeitschrift für Kulturpolitik der Kulturpolitischen Gesellschaft, Nr. 112, I/2006, S. 24.

Drei ausländerpolitische Motti aus den Reihen der Unionsparteien haben seit Anfang der 1980er Jahre die deutschen Gemüter flächendeckend bewegt und mit abnehmender Kraft – ein Stück weit auch zur Identitäts- oder doch Standortsicherung der Unionsparteien beigetragen.

Am Anfang stand das demonstrative Dementi »Die Bundesrepublik ist kein Einwanderungsland«, das durchaus keine Erfindung der Unionsparteien war. Es war Angriffswaffe gegen die amtierende sozialliberale Koalition und Abwehrblock gegen Multikulti-Träume, aber auch ein Eingeständnis defensiver Erkenntnisverweigerung; denn dass es innerhalb der deutschen Grenzen eine millionenstarke Bevölkerung in einer echten Einwanderungssituation gab, war gar nicht zu bestreiten. Das Dementi hielt bis 1994 und wurde später durch das deutlich eingeschränktere Motto »kein klassisches Einwanderungsland« ersetzt, das wiederum etwas dementierte, das niemand im Ernst behaupten konnte, weil dieses Land bekanntlich nicht durch massenhafte und anhaltende Einwanderungen entstanden ist wie etwa die USA, Kanada oder Australien und Neuseeland.

Das Dementi bestärkte in den deutschen Mentalitäten – nicht nur der Unionsanhänger – den bis heute fortwirkenden negativen Migrationsbegriff und das davon getragene Verständnis von Zuwanderung als Bedrohung von außen und Belastung im Innern. Aber es hatte auch eine nicht intendierte Nebenfunktion: Jenseits der offenen Bühnen mit ihren öden Grundsatzpolemiken über die Einwanderungsfrage konnten sich im von den Medien unbeachteten administrativen Alltag der Kommunen Ansätze einer ganz pragmatischen Integrationspolitik entwickeln, ohne die heute noch deutlich mehr als ohnehin nötig an nachholender Integrationspolitik zu leisten wäre.

Das zweite einschlägige Motto war der von Friedrich Merz im Oktober 2000 im Bundestag eher beiläufig benutzte – nicht von ihm »erfundene« – Begriff der »Leitkultur«. Hier war die Positionierung der Unionsparteien nicht mehr annähernd so geschlossen wie zuvor. Es gab ein neues Mediengetöse mit Selbstfindungsproblemen der Unionsparteien, aber es blieb bei einer hysterischen Schwangerschaft ohne die Geburt eines kommunikationsfähigen Konzepts. Zuletzt hat der neue Bundestagspräsident Norbert Lammert offensiv parteiübergreifend dazu aufgerufen, diese im Kern wichtige, wenngleich als »deutsche Leitkultur« zu Recht problematisierte Thematik wieder auf die öffentliche Agenda zu setzen – Folgen ungewiss.

Mit dem baden-württembergischen Katalog zur Befragung von einbürgerungswilligen Ausländern wurde Ende 2005 die dritte einschlägige Sprengladung in der öffentlichen Diskussion gezündet, die innerhalb der Unionsparteien noch weniger Geschlossenheit bewirkte, aber aufs Neue bundesweite Proteste mit gewaltigem Medienecho auslöste. Das Verwirrspiel wurde durch den Zickzackkurs des Ministeriums unter öffentlichem Empörungsdruck noch verstärkt. Im Dezember 2005 waren die Landesbehörden verpflichtet worden, den Fragenkatalog auf Muslime anzuwenden; Anfang Januar wurde, nach scharfen Protesten wegen der Ungleichbehandlung der Muslime, der Adressatenkreis zunächst auf alle Antragsteller ausgeweitet; Ende Januar wurde dann mitgeteilt, dass der umstrittene Fragebogen weder nur auf Muslime noch generell angewendet, ferner dem »Sprach- und Bildungsniveau« der Antragsteller angepasst und auch in dieser neuen Form nur als Orientierungshilfe und auch nur dann angewendet werden solle, wenn begründete Zweifel an der Verfassungstreue des Bewerbers bestünden. Die aber werden durch die ohnehin übliche Regelanfrage beim Verfassungsschutz sicher besser belegt als durch Lippenbekenntnisse vor einer Behörde.

Bei der baden-württembergischen – ebenfalls nicht hier erfundenen – Initiative aber handelte es sich abermals um ein nicht etwa schon im Ansatz abwegiges, auch in anderen Einwanderungsländern (z.B. den USA) in anderer Form durchaus praktiziertes Reglement. Aber auch hier wurde, wie bei der »Leitkultur«-Debatte, der zweite vor dem ersten Schritt getan, um den sich die Deutschen mit ihrer seit der NS- Zeit prekären Selbstbeschreibung herumdrücken, während ihnen die Probleme der Integration nach Einschätzung vieler Zeit- genossen über den Kopf zu wachsen scheinen.

Trotz aller prekären Probleme der Selbstbeschreibung muss sich das Einwanderungsland Deutschland endlich ein für alle und insbesondere für Einwanderer verstehbares öffentliches Bild von sich selber machen; denn woran sonst sollten sich Einwanderer orientieren bei dem Versuch, ihr Einwanderungsland zu verstehen? Man muss die gehabten Konflikte um den Begriff »Leitkultur« nicht noch einmal auskämpfen, um zur Formulierung entsprechender Leitorientierungen – im Plural, d.h. für beide Seiten der Einwanderungsgesellschaft – und zu darauf gegründeten Spielregeln durchzudringen, von denen die wichtigsten übrigens ohnehin im Grundgesetz stehen, das aber hierzulande offenkundig nicht eben jeder kennt.

Dass der Zusammenhang von Werte- und Integrationsdiskussion kein deutsches Hirngespinst ist, zeigt ein Blick über den Zaun in die Niederlande, das europäische Pionierland der Integrationspolitik: Dort will man demnächst mit »Fachleuten« darüber beraten, »was die niederländische Identität ausmacht«, um dann in einem landesweiten Kodex den Versuch »zu wagen, unsere Werte deutlicher festzulegen, um den Einwanderern bei der Integration zu helfen.«

12.2.4 Migrationsforscher Klaus J. Bade: »Es mangelt am solidarischen Wir«, Interview (Sabine am Orde),
in: taz.die tageszeitung, 10.2.2009[63] (Auszug).

Die Wirtschaftskrise dürfte Migranten besonders hart treffen. Klaus J. Bade sieht darin ein »Gefährdungspotenzial ersten Ranges« für die Republik und fordert eine Solidarität, die Einwanderer einschließt.

Herr Bade, derzeit ist wieder viel von Parallelgesellschaften und integrationsunwilligen Türken die Rede. Wird sich die Situation mit der Wirtschaftskrise weiter verschärfen?

---
[63] Klaus J. Bade, http://www.taz.de/!5168177/.

So schlecht ist die Ausgangslage nicht. Aber zu befürchten ist, dass im Zuge der Krise die ungesicherten und unqualifizierten Jobs zuerst wegfallen und der Rationalisierungsdruck im produzierenden Gewerbe noch stärker wird, als er bereits ist. In beiden Bereichen arbeiten besonders viele Menschen mit Migrationshintergrund. Sie werden daher besonders stark von der Arbeitslosigkeit betroffen sein. Wenn das passiert, können die latenten sozialen Spannungen, die es bereits gibt, offener zutage treten.

Wie wird sich das äußern?
In einem zunehmenden Maß an Perspektivlosigkeit, Desorientierung und auch alltäglicher Aggressivität im Umgang miteinander. Wer die Hoffnung auf die Integrationsschiene Arbeit verloren hat, weiß, dass er insgesamt verloren hat.

Stehen uns also Straßenschlachten wie in den Pariser Vorstädten bevor?
Nein, die Situation in Deutschland ist anders als in Frankreich. Wir haben keine Quasigettos ohne Kiezstruktur wie in den französischen Banlieues. Allerdings sind die Franzosen bei Protesten härter im Nehmen. In Deutschland würden schon viel harmlosere Ausschreitungen Schreckensvisionen verbreiten.

Was also befürchten Sie?
Viele Menschen haben noch nicht begriffen, dass es nicht mehr um die Frage geht, ob wir ein Einwanderungsland sind oder nicht, sondern um die Zukunft unserer Gesellschaft insgesamt. Wir sind eine Einwanderungsgesellschaft, und die lebt davon, dass sie mit Blick auf kulturelle Toleranz und sozialen Frieden belastbar ist. Wenn diese Grundlage wankt, ist die gesamte Struktur der Einwanderungsgesellschaft gefährdet. Wir stehen also nicht nur vor einer immer noch unübersehbaren gewaltigen Krise, sondern auch vor einem gesellschaftlichen Gefährdungspotenzial ersten Ranges.

Was kann man tun?
Bei den Konjunkturpaketen, die derzeit verabschiedet werden, müssen die integrationsrelevanten Bereiche wie Bildung und Ausbildung noch mehr gestärkt werden. Diese Bereiche sind oft besonders beschäftigungsintensiv, deshalb entlastet ihre Finanzierung auch den Arbeitsmarkt. Wichtig ist aber nicht nur materielle Förderung, sondern sind auch Appelle, diese Krise als eine gemeinsame Herausforderung zu verstehen und deutlich zu machen, dass es ein kollektives Wir gibt, das auch an die besonders gefährdeten Gruppen denkt.

Aber dieses kollektive Wir gibt es doch gar nicht.
Es gibt einen großen Mangel an diesem solidarischem »Wir« in der Bundesrepublik. Aber wenn Krisen drohen, wird die Politik handlungsbereiter. Und es gibt in der letzten Zeit auch andere Signale. Kürzlich hat die Bundeskanzlerin zum Beispiel den Migranten der ersten Generation gedankt. Das ist ein Zeichen, das bei der Bevölkerung mit Migrationshintergrund angekommen ist. Solche Zeichen brauchen wir in Reihe.

12.2.5 Blockade und Befreiung: Identitätskrise, negative Integration und neue Selbstbilder in der Einwanderungsgesellschaft,
in: Kritik und Gewalt. Sarrazin-Debatte, »Islamkritik« und Terror in der Einwanderungsgesellschaft, Schwalbach i.Ts. 2013, S. 348–374 (Auszug).

Die Konturen der Flucht aus der überfälligen Debatte um die neue kollektive Identität der Einwanderungsgesellschaft mit ihren extensiv wachsenden Bindestrich-Identitäten in eine verzweifelt homogenitätsorientierte eskapistische Ersatzdebatte[64] zeigt ein Datenvergleich:

Vom Sachverständigenrat in seinen Integrations- und Migrationsbarometern 2010–2012 nach Migration und Integration, Migrations- und Integrationspolitik im engeren Sinne befragt, urteilte die Bürgergesellschaft durchaus rationaler und pragmatischer als viele politische Akteure zu glauben scheinen: Rund 50 Prozent der Befragten sahen und erwarteten Verbesserungen durch die Integrationspolitik, nur 10–20 Prozent rechneten mit Verschlechterungen. Fast 60 Prozent der Befragten sprachen sich für mehr Zuwanderung von Hochqualifizierten und fast 70 Prozent gegen eine verstärkte Zuwanderung von Niedrigqualifizierten aus.[65]

Migrationspolitisch war dies zweifelsohne eine stark utilitaristische Positionierung.[66] Dabei wurde überdies in der Diskussion der SVR-Ergebnisse, trotz aller Akzeptanz auch bei der Bundesregierung, meist die gefährliche Kehrseite dieser Positionierung übersehen: Wenn fast 70 Prozent der Befragten gegen eine weitere Zuwanderung von Geringqualifizierten votieren, ist damit eine utilitaristische Verstärkung der ohnehin virulenten, kulturrassistisch motivierten Abwehrhaltungen (»Zigeuner«) gegenüber der Zuwanderung von meist gering oder doch wenig passfähig qualifizierten Roma aus Ost- und Südosteuropa vorprogrammiert. Sie könnte sich im Krisenfalle zu einem Konfliktszenario zuspitzen – wie Anfang der

---

[64] Aus der Forschungsperspektive der gruppenbezogenen Menschenfeindlichkeit: A. Zick / B. Küpper, Zusammenhalt durch Ausgrenzung? Wie die Klage über den Zerfall der Gesellschaft und die Vorstellung von kultureller Homogenität mit Gruppenbezogener Menschenfeindlichkeit zusammenhängen, in: W. Heitmeyer (Hg.), Deutsche Zustände, Folge 10, Frankfurt a.M. 2012.

[65] Integration im föderalen System: Bund, Länder und die Rolle der Kommunen. Jahresgutachten 2012 mit Integrationsbarometer des Sachverständigenrates deutscher Stiftungen für Integration und Migration (SVR), Berlin 2012, S. 22.

[66] So die treffende Interpretation von Naika Foroutan, Muslimbilder in Deutschland. Wahrnehmungen und Ausgrenzungen in der Integrationsdebatte (Friedrich-Ebert-Stiftung, Reihe: Diskurs), Bonn, Nov. 2012. S. 8f.

1990er Jahre, als Hunderttausende von Roma-Flüchtlingen zugewandert waren. Aber diesmal kommen sie als EU-Bürger und können nicht mehr, wie damals, mehr oder minder zwangsweise in ihre Herkunftsgebiete »rückgeführt« werden. Und abermals fehlt die dringend nötige gesellschaftspolitische Vermittlungsarbeit, so dass dieses Konfliktthema der überlasteten und mit Bordmitteln um seine Klärung bemühten Kommunen in der öffentlichen Diskussion zunehmend rechtspopulistischen bis rechtsextremistischen Kreisen überlassen wird. Bleibt zu hoffen, dass es nicht zu einem episodischen Nachvollzug der Exzesse der frühen 1990er Jahre kommt, die dann, wie anders, wieder einmal niemand absehen konnte...-

Aber die SVR-Daten hatten jenseits des aufgeklärten utilitaristischen Eigeninteresses auch eine beachtliche humanitäre Komponente: Knapp 50 Prozent der Deutschen ohne Migrationshintergrund und ca. 40 Prozent der Befragten mit Migrationshintergrund sprachen sich für eine stärkere Aufnahme von Flüchtlingen aus, nur ein Drittel war dagegen. Dass dabei vorwiegend an die grundgesetzlich und verwaltungspraktisch stark eingeschränkte Aufnahme von »echten« Flüchtlingen gedacht war, ändert nichts am Vorhandensein dieser, die rein utilitaristische relativierenden humanitären Komponente. Das sollte der vorzugsweise an angeblichen Abwehrhaltungen und Ängsten der Bürger orientierten Flüchtlings- und Asylpolitik zu denken geben.

Weiterhin konnte im Sinne der für das SVR-Jahresgutachten 2012 abgestimmten Formel von einer verstärkten »Positionierung ohne Polarisierung« berichtet werden; denn die Zahl der Befragten, die die SVR-Leitfrage, ob das Zusammenleben in der Einwanderungsgesellschaft als »ungestört« erlebt werde, unsicher oder doch unentschieden mit »teils teils« beantwortet hatten, war von der Umfrage vor der Sarrazin-Debatte (Ende 2009) bis zu derjenigen nach der Debatte (Ende 2011) deutlich gesunken zugunsten klarer Positionierungen. Die Mehrheitsbevölkerung ohne Migrationshintergrund hatte bei der Einschätzung von Migration/Migrationspolitik und von Integration/Integrationspolitik mithin in klar erkennbaren Positionierungen zu großen Teilen ihren diskursiven Frieden mit sich selber gemacht. Aber die Basis bildete, wie schon angedeutet, ein Gesellschaftsvertrag zu Lasten Dritter. Es war die vom SVR nicht abgefragte, aber aus anderen Umfragen sprechende tendenzielle Exklusion der Muslime:

Auch andere Umfragen bestätigten die verhalten positiven Trendaussagen des SVR-Integrationsbarometers 2012 – von der letzten Studie der »Transatlantic Trends« 2011 bis zu den neuesten Ergebnisse der Bielefelder »Deutschen Zustände«. Die Umfragen zeigten wie die des SVR, dass die wachsende kulturelle Vielfalt in der Einwanderungsgesellschaft mehrheitlich positiv oder sogar als Bereicherung wahrgenommen wird.[67] Die Tatsache, dass zugleich die gemessenen Abwehrhaltungen gegenüber Muslimen wuchsen, hat Naika Foroutan als ein »Paradoxon des Pluralismus« interpretiert »nach dem Motto: Vielfalt ja, aber ohne Muslime!« Deshalb sei, so Foroutan zu Recht, der »Vielfaltsoptimismus anzuzweifeln, solange er die größte religiöse Minderheit in Deutschland nicht mitdenkt, denn Vielfalt ohne Muslime wäre schlussendlich ein inhärenter Widerspruch.«[68]

Den tragenden islamophoben Abwehrargumenten gegen eine fortschreitende »Islamisierung Europas« fehlt jede empirische Basis, wie Naika Foroutan in ihrem detaillierten Gutachten gezeigt hat, das alle von Forschungseinrichtungen dazu ermittelten Daten zusammengetragen hat. »Deren wissenschaftliche Analyse ist leider im politischen Diskurs dem Bauchgefühl einer meinungsbildenden Mehrheit unterlegen«, kritisiert Foroutan und meint damit insbesondere das »Bauchgefühl« der »islamkritischen« Publizisten und ihrer medialen Adepten. Mehr noch: »Trends und Ergebnisse, die in puncto Integrationsfortschritte von der Wissenschaft gemessen werden, verschärfen eher das Misstrauen gegenüber der Forschung, als dass sie zu einem Stimmungswechsel innerhalb der Gesellschaft führen.«[69]

Dieses wissenschaftsfeindliche Misstrauen, insbesondere gegenüber der »sogenannten Migrationsforschung« aber ist in Deutschland, wie gezeigt, eine ganz besonders nachhaltige »Leistung« der in dieser Hinsicht erklärtermaßen forschungsfeindlichen publizistischen »Islamkritiker«. Der Nachhall ihrer ebenso flachen wie höhnischen wissenschaftsfernen und wissenschaftsfeindlichen Argumente lässt sich bei jedem Mausklick auf die Seiten der islamfeindlichen Netz- und Hetzwerke nachvollziehen.

In der weiteren Interpretation des Missverhältnisses von Wahrnehmung und Empirie indes unterscheidet sich mein Ansatz von demjenigen von Naika Foroutan, die zusammenfassend folgert: »Da die empirischen Daten jedoch nicht auf eine Islamisierung Europas schließen lassen, sich diese Sorge aber offenbar in großen Teilen der Bevölkerung hält, handelt es sich daher wohl eher um die Furcht vor einem diskursiven Einfluss oder vor erhöhter Repräsentation und Partizipation. [...] Dies kann als Hinweis darauf begriffen werden, dass es sich bei der sogenannten Integrationsdebatte nicht wirklich um Fragen der In-

---

[67] Bertelsmann Stiftung, Zuwanderer identifizieren sich mit Deutschland; Auffassung der Ostdeutschen über Ausländer (Umfrage Bundesverband »Volkssolidarität«), in: MiGAZIN, 30.7.2009; Kontakte zwischen Zuwanderern und Deutschen nehmen zu (Umfrage Institut für Demoskopie Allensbach), in: ebd., 7.9.2009; Breiter Zuspruch für Einwanderungspolitik in Deutschland (Umfrage German Marshall Fund), in: ebd., 8.12.2009; Personen mit türkischem Migrationshintergrund weisen einen hohen Integrationswillen in die deutsche Gesellschaft auf (Umfrage Info GmbH/Liljeberg Research International), in: Newsletter Migration und Bevölkerung, Sept. 2012; Zick / Küpper, Zusammenhalt durch Ausgrenzung?, S. 171f.
[68] Foroutan, Muslimbilder in Deutschland, S. 8f.
[69] Ebd., S. 55.

tegrierbarkeit von Islam oder Muslimen handelt, sondern um Stellvertreterkonflikte, um den Zugang zu sozialen, ökonomischen und kulturellen Ressourcen in einer immer stärker unter ökonomistischen Verteilungsgesichtspunkten strukturierten Gesellschaftsordnung.«[70]

Aus meiner Sicht ist der islamfeindliche Widerspruch zwischen Empirie und Wahrnehmung nicht primär Ausdruck solcher Zugangs- und Teilhabekonkurrenzen. Wäre er dies, dann müsste er auch gegenüber anderen Zuwanderergruppen wirken, was erkennbar nicht der Fall ist. Für mich ist dieser Widerspruch, der Spannung in der tragenden Verstrebung eines Gewölbes ähnlich, geradezu konstitutiv für die eskapistische Ersatzdebatte im Sinne der negativer Integration, auf die sich nun scheinbar alle einigen können – ausgenommen naive »Gutmenschen«, angeblich gefährliche wissenschaftliche »Schönredner« und die Muslime selbst.

Aber jeder darf natürlich auch seine »guten Muslime« haben. Nur »der« Islam ist gefährlich, weil er schlicht das Gegenbild von allem ist, was »uns« an Werten gemeinsam wichtig ist. Und »der« Islam hat bekanntlich mit »den« Muslimen zu tun, jedenfalls mit denen, die sich nicht hörbar und sichtbar von ihm distanzieren. Deshalb sind auch »die« Muslime zumindest potentiell und latent gefährlich – und schon schnappen die diskursiven Fallen der »Islamkritik« zu. Diese schlichten zirkulären Kurzschlüsse in einem geschlossenen Welt- und Feindbild sind heute dank des regen Wirkens der publizistischen Pioniere der »Islamkritik« weithin öffentliches »Gedankengut« geworden. Ihre Propagandisten haben damit die deutsche in die europäische Spitzengruppe der »islamkritisch« bis islamfeindlich eingestellten Bevölkerungen[71] getragen, welch ein – verheerender – Erfolg.

Der diskursive Friede auf der Grundlage des Gesellschaftsvertrags zu Lasten Dritter ist in der Einwanderungsgesellschaft ein gefährlicher Konsens; denn er beruht bei einem großen Teil der Mehrheitsbevölkerung auf dem tendenziellen Ausschluss der größten – muslimischen – Minderheit. Die angeblich »neue Integrationsdebatte«, die diesen Exklusionsmechanismus bedient, ist aus meiner Sicht eine eskapistische Ersatzdebatte anstelle der gefürchteten und deshalb nicht gewagten Debatte um die neue gemeinsame Identität in der Einwanderungsgesellschaft. Der Politikwissenschaftler Dieter Oberndörfer hat als kritischer Multikulturalist und konservativer Republikaner diese Debatte seit den 1990er Jahren vergeblich angemahnt.[72] [...]

Wichtig ist in der Einwanderungsgesellschaft nicht nur, wogegen man sich wehren muss, sondern auch, wofür man gemeinsam einstehen will. Dieses schon mehrfach erwähnte solidarische »Wir«, das das tragende wechselseitige Grundvertrauen in der demokratischen Einwanderungsgesellschaft sichert, ist Extremisten auf allen Seiten ein Dorn im Auge; denn nichts ist für sie lähmender als Anerkennung durch Teilhabe und die gelebte Akzeptanz kultureller Vielfalt in sozialem Frieden. Deshalb auch gibt es eine intentionale Symbiose zwischen fundamentalistischen Islamisten und fundamentalistischen Antiislamisten – im islamophagen Kampfjargon von Politically Incorrect also zwischen den Anhänger von »Dschihad« und »Counter-Dschihad«. Gemeinsam ist ihnen die Verachtung der vermeintlich aus Schwäche geborenen »multikulturalistischen« demokratischen Einwanderungsgesellschaft und das Interesse an deren Destruktion.

In einem Zusammenbruch ihrer Werte und Strukturen mit Konflikten in Wohnumfeld, Nachbarschaft und letztlich expandierenden bürgerkriegsähnlichen Szenarien zunächst in großstädtischen Distrikten mit starker Zuwandererbevölkerung sehen beide Seiten in ihren Wahnvorstellungen eine Chance, sich als neue Ordnungsmächte zu gerieren, deren Waffen Terror und Gegenterror sind.[73] Auch Ansätze zur Verwirklichung solcher sozialparanoiden Vorstellungen können eminent gefährlich werden. Sie können verhindert werden, wenn die demokratische Einwanderungsgesellschaft ihre Verfassung lebt, wenn sie sich also auf ihre verfassungsmäßigen Werte besinnt und deren Feinden auf dieser Grundlage in Freiheit entschieden, mutig und wehrhaft entgegentritt.

Nötig dazu ist einerseits die Ächtung der den sozialen und kulturellen Frieden in der Einwanderungsgesellschaft gefährdenden, geschickt an der Grenze der Verfassungskonformität operierenden Agitationen. Das gilt für aggressive Minderheiten ebenso wie für nicht minder aggressive, an der gleichen Grenze lavierende minderheitenfeindliche Gruppen aus der Mehrheitsbevölkerung, z.B. für die über die Religionskritik im engeren Sinne hinausge-

---

[70] Ebd., S. 57.
[71] Hierzu die Daten und Schaubilder in ebd., S. 17–22.
[72] Vgl. z.B. D. Oberndörfer, Die offene Republik. Die Zukunft Deutschlands und Europas, Freiburg 1993; ders., Der Wahn des Nationalen. Die Alternative der offenen Republik, Freiburg 1993; ders., Assimilation, Multikulturalismus oder kultureller Pluralismus. Zum Gegensatz zwischen kollektiver Nationalkultur und kultureller Freiheit der Republik, in: K. J. Bade (Hg.), Migration – Ethnizität – Konflikt: Systemfragen und Fallstudien

(Schriften des Instituts für Migrationsforschung und Interkulturelle Studien (IMIS) der Universität Osnabrück, Bd. 1), Osnabrück 1996, S. 127–147; ders., Deutschland in der Abseitsfalle. Politische Kultur in Zeiten der Globalisierung, Freiburg 2005.
[73] Vgl. dazu die Einschätzung von Kai Hafez, die von der »derzeitigen Schizophrenie Europas zwischen dem Liberalismus weiter Teile des politischen Systems und der Intoleranz weiter Teile der Gesellschaften« ausgeht:»Für die Zukunft gibt es zwei denkbare Szenarien: einen Zerfall der politischen Ordnungen mit unabsehbaren Folgen oder eine kulturelle und gesellschaftliche Entwicklung, wobei sich das bürgerliche Europa zumindest in Teilen von der negativen Toleranz ab- und der positiven Anerkennung der muslimischen Minderheit zuwendet, so dass ein neuer Konsens einer multikulturellen liberalen Gesellschaft entstünde.« (ders., Freiheit, Gleichheit und Intoleranz. Der Islam in der liberalen Gesellschaft Deutschlands und Europas, Bielefeld 2013, S. 131f., 134f., 139).

hende, pauschalisierende und eine ganze Glaubensgemeinschaft denunzierende vulgärrationalistische »Islamkritik«. Sie geriert sich als Retter des Abendlandes, betreibt aber in Wahrheit desintegrative Identitätssicherung der Mehrheit mithilfe der Auskreisung einer starken und in sich vielgestaltigen Minderheit, also negative Integration, auch um den Preis eines regelrechten Kulturkrieges, durch den ihre Agitation zu sich selbst erfüllenden Prophezeiung werden würde.

Nötig ist andererseits – trotz aller prekären Probleme der Selbstbeschreibung im Blick auf die jüngere deutsche Geschichte – eine klare und mutige Selbstbeschreibung von Einwanderungsgesellschaft und Einwanderungsland, heute selbstverständlich auch unter Beteiligung der Einwanderbevölkerung: Zu den Schleifspuren der verhängnisvollen und durch politische Amnesie nicht aus der Geschichte zu schaffenden jahrzehntelangen politischen Erkenntnisverweigerung in Sachen Migration und Integration gehört, dass es bis heute nicht gelungen ist, ein für alle in diesem Land Lebenden – Deutsche, Einwanderer und Ausländer – verstehbares Selbstbild zu entwickeln. Darin müssen die wirtschafts-, gesellschafts- und kulturpolitischen Dimensionen Migration und Integration ebenso ihren Ort finden wie die Menschen, die in dieser Einwanderungsgesellschaft leben und die zu einer beschreibbaren neuen gruppenübergreifenden Identität finden müssen, die im Alltag schon gelebt wird, aber noch keinen Namen hat.

In der neuen deutschen Einwandererelite hatten sich am Ende des ersten Jahrzehnts dieses Jahrhunderts die Warnungen vor einer Flucht in die negative Integration verstärkt. Das zeigen beispielhaft die kulturkritischen Einschätzungen des deutsch-türkischen Dichters und Schriftstellers Zafer Şenocak und der deutsch-iranischen Sozialwissenschaftlerin Naika Foroutan:

»Kann ein guter Deutscher wirklich nur sein, wer kein Türke mehr ist?«, fragte Zafer Şenocak vor dem Hintergrund der zur kollektiven Empörungsdiskussion aufsteigenden Sarrazin-Debatte Anfang August 2010. Das Gegenteil einer polarisierenden Identitätsdebatte sei die »Durchlässigkeit an konstruierten Grenzen. Erst diese Durchlässigkeit ermöglicht das allmähliche Entstehen einer Avantgarde, einer erst einmal kleinen Gruppe von Menschen, die sich als Weltbürger verstehen, sie übernehmen Vorbildfunktionen, die für eine Einwanderungsgesellschaft unverzichtbar sind.

Doch die Wirklichkeit in Deutschland sieht anders aus. Zu dünn ist die Luft, in der eine solche Avantgarde sich frei entfalten könnte. Im Gegenteil: Die meisten selbständig denkenden Türken in Deutschland, die sich weder von deutschen noch türkischen Identitätsnostalgikern instrumentalisieren lassen, werden an den Rand gedrängt und unsichtbar gemacht. Bewegliche, nicht fixierte Identitäten werden nach wie vor mehr als Gefährdung denn als Chance wahrgenommen. Übrig bleiben die Wasserträger einer verunsicherten, nach Selbstbestätigung lechzenden Mehrheitsgesellschaft und diejenigen unter den Einwanderern, die sich abschotten und somit das Gesamtbild komplett machen.

Herkunft und Lebenswirklichkeit zu einer nicht konfliktfreien, aber fast immer produktiven, vor allem beweglichen Identität zu verbinden, diese Beweglichkeit ist das Kapital jeder spätmodernen Gesellschaft. In Deutschland aber wird dieses Kapital nicht nur vergeudet, es wird auch innerlich und rhetorisch abgelehnt. Die Erhöhung des Selbst durch die Stigmatisierung des Anderen mag einer durch Einwanderung verunsicherten Gesellschaft vorübergehende Erleichterung verschaffen. Doch letztlich erweist sie ihr einen Bärendienst. Denn die hohe Warte, von der man auf andere herabschaut, hat keine Fundamente. Sie offenbart lediglich einen Abgrund.«[74]

Naika Foroutan hatte in einer kulturkritischen Gesellschaftsdiagnose über die Spannung zwischen Realität, »gefühlter Empirie« und insbesondere dem »Bauchgefühl« von durch den kulturellen Wandel verunsicherten »lauten Männern« in Deutschland schon Ende 2009 geschrieben:

»Während die Realität uns Menschen mit muslimischem Migrationshintergrund also durchaus bescheinigt, dass wir uns aktiv einfügen wollen, ohne unsere kulturellen Wurzeln zu vergessen, dass uns eine erhöhte Frustrationstoleranz und höhere psychische Robustheit zugeschrieben werden, dass man auf Expertenseite unsere Sprachkompetenz als Bereicherung schätzt und unsere Vermittlerrolle im kulturellen Dialog hervorhebt, unser Empathievermögen und unsere Flexibilität lobt, und während wir langsam beginnen, uns als das neue weltoffene Gesicht Deutschlands zu präsentieren, als multi-ethnische ›Neue Deutsche‹, beobachten wir eine rückständige, realitätsferne, griesgrämige und von Ur-Ängsten dominierte Empirie der öffentlichen Meinung.

Während unsere hybride Identität uns in die Lage versetzt, ›Mehr-Heimigkeit‹ als Ressource zu empfinden und unsere antagonistischen Identitätspole zu nutzen [...], wundern wir uns teils still, teils sprachlos, teils machtlos, teils traurig, teils resigniert und teils voller Wut über die Wirkungsgewalt von Themen, die mit ihrer Diskursmacht alles auf eine Homogenisierung der Identität reduzieren.

Während ein Großteil von uns längst eine postintegrative Perspektive eingenommen hat und wir in unserem Deutschland bereits angekommen sind, legt sich über diese wirkliche, messbare und nachweisbare Wahrheit die träge Matrix der Hyperrealität – die Sehnsucht nach einem alten Deutschland, das vielleicht ein bisschen bunt, aber bitte ohne ›die Muslime‹ daherkommen sollte. Diese Hyperrealität dominiert die Wahrnehmungswelt und in Folge leider unsere Lebenswirklichkeit: Mit steigenden Integrationserfolgen, Bildungsaufstieg und unserer Präsenz

---

[74] Z. Şenocak, Migration als Einbahnstraße, in: dradio.de, Reihe: Essay und Diskurs, 1.8.2010.

im Elitenraum, mit Deutsch als ›Muttersprache‹ und Muslimen als Nachrichtensprechern und Kulturpreisträgern, beginnt die fiktive Konstante der kollektiven Identitätszuschreibung – ›Deutsch-Sein‹ – als letzte sichere Ressource zu bröckeln. Dies lässt Abwehrmechanismen in der Mehrheitsgesellschaft wuchern, die ihre Identität dadurch zu festigen versucht, dass sie uns als ›Andere‹ markiert.«[75]

Unter dem Eindruck der Sarrazin-Debatte hat Naika Foroutan dann im Herbst 2010 in einem immer wieder nachgedruckten kleinen Aufsatz von einer demonstrativen Selbstfindung der neuen Einwandererelite berichtet. Sie positioniert sich zunehmend selbstsicher und in kultureller Pionierfunktion gegenüber durch die kulturelle Eigendynamik der Einwanderungsgesellschaft verunsicherten Kreisen der Mehrheitsbevölkerung, die von geschäftstüchtigen rückwärtsgewandten Identitätsideologen und überassimilierten Opportunisten mit Migrationshintergrund in ihren kulturalistischen Abwehrreflexen bestärkt werden:

»Seitdem die ›Sarrazin-Debatte‹ offensichtliche Exklusionsmechanismen zu Tage förderte, die bis tief in die Mitte der Gesellschaft hinein vertreten werden, sind auch überraschend klare Selbstverteidigungsreaktionen bei Menschen mit Migrationshintergrund zu beobachten. Aus den multiplen Wir-Identitäten, welche die Zugehörigkeitskontexte dieser Menschen mitbestimmen, artikuliert sich immer häufiger der Gedanke einer neuen deutschen Identität ›in between‹. Offen wird eine Stimmung verhandelt, in der trotzig ein ›wir gehören dazu‹ und ›Das ist auch unser Land‹ artikuliert wird. Als hätte ein Moment der Angst um den Verlust der Heimat das Bewusstsein geschaffen, dass man ein postmodernes Bekenntnis artikulieren möchte.

In dieses Bekenntnis reihen sich auch jene Herkunftsdeutschen ein, für die die Debatte die Frage aufwirft, mit wem man sich selbst in seinem Land eher assoziiert und mit wem man eine vergleichbare Ideenwelt oder aber eine Vorstellung von Zukunft teilt. Eine parodierende Variante dessen lautete in den 1980er Jahren: ›Ausländer, lasst uns mit den Deutschen nicht allein.‹ Geändert hat sich seitdem, dass diese ›Ausländer« zu einem wesentlichen Bestandteil Deutschlands geworden sind. Dabei bedeutet die Idee, sich Deutschland ohne Multikulturalität nicht mehr vorstellen zu wollen, keineswegs, dass man religiösem Extremismus nicht aktiv entgegenträte – nein: man tritt ihm nur gemeinsam entgegen – genauso wie dem Rechtspopulismus.

Deutschland ist nach der ›Sarrazin-Debatte‹ ein gespaltenes Land. Aber die Trennlinie verläuft nur oberflächlich zwischen ›den Muslimen‹ und ›dem Rest‹ und nur temporär zwischen Menschen mit Migrationshintergrund und jenen ohne. Die Trennlinie verläuft zwischen den ›alten‹ und den ›neuen‹ Deutschen und ihrer jeweiligen Vision von der Zukunft ihres Landes. Es sind zwei unterschiedliche Vorstellungen von Deutschland, die hier aufeinanderprallen. Das neue Deutschland wird sich in der Zukunft nicht mehr durch Herkunft, Genetik und Abstammungsstrukturen definieren können – dies erlaubt schon der demografische Wandel nicht mehr. Es wird sich trotzdem nicht abschaffen – es wird nur ethnisch und kulturell vielfältiger sein. Und Deutschsein gilt dann als Chiffre für die Zugehörigkeit zu einem gemeinsamen Land.«[76]

Für ein so konzipiertes neues, Zusammenhalt stiftendes Selbstbild der Einwanderungsgesellschaft aber brauchen wir gemeinsam erarbeitete Grundorientierungen – nicht nur wogegen, sondern auch wofür.[77] Und wir brauchen darauf gegründete Spielregeln, von denen die wichtigsten schon im Grundgesetz stehen, das aber hierzulande offenkundig nicht eben jeder kennt. Zu diesen Grundorientierungen und Spielregeln gehört auch eine über passive Toleranz hinausgehende aktive Akzeptanz von Zuwanderung als wirtschaftlichem Kräftezuwachs und als kultureller Bereicherung im Sinne des kanadischen Mottos »Vielfalt ist unsere Kraft« (»diversity is our strength«). Das ist das Gegenteil von Xenophobie und Kulturrassismus, von »Islamkritik« und Islamfeindschaft.[78]

Nötig zu alldem ist, durchaus im Sinne der Orientierungskurse im Paket der Integrationskurse für Zuwanderer, ein lebensbegleitendes Orientierungsangebot für Alle in der Einwanderungsgesellschaft, also auch für Bürger ohne den sogenannten Migrationshintergrund: Das reicht von der vorschulischen Erziehung, schulischen Bildung und beruflichen Ausbildung über die Kommunikation am Arbeitsplatz bis hin zur kultursensiblen Altenpflege.

Dieses neue Orientierungsangebot sollte sich ebenso in einer entsprechenden Ausrichtung aller publikumsintensiven öffentlichen Einrichtungen spiegeln, in denen, Umfragen zu Folge, von Zuwanderern nach wie vor die meisten Diskriminierungen erfahren oder doch empfunden werden – von den bei Umfragen noch immer besonders beklagten Umgangsformen im Ausländer- oder Einwohnermeldeamt bis zu Kundenpflege und Literaturangebot in der Stadtbibliothek. Die Zeiten der sozialtherapeutischen Integrationsförderung durch Maßnahmen und von

---

[75] N. Foroutan, Wahrheit und Gefühl, in: Frankfurter Rundschau, 18.12.2009.

[76] Dies., Neue Deutsche, Postmigranten und Bindungs-Identitäten. Wer gehört zum neuen Deutschland?, in: Aus Politik und Zeitgeschichte, 8.11.2010.
[77] Hierzu zuletzt: J. Schneider / M. Crul / L. van Praag, Upward Mobility and Questions of Belonging in Migrant Families, in: New Diversities, 16.2014, H. 1; L. Pries (Hg.), Zusammenhalt durch Vielfalt? Bindungskräfte der Vergesellschaftung im 21. Jahrhundert, Wiesbaden 2013; R. Sennett, Zusammenarbeit: Was unsere Gesellschaft zusammenhält, München 2012.
[78] Grundlegend hierzu: Hafez, Freiheit, Gleichheit und Intoleranz, S. 297–322; vgl. R. Forst, Toleranz im Konflikt. Geschichte, Gehalt und Gegenwart eines umstrittenen Begriffs, Frankfurt 2003.

»kultureller Toleranz« als herablassendem Zugeständnis von »Einheimischen« gegenüber aus anderen Kulturen stammenden »Fremden« sind vorbei. Kulturelle Toleranz gegenüber – ebenso einheimischen – Einwanderern kann in der Einwanderungsgesellschaft nur als Akzeptanz kultureller Vielfalt auf Augenhöhe funktionieren.

In der Einwanderungsgesellschaft ist Integrationsförderung als Teilhabeförderung für Menschen mit und ohne Migrationshintergrund also ein Zentralbereich der Gesellschaftspolitik. Der Sachverständigenrat deutscher Stiftungen für Integration und Migration hat, wie erwähnt, seiner Arbeit die 2004 entwickelte, teilbereichsorientierte Integrationsdefinition des Sachverständigenrats für Zuwanderung und Integration (Zuwanderungsrat) zugrunde gelegt. Danach ist soziale Integration die messbare Teilhabe an den zentralen Bereichen des gesellschaftlichen Lebens. Das gilt ausdrücklich für Menschen mit wie ohne Migrationshintergrund. Integrationspolitik in diesem Sinne ist also ein Thema für alle in der Einwanderungsgesellschaft.

Deshalb sollte es auch – teilbereichsorientierte – »Integrationskurse« für alle geben können. Im Grunde gibt es sie ja schon längst – denn was sonst sind, wohlverstanden, die »Wiedereingliederungsmaßnahmen« am Arbeitsmarkt, wenn sie sich nicht in einem bloßen Bewerbungskarussell erschöpfen? Es sollte darüber hinaus auch das Angebot von allgemeinen Orientierungskursen für Menschen ohne Migrationshintergrund zum besseren Verständnis der Einwanderungsgesellschaft geben. Das ist das, was ich vor Jahren schon »Integrationskurse für Deutsche« genannt habe.

Der Souverän aber ist der Auftraggeber von Politik. Er ist nicht ein verrotzter Zögling mit Lernstörungen im Sandkasten, der von seinen vermeintlichen politischen Erziehungsberechtigten nur mit möglichst ungefährlichem Spielzeuge bedacht werden darf und im Übrigen vor seinen Ängsten vor Zuwanderung und Integration zu beschützen ist, die die Politik angeblich »ernst nehmen« muss. Der Souverän ist vielmehr, wie am Beispiel der migrationspolitischen Antworten im SVR-Barometer 2012 gezeigt, im Blick auf anstehende steuerungspolitische Entscheidungen deutlich belastbarer als von vielen politischen Akteuren vermutet.

Als Gefahren unbedingt ernst zu nehmen hingegen sind Ängste und Abwehrhaltungen gegenüber »dem Islam«, die nicht Thema der SVR-Integrationsbarometer sind. Diese Einstellungen aber sind nicht nur von »islamkritischer« Publizistik und antiislamischer Agitation geschürt, sondern auch durch populistische Konzessionen von Politikern an diese Stimmungstreiber verstärkt worden, gerade auf dem Höhepunkt der Sarrazin-Debatte im Herbst 2010. Nur ein einziges Beispiel sei hier genannt: Der bayerische Ministerpräsident Seehofer empfahl im Oktober 2010, die Grenzen vor Türken und Arabern zu schließen und votierte gegen eine Zuwanderung »aus fremden Kulturkreisen« (ohne die gerade Bayern zweifelsohne nicht entstanden wäre). In seiner Rede zum politischen Aschermittwoch am 9. März 2011 garantierte er unter tosendem Applaus schließlich sogar einen Kampf »bis zur letzten Patrone« gegen kulturfremde Einwanderung.[79]

Opportunistische Anbiederungen dieser Art zeugen nicht von politischer Bodenhaftung und Standfestigkeit, sondern von einem fahrlässigen Populismus, der ebenso so gefährlich ist wie die »Islamkritik« selbst. Es gilt hier eine doppelte Angstschwelle zu überschreiten: die Angst der Politik vor dem Bürger als Wähler und die Angst der Bürger vor einer Politik, die sich zunehmend dem Souverän entzieht. Wer das nicht begreift, sollte nachsitzen und dabei zur Strafe Max Weber auswendig lernen müssen.

Integration in der Einwanderungsgesellschaft ist ein Zentralbereich der Gesellschaftspolitik. Sie darf nicht länger eine nebenamtliche Spielwiese des Bundesinnenministeriums, z.B. für dilettantische »Schocktherapien« und für den sicherheitspolitischen Missbrauch vertrauensbildender Strukturen wie der Islamkonferenz sein. Die zu prüfende Neuordnung von Ressortstrukturen ist nicht genug. Im kulturellen und mentalen Stress der sich rasant entfaltenden, viele Strukturen und Lebensformen von Grund auf verändernden Einwanderungsgesellschaft sind überzeugende politische Konzeptionsstärke und Handlungskraft, Führungsstärke und Verantwortungsbereitschaft in Regierungsverantwortung gefragt, wenn aus engagierten Bürgern nicht noch mehr »Wutbürger«, Nicht- oder Protestwähler werden sollen.

12.2.6 Heimaten in der Heimat? Schwurbeldeutsche Diskurse,
in: MiGAZIN, 14.1.2013 (Auszug).

»Wir brauchen endlich eine mutige, schlüssige und attraktive inhaltliche Selbstbeschreibung der demokratischen Einwanderungsgesellschaft in Deutschland, die schon gelebt wird, aber noch keinen Namen hat«, schreibt Klaus J. Bade in seiner neuen MiGAZIN Kolumne.

Die gesellschaftliche Basis für Vielfalt in Einheit oder Einheit in Vielfalt ist ein solidarisches »Wir«. Tragende Grundlagen sind dabei nicht sozialtherapeutische Hilfsbereitschaft und huldvoll gewährte »Toleranz« im Sinne einer Art kultureller Duldung. Es geht um Akzeptanz und Teilhabe in sozialem Frieden in einer Bürgergesellschaft, die sich als Einwanderungsgesellschaft von Bürgern mit und ohne Migrationshintergrund versteht. Dazu brauchen wir einen neuen Gesellschaftsvertrag, der nicht ein Vertag zu Lasten Dritter, der Einwanderer nämlich, sein darf.

---

[79] Seehofer befürwortet Einwanderungsstopp für »fremde Kulturkreise«, in: Faz.Net, 9.10.2010.

Das ist hierzulande so einfach nicht; denn: Zum kollektiven Gedächtnis der Deutschen an den Umgang mit Minderheiten gehört der düstere Schatten des organisierten Verbrechens an »Fremden« oder dazu erklärten Menschen im nationalsozialistischen Deutschland und im von Deutschland beherrschten Europa während des Zweiten Weltkriegs. Er lastet mitunter noch immer auf den Versuchen einer Selbstbeschreibung in Fragen von Mehrheit und Minderheiten und im Umgang mit Zuwanderung und Zugehörigkeit.

Für das neue Selbstbild brauchen wir Leitorientierungen und darauf gegründete Spielregeln – im Plural, d.h. für beide Seiten der Einwanderungsgesellschaft. Die wichtigsten stehen schon im Grundgesetz, dessen Botschaften hierzulande aber nicht eben jeder kennt. Diese Spielregeln sollten in frühkindlicher Erziehung, in schulischer und beruflicher Bildung eingeübt werden. Wir brauchen dazu kein nationalideelles Glaubensbekenntnis wie es amerikanische Schüler als »American Creed« sprechen. Aber die Vermittlung der Werte unserer Verfassung muss mehr sein als ein Thema von ein paar Unterrichtsstunden im Ethik-, Sozial- oder Gemeinschaftskunde-Unterricht.

In der Einwanderungsgesellschaft brauchen wir einen transnational und transkulturell erweiterten Heimatbegriff. Wir sollten an eine übergreifende gemeinsame »Heimat« und zugleich an unter diesem gemeinsamen Dach liegende unterschiedliche, möglicherweise sogar mehrfache kulturellen »Heimaten« denken lernen. […] Wir brauchen endlich eine mutige, schlüssige und attraktive inhaltliche Selbstbeschreibung der demokratischen Einwanderungsgesellschaft in Deutschland, die schon gelebt wird, aber noch keinen Namen hat.

Das wäre auch ein Gegenentwurf zu den wuchernden giftigen Sumpfblüten aus den Plantagen der ewig Gestrigen. Aus Angst vor einer kritischen Identitätsdiskussion in der Einwanderungsgesellschaft flüchten sie in kulturrassistische Ersatzdiskussionen auf der Suche nach Identität durch Abgrenzung. Das gilt z.B. für die »Islamkritik«, die in ihrer am meisten verbreiteten Form der islam- und muslimfeindlichen »Vulgäraufklärung« (Navid Kermani) eine wachsende und, wie die neuesten Erfahrungen zeigen, sogar blutige Gefahr geworden ist. Es gibt also geistigen Handlungsbedarf. Für Wegsehen und Aussitzen steht zu viel auf dem Spiel.

12.2.7 Integrationspolitik muss als Gesellschaftspolitik verstanden werden, Interview (Merve Durmuş),
in: Deutsch Türkische Nachrichten, 4.3.2013 (Auszug).

Ein zentraler Aspekt in Ihrem Buch[80] ist das »Integrationsparadox« in Deutschland. Was meinen Sie damit?
Es gibt, wie auch Naika Foroutan gezeigt hat, eine paradoxe Entwicklung in Deutschland: Integration ist viel besser als ihr Ruf im Land. Die staatlichen Institutionen akzeptieren heute Integration als Mainstream-Thema. Kulturelle Vielfalt ist für eine wachsende Mehrheit besonders von jüngeren Menschen eine völlig normale Alltagsrealität. Aber genau deswegen formiert sich umso mehr das Lager der antiislamischen Kulturpessimisten, der desintegrativen Apokalyptiker und zivilisationskritischen Menetekelwerfer, die sich als Verlierer fühlen, das Abendland untergehen sehen und mit kulturalistischen Alarmrufen Rettung in der negativen Integration suchen.

Wie äußert sich diese »negative Integration«?
Eine starke, wenn auch tendenziell abnehmende, aber gerade deshalb umso lautere und aggressivere Gruppe der Mehrheit fühlt sich durch den rasanten eigendynamischen Wandel der Einwanderungsgesellschaft bedroht in ihrer »kulturellen Identität«, von viele gar nicht wissen, was sie damit meinen über nationale Folklore hinaus. Sie flüchten aus dieser Identitätskrise in eine Abgrenzung von Minderheiten, vorzugsweise von Muslimen, nach dem Motto: Unter dem Druck der rapiden kulturellen Veränderungen wissen wir zwar kaum mehr, wer wir selber sind, aber doch wenigstens, wer wir nicht sind und auch nicht werden wollen. Diese negative Koalition betreibt eine eskapistische Ersatzdiskussion anstelle der verdrängten Diskussion um die neue Identität in der Einwanderungsgesellschaft.[…]

Was sollte Politik aus ihrer Analyse folgern?
Meine produktiv gemeinte Kritik ist hoffentlich ein Anstoß mehr, »Integrationspolitik« endlich als eine Gesellschaftspolitik für alle zu verstehen, die auch für die Menschen ohne Migrationshintergrund mitnimmt. Wir brauchen dazu eine bewusst gelebte Vorbildrolle von Politik im Umgang mit den Themen Migration und Integration. Das ist ein Feld, in dem zu lange zu viele opportunistisch-populistische Fehler gemacht wurden, die in der Einwanderungsgesellschaft grob fahrlässig sind. Aber ich glaube noch immer an die Lernfähigkeit von Politik.

Ich fasse mal einige Botschaften meines Buches an die Adresse der Politik zusammen: Die Einwanderungsgesellschaft ist kein Zustand, sondern ein un-

---

[80] K. J. Bade, Kritik und Gewalt. Sarrazin-Debatte, »Islamkritik« und Terror in der Einwanderungsgesellschaft, Schwalbach i.Ts. 2013.

übersichtlicher Sozial- und Kulturprozess. Er besteht aus dem Zusammenwachsen von Mehrheits- und Einwandererbevölkerung. Diese Eigendynamik verändert Strukturen und Lebensformen von Grund auf und am laufenden Band. Das macht vielen Menschen ohne Migrationshintergrund kulturellen und mentalen Stress und äußert sich z.B. in der Rede vom Fremdwerden im eigenen Land. Man muss das ernst nehmen. Nötig ist – von Neuzuwanderern und solchen, die nicht zureichend angekommen sind, also von Erstintegration und nachholender Integrationsförderung abgesehen – nicht mehr »Integrationspolitik« für »Migranten«, sondern teilhabeorientierte Gesellschaftspolitik für alle. Diese Gesellschaftspolitik muss auch Deutsche ohne Migrationshintergrund mit ihren Sorgen einschließen. Sie darf sich nicht in populistische Abwehrgesten und in die Beschwörung neuer Feindbilder flüchten und sich nicht hinter »Ängsten in der Bevölkerung« verstecken. Nötig dazu sind gesellschaftspolitische Visionen und überzeugende Gestaltungskonzepte, die das Bundesinnenministerium derzeit offenkundig nicht hat.

12.2.8 Kulturvielfalt, Kulturangst und Negative Integration,
in: SIETAR. Journal für interkulturelle Perspektiven: Mondial Jahresedition 2014, Juni 2014, S. 4–6 (Originalfassung, Auszug).

Die Bevölkerungen der nationalen Wohlfahrtsstaaten Europas altern und schrumpfen. Der demographische Wandel setzt Arbeitsmarkt und Sozialsysteme unter Druck. Reformen in Arbeits-, Sozialrecht und Sozialpolitik allein genügen nicht. Auch Einwanderung ist nötig.

In den meisten europäischen Einwanderungsländern haben sich in den letzten Jahrzehnten Einwanderungsgesellschaften herausgebildet. Die Einwanderungsgesellschaft ist kein Zustand, sondern ein eigendynamischer Sozial- und Kulturprozess. Mehrheits- und Einwandererbevölkerung wachsen in diesem Prozess zusammen und differenzieren sich dabei stets weiter aus. Das verändert Strukturen und Lebensformen von Grund auf.

Unübersichtlichkeit ist deshalb das wichtigste Kennzeichen dieses Sozial- und Kulturprozesses. Er ist vielen Zeitgenossen schon deswegen unheimlich, weil er sich eigendynamisch entfaltet und ohne Gewalt nicht abgebrochen werden kann. Das stiftet oft Unsicherheit bei Menschen ohne Migrationshintergrund. Die Einwanderungsgesellschaft ist deshalb keine fröhliche Rutschbahn in ein buntes Paradies mit immerwährenden Straßenfesten zum Empfang von immer neuen Zuwanderern. Sie ist ein mitunter anstrengender Erfahrungs- und Lernprozess, der auch Ängste und Aggressionen freisetzen kann.

Im günstigen Fall ergibt sich dabei eine neue kollektive Identität, getragen von einem solidarischen »Wir«. Im ungünstigen Fall ergeben sich u.U. über-gangsweise Identitätskrisen, gesellschaftliche Konfliktpotentiale, Stellvertreterkonflikte und identitätssichernde Ersatzdiskurse zwischen »Wir« und »Ihr« anstelle der nötigen Diskussion um eine neue kollektive Identität. [...]

Zu den Bemühungen um Selbstdeutungen und Brückenschläge zählen Versuche, den Kultur- und Sozialprozess der Einwanderungsgesellschaft ebenso auf den Begriff zu bringen wie die sich darin ausformenden neuen kollektiven Identitäten. Hierher gehören auch die Diskurse um einen ideologiekritisch gegen den Strich gebürsteten, transnational und transkulturell erweiterten Heimatbegriff.

Sie suchen Antworten auf die mentale Erfahrung von Heimat- oder Ortlosigkeit im eigenen Land, aber auch in Europa insgesamt, wozu sich ein ganzes Literaturgenre herausgebildet hat.[81] Es geht dabei auch darum, eine neue übergreifende und gemeinsame »Heimat« denken zu lernen, unter deren Dach sich die unterschiedlichsten oft mehrfach in sich gebrochenen kulturellen »Heimaten« (im Plural) entfalten können.

Die verdrängte Selbstbeschreibung der Einwanderungsgesellschaft wird den zögerlichen Altdeutschen zunehmend von der neudeutschen Einwandererelite abgenommen. Das gilt zum Beispiel für Soziologen und Politologen wie Naika Foroutan und Aladin El-Mafaalani, für Dichter und Schriftsteller wie Zafer Şenocak und Feridun Zaimoglu oder für Public Intellectuals wie den Orientalisten und kulturwissenschaftlichen Publizisten Navid Kermani.

Die Forschungsgruppe um die Migrationssoziologin Naika Foroutan an der Humboldt Universität zu Berlin spricht von »Heymat« und bezieht dabei als semantisches Signal das »Y« von kultureller »Hybridität« mit ein. Gedacht wird dabei besonders an Zuwanderergruppen, die in verschiedenen Kulturen beheimatet und damit die kulturellen Pioniere einer hybriden Einwanderungsgesellschaft sind.

Wen der muffige Geruch des in Deutschland weltanschaulich aufgeladenen Begriffs »Heimat« verschreckt, der könnte statt an eine übergreifende gemeinsame Heimat auch an eine neue »solidarische kollektive Identität« denken. Keywords wie »solidarisch«, »kollektiv« und sogar »Identität« aber pflegen wiederum die Vertreter von herkömmlicher Heimatfreude und Sozialismusangst nachhaltig zu irritieren.

Man könnte auch von »Neuen Deutschen« oder auch von »DeutschPlus« (so der Name einer Berliner Vereinigung von im Kulturleben engagierten Einwanderern) sprechen. Das wäre als Gesamtbezeichnung aber nur dann hilfreich, wenn die Rede von »Neuen Deutschen« keine Spalterformel wird. Die wäre dann gegeben, wenn nur die neudeutschen Einwanderer und neudeutsch denkende Altdeutsche gemeint wären, die sich vom Rest abson-

---

[81] G. Mak, Wie Gott verschwand aus Jorwerd. Der Untergang des Dorfes in Europa, Berlin 1996.

dern und auf dessen ideelle oder gar demographische Schrumpfung warten würden.

Der semantische Hürdenlauf zu einem konsensfähigen Begriff sollte aber nicht zum Selbstzweck geraten; denn Ideologiekritik kann auch sprachlos machen. Man könnte, um die schwurbeldeutschen Diskurse abzukürzen, auch schlicht von Deutschen, Einwanderern und Ausländern reden, so wie die Amerikaner von »Citizens«, »Foreigners« und »Immigrants« sprechen, innerhalb derer oft auch »First«- und »Second Generation Immigrants« unterschieden werden.

Damit wären wir auch die ärgerliche Rede vom »Migrationshintergrund« los. Der wird Einwanderern hierzulande angeklebt wie ein erbliches Vorstrafenregister. Er ist aber, im Gegensatz zum Begriff »Einwanderer«, nicht einmal eine intentionale Kategorie. Er bescheinigt nur, dass es in der jüngeren Familiengeschichte eine transnationale Verlagerung des Lebensmittelpunktes gegeben hat.

Begriffswechsel lösen aber keine gesellschaftlichen Probleme. Es geht um mehr: Das Einwanderungsland braucht als Einwanderungsgesellschaft eine visionäre Selbstdeutung, die kulturelle Vielfalt nicht nur missmutig toleriert, sondern als wünschenswerte Normalität begrüßt und damit im kulturellen Wandel mentalen Zusammenhalt fördert. Nötig dazu ist ein neues kulturelles Narrativ mit einer kraftvollen Bindewirkung. Es muss stark genug sein, um unter seinem großen Schirm auch kleinere kulturelle Narrative unterschiedlicher zugewanderter und zum Teil auch erst in der Einwanderungsgesellschaft selbst entstandener Gruppen zu vereinen.[82] [...]

Solange die Diskussion um Vielfalt und Zusammenhalt in der Einwanderungsgesellschaft als Zentralthema der Gesellschaftspolitik nicht offener und inklusiver geführt wird, solange können sich umso mehr Sündenbocktheorien, exklusive Ersatzidentitäten und Auskreisungsdiskurse entfalten. Das ist ablesbar an der nicht nur in Deutschland, sondern in ganz Europa wachsenden Attraktivität von europakritischen und integrationsskeptischen Strömungen, die sich im Vorfeld der Europawahl vom Mai 2014 in dem internationalen rechtspopulistischen Bündnis »Europäische Allianz für die Freiheit« (EAF) sammelten.

Das kann sich steigern zu segregativen Abwehrhaltungen, die ich in meinem Buch »Kritik und Gewalt«[83] als Negative Integration analysiert habe: die Selbstvergewisserung kulturell verunsicherter Kreise der Mehrheit durch die tendenzielle Ausgrenzung von Minderheiten, die als kulturelle Gegenbilder beschrieben werden. Im Kern geht es dabei um eine Art Schulterschluss von »Einheimischen« gegenüber »Fremden« gleich welcher Einwanderergeneration als Sündenböcken für die wachsende kulturelle Vielfalt, die als kulturfeindlich und identitätsgefährdend empfunden wird.

Im angloamerikanischen Forschungsbereich wird dergleichen »Alienation« oder »Othering« (neudeutsch »Anderung«) genannt. Solche identitätssichernden Auskreisungsdiskurse durch distanzierende Fremdheitszuschreibungen sind, mit wechselnden Feindbildern, aus der Migrations- und Integrationsgeschichte bestens bekannt. Sie werden in Deutschland und Europa heute nur neu erfahren und wissenschaftlich neu entdeckt.[84]

In ihren Zuweisungen von angeblich fremden kollektiven Identitäten und Verhaltensdispositionen als kulturellen Gegenbildern sind diese Auskreisungsdiskurse oft kulturrassistisch geprägt. In Deutschland gilt dies besonders für »islamkritische« Fremdheitszuschreibungen gegenüber den mehr als vier Millionen in Deutschland lebenden Muslimen, von denen mehr als die Hälfte deutsche Staatsbürger sind.

Mit solchen kulturrassistischen Diskursen in Inhalten, Formen und Funktionen verwandt sind sozialrassistische Diskurse. Beim gefürchteten Übergang zur vollen Arbeitnehmerfreizügigkeit für Zuwanderer aus den 2007 aufgenommenen neuen EU-Mitglieder Bulgarien und Rumänien in Deutschland ab Januar 2014 zeigte sich dies beim Schreckbild »Armutswanderung«, besonders im Blick auf zuwandernde Roma und andere Gruppen von »Zigeunern«. Den in prekären Soziallagen lebenden Gruppen wurden dadurch geprägten Lebensformen abwertend als genuin gruppenspezifische Formen des Sozialverhaltens zugeschrieben: wohnräumliche Verwahrlosung, Sammeln von Altmaterialien, aufdringliches bzw. aggressives Betteln, »Arbeitsstrich« der Männer, Prostitution der Frauen u.a.m.[85]

Darüber wurde in vielen europäischen Staaten, in Deutschland aber besonders angstvoll und aggressiv diskutiert, was weltweit Aufsehen erregte. Die dabei umlaufenden, latent bis offen antiziganistisch geprägten Fremdheitszuschreibungen vermittelten gemeinsame Abwehrhaltungen gegenüber einer angeblich wachsenden Gefahr für den Wohlfahrtsstaat durch zuwandernde Arme. Ihre Suche nach Teilhabe war im Zeichen der Freizügigkeit zwar unbestreitbar legal, wurde aber als illegitim vorgestellt.

Kultur- und sozialrassistische, konkret »islamkritische« bzw. antimuslimische und antiziganistische

---

[82] N. Foroutan, Narrationen von Nationen – oder: Wie erzählt man nationale Identität in Deutschland neu?, in: Bertelsmann Stiftung (Hg.), Vielfältiges Deutschland. Bausteine für eine zukünftige Gesellschaft, Gütersloh 2014, S. 17–199.
[83] K. J. Bade, Kritik und Gewalt. Sarrazin-Debatte, »Islamkritik« und Terror in der Einwanderungsgesellschaft, Schwalbach i.Ts. 2013 (3. Aufl. als E-Book 2014).

[84] Ders., Europa in Bewegung: Migration vom späten 18. Jahrhundert bis zur Gegenwart, München 2000; ders. / L. Lucassen / P. C. Emmer / J. Oltmer (Hg.), Enzyklopädie Migration in Europa vom 17. Jahrhundert bis zur Gegenwart, Paderborn 2007.
[85] K. J. Bade, »Armutswanderung«: Pragmatismus, Rassismus und Negative Integration, in: MiGAZIN, 18.3.2014. (http://www.migazin.de/2014/03/18/bade-armutswanderung-pragmatismus-rassismus-negative-integration/).

Diskurse sind nicht nur menschenfeindlich und im Blick auf unsere Grundrechte zum Teil auch verfassungsfeindlich. Sie sind auch politisch gefährlich; denn sie bieten das wichtigste Bindemittel und eine gemeinsame Plattform für rechtspopulistische, rechtsradikale und rechtsextremistische Strömungen auf nationaler und europäischer Ebene. Gesellschaftspolitische Versäumnisse in der Gegenwart könnten für die Zukunft lange Schleifspuren haben.

12.2.9 »Ideelle Heimat« in der Einwanderungsgesellschaft. Gemeinsame Ideale statt gemeinsamer Traditionen, Interview (Anja Höfer),
SWR2 Kulturgespräch, 6.10.2015 (sprachlich leicht korrigierter Auszug).

Willkommenskultur oder doch eher Bedenkenträgerkultur? Deutschland zeigt sich gerade von beiden Seiten. »Wir schaffen das« hat Angela Merkel verkündet. Inzwischen gehen immer weniger Politiker da mit. Aus den eigenen Reihen spricht Horst Seehofer doch ziemlich illoyal von einem Fehler. Auch der große Koalitionsgefährte Sigmar Gabriel sieht die Grenzen des Möglichen erreicht. Es gab klatschende Menschen an den Bahnhöfen. Und es gibt immer noch die unzähligen, freiwilligen Helfer, die die eintreffenden Flüchtlinge versorgen. Und es gibt, wie gerade wieder in Sachsen, Tausende, die gegen die Flüchtlinge auf die Straße gehen.

Herr Bade, Sie haben zum Tag der deutschen Einheit den Auftaktvortrag bei einem spannenden Mannheimer Theaterprojekt zum Thema Migration gehalten: »Brennende Hilfsbereitschaft trifft auf brennende Flüchtlingsheime« sagen Sie da. Kann man bereits von einem Stimmungswechsel im Land sprechen? Ist die Willkommenseuphorie schon wieder verklungen?
Es tauchen unterhalb der Euphorie skeptische Fragen auf: Schaffen wir das wirklich? Und wenn wir das nicht schaffen, welche Folgen hat das für alle? Wie lässt sich das umsetzen, wenn gesagt wird: Drei Prozent werden anerkannt von diesen Flüchtlingen, aber 50 Prozent können auch aus vielen anderen Gründen, zum Beispiel im Sinne der Genfer Menschenrechtskonvention bleiben und die anderen sollen wieder gehen. Werden die das tun? Was machen die da? Was passiert in den Heimen? Die Skepsis wächst, aber es gibt noch keinen Umschwung. Politik, die vorher geschlafen hat und durch diese Willkommensbekundungen mitgerissen wurde, beginnt jetzt, Skepsis zu entwickeln und könnte diese Willkommenskultur erschüttern. Dabei nehme ich Angela Merkel immer aus. Sie hat hier eine hervorragend klare Rolle gespielt hat.

Wie bewerten Sie ihre Haltung, dieses sehr pauschale »Wir schaffen das!«. Sie haben das den »Schabowski-Effekt genannt«?
Es war eine historische Situation, die Angela Merkel selber nicht überblicken konnte. Das kommt ab und zu vor. Wie bei Schabowski damals. Doch sie sprach sehr klar, und Schabowski stammelte damals etwas vor sich hin: Ich glaube, das ist jetzt irgendwie unverzüglich...– Und dann setzte sich die Menge in Bewegung und stürmte die Grenze.
Hier war es etwas anders. Hier ist die stille elektronische Post der Handys und der sozialen Medien in Gang gekommen. Und wir haben noch nie so deutlich erlebt, wie sich Wanderungsbewegungen, in diesem Falle kann man sogar sagen Wanderungsströme, plötzlich anders ausrichten. Es waren zwei Sachen, die zusammenkamen: Einmal dieser große historische Satz: »Wir schaffen das!« Das war kleinteilig und verfahrenstechnisch gemeint. Sie wollte doch nur sagen: »Beruhigt Euch, Leute, das kriegen wir schon hin!«. Andererseits die Meldung aus dem Bundesamt für Migration und Flüchtlinge in Nürnberg: »Wir schicken Syrer nicht mehr zurück«. Das war eine Äußerung zum Dublin-Verfahren. Und gemeint war: Wir schicken die nicht nach Italien zurück. Wir schicken sie nicht nach Griechenland zurück. Das hat gar keinen Zweck. Und verstanden wurde: Angela Merkel hat gesagt: »Wir schaffen das«, und das zentrale Bundesamt hat gesagt: »Wir schicken keinen mehr zurück aus Syrien!«. Dann sind die losmarschiert und die anderen hat es mitgerissen. So ist dieser Effekt entstanden, der an sich nicht erwartbar war.

Sie sprechen von einer Kulturangst, auch vor Zuwanderern aus dem arabischen Raum. Wie könnte die denn langfristig und schlimmstenfalls politisch ausgenutzt werden?
Die große Gefahr besteht darin, dass die sogenannten Islamkritiker von anno dunnemals, die sich in der Zwischenzeit beruhigen mussten, weil sie gemerkt haben, dass ihre grässlichen Vorstellungen vom Untergang Deutschlands und des Abendlandes doch ein bisschen seltsame Menetekel waren, jetzt wieder auferstehen. Sie umarmen sich mit den sogenannten Asylkritikern [...].
Finden die beiden Strömungen der sogenannten Islam- und Asylkritik zusammen und gibt es dann noch einen charismatischen Führer, dann besteht die Gefahr, dass in Deutschland etwas Ähnliches wie die Front National entsteht. [...] Und demgegenüber wäre PEGIDA ein harmloses Puppenspiel gewesen.

Es gibt viele selbsternannte Heimatschützer. Was bedeutet der Begriff Heimat eigentlich noch in Zeiten, in denen wir es mit so großen, globalen Migrationsbewegungen zu tun haben?
Je unübersichtlicher vieles wird, desto wichtiger sind Heimatbezüge. Es geht schlicht darum, dass wir in einer Einwanderungsgesellschaft leben, die sich eigendynamisch immer weiter ausdifferenziert; selbst dann, wenn keine Leute mehr von außen kommen. Doch es geht noch schneller, wenn immer mehr von außen kommen oder sie kommen in großer Zahl. Das

ist ein Karussell, das sich immer schneller dreht, und die Menschen verlieren den Überblick.

Ein Beispiel: Städte wie Brüssel, London und Amsterdam sind Städte der sogenannten Hyperdiversität.[86] Es sind Städte, in denen es keine Mehrheitsgesellschaft mehr gibt, sondern nur noch mehr oder minder große Minderheiten [...]. Und die Amerikaner wissen, dass um das Jahr 2050 die aus Europa Stammenden nur noch die größte einheimische Minderheit sind [...]. Diese Bewegung beginnt bei uns jetzt auch zunehmend. Kulturelle Vielfalt wird immer stärker. Und man muss lernen, wo man hingehört. Dabei ist nicht mehr die bodenständige alte Heimat, das Brauchtum, das Vaterland/Mutterland, sondern die ideelle Heimat der soziale und kommunikative Ort und die Einigung auf Ideen, die uns zusammenhalten, außerordentlich wichtig. Diese Ideen sollen Heimat stiften in dem Sinne, dass man sich nicht immer wieder als zugehörig definieren muss, weil man das Gefühl haben darf, dazu zu gehören und selbst bei einem Konflikt nicht rauszufliegen.

Man identifiziert sich weniger mit den Wurzeln, sondern mit dem, auf was man sich in der Gemeinschaft einigen kann?

Da könnte man von den Afrikanern vor der islamischen Überformung lernen. Die hatten nämlich damals das sogenannte »Große Palaver«[87]. Da fanden sich [...] Gruppen, die einbezogen werden sollten, zusammen und saßen so lange bis sie das Leitbild, das sie alle zusammenhielt, neu definiert hatten. Das hatte Gültigkeit und niemand durfte es verraten. Es sei denn, es würde wieder eine Zeit kommen, in der man den Eindruck hätte: Wir müssen uns neu zusammensetzen, denn hier stimmt irgendetwas nicht mehr. Dann gab es wieder ein neues Großes Palaver.

Ich glaube, unser Großes Palaver sollte eine Art Leitbild-Kommission sein, bei der Vertreter von allen [...] sich darauf einigen, was uns hier zusammenhält. Das hat nichts mit deutscher Leitkultur oder etwas Ähnlichem zu tun, sondern das ist das Leitbild der Einwanderungsgesellschaft, das sich auf unsere Verfassung stützt. Und unter [...] diesem Dach können sich viele einzelne kulturelle Dächer zusammenfinden, die man auch mit Stolz verteidigen kann, und sagt: »Ich bin Deutscher, aber von Haus aus bin ich Türke«. [...] Das war bei den Deutschen in den USA auch so – drei Generationen hat das oft das gedauert: Zuerst waren es Deutsche in Amerika, dann waren es Deutschamerikaner und erst in der dritten Generation waren es Amerikaner deutscher Herkunft, die zum Teil gar nicht mehr wissen wollten, wo der Urgroßvater her war.

---

[86] J. Schneider / M. Crul / F. Lelie, Generation Mix. Die superdiverse Zukunft unserer Städte und was wir daraus machen, Münster/New York 2015.

[87] Vgl. 12.1.3 (Schlussthese 10).

Liebe Leserin, lieber Leser!

Der von Loeper Literaturverlag ist seit 40 Jahren der Fachverlag für Exil, Migration, Flucht, Asyl und Menschenrechte. Einige Hinweise zu unseren Büchern und sonstigen Medien finden Sie auf den folgenden Seiten. Gerne informieren wir Sie ausführlich über unser Programm. Bitte richten Sie einfach eine E-Mail an:
Bestellservice@vonLoeper.de
Stichwort: Asyl und Migration
oder besuchen Sie uns im Internet unter www.vonLoeper.de

Jörg Alt: Globalisierung, illegale Migration, Armutsbekämpfung

Analyse eines komplexen Phänomens

Der Autor geht in diesem Buch der Frage nach, warum so viele Menschen in den Ländern des Südens ihre Heimat verlassen und sich auf den mühsamen, kostspieligen und häufig auch lebensgefährlichen Weg in die USA oder in die EU machen. Das Buch leistet einen wichtigen Beitrag zur Globalisierungsdebatte, der sowohl die aktuellen sozio-ökonomischen Entwicklungen berücksichtigt als auch der Lebenswelt von Migrantinnen und Migranten gerecht wird.

376 S., kart., ISBN 978-3-86059-524-4

Jörg Alt: Leben in der Schattenwelt

Problemkomplex illegale Migration

Das Buch beschreibt den Migrationshintergrund und Alltag von „Illegalen" in München und zieht auf diesem Hintergrund Vergleiche zwischen der Situation von „Illegalen" in Leipzig, München und anderen Orten Deutschlands. Alt setzt Erkenntnisse aus seiner mehrjährigen soziologischen Feldarbeit in Beziehung zu anderweitig erfolgter migrationstheoretischer Forschungsarbeit und fragt, wo Gemeinsamkeiten und Unterschiede zwischen legaler und illegaler Migration bzw. illegaler Arbeits- und Fluchtmigration bestehen.

550 Seiten, kart., ISBN 978-3-86059-499-5

Joachim Schroeder und Henri Seukwa: Flucht, Bildung, Arbeit

Das Buch prüft die Umsetzung der EU-Richtlinien für die Aufnahme und Integration von Flüchtlingen in Deutschland und formuliert bildungspolitische Forderungen, die verschiedene Muster der Flucht – Rückkehr, Verbleib, Weiterwanderung – berücksichtigen. Das verbindende Anliegen ist es, eine die Rechte auf Bildung, Qualifizierung und Arbeit respektierende und befördernde Flüchtlingspolitik in einer konsequent transnationalen Perspektive zu entfalten.

296 S., kart., ISBN 978-3-86059-429-2

Gabriele del Grande: Das Meer zwischen uns

Flucht und Migration in Zeiten der Abschottung

In diesem Buch begegnen uns bewegende menschliche Schicksale: Mütter, Väter, Ehemänner und -frauen, Geschwister und Freunde, die geliebte Menschen bei der Flucht übers Mittelmeer verloren haben; Menschen, die seit Jahren in Abschiebungshaftzentren und Gefängnissen ohne Kontakt zu ihren Familien eingesperrt sind; und Behörden, die sich keinerlei Schuld am Schicksal dieser Menschen bewusst sind.
Gabriele del Grande geht bis an seine Grenzen, er deckt Missstände bei Behörden und in den nationalen Gesetzgebungen auf, prangert sie öffentlich an; er versucht, den Inhaftierten und Verfolgten zu helfen, verleiht ihnen eine Stimme. Und doch muss er feststellen, dass sich die Verzweifelten niemals werden aufhalten lassen – auf der Suche nach einer besseren Zukunft auf der anderen Seite des Mittelmeeres. Das neue, ungeduldig erwartete Buch des preisgekrönten Journalisten und Gründers der Menschenrechtsorganisation Fortress Europe.

216 S., kart., ISBN: 978-3-86059-525-1

PRO ASYL (Hg.): Aufnehmen statt abwehren

Flucht, Asyl und zivilgesellschaftliches Engagement

Der Text- und Bildband beleuchtet die Entwicklung einer immer rigoroseren Asylpolitik, aber auch, wie in der Zivilgesellschaft Widerstand gegen Abwehrmaßnahmen und menschenunwürdige Behandlung von Schutzsuchenden laut wurde. Anhand von historischen und zeitgenössischen Bilddokumenten wird die Geschichte von Flucht und Asyl vorgestellt, von 1933 bis zur Gegenwart, in Deutschland und darüber hinaus. Der kommentierte Bildband ist ein Plädoyer für eine solidarische und menschenwürdige Aufnahme von Flüchtlingen. Mit einem Vorwort von Ilija Trojanow.

120 Seiten, kart., ISBN: 978-3-86059-325-7

Leona Goldstein: displaced
Flüchtlinge an Europas Grenzen

Ein Bild- und Textband über Flüchtlinge an den Grenzen Europas, die oft genug Grenzen der Menschlichkeit sind.

Wer Europa kennen lernen will, dem sei eine Reise an seine Grenzen empfohlen. Leona Goldstein hat diese Reise gemacht, es ist die Reise von Flüchtlingen. Sie sucht die Menschen unmittelbar vor den kaum überwindbaren Mauern der „Festung Europa" in Marokko und in der Ukraine auf. Schließlich geht sie hinein in ein isoliertes Flüchtlingslager in deutschen Wäldern, Exklave im Inneren Europas, in dem Flüchtlinge auf sechs Quadratmetern Niemandsland vegetieren, ohne Arbeit, ohne Zukunft, und in der Regel ohne Chance auf Asyl.

128 Seiten, Hardcover, vierfarbig, mit DVD, ISBN 978-3-86059-021-8

Wolfgang Benz, Claudia Curio, Heiko Kauffmann (Hg.): Von Evian nach Brüssel

Menschenrechte und Flüchtlingsschutz 70 Jahre nach der Konferenz von Evian

Mit der Erinnerung an die Konferenz von Evian im Juli 1938, die für hunderttausende Flüchtlinge enttäuschend endete, werden in diesem Band Fragen an die gegenwärtige Praxis und die Zukunft des Schutzraumes Europa gestellt. Ein Schwerpunkt liegt dabei auf der Gruppe der unbegleiteten minderjährigen Flüchtlinge, die zu allen Zeiten die verletzlichsten und somit schutzbedürftigsten Flüchtlinge waren.

250 S., kart., ISBN 978-3-86059-523-7

Franz-Josef Hutter und Carsten Kimmle (Hg.): Das uneingelöste Versprechen

60 Jahre Allgemeine Erklärung der Menschenrechte
in Zusammenarbeit mit der deutschen Sektion von amnesty international

Die Allgemeine Erklärung der Menschenrechte wurde am 10. Dezember 1948 von den Vereinten Nationen verkündet. Bekannte Menschenrechtler, Publizisten und Politiker thematisieren aus diesem Anlass wesentliche Fragen des Menschenrechtsschutzes von damals bis heute. Mit Beiträgen von Thomas Hammarberg, Herta Däubler-Gmelin, Gerhart Baum, Barbara Lochbihler, Ingrid Sehrbrock, Avi Primor und Freimut Duve.

303 S., kart., ISBN 978-3-86059-522-0

Heiner Bielefeldt, Franz-Josef Hutter, Sabine Kurtenbach und Carsten Tessmer (Hg.): MenschenrechtsFragen

Menschenrechts-Fragen sind Fragen, die uns alle angehen. In diesem Band werden sie von bekannten Menschenrechtlern, Politikern und Publizisten kontrovers diskutiert. Mit Beiträgen von Gerhart Baum, Heiner Bielefeldt, Herta Däubler-Gmelin, Erhard Eppler, Peter Franck, Brigitte Hamm, Rainer Huhle, Franz-Josef Hutter, Gunnar Köhne, Sabine Kurtenbach, Michael Maier-Borst, Ulrike Poppe, Theodor Rathgeber, Christian Staffa, Elisabeth Strohscheidt, Carsten Tessmer, Hannes Tretter, Friederike Tschampa, Silke Voß und Andreas Zumach.

210 S., kart., ISBN 978-3-86059-521-3

VON LOEPER LITERATURVERLAG
Daimlerstr. 23, 76185 Karlsruhe
Tel: 0721-4647290 - Fax: 0721-464729-099